中國大百科全書

鄧小平

中国大百科全书

（第三版）

影视学

中国大百科全书出版社

图书在版编目(CIP)数据

中国大百科全书：第三版．影视学 / 中国大百科全书（第三版）总编辑委员会著．-- 北京：中国大百科全书出版社，2022.12

ISBN 978-7-5202-1285-4

Ⅰ. ①中… Ⅱ. ①中… Ⅲ. ①百科全书—中国—现代 ②电影学—百科全书②电视学—百科全书 Ⅳ. ① Z227 ② J8-61 ③ J9-61

中国版本图书馆 CIP 数据核字（2022）第 249759 号

中国大百科全书
（第三版）
影视学

中国大百科全书出版社出版发行
（北京阜成门北大街 17 号　　邮编：100037）
http://www.ecph.com.cn
北京雅昌艺术印刷有限公司印制
2022 年 12 月第 1 版　2022 年 12 月第 1 次印刷
开本：889×1194　1/16　印张：47.5　字数：2216 千字
ISBN 978-7-5202-1285-4　　定价：680.00 元

中国大百科全书（第三版）
总编辑委员会

中国大百科全书（第三版）
影视学编辑委员会

主　编　丁亚平

副主编
李兴国　王一川　尹　鸿　赵卫防

顾　问
章柏青　贾磊磊　胡智锋　廖祥忠

委　员
高小健　高冀滨　胡　晋　李　清　梁　明　刘乃康　孙承健
王　婷　王向华　萧知纬　许　婧　杨远婴　姚国强　张智华
钟大丰　周靖波　祝晓风

工作委员会

综　论
主　编　贾磊磊　钟大丰　王向华
副主编　刘小磊　周凌枫　张斌宁
　　　　支菲娜

外国影视
主　编　秦喜清　杨远婴　李　清
副主编　张慧瑜　李　强　甄晓文
　　　　张启忠

中国影视
主　编　丁亚平　赵卫防　高小健
副主编　储双月　类成云　徐建华
　　　　罗　丽

影视编剧
主　编　张智华　刘乃康
副主编　胡　晋　王乙涵　赵远

影视导演

主　编　尹　鸿　孙承健

副主编　丁珊珊

影视美术

主　编　梁　明

副主编　宋东葵

影视表演

主　编　许　婧

副主编　孙　萌

影视声音

主　编　姚国强

副主编　王旭锋

影视摄影

主　编　梁　明

副主编　王　真

影视技术

主　编　李兴国

副主编　徐智鹏

分支编写组

中国影视

主　编　丁亚平

副主编　储双月　徐建华

影视数字媒体

主　编　赵卫防

副主编　类成云

外国影视

主　编　秦喜清　杨远婴

副主编　张慧瑜　李　强

影视技术

主　编　李兴国

副主编　徐智鹏

影视理论

主　编　贾磊磊

影视导演

主　编　尹　鸿　孙承健

副主编　丁珊珊

影视编剧

主　编　张智华

副主编　胡　晋　王乙涵

影视表演

主　编　许　婧

副主编　孙　萌

影视摄影和美术

主　编　梁　明

副主编　宋东葵　王　真

影视声音

主　编　姚国强

副主编　王旭锋

戏曲电影

主　编　高小健

副主编　罗　丽

纪录片科教片

主　编　刘乃康

副主编　赵　远

新媒体与动漫

主　编　李　清

副主编　张启忠

影视产业

主　编　王向华

副主编　周凌枫　张斌宁　支菲娜

影视教育

主　编　钟大丰

副主编　刘小磊

前　言

党的十八大以来，以习近平同志为核心的党中央高度重视文化建设，把坚定文化自信，推动社会主义文化繁荣兴盛，建设社会主义文化强国，提到前所未有的战略高度。《中国大百科全书》第三版作为新时代中国一项重大文化工程，编纂出版适逢其时。习近平总书记对《中国大百科全书》第三版编纂出版工作高度重视，作出重要指示，寄予殷切期望，勉励学术界、出版界将《中国大百科全书》第三版打造成一个有中国特色、有国际影响力的权威知识宝库。

国运兴则文化兴。《中国大百科全书》的编纂出版，与时代发展、科技进步、文化繁荣密不可分，体现了中华文明与时俱进的创新精神。1978 年，中央决定编纂出版《中国大百科全书》，并为此项工作的开展，专门成立了中国大百科全书总编辑委员会和中国大百科全书出版社。《中国大百科全书》第一版按学科或知识门类分卷编纂，总计 74 卷，选收条目 7.8 万个，共 1.3 亿字，1993 年出齐。《中国大百科全书》第一版是中国第一部大型现代综合性百科全书。它的出版结束了中国没有百科全书的历史，被誉为“中华文化的丰碑”。

1996 年，《中国大百科全书》第二版开始编纂，总计 32 卷，选收条目 6 万个，共 6000 万字，2009 年出版。《中国大百科全书》第二版在第一版的基础上，充分反映了中国改革开放后各方面取得的巨大变化和最新成果，在体例上按条目标题的汉语拼音字母顺序统一编排，使读者更加便于寻检查阅。

2014 年，顺应互联网技术新变革、出版融合发展新趋势，《中国大百科全书》第三版正式启动编纂工作，同步编纂出版网络版、纸质版，并适时推出外文条目。《中国大百科全书》第三版，以马克思列宁主义、毛泽东思想、邓小平理论、“三个代表”重要思想、科学发展观、习近平新时代中国特色社会主义思想为指导，认真贯彻落实习近平总书记重要指示精神，以社会主义核心价值观为引领，坚持守正创新、实事求是、开放包容，汇聚科技界、社科界等各方面专家，系统总结国际国内各领域科学文化最新成果，力求构建有中国特色、有世界影响力的权威知识宝库。在《中国大百科全书》第三版总编委会主任委员陈奎元同志和总编委会的组织协调下，近 3 万名专家、学者和研究人员精心编制、倾力奉献，于 2021 年 7 月完成首批条目编纂出版并公开发布，实现纸网同步。网络版最终上线条目将达到 50 万条，纸质版、外文条目依托网络版陆续出版，并不断创新传播方式，改善读者体验，更好满足读者高品质、多方面、个性化的知识需求。

《中国大百科全书》第三版纸质版以科学知识体系分类为基础，其条目从网络版专业版块条目中精选，按学科分卷的形式编纂加工，分批出版。每卷按各学科的体系、层次设计框架，以条目的形式编写。所收条目力求详尽地叙述和介绍各学科的专业基本知识，适合于高中以上文化程度的广大读者使用。每个学科卷前设置概观性文章，介绍该学科的历史，描述现在的发展状况，展望该学科的发展前景。同时配以适当的图片和地图，以期达到图文并茂的效果。

在党中央的关怀下，《中国大百科全书》第三版的编纂工作得到国家各有关部门、科研机构、学术团体、大专院校等单位的大力支持，全国各学科、各领域、各部门专家、学者积极参与，凝聚了各方面的智慧与心血，在此谨致以诚挚的感谢，并衷心希望广大读者对书中疏漏之处给予批评指正。

《中国大百科全书》编辑部

凡　例

一、编　排

1. 全书按学科（知识门类）分类分卷出版。一个学科（知识门类）辑成一卷或数卷，或几个学科合为一卷。

2. 条目是全书的主体，一般由条目标题、释文和相应的插图、表格、扩展阅读等组成。

3. 条目按条目标题的汉语拼音字母顺序并辅以汉字笔画、起笔笔形顺序排列。第一字同音时按声调顺序排列；同音同调时按汉字笔画由少到多的顺序排列；笔画数相同时按起笔笔形横（一）、竖（丨）、撇（丿）、点（丶）、折（包括乛、𠃌、乚、＜等）的顺序排列。第一字相同时，按第二字排列，余类推。条目标题中夹有外文字母或阿拉伯数字的，依次排在相应的汉字条目标题之后。以拉丁字母、希腊字母和阿拉伯数字开头的条目标题，依次排在全部汉字条目标题之后。

4. 各学科（知识门类）卷在条目分类目录之前，都有一篇介绍本学科（知识门类）内容的概观性文章。

5. 各学科（知识门类）卷均列有本学科全部条目的分类目录，以便读者了解本学科的全貌。分类目录还反映出条目的层次关系，例如：

电影学……………………………………………………119
　电影理论…………………………………………………110
　　中国电影理论…………………………………………569

6. 学科（知识门类）与学科（知识门类）之间相互交叉的知识主题在有关学科卷中均设有条目，例如“导演”在《影视学》卷和《戏剧学》卷均设有条目，但释文内容分别按各学科的要求有所侧重。

二、条目标题

7. 条目标题一般为词或词组，例如“电视”“场面调度”“左翼电影运动”。

8. 条目标题一般由汉语标题和与汉语标题相对应的外文两部分组成，例如：

中国电影　Chinese cinema

9. 条目标题外文主要为英文，例如“长镜头 length shot”，少数为法文、德文、西班牙文、意大利文等，或与其相应的拉丁字母转写。

三、释　　文

10. 释文力求使用规范化的现代汉语。条目释文开始一般不重复条目标题。

11. 释文一般依次由定义和定性叙述、词源、简史、基本内容、研究状况、插图、表格和扩展阅读等构成，视条目的性质和知识内容的实际状况有所增减或调整。

12. 条目释文较长时，设置层次标题，并用不同的字体和排式表示不同的层次标题。

13. 一个条目的内容涉及其他条目并需由其他条目的释文补充的，采用“参见”的方式。所参见的条目标题在释文中用楷体字排印，例如“电影片种一般分为故事片、纪录片、美术片和科教片四大类”；所参见的条目标题未在释文中出现的，另用括号加“见”字标出，例如“影视音乐录音与一般商业音乐的录音方法几乎是相同的，只是后期在混音时输出声道的数目有所不同（见音乐录音工艺）”。

14. 释文中的外国人名，在姓的前面加上外文名字的缩写，即名字的第一个字母，例如 I. 伯格曼、C. 卓别林。

四、插　　图

15. 条目释文中配有必要的随文插图，主要是体现本学科特点的剧照、海报、头像等照片。

16. 插图附图题、图注等说明文字。条目只配一幅图且图题与条目标题一致时，不附图题。

五、扩展阅读

17. 在重要条目的释文后附有扩展阅读书目，供读者选阅。

18. 附设纸网关联方式，读者使用媒体终端扫描二维码或登录网址，可以扩展查阅网络版的内容。

六、大事年表

19. 条目正文后附有学科大事年表。表中内容设为“参见”的，以楷体字表示。

七、索　　引

20. 各学科（知识门类）卷均附有条目标题汉字笔画索引、条目标题外文索引和内容索引。

八、其　　他

21. 全书所用汉字，除必须用繁体字和异体字的以外，以国务院 2013 年 6 月公布的《通用规范汉字表》为准。

22. 全书所用科学技术名词以各学科有关部门审定的为准，未经审定和尚未统一的，从习惯。

23. 全书所用数字，执行国家标准 GB/T 15835—2011《出版物上数字用法》。

24. 全书所用地名，除历史地名外，一般以中国地名委员会审定的为准（含中国地名、外国地名）。历史地名后一般括注今地名。

目　录

影视学

夏 衍 丁亚平

影视学是关于**电影与电视**这一年轻而不断发展的艺术的概括性学科。作为20世纪以来最重要的文化现象，电影与电视的出现得益于现代科学技术的发明和发展，是产生于现代科技进步的艺术。电影、电视的意义生成来自多个层面，包括多向度的文化形塑、公共领域的历史想象和社会空间的反映。电影、电视观念的变化与时代社会和经济的条件及其嬗变存在比较紧密的联系。对电影、电视的本体性认知与跨学科和多纬度历史语境发展的过程相一致，不断获得审美能动的变化，并构成特殊的历史内涵。

影视学对影视现象及其特征进行全方位的系统研究和全面概括。电影诞生于19世纪末，在摄影的基础上产生，是现代科学技术的产物。它以技术为手段，通过动态的图像和声音用以传达故事内容、感受情绪、认知思想、反映社会等。电视被认为是20世纪重要发明之一，是重要和普遍的信息传播工具，它的外延与内涵较广泛，既包括电视技术，又指接收电子信号的设备或装置，还特指一种社会文化现象。

影视的特征之一是综合性，主要体现在三个层面。第一，影视是其他各门艺术的综合，吸收了多门艺术的元素，综合了戏剧、音乐、绘画、雕塑等艺术的特性。第二，影视伴随着技术变革的发展应运而生，在不断探索本体的过程中确认了艺术的特性，是科学与艺术的综合。第三，影视既具有艺术的属性，同时又是特殊形态的商品；既是一种媒介形态，同时又肩负文化的功能，是将艺术、文化、媒介、商品集于一身的综合体。

影视的特征之二是视听性。在电影的发展历史中，有声电影的出现将画面与声音相结合，电影由此成为视听艺术，表现力较之无声时期有极大提高。电视出现伊始即以声画结合的形态呈现。声音与画面的有机结合是影视区别于其他艺术的典型表征，主要有声画合一和声画分立两种表现方式，体现出影视的视听性。

影视的特征之三是运动性。电影与电视主要依靠运动的画面来传达内容、情绪和思想，与绘画、雕塑等艺术的静态性不同，影视是运动的艺术和媒介，并不是通过瞬时来传达内容、情绪和思想，而是以运动的画面直接反映生活的某些过程或传达对感觉、思想的体验。

电影与电视是深受大众喜爱的文艺形式，也是国家文化软实力的重要标识，伴随着社会、经济、技术与艺术的演进，影视技术、艺术和市场实践以及作为整体性和概括性的科学研究的影视理论，都得到了长足发展。

简史

电影、电视是产生于现代科技进步的艺术，它们随着时代的变化、技术的进步、观念认识的更新等被逐渐确立为具有特性的艺术门类，并仍然在不断地发展变化之中。总体而言，影视学的发展简史包括电影发展简史和电视发展简史，同时电影、电视在中国的发展也呈现出自身的特点。

电影发展简史 自诞生以来，电影历经无声电影、有声电影、彩色电影、电子计算机特效电影等发展阶段。在一个多世纪的时间中，电影由无声而至有声又至立体音响，由黑白而至彩色又至电子计算机特效，放映形式由单一趋于多元。这种技术上的变革，使得电影在艺术上不断变化，在媒介上具有丰富表现力及较大可塑性。

电影的诞生将人类对艺术的思考提升到一个新的层次，打开了人类文化艺术的新视野。人类的艺术思维从此进入了一个新阶段——影像阶段。1895 年 12 月 28 日是电影诞生的日子。法国卢米埃尔兄弟在巴黎卡普辛路 14 号咖啡馆举行电影公映活动，放映了《工厂大门》《火车进站》《水浇园丁》等短片，真实的生活场景、运动的画面让观众叹为观止。与此同时，法国导演 G. 梅里爱把戏剧的叙事手法引入电影，最早在影片中使用了特技效果。梅里爱的影片虽然对电影进行了一系列的探索，使电影向艺术迈进了一步，但由于他对戏剧美学的恪守，未能找到电影独特的艺术表达手段。

当卢米埃尔兄弟和梅里爱就电影的表现内容各执一端而进入死胡同的时候，美国导演 D. 格里菲斯创作的《一个国家的诞生》《党同伐异》等影片，兼具卢米埃尔兄弟的纪实风格和梅里爱戏剧电影的元素，形成了独具魅力的电影艺术语言。《一个国家的诞生》所开创的蒙太奇叙事方法被世界公认为电影成为艺术的标志。格里菲斯对电影艺术作出了杰出贡献，是电影艺术的奠基人，被誉为“现代电影之父”。

蒙太奇作为电影的叙事语言在苏联的蒙太奇学派得到进一步的发展和开拓。20 世纪 20～30 年代，苏联一批活跃的电影家认为蒙太奇原则是电影创作的基础，被称为“蒙太奇学派”，代表人物有 L.V. 库里肖夫、D. 维尔托夫、V.I. 普多夫金、S.M. 爱森斯坦。库里肖夫通过“库里肖夫实验”揭示了不同镜头加以组接可以获得新的影像含义。普多夫金强调蒙太奇可以表现现实生活中的内在联系，并创造出“联想蒙太奇”等电影形式技巧，使影片充满抒情意味。维尔托夫提出摄影机应当像眼睛一样去观察和表现世界，所拍摄的“新闻片”及其理论对纪录电影产生了深远的影响。爱森斯坦强调蒙太奇不再是单纯的艺术表现手法，而是作为一种思维方式，并在《罢工》《**战舰波将金号**》等影片中践行了这一理念。

与以蒙太奇作为叙事语言为核心的电影表现方式不同，**先锋派电影**是无声时期电影的另一重维度。20 世纪 20 年代，一批艺术家和知识分子在法国开展了先锋派电影运动，其后这一运动的影响遍及欧洲其他国家。先锋派电影强调电影的视觉特性，反对传统的戏剧类叙事结构，电影流派包括**印象派电影**、**达达主义电影**、**超现实主义电影**等，电影作品以《幕间休息》《一条安达鲁狗》为代表。

1927 年在电影历史上具有划时代的意义，《**爵士歌王**》的出现标志着电影的历史从“伟大的哑巴”进入有声时期，电影从此成为视听的艺术。有声电影极大地推动了电影的表现力，挖掘了电影的本性，促进了**类型片**的发展和延伸。1933 年后，由于技术的进一步发展，后期录音得以在电影制作中实现，突破了以往只能同期录音的桎梏。1935 年，世界上第一部公认的彩色电影《**浮华世界**》面世，标志着电影由黑白向彩色的重要转折。

第二次世界大战后，电影的发展进入新的历史时期，在世界各地呈现出多元并进的特点。**意大利电影**、**法国电影**、**德国电影**发展迅猛，相继出现**意大利新现实主义电影**、**法国新浪潮电影**、**左岸派**、**新德国电影运动**等电影流派，这些电影运动及电影思潮不仅宣示了对传统电影观念的反抗，标志着**电影美学**的革命，同时也是世界电影中民族电影运动的重要组成部分。**美国电影**在战后先后受到其他国家民族电影和电视业的冲击，曾在一段时间受到冷遇。20 世纪 60 年代中期到 70 年代，美国出现新好莱坞电影运动，美国电影再次崛起和兴盛。此外，中国、日本、印度等国家的电影事业都取得了长足的发展。

电影如今是遍及全球的大众艺术，它在现代大工业生产比较发达的国家中首先兴起并迅速发展。不同国家、地区和民族的电影，经过短暂的对外来电影的单纯模仿阶段之后，进入将电影本土化移植的阶段，即实现电影本体与本土的结合，使电影与本民族的政治、经济、文化相适应，与本民族民众的生活风俗、伦理道德、文化积累、欣赏习惯相一致。由此，电影在本土的文化土壤中寻求到被社会容纳、大众认同的必要条件。100 多年过去了，各个国家、地区和民族的电影工作者，经过一代又一代人的努力，从本民族文化传统中汲取精华，创作出具有本国或本民族特色的电影，敏感于时代的脉动和变化，积极融入开放性、即时性、互动性的特点，构成了世界电影丰富多样的景观，并以多点散射的方式相互渗透、广泛交流，使得世界电影发展呈现出在宏观上异中求同、微观上同中求异的多元格局。

电视发展简史　电视的兴起，随着世界各国的科研人员对光电转换技术的不断探索而逐步形成，经历了从基础研发到机械电视、电子电视再到数字电视的发展过程。1900 年 8 月，俄国科学家 C. 伯斯基在巴黎举办的第一届国际电子技术会议上宣读了《电与电视》一文，文中首次出现“电视”（television）一词。1881～1936年是电视的基础研发时期，机械电视和电子电视的研发同步交叉进行。这一时期，世界各地的科学家在光电机械扫描盘、阴极射线管发明的基础上，为电视发射和接收系统不断进行技术攻关。

1925年4月，英国科学家J.L. 贝尔德在伦敦一家塞尔福里奇百货商店门前进行了商业表演，为世界上第一次公开的电视表演。同年10月2日，贝尔德再次进行实验，首次实现了电视真人图像的即时传送。随后，贝尔德成立了“贝尔德电视发展公司”，不断对机械电视技术进行发展和完善，被誉为“电视之父”。

1929年，俄裔美国工程师V. 佐利金受聘担任美国无线电公司的电视研究所主任，推出了电视的电子图像显示器，并进行了远程直播展示。经过几年的实验，直至1933年，佐利金研制出可供实际应用的电子电视的完整设备，实现了电视的全电子化，开辟了电视发展的新阶段，被称为“现代电视之父”。

在电视经过基础研发时期后，随着电视技术的进一步发展，电视机开始批量生产销售，世界各国相继开始建立电视台，定期播放节目，电视成为一种大众传播媒介。

1936年11月2日，英国广播公司在伦敦市郊的亚历山大皇宫正式建立了世界第一座电视台，向公众播放了歌舞节目，标志着世界电视事业的诞生。1937年，美国德福雷斯特无线电公司的总工程师A.B. 杜蒙改进阴极射线管，研制出可供批量生产的商用电视接收机，之后第一批以其名作为品牌的“杜蒙”电子电视成功投放市场，进入普通民众家庭。从此，电视从基础研发阶段转入了实际应用阶段。然而，正值电视事业兴起之时，第二次世界大战爆发，战火毁掉了许多国家的电视台，电视节目播放中断。

第二次世界大战结束后，世界各国逐渐恢复了电视事业，电视发展进入繁荣阶段。苏联、法国、英国、美国、日本、德国等国家陆续开启电视事业。其后，电视从欧美主要发达国家延伸到亚非拉美等国家和地区，进入全球电视阶段。中国、澳大利亚、尼日利亚、摩洛哥等国家的电视事业开始起步，获得长足的发展。

随着微电子技术和数字技术的不断革新，电视传播方式出现了卫星电视、数字电视、交互式网络电视、三维立体电视等。电视从模拟电视进入数字电视发展的新阶段。当下，电视已经成为通过电子技术和数字技术将声音和图像转化为电信号，以电视塔、电缆、光缆、通信卫星、互联网等有线和无线方式进行传输，并由电视机、电脑、手机等信号接收终端设备重现的一种信息传播系统。

电影、电视在中国的发展 电影是19世纪末由西方传入中国的。一开始是由外国人在中国放映、摄制影片。1905 年，北京丰泰照相馆摄制京剧舞台纪录片《定军山》，被视为揭开中国人摄制影片的历史序幕。

1905 ～ 1931 年是中国电影人将诞生在西方的电影艺术移植到中国，并在已被西方电影以绝对优势占领的中国电影市场上取得立足之地的拓荒时期。1913 年，中国的第一部短故事片《难夫难妻》问世。之后，相继有电影摄制机构出现，进行国产影片摄制与经营，但均为小规模的、时断时续的、收效甚微的尝试。1923 年，明星影片公司的《孤儿救祖记》以巨大的票房成功证明国产影片在中国市场具有较大的空间，吸引了一批投资者对民族电影业的关注和参与，相继成立了众多电影公司。经过一段时间的迅猛发展，形成以明星影片公司、天一影片公司、联华影业公司这三个初具规模的电影公司为主的制片工业，经历了家庭伦理片、社会言情片、古装片、神怪武侠片等类型片创作热潮的起起伏伏。其中，神怪武侠片以中国传统道德中“侠义精神”为主，将中国武术、中国戏曲中的武打与电影特技巧妙地融为一体。这一时期的中国电影，多以迎合城市市民观众趣味以保证票房收入。在内容上多宣扬封建道德，在形式上多以中国戏曲及文明戏适应观众的欣赏趣味。拓荒时期的中国电影带有浓厚的娱乐色彩和商业性。早期中国电影与五四运动后文学、戏剧、音乐、美术诸多艺术领域中蓬勃兴起的新文化运动相一致，呈现出积极、开放的发展局面，在被外国电影垄断的电影市场上争出了一席之地，使中国民族电影成为中国都市文化生活的一部分，也为中国民族电影业的进一步发展提供了物质、人才、舆论等方面的基础。

1931 ～ 1949 年是中国民族电影事业的探索时期。1931 年 9 月，日本帝国主义侵占东北三省，翌年又发动了淞沪战争，国难当头，民族矛盾尖锐。电影积极地举起反帝反封建的旗帜，确立了大众化的路线方针，汇入民族解放运动、民主革命运动的洪流，发生了与社会时代发展相一致的历史性变革。从 1931 年到 1937 年抗日战争全面爆发，中国左翼电影运动蓬勃兴起，制作了《春蚕》《三个摩登女性》《大路》《神女》《渔光曲》《新女性》《马路天使》《十字街头》等比较优秀的影片，在拓荒时期的基础上产生了质的变化。这一时期，战乱使中国的电影事业几乎陷于停顿。由于摄制基地被毁和胶片来源中断，上海几家规模较大的电影公司被迫停产。上海沦陷后，除一部分电影人在香港、重庆、武汉、延安坚持很少的故事片和纪录片摄制外，大部分电影工作者参加了救亡工作，一部分人转入戏剧等其他领域。抗日战争结束后，经历了八年离乱之苦的广大电影工作者，与社会实际有了更多的接触，对底层社会的生活有了更多的体会，思想、艺术均较前成熟，长期的生活积累与被压抑的创作热情的结合，迸发出可贵的艺术火花，很快就推出了《八千里路云和月》《一江春水向东流》《万家灯火》《丽人行》《乌鸦与麻雀》等优秀影片。这些影片表达了中国人民在民族压迫、阶级压迫下的痛苦呻吟和强烈愤怒，反映了中国人民追求解放的正义要求和革命呼声。尽管在历史条件的限制下，这些影片只能用比较隐蔽的手法来表现，但仍然与广大观众产生了思想感情上的共鸣。与此相应，中国共产党领导下的根据地与解放区也建立了电影摄制机构，以拍摄纪录片为主，为中国革命历史保留了丰富而珍贵的电影资料。这一时期，是中国民族电影发展的重要阶段，电影不仅在中国的土地上立足，而且通过与人民、与时代、与社会进步的联系获得自身发展的活力。电影在社会生活中的影响更为广泛，在文化生活中的地位也比之前大大提高。

1949～1966年是中国人民电影的振兴与发展时期。中华人民共和国成立后，东北、华北、东南、中南、西北、西南相继成立了电影制片厂。1966年以前，全国列入国家生产计划的生产故事片的制片厂规模不一，共7个，它们分别是：**长春电影制片厂**、**北京电影制片厂**、**上海电影制片厂**、**峨眉电影制片厂**、**八一电影制片厂**、西安电影制片厂和珠江电影制片厂。除此之外，还相继成立了**中央新闻纪录电影制片厂**、**上海科学教育电影制片厂**和**上海美术电影制片厂**。这一时期，电影事业得到快速发展。电影国产胶片和电影机械基本可以实现自己制造。电影的发行放映开始走向乡镇、农村、工矿、部队，形成了遍布全国的发行放映网。全国性的电影专业学校、电影专业团体、电影出版和电影科研机构逐步建立，如北京电影学院、中国电影工作者联谊会（后更名为**中国电影家协会**）、中国电影出版社、中国电影科学技术研究所等。

由于社会条件的改变，电影工作者获得更直接、更深入地了解社会生活的便利，这一时期的电影创作继续坚持并发扬中国电影与时代、社会发展相联系的良好传统，反映了中华人民共和国成立后的社会发展和经济建设。革命历史题材成为首先吸引电影创作者关注的领域。同时，中国人民投身社会主义建设的实践活动也迅速地出现在银幕之上，出现了**《桥》《钢铁战士》《白毛女》《翠岗红旗》《渡江侦察记》《上甘岭》《祝福》《李时珍》《青春之歌》《林则徐》《林家铺子》《老兵新传》《红色娘子军》《早春二月》《农奴》《舞台姐妹》**等影片，这些作品在题材内容上较之前有了新的开拓，在艺术构思上也独具特色。这一时期，老一辈电影工作者及新中国培养起来的新一代电影工作者结合起来，形成了一支可观的专业电影队伍。

1966～1976年是中国电影发展的荒芜时期。许多影片和电影人遭到批判，电影制片厂被迫停产，电影相关机构被解散。这一时期，只生产了少量的故事片和所谓的“样板戏”电影，中国电影出现了前所未有的停顿和倒退。

1977年以后是中国电影恢复创伤、重新振兴的时期。1977～1979年，由于电影领域仍处在十年动乱的余悸之中，影片生产处于徘徊、踏步的状态。广大人民对电影的需求越来越迫切，为了适应新的发展形势，1978年，国家批准成立内蒙古电影制片厂、天山电影制片厂、广西电影制片厂和潇湘电影制片厂，使列入国家生产计划的故事片厂增加到了11个。

改革开放时代背景下的广大电影工作者在荒芜的废墟上重建家园、医治创伤的同时，积极解放思想，不断突破禁区，努力开拓视野，吸收世界电影艺术、技术的新成果，恢复了电影与时代、社会相结合的优秀传统，在创作界先后出现伤痕电影、反思电影和改革题材电影创作的热潮，影坛出现了崭新风貌。一批与现实联系紧密、思想内容深刻、艺术上有所创新的电影作品深受观众的欢迎。其中《归心似箭》《巴山夜雨》《天云山传奇》《西安事变》《人到中年》《黄土地》《黑炮事件》《野山》《孙中山》《芙蓉镇》《血战台儿庄》《老井》《红高粱》等，在思想和艺术上都达到前所未有的水平。相当一批中、青年电影工作者在实践中成长起来，脱颖而出，显示出中国电影发展较为广阔的前景。这一时期，相继批准成立了北京电影学院青年电影制片厂、中国儿童电影制片厂、深圳影业公司、云南民族电影制片厂、福建电影制片厂。截至 1988 年，中国列入国家生产计划的故事片厂共有 16 个。

20 世纪 80 年代，随着全国政治、经济、文化领域改革的深入发展，电影领域的体制改革方兴未艾，电影领域释放出蓬勃的活力。90 年代以来，中国电影市场逐步打破封闭的态势，市场化语境下电影的重要选择与发展构成中国电影演进进程中新的历史时期。2002 年，张艺谋导演的《英雄》，开创了中国商业大片之路，电影产业持续走在快速发展的轨道上。

随着电影生产制作、发行和放映各个环节的产业化发展，中国电影产业呈现出庞大的体量和规模，展现出爆发式增长和跨越式发展的态势。从《马背上的法庭》《三峡好人》《香巴拉信使》《盲山》《钢的琴》，到《找到你》《我不是药神》《无名之辈》等电影，时代气息浓厚，创作特色鲜明，与传统题材的表述方式有较大不同。从《建国大业》《建党伟业》《辛亥革命》《建军大业》，再到《湄公河行动》《战狼 2》《流浪地球》等，影片内容表现融入主流价值观，形式上更加类型化，叙事视点更加多元，对人物的塑造也更加丰满。2012 年中国电影市场成为全球第二大电影市场，2018 年第一季度中国电影票房曾超过北美市场，成为全球第一大电影市场。2019 年，中国电影市场保持不断增长的势头，全国电影票房 642.66 亿元，较 2018 年增长 5.4%，其中国产片份额达 64.07%。2019 年新增银幕 9708 块，全国银幕总数达到 69 787 块。2021 年，中国电影虽仍受疫情影响，但中国内地一共上映电影 697 部，银幕总数则达到 82 248 块，全年总票房和银幕总数继续保持全球第一，电影票房达 427.58 亿元，其中国产电影票房占 84.49%。面对疫情和市场的挑战，中国电影以当代视角反映时代发展新变，呈现了新时代的精神气象。

与欧美国家和地区的电视事业相比，中国电视事业的起步较晚。20 世纪 50 年代末到 60 年代中期是中国电视的起步时期，在计划经济体制下，中国电视属于非营利性的事业单位，是国家宣传事业和社会公益事业的重要组成部分。1958 年 3 月 17 日，天津无线电厂试制成功中国第一台黑白电视机，并在当晚试播动画片《小猫钓鱼》。5 月 1 日，中央电视台的前身北京电视台开始试验播出，标志着中国电视的诞生。6 月 15 日，中国第一部电视剧《一口菜饼子》播出。9 月 2 日，北京电视台开始正式播放节目。此后，上海、哈尔滨、天津、广东、陕西、辽宁等省、市也陆续成立电视台或实验电视台。

60 年代末至 70 年代初是中国电视的探索时期，中国电视的制作与传播技术获得了初步发展。1973 年 4 月 14 日，北京电视台彩色节目第一次试播。同年 10 月 1 日，北京电视台彩色节目正式播出，中国电视实现了从黑白节目向彩色节目的转型，并建立了以北京为中心的全国性的基本播出格局。整体而言，处于起步和探索时期的中国电视主要承担宣传教化和社会动员功能，是一种借助新兴技术产生的意识形态的象征物。

70 年代中后期至 80 年代是中国电视发展进程中的黄金时期。1976 年起，中国电视逐渐恢复了文艺类、科教类、体育类节目。1977 年起，地方电视台开始重新开放。1979 年，上海电视台播出了中国电视史上的第一则商业广告。同年 8 月，第一次全国电视节目会议召开，明确提出电视台要独立自主办节目的要求。1980 年 5 月，中央电视台首次播出美国系列片《大西洋底来的人》。1982 年，中央广播事业局改为广播电视部。1983 年，中国第一个电视节目市场成立，中国电视人的市场观念起步。同年，首届中央电视台春节联欢晚会播出，电视作为大众媒介的魅力被进一步激发和强化。与此同时，中国电视剧迎来了创作高峰，推出《西游记》《红楼梦》《渴望》等经典作品。这一时期的中国电视无论在机构建设还是在电视节目内容等方面，都趋向丰富多元的发展态势。改革开放带来的社会思潮直接推动了电视在文化传播中的重要作用，电视文化也在这一时期形成了一个专门、独立的社会文化领域。

90 年代是中国电视的持续发展时期。随着改革的逐渐深入和社会主义市场经济体制的确立，中国电视加快了改革的步伐。1992 年，电视台实行“事业单位、企业化管理”的运营模式。1996 年，中央电视台实行了“栏目带广告、广告带栏目”的广告运作机制。1999 年，电视的产业性质被进一步明确，并向着集团化方向发展。与经济转型同步出现的是电视节目的兴盛，《快乐大本营》《幸运52》等电视节目陆续开播，电视的“大众文化”气质和潜能被进一步发掘。这一时期的中国电视实现了国家、电视机构与市场的协商，完成了从“事业”到“产业”的身份转型。

21 世纪以来，中国电视进入全面市场化时期，并参与全球化的进程。2001 年中国加入 WTO，全球化的浪潮对中国电视产生了深远的影响。在体制机制层面，中国电视的商业性质在这一时期被持续激发和开拓，出现了一批合资性质的电视制作公司，推出了一系列高质量的电视节目。在传播层面，越来越多的中国电视作品走出国门，进入世界市场，同时也引进其他国家或地区的优秀电视作品，实现了“走出去”与“引进来”的全球化路径。同时，数字电视的进程也非常迅速，进一步推动了中国电视的发展。2016 年 4 月，国务院办公厅印发了《关于加快推进广播电视村村通向户户通升级工作的通知》，中国电视从粗放式的全国电视网覆盖工作进入精细化的用户综合服务的新阶段。当下，面对新兴媒介的兴起和冲击，中国电视需要对自身的内容、平台、效果进行有效的调整和转型，以实现在新的时代、社会与文化语境中的生存与发展。

学科分支和研究内容

影视学包括**电影学**、**电视学**、**影视编剧**、**影视导演**、**影视表演**、**影视摄影**、**影视美术**、**影视声音**、**影视技术**等学科分支。

电影学，是关于电影的科学，主要从艺术现象、社会文化现象和大众传播媒介的角度来研究电影。作为一门新兴的学科，它的含义和界定在不同的时期有不同的内容。在传统的分类中，电影学主要指**电影理论**、电影史和电影批评三个部分。第二次世界大战后，电影在发展的过程中与社会学、心理学、美学等产生联系并互相影响，电影学的含义被延伸和扩展。20 世纪 50 年代以来，随着跨学科研究领域的持续开拓，电影学与其他学科的关系更加紧密，研究内容更加丰富和多元。电影学突破了传统的分类框架，旨在建立一种对电影的跨学科综合性的观照，从而出现了**电影社会学**、**电影心理学**、**电影符号学**、**电影美学**、**电影诗学**、电影经济学、电影艺术学、**电影哲学**等新的分类。

电视学，是关于电视的科学，它的研究范围很丰富，主要研究电视的性质、功能、节目制作、经营、管理、技术、制作者、受众及社会影响等。作为一门新兴的学科，电视学主要从电视作为大众传播手段、社会文化现象来进行观照。20 世纪 60 年代，西方主流人文社会科学开始对电视予以关注和研究，从 80 年代开始，电视学成为一个专门的研究领域。它的体系搭建主要借鉴了经典大众传播学、媒介社会与文化研究三种较为成熟的理论体系。一方面，电视学通过对电视作为媒介的特性的研究，考察电视的运作方式及其发展规律；另一方面，电视学将电视看作一种文化现象，将它置于社会结构的宏观语境中去研究，进而展开文化功能的分析和批判。

影视编剧，指创作**影视文学剧本**的工作以及从事创作影视文学剧本的人员。影视编剧创作的剧本包括电影剧本和电视剧剧本，可由一人独立或多人共同完成。电影剧本主要指电影文学剧本，需要标识出场景的时间、地点、事件、人物对白及动作等。电视剧本一般由编剧首先创作故事大纲，之后根据故事大纲创作分集梗概，最后进行分集剧本的具体写作。作为影视艺术作品制作的重要环节，影视编剧承担着重要的功能，不仅需要掌握创作影视作品的艺术技巧和专业修养，还需要拥有较高的思想理论素养和综合知识储备。

影视导演，指影视艺术作品创作中整体负责作品的艺术思想、风格特征、技巧表现的掌舵人。一般而言，影视导演参与影视作品制作相关的所有事项，负责调动并掌握各部门的积极性和创造性，旨在协同完成影视作品的制作。在拍摄前，影视导演参与作品的选定和剧本的构思及创作。在拍摄阶段，影视导演负责演员的选定，运用演员的表演，综合灯光、摄影、录音、美术、音乐等，将剧本呈现于银幕和屏幕上。影视工业是多元专业性技术的综合体，因此要求导演精通各项专业技能。一部影视作品的质量，在很大程度上取决于影视导演的专业素质和修养。

影视表演，指演员根据剧本和导演的意图，在摄影机或摄像机前通过技艺或专长进行艺术创作的过程。在这一过程中，演员不仅要再现剧本的内容和导演的要求，而且要根据自我的理解丰富扮演的人物形象，在再现的基础上创造形象。影视作品分段拍摄的形式与蒙太奇的剪辑手法造成影视表演的非连续性特点，使演员需要在非连续性的“镜头表演”中保持所塑造形象的完整性和一致性。不同于戏剧表演的夸张性，追求生活化是影视表演的基本特征，这要求演员在表演时要将技巧隐藏在生活中，融入生活实感之中。总体来说，体验派和表现派是影视表演中两大代表性流派，它们从舞台表演理论中汲取营养，后来极大地影响了影视表演。在实际表演中，体验派与表现派并非完全泾渭分明，许多人主张两者的结合。

影视摄影，指影视摄影师运用摄影机和光学镜头等专门设备，通过创造性劳动进行影像的获取，将客观对象及其动态的活动记录在胶片或数码存储介质的过程。影视摄影按技法进行分类，可分为普通摄影、动画摄影、特技摄影、特殊摄影、立体摄影等；按片种进行分类，可分为故事片（电视剧）摄影、新闻片摄影、科教片摄影、纪录片摄影、美术片摄影等。从表现手段而言，影视摄影主要分为技术与艺术两种。技术性的表现手段包括摄影机、光学镜头等，艺术性的表现手段包括构图、运动、色彩、光线等。在影视摄影中，电影摄影师或电视摄像师是影视作品创作过程中的主要参与人员，他们的工作贯穿于整个影视作品的制作过程。他们在拍摄前根据剧本对影视作品进行摄影构思，写作“摄影阐述”。拍摄过程中，负责定角度、布光、构图等工作，完成银幕影像或屏幕影像的造型处理。后期阶段，他们的主要工作是补拍、配光等。

影视美术，指影视美术师根据剧本内容和拍摄的具体要求，运用造型手段和技术制作手段对影视作品进行总体造型设计。美术师的创作在影视作品的制作中占据着重要的位置，美术师所承担的造型任务直接关系到最终作品的质量。一位高水平的美术师，一般需要丰富的知识储备、经验和专业素养。影视美术设计的具体工作主要包括外景的选取，内景的设计及服装、化妆、道具的选择和设计等。影视美术设计通常是综合创作的结果，美术师需要与导演、摄影师等主要创作人员共同商讨影视作品的镜头运用、造型设计、影调风格等方面的处理，需要根据统一的艺术构思确定美术设计的方案。

影视声音，一般指通过声音手段来建构影视作品的叙事体系，体现为一种听觉层面的体验。影视中的声音既可以直接参与作品中的叙事，对叙事活动或叙事节奏产生影响，同时也可以间接地对叙事起到渲染或烘托的作用。一般而言，影视声音根据制作工艺的不同，可以分为语言、音乐、音响三类。语言是三类声音中最直接的声音，主要包括对白、独白、旁白等，可通过同期录音或后期配音完成。音乐既具有抽象性和主观性，又富于情绪感染力，在影视作品中起着关键的作用。音响是塑造影视作品环境效果的重要元素，是观众最不易察觉又必不可少的声音，营造了真实可信的感受。

影视技术，指影视艺术创作时使用的各种技术。影视技术包括电影技术和电视技术。电影技术主要指电影摄制、电影放映及电影器材制造技术等。电视技术主要指实现电视传输的科学原理与技术手段的总称。影视技术是在照相学、光学、机械学、物理学、声学、电子学、电信技术、计算机科学技术等相关科学技术的基础上发展起来的。为实现影视作品所需要的独特的艺术效果，影视技术不断与时俱进、更新迭代，同时推动着影视艺术的进步和创作观念的革新。

趋势与展望

在百余年的历史中，电影、电视发展的主流始终与时代、社会进步相结合。不论是电影艺术还是电视艺术的发展，都是在时代不断前进中腾起的一个个浪潮。在这一主流中，影视几乎与百余年来人类生活的政治、经济、科学、文化诸多领域发生了密切的联系。

作为大众传播媒介的一种，影视能够以声画结合的影像语言进行社会、政治、经济等信息的有效传播，甚至可以跨越地域、种族、阶级、语言等各种社会隔阂。影视具有最广泛的受众群体，产生的传播影响力是巨大的。影视既反映了人类社会的变革，又在一定程度上影响着人类社会的变革，成为人类社会生活中的一个组成部分。20 世纪 90 年代以来，随着数字技术的普及，相机、手机及其他摄影工具越来越多，用数字技术制作的电影、电视短片日渐增多，数字影像采集、处理、传输与互联网结合，成为现代技术和影视产业不断发展的产物。因互联网的兴起而诞生的网络影视，为影视发展焕发了新的生机。当下，正处于新的影视变革阶段，一系列快速发展的新技术挖掘了影视的潜能，使影视拥有了无限发展的潜力。影视与新媒介的关系不仅止于外部的融合，更指向新媒介与影视艺术本体的亲密及对影视身份的重新界定和一种新的交互式的、参与式的影视载体的出现，例如虚拟现实、人工智能、元宇宙等与影视的交互，是未来影视发展的重要趋势。

中国影视在长期的演进过程中，始终与世界影视的发展保持着一定的联系。20 世纪 20 年代，中国电影主要受到美国电影的影响，同时也受英国电影、法国电影的影响。30 年代，在苏联电影的影响下，左翼电影运动得以蓬勃兴起。中国电影在叙事手法、结构、电影语言等方面受西方电影的影响颇深，学习、模仿格里菲斯、J. 福特、C. 卓别林的影片时有出现。同时，也受到普多夫金、爱森斯坦、A.P. 杜甫仁科等苏联电影人的影响。1949 年以后，中国电影界派电影实习团赴苏联学习，聘苏联专家指导工作和任教，从体制管理、创作、艺术教育上照搬苏联的模式，学到了许多理论知识和实践经验，但在吸收与借鉴外国电影艺术方面形成“一边倒”。“文化大革命”时期，除上映少量朝鲜、阿尔巴尼亚影片外，中国电影曾一度与世界电影隔绝。1978年改革开放以后，中国再次对世界电影打开大门，电影工作者又接触到世界各国的影片和电影理论，从而开阔了视野。进入21世纪以后，中国电影进一步拓展同世界电影的交流与联系，吸收借鉴，推动了全球化空间下中国电影的新发展。

20世纪50年代末到70年代，中国电视在以意识形态为主导的力量中诞生与发展，确立了中国电视区别于同时期其他国家电视业的独特发展轨迹。改革开放后，在多元开放的社会思潮的影响下，中国电视进入全新的发展时期，实现了真正意义上的自主性增长，形成了一个专门、独立的社会文化领域。90年代，中国电视完成了从“事业”到“产业”的转变，并积极参与世界电视的进程，实现了向市场化、商业化的转型。21世纪以来，在全球化时代中，中国电视的发展与世界电视的进程更趋紧密，电视作为一种软实力的象征在全球化时代中提示着“中国声音”的在场。

无可否认，中国影视正处于前所未有的高速发展态势中，在肯定发展成绩的同时，也面临着原创动力不足、人才队伍不够健全等问题。在全球化的语境中，机遇与挑战并存，中国影视应以更大的勇气与热忱，共同努力，吸收借鉴世界影视科学的积极成果，在纵向继承与横向吸收的交叉点上，积极奋进，实现中国影视新的腾飞。

条目分类目录

说　明

1. 本目录供分类查检条目之用。

2. 目录中凡加〔××××〕的名称，仅为分类集合的提示词，并非条目名称。例如：〔中国影视〕〔作品〕。

影视学（见概观性文章）

〔综论〕

A

阿巴斯·基雅罗斯塔米 Abbas Kiarostami（1940-06-22～2016-07-04） 伊朗电影导演。生于德黑兰，卒于法国巴黎。自幼迷恋绘画，后在德黑兰美术学院学习美术。

早年从事商业广告的制作。1960～1969年总共拍过150部广告片。1969年伊朗青少年教育发展协会邀请他为该协会创立电影部。1970年拍摄了第一部短片《面包与小巷》。1977年拍摄了第一部长片《报告》。他喜欢运用纪录电影手法捕捉生活的原始状态，同时打破现实与幻想的界限，偏爱表现儿童题材。

20世纪80年代后，他不仅在创作上日趋成熟，而且显露出鲜明的创作个性和个人风格。《何处是我朋友的家》（1987）获1989年第42届瑞士洛迦诺国际电影节铜豹奖、评委会奖、费比西特别推荐奖。《特写》（1990）获1990年第14届加拿大蒙特利尔国际电影节魁北克影评人协会奖。《生命在继续》（1991）获1992年第45届法国戛纳国际电影节罗西里尼人道主义精神奖、金摄影机奖。《何处是我朋友的家》《生命在继续》与《橄榄树下的情人》（1994）被称为“生命三部曲”或“村庄三部曲”。《樱桃的滋味》（1997）获1997年第50届法国戛纳国际电影节金棕榈奖。《随风而去》（1999）获1999年第56届意大利威尼斯国际电影节评委会大奖。进入21世纪，又拍摄了《五：向小津致敬》（2003）、《十段生命的共振》（2004）、《航向幸福的旅程》（2005）等。

阿巴斯的电影具有深沉的人文关怀，善于将镜头对准伊朗的儿童和普通民众，冷静客观地关注平凡人的生活，从中挖掘深邃的情感世界。在表现方法上，采用纪录片式的框架，大量起用非职业演员，通过他们即兴式的表演，把握真实生活的节奏和现实的主题。

（赵小青 撰 章柏青 唐建军 修订）

阿尔巴尼亚电影 Albanian cinema 1946年以前阿尔巴尼亚仅有16家私人电影院，上映的都是西方国家的影片。1946年，阿尔巴尼亚人民共和国成立后，开始建立和发展民族电影事业，同时开始拍摄纪录片。1952年7月新阿尔巴尼亚电影制片厂建成，改变了初期只生产新闻片的局面。早期比较好的纪录片有《542号钻塔》（1957，曾在捷克斯洛伐克卡罗维发利国际电影节获奖）、《阿尔巴尼亚之光》（1958）、阿、苏两国合拍的《光荣的道路》以及大型彩色纪录片《阿尔巴尼亚》及《繁荣吧，阿尔巴尼亚！》等。

1953～1954年，新阿尔巴尼亚电影制片厂与苏联莫斯科电影制片厂合作摄制了第一部故事片《伟大的战士》（苏方导演S.尤特凯维奇，阿方副导演V.斯特拉托贝尔，在法国戛纳国际电影节获奖）。在积累了故事片生产经验后，1958年，阿尔巴尼亚独立拍摄了第一部长故事片《塔娜》（编剧F.加塔，导演K.达莫），反映了阿尔巴尼亚农民战胜旧的思想残余，走上农业合作化道路的历程。此后又拍摄了一些反法西斯斗争的影片，如阿、苏两国合拍的第二部故事片《山鹰之歌》（1959，编剧F.季亚塔，苏导演I.奥泽罗夫，阿导演K.达莫），表现了1941～1944年阿尔巴尼亚人民为自由和独立而进行的斗争。

20世纪60年代，反法西斯斗争的题材在阿尔巴尼亚电影创作中占重要地位，有《海岸风雷》（1966，编剧S.彼塔卡尔，导演H.阿卡尼）、《伏击战》（1968，编剧R.阿里拜里，导演M.法戈）、《宁死不屈》（1968，编剧P.达道、G.艾莱芭娜，导演G.艾莱芭娜）、《地下游击队》（1969，编导H.阿卡尼）、《第八个是铜像》（1970，编剧D.阿戈里、V.吉卡，导演V.吉卡）等。此外，也拍摄了一些反映现实生活的影片，如《我们的土地》（1964，编剧P.达道，导演H.阿卡尼），根据J.雷卡的英雄事迹创作的《广阔的地平线》（1968，编剧D.阿戈里，导演V.吉卡）、《创伤》（1969，编导D.阿纳格诺斯蒂）等。此期间还拍摄了一部分间谍片，如《特殊任务》（1961，编剧H.琪罗，导演K.达莫）、《最初的年代》（1965，编剧F.加塔，导演K.达莫）和《脚印》（1970，编剧P.达道，导演K.达莫）等。阿尔巴尼亚对生产儿童片比较重视，反映少年儿童对敌斗争及锻炼成长的影片有《他们也在战斗》（1961，编剧N.加里卡，导演H.阿卡尼）、《勇敢的人们》（1970，编剧F.多比，导演G.埃列巴拉）等。

70年代反映民族解放战争的历史题材片比重仍比较大，有《绿色的群山》（1971，编导D.阿纳格诺斯蒂）、《天亮的时候》（1971，编剧A.贡杜、K.狄罗、B.米尔卡尼，导演B.米尔卡尼）、《比死亡更有力》（1974，导演G.埃列巴拉、B.米尔卡尼）、《初春》（1975，编导P.达道）、《最后的冬天》（1976，编剧I.穆乔，导演D.达法）等。间谍片有《烈火行动计划》（1973，编剧M.多达尼，导演M.费佐）、《斩断魔爪》（1976，编剧N.托萨，导演M.费佐）。现代题材影片有《春天的旅行》（编剧C.瓦拉希，导演K.马塔）及根据I.卡达莱的小说《严寒的冬天》改编的《针锋相对》（1979，导演K.察什库和B.米尔卡尼）等。儿童片有《宫廷政变》（1972，根据作家B.戴迪亚的同名小说改编）、《光明之河》（1975，编剧A.塞尔加，导演I.扎布亚库）、《墙上的红罂粟》（1976，导演D.阿纳格诺斯蒂，在意大利第15届青年儿童电影节获奖）。1971年，创作了第一部喜剧片《英雄汉》，讽刺了轻视妇女的思想。1974年，拍摄了一部芭蕾舞片《山姑娘》（编导A.阿利阿伊）。

80年代反映民族解放斗争的历史片有《上山的火焰》（1981）、《第二个十一月》（1982，在意大利第15届青年儿童电影节上获奖）、《延缓结婚》（1986）等。反法西斯影片有《秋天的责难》（1982）、《决定》（1984）、《三个穿斗篷的人》（1985）等。反映现实的现代题材影片有所增加，如反映新旧农村对比的《两个故事的范围》（1981），表现工人生活的《同志们》（1983），表现青年人的日常生活、爱情、家庭的《好心人》（1981）、《慈善的人》（1982）、《温暖的手》（1985）、《爱自己的名字》（1985），反映青年人教育问题的《幻想的安乐椅》（1985），反映人与人之间关系的《生活的起点》（1986）等。儿童片有《我们的蒂尔同志》（1982）、《喜爱的房子》（1982）、《塔乌里亚想有妹妹》（1984）等。喜剧片有《判决》（1985）等。

阿尔巴尼亚电影的主要创作人员有：编剧F.加塔、P.达道、D.阿戈里、N.托萨、K.狄罗等；导演K.达莫、H.阿卡尼、M.费佐、V.吉卡、P.达道、K.马塔、D.凯科；演员K.罗希、M.夏那其、S.普罗西、H.弗拉舍里、E.玛诺、P.玛尼、N.罗查、D.希斯基耶、T.库尔蒂、R.阿那诺斯蒂、A.桑托等；摄影师S.柯高纳、F.巴沙、I.杰尔比尼、B.卡尔德、B.罗波耶等。

阿尔巴尼亚自1976年开始在地拉那举行本国电影节。

从70年代中期至80年代中期，阿尔巴尼亚国产电影产量明显增加，新阿尔巴尼亚电影制片厂年产艺术电影平均10部以上，国家电视台也开始参与电影制作，国内每年举办电影节，观影人数大增，电影人代际更替和专业化程度提升，涌现出导演D.阿纳格诺斯蒂、K.恰什库、V.普里弗蒂、X.凯科等，编剧P.达道、V.科雷希、K.布鲁希、N.托扎伊、N.塔法、N.拉科等一批优秀电影人，电影业呈现出短暂繁荣局面。但80年代后期起，随着电视的普及，加上电影发展模式封闭、资金匮乏、技术老化、主题固化等因素，国产电影逐步陷入低谷。影片主题，70年代中后期仍以反映民族历史、社会问题来塑造国家形象为主，80年代则以道德、思想、青年、女性等视角呈现人与社会、人与人复杂关系的影片占主导地位，既反映出其遵循苏联东欧电影业模式的发展轨迹，也在电影艺术独特性、满足公众美学需求方面有所探索。这一阶段的著名影片，表现历史主题的有《针锋相对》（1979），表现民族身份主题的有《36年音乐会》（1978），表现战争主题的有《留声机将军》（1978），表现社会主题的有《小贝尼》（1975）、《温暖的手》（1983）、《艰难的开始》（1986）、《我车厢里的弗卢杜拉》（1988），文学作品改编的影片有《不速之客》（1985）、《亡军还乡》（1989）以及喜剧片《来自往昔的童话》（1987）等。

90年代，随着社会制度的重大变革，阿尔巴尼亚电影国有化体制一夜之间瓦解，电影业进入转型期，电影厂制作间被改造为私立电视台演播厅，大多数电影院被迫关闭或改为他用。1997年后，电影业渐渐走出崩溃和动荡的阴影，影片产量渐渐恢复到每年2～3部的水平，这一阶段的影片关注历史反思与批判、移民生活与社会问题等，风格更加多元与国际化。B.毕沙、G.朱瓦尼、F.科奇、P.鲁卡、A.米纳罗利等新一代导演成熟起来，部分影片还赢得国际电影节奖项，产生了一定的国际影响。主要影片有《马之死》（1992）、《母亲之心》（1994，获意大利萨来诺国际电影节银奖）、《最后的爱情》（1995）、《碉堡上校》（1996）、《萨科的婚礼》（1998）、《葬礼生意》（1999）等。

21世纪以来，主要影片有《口号》（2001，获日本东京国际电影节最佳影片奖、最佳导演奖）、《地拉那零年》（2001，获希腊塞萨洛尼基国际电影节金亚历山大奖）、《红花，黑花》（2003）、《魔眼》

《口号》剧照

（2005，获埃及开罗国际电影节最佳编剧奖）等。《阿尔巴尼亚人》（2010）、《血之救赎》（2011，获德国柏林国际电影节最佳剧本银熊奖）、《玛娅》（2011，上海国际电影节参展影片）、《世界》（2014）、《等不到的黎明》（2017）、《代表团》（2018，获波兰华沙电影节大奖）等合拍片也为世界了解阿尔巴尼亚民族历史、传统文化与现实社会提供了重要视角。

（程一虹　陈逢华）

阿尔及利亚电影　Algerian cinema　1920年，美国和法国开始在阿尔及利亚拍摄影片。1947年，法国人在阿尔及利亚建起制片厂，随后拍摄了一批有关生活、文化、旅游的短纪录片。1957年，民族解放阵线成立电影培训学校，开始拍摄民族武装斗争的短片，代表作主要有R.伏几埃的《阿尔及利亚在燃烧》（1959）、M.拉克达·哈米纳的《人民之声》（1961）和《茉莉花》（1961）。1962年，阿尔及利亚独立。1965年，成立本·阿克努电影学院和电影资料馆。1967年成立国家电影工商局和纪录片处，主管电影摄制。1969年，开始将法国人垄断的制片及发行业收归国有，直至20世纪80年代，是唯一把电影制片和发行控制在政府手中的阿拉伯国家。1974年，成立视听艺术协会、电影工作者工会以及电影、电视俱乐部。

1962～1971年生产的影片基本上都是反映人民解放运动、民族解放战争的“战争电影”（或称“圣战者电影”）。故事片主要有法国导演J.夏尔比的《如此年轻的世界》（1964，描写战争中的伤残儿童，获1965年爱丁堡国际电影节奖），M.巴基亚的《夜晚怕太阳》（1965，描写阿尔及利亚民族资产阶级的思想与生活），拉克达·哈米纳的《奥雷斯山上的风》（1966，在戛纳国际电影节上获奖，描写普通家庭的民族意识觉醒），意大利导演G.彭泰科沃的《阿尔及尔之战》（1966，获意大利威尼斯国际电影节金狮奖），S.里亚德的《道路》（1968，描写集中营中与侵略者做斗争的地下组织）、《塔哈尔检察官》（1969），A.托尔比的《被跟踪的人》（1969）、《打开秘密的钥匙》（1971），A.拉赫迪的《鸦片和棍棒》（1970）等。纪录片主要有拉克达·哈米纳的《阿尔及利亚，第一年》（1963）和《该死的黎明》（1965）。

1971年11月阿尔及利亚进行土改，政府要求电影反映革命。此后，一批青年人拍出有关农业革命的故事片，被称为“青年电影”。它们重新解释了解放战争，揭露封建制度的束缚和落后习惯势力的影响。代表作品主要有S.A.马齐夫的《黑色的汗水》（1970），M.布阿马利的《烧炭工》（1972）、《遗产》（1974），A.托尔比的《努阿》（1972），拉克达·哈米纳的《十二月》（1972）、《斋年纪事》（1975）、《沙漠的风》（1982），D.达玛尔奇的《幸福家庭》（1973），S.里亚德的《南风》（1975）、《一个阴谋的剖析》（1978），M.阿卢瓦赫的《奥马尔·加特拉托》（1976），拉·梅尔巴赫的《掠夺者》（1976），拉赫迪的《幻想国里的阿里》（1979），T.穆夫梯的《阿尔及利亚的麻雀》（1979），K.比恰拉的《血的命运》（1979）等。1983年，导演D.乌齐尔、B.布格曼和M.格拉尔的《形形色色的案件》表现土改等社会政治问题，受到广泛重视。

20世纪80年代中期至90年代，阿尔及利亚电影开始衰落，一年生产影片2～3部，鲜有大制作电影问世。影院和放映业保持较好势头，仅次于埃及和南非，在非洲居第三。电影放映队（流动影院）在全国各地放映。90年代较有代表性的电影有M.乌卡西的喜剧《费村的狂欢节》（1994）和M.阿鲁什导演的《巴勃圣乌尔德城》（1994）、《你好兄弟！》（1996）。同时，阿尔及利亚电影市场的法语电影比例上升，阿拉伯语电影减少，这是由于90年代大量移民进入法国，刺激了法语电影在阿尔及利亚的市场。

21世纪，阿尔及利亚与法国等欧洲国家合作拍摄影片，同时出现了一批优秀的作品。如女导演D.萨拉乌亚拍摄了反映女性抗争和生活的影片《够了！》（2006）和《耶玛》（2012），M.阿鲁什导演了《正常化！》（2011）、《忏悔者》（2012）、《勇气夫人》（2015）、《圣风》（2018）等影片，L.萨勒导演了《幻想的婚礼》（2008）和《来自奥兰的男人》（2014）等。

（陆孝修　撰　秦喜清　修订）

阿尔芒都，N.　Néstor Almendros（1930-10-30～1992-03-04）　美国籍西班牙裔电

影摄影师。生于西班牙巴塞罗那，卒于美国纽约曼哈顿。1939年，父亲被迫流亡，他和家人仍然留在西班牙。1949年，全家迁至古巴哈瓦那生活，在那里上了大学，主修哲学和文学。出于对电影的热爱，他和一群志同道合的年轻朋友组成哈瓦那第一个电影社团，经常放映J.雷诺阿和S.M.爱森斯坦等电影大师的影片。1956年，赴意大利罗马中央影艺学院学习电影课程。1959年，来到美国纽约拍摄完成了自己的第一部短片《58—59》。1960年，回到古巴为政府工作，拍摄了许多纪录短片。1961年，离开古巴来到法国，偶然的机会拍摄了电影《巴黎见闻》，之后进入法国教育电视台工作。

1966年，在法国导演E.侯麦的故事片《女收藏家》中担任摄影师，从此开启了他的电影摄影生涯。1978年，在《天堂之日》中担任摄影师，获第51届美国电影奥斯卡奖最佳摄影奖。1979年，在《**克莱默夫妇**》中担任摄影师，获第52届美国电影奥斯卡奖最佳摄影奖提名。1980年，在《青青珊瑚岛》中担任摄影师，获第53届美国电影奥斯卡奖最佳摄影奖提名。同年，在《最后一班地铁》中担任摄影师，获第6届法国电影凯撒奖最佳摄影奖。1981年，在《碧玉夜惊魂》中担任摄影师，获第54届美国电影奥斯卡奖最佳摄影奖提名。1982年，在《苏菲的抉择》中担任摄影师，获第55届美国电影奥斯卡奖最佳摄影奖提名。

他和侯麦还合作拍摄了《慕德之夜》(1969)、《克莱尔之膝》(1970)、《下午的柯莉》(1972)、《某伯爵夫人》(1975)、《沙滩上的宝莲》(1983)等。与法国导演B.舒莱提合作拍摄过《更多》(1968)、《云雾遮蔽的山谷》(1971)、《阿敏将军》(1974)、《情妇》(1975)等影片。他合作最多的导演是法国新浪潮电影代表人物**F.特吕弗**，拍摄了《野孩子》(1969)、《婚姻生活》(1970)、《两个英国女孩》(1971)、《巫山云》(1975)、《阿黛尔·雨果的故事》(1975)、《绿屋》(1977)、《爱女人的男人》(1977)、《消逝的爱》(1978)、《激烈的周日》(1982)等，成为法国新浪潮电影时期的主创之一。

阿尔芒都被公认是现代电影摄影的创始者之一，其最大的贡献在于创建了一套完整的自然光效的用光观念与照明技巧，他也是较早真正自觉地利用自然光并将自然光效发展到尽善尽美的摄影师，创立了电影摄影的写实主义，强调光线的自然影调。他不主张用画面“美”去妨碍剧情的发展，而是主张把两者很好地结合起来，让摄影服务于电影故事本身，造成一种“天衣无缝”的效果。无论用光还是色彩，他都追求一种简朴、典雅的写实特色，没有特别的夸张、强烈的象征和晦涩的隐喻。他一生拍摄了39部电影作品，拍摄的其他影片还有《绅士流浪汉》(1973)、《向南行》(1977)、《心田深处》(1984)、《心火》(1986)、《防弹的爱情》(1987)、《纽约故事——生命之课》(1989)等。

（梁　明）

《阿凡达》 *Avatar*　美国彩色故事片。20**世纪福克斯电影公司**2009年出品。编导，J.卡梅隆；摄影，M.费奥利；主演，S.沃辛顿、Z.索尔达娜、S.韦弗、S.朗、M.罗德里格兹。

故事讲述了下身瘫痪的退役海军陆战队下士杰克·萨利在冬眠箱里沉睡5年9个月22天后来到“潘多拉”星球。他与去世的双胞胎哥哥有着相同的基因，因此被邀来继续完成一家私人企业的投资计划。格蕾丝·奥古斯汀博士用人类基因结合纳美人的基因培养出新生命体——“阿凡达”，从而使人类可以进入纳美人生活的潘多拉星球。阿凡达具有人类的意识和能够适应潘多拉星球的身体。萨利的任务就是进入潘多拉星球，赢得对方信任，说服土著的纳美人离开世代居住的家园。这样，公司便可以砍伐该地区的原始森林，开采地下昂贵、丰富的超导矿石。在与纳美人的交往中，萨利爱上了酋长的女儿奈蒂莉，同时认同了纳美人与自然和谐相处的生活方式。他知道纳美人不会放弃家园，因而他在保护纳美人的家园和执行上级命令之间左右为难。公司经理帕克·赛尔弗里奇和雇佣军代表迈尔斯上校逐渐失去耐心，决定用武力驱逐纳美人。萨利与奥古斯汀博士等人同纳美人站在一起，开始了一场保卫家园的战斗。

影片通过大自然在开发与保护中存在

《阿凡达》海报

的问题，探讨了文明的多项选择，对一味追逐利润的生产方式提出质疑，批判了人类的自大和贪婪。影片采用联合数字立体摄影机，运用“动作捕捉”技术，成功塑造了潘多拉星球上身高10英尺的纳美人，把非真人角色的制作推向新的水平。影片上映后掀起一轮观影热潮，票房破全球历史最高纪录。影片2010年获第82届美国电影奥斯卡奖最佳摄影奖、最佳视觉效果奖、最佳艺术指导奖，第67届美国电影金球奖最佳导演奖和最佳剧情片奖。

（甄晓文）

《阿甘正传》 *Forrest Gump*　美国彩色故事片。派拉蒙影业公司1994年出品。编剧，E.罗斯；导演，R.泽米基斯；摄影，T.伯吉斯；主演，**T.汉克斯**、R.怀特。

故事讲述了轻微智力障碍的阿甘生性憨厚、办事执着，而且似乎还有点天命辅佑，因此他的人生旅途总是歪打正着，取得常人难以企盼的成就。他先后成为橄榄球星、越战英雄、乒乓球国手、捕虾大王，富裕后又乐善好施。他对青梅竹马、后误入嬉皮歧途的珍妮一往情深，在感化珍妮后，珍妮与他结婚生子，可惜珍妮命蹇早逝。阿甘埋葬了珍妮，对儿子寄予一片深情。

《阿甘正传》剧照

影片以温情的叙事和史诗的格局，塑造了阿甘这一独特的人物形象，展现了人性中诚实、守信、认真、勇敢等美好品质，肯定了传统道德价值及社会主体文化。影片具有乖僻喜剧的风格，阿甘这个正直、憨态可掬的普通美国人未受社会污染，他身上体现了以“乐天、奋斗、成功、富裕”为特征的美国精神，因而深受美国观众的欢迎。影片制作时大量采用电脑高科技，因此有很多虚拟的真实画面，取得了不俗的观赏效果。影片1995年获第67届美国电影奥斯卡奖最佳影片奖、最佳男主角奖、最佳导演奖等6项奖，第52届美国电影金球奖最佳影片奖、最佳男主角奖、最佳导演奖，第48届英国电影学院奖最佳特效奖，第21届美国电影人民选择奖最受欢迎电影奖、最受欢迎剧情片奖，第

21届美国电影土星奖最佳奇幻电影奖、最佳男配角奖。

（仲　霞　撰　章柏青　唐建军　修订）

阿根廷电影 Argentinean cinema 1896年，电影传入阿根廷。1897年，法国人E.皮伊拍摄了阿根廷第一部短片《阿根廷的旗帜》。1900年，阿根廷第一家影院落成。1908年，意大利侨民M.加洛拍摄了故事片《枪决多雷戈》，阿根廷电影由此诞生。1915年，H.凯罗导演了描写雇工同庄园主斗争的故事片《加乌乔人的尊严》，获得成功。1919年，H.基罗加与G.贝诺伊特拍摄了表现城市工人暴动的影片《没有衣服的胡安》，是第一部反映社会问题的影片。20世纪20年代，好莱坞电影占据了阿根廷电影市场。这一时期，J.A.费雷拉为阿根廷电影作出了贡献，他的作品多表现城市平民生活，富有人情味，如《死亡的探戈》（1917）、《当布宜诺斯艾利斯沉睡的时候》（1922）、《对不起，老太太》（1927）、《布宜诺斯艾利斯的洋娃娃》（1931）等。

1933年，阿根廷最大的电影企业索诺影片公司成立，导演L.M.巴尔特拍摄了第一部有声片《探戈》。30～40年代，阿根廷的电影产量逐渐增加，样式也较多，有情节剧、喜剧、社会正剧、历史片等；富有民族文化特色的电影样式探戈影片打开了国际市场，在拉丁美洲颇受欢迎。L.萨斯拉夫斯基注重形式美，拍摄了《发生在三点钟的罪行》（1937）、《一个爱情的诞生》（1938）、《鬼妇》（1945）等。剧作家出身的导演L.托雷斯·里奥斯的作品一般不触及政治，而是描写平民的日常生活，如喜剧片《鸽子大院》（1936）、家庭伦理片《归巢》（1938）、描写人们热爱足球运动的《布球》（1943）等。M.索菲西是一位杰出的导演，以拍摄揭露性影片闻名，如《北风》（1937）、《111公里》（1938）、《老医生》（1939）、《无名英雄》（1940）、《灰色平民区》（1954）等，在阿根廷电影史上占有重要地位。L.德马雷擅长历史题材，《加乌乔之战》（1942）、《潘帕斯莽原》（1946）是他的优秀作品。M.罗梅罗是位多产的喜剧片导演，其作品娱乐性强，如《船上的孩子们》（1936）、《从前不打发蜡的小伙子们》（1937）等。

第二次世界大战期间，阿根廷电影在数量和质量上都开始下降，原因之一是阿根廷政府亲纳粹的政治态度招致美国的经济报复，停止供应胶片。此外，阿根廷电影在经营管理上也存在严重问题。

在1946～1955年庇隆政府执政期间，阿根廷虽然制定了一些保护电影事业的措施，但是对意识形态严格控制，一些电影工作者因无创作自由告退影坛，或移居国外。阿根廷虽然提供拍片经费，但结果是产量多、优秀者少。当时最著名的影片是H.德尔卡里尔根据A.巴雷拉的小说改编的《血的河流》（1952），描写了20世纪初上巴拉那河种植工的悲惨生活。

50年代中期，由于政治形势有所变化，电影审查比较宽松，庇隆时代流亡国外的电影工作者返回祖国，电影又呈现一时的繁荣。全国出现许多电影俱乐部，成立了短片导演协会和实验电影协会，电影学院与圣菲纪录电影学校也都于1956年建立起来。此时期的重要影片有德马雷拍摄的反映尖锐现实的《寂静之后》（1956）、《大墙后面》（1957）、《沙福拉》（1959），德尔卡里尔拍摄的表现贫农生活的《白土》（1959）、《这是我的土地》（1961）等。

圣菲纪录电影学校附属于国立里托拉尔大学，宗旨是创建阿根廷现实主义电影，真实反映人民生活。学校聘请F.比利为校长，在比利的培养与指导下，成长起一批年轻人。他们不仅拍摄了具有社会学研究价值的、被压迫阶层人民生活的纪录影片，如《请扔下一个十分硬币》（1958）等；而且还拍摄了故事片，如F.比利的《被大水淹没的人们》（1962）、S.菲尔德曼的《大生意》（1959）等，被称为“阿根廷新电影”。在法国新浪潮电影的影响下，他们中的一部分创作者追求影片艺术结构的完美，表现在人吃人的资本主义社会里人的孤独心理和“迷惘的一代”等。这方面的影片有J.M.苏亚雷斯的《破裂》（1960）、R.库恩的《年轻的老人》（1961）、L.穆鲁亚的《阿利加斯·加德利托》（1961）、D.J.科恩的《安娜的三个故事》（1961）、M.安廷的《奇数》（1961）等。60年代中期，阿根廷新电影便走向衰落。

F.阿亚拉是这一时期成名的重要导演，他最著名的作品是涉及当代政治问题的《领袖》（1958）和《竞选人》（1959），其他作品还有《被俘虏的葆拉》（1963）、《幻想的日子》（1979）、《纸醉金迷》（1984）、《噩梦的过客》（1984）等。L.托雷·尼尔松是最有国际声誉的阿根廷导演，他的作品富于理性，有深度，如《天使之家》（1957）、《最后一幕》（1959）、《1900年的一个美男子》（1960）和《圈套里的手》（1961）等影片，批评了政治寡头和贵族阶层的某些观念。他的作品还有《马丁·菲耶罗》（1968）、《自由的石头》（1976）等，他的影片多次遇到审查的麻烦。

在国家频繁的政变之中，60年代末期出现了“**第三电影**”。1968年，在阿根廷出现了若干地下电影小组。其中一个小组由5名导演（R.贝切尔、N.帕特诺斯特洛、H.H.斯塔格那罗、A.菲舍尔曼和R.德拉托雷）组成，名为“五人小组”，他们主要是创作与现实毫不相干的实验电影。另一小组名“解放电影小组”，该小组认为电影的使命在于参加人民的解放战斗，它的主要代表人物是F.索拉纳斯和O.赫蒂诺，1966～1968年在地下完成的巨型纪录片《**燃火的时刻**》是这个小组的纲领性作品，影片揭露了阿根廷和整个拉丁美洲的政治形势。此外，还有一些电影工作者匿名拍摄一些地下影片，如《阿根廷解放之路》等。“第三电影”有一个地下发行放映网。

70年代初，一些导演开始拍摄“政治电影”，如R.格莱塞尔的《墨西哥：冻结的革命》（1970）、H.德龙的《屠杀行动》（1972）。70年代中期，在庇隆夫人执政期间，一些导演利用有利时机，拍摄了少量揭露性的有一定社会意义的故事片，如H.奥利韦拉的《动乱的巴塔戈尼亚》（1973）、R.乌里切尔的《克布拉乔》（1973）等。1976年3月军人政变后，一些进步导演又流亡国外，银幕上又充满了商业影片。由于大多收不回成本，1982年仅生产影片17部，加之对放映外国电影限制颇多，所以44%的影院倒闭。这时期，最活跃的导演是专门拍摄黑色影片和动作片的A.阿里斯达伦，他的《复仇的时刻》（1981）和《受害者最后的时日》（1982）在国内很受欢迎，在国际上也屡次获奖。女导演M.L.本贝格擅长拍摄妇女问题题材影片，其拍摄的《瞬间》（1981）和《谁的太太也不是的女人》（1982），在国内外都取得成功。

1983年10月，R.阿方辛当选总统后，宣布取消审查，成立国家电影局，任命M.安廷为局长，电影事业逐渐复苏。一批质量优秀、内容深刻的影片既赢得了国内观众，也获得了国际声誉，如《不再有痛苦，也不会忘却》（1984，H.奥利韦拉导演）、《参议院谋杀案》（1984，J.J.胡西德导演）、《醒悟》（1984，A.多利亚导演）等。M.L.本贝格的《卡米拉》（1984）获第57届美国电影奥斯卡奖最佳外语片奖提名。还有相当一部分影片表现出对历史的反思，其中以L.普恩索的《官方说法》（1985）最有名，该片触及了阿根廷社会最敏感的"失踪者"问题，获第58届美国电影奥斯卡奖最佳外语片奖。根据1983年4月颁发的电影法草案，国家电影局从全国电影票房收入中提取10%，对影片实行补贴。面对来自美国电影的冲击，1987年创建的国家电影和视听艺术学院（INCAA）一直支持阿根廷的电影工业，公开补贴电影制作者。

90年代，阿根廷出现了另一波新电影浪潮。1991年，M.贝奇斯完成《铁丝网》。1992年，社会活动家兼电影制作人索拉纳斯导演的《旅程》，用超现实主义手法描绘了拉丁美洲的社会状况，获第45届法国戛纳国际电影节评委会大奖。阿根廷电影虽然仍然存在种种问题，但1992年还是出现了E.苏比耶拉导演的《心灵的黑暗面》和A.阿里斯塔恩的《世界上的一个地方》。许多导演在阿根廷的历史和文化中寻找题材，如《爱德华多·米格诺纳的失败》（1990）、M.露易莎导演的《你不讨论某些事》（1993）等。1996年，A.格里斯蒂执导的《布宜诺斯艾利斯》表现了布宜诺斯艾利斯贫困人群的生活。1997年，B.斯塔纳罗执导的《比萨、啤酒、烟》表现了失败者和施暴者的复杂人性。90年代末，阿根廷电影更加关注日益增多的社会问题，如无家可归者和犯罪者。

21世纪之后，阿根廷电影常涉及严肃的政治和社会问题，如M.罗德里格兹导演的有关拐卖儿童的《迷失的步伐》（2001），索拉纳斯拍摄的有关2001年经济危机的影片《洗劫回忆录》（2004），T.鲍尔重温"马尔维纳斯群岛战争"的《火焰》（2005），A.卡塔诺讲述1977年4名足球运动员逃离死亡的《逃亡纪事》（2006）。此外，还拍摄了表现普通人生活、探索人们情感世界的作品，如D.利普斯伊克导演的《船厂》（2000）描绘了萧条时期阿根廷生活的艰难，P.荷娜黛兹导演的《遗产》（2001）聚焦移民问题，A.阿里斯塔里安导演的《平常地方》（2002）讲述了一个老教授的退休生活，E.米格诺纳导演的《埃及艳后》（2003）讲述了一场不可能的友谊，K.索林导演的《狗》（2004）讲述一名失业者和一条纯种名犬的曲折遭遇。2009年，J.J.坎帕内利亚执导的《谜一样的双眼》获第82届美国电影奥斯卡奖最佳外语片奖、第24届西班牙电影戈雅奖最佳西班牙语外语片大奖，标志着阿根廷电影的新成就。2014年，D.斯兹弗隆执导的电影《蛮荒故事》获第87届美国电影奥斯卡奖最佳外语片奖提名等。

（郑黎明　撰　秦喜清　修订）

《阿基拉》 *Akira*　日本彩色动画片。东宝株式会社1988年出品。根据**大友克洋**同名长篇漫画改编。编剧，大友克洋、桥本以藏；导演，大友克洋。

故事讲述了东京1988年毁于新型爆炸物，31年后在东京湾重建的新东京一片繁华景象。奥运会即将在这里开办，但也充斥着各种不和谐因素。某天夜里，中学生金田、铁雄等人去官方禁驶的公路上开飞车，发现警察后掉头。一名受伤流血的男子和一个小孩被警犬追踪，男子被警察打伤倒地、血流如注，让小孩逃走去找大龙。小孩看到男子被警察打伤后尖声大叫，周围房屋应声倒塌，小孩消失不见。大龙和凯伊在旁边目睹了这一幕。开飞车的铁雄为躲闪小孩跌倒受伤。赶到的军方直升机将铁雄和小孩一起带走。铁雄在实验室里接受检查，科学家向上校报告说他的特征波形、发展速度和构造是从未见过的，可能与26号实验体接触有关，上校让他把波形与"阿基拉"相互对照。原来新东京的军队正用活人做实验以进行新武器和超能力研究，小孩是活体实验26号。大龙、凯伊在内的反政府组织成员几次想带走这些实验用活体而失败。醒来的铁雄头疼不已，渐渐意识到自己有了可怕的足以和军队抗衡的超能力，心理上有了一丝快感，他用意念驱使超能力打败各路敌手。铁雄来到奥林匹克场馆，找到拥有超能力的"阿基拉"，并且破坏了"阿基拉"沉睡的药瓶，自己超能力也发展到无法自我控制的程度。活体实验超能力25号、26号、27号预感到铁雄的危险，联手使"阿基拉"复活后一起将铁雄带走。金田和凯伊从死一般沉寂的东京都废墟里爬出来。

影片主题涉及对权力和秩序的思考，以及对科学未知领域的恐惧，对人性弱点的担忧，表达了滥用科学是自我毁灭的观点。影片写实风格浓厚，节奏快，灾难场景生动逼真。影片中，机械设定、场景设计都精工细作，金田的机动车身上贴的各种装饰反映了20世纪80年代流行的各种热潮。影片音乐由艺能山城组演奏，印尼传统甘美兰敲击乐和电子音乐混在一起形成的声音充满科幻感，与影片风格相得益彰。影片采用先期配音方式，一般有限动画里人物的嘴的动态是3种，该片中嘴的口型采用了与元音相同的5种动态。《阿基拉》总作画约15万张，制作费达到了当时日本动画界前所未有的10亿日元之多。

《阿基拉》剧照

（刘桂华）

阿米尔·汗　Aamir Khan（1965-03-14～　）印度电影演员、导演、制片人、主持人。生于孟买。出身于电影世家，父亲和叔叔均是宝莱坞著名的编剧和导演。8岁时首次登上银幕，出演叔叔N.侯赛因执导的影片《西方的回忆》。

1984年，在影片《人生旅途》中担任副导演。1989年，在影片《灰飞烟灭》中担任主角，获第36届印度国家电影奖最佳男主角奖。1999年，在动作片《义无反顾》中出演印巴边境的抗暴警察阿贾伊。2001年，在其创办的制片公司出品的首部电影《印度往事》中担任制片人、主演，获第47届印度电影观众奖最佳男主角奖、第74届美国电影奥斯卡奖最佳外语片奖提名。2007年，执导《地球上的星星》，获2008年宝莱坞人民选择奖最佳导演奖、第53届印度电影观众奖最佳导演奖等多个奖项。2009年，主演《**三傻大闹宝莱坞**》，获第55届印度电影观众奖最佳男主角奖。2016年，主演传记片《摔跤吧！爸爸》，影片不仅在印度引起社会关注，在中国上映后也引发强烈反响。

阿米尔·汗坚持自己的电影梦想，情感丰富有韧性，是宝莱坞的全能演员。他参演的影片还有《冷暖人间》（1988）、《为爱痴狂》（1990）、《情牵一线》（1993）、《假假真真》（1994）、《艳光四射》（1995）、《古拉姆》（1998）、《1947：大地》（1999）、《终成眷属》（1999）、《复仇的火焰》（2000）、《心归何处》（2001）、《抗暴英雄》（2005）、《为爱毁灭》（2006）、《未知死亡》（2008）、《河边的男洗衣工》（2011）、《觅迹寻踪》

《印度往事》剧照

（2012）、《幻影车神：魔盗激情》（2013）、《我的个神啊》（2014）、《神秘巨星》（2017）等。此外，他还主持电视节目《真相访谈》，以另一种方式传达他的思想，积极推动着印度社会的进步。2013年，入选美国《时代周刊》评选的“全球百大影响力人物”，被誉为“印度的良心”。

（肖 庆）

阿普三部曲 The Apu Trilogy 印度故事片。阿普三部曲共包括三部影片，分别为《大地之歌》（1955，又译《大路之歌》《道路之歌》）、《大河之歌》（1956，又译《不屈者》）、《大树之歌》（1959，又译《阿普的世界》）。分别由西班牙政府、天使数字有限公司和艾佩克制片公司、萨蒂亚吉特·雷伊制片公司出品。编导，S.雷伊；摄影，S.米特拉；主演，K.班纳吉、K.班纳吉、S.班纳吉、P.森古波塔、S.果萨尔、K.阿迪卡利、S.查特吉、S.塔格尔、A.查克拉瓦尔蒂。

阿普三部曲讲述的是普通印度人阿普从孩童到中年的人生经历。《大地之歌》讲述了童年时代阿普的姐姐和老姑妈的死亡，从一个儿童的视角呈现了印度乡村的生活。《大河之歌》讲述了青年阿普不顾母亲的反对，坚持自己的求学道路。《大树之歌》讲述了成年阿普在妻子难产去世后悲痛欲绝，抛开儿子云游四方，最终在朋友的劝说下重新接纳儿子的故事。阿普三部曲中的火车、土地、河流是意味深长的元素，以一种诗意的方式见证着阿普的成长。

阿普三部曲整个叙事平淡克制，在讲述悲剧事件时没有刻意煽情，却依然具有动人心魄的魅力。影片中长镜头和景深镜头搭配得当，锡塔尔琴的配乐具有民族特色，表达了印度人对生死、自然、情感的思考与态度。阿普三部曲没有印度商业电影里热闹的载歌载舞场景，对小人物充满敬意，热心关注社会问题。阿普三部曲奠定了雷伊作为一位作者导演在世界电影史上的地位，对后来印度电影的发展产生了很大影响。其中，《大地之歌》1956年获第9届法国戛纳国际电影节金棕榈奖提名，《大河之歌》1957年获第18届意大利威尼斯国际电影节金狮奖和费比西奖，《大树之歌》1960年获第32届美国国家评论协会奖最佳外语片奖。

（马聪敏）

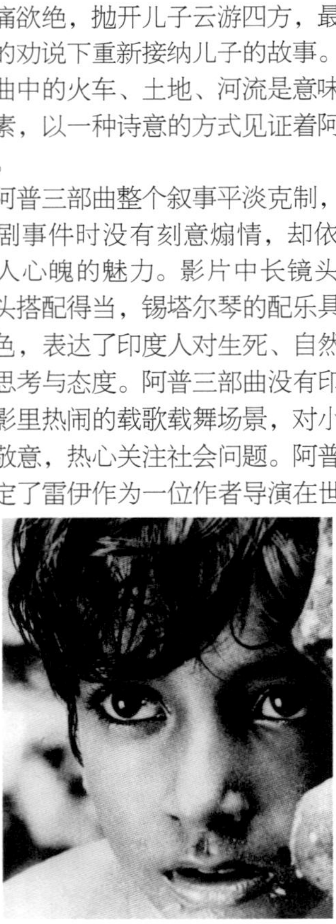
《大地之歌》剧照

《大河之歌》剧照

《大树之歌》剧照

《阿Q正传》 *The True Story of Ah Q* 中国彩色故事片。上海电影制片厂1981年出品。改编自鲁迅同名小说。编剧，陈白尘；导演，岑范；摄影，陈震祥；主演，严顺开、李纬、杨宝河。

故事讲述了在辛亥革命前后的浙江农村，阿Q是个穷长工，他自称与地主赵老太爷同姓，因而挨了一顿训斥。阿Q向赵老太爷的女佣吴妈求爱，结果也是悲剧。为此，阿Q还要赔礼道歉，结果更加一贫如洗。阿Q只好到城里给白举人做劳工，因讲实话，又挨了打。辛亥革命爆发了，白举人逃难到乡下。赵老太爷管阿Q叫“老Q”，并对阿Q笑脸相待；阿Q兴奋不已，向往革命。阿Q去找假洋鬼子投奔革命，却被轰了出来。在革命中，阿Q非但未解放，反而成了新贵们“杀一儆百”的牺牲品，上了断头台。

影片为纪念鲁迅百年诞辰而摄制，讲述了辛亥革命前后未庄的雇工阿Q的悲惨遭遇，贯串了鲁迅的国民性批判思想。影片基本上体现了原著的精神，以“哀其不幸”为主，“怒其不争”为辅，通过阿Q典型形象的塑造，不仅反映了地主阶级对农民的残酷压迫，揭示了辛亥革命的不彻底性，而且突出地揭露和批判了“国民的劣根性”——精神胜利法。影片尽量尊重原著深刻的思想性和独特的艺术性，还采取“宁可笨拙，不使油滑”的指导思想，追求严肃而深沉的风格，既表现阿Q行为的可笑，又表现阿Q质朴的品性，把剧情的喜剧性与人物命运的悲剧色彩统一起来，达到笑中含泪、泪中有笑的效果，不给人以滑稽之感。演员严顺开饰演阿Q，对人物的分寸掌握十分恰当。影片1982年获第2届中国电影金鸡奖最佳服装奖、第2届瑞士国际喜剧电影节最佳男演员奖，1983年获第6届中国大众电影百花奖最佳男演员奖、第12届葡萄牙菲格拉达福兹国际电影节评委奖。

（张兆龙）

埃及电影 Egyptian cinema 1896年，在亚历山大和开罗已有电影放映。1900年起，埃及陆续出现电影院。1910年前后，埃及放映的影片均为进口片。1912年，法国人德拉加纳在埃及拍摄了一批纪录短片。之后，意大利人在埃及拍摄了《贝都因人的荣誉》《杀人的花朵》《走向深渊》等无声短片。1918年，《罗丽泰夫人》是埃及第一部男女演员全部为本国人的短片。1923～1925年，巴尤米和拉玛兄弟尝试拍摄一些故事短片。1927年，埃及电影戏剧公司成立。同年11月16日，由埃及人依斯梯凡·鲁世梯导演、阿齐扎·埃米尔主演的故事片《莱依拉》上映，被认为是埃及电影诞生的标志。

1927～1931年是埃及电影的萌芽时期，5年内共生产了13部无声片。获得好评的有1930年穆罕默德·克里姆根据埃及文学名著改编的有彩色片段的同名影片《泽娜白》，以及1931年托果·米兹拉希自导自演的反吸毒片《可卡因》《5001号彩票》等。1929年，舒克里·拉迪用唱片给无声片《月光下》进行配音。1932年，导演克里姆与尤素福·乌赫白合作，成功完成了《贵族子弟》的拍摄和配音，诞生了埃及第一部有声故事片。20世纪30年代，录音技术日趋完善，埃及电影开始有所发展，出现了一些优秀的音乐歌唱片。主要有克里姆导演、著名女歌唱家乌姆·库勒苏姆主演的《心的颂歌》（1932）、《白玫瑰》（1933）、《爱之泪》（1935）。1936年，艾哈迈德·巴德尔汗导演的《友谊》深受印度和南美地区观众的欢迎。这个时期，喜剧片和剧情片也有了较大发展，主演《太平无事》（1937）和《欧默尔先生》（1937）的纳吉布·里哈尼，以及主演《巴哈巴师父》（1938）和《巴哈巴哈帕夏》

（1938）的法齐·吉泽伊里都是阿拉伯世界著名的喜剧演员。

20世纪30年代末至40年代初，埃及电影中的民族主义思想抬头，反对外来思想的影响，开始出现一些社会批判和反殖民主义的影片。最具代表性的影片有卡玛尔·萨里姆的《决心》（1940）、《穷人们》（1943）以及《星期五晚上》（1945）。穆斯托法·米亚齐的《愿望》（1938）和《善有善报》（1938）、艾哈迈德·凯玛勒·默尔西的《工人》（1943）、艾哈迈德·巴德尔汗的《新的一代》（1944）、汉利·巴勒卡特的《我杀死了父亲》（1945）、卡米尔·泰勒姆萨尼的《黑市》（1945）等也具有一定的艺术价值。这个时期纯歌舞片与喜剧片逐渐合成一个新片种，代表性的影片主要有阿卜杜·乌哈勃的《欢乐的一天》（1940）、《被禁止的爱情》（1942）、《心中的子弹》（1944）和法里德·阿特拉希的《青春万岁》（1941）、《青春的梦》（1942）等。

第二次世界大战期间，埃及电影年产量平均60部。战后，工业复苏，工人观众激增，制片业迅猛发展。到1952年革命前夕，共生产故事片400部左右，注册的制片公司和制片厂也由战前的24家增加到148家。制片商投观众之好，出品的绝大部分情节剧以大团圆结局，大型歌舞闹剧和小型歌舞时事讽刺片占据主导地位，如1949～1950年，48部影片中歌舞片占35部。少量演员同时参加多部影片的拍摄，导致演员素质降低，影片题材杂乱。

1952年7月23日法鲁克王朝被推翻。之后，电影机构进行了一系列国有化改革，电影属文化和国民指导部领导。1955年成立电影革命委员会，在各省设立分支机构，它们通过放映影片宣传革命思想和社会改造。1956年通过法令保护民族电影，规定一个月内至少放映一部国产片。1957年成立电影发展组织。1959年电影学院成立。20世纪50年代，埃及拍出了第一部彩色片《我父亲是个新郎》（1954）和第一部宽银幕影片《女向导》（1956）。革命成功促使文化艺术有新的发展，50年代涌现出一批新的导演，他们的创作倾向是现实主义的，一批有时代气息、反映革命和斗争的影片出现在银幕上，如反对殖民统治的《打倒帝国主义》（1952）、《穆斯塔法·卡米尔99》（1956），反映巴勒斯坦战争的《和平的土地》（1957）、《黑姑娘西奈》（1959），反映苏伊士运河战争的《囚犯艾布·扎白尔》（1957）、《塞德港，炽烈的爱》（1958），反映当代革命的《真主和我们在一起》（1954）、《回来吧，我的心》（1957），反映阿尔及利亚反殖民斗争的《阿尔及利亚姑娘——嘉米拉》（1958），反映农民反对剥削的《山谷里的战斗》（1954）、《绿色的土地》（1957），反映和地主、高利贷者斗争的《年轻人》（1957）等。新一代最杰出的导演有S.艾布·赛伊夫、Y.夏欣。艾布·赛伊夫为埃及新现实主义开辟了道路。夏欣以选材独特、艺术手法迥异而蜚声埃及和阿拉伯影坛。他的《中央车站》（1958）及之后的《亚历山大，为什么》（1978）、《再见吧，博纳巴特》（1985）先后参加戛纳和柏林国际电影节并获奖。其他有代表性的导演还有侯赛因·西德基、伊布拉欣·艾兹尔丁、艾哈迈德·巴德尔汗、H.巴拉卡特、陶菲格·萨拉赫等。50年代，埃及电影的现实主义潮流突破了回避现实、单纯追求形式或一味描写内心世界的局限，但它们和同时代的文学一样，不能深刻理解所描绘的事实，只是提出了问题，但挖掘不到症结所在，更找不到解决办法，最后依然是商业性的情节剧占上风。

1963年1月10日，纳赛尔总统颁布一项有关建立国营电影业的共和国法令，根据这项法令，埃及将“电影、广播、电视总组织”从属于文化部，下属三个制片公司：一个发行放映公司、一个影院管理公司和一个制片管理公司。电影管理方式的改变给电影生产带来一些负面影响，影院数量、出品的数量和质量都有明显下降，电影企业亏损严重。1967年，埃及在中东战争中失利，进一步暴露了政治、经济和管理的弊端，给电影界带来震动和新的创作倾向。60年代末，开始出现新电影学派。这一时期，老一代电影艺术家如艾布·赛伊夫、夏欣、陶菲格·萨拉赫、巴拉卡特等继续现实主义的创作传统，同时也拍摄娱乐片。艾布·赛伊夫导演现实主义影片《新开罗》（1966）和《第二个妻子》（1967）。夏欣的现实主义影片《萨拉丁》（1963）获阿拉伯联盟特别奖。陶菲格·萨拉赫拍摄了《造反者》（1968）、《乡村检察官手记》（1969）和《巴勒塔先生》（1969）。巴拉卡特拍摄了反映苏伊士战争的《敞开的大门》（1963）和《罪孽》（1965）。

60年代中期，受法国新浪潮电影的影响，夏欣拍摄了埃及新浪潮影片《新一天的黎明》（1965），侯赛因·卡玛尔拍摄了《不可能的事》（1965）。1967年阿以战争失败后，中青年电影工作者以《愤怒的青年人》杂志为基础，组成“新电影协会”，会员最多时达400人。1968年，“新电影协会”发表宣言并确定了方向，认为“50年代的新导演们踩出了一条政治电影的新路，但缺点是各自为战。我们这一代必须分析社会形势，明确立场”。他们认为埃及电影没有真正的民族性。要求“真正能剖析埃及问题根源的新电影必须从埃及文化内部出发”，“放弃照抄外国模式，创造新形式”。他们反对三种错误倾向：无目的美学手法、为艺术而艺术、形式上的平庸和滥用重大题材。同年，协会和国家制片厂合作，生产了被称为“青年电影”的《小路之歌》（1968）、《彼岸的阴影》（1968）。

在青年电影的影响和崛起的同时，也出现了一些政治主题电影，有的揭露和批评纳赛尔激进的“阿拉伯社会主义”，如胡萨姆丁·穆斯塔法的《候鸟的秋天》（1967）、艾布·赛伊夫的《68号案件》（1968）、凯玛尔·谢赫的《米拉玛尔》（1969）。也有极少量歌颂纳赛尔的宣传片，如阿蒂夫·萨利姆的《赤裸裸的事实》（1963）和宣扬纳赛尔“泛阿拉伯主义”的《也门革命》（1966）。其他政治主题的影片有凯玛尔·谢赫的《失去影子的人》（1968）等。与此同时，埃及商业片仍然占比较大，1968～1971年，喜剧片占全部影片生产的五分之三。这类影片的导演有胡萨姆丁·穆斯塔法、哈桑·伊玛姆、法梯·瓦哈布、艾哈迈德·齐亚丁和尼亚齐·穆斯塔法。这一时期，米斯尔洗印厂依靠本国力量，拍摄和洗印了彩色故事片《尼罗河的新娘》（1963）。1964年动工兴建电影城。1968年成立电影俱乐部。1969年成立艺术科学院，下设电影、戏剧、音乐、芭蕾等分院。

70年代，埃及电影伴随国家的政治社会变迁起伏不定。1970年9月萨达特上台执政，施行新的经济政策，国家电影总局被撤销，国营电影改为贷款扶持独立制片公司。1975～1977年，电影产量上升到每年50部左右。但1978年以后，由于开放政策，年进口300多部西方影片，冲击了本国电影的生产。再加上亲以政策导致阿拉伯国家对埃及电影的抑制，以及著名导演因政见不合而迁居他国，埃及电影产量明显下降，到1981年全年产量只有20部左右。

肇始于60年代末的新电影学派创作在70年代有新的发展。代表作品有马姆杜赫·舒克里的《黎明时的来访者》（1972年拍成，1975年解禁），阿什拉夫·法赫米的《黑夜牢笼》（1973）、《无岸的浪》（1976）、《调查仍在继续》（1979），赛义德·玛祖格的《妻子和狗》（1970）、《恐惧》（1972），阿里·巴德尔汉的《往日的爱情》(1972)，穆罕默德·拉迪的《生命一瞬间》(1979)、《无辜的人》(1974)，萨米尔·塞伊夫的《野蛮女性》(1979)，阿里·阿布杜·哈利格的《仅有爱情是不够的》(1981)。新电影学派的影片多选择现实生活题材，敢于突破传统模式，借鉴外国电影新的手法和技巧，对阿尔及利亚70年代的"吉迪特电影"也产生重要影响。

这个时期出现批判60年代权力中心实行恐怖政治及社会腐败的政治电影，被称为"五一五政治电影"。马姆杜赫·舒克里控诉"权力中心"的影片《黎明来访者》于1975年上映，掀起了70年代政治电影的高潮。前后共有20多部影片上映，代表作有夏欣和阿尔及利亚合拍的揭露国防工业和治安部门贪污腐化的《麻雀》(1974)，凯玛尔·谢赫揭露权力中心昏庸腐败的《逃亡者》(1975)和揭露60年代末埃及法律不公的《对谁开枪》(1975)，侯赛因·卡玛尔通过社会问题抨击政治的《雨中情》(1975)，阿里·巴德尔汉控诉权力中心迫害青年的《卡尔纳克咖啡馆》(1976)，青年导演穆罕默德·拉迪描写秘密警察迫害进步师生的《在太阳后面》(1978)。这些影片题材多样，采用纪实风格，节奏明快，获得很大成功。还有的政治电影以"十月战争""六月战争"为背景，歌颂埃及士兵的英勇。代表作有胡萨姆丁·穆斯塔法的《子弹仍在口袋里》(1974)、阿什拉夫·法赫米的《直到生命最后一息》(1975)、穆罕默德·拉迪的《生命一瞬间》(1977)。

此外，还有大量电影反映社会生活、道德危机和性解放等问题。代表作有青年导演卡玛尔·侯赛因的批评社会问题的《尼罗河上的絮语》(1971)、批评政府压制民主自由的《米姆帝国》(1972)，艾布·赛伊夫描写性的《公共澡堂》(1973)和描写下层贫民的《送水夫之死》(1977)，巴拉卡特的描写节制生育的《兔子和嘴》(1977，获迦太基国际电影节最佳导演奖)，希勒朱·拉法赖揭露公务员贪污的《城里的女人》(1977)，阿里·巴德尔汉反映开挖苏伊士运河期间英国人勾引埃及女工的《夏菲格和穆塔瓦利》(1978)，安瓦尔·谢纳维超现实主义的《最后的坦白》(1978)，阿蒂夫·萨利姆的教育片《征服黑暗的人》(1978，获迦太基国际电影节3项奖)，阿什拉夫·法赫米的反映开放政策消极面的《调查仍在继续》(1979)。这些影片的特点是突出纪实性和追求自然美。哈桑·伊玛姆反映青年思想解放的歌舞片《不要担心珠珠》(1972)，上映达一年之久。

80～90年代，由于电视业的冲击、阿拉伯国家抵制埃及影片导致的进出口失衡、制片成本上升以及人才流失和导演人才青黄不接，埃及电影业陷入时高时低的局面。影片年产量低的时候徘徊在20部上下，优秀影片更是少之又少。1981年，萨达特总统在国庆阅兵典礼上被刺后，引发暴力题材影片的拍摄，仅在1983年就上映了20多部以枪杀劫财盗窃分子为结局的影片。代表作有萨米尔·塞伊夫的《怪物》(1981)、拉阿法特·朱希的《律师》(1984)。其他社会问题片有揭露海关走私案的穆罕默德·拉迪的《母亲在流亡》(1981)和阿里·巴德尔汉的《顶峰上的人们》(1981)。《魔鬼的警告》和《流血的花园》是阿什拉夫·法赫米1980～1982年的两部代表作，描写开罗两大拳社的斗争使老百姓遭殃和出卖国家利益的社会问题，法赫米被评为埃及80年代最有希望的导演。穆罕默德·汉的电影侧重反映下层劳动者的心态，但使用了超现实的表现手法，代表作有《夏姆士的反击》(1980)、反映理发师生活的《应邀赴晚餐》(1981)和反映出租车司机爱情生活的《路上飞鸟》(1981)。其他重要影片还有迈德哈特·西巴伊的《卫士的不白之冤》(1981)、艾哈迈德·福阿德的《温暖的冬夜》(1981)和《一个中学生的处死》(1982)。《致命的嫉妒》(1983)和《公共汽车司机》(1983)被认为是阿蒂夫·塔伊布在这个时期的新现实主义代表作。老导演巴拉卡特有较多的现实主义作品，代表作为反映60年代政治问题的《部长的门口》(1982)、《逮捕法特梅之夜》(1984)等。

1985～1986年，新片上映从1984年的40部增加到68部，但1986年以后又持续徘徊在20部左右。90年代的埃及电影依然没有走出矛盾的阴影，1994年仅生产了20部影片。但影片质量有所提高，影院在翻新。尤斯利·纳斯尔拉的《夏日飞行》(1990)、阿斯玛·艾尔-巴克利的《乞丐和自大狂》(1992)受到国际影坛的关注和好评。

21世纪以来，《无眠之夜》(2003)、《雅各布大楼》(2006)等影片，努力将艺术水准和商业追求结合起来。电影《自由时代》(2006)反映了埃及青年堕落问题，成本不高，但获得了成功，标志着埃及电影涉足敏感话题的开端。2011年，埃及发生骚乱，电影拍摄工作中断。骚乱结束后，出现以抗议活动为题材的影片。2011年法国戛纳国际电影节放映了埃及电影《18天》，该片讲述了18天抗议的过程。之后，《阿里，山羊与阿伯拉希姆》(2016)、《碰撞》(2016)、《谢赫杰克逊》(2017)、《审判日》(2018)等影片均产生较大的影响。

（陆孝修　撰　秦喜清　修订）

埃塞俄比亚电影 Ethiopian cinema 埃塞俄比亚电影起步很晚。20世纪初埃塞俄比亚开始出现电影院，30年代电影院成为受城市精英喜爱的艺术场所。海尔·塞拉西皇帝将电影院视为教育和政治宣传的工具。1964年，埃塞俄比亚商人I.伊布萨编写和制作的影片《西路特，谁是她的父亲？》发行，标志着埃塞俄比亚电影制作的兴起。在塞拉西统治时期，电影的生产大多为纪录片，如《魔鬼的存在》(1968)和《社会综合体》(1970)。60年代到80年代末，埃塞俄比亚电影创作人数不多，且主要在国外接受培训。M.帕帕塔克西、T.贾拉、G.泰瑞肯、D.塔德塞、T.贝祖约等都曾在苏联学习。

1974年，导演M.帕帕塔克西拍摄了第一部短故事片《流放》。1974～1975年，埃塞俄比亚推翻帝制，临时军政府委员会于1978年成立埃塞俄比亚电影中心，负责生产、发行、进出口工作，同时禁止放映反对革命、暴力、色情等影片。该中心于1986年转型为埃塞俄比亚电影公司，1999年关闭。1976年，导演H.格里玛拍摄了长故事片《3000年的收获》，描写了封建帝制下劳动人民的悲惨生活。纪录片主要有帕帕塔克西拍摄的《通往未来的道路》(1977)、《斗争—胜利、胜利—斗争》(1979)等。80年代年产3～4部纪录片，其中有《达洛克的道路》(1980)、《昨天的毒素》(1981)等。故事片不定期生产。埃塞俄比亚电影公司发行了《生活周遭》(1989，导演B.西波鲁)和《埃斯特》(1991～1992，导演S.B.威亚)，后者被认为是第一部完全依靠本土摄制组和资金完成的35毫米彩色故事片。1986年全国有36家影院，许多居民委员会有小礼堂租片放映。1986—1987年度计划进口340部故事片，其中欧美国家和印度的影片占70%。

1991年，埃塞俄比亚人民革命民主阵线（EPRDF）领导的武装政府开始执政。模拟技术的引入以及家用录像带格式的盗版电影的传播，为本土的录像电影提供了基础。第一批录像电影包括《爱的边缘》(1998，导演T.马莫)、《她潦倒的一生》(1998，导演D.赛格)、《心环》(1998，导演A.赛吉)、《达格马威特》(1999，导演S.菲克尔)。这一阶段录像电影处于初期发展阶段。

进入21世纪后，政府撤销了电影院放映家庭录像带和视频光盘（DVD）的禁令，埃塞俄比亚的录像电影制作稳定增长，2005年达到125部。同时，首都亚的斯亚贝巴开始出现私人电影院。《特萨马可》(2002，导演Z.海伦玛瑞安)和《冰河时代》(2002，导演H.塔德撒)是最早在影院大银幕上放映的两部录像电影。之后大量录像电影在影院上映，其中重要的有《领养》(2003，导演T.塔德赛)和《冷焰》(2003，导演T.泰斯霍默)，《冷焰》获得商业成功，是首批在国有影院放映的电影。2007～2008年是录像电影行业的黄金时段，家庭剧《抉择》(2008，导演T.托马斯)、喜剧《男人韵事》(2007，导演Y.艾乐)、悬疑惊悚片《赦免之罪》(2008，导演Y.S.德萨里恩)都获得了商业的成功。除商业电影之外，也有反映和批判社会以及讲述历史的影片，如《阿巴提乌》(2001)、《蓝色骏马》(2005)、《阿迪纳特》(2006)、《红色错误》(2007)、《阿什戈》(2007)、《海港》(2008)、《尼罗河对阵维加斯》(2011)、《三角》(2013)等。还有一些影片以国际电影节和泛非发行为目标，如《尼山》(2013，导演德萨里恩)、《迟到的杀手》(2013，导演N.莱玛)等。

（陆孝修　撰　秦喜清　修）

爱尔兰电影 Irish cinema　1936年爱尔兰电影协会创建，主要从事电影宣传工作。20世纪40年代初，爱尔兰电影学院创建。从1956年起，每年在科克举办国际电影节。1958年阿尔德莫尔电影制片厂开始拍摄故事片，但电影创作人员主要是外国人。摄制的影片有《偶像》(1972，导演奥尔特敏)、《淡紫色出租车》(1977，导演布阿赛)等。爱尔兰人自己摄制的影片只限于短故事片、新闻纪录片和广告片，年产最多10部，其中故事片有《爱尔兰的家酿酒》(1977，导演奎恩)、《圣诞节的早晨》(1978，导演布莱德)；纪录片有《伊特斯的国家》(1965，导演凯里)、《爱尔兰人民》(1969，导演马尔凯斯)、《留下这些石头》(1971，导演莫里森)。1982年导演西蒙德斯摄制了一部长故事片《流放犯》。1989年，J.谢里丹执导的《我的

《追梦者》剧照

左脚：克里斯蒂·布朗传》给爱尔兰电影带来国际影响。90年代后，爱尔兰电影开始引起国际影坛的关注与肯定，如《追梦者》(1991，导演A.帕克)、《哭泣的游戏》(1992，导演N.乔丹)、《因父之名》(1993，导演谢里丹)、《青楼姊妹花》(2002，导演P.穆兰)、《风吹稻浪》(2006，导演K.罗奇)、《曾经》(2006，导演J.卡尼)等。

（尹广文　秦喜清）

《爱丽丝梦游仙境》 *Alice in Wonderland* 美国动画电影。华特迪士尼公司1951年出品。改编自英国作家L.卡罗尔的同名童话小说。编剧，W.希布勒等；导演，C.杰罗尼米、H.卢斯克、W.杰克逊。

故事讲述金发碧眼、身穿蓝色裙子的小女孩爱丽丝无心上历史课，她追逐一只戴怀表的兔子，坠入一个洞穴，来到了奇幻仙境。在这里，她看到了许多奇妙的景象，遇到许多可爱的动物。后来陌林草组成一个箭头，指引她踏上回家的路，但一只头像扫帚一样的大狗却把路标给扫除了，爱丽丝迷失了方向。许多好心的动物和花朵都来陪伴她。接着，她又被凶恶的皇后追杀，奋力逃到洞口，才发现真实的自己在树下昏睡。原来爱丽丝奇异世界之旅，只是一个梦幻。

影片充满想象力，画面色彩鲜艳，角色造型奇特，主要以歌舞展现剧情。影片1951年获第16届意大利威尼斯国际电影节金狮奖提名，1952年获第24届美国电影奥斯卡奖最佳配乐奖提名。

（张启忠）

爱情片 affectional film　以表现爱情为主题，表现男女主人公经历爱情萌生、发展、波折的情感过程，最终实现结合的大团圆结局或悲剧性分离结局的一种电影类型。爱情片以爱情的纯粹性为核心吸引力，情感冲突为叙事动力，通过对爱情的欲望与诱惑、理智与情感、责任与义务等的表现，探讨爱情这一人类永恒的艺术母题。一般而言，爱情片中，金钱权力、门第出身、社会地位等往往制造出爱情的距离阻碍，多者之间的爱情纠葛编织出爱情的误会冲突，爱情激情的消逝产生爱情危机，爱人之间的观念分歧形成爱情困境。这些情感问题的不同设定与解决方式形成不同的爱情片艺术风格。

早在1899年和1912年，法国导演G.梅里爱就先后拍摄了两个版本的《灰姑娘》。之后，灰姑娘的爱情故事不断经后世翻拍，形成灰姑娘与白马王子的经典爱情片模式，如富商与普通女子的爱情片《爱情故事》《漂亮女人》《情归巴黎》等。意大

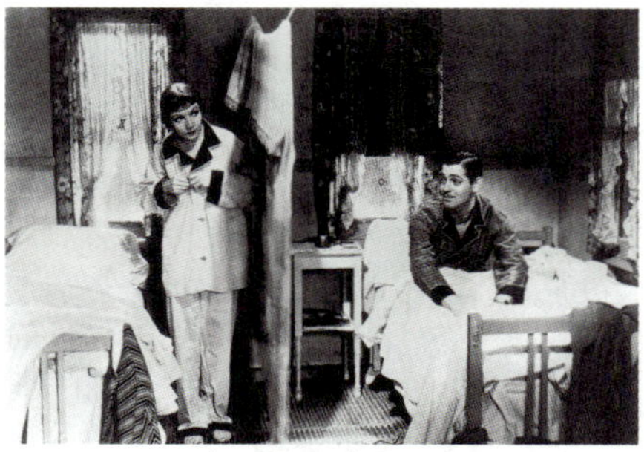

《一夜风流》剧照

利导演M.卡塞里尼拍摄的《罗密欧与朱丽叶》和瑞典导演M.斯蒂勒拍摄的《科斯塔·柏林的故事》涉及了爱情与家族、爱情与诱惑的叙事母题。中国早期爱情片《海誓》《古井重波记》等也出现了爱情与诱惑、三角恋关系等。1934年，美国导演F.卡普拉拍摄的《一夜风流》建立了男女邂逅、产生爱情并历经各种波折、消除误会，最终幸福结合的好莱坞爱情片经典叙事模式。此后，世界上诞生了大量的爱情片，爱情片开始真正成为一种电影类型。

（张默然）

《爱情万岁》 *Vive L'Amour*　中国彩色故事片。"中央电影事业股份有限公司"1994年出品。编剧，蔡明亮、杨璧莹、蔡逸君；导演，蔡明亮；摄影，廖本榕、林铭国；主演，杨贵媚、李康生、陈昭荣。

故事讲述了一位骨灰盒推销员小康，一次偶然机会捡到一栋房子的钥匙。此后，他常常溜到这栋房子里过夜。正在销售这所房子的房产中介林小姐，也带着街边偶遇的地摊贩阿荣在此过夜。这样，三个都市边缘人就在这座不属于自己的房子里寻求精神和肉体的慰藉，彼此躲避又彼此窥视。

影片是蔡明亮"台北三部曲"的第二部，表达了对城市边缘人的关注，表现了都市人际关系的疏离和孤独。影片只有三个角色，除了人物对着电话推销房子讲话外，其他对白非常少；影片摄影冷静节制，营造出令人窒息的空间氛围。影片结尾，林小姐在公园长凳上长达六分钟痛哭的长镜头，成为电影史上的经典一幕。影片1994年获第31届中国台湾电影金马奖最佳影片奖、最佳导演奖、最佳录音奖，第51届意大利威尼斯国际电影节金狮奖、费比西奖，第8届新加坡国际电影节银屏奖、最佳女演员奖和最佳亚洲剧情长片奖。

（于丽娜）

爱森斯坦，S.M. Sergei Mikhailovich Eizenshtein（1898-01-22～1948-02-11） 苏联电影导演、理论家、教育家。生于里

加，卒于莫斯科。1920年，到莫斯科第一无产阶级文化协会工人剧院工作，以美工师和导演的身份参加了根据J.伦敦的小说改编的话剧《墨西哥人》的演出。1921年，进入由B.梅耶荷德指导的高级导演班学习。1922年，在《左翼艺术战线》杂志上发表了第一篇纲领性的美学宣言《杂耍蒙太奇》，引起了长期的争论，并对整个电影艺术的发展产生了深远的影响。1924年，转入电影界。1925年，导演了第一部影片《罢工》，被《真理报》看作“第一部真正无产阶级的影片”。他用“杂耍蒙太奇”、群众场面、类型演员、外景拍摄代替了先前电影中一般的“情节”、个别主人公、明星表演和布景，体现了他的纪实风格。影片《战舰波将金号》(1925)进一步发展了《罢工》的思想主题倾向和美学原则，塑造了推动历史前进的人民群众的综合形象。影片中的石狮子、敖德萨阶梯等一系列场面，成为世界电影史上的经典。

为纪念十月社会主义革命十周年，他接受了拍摄影片《十月》的委托。在这部影片中，他使用了理性电影的原则，不仅再现了1917年2～10月发生的一系列事件，并且揭示了这些事件的含义。1950年，该片配上肖斯塔科维奇的音乐重新走上世界银幕。1928年以后，他又继续完成了因《十月》中断了的影片《总路线》，修改后以《旧与新》(1929)的片名上映，是苏联第一部表现农村合作化的影片。1929～1932年，同摄影师E.K.基赛、助理导演G.V.亚历山德罗夫一起出访欧美。1930年，在法国拍摄了一部短片《感伤曲》，试验了声画对位的方法。1932年，在美国作家U.辛克莱的资助下，去墨西哥拍摄了纵贯墨西哥两千年历史的史诗片《墨西哥万岁》。在影片中，他探索了单镜头画面的运动、节奏及结构。这部影片的8万米底片在爱森斯坦生前始终未送到莫斯科。有一些人根据素材剪成了《墨西哥风暴》《悲惨的狂欢节》等十余部影片，并在世界各地放映。直到1979年，经各方努力，有6万余米底片被集中送到莫斯科，由亚历山德罗夫剪辑成完整影片，并在1979年的莫斯科国际电影节上获荣誉金质奖。1932年回国后，在莫斯科国立电影学院导演系任教，他制定的导演实习课方法，为电影导演的教学打下了基础。1938年，拍摄了《亚历山大·聂夫斯基》，不仅将叙事结构同古老的传说、民间故事联系起来，而且将影像处理同古俄罗斯的壁画及建筑艺术交织起来。1944年，导演了最后一部影片《伊凡雷帝》，从A.S.普希金的历史剧《鲍里斯·戈都诺夫》中汲取了灵感，在结构上则借鉴并超越了世界经典艺术家们的经验。这部多声部的影片，特别是近卫兵宴会的场面及声音色彩蒙太奇的运用，使其成为世界电影的高峰之一，对电影艺术的发展作出巨大贡献。

爱森斯坦的电影理论在影片的总体结构、蒙太奇、声画框架、单镜头画面结构、色彩以及电影史等领域，都进行了多方面的开创性的研究。此外，他关于艺术激情的本质、艺术方法、接受心理学等方面的著作也颇为丰厚。世界各国的电影界对他的艺术理论都有着充分的肯定。1956年，苏联出版了《爱森斯坦文集》(6卷)。

(俞 虹)

爱沙尼亚电影 Estonian cinema 爱沙尼亚电影分为爱沙尼亚共和国时期的电影、苏联时期的电影、苏联解体后爱沙尼亚独立时期的电影。

爱沙尼亚共和国时期的电影 爱沙尼亚最早的电影放映始于1896年的塔林和塔尔图。1907年起，塔林开始拥有固定影院。1908～1910年，有早期电影工作者在塔林、毕亚尔努摄制影片《天井》《呼喊》《熊》。1912年，爱沙尼亚的摄影师J.帕苏克在塔尔图开办爱沙尼亚首家电影制片厂——爱沙尼亚电影厂，并拍摄了一部表现瑞典国王古斯塔夫五世访问列维尔的情景。这部影片的拍摄和首家制片厂的创建标志着爱沙尼亚电影的诞生。1914年，帕苏克拍摄了影片《猎熊记》，这是一部描写德国男爵的讽刺喜剧。帕苏克一生拍摄了近40部影片，其中有10部保存下来。1920～1932年，爱沙尼亚电影厂在塔林摄影师帕里卡斯和马亚尔茨克的主持下拍摄了一系列新闻、教学和广告影片，还有数部故事短片。

1930年，姆亚斯卡使用自己设计和制作的录音设备，拍摄了爱沙尼亚第一部有声电影《金蜘蛛》。爱沙尼亚主要制作文化题材的影片和专题片，到20世纪30年代末期，电影的生产和制作以爱沙尼亚电影制片厂为主，该厂受到国家的资金支持。

苏联时期的电影 20世纪40年代，爱沙尼亚电影厂国有化，更名为塔林爱沙尼亚电影制片厂，主要拍摄制作社会主义现实主义风格的影片。从1944年起，该制片厂制作苏联爱沙尼亚新闻纪录片，导演C.什科尔尼克、B.E.托蒙博格等曾在该厂工作。50年代后期，爱沙尼亚开始出现木偶动画影片，原本是为儿童制作，后来也受到成年人欢迎。

第二次世界大战后，塔林爱沙尼亚电影制片厂重建，1963年更名为塔林电影制片厂。出品的影片包括《太阳门》(1968)，A.塔玛萨勒执导的《来自地狱的新污染》(1964)、《毛鲁斯先生的学校》(1976)，P.库斯伯鲁执导的《安德烈斯拉别捷乌斯发生了什么事》(1966)，O.鲁苏执导的《春天》(1969)，L.梅里执导的《北风后面》(1970)和《星河的风》(1977)等。此外，还有科幻电影《“死去的登山人”酒店》(1979)以及女导演莱达·拉斯拍摄的《科尔波的主人》等。另外，纪录片也是爱沙尼亚电影的重要组成部分，70年代，每年大约制作15部影片。

苏联解体后爱沙尼亚独立时期的电影 苏联解体后，爱沙尼亚电影出品量严重下滑，1996年只拍摄了两部纪录片，电影院变成商店和赌场。1997年，爱沙尼亚电影基金成立，试图挽救爱沙尼亚国产电影。爱沙尼亚于1997年制作了一部讽刺题材电影《我的所有列宁》。1998年，S.基德斯导演的电影《格奥齐卡》，获斯德哥尔摩国际电影节费比西奖、欧洲特别奖。

塔林电影制片厂的动画工作室于1993年更名为爱沙尼亚朱尼斯制片厂，爱沙尼亚最知名的动画大师P.帕恩在这里从事创作。爱沙尼亚动画片的特点之一是富于张力感，画面具有超现代设计风格，荒谬到近乎野蛮的幽默。1995年，爱沙尼亚开办了名为“黑暗之夜”的电影节。

进入21世纪后，爱沙尼亚电影在票房上开始取得成功。《花岗石上的名字》(2002)和《爱沙尼亚制造》(2003)这两部电影在爱沙尼亚的票房和音像产品收入超过好莱坞的《指环王：双塔奇兵》。2004年，《猪的暴动》获莫斯科国际电影节银奖乔治奖、西班牙希洪国际电影节阿斯图里亚斯大奖。2007年，爱沙尼亚拍摄了10部电影，其中《秋季舞会》获得多项大奖。2009年，《圣安东尼的诱惑》获多项国际电影奖。

2010年以后，爱沙尼亚电影出现新的变化，电影产业获得明显提升与发展。2011年，爱沙尼亚成为欧元区国家，为爱沙尼亚电影的国际化合作提供了更多的便利和空间。2013年，爱沙尼亚电影协会成立并出现第一个电影现金返还计划。2018年，电影被视为国家文化艺术的支柱产业，受到爱沙尼亚文化部、爱沙尼亚电影协会和爱沙尼亚电影基金会三大机构的资金扶持。

在全球化语境下，爱沙尼亚电影重视跨区域和跨国合作，一方面，爱沙尼亚通过合拍片提升本国的电影制作力量；另一方面，爱沙尼亚通过主办“塔林黑夜国际电影节”等各种电影节活动，加强爱沙尼亚与世界各国电影的联系，也为爱沙尼亚本国电影的对外传播提供平台。《金橘》（2013）、《击剑手》（2015）、《母亲》（2016）、《魔鬼时光》（2017）、《真相与正义》（2019）等都在国际市场上获得成功。

（吴 江）

《爱在黎明破晓前》 *Before Sunrise* 美国、奥地利合拍彩色故事片。城堡石娱乐公司1995年出品。编剧，R.林克莱特、K.克里汉；导演，林克莱特；摄影，L.丹尼尔；主演，E.霍克、J.德尔比、A.埃克特。

故事发生在一趟火车上，美国青年杰西偶遇法国女大学生席琳，两人一见如故，相谈甚欢。当火车抵达维也纳时，杰西邀请并说服席琳一同下车在维也纳游览一天。两个人一边漫游城市一边攀谈，他们坦诚地面对彼此，讨论了爱情、信仰、生死、命运等话题，以及对生活的微妙感受。两个心灵契合的人越发难分难舍。但第二天早上杰西要按原计划飞回美国，两人约定半年后在同一地点再会。

《爱在黎明破晓前》剧照

影片的剧情推进几乎全部依靠两个人的对话和台词，却毫无乏味和单调之感。影片剧情浪漫流畅，一气呵成。在维也纳的美景中，两个人的交谈睿智而富有洞察力，在咖啡馆中的电话游戏真诚有趣，遇到的诗人和算命的女人也充满隐喻。影片以简单的情节、饶有意趣的对话形成独树一帜的清新风格，上映后受到好评。影片1995年获第45届德国柏林国际电影节银熊奖最佳导演奖。之后，影片的续集《爱在日落黄昏时》（2004）和《爱在午夜降临前》（2013）分别问世。

（杨 柳）

《安德烈·鲁布廖夫》 *Andrei Rublev* 苏联故事片。苏联莫斯科电影制片厂1966年出品。编剧，A.C.康查洛夫斯基、A.A.塔尔科夫斯基；导演，塔尔科夫斯基；摄影，V.尤索夫；主演，A.索洛尼岑、I.拉皮科夫、N.格林科等。

故事发生在15世纪初叶，鞑靼人入侵罗斯，王公家族内部混乱，瘟疫和饥荒遍布城市。伟大的俄罗斯圣像画家安德烈·鲁布廖夫凭借自己精湛的技艺和高尚的情操，创造出传世之作圣像《三位一体》，展示了俄罗斯坚韧不拔、百折不挠的民族精神和向往自由的民族特性。鲁布廖夫是一个民族历史的记录者和时代精神的标杆，追随他的流浪艺人、工匠、画家、浮空飞行者等内心也充满了创作激情，对鲁布廖夫及其追随者的描写体现了俄罗斯民族的创造性和爱国主义热情。

《安德烈·鲁布廖夫》剧照

影片戏剧性冲突的顶点是艺术家鲁布廖夫内心的矛盾：一方面人民群众受到大公的戕害，他对此憎恨不已；另一方面他为了艺术追求，不得不为大公进行创作，他内心的苦闷无法排解，几次出走离开又被抓回，他的这种复杂、矛盾的心理与影片沉闷的基调融合在一起，使影片呈现一种荒凉、绝望的影像氛围。影片导演发挥自己独特的“诗人电影”风格，采用壁画式影像展现悠远古老的历史记忆：静谧的森林、蜿蜒的湖泊、广袤的土地、潺潺的流水。影片用饱含哲学思考的摄影方式表达俄罗斯人民的真善美，创造了诗意的历史景观。影片1969年获第22届法国戛纳国际电影节国际影评联合会奖。

（张 成）

安东尼奥尼，M. Michelangelo Antonioni（1912-09-29～2007-07-30） 意大利电影导演。生于费拉拉，卒于罗马。早年从事过记者、影视评论等工作。1939年开始，在法西斯官方电影刊物《电影》从事影评工作。1940年，短期就读于罗马电影实验中心。20世纪40年代，拍摄了《波河上的人们》（1947）、《联合国》（1948）、《甜蜜的谎言》（1949）等带有现实主义风格的短

片。安东尼奥尼的创作可分为早期、中期和后期。1950年，导演故事长片《一个爱情的故事》，展现了资本主义社会人与人之间冷漠的关系。随后，相继执导了《妖魔的别墅》（1950）、《被征服的人们》（1952）、《城市里的爱情》（1953，集锦片，包括《不戴茶花的茶花女》和《自杀的诱惑》）、《女朋友们》（1955）、《呐喊》（1957）等影片，初步显示了其挖掘电影表现潜力和表现人物内心世界的艺术倾向，并将长镜头的运用推向极致。

1960年，导演影片《奇遇》，获第13届法国戛纳国际电影节评委会特别奖，引起影坛轰动，开启了他的中期创作。1961年，导演《夜》，通过对一对夫妻一天一夜的生活状态描写，表现出他们情感的疏离与内心的痛苦，获第11届德国柏林国际电影节金熊奖。1962年，导演《蚀》，表现一位名叫维多利亚的年轻妇女两段互无联系的爱情经历。《奇遇》《夜》《蚀》三部影片组成了现代爱情故事三部曲。1964年，导演他的第一部彩色故事片《红色沙漠》，因出色的色彩掌控，被评论家誉为电影史上第一部真正意义上的彩色片，获第29届意大利威尼斯国际电影节金狮奖。之后，安东尼奥尼的创作进入后期阶段。1966年，导演《放大》，讲述一名摄影师在公园里偷拍一对情人，放大照片时意外地发现卷入到一桩不寻常的杀人案件中，获第20届法国戛纳国际电影节金棕榈奖。1970年，导演《扎布里斯基角》，表现了资本主义工业文明对人类生存环境的破坏。1973年，导演纪录片《中国》。1975年，导演《职业：记者》（又译《过客》），讲述了一名新闻记者去撒哈拉沙漠采访的故事。之后，拍摄了《奥伯瓦尔德的秘密》（1980）和《一个女人的身份证明》（1982）等。1995年，与W.文德斯联合执导《云上的日子》，获第52届意大利威尼斯国际电影节国际影评人奖。2004年，与王家卫、S.索德伯格联合执导三段式影片《爱神》。

安东尼奥尼的早期、中期作品，奠定了他在电影史上的重要地位。这些影片探索了现代意大利中产阶层面对社会的急剧变革，在价值观念和道德观念上的变化，成功地揭示了他们空虚冷漠的内心世界，同时无情地批判了麻木不仁、浑浑噩噩

的劳工阶层，延伸了新现实主义的社会批判层面。他的影片以“无情节”、反通俗化、有间离效果为风格，长于“生活流”技巧，大量采用象征和隐喻等抽象手法，保持故事的开放性结局，擅长深焦镜头和运动摄影的长镜头，特别是以大自然景象和建筑物的稳定来反衬人物情感的易变，创造出空虚、寂寞的现代社会的寓言式场景。现代爱情故事三部曲已成为现代电影手法的经典之作。后期作品的内容和风格比较庞杂，立意于观察外部物质世界的纷乱现象。安东尼奥尼所熟悉和代表的是虚弱的意大利中产阶层，他本人承认自己只能提出现代社会中的一些问题，却无法解决这些问题。但他的影片超越了新现实主义的逼真性追求，以新颖独到的结构与手法解剖了现代社会的复杂意蕴，为西方现代电影开拓了一条新路，影响了整整一代人的审美和创作。1983年，获第40届意大利威尼斯国际电影节终身成就奖。1993年，获第6届欧洲电影奖终身成就奖。1995年，获第67届美国电影奥斯卡奖终身成就奖。

（陈 梅 撰 许 婧 修订）

《安东尼娅的家族》 *Antonia's Line* 荷兰彩色故事片。荷兰黄金时间公司、比利时贝尔根公司和英国游吟诗人娱乐公司等1995年联合出品。编导，M.格利斯；摄影，W.斯塔森；主演，W.van阿莫若、E.多特曼斯、J.德克莱尔。

故事讲述了第二次世界大战末期的荷兰，安东尼娅带着她的女儿丹妮埃拉回到祖籍乡下生活。心地善良的安东尼娅为满目疮痍的家园带来了新的希望。在这个男权横行的小村子里，安东尼娅带领她的女儿、外孙女和曾外孙女，并且吸引了村里村外的一群边缘男女，组成一个平等互爱的“家族”，过着独立自主、自给自足的生活。然而，没有血缘关系的安东尼娅家族在相互扶持之间也存在着一些冲突和矛盾。随着岁月的流逝，安东尼娅家族不断壮大着，而安东尼娅自己的生命也走到了尽头。

影片通过讲述半个多世纪中诸多特立

《安东尼娅的家族》剧照

独行的女性生活和命运，建构了抵制男权视角的“真实女性”和“女性史”叙事。同时，影片从抵制强奸和家庭暴力到讽刺挖苦基督教文化的等级偏见，犀利地批评了男权意识形态及其社会现实。影片借助安东尼娅“家族”的社会生活形态，传达了彻底抵制竞争和剥削的乌托邦社会理想。影片以诙谐幽默的手法，探讨了严肃的思想主题，是将当代女性主义诉求转化为视听叙事艺术的成功之作。影片1995年获第20届加拿大多伦多国际电影节人民选择奖最佳故事片奖，1996年获第68届美国电影奥斯卡奖最佳外语片奖。

（杨 慧）

安哈尔特，E. Edward Anhalt（1914-03-28～2000-09-03） 美国影视编剧。生于纽约，卒于加利福尼亚州宝马山帕里赛德地区。1950年，担任电影《围歼街头》的编剧，获第23届美国电影奥斯卡奖最佳编剧奖。1964年，担任电影《雄霸天下》的编剧，影片讲述英国国王亨利二世时期王权和神权之间斗争的历史故事，获第37届美国电影奥斯卡奖最佳改编剧本奖、第18届英国电影学院奖最佳英国本土剧本奖。安哈尔特在《雄霸天下》的前半部分突出英王亨利二世与撒克逊人贝克特的感情深厚、情同手足，而最后贝克特却被自己曾经的挚友亨利二世以莫须有的罪名杀害。贝克特只是欧洲历史上王权与神权斗争的牺牲品，亨利二世借此进一步扩张了自己的王权，这也是当时欧洲宗教势力收缩的一个缩影。这部影片再现了当时的历史风云，极具戏剧震撼力。

安哈尔特一生编剧的作品有30多部，代表作品还有《明月冰心照杏林》（1955）、《气壮山河》（1957）、《爱情与战争》（1958）、《妻子与情人》（1963）、《最机密第三站》（1965）、《龙虎山决斗》（1967）、《勾魂手》（1968）、《逃往雅典娜》（1979）、《钻石集团》（1981）等。

（张林明）

《安纳托里亚往事》 *Once Upon a Time in Anatolia* 土耳其彩色故事片。泽依诺电影公司等2011年出品。编导，N.B.锡兰；摄影，G.提雅基；主演，M.乌祖耐尔、Y.埃尔多安、T.伯尔塞尔。

故事讲述了傍晚时分，土耳其南部的偏僻山区，三辆汽车停靠在喷泉池边，车上走下来几个人在四周进行勘查，好像在寻找线索。之前这里发生过一起命案，犯罪嫌疑人将被害者的遗体藏在山区的某个隐蔽位置。嫌疑人被捕后，当地警察、法医、检察官来到案发地寻找藏尸地点。犯人只记得几个路标，却忘记了藏尸地点的准确位置。一行人带着两个自首的罪犯寻找到他们抛尸的地点，并对尸体进行了解剖。

影片在故事性以及戏剧冲突等方面较为散淡，节奏十分缓慢。影片并没有正面交代凶手杀人的动机和过程，甚至对罪犯的社会身份都没有明确交代。影片着力展示的是人物之间的交流和他们的工作状态，从中折射出土耳其的社会氛围。影片构图严谨，镜头设计充满诗意，画面中的静与动相得益彰，呈现出独特的视觉美感。影片大远景镜头使人物与环境融为一体，近景镜头的浅景深层次分明。影片2011年获第64届法国戛纳国际电影节评委会大奖，第15届亚太银幕奖最佳摄影奖、最佳导演奖。

（陶赋雯）

安哲罗普洛斯，T. Theo Angelopoulos（1935-04-27～2012-01-24） 希腊电影导演、编剧。生于雅典，卒于雅典。1964年，毕业于法国高等电影学院。1964～1967年，从事电影评论工作。1968年，执导了短片《无线电广播》。1970年，拍摄了第一部长故事片《改造》，获第21届德国柏林国际电影节国际影评人费比西奖。自此开启了自编自导剧情长片的制作生涯。1972年，拍摄了揭露迈塔克萨斯将军如何在希腊建立法西斯专政的《36年的日子》（又译《1936年的岁月》），获第23届德国柏林国际电影节国际影评人费比西奖。1975年，拍摄了表现希腊人民在第二次世界大战期间英勇抵抗侵略者的《流浪艺人》，获第28届法国戛纳国际电影节国际影评人费比西奖。1977年，拍摄了揭露希腊资产阶级惧怕人民民主运动的《猎人》，获第30届法国戛纳国际电影节金棕榈奖提名。《36年的日子》《流浪艺人》《猎人》这三部电影被称为“希腊近代史三部曲”，显示了他对反戏剧手法的纪实结构的偏爱，形成其鲜明的导演艺术风格。

之后，安哲罗普洛斯拍摄了多部享誉世界影坛的杰作，贯串着导演文化寻根的命题和极富哲理的思考。1980年，编导了《亚历山大大帝》，反思了民主政治之于民族的影响，获第37届意大利威尼斯国

际电影节评审团特别奖。1984年，导演了《去基菲拉旅行》（又译《塞瑟岛之旅》），表现了一名年迈的共产党流放者重返希腊后面对人情疏离和身份困惑的茫然无措，获第37届法国戛纳国际电影节最佳编剧奖。1988年，导演了《雾中风景》，是对神话时代和文明世界文化价值缺失的童话性比喻，获第45届意大利威尼斯国际电影节银狮奖。1995年，导演了《尤利西斯的凝视》，反思了巴尔干半岛诸国的复杂历史和分裂现状，获第48届法国戛纳国际电影节评委会大奖。1998年，导演了《永恒的一日》，表现了主人公在生命最后一天于回忆、现实和幻想的交织中探寻生命与爱的永恒意义，获第51届法国戛纳国际电影节金棕榈奖。

安哲罗普洛斯是希腊电影最具声望的代表人物，也是欧洲杰出的电影大师之一。其影片主题富于象征和隐喻，镜头语言洋溢着诗意风格，善于探索新的剧作结构，始终关切生存与生命的主题。2004年和2008年，安哲罗普洛斯“希腊三部曲”的前两部《哭泣的草原》和《时光之尘》先后上映。令人意外的是，2012年1月24日，安哲罗普洛斯在雅典拍摄第三部《另一片海洋》时遭遇车祸骤然离世，为观众留下了巨大的遗憾。（尹广文　许　婧）

岸西　Ivy Ho（1958-08-15～　）中国影视编剧、导演。原名何碧雯。生于澳门。早年在香港的电视台做助理导演。1986年，与他人合写电影剧本《听不到的说话》。此后，加盟陈可辛与曾志伟成立的电影人制作有限公司。1995年，与林爱华、陈宝华联合编剧了略带奇幻色彩的都市情感片《嫲嫲帆帆》。1996年，创作电影剧本《甜蜜蜜》，获第16届香港电影金像奖最佳编剧奖、第42届亚太电影节最佳编剧奖。该片将男女主人公的悲欢离合与时代变迁紧密地结合在一起，记录了香港的时代印记，表现了外来移居者的艰难生活。2002年，担任电影《男人四十》的编剧，获第21届香港电影金像奖最佳编剧奖、第39届台湾电影金马奖最佳编剧奖。2008年，编导爱情片《亲密》，获第15届香港电影评论学会大奖最佳编剧奖。2010年，在《月满轩尼诗》中担任编剧，获第17届香港电影评论学会大奖最佳编剧奖。

她对人性和情感有独特体悟，担任编剧的电影还有《安娜玛德莲娜》（1998）、《小亲亲》（2000）、《特务迷城》（2001）、《玉观音》（2004）、《三岔口》（2005）、《蝴蝶飞》（2008）、《刺陵》（2009）、《哭泣的大地》（2015）等。担任编剧的电视剧主要有《七女性》（1976）、《追族》（1978）、《第三类房客》（1978）、《百合花：未婚妈妈》（1980）、《城市故事：大少奶》（1981）、《临歧：零用钱》（1983）、《温馨集：亲情》（1984）、《狮子山下：青春小鸟》（2006）、《新狮子山下：夜同行》（2014）等。（侯　怡）

《奥伯豪森宣言》 *Oberhausen Manifesto*　德国电影美学宣言。1962年2月28日，在奥伯豪森市举办的第8届西德短片电影节上，以A.克鲁格为代表的26位年轻电影工作者联名发表了一份宣言，宣布“旧电影已经死亡”，表示要“与传统电影决裂，创立新德国电影”。宣言因短片节举办地奥伯豪森而闻名，故称《奥伯豪森宣言》。

《奥伯豪森宣言》指出，“传统的德国电影的崩溃，最终消除了已为我们所拒绝的思想观点的经济基础。因此，新的电影有了活跃的可能性。近年来，由年轻的作者、导演和制片人所拍的德国短片，已在国际电影节上获得了大量的奖项，赢得了国际评论界的承认。这些作品和它们所取得的成就表明，德国电影的未来将寄托在那些已被证明是诉诸一种新的电影语言的作品上。如同其他国家一样，短片在德国同样成了故事片的学校和试验田。我们宣告，我们要创造新的德国电影。这种新电影需要各种新自由，那就是：从陈规陋习中摆脱出来的自由，从商业伙伴的影响下摆脱出来的自由和从利益集团的束缚下摆脱出来的自由。关于新德国电影的制作，在思想内容、形式和经济上，我们都有具体的设想。我们共同准备去承担经济风险。旧电影已经灭亡，我们寄希望于新电影”。

《奥伯豪森宣言》给德国影坛带来了巨大影响，打破了德国电影自纳粹当权以后的消沉局面，是第二次世界大战后德国电影发展历程中重要的转折点，意味着德国两代电影人的新旧更替，也为**新德国电影运动**的崛起吹响了号角。（甄晓文）

奥地利电影　Austrian cinema　20世纪初，奥地利出现新闻片。1908年，导演哈努斯拍摄了奥地利第一部故事片《从梯级到梯级》。1914年，奥地利出现了一家电影公司，摄制了一些根据德国和奥地利作家的文学作品改编的故事片。1920～1924年是奥地利电影业的兴盛时期。这几年摄制的影片有A.柯尔道的《王子和穷人》（1920）、《参孙和达里拉》（1922），M.凯尔泰斯（即M.柯蒂斯）的《索托玛和葛莫拉》（1923）、《奴隶的女王》（1924），R.威内的《奥尔拉克的手》（1924，德、奥两国合拍）。

《未完成的交响曲》剧照

有声电影出现后，奥地利成为一个专门摄制音乐片的国家，如导演O.普雷明格拍摄了音乐片《深厚的爱情》（1931）；导演W.福斯特拍摄了叙述奥地利作曲家F.舒伯特生平的影片《未完成的交响曲》（1933），描写哈布斯堡王朝时代维也纳的舞会盛况的影片《化装舞会》（1934），以及《玛祖卡舞曲》（1935）和《小夜曲》（1937）；导演G.柯斯切里茨拍摄了《玛丽亚·巴什基尔柴瓦》（1935）。1938年纳粹德国将奥地利吞并后，很多重要的电影工作者纷纷侨居国外。第二次世界大战后，奥地利恢复了独立地位，电影产量有了明显的增加，年产影片最多达25部。著名导演G.W.派伯斯特回到他的祖国执导了故事片《审判》（1948），获第13届意大利威尼斯国际电影节最佳导演奖，是战后奥地利第一部获奖影片。这期间银幕上出现的其他重要影片有描写从战场上返回家乡的士兵的遭遇的《遥远的路程》（1946，导演艾休什），揭露法西斯军队在南斯拉夫的残暴罪行的《最后一座桥》（1953，导演奎特涅尔），描写希特勒统治崩溃的《最后一幕》（1955，导演派伯斯特）。这个时期拍摄的重要影片还有法国和奥地利合拍的故事片《俊友》（1955，根据G.de莫泊桑同名小说改编，导演L.达更）、《潘蒂拉老爷和他的男仆马狄》（1956，根据B.布莱希特的话剧改编，巴西导演A.卡瓦尔坎蒂）。此时在奥地利影片中占主要地位的仍然是音乐片和传记片。传记片中有描写德国作曲家L.van贝多芬的《英雄交响曲》（1949，导演维尔岱），描写著名奥地利演员日拉季的《来自维也纳的演员》（1954，导演帕里拉），描写奥地利作曲家W.A.莫扎特的《莫扎特，伸出手来吧，我的生命》(1955，导演哈尔特勒)。比较成功的还有导演W.费尔森斯坦改编的贝多芬的歌剧《费德里奥》(1955)和维尔岱改编莫扎特的歌剧《唐璜》(1954)。这期间，奥地利还摄制了一批音乐歌舞片、闹剧片、侦探片等。1953年以后的几年里，奥地利年产影片达25～30部。

20世纪60年代初，奥地利电影业因得不到国家资助以及受来自电视的竞争等而遭遇严重危机。60年代末，奥地利电影产量每年下降1～2部。从70年代中期起，奥地利政府增加了对电影业的资助，促进了电影的发展。这时期拍摄了几部反映社会问题的影片，如描述资本主义世界“小人物”的无权境遇的《命中注定的人们》(1974，导演柯尔蒂)，描写青年通过各种形式反抗现代资产阶级社会的《来自奥塔克林格的耶稣》(1974，导演W.佩勒特和H.科赫尔)及《最后的机会》(1977，导演马达雅)。此时期，导演P.帕察克拍摄了揭露法西斯主义和新法西斯主义的影片《卡斯巴赫》(1978)，导演M.舍尔根据O.E.J.von霍尔瓦的小说拍摄了故事片《维也纳森林的故事》(1979)，导演F.安特尔拍摄了《伯克雷尔》(1981)，导演班涅尔特拍摄了《继承人》(1983)。

90年代，奥地利电影工业发生了一些变化，一些导演开始自组公司，规模大一些的公司重点生产喜剧片，在奥地利获得较好的商业回报。1999年，导演B.艾伯特的《北郊区》开始了奥地利电影新浪潮，引起国际影坛的关注，并带动了奥地利电影的创作。进入21世纪后，奥地利电影制片数量有所增长，每年保持20多部的水平。2003年，U.塞德尔的《狗日子》获意大利威尼斯国际电影节评委会特别奖。其他获得国际认可的作品有M.哈内克的《钢琴教师》(2001)、《隐藏摄影机》(2005)、《**白丝带**》(2009)，S.卢佐维茨基的《**伪钞制造者**》(2007)，G.斯佩曼尼的《复仇》(2008)。受到资金的制约，21世纪的奥地利电影努力寻求国际

《狗日子》剧照

合作。

此外，奥地利拍摄的优秀纪录片有《达尔文的梦魇》(2004)、《我们养活世界》(2005)等。 （尹广文　撰　秦喜清　修订）

《奥兰多》 *Orlando* 英国彩色故事片。英国历险电影公司、意大利米卡多电影公司等1992年联合出品。根据F.沃尔夫的同名小说改编。编导，S.波特；摄影，A.罗迪奥诺夫；主演，T.斯文顿、Q.克里斯普、B.赞恩。

《奥兰多》剧照

故事讲述了16世纪末，热情浪漫、喜欢诗歌的贵族少年奥兰多被伊丽莎白女王定为王储，并被要求长生不老。他继位后，身为男人先后经历了对不忠爱情、庸俗化文学和血腥战争政治的沉重失望。后化身为女性，但作为女人，她被剥夺法律人权、财产继承权，只能沦为宫廷“花瓶”和嫁为人妇的命运。奥兰多逃出宫廷，去追求女性自己的幸福和自由，邂逅了来自美利坚自由世界的恋人，但最终发现这个自由勇士的“女性解放”和“自由爱情”也不过是口头空想。随后第一次世界大战爆发，奥兰多再出现时，已成为一个20世纪的现代女性。奥兰多从性别的错乱中觉醒过来，她既是母亲，也是作家。她带着自己的小女儿回到自己曾经的宅邸，站在自己400年前的画像前微笑自如。古老的宫廷已化作历史，一个新型性别文化的春天就要到来。

影片运用写实和寓意相结合的讲述手法，围绕先男后女并历经英国近代到当代社会400年的奥兰多的命运，对西方近代以来被理性化的男女两性刻板化的社会身份和角色规定进行了女权主义的解构，揭露了社会化两性角色中的价值观偏颇，暴露了男权社会对“男女”两性及其角色设定的异化本质。影片结尾，奥兰多身兼双性精神气质（女身男装），携带（后人）小女儿回到天地自然中，仰望着空中歌舞着的“跨性别”天使，在对未来的美好憧憬中，成为大地和世界的主人。影片视听语言风格华丽，艺术符号想象丰富，兼具实验片和叙事片的艺术形式，是女性主义电影艺术探索的杰作之一。影片1992年获第49届意大利威尼斯国际电影节金西阿克奖－最佳影片奖、国际天主教电影视听协会奖、女性题材电影奖；1993年获第6届欧洲电影奖最佳青年电影奖，第37届意大利电影大卫奖最佳外国女演员奖；1994年获第47届英国电影学院奖最佳化妆奖，第66届美国电影奥斯卡奖最佳艺术指导奖提名和最佳服装奖提名。

（杨　慧）

奥朗希，J. Jean Aurenche (1903-09-11～1992-09-29) 法国电影编剧。生于皮埃尔拉特，卒于康城。20世纪20～30年代，曾是法国**超现实主义电影**创作小组的成员。1930年，曾在L.**布努埃尔**执导的《黄金时代》中饰演角色。1933年参与执导了一些短纪录片。之后与J.**普莱卫**一起编写了短片剧本《先生的警戒线》，从此开始电影剧本创作。1937年编写了《新郎的自白》。1938年编写了《法拉居事件》和《北方旅馆》。1942年起，开始同P.**波斯特**一起合作，改编了大仲马的《基督山伯爵》。自此两人分工写作，改编了大量文学作品，形成了独特风格。1944年编写了《希尔维亚与幽灵》。1946年编写了《田园交响乐》和《肉体的恶魔》，其中《田园交响乐》获第1届法国戛纳国际电影节最佳影片奖和最佳女主角奖。1952年编写了《禁忌的游戏》，获第13届意大利威尼斯国际电影节金狮奖。

奥朗希是第二次世界大战之后法国最有名望的编剧之一，一生创作了40多部电影剧本，其他重要作品有《在栅栏之上》《上帝需要人们》《巴黎圣母院》《要了男人命的女人》《青年之路》《特殊的友情》《巴黎战火》《茶花女》等。

（胡　滨）

奥利弗，L. Laurence Olivier (1907-05-22～1989-07-12) 英国影视与戏剧演员、导演。生于多尔金，卒于斯泰宁。1922年首次登台，1926年起在伯明翰演出。1930年时，已成为伦敦和纽约剧院的主要演员。同年，在德国参演首部影片《暂时的寡妇》。美

国经济大萧条期间返回英国，在影剧界演出，均获好评。1939年起，在好莱坞主演了《呼啸山庄》（1939）、《蝴蝶梦》（1940）、《汉密尔顿夫人》（1941）等影片。第二次世界大战期间参军，但获准留在后方拍片。1944年，自导自演《亨利五世》，获第19届美国电影奥斯卡奖最佳男演员奖提名。1948年，自导自演《哈姆雷特》，获第21届美国电影奥斯卡奖最佳男演员奖、最佳影片奖，第13届意大利威尼斯国际电影节最佳影片奖和第6届美国电影金球奖最佳男主角奖。1955年，自导自演《理查三世》，获第6届德国柏林国际电影节最佳影片奖、第9届英国电影学院奖最佳英国男演员奖和第29届美国电影奥斯卡奖最佳男演员奖提名。1976年，与D.霍夫曼合作出演《霹雳钻》，获第34届美国电影金球奖最佳男配角奖。

《哈姆雷特》剧照

奥利弗曾先后领导老维克剧院和国际剧院，在舞台上扮演俄狄浦斯王、李尔王、葛罗斯特、奥赛罗等角色，成绩卓著。他出演的影片还有《傲慢与偏见》（1940）、《魔影袭人来》（1941）、《嘉莉妹妹》（1952）、《游龙戏凤》（1957）、《斯巴达克斯》（1960）、《沙漠龙虎会》（1965）、《废墟中的爱情》（1975）、《情定日落桥》（1979）、《爵士歌手》（1980）、《诸神之战》（1981）、《李尔王》（1983）、《叛舰喋血记》（1984）、《战争安魂曲》（1989）等。1947年，因对英国戏剧事业做出的杰出贡献获封为爵士。同年，因出色地担任了影片《亨利五世》的主演、制片、导演，获第19届美国电影奥斯卡奖终身成就奖。1970年，被封为非世袭贵族。1976年，获第29届英国电影学院奖终身成就奖。1979年，获第51届美国电影奥斯卡奖终身成就奖。1983年，获第40届美国电影金球奖塞西尔·布朗特·戴米尔奖。

（李钧学　撰　许　婧　修订）

奥斯卡奖 Academy Awards　美国电影艺术和科学学院举办的学院奖。又称奥斯卡金像奖。创办于1927年，是世界上影响最大、历史最悠久的电影评奖之一。旨在鼓励和表彰那些在电影艺术领域取得突出成绩的电影从业人员。初称学院奖，1931年后改称奥斯卡奖。奥斯卡奖金像由G.斯坦利创作，高13.5英寸，重8.54磅，是一尊握剑男子立于一盘电影胶片上的镀金人像。1927年5月16日，第1届奥斯卡奖颁奖典礼在洛杉矶罗斯福饭店举行，共颁发了15座金像。之后除1930年与1933年外，都是每年举行一次。

获奖名单事先要经过调查、提名、观摩、投票、统计等一系列程序方能确定，只有美国电影艺术和科学学院会员才有表决权。最后投票结果绝对保密，一直要等到授奖大会上才能当众开封揭晓，所以现场十分精彩热烈。

参加评选的美国影片必须是当年在洛杉矶商业电影院放映一周以上的影片，外国参赛作品不在此限。每年12月由美国电影艺术和科学学院所属制片、导演、演员、编剧、技术5个部门各自提出候选名单，之后由全院4000多名成员投票选出各个奖项的1名获奖者。

奥斯卡奖奖杯

奖项设置主要有三大类：成就奖、特别奖和科学技术奖。成就奖有20多项，主要有最佳影片奖、最佳导演奖、最佳男女演员奖、最佳男女配角奖、最佳外语片奖等；特别奖主要有琼·赫肖尔特人道主义奖、荣誉奖、特别成就奖等；科学技术奖主要有科技成果奖、技术效果奖等。

（章柏青）

奥图尔，P. Peter O' Toole（1932-08-02～2013-12-14）　英国话剧、影视演员。生于爱尔兰，卒于伦敦。14岁离开学校后做过记者。1949年初登舞台，参演莎士比亚戏剧《麦克白》。1950～1952年在英国皇家海军服役，退役后考入英国皇家戏剧艺术学院，1954年毕业。1955年在布里斯托老维克剧院做戏剧演员，以《长的、短的、高的》（1955）初露头角，演出过众多莎翁戏剧，被誉为“劳伦斯·奥利弗第二”。

1959年凭借电影《雪海冰上人》（又译《被绑架者》）踏入影坛。1962年出演了成名作《阿拉伯的劳伦斯》，获第16届英国电影学院奖最佳英国男演员奖、第20届美国电影金球奖最佳新人奖、第8届意大利电影金像奖最佳外国男演员奖，并且在2006年曾被美国《首映》杂志评选为“电影史上最伟大的100次表演”的榜首。20世纪60年代至70年代初是奥图尔演艺事业的黄金时期，先后在《雄霸天下》（1964，获第22届美国电影金球奖剧情类最佳男主角奖）和《冬狮》（1968，获第26届美国电影金球奖剧情类最佳男主角奖）中两次扮演英国国王亨利二世，凭借《将军之夜》（1967，获第11届意大利电影大卫奖最佳外国男演员奖）、《万世师表》（1969，获第27届美国电影金球奖音乐喜剧类最佳男主角奖和第14届意大利电影大卫奖最佳外国男演员奖）、《豪门怪杰》（1972）等影片迅速走红。

70年代中后期，奥图尔因胃癌和酗酒一度放弃演艺事业。后战胜病魔重返影坛，相继拍摄了《特技替身》（1981）、《我的好年华》（1983）、《女超人》（1984）、《逍遥天堂》（1986）、《末代皇帝》（1987，获第32届意大利电影大卫奖最佳男配角奖）、《皇帝也疯狂》（1991）、《精灵传奇》（1997）、《爱如潮水》（1998）、《莫洛凯岛：戴梅恩神父的故事》（1999）、《黑幕风云》（2002）、《光彩年华》（2003）、《希特勒：恶魔的复活》（2003）、《灵犬莱西》（2005）、《末路爱神》（2006）、《与王一夜：命运的召唤》（2006）、《星尘》（2007）、《金山》（2008）、《圣诞小屋》（2008）、《普罗米修斯》（2012）、《亚历山大大帝》（2013）等影片。2014年上映的《玛丽亚》是他出演的最后一部作品。此外，奥图尔还出演了《圣女贞德》

（1999，获第51届美国艾美奖电视电影类最佳男配角奖）、《奥古斯都一世》（2003）、《都铎王朝Ⅱ》（2008）等电视电影。

奥图尔戏路宽广，是能够游刃有余地驾驭正反两派、宜古宜今的性格演员，他尤其擅长塑造具有复杂而矛盾心理的人物，是影、视、剧三栖演员。奥图尔一生先后八次获得**奥斯卡奖**提名，却从未获得该奖项。2003年，第75届美国电影奥斯卡奖授予他终身成就奖，以表彰他对电影事业的贡献。（许 婧）

澳大利亚电影 Australian cinema 澳大利亚电影业始于19世纪末，主要经历了以下4个时期。

电影的引入和早期试制（1896～1920） 1896年8月，在墨尔本的歌剧院首次放映了英国人R.W.保罗摄制的关于伦敦威斯敏斯特桥的纪录短片。同时，法国卢米埃尔兄弟派出的摄影师在墨尔本拍摄了一部纪录片，反映盛大的墨尔本杯赛马活动。这部影片在墨尔本和悉尼上映达3个月之久，是外国人在澳大利亚拍摄的最早的影片。20世纪初，英国人类学家C.斯潘塞来澳拍摄了关于土著居民风俗习尚的纪录片，开创了以研究土著居民文化生活为目的的人类学纪录片之先河。救世军也在这个时候开始拍摄宣传宗教的短故事片，如《早期的基督教殉难者》（1899）。第一部澳大利亚人摄制的影片《凯利帮的故事》于1906年上映，它标志着澳大利亚电影的诞生。影片由C.泰特摄制，内容描写侠盗凯利兄弟和警察之间的斗争故事。这显然是受到当时美国畅销影片《火车大劫案》（1903）的影响。《凯利帮的故事》放映时间为66分钟，并用演员在银幕后配音，这部影片的畅销导致这种类似美国西部片的电影的泛滥。当时没有随波逐流的导演只有R.朗福特。他是演员出身，自当上导演以后，一贯注重影片的质量，作品具有现实主义风格。他拍摄的《邦蒂号的叛变》（1915）、《我们的选择》（1919）和《多愁善感的家伙》（1920）都得到了较高的评价。特别是《多愁善感的家伙》，成功地塑造了澳大利亚人的性格。

民族电影的起步（20世纪20～60年代） 在第一次世界大战前，美国、英国的影片开始进入澳大利亚，与新生的澳大利亚电影展开竞争。从20世纪20年代起，廉价的英美影片逐步侵占了澳大利亚电影市场。澳大利亚的本土电影因成本高、题材贫乏等问题，陷于一蹶不振的境地，很多电影工作者被迫放弃故事片的拍摄，转向新闻纪录片。这种情况一直持续到50～

《凯利帮的故事》剧照

60年代，以美国影片独霸澳大利亚银幕而达到极点。在这段时期，只有少数几位导演在为繁荣本国电影而辛勤地创作。他们中影响较大的是G.E.乔维尔。从1925年的《蒙比的蠢虫》一片开始，到1959年死于贫困为止，乔维尔摄制了许多真正澳大利亚题材的影片，如反映澳大利亚军队在第一、二次世界大战期间英勇作战的《四万骑兵》（1941）和《托勃鲁克人的老鼠》（1948）等。他最后一部重要作品是《杰达》（1955），由于他在影片中处理种族问题不当，这部影片惨遭失败。

第二次世界大战时期，由于新闻宣传的需要，澳大利亚的新闻纪录片有长足的进步，同时也吸收和培养了很多电影工作者。战后，S.霍斯于1946年建立了拍摄新闻纪录片的联邦电影机构（今澳大利亚电影公司），K.G.霍尔也在他的公司中设立了拍新闻纪录片的部门。这时，曾在悉尼大学研究人类学的I.邓洛普进入了电影界。从1957年开始，他多次进入澳大利亚西部的沙漠，拍摄了不少关于土著居民生活的纪录片，逐步成为澳大利亚人类学电影的权威人士。

民族电影的复兴与快速发展（20世纪70～90年代） 从20世纪70年代开始，由于政府的重视和鼓励（如建立电影委员会，对影片进行资助，开办电影、电视学校，创办电影资料馆等）、本土意识的进一步觉醒，澳大利亚电影进入了复兴时期。这首先表现在长故事片产量的稳步上升。澳大利亚1969年只发行了5部国产片，而到1971年则上升为11部。70年代整个10年，平均每年发行15.2部国产片，之后这个数字又有所上升。其次，电影创作人员和技术人员队伍不断扩大并日趋成熟，特别是一批中青年编导人员陆续走上影坛，促进了国产影片的发展。这些新生力量中有T.伯斯塔尔、P.威尔、B.贝雷斯福德、J.杜伊甘、D.克龙比、F.谢皮西、D.威廉森、A.奥津斯、G.阿姆斯特朗等。这批编导的大部分作品从内容到形式都是澳大利亚的，例如威尔导演的《悬崖上的野餐》（1975）和《加利波利》（1981），贝雷斯福德导演的《获得智慧》（1977）和《驯马手》（1980），G.米勒导演的《从雪河来的人》（1981）等影片，都是新生的澳大利亚本土电影中的佼佼者。这些影片的内容虽然取材于历史，不直接反映现实，但却往往能引起观众对当今社会问题的联想和思考。有些影片的内容层次较多、涉及面较广，耐人寻味。这些影片一般来讲构图讲究，光和色彩的运用恰到好处，镜头流畅，善于利用大自然的景色作背景。随着国产片的发展，在澳大利亚银幕上也出现了一批有影响的本国电影明星：M.吉布森、J.哈格里夫斯、J.汤普森、H.莫斯、N.基德曼等。

《驯马手》剧照

80年代以来的澳大利亚影片在发挥上述特点的同时，还在某些方面有新的突破。这首先表现在内容已不限于历史，也采用了现实题材，如反映吸毒问题的故事片《冬天的梦》（1981）等。更重要的是反映土著居民的影片再度出现，它们已从早期的纪录片发展到以故事片形式来反映他们的生活和问题，一般都有较强的感染力。如J.霍尼的《曼加妮妮》（1980）和I.奥津斯的《我们的偏僻地区》（1982）。80年代，澳大利亚电影的复兴处于开始阶段。这首先是因为在澳大利亚影坛上，国产片还处于少数地位，外国影片仍占绝对优势，其中主要是美国片，一般每年进口200部左右。据澳大利亚发行商协会的统计，1963～1981年，在澳大利亚公演的100部最畅销的影片中，国产片只占8部。其次，上述有特色的影片在整个国产影片的产量中也只占少数。毫无特色的平庸之作、充斥着性内容的影片还大量存在。即便是一些较好的作品中，间或也出现色情镜头。这一时期，系列片《疯狂的麦克斯》（1981、1985）和系列片《鳄鱼邓迪》（1986、1988）受到澳大利亚观众的欢迎，取得很好的票房成绩，也成为知名的澳大利亚系列电影。这两个系列在21世纪之后都有续集问世。90年代，澳大利亚的电影政策有所调整，推动了澳大利亚本土电影

《疯狂的麦克斯》剧照

的生产，出现了像《闪亮的风采》(1996)这样获得世界影坛关注的作品。21世纪前后，虽然澳大利亚的电影市场仍以美国好莱坞商业电影为主，但本土电影生产也在不断推进，出现了《光辉》(1998)、《窗外有男天》(1998)、《双手》(1999)等影片，它们从不同角度讲述了澳大利亚人的生活，展示了他们的文化。

21世纪电影的新趋势　21世纪初，澳大利亚电影产业经历了相对低谷的时期。在电影市场上，澳大利亚本土电影很难与美国电影竞争。特别是2004年，全年本土生产影片和合拍片共18部，这些影片的票房收入只占电影市场票房总收入的1.3%，相较于2001年24部故事片8%的票房占比有明显回落。2007年以后，澳大利亚电影又出现增长趋势。2007～2013年，澳大利亚本土生产影片达到200部，每年平均约30部，比20世纪80年代的每年约20部年产量有所提高。随着城市生活的变化，澳大利亚城市的影院数量也有所增加，影院设备有所改进，3D技术、超大银幕、杜比数字音响和DTS音响能够提供较好的观影体验。

21世纪以来，澳大利亚电影在审视历史、讲述移民潮、土著文化和多元文化等议题上都有佳作问世，表现出澳大利亚文化价值观的新变化，如《漫漫回家路》(2002)、《苦战科科达》(2006)、《澳洲乱世情》(2008)、《奇袭60阵地》(2010)、《雄师》(2016)、《阿里的婚礼》(2017)等。

（胡思旅　撰　秦喜清　修订）

澳门电视　Macau's television　中国电视的重要组成部分。中国澳门电视业开始于20世纪80年代。1980年，澳门电台（中文台）正式成立，分别以（FM立体声）葡语播放及（AM）粤语播放。1983年元旦，澳门本地首家提供免费无线电视播出的公司——澳门广播电视公司（简称“澳广视”）成立，由澳葡政府管理。公司下属的电视台于1984年5月13日开播，初期只在18：00至23：00放送广播，交叉播放自制的中文和葡文节目，如《澳门格兰披治大赛车》。1988年5月1日，澳门广播电视公司更名为澳门广播电视股份有限公司（仍简称“澳广视”），开始吸收私人股份，向公私合营的股份有限公司方向改组，试图改善亏损局面。这一阶段，“澳广视”电视台主要播出新闻、资讯类节目。1990年，“澳广视”设于南光大厦的办公地点启用；9月17日，公司下属电视台分拆成澳广视葡文台（一频道）和澳广视中文台（二频道）两个频道，分别播放葡萄牙语节目和粤语节目，播出时长增加。中文台开始播出与粤文化有关的文艺类节目，并参与一些电视剧的摄制。由于收视率不高，中文台于90年代中期开始较多地播出外购剧、纪录片以及足球等体育节目，但自制的新闻与信息类节目仍是“澳广视”最受欢迎的节目。这一时期，澳门有线电视和卫星电视在紧张筹备，“澳广视”陷入激烈的市场竞争之中，播出时长再度增加，并大量采用中央电视台和广东电视台的新闻报道。2000年，“澳广视”中文网站开始营运，全天播放新闻及资讯，并提供辖下电视、电台频道的网上直播及节目重播。至2003年，“澳广视”两个频道发展为全天24小时播出，除新闻外，增加了大型体育比赛直播、纪录片、文化资讯、华语电影及电视剧、旅游、烹饪、健身、财经等各类节目，收视率有所提升。葡文台除播放本地及国际新闻外，还通过卫星转播葡萄牙的电视节目。当年，“澳广视”为鼓励澳门原创流行音乐发展，首次举办《澳广视至爱新听力》歌曲征集活动。

2007年4月1日，澳广视中文台正式更名为澳门电视台，葡文台更名为“Canal Macau”。2009年，两台分别更名为澳视澳门台和澳视葡文台，且采、编、播各个环节全面实行数字化。“澳广视”又先后开播了澳门台、高清台、体育台和生活台等频道，形成有5个数字频道和1个卫星频道组成的“澳门电视台网络”，并于10月1日起转播中央电视台新闻频道。2010年，“澳广视”再与中央电视台及湖南卫视达成合作协议，转播中央电视台英语新闻频道（现名为“CGTN”）及湖南卫视国际频道。2016年7月起，“澳广视”将辖下6个频道的电视数码广播编码，全面升级至高清编码格式，并以数字电视频道在澳门转播中央电视台综合频道。2019年，中央广播电视总台央视体育频道落地澳门。同时，粤港澳大湾区广电联盟在广州举行成立仪式，联盟由21个粤港澳广电媒体组成，“澳广视”获推选成为副理事长单位。2020年，“澳广视”新媒体平台进一步拓展，推出澳广视新闻Telegram频道及澳广视YouTube频道。2021年11月24日，中央广播电视总台与澳门广播电视股份有限公司在广州签署新一轮《赛事媒体权利授权书》，授权“澳广视”播出东京奥运会、庆祝中国共产党建党百年精品节目、第16届全运会及北京冬奥会赛事等节目，让澳门观众同步欣赏普通话、粤语及葡语的总台奥运赛事直播。

伴随无线电视业的发展，澳门卫星电视事业也得到迅速拓展。澳门回归之前，澳门成立了宇宙卫星电视有限公司，成为澳葡政府颁发卫星电视牌照的唯一机构，股东分别来源于中国内地、葡萄牙和中国澳门，标志着澳门卫星电视的起步。该公司经营的澳门卫星电视台（MSTV）于1999年6月22日开播。该台为全数字、自动化播出平台，拥有旅游台、卡通台、华人导视台、五星台、澳亚台、财经台等多个卫星频道，覆盖30多个国家和地区，受众主体是大中华区的华语观众。2000年起，澳门特区政府对卫星电视采取全面开放政策。2001年，宇宙卫星电视有限公司等机构出资创立了澳亚卫视有限公司，同年6月1日启播，对以往频道资源进行整合。随着澳门电视事业的竞争，澳亚卫视在后来的发展中遭遇了一定的挫折。

2001年之后，诸多卫星电视频道相继在澳门开播，包括澳门东亚卫视、亚洲联合卫星电视（UTV）、莲花卫视、中国商务网卫视（CBN）、中华卫视（CSTV）、中华功夫卫视等。

与无线电视和卫星电视相比，澳门的有线电视业起步最晚。1999年4月22日，澳门有线电视股份有限公司获得澳葡政府发出的第一个有线电视特许专营执照。该公司2000年7月8日开始运营，以收费形式提供接受卫星信号的地面服务。此后，澳门有线电视汇聚了来自中国内地、香港、台湾，以及葡萄牙、日本、韩国、澳大利亚和众多欧美国家100多个不同类型的频道节目。有线电视系统通过引入先进的高清数码传播及接收系统，为澳门市民提供高质量、多元化的服务，光纤网络覆盖整个澳门地区。

同时，澳门的电视纪录片和电视连续剧的创作也开始发展。澳门回归为澳门纪录片提供了创作素材。澳广视中文台于澳门回归之际做了大量采访及报道，制作了播出时间长达一年的时事纪录片《见证回归》，介绍澳门在回归前后的政治和社会民生变化。1998年，蔡氏兄弟（澳门）影业公司和广东有限电视台等联合制作了

30集电视纪录片《细说澳门》，首次以澳门人的视角叙说对澳门的情感。

澳门的电视剧创作始于1988年，由"澳广视"与珠海电视台合作拍摄了4集电视连续剧《天网》，是澳门第一部有本地主创参与制作的电视剧。该剧由澳门导演殷立民执导，改编自澳门和珠海两地警方联合侦破的一起绑架案。1992年，蔡氏兄弟（澳门）影业公司和中国电视剧制作中心合作摄制了根据澳门女作家周桐同名小说改编的6集电视连续剧《错爱》。2009年，由澳门特区政府投资、内地创作团队参与制作的25集电视连续剧《瑞莲》（又名《喋血澳门》），成为澳门第一部长篇连续剧。该剧根据内地作家周毅如长篇小说《阿莲》改编，以20世纪30～40年代的澳门为背景，表现了澳门人坚韧不拔的毅力和顽强拼搏的精神。

此后，澳门电视业不断拓展业务范围和业务种类。2010年12月，澳门首次举办具有比赛性质的澳门国际电视节，由澳门电影电视传媒协会和中国电视艺术家协会联合主办。电视节分为"金莲花奖"国际电视节目评选、国际电视台长论坛、国际电影电视节目及设备器材展览、影视项目投融资推介会及国际影视版权拍卖会等部分，设立最佳电视剧奖、最佳男女演员奖、最佳电视纪录片奖等奖项。每届电视节期间，内地影视、动漫等领域的管理者、制片人、导演、投资商、演艺明星以及国际知名制作机构都前来澳门参加，促进了澳门电视业的发展。

扩展阅读

常江，张梓轩，彭侃.传播学论丛：中国语境下的澳门影视产业.北京：北京大学出版社，2012.

李献文，何苏六.港澳台电视概观.北京：北京广播学院出版社，2004.

（赵卫防）

澳门电影 Macau's cinema 中国电影的重要组成部分。

澳门电影放映业 澳门电影始于发行放映业。1910年，澳门出现了第一家放映电影的戏院——域多利戏院。1912年，捷成戏院向澳葡政府申请在附近的空地搭建棚屋，作为电影放映之用。澳门早期的电影放映，银幕置于中央，幕前幕后均设有座位，并设有解说影片内容的"解画佬"。20世纪20年代初，新域多利影院落成并放映欧美电影，电影作为新的娱乐方式进入澳门人的生活。30年代初，域多利影院翻新改造，设施更为豪华的国华大戏院开业，澳门电影放映业进入了蓬勃发展的时期。第二次世界大战爆发后，各地民众纷纷前往澳门避难，当地娱乐业骤然兴旺。至1940年，澳门已建成7家电影院。

50～60年代，随着澳门经济的腾飞和战后人口的激增，澳门电影业迎来了黄金时代。至1965年12月，澳门已拥有域多利、国华、永乐、百老汇、东方、金城、乐斯、丽都、平安等12家电影院，共12 196个座位。1965年，澳门放映电影10 169场，票房收入超过352万澳元。同时，澳葡政府开始规范电影放映业的管理，1962年成立了"戏剧检查处"，负责检查所有的戏剧、电影和公共游乐场所的演出活动。但由于检查委员会成员多由高官组成，他们无暇看片，此时的澳门放映业处于比较宽松的阶段，如当时由于部分内地电影如《白毛女》等在香港未获电检通过，很多香港观众专程到澳门永乐戏院观影。

70年代后，电视的普及以及房地产业的兴盛，对澳门电影放映业造成冲击，澳门开始大规模拆迁电影院，发展房地产。80年代，由于澳门经济的发展和港产片的热潮，澳门电影放映业有所恢复。《少林寺》《警察故事》《英雄本色》等港产片在澳引发轰动，特别是《少林寺》在澳门创下了8.88万人次的观影纪录。在此期间，电影放映管理开始正规化。1978年5月，澳葡政府颁布26条的"公开映、演甄审委员会"法例，对电影审查、预告片和广告等都做出规定，特别是对在澳放映的影片实行分级制，依据影片内容分为A（老少咸宜）、B（未满13岁不宜观看）、C（未满18岁不宜观看，13岁以下禁止观看）、D（未满18岁禁止观看）四级。90年代以后，随着其他娱乐方式的冲击、录像带的普及和盗版的猖獗，澳门大型戏院的上座率大为减少，放映业严重萎缩。至1999年澳门回归前，澳门仅剩澳门大会堂、永乐戏院和回力UA3家影院勉强维持。

澳门回归祖国后，由于澳门特区政府的支持和澳门民众文化意识的觉醒，澳门电影放映业开始复苏，出现了澳门旅游塔电影院、岗顶影院等多家影院，影院的软硬件设施都有较为显著的提升。回归以来，在中央人民政府有关部门及澳门特别行政区政府的扶植和支持下，澳门电影放映业处于稳定发展之中，现有影院有澳门大会堂、银河影院、永乐戏院、CGV影院、英皇戏院等。

澳门电影制片业 与澳门电影放映业相比，澳门电影制片业较为落后。1924年，葡萄牙人M.伯尔热斯创立了澳门首家电影制片公司——澳门电影公司。该公司的任务是每半年在澳门拍摄一部有关澳门各项活动的纪录片《澳门报告》以及其他有关葡澳的宣传片，但仅半年之后，该公司因未交税而被吊销营业执照。1955年，澳门的中葡商人合资成立了澳门电影史上的第二家制片公司——澳门欧亚影业公司，并耗资30万澳元制作了澳门本地首部故事片《长途》。由于该片母带在送往香港制作拷贝时丢失，欧亚影业公司因亏损而关张。70年代后，澳门独立电影和实验电影得到了发展，罗桂炎、刘晚雄等人推出了《华氏1972》（1972）、《第二站》（1982）、《亚明的澳门》（1993）等独立电影。

1989年，来自内地的电影工作者蔡安安、蔡元元兄弟在澳门成立了蔡氏兄弟影视公司，澳门电影制片业拉开新的帷幕。同年，蔡氏兄弟和新疆天山电影制片厂联合拍摄了故事片《夜盗珍妃墓》，此为澳门华人组织拍摄的第一部彩色故事片。1995年，蔡氏兄弟和广东珠江电影制片厂联合出品了讲述澳门本地故事的影片《大辫子的诱惑》。这是第一部由澳门华人组织拍摄的反映澳门本地文化的电影，真实地表现了澳门不同文化的碰撞与融合，被称为真正的澳门第一部电影。

澳门回归后，电影制片业得到较快发展。一批实验性的独立制作影片相继推出，如成长于澳门的许国明摄制了考察媒体科技与生活关系的故事长片《枪前窗后》（2002）和表现赌徒奇遇的长片《夜了又破晓》（2007）。2004年，澳门第一部根据真人真事改编的独立电影《黄金屋》拍竣，影片根据几位在囚的澳门青年撰写的浪子回头故事的同名书籍改编而成。2005年，澳门创作人协会成立后拍摄了关注澳门创意产业的作品《澳门·圣诞·2005》。2008年，澳门利民会拍摄了独立电影《横街窄巷》。在此期间，《钟意冇罪》（2002）、《带上红鼻子的一天》（2007）、《错过的美丽时光》（2010）等实验性质的电影也先后问世。

在实验电影兴盛的同时，澳门其他故事片创作在回归后有新的突破。由陈逸峰编导的《濠情岁月》讲述了20世纪40年代，流落澳门的艾素心与当地记者洪洋两人横跨60年刻骨铭心的爱情故事。此外，还有拍板视觉艺术团组织拍摄的本地电影《堂口故事》（2008），由朱佑人、许国明、何家政等本地导演共同执导，以5个小故事从不同角度表现了澳门的城市生活。之后，《堂口故事2：爱情在城》（2011）延续了澳门电影一贯的短片风格，6位澳门本地年轻导演各拍一部15～18分钟发生在澳门的爱情短片。其他影片有两部纪念澳门回归10周年的作品：蔡安安执导的《还有一星期》（2009）讲述金融危机下一个小人物的奋斗故事，张弛执导的《奥戈》（2009）为首部展示澳门特有“土生族群”现实生活的故事片。21世纪10年代之后，澳门特区政府资助了不少本地演艺影视人士拍摄电影，如《在路上》（2011）、《痕迹》（2014）、《澳门街》（2015）、《骨妹》（2016）、《那一年，我17》（2017）、《爱比死更冷》（2018）、《幻觉围》（2019）、《迷局伏香》（2019）、《而是一人》（2021）等澳门本地电影或澳门与内地合拍电影。

澳门电影交流　澳门是华语电影及其他国家和地区电影的重要拍摄场地，路环、澳门威尼斯人酒店、圣方济各教堂、大三巴牌坊、沙利文餐厅等地标均为著名的影视剧取景地。除大量的香港电影选择在澳门取景外，美国、英国、法国等国的影片如《007：金枪人》（1974）、《夺宝奇兵2：魔宫传奇》（1984）、《复仇》（2009）等均在澳门拍摄。

澳门地区的电影交流等文化建设在回归前后得以发展。1993年，澳门市政厅、澳门东亚大学公开学院同学会和香港艺术中心联合举办“电光幻影——港澳独立录像短片汇映”，是澳门首次举行的大型电影交流活动。之后，蔡氏兄弟成立了澳门电影协会，朱佑人成立了拍板视觉艺术团，这些社会团体多次举办澳门与内地、香港的电影交流和展映活动。自1999年以来，一年一度的澳门艺术节推出“中国电影周”活动，每年设定不同的主题进行华语电影的展映。2006年开始，澳门文化中心举办“澳门国际电影及录像展”，进一步开拓国际视野，通过与**香港国际电影节**合作展映国际电影。澳门电影人才的培养也在得到不断发展，如澳门大学和澳门理工学院开始推出电影制作和剧本写作等课程，培养了一些崭露头角的电影人才。

2009年3月，澳门电影电视传媒协会成立。该协会是致力于发展澳门影视业的非营利机构，成立当年与中国国际文化传播中心于12月26日举办首届“**澳门国际电影节**”暨国际电影、电视、动漫产品展销会。电影节旨在鼓励电影以及电视和动漫产业的多元化发展，培育澳门电影、电视及动漫界新人，努力搭建资本与影视动漫项目对接的新平台，打造国际一流电影节具备的国际视野。电影节固定在每年12月份举办。电影节还评选出年度华语电影的金莲花优秀影片大奖、金莲花最佳故事片奖、金莲花最佳导演奖、金莲花最佳编剧奖、金莲花最佳男女演员奖等十几项大奖。至2021年，澳门国际电影节已成功举办了13届，推出了多部优秀华语电影和多位华语影人。从2016年开始，澳门的各类国际电影节展活动逐步增多，如“澳门国际影展”“金羊奖澳门国际电影节”等，这些影展有别于“澳门国际电影节”，影片交易及评奖更侧重于国际性而不局限于华语电影本身。

21世纪后，澳门电影多次参加中国金鸡百花电影节等海内外大型电影节展，并获得一些荣誉。其中《奥戈》（2009）获中国FIRST青年电影展最佳编剧奖，入围捷克卡罗维发利国际电影节主竞赛单元，同时还入选雅典国际电影节、马德里国际电影节、孟买国际电影节等国际影展。《澳门街》（2014）获得首届金羊奖澳门国际电影节评委会大奖。《奥戈》（2009）和《迷局伏香》（2019）还在第28届中国金鸡百花电影节“港澳台地区影展”上进行放映。澳门特区文化局与澳门电影业界组成代表团赴厦门出席影展活动，并与各地电影业界交流，宣传推广澳门电影作品。

（赵卫防）

澳门国际电影节　Macau International Movie Festival　中国澳门的国际电影节。创办于2009年。由澳门电影电视传媒协会与中国国际文化传播中心联合举办。第1届澳门国际电影节暨国际电影、电视、动漫产品展销会于2009年12月26日举办，此后在每年的12月份举办。该电影节以“国际交流合作、旅游娱乐会友、推出影视新人、促进版权贸易”为宗旨，利用澳门的自身优势和独特的人文地理环境，集中展示参展的优秀影片，鼓励影视及动漫产业的多元化发展，培育澳门本土影视及动漫从业人员，推动澳门本地影视业的发展。同时，该电影节搭建资本与影视项目对接的平台，为国际嘉宾提供交流、合作的契机。

澳门国际电影节设置了“金莲花”奖，包括优秀影片大奖、最佳故事片奖。个人奖项包括最佳导演奖、最佳编剧奖、最佳男演员奖、最佳女演员奖、最佳男配角奖、最佳女配角奖、最佳新人奖、导演新人奖。其他奖项包括最佳纪录片奖、最佳短片奖、最佳动画片奖、优秀制片人奖。该电影节提供了澳门电影与境外电影进行交流的机会和平台，对澳门电影的发展和创作以及文化交流有重要推动作用。

（于丽娜）

《澳视新闻》　*TDM News*　中国电视节目。1984年5月13日开播。澳广视中文台每晚7点定期播出的新闻资讯类节目，时长45分钟。节目内容包括本地新闻、国际时事、全国要闻、财经报道、民生民情、天气预报等。节目的编排以澳门当地新闻资讯为主，通常占到总体内容的80%以上。节目关注澳门本地的经济、政策、治安、民生等问题，博彩业、会展业等支柱行业的相关资讯格外受到重视。为了精简团队构成，节目本身不设主持人，而是采取记者轮值兼任主播的工作制度，与普通主持人相比，新闻记者对事件的把握和解读具有更强的专业性。节目因其较强的本土化和实用性特色，在晚间7点档节目中长期占据澳门收视率榜首，是“澳广视”收视最高的节目。

（赵　益）

B

《八部半》 *Eight and a Half* 意大利故事片。塞纳里兹制片公司1963年出品。编剧，**F.费里尼**、T.皮耶里尼、E.弗拉雅诺、B.隆迪；导演，F.费里尼；摄影，G.D.凡纳佐；主演，M.马斯楚安尼、C.卡汀娜、A.艾梅、S.米洛。

《八部半》剧照

故事讲述了奎多·安塞尔米是一位意大利知名导演，刚刚完成一部影片，身心俱疲。奎多来到一家温泉疗养地，边休养边构思新作品。他的新作品试图展现人类末日景象，然而温泉疗养院并未治愈灵感枯竭的导演，还给他带来困扰。一天，百无聊赖的他来到火车站，邂逅了一位名为卡尔拉的性感女人，和她一夜风流之后，奎多带她住进疗养院。本以为情人的陪伴会带来灵感，然而卡尔拉只是多增烦扰而已。他陷入新一轮的焦躁不安和噩梦，有一位光鲜靓丽的年轻女人克劳迪娅在他的梦里出现，让奎多重新振作。这时，妻子路易莎也随众多电影业内人士前来。在奎多的幻想中，三个女人的身影重叠在一起，让他分不清梦和现实，最终选择开枪自尽，结束痛苦的纠缠。

影片具有先锋派探索精神，大量使用**主观镜头**，展现主人公眼中的世界；同时穿插大量闪回镜头，用倒叙、插叙的形式安排剧情发展，打破了传统的现实时空加主线叙述的模式，构筑一个亦真亦幻的世界。影片在表达梦境的段落中，有大量晃动镜头和变形的空间结构，勾画了主人公接近崩溃分裂的精神世界。影片1964年获第36届美国电影奥斯卡奖最佳服装设计奖。

（张慧瑜）

《八千里路云和月》 *Before and after Victory* 中国故事片。联华影艺社1947年出品。编导，**史东山**；摄影，韩仲良；主演，**白杨**、**陶金**、周峰、高正、石羽。

故事讲述了女大学生江玲玉只身来到上海，并不顾姨父母及表兄的阻挠，毅然参加了上海抗日救亡演剧队。演剧队沿铁路沿线一带的城镇进行抗日宣传，百姓们看后纷纷起来抗日。江玲玉与青年音乐家高礼彬在艰苦的斗争中产生了爱情。而此时，江玲玉的表兄周家荣却大发战争之财。抗日战争胜利后，江玲玉和高礼彬结婚了，但生活非常窘迫。而周家荣此时已声名显赫、不可一世。一个雨夜，江玲玉准备写稿揭发周家的罪恶，在回家的路上，不幸昏倒在街头。高礼彬和朋友们四

《八千里路云和月》海报

处寻找，最终在医院找到了她。

影片的史诗价值和真实表现体现了现实主义的光彩，具有鲜明的思想性和艺术的真实性。影片批判重点在于抗战胜利后人民所遭受的生活不公与社会的黑暗压迫，对当时历经苦难期盼安宁却不可得的社会心理和人民愿望做了真切的反映。影片以纪实性实录式的方法，将漫长的战争岁月和人民的悲苦生活，凝缩在一支演剧队的聚散过程中。影片场景处理真实感人，人物刻画生动逼真。许多场景生活气息浓，又很细腻，富有诗意。影片上映后，受到广大观众的热烈欢迎。曾被评论界认为"为中国电影艺术奠下了一个基石，挣到了一个水准"。

（王云缦）

八一电影制片厂 August First Film Studio 中国电影制片机构。全称为中国人民解放军八一电影制片厂。简称八一厂。1952年8月1日成立于北京。原名为中国人民解放军电影制片厂。1956年7月1日改称中国人民解放军八一电影制片厂。建厂初期

《地雷战》剧照

主要生产军事教育片和新闻纪录片。1952年完成第一部军事教育片《河川进攻》。1952年10月，八一电影制片厂组织战地摄影队，奔赴朝鲜战场采访拍摄。此后在历次边、海防自卫反击战中，该厂都曾派出摄影队深入前线，拍摄新闻纪录片。1953年完成第一部彩色长纪录片《八一运动会》。1955年开始拍摄故事片，第一部投产的影片是《冲破黎明前的黑暗》。1958～1959年，受文化部委托，承担摄制科教片的任务。20世纪80年代，开始拍摄制作电视剧。1990～1999年，投拍《**大决战**》《**大转折**》《大进军》系列影片，成为重大革命历史题材影片的代表作。2006年，和华谊兄弟影视公司合作拍摄军事动作剧《士兵突击》，受到观众欢迎。

八一电影制片厂摄制的故事片以军事、战争题材为主。为配合军队现代化建设和军事训练服务，八一厂还拍摄了多部军教片。军教片运用形象化的电影手段，推广军事训练的先进经验，传授战术技术知识，介绍现代军事科学成果。自建厂以来，先后拍摄制作了《柳堡的故事》《**英雄虎胆**》《永不消逝的电波》《回民支队》《奇袭》《林海雪原》《地雷战》《槐树庄》《野火春风斗古城》《抓壮丁》《东方红》《苦菜花》《地道战》《红灯记》《平原作战》《**闪闪的红星**》《南海风云》《南海长城》《**归心似箭**》《今夜星光灿烂》《许茂和他的女儿们》《冲出亚马逊》《惊涛骇浪》《我的长征》《八月一日》《太行山上》《歼十出击》《血战湘江》《周恩来的四个昼夜》《**智取威虎山**》《芳华》《古田军号》等优秀影片。

2018年，八一厂更名为解放军文化艺术中心电影电视制作部。

（萧　穆　程必荣）

《八月照相馆》 *Christmas in August* 韩国彩色故事片。韩国映像投资开发公司等1998年出品。编剧，许秦豪、吴胜郁、申东焕；导演，许秦豪；摄影，刘英吉；主

演，韩石圭、沈银河。

故事讲述了在汉城郊外，大龄单身青年余永元经营着从父亲手中接过的小照相馆，他每天给不同的人照相，过着平淡的生活。一天，永元得知自己身患绝症，便开始默默为自己离开人世而“准备”着。女交警金德琳由于工作关系，认识了永元。两人在交往中逐渐喜欢上了对方。永元有着难言之隐，却不能直接向德琳诉说。永元终因病情恶化而住进医院，为了不给德琳带来伤害，他再也没有出现在德琳的面前。永元去世后，他的父亲接替他继续经营照相馆。圣诞节的前一天，德琳不知不觉走到照相馆门前，透过橱窗，她看见照相馆里摆上了一张自己的照片，脸上带着甜蜜的微笑。

影片以东方文化的达观与温情，讲述了一个温暖而美丽的故事，表达了“死亡”这一残酷主题，探讨了生命与爱情、亲情等人际关系。影片整体格调平和宁静，带有一种淡淡的哀伤。影片1998年获第34届韩国百想艺术大赏电影类最佳电影奖和最佳女演员奖，第19届韩国电影青龙奖最佳电影奖等4项奖，第3届釜山国际电影节国际影评人协会奖特别提及奖；1999年获第36届韩国电影大钟奖评委会大奖、最佳新人导演奖、最佳编剧奖。影片是韩国电影20世纪90年代崛起时期的重要作品，在中国播出后广受好评。

（王宜文）

八住利雄 Yasumi Toshio（1903-04-06～1991-05-22） 日本电影剧作家。生于大阪。毕业于早稻田大学俄文系，对俄罗斯文学造诣颇深。大学毕业后先在筑地小剧场从事戏剧工作，1936年进入照相化学研究所文艺部，专门从事剧本创作。在50余载的漫长岁月中，改编及创作的作品达数百部，数量之多在日本剧作界首屈一指，其中有不少作品在日本电影史上被誉为不朽之作，如《女人的一生》《大阪宿店》《夫妻善哉》《台风骚动记》《爆炸声和大地》《候鸟何时归》《浮草日记》《黑夜行路》等。八住利雄以其辛勤的笔耕，曾获《电影旬报》年度最佳剧本奖、《产经新闻》年度剧本奖、《每日电影》年度最佳剧本奖、电影制作者联盟特别功劳奖、日本紫绶带奖章等。1957年，以《蛮横的一代》获第10届捷克斯洛伐克卡罗维发利国际电影节优秀剧本奖。1993年获第16届日本电影学院奖会长特别奖。（陈笃忱）

巴基斯坦电影 Pakistani cinema 印度与巴基斯坦分治前，拉合尔曾是次大陆电影业中心之一。1924年，拉合尔生产了无声片《时髦女郎》。1925年，大东电影公司拍摄了描写佛陀生平的影片《亚洲之光》，使印度次大陆影片首次在国际上获得巨大成功。1931年，印度第一部有声片《阿拉姆·阿拉》上映，第二年拉合尔就生产了以旁遮普著名民间故事为题材的有声片《希尔与朗恰》，该片是次大陆第一部旁遮普语影片。1947年印巴分治时，拉合尔已有6家电影制片厂。由于分治时发生的动乱，有的制片厂遭到破坏，信仰印度教的电影工作者纷纷去了印度，许多机器设备和正在拍摄中的电影底片也被带走，曾经兴盛一时的拉合尔电影业陷于瘫痪。不久，一些著名的穆斯林制片人、导演、音乐编导、演员和发行人从印度来到巴基斯坦定居。他们和当地的同行一起，开始了建设巴基斯坦电影业的工作。其中，纳齐尔、肖各特·侯赛因·里兹维、鲁格曼·艾哈默德、古拉姆·海德尔、W.Z.艾哈默德等人后来都成为巴基斯坦电影业的支柱。

巴基斯坦与印度分治后，电影事业在原有的基础上有了进一步发展。1948年9月2日，本焦利电影制片厂推出了该年度唯一的一部乌尔都语影片《相思》，该片被许多人认为是巴基斯坦的第一部影片。但是，一部分人认为该片实际上完成于巴基斯坦独立之前，而以伊斯兰社会中妇女地位为题材的乌尔都语片《莎希达》(1949年3月上映，鲁格曼导演）才是巴基斯坦的第一部影片。1949年，巴基斯坦生产了5部乌尔都语片和2部旁遮普语片，但只有纳齐尔导演的旁遮普语片《婚礼》获得成功，鼓舞了巴基斯坦电影界。1950年，影片产量上升为13部。1951年，肖各特·侯赛因·里兹维在拉合尔创建了夏赫努尔电影制片厂。该厂设备先进，填补了巴基斯坦电影业在技术设备方面的空白，它的建立被认为是巴基斯坦电影业的一个重要进展。

但是，巴基斯坦的电影业从一开始就遇到了印度电影强有力的竞争。印度影片毫无限制地大量输入，严重阻碍了巴基斯坦电影业的发展，许多制片人和发行人实际上成了印度电影制片人的代理商。1947～1954年的7年里，整个电影业几乎被这些代理商所控制，国产影片的卖座率受到严重影响。这种情况引起了普遍的不满，巴基斯坦电影界多次呼吁政府采取措施，保护本国的电影业，为此还发生了有组织的抗议运动。面对这种情况，巴基斯坦政府陆续做出一些规定，如进口一部印度影片，必须同时出口一部国产影片；东巴基斯坦进口的影片不得在西巴基斯坦放映，反之也同样。后来还规定影院必须以85%的放映时间放映本国影片。与此同时，一些巴基斯坦制片人也宣布要拍出自己的优秀影片。达乌德·姜德导演的《萨西》(1954）和安瓦尔·格玛尔导演的《隐姓埋名的人》(1954）取得了成功。新的政策和巴基斯坦电影界的努力推动了巴基斯坦电影业的发展。1955年，影片产量上升到19部，一些原来热衷于发行印度影片的发行人也开始为发展本国电影而努力。如1954年在拉合尔建立常新电影制片厂；同年，哈龙家族在卡拉奇创建了东方电影制片厂，获得了“科伦坡计划”提供的全套制片厂设备。东方电影制片厂很快拍摄了《选择》(1955)、《还是处女的寡妇》(1956)等影片，还拍摄了第一部信德语影片，大大推动了卡拉奇电影业的发展。1959年，巴基斯坦政府又决定禁映1954年7月以前进口的618部印度电影，以保护本国电影业的发展。1950～1959年，巴基斯坦共生产影片194部。比较成功的乌尔都语影片有《头巾》(1952)、《隐姓埋名的人》(1954)、《萨西》(1954)、《叛逆》(1956)等，比较成功的旁遮普语影片有《美如月》(1951)、《杜拉帕蒂》(1956)、《女车夫》(1957)、《格尔达尔·辛格》(1959)等。

20世纪60～70年代是巴基斯坦电影业不断发展的时期。1965年印巴战争后，巴基斯坦完全禁止上映印度影片，巴基斯坦电影界利用这个机会取得了相当快的发展，影片产量逐年上升，旁遮普语、信德语、普什图语影片有了新的发展，出现了一批新的电影导演、剧作家和明星。但是，也有一些制片人借机模仿抄袭。另外，少数电影明星垄断了银幕，他们同时参加多部电影的拍摄，影响了表演水平的发展。70年代，有些影片为迎合观众，出现了刺激性场面和色情舞蹈的画面。这一时期影片产量上升，但优秀影片仍然很少，比较成功的乌尔都语影片有《烈士》(1962)、《明灯》(1962)、《盖头》(1963)、《纳依拉》(1964)、《人性》(1967)、《人世间》(1970)、《人与驴》(1973)、《永恒的爱情》(1975)、《镜子》(1977)、《一把大米》(1979)等。

80～90年代，由于电视日益普及、录像机大量涌入、录像机和录像带租金大幅度下降以及电影审查严格、税收繁重等，巴基斯坦影片产量下降，电影业危机重重。到21世纪，巴基斯坦电影业的中心从拉合尔转移到卡拉奇。从2007年开始，巴基斯坦电影开始迎来复苏与新生。代表作品有萨维·萨马尔导演的《总统的晚餐》(2007)，肖布·曼苏尔导演的《以父之名》(2007)、《讲述》(2011)、《韦尔娜》(2017)，比拉尔·拉沙里导演的《反恐战争》(2013)，阿桑·拉希姆导演的《蒂法遇上麻烦了》(2018)等。

巴基斯坦电影奖有"全国电影奖"和"尼加尔公共电影奖"。"全国电影奖"从1984年起设立。1984年12月在拉合尔举行了为期一周的电影节并召开了全国电影大会，共评出11项奖。"尼加尔公共电影奖"由《尼加尔》周刊组织评选。自1958年以来，每年下半年评选出上一年的优秀影片，评奖范围也包括纪录片、电视剧等。

（陆水林）

巴拉兹 Balázs Béla（1884-08-04～1949-05-17） 匈牙利电影理论家、编剧。本名赫尔伯特·鲍尔。生于塞格德，卒于布达佩斯。1908年毕业于布达佩斯大学。在匈牙利苏维埃共和国时期（1919年3月21日至8月6日）积极参与无产阶级的文化建设。共和国政权被推翻后，流亡国外25年。侨居德国和奥地利期间开始从事**电影评论**工作，后研究艺术理论，尤其对电影**蒙太奇**、**场面调度**、画面构成和表演艺术有精辟论述。理论著作有《可见的人：论电影文化》(1925)、《影片的灵魂》(1930，又译《电影的精神》)和《电影理论》(1945，中译本名《电影美学》)。自1940年起侨居苏联，曾任教于全苏国立电影学院。1945年回国后，投身于电影工作。根据他的剧本拍摄的影片有《三分钱歌剧》(1931)、《田野之歌》(1947)、《在欧洲某处》(1948)。他还曾在波兰、捷克斯洛伐克和民主德国的电影学府授课。1949年获匈牙利文学艺术最高奖科苏特奖。

（卜 一）

巴勒斯坦电影 Palestinian cinema 1948年以后，埃及和黎巴嫩出品的影片已涉及巴勒斯坦抵抗运动。巴勒斯坦解放组织自己拍片是在1968年法塔赫成立照相部之后，之后其他一些抵抗运动组织也开始拍摄宣传性的纪录片。第一批巴勒斯坦纪录片于1969年问世。至20世纪80年代，较重要的影片有穆斯托法·艾布·阿里的《侵略》(1972)、卡列布·沙阿的《钥匙》(1977)、阿德那那·马达纳特的《巴勒斯坦见闻》(1978)、卡伊沙·阿菲-祖贝迪的《在铁丝网后面的国家》(1981)等。

1972年，在电影工作者穆斯托法·艾布·阿里和评论家哈桑·艾东·迦米纳的推动下，成立了巴勒斯坦电影协会，团结了一批致力于巴勒斯坦解放事业的电影工作者。1982年，该协会完成了第一部故事片《回到海法》(导演卡塞姆·哈瓦里)。1983年巴勒斯坦、也门、苏联合拍了《贝鲁特上空的外国云彩》。1996年，E.苏雷曼导演了《消失文明的编年史》，获得国际影评界的关注和好评。2008年，巴勒斯坦制作了3部长故事片和8部短片。2010年完成一部新片《伟大的解放》。2017年，E.雅西尔执导了《责任》，在国际上获得关注。

（陆孝修）

《巴黎最后的探戈》 *Last Tango in Paris* 意大利彩色故事片。意大利欧洲制片协会1972年出品。编剧，B.贝托鲁奇、F.阿卡利；导演，贝托鲁奇；摄影，V.**斯托拉罗**；主演，M.**白兰度**、M.施奈德、J.利奥德。

《巴黎最后的探戈》剧照

故事讲述了一位定居于巴黎的美国作家保罗年近半百，妻子自杀，孑然一人。一天，保罗租房时与年轻貌美的让娜偶遇，萌生情愫。随后，他们定期在公寓约会。让娜的未婚夫汤姆是一位电影导演，正准备拍摄一部以让娜为主角的影片，记录他们的爱情故事。因为汤姆是一位工作狂人，执着于电影质量，经常忽视让娜的情感需求，而神秘又粗暴的保罗满足了她的欲望。他们纵情欢愉，却从未知晓彼此的名字。保罗在坦白妻子的死因后，让娜想了解更多来为他疗伤，但保罗再三拒绝，没有给她窥探自己内心世界的机会。婚后的让娜和汤姆在大街上遇到了保罗，保罗追上前去表达了自己的愿望，让娜却没有理会，在最后的一支探戈舞曲响起时，让娜开枪杀死了保罗，并告诉警察他们并不相识。

影片充斥着大段的性以及暴力描写和粗俗的语言，上映之初就引发热议，导演和主演遭到意大利教会的起诉，最终被宣判无罪。导演贝托鲁奇表示这部作品不仅表现性，还有对上层阶级生活以及行为的反思，对现代人空虚心理的探索。20世纪60年代末期的欧洲，左翼文化运动衰退，人们开始变得迷茫，苦于没有出路。影片通过描写人物在特定环境下的苦闷与纠结，折射了当时的社会苦痛，也反映了导演本人复杂的情感世界。影片1974年获第46届美国电影奥斯卡奖最佳男主角奖提名、最佳导演奖提名。

（甄晓文）

巴拿马电影 Panaman cinema 1970年以前，巴拿马只摄制短片，少数长故事片都是外国导演摄制的，其中有《漂亮的猎人们》(1969，巴西导演R.盖拉)等。这些外国人执导的影片有巴拿马的少量投资。1972年，巴拿马大学在作家和诗人里维拉的领导下成立了电影实验小组，这是巴拿马民族电影生产的开端。该小组每年拍摄约10部短片或中型片，主要是16毫米的纪录片，其中有《今天诞生的祖国之歌》(1972)、《智利万岁，真了不起!》(1973)、《娱乐晚会》(故事片，1974)、《我们的歌声》(1976)、《准备爆炸的炸弹》(1977)、《这里有勇敢精神》(1981)、《库瓦瓜岛》(1983)等。21世纪后，巴拿马相继拍摄了《我爱你》(2008)、《热带情调》(2009)、《天赐良机》(2010)、《长颈鹿》(2013)、《交换》(2015)、《成长往事》(2016)、《不只是兄妹》(2017)、《俄雪奇缘》(2018)等。巴拿马教育部每年在巴拿马城举行一次国际电影节。

（尹广文）

《巴山夜雨》 *Night Rain on the River* 中国彩色故事片。上海电影制片厂1980年出品。编剧，叶楠；总导演，**吴永刚**；导演，**吴贻弓**；摄影，曹威业；作曲，高田；主演，李志舆、张瑜、强明、仲星火。

故事发生在"文化大革命"时的某江轮上。诗人秋石因触犯"四人帮"，作为囚犯被刘文英、李彦押解上船。同舱还有其他五个人：被卖到他乡的农村姑娘杏花，来江川祭奠"文化大革命"中丧生儿子的老大娘，由"红卫兵"的狂热转变为对世事冷嘲热讽的青年工人宋敏生，挨过批斗、心有余悸的京剧演员关盛轩，因不能正常上课而满腹牢骚的女教师。经过一天的航行，刘文英被周围的人感化，义释秋石，李彦支持了她。

影片虽然事件单一、时间只有一昼

《巴山夜雨》剧照

夜、地点集中在一艘船上，但通过一个个普通人的遭遇，表现了时代氛围和人民的心声。导演用简练的手法，抓住人物的典型特征加以刻画，使人物具有鲜明的个性。影片对话少，运用大量近景、特写，细腻地揭示了人物复杂的内心世界。影片从古典诗词、绘画、散文等方面吸收了多种技法，营造出了情景交融的意境。影片1980年获文化部优秀影片奖，1981年获第1届中国电影金鸡奖最佳故事片奖、最佳编剧奖、最佳女主角奖、最佳音乐奖、最佳男女配角集体奖。（张兆龙）

巴西电影 Brazilian cinema 1896年，电影传入巴西。1898年，外国移民A.塞格雷托摄制了巴西第一部影片——《瓜纳巴拉海湾风光》。1903年，巴西开始出现新闻电影。1906年，A.莱亚尔拍摄了第一部故事片《勒死人的匪徒》。1912年，巴西电影公司在圣保罗成立。1915年，古阿纳巴拉公司在里约热内卢成立。这时期的影片大多根据真实事件改编，也有一些改编自侦探故事小说，如F.桑托斯的《巴尼奥斯的犯罪》(1913)、L.de巴罗斯的《年轻寡妇》(1914)、V.卡佩利亚罗的《瓜拉尼人》(1916)、J.梅迪纳的《上帝的惩罚》(1919）等。

20世纪20年代，在巴西的其他城市也出现一些电影公司，拍摄的影片内容多是宗教故事，只有少数影片涉及国内生活问题，如A.阿拉维斯的《璜从林中来》(1923)、乔·罗伊斯的《海边来的安塔列》(1925）等。H.毛罗是当时最重要的导演，他被认为是巴西第一个以自己的美学观表现巴西民族现实的电影导演，其作品有《瓦拉达奥火山口》(1925)、《在生命的春天》(1926)、《灰下火》(1928)、《矿工血》(1930)、《凶恶的人》(1933)、《我的情史》(1935)、《妇女城》(1935）等。1929年，A.克梅尼和R.卢斯梯格受欧洲先锋派的影响，拍摄了《圣保罗，一个城市的交响乐》。同年，18岁的M.佩绍托拍摄了影片《界限》，该片使用了多种叙事技巧，并在蒙太奇和主观镜头的运用上做了新的尝试。

在巴西早期的电影工作者中，导演L.de巴罗斯成就卓著，从影60余年，共拍摄长短影片260部。女演员C.桑托斯1919年从影，主演了H.毛罗的多部影片，1933年创建巴西维塔电影公司，1948年自编自导自演了《米那斯的密谋》。巴西1927年开始尝试有声片的生产，但是第一部获得商业成功的有声片是美国人W.唐尼制作的《我们的事情》(1931)。1937年，巴西拍摄了一批有意义的有声片，如劳尔·罗林的《青年的呼声》、H.毛罗的《巴西的发现》等。30年代，出现了一种非常有巴西特色的电影样式——土风歌舞片。C.米兰达是当时这类影片最红的女明星，她主演了《哈罗，哈罗，巴西》(1935）和《哈罗，哈罗，狂欢节》(1936)。30～50年代，这类歌舞片一直在巴西电影生产中占据重要地位。

1949年，韦拉克鲁斯电影公司成立。出生于巴西的A.卡瓦尔坎蒂应邀从欧洲回来领导这家公司。该公司只生存5年，总共生产了18部影片，最成功的是V.L.巴雷托的《强盗》(1953)，该片在法国戛纳国际电影节获得两项奖，并在22个国家发行获得成功。50年代，巴西涌现出一代新人，年轻的导演们立志捍卫巴西民族电影的利益，拍摄了一些纪录片和故事片。从他们的作品里，可以看出意大利新现实主义的影响，如A.维亚尼的《干草堆里的针》(1953)、N.P.多斯-桑托斯的《里约四十度》(1955）和《里约北区》(1957)、R.桑托斯的《伟大的时刻》(1958）等。

60年代初，由于政府对内实行一些维护民族利益的措施，一批年轻的电影工作者纷纷以独立制片的形式发起一场振兴巴西电影的新电影运动。评论家D.内维斯、S.奥古斯托以及导演G.罗恰、C.迭戈斯等人以都市大学活动中心的刊物《都市》为阵地，发表他们的见解。他们反对商业化的巴西电影，反对好莱坞对巴西电影实行的殖民化，以面对现实为原则，主张创立植根于巴西民族文化土壤中的新巴西电影。

*巴西新电影运动*一方面借鉴了意大利新现实主义的使用非职业演员和采用实景拍摄的方法，另一方面借鉴了法国新浪潮电影的低成本独立制片方针。新电影运动的导演们把目光投向巴西社会的阴暗角落（贫民窟和内地），揭露社会矛盾。这时期的重要影片除纪录片《五访贫民窟》(1960)、《海角游艺会》(1960）等外，故事片有P.C.萨拉塞尼的《卡伊萨斯港》(1962)、A.杜亚尔特的《还愿者》(1962)、葡萄牙电影导演R.格拉的《卑鄙的人》(1962)和《枪》(1964)、多斯-桑托斯的《干涸的生命》(1963)、迭戈斯的《悠扬笛声》(1964)、罗恰的《太阳国里的上帝和魔鬼》(1964）等。1964年巴西发生军事政变后，新电影运动的导演们把视线从农村转向城市，拍摄了一些针对反动当局的思想激进的影片，如C.迭戈斯的《大城市》(1960)、L.伊尔茨曼的《死者》(1965)、G.罗恰的《苦恼的国度》(1967)、多斯-桑托斯的《爱的饥饿》(1968）等。这些影片的主人公多号召用暴力来摆脱困境，反映了人民对时局变化的困惑、悲观、愤懑与失望。在新电影运动热潮中，自1965年起，在不同城市举办本国电影节。

1968年，反动政府对人民运动施行进一步的残酷镇压，对电影的审查更加严厉，新电影运动的导演差不多全部上了黑名单，被迫宣布自动解散，有些人被投进监狱，另外一些人则流亡国外。这时期的电影形成了一种表现蛮荒题材的特点，大部分影片往往避免直接触及政治，而采用寓言的形式。如G.罗恰的《安东尼奥·达斯·莫尔特斯》(1968)、J.P.de安得拉德的《马库纳依玛》(1969)、迭戈斯的《继承人》(1969)、A.雅博尔的《平多拉玛》(1970)、多斯-桑托斯的《精神病医生》(1970）和《我的小法国人真好吃》(1971）等。70年代初，一种粗俗低级的色情喜剧片应运兴起，一度在市场上泛滥。1975年巴西电影工作者协会成立。

随着政局的变化，新电影运动的导演们纷纷返回巴西，促成了巴西电影的再次繁荣。L.伊尔茨曼拍摄了《圣贝尔纳多》(1973)，迭戈斯拍摄了《若安娜·费朗塞萨》(1973)、《希卡·达·席尔瓦》(1976)、《夏天的雨》(1977)，多斯-桑托斯拍摄了《奥古姆的护身符》(1974)、《奇迹商店》(1977)，J.P.de安得拉德拍摄了《夫妻之战》(1974）和《热带小路》(1977)，A.雅博尔拍摄了《全裸要受惩罚》(1973)、《结婚》(1975)、《一切都好》(1977)，罗恰拍摄了《迪·卡瓦尔坎蒂》(1977，获法国戛纳国际电影节纪录片奖)、《大地的年龄》(1980)。这一时期又出现了一些新导演，其中最著名的是B.巴雷托，他的《弗洛尔夫人和她的两个丈夫》(1976）在国内票房收入位居第一，而且打入了美国市场。70年代还出现了女导演和黑人导演。

80年代初，巴西电影不但产量可观，而且不少影片在国际上获得强烈反响。如G.萨尔诺的《德尔米罗·戈维亚上校》(1979)、日裔女导演山崎静的《异乡泪》(1980)、迭戈斯的《再见，巴西》(1980）和《逃奴堡》(1984)、H.巴本科的《佩绍特》(1980）和《蜘蛛女之吻》(1985)、L.伊尔茨曼的《他们不穿礼服》(1981)、若奥·巴蒂斯塔·德·安得拉德的《被榨干的人》(1981）等。

1990年3月，巴西电影产业遭遇危机，时任巴西总统费尔南多·科洛尔关闭了巴西电影发行公司，中断了政府支持，巴西电影的制作量为零。1993年之后，巴西电影开始复苏，出现了W.塞勒斯导演、F.蒙特纳哥主演的《中央车站》(1998)以及狄耶盖斯·卡洛斯迭戈导演的《情挑嘉年华》(1999)。

2001年，巴西国家电影厅在里约热内卢设立。21世纪后，费尔南多·梅里尔斯的《上帝之城》(2002)、何塞·帕迪里亚的《精英部队》(2007)和《精英部队2：大敌当前》(2010)、布鲁诺·巴列托的《月光诗篇》(2013)、罗伯特·柏林厄的《尼斯·疯狂的心》(2015)、安娜·穆拉尔特的《第二个妈妈》(2015)等影片获得广泛关注。

（郑黎明　撰　秦喜清　修订）

巴西新电影运动　Cinema Novo　20世纪60～70年代，由一批年轻的电影工作者以独立制片的形式发起的、高扬社会平等和理性主义之旗、旨在振兴巴西电影的电影运动。50年代，由外国制片人、经销商、放映商支持的传统电影在巴西占据统治地位，主要类型有音乐剧、喜剧和好莱坞式的叙事史诗剧。60年代，在**意大利新现实主义电影**和**法国新浪潮电影**的直接影响下，以C.罗沙为代表的一批年轻人发起了反传统电影的新电影运动，目的是摆脱以好莱坞电影为主的外国电影影响，创作反映社会问题、讲求民族审美风格的巴西电影。他们努力与商业性影院、电影俱乐部和工会建立联系，开辟自己的发行渠道。

巴西新电影的发展按风格内容的不同可分成三个阶段：①第一阶段（1960～1964），以“寻找巴西人生活的黑暗角落”为内容，大多描述巴西社会矛盾最为尖锐的贫民窟地带，崇尚纪实美学风格，多使用手持摄影机，选取黑白色调和简明的景致，表现严酷的社会景观。这一阶段的巴西新电影不注重剪辑等技巧，主要以传播社会平等观念为目的，代表作有N.P.多斯-桑托斯的《干涸的生命》、罗沙的《黑色上帝》。②第二阶段（1964～1968），军事政变后，巴西进入军事独裁专制时期，巴西人对新电影的理念失去信心，新电影虽仍以保护平民权利为口号，却无法维护民主，代表作有多斯-桑托斯的《爱的渴望》等，反映了民众对时局变化的困惑、悲观、愤懑与失望；也有一些电影开始逐利，出现了以中产阶级为主人公的彩色片《依帕内玛女孩》。③第三阶段（1968～1972），随着反动政府对电影的审查愈加严厉，一些新电影运动的导演被捕入狱，罗沙等人不得不离开巴西流亡海外。这一时期的新电影往往为避免直接触及政治而采用寓言的形式，如J.P.de安得拉德的《马库纳依玛》、C.迭戈的《继承人》等。

70年代初，一种粗俗低级的色情喜剧片应运兴起，巴西新电影运动宣告结束，但它提高了巴西电影技术水平，为巴西电影争取了观众，为后来巴西电影的繁荣奠定了基础。此外，巴西新电影对拉美许多国家的电影也产生了重要影响。

（贾磊磊　林　琳）

巴赞，A.　André Bazin（1918-04-08～1958-11-11）　法国电影理论家、影评家。生于昂热，卒于马恩河畔布里。1943年开始从事影评工作，后相继担任《法国银幕》

《精神》《观察家》等杂志的编辑。20世纪50年代初创办《**电影手册**》，担任主编。巴赞的电影理论主张真实美学，反对唯美主义。他创立了电影写实主义的完整体系，其中电影影像的本体论、电影起源的心理学和电影语言的进化观是这个体系的哲学、心理学和美学依据。巴赞认为，电影的基础是摄影，而摄影的独特之处在于其本质上的客观性。电影的发明满足了人类自古以来用逼真的模拟物替代外部世界的心理愿望。巴赞提倡按照镜头—段落和景深镜头的风格拍摄影片，贬抑**蒙太奇**的功能，强调单个镜头自身的含义和表现力，反对利用蒙太奇手法随意分切、编排和组接镜头，从而破坏镜头的时空统一性。巴赞推崇“透明”电影，即任何技巧不显痕迹的电影。所以，巴赞也推崇意大利新现实主义，敏锐地觉察到这个电影流派的重大美学意义，系统地概括了它的艺术性能。

巴赞的主要论著收入论文集《电影是什么？》(4卷本)，他的电影写实主义理论体系对20世纪50年代西方电影创作产生过重大影响。实际上，他是法国新一代电影导演的精神领袖，**法国新浪潮电影**正是基于他的理论而实践的结果。70年代，在西欧兴起的**电影符号学**对巴赞的电影观念提出全面挑战，批评巴赞的理论是纯粹的“理想主义”。　（崔君衍）

芭铎，B.　Brigitte Bardot（1934-09-28～　）　法国电影演员。生于巴黎。曾在巴黎音乐戏剧学院学习舞蹈。1952年开始涉足电

影界。在J.布瓦耶导演的《诺曼底洞穴》一片中显露出表演才华。1956～1961年，先后参加了由R.瓦迪姆导演的《上帝创造女人》(1956)、C.奥当-拉哈导演的《痛苦的时候》(1958)、L.马勒导演的《私生活》(1961)等影片的拍摄。20世纪60年代，这些影片风靡一时，称为“碧姬·芭铎电影”。影片《上帝创造女人》使她成为蜚声国际影坛的“性感明星”。她饰演的主要影片还有《轻蔑》(1963)、《玛丽亚万岁》(1965)、《男性，女性》(1966)、《神奇的故事》(1968)、《女人》(1969)、《熊和玩偶》(1970)、《罗姆大道》(1971)、《唐璜》(1973)、《柯林诺特的幸福生活》(1973)等。

1973年后退出影坛，投入到动物保护事业中。1986年创立了“碧姬·芭铎基金会”。为筹集资金，拍卖了个人的大量艺术品、首饰、个人用品，甚至一部分花园。她既是一位追求女性解放的带头人，又是生活简朴的表率。1970年，巴黎各区政府都摆放了她的半身雕像。除演电影外，她在歌坛上也颇有成就，她演唱的80多首歌一直广为流传。2003年出版了《沉默中的尖叫》一书，引起较大争议。

（詹桂荣）

《爸妈不在家》　*Ilo Ilo*　新加坡彩色故事片。新加坡电影委员会和新加坡义安理工学院2013年联合出品。根据导演真实成长经历改编。编导，陈哲艺；摄影，B.索勒尔；主演，许家乐、A.芭雅妮、杨雁雁、陈天文。

故事讲述了主人公家乐是个淘气的小男孩，常在学校里惹事；母亲惠玲身怀六甲，还在拼命工作；爸爸阿德做推销工作，也投资股票。为了照顾家里的生活，他们聘请菲律宾女佣特里莎。家乐对菲佣从排斥到接受，并对她产生了情感的依赖。1997年亚洲爆发的金融危机让这个家庭陷入困境，丈夫失业，妻子被骗。最后，他们不得不辞退菲佣。家乐依依不舍，与特里莎分开前，剪下她的一缕头发作为纪念。

影片以细腻的镜头画面和丰富的细节表现了人物关系、心理状态及整体的生活氛围，形成了含蓄内敛、真实自然

的风格，准确地描绘了时代变迁中的家庭悲欢，以及人们在危机时刻坚忍的力量和情感。影片2013年获第66届法国戛纳国际电影节金摄影机奖，第57届英国伦敦国际电影节电影人才奖，第50届中国台湾电影金马奖最佳剧情片奖、最佳新导演奖、最佳原创剧本奖、最佳女配角奖；2014年获第14届华语电影传媒大奖最佳女配角奖、最佳编剧奖。（朱洋洋）

《霸王别姬》 *Farewell My Concubine* 中国彩色故事片。汤臣（香港）电影有限公司1993年出品。编剧，**李碧华**、**芦苇**；导演，**陈凯歌**；摄影，**顾长卫**、赵发全；主演，**张国荣**、**张丰毅**、**巩俐**。

故事讲述了1928年冬，9岁的小豆子被当妓女的母亲带到京剧科班，只有大师兄小石头不嫌弃他的出身。小豆子相貌清秀，被选中扮演旦角，小石头扮生角，他俩排练的戏是《霸王别姬》。久之，在小豆子眼里自己就是虞姬，小石头便是霸王。成年后的小石头（段小楼）和小豆子（程蝶衣）同台演出，红极一时，二人约定合演一辈子《霸王别姬》。小楼娶妓女菊仙为妻，蝶衣内心深感受伤，把他用屈辱换来的、师兄向往已久的名剑赠给小楼，并决定从此不与小楼同台。日军侵占北平，蝶衣为救被日军抓走的小楼赴日军军营演出，谁知获释的小楼却和他绝交。中华人民共和国成立后，他们又携手同登舞台。“文化大革命”爆发后，小楼在无法忍受的压力下，揭发了蝶衣的“罪行”，绝望的蝶衣也说出了菊仙的身世，菊仙上吊自杀。11年后，两位艺人在空荡的体育馆里再演《霸王别姬》，突然，蝶衣用那柄见证师兄弟之间情感波折的宝剑自刎，微笑着躺在小楼身边。

影片借助两位京剧艺人程蝶衣和段小楼在京剧舞台和历史舞台上的悲剧命运，呈现了一幅20世纪中国社会波澜壮阔的历史画卷，表达了对民族传统文化的

《霸王别姬》剧照

冷峻反思与深刻批判。影片集艺术性、思想性、观赏性于一体，是具有中国气派和民族色彩的史诗性巨作。影片把半个多世纪中的人物命运与民族历史水乳交融地结合在一起，使命运体现出历史感，使历史生发出戏剧性，从而更深入地揭示出历史与命运、宿命与理想的交会与对抗。影片主要演员的表演洒脱、自然，富有激情又分寸得当。影片1993年获第46届法国戛纳国际电影节金棕榈奖和费比西奖、第38届亚太影展最佳导演奖和最佳剪辑奖、第59届纽约影评人协会奖最佳外语片奖和最佳女配角奖、第27届美国国家影评人协会奖最佳外语片奖；1994年获第4届中国电影表演艺术学会特别贡献奖、第51届美国电影金球奖最佳外语片奖、第4届日本影评人协会奖最佳外语片奖；1995年获东京电影评论家大奖最佳影片奖、最佳导演奖、最佳男主角奖等。

（阿　章　撰　章柏青　唐建军　修订）

《霸王别姬》 *Farewell My Concubine* 中国彩色戏曲片。上海电影（集团）有限公司、上海电影制片厂有限公司、上海京剧院、上海广播电视台、电影频道节目中心2013年联合出品。根据同名京剧改编。编剧，黎中城、王涌石；导演，滕俊杰；摄影，高根荣；主演，尚长荣、史依弘、杨东虎、蓝天、李军、王立军。

故事取材于《西汉演义》，讲述了秦国灭亡之后，楚汉互争天下，楚霸王项羽虽然骁勇但不善计谋、刚愎自用，不顾众人劝阻，起兵讨伐西汉。在中韩信诱兵之计后，困于垓下。楚兵听到四面楚歌后军心涣散。项羽慷慨悲歌，他的爱妃虞姬为项羽舞剑并随后自尽。项羽败至乌江，深知大势已去，无颜面对江东父老，故拔剑自刎而亡。

影片注重人物形象的刻画，通过电影镜头和景别的变化，对人物细腻的情感表现和人物交流中的细节抓取得十分到位，加强了影片的情感力度。影片以大的历史事件为背景，突出了项羽与虞姬的情感交流，刻画了他们在最后关头的凄惨告别，塑造了霸王力拔山兮的英雄气概和虞姬英武侠义的性格，传达了一种悲歌中的慷慨之气。影片运用3D技术拍摄，是首部以立体视觉技术拍摄制作的戏曲电影，场面恢宏，画面充实，视角和镜头变化多样，在新技术条件下营造了丰富的戏曲电影视觉体系。影片内景以“写实”为主，外景以“虚拟”为主。同时，在设计上又很好地保留了戏曲环境设计方面概括抽象的审美意象。虚拟部分运用数字投影技术，将高亮度数字投影投射在环形幕布上构成外景，通过虚实结合，彰显中国京剧精巧的艺术设计与构思。影片2014年获第3届中国立体（3D）影视作品奖3D电影故事片最佳奖，2015年获第6届美国国际先进影像协会奖年度最佳3D音乐故事片奖。

（高小健）

白大方 Bai Dafang（1913-07～1974-09-11）中国电影教育家。曾用名白亦周。生于河北沧县。1931年，进入国立北平大学艺术学院西画系学习。1935年毕业后曾任中学美术、音乐教员。1938年赴延安，成为抗日军政大学学生。同年9月赴新疆，投身抗日工作和建设事业，历任新疆教育厅编辑室主任、文化协会编辑科科长、实验话剧团演员及导演、《新疆日报》编辑、新疆学院教授等职。1942年，被捕入狱达4年之久。1946年6月赴东北，并从1947年起任东北电影制片厂第1、2、4期电影训练班班主任，为学员讲授社会发展史、树立革命的人生观等课程，培养电影人才。1950年，主持1800余名学员参与的**南京电影放映训练班**，为中国电影放映、发行事业的发展作出了贡献。

1951年6月，被任命为中央电影局电影学校（今**北京电影学院**）校长，并讲授哲学课程。1946～1955年，对中国电影教育事业的开创、发展作出了重要贡献，为北京电影学院的建立奠定了基础。1956年9月，调入中央高级党校哲学教研室任美学组组长。1961年，任中国电影家协会艺术研究部主任。1962年5月，调入沈阳鲁迅美术学院任院长兼党委书记。1974年9月11日，因被迫害蒙冤离世。

（姜　贞　郑丹妤）

白俄罗斯电影 Belarusian cinema 白俄罗斯电影主要经历了苏联时期的电影、独立后的电影两个发展阶段。

白俄罗斯的电影放映起始于19世纪末。1900年，企业主R.什特列梅尔建造了明斯克第一家影院，影院位于扎哈里耶夫斯克大街。最初这家影院以放映幻灯片为主，其后开始放映无声电影。几年时间里，白俄罗斯的影院达到56家。1908年，什特列梅尔开始拍摄电影，制作了《演习》《挖掘机——布列斯特车站外的定时炸弹》《明斯克市派出所街的火灾》等一系列纪录片。同时，他还拍摄了新闻电影《明斯克卡里瓦尔的波兰庙会》。1910～1912年，明斯克巨人电影院的摄影师拍摄了影片《皇村200周年》《俄罗斯飞行员乌多其金在明斯克卡玛洛夫克飞行场

升空》等。

苏联时期的电影　1918年，莫斯科和彼得格勒的电影摄影师在白俄罗斯拍摄了一系列电影，包括《布列斯特－立陶夫斯克的和平谈判》《奥尔什难民》等。1918年，电影院、影剧院的设备和材料被收归国有。1922年夏，根据白俄罗斯教育人民委员会的指令，成立白俄罗斯共和国电影管理局。由于没有足够的物质基础，此机构一年后被取消。1924年，建立了新的合作组织白俄罗斯飞渡影业，但同样因资源不足而终止。1924年12月17日，根据白俄罗斯社会主义共和国人民委员会颁布的《关于设置电影事业局的通知》，白俄罗斯成立了人民教育委员会下属的电影事业局，即白俄罗斯国家电影局，这一天被定为白俄罗斯电影诞生纪念日。白俄罗斯的电影事业起步于新闻科普电影。1925年，在明斯克拍摄了“五一”庆典，接着又摄制了第七届白俄罗斯代表大会、维捷布斯克第二届中央委员会以及科普电影《健康的身体在于健康的精神》(1925，导演列昂奇耶夫)、《我们的白俄罗斯》(1927，导演彼得罗夫)。

1926年，Y.塔里奇根据作家M.恰洛特的小说《猪倌》改编拍摄了白俄罗斯第一部故事片《森林往事》，表现20世纪20年代白俄罗斯人民与外国侵略者斗争的历史。社会斗争和民族解放是20世纪20年代白俄罗斯电影的主题，代表性作品有《卡林诺夫斯基的卡斯杜斯》(1928，导演V.卡尔金)、《松林喧啸》(1929，导演L.莫尔恰诺夫)、《烈火中诞生》(1930，导演V.库尔什－萨普宁)。

白俄罗斯电影制片厂是苏联时期最早利用动画片作为政治宣传工具的电影机构。1927年10月，出品发行了纪念十月革命胜利十周年的动画电影《十月和资产阶级世界》。1928年，白俄罗斯国家电影局组建苏维埃白俄罗斯故事片电影厂，但是因为缺乏技术资源，该厂临时迁至列宁格勒，利用当地的电影场景制作故事片。1939年，该厂迁回明斯克。

1930年11月10日，白俄罗斯第一部有声电影《变革》上映，该片导演塔里奇成为白俄罗斯有声电影的奠基人。影片由五个有声片段组成，再现了白俄罗斯中央委员会主席的致辞讲演、诗歌朗诵、音乐会和游行场面。白俄罗斯电影在30年代延续和发展了社会解放主题，如影片《第一排》(1933，导演库尔什－萨普宁)、《波罗的海人》(1937，导演A.法因采梅尔)、《7月11日》(1938，导演塔里奇)。同时也出现了反映人民生活的影片，如《卢比孔河》(1930，导演V.魏因斯托克)、《妇女》(1932，导演Ye.吉甘)、《两次诞生》(1934，导演E.阿尔尚斯基)、《金色灯火》(1935，导演库尔什－萨普宁)、《船行之路》(1935，导演塔里奇)、《寻找幸福的人》(1936，导演库尔什－萨普宁)等，这些影片具有鲜明的时代感。另外，还摄制了一系列儿童电影，最具代表性的是《波列斯克的罗宾逊》(1934，导演伊·巴哈尔和L.莫尔恰诺夫)、《贝多芬协奏曲》(1937，导演V.什米特戈夫)。30年代后期出现了优秀喜剧片《女孩匆忙来约会》(1936，导演M.韦纳、S.谢杰廖夫)和《我的爱情》(1940，导演库尔什－萨普宁)。30年代的白俄罗斯电影注重文学作品改编，如根据Y.德利亚诺夫的小说《历史趣闻》改编的《科热中尉》(1934，导演法因采梅尔)、根据E.毕亚杜利亚的同名小说改编的《夜莺》(1937，导演E.阿尔尚斯基)，以及根据A.P.契诃夫作品改编的《面具》(1938，导演S.斯普罗什诺夫)、《熊》(1938，导演E.安连斯基)和《套中人》(1939，导演安连斯基)。

卫国战争时期，白俄罗斯新闻电影工作者参与拍摄了《德国军队在莫斯科遭受重创》《战争一日》《人民战争》《维捷布斯克之战》《我们的明斯克》等纪录片。一批电影摄影师组成中央新闻电影制片厂，摄制了大量报道前线战况的战地纪录片。1942年，导演库尔什－萨普宁和塔里奇在阿拉木图组建了白俄罗斯电影工作者创作小组，1944年制作了大型纪录片《解放白俄罗斯》和电影音乐片《活下去，故乡白俄罗斯》。1945年，苏联白俄罗斯电影制片厂恢复生产，战后初期主要发行纪录片和新闻片，1946年更名为白俄罗斯电影制片厂。战后第一部故事片是《康斯坦丁·查斯隆诺夫》(1949，导演库尔什－萨普宁和法因采梅尔)。50年代，该厂出品了舞台剧改编电影《孔雀》(1952，导演A.查尔希)、《云雀歌唱》(1953，导演库尔什－萨普宁、C.桑尼科夫)、《谁笑到最后？》(1954，导演库尔什－萨普宁)、《午夜停战》(1958，导演N.费古洛夫斯基)。

1960年，白俄罗斯电影制片厂新建了厂房，组建三个电影创作室：故事片工作室、纪录片“大事记”和“电视电影”工作室、电视动画片工作室。1961年，成立明斯克科普和文献纪录片工作室。1962年，成立白俄罗斯共和国电影家协会。这一时期战争题材的影片繁荣发展，为日后风格独特的白俄罗斯战争电影创作夯实了基础。60年代最有影响的战争电影有《第三枚火箭》(1963，导演R.维克多)、《高山民谣》(1965，导演B.斯捷潘诺夫)、《经过墓地》(1965，导演V.杜洛夫)、《我来自童年》(1966，导演杜洛夫)、《屋檐下的战争》(1967，导演杜洛夫)和《儿子们去战斗》(1969，导演杜洛夫)。战争题材的儿童片有《女孩找父亲》(1959，导演L.果鲁普)、《伊万·玛卡洛维奇》(1968，导演果鲁普)等。60年代还涌现出一批历史题材影片，如《红叶》(1958，导演库尔什－萨普宁)、《莫斯科－热那亚》(1964，导演A.斯别什涅夫)、《我，弗兰西斯克·斯科林娜》(1970，导演斯捷潘诺夫)。儿童电影在这一时期有上佳表现，如《大师的城市》(1965，导演V.贝奇科夫)、《安纽金的道路》(1967，导演果鲁普)、《我们与火山》(1969，导演W.别洛夫)。

70年代，白俄罗斯电影厂涌现出一批视野开阔的电影导演，他们创作出一批具有较高艺术水准的影片。如改编自R.B.沃伦同名小说的《国王的战争》(1971，导演N.阿尔达什尼科夫、A.古德科维奇)，政治讽刺片《华盛顿记者》(1972，导演Y.杜布洛文)，根据美国作家J.伦敦小说改编的影片《时间不会等待》(1975，导演V.切特维里科夫)和《国王斯塔赫的野蛮狩猎》(1979，导演W.鲁宾奇克)，这些作品在白俄罗斯及苏联国内外引起关注。《国王斯塔赫的野蛮狩猎》被认为是苏联首部神秘惊悚片。战争题材的电影如《爸爸》(1971，导演斯捷潘诺夫)、《火焰》(1974，导演切特维里科夫)、《狼群》(1975，导演斯捷潘诺夫)、《黑桦》(1977，导演切特维里科夫)等，也达到了较高水平。青少年电影成就突出，代表作品有改编自A.雷巴科夫的《匕首》(1973，导演N.卡林尼)、《青铜鸟》(1974，导演卡林尼)和《童年最后的夏天》(1974，导演鲁宾奇克)，儿童音乐片《布兰金诺大冒险》(1975，导演L.涅恰耶夫)、《世界未解之谜》(1976，导演I.朵普洛留博夫)、《有关小红帽》(1977，导演涅恰耶夫)、《金利斯卡拉普廖夫的神奇冒险》(1979，导演卡林尼)，以战争为背景的《奥根的波罗涅兹》(1971，导演果鲁普)、《十四行诗的花环》(1976，导演鲁宾奇克)，丰富了白俄罗斯儿童片的宝库。1976年，为纪念电影《森林往事》诞生50周年，白俄罗斯建立了电影博物馆。

80年代初，喜剧片创作引人注目，如《文明看戏》(1982，导演鲁宾奇克)、《白色晨露》(1983，导演朵普洛留博夫)。根据文学作品改编的影片有《沼泽中的人》(1981，导演杜洛夫，改编自E.梅列扎的《波列斯克纪事》)、《暴风雨的呼吸》(1982，导演杜洛夫，改编自梅列扎的《波列斯克纪事》)、《灾难符号》(1986，导演M.普达舒克，改编自W.贝科夫的同名小说)、《迟到的春天》(1989，导演V.托尔卡奇科夫，改编自E.普宁的抒情小说)。1985年，为纪念第二次世界大战胜利40周年拍摄的电影《去看看》(导演E.科里莫夫)获得成功。导演涅恰耶夫拍摄了一系列儿童片，如《出卖的笑容》(1981)、《星星男孩的故事》(1983)、《棕色、诚实和爱》(1984)、《小飞侠》(1987)。其他导演拍摄的儿童片有《Z星球的夏日印象》(1986，导演E.马尔科夫斯基)、《宇宙意志》(1988，导演T.米赫列耶夫)。反思苏联历史的影片有《我们的装甲列车》(1988，导演普达舒克)，讲述了原斯大林集中营看守的平民生活；《我叫阿尔列金诺》(1988，导演瓦列里雷巴列夫)表现外省年轻人的生活，在苏联电影院放映达15个月，观影人次达4190万。

独立后的电影　1997年，根据白俄罗斯共和国总统令，白俄罗斯电影制片厂更名为白俄罗斯国家电影制片厂。随着苏联解体，白俄罗斯电影走上电影市场化的道路，生产及市场方面出现大量问题。整个90年代出品了60多部影片，且大多数影片无法进入市场。一部分电影只能通过电视播出，比如多集系列影片《白色衣服》(1992，导演L.别洛佐洛维奇)、《俄式爱情》(1996～1999，导演E.马特维也夫)。但同时，一批电影界新人步入人们的视野。其中，由女导演拍摄的表现民族关系的影片《我-伊万，你-阿布拉姆》(1993，导演Y.佐贝尔曼)和《向上跌落》(1998，导演Ye.特洛菲明科)在多个国内国际电影节上获奖。2000年，影片《44年8月》的导演普达舒克，成为白俄罗斯国家电影厂首席战争电影导演。

2007年，白俄罗斯国家电影发展令人瞩目，国家电影制片厂生产了7部故事片和5部动画片。编年史电影工作室拍摄了29部纪录片。影片获多个国际和地区性电影节奖项。2007年电影票房达到52万美元，标志着白俄罗斯电影走出停滞状态。涌现出《祖国或死亡》(2007，导演A.克琳尼琴娜)、《敌人》(2007，导演M.斯涅日娜亚)、《军校学员》(2009，导演V.杜金)、《布列斯特要塞》(2010，导演A.科特)等影片。

2011年4月14日，白俄罗斯国家元首签署涉及电影行业的《关于文化及信息领域税收优惠政策》第145号法令，制定了一系列支持国产电影的税收优惠政策。2012年1月1日，白俄罗斯又推出了新的国家电影财政扶持政策。在此形势下，出现了《圣徒的足迹》(2013，导演S.塔里波夫)、《圣徒守护者》(2013，导演塔里波夫)、《薇拉甜蜜的告别仪式》(2014，导演A.布托尔)、《记忆中断》(2015，导演E.贾法罗夫)、《表面》(2016，导演A.阿尼西莫夫)、《寻亲记》(2017，导演V.尼基福洛夫)、《水晶天鹅》(2018，导演D.楚克)、《诗人库帕拉》(2020，导演V.扬科夫斯基)等影片。2020年，由W.佩尔曼执导的《波斯语课》获第34届中国电影金鸡奖最佳外语片奖提名。（吴　江）

《白金龙》 *The White-golden Dragon*　中国戏曲片。天一影片公司1933年出品。改编自同名粤剧。编剧，薛觉先；导演，汤晓丹、薛觉先；主演，薛觉先、唐雪卿、黄佩英等。

故事讲述了富家子弟白金龙与美貌女子张玉娘相识于舞会，初期张玉娘对白金龙的骄纵奢侈极为不满，后经过一番波折，白金龙获得玉娘青睐。不料另有两名歹徒也看中玉娘美色，将玉娘囚禁起来，白金龙使尽办法救出玉娘，并把两名歹徒送官法办。最终，有情人终成眷属。

影片中有《花园相骂》等插曲，记录了粤剧唱腔音乐。粤剧名伶薛觉先的加入，开创了粤剧电影“影剧互动”“亦伶亦星”之先河。影片是中国香港公映的第一部粤语片，映期长达1个月，观众多达10万人次。不久，又在广州和东南亚地区上演，深受观众欢迎。影片的成功促使天一影片公司（开始设在上海）南下香港开设分厂，致力于开拓海外市场，也促成了粤剧电影拍摄的潮流。《白金龙》曾多次以不同方式改编搬上银幕，证明其题材故事具有独特的艺术魅力。（罗　丽）

《白金龙》海报

白兰度，M.　Marlon Brando(1924-04-03～2004-07-01)　美国电影演员。生于内布拉斯加州奥马哈城，卒于加利福尼亚州洛杉矶。母亲是演员。曾在纽约戏剧实习班学习过一年。

1944年，在百老汇首次登台演出。1947年，在T.威廉斯编写的舞台剧《欲望号街车》中担任主角，一举成名。20世纪40年代后期，在E.卡赞等人创办的演员讲习班学习。1950年进入好莱坞，陆续出演了30余部影片。1952年，出演《萨帕塔传》，获第5届法国戛纳国际电影节最佳男演员奖和第6届英国电影学院奖最佳外国男演员奖。1954年，出演卡赞执导的《码头风云》(又译《在江边》)，获第27届美国电影奥斯卡奖最佳男演员奖、第12届美国电影金球奖最佳男主角奖和第8届英国电影学院奖最佳外国男演员奖。1957年，与高美以子合作出演《樱花恋》，获第2届意大利电影大卫奖最佳外国男演员奖。1972年，出演F.F.科波拉执导的《教父》，获第45届美国电影奥斯卡奖最佳男演员奖和第30届美国电影金球奖最佳男主角奖。1989年，出演《血染的季节》，获第3届日本东京国际电影节最佳男演

《码头风云》剧照

《樱花恋》剧照

员奖。

白兰度擅长塑造各种不同性格的艺术形象，以其自然而有感染力的表演风格享誉美国银幕与舞台。他参演的影片还有《欲望号街车》(1951)、《**巴黎最后的探戈**》(1972)、《**现代启示录**》(1979)、《超人》(1978)、《大买卖》(2001)等。1999年，在美国电影学会评选的“百年来最伟大男演员”中位列第四名。（胡思旅）

《白毛女》 *The White-haired Girl* 中国故事片。东北电影制片厂1950年出品。改编自同名歌剧。编剧，**水华**、**王滨**、杨润身；导演，王滨、水华；摄影，**吴蔚云**、**钱江**；主演，**田华**、陈强、李百万。

故事发生在1932年的河北某农村，佃户杨白劳被地主黄世仁和狗腿子穆仁智逼债，无奈卖女后自尽。其女喜儿受辱出逃，在深山洞穴中躲藏多年，头发变白，被当地农民传为“白毛仙姑”。后来八路军来到这里，镇压了恶霸地主，接回喜儿，贫苦农民得到了翻身解放。

《白毛女》海报

影片深刻表现了“旧社会把人变成鬼，新社会把鬼变成人”的思想主题。影片在艺术上不是单纯的舞台记录，而是在忠实原作精神的基础上有所创新和突破。影片最显著的特点，是民族化、群众化的艺术原则和电影化的手法密切结合。影片1951年获第6届捷克斯洛伐克卡罗维发利国际电影节特别荣誉奖，1957年获文化部1949～1955年优秀影片一等奖。（王云缦）

《白求恩大夫》 *Dr. Bethune* 中国彩色故事片。上海海燕电影制片厂和八一电影制片厂1964年联合出品。改编自周而复同名小说。编剧，**张骏祥**、赵拓；总导演，张骏祥；导演，李舒田、高正；总摄影，**吴印咸**；摄影，马林发、寇纪文；主演，谭宁邦、村里、英若诚。

故事讲述了1938年初，加拿大国际主义战士白求恩远渡重洋来到中国，支援中国人民的抗日战争。白求恩被任命为军区的医药顾问，受到根据地干部、战士和老百姓的热烈欢迎。白求恩很快投入紧张的工作中，发现边区的医疗条件比想象的还要差很多。他向司令员请示办一个后方示范医院，调各分区医生来参加培训，并且不顾个人安危，亲自到前线为重伤员做手术。在一次前线临时手术中，白求恩不小心划破了手指。回到医院后，白求恩又坚持做了两个手术，不慎手套破了，自己的手被感染。白求恩不幸患上血液中毒症，由于根据地医药缺乏，经抢救无效病逝。

影片采用类似叙事文学的表现方法，通过白求恩大夫在前线、后方治疗伤员，与根据地军民血肉相连等平凡的生活事件的描写，表现他对工作极端负责任，对同志对人民极端热忱的国际主义精神。影片具有质朴、自然、真实等纪录片的特点，在渲染场景气氛、抒写人物感情方面也取得了良好的效果。影片以独特的艺术形式塑造了真实感人的典型形象，在中国电影史上占有重要地位。（张兆龙）

《白丝带》 *The White Ribbon* 奥地利、德国、法国、意大利合拍故事片。奥地利韦加电影公司、德国X电影创意公司、法国钻石电影公司、意大利幸运红电影公司等2009年联合出品。编导，M.哈内克；摄影，C.贝格尔；主演，C.弗里德尔、E.雅可比、J.本妮丝茨。

故事发生在第一次世界大战前夕，在德国北部的小村庄里接二连三地发生了多起意外和恐怖事件。当年轻的乡村教师渐渐发现一些线索并有了怀疑对象时，牧师却威吓并制止了他的调查。故事结束于一战正式开始后不久，伴随着乡村的动荡不安，暴力事件依然无解。

影片筹备了10年，用极简的黑白影像，讲述了一则德国历史上关于战争、罪恶和威权的民族寓言。影片以老年后的乡村教师的回忆展开，旁观者的主观叙述取代了全知全能的叙事视角，使影片中一系列罪恶的发生愈发扑朔迷离。影片中的牧师、男爵、医生代表着神权、君权、父权的压制力量，这些力量和系在犯错的孩子手上的白丝带都是“邪恶的根源”。影片2009年获第62届法国戛纳国际电影节金棕榈奖，2010年获第67届美国电影金球奖最佳外语片奖。（杨 柳）

《白丝带》海报

《白雪公主和七个小矮人》 *Snow White and the Seven Dwarfs* 美国动画片。**华特迪士尼公司**1937年出品。改编自格林兄弟的童话故事《白雪公主》。编剧，T.希尔斯、J.格林、W.格林；导演，D.汉德。

故事讲述了继母皇后派武士把白雪公主带到森林中杀害，武士不忍心下手，让白雪公主逃走。白雪公主在很多小动物的帮助下，来到七个小矮人的家。白雪公主与小矮人们和睦相处，但又招来皇后的毒害。白雪公主咬了一口皇后的毒苹果后昏死过去。小矮人们愤怒地追赶恶毒的皇后，皇后在逃跑中坠崖而死。小矮人将白雪公主安放在水晶棺中，曾经爱慕她的王子闻讯赶来，用亲吻唤醒了白雪公主。

影片采用绘画式转描技术，通过转描真人表演的胶片转化为动画的画格，此技术很好地将童话故事拟人化，使影片中的形象更为逼真，具有较好的戏剧舞台化风格。影片为了表现皇后的嫉妒与凶狠，将皇宫塔楼的尖顶设计成锐利的造型，给人以凶恶的感觉；皇宫的黑色与白雪公主生活空间的明亮色调形成鲜明对比。影片是世界上第一部影院动画电影，也是第一部荣获奥斯卡奖的动画电影，1939年获第11届美国电影奥斯卡奖荣誉奖。（张启忠）

白杨 Bai Yang（1920-04-22～1996-09-18）中国电影、话剧演员。原名杨成芳。原籍湖南湘阴。生于北京，卒于上海。自幼寄养在北方农村。9岁回北京就学。1931年考入联华影业公司北平第五分厂的演员养成所，成为当时最小的学员。曾参加影片《故宫新怨》的演出。分厂解散后，加入“苞莉芭”剧团，演出了《乱钟》《战友》等话剧。1934年，先后参加了中国旅行剧团和中国舞台协会等剧社，出演了《回春之曲》《黎明之前》《茶花女》等话剧。

1936年，加入明星影片公司，主演了《十字街头》《神秘之花》《社会之花》《四千金》等影片。1937年，与陈白尘等人组成影人剧团，演出了抗日话剧《卢沟桥之战》《流民三千万》等。1938年来到重庆，后在中央电影摄影场相继出演了《中华儿女》《长空万里》《青年中国》3部影片，同时还主演了在当时颇有影响的《日出》《天国春秋》《屈原》《法西斯细菌》《复活》《罗密欧与朱丽叶》等话剧，成功地塑造了不同时代的不同形象，为抗日宣传做出了较大努力，成为当时有影响的影剧明星。

抗战胜利后回到上海，加入昆仑影业公司，相继主演了《八千里路云和月》《一江春水向东流》《还乡日记》《新闺怨》等影片，其中在《一江春水向东流》中所塑造的素芬形象，标志着她表演艺术达到了高峰。1949年进上海电影制片厂任演员。1953年在中国青年艺术剧院重新排演的话剧《屈原》中扮演南后一角。1956年，主演了桑弧执导的《祝福》，饰演命运悲惨的祥林嫂。1959年在上海人民艺术剧院上演的话剧《日出》中扮演陈白露。“文化大革命”期间曾遭受迫害。1989年在电视剧《洒向人间都是爱》中饰演宋庆龄，获第8届中国大众电视金鹰奖特别奖。

白杨生活照

她参演的其他重要影片有《团结起来到明天》(1951)、《为了和平》(1956)、《春满人间》(1959)、《金玉姬》(1960)、《只要你说一声需要》(1960)、《冬梅》(1961)等。其表演细腻、生动、优美、自然，人物具有东方女性的风韵和气度。1962年被评为新中国“22大电影明星”之一。1995年获中国电影世纪奖最佳女演员奖。出版有表演艺术专著《电影表演探索》、诗文集《落入满天霞》和回忆录《我的影剧生涯》等。曾任第一、第二、第三届全国人大代表，第五、第六届全国政协委员，中国电影家协会副主席，上海电影制片厂演员剧团团长等。 （黄加明）

白玉兰奖 The Magnolia Awards 中国电视奖项。1986年12月10日创办于上海。以上海市市花白玉兰命名，象征着纯洁、公正和艺术至上。由国家广播电视总局、中央广播电视总台和上海市人民政府主办，上海市广播电视局、上海广播电视台承办，每年举办一届。奖项最初设定为中国国际电视节白玉兰奖，2005年依据《全国性文艺新闻出版评奖管理办法》，改名为上海电视节白玉兰奖。其宗旨是把握行业脉搏，反映电视产业发展趋势，推动中国电视业的国际化发展。

奖项设置分为电视剧、动画片、纪录片、综艺节目四个类别。电视剧奖分为中国电视剧奖和海外电视剧奖。中国电视剧奖包括最佳中国电视剧奖、最佳导演奖、最佳编剧奖（原创)、最佳编剧奖（改编)、最佳摄影奖、最佳美术奖、最佳男主角奖、最佳女主角奖、最佳男配角奖和最佳女配角奖；海外电视剧奖分为最佳海外长篇电视剧奖和最佳海外短篇电视剧奖。动画片奖分为最佳动画片奖和最佳动画剧本奖。纪录片奖分为最佳系列纪录片奖和最佳纪录片奖。综艺节目奖为最佳电视综艺节目奖。评选主体为在中国（含港澳台地区）卫星频道播出的电视剧或重点视频网站首播的电视剧。评选流程包括节目征集、初评、终评、颁奖典礼等环节。初评产生入围名单，最终获奖名单一般在每年6月份的“白玉兰绽放”颁奖典礼上揭晓。

第20届上海电视节白玉兰奖颁奖典礼现场

白玉兰奖是中国第一个国际性电视节目评奖活动，也是中国电视剧界的三大奖项之一。白玉兰奖以公正的评审规则与规范的流程运作，兼顾艺术性与市场性，突显评奖对电视行业发展导向作用，在成为引领国内电视业发展的同时，凭借所参与作品内容、形式与地区的丰富多元性，为世界各国展示了多姿多彩的影视文化。

（梁玛丽）

百花奖 Hundred Flowers Awards 中国电影奖项。1962年由中国《大众电影》杂志编辑部创办，举办第2届后中断了17年，1980年开始每年举办一次。百花奖的选票随《大众电影》杂志发送，评选活动具有广泛的群众性。评奖章程原来规定全国各制片厂上年度摄制的影片均有参评资格，后来规定参选影片须在影院上映。奖项包括最佳故事片奖、最佳戏曲片奖、最佳编剧奖、最佳导演奖、最佳男女主角奖、最佳男女配角奖、最佳摄影奖等13项。从1981年起评奖项目减少，只保留最佳故事片奖（三部，含戏曲片)、最佳合拍片奖、最佳男女主角奖、最佳男女配角奖。2006年起又增设了最佳新人奖。

第36届大众电影百花奖颁奖典礼现场

评奖办法是：各电影制片单位按照百花奖的各项规则和要求，提出本单位报名参选影片及创作人员的候选名单，报送中国电影家协会候选，再由《大众电影》确定提名名单，经广大读者投票选出各项优胜者。自2006年起，评奖规则做了重大调整：在产生提名奖之后，组委会将在公证员的监督下，分三次从所有投票观众中抽取100余名观众评委候选人，此100余名候选人经组委会平衡地区、行业、性别、年龄等因素后，最终确定101名幸运观众（2006年是99位)。百花奖颁奖典礼现场，这101名大众评委以按表决器的方式当场投票，评选出大众电影百花奖各个最佳奖项的获奖者。

百花奖原颁奖杯，1981年起改成证书和少女雕像，1984年后改为花神雕像。颁奖时间原在5～6月，1992年后改在中国金鸡百花电影节颁奖，时间在11月前后。从2005年开始，金鸡奖与百花奖隔年轮流评选，百花奖为逢双年评选。2006年，百花奖首次向中国港台地区电影、演员敞开大门。 （李文斌）

《百年辛亥》 *Centennial 1911*　中国彩色纪录片。中共湖北省委宣传部、中华文化发展促进会、中央电视台新影制作中心2011年联合出品。共10集。总编导，沈芳。

影片包括《探索救亡》《播火传薪》《反清起义》《武昌首义》《阳夏之战》《创立民国》《帝制终结》《讨袁护法》《国共合作》《中山遗愿》，讲述了1840年鸦片战争后，中华民族遭遇了空前的生存危机，无数仁人志士不断探索，希望找到一条挽救危亡、富国强兵之路。辛亥革命在中国近代发展史上占有重要的地位，它推动了中华民族的思想解放，是中国人民为改变自己命运而奋起革命的一个伟大里程碑。虽然它未能改变旧中国人民的悲惨境遇，但为中国的进步潮流打开了闸门，使反动统治秩序再也无法稳定下来，激励中国人民为争取民族独立和人民解放、实现国家富强而更加努力奋斗。

影片为纪念辛亥革命100周年而作，以1840～1925年的中国历史为脉络，以孙中山一生反帝反封建的革命生涯为主线，表现和讴歌了以孙中山为代表的一代仁人志士，为推翻封建王朝抛头颅、洒热血、无私无畏、大义凛然的革命精神。影片通过对150多位专家学者和130多位辛亥革命志士后裔的采访，带领观众走进百年之前的历史沧桑中。影片抚今追昔，立意高远，通过回顾辛亥革命风云激荡的历史进程，全面展现了孙中山等革命先驱致力于中华民族伟大复兴的丰功伟绩，深刻诠释了辛亥革命的历史意义和对世界的重大影响。影片2012年获第6届“纪录·中国”特别奖，2014年获第23届全国电视文艺星光奖电视纪录片大奖。　（刘乃康）

班德拉斯，A.　Antonio Banderas（1960-08-10～　）　西班牙演员、导演、编剧及制片人。生于马拉加。21岁加入西班牙国家戏剧院，后被西班牙导演P.阿尔莫多瓦发现，开启了电影生涯。1982～1990年，主演了阿尔莫多瓦执导的《激情迷宫》（1982）、《斗牛士》（1986）、《欲望的法则》（1987）、《精神濒临崩溃的女人》（1988）和《捆着我，绑着我》（1990）五部影片，成为阿尔莫多瓦影片中不可缺少的一个重要符号。

1992年前往好莱坞发展。1995年，出演了影片《杀人三步曲》和《最后刺客》。1996年，出演了《贝隆夫人》。1998年，主演了《佐罗的面具》，获第11届欧洲电影奖最佳男演员奖。1999年，首次执导影片《疯狂亚拉巴马》，获第56届意大利威尼斯国际电影节最佳影片奖提名。2002年，出演了《弗里达》和《蛇蝎美人》，显示了驾驭不同角色的能力。2003年，主演传记片《墨西哥往事》。2004年，在梦工厂出品的动画片《怪物史莱克2》中为穿靴子的猫配音，获第32届美国电影安妮奖最佳动画配音奖提名，梦工厂后来专门为其打造了一部“传记”电影《穿靴子的猫》（2011）。2006年，主演歌舞片《舞动天地》与惊悚片《边城小镇》。同年，导演了爱情片《夏季雨》，获第57届德国柏林国际电影节欧洲院线奖。2010年，主演了《宇宙大爆炸》。2011年，主演了《吾栖之肤》和《黑金》。2014年，自编自导自演《索洛》。2019年，主演阿尔莫多瓦执导的影片《痛苦与荣耀》，获第72届法国戛纳国际电影节最佳男演员奖、第32届欧洲电影奖最佳男演员奖、第34届西班牙电影戈雅奖最佳男演员奖。

《佐罗的面具》剧照

班德拉斯演技精湛，天然地带有半原始野性的气质，为其角色塑造增添了不少魅力。他参演的影片还有《金色豪门》（1993）、《费城》（1993）、《终极奇兵》（1999）、《原罪》（2001）、《佐罗传奇》（2005）、《亲密如贼》（2009）、《制胜一击》（2011）、《敢死队3》（2014）等。班德拉斯还担任多部动画片的配音工作，如《怪物史莱克》系列（2007～2009）、《驯龙骑士》（2013）、《穿靴子的猫2》（2014）、《海绵宝宝3D》（2015）等。2002年，获第10届拉美新电影节安东尼·奎因奖。

（韩婷婷）

半剪影　half silhouette　在亮背景的衬托下，主体形象有较低限度质感再现的造型形象。半剪影适合用来处理那些背景比较简洁，外形轮廓比较鲜明的对象。但相对来说，往往以表现背景为主。它既有明暗对比鲜明的轮廓形态，又能在低密度的暗调光影中再现被摄主体的某些特征，缺乏立体感。由于主体与背景之间**反差**较强，主体轮廓较鲜明，所以较适合表现有一定细节的内容。半剪影与剪影的主要差异是前者主体的细节隐约可辨，并非完全呈“黑影”状，如果主体与背景的反差增强或背景亮度再提高，就成了剪影而非半剪影。如果为主体增加照明，那就和一般照片没多少区别了。拍摄半剪影在曝光时既要兼顾背景，也要兼顾主体。某种意义上来说，半剪影是个折中的曝光方式，由于种种原因无法对主体实施补光时拍成半剪影效果。一旦半剪影画面处理不当（如前景中主体较大），很容易给人曝光不足的印象，故平常较少采用。表现半剪影效果，视主体与背景对主题的意义而定。一般都以背景为主，而前景中的小主体通常都作为丰富画面、调整反差的点缀。

（张　桥）

《半斤八两》 *The Private Eyes*　中国彩色故事片。嘉禾电影有限公司和许氏影业有限公司1976年联合出品。编导，**许冠文**；摄影，张耀祖；主演，许冠文、**许冠杰**、许冠英、石坚、赵雅芝、吴耀汉、卢慧芝、朱牧。

故事讲述了一向调皮捣蛋的李国杰因为不认真工作，在生产线上练武功，被老板开除，遂来万能私家侦探社应聘做私家侦探。社长黄若思刻薄寡恩而又自视甚高，并不愿意聘请他。后社长在路上被一小偷偷走了钱包，李国杰身手敏捷，要回了钱包，社长遂决定聘请他。侦探社调查案件包罗万象，他们在调查一宗案件时，恰巧遇上九叔一伙打劫戏院观众。社长被

《半斤八两》海报

困座位，计无所出，李国杰溜出院外，伺机行事，最终将劫匪制服并送到了警署，获得了表彰。经过这一次历险以后，社长也改变了对待下属的态度，侦探社从此以后亲如一家。

影片找到了喜剧与现实生活的契合点，通过小人物的市井生活来制造密集的笑料，不仅达到了娱乐观众的目的，而且将香港20世纪70年代的社会环境、民众心态等都展现得淋漓尽致。影片在人物刻画上非常成功，许冠文饰演的社长尖酸刻薄、许冠杰饰演的李国杰英勇机智，给观众留下了深刻的印象。影片为许氏喜剧片的重要代表作品，上映后即刷新了当时香港的电影票房纪录。（类成云）

《邦妮和克莱德》 *Bonnie and Clyde* 美国彩色故事片。华纳兄弟影业公司1967年出品。根据真人真事改编。编剧，D.纽曼、R.本顿、R.唐尼；导演，A.佩恩；摄影，B.古费；主演，W.比蒂、F.唐纳薇、G.哈克曼、G.怀尔德、F.费舍、E.帕森斯、M.波勒。

《邦妮和克莱德》剧照

故事讲述了身为女招待生的邦妮和刚出狱的克莱德在一次机缘巧合下相遇，百无聊赖的邦妮对克莱德的经历很感兴趣，两人一拍即合，走上了持枪抢劫银行的道路。不久，克莱德的兄嫂等人也加入了他们的队伍。经过媒体报道，他们抢劫银行的“事迹”声名鹊起，也引来警察的追捕。最终，邦妮和克莱德被埋伏的警察用枪扫射身亡。

作为美国新好莱坞电影的代表作之一，影片间接反映了20世纪60年代美国社会的境遇与问题，具备一定的社会反思意识。影片改写了传统好莱坞**强盗片**模式，以犯罪分子的视点展开故事，将强盗塑造成有血有肉的青年人，并给影片赋予某种荒诞喜剧色彩，表达了青年人对主流体制的质疑与反思。影片结尾主人公被枪杀的段落，导演使用了细腻的视听技巧，通过空间的铺排延展了时间，采取高速摄影放慢动作，使人物的死亡变得富于悲剧性，引发了观众的同情和思考。影片1968年获第40届美国电影奥斯卡奖最佳女配角奖和最佳摄影奖，第21届英国电影学院奖最有前途新人主演奖，第12届意大利电影大卫奖最佳外国男演员奖、最佳外国女演员奖。（黄　鹏）

《包青天》 *Justice Bao* 中国电视连续剧。“中华电视公司”1993年出品。改编自石玉昆的小说《三侠五义》。编剧，邓育昆；导演，梁凯程、孙树培等；主演，金超群、范鸿轩、何家劲。

该剧以北宋开封府尹包拯为人物原型，用单元剧形式讲述了其惩奸除恶、为民申冤、铁面无私的断案故事。单元故事共41个，包括《铡美案》《狸猫换太子》《真假状元》《乌盆记》《铡包勉》《真假包公》《鸳鸯蝴蝶梦》等。该剧塑造了包拯铁面无私的人物形象，吸收了悬疑、推理、动作、爱情等多种类型元素，具有很强的观赏性。该剧推出后，在中国台湾地区引起轰动，后被香港无线电视台买断版权，在香港重新以粤语配音播出，同样引起收视热潮。此后又被中国大陆、东南亚和韩国陆续引进，也都取得了比较理想的收视成绩。除此之外，中国台湾有1974年版《包青天》，中国大陆有2008年版《新包青天》。（赵　益）

褒曼，I. Ingrid Bergman（1915-08-29～1982-08-29） 瑞典电影演员。生于瑞典斯德哥尔摩，卒于英国伦敦。1933年考入斯德哥尔摩皇家剧院，不久便跃身为瑞典影坛新星，并先后在《修道士桥的问题》（1934）、《妇女面部》（1938）等片中饰演角色。1939年应邀赴美国主演《插曲》，获得成功。20世纪40年代，褒曼进入艺术创作的黄金时代，在美国主演了一系列影片：《化身博士》（1941）、《**卡萨布兰卡**》（1942）、《战地钟声》（1943）、《煤气灯下》（1944，获第17届美国电影奥斯卡奖最佳女主角奖）、《圣玛丽的钟声》（1945）、《风尘双侠》（1945）、《爱德华大夫》（1945）、《美人计》（1946）、《圣女贞德》（1948）等。其中，《圣玛丽的钟声》《风尘双侠》《爱德华大夫》《美人计》在1946年同时进入《每日电影》评选的十大佳片榜单，年度十佳影片有4部是褒曼主演，实属“破纪录”

《战地钟声》剧照

的罕见现象。50年代褒曼在欧洲拍片，如《欧洲51年》（1952）和《意大利游记》（1954）等。1956年，因主演《真假公主》（又译《安娜斯塔西娅》）获第29届美国电影奥斯卡奖最佳女主角奖。1974年，因出演《东方快车谋杀案》获第47届美国电影奥斯卡奖最佳女配角奖。1977年秋回到祖国，与瑞典导演**I.伯格曼**合作，出演了她最后一部电影《秋天奏鸣曲》。褒曼在40多年的舞台和银幕演艺生涯中，奔波于斯德哥尔摩、好莱坞、罗马、巴黎、伦敦等不同城市之间，用多种语言出演了47部电影，以精湛细腻的演技贡献了一个个令人难忘的艺术形象，是继**G.嘉宝**之后又一位饮誉世界影坛的瑞典国宝级女演员。（许　婧）

《宝莲灯》 *Lotus Lantern* 中国彩色动画片。**上海美术电影制片厂**1999年出品。根据同名民间神话故事改编。编剧，王大为；导演，常光希；动画设计，彭戈、朱敏等。

故事讲述了三圣母向往人间爱情，不惜触犯天条，偷了天宫中的神器宝莲灯下凡，与凡人刘彦昌结为夫妻，但却遭到她的兄长二郎神追杀，刘彦昌不幸死去，留下孩子沉香与三圣母相依为命。一晃7年过去，沉香已经成长为可爱的小男孩，和母亲平静快乐地生活在凡间。有一天，二郎神乘三圣母不备，掳走沉香并以孩子要挟，三圣母只得交出神灯，后被其兄囚禁在华山底下。二郎神骗沉香说他母亲已经死去。但善良的土地爷却把三圣母的真实下落偷偷告诉了沉香，并在他手上写下“精诚所至金石为开”8个字，指点他去寻找孙悟空学本领。沉香在可爱的小猴帮助下，从天宫偷出宝莲灯，踏上了寻母之路。又是7年一晃而过，沉香在小猴的陪伴下，已经成长为一个英姿勃勃的少年。他历经千辛万苦找到了孙悟空。在大圣的点拨下，他用巨石修炼出一把神斧，打败了二郎神，然后与宝莲灯合二为一，获得神力，劈开华山，终于与母亲团圆。

作为国庆50周年献礼片，《宝莲灯》在中国动画史上具有里程碑意义。影片采用当时国际上最先进的制作方式，包括前期音乐制作、对白先录、全数码立体声录音技术等，并由姜文、陈佩斯、徐帆、宁静等演员担任配音，歌手张信哲等演唱主题歌和插曲，是中国动画片制作的首次尝试。影片虽然在情节设计上有一定的缺陷，但人物设计和画面造型具有浓郁的民族特色，给观众留下了深刻的印象。影片1999年获第19届中国电影金鸡奖最佳美术片奖，2000年获第6届中国电影华表奖优秀美术片奖，2001年获第9届中国电影童牛奖优秀美术片奖。（李　清）

保加利亚电影 Bulgarian cinema　保加利亚1897年在鲁塞第一次放映电影。1907年开始生产新闻纪录片。1915年拍摄出第一部喜剧故事片《一个风流的保加利亚男子》，由戏剧演员Z.然道夫导演并担任主角。1920年以前，保加利亚生产了若干部故事片和多部新闻纪录片。1919年月亮电影股份有限公司成立，起初只制作短片，后来拍摄故事片。1930年前摄制的影片基本上都是表现城市小资产阶级生活的喜剧、爱情剧、情节剧。1933年第一部有声片《奴隶暴动》（导演然道夫）问世，表现了民族英雄B.列夫斯基的英勇事迹。随后拍摄的重要影片有《没有十字架的坟墓》（1931，导演B.鲍罗扎诺夫）、《庞然大物》（1936，导演A.瓦卓夫）以及表现保加利亚民族解放斗争的影片《将军》（1936，导演I.诺瓦克）。1939年建立了第一个国家电影机构“保加利亚事业”，该机构在第二次世界大战期间主要拍摄新闻纪录片。

1944年，保加利亚建立人民民主政权后，电影事业开始了新的发展阶段。1946年，“保加利亚事业”获得进口发行影片的专利权。1948年，保加利亚电影事业实现了国有化。不久，成立了保加利亚电影事业公司。

社会主义的保加利亚拍摄的第一部故事片是革命历史题材影片《卡林·奥廖尔》（1950，导演鲍罗扎诺夫）。之后，拍摄了影片《警钟》（1951，导演然道夫）和《九月起义的英雄》（1954，导演然道夫）。这些影片反映了保加利亚人民不同阶段的革命斗争，充满着革命浪漫主义的激情，但其中也有公式化的创作倾向。现代题材影片有《祖国的早晨》（1951，导演A.马利诺维奇、C.西尔查日耶夫）、《不平静的道路》（1955，导演D.达柯夫斯基）、《塞德马克人的秘密晚祷》（1957，导演达柯夫斯基）、《游击队员》（1957，导演B.热里亚兹柯娃）。还有历史传记影片《人之歌》（1953，导演B.沙拉利耶夫）、惊险片《痕迹》（1956，导演L.瓦西列夫）、喜剧片《两次胜利》（1956，导演沙拉利耶夫）、文学作品改编片《轭下》（1952，导演达柯夫斯基）等。

20世纪50年代末至60年代初，保加利亚电影开始注意探索新的艺术处理手法，着重表现人的内心世界，力图深刻揭示人的心理与性格。这一阶段的主要作品有《在小岛上》（1958，导演R.维尔恰诺夫）、《穷街》（1960，导演H.皮斯柯夫）、《第一课》（1960，导演维尔恰诺夫）、《我们曾经如此年轻》（1961，导演热里亚兹柯娃）、《太阳与阴影》（1962，导演维尔恰诺夫）等。其他影片有表现反法西斯斗争、忠于共产主义理想的《被俘的一群》（1962，导演蒙德罗夫），根据D.迪莫夫小说改编的史诗片《烟草》（1962，导演N.科拉保夫）、《偷桃子的人》（1964，导演V.拉捷夫）。

60年代中期以来，保加利亚的电影艺术性趋于成熟。主要影片有《锁链》（1964，导演L.沙尔兰日耶夫）、《皇帝与将军》（1966，导演拉捷夫）、《最长的一夜》（1967，导演沙拉利耶夫）等。现代题材的影片主要有《许可结婚》（1965，导演科拉保夫）、《星期一早晨》（1965，导演皮斯柯夫等）、《男子汉们》（1966，导演V.米尔切夫）、《杏的芬芳》（1967，导演沙尔兰日耶夫）、《在潘列发生的故事》（1968，导演G.斯托雅诺夫）、《圣像壁》（1969，导演T.吉诺夫、H.赫里斯托夫）等。

70年代，保加利亚出现了一批引人注目的影片。如拉捷夫的《黑天使》（1969）、沙拉利耶夫的《永别了，朋友们》（1970）、赫里斯托夫的《铁砧或锤》（1972）、L.吉尔柯夫的《男孩出走》（1972）、M.安道诺夫的《山羊角》（1972）、热里亚兹柯娃的《最后的话》（1973）等。新晋导演的作品有G.丘尔盖洛夫的《考试》（1971）、M.尼柯洛夫的《昼光》（1973）、I.尼切夫的《回忆》（1974）等。70年代中期，保加利亚电影出现了新倾向。一些影片反映了城市化与农村传统文化的矛盾及其导致的社会心理变化，主要作品有《重数一次野兔的数目》（1973，导演Y.扎哈里耶夫）、《无根的树》（1974，导演赫里斯托夫）、《屋顶》（1978，导演I.安道诺夫）。反映知识分子问题的影片有《刑警与树林》（1976，导演维尔恰诺夫）、《贮水池》（1977，导演热里亚兹柯娃）等。现代题材影片有《全部是爱》（1979，导演沙拉利耶夫）等。历史题材影片有《约安娜·阿谢娜的婚礼》（1975，导演V.茨安柯夫）等。这一时期的纪录片比较繁荣，著名纪录片导演有然道夫、I.U.阿尔纳乌道夫、R.格利高罗夫、N.别洛高尔斯基、Z.德拉格涅夫、V.日夫科夫、V.敏切夫等。科普片与美术片也有一定的成就。除此之外，《优势》（1977，导演G.杜尔吉罗夫）获第28届德国柏林国际电影节银熊奖最佳导演奖；《可汗的光荣》（1984，导演L.斯塔依柯夫）在1987年经上海译制片厂引进国内，受到中国观众的欢迎。

1989年，保加利亚电影业从国有制片体制向独立制片体制转变，经历了一段低迷期。但进入21世纪后，保加利亚的电影作品不断获得国际关注，如M.拉扎罗夫导演的《异化》（2013）获第70届意大利威尼斯国际电影节欧洲电影联盟奖最佳处女作导演奖等奖项；C.戈洛佐娃、P.瓦查诺夫联合导演的《教训》（2014）

《教训》剧照

获第27届日本东京国际电影节评委会大奖，2016年他们再次联合导演的《荣耀时刻》获第69届瑞士洛迦诺国际电影节堂吉诃德奖特别提名奖；S.科曼达雷夫导演的《在世界转角遇见爱》（2007）、《方向》（2017）等作品也取得不俗成绩。其他知名电影还包括《废柴联盟》（2016）、《猴子》（2016）、《阿加》（2018）等。（李溪桥　李　强）

《报仇》 *Vengeance*　中国彩色故事片。邵氏兄弟（香港）有限公司1970年出品。编剧，倪匡、张彻；导演，张彻；摄影，龚慕铎；主演，狄龙、姜大卫、汪萍。

故事讲述了1925年国民革命军北伐之前，在中国某大城市，京剧名武生关玉楼由于不满当地恶霸封开山调戏自己的妻子花正芬，砸了封开山武馆的招牌。封设计杀死了关玉楼，并将花正芬献给了军阀胡大帅。关玉楼的弟弟关小楼也是名武生，赶来为哥哥复仇。在小楼的女友也是花正芬的妹妹花正芳的协助下，杀死了封开山。而另外两个仇人高副官和剧院经理，则被当地巨富金芝泉除掉。金芝泉实际上也是杀害关玉楼的幕后元凶之一，选择灭口是为了取得小楼的信任。在金的安排下，小楼在金家为胡大帅举行的宴会上，经一番搏斗之后，将大帅杀死。而刚刚放松的小楼，却突遭金多名手下的袭击。血染衣衫的小楼奋力还击，在手刃金芝泉后，壮烈牺牲。

影片展现了一往无前虽九死而不悔的精神，令观众震撼和感动。影片将男性的阳刚之气发挥得淋漓尽致，尤其是影片结尾，小楼在金家被偷袭后的打斗段落迅猛、刚烈，具有导演张彻特有的悲壮风格。影片1970年获第16届亚太影展最佳导演奖、最佳男主角奖。（吴涤非）

《豹》 *Il gattopardo* 意大利、法国合拍彩色故事片。又译《浩气盖山河》。泰坦纳斯电影公司等1963年出品。改编自G.T.di兰佩杜萨同名小说。编剧，S.C.达米科、P.F.康帕尼莱、E.梅迪奥里、M.弗兰奇奥萨、L.维斯康蒂；导演，L.维斯康蒂；摄影，G.罗通诺；主演，B.兰开斯特、C.卡汀娜、**A.德隆**、P.斯托帕、R.莫雷利。

故事发生在19世纪60年代，在朱塞佩·加里波第等人领导的革命运动的冲击下，西西里地区进入由效忠波旁王朝的贵族统治向独立统一的意大利王国转折的时期。萨利纳亲王在杜纳福卡特拥有领地、庄园和宫殿，他力图在风雨飘摇的动荡局面中维持自己的家族秩序和社会地位。唐克雷迪是亲王的外甥，他随加里波第的军队登陆西西里，获得表妹康塞塔的爱慕。投身军旅的唐克雷迪后来在舅舅的安排下与市长女儿安杰莉卡结合，其中不乏财产和利益交换的考虑。经过投票，整个市镇决定加入统一的意大利。萨利纳本人受邀担任议员，却被他拒绝。影片片尾，盛大而华丽的舞会既为旧贵族敲响了晚钟，宣告他们的集体退场，也是唐克雷迪所代表的军队与商人主导未来的加冕礼。

影片表现出贵族、教士等旧时代统治阶层对粗鄙的资产阶级时代的抗拒，对自身没落的悲哀和无奈，以及对历史的深刻洞察和从容的气度。影片通过布景和灵活的场面调度，将贵族生活趣味、起居空间与社交礼仪刻画得淋漓尽致。影片1963年获第16届法国戛纳国际电影节金棕榈奖。（刘 斐）

鲍嘉，H. Humphrey Bogart（1899-01-23～1957-01-14） 美国电影演员。原名亨弗莱·德福雷斯特·鲍嘉。生于纽约，卒于好莱坞。父亲是曼哈顿著名外科医生，母亲是杂志插图画家。肄业于马萨诸塞州菲利普斯学校，后入耶鲁大学预修科，拟攻读医学，但由于违纪而被开除。第一次世界大战时在海军服役，上唇在战斗中受伤，复员后曾从事舞台演出。1920年在巡回剧团工作时，决定转向从事表演艺术。1930年进入好莱坞，多饰演小角色。

1936年在《石化森林》中饰演歹徒曼蒂一角获得成功，后又在华纳兄弟影业公司摄制的同名影片中饰演主角，取得更大成功。1941年在《高山峻岭》中成功地塑造了一个暴徒形象。同年，在惊险片《马耳他之鹰》中饰演一名残忍的私人侦探角色。1942年，与**I.褒曼**主演了爱情片《**卡萨布兰卡**》，奠定了其在影坛的地位。1943年主演了战争片《血战大西洋》。1947年主演了犯罪片《噩夜惊情》，在片中突破以往银幕形象，饰演了一位具有精神病的画家。同年组建了自己的制片公司沙塔拉影片公司。1948年在《宝石岭》中饰演一个贪婪偏执的勘探者，其表演令观众难忘。1951年在《非洲女王号》中扮演一个嗜酒的商人，获第24届美国电影奥斯卡奖最佳男主角奖。1956年，出演了其最后一部影片《拳击场黑幕》，在片中塑造了一个与社会不公平现象做斗争的浪漫英雄形象。

其他重要作品有《贫民区》《沸腾的二十年代》《撒哈拉》《大睡》《血海仇》《凯恩号叛变记》《我们不是天使》等。其出演的影片大多为强盗片和侦探片，以饰演歹徒、硬汉著称，在表现他们凶狠的同时，还颇具特色地反映了他们孤独和阴郁的内心以及他们对社会和习俗的怀疑、不满和嘲讽。（胡思旅）

鲍起静 Hee Ching Paw（1949-07-20～ ） 中国影视演员。祖籍安徽歙县。生于香港。父亲鲍方是电影演员、导演，母亲刘苏是话剧演员。1966年，进入长城电影制片有限公司的艺员训练班，先后演出了《虎口拔牙》（1969）、《英雄后代》（1969）、《海燕》（1970）、《小当家》（1971）等左派电影。1977年，参演了鲍方执导的《屈原》。1980年，主演长城公司拍摄的武侠片《白发魔女传》。同年，进入香港亚洲电视台，相继出演了一系列为观众熟悉的电视剧。

2008年，主演**许鞍华**执导的电影《**天水围的日与夜**》，获第15届香港电影评论学会奖最佳女主角奖和第28届香港电影金像奖最佳女主角奖。2016年，主演《我的妈呀》，获第36届香港电影金像奖最佳女主角奖提名。2019年，参演《金都》，获第39届香港电影金像奖最佳女配角奖提名。

鲍起静塑造了众多女性形象，性格平淡，但余韵深长，给观众留下深刻印象。她出演的电影还有《夕阳天使》（2002）、《忘不了》（2003）、《旺角黑夜》（2004）、《霍元甲》（2006）、《老港正传》（2007）、《一半海水一半火焰》（2008）、《金钱帝国》（2009）、《旺角监狱》（2009）、《月满轩尼诗》（2010）、《剑雨》（2010）、《最强喜事》（2011）、《猛鬼爱情故事》（2011）、《开心魔法》（2011）、《嫁个100分男人》（2012）、《浮城大亨》（2012）、《暴疯语》（2015）、《明月几时有》（2017）、《麦路人》（2020）等。出演的电视剧有《大地恩情》（1980）、《香江岁月》（1984）、《秦始皇》（1986）、《上海一九四九》（1991）、《银狐》（1993）、《戏王之王》（1994）、《岳飞传》（1994）、《肥猫正传》（1997）、《纵横四海》（1999）、《妈妈我真的爱你》（2003）、《劝和小组》（2013）、《岁月楼情》（2015）、《同盟》（2017）、《原生之罪》（2018）、《守护神之保险调查》（2018）等。（安 超）

鲍特，E. Edwin Porter（1870-04-21～1941-04-30） 美国电影先驱、导演。生于宾夕法尼亚州康奈尔斯维尔，卒于纽约。鲍特只受过很少教育，曾经是电影放映员。1903年，导演《一个美国消防队员的生活》，是美国第一部经过剪辑的影片，包含多个镜头和不同视点叙述故事的技巧。在《汤姆叔叔的小屋》（1903）中，他将原小说中的重要事件拍成一系列单镜头，然后开创了利用“插卡字幕”逐一衔接每个镜头的技巧。根据强盗抢劫火车的社会新闻改编拍

摄的《火车大劫案》(1903)是鲍特最重要的作品。影片不仅带来了美国西部现实生活的新鲜气氛，还成为美国电影中一个经典的故事片样式，为西部片奠定了基调和发展方向，被美国电影史学家称之为美国电影史上划时代的作品。

1905年，执导了批判社会现实的影片《窃盗癖》。1906年，模仿G.**梅里爱**的特效手法，拍摄了《一个醉鬼的白日梦》。1908年，在影片《从鹰巢中救出的人》中启用D.**格里菲斯**担任演员，成为格里菲斯进入电影界的引路人。1900～1909年，一直在爱迪生公司工作，为美国电影作出了重要贡献。离开爱迪生公司后，鲍特成为独立制片人。1916年，转而从事研制电影放映机和其他电影新技术。1929年，因在股票市场上遭到失败而破产。

鲍特从20世纪初到1916年，摄制过很多当时盛行的一本一部的影片，在摄制过程中往往身兼摄影、导演和剪辑数职，有时还担任编剧。他不仅借鉴梅里爱以系列镜头讲述故事的手法，还借鉴其他人的电影技巧进行富有想象力的开发，首先在美国电影中使用了特写、交替切入、停机再拍、摇拍等技巧。

（胡思旅　撰　许　婧　修订）

鲍威尔，M.　Michael Powell（1905-09-30～1990-02-19）　英国电影导演、剧作家、制片人、演员。生于英格兰肯特郡的坎特伯雷，卒于埃夫宁。1925年进入电影界，

在好莱坞当过剪辑员、演员、编剧和助理导演。1931年在英国导演了第一部影片《两个忙乱的小时》，之后拍摄了一批低成本影片。作为编剧，曾参与A.**希区柯克**电影《讹诈》的创作。作为导演，曾参与制片人A.柯达拍摄的影片《雄狮添翼》(1939)和《巴格达窃贼》(1940)的创作，并与制片人兼剧作家E.普雷斯伯格合作拍摄过《走私》(1940)、《侵略者》(1941)、《我们一架飞机失踪了》(1942)等片。1943年与普里斯伯格组建了人马座电影制片公司，在以后的14年里，合作拍摄了14部高质量的英国故事片，如《壮士春梦》(1943)、《坎特伯雷故事》(1944)、《太虚幻境》(1946)、《黑水仙花》(1947)、《红菱艳》(1948)、《霍夫曼故事》(1951)等，均可载入英国电影史册。1958～1974年，他单独担任制片或导演，曾在英国、西班牙、奥地利、德国等地拍摄影片；20世纪60年代还参加过美国电视连续剧的制作。

（伯　奋）

鲍萧然　Bao Xiaoran（1937-12～　）　中国电影摄影师。安徽宣城人。1960年，毕业于**北京电影学院**摄影系，获学士学位，同年留校在摄影系任教。1975年，自任编剧、导演、摄影，拍摄科教片《城郊养鱼》。1979年，在影片《樱》中任副摄影师。1980年，在彩色故事片《沙鸥》中担任摄影师。1993年，在《**香魂女**》中担任摄影师，该片获第43届德国柏林国际电影节最佳影片金熊奖。1994年，在《南中国1994》中担任摄影师，获第15届中国电影金鸡奖最佳摄影奖。在该片中，他利用低照度光域下的艺术效果，营造了一个改革开放中的南中国社会，影片真实、朴素，富有强烈的艺术感染力。

鲍萧然摄影风格自然朴实，倡导“真实美学”和“自然光效”的布光效果，是中国第四代电影摄影师中的优秀代表。他拍摄的影片还有《见习律师》(1981)、《青山夕照》(1984)、《荒火》(1985)、《大漠紫禁令》(1986)、《兵临绝境》(1988)、《中国月亮》(1997)、《男人河》(1998)、《好汉三条半》(1999)等。

1986～1999年，任北京电影学院摄影系摄影艺术教研组组长。曾任北京电影学院教授、硕士研究生导师以及中国电影摄影师学会秘书长。他开设的主要课程有《影视摄影艺术概论》《影视摄影造型技巧》《影视摄影创作》《摄影的写实光造型》等。曾发表《真实可信是摄影造型的生命》《探求摄影艺术的自然光效》《摄影的探索》《光观念的转变》《聚焦电影摄影之巅》等学术论文。

（梁　明）

曝光控制　exposure control　根据艺术或技术处理要求对感光材料进行通光量及曝光时间的把握。通过曝光控制可以还原近似景物的明暗对比关系。掌握曝光控制除对摄影机、照相机、曝光计性能应有了解外，还应对洗印条件，特别是对显影程度的准确控制、量光方法和定光点的选定、胶片宽容度的准确利用、画面亮度平衡的艺术处理的熟练掌握等方面进行把控。曝光控制应在对胶片感光测定标准和结合上述条件进行实拍试验的基础上，根据胶片的摄影实用感光度具体调设曝光参数。影视摄影的外景拍摄通常都参考具体照明条件下人脸亮度的测光，或者依据有代表性的照度值进行测光从而确定曝光。棚内拍摄或**人工光**照明的实景拍摄，基本上按人脸亮度或照度确定曝光，通过控制人脸主光、副光**反差**，控制人脸和环境的光比，以创造出内景、外景或日景、夜景等不同的环境及时间的气氛。逆光摄影、雪景、晨曦或晚霞拍摄的曝光控制，关键在于选择基准亮度（即定光所依据的亮度）与确定拍摄画面中的亮度平衡。曝光测定应结合定光基准的选择，同时注意利用胶片的宽容度，控制好画面中的最大光比，保证画面内容的不丢失。摄影实践中的曝光与底片上的密度反应是基于技术，而摄影曝光控制是以对画面的艺术表现要求为依据的。曝光控制的正确与否，影响到画面的影调及层次、被摄体的质感、画面整体色彩色调的再现等。

（张　桥）

《悲情城市》　*A City of Sadness*　中国彩色故事片。中国台湾年代影业公司1989年出品。编剧，吴念真、朱天文；导演，**侯孝贤**；摄影，陈怀恩；主演，**梁朝伟**、辛树芬。

故事讲述了1945年8月15日日本投降，结束了日本在中国台湾地区51年的统治。基隆港有一个三代大家族林氏家族，林家曾在日本侵占期间经营娱乐餐饮生意，现在重新开张，鞭炮声中，他们挂起“小上海酒家”的招牌。林家有四个兄弟，老大文雄在港边开商行做运输，他是帮会分子，后来因阻止三弟文良卷入贩毒活动而与帮派分子结仇被杀。老二文龙战时被日军征到菲律宾当军医后，再无音讯。老三文良被征到上海当翻译，战争结束被作为汉奸通缉，后因贩毒被捕，释放后变成痴呆。老四文清自小跌伤致聋，是个不会说话的知识分子，经营一家照相馆，与国民小学教员吴宽荣为挚友，两人同住在一起。1947年“二二八”事件中，吴宽荣与志同道合的林老师为营救被捕志士，日夜忙碌。吴宽荣被妹妹宽美护送回老家四脚亭避难，文清则被关进监狱。宽荣在山里成立对抗政府组织，并将妹妹宽美托付于文清。文清与宽美婚后喜得一子，并继续经营照相馆。不久，宽荣送信告知叛徒告密，基地被剿，并嘱咐他们尽快逃走。危急时刻，宽美决定与文清生死与共，一家三口在小火车站等车，站台外是雨雾迷蒙的海岸线，他们能逃到哪里呢？一家三口返回家中，穿上结婚时的盛装，抱着儿子拍了一张“全家福”。三天后，文清被捕，生活仍在继续。基隆家中，垂暮的老人阿禄、一个白痴和一个未成年的孙子围桌吃饭，几个女人忙着家务。

影片因流淌着博大深沉的人文精神而

被誉为“台湾史诗”，创造了以人生之情写台湾之史的艺术范例，开创了自成体系的镜语表达系统，标志着侯孝贤历史视野的拓展及艺术上的新成就，也表明“台湾新电影”在文化解禁后创造力的高扬。影片1989年获第26届中国台湾电影金马奖最佳导演奖和最佳男主角奖、第46届意大利威尼斯国际电影节最佳影片金狮奖。

（章柏青 赵 远）

《北方的纳努克》 *Nanook of the North* 美国纪录片。法国百代电影公司和雷维永兄弟公司1922年联合出品。编导，R.弗拉哈迪；摄影，R.弗拉哈迪。

影片开篇先以字幕形式介绍了弗拉哈迪从1913年开始的近十年内，在位于北极圈内的哈德逊湾地区从事探险和地质勘查，并拍摄当地因纽特人的生活和风俗，最后却因一次意外，3万英尺胶片全部烧毁的情况。随后，通过画面、字幕以及简洁诙谐的场景段落划分，展示了纳努克一家及其族人在北极地区特有的自然环境中采集苔藓，制作独木舟，捕猎鱼类、海象、狐狸和海豹，乘狗拉雪橇运送猎物，建造冰屋，在途中遇到的雪屋内躲避暴风雪，以及与白人定居点的商人进行贸易和日常交往等情形。弗拉哈迪拍摄影片时，曾与主人公纳努克及家人、族人等有过长达16个月的接触，彼此建立了友谊。在弗拉哈迪的影响下，纳努克喜欢上了电影，并带动全家及族人积极配合弗拉哈迪的拍摄，如捕猎海象时使用父辈捕猎时才用的鱼叉，而不是用当时已普遍使用的猎枪；因按弗拉哈迪要求所搭建的冰屋在拍摄时影响采光，被要求削去一半，纳努克一家只能在冰天雪地的严寒中表演起床的情形等。弗拉哈迪在每完成一段素材的拍摄后，都会给被拍摄者放映影片，让他们参与讨论，然后再进行初剪。

影片创作者与被拍摄者长期共处，彼此沟通交融，创造性记录现实的拍摄方式，为后世很多纪录片拍摄者推崇并采用，直至后来影响到J.卢什的“真实电影”的创立。影片被视为人类学纪录片、民族志电影史上具有里程碑意义的作品，但也引发一些争议，如刻意的摆拍和历史场景的重现等，这也促使人们对纪录片的真实性及相关的伦理问题展开不断的反思。影片在构建场景时所运用的不同角度和距离的拍摄，包括特写和逆光全景镜头的使用，为捕猎海象、建造冰屋等场景营造出颇具吸引力的剧情化效果。1989年，影片因在“文化、历史和美学上的重要性”，成为入藏美国国会图书馆的25部影片之一。2014年，在《视与听》杂志发起的投票当中，该片被选为有史以来7部最佳纪录片之一。

（刘乃康 刘 斐）

《北京的风很大》 *There's a Strong Wind in Beijing* 中国彩色纪录片。壕沟电影工作小组1999年出品。导演，雎安奇；摄影，刘勇宏。

影片没有具体的故事情节，主要记录了导演在北京街头捕捉的现实生活。导演不停地询问过路的行人：“在天安门有什么感受”“你觉得北京的风大吗”“你能抽烟吗？”“你幸福吗？”被问到的有卖报纸的老人、羞涩的外地民工、纪律严明的武警战士、匆忙的上班族和外国人，甚至蹲在公厕里的一个本地男人。摄影机晃动着抓拍每个被问到的人，人们对这种冷不丁的提问方式反应大不相同，有的人反问他们是干什么的，有的干脆骂他们神经病，甚至有人还提到了安全感的问题。采访内容五花八门，唯有“北京的风大吗”几乎是贯穿全部影片。影片的后半部分，导演遇到了一对领孩子到北京看病的外地夫妇，他们的孩子得了白血病，影片在这对夫妇绝望地离去中结束。

影片突破了传统纪录片“讲故事”的模式，没有贯穿始终的人物、事件和情节，导演提着话筒不时入画，在北京街头拦截访问，带有“真实电影”的风格与“直接电影”的技法。影片中，晃动模糊的镜头、色彩偏差的画面、嘈杂不安的同期声、俗常粗陋的场景等，体现出创作者对底层情感的关注、对纪录对象的尊重、对纪录行为的平视，彰显出年轻的创作勇气和可贵的实验精神。影片被誉为是一部非常实验而又极具文献价值的纪录片。影片2000年获第50届德国柏林国际电影节“青年论坛奖”、澳大利亚国际独立电影节最高喝彩纪录片奖。

（郑宜庸）

北京电视艺术中心 Beijing Television Art Center 中国电视剧制作机构。1982年9月17日成立于北京。起初名为北京电视制片厂。2010年8月转企改制为北京电视艺术中心有限公司，隶属于北京广播电视台。旗下拥有北京电视艺术中心音像出版社有限公司、北京电视艺术中心技术服务公司，以及剧本创作中心、项目部、制作部、宣发部、演艺经纪部。主要从事影视剧策划、拍摄、发行、后期制作、艺人经纪等业务。

机构制作的电视剧、译制片、专题片众多，代表作品有《四世同堂》《便衣警察》《渴望》《编辑部的故事》《风华绝代》《皇城根儿》《北京人在纽约》《血色童心》《无悔追踪》《一场风花雪月的事》《贫嘴张大民的幸福生活》《一年又一年》《永不放弃》《结婚十年》《幸福像花儿一样》《亲兄热弟》《金婚》《甄嬛传》等。这些作品不仅取得了较高的收视率，而且获得了众多奖项，在社会上产生了积极的广泛影响。导演冯小刚、郑晓龙、赵宝刚、李晓明、王保华，编剧王朔、霍达，作曲家雷蕾等，都曾先后参与机构的制作活动。

该机构在中国电视剧市场化发展进程中，有许多开创性实践。如《渴望》较早采取现代流水线拍摄工艺，是国内第一部从节目交换到市场发行的电视剧；《北京人在纽约》是国内第一部以自身资产做抵押进行全额贷款、全部境外拍摄的连续剧；创办了国内第一个在全国28家省级电视台同时播映电视剧的栏目《长青藤剧场》等。

（边 静）

北京电影学院 Beijing Film Academy 中国影视教育机构。成立于1950年。地址位于北京市海淀区西土城路4号。前身是中央文化部电影局电影表演艺术研究所，1951年更名为中央文化部电影局电影学校，1953年更名为北京电影学校，1956年改制为北京电影学院。1966～1977年，处于停办状态。1978年，学院恢复建制。学校有两个校区，蓟门桥校区位于北京市海淀区西土城路4号，占地面积7万平方米，怀柔校区占地面积44万平方米。是中国培养电影专门人才的高等学府。亚洲规模最大的电影专业院校，北京市主管、国家电影局和教育部重点支持建设的艺术高校。形成了以“尊师重道、薪火相传”的校训，“修身、勤学、精艺、践行”的校风，“立德、立言、立行，求是、求美、求新”的学校精神为核心的大学文化体系。

学校具有完整、科学的电影学学科体系，形成以本科教学为主体，涵盖专科、本科、硕博研究生、继续教育和留学生教育等多层次、多形式的电影专业人才培养体系。拥有戏剧与影视学、美术学、艺

北京电影学院校门

术学理论3个一级学科，具有系统、科学的电影学科专业体系。有文学、导演、摄影、电影学和影视技术5个系，表演学院、声音学院、美术学院、动画学院、管理学院、摄影学院、国际交流学院、数字媒体学院、视听传媒学院、高职学院和继续教育学院11个分院，以及研究生院、基础部和培训中心，共计19个教学实施单位，涵盖了电影创作的每一个行当，囊括了电影创作的全部环节。截至2021年9月，学校有在校生4139人，其中本科生2332人。全校在编教职工共计599人（其中专任教师373人），外聘教师103人。拥有国家“千人计划”和“万人计划”入选者、百千万人才工程国家级人选、中共中央宣传部及北京市“四个一批”人才、“高创计划”领军人才、全国及首都劳动奖章获得者、享受国务院特殊津贴专家、全国优秀教师、长城学者等人才百余人次。

学校积极推进国际交流与合作，1984年成为国际电影电视高等院校联合会（CILECT）的会员学校，1988年被选为理事学校，2002年当选为该组织亚太地区电影年会的执行主席。先后与10余个国家和地区的近30所电影院校建立了电影专业教育、学术研究、教师互访与创作等方面的合作交流关系，聘请国内外电影艺术家和电影教育、电影学术理论研究的专家、学者为学校客座教授及兼职教授。学校每年还聘请外籍电影艺术家和电影教育领域的专家、学者来校讲学和交流。先后开展了学院大讲堂、学院放映厅、校友携片交流、人文讲堂、大师作品回顾展——世界电影大师作品回顾展等各类活动，举办了文学系金字奖、摄影系先力奖、动画学院奖、导演系导演奖、表演学院奖、声音学院奖等在国内外有重大影响的评选活动，邀请了国内外的世界著名电影艺术家、理论家、管理和技术专家等来校任职、讲学、交流。同时，派出大量教师“走出去”，与各个国家的电影院校进行学术访问、专业交流，执行创作、教学和科研合作项目，先后在近10个国家和地区举办“北京电影学院学生电影作品展”，并与多个国家和地区的电影院校学生合作拍摄纪录片、动画片。

2001年，创办北京电影学院动画学院奖，是中国具有权威性的青年原创动画作品展示和学术研讨交流活动，被称为中国动画短片的“奥斯卡”，参赛作品已从国内扩大到了国外，有较大的国际影响力。2002年，学院教授**谢飞**创办了“北京电影学院国际学生影视作品展”，得到了世界各地影视院校学生和教师的高度评价、热情参与，每年都有50多个国家和地区的影视院校的近千部影视作品参展。

（刘小磊）

北京电影学院金烛奖 Beijing Film Academy Golden Candle Award 北京电影学院教育、教学奖，中华人民共和国第一个关于电影教育的奖项。由**北京电影学院**设立于1992年6月6日。其主要目的是鼓励在教学、管理、服务等工作中成绩特别突出的教师。北京电影学院金烛奖每两年评选一次，评委会由院领导、著名教授及机关职能办公室主任组成，按照金烛奖评选条例，采取无记名投票的方式确定推荐人选，报院长办公会审批。获得金烛奖的教师由学院在教师节进行表彰，颁发金烛奖证书、金质奖章和奖金。

2020年北京电影学院金烛奖颁奖现场

为表彰在电影学院的创建和发展中为培养影视艺术人才曾作出过突出贡献的老教师，金烛奖评委会还曾为离退休的35名老教师颁发了金烛奖的荣誉证书和金质奖章。

（何　亮）

北京电影学院声音学院 Sound School, Beijing Film Academy 中国影视机构。原名为北京电影学院录音系。1960年，北京电影学院开办录音系，学制四年。1973年，北京电影学院更名为“中央五七艺术大学电影学校”（降为中专层次），录音系恢复建立。1978年，北京电影学院在全国率先开始“电影录音专业”本科人才的招生和教育培养工作。2015年7月，原录音系更名为“声音学院”。北京电影学院声音学院是培养影视声音艺术创作和录音技术制作人才的专业二级学院，具备培养博士后、博士和硕士研究生、本科生和专科生（含高职生）以及接受国内外访问学者等各级各类人才培养资质。

北京电影学院声音学院师资力量雄厚，与影视界联系密切，在职专业课教师积极参与影视作品的声音创作实践活动。同时，学院还外聘业界一线精英担任教学、科研工作，学院教师中有多名**中国电影家协会电影声音艺术工作委员会**、中国录音师协会电影电视声音专业委员会及中国电影电视技术学会声音委员会的负责人、各类理事及会员。学院多次承担主持、承办或协办全国性的影视声音艺术与录音技术的学术研讨和评奖活动。此外，声音学院还与世界知名影视院校声音专业的专家、学者保持密切合作关系。

北京电影学院声音学院拥有世界领先的影视声音实验室设备与资源。从前期基础课的电子测量技术实验室到影视声音创作中的同期录音、后期制作所需全部工艺流程的录音设备，包括非线性视音频编辑工作站、模拟及数字同期录音设备、模拟及数字化对白录音棚、动效录音棚、音乐录音棚、钢琴琴房、MIDI音乐工作室、杜比5.1电影混录棚、音乐母带处理设备、DSD音乐制作实验室等。在保证完成北京电影学院教学科研创作任务的同时，相关实验室还承担了国家级、省部级、厅局级纵向及横向机构不同层次的多项科研任务。另外，在声音实验室完成的影视作品还多次获得国内外各类奖项。

（姚国强　赫铁龙）

北京电影制片厂 Beijing Film Studio 中国电影制片机构。简称北影厂。成立于1949年4月20日。前身为北平电影制片厂。北平电影制片厂是在北平市军事管制委员会接收的原中国国民党中央宣传部中央电影企业股份有限公司第三电影制片厂的基础上，抽调延安及各革命根据地从事电影和文艺工作的干部而建立的。1949年10月1日，改名为北京电影制片厂，第一任厂长为**田方**，1951年汪洋继任厂长。

建厂初期为综合性电影制片厂，主要拍摄新闻纪录片，兼拍故事片。1956年，拍摄新闻纪录片的部门与该厂脱离，另建**中央新闻纪录电影制片厂**。此后，该厂主要拍摄故事片，逐渐形成了自己的风格。建厂后，还曾和国外及中国港台地区电影制作机构合拍电影。1958年，中法合拍《风筝》。1982年，中意合拍《马可·波罗》，中日合拍《一盘没有下完的棋》。1983年，与中国香港的制片公司合拍了《**火烧圆明园**》《垂帘听政》。1988年，中意合拍《末代皇帝》。之后，还出品了《黄飞鸿》系列、《方世玉》系列等合拍片。

20世纪80～90年代，在影片创作和生产管理上开始大胆探索。1999年，与中国电影公司、中国儿童电影制片厂、**中国电影合作制片公司**、**中国电影器材公司**、电影卫星频道节目中心、北京电影洗印录像技术厂、华韵影视光盘有限责任公司共8家单位组成了现在的**中国电影集团公司**（简称中影集团）。

中华人民共和国成立以来，北影厂在

导演、表演、摄影、美术各方面都有创新，先后拍摄了一大批颇有影响的影片，广受观众的欢迎。1949～1966年，先后拍摄了《祝福》《林家铺子》《青春之歌》《革命家庭》《风暴》《红旗谱》《洪湖赤卫队》《停战之后》《烈火中永生》《早春二月》等多部具有民族特色的优秀影片。改编拍摄了《杨门女将》《野猪林》《穆桂英大战洪州》等多部传统戏曲片。1978年以后，拍摄了《大河奔流》《伤逝》《知音》《骆驼祥子》《包氏父子》《寒夜》《双雄会》《边城》等多部历史及文学名著题材影片。同时也拍摄了一批反映现实生活题材的影片，如《小花》《泪痕》《瞧这一家子》《夕照街》《良家妇女》，以及《血，总是热的》《代理市长》《相思女子客店》《迷人的乐队》等多部改革题材影片，受到观众的广泛称赞，曾多次在国内外获奖。陈凯歌导演的《荆轲刺秦王》《和你在一起》《无极》《梅兰芳》《赵氏孤儿》《搜索》《妖猫传》，尹力导演的《我的九月》《张思德》《云水谣》，霍建起导演的《那山 那人 那狗》《暖》，冯小宁导演的《黄河绝恋》，陆川导演的《南京！南京！》，胡玫导演的《孔子》，张扬导演的《洗澡》《向日葵》等片思想性与艺术性兼顾，也广受瞩目。

《梅兰芳》海报

《南京！南京！》海报

在长期的影片创作、生产实践中逐渐形成群体性创作风格：影片清新、质朴、富有民族特色，在改编文学名著方面成绩斐然，在改编、导演、摄影、音乐、美术各方面都有创新，成为中国电影的主力军。（谷守利）

北京丰泰照相馆 Beijing Fengtai Photo Studio 中国照相、电影制作机构。由任庆泰创办于1892年。地点位于北京南新华街路西的一家琉璃厂土地祠附近。起初主要经营照相业，拥有照相技师和学徒10余人，照相馆一开业便得到北京人的欢迎，并引来许多跟风者，一时间琉璃厂土地祠一带成了“照相一条街”。丰泰照相馆在规模和技术上首屈一指，以京剧名伶戏装照闻名京城，并通过出售名伶照片获利。随着西方电影技术的发展和传播，照相馆在前门外大栅栏开设大观楼影戏园，放映外国影片。因感于片源缺乏，确定摄制中国影片，遂购得法国制造的木壳手摇摄影机一架及胶片14卷。1905年，照相馆在任庆泰的组织下，拍摄了京剧演员谭鑫培主演的《定军山》，主要包括“请缨”“舞刀”“交锋”等场面。影片是在丰泰照相馆中院广场上的日光下拍摄的，由该馆照相技师刘仲伦任摄影师，前后拍摄3天，共完成影片3本，是中国人自己摄制的第一部影片。1906～1909年，丰泰照相馆又先后拍摄了京剧演员俞菊笙、朱文英、许德义及俞振庭演出的《青石山》《艳阳楼》《收关胜》《白水滩》《金钱豹》等剧武打和舞蹈动作较多的片段。1909年，丰泰照相馆遭受火灾，机器设备毁于一炬，不得不结束摄制业务。北京丰泰照相馆是中国第一家照相馆，其拍片试验开创了中国人拍摄影片的先河，拉开了中国本土电影放映的帷幕。（陈 野）

北京科学教育电影制片厂 Beijing Scientific and Educational Film Studio 中国影视机构。简称科影厂。1960年3月12日在北京成立。1984年，成立了电视部（后改为制作部），开始摄制电视录像片。1995年4月，该厂整建制划归中国中央电视台，成为中央电视台科教节目制作中心（同时保留原厂名）。由以生产科教片为主转向以电视节目制作为主，动画片、译制片、科教片制作并存的生产模式。拥有摄影、动画、特技、录音、照明、显微、定格、内窥、水下等各种现代化的专用设备，并聚集了一批艺术、技术人才。该厂摄制了一大批脍炙人口的优秀作品，并获国内外各类主流影视节奖项。摄制的影片中，既有与生产、生活息息相关的被誉为“出粮食的影片”，也有许多反映重大科技成果和普及科学知识的影片，如《对虾》《植物细胞分裂》《水地棉花蹲苗》《宇宙》《黄鼬》《古潜山油田》《预防小儿麻痹症》《生物进化》《绿化祖国》《遥感》《生命与蛋白质——人工合成胰岛素》《李可染山水画艺术》《昆虫的身体构造与功能》《灰喜鹊》《黄河与森林》《基因与转基因动物》《介入疗法》《暖棚养畜》《神奇的气肥》《小精灵灰豆》《小贝流浪记》《种子正传》《大脑潜能》《长城》《羌城》《银杏新传》《全玻璃真空管太阳集热器》《猫咪小贝》《宇宙与人》《圆明园》《牺牲》等。

该厂制作的电视栏目涉及访谈节目、纪录片、少儿节目、体育节目等。该厂自办栏目有《大家》《创新无限》《运动空间》以及高清频道的《探秘》栏目；合办栏目有《走近科学》《原来如此》《芝麻开门》《地理中国》和《走遍中国》，分别在央视不同频道播出。2002年，该厂被科学技术部、中共中央宣传部和中国科学技术协会授予“全国科普先进集体”称号。此外，该厂的两个付费频道《发现之旅》和《中学生》，也分别于2005年10月和2009年5月开播，且运行良好，形成一定的品牌影响力。

该厂在努力成为国内影视业独具特色并具有专业影响力的知名企业的同时，还注重加强与国外同行的合作与交流。从1979年开始，先后派出摄制组赴日本、法国、意大利、希腊、瑞士、美国等国及中国香港拍片，合作拍片近100部。同时，将以往摄制的科教片译制成英、法等10种语言对外发行。

2010年，与中央新闻纪录电影制片厂共同作为骨干企业，组建成立中央新闻纪录电影制片厂（集团）。2019年4月，随该集团划归中央广播电视总台。

（章柏青 刘乃康）

《北京人在纽约》 *A Native of Beijing in New York* 中国电视剧。北京电视艺术中心和中国电视剧制作中心1993年联合出品。共21集。改编自曹桂林的同名小说。编剧，王启明、郑晓龙、李功达、冯小刚；导演，郑晓龙、冯小刚；摄影，沈涛、毕建华、李苏；主演，姜文、严晓频、王姬。

故事讲述了北京大提琴手王启明和妻子郭燕一同来到纽约闯荡，王启明找了份餐馆的工作并因此认识了餐馆老板娘阿春，郭燕则在大卫的介绍下前往毛衣厂工作。夫妻二人屡遭挫折，他们之间的矛盾也随着时间的推移越积越深。最终，二人婚姻宣告破裂，郭燕与大卫结婚，王启明则与阿春成为情侣。王启明在竞争中击败了大卫飞黄腾达，而大卫则宣告破产。然而好景不长，在一次经济危机中，王启明重新变得一贫如洗，而与大卫离婚的郭燕也在医学院开始了她的新生活。

该剧以20世纪80年代试图追寻美国梦的王启明夫妇的坎坷经历，展现了赴美淘金的中国人在美国的事业与情感困境，揭示了不同人文背景下的小人物在大环境之下的冲突与彷徨、挣扎与奋斗。该剧以现实主义的表现手法，同时铺陈开多条不同文化背景与不同社会关系下的人物故事，呈现了家庭与事业的矛盾、东西方文化的矛盾、价值观的矛盾等，让观众一窥留美人群真实的生活缩影。作为中国首

《北京人在纽约》剧照

部全程在境外拍摄的电视剧，该剧在拍摄手法上大胆借鉴了电影的摄影模式，采用多景别及手持摄影等拍摄手法，丰富了电视剧的视听语言。该剧播出后引起轰动和广泛热议，成为描写20世纪90年代出国热潮电视剧中的代表作。该剧1993年获中共中央宣传部精神文明建设“五个一工程”奖，1994年获第12届中国大众电视金鹰奖优秀长篇连续剧奖、优秀男演员奖、优秀女演员奖，第14届中国电视剧飞天奖长篇电视连续剧二等奖、优秀摄影奖和优秀剪辑奖。 （王乙涵）

北京师范大学艺术与传媒学院 The Art and Communication College of Beijing Normal University 中国影视教育机构。2002年6月成立于北京。前身是北京师范大学艺术系。一所全艺术学科汇聚、艺术与传媒结合、学术与创作并进的学院。1992年，国家教育委员会批复同意成立影视专业，北京师范大学根据艺术教育的发展态势，扩大艺术教育的内容，将影视教育纳入新改建的艺术系。由黄会林教授任系主任，高奉仁、周星任系副主任。黄会林、绍武、尹鸿、李稚田、周星等老师先后调入艺术系组建影视专业。1993年，艺术系筹备发起了第1届北京大学生电影节，引起影视界、教育界的极大反响。北京大学生电影节成为首都文化建设的重要活动。1993年，影视专业获准设立影视艺术与技术硕士点，开始招收硕士研究生。同年，受国家教委艺术教育委员会委托，影视专业主持召开了全国影视艺术教育研讨会。1994年，影视专业开始举办研究生课程班，培养了一批首都影视界的从业人员。该专业组织拍摄的电视剧多次获得全国大学生理想杯电视剧大奖。1996年，艺术系获得电影学博士点。1998年，艺术系获得音乐学硕士授予权和广播电视艺术学博士点。

2002年6月，学校批准成立艺术与传媒学院，任命黄会林教授担任院长，周星、张小梅担任副院长。艺术与传媒学院拥有7个教学系（艺术学系、音乐系、舞蹈系、影视传媒系、数字媒体系、美术设计系、书法系）以及12个研究中心（馆、所）。拥有两个博士后流动站：艺术学博士后流动站、戏剧与影视学博士后流动站；两个一级学科博士点：艺术学一级学科博士点、戏剧与影视学一级学科博士点；两个一级学科硕士点：音乐与舞蹈学一级学科硕士点、美术学一级学科硕士点；两个重点学科及实验中心：艺术学、戏剧与影视学均为北京市一级重点学科，传媒与艺术为国家级重点教学实验示范中心。艺术学科获得田家炳先生的资助，建成艺术楼，为学科发展提供了良好的教学科研基础。

（刘小磊）

北野武 Kitano Takeshi（1947-01-18～ ） 日本电影导演、演员。生于东京。1965年入明治大学工学系，1967年主动退学。1973年与兼子二郎组成“漫才”（即相声）搭档，人称“天才俩”。

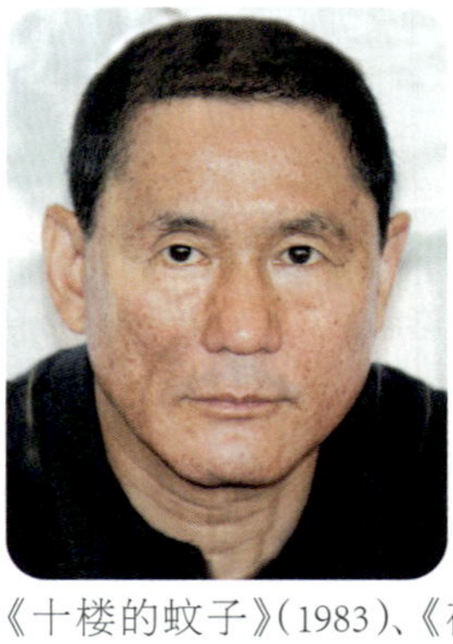

1981年开始涉足电影界，首次在电影《流浪货车司机》中扮演角色。随后参加了《战场上的圣诞节》（1983）、《十楼的蚊子》（1983）、《夜叉》（1985）等影片的演出。1989年自编自导自演《凶暴的男人》，获《电影旬报》评选的十大佳片第8名、第13届日本电影学院奖最具话题演员奖。从1990年开始，相继导演了《3-4×10月》（1990）、《那年夏天，最宁静的海》（1991）、《小奏鸣曲》（1993）等影片，个人风格开始在片中露出端倪。

1994年8月夜里开摩托车发生车祸，对其精神世界触动很大，让他开始重新思考生命的意义。1995年完成影片《大家怎么样？》。1997年，导演了《花火》，获第54届意大利威尼斯国际电影节金狮奖。2003年，自导自演了《座头市》，重新演绎了日本盲侠座头市这一形象，深入人心，获第60届意大利威尼斯国际电影节最佳导演奖、第28届加拿大多伦多国际电影节最佳故事片奖等。2010年，导演了《极恶非道》，入围第63届法国戛纳国际电影节主竞赛单元。

《花火》剧照

从1989年开始，北野武的电影风格在世界上广受注目，被舆论界评为日本新电影的标志。他的影片中始终有一个性格固定、形象不变的日本人，这是他作者风格的重要体现。同时，他在擅长的暴力动作片之外，也拍摄了一些喜剧片，展现了其导演风格的两面性。他的重要作品还有《坏孩子的天空》（1996）、《菊次郎的夏天》（1999）、《大佬》（2000）、《大逃杀》（2000）、《玩偶》（2002）、《阿基里斯与龟》（2008）、《龙三和他的七人党》（2015）等。2014年，获第27届日本东京国际电影节武士奖。2015年，获法国香槟骑士团颁发的“名誉侍从”勋章。从事电影创作的同时，北野武还著有小说《少年》《浅草小子》《教祖诞生》和散文集。

（赵小青 撰 章柏青 唐建军 修订）

贝尔蒙多，J.-P. Jean-Paul Belmondo（1933-04-09～2021-09-06） 法国电影演员。生于塞纳河畔讷伊，卒于巴黎。父亲是雕塑家，母亲是画家。1951年考入巴黎音乐戏剧学院，1956年以优异的成绩毕业后开始从事舞台演出。

1957年步入影坛，1960年因成功主演J.-L.戈达尔的《筋疲力尽》而一举成名。由于他戏路宽广、演技高超，很快成为法国观众最喜爱的演员，他演出的许多影片均为当年上座率最高的。随后出

《王中王》剧照

演了《一个女人就是一个女人》(1961)、《冬天的征兆》(1962)、《里约人》(1964)、《狂人皮埃罗》(1965)、《巴黎燃烧了吗?》(1966)、《小偷》(1967)、《密西西比河的美人鱼》(1969)、《斯塔维斯基》(1974)、《恐怖笼罩城市》(1975)、《动物》(1977)、《警察还是流氓》(1979)、《小丑》(1980)、《王中王》(1982)、《孤军奋战》(1986)、《一个生命是不够的》(1988)、《悲惨世界》(1995)、《101夜》(1995)、《二分之一的运气》(1998)、《演员》(2000)、《女骑士》(2000)、《疯狂世界》(2001)、《梦想家》(2003)等作品。他对表演艺术始终持以严肃认真、精益求精的态度,对一些异常惊险的高难动作从不找替身,也从不为好莱坞的重金聘请所诱惑,一直踏踏实实地献身于法国电影事业。在以惊险片、动作片和喜剧片见长的演艺生涯中,塑造了一个个令人难忘的形象。他著有自传《三十年和二十五部影片》。1973年当选为法国演员工会主席。1989年因《一个生命是不够的》获第14届法国电影凯撒奖最佳男演员奖。2016年获第73届意大利威尼斯国际电影节终身成就奖。贝尔蒙多和A.德隆被誉为法国影坛的“双子星”、银幕“常青树”。 (王蔚 许婧)

贝鲁奇,M. Monica Bellucci (1964-09-30～) 意大利影视演员。生于卡斯泰洛。18岁考入佩鲁贾大学攻读法律,在学业之余兼职模特。1988年,前往米兰签约精锐模特管理公司,同时报名学习表演课程。1992年,出演了好莱坞导演F.F.科波拉执导的影片《惊情四百年》。1994年,出演影片《神话》。1995年,出演美国电视片《约瑟夫》,之后转向法国电影界。1996年,参演了法语片《非常公寓》,获第22届法国电影凯撒奖最佳新人女演员奖提名。1997年,主演法国惊悚片《太保密码》。

2000年,参演好莱坞影片《疑云密布》。同年,主演意大利影片《西西里的美丽传说》,饰演的女主角玛琳娜美丽不可方物、清冽而又性感,冰雪美人般的特质让全世界为之倾倒。2001年,出演《狼族盟约》。2002年,出演《不可撤销》。2003年,参演《黑客帝国》。2009年,与S.玛索联袂主演影片《不要回头》,两人共饰一角,演绎了错综复杂的心理故事。2010年,与N.凯奇合作出演了《魔法师的学徒》。2011年,出演了电影《爱情手册3》。2015年,与D.克雷格合作出演动作惊悚片《007:幽灵党》。2017年,主演E.库斯图里卡执导的影片《牛奶配送员的奇幻人生》。2019年,出演C.勒鲁什执导的《最美年华》。

《西西里的美丽传说》剧照

贝鲁奇凭借自己的努力、魅力与实力在世界影坛上获得了一席之地。她出演过的影片还有《格林兄弟》(2005)、《爱我多深》(2005)、《我与拿破仑》(2006)、《火线保镖》(2007)、《第二次呼吸》(2007)、《爱的男人》(2008)、《告密者》(2010)、《犀牛季节》(2013)、《尼可曼斯》(2018)、《记忆》(2022)等。2017年,获第65届西班牙圣塞巴斯蒂安国际电影节终身成就奖。 (韩婷婷)

比利时电影 Belgian cinema 1896年,比利时在布鲁塞尔放映了L.卢米埃尔的影片。1904～1914年,比利时拍摄了一些短故事片,如《德菲特的女儿》(1908)等。1908年,法国移民A.马尚在哈勒费尔德创办了第一家比利时电影制片厂。

第一次世界大战后,比利时在布鲁塞尔附近又建立了新的电影制片厂,试图发展比利时民族电影,但由于美、德、法等国电影公司的竞争和一些电影工作者迁居法国,比利时主要摄制纪录片、科普片和民族风俗片,如《往南美洲中心去》(1924)、《印第安人格兰-恰科》(1925)、《在以带发头皮作为战利品的部落》(1930),以上3部影片的导演都是R.de华弗兰。

有声电影出现后,比利时既摄制法语影片,也摄制佛拉芒语影片。最初一批较知名的电影有导演G.舒肯斯拍摄的《克林丹斯一家》(1929)和《最美的梦》(1930)。这时,比利时电影导演们在外国电影艺术作品的影响下,开始探索新的富有表现力的手段。C.德刻克莱尔和H.斯笃克两位导演对比利时电影的发展作出了贡献。当时,他们主要是拍摄风光片和民俗片。从20世纪30年代中期开始,他们开始尝试拍摄故事片,并在30年代末拍摄了一些有关艺术理论的影片。许多影片是分析佛拉芒古典艺术作品的,如导演H.斯笃克拍摄的《古老的比利时一瞥》(1936),C.德刻克莱尔在影片《灵感的源泉》(1938)里用平行蒙太奇手法表现了佛拉芒老艺术大师的人物和风景绘画。

第二次世界大战爆发后,比利时电影的发展被迫中断。德国法西斯占领时期,比利时的银幕上充斥着德国影片,也上映一些专供消遣的法国电影。50年代初由于引进外国资本拍片,比利时电影情况开始好转。这种合作拍摄的第一部影片是H.斯笃克的《走私者的宴会》(1951)。1953～1962年,比利时摄制了长故事片48部,大部分影片是与法国、德国、荷兰合拍的。这一阶段摄制的优秀影片有《海鸥在港口死去》(1955,R.维尔哈维特、R.奎贝尔斯和I.米希尔斯联合导演)等。1963年,比利时政府实行对电影生产给予国家补助金的办法。60～70年代,比利时摄制了不少充满象征、神秘主义内容的影片。如A.德尔沃导演的《剃光头的人》(1966)、《有一次夜晚在列车上》(1968)和《在布赖会面》(1971)等,细微的心理描绘、现实和虚幻的镜头不断在影片中交替出现;充满象征主义和自然主义描写的影片有H.屈默尔导演的《马尔贝突伊斯》(1971)、《红唇》(1972)和P.高列、P.德洛联合导演的《拥抱》(1968)。比利时电影里也出现了一些表现普通人相互关系的充满诗情画意的现实主义影片,其中有《家,可爱的家》(1973,导演B.拉米)、《新兵》(1973,导演R.维尔哈维特)。还出现了一些反映现代生活的影片,如《阿姆尔的儿子死了》(1974,导演J.-J.安德里恩)、《处于狗和狼之间的女人》(1979,导演A.德尔沃)、《与安娜相遇》(1978,导演C.阿克曼)等。

80年代,比利时电影开始转向更加个人化的风格,代表人物有马克·迪顿和罗比·德·赫特。90年代,比利时电影在国际上声名鹊起,《托托小英雄》(1991,导演J.van多梅尔)、《人咬狗》(1992,导演B.波尔沃尔德)、《达恩斯教士》(1992、导演S.科宁克斯)、《罗塞塔》

（1999、导演J.-P.达内、L.达内）等都获得国际电影节的肯定。进入21世纪后，比利时受到关注的电影有《每个人都成名》（2000，导演D.德鲁戴勒）、《宝琳和宝莱特》（2001，导演列文·德布劳威尔）、《战鼓》（2007，导演科恩·莫尔蒂埃）、《废男家族》（2009，导演F.van古宁根）、《奥迈耶的痴梦》（2011，导演香特尔·阿克曼）、《非家庭电影》（2015，导演香特尔·阿克曼）等，其中不乏文学改编电影。出生于布鲁塞尔的导演香特尔·阿克曼的影片富有探索性，表现出鲜明的女性主体意识，享有较高国际声誉。

（尹广文　秦喜清）

比诺什，J.　Juliette Binoche（1964-03-09～　）法国电影演员。生于巴黎。出身于演艺之家。8岁就开始在学校演出戏剧节目。为维持生计，曾做过出纳员和售货员。先后就读于巴黎音乐学院表演专业、法国国立巴黎高等戏剧艺术学院。1981年，导演并主演了一部学生作品《国王出走》。1983年，参演了影片《美丽的自由》，开始电影表演生涯。1985年，出演了影片《约会》，获法国电影界为鼓励年轻女演员专设的“罗密·施耐德”奖。1988年，主演了《布拉格之恋》，开始引起世界影坛关注。

1991年，主演了《新桥恋人》，获第5届欧洲电影奖最佳女演员奖。1993年，主演了《蓝色》，获第50届意大利威尼斯国际电影节最佳女演员奖、第19届法国电影凯撒奖最佳女演员奖。1996年，主演了《英国病人》，获第69届美国电影奥斯卡奖最佳女配角奖、第47届德国柏林国际电影节银熊奖最佳女演员奖、第10届欧洲电影奖最佳女演员奖、第50届英国电影学院奖最佳女配角奖。2000年，主演了《浓情巧克力》，获第14届欧洲电影奖观众奖最佳女演员奖。2010年，主演了《合法副本》，获第63届法国戛纳国际电影节最佳女演员奖。

比诺什主演的其他电影有《向玛丽亚致敬》（1985）、《家庭生活》（1986）、《新呼啸山庄》（1992）、《烈火情人》（1992）、《屋顶上的轻骑兵》（1995）、《甜蜜爱丽丝》（1998）、《世纪儿女》（1999）、《雪地里的情人》（2000）、《巴黎一夜》（2002）、《头颅国家》（2004）、《隐藏摄影机》（2005）、《红气球的旅行》（2007）、《巴黎》（2008）、《夏日时光》（2008）、《她们》（2011）、《大都会》（2012）、《把心打开》（2012）、《1915年的卡密尔》（2013）、《哥斯拉》（2014）、《锡尔斯玛利亚》（2015）、《地心营救》（2016）、《心灵暖阳》（2017）等，以及纪录片《100位最伟大的电影明星》（2003）。比诺什是法国“国宝级”演员，她凭借出色的演技确立了其国际影星的地位。她所出演的大多是文艺片、情感片，饰演的角色从少女、情人到母亲，其内敛的表演呈现了丰富的人生内涵。她善于以细腻、丰富的表情和节制的表演诠释人物复杂的情感世界，将纯真与欲望、浪漫与悲情、活泼与敏感等特质出色地交织在一起。

《合法副本》剧照

（许　婧）

《彼得与狼》　*Peter & the Wolf*　英国动画短片。2006年出品。根据苏联作曲家、钢琴家和指挥家S.普罗科菲耶夫的同名交响童话为故事蓝本改编。编剧，M.马尔多纳多；导演，S.坦普尔顿。

故事发生在寒风凛冽的严冬，小男孩彼得和爷爷住在森林中一个自建的院子里。彼得和好朋友小鸭子来到湖面玩，一只饥饿的灰狼吞下了小鸭子，彼得为给小鸭子报仇，设计将狼网住。彼得和爷爷决定把狼卖到城里，当遇到凶残的猎人时，彼得同样用网把他们网住。最后，彼得打开笼子，在众人的不解和唏嘘声中放走了狼。

影片中，小男孩彼得生活在一个阴郁残酷的自然环境中，人与人之间、人与动物之间充满着敌意，但也有温情和关爱。影片故事情节曲折，气氛紧张，富含哲理，探讨了向往自由和人性等深刻的主题。小男孩放走灰狼，彰显了人性的伟大与善良。影片导演虽然来自英国，但作品中表现出了俄罗斯民族刚毅坚韧的文化特征。影片充满现实感的场景，体现出了俄国现实主义绘画风格。影片2008年获第80届美国电影奥斯卡奖最佳动画短片奖。

（杨晓林）

毕高利，M.　Michel Piccoli（1925-12-27～2020-05-12）法国电影演员。原名雅克·达尼埃尔·米歇尔·毕高利。生于巴黎。父母为意大利人。1949年从影。20世纪50年代在《禁止逗留》（1954）、《法国康康舞》（1955）等影片中饰演了一些重要角色，大获成功。他朴实无华的表演使每个角色都富于鲜明的个性。当时许多著名导演纷纷邀他拍片，之后在J.-L.戈达尔的《蔑视》（1963）、L.布努埃尔的《白日美人》（1967）和C.索泰的《生活琐事》（1969）中的演出都较为成功。

1980年主演了意大利影片《虚无缥缈》，获第33届法国戛纳国际电影节最佳男演员奖。1981年主演了《怪事》，获第32届德国柏林国际电影节最佳男演员奖。1987年主演了《遥远的土地》，获第38届德国电影奖最佳男主角奖。1990年主演了《我和玛莎》，获第47届意大利威尼斯国际电影节金西阿克奖特别奖。1996年主演了《旅伴》，获第3届上海国际电影节最佳男演员奖。2006年主演了《巴黎屋檐下》，获第60届瑞士洛迦诺国际电影节最佳男演员奖。2011年主演了《教皇诞生》，获第56届意大利电影大卫奖最佳男演员奖。

《虚无缥缈》剧照

他的戏路宽广，表演上带有强烈的自我色彩，尤以饰演玩世不恭、富有魅力和幽默的角色见长。1984年获法国文化部颁发的国家电影大奖，被誉为“同时代人中最有把握和最全面的演员”。2007年获第60届瑞士洛迦诺国际电影节卓越奖。2011年获第24届欧洲电影奖荣誉奖。1976年出版自传。

（胡祥文）

《毕加索的秘密》　*The Mystery of Picasso*　法国彩色纪录片。高蒙影片公司1956年出品。导演，H.-G.克鲁佐；摄影，C.雷诺阿。

影片记录了1956年夏，在法国南部的一间画室里，面对难耐的酷热及聚光灯的强烈辐射，75岁身穿短裤的毕加索兴致勃勃地挥笔作画：娴熟而生动的线条在透明的画板上游走，一朵花先是变成一条鱼，接着变成一个美人，然后变成一只公鸡，最后变成了牧神。毕加索陆续创作了20多幅作品，其中有一幅是5分钟完成的素描。最后，毕加索在画板上写下自己的名字，微笑着走向画面的深处。

影片记录了毕加索这位举世闻名的绘画大师20余幅作品的创作过程。影片完全以绘画过程和绘画作品作为纪录对象，导演将“悬念”带入纪录片的创作，毕加索的每一次落笔都给观众造成有所期待又出人意料的效果，毕加索无拘无束、随兴所至的创作不断改变着画板上作品的走向，观众就像被带领着走过一段段未可知的旅程。影片不仅让我们看到一幅幅伟大作品诞生的过程，也让观众身临其境地感受到这位伟大画家天马行空的想象力。影片不仅在纪录片中独树一帜，它的创作方式在整个纪录片史上也是一个独特的存在，被誉为美术纪录片的第二次革命。影片拍摄完成后，毕加索将这20余幅画作全部销毁。因此，这部展示毕加索创作过程和记录毕加索未传世画作的纪录片，就超越了它在纪录片历史上的意义，被法国政府视为国宝。 （于丽娜）

毕克 Bi Ke（1931-07-21～2001-03-23）中国配音演员、译制片导演。原名毕德泉。生于山东济南，卒于上海。1950年开始，先后在上海金鸡旅行剧团、广西宜山地委文工团话剧队、苏州新苏话剧团任演员。1952年后在**上海电影制片厂**翻译片组、**上海电影译制厂**任配音演员和译制片导演，后担任演员室主任、艺委会副主任。1978年，为《尼罗河上的惨案》中的男主角波洛侦探配音，影片中的大段精彩独白令人印象尤深。1981年，与苏秀联合译制并担任配音的《远山的呼唤》，获文化部1981年优秀影片奖优秀译制片奖。1988年，译制并担任配音的《谜中之谜》，获中国广播电影电视部1988年优秀影片奖优秀译制片奖。1978年起，在《追捕》（1978）、《远山的呼唤》（1981）、《海峡》（1983）、《兆治的酒馆》（1984）、《幸福的黄手绢》（1985）等多部影片中为**高仓健**饰演的角色配音，较好地体现了高仓健硬朗冷峻又外冷内热的气质及表演风格。《尼罗河上的惨案》中的波洛和《追捕》中的检察官杜丘，被公认为其配音生涯的巅峰之作。

毕克的声音醇厚细腻，音质饱满，语调根据角色性格而多变，先后为500多部译制片、美术片和科教片配音，尤其擅长为稳重成熟的男性和银幕硬汉配音。担任主要配音演员的影片及其声音形象有《孤星血泪》（1956，英国导演**D.里恩**执导）中的老铁匠乔·加吉瑞、《白痴》（1959）中的将军秘书、《阴谋与爱情》（1960）中的费迪南、《索那大》（1960）中的侯爵、《海军少尉巴宁》（1960）中的巴宁少尉、《两头牛的故事》（1961）中的老实丈夫、《琼宫恨史》（1975）中的安东尼奥、《鸳梦重温》（1975）中失忆的史密斯上校、《音乐之声》（1976）中的特拉普上校、《拿破仑在奥斯特里茨战役》（1977）中的拿破仑、《孤星血泪》（1978，美国导演J.哈代执导）中的老铁匠乔·加吉瑞、《金环蚀》（1979）中厚颜无耻的议员神谷、《水晶鞋与玫瑰花》（1979）中的御前大臣、《安重根击毙伊藤博文》（1979）中的安重根、《卡桑德拉大桥》（1980）中的张伯伦医生、《雾之旗》（1980）中性格复杂的律师大冢钦三、《砂器》（1980）中的警探京西荣太郎、《海狼》（1983）中的路易斯等。

他参与配音的动画片及其声音形象有《哪吒闹海》（1979）中的李靖和木偶动画系列片《阿凡提的故事》（1980）中的阿凡提等。他还为中外影视剧《蛇》（1976）、《悲惨世界》（1978）、《被爱情遗忘的角落》（1981）、《少林寺》（1982）、《**廖仲恺**》（1983）、《斯巴达克斯》（1986）、《围城》（1990）等配旁白，取得了很大的成功。毕克担任译制导演的影片有《英俊少年》（1981，与苏秀联合执导）、《雪地英雄》（1983）、《兆治的酒馆》（1984）、《总统轶事》（1985）、《罪行始末》（1985）和电视剧《姿三四郎》（1981，与苏秀联合执导）等。 （许 婧）

《毕业生》 *The Graduate* 美国彩色故事片。埃姆西电影公司和劳伦斯·特尔曼公司1967年联合出品。根据C.韦伯的同名小说改编。编剧，C.威灵汉姆、B.亨利；导演，M.尼科尔斯；摄影，R.索蒂斯；主演，**D.霍夫曼**、A.班克罗夫特、K.罗斯、R.德莱福斯。

故事讲述了刚刚大学毕业的本杰明感到十分迷茫和孤独，随后受到了罗宾逊夫人的引诱，并与罗宾逊夫人发生了不伦关系。本杰明的父母希望儿子与罗宾逊家的女儿伊莲相处，原本抱着应付差事心理的本杰明约会伊莲之后开始真的爱上伊莲。两个年轻人的爱情受到了罗宾逊夫人的阻挠，而伊莲得知本杰明与其母亲的关系后离家去了学校。本杰明去伊莲的学校寻找各种机会与她相处，伊莲即将对他敞开心扉时被父母带向一场被安排好的婚礼。本杰明想方设法找到了举行婚礼的教堂，带着新娘远走高飞。

《毕业生》剧照

影片以现实主义的幽默风格，呈现了人物的精神状态和内心世界，反映了20世纪60年代美国社会的现实问题。影片创作者将隐忍的个人表达与故事情节加以结合，较为克制地批判了虚伪的体制对年轻人的戕害。影片人物塑造生动鲜活，尤其是酒店开房的轻喜剧段落较好地表现了本杰明的彷徨和犹豫，之后导演通过剪辑技巧达到时空交错叙事，将幽会的日子与漫无目标的生活连贯交织，准确地呈现了人物的迷茫感。影片1968年获第40届美国电影奥斯卡奖最佳导演奖，第25届美国电影金球奖最佳影片奖、最佳导演奖、最佳女演员奖、最佳女新人奖、最佳男新人奖；1969年获第22届英国电影学院奖最佳影片奖、最佳导演奖、最佳剧本奖等。 （黄 鹏）

秘鲁电影 Peruvian cinema 1897年，维太放映机放映的电影传入秘鲁首都利马。1900年，卢米埃尔兄弟的影片在利马正式公映。1911年，秘鲁第一部纪录片《秘鲁的半人半马怪》问世。1913年，秘鲁拍摄了两部短故事片《水上贸易》和《从精神病院到婚礼祭坛》。由于受与邻国争夺硝石战争的影响，1926年制作了影片《英雄的篇章》。1927年，第一部长故事片《路易斯·帕尔多》（E.C.比利亚努埃瓦导演）拍成，讲述了19世纪一位强盗的经历。1934年，第一部有声电影《回头浪》（A.桑塔纳导演）问世。

1935年，阿塔电影公司成立，秘鲁开始正规的电影生产，年产量一度达到6部故事片，成为拉丁美洲第四电影生产国。这一时期，秘鲁模仿好莱坞影片制作模式，后由于政治、经济等方面原因，电影生产衰退下来。1945年，随着先驱电影有限制片公司的成立，电影生产开始有所复苏。1948年，在利马建立了技术设备先进的城市电影制片厂。1955年，在库斯科建立了电影俱乐部，出现了“库斯科学派纪录电影运动”。该学派主要拍摄表现印第安人生活习俗的影片，代表人物有M.昌比和J.瓦科等，重要影片有《雪节》(1957)、《城市住宅区》(1967)、《渔民》(1968)等。第一部为秘鲁电影争得国际荣誉的影片是《空中没有星星》(1966)，该片导演是S.A.R.戈多伊。戈多伊原为作家和戏剧导演，1965年从事电影工作。他后来拍摄的反映贫困工人家庭生活的影片《绿色的城墙》(1970)和《海市蜃楼》(1973)也都引起了一定的社会反响。

1972年，为促进电影事业的发展，秘鲁政府颁布了电影法。1973年成立了电影发展委员会。1975年建立了秘鲁电影公司，统一管理电影生产、发行与进口的问题。1975年以来，比较有代表性的作品有《他在黎明时死去》(1977，F.J.隆巴尔迪导演)、《饿狗》(1977，L.菲格罗亚导演)等。秘鲁的独立电影人团体恰斯基小组关注社会底层生活，他们的代表作有《环球小姐在秘鲁》(1982)、《格雷戈里奥》(1985)、《茱莉娅娜》(1988)等。在该团体所倡导的纪录片美学的影响之下，秘鲁电影人拍摄了一系列反映贫苦农民大量涌入城市后引发社会问题的影片。其中《城市与狗》(1985，隆巴尔迪导演)获第33届西班牙**圣塞巴斯蒂安国际电影节**最佳导演奖和最佳男演员奖。

秘鲁电影以表现印第安人生活的内容较多，年产量大多在3～5部。20世纪80年代全国有13个制片公司，影院约400家，尚无洗印厂，影片拍好后一般送到美国、西班牙、法国或阿根廷进行后期制作和洗印拷贝。90年代的代表作有《阿里亚斯“外乡人”》(1991，导演阿尔伯托·杜兰)、《我们都是星星》(1994，导演费利佩·迪格里高利)、《勇气》(1999，导演阿尔伯托·杜兰)等。

2000年以来，秘鲁出现较多的文学改编电影，如小说《别告诉任何人》和《我兄弟的妻子》都搬上了银幕。导演弗朗西斯科·何塞·伦巴第的大多数电影都是改编自小说。2005年，秘鲁制作了拉丁美洲第一部三维动画电影《超时空宝贝》。2006年，推出第二部三维动画电影《龙：火的命运》。同年，由C.洛萨导演、秘鲁和西班牙联合制作的电影《玛黛努莎》加入了G.加西亚·马尔克斯的魔幻现实主义元素，获得哈瓦那国际电影节最佳原创剧本奖等多个电影节奖项。2009年，洛萨的第二部杰作《伤心的奶水》获第59届德国柏林国际电影节金熊奖以及第82届美国电影奥斯卡奖最佳外语片奖提名，这是奥斯卡奖历史上第一部被提名的秘鲁影片。2013年，讲述著名喜剧演员卡洛斯·阿尔坎塔拉成功之路的传记片《你的马》获得较高票房，取得了一定的成功。

（韩传铮　撰　秦喜清　修订）

碧万，J. Jenny Beavan（1950～　）英国电影服装设计师。生于伦敦。曾就读于伦敦的中央艺术设计学院。毕业后跟随电影服装设计师J.布莱特以助理身份参与工作。1985年在《看得见风景的房间》中担任服装设计师，获第59届美国电影奥斯卡奖最佳服装设计奖。2015年在《疯狂的麦克斯：狂暴之路》中担任服装设计师，获第88届美国电影奥斯卡奖最佳服装设计奖。除此之外，还在《波士顿人》(1984)、《莫里斯》(1987)、《霍华德庄园》(1992)、《告别有情天》(1993)、《理智与情感》(1995)、《安娜与国王》(1999)、《高斯福庄园》(2001)、《国王的演讲》(2010)等影片中担任服装设计师，均获美国电影奥斯卡奖最佳服装设计奖提名。

她参与服装设计的作品还有《简·爱》(1996)、《亚历山大大帝》(2004)、《大侦探福尔摩斯》(2009)、《大侦探福尔摩斯2：诡影游戏》(2012)、《救命解药》(2016)、《异星觉醒》(2017)等。碧万擅长19世纪末20世纪初的服装造型，风格细腻考究，但她本人穿着却十分随意另类，因在第88届奥斯卡奖颁奖典礼上打破常规的穿着，被舆论奉为“奥斯卡之夜的女英雄”。

（宋东葵）

《边城》 *A Remote City* 中国彩色故事片。北京电影制片厂1984年出品。改编自沈从文同名小说。编剧，姚云、李隽培；导演，**凌子风**；摄影，梁子勇；主演，冯汉元、戴呐、刘魁、石磊。

故事讲述了民国初年湘西一个小渡口，船总的两个儿子天保和傩送同时爱上了老船夫的外孙女翠翠。老船夫因怕翠翠重蹈其母亲婚姻不幸而殉情身亡的覆辙，尤其关注外孙女的婚事。老船夫想把翠翠托付给船总的大儿子天保，但翠翠没有同意，翠翠意中人是船总的小儿子傩送。天保得知弟弟傩送也喜欢翠翠，心中不悦，乘船外出，不幸落水身亡。傩送为此感到十分难过，离家出走。老船夫眼看翠翠婚事无望，在雷雨交加的夜晚死去。而翠翠守候在渡船上，不知她所爱的傩送能否回来。

影片通过老船夫和外孙女翠翠的一段生活，展现了山乡村镇的生活风貌。导演使用大量的固定机位和**长镜头**拍摄，力图在平淡的生活中传达出诗意盎然、高雅古韵，在叙事、画面处理等方面对民族美学风格做了可贵的探索，出色地体现了原作的神韵。导演将优美恬淡的自然景色、古朴淳厚的社会风情、人性的美和人物命运的悲剧色调有机地融为一体，使影片具有抒情散文诗般的清新淡雅和含蓄细腻。影片1985年获第5届中国电影金鸡奖最佳导演奖、第9届加拿大蒙特利尔国际电影节评委会荣誉奖。

（弘　石）

《编辑部的故事》 *Stories of an Editorial Board* 中国电视剧。北京电视台、北京电视艺术中心等1992年出品。共25集。编剧，王朔、**冯小刚**、马未都、苏雷、魏人、葛小刚；导演，赵宝刚、金炎；主演，**葛优**、吕丽萍、侯耀华、张瞳、童正维、吕齐。

该剧讲述了位于北京某处的《人间指南》编辑部，聚集着6位性格各异的知识工作者。主编老陈对待工作兢兢业业、认真负责；牛大姐快人快语、疾恶如仇；老刘胆小怕事；余德利善于接受新事物，聪明圆滑；李冬宝想法前卫，正直善良，总想和机敏美丽的女同事戈玲处对象；戈玲心高气傲，对待冬宝不冷不热，若即若离。因工作关系，编辑部的同人经常接触社会三教九流的人物。在面对形形色色的社会热点事件时，6位编辑上演了一场又一场或啼笑皆非，或脉脉温情，或荒诞不经的故事。

该剧凝聚了在当时社会上具有典型性的人物性格，成功塑造了6位性格鲜明、具有时代意义的知识分子形象，为中国电视剧史留下了6个具有类型意义的荧屏人物。剧中6位主人公以文化人的视角品评时事、洞察社会，对于人性的弱点报以无伤大雅的戏谑和带有善意的调侃。在面对社会不良现象和人性的黑暗面时，则把幽默鞭挞融进普通得不能再普通的对白里，意图于无声中教育观众。此剧一改过往喜剧依靠夸张的形体动作和面部表情达到效果的固有表演模式，摆脱了哗众取宠式的喜剧表演窠臼，将生活的常态升华为喜剧的温床，在看似平淡的表演中，以驾轻就

《编辑部的故事》剧照

熟的幽默和妙趣横生的对白塑造人物，推动情节发展。作为中国大陆第一部情景喜剧，该剧填补了中国室内长篇喜剧的空白，拓展了中国电视剧的美学风格，开启了喜剧故事的全新表述形式，对中国**电视情景喜剧**和电视剧的发展都具有深远的影响。该剧1992年获第12届中国电视剧飞天奖优秀长篇电视剧奖、优秀女演员奖，第10届中国大众电视金鹰奖优秀连续剧奖、优秀男主角奖。（王乙涵）

《编剧心理学》 *Psychology for Screenwriters* 影视编剧著作。美国编剧、作家W.尹迪克著。井迎兆译。北京联合出版公司·后浪出版公司2014年7月出版。该书是一本从心理学角度切入讲述剧本创作原理的编剧教程。全书分别从S.弗洛伊德、E.埃里克森、C.荣格、A.阿德勒等心理名家的理论出发，对人物塑造、故事构建与冲突发展进行了深刻的分析与讲解。为提高编剧建构冲突的能力，全书通过心理学原理向创作者阐述了如何预测和控制剧中人物的心理和行为。该书每章章末配有相关习题，用以加强读者对知识点的理解，激发读者的创作灵感。（张智华）

《变暖的地球》 *A Warming Earth* 中国彩色科教片。北京科学教育电影制片厂2011年出品。导演，柯仲华；摄影，李东风等。

影片讲述了春夏秋冬的气候变化与人们的生活密切相关，但是0.74℃的温度变化很难在日常生活中被感受到。正是这0.74℃的升高，打破了长久以来处于平衡状态的地球能量传输体系。从太阳到地球，从过去到未来，从极地到海洋，热带区域扩张，极地加速升温，全球水循环系统变化，海洋因此蕴含了更多的热量和水汽，引发了洪水、台风、低温雪雨灾害频频发生。在青藏高原，千年不变的圣湖开始慢慢变大，曾经肥沃的牧场变成了一块块沼泽地，甚至影响了牧民们的生活方式。在南极，具有千年历史的冰架破裂，许多没有学会游泳的帝企鹅幼仔溺水身亡。在北极，连接太平洋和大西洋的海冰消失，北极熊失去了觅食、配偶的家园。世界极地的变化看似离人们的日常生活很远，但是平衡打破的背后是生态危机、粮食危机和生存危机。

影片以一种细致、新颖的角度讲述了一个地球变暖与人类生存的故事，在通俗生动的影像和科学分析的基础上剖析了地球变暖的现象、成因、解决途径等，意图向民众普及全球升温这个重大问题，并用科学的方式预测了如果人类不采取行动可能带来的灾难性后果。影片以强烈的历史使命感和人文关怀，从科学、人文、生活等角度对地球变暖这个全球重大议题作出了阐述。影片拍摄运用了逐格、高速、水下等多种特殊摄影手段，并辗转南极、青藏高原、远海、荒漠地区以及台风、冰雪等恶劣环境中，以期记录呈现最真实的画面。影片2011年获第28届中国电影金鸡奖最佳科教片奖。（赵　远）

表现性声音蒙太奇 expressive sound montage 影视声音蒙太奇的一种。见**影视声音蒙太奇**。

表演设计 performance design 在影视创作或塑造角色过程中，对演员表演方式、表演风格、表演动作、表演情境等创作元素的构思、组织和安排。表演设计的对象和载体是演员，包括演员的形象选择和修饰、表演的语言风格、动作主题，以及演员的组合、规定情境的设置等。表演设计的主体是由演员和**导演**共同组成。导演是影视作品在创作环节的主导者和掌控者，导演在宏观层面上最了解剧情内容的走向、镜头的构图和调度、光影的基调，以及未来成片的剪辑风格和声音基调。表演只是影视创作系统中的一个环节和组成部分，对它的设计必须要服从作品的整体风格和技术标准，而这一切就只有导演可以了解和把握。因此，导演虽然常常并不直接出演角色，却必须成为表演设计的第一主体。

在一般情况下，演员虽然只是按照剧情的规定和导演的提示来完成表演活动、创作角色，但作为有着鲜明特征的个体，演员不是也不可能是机械地图解规定动作，而是在表演实践中融入自己的身体特质和语言风格，以及自己对剧情和角色的独特理解，这些都会影响到导演及其他主创对表演的设计。因此，同一种角色在同一个导演指导下，由不同的演员来诠释，效果往往是不一样的。（丁珊珊）

表演训练 performance training 培养发展演员的内在涵养与外在技术的各种训练方法。表演训练可以使演员通过言语和形体等具有表现力、控制力的表演技巧进行表演，从而具备创造人物形象的能力。不同的导演对演员有不同的指导与训练，以充分挖掘演员的潜能和可塑性，帮助他们掌握创作角色和形象的方法。如代表“体验派”的苏联戏剧导演和戏剧理论家C.斯坦尼斯拉夫斯基表演体系中的“心理－形体动作方法”，可以让演员从分析角色的内部体验找到外部体现角色的路径，让角色附体；代表“表现派”的苏联戏剧家V.E.梅耶荷德“有机造型术”方法，强调表演的充分假定性，重视演员的形体表现力训练，讲究杂技、体操等各种造型手法、技巧等综合技能的培训。

苏联戏剧导演Ye.B.瓦赫坦戈夫的“综合论”方法则结合了“体验派”与“表现派”的优点，要求演员“要用真正的眼泪来哭，但要以戏剧的方式哭给观众看”，其中包含了斯坦尼斯拉夫斯基的“体验”方法和梅耶荷德的“表现”方法。德国剧作家、戏剧理论家B.布莱希特的“间离效果”表演方法强调塑造形象的理性因素，要求演员与角色保持距离，甚至为了宣传和批评的需要，跳出角色对剧中的人和事加以评价，不时与同台演员或观众交流意见。波兰戏剧导演J.格洛托夫斯基的“格氏”表演训练法，强调消除演员来自心理的障碍和形体的阻力，构建“心理—形体—情感”的完整训练体系，包括发声、表情、形体、造型等练习。

此外，美国表演教育家V.斯泼玲强调即兴表演训练法，波兰戏剧导演T.坎特推崇“被迫表演”“零表演”等后现代表演技术与训练方法。另外，还有对演员表演进行综合训练的纽约演员讲习所、苏联的奇异演员养成所等艺术团体，都从不同方面对演员进行训练。

总之，各种表演训练都体现了不同的表演指导理念和人物塑造方法，所有的表演理论和方法又在不断影响中发展，互为补充，丰富了表演体系。（许　婧）

《冰雪奇缘》 *Frozen* 美国彩色动画片。**华特迪士尼公司**2013年出品。改编自H.C.安徒生童话的《冰雪女王》。编剧，珍妮弗·李；导演，C.巴克、珍妮弗·李。

影片主要围绕两位公主艾莎和安娜姐妹俩编织故事，推动情节发展。姐姐艾莎天生具有创造冰雪的能力，童年时艾莎经常用自己的魔力制造冰雪奇观让妹妹开心，有一天把妹妹的心给冰冻了，于是她开始压抑自己的魔力，也听从父母的安排，戴上手套，完全地自闭起来，任妹妹安娜怎么哀求都不肯打开宫门。父母航行发生海难，艾莎继承王位。在加冕那天，她失控的魔力再次爆发，导致全城寒冬。艾莎转而藏匿于北山中，并用魔力建盖华丽的冰雪宫殿。安娜在寻找姐姐的途中，遇到了憨厚而仗义的克里斯托夫，也发现未婚夫汉斯的阴谋。安娜在最后危急关头救下了艾莎，也解除了艾莎的心魔，从此姐妹裂痕修复，和好如初。

《冰雪奇缘》剧照

影片并没有延续过去迪士尼故事中公主获得王子救赎的情节，而是重在彰显姐妹的情义、亲情的力量以及女性的自我觉醒。影片故事设定在北欧，采用许多挪威建筑元素、自然冰川地貌和传统民俗乐斯梅林的图样风格。制作团队到加拿大和北欧采集自然中的光线、水流、岩石、声音等素材，并研究各种冰雪结晶的六面体形状，然后以三维动画片呈现缤纷多彩的冰雪世界。影片2014年获第86届美国电影奥斯卡奖最佳动画长片奖、最佳原创歌曲奖，第41届美国电影安妮奖最佳动画长片奖、最佳导演奖、最佳音乐奖、最佳配乐奖、最佳艺术指导奖，第67届英国电影学院奖最佳动画长片奖。影片以近13亿美元的全球票房成为动画影史上的冠军，并被《时代周刊》选为年度十佳影片第七名。（余紫咏）

波加契奇，V. Vladimir Pogacic（1919-09-23～1999-09-13） 南斯拉夫电影导演。生于南斯拉夫卡尔洛瓦茨，卒于塞尔维亚贝尔格莱德。早年在萨格勒布大学人文社会科学系研究艺术史。曾报名参加贝尔格莱德电影学校。第二次世界大战后到电台工作，并创建了萨格勒布大学生剧院，自任导演、演员。1947年转入电影界。1949年自编自导影片《工厂的故事》。1951年执导《最后一天》，被认为是南斯拉夫第一部间谍片。1953年拍摄《安妮卡的时代》，获第6届法国戛纳国际电影节金棕榈奖提名。1955年拍摄了反映人民解放战争的《大与小》，获第10届捷克斯洛伐克卡罗维发利国际电影节最佳导演奖，为南斯拉夫电影事业赢得了第一个国际奖项。同年，又拍摄了记述南斯拉夫发明家的纪录片《尼柯拉·切斯拉》。他擅长将南斯拉夫经典文学作品搬上银幕，其他重要作品有《暴风雨中》《星期六晚上》《天堂里的裂缝》《一个》《卡洛琳娜·里耶斯卡娅》《照片上的人》等。1954～1981年任南斯拉夫电影资料馆馆长。他在创建与发展南斯拉夫民族电影事业方面作出重大贡献。曾任国际电影资料馆联合会主席。（卜 一）

波兰电影 Polish cinema 1896年，波兰开始有电影放映。1908年以前，电影放映只是作为戏剧演出的附加节目，后来才逐渐移到专门场所去放映。当时波兰没有自己的制片基地，电影工作者主要搞合作拍片。

早期波兰电影 1910年，波兰建有近200家影院，同时电影公司也开始出现，其中影响最大、产量最稳定的是斯芬克斯公司。到1914年，影片产量已达14部，但在第一次世界大战期间，又减至5～7部。1910～1918年生产的影片主要改编自己的文学作品，如《罪恶的历史》（导演A.别德那尔契克）、《上帝的法庭》（导演S.克那凯扎瓦斯基）、《密尔·叶佐福维奇》（导演奥斯托亚－苏尔尼茨基）等。

1918年波兰第二共和国成立后，地主资产阶级政权仅仅资助拍摄宣传政府政策的影片。一时间，电影的内容主要是宣传军国主义、民族主义和反共思想。由于通货膨胀、失业，人民生活水平下降，电影观众人数锐减。影片产量也从1921年的17部跌至1925年的5部。1926年后，影片产量有所提高，内容也开始涉及资产阶级地主国家制度方面的问题。这一时期主要作品有《乐土》（1928，导演A.赫茨、Z.格尼亚道夫斯基）、《塔台乌施先生》（1928，导演R.奥尔登斯基）、《春的前夕》（1929，导演H.沙格）、《警察局长塔吉耶夫》（1929，导演J.加尔丹）等。

1933年，波兰生产了第一部有声片。1934年，议会通过"关于影片及其传播的规定"，加强了对电影的审查，加重了税收。20世纪30年代，电影生产几乎全部表现出商业性，不仅喜剧、情节剧、侦探剧如此，就连一些历史题材影片也为追求票房价值而违背历史真实，甚至根据文学作品改编的影片也不忠实于原著。在改编片中，只有《玫瑰》（1936，导演J.列切斯）没有歪曲原著揭示的社会矛盾，保持了原著鲜明的形象。列切斯的其他作品，如《年轻的森林》（1934）、《来自诺沃立诺克的姑娘》（1937）、《界线》（1938）等片则显示出一定的专业技巧和思想艺术水平。而《生活的判决》（1934，导演加尔丹）、《风险》（1938，导演E.常卡里斯基、K.邵洛夫斯基）、《砾石》（1938，导演加尔丹）等片则表现出现实主义与民主的倾向。

1939年9月，德军占领波兰后，电影生产完全停顿，只有A.鲍赫杰维奇领导的一个人数不多的地下电影小组拍摄了一些报道战况的纪录片。

波兰人民共和国电影 1944年7月21日成立波兰共和国。人民民主政权建立后，电影事业开始实行国有化。战后第一个10年，波兰电影开始有了新的发展。人民的历史经验和爱国主义、英勇的战斗经历和苦难遭遇，确立了电影的题材和样式。这一时期的重要作品有《禁唱的歌曲》（1947，导演L.布齐柯夫斯基）、《最后阶段》（1948，导演W.雅库鲍夫斯卡娅）、《钢铁的心》（1948，导演S.马尔诺维奇）、《华沙一条街》（1949，导演A.福特）、《不屈的城市》（1950，导演J.扎日茨基），这些影片反映了波兰人民英勇抵抗法西斯的光辉事迹。20世纪40年代末，电影工作者开始转向现代题材的创作。这一时期的主要作品有《珍宝》（1949，导演布齐柯夫斯基）、《华沙首次演出》（1951，导演J.雷布柯夫斯基）、《肖邦的青年时代》（1952，导演A.福特）、《最初的日子》（1952，导演J.雷布柯夫斯基）、《村社》（1952，导演J.卡瓦莱罗维奇、K.苏米尔斯基）、《广场奇遇》（1954，导演布齐柯夫斯基）等。

1952年，波兰更名为波兰人民共和国。从50年代中期起，波兰电影创作开始了一个新阶段。影片产量不仅逐年有所增加（1953年3部、1957年16部、1960年23部、1977～1978年达30部），在生产体制上也发生了变化，成立了独立的创作集体。同时，在创作上也出现了新的倾向，如在表现第二次世界大战题材时着重表现战争给人们带来的创伤，表现人民在抵抗运动中蒙受的灾难和损失、个人在历史中的地位与价值；赋予英雄主义以新的解释，表现个人在历史事件中是自觉参加或被动卷入等。这类作品有《一代人》（1955，导演A.瓦依达）、《世界大战的真正结束》（1957，导演卡瓦列洛维奇）、《下水道》（1957，导演瓦依达）、《第三交响乐（英雄）》（1958，导演A.蒙克）等。表现两种意识形态冲突的影片有《灰烬与钻石》（1958，导演瓦依达），反对官僚主义和教条主义的影片有《铁轨上的人》（1956，导演蒙克）、《天使修道院的嬷嬷约安娜》（1961，导演卡瓦莱罗维奇），抨击当代社会阴暗面和反映垮掉的青年一代的影片有《爱娃要睡觉》（1958，导演T.赫米列夫斯基）、《套圈》（1958，导演W.J.哈斯）、《一周第八天》（1958，导演A.福特）、

《夜车》(1959，导演卡瓦莱罗维奇)、《水中刀》(1962，导演瓦依达）等。这些作品不仅在剧作原则、造型与风格处理上略具特点，而且也反映了创作者不同的艺术观念和创作思想，这些创作者和作品被称为“波兰电影学派”。

《灰烬与钻石》剧照

60年代后，电影创作的特点是探索新的生活素材和能够体现这一素材的形式。主要作品有《要是有人知道》(1966，导演K.库茨)、《瘦弱的人及其他》(1967，导演H.克留芭)、《马切乌什传记》(1968，导演V.列申斯基)。此时期部分电影创作者着重改编本国经典文学作品，如《在萨拉高斯找到的手稿》(1965，导演哈斯)、《法老》(1966，导演卡瓦莱罗维奇)、《玩偶》(1968，导演哈斯)、《沃罗德耶夫斯基先生》(1969，导演J.霍夫曼）等。

70年代，波兰电影工作者着重创作现代题材作品。他们把注意力放在人与社会的新的联系上。一些影片的主题是人对社会应负的责任以及工作与道德的关系。主要作品有导演库茨的《黑土地带的盐》(1970)、《王冠上的珍珠》(1972）等。除此之外，也有一些改编本国经典文学作品的影片，如《桦树林》(1970，导演瓦依达)、《婚礼》(1973，导演瓦依达)、《在沙漠和密林之中》(1973，导演V.什列什茨基)、《洪水》(1974，导演霍夫曼)、《乐土》(1975，导演瓦依达）等。

80年代以来，波兰电影工作者更加深入生活，力图反映与当前政治形势有关的问题，同时也更加注意表现人的内心世界，不同的创作者表现出不同的观点和倾向性。代表性的作品有《铁人》(1981）等。

转型后的波兰共和国电影　1989年，波兰政治转型。1990年，波兰终止电影的政治审查制度，波兰电影从之前的国家行为转变为市场行为，资金支持来源于电影委员会、私营公司、波兰电视台。在资金匮乏、观众下降、好莱坞电影挤压以及20世纪90年代初货币贬值的共同影响下，波兰电影产量下降。1991～1995年，年均电影产量从80年代的40部减少到24部，银幕数量从80年代末的1830块减少到1993年的755块，观影人次同步下降。在震荡与剧变之中，波兰电影寻找商业片的突破，商业元素浓厚的动作片《狗》(1992，导演W.帕西科夫斯基)、《杀手》(1997，导演J.马胡尔斯基)等影片成功实现转型。在艺术片领域，老一代导演瓦依达的《娜斯塔西娅》(1994)、《神圣七日》(1995)、《少女尼克特》(1997）和K.扎努西导演的《狂奔岁月》(1996）都未能取得商业上的成功。K.基耶斯洛夫斯基的《两生花》(1991)、《蓝》(1993)、《白》(1994)、《红》(1994）成为这一时期波兰艺术电影的代表作品。到90年代末，波兰电影进入新的发展阶段，《火与剑》(1999，导演J.霍夫曼)、《塔杜施先生》(1999，导演瓦依达）热映，使得当年波兰国产电影票房以占全年票房60%的成绩超过进口影片票房。商业片则有惊悚片《萨拉》(1997，导演帕西科夫斯基和M.斯勒西斯基)、《债务》(1999，导演K.克劳兹）和动作片《杀手续集》(1999，导演马胡尔斯基)。进入21世纪后，波兰电影产量开始稳步增长，电影产业也向国际化、大制作和联合出品的方向发展，《生活是一场致命的性传播疾病》(2000)、《钢琴师》(2002)、《虎年之恋》(2005）等都是合拍片。电影题材趋于多元，老一代导演继续文学改编电影的创作，如《沙漠和荒原》(2001，导演G.胡德)、《春天即将来临》(2001，导演F.巴永)、《主，你往何处》(2002，导演卡瓦莱罗维奇)、《复仇》(2002，导演瓦依达)、《古老传说》(2003，导演霍夫曼）等。新一代导演拍摄了关注当下生活的影片，如《你好！特雷斯卡》(2000，导演R.格林斯基)、《艾迪》(2002，导演P.恰斯卡尔斯基)、《萨维尔广场》(2006，导演J.科斯)、《一切安好》(2007，导演T.维什涅夫斯基）和《圈套》(2007，导演A.亚基莫夫斯基）等。瓦依达的《卡廷惨案》(2007）受到世界影坛的广泛关注。

商业片的代表作品有《盗走达·芬奇》(2004，导演马胡尔斯基)，先锋电影的代表作品有D.肯吉扎夫斯卡导演的《因为我存在》(2005）和《死期将至》(2007)。《修女艾达》(2014，导演P.帕夫利克夫斯基)、短片《乔安娜》(2015，导演安·科帕兹)、《我们的诅咒》(2015，导演T.史利夫斯基）和《对象》(2015，导演史可毕尼斯卡）获得国际影坛的肯定。《上帝》(2014，导演帕尔科夫斯基)、《华沙1944》(2014，导演J.科马萨)、《华沙谍战》(2014，导演帕西科夫斯基)、《斗牛犬之女》(2016，导演P.维加)、《斗牛犬之大清洗》(2016，导演维加）和《单身星球》(2016，导演欧肯）等影片获得商业成功，激励了波兰电影的发展。

扩展阅读

黎煜.转型后的波兰电影（1989—2008）.当代电影，2009(1).

（李溪桥　撰　秦喜清　修订）

波兰电影学派　Polish film school　20世纪50年代后期在波兰出现的一股“反体制”倾向的电影创作浪潮。1956年3月，J.科特在《神话与真实》一文中猛烈抨击社会主义现实主义创作倾向。随后，A.福特指责波兰电影中的社会主义现实主义是“粉饰现实”“反人道主义”的。在这股理论潮流下，一批波兰电影导演拍出了一系列调子低沉、思想悲观的影片，刻意渲染波兰现实生活中的阴暗面和人性的弱点。这些影片不仅在剧作原则、造型与风格处理上略具特点，而且它们也反映了创作者不同的艺术观念和创作思想。这些创作者和作品被称为“波兰电影学派”。

波兰电影学派的影片具有强烈的“反体制”倾向，如在表现第二次世界大战题材时着重表现战争给人们带来的创伤，表现人民在抵抗运动中蒙受的灾难和损失、个人在历史中的地位与价值；赋予英雄主义以新的解释，表现个人在历史事件中是自觉参加或被动卷入等。

《天使修道院的嬷嬷约安娜》剧照

波兰电影学派的代表作品有A.瓦依达的《一代人》《下水道》《灰烬与钻石》、A.蒙克的《铁轨上的人》《英雄》、J.卡瓦莱罗维奇的《世界大战的真正结束》《天使修道院的嬷嬷约安娜》、T.赫米列夫斯基的《爱娃要睡觉》、W.J.哈斯的《套圈》、A.福特的《一周第八天》等。

波兰电影学派因60年代初波兰政府加强了对电影事业的控制而趋于衰退。

（李溪桥）

波斯特，P.　Pierre Bost（1901-09-05～1975-12-06）法国小说家、电影编剧。生于拉萨尔，卒于巴黎。曾担任过一段时

间的记者。起初主要作为小说家，创作有《大力士和小姐》《奴隶的旅行》《成长危机》《厄运》等作品。20世纪40年代之后，开始与J.奥朗希合作改编文学作品，踏入电影编剧行列。主要编写了《基督山伯爵》《田园交响乐》《肉体的恶魔》《玻璃城堡》《红色客栈》《禁忌的游戏》《特殊的友情》等作品，其中《田园交响乐》获第1届法国戛纳国际电影节最佳影片奖和最佳女主角奖，《禁忌的游戏》获第13届意大利威尼斯国际电影节金狮奖。他是第二次世界大战之后法国较有名望的编剧之一。

（胡　滨）

玻利维亚电影 Bolivian cinema　1913年，玻利维亚拍摄了第一部纪录片。1929年，J.M.V.迈达纳拍摄了玻利维亚第一部故事片《瓦拉瓦拉》。但玻利维亚民族电影事业长期未得到发展，电影市场始终被外国电影所垄断。20世纪40年代末，以J.鲁伊斯为首的纪录电影小组成立后，开始拍摄一些纪录片。1952年，民族革命运动武装夺取政权后，建立了玻利维亚电影学院（存在到1967年），鲁伊斯为该电影学院拍摄了若干教学片和宣传片。鲁伊斯拍摄的民俗片《归来吧，塞瓦斯蒂安》(1953)和故事片《源泉》(1958)被誉为玻利维亚划时代的作品。

1964年，R.巴里恩托斯发动政变上台，电影工作者在J.圣希内斯的领导下，积极参与席卷拉丁美洲的民族革命运动，他们反对好莱坞的倾销，为发展民族电影事业而奋斗。圣希内斯是当时玻利维亚电影学院的领导人，曾导演过短片《革命》(1963)、《坍方》(1965)。1966年，影片《乌加毛》问世后，圣希内斯的追随者即把他们的小组命名为“乌加毛小组”。他们的重要影片还有：圣希内斯导演的《雄鹰之血》(1969)和《人民的勇气》(1971)，A.埃吉诺导演的《小村》(1973)和《丘基亚戈》(1977)。

80年代，玻利维亚的故事片年产量平均为1部。到1985年，全国已有3家制片公司，大部分生产广告片、纪录片和短片。国内无制片技术基地与洗印厂。80年代，全国约有200家影院、12家电影发行公司。放映的影片99%是外国片，年观众为2000万人次。

1989年，成立了“电影教育与生产中心”(CEFREC)，致力于推动玻利维亚本土电影和视频制作。电影教育与生产中心为艾玛拉、瓜拉尼、盖丘亚的本土电影提供声音、电影制作、后期制作和剧本写作方面的技术培训。

1991年，玻利维亚政府通过一项电影法，成立了国家独立电影委员会(CONACINE)。该委员会的电影发展基金会以7%的利率为电影制作者提供10万美元的资金，两年内还贷即可。但这部法律并没有从根本上改变电影投资困难的局面。新兴的计算机技术催生了制作规模小、成本低的电影，推动了玻利维亚电影的发展。2010年后，玻利维亚电影年产量达到12部。玻利维亚大多数电影关注社会现实，也有类型电影和作者电影。玻利维亚较为知名的导演有胡安·卡洛斯·瓦蒂维亚、爱德华多·洛佩兹、亚历山大·佩雷拉等。

（韩传铮　撰　秦喜清　修订）

伯格曼，I. Ingmar Bergman (1918-07-14～2007-07-30)　瑞典电影和戏剧导演、编剧。生于乌普萨拉，卒于法罗岛。他出身于路德教派牧师家庭，自幼酷爱戏剧和电

影。在斯德哥尔摩大学读书期间，经常参加戏剧小组和团体活动。1944年离校到赫尔辛堡市立剧院任戏剧导演，并写出第一个电影剧本《折磨》。1945年编导了第一部影片《危机》(根据L.菲休原著改编)。此后，相继执导了《开往印度的船》(1947)、《监狱》(又译《魔鬼的宠儿》，1949)、《渴》(1949)等影片。

20世纪50年代中期至60年代初，伯格曼在创作上日趋成熟，逐渐显示出鲜明的创作个性和独特的个人风格。他的绝大多数影片都是自编自导，带有明显的自传色彩，是最典型的**作者电影**的代表人物。其影片也屡获国际电影节大奖，例如，《夏夜的微笑》(1955，获第9届法国戛纳国际电影节最佳诗意幽默奖)、《**第七封印**》(1957，获第10届法国戛纳国际电影节评委会特别奖、金棕榈奖提名)、《**野草莓**》(1957，获第17届美国电影金球奖最佳外语片奖、第8届德国柏林国际电影节最佳影片金熊奖)、《生命的边缘》(1958，获第11届法国戛纳国际电影节最佳导演奖)、《魔术师》(1958，获第24届意大利威尼斯国际电影节评委会特别奖)、《**处女泉**》(1960，获第33届美国电影奥斯卡奖最佳外语片奖)、《犹在镜中》(1961，获第34届美国电影奥斯卡奖最佳外语片奖)、《冬日之光》(1963)、《沉默》(1963，获瑞典电影金甲虫奖最佳导演奖)。

伯格曼在哲学上受存在主义影响，在剧作方法上受现代主义影响，在人性问题上受弗洛伊德学说影响，因而他在60年代拍摄了一系列室内心理剧，不仅完全摒弃了故事情节、戏剧冲突，而且表现出越来越强烈的悲观绝望情绪，有的影片里人与人甚至完全不能交流，唯一的交流只有性。如“沉默三部曲”(即《犹在镜中》《冬日之光》《沉默》)、《假面》(1966)、《耻辱》(1968)、《狼的时刻》(1968)等影片。70年代，伯格曼继续在影片中表现生与死、人的孤独与疏离等主题，如《呼喊与细语》(1972)、《面对面》(1976)、《秋天奏鸣曲》(1978)等。1977年在慕尼黑拍摄了政治片《蛇蛋》，显示了他一贯的反法西斯立场。1982年拍摄了告别导演生涯的自传体影片《芬妮和亚历山大》，获第56届美国电影奥斯卡奖最佳外语片奖。1992年，由他编剧的《美好意愿》在第45届法国戛纳国际电影节上荣获两项大奖。2003年，为瑞典国家电视台制作了电视电影《萨拉邦德》。

伯格曼对现代电影的贡献在于：第一，他专注于探索人的内心和灵魂、思考道德与宗教的主题；第二，作为哲理电影的先驱，擅长从哲学角度来思考现代社会中人的境遇，探讨生命的价值和意义、生的痛苦、死的恐惧、孤独和人与人不能交流等问题，并为表现这些主题寻找独特的艺术形式和手法。

伯格曼才华横溢，一生拍摄了60多部影片，执导了80多部舞台剧，改变了西方知识分子对电影的偏见，使他们认识到了电影作为艺术所具有的“严肃性”和“深刻性”价值。1970年获美国电影艺术与科学学院颁发的欧文·撒尔伯格纪念奖。1985年3月7日获法国总统密特朗授予的法国荣誉军团勋章。

（伍菡卿　许　婧）

《柏林苍穹下》 *Wings of Desire*　德国彩色故事片。公路电影制作、阿戈斯电影、西德广播电影台等1987年联合出品。编导，**W.文德斯**；摄影，H.阿莱坎；主演，B.甘茨、A.山德尔、S.多马丁、P.福克。

故事讲述了守护柏林的两位天使丹尼

尔和卡西尔自由地穿行在整座城市，他们默默地审视着人类的一举一动，倾听着他们的内心，但无法进入人类的视野，只有其他天使和天使般的孩子才可以看到他们的存在。卡西尔冷眼旁观，丹尼尔却感怀人间疾苦。一天，丹尼尔在马戏团看到正在排练的女空中飞人玛丽安，她的打扮犹如天使，在倾听了玛丽安内心的秘密后，丹尼尔爱上了她，并决定由天使变为凡人，追求可触可感的爱情。

影片故事平淡、情节简单，用抒情代替叙事，通过两个天使的视角处理第二次世界大战后被柏林墙分割的德国历史，以此展开对历史和生活的审视和思考。影片在摄影上用不同的色彩表示时空的流动和凝固，天使眼中的世界是黑白色的，充满了失落感伤，而人类眼中的世界则多姿多彩，具有强烈的隐喻色彩和反差意味。影片1987年获第40届法国戛纳国际电影节最佳导演奖，1988年获第1届欧洲电影奖最佳导演奖和最佳男配角奖。 （甄晓文）

柏林国际电影节 Berlin International Film Festival 欧洲重要的电影节之一。1951年创办，原称“西柏林国际电影节”。每年举行一次，最初在6月底7月初举办，后为了和**戛纳国际电影节**竞争，将举办日期改为每年2月底到3月初举行，为期两周。从2002年起，电影节隶属于商业性质的“柏林艺术展出有限公司”。电影节的主要目的是通过放映世界各地的影片，促进世界各地电影工作者的交往。主要活动项目有：①举行影片比赛评奖，以“主题的创意、银幕表现的流畅和观众的反应”作为衡量大奖的标准；②举行会外映出，主要是青年论坛，属非比赛性质的观摩；③举办回顾展；④设立电影市场；⑤举办宣传品展览会。主要奖项有金熊奖、银熊奖、评委会特别奖等，主要授予最佳影片奖、最佳导演奖、最佳男女演员奖、最佳编剧奖、最佳摄影奖、最佳音乐奖、最佳美工奖等。中国代表团从1975年开始参加，曾多次获奖。1988年，《**红高粱**》获第38届柏林国际电影节金熊奖。1989年，《**晚钟**》获第39届柏林国际电影节银熊奖。

第70届柏林国际电影节开幕现场

除此之外，还有《**三个和尚**》《陌生的朋友》《本命年》《哦，香雪》《**阮玲玉**》《喜宴》《**香魂女**》《女人，四十》《河流》《图雅的婚事》《落叶归根》《左右》《团圆》《岁月神偷》《白日焰火》《推拿》《狗十三》等中国影片先后获得不同奖项。

（陈振兴 章柏青）

博尔特，R. Robert Bolt（1924-08-15～1995-02-21） 英国电影编剧、戏剧作家。生于柴郡，卒于彼得斯菲尔德。曾攻读于曼彻斯特大学，后进入皇家空军。曾在米尔费德学校当过英语和历史教师。1957年创作了第一个舞台剧本《樱桃花开》，次年在伦敦上演。1960年编写了舞台剧《老虎和马》和《四季的人》，因作品中主角与社会的紧张关系而获得关注，为此遭到了逮捕和监禁。1962年改编创作了《阿拉伯的劳伦斯》，获第16届英国电影学院奖最佳剧本奖。1965年编写了《日瓦戈医生》，获第38届美国电影奥斯卡奖最佳改编电影剧本奖、第23届美国电影金球奖最佳编剧奖。1966年根据自己的舞台剧改编创作了电影剧本《四季的人》，获第39届美国电影奥斯卡奖最佳改编电影剧本奖、第24届美国电影金球奖最佳编剧奖、第21届英国电影学院奖最佳剧本奖。1970年编写了《瑞安的女儿》，讲述了英国女孩瑞安不受传统观念束缚，大胆追求自由与爱情的故事。其作品善于通过人物观察社会及政治，带有一定的批判精神。其他编剧作品有《红色帐篷》《赏金》《任务》《没有警告：詹姆斯·布拉迪的故事》等。

（伯 奋）

卜万苍 Bu Wancang（1900-07-01～1973-12-30） 中国电影导演。生于安徽天长，卒于香港。毕业于扬州第五师范学校。1921年在上海中国影片制造股份有限公司跟一位美国摄影师学习摄影，并与其合拍了短片《饭桶》。1924年为刚成立的大中华百合影片公司拍摄了第一部影片《人心》。1926年在民新影片公司担任剧务主任兼导演，他导演的第一部影片是《玉洁冰清》。次年，又导演了《挂名的夫妻》《美人关》等影片。1931年转入联华影业公司，3年内陆续导演了《恋爱与义务》《桃花泣血记》《母性之光》《**三个摩登女性**》等影片，在当时有一定影响。此后又在新成立的艺华影业有限公司导演了田汉编剧的《黄金时代》和《凯歌》。上海“孤岛”时期，为华成影片公司导演的《**木兰从军**》借古讽今，表达了中华民族反侵略战争的决心和信心，在社会上引起强烈反响。同时，又为新华影业公司和华新影业公司导演了《貂蝉》《西施》《秦良玉》《苏武牧羊》等有一定现实意义的历史片。1944年，他作为编导为“华影”摄制了根据古典名著《红楼梦》改编的同名电影，影片除了“宝黛钗”爱情悲剧的主线外，还有一条副线叙述王熙凤、贾琏放高利贷，以及贾琏偷娶情人的腐败生活，其主要“剧旨”在于暴露权贵豪门的奢靡腐败生活，抨击封建婚姻制度，也有对现实的批判旨意，影片上映后受到观众的追捧。1947年到香港，为永华影业公司执导了《国魂》《大凉山恩仇记》等影片。1950年在香港创办泰山影片公司，拍摄了《淑女图》等影片。此后，他先后在中国香港和台湾导演了《长巷》《一夜风流》《苦儿流浪记》《吴凤》《梁红玉》等片，其中《吴凤》是台湾第一部彩色影片，《梁红玉》为台湾第一部彩色戏曲片。1964年，在台湾导演了《赵五娘》之后退出影坛。卜万苍在40多年的电影艺术生活中，导演了不少有影响的影片，发掘培养了不少优秀演员，对香港和台湾电影的发展也有一定贡献。 （陈少舟 余慕云）

《不快乐的不止一个》 *An Interview for My Parents: Are You Happy Indeed?* 中国彩色纪录片。2001年出品。编导，王芬；摄影，王芬。

影片秉承自我参与观念和自我反射技巧理论，将镜头对准自己和自己的父母，在父母结婚30多年后，由作者亲自对他们分别进行采访，讲述父母不幸的婚姻对一个家庭造成的伤害。影片叙述了作者父母之间几十年来相互猜忌、怨恨乃至彼此折磨的情景。作者作为女儿，在面对父母各自对对方的抱怨、怨恨甚至绝望的时候，并没有像一般采访者那样保持“客观中立”，而是自然而然地、不时地参与一定的情绪反应和情感表达，如“你觉得对得起我妈吗？”“你当时为什么不离婚呀”等。

影片完全真实的个人经历、自由自在的书写方式，以及精心设计的采访方式、画外旁白等，使这部作品在涉及内心真实及私密性内容方面开创了中国纪录片的先河，具有很强的个人风格及实验特征，并在一定程度上影响了该类纪录片的创作，包括直接促成了香港凤凰卫视一个专门播放社会作者和学生作品的电视栏目《DV新世代》的诞生。影片在保持私密性质的同时，由于揭露出特定年代错位的婚姻以及“不会离婚”的传统给个人、家庭带来的桎梏和痛苦，因而在某种程度上具有一定的普遍意义。影片2001年获第7届**日本山形国际纪录片电影节**新浪潮奖。

（刘乃康）

《不射之射》 *No Shooting*　中国彩色动画片。上海美术电影制片厂1988年出品。根据日本当代作家中岛敦的小说《名人传》改编。编导，川本喜八郎；造型设计，川本喜八郎、孙大衡。

故事讲述了在战国时期，邯郸的一个青年弓箭手纪昌为了成为天下第一射手，拜名师飞卫学习箭艺。飞卫却告诉他，必须先学会不眨眼和睡觉不合眼的功夫才能成为他的徒弟。于是，纪昌回家钻到老婆织布机下，在老婆飞快穿梭的机针下，睁着眼睛一眨不眨。他终于把这些功夫都练会了，又去找飞卫。飞卫却捡起一颗芝麻在上面刺字，说只有能看到上面的字，才有资格成为他的徒弟。于是，纪昌捉来一只虱子，用老婆的头发穿起来，每天一动不动地盯着，两年后他能够一箭射中虱子的心脏。飞卫收他为徒，传授了许多箭艺给他，然后对他说，你现在是天下有名的箭手了。纪昌希望成为第一箭手，他以为杀掉师傅自己就是第一了。和飞卫比试失败后，飞卫告诉纪昌，要去峨眉山找一个老者学习，才可能成为天下第一。纪昌来到峨眉山找到了老者，老者要他在峨眉山的危崖上射箭。纪昌在摇摇欲坠的悬崖上恐惧不已，老者却镇静自若地示范给他看不用弓箭，也能将空中高飞的大雁打下来的神技，并说他以前的是“射之射”，只有“不射之射”才是一个弓箭手的最高境界。纪昌被震撼了，他在峨眉山学习了9年后下山。邯郸的市民看到了一个脱胎换骨的纪昌，原先一脸好胜、戾气十足的青年不见了，出现在世人眼前的是一个祥和肃穆有着岁月风霜的中年箭手。纪昌再也没有拿起弓箭，然而关于他的神奇传说却到处流传。40年过去了，纪昌成为人人尊敬的老者，他与世无争，甚至已经忘了弓箭为何物。他去世后，邯郸的勇士都耻于张弓弩箭。

影片空灵悠远，意味无穷，充满了浓厚的中国道家“物我两忘”“无为而治”的思想。影片具有上乘的质感和意境，有些场景的氛围营造更是让人赞叹，如纪昌和飞卫在狂风大作落叶萧萧中的比箭，以及站在峨眉山的悬崖高处肃风瑟瑟中的恐惧，十分传神。影片的人物造型精致，杂糅了日本“和风”和中国战国的古朴风。纪昌在去峨眉山前的好胜神态，和9年后顿悟“不射之射”精髓的安详肃穆形成鲜明反差。影片将纪昌拜师求天下第一箭手的功名过程讲得峰回路转，有了前面的层层铺垫，纪昌最后的顿悟也显得合情合理，让人折服。全片没有对白，由著名演员孙道临配音旁白。影片1988年获第1届上海国际动画电影节特别奖，1989年获首届全国影视动画节目展播荣誉奖。

（李　清）

布拉格表演艺术学院电影电视学院　Film and TV School, the Academy of Performing Arts in Prague　捷克影视教育机构。成立于1946年。坐落于捷克首都布拉格。设有剧作、故事片导演、制片、纪录片导演、摄影、录音、剪辑、动画、图片摄影以及视听学研究等专业，每年招收300多名本国学生以及80名左右的国际学生，拥有从本科到博士的完整培养体系，同时还为国际学生提供一年的预科教育。学院设有一个制片厂，包括摄影棚、后期制作室以及电视制作室，每年秋天都会举办电影节，展示在校生的作品。

学院的毕业生不少成为享誉世界的电影人，如捷克导演M. 福尔曼、V. 希季洛娃、J. 内梅克、J. 曼佐、J. 霍布雷克，斯洛伐克导演J. 亚库比斯克，塞尔维亚导演E. 库斯图里卡、G. 马克维奇，德国导演F.P. 贝尔，波兰导演A. 霍兰，以及克罗地亚导演R. 格尔利奇等。

（钟大丰）

布努埃尔，L.　Luis Buñuel（1900-02-22～1983-07-29）　西班牙电影导演、编剧。生于特鲁埃尔省卡兰达镇，卒于墨西哥。自幼接受宗教和资产阶级教育，对其虚伪性刻骨铭心，深刻地影响了他此后的创作。1917年，入马德里中央大学，后获文学和哲学硕士学位。1920年，创办了西班牙第一个电影俱乐部。1924年，侨居巴黎，任法国**先锋派电影**导演J. 爱浦斯坦的助手，并在其创办的电影学校学习。他在创作上深受弗洛伊德学说和超现实主义的影响。1928年，与西班牙画家S. 达利合作，拍摄了短片《一条安达鲁狗》，一举成名。影片用隐喻的手法抨击了资产阶级和教会，被认为是**超现实主义电影**的代表作。1930年，导演影片《黄金时代》，是一部把相互不关联的片段组合在一起的超现实主义作品。1932年，回到西班牙，拍摄了反映拉斯乌尔德斯地区农民悲惨处境的纪录片《无粮的土地》。这三部影片奠定了布努埃尔作品的艺术风格。

西班牙内战期间，他被共和政府派往西班牙驻法国使馆工作。内战结束后，流亡美国长达10年之久。1946年旅居墨西哥。1946～1965年，在墨西哥拍摄了20余部影片，迎来他导演生涯的又一个辉煌期。1950年，执导《被遗忘的人们》，反映了墨西哥穷苦儿童悲苦的生活，获第4届法国戛纳国际电影节最佳导演奖。1959年，执导《纳萨林》，表达了宗教在大难临头时无济于事的主题，获第12届法国戛纳国际电影节评委会国际奖。1961年，执导《比里迪亚娜》，遭到教会抨击和政府禁演，获第14届法国戛纳国际电影节金棕榈奖。1965年，执导《沙漠中的西蒙》，以寓言化的风格呈现主人公西蒙同他自己的精神进行抗争的历程，获第30届意大利威尼斯国际电影节评委会特别奖。《纳萨林》《比里迪亚娜》《沙漠中的西蒙》三部影片均以宗教为题材，揭露了宗教的虚伪和对人们灵魂的毒害。1972年，导演《资产阶级审慎的魅力》，影片运用现实、回忆、梦境等手法表现了资产阶级的空虚和欲望，用华丽的影像讽刺了资产阶级的价值观，获第45届美国电影奥斯卡奖最佳外语片奖。1977年，导演《欲望的隐晦目的》，将情节结构处理成令人焦灼和期待的“挫折叙事”，牢牢牵引着观众的注意力，让观众在体会观影快感的同时体味其中蕴含的思想和价值。

布努埃尔一生奔波在法国、西班牙、墨西哥，共拍摄了32部影片，其中绝大部分具有鲜明的社会意义。他的作品充满想象，在运用象征、隐喻等手法上具有独到之处。他在艺术手法上的先锋性、诗意和时空自由转换的风格，与**意大利新现实主义电影**“直白的真实”形成对比，能够极富创意地在道德倾向、艺术思考和娱乐效果间实现无缝对接，并始终把他一贯的现代主义风格融汇其间。他导演的作品还有《泯灭天使》（1962）、《女仆日记》（1964）、《白日美人》（1967）、《特丽丝丹娜》（1970）、《自由的幻影》（1974）等。1982年，获第39届意大利威尼斯国际电影节终身成就奖。

（傅郁辰　撰　许　婧　修订）

C

《猜火车》 *Trainspotting* 英国彩色故事片。英国四频道、费格蒙电影公司、纽盖电影公司1996年联合出品。改编自I.威尔什的同名小说。编剧，J.霍奇；导演，D.博伊尔；摄影，B.土法诺；主演，E.麦克格雷格、E.布莱纳、K.麦克基德、R.卡莱尔。

《猜火车》剧照

故事讲述了爱丁堡一群身处社会边缘的年轻人的生活。4名男主角是英国爱丁堡地区的吸毒少年，他们整日无所事事，活在底层却自得其乐，表现出鲜明的反社会姿态。影片用画外音讲述他们的快感和痛苦。导演选择了松散、富于想象力和喜剧性的手法来展现吸毒者的状态，比如当马克潜入一个肮脏的公共厕所，想从马桶取回他的药，却发现自己在一片蓝色的大海里游泳。影片的亚文化特征受到主流制片业的关注，另类的青春叙事成为新的“英伦”风格的重要元素。影片上映后，本土票房达1100万英镑，在世界影坛产生了较大影响。影片1996年获第49届英国电影学院奖最佳改编剧本奖，1999年被英国电影协会评选为世纪百部佳片第十名。

（范　倍）

蔡楚生 Cai Chusheng（1906-01-12～1968-07-15） 中国电影编剧、导演。广东潮阳人。生于上海，卒于北京。蔡楚生读过4年私塾，后以各种旧报纸作为课本，刻苦自学。1925年，在汕头参加店员工会，组织进业白话剧社，担任戏剧演出的编剧、导演、演员，并试写文章和绘画。1926年，和进业剧社的同人协助上海华剧影片公司在汕头拍摄外景，萌发了对电影

的兴趣。1929年到上海，曾在几家影片公司当临时演员、剧务、美工、宣传、场记、置景、副导演、编剧，学习电影艺术的各门知识。同年，进入明星影片公司，任郑正秋的助理导演和副导演，协助拍摄了《战地小同胞》(1929)、《碎琴楼》(1930)、《桃花湖》(1930)、《红泪影》(1931) 等6部影片。

1931年夏，加入联华影业公司，正式担任编剧、导演。先后创作了《南国之春》(1932) 和《粉红色的梦》(1932)，这两部作品有浓厚的感伤情调，脱离了当时的严酷现实，受到左翼电影工作者的善意批评。在此期间，蔡楚生与他人联合编导了反映“一·二八”抗日的故事片《共赴国难》(1932)。1933年，蔡楚生参加了中国电影文化协会，被选为执行委员，随后导演了影片《都会的早晨》，标志着他创作思想上的重大转变。1934年，编导影片《渔光曲》，以深刻的思想内容和强烈的艺术感染力轰动影坛，创造了当时中国影片卖座的最高纪录，在1935年2月举行的莫斯科国际电影节上获得荣誉奖，成为中国第一部在国际上获奖的影片。1935年后，相继导演了《新女性》(1935)、《迷途的羔羊》(1936)、《王老五》(1937) 等影片。同时，还创作了《飞花村》《两毛钱》和《歌舞班》3个电影剧本。

抗日战争全面爆发后，蔡楚生由上海到香港，团结一部分粤语电影工作者，积极筹划拍摄抗战影片。1938年，连续编写了《血溅宝山城》和《游击进行曲》两部粤语电影剧本。之后，又编导了表现上海人民在沦陷区进行不屈斗争的影片《孤岛天堂》(1939) 和歌颂香港工人热情支援抗战的影片《前程万里》(1940)。1945年，抗日战争胜利后，蔡楚生回到上海，参加联华影艺社和昆仑影业公司的创建，并任昆仑影业公司的编导。1947年，他与郑君里合作编导了《一江春水向东流》，这部影片再次创造了国产影片卖座的最高纪录，被誉为“中国电影发展途程上的一支指路标”。同年冬去香港，参加了推进华南电影的改进工作。

1949年到北平，出席中国文学艺术工作者代表大会和中国人民政治协商会议。中华人民共和国成立后，先后任中央人民政府文化部电影局艺术委员会主任和电影局副局长、中国电影工作者联谊会和中国电影工作者协会主席、中国文学艺术界联合会副主席等职。1956年，加入中国共产党。蔡楚生在担任电影领导工作期间，把全部心血献给了社会主义电影事业，对繁荣电影创作、提高电影艺术质量、培养电影专业队伍、开展电影理论研究和出版工作等方面都作出了有益贡献。1958年，在珠江电影制片厂编导的影片《南海潮》(只完成上集，1963)，具有浓烈的时代气息和地方色彩，上映后受到观众的欢迎。

20世纪30～60年代，蔡楚生的电影创作紧扣时代的脉搏，倾诉了人民的心声。他吸取中国古典章回小说的结构特点，创作的影片故事内容丰富、情节曲折、结构完整、层次分明、引人入胜。同时，他善于运用对比、呼应的艺术手法，把贫与富、美与丑、善与恶等两种截然不同的人物和生活场景组接成有鲜明对照意义的镜头，使其具有强烈的艺术感染力。而浓郁的生活气息和地方色彩，以及细腻的细节刻画，又使他的电影创作显出独特的风格。

蔡楚生除拍摄影片、担任电影领导工作之外，还发表过散文、杂文、电影理论、电影评论和回忆录等文章。《对分镜头剧本和文学剧本的一些看法》及《创作四题》等，阐述了他的实践体会和对电影艺术的精辟见解，具有重要意义。

（陈　野）

《草莓与巧克力》 *Strawberry and Chocolate* 古巴彩色故事片。古巴电影艺术与工业局1993年出品。改编自小说《狼、丛林与新人》。编剧，S.帕斯；导演，T.古铁雷斯·阿莱亚、J.C.塔维奥；摄影，M.G.何亚；主演，J.贝鲁格利亚、V.克鲁斯、M.伊巴拉。

故事讲述了艺术家迭戈因为小资产者和同性恋的身份被体制排除在外，但他依然积极从事文化活动，与文化机构协商，尝试举行小型现代艺术展。迭戈结识青年大卫之后，力图吸引对方的注意，同时对大卫进行艺术启蒙教育。迭戈没能把大卫变成自己的爱人，最终获得的是与大卫的友谊。影片中，迭戈喻示着外部世界和创新的启蒙者。迭戈生活在一个敌视同性恋的国家里，他的同性恋身份让他与革命政权、大卫的关系更加微妙。他勇敢追求大卫，虽不成功，却让后者认识到同性恋者亦值得尊重，同时也对世界的差异性、丰富性有了更深的感知。

影片呼唤社会对另类知识分子的包容，将友谊和爱作为超越文化隔绝和自缚

《草莓与巧克力》剧照

状态的解决方案。影片是阿莱亚的后期代表作，也是20世纪90年代以来古巴最知名的电影和古巴第一部同性恋题材电影。影片1993年获第15届哈瓦那国际电影节最佳导演奖、最佳男演员奖、最佳女配角奖等多项奖，1994年获第44届德国柏林国际电影节银熊奖特别评审奖和泰迪奖最佳故事片奖，1995年获第67届美国电影奥斯卡奖最佳外语片奖提名。（魏　然）

岑范　Cen Fan（1926～2008-01-23）　中国电影导演、编剧、演员。原籍广西西林。生于上海，卒于上海。1939年，随家人迁到南京。在中学时代，曾参与《南归》《这不过是春天》《三千金》《楚霸王》等话剧演出。后写下第一部电影剧本《手足情深》。1946年，作为助手前往香港跟随朱石麟学习电影，参与《同病不相怜》(1946)、《春之梦》(1947)、《山河泪》(1948)、《女罗宾汉》(1948)、《蝴蝶梦》(1948)、《**清宫秘史**》(1948)、《**生死恨**》(1948)等多部电影拍摄。1952年，进入中国人民解放军电影制片厂任编导。1954年，转至北京电影制片厂担任副导演、导演。在北影厂期间，担任吴祖光执导的京剧电影《洛神》(1956)、《荒山泪》(1956)等影片的副导演；独立执导了《**群英会**》(1957)、《借东风》(1957)、《雁荡山》(1957)等戏曲片。1957年，任上海海燕电影制片厂导演。1973年，担任上海电影制片厂导演。在上海期间，执导的故事片有《**林则徐**》(1958，与郑君里合作)、《**阿Q正传**》(1981)、《闯江湖》(1984)、《碧水双魂》(1986)等；戏曲片有《**红楼梦**》(1962)、《牛郎织女》(1963)、《逍遥津》(1976)、《李陵碑》(1976)、《祥林嫂》(1978)等。其中《阿Q正传》获第12届葡萄牙菲格拉达福兹国际电影节评委奖。岑范是戏曲电影"南派"风格的代表之一，其作品具有很强的典范意义。（高小健）

《拆弹部队》 *The Hurt Locker*　美国彩色故事片。伏泰齐影业公司2008年出品。改编自M.波尔在伊拉克的工作回忆录。编剧，M.波尔；导演，K.毕格罗；摄影，B.埃克劳德；主演，J.雷纳、A.麦凯、B.格拉格提、G.皮尔斯、L.费因斯、D.摩斯、I.莉莉。

故事讲述了詹姆斯奉命接替在巴格达执行任务时牺牲的人员。另外两位队员联络官桑伯恩和技术专家欧文，不满詹姆斯的鲁莽独行，甚至想制造一起误爆事故除掉他。他们在回程路上遇袭，詹姆斯勇敢镇定，使埃尔德里奇得到安慰和鼓励。三

《拆弹部队》剧照

个人经历生死考验之后消除了隔阂。在一次拆弹行动中，詹姆斯误把一个埋有炸弹的男孩尸体认作卖盗版DVD的男孩儿贝克汉姆，为保全尸首，他冒险拆除了男孩体内的炸弹。上校坎布里奇在这次行动中牺牲。这些都让他十分痛苦。不久，欧文也因一意孤行而受伤。轮值结束，詹姆斯回到家里与妻儿团聚，但他已无法适应平静的生活，最后重新走回战场，开始新一轮的轮值生涯。

影片以伊拉克战争为背景，讲述了陆军战士詹姆斯及战友执行拆弹任务的故事。影片细节丰富，镜头纪实，从一个独特的角度反映了伊拉克战争，探讨了战争给军人造成的身体和精神创伤。影片2009年获第66届意大利威尼斯国际电影节古驰奖，2010年获第82届美国电影奥斯卡奖最佳影片奖、最佳导演奖、最佳原创剧本奖、最佳剪辑奖、最佳音效剪辑奖。（甄晓文）

阐释学电影理论　film hermeneutics　运用阐释学方法阐释电影作品含义的理论。阐释学，又名诠释学或释义学。"阐释"原指阐释《圣经》中有歧义的文字以帮助顺利阅读，类似中国对经书的注疏。古典阐释学的目的在于通过种种技术手段来恢复原文的本义。W.狄尔泰把阐释学的对象从一般原文扩大到历史领域。M.海德格尔使阐释学从方法论和认识论的研究发展为本体论研究。H.-G.伽达默尔认为真正的理解不是如何克服历史局限，而是正确适应这种历史性。P.利科把阐释学运用到对社会行为和社会表象的研究中，把行为看成文本和语言来理解。

阐释学电影理论将电影看成一种特殊的语言，发现其阐释的空间以及阐释的必要，然后将阐释学自身发展所提出的一系列观点运用到电影阐释中。阐释学电影理论以电影经验为基础，从哲学上解释电影世界，并且从方法上界定其阐释过程。阐释学以现象学的预设为基础，现象学提出的问题只有阐释学才能回答。电影阐释学理论将M.梅洛-庞蒂的现象学与利科的阐释学结合起来，研究电影世界如何被电影观众感知和理解、电影经验如何提供意义，以及意义如何通过语言、叙事和时间性得到象征性地调解。电影阐释学关注电影阐释的过程，研究同一部电影的不同含义如何产生和共存的问题。因为关于电影的任何观点都具有历史性，所以电影阐释在本质上是相对而言的和语境化的。电影阐释的目标不是建构宏大的理论，而是追求新颖的阐释。持续不断的阐释过程不仅不会改变、削弱或扰乱电影的价值，而且会增加并且深入地揭示电影的意义。电影的含义在不断放映、观看和阐释的过程中得到显现和丰富。

在对艺术的反思中，真理是一种开放和变化的体验，而不是一种客观思想决定的结果。对于含义丰富、形式复杂的影片，用阐释学的方法探讨电影作品的含义，是非常有效的电影批评模式。（刘宇清）

昌明电影函授学校　Changming Film Correspondence School　中国电影教育机构。1924年7月由**汪煦昌**、徐琥创办于上海新闸路赓庆里708号。由周剑云、陈醉云、**程步高**等任教，是中国最早开设电影教育课程的机构。开办一年后结束。昌明电影函授学校的两位创办人均为留法学生。汪煦昌曾担任明星影片公司摄影主任，拍摄过《玉梨魂》等电影，之后还创办了神州影片公司，以拍摄注重艺术性的严肃电影著称。徐琥创办过震旦影片公司。

该校开创了中国"函授"授课的教学方法，即所谓的"在职学习"(半脱产)，可以集合电影业界人士和电影兴趣爱好者的特殊要求，一边工作，一边学习，在当时是一个崭新的办学理念。它是当时中国授课门类最齐全的电影学校，自编印行了中国第一部电影教材《昌明电影函授学校讲义》。该讲义由周剑云、陈醉云等人编撰，分为影戏概论、导演学、编剧学、摄影学四个方面，内容比较全面系统，以传授和普及电影基础知识为主，不做深刻细致的理论阐述，传播广泛，意义深远。凭借着这本函授讲义，学校甚至把触角延伸到了日本、菲律宾等地。（万传法）

长城电影制片有限公司 Great Wall Film Enterprises Ltd. 中国电影制片机构（简称“长城”）。1950年成立于香港，由1948年张善琨组建的长城影业公司改组而来。香港航运商人吕健康任董事长，长城影业公司原总经理袁仰安留任，沈天荫任制片。袁仰安、**李萍倩**、**程步高**、苏诚寿、朱克等13人组成编导委员会。主要导演有程步高、李萍倩、黄域、胡小峰、张鑫炎等，主要编剧有陶秦、朱克、林欢、周然（查良景）等，主要摄影师有余省三、**董克毅**、蒋锡伟等，主要女演员有夏梦、陈娟娟、石慧、龚秋霞、李嫱、陈思思、毛妹、刘恋、王葆真、**鲍起静**、李燕燕等，主要男演员有傅奇、张铮、姜明、鲍方、江龙、方平等。

1950年6月完成第一部影片《说谎世界》。“长城”出品的影片艺术水准较为出色。其中《孽海花》（1953）入选第7届英国爱丁堡国际电影节；《绝代佳人》（1953）获文化部1949～1955年优秀影片荣誉奖；《**阿Q正传**》（1958）获第11届瑞士洛迦诺国际电影节最佳男主角奖。公司出品的其他影片还有《方帽子》（1950）、《禁婚记》（1951）、《儿女经》（1952）、《新寡》（1956）、《三笑》（1963）、《巴士奇遇结良缘》（1977）等。

“长城”还与内地戏曲界合作，拍摄了越剧电影《王老虎抢亲》（1961）、《三看御妹刘金定》（1962）、《金枝玉叶》（1964）等。不同于香港的**黄梅调电影**，“长城”的演员均在内地进行专门戏曲训练，使这些影片最大限度地传达了原戏曲风味，在艺术和市场上均取得较大的成功。“长城”还曾根据梁羽生小说拍摄了《云海玉弓缘》（1966）、《侠骨丹心》（1971）、《白发魔女传》（1980）等武侠片，与同期多强调感官刺激的香港武侠片相比，“长城”呈现的是典型的文人江湖。“长城”还拍摄了不少内地题材的纪录片，如《万紫千红》《云南奇趣录》《新疆奇趣录》《四川搜秘录》等，使香港和东南亚观众有机会了解变化和发展中的中国。

“长城”是香港左翼电影公司的重要一员，强调电影创作应有益世道人心，制作精良，关注民生疾苦和社会矛盾，但也根据香港观众的需求，风格上偏向城市化、中产化，揭示严肃主题的手法较为婉转温和。“长城”的影片不仅在香港本地市场受欢迎，在东南亚也极受华人华侨观众欢迎，起到了沟通东南亚华人华侨与祖国的情感的积极作用。

1984年，“长城”并入**银都机构有限公司**。

（张承宇　余慕云）

《长城画报》 *The Great Wall Pictorial* 中国电影杂志。**长城电影制片有限公司**总经理袁仰安创办。1950年8月创刊，1962年停刊。该刊宗旨为：配合长城电影制片有限公司出品的影片上映进行宣传，办刊理念与长城电影制片有限公司一致：爱国进步、健康写实、导人向上和导人向善。发行地域除中国香港以外，还有印度尼西亚和马来西亚，并在两地设立代理书局。该刊封面多以“长城”签约女演员为主，内容主要分为影片宣传、电影批评等。影片宣传部分图文并茂，以大量影星照片和剧照为主，少量介绍性文字为辅，集中宣传影片。电影批评集中为电影问题批评和电影作品批评两大部分，其影响力在20世纪50年代不断增强。电影问题批评的主要作者是日后成为著名武侠小说家的查良镛（笔名金庸、林欢、姚馥兰、姚嘉衣）和吴其敏（笔名望翠）。该刊除作为长城电影制片有限公司的官方刊物之外，也是**凤凰影业公司**、**新联影业公司**等左派电影公司的宣传阵地，亦是50年代香港左派电影批评的期刊根据地。该刊为宣传长城电影制片有限公司出品的影片不遗余力，扩大了长城出品影片的影响力和知名度，且因其行销东南亚，曾为当时电影刊物销售之冠，不但为长城电影制片有限公司积累了大量观众，也帮助长城电影制片有限公司开拓了东南亚市场。同时，该刊作为香港左派电影公司和电影批评的阵地，为左派电影人宣传进步意识形态提供了可能和途径，也是对彼时香港社会文化的补遗和丰富。该刊是研究香港电影史的重要史料。

（类成云）

长春电影制片厂 Changchun Film Studio 中国共产党直接领导下建立的第一个大型综合性电影制片厂，也是新中国第一家电影制片厂，简称“长影”。1945年日本投降后，中共长春地下党组织进入株式会社满洲映画协会，10月1日成立东北电影公司。1946年5月由长春迁往黑龙江兴山市（今属鹤岗），并于10月1日改称东北电影制片厂，**袁牧之**任厂长。解放战争期间，组织了数十个战地摄影队深入前线，拍摄了大量新闻纪录片。1947年拍摄了第一部木偶片《皇帝梦》，1948年拍摄了第一部科教片《预防鼠疫》和第一部动画片《瓮中捉鳖》，1949年完成了第一部故事片《桥》和第一部译制片《普通一兵》。1949年4月，东影迁回长春市；1955年正式改名为长春电影制片厂。1960年9月，长影曾创办长春电影学院，设有导演、表演、文学、摄影、美术5个系。1962年学院撤销，学员有的并入其他院校，有的陆续分配到有关部门工作。长影设有总编室、导演室、摄影室、美术室、音乐创作室、制片室、编刊室、洗印厂以及美工、照明、录音、服装化妆、道具、剪辑、特技等工作间；直属单位有演员剧团和电影乐团。

在20世纪80～90年代由计划经济向市场经济转型过程中，长春电影制片厂由于体制、机制、观念等方面出现严重不适应，遇到了危机。1998年，长影在全国率先探索并启动了改革，开展土地置换，同时成立了影视公司。1999年12月，长春电影制片厂改制成立长影集团有限责任公司。2004年1月设立企业自办电影频道。2005年5月建设国内第一家世界级电影主题公园——长影世纪城，先后接待国内外游客1000多万人次，成为中国电影产业化的一个成功探索，当年就扭亏为盈。2011年，长影对老厂区进行改造，打造展示长影69年历史文化成就的电影博物馆、五星级艺术影院、全国首家电影主题音乐厅等，2014年全部开放。

长影自建厂以来，先后拍摄故事片900多部，译制各国影片1000多部。“文化大革命”前，长影摄制的优秀影片有《**白毛女**》《**上甘岭**》《地下尖兵》《**五朵金花**》《战火中的青春》《**甲午风云**》《**英雄儿女**》《满意不满意》等。“文化大革命”中，完成3部“样板戏”影片和故事片《**创业**》《车轮滚滚》。改革开放以后，较好的作品有《吉鸿昌》《**人到中年**》《飞来的仙鹤》《十六号病房》《不该发生的事》《黄山来的姑娘》《女人的力量》《**开国大典**》等。20世纪90年代以来，又有《九香》《七七事变》《蒋筑英》《重庆谈判》《喜莲》《男妇女主任》《毛泽东与斯诺》等优秀影片问世。21世纪初改制之后，长影影片生产由改革前年产三五部到2011年年产数十部。长影农村题材电影创作基地自2008年成立以来，先后拍摄农村题材影片140多部。其中21部影片分别获得“五个一工程”奖、华表奖、金鸡奖、台湾金马奖等奖项。长影还积极投入大制作影片的拍摄。2011～2012年，长影集团领衔出品的

长春电影制片厂大门

《辛亥革命》《铜雀台》等影片在海内外均获得较好的票房。继2012年3部影片获中共中央宣传部第12届“五个一工程”奖后，2013年又有3部影片获得第15届中国电影华表奖3个类别大奖。2014年之后，长影出品的商业片《老男孩之猛龙过江》《龙之谷：破晓奇兵》及主旋律电影《索道医生》都获得了较佳的社会效益和经济效益。

中国电影史上还有另外一个长春电影制片厂，简称“长制”。它存在于1946～1948年。由中共秘密党员金山以国民党接收大员身份接管长春原株式会社满洲映画后成立。作品有《松花江上》《小白龙》《哈尔滨之夜》等。（胡 昶）

长焦镜头 telephoto lens 焦距在135毫米以上的摄影镜头。又称长焦距镜头、远摄镜头。长焦镜头按照焦距长短可分为远摄镜头和超远摄镜头两类。以传统的35毫米胶片为例，远摄镜头的焦距长度为135～300毫米，而超远摄镜头的焦距在300毫米以上。按照内部光组结构的不同，又可分一般远摄镜头、倒置远摄镜头和折反射式远摄镜头三种。长焦镜头的视角较窄，具有将景物拉近、放大的效果，因此具有突出主体、弱化环境的美学效果。

长焦镜头拍摄的画面具有以下几个方面的特点：①视角小，镜头摄取到的空间范围小，主要用于凸显主体及其细节展现，常常用于在纷乱的环境中捕捉被摄主体。②景深短，聚焦的主体清晰，前后景物关系模糊。常用在表现群体中的主要形象，产生“鹤立鸡群、众星捧月”的艺术效果。在实际操作中，需要拍摄者能够精确对焦，否则容易出现脱焦、虚焦。③透视压缩大，由于长焦镜头的结构特点，被摄主体前后的空间和透视关系被压缩，主体与背景的空间感缩短，透视关系模糊，处于不同空间层次的人和景物在视觉上被压缩成平面关系，镜头焦距越长，这种压缩感越明显。空间中存在的空气、细微杂质同样也会被压缩，产生雾气蒸腾和模糊飘动的效果，摄影师常常利用这种效果创造出形式美。如在飞机场上用长焦镜头拍摄飞机起降，或是透过燃烧的火焰拍摄人物近景。

长焦镜头的体积大，拍摄对象放大效果明显，因此细微的颤动都可能对画面产生影响，所以使用长焦镜头拍摄时，最好将摄影机固定在三脚架上。（马 诚）

《长津湖》 *The Battle at Lake Changjin* 中国彩色故事片。北京博纳影业集团有限公司、中国人民解放军八一电影制片厂等2021年联合出品。编剧，兰晓龙、黄欣；导演，陈凯歌、徐克、林超贤；主演，吴京、易烊千玺、段奕宏、朱亚文、胡军、李晨、韩东君、张涵予、黄轩、欧豪。

《长津湖》剧照

故事讲述了1950年朝鲜战争爆发，美军参战，威胁边境安全，中国决定支援朝鲜。美军一步步北上，在朝鲜北部形成东西线钳制之势。长津湖是东线阻击敌人的重要战场，中央派宋时轮带领第九兵团首批入朝作战。第九兵团的第七穿插连是英雄连队，连长伍千里的弟弟伍万里一心想入伍。于是，伍万里跟随第七穿插连负责运送电台和4名译电员，在路途中遭到美空军袭击、激战，但还是顺利完成了任务。还没等战士们休整好，第七穿插连又接到需赶往长津湖新兴里1100高地参与战斗的新任务。他们立即出发，在零下30多摄氏度的极端天气中，战士们衣衫单薄，只能啃冻土豆。他们以惊人的毅力翻越雪山，隐蔽接敌，悄无声息地抵达了预设战场。第九兵团在武器装备远远落后于美军的情况下，将美军一个多师分割包围于长津湖地区，最终击败美军，收复了三八线以北的东部广大地区，扭转了朝鲜战争的局势，而新入伍的伍万里也随着战争成长起来。

作为战争电影巨制，影片将宏大视野与微观视角相结合，不仅再现了朝鲜战争的恶劣环境与残酷景象，而且表现出新兵伍万里与久经战场的七连战士伍千里、梅生、雷睢生、余从戎等人层次丰富的性格与内心意识。影片建立“个人—集体—国家”三个维度同构的共同体想象，将爱国情感、民族信仰注入了每个人的潜意识中，开拓了抗美援朝题材“新主流电影”的新空间。影片2021年获第16届中国长春电影节最佳影片奖、第13届澳门国际电影节金莲花奖最佳影片奖、国防军事电影盛典优秀影片奖等。（连 洁）

长镜头 length shot 用一个镜头连续地对一个场景或一场戏进行拍摄而形成的一个比较完整的镜头段落。长镜头是一种相对于**蒙太奇**的拍摄手法，其时间并无明确、统一的规定，一般拍摄时间在30秒到10分钟之间。长镜头分固定长镜头、变焦长镜头、景深长镜头、运动长镜头4种，其中运动长镜头包括摄影机的推、拉、摇、移、升、降运动。

由于长镜头包含较为丰富的信息量，且能把镜头中的各种内部运动方式统一起来，因此显得自然流畅又富有变化，为画面造成多种角度和景别，既能表现环境、突出人物，同时也能给演员的表演带来充分的自由，有助于人物情绪的连贯，使重要的戏剧动作能完整而富有层次地表现出来。

长镜头能保持电影时间与电影空间的统一性和完整性，具有较强的时空真实感，同时能表达人物动作和事件发展的连续性和完整性，因而能更真实地反映现实，符合纪实美学的特征。观众面对长镜头可以自由地进行审美判断，发挥自己对影片中某一事物的思考和评价的主动性。（边善基）

厂标音乐 emblem mark music 电影生产制作机构在自己出品的电影作品公映时，配合厂标出现而固定播放的、具有该电影制作机构艺术特点的标志性音乐。美国的派拉蒙影业公司、华纳兄弟影业公司、哥伦比亚影业公司、20世纪福克斯电影公司、环球影片公司和迪士尼电影公司等世界知名电影制片公司，以及日本的东宝和东映株式会社，中国的北京电影制片厂、上海电影制片厂和中国人民解放军八一电影制片厂等影片制作机构都有自己专属的厂标音乐。很多厂标音乐特色鲜明、脍炙人口且深入人心，成为电影制片机构的重要符号标志。

1947年，东北电影制片厂（今长春电影制片厂）在摄制《民主东北》时选用贺绿汀作曲的《胜利进行曲》作为厂标音乐，沿用至今。中华人民共和国成立初期，各个电影制片厂曾统一沿用此乐曲作为厂标音乐。之后，国有电影制片厂纷纷确定了各自的厂标音乐。中国人民解放军八一电影制片厂的厂标音乐使用了《中国人民解放军进行曲》的主题音乐。

21世纪以来，世界知名电影制片公司在沿用原有老厂标音乐的同时，在厂标音乐的表现形式上进行了二次创作。例如，美国环球影片公司采用人声演绎其厂标音乐的经典旋律，在保持标识度的基础上吸引观众的关注；美国梦工厂电影公司在很多动画片中根据影片内容改编厂标音乐，厂标中坐在月亮上钓鱼的小人经常被替换成动画片里的角色，相应地，厂标音乐也会采用该动画片中的配乐；美国派拉蒙影业公司出品的大部分电影的厂标音乐会根据电影的配乐进行重新编配，形成了派拉蒙影业公司的音乐特色。（赵 娴）

场地外景 backlot set 在摄影棚以外的区域搭建的场景。又称场地景。在影视拍摄中，摄影棚的高度和面积都有一定限制，无法满足拍摄一些规模宏大、范围比较广阔的场景，场地外景的搭建可以最大限度地解决此类问题。场地外景可以进行临时性或永久性的搭建。某些永久性的场地外景类似于拍摄基地，不同的影片都可在其中进行拍摄。如在北京电影制片厂厂区内搭建的永久性场地外景里，就拍摄过《垂帘听政》(1982)、《骆驼祥子》(1982)等影片。场地外景拍摄不再受限于棚内布景的空间，可以在自然光下拍摄，还可以利用自然环境作为背景，拍摄效果更加真实。场地外景在拍摄中也有相应的限制，比如季节、气候变换以及一天早、中、晚的光线条件等都会对拍摄造成一定的影响。（宋东葵）

场记 script holder 拍摄影视片的一项工作内容，也是担任这一工作的人员的称谓。场记的主要任务是在拍摄过程中进行现场记录。由于一部影视作品分割成若干场景和数百个镜头进行拍摄，并因影视作品生产的特点，拍摄时不能按镜头顺序进行，所以需对每一镜头的拍摄情况进行详细记录，以作为继续拍摄、剪辑配音的依据，并供影视作品完成后制作完成台本用。

场记的主要内容大致包括景号、镜号、拍摄内容、拍摄方法、镜头长度、演员在镜头中的位置动作及对话、服装、道具等。场记工作隶属于导演组，也和剪辑组有直接的工作接洽关系。场记作为工作人员，是导演的助手。场记所做的记录有助于影片各镜头之间的衔接，为导演的继续拍摄以及补拍、剪辑、配音、洗印提供准确的数据和资料。场记最重要的任务是协助导演合理规划镜头，防止穿帮、越轴等失误出现。

场记一般必须准备场记板、场记单、剧本三样东西。场记板是在每个镜头开拍时打板用的，在板子上记录摄像机将要拍摄的集数、场数、镜数，然后被摄像机拍摄。场记单有一定的格式，先写上集数、场数、镜数、条数，再写上拍摄的内容，最后记录时间码，并且要对导演满意的条数做记录。剧本是导演对画面的要求，包括如何分镜、如何决定景别，以及演员在一场戏中穿什么衣服、鞋子等细节。场记要时时在导演身边，及时记录导演所说的内容。（陈 青）

场景勘察 scene investigation 在完成剧本工作后，导演携剧组主创到计划拍摄的地点提前考察实地景物。又称勘景或取景。场景勘察的主要目的是确定实地景物与剧本设定的景色是否符合，场景是否达到开拍条件，每一场戏在哪个地点拍摄。一般情况下，第一次勘景由制片独立完成，将勘景报告提交给制片人和导演，经筛选后安排再次勘察（复景）以确定场地。复景参与人员包括制片人、制片、导演、摄影师、灯光师、美术师、道具师等。摄制组内的每个成员在勘景工作中都有各自的需求与职责。摄影师、灯光师、道具师等会针对不同地点提出自己专业方面的建议，供导演、制作人决策。场景勘察时会拍摄大量照片（视频）用作参考，以便修改剧本或改变拍摄计划之用。摄影师在勘景过程中，要根据导演阐述要求的环境去选择、勘察景地的活动。导演侧重从摄影方面选择能体现时代、地区、民族特点以及有利于人物刻画的外景地，同时还要考虑场地的季节、时间、气候、空间、光线等因素。制片人要根据导演提出的场地要求进行场地查找，安排实地勘景，并考量实际操作过程中的各项因素。（丁珊珊）

场景气氛 scene atmosphere 以场景烘托主题和情节的发展，衬托和加强人物形象的欢乐、悲伤、神秘、恐怖等情绪和氛围。场景气氛是强化影视作品感染力的艺术手段。场景气氛的营造依赖于导演、表演、摄影、音效、美术等各种艺术成分的融合，其中美术场景设计对于场景气氛的渲染起着至关重要的作用，其从挖掘人物的精神世界出发，把握人物情感变化，通过对景物情调的描绘，给影片涂上感情色彩。

场景气氛主要通过色调处理、造型风格以及空间组织、画面构图等造型手段实现，往往在暗示中发挥艺术功能，给观众以情绪的感染，甚至预示影片情势发展的某种信息。如美国电影导演T.波顿的作品《剪刀手爱德华》(1990)中摇摇欲坠的古堡和《理发师陶德》(2007)中的灰冷色调，都渲染了神秘而阴郁的场景气氛。（宋东葵）

场景设计 scene design 影视艺术创作中对空间场域的设计。场景是空间内与人物故事情节产生直接关联的环境创造，与剧本所涉及的时代、社会背景和自然环境相互作用、相互适用。故事情节在场景中的延伸、发展需要合情合理，因此场景设计要高度符合剧本的创作主体与思想核心。设计场景，一方面需要设计者有丰富的生活积累；另一方面需要设计者有美术基础和视觉艺术的相应功底。影视创作中，摄影师与美术指导要根据导演的总体要求，完成对场景的搭建和适度的取景，以便让人物在场景中的表演显得更加自然。

场景设计分全景设计和近景设计。全景设计是指整体故事发生的背景空间，其设计并非不注重细节的描绘，而是在取景上的景别会偏大，让观众能够对故事发展的大环境有直观全面的认知。近景设计是指在特写镜头或中近景镜头中，对镜头内的环境细节进行更加细腻的构思和设计。如人物的配饰、房间的摆设等。

场景设计的创作思维，一是美术思维；二是故事思维。美术思维要求场景的设计符合观众的审美需要，视觉元素搭配符合观众的审美习惯。故事思维要求场景的设计能够与剧本故事或客观故事相匹配，完成创作者对故事情节的叙事要求。

场景设计前要做好以下准备工作：①熟读剧本。了解作者的创作思维和主题思想，在此基础上具象地设计故事发生时代背景下的空间环境，让场景整体具备正确的时代特征并且能起到推动故事发展的合理作用。②用生活经验和切身生活经历来具象还原场景中的诸多元素以及变化。③构思一切可利用的素材、资料，把视觉物体形象化、运用空间典型化。④用视觉传达的原理让场景给予观众准确并强烈的视觉刺激。⑤在故事准确的基础上合理地营造氛围。⑥在准确叙事的基础上，创作时适当考虑风格化的问题。场景风格由三大要素组成：故事（情节）、角色（人物）、场景（环境），场景风格大体可分为写实、夸张、科幻、漫画、梦幻、写意、装饰、色彩等。

准备工作完成后，草图阶段要确定拍摄对象的活动空间、构图形式风格、物件陈设的位置距离以及与摄影机形成的角度，并且在影视作品创作中要考虑灯光的光区和器材的摆放空间。其中，前景的搭设很重要，它能增强镜头感及丰富角度、起落变化、焦段变化、焦距变化。之后绘制色彩气氛图，统一环境色调风格。气氛图中的气氛片段要重情（剧情、人物之情）、重势（气势、气派）、重意（意境、内涵）、重魂（人物之魂、景物之魂）。

电影场景设计要处理好三种典型问

题：①各个视觉元素（包括点、线、面）之间相互拼接分割产生的总体视觉效果。②场景设计在不同景别间的匹配关系。③对有强烈主观情绪指向的场景设计，要处理好场景的象征意味与叙事主题的匹配关系。

场景设计还要注意以下问题：①明确主题与母题，运用视觉元素，统一现实经验，模拟风格。②分清形式感较强的场景空间设计是否能够正确地将创作主题完整地呈现出来。③清楚构图，给予主题准确精细的艺术意蕴。④清楚画面布局变化和审美亮点。⑤清楚所使用的特殊技法所带来的隐藏于场景中的细节设置是否能被观众察觉。⑥对光线有创意性的要求，同时要符合生活中观众对光线的合理认知。⑦前景设计时，应着重考虑镜头的特性。⑧清楚不同视角带来场景的直观视觉效果的变化和递进。（李　勇）

场面调度　mise-en-scène　演员调度和摄影机调度的统一处理，在银幕上创造电影形象的一种特殊表现手段。场面调度一词来自法文 mise-en-scène，原指在戏剧舞台上处理演员表演活动位置的一种技巧。场面调度被引用到电影艺术创作中来，其内容和性质与舞台上的不同，它不仅关系到演员的调度，而且还涉及摄影机的调度（或称镜头调度）。

构思和运用电影场面调度，需以电影剧本提供的剧情和人物性格、人物关系为依据。导演、演员、摄影师等需在剧本提供的人物动作、场景视觉角度等基础上，结合实际拍摄条件，进行场面调度的设计。利用场面调度，可以在银幕上刻画人物性格，体现人物的思想感情，也可以表现人物之间的关系，渲染场面气氛，交代时间间隔和空间距离。场面调度对电影形象的造型处理也起着重要的作用。

场面调度的种类　场面调度主要包括演员调度和摄影机调度。

演员调度具体包括：①横向调度。演员从镜头画面的左方或右方做横向运动。②正向或背向调度。演员正向或背向镜头运动。③斜向调度。演员向镜头的斜角方向做正向或背向运动。④向上或向下调度。演员从镜头画面上方或下方做反方向运动。⑤斜向上或斜向下调度。演员在镜头画面中向斜角方向做上升或下降运动。⑥环形调度。演员在镜头前面做环形运动或围绕镜头位置做环形运动。⑦无定形调度。演员在镜头前面自由随意走动。导演选用演员调度形式的着眼点，不仅在于保持演员和他所处环境的空间关系在构图上的完美，更主要在于反映人物性格，遵循人物在特定情境下必然要进行的动作逻辑。

摄影机调度的运动形式有推、拉、摇、跟、移、升、降。以镜头位置分，有正拍、反拍、侧拍等形式；以镜头角度分，有平拍、仰拍、俯拍、升降拍及旋转拍等形式。一般来讲，若干衔接镜头用同一个运动形式拍摄，会给人流畅的感觉；用忽而仰、忽而俯的角度拍摄，会给人强烈的对立感觉。

电影的场面调度是演员调度与摄影机调度的有机结合，两种调度相辅相成，都以剧情发展和人物性格、人物关系所决定的人物行为为逻辑为依据。

场面调度的手法　为了使电影形象的造型具有更强烈的艺术感染力，在处理电影场面调度时，可以从剧情的需要出发，灵活运用调度手法，主要有纵深调度、重复调度和对比调度三种。

纵深调度是在多层次的空间中，充分运用演员调度的多种形式，使演员的运动在透视关系上具有或近或远的动态感，或在多层次的空间中配合富于变化的演员调度，充分运用摄影机调度的多种运动形式，使镜头位置做纵深方向（推或拉）的运动。如将摄影机摆在十字路口中心，拍一演员从北街由远而近冲向镜头跑来，而后又拐向西街由近而远背向镜头跑去的镜头；或者跟拍一演员从一个房间走到房子深处另外几个房间的镜头。这种调度可以利用透视关系的多样变化，使人物和景物的形态获得强烈的造型表现力，加强电影形象的三度空间感。

重复调度主要包括：①相同或相似的演员调度和镜头调度重复出现。②虽然镜头调度有些变动，但相同或相似的演员调度重复出现。③虽然演员调度有些变动，但相同或相似的镜头调度重复出现。在一部影片中，这种相同或相似的演员调度和镜头调度的重复出现会引发观众的联想，使他们在比较之中领会其中内在的联系和含义，从而增强剧情的感人力量。例如，一场戏是刚结完婚的妻子在村口一棵榕树下送别丈夫上前线作战；另一场戏是数年后，同在这棵榕树下，妻子迎接丈夫立功凯旋。如果将这两场戏用相同或相似的演员调度和镜头调度加以处理，当观众第二次看到时，势必会联想到第一次出现的情境，从而对这对夫妻的离别和重逢有更深的感受。

对比调度是指在演员调度和镜头调度的具体处理上，可以运用各种对比形式，如动与静、快与慢的强烈对比。若再配以音响上强与弱的对比，或造型处理上明与暗、冷色与暖色、黑与白、前景与后景的对比，则艺术效果会更加丰富多彩。

场面调度与蒙太奇的关系　电影从无声变为有声以来，运用场面调度连续拍摄的方法在很大程度上取代了蒙太奇分切，但是并未完全排除蒙太奇手段。场面调度与**蒙太奇**是可以并行不悖的。可以借助于蒙太奇技巧，通过演员和摄影机运动的速度和节奏的变化，在相互对比之中，揭示出一种更为深刻的含义。只有当这两种表现手段融为一体时，电影语言的艺术表现力才更具有强烈的感染人的作用。假定有这样两个片段：一个是特工在充满阳光的火车站里坐在椅子上等候着；另一个是另外一个特工为了和他接上关系，正在阴森森的密林中被敌人追踪而拼命奔逃。一个是静、亮、暖色，另一个是动、暗、冷色，这两个片段多次对比交替出现，能使观众在紧张的气氛中，更强烈地感受特工敢于冒生命危险的优秀品质。

从各国的电影发展史来看，随着电影技术的不断改进，电影场面调度技巧的运用愈来愈丰富多彩。但是，有两种倾向应该避免：一种是形式主义倾向。它不将场面调度用以创造真实感人的电影形象，不注重深入刻画人物形象，而过于追求镜头画面奇特怪诞的异常效果，结果人为痕迹很重，使观众失去身临其境之感。另一种是自然主义倾向。它排斥对电影场面调度精心的艺术构思和艺术处理，片面强调自然状态，结果虽然看来如现实生活一样真实，但却显得粗糙杂乱，失去了电影形象作为一种艺术形象的魅力。（王运辉）

超现实主义电影　surrealist film　把文学上的超现实主义的创作方法运用于电影创作的电影流派。超现实主义电影通常没有完整的故事，试图把梦境、心理变化、无意识或潜意识过程搬上银幕，把表现幻觉和梦境、展示人的潜意识当作电影艺术的根本任务，旨在创造一种存在于艺术家内心的、超越梦幻与现实的绝对现实的电影作品。1927年G.杜拉克导演的《贝壳与僧侣》，被看作是超现实主义的第一部作品。1928年**L.布努埃尔**导演的《一条安达鲁狗》，被视为超现实主义的典型代表作品。影片描写一个精神困顿的流浪汉一连串的梦境，从而进入人类潜意识状态的探索，并试图激起观众的内心冲动。超现实主义电影以1930年布努埃尔的《黄金时代》而宣告结束。超现实主义电影是20世纪20年代法国**先锋派电影**的重要倾向之一，后来成为美国实验电影和地下电影

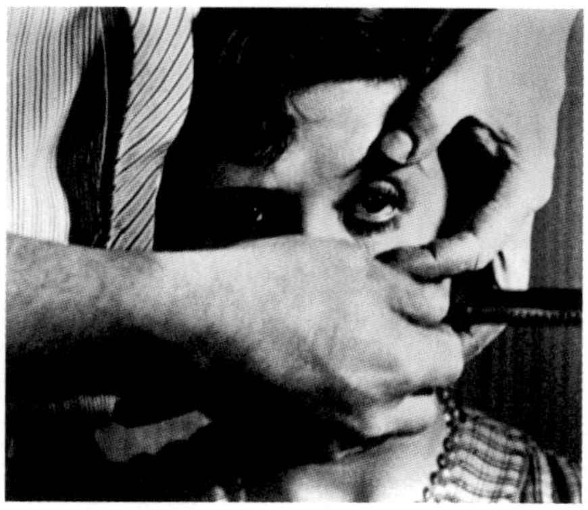
《一条安达鲁狗》剧照

的重要一翼。在剧情片中，一些描写变态心理、潜在性冲动、无理性行为等相关内容，均被认为是超现实主义片段的展现。

（唐建军）

朝鲜电影 Korean cinema 1897年，电影传入朝鲜。1919年，朝鲜人第一次放映了自己摄制的舞台剧影片《义理的仇讨》（导演金陶山）。1923年，尹白南导演了朝鲜第一部故事片《月下的盟誓》。在以后的几年中，以尹白南为代表的电影艺术家拍出一批电影，如《海的泣诉》（1924，导演王必烈、李庆孙）、《沈清传》（1925，导演李庆孙）、《云英传》（1925，导演尹白南）、《开拓者》（1925，导演李庆孙）、《双玉泪》（1925，导演李龟永）等。这些影片多改编于朝鲜古典小说，是悲欢离合的情节剧。

1926～1935年是朝鲜无声片的黄金时期，不少影片具有民族文化特色。较有影响的是罗云奎导演的《阿里郎》（1926）、《风云儿》（1926）、《野鼠》（1927）、《金鱼》（1927）、《寻找爱情》（1928），金幽影导演的《流浪》（1928）、《昏暗的街道》（1928），姜湖导演的《黑暗之路》（1929）、《地下村》（1931），李圭焕导演的《没有主人的渡船》（1932）等。罗云奎是这一时期的重要导演，他以批判现实主义手法揭露日本军阀统治的罪恶，反映被压迫人民的悲惨生活，从而引起社会强烈反响，对当时朝鲜的进步文化事业发展起到了促进作用。上述影片中，有些是朝鲜卡普（无产阶级艺术家同盟的简称）电影运动时期较有影响的作品。卡普电影运动开始于1927年，结束于1935年。在这期间，进步电影工作者将电影作为武器与日本占领者进行战斗。他们的影片大多取材于社会最底层人民的生活，不仅反映他们在日本统治下的苦难，而且也反映他们强烈的反抗精神。因此，卡普电影在当时赢得了广大观众的欢迎。1935年，由李明雨导演的第一部有声影片《春香传》获得成功。1936年后，随着日本统治的加剧，卡普电影运动遭到公开镇压，朝鲜电影完全被日本侵略者掌握在手中。

1945年朝鲜的解放和1948年朝鲜民主主义人民共和国的建立，为朝鲜民族电影艺术的发展创造了条件。1946年2月，朝鲜共产党中央委员会决定成立电影班，当年即拍摄出《我们的建设》和《民主选举》两部纪录片。1947年初，根据北朝鲜临时人民委员会的决定，在平壤建起占地5万平方米的北朝鲜国立电影制片厂（朝鲜艺术电影制片厂的前身）。建厂初期即推出一批表现人民建设新朝鲜和反映国际友谊等内容的新闻纪录片，代表作有《人民委员会》（1947）、《民主建国》（1949）、《友谊之歌》（1949）等；故事片有《我的故乡》（1949，导演姜弘植）和《熔矿炉》（1949，导演闵定植）。《我的故乡》真实地再现了朝鲜人民在日本帝国主义统治下的悲惨生活，表现了人民热爱自己故乡、渴望祖国独立的美好愿望，深得观众好评。

1950年朝鲜祖国解放战争爆发后，朝鲜电影工作者组织了前线摄影队。在艰苦的3年战争期间，他们拍摄了100余部纪录片和6部故事片。这些影片从不同角度表现出朝鲜人民崇高的爱国主义精神和革命英雄主义精神，重要的纪录片有《正义的战争》（1951）、《为了祖国的统一》（1951）、《粮食战线》（1951）、《世界的呼声》（1951）、《细菌暴行》（1952）、《战斗着的铁路员工们》（1952）、《向着胜利》（1952），故事片有《少年游击队》（1951，导演尹龙奎）、《重返前线》（1952，导演千相仁）、《侦察兵》（1953，导演全同民）等。《少年游击队》和《重返前线》曾分别在第6届、7届捷克斯洛伐克卡罗维发利国际电影节上获"争取自由斗争奖"。

1953年，朝鲜在平壤建立了培养电影人才的平壤电影大学。大学设电影导演、摄影、美术、表演、电影理论等专科。活跃在朝鲜影坛上的电影工作者大部分出自这所大学。1954～1960年是朝鲜电影创作繁荣的时期。各类题材的影片大量涌现出来，如战争片《游击队姑娘》（1954，导演尹龙奎）、《渔郎川》（1957，导演尹龙奎）、《战友》（1958，导演闵定植），现实题材影片《新婚夫妇》（1954，导演尹龙奎）、《幸福之路》（1956，导演全同民），喜剧片《我的女婿，我的儿媳》（1958，导演崔男先），侦探片《9时整》（1959，导演崔男先），历史片《春香传》（1959，导演尹龙奎），儿童片《小船厂》（1958，导演李基成）、《母亲的怀抱》（1958，导演全同民）等。20世纪60年代，朝鲜建立了奖励制度，为作品设"人民奖"，为电影工作者设"人民艺术家""人民演员""功勋艺术家""功勋演员"等荣誉称号。随着朝鲜千里马运动的蓬勃开展，影坛上出现了一批反映时代风貌和新人的影片。如《海鸥号船员》（1961，导演韩尚云）、《红色宣传员》（1962，导演朴学）、《百日红》（1963，导演千相仁）、《细纱工》（1964，导演吴炳初）、《人民教师》（1964，导演韩尚云）等。

60年代末至80年代中期，朝鲜电影创作的主要内容大致如下：①以革命传统教育为主题。有崔亿奎导演的《血海》（1969）、《卖花姑娘》（1972），后者曾在第18届捷克斯洛伐克卡罗维发利国际电影节上获特别奖；严吉善导演的《安重根击毙伊藤博文》（1979）等。②以反映金日成和其亲属的革命活动为内容。有朴学、严吉善合作导演的《大地烈火》（1977），严吉善导演的《第一支武装队伍的故事》（1978）、《白头山》（1980）、《朝鲜的启明星》（1～10集，1980～1986）等。③以现实生活为题材。有金英浩导演的《鲜花盛开的村庄》（1970）、《农民英雄》（1975），刘浩顺导演的《劳动家庭》（1971）、《摘苹果的时候》（1971）、《轧钢工人》（1972）、《青春的心脏》（1982）等。④以描写朝鲜地下工作者敌后斗争为题材。有郑基模导演的《木兰花》（1～3集，1971），刘浩孙导演的《无名英雄》（1～20集，1978～1981）等。⑤以针砭社会生活中某些落后面和不良风气为内容。有《在某一工厂》《试制品事件》《车间主任和两个姑娘》《不能等闲视之》《两个作业班长》《婚礼日》等。这类干预生活、比较轻松活泼的喜剧短片为广大观众所喜闻乐见。⑥以南北统一为主题。有严吉善导演的《金姬银姬的命运》（1974）、闵正植导演的《骨肉》（上、下集，1979）等。20世纪80年代，朝鲜还拍摄了电影《春香传》（1980）、《不能授勋的英雄》（1982）、《少女日记》（1984）、《神笛少侠洪吉童》（1986）、《温达传》（1986）、《桔梗花》（1987）、《一个党干部的故事》（1988）、《一条心》（1988）等。80年代朝鲜有电影制片厂4个：朝鲜艺术电影制片厂、二·八电影艺术制片厂、朝鲜纪录片厂、朝鲜科教片厂。每年生产故事片、纪录片近百部。朝鲜自1987年开始举办平壤国际电影节，自1990年开始每两年举办一次。中国有多部影片都在该电影节上获奖。

90年代，朝鲜拍摄了电影《尽管岁月流逝》（1990）、《献给你的交响诗》

（1991）、《独立单位》（1993）、《在大同江相遇的人们》（1993）、《最初的保安署员们》（1994）、《返回鸭绿江》（1995）等。21世纪以来，朝鲜拍摄了《在绿地毯上》（2001）、《灵魂的抗议》（2001）、《血溅略牌》（2004）、《他们是平凡的战士》（2005）、《海云洞的两个家庭》（2007）、《天上的风筝》（2008）、《兄弟之情》（2010）、《幸福的车轮》（2010）、《绝不留下悬案》（2011）、《金同志飞起来》（2013）、《我们家的故事》（2016）等。（张志峰）

《沉默的羔羊》 *The Silence of the Lambs* 美国彩色故事片。奥利安影片公司1991年出品。根据T.哈里斯同名小说改编。编剧，T.哈里斯、T.塔利；导演，J.德姆；摄影，藤本；主演，J.福斯特、A.霍普金斯、S.格林、B.史密斯、G.A.罗梅罗。

故事讲述了FBI女探员克拉丽丝·斯塔林在变态心理医生、"食人魔"林克特·汉尼拔的指点下，破获一起残忍的连环凶杀案并击毙罪犯"水牛比尔"的故事。影片中一明一暗两条线索交叉并进，明线为克拉丽丝在林克特的指点下剥丝抽茧的探案经过；暗线为精神病专家林克特借探案之名对克拉丽丝进行心理分析与治疗的过程，她因幼年丧父而不能走出心理阴影。"沉默的羔羊"既指被"水牛比尔"绑架杀害的无辜女性，也暗指克拉丽丝内心的隐秘创伤。克拉丽丝幼年失怙，曾被送进乡下农场与远房表亲一起生活。她偶然目睹了农场主宰杀羔羊的可怕场面，那一幕留在记忆深处，成为她的精神创伤。从此，她便被羔羊的哀鸣声困扰，直至成年。

影片在剧情处理、艺术手法的运用上娴熟精致，其中场景设置以封闭的内室环境为主，采用了希区柯克式的悬念手段和现代惊悚片的心理分析法，用幽暗阴冷的镜头语言，精心营造了惊心动魄的恐怖氛围。影片1991年获第41届德国柏林国际电影节最佳导演奖；1992年获第64届美国电影奥斯卡奖最佳影片奖、最佳男演员奖、最佳女演员奖、最佳导演奖、最佳改编剧本奖，第49届美国电影金球奖最佳女主角奖，第45届英国电影学院奖最佳

《沉默的羔羊》剧照

男主角奖、最佳女主角奖，第18届美国电影人民选择奖最受欢迎剧情片奖。（徐 勇）

陈宝国 Chen Baoguo（1956-03-09～ ） 中国影视演员。生于北京。1977年，毕业于中央戏剧学院表演系。1982年，在电视剧《赤橙黄绿青蓝紫》中饰演叛逆青年刘思佳，获第1届中国大众电视金鹰奖最佳男主角奖。1986年，在电影《神鞭》中饰演无赖玻璃花。1990年，在影片《老店》中扮演经历种种磨难的全聚德掌柜杨明全。1995年，出演电视剧《咱爸咱妈》，获第16届中国电视剧飞天奖最佳男配角奖。2001年，在郭宝昌执导的电视剧《大宅门》中饰演白景琦，将有情有义、敢爱敢恨、顶天立地的白景琦演绎得入木三分。2002年，主演电视剧《公安局长》，获第21届中国电视金鹰奖观众喜爱的男演员奖。2005年，在胡玫执导的电视剧《汉武大帝》中饰演雄才伟略、风流千古、性格丰富的一代霸主汉武帝，获第25届中国电视剧飞天奖优秀男演员奖和第11届中国电影表演艺术学会奖金凤凰奖。2010年和2011年，分别出演电视剧《茶馆》和《钢铁年代》，获第28届中国电视剧飞天奖优秀男演员奖。2014年，在电视剧《老农民》中饰演农民牛大胆，获第21届上海电视节白玉兰奖最佳男主角奖。同年，还出演了《北平无战事》《湄公河大案》《原乡》《大河儿女》，获第30届中国电视剧飞天奖优秀男演员奖。2020年，凭借《老酒馆》获第26届上海电视节白玉兰奖最佳男主角奖。

陈宝国的表演细腻、自然，能深度展现人物的内心世界，看似随意的表演之中充满张力，演员的个人魅力与角色浑然一体。无论是帝王将相，还是普通百姓，他都演绎得游刃有余。他参演的影片还有《大渡河》（1980）、《廖仲恺》（1983）、《默默的小理河》（1984）、《商界》（1989）、《香魂女》（1993）、《满洲虎行动》（1993）、《红尘》（1994）、《女帅男兵》（2000）、《宝贝计划》（2006）、《建国大业》（2009）、《湄公河行动》（2016）等。参演的电视剧还有《北洋水师》（1992）、《北京深秋的故事》（1995）、《中国空姐》（1995）、《无雪的冬天》（1998）、《红岩》（1999）、《笑傲江湖》（2000）、《铁面无私》（2002）、《血色浪漫》（2004）、《天下第一楼》（2004）、《京华烟云》（2005）、《江山风雨情》（2005）、《传奇皇帝朱元璋》（2006）、《大明王朝1566》（2007）、《贞观长歌》（2007）、《越王勾践》（2007）、《子夜》（2008）、《天地正气》（2009）、《决战南京》（2010）、《虎符传奇》（2012）、《老中医》（2019）等。2009年，获第27届中国电视剧飞天奖突出贡献奖。（黄海贝）

《茶馆》剧照

陈波儿 Chen Bo'er（1910～1951-11-09） 中国电影演员。原名陈舜华、陈佐芬。生于广东汕头，卒于上海。父亲早年去世，由母亲抚育成长。1929年，在上海艺术大学读书时参加上海艺术剧社，开始从事左翼戏剧活动。1929年，主演了舞台剧《街头人》《梁上君子》等。1931年曾去香港。1934年返回上海参加明星影片公司，主演了《青春线》。不久，加入电通股份有限公司，与袁牧之合作主演了《桃李劫》。她以质朴真切的表演，获得了观众的赞赏。1936年，转入明星影片公司二厂，主演了反映第一次国内革命战争的影片《生死同心》，塑造了一个正直、爱国的小资产阶级青年妇女的形象。

1937年1月，组织领导了上海妇孺前线慰劳团，前往绥远抗日前线，进行爱国宣传活动，演出了街头剧《放下你的鞭子》《张家店》《走私》等。抗日战争全面爆发后，参加了话剧《保卫卢沟桥》的演出。1938年1月，随上海救亡演剧队第一队到达武汉，在中国电影制片厂参加了影片《八百壮士》的拍摄，并当选为中华全国电影界抗敌协会理事。同年到达延安，后组织战区妇孺考察团，进行宣传活动。1940年秋至1946年春，在延安马列学院和中共中央党校学习，其间参加编导了舞台剧《同志，你走错了路》，被评为陕甘宁边区甲等文教英雄，并获得首次文教大会的甲等奖。此外，她还创作了《伤兵曲》《劳动的光辉》等剧本，导演了《马门教授》《俄罗斯人》《前线》等苏联名剧。她还积极筹划组织了《保卫延安》等文献纪

录片的拍摄，并参与创作电影剧本《边区劳动英雄》。

1946年春到达东北兴山，参加东北电影制片厂（简称“东影”）的创建和领导工作。同年10月，任东影党总支书记兼艺术处处长。1947年，主持拍摄了新闻纪录片《民主东北》17辑，其中收辑了由她编导的中国第一部**木偶片**《皇帝梦》。1949年，组织拍摄了《桥》《中华女儿》等6部长故事片。1949年秋，调任中央电影局艺术委员会副主任委员兼艺术处处长。1950～1951年，组织协调完成了《赵一曼》《**白毛女**》《**钢铁战士**》《**翠岗红旗**》等26部故事片和一批新闻纪录片的拍摄制作。1950年，在她的倡议和主持下，成立了中国第一所电影艺术干部学校——中央电影局所属的表演艺术研究所，兼任所长。她是新中国人民电影事业的开拓者之一。曾任全国政协第一届委员、全国妇联第一届委员等。（陈少舟）

陈道明 Chen Daoming（1955-04-26～　）中国话剧、影视演员。生于天津。1971年进入天津人民艺术剧院。1982年毕业于中央戏剧学院表演系，同年进入中国

电视剧制作中心任演员。1984年初登银幕，参演电影《今夜有暴风雪》和《一个和八个》。此后，在《屠城血证》(1987)、《一代妖后》(1988)、《八旗子弟》(1988)、《关公》(1989)、《桃花满天红》(1995)、《舞女》(1996）等影片中都有不俗的表现。1999年主演影片《我的1919》，成功塑造了内敛、睿智的爱国外交家顾维钧，获第20届中国电影**金鸡奖**最佳男演员奖及第6届中国电影**华表奖**优秀男演员奖。在献礼片《建党伟业》(2011）中，再次饰演顾维钧，赋予角色以生命力和历史感，展现了其实力派的演技。曾参演《**英雄**》(2002)、《无间道3：终极无间》(2003)、《建国大业》(2009)、《一九四二》(2012）等影片。2010年，凭借《唐山大地震》获第4届亚太电影大奖最佳男演员奖。2011年重回话剧舞台，主演了话剧《喜剧的忧伤》。2015年主演《**归来**》，获第15届中国电影表演艺术学会奖。

1988年，陈道明在他的首部电视剧《末代皇帝》中饰演青年溥仪，为广大观众熟知且喜爱，一举夺得第7届大众电视

《我的1919》剧照

《唐山大地震》剧照

金鹰奖最佳男主角奖及第9届中国电视剧飞天奖最佳男主角奖。1990年在电视剧《**围城**》中饰演方鸿渐，显露出扎实的表演功底，获第11届中国电视剧飞天奖优秀男主角奖、第3届中国电影表演艺术学会奖以及第2届全国制片协会优秀电视剧最佳男主角奖。

他在电视剧中塑造了很多类型各异、形象鲜明的艺术形象，包括《一地鸡毛》(1995)、《胡雪岩》(1996)、《绍兴师爷》(1998)、《大汉天子》(2001，获第3届中国电视艺术双十佳演员奖)、《康熙王朝》(2001，获第20届中国电视金鹰奖观众最喜爱男演员奖)、《黑洞》(2002)、《中国式离婚》(2004，获第5届中国电视艺术双十佳演员奖)、《茉莉花》(2006)、《我们无处安放的青春》(2007)、《卧薪尝胆》(2007)、《手机》(2010)、《楚汉传奇》(2012)、《庆余年》(2019，网剧）等。2018年12月29日，陈道明当选为第10届中国电影家协会主席。（许　婧）

陈方千 Chen Fangqian（1920-07-10～1985-03-21）中国话剧和电影导演、演员。原名陈芳謇。原籍江西靖安。生于北京。1940年任华北广播电台新闻编辑。1945年与友人在北平组织了铁马剧团，任副团长。1946年参加北平剧社，在话剧《日出》《原野》《雷雨》中担任重要角色。1947年组织拓荒剧艺社。同年，进入中央电影企业股份有限公司三厂。其间参与拍摄《深闺疑云》(1948)、《青梅竹马》(1948）等影片。1949年4月入北平电影制片厂（今北京电影制片厂）演员剧团，同年参与电影《欢天喜地》(1949）的作曲。之后，相继在《民主青年进行曲》(1950)、《走向新中国》(1951)、《新儿女英雄传》(1951)、《英雄司机》(1954)、《神出鬼没》(1962）等影片中出演角色。

1956年转为导演，先后导演故事片《**红旗谱**》(1960，副导演)、《为了六十一个阶级弟兄》(1960，与**谢添**合作)、《洪湖赤卫队》(1961，与谢添合作)、《锦上添花》(1962，与谢添合作)、《花儿朵朵》(1962，与谢添合作)、《小铃铛》(1964，与谢添合作)、《沸腾的群山》(1976)、《黑三角》(1978，与刘春林合作)，舞台艺术片《蔡文姬》(1978，与朱今明合作)，戏曲片《赶会》(1976)、《空城计》(1976)、《葛麻》(1976)、《盗魂铃》(1976)、《斩黄袍》(1976)、《宝莲灯》(1976)、《红娘》(1977)、《李天保娶亲》(1980，与段吉顺合作)、《幽灵》(1980)、《包公误》(1981)、《背靴访帅》(1982)、《嫁不出去的姑娘》(1983)、《哪吒》(1983)等，其中儿童故事片《小铃铛》获1982年第二届全国少年儿童文艺创作编导一等奖，参与作曲的儿童小歌剧《小熊请客》获作曲一等奖。（高小健）

陈歌辛 Chen Gexin（1914-09-19～1961-01-25）中国作曲家。原名陈昌寿，笔名林枚、庆余、戈忻等，雅号“歌仙”。生于江苏川沙北蔡镇（今上海浦东新区），卒于安徽白茅岭。自幼喜爱音乐、歌舞等艺术。毕业于上海格致中学。后拜师上海圣约翰大学音乐教授、德籍犹太音乐家W.弗兰克尔，系统学习声乐、钢琴和作曲等专业知识。1937年，为艺华影业公司的《三星伴月》作曲。1938年，与他人一起组办歌咏指挥训练班，谱写了一些抗战歌曲。1939年，为国华影片公司的《红粉飘零》作曲。

1940年，创作了代表性歌曲《玫瑰玫瑰我爱你》，走红全国，蜚声海外。1945年8月，日本战败投降当晚，创作了歌曲《迎战士》。1947年，为影片《长相思》谱写了插曲《夜上海》，由演员**周璇**演唱，曾风靡一时。1949年，在《风雪夜归人》中担任作曲。1951年，在影片《两家春》中负责音乐创作，获文化部1949～1955年优秀影片奖个人三等奖。1954年，在全国作曲学习班上主讲配器。1956年，在美术片《骄傲的将军》中担任作曲和音乐指挥。1957年，在《女篮5号》的配乐中担任乐队指挥。

他所创作的音乐旋律风格中西合璧、情调迷人、配器独特，受到百姓的广泛喜

爱。他的著名音乐作品还有《蔷薇蔷薇处处开》《梦中人》《渔家女》《海燕》《可爱的早晨》《凤凰于飞》等。他的电影作曲作品还有《和平鸽》《无名氏》《遥远的爱》《野火春风》《恋爱之道》《初恋》《天涯歌女》《三朵花》《水上人家》《控告》《中国的囚歌》《人民巨掌》《为孩子们祝福》和《情长谊深》等。此外，陈歌辛还撰写、翻译并发表了多篇音乐方面的论文，如《声音的处理》《歌曲之学习》《母音的混合——发音法讲话之一》《歌曲的解释》《唱得响和唱得高》等。（冯 曦）

陈光忠 Chen Guangzhong（1930-11-08～ ）中国新闻纪录片编剧、导演。祖籍广东澄海。生于香港。1949年进华北大学，同年分配到北京电影制片厂。1950年随军南下拍摄《大战海南岛》。1953年转入中央新闻纪录电影制片厂任编导。1954年编导《永远年轻》，获当年文化部“好、快、省”奖。1956年拍摄了短片《华而不实》，获文化部1949～1955年优秀影片三等奖。1965年拍摄了长纪录片《中日青年友好大联欢》。

1978～1985年，编导了“美的三部曲”（《美的旋律》《美的心愿》《美的呼唤》）、《新的起点》《啊，我的亲人》《莫让年华付水流》《零的突破》《我与祖国共命运》《澳门沧桑》等纪录片。其中，《美的旋律》获1980年第3届中国大众电影百花奖最佳长纪录片奖；《莫让年华付水流》获1981年文化部优秀影片奖、1982年第2届中国电影金鸡奖最佳纪录片奖；《零的突破》获1984年文化部优秀影片奖和1985年第5届中国电影金鸡奖最佳影片奖；《澳门沧桑》获1988年中国广播电影电视部优秀影片奖。随后创作的《我们走向未来》获1991年中国广播电影电视部优秀纪录片特别奖；《往事并非如烟》和《热风》分别获1992年和1995年国务院新闻办与广播电影电视部联合颁发的“金桥奖”优秀纪录片奖。

他的创作充满激情，具有丰富的想象力并富有哲理。1984年被评为全国优秀新闻工作者一等奖。1987年调入中国新闻社任副社长兼南海影业公司总经理。曾任中国电影家协会第5届主席团委员、理事。（茹 芩）

陈凯歌 Chen Kaige（1952-08-12～ ）中国电影导演。曾用名陈皑鸽。祖籍福建长乐。生于北京。1970年参军。1974年，到北京电影洗印厂当工人。1978年，考入**北京电影学院**导演系。1984年，导演处女作《**黄土地**》，以独特的影像风格和锐利的思想内涵引起中外强烈反响，标志着中国第五代导演的崛起。1986年，导演《大阅兵》，表现了人民军队震撼人心的力量和战士们对军队的热爱，获第11届加拿大蒙特利尔国际电影节评委会奖。1987年，导演《孩子王》，表达了对教育问题的理性思考，获第8届中国电影金鸡奖导演特别奖、第41届法国戛纳国际电影节教育贡献奖、联合国教科文组织国际影视委员会特别奖等。1991年，导演《边走边唱》。

1993年，导演《**霸王别姬**》，讲述了京剧艺人坎坷的人生命运，塑造了生动丰满的人物形象，取得了震撼人心的艺术效果，获第46届法国戛纳国际电影节金棕榈奖、第51届美国电影金球奖最佳外语片奖等。1996年，导演《风月》，获第49届法国戛纳国际电影节金棕榈奖提名。1999年，导演《荆轲刺秦王》，场面宏大，气势磅礴，获第52届法国戛纳国际电影节技术大奖。2002年，导演《和你在一起》，获第22届中国电影金鸡奖最佳导演奖。同年，导演电视剧《吕布与貂蝉》。2008年，导演《梅兰芳》，讲述了一代京剧大师梅兰芳传奇而又精彩的一生，获第27届中国电影金鸡奖最佳故事片奖、第13届中国电影华表奖优秀故事片奖和优秀导演奖等。2010年，导演《赵氏孤儿》。2017年，导演《妖猫传》，获第32届中国电影金鸡奖最佳摄影奖和最佳美术奖、第12届亚洲电影大奖最佳视觉效果奖等。2019年，导演《我和我的祖国》，获第28届上海电影评论学会奖华语十佳影片奖、第35届中国大众电影百花奖最佳影片奖。2021年，与**徐克**、林超贤联合执导抗美援朝题材影片《**长津湖**》。

陈凯歌是中国第五代导演的代表人物，他的电影注重对人性的挖掘，具有深厚的文化底蕴，展现出独特的艺术个性。他的前期作品以对传统文化的反思和独特的电影语言著称，后期作品逐渐走向商业化道路。他导演的影片还有《致命温柔》（2002）、《无极》（2005）、《搜索》（2012）、《道士下山》（2015）等。著有自传《少年凯歌》。2006年，获第28届俄罗斯莫斯科国际电影节世界电影贡献奖。2008年，获第21届日本东京国际电影节黑泽明奖。2010年，获第13届上海国际电影节华语电影杰出贡献奖。2013年，担任第26届日本东京国际电影节评委会主席。2015年，担任上海大学上海电影学院院长。

（杨国还 撰 高小健 修订）

陈鲤庭 Chen Liting（1910-10-20～2013-08-27） 中国戏剧、电影导演，艺术理论家。生于上海，卒于上海。在大夏大学读书时参加了大夏剧社，翻译了爱尔兰作家格雷戈里夫人的剧本《月亮上升》，并把它改编为《三江好》。1931年，在上海南汇县（今南汇区）大团镇教小学时，创作了街头剧《放下你的鞭子》。1932年回到上海，参加左翼戏剧家联盟，积极参加学校和工人的演剧活动。1934年，任《晨报》影坛专栏的特约撰稿人，为左翼戏剧、左翼电影做了广泛的宣传，同时翻译介绍了苏联电影理论，如V.I.**普多夫金**的《电影演员论》等。1935年，发表《评娜拉的演出》一文，及时总结了当时左翼戏剧导演艺术上的成就。1936～1937年，参加左翼戏剧家联盟领导的上海业余剧人协会和业余实验剧团，并作为其中的主要负责人之一，推动了中国进步话剧运动在艺术上的成长。“八一三”事变以后，任上海救亡演剧队第四队队长。1938年，任旅川上海业余剧人协会的理事兼导演，导演了《夜光杯》《魔窟》《钦差大臣》等话剧。1939年，在宜川担任第二战区文抗话剧队队长。

1940年回到重庆，先后在中国电影制片厂和中央电影摄影场任编导。1941年，编著了中国第一部较系统的电影理论著作《电影轨范》。同时，兼任中华剧艺社的理事和导演，导演了《结婚进行曲》《复活》等剧。1942年，导演的《屈原》成为中国话剧艺术的重大成果，享誉全国。1947年，编导了第一部影片《遥远的爱》，结构完整，剪辑流畅。此后又导演了影片《幸福狂想曲》（1947）和《**丽人行**》（1949），形成清丽细腻的艺术风格。中华人民共和国成立后，导演了《人民的巨掌》（1950）、《劳动花开》（1951）等影片。1953年，为中国青年艺术剧院重排《屈原》。1959年，在上海电影演员剧团和上海戏剧学院演出的《大雷雨》中担任导演。同时，主持上海电影文学研究所的工作。

1957～1966年，任上海天马电影制片厂厂长。1978年后，担任上海电影制片厂艺术委员会副主任。20世纪80年代，重版《电影轨范》一书。曾任中国文联委员、中国戏剧家协会理事、中国电影家协会常务理事。（李梦学　李天济）

陈虻 Chen Meng（1961-08-30～2008-12-24） 中国电视人。原名陈小兵。生于北京，卒于北京。1983年，毕业于哈尔滨工业大学光学工程专业。1985年进入中央电视台，曾在《人物述林》《社会经纬》《观察与思考》等节目中担任记者。1993年，在中央电视台大型杂志型新闻栏目《东方时空》中的《生活空间》版块担任制片人，提出"讲述老百姓自己的故事"的节目理念，传递出展现普通百姓情感与生活的节目宗旨。2001年1月，担任中央电视台新闻评论部副主任，主管《实话实说》《新闻调查》等栏目，同年10月开始主管再次改版后的《东方时空》，并兼任该栏目总制片人。在他的带领下，《东方时空》节目以纪实性和人文性为特色，改变了中国内地观众早间不收看电视节目的习惯，开创了中国电视改革的先河。1996年，中国电视艺术委员会授予陈虻全国十大杰出制片人称号。（李　晨）

陈翘英 Chen Qiaoying（1951～　） 中国影视编剧。生于香港。20世纪80年代进入电视行业，在**香港电视广播有限公司**（TVB）供职，从事综艺节目《欢乐今宵》的小品编剧，后参与长篇电视连续剧工作。1980年，出任TVB戏剧组创作主任。1986年，出任香港**德宝影业公司**创作总监。1990年，担任亚洲电视数码传媒有限公司戏剧组制作总监。

1980年，参与电视剧《**上海滩**》的编剧工作，该剧以民国年间的上海为背景，细致地表现了主要人物间的爱恨情仇与矛盾纠葛，戏剧张力大、情感力度强，情节跌宕起伏。此后，相继担任《**射雕英雄传**》(1983)、《胜者为王》(1990)、《新精武门》(1992)等多部电视连续剧的编剧工作，在业界赢得了较高声誉。2002年，开始为内地影视公司工作，参与了《新霍元甲》(2007)和《母仪天下》(2008)的创作。他的作品情节曲折跌宕、扣人心弦。曾任香港编剧家协会副会长。（李　群）

陈庆嘉 Chen Qingjia（1953～　） 中国影视编剧、导演。笔名阿宽。生于香港。毕业于香港中文大学。1986年，在**吴宇森**执导的电影《**英雄本色**》中担任编剧，讲述了宋子豪、宋子杰和小马哥三人之间的

江湖情和兄弟情，表现了他们不同的人生轨迹与信仰，获第6届香港电影金像奖最佳影片奖。1998年，担任电影《野兽刑警》的编剧，讲述了一个飞虎队督查被下放到红番区，带领一批问题警员与黑社会头目进行斗争的故事，诠释了生存的哲理和人性的复杂，获第18届香港电影金像奖、最佳编剧奖。2000年，在喜剧片《江湖告急》中担任编剧，获第7届香港电影评论学会大奖最佳编剧奖。

他编剧的作品人物形象饱满鲜明，台词生动。他编剧的电影作品还有《何日君再来》(1991)、《天旋地恋》(1999)、《安娜与武林》(2003)、《冲锋陷阵》(2004)、《恋情告急》(2004)、《戏王之王》(2007)等。他导演的作品有《天罗地网》(2003)、《人间喜剧》(2010)、《八星抱喜》(2012)等。（李　群）

陈设道具 display props 影视剧拍摄时依据剧情的需要而布置在场景内的各种物品。陈设道具分为大道具和小道具，大道具包括桌、椅、床、柜、箱、橱等大件的家具、物件，小道具包括锅、碗、瓢、盆、瓶、镜等小型的生活用品和器皿、摆件等。陈设道具在场景环境中，起到交代时间、刻画角色、烘托影片气氛的作用。陈设道具通常意义上指的是摆着或挂着的不用移动的物体，一旦这些道具与演员动作发生关系而被移动时，比如要拍摄桌、椅、柜子等往车上搬运的戏份，这些陈设道具又转变为**戏用道具**，陈设道具和戏用道具在一定条件下是可以互相转换的。（宋东葵）

陈汀声 Chen Tingsheng（1910～2000） 中国电影技术教育家。生于江苏无锡。1930年，进入江苏省立教育学院农民师范专修科学习。1932年毕业后留校工作，任实验广播电台研究实验干事，研究广播教育和技术。1946年，受聘于江苏省立教育学院，翌年任电化教育专修科副教授兼科主任，开设了扩音机、电影放映机等课程。中华人民共和国成立后，江苏省立教育学院更名为苏南文化教育学院，后于1952年在全国院系大调整中并入中央人民政府文化部电影局电影学校（今**北京电影学院**）。陈汀声任电影放映师专修科主任，领导和组织电影放映师资培训的教学工作，编写出了全套培训放映员的教材。1960年学校建立电影工程系后，任电声专业教研组组长，1963～1966年任系副主任。1973年9月，北京电影学院被改制为中央五七艺术大学电影学校，以原电声专业教师为主建立了电影录音系，他在录音系的建立过程中发挥了重要作用。1978年北京电影学院恢复本科招生后，任录音系系主任。（戴德刚）

陈友松 Chen Yousong（1899～1992-03-23） 中国翻译家、电影教育家、电化教育家。生于湖北京山，卒于北京。早年留学菲律宾、美国，师从J.杜威等大师。1935年，获美国哥伦比亚大学哲学博士学位，其间曾攻读视听教育课程。归国后任南京中央教育电影检查委员会委员，并在上海大夏大学任社会学系系主任，开设教育电影课。每班100多名学生，经常前往上海各电影制片厂参观，这是中国大学开设最早的教育电影课程。后又先后在西南联大、湖北省立教育学院等高校任教或任职。

1936年，与卢时白、吴铁成、褚民谊、潘公展、郭有守、徐悲鸿、**徐公美**等发起成立全国电影教育用品公司，并与中央电影摄影场、金陵大学展开合作，以推进电影教育和无线电教育为宗旨，包括自制非常时期教育及教课影片、译售并出租外国制教育及教课影片、缩制有教育意义的小型长片。同年，担任**中国教育电影协会**上海分会编辑；另担任中国第一个以电化教育为名的期刊《电化教育》的主编，共出版6期，抗战开始后停刊。1937年2月，出版中国第一部有声教育电影著作《有声的教育电影》，该著作根据美国教育电影专家恩士倍杰在哥伦比亚视听教育课堂讲义编写而成，增编中国教育电影现状与需求，此举在引进和传播美国视听教育理论及其本土化创新方面作了开拓性贡献。1952年全国大专院校调整，调至北京师范大学任教。

他长期致力于教育理论的教学、研究和翻译工作，主要著述有《中国教育财政之改进》《有声的教育电影》《苏联的教育》等。他学贯中西，积极从事国际教育交流活动，为中国电化教育事业作出了积极努力。"文化大革命"后曾任全国比较教育学会顾问、全国陶行知研究会顾问等。（姜　贞）

成龙 Jackie Chan（1954-04-07～　） 中国电影演员、导演。原名陈港生，曾用名

陈元楼、陈元龙。祖籍安徽芜湖。生于香港。7岁进入于占元开办的香港中国戏剧学院学习，主攻京剧净行，并练习北派武术。8岁时，作为童星参与拍摄《大小黄天霸》。1964年，出演《秦香莲》。15岁时，任龙虎武师和特约演员。1971年，主演影片《广东小老虎》。1973年，出演《女警察》并兼任武术指导。1976年后相继加入罗维、思远、嘉禾等影片公司。1978年，主演了《蛇形刁手》和《**醉拳**》，这两部影片是其成名作和谐趣**功夫片**的经典。1980年，自导自演《师弟出马》，打破了香港电影票房纪录。同年，主演了《杀手壕》。1982年，自导自演《龙少爷》。

1983年，自导自演警匪片《**A计划**》，大获成功。1985年，自导自演《警察故事》，获第5届香港电影金像奖最佳故事片奖、最佳导演奖、最佳男主角奖。1987年，自导自演动作喜剧片《龙兄虎弟》。1988年，自导自演警匪片《警察故事续集》。1989年，自导自演动作片《奇迹》，获第9届香港电影金像奖最佳动作指导奖。1992年，自导自演《警察故事Ⅲ超级警察》，获第29届台湾电影金马奖最佳男主角奖。1993年，自导自演《重案组》，获第30届台湾电影金马奖最佳男主角奖。1994年，主演《醉拳Ⅱ》，上映后受到好评。1995年，主演《红番区》，在影片中塑造了功夫高强、一身正气的香港警察形象，展现了真实的侠义精神和功夫的魅力，获第15届香港电影金像奖最佳动作设计奖。1998年，在好莱坞主演《尖峰时刻》。2004年，主演《新警察故事》，获第25届中国电影

《新警察故事》剧照

金鸡奖最佳男主角奖。2012年，自导自演《十二生肖》并担任动作指导，获第32届香港电影金像奖最佳动作设计奖、第50届台湾电影金马奖最佳动作设计奖。2017

《十二生肖》剧照

年，与P.布鲁斯南合作出演《英伦对决》。2019年，在展现中国登山队登顶珠峰事迹的影片《攀登者》中饰演登山队员杨光。

成龙是一位有着重要影响力的国际动作明星，其电影集警匪、功夫、喜剧等于一身，把动作奇观与经典段落、挑战未来与挑战自我结合在一起，在轻松的娱乐气氛中表达了以弱胜强的传统道德主题，受到国内外观众的喜爱。他导演或主演的影片还有《少林木人巷》(1976)、《笑拳怪招》(1979)、《炮弹飞车》(1981)、《飞鹰计划》(1991)、《双龙会》(1992)、《警察故事4之简单任务》(1996)、《一个好人》(1997)、《我是谁》(1998)、《玻璃樽》(1999)、《赎金之王》(2000)、《尖峰时刻2》(2001)、《神奇燕尾服》(2002)、《皇家威龙》(2003)、《飞龙再生》(2003)、《环游地球八十天》(2004)、《神话》(2005)、《宝贝计划》(2006)、《尖峰时刻3》(2007)、《功夫之王》(2008)、《新宿事件》(2009)、《辛亥革命》(2011)、《警察故事2013》(2013)、《天将雄狮》(2015)、《铁道飞虎》(2016)、《功夫瑜伽》(2017)、《急先锋》(2020)等。1987年，获第24届台湾电影金马奖评委会特别奖。1997年，当选香港演艺人协会会长。2005年，获第24届香港电影金像奖专业精神奖、第8届上海国际电影节华语电影杰出贡献奖。2010年，获第54届亚太影展杰出成就奖。2017年，获第89届美国电影奥斯卡奖终身成就奖。

（余慕云　撰　高小健　修订）

成荫　Cheng Yin（1917-01-21～1984-04-26）中国电影导演。原名成蕴保。祖籍江苏松江（今属上海）。生于山东曹县，卒于北京。曾在北京、太原等地读书。1936年在汉口善德英文学校上学。七七事变后，积极参加抗日救亡运动。1938年赴延安，在陕北公学、鲁迅艺术学院戏剧系学习，同年加入中国共产党。后调八路军120师政治部战斗剧社任导演、政治指导员、副社长等职务，写作和导演了《打得好》等话剧，并随军参加了一些重要战役。1947年底，由吕梁军区政治部调**西北电影工学队**。

1948年在东北电影制片厂担任编导，自编自导纪录短片《东影保育院》，并编写了故事片《回到自己队伍来》。1950年，导演影片《**钢铁战士**》和《在前进的道路上》。《钢铁战士》1951年获第6届捷克斯洛伐克卡罗维发利国际电影节"和平奖"和文化部1949～1955年优秀影片一等奖。1951年任文化部电影局艺术委员会秘书长。1952年与**汤晓丹**合作导演影片《**南征北战**》。1954年，赴苏联莫斯科电影制片厂实习一年。1956年回国，先后导演了《上海姑娘》(1958)、《万水千山》(1959)、《停战以后》(1962)、《女飞行员》(1966)等故事片。20世纪70年代导演了《红灯记》《红色娘子军》等舞台艺术片。1978～1979年，导演影片《拔哥的故事》(上、下集)。1981年导演影片《**西安事变**》，获1982年第2届中国电影金鸡奖最佳导演奖。1982年，任北京电影学院院长。他以导演革命战争和革命历史题材的影片著称。这些作品以真实地再现历史环境、史诗般的宏伟气魄、高亢激越的抒情色彩和生动鲜明的人物形象而独具特色。曾任中国电影家协会第1届委员、第2届和第3届常务理事、第4届副主席，第四届全国人大代表，第五、六届全国政协委员，中国文联委员，中国作协委员等。

扩展阅读

陈凯燕.成荫与电影.北京：中国电影出版社，1985.

（黄加明）

《城南旧事》 *My Memories of Old Beijing*
中国彩色故事片。上海电影制片厂1982年出品。改编自台湾作家林海音同名小说。编剧，伊明；导演，**吴贻弓**；摄影，曹威业；音乐，吕其明；主演，沈洁、郑振瑶、张闽、**张丰毅**、严翔、袁佳奕。

故事讲述了20世纪20年代，小姑娘英子跟随家人由台湾迁到北平城内生活居住。英子认识的第一个朋友是会馆前的"疯女人"秀贞，其孩子失踪、情人下落不明，英子对她非常同情，并帮她找到了离散6年的女儿，但不久她们母女俩便惨死在火车轮下。英子搬家后，又结识了一个出没于草丛中的新朋友，这个朋友把自己偷来的东西换成钱，来养活全家和供

《城南旧事》剧照

弟弟上学，但自己无意中带巡警抓走了这个年轻人，英子感到非常难过。英子结识的第三个朋友是家中的女佣宋妈，她用自己的奶汁喂大了英子的弟弟，自己在乡下的儿子却不幸淹死了，女儿也被丈夫卖掉了。英子不明白宋妈为什么撇下自己的孩子不管来伺候别人。最后，英子带着种种疑惑，随家人乘上了远行的马车。

林海音的《城南旧事》是一部自传体的短篇小说集，作家在其叙述的20年代北京南城的往事中，寄托了整整一代人深厚的乡恋与离愁。导演吴贻弓借这部充满了离开和失去主题的忧伤作品，表达了岁月蹉跎的无限怅惘之情。影片以质朴、抒情的艺术语言，描绘了老北京的人和事。导演采用散文式的结构方法，通过小英子纯真的眼睛，将秀贞、小偷、宋妈三个人物的命运片段连接了起来。这种外松内紧、形散神聚的结构技巧的运用，为新时期电影结构的多样化开拓了一条新路子。影片1983年获第3届中国电影金鸡奖最佳导演奖、最佳女配角奖、最佳音乐奖，第2届菲律宾马尼拉国际电影节最佳影片金鹰奖。（翁睦瑞）

程步高 Cheng Bugao（1896～1966-06-20）中国电影导演。字齐东。生于浙江嘉兴，卒于香港。早年求学于私立诒谷小学，后考入上海震旦大学，在震旦大学读书时对电影产生兴趣，曾为上海《时事新报》副刊《青光》撰写影评，翻译介绍国外电影技术知识。1924年起涉足影坛，从事电影编导工作，为大陆影片公司拍摄了第一部影片《水火鸳鸯》，并拍摄纪录片《吴佩孚》《洛阳风景》，编写电影剧本《乡姑娘》，后与孙瑜、杨小仲等发起创办长城影片公司，导演《乡姑娘》《空门贤妇》《飞剑女侠》等无声片。1928年加入明星影片公司，以后的10年间为明星公司拍摄了近40部影片，并协助张石川、洪深拍摄最初的有声片，在由蜡盘配音到胶片录音技术的探索试验中有所贡献。他在明星公司导演的早期作品有《黑衣女侠》《奋斗的婚姻》《血泪黄花》《离婚》等；20世纪30年代的代表作品有《狂流》《春蚕》《同仇》《华山艳史》《到西北去》《热血忠魂》《夜来香》《新旧上海》《小玲子》等。其中《狂流》作为明星影片公司的第一部左翼电影作品，在中国电影史上具有重要地位。程步高在影片中采用了当年新闻纪录片中的一些镜头加以精心剪接，为影片增添了真实感。一·二八淞沪抗战爆发后，他与摄影师在前线摄制了轰动海内外的新闻纪录片《上海之战》。1933年2月，当选为中国电影文化协会委员。他导演的由夏衍根据茅盾名著改编的《春蚕》，以深刻的现实主义手法勾勒出20世纪30年代中国农村的图画，以近似纪录片的手法，再现了这一时代的真实情景，是将新文艺作品搬上银幕的首创，体现了原著与改编者的意图。影片拍摄得质朴、细腻，被当时电影评论界誉为1933年中国影坛的一次重大收获。1936年，上海电影界救国会成立，程步高任执行委员。抗日战争全面爆发后，他在郭沫若主持的军委会政治部第三厅工作。抗日战争胜利后，他继续从事电影编导工作。1947年去香港，先后在永华影业公司、长城电影制片有限公司工作，至1961年共导演了20部影片，主要有《乱世儿女》《瑶池鸳鸯》《锦绣天堂》《春城花落》《海誓》《深闺梦里人》《欢喜冤家》《兰花花》《少女的烦恼》《玫瑰岩》《鸣凤》《小鸽子姑娘》《慈母顽儿》《脂粉小霸王》等。1961年导演《美人计》后隐退。晚年编写了15万字的《影坛忆旧》，为中国电影发展史留下了珍贵资料。（陈少舟）

程季华 Cheng Jihua（1921-05-02～2015-12-14）中国电影史学家。生于湖南长沙，卒于北京。出身于普通职员家庭，自幼丧父。1935年当学徒时开始接触进步文艺，参加抗日救亡活动。1937年后，相继参加中国共产党地下党组织的移动演剧队和抗敌演剧五队，辗转于川、鄂、粤、桂、滇及印缅战区从事抗日艺术活动。一年后回到宜昌，开始学习戏剧专业理论知识。1939年秋，到重庆参加筹建益州剧场。1941年被捕，出狱后一直从事演剧工作直到抗战胜利。1946年，在中国歌舞剧社从事戏剧工作，并被选为监事会监事长，在香港及南洋各地从事艺术活动。1948年，在新加坡中华艺术专科学校戏剧系任教。

1950年，在中央电影局艺术委员会艺术处任业务秘书兼演员科科长，协助陈波儿从事建立艺术机构，开展研究活动等工作。1953年，创办《电影艺术译丛》(现名《世界电影》)，任主编。1956年，参与创办《中国电影》杂志(现名《电影艺术》)，任常务编委之一。同年，参与创办中国电影出版社，主持电影艺术编译室工作，后又长期担任中国电影出版社副社长兼总编辑。1959年始，任北京电影学院兼职教授。经过12年的艰苦劳动，程季华主编的《中国电影发展史》(第一、二卷)于1963年出版，1980年再版。1987年日本东京平凡社出版了日文译本。该书作为中华人民共和国文化部艺术科学规划的第一部中国电影史学著作，有90万字著述、800余幅电影资料图片，在电影学界影响深远。

曾任中国电影家协会理事，中国电影家协会书记处书记、常务书记，中国电影评论学会副会长，中国电影艺术研究中心学术委员会委员，《中国电影年鉴》和《中国电影大辞典》主编。1983年、1986年两次受聘于美国洛杉矶加利福尼亚大学艺术研究院，出任客座教授。1989年第3次赴美，为艾奥瓦州立大学和纽约州立大学的博士、硕士研究生讲授“中国电影——历史与理论”课程。2014年获第23届中国金鸡百花电影节暨第32届中国大众电影百花奖终身成就奖。（黄加明）

程蔚东 Cheng Weidong（1953-09-01～ ）中国影视编剧。生于安徽绩溪。毕业于武汉大学中文系。1979年，调入浙江电视台工作。1987年，担任电视剧《春蚕》的编剧，获第5届中国电视金鹰奖特别奖。1991年，担任电视剧《中国神火》的编剧，获第12届中国电视剧飞天奖优秀编剧奖、第1届中共中央宣传部精神文明建设“五个一工程”奖。1992年，担任电视剧《中国商人》的编剧，获第13届中国电视剧飞天奖长篇电视剧二等奖、第2届中共中央宣传部精神文明建设“五个一工程”奖。1995年，担任电视剧《中国空姐》的编剧。这三部作品合称“中国三部曲”，立体性地表现了中国精神，其中《中国神火》是中国第一部全景式反映“两弹”创业史的电视剧，表现了在中国“两弹”发展历程中，从普通战士到科学家的爱国精神；《中国商人》以改革大潮中某城市几大百货商场之间的激烈竞争为背景，体现了其对处于社会转型期的中国经济的前瞻性思考；《中国空姐》描摹出当代中国空姐的精神境界与人生追求。1995年，还担任电视剧《子夜》的编剧，获第5届中共中央宣传部精神文明建设“五个一工程”奖。2005年，担任电视剧《一江春水向东流》的编剧。

他参与编剧的电视剧还有《你为谁辩

护》《藏书人家》《秋收》《残冬》《玉卿嫂》等。其中，多部电视剧改编自文学作品。他在改编经典作品时强调在尊重原著的基础上进行影视化创作。如对白先勇的剧作《玉卿嫂》进行了符合电视剧架构的全新改编，使故事跌宕起伏，将玉卿嫂这一带有悲剧命运色彩的女性形象刻画得淋漓尽致。曾获全国电视艺术突出贡献奖、全国首届百佳电视艺术工作者、全国十大观众喜爱的电视艺术家等奖项。曾任浙江教育电视台台长、浙江广播电视厅副厅长等。

（刘卉青）

《重庆森林》 *Chungking Express* 中国彩色故事片。泽东电影公司1994年出品。编导，王家卫；主演，林青霞、金城武、梁朝伟、王菲、周嘉玲、陈锦泉。

故事讲述了警察阿武失恋有一段时间了，但他仍然走不出失恋的阴影。金发女子是一个毒贩，她雇用了几个印度人帮她运毒却因丢失了毒品陷入紧张之中。因为毒品的丢失，组织派人追杀她，她疲于奔命，萎靡不振。阿武熬夜守了金发女子一晚上，第二天清晨收到了一个女人的生日祝福。金发女子回酒吧杀了追杀她的人。阿武常去的茶餐厅请了新店员阿菲，负责在茶餐厅附近区域巡逻的警员633经常光顾。警员633的女朋友在茶餐厅留下一封信，离开了警员633。警员633很失落。阿菲借寄信之由要到了他的地址。此后，阿菲经常悄悄潜入警员633家里。终于有一天，警员633撞上了潜入他家里的阿菲，并主动约了她。阿菲没有来赴约，留下一封信去了加州。失落的警员633在一家超市里偶遇前女友，突然释怀了。一年后，从加州回来的阿菲摇身一变成了一名空姐，而警员633转行做了茶餐厅老板，两人再次相遇。

影片通过两对陌生男女孤独内心的碰撞磨合，从侧面传达了现代都市生活中人情冷漠的现实。影片讲了两个独立的故事，但人物孤独寂寞的生存状态的一致性，使整部影片风格和谐统一。影片晃动的手持摄影、现场感强烈的跟拍、

《重庆森林》剧照

充满忧郁色彩的淡蓝色影调、颇有韵味的人物台词等使作品具有浓郁的“王家卫风格”。影片1994年获第31届台湾电影金马奖最佳男主角奖，1995年获第14届香港电影金像奖最佳影片奖、最佳导演奖、最佳男主角奖、最佳剪辑奖。

（赵卫防）

抽象电影 abstract film 20世纪20年代先锋派电影代表之一。抽象电影是把绘画和音乐上的抽象主义应用于电影创作的一种非形象化性质的电影。抽象电影主要有两大类。第一类以摄影影像为基础来构成抽象图形，这种影片在摄录现实中的物象时，兴趣不在于它们的含义，而在于它们的形状和运动形式。法国导演F.莱谢尔创作的《机械舞蹈》是这一类的第一部影

《柏林：城市交响曲》海报

片，其他作品有德国导演W.鲁特曼的《柏林：城市交响曲》和匈牙利导演M.纳吉的《光的游戏》等。第二类是绘制的抽象影片，又可分为两类：一是把画好的抽象图形拍摄在胶片上，即动画式的抽象影片；二是把抽象图形直接画在胶片上。第二类抽象影片的倡导者主要是德国的抽象派画家，代表作品有V.埃格林的《对角线交响乐》、鲁特曼的《作品1—4号》、O.费辛格尔的《绝对电影研究1—12号》等。

抽象电影主张为形式而形式，为艺术而艺术，否定作品认识社会和表现社会的功能，后来逐渐走上了一条更为极端的“纯电影”的美学道路。20年代末，抽象电影随着先锋派电影运动的终结而基本绝迹。50～60年代，抽象电影曾一度复兴，新西兰导演L.拉伊连续制作了直接在胶片上绘画的影片《彩色的喊叫》《节奏》《自由激进者》。美国的M.斯诺、A.埃姆施维勒等利用现代技术，在抽象电影方面做了一些实验。

（何　正）

《丑小鸭》 *Ugly Duckling* 美国动画短片。华特迪士尼公司1939年出品。改编自丹麦童话大师H.C.安徒生的同名作品。编剧，V.斯托林斯；导演，J.卡廷。

故事讲述了在清澈的小河边，鸭妈妈正在孵化小鸭，鸭爸爸正心神不宁地走来走去。经过痛苦漫长的等待，毛茸茸的小鸭子相继破壳而出。看着可爱的孩子，鸭爸爸特别开心，狂亲鸭妈妈。这时，最后一枚蛋也蠢蠢欲动，结果出来的竟是一只傻乎乎的白色小鸭子。鸭爸爸十分生气，怀疑鸭妈妈不忠，于是两口子发生争吵，最终鸭爸爸绝情离去。鸭妈妈不甘示弱，决心独自抚养这群孩子。她带着孩子们游泳嬉闹，却独独不喜欢那个令她失去爱人的白色小鸭子。小白鸭受尽其他小动物的奚落，自认为丑陋，悲伤不已。最后，丑小鸭遇到了天鹅妈妈及其宝宝，它们跟丑小鸭玩耍，丑小鸭感觉到自己没有被厌弃，于是跟随天鹅而去。

影片具有生活质感，以童话形式阐释夫妻失和的现实问题，使安徒生的童话焕发了新的生机，让观众在感同身受的同时又捧腹大笑。影片反映出的问题是很残酷和令人不安的，但是又用喜剧的方式表现这种社会现象，是一部表达迪士尼动画一贯的重视家庭和睦主题、寓教于乐的典范之作。影片角色的动作和表情细节丰富讲究、生动有趣，喜剧感十足。影片开头，鸭爸爸紧张地来回疾走的脚步，亲吻孩子和鸭妈妈的动作，很好地将鸭爸爸初为人父的喜悦表现了出来；鸭妈妈护住孩子们，赶走丑小鸭的动作，将她对丑小鸭的厌弃毫不留情地展现出来；而丑小鸭伤心失落，抱头痛哭的面部表情，一滴滴眼泪都牵动着观众的心。影片1940年获第12届美国电影奥斯卡奖最佳动画短片奖。

（杨晓林）

《出租车司机》 *Taxi Driver* 美国彩色故事片。哥伦比亚影业公司1976年出品。编剧，P.施拉德；导演，M.斯科塞斯；摄影，M.查普曼；主演，R.德尼罗、S.谢波德、J.福斯特。

故事讲述了从海军陆战队退役的特拉

《出租车司机》剧照

维斯成了一名出租车司机，每晚都穿行在纽约街道上。在他眼里，整个纽约肮脏不堪，街上充斥着黑社会成员、妓女和毒贩。特拉维斯厌恶这一切，内心感到十分孤独。特拉维斯喜欢上了总统竞选办公室的秘书贝西。遭贝西拒绝后，特拉维斯无处发泄自己压抑的情绪，他买来枪支，在公寓练习射击，准备刺杀总统候选人。晚上，特拉维斯在便利店遇上抢劫犯，开枪打死了对方。又一晚，特拉维斯结识了雏妓艾瑞丝，特拉维斯劝说艾瑞丝从良，但遭到拒绝。特拉维斯在公共集会日去刺杀总统候选人，还没动手就被警卫发现。特拉维斯逃跑后，来到艾瑞丝卖淫的旅店，和旅店里的黑手党发生了激烈枪战。迟到的警察救起了身受重伤的特拉维斯，媒体将特拉维斯描述为一名大英雄。特拉维斯伤好后收到艾瑞丝父亲的来信，称艾瑞丝已经回家，重返学校读书。特拉维斯也重新开起出租车，继续行驶在夜色下的纽约街头。

影片由大量夜景镜头组成，用昏暗的光线、虚焦的镜头营造压抑的空间环境，用独白表达人物孤寂的内心世界。影片带有强烈的社会批判色彩，同时被视为“新黑色电影”的代表之作。影片1976年获第29届法国戛纳国际电影节金棕榈奖。

（甄晓文）

《雏菊》 *Daisies* 捷克斯洛伐克故事片。捷克斯洛伐克巴兰多夫电影制片厂1966年出品。编剧，V. 齐蒂洛娃、E. 克拉姆巴丘娃、P. 祖拉切克；导演，V. 齐蒂洛娃；摄影，J. 库切拉；主演，I. 卡巴诺娃、J. 契尔霍娃、J. 阿伯特。

影片描写了两个名字同为玛丽的女孩无所事事、空洞虚无的生活状态。她们认为周遭的世界变得越来越糟糕，她们也要变坏。她们与老男人约会，在夜总会胡闹。其中一位玛丽与青年男子约会，用蝴蝶标本遮掩着裸露的身体。她们在家里胡闹，用大叉子和大剪刀切割食物。之后，她们闯进一个大宴会厅，将桌子上所有的食物糟蹋殆尽，然后坐在巨大的吊灯上，最后吊灯坠落。在机关枪的轰鸣声和炸弹的爆炸声中，故事结束。

影片是**捷克斯洛伐克新浪潮电影**的代表作品之一，也是欧洲女性导演的重要作品之一。影片描写了两位自由奔放、越轨的女性，因此被看作是女性主义电影的重要文本之一。影片没有明确的叙事线索，只是由两个女孩在不同场景里的胡闹连缀而成。影片在声画结合、画面色彩、快速摄影、快速剪辑等方面进行了大胆尝试，具有很强的实验性、先锋性、颠覆性。影片导演齐蒂洛娃表示，创作此片的目的是批判青年人的虚无主义，但此片因“描写了放荡生活”在发行时遭到当局的禁映。影片1969年获比利时电影评论协会大奖。

（秦喜清）

《处女泉》 *The Virgin Spring* 瑞典故事片。瑞典电影公司1960年出品。编剧，E. 依隆克松；导演，I. 伯格曼；摄影，S. 尼科维斯特；主演，M. von 休道夫、B. 瓦尔伯、B. 彼特尔松、G. 林德布洛姆。

《处女泉》剧照

故事讲述了农庄主托列和妻子麦列塔是虔诚的教徒。他们的女儿卡琳星期五去教堂做早祷，养女英格丽同行。英格丽未婚先孕，在家中备受歧视，卡琳被视为公主，受到宠溺，英格丽因此又嫉又恨。途中，英格丽借故离开，留卡琳一人前往教堂。卡琳路遇三个牧羊人，好心与他们分享食物，却被其中两个成年人强奸杀害。英格丽目睹了这一切。傍晚，牧羊人投宿托列的农场，当他们向麦列塔兜售卡琳的裙子时，被麦列塔认出。托列从英格丽那里证实了卡琳被害的消息，愤怒之下杀死了三个牧羊人。第二天，他们在林中找到了卡琳的尸体，托列发誓要砌一座教堂以赎罪，当他和妻子抱起卡琳时，卡琳的身下涌出一股清泉。

影片改编自14世纪北欧一个古老的民间故事，在主题上延续了导演对人性的善与恶、对上帝是否存在的思考与探索。影片在叙事上采取了传统的戏剧结构方式，明晰的线索、强烈的戏剧冲突和较为完整的故事，使得内容与形式完美结合。影片1960年获第14届法国戛纳国际电影节特别提及奖，1961年获第33届美国奥斯卡奖最佳外语片奖、第18届美国电影金球奖最佳外语片奖。

（张慧瑜）

《楚门的世界》 *The Truman Show* 美国彩色故事片。派拉蒙影业公司1998年出品。编剧，A. 尼科尔；导演，P. 威尔；摄影，P. 贝兹欧；主演，J. 凯瑞、E. 哈里斯、L. 琳妮、N. 艾默里奇。

《楚门的世界》剧照

故事讲述了楚门从小生活在一个禁闭的小岛上，城里摆着无数架摄影机记录楚门的一生并在电视上播放，幕后导演是克里斯 · 托弗。楚门拥有完美的生活，可是妻子美露和朋友马龙都是剧组设定的演员。由于剧组人员的疏忽，楚门遇到了多年前死亡的父亲，他也发觉自己的行踪受人监视，他开始怀疑自己的人生和所生活的世界。一位女性观众施维亚同情楚门，开始向他透露一些线索，楚门对施维亚一见钟情。得知真相后，楚门十分恐惧，决定逃离，可是克里斯牢牢地控制着这个世界，楚门的逃脱以失败告终。最终，楚门决定走海路离开，而克里斯告诉楚门，他在现实世界已经取得了至高无上的荣耀，离开就会一无所有，然而楚门还是选择踏上追寻自由的道路。

影片题材新颖，以真人秀的形式，向观众呈现了发达资本主义世界的人们生活在景观世界的“牢笼”中的宿命，揭示了人类对自由的向往和个人自由的宝贵。影片1999年获第71届美国电影奥斯卡奖最佳导演奖、最佳男配角奖，第56届美国电影金球奖最佳男主角奖、最佳男配角奖和最佳电影音乐奖。

（甄晓文）

楚原 Chu Yuan（1933-11-02～2022-02-21）中国电影导演。原名张宝坚，笔名秦雨。原籍广东梅县。生于广东广州，卒于香港。父亲是著名粤语片演员张活游。1956年以编剧和导演助理的身份进入香港光艺影业公司。两年后，他协助当时的著名导演秦剑拍摄了《紫薇园的秋天》。1959年独立执导了处女作《湖畔草》。1960年执导的成名作《可怜天下父母心》，展现了强烈的现实意义与社会主题。1970年，楚原编导了影片《龙

沐香》，这是其在国泰（香港）机构有限公司的第一部国语武侠片。1971年，加入邵氏兄弟（香港）有限公司，拍摄了影片《火并》。1972年，拍摄了奇情武侠片《爱奴》，该片风格独特，充满艳丽奇诡的气息，开启了女性角色在武侠世界的翻云覆雨，被认为是楚原的重要代表作之一，在香港和英国均获得好评，对后来**徐克**、程小东等人武侠电影中女性形象的塑造都产生了深远影响。

1973年执导了讽刺社会人间百态的《七十二家房客》，不但打破了香港有史以来的最高电影票房纪录，而且复兴了香港粤语电影，使得香港国语与粤语电影合流而形成新香港电影。同年他还拍摄了文艺片《舞衣》。1976年，根据古龙同名武侠小说改编导演了《流星·蝴蝶·剑》。随后的5年时间内，相继拍摄了《多情剑客无情剑》《英雄无泪》《倚天屠龙记》《萧十三郎》《孔雀王朝》《绝代双骄》《书剑恩仇录》等20多部电影，其中有18部改编自古龙的作品，《孔雀王朝》于1979年获第25届亚太影展最佳动作片导演奖。1984年导演了《爱奴新传》。1990年导演了喜剧片《小偷阿星》。

楚原在影片中注重从形式到意境的营造，将文人情怀注入血雨腥风的江湖世界，从人物的仪态举止到内心世界的揭示，都呈现出难得一见的侠骨柔情与诗情画意。他的奇情武侠片追求自由的人生境界，追求人物情感开放程度的拓展，以及人物心理展示形式的新颖细腻，在奇幻凄美的影像背后，流露出对唯利是图的世风的忧虑。楚原是香港电影史上一位杰出的导演，执导过上百部影片，对香港的粤语片、社会片与武侠片的发展作出了很大贡献。1998年获第17届香港电影金像奖专业精神奖。2018年获第37届香港电影金像奖终身成就奖。其他重要作品有《玉楼春梦》(1970)、《天涯·明月·刀》(1976)、《圆月弯刀》(1979)、《魔剑侠情》(1981)、《妖魂》(1983)、《魔殿屠龙》(1984) 等。

（孙　萌）

《穿长靴的猫》 *Puss in Boots* 德国剪纸定格动画短片。报春花制片公司1954年出品。改编自法国17世纪作家C. 佩罗的同名童话作品。编剧，C. 佩罗；导演，L. 雷宁格、C. 科赫。故事讲述了一只聪明的猫为了帮助穷困潦倒的主人，向主人要了一双长靴和一个布袋，并来到森林里打猎。它把每次捕获的猎物都献给了国王，还用机智和勇敢打败了怪物，最终帮助主人得到了国王的青睐和公主的芳心。影片采用欧洲传统的剪影艺术风格，导演使用剪刀剪裁出角色的身体部件，再用线在关节部位将各个身体部件铰接在一起。影片借鉴了中国传统的皮影表演艺术，将角色放置在一个玻璃板上，从玻璃板下方投射灯光，摄影机从上方拍摄。影片故事讲述奇幻、有趣，角色造型秀美，镂刻精细，动作生动，富于表现力。

（李　铁）

《传奇状元伦文叙》 *Legend Scholar Lun Wenxu* 中国彩色戏曲片。广东粤剧院、广州中投文化有限责任公司2015年联合出品。改编自同名粤剧。编剧，林榆；导演，邓原、潘钧；摄影，何永健；主演，丁凡、蒋文端、曾小敏、陆秀霞、彭炽权、林家宝等。

故事讲述了在明代岭南农村，卖菜出身的青年伦文叙虽家境贫寒，但胸怀大志。当地胡员外惜才欲把女儿下嫁与他，但胡员外的女儿却不肯，其丫鬟阿琇便给伦文叙说媒，不料伦文叙看中了善良朴实的“媒人”阿琇。在伦文叙高中状元后，皇上欲招其为驸马，但伦文叙仍对丫鬟阿琇不离不弃，终感动皇上得以衣锦还乡，伦文叙与阿琇喜结良缘。

影片描写主人公伦文叙自强不息、积极向上、与人为善的人生态度，充满正能量，故事本身很接地气，具有浓郁的岭南生活气息和深厚的群众基础。影片将电影艺术与数码科技引入带有传统文化色彩的粤剧艺术中，充分尊重粤剧的传统表演程式，保持戏曲艺术本身的魅力，开启了粤剧电影的全新拍摄模式——LED仿真背景与舞台表演的结合，力求做到既有仿真效果，拓展了视觉空间形象，又符合传统粤剧舞台的美感和粤剧表演的规律。影片2017年获第1届中国戏曲电影展优秀戏曲电影奖、第31届中国电影金鸡奖最佳戏曲片奖提名。

（罗　丽）

传声器 microphone 拾取声音信号的设备，也是声电转换的换能器。又称麦克风、话筒。传声器的技术原理是当声源发声后，声波作用到话筒的电声元件上产生声音信号电压，从而完成从声能到电能的转化。传声器有不同的分类方法，根据机械构造，可分为微型传声器、无线传声器和有线传声器；根据换能原理，可分为电动式传声器、电容式传声器；根据指向性，可分为单一指向型传声器、全向型传声器和双向型传声器；根据用途，可分为传声器、通讯传声器、专业传声器和民用传声器；根据振膜受力情况，可分为压强式传声器、压差式传声器和复合式传声器。

（姜　燕）

传统电影 traditional film 20世纪30～40年代以“戏剧电影”为主体的电影。与**现代电影**相对。经过20世纪20年代各国电影艺术家的多方探索，电影在默片时代后期渐趋成熟，开始拥有自己的表现手段和体系。声音进入电影后，电影的表现手段更加丰富。语言（对话、独白、解说词等）、音乐、音响的运用有助于表达人的复杂思想和内心世界，然而对语言手段和演员表演因素的强调，势必使有声电影（尤其是初期有声电影）形成对戏剧剧作法的过多依赖，因此有人认为30～40年代是“戏剧电影的繁荣时期”。

所谓传统电影，当然也不完全等同于戏剧电影，其基本特征大致可归纳为以下几点：①遵循传统的，即经过相当时期积累已约定俗成的电影章法。②以戏剧冲突律为基础的电影结构原则，开端、纠葛、发展、高潮、结局等结构要素受到重视（如美国文艺理论家J.H. 劳逊就认为，电影与戏剧的不同之处，只在于时空的自由转换、动作的平行发展、镜头的逼近人物。归纳起来，就是要求展开戏剧冲突时注意发挥电影摄影机的运动能力）。③运用“蒙太奇理论”的原则。④人物“善”“恶”分明，正面人物和反面人物有较为严格的划分。⑤在对观众的关系上，往往由影片作者代替观众做出思想结论，供观众自己思考的余地不多。

进入现代电影时期后，传统电影观念的某些部分受到冲击，但其合理内核仍保留下来，并在新的高度上得到发展。

（刘宇清）

《窗外》 *Outside the Window* 中国彩色故事片。台湾八十年代有限公司1973年出品。根据台湾作家琼瑶创作的自传体小说《窗外》改编。编剧，陆建业、郁正春；导演，宋存寿、郁正春；摄影，陈荣树；主演，**林青霞**、秦汉、胡奇、孙越、曹健等。

故事讲述了高中女学生江雁容具有文学才华，但数理化常不及格，父母更宠爱弟弟和妹妹。高三时，她爱上了中年丧偶的新任班导师兼国文老师康南。康南通过江雁容的周记发觉她的文学才华和哀怨苦闷，给予她无微不至的关怀。两人渐生情愫，不过这段“师生恋”却引来学校和家庭的舆论批评。在舆论压力中，学校不得不开除康南，迫使他离开台北；江雁容也经受不住家人的压力，嫁给父亲的学生李立维。然而，两人婚后的生活并不幸福美满，丈夫强烈的控制欲和对康南的醋意，终于引爆两人之间的激烈矛盾。后来，江雁容提出离婚，寻找在南部乡村学校任教的康南。然而，此时的康南却已变成了步履蹒跚、骨瘦如柴的老人，江雁容不知道自己该何去何从。

影片展现了一段师生恋的悲剧，描写了一段被世俗扼杀的爱情，表达了创作者对生活的反抗和控诉。演员林青霞因此片而成名。影片1973年8月24日在香港上映，引发轰动。因为版权问题，影片在台湾直到2009年才公开上映。（黄钟军）

《创业》 *The Pioneers* 中国彩色故事片。长春电影制片厂1974年出品。大庆、长影《创业》创作组集体创作；执笔，张天民；导演，于彦夫；摄影，王雷；主演，张连文、李仁堂、陈颖、朱德承、宫喜斌。

故事发生在1949年，甘肃裕明油矿工人在艰苦的护矿斗争中迎来了全国解放。10年后，“中国贫油”的断言未被打破，石油落后的帽子还没甩掉。这时，东北草原上有几口勘探井喷了油，石油行业在那里组织了大会战。周挺杉钻井队和华政委一起奔赴新油田。他们解放思想、敢想敢干，打破西方的断言，决心拿下大油田。但他们的做法遭到会战前线副总指挥冯超和章易之的反对。冯玩弄两面派手法，为周挺杉等人制造障碍。周挺杉带领钻井队工人以毛泽东思想为理论指导，艰苦创业，经受了种种严峻考验，克服了重重困难，最后带领全队职工及家属在党组织的号召下，揭露了冯超的反革命罪行，教育了总地质师章易之，终于开采出大面积高质量的创业油田。不久，国家实现了原油自给，使帝国主义的断言归于破产。

《创业》剧照

影片以20世纪50年代末60年代初石油会战为背景，反映了中国石油工业艰难多舛而又轰轰烈烈的创业史，为石油工人的豪迈壮举谱写了一曲颂歌。影片中，以周挺杉为代表的石油工人，具有博大的襟怀、钢铁般的意志和高度的主人翁责任感。影片场面宏大、气势雄浑，是工业题材影片创作中具有人性力量、艺术风格成熟的一部重要作品。（黄加明）

《春蚕》 *Spring Silkworm* 中国故事片。明星影片公司1933年出品。改编自茅盾同名小说。编剧，蔡叔声（夏衍）；导演，程步高；摄影，王士珍；主演，萧英、严月娴、郑小秋、龚稼农、艾霞、高倩苹。

《春蚕》剧照

故事讲述了新春时节，浙江某地区的全村人都为蚕宝宝忙碌起来。村民老通宝为蚕花收成担忧，讲求许多禁忌，但小儿子多多头则并不理会这些。当年蚕花收成很好，但由于1932年一·二八事变，日本加紧侵华，市场萧条，丝厂停产，蚕行也不开秤。老通宝忍痛以低价卖掉了自己的蚕，算了算，连桑叶的成本都不够，旧债未了，又欠新债。影片的改编忠实于原著，并按照电影的要求予以展开、加工，以白描的手法再现了中国农民一步步陷入破产的情景。影片艺术表达真实自然，以生动细腻的笔触描绘了老通宝一家勤劳淳朴、忠厚善良的品质和他们艰辛劳作、奋斗求生的愿望。影片创作者特聘经验丰富的养蚕专家做顾问，并不惜工本搭置了外景，为影片增添了真实的生活气氛。《春蚕》是中国新文艺作品搬上银幕的第一次尝试，曾引起当时文艺界和广大观众的普遍重视。（黄加明）

《春香闹学》 *The Playful Choon Heong* 中国戏曲片。商务印书馆活动影戏部1920年出品。根据同名昆曲改编。导演，梅兰芳；摄影，廖恩寿；主演，梅兰芳、姚玉芙、李寿山。

故事改编自汤显祖的《牡丹亭》中“闺塾”一折，讲述了南安太守杜宝为教育女儿杜丽娘，请来私塾先生陈最良讲授诗书。陈最良已年过花甲，固执礼教规程，课堂枯燥无趣，随着时间的推移，丽娘深感烦闷。伴读的贴身丫鬟春香个性聪明伶俐，活泼顽皮，违反私塾规制，再三扰乱秩序，一次打谎领得“出恭签”，却悄悄去花园玩耍。陈最良发现后对其责罚，反被嘲弄，后来先生无计可施，便欲放弃教职。后经丽娘劝说调解，命春香道歉，他

《春香闹学》剧照

才平息怒气，并留下继续教书。

影片剧情独立完整，气氛轻松活泼，主要塑造了春香古灵精怪的人物性格。影片在场景处理上，将戏曲中春香花园玩耍一段从暗场改为明场，创造性地表现她打秋千、扑蝴蝶、拍纸球等动作，由此在银幕上直观传达了人物天真活泼的个性。在布景方面则尝试了实体道具和实景拍摄，内景仍使用舞台用景片，但桌椅等道具为真实红木制作。春香诓领“出恭签”花园玩耍一场，则是租借一座名为淞社的私家花园进行实拍，虽然有人头穿帮和焦点错位等技术问题，但电影仍由此打破了原有戏曲舞台的严谨时空，同时提升了电影真实性和生活性的质感表达。在电影技术应用方面，开场使用了特写和移动镜头，梅兰芳首先用扇子遮脸，而后镜头慢拉，扇子同时逐渐下撤，最后梅兰芳做出一个顽皮笑脸，可以说这就是地道的电影手法，同时也是中国电影首个有明确记载的移动镜头。此外，影片歌舞段落采用了片上字幕，以此配合“弄粉调朱、整理绣床、夫人杖、花园戏耍、插科打诨”等动作含义。综合而言，影片的创新主要体现在为符合电影表现规律，在戏曲程式改造和电影技巧发掘两方面所进行的融合。影片不仅实现了梅兰芳观看自己表演的夙愿，而且扩大了京剧艺术的传播范围，同时促进了电影语言技巧的进步。（高小健）

《春香传》 *The Tale of Chun Hyang* 韩国彩色故事片。韩国希杰娱乐株式会社等2000年出品。编剧，金明坤等；导演，林权泽；摄影，郑一成；主演，曹承佑、李孝贞、李振宪、金圣女、李惠恩、权泰元。

故事讲述了端午佳节时分，官宦之家的贵公子李梦龙遇见出身于退籍艺伎之家、正在荡秋千的春香，两人一见钟情，私订终身。但好景不长，梦龙之父升迁至

《春香传》剧照

大内，梦龙无奈之下只得与春香分别，随父共赴汉城。临行前梦龙许诺，通过殿试之后再来迎娶春香。继任南原使道卞学道贪婪无度，强逼春香为其侧室。刚硬的春香誓死不从，一心等待梦龙归来。于是，卞学道以莫须有的罪名将春香投入牢狱。此时梦龙已中状元，成为钦差大臣来到当地，他拯救出春香并惩罚了贪官卞学道。

影片改编自流传久远的韩国古典文学作品《春香传》，通过春香和李梦龙的爱情故事，表现了有情人终成眷属的主题。影片以韩国传统的说唱艺术“盘索里”贯串其中，同时采用了戏中戏的表现形式，充分展现了“盘索里”这一古老传统艺术的魅力，也体现了创作者自觉的民族文化意识。影片2002年获第36届韩国百想艺术大赏电影类最佳影片奖和最佳导演奖、第37届韩国电影大钟奖评委会大奖和最佳艺术指导奖、第5届韩国釜山国际电影节亚洲电影振兴机构奖。（王宜文）

《春之觉醒》 *Moya lyubov* 俄罗斯动画短片。又译《我的爱》。第一视频公司2006年出品。改编自俄国文学家I.什梅廖夫的短篇小说《爱情故事》。编导，A.彼得罗夫。

故事讲述了19世纪一位16岁的俄国少年安东懵懂的初恋。安东本来与家中的女仆帕莎有着朦胧的情愫，然而随着与邻家一位美丽女子的邂逅，帕莎的爱在安东心中变得太过平凡。安东疯狂迷恋上邻家女子，他通过邻家女子好像找到了一个充满爱的神圣和美好的世界。但随着与邻家女子的深入接触，却让安东感到困惑，安东为此大病一场。病好后，安东的初恋也随风而逝。

影片在梦幻与现实中不断切换，表现了少不更事的少年对爱情、情欲、牺牲、善、恶等的理解，有着诸多如梦如幻的迷惑，但他会在这样的经历中渐渐成长。导演彼得罗夫延续了用手指在玻璃上绘制油画来拍摄动画片的方式，影片以蓝色为基调，质感通透，画面唯美，有着朦胧的诗意和含蕴不尽的风格，体现了俄罗斯民族特有的深沉、忧郁的气质。影片2006年获第11届日本广岛国际动画节观众奖和国际陪审团特别奖，2007年获第12届俄罗斯动画电影节最佳动画片奖，2008年获第80届美国电影奥斯卡奖最佳动画短片奖提名。（廖海波）

纯电影 pure cinema 20世纪20年代欧洲先锋派电影运动代表之一。纯电影的理论由法国先锋派理论家G.杜拉克于20世纪20年代初提出，他认为电影并非叙事艺术，不需要情节和演员表演，而应成为“眼睛的音乐”“视觉交响曲”。纯电影应当完全摆脱故事情节，摆脱舞台剧的影响，而单纯以运动包括各种线条和形状的变化来触发观赏者的情绪。

纯电影的代表作品有法国导演F.莱谢尔创作的抽象电影《机械舞蹈》、R.克莱尔创作的达达主义影片《幕间休息》、G.杜拉克拍摄的超现实主义电影《阿拉伯花边》等。这些影片力图为电影寻找新的美学特征和表现手段，仅运用表现物体图形的画面布局和连接，以及由此直接产生的光影、线条、形状、体积等抽象运动所造成的纯视觉的变化和节奏。

这些影片只在以知识界上层人士为对象的“专门性影院”上映，广大观众并不欣赏。20年代后期，随着西方经济危机的加剧，先锋派电影运动逐渐衰退，纯电影这一类影片遂基本绝迹。（何　正）

《刺客聂隐娘》 *The Assassin* 中国彩色故事片。**银都机构有限公司**、光点影业股份有限公司、华策影业（天津）有限公司等2015年联合出品。改编自唐朝作家裴铏的传奇小说《聂隐娘》。编剧，钟阿城、朱天文、谢海盟；导演，**侯孝贤**；摄影，李屏宾；主演，舒淇、张震、周韵、妻夫木聪、倪大红、咏梅、雷镇语、阮经天、许芳宜。

《刺客聂隐娘》剧照

故事发生在唐朝安史之乱时期，藩镇割据，魏柏藩主田季安拥兵自重，作风残暴。藩镇大将聂锋之女聂隐娘10岁时被道姑带走，训练成一个武功绝伦的杀手。13年后，聂隐娘奉师命返家，刺杀青梅竹马的表兄田季安。母亲聂田氏告诉聂隐娘，杀掉田季安将使元氏一族乘虚而入。作为侠女，聂隐娘接连挫败元氏阴谋，救下父亲聂锋，并出于博爱之心选择违抗师命，放弃刺杀田季安的计划。聂隐娘同道姑告别，二人用匕首做最后了结。最终，聂隐娘同路途中结识的磨镜少年远走天涯。

影片按照江湖社会的规则，刻画了一个“隐士”的武侠世界。影片大量使用固定机位长镜头和大远景，延续了侯孝贤的电影美学风格。影片中，无论是宫廷内设还是自然风光，都向观众呈现了一个古代中国的视觉奇观。影片2015年获第52届中国台湾电影金马奖最佳剧情片奖、最佳导演奖、最佳音效奖、最佳摄影奖、最佳造型设计奖，第68届法国戛纳国际电影节最佳导演奖；2016年获第10届亚洲电影大奖最佳影片奖、最佳导演奖，第35届香港电影金像奖最佳两岸华语电影奖等。（黄钟军　王乙涵）

粗剪 rough cut 剪辑师依照剧本提示的叙事脉络和人物关系辅之以场记单所记载的拍摄信息，从素材中挑选合适的镜头并把它们组接在一起的过程。是**影视剪辑**创作的第一个阶段。经剪辑师粗剪完成的影片版本包含剧本所有场次内容及顺序，因此粗剪可以理解为影片从文字版本直译成影像版本的过程。影片的主题、形式风格、情节发展、人物形象、人物关系等元素在粗剪版本中基本呈现，但需要通过后续**精剪**提炼和突出。剪辑师在粗剪过程中没有充分发挥第三度创作主体的作用。粗剪版本的剪辑点是流畅的、可观看的，但没有根据人物、情绪、叙事、节奏等因素进行相应调整，因此剪辑点是机械的。由于保留了所有场次以及依照剧本顺序连接各场戏，粗剪版本往往存在节奏拖沓、叙事主线不清晰、叙事结构不合理等问题，但包含完整信息的粗剪版本为导演和剪辑师的下一步精剪打下了坚实基础。粗剪伴随逐步完善的电影制作流程以及越来越短的制作周期而产生，数码摄录保证导演在第二天就能看到头天拍摄戏份的粗剪版本，以便补拍遗漏镜头或对后续拍摄做出适时调整。粗剪需要在尽可能短的时间内把所有素材连接起来，为了提高工作效率，粗剪有时由剪辑助理完成。（郑汉民）

崔嵬 Cui Wei（1912-10-04～1979-02-07）中国话剧及电影演员、导演、剧作家。原名崔景文，曾用名崔徵晖、崔淩。生于山东诸城，卒于北京。1931年考入山东省立

实验剧院编剧班，次年回青岛组织海鸥剧社，宣传抗日。1932年加入左翼戏剧家联盟。1935年到上海加入东方剧社、戏剧生活社等团体。1936年改编并主演了《放下你的鞭子》，开启去抗日前线演出抗日戏剧的先声。1937年七七事变后，参与《保卫卢沟桥》的创作。1938年去延安，在延安鲁迅艺术学院戏剧系任教，同年加入中国共产党。1939年与部分鲁艺师生冲破敌人封锁，到达晋察冀抗日根据地，任华北联合大学文艺学院戏剧系系主任。1942年调任冀中军区火线剧社社长。1949年，随军南下武汉，任武汉军管会文艺处处长。1950年创办中南文艺学院。1953年任中南文化局局长、中南人民艺术剧院院长。

1954年被借调到上海电影制片厂主演《宋景诗》，成功塑造了农民英雄宋景诗的英雄形象。1956年调任北京电影制片厂任艺术委员会主任兼导演，先后主演了《海魂》《老兵新传》《红旗谱》等影片。其中《红旗谱》1962年获第1届中国大众电影百花奖最佳男演员奖。1959年导演第一部影片《青春之歌》，获得成功。随后导演《小兵张嘎》《北大荒人》《天山的红花》《红雨》《山花》等故事片，以及戏曲艺术片《杨门女将》《野猪林》《穆桂英大战洪州》《平原作战》等。其中，《杨门女将》1962年获第1届大众电影百花奖最佳戏曲片奖。

他导演的影片以粗犷的线条和细腻的感情为鲜明特色，有着强烈的艺术感染力。1961年，被评为中国“二十二大电影明星”之一。曾任中国戏剧家协会和中国电影工作者协会常务理事、中国文联委员。

扩展阅读

崔立新.大帅崔嵬（崔嵬传）.北京：中国电影出版社，2009.

（王云缦　曲六乙）

《翠岗红旗》 *Red Flag on the Green Hill*
中国故事片。上海电影制片厂1951年出品。编剧，杜谈；导演，张骏祥；摄影，冯四知；主演，于蓝、张伐。

故事发生在江西老苏区翠岗。1933年江猛子参加了红军，次年随军长征北上。红军走后，国民党军队残酷迫害红军家属，猛子的父亲、妹妹惨遭敌军团长萧镇魁的毒手，他的妻子向五儿带着刚出生的儿子改名换姓逃往他乡，在地主家当奶妈。一次，向五儿偶然间得知敌人

《翠岗红旗》海报

企图消灭游击队的情报，她设法给游击队送信，使萧镇魁遭到很大的损失。1949年，中国人民解放军开始挥师南下，成为师长的江猛子率部队消灭了逃往翠岗山的萧镇魁，江猛子一家最终在胜利中团聚。

影片通过尖锐的矛盾冲突，揭示了人物复杂的内心世界，表现了老区人民在白色恐怖岁月中对红军的深情和对革命的坚定信念。影片在用光、构图等摄影方面比较讲究。影片1951年获第6届捷克斯洛伐克卡罗维发利国际电影节摄影奖，1957年获文化部1949～1955年优秀影片二等奖。

（张兆龙）

D

达达主义电影 Dadaisme film 20世纪20年代法国**先锋派电影**代表之一。达达一词，源于一位达达主义作家随意翻开词典的一页，该页首词为达达，便以此为自己的文学运动命名。达达艺术在第一次世界大战时期的德国产生，《带胡须的蒙娜丽莎》和《泉》是其流派代表作。后经发展，达达主义艺术扩展到电影领域，其作品特点是颠覆传统，没有主题、没有情节，纯粹是一种形式主义的游戏，追求奇异怪诞的视觉效果。达达主义电影通常由达达主义者拍摄或参加演出，如美国达达主义派摄影师M.雷伊在法国拍摄的一系列抽象照片《回到理性》(1923)。达达主义电影的代表作品是法国导演R.克莱尔拍摄的《幕间休息》(1924)，影片以荒诞、幽默等隐

《幕间休息》剧照

含的方式讥讽了资产阶级的礼仪习俗、风尚和文化。1925年，达达主义电影创作倾向消失，逐渐被**超现实主义电影**所代替。

（唐建军）

达式常 Da Shichang(1940-09-26～) 中国影视演员。原籍江苏南京。生于上海。出身于贫困家庭。自幼热爱艺术，梦想成为一名演员。1962年，毕业于上海电影专科学校表演系。同年，进入上海海燕电影制片厂担任演员。1965年，主演了电影处女作《年青的一代》。1975年，出演了影片《春苗》。1977年，主演了《万里征途》。

1979年，主演了战争片《曙光》，把一个受极“左”路线残酷迫害的红军干部演得真挚、深沉，且富有激情。1980年，在《燕归来》中同时饰演两个不同

个性的医生形象，取得成功，获第4届中国大众电影百花奖最佳男演员奖。1982年，在**《人到中年》**中饰演陆文婷的丈夫傅家杰，受到好评。1984年，在《谭嗣同》中饰演革命志士谭嗣同。同年，因主演电视剧《走进暴风雨》获第2届中国大众电视金鹰奖优秀男演员奖。1986年，因在日本电视连续剧《蔷薇海峡》中的出色配音获第4届中国大众电视金鹰奖最佳男配音演员奖。同年，他还主演了《T省的84·85年》，获第1届中国电影表演艺术学会奖。1987年，主演了电视连续剧《书剑恩仇录》，获第7届香港电影金像奖最佳男主角奖提名。

达式常的表演从容、传神、细腻，善于挖掘人物情感世界。他出演的其他影片还有《难忘的战斗》(1976)、《东港谍影》(1978)、《车祸轶事》(1984)、《江南书剑情》(1987)、《戈壁恩仇记》(1987)、《地狱·天堂》(1989)、《画魂》(1994)、《第一诱惑》(1994)、《上海故事》(1997)、《生命如歌》(1997)、《阿郎在北京》(1998)等。他参演的电视剧还有《警戒线》(2001)、《第二春》(2004)、《代号利剑》(2008)等。2017年，获第16届中国电影表演艺术学会奖特别荣誉奖。

（军　文）

《大白鲨》 *Jaws* 美国彩色故事片。环球影片公司1975年出品。改编自P.本奇利同名小说。编剧，P.本奇利、K.戈特利波；导演，**S.斯皮尔伯格**；摄影，B.巴特勒；主演，R.沙伊德、R.德莱福斯、R.肖。

故事讲述了某个傍晚的海滩上，一个男孩与一个女孩追逐嬉戏。女孩跳入海水，男孩醉倒在沙滩。突然女孩大声呼救，随即消失。天亮后，警长在海边看到一具女性骨骸，宣布关闭海滩，但市长和镇上的头面人物怕影响旅游生意，否定了此决定。鲨鱼继续吃人。一名叫昆特的退役军人欲捕获这条食人鲨。市长在电视上发表否认有大白鲨的讲话。警长强迫市长雇用昆特出海捕鲨，自己和海洋生物学家胡珀也一同前往。经过较量，昆特被吃掉。警长炸死鲨鱼，与胡珀游向海岸。

影片充分利用音效、剪辑、特技等手法，营造出了令人惊恐窒息的艺术场面，使其成为新型**灾难片**的代表。导演以非凡的想象力和创新意识，将美国的大部分观

《大白鲨》剧照

众从电视机前吸引到电影院，领略了美国电影的艺术感染力及即将走向复苏的希望。影片公映后不仅成为美国20世纪70年代中期票房最高的影片，而且引起了强烈的社会轰动。影片1976年获第48届美国电影奥斯卡奖最佳剪辑奖、最佳音响奖、最佳配乐奖，第33届美国电影金球奖最佳电影配乐奖，第29届英国电影学院奖最佳电影音乐奖，第2届美国电影人民选择奖最受欢迎电影奖。

（赵小青　撰　章柏青　唐建军　修订）

《大都会》 *Metropolis* 德国故事片。**乌发电影公司**1927年出品。编剧，F.朗、T.F.哈布；导演，F.朗；摄影，K.弗洛伊德、G.瑞陶、W.鲁特曼；主演，G.弗勒里希、B.赫尔姆、A.阿贝尔。

《大都会》剧照

故事讲述了在2000年，人类被分成两个不同的阶层：住在地上富丽堂皇的大都会里的统治阶层和长期困在幽暗地下城市的工人阶层。然而，大都会统治者尊菲利达臣的儿子菲利达爱上了地下城市的女子玛利亚。玛利亚是一个善良富有同情心的姑娘，被工友们视为“女神”。她向工友们讲述巴别塔的故事，带领工友们反抗冷漠的统治者。尊菲利达臣为了打消工人对玛利亚的信仰，要求罗德王把机器人做成玛利亚的模样。但是，罗德王违背了尊菲利达臣的意志，指使机器人玛利亚把这个井然有序的大都市带向毁灭。罗德王的阴谋被识破。最后，机器人玛利亚被群情激奋的工人烧死，菲利达充当了父亲与工

人之间的调停者。

影片极具奇幻色彩，是对未来现代化都市的想象。影片运用了大量的特技，展现了壮观的德国表现主义布景设计，如在城市遨游的空中汽车、围绕摩天大楼的空中轨道、人体组成的几何图形等。此外，影片出现了电影史上最早的女机器人——“人造玛利亚”，她有闪光的金属外表、埃及塑像式的面庞，可以站立及缓慢行走，玛利亚成为科幻电影中形象设计的经典，也是后来科幻电影中不断出现的机器人原型。影片为划时代的科幻经典，1995年曾被评为德国电影史上“100部最重要的影片”之一。（甄晓文）

《大国崛起》 *The Rise of the Great Powers* 中国彩色纪录片。中央电视台2006年出品。共12集。编导，任学安、周艳等；摄影，潘大为等。

影片共包括《海洋时代》《小国大业》《走向现代》《工业先声》《激情岁月》《帝国春秋》《百年维新》《寻道图强》《风云新途》《新国新梦》《危局新政》《大道行思》，以葡萄牙、西班牙、荷兰、英国、法国、德国、日本、俄罗斯和美国9个国家在世界崛起的大致时间为序，通过对相关国家在发展过程中重要事件的剖析，以中国人的视角探寻、解读这9个大国崛起的经验以及日后个别国家衰落的教训，为当下中国的发展建设提供了有益的借鉴和参考。

影片为中央电视台第一部以世界性大国的强国历史为题材并跨国摄制的大型电视纪录片。影片立意高远，视野开阔，通过一个个大国兴衰更替的故事，让人们重新审视世界近五百年来的发展历史，并由此进一步探索、思考中国自身发展的复兴之路。影片获2005～2006年度广播电视节目优秀专题奖、第9届四川国际电视节金熊猫奖国际纪录片人文类评委会特别奖。（刘乃康）

《大话西游》 *A Chinese Odyssey* 中国彩色故事片。彩星电影公司和西安电影制片厂1995年联合出品。编剧，技安；导演，刘镇伟；摄影，潘恒生；主演，周星驰、朱茵、罗家英、吴孟达、莫文蔚、蓝洁瑛、蔡少芬、陆树铭。

影片《大话西游》分为《大话西游之月光宝盒》和《大话西游之仙履奇缘》两部。《大话西游之月光宝盒》讲述了护送唐三藏去西天取经路上，孙悟空与牛魔王欲合谋杀害唐三藏，并偷走月光宝盒，迫使观音产生将其铲除的想法。经唐三藏请求，孙悟空被判500年后重新投胎做人赎罪。500年后，孙悟空化身强盗头目至尊宝。虽在500年前和白骨精白晶晶有恋情，但当蜘蛛精春十三娘和白晶晶预谋吃唐僧肉被发现后，至尊宝仍决定带领众强盗与两位妖怪展开周旋。其间，白晶晶为救至尊宝被春十三娘的剧毒所伤。至尊宝为救白晶晶重返盘丝洞找春十三娘，白晶晶误以为至尊宝不顾她离去，悲愤跳崖。至尊宝希望用月光宝盒使时光流转，不料却被带回500年前。《大话西游之仙履奇缘》讲述了至尊宝被月光宝盒带回500年前，恰好遇到紫霞仙子。紫霞曾立下誓言：只要谁将她身上的紫青宝剑拔出，谁就是她的意中人。至尊宝将剑拔出，却因为挂念对白晶晶的恋情而拒绝了紫霞仙子。紫霞仙子被牛魔王所困，并逼其成婚。关键时刻，至尊宝转变为孙悟空来救紫霞。不料，师父亦有难，孙悟空只好先救师傅，无奈紫霞被牛魔王杀害。紫霞仙子本是如来佛祖座前日月神灯的灯芯，白天是紫霞，晚上就变成了青霞。为救紫霞仙子脱离苦海，至尊宝戴上紧箍，接受保护唐僧去西天取经的条件，义无反顾地踏上了西去的征程。

《大话西游》拍摄现场

影片以极具先锋性的创作开创了影响一代中国人的“大话”风，也奠定了周星驰和导演刘镇伟“后现代主义喜剧大师”的地位。影片对经典的颠覆性解构、狂欢式的夸张表演和叩击社会心理的台词，使之成为香港无厘头电影“经典中之经典”，被誉为中国后现代主义电影的先河。影片1996年获第2届香港电影评论学会奖推荐电影奖、最佳编剧奖、最佳男主角奖，第1届香港电影金紫荆奖最佳男主角奖。（谢建华）

《大决战》 *The Decisive Engagement* 中国彩色故事片。八一电影制片厂1991～1992年出品。编剧，王军、史超、李平分；总导演，李俊；主演，古月、赵恒多、马绍信、傅学诚、卢奇、刘锡田、许还山、李定保。

影片分为三部，第一部《辽沈战役》，

《大决战》剧照

首席导演杨光远；第二部《淮海战役》，首席导演蔡继渭；第三部《平津战役》，首席导演韦廉。《辽沈战役》叙述了1948年解放战争发展到战略进攻阶段，以毛泽东为首的中央军委决定首先围歼东北蒋军。东北野战军司令员林彪、政委罗荣桓在军委部署下，发动了辽沈战役，先后攻克锦州等重要城市，东北各地先后解放。《淮海战役》叙述了辽沈战役进行的同时，中央军委决定将战役规模扩大，制订了华东、中原野战军联合作战方案。蒋介石调集重兵至徐蚌地区，与人民解放军决战。1948年11月6日，淮海战役打响，历时66天，歼敌55.5万余人。《平津战役》叙述了针对华北国民党傅作义集团和北平的特殊性，中央军委采取军事打击与政治争取相结合的方针。1948年11月，平津战役打响。新保安、张家口、天津相继被攻克，傅作义终于在和平协议上签字。

作为重大革命历史题材的大制作，影片有三方面的突破：一是事件大。它描写了历史发展关键时刻两大军事集团的生死决战。二是场面大。航拍千军万马酣战的战斗场面具有动人心魄的视听感染力。三是气度大。不论是对蒋介石集团还是对林彪等，在形象塑造上以历史的客观存在为基础，不虚丑，不隐善。影片1991年获中国广播电影电视部优秀故事片奖；1992年获第15届中国大众电影百花奖最佳故事片奖，第12届中国电影金鸡奖最佳故事片奖、最佳导演奖、最佳美术奖、最佳剪辑奖等。

（阿 章 撰 章柏青 唐建军 修订）

《大军阀》 *The Warlord* 中国彩色故事片。邵氏兄弟（香港）有限公司1972年出品。编导，李翰祥；摄影，林华超；主演，许冠文、何莉莉、胡锦、狄娜。

故事讲述了日俄战争后，土匪头子庞大虎因为帮着俄国人打日本人而发家，逐渐成为称霸北方的大军阀。他胸无点墨，目不识丁，却经常自以为是，自命不凡，甚是招摇，为此闹出了不少笑话。一年，适逢当地大旱，百姓不断求雨却始终没有下。庞大虎求雨不灵，痛骂龙王，并命令炮兵炮打龙王庙。没想到，阴差阳错真的下了雨。为此，他沾沾自喜，认为都是他的功劳。一次，开酒铺的高白氏在丈夫死后耐不住寂寞，勾引小叔子高正白，被小叔子拒绝。高白氏恼羞成怒，诬告高正白强奸她。庞大虎竟然让两个士兵在公堂之上试图强奸高白氏，士兵无法得手，庞大虎借此断案，下令杀死了诬告的高白氏。民国十八年，日本人为了破坏中国统一，暗中支持已经无势的庞大虎东山再起。在他图谋卖国之际，当年被他无端杀死的戏班老板之女兰芳找他寻仇，开枪打死了这个阴谋卖国的坏蛋。

影片取材于民国诸多轶闻趣史，以嬉笑怒骂的方式，讽刺了北洋政府时代鱼肉百姓的军阀头目。影片采用折子戏结构，情节虽然松散，但笑料层出不穷，在表现世情百态和细节铺陈方面较为成功。影片上映后大获成功，票房为香港影坛当年第三名，改写了香港功夫片大行其道的局面。影片演员许冠文的表演惟妙惟肖，可圈可点。影片1973年获第19届亚洲影展描写人物最成功喜剧片奖。（粪成云）

《大理石人》 *Man of Marble* 波兰彩色故事片。X电影创作小组1977年出品。编剧，A.C.雷尔斯基；导演，A.瓦依达；摄影，A.克罗辛斯基；主演，J.拉兹维洛维奇、K.杨达、T.罗姆尼茨基。

故事讲述了1976年，即将从电影学院毕业的阿格涅施卡打算拍摄一部以20世纪50年代劳动模范泥瓦工别尔库特为题材的影片，想以此作为毕业作品取得毕业文凭。别尔库特曾经是劳动英雄，在50年代是大理石雕像般的英雄，后来经历被判有罪又洗脱罪名的过程。阿格涅施卡搜集了大量资料，采访了别尔库特的朋友、前妻和曾经给他拍纪录片的导演，一步步接近英雄诞生的真相。原来，别尔库特是出于宣传需要，经过弄虚作假所树立起来的一个“英雄人物”。当别尔库特和其助手由于特殊原因不再能满足宣传需要时，却惨遭判刑入狱。等别尔库特刑满释

《大理石人》剧照

放时，妻子早已改嫁他人。最后，阿格涅施卡找到了别尔库特的儿子，得知别尔库特已悄然离世，墓碑上都没有刻上名字。阿格涅施卡小心地处理电影的内容和风格，却依然被导师告知此拍摄项目及预算被取消。

影片秉承导演一贯的新现实主义精神和创作方法，以纪录片式的风格和严肃的历史责任态度，深刻反映了20世纪50年代波兰的社会形势和政治状况。影片在开头、结尾及片中部分场景使用快节奏剪辑，镜头语言具有现代化特点，冲淡了影片压抑和沉闷的基调。影片打乱时空关系编织故事发展层次的顺序，历史部分用黑白片巧妙穿插，具有较强的历史真实性。影片在波兰一度遭到禁映，使瓦依达的创作受到限制，但影片上映后在波兰引起巨大轰动，也得到了国际电影界的普遍关注。影片1978年获第31届法国戛纳国际电影节费比西奖。（张慧瑜）

《大路》 *The Big Road* 中国故事片。联华影业公司1934年出品。编导，孙瑜；摄影，裘逸苇；主演，金焰、陈燕燕、黎莉莉、张翼。

《大路》剧照

故事讲述了一群年轻的筑路工人，他们高唱着自己编的《大路歌》，挽着绳，到内地各处去修筑公路。不久，日本帝国主义侵略中国，全国民众奋起自救。他们合力抢筑一条在军事上至关重要的军用公路。敌人阴谋阻挠筑路的工作，利用汉奸威胁利诱工人，但是他们没有屈服，而是团结起来，同汉奸进行了坚决斗争，一直把公路筑完。这时，敌机飞来狂轰滥炸，许多工人牺牲，但抗敌的军车驰向前方阵地，《大路歌》的歌声又响彻天空。

作为左翼电影的代表作，影片不仅鲜明地表现了抗日反帝的主题，而且将工人阶级描写为抗日斗争的中心力量。影片艺术风格爽朗明快、富于热情。影片在摄影艺术上有新的探索，如跟镜头的运用就较有创造性，在对真实地再现当时的社会环境、烘托时代气氛上收到了明显的效果。（张德明）

《大明宫词》 *Palace of Desire* 中国电视剧。中央电视台、无锡中视影视基地股份有限公司、中视冠华技术有限公司和北京荣信达影视艺术中心1998年联合出品。共37集。编剧，郑重、王要、桂雨清；导演，李少红、曾念平；摄影，曾念平、袁晓满、底津生；主演，归亚蕾、陈红、周迅、赵文瑄、李志舆、申军谊、傅彪、郭冬临。

故事讲述了唐高宗年间，武后生下太平公主。备受武后溺爱的太平公主目睹着血腥的宫廷斗争长大。情窦初开的太平公主喜欢上了薛绍，武后便赐死了薛绍的妻子。意识到母亲专横的太平公主与母亲的关系就此破裂。母亲登基后，太平公主自作主张嫁给武攸嗣，怎奈第二次婚姻也以失败告终。张易之的出现一度令她再次动情，最终太平公主还是手刃张易之并走上了权力之路。太平公主逼宫母亲，李显就此登基。李显昏庸，韦后意图谋反，被太平公主镇压。眼看李家众人为了争夺权力互相厮杀，太平公主万念俱灰。为使李隆基坐稳江山，太平公主悬梁自尽。

作为一部围绕着女性角色打造的古装正剧，该剧打破了历史正剧固有的现实主义宏观叙事视角，以雕琢人物细腻情感入手，通过戏剧化的叙事节奏和华丽诗意的人物对白向观众铺陈爱情与权力的关系，凸显了权力对女性的异化。该剧从情节、对白到影像、音乐都充满了浓烈的诗意特征，开辟了中国电视剧崭新的浪漫主义美学风格，让观众在耳目一新的同时也得以感受剧中人物细腻的情感变迁。该剧2000年获第18届中国电视金鹰奖长篇电视剧优秀奖、最佳摄影奖、最佳照明奖、优秀男配角奖、优秀女配角奖，2002年获第21届中国电视剧飞天奖优秀美术奖。（王乙涵）

《大闹天宫》 *Uproar in Heaven* 中国彩色动画片。上海美术电影制片厂1961年（上集）、1964年（下集）出品。李克弱、万籁鸣根据吴承恩小说《西游记》改编。导演，万籁鸣；美术设计，张光宇。

动画片以神话形式反映了压迫者与被压迫者的尖锐冲突与斗争，通过孙悟空闹龙宫、反天庭的故事，成功地塑造了本领高强、敢于斗争、不畏强权的孙悟空艺术形象。整部影片妙趣横生。孙悟空既有人的思想感情，又有猴的调皮本性。人物动作吸取了中国戏曲的表演程式，对话也采用京剧的道白。影片以民族器乐伴奏，以

锣鼓打击乐渲染气氛，具有鲜明的民族特色。上集上映后，受到国内外观众的普遍赞扬。作为中国动画片的经典，《大闹天宫》影响了数代观众，是中国动画史上的丰碑。

《大闹天宫》剧照

影片1962年获第13届捷克斯洛伐克卡罗维发利国际电影节短片特别奖，1963年获第2届中国大众电影百花奖最佳美术片奖，1978年获英国伦敦国际电影节最佳影片奖，1980年获第2次全国少年儿童文艺创作评奖委员会一等奖，1982年获第5届厄瓜多尔国际儿童电影节三等奖，1983年获第12届葡萄牙菲格拉达福兹国际电影节评委奖。（陈 野）

《大内密探零零发》 *Forbidden City Cop* 中国彩色故事片。永盛娱乐制作有限公司和三和电影制作1996年联合出品。编剧，**周星驰**、谷德昭、劳文生；导演，周星驰、谷德昭；摄影，李健强；主演，周星驰、刘嘉玲、李若彤。

故事讲述了号称“保龙高手”的大内密探零零发，实际上不懂武功，只会耍小聪明搞些小发明。由于不务正业，零零发被皇帝赶出皇宫。后来，零零发识破金山国秘密组织诱杀皇帝的阴谋，并成功救下皇帝，重获皇帝的信任。不久，皇帝派零零发到妓院打探名妓琴操的底细，零零发与琴操接触时受到“诱惑”。零零发设下陷阱，和老婆搭档表演了一出争风吃醋的苦肉计闹剧，戳穿了琴操姑娘其实是金山国无相王变身前来中原向皇帝和零零发复仇的诡计。零零发以自己发明的嘴炮和手动式直升机活捉琴操，从而又一次化解了朝廷的巨大危机。

影片借助无厘头喜剧方式对英雄故事和高尚侠士形象进行了解构，把零零发这一“英雄形象”塑造成不按常理出牌、形象并不高大的小人物。影片较多着墨于零零发和结发妻子的深厚感情，破除了主人公作为英雄的刻板概念符号，强调了小人物重情重义的一面，体现了周星驰电影外在嬉闹、内在温情的风格特点。影片在表演、台词、场景设置等方面，充分展现出周星驰夸张搞笑但深有意味的无厘头特色。（张 燕）

《大头儿子和小头爸爸》 *The Big Head Son and Little Head Father* 中国彩色动画片。中央电视台动画片部1995年出品。共两部156集。根据郑春华同名儿童读物改编。编剧，郑春华；导演，崔世昱、魏星；造型设计，刘泽岱。

故事讲述了大头儿子、围裙妈妈、小头爸爸是和睦的一家三口，他们住在一座普普通通的小屋里，过着幸福知足的生活。他们的生活充满欢声笑语，有时也不免一些紧张挫折。大头儿子在这样的家庭里一天天长大，逐渐懂得了怎样去尊重人，怎样去面对困难。

影片以日常生活中的一些小事作为线索，以温馨和睦的家庭环境为场景，展现了对幼子童心的呵护以及中国传统人伦上的和睦友善，是一部温情脉脉的儿童片。影片1996年获第14届中国电视金鹰奖动画片大奖。2013年被中共中央宣传部、中华人民共和国教育部推荐为15部优秀动画片之一。（段天然）

大友克洋 Otomo Katsuhiro（1954-04-14～ ）日本漫画家、电影导演。生于宫城县。童年受手塚治虫电视动画作品《铁臂阿童木》和《森林大帝》的影响，中学时期即立下漫画家的理想。高中时期沉迷于电影。由于厌恶高考体制，高中毕业后放弃升入美术大学的梦想，只身闯荡东京。

1971年，执笔了漫画处女作《卖火柴的小女孩》。1973年，改编自P.梅里美原作的漫画作品《枪声》在《Action》漫画杂志增刊登载后成名，以漫画家身份正式出道。1979年，第一部漫画作品集《短暂和平》出版后引起强烈反响，随后《高速公路明星》（1979）、《童梦》（1981）、《再见日本》（1981）、《战备状态》（1981）等几部漫画作品相继发表，在日本国内赢得较广范围的支持。这些作品中逐渐形成的复杂透视绘图风格，以其新锐独特而给予日本漫画界明显影响。不但年轻漫画家中冒出不少大友克洋亚流，甚至连大友克洋本人崇拜的日本动漫泰斗手塚治虫，画风也为之一变，以至日本漫画美学上出现了“大友前”和“大友后”的说法。其中，代表作《童梦》获第4届日本SF大奖。1982年12月～1990年6月，大友克洋在《周刊年轻杂志》上长期连载漫画《阿基拉》，该作品除获得第8届讲谈社漫画奖外，也被翻译成多国文字出版，深获国际好评。自1973年以来，他的漫画作品多达400余部（包括已出版和未出版的），是名副其实的多产作家。

1982年，独立编导了16毫米实拍电影《赋枪于我》。1983年，在石森章太郎原作的动画电影《幻魔大战》中，担任角色设计一职，由此踏入动画电影界，并通过为三得利、佳能等公司的广告中担任设计等职积累了视听经验。1986年，与他人联合执导了《迷宫物语》，正式开启了导演生涯。1987年，在无台词动画作品《机器人嘉年华》中完成了影片的开头和结尾两个部分的导演工作。该片以机器世界与人类社会交叠的情感为主诉，虽然篇幅不大，但已经显露出他新锐而实验性的先驱才华。1988年，根据同名漫画改编执导了科幻动画片《**阿基拉**》，引起世界范围的广泛反响。影片以画面的写实主义来克服超现实、非真实题材的虚幻感，并以描写破坏建筑物等物理现象，映射复杂心理的崩塌。1991年，执导了首部真人电影《国际恐怖公寓》。1995年，担任动画片《回忆》的总监制、总制片和总导演，该片由《由她的思想中产生》《最臭兵器》和《大炮之街》三部分组成。其中由他自己执导的《大炮之街》片长22分钟，全片只有一个场景和一个长镜头，力图突破传统的转场和分切镜头的模式，可谓动画电影史上的先锋实验之作。1998年，在惊悚动画片《未麻的部屋》中担任制片人。

2001年，编剧了《大都会》。2004年，导演了动画电影《蒸汽男孩》，影片历时9年筹备，投入24亿日元经费，总画幅数超过18万张。2006年，根据漆原友纪的同名漫画改编执导了《虫师》，获第63届意大利威尼斯国际电影节金狮奖提名。2012年，执导了古装动画短片《火要镇》，获第16届日本文化厅媒体艺术节动画类大奖、第67届每日电影奖大藤信郎奖。2013年，与他人联合执导了动画短片

《蒸汽男孩》剧照

集《短暂和平》。2014年，获第41届美国电影安妮奖温瑟·麦凯奖。2015年，获第42届安古兰国际漫画节最优秀奖。他的作品有着自己明确的风格，大多以幻想题材为主，擅长运用缜密而写实的音响和与影片相适配的前卫音乐，在镜头运用上接近实拍，并注重背景和细部的精确描绘。（支菲娜）

《大宅门》 *The Grand Mansion Gate* 中国电视连续剧。中央电视台、无锡中视影视基地股份有限公司2001年联合出品。共40集。编剧，郭宝昌；导演，郭宝昌；主演，陈宝国、斯琴高娃、刘佩琦、杜雨露、王丽媛、何赛飞等。

故事讲述了清光绪年间，白家老二白颖轩给詹王府的大格格看病时断言大格格是喜脉，就此开罪了詹王爷。白家老三白颖宇贪昧家产引发争吵，白家女儿白雅萍失手摔死了自己的儿子，白家就此与姑爷关家交恶。不久后，白家老大白颖园给詹王府的二格格看病后二格格不治身亡，詹王爷就此宣布与白家势不两立，白颖园逃脱死罪远走天涯。白颖轩之子白景琦自小性格顽劣，他长大后爱上了詹王府大格格的私生女黄春，白家上下齐声反对。八国联军进攻北京，白景琦手刃了一名德国兵而闯下大祸。白景琦和黄春被逐至济南后，白景琦又与名妓杨九红相爱。白家对回到北京的杨九红百般排斥，白景琦只得偷偷放杨九红回济南。清朝灭亡后，白家子女不肖，日渐衰败，苦苦支撑白家的白文氏撒手人寰。直至九一八事变后，东北药材禁运，杨九红以身犯险，为白家解了燃眉之急。白景琦也惹上了官司，丫鬟香秀上下打点救出白景琦。七七事变后，日军威逼白家交出秘方，白颖宇自尽，白景琦在白家面前亦立下遗嘱。

该剧讲述了医药世家白家及其药铺“百草厅”半个世纪的兴衰浮沉与恩怨往事，向观众展现了中国近代社会转型期波澜壮阔的变革，具有一定的文化底蕴与历史深度。该剧以家族兴衰为故事主线，将人情世故、风花雪月、商场争斗与官场浮沉等人间百味一一展现给观众。该剧视角独特，成功地塑造了一组个性鲜明的人物形象。该剧开启了使用高清晰度摄像机拍摄电视剧的先河，被称为中国第一部高清晰度电视剧，也是中央电视台2001年度收视率冠军。2003年，郭宝昌又编剧、导演了电视连续剧《大宅门》第二部（共32集），讲述了白家从抗日战争时期到中华人民共和国成立后的浮沉变化，反映了这个大家族随着国家、民族的历史发展而发展的渐变过程。（王乙涵）

《大众电影》 *Popular Movies* 中国电影杂志。1950年6月1日在上海创刊。1961年前为半月刊，后改为月刊。16开本。成立之初，由上海市电影事业管理处研究室负责编辑工作。1952年4月，该刊与中国电影发行公司编辑的《新电影》合并，由上海迁到北京编辑出版，成为指导全国广大观众鉴赏电影的刊物。1957年成立《大众电影》编辑部，隶属中国电影出版社。1960年随同中国电影出版社划归中国电影工作者协会（中国电影家协会前身）。1962年秋，以印刷原因，与杂志《上海电影》合并迁回上海，直到“文化大革命”前夕停刊。1979年1月在北京复刊。由中国电影家协会《大众电影》编辑部编辑，1986年后改由《大众电影》杂志社编辑出版。历任主编有梅朵、王世祯、袁文殊、林杉、蔡师勇等。

《大众电影》封面

《大众电影》坚持为人民、为社会主义服务的方向，坚持四项基本原则和“百花齐放，百家争鸣”方针。该刊保持和发扬了杂志多年来形成的风格和特色，具有鲜明的思想性、新闻性、知识性和趣味性。除了画页，以“新片评介”“电影观赏”“问题讨论”“电影人物”“国内外影讯”“电影史话”等栏目最受读者喜爱，对提高读者的审美水平和让读者了解电影的过去、现状以及新片拍摄动向等都起到良好的作用。“银幕上下”“读者论坛”“影院人语”等栏目密切了读者、观众与电影工作者之间的交流和联系。

从1962年起，杂志每年举办大众电影百花奖评选（2005年后改为两年一次），是群众性广泛的读者评奖活动。《大众电影》创刊号发行1万册，后印数逐年增长。复刊后的1982年，发行量曾高达950多万册，成为当年国内发行量最高的艺术刊物，受到国内外人士的瞩目。（余岑）

《大转折》 *The Great Turn Around* 中国彩色故事片。八一电影制片厂1996年出品。分为《鏖战鲁西南》和《挺进大别山》上、下两集。编剧，姚远、王玉彬、王苏红、韦廉、李宝林；导演，韦廉；摄影，王乃聪、桑华、陈远良；主演，卢奇、傅学诚、古月、孙飞虎、孙维民、路希、吴竞。

《大转折》剧照

故事讲述了1947年3月18日，国民党军队占领延安，中国革命处于紧急关头。毛泽东提出了把战争引向国民党统治区的战略思想。为此，刘邓大军南渡黄河，在鲁西南与国民党军鏖战，攻克了重兵把守的羊山集镇。国民党调集35万兵力扑来。在连日暴雨中，刘邓决定继续挥师南下，顽强挺进大别山地区。刘邓大军不仅要和数倍于己的敌人战斗，还要克服内部错误思想。在极为困难的环境中，刘伯承和邓小平互相信任与支持，表现了深厚的战友情谊。最后，刘邓大军以伤亡过半的代价，实现了中央战略意图，使解放战争提前进入战略反攻阶段。

影片全景式地展现了解放战争中后期，中原野战军挺进大别山至全国大部分解放的峥嵘历史，较好地实现了纪实性与艺术性的统一，在完成历史时间叙述的同时，细腻传神地刻画了正反两方面人物形象，传达了人物内心情感的波澜。影片某些细节较为感人，把重大历史题材电影的艺术水准向前推进了一大步。影片1997年获第17届中国电影金鸡奖最佳导演奖、最佳美术奖，第20届中国大众电影百花奖最佳故事片奖。

（阿章 撰 章柏青 唐建军 修订）

《大醉侠》 *Come Drink with Me* 中国彩色故事片。邵氏兄弟（香港）有限公司1966年出品。编剧，胡金铨、尔羊；导演，胡金铨；摄影，贺兰山；主演，郑佩佩、岳华、陈鸿烈、杨志卿、韩英杰、谷峰。

故事讲述了女侠张熙燕出身官宦之家，从小习武，身手不凡，人称“金燕子"。她将几名作恶多端的大盗捕获，并由其做县官的哥哥张步青亲自将盗贼押解回城。路过树林，张步青遭遇盗贼玉面虎的伏击，奋力拼杀下仍被俘。金燕子女扮男装前去营救，打败笑面虎。笑面虎心有不甘，决定晚上偷袭。惊险时刻大醉侠出现，帮助金燕子逃脱。随后，在他的指点下，金燕子换上女装，扮成广济寺的香客进入了盗贼大本营，大醉侠则扮成乞丐，随金燕子一同到广济寺。金燕子不慎露出破绽，被玉面虎认出。打斗中金燕子中毒，身处险境，大醉侠暗中带其逃脱，并救回金燕子一命。随后，大醉侠假借领赏之名再次深入贼巢，怎料其作恶多端的师兄了空大师回来，揭穿死去的盗贼实乃大醉侠所杀。当年，了空为夺掌门之位，杀死了早已将掌门之位传给大醉侠的师傅，自此二人结仇。金燕子与盗贼相约交换人质，念及师兄弟之情，大醉侠放走了了空，但了空却趁夜间潜回偷袭大醉侠，终被大醉侠杀死。最终，金燕子与大醉侠联手，一举攻破盗贼团伙。

影片具有浓郁的古朴气息和幽远宁静的美感，其中一些京剧武打场面颇具写意性，如金燕子在客栈内与盗贼交锋的一场打斗戏中，在京剧锣鼓、梆子的节奏声中，打手们逐一上阵与金燕子对决，与京剧武场戏非常像，金燕子挥剑跳跃的动作，展现了舞蹈般的动作美。影片确立了导演胡金铨在武侠片中的地位和艺术风格，成为邵氏新武侠片的代表作之一，开启了新派武侠片的潮流，极大地影响了港台武侠片的创作，在香港武侠电影史上占据重要地位。（赵卫防）

戴公亮 Dai Gongliang（1908～1996） 中国电影教育家。生于江苏吴县（今属苏州），卒于北京。1933年毕业于江苏省立教育学院。读书期间，对电化教育颇感兴趣。后受江苏省立教育学院委派去上海联华影业公司学习、工作。1935年回到省立教育学院，与孙师毅等人合办电影播音教育专修科，培养电影制作和电化教育的人才，并参与拍摄了大型纪录影片《除旧布新》。他是在中国首先引进"电化教育"一词的学者。1936年，根据邹韬奋的意见，编导了抗日教育片《五十六年痛史》，利用实景、图片、动画、字幕等表现手段，揭露日本军国主义从清光绪年间以来对华侵略的历史，对激励群众抗日起到了积极作用。

1941年国立社会教育学院在四川成立，戴公亮设电化教育专修科并负责相关工作。抗战胜利后又在江苏省立教育学院兼课。1950年苏南文化教育学院成立，他设电专科并任教，后摄制《时老姑娘》幻灯片，讲述贫农大娘翻身学文化的故事，对当时的农村工作起了积极作用。1952年全国院系调整后，电专科并入北京电影学院，他随迁至该院电影工程系和摄影系。先后在摄影系、工程系讲授《摄影镜头的原理和应用》《电影技术概论》等课程，并倡导电化教育，促成教育部成立电化教育机构，为中国电化教育事业作出了一定贡献。主要译著有《摄影镜头的原理和应用》等。（杨　凯）

戴-刘易斯，D. Daniel Day-Lewis（1957-04-29～　） 英国影视演员。生于伦敦。父亲是英国桂冠诗人C.刘易斯，母亲是演员J.贝尔康，外祖父是英国伊琳制片公司的创始人和总裁。自幼在良好的家庭环境下培养了非凡的艺术素养。1971年，参演了首部电影《血腥星期天》。1982年，在影片《甘地传》中饰演一个街头暴徒。1986年，出演《我美丽的洗衣店》，获第58届美国国家评论协会奖最佳男配角奖。同年，出演《看得见风景的房间》，获第52届美国纽约影评人协会奖最佳男配角奖。1988年，在根据M.昆德拉小说改编的电影《布拉格之恋》中饰演风流倜傥、愤世嫉俗的外科医生托马斯。

1989年，在传记片《我的左脚：克里斯蒂·布朗传》中饰演爱尔兰作家布朗，获第62届美国电影奥斯卡奖最佳男演员奖、第47届美国电影金球奖最佳男主角奖、第43届英国电影学院奖最佳男演员奖。1992年，主演史诗片《最后一个莫西干人》，获第13届英国伦敦影评人协会奖最佳男主角奖。1993年，在古装伦理爱情片《纯真年代》中饰演一名风度翩翩的年轻律师，将人物表面看似平静如水、内心却波涛汹涌的状态演绎得细腻而又真实。同年，与E.汤普森合作出演《因父之名》，获第66届美国电影奥斯卡奖最佳男演员奖提名、第51届美国电影金球奖最佳男主角奖提名、第47届英国电影学院奖最佳男主角奖提名和第38届意大利电影大卫奖最佳外国男演员奖提名。2002年，在M.斯科塞斯执导的犯罪片《纽约黑帮》中饰演杀人不眨眼的黑帮头目"屠夫"比尔，获第56届英国电影学院奖最佳男演员奖和第9届美国演员工会奖最佳男演员奖。2005年，主演由妻子R.米勒执导的影片《杰克和罗斯的情歌》。2007年，主演西部片《血色将至》，获第80届美国电影奥斯卡奖最佳男演员奖、第65届美国电影金球奖最佳男主角奖、第61届英国电影学院奖最佳男演员奖和第14届美国演员工会奖最佳男演员奖。2012年，主演S.斯皮尔伯格执导的传记片《林肯》，获第85届美国电影奥斯卡奖最佳男演员奖、第70届美国电影金球奖最佳男主角奖、第66届英国电影学院奖最佳男演员奖和第19届美国演员工会奖最佳男演员奖，并成为史上首位三度获得美国电影奥斯卡奖最佳男演员奖的演员。2017年，出演《魅影缝匠》，获第90届美国电影奥斯卡奖最佳男演员奖提名、第75届美国电影金球奖最佳男主角奖提名和第71届英国电影学院奖最佳男演员奖提名。

《林肯》剧照

刘易斯出演过数十部电影，塑造的人物形象性格迥异，极具魅力。他出演的影片还有《叛舰喋血记》(1984)、《危情关系》(1986)、《飞进美国》(1988)、《保持微笑，新泽西》(1989)、《因爱之名》(1997)、《九》(2009)等。2014年11月，被英国皇室授予骑士爵位。（孙　萌）

丹麦电影 Danish cinema 丹麦最早的电影是由宫廷摄影师拍摄的新闻片。1906年，O.奥尔森在哥本哈根成立了北欧电影公司，从此丹麦开始制片生产。该公司拍摄的第一部影片《猎狮记》(1907)由舞台演员V.拉尔森导演并演出，这是丹麦第一部获得成功的影片。其后，该公司主要是拍摄根据文学作品改编的影片，如《茶花女》(1907)、《威廉·退尔》(1908)、《哈姆雷特》(1910)等。这些影片都是照搬舞台表演，只交代故事的主要情节。这期间，丹麦出现了几家电影公司。所拍摄的影片主要是喜剧片和剧情片。如A.林德导演的《未婚妻市场》(1910)，R.狄尼森导演的《四个魔鬼》(1911)，A.布洛姆导演的《狱门之旁》(1911)、《大西洋号》(1913)，

F.霍尔格-麦德森导演的《福音书的作者》(1914)等。这些影片情节雷同，所反映的社会现实也都很肤浅，但是演员的表演和摄影技术是出色的，在剪接、布景、照明等方面都有新的探索。这一时期丹麦导演的创作成就对其他国家的电影艺术的发展产生了影响。丹麦电影演员，特别是女演员A.尼尔森，由于主演影片《深渊》(1910)、《没有祖国的姑娘》(1913)、《西班牙的爱情》(1913)在国外获得很大声誉。其他著名电影演员有V.普西兰德、C.维特邦托彼丹、E.弗列里赫、C.维特、O.封斯、B.南森。

《深渊》剧照

第一次世界大战期间，丹麦摄制了一些倡导和平主义的反战影片。如布洛姆导演的《为了祖国》(1914)、《世界末日》(1915),霍尔格-麦德森导演的《放下武器》(1914)、《永久的和平》(1916)和《天上的船》(1917)。这个时期，由演员成为导演的B.克里斯滕森拍摄了侦探片《神秘的无名氏》(1913)，其后，他拍摄了叙述道德问题的影片《复仇之夜》(1915)和《女妖们》(1921)。第一次世界大战使丹麦的影片出口锐减，电影事业的生存环境恶化。最有影响的导演和演员纷纷迁居国外。这个时期，导演A.W.桑德堡根据英国作家C.狄更斯的小说改编的几部电影颇具特色。影片中演员的演技出色，准确再现原作的风格和时代气氛，公映后在丹麦和英国博得观众好评。这些影片是《我们共同的朋友》(1919)、《远大前程》(1922)、《大卫·科波菲尔》(1922)和《小杜丽》(1924)。1919年，C.T.德莱叶拍摄了他的第一部影片《大总统》。1921年，德莱叶拍摄了影片《撒旦的日记》，表现了对暴力的憎恶，呼吁人道主义精神，对法国资产阶级革命和1918年的芬兰革命则加以负面刻画。20世纪20年代，闹剧片成为最受欢迎的样式。如导演L.劳里春（老）执导的影片《电影、调情和订婚》(1921)、《他、她和哈姆雷特》(1922)、《我们冬季的朋友》(1923)等。这些作品表现了滑稽可笑但非常可爱的流浪汉的不寻常经历，在国内外得到赞赏。

《撒旦的日记》剧照

30年代有声电影出现后，丹麦电影艺术进入衰落时期。第一部丹麦有声电影是G.肖纳沃伊特拍摄的《爱斯基摩人》(1930)。在整个30年代，没有摄制出重要的电影作品。这时期，根据丹麦戏剧和散文作品改编的电影有《维尔皮的牧师》(1931)、《教堂和风琴》(1932，导演G.肖纳沃伊特)等，尽管文学原作具有很高成就，由著名舞台演员扮演角色，但影片艺术水平不高。

第二次世界大战期间丹麦被德军占领，生产了一些描写资产阶级家庭生活的电影。如B.克里斯滕森导演的《孩子》(1940)，B.易普森和L.劳里春（小）联合导演的《迷途的姑娘》(1942)，J.雅各布森拍摄了一部剪辑得很出色的影片《八个协定》(1942)。1943年，德莱叶摄制了故事片《愤怒的日子》，影片取材于挪威中世纪的一桩所谓“女妖案”，用以影射法西斯的残暴。这个时期，丹麦也拍摄了几部很隐晦的政治寓言式纪录片，号召民众同占领者进行斗争。

《愤怒的日子》剧照

第二次世界大战结束后，丹麦电影得到了发展。丹麦电影工作者努力通过电影艺术反映丹麦的抵抗运动。如J.雅各布森导演的《看不见的军队》(1945)、《三年以后》(1948)、《陌生人敲门》(1959)，B.易普森和L.劳里春（小）导演的《大地将变成红色》(1945)，E.狄莫尔特导演的《最后的冬天》(1960)，B.克里斯滕森导演的纪录片《你的自由受到威胁》(1946)，导演汉宁·强森夫妇根据丹麦著名作家M.A.尼克索的同名小说改编的影片《蒂特——人的女儿》(1946)。还有几部反映资本主义社会里儿童和青少年遭遇的影片，如A.汉宁·强森的《世界只有巴尔一人》(1949)和《处在两个世界的巴夫》(1959)、雅各布森的《士兵和珍妮》(1947)等。1955年，导演德莱叶根据丹麦作家K.蒙克的神话剧拍摄了一部涉及宗教问题的影片《言词》。

50年代，导演G.阿克塞尔拍摄了《永远处在惊慌中》(1955)、《多余的女人》(1956)、《一切为了叶莲娜》(1958)等影片，描述了工人和小职员的生活。在讽刺喜剧《黄金和绿草地》里，他抨击了丹麦的经济和精神生活的美国化。导演O.帕尔斯博拍摄了《施密特一家》(1951)，以辛辣笔调揭示了存在于资产阶级家庭关系中的丑恶现象。

60年代，丹麦电影界涌现一批新导演和编剧，他们竭力以新的艺术手法拍摄反映尖锐的社会问题的影片。这批年轻人的作品被称为“丹麦新浪潮”。如导演H.卡尔森拍摄了影片《抉择》(1962，根据南非白人女作家N.戈迪默的作品改编)，揭露了南非当局的种族隔离政策的罪恶，影片是在南非秘密拍摄的。影片《我们怎么办?》(1964)描写了丹麦抵抗运动参加者的境遇。影片《饥饿》(1966，根据挪威作家K.汉姆生的作品改编)讲述了资本主义社会作家的遭遇，在国际上获得成功。P.克犹吕利夫·施密特导演的《周末》(1962)等影片揭示了全民福利社会道德的本质。G.阿克塞尔导演的影片《红袍》(1967)再现了古代斯堪的纳维亚传说故事。喜剧片有E.巴林格的《信仰，希望和魔法》(1960)、《可爱的家庭》(1962)和《弗列迪，你先打》(1965)，也都比较成功。1964年，德莱叶完成了他最后一部作品《葛特鲁德》(根据J.索德尔堡的原作改编)。1966年，德莱叶在哥本哈根成立了电影学校，培养导演、摄影和录音人员。

《饥饿》剧照

70年代的丹麦电影大半是商业性影片。但是，很多新一代导演对社会问题颇感兴趣，对表现手法的创新也很热心。如C.B.托姆森导演的《亲爱的伊列娜》（1970），H.卡尔森导演的《应该懂音乐》（1972）和《好像有人发奖》（1978），H.斯坦格鲁普导演的《危险的接吻》（1973）等，都是反映资本主义社会的个人价值问题的影片。剖析资产阶级社会危机的“政治电影”有：《警察》（1976）揭露了身居高位的国家官员贪污受贿；《谁杀害谁？》（1978）以悲观色调描绘了丹麦的未来；影片《狙击手》（1971）的主人公试图以恐怖手段阻止在丹麦进行核试验。最受欢迎的是一些把社会政治主题作为背景处理的侦探片或惊险片，如《十九枝红玫瑰》（1974）、《相貌相同者》（1976）、《钱袋或生命》（1982）等。这个时期，改编本国文学作品的影片也占很大比例，如《失踪的官吏》（1971）、《大地是平坦的》（1977）、《男爵》（1978）、《山上的耶柏》（1981）等。这个时期主要电影演员有E.奥里格、G.涅尔毕尤、F.海尔姆特、O.斯普洛格尤、L.海尔茨，P.本格尔、N.克里斯登森、K.奥列森等。1970年建立名为“沃尔克绍晋”的组织，专为青年导演提供创作基地。70年代年产影片20部左右。1981年丹麦有16家电影公司和一些独立制片人摄制影片。1982年丹麦生产了15部电影，全国有400家电影院。

90年代，丹麦电影异军突起，出现了一批优秀的青年导演。导演**拉斯·冯·提尔**、T.温特伯格、C.莱文和S.克拉格－雅各布森共同起草了《**道格玛95宣言**》和《纯洁宣言》，号召电影人摆脱浮夸的技巧，以朴素的电影手法和语言反映现实生活。温特伯格的《庆祝》（1998）和拉斯·冯·提尔的《白痴》（1998）被认为是道格玛电影的第一批作品。拉斯·冯·提尔导演的《**黑暗中的舞者**》（2000）由多个国家和地区联合制作，曾获第53届法国戛纳国际电影节金棕榈奖。他随后又凭借《**狗镇**》（2003）于第56届法国戛纳国际电影节再度获得金棕榈奖，奠定了他在世界影坛的地位。

21世纪以来，丹麦电影积极展开国际化电影培训项目，为丹麦电影提供了更大的发展空间。产生较大反响的影片有《幸福的黄色电影》（2003）、《亚当的苹果》（2005）、《亲爱的温迪》（2005）、《布拉格》（2006）、《极度快乐》（2008）、《中松博士的发明》（2009）、《兄弟情》（2009）、《忧郁症》（2011）、《狩猎》（2012）、《地雷区》（2015）、《男人与鸡》（2015）等。

《狗镇》剧照

（尹广文　刘　斐）

单声道电影录还音工艺 mono sound film recording and playback technique　环绕声引入电影前的一种主流模拟录音与还音制作流程。在早期有声电影的录音技术探索中，在原无声**电影拷贝**的齿孔和画面边缘之间，单独留出用来记录单声道光学声迹的线性窄条。该光学声迹只能以单声道的光学方式进行录音加工和记录，放映中再通过光学部件，将这条光学声迹上记录的光学单声道声音信号转化成电子单声道音频信号进行影院还音。

在单声道电影录还音工艺中，经电影录音师混录完成的声音（包含语言、音响及音乐），通过银幕背后中间的扬声器向观众播放。因此，对观众而言，只能听到银幕中间纵深所发出的声音，而无法体会到在银幕边缘两侧以及观众背后发出的环绕声音，所以它是一种单点发声的电影录还音制作工艺。

单声道35毫米电影拷贝上的光学声迹一般有变积式和变密式两种。

（姚国强）

但杜宇 Dan Duyu（1897-09-19～1972-05-06）中国电影导演。原名祖龄。祖籍贵州广顺。生于江西南昌，卒于香港。13岁父亲去世，家境困难，到上海以画仕女月份牌为生，并为报刊画封面插图。由于喜爱摄影和电影，经过自学，学会了拍摄新闻片。1920年6月创办上海影戏公司，自己担任编导、摄影、冲洗，并负责剪辑，主要演员由自己家庭成员殷明珠、但二春担任。1921年导演了《海誓》，成为中国电影史上最早的剧情长片之一，也堪称中国第一部爱情故事长片。影片讲述了画家与少女的爱情故事，并送请上海“夏令配克电影院”首次放映，立即引发轰动，一时间拷贝远销外国。但杜宇在之后10年间先后导演或拍摄了《顽童》《古井重波记》《弃儿》《弟弟》《重返故乡》《小公子》《传家宝》《还金记》《盘丝洞》《杨贵妃》《小剑客》《金刚钻》《糖美人》《飞行大盗》《媚眼侠》《豆腐西施》《古屋怪人》《东方夜谭》等30多部影片。这些影片在市民阶层中反响颇大，但受到当时进步舆论的批评。1923年拍摄的《古井重波记》，主题比较严肃，并具有反封建的意义，影片于1923年冬上映，是中国最早的在艺术上比较完整的爱情片。1931年秋，上海影戏公司并入联华影业公司，但杜宇创作了《南海美人》《清白》《失足恨》三部影片。1934年为艺华影业有限公司导演了《人间仙子》和《新婚的前夜》等有声片，次年恢复上海影戏公司，导演了《健美运动》《桃花梦》《国色天香》等有声片。1937年拍摄了《石破天惊》。随着抗日战争的全面爆发，但杜宇全家定居香港，后又辗转桂林、贵阳、重庆、成都等地，以卖画为生。抗日战争胜利后，但杜宇全家重返香港，为大中华影业公司导演了《苦恋》和《新天方夜谭》，后退出电影界。同时，他在漫画领域也有较高的成就，1923年前后出版的《国耻画谱》，以揭露帝国主义侵华的罪恶行径为主要内容，是中国第一部个人漫画专集。

（陈少舟）

《当代电视》 *Contemporary TV*　中国电视杂志。由**中国电视艺术家协会**主办，创刊于1986年。主管单位是**国家广播电视总局**。《当代电视》是电视艺术专业刊物，以贯彻“百花齐放、百家争鸣”方针，促进电视创作和电视理论的发展为主旨，介绍电视艺术发展概况，发表相关分析、评论文章。该杂志设有专稿特稿、新作品评、编导演之窗、争鸣园地、台长论坛、观察与思考等栏目。读者对象为电视艺术工作者、高校相关专业师生及广大的电视艺术爱好者。

该杂志重视电视的社会价值建构作用以及传统文化传播的问题，如电视媒介中娱乐节目价值倡导的转型，电视传播过度娱乐化的道德审视，电视剧产业的现状与走向，中国电视剧海外传播的历程及发展启示，电视节目对传统文化的影响，大众媒介对青少年的媒介素养教育，公益广告中的人文关怀等。该杂志紧密关注当下技术变革与电视变革的问题，如电视媒体的微博营销，引进海外模式重塑中国价值，网络脱口秀节目的话语表达，互联网思维下的电视媒体转型思考。该杂志以多维视角和深度剖析研究电视日新月异的变化和发展，是电视研究中的重要专业刊物。
（周冬莹）

《当代电影》 *Contemporary Cinema* 中国电影杂志。由中国电影艺术研究中心创办于1984年。其前身是中国艺术研究院电影研究所1980年创办并编辑发行的《电影文化》杂志。2001年，杂志改由中国电影艺术研究中心与北京广播学院（今中国传媒大学）联合主办。2008年，由双月刊改版为月刊，16开本，每月5日出版。历任主编有陈荒煤、陈昊苏、陈播、刘怀舜、张建勇、刘书亮、皇甫宜川、周涌。

学术性、当代性是杂志的创刊宗旨，在刊物的栏目设置上、话题的讨论上，宗旨均得以体现。自创刊伊始，主编陈荒煤提出“着重探讨、研究当代的电影创作和理论中的问题，开展一些学术活动，及时总结经验，推广好的经验，吸取教训，介绍国内外的理论的探索和研究”，这些理念得以贯彻至今。杂志所设置内容非常丰富，除国内电影及相关理论讨论外，还开设不少与西方电影理论相关的专栏，如“外国电影”“国外特稿”等。伴随国外涌现的重写电影史思潮也逐步设立“重写电影史”“口述历史”等栏目。“本期焦点”是杂志栏目设置的特色之一，每一期聚焦一个话题进行深入讨论。如2018年以“改革开放四十年的电影创作”为话题，从经济学、金融史、电影制片、电影创作等领域展开深刻细致的讨论，使话题研究更具有聚焦性与深度性。

作为学术性较高的电影杂志之一，杂志在电影理论上，关注西方电影理论，形成前沿性讨论；在电影实践上，密切结合当下电影创作环境，以最大诚意寻求理论指导实践，促进电影创作；在电影史上，对中国的电影史学进行持续不断研究，贯彻踏实的史学精神与作风，成为当下电影学界最重要、最具代表性的刊物之一。
（皇甫宜川　崔华静）

党的电影小组 The Party’s film group 中国电影组织。1931年，随着九一八事变的爆发，民众的抗日爱国热情高涨，明星影片公司不得不扭转制片方针。1932年夏，明星影片公司经理周剑云邀请左翼人士阿英、夏衍、郑伯奇加入公司担任创作顾问，得到了瞿秋白的同意，随后左翼人士开始壮大电影力量。1933年3月，在党的文化工作委员会的领导下，由夏衍、阿英、王尘无、石凌鹤、司徒慧敏组成的党的电影小组成立，正式确立了党对电影事业的领导，夏衍为电影小组负责人。党的电影小组的工作主要有：①为“明星”“联华”“艺华”等电影公司提供进步的电影剧本，如《狂流》《三个摩登女性》《春蚕》等；②陆续向各公司输送左翼人才队伍，如沈西苓、王莹、胡萍等先后加入并参与各个公司的创作。除此之外，党的电影小组还注重党的电影理论工作，积极开展电影评论，在上海各大报纸上开辟电影副刊阵地，翻译介绍苏联电影的文章，把握电影评论的方向，发挥评论引导电影创作的作用。
（梁玛丽）

《党同伐异》 *Intolerance: Love’s Struggle Throughout the Ages* 美国故事片。三角电影公司1916年出品。编导，D.格里菲斯；摄影，G.W.比泽尔；主演，L.吉许、R.哈伦、M.马什、H.盖伊、B.洛芙、G.沃尔什、G.贝兰杰、T.马绍尔、F.鲍沙其。

影片围绕宽恕、正义、宗教与和平四个核心主题展开叙事，由现代篇《母与法》、犹太篇《基督受难》、中世纪法国篇《圣巴托洛缪教堂大屠杀》和古代篇《巴比伦的陷落》四条线索构成，故事横跨两千余年。故事第一次采取平行蒙太奇的方式分别交代四段不同时空的故事：第一段故事《母与法》发生在20世纪初的加利福尼亚，一位年轻的女孩跟父亲幸福地生活，结识了曾经跟父亲在同一工厂工作的年轻人，并与之结婚。后者因失业迫不得已为不良势力工作，在为救妻子与坏人打斗时被误认为是杀人犯，并被判处死刑。而年轻的女子则凭着自己对丈夫的爱在行刑前找出了真凶，使得丈夫免于死刑。第二段故事《基督受难》发生于公元27年的巴勒斯坦地区，上帝的儿子耶稣让许多人间奇迹发生，最后却被门徒犹大出卖，被钉死在十字架上。第三段故事《圣巴托洛缪教堂大屠杀》发生于1572年的法国巴黎。天主教徒发动了对基督教新教徒的大屠杀，正在举行婚礼的新教徒青年惨遭不幸。第四段故事《巴比伦的陷落》发生于公元前539年的中东地区。影片从一名普通女性的视角切入，作为国王的忠诚崇

《党同伐异》剧照

拜者，她在最后时刻奋力把敌军的消息带给国王，但因巴比伦大祭司早就对国王怀恨在心，在波斯大军攻打之际，大祭司打开城门，从此辉煌的巴比伦古国灭亡。

影片主题明确，动作紧凑，人物定位清晰，故事具有强烈的节奏感。导演格里菲斯创造了“平行蒙太奇”和“交替蒙太奇”手法，把时空相去甚远的故事剪辑在一起进行平行或交替叙事。影片耗资巨大，拍摄场面宏大，人物繁多，被誉为早期世界电影史上的鸿篇巨制。
（张　冲）

导演 director 把文学剧本搬上银幕使其成为影视作品的主要艺术家，影视制作的核心人物，影视作品思想、风格、表现技巧的掌舵人。影视导演负责调动并掌握影视这一综合艺术各部门的创造力和积极性，用以协同地、和谐地完成影视作品的创作。导演参与剧本的构思、写作或修订。在文学剧本的基础上，结合自己的生活感受和艺术观念，创造性地运用蒙太奇思维、影视艺术表现手段，对未来作品的主题意念、人物形象、情节和动作、造型和音响、叙述方法、时空结构和艺术样式，进行总体构思，做出总体规划，写出分镜头剧本，写出或口头讲述导演阐述，以作为未来影视作品的总设计图。

在影视作品摄制阶段，导演负责组织和指挥工作。首先要组织摄制组的班子，确定人选（包括演员）。然后，根据总体构思，对摄影、演员、美术、录音、作曲、剪辑等创作部门提出要求；通过排练，确定演员对角色的创造；审定各部门的创作规划；集中和依靠各艺术家的智慧指挥拍摄，以实现预期的艺术效果。镜头拍摄中和完成后，指导并依靠剪辑部门完成镜头的组接和声画合成。一部影视作品的质量在很大程度上取决于导演的素质与修养。

导演在影视作品摄制过程中和制片人——摄制组行政和生产的领导者是合作关系，他的艺术创作活动得到制片人的充分尊重和配合，也受到生产条件如摄制期限、成本预算等方面的制约。
（刘果生）

导演阐述 director’s interpretation 电影导演在影片拍摄前重要的案头工作。导演阐述用以阐明导演在电影文学剧本的基础上再创作的构思、设想与要求，以统一影片各创作部门对导演创作意图以及未来影片概貌的理解。导演阐述因不同的导演和影片的要求而异，没有也不要求有统一的内容和格式。一般的导演阐述大都包括以下一些基本内容：对文学剧本及影片的

思想性及其现实意义的理解；对影片的基调、结构、风格和艺术处理的要求与设想；对主要人物的分析及形象塑造的要求；对影片主要矛盾和重要场景的处理设计；对影片各创作部门，包括摄影、录音、美术、音乐、剪辑等方面的基本的和特殊的要求。编写导演阐述不是导演必需的工作程序。（陈　青）

导演风格　artistic style of director　导演在影视艺术创作中所表现出来的艺术特色和创作个性。由于影视导演的生活经历、价值观、艺术素养、个性特征的不同，在处理题材、选择样式以及运用视听语言方面，必然彰显出其不同的特征，这就形成影视作品不同的艺术外观。影视是一种融合了视听表现手段的综合性艺术，必须经过集体创作才能完成，而导演无疑是这一创作集体的领导者和组织者，其个人的风格在创作中起到主导和决定性的作用。所以影视作品的风格既是集体的风格又不可避免地融入导演的个人风格。导演的风格必然受到时代的、民族的、阶级的影响和制约，时代的、民族的、阶级的影响因素也必然在导演的个人风格中得到一定程度的体现。随着导演的个人经历、年龄、思想情感以及艺术影响的变化，其风格也会有变化和发展。导演风格是在一系列影视作品中形成的，而最能代表导演个人风格的作品，往往就成为他的代表作。

（丁珊珊）

导演工作台　director workbench　导演在进行影视作品创作时直接依赖的特定物件或空间环境。由于工作性质使然，与其他行业不同，也和影视创作的其他工种不同，影视导演的工作台一般没有特定所指，它所牵涉到的事物和空间环境其内涵和外延是十分宽泛的，而且在导演创作的不同阶段，其所指也不同。

在构思、策划、资料收集、剧本写作与修改阶段，和其他文艺工作者和艺术工作者一样，导演的工作台可以是常见的写字台、电脑桌、会议桌、咖啡椅、吧台、沙发、床等。在物色和选拔演员阶段，导演的工作台一般是练功房、会议室、舞台、操场等。在前期拍摄阶段，导演的工作台基本上就是在片场。但片场一般分为主要用来摄制内景戏的摄影棚或演播室，以及主要用来摄制外景戏的摄影棚或演播室之外的一切室外空间。

在片场，导演一般会享用导演椅，以便休息或和其他主创人员研究剧情，以及通过监视器观看即时的拍摄效果。因此，从狭义上说，以导演椅为中心的区域实际上就构成了片场中的导演工作台。进入后期剪辑阶段，具有最终剪辑权的导演常常会和剪辑师一起进行剪辑，那么，此时导演的工作台实际上和剪辑师的工作台即剪辑台合一。传统的剪辑台一般是设置在装有胶片剪接设备的暗房中，现代的剪辑台则基本上由一系列精密的、高运算能力的、大存储量的电脑数字设备构成。对于有实力的导演而言，其工作贯穿于影视作品构思、制作、发行、传播等全流程，所以有些情况下，在作品制作完成后，导演的工作仍然要继续。从广义上说，新闻发布会的现场、媒体的演播室、首映典礼现场、电影院、学术机构、颁奖现场都可以被视为导演的工作台。（丁珊珊）

导演技术　directing techniques　导演在影视创作过程中体现出来的解决问题的方法及方法原理。亦指导演利用现有的条件、事物创造新条件、形成新事物，或是改变现有条件和事物的能力和方法。导演技术是用来判别一位导演水平高低优劣的一个重要的指标。导演技术的高低在很大程度上决定了影视作品艺术水准的高低。导演技术的形成有赖于导演对影视其他创作部门的创作特点的熟识掌握、与其他创作者交流程度的深入以及创作经验的积累和总结。

导演技术没有专门的、固定的所指及其内涵和外延。导演技术是一个兼容并包的综合性极强的概念，它所涉及的领域容纳了影视创作的方方面面，如剧作、表演、摄影、照明、录音、剪辑、音乐等。影视创作是集体创作，导演富有创作最终决定权，对最终的艺术效果负有最大的责任。这种特性决定了导演技术不在于专，而在于全面；不求一定要精通于某一些技能或技术，而在于对影视创作中每一项技能都能有起码的了解和大致的掌握，关键是要具有将这些行当整合在一起以达到特定的创作目标的能力。因此，导演技术的核心是由鉴别能力、整合能力、组织能力、传授能力以及沟通能力所综合构成。

（丁珊珊）

导演排练　director's rehearsal　导演依据**分镜头剧本**的提示和即将拍摄现场的具体条件，对演员以及其他剧组主创人员的创作活动预先进行的设计与指导。导演排练最初来自话剧舞台，引入电影创作后既指导演对演员对白、动作、走位等方面的指导，对摄影机位、光位、收音方式的指导，也包括对演员与其他创作者如何配合的指导，是一种比话剧更具综合性的创作手段。导演排练是保证正式拍摄能够流畅和高效率进行的必要条件。成熟的创作一般离不开导演排练。但导演排练也要把握分寸，它只能起到热身的效果，不能过度，否则会耗费掉主创过多的灵感与激情，对正式拍摄时的艺术效果产生损耗，效果适得其反。（丁珊珊）

导演视角　director's perspective　导演在一部影片中所采用的叙事角度。导演视角体现在情节结构的安排、细节的设计、意象的选取以及机位的安排、镜头的遴选、演员的使用等方面。导演视角基于叙事视角，但由于不同导演的个性、学识和经历都不尽相同，即使面对的是同一个剧本，导演视角也不可能完全一致，所拍出来的作品自然也不会全然相同。因此，每个导演不同的个人风格很大程度上决定了导演视角。由于电影拍摄的复杂性与综合性，导演视角必然还要受到其他多种因素，如演员的类型和发挥、摄影师对导演意图的理解以及现场的环境、一些突发因素等的影响。（丁珊珊）

导演艺术　directing art　指导影视创作，带领编剧、表演、摄影、美术等各部门所组成的剧组进行影视拍摄的艺术。影视是一种综合艺术，影视导演是影视作品创作的领导者与核心人物。导演的工作贯穿在影视作品生产的全过程中，因此，导演艺术包括了作品创作过程中各艺术门类：影视文学艺术、影视表演艺术、影视摄影艺术、影视造型艺术、影视剪辑艺术等。不仅如此，导演艺术还要求有独特的**蒙太奇**构思，对影视的时间和空间的特性有明确透彻的了解和认识，熟练地掌握和运用**场面调度**。（杨　凯）

导演中心制　director-unit system　一种电影制作分工模式。1909年出现于美国，是美国电影产业发展的产物。最初，负责制作电影的最小单位可以只有导演及摄影师两个人。后通过大量扩充团队，将工作精细化。在这种模式下，导演负责在整体上把握影片的创意和生产，负责制片、改写、现场拍摄及剪片的工作，以应对在短时期内提高产量的需求。团队其他技术工作职位都是通过人力及成本的计算，根据工种类型被整合成为部门。剧本写作外包。融资、产品计划、招募中层员工、留意市场趋势等工作则交由高层经理负责。导演中心制已具有大量生产电影所需要的规制、人手及配置。1914年后逐渐被制片人中心

制取代。（李宗泰）

导演助理　assistant director　导演的助手之一，隶属于剧组中的**导演组**。又称助理导演。导演助理主要负责协助**导演**的案头工作，特定情况下也负责**场记**、**副导演**等相关工作，是导演身边不可或缺的重要工作人员。导演助理根据经验、实力、能力以及工作内容的不同，主要分为第一助理导演、第二助理导演等不同岗位，是剧组最为核心的骨干成员。导演助理主要协助导演从事各类关于影片拍摄的统筹工作，在拍摄现场做好对导演拍摄的协助工作，维护拍摄现场的秩序；配合副导演工作，比如检查演员的服化道是否就位，摄影师、录音师是否到位，能否开拍等；拍摄群戏场面时，还需要协助导演、摄影师等人组织群众演员表演，如帮助演员进行打光的站位，帮助群众演员进行调度排练，根据需要指导群演的表演；在影片后期制作时，协助导演安排后期创作的日程等。（丁珊珊）

导演组　director team　剧组创作团队的核心领导组织，主要包括**导演**、**副导演**、**执行导演**、**导演助理**和**场记**。在创作初期，导演组负责建组、筛选和研究剧本、绘制分镜头、挑选演员、制定拍摄计划、布景制景、协调道具服装等各部门工作。在创作中期，导演组负责对拍摄现场进行全面调度，指挥各部门进行工作。在创作后期，导演组需要对作品的后期视效、渲染、特技等进行监督制作，并与剪辑师共同完成粗剪版和导演剪辑版等。如果有镜头不能使用或者穿帮，还要进行补拍。导演组与制片人组行使的是不同的职能。导演组既可以由导演进行组建，也可以由制片人团队进行召集或是影视公司进行分包。（丁珊珊）

《盗梦空间》　*Inception*　美国彩色故事片。华纳兄弟影业公司和传奇影业公司2010年联合出品。编导，C.诺兰；摄影，W.菲斯特；主演，**L.迪卡普里奥**、J.G.莱维特、E.佩姬、渡边谦、T.哈迪、D.劳、M.歌迪亚。

故事讲述了道姆·柯布是一个专门靠潜入他人梦境盗取情报的窃贼，并被人追讨。他的妻子梅尔自杀，但他却背负杀妻罪名远离自己的两个孩子。能源大亨斋藤以让柯布重返家庭为诱惑，让柯布把解散公司的意念植入竞争对手罗伯特·费舍尔的潜意识，从而战胜对手。为此，柯布找来造梦者阿丽瑞德妮、伪装者伊姆斯、化学家尤瑟夫，一起编织三层梦境，试图把意念植入费舍尔潜意识，且不被察觉。与此同时，参与造梦的团队成员自身也面临着陷入昏迷状态的危险。最后，故事以开放式结尾收场，即将踏上美国领土的柯布是在梦境里还是在现实中，影片没有给出确定答案。

《盗梦空间》海报

影片在叙事手法上有很大突破，梦境不再是叙事的局部补充，而是成为影片内容，几层梦境层层递进，构筑了多个时空，探讨了人的潜意识、梦境、自我控制等问题。影片延续了导演诺兰多线索、多层面、复杂叙事的风格特点。在视觉营造上，影片放弃了以往用超现实方法构筑梦境的做法，通过特殊布景和摄影技术的结合，呈现庞大而复杂的梦境世界，提供了强烈的视觉体验。影片2011年获第83届美国电影奥斯卡奖最佳摄影奖、最佳视觉效果奖、最佳音效剪辑奖和最佳混音效果奖，第37届美国电影土星奖最佳科幻电影奖。（甄晓文）

道德焦虑电影　cinema of moral concern　波兰电影创作流派。20世纪70年代中期到80年代初期，由A.瓦依达、K.扎努西、K.基耶斯洛夫斯基、A.霍兰等人发起。他们在创作上影响了P.巴勇、P.法尔克、P.安德鲁耶夫、J.扎奥尔斯基和J.吉约夫斯基等。纪录片导演M.洛金斯基、M.皮沃夫斯基和T.杰加德沃也是这一潮流的组成部分。代表作品有扎努西的《伪装》(1977)、《合约》(1980)、《常数》(1980)，瓦依达的《酷刑》(1978)、《乐团指挥》(1980)和《铁人》(1981)，霍兰的《地方演员》(1979)、《一个孤独的女人》(1981)，基耶斯洛夫斯基的《电影爱好者》(1979)和洛金斯基的纪录片《怎样生活》(1977)等。

1979年在第6届波兰电影节上，吉约夫斯基和瓦依达发表公开演讲，首次提出“道德焦虑电影”，有评论家也称“怀疑电影”。道德焦虑电影受到20世纪60年代的**捷克斯洛伐克新浪潮电影**启发，提倡站在知识分子立场上，聚焦社会现实问题，运用隐喻和象征符号批判社会体制，探讨政治风云中的个体存在，反思理想的缺失和道德的沉沦，讲述曾参与1968年“三月事件”的那一代人的故事。影像风格有纪录片化特点。1981年12月波兰颁布“戒严令”，一批电影人移居国外，留在波兰的电影人被迫沉默，道德焦虑电影浪潮走向沉寂。（张慧瑜）

道格拉斯，M.　Michael Douglas（1944-09-25～　）美国电影演员。生于新泽西州新布朗斯威克。他是好莱坞著名演员K.道格拉斯与英国演员D.蒂尔之子。童年时代就惯于在父亲的摄制组里跑龙套。毕业于加州大学戏剧艺术系。1974年，开始在电视剧《三藩街头》中饰演警察一角，获第26届美国艾美奖剧情类电视剧最佳男配角奖提名。1975年，担任《飞越疯人院》的制片人，影片获第48届美国电影奥斯卡奖最佳影片奖。1979年，主演了《强人》。1984年，主演了《绿宝石》。

1987年，在《华尔街》中饰演华尔街罪犯戈登·盖科。他在片中将角色冷酷无情、狂妄自负的性格表现得入木三分，获第48届美国电影奥斯卡奖最佳男演员奖、第45届美国电影金球奖最佳男演员奖、第34届意大利电影大卫奖最佳外国男演员奖。同年，还主演了《致命诱惑》，获第42届英国电影学院奖最佳男演员奖。1996年，主演了《黑夜幽灵》。2000年，主演了《奇迹小子》，获第54届英国电影学院奖最佳男演员奖提名。2003年，主

《华尔街》剧照

演了《三代同堂》。2006年，主演了《一级戒备》。2013年，主演了《烛台背后》，获第65届美国艾美奖电视电影类最佳男演员奖等。2018年，主演了《柯明斯基理论》，获第76届美国电视金球奖音乐喜剧类剧集最佳男演员奖。

道格拉斯演技精湛，戏路宽广，所塑造的形象颇具男性魅力。他出演的影片还有《昏迷》(1978)、《地下裁判团》(1983)、《黑雨》(1989)、《错对冤家》(1989)、《本能》(1992)、《城市英雄》(1993)、《叛逆性骚扰》(1994)、《白宫奇缘》(1995)、《心理游戏》(1997)、《超完美谋杀案》(1998)、《毒品网络》(2000)、《沉默生机》(2001)、《特务亲家》(2003)、《美丽家园》(2004)、《加州之王》(2007)、《孤独的人》(2009)、《华尔街：金钱永不眠》(2010)、《最后的维加斯》(2013)、《蚁人》(2015)、《惊天解密》(2017)等。1998年，获第23届法国电影凯撒奖荣誉凯撒奖。2004年，获第61届美国电影金球奖终身成就奖。2007年，获美国沙凡那电影节终身成就奖。2009年，获美国电影学会奖终身成就奖。

扩展阅读

尹小波.当代好莱坞巨星之首——迈克尔·道格拉斯.电影评介，2004(1).

（孙　萌）

《道格玛95宣言》 *Dogme 95* 丹麦电影美学宣言。1995年，毕业于丹麦国立电影学校的**拉斯·冯·提尔**和T.温特伯格等年轻导演组建成立了“道格玛电影小组”。同年3月13日，这批年轻导演为了电影创作的需要及美学倾向的表达，共同签署了一份电影宣言，即《道格玛95宣言》。

《道格玛95宣言》是关于电影拍摄的10条规则和方法，主要包括：①必须是实景摄制，不可使用道具和人工布景，如果影片故事需要某道具，应该选择可以找到该道具的拍摄地点。②音响不与画面分离，反之亦然。不使用音乐，除非所拍摄的场景中有音乐存在。③手持摄影机拍摄，凡是手持获得的运动或非运动画面都是可被接受的。④电影必须是彩色的，不可用特殊打光，如果光线太弱，可删除该场景，或者在摄影机上加一盏灯。⑤禁用光学加工和滤镜。⑥电影不能包含虚假的动作，凶杀、武器等都不能出现。⑦不能出现异地异时，也就是说，电影必须是此时此刻发生的故事。⑧不接受类型片。⑨电影胶片格式必须是35毫米。⑩导演不能署名。

《道格玛95宣言》是一份现实主义的宣言，强调电影构成的纯粹性，追求电影的真实性。宣言既反对**法国新浪潮电影**的个人主义，又反对美国好莱坞电影的技术主义，而是主张北欧电影学派的艺术精神。在此宣言的约束和指引下，道格玛电影小组创作了一系列优秀的作品，如拉斯·冯·提尔1996年拍摄的《破浪》，获第49届法国戛纳国际电影节评委会大奖；温特伯格1998年拍摄的《家庭聚会》，获第51届法国戛纳国际电影节评委会特别奖；拉斯·冯·提尔2000年拍摄的《**黑暗中的舞者**》，获第53届法国戛纳国际电影节金棕榈大奖等。

《破浪》剧照

进入21世纪，道格玛电影小组的创作逐渐销声匿迹，但《道格玛95宣言》所倡导的电影艺术观念超越了丹麦本土而为许多其他国家的电影导演所接受，对世界电影产生了一定的影响。（张慧瑜）

道具师 prop people 影视摄制组中道具部门的组织和创作人员。道具师的任务是根据美术师对影片的总体造型设计，制定全部道具的预算；负责或指派专人采买、租借道具；绘制符合年代特征、样式的特定道具设计图和三视图，并指导道具制作人员的制作工作。此外，还要全面负责对道具制作的监制、验收。道具师需要熟悉相关的道具制作工艺，具备制图的能力，同时还需要有一定的文学和艺术素养，熟悉历史和电影艺术的相关知识。

（宋东葵）

德宝影业公司 D&B Films Co., Ltd. 中国电影机构。1984年2月10日由潘迪生、岑建勋、洪金宝联合注册成立。创业作品为1984年洪金宝导演的《猫头鹰与小飞象》。1985年，德宝斥资1亿港元发展院线，租下邵氏院线的四家龙头戏院，邵氏其他戏院陆续加入，组成“德宝”院线。

该公司的电影创作路线较为多元，主要创作的电影类型有三种：第一类是时装动作片，主要是杨紫琼主演的“皇家师姐”系列，打破了香港动作片中男性主导的局面；第二类为爱情生活片，反映香港中产阶层生活，主要有林子祥、郑裕玲、**张曼玉**主演的“三人世界”系列；第三类是小市民喜剧电影，主要是董骠、沈殿霞主演的“富贵逼人”系列。其他佳作有《等待黎明》(1984)、《癫佬正传》(1985)、《秋天的童话》(1987)等，这些电影兼顾娱乐功能和社会功能。德宝旗下的导演在创作上较为自由，可以保持个人风格，培养了不少新导演，如元奎（《皇家师姐》）、关锦鹏（《地下情》）、尔冬升（《癫佬正传》）、钟志文（《圣诞奇遇结良缘》）、**张婉婷**（《秋天的童话》）等。

德宝公司成立后拍摄了诸多经典影片，培养了大批电影创作人才。但公司领导人更迭频繁，创作上面临嘉禾、新艺城等影业公司的竞争与夹击，最终应对乏力。1991年，德宝结束院线经营，1992年正式停业。（张承宇）

德国电影 German cinema 1895年11月，斯克拉达诺夫斯基兄弟用自己发明的活动放映机在柏林冬宫首次放映了自己制作的活动画面。之后，其三弟建议在节目中加进杂耍，这样便产生了德国最早的故事片。

无声电影时期 1896年，O.梅斯特尔发起了电影机械和影片制造业。梅斯特尔在自己的人造光摄影室里拍摄了一些影片，如《莎乐美》(1902)。1911年，梅斯特尔拍摄了影片《一个盲女的幸福爱情》，获得巨大成功。翌年，梅斯特尔又把丹麦女星A.尼尔森和导演U.格阿德聘至德国，使他的梅斯特尔公司在第一次世界大战以前的德国电影业中首屈一指。当时，梅斯特尔公司年产50部影片以上，内容主要是喜剧和情节剧。1910年开始，一些戏剧艺术家参加到电影业中来，包括M.莱因哈特和他的弟子。莱因哈特为联合影业公司拍摄了《威尼斯之夜》(1914)和《幸福岛》(1914)。丹麦导演S.赖伊拍摄的叙述一个穷大学生向魔鬼出卖自己形象的《布拉格大学生》(1913)和由该片演员P.韦格纳与H.加雷恩联合导演的另一部内容怪诞、情节离奇的《泥人哥连》(1915)是战前最重要的作品。

第一次世界大战期间，德国电影统治

《泥人哥连》剧照

了中欧，公司数量和制片数量激增。德国政府意识到电影在宣传方面的重要性，先后在总参谋部和武装部下设立专门机构，负责向外国推销德国影片。1917年，梅斯特尔公司、联合影业公司和丹麦的诺尔基克公司合并为“环球电影股份有限公司”，即乌发电影公司。除摄制故事片外，德国在这一时期拍摄了大量新闻片和宣传战争的纪录片。1914年E.刘别谦进入电影界，因拍摄喜剧片而崭露头角，1918年拍出由P.尼格丽主演的《卡门》，名声大振。

第一次世界大战结束后，德国战败，魏玛共和国成立，乌发公司落入德意志银行之手。它把一些独立小公司吞并为乌发子公司，扩大了制片实力。此时，一些军工厂开始转产胶片，使胶片质量有了很大提高，光学和机械技术的进步也大大提高了电影的技术性能和表现手段。这一切都增强了德国电影与美国电影的竞争能力，使德国电影在20世纪20年代出现了空前的繁荣局面，不仅数量可观，而且流派纷呈。其中最有影响的是表现主义电影和室内剧电影。表现主义电影艺术家们并没有明确的政治纲领和美学纲领，他们对国内的动荡、日渐倾向极权主义的政治局势和艰难的经济状况极端不满，同时也反对资产阶级传统艺术，主张艺术作品不能满足于和局限于对客观事物的描写，要求深入揭示人的灵魂，强调表现主观的现实，实际即表现艺术家自己。最重要的一部表现主义电影作品是由C.梅育和H.雅诺维茨编剧、R.维内导演的《卡里加里博士的小屋》(1920)。影片故事离奇，主人公变态，活动空间荒诞。为了取得所追求的效果，创作者们用取景角度和光线照明使物体影像变形；同时，为达到与奇异画面的和谐，演员的妆容、服装奇特，表演造作。其他表现主义的作品还有《盖努茵》(1920，导演维内)、《从清晨到午夜》(1920，导演K.H.马丁)、《托尔古斯》(1920，导演H.柯贝）等。

1921年，F.朗格拍摄了影片《疲惫的死》。有人称它是继《卡里加里博士的小屋》之后的表现主义电影的又一重要作品，也有人称它是“新浪漫主义电影”，并且追溯到前一个十年里的《布拉格大学生》和《泥人哥连》。表现主义电影的奠基人和剧作家梅育在写了几部表现主义的电影剧本后，又率先抛弃了自己兴起的流派，回到现实主义的道路，写出了一系列“室内剧电影”剧本。所谓“室内剧电影”，故事情节比较简单，主要表现小人物及他们所处的生活环境，描写命运的冷酷。这类影片有《碎片》(1921，导演L.皮克)、《后楼梯》(1921，导演L.耶斯纳和P.莱尼)、《街道》(1923，导演K.格鲁内)，而最具代表性并成为电影史上重要作品的是《最卑贱的人》(1924，导演F.W.茂瑙)。这部影片始终没有离开一间大饭店的背景，描写一位夜间值班员因得罪了老板而被罚打扫厕所，通过这个小人物的悲惨命运，表现了资本主义社会的依附法则。

《最卑贱的人》剧照

1925年，G.W.派伯斯特拍出以战后的维也纳为背景的影片《没有欢乐的街》。影片突破表现主义电影和室内剧电影所表现的狭小世界，揭示了资本主义社会的残酷现实。导演对人物性格的刻画细致深刻，对时代和气氛表现得也很逼真，加上一些著名演员，如A.尼尔森、G.嘉宝、W.克劳斯、V.格特等人的表演，使这部影片成为德国电影史上的一部杰作。与此同时，E.A.杜邦拍摄了《杂耍场》(1925)，G.兰普雷希特导演了《无权者》(1926)。有人认为这些影片是富于现实主义色彩的新德国电影学派的萌芽，而这个学派因当时德国电影的危机而夭折。也有人称这些影片是“新客观派”作品。当时，A.范克拍摄了以阿尔卑斯山为背景表现人与大自然搏斗的影片，诸如纪录片《滑雪板的奇迹》(1921)、《命运山》(1924)，以及后来拍摄的《神圣山》(1926)、《帕吕峰的白色地狱》(1929，与派伯斯特合拍）等，被人称为“登山电影”，也算作“新客观派”。也有人认为“登山电影”是“新浪漫主义电影”的延续。

无声电影末期，危机中的德国电影向商业性低级趣味方向发展，从而走向没落。除极少数有价值的作品外，都是一些极其平庸的影片。同时，德国电影工作者开始向美国迁移。他们中有茂瑙、刘别谦、莱尼、杜邦、E.强宁斯等。

有声电影时期 1927年，一直从事实验电影、探索寻找新电影语言、拍摄抽象电影的W.鲁特曼拍摄了对纪录电影的发展产生重大影响的《柏林：城市交响曲》；1928年，他又创作出有声实验片《周末》《鸣响的浪潮》和《德国无线电》；1929年，他完成了第一部德国有声纪录片《世界的旋律》。有声电影的出现，使德国电影业经历了第二次短暂的繁荣。有声片是从拍摄最能反映音响效果的歌舞片、喜剧片开始的。大获成功的首先是《加油站的三个人》(1930，导演W.蒂尔)，片中爱情加歌舞，一派升平景象。而此时正是经济危机时期，全国有300万人失业。伴随经济危机而来的是政治危机。德国徘徊于法西斯主义和革命之间，许多电影工作者在这两极之间摇摆。最典型的人物是L.里芬斯塔尔，她先和左派的巴拉兹合作写剧本，自导自演了影片《蓝光》(1932)，然后又成了A.希特勒最忠实的追随者，拍摄宣传法西斯主义和希特勒的影片，如《意志的胜利》(1935）等。而派伯斯特在他的第一部有声片《1918年的西部战线》(1930）之后，放弃了他的“新客观派”追求。派伯斯特根据B.布莱希特的原作拍摄了《三分钱歌剧》，影片描写了警察和小偷狼狈为奸，并通过女王豪华的加冕典礼与失业者凄惨的境况相对比，辛辣嘲讽了社会现实。派伯斯特的第三部有声片《同志之谊》(1931）突出地表现了和平主义思想。待到希特勒的威胁日益明显的时候，他干脆放弃了现实问题，去改编畅销小说。有声电影初期，乌发公司把美国著名导演J.von斯登堡请去拍摄根据H.曼的小说改编的影片《蓝天使》(1930)，由M.黛德丽和从美国回来的强宁斯主演，获得巨大成功。

《蓝天使》剧照

在一些进步组织的大力支持下，普罗米修斯公司曾拍摄过一部公开反对法西斯主义的影片《库勒·汪贝》(1932)，导演是S.杜多夫，剧作者是布莱希特和E.奥特瓦尔德。影片描写柏林贫民窟里的失业青年组建合作社的故事。这部影片是在实地实景中拍摄的。同一时期，主题思想比较好的影片还有《无主的土地》(1930，导演V.特里瓦斯)、《柏林，亚历山大广场》(1931，导演P.尤奇）等。其他较好的影片有《告别》(1930，导演R.西奥德马克)、《科佩尼克上尉》(1931，导演R.奥斯瓦尔德)、《穿军服的姑娘》(1931，导演L.萨甘）等。

1933年希特勒上台后，电影立即被纳

粹所控制。大批艺术家和电影工作者被迫流亡国外，如莱因哈特、朗格、杜多夫等。1934年，纳粹公布了新电影法。从1936年起不准在报刊上发表电影评论，只许介绍所上映的影片。1937年全国的电影生产机构一律被国家接管，所有影片发行公司和电影院也全部归国家掌握。电影成为纳粹思想的宣传工具，银幕上充斥着歌颂领袖、歌颂战争胜利的影片和娱乐影片。在这一时期里，只有H.考特纳和W.施陶特二人导演的影片与众不同。他们在无聊的故事中注入一点现实色彩，使作品具有忧伤情调。如考特纳的《基特和环球会议》(1939)、《短调浪漫曲》(1943)，施陶特的《精彩的杂技》(1943)和《我梦见你》(1944)等。

德意志联邦共和国电影和德意志民主共和国电影 第二次世界大战后，德国电影事业随之恢复、发展。1946年，在德国西方占领区内出现了若干电影公司。1947年，第一部故事片《在以往的日子里》(导演考特纳)问世，叙述德国人民在法西斯时期的生活。20世纪40年代后期生产的影片，大部分都是有关战争时期的悲剧事件或战后所遇到的困难。这类影片有《在昨天与明天之间》(1947，导演H.布劳恩)、《漫长的路》(1948，导演H.B.弗莱德斯道夫)等。就总体而言，市场被美国电影所占领。

1949年，德意志联邦共和国成立。为了和美国电影竞争，主要拍摄纯娱乐性的喜剧片、惊险片和侦探片。50年代，随着经济的迅速发展，追悔往昔的气氛淡化，歌舞升平的气氛高涨，出现了一种所谓的“乡土电影”。这种电影表现德国的风土人情和美丽的田园风光，歌颂美好的现实生活和幸福的爱情，如A.布朗的《归来》(1953)、G.维德哈根的《婚礼的钟声》(1954)等。此外，表现战争的影片在客观地揭露战争残酷性的同时，美化德国的军队和士兵。突出的有考特纳的《最后的桥》(1954)、《魔鬼的将军》(1955)，K.霍夫曼的《神童》(1958)、《古堡幽灵》(1961)，R.蒂勒的《罗斯玛丽姑娘》(1958)，施陶特的《献给检察官的玫瑰花》(1959)、《集市》(1960)等。

《罗斯玛丽姑娘》剧照

进入60年代，联邦德国的电影事业经历了一场危机。由于艺术质量低劣，1961年送往意大利威尼斯国际电影节参赛的5部影片均被退回。电视的发展、外国电影的竞争使国产影片的观众锐减，影片产量也大幅度下降。于是，一代年轻的电影工作者萌发了强烈的革新意识。1962年，在奥伯豪森国际短片电影节举行之际，以A.克鲁格和E.赖茨为首的26位年轻的电影工作者签署了一份《奥伯豪森宣言》，宣称反对旧的电影样式，要寄希望于新的电影。他们一方面积极拍摄短片、纪录片，以锻炼自己；另一方面主动培养新的人才，创立乌尔姆电影艺术学院。1965年又倡议成立“德国青年电影董事会”。政府通过该机构提出了一项在3年内以500万马克资助青年导演拍摄20部影片的计划，在很大程度上解决了青年导演拍片资金不足的困难。1966年，青年导演们拍出了他们的第一批影片。这些影片和商业片完全不同，它们涉及资本主义社会的危机问题和“经济奇迹”的内幕，后被称为“德国青年电影”。其代表人物和作品有克鲁格的《向昨天告别》(1966)、《一位女奴的临时工作》(1974)，V.施隆多夫的《少年托莱斯的迷乱》(1966)、《铁皮鼓》(1979)，赖茨的《就餐》(1967)、《卡迪拉克》(1968)，J.-M.施特劳布的《安娜·玛格达列娜·巴赫的纪事》(1967)，W.赫尔措格的《生活的标志》(1967)、《阿基尔，上帝的愤怒》(1973)，R.W.法斯宾德的《爱比死更冷酷》(1969)、《外国佬》(1969)，W.文德斯的《城市之夏》(1970)、《守门员害怕罚点球》(1971)，H.赞德尔斯-布拉姆斯的《亨利希》(1976)、《德国，苍白的母亲》(1980)，M.von特罗塔的《克里斯塔·克拉格的第二次觉醒》(1977)、《纯属疯狂》(1982)，H.赞德尔的《莱都佩斯》(1978)等。

《铁皮鼓》剧照

德国青年电影中的一部分人在70年代初转向拍商业影片，但其余的人留下来坚持自己所选择的方向，他们为联邦德国的电影事业作出了贡献。70年代末，从慕尼黑电影电视高等学校毕业的一代新人继承了德国青年电影的传统。主要人物有D.格列夫、M.费尔赍贝克等。进入80年代以后，联邦德国影坛的中坚人物有的去世了，有的去了外国。新成长起来的年轻人有的单纯追求所谓的艺术性、哲理性，标新立异，荒诞离奇，完全脱离现实而失去了观众，有的新人则得不到政府的资助。德国的新电影由此开始衰落，而一向占统治地位的娱乐片和商业片依然大行其道。80年代，年轻导演中拍得较好的影片有K.申克尔的《上下》(1984)、J.鲁斯克纳的《疟疾》(1984)、M.克比利的《亲爱的卡尔》(1985)。

1949年，德意志民主共和国成立。在经历了50年代初期电影的低潮后，到1954年出现转机，一批优秀影片相继问世。如K.梅切格的《台尔曼传》成功地塑造了德国无产阶级领袖形象，其他反映革命历史的影片还有杜多夫的《战胜黑夜》(1954)、梅切格与G.赖施的《水兵之歌》(1958)、K.巴尔豪斯的《魔鬼圈》(1955)。50年代后半叶起，一批新人崛起。民主德国的影片在题材、风格、样式上更加多样化。较好的反法西斯题材影片有杜多夫的《科隆上尉》(1956)、F.科尔的《赤身在狼群中》(1963)。现实题材影片有G.吕克尔的《美好的年代》(1964)、E.金特的《洛特的女人》(1965)等。有关李卜克内西的两部曲，即由赖施导演的《只要我还活着》(1965)和《虽然如此》(1972)是当时很重要的影片。70～80年代，民主德国反法西斯题材的影片有科尔的《撒谎者雅各布》(1974)、H.勃兰特的《白天与黑夜之间》(1974)、K.沃尔夫的《妈妈，我活着》(1977)、吕克尔与赖施的《未婚妻》(1980)。根据文学名著改编的影片有金特的《洛蒂在魏玛》(1975)、《少年维特之烦恼》(1976)。

20世纪90年代的德国新电影 随着1990年德国的统一，德国电影也进入一个新的时期。东德原有的国营电影制片厂进行了改制，进入市场经济体制，转型为新的电影公司，如原德发制片厂被法国大康采恩CGE公司收购，变身为“巴伯尔斯贝格电影制片厂有限公司”，成为一个新的影视媒体制作中心，90年代初开始出品电影。

90年代初，纪录电影作为一种历史见证，受到社会的关注。这些作品以德国统一为背景，直接反映社会与政治的变革，其历史意义与社会意义重大。而以此作为题材的故事片同样令人注目。其中影响较大的作品有《跳探戈舞的人》(1990，导演R.格莱夫)、《怀疑》(1991，导演F.拜尔)、《燃烧的生活》(1994，导演P.威尔茨)、《允诺》(1994，导演M.V.特洛塔)等。

《燃烧的生活》剧照

90年代德国电影中另一个突出现象是喜剧片继续走红。这是80年代西德喜剧影片传统的延续，也是德国统一后在社会、经济重压下，广大观众寻求心理放松的需要。这类样式的影片中有爱情题材影片《孤身独处于女性之中》(1991，导演S.沃特曼)，政治讽刺片《施通克》(1992，导演H.迪特尔)，以两德关系为背景的影片《我们也能改变》(1992，导演D.布克)等。

90年代以后，德国的老、中、青导演不断推出新作。老导演，如施隆多夫的《女仆的故事》(1990)、《枪响后的沉寂》(1999)，赫尔措格的《来自一个阴暗国度的回声》(1990)、《石头的呐喊》(1991)，文德斯的《直到世界终极》(1991)、《云上的日子》(1995)等。中年导演，如D.杜丽的《土耳其人，祝你生日快乐》(1991)、《我漂亮吗？》(1998)，D.格拉夫的《盘根错节》(1992)、《胜者》(1994)，J.维尔斯麦尔的《斯大林格勒》(1993)、《男声诙谐演唱小组》(1997)等。杜丽、沃特曼、P.泽尔等中青年导演也有作品问世。一批年轻导演技艺更纯熟，对风格和样式掌握得更为精当，更富有探索精神。泽尔的《塞尔维亚姑娘》(1991)、《卡斯帕·豪泽》(1993)，沃特曼的《不安分的男人》(1994)、《超级女人》(1995)，布克的《男人客栈》(1995)，T.提克威的《**罗拉快跑**》(1998)等作品将电影语言的创新与商业性结合在一起，为德国电影注入了新的活力。

《直到世界终极》剧照

进入21世纪以来，德国电影在历史书写与人性探讨、移民题材与主流文化反思方面陆续涌现出一批优秀影片，如C.林克导演的《情陷非洲》(2001)、W.贝克尔导演的《再见，列宁》(2003)、F.阿金导演的《**勇往直前**》(2004)、O.西斯贝格导演的《帝国的毁灭》(2004)、F.H.von多纳斯马的《窃听风暴》(2006)等。其中《勇往直前》获第54届德国柏林国际电影节金熊奖，《窃听风暴》获第79届美国电影

《窃听风暴》剧照

奥斯卡奖最佳外语片奖。2010年后，德国与欧洲邻国加强电影合作，尤其重视与美国好莱坞的合作。一批德国电影人也借合拍片的机会进军好莱坞发展。2015年，**S.斯皮尔伯格**执导的冷战片《间谍之桥》在德国大量取景，并得到了德国政府的高度重视。德国政府在推动电影产业国际合作的同时，也在积极扶持本土电影，如M.艾德的《托尼·厄德曼》(2016)，阿金的《凭空而来》(2017)、《金手套》(2019)等。

(武成祥 撰 秦喜清 修订)

德隆，A. Alain Delon (1935-11-08～) 法国电影演员、制片人、导演、编剧。生于索镇。1957年步入影坛。他英俊潇洒又擅长表演，在R.克雷芒、L.维斯康蒂和**M.安东尼奥尼**等导演的提携下，很快跻身于一流青年演员的行列。20世纪60年代初，与J.-P.**贝尔蒙多**一起成为法国商业电影的两大台柱。1965～1966年到美国拍片，但由于戏路不对，败兴而归。

他从影40多年来，共演出了100余部影片，其中在观众中影响最大的是惊险片和打斗片。主要影片有《阳光普照》(1960)、《罗科和他的兄弟们》(1960)、《生活多美好》(1961)、《蚀》(1962)、《地下室的旋律》(1963)、《豹》(1963)、《黑郁金香》(1964)、《巴黎会燃烧吗》(1966)、《武士》(1967)、《游泳池》(1969)、《托洛茨基谋杀案》(1971)、《警察》(1975)、《佐罗》(1975)、《克兰先生》(1976)、《协和式：航空港80》(1979)、《德黑兰1943年》(1981)、《斯万的爱情》(1984)、《不要叫醒熟睡的警察》(1988)、《新浪潮》(1990)、《卡萨诺瓦归来》(1992)、《罪恶》(1993)、《101夜》(1995)、《二分之一运气》(1998)、《演员》(2000)等。

1962年创建了阿代尔制片公司，自任制片人。制作了《博萨里诺》(1970)、《机器舞蹈》(1990)等17部影片。导演的影片有《为了警察的荣誉》(1981)和《斗士》(1983)等。编写的剧本有《自食其果》(1976)、《不要叫醒熟睡的警察》(1988)等。1985年因主演《我们的故事》获第10届法国电影凯撒奖最佳男演员奖。1995年获第45届德国柏林国际电影节终身成就奖。

(王 蔚)

德吕克，L. Louis Delluc (1890-10-14～1924-03-22) 法国电影编剧、导演、评论家和理论家。生于多尔多涅省卡杜安，卒于巴黎。从1917年起，开始为许多报刊撰写影视评论文章，曾担任《影片》杂志的总编辑，主持《巴黎正午报》的电影评论工作，创办并主编《电影》周刊，大力推荐早期印象派导演及其作品。1919年，为G.杜拉克执导的《西班牙的节日》和R.古瓦法尔执导的《黑烟》编剧。随后自编自导了电影《沉默》(1920)、《狂热》(1921)、《流浪女》(1922)、《洪水》(1924)等，善于在影片中运用时空倒叙、渲染气氛和心理描写等电影技巧，其手法别具一格，为观众提供了新的电影认知体验。

作为电影理论家，著有《电影与公司》(1919)、《照相术》(1920)、《电影王国》(1921)等书，并把A.冈斯、M.莱皮埃、G.杜拉克、J.爱浦斯坦等人集聚在自己身边，形成了有名的“法国印象学派”(又称“首批先锋派”)。从1918年持续到1929年，是20世纪20年代欧洲数个电影运动中坚持时间最长的。他主张电影大众化、民族化，强调真实性，号召电影工作者从生活中汲取创作力量。他积极倡导并创立电影俱乐部，并创办了《电影俱乐部》杂志，借此宣扬**印象派电影**的主张和成就，为探索性影片的发展开辟了道路，为电影史上经典作品的传播与保存作出了贡献。电影俱乐部在培养新一代电影导演方面起了不容忽视的作用，**法国新浪潮电影运动**中的许多主将都曾受惠。

1937年，为了纪念德吕克对法国电影做出的具有先锋意义的艺术贡献，M.贝西和M.伊兹科夫斯基在法国成立了“路易·德吕克奖”，面向法国当年发行的电影，每年岁末进行一次佳片评选，被誉为“法国电影界的龚古尔奖”。

（许 婧 胡 滨）

德米，J. Jacques Demy（1931-06-05～1990-10-27）法国电影导演、演员。生于南特，卒于巴黎。早年就读于南特的技术学校和美术学校，学习电气与美术。

1949年考入巴黎照相与电影技术学校。毕业后拍摄广告片和短片。1955年导演了第一部短片《一个来自瓦尔德·鲁阿的鞋匠》。1961年运用传统的情节剧手法，独立执导了第一部长片《萝拉》，是法国**诗意现实主义电影**的代表作。1964年执导了充满抒情色彩的音乐片《瑟堡的雨伞》，获第17届法国戛纳国际电影节金棕榈奖。其他主要作品有《天使湾》《罗什福尔的小姐们》《模范商店》《驴皮公主》《怀孕的男人》《奥斯卡夫人》《城中一间房》《三张26日的票》等。作为演员，曾出演《**四百下**》《巴黎属于我们》《瑟堡的雨伞》《驴皮公主》《那些法国电影院的历史》《南特的雅各》等。其所创作的电影追求故事性，富于诗意的想象力和浪漫的抒情色彩。作为法国新浪潮电影运动的重要代表人物，他为法国电影以及世界电影作出了重要贡献。

（孙承健）

德尼罗，R. Robert De Niro（1943-08-17～）美国电影演员、导演、制片人。生于纽约。1960年，进入S.艾德勒表演艺术学校学习。最初从事舞台表演，1964年开始从影。1973年，出演《穷街陋巷》，

受到评论界注意。1974年，在《教父2》中扮演青年时代的教父，获第47届美国电影奥斯卡奖最佳男配角奖。1976年，出演《**出租车司机**》，获第43届美国纽约影评人协会奖最佳男演员奖。1980年，出演M.斯科塞斯执导的影片《愤怒的公牛》，获第53届美国电影奥斯卡奖最佳男演员奖和第38届美国电影金球奖最佳男主角奖。1981年，出演《真正的忏悔》，获第38届意大利威尼斯国际电影节金凤凰奖最佳男演员奖。1990年，与R.威廉姆斯合作出演《无语问苍天》，获第63届美国电影奥斯卡奖最佳男演员奖提名。1991年，再次与斯科塞斯合作，出演《恐怖角》，获第64届美国电影奥斯卡奖最佳男主角奖提名和第49届美国电影金球奖最佳男主角奖提名。2012年，与J.劳伦斯、B.库珀合作出演《乌云背后的幸福线》，获第85届美国电影奥斯卡奖最佳男配角奖。2019年，与A.帕西诺合作出演《爱尔兰人》，获第92届美国电影奥斯卡奖最佳男配角奖提名。

德尼罗是美国20世纪70～80年代中期最优秀的男演员之一，他创造角色时深入人物内心，面部表情极为丰富，刻画角色入木三分。他出演的影片还有《纽约，纽约》(1977)、《猎鹿人》(1978)、《喜剧之王》(1982)、《美国往事》(1984)、《坠入情网》(1984)、《传道》(1986)、《午夜狂奔》(1988)、《我们不是天使》(1989)、《四海本色》(1992)、《盗火线》(1995)、《沉睡者》(1996)、《摇尾狗》(1997)、《老大靠边闪》(1999)、《怒海潜将》(2000)、《拜见岳父大人》(2000)、《美利坚向英雄致敬》(2001)、《海滨城市》(2002)、《天赐》(2004)、《拜见岳父大人2》(2004)、《捉迷藏》(2005)、《亚瑟和他的迷你王国》(2006)、《星尘》(2007)、《别惹我》(2013)、《实习生》(2015)等。参与配音的动画电影有《波波鹿与飞天鼠》(2000)、《鲨鱼黑帮》(2004)等。1993年，获第50届意大利威尼斯国际电影节终身成就奖。2003年，获第31届美国电影学会奖终身成就奖。2007年，获第57届

《愤怒的公牛》剧照

《乌云背后的幸福线》剧照

德国柏林国际电影节杰出艺术贡献奖。2011年，获第68届美国电影金球奖塞西尔·布朗特·戴米尔奖。2015年，获第19届美国好莱坞电影奖事业突出成就大奖。2020年，获第26届美国演员工会奖终身成就奖。

（李 湄）

德诺芙，C. Catherine Deneuve（1943-10-22～）法国电影演员。生于巴黎。父母和姐姐都是演员。13岁在《女中学生》（1957）中出演角色，开始了电影演员生

涯。1964年，在《瑟堡的雨伞》中扮演女主角，取得非凡成功。她发自内心的激情和令人抑郁的幽默使她获戛纳国际电影节大奖，从此确立了国际影星的地位。随后出演了《厌恶》(1965)、《白日美人》(1967)、《梅亚林》(1968)、《驴皮公主》(1970)、《特里丝塔娜》(1970)、《荒岛余生》(1975)、《美国旅馆》(1981）等。

1980年，主演《**最后一班地铁**》，获第6届法国电影凯撒奖最佳女演员奖。1992年，主演《印度支那》，获第18届法国电影凯撒奖最佳女演员奖。1998年，主演《旺多姆广场》，获第55届意大利威尼斯国际电影节最佳女演员奖。她出演的重要影片还有《国家利益》(1984)、《萨卡纳要塞》(1984)、《犯罪现场》(1986)、《相逢的怪地方》(1988)、《101夜》(1995)、《贼》(1996)、《绝妙的凶杀》(1997)、《岳母大人》(1999)、《**黑暗中的舞者**》(2000)、《离天堂最近》(2002)、《八位女性》(2002)、《危险关系》(2003)、《时光流转》(2004)、《灵石会议》(2006）等。

她天生丽质，气质高雅，戏路宽广，能扮演地位、身份、经历极不相同的各类女性，更善于塑造心理十分复杂的人物。**F.特吕弗**、**L.布努埃尔**、R.波兰斯基等

《最后一班地铁》剧照

国内外许多著名导演都曾与之合作。在长达60年的演艺生涯中，德诺芙的精湛演技和高贵气质，成为法国艺术电影和法兰西浪漫精神的杰出代表。1998年，获第48届德国柏林国际电影节终身成就奖。2006年，担任第63届意大利威尼斯国际电影节评委会主席。2008年，获第61届法国戛纳国际电影节终身成就奖。2009年，获第9届中国上海国际电影节杰出艺术成就奖。（姚世权 许 婧）

德·西卡，V. Vittorio De Sica（1901-07-07～1974-11-13） 意大利电影演员、导演。生于拉齐奥索拉，卒于法国塞纳河畔讷伊。成长于那不勒斯一个小职员家庭。20世纪20年代，开始在舞台和银幕上扮演轻松喜剧的角色，是当时意大利最受观众欢迎的演员。30～40年代，主要从事电影表演，出演了近40部影片。1935年建立自己的剧团。1940年执导首部电影《红玫瑰》并参与演出，正式开启了导演生涯。之后陆续导演了《品行不端的马德兰》（1941）、《梯丽莎的礼拜五》（1941）、《女修道院的烧炭党人》（1942）等三部抒情喜剧片。

1943年德·西卡拍摄了《孩子们在注视着我们》，通过一个被父母抛弃的孩子的眼睛去看成人世界的自私和伪善。影片向法西斯电影发起挑战，因此遭到官方反对。这是德·西卡作为导演与C.柴伐蒂尼担任编剧的第一次合作，两人随后相继合作了《天国之门》（1945）、《擦鞋童》（1946）、《偷自行车的人》（1948，描写失业工人）、《米兰的奇迹》（1951，讲述无家可归的米兰穷人）、《风烛泪》（1952，展现领养老金者的孤独贫困）、《屋顶》（1956）。这些影片体现了**意大利新现实主义电影**的若干艺术原则，如情节淡化、街头拍摄和非职业演员等。并且具有独特的艺术风格：崇高的人道主义精神与尖锐的社会批判、怪诞的讽刺色彩、轻松优美的喜剧性、深刻的心理描写、丰富的日常生活细节。

60年代，德·西卡的创作发生明显变化，从反映尖锐社会问题的影片转向拍摄大明星主演的娱乐片，如《乔恰拉的女人》（1960）、《昨天，今天，明天》（1963，获第37届美国电影奥斯卡奖最佳外语片奖）、《意大利式结婚》（1964，获第22届美国电影金球奖最佳外语片奖）、《一个新世界》（1966）、《向日葵》（1969）等。70年代，德·西卡重新回到反法西斯题材上来，拍摄了《芬齐-孔蒂尼家的花园》（1970，又译《费尼兹花园》），获第21届德国柏林国际电影节金熊奖和第44届美国电影奥斯卡奖最佳外语片奖。德·西卡的最后两部影片是《短暂的休假》（1973，获第17届意大利电影大卫奖欧洲大卫奖）和《航行》（1974）。

由于缺乏拍片资金，德·西卡经常接受大量片约，用当演员的酬金来拍摄自己想拍的影片。因此他一生虽然只导演了25部影片，但是出演的影片有150多部。（伍菡卿 许 婧）

灯位图 lamp bitmap 在拍摄某一场景之前，照明师根据场景条件所绘制的标示灯具位置和照明辅助设备位置的示意图。灯位图的布置对于照明质量有着重要的影响。光的投射方向、工作面的照度、照明均匀性、直射眩光、视野内其他表面的亮度分布以及工作面上的阴影等，都与照明灯位图的布置有着直接的关系。灯位图的布置合理与否影响到照明装置的安装功率和照明设施的耗费，影响照明装置的维修和安全。

灯位的布置方式主要有以下两种：①均匀布置。灯具之间及行间均保持一定的距离。均匀布置方式适用于要求照度均匀的场合。②选择布置。根据工作面的安排、设备的布置来确定。这种灯位布置适用于分区、分段一般照明，优点在于能够选择最有利光的照射方向和保证照度要求。（张 桥）

邓波儿，S. Shirley Temple（1928-04-23～2014-02-10） 美国电影演员。生于加利福尼亚州圣莫尼卡，卒于加利福尼亚州伍德赛德。幼时由于活泼可爱、能歌善

舞而被电影公司选中，参与拍摄穿插踢踏舞和歌唱场面的儿童片。4岁即登上银幕，6岁任主角，在整个20世纪30年代共参演了20多部根据经典儿童文学作品改编的影片，受到广大观众的欢迎。1934～1935年，在福克斯电影公司出演了《小麻烦》（1934）、《小天使》（1935）、《小叛逆》（1935）等影片。40年代，作为青少年演员还继续拍过10余部影片，但反响不佳。1949年退出影坛。60年代末投身政界，先后任美国驻联合国代表、驻加纳大使、联邦政府礼宾长官等职。

《小天使》剧照

邓波儿带酒窝的笑脸和金色卷发的洋娃娃形象在美国家喻户晓，其影片为20世纪30年代深受经济萧条煎熬之苦的美国观众带来了欢乐，因而十分卖座。她出演的影片还有《亮眼睛》（1934）、《小上校》（1935）、《海蒂》（1937）、《阳光溪农场的丽贝卡》（1938）、《小公主》（1939）、《青鸟》（1940）等。1935年，获第7届美国电影奥斯卡奖特别奖。1999年，在美国电影学会评选的“百年来最伟大的女演员”中名列第18位。2006年，获美国影视演员协会授予的终身成就奖。（胡思旅 撰 刘 斐 修订）

邓原 Deng Yuan（1954-01～ ） 中国影视编剧、导演。生于江西。1982年，毕业于中山大学历史系。同年，开始担任珠江电影制片厂艺术室资料室资料员。1984年，调任到文学部当编辑。1986年，担任电视剧《丹姨》的编剧和导演，获第7届全国优秀电视剧飞天奖单本剧三等奖。1989年，独立执导武侠片《险恶江湖逍遥剑》。1996年，与贺梦凡合作编剧和执导电视剧《英雄无悔》，该剧全景式地再现了人民警察为改革开放保驾护航的感人故事，获第16届中国电视剧飞天奖长篇连续剧一等奖、优秀编剧奖。2018年，导演电影《柳毅奇缘》。他的影视作品多涉及当代国家安全的主旋律题材，刻画公安系统中的英雄形象。参与编剧的电视剧还有《家园》《忠诚卫士》《朝霞满青山》《白银谷》《国家机密》等。（李金秋）

狄金斯，R. Roger Deakins（1949-05-24～ ） 英国裔美国电影摄影师。生于英国德文

郡。从小学习绘画。大学在英国巴斯艺术学院学习艺术设计，毕业后对摄影产生强烈的兴趣。1972年，考入英国国家电影学院。20世纪70年代，拍摄了很多体育、政治、音乐方面的纪录片。1981年，拍摄迷你剧《沃尔科特》，其摄影受到好评。1984年，拍摄电影《1984》，因大胆而不同寻常的色调而引起关注，也成为较早的应用后期留银技术营造影片独特影调的摄影师。之后，相继拍摄了《回到滑铁卢》(1985)、《席德与南希》(1986)、《白色祸害》(1987)、《绅士不设防》(1987)、《狂暴周一》(1988)、《帕斯卡利岛》(1988)等，他在光线处理上自然、高效，在这些影片中渐渐展现。

他是奥斯卡奖历史上获得最佳摄影奖提名最多的摄影师，曾凭借《肖申克的救赎》(1994)、《冰血暴》(1996)、《逃狱三王》(2000)、《缺席的人》(2001)、《老无所依》(2007)、《神枪手之死》(2007)、《朗读者》(2008)、《大地惊雷》(2010)、《007：大破天幕杀机》(2012)、《囚徒》(2013)、《坚不可摧》(2014)、《边境杀手》(2015)等影片12次获美国电影奥斯卡奖最佳摄影奖提名。2011年，获美国电影摄影师协会颁发的终身成就奖。2017年，在《银翼杀手2049》中担任摄影师，获第90届美国电影奥斯卡奖最佳摄影奖。2020年，在《1917》中担任摄影师，获第92届美国电影奥斯卡奖最佳摄影奖。

他能够驾驭不同风格的影片，他擅长暗部的光线控制，经常使用逆光营造气氛，对光线、人物与空间关系的独特理解和处理方式，总能制造出令人印象深刻的画面。他拍摄的电影作品还有《巴顿·芬克》(1991)、《金钱帝国》(1994)、《谋杀绿脚趾》(1998)、《缺席的人》(2001)、《老妇杀手》(2004)、《严肃的男人》(2009)、《凯撒万岁》(2016)等。 （高　薇）

迪卡普里奥，L. Leonardo DiCaprio (1974-11-11～) 美国影视演员、制作人。生于加利福尼亚州洛杉矶。5岁时，出演电视处女作《游戏屋》。14岁时，拍摄了

第一部商业广告片。15岁时，在电视剧《圣巴巴拉》中扮演一个酗酒少年。1990年，在电视剧《父母之道》中再次出演问题少年。1991年，在电视剧《成长的烦恼》中扮演一名无家可归的少年。1993年，出演《不一样的天空》，获第66届美国电影奥斯卡奖最佳男配角奖。1996年，在《罗密欧与朱丽叶》中饰演罗密欧，获第47届德国柏林国际电影节最佳男主角奖。

1997年，在影片《泰坦尼克号》中饰演放荡不羁、追求自由、外表俊美并兼具艺术气质的男主角杰克。2002年，出演S.斯皮尔伯格执导的《逍遥法外》。2004年，主演M.斯科塞斯执导的传记片《飞行家》，成功饰演了横跨电影及航空界的传奇人物H.休斯，获第62届美国电影金球奖最佳男演员奖。2006年，出演《无间行者》和《血钻》，获第64届美国电影金球奖最佳男主角奖提名。2014年，主演《华尔街之狼》，获第71届美国电影金球奖最佳男主角奖。2016年，在电影《荒野猎人》中饰演一名受伤的狩猎人，获第73届美国电影金球奖最佳男主角奖、第88届美国电影奥斯卡奖最佳男演员奖和第69届英国电影学院奖最佳男演员奖。2018年，再次与斯科塞斯合作，出演传记片《罗斯福》。2019年，与B.皮特合作出演《好莱坞往事》，获第92届美国电影奥斯卡奖最佳男演员奖提名。

迪卡普里奥塑造了多个经典角色，从早期的边缘人物到广为人知的“情圣”杰克，再到后来性格复杂的偏执型人物，表现出卓越的表演才能和勤勉的职业操守。他出演过的影片还有《魔精Ⅲ》(1991)、《外星追逐令》(1991)、《带毒的常春藤》(1992)、《不如重新开始》(1993)、《篮球日记》(1995)、《致命快感》(1995)、《马文的房间》(1996)、《名人百态》(1998)、《海滩》(2000)、《唐的梅子餐厅》(2001)、《纽约黑帮》(2002)、《谎言之躯》(2008)、《革命之路》(2008)、《禁闭岛》(2010)、《盗梦空间》(2010)、《胡佛》(2011)、《被解救的姜戈》(2012)、《了不起的盖茨比》(2013)、《选角风云》(2015)、《黑手》(2017)、《不

《飞行家》剧照

《华尔街之狼》剧照

要抬头》(2021)等。1997年，他创立了自己的环保组织，致力于环保公益事业，涉及全球变暖、清洁水保护、赈灾救援以及生物多样性等多个项目。2014年9月17日，被联合国授予“和平使者”称号。

（孙　萌）

迪士尼，W. Walt Disney (1901-12-05～1966-12-15) 美国动画家、导演、制片人。全名华特·伊利亚斯·迪士尼。生于伊利诺伊州芝加哥，卒于加利福尼亚州伯

班克。早年和哥哥R.迪士尼一起打工。1918年应征入伍，参加第一次世界大战，退役后开始创业。1923年，与哥哥一起创办迪士尼公司。1928年，创作世界上第一部有声动画片《蒸汽船威利》，该片在纽约侨民影院首映，反响空前。1932年，推出世界上第一部彩色动画片《花与树》，获第5届美国电影奥斯卡奖最佳动画短片奖、荣誉奖。1933年，推出动画片《三只小猪》。1934年，推出动画短片《聪明的小母鸡》，第一次出现唐老鸭形象。

1935年，推出第一部彩色米奇动画《米奇音乐会》。1937年，在好莱坞卡塞剧院推出电影史上第一部长篇动画电影《白雪公主和七个小矮人》。1940年，推出第二部长篇动画电影《木偶奇遇记》。同年，创作第一部使用立体音响的电影《幻想曲》，获第14届美国电影奥斯卡奖特别奖。1941年，完成长动画片《小飞象》的创作。1946年，推出第一部真人与动画结合的电影《南方之歌》。1950年，推出长篇动画片《仙履奇缘》。此后，其公司的动画制作进入黄金时期。1955年，在美国加利福尼亚州阿纳海姆创立世界第一座迪士尼主题乐园，由此开启了迪士尼大型娱乐产业的辉煌历程。

他创作的影片还有《小飞侠》(1953)、《小姐与流浪汉》(1955)、《睡美人》(1959)、《101忠狗》(1961)等。此外，他还为美国政府拍摄了不少宣传影片。迪士尼开创了崭新的动画艺术风格。他把许多优秀的童话、寓言和民间传说搬上动画片银幕，从而更好地发挥了幻想和夸张的浪漫主义风格。由于迪士尼的努力，动画片本身存在的夸张、浪漫特性更充分地发掘了出来，对之后动画艺术的发展具有深远影响。迪士尼善于在影片中表现出想象力丰富和出人意料的噱头，发挥音乐及音响效果在影片中的作用，使音响和画面的结合产生一种新的喜剧效果。（杨晓林）

《敌营十八年》 *Eighteen Years in the Enemy Camp* 中国电视剧。中央电视台1981年出品。共9集。编剧，唐佩琳；导演，王扶林、都郁；主演，张连文、刘玉、马加奇。

故事讲述了20世纪20～40年代，中共地下党员江波受命潜入敌人内部。他不顾个人安危，在18年间与敌人不断周旋，关键时刻当机立断，急中生智，一次次身处险境又化险为夷，数次将情报安全送出，粉碎了敌人的阴谋诡计，最终胜利迎来解放。

该剧故事惊险，情节引人入胜，共分为《当机立断》《关键时刻》《将计就计》《智斩女妖》《码头迎亲》《虎口拔牙》《高风亮节》《排险救女》《虎穴扬威》9集，展现了共产党员在敌后工作的英勇事迹。该剧重在突出作品的戏剧性和娱乐性特征，是中国第一部采用情节剧模式制作的通俗电视连续剧。该剧对中国的电视剧事业具有标志性意义，播出后产生了广泛的影响，片头曲《曙光在前头》随着电视剧的热播也曾被广为传唱。（王乙涵）

《地久天长》 *So Long, My Son* 中国彩色故事片。冬春（上海）影业有限公司、和和（上海）影业有限公司、浙江博纳影视制作有限公司、风山渐文化传播（北京）有限公司等2019年联合出品。编剧，阿美、王小帅；导演，王小帅；摄影，金炫锡；主演，王景春、咏梅、齐溪、王源、杜江、艾丽娅、徐程、李菁菁、赵燕国彰。

故事讲述了王丽云、刘耀军两口子有一群很好的朋友，他们是李海燕、沈英明、沈茉莉、高美玉、张建新。这群人一起享受着简单美好生活的馈赠，但突如其来的意外将一切美好破坏。因为李海燕的儿子浩浩带着王丽云的儿子星星到水库玩耍，星星意外落水而亡，王丽云夫妇失去了唯一的孩子。几年前王丽云偷怀二胎，让李海燕生拉硬拽去医院堕胎，却永远失去了生育能力。这两件事在王丽云夫妇心头留下不可抚平的伤痛，与朋友相处无法回归从前。生性善良的夫妇只好选择默默离开，远走南方。十几年过去了，王丽云、刘耀军过着更加普通的生活，收养了一个男孩，取名叫星星。可是星星生性叛逆，弃他们而走。过了半百之年，王丽云、刘耀军只能彼此相惜、平和淡然。当收到李海燕病危的消息，两人决定回北方看望朋友。与朋友重逢，当年真相大白。谅解与珍惜是王丽云和刘耀军对待生活的态度，新的希望也向他们招手而来。

影片侧重表现普通人的情感和经历，是一代人横跨三十年平凡生活的史诗。影片囊括了时代的故事，展示了社会的纵深面，揭示了人类的普遍情感。影片充分运用倒叙、插叙等手法，叙事节奏张弛有度，情感同步起伏波折，如影片插曲《友谊地久天长》的曲调般哀婉、悠长且韵味十足。影片主演王景春、咏梅将岁月的痕迹渗透于人物形神之间，同时将人物的隐忍、克制、善良、宽容都表现得自然、恰如其分。影片2019年获第69届德国柏林国际电影节最佳男演员奖、最佳女演员奖，第32届中国电影金鸡奖最佳编剧奖、最佳男主角奖、最佳女主角奖；2020年获第28届上海电影评论学会奖华语十佳影片奖，第11届中国电影导演协会奖年度导演奖、年度男演员奖。（连　洁）

《地下》 *Underground* 法国、南斯拉夫联盟、德国合拍彩色故事片。法国西比2000公司、德国潘多拉电影制片公司、贝尔格莱德察普林那电影公司1995年联合出品。编剧，D.科瓦泽维奇、E.库斯图里卡；导演，库斯图里卡；摄影，V.费拉克；主演，M.马诺依诺维奇、L.里斯托夫斯基、M.约科维奇、S.斯提马科、E.施托兹。

影片分三个部分，以马高、黑仔和娜塔莉娅的三角爱情为线索，分别讲述了南斯拉夫在第二次世界大战时期、冷战时期和20世纪90年代南斯拉夫内战时期的历史：南斯拉夫在二战时期遭到蹂躏，抵抗战士奋起反抗；冷战时期人民受到军火商、掌权者的欺骗；20世纪90年代国家陷入内战、分裂。

作为库斯图里卡的代表作品，影片以荒诞、超现实主义、讽刺的手法再现南斯拉夫的历史，大胆地颠覆了抵抗战士的神话、铁托时期的统治，以混乱喧闹的场面和音乐表达了历史的动荡及南斯拉夫解体后的失落与彷徨。影片中，“地下室”既是躲避战火的庇护所，也喻示着统治者对平民的欺骗与谎言。少年叙事视角、大量动物角色、丰富的音乐、大胆的想象构成了影片的视听语言特色。影片1995年获第48届法国戛纳国际电影节金棕榈奖。（秦喜清）

地下电影 underground film 20世纪50年代末美国兴起的一场秘密放映实验性影片的电影运动。20世纪50年代末，美国许多实验电影大肆描写性爱、同性恋和颓废生活方式等违禁题材而遭到官方干预，使得这类实验电影的制作和放映活动转入“地下”，因而被称为“地下电影”运动。

早期地下电影的代表作品有J.史密斯的《燃烧的生物》和A.沃霍尔的《吻》等，这些作品以赤裸裸的性描写和毫不掩饰的虚无思想来引人注目，毫无表现技巧上的创新。1967年J.梅卡斯发表了《我们在哪里——地下？——“美国新电影”》一文，宣传不能信任艺术或者生活中的任何“经典原则”，追求使电影成为纯粹的个人表现，鼓励艺术家以个人筹资方式拍摄低成本的“粗糙然而富于生命力”的影片。

随后，愈来愈多的具有不同创作倾向的实验电影导演加入了地下电影的行列。尽管地下电影的制作者风格不同，竞相标新立异，但有两个共同的特征：①无一例外地使用16毫米胶片，以此作为与商业电影相对立的一个标志；②在题材上继续趋向于性的表现和鼓吹反传统道德观念。此时期的代表作主要有K.安格尔的《天蝎星升起》《普通车》等。

地下电影极少公开放映，它致力于探索和反映人类生活中最隐秘的方面，虽然有一定的消极影响，但也曾促使抽象电影再度复兴。地下电影传到欧洲各国后，主要以结构主义的抽象影片的姿态出现。70～80年代，地下电影主要被用来指反主流文化的边缘化独立电影。80年代末～90年代早期，地下电影被N.捷德等电影人用来指代纽约无浪潮电影。90年代晚期～21世纪初，地下电影的指代变得模糊，通常指一种可能含有不合法内容或后朋克音乐和文化的低成本独立电影制作。进入21世纪，地下电影活动主要集中在美国下东区，多在纽约城及其周边的场馆和酒吧里放映。

由于地下电影包含的范围广泛，因此也泛指在风格、类型和筹资形式上不同于主流电影的电影。（贾磊磊　林　琳）

《帝女花》 *Princess Chang Ping* 中国彩色戏曲片。《帝女花》根据清代黄韵珊同名戏曲剧目改编，是唐涤生剧作中的经典代表作品，曾两次在香港被拍成粤剧电影，搬上银幕后的故事与舞台版本基本一致。故事讲述明朝末年，周世显才貌出众，得到长平公主爱慕，遂被招为驸马。闯王起义后，崇祯帝砍伤长平，在煤山自缢身亡。长平伤臂后被救，隐姓埋名，居于维摩庵。明亡，长平、世显重遇，长平为获得清帝信任进而得以安葬崇祯及救太子，假意降清。事成后二人在新婚之夜服毒而死。

1959年版本　大成影片公司1959年出品。导演，龙图（龙图为挂名，实际导演为左几）；摄影，魏海峰；主演，任剑辉、白雪仙、靓次伯、欧阳俭、陈好逑等。影片是任剑辉、白雪仙的代表作。片中唐涤生所写的唱词朗朗上口，任剑辉、白雪仙二人将“树盟”“庵遇”“香夭”等几场戏演绎得丝丝入扣，使本片成为历久不衰的经典名作。

1976年版本　金凤影片公司1976年出品。导演，**吴宇森**；摄影，张耀祖；主演，龙剑笙、梅雪诗、靓次伯、言雪芬、李凤、梁醒波、江雪鹭等。影片分镜头和**场面调度**力求电影感，与传统的舞台化有很大不同。影片布景设计考究，灯光配合宽银幕的构图，精致妥帖，分镜头和剪接也处处结合曲词，影像感之强，可称**粤剧电影**之冠。影片于春节期间上映，票房奇佳，当时掀起一股粤剧热潮。　（罗　丽）

《帝企鹅日记》 *March of the Penguins* 法国彩色纪录片。又译《企鹅宝贝》《南极的旅程》《企鹅进行曲》。法国Bonne Pioche制作公司等2005年联合出品。导演，L.雅克；摄影，L.沙莱、J.梅森。

影片表现了南极洲帝企鹅在海洋与繁衍地之间历时一年的旅程。影片记录了成年帝企鹅相识、求爱、成婚以及共同孕育下一代的情景，呈现了帝企鹅在残酷的自然环境下如何与天敌做斗争、如何克服食物紧张和天气寒冷等场面。

影片场面生动、画面精美，具有浓厚的人文气息。影片经过13个月的拍摄，共记录了120个小时的素材。影片剪辑有多个国际版本，其中法语版以第一人称叙述，模仿帝企鹅的口吻讲述它们自己的故事。叙述者在一个雌性企鹅和一个雄性企鹅之间变换，小企鹅诞生后则成为主要叙述者。英语版采用第三人称叙述，由美国演员M.弗里曼配音。影片全球票房高达1.27亿美元，2006年获第78届美国电影奥斯卡奖最佳纪录片奖。　（李　春）

《第八个是铜像》 *The Bronx Bust* 阿尔巴尼亚故事片。新阿尔巴尼亚电影制片厂1970年出品。改编自D.阿果里的长篇小说《梅茂政委》。编剧，D.阿果里、V.琪卡；导演，V.琪卡；摄影，I.泰尔皮尼；主演，M.沙纳依、B.内尔库、V.弗尔吉。

影片以第二次世界大战结束后，易卜拉辛·科瓦奇的铜像由他的六位战友护送回乡为主轴，通过战友分别追忆其从坚持革命到英勇牺牲的感人事迹，来塑造主人公反法西斯战士的高大形象，表达人民对革命烈士的缅怀之情。易卜拉辛不仅革命意志坚定、果敢睿智，还善于引导和组织青年投身救国。其中，有三位战友受其感染走上革命道路，他们的回忆突出了影片的教育功能，是社会主义现实主义文艺理论在电影中的成功实践。影片大量使用倒叙手法，风格清新诗意，反法西斯主题鲜明，语言生动形象，是阿尔巴尼亚优秀影片的代表。影片1973年由上海电影译制厂译制并在中国上映，反响巨大。　（陈逢华）

《第七封印》 *The Seventh Seal* 瑞典故事片。瑞典电影公司1957年出品。编导，**I.伯格曼**；摄影，G.费舍尔；主演，M.V.西多夫、J.布约斯特兰德、B.厄切罗特、B.安德森。

《第七封印》剧照

故事讲述了十字军骑士安东尼俄斯·布洛克带着侍从延斯远征归来，途遇死神索命，布洛克提出对弈，以胜负决定命运。棋局断断续续，布洛克也继续着他们的旅程。一路上，他们目睹了瘟疫肆虐、盗贼烧杀抢掠、少女被诬陷并施以火刑、宗教狂热中的人们互相摧残等。晚霞掩映的海边，布洛克与流浪艺人尤福一家共进野餐，从这些善良的普通人身上，布洛克看到了生命的价值和意义，那就是“爱”。之后，在与死神的对弈中，为了掩护尤福一家人逃走，布洛克输掉了棋。清晨，尤福看到在天边处，布洛克等人被死神带入了“骷髅舞”的队列中。

影片突破传统的单线性结构，多条线索同时展开，大大拓展了影片的容量和范围。影片在叙述风格上，巧妙地在现实的框架中使用直观的超现实主义叙事手段，开辟出一个虚构的超现实空间。影片延续导演一贯的主题风格，探讨了存在与虚无、生命与死亡、宗教与上帝等命题。影片1957年获第10届法国戛纳国际电影节评委会特别奖。　（张慧瑜）

第三电影　third cinema　20世纪60～70年代，发生在拉丁美洲的一场反对新殖民主义和好莱坞电影制作模式的电影运动。1969年3月，古巴电影刊物《吉内古巴人》在一篇对阿根廷电影团体“解放电影”的访问报道中首次提出了关于“第三电影”的概念。同年10月，电影杂志《三洲》上发表了由阿根廷制片人F.索拉纳斯和O.赫蒂诺主笔撰写的“第三电影”理论宣言——《迈向第三电影》。在宣言中，他们将以好莱坞商业影片为主体的西方类型电影（也是在拉丁美洲影院上映的主要电影）称为“第一电影”，认为“第一电影”以歌颂处于资本主义经济模式当中的个人主义价值观为目的，美化资产阶级国家形象，安抚或抑制任何基于反省所产生的行动和意愿；将以法国新浪潮为主体的欧洲艺术电影称为“第二电影”，认为“第二电影”虽然反对好莱坞传统，但过于强调电影导演的个性表达，很少面对激烈、尖锐的现实政治问题。

他们提出必须以拉美国家本土文化为基础，创造出能符合反殖民的、革命需要的“解放电影”，这种电影就是“第三电影”。第三电影必须同时满足两项要求：一是与现行体制相区别，使现行体制无法同化；二是直接地、公开地攻击现行体制。第三电影反对电影是表达个人观点的工具，认为导演不仅是个人，最终重要的是集体中的一部分，当以揭露真理和鼓舞革命运动为己任，观看电影也不是一种娱乐、享受，而是一场集会，一种团体的行动。第三电影的代表作有C.马约洛和L.奥斯皮纳导演的哥伦比亚电影《贫穷的吸血鬼》、G.罗恰导演的巴西电影《安托尼奥之死》、J.圣希内斯导演的玻利维亚电影《秃鹰之血》、索拉纳斯和赫蒂诺

《安托尼奥之死》剧照

导演的阿根廷电影《燃火的时刻》、O.塞姆班导演的塞内加尔电影《汇票》、T.G.阿莱导演的古巴电影《低度开发的回忆》等。

第三电影寄托着改造社会、改变现实的期望，它能够在世界影坛上确立独特地位的原因在于：①把电影语言的创造根植于本土文化的基础上，坚持反殖民主义的文化立场；②确立了与文化传统和表述内容相适应的电影表述形式；③改造电影娱乐、消遣的消费功能，把看电影变成了一种（通过独特的发行、放映方式的）革命文化活动；④提倡民众的、集体创作的电影，反对个人的、作家的电影；⑤提倡反映现实的、战斗的、灵活分散的、激励观众的电影，反对回避现实的、消极被动的、保守的、矫揉造作的电影；⑥提供破坏和建设两种兼而有之的电影，反对只有破坏作用的电影。

20世纪70年代末，第三电影的相关创作趋于衰退。第三电影运动过后，这一名词泛指电影工作者制作的反帝反殖民、反种族歧视、反剥削压迫等主题的电影。

（贾磊磊　林　琳）

《第三人》 *The Third Man*　英国故事片。不列颠之狮电影公司1949年出品。改编自G.格林同名短篇小说。编剧，格林；导演，C.里德；摄影，R.克拉斯克；主演，J.科顿、O.威尔斯、A.瓦利。

故事讲述了1949年，战后的维也纳一片废墟。表面上这座城市由美国、英国、法国、苏联四国共管，但在地下有无数帮派分子从事各种黑市交易。美国西部的二流侦探小说家霍利·马丁斯破产后，来此投奔老友哈瑞·莱姆，却得知他已死于车祸。本着侦探小说家的直觉，马丁斯明察暗访，发现莱姆死时曾有第三人在场。在追查这第三个人的过程中，马丁斯陷入了一个扑朔迷离的阴谋。

影片将**侦探片**的主题与黑色电影的表现手法相结合，场景设置在战后百废待兴的维也纳。威尔斯扮演的神秘第三人形象尤其令人印象深刻。影片1949年获第3届法国戛纳国际电影节最佳影片奖，1950年获第3届英国电影学院奖最佳英国影片奖，1951年获第23届美国电影奥斯卡奖黑白片最佳摄影奖。

（范　倍）

《第三人》剧照

第五媒体　fifth medium　以手机为主要接收终端和传播平台的移动网络媒体。在大众传播媒体中，报纸、杂志为第一媒体，广播为第二媒体，电视为第三媒体，互联网为第四媒体，而以手机为代表的移动网络媒体被称为第五媒体。第四媒体和第五媒体可以统称为数字新媒体。第五媒体在具备第四媒体的所有传播优势的同时，又具备便携等特点。

2012年，随着移动网络从3G升级为4G，中国移动互联网获得爆发式增长，移动应用数量成倍增长，手机应用逐渐从碎片化的阅读、通信等简单的应用向黏度较大、时长较长的视频和商务类应用发展，成为网民购物、社交、娱乐和获取新闻资讯的综合性平台。基于其技术上的革命性飞跃，作为第五媒体接收终端的手机的上网使用率已经远远超过了作为第四媒体接收终端的台式电脑和笔记本电脑等。

与其他媒体相比，第五媒体具有移动便捷、超强互动、超强时效性、覆盖面广以及最大限度满足受众个性化需求的特征。第五媒体是一种全方位、立体的、多元化的互动媒体，具有广阔的市场前景。它的出现不仅改变了传统媒介的传播模式，而且促进了传统媒体产业的发展和融合。

（李　艳）

《电声》 *Electric Sound*　中国电影杂志。前身为《电声日报》，1932年5月1日在上海创刊。为日刊，12开本。出版至第600期后，于1934年1月12日起改为周刊，16开本，并正式定名为《电声》。1941年8月起改为月刊，同年12月因日本军国主义者占领上海被迫停刊。由三和出版社出版，累计出版周刊296期，月刊5期，为民国期间出版期数最多的电影杂志。创办人林泽苍，编辑有梁心玺、范寄病、彭子修、徐明等人。《电声》刊物宗旨为：供给读者充分的电影新闻与有趣的消息；对于新旧的电影，予以公正的评价，为一般观众提供参考与指导。报刊内容以报道电影界新闻、介绍国产新片、刊登电影评论等为主，并有相当篇幅介绍美英电影界情况。其中刊发的电影新闻范围广泛，雅俗兼蓄，追求真实，对一些比较引人瞩目的影坛新闻，往往采取跟踪采访、连续报道的方法，分析事件的背景，回顾事件的始末，随时补充、更正相关内容，从而形成比较完整的专题文字。作为中国当时唯一的电影周刊杂志，其注重影坛日常活动的记录，保存了大量的文献史料，具有重要的学术参考价值。

（李小燕）

电视　television　运用通信线路及其相关设备远距离传送图像和音频信号，使之在电视接收机屏幕上即时还原为声音和影像的一种现代信息传播媒介。电视通过光电转换系统使图像、声音、色彩等重现在远距离的接收器的屏幕上，体现出成像清晰、运动连续、光线强度高的特点。随着微电子技术和数字技术的不断革新，电视传播方式呈现出多元化的发展态势，出现了卫星电视、数字电视、交互式网络电视、三维立体电视等。

卫星电视　1962年6月19日，美国航空航天局和美国电话电报公司联合发射世界上第一颗有源通信卫星“电星1号”，首次实现了卫星转播电视信号。7月10日，“电星1号”将美国制作的表现12国城市居民生活的22分钟的电视节目信号传送到了巴黎和伦敦，再利用欧洲电视网传送至其他国家，打破国家之间的地域限制，开创了卫星电视跨国传播的先河。1962年11月，美国无线电公司“中继1号”低轨道卫星的发射，完成了美、日跨太平洋的电视信号转播。1969年，美国第三代卫星的发射，实现了全球卫星通信系统的建立。1965年4月6日，新成立的国际通信卫星组织发射了第一颗国际商用同步卫星“国际电讯卫星1号”，标志世界步入卫星电视的新时代。

1984年1月，日本发射了世界上第一颗直播卫星“百合花-2a”。直播卫星省去了通信卫星须经有线电视台进行信号转换的中间处理环节，直接传送至家庭用户的电视接收端。1987年7月14日，日本NHK第一频道成为世界上首次播放卫星直播电视节目的电视台。随后，世界各国展开了直播卫星电视的发展。美国于1999年颁布《卫星家庭观众促进法案》授予直播卫星电视转播部分地方无线电视台信号的权利，促进了直播卫星电视用户的增长。

数字电视　1976年，计算机微处理器应用于电视机中。1977年，英国独立广播公司研制出数字演播室系统图像处理通道。1979年，英国邮局研发的第一个图文电视系统开通。1985年9月，日本率先研制出高清晰度数字电视，实现了模拟电视的数字化。1989年，美国通用仪器公司首次展示了在电视频道中将模拟有线电视信号转换为数字电视信号的过程。1991年，美国联邦通信委员会颁发《关于先进电视系统的第一报告与命令》，宣布终止与模拟电视兼容的高清数字电视的研发，发展全数字技术电视系统，开始了全数字化电视的发展战略。1994年6月，美国开始进行数字标清电视的卫星直播业务。1995年，欧洲数字视频广播组织联合研发出欧洲数字电视标准制式（DVB制式）。1996年6月，日本进行了卫星数字电视节目的播放。1996年12月，美国联邦通信委员会发布了美国数字电视的标准制式（ATSC制式）。1997年，国际电信联盟采纳美国ATSC制式为国际数字电视的标准制式。

交互式网络电视　1999年，英国金斯顿电信公司首次在全球提供了交互式网络电视的服务。2002年，意大利快网电信公司展开的交互式网络电视“Fastweb TV”业务是商业运营的先锋和典范，成为世界上第一家在交互式网络电视业务中盈利的公司。2002年，日本软银公司和日本雅虎公司联合推出了名为“BBcable TV”的电视业务，进入交互式网络电视业。2003年9月，中国香港的电讯盈科有限公司也开展了交互式网络电视业务。2003年12月，法国电信公司联合卫星电视运营商在直播电视平台上推出了交互式网络电视“Magligne TV”。2005年，美国电信巨头威瑞森公司开始运营交互式网络电视业务。全球交互式网络电视呈现出快速增长的发展趋势，彰显出巨大的市场潜力，成为电视业和电信业一个新的增长点。

三维立体电视　20世纪60年代，全息摄影术的发展完善推动了三维立体电视的研究。1974年，日本东京电视台试播了三维立体电视剧的片段，为世界上第一次播放3D电视节目。1980年，美国有线电视新闻网播放了3D电视剧等电视节目。1984年，日本TBS电视台首次播放了3D电视广告。1985年，日本松下电器公司推出3D电视样机。2008年，美国迪士尼频道播放了3D电视节目。此后，三维立体电视进入一个高速发展阶段，世界上涌现了大量的三维立体电视的摄影、显像、信号传输等方面的相关专利。德国国际电子公司研发的全真立体电视系统以其与各种电视制式良好的兼容性、拍摄与接收立体图像的简便、转换成本相对低廉等优势对家用3D电视的普及起到了促进作用。在家用3D电视增多的形势下，2010年，韩国、英国、德国、荷兰等国都出现了专门的三维立体电视频道，节目内容涉及体育赛事、影视剧、艺术表演、视频游戏等。2012年1月1日，中国首个3D电视试验频道开播。

当下，电视已经成为通过电子技术和数字技术将声音和图像转化为电信号，以电视塔、电缆、光缆、通信卫星、互联网等有线和无线方式进行传输，并由电视机、电脑、手机等信号接收终端设备重现的一种信息传播系统。随着数字技术的不断发展，三网融合速度加快，传统电视的媒体形态、传播方式都发生了改变。

（丁亚平　张默然）

电视策划　television planning　通过对电视媒介环境的市场调查和系统分析，为某种电视行为在宗旨、目标、对象、定位、战略、策略等诸多方面提供智力支持的动态过程。电视策划有明确的针对性。它的外延从节目形态来看，可分为节目策划、栏目策划、频道策划、媒体形象策划等。从概念使用上看，学界与业界经常会将“创新”“创意”“设计”“策划”交替使用，但“创新”“创意”“策划”三者对于“创新性”效果的需求程度是有所差别的。常规的电视策划并不以创新作为唯一目的，但节目创新和创意却必须要以“创新性”作为核心原则，而设计是指有目标和计划的创作行为与活动。一直以来，设计作为电视策划中的重要一环发挥着举足轻重的作用。

进入21世纪，中国电视策划在宏观上做出关于频道发展战略的调整升级，微观上对于推动电视节目创新进行优化和探索，出现了一批优秀的精品电视作品，如《艺术人生》《东方时空》《朗读者》《中国诗词大会》等。而电视行业面临的激烈竞争环境，也使得电视策划在电视制作和管理过程中占据着越来越重要的地位。尤其随着媒介社会化发展趋势的生成，受众对于电视节目观看的体验诉求更加丰富。主要体现在：①演播室（舞台）场景策划，包括以节目演播室为空间的灯光、舞台和造型等视觉场景的设计，满足媒介社会化语境下观众对电视沉浸体验的需求；②节目音响策划，包括对现场配音、音响和音效等满足受众听觉感受的声音系统的设计与安排；③节目推广策划，满足在复合型融媒体传播系统内节目从电视到短视频的跨媒体传播与推广策划，从而更好地实现受众覆盖。

（朱婧雯）

电视灯具光源　illumination source of TV lighting fixtures　在电视照明灯具的光学系统中通过电能发射出光能的光学元件。电视灯具光源的种类包括热辐射光源（白炽光源）、气体放电光源、半导体光源等。

热辐射光源由泡壳、灯丝、内容物、灯头等构成。泡壳有硬质玻璃、石英玻璃等种类；灯丝要求使用熔点高、蒸发率小、可见光辐射特性好、机械加工性能好的材料；内容物一般有惰性气体、卤族元素等；灯头有单端和双端之分，单端分为螺口、插口两种。以卤钨灯为例，热辐射光源的性能为：色温为3200开，肉眼看来是偏暖的白光；发光效率20～30流明/瓦；显色指数在95左右。卤钨灯是热辐射光源的发展最高阶段，它光学性能更好、体积更小、色温及发光效率也更高，曾成为在舞台、影视等艺术照明中被广泛使用的主流光源。

气体放电光源由泡壳、电极、内容物（所充入的气体）、灯头等构成。气体放电光源包括汞灯、金属卤化物灯、氙灯等种类。许多气体放电光源的色温较高，如镝灯、氙灯的色温为5600开左右，甚至更高，肉眼看来是偏冷的白光；发光效率较高，如镝灯可高达70～80流明/瓦；但显色指数整体上不及白炽灯，如镝灯、氙灯在90左右。

半导体光源（LED光源）由PN结芯片、电极、相关光学系统等组成。半导体光源可以进行高低色温的选择。它的发光效率高于白炽灯与气体放电灯，可达到约130流明/瓦。但它的显色指数尚不及前两者，在85～89左右。相较传统的白炽灯与气体灯，半导体光源具有节能、体积小、温度低、寿命长等优势。因此，半导体光源被广泛地运用于电视灯光照明设计中。

（李兴国）

电视电影　television movie　电视台利用电视介质（如高清磁带）按照**电影美学**要求拍摄的、专供电视台播出的电影。电视电影这一名称源于美国好莱坞。20世纪50年代初，美国的电视剧在数量、质量上都不能满足观众的要求，为此好莱坞各电影公司专门为电视台制作了电视电影。电视电影实际上介于**电影**和**电视剧**之间，是电视剧生产不够发达条件下的产物。电视电影通常用数字技术进行拍摄，也可以用胶片拍摄。与电影制作相比较，电视电影投资相对较少，拍摄周期相对较短，在艺术追求和创作规律上两者基本相同，但在题材选择、情节设计以及场景、镜头等方面，电视电影又更多地考虑了家庭观赏和小屏幕的特点。随着数字电影的发展，电视电影这一名称逐渐被取消。

（章柏青　唐建军　赵　远）

电视动画片　television animation　以电视为主要传播渠道的动画片。从1939年3月

3日晚美国全国广播公司电视台第一次播出视频信号开始，动画片就成为电视节目的一部分。当时选择了迪士尼早期的动画片《唐纳的外甥古斯》作为在电视上首播的动画片。随后，很多动画短片被电视台购买，作为儿童电视节目的片源。从此，动画片便找到了非常有利的传播方式。此后又出现专门为电视播放制作的动画片，即电视动画片。电视动画片最突出的特点是制作工艺的简化。除此之外，电视动画片的叙事结构相对自由，有点模仿漫画故事和传统说书艺术。

电视动画片对动画产业产生了很大影响，它的功能更加接近大众文化传播。电视的传播效应快捷，信息覆盖面广泛，因此电视动画是当今动画最重要的形态。电视动画系列剧、连续剧以及教育短片是现代动画产业的主要源头。随着技术的发展，电视动画片的成本逐渐降低。无纸二维动画工艺以及三维动画工艺给电视动画片的制作带来了更高的效率和更好的效果。

（贾　否）

电视符号学　television semiology　融电视研究与符号分析于一体的跨学科研究。电视符号学既是符号学的一个主要分支，又是现代电视理论的重要组成部分。其研究的重点是借用符号学的理论与方法，来分析电视语言及其传播与接受的特征和规律，并对电视文本的意义进行解读，从而展示出电视文本的意义与社会权力运作之间的深层关系。电视符号学是在*电影符号学*的基础上发展与演化出来的。1964年，C.麦茨在法国《通讯》学刊第4期发表了《电影：语言还是言语？》一文，标志着电影符号学的诞生。之后英国学者S.霍尔在《电视讨论中的编码与解码》《表征：文化表象与意指实践》等著作中为电视符号学研究奠定了基础。

就中国的电视符号学而言，学者们主要是将电视视听内容还原为具象符号，并运用符号学原理进行电视内容编码、电视接受认知和电视社会学、电视政治生态学的关联性分析，并通过关于电视广告、电视新闻、电视文艺节目等具体案例的研究，来展示符号学视野下电视文本意义解读的基本路径。主要包括以下三个方面：①电视广告符号学。电视广告作为视听合一的符号系统，由能指（由声音、图像构成的广告视像）和所指（广告视像表达的观念、产品、服务等概念）构成。而电视广告的意义生产机制与符号表意的生产机制是相同的，即广告人通过利用符号能指与所指之间的任意性，拆解和重组、横向组合与纵向聚合，用隐喻和转喻等多种修辞手段，完成对商品符号意义的建构，从而刺激人们的消费欲望，改变人们的消费行为。②电视新闻符号学。新闻是事实的中介，通过运用语言符号和视觉符号界定、建构和表现事实。电视新闻话语由语言和视觉形象构成，由观众必须理解和识别以便建构意义的符码和规约所决定。因此，电视新闻符号学研究的重点是剖析电视新闻如何通过对符号组合和电视、新闻的话语规约的掌控来完成其在信息传递中神话身份的建构。③电视文艺节目符号学。电视文艺节目的制作和播出过程是一个通过电视媒介传播自身符号与意义的过程。中国电视文艺节目的符号学研究主要集中在对文艺节目制作过程的案例分析，即如何运用符号学的原理进行节目创作。主要包括：在节目定位上注重标出性，加大提喻修辞方法的运用，运用像似符号、指示符号和规约符号相配合的方式吸引受众和使用符号表意进行受众引导等方面。

（朱婧雯）

电视后期制作　TV post-production　按电视节目的要求，通过特定的编辑方式，在把握作品整体结构、叙事节奏及戏剧冲突的基础上，将前期实际拍摄素材进行剪辑，运用包装、合成等手法形成符合大众审美的电视作品，最终达到播出要求的制作过程。电视后期制作的主要工作包括录制、剪辑、特效制作、混录合成等。电视后期制作融入了剪辑人员的创造力，使电视得以成为电视艺术的核心要素。其具体内容包括根据要求和脚本按时间、叙事等顺序片段删减、拼接、重组不同的视频素材，历史并入、引入相关素材；对视频、音频等素材进行特效处理，包括合成、叠加、画面调色、增加标识、蒙太奇效果、转场特技、三维特效等；为视频素材添加背景音乐、特效音乐、专业播音员多语种配音解说、对口型配音、配乐、字幕和片头片尾等；为视频素材剪辑后全方位特效包装以及将制作好的影视作品输出到各种格式的录像带、播出带，压制或刻录至DVD、VCD，或输出各种格式的数据文件等。

电视后期制作可分为线性编辑（EDL）和非线性编辑（NLE）两种形式。线性编辑较传统，主要是在制作中心机房内运用录像机一对一或者二对一的台式编辑，过程包括录像机、字幕机、监视器、同步机及音响设备等，因社会科技发展，线性编辑的局限性使其逐渐被淘汰。非线性编辑则是随着新时期科技发展产生的新的编辑手法，具有高度集成性。它主要借助计算机进行数字化制作，通过视频编辑软件对素材进行编辑、拼接、合成和再导出，由计算机完成数字视频编辑可以实现高效率的剪辑、切换等，节约大量人力、物力、财力，并且摆脱空间和时间的局限性。常用的电视后期制作软件有非线性编辑软件如Edius、平面软件如Photoshop、合成软件如Premiere、三维软件如3D Max等。

（朱婧雯）

电视纪录片　television documentary　以电视为载体，通过摄像或摄影手段，真实记录自然、社会以及人类活动的电视节目。电视纪录片继承电影纪录片的基本创作原则和方法，讲求真实性和纪实性。真实性是纪录片的本质属性，是纪录片的生命。它要求在拍摄过程中内容真实，从现实生活中取材，记录真实环境，拍摄真人真事，形式可以是多种多样的。同时，在保证整体叙事真实的前提下，还力求细节真实。纪实性则是一种风格和表现手法，它是创作者对现实生活进行思考之后的一种艺术观照，是经过创作者主观选择之后的现实，常用的手法有声画同步拍摄、纪实跟踪拍摄等。

从表现手法上来看，电视纪录片凭借电视传媒的优势，在反映生活的深度、广度以及形式、风格、技法方面，较电影纪录片更为丰富。按照题材分类，可分为人文题材纪录片、社会题材纪录片、自然题材纪录片；按照表现类型，可分为新闻纪录片、文献纪录片、人物纪录片、风光纪录片、民俗纪录片；按照规模可分为单集纪录片、系列纪录片。在纪录片的发展史上，出现过多种风格样式，有以画面加解说词的“格里尔逊式”；有即兴拍摄、同期录音、不加解说的“真实电影”；有以拍摄者对当事人的访谈配合画面和解说、同期录音的“问话访谈式”等。

中国电视纪录片的创作广泛采用以上的风格样式，出现了一大批兼具真实、纪实与审美的作品。中国电视纪录片的发展大致经历了四个阶段：①起步学习阶段（1958～1978），代表作有《芦笛岩》《长江行》《周恩来访问亚非14国》《欢乐的新疆》等。这一时期的电视纪录片政治色彩较浓，题材和风格比较单一化，普遍缺乏人文精神。②探索提高阶段（1978～1989），代表作有《说凤阳》《蓬莱新八仙》《雕塑家刘焕章》《*丝绸之路*》《*话说长江*》等。这一时期的电视纪录片一方面开始关注个体的人，另一方面对于象征着中华民族精神的山川大河也给予了整体观照。③创新发

《舌尖上的中国》画面

展阶段（1989～1999），代表作有《**沙与海**》《阴阳》《藏北人家》《**望长城**》《十字街头》《德兴坊》《远在北京的家》《最后的山神》《神鹿呀，我们的神鹿》《三节草》等。这一时期的电视纪录片开始与国际接轨，强调平民化视角与人的主题，更加注重纪录片的美学意味而非社会功能。④多元化发展阶段（1999年至今），代表作有《英和白》《幼儿园》《我们的留学生活——在日本的日子》《姐妹》《**大国崛起**》《森林之歌》《舌尖上的中国》《我在故宫修文物》《如果国宝会说话》《人间世》等。这一时期的电视纪录片百花齐放，作品主题和表现风格更加多样化。一方面，作品对于人的主题的呈现，开始从边缘人、封闭环境中的人群转为关照社会主流的、现实中心的人群；另一方面，作品不仅强调客观再现，同时开始凸显创作者的主观意识，更加注重画面的美感及声画的有机结合。

（刘卉青）

电视节目主持人 television anchor-person 电视节目中直接出现在镜头画面上的节目“驾驭者”的角色。电视节目主持人可以连贯地引导观众接受节目的信息和观点，在传播媒体与接收群体之间起着掌控节目流程的纽带作用。电视节目主持人在外形气质、语言特色、表达能力、思想见解和形体语言等方面展现出的个性魅力，能赋予节目独特的风格和活力，对观众构成吸引力、亲和力与感染力，影响节目的收视率和生存周期。

电视节目主持人从节目内容和形态上基本分为严肃类、娱乐类、表演类三种；从参与节目制作深度和来源上分为电视新闻播音员主持人、气象预报播音员主持人、制片人型主持人、记者型主持人、演艺界人士主持人、其他职业者类主持人等六种。主持人的组合数量越来越灵活，分为单人、双人和多人组合等，组合方式也日趋多样，如专业主持人与各行业人员搭档主持的形式等。

在中国，电视节目主持人分工细致，训练有素，需要持有不同的上岗资格证书。新闻评论类、财经类、服务类、综艺娱乐类、晚会类等在内容、性质、形态、服务对象上不同的电视节目，以及录播和直播等不同播出方式的电视节目，都对主持人有着不同风格和侧重的要求，在语言文字素养、形体语言、基本礼仪和交流沟通能力上，分别体现出文稿播读类、谈话类、专题类等节目主持各自的基本要求。如话题主持要导向正确、立场鲜明、专业知识丰富、视野开阔、言之有物；现场主持要心理素质过硬、反应敏捷、临场发挥机智；文娱节目主持要善于运用体态语言，对不同风格节目进行艺术处理，具有即兴表演和灵活的应变能力，能够很好地与观众形成沟通和互动的气场等综合素质。

《我要上春晚》节目主持人董卿

电视节目主持人的职业形象，由声音形象、屏幕形象和社会公众形象三个方面组成，担负着塑造媒体形象和传播先进文化的重要作用，必须处理好职业形象与个人形象、内在素质与外在形象、个人与集体等多重关系。电视媒体的传播与导向的意义属性，要求主持人树立正确的传播理念，严守媒体人的社会责任意识，自觉维护汉语言文字的纯洁性，以标准的普通话和规范生动的文明语言表达主持节目，恪守电视节目主持职业的规范要求和道德准则。

（许　婧）

电视剧 television drama 一种以电视录像手段录制而成，通过电视传播媒介播映声音、图像的演剧形式。电视剧是20世纪下半叶以来接受面最广、影响力最大的一种艺术。收看电视剧已经成为普通民众日常生活的一部分。电视剧是随着电子工业的发展而产生的。1930年，在伦敦播出的《花言巧语的人》是世界上第一部电视剧。美国于1943年6月播出它的第一部电视剧《得克萨斯明星舞台》。

电视剧的发展速度惊人。以中国为例，中国的第一座电视台北京电视台（中央电视台前身）建立于1958年5月1日，同年6月15日即播出了中国第一部电视剧《**一口菜饼子**》。1978年，中央电视台播出8部电视剧。自1979年始，中国电视剧的制作和播映呈几何级数增长，到1989年，中央电视台一年播出电视剧1839集。进入21世纪，中国电视观众超过10亿，年产电视剧在1万集左右。

电视剧如按题材、内容、样式来分类，可分为**历史题材电视剧**、**革命历史剧**、行业剧，戏曲剧、儿童剧、言情剧，纪实剧、情节剧、室内剧、电视喜剧、通俗剧等；按播出的时间和长短分，则有电视短剧、电视单本剧、**电视连续剧**、电视系列剧等。

由于制作电视剧的物质材料（摄像机和录像磁带）、传播媒介（电视屏幕）以及欣赏方式（以家庭式为主）等方面的特殊性，这种艺术样式具有不同于其他艺术的特性。跟电影相比，电视剧一般都尽量少用**全景**和**远景**，大多采用**中景**、**近景**和**特写**。特写镜头不但在电视剧中频繁出现，而且延续的时间幅度也长。它在电视剧中除了有突出和强调作用外，还是叙述剧情的重要手段。电视剧中语言因素占有重要地位，面对面交流的特点和特写的大量运用，使得对白和独白的作用大大加强，一些电视剧还经常采用第一人称的自述方式，本身就像一段长长的独白。电视剧的这种叙述方式，在家庭环境中显得亲切感人。电视剧篇幅灵活自由，可长可短，创作空间比电影宽阔，总体上节奏比较舒缓。

（章柏青　撰　赵　远　修订）

《电视剧叙事艺术研究》 *Narrative Art Study on TV Series* 中国电视剧著作。张智华著。中国电影出版社2013年出版。主要内容包括：电视剧叙事艺术与电视剧的发展、主要故事与次要故事、电视剧结构与叙事艺术、悬念与电视剧叙事艺术、叙事者与电视剧叙事艺术、电视剧叙事节奏、电视剧叙事倾向、电视剧叙事策略、电视剧叙事艺术对电影叙事艺术的借鉴与改造、社会心理与电视剧叙事艺术、观众心理与电视剧叙事艺术。全书从当代电视剧创作的文化生态展开，从电视剧叙事的结构、策略、手法、倾向等多方面系统阐释了电视剧叙事艺术的内涵与特征。全书以另一种视角探讨了电视剧叙事与社会文化、社会心理、市场等多方面的关系，指出电视剧叙事艺术需要秉承“文化的传播、叙事的艺术”这一思想脉络进行更为科学健康的发展。

（王晓旭）

电视栏目 television column 电视节目内容特定的组织和编排形式及相对独立的信息单元。电视栏目有固定的栏目名称、宗旨、播出时间与周期，以及相对固定的主持人。电视栏目由具有共同性和相关性的电视节目内容组合而成，主题内容明确，风格形式统一。1980年7月12日中央电视台《观察与思考》的开播，标志着中国电视栏目的诞生。电视栏目按照节目任务的不同可划分为：新闻类栏目，如《新闻30分》；知识类栏目，如《百家讲坛》；综艺类栏目，如《了不起的挑战》；生活类栏目，如《中国味道》；科教类栏目，如《文明密码》；体育类栏目，如《体育世界》等。

随着电视节目的精品化追求，栏目化这种精准传播的思维也成为一种品牌战略。电视节目栏目化是指将类型、宗旨、内容等相同的电视节目归纳为一栏，使之有固定的时间、长度、名称、标识等。电视节目栏目化有助于提高电视节目的针对性和专业性，满足不同观众的收视需要；也有助于提高电视节目的收视率和品牌效应，推动电视节目规范化、个性化发展。

网络时代数字技术的发展也带动了电视栏目的进步，使电视栏目的生产传播更有规律和精准性。建立在云计算基础上的大数据技术能够实现对目标受众及其收视行为的全面记录和动态追踪，实现对目标受众各种信息的数据化定位。在此基础上，电视栏目制作团队通过数据挖掘和关联分析，精准地对受众需求进行定位和量化管理，使电视栏目的要素构建更加科学和具有代表性。（李茂华）

电视栏目剧 TV column drama 以电视栏目的形式（具有统一的片头片尾甚至是主持人）推出的小制作剧情类节目。电视栏目剧以栏目形式播出，有统一的片头片尾，以区别于传统电视剧的栏目性播出但无统一的片头片尾，甚至无栏目名称。电视栏目剧多取材于真人真事，多采用非职业演员，强调纪实性风格。作为电视系列剧的一种，电视栏目剧制作成本低，单集大概20分钟左右，本土特征鲜明。中国最早的电视栏目剧是重庆电视台于1994年推出的《雾都夜话》，栏目剧这个名称就是《雾都夜话》的制片人马及人提出的。《雾都夜话》一经播出便受到了业内外的广泛关注，倍受好评。电视栏目剧定位独特、性价比高、对本土观众吸引力大，易建立频道品牌形象，广受效仿。中央电视台、省级电视台以及各级地面频道，都曾开办电视栏目剧，如中央电视台的《普法栏目剧》、陕西电视台的《都市碎戏》、湖南经视的《故事会》、广东卫视的《外来媳妇本地郎》等著名电视栏目剧品牌，类型多种多样，社会效益与经济效益都很可观。

在电视栏目剧的发展过程中，也出现了强调戏剧性风格、职业演员、较大成本制作的现象，湖南卫视的《爱情魔方》是其中的代表。不过，电视栏目剧的发展也遇到了不少问题，主要表现为因制作成本低带来的质量参差不齐、内容选择上的低俗化倾向以及部分创作一味追求“奇观”效果而脱离真实性等。（李胜利　王英男）

电视连续剧 TV drama series 分集连续播映的多部集电视剧。长度至少在三集以上，主要人物、情节是连贯的，每集播出全剧中的一段故事，集与集之间承前启后，不断推动着人物和情节的持续发展，吸引着观众连续收看。电视连续剧的出现经历了直播电视剧、电视单本剧等几个发展阶段。中国第一部直播电视剧是1958年在演播室直播的“电视小戏”——《一口菜饼子》。1978年，第一部电视单本剧《三家亲》播出。1980年，中国制作了第一部9集电视连续剧《敌营十八年》。从此，连续剧成为电视剧的主要艺术形态。

电视连续剧飞速发展，逐渐形成了自身的独特艺术观念：它宜于将重大的社会现实、杰出的人物传记、经典的文学名著以及流行的生活故事纳入自己的故事范畴；为了满足观众长期收看的审美嗜好，常采用多种叙事结构来展示人物命运；播出时延续的时期越长，越能巩固观众的收视率，引起观众浓厚的兴趣。“连续播出”的本质特点，使其可以制作几十集、上百集，从而跨越了模仿戏剧、模仿电影的阶段，使得电视剧成为一门真正的艺术。在一定程度上，“电视剧”已经成为“电视连续剧”的同义词。这种认识的偏差可以说明电视连续剧的影响力，它的出现让早期的其他电视剧样式没落。而它则依靠着自身独特的优势，不断发展、丰富并开拓出不同的题材，例如家庭伦理剧、青春偶像剧、宫廷剧、武侠电视剧、革命历史剧等。（曾一果　李玉茜）

电视录制 TV recording 电视节目生产的全过程。狭义上指电视节目的前期制作。科学的电视录制过程，是一套成熟的工业化生产过程，主要包括电视的市场调查、策划、制播以及效果的监测与反馈。电视录制过程中，包括导演的创作、录像、录音、后期剪辑这样一个系统的工程，最终按照分镜头脚本和创作要求编录成一个完整作品。电视录制完成的节目形态有电视新闻节目、电视文艺节目、电视纪录片、电视体育节目、电视谈话节目、电视科教节目、电视广告和电视片头等，还包括歌舞文艺、重要会议、体育和知识类竞赛等重大媒介事件采取的直录播实践。

电视录制包括两种形式：①实况直播。将现场的实际状况（图像、声音及记者报道、采访等）转换为广播或电视信号并直接发射的直接播报方式。②录像制作。通过电视摄录设备，记录视频信号，并将录制素材及背景音乐进行重新剪辑、整合、编排，从而生成一个新的视频文件的过程。电视录制一般由以下流程构成：①电视节目录制的前期准备工作，包括人员的组织、配合，设备调适，场地布置等；②围绕活动主题制定翔实可行的拍摄方案，一般需要在主方案外设计制作应对突发状况的备选方案多个；③在录制过程中各部门做到默契配合，以导播为中心尽可能达成创作意图。

随着数字技术与信息技术的发展，广播电视业务的互联网化、接收方式和终端智能化影响着电视录制的发展。动画制作、虚拟技术、特效技术、数字后期制作技术、个人电视制作等趋势不断拓宽电视录制的范畴。新媒体环境下的电视录制已经基本实现从模拟设备到数字设备的转变，呈现出数字化、高清化、网络化等特点。2016年，在三网融合背景下的网络化制播系统是电视录制发展的新方向，电子制作数字技术、网络化非线性编辑系统平台、制播分离等特点已成为电视节目录制平台的发展趋势。（朱婧雯）

电视美学 television aesthetics 建立在电视学和艺术美学的基础上，研究电视与人的审美关系中所表现出来的审美规律、审美特征与审美行为以及诸多电视艺术现象的一门综合性交叉学科。是一种直接诉诸视觉、听觉，自由显示四维空间的动态造型艺术。具有自身独特的美学追求与理论资源，其美学本性是最大限度地再现客观世界，最大限度地表现主观世界。其理论资源除美学、哲学、文艺理论外，更为重要的是自电视诞生以来逐渐形成的各类电视美学思想以及对电视媒介特性的归纳。因此，电视美学既赋予了美学的哲学与艺术特性，又拥有电视媒介特性的科学性与社会学。

电视美学的范畴　从电视具有媒介物理性、技术性、社会性和艺术性等多重属性来看，电视美学具有双重学科属性，既隶属于电视学，又受益于美学科学。在美学领域中，电视美学着重探讨的是电视的审美对象、电视美的诸种存在形态以及各种存在形态的本质特征与相互关系。在电视学领域中，电视美学则着重研究作为电视审美意识物质形态化了的集中表现的电视艺术，它需要阐明电视艺术的本质、内容、形式与种类，以及电视艺术创造活动的规律性和作为电视制作节目的反馈、评价的电视艺术欣赏、电视艺术批评等问题。因此，对于电视美学的研究需要宏观、中观、微观的把握。

从宏观上讲，电视美学的研究对象主要包括以下几个方面：①从电视与社会现实的关系上，研究电视美学的本质属性。电视美学的产生与发展是与其特定的社会、历史、时代相依傍的，对其本质属性的界定也应该着眼于两者之间的关系。②从电视生产的创造过程来考察电视产品创作者的审美意识。通过考察这种审美意识在电视产品创造过程的各个环节上的体现，进而可以阐述电视产品自身的美学特征。③对电视产品传播与接受过程中，受众的审美意识进行分析，从中可以探寻出电视审美消费中的一般美学规律。

从中观上讲，电视美学的研究范畴主要包括电视新闻美学、电视艺术美学和电视技术美学。首先，作为一种当代大众传播媒介，电视具有记录信息的功能，能够通过逼真的图像和声音来真实地传达世界各地发生的讯息。电视新闻注重新闻价值，新闻价值是电视新闻审美价值的基础，而对于电视新闻审美价值的研究便构成电视新闻美学。其次，电视具有艺术功能与娱乐功能。从总体上讲，电视艺术就是运用电视手段创造出来的各种艺术样式及其节目形式，如各式各样的电视文艺节目、电视纪录片、电视广告、电视动画等。电视艺术具有自己鲜明的美学特征，主要表现在电视化思维、综合性、兼容性、同步性、参与性、互动性、抒情性等几个方面，这便构成了电视艺术美学。最后，电视是电子技术高度发展的产物。电视艺术的诞生与发展离不开现代科学技术的支持，从电视的机械电视、电子电视、彩色电视阶段，到如今的卫星电视、光缆有线电视、多媒体数字电视阶段，都是与科学技术的重大变革和新成果的问世分不开的。当今世界上，既有“科学的艺术”，也有“艺术的科学”。科学技术的现代化必定带动电视艺术的现代化。历史越往前走，艺术越要科学化。往往是科学技术的发展给电视艺术的表现提供了前所未有的可能，从而开拓了新思路、新手法、新样式。例如虚拟现实（VR）技术、增强现实（AR）技术在文艺晚会节目中的运用，增强了艺术互动性与现场的美感。可见，电视技术美学的力量和作用也是巨大的。

从微观上讲，电视美学着重探讨各类电视节目美学符号编码与解码的生成方式和诸种手段的运用，分析各类形态与风格的电视文本的审美修辞手段的运用及其表达方式，剖析电视节目创作者的审美叙事及其节目受众的审美期待视野与审美体验等。

电视美学的研究方法 电视美学的研究方法主要有两种：①外部性研究，即借鉴具有哲学基础的一般美学原理或广义的文艺学原理，以美学研究的视角来关照电视，综合运用美学、哲学、文艺学、心理学、叙事学、符号学等的方法、学理、观点来分析电视作品，展开电视批评。②内部性研究，即对电视在发展过程中所形成的电视美学思潮、美学流派、美学风格的经验性总结，如蒙太奇美学、纪实性电视美学与戏剧化电视美学等。然而，随着社会的发展、技术的进步以及受众审美趣味的变迁，当下的电视美学研究正处于一种多元化的泛美学状态，以往的研究方法并不能很好地分析电视发展过程中的新现象。

因此，将马克思主义哲学的基本观点运用到电视美学研究中来，就构成了电视美学的主要研究方法。具体而言，主要有以下三种。

理论与实践相结合的方法。电视美学的任务是构架一个具有高度概括力的关于电视美与审美一般规律的理论体系。但这个体系的建构必须建立在对电视实践的分析、解读、总结与研究上。丰富的电视实践不断向电视美学研究提出新的课题，因此，电视美学需要把握电视实践中产生的新的电视美现象、新的电视审美趋势，这样才能更好地完成自身的学科体系建设。

历史与逻辑相统一的方法。电视美学理论体系的架构，一方面有待从电视美与审美历史的发展中不断提炼、抽象、概括一些能够体现电视美学一般规律的概念、范畴，并按照历史发展的逻辑给这些概念、范畴以一种合理的归类；另一方面，电视美与审美实践在其自身历史发展过程中也产生出一些激发电视美学活力的新的概念与范畴。因此，历史与逻辑相统一的研究方法，就要求电视美学研究既能以自己的概念、范畴准确描摹电视美与审美发展的客观历史进程，同时又能根据电视美与审美历史发展的新趋势，及时、迅速地提出符合历史发展趋势的新概念、新范畴，以起到理论反作用于实践、指导实践的作用。

“多维透视”的方法。电视作为现代科技革命的成果，本身融政治传播、知识教育、信息服务、娱乐消遣等多种功能于一体，其内容的丰富与复杂使其很难用传统单一的线性思维进行把握。而电视美学既涉及电视实践问题，又涉及多学科，如果单纯从传统美学的视角对其进行观照，也很难取得突破性成果。因此，对于电视美学的研究必须打破单一的线性思维套路，需要将社会学、心理学、传播学、政治学、新闻学、艺术学、语言学、信息工程与技术等不同学科的研究方法与思路纳入一体，进行“多维透视”，才能较为准确而系统地切入研究对象。

电视美学的发展历程 电视美学研究与电视事业发展几乎是同步的。从总体上说，中国电视在实践上的腾飞是在20世纪80年代中后期，电视美学研究的活跃与繁荣也是在这个时期。这一时期，伴随着中国电视事业的蓬勃发展，一批较有分量的电视美学论文、著作得以大量发表、出版，这为中国电视美学的研究奠定了初步的理论基础。同时，各类研讨会也将电视美学问题列入讨论的重要议题，各路学者分别从不同方面，采用不同方法和角度，论述了电视美学的一些规律性东西。特别是1983年中国电视剧**飞天奖**和后来的中国电视剧**金鹰奖**的创办，更在理论与实践相结合中促进了中国电视美学研究的进一步深入。发展至今，中国的电视美学大致经历了一个从呼唤电视美学的建立，到具体的现象分析、抽象的综合概括，再到更高层次的跨学科综合性研究的过程。正是在这种具体与抽象、分析与综合的交替运转中，中国电视美学逐渐形成了自身的理论框架。

90年代以来，关于电视美学的理论研究格局大体形成，从电视艺术的本质特性与审美、电视艺术诸形态与审美、电视媒介特性及电视信息技术工程与审美，电视美学理论的建构逐渐成熟与完善，代表性的著作或论文有：张凤铸的《音响美学》(1992)、《电视声画艺术》(1997)，李艺、刘成新的《影视艺术传播与审美》(2001)，胡智锋的《电视美学大纲》(2003)、《电视美学概论》(2013)，高鑫的《电视艺术美学》(2005)、《技术美学研究》(2014)，王国霞的《技术在电视美学中的运用》(2013)，林渊、贾祥翔的《电视技术美学初探》(2014)等。

21世纪以来，电视美学研究的深度与广度进一步提升，关注电视新闻、电视文艺、电视声画造型、电视舞美及演播厅艺术、电视广告、动画电视，以及电视剧、纪录片创作的美学特征，并形成四大主流研究路径：①电视叙事美学指研究电视叙事的审美体验的一门学科，是从叙事学、美学的视角来分析电视的叙述机制以及电视叙述的空间性、时间性和视点维度。②电视符号美学思考电视是怎样形成话语的。电视实际上是一个充斥着符号的世界，视觉符号和听觉符号共同构成了电视符号体系，故它着重思考电视语言的表意能力及其话语背后的隐喻与象征；同时也考虑电视媒介的语境作用。③电视接受美学认为电视节目意义的最后实现，得益于观众的接受过程。受众的差异性与个体性将对同一节目有不同的审美感受，同时，由于存在审美的相通性与共鸣，又存在不同观众有相同的审美感受的共赏性现象，受众的审美期待与电视文本的互文性阅读是重要的研究方法。④电视技术美学受惠于技术美学的方法论及其基本原理，特别是信息工程技术及网络数字技术革命，以及认知科学的当代勃兴，现象学及其后哲学文化的历史语境，视觉文化研究以及认知符号学的发展与渗透，由此带来的以即时性、同步性、互动性、融合性、参与性和过程论为标志的视觉图像艺术的审美革命，以及“分形艺术”“动画艺术”“互动艺术”等新型艺术形态的兴起，将技术美学推上了一个新台阶。

2020年以来，电视理论的探讨开始更多地在中国美学思想体系中寻找话语资源，以丰富电视美学研究。如王志峰、朱斌的《论文化类电视节目中传统美学精神的呈现》(2020)，陈友军的《浅论电视剧艺术与中国美学的关系》(2021)等。

扩展阅读

高鑫.电视艺术美学.北京：文化艺术出版社，2005.

金丹元.影视美学导论.上海：上海大学出版社，2001.

胡智锋.电视美学概论.台湾：新锐文创出版社，2013.

（李茂华）

电视内容等级制 television content rating system 根据适宜收看的人群对电视节目内容进行分类和划分等级的制度。通常由一国政府或相关组织机构制定，等级标准各不相同，一国之中也会出现多个分级标准。美国电视节目分级制度于1997年由电视行业内自行开始实施，目的是避免电视节目中性、暴力和不雅用语对电视收看人群中的青少年产生不良影响。根据美国联邦通信委员会的规定，自2000年1月起生产的电视机和机顶盒都必须安装电视内容分级芯片，允许家长设定限制青少年和儿童观看的电视内容。广播电视信号发送时也必须包含分级的编码信息，终端电视机可以解码这一信息并通过密码保护区分是否适宜观看。分级包括TV-G、TV-PG、TV-14、TV-MA、TV-Y等，对应不同年龄层级划分。韩国电视分级制将电视剧可收看年龄分为全体、7岁以上、12岁以上、15岁以上和19岁以上。

（黄钰萤　丁佶沁）

电视批评 television criticism 以电视理论为指导，以各种具体的电视节目以及同节目相关的电视现象、电视思潮、**电视受众**、电视创作者及电视市场等为对象的媒介批评活动。

特征及功能　电视批评既具备媒介批评的基本特质，也有着对文艺批评、社会文化批评、历史批评等领域的融合与运用。不仅包括对各类节目编排制作的微观批评，也有对栏目、频道运行建设的中观批评和对电视文化现象及电视文化发展方向的宏观批评。

作为一门以电视节目生产与接受为对象的媒介批评活动，电视批评的本质是价值判断，即一种文化选择和社会责任担当。其功能和意义在于：分享和提升人们的审美情操，引领和丰富节目创作，促进电视节目生产和制作的良性循环，培育健康的市场媒介环境，从而丰富和推动电视文化事业的大发展和大繁荣。

电视批评给创作者提供了学术争鸣和受众反馈的立体观照。在当下眼球经济时代，屡屡突破创作底线的一些电视节目侵蚀着市场。这种情形下电视批评与主管部门、市场受众的互动机制，起到一定的纠偏作用。电视批评关注着电视对人生存理想的艺术表达，使其在市场经济的内生动力下，更好地担当陶冶情操、净化心灵、提升境界的社会责任。

电视批评理论的西方源流　西方电视批评理论吸收了法兰克福学派、伯明翰学派及大众传播学三大西方资源。其中法兰克福学派和伯明翰学派是西方电视批评理论两个重要的学术流派。

法兰克福学派　法兰克福学派将批判的矛头直指西方现代资本主义社会。1936年，W.本雅明《机械复制时代的艺术作品》一书中初见对电视的批评理论，但本雅明仍对电子媒介持有乐观态度。M.霍克海默和T.W.阿多诺严厉批评了本雅明的这种乐观态度，在出版的《启蒙辩证法》(1947)一书中提出“文化工业”的概念并对此概念持强烈批判态度。1954年，阿多诺在《电视与大众文化的模式》一书中再次指出以电视为主的大众媒介的弊端。J.哈贝马斯分别在《公共领域结构转型》(1962)、《交往行为理论》(1981)两书中详细阐述了极具批判性的“公共领域理论”和“交往行为理论”。1964年，H.马尔库塞在《单向度的人》一书中指出社会可以借助电子媒介对人心理的操控，使人丧失“内在的自由”。

伯明翰学派　创立于1946年的伯明翰学派，重新定义“文化”的概念，并且矫正了法兰克福学派对于大众文化过于强烈的批判精神。20世纪80年代以来，伯明翰学派的研究方向及兴趣在世界范围内掀起了一股学术风潮并逐渐形成气候。伯明翰学派主要研究大众文化及与大众文化密切相关的大众日常生活，分析批评的对象包括广播、电视、电影等电子媒介。1961年，R.威廉斯在《漫长的革命》一书中提出了文化的三种定义并进行了详尽的论述。1980年，S.霍尔在《电视话语中的编码与译码》一文详细论述了电视话语“意义”的生产与传播，将生产、消费、商品等经济学范畴引入电视批评理论。

大众传播学　萌芽于20世纪初的大众传播学是西方电视批评的理论的又一重要思想资源。大众传播学中与西方电视批评理论相关联的要素，在媒介功能理论与媒介体制理论中有迹可循。1948年，P.拉扎斯菲尔德和R.默顿的文章《大众传播、大众趣味和有组织的社会行动》用大量的篇幅分析了媒介的负面功能，他们认为大众传媒具有麻醉精神的消极功能。传播学分为经验学派和批判学派两大学派。两大学派对于媒介体制持有截然不同的态度。传播学批判学派对传播体制持深刻批判的态度。其具有代表性的人物和著作有H.希勒的《大众传播和美国帝国》《思想管理者》、J.H.阿特休尔的《权利的媒介》、J.哈贝马斯的《交往行为理论》、P.布尔迪厄的《关于电视》等。

中国电视批评的发展阶段　萌芽初创阶段　1958～1978年是中国电视批评的萌芽时期。早期电视高度集中的运作管理体制，决定了这一时期的电视批评表现出浓厚的政治色彩，其间的电视批评成为国家政治话语的权利建构工具而缺乏个性化的批评表达。讨论电视的文章大多是介绍电视的基本情况，对电视的研究多是针对电视这个新事物作普及知识性的描述，缺乏理论深度和理论方法。有些文章侧重于对电视节目的研究和研讨，如《试评诗朗诵的电视播出》从个案出发，对电视播出的诗朗诵进行了分析。此外，《学习编写电视片解说的札记》《谈电视节目的布景问题》等文章侧重对节目制作的业务性探讨。《即兴创作与分镜头本》《我对分镜头剧本的看法》等文章注重对具体技术问题的讨论。而《人民日报》《光明日报》《四川日报》对1966年播放的电视纪录片《收租院》进行的评论，是早期电视纪录片批评的主要方向。这些文章严格意义上不能算作电视批评，但它们也确实为以后的电视批评提供了值得总结的经验。

起步发展阶段　1979～1985年是中国电视批评的起步时期。20世纪70年代末，中国开始实行改革开放，电视事业得到了快速发展。电视节目的内容形式、数量与质量等诸多方面都得到很大的提高和发展。丰富的电视实践为电视批评提供了有用的研究对象，中国电视批评开始步入正轨阶段。到1984年底，全国已有地方性广播电视研究刊物54种，如北京广播学院的《北京广播学院学报》《新闻广播电视研究》，广播电视部的《中国广播电视》《广播电视战线》，上海电视台的《电视剧艺术》等都辟有专门的电视理论研讨和电视批评栏目，刊载专业性、针对性的批评文章，还有相当一部分的新闻期刊也辟有电视专栏。这使电视理论的研究成果有了更广阔的载体。既有浓厚传统文艺特征又具马克思主义现实意义的社会历史批评方法成为这一时期的主要指导思想，电视艺术本体美学批评建设不断加强。此外，评奖活动也逐步开展起来。1981年开始举行全国性的电视节目评奖活动，陆续创办“金童奖”“飞天奖”“星光奖”“对外报道电视节目奖”等。

拓展建构阶段　1986～1992年是中国电视批评的拓展建构时期。1986年，中国广播电视学会成立，电视批评有了机构与组织的保障。各级电视媒体、电视教育部门都成立学会分支机构，由此派生出电视运行中各环节的分支机构，全国性电视评奖和学术研讨活动进入常规化状态。从20世纪80年代中后期到90年代初，电视批评在缩小与实践差距的同时，也不断从各种新学科、新思潮中汲取养料，借用传播学、新闻学、社会学、心理学、教育学、语言学等领域的理论，关注、审视和解读电视，如宇丹的《电视受众初探》、黄颇的《电视观众的审美心理》、田本相《电视文化学》、王云缦的《电视剧艺术中的符号性质》等。此时的电视批评方法也更加立体多样，促进了电视批评的整体进步。

理论自觉阶段　1993～1999年是中国电视批评的理论自觉时期。中国电视批评逐渐结出丰硕的理论成果，电视艺术学学科体系初步建立。以黄会林、张凤铸为代表的影视学者致力于电视理论民族文化的探索和研究。以《中国电视论纲》为代表的中国特色社会主义电视理论体系逐渐形成，标志着电视批评的核心价值体系得以确立。《现代影视批评艺术》(1999)将电视电影作为整体的艺术批评框架也基本成熟。电视史研究的纵向推进，电视不同方面、不同领域的史学成果开始问世。电视节目市场运作批评开始起步，不少学者针对电视节目走向市场的必然性、电视节目走向市场的反思发表了相关论文，这些针对电视批评的有益探索为日后电视产业化和集团化奠定了理论基础。这一时期电视批评者开始关注受众，受众研究变得系统化、科学化。以电视产业化的演进为整体背景，西方理论资源进一步在中国电视批评领域得到广泛传播。

多元化发展阶段　21世纪以来，进入中国电视批评的多元化发展时期。以2000年6月欧阳宏生的《电视批评论》的出版为标志，中国电视批评理论体系的建构和整合上，进入一个新的发展时期，艺术批评、美学批评、电视节目的类型批评、文化批评成为中国电视批评的主要向度。《电视传播艺术学》(2004)、《电视艺术美学》(2005)、《中国电视艺术通史》(2000)、《电视艺术通论》(2005)等著作相继出版；曾庆瑞在电视剧理论和电视剧批评领域里，呼吁“守望电视剧的精神家园”，对电视剧创作中过度娱乐化现象提出批评，这些都对中国电视艺术批评及其审美价值判断起到巨大的推动作用。

2000年以后，法兰克福学派在中国再次受到批评者的广泛关注。在此前后，包括陶东风、金元浦、尹鸿、王一川、杨击等在内的国内学者开始大量引用法兰克福学派的理论资源和分析方法，对中国影视艺术和媒介传播进行了反思和剖析。在这样的话语体系建构中，法兰克福学派理论随之成为21世纪初期中国电视批评中最为重要的批评资源之一。如2003年时统宇的《电视批评理论研究》、2007年汪振城的《当代西方电视批评理论》、2008年高金萍的《西方电视传播理论评析》等著作都对法兰克福学派的理论观点和传播过程进行了集中评价。

网络信息技术的发展及新媒体的兴起，促进了电视批评的新发展。这主要体现在两个方面：一方面，批评主体的多元化和批评客体的丰富性。今天的批评主体不再局限于学术圈和业界，广大网友尤其是自媒体也参与到电视批评的实践中来，在社交平台分享或成系列或碎片化的意见观点。基于互联网传播的多元电视批评，体现了批评的广泛性与人民性的趋势。另一方面，美剧、网剧、网络综艺节目等作为参照因子，都进入到电视批评的多维视野中。可以说互联网丰富了电视批评理论的内涵和外延，拓展了电视批评的方式方法。

中国的电视批评所涉及的层面和领域横跨了自然科学和社会科学及人文科学的诸多领域，以新闻学与传播学、艺术学、美学为基础，紧密结合技术的、文化的、社会的、政治的、经济的、哲学的、历史的和国际政治的理论视野，有关电视批评的大量著作和学术论文，以各有侧重的研究领域丰富和拓展了中国电视批评学科的内容体系和理论建构，积极参与当下及未来的电视理论建设和发展实践，对当代中国的电视业改革和未来的发展带来积极的指导意义和助推作用。

（欧阳宏生　侯　洪）

电视情景喜剧　TV sitcom　一种连续播放的带有喜剧色彩的系列剧。一般围绕一个或多个固定场景进行（以室内搭景拍摄为主），以一个或几个主要人物为贯穿，每集讲述一个独立的故事，集与集之间联系松散，并以频繁的喜剧冲突、幽默化的喜剧对白和“罐装笑声”吸引观众持续发笑与收看。电视情景喜剧最早发源于美国，是模仿广播情景喜剧的产物。随着电视的迅速普及，电视情景喜剧逐渐成为情景喜剧的代名词。1992年，英达引入了美国的电视情景喜剧《成长的烦恼》，在中国引起了强烈的反响。同年，英达制作的《我爱我家》开播，拉开了电视情景喜剧在中国发展的序幕，使得中国观众开始接受这种后期加入罐装笑声的独特喜剧样式。

随着电视情景喜剧的发展，它的主要特点也越来越突出，包括固定的场景、角色与形式，短小独立的故事，标志性的罐装笑声以及频繁的喜剧冲突与幽默对白。这些特点使得电视情景喜剧成为一种综合性极强的节目样式，它成功借鉴了话剧的舞台效果、电视剧的剧情特色、喜剧的喜剧效应、综艺节目的娱乐化手段，不断地在电视荧幕上绽放光彩。《家有儿女》《武

《武林外传》剧照

林外传》《爱情公寓》等优秀的电视情景喜剧都吸引了广泛的观众并持续不断地分季播映。这种抛开宏大叙事着眼世俗生活的喜剧节目样式，也开始在不同媒介出现新的衍生品，如《屌丝男士》等网络情景喜剧，开始吸引大量网民收看。

（曾一果 李玉茜）

电视收视率 television viewership rate 某一时段内收看某电视频道（或某电视节目）的人数（或家户数）占电视观众总人数（或总家户数）的百分比，即电视收视率＝收看某一电视频道（或某电视节目）的人数（或家户数）÷电视观众总人数（或总家户数）×100%。起源于19世纪30年代的美国商业广播电视行业。1986年，中央电视台开始运用计算机进行日常节目的收视率统计，与此同时，上海、广东等电视台也相继采用抽样方法进行收视率调查。1991年，全国性电视观众调查网开始建立，收视率调查开始以点带面，稳步铺开。1995年，央视调查咨询中心成立。1996年6月，中国广播电影电视部颁布了《关于在广播电视系统推荐使用全国电视观众调查网电视收视率数据的通知》，表明广播电视系统最高决策层对收视率调查的认可和肯定。进入21世纪以来，基于大数据处理技术的全数据收视测量，给电视收视率调查带来了革命性的改变。2013年7月，泽传媒在大数据统计基础上建立“全媒体收视率”。2014年，中央电视台在春节联欢晚会的收视率测量中开始采用这种概念，从此打破了传统的电视收视率测量方法。2017年在美国迈阿密举办的全球电视受众研究峰会上，中国广视索福瑞媒介研究有限责任公司（CSM）介绍了即将在香港实行的全视频测量方案。该方案是将所有的数据测量放在一个共同测量体系里面，核心部分是现在每个城市用测量仪方法进行的固定样组调查，测量家庭电视机的使用收视行为，其他部分是测量传统电视之外的互联网收视。它可以将微博、微信和脸书这样一些基于多用户的、大流量的数据与线上数据整合。固定样组数据可以与来自互联网端的大数据融合，小数据加大数据可以体现更多的数据价值。香港全视频测量的新实践，是完整的、多屏统一的融合数据测量体系，是以用户为中心的数据价值体系。

大数据受众调查和测试方法是受众分化后必然采用的科学研究方法，新媒介时代受众细分和分化使媒介经营者不得不更加重视观众的需求。新媒介时代的受众更多希望与传播者进行对话，或者直接参与到内容制作之中去。他们不再是被动的信息接收者，而是参与者和制造者。从这个意义上说，受众并不是消极地对待媒介，而是渴求在媒介内容制作上获得更大的参与性，他们渴求自己的意见、喜好得到重视。实际上媒介与受众的关系越来越紧密，这是一种相互依存的关系。受众离不开媒介，媒介更离不开受众。在这个背景下，媒介经营者应该更加注重受众的体验，从海量受众测试中找出他们真实的兴趣点，充分发挥大数据的预测功能，为未来的节目创作提供重要依据。

（李茂华）

电视受众 television audience 从传播学角度讲，指电视传播信息的受传者、消费者、译码者、参与者和反馈者等角色的总称，也是电视信息传播受传者和传播对象的复数形式。在认识论意义上，是指接受大众传播信息时，能够进行思维、认识等意识活动的受传者。基本特点有复杂多样、浅参与性和童稚化。网络电视兴起后，电视受众也被称为电视用户。

电视受众的划分及特点　根据电视受众自然属性和社会属性的不同，可将电视受众划分为男性受众、女性受众、老年受众、儿童受众、青少年受众、中年受众、不同职业受众以及不同区域受众等。不同的电视受众收看节目的特点不同。男性观众更偏好刺激性、跳跃性的内容，比较关注新闻类、体育类和军事类节目，对影视剧中的枪战、武打类情节感兴趣。女性观众一般对文艺节目、娱乐节目以及电视剧比较偏爱，喜欢感情细腻、情节曲折的内容而往往忽视内容的整体性。老年观众喜欢的节目往往与自己过去的生活相关，具有回忆色彩，对于刺激跳跃的节目内容兴趣较少。儿童观众具有好奇和探秘的心理，容易对动画片、科幻片、武打片以及揭秘自然的内容产生兴趣。青少年受众正处于追求自我发展的人生阶段，对益智、时尚、探险等内容较为热衷。中年受众则希望在电视节目中追求生活意义，找到生活真谛，因此喜欢收看深度解读的内容。总的来说，电视受众都比较关心与自己职业或生活相关的传播内容，并用专业的眼光和参与其中的心理进行审视或比较。

根据电视受众的参与范围与程度，可以将电视受众划分为基本受众、参照受众、特约受众、潜在受众、其他受众。基本受众指经常收看电视节目的受众，包括国内外受众，面广量大，是电视受众中的主体部分。参照受众指在环境因素的影响下而收看电视节目的受众，是电视受众中可以争取的部分。特约受众指受电视机构聘请或委托，专门通过收看节目而进行评议、研究的个人或集体。潜在受众指一时不能或不愿收看电视节目，但经过创设条件或做工作，可以改变为参照受众或基本受众的群体，是受众中的潜在力量。其他受众指上述四类受众外的特殊受众，包括敌对阵营中肩负特殊任务而收看对方电视节目，并企图达到特殊目的的个人或群体。这些电视受众都是整个广播电视传播活动中客观存在的组成部分，它反映了整个社会系统的组成、结构的客观存在。

根据受众不同的收视动机，可将电视受众划分为参与型受众、需要型受众、选择型受众、意见型受众和隔离型受众。参与型受众较多地关注电视和节目的整体情况，既收看自己喜欢的频道与节目，也关注不喜欢的频道与节目。他们的参与意识强，对电视传媒的发展有要求、有想法，愿意对节目的优劣做出评价，给予意见或建议，属于认真且对电视节目充满热情的积极观众。需要型受众往往只根据自己的需要选择喜欢的频道和节目，以获得满足并积累媒介经验，为下一次选择做准备，是受众类型中接触电视时间最多的群体，也是电视受众的主力阵容。选择型受众与参与型受众有相同之处，都能在短时间内搜寻和判断自己对收看内容的优劣感受，参与意识强。不同的是，他们对媒体的总体发展并没有太多兴趣和热情，只关注自己觉得有必要关注的频道和节目。意见型受众与需要型受众完全相反。他们对节目的要求较高，对内容比较挑剔。他们需要电视，但对电视的认可度和满意度偏低。隔离型受众对电视节目的态度是冷漠而隔离的，这种隔离一部分属于心理隔离，他们对电视节目没有要求或要求低，认为电视无法满足其需求；另一部分则属于身体隔离，也就是说他们根本不看电视。

根据中国电视收视的三种形态，可以分为有线电视受众、IPTV（交互式网络电视）受众及OTTTV（互联网电视）受众。有线电视受众指通过电视终端＋DVB（数字视频广播）机顶盒收看电视节目的受众。IPTV受众指通过终端电视机＋机顶盒进行流媒体接收和解码来观看电视节目的受众。OTTTV受众指通过终端电视机观看公共互联网传输的电视节目的受众。

另外，还可从社会经济学的角度对电视受众进行划分，即根据职业、收入、文化程度等因素。全面而准确地掌握电视受众的构成及其变动，可以使电视传媒从业人员更准确地了解受众的基本情况，通过分析不同群体的共性和个性，有的放矢地制定传播方针，调整传播策略，改进传播内容，从而改善电视节目的传播效果，提升电视传媒的竞争力。

电视受众的行为特征　电视受众的数量庞大、组织无序、成分复杂，不同层次和类型的受众群体间有着不同的特点。宏观上受众是一个庞大的集合体，微观上又体现出社会多样性，对电视的需求和心态不同，接收电视信息的行为特征也不同。

电视受众的行为特征具体包括：①大多数电视受众的主体意识强烈，是积极主动的信息寻求者，是电视信息传播过程中具有高度自觉性的主人。②以个体身份与动机参与电视传播活动的电视受众，是无组织个体组成的心理群体，一般不依靠外力组织，但由于人口特征、个体差异会自发形成多个同质性或者异质性的群体集合。③电视受众在主动寻求信息的过程中，对电视媒体传播的所有信息是选择性地接触、注意、理解、记忆。选择的标准受其信息环境、文化规范、所处群体等社会因素和受众的价值观、需求、兴趣、情绪等个体因素的影响。④受众接受电视信息的过程实际上就是对电视节目进行解码的过程，是个人“阅读”“解释”或“赋予”电视节目意义的过程，电视受众的这种信息取向，对电视的传播过程与效果有很大的制约作用。

电视受众的研究视角　关于电视受众的研究视角，大多基于传播学视角、文化视角等。电视受众是电视媒体传播活动的主要目标和接受者。电视传播内容的自身价值、过程的意义等，最终要通过电视受众的接受和理解才能实现，电视受众的收视心理和行为是影响和制约电视传播活动的重要因素。另外，基于修辞学角度也有较多研究。将叙事修辞学中的“修辞主体一读者一文本”与电视中的“传播者一受众一节目”进行比对，并将“读者”置换为“受众”，便可以通过叙事修辞学的视角来对电视受众进行叙事修辞学层面的研究。从阐释学的角度看，受众自始至终就不是被动的接受体，受众在接受电视内容的时候便开始了主动的解释。

中国的电视受众　据CSM媒介研究显示，2020年全国年龄4岁及以上的电视观众规模12.81亿人，全国家庭电视机拥有率为95.7%。国家广播电视总局发布的《2020年全国广播电视行业统计公报》显示：截至2020年底，全国电视节目综合人口覆盖率99.59%，分别比2019年提高了0.25和0.20个百分点。农村电视节目综合人口覆盖率99.45%，比2019年提高了0.26个百分点。农村有线广播电视实际用户数0.71亿，在有线网络未通达的农村地区直播卫星用户1.47亿，同比增长2.80%。全国有线电视实际用户数2.07亿，高清和超高清用户突破1亿，智能终端用户2985万，同比增长25.16%。有线电视双向数字实际用户数9551万，同比增长37.58%，高清超高清视频点播用户3638万，占点播用户的比例达到93.5%。全国交互式网络电视用户超过3亿，互联网电视用户9.55亿。

改革开放以来，人民生活水平提高，中国电视受众的收视行为也随之发生改变。家庭规模缩小，电视机数量增多，电视的共享性逐渐向个体性转变，家庭收视由“个人决定”的情况突出；“了解新闻资讯”和“休闲娱乐”成为观众收视动机的前两位。在网络电视兴起后，受众在内容选择上的自主度与受、传之间的互动性增强，针对受众的个性化服务增加，受众的电视体验感得到显著提升，使得网络电视受众呈规模化增长。尤其是互联网电视出现后，内容更加丰富，互动性更加强，加之手机、平板、大屏的全平台支持，使互联网电视用户数呈现迅猛增长的势头。

新媒体环境下电视受众的转变　传统意义下的电视受众研究，是基于电视媒介的制作、传播、接受等媒介行为对受众产生的各种影响来进行研究的。其最重要的出发点是观察传播效果，并期待通过对受众的分析研究进一步提高传播效果，从而达到传播目的。而在新的电视媒介形态下，电视受众研究在现实传播语境下不断催生新的研究方向，与中国电视传播实务紧密相连。随着新的媒介技术的不断发展并与日常生活相联系，对使用新电视媒介的受众进行深入的专门研究，不仅能帮助新电视媒介在传播过程中实现更好的传播效果，还对处在新媒介迅猛发展下的传统电视媒介的发展有重要的作用。

随着媒介形态的变化、接受理论的发展，电视受众的角色转变、收视需求、收视心理发生了很大的变化。在新媒体时代，电视受众的需求不断提高，电视商业属性被高度重视，网络技术、信息技术等相关科学技术的发展迅速。媒介融合带来了受众主动性的增强。数字电视的用户可自主选择的空间不断增大；网络或手机用户可以自主决定播放的内容与顺序，这些都是对电视线性传播的突破。电视受众由受教育者、观赏者转变为具有更加自觉的消费者角色。通过电视消费，寻求电视价值带来的认同感。　（李茂华）

电视台运营模式　modes of operation of television stations　电视台整个经营管理过程中的计划、组织、实施和控制方式。是与电视节目生产和服务密切相关的各项管理工作的总称。电视台运营模式一般情况下可分为节目中心制、频道负责制和一台多制等三种模式。节目中心制是一种垂直式的组织管理结构，从部门制发展而来。节目中心制下，制作中心、播出中心是核心部门，并配有广告中心、编辑中心和技术中心，各中心根据各自的职能互相配合进行整体节目的生产和制作。频道负责制是在细分受众的基础上，以频道为单元，对频道内部所有的电视节目进行“承包经营”的管理模式。在一个电视频道内，频道总负责人负责整个电视频道的栏目设置、人力资源、薪酬标准制定等。一台多制是一种统分结合的方式。在电视台明确各组成部分职责的基础上进行统一的层级管理制度，所有员工考核制度都相同，具有平等性。一台多制既确保了电视台的日常运营，又激发了广大员工的工作活力，是一种较受欢迎的运营模式。　（汪　妍）

电视推广　television promotion　电视媒体所运用的所有营销手段的统称。按照推广对象的不同，电视推广可分为三种类型：受众推广、销售推广和公共关系。电视推广是指电视媒体为了达到预期的经营目标，将电视频道、电视栏目与节目等内容，通过电视节、电视交易会等手段推向市场，让更多受众知晓并收看，以获得更好的经济效益与社会效益。电视推广的目标是吸引目标受众——电视节目的消费者；同时也为吸引购买广告时段的广告主（或他们的广告代理）——广告时间的消费者。

电视推广一般运用以下策略：①“获取”推广。运用于介绍新节目、新的品牌形象、新的节目版式等，其目的是将变化告知公众，并鼓励他们去尝试这种新的变化。②“竞争”推广。该策略通常在新节目或新频道已经设立之后使用。竞争策略把节目当作产品，通过广告讯息的方式向消费者进行销售，或直接或巧妙地与竞争对手进行比较。竞争性的讯息可能会集中于电视台的品牌形象，更多地运用感性诉求，但大多数情况下仍是与节目相关的。③“保持”推广。该策略涉及“节目保持”和“品牌形象保持”两个方面。“节目保持”鼓励受众继续留在该频道，并保证下个节目与前一个节目一样会激发他们的兴趣。板块化的节目安排正是这种策略的体现，使同样的观众从一个节目保持到下一个节目。“品牌形象保持”用来赢取外界对电视台的信任度和忠诚度。

在多元化媒体时代，传统电视节目的推广还包括面向网络多元媒体平台的渠道推广，实现融媒体语境下电视内容与新媒体用户资源的对接，从而更好地满足电视推广以获取关注的初衷。在电视推广的实践中，要明确策略，确定如何组合信息、设计、发布和表现等，以实现推广效果最大化，避免无效推广。（朱婧雯）

电视晚会　television party　以特定主题或目的为任务，以现场直播的技术方式，运行一定的仪式和多样的艺术样式，经过节目主持人的组织和串联，将文艺与娱乐融为一体，通过电子技术手段的制作，给观众以综合审美的电视节目形式。电视化的思维、多时空表现以及独特的电子切换技术和节目互动性是电视晚会的基础。电视晚会的类别有：①节庆晚会或为重大事件活动而举办的晚会，如春节联欢晚会、G20“最忆是杭州”文艺晚会；②专题晚会，如3·15晚会、感动中国十大人物颁奖晚会；③栏目性晚会，如星光大道年度总决赛颁奖晚会；④门类性晚会，如北京国际电影节颁奖晚会。

电视晚会具有以下几个特征：①仪式化。它是有着一定文化精神符号的载体，凝结着民族文化的财富与信仰。②兼容性。可集欣赏、娱乐、知识、信息、审美于一体，同时适合登上电视晚会舞台的节目类型十分宽广，通过各种独立节目类型，将一台晚会的整体形象风格建立起来。③参与性和互动性。网络时代产生了新的互动模式，如弹幕传播、抢红包等，与观众建立起新的互动交流平台。

随着三网融合的发展与成熟，电视晚会出现了新的艺术形态。三屏合一的形式开始广泛运用于电视晚会之中。随着数字技术的广泛运用，尤其是舞台效果、数字灯光技术、高清标准直播等技术的革新，都使得电视晚会的制作越来越精良，为观众带来了美轮美奂的视听享受。

（李茂华　朱婧雯）

电视文化　television culture　随电视媒介的出现而产生的一种文化形态。电视文化既是**电视学**研究的分支，又是文化学研究的重要内容。兴起于西方，随着电视媒介的出现而诞生，与社会和大众的互动关系不断发展和变化。电视文化是人类制度文明、物质文明、精神文明发展到特定历史阶段的产物，是在电视传播的高度参与下形成的引发广泛社会效益的一种互动泛文化形态。电视文化是一种文化人类学意义上的文化现实，也是一种公共传播方式。20世纪50年代，随着**电视**的普及和发展，产生了丰富多样的电视文化。而电视文化研究以电视传播的内容及其接受对象为核心，包括电视文化理念、电视文化形态、电视文化环境、电视文化责任、电视文化消费和电视文化接受等。

电视文化具有以下几个方面的特性：①综合性。电视文化不仅是视觉与听觉的综合，而且是多种艺术的综合。有人把电视称为第九艺术（诗歌、戏剧、音乐、舞蹈、绘画、雕塑、建筑、**电影**、电视），认为它吸取了前八种艺术的表现方法与表现手段，综合形成了一门新的艺术。②大众性。电视文化总体上而言属于通俗文化范畴，具有大众性。大多数电视节目对没有受过多少教育的人，在接受上也不存在或极少存在障碍。因此，电视受众具有极强的广泛性。电视文化的大众性还在于世界各国的人们可以通过电视知道全球各地发生的重大事件，了解世界各国的优秀文化成果、重大科技成就乃至各种名人趣事。③社会性。电视随时随地在不断地传播着政治、经济、科技、法律、文化娱乐等各种各样的信息。其广泛的社会性极大地影响着人类的社会化进程。④互跨性。随着20世纪60年代广播通信卫星的发明、使用，电视传播冲破地区、民族、国家的界限，电视文化由区域性文化发展成国际性文化。（朱婧雯　朱静芸）

电视文艺　television literature　以电子技术为传播手段，运用电视的声画语言和艺术的审美思维，反映或直接组织社会文艺创作活动，并加以电视化再创作，最终通过塑造鲜明的屏幕艺术形象，给观众以认知、娱乐、教育、审美四位一体的综合视听享受的电视艺术样式。往往以电视文艺节目或电视文艺栏目的方式，通过电视文艺频道和其他专业频道及综合频道播出，有时也以特别节目的形式播出。作为电视与文艺的结合体，电视文艺是随着电视的出现而出现的，1936年11月2日，英国广播公司在伦敦郊外的亚历山大宫以一场规模盛大的歌舞开始了电视的正式播出，歌舞通过电波传送到电视观众面前，电视文艺随之诞生。中国的电视文艺始于1958年，北京电视台在5月1日试播的第一天，电视转播了由中央广播实验剧团表演的诗朗诵《工厂里来的三个小姑娘》、北京舞蹈学校演出的舞蹈《四小天鹅舞》《牧童和村姑》《春江花月夜》等。这是中国电视文艺第一次成功的尝试。随着社会经济文化生活的转型以及数字技术的发展，电视本身的能动性、独立性与艺术性逐渐显现，电视文艺的概念也随之发生了改变。它已不仅仅是简单意义上的原艺术形式加电视手段的转播，而是在特有的创作思维指导下，将戏剧、音乐、舞蹈等艺术品种按照电视化的手段进行重现结构，使参与结合的这些艺术品种在形态上发生改变，是一门集艺术性、文学性、现实性与娱乐性等多种功能于一体的新的艺术形式。1987年，为推动中国电视文艺的发展，中国电视文艺“星光奖”创立，其获奖作品集中展示了中国电视文艺所达到的综合水准，也标志着中国电视文艺在美学表达上所诠释出的时代特征。

中国的电视文艺主要分为四大类：①电视戏剧。依据戏剧的构成方式或电影的蒙太奇思维，通过电视的传播媒介、制作方法和艺术手段，独立制作的、充分电视化、以家庭传播方式为主要特征的屏幕艺术作品。包括**电视小品**、电视短剧、电视单本剧、**电视连续剧**、电视系列剧等。②电视艺术片。根据电视艺术创作规律，用视听语言对原文艺节目进行精化、美化的再创作之后的电视艺术作品。它已不再是单纯的舞台演出形式，也不再是简单的各种艺术形态加画面，而是在一个明确的主题和思想下，用视听语言创作的电视艺术作品。包括电视音乐艺术片、电视歌舞艺术片、电视风光艺术片、电视风情艺术片、电视专题艺术片、电视民俗艺术片等。③电视文学。运用文学创作的规律，借助电视的技术和艺术手段，在屏幕上营造文学意境、塑造人物形象、抒发思想感情、反映现实生活，给观众以文学熏陶和艺术审美的电视艺术作品。包括电视报告文学、电视散文、电视诗歌、电视小说等。④电视综合文艺节目。根据不同主题的需要，充分调动电子技术手段，借助时空转换、声光效果、视觉造型等电视表现手法，将各种不同艺术体裁的单个节目进行二度创作与有机组合的电视节目形态。其特点是在节目的内容上具有较强的兼容性，可集欣赏、娱乐、知识、审美于一体，但又不是单个节目在艺术审美特征上的机械相加，而是“整体大于部分之和”的节目形态。主要分为两类，第一类是节庆、周年纪念性的综艺节目，如《央视春节联欢晚会》《中秋晚会》《纪念反法西斯胜利70周年晚会》等；第二类是固定播出时间的常规性综艺节目，如《正大综艺》《曲苑杂坛》《综艺大观》等。（李茂华）

电视小品　television sketch　一种具有戏剧性因素的小型电视节目样态。电视小品受惠于各类小品艺术的成就，承续了小品文、漫画、喜剧小品积极干预生活、针砭时弊、寓理于谐的现实主义艺术风格。电视小品播映时间短，人物、情节都比较简单，常常撷取生活中的一件小事或人的一个特征，迅速及时地反映生活的某个侧面。

电视小品从宏观上可分为特色小品和语言小品。其中特色小品有魔术小品、哑剧小品、口技小品、体操小品等，用一种或几种其他门类的表演手段来组织作品；语言小品以对话作为外在形态，包括相声小品、喜剧小品等。

1983年，中央电视台春节联欢晚会上王景愚表演的哑剧《吃鸡》，开创了中国电视小品的先河。后续比较优秀的作品有《吃面》《烤羊肉串》《超生游击队》《昨天今天明天》《卖拐》《不差钱》等，其中电视小品表演者比较著名的有陈佩斯、朱时茂、赵本山、宋丹丹、冯巩、牛群、蔡明、潘长江等。

电视小品有以下五个突出特点：①短小精悍，情节简单。篇幅一般在10～20分钟左右，表现的事件是片段的。②幽默风趣，滑稽可笑。小品是“笑”的艺术，好的小品大多有足够的笑料，让人在笑声中受到启发。③雅俗共赏，题材广泛。小品反映的小题材、小事件源于社会和老百姓中间。④贴近生活，角度新颖。源于生活，高于生活，适度夸张，事例典型。⑤针砭时弊，内含哲理。透过表面现象，讽刺一些不合理的事情，揭示一定的哲理，寓教于乐。（李茂华　朱婧雯）

电视修辞学 television rhetoric 以修辞学的相关理论与方法为基础来研究电视语言的运用规律、电视艺术的建构、电视话语与社会现实关系的一门新兴学科。修辞是指在一定语境下，为完成特定目的而调整和运用语言的行为，其本质是通过对语言符号的发明、构造、组织和巧妙使用来达到最佳的劝服目的。电视作为一种视听结合的艺术，具有独特的表达语言，它利用声音与图像，经过有目的的精选与组合来向观众传递信息、叙述故事、抒发感情。然而，要准确精练地完成这一过程，就必须讲究修辞手法的运用。

电视修辞包括微观层面的电视（节目）内容的语言（文本）修辞，中观层面电视视听语言符号修辞，以及宏观层面电视整合文本的社会政治文化修辞。具体而言，电视语言（文本）修辞的对象为电视节目中人物语言、新闻稿件文本内容层面所运用的文学修辞手段；中观层面的视听语言符号修辞则以蒙太奇剪辑所形成的画面语言、镜头语言、色彩、光线等视觉符号所建构的深层表意为对象；宏观层面则以电视声画语言、文字语言构成的整体文本为核心，考察其在生产、传播和接受过程中所达成的潜在社会意义、意识形态价值和文化艺术关联作用，以阐释电视文本整体的社会性修辞意义。

电视修辞学主要有以下三种研究路径：①电视作为一种修辞成品的本体论研究。这是从修辞学角度对电视现象进行哲学和美学层面的研究，重点在于揭示电视与社会现实之间的修辞性关系。②电视作为一种修辞反应的创作论研究。该理论认为社会现实是一种不断变化的修辞场景，电视文本就是电视修辞主体对不同场景做出的不同的修辞反应。③电视语言与电视效果的关系研究。这是对电视表现手段和表现效果的艺术学层面的研究，通常包括两个方面：第一，对电视元素的修辞研究，比如电视节目文案写作、记者、主持人、电视人物语言组织等；第二，对电视镜头语言的修辞研究，比如画面构图、场景转换、色调处理、音乐运用、剪辑节奏等。这三种研究路径使得电视修辞学既具有哲学、美学的视野和高度，又能真正进入内部，找到使电视更具表现力和影响力的方法。前者为电视基础理论所需，后者又为电视实务所需。（朱婧雯）

电视叙事学 television narratology 研究电视叙事元素和结构的学科。是叙事学的一门分支学科。

起源　最早起源于20世纪20年代的俄国形式主义及V.普罗普所开创的“民间故事形态学”。1969年，T.托多罗夫在《〈十日谈〉语法》中首创了“叙事学”这一名称，并指出叙事学是关于叙事结构的理论，使叙事学在法国得以正名立派。1983年，美国学者S.里蒙-凯南撰写《叙事虚构作品：当代诗学》，指出解构主义对经典叙事学构成的挑战，拉开了迈向新叙事学的帷幕。同年，G.热奈特的《新叙事话语》、P.利科的《虚构叙事中的时间塑形》也与读者见面，他们大都关注叙事文本的读者及社会文化语境的作用，注重叙事学的跨学科研究。随后在大西洋两岸形成的新叙事学气象，在研究方法上，对诸如解构主义、话语分析研究、读者反应批评、女性主义、精神分析、修辞学、电影理论等方法兼收并蓄。与之相应，女性主义叙事学、修辞性叙事学、认知叙事学、社会叙事学、电影叙事学等叙事学的各分支学科相继诞生。电视叙事学即是随着新叙事学的跨学科研究发展应运而生的。

特征　电视叙事学是一门通过综合运用图像符号和声音符号，构成其基本叙事符号系统来讲述故事的科学，电视叙事学要求图像符号与声音符号相互融合，将单个镜头按照叙事时间排列组合，流畅、连续地叙述事件。电视叙事以一种“直接说”的形式满足受众的期待视野和收视快感，鉴于电视的受众群体，要求电视叙事的功能应满足逼真性与虚幻性的统一、再现性与表现性的统一、具象性与完整性的统一、记录性与情感性的统一。

类别　根据叙事的类别，电视叙事大致可分为电视文艺叙事与电视新闻叙事。

电视文艺叙事　电视文艺叙事以一定的艺术构思为基础充分地利用电视节目独特的声画造型表现方式来完成故事建构。在电视文艺叙事中，大体包含了电视剧的叙事样式、电视综艺节目的叙事样式、电视文学的叙事样式和纪录片的叙事样式。①电视剧的叙事以戏剧冲突为主要结构，包含故事的序幕、开端、发展、高潮、结局和尾声，电视剧叙事参与元素众多，结构复杂，因而需有精细的情节设计和精巧的结构布局才能更好地完成叙事。②电视综艺节目是一种完全摆脱叙事的组织，即开即看而又不影响收视接受程度的电视节目形态。但实际上，一些明显的叙事元素还是会或多或少地体现在其中，起到故事链条的线索作用，因此在叙事中悬念的制造、细节的突出、节奏的控制和情感的融入显得尤为重要。③电视文学的叙事大多以电视诗歌、电视散文、电视报告文学等为蓝本，在尊重文学作品的基础上，节奏合理、脉络清晰地表现电视文学作品的主题。电视文学叙事在具备韵律美感的同时也体现电视文学抒情与象征的特点。④纪录片的叙事是以影像纪实表现真人真事为目的，以探寻事物的精髓、揭示历史的真相为使命。现今大多数纪录片的叙事趋向是使叙事对象个体化、叙事过程情节化。随着互联网技术的发展，交互式纪录片的出现颠覆了传统纪录片的线性叙事方式。这种交互式叙事不仅在叙述的主体、叙述的视点、叙述的方式等方面借助数字媒介平台探寻真实，更是在数据内容的共享中，添加与分享个人经验，让生成性的现实取代再现式的现实，使纪录片呈现出沉浸的、共建的、多元的真实。

电视新闻叙事　电视新闻叙事是新闻话语对新近和正在发生的事实的叙述，它拥有标准的叙事组件：新闻事实与叙述，利用电视声画并茂的特点，叙事中不仅关注事件的结果，更重视新闻事件的过程，注重展现新闻故事情节，从而提炼出主题思想，拓展电视新闻叙事的报道时空，以增强电视新闻的可视性。电视新闻叙事的内涵在于它的视听素材、故事和叙事文本。进入21世纪，电视新闻打破了单纯的线性叙事模式，形态也不仅仅是信息组合。板块式叙事开启了电视新闻叙事的新模式，增加了新闻价值的丰富度和全面性。随着大数据时代的来临，数据新闻在电视新闻叙事中逐渐显现出重要性，它不仅将事实变为电视新闻视听中的一种有效模式，使得叙事更具真实性，而且可以更好地预测未来的发展，使电视新闻叙事也更具前瞻性。数字技术的进步也进一步激活了新闻叙事，VR、AR、MR等新技术的出现对于电视新闻叙事产生了广泛的影响，形成一种沉浸式的全新叙事模式，从而增强了电视新闻叙事的可知可感性，使观众如同参与者亲临新闻现场。除此之外，融合新闻的发展成为电视台的一张名片，将实现“新旧融合、一次采集、多种生成、多元发布”的新型架构模式，集合了新媒体的“快”和传统媒体的“全”“深”的特点，从而提升了电视新闻叙事的力度。 （李茂华）

电视学 television studies 研究电视的性质、功能、节目制作、经营、管理、技术、制作者、受众及社会影响等方面的学科。

形成与发展 电视作为20世纪人类社会伟大发明之一，不但极大拓展了人类获取信息的能力和视野，更深刻改变了人类观察、理解乃至阐释外部世界的方式。1925年10月2日，电视之父英国J.L.贝尔德在自己的实验室中成功实现了人类历史上第一幅黑白电视画面的传输。1936年11月2日，英国广播公司使用贝尔德的240线机械电视系统第一次播出电视与节目。电视的诞生和发展是社会科技进步的结果，其本质在于充分利用前沿技术去尽可能地延伸人类在听觉和视觉领域的认知能力，并给人类带来更为极致的感官享受。互联网的崛起，尤其是基于社交媒体的勃兴，令网络电视、智能电视等更前沿的电视传播技术得以普及。除此之外，虚拟现实技术、增强现实技术、融合现实技术等新手段的不断革新，也让电视画面更加精彩逼真，为人类观影带来了沉浸式的感官体验。

在信息传播领域，根植于电视媒介形态的新闻传播实践在半个多世纪的发展历程中形成了独特的传统，使得信息的传递得以超越文字和抽象概念，以更加直接也更加迅速的视听符号形式完成。在大众艺术与审美领域，早在20世纪60年代不少社会理论家便开始系统阐释电视作为继建筑、雕塑、绘画、舞蹈、音乐、诗歌和电影之后的“第八艺术”的可能，发表了一系列相关的论述，使得以电视剧为代表的电视艺术样式成为人们在日常生活中获取审美经验的重要来源。在社会文化领域，电视被普遍视为当代大众文化最主要的载体和媒介之一。围绕着电视的文化影响而展开的讨论从世界上第一座电视台诞生之日起便从未停止过。人们对当代社会的文化特征及其背后的社会因素与权力结构的考察，几乎是同电视的发展以及与之相关的一系列媒介现象同步进行的，并且认为在社会和文化的争论中，电视扮演着不可或缺的中坚力量。

在欧美国家，并不存在一门边界明确的电视学。从一些知名高等学府的科系设置上看，电视相关专业的命名可谓五花八门：电视新闻、电视传播、电视媒介、电视艺术……直接为电视赋予独立学科地位，将其称为电视学的并不多见。当然，这些科系大多强调对创作与实践技能的培训，因此并不具备完整的学科体系和研究框架。不过，将电视赋予其高度自洽的文化地位，并以各类针对电视的专项研究为基础而形成一个相对独立领域的趋势，在欧美国家倒是十分明显，这当然是因为电视从第二次世界大战结束开始便在人们的日常生活和整个社会的文化结构中扮演了至关重要的角色。50年代后，西方主流社会科学和人文科学，尤其是美国的主流传播学和崛起于60年代欧洲的文化研究，均对电视强大的文化影响予以密切关注，并产生了一系列具有持续影响力的理论和假说。无论是研究电视传播的短期与长期效果，还是对电视内容的批判性考察，甚或对电视受众做出冷峻客观的评论，无疑都强化了电视作为当代人文社会科学研究对象的合法性。因此，从80年代开始，电视研究作为一个专门的研究领域，边界渐渐清晰起来。到了90年代中期，英美的一些主流高校开始出现电视研究的专业，如美国的西北大学和英国的伯明翰大学等。

学科体系 电视学作为新兴学科，它的体系探索主要借鉴了三种较为成熟的理论体系，尽可能形成历史与逻辑相互统一、理论与方法较为科学、观念与实践联系紧密的学科体系。这三种理论体系分别是经典大众传播学、媒介社会学、文化研究。

经典大众传播学。以美国为大本营的经典大众传播学理论体系以大众传媒的效果研究为核心议题，着重考察包括电视在内的大众媒体如何通过信息的单向传递实现对受众行为、态度、观念与情感的影响。尽管当下的主流电视研究在理论和方法上与经典大众传播学的思路有很大的差异，但经典大众传播学的诸多理论首次证明了电视对于受众的生活而言具有显著的文化、社会以及政治意义，为电视作为现代社会科学的重要研究对象的合法性奠定了基础。

媒介社会学。与其说媒介社会学是一个传播学或社会学的分支学科，或一个明确的研究领域，不如说它只是一些对媒介现象感兴趣的社会学家的研究工作的松散集合，其内涵通常包括将传播与媒介研究嵌入社会力量的发展动态之中，并全面考察传媒与秩序、冲突、身份、机构、阶层、权威、社区以及权力之间的关系的各类研究。由于电视始终是覆盖面最广、社会影响最大的强势媒体，因此毫无疑问地被纳入了媒介社会学家的考察范畴。电视业普遍奉行的理念和实践乃是特定社会结构的产物，其运作过程在总体上维护着社会的主流价值倾向。

文化研究。尽管文化研究内部派系纷繁、思潮迭起，但研究者们大体秉承着以下的总体思路：包括大众传媒在内的资本主义文化工业扮演着意识形态国家机器的角色，其运作的目标在于维护既有的社会秩序和特定阶级的利益，而大众可以通过积极主动的文化生产活动与之对抗，在与文化工业的协商乃至妥协中实现对自身的解放。从文化研究诞生之日起，大众媒介尤其是影响力巨大的电视，便成为学者们重要的考察对象。在文化研究的影响下，电视研究将注意力从电视媒介内部转移到电视与它所处的社会语境之间的关系上，如电视的内容如何塑造了人们对于特定事务的普遍认知，进而维护了某种意识形态的合理性。总体而言，电视在文化研究的谱系中得到了高度的重视，其原因恰恰在于电视在当今人们的日常生活、文化消费以及文化产业中扮演着至关重要的角色，居于大众文化生产与流通的核心地带。根据电视学体系的探索，逐渐归纳形成了两大领域三大研究形式的基本模式，它们之间相互作用，整合形成了电视学庞大的研究范畴（见图）。

总的来说，电视学一方面是对电视媒介自身的技术和机构特征及其在现代社会中扮演的角色进行全面的描述，力求深刻地揭示电视媒介的运作方式和发展规律的科学；另一方面，也是力图将电视媒介嵌入社会结构和社会变迁的宏观语境中，对

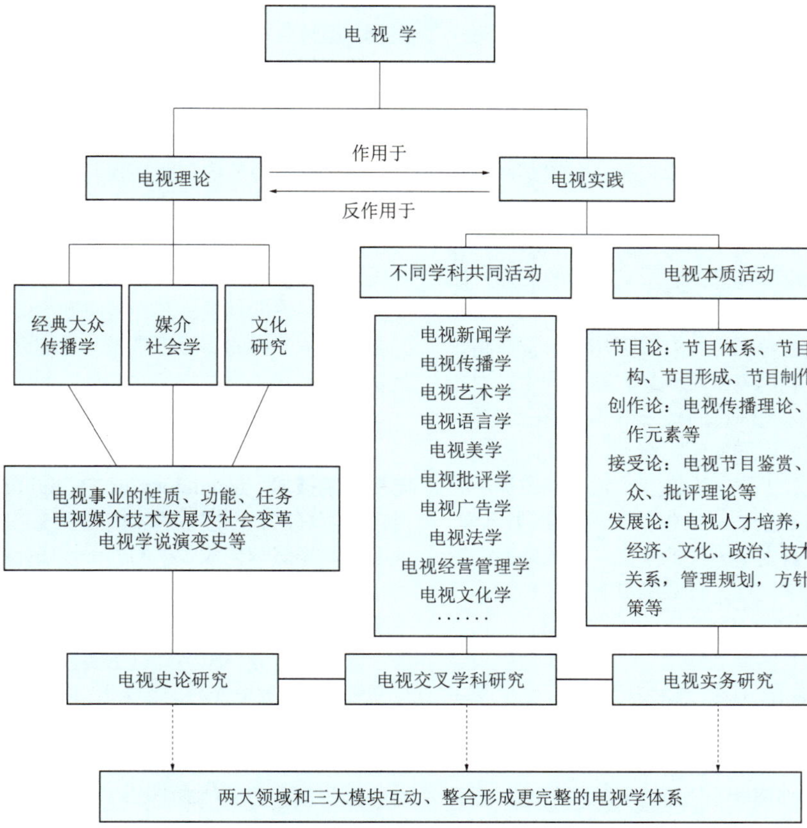

电视学研究体系

其社会影响和文化功效展开深入的剖析和批判性的考察，掌握明辨电视媒介现象的思维方式和方法论的学科。它力求实现综合性、实践性、人文性和艺术性等多方面的完整统一。

中国的电视学　2012年9月，中华人民共和国教育部在新版本科专业目录和专业设置管理规定中，正式决定将沿用多年的广播电视新闻学专业更名为广播电视学专业，这至少意味着该学科以往屈从于新闻学并以新闻实务训练为主要培养方式的思路即将在一定程度上让位于回归广播电视作为综合性媒介（而不仅仅是新闻媒介）本位的思路。除此之外，在戏剧与影视学一级学科下面，还设有广播电视编导、播音与主持艺术两个与广播电视学相关的二级学科。

因此，电视学在中国被视为研究电视的性质、功能、节目制作、经营、管理、技术、制作者、受众及社会影响等多方面内容的交叉性学科，它既属于社会人文科学的研究范畴，又具备应用科学的实践性。电视学的研究方法从宏观层面看，以马克思主义的世界观、方法论和中国特色社会主义理论体系为指导，是一种哲学层次上的方法论；从中观层面看，作为一门文理交叉的综合性学科，综合运用社会学、心理学、文化学、符号学、传播学、管理学、经济学、信息科学等方法，以突破学科之间的学术壁垒，用更开放的视野进行研究；从微观层面看，调查法、内容分析法、个案研究法、控制实验法、访谈法、参与观察法等都能为之所用。

在学科建设与学术研究方面，中国自1987年随着电视媒介地位上升并成为主流媒介始，与电视相关的学理建构、理论研究以及电视学作为学科的人才培养探索渐成趋势，并在20世纪90年代经过专家学者的努力，奠定了中国电视学作为一门学科范式的理论基础。中国电视学科建设与研究主要有三大体系：一是（广播）电视史学研究，有《中国广播电视史》《中外广播电视史》《当代中国广播电视史》等相关史学专著成果；二是（广播）电视学科教材建设和人才培养建设，有《广播电视学教程》《广播电视新闻学》《中国广播电视学》等相关以学科建设和面向高校电视人才培养而编撰的教材著作；三是（广播）电视专业领域学术理论研究，如《电视艺术学》《电视文化学》《电视批评学》等理论专著。《中国电视》《电视研究》《中国广播电视学刊》《中国广播影视》等刊物仍在持续刊载电视相关的理论成果，并持续推动电视作为学科的理论延伸与发展。

扩展阅读

麦克奎恩.理解电视.苗棣，赵长军，李黎丹，译.北京：华夏出版社，2003.

布尔迪厄.关于电视.许钧，译.沈阳：辽宁教育出版社，2000.

黄匡宇.广播电视学概论.广州：暨南大学出版社，2009.

张振华.当代中国广播电视学.北京：中国国际广播出版社，2014.

常江.广播电视学导论.北京：北京大学出版社，2016.

（朱婧雯）

电视语言　television language　电视节目中用以表达内容、思想或感情的一切手段、方式和方法，可分为抽象语言，如主持人语言、新闻语言、字幕语言等文字语言；以及具象语言，如镜头语言、视听语言等可视化语言符号和听觉符号。电视语言可以单独使用，也可以作为电视图像的解释说明与补充。作为一种语言符号，它成为连接电视编码与解码的有效通道。电视语言是一种复杂的、由多种形式语言因素构成的、组织严密、综合性极强的语言系统，是由多种艺术形式和多种技术手段共同构成的复杂结构。其最小单位是电视语素，一个镜头、一段声音、一个字符等都构成镜头语素、声音语素与字符语素等。电视的同类语素或不同类语素之间通过时间的先后或同步关系连接，多元组合形成电视语义的最小单位——电视词汇。电视词汇之间的组合又形成电视语义更高层次、更大单位即电视句子。电视句子一般具有相对独立的意义与内部结构，并再次组合形成电视段落，继而以相对完整的内容和形式搭配构成电视节目。

电视语言由多种语言元素构成。画面、有声语言、文字、镜头、编辑方式、特技等构成了电视的语言系统，各表现手段和构成因素在使用时相互配合、相互制约在电视艺术的创作中承担着不同的职能。电视语言作为一种表意符号，通过能指和所指构成鲜明的内在逻辑联系和感情联系，每一个具体的能指，都表现着特定思想意念的所指。

电视语言可以分为抽象的和具象的两类。抽象的电视语言包括：播音语言、现场同期声等抽象音响语言；说明字幕、条片字幕、情节字幕、片尾片头字幕等文字语言。具象的电视语言种类更多，包括：形体语言、表情语言、服饰语言、色彩语言、空间语言、图表语言等造型语言；现场音响、音乐语言等具象音响语言；线条、光线、色彩、影调、角度、景别等主观性符号构成的画面语言；使用蒙太奇语法通过线性编辑、非线性编辑等形成声音转接、动作转接、因果转接、情绪转接、引申转接等编辑语言；利用**推镜头**、**拉镜头**、**摇镜头**、**移镜头**、**跟镜头**、俯镜头、仰镜头、甩镜头、**长镜头**、纵深镜头等传递信息的镜头语言以及利用电子特技手段，如定格、慢镜、快切、慢切、叠化、闪回、闪念、定格、抠像、慢镜头及现代VR、AR、MR等技术对图像特殊处理或实现镜头转换以表达感情、传递信息的特技语言等。

蒙太奇是电视语言的语法，也是电视语言的基本叙事方式、逻辑与修辞方式。它通过对电视镜头的运用、处理以及场面、段落的分切与组接，对素材进行选择和取舍，构成画面之间、声音之间及声画之间的组合关系，从而形成不同的叙述方式、结构方式和语言节奏。

电视语言是一种复合符号体系，符合电视思维规律，而电视化则是电视思维的灵魂。与单纯的文字语言、人类声音语言相比，电视语言信息表达的方式更多样，有更为丰富的表达手段和更明显的形象化特长，对事物原型的还原度更高，但在表达微妙的心理感受与缜密的抽象思维方面，却并不如单纯文字语言得心应手。

在媒介融合的背景下，网络语言为电视语言带来了新的生机与活力。网络常用的彩色字幕，生动的网络符号不时被运用到电视字幕中，发源于网络的实时更新滚动字幕形式、重大新闻报道中使用关键字、关键词的信息传送形式被电视媒体广泛运用。计算机数字技术的发展则提高了镜头组接的速度、节奏，创造出虚拟景观，促进了VR、AR技术的实现，使**运动镜头**的处理，影调、色彩的控制和造型手段的变化都更加灵活，大大拓展了电视语言的构成，丰富了电视语言的表现力。多元的媒介形态使得跨媒介语言成为一种有效的表意形式，在电视、计算机和手机等终端媒介之间形成了语言的交互表达，并经由媒介形态的塑造，形成更加多元丰富、日常化的视听语言表意生态。

扩展阅读

张凤铸，施旭升.广播电视艺术学通论.北京：中国传媒大学出版社，2011.

黄匡宇.电视新闻语言学.北京：中国广播电视出版社，2000.

张小琴.电视的语言特性.现代传播，2004(4).

（朱婧雯）

电视照明灯具 TV lighting fixture 电视照明中所有灯光设备及器具的总称。电视照明灯具以光学系统为核心，通过反射、投射等光学作用，达到对光源光能的最大化利用与理想的光线分布。

一般说来，电视照明灯具由三个部分组成：①光学结构。它是灯具的主体部分，其主体是光学系统，包括光源等光学元件。光学系统作为灯具的核心，直接决定了灯具的光源利用率与光分布状态。②电气结构。它是灯具的电力构成部分，包括电线、插座等电器组件。③机械结构。它是完成灯具功能的若干机械构成部分，如灯梁、灯钩等。

电视照明灯具有以下功能：①提高光源光能利用率，达到最大限度利用光源光能。②达到理想的光分布，除了亮度方面，为了适应不同的照明要求，灯具还应设计达到比如汇聚、发散、柔软、刚硬等不同的光分布状态。③保护光源及照明环境，这是灯具安全工作的基础。光源是高温工作的光学元件，灯具需具有散热功能，并为光源构筑安全稳定的工作空间。④灯具外形本身的造型作用。灯具本来是用来照明物体的，但现在越来越多的灯具呈现在电视画面中，其自身的产品造型也构成了电视画面的一部分。

电视照明灯具的种类划分有许多方式。从采用光源的角度，可以将其分成以下三大类：①热辐射光源灯具。按光学效果，可将其分为聚光照明灯具类和散光照明灯具类。聚光照明灯具具有照明范围较小、光斑光照度较高、有较清晰的光斑轮廓等光学特征。聚光照明的典型灯具包括平凸聚光灯、螺纹聚光灯、成像灯、回光灯、筒灯等。散光照明灯具具有照明范围较大、光斑光照度较低、光斑边缘不清晰等光学特征。散光照明的典型灯具包括散光灯（泛光灯）、条灯等。②气体放电光源灯具。包括三基色荧光灯、追光灯、自动化灯具（电脑灯）等。③LED光源灯具。按光学特性划分主要包括用以进行聚光照明的LED聚光灯、进行柔光照明的LED平板柔光灯以及进行染色渲染的LED染色灯。

电视照明灯具的光学质量主要表现在以下几个方面：①色温。灯具的“色温”概念是借自光源的“色温”概念。理论上，**光源色温**就是灯具色温，但灯具的反光器和透镜对光源光线有选择地吸收与反射，会造成发出的光线色温与光源不符，合格的灯具应该尽可能准确地传达光源色温。②灯具效率。灯具发射出的有效光通量与光源的光通量之比称为灯具的光能利用率，亦称灯具效率。灯具的核心诉求的体现就是要用同等的光源，争取发出更多的光能，提高光源光能利用率，即最大限度利用光源光能。③显色指数。同色温一样，理论上，光源显色性就应该是灯具的显色指数，但灯具的反光器、透镜、周边介质对光源光线有选择地吸收与反射，会造成发出的光线显色指数发生微妙变化，合格的灯具应该尽可能准确地传达光源的显色指数。④光斑照度均匀度。我们将灯具光斑最高照度与光斑的边缘照度的平均值称为光斑的平均照度，而将光斑平均照度与光斑最高照度之比称为光斑的照度均匀度。不同用途的灯具，其光斑照度均匀度的要求是不一样的。而灯具光学系统设计就是要达到光斑照度均匀度的具体要求。

（李兴国）

电视照明技术 technology of TV lighting 通过照明灯具、吊挂系统、控制系统来实现电视灯光照明艺术效果的若干物质化技术手段的总称。狭义地讲，电视照明技术主要由照明灯具、吊挂系统、控制系统构成。以光源区分，照明灯具主要包括白炽灯光源、气体放电光源、半导体LED光源。吊挂系统由特殊的吊挂设备组成，灯光吊挂设备主要集中在演播室上空的设备层。其总体特点是：①种类上多样化。演播室大小不同，用途迥异，所以吊挂设备种类繁多。②使用上机动化。在使用上突出灵活、快捷的特点，以适应不同节目的迅速切换。吊挂系统主要种类有定位式、平移式、支撑式等多个种类。控制系统是对灯具亮度及相关功能调节的系统。构成灯光控制系统的各个单元是灯具、调光器以及控制台。调光器是调节灯具亮度的仪器，对其进行集中控制的是灯光控制台。

电视照明技术的目的是使照明达到电视演播室录制的技术标准，进而实现电视照明的艺术表现。为了达到这一目的，电视照明技术需要满足照度要求与色温要求。其中演播区的垂直照度应达到1500勒克斯，为此主要选择效率较高、能够使演播室垂直照度达到摄制照度要求的灯具。随着摄像技术的发展，摄像机由标清走向高清，对绝对照度的要求越来越低。为了使画面中的色彩准确还原，必须达到色温统一。这种统一包括两点：第一是灯具色温的统一，前提是选择色温准确的灯具（统一使用3200开或5600开的灯具），如灯具色温不统一，可通过色温滤色片进行调整。第二是摄像机的白平衡色温值与照明环境的**光源色温**相一致，例如：光源色温是3200开，摄像机的白平衡色温值也应设置在3200开；光源色温是5600开，摄像机应设置在5600开。

广义地说，人物的光线造型、灯光色彩学等方面也属于照明技术的范畴。通过光线造型使人物形象饱满立体，使画面的立体感、层次感、空间感得以很好地呈现。在**虚拟演播室**的抠像技术中，就需要依靠光线使人物造型立体，并使人物与蓝屏或绿屏充分分离，从而能够完成正常的抠像。（李兴国）

电视专题片 TV documentary 运用现在时或过去时的纪实手法，对社会生活的某一领域或某一方面，给予较为系统和深入的报道类纪实型节目形态。其称谓最早出现在20世纪70年代。1975年经中央电视台社教部批准，将专栏里播出的影片称为专题片。1976年在上海召开的全国电视工作会议上，电视专题片的名称被正式确定下来。

电视专题片的内容较为专一，形式多样，不要求时效性，而是追求历史、文化和社会价值，允许采用多种艺术手段表现社会生活，允许创作者直接阐明观点。电视专题片按题材大致可以分为人文类、社会报道类和自然环境类；按功能可以划分为新闻类、教育类、服务类和娱乐类。随着电视专题片的不断发展，其种类也更加多元与开放。

电视专题片作为一种介乎电视新闻与电视艺术之间的节目形态，它的特征首先是真实性，主要体现在表现对象的真实、时空的真实和叙事结构的真实；其次是艺术性，要求电视专题片通过艺术手法的运用和电视技术手段的使用，反映生活情景，表达思想感情，同时逐步追求“可视性”“节奏性”和“故事性”；最后是思想性，这种思想性不仅蕴含了创作者的思考，同时也引发观众的思考。

电视专题片虽与**电视纪录片**一样来源于现实生活，以真实性来增强节目的生命力，但电视专题片更加强调创作者的主观意识，即更加直接地表现创作者对社会生活的看法，以情感人，以理服人。（李茂华　朱婧雯）

电视转播车 outside broadcast van 集成了音视频等转播系统的用于外场节目制作的特种车辆。转播车可以远离电视台独立进行节目的录制、转播、直播。转播车上配有完备的视频系统、音频系统、通信系统、信号传送系统、供电系统等，能够确保转播录制或现场直播的安全、高效。

转播车内部有科学的工作区域划分以及完备的设备布局。转播车上的工作区域通常可以分为导演制作区、视频技术区、音频技术区以及辅助制作区。导演制作区是整个转播车的核心区域，由监视墙、主控制台区、辅助控制台区构成；视频技术区由视频技术操作区和技术机柜区构成；音频技术区在转播车上大多为独立空间，由音频操作区和音频辅助设备区构成；辅助制作区由驾驶区、休息区、配电区、应急区等构成。

转播车按其所能提供的视频信号的分辨率可分为标清转播车、高清转播车和4K转播车。按车体结构规格可分为半挂式车体结构、整体式车体结构和厢式货车改装车体结构。半挂式车体结构主要适用于10讯道以上的大型转播车，用于大型节目的制作，如大型文艺晚会、大型体育赛事转播、大型活动仪式直播等；整体式车体结构主要适用于6～10讯道的中型转播车，进行一般规模的文艺、体育节目或各类演出、文娱活动的转播录制等；厢式货车改装车体结构适用于3～5讯道的小型转播车，主要用于新闻访谈节目、情景剧录制、会议录制等。

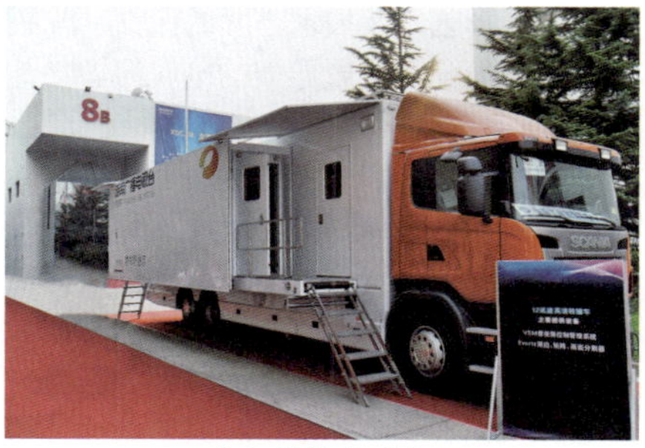

电视转播车外部

电视转播车内部

转播车的特点是灵活机动、活动范围大，具备完整的符合电视台制作及播出标准的电视节目视频、音频、图文包装制作设备和系统。（郑　月）

电视撰稿 television write 电视节目在制作过程当中涉及的各种文字写作活动。电视撰稿在语言运用上与一般文学写作有着鲜明的区别，它是对视觉语言的提示与补充，是专门为电视节目创作的文字语言，是视听语言的一部分。狭义地讲，电视撰稿通常特指电视新闻稿的写作，即为配合电视新闻图像的播出，给电视新闻播音员播音提供文字稿件的撰写活动。由于电视新闻样式多样，新闻稿的撰写又可细分为新闻消息写作、新闻特写、新闻专题写作、新闻评论写作等几大类。广义地讲，电视撰稿涵盖了所有电视节目中的文字写作活动，如电视新闻撰稿、电视剧文本写作、电视字幕、文艺节目串词、广告文案以及由媒体机构聘请的职业撰稿人所撰写的专业性文章。

作为电视节目的重要组成元素，电视撰稿具有以下作用：①表现节目的主题和精神实质；②说明已发生的事实，弥补画面不足，增加报道深度，突出报道价值；③展现人物心理状态，解释人物内心活动，表达人物思想情感；④协调场面调度，串联画面，用于转场。

随着新媒体时代的到来，电视内容生产方式的创新与变革极大地扩展了电视撰稿的创作空间。为满足受众互动与参与的体验感，电视撰稿开始与全息影像、虚拟现实、数据视觉化、多屏互动等全媒体形态的表现方式相结合。不再局限于传统电视节目形式，而更多地呈现出融合性、贴近性、娱乐性，使节目的叙事更加立体化、现代化、年轻化。

在新兴媒介技术支撑下，媒介形态和内容更加多元，电视撰稿的对象范围进一步扩充。从类型上来看，除传统的电视新闻、**电视文艺**、电视广告、**电视剧**等文本写作之外，还包括重大媒介事件的电视撰稿等；从撰稿内容及形式上来看，由原来的传者为中心转向了兼顾受众，以更加日常化、真实的文本方式进行撰稿。电视撰稿逐渐出现取材于自媒体中多元个体的文本素材，进一步丰富了电视撰稿文本空间。（朱婧雯）

电视综艺 TV variety 在一定的时长内，综合歌舞、相声、小品、戏曲、杂技、魔术等两种以上的艺术样式或游戏、竞技、访谈、猜谜等非艺术形式，通过主持人现场串联成为一个有机整体的电视节目类型。电视综艺是根据一个核心主题，运用构图、光线、色调、镜头运动等电视技术对文学、音乐、曲艺等多样化的艺术表演或访谈、游戏、竞技等节目进行影像的选取与组接、声音处理等，并通过电视媒介传播给广大观众的一种综合电视节目形态。电视综艺节目是对除新闻类、科教类、服务类、剧情类电视节目之外的电视文艺节目及娱乐节目的综合指称。

电视综艺节目诞生于美国。1948年6月8日，美国全国广播公司播出了《德克萨克明星剧场》，由滑稽明星M.伯尔乐现场主持，将流行音乐、乡村音乐、芭蕾歌剧、木偶戏、滑稽表演等演艺界明星的表演加以组合、串联，获得了巨大的成功。同年6月20日，美国哥伦比亚广播公司推出了百老汇报纸专栏作家E.苏利文主持的《小城名流》，综合了歌舞、木偶戏、杂技、动物表演等艺术形式，引发轰动。电视综艺作为一种电视节目类型就此诞生。20世纪50年代，《小城名流》更名为《艾德·苏利文秀》，猫王、披头士等都参加过此节目，打破了电视收视率纪录。从此，电视综艺节目在世界各地电视台引进、制作、播放，成为可与电视新闻、电视剧在收视率上相抗衡的电视节目。

电视综艺经过世界各国的不断发展与创新，节目类型日趋丰富，形成了游戏娱乐类、益智竞答类、真人秀等电视综艺节目类型。如英国独立电视台的《谁想成为百万富翁》，以百万高额奖金、平民化参与、阶梯式晋级的节目赛制等推动了益智竞答类综艺节目的发展。法国电视一台的《滑稽大拼盘》，将真实录像、极限比赛、感情考验、惊险经历等刺激性的节目样式拼合在一起，推动了游戏娱乐类综艺节目的发展。韩国的综艺节目诞生于20世纪60年代，出现了《家族诞生》《Running Man》《无限挑战》《我们结婚了》《音乐银行》《金炳万的丛林法则》《爸爸！我们去哪儿？》《我是歌手》《我家的熊孩子》等。其中有的融合亲子组合、场景设定、户外体验于一体的亲子类真人秀节目，被中国综艺采用、改编，如《奔跑吧》(原《奔跑吧兄弟》)、《爸爸去哪儿》等。

中国最早的电视综艺节目出现于1981年1月1日广东电视台开办的《万紫千红》栏目，由"遗事趣谈""小幽默""系列小品"等小板块构成，标志着中国电视综艺节目的诞生。1983年，中央电视台推出了首届春节联欢晚会，综合了艺术表演和现场访谈等形式，成为中国式电视综艺的典型。1990年，中央电视台推出的《正大综艺》《综艺大观》等节目不仅标志着中国电视综艺节目的正式命名，而且将竞猜形式引入了电视综艺节目。《旋转舞台》《曲苑杂坛》《艺苑风景线》等电视综艺形成了以艺术表演为核心的传统节目模式。随着游戏娱乐类型的《快乐大本营》、智力竞猜类型的《周末大轮盘》、男女速配嘉宾类型的《玫瑰之约》、文体竞技类型的《大家来欢乐》等电视综艺节目的推出，中国电视综艺节目的内涵和类型在不断丰富和发展。《艺术人生》《鲁豫有约》《快乐驿站》等节目促成了电视综艺的人物访谈类型，《超级女声》《梦想中国》《舞林大会》等节目又催生了选秀类型的电视综艺。中国电视综艺已经超出了艺术表演的"综合艺术"的传统节目模式，并在对国外电视综艺节目模式本土化的过程中，不断拓展着电视综艺的内涵和外延。中国电视综艺形成了内容综合、形式灵活、结构多元，兼具审美性、知识性、趣味性、娱乐性等特征于一体的综合电视节目形态。

（张默然）

《电通半月画报》 *Dentong Half Moon Pictorial* 中国电影杂志。1935年5月16日在上海创刊。为半月刊，大8开本。由电通股份有限公司出版发行，电通画报社编辑，电通股份有限公司编导孙师毅、司徒慧敏、许幸之、袁牧之等兼任常务编辑。1935年11月16日出版至第13期后停刊，每期发行3万余份。杂志编排新颖独特，以文字、照片、漫画、乐谱、地图、表格等多种形式进行展现。内容包括报道、评论电通股份有限公司出品的影片，刊登国内外电影艺术及技术方面的论文，介绍苏联戏剧情况和电影导演的创作经验，此外还刊登电影常识浅释、演职员生活报道、编后记等。1935年7月聂耳在日本逝世后，杂志在第7期用大量篇幅刊登了聂耳的作品和悼念文章。第10、11期就音乐喜剧片《都市风光》的拍摄，发表了多篇文章，阐述了音乐和电影的关系。在当时产生过重要影响。1935年11月，电通公司遭当局迫害而关闭，杂志随后停刊。《电通半月画报》图文并茂，是研究早期中国电影的重要史料。（张兆龙）

电影 film 艺术门类之一。电影作为一门艺术，有着同其他艺术共通的本质。电影以画面和声音为媒介，运用摄录、合成及播放技术，在银幕上运动的时间和空间里创造形象，再现和反映生活，构成独具特点的活动影像与媒介系统。电影从一种"连续的活动照片"的影像技术，发展到以声音、图像的基础物质媒介的综合艺术的演进过程中，通过光线、色调、画面构图、镜头运动、剪辑等电影技术手法再现世界、抒发情感、表达思想。电影以其独特的视听表现力分享了与传统艺术同质的审美领域，成为世界上的"第七艺术"。

电影诞生于19世纪末，是现代科学技术的产物，是人类文明史上的一次革命。1894年，爱迪生实验室的活动电影视镜问世。1895年，卢米埃尔兄弟发明的活动电影机获得成功。1895年12月28日，卢米埃尔兄弟在巴黎卡普辛路14号咖啡馆中，用他们的活动电影机首次售票公映了影片。这一天不仅意味着放映术的成功应用，同时也标志着电影的真正诞生。

电影的发展是建立在现代科学技术发展的基础之上的。然而，给电影下定义是一个复杂的电影理论问题。在A.巴赞看来，现实本身是一个以多义性、暧昧性为根本特征的深度整体，是一个不可能完全被通达的对象。C.麦茨认为电影复制真实，同时又是一种影像化的虚构的、幻觉的、想象的存在。电影是一种"现实印象"，电影的奥秘在于它能够借其影像表现出现实世界之丰富，而其本身仍停留于影像。J.米特里认为影片现实一定是经过中介的现实。由于这个问题的特殊难度，迄今为止电影尚未形成一个在学界达成共识的定义。有人甚至认为电影是不可能被定义的，这种观点忽略了从语用学的角度来看，一个使用中的概念事实上已经被使用者在无意识中进行定义。

这里提出的电影定义，考虑了电影批评家巴赞、电影理论家D.安德鲁、思想家R.巴特和M.福柯，以及哲学家J.德里达等人的观点，同时也考虑了电影的历史、现状和发展前景。这里从两个维度提出电影的定义描述：一个是技术性的，另一个是哲学性的，其基本含义是一致的。电影的技术性的描述是：电影是一种运用摄录、合成及播放技术造成的以镜头形式呈现的配有音效、具象画面、深度感或立体感的活动影像，即一种通过异质综合性媒介系统专门纪录或制作的现实及意识的表象，该系统具有纪录与合成双重属性。电影的哲学性的描述是：电影是一种通过技术手段造成的知觉到或意识到的人和事物的存在感，或者说是呈现存在或不存在的人和事物的存在感。简言之，电影是一套技术系统呈现的存在感。这套系统一经掌握在人的手中就将经历一个不断升级及更新换代的过程，同时与人类共存，并没有必要担心电影终结的问题。特别具有讽刺意味的是，虽然电影并没有人们想象的那么高深莫测、玄奥难解，但是电影的发展却时常超出人们的想象。

（王志敏　丁亚平）

电影保险 film insurance 围绕电影融资管理、制作流程、演员剧组、剧情设计、完片等开展的保险种类。电影保险源于20世纪20年代的美国好莱坞。随着电影制片规模的不断扩大，保险额度也不断上涨。保费通常占整部电影预算的2%～5%。电影保险具体细分可包括以下几类：

第一类是剧组成员保险。它涵盖因导演、主创人员或其他工作人员意外去世、生病、受伤或因故不能再参与拍摄而给电影项目造成的额外花费。

第二类是错误与遗漏保险。当电影因涉及他人的隐私、专利或诽谤等问题而招致侵权诉讼时，保险公司将会负责赔付。

第三类是一般性制作保险。它与传统的财产保险基本类似，一般包括雇主责任险、公众责任险以及为交通工具投保的保险等。此外剧组还会为天气、设备问题或布景损坏而导致重拍或延误所产生的费用投保。

第四类是完片担保保障险。这是电影保险中最特殊的一类。提供**完片担保**的公司需承担三项责任：一是保证项目能被完成或提交发行，当影片超过预算时，需提供超支资金；二是如果电影项目制片人中途无法或不愿继续负责项目，由完片担保方接手；三是当完片担保方决定放弃完成电影项目，其要向影片投资方赔偿已经投入的资金。完片担保已成为好莱坞电影制作中非常重要的一项制度，在独立电影制作时运用较多。

对于投保电影中的各类风险因素，保险公司会严格把控，甚至包括调整部分场景和剧情、决定主要演员选用和拍摄进度等。对于大部分独立制片人和大型制片厂来说，购买电影保险是决定接拍一部电影的重要参考。因电影拍摄过程中隐藏的无数不确定因素，影片一般都需要投保进行保障。（赵书波）

电影本体论 film ontology 由法国电影理论家**A.巴赞**从哲学本体论的角度研究摄影影像和电影的本性而提出的电影理论。第二次世界大战后，巴赞在他的理论中论证了“影像与客观现实中被摄物同一”的观念，他认为摄影的客观性赋予影像以任何绘画作品都无法具有的令人信服的力量，可以把客体如实转现到它的摹本上。因此，他认为电影要坚持表现对象的真实、时间空间的真实和叙事结构的真实，再现一个声音、色彩、立体感等一应俱全的外部世界的幻景。巴赞的理论对流行的“蒙太奇至上”理论提出了全面批评，奠定了**意大利新现实主义电影**和**法国新浪潮电影**的理论基础。

S.克拉考尔采纳了巴赞的观点，并在《电影的本性》(1960）中提出：“电影按其本性来说是照相的一次外延，因而也跟照相手段一样，跟我们的周围世界有一种显而易见的近亲性。当影片纪录和揭示物质现实时，它才成为名副其实的影片。”克拉考尔的理论目的是通过对各类电影的审查，找出一条最符合电影本性的发展电影的路线。他详尽地分析了电影的材料与方法，摈弃了一切“非电影化”的形式和内容。树立起他的“电影化的”标准，最后在人类活动的总的背景上论证了电影的规律和可能性。克拉考尔用“物质现实的复原”来概括他的“电影化”的概念。为了达到“复原”的目的，他只允许电影发挥“纪录”和“揭示”两种功能，而排斥一切经过艺术家设计的、有明确思想意图的、在故事结构上有头有尾的影片。

哈佛大学哲学系教授S.卡维尔在《看见的世界》(1979）一书中强调电影艺术的根本特征在于它是在没有人的主观干预下“自动地”完成的。卡维尔把电影的出现同人要求认识世界的迫切愿望联系了起来，而电影之所以最能满足人的这种愿望，在于它不像其他视觉艺术那样，把观众闭锁在一个自给自足的艺术世界里。电影银幕的边框是无限的，与外部世界永远相连。所以它使观众能自由转移其注意点，并且能在自身不被发现的条件（隐身）下尽情地、无所顾忌地观看世界。卡维尔基于这一认识，便对电影的一切方面，包括表现的手法、创造个性人物的方式、表演者的职能等，都做了独特的解释，并且以历史延续的眼光来看待早期好莱坞电影和现代欧洲电影：它们永远都在满足我们观看世界的愿望。

电影本体论的观念对现实主义电影、纪录电影和实验电影产生了深刻影响，在电影理论界则受到结构主义者和符号学家的批评。20世纪80年代中后期，中国电影学者也对电影本体论有过一次认真的讨论，辨析了电影本体论的理论作用和存在的问题，对丰富**中国电影理论**起到重要作用。（邵牧君　撰　王一川　修订）

《电影编剧的秘密》 *The Secret of Screenwriting* 中国电影著作。**芦苇**、王天兵著。上海交通大学出版社2013年10月出版。是编剧芦苇全视角思考中国电影、深度解析编剧创作的回忆录。该书收录了芦苇与王天兵的四次谈话，将芦苇的成长经历与电影编剧技巧的论述融为一体，既有普适的编剧法则，又有实战经验与教训，还有对其职业生涯最重要的作品如《秦颂》《**霸王别姬**》《**活着**》《图雅的婚事》等剧作的技法讲解，以及对《李自成》《等待》《杜月笙》《白鹿原》等剧作的技巧分析。书后还附有电影《赤壁》的剧本，以作为创作示范。（张智华）

《电影表演探索》 *How to Act* 中国电影论文集。**白杨**著。中国电影出版社1979年11月出版。32开，47 000字。书中附有大量老剧照插图。由1961年发表的《电影表演技艺漫笔》和《我怎样演祥林嫂》两篇论文组成。作者以亲身的经验和塑造银幕形象的体会，对电影表演艺术问题进行了有益的探索。作者在《电影表演技艺漫笔》中总结了演员表演的“三忌八决”，其中“三忌”是忌简单化、老套化、吃力化，“八决”是品、熟、脉、稳、神、趣、明、化。作者在《我怎样演祥林嫂》中总结了塑造祥林嫂这一角色的过程及体会。（杨　凯）

电影产业 film industry 工业化生产条件下电影制作各个环节形成的产业经济形态的统称。构成要素包括电影生产、宣发、销售、放映、院线建设等所需的市场、技术、设备、场所和人员，广泛涉及编剧、导演、演员、摄影、录音、美术等职能部门和专业分工。

电影企业是电影产业中最基本的单位，是电影在市场经济的大背景下进行运营、营销的主要组织者。电影是一种文化商品，电影设备发明的初期就有着盈利的诉求。传统意义上的电影企业通常包括三种类型：制作型企业、发行企业和放映企业。电影产业是一个完整的系统结构，制作、发行和放映三个环节各自的经济功能在电影产业中相辅相成、互为辅助，不论哪个环节增长都会带动其他环节的共同增长。因此，制作、发行、放映的模式不仅仅是单纯的分立模式，更是一种合作模式，三部门之间呈现一种互补关系。

电影制作的过程通常历时较长，包括前期的宣传、中期拍摄、后期合成等，这些环节都具有复杂性、分散性的特点。电影产业的发展需要调动多种产业共同发展，从而形成发展合力，以具备更强的竞争实力。因此，很多国家都把集群化作为电影产业的一项发展战略。电影产业的快速发展还需要有大量资金作为后盾，整个电影制作过程都离不开资金的支持。电影政策也在电影产业的发展过程中扮演着重要角色。随着电影在国民经济、文化宣传、对外关系等方面的影响不断加大，很多国家和地区都出台了与电影产业促进或保护相关的法律与政策。

电影产业的利润来源是多渠道的，主要包括电影版权交易、票房收入、广告费、网络播放权、电影衍生品的效益等。其中，票房收入是电影产业利润的主要来源。在电影产业链中，电影制作相关部门会根据票房的总收入采用分账的方式进行利润分配。随着电影产业市场化的不断深入以及现代科技的不断进步，电影产业的各个环节也发生了很大的变化，电影广告、网络播放、视频传媒、电影主题公园等相关产业与电影产业深度交融、共同发展。电影产业与不同地区、不同产业之间的合作越来越深化，充分利用国际资本的国际合作拍片，也是电影产业发展的新趋势。

（李　红）

电影产业集中度　film industrial concentration　少数较大电影企业所占市场份额的大小。电影产业集中度表现为区域内或全球电影企业中数量很少的企业，积聚或支配着占很大比例的电影生产要素。它反映了电影市场的竞争和垄断程度，也体现着大公司控制区域市场的效率，是衡量区域或全球电影产业结构的重要指标。在成熟的电影产业中，当电影行业的供给能力过剩、电影的总体利润率呈下降趋势、行业内竞争非常激烈、弱小企业不断被兼并或直接倒闭时，只有那些资源集中、规模较大的企业能够生存。这是由于成熟的电影产业链已经形成，技术、创意、制作、发行等方面的成本相对固定，而成本控制和各环节的盈利能力都在竞争中具有决定意义。因此中小企业往往竞争不过大型企业，导致市场资源和生产进一步向大企业集中，从而使行业集中度进一步提高。在美国等电影产业成熟国家的市场结构中，大企业占绝对优势，出现了垄断式的市场结构，即由几家大电影公司垄断这个市场的半数甚至更多市场份额。电影产业集中度的提高一般通过兼并方式来实现，体现为在电影制片、发行、放映和后产业等环节中，企业规模不断扩大。

（赵书波）

电影产业价值链　value chain of film industry　电影为满足市场需求并实现价值而基于其特定的产业流程所形成的链条。电影产业价值链，链接着影片从最初创作到最终消费的所有环节。在电影制作阶段，编剧或导演创作的电影剧本是电影产业价值链的源头。随后，依靠电影制作技术将剧本创意转化为电影产品，则推动影片的价值实现。在**电影发行**推广阶段，电影制片方、发行方、代理方等会对影片进行整体开发应用和营销，在发行过程中举办相应的营销推广活动，实现影片价值的最大化。在电影放映阶段，消费者购票观影是电影价值得以实现的重要环节。在电影后续开发阶段，电影主题公园、服装、玩具、图书、游戏等衍生品是电影价值拓展的重要方式。

（汪　妍）

电影场面　film scene　电影在一定时间和环境中人物相互发生关系而构成的段落。俗称“一场戏”。在电影中，场面可由多个镜头以**蒙太奇**手法组接而成，也可由**场面调度**与摄影机移动相配合一气拍成。两者都由于不断改变景别、角度、纵深和焦点，使画面的内容、形式、节奏不断发生变化。镜组（或系列镜头）主要通过一系列镜头表现某一动作的起讫。场面可以包含一个或者许多镜组。一般情况下，电影场面以时间或地点的转换为划分标准，即在同一时间或地点中展示的内容为一个场面。每一场面都具有段落性和连续性，并随着人物和情节的发展不断转换。在统一的艺术构思下，一系列相互衔接、具有内在联系的场面，可以组织成为一部完整的影片。

（刘果生）

电影发行　film distribution　电影制作完成后，电影制片方委托具有相关资质的机构，将影片出售或出租给影院或院线进行放映的行为。电影产业链的主要环节之一。电影发行的经营对象是影片发行权。主要涉及三个方面的工作：①根据电影制作放映等一系列问题，与制作方、影院进行商谈、结款；②负责电影的拷贝；③负责影片上映前后的宣传广告等工作。电影发行需要一定的资金预算，如复制介质（如拷贝、硬盘等）、广告宣传及其他费用。电影发行预算需要结合影片和市场合理规划、科学制定。一般由专业的电影发行团队根据电影制作方和投资方的总体要求而制定完成。

早期电影在发行放映时，一般要分多个轮次进行，包括首轮放映、二轮放映、复映等。1972年3月，**派拉蒙影业公司**出品的《教父》突破首轮院线放映的制度，在全美309家电影院同步上映，获得高达285万美元的首映票房。自此，在商业利润的驱动下，美国好莱坞电影开启了影院全面发行的新模式。20世纪90年代之后，随着多厅影院和超大型银幕迅速发展，全面发行成为电影发行的主要手段。

（李　红　田　乐）

电影放映权　screening rights　通过放映机等技术设备公开再现电影艺术作品的权利。是电影版权中的一项。电影放映权通过技术设备（如放映机和幻灯机等）实现，使用什么样的技术设备由电影片介质及性质来决定。电影放映权通过面向公众、运用公开再现的方法来实现。

电影放映权的使用有三种情况：第一种是电影院在已经具备设备、投资、规模等放映基础的前提下，由电影发行公司直接联系电影院上映影片；第二种是在已具备加盟资质的前提下，加盟某院线，然后直接获得影片的片源；第三种是购买放映权。

电影版权人依据法律，享有对自己作品公开放映的权利和获得相应经济利益的权利。任何未经授权的电影放映行为，无论是有偿放映还是无偿放映，都侵犯了电影放映权。

（乔　阳）

电影放映员　projectionist　在电影院里负责电影放映机操作的技术人员。在电影放映前，电影放映员从电影发行商处收取胶片拷贝或数字拷贝。收到拷贝后，电影放映员需先检查拷贝。若是收到数字拷贝，放映员需把拷贝即存在硬盘内的数字影片文件复制到电影院的计算机服务器内，以KDM解锁码解锁。放映员也可通过网络、卫星传输等方式收到经过密码保护的影片文件。将影片文件解锁后，需将电影放映一次作为检查，确保电影放映过程顺畅，不会有画面冻结或跳帧情况发生。

当在检查过程中发现问题时，放映员需实时做出修复。在检查影片拷贝之外，也需要对放映机进行检查，制作播放列表，清楚列明广告片、预告片及正片的播放安排及顺序。在放映过程中，亦需确保广告、预告片和正片的画面在正确的时间投射在银幕上。

放映胶片拷贝，放映员需把胶片逐卷滚入大盘内检查，然后加上接片器胶纸来接驳胶片。检查过程需留意胶片能否正常运行、画面及音量大小是否正常。

随着数字放映逐渐普及和影院管理系统（TMS）的应用日趋普遍，数字拷贝陆续取代胶片拷贝成为主流，电影放映员的工作效率也得以大幅度提高。**电影院线**基本实现了影片的统一排映、发送，以及放映质量的监控。

除此之外，携带放映机和发电设备，在农村、工矿、山区和边远地区从事流动放映的人员，也是电影放映员。

（黄钰莹　谭洁莹）

电影分级制度　film rating system　一些国家或地区以影片内容为标准来划分不同级别的一种制度。电影分级制度是在电影审查基础上建立起来的，是电影审查制度的特定形态。电影审查机构一般会根据影片内容中的暴力、恐怖、色情、犯罪等元素来衡量一部电影的级别。电影分级制度主要考虑到不同年龄青少年的身心特点，有利于维护社会道德风尚，保护青少年的合法权益和身心健康。

1968年，美国以法律形式确立了电影分级制度，并于1970年、1984年和1990年分别做了修订，确立了完善的电影分级标准。美国电影主要分为G级、PG级、PG-13级、R级、NC-17级等级别。中国内地尚未实施电影分级制度，但对电影审查有着严格把控，同样有利于电影文化的传播和良好社会氛围的构建。

（毛　琳）

电影符号学　semiologie cinématographique　把结构主义符号学运用于电影艺术研究的学科。20世纪60年代，电影符号学随着结构主义理论的勃兴而诞生。电影符号学以瑞士结构主义语言学家F.de索绪尔的理论为基础，运用结构语言学的研究方法，分析电影作品的结构形式。1964年，法国学者C.麦茨发表了《电影：语言还是言语？》一书，标志着电影符号学的问世。

电影符号学的基本观念是：电影不是“对现实为人们提供的感知整体的摹写”，而是具有约定性的符号系统；电影艺术的创造必然有可循的、社会公认的“程式”和常规；电影语言不等同于自然语言，但是，电影符号系统与语言系统本质相似；电影研究应当成为一门科学；语言学是电影研究的一种科学工具；整体决定局部——电影研究的系统论；电影研究的重点应当是外延与叙事；宏观结构分析与微观结构分析并重。

电影符号学在方法论上，力求摒弃作者个人的经验、印象和直感为依据的传统印象式批评，主张精细化的科学主义批评，建立电影的“元理论”，按照语言学模式建立不同的分析系统。电影符号学代表人物麦茨为分析影片的叙事结构，提出了八大组合段概念：非时序性组合段、顺时序性组合段、平行组合段、插入组合段、描述组合段、叙事组合段、交替叙事组合段、线性叙事组合段。意大利符号学家U.艾柯提出了电影影像三层分节说：图像、符号、意素；动态影素、动态图像、动素。艾柯从“影像即符码”这一激进的观念出发，制定了影像的十大符号系统：即感知符码、认知符码、传输符码、情调符码、形似符码、图式符码、体验与情感符码、修辞符码、风格符码和无意识符码。

电影符号学的发展经历了两个阶段：第一阶段是结构主义语言学研究模式的第一电影符号学；第二阶段是精神分析研究模式的第二电影符号学。以语言学为模式的第一电影符号学有三大研究范畴：①确定电影的符号学特性；②划分电影符码的类别；③分析电影作品——影片文本的叙事结构。第一电影符号学对西方电影理论产生了重要影响，使西方现代电影理论有所改观。采用电影符号学分析影片结构和类型的尝试，取得一定成效。但是随着电影理论研究的深入，第一电影符号学的缺陷日益明显。静态的、封闭式的结构分析难以把握电影作品的真正含义。70年代初，电影符号学的研究重点开始从结构转向结构过程，从表述结果转向表述过程，从静态系统转向动态系统。随后，意识形态理论和精神分析学进入电影符号学，形成以心理结构模式为基础的电影研究机制和第二电影符号学，其标志是麦茨的《想象的能指》(1975）一书。

从电影理论史的角度而言，电影符号学是继以S.M.爱森斯坦为代表的蒙太奇理论、以A.巴赞为代表的现实主义理论之后的第三次发展，是现代电影理论的开端。

（张骏祥）

电影观众　film audience　电影的观看者和消费者。电影产品具有商品属性，即电影作为商品需要产生价值。消费行为决定电影价值，电影消费者就是电影观众。电影的目标观众是电影卖座与否的关键，也是影响投资者意愿的关键。不同观众具有不同的地域、文化、年龄、性别特性，会被不同类型的电影吸引，因此电影在拍摄之前需要确认目标观众。这一行为最早起源于好莱坞电影的黄金时期——制片厂制时代，好莱坞将电影观众视为一个群体，片商对付钱进入电影院看电影的观众身份进行分析，认为电影观众会固定消费某些类型的电影，并依照观众的喜好大量拍摄同类型的电影。

电影吸引观众的方式有很多，如叙事手法、类型、技术、明星、周边效应等。在叙事手法上，电影吸引观众的关键是故事，越好的故事越能吸引更多的观众，拍摄、剪辑手法也是叙事的关键。在电影类型上，固定的类型会吸引固定的观众，比如爱情喜剧片、英雄电影、鬼怪僵尸片等不同类型会吸引不同的客群。在明星方面，明星一直以来都是吸引观众的重要条件。影迷会因为喜爱的电影明星而进入电影院，而在宣传时，明星也时常被用作宣传要素。在电影技术上，观众会因为新的技术而进电影院。在电影周边方面，电影的商品价值并不仅限于电影院，周边商品也是吸引观众的原因。甚至有时电影本身就是某种产品的附加物，比如改编自同名电视剧的电影《欲望都市》，根据游戏形象宝可梦制作的电影《精灵宝可梦》等。随着时代的演变和电影的发展，除电影院外，电影也可以通过电视、录像带、DVD、网络等渠道吸引观众。

对电影观众的研究有助于电影产品销售。片商一方面可以调查目标观众的喜好，另一方面也可以吸引更多潜在的电影观众。报纸杂志是传统的电影宣传渠道，影迷会、电视宣传、网络宣传等也是吸引电影观众的重要渠道。随着科技和媒体的发达，电影观众有了更多接触电影的渠道，片商和发行商也有更多的渠道去接触电影观众，并通过数据分析，更加了解观众的身份和喜好。电影观众也不再是过去被动的接收者，可以通过网络、舆论等方式对电影产生影响。

（江怡音）

《电影馆丛书》　*Film Library Series*　中国电影研究丛书。由台湾电影学者和制片人焦雄屏策划，焦雄屏、黄建业、张昌彦、詹宏志、陈雨航编纂。20世纪80年代末开始，由台湾远流、志文、万象、麦田等四家出版社相继出版，共出版100多种。丛书分为前期的“电影馆”系列和后期的“电影馆”别册系列，主要由国外电影著作译著和中国台湾本土电影研究专著两个部分组成，涵盖了电影史研究、经典电影理论研究、导演编剧理论、世界电影大师创作研究、导演传记、经典影评专著等。丛书的出版将世界经典电影理论和电影理论热点及时译介到台湾，拓展了台湾学者的视野，加强了台湾电影学者的理论自觉，加速了台湾电影人对电影本质的探讨与思索。丛书促进了台湾电影学者将理论及时运用到对台湾本土电影现象的研究。从2003年开始，广西师范大学出版社和江苏教育出版社陆续引进《电影馆丛书》系列，将“大师研究系列”和“电影理论系列”的部分著作在大陆先后出版。

（于丽娜）

电影后产业　film post-release market　电影在各类窗口期播映之外的利润渠道及市场。电影映后市场通常分为四大类。

第一类即电影产品的非窗口期播映权转让。包括两种：①电影音像制品，如原声音乐碟、蓝光DVD等的生产销售。②电影版权方向，如航空器、交通工具、宾馆饭店等播映平台转让电影播映权或授权。

第二类是电影产品的版权相关产业。包括三方面内容：①相关产品的设计、生产、销售，即将电影人物形象或电影中的道具进行设计和生产，制作成玩具、服装、生活用品等各种与电影相关的产品。典型案例是迪士尼动画相关产品等。②版权内容的改编，即将电影剧情或人物改编成电视剧、舞台剧、电竞游戏、小说等。典型案例有《大红灯笼高高挂》的舞台剧和电视剧改编，《杜拉拉升职记》的电视剧改编，《刘三姐》的大型情景剧《印象·刘三姐》改编等。③品牌授权，即将电影相关人物形象等进行形象授权并加以售卖的行为。这种形象授权，既包括实物的，如将某种形象授权给相关企业进行商业行为；也包括虚拟的，如《神偷奶爸》将人物形象授权给腾讯微信，进行表情包付费下载服务。

第三类是各类电影节展和奖项。大型国际电影节和重要电影奖项对电影作品的推广、会展经济等的贡献是显著的。以美国奥斯卡奖为例，电影作品获奖后能增加2000万～4000万美元的票房收入，获最佳主演的男女明星片酬则能提高400万～500万美元。

上海影视乐园园区

第四类是影视园区。包括旅游、餐饮、住宿、娱乐、商品零售等。典型案例有迪士尼乐园和环球影城等。随着中国电影产业市场化改革深化，国内影视园区快速发展，代表性的影视园区有上海影视乐园、浙江横店影视产业实验区等。

（田　乐　支菲娜）

《电影回忆录丛刊》 *A Collection of Film Memories* 中国电影史料丛书。中国电影工作者协会（今中国电影家协会）电影史研究室编。中国电影出版社1962年出版。32开。1962年第一版时，丛刊包括《影评忆旧》（鲁思著）、《我的电影生活》（梅兰芳著）、《电影半路出家记》（欧阳予倩著）、《解放区的电影》（袁牧之等著）、《感慨话当年》（王汉伦等著）。1981年中国电影出版社又编辑出版了田汉在《中国电影》杂志上连载的《影事追怀录》，将其纳入丛书系列中。这套丛书从多个不同的角度，通过作者亲身经历，回顾了中国电影从20世纪初到中华人民共和国成立初期的

我的电影生活
梅兰芳著
中国电影出版社
1962·北京

《我的电影生活》扉页

发展状况，保存了不少珍贵的资料。

（杨　凯）

《电影技术》 *Film Technique* 中国电影杂志。1957年1月创刊于北京。月刊。由文化部电影局和中国电影出版社主办。1959年编辑工作归口到中国电影科学技术研究所，仍由中国电影出版社出版。1960年下半年由于纸张供应紧张等原因而停刊。1964年下半年复刊，改为双月刊。1966年被迫停刊，1979年复刊，为双月刊。1986年改为月刊。该刊面向广大电影技术工作者及电影技术爱好者，主要内容包括影片生产中的各种工艺技术、技术理论、经验交流和推广以及放映技术等，特别注意介绍国内外有关新技术。1994年改为《影视技术》。2006年更名为《现代电影技术》，为国家级A类学术期刊，由电影技术质量检测所主办。主要栏目有综述、影视制作、数字技术、应用技术研究、经验交流、设备介绍与分析、保养维修改造、消息动态等。

（李小燕　高冀滨）

电影假定性 film hypothesis 电影对现实进行艺术概括，使之达到本质真实的艺术特性。尽管电影以逼真的画面“还原”现实，但电影现实与拍摄对象并不是同一的，也就是说电影现实是假定的。具体内涵包括：①电影逼真性手段具有假定性，银幕画面展现的是现实的影像，而非现实本身。②**蒙太奇**技巧的处理，使电影现实的具体内容成为虚拟的假定内容，如蒙太奇将现实的连续时空分切后重新组合，形成了电影时空，即虚拟的假定时空；蒙太奇连接静止的形象所形成的运动感是假定的运动感，蒙太奇将两个画面对列后产生的象征意义在现实中也不一定存在。蒙太奇产生的“**库里肖夫效应**”是人工戏剧效果，蒙太奇创造的节奏是创作者主观的心理节奏。③电影所渲染的视觉效果是人为的视觉效果，渗透着创作者的主观意识，从客观印证的角度看是虚拟和假定的。具体见于拍摄角度、景别选择、摄影、摄像机的运动、拍摄速度的变化和镜头焦距的更换以及彩色的运用等。④声画的结合是非现实的结合，主观音响、无声源音乐的运用是主体对现实的装饰和诗化。⑤电影的表演是对生活的模拟，而非真实的生活运动实在。⑥电影布置、道具等设置都是伪造现实，服务于内容的戏剧化手段。⑦银幕形象、故事结构、感情意境等都是艺术家对现实的选择、提炼及个性化的创造，受制于体裁样式和创作风格，而非生活的原生状貌。

（张骏祥）

电影交易市场 film trading market 从事电影版权交易活动，提供电影发行、放映及其他电影产业链中相关服务的平台和场所。电影交易市场具备展示、交流、交易、合作的功能，旨在推动更广泛、更多元的业界合作和跨界交融，从而集聚资源优势、助推电影内容的生产和电影产业的发展。

第四届北京国际电影节·电影市场签约仪式

就电影自身而言，其作为一种文化产品，在市场中的流通过程主要包括影片版权的交易、影片拷贝的交易以及影片放映时的租赁和售票行为三个环节，涉及制片商、发行商和放映商三方主体。其中，电影消费者的需求始终是电影交易市场的核心。因此，各个电影交易市场的形成和市场策略都以最终的消费市场为依据。

在现代电影交易市场中，种类及服务愈显丰富，诸多尚待开发的电影产业项目、产品整合、行业培训、项目升级及衍生品等纷纷涌现。而电影交易市场对于电影行业的意义也更为显著，批量的对接交易，更多产品的进入，使得业内更多的投资能够得到回报，进而带动起整个产业价值链的建立和完善。

电影交易市场除在固定时间、场所专项举办外，也常常被安排在国际电影节期间，旨在吸引有代表性的优秀影片和最具影响力的电影企业，从而拓展电影节的产业价值。中国的**上海国际电影节**、北京国

际电影节均设有电影交易市场的环节。

（高　飞）

电影剧本规划策划中心 Film Script Planning Center 中国电影机构。协助国内外制片机构策划可以在中国拍摄和上映的电影剧本的机构。1997年成立于北京，内设办公室和策划室等部门。原归属于国家广播电视总局，后归属于中共中央宣传部。该机构由中宣部**国家电影局**指导，规划策划优秀电影剧本，服务全国电影业。该机构承担的职责包括：协助电影局推进、扶持重点电影项目；组织电影剧本论证和研讨；联系和团结电影创作人员，发现和培养编剧人才，组织编剧采风和专业培训；参与主办夏衍杯电影剧本征集评选；向全国制片单位推荐电影剧本。此外，该机构还负责推介“扶持青年优秀电影剧作计划”所产生的优秀剧本，其中部分优秀电影剧本被采用，拍成电影。（张智华）

电影拷贝 film copy 经复制而成可供放映的正片，电影术语。拷贝是英语copy的音译，意为“复制”。大量发行的电影拷贝称为发行拷贝。为保证原底片的质量，发行拷贝一般都是用原底片翻底印制的。电影根据不同的胶片印制的正片，有不同型号的拷贝，如16毫米电影拷贝、35毫米电影拷贝等。

电影拷贝分为胶片拷贝和数字拷贝。

传统的胶片拷贝要经过洗印，洗印电影拷贝是一项十分细致的工作。洗印彩色拷贝要经过显影、水洗、漂白等多项工序。拷贝是电影制作的最后成品。影片有长有短，长的几小时，短的如一些实验影片，不到10分钟。因为装拷贝的片盒长度有限制，所以拷贝要分成若干本。一个片盒为一本，只能装300米左右的正片。一部普通影片为10本左右，上、下集影片为18～20本。

现在的电影拷贝多是采用数字拷贝，数字拷贝没有传统胶片拷贝的刮伤、抖动和噪点问题，整体画面质量较高。它是用胶转磁设备来制作的，将光胶片的光信号转换成数字信号，再将数字信号转换成光信号照射到感光胶片上完成复制，这样速度和质量都大大提高。数字拷贝使用专用数字放映机放映的电影格式，一般电影院可以去发行公司进行下载，然后将文件放在数字放映机上输入密钥进行放映。一般一部数字电影拷贝的容量在400GB左右（含声音）。

胶片拷贝

（周鼎文　撰　章柏青　唐建军　修订）

电影可见性 film visibility 电影以活动的画面形象诉诸观众视觉的性质。电影的基本特性之一。电影通过一幅幅有内在联系的活动画面，直接诉诸观众的视觉，激发观众的感情和思维。电影的可见性决定了电影可以给予观众直观可见的、富有表现力的真实形象。具体表现在：①电影以画面来塑造形象、叙述故事、抒发感情、阐述哲理，镜头、光影、色彩直接构成形象可见的感性形式。②电影表现的对象必须是可见的物质现实，它的素材必须是可以搬上银幕的人、景、物。即使在现实中看不见的内容，是人物内在的心理活动和抽象思维，如思维、梦境、幻觉、仙境等，也必须以真实具体的人物、环境来表现，推动情节、矛盾的发展。③电影的主要创作人员，如编剧、导演、演员等，需要有空间可见意识。他们的任何感受、情绪和思想都必须在大脑中形成一幅幅具体的画面。④银幕的视觉效果主要是由可见的人物造型、环境造型和摄影造型来完成的。

（姚国华）

电影空间 film space 由银幕体现的物与物的位置差异度量的相对概念。电影空间是与**电影时间**相对的基本存在形式。在无声电影时代，电影空间通常情况下指的是银幕空间，因为没有声音空间，电影空间往往被限定于银幕上的画格边框之内。声音的出现，为电影增加了一个重要维度，不仅有效制造了电影的立体空间，还使得画外空间成为电影空间的重要组成部分。空间在电影中不再是简单的物质形态，而是经过创造和组织的美学空间。电影是由画面组成的，空间在电影中是流动的，既可以扩张也可以伸缩。电影画面的动态特征可以使其空间呈现为开放形态。不过，有些影片会刻意制造封闭、压抑的空间环境，以表现并外化人物的精神状态。

电影空间作为美学空间，涉及视觉构成设计、听觉形式及其结构问题。它们不仅要让观众对银幕上再现的空间世界产生物质的认同感，还要增强电影空间的思想外延。当电影导演在构筑拍摄对象与镜头内空间关系的时候，构图、光影、色彩、人和物的运动、摄影机的运动等因素的提示都在起作用。其中，人、物在镜头内移动和摄影机自身的运动是最重要的提示。运动有助于完善空间，增强拍摄对象的立体感，并能加强虚设的纵深感。在固定镜头内，当一个人物退出画格中的前景，远离摄影机而去时，观众的视线便会很自然地越过表层被引入画格深处。这样就制造了纵深幻觉，让观众清楚地意识到电影的第三向度。虽然每个画格都有上下左右的边框，观众的视线似乎被限定在画格之内，但是人和物在画格边框上的出没、人和物接近或远离摄影机镜头的运动，都能扩展和延伸影片的空间界限。这种视觉构图手段，能够在画外延伸影像，扩大观众的感性知觉，以有限取得无限的效果。另一个强烈的空间提示是摄影机的运动。**摇镜头**或移动镜头通过不断改变画面构图，创造出或大或小的纵深、紧凑而连续的空间。在**运动镜头**中，镜头可以做到随时推拉俯仰，既能与拍摄对象同行，也能把周围事物尽收眼底，因而易使观众产生一种身临其境之感。它的作用就在于不通过剪辑就能控制画面内容的变化、增加银幕空间的信息量。

随着电影科技的发展，各种摄影技巧强化了电影再现空间的功能，分割银幕法也受到青睐。分割银幕法能同时呈现多种空间，这种多银幕结构把宽银幕分割成两个或更多的部分，让两种以上的表演可以同时进行。虽然它们处于同一镜头之中，但是由于各个局部处在不同空间之中，因而呈现的是画面与画面之间的对比关系。**蒙太奇**是组织和创造电影空间的重要艺术手段，利用蒙太奇能够把不同空间布局或拍摄地点的镜头加以分切组合，连贯起来创造空间，一系列镜头组成的总体空间扩展了范围。如视觉元素一样，听觉元素也能极大增强画面纵深感，引导观众构筑电影空间。每一个声音都具有它的实际发生地点的空间色彩。同一个声音在不同声源地点听起来都不一样，树林里的枪声与在地下室里的枪声必然是两种感觉。立体声尝试着把现实声音与透彻的会意融合起来，更加显著地使图像和场所存在于声音之中。画外空间可以取得与银幕空间同等重要的地位，并且能够再现完整的故事空间。画外空间可以通过视觉手段来表现，不过由听觉手段来表现更为灵活自由。在实际生活中，每个人都是在连续不断的空间和时间中经验事物的。而电影作为时空复合体，可以拓展、强化并且凝聚人们的时空经验——不只是强化它而且延伸，极具意义地延伸。能动的叙事空间和时间变形的无穷潜力是电影叙事的两个基本特征。因此可以说，能动的空间与变形的时间有机地结合在一起，是现代电影的思维形式。（储双月）

电影理论 film theory 研究电影创作的本质、基本原理及一般和局部规律的理论。电影理论对电影的意识形态、文化背景、题材内容、表达形式和艺术风格做深入的探讨，进而归纳及建立一套自足的思辨过程。其研究对象是电影的整体，即电影的全部形式和内容元素。

发展历史 电影是19世纪末诞生的艺术。它在刚问世的二十多年里，只是一种市井杂耍，没有人承认它是艺术。德国哲学家C.朗格在1920年时断然宣称“银幕上是不可能体现出艺术的”。电影的简短历史及其在诞生初期的“卑贱”地位，使电影理论的发展历史具有两个特点：①不像其他艺术理论那样只是事后总结前人的经验，它更富于创新立说的精神，对电影的美学价值起着参与创造的作用。②几乎所有的重要电影理论论著都热衷于提高电影的地位，努力寻求电影不同于其他艺术的特点。

电影理论的发展大致经历了如下几个阶段：①早期的电影理论强调电影的再现能力，并在这一前提下去迎合传统的艺术观念，由此产生了关于电影的艺术性在于电影画面的构图和节奏的纯视觉艺术理论。②20世纪30年代开始，电影理论从传统艺术观念出发，强调电影的创造能力，探索电影和其他艺术在表现方法上的不同。这种探索是朝两个方向进行的。第一，以蒙太奇为电影的特性，形成了完整的蒙太奇理论，同时也形成把电影与语言进行类比的电影文法研究。第二，以现实事物与银幕形象的非同一性为电影的特性，由此形成电影的心理学研究。③第二次世界大战后，电影理论以新的目的重新强调电影的复制能力，从电影的照相本性出发，以“严格的真实”作为电影的本质，反对用人工的方法消化电影作品的素材，形成了背离传统艺术观念的纪录派电影理论。④60年代电影理论研究出现了新的方向，否定把电影与语言进行类比的研究，强调以精确的、科学性的局部研究代替全面的、概括性的研究，从而从整体性理论转为分解性理论，由此形成结构主义符号学电影理论。

尽管电影理论在历史发展过程中具有以上阶段性的特征，但采用不同研究方法和方向的理论始终是同时并存的。除了从艺术特性和观赏心理的角度，人们还广泛地从社会、政治、经济等角度来研究电影，但这些方面的研究成果已不属电影理论的范围。

早期电影理论 在早期的电影理论论著中，最重要的是V.林赛的《活动画面的艺术》(1915)、V.弗里伯格的《银幕上的绘画美》(1923)和H.明斯特伯格的《电影：一次心理学研究》(1916)。

林赛是生活在美国中西部的诗人，他在《活动画面的艺术》中第一次将电影称为“艺术”。他强调“摄影机工作的强烈的科学性质”，把胶片的特性称为电影的“独特之点”，认为艺术影片是“运动中的图形”。他把“活动”看作电影的根本艺术特征，但鉴于这种艺术不得不用对其他传统艺术的依附来确立自身艺术地位的状况，所以在把电影分为“动作的”“亲切的”和“壮丽的”三大类时，分别称之为“活动的雕刻”“活动的绘画”和“活动的建筑”。林赛强烈反对电影向戏剧靠拢，他在书中列举了电影和戏剧的30个不同之处，指出戏剧和电影恰好是南辕北辙。这反映了当时热衷于电影的人们对社会上流行的所谓“电影是拍下来的舞台剧”是“戏剧的渣滓”之类说法的强烈反感。在他看来，电影是一种语言，所以“电影的发明如同石器时代开始用画来达意一样是重大的一步”。林赛还指出，观众在看电影时不是旁观者，他们会在无声的对话场面中“加入谈话”。这些论点对后来的电影理论有明显影响。

弗里伯格是美国哥伦比亚大学教授、戏剧家。和林赛一样，他也强烈反对把电影归属在戏剧名下，甚至反对电影叙事。他宣称“吸引我的注意的是画面的外貌，而不是画面叙述的内容”。弗里伯格集中分析了“绘画式活动”。他把“绘画式活动”分为三类，即“工作状态中的”“游戏状态中的”和“静止状态中的”，其具体艺术功能分别为“戏剧性表现”“造成节奏感”和“暗示潜在的动力”。前两种给电影造成“动态的绘画美”，最后一种则造成“静态的绘画美”。弗里伯格说，所谓电影美，归根结底就是绘画美。所以这是一种电影画面构图的理论，一种把电影列为纯视觉艺术的理论。

明斯特伯格原为德国弗莱堡大学心理学教授，他在1892年去美国哈佛大学任教。他在美国发现了电影的“新的艺术价值”，写了《电影：一次心理学研究》一书。明斯特伯格第一次把完形心理学原则应用于电影研究，但他并不像另一位完形心理学家R.爱因汉姆那样用完形心理学来研究电影的素材，而把注意力集中于观众的心理过程。明斯特伯格是在高级知识分子普遍蔑视电影的日子里开始研究电影的，所以他明确表示，他为电影写书是为了“使高级智力和普通智力”在理解电影上“走到一起来”。他写道：“照相剧的艺术已经形成那么多它所独有的新特点，这些特点同舞台技巧甚至毫无相似之处，于是就产生了一个问题，早已不再是戏剧复制品的照相剧，难道不是一门应当承认其美学独立性的新的艺术吗？”他把电影和戏剧做了截然的划分，指出电影有戏剧所无法企及的三大特点：真实感、时空变化的自由和特写的逼视能力。可见电影“在其发展过程中增添了许多在摄影技术上是可行的，而在舞台上则是绝对不可能实现的因素，于是电影便慢慢离开了戏剧的道路而转变了方向”。为此，他在书的第二部分中分析了高速摄影（慢动作）、倒摄、叠印、模型摄影等一系列电影技巧，并要求电影不要“复制舞台剧”，而要“完全脱离开剧院”，成为一门崭新的艺术。明斯特伯格著作的第一部分“照相剧的心理学”把心理学应用于电影研究时，完全摒弃了当时已在文艺研究中露头的弗洛伊德理论，即强调艺术经验的潜意识的、梦幻的性质。他把电影与观众的关系解释为一种相互作用的关系，指出人对电影影像活动的感受，除了消极地依靠视觉暂留原理的生理作用外，还存在着积极的思维过程，所以他认为看电影是一个积极的过程、一种强烈的思维活动，在这一过程中，观看者是制片者的一个合作者。

这些最重要的早期电影理论论著之所以都在美国出现，同D.格里菲斯的崛起并使美国电影在艺术上发生质变有关。这些著作对电影的艺术地位做理论上的肯定，也使美国电影界对格里菲斯道路的正确性有了信心，促使美国电影在艺术的发展上先于欧洲。但是，正如J.莫纳柯指出的那样，从20世纪20年代初开始，理论的中心点转移到了欧洲，在此后的50年里，法国、德国和东欧的思想家们主宰了电影理论。

先锋派电影理论 20世纪20年代，欧洲最重要的电影理论是先锋派倡导的纯电影理论。在此之前，虽然也出现过像R.卡努杜的《第七艺术的美学》之类的文章，认为电影艺术家是“光的画家”，但也只是模糊地意识到应该把电影视为某种独立的艺术，而未能阐明电影究竟是一种什么样的艺术。法国和德国的一批电影先锋派人士，特别是其中的一些代表人物如L.德吕克、G.杜拉克、J.爱浦斯坦、H.里希特等，都已不再停留在某种口号上，而是对电影的独立美学价值和艺术可能性做了明确、具体的论述。德吕克的《上镜头性》（1919）、爱浦斯坦的《从埃特纳山上看电影》（1927）等著作均在电影理论史上占有一席地位。

先锋派电影理论主要是现代主义文艺思潮在电影中的反映，具有如下特点：①反对叙事。在反对舞台化、反对文学性的口号下，把情节和性格刻画列为电影艺术的"敌对元素"，要求以抽象的图形、唯美的形式、孤立的形象和离奇的比喻作为影片的全部内容，主张非情节化、非戏剧化。②要求通过联想的绝对自由来达到"纯电影"的境界，认为电影不需要任何真实，不需要任何理性的含义，需要的只是纯粹的运动、纯粹的节奏、纯粹的情绪。③主张把现实变成梦幻，把一个迷离恍惚的梦幻世界、一个充满了潜意识活动的超现实的世界，规定为电影的理想的，甚至是唯一的表现对象。认为只有在这个和平淡庸俗的现实世界形成对比的非理性世界里，才蕴藏着"电影诗"的源泉。④主张把物放在比人更重要的地位，或至少也是平等的地位上，提出人不再是唯一重要的因素，而要表现物，因为物和人是一样有趣的，并认为这种对物的表现应当是排斥含义和逻辑的。

心理学电影理论　R.爱因汉姆是完形心理学派的代表人物。他于1932年发表了用完形心理学原则研究电影艺术的著作《电影作为艺术》，奠定了他在电影理论史上的地位。爱因汉姆信奉的基本原则之一是"艺术像其他任何东西一样，完完全全是物质生活的一部分，要了解艺术，就要先了解感官印象和心理印象，并且还要将视觉与听觉的艺术视为升华了的视与听的形式"。在这一美学原则的基础上，他提出"艺术的欢乐是一种特殊尝试得到成功的愉快"，这种特殊尝试就是把感官材料纳入特定形式的尝试，所以"真正的艺术并不注意掩饰它的艺术手段的人为性"，而"优秀艺术作品的必要条件，正在于清晰袒露手段的特性"。把这一基本艺术观念应用在电影上，爱因汉姆提出了一个著名论点，即"艺术地运用电影形象与现实形象的不同一性是电影艺术的全部内容"。

爱因汉姆指出了电影形象不同于现实形象的六个差别：①立体成为平面的投影；②深度感的减弱；③人工照明和没有彩色；④画面的边界和拍摄的距离；⑤不存在空间和时间的连续；⑥只存在视觉经验。

爱因汉姆在20世纪30年代初完成他的电影理论体系时，蒙太奇在人们心目中还只是一个纯技术的概念，这一点也反映在爱因汉姆的著作中。他把蒙太奇归为"艺术地运用空间和时间的不连续"的结果。并指出，"电影之为艺术，并不在于镜头要经过剪辑，哪怕是一个单独的镜头，也绝非自然现象的单纯再现。哪怕在一个单独的镜头中，电影画面同自然现象之间也存在着诸多不同"。

"部分幻觉论"是爱因汉姆的电影形象特性论的心理学根据。他认为一切艺术都只是在观赏者心中引起对现实事物的不完整幻觉。人们之所以会满足于部分的幻觉，是因为在现实生活中，我们满足于了解最重要的部分，这些部分代表了我们需要知道的一切。因此，只要再现这些最重要的部分，我们就满足了，我们就得到了一个完整的印象，一个集中的，因而也就是艺术性更强的印象。银幕上的人物只要言谈举止、时运遭际无不跟常人一般，我们就会觉得他们足够真实，既不必让他们当真出现在我们面前，也不想看见他们占有实在的空间。我们能够把这些人物和事件既当真又当假；既是实物，又是放映幕布上光彩的简单图形。正是这个事实，才使电影艺术成为可能。

爱因汉姆对电影形象与现实形象的非同一性理论使他坚决反对电影技术上的一切进步，包括有声电影和彩色电影的发明。爱因汉姆在1957年重新发表他的《电影作为艺术》一书的主要章节时，不仅坚持他反对有声电影的论点，而且还认为有声电影的实践更加证明了他当年观点的正确性。

电影美学理论　匈牙利电影理论家**巴拉兹**从1922年起开始发表论述电影的文章，20世纪30年代去苏联讲授电影，继续发表新的研究成果，最后汇集成《电影美学》（1952）一书。巴拉兹没有提出完整的理论体系，但他第一个清晰严肃地用马克思主义观点总结了第二次世界大战前电影艺术的经验。

巴拉兹重视理论的作用，并在电影理论工作中看到了一个"大好的机会"，"电影艺术到现在还没有得到充分发展这一事实，却给美学家提供了一个空前未有的好机会，让他们能去研究一种正在形成中的艺术的发展规律"。他要求电影理论"应该能指示未来，在地图上为未来的哥伦布画出尚未发现的海洋。它应该是一种启发性的理论，足以激发未来的新世界探求者和新艺术创作者的想象力"。

巴拉兹对电影成为一门独立艺术的过程做了明晰的总结。他从题材问题着手，指出电影从它只是拍下来的舞台剧时开始，就朝着一个非传统戏剧所能追随的方向发展，"电影表现了人们在任何地方也看不到的东西"，那就是对自然的描写、没有空间限制的运动、由儿童和动物来担任的角色。但是，仅仅有了这类"特有的新题材、新角色、新风格，甚至一种新的艺术形式"，电影还不是一种新的艺术。只有在电影找到了它特有的表现技巧之后，才不再是"一种机械的复制品"，而成为一种"拥有特殊形式的语言的独立艺术"。

巴拉兹把电影新的表现方法归结为四条基本原则：①在同一场面中，改变观众与银幕之间的距离。这样就使画面大小在画格和画面构图的界限内发生了变化。②把完整的场景分割成几个部分或几个"镜头"。③在同一场面中改变拍摄角度、纵深和"镜头"的焦点。④蒙太奇的含义是按照一定的顺序把镜头连接起来，其中不仅是各个完整场面的互相衔接，并且还包括最细致的细节画面。这样，整个场面就仿佛是由一组画面按照时间顺序排列而成的。

在电影的独特表现方法中，巴拉兹特别强调**特写**的作用。他指出，特写镜头不仅扩大而且加深了我们对生活的观察，使我们看到一个手势和某种平时从未引起我们注意的特质。好的特写能在逼视那些隐蔽的事物时给人一种体察入微的感觉，它们流露出一种难以言宣的渴望、对生活中一切细枝末节的亲切关怀和火一般的热烈感情。电影中人脸的特写被巴拉兹称为一个新的世界——微相学的世界。他认为，如果没有特写，我们就不可能用肉眼或是在日常生活里看到这个世界。

在蒙太奇问题上，巴拉兹已超越了纯技巧的概念而接近于**S.M.爱森斯坦**的蒙太奇理论。他指出，"上下镜头一经组接，原来潜藏在各个镜头里的异常丰富的含义便像电火花似地发射出来"。但是他反对爱森斯坦的理性蒙太奇，认为这种蒙太奇段落像是"一篇象形的图形文字，其中的画面虽然都含有某种意义，但它们本身却并没有任何具体内容。这些画面就像是画谜里的图画，它们含有某种意义，但必须由观众来猜度，而作为画面，它们并不能引起观众的兴趣"。他直率地批评爱森斯坦"电影艺术也能征服纯观念的思维世界"是一种错误的看法。

巴拉兹对电影艺术经验进行总结的时期，正是有声电影取代无声电影而尚未成熟的时期。因此，巴拉兹对无声电影颇有留恋之情。但是和爱因汉姆不同，巴拉兹不反对电影技术的进步，他只是要求有节制地利用声音。

蒙太奇理论　爱森斯坦的蒙太奇理论是一种丰富而且复杂的电影理论，其基本体系在20世纪20年代即已完成，但在此后的近二十年中又经过本人的不断否定与补充。他的大量电影论文已在苏联被编成六卷出版。和电影理论史上所有的代表人物不同的是，爱森斯坦同时也是一位有创见的电影导演，他亲自实践了自己的理论构想。爱森斯坦毕生研究电影蒙太奇问题。电影技术上的进步不仅没有使他的基本论点失去凭依，反而丰富了他的理论体系，使他的蒙太奇概念从单一的画面的“撞击”进而包容丰富多样的声画对位（自然合成、节拍合成、节奏合成、旋律合成、音调合成）和作为多音部剧作中独立的“彩色的线”。

爱森斯坦在他早期的著作里，提出电影中最小的单位是镜头。但认为单个镜头本身是单纯的心理刺激物，只有在同另一个镜头相连接时才产生意义。在这种观点的基础上，他在1923年提出了“杂耍蒙太奇”的理论，主张采用一种“任意选择的、能起独立影响作用的、无拘无束的蒙太奇”，以便对观众的心理造成冲击式的影响，把观众的思想感情引向所需要的方向。所谓“杂耍”是指电影演出的片段，意思是要以稍许夸张的、突出的形式来表达导演的观念。例如在《**战舰波将金号**》里，在枪杀水兵之前用帆布把他们蒙起来，就是一种“杂耍”，因为在生活中这种事是没有的。随后，爱森斯坦又提出“理性蒙太奇”的理论，主张在电影中废弃形象，把镜头变成某种图形文字，通过这种图形文字的组合来直接表达思想。但到30年代末期，爱森斯坦否定了自己的这类观点。但是，爱森斯坦在改造他的蒙太奇理论时，仍保持他原来对蒙太奇的根本观点：“两个蒙太奇镜头的对列不是二数之和，而更像二数之积——这一事实，以前是正确的，今天看来仍然是正确的。”所不同的是，他把重点从形式转向了内容，指出蒙太奇的基本目的和任务是条理贯通地阐述主题、情节、动作、行为，阐述整场戏、整部影片的内部运动。因此，在运用蒙太奇手段时，应该注意的是那基本的既能够同等地奠定“镜头内部”内容，也决定这些单独的内容在结构上的相互对列的东西，也就是那总体的、统一的内容。这样来看待蒙太奇，那么不论是各个镜头或是它们之间的对列就都有了正确的相互关系。于是，爱森斯坦对“对列”做了新的解释：“镜头甲是从所要展示的主题的因素中选取出来的，镜头乙也是以同样的根据选取出来的，但在对列之下，从中却产生了能够最鲜明地体现出主题内容的形象来。”

人们在谈论苏联的蒙太奇理论时，常常把爱森斯坦和**V.I.普多夫金**相提并论，其实这两人的蒙太奇理论是有重大差别的。普多夫金倾向于电影和语言的类比，强调蒙太奇就是电影导演的语言。认为正如在现行的语言中可以说“一个字”“一个句子”一样，在蒙太奇处理中也可以说一个字，即洗印后的一段胶片画面，或者说一个句子，即若干片段的组合。这种类比表明，普多夫金更多是注意镜头的连接与组合。他说：“我认为从某一个拍摄点拍摄下来的，然后放映在银幕上给观众看的每一个物象，即使它在摄影机面前曾经是活动的，但它仍然只是一个死的对象。……只有当它作为多个不同的视觉形象的组合的一部分而被表现出来的时候，这个物象才被赋予了电影的生命。”他主张蒙太奇的速度必须完全由场面的情绪内容来决定，而不是由导演出于影响观众情绪的愿望来决定。因此，普多夫金所理解的蒙太奇是“对素材进行严格选择”的过程，即删去现实中必然带有的，但只能起过场作用的无意义的素材，保留那些能表现出戏剧高潮的及富有戏剧性的素材的过程。他认为电影蒙太奇的重要意义，就在于这种去粗存精的可能性。爱森斯坦不满足于仅仅用蒙太奇来加强镜头的效果、引导观众去接受故事或主题，他要求“把观众的情绪和理智也纳入创作过程之中”，使观众也不得不经历作者在创造形象时所经历过的同一条创作道路。认为观众被引入这样的创作行动时，他的个性不仅不会受制于作者的个性，而且在跟作者的思想互相融合的过程中，将彻底展示出来。

电影本体论　第二次世界大战后，**意大利新现实主义电影**的勃兴使电影理论的氛围为之一变。以法国的**A.巴赞**和美国的**S.克拉考尔**为代表的纪录派理论从20世纪50年代起取得了堪与蒙太奇理论相颉颃的地位。电影本体论力求证明电影的“本体”实质，电影和存在、电影和现实的联系。持有本体论观点的重要代表人物除巴赞和克拉考尔外，还有美国的O.帕诺夫斯基和S.卡维尔等。

巴赞首先是一位影评家，但他的影评文章超出了实践的性质，具有重要的理论价值。他的电影论文被编选成四卷集《电影是什么？》。巴赞的电影影像本体论和长镜头理论（或称场面调度理论），是他理论体系的基础和核心。巴赞认为，电影本质上是“真实的艺术”。他在选集的序言中指出：“我们必将从照相影像开始，它是最后的综合体的基本元素，然后以此为起点，简略地提出一种关于电影语言的分析，其立论基础是假定它具有内在的真实性。”

巴赞论证说，照相术的发明使人类长期以来企图创造出一个符合现实原貌而时间上独立自存的理想世界的愿望得到了实现。因此，从绘画过渡到照相术时，最本质的现象是心理因素，它完全满足了把人排除在外、单靠机械的复制来制造幻象的愿望；人们终于获得了一门“有了不让人介入的特权”的艺术。以照相术为基础，“电影这个概念与完整无缺地再现现实是等同的，他们首先考虑的是再现一个声音、色彩、立体感等一应俱全的外部世界的幻景”。

巴赞从意大利新现实主义电影中找到本体论理论的最好实践例证，指出艺术家真实地再现现实并不等于放弃自己的创造任务。因为传达关于人和社会的实况并不比传达主观视象更容易些：“艺术中的写实主义形式向来都首先是具有深刻审美意义的形式。……在艺术中，现实如同想象一样，是艺术家独有的财富，而把现实的具体内容体现在文学或电影作品之中，并不比体现想象的最离奇的梦幻更容易些。”

在电影本体论的基础上，巴赞构筑起他的长镜头理论大厦。长镜头理论强调电影的写实性，主张不分切镜头，加大单一镜头的叙事容量，尽可能不打乱真实的叙事时空，保证长镜头的开放性，从而吸引观众的注意力。这一理论的两个中心论点是：①反对蒙太奇至上论。②强调现实的多义性。

巴赞激烈地反对爱森斯坦等人的蒙太奇理论。他指出，电影从蒙太奇开始才成为一门艺术的这种看法，曾暂时起过积极作用，但它的效能已经发挥殆尽。蒙太奇是文学性的和最反电影的手段。电影的特性就其纯粹状态而言，相反地正在于摄影上严格遵守空间的统一性。但是他并不绝对反对使用蒙太奇，而认为蒙太奇在电影中只是在这样的情况下才是必要的：创造必要的不真实性。这是因为电影的一部分功能是使观众享受幻想的乐趣，如果太真实，就完全排除了幻觉。因此，他觉得可以提出下述原则作为美学的规律：在必须同时表现动作中两个或若干因素才能阐明一个事件的实质的情况下，运用蒙太奇是不能容许的；一旦动作的意义不再取决于形体上的接近，运用蒙太奇的权利便告恢复。巴赞的蒙太奇界限论是以现实的多义性为依据的。他指出，现实是多义的，而蒙太奇从根本上反对多义性，这是由它的本性决定的。

巴赞强调现实的多义性是为了要求影片创作者通过选择来突出事件的含义。他认为，电影叙事单元不是镜头，而是事件，这是具体现实的片段，而现实本身是多面的、多义的，一个事件的确切含义是在人们悟出它与另一些事件之间的联系后才能逆推出来。他还认为，虽然电影确实大抵只能从外部把握它的对象，但是它有千百种手段去处理客体的表象，能清除所有模糊的含义，使事物表象成为反映一种单一的内心现实的符号；银幕形象存在的前提是情感与情感的外部表现之间具有必要的、明确的因果关系。

巴赞认为，从多义的现实事物中“悟出”其“确切的含义”的人应当是观众。而要做到这一点，观众在看电影时就必须对画面的内容有选择的权利。只有不被剪断的景深镜头才能给予观众这一权利。巴赞以O.威尔斯的影片为例，指出威尔斯在《公民凯恩》里用景深镜头来刺激观众，这种技巧迫使观众去使用他们自由的注意力，同时也使他们觉察到事实的多重矛盾，这就使其景深镜头具有三重的真实，即本体论的真实、戏剧的真实和心理的真实。他称赞威尔斯的《安倍逊大族》，认为其镜头段落绝不是仅仅消极地拍下同一场景中的动作，它拒绝分割事件，拒绝按空间分解剧情发生的地点，这是一种积极的手法，其效果比经典的分镜头产生的效果要好得多。

克拉考尔采纳了巴赞的理论前提，根据自己40多年的“观影经验”，写出《电影的本性》(1960)，把纪录派理论发挥到极致。克拉考尔说，他的电影理论是一种“实体的美学”，而不是形式的美学，他关心的是内容。他的立论基础是：“电影按其本性来说是照相的一次外延，因而也跟照相手段一样，跟我们的周围世界有一种显而易见的近亲性。当影片记录和揭示物质现实时，它才成为名副其实的影片。”

和巴赞一样，克拉考尔也抛开了传统的艺术观念来看待电影，但比巴赞走得更远。他认为传统艺术观念不能适用于真正电影化的影片，因为传统的艺术是从上层到基础，即从思想意图出发来消化物质现实材料，而唯独电影是从基础到上层，即从对物质现实的如实反映开始，最后走向某个问题或信念。因此，如果电影是一门艺术，那么它便是一门不同于寻常的艺术，是唯一能保持其素材的完整性的艺术。

克拉考尔的理论目的是通过对各类电影的审视，找出一条最符合电影本性的发展路线。为此，他详尽地分析了电影的材料与方法，摈弃了一切“非电影化”的形式和内容。树立起其“电影化的”标准，最后在人类活动的总的背景上论证了电影的规律和可能性。

克拉考尔用“物质现实的复原”来概括其“电影化”概念。为了达到“复原”的目的，他只允许电影发挥“记录”和“揭示”两种功能，而排斥一切经过艺术家设计的、有明确思想意图的、在故事结构上有头有尾的影片。即使是纯视听形式的实验影片也在受排斥之列，因为在他看来，这种影片固然倾向于避免讲述故事，但它们在这样做时却很少考虑电影手段的近亲性，忽视摄影机面前的现实；它们废除了故事的原则，只是为了树立艺术的原则，在这次“革命”中也许艺术得到了好处，电影则一无所得。

在克拉考尔看来，最“电影化”的形式和内容是“找到的故事和插曲”。所谓“找到的故事”有三个特征：①它是被发现的，而不是被构想出来的；②它是自然素材的一个重要的潜在元素，很少有可能发展成一个独立自在的整体；③它能再现出我们周围世界中一些典型的偶然事件，使其通过摄影机的揭示而从生活流中表现出来，继而又消失在生活流中。

克拉考尔深深意识到，他给电影规定的严格的价值标准必然会遭到反驳，因为他对一切“非电影化”的题材的排斥，除了依靠他自己对电影的独特信念和热情外，无法在电影理论范围内找到任何根据。于是他便转而在人类思想和活动的变迁这一更为广阔的背景中论证他的电影功能论。克拉考尔认为，看电影的意义在于使现代人有可能经验物质现实，把注意力从内心世界转移到生活的外部现象上来。现代人非常需要这个“转移”，因为他们患了“思想空虚症”和“认识抽象症”。他认为，人的内心世界和外部现实之间的关系在过去三至四世纪中已经发生了深刻的变化。其中有两个变化是特别值得注意的，一是共同的信仰渐失人心，二是科学的威信稳定上升。由于现代人不再有共同的信仰，他们对理性的作用发生了怀疑，趋向于非理性主义；科学的发达导致人们“把现实现象数学化”，把事物的具体的物质内容化为抽象的认识。这两者最后使现代人成为对现实漠不关心的“孤独的人群”。唯有电影才有可能帮助人们“通过摄影机来经验这个世界”，使其从冬眠状态中、从虚假的不存在状态中彻底恢复活力。

综合性电影理论　法国的电影理论家J.米特里是对电影进行整体性研究的代表人物之一。他的两卷本著作《电影美学与心理学》出版于1963年，广泛地论述了50年来电影理论所涉及的各种问题，评述了多种不同的论点，有明显的综合性质。根据法国电影理论家C.麦茨的概括，米特里在他的著作中主要论述了十大问题：①现代电影；②主观镜头；③电影中的有声语言；④电影音乐；⑤电影中的彩色；⑥纯“视听”影片；⑦电影对戏剧程式的逐渐摈弃；⑧电影与戏剧；⑨电影与小说；⑩隐喻、象征、语言。

米特里的综合性理论的一个重要目的在于对以爱森斯坦为代表的蒙太奇理论和以巴赞为代表的本体论理论进行批判性的调和。他对影片做了历史性分类，即“蒙太奇”影片和“时空连续拍摄”影片，认为这是电影表现手段的两大形态，但不是水火难容的。指出这两种美学的对立只是强调了在电影手法上存在着两种形式的差别，一种形式在电影中相当于诗的语言，另一种形式相当于小说的语言。显然，两者遵循的原则是不同的。不论小说家要说什么，总是躲在主人公身后，隐藏在表面的真实性之后，他的一切努力就是旨在创造或再创造这种真实性。诗人则不然，他直接表达思想，他和事实一起，而不只是通过事实来说话。米特里更倾向于蒙太奇理论，他认为我们首先要反对一种倾向，这种倾向为了捕捉住真正的现实，想把电影变成一种纯粹纪实的手段，一种纪录行为的机器。在一定程度上，电影是纪实的，但幸而它并不完全如此，因为它存在的条件绝对不让它这样。当电影纯粹纪实时，它必然损害艺术。他批评巴赞在反对蒙太奇理论时似乎总是选择坏影片中一些表现手法加以攻击和贬斥，这种做法导致巴赞把表现方法的应用不当归罪于方法本身。米特里认为蒙太奇是电影艺术所必需的，但他反对把蒙太奇效果视为电影表现形式的核心。他指责了爱森斯坦早期著作中的“杂耍蒙太奇”理论，强烈反对把蒙太奇手法同语言进行类比。他认为电影中的每一个抽象意义都必须植根于人们的真实感觉，想要利用蒙太奇来担负语言的工作以传达抽象的概念，那是对电影媒介的误用。为此，他详细列出了各种不同的蒙太奇，指出哪些是合适的，哪些是有违于电影的本质的。

结构主义符号学电影理论　电影理论持续发展的形态是结构主义符号学的电影研究。这种研究方法的代表人物是麦茨。他认为，在米特里之后，电影理论应当进入“第二时期”，从全面的、概括性的研究转入精确的、科学性的局部的研究，即建立结构主义符号学电影理论。

在电影研究中把结构主义和符号学相提并论，一是因为一些结构主义者，如麦茨、P.沃伦、B.尼柯斯、U.艾柯和J.克里斯特娃等，本人就是符号学家，他们的工作主要就是对电影做符号式的分析；二是因为一般性的符号学研究中往往掺杂一些结构主义哲学的因素。

结构主义符号学电影理论主要有两个方面，一是对电影做一般的理论研究，力图给电影建立科学的基础；二是运用这个科学对具体影片进行结构主义式的"读解"分析。麦茨的著作《论电影中意义的显现》(卷1，1968；卷2，1972）和《语言和电影》(1971）等是最有代表性的。

麦茨把电影研究分为两种。一是广义的电影研究，这包括电影和其他活动之间的关系、可能产生的所有问题，如技术、工业组织、电影检查、观众反应、明星崇拜等。广义的电影是社会学、经济学、社会心理学、精神分析学、物理、化学的研究对象。二是狭义的电影研究，仅指电影本身，不涉及影片制作的复杂程序和电影引起的种种现象。结构主义符号学电影理论只限于对电影动力的内在研究，是一种"寻求意义的科学"，即研究电影如何将其内含的意义传达给观众，并为这种传达制定一个清楚的模式，找出构成电影经验的规律。

麦茨认为电影的核心是"意义的显现"，即"经由符号系统来理解影片所传达的信息的人为过程"。电影的"意义的显现"的特性决定于电影的独特的"表现材料"。它既非现实本身，也非蒙太奇，而是"五个材料频道"：①多样的活动摄影影像；②我们在银幕之外看到的一切文字资料；③录下的语言；④录下的音乐；⑤录下的噪音和音响效果。电影结构主义符号学的任务就是分析这些材料频道的混合的意义。

麦茨反对把电影说成一种语言。他否认电影有任何"文法"可言，但他赞成用语言学的原理来研究电影，并采用了一系列语言学的术语，如"符码""信息""系统""符体""并列组合"等。其中最关键的术语是"符码"，它是符号学的主要研究手段。所谓"符码"并不存在于电影中，它是信息据以传达的逻辑关系，是符号学者研究了一系列影片后将影片中起作用的规则加以归纳整理编造而成的。所以"符码"是"表现材料"发生意义、发出信息的逻辑形式。符号学就是根据编出的"符码"(表演、灯光、走位、摄影机运动）还原影片中的信息。

麦茨认为"符码"有三个基本特性：一是"独特程度"，如平行蒙太奇是电影的独特"符码"，是其他艺术所没有的。二是"不同的普遍性层次"，如全景镜头属最普遍层次，但西部片中的牛仔裤、西部景物属特殊层次。三是"会下降为次符码"。"次符码"是对"符码"的一种用法。在不同时期的不同影片里，"独特符码"和"普遍符码"都会有不同的用法。根据这一解释，电影结构主义符号学作为一般性理论研究就要分析每个"符码"的"独特程度""普遍程度"和"符码"间的相互作用。当用于对具体影片的"读解"分析时，则要指出无数"符码"在作品中系统地安排和组织的情况。因此，麦茨说"电影是所有符码加上其次符码的总和"，这个"总和"能从电影的"表现材料"中制造出"意义的显现"，电影理论就是赞成某些"符码"而反对其他"符码"的"检查制度"，而电影史就是由过去采用过的"次符码"组成的。

后结构主义电影理论　20世纪70年代以后，电影符号学与精神分析学相结合，电影的本体研究进入文化研究，N.布朗称之为由结构主义向后结构主义的转变。后结构主义电影理论从结构主义内部消解了结构中心，以精神分析、意识形态及修辞为对象，继续在语言学方法和深层关系等领域探索，包括**精神分析学电影理论**、**意识形态电影批评理论**、**女性主义电影批评理论**等。精神分析学电影理论研究观影主体与做梦主体、电影与梦境、观影情境与镜像阶段、摄影机透镜成像与人类视觉之间普遍存在的相似性，本质上是一种关于观影主体的理论。意识形态电影批评理论认为电影属于意识形态上层建筑，无论就电影的生产机制、电影表现的内容和形式，还是电影的基本装置而言，都具有意识形态的性质。女性主义电影批评理论意在解构、批判以好莱坞电影为代表的电影性别观念和秩序，揭示和抨击银幕上的性别歧视，阐明男权社会的无意识所构成的电影形式的反女性本质。90年代以来，随着后殖民主义文化潮流的发展，后殖民理论逐渐进入电影理论的视野中。后殖民主义电影理论研究批判西方电影话语中心和由西方电影话语制造出来的他者，为揭示权力结构关系和影像文化交流提供了一种理论批评的可能。

21世纪之后，电影理论家D.波德维尔在结构主义和后结构主义的基础上，吸纳了前人的理论成果，提出了相对严谨的"中间理论"，将创作者、影片文本、观众都纳入其理论框架中，确立了认知主义的理论范式。然而，随着电影技术和观念的不断更新，电影理论面临着自身认知的危机。

（邵牧君　撰　丁亚平　冀心蕾　修订）

《电影论文集》 *Film Proceedings*　中国电影论文集。**夏衍**著。中国电影出版社1962年出版，1979年再版。32开。文集是作者1949年以后发表的有关电影方面的论文选辑，共分四个部分。第一部分着重叙述了中华人民共和国成立以后电影发展的概貌与前景；第二部分回顾了中国电影发展的历史和中国共产党对电影事业的领导；第三部分对电影创作方法进行了探索和论述，提出自己对小说和舞台剧改编为电影的见解；第四部分是一些电影评论。文集对中国共产党对于电影事业的坚强领导和毛泽东文艺思想对电影事业的伟大指导意义，做了明确而又深刻的阐述，具有鲜明的时代性和战斗性。文集言简意赅，言近旨远，具有鲜明独特的风格。再版时，作者对一些文章进行了删改和修订。

（茹　苓）

电影美学　film aesthetics　研究电影艺术基本规律和电影审美特性的学科。是美学与**电影学**的交叉学科。电影美学伴随电影艺术本身的发展，其研究方法也在人文学科的演进中有所变化。关于其学科性质和研究对象，主要有三种意见：①研究电影与现实的关系，即如何运用电影艺术手段认识现实、反映现实；②研究电影艺术的特性、电影思维与其他形象思维（文学思维、戏剧思维）的异同；③研究电影艺术的形式，如结构方法、表现手段、风格样式等。随着电影学研究范围的日益扩大及**电影哲学**、**电影社会学**、**电影心理学**、**电影符号学**等学科的出现，电影美学的内涵和外延始终处在丰富和扩展的动态过程之中。对此，又有多种看法。一种认为电影美学应该包括上述这些新兴学科；另一种认为电影美学作为美学的一个分支，有其独立的研究对象，不宜与这些学科混同；还有一种认为，由于美学研究的多样化现状，电影美学在方法论方面，除传统的实证主义、直觉主义、精神分析学、女性主义等方法论外，也应采用文化分析、意识形态分析、新历史主义及科技美学等新的方法论。在电影美学的发展历程中，出现过蒙太奇（或称形式主义）、纪实美学（或称写实主义）等不同理论取向，其本质均源于对电影与现实关系的思考。

（张骏祥）

电影民族风格 national style of the film 电影在内容、形式、格调、表现手法等各方面所体现的民族特色。每一个国家或民族都用电影反映自己民族的生活，也必然要使电影和本民族的审美观念相适应。在具体实践中，电影艺术家总是根据本民族的思想、感情、伦理道德观念和审美理想来选择题材、提炼主题、安排情节、塑造形象。不同国家、民族的语言、绘画、音乐等方面固有的民族色彩，也必然要渗透进电影的对话、作曲、美术造型等创作中来。因此影片具有民族特色，深刻地体现着民族气质、民族性格与民族精神。

电影民族风格是由同一民族的电影艺术作品中所概括出来的共同特征，是区别于其他的民族电影作品的个性标志，也是各民族电影艺术家在长期实践中表现本民族生活与形式而形成的相对稳定的艺术特征。电影民族风格是民族性的具体体现。在内容上，选择和反映植根于本民族生活的民族题材和民族主题，塑造具有鲜明民族色彩和民族性格的艺术形象，表现一种民族精神和民族思想内蕴；在形式上，注意民族影视语言结构和手法的民族化等。思想内容和艺术表现形式上越是民族化的作品，越能被人民所接受，也越具有审美价值。

电影民族风格不是一成不变的，在不同时代会有所发展，在不同艺术家作品中又有所不同，因而形成不同的时代风格和个人风格，但是又都离不开总的民族风格。日益扩大的国际文化交流，使电影在表现方法上相互影响。借鉴他国的优秀成果，以扩大视野，开阔思路，丰富自己的创作技巧和表现手段，是各国电影事业共同遵循的发展道路。但外来的东西只有经过选择、取舍，经过消化融合，才能为我所用，才能受到本民族观众的欢迎。

（袁文殊）

电影片种 kinds of film 电影作品的类别。电影片种一般分为**故事片**、**纪录片**、**美术片**和**科教片**四大类。每一片种或由于内容性质或由于制片方法，又可分为许多门类（分片种）。故事片分**西部片**、**爱情片**、**强盗片**、戏曲片、**武侠片**等；美术片分动画片（包括**水墨动画片**）、**木偶片**、**剪纸片**、**折纸片**等；纪录片分时事报道片、**文献纪录片**、自然地理纪录片、专题纪录片等；科教片分科学普及片、科研片、教学片、社会科学片等。

（戴中孚）

电影评论 film criticism 对一定的电影创作现象进行的分析和评价。又称电影批评。电影评论以具体的电影现象为研究对象，提出并阐发具有普遍性、规律性的问题和见解，在以电影创作为直接评论对象的同时，又间接评论与作品有关的社会生活，因此具有鲜明的现实性、严密的科学性和明显的社会性。电影评论与电影理论不同。电影理论主要研究电影创作的基本原理和规律。但两者又有密切的联系，电影评论对某一电影创作现象的分析和评价，实际上是一定的电影理论、观点的具体运用，而电影理论对电影创作的直接影响和指导，又常常通过电影评论来估价。电影评论的对象是电影创作现象，包括电影作品、电影艺术家的创作活动、一定历史时期的电影状况和倾向以及某些电影的风格、流派等。

目的 电影评论的目的在于分析、评价蕴含在银幕形象中的审美价值、认识价值及其社会意义，既分析影片的生活内容和思想内涵，又探讨其美学价值、艺术风格和表现技巧，把影片的形象与主题、内容与形式作为有机的整体进行考察，并做出鉴别和评价。

作用 电影评论的作用主要有两个方面：一方面通过分析影片的成败得失、研究创作上的经验教训、阐发电影创作的某些规律性问题，帮助作者开阔视野，提高创作水平，以促进电影艺术的繁荣和发展；另一方面，通过分析和评价，影响观众对影片的理解和鉴赏，提高观众的欣赏水平，观众欣赏水平的提高，又能反过来促进电影艺术的发展。

电影创作受时代、政治及文化的影响。电影评论认真地研究评论的对象，了解影片创作生产的实际情况，了解创作者生活的时代和作品反映的时代。为了引导观众对影片的鉴赏，电影评论家须了解观众对影片的反映、他们的兴趣、他们的喜恶和愿望，听取他们的意见，在此基础上提出自己独到的见解和评价，以求对影片的创作者和观众有所启发和帮助。

对影片或其他创作现象的分析和评价存在不同的意见是经常发生的，对重大原则分歧更应展开讨论和争论。充分说理的讨论，对电影评论本身的检验和发展有利，对电影创作和观众鉴赏也有启发和裨益。

内容 电影评论的内容是多样的。有着重评论影片的题材、主题、人物和它的社会意义的，也有专门论述不同片种、样式或影片的艺术风格、造型表现手段和电影语言的运用的；有对某一时期、某一流派的电影创作进行专题评论的，也有为著名的电影导演、演员等电影艺术家撰写评传的；既有在报刊上对当时上映的影片或某种创作问题写专栏评论的，也有对一定时期和范围内的影片进行评论的。由于读者和观众的层次不同，既需要供电影专业工作者研究用的专题论文，也需要有提高一般观众欣赏水平的影评文章。

方法 电影创作在发展，电影观念在变化，与电影评论密切相关的哲学、美学、社会学、艺术学等学科的不同学派，以其各自不同的观点和方法渗透到电影研究和评论领域中来。尤其是20世纪50～60年代以后，其他学科的专家学者对电影的研究和评论日益增多，而从事电影评论的工作者也对其他学科的方法论进行研究，并运用到电影评论中来，如结构主义、符号学、叙事学、女性主义、意识形态、文化研究以及系统论、信息论和控制论等。由此造成了电影评论方法的多样化。

在中国，电影评论通常考虑如下几个方面：影片的倾向性和真实性是否统一；人物的个性化和典型性如何；影片从内容到形式对时代的反映是否有创新精神；影片是不是有鲜明的民族风格和创作个性；影片在电影观念和电影语言的运用上进行了哪些有价值的探索；影片的观赏性及其社会效果如何。

概况 早期的电影评论开始出现于20世纪初。意大利诗人、电影先驱R.卡努杜在巴黎率先对电影进行评论，并于1912年发表了著名的《第七艺术宣言》。随着电影艺术的发展，电影评论越来越显示出它的作用。定期或不定期地举办国际电影节的评奖活动，也是国际上进行电影评论和文化交流的重要形式。如美国电影艺术与科学学院每年主办的评选影片和创作者的**奥斯卡奖**和纽约影评人协会主办的纽约影评人协会奖等。

在中国，20世纪20年代初报刊上开始有影评文章。1932年中国共产党在电影界成立了以**夏衍**为首的电影小组，创办了左翼电影工作者的理论与批评的刊物《电影艺术》杂志。中华人民共和国成立以后，电影评论有了进一步的发展，在及时地分析、评论新的影片，肯定成就，批评缺点，讨论问题，总结经验及评介国际上各种电影和电影理论等方面都取得了新的成就，专业和业余的电影评论队伍成长和壮大了起来。1981年1月24日，**中国电影评论学会**在北京成立。学会对新时期的影片、电影美学、电影语言和创作中的问题展开评论和探讨，并通过年会交流情况和思想。同时全国不少省、市、自治区相继成立电影评论学会，各地基层的群众影评组织和活动更是像雨后春笋般地建立和开展起来，许多工厂、学校也在开展多种形式的影评活动。广泛的群众性是中国电影评论的重要特点之一。在评奖方面，诸如“金鸡奖”和“百花奖”，从不同角度评价、表彰和奖励每年涌现出来的优秀影片和为电影艺术做出可贵贡献的电影工作者。90年代末期随着互联网平台的出现，网络影评诞生，网友在网络电影论坛上发表对电影的评论。21世纪以来，伴随中国电影产业的崛起，网络影评成为电影口碑的重要来源，借助微博、微信等移动互联网平台，网络影评在电影产业中开始发挥重要作用。（王世桢）

《电影求索录》 *A Record of Film Exploration* 中国电影论文集。袁文殊著。中国电影出版社1963年出版，1980年再版。32开，285 000字。文集收入了作者20世纪50～60年代的电影评论文章。作者在高举毛泽东文艺思想旗帜，坚持电影为工农兵服务方向的前提下，对电影艺术的特性，电影创作中的典型形象塑造，电影中的人物、性格和情节结构以及编导演合作等问题，进行了探讨。主要包括故事片《战火中的青春》《智取华山》《革命家庭》《红旗谱》《红色娘子军》《枯木逢春》，纪录片《两种命运的决战》，科教片《金小蜂与红铃虫》等作品的影评。再版时作者对个别文章做了删改和修订，并写了序。（茹　苓）

电影融资　film financing　为电影项目筹集资金的行为和过程。电影融资的主体可以是个人、团体、电影企业或金融机构。电影融资形式主要有银行贷款、产业链内部融资、广告植入、完片担保、版权预售、互联网众筹融资等。美国是世界上较早开始实行电影融资的国家，已经具备了比较完善的融资机制和保障机制。进入21世纪之后，中国电影市场快速发展，产业规模持续扩张。中国电影主要有以下几种融资方式：①银行贷款。电影企业将上一部影片的收益，企业的实物资产、股权、有价证券或电影的版权质押给商业银行，以取得一定金额的资金支持。②版权预售。在电影制作完成之前，制片方可以向各发行公司、放映商预售发行权和放映权，以快速回收部分资金支持影片制作，同时也能预售合同作为融资的担保。其中，“保底发行”也是版权预售的一种形式，即发行方拟定一个电影预估票房作为保底票房，无论电影实际的票房如何，制片方都能得到发行方许诺的金额。而超出保底票房的部分，则按双方约定的比例分账。③上市融资。影视公司根据自身的影视剧投资生产经营状况、资金拥有状况以及影视剧项目收益预期等，通过上市的方式，从一定的渠道向公司的投资者和债权人筹集资金、组织资金的行为。④互联网众筹融资。由电影项目发起人在影片投资拍摄环节通过互联网金融理财平台，面向社会大众募集资金，再通过一定形式偿还借款。这是互联网金融与电影产业的融合创新。⑤电影私募股权融资。即专业投资电影的私募股权融资行为。私募股权基金包括两种方式，对影视机构的投资和对影片的单独投资。（沈　丹）

电影上座率　film seating rate　电影在上映档期内，影院放映时购票的观众人数占该影院座位总数的比例。电影上座率的计算公式为：

上座率＝(影院售票数 ÷ 影院座位数)×100%

对于电影本身而言，电影的观影人数以座次为单位，观众购买的每一张票等同于一个影院的座位，电影上座率反映了一部电影在上映档期内观影人次的多少，能够呈现出电影的卖座程度，也是衡量电影本身商业价值的标准之一。

对于影院而言，在每场放映费用固定的前提下，每多售出一张票，便会多一份收益，因而提高电影的上座率是影院经营的重要目标。此外，在以市场为导向的电影产业链中，影院都会根据电影上座率，来调整对影片的排片，进而会影响到每部影片在影院的上映场次、天数。

电影上座率的高低不仅与影片的质量有关，而且与同期投入放映的拷贝量、放映场次和放映时机等有着很大关系。在一般情况下，上座率与影片质量成正比，与同期投入的拷贝量成反比。（高　飞）

电影社会学　film sociology　研究电影的社会功能、电影与社会及观众的相互关系的学科。电影社会学研究特定社会和观众的需求对电影艺术家创作的规定和影响，研究电影现象的内在过程、内在结构以及观众需求的演变而引起的艺术风格变化等问题。

一般认为，电影社会学作为一门人文科学学科，开始于英国J.P.迈耶的《电影社会学》(1945)。另一英国电影理论家R.曼维尔的《电影与观众》(1950)，也被认为是电影社会学方面的重要著作。20世纪60年代末70年代初，随着西欧社会动荡，人们对电影与社会、电影与政治等关系问题日益关注，西方电影研究界突破了过去引为常规的对电影的纯艺术分析，出现了各种各样的社会学电影理论，这使电影社会学的研究对象和范围有所扩展。70年代后，俄罗斯也很重视这方面的研究，并设立了专门的电影社会学研究机构。

在中国，从20世纪30年代开始，一批左翼电影工作者和电影评论家对电影的社会功能等问题进行研究。他们十分注重对电影作品的社会内容进行分析，把电影与当时的民族解放斗争联系起来，发挥了积极的战斗作用。中华人民共和国成立后，从社会学角度研究电影的文章与专著迭有出现，并已逐步做到将电影作品的社会分析与艺术分析结合起来。80年代，一些电影研究者明确提出建立“电影观众学”的主张，力求对中国电影观众结构的特殊性、各时期社会心理的变化对电影创作方向的影响等问题进行科学分析。21世纪之后，电影学者开始更多研究电影市场和产业等方面的社会学因素。（张骏祥）

电影诗学　poetics of cinema　研究电影艺术特点及美学表现手段等问题的理论。电影诗学这一概念可以追溯到亚里士多德的《诗学》。亚里士多德在这部著作中不仅提出了“艺术模仿自然”的美学原则，还试图批判地研究古希腊文学特别是史诗和悲剧发展的经验，确定它们共同的、稳定的组成元素，以及各种文学、样式的独特本性和内在结构原则。1915年，美国诗人N.V.林赛在《电影艺术》中首先提出电影语言和电影诗学的问题，并对电影的样式进行分类，是最早的电影诗学著作。

世界的电影诗学发展经历了三个阶段：①20世纪20年代，法国电影先锋派自称“银幕上的诗人”，把“诗的语言”当作电影语言的同义词，宣布“电影就是诗”。苏联蒙太奇学派积极探索电影的隐喻、象征、节奏等问题。俄苏形式主义理论家B.艾亨鲍姆、V.什克洛夫斯基等人出版的论文集《电影诗学》(1927)，分析了影片结构和具体技巧的功能，探索电影建构的基本原理和修辞特征。②20世纪30年代开始，苏联及西方多国的电影诗学论著已不局限于研究“诗的语言”问题，而是突破“诗电影”的框框，拓展到论述电影艺术特点、电影语言、电影结构等问题上来。③20世纪50年代以来，各种哲学美学思潮、各种邻近交叉学科相继渗入电影创作实践与理论研究，电影诗学衍生出许多分支，比如电影现象学、电影符号学、电影文化学，呈现出多元化发展的趋向。一般认为，现代电影诗学应着重研究形象化地体现生活的电影形式和手段。

中国的电影诗学在借鉴世界电影理论成果的同时，系统探索和总结民族电影的语言、样式、流派等艺术经验和规律，突破“诗电影”或“电影诗”的局限，不仅研究“诗的语言”，而且对电影风格、样式、结构、形象体系等涉及电影艺术特点的众多问题进行广泛研究，将民族文化与电影传统结合起来，适应时代新发展，对于电影创作实践起到了重要推动作用。

（刘宇清）

电影时间 film time 电影对现实时间的艺术再现。电影的特长是表现事件，在时间的推移中展示空间。时间可以帮助人们了解事情的本质。电影通过一系列连续活动的画面来描述事件，它瞬息万变，而绘画、雕塑等空间艺术则不会因时间而发生变化。电影中的运动是在一定时间过程中发生的行动，是可见的。在现实生活中，时间是连续向前的，既不可跳跃，也不可逆转，人们只有在它的流逝和消耗中才能感觉到它的存在。电影却获得了绝对掌握时间的可能。电影能对现实的天文时间作相等、延长、缩短、停滞、重复等创造性处理，能把过去和未来、现实和回忆通过顺序、交错、颠倒等方式组接在一起，还能功能性地再现和运用时间运动中由各单位时间的时值差所形成的节奏感。因此，电影时间是一种假定性的、艺术化了的时间形式，它既可以产生现实时间运行的真实感，又享有现实时间所不具有的自由度。随着摄影技术和剪辑技术的不断发展，电影充分展示了作为一种综合性时空艺术的魅力。电影在利用空间能动性的同时，也发掘出了时间的可塑性。电影不再简单地复制时空，而是以重新建构、赋予生命的方式加以表现。摄影机的运动方式，以及镜头焦距的变化，能起到各种各样的空间效果，而摄影机在拍摄中也能通过改变速度来创造奇特的时间效果。

低速摄影（拍摄频率低于每秒24格）能够压缩时间，造成快动作的画面效果。高速摄影（拍摄频率超过每秒24格）则能延长时间，造成慢动作的银幕效果，用以创造特定的艺术气氛或细密解析动作过程。逐格摄影能使活动缓慢的被摄对象以较快的动作在银幕上映现出来，定格则能使银幕上映出的活动影像骤然停止而成为静止画面。有些影片在结尾时会使用定格镜头。剪辑在电影时间上可以施展更大的魔力。它通过压缩和扩延生活中实际的时间数值，来创造独特的时间感流经画面，而这种经过变形的时间却不会给人以任何违背生活中实际时间的感觉。电影破坏了时间的连续性，却创造出新的更有力度的连续性，这也正好体现了电影的迷人魅力。剪辑一般通过两种方式来呈现画面之内的时间。一种是利用交叉剪接来拉长或压缩一个动作的时间。岁月的流逝、人生的沧桑在电影中也许只需一个镜头就可以迅速翻转过去。S.莱翁内的《美国往事》用一个“照镜子”的动作，就把青年的“面条”连接到老年的“面条”，瞬间便告别了35年之久的青春岁月。另一种是在连接场面、段落中，使用翻板、划像、叠化、淡出淡入等光学技巧，对影片的速度产生影响，来影响观众对时间的感受。

B.贝拉在论及电影时间时，认为电影赋予时间三种含义：放映时间、叙事时间和观看时间。放映时间指的是影片放映所占用的客观时间。叙事时间指的是剧情的展示时间，即影片中人物所涉及的时间跨度，其长度取决于剧情。观看时间指的是观众本能地产生的印象的延续时间。一部影片既可以表现几个小时甚至几十分钟发生的事情，也可以概括几十年甚至几个世纪的社会变迁。电影时间还可根据剧情需要自由地转换表现形态，现在时、过去时和将来时可以来回穿插、交替呈现，甚至可以并存。电影中的时间形态是依据内在叙事逻辑使用的，是作为人物的心理时间出现的。像闪回这种在电影中常见的打乱时间顺序的手法，也是人物意识活动的视觉化。因为人物的意识、无意识、潜意识回到了过去，画面就把人物意识活动中的过去再现了出来。事实上，画面本身是没有时间性的，是影片的叙述方式使其穿越时间。虽然影片叙述的都是已经发生的事情，而观众看到的只是眼前发生的事情。电影必须借助字幕、对白、旁白以及影调等元素，才能造成时态转换的幻觉，在回忆、想象之间自由流动。人物的意识活动无论是回到过去还是跳到未来，都是为了说明和放大现在的状态。

（储双月）

电影市场 film market 电影作为商品进行发行、放映、交易以及相关产品进行商业运作的场所和领域。电影是一种既有物质产品属性又有艺术作品特性的文化产品。电影产品必须进入市场才能实现完整的流通过程。电影企业为满足观众需要、获得经济效益的全部活动，都在电影市场中进行。

中国电影市场通常由一级电影市场、二级电影市场和农村电影市场三个部分组成。一级电影市场即通常所说的城市电影票房市场，是隶属于主流电影院线的电影市场。二级电影市场通常指县级城市以上，未参加主流院线的城镇放映经营单位（影院、影剧院），以及包括礼堂、俱乐部、活动中心、社区活动站等。这些单位通常没有安装计算机售票系统，以租片放映或者买断地区放映权组织放映的形式为主。农村电影市场指农村电影工程覆盖的放映市场，是国家为满足农村地区居民观影需求而组建和发展起来的公益电影市场。中国电影市场日趋成熟，一级、二级市场的界限正在逐渐模糊。伴随着国家文化公共服务的日益普及，广大农村市场及大专院校、工矿、机关、企事业单位等的放映活动正不断扩大电影市场的边际范围。

（沈　丹）

《电影手册》 *Cahiers du Cinéma* 法国电影刊物。世界上历史最悠久、影响最大、最负盛名的电影杂志之一。1951年由A.巴赞、J.多尼奥尔-瓦尔克洛兹和J.-M.洛杜卡创建，用以纪念因创办人J.G.奥里奥尔的逝世而停刊的另一本法国电影刊物《电影杂志》。巴赞担任主编直至去世。《电影手册》以巴赞为精神领袖，聚集了一批富于先锋反叛精神的青年影评人，他们以巴赞的电影美学观为旗帜，发表大量理论文章，倡导“作者论”。1958年后，其中一些影评人参与拍片实践，成为影响深远的法国新浪潮电影运动的主力干将。

《电影手册》致力于发掘全世界优秀的电影作品，破除偏见，对美国导演J.福特、H.霍克斯和A.希区柯克等人的作品推崇备至。既发表S.M.爱森斯坦、L.布努埃尔等导演讨论电影语言的长文，也对F.特吕弗、C.麦茨等人的电影学术思想进行介绍，引发学术讨论热潮。《电影手册》的常设栏目有“作者研究”“影片分析”“导演访谈”等。“作者研究”每期推介一位重点人物，F.费里尼、P.P.帕索里尼、S.库布里克等已逝大师，以及当下活跃于电影创作的北野武、吴宇森等人，都曾进入该栏目专题。“影片分析”推介影评家对重要影片有分量的评论文章，《约翰·福特的〈青年林肯〉》以及对《筋疲力尽》《妈妈和妓女》等影片的评论文章，都曾产生过很大反响。“导演访谈”聚焦于正在进行新片拍摄的重要导演的现场采访，M.斯科塞斯、W.艾伦、王家卫等导演都曾接受过采访。此外，《电影手册》还对不同国别的民族电影进行深度报道。2000年10月，《电影手册》新版面世。2003年，杂志被法国世界报报业集团收购。

（安　燕）

《电影双周刊》 *City Entertainment* 中国电影杂志。1979年由陈柏生、刘志华等人创刊于香港。杂志前身为香港导演唐书璇于1975年创办的电影杂志《大特写》。最初为黑白印刷，1990年10月起改为彩色印刷。由电影双周刊出版社出版，每年出版26期。杂志主要设有人物介绍、名人专访、中外影圈盛事、综合报道、同期上映电影比较等栏目。除此之外，杂志还有电影评论，包括电影编导手法、影片艺术、影片票房、个别演员演技等，另外也以一定篇幅报道剧艺、唱片、音乐、舞蹈等方面的活动。20世纪90年代初期，杂志每期销量达13万册以上。1997年以后，销量随着香港本地电影渐走下坡路及网络冲击而开始下降，停刊前每期的销量仅数千册。2007年1月杂志在创刊28年后停刊，共发行724期。

杂志专业性、可读性较强，并坚持一定的深度与独立性，在关注本地电影发展的同时亦关注海外电影市场状况，并对相关电影工业、技术、人才发展进行介绍和推荐，较为全面和细致地记录和反映了香港电影28年的发展，是研究香港电影的重要史料。停刊后，编辑部整理刊物历年的资料，出版了相关专题书籍，如《香港电影黄金年代：80年代1000部》《香港电影黄金年代：90年代1000部》，包括按类型片分类的香港电影图鉴，及吴宇森等人的访谈录等。

杂志于1982年曾成功举办**香港电影金像奖**，并主办第1届至第8届。杂志每年评选的“十大华语片”及“十大外语片”也有一定的影响力，1996年杂志将此评奖纳入香港电影金紫荆奖中。（张承宇）

电影思维 film thinking 创作者对电影进行艺术思考的一种感知和能力。电影思维直接指导电影文本创作和拍摄制作，影响最后呈现的艺术效果。电影思维的基础是对生活以及社会的思考，对美学的感知以及基于电影视听语言的艺术把握能力。电影思维要求最大程度发挥电影特性的要求，并贯穿着电影创作的始终。因此，参与影片前期策划、中期拍摄制作、后期剪辑包装以及电影营销发行的全体人员皆需要有着不同侧重点的电影思维能力，并且协同各个部门间的配合。电影思维的具体形式根据不同作品的不同要求而改变。此外，不同的艺术家基于个人的成长经历、艺术审美、艺术个性和个人表达也会出现不同的电影思维，从而形成各自的创作特色。电影思维也指对电影相关学术理论的研究。（丁珊珊）

电影贴片广告 pre-movie advertisements 在电影放映前播出的广告。又称随片广告。电影贴片广告主要由制片方或发行方进行贴片，将广告直接注入影片拷贝或与影片内容打入一个数据包内。贴片广告与它所依附的电影关系密切，其传播时段、地域、周期都受影片投放时段、地域和上映时期的直接影响。其风格、基调与所依附的影片统一和谐，可以提升广告的传播效果。贴片广告的到达率很大程度上依赖于影片的市场号召力，因此大导演、知名演员、大制作的影片往往会成为贴片广告的优先选择对象。贴片广告还包含以推广电影为目标的推片广告。

作为一种新的广告媒介，贴片广告最早产生于电影文化和广告市场都比较成熟的美国。中国的电影贴片广告的雏形，可以追溯到早期电影院为营造良好的观影氛围而在放映前播放的一段“禁止吸烟”“不要大声喧哗”的幻灯片。1994年，中国电影公司委托广告代理公司进行电影贴片广告的招标。1995年，“央视三维”的创始人张庆永第一次为“肯德基”在内地制作并发布了电影贴片广告，这是国内第一个电影贴片广告。1998年，受美国贴片广告热潮的影响，中国贴片广告市场发展迅猛。同年7月，中国电影发行放映协会出台了《电影广告试行办法》，对贴片广告的价格、时长、监察、分配等做出具体规定，使贴片广告有了自律规则。此后，国家行业主管部门多次出台相关法规条文，促进电影广告市场健康有序发展。（陆 蕾）

电影心理学 film psychology 依据心理学原理和范畴研究电影视觉特性、电影创作与观众感受的电影理论分支。是心理学与电影美学的交叉学科。1916年，德国心理学家H.明斯特伯格发表了《电影：一次心理学研究》，这是运用心理学研究电影视觉特性和影片创作心理层次的初次尝试。1932年，德国心理学家R.爱因汉姆的《电影作为艺术》一书从完整的格式塔心理学理论出发，研究了电影影像的物理特征和电影作品的艺术特性。1940年，法国作家A.马尔罗的《电影心理学简论》一书对电影的本性及其表现手段（如蒙太奇、对话等）做了心理学的论述。随着电影艺术理论和电影创作实践的不断丰富，自20世纪40年代末期起，从心理学角度研究电影现象的著作陆续问世。1963年，法国电影理论家J.**米特里**的《电影美学与心理学》（第一卷）问世，这部百科全书式的巨著广泛涉及电影结构和形式、蒙太奇和景别、色彩和音乐诸因素的美学和心理学研究。60年代末期至70年代初期，J.拉康的精神分析心理学渗入电影理论领域。精神分析学的重要范畴（如无意识、前意识、镜像阶段、初始场景、浓聚、移换、窥淫癖、裸露癖）进入电影理论，用以解释电影的机制、观看主体的心理活动、电影作品的创作和感受过程，从而形成现代西方电影心理学的重要内容。（张骏祥）

《电影欣赏》 *Film Appreciation Journal* 中国电影刊物。1983年创刊。起初为月刊，20世纪90年代中期改为季刊。“财团法人国家电影资料馆”（台湾）出版。《电影欣赏》最初主要登载影评，翻译专业电影理论，介绍中国台湾岛内外电影活动，有较强的知识分子气息。自20世纪90年代开始关注台湾本土电影。从1999年开始，该刊每期推出一个专题，包括欧洲各国电影、电影技术、类型片、作者导演、性别理论等。2014年春季号全新改版，将半年出版的《电影欣赏学刊》并入每期的“学术论文”单元，另新辟多个栏目。杂志比较固定的栏目有：封面故事、编辑室报告、影史纵横、口述历史、专题、影坛产业动态、媒材跨界和书评书介等。该杂志的创立正值20世纪80年代**台湾新电影运动**兴起之时，杂志偏爱艺术电影，具有学术性，追求历史厚度和知识深度，以延续台湾严肃电影评论研究为己任。（张承宇）

电影叙事学 film narratology 依据文学叙事学或符号学原理研究电影叙事元素和结构的学科。电影叙事学借用语言学和叙事学的基本概念和方法，把电影技术视为电影叙事的重要元素，将作为艺术美学的传统电影叙事研究变成深入细致、精确烦琐的定量分析和科学研究，一方面推动了电影叙事技巧的发展，另一方面影响了**场面调度**、摄影、机位、景深、景别、灯光、音响等具体技术手段的变化。

20世纪70年代，受现代结构主义叙事学和符号学的影响，经典电影理论向现代电影理论过渡，形成了电影叙事学。电影叙事学的主要任务是从理论上论证电影在再现前提下的叙述方式。电影叙事学研究者广泛借用现代叙事学的理论模式来研究电影的叙事结构、叙事语式、叙事语态、叙事时态和叙事角度。例如：P.沃伦将V.普罗普研究民间故事的方法用于好莱坞电影的情节分析；C.麦茨认为电影的主体是叙事艺术，在发展过程中形成了自己特有的叙事形式和结构，比如“组合段”理论；法国电影叙事学家F.若斯特认为，叙事以事件的转变为前提，意味着时间性，因此并非所有的电影（影像）都存在叙事。当代电影叙事学十分关注叙事的角度，即“谁在叙述”“谁在看”的问题。若斯特根据电影的声画特性，把叙事角度分为视觉角度、听觉角度和所知角度三个范畴，并进一步提出“目视化”的概念；D.波德维尔在《故事片中的叙述》(1985)中，综合前人的研究成果，对电影叙事学的所有概念都做了相当全面的论述，并且立足于好莱坞的情节电影，形成一种比较实用主义的理论。

电影叙事学为研究影片的叙事主体、叙事时间、叙事空间、叙事角度、叙事习惯与风格提供了重要依据，为电影创作者提供了创新的可能。电影叙事学的不足在于它没有进入社会文化层次，而只是在电影文本领域内进行单纯的语言研究，关注能指的组织结构，把所指排除在外，因此没有从根本上解决电影的表意问题。电影叙事语言在本质上是社会文化的编码，任何语言语法的规则都由社会文化语境决定，只有把文本置于预警之中，电影叙事问题才能从社会文化历史角度得到全面的阐述。

扩展阅读

杨远婴.电影理论读本.北京：北京联合出版公司，2017.

（刘宇清）

电影学 filmology 从社会文化现象、审美现象及大众传播手段的角度研究电影的学科。电影学以电影的艺术创作规律为研究对象，在其发展过程中与哲学特别是美学有着紧密联系，与艺术学的其他分支以及历史学、社会学、心理学等学科也有较多关联，但它不等同于为达到一般美学、社会学、心理学、教育学或其他学科目的的电影研究。按照传统的分类法，电影学分为三个部分，即电影理论、电影史及电影批评。第二次世界大战结束后，特别是20世纪50～60年代以来，电影学突破了传统分类法的框架，出现了一些新的分支，如**电影社会学**、**电影心理学**、**电影符号学**、**电影美学**、**电影哲学**、**电影诗学**、电影媒体学、电影人类学等。这些新分支的出现表明电影学与其他学科相结合的发展趋向，意味着在运用各学科的方法论研究电影问题的过程中，电影学的研究领域在不断扩大。

发展历史 电影学的概念最早由德国学者M.狄索瓦提出。他认为，为了研究各种艺术形式及其规律，有必要建立美术学、诗学、音乐学、戏剧学、电影学等“特殊艺术学”，而对这些研究的重要成果进行概括比较则是“一般艺术学”的任务。狄索瓦所提出的“电影学”概念偏重于电影艺术本身的研究，可称之为“电影艺术学”，这与第二次世界大战后西方各国开展起来的以多学科综合研究为基本特征、囊括电影研究一切领域的“电影学”，在含义上不完全一致。“二战”后不久，巴黎大学的教授们酝酿成立了“电影学研究中心”。1948年，以美学家E.苏里奥为首，正式成立了“电影学研究所”，并出版《电影学国际评论》。参加该研究所或为该刊物撰稿的除电影史学家、电影理论家外，也包括一些美学家、心理学家、社会学家、精神病学家、教育家等。继法国之后，英国、比利时、西班牙、瑞典等国也都成立了电影学研究小组。在联邦德国的威斯巴登和民主德国的柏林，分别设有专门的电影学研究所。苏联在20世纪70年代建立“电影史与电影理论研究所”(后改称电影艺术科学研究所)。

电影学一词虽然在第二次世界大战后才流行起来，但它作为一门学问，在电影的襁褓期就已经出现。从20世纪初期开始，就有一些学者分别从哲学、社会学的角度，以及从美学、心理学、艺术学的角度来研究电影问题。前者着重于研究电影的社会功能、电影在人类文化中的地位等；后者则把探讨的重点放在电影有别于其他艺术的特性方面。最早出版的电影学著作是意大利学者G.帕皮尼的《电影哲学》(1907)及E.de阿米奇斯的《理性电影》(1907)。另一位意大利人R.卡努杜在1908年也开始发表自己的著作，探讨电影与其他艺术的近似之处。卡努杜在1911年发表的《第七艺术宣言》，在电影史上第一次宣称电影是一种独立艺术，从此，“第七艺术”成为“电影艺术”的同义语。卡努杜认为，在建筑、音乐、绘画、雕塑、诗和舞蹈这六种艺术中，建筑和音乐是主要的，绘画和雕塑是对建筑的补充，而诗和舞蹈则融于音乐，而电影把所有这些艺术都加以综合，形成运动中的造型艺术。作为第七艺术的电影，是把静的艺术和动的艺术、时间艺术和空间艺术、造型艺术和节奏艺术全部包括在内的一种综合艺术。

在美国，20世纪10～20年代出现了两部重要的电影学著作：一是诗人V.林赛的《电影艺术》(1915)，提出电影是一种新型的文化意识的论点，并把电影的样式做了分类；二是哲学家和心理学家H.明斯特伯格的《电影：一次心理学研究》(1916)，做出了运用心理学研究电影视象特性和影片创作心理层次的尝试。

20世纪20年代，法国**先锋派电影**代表人物**L.德吕克**、G.杜拉克、J.爱浦斯坦等人的著作大量涌现，使这种研究更加深入。他们对电影中的诗意及“电影诗”进行了多方探索，企图确定电影有别于文学作品和舞台剧的诗学特点，认为电影采用的“诗的语言”应有别于“散文语言”。同一时期，苏联电影界以**S.M.爱森斯坦**和A.P.杜甫仁科为代表，也对电影中诗的语言特别是隐喻、象征、节奏等问题进行了积极的探索。他们没有像法国先锋派那样陷入极端，即宣称“梦幻、迷醉与精神错乱是电影诗的真正内容”，而是为了更有感染力地反映客观现实，才去探索诗的语言及富于诗意的隐喻。《**战舰波将金号**》(1925)的出现，既奠定了苏联电影“诗派”的地位，也证明了他们走着与西方先锋派的诗电影截然不同的道路。

在整个20世纪20年代及30年代上半期，不论在西方还是苏联，“诗的语言”与“散文语言”、诗电影与散文电影之争，一直是电影研究界的热门话题。在西方，除先锋派的一些代表人物外，法国别的一些电影理论家如L.慕西纳克、A.伯克莱、J.梯德斯哥、M.巴尔台希和R.勃拉西拉希等在当时发表的论著中对电影学问题都有所阐述，他们都拥护“**诗电影**”。同一时期，苏联“结构诗学”学派的一些代表人物也就电影与文学、电影中诗与散文的关系问题，发表了类似的看法。V.什克洛夫斯基的《文学与电影》(1923)和B.艾亨鲍姆主编的论文集《电影诗学》(1927)发表后，曾在苏联电影界引起了关于诗电影和**散文电影**的激烈争论。根据某些研究者的意见，30年代电影的发展“以散文电影对诗电影的明显优势而告终”。

有声电影兴起之后，将电影作为各种艺术手段和材料的有机复合体来理解等问题被提了出来，早先想从电影画面本性得出电影诗学规律的企图有了新的进展。20世纪初年的电影研究以“本体论”探索即探讨电影自身有异于其他艺术的最基本特征为主轴，20年代则以研究电影语言（“诗的语言”“蒙太奇隐喻”等）问题为主要特点。此后，这两者结合起来，使电影诗学著作兼有电影专业技巧及一般美学甚至于人文科学的性质。30年代一些著名的人文科学学者，如德国心理学家R.爱因汉姆、艺术学家E.潘诺夫斯基、社会学家W.本雅明，英国美学家H.里德，捷克斯洛伐克语言学家J.穆卡洛夫斯基，苏联语言学家R.雅各布森等，纷纷对电影艺术表示关注，就电影艺术特点问题发表过许多精辟的言论，大大促进了电影学术研究的发展。爱因汉姆、本雅明、T.阿多尔诺、B.布莱希特等人在这时期发表的有关电影的言论，更多是涉及心理学、社会学等方面的问题。匈牙利学者**B.巴拉兹**在这方面作出了重大贡献。他在1925年发表的《可见的人》一书，被认为是“宣告电影哲学和电影美学的诞生”的一部著作。随后他又写出了《电影的精神》(1930)、《电影美学》(1945)等书。在这些著作中，巴拉兹不仅热情歌颂电影这门新艺术，对它的巨大潜力做了一些预测和畅想，对电影的社会功能和美学成就做了充分的肯定，而且把电影摆在人类文化背景中去考察，分别根据无声和有声电影实践阐述了电影艺术的审美规律、音画形象性的潜力、电影表现手段（蒙太奇、结构、镜头、表演技巧）的综合运用等重要理论问题。

有声电影所带来的复杂的诗学问题，使20世纪30～40年代出现的许多电影著作带有专业技巧甚至于狭隘系统化的性质。这在英国电影学家R.斯波蒂斯伍德的《电影文法》(1935)和美国哲学家M.艾德勒的《艺术与理智》(1937)这两本书中表现得最为明显。他们都企图通过表现手段的分类来探索电影语言问题。将电影作为语言来进行研究的诗学著作继续出现，其中主要有意大利电影学家马伊的《影片的语言》(1947)，从如何影响观众的角度来分析电影各种表现手段；法国导演A.阿斯特吕克的《新先锋派的诞生：摄影机——自来水笔》(1948)，认为电影可以叙述任何最抽象的思想；捷克斯洛伐克学者叶雪克的《电影赋予生命的语言》(1946)，涉及电影作为语言和作为艺术的问题。此外，另一些学者如捷克斯洛伐克的库契拉、林加特、布劳乌西尔和英国的R.曼维尔、林格伦等，也发表了这方面的论著。

与西方情况不同，苏联20世纪30年代电影诗学性质的著作更多出自电影实践家之手，而且与艺术文化的总发展过程相联系，着重解决无声电影过渡到有声电影的条件下电影结构与风格的变化问题。**L.V.库里肖夫**先后出版了《电影艺术》(1929)、《电影中的排练方法》(1935)和《电影导演基础》(1941)等书，力求将他的导演工作经验系统化。爱森斯坦联系苏联和世界各国有声电影的实际演变，在20世纪30～40年代的一系列论著中探讨电影形象性特别是蒙太奇形象性问题。他和**V.I.普多夫金**都力求从蒙太奇诗学原则出发，在理论上阐明影片音画结构的可能性。普多夫金还着重于研究以表演手段创造人物形象的方法。论述电影编剧、摄影、造型等方面的著作也迭有出现，其中主要有尼尔森的《影片的造型结构》(1936)、伊奥斐的《艺术与有声电影的综合研究》(1937)、V.K.屠尔金的《电影的剧作》(1938)等。爱森斯坦、普多夫金、S.尤特凯维奇、什克洛夫斯基、伊奥斐等人还在各自论著中考察电影与传统艺术在结构上的共同性及起源上的联系，研究彼此间形象体系的相互联系。作为电影综合理论的独特总结及多年研究电影中形象结构规律的结论，爱森斯坦于40年代完成了《论作品的结构》等文并在后来组成以《并非冷漠的自然》为总题的系列文章。40年代下半期，受教条主义指导思想的影响，苏联在电影诗学探讨方面显露出不少弊端，如否定电影特性，对综合性做庸俗化的理解，无条件地肯定电影剧本的文学本性，片面强调戏剧传统在塑造银幕人物形象的决定性作用，过分注重造型形式的绘画本性等。

电影学在第二次世界大战后特别是20世纪50～60年代以后得到长足发展，主要有以下几点原因：①电影经历了半个多世纪的发展已日趋成熟，从理论上总结实践经验已具备了较充分的条件。②电影的社会功能及其在当代社会文化中的重要地位越来越受到普遍的重视，电影艺术向前发展，电影理论研究也必须跟着发展、丰富。③现代科学研究的发展，尤其是其他学科的专家学者对电影研究日益增长的兴趣，使电影学的研究范围和视野大有扩展，不再局限于电影本身问题的研究，而是与其他有关学科紧密结合起来。

“二战”后，尤其是20世纪60～70年代以来，电影学长足发展的主要标志是：电影专门研究机构不断发展，许多电影研究发达的国家都建立了相应的研究所或研究中心；电影研究深入各综合性大学；各种电影论著大量涌现。1990年以来，电脑特技进入电影制作领域。21世纪后，数字电影逐渐取代胶片电影，数字电影的研究也随之展开。

电影研究与其他学科研究相互结合，成为引人注目的重要趋势。许多社会学家、美学家、哲学家、心理学家、艺术学家、符号学家、人类学家、语言学家等，都对电影艺术产生极大兴趣，写出了不少专著。过去长期从事电影评论和理论工作的人也开始进入哲学、心理学等领域，依据这些科学学科的成就来丰富电影理论。

分支学科 随着研究的不断深入和拓展，电影学突破了传统分类法的框架，出现了一些与其他学科相结合的新分支。

电影心理学 包括电影作品在内的艺术作品是一种特殊活动的结果，这一活动称之为艺术创作。艺术创作并不是为了自身而存在，而是为了将艺术感受传递给观众、听众或读者。因此，有必要既对产生艺术作品的活动，也对该作品所产生的结果的活动即艺术感受活动进行科学研究。然而，艺术创作作为过程首先是一种心理活动，艺术感受也是如此。在现代艺术心理学的启发下，电影心理学既研究电影艺术家对现实印象进行创作加工的心理特点、作者个人的心理状态、电影作品充满动态的创作过程，即从构思到表现的一般和局部规律，也研究电影观众的心理机制、电影感受的规律性等问题，从而构成电影学的一个分支。它是心理学与电影学的交叉学科。

电影符号学 20世纪是一个极其广泛地运用沟通手段的世纪，符号学对这些手段的研究促成了沟通系统学科的建立。符号学是符号系统的科学。符号学研究的一些资料和成就很快被运用到艺术学中来。包括电影学家在内的艺术学家们发现，艺术中存在着类似于符号学所研究的系统现象，符号学的研究对象是符号活动主体→符号→意义→意义的外延→接受者系统；与之相应，艺术领域则表现为艺术家→体现艺术作品的物质材料→形成艺术意义的内容→被反映的现实→感受者系统。着手研究艺术信息从创作到感受的传导手段本身，构成了以研究沟通过程为主的艺术符号学。电影符号学作为电影学的一个分支，是把电影作为特殊的符号系统或符号系统的综合来进行研究的。所采用的主要是现代语言学、人类学、结构诗学的方法。在电影语言的分析方面，它已取得较多成果。20世纪80年代以来，西方电影符号学有与精神分析学相结合的趋向，从而出现了“第二电影符号学”的提法。

电影社会学 电影社会学以电影的社会功能、电影与社会和观众的相互联系作为主要研究对象。电影社会学性质的著作早已有之，但作为电影学的一门新分科，电影社会学肇始于英国学者J.P.迈耶的《电影社会学》(1945)。现代电影社会学研究特定社会和观众的需求对电影艺术家创作的规定和影响，研究电影现象的内在过程、内在结构以及观众需求的演变而引起的艺术风格变化等问题。因而它对电影观众的结构和类型、不同社会阶层的上座率、不同社会阶层对电影的态度、选择此一或彼一影片的原因、决定上座率的因素、看电影的余暇时间的变化、电影与电视的相互关系等，都进行细密的研究。电影社会学不仅研究电影的社会功能问题，而且研究电影进一步的发展及其对社会将要产生的影响，这使电影社会学进入了新的发展阶段。

电影哲学、电影美学、电影诗学　电影哲学、电影美学、电影诗学等分支的出现，是现代科学研究分工细密化的结果。在电影学中，电影哲学主要考察电影对象的意识形态实质及电影与各种哲学思潮的联系。意大利的G.维亚齐在1948年提出："电影哲学应该包括一切方面并回答这一领域可能出现的所有问题。"苏联的E.M.魏茨曼则认为，电影哲学包括两个基本范畴：历史——认识论方面和文化——社会学方面。电影诗学实质上是电影艺术学，研究电影的艺术特点、电影语言、电影样式、风格、流派、电影作品结构及其所运用的美学表现手段。电影美学的研究对象和范围问题在国内外学术界一直有较大争论，始终未有一致看法。一般认为当代电影美学的研究对象可以包括如下几个方面：①电影艺术与现实的关系，即如何运用电影艺术手段认识和反映现实的规律问题；②电影形象思维的特点，即研究电影艺术的形象特性、电影思维有别于其他艺术思维的特点问题；③电影中艺术形式的规律性，包括一般的规律性及特殊的规律性问题。电影既是审美现象又是社会现象。美学作为哲学与艺术的中间环节，既不能回避意识形态问题，也不可以只谈意识形态，以至与哲学、社会学分不清界限。同样，美学也不只是研究艺术形式特点问题而可以不受社会历史规定性的制约。如何在电影研究中找到这两者的"结合点"，是电影美学所面临的主要问题。

方法论　与现代科学研究发展的总趋势一样，现代电影学在分科细密化的同时，也关注综合研究和总体把握，因而方法论问题往往被提到重要的位置。电影学方法论与其他学科的方法论一样，以认识的一般方法论为依据，是以解决问题为目标，适用于电影具体研究领域并起指导作用的范畴、原则、方法和手段的总和。

由于基本立场观点的不同，苏联和西方学者所采用的研究方法不尽相同。在西方，学者较多采用直觉主义、实证主义、格式塔心理学等哲学方法，但也有一些学者受马克思主义的影响，力求按照唯物辩证法和反映论的观点来分析电影现象。在苏联，电影学的建设及其研究方法与反映苏维埃现实、塑造社会主义新人的总任务，与社会主义现实主义创作方法有较密切的联系。然而，20世纪20年代至50年代初，"形式学派"、庸俗社会学、"无冲突"论等也曾先后对电影研究产生过一定的影响。

20世纪50年代以来，随着传统电影朝现代电影的方向发展，其他学科的专家学者对电影研究日益发生兴趣，特别是结构主义、符号学以及系统论、信息论、控制论在电影研究领域的运用，使一些电影学家对传统电影学的方法论等问题进行了思考。新的方法论的基本特点是系统研究和总体把握，这有助于扩大电影理论研究的视野，但也引起一些争议。有些学者认为，艺术创作中始终存在非形式的方面和环节，亦即独特的个性化的结构，这要求做十分具体的艺术的感性的分析，而不局限于逻辑的纯理性的解释，包括电影艺术在内的艺术研究的主要方法还应该是美学和艺术学的方法。因此，新的方法论只能补充、丰富而不能推翻、取代传统的方法论。

就具体研究方法而论，从50年代开始，在西方国家明显地表现出两种趋向：①以经验归纳法为基础，企图从电影艺术本身去确定电影艺术的特性。②用推理演绎法，突破传统艺术学方法的框架，把电影作为社会现象，首先作为特殊的沟通系统，作为独特的语言来对待，以此解释它的本性。前一种趋向给予电影批评的发展以强有力的推动，在其基础上产生了各种经验的概念；后一种趋向产生了各种非电影专业的概念，即语言学中心主义的、社会学的、信息论的及其他概念。前者以法国学者A.巴赞的影像本体论和德国学者S.克拉考尔的物质现实复原论为主要代表，后者反映于电影符号学、社会学电影理论以及以信息论原理为主轴的各种论著之中。还有精神分析电影研究、意识形态电影研究、女性主义电影研究、族裔电影研究等，把文化理论应用到电影研究中。

进入21世纪，随着电影观念的变化，电影研究方法也有了新的进展，电影学批判吸收多学科研究的理论成果，综合当代电影实践的成果和媒介演进过程中的新的趋势，将电影研究与哲学、美学、心理学、社会学、符号学、媒介学等学科的方法论结合起来，经常就电影研究中的经验层次和理论层次的相互关系、传统方法论与新方法论在互联网语境下电影研究的适用性等问题进行探讨和争论。

（郑雪来　撰　丁亚平　修订）

电影眼睛派　Kinoks　以D.维尔托夫为首的苏联纪录电影工作者小组。成立于1919年底，成员有M.考夫曼、I.贝黎亚科夫、I.P.科巴林等。维尔托夫在1922～1923年曾多次撰文阐明电影眼睛派的观点。他们推崇新闻片，认为电影的作用在于如实地记录现实。他们研究了用电影摄影机观察生活的多种方式方法（"电影眼睛"一词即由此而来），认为"电影眼睛"比人的眼睛更为完善。他们在新闻纪录电影中采用了多种多样的拍摄角度、快摄和慢摄、移动摄影等方法。

该派所倡导的重要手法之一是出其不意地"捕捉生活"，或者叫抓拍，即把摄影机隐蔽起来进行拍摄。这种方法在他们制作的杂志片《电影真理报》中曾大量采用。电影眼睛派的记录现实不局限于简单地记录生活，他们总是通过对镜头的选择、剪接、配加字幕等方式赋予生活素材以特定的含义。电影眼睛派创造了电影政论片这一新闻纪录电影的新样式，代表作有《电影真理报》中的《前进吧，苏维埃》（1926）、《在世界六分之一的土地上》（1926）等。此外，该派还制作了两部实验性影片：《电影眼睛》（1923）和《持摄影机的人》（1929）。电影眼睛派的发展，

《持摄影机的人》海报

促进了"剪辑片"的问世和S.M.爱森斯坦、V.I.普多夫金的蒙太奇学派的诞生。电影眼睛派的理论与实践对世界各国电影工作者都有重大影响。后来的意大利新现实主义流派也深受电影眼睛派的影响。

（富　澜　撰　孙承健　修订）

电影演员　film actor　电影作品中角色的扮演者、银幕形象的直接体现者和创造者。电影演员以自身的形体和声音作为艺术创作、塑造人物形象的手段，依据电影文学剧本和分镜头剧本提供的人物形象，在导演的指导下，塑造影片所要求的银幕形象。电影演员的表演过程，是在摄影棚或实景中，间接地在代表观众眼睛的摄影

机镜头前，根据电影镜头的非连续性和不按时序拍摄等特殊要求进行的，并且一经拍摄，就永远定型在镜头中。因此，其表演不但与电影艺术的特性和创作特点紧密联系，而且还与电影的复杂的摄制过程及拍摄条件相联系。电影演员按不同标准，一般可分为职业演员、非职业演员；本色演员、性格演员、特型演员、类型演员；群众演员、替身演员、特技演员等。

（陈　青）

电影样式 film genre　根据不同标准划分的电影类型。电影样式根据题材内容，可分为**历史片**、**体育片**、**灾难片**、**传记片**等；根据表现形式，可分为**音乐片**、**舞剧片**、**歌剧片**、戏曲片等；根据观众对象，可分为**儿童片**、**青春片**、成人片等。

电影样式的出现源于制片商为追求利润大量仿制而成，如美国好莱坞20世纪30年代所出现的**西部片**、动作片等。同一样式的影片因易于袭用以前成功影片的技巧和模式，而产生程式化的失败之作，但优秀的艺术家往往能突破某种模式而创作出杰出的作品。在当今世界电影创作中，电影样式呈现出了更加多元化、亚类型化及交叉融合化等特征。（姚国华）

《电影艺术》 *Film Art*　中国电影杂志。前身为《中国电影》月刊，由中国电影工作者联谊会主办，1956年10月创刊于北京。1959年7月，《中国电影》与《国际电影》合刊，更名为《电影艺术》，由中国电影工作者联谊会（1979年11月改名为中国电影家协会）主办。1961年起改为双月刊，1966年改为月刊，出版至3月后停刊。1979年1月复刊，为双月刊（1981年至1989年为月刊）。主要读者对象是电影从业人员、文艺和电影理论的研究工作者和爱好者。以贯彻党的“百花齐放、百家争鸣”方针为办刊方针，以促进电影创作和电影理论的发展为主旨，包括电影艺术专论、电影理论研究、电影剧作研究、导演艺术、表演艺术、摄影艺术、影片评论、影片纵横、艺术家研究、电影观众研究、电影史研究、电影史料、外国电影论著等栏目。

该刊重视有关电影艺术发展各方面的学术性研讨和争鸣，如开展有关电影语言现代化、电影创作中的现实主义、电影音乐、农村题材电影创作、电影民族化、电影表演艺术、电影改编、惊险样式影片创作、探索影片、军事题材影片、民族文化、电影传统与电影创新、新时期以来电影理论成败得失的回顾等理论问题的研讨。

《电影艺术》封面

2006年，《电影艺术》推出全新品牌栏目“华语青年影像论坛”，旨在观照青年电影人才的培养和发掘，推介华语电影新人。《电影艺术》杂志现主要栏目有电影批评、学术争鸣、史典探问、电影人物、电影语录、长短辑、视与听、纪录影像、期刊信息等。（秦裕权）

电影营销 film marketing　以消费者（观众）为中心，运用现代营销的思维及手段，对电影进行市场营销运作以实现电影市场价值的行为。电影营销活动涵盖电影制片、发行、放映、后产品开发等各个环节。随着互联网、新媒体、大数据技术等广泛应用，电影营销手段不断更新，也改变着电影营销的思维。通过跨媒体、跨平台的整合，电影营销定位越发精准，手段也愈显丰富和多元。（高　飞）

电影与戏剧关系的争鸣 contention between film and drama　中国电影事件。1979年，白景晟在《电影艺术参考资料》第1期上发表论文《丢掉戏剧的拐杖》，从电影与戏剧的本体区别上，主张电影在依靠戏剧形成一种独立的艺术样式后，到了该丢掉长年以来所依靠的戏剧的拐杖的时候了。白景晟认为，中国电影在长期的创作实践中，形成了从戏剧角度并沿袭戏剧的基本概念来评论电影、以戏剧思维进行电影剧本构思的积习，而忽略了电影本身是一种独立的综合艺术。电影的艺术特性超出戏剧的范围，并不是以戏剧为基础的艺术。他首先从戏剧冲突的角度指出电影可以通过空镜头进行抒情，镜头组接的对比、联想、比喻镜头等电影独特的艺术手法表意无须完全依赖戏剧冲突的表现方式。电影不仅有戏剧式电影，还应该突破对**散文电影**、**诗电影**等电影形式探索的压制，承认其合法性。其次，从时间、空间形式上进一步分析了电影与戏剧的本体区别。电影通过快慢速摄影、黑白和彩色的变化、摄影视点的切换等手法打破戏剧舞台的时空限制，应该抛弃戏剧分幕分场的思维定式，充分发挥电影的表现特性。最后，从对话和声画结合的蒙太奇的差别方面主张开掘电影自身的表现潜力。与戏剧主要依赖对话不同，电影要综合考虑声音、音响与画面的组合因素，尤其是声画对立的独特表达效果，确立电影思维。

白景晟“丢掉戏剧的拐杖”倡导电影创作突破戏剧思维的局限，首发电影观念革新的先声。其后，1980年3月，在电影导演会议上，钟惦棐在向丁峤的请假信中提出“电影和戏剧离婚”，提出突破电影场面调度和演员表演的戏剧舞台模式，去除电影镜头以戏剧观众为中心的固定机位积习，在会上引起了强烈的反响。钟惦棐认为，要清除“文化大革命”期间形成的电影真实在文学剧本的观念，兼顾电影摄影、表演、化妆、美工、音乐等形式因素。时至20世纪80年代，电影已经发展成为和戏剧互相独立的艺术形式，应该和戏剧离婚。后来，钟惦棐将此信修改完善，发表于1980年《电影通讯》第10期，将电影与戏剧关系的讨论引向一个高潮。1980年8月6日，钟惦棐在《北京晚报》上发表《“离婚”一案》一文，对“电影与戏剧离婚”的提法做了进一步阐发和补充。他指出，由于中国电影创作人员大多是原从事戏剧工作的，因此造成了电影与戏剧结婚的现象。其一方面促进了电影的发展，但也形成了电影等同于戏剧的误区。钟惦棐进一步指出加强电影的表现力，不仅要摆脱话剧的影响，还要在电影结构上和小说“离婚”。1984年，钟惦棐在《论社会观念与生活观念的更新——在中国电影评论学会首届年会上的引言》《“离婚”后话》中再次重申“电影与戏剧离婚”，并将其作为电影美学建构的前提。

“丢掉戏剧的拐杖”“电影与戏剧离婚”的提出，引发电影与戏剧关系的大讨论，推动了对“文化大革命”时期僵化的电影观念的清除，促进了对电影语言现代化的认识，对于深化电影本体的认知、促进电影创作的革新都发挥了积极的作用，在中国电影史上具有重要意义。（张默然）

电影语言 cinematic language　电影艺术在传达和交流信息中所使用的各种特殊媒介、方式和手段的统称。电影是艺术和科学相结合而形成的一门综合艺术。作为一门新的艺术，它既不是戏剧的分支，也不是文学的从属，而是按照自身的规律发展的。它用自己特有的艺术手段，即用电影语言来刻画人物，叙述故事和揭示主题。

电影语言的基础是电影画面。每一个电影镜头在拍摄了形象之后，都称为画面。电影画面以其真实而生动的形象直接诉诸人们的感觉（特别是视觉），通过感知引起人们的反应。可以说，电影是运用画面来进行创作的艺术，没有画面也就没有电影艺术。

作为电影的最小单位，电影画面可以是非常丰富的和包罗万象的，因为凡是摄影机镜头能到达的地方，都可以表现出来。用画面（镜头）来组织电影语言，也要求准确、鲜明、生动。但是，如果从影片中单独抽出一个镜头、一个画面，可能并没有多大意义，孤立地表现特定内容的画面(包括镜头)作为电影语言的"文字"，还需要按照不同的需要组合、连接起来，把一系列画面构成一个整体，表达出具有新的意义的各种思想内容。把一组画面按电影文法的规则和导演的艺术构思组接起来，表达一个完整的意思，就构成了电影句子。电影句子是构成电影语言的重要部分，它通过摄影机镜头的运动和一定的技术处理（显、隐、化、叠等手法）来实现。蒙太奇就是电影艺术所特有的表现手段。

蒙太奇是法语montage的音译，原意为构成、装配，用于电影方面指镜头（画面）的组接和剪辑。它要求导演善于掌握镜头的动作，运用各种不同的切开的画面来表现所要表现的内容和创作构思。然后把所拍摄的镜头按照原定的创作构思，有机地组接为一部完整的影片。这种画面的组接，不仅要求画面优美、结构严谨、节奏鲜明，而且要求通过各种技巧，造成呼应、悬念、对比、暗示、联想等艺术效果。更重要的还在于，运用蒙太奇手法可以使镜头的衔接产生新的意义。不论使用平行蒙太奇（把同一时间内发生在不同场合的事件连接起来），还是对比蒙太奇（把两种截然不同的生活或事件拼接在一起），都可以大大丰富电影的艺术表现力，增强电影的艺术感染力。

画面是使用较多的电影语言，表现在强烈的戏剧行动之中，但对场面的描绘、细节的安排、演员的表演、音乐音响的配合以及包括对白和其他形式的台词与画面的有机组合，也是电影语言的重要内容。所以电影作为综合艺术，又是综合地运用了各种艺术语言，形成视觉形象与音乐、音响形象交织在一起的艺术境界。其中，视觉形象仍是主体，而作为电影作品基础的电影剧本本身又是独立的文学作品，属于语言艺术。 （黄书雄）

电影院线 cinema line 以城市影院为主体，形成统一品牌、统一排片、统一经营、统一管理的发行放映机制。电影发行放映经营体制的一种。世界各国普遍采用的电影发行、放映体制及形式，最早出现在20世纪30年代的美国。院线主要有下列几种形式：①院线拥有全部影院的产权；②院线仅作为发行主体和影院之间联盟的纽带；③介于前两种形式之间，院线拥有部分产权和电影院，此外也有独立影院签约加入院线。电影院线的建立，可以提高影片发行放映的效率，降低影院运营成本，推动了发行业、影院服务、放映技术的升级，促进电影市场的良性发育和发展。

中国随着电影市场化的发展，为促进电影行业实现全产业链良性循环，相关部门于2001年和2002年先后出台《关于电影改革电影发行放映机制的实施细则》《进一步改革电影发行放映机制实施细则》等，推行以院线为主的发行放映机制。2002年10月1日，北京、上海、四川等地改变按行政区划计划供片模式，组建了8条国有院线。由此，推动中国电影产业化改革。各省市电影公司纷纷翻牌组建跨省院线。2005年，以万达院线挂牌为标志，民营院线开始加速发展。2018年12月，国家电影局印发《关于加快电影院建设促进电影市场繁荣的发展的意见》，提出要深化电影院线制改革，同时加快特色院线发展，规范发展点播影院和点播院线，积极拓展电影放映创新业务。 （支菲娜）

电影哲学 film philosophy 研究电影现象的意识形态实质及电影与各种哲学思潮联系的学科。电影哲学的研究较早出现在匈牙利理论家巴拉兹的《电影的精神》（1930）一书中。该书以马克思主义哲学思想为指导，提出了电影艺术的发展"不仅是艺术的历史，同时也是与此有关的人的历史"的重要论断，涉及电影的本性、电影的时间和空间特性、电影作品的哲学背景等电影的基础问题。

20世纪50年代以后，随着电影在现代社会生活中的地位日益提高，各国的社会学家和哲学家愈来愈把电影作为自己的研究分析对象，电影艺术本身出现哲理化、政治化的趋向，各种哲学思潮对电影创作产生日益明显的影响。这种现象使西方学术界和苏联等国家对电影的哲学和意识形态性质问题更为关注，各种论著不断涌现。其中有两类论著较受人们注意：第一类著作从哲学与意识形态角度论述电影，如法国J.L.柯莫里和J.纳尔波尼的《电影·意识形态·批评》（2卷，1969），苏联K.多尔哥夫的《资产阶级哲学美学意识危机与电影》（1974）等；第二类著作力图建立电影自身的哲学体系，如法国理论家A.巴赞在讨论电影的本性时提出了"影像与被摄物同一"的哲学命题，企图为自己的电影理论奠定哲学基础。G.科恩·塞亚的《影片的哲学原则》（1959）以及A.埃弗雷和H.阿热尔运用现象学哲学原则研究电影的论著，也属于这一类的尝试。

1979年，苏联哲学家和电影学家E.M.魏茨曼在《电影哲学概说》一书中，系统地提出了自己的哲学思考。他认为电影哲学包括两个基本范畴：历史——认识论方面和文化——社会学方面。具体包括以下研究课题：当代科学、哲学和文艺两种意识形式互相渗透的倾向；电影艺术理论对一般艺术哲学的重大影响；哲学思潮和意识形态对电影艺术形态的决定作用；"哲学电影"和"思考电影"的产生以及艺术的理性化的合理性；电影与现实的关系；电影艺术家的哲学立场和电影理论的哲学基础；银幕形象与思维以及思维形式的联系；电影在一定社会体系的一般文化中的功能和作用等。

关于电影哲学的具体研究对象，目前仍有不少争论。有的主张研究电影与哲学的联系；有的主张研究电影艺术家的哲学立场和电影理论的哲学基础；有的把研究重点摆在当代电影中哲理化、意识形态化、政治化等现象之上；也有的认为，电影哲学作为学科，应在比电影美学更高的层次上研究电影艺术与哲学思维的联系和相互作用，但又不能忽视美学作为艺术和哲学的中间环节的作用，防止使电影哲学变为一般哲学，更要避免使它流于庸俗社会学。 （张骏祥）

电影真实性 film realism 电影反映客观现实生活所能达到的艺术真实高度。电影艺术的真实性包括外部真实性和内在真实性。外部真实性主要指技术层面，即电影中画面和声音的配合能够将生活的原样分毫不差地搬上银幕，呈现于观众的面前。同时，蒙太奇剪辑特技的运用，使电影能随心所欲地将生活中罕见的现象搬上银幕，使剧本规定的情景能够逼真地展现在观众面前。

电影内在真实性主要指电影逻辑的真实性和人物塑造的真实性，即从电影的剧本创作、情节设计到人物性格的定位等，都需要充分考虑观众的日常习惯和观影习惯，符合一定的逻辑性。

电影真实性在思想内容和表现形式方面有着必须真实可信、接近生活的要求，任何一个细枝末节，都不能有悖于生活而失真。电影的真实性与创作者世界观、生活经验以及艺术修养紧密相连。认识生活、反映生活，从而创造出符合生活本质的真实，即比生活更高、更典型、更富于艺术感染力的作品，是电影工作者的共同追求。（姚国华）

《电影周刊》 *Film Weekly* 中国电影杂志。1921年11月创刊于北京。是北京最早的电影刊物。16开本，大号铅字印行，共20页，附插图。法国留学生吴铁生等编辑。该刊以“发展中国电影事业，灌输电影术学识，提发国人对于电影之兴趣”“改良社会习惯，增进人民知识”为宗旨。该刊所刊载的《北京电影事业之发达》一文，记录了北京早期电影放映场所的发展变迁和当时放映影片的情况，颇有史料价值。第二期上的《活动电影之原理》一文，则从电影科技角度，阐述电影影像为什么能够活动的原理，配以木刻插图，是一篇普及电影知识的通俗性文章。该刊仅发刊两期。（茹 芩）

电子线性编辑 electronic linear video editing 一种基于磁带的电视节目编辑技术。电子线性编辑所依托的是线性记录设备——磁带录像机。以磁信号记录在磁带上的画面和声音是按时间顺序排列的。编辑的过程实质上是复制，采用电子控制装置（编辑控制器），根据节目的创意要求，把放像机上的源素材复制到录像机编辑带上。

电子线性编辑是应用最为广泛的电视制作技术，自诞生之日起一直是电视节目制作的主要手段，直到被数字非线性编辑所取代。

电视编辑的发展 电视编辑的开端 在录像机出现之前，由于没有合适的记录载体，电视节目的记录和复制一直是难以解决的问题，所以电视直播是最早的电视节目形式。早期的电视节目也曾经采用过电影胶片拍摄和制作。电影胶片可以进行剪辑，胶片剪辑具有非线性特征，这意味着可以重新挑选素材进行再创作，这既是后期电视录播形式的雏形，也是电视编辑的开端。

磁带录像机的发明 磁带录像机的发明改变了电视制作的历史。1956年，美国安培（AMPEX）公司在全国广播电视工作者协会年会上展出了第一台2英寸广播用磁带录像机。同年11月，这台世界上的第一部录像机在好莱坞的“电视城”正式用于节目播出。发明录像机的初衷只是将其作为记录载体收录节目。由于使用方便，录像机逐渐成为胶片制作的廉价替代物。进而磁带录像机在节目制作方面的潜力被电视制作人所挖掘，电视节目的磁带编辑技术应运而生。20世纪50年代末期，人们用放大镜对磁带上的磁迹进行定位，然后使用切片器在标明每一帧画面分隔部分的磁迹上进行剪切，最后再把录像带粘接起来。这种直接在载体上进行剪切的技术与胶片剪辑相似，具有非线性的特点（比如可以增删素材）。但是由于在编辑过程中要直接接触磁带，容易造成磁带损伤，而且原版母带在剪辑时要被剪断，编辑人员不能重复使用这些画面。另外，这种方法的编辑精度也不高。更重要的是，以直接接触载体的方式进行的手工操作，其效率很低。

电子编辑机的问世 第一台电子编辑机于20世纪60年代初问世，电视制作进入了电子线性编辑时代。电子编辑就是用电子装置控制磁带录像机的方法进行编辑。采用这种方法不必剪断录像带就能进行画面剪辑。电子编辑系统在编辑时使用快进和快速倒带功能在磁带上寻找编辑点，还可以利用暂停功能控制录像机的录制和重放。通过电子方式把录制好的多个原始素材按照编辑要求进行筛选，当寻找到所需要的镜头后，通过设置入点、出点，按顺序依次转录到另外一盘磁带上。再配上对白和音乐效果使之成为一个完整的节目。电子编辑方式避免了对磁带的永久损伤，编辑效率也大大提高，因此成为当时主要的电视制作方式。

但线性电子编辑方式的缺点也非常明显，因为电子线性编辑的实质是复制，其制作出的节目修改余地较小，在节目完成后无法在完成带上增删镜头。否则就要重新进行编辑，而这样每编辑一次就相当于重新复制了一次，画面质量会受到影响。

电子编辑系统 电子编辑系统是由一系列具有编辑功能的录像机构成的。具有编辑功能的录像机除了一般录像机应有的性能外，还具备旋转消磁头、消隐切换开关等。

一对一编辑系统 常见的电子编辑系统有“一对一编辑系统”“二对一编辑系统”“多机编辑系统”。其中“一对一编辑系统”最为简单和常见，它由一台编辑放像机、一台编辑录像机、两台监视器和一个编辑控制器所构成。放像机用来回放素材，配一台监视器监看素材内容。录像机则用来录制节目带，用一台监视器监看编辑后的结果。编辑控制器用来控制两台像机的回放、快进、倒带、暂停等操作，同时设置编辑入点、出点，选择编辑模式，执行自动编辑。

二对一编辑系统 “二对一编辑系统”是在“一对一编辑系统”基础上增加了一台放像机，这样一次可以完成两个镜头的拼接（A/B带编辑），提高了工作效率。采用“二对一编辑系统”还可以实现两路画面的特技效果制作，如叠化、扫换等。再加上特技效果发生器，还可实现更加复杂的特技效果制作。

多机编辑系统 “多机编辑系统”的自动编辑性能更高，可操纵多台像机，进行自动寻找编辑的入点、出点，自动预卷和自动编辑。还可以控制特技画面的实施及声音的编辑，是一种自动程序控制的编辑系统。但是这种系统设备众多且操作复杂，需要操作人员具备极高的专业素养。

电子线性编辑的工作方式 电子编辑的两种基本方式为组合编辑和插入编辑。在电子编辑系统中，一切图像、声音的组接就是按这两种方式完成的。

组合编辑 组合编辑是将素材带上的画面和声音按照事先计划安排好的顺序，依次复制记录在录机的母带上，串编成一个完整的录像节目带。我们知道，录制时磁带上要铺有磁迹信号，磁迹信号包括控制磁迹CTL信号和**时间码**TC信号。在编辑过程中，要以磁迹信号为依据控制录像机的动作。在确定了编辑入点之后，为了保证素材带和录制带的严格同步，录像带需要回卷到入点之前若干秒（由编辑控制器来设定，一般有3、5、7秒可选择），然后放像机和录像机同时启动。这样就需要在磁带上先录有一段磁迹。

组合编辑的过程是一个重新记录磁迹的过程。因此，只要准备好录点之前一定时间的磁迹信号，在编辑录制时，视频信号、音频信号和控制信号都被同时记录在录机母带上，即边录边铺磁迹信号。这样不需要提前把磁带都铺好磁迹信号，提高了工作效率，非常适合新闻类节目制作。组合编辑由于录制磁头和消磁头有一段距离，会产生“断磁现象”。即编辑出点后的一段画面空白、跳动，时码不能连续，因此不便于在节目中间进行修改和替换。

插入编辑 插入编辑是在已录有连续控制信号的节目磁带上改换时间长度相同的图像或声音。使用这种录制方式的前提条件是磁带上必须事先录有连续、稳定的控制磁迹，也就是用常规录制命令或组合编辑方式录制完连续的图像。在一盘新的空白录像带上是无法做插入编辑的。如果在节目磁带中间控制磁迹信号丢失（如在组合编辑方式下，当磁带停下来之后若干秒磁迹消失。或者在磁带多次使用造成损伤导致磁迹不连续），那么这部分磁带便无法做插入编辑。插入编辑不能改变原有节目的长度，即不能增删只能替换。

电子线性编辑的优缺点 电子线性编辑的优点 相比早期直播和胶片拍摄法，电子线性编辑的优点是可以实现画面与声音的精确组接，很容易对编辑点进行预览和重新处理，做到实时编辑与修改。另外，能够重复录制的磁带降低了制作成本，也可以很好地保护母版。

电子线性编辑的缺点 电子线性编辑的缺点是这种编辑方式的修改余地很小。编辑人员一般要按照叙事的镜头顺序进行编辑。首先编辑片子的第一个镜头，再衔接第二个镜头，以此类推，直至结尾最后一个镜头。这样的工作时序，要求编辑人员必须事先做好充分的构思，对镜头的序列组接作出准确的判断。不然的话，一旦编辑完成，修改余地就有限。

这是因为线性编辑是由载体本身的性质和对载体的操纵方式所决定的。磁带是线性载体，记录着画面、声音的信息在磁带上是以物理空间和时间为序排列的。电子线性编辑的实质是有选择地复制。当素材复制到编辑带上后，如果想改变镜头的组接顺序，就需要把要改变的镜头重新编辑一遍。如果想替换其中某一个镜头，如果替换上的镜头与其时间长度一样，只要再编辑一遍即可。但是如果二者时间长度不一样，则需要重新编辑。这样从改动点以后直至结尾的所有部分都将受到影响，需要重新编一次或者重新进行复制。这样做既影响编辑效率又影响画面质量。

当电视编辑进入数字时代，真正意义上的非线性编辑出现，其“随机存取”的特性使得素材可以被任意选择，完成带也可以很方便地增删。电视编辑经历了从非线性到线性再到非线性的“轮回”，在层次上有了本质的提升。目前数字非线性编辑已经取代了电子线性编辑。 （张歌东）

谍战电视剧 spy TV drama 以间谍活动为主体，以敌我双方的斗争为核心，故事情节与革命历史进程紧密相连的一种电视剧类型。谍战电视剧叙事特点鲜明，主要采用二元对立的敌我冲突叙事结构、敌我双方的隐蔽关系、生死之间的悬念设置、紧张连贯的故事节奏、特色鲜明的情节叙事，优秀的谍战电视剧往往把这些特点发挥得淋漓尽致，并且还在跌宕起伏的剧情中加入男女情感戏份，以此吸引广大电视观众。中国谍战电视剧基本都符合主流意识形态需要，同时迎合时代发展的需求。其时代背景基本设定在20世纪20～30年代抗日战争之前、抗日战争期间、解放战争期间以及中华人民共和国成立初期。主要讲述中国共产党地下工作人员打入国民党、日伪内部及与国内外特务进行战斗的故事。中国谍战电视剧的历史可以追溯到1980年中国第一部电视连续剧《敌营十八年》，进入21世纪之后，因为时代环境的变化，剧情更加丰富的谍战电视剧也不断涌现，《潜伏》《伪装者》等都广受欢迎。

谍战电视剧如何更加客观地联系历史，真实表现潜入敌人内部的地下工作者的真实历史形象，还原一段真实的历史，这是谍战剧的编剧以及导演需要深入思考的问题。 （曾一果 李玉茜）

叠印 lap-print 把两个或两个以上不同内容的画面，叠合印成一个画面的技巧。1898年由法国电影导演G.梅里爱发明，他最早在影片《魔窟》中采用了叠印技术，在黑背景上进行三重叠画。叠印镜头一般用来表现影视作品中人物的回忆、想象、思索和梦幻等心理活动，有时也借此交代时间的流逝和各种纷繁现象。叠印镜头是一种具有复合内容的画面，它可以使观众同时看到两个或两个以上不同的画面内容。由于画面的重叠，使各个内容之间本来就存在着的对列关系更为强烈，激起观众的思索和联想。传统的叠印技术主要依靠多重曝光配合冲洗来完成，现代的叠印技术大多通过后期制作软件来辅助完成。 （边善基）

《蝶变》 *The Butterfly Murders* 中国彩色故事片。思远影业公司1979年出品。编剧，林凡；导演，徐克；摄影，范金玉；主演，刘绍铭、黄树棠、米雪、陈琪琪、张国柱。

故事讲述了灞桥纸厂老板死于房中，田字号老大田丰下令白老三追查原因。白老三杀死凶手并发现手札里讲述了两个人夜盗平南将军墓时被杀人蝴蝶杀死的传说。田丰与青影子结伴来到沈家堡打算查清真相。进入沈家堡之后，白老三、沈青等人相继被杀。而方红叶和青影子发现地道内出现了两个婢女阿知。沈青留下遗书，表明天雷堡的高手孙刚、快手李剑和神火郭力来到堡内帮助他们。方红叶和青影子推断，曾经袭击他们的铁甲人就是沈家堡堡主沈青，真名余真。余真利用其夫人会御蝶术的便利制造了蝴蝶杀人的假局，并杀害了天雷堡眼线。在方红叶等人来到沈家堡后，余真和沈夫人一起设局，让大家都以为沈青已经被杀人蝴蝶杀死。他留下遗书，让郭力、李剑来到堡内，企图让郭力和李剑与田字号火拼。余真见事情败露便想杀害方红叶。青影子出手救了方红叶，而余真却趁机杀了阿知。田丰和余真、郭力三个人在沈家堡内展开了一场厮杀。郭力和田丰合力杀死了余真，郭力最终葬身废墟，而青影子被炸死。

影片是一部反传统武侠片，其人物形象、造型、动作等设计都突破了传统中国武侠电影。导演将时间和空间概念进行压缩、置换和重构，将科幻与武侠、传统与现代、东方与西方相结合，呈现出“现代化”风格，建立完全个性的现代武侠电影观念，颠覆了香港武侠电影江湖，彰显了武侠电影“未来”概念。影片开启了香港电影的“新浪潮”，对香港电影乃至华语影坛产生了重要的影响。 （类成云）

丁建华 Ding Jianhua（1953～ ） 中国影视配音演员、译制导演。祖籍山东诸城。生于上海。1970年，进入东海舰队政治部文工团任话剧演员。1976年，考入上海电影译制厂成为配音演员。1978年，在乔榛担任译制导演的《追捕》中为真由美配音，成为观众心目中最具代表性的声音形象。1988年，为《昏迷》中的女主角配音，获第3届中国电影表演艺术学会奖。1993年，与乔榛联合译制《国际女郎》，获第14届中国电影金鸡奖最佳译制片奖、中国广播电影电视部1993年优秀译制片奖。1994年，担任《亡命天涯》的译制导演，获第15届中国电影金鸡奖最佳译制片奖、第1届中国电影华表奖优秀译制片奖。2002年，担任《哈利·波特与密室》的译制导演，获第9届中国电影华表奖优秀译制片奖。2005年，担任《翻译风波》的译制导演，获第11届中国电影华表奖优秀译制片奖。

丁建华音色明亮活泼，兼具妩媚和泼辣的特质。她的声音可塑性强，除了为很多天真烂漫、自由奔放的少女型角色配音，也为一些孩童角色甚至襁褓中的婴儿配音。曾为倍赏千惠子主演的多部电影和L.施耐德主演的“茜茜公主”配音。2002

年后，为多部《哈利·波特》系列影片中M.史密斯饰演的老年角色麦格教授配音。参与配音的影视剧超过1000部（集），担任主要配音演员的影片及其声音形象还有《故乡》(1977）中的石琦民子、《佐罗》(1979）中的总督夫人、《卡桑德拉大桥》(1980)中的作家简尼、《远山的呼唤》(1981)中的民子、《老枪》(1981)中的克拉拉、《幸福的黄手绢》(1985）中的光枝、《后窗》(1985）中的丽莎、《战争与和平》(1989)中的伯爵小姐娜塔莎、《廊桥遗梦》(1996)中的弗朗西斯卡、《诺丁山》(1999）中的司各特、《古墓丽影》(2001）中的劳拉等。担任译制导演的影片有《四个婚礼和一个葬礼》(1996)、《碟中谍》(1996)、《偷天陷阱》(1999)、《黑客帝国》(1999)、《蜘蛛侠》(2002)、《哈利·波特与火焰杯》(2005)、《哈利·波特与凤凰社》(2007）等。她参演过很多广播剧以及电台、电视台的各种配音节目，与事业上的“黄金搭档”乔榛合作了很多脍炙人口的朗诵作品。

（许　婧）

丁善玺 Ding Shanxi（1935～2009-11-22）中国电影编剧、导演。原籍江苏。生于山东青岛，卒于台北。毕业于中国台湾艺术大学。曾在邵氏兄弟（香港）有限公司、万声电影制片公司、嘉禾娱乐事业有限公司等多家电影公司任编剧和导演等职务。早期以电影剧本创作为主，之后开启了导演生涯。1967年，在《七侠五义》中担任编剧。

1971年，执导电影《落鹰峡》，获第9届台湾电影金马奖最佳导演奖、最佳剧情片奖。1973年，执导《突破国际死亡线》，获第11届台湾电影金马奖优等剧情片奖。1975年，编剧并执导描写抗日名将张自忠的《英烈千秋》，获第21届亚太影展最佳编剧奖、最佳导演奖，第12届台湾电影金马奖最佳发扬民族精神特别奖。1976年，任电影《八百壮士》的编剧和导演，获第22届亚洲影展最佳影片奖和第13届台湾电影金马奖最佳发扬民族精神特别奖。影片《八百壮士》充分表现了中华民族的抗日精神，震撼人心。1980年，导演《碧血黄花》，获第17届台湾电影金马奖优等剧情片奖。1981年，编剧并执导了《辛亥双十》，获第19届台湾电影金马奖最佳剧情片奖。

他毕生编导了69部电影，擅长创作大气恢宏的历史题材战争片，以细腻独特的艺术手法使当时的电影达到了一定的艺术高度。他编剧或导演的作品还有《翠屏山》(1969)、《惊天动地》(1972)、《驱魔女》(1975)、《旗正飘飘》(1987)、《神剑》(1994)等。2011年，为了纪念和表彰他在电影界作出的巨大贡献，第48届台湾电影金马奖授予他终身成就纪念奖。

（王兰侠）

丁亚民 Ding Yamin（1953～　）中国影视编剧、导演。生于台湾。毕业于淡江大学。1983年，参与改编朱天文小说《小毕的故事》为同名电影，获第20届台湾电影金马奖最佳剧情片奖、最佳导演奖、最佳改编剧本奖，成为**台湾新电影运动**的代表作。1984年，参与创作剧本《冬冬的假期》，获第7届法国南特三大洲电影节最佳剧情片奖。1985年，担任电影《结婚》的编剧，获第22届台湾电影金马奖最佳改编剧本提名。

1988年，担任《阳光每天都来过》的编剧，获第23届台湾电视金钟奖最佳编剧奖。同年，担任电视剧《京华烟云》的编剧，获第23届台湾电视金钟奖最佳编剧奖提名。1993年，执导电视剧《像我们这样一个家》，获第28届台湾电视金钟奖最佳电视剧奖。1994年，与叶云樵联合编剧，创作了经典喜剧电影《旋风小子》。2000年，执导电视剧《人间四月天》，入围第30届美国电视艾美奖最佳外语电视剧单元。

他的作品不仅具有丰富的生活质感，同时富有细腻的情感和浓郁的人文情怀。参与编剧的作品还有《我们的天空》(1986)、《红楼梦》(1996）等。参与导演的影视作品还有《候鸟》(2001)、《上海往事》(2004）等。

（王兰侠）

丁亚平 Ding Yaping（1961-05-10～　）中国电影史学家、理论家。生于江苏。1978年，入江苏师范学院（今苏州大学）中文系学习。1984年，考入北京广播学院（今中国传媒大学），攻读中国现代文学专业研究生，获文学硕士学位。1987年，分配到中国艺术研究院当代文艺研究室工作。后考取中国艺术研究院研究生部电影系博士研究生，是中国培养的首届电影学博士之一。先后于1993年、1996年破格晋升为副研究员、研究员。在文化艺术出版社工作10年，历任副总编辑、总编辑，兼任《传记文学》杂志社主编和社长。2005年8月至2021年7月，担任**中国艺术研究院电影电视研究所**所长、研究员、博士生导师，其间兼任中国艺术研究院学术委员会副主任、动画研究中心主任、研究生院影视系主任及《影视文化》主编。2015年，担任《中国大百科全书》第三版影视学科主编。2021年起，担任中国高校影视学会会长。

2016年，出版著作《**中国电影通史**》（上、下册）。这部史著具有鲜明而又独特的个人化史学风格，为中国电影史学多元化发展提供了重要借鉴。2022年，出版著作《中国电影史》(上、中、下)，以全新的框架、独到的视角，对中国电影史进行重构和书写，尤其是其开阔的视野、对新史料的挖掘、对经典作品的解读，别致而精彩，堪称一部令人称道的电影史学杰作。丁亚平在学术上致力于中国电影史、当代中国电影和电视艺术的研究，著述颇丰，除上述几种著作外，还著有《影像中国：中国电影艺术（1945—1949)》《老电影时代》《电影的踪迹（中国电影文化史评)》《影像时代（中国电影简史)》《中国当代电影史》《中国电影艺术史（1940—1949)》《中国当代电影艺术史（1949—2017)》《丁亚平影视史学文选》等，编著《中国电影历史图志》《中国电影史学》等，主编《百年中国电影理论文选》《中国电影艺术史研究丛书》等。他在影视理论和史学方法论上富于创新性的理论表述，具有严谨求实的治学特点。丁亚平的艺术理论与文学研究著作包括《艺术文化学》《一个批评家的心路历程》《中国现代文学批评史论》《水底的火焰》等。发表大量散文随笔，并编选多部中外散文精品文集出版。其著作先后被译为俄语、英语、日语和阿拉伯语在国外出版。多次应邀赴香港大学、香港电影资料馆讲学，曾赴美国、德国、丹麦、卢森堡、澳大利亚、日本、韩国、泰国、新加坡访问并进行学术研讨活动。

丁亚平曾获国家社会科学基金项目优秀成果奖、中国文联理论评论评选论文类一等奖、中国电影金鸡奖理论评论著作类一等奖等国家和省部级奖二十余次。他还兼任中国传媒大学特聘教授、博士生导师，北京电影学院特聘教授，中国电影评论学会副会长，中国夏衍电影学会常务副会长，中国电影家协会理论评论工作委员会副主任。历任中国电影金鸡奖、中国电影华表奖、“五个一工程”奖、中国电视金鹰奖等国家级奖项评委和国家社科基金艺术学项目影视学科评审组召集人和评委。曾任第七次至第十次全国作代会代表，第十一次全国文化会代表，国家社科基金艺术学重大项目“中国电影海外市场竞争策略可行性研究”首席专家，国家社科基金重大项目“中国社会科学词条库（影视）”首席专家，国家社科基金特别委托项目“中国电视金鹰奖评奖研究”首席专家，中国电影家协会第10届理事。其专著曾入选国家哲学社会科学成果文库、国家社科基金中华学术外译项目。曾入选中宣部文化名家暨“四个一批”人才。曾获文化和旅游部“优秀专家”称号。

（高冀滨　闫　明）

《定军山》 *The Battle of Dingjunshan* 中国戏曲片。北京丰泰照相馆1905年摄制。摄影，刘仲伦；主演，谭鑫培。《定军山》是中国摄制的第一部影片，也是第一部戏曲片。1896年电影舶入中国后，放映的都是外国影片。1903年，丰泰照相馆曾协助法国摄影师在北京拍摄风光片。该馆创办人任庆泰得到启发，加上有感于片源不足，遂产生了自己拍片的念头。不久，他从东交民巷罗孚洋行购买了一架法国制造的木壳手摇摄影机和14卷胶片，开始拍片。为充分利用阳光，丰泰照相馆在院内修建了露天棚，搭置了舞台布景，用三天时间拍出了《定军山》。镜头记录了同名京剧中的几个片段。原剧表现三国割据时代，魏将张郃奉命攻打蜀国，蜀国老将黄忠向军师诸葛亮请命抗敌。诸葛亮感其年迈而婉言拒绝。黄忠遂当场舞刀、断弓，终于讨得令箭，亲率蜀兵杀退张郃大军，并乘胜夺取魏兵屯粮要塞天荡山。黄忠锐气不减，巧施良计，智斩魏国大将夏侯渊，并攻占魏国重镇定军山。由于不能录音，影片只拍摄了其中“请缨”“舞刀”和“交锋”等几个武打和舞蹈动作较多或富于表情的场面。谭鑫培以精湛的演技，生动地表现出黄忠的英雄本色和豪迈气概。影片开中国电影摄制之先河，并与源远流长的传统戏剧形式密切结合，对后来中国电影文化的发展起到了重要的作用。（阿　军）

《定军山》剧照

定妆 makeup fixing 影视剧开拍之前，根据剧本对人物形象的描写以及导演的创作意图、设想等，化妆师与摄影、美术、服装以及照明等部门对人物造型及其表现的可能性进行探索和研究后共同确认的人物造型效果。影视人物造型包括演员的发型、妆容和衣着服饰等。定妆的妆容必须符合人物形象的设计，又具有鲜明的代表性，要表现出该人物有别于其他人物的造型特征。比如电视剧《红楼梦》(1987）中黛玉的定妆会用梅花、兰竹等装饰元素，色调比较淡雅清新；皇妃元春的定妆更具有皇家气象，多用明黄艳红等颜色，展现雍容华贵、富丽堂皇的气质；王熙凤则用珍珠、凤凰等配饰来衬托豪门少妇“满身锦绣、珠光宝气”的奢华形象。

角色妆容被拍摄下来，为影视剧后续创作提供参考，即为定妆照。也称造型照。一般来说，演员不仅要为扮演的角色拍摄化装定妆照，还要为每一场戏拍定妆照。定妆照可能一次完成也可能经过反复修改。最后定稿的照片是拍摄时期化装人员为演员化妆时的依据和参考。

（宋东葵）

东宝公司 Toho Company, Ltd. 日本电影机构。成立于1943年。位于东京都世田谷区。其前身共有三个：①1929年成立的“写真化学研究所”(Photo Chemical Laboratory; PCL)。该公司主要负责有声片光学录音器材研究、片场有声片录音等外包工作，是日本有声电影先驱。其子公司“PCL电影制片厂”位于东京都世田谷区，即今日东宝公司东京制片厂所在地。1937年该公司及子公司“PCL电影制片厂”与J.O公司合并成为“东宝映画株式会社”，即“东宝电影公司”。②1933年成立的J.O公司。经营业务包括电影制片及洗印，其制片厂位于京都太秦。J.O旗下拥有众多优秀影人，如圆谷英二、伊丹万作、市川昆、大河内传次郎、原节子等。1937年，推出第一部日德合拍电影《新土》，以开发“新满洲”为题材。1937年与PCL合并后，其京都制片厂成为东宝公司京都制片厂。③由阪神急行电铁公司总裁小林一三于1932年创立的株式会社东京宝冢剧场。1934年，小林一三陆续在东京重要地段开设了有乐座、帝国剧场等豪华剧院和影院，成为与松竹公司二分东京电影市场天下的大型影院公司。1943年，东京宝冢剧场吞并东宝电影公司，改名“东宝株式会社”(即“东宝公司”)，负责电影制作、发行、放映及其他演艺业务。首任社长由PCL电影制片厂的创立者植村泰二担任。

合并后的东宝公司吸取了美国电影企业的组织形式和现代化的经营管理方法。原以制作古装片见长的J.O电影制作所更名为“东宝公司京都制片厂”，原以制作现代剧见长的PCL电影制片厂更名为“东宝公司东京制片厂”，电影制作实力得到加强。东宝公司旗下还拥有日本第二大院线，影院遍布日本各地。21世纪以来，其发行子公司除发行过吉卜力工作室的绝大多数影片外，还发行过位列历年日本电影票房前十的多部影片。其海外发行子公司“东宝东和”也具有重要竞争力，是多部日本电影畅行海外的主要推手。

东宝公司拥有较强大的编剧、导演、演员阵容。著名导演有成濑巳喜男、山本嘉次郎、木村庄十二、山中贞雄、谷口千吉、今井正、黑泽明等。著名演员有三船敏郎、八千草薰、有马稻子等。它的制片方针在于生产巨片，也拍摄一些传统的文艺片，同时还利用自己的技术优势拍出不少特技影片，如《哥斯拉》系列等。东宝公司的电影业务位居日本四大制片公司之首，代表作有《无悔我的青春》《战争与和平》《泥醉天使》《重逢之前》《七武士》《晚菊》《蛛网宫堡》《山打根八号娼馆——望乡》《影子武士》《海峡》《日本沉没》《四十七刺客》《八墓村》《在世界的中心呼喊爱》《怒》等。（陈笃忱　支菲娜）

东北电影制片厂训练班 Training Course of Northeast Film Studio 中国电影教育机构。开设于1947年5月到1949年6月间，由东北电影制片厂举办。该厂一度汇集了大批来自延安电影团、西北电影工学队及其他解放区的出色的文艺工作者。随着解放战争情势的推进，东影厂为了适应迅速发展的各项工作都急需人才的状况，先后举办四期训练班，每期三至四个月，培养各项专业人员600多人。除第二期有东影厂部分干部参加外，前三期学员主要招收哈尔滨及附近地区的进步青年。第四期于1948年12月到1949年6月在长春举办，学员主要从沈阳、锦州、大连、长春等地招收。

东影厂训练班延续了解放区艺术教育的特点，在提高思想政治素养和艺术观的基础上，注重技术性训练。学习课程主要有政治课和业务课两大类。政治课的主要内容是学习革命人生观、《在延安文艺座谈会上的讲话》、社会发展简史、初级社会经济学等；业务课主要请有实践经验的同志讲解电影生产工艺过程和各专业基本知识。训练班的学员结业后，根据每个人的特长很快投入制片厂、部队等的工作。中华人民共和国成立初期相当多的放映人员和各个制片厂的车间主任都来自东影厂训练班。如原美术电影厂总工程师段孝萱来自第三期训练班，结业后留在东影厂制作处美术科，参与了中国第一部动画片《瓮中捉鳖》的制作。

短期训练班是在当时历史条件下培养专业人才的重要途径，东影厂为此指派得力的师资指导教学活动，比如**白大方**担任了第一、二、四期的主任，**于蓝**担任了第一、二期的政治指导员，**高维进**担任了第三期的政治指导员等。通过短期的思想熏陶和技术训练，训练班迅速培养积聚了一批中国电影事业所需的专业人才。

（陈　波）

《东方红》 *The East Is Red* 中国舞台艺术纪录片。八一电影制片厂、北京电影制片厂、中央新闻纪录电影制片厂1965年联合出品。导演，**王苹**、李恩杰；摄影，薛伯青、**钱江**。

《东方红》剧照

影片共包括序曲《东方红》和《东方的曙光》《星火燎原》《万水千山》《抗日的烽火》《埋葬蒋家王朝》《中国人民站起来》6个部分，展现中国人民在以毛泽东同志为首的中国共产党的领导下，经过北伐战争、抗日战争和解放战争，在战斗中成长，最终建立了新中国。

大型音乐舞蹈史诗《东方红》展现了新中国成立以来最盛大的一场文艺演出，来自首都70多个单位的文艺工作者和工人、学生合唱团共3000多人参加演出。影片根据舞台演出记录拍摄剪辑而成，是一部集新中国文学、历史、音乐、舞蹈等于一体的经典艺术作品。影片以音乐和民族舞蹈为最主要的表达形式，全面展示了中国共产党领导中国人民，从建党伊始到新中国成立的光辉历程。影片曾广泛放映，影响巨大。

（刘乃康）

《东方巨响——中国两弹一星实录》 *A Big Bang from the Oriental: Documentary of China's Two Bombs and One Satellite* 中国彩色纪录片。中国人民解放军八一电影制片厂1999年出品。编剧，伍献军、彭继超、苏方学；导演，张贵友、栾宝玉；摄影，段仁宗、李达顺等。

影片通过对中国发展“两弹一星”全过程的详尽披露，展示了中国人民在中国共产党三代领导人的带领下，为摆脱落后挨打的被动地位，团结一致，自力更生，发愤图强，艰苦奋斗的伟大壮举；见证了广大科研工作者在极端困难的条件下，呕心沥血，废寝忘食，冲破重重封锁，为“两弹一星”勇于奉献的感人事迹。影片史料丰富翔实，很多都是第一次披露，如1954年就开始的铀矿开采和第一块铀矿石送到毛泽东办公室时毛泽东发出的“这是决定命运的”感叹，以及鉴于毛主席经常和科学家探讨微观世界的奥秘，西方科学家将一种新发现的基本粒子称为“毛粒子”等，都令人耳目一新。

影片制作坚持“以史带事，以事带人”的叙事原则，通过“老镜头、老照片、老文献、老环境”等“四老”史料的开掘、利用、营造，最终实现了经由对历史上人和事物的还原，在揭示历史真相的同时，把上至国家领导人、著名科学家、将军，下至一般技术人员、普通官兵或平民百姓等100多个人物形象呈现于观众面前。影片风格既激情洋溢又严谨质朴，令观众精神振奋，回味绵长。影片2001年获第21届中国电影金鸡奖最佳纪录片奖。

（刘乃康）

《东京奥林匹克》 *Tokyo Olympiad* 日本彩色纪录片。1965年出品。编剧，**市川昆**、谷川俊太郎、和田夏十；导演，市川昆；摄影，宫川一夫、林田重男等。

影片几乎呈现了东京奥林匹克运动会的所有项目。在颁奖仪式上，不同国家的国旗在赛场上升起，金牌和国旗都以特写的方式呈现出来，成功者和失败者都在赛场上留下不可磨灭的痕迹。除聚焦赛场外，影片还穿插展示了运动员的训练、在日本的生活。影片没有凸显个别国家，没有刻意强调日本的角色，而是凸显了世界大家庭。无论是意大利、澳大利亚，还是非洲乍得，都是这个世界中平等的一员。

影片具有艺术片的特质，很多镜头经过艺术化处理，如升格拍摄、舞蹈般的鞍马和平衡木比赛。影片饱满的配乐，以及各种特写和光影的使用等，都使得其彰显出深远的魅力。影片1965年获第18届法国戛纳国际电影节国际影评人奖，1966年获第19届英国电影学院奖弗拉哈迪纪录片奖、联合国奖。

（李玥阳）

东京国际电影节 Tokyo International Film Festival 亚洲最大的国际电影节。由东京国际映像文化振兴会主办，是日本国内唯一获得国际电影制片人协会承认的A类竞赛型国际电影节活动。1985年9月25日至10月4日举办第一届，规定两年举行一次。1992年改为每年举办一次，每年10月下旬至11月上旬举办。其目的是开展国际间的交流，充分发挥电影语言的无国界性，充分发掘有才能的年轻电影人才，展望世界影像文化的未来。电影节在2013年设立全新竞赛单元“亚洲未来”，旨在挖掘亚洲电影新人。电影节设有电影评奖、年轻导演比赛、国际女性电影周及一般放映活动。比赛项目设置了东京樱花大奖、评委会特别奖、最佳导演奖、最佳男女演员奖、最佳艺术贡献奖和最佳编剧奖等，各类奖项均是荣誉奖而不设奖金。

第30届东京国际电影节颁奖现场

中国电影人曾在东京国际电影节上多次获奖，如1987年**吴天明**的《**老井**》获第2届东京樱花大奖及国际电影评论家特别奖，主演**张艺谋**获最佳男演员奖；2008年**陈凯歌**获第21届黑泽明奖。此外还有《过年》《**牯岭街少年杀人事件**》《暗恋桃花源》《蓝风筝》《找乐》《天国逆子》《变脸》《美丽在唱歌》《黑暗之光》《暖》《可可西里》《我们俩》《十三棵泡桐》《父子》《西干道》《钢的琴》《观音山》《转山》《警察日记》《今天明天》等中国影片先后获得不同奖项。

（钟　颖）

《东京审判》 *The Tokyo Trial* 中国彩色故事片。上海电影集团公司和北京鲜明映画文化传媒有限公司2006年联合出品。编剧，唐灏、张思涛、张弛、胡坤；导演，高群书；摄影，张锡贵；主演，刘松仁、

《东京审判》剧照

英达、朱孝天、曾江。

故事讲述了1946年5月起，以梅汝璈为首的中国法官代表中国国民政府，在由11个国家的11名法官组成的远东国际军事法庭上，力排众议，据理力争，历时2年零5个月，终于凭借6∶5的微弱优势把以东条英机为首的7位重要甲级战犯送上了绞刑架。法官们在审判过程中因战犯量刑问题出现严重分歧，梅汝璈凭借冷静的头脑、雄辩的才能，义正词严地捍卫了中华民族的尊严。

影片题材涉及重大历史事件，展现了中国人民终止晚清以来外交屈辱的历程。影片将中国人第一次成功地用法律武器捍卫民族尊严的外交事件，置于波澜诡谲的国际政治舞台上予以考察，表现出了还原历史真相的努力，以及客观公正地评定重大历史事件的决心。影片2007年获第12届中国电影华表奖优秀故事片奖和优秀导演奖、第26届中国电影金鸡奖最佳编剧奖。（储双月）

《东京物语》 *Tokyo Story* 日本故事片。松竹株式会社1953年出品。编剧，野田高梧、小津安二郎；导演，小津安二郎；摄影，厚田雄春；主演，笠智众、原节子、杉村春子、东山千荣子、山村聪。

故事讲述了年迈夫妇周吉和富子一起到东京探望他们的子女。他们先住在大儿子幸一家里，但大儿子工作繁忙，很少有时间照顾他们。于是他们又前往大女儿志泉家，但大女儿一家非常吝啬，让二儿子的孀妻纪子陪伴他们。纪子对公婆温顺恭敬，领着两个老人游览了东京。志泉和幸一觉得歉疚，一起出资让父母去热海避暑，老夫妇在热海住不习惯，又重新回到东京，住在女儿家。老夫妇看出女儿志泉既不想花钱，也不想亲自接待照顾他们，感到很尴尬。女儿冷淡的态度让老夫妇颇感失落，他们很快返回老家。富子回到家乡撒手人寰，子女们回家参加葬礼，然后匆匆返回东京。善良的纪子留下来，多陪伴了周吉几日，让他感到些许安慰。

影片借一个普通日本家庭，反映了日

《东京物语》剧照

本传统亲子关系与大家庭制度在时代潮流中逐渐崩溃的情状，细腻地描绘了日本人的生活状态。影片展示了小津安二郎一贯的严谨构图方式，如摄影机固定不动，不用移拍和摇拍，大多采用仰拍等。影片成熟的电影风格和巧妙的故事紧密融合，细致入微地揭示了大家庭中两代人之间的矛盾。（甄晓文）

东映动画股份有限公司 Toei Animation Co., Ltd. 日本动画片制作机构。简称"东映动画"。隶属东映电影股份公司。前身是由日本动画先驱政冈宪三、山本善次郎等人于1948年1月23日创立的日本动画有限公司，该公司于1952年8月更名为日动映画股份有限公司。1955年，东映电影股份公司总裁大川博去美国实地考察迪士尼后，立意创办"东方迪士尼"，于次年4月正式买断原日动映画股份有限公司，更名成立东映动画股份有限公司。在人才上，一方面接收了原日动公司的资深动画导演，另一方面也积极网罗流落于民间的各类动画人才。旗下拥有主要动画人才如薮下泰司、山本善次郎、森康二等人，并通过招考不断培养新人，如后来的动画电影巨匠高畑勋、宫崎骏、大塚康生等人。在设备上，建造了拥有当时最先进设备的真正意义上的动画电影摄影棚。

东映动画在学习迪士尼的基础上，形成了独特的制作特点，可以用三个"3"来说明——工作人员300人左右，构想3年，作画30余万幅。通过高预算、高人工来获取高品质作品。1957年，完成首部动画短片《乱涂乱画的小猫》。1958年，

《白蛇传》剧照

完成第一部长片动画电影《白蛇传》(薮下泰司导演)，也是日本史上第一部全彩色动画片，该片获意大利威尼斯国际儿童电影节特别奖等诸多奖项。此外，还制作了多部日本动画史上开先河之作品，如日本动画史上第一部宽银幕作品《少年猿飞佐助》等。其他动画长片代表作有《西游记》(1960)、《辛巴达历险记》(1962)、《顽皮王子斗大蛇》(1963)、《格列佛的宇宙旅行》(1965)、《太阳王子霍尔斯的大冒险》(1968)、《穿长靴的猫》(1969)、《飞天幽灵船》(1969)、《动物宝岛》(1971)等，形成了被称为"东映长片动画时代"的全盛期。

1971年8月，公司创立人大川博逝世后，公司主业逐渐转向动画电视片制作。动画电视片代表作品有《一休》(1975)、《龙珠》(1986)、《美少女战士》(1992)、《灌篮高手》(1993)、《数码宝贝》(1999)、《海贼王》(1999)等。东映动画的传统不但构筑了第二次世界大战后日本动画业态格局的"高原"，也不断创造动画电影作品品质的高峰。其动画电影的制作传统，由高畑勋、宫崎骏主导的吉卜力工作室和细田守等杰出导演延续至今。（支菲娜）

《董存瑞》 *Dong Cunrui* 中国故事片。长春电影制片厂1955年出品。编剧，丁洪、赵寰、董晓华；导演，郭维；摄影，包杰；主演，张良、杨启天、张莹。

故事讲述了1945年，年仅16岁的董存瑞参加了八路军。抗日战争胜利后内战又起，董存瑞在战斗中英勇杀敌，光荣地加入了中国共产党，成为一名真正的革命战士。1948年5月，我军在解放隆化的战斗中，遇到敌人桥型暗堡的阻击，部队伤亡很大。为争取时间，打通前进道路，董存瑞手托炸药包将暗堡炸毁，英勇地献出了宝贵的生命。

影片叙述人民英雄董存瑞一生平凡而伟大的革命事迹，表现了董存瑞好胜、执拗和机警、顽强的个性特色，层次分明、鲜活生动地展示了他从一个普通农村少年到不朽的革命战士所跨越的生活历程。影片以战斗英雄董存瑞的真实革命事迹进行创作，同时又对董存瑞的英雄形象进行了艺术加工和创造。影片的其他人物，如董存瑞的亲密战友郅振标等，也被塑造得栩栩如生，对主人公董存瑞起到了很好的衬托作用。影片借助富有戏剧性的场面和趣味化的日常生活细节，突破公式化、概念化的束缚，大胆描写了英雄人物的内心成长历程，同时又自始至终贯穿了一种追求高尚革命情操的道德力量，是中国革命战

争题材影片的一部成功之作。影片1957年获文化部1949～1955年优秀故事片一等奖。（张德明）

《董夫人》 *The Arch* 中国故事片。电影朝代影片公司1969年出品。改编自林语堂小说《贞节牌坊》。编导，唐书璇；摄影，祈和熙、舒宝拉图·米达拉；主演，乔宏、卢燕、文秀、李影、周萱。

故事讲述了在中国西南部的一个小村子里，有一位年轻的寡妇。她恪守妇道，孝敬婆婆，独自养育女儿维玲，被村里人尊称为“董夫人”。某日，一队官兵来到村里，帮助村民收割，将领杨尉官被安排在董夫人家书房后面。在相处中，董夫人和与杨尉官之间产生了感情。杨尉官喜欢董夫人的风范和勤恳，董夫人也意识到自己对杨尉官的情愫。但她没想到，自己的女儿维玲一直爱慕着杨尉官。此时，村民们非常敬重董夫人，特意向皇帝申请了贞节牌坊。她在杨尉官和贞节牌坊中挣扎着，也在舆论和亲情的压力下陷入混乱的情绪中。最终，她选择了贞节牌坊，但也失去了自己的感情。女儿维玲和杨尉官成亲离开，董夫人将自己对杨尉官的感情深深埋藏在心底。

影片细腻地表现了人物的情感，将女性挣扎于爱情和贞节牌坊之间的矛盾心理，刻画得婉转而诗意。影片探讨了女性的情感和自由等深层命题，具有一定的思辨价值。影片1971年获第9届台湾电影金马奖最佳女主角奖、最佳黑白影片摄影奖、最佳黑白影片美术设计奖、最富创意特别奖。（赵卫防）

董克毅 Dong Keyi（1906～1978） 中国电影摄影师。生于浙江宁波，卒于香港。出身贫苦，父亲是明星影片公司油漆工。18岁在明星影片公司当学徒，担任摄影助理，悉心钻研摄影技术。1924年与旁人合作拍摄影片《诱婚》后开始独立拍片。同年，拍摄影片《好哥哥》，在国内首次采用两次曝光法，拍摄一个演员扮演两个角色演对手戏的镜头。1925年，连续完成《最后之良心》《小朋友》《冯大少爷》等9部影片的摄影工作。1928～1931年，担任武侠神怪片《火烧红莲寺》（共18集）的摄影，在影片中运用新颖的特技镜头和画面合成，实现了腾云驾雾、飞檐走壁、人变小变大等效果。1931年，参加中国第一部蜡盘录音的有声电影《歌女红牡丹》的摄影工作。

20世纪30年代，明星公司出品的多部进步影片，如《狂流》（1933）、《脂粉市场》（1933）、《前程》（1933）、《盐潮》（1933）、《劫后桃花》（1935）、《压岁钱》（1937）以及轰动一时的《姊妹花》（1933）等都是由他负责摄影的。1938～1949年，相继在大同摄影场、上海国华影片公司、国泰影业公司、“中电”二厂等任摄影师，拍摄了《衣锦荣归》（1947）、《幸福狂想曲》（1947）、《喜迎春》（1949）等影片。1948年赴香港，在长城电影制片有限公司负责电影摄影工作，又拍摄了《南来雁》（1950）、《门》（1951）、《一家春》（1952）、《寸草心》（1953）、《日出》（1956）、《小鸽子姑娘》（1957）、《午夜琴声》（1959）等25部影片。1968年起任邵氏兄弟（香港）有限公司技术顾问。

他摄影技术全面、熟练且熟知胶片的性能，能很好满足导演的要求，出色完成摄影任务。他是中国早期优秀电影摄影师之一，是中国最早使用测光表、镜头纱、渐变的柔和玻璃、偏光镜、可变速的摄影马达等先进摄影技术的摄影师，为提高中国电影的摄影技术水平作出了贡献。（张德明）

动态构图 dynamic composition 影视画面中的表现对象和画面结构不断发生变化的构图形式，也是影视构图最常用的构图形式。动态构图下的被摄对象与摄影机同时或分别处于运动状态，使画面内视觉形象在时间的维度上又有了三维空间领域的变化和发展。

动态构图包括以下四种形式：①画面内部运动构图。指摄影机机位和景别不动，主要靠画面中的视觉元素运动来表现戏剧动作。这是一种相对大众化的表现动感的方法，它能客观地再现现实世界的各种视觉形象运动态势。由于画面场景是固定的，在拍摄时应提前设计或了解主体移动的路径，以便提炼主要行动轨迹，并以此来选定画面的结构，使景物排列有序。被摄的主要对象由画面外进入画面，其位置相对固定后，这个位置就应是画面的趣味中心。②画面外部运动构图。指摄影机本体的构图运动。主要有推、拉、摇、移、跟、升、降等运动形式。外部运动构图时主体通常处于静止状态，依靠摄影机运动来完成景别构图变换。对于起幅落幅都有严格的要求。如电影《大事件》的开场镜头就用一个长镜头的运动构图来描写枪战开始前故事的典型环境，并引导、推进了故事的发生。③画面综合运动构图。指画面内部视觉元素与画面本身的框架综合运动的构图形式。在综合运动的构图中，画面中的人物在不停运动变化，与此同时摄影机也在进行着运动。但需要强调的是，在运动构图中最重要的依旧是主体的运动。画面的运动通常是为了更好地配合主体运动而存在的。④开放式构图。在开放式构图中，主体形象通常是不完整的，在屏幕中常表现为只显示出主体的一部分甚至更少的形象，另一部分或者另一个主体置身于画框之外，以强调画外空间的存在以及与画外空间的某种联系。因此开放式构图更能够调动观众的想象力，也为画面增强未知的元素，充满了设计感。（李　勇）

《都会的早晨》 *Dawn over the Metropolis* 中国故事片。联华影业公司1933年出品。编导，蔡楚生；摄影，周克；主演，王人美、高占非、袁丛美。

《都会的早晨》剧照

故事讲述了被富家少爷黄梦华遗弃的私生子奇龄在穷苦车夫许阿大抚育下，成长为品德纯正的工人，而黄梦华的另一个儿子惠龄，则在自己家里长成道德败坏的恶棍。惠龄为了霸占许阿大的女儿兰儿，用尽卑劣手段，将奇龄关进监狱，把兰儿软禁起来。此时，已病入膏肓的黄梦华已对惠龄失望，忏悔之余，想承认与奇龄的父子关系并把家产分一半给他，却遭到奇龄的拒绝。奇龄带着兰儿回到自己成长的环境中去。

影片用现实主义笔触，描写了下层劳苦群众的痛苦生活，歌颂了奇龄、兰儿坚强纯正的品格，揭露了黄梦华、黄惠龄等人的丑恶灵魂，表现了当时社会中存在的尖锐对立的阶级关系。影片故事生动、情节曲折、条理清楚、描写细腻。影片是导演蔡楚生在左翼电影运动初期的力作，公映后受到好评。（黄加明）

都市电视剧 urban TV drama 以中国当代城市生活为背景，以都市人的婚恋情感生活、职场奋斗为表现内容的电视剧类型。都市电视剧是中国改革开放以来出现的家庭伦理剧的重要组成部分。伴随中国城市化进程的深入发展，该类型电视剧日益壮大。中国第一部长篇室内剧《渴望》就是以都市人的情感生活为主要表现内容。此后，《爱你没商量》《皇城根儿》等也大多聚焦都市人的生活和情感。20世纪90年代至21世纪初期，都市电视剧多表现家庭情感关系及婚恋内容，透视时代变革中折射出的婚恋情感及伦理问题，代表作品如《过把瘾》《牵手》《贫嘴张大民的幸福生活》《中国式离婚》《金婚》等。随着城市化进程的推进，中国都市电视剧的创作重心也不断发生变化，《媳妇的美好时代》《金太郎的幸福生活》《大丈夫》《恋爱先生》《乔安你好》等都是紧扣现实问题且艺术质量及表演水准较高的都市电视剧。

都市电视剧的表现内容丰富多样，青春励志、职场奋斗、父母育儿等内容都流行一时。都市电视剧的表现对象多为“80后”“90后”年轻人，除了反映这一代人的新型婚恋观念及家庭关系外，他们在都市中的生存状态、职场奋斗及初为父母的育儿观念等都是作品热衷表现的内容。代表作品如《蜗居》《杜拉拉升职记》《北京爱情故事》《虎妈猫爸》《小别离》等。

《杜拉拉升职记》剧照

都市电视剧植根现实生活，紧扣社会热点，对广大观众有着强烈的吸引力。其平民化的叙事策略、鲜活的时代气息及浓郁的都市风情都比较契合大众的审美心理。都市电视剧在创作中也会出现同质化、泛偶像化及伪现实主义的不良创作风气，需要加以克服与纠偏。（戴 清 卞天歌）

《都市风光》 *Scenes of City Life* 中国故事片。电通影片公司1935年出品。编导，**袁牧之**；摄影，**吴印咸**；作曲，吕骥、贺绿汀、黄自；主演，张新珠、唐纳、顾梦鹤、周伯勋。

故事围绕李梦华和王俊三同时追求张小云而展开。张小云整天打扮玩乐，李梦华为张小云神魂颠倒，当掉手表装阔，去讨张小云欢心。而王俊三手段更高妙，又有资产，终于骗诱张小云失身。小云的父亲小押店主正因年关紧迫，债务丛集，急得焦头烂额，他发现王俊三是茶栈经理，便要女儿同王结婚，借以渡过难关。王俊三与小云结婚不久，因投机失败，秘书又卷资私逃，以致破产，自己也溜之

《都市风光》海报

大吉。

影片在叙事上采用了戏中戏的套层结构，用具有夸张性和滑稽色彩的手法，通过农民的眼睛展示大都市充满诱惑性和拜金主义的光怪陆离的景象，描写了上海小市民生活的千姿百态。在人物塑造上，影片有别于新兴电影运动时期其他影片，片中没有一个代表正面价值和正面形象的人物，而是对影片中赋予人物的贪婪愚昧、毁灭力和非理性进行了大胆的讽刺。影片是中国第一部音乐喜剧片，也是第一部专门的、完整的音乐作曲影片，是中国有声电影乃至中国电影艺术史上一部重要的里程碑。影片中由吕骥、贺绿汀、黄自共同创作的音乐与画面巧妙配合，根据电影的整体构思和剧本的主题思想，配以不同的音乐以强调人物的不同行为意识，并将国外流行音乐和中国本土音乐融合，通过视觉与听觉的双重演绎讽刺了都市的环境，幽默了人物的行为，真正做到音乐、音响和对白的水乳交融，开启了中国喜剧电影兼具内涵与品位之风尚。（丁幼晗）

《独臂刀》 *One-Armed Swordsman* 中国彩色故事片。邵氏兄弟（香港）有限公司1967年出品。编剧，**张彻**、倪匡；导演，张彻；摄影，阮曾三；主演，王羽、潘迎紫、焦姣、田丰、陈燕燕。

故事讲述了金刀大侠齐如风遭敌暗算，仆人方诚舍身救主。于是，齐如风收方诚之子方刚为徒，授其武艺，欲将来立为新掌门，回报方诚的救命之恩。方刚为人孤傲冷漠，因身世特殊遭同门嫉恨。齐如风女儿齐佩生性刁蛮，暗中爱慕方刚，追求不成，便联合师兄与方刚比武，失败后愤而砍断方刚右臂。方刚负伤远走他乡。少女小蛮偶遇方刚，救其性命，二人情投意合，打算归隐山林。小蛮被人调戏，方刚无力保护，因此苦恼消沉。小蛮拿出父亲所遗《左手图谱》，方刚重拾勇气，用亡父断刀练成了“左手神刀”。之后，齐如风遇笑面二郎和长臂神魔复仇，弟子被杀，齐佩被囚。方刚曾答应小蛮不问世事，但为报师恩，决定救出齐佩。方刚杀掉了笑面二郎、长臂神魔及其党羽，救出师父。最后，方刚婉谢师父挽留，与小蛮浪迹天涯。

影片讲述方刚与师父、师父之女、恋人小蛮的情感纠葛，表现了武侠江湖的义气情怀。影片受当时日本武士电影的影响，一改之前香港武侠片的传统戏曲表演和邵氏影片女性形象为主导的模式，塑造出具有浓烈侠义精神和浪漫情怀的男性悲情英雄形象。影片快速多变的场景转换，手提跟拍式的摄影方法，突出了打斗的节奏感和张力，大大提升了视觉冲击力，是香港电影影像现代化的早期代表作品。影片是导演张彻阳刚美学的早期代表作之一，也是香港新派武侠电影的开山之作。

（张承宇）

独立制片运动 independent filmmaking 20世纪中期兴起于美国，在传统好莱坞体系外制作电影、表达独立精神观念的电影艺术运动。20世纪50年代，电视在美国普及，好莱坞电影随即经历了一场危机。为争取观众，好莱坞投资拍摄大场面影片，《埃及艳后》(1963)、《音乐之声》(1965)等高成本卖座大片应运而生，但《埃及艳后》等影片的高票房仍未能使片厂止亏，电影生产和发行的危机不断蔓延。此时，美国放映商公开宣称放映影片出现短缺，这使在好莱坞黄金时期被逼入绝境的独立电影制作有了发展机会。受法国新浪潮电影运动影响，一些由好莱坞体系之外出资、拍摄和发行的独立制片团体，以新的形式创作了众多反映社会政治与现实生活的电影，在票房上获得成功，代表作有A.佩恩的《**邦妮和克莱德**》(1967)、《爱丽丝餐馆》(1969)、《小大人》(1970)，D.霍珀的《**逍遥骑士**》(1969)，J.施莱辛格的《午夜牛郎》(1969)，S.波拉克的《他们射马，不是吗?》(1969)等。这些电影体现了与好莱坞电影模式不同的独立精神和个性视角，在没有巨额预算、豪华布景、大牌明星的支持下，以原创故事赢得口碑和票房。独立制片运动繁荣了发轫于20世纪初的独立电影市场，引发60年代越战时期的电影化革命，促进了70年代后期和80年代新的“独立电影”体系的形成，至90年代“独立电影”第一次展现出与好莱坞分庭抗礼的态势。（林 琳）

杜比立体声 Dolby stereo 杜比实验室在1975年为解决双声道立体声影院中立体声效果不佳而发布的一种立体声系统。广为专业电影院所使用。最初的立体声系统是双声道立体声系统，由左右两个基本声道（L和R）组成，利用声音到达双耳时的时间差、强度差与相位差，使听音者能够感觉到声像的位置，从而形成“立体声”的印象。但这种立体声系统左右声道重放声缺乏厚度，不能反映声源的运动状态，缺乏反射声。为了获得更好的立体声效果，给观众提供更加生动的观影环境与气氛，美国杜比实验室设计发明了一种4-2-4立体声编码技术来解决双声道的缺陷问题。它的原理是把多声道的立体声节目用四个声道即左（L）、中（C）、右（R）、环绕（S）来表现。因为当时的音频设备多以双声道为主，4-2-4立体声编码技术把四声道合为双声道（被称为LT和RT，即左权和右权），然后通过光学工艺把这两个经过编码生成的声道印制在胶片的边缘，在还原时用一台解码器将双声道还原为四声道，由此，四声道的立体声节目能够在双声道的音频设备上播放。4-2-4立体声编码技术重放的声音三维空间感更强烈，重现了声源的真实声场，听音者有一种被声音包围的感觉，因此也被称为“杜比环绕立体声”。此外，因为采用了具有极高信噪比的降噪技术，重放的声音还具有高保真及强烈震撼力的效果。

在杜比立体声的基础上，杜比实验室分别于1976年和1986年发布了四声道的杜比环绕声和杜比逻辑环绕声等模拟电影音频技术。随着技术的进步，数字立体声逐步取代模拟环绕声系统，成为电影音频的主流。（姜 燕）

杜甫仁科，A.P. Aleksandr Petrovich Dovzhenko（1894-09-10～1956-11-25） 苏联电影导演、作家。生于切尔尼戈夫省索斯尼察村，卒于莫斯科。1921～1923年在苏联驻波兰和德国的领事馆工作并学习绘画。1926年完成了处女作电影剧本《改革者瓦西里》，并独立执导了《爱情的结晶》。接着又导演了《外交信差的提包》（1927）、《兹文尼郭拉》（1928）、《兵工厂》（1929）等作品。其中《兵工厂》标志着他在思想和技巧上的日渐成熟，显示出了富有诗意和浪漫主义色彩的抒情风格。1930年创作的《土地》使他蜚声世界影坛。该片在1958年布鲁塞尔国际电影节上被评为电影问世以来12部最佳影片之一。之后的电影作品有《肖尔斯》（1939）、《解放》（1940）、《祖国》（1946）、《米丘林》（1948）等，电影剧本有《海之歌》《烽火年代的故事》《再见吧，美洲》《南极洲的发现》等。1941、1949年两次获苏联国家奖。1950年获俄罗斯联邦人民艺术家称号。1959年获列宁奖（追授）。

（俞 虹 撰 章柏青 唐建军 修订）

《杜鹃山》 *Azalea Mountain* 中国彩色戏曲片。北京电影制片厂1974年出品。根据同名京剧改编。编剧，王树元等；导演，**谢铁骊**；摄影，**钱江**；主演，杨春霞、马永安。

故事讲述了在秋收起义的影响下，湘赣边界上以雷刚为首的一支自发起义的农民自卫军揭竿而起。但农民自卫军三起三落、濒于覆灭，雷刚迫切需要找到共产党组织为其指明方向。危难之时，参加过工人武装斗争的共产党员柯湘被派来任党代表。柯湘坚持党的斗争方针，启发雷刚及农民自卫军战士的阶级觉悟，揪出并铲除奸细，战胜地主武装头子毒蛇胆。柯湘还通过事实让农民自卫军明白工农一家，必须联合起来的道理，把这支队伍锻炼成一支坚强的革命力量。最终自卫军与红军主力会合，正式改编为工农革命军，开赴井冈山，与毛委员领导的红军会师。

《杜鹃山》剧照

影片故事讲述紧凑，矛盾冲突尖锐激烈，人物形象鲜明突出。影片力图在舞台艺术电影化、色彩、构图、节奏等方面的处理上有所突破，最大化地运用电影艺术手段处理情节矛盾，进行人物塑造。影片**场面调度**行云流水，镜头切换、戏剧情景、人物情感十分契合，互有助益。尤其是影片中的局部实景，无论是一山、一石、一树都真实搭建，环境的真实性突破了舞台剧场景单薄、虚假的局限性，有助于营造气氛，塑造典型环境，使得景与人、景与戏完美统一。（高小健）

杜维威尔，J. Julien Duvivier（1896-10-03～1967-10-30） 法国电影导演。生于里尔，卒于巴黎。曾任剧院的演员、编剧、舞台监督等。1919年执导了处女作《血的代价》。1920年后拍摄了一些反响平平的无声片。1930年后接连拍摄了《红萝卜须》《西班牙殖民地军团》《同心协力》《逃犯贝贝》《舞会手册》等优秀作品，获得较大成功。

其中《逃犯贝贝》是法国20世纪30年代诗意现实主义的代表作，电影充满悲观主义情调和浓烈的黑色味道。1938年为美国米高梅电影公司摄制了描写J.施特劳斯生平的富有浪漫色彩的《翠堤春晓》，是好莱坞歌舞片的重要代表作品，影片1939年获第11届美国奥斯卡奖最佳摄影奖。1939年执导了《穷途末路》，表现一些曾经红极一时，但晚年在救济院度过的演员的悲惨命运。

第二次世界大战期间曾定居美国，拍摄了《曼哈顿的故事》等。1946年导演了侦探片《恐慌》。1951年执导了结构宏伟、色彩丰富的大片《在巴黎的天空下》。1952年执导了表现意大利小城镇生活的《唐·卡米罗的小天地》。1953年执导了其续集《唐·卡米罗的归来》。1955年拍摄了充满诗情画意色彩的《我青年时代的玛丽亚娜》。1959年执导《玛丽的十月》，将抵抗运动事件搬上银幕，获得了广泛好评。其他主要作品有《丽梯亚》《骗子》《肉欲与幻想》《杀人者的时代》《穿雨衣的人》《家常琐事》《火刑》《魔鬼与十诫》《鸡肉》《恶魔来信》等。

作为法国**诗意现实主义电影**的代表人物，他一生创作的影片数量众多，内容类型多样，其作品在诗意中表现现实生活，充满浪漫主义气息，与**J.雷诺阿**、**M.卡尔内**等共同创造了法国电影诗意现实主义的辉煌。（孙承健）

《渡江侦察记》 *Reconnaissance across the Yangtze* 中国故事片。上海电影制片厂1954年出品。编剧，沈默君；导演，**汤晓丹**；摄影，李生伟；主演，**孙道临**、李玲君、齐衡、陈述。

故事讲述了1949年中国人民解放军横渡长江前夕，解放军某部侦察连李连长率领一班侦察员先行渡江侦察敌人江防情况。李连长与侦察员吴老贵、周长喜、杨威、小马等渡江之后，在白马山区与当地的游击队取得联系。在游击队队长刘四姐等人的配合下，他们插入敌人心脏，搞到了敌军江防工事图，摸清了敌军榴弹炮阵地的部署。但驱车返回途中，被敌情报处长识破。周长喜为掩护战友壮烈牺牲。敌人撒网式搜索，李连长等人与江北失去了联系，旋派吴老贵与小马趁天黑渡江传送情报。吴老贵为掩护小马洒血捐躯，小马不辱使命，及时送到情报。百万雄师渡江南下。李连长与刘四姐挥手作别，又赴征程。

影片再现了解放战争时期中国人民解放军百万雄师下江南的宏伟场景，歌颂了解放军战士机智勇敢、坚忍顽强、不怕

《渡江侦察记》海报

牺牲的高尚品格。影片故事情节曲折生动，惊险紧张，合乎情理，引人入胜，生动地塑造了李连长、刘四姐、吴老贵、小马、周长喜等英雄形象。难能可贵的是，影片饱含丰富的军事信息量和具体的战术专业知识，较为逼真地还原了当时的历史生活环境，营造出浓厚的历史与军事战争氛围。影片1957年获文化部1949～1955年优秀故事片一等奖。

（黄加明）

对称构图 symmetric composition 画面（或画面中的主体）的左右或上下两部分在形状上相似或相近的构图形式。对称是指物体相对的两边各部分在形状、大小、距离和排列方面均相当或相似。对称构图则是这一概念在画面构图形式上的应用。对称构图给人以安定、平稳之感，其缺点是呆板、缺少变化。对称构图大多在采取**空镜头**拍摄建筑物、风景、装饰时使用，有时也运用于两人关系展现或对峙双方场景呈现。

（李　勇）

《对花枪》 *Silver Spear* 中国彩色戏曲片。电影频道节目中心2006年出品。改编自同名京剧。编剧，奎生；导演，萧锋、保尔夫；摄影，彭巍、吕军、刘峰；主演，袁慧琴、李长春、张建峰。

故事讲述了隋唐瓦岗寨英雄罗艺少年时为姜氏父女所救，并教授其花枪绝技，罗艺与姜桂芝结为良缘。后因兵乱致夫妻离别。40年后，姜桂芝前来瓦岗寨认亲，罗艺因已娶妻生子，不肯相认姜桂芝。于是，姜桂芝与罗艺决定在众人面前对枪。结果罗艺被姜桂芝打下马来，罗艺羞愧万分，乃认妻谢罪。姜桂芝在众人劝解之下与罗艺重归旧好，一对老夫妻又得团圆。

影片通过数字化拍摄方式，营造了一种独特的视觉风格。影片抽象化的设计使画面显现大量空白和黑幕，突出强调了戏曲舞台造型非写实化的间离感。其间还在大段人物独白式唱段中采用数字抠像技术，背景与人物进行不同形式的塑造，通过背景画面或为山水画，或为当代感很强的泼墨写意画，或为描绘蝴蝶等图案的工笔画，甚至民俗味很浓的红色剪纸等造型手段，较好地烘托了人物心理的变化和情感的发展过程，创造出一种不同以往的视觉造型风格和技术形态。影片2009年获第5届美国洛杉矶中美电影节最佳影片金天使奖。

（傅　秋）

对角线构图 diagonal composition 画面中把主体安排在对角线上的构图方式。一般情况下，正面或正侧面拍摄的物体，往往给人造成静止、平稳的视觉效果。而从斜侧方向拍摄时，被摄体横向的对角线被充分展示出来，能使被摄陪体在各种情况下与主体发生直接的联系，使画面“活”起来，线条结构多变而产生动感，显得活泼自然。同时，由于斜线条的产生，容易生产透视线条的会合点，将人的视线聚集到该点上，从而突出主体。对角线构图往往用于表现运动物体或活泼场面，不适宜表现静止物体构成的画面。所以，在构图时应尽量使画面四个角的对角线发挥作用，以产生独特的艺术效果。对角线构图有两个重要作用：一方面能够产生较强的运动感和指向性，画面的交流感十足；另一方面，画面中的斜线构成也是焦点透视的重要使用方式，能增强画面的空间感和立体感。

（李　勇）

多窗口市场 multi-window market 最早出现于美国的电影播映渠道和发行市场。自20世纪80年代开始，美国电影形成“大电影产业”，主要电影公司跨媒介整合横向拓展电视网、广播网和家庭影院等市场，加快向其他播映渠道“扩窗”。电影公司通过不同的发行窗口，在院线市场及衍生市场销售，获得回报以降低生产成本和市场风险。

在互联网视频兴起之前，美国电影发行有七个窗口市场。第一窗口是影院，是一部影片创造票房和利润流的首要市场。第二窗口是有线电视计次付费点播。第三窗口是有线付费电视网市场（或“有线付费电影频道”）。第四窗口是录像带租售市场。第五窗口是有线电视市场。第六窗口是无线电视网市场。第七窗口是地方电视台。

随着互联网技术的发展，新的窗口市场诞生，即视频点播和新媒体。用户可以通过在线流媒体观看或下载到电脑、数字录像机、移动多媒体播放器观看。在线观看日益成为一种重要的电影观看渠道，电影发行窗口的次序也在发生改变。

（田　乐）

多机位编辑 multi-camera editing 在后期剪辑中参考电视导播的手法，利用非线性编辑软件对多个机位素材进行实时切换的影视编辑方式。又称多画面编辑、后期导播。在电视节目制作中，通常采用现场多机切换的制作方式完成演播室节目及晚会录制、体育比赛转播、重大活动直播等。现场多机切换制作方式的制作效率很高，但是受制于以往磁带记录的限制，不可能将每一台摄像机的视频都记录下来，这对后期制作制约很大。在机位更多的节目制作场合，现场发生的事件导播未能及时切出，往往会留下创作缺憾。随着非线性编辑技术的进步，在后期剪辑中可以实现模拟电视导播进行多路信号切换，多机位编辑成为可能。由于非线性编辑软件可以记录所有的操作（如**剪辑点**、转场等），并且随时可以修改，极大地提高剪辑效率，避免了因为现场反应不及时带来的导播切换失误。带有多机位编辑功能的切换系统已经实现现场切换与后期多机位编辑相结合，现场切换时记录下剪辑点信息和各路摄像机视频，在多机位编辑时以此为基础，修改剪辑点、替换任意一路画面，为影视节目后期创作提供了很大的空间。

扩展阅读

张歌东.影视非线性编辑.北京：中国广播影视出版社，2003.

（张歌东）

多伦多国际电影节 Toronto International Film Festival 世界重要电影节之一。简

称TIFF。由加拿大人B.马歇尔、D.科尔、H.考克于1976年创办。电影节每年9月在加拿大多伦多举行，为期11天。电影节不设评审团，不以评奖为主，而是大量展映世界各地的优秀影片。展映内容力求多元化，既包括大制片厂的好莱坞电影，也包括独立电影、**实验电影**，还有加拿大本土电影、其他民族电影、大师作品、新人作品、儿童电影、纪录片等。电影节期间举办放映、讲座、研讨会等多项活动，来自世界各地的媒体、影评人、电影导演、明星、行业主管、策划人、影迷和其他电影从业人员都有机会与电影制作者交流讨论。电影节设立了分支机构，设有销售办公室，并与安大略电影资料馆合作，为世界各地的电影从业人员提供资源和交流网络，通过电影展映，电影艺术家们推销自己的故事、想法、创意，最终达到交流电影艺术、促进电影流通和电影产业发展的目的。

中国电影《**功夫**》《**夜宴**》《姨妈的后现代生活》《我不是潘金莲》等作品曾先后在电影节上展映。多伦多国际电影节已成为世界重要电影节之一，对促进加拿大本土电影发展和世界电影交流起到了重要的作用。（甄晓文）

多讯道制作　multi-camera production　通过视讯切换器（切换台）将多个讯号来源随时进行选切并输出一路信号以供直播或录制的制作方式。“多讯道”实际指的是多个视频讯号的来源通道。视频讯号既包括摄像机拍摄的视频信号，也包括提前制作好的插播片、计算机播放的各种视频图形图表、来自网络的实时视频，还有通过卫星与微波通信技术传送回来的在距演播现场较远地点摄录的画面信号等。

多讯道电视节目制作方式包括：电子演播室制作（ESP）、电子现场制作（EFP）以及复合了ESP/EFP/ENG多种形式的综合制作方式。ESP是指在电视台的演播室中通常进行的录制方式。演播室当中有若干台讯道摄像机，并通过多芯电缆线与导播间内的切换系统相连。导播间里有监视系统、切换系统、灯光音响控制系统、录制系统等。EFP是对一整套适用于电视台以外的现场进行即时摄制作业的电视设备的统称。它包括两台以上的摄像机、一个完整的视讯切换系统、一个完整的音频操作系统以及其他相关的辅助设备。它可以对事件发生的现场或节目进行现场直播或现场录制。

复合制作是指综合运用ESP/EFP/ENG等多种形式进行节目制作的方式，既包含演播室制作的部分，也包含场地临时搭建或使用电视转播车制作的部分，还包括若干单机进行采集的部分。复合制作可以最大限度地帮助转播者完成对事件的还原，并能极大地丰富节目的外在形态，其主要应用于大型节目和仪式庆典的转播当中。（郑　月）

《哆啦A梦》　*Doraemon*　日本电视动画片。SHIN-EI动画工作室（现为朝日电视台所有）1979年出品。根据著名漫画家藤本弘和安孙子素雄合作创作的同名漫画改编。编剧，山崎晴哉、铃木良武、井上知士、吉原幸荣等；导演，上梨满雄。

《哆啦A梦》剧照

故事的主角是什么事都做不好的10岁平凡少年野比康夫。哆啦A梦是22世纪的、具有神奇四次元口袋的猫型机器人，受康夫的玄孙世修之托穿越回到20世纪，帮助康夫化解身边的种种困难。故事模式一般是因为康夫被胖虎、强夫欺负，被老师、妈妈训斥，或者看到别人有好东西自己也想要而向哆啦A梦诉苦求助，哆啦A梦从起初的有求必应慢慢转变为教训康夫的依赖性，不过最终也会心软答应帮助康夫，从四次元口袋中掏出道具。最后的结局可能有几种：其一是拿道具出去玩，众人加入，玩得不亦乐乎；其二是做了些善事，赢得赞赏；其三是拿道具出去报仇兼恶作剧，胖虎等人受到惩罚，但是康夫自己通常也没好下场；其四是通过哆啦A梦的道具，康夫真切体会到了某种道理而努力上进。

该片故事采取散点叙事的手法，通过毫不起眼、处处碰壁的康夫折射众多普通人的童年，极富生活化地表现了当代日本文艺中“小孩世界与卑鄙的大人世界”对立的这一主题。该片充满奇思妙想的道具有一定前瞻性，随着科技的发展，很多已经成为现实。该片具有很高的收视率，影响遍及全球各地，超过50个国家和地区播出过该动画片。2002年，哆啦A梦被美国《时代》杂志评选为“亚洲25位英雄”之一，是唯一非真人英雄。自1979年播出后，该片已播出超2000集，在中国最初播出时曾译为《机器猫》。另有多部电影版《哆啦A梦》推出并获得好评。（陈奇佳）

《夺冠》　*Leap*　中国彩色故事片。原名《中国女排》。北京嘉映春天影业有限公司、我们制作有限公司、华夏电影发行有限责任公司等2020年联合出品。编剧，张翼；导演，陈可辛；摄影，赵晓时；主演，**巩俐**、黄渤、吴刚、彭昱畅、白浪、中国女子排球队。

故事讲述了几代中国女排人奋战世界冠军的经历。20世纪80年代，训练条件艰苦的中国女排只能靠团结拼搏赢得世界冠军。当时，中国女排成为世界排球史上第一支五连冠的队伍。之后，女排队员郎平赴美求学，女排陪练陈忠和成为国家队主教练，带领中国女排夺得了几次世界冠军。2005年，郎平受邀成为美国排球史上首位国家队女性主教练。在2008年北京奥运会上，郎平指导的美国队以3比2赢了陈忠和指导的中国女排。在舆论压力下，郎平辞去美国队教练一职。随后中国女排青黄不接，每况愈下。时刻牵挂中国女排的郎平决定回国担任中国女排的主教练。郎平开始大力改革，更新中国女排训练理念。比起老女排负重前行，郎平更希望每个女排队员享受体育精神。虽然刚开始并不顺利，但是中国女排在2016年里约奥运会赛场上夺冠，展现出新一代的中国女排精神。

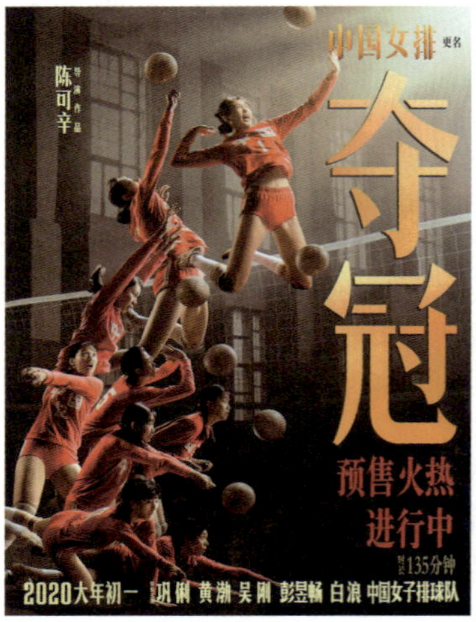

《夺冠》海报

影片回顾中国女排从1981年女排世界杯到2016年里约奥运会的夺冠之路，展现了崛起的中国梦与中国女排的体育精神。影片将20世纪80年代与2016年的两场比赛，陈忠和与郎平两位人物形成对照，深入更精深的层面，表达真实情感，传递出中国体育的精神和以人为本的新时代中国发展理念。影片2020年获第33届中国电影金鸡奖最佳故事片奖、最佳编剧奖、最佳摄影奖，2021年获第27届香港电影评论学会大奖最佳导演奖、最佳女演员奖。（连　洁）

E

俄罗斯电影 Russian cinema 俄罗斯电影分为早期俄罗斯电影、苏联时代的俄罗斯电影、苏联解体后的俄罗斯电影。

早期俄罗斯电影 1896年，法国卢米埃尔兄弟的电影在莫斯科、圣彼得堡和其他城市开始放映，同时俄罗斯的电影爱好者V.沙申、职业摄影家A.费杰茨基等也开始尝试拍摄电影。1903年，俄罗斯出现了当时被称作电剧院或幻影场的固定影院。1906年，A.A.汉容科夫在莫斯科开办了第一家外国影片及电影器材销售事务所，后于1912年建成当时最大的摄影棚，成为俄罗斯第一个电影工厂。1908年，照相师A.O.德兰科夫在圣彼得堡开办了电影制作室，拍摄了俄罗斯第一部故事片《伏尔加河下游的自由人》(又译《斯捷潘·拉辛》，导演V.F.罗马什科夫)。1910年，俄罗斯电影生产快速增长。1911年，摄制了第一部大型故事片《塞瓦斯托波尔保卫战》(导演V.M.冈恰罗夫和A.A.汉容科夫)。1911～1912年，导演兼摄影师的V.A.斯塔列维奇在研究特技摄影的同时制作了世界上最早的立体动画片。

十月革命前，俄罗斯共拍摄了2000部影片，内容有的是对俄罗斯历史的表现，有的是对古典小说、民间传说乃至歌曲的改编。其中绝大部分为情节曲折的惊险片、沙龙式的心理情节剧片和结构简单的滑稽喜剧片，只有少数改编作品具有一定的艺术水平，如V.R.加尔金的《贵族之家》(1914，根据I.S.屠格涅夫的作品改编)、Ya.A.普罗塔扎诺夫的《黑桃皇后》(1916，根据A.S.普希金作品改编)。这期间，电影的迅速发展引起著名文化活动家的注意，A.N.托尔斯泰、M.高尔基、A.A.阿洛夫等在评判电影的市场特点时，指出电影的大众性和通俗性，预见了电影的艺术潜力。著名戏剧演员F.I.夏里亚宾和导演V.E.梅耶霍尔德也开始参与电影的演出和制作。在巴乌艾尔的领导下，后来成为苏联电影理论奠基人之一的**L.V.库里肖夫**开始从事美工工作。一批专业电影摄影师和美工也在研究新的照明手段、动作摄影、特写剪辑和定做布景等技术性工作。

苏联时代的俄罗斯电影 见**苏联电影**。

苏联解体后的俄罗斯电影 1991年12月26日，苏维埃社会主义共和国联盟宣告结束，苏联多民族的电影也从此成为历史。新独立的俄罗斯电影基本上是对苏联最后几年电影的延续。由于俄罗斯国家政治、经济、社会陷入危机，电影同样经受危机。苏联解体当年共生产影片350部(其中大部分为俄罗斯所拍)；从1992年开始，俄罗斯电影生产开始回落，以后每年递减；到1996年，全年生产影片26部，为历史所罕见。

苏联解体后，电影在向商业化转变过程中，创作人员迫于市场压力，有意拍摄刺激性影片，以暴力和性吸引观众。但在众多灰色影片之中也有一些在题材内容、表现手法上值得注意的影片，如P.托多罗夫斯基的揭示第二次世界大战后苏军内部思想作风问题的《再来一次》(1992，获1993年日本东京国际电影节最佳编剧奖)、D.Kh.阿斯特拉罕的表现家庭伦理道德的《你是我的唯一》(1993，获埃及开罗国际电影节金字塔银奖)、A.V.罗果什金的《白痴的生活》(1993，获1994年荷兰鹿特丹国际电影节评论奖)、**N.S.米哈尔科夫**的揭露斯大林时代政治气候的《烈日灼人》(1994，获美国电影奥斯卡奖最佳外

《烈日灼人》剧照

语片奖)、V.Yu.阿布德拉什托夫和A.明达泽的描写俄罗斯新人的《一个乘客的剧本》(1995，获德国柏林国际电影节银熊奖)、S.V.鲍德罗夫的表现车臣战争的《高加索俘虏》(1995，获法国戛纳国际电影节评委会特别奖、卡罗维发利国际电影节大奖、俄罗斯联邦国家文艺奖金)、V.I.霍季年柯的表现阿富汗战争创伤的《穆斯林人》(1995，获第19届加拿大蒙特利尔世界电影节评委会特别奖)、K.沙赫纳扎罗夫的《美国女儿》(1995，获第2届中国上海国际电影节特别奖)。艺术电影导演A.N.索库罗夫拍摄的《母与子》(1997)以其出色的构图和摄影成为该年度在国内外获奖最多的一部影片。

为振兴电影事业，政府出台了一系列政策法规，希望从财力上给电影以资助。1994年，俄罗斯总统B.N.叶利钦签发了“俄罗斯联邦在电影领域，在纪念世界和俄罗斯电影诞生百年活动中实行保护性关税政策”的总统令；俄罗斯政府通过了“在电影领域实行关税保护政策的重要措施”和“维护和发展电影发行的措施”的决议。1995年，通过了“建立联邦社会资助国家电影的经济基金会”和“保护和发展国产电影发行，提高电影为国民服务水平的措施”的决议。1996年，通过了《国家电影法》。以这些法规政策为前提，俄罗斯国家电影委员会邀请专业人士调查研究，制定了电影发展新构想。

1997年，俄罗斯电影生产数量开始回升，具体表现在：①国家加大对电影的投资；②民营电影公司与大银行接轨；③国家对个体投资电影者实行减免税政策。在发行及放映国产电影方面，国家也给予财政支持和优惠政策，在各地建立了以放映国产影片为主的电影中心。1998年，俄罗斯市场上的国产影片数量首次超过外国影片，影院的上座率开始出现增长。1997～1999年俄罗斯电影生产数量每年递增，电影创作出现新的倾向，题材偏重表现现实生活，画面造型追求美观。这期间拍摄的主要影片有G.N.丘赫莱伊的《窃贼》(1997，获1997年意大利威尼斯国际电影节意大利国会议长奖、青年评委奖及儿童基金会奖)、L.A.勃布罗娃的《在那个国家》(1997，获1998年俄罗斯国家奖)、米哈尔科夫的《西伯利亚理发师》(1998，获1999年俄罗斯联邦国家文艺奖)、索库罗夫的《莫洛赫》(1999，获1999年法国戛纳国际电影节最佳编剧奖)、V.G.奥戈罗德尼科夫的《棚户》(1999，获1999年瑞士洛迦诺国际电影节银豹奖)、罗果什金的表现车臣战争的《交通信号站》(1999，获1999年卡罗维发利国际电影节最佳导演奖)等。

《西伯利亚理发师》剧照

2000年，俄罗斯取消了国家电影委员会，电影业归属文化部。结果是：①国家投资增加；②对多年来忽视的儿童影片给予重视；③对培养青年导演在政策上给

予倾斜。2000年俄罗斯共生产影片61部，其中代表性的影片有导演S.索洛维约夫拍摄的《柔情年华》、G.A.潘菲洛夫拍摄的《罗曼诺夫帝王之家》、喜剧大师**E.A.梁赞诺夫**拍摄的《老朽》和《静静的港湾》，以及V.V.缅绍夫的《上帝的嫉妒》。

进入21世纪后，俄罗斯国家形势好转，政治趋于稳定，经济开始复苏。在大的社会环境背景中，电影生产也在好转。为彻底改变电影投资方式，加强国产影片在市场的占有额，V.V.普京总统2001年4月签发“国家电影制片厂实行股份化”和“创办俄罗斯电影发行公司”两个电影令。俄罗斯电影创作出现两个特点：①大公司开始投资电影；②电影创作开始注重表现劳动者，表现国家的保卫者。这期间，有再现卫国战争的影片《44年8月》（2001）、《星》（2002）、《布谷鸟》（2002，获俄罗斯莫斯科国际电影节最佳导演奖），描写边境军人及其爱情故事的《边境，泰加的爱情》（2001），表现车臣战争的影片《战争》（2002）。表现苏联时代劳动者的影片则有描写20世纪70年代北极地区天然气开发过程的《北极星空下》（2001），描写战后年代青年男女爱情故事的《两个司机》（2001）。

《布谷鸟》剧照

一批影片获得国际电影奖项，重新把俄罗斯电影带回世界影坛，如《傻瓜之家》（2002，法国戛纳国际电影节最佳序演奖）、《情人》（2002，西班牙圣塞巴斯蒂安国际电影节最佳编剧奖、最佳摄影奖）、《回归》（2003，意大利威尼斯国际电影节金狮奖、最佳处女作奖）、《十二怒汉：大审判》（2007，意大利威尼斯国际电影节金狮奖）、《纸兵》（2008，意大利威尼斯国际电影节最佳导演奖）、《浮士德》（2011，意大利威尼斯国际电影节金狮奖）、《利维坦》（2014，美国电影金球奖最佳外语片奖）、《天堂》（2016，意大利威尼斯国际电影节最佳导演奖）。与此同时，俄罗斯的商业片也有较快发展。2004年的《守夜人》是俄罗斯式的“魔幻大片”，代表着商业大片的新动向，以寓言式的叙事和景观画面反思俄罗斯的历史和现实选择。2013年的战争片《斯大林格勒》，是俄罗斯第一部IMAX-3D巨幕影片，创造了俄罗斯电影新的票房纪录。2016年的灾难片《火海凌云》，是俄罗斯第二部IMAX-3D巨幕影片，成为该年度俄罗斯电影票房冠军。2017年的体育片《绝杀慕尼黑》，再次获得高票房收益。

其他值得关注的影片还有魔幻片《守日人》（2006），科幻片《黑色闪电》（2008），特工题材影片《密疑云》（2007）、《特工008》（2008）以及战争题材片《第九连》（2005）、《风暴之门》（2006）、《列宁格勒》（2009）、《烈日灼人2》（2010）、《八月八日》（2012）等。

俄罗斯电影事业 2001年，俄罗斯30个地区已建成现代化影院80个。2004年，按欧洲标准改建的影院达到500个。电影教育机构有**莫斯科国立电影学院**、圣彼得堡电视电影大学、列宁格勒戏剧音乐电影学院、列宁格勒电影工程学院、俄罗斯导演编剧高级培训班。电影研究机构有俄罗斯电影艺术科研所、俄罗斯艺术科学研究所电影研究室、电影资料馆。主要电影刊物有《电影艺术》《电影剧本》《电影学笔记》《新电影和电影放映员》《电影场次》《电影公园》等。2017年，俄罗斯电影基金会公布了10家市场领先的电影生产公司，在电影的生产制作方面予以财政支持。

俄罗斯举办的电影节有**莫斯科国际电影节**、索契塔夫尔电影节、阿纳帕“震荡”电影节、维堡“通向欧洲的窗户”电影节等十多个。此外，俄罗斯还设有不同的电影奖，如国家文艺奖（苏联国家文艺奖的延续）、总统文艺奖（1999年叶利钦总统设立，专门表彰对俄罗斯文艺作出贡献的人）、电影尼卡奖，以及电影学及评论者设立的金羊奖等。（李芝芳 罗 斯）

《俄罗斯方舟》 *Russian Ark* 俄罗斯彩色故事片。俄罗斯隐士桥工作室、阿根廷阿尔法电影公司等2002年联合出品。编剧，B.海姆斯基、A.尼基福罗夫；导演，A.索科洛夫；摄影，T.巴特纳；主演，L.莫兹格沃伊、Y.鲁法诺娃、A.巴拉瓦什。

《俄罗斯方舟》剧照

故事讲述了一位电影人来到圣彼得堡的冬宫，偶遇一位与他同样命运的外交官，两人一见如故，一起漫游宫殿，回顾俄罗斯几百年的历史进程。在这个过程中，他们穿越了宫殿的所有房间，参观了宫殿内的百余幅西方著名的画作，亲历彼得大帝暴怒中抽打下属的过程和凯瑟琳女皇的日常生活，尤其是1913年的一场最盛大的皇家舞会，令他们对俄罗斯的文化和历史惊叹不已。在漫游的过程中，外交家和电影人站在传统历史和现代反思两个不同的立场，就文化和历史问题发生争执，最终两人分道扬镳。在舞会结束后，外交官决定留在宫殿里，电影人则选择乘上“俄罗斯方舟”继续在海上漂泊。

影片使用高清晰度数码摄影机进行一镜到底的拍摄方式，工程复杂且浩大，摄制场地包括30多个宫殿房间，共有800多名演员，时间横跨俄罗斯发展过程中的4个世纪，对俄罗斯的政治、艺术、宗教、意识形态进行追溯和回顾。影片没有采用同期录音的方式，所以每个场景细节都必须进行精确计算。在影片拍摄结束后，也没有进行剪辑，后期制作只是对影片的画面效果进行调整，这种超长镜头的使用在世界电影史上也屈指可数。影片2002年获第27届加拿大多伦多国际电影节视觉奖，入围第55届法国戛纳国际电影节金棕榈奖，入围第15届欧洲电影奖最佳导演奖、最佳摄影奖；2003年获第2届美国旧金山影评人协会荣誉奖。（张 成）

峨眉电影制片厂 Emei Film Studio 中国电影制片机构。1958年建厂。厂址位于四川成都。厂内艺术创作部门有文学部、艺术室、演员剧团、电影乐团及电视录像部。制片生产部门（室）有制片科、生产调度科及洗印、录音、照明、化妆服装道具、置景、特技烟火等车间。另设技术管理室（包括鉴定科），主管全厂技术工作。

1960年，摄制了第一部故事片《嘉陵江边》。1961年拍摄了《达吉和她的父亲》（与长春电影制片厂合拍）。从1976年恢复生产到1985年底，共摄制故事片（包括舞台艺术片）66部，主要有：《神圣的使命》（1979）、《玉色蝴蝶》（1980）、《被爱情遗忘的角落》（1981）、《内当家》（1982）、《特急警报333》（1982）、《为什么生我》（1984）、《红衣少女》（1984）、《家庭琐事录》（1984）、《巴山奇冤》（1984）、《小巷名流》（1985）等。其中《神圣的使命》《被爱情遗忘的角落》《特急警报333》《为什么生我》分别获文化部优秀影片奖、中国电影金鸡奖、中国大众电影百花奖等奖项。1983年，拍摄的电视剧《弯弯的石径》获第3届中国电视剧飞天奖。20世纪90年代以后，先后推出《焦裕禄》(1990)、《龙爷虎孙》(1993)、《父亲的草原母亲的河》(2011)、《天上的菊美》(2014)、《十八洞村》(2017)、《大河唱》(2019)、《红星照耀中国》(2019)等。此外还拍摄了如《竹海洞天》《九寨沟》《峨眉山》《恐龙之乡》《花重锦官城》等风光片和纪录片。

2003年，峨眉电影制片厂与峨眉电影频道、峨影音像出版社、四川峨影投资有限公司和四川太平洋院线有限公司等联合组建峨眉电影集团。（王树明）

儿童片 juvenile film 专为儿童观众拍摄的影片。儿童片的内容应考虑儿童的兴趣爱好、理解和接受能力，浅显易懂，生动活泼，富有趣味性，能引起儿童的注意和思考，使他们从中得到丰富的知识和情操的陶冶。儿童片的范围很广，凡是影片主题属于教育儿童，或教育成人如何正确对待儿童，对儿童能够起到增长见识、锻炼意志、培养个性作用的各种影片，如**美术片**、**童话片**、**科幻片**、**惊险片**、**科教片**等，都属于儿童片的范畴。

由于儿童片这一特殊的受众群体，他们正处于知识接受的重要阶段，儿童片在创作过程中既要关照时代精神的展现，也要顺应儿童身心成长的特点，尤其在内容选取和价值观表现方面需要有特别的针对性，有目的性地对具体内容给予凸显或遮蔽以适应儿童观赏。儿童片包含了两种视角，既有儿童稚嫩的视点，又有成人的现实世界。影片的题材选择和主题表达常常围绕着日行一善、健康成长、尊老爱幼等核心价值观，为儿童的成长树立良好的行为准则，进行积极正确的引导。

儿童片按儿童年龄可分为三个档次：一为幼儿期（3～6岁）儿童拍摄的影片，如《小刺猬奏鸣曲》；二为儿童期（7～11岁）儿童拍摄的影片，如《应声阿哥》；三为少年期（11～15岁）儿童拍摄的影片，如《少年棒球手》。上述三类影片由于对象不同，各有自己的特点与要求。

（戴中孚）

F

发声训练 vocal training 演员语言基本功训练中最为基础的部分。演员为使自己的声音达到清晰悦耳、语音纯正、富有表现力等表演基本功要求，通过一系列声音气息方法对自己的声音进行的训练。无论是在话剧舞台上，还是电影、电视剧等艺术作品中，语言都是揭示主题思想、刻画人物形象、交代情节发展、展现戏剧冲突、打动观众的重要手段。发声训练能够使演员的声音清晰响亮、富于美感，使演员建立正确良好的发声习惯，能够自如地控制自己的声音，以达到艺术创作过程中角色台词语言的各种要求，适应不同情况下表演创作的需要。训练内容大致有发声姿态、元音发声、音素过渡、咬字肌力、共鸣位置、扩展音域、声区连接、音量力度、声音造型等。 （员晓明）

法国昂西国际动画电影节 The Annecy International Animation Film Festival 法国动画节。世界四大动画节之一。1960年在法国昂西创办。是从法国**戛纳国际电影节**动画单元独立出来的动画节，每两年一届。自1998年开始改为一年一届，被称为“动画界奥斯卡”和“动画界戛纳”。

每届动画节都由国际动画电影中心（CICA）举办，开展以下4个方面活动：①动画影展。为动画竞赛、放映及主题式展演。②动画市场。给制作人、广播业、买家、出版商、创作者和训练机构等提供服务和互动平台。③创意中心和征才博览会。服务所有想推广、展现企划或作品的企业、创意工作者、老师及学生。④研讨会。讨论重要议题及未来的展望。初期的动画节主竞赛单元基本只有动画短片参评，最高奖为Grand Prix影展大奖。从1985年开始，主竞赛开始增设动画长片单元，最高奖为昂西水晶最佳动画长片奖。该动画节建立的国际动画电影中心，在动画片的保存、培训和发行活动方面做出了很多成绩。自昂西动画节暨国际动画交易市场举办以来，已经建立了设备完善、内容丰富的动画电影中心资料库，包括书籍、杂志、照片，10 000部音像制品集锦，收集了超过18 000部动画片。

1993年，上海美术电影制片厂马克宣导演的作品《十二只蚊子和五个人》获得该动画节教育片奖，此后陆续有多部中国优秀动画作品入围并取得优异成绩。 （赵 宁）

法国电影 French cinema 法国是最早发明电影的国家之一。

早期电影 里昂照相器材制造商A.卢米埃尔和L.**卢米埃尔**两兄弟，在前人研制的基础上，于1894年制成了一种可用于放映、拍片和冲洗底片的活动电影机。卢米埃尔用这种手摇的电影机拍摄了一些记录日常生活情景的短片《**工厂大门**》《婴儿的午餐》《火车进站》《水浇园丁》等，于1895年12月28日在巴黎大咖啡馆首次公映，获得成功；这一天被公认是电影诞生的日子。此后卢米埃尔派他的学生和助手到世界各地去，一方面放映影片招徕观众，另一方面就地拍一些街头风光和官方庆祝典礼的影片。由于“活动电影机”在世界各地进行广泛放映，由cinématographe简化的cinéma从此成为“电影”的国际名词。由于活动电影的放映时间只有两三分钟，因此观众对其的新奇感很快消失。尤其是在1897年5月巴黎义卖市场放映电影时的一场大火烧死了许多贵夫人以后，电影被看作是危险的娱乐，更加速了它的危机。要摆脱这一危机，就必须把电影从单纯的记录工具引向戏剧的道路，用戏剧的艺术来表现故事。法国电影先驱G.**梅里爱**在这方面作出了重要贡献。

梅里爱原是一位魔术师和戏剧导演兼演员。1897年，他在巴黎附近的蒙特勒伊建造了一个摄影棚，开始拍摄一系列的幻景片和神话片。他的摄影棚四壁和棚顶都用玻璃镶成；棚里有一个可移动的舞台，演员在舞台上演出，摄影机固定在舞台正面，靠日光拍摄。1897～1913年，梅里爱拍摄了许多故事片，如《灰姑娘》《小红帽》《圣诞节之梦》《格列佛游记》《仙女国》《**月球旅行记**》《北极征服记》等；还排演了一些新闻片，如《德雷福斯案件》《战舰缅因号的爆炸》。在拍摄幻景片时，除了使用舞台上的机械装置，还采用了幻灯、照相技术（如**叠印**、叠化、合成照相、多次曝光等）和他自己发明的特技（如慢速度摄影、调换的特技摄影、应用模型和通过玻璃鱼缸的摄影来表现海底景象等）。梅里爱的故事片深受大众的欢迎，其事业在20世纪初达到巅峰。但由于故步自封，固守舞台剧的格式，用手工方式制作影片，最终在激烈的竞争中成为失败者，以致破产。1901年，经营留声机起家的C.百代在巴黎万塞纳建立了一个摄影棚，委托出身于游艺场演员的F.齐卡监制影片。齐卡效仿英国G.A.史密斯、J.威廉森和W.R.保罗的影片，以群众感兴趣的社会新闻和畅销小说为题材，拍摄了一些迎合观众口味的故事片，其中最获成功的有《一个罪犯的故事》(1901)和《酗酒的牺牲者》(1902)。在他领导下集合了L.农居埃、G.威尔、L.加斯尼埃、G.蒙卡、A.卡普拉尼等导演，形成了一个万塞纳制片集团。1907年起，百代在全国建立放映网，用租片制度代替出售影片，由此建立了一个从制片到发行、放映影片的全面垄断组织——百代兄弟公司。

经营照相器材的L.高蒙在1897年制成了一种连续放映机，并从1899年起由A.居伊拍摄了一批故事片，但质量远不如梅里爱的作品。

艺术影片 1907～1908年世界经济萧条时，电影陷入第二次危机。为了摆脱这次危机，电影必须从改进质量着手。此时，电影技术已具备了放映长片的条件，可以用“高尚”的题材来吸引上流社会有钱的观众。于是拉菲特兄弟在财团的支持下，组建了艺术影片公司。艺术影片公司请著名的作家写剧本，重金聘请著名的戏剧导演担任导演，请法兰西喜剧院的著名演员参演。1908年12月第一部艺术影片《吉斯公爵的被刺》拍成上映，获得法国文艺界的广泛好评。这一成功立即引起国内外的关注和相关竞争。百代公司除了买下这家公司28部影片的发行权之外，自己又组织了作家与文学家电影协会。由A.卡普拉尼担任导演，拍了一些著名的文艺题材影片，如《阿尔勒城的女人》(1909)、《巴黎圣母院》(1911)、《悲惨世界》(1912)等。虽然艺术影片公司不久被百代公司挤垮，但它在法国以至世界都产生了重大影响。法国从此开始了拍摄文艺题材影片的时期，故事片长度增加到可放映一小时。从此影片被划分为长片、短片两类。为使观众了解故事情节，影片中开始穿插一些字幕说明，过去放映影片时专人在幕后解说的做法逐渐被淘汰。美国、意大利、丹麦和英国采取同样的做法，竞相拍摄艺术影片。艺术影片被认为是无声电影艺术的开始。

在第一次世界大战之前，法国电影除了艺术影片之外，成套的喜剧片和侦探故事片是另两种主要样式。M.林戴、J.杜朗、A.第特、R.波塞蒂等人主演或导演的系列喜剧片，形成一个独特的法国喜剧流派。V.H.雅塞导演的《尼克·卡特》(1908)、《齐哥马尔》(1911)，L.费雅德导演的《芳托马斯》(1913)等侦探片风行一时。

1910年前，法国电影以其创造性、艺术性和多样性称霸世界。百代公司摄制的舞台纪录片、喜剧片和新闻纪录片控制了整个世界电影市场。1910年后，因美国和德国影片的竞争，其霸权地位有所削弱，但法国影片产量仍居世界首位，在国外市场，法国影片仍占优势。直到第一次世界大战爆发，法国电影的霸主地位才被摧毁。由于战争，法国影片生产完全停顿。美国影片乘虚而入，占领了法国的电影市场。

第一次世界大战期间，为了宣传的需要，法国陆军部成立了陆军电影处，调集一批摄影师拍摄战争新闻片和纪录片，发行电影新闻周报《战争纪事》。1915年后，西线战局比较稳定，一部分电影工作者复员退役。百代公司和**高蒙影片公司**恢复了生产，拍了一些战争宣传片，其中有L.梅尔康东与R.埃尔维勒联合导演的《法兰西的母亲们》(1917)、M.莱皮埃导演的《法兰西的玫瑰》(1919)等。这些影片由于制作粗糙，情节简单，受观众欢迎的时间不长，因此两公司恢复了战前的做法。L.费雅德拍了成套恐怖片《吸血鬼》(1915～1916)、《鸠台克斯》(1917)，L.A.安东尼拍了《科西嘉兄弟》(1916)、《海上劳工》(1918)，A.冈斯拍了《帕迪的英雄气概》(1915)、《废墟之花》(1915)。这些影片大多是在摄影棚外拍摄的，限于战时条件，质量不高，不能和美国影片抗衡。

电影中的现代主义流派 第一次世界大战结束以后，由于好莱坞影片的竞争、国外市场的丧失，加上百代公司采取全面清理的政策，关闭了所经营的制片、发行机构，卖掉了掌握法国主要影院网的百代交易公司和万塞纳胶片厂，使法国电影走到消亡的边缘，影片产量大幅度下降，影片输出几乎为零。为了重振法国电影，**L.德吕克**发起组织电影俱乐部的运动，并以他为中心创立了一个包括G.杜拉克、M.莱皮埃、J.爱浦斯坦、A.冈斯等人的电影流派——印象派。

他们从印象主义绘画获得启发，企图用画面来表现直接的感性印象。他们不注重影片的故事情节，着重于气氛的创造。他们摄制的影片虽然不相同，但一般具有以下特点：诗意的画面，强烈的表现力，以风景或背景作为影片中重要角色，自然主义与主观主义的表现手法或象征主义的比喻手法。**印象派电影**的主要作品有杜拉克的《西班牙的节日》(1920)、《太阳的死亡》(1921)、《微笑的布迭夫人》(1923)，莱皮埃的《海上的人》(1920)、《无情的女人》(1924)、《金钱》(1929)，爱浦斯坦的《巴斯德传》(1922)、《忠实的心》(1924)、《美丽的尼维尔纳斯河》(1924)，冈斯的《车轮》(1923)、《拿破仑》(1927)。印象派电影由于追求造型美、寻求新奇的视觉形象和新颖的拍摄角度，发展到完全否定人和社会，脱离现实。1924年德吕克故世后印象派便告衰落。印象派虽然只昙花一现，但在电影美学和电影技巧上却有所贡献，其中有德吕克在《狂热》(1921)中的深焦距镜头，冈斯在《车轮》中的加速蒙太奇、在《拿破仑》中叠印的人物及合成银幕和多种角度拍摄的主观镜头，莱皮埃在《黄金国》(1921)中从人物眼中看到的各种景象等。

1923～1933年出现了达达主义和超现实主义的**先锋派电影**。**达达主义电影**没有主题，没有情节，纯粹是一种形式主义的游戏，追求奇异效果的怪诞表演。这种电影常由达达主义者拍摄或参加演出，如达达派美国摄影师M.雷伊在法国拍摄的、像一系列抽象照片的《回到理性》(1923)，立体派画家F.莱谢尔拍摄的、表现物体和齿轮运动的《机械舞蹈》(1924)，**R.克莱尔**导演、F.皮卡比亚编写的、一部在芭蕾舞演出幕间放映的《幕间休息》(1924)，片中有雷伊、M.杜尚、皮卡比亚这些达达主义者的演出。此外，还有H.修梅特拍摄的《光和速度的反射》(1923)、J.格莱米永拍摄的《机械照相机》(1924)。因为这些电影都是表现抽象的物体，因此达达主义电影也称为**抽象电影**或**纯电影**。1925年，达达主义电影为**超现实主义电影**所代替。超现实主义电影强调潜意识和心理分析，表现梦幻世界，追求诗意和强烈的视觉效果。它和达达主义电影都是一种反传统的电影，不同之处是超现实主义电影表现的对象由物转向人，因此多少带有故事情节。代表作有《贝壳与僧侣》(1927，杜拉克导演)、《一条安达鲁狗》(1928，**L.布努埃尔**导演)、《一个诗人的血》(1930，J.谷克多导演)、《黄金时代》(1930，布努埃尔导演)、《尼斯景象》(1930，J.维果导演)、《诺让——星期天的乐园》(1929，卡尔内导演)、《无粮的土地》(1932，布努埃尔导演)。后三部影片是超现实主义电影转向纪录电影的作品。

有声电影的兴起和1929年开始的世界性经济危机，给予先锋派电影以双重的打击。对白片出现以后，摄制影片的费用大大提高。没有巨额资金，根本不可能摄制影片，那些为放映先锋派电影而开设的专门性影院也由于经济危机、观众稀少而停业或改映有艺术性和历史趣味的外国影片。在这种情况下，法国先锋派电影运动不得不宣告结束。印象派电影、达达主义电影和超现实主义电影的产生并非偶然，它们是第一次世界大战前后席卷整个欧洲的现代主义思潮在电影艺术上的反映，表现了人们特别是知识分子对资本主义制度的不满和找不到出路的苦闷。

1918～1930年法国电影的主流是商业性影片，有很多是从文学名著改编而成，文学名著知名度高，吸引观众，所以制片商竞相摄制。被改编的作品不仅有法国本国的文学名著，而且有世界各国的文学名著。此时期最活跃的制片公司之一是电影故事公司，它专门摄制分集的古装片(如《三剑客》)。十月革命以后，有一批俄国的电影导演和演员流亡到巴黎，组织制片公司，摄制了一些异国情调的俄罗斯故事片。德国、法国合作制片也有很大发展。德国资本家聘用来自德国柏林、意大利罗马、奥地利维也纳、英国伦敦、瑞典斯德哥尔摩等地的演员拍片，企图以所谓欧洲电影来征服法国市场和欧洲市场；法国制片商则企图用合资制片方式拍摄一些豪华的大场面影片，和好莱坞影片竞争。由于这些原因，在无声电影的末期，法国电影愈来愈带有世界主义的色彩。

有声电影 由于法国制片商对新兴的有声电影估计不足，使法国电影业受到有声电影的沉重打击。美国**派拉蒙影业公司**和德国的托比斯公司乘虚而入，在巴黎设立了制片厂。派拉蒙影业公司先是制作由不同国家的演员演出的、不同语言版本的故事片，后来又研制成功译制对白的办法，从而攫取高额利润。托比斯公司的做法比较慎重，聘请法国的导演和演员来演出法国的剧本或改编的德国戏剧。生产的影片数量虽不及派拉蒙影业公司，但质量超过了派拉蒙影业公司。面对这一局面，法国为了保护自己的国内市场，向民族制片业投下大量资本，终于迫使派拉蒙影业公司结束了在法国的业务。

法国早期有声电影质量很差，主要是一些歌剧和游艺节目的记录。拍摄时，摄影机被固定在隔音的小木板房里，结果使移动摄影完全消失。另外，由于声音和对白是和人物形象同时录在胶片上的，蒙太奇的效果也大受限制，致使电影艺术倒退了20年。所以许多影片导演起先都反对有声电影。1930年克莱尔的第一部有声片《巴黎屋檐下》一反常规，用了移动摄影、音响运动、音画分离等方法，影片拍得很出色，在国内虽未引起人们关注，在国外却备受推崇。克莱尔继此片之后又摄制了通俗笑剧《百万法郎》(1931)、讽刺剧《自由属于我们》(1931)，以及表现法国国庆日情景的《七月十四日》(1933)。这些影片都是在托比斯制片厂拍摄的。1934年摄制的喜剧片《最后的亿万富翁》，由于片中有讽刺独裁的内容，被当时控制托比斯公司的P.J.戈培尔禁止上映。J.维果在1933年根据他对童年的回忆拍了《操行零分》，因片中有小学生造反的内容也被禁映了10年。维果的另一部有声片《驳船亚特兰大号》(1934)描写驳船上一对夫妻的纠纷，被称为是一部复活通俗性题材的影片。除克莱尔和维果的作品之外，在有声片出现的最初5年中摄制的影片很少有真正的艺术价值。20世纪30年代，世界性的经济危机使刚刚兴盛起来的法国影片生产又趋衰落。1934年，百代-纳登公司宣告破产，高蒙影片公司也债台高筑，濒临破产。

《驳船亚特兰大号》剧照

垄断制片公司的垮台使独立制片人获得机会，导演在选择题材和演员上享有较多的自由。1934年后，由于对电影剧本的重视，产生了一系列现实主义的优秀作品。在人民阵线运动兴起后，又开始出现以工人和普通民众为主人公的影片，如《托尼》(1935，J.雷诺阿导演)、《兰基先生的犯罪》(1936，J.普莱卫编剧，雷诺阿导演)、《同心协力》(1936，C.斯派克编剧，J.杜维威尔导演)，这一切促成了法国电影的复兴。1935年，以J.贝盖尔、克莱尔、维果、J.费代尔、雷诺阿、M.卡尔内为代表，形成了一个“诗意现实主义”的流派。在他们的影片中，梦或幻想与现实世界结合在一起，自然主义的文学传统与浪漫主义或象征主义的手法结合在一起，充满诗意的画面（特别是大自然的景象）和现实生活的景象或社会底层的生活情景结合在一起。对影片主题的重视，对人物性格的着意刻画，使他们的影片常带有深刻的社会含意。在技巧上，雷诺阿拍的《幻灭》(1937)用了长焦距镜头，使远景和近景同样清楚，为以后景深镜头的流行开了先河。诗意现实主义流派一直延续到1945年。从1937年起，随着战争阴云的迫近，悲观主义成为这一流派的特征。例如，杜维威尔的《逃犯贝贝》(1937)、《穷途末路》(1939)，卡尔内的《雾码头》(1938)、《北方旅馆》(1939)、《太阳升起》(1939)，费代尔的《北方的法律》(1939)，影片中的主人公不是以自杀告终，就是陷入可悲的失败与绝望之中。第二次世界大战爆发前夕，法国影片中充满一种宿命论的沮丧气氛，但有些影片也带有揭露资产阶级腐朽生活的意义，如雷诺阿的名作《游戏规则》(1939)。

《游戏规则》剧照

1939年法国沦陷后，戈培尔在巴黎设立了宣传总部，创办了大陆制片公司，控制了法国的影片生产。一些著名的电影导演与演员，如克莱尔、费戴尔、雷诺阿和迦本等人流亡国外，维希政府想要控制电影的企图未能得逞，绝大部分电影工作者拒绝与占领者合作。演员P.白朗恰尔及导演格莱米永、L.达更、J.班勒维、贝盖尔等秘密组织了法国电影解放委员会，在抵制合作方面起了很大作用。当时留在法国的电影工作者回避现实，转而从神话、侦探故事或历史中寻找题材，迂回曲折地表达爱国抗敌思想，如J.德兰诺瓦的《帝国上校邦卡拉》(1942)、卡尔内的《夜间来客》(1942)、格莱米永的《天空属于你们》(1944)。1941～1944年拍摄的200多部影片中，真正附敌影片仅10余部。

第二次世界大战结束以后，好莱坞影片大量涌入法国，法国制片业又面临危机。各地纷纷组织“保卫法国电影委员会”，呼吁议会采取拯救法国电影的措施。在公众压力下，1948年末法国政府宣布，提高法国影片的放映比重，恢复对美国影片输入的限额，并对美国影片的放映课以附加税，作为资助法国影片生产的一部分基金。议会在1953年4月又通过另一个法令，授权全国电影中心建立电影基金（从征收电影票附加税筹得），用以资助本国影片的生产和电影院更新设备或扩建。在创作上，由于资金缺乏，1945～1950年仍沿袭从前的做法，主要拍一些低成本、模仿成功的作品或好莱坞样式的影片。如卡尔内的《夜之门》(1946)，Y.阿莱格雷的《昂维斯的黛黛》(1948)、《如此美丽的小海滨》(1949)，H.-G.克鲁佐的《巴黎警察局》(1947)，C.奥当-拉哈的《魔鬼附体》(1947)等。第二次世界大战后的5年里，法国生产的影片绝大部分是一些脱离现实生活、描写过去时代的虚构故事片，但制作精美，富于诗意。

1950年以后，由于经济形势的好转和电影资助法的实施，制片业渐趋兴旺，长片的年产量保持在100部以上，其中国际合制片（主要是和意大利合制的影片）占相当大的比例。在创作上，以第二次世界大战为题材的影片日渐增多，著名的有《禁忌的游戏》(1952，R.克雷芒导演)、《逃亡者》(1955，J.P.勒·夏诺阿导演)、《横越巴黎》(1956，奥当-拉哈导演)、《死刑犯的越狱》(1956，R.布列松导演)等。此时期还出现了一些批判性的社会片，如A.卡叶特导演的《伸张正义》(1950)、《我们都是杀人犯》(1952)、《黑色档案》(1955)和《洪水之前》(1954)等，此外还有夏诺阿的《没有留下地址》(1951)、阿莱格雷的《中坚力量》(1956)。根据法国著名文学作品或民间故事改编的影片有克里斯兴-雅克的《郁金香芳芳》(1952，中国上映时译为《勇士的奇遇》)、奥当-拉哈的《红与黑》(1954)、德兰诺瓦的《巴黎圣母院》(1956)、克雷芒的《谢尔蕙斯》(1956)。此外还有克莱尔回国后拍的《魔鬼的美》(1950)、《夜来香》(1952)、《大演习》(1955)、《百合门》(1957)，雷诺阿回国后拍的《法国康康舞》(1955)、《艾伦娜和她的男人们》(1956)，卡尔内的《海港的玛丽》(1950)、《朱丽叶或梦的关键》(1951)、《梯丽莎·拉更》(1953)。喜剧片有J.塔蒂自编自导自演的《于洛先生的休假》(1953)、

《禁忌的游戏》剧照

《于洛先生的休假》剧照

《我的舅舅》(1958)。

在此时间，法国的故事片大多质量平庸。制片商固守商业片的老套作法。导演常常被迫接受他们不想拍摄的题材，结果是大导演、名编剧、大演员很难发挥自己的聪明才智。年轻一代想要在电影界有所作为更难。这时，法国影坛上出现的新浪潮电影冲击了这种局面，并对世界影坛产生了巨大的影响。

新浪潮电影　法国新浪潮电影是指从1958年兴起于法国的新一代电影导演的电影观念和在这种观念下涌现出来的一大批影片。这批导演主要有两部分：①做过多年导演助手及拍过短片、具有专业知识的电影工作者，包括A.雷乃、C.马尔凯、L.马勒、P.卡斯特等。②《电影手册》杂志的评论家们，即所谓“电影手册集团”(又称《电影手册》派)，包括A.阿斯特吕克、J.-L.戈达尔、F.特吕弗、C.夏布洛尔、G.弗朗叙、E.侯麦、J.里维特等。这些人没有共同的纲领，并不组成一个流派，唯一共同点是他们都反对传统电影的做法，强调电影是一种个人的艺术创作，要求电影从传统艺术的束缚中解放出来。他们继承意大利新现实主义电影的做法，不用摄影棚，也不聘用电影明星，而是使用轻便摄影机、聘用非专业的或不出名的演员在实景中拍片。这种做法主要是由于拍片资金不足，在影片获得成功后就被逐渐放弃。新浪潮电影不提出重大的政治问题或社会问题，主要是表现个性，有的是导演的个人经历，如特吕弗描写他童年的《四百下》(1959)、服兵役生活的《装病躲差的士兵》(1961)、成年后恋爱的《二十岁的爱情》(1962)；有的是导演所熟悉或感兴趣的资产阶级、知识分子、寄生者或歹徒的生活和他们所关心的事情，如夏布洛尔的《漂亮的塞尔日》(1958)、《表兄弟》(1959)，L.马勒的《情人们》(1958)，戈达尔的《筋疲力尽》(1960)。在表现方法上，抛弃传统的电影手法(倒叙、反打镜头、背景放映法、划入划出、叠化等)，打破传统的影片样式和戏剧演出概念，广泛使用短镜头、移动摄影、画外音、内心独白、自然音响和从人物背后拍摄，画面具有相当的真实感。他们也使用长时间的摇拍、长镜头、空格、镜头摇晃颤动等技巧。在剪接手法上，影片节奏快，切割频繁，镜头直接跳接。出身于《电影手册》评论家的导演们信奉A.巴赞的理论。

《漂亮的塞尔日》剧照

新浪潮电影历时不长，1962年后渐趋衰落，新浪潮电影的导演有的走上商业性电影的老路(如夏布洛尔)，有的转向“作家电影”或“真实电影”(如雷乃、C.马尔凯)；有的标新立异，企图全盘否定传统的电影，创造一种新电影(如戈达尔)。但总的说来，新浪潮电影对法国电影乃至世界电影都有很大影响。

“作家电影”是新浪潮电影中产生的一个流派。由一些趣味相投的短片导演和文艺作家组成，其成员有雷乃、A.瓦尔达、马尔凯、A.罗伯-格里耶(“新小说”派作家)、M.杜拉斯(“新小说”派作家、戏剧作家)、A.迦蒂(新闻记者、戏剧作家)、H.科尔比(戏剧与散文作家、音乐家)。他们的共同点是把电影看作为一种加强文学的表达方式。他们在制片上常互相合作，如雷乃替瓦尔达的《短岬村》(1955)剪辑，马尔凯参加雷乃的短片《雕像也在死亡》(1953)的编剧工作，杜拉斯为雷乃的《广岛之恋》(1959)和科尔比的《长别离》(1961)写作剧本，雷乃的《去年在马里昂巴德》(1961)由罗伯-格里耶编剧、科尔比剪辑。除以上影片之外，“作家电影”的作品还有杜拉斯编剧并导演的《她说要摧毁》(1969)、《印度之歌》(1975)，罗伯-格里耶编导的《不死的女人》(1963)、《横越欧洲的快车》(1966)。“作家电影”的导演们重视剧本和导演手法，注重细节的描写，探索人的内心世界，在人们对战争的灾难、原子弹的威胁和对世界的荒谬反应中寻找题材。在表现方法上他们运用意识流的手法和B.布莱希特的间离效果，经常用大特写和闪回打乱时间顺序，把过去和现在、现在和回忆、现实和幻想穿插在一起，没有叙事的逻辑和完整的故事，影片情节扑朔迷离，意义暧昧不明，让观众置身于观察员的地位，自己去做判断。

“真实电影”是纪录电影的一个流派。创始者是人种学家J.卢什，成员主要是一些纪录片导演。他们继承美国R.弗拉哈迪和苏联D.维尔托夫的传统，主张电影应表现社会普通人的生活，记录真实的社会现象，捕捉生活的瞬间。他们采用轻便的摄影机、微型录音机，到街头或事件发生地点拍摄影片，或者用采访的方式到要访问的人的家里或工作场所，向他们提出问题。卢什曾于1958年在非洲象牙海岸(科特迪瓦)用真人在实地即兴演出的方法拍摄《我是一个黑人》，描写一个参加过越南战争的码头工人的贫穷潦倒的生活；1959年拍摄《人类之塔》，表现一个中学里黑人学生与白人学生之间的友谊。1961年卢什回到巴黎，拍摄了《夏日纪事》，用访问的方式表现巴黎市民对自己的生活，对阿尔及利亚战争、刚果独立等问题的看法；马尔凯模仿卢什的做法，在1963年拍摄了《美丽的五月》，用访问和插入新闻片镜头的方法表现阿尔及利亚停战协定签字后法国社会各阶层的精神面貌。这两部影片被誉为真实电影的代表作。还有一些导演用真实电影的方法拍摄故事片，如F.雷兴巴什导演的表现拳击手A.法耶艰难经历和孤独生活的《伤心人》(1961，由法耶本人演出)、J.埃尔芒的《邪路》(1962)、J.罗齐埃的《再见，菲律宾》(1962)。由于“真实电影”故事简单、制作粗糙，商业上不成功，1966年后趋于消失，但它的拍片方法却为很多导演所采用。1968年“五月风暴”中兴起的“战斗电影”实际上就是“真实电影”的直接延续和发展。在席卷全国的政治风潮中，出现了一些制片小组拍摄群众游行示威、学生罢课占领学校、工人罢工占领工厂的纪录片。戈达尔在“五月风暴”中提出一套“电影革命的理论”，宣称信奉“电影眼睛派”创始人维尔托夫，提出“为了摄制革命的电影，首先应对电影进行革命”的口号，认为革命的电影应同资产阶级的艺术观念彻底决裂。创造新的表现方法来唤起观众的批判意识和独立思考。1958～1972年，他的制片小组拍了10部影片，除《一切顺利》(1972)外，其余都没有故事情节。影评界对戈达尔的这些影片和理论褒贬不一。

上述这些电影艺术家的探索，一方面丰富了电影的表现手段和电影理论，另一方面也使一部分影片严重脱离广大观众的要求，刻意追求新奇，因而遭到失败。与此同时，一些老导演虽然在新观念的影响下也拍了一部分难以理解的影片，但还是创作了一些手法新颖、颇受观众和评论界好评的影片，如布努埃尔的《资产阶级审慎的魅力》(1972)、《自由的幻影》(1974)、《欲望的隐晦目的》(1977)，布列松的《幻想家的四个夜晚》(1971)、《大概是魔鬼》(1977)，雷乃的《天命》(1977)、《我的美国叔叔》(1980)等。

《资产阶级审慎的魅力》剧照

《我的美国叔叔》剧照

政治影片　1968年后，在法国还出现了一股摄制政治影片的热潮。这类影片以发生在国内外的政治事件为题材，创始者是C.科斯塔-加夫拉斯。科斯塔-加夫拉斯在1969年导演的《Z》(根据希腊瓦西里科斯的同名小说改编，表现1963年希腊左翼议员和平主义运动领袖兰布拉基斯被暗杀事件)获得极大成功之后，又根据A.朗登的自传小说导演了《招供》(1970)；1973年以1970年乌拉圭城市游击队绑架和审讯美国中央情报局官员的实事为题材，导演了《戒严令》。另一导演Y.波瓦塞在1970年导演了揭露法国警官与盗匪集团狼狈为奸的《巡捕》后，于1972年以摩洛哥进步党领袖本·巴尔卡在巴黎被秘密警察绑架杀害的事件导演了《谋杀》，1976年又导演了《法官法雅尔》。这类影片还包括一些根据法国沦陷时期敌伪勾结杀害爱国志士、搜捕犹太人等真实材料拍摄的影片。这些影片往往带有以古讽今的意味，如M.奥弗尔斯根据旧新闻片和访问谈话的纪录制成的《哀伤与怜悯》(又译《占领时期法国某城记事》，1970)、M.德拉克编导并主演的《舞会小提琴》(1974)、科斯塔-加夫拉斯在根据文学作品改编拍摄的《特殊法庭》(1975)、F.卡桑蒂编导的《红告示》(1975)以及特吕弗导演的《最后一班地铁》(1980)等。

色情片的泛滥　尽管在法国电影史上出现过各种探索性、实验性的影片和各种流派，但从整个电影市场来说，商业性的娱乐片始终是法国电影的主流，其中包括相当一部分色情片、性电影。由于电视业的竞争，观众人次自1957年的4.11亿下降到1978年的1.77亿，而影片年产量却从142部增加到326部，增加的主要是色情片。色情片滥觞于新浪潮电影（如1958年马勒导演的《情人们》)，此后愈演愈烈，至70年代的《艾曼努夫人》(1974)达到登峰造极的地步。这引起了舆论界的抗议，要求政府予以取缔。法国政府在1976年规定色情片与充满暴力的影片只准在指定影院放映，未成年人不得观看，并对这类影片课以重税。尽管如此，由于色情片获利极大，仍有增无减，仅1978年就生产了167部，占影片年产量的50%以上。然而也在这一年，色情片观众人数迅速减少，1979年产量也猛降至68部。

20世纪80年代的电影　80年代以来，法国电影总的形势为平稳发展，但基于其深厚的传统，仍然具有旺盛的生命力。就数量而言，80年代前几年法国影片的年产量一直保持在120～130部以上，有时甚至超过200部，是本国影片在国内电影市场上占优势的唯一西欧国家。法国电影继续保持了题材、样式、风格的多样化，侦探片、喜剧片、历史片、黑色影片、青春片、惊险片、哲理片、情节片等均不乏佳作，且有多部影片在国际上获奖，如1983年获法国戛纳国际电影节大奖的《金钱》、获意大利威尼斯国际电影节金狮奖的《芳名卡门》、获意大利威尼斯国际电影节最佳处女作奖的《黑人小茅屋街》，1984年获法国戛纳国际电影节最佳导演奖的《乡间星期天》、获意大利威尼斯国际电影节评委会特别奖的《月亮的宠儿》、获美国电影奥斯卡奖最佳外语片奖的《疯子的对角线》，1985年获法国戛纳国际电影节最佳导演奖的《约会》、获意大利威尼斯国际电影节金狮奖的《浪迹天涯》，1986年获法国戛纳国际电影节评委会奖的《德肋撒》、获意大利威尼斯国际电影节金狮奖的《绿光》，1987年获法国戛纳国际电影节金棕榈奖的《在撒旦的阳光下》等。这一时期，虽有几位著名影人辞世，如特吕弗、R.施奈德、L.凡杜拉等，但众多的影坛中坚依旧活跃在电影创作第一线，新的人才不断涌现，给法国影坛带来了勃勃生机。法国电影私人投资及国家投资有所增加，与电视业的关系更为密切，国际合作更为广泛。

《约会》剧照

法国电影在平稳发展中又有起伏与变化，“法国电影面临危机”的呼声亦时有所闻，其主要有以下原因：①外国影片尤其是美国影片，对法国电影市场造成了一定的冲击；②法国电影的艺术水准不容乐观；③长期以来对探索性电影过分宣传，忽略了供大众观赏的电影，致使法国电影有失去国内观众的危险，在国际市场上的地位也被削弱；④电视尤其是迅速崛起的录像业，呈现出与电影既合作又竞争的复杂关系；⑤制片费用的不断提高和发行渠道的过分集中。

80年代初期，社会党政府对电影业实行了一些改革，并于1982年4月公布了法国30多年来第一个有关电影的法律草案，以保护法国电影在国内外的利益。与此同时，在制片业中出现了一股“复旧”的潮流，即重新致力于拍摄广大观众喜闻乐见的传统式电影，回到30年代诗意现实主义电影或50年代的道路上，以好故事、大明星、精细结构的剧本和对话来迎合广大观众，对影片的商业性、娱乐性、通俗性予以更多的关注。一些曾极力反对商业电影、传统电影，致力于“探索电影”“知识分子电影”或主张电影为纯艺术的导演，也程度不等地加入了这一潮流。

世纪之交的电影　进入90年代，法国电影在制作机制和艺术创作上都表现出新的特征。在资金来源方面，来自电视行业的投资呈递增趋势，成为最重要的来源之一，在80年代呈现出复杂竞争关系的两个行业开始相互促进。到2000年，在全年出品的145部电影中，有115部由Canal+频道投资。此外也存在Arte频道这样更关注作者电影的投资方。这一投资机制让法国电影较其他欧洲国家更能抵抗来自好莱坞的竞争，虽然在总票房上好莱坞依然占据优势。投资与播出机制的变化也让更多导演在保持艺术理念的同时意识到作品即将被电视观众所消费。在政策上，1993年法国政府提出“文化例外”的主张，意在保护在国际贸易秩序之下被好莱坞剥夺生存空间的欧洲电影。同时，始于60年代、由国家电影中心倡导的电影资助制度也在新时代得到进一步强化。

相应地，在创作方面，一些学者如R.佩达尔提出“法国电影新生代”的概念，以此命名在80年代中期崭露头角并于90年代绽放光芒、脱离新浪潮电影影响的一批作者导演与电影，代表人物有L.卡拉克斯、A.德斯普里坎、O.阿萨亚斯等。这些年轻导演个性鲜明，风格各异，再加上仍活跃于影坛的老一辈导演的创作，使法国电影呈现出一种多元共存的美学景观。同时，也有评论者就法国电影面对好莱坞的无力状态，以及创作上展现出的阴郁气质给予消极的评价。

21世纪之初，电影与电视行业的“联姻”关系依旧向好。同时，法国电影继续在法国戛纳国际电影节赢得奖项。2008年，《课室风云》获第61届法国戛纳国际电影节金棕榈奖；2010年，《人与神》获第63届法国戛纳国际电影节最佳影片奖，M.阿马立克凭借导演影片《巡演》获第63届法国戛纳国际电影节最佳导演奖。

《瑞奇》剧照

另外，A.柯西胥、F.欧容、B.杜蒙等导演给法国电影带来了新的变化和荣誉。柯西胥的《躲闪》(2005)、《谷子与鲻鱼》(2007)、《阿黛尔的生活》(2013)，欧容的《瑞奇》(2008)、《登堂入室》(2012)、《花容月貌》(2013)、《新女友》(2014)、《弗朗兹》(2016)，杜蒙的《弗朗德勒》(2006)、《贞德》(2019)，都获得了世界影坛的关注和肯定。

（徐 昭 姚世权 撰 张慧瑜 修订）

法国电影产业 film industry in France 法国制作的电影及其电影工业体系。

发展简史 法国是最早发明电影的国家，法国电影的发展对其他国家电影的发展具有深远的影响。

电影诞生时期（1895～1929） 1895年，法国卢米埃尔兄弟设计研制了电影放映机并申请专利，拍摄了情景短片《工厂大门》《火车进站》等，于1895年12月28日在巴黎卡普辛路大咖啡馆地下厅的沙龙里放映，成为史上首次公开和付费的放映。这一天成为电影的诞生日。同年，从事销售早期摄影和放映器材的**高蒙影片公司**成立，后进军电影业，开始制作影片并在各地建立电影院。1905年之前，其生产的电影很少在专门影院放映，多在咖啡馆、音乐厅或是帐篷、露天广场等移动空间放映。当时，发行商从制作公司购买影片拷贝，在城市、村镇以及集市间放映。

1896年，留声机商人C.百代及其三兄弟共建百代兄弟公司，并开始拍摄影片，获得欧洲生产胶片的专利权后，影片销量猛增，发展成为当时最大的电影制作公司。公司以流水线方式大批量制作影片，1901年生产70部，1902年350部，1903年超过500部，每周平均生产10部。1897年，现代科幻电影的先驱G.**梅里爱**在蒙特勒伊苏布瓦的家中建设摄影棚（史上首个摄影棚），并成立电影制作公司明星影业，开始制作电影，1912年停业。

1906年12月1日，全能百代电影院开张，奠定了沿用至今的电影放映模式。1907～1908年，百代停止销售胶片，开始购买影院，成为法国第一个集制片、发行和放映于一体的垄断企业，开始确立电影行业的龙头地位。百代在罗马、莫斯科、维也纳、伦敦等地成立分公司，代办处遍及全球。在第一次世界大战前，全球影片的60%～70%都出自巴黎的摄影棚，其中百代占据了最大份额。1908年，百代卖给美国的影片数量是美国所有电影公司制作影片总和的两倍。

第一次世界大战期间，军政府征用摄影棚，胶片厂被改为军工厂。百代在法国的影片制作停止，业务转移到美国分公司。1919～1925年，法国有60多个系列电影出品。每个电影公司都出品了自己的系列电影。其中，最活跃的要数电影小说公司（制作了25套系列片），其影片的发行建立在与萨佩纳集团报业协作的基础上（报纸对系列影片即将拍摄的内容进行了连载）。

有声片发展时期（1929～1958） 在默片向有声片过渡时期，法国电影制作取得了较快发展。1929年秋，法国主要制片厂全部完成了有声片设备更新。20世纪30年代末，每年制作百余部影片。1932年经济危机波及电影业。一些电影公司破产，高蒙影片公司改组。电影业依靠小公司支撑，但这些小公司常陷入财务困境。

第二次世界大战期间，法国被德国占领，电影业遭遇危机。加上商业片实施严格的审查制度，本国电影人大批出走。但这一时期电影技术学校诞生，青年导演崛起，大量的原创电影作品涌现，发行影片超过200部。1940年，电影工业组织委员会成立，通过了一系列决定，如实施制作费预付制等。

1945年法国电影产业恢复。1946年10月26日，法国国家电影中心（CNC）成立，主要职责包括对电影产业的制作、发行和放映三大部门进行经济资助和扶持；参与制定法案、颁发对制作商、发行商、放映商的经营许可证，颁发演员、导演等职业证。CNC拥有对影片的制作和发行进行资助的财政自主权，并依靠政府补贴与行业分摊维持财政支出。1948年，政府因电影中心项目落实，开始资助电影业。同年，政府宣布提高本土电影放映比例，恢复对美国电影的进口配额并对其征收放映附加税。1953年，CNC建立了电影基金，以资助本国电影创作生产。法国电影得以逐渐恢复发展。

电视音像业助力电影业发展时期（1960～1989） 20世纪60年代，法国音像业获得新发展。政府推进实施预付款制度，为电影产业提供财政资助或国家贷款，资助了众多新晋导演的影片拍摄、大预算制作，扶植制片人和编剧，推动了电影业的发展。

70年代，CNC将电影拍摄活动和生产集中到法国广播电视办公室（ORTF）管理。电视台参与制作并在电视频道播放的电影数量开始逐年增加。法国电视台与电影业直接签订协定，电影占电视台总播放量的比重高达10%（规定每播映500部电影，其中一半必须是法国出品）。

80年代，随着电视科技与有线传播技术发展，电影业呈现出新的特点：影片制作成本开始大幅提升，电视成为电影的重要传播渠道。而随着录像带市场兴起和销量增长，创造出新的电影观看模式，并延长了电影作品的商业寿命。在融资方面，法国电视参与制作的电影从80年代初占比20%发展到80年代末占比50%。1987年，Canal+与几家主要电影出品公司签订合约，一定程度影响了法国电影的制作与发行市场。Canal+至今仍是法国故事片的主要出资者之一。

电影产业持续发展时期（1990年以来） 90年代，法国电影业呈现出两个特点：①票房下降导致电影产业衰落；②推出“文化例外”的主张，抵制美国电影的影响。电视公司加大了对电影的投资，电影产业逐渐走向复兴。

进入21世纪，法国的电影产业持续稳定发展。本土电影票房的市场份额与欧洲其他国家相比仍是最高。在CNC的全面扶持下，稳定多元的投资模式建立起来，实现了制片生产的多样化，形成稳定的市场结构，也保障了电影的艺术质量和良好口碑。

发行方面也呈现出新趋势。①电影数字化发展迅速，政府从政策上进行引导，从资金上对经典影片数字修复、保存，特别是对传统艺术影院数字化改造进行扶持。②有线收费卫星电视台点播、有偿下载、线上观看、包月下载观看、数字化发行等，成为法国电影收入新的增长点。

公共政策　法国是世界活跃的电影市场之一。法国电影产业自21世纪以来持续稳定发展，与其政府推行的电影产业公共政策及良好的产业发展环境密切相关。

财税扶持　法国电影在公共政策推动下形成了多元而稳定的投资模式，主要包括CNC政策资助、影视产业金融信托公司（SOFICA）投资、电视台对电影生产投资、国际合拍及其他税收优惠政策支持等。①CNC政策资助。法国国家电影中心通过税收和国家财政预算资助电影的制作、发行和放映，扶持资金主要来源于影院、电视和录像等相关行业的税收。CNC对电影制作的资助分为两种形式：自助资助和选择性资助。自助资助指每卖一张电影票，CNC会在电影票价上提取11%的特殊附加税，税收的一部分被汇入电影制片人的“自动资助基金”个人账户。对制片人而言自动资助即是其电影发行后自动获取的资助。选择性资助也称“预支收入”，指CNC在电影拍摄前或拍摄后会预先拨给制片人一定的影片预算资金。这种资助旨在给制片人提供无息贷款。贷款在电影发行后进行偿还，但偿还率较低，约为12%，有着较强的国家扶持性质。CNC每年收到约550个资助申请，经委员会审议后只有10%的影片能获得该项资助，多是艺术电影、实验电影和纪录片等。②SOFICA投资。采用税收优惠鼓励个人和公司投资影视产业，私人认购SOFICA最高可减免个人所得税25%。SOFICA的合作者以银行为主，对电影的投资在逐年增加。③电视台对电影生产投资。相关政策及法律规定，电视台如果每年播放影片超过52部，则必须参与电影投资。法国电视1台、2台等免费电视频道需通过投资、合拍片或预购播放权等方式资助电影生产。法国电视4台等收费电视台，则必须将其年收入的21%通过预购或合拍方式参与电影制作。这种投融资模式推进了电视与电影在制作及播出层面的融合，既保证电视台获得高质量片源，又使电视频道成为电影播放的重要渠道和平台。④国际合拍。这种拍摄模式也是吸引电影投资的一种方式。法国政府采取开放的优惠政策吸引国际制作和合作，规定外国影片制片方满足在法国境内连续拍摄5天以上，拍摄费用达100万欧元，影片内容包含法国文化元素这些条件的影片，均可向法国国家电影中心申请减税或免税。由此吸引了大批国际大制作电影公司来法拍摄电影以及合拍电影。⑤其他税收政策支持。CNC还通过各种税收优惠政策扶持法国电影发展。电影税收抵免政策指一定条件下电影公司可享受抵免，如“政府退还其纳税额的20%，每部影片最多退税额不超400万欧元”。2013年修正电影生产退税的框架，将退税率提高至30%。这一政策推动了法国中小电影制片企业的发展。

版权保护　法国向来重视电影版权保护。1908年将电影作为独立作品加入《保护文学和艺术作品伯尔尼公约》。50年代中期颁布的《法国知识产权法典》，规定版权人对作品只有复制权与表演权。1973年颁布《复制权法》。2009年政府通过《创作与互联网法》，成立网络著作传播与权利保护的公共机构，保护影视作品的版权。在版权使用和传播方面规定，法国电视台必须保证60%的时间播放欧洲影视作品，其中40%须为法国电影。

电影文化遗产保护　法国政府为保护电影遗产，于1969年在法国国家电影中心专门设立了一个电影遗产保护部门，收集、保存、修复电影及相关信息资料；资助各种以放映和保存电影遗产为中心任务的机构，如**法国电影资料馆**、里昂卢米埃尔研究院等。2005年在巴黎落成新的法国电影资料馆，将原来电影资料馆和电影图书馆合并，满足电影爱好者需求，同时保护和发展本国电影。

支持推广艺术电影　完善的艺术电影院线、成熟的电影推广机制和机构及作为立体产业的电影节，都为艺术电影的推广提供了支持。艺术影院对法国电影产业发展发挥着重要作用，对年度票房具有重大贡献。法国电影市场形成了高蒙、百代和万国联合三大商业院线鼎立的格局，另外还拥有艺术院线。艺术院线源自50年代一批小剧院经理对于“作者电影”“艺术电影”的推崇，这些剧院经理与影评人于1955年发起成立法国艺术与实验影院协会，并于1959年获得官方认可。自此，法国艺术与实验影院阵营不断扩大，由最初5家增加到2002年的近1200家，其中包括972个被指定为艺术与实验等级的放映厅，法国成为全球艺术影院最密集的国家。

1991年10月，法国政府颁布法令，对达到标准的艺术影院与实验影院给予财政支持。CNC也制定了一系列政策，鼓励民众去影院观影，并在经济上资助影院建设，扶持商业性较弱的“作者电影”和“艺术实验电影院”。完善的艺术院线推动法国成为全球艺术电影的圣地。法国电影艺术的推广以外交部为首，协同电视档案馆、电影资料馆等机构，通过举办电影回顾展等，发行和推广法国故事片以及纪录片。成立于1949年的法国电影联盟，也不断向世界推广法国艺术电影。

另外，政府大力支持包括法国**戛纳国际电影节**、南特三大洲电影节、国际剧作家电影节等，并将其打造成为集电影节展、时装展示、商业推广等多种功能于一体的文化盛会，借此提升国际声望，拓展海外市场。（田　乐）

法国电影资料馆　French Film Archive　法国电影机构。世界上馆藏最丰富、历史最悠久的电影资料馆。1936年，由H.朗格卢瓦和G.弗朗叙创建。地址位于巴黎。一家由国家资助的独立社团机构，隶属于法国文化部和国家电影中心。截至2020年，馆藏有约50 000部不同国别、不同时期的各类影片，许多是世界独一无二的珍本。馆内每年会新增约1500部复制的馆藏影片。该馆还担负修复影片的工作，每年修复的各国默片和有声片约200部。每年举办电影展览、讲座等活动，放映电影近2000场，以此促进电影文化的交流与发展。法国电影资料馆已成为法国乃至全世界研究、观摩珍贵历史资料片的中心。其附属的电影博物馆，主要用于收藏和展示与电影创作有关的服装、道具、模型、剧照、海报、手稿等。（徐　昭　姚世权）

法国高等国家影像与声音职业学院　La FEMIS; Fondation Européenne pour les Métiers de l'Image et du Son　法国影视教育机构。成立于1943年。前身是法国高等电影研究院，1986年改组为法国高等国家影像与声音职业学院。隶属于法国文化部。

学院进行技术和艺术的教育，培养专业的视听及电影专业人才。全法语授课，分为初始培训和继续培训。初始培训分为核心课程、连续课程、营销和影院管理课程、电视剧制作课程和博士课程。核心课程内有7个系别，分别为编剧系、导演系、制片系、摄影系、录音系、剪辑系和生产设计系。继续培训分为纪录片、编剧、制片和院线管理4个专业，其中编剧专业有剧本写作和小说改编两个方向。该校设有国际夏季课程和大师班。前者专为25岁以下具有潜质的国际青年导演而设立，每年招收10名学员，由学院和国家文化部及法国大使馆在1989年联合创办；后者专为有欧盟国家国籍并在国际影坛上具有影响力的导演而设立。

学院自诞生起便为法国培养了许多当代电影人才，如J.雷诺阿、T.安哲罗普洛斯、L.马勒、E.罗尚、F.欧容等。这些导演、编剧有着相似的制作方式，影片有着近似的美学特点和追求，被称为“FEMIS一代”。该校的毕业生获得了许多法国及世界各国电影节的奖项，尤其是以表彰天才导演而设立的让·维果奖。

（李二仕）

法国新浪潮电影 The French new wave cinema 20世纪50年代法国兴起的电影运动。法国新浪潮电影运动的兴起主要得力于《电影手册》杂志对一批青年影评人的培养。该杂志凝聚了一批富有探索精神的青年影评人，包括J.-L.戈达尔、F.特吕弗、E.侯麦、C.夏布洛尔等。1958年后，这些青年影评人纷纷转向创作实践，践行“作者论”主张，他们通常被称为《电影手册》派。1958年，共有14名青年导演拍摄了处女作，如特吕弗拍摄了《野孩子》，夏布洛尔拍摄了《漂亮的塞尔日》。1959年是新浪潮电影的幸福年，有24名新人导演拍摄了处女作，如戈达尔拍摄了《筋疲力尽》。同年，特吕弗拍摄的《四百下》获第12届法国戛纳国际电影节最佳导演奖。这一批敢想敢做、颠覆传统、打上强烈个人印记的杰作横空出世，震惊了法国社会，法国新闻界用“新浪潮”一词来形容这种新人辈出、激情高涨、打破传统的创作格局。1960年，又有43名新导演加入这一创作行列。而此时已完成处女作拍摄的多位导演作品不断，新浪潮的创作达到顶峰。

法国新浪潮电影的创作特点是打破传

《四百下》剧照

统电影语法，提倡在电影创作中展现作者强烈的个人风格。他们使用轻便摄影机，采用非专业演员在实景中拍片，充分运用长镜头、自然音响等技巧，画面具有真实感。在剪辑手法上，切割频繁，镜头直接跳接，影片节奏较快。

法国新浪潮电影的另一个分支是左岸派，由居住于塞纳河左岸的电影导演和新小说派作家组成。左岸派电影发端于1959年，电影风格自成一体，共同表现出对人的精神发展过程的强烈兴趣，对人类精神、心理领域的探索与挖掘是左岸派电影始终如一的主题。他们倾向于用非常讲究、精雕细琢的电影语言和手法来拓展文学表达的领域，加强文学表达的深度。

1958～1962年，有200多位新人导演拍摄了处女作，创造了法国电影史和世界电影史的一个奇迹。1962年后，法国新浪潮电影整体走向衰落，左岸派导演还保持着持久的创作力，依然延续着其精英趣味。而《电影手册》派成员虽然并未中断创作，但与新浪潮电影运动本身已无多大关联。法国新浪潮电影运动不仅产生了许多原创性强、有高度艺术价值的影片，而且对世界范围内的电影艺术构成深远而持久的影响。

（安　燕）

法斯宾德，R.W. Rainer Werner Fassbinder（1945-05-31～1982-06-10） 德意志联邦共和国电影演员、导演。生于巴特沃里斯霍芬，卒于慕尼黑。曾在慕尼黑一所私立戏剧学校学习表演。1965年开始拍摄短片，如《城市流浪汉》等。1969年第一部长故事片《卡策马赫尔》问世，影片揭露了西德社会中的种族偏见，在曼海姆国际电影节上获电影评论奖。接着又执导电影《爱比死更冷》(1970)、《美国大兵》(1971)、《因格什塔的工兵》(1971）等。

1971年以后，执导的影片摆脱了话剧的影响和刻板的表现形式，把注意力集中到20世纪50年代“经济奇迹”时期的社会和人的不幸和孤独，如《对一名神圣妓女的警告》和《四季商人》等。法斯宾德后期作品主要表现历史创伤、分析人的意识与政治历史的关系，如《玛丽娅·布劳恩的婚姻》(1978)、《莉莉·玛莲》(1981）和《维罗妮卡·弗斯的欲望》(1982）等。其中《玛丽娅·布劳恩的婚姻》在1979年第29届柏林国际电影节上获最佳女演员奖和杰出成就奖等，1988年在中国放映也受到欢迎；《维罗妮卡·弗斯的欲望》在第32届德国柏林国际电影节上获金熊奖。

法斯宾德的影片揭露了资本主义社会的矛盾和罪恶，展现了先进的经济技术和贫困的精神生活之间的矛盾，主张用人性的自我复苏来拯救世界。其他主要影片还有《彼得·冯·康特的痛苦眼泪》(1972)、《恐惧毁掉精神》(1974)、《克雷尔——与魔鬼缔结的协定》(1982）等。他还拍过电视片《马尔塔》《艾菲·布里斯特》《柏林，亚历山大广场》等。

（卜　一）

反差 contrast 在画面场景或物体上面，明亮区域部分和黑暗区域部分的明暗对比度。反差对比度大的叫高反差，反差对比度小的叫低反差，而介乎于两者之间的反差被称之为中反差。反差大的影像或景物层次边界清晰，称为硬调子。反差小的影像或景物，其边界多且柔和，称为软调子。在摄影时，要严格控制景物反差，不要超出胶片的宽容度范围或数字影像的动态范围，使得影像亮部或暗部的层次受损。中反差会使拍摄出来的画面在反差度上达到一个完美的明暗度比，使画面的反差度既不是处于高反差，又不是低反差，会把画面的感光度调和到最佳状态，以此来提升视觉的舒适度和柔和度。

反差又有景物反差和影像反差两部分。景物反差指的是亮度差，即被摄物的最高亮度与最低亮度之比的对数值；而影像反差指的是密度差，即被摄物影像的最大密度和最小密度之差。影像反差和景物反差的比值为反差系数。

（张　桥）

反打镜头 reverse angle shot 影视摄影的一种拍摄角度。是蒙太奇叙事的重要手法。又称反打、反拍。反打镜头处于前一个镜头拍摄方向的反面或侧反面的角度。以拍摄人物为例，前一个镜头从正面拍摄，后一个镜头从反面或侧反面拍摄，往往把后者称为反打或反打镜头。反打分为外反打和内反打。反打经常用来处理两人谈话的场景，在这样的场景中通常设定一条轴线，这条轴线是两人间虚拟的关系线。拍摄时，基本的机位有三个，组成一个三角形，在轴线的同一侧。其中，处于三角形顶端的那个机位，可以将整个场景拍摄下来，称为定位机位，它获得的镜头成为定位镜头，通常是小全景或中景。另外，两人外侧分别设立一个机位，这两个机位中的任何一个机位正常拍摄，都可以获得两人谈话的一个过肩镜头，同时这个过肩镜头中还有另一个人的正面姿态，这种从外侧拍摄的具有过肩镜头的拍摄称为外反打。如果将两个机位放置在两人之间，同时仍然与定位机位在关系轴线的同一侧，这两个机位中拍摄的镜头里没有过肩画面，则称之为内反打。

除了两人谈话场景可以用反打镜头进行表现，其他场景也可以被视为两人谈话场景进行表现。例如，一个有三五个人谈话的场景，在谈话过程中必定有两个人是最主要的，拍摄者就以这两个人来建立一条关系轴线而后进行反打。当其他人谈话时，继续建立新的关系轴线。两个大型群体也可以视为两个人而进行等效拍摄。上下镜头进行衔接时也会用到反打，如当画面需要完成一个登高望远的叙事时，拍摄者可以先拍望远者的脸，他的目光在眺望远处，然后再拍摄远方的景物，即眺望者看到的内容。

反打所强调的是方向的改变，它的作用是在电影中建构一个立体的空间。用一系列镜头表现一个场面时，只能表现环境的三个面（三面墙），反打镜头则可以表现环境的第四面（第四面墙）。在舞台演出中第四面墙是观众席，所以只是一种假定性，事实并不存在；而电影的反打镜头可以使人看到环境的完整性，赋予真实感，反打镜头的运用还有助于表现主体对象的多面和立体形态，为塑造人物和演员表演提供条件。由于反打镜头可以拍摄对象的另一面，因而能够在一定程度上起到暗示、强调、对比或渲染的作用。

（丁珊珊）

方达，H. Henry Fonda（1905-05-16～1982-08-12） 美国电影演员。生于内布拉斯加州格兰德岛，卒于加利福尼亚州洛杉矶。父亲为印刷商。曾就读于明尼苏达

州大学新闻专业，并从业余演剧开始舞台演出。1928年开始成为职业演员。

1929年在百老汇舞台饰小角色，后逐渐任主角，开始引人注目。1934年，在百老汇舞台剧《新面貌》中首次扮演重要角色。1935年，主演了同名影片《农夫娶妻》，从此开始登上银幕。1936年，与C.盖博共同主演了《妻子和秘书》。1938年，与B.戴维斯共同主演了《红衫泪痕》。1940年，出演了J.福特执导的《愤怒的葡萄》，塑造了一位从监狱出来、具有反抗精神的人物形象。1941年，主演了爱情喜剧片《你属于我》和《淑女伊芙》。

第二次世界大战期间入海军服役，曾任上尉，并获铜星勋章和总统嘉奖状。战后重返好莱坞，同时也登台于百老汇表演。1948年主演了舞台剧《罗伯茨先生》，引起轰动，此后3年一直留任百老汇主演该剧。1955年，主演了同名影片《罗伯茨先生》。1956年主演了A.希区柯克的悬疑片《伸冤记》。1957年，作为制片人兼演员拍摄了《十二怒汉》，获第11届英国电影学院奖最佳外国男演员奖。1962年，出演了西部冒险片《西部开拓史》和战争片《最长的一日》。1968年，出演了《西部往事》，第一次在影片中饰演反面角色。1982年，在《金色池塘》中扮演了80岁高龄的诺曼，其演技炉火纯青，获第54届美国电影奥斯卡奖最佳男主角奖。

《金色池塘》剧照

方达身材高大、举止持重、语调平缓，其表演朴实、真挚、风趣，成功刻画了许多令人难忘的银幕形象，被称为银幕上"真正的美国人"。其他重要作品有《杰西·詹姆士》《青年林肯》《黄牛惨案》《亲爱的克莱蒙丁》《战争与和平》《咨询与赞许》《最好的人》《中途岛战役》《燃烧的城市》等。1973年，获第17届意大利电影大卫奖终身成就奖。1978年，获第6届美国电影学会奖终身成就奖。1981年，获第53届美国电影奥斯卡奖荣誉奖。

（谢榕津）

方逸华 Fang Yihua（1934～2017-11-22） 中国歌手、电影事业家。又名李梦兰、方梦华。生于上海，卒于香港。其母亲是20世纪30年代上海艺人方文露。因家道

中落，方逸华于1952年便开始登台献唱。先后受聘于"大华""丽池""都城"等著名夜总会，演唱足迹遍及菲律宾、中国台湾、澳大利亚、美国等地。是20世纪50年代红遍东南亚的歌星，有东方"比蒂·比芝"的美誉。

1952年与邵逸夫相识。1969年放弃歌唱事业，受邀加入邵氏兄弟（香港）有限公司。在邵氏公司最初任影城主任，历经采购、制片、管理等多个部门，1970年开始管理邵氏公司的制片业务，辅佐邵逸夫开始走中低成本的制片路线，并逐渐缩减邵氏公司的电影业务，扩充电视业务。1988年起任香港电视广播有限公司（TVB）董事，随后相继任TVB董事局副主席、副总经理、总经理、非执行董事等。1988年同时开始管理邵氏兄弟（香港）有限公司与电视广播有限公司合组的大都会电影公司，以创业片《撞邪先生》取得市场成功，先后出品有《审死官》《赌城大亨》《双镯》等影片。2001年出任邵氏新成立的电影动力有限公司负责人，创业片为《绝色神偷》，制作有《新扎师兄》《同居密友》等影片。

自从业以来，先后担任《七小福》《变脸》《鹿鼎记》等125部影片的监制，《少林三十六房》《金玉良缘红楼梦》《三少爷的剑》《多情剑客无情剑》等85部影片的制片人，以及《辛亥双十》《醉马骝》等影片的出品人或策划，演唱了《夜风凉如水》《今宵乐》《憔悴》等动听流行的电影歌曲。方逸华以勤勉敬业的态度和果断决绝的行事风格著称，主政TVB后所进行的诸多具有个人风格的改革——机构精简、成本压缩、导演更新、艺人培育、兴建新"邵氏影城"，从全球引进设备和技术人才等，为邵氏公司娱乐产业的发展壮大奠定了扎实的基础，作出了重要贡献。

（谢建华）

方荧 Fang Ying（1921-12-26～2011-03-20） 中国话剧和电影演员、导演。原名方寿松。生于安徽安庆，卒于广州。1941年中学毕业后，考入湖南省祁阳县平倭剧团。1942年参加抗敌演剧九队，任队员。

1943年参加抗敌演剧七队，任队员、演员兼队务委员等职务。其间出演过多部话剧，在《重庆二十四小时》中饰演林白野、《家》中饰演冯乐山、《法西斯细菌》中饰演俞实夫等。1946年，随队到广州，参与导演中山大学师范学院的《艳芳酒家》《群魔乱舞》等话剧。后又前往苏州参加新中国剧社。1947年，到中国香港加入建国剧艺社。在此期间，参与歌剧《白毛女》及话剧《镀金》《香港小姐》等剧演出。

1949年调至东北电影制片厂工作，曾经担任演员、译制片导演、艺术处行政负责人、编辑处行政负责人、导演等职务。在此期间，参演的角色主要有《无形的战线》（1949）中的公安局长、《赵一曼》

(1950)中的医生等；导演的故事片有《如此多情》(1956)、《女社长》(1958，兼编剧之一)、《铁道卫士》(1960)等；导演的戏曲片有《借亲配》(1959)、《花为媒》(1963)等。1971年调至广东省文艺创作室工作。1978年入珠江电影制片厂任导演，导演故事片《山乡风云》(1979)，戏曲电影《真假美猴王》(1983)、《牡丹亭》(1986)、《桃花扇》(1986)等。（高小健）

方育平 Allen Fong(1947-08-10～) 中国电影导演。生于香港。毕业于香港浸会学院物理系。1971年，远赴美国佐治亚大学兼修广播、电影与电视专业。1975年考入南加州大学主修电影，获硕士学位。随后返回中国香港，在香港电台电视部任助理编导、编导。参与摄制或执导了电视剧近20部。其中，《野孩子》1977年获亚洲广播协会最佳青年导演奖。早年电视作品的制作为其担纲电影导演打下了基础。

1979年入凤凰影业公司。1981年转任电影导演，拍摄的讲述一位父亲为了儿子出人头地而历经辛苦的影片《**父子情**》，获第1届香港电影金像奖最佳影片奖和最佳导演奖。1983年拍摄的《半边人》，获第3届香港电影金像奖最佳影片奖、最佳导演奖及最佳剪辑奖，第34届德国柏林国际电影节国际天主教电影视听协会奖。1986年执导的《美国心》，获第6届香港电影金像奖最佳导演奖。随后相继拍摄了《舞牛》《一生一台戏》《藏道》等。

方育平是香港新浪潮电影的重要导演，其作品着眼于普通人的生活和命运，擅长通过生动的细节刻画人物的不同性格。他对文艺题材持有浓厚兴趣，经常起用非职业演员参加演出，极富实验性与创新意味。（孙承健）

《放大》 *Blow-Up* 意大利彩色故事片。米高梅电影公司1966年出品。编剧，**M.安东尼奥尼**、T.诺格拉、E.邦德、J.科尔塔扎；导演，M.安东尼奥尼；摄影，C.D.帕尔玛；主演，V.雷德格瑞夫、D.海明斯、S.米尔斯。

故事讲述了摄影师托马斯在公园偷拍到一组情侣幽会的照片，但照片中的女子找到托马斯要回那些底片，托马斯心生疑惑，他把那组照片放大后发现了其中的秘密，在甜蜜祥和的画面背后，有一个持枪男人和一具模糊不清的尸体。托马斯按图索骥，果然在公园发现了一具尸体。他对这起案件进行推测，邀请朋友一起调查，但一无所获。第二天，当托马斯再度前往

《放大》剧照

公园时，尸体消失了，好像一切从未发生过一样。

影片用大量零碎的情节、对话和缓慢移动的**长镜头**呈现了一个令人迷惘的世界，表现了现代社会中冷漠与麻木的人际关系。通过一个无法证实的事件，将现实与幻想并置，暗示出现代社会的不确定性。影片揭示了影像的两面性，它似乎具有揭示真实的作用，但同时又可能提供假的现实感，正是这种未定性使影片具有鲜明的现代电影特征。影片1967年获第20届法国戛纳国际电影节金棕榈奖，第39届美国电影奥斯卡奖最佳导演奖提名、最佳原创剧本奖提名。（秦喜清）

飞猫摄像机 flying cat cableway camera 能够在空中进行二维或三维运动拍摄的特种设备。全称为索道摄像承载系统。飞猫摄像机主要由4条架设在空中的绳索和在

飞猫摄像机实图

索道上进行运动的陀螺仪平台及驱动系统、操控系统组成。地面控制人员通过操控系统控制陀螺仪平台的运动速度、运动方式与运动姿态，并通过微波将架设在陀螺仪平台上的微型讯道摄像机拍摄到的视频讯号实时传送回地面。该摄像机的拍摄高度落差从几十米到几百米不等，最高时速可达130千米/时，在风速70千米/时的情况下仍可以正常工作，且运动过程无震颤，无噪声。该摄像机在足球比赛、橄榄球比赛等体育赛事转播和其他大型直播活动当中应用较为广泛。（郑 月）

飞天奖 Flying Goddess Awards 中国电视奖项。1981年由中央电视台创办。原名为“全国优秀电视节目评选”，次年改为“全国优秀电视剧评选”。1983年，中国广播电视部委托《电视文艺》《中国广播电视》《电视周报》联合主办，以中国敦煌艺术形象中的“飞天”命名。1984年，评奖工作由中央电视台和中国电视艺术委员会联合主办。1989年，中国广播电影电视部进一步明确了“飞天奖”评选工作由中国电视艺术委员会主持，并且明确了该奖的“政府奖”性质。

飞天奖颁奖典礼现场

1981～2004年飞天奖每年评选一次，经电视台、电视剧制作单位推荐出一定数量的剧目，在听取观众意见的基础上由影视、戏剧、文学工作者及有关专家组成的评委会集体评议，分别以投票方式评选出优秀电视剧。原评奖项目有连续剧、单本剧、儿童剧、**电视小品**四项的一、二、三等奖，以及优秀导演、优秀男女演员、优秀男女配角等单项奖，另设特别奖、荣誉奖。1984年以后增加了优秀摄影、美工设计、照明等单项奖，并将演员奖分为女主角奖、男主角奖、女配角奖、男配角奖。1985年增加了美术电视剧奖。1990年，按篇幅和题材，分为长篇连续剧、中篇连续剧、儿童连续剧和儿童单本剧，分别评出一、二、三等奖；并增设了优秀译制片奖等奖项。1992年，更名为中国电视剧飞天奖。2005年，改由国家广播电影电视总局主办、中国电视艺术委员会承办，每两年举办一届。2018年，改由国家广播电视总局主办。2020年，飞天奖将**网络剧**纳入评选范围。（孙 剑）

《飞屋环游记》 *Up* 美国彩色动画片。迪士尼电影公司和**皮克斯动画工作室**2009年联合出品。编剧，B.彼德森、P.道格特、T.麦卡锡；导演，P.道格特、B.彼德森。

故事讲述了热爱冒险的卡尔偶遇有相同爱好的艾丽，两个人成为伴侣，并为他们共同的梦想——去南美洲的“仙境瀑布”探险筹备资金。然而直到艾丽去世，

梦想都没实现。老人卡尔决定用无数气球拽着他的房子飞上天空，飞往“仙境瀑布”。一个自称是“荒野开拓者”的小男孩罗素也跟着卡尔去探险。他们在飞屋中历经坎坷，终于看到了传说中的“仙境瀑布”。飞屋搁浅时，他们决定步行穿越森林，在森林中他们遇到了爱吃罗素巧克力的大鸟凯文和一只会说话的狗道格。他们还遇到了卡尔少年时崇拜的偶像——探险家查尔斯·蒙兹。然而蒙兹居然是一个不择手段的人，为了荣誉抢夺大鸟凯文。最后，在卡尔、罗素及一鸟一狗的合作下，蒙兹随着飞屋坠落到山崖下，飞屋飘落在“仙境瀑布”之上的云间。

《飞屋环游记》剧照

影片充满天马行空的想象力，人物形象设计妙趣横生，弥漫着淡淡的哀伤和梦想的光辉。影片继承了皮克斯动画片一贯的温情与梦想的主题，画面与音乐优美温馨，深深打动了观众。影片2009年获第66届意大利威尼斯国际电影节未来电影数字奖特别提及奖；2010年获第82届美国电影奥斯卡奖最佳动画长片奖和最佳原创配乐奖，第67届美国电影金球奖最佳电影配乐奖和最佳动画长片奖，第63届英国电影学院奖最佳动画片奖和最佳配音奖，第37届美国电影安妮奖最佳动画电影奖和最佳动画导演奖等。（杨晓林）

菲律宾电影 Philippine cinema　菲律宾是亚洲较早拥有电影的国家之一，产片数量在亚洲也名列前茅。19世纪末马尼拉已有人放映卢米埃尔兄弟的影片，20世纪初，美国人曾到菲律宾拍片。1917年，菲律宾人J.内波穆塞诺和他的弟弟们创建了菲律宾第一个电影公司——马来亚电影公司，并拍摄了一部根据音乐喜剧改编的故事片《乡村姑娘》(1919)，在放映时请演员在银幕后配对白、歌曲和音乐。马来亚电影公司在20世纪20年代的前5年垄断了菲律宾的电影生产，并在1930年出品了根据J.黎萨尔的小说改编的影片《不许犯我》，颇受欢迎。1932年，马来亚电影公司的内波穆塞诺摄制了菲律宾第一部有声故事片《金色的匕首》。有声片的出现提高了电影的娱乐价值，观众剧增，使电影生产有利可图。于是电影公司纷纷成立，电影事业兴旺起来。有人把1934～1941年称为菲律宾电影的黄金时代。由于美国的殖民统治，在这个阶段生产的菲律宾影片，如滑稽片、武打片、歌舞片、爱情片等，都完全抄袭美国影片，像好莱坞一样也以明星为中心，用一些皮肤白皙漂亮诱人的混血女郎招徕观众。

太平洋战争爆发不久，菲律宾被日本军队占领，影片生产几乎停顿。战后，菲律宾电影事业很快得到了恢复。比较重要的影片有：M.孔德的《成吉思汗》(1950)，这部影片于1952年在世界范围发行；L.阿韦利亚纳的《忧伤之子》和《海上流浪》；G.de莱昂的《西莎》等。娱乐性的商业影片仍然沿着战前以明星为中心的制片路线在发展。50～60年代，影片的数量虽然有所增长，但艺术质量却没有提高。

自60年代以来，菲律宾影片年产量在140～250部。最高年产量是1971年的251部，1982年的产量是148部。这些影片绝大部分是纯娱乐片，丝毫不反映菲律宾的现实生活，尤其是以性和暴力为主题的影片。60年代末到70年代初，一度盛行根据色情连环画拍摄的影片，吸引了大量观众，卖座经久不衰。如影片《被奸污的人》在马尼拉放映，前三天就盈利数百万比索。

70年代以后，涌现了一批创作态度严肃的中青年导演，他们的作品使菲律宾的电影面貌有所改观，有些成为国际知名导演。他们大多数坚持电影要反映社会的创作原则，摄制了不少具有一定水平的电影。如L.布罗卡在1978年拍摄的《霓虹灯光下的马尼拉》，描写了到城市谋生的贫困农民遭受的苦难，这部影片被认为是70年代最重要的菲律宾影片。布罗卡的另一部影片《英香》(1977)讲述一个年轻姑娘在贫民窟中的遭遇，影片在法国戛纳国际电影节上得到好评。此外，莱昂拍摄的心理影片《漆黑》(1976)及描写上层社会资产阶级价值观念的《偷欢》(1977)等都在国外得到好评。E.罗梅罗拍摄的《一如既往》(1976)通过一个青年从农村到马尼拉的遭遇，探索了在西班牙和美国殖民统治交替时期的文化特征和民族性问题。但是在菲律宾年产100多部影片中，优秀的影片一般不到10部。

80年代后期，菲律宾的电影出品数量下滑，进入90年代后又现反弹，至1997年达到197部。与此同时，制作成本增加、外国电影进口，电视、录像带及盗版碟等给菲律宾的电影业带来严峻挑战。90年代的菲律宾电影努力在商业诉求、思想表达与关注现实之间寻找平衡。进入21世纪后，菲律宾电影产量明显减少，但数字技术的出现还是给菲律宾电影业带来新的希望。

为了鼓励提高国产影片质量，菲律宾设立各种奖项和机构。《马尼拉时报》于1950年设立了玛利娅·克拉拉奖，两年以后由菲律宾电影艺术与科学学院奖代替。1981年成立了菲律宾电影发展委员会和菲律宾电影学院。1982年1月又成立了菲律宾实验电影部门，以促进菲律宾电影的发展。同年，还举办了马尼拉国际电影节，有几十个国家参加。此外，菲律宾还设有一项最高荣誉奖，即国家艺术家奖。

（谢榕津）

《费城》 *Philadelphia*　美国彩色故事片。克林尼克·埃斯泰提科有限公司和哥伦比亚三星影片公司1993年联合出品。编剧，R.内斯万尼尔；导演，J.戴米；摄影，藤本；主演，T.汉克斯、D.华盛顿、A.班德拉斯、J.罗巴兹。

故事讲述了安德鲁是费城一位出色的辩护律师，也是一名同性恋者。他向事务所隐瞒自己的性取向，但终因感染艾滋病被上司解雇。被解雇后，安德鲁在恋人的陪伴和家人的支持下接受治疗，同时为起诉事务所四处奔波。在遭到多个律师的拒绝后，安德鲁找到了曾与自己有过短暂工作交往的黑人律师米勒。米勒对同性恋十分反感，因此断然拒绝了委托。然而，当米勒从妻子那儿得知自己的亲人中也有同性恋者，又在图书馆目睹安德鲁遭到歧视之后，决定接受他的案子。案件开庭后，在费城引起了广泛关注，民众聚集在法院外声援安德鲁。同时，病情愈发严重的安德鲁始终坚持出庭，甚至勇敢地坐上证人席位，接受对方律师的尖锐盘问，最终晕

《费城》海报

倒在法庭现场。在经历一次次的辩论之后，曾经"恐同"的米勒不仅为安德鲁赢得了官司，自己也被安德鲁的坚强所感动。

影片通过艾滋病人维权的故事，展现了艾滋病人日常生活的种种困境，探讨了艾滋病人权利与尊严的问题，具有强烈的现实意义，体现了创作者的人文关怀精神。影片1994年获第66届美国电影奥斯卡奖最佳男演员奖和最佳原创歌曲奖，第44届德国柏林国际电影节最佳男演员奖，第51届美国电影金球奖最佳男主角奖和最佳原创歌曲奖等。（徐 勇）

费里尼，F. Federico Fellini（1920-01-20～1993-10-31）意大利电影导演、编剧。生于里米尼，卒于罗马。自幼喜欢绘画。7岁时跟随一个杂技团离家出走，几天以后重返家中。这一经历给他留下了不可磨灭的印象，成为他日后创作灵感的源泉。1938年秋去佛罗伦萨谋生，当过漫画家、记者、噱头作者、服装管理员、布景画家和临时演员等，半年后到罗马。1942年，开始从事电影编剧。1943年，与女演员G.马茜娜结婚，开始了他们在生活和创作上的长期合作。费里尼与新现实主义电影有着深远的渊源关系。1945年，在**意大利新现实主义电影**的开山之作《**罗马，不设防的城市**》中担任编剧之一。除此之外，还在R.罗西里尼执导的《游击队》（1946）、《爱情》（1948），A.拉都达导演的《卓万尼·艾皮斯科波的罪行》（1947）、《铁石心肠》（1948）、《波河上的磨坊》（1949），P.捷尔米执导的《在法律的名义下》（1949）、《希望之路》（1950）、《自卫的城市》（1951）等影片中担任编剧。1950年，与拉都达合作编导《杂技之光》。

1952年，独立执导第一部影片《白酋长》。1953年，拍摄了《娇生惯养的孩子们》（又译《浪荡儿》），描绘了一个海滨小镇中一群无所事事、成天在街头游荡的青年人的生活，获第16届意大利威尼斯国际电影节银狮奖，使费里尼开始蜚声国际影坛。费里尼影片的自传性色彩和鲜明的"费里尼风格"在这两部影片中初露端倪。1954年，导演剧情片《道路》，讲述了一个善良、纯真但却有点愚钝的杂技女演员格尔索米娜的悲剧故事，表现了美好事物在冷漠、残酷的世界中注定毁灭的结局，获第19届意大利威尼斯国际电影节大奖、第28届美国电影奥斯卡奖最佳外语片奖。1957年，继续延续《道路》的题材，导演了《卡比利亚之夜》（又译《她在黑暗中》），描写意大利现代社会生活中善与恶的斗争，获第30届美国电影奥斯卡奖最佳外语片奖。《道路》和《卡比利亚之夜》这两部影片表现出费里尼对资本主义社会底层小人物成为无辜受害者的深切同情。20世纪60年代，开始从新现实主义转向现代主义。1960年，导演《**甜蜜的生活**》，获第13届法国戛纳国际电影节金棕榈奖。影片所关注的已不再是小人物的苦难，而是意大利上流社会的厚颜无耻、腐化堕落和知识分子的惊慌失措、彷徨迷惘，也因此引发意大利左派、上流社会和梵蒂冈的强烈不满。1963年，导演富于自传色彩的影片《**八部半**》，讲述了一名电影导演在开拍他的第9部影片时所产生的精神困惑和危机，获第36届美国电影奥斯卡奖最佳外语片奖提名和最佳导演奖提名。《甜蜜的生活》和《八部半》这两部影片在艺术形式上彻底摒弃传统的线性结构，采用以"生活流"和"意识流"手法为基础的"板块结构"和"复调结构"。尤其是《八部半》把现实与幻想、过去与现在、梦境与事实结合在一起，造成时空的错乱，以表现人的意识流的自然状态。

1973年，导演富于自传色彩的《我的回忆》，是费里尼对在家乡里米尼的青少年生活的回顾与思考，怪诞与纪实、客观概括与日常生活现实交织在一起。影片对法西斯主义进行了无情的嘲讽，获第47届美国电影奥斯卡奖最佳外语片奖。除此之外，费里尼还拍摄了《小丑》（1970）、《费里尼的罗马》（1972）和《费里尼的卡萨诺瓦》（1976）等巨制，用古老文明的崩溃暗示消费社会的必然瓦解。《乐队在排练》（1978）和《女人城》（1980）是对极"左"思潮和女权主义运动的嘲弄。《扬帆》（1983）是现代启示录式的幻想寓言片。《琴逑和弗莱德》（1986）对商业电视进行了无情的讽刺。《月吟》（1990）则是费里尼的谢幕之作。费里尼是现代艺术电影和哲理电影的大师之一，"费里尼风格"总是极尽绚烂地铺陈生命。费里尼的每一部影片几乎都在主要人物身上糅合了个人体验和非凡的想象力，穷尽所有回忆和梦想，同时致力于以故事或讲述方式激发观众的兴趣。其创作对同时代和后世导演尤其是好莱坞导演产生了积极影响。1993年，获第65届美国电影奥斯卡奖终身成就奖。

（伍菡卿 撰 许 婧 修订）

费穆 Fei Mu（1906-10-10～1951-01-31）中国电影导演。字敬庐。原籍江苏吴县（今江苏南部，苏州市内）。生于上海，卒于香港。童年迁居北京。曾在法文高等学堂学习，除法语外，还自学英语、德语、意大利语、俄语等多种外国语。离校后，业余时间为北京真光戏院《真光影讯》撰写影评。1930年到天津，在华北电影公司任编译主任，翻译英文字幕和撰写说明书。1932年，在上海**联华影业公司**任导演，先后执导《城市之夜》（1933）、《人生》（1933）、《香雪海》（1934）、《天伦》（1935）、《春闺梦里人》（《联华交响曲》片段，1937）、戏曲片《斩经堂》（1937）等。这些影片的内容在一定程度上暴露了社会黑暗、反对迷信神权及歌颂自由恋爱，但人物形象比较软弱无力，有的带有宿命论色彩。

1936年，编导了一部寓言式影片《狼山喋血记》，该片用狼群影射日本侵略者，主张用画符避狼的茶馆老板赵二先生代表不抵抗主义，农村姑娘小玉和李老爹等打狼的猎户代表广大爱国人民。影片构思新颖，寓意明确，为电影评论界和观众所赞赏。1939年，创办民华影业公司。之后相继导演了《孔夫子》（1940）、《洪宣娇》（1941）、戏曲片《古中国之歌》（1941）等。1941年太平洋战争爆发后，因拒绝与日伪合作而转向话剧工作，参与创办上海艺术剧社，导演了《杨贵妃》《浮生六记》《红尘》《秋海棠》《小凤仙》等舞台剧。抗日战争胜利后，主持上海实验电影工场的工作。1948年，导演了中国第一部彩色戏曲片《**生死恨**》。同年，还执导了具有鲜明民族风格和强烈艺术感染力的故事片《**小城之春**》。1949年5月，由上海到香港，创办龙马影业公司。之后，监制了影片《花姑娘》（1951），并编写了《江湖儿女》（与齐闻韶合作）和《月儿弯弯照九州》等电影剧本。

最能体现费穆创作思想和艺术特点的作品，是他编导的《城市之夜》《人生》《香雪海》《天伦》《狼山喋血记》《孔夫子》《小城之春》等。费穆的作品富于哲理性内涵，从不同侧面对人的生存价值、人生的目的和意义进行哲理性探讨。在人物刻画上，善于对心灵深处予以剖析。在艺术处理上，镜头凝练、构图优美，形成了独

特的清淡、典雅、朴素、自然和意境幽深的风格。1995年，获中国电影世纪奖最佳导演奖。（陈少舟）

费雯丽 Vivien Leigh（1913-11-05～1967-07-08） 英国电影和舞台剧演员。原名费雯·玛丽·哈特莱。生于印度孟加拉邦大吉岭镇，卒于英国伦敦。1920年回到英国接受教会教育。从小梦想成为一个伟大的演员。1932年考进英国皇家戏剧艺术学院学习。1934年进入电影界，在《前途光明》《乡村绅士》《仰面大笑》和《君子协定》中扮演角色。1935年在伦敦舞台上出演话剧《道德的假面》名躁一时，次年演出的莎士比亚剧目《理查二世》再次显示了表演天赋，遂与L.奥利弗主演了根据A.E.梅森小说改编的战争爱情片《英伦战火》（1936），这是两人首次在银幕上合作。1938年费雯丽赴美拍摄了自己第一部好莱坞电影《牛津风云》。1939年，因在巨制《乱世佳人》（又译《飘》）中扮演郝思嘉而蜚声世界影坛，并斩获第12届美国电影奥斯卡奖最佳女主角奖，成为第一位登上奥斯卡最佳女主角宝座的英国女演员。由于在舞台上成功主演话剧《欲望号街车》，获得了在1951年拍摄的同名影片中扮演布兰奇一角的机会，与M.白兰度合作，生动地演绎了一个昔日享尽荣华富贵的美丽贵妇，沦落风尘后自视清高又贪慕虚荣，最后发疯的故事，第二次荣获奥斯卡奖最佳女主角奖。除此之外，还荣获英国电影学院、纽约电影评论协会和威尼斯国际电影节的最佳女主角奖。

《乱世佳人》剧照

费雯丽出演的影片并不多，但饰演的每一个角色都熠熠生辉，令人过目难忘。与奥利弗合演的《21天》（又译《鸳鸯劫》，1939）、《汉密尔顿夫人》（又译《忠魂鹃血》，1941）广受好评，与R.泰勒主演的《魂断蓝桥》（1940）也获得巨大成功。此外，还主演了《茶杯里的风波》（1937）、《凯撒和克莱奥帕特拉》（1946）、《安娜·卡列尼娜》（1948）、《湛蓝色的大海》（1955）、《罗马之春》（1961），其出演的最后一部电影《愚人船》（1965）获法国水晶星最佳表演奖。

作为杰出的表演艺术家，费雯丽一生辗转于伦敦西区的剧场和好莱坞摄影棚两个演艺空间，出演了19部影片和30多部舞台剧，其戏剧成就并不输于她的银幕生涯，在英国戏剧史和世界电影史上都留下了一个个光彩动人的形象。1967年7月8日，因病死于伦敦寓所。当晚，伦敦所有剧院的舞台脚灯熄灭1分钟，“老维克”“老维奇”“凤凰”等大剧院则熄灯1小时以示悼念。（许 婧）

分场 scene division 拍摄前对剧本进行的镜头分切和场景划分。对剧本而言，其分切单位为镜头；对于导演剧本的简化形式而言，则是以场景为单位进行段落划分。分场方便导演在同一场景内完成拍摄，从而节省人力物力。分场景剧本可以看出各场戏的进程与场面，导演的构思和设想一目了然。相较于文学剧本而言，分场景剧本将剧本中的文字转化为用文字描述的银幕形象（画面和声音）；相较于**分镜头剧本**而言，分场景剧本则更为简单粗略。有的导演没有拍摄前写分镜头剧本的习惯，而是选择在分场景剧本基础上现场临时创作。对于电影编剧或者作家而言，也可以直接跨过具体的剧本而进行分场景剧本的创作。（丁珊珊）

分镜头剧本 storyboard 专供电影导演拍摄影片时现场使用的工作剧本。产生于文学剧本确定以后、影片正式开拍之前。由**导演**根据电影文学剧本提供的文本基础，由导演和摄影组经过总体设计、艺术构思再创作而成。将未来影片所要表现的全部内容，分切成准备拍摄的镜头，详细注明镜号、画面、摄法、内容、音乐、音响效果和镜头有效长度等，以作为影片设计的施工蓝图。导演对其中每一个镜头将来在完成片里应起什么作用，都要经过深思熟虑，并为此规定了具体的拍摄方法，以使叙事展现、气氛把握、造型表现、声音构成、蒙太奇效果及演员的表演能得到与文本表述相契合的体现。影片摄制组各部门在对剧本进行深度理解的前提下，通过分镜头剧本理解导演的具体要求，从而完成自己部门的任务。分镜头剧本是摄制组制订拍摄日程计划和测定影片摄制费用的依据。（戴中孚）

《芬芳宝岛》 *Sweet Treasure Island-Taiwan* 中国彩色纪录片。台湾国禾传播公司和“中国电视公司”1974年联合出品。共26集。导演，黄春明、张文雄等；摄影，张照堂、王菊金等。

该纪录片主要包括《大甲妈祖回娘家》《淡水暮色》《阿里山的老火车头》《台湾的蝴蝶》《古厝——中国传统建筑》等。内容涵盖台湾民俗、信仰、生态、古迹、地方志与老百姓生活等台湾人文风情，呈现了丰富的社会生活面貌。

《芬芳宝岛》由16毫米胶片拍摄而成，是台湾电视媒体上首次出现深度关怀本土人文地理的纪录片，虽由于制作经费低廉、拍摄经验不足等原因略显粗糙，却因跳脱了当时电视报道节目惯用的政令宣传和民心教化等模式而备受关注。由台湾文学界和电影电视界的一批青年才俊参与拍摄制作，是观察和报道当代台湾乡土风情和人文风貌的系列纪录片。总体而言，《芬芳宝岛》属于浪漫纪录片的形式，并开启了其后诸如《美不胜收》《映像之旅》等台湾电视系列乡土纪录片。（李 晨）

芬兰电影 Finnish cinema 1904年芬兰开始拍摄新闻片。1906年阿波罗电影制片公司成立后开始生产短纪录片。1907年，导演T.普罗等人合作拍成第一部短故事片《酿私酒的人》。1913年，普罗独立完成了第一部长故事片《瑟尔薇》（根据同名小说改编）。1919年，普罗与E.卡鲁共同创办了苏奥米影片公司。20世纪20年代以来，芬兰电影主要是改编本国文学作品，如《安娜·丽莎》（1922，导演普罗等）、《劳塔屈勒的老男爵》（1923，导演K.法格尔）、《荒原上的鞋匠》（1923，导演卡鲁）。在这段时间里，赫尔辛基和坦佩雷出现了一些电影公司。

30年代，芬兰电影颇为兴旺，出现了不少新导演。其中最成功的是N.塔皮奥瓦拉，他导演的影片有《尤哈》（1937）、《个人的道路》（1940）等；此外，还有R.奥尔科和V.瓦拉，奥尔科拍摄了影片《希尔达勒牧场总管》（1934），瓦拉拍摄了影片《尼斯卡沃里的年轻主妇》（1938）。第二次世界大战期间，平均年产影片15～20部。第二次世界大战后又涌现了一批新导演，如M.卡西拉、A.塔尔卡斯等人。影片多为音乐片和喜剧片，传记片也得到一定的发展，如《诗人之王和候鸟》（1940，导演夏尔克亚）、《我爱》（1946，导演温霍）等。

50年代，芬兰电影年产量已达25～30部，较优秀的影片有《白鹿》（1952，E.布隆贝格导演兼摄影)、《无名英雄》(1955，导演E.拉伊)、《红线》(1959，导演M.卡西拉)。50年代末期，由于经济萧条和电视的影响，影片数量开始减少。

1961年，芬兰电影基金会成立，国家对电影生产给予资助。以后一直到80年代电影走上现实主义道路，题材日趋广泛。一些老导演对现实问题的题材发生兴趣，出现了一批影片，如R.亚尔瓦的《一个工人的日记》(1967)、《一个人的战争》(1973)、《兔年》(1978)；E.拉伊纳的《这里在北极星下》(1968)、《阿克塞莉和埃莉娜》(1970)；这些影片描写了20世纪初的芬兰社会生活。很多青年导演的作品则揭示了社会政治方面的问题，如J.帕卡斯维尔塔的《夏日暴动》(1970)、《迎接圣诞节的一家》(1975)，M.尼斯卡宁的《8粒致命的子弹》(1972)、《秋天一切将改变》(1978)、《逃亡》(1981)；E.基维科斯基的《桀骜不驯的弟兄们》(1969)、《工厂的枪声》(1973)和《海岸之夜》(1980)及T.苏奥米宁的《正确》(1980)等。比较知名的影片还有历史传记片《火热的心》(1981，P.洪卡萨洛和P.来赫托联合导演)、社会心理片《野兽的行踪》(1981，导演帕卡斯维尔塔)、儿童片《裴希和依露西》(1984，导演R.帕腾宁)、侦探片《丑闻》(1985，导演J.J.道纳)、音乐片《达·卡波》(1985，导演洪卡萨洛等)，以及《天堂孤影》(1986，导演A.考里斯马基)、《升空号》(1988，导演考里斯马基)等。80年代以来，平均年产量为7部影片。

《天堂孤影》剧照

90年代，芬兰电影年产量由于资金不足而一度下滑，但到90年代末已有大幅增长，1999年有30部国产电影首映。2011年，芬兰出品31部电影，其中24部故事片，7部纪录片。考里斯马基的作品仍然引人注目。（单东炳）

《风暴》 *The Storm* 中国彩色故事片。北京电影制片厂1959年出品。改编自话剧《红色风暴》。编导，金山；摄影，朱今明；主演，李翔、金山、张平、石羽、吴雪、田华、冯一夫。

故事讲述了中国共产党员、工人林祥

《风暴》海报

谦和律师施洋发动工人群众，积极组织发展党员，并准备到郑州集会，成立京汉铁路总工会。军阀吴佩孚禁止工人集会，军警与工人发生激烈冲突，但工人们团结一心、勇敢无畏，总工会成立大会最终召开。吴佩孚又悍然镇压，林祥谦、施洋将总工会迁址于江岸，并酝酿罢工。1923年2月4日，罢工开始，整个京汉铁路陷入瘫痪。1923年2月7日，吴佩孚开始对工人进行大屠杀，酿造了震惊中外的二七惨案，林祥谦和施洋相继被捕，为革命事业献出了宝贵的生命。

影片气势磅礴，人物性格鲜明，以挥洒的笔触刻画了林祥谦、施洋等共产党员英勇顽强、不畏牺牲的革命英雄形象，也勾勒出吴佩孚、白坚武等反动统治阶级代表人物的丑恶灵魂。影片虽改编自舞台剧，但在场面、结构和气氛的渲染上充分发挥了电影的特长，熟练地运用电影的独特表现手段，压缩和提炼了原剧，保留了它的基本内容和精髓。如施洋在车站与警察局长进行长篇辩论一场及铁路工人大罢工的波澜壮阔场面，都取得了相当显著的银幕艺术效果。（王云缦）

《风烛泪》 *Umberto D.* 意大利故事片。意大利里佐里电影公司1952年出品。编剧，C.柴伐蒂尼；导演，V.德·西卡；摄影，G.R.奥尔多；主演，C.巴迪斯蒂、M.卡西利奥、L.杰纳里等。

故事发生在第二次世界大战结束后，意大利满目疮痍，战争不仅毁坏了建筑，也带来失业、贫困等现实问题。温别尔托是一位退休公务员，膝下无儿女，靠微薄的退休金勉强度日，狗是他唯一的亲人。温别尔托被房东赶出后，曾经想过乞讨，但是原来的体面生活让他放不下身段和面子。房东的女佣安东尼娅成为温别尔托唯一的朋友，安东尼娅偶尔给他带来一些食物和水，对他表示同情。这样的日子没有维持多久，绝望的温别尔托决定出去流浪。他把小狗丢弃在荒郊野外后，没想到小狗还是找到了他。温别尔托选择活下去，一位老人和一只狗的背影就此定格在画面中。

《风烛泪》剧照

作为一部意大利新现实主义电影的经典之作，非职业演员的即兴发挥、质朴的镜头语言、平实的叙事手法，真实地再现了主人公的悲惨命运。影片表达了德·西卡对底层人民的同情与怜悯，也暗含对无能的意大利当局政府的讽刺。影片1952年获第5届法国戛纳国际电影节金棕榈奖提名，1957年获第29届美国电影奥斯卡奖最佳编剧奖提名。（张慧瑜）

冯德耀 Feng Deyao（1933-10-16～ ）中国电影录音师。原籍浙江定海。生于上海。1950年从上海格致中学毕业后，进入文华影业公司，开始电影录音生涯。1952年进入上海电影制片厂，先后担任录音助理、录音师和录音车间主任等职。1981年，在影片《子夜》中担任录音师，获第2届中国电影金鸡奖最佳录音奖提名。1982年，在《大泽龙蛇》中担任录音师，运用多种音响效果，有力渲染了悲壮的革命战争气氛，获第3届中国电影金鸡奖最佳录音奖提名。

1984年，在电影《雷雨》中使用同期录音，合理运用自然音响，取得了不俗的艺术效果，获第5届中国电影金鸡奖最佳录音奖。1985年，在电影《日出》中负责录音工作，获上海首届文艺奖优秀电影创作最佳录音奖。1989年，在电影《庭院深深》中负责录音工作，巧妙运用声音元素传递出浪漫温馨的情调，获第10届中国电影金鸡奖最佳录音奖、中国电影电视技术学会录音一等奖。

冯德耀重要的电影录音作品还有《大桥下面》《江城奇事》《牵牛花》《我也有爸爸》等。冯德耀在同期录音、立体声录音、环绕声录音和数字录音等方面的研究颇有心得，是一位成就斐然的中国电影录音大师。曾任中国电影家协会理事，中国

电影家协会电影声音艺术工作委员会名誉会长。（吕 蔻）

冯小刚 Feng Xiaogang（1958-03-18～ ） 中国影视导演、编剧。祖籍湖南湘潭。生于北京。高中毕业后，加入北京军区艺术团，担任舞台设计师。1977年，曾在部队做宣传工作，1978年正式参军。1985年，以美工师身份进入北京电视艺术中心工作。1991年，与郑晓龙在剧情片《遭遇激情》中共同担任编剧；同年，在《编辑部的故事》中担任编剧，并为该剧的主题曲《世界很小是个家庭》和插曲《我喜欢我的梦》创作歌词。1992年，与郑晓龙在《大撒把》中共同担任编剧。1994年，导演电影处女作《永失我爱》；同年，与郑晓龙合作导演电视剧《北京人在纽约》。1997年，拍摄电视剧《月亮背面》；同年，导演中国内地首部贺岁片《甲方乙方》，获第21届中国大众电影百花奖最佳影片奖。

2001年，导演影片《大腕》，获第25届中国大众电影百花奖最佳影片奖。2003年，执导影片《手机》，获第27届中国大众电影百花奖最佳影片奖、第4届华语电影传媒大奖内地最受欢迎电影奖等。2004年，导演影片《天下无贼》，获第42届台湾电影金马奖最佳改编剧本奖、第10届香港电影金紫荆奖最佳导演奖。2006年，导演古装商业大片《夜宴》，获第43届台湾电影金马奖最佳美术设计奖等。2007年，导演战争题材影片《集结号》，获第27届中国电影金鸡奖最佳影片奖、最佳导演奖，第13届中国电影华表奖优秀故事片奖、优秀导演奖，第29届中国大众电影百花奖最佳故事片奖、最佳导演奖，第28届香港电影金像奖最佳亚洲影片奖。2008年，导演爱情喜剧片《非诚勿扰》，打破中国内地电影票房纪录。2010年，导演影片《唐山大地震》，获第14届中国电影华表奖优秀故事片奖。2011年，导演影片《一九四二》，获第15届中国电影华表奖优秀故事片奖、优秀导演奖等。2014年，担任中央电视台春节联欢晚会总导演。2015年，出演电影《老炮儿》，获第52届台湾电影金马奖最佳男主角奖。2016年，导演影片《我不是潘金莲》，获第53届中国台湾电影金马奖最佳导演奖、第64届西班牙圣塞巴斯蒂安国际电影节主竞赛单元金贝壳奖、第41届加拿大多伦多国际电影节国际影评人协会奖、第11届亚洲电影大奖最佳电影奖。2017年，导演影片《芳华》，获第25届北京大学生电影节最佳导演奖、第12届亚洲电影大奖最佳影片奖、第9届中国电影导演协会年度影片奖。

冯小刚导演的电影还有《不见不散》（1998）、《没完没了》（1999）、《一声叹息》（2000）、《非诚勿扰2》（2010）、《私人订制》（2013）、《只有芸知道》（2019）等。冯小刚的电影关注小市民的喜怒哀乐，以通俗的故事贴近观众内心的情感认同。在把握大众主流娱乐诉求的同时，加入相应的社会热点问题，并以黑色幽默、荒诞戏谑的形式展现，以平民视角表现小市民对生活的理解与态度。他的作品风格带有鲜明的冯氏幽默印记，以“北方京味儿喜剧”著称，擅长小品喜剧片。其商业片因贴近大众的喜剧精神、世俗体验与平民意识而广受欢迎，是中国最具票房号召力的导演之一。同时，也擅长悲喜剧题材创作，具有人文关怀精神。2011年，获第14届上海国际电影节华语电影杰出贡献奖。（孙承健）

凤凰影业公司 Feng Huang Motion Picture Co. 中国电影机构。1952年由韩雄飞等人创办于香港。前身是由刘琼、司马文森、洪遒等以兄弟班组成的五十年代公司和由吴性栽投资、费穆主管的龙马影业公司。1952～1954年为“凤凰”和上述两公司的交叉期。这一时期，凤凰影业公司以龙马影业公司的名义拍摄了《一板之隔》《百宝图》《燕双飞》《乔迁之喜》《水火之间》等经典影片。1953年11月，以凤凰影业公司的名义出品了第一部影片《中秋月》。朱石麟、韩雄飞、姜明、陈静波先后主持公司运作。主要创作人员有导演朱石麟、陈静波、鲍方、任意之、朱枫、许先、唐龙等，摄影师有罗君雄、温贵、蒋仕、曹池等，演员有朱虹、王小燕、江汉、高远、石磊、鲍方、黎汉持等。

公司成立之初，资金异常困难，多采用“卖片花”形式预先向发行商售出以获得启动资金，且所有演职员都要身兼多职。在美学层面，成立初期以拍摄喜剧片著称，被称为“喜剧之家”，后逐步走向类型多元化。20世纪60年代，曾与内地合拍过《红楼梦》（越剧）、《杨乃武与小白菜》（北京曲剧）、《尤三姐》（京剧）等彩色戏曲片。此外，还派摄制组在内地拍摄《上海》《长城内外》《神秘的西藏》等大型彩色纪录片。80年代之前拍摄的影片有《一年之计》《新婚第一夜》《雷雨》《金鹰》《画皮》《白领丽人》《屈原》《审妻》等。其中，《一年之计》获文化部1949～1955年优秀影片奖；1964年赴内蒙古实地拍摄的奇情侠义片《金鹰》曾创下香港影片的卖座纪录，是香港首部超过百万元票房的影片。

80年代，扶植香港年轻导演方育平拍摄了《父子情》《半边人》《美国心》，均获香港电影金像奖最佳导演奖，前两部还兼获最佳影片奖，为香港新浪潮电影的兴起起到了重要的推动作用。其后拍摄的《闪电行动》获中国广播电影电视部优秀影片奖。1984年，并入银都机构有限公司。（余慕云）

奉俊昊 Bong Joon-ho（1969-09-14～ ） 韩国电影导演、编剧。生于大邱。父亲奉相均是韩国知名版画家、设计师，外公朴泰远是著名小说家。1988年，考入延世大学社会学系，其间在电影公司做短期实习生。在服兵役休假期间，拍出了第一部短片。1993年，考入韩国电影学院第11期学习，后拍摄短片《支离破碎》。之后，在各种短片和长片剧组中实践过很多岗位，包括照明、摄影、副导演、编剧、编辑、演员等。

2000年，导演长片处女作《绑架门口狗》。2003年，执导《杀人回忆》，获第24届韩国电影青龙奖最佳摄影奖，第40届韩国电影大钟奖最佳电影奖、最佳导演奖，第2届韩国电影大奖最佳剧本奖、最佳导演奖、最佳影片奖，第51届西班牙圣塞巴斯蒂安国际电影节最佳导演奖、最佳新人导演奖等。2006年，执导科幻片《汉江怪物》，获第44届韩国电影大钟奖最佳导演奖和最佳剪辑奖、第43届韩国百想艺术大赏最佳电影奖、第44届韩国电影大钟奖最佳导演奖。2009年，执导惊悚悬疑电影《母亲》。2013年，导演影片《雪国列车》，获第34届韩国电影青龙奖最佳导演奖、第50届韩国百想艺术大赏最佳导演奖、第33届韩国电影评论家协会奖最佳导演奖等。2016年，拍摄《海雾》。2017年，执导科幻电影《玉子》。2019年，导演影片《寄生虫》，获第72届法国戛纳国际电影节最佳影片金棕榈奖，第92届美国电影奥斯卡奖最佳影片奖、最佳导演奖、最佳原创剧本奖、最佳国际影片奖，第45届法国电影凯撒奖最佳外语片奖，第56届韩国百想艺术大赏最佳影片奖，第56届韩国电影大钟奖最佳影片奖、最佳导演奖，第40届韩国电影青龙奖最佳影片奖、最佳导演奖。

奉俊昊的电影在解构经典类型的同时，释放出丰富的社会信息，既能满足普通观众追求类型快感的视听需求，同时也因真挚独特的社会思考打动知识阶层。他的作品能够打破类型创作的圭臬，对犯罪片、科幻片有较独到的类型创新，同时又兼具对韩国历史的另类反思和对当下韩国社会弊病的抽象呈现。他的许多作品都产生了较大的国际影响，得到了韩国大众及业内人士的认可。（范小青）

佛罗伦萨国际纪录片电影节 Florence International Documentary Film Festival 意大利国际纪录片电影节。1959年由多位社会科学研究者共同推动发起。电影节致力于纪录片的推广与研究，倡导以真实视觉纪录方式展现人类社会的丰富面貌。由意大利社会纪录片研究院于每年11～12月举办，为期一周。2008～2010年，曾赴美国纽约举办姊妹影展“纽约纪录片电影节”。

电影节有“纪录片界戛纳”的美誉。在意大利及全球建立了庞大的合作网络，积极推广纪录片文化。电影节的成立宗旨除传递并鼓励创意纪录片及具前瞻性的影像作品外，更期望建构影视艺术和不同学科之间交流讨论、合作成长的平台。不仅设立纪录片图书馆，持续保存并将自有的纪录片影像作品数字化，更规划了为纪录片工作者设计的课程及工作坊，不遗余力地推进纪录片的教育工作。

电影节的主要活动有：①纪录片展映。②比赛评奖。③工作坊与会议论坛。④致敬与回顾专题。⑤主题聚焦。影片竞赛分为国际竞赛及意大利全景两个大类。前者接受各国影片参赛，评奖参考首映性，颁发最佳纪录短片奖（少于30分钟）、最佳纪录中长片奖（31～60分钟）、最佳纪录长片奖（60分钟以上）及最佳人类学影片奖，后者则面向片长50分钟以上的意大利本土纪录片。颁发家用视频传播奖及戏剧传播奖，以实际的发行与展映奖励获奖作品。中国从1974年起，陆续选送影片参加该电影节展映。

（赵 远 高浩敏）

弗拉哈迪，R. Robert Flaherty（1884-02-16～1951-07-23） 美国电影导演。生于

密歇根州艾恩芒廷，卒于佛蒙特州邓纳斯顿。父亲是爱尔兰裔新教徒，母亲是德国裔天主教徒。自幼受从事探矿工作父亲的影响，对人和文化产生浓厚的兴趣。1896年，随父亲到加拿大雨湖地区开采金矿，并在其后进入密歇根矿山学校学习，但并未能完成学业。早年曾是加拿大多伦多地区的一名摄影师，拍摄了大量美洲印第安人和野生动物的作品，这些经历为他日后拍摄《北方的纳努克》及开创电影纪录片打下了基础。1913年，受雇于W.麦肯齐爵士，去加拿大哈得孙湾的贝尔彻群岛拍摄了许多关于因纽特人的影片，但这些影片胶片在带回多伦多后因火灾而烧毁。

1920年，弗拉哈迪从法国皮草贸易公司处获得资金，开始拍摄成名作《北方的纳努克》，影片以纳努克一家人为记录对象，展现了他们捕鱼、捕猎海象、建造冰屋等场景。该片1922年上映后取得成功，不仅奠定了他在世界电影史中的地位，而且由此被后世视为民族志电影、人类学纪录片的开创者。1923～1931年，相继拍摄了毛利族三部曲《摩拉湾》（1926，又译《摩阿拿》）、《南海白影》（1928）、《禁忌》（1931）。1931年，应英国纪录片导演J.格里尔逊邀请前往英国，拍摄了《工业化英国》（1932）。1934年，导演《亚兰岛人》，获第2届意大利威尼斯国际电影节最佳国际影片奖。1937年，与Z.柯尔达合作执导故事片《象童》（又译《伏象神童》），获第5届意大利威尼斯国际电影节最佳导演奖。1948年，导演《路易斯安那州的故事》，获第13届意大利威尼斯国际电影节最佳国际影片奖。1950年，导演《泰坦：米开朗琪罗的故事》，获第23届美国电影奥斯卡奖最佳纪录长片奖。

弗拉哈迪拍摄的主要作品还有《制

《象童》剧照

陶者》（1925）、《二十四美元岛》（1927）、《英国工匠的艺术》（1933）、《英国陶工》（1933）、《英格兰玻璃工人》（1933）、《土地》（1934）等。作为纪录片的先驱，弗拉哈迪的作品不是现实生活的精确记录，而是充满诗意的对现实生活的再创造，为世界纪录片的发展开辟了新的前景。

（刘乃康）

《弗里达》 *Frida Still Life* 墨西哥、加拿大、美国合拍故事片。又译《弗里达，静物》。美国手印电影公司、米拉麦克斯影业公司、狮门影业公司等1983年联合出品。根据H.赫雷拉为弗里达撰写的传记改编。编剧，J.J.布兰科、P.勒杜克；导演，勒杜克；摄影，A.葛代德；主演，O.梅迪娜、M.桑兹、J.J.格洛拉。

故事讲述了墨西哥少女弗里达性格活泼、叛逆勇敢，但一场车祸给她带来终生病痛。为帮她治疗，她的德裔父亲送她画板、画笔，让她打发时间。弗里达成为画家里维拉的学生，后与之结为夫妇。弗里达的画作充满激情、勇气、智慧和不可思议的想象力。在墨西哥动荡的革命时期，他们狂热地追随共产主义的脚步。然而弗里达不断遭遇丈夫的背叛。当里维拉和自己的妹妹走在一起后，弗里达选择了离婚。离婚后的弗里达身体每况愈下，最终于1954年离开了这个给她带来无尽痛苦的世界。

影片没有刻意建构叙事线索，而是以绘画的方式并通过服饰、行动和歌唱塑造了一个鲜活的弗里达形象，频频出现的镜像不断提醒观众，弗里达是画家、妻子、情人、政治运动家等一系列身份的混合体。影片专注于弗里达在“蓝房子”内倾心创作的日常状态，从少女时代的车祸到逝世前夕的截肢，身体破碎的女人始终在她的创作中占据关键位置。影片试图从身体与绘画的关系接近画家的人格特质，凸显她与痛苦和死亡的对抗过程。影片几乎没有对话，但背景歌声传达了丰富的时代信息。影片1984年获第6届古巴哈瓦那国际电影节最佳影片奖、最佳女演员奖，1985年获墨西哥阿列尔金奖、最佳导演奖、最佳女演员奖、最佳女配角奖、最佳摄影奖、最佳编剧奖、最佳剪辑奖、最佳场景设计奖。（魏 然）

《芙蓉镇》 *Hibiscus Town* 中国彩色故事片。上海电影制片厂1987年出品。改编自古华同名小说。编剧，阿城、谢晋；导演，谢晋；摄影，卢俊福；主演，刘晓庆、姜文、徐松子。

故事讲述了20世纪60年代初，湘西芙蓉镇上有个女子胡玉音开了一家米豆腐店，生意兴隆，引起国营饮食店经理李国香的嫉妒。在“四清”(清账目、清仓库、清财务、清分工）运动中，玉音被以李国香为首的工作组打成新富农，丈夫也被逼自杀。“文化大革命”开始，玉音开始了扫街生涯，她与“右派分子”、原是歌舞团编导的秦书田相爱，可是两人结婚的权利却被剥夺，秦书田被判刑入狱。冬去春来，秦书田重返故乡，米豆腐摊又热闹起来，而靠政治运动吃饭谋生的王秋赦成了疯子。

影片通过芙蓉镇上的女摊贩胡玉音、“右派分子”秦书田在“四清”到“文化大革命”一系列运动中的遭遇，讲述了多次政治运动中小人物的悲欢离合、升降沉浮，对中国20世纪50年代后期～70年代后期近20年的历史做了严肃的回顾和深刻的反思。影片通过人物命运的变迁来反映社会政治、经济、道德诸多方面巨大而深刻的变化，将道德批判与国家、社会的历史命运紧密联系在一起。编导者采用近乎编年史的手法，通过众多人物的升沉荣辱，表现了各式人物在历史面前的真实面目，同时发出了对人性的呼唤和对美好感情的讴歌。影片1987年获中国广播电影电视部优秀影片奖，第7届中国电影金鸡奖最佳影片奖、最佳编剧奖、最佳导演奖等10个奖项，第10届中国大众电影百花奖最佳故事片奖、最佳男演员奖、最佳女演员奖、最佳男配角奖及特别奖；1988年获第26届捷克斯洛伐克卡罗维发利国际电影节水晶地球仪大奖，第33届西班牙瓦亚多利德国际电影节评委会特别奖和观众奖；1989年获第5届法国蒙彼利埃国际电影节金熊猫奖。（弘　石）

服装设计　costume design　在影视创作中，服装设计师对人物的穿着和服饰进行总体的艺术构思，同时进行细微的单体形象设计，以准确地体现剧中人物的身份、年龄、职业、习惯、性格特点，显示特定的地域特色、民族风貌和时代感等过程。服装设计是人物造型设计的重要部分。影视作品中的人物形象塑造，首先需要通过服装设计保证演员对角色的基本扮演。服装设计是影视作品主题和人物的一部分，是一种媒介，可以传达穿衣者的人物属性，如阶层、个人爱好以及心理特征等。服装的变化也可用来暗示情节的发展。一件恰当的服装可以传递许多细节。整体而言，服装设计须注意群体服装的配搭、协调及与环境气氛的协调。剧中人物的服装配件、装饰纹样、色彩表样，乃至制作面料的选择，都在设计方案中有具体的规定。影视作品中季节的更替，时代的变迁都要求人物服装有相应变化。设计者还须考虑同时出现的若干人的服装差别，在群众场面中既要突出主要人物，又要表现全场色彩样式的层次与和谐。（黄洽贵）

《浮华世界》　*Becky Sharp*　美国彩色故事片。先锋影业公司1935年出品。改编自英国小说家W.M.萨克雷的同名讽刺小说。编剧，F.E.法拉格；导演，R.马莫里安；摄影，R.雷纳安；主演，M.霍普金斯、F.迪伊、C.哈德威克。

故事讲述了在滑铁卢战役之前的几年里，爱米丽亚和贝基同时从平克顿女子学院毕业，她们是彼此最好的朋友。富裕的爱米丽亚将无家可归的贝基带入她的家庭，而贝基则借此开始步入上流社会。贝基利用自己的美貌，赢得了军官罗迪的喜爱，二人结为夫妇。拜金的贝基很快成为上流社会的交际花。爱米丽亚的丈夫也为贝基着迷，这使爱米丽亚十分难过。之后，贝基和罗迪因误会而离婚，贝基开始贫困潦倒，沦为歌舞女郎。爱米丽亚不计前嫌将贝基接回家，贝基对生活也开始有了新的认识。

影片反映了英国的社会状况和阶级差异，塑造了鲜明的人物形象，引起了观众的共鸣。影片是世界电影史上第一部彩色电影，具有划时代的意义，色彩作为电影叙事、风格的重要元素第一次呈现于影像，由此开启了彩色影片制作的时代。影片1935年获第3届意大利威尼斯国际电影节最佳彩色电影奖，1936年获第8届美国电影奥斯卡奖最佳女演员奖。（张　冲）

福特，H.　Harrison Ford（1942-07-13～　）美国电影演员。生于伊利诺伊州芝加哥。1964年，进入好莱坞当地的演艺学校，因外形出众被星探选中，开始了演艺生涯。

1966年初登银幕，在《现金作战》中出演一个只有一句台词的小角色。1973年，与G.卢卡斯首次合作，参加了《美国风情画》的演出。1977年，在卢卡斯导演的《星球大战》中出演主角汉·索洛船长，演技受到好评。1980年，在《星球大战5：帝国反击战》中继续出演太空冒险家汉·索洛，进一步确立了在影坛上的地位。1981年，主演了S.斯皮尔伯格导演的《夺宝奇兵1：法柜奇兵》，获第9届美国电影土星奖最佳男演员奖。

1985年，主演了《目击者》，获第58届美国电影奥斯卡奖最佳男演员奖提名和第43届美国电影金球奖最佳男主角奖提名。1986年，主演了影片《蚊子海岸》，获第44届美国电影金球奖最佳男主角奖提名。1993年，出演了动作片《亡命天涯》，成为当年美国票房冠军，福特也创下了动作片男主角的年龄纪录，并被美国电影工会评为“世纪之星”。1997年，在《空军一号》中饰演美国总统，创下个人票房首映纪录，在美国蝉联了数周的票房冠军。2003年，出演了犯罪动作片《好莱坞重案组》；同年5月30日，福特留名好莱坞星光大道。2008年，主演了《夺宝奇兵4：水晶头骨王国》，65岁的福特坚持不用替身，冒险完成片中的特技镜头。2011年，出演了《牛仔与外星人》。2014年，出演了《敢死队3》。2015年，主演了《星球大战：原力觉醒》，获第42届美国电影土星奖最佳男演员奖。

《目击者》剧照

福特是一位谦虚且诚实的演员，既能演文戏又有能力演动作片，兼具演技派实力和票房魅力。出演过的影片还有《乌龙英雄》(1977)、《六壮士续集》(1978)、《现代启示录》(1979)、《银翼杀手》(1982)、《星球大战6：绝地大反击》(1983)、《爱国者游戏》(1992)、《情归巴黎》(1995)、《与魔鬼同行》(1997)、《六天七夜》(1998)、《驿动的心》(1999)、《防火墙》(2006)、《穿越国境》(2009)、《安德的游戏》(2013)、《时光尽头的恋人》(2015)、《银翼杀手2049》(2017)等。1996年，获第22届美国电影土星奖终身成就奖。1998年，福特被《人物》杂志评为“最性感”男士。2000年，获美国电影学会奖终身成就奖。2002年，获美国电影金球奖终身成就奖。2010年，圣巴巴拉国际电影节为表彰其在电影事业上的杰出成就，授予其第5届“柯克·道格拉斯奖”。2012年，获美国摄影师协会年度理事会奖。2013年，获第17届

好莱坞电影奖事业成就奖。（孙 萌）

福特，J. John Ford（1895-02-01～1973-08-31） 美国电影导演。原名塞恩·阿洛伊修斯·奥贾尼。生于缅因州开普伊丽莎白，卒于加利福尼亚州帕姆德瑟特。

1913年进入环球影片公司，起初当布景工和道具员，因擅长马术，偶尔做替身演员。1915年，为哥哥F.福特当助理导演。1917年成为独立导演。1924年，导演了《铁骑》，一举成名。

1935年，执导了《告密者》，获第8届美国电影奥斯卡奖最佳导演奖、最佳配乐奖等。1939年，导演了西部片经典之作《关山飞渡》。1940年，执导了《愤怒的葡萄》，获第13届美国电影奥斯卡奖最佳导演奖。1941年，执导了《青山翠谷》，获第14届美国电影奥斯卡奖最佳导演奖、最佳影片奖等。1942年，执导了纪录片《中途岛战役》，获第15届美国电影奥斯卡奖最佳纪录片奖。1943年，执导了短纪录片《十二月七日》，获第16届美国电影奥斯卡奖最佳纪录短片奖。1952年，执导了《蓬门今始为君开》，获第25届美国电影奥斯卡奖最佳导演奖、最佳彩色摄影奖。1956年，导演了《搜索者》，该片改变了西部片一贯歪曲、丑化印第安人的叙事模式，是美国西部片中非常重要的一部。

福特虽以拍摄西部片而闻名于世，但也善于处理主题严肃的社会题材片，如战争纪录片等。他的创作最能体现勇敢开拓的美国精神，曾被誉为美国最伟大的电影导演。同时，福特也是好莱坞最多产和获奥斯卡奖最多的电影导演，一生拍了100多部影片，6次获得奥斯卡奖。他导演的重要作品还有《威莉·温基》（1937）、《莫霍克族人的鼓声》（1939）、《青年林肯》（1939）、《漫长的归程》（1940）、《亲爱的克莱蒙丁》（1946）、《系着黄缎带的姑娘》（1949）等。（伍菡卿）

釜山国际电影节 Busan International Film Festival 亚洲重要的电影节之一。1996年创办于韩国港口城市釜山。1996年9月13～21日举办第1届。目的是促进韩国电影工业的发展，以及韩国与世界各国的友好往来。电影节定于每年10月第1周开始，为期10天。从第9届开始，主会场从釜山市南浦洞BIFF广场改到海云台。

电影节主要活动包括：①影片（故事片、纪录片、短片）、机构和个人等评奖。主要奖项有新浪潮奖、未来景象奖、最佳纪录片奖、亚洲最佳短片奖、国际影评人协会奖、亚洲电影振兴机构奖、KNN观众奖、亚洲年度电影人奖、韩国电影功劳奖等。②放映和展映活动。包括“世界电影”单元，放映来自世界各国的故事片、纪录片、短片；“亚洲电影之窗”单元，放映亚洲各国的故事片、纪录片、短片；“新潮流电影”专场，放映展示非传统的新潮流电影；“韩国全景电影”展映，只放映韩国出品的影片。③市场和宣传活动。设立釜山开发计划电影市场，为电影导演、独立制片人就电影投资、发行、放映提供探讨和合作平台；开展各种宣传活动，推销电影节的纪念品、纪念物、纪念章、画报、书刊等，组织电影导演、演员等与观众见面，增强电影节的社会影响力。

第22届釜山国际电影节釜山电影院中心

电影节还设立电影投资奖，鼓励电影投资和电影创新，授予最有创新性的影片，另有新导演奖及其他奖，分别授予最佳影片、最佳导演及其他优秀的艺术家等。电影节自创办以来，中国电影人曾多次参加并斩获大奖。2018年5月，入选国际电影制片人协会电影节委员会首批成员。（王宜文）

辅助光 supplementary lighting 电影摄影中用来弥补主光之不足，照亮主光所不能照亮的侧面，以显示物体阴影部分的质感，帮助主光完成形象塑造的光线。又称补助光或副光。辅助光多为柔和的散射光，为阴影部位提供适当照明，增加影像暗部的层次感。辅助光的亮度变化，可以改变电影画面的影调与反差，形成不同的气氛。在自然环境中摄影，如果阳光（直射光）是主光，由天空散射和地面、墙壁等反射来的光线即是辅助光。一般外景摄影，如以直射阳光为主光，则用反射板或人工照明作辅助光。内景摄影全部使用照明灯具，须合理地安排光位、角度和投射距离，选择和控制光照的强弱、光质的软硬、光斑的聚散，以有效地发挥主、副光的造型作用。辅助光的亮度，应该低于主光。在一个画面中，除了个别强烈的效果光和服饰上的亮斑以外，一般主光是较亮的部分，辅助光是较暗的部分，两者组成适宜的明暗阶调。主光和辅助光的亮度，应取一定的比例，习惯上叫作光比。根据拍摄对象的不同，主光与副光的光比也应有所不同。（田俊人）

《父子情》 *Father and Son* 中国彩色故事片。凤凰影业公司1981年出品。编剧，陈召、李碧华、张坚庭；导演，方育平；摄影，黄山、何慰本、钟庸、温贵、黎日强；主演，石磊、李羽田、郑裕柯、陈昕、龚意。

故事讲述了银行职员罗山木因学历不高，受尽社会冷落，故一心望子成龙。而他的儿子罗家兴年少无知，不能理解父亲苦心，不爱学习，经常惹祸，最终被学校开除。年复一年，父亲及全家人的劝说、关心不能感动家兴，他只想早点挣钱。家兴中学毕业后，为让他出国留学，父亲历尽千辛万苦，费尽心机，甚至不惜把女儿嫁给一个有钱的老头。家兴对此却极为反感，背着家人报考艺员。最终，家兴仍旧没有摆脱传统价值观念的束缚，原本不争气的他终于有所感悟，出国学习发奋攻读，最终了却了老人的心愿。但当他学习期满、返家前夕，父亲却因儿子留学归来高兴过度而猝死。

《父子情》是香港新浪潮电影中具有代表性的一部作品，亦是导演方育平的处女作。影片具有强烈的自传性色彩，在追求纪实性、尊重角色发挥的同时加强故事的戏剧性，将真实与幻象相结合，营造一个真实与虚构的世界。影片以具体的细节重现一个时代，烘托人物的感情，不仅展现了父子亲情，而且将一个家庭中两代人的伦理关系描述了出来。影片反映了当时的社会状况，展现了当时香港社会的人文状况和精神风貌。影片1982年获第1届香港电影金像奖最佳影片奖和最佳导演奖。（类成云）

副导演 assistant director 导演的主要助手。在导演的领导下，协助导演完成影视作品的艺术创作和拍摄工作。视工作的繁简，一个摄制组可有一个或几个副导演。从副导演所担任的工作看，副导演还分为现场副导演、演员副导演等。现场副导演主要协助导演进行分镜头剧本的编写，在作品的筹备阶段和摄制前的准备阶段，协助导演进行场景选择、与各个部门的协调；联系摄影、灯光、美术、道具、服装造型等部门的创作设计。在作品进入拍摄时，根据导演的意图与指示，检查拍摄现场的准备工作，协助导演指挥现场，直至完成全部作品的后期工作。有时，根据导演的安排，也分工直接指挥拍摄某些次要的场景镜头或在导演的指导思想下代替导演执行全部现场拍摄工作。演员副导演负责在拍摄前期协助导演，依照作品的角色要求和导演意图，进行演员选择。在拍摄期间，负责各演员的工作协调、拍摄前的排练等工作。（陈　青）

傅正义 Fu Zhengyi（1925-09-20～2019-11-15） 中国影视剪辑师。原名傅显幼。生于湖北黄冈，卒于北京。年幼丧父。曾随母亲到武汉、重庆等地谋生。1940年考入中国电影制片厂，师从剪辑师钱筱章、邬庭芳、司徒慧敏学习剪辑，从此走上了电影艺术之路。1946年，入上海昆仑影业公司，负责剪辑工作。之后，相继参与了《八千里路云和月》（1947）、《一江春水向东流》（1947）、《万家灯火》（1948）等影片的剪辑工作。1949年，独立完成了《三毛流浪记》和《丽人行》的剪辑工作。1950年，在《武训传》中担任剪辑师。

1953年，调入长春电影制片厂，负责剪辑工作。1956年，调入北京电影制片厂担任剪辑师。1959年，在《青春之歌》中担任剪辑师。1960年，在《杨门女将》中担任剪辑师。1962年，在《野猪林》中担任剪辑师。1963年，在《小兵张嘎》中担任剪辑师。1981年，在《伤逝》和《知音》中担任剪辑师，凭借在这两部影片中出色的剪辑，获第2届中国电影金鸡奖最佳剪辑奖，是国内获此殊荣的第一人。1987年，在电视剧《红楼梦》中担任剪辑师，获第7届全国优秀电视剧飞天奖优秀剪辑奖。剪辑的重要作品还有《关不住的春光》（1948）、《暴风骤雨》（1961）、《丹凤朝阳》（1980）、《神秘的大佛》（1981）等电影，以及《四世同堂》（1985）、《三国演义》（1994）、《狄仁杰断案传奇》（1996）等电视剧。

傅正义是中国影视剪辑理论的开创者，曾提出“剪出戏来”的创作理念，创立了剪辑创作必须坚持的标准（一是内部结构要符合逻辑，二是外部结构要达到流畅），总结出剪辑艺术创作基本功的三大因素（动作因素、造型因素、时空因素）。撰写了《电影电视剪辑学》《实用影视剪辑技巧》《影视剪辑编辑艺术》《剪辑人生——傅正义自传》等著作。曾担任《电影艺术词典》的编委兼电影剪辑分支主编。被影视界誉为神剪、神州第一剪、中国影视界第一把剪刀等，与中国剪辑师蓝为洁合称为南蓝北傅。1992年，获国务院授予的有突出贡献的专家称号。2011年，获第28届中国电影金鸡奖终身成就奖。曾任中国电影家协会第4、第5届理事，中国电影电视技术学会剪辑委员会主任，中国电影剪辑学会会长等职。（郑汉民）

G

伽马校正 gamma correction 对影像进行非线性色调编辑的一种方法。伽马校正通过编辑影像的伽马曲线，增大图像信号中深、浅两色的比例，提高影像的对比度效果。伽马校正的引入，源于现实条件下所有显示设备，如CRT显示器、摄影胶片、数码摄像机等对亮度信号的响应都是非线性的，并且人类视觉系统对于RGB三色信号的感觉大致成对数关系，而非线性关系。伽马校正正是为了克服这种非线性而引入的一种传输函数，在视频流、计算机图形学及其他成像系统中应用广泛。随着**影视技术**的发展，摄影机对伽马曲线的校正已经不单单是为了达到对光-电转换特性的非线性进行预纠正的目的，还可以根据不同的影视拍摄场景，利用高清摄像机精密先进的数字处理电路，选择相应的伽马曲线进行精确分段调整，实现对高质量影像的曝光、影调层次和清晰度的高标准要求。（高贺胜）

戛纳国际电影节 Cannes International Film Festival 法国国际电影节。世界最大、最重要的电影节。1939年，法国电影人为了对抗当时受意大利法西斯政权控制的意大利**威尼斯国际电影节**，决定创办法国自己的国际电影节。第二次世界大战爆发使筹备工作停顿下来。战争结束后，于1946年9月20日在法国南部旅游胜地戛纳举办了首届电影节。自创办以来，除1948年、1950年停办和1968年中途停断外，每年举行一次，为期两周左右。原来每年9月举行。从1951年起，为了在时间上争取早于威尼斯国际电影节，改在5月举行。20世纪80年代，一般每年都有几十个国家和地区参加，放映数百部影片。参加人数多达数万人。

电影节的主要目的是评价世界各地有艺术价值的优秀影片，鼓励各国之间的文化交流与合作，促进参展的影片更多地在电影院作商业性的发行放映。主要活动项目有：①分别举行各类影片的比赛和评奖。②举行展映或专题放映，如“评论周”“导演专场”“法国电影前景”等。③开

第75届戛纳国际电影节开幕式现场

设国际电影市场，展销影片。④举办回顾展。

奖项名目繁多，主要有金棕榈奖、评委会特别奖等，分别授予最佳影片、导演、男女演员、编剧、摄影、剪辑等。从50年代开始，《**小蝌蚪找妈妈**》(1960)、《杨贵妃》(1962)、《侠女》(1975)、《孩子王》(1987)、《菊豆》(1990)、《**霸王别姬**》(1993)、《**活着**》(1994)、《摇啊摇，摇到外婆桥》(1995)、《春光乍泄》(1997)、《荆轲刺秦王》(1999)、《**花样年华**》(2000)、《鬼子来了》(2000)、《一一》(2000)、《蔷薇的名字》(2001)、《你那边几点》(2001)、《车四十四》(2002)、《青红》(2005)、《江城夏日》(2006)、《蓝莓之夜》(2007)、《春风沉醉的夜晚》(2009)、《天注定》(2013)、《**刺客聂隐娘**》(2015)等多部中国影片获奖。（陈振兴）

盖博，C. Clark Gable（1901-02-01～1960-11-16） 美国电影演员。生于俄亥俄州加的斯，卒于加利福尼亚州好莱坞。出身石油钻井工家庭，早年丧母，少年饱

尝艰辛。14岁就离开了学校，打过各种短工。1918年，一次偶然的机会观看了话剧《青鸟》，决心要当一名演员。曾奔走于几家二流剧团，同时也做兼职的售货员。1924年起，开始在E.刘别谦的影片《禁天》、E.von斯特劳亨的影片《快乐寡妇》中充任临时演员。后经J.狄隆引荐，参加了百老汇《马哥纳》一剧的演出，该剧首演成功，盖博给剧评家留下了良好印象。

1931年与米高梅电影公司签约，开启了电影演员生涯，并在《五彩沙漠》中饰演一个恶棍角色，开始在银幕上崭露头角。1932年，凭借精彩的表演开始成为米高梅的头号男星。1934年主演了《一夜风流》，塑造了一个具有鲜明喜剧性格的报刊记者形象，获第7届美国电影奥斯卡奖最佳男主角奖。1935年在《叛舰喋血记》中扮演了一名海军军官。1936年主演了《丈夫的秘密》。1937年12月，以绝对票数当选“好莱坞电影皇帝”。1939年主演了《乱世佳人》(又译《飘》)，影片获奥斯卡奖10项大奖；虽然盖博没有获得最佳男主角奖，但其所具有的美国式的强悍魅力，为他赢得了更多人心。

《乱世佳人》剧照

在第二次世界大战中的珍珠港事件后，41岁的盖博歇影从戎，成为美国飞行员。战后再度从影，先后主演了10多部电影，但其表演却显得拘谨、凝重，大不如前，再也没有取得过当年的成就。1960年，在与M.**梦露**合作出演《野马与女人》时，因心脏病发作去世。其他重要作品有《自由的灵魂》《管住你的男人》《荒野的呼唤》《奇遇》《江湖客》《男子汉》《一个皇帝和四个皇后》《那不勒斯之恋》等。（胡思旅）

概念设计 conceptual design 根据影视作品的需求进行的一系列有目标的设计活动。影视概念设计不完全受制于现有条件，强调相对自由开放的构思创意。其主要的目的是为参与影视制作的各个部门提供带有示意的创意蓝图。一般大制作的影视作品都需要概念设计，如场景概念设计、角色概念设计、道具设计等。概念设计属于影视作品的前期设计。在影视作品开拍前，**概念设计师**会根据剧本中描述的场景和故事背景，以及导演对影视作品的构想绘制主要情节的概念设计图，确定作品的大致风格与基调。例如电影《一九四二》(2012)的概念设计图与电影最终呈现的画面基调、场景气氛完全一致。

概念设计一般属于二维设计，在拍摄之前会反复推敲、修改。在概念设计的整个过程中，设计师通常要和导演进行大量的沟通，花很多的时间对画面进行调整、改良，直到可以实现为止。甚至有时会花费几周的时间做一个镜头的设计。

影视概念设计的绘画方式有很多，以传统手绘手法为主。随着计算机制图（CG）技术的发展，许多影视剧组都开始使用CG作为概念设计图的主要绘制手段。在国外，概念设计师很多都是由从事传统绘画、CG和插画师转行而来的。例如，电影《指环王》（2010）中很多的前期概念设计图就是由插画师来完成的。（宋东葵）

概念设计师 conceptual designer 将影视作品中的故事、人物、场景等内容进行视觉化呈现的专业技术人员。影视概念设计是影视作品前期创作中至关重要的环节，也是影视作品创作的创意蓝图，并为影视作品的投资估算及中、后期制作提供重要参考依据。影视概念设计师将设计绘成图纸，确定作品的风格。在创作前期，会根据导演总的创意构想，把文字描写的、现实不存在的想象世界绘制成主要场景情节的概念设计图，并且为导演和美术指导提供想象的依据。概念设计师通常在科幻片、魔幻片等类型影视剧创作中发挥重要的作用。（宋东葵）

概念图 conceptual map 在影视作品拍摄前期，为了能给参与创作者最直观的感受，所绘制的展现未来影片的场景气氛和人物设定预想效果的图稿。概念图可以分为场景概念图和人物概念图。美术师将剧本的文字描述转变为活灵活现的场景设计图稿，即为场景概念图。例如，《星球大战》（1977）中基地战士用激光剑大战威猛的外星野兽，《变形金刚》（2007）中外星汽车人在地球城市中变形搏斗，《阿凡达》（2009）中地球人与虚拟的纳美人相遇相爱等场面，均在概念图中有所体现。而那些充满想象力的类人形象，如基地战士、汽车人、纳美人等的设计图稿即为人物概念图。在数字媒体时代，概念图在影视艺术创作中起到至关重要的作用。（宋东葵）

《干涸的夏天》 *Dry Summer* 土耳其故事片。希提特公司1963年出品。编剧，N.库马利、M.埃尔克桑；导演，M.埃尔克桑；摄影，A.乌古尔；主演，E.塔史、H.科卓伊吉特、U.多甘、A.阿尔蒂奥克。

故事讲述了奥斯曼和哈桑兄弟有着不同的性格和处世方式。奥斯曼凶悍、霸道、缺乏同情心，为了耕种更多的田地，拒绝向河道下游的农民供水；哈桑和妻子巴哈尔虽有异议，但也无可奈何。水源引发的冲突不断升级，在一次夜间对抗中，奥斯曼射杀了一位村民。为了保护家里财产，奥斯曼说服哈桑去为自己顶罪。哈桑服刑期间，奥斯曼觊觎巴哈尔的美貌，他隐瞒了哈桑的信件，当听到哈桑在监狱里被杀的传言后，开始向巴哈尔求爱。狱中的哈桑获得探亲的机会，回家后通过反抗甚至是报复战胜了奥斯曼，砸开水坝。

影片将村民对水的渴望和人物被压抑的性欲并置，展现了从社会到个人、从物质世界到心理欲求的多重冲突和矛盾。影片镜头语言丰富，开头段落用连续的长镜头表现奥斯曼骑驴穿过村庄的情形，暗示出男主人公强悍的性格。影片导演常用平移镜头、摇镜头连接空间，如从溪水平摇到远处干旱的田地，将分处不同空间的奥斯曼与村民联系在一起。导演也常用镜头的上下移动构建人物的空间关系，多次用仰拍镜头表现奥斯曼的无礼和强势。影片结尾，奥斯曼的尸体顺渠水而下，象征着历史和社会进步的洪流战胜了自私与强暴。影片1964年获第14届德国柏林国际电影节最佳影片金熊奖、第29届意大利威尼斯国际电影节双年奖。（秦喜清）

感光度 sensitivity 除光圈和快门速度外影响曝光值的变量。感光度通常以ISO表示，改变ISO的大小，就直接改变了曝光组合中光圈和快门速度的值。当感光度越高，其所需要的曝光时间也就越少，快门速度得以提升，画面呈现也会更加稳定。但是减少曝光时间的同时，高感光度会使得一部分影像细节丢失，损失了画面质量。随着感光度的提升，画面中噪点会越来越多，特别是在夜晚拍摄时噪点会越来越明显。为保证画面质量，需要不断调整参数进行测试，以低感光度为主，选择最为合适的感光度进行拍摄。

（张 桥 纪家麒）

《钢琴课》 *The Piano* 法国、澳大利亚、新西兰合拍彩色故事片。西比2000公司、简·查普曼制片公司等1993年出品。编导，J.坎皮恩；摄影，S.德雷伯；主演，H.亨特、H.凯特尔、S.尼尔、A.帕奎因。

故事讲述了维多利亚时代，一位有语言障碍、与钢琴为伴的苏格兰女子阿达被迫远嫁新西兰，丈夫斯图尔特将钢琴卖给邻居乔治，这令阿达十分痛苦。为了重新获得自己的钢琴，阿达答应了乔治的苛刻条件，并与他产生了畸形的恋情。影片以极端的戏剧化和诗意化风格，以沉默和音符，描写了古典时代含蓄而充沛、浪漫而残酷的爱情，探讨了原始与文明、男性和女性、爱情与性欲之间的关系。影片的钢琴配乐以极简主义理念，将简短的乐章以

《钢琴课》剧照

特定的节律进行反复、衍生、变化、轮回，既抓住了时代特征，又极具个性化标识，对刻画人物、营造气氛、表达主题起到了重要作用。壮观的自然景色赋予了影片浪漫的气质，突出了人物的命运和情感表达。女主角完全依靠眼神、表情和肢体动作完成了角色的塑造。

影片1993年获第46届法国戛纳国际电影节最佳影片奖、最佳女演员奖；1994年获第66届美国电影奥斯卡奖最佳女演员奖、最佳女配角奖、最佳原创剧本奖，第51届美国电影金球奖最佳女主角奖，第47届英国电影学院奖最佳女主角奖、最佳服装设计奖、最佳艺术指导奖，第19届法国电影凯撒奖最佳外语片奖。（赵小青）

《钢琴梦》 *Piano Dream* 中国彩色纪录片。中央新闻纪录电影制片厂2002年出品。导演，韩君倩；摄影，刘大良等。

故事讲述了北京各大艺术院校周边聚集着一个特殊群体，即陪读父母。他们远离家乡，放弃自己的事业和个人生活，陪伴学习艺术的孩子们。钢琴少年吕楠艺术天赋突出，12岁即考入中央音乐学院附中钢琴专业，成为父母的骄傲。母亲为了照顾年少的吕楠，租住在北京的小平房内陪读。艺术天赋需要时间与耐力的磨炼，而少年顽皮的本性又常常与成名、成家的梦想发生冲突。在音乐附中学习的三年，吕楠屡次违反校规。母亲为他的学习尽心尽力，常常陷入是否坚持的困惑中，以致到了需要做心脏手术的地步。但是母亲的付出并未打动孩子，吕楠依然在练琴和踢球、玩耍之间徘徊。母亲唯有盼望着孩子长大，甚至为此给他改名为吕昊城。几经波折之后，吕昊城获得去德国学习的机会，开始了自己的留学生涯。

影片以“真实电影”的拍摄手法，长期跟踪拍摄，客观记录吕楠母子的学习、生活等场景，同时还加入许多母亲、吕楠面对镜头讲述自己内心想法的片段，展现人物复杂的内心世界。影片在纪实跟拍的基础上，多采用中景与全景，将事件与人物状态完整呈现，亦是《钢琴梦》很重要

的因素，影片中的音乐《柴可夫斯基第一钢琴协奏曲》和《莫扎特钢琴奏鸣曲》反复出现，契合了影片所要表现的主题、情节发展及人物情感变化。影片2002年获第8届中国电影华表奖优秀纪录片奖，2003年获第23届中国电影金鸡奖最佳纪录片奖。（赵　远）

《钢铁战士》 *Iron Soldier* 中国故事片。东北电影制片厂1950年出品。改编自武兆堤、苏里、吴因的歌剧《钢骨铁筋》。编导，成荫；摄影，王春泉；主演，张平、杜德夫、孙羽、胡朋。

故事讲述了1946年夏，中国人民解放军某部排长张志坚率领战士阻击敌人，掩护主力转移，完成任务后，因弹尽粮绝被敌人抓捕。张排长威武不屈，抵住了严刑拷打和金钱、美女的诱惑。敌人又把张排长的母亲和儿子抓来，妄图用骨肉之情瓦解他的意志，但都没有得逞，最后敌人的一切伎俩都失败了。不久，解放军开始大反攻，张排长又回到了自己的队伍中。

影片热情歌颂了解放军战士忠于理想、忠于党和人民的革命英雄主义精神。影片情节曲折，格调高昂，富于激情，具有激励人、感染人的艺术魅力。影片1951年获第6届捷克斯洛伐克卡罗维发利国际电影节和平奖，1957年获文化部1949～1955年优秀影片一等奖。（黄加明）

港九电影戏剧事业自由总会 HK & Kowloon Cinema & Theatrical Enterprise Free General Association 中国电影团体。1953年2月，张善琨、王元龙、胡晋康、屠光启、李丽华等人在香港筹建香港自由影人协会，标志着香港影坛左右对立的局面公开化。该协会在申请注册时并未得到港英政府批准，张善琨等上述影人加入了1953年3月成立的港九电影从业人员自由工会，该自由工会又于1956年改组为港九电影从业人员自由总会，1957年再次改名为港九电影戏剧事业自由总会。

主要配合台湾的国民党政权，组织脱离左派、投奔右派的“自由影人”赴台“观光”，为“自由影人”拍片提供资金支持，促成香港影片公司赴台拍片。对输入台湾的香港影片进行政治审查，旨在最大程度打击甚至消灭香港左派电影势力。要求所有输入台湾的香港影片的出品机构及制作人员必须是自由总会的会员，以此作为认同台湾国民党政权的政治表态，否则影片将无法进入台湾乃至无法在其控制的海外电影院上映。凡曾经为左派电影工作过的影人必须写“悔过书”，以证明与共产党划清界限，经审定后，其电影作品才能获得放行。该组织积极拉拢左派影人，对抗中国共产党的统战政策，原来在左派公司工作的人员一旦改投其阵营，则被视为“投奔自由”的“义士”。20世纪80年代末期，随着台湾海峡两岸关系的缓和，自由总会的作用也随之减退。（张承宇）

高仓健 Takakura Ken（1931-02-16～2014-11-10） 日本电影演员。原名小田刚一，曾用名小田敏正。生于福冈县中间市，卒于东京。1954年东京明治大学商学部毕业。1956年初登银幕，主演东竹公司的任侠影片《闪电拳术》和《流星拳术》。

20世纪50年代末至70年代初是日本任侠影片的全盛时期，这类影片主要描写侠客、强盗、流浪汉式的人物，高仓健是此类影片的主要演员，出演的影片有《日本侠客传》(11集)、《网走界外地》(10集)、《昭和残侠传》(10集)、《红牡丹赌徒》(3集)等。70年代中期开始，出演作品从任侠影片转向现实题材影片，相继主演了《八甲田山》(1977)、《幸福的黄手绢》(1977)、《野性的证明》(1978)、《动乱》(1980)、《远山的呼唤》(1980)、《车站》(1981)、《南极的故事》(1983)、《夜叉》(1985)、《利休》(1989)、《铁道员》(1999)、《萤火虫》(2001)等。《幸福的黄手绢》《利休》《铁道员》等曾获《电影旬报》《每日新闻》和电影艺术协会评选的最佳男主角奖。《八甲田山》《远山的呼唤》《动乱》《车站》曾分别获当年电影艺术协会评选的最佳男主角奖。

高仓健的表演深沉、含蓄，擅长刻画心理活动，深受日本观众的喜爱。作为中国观众非常喜欢的日本演员之一，其主演的《追捕》(1976)曾在中国热映，片中所塑造的刚毅冷峻的杜丘形象深入人心。

《千里走单骑》剧照

2005年应中国导演张艺谋之邀，主演电影《千里走单骑》。2006年，已75岁高龄的高仓健荣获日本“文化功劳者”称号。2011年与田中裕子、佐藤浩市合作，出演其最后一部影片《致亲爱的你》。（洪　旗　撰　阿　文　修订）

高满堂 Gao Mantang（1955-12-20～　） 中国影视编剧。祖籍山东平度。生于辽宁大连。毕业于大连大学。1983年，进入大连电视台电视剧部，开始电视剧本创作。2008年，与孙建业合作编写剧本《闯关东》，获第24届中国电视金鹰奖最佳编剧奖、第27届中国电视剧飞天奖优秀编剧奖、第3届韩国首尔国际电视节最佳编剧奖。《闯关东》讲述了主人公朱开山带领全家闯关东的传奇故事，该剧结构严谨、情节紧凑，人物丰满立体，充分表现了中国人在磨难中不断进取的拼搏精神，是一部中国式的家族史与社会史。2010年，担任电视剧《北风那个吹》的编剧，获第16届北京影视春燕奖最佳编剧奖。2013年，担任电视剧《温州一家人》的编剧，获第29届中国电视剧飞天奖优秀编剧奖。该剧通过温州一户普通人家的创业历程，浓缩了改革开放30年间的社会变迁与时代变革，以传奇的温商经历讴歌了中华民族的生命力与奋斗精神，播出后收到了良好的社会效果。2015年，与李洲共同担任电视剧《老农民》的编剧，获第13届四川电视节金熊猫奖长篇电视剧类最佳编剧奖。

高满堂创作的电视剧本内容丰富、类型多样，包括有农村励志、都市情感、亲情伦理、历史传奇、创业史诗、革命战争、反特谍战等。同时，其电视剧内涵深刻，社会影响较大。他的电视剧作品还有《小楼风景》(1994)、《午夜有轨电车》(1996)、《抉择》(1998)、《咱那些日子》(1999)、《家有九凤》(2005)、《错爱》(2006)、《常回家看看》(2007)、《漂亮的事》(2008)、《满堂爹娘》(2009)、《真情错爱》(2010)、《钢铁年代》(2011)、《雪花那个飘》(2011)、《我的娜塔莎》(2012)、《红白喜事》(2013)、《大河儿女》(2014)、《于无声处》(2015)、《老中医》(2018)、《爱情的边疆》(2018)等。他编剧的电影作品主要有《大海风》(1993)、《潇洒一回》(1993)、《关东民谣》

（2003，与王霆钧合作）等。2011年，任中国广播电视协会电视剧编剧工作委员会会长。（张智华）

高蒙影片公司 Gaumont Pictures 法国电影机构。1895年由L.高蒙创办，是全球第一家电影公司，法国大型电影制片、发行和放映公司。总部设在巴黎。高蒙公司刚刚诞生时只生产放映仪器，1897年开始制作短片电影，以推广其制造的相机投影仪，1908年开始制作长片电影。与法国电影联合总公司、泛法公司和电视台等占领了法国主要电影市场和一部分欧洲电影市场。2001年，随着电影院线竞争日益激烈，高蒙公司与百代兄弟公司联合成立了高蒙百代电影院，整合两家公司共有的院线生意。2011年，高蒙公司95%的收入来自电影。2018年，在德国科隆成立工作室，专门负责电视节目的开发和制作。生产制作的影片有《幻想曲》《时空急转弯》《无法触碰》等，电视作品有《天空舞者》《汉尼拔》等。（徐 昭 姚世权）

《高山下的花环》 *Wreaths at the Foot of the Mountain* 中国彩色故事片。上海电影制片厂1984年出品。分为上、下集。改编自李存葆同名小说。编剧，**李准**、李存葆；导演，**谢晋**；摄影，卢俊福、沈杰、朱永德；剪辑，周鼎文；主演，吕晓禾、**唐国强**、何伟、王玉梅、盖克。

故事讲述了在1979年，某部九连连长梁三喜为迎接即将到任的新指导员赵蒙生而推迟了探亲。不久，中国与越南关系进一步恶化，部队即将开赴前线。赵蒙生与其在城市当干部的母亲频繁找关系，企图离队回京。梁三喜严肃批评其逃兵行为。九连开拔到达前线，战士“小北京”、靳开来及梁三喜相继壮烈牺牲。战后赵蒙生得知“小北京”是雷军长的儿子、靳开来因直言不能记功、梁三喜在外当兵家里欠债等一系列事实后，陷入了深深的自责中。

影片融入了对越自卫反击战中许多可歌可泣的事迹，并且人性化地塑造了梁三喜、赵蒙生、靳开来等一批不同阶层出身、个性鲜明、有血有肉的共和国战士形象，并以此取得了非同一般的艺术魅力。影片把部队生活、战争和个人经历交织起来，着力表现了在严酷的战争中人的矛盾冲突和成长过程，使影片具有强烈的感染力，增加了战争题材影片的深度和力度。影片上映后，引起了强烈的社会反响。影片1984年获文化部优秀影片奖；1985年获第5届中国电影金鸡奖最佳编剧奖、最佳男主角奖、最佳男配角奖和最佳剪辑奖，第8届中国大众电影百花奖最佳故事片奖、最佳男演员奖、最佳男配角奖和最佳女配角奖。（弘 石）

高维进 Gao Weijin（1920-03-31～2003）中国电影导演。生于河南邓县，卒于北京。1932年毕业于开封北仓女子中学。1935年参加一二·九学生爱国救亡运动。1936年参加中华民族解放先锋队。后参与新四军第四师六支队“拂晓剧团”的文艺宣传工作。1940年入延安鲁艺戏剧系学习。1943年起，先后在鲁艺实验剧团、华北文工团、华北联合大学文工团、**西北电影工学队**、**延安电影制片厂**等团体从事表演工作。1946年入延安电影制片厂任场记。1948年起，陆续在东北电影制片厂、**北京电影制片厂**、**上海电影制片厂**担任新闻纪录影片编导。

1949年编导了纪录片《七一在北平》，获文化部1949～1955年优秀短纪录片三等奖。1952年编导了纪录片《一九五二年国庆节》，获文化部1949～1955年优秀长纪录片二等奖。1953年进入**中央新闻纪录电影制片厂**，先后担任编导、副总编辑和党委书记等职务。1983年与吴均合作编导了文献纪录片《毛泽东》，获文化部优秀影片奖、1984年获第4届中国电影金鸡奖特别奖。

高维进参与编辑或编导的新闻纪录影片还有《解放天津》《淮海战役》《毛主席朱总司令莅平阅兵》《新中国的诞生》《新人村》《生活的凯歌》《延安生活散记》（与姜云川合作）、《卡尔·马克思》（与陈泽人合作）。曾任中国影协理事、名誉理事；1959年任第1届莫斯科国际电影节短片评奖委员会委员。晚年致力于学术研究，参与撰写《当代中国电影》《当代中国的新闻事业》等。著有《**中国新闻纪录电影史**》。（刘 斐）

《告别有情天》 *The Remains of the Day* 英国、美国合拍彩色故事片。哥伦比亚影业公司、莫尚艾弗力制片公司1993年联合出品。改编自日裔英籍作家石黑一雄的同名小说。编剧，L.P.贾布瓦拉；导演，J.艾沃里；摄影，T.皮尔斯-罗伯茨；主演，**A.霍普金斯**、E.汤普森。

故事讲述了一个管家的爱情和生活经历。史蒂文斯收到肯顿小姐的一封信后，踏上旅途，重拾对往昔生活的回忆。20世纪30年代，史蒂文斯是牛津郡达灵顿公馆的管家，他雇用了肯顿小姐。他们在这座公馆里共同生活了多年，肯顿小姐对史蒂文斯萌生爱意，但史蒂文斯碍于身份

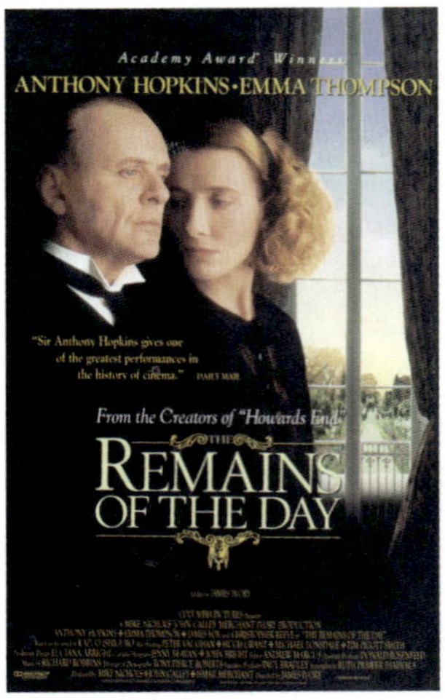

《告别有情天》海报

和工作，克制了自己的感情。当史蒂文斯意识到自己的感情时，一切都为时已晚，肯顿小姐已另嫁他人。

演员霍普金斯用细腻的表演，刻画了一位拘谨、胸怀抱负却又忍不住自我怀疑的男管家形象，男管家认同英国严格的等级制度，恪守管家职责，对男主人忠心耿耿。影片1994年获第38届意大利电影大卫奖最佳外国男演员奖。（范 倍）

戈达尔，J.-L. Jean-Luc Godard（1930-12-03～2022-09-13） 法国电影导演、影评家。原籍瑞士。生于巴黎，卒于瑞士罗尔。曾任《**电影手册**》和《**艺术**》杂志的电影评论员，后与**F.特吕弗**、**C.夏布洛尔**等人形成“《电影手册》派”。1954年开始拍短片，1960年完成第一部长片《**筋疲力尽**》，获第10届德国柏林国际电影节最佳导演奖。1965年，拍摄了《**狂人皮埃罗**》，获第30届意大利威尼斯国际电影节金狮奖提名。他的影片从内容到形式具有反传统的特点，震惊了西方影坛，并引起激烈的争论，被称为“新浪潮”可怕的孩子。有人认为他革新了电影美学，但也有人认为他的影片毫无章法，一片混乱。1960～1968年，拍了一系列重要作品，如《一个女人就是一个女人》（1961）、《随心所欲》（1962）、《卡宾枪手》（1963）、《蔑视》（1963）、《阿尔法城》（1965）、《男性，女性》（1966）、《美国制造》（1966）、《中国姑娘》（1967，获第32届意大利威尼斯国际电影节评委会特别奖）等。1968年巴黎大学生反对越战的“五月风暴”

后，戈达尔和学运领袖J.P.高兰组织了“维尔托夫电影小组”，拍摄了一批被称为“战斗电影”的作品，如《东风》(1969)、《真理》(1969)、《直到胜利》(1970)、《弗拉基米和罗莎》(1970)等，作品富有极左色彩，比较抽象、晦涩和形式主义。1973年离开巴黎，潜心研制电视片和录像片，作品有《二号》(1975)、《两个少年环法漫游》(1978)等。20世纪80年代重回法国拍摄电影，主要作品有《人人为己》(1980)、《芳名卡门》(1983，获第40届意大利威尼斯国际电影节金狮奖)、《向玛丽亚致敬》(1985)、《私人侦探》(1985)、《李尔王》(1987)、《新德意志零年》(1991)、《向萨拉热窝致敬》(1994)、《法国电影50年》(上、下集，1995)、《莫扎特永垂不朽》(1996)、《爱情颂歌》(2000)等，以及“电影史”系列电视片。1987年、1998年两度荣获法国电影艺术与技术学院授予的电影凯撒奖荣誉奖。2010年，美国电影艺术与科学学院授予其奥斯卡奖终身成就奖，但其拒绝领奖。2014年执导影片《再见语言》，获第67届法国戛纳国际电影节主竞赛单元评审团奖。2018年执导影片《影像之书》，获第71届法国戛纳国际电影节主竞赛单元特别金棕榈奖。（顾凌远　许　婧）

哥伦比亚电影 Colombian cinema　1898年，哥伦比亚的首都放映了从法国传来的第一批影片。1907年，哥伦比亚拍摄了第一批新闻时事片，如《登上马格达莱纳高处》和《圣克里斯托瓦尔一瞥》等。1914年，拍摄了一部半纪录性质的长片《信仰的凯歌》。1915年，F.迪·多梅尼科导演的哥伦比亚第一部长故事片《十月十五日的剧》问世。此后的7年中，电影没有获得明显的发展。1922年，M.卡尔沃和A.de迭斯特罗根据文学名著改编的《玛丽娅》在哥伦比亚产生了强烈的反响，拉丁美洲国家纷纷争购该片。紧接着，由V.迪·多梅尼科执导的《清风或紫色》又在波哥大引起轰动。这两部影片的成功有力地推动了哥伦比亚无声电影的发展。1922～1928年是哥伦比亚电影史上无声片的高峰时期，生产了15部长片，著名的有《在安蒂奥基亚的天空下》(1925，A.阿塞韦多导演)、《雄鹰之巢》(1925，M.罗夫莱多导演)等。

1937年，阿塞韦多兄弟拍摄了第一部有声纪录片。1939年，美国及其他欧洲国家的有声电影进入哥伦比亚市场后，哥伦比亚电影事业受到很大冲击，一些主要电影工作者移居国外。1941年，M.卡尔沃完成了第一部有声故事片《平原之花》。1944年，政府颁布了促进电影发展的决定，因外国影片的影响还很大，未能如愿。整个20世纪40年代，哥伦比亚的影片基本上是初具规模的杜格拉奈制片公司的产品，同时期的祖国影片公司也生产了少量影片。40～50年代，在哥伦比亚拍片的导演和摄影师大多是外国人。直到1960年前后，哥伦比亚电影工作者陆续回国，电影生产有所回升，但生产的绝大多数是商业片。

60年代以后，比较突出的反映社会问题的影片有：《石根》(1961，J.M.阿苏亚加导演)、《三个哥伦比亚的故事》(1964，H.卢萨多、A.梅希亚导演)、《艰难的大地》(1965，R.奥乔亚导演)和《在地下》(1967，G.加西亚·马克斯、S.加西亚、J.平托导演)等。从60年代末期起，哥伦比亚出现了政治电影，主要故事片有《复仇的阿基列奥》(1968，C.杜兰导演)、《沉默的人》(1971，J.C.杜兰导演)、《愚蠢的故乡》(1974，L.A.桑切斯导演)、《游击队的神父卡米略》(1974，F.诺登导演)、《落后时代里的孩子》(1974，R.阿尔瓦雷斯导演)。虽然有许多进步影片遭到审查机关的禁演，但是70年代后半期还是摄制了一些社会批判与揭露性的影片，如《马马加》(1977，J.G.杜兰导演)、《达那索》(1977，M.洛佩斯导演)等，尤其是讽刺所谓选举自由的影片《候选人》(1978，M.米特罗蒂导演)受到观众的热烈欢迎。

进入80年代，新成立的半官方机构“促进电影发展公司”对哥伦比亚电影实行资助，使故事片年产量达到5～7部，短片年产量达70部以上。1986年生产了7部长故事片，其中与古巴合拍的《美国签证》(L.D.纳兰霍导演)在卡塔赫纳国际电影节获最佳影片奖。90年代的重要作品有：V.加维里亚执导的电影《罗德里格D：没有未来》(1990)和《卖玫瑰的孩子》(1998)，S.卡比雷拉导演的《蜗牛的策略》(1993)。21世纪之后的重要作品有J.马斯顿导演的《万福玛里亚》(2004)、L.S.戈麦斯导演的《粉色箱子的故事》(2005)、C.格拉导演的《风的旅程》(2009)等。

（韩传铮　撰　秦喜清　修订）

歌剧片 operatic film　记录歌剧演出或根据歌剧改编拍摄的故事片。歌剧片可以是歌剧舞台演出的如实记录，也可以打破镜框式舞台“三面墙”的限制，大量采用外景和实景，改编原歌剧的结构但保留歌剧表演的程式特征和主要唱段。一般根据歌剧改编，主要依靠歌唱来刻画人物、展开情节和推动剧情发展，主要角色多由专业歌唱演员担任。在20世纪30年代的好莱坞曾风行一时，其后由于表现手段的局限性，较少拍摄，摄制的多为轻歌剧，并按电影表现要求进行了改编。

《洪湖赤卫队》海报

中国歌剧片主要有两种题材类型：一是表现革命斗争历史的，如《洪湖赤卫队》《江姐》；二是民间传奇、传说故事，如《刘三姐》《阿诗玛》等。（戴中孚）

《歌女红牡丹》 *Sing-song Girl Red Peony*　中国故事片。民众影片公司1931年出品。编剧，庄正平（洪深）；导演，**张石川**；摄影，**董克毅**；主演，**胡蝶**、王献斋、夏佩珍、**龚稼农**。

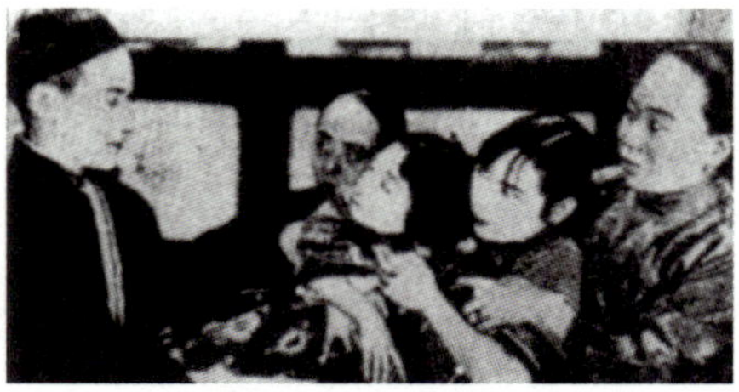
《歌女红牡丹》剧照

故事讲述了一个名叫红牡丹的歌女声名极盛，其月入虽丰，却仍不够丈夫挥霍，为此屡受刺激，以致嗓音失润，沦为三四等配角。丈夫一直对她百般虐待、盘剥，红牡丹只是忍气吞声、委曲求全。后来，丈夫因失手杀人入狱，红牡丹仍不咎既往，探望营救。影片通过红牡丹的形象，揭露了封建礼教对妇女心灵的摧残和毒害，抨击了红牡丹的丈夫——一个封建遗少的无耻寄生生活，具有一定现实意义。影片穿插了京剧《穆柯寨》《玉堂春》《四郎探母》《拿高登》四个节目的片段。作为中国第一部有声片，**明星影片公司**参与拍摄此片，费时6个月，先后进行了5次试验，方获成功。1931年3月15日起在上海公映，随后在全国各大城市引起轰动，也吸引了南洋侨胞，产生了一定的影响。（黄加明）

歌舞片 musical film　音乐和舞蹈占很大比重的故事片。多由歌唱演员担任主要角色，主要依靠歌唱刻画人物、展开情节。多以音乐家和舞蹈家的生活为题材，故事情节都比较简单，一般只起串联歌舞场面的作用，突出表现歌唱、舞蹈和音乐方面的艺术成就。歌舞片有歌、舞兼备的，也有只侧重歌唱或舞蹈的。西方歌舞片始于20世纪20年代。1929年，米高梅电影公司的《百老汇的旋律》被人们看作第一部真正的歌舞片。1933年，华纳兄弟影业公司拍摄了影片《四十二街》，歌舞片开始风靡一时。

《四十二街》剧照

30～40年代，歌舞片在美国好莱坞成为流行时尚，出现了一系列经典的歌舞片，如《绿野仙踪》。50～60年代，歌舞片达到辉煌，出现了《一个美国人在巴黎》《西区故事》等经典之作。70年代，歌舞片开始萎缩。随着科幻片、动作片、灾难片和恐怖片等新的类型出现，歌舞片在一定程度上渐行渐远。

印度的歌舞片在世界上影响力比较大，以歌舞升平、如梦似幻著称，如50年代风靡中国的《我的情史》，以及21世纪红遍全球的《印度往事》。印度歌舞片在新的印度电影人的带领下，摆脱以前的模式，推陈出新，呈现出新的现代特征。

《印度往事》剧照

中国没有严格意义上的歌舞片，虽然早期电影有过歌舞片的雏形，但是发展不够成熟，加之数量又少、不成规模，观众自然也没有形成对中国歌舞片的认识。中国的现代歌舞片比较有影响的是香港导演陈可辛拍摄的《如果·爱》。

（戴中孚　撰　孙承健　修订）

《革命家庭》 *Family of Revolutionaries*
中国彩色故事片。北京电影制片厂1961年出品。改编自女革命家陶承的自传小说《我的一家》。编剧，夏衍、水华；导演，水华；摄影，钱江；主演，于蓝、孙道临。

故事讲述了第一次国内革命战争时期，周莲在革命浪潮的冲击下，在身为共产党员的丈夫江梅清的影响下，逐渐明了革命道理。江梅清牺牲后，在党的关怀和教育下，周莲坚强地加入斗争行列。周莲的大儿子立群从苏联回来不久，即被敌人逮捕，随后，周莲自己也被捕。敌人要周莲供出上海地下党和苏区的关系，残酷地以立群的生命为交换条件，她忍受巨大悲痛，保住了革命的秘密。影片以第一次国内革命战争到第二次国内革命战争时期为背景，叙述一个共产党员组成的革命家庭对敌地下斗争并在此过程之中获得精神成长的故事。影片不仅具有鲜明的时代特色，而且在艺术表现上简洁、明快，带有较浓郁的民族色彩和抒情意味。

《革命家庭》剧照

影片用特殊的电影语言，强烈地渲染了北伐前后的时代气氛。影片毫不避讳地表现了严酷的革命斗争给普通家庭带来的悲痛和伤害，但又以革命母亲为故事轴心抒发和渲染了夫妻、母子之间的真挚亲情，在白色恐怖之中给人以人性温暖。演员于蓝将一位普通家庭妇女逐渐成长为坚强的共产党员的变化过程，刻画得自然细腻、层次清晰，表演火候把握得较好，给人以清新美好的艺术感受。影片1961年获第2届莫斯科国际电影节最佳女演员奖，1962年获第1届中国大众电影百花奖最佳编剧奖。

（张德明）

革命历史剧 revolutionary history TV drama
取材于新民主主义革命时期（中国共产党成立至中华人民共和国成立前后），以史为纲，以这一阶段内的历史事件与历史人物为表现对象的电视剧类型。在历史唯物主义的方法论指导下，革命历史剧主要反映中国共产党发展壮大及中国全党、全军、各族人民抗击外国侵略与封建政权、建立人民民主政权的革命史。革命历史剧的内容主要包括两类，一类主要表现历史事件，即选取某一段历史，以历史事件的发生、发展、转折作为建构情节的纽带，如《伟大的转折》《解放》等；另一类主要表现党史、军史中的领袖和军人干部形象，以主要人物的成长轨迹为线索来结构故事，如《历史转折中的邓小平》《共产党人刘少奇》等。

革命历史剧发轫于20世纪80年代，1981年播出的中国第一部电视连续剧《敌营十八年》表现了中共地下党员与侵略者斗智斗勇的故事。1987年7月4日，“重大革命历史题材影视创作领导小组”成立，革命历史剧迎来稳健发展，数量成倍增长，对革命历史人物、经典战役有更加细致的艺术刻画，如《会战雪峰山》《北平和谈》。21世纪以来，革命历史剧创作手法多样，艺术水平显著提高，成为荧屏上的重头戏，不仅有《长征》《延安颂》《井冈山》等采用宏大叙事、全景式展现革命历史的作品，而且也有《人间正道是沧桑》《我们的法兰西岁月》等糅合商业元素、表现世俗化和青春化英雄形象的作品。

中共十八大以来，在以人民为中心的创作导向引领下，以《觉醒年代》为代表的革命历史剧在思想深度、艺术表现与审美接受上都迈上了新台阶。如何处理好历史真实与艺术真实的关系，如何艺术化地表达革命话语，如何在确保思想性的同时更加注重艺术性、观赏性、时代性，如何更加注重与年轻观众的交流，这些对于革命历史剧的长远发展至关重要。

（王利丽）

格奥尔基乌，M. Mihnea Gheorghiu（1919-05-05～2011-12-11）罗马尼亚电影编剧、文学评论家。生于布加勒斯特，卒于布加勒斯特。1935年，在高中时期便在校刊上发表文章。1937年入布加勒斯特大学文学和哲学系，同时开始文学创作。1938年，在《新达契亚》发表了首部诗歌作品。格奥尔基乌编写的电影剧本有《自由港》（1961）、表现1821年民族英雄图多尔起义的《图多尔》（1962，观众1130万人次，曾获罗马尼亚马马亚电影节大奖）、《仙女星座》（1967）、《遗失的森林》（1972）、历史片《康特米尔》（1975）、惊险历史片《罗马尼亚三剑客》（1975）、《巨人希佩里昂》（1975）。1976年编写的剧本《金丝雀德纳塞》，对19～20世纪罗马尼亚社会阶层做了深入的分析。1980年，为纪念布雷比斯达领导的第一个中央集权和独立的达契亚国家成立2050周年，创作了《布雷比斯达》。曾担任布加勒斯特戏剧电影艺术学院教授、戏剧研究和电影评论系系主任，罗马尼亚国家电影艺术委员会主席、罗马

尼亚社会和政治科学院院长。（程一虹）

格里尔逊，J. John Grierson（1898-04-26～1972-02-19） 英国电影制片人、导演、理论家。生于苏格兰迪恩斯顿，卒于巴斯。1923年从格拉斯哥大学哲学系毕业后，曾在达勒姆大学讲学。1924年在美国洛克菲勒研究基金会钻研传播工具对舆论的影响，3年中发表了许多论文。1926年为纽约《太阳报》写影评，在论述R.弗拉哈迪的影片《摩拉湾》（又译《摩阿拿》）时，首先使用了“纪录片”这个名词，并且以社会学家而不是以美学家的眼光谈论了电影对公众的影响。1927年回英国，次年在帝国交易局电影部资助下，拍摄了第一部由他导演的、描写北海鲱鱼渔民生活的影片《漂网渔船》。1932年与弗拉哈迪合作摄制了《工业化英国》。1934年与E.安斯梯合作摄制了《格兰东号拖船》。

此后，格里尔逊把更多的精力放在提倡和组织纪录片运动上，并吸收有志于现实主义的艺术家参加进来。集合了B.瑞特、A.艾尔顿、S.雷格、P.罗沙、J.泰勒、A.安斯梯、H.瓦特、T.泰勒等人，同时邀请弗拉哈迪到英国工作。1930～1933年，在担任帝国商品推销局电影处处长时，指导并拍出大约100部纪录片。1934～1938年，得到更多的经费拍摄纪录片，技术和内容都有进步。在格里尔逊的监制下，拍出了《锡兰之歌》（1935）、《夜邮》（1936）、《房屋问题》（1936）、《丰富的粮食》（1937）、《我们生活在两个世界》（1937）、《北海》（1938）等优秀作品。

1939年，加拿大政府任命格里尔逊为电影管理专员，协助建立加拿大全国电影委员会。1941年为加拿大制作的纪录片《丘吉尔之岛》获第14届美国电影奥斯卡奖最佳纪录片奖。1945年，辞职去美国成立《世界今日》股份有限公司。1947年，被联合国教科文组织任命为群众宣传署署长。1947～1950年，负责领导英国新闻局电影处的工作。从1957年起，每周主持一次英国电视播映节目，选映世界各地的纪录影片。出版有著作《格里尔逊论纪录电影》。（刘宗锟　许　婧）

格里菲斯，D. David Griffith（1875-01-22～1948-07-23） 美国电影导演、演员。生于肯塔基州弗洛伊德斯福克，卒于加利福尼亚州好莱坞。1897年，开始在巡回剧团中担任配角。1907～1908年，在爱迪生公司和比沃格拉夫公司做演员和导演。1908年，导演了第一部影片《陶丽历险记》。自此至1913年9月离开比沃格拉夫公司为

止，共执导了400多部影片。在这些影片中，格里菲斯创造性地运用了许多电影技巧，如交叉剪辑、平行移动、摄影机运动、特写镜头、改变拍摄角度等，为电影成为一门艺术作出了卓越贡献。格里菲斯还最先把摄制组搬到美国西海岸，促成了好莱坞电影工业的形成。

1915年，导演世界电影历史上的经典之作《一个国家的诞生》，由于影片完全站在南方奴隶主的立场上，上映后遭到强烈抵制，但影片的导演手法和摄影技巧吸引了大批观众，并引起电影艺术家和评论家的重视，成为美国电影史上最卖座的影片之一。此后，格里菲斯加入三角电影公司，在1915～1916年为该公司监制了40部影片。1916年，执导了史诗性的影片《党同伐异》，通过平行剪辑的手法，交替表现了四组完全不同的故事。影片当时不是很受欢迎，但随着电影艺术的发展，日益受到电影史家和评论家的重视。然而，影片耗资巨大，使格里菲斯经济上陷入困境，三角电影公司亦于两年后倒闭。1919年1月，与D.范朋克、M.璧克馥、C.卓别林一道组建了联美公司，这家公司后来成为美国八大公司之一。同年，在联美公司拍摄影片《被摧残的花朵》。20世纪20年代后期，格里菲斯的影响逐渐减退。1931年，拍摄了最后一部影片《斗争》。1948年，格里菲斯几乎已被人遗忘，死在好莱坞一家旅馆中。

格里菲斯对电影剪辑、叙事节奏、情节结构和移动摄影等技巧的大胆运用，以及对电影艺术的发展，都产生了深刻的影响。他拍摄的重要影片还有《隆台尔的话务员》（1911）、《猪巷火枪手》（1912）、《贝丝利亚的朱迪丝》（1914）、《世界之心》（1918）、《直心的苏珊》（1919）、《走向东方》（1920）、《梦想街》（1921）、《暴风雨中的孤儿们》（1922）、《两性的斗争》（1929）等。1936年，获第8届美国电影奥斯卡奖终身成就奖。（陈　梅　撰　许　婧　修订）

格列布涅夫，A. Anatoli Grebnev（1923-11-12～2002-06-19） 苏联电影编剧。生于第比利斯，卒于莫斯科。毕业于卢那察尔斯基国立戏剧艺术学院。早期曾与别人合作创作舞台剧。20世纪60年代开始写电影剧本，重要的有《野狗金戈》（1962）、《七月雨》（1966）、《成功》（1984）等。根据他的剧本拍摄的影片获奖的有《卡尔·马克思的青年时代》（1980，电视片，获1982年列宁奖金）、《个人生活》（1982，获1983年全苏电影节大奖、1983年国家奖金和1983年第55届美国电影奥斯卡奖最佳外语片奖的提名）、《愿望的年代》（1983，获俄罗斯联邦共和国国家奖）。其剧作题材多样，注重人物的心理刻画，能提出引起人们思考的问题。曾获“俄罗斯联邦共和国功勋艺术家”称号。（戴光晰）

葛优 Ge You（1957-04-19～　） 中国影视演员。祖籍河北饶阳。生于北京。中学毕业后在昌平下乡劳动。1979年，进入中华全国总工会文工团。1989年，出演成名

作《顽主》，将现代青年杨重玩世不恭的生活态度和真诚热情的本质融为一体，演得潇洒自如；同年，在《代号美洲豹》中饰演一个有学问的劫机犯，演出了温文尔雅的外表下内心的歹毒。1991年，在《过年》中饰演自鸣得意、流里流气的大姐夫，获第15届中国大众电影百花奖最佳男配角奖。同年，在《烈火金钢》中饰演伪军军官刁世贵。1992年，在《大撒把》中饰演一个妻子出国留学的留守男士顾颜，获第13届中国电影金鸡奖最佳男主角奖。葛优饰演的刁世贵和顾颜两个角色，一个匪气十足，一个宽容豁达，都给观众留下了深刻印象。

1993年，在《霸王别姬》中饰演袁世卿。1994年，主演张艺谋执导的《活着》，获第47届法国戛纳国际电影节最佳男演员奖。1997年，出演冯小刚执导的《甲方乙方》，获第21届中国大众电影百花奖最佳男演员奖。2001年，再次与冯小刚合作，出演《大腕》，获第25届中国大众电影百花奖最佳男主角奖。2003年，出演《手机》，获第27届中国大众电影百花奖最佳男主角奖。2008年，在冯小刚执导的《非诚勿扰》中饰演男主角秦奋。2010年，在《赵氏孤儿》中饰演程婴，获第14届中国电影华表奖优秀男演员奖；同年，出演姜文执导的《让子弹飞》，获第31届香港电影金像奖最佳男主角奖提名和第48届台湾电影金马奖最佳男主角奖提名。2013年，主演贺岁喜剧电影《私人订制》。2019年，

主演中华人民共和国成立70周年献礼影片《我和我的祖国》。

《赵氏孤儿》剧照

《让子弹飞》剧照

葛优的表演松弛自然，摆脱了塑造的痕迹，有一种内在的幽默感。他出演的影片还有《私奔》(1988)、《大气层消失》(1990)、《离婚大战》(1992)、《秦颂》(1996)、《有话好好说》(1997)、《不见不散》(1998)、《没完没了》(1999)、《卡拉是条狗》(2003)、《天下无贼》(2004)、《窒息》(2005)、《夜宴》(2006)、《命运呼叫转移》(2007)、《一步之遥》(2014)、《罗曼蒂克消亡史》(2016)、《我和我的家乡》(2020)等。出演的电视剧有《围城》(1990)、《编辑部的故事》(1992)、《上海人在东京》(1996)、《寇老西儿》(1997)等。

（军　文　撰　李　清　修订）

跟镜头　track-up shot　影视摄影机跟踪运动着的被拍摄对象进行拍摄的摄影方法。又称跟摄、跟拍，简称跟。跟镜头始终跟随拍摄一个在行动中的表现对象，能够连续而详尽地表现其活动情形或在行动中的动作和表情，既能突出运动中的主体，又能交代动体的运动方向、速度、体态及其与环境的关系。跟镜头有利于展示人物在动态中的精神面貌，为演员的表演提供一气呵成的可能性，给观众造成连贯流畅的视觉效果。一般来说，跟镜头分跟摇、跟移、跟推等多种跟拍形式。

（边善基）

《工厂大门》　*Employees Leaving the Lumière Factory*　法国纪录片。1895年出品。导演，A.卢米埃尔、L.卢米埃尔；

《工厂大门》剧照

摄影，L.卢米埃尔。

影片记录了工人下班走出工厂的生动情景，展示出放工队伍的浩大场面，体现出工厂的宏大规模。影片中，卢米埃尔工厂大门徐徐打开，一群头戴插着羽毛的软边帽、身穿紧身上衣和曳地长裙、腰系围裙的女工首先走出，她们表情轻松，有说有笑。接着是一群或走路或手推自行车或骑自行车的男工走出工厂大门。在鱼贯而出的工人中，厂主们则乘坐一辆由两匹骏马拉着的马车驶出工厂。年轻的女士们一边躲避车辆，一边快步行走，表现出下班时光的欢乐情绪。大门口还跑来一只蹦蹦跳跳的大狗，在工厂大门前和人群中来回穿梭。大门的右边，还有一个小门，在大门打开后，小门打开，一部分工人从小门走出，大门和小门在构图上形成黄金分割。工人们走完后，工厂门卫走出来，关闭工厂大门。

影片中，工厂大门外工人们的服装、神态、走路的姿势，穿行在人群中的狗，以及拥挤闹哄哄的下班气氛，无不传达出浓郁的生活气息，呈现出一派自然、朴素、真实的日常景象。影片采用固定视点的单镜头、实景拍摄，体现了卢米埃尔纪录片的根本特质。影片只有46秒，是世界上最有名的电影之一。《工厂大门》与另外几部短片于1895年12月28日在巴黎卡普辛路14号咖啡馆的地下室公开售票放映，标志着世界电影的诞生。

（安　燕）

《工业化英国》　*Industrial Britain*　英国纪录片。帝国市场委员会电影部1932年出品。导演，R.弗拉哈迪、J.格里尔逊；摄影，R.弗拉哈迪。

影片记录了工业化之前的英国：风扇在转，织布机在摇，藤条在手中跳动，马车在负重前行。后蒸汽时代来了，工人从地下挖出煤炭，烟囱林立，机器轰鸣，吹制玻璃也从手工制作转向批量生产。钢铁生产加快了工业化的进程，交通运输更是日新月异：汽车行驶，火车呼啸，蒸汽船迎风斩浪，滑翔机翱翔云天。英国进入了工业化时代。

影片由英国纪录片导演格里尔逊和美国纪录片导演弗拉哈迪共同完成，是一部关于英国在20世纪30年代工业化发展状况的作品。影片以精彩的画面和诗歌般的解说，展现了工业化时代下普通工人形象及上层社会状况，是英国纪录片发展的重要里程碑，上映后大受欢迎。

（赵　远）

公共电视　public television network　以服务公众获取社会公共信息为目的的非营利性电视系统。公共电视大多制作和播送讨论公共政策、文化艺术和教育的节目，旨在提高国民文化教育水平和促进国民参与公共决策。公共电视是公共文化事业，是公众的公共财产，目的是实现公共价值。世界知名的公共电视机构有英国广播公司、美国公共广播公司、韩国广播公司电视台、日本广播协会等。

公共电视在各国的电视产业中占据主导地位。发展公共电视产业的目的是让电视产业在公共领域发挥作用，使公民可以参与决策和管理公共事务。公共电视一般对商业广告有严格限制，部分公共电视频道会在限定时间内播送一些不影响电视节目内容的商业广告。公共电视产业的资金来源主要依靠国家财政补贴和社会个人或团体捐助等形式，有些国家用法律规定了政府资助的限制以避免政府控制。

（黄钰萤　丁佶沁）

《公民凯恩》　*Citizen Kane*　美国故事片。雷电华影业股份有限公司1941年出品。编剧，H.J.曼凯维奇、O.威尔斯；导演，威尔斯；摄影，G.托兰；主演，威尔斯、J.科顿、D.康明戈尔、A.摩尔海德。

故事讲述了美国报业巨擘凯恩在住宅中孤寂地死去，留下了“玫瑰花蕾”的遗言。一位记者欲知究竟，先后采访了5位最接近凯恩的人。5个人分别讲述了凯恩一生的经历：纯真的童年生活；青年时期发迹办报，叱咤风云；继而涉足政治，因性丑闻而竞选失败；隐居豪宅，妻子不堪寂寞而出走，晚景越发凄凉。但5个人均不知“玫瑰花蕾”的含义。处理遗物时，

《公民凯恩》剧照

一副印有玫瑰花蕾商标的儿童雪橇被投入炉火。

影片摒弃了传统的线性叙事结构，大胆采用多视角的主观回述拼嵌主人公人生全貌，这种表述手法较常规的编导者客观描述更具真实感。影片大量运用景深镜头、长镜头等新颖技巧叙事表义，被视为**现代电影**的开山之作。影片1942年获第14届美国电影奥斯卡奖最佳原创剧本奖。

（仲　霞　撰　章柏青　修订）

《功夫》 *Kung Fu Hustle*　中国彩色故事片。哥伦比亚电影制作（亚洲）有限公司、华谊兄弟太合影视投资有限公司、中国电影集团公司北京电影制片厂2004年联合出品。编剧，**周星驰**、曾谨昌、霍昕、陈文强；导演，周星驰；摄影，潘恒生；剪辑，林安儿；动作设计，袁和平；主演，周星驰、黄圣依、元华、元秋、陈国坤、梁小龙。

《功夫》剧照

故事讲述了20世纪40年代的上海，帮派林立，政府无为。在猪笼城寨内，居住着生活贫困的市民们。小混混阿星整天无所事事，惹是生非。阿星假扮斧头帮成员，使得斧头帮琛哥与猪笼城寨发生冲突，卧虎藏龙的猪笼城寨打退了斧头帮，却也埋下了隐患。暴露了身手的苦力强、裁缝师傅和油炸小贩先后遭到斧头帮派的高手袭击，包租婆夫妇出手相救，猪笼城寨与斧头帮势不两立。阿星凭借小聪明加入了斧头帮，又从精神病院请出火云邪神与猪笼城寨对抗。最后关头阿星背叛了斧头帮，被火云邪神暴打，结果却意外被打通了任督二脉。阿星武力大增，打败了火云邪神，成为绝世高手。

影片继承了周星驰电影一贯的“无厘头”风格，充满了奇思妙想的喜剧元素和天马行空的想象。影片改变了正统功夫片中主人公历经千辛万苦，成为一代宗师或实现抱负的套路，而是通过小人物的意外经历和改邪归正，展现了人性的善良。影片电脑特技成熟，为观众呈现了一场视觉盛宴。影片2005年获第24届香港电影金像奖最佳影片奖、最佳男配角奖、最佳剪辑奖、最佳动作设计奖，第42届台湾电影金马奖最佳影片奖、最佳导演奖、最佳女配角奖、最佳视觉效果奖和最佳服装设计奖，2006年获第28届中国大众电影百花奖最佳新人奖和最佳女配角奖。

（张　燕）

功夫片　kung-fu film　以表现中国武术技艺为主要内容的影片。又称武打片、武术片。功夫片以奇妙的武术技艺给人们以艺术享受。20世纪20年代初期无声电影阶段，中国银幕上就开始出现根据神怪武侠小说改编的武术打斗影片，如18集影片《**火烧红莲寺**》。40年代末至50年代中期，中国香港电影工作者拍摄了具有浓厚中国特色、讲究实战技击功夫的《**黄飞鸿**》，功夫片开始成为一种影片类型。70年代初，**李小龙**主演的、以中华武术为主体、以真实武功为表现手段的《**精武门**》，对功夫片作出了突出贡献。李小龙成功地将中国的功夫片带入国际影坛，创造出香港影坛乃至中国电影的一次高峰，并促使香港功夫片由导演时代进入明星时代。70年代中期，**成龙**主演的《**蛇形刁手**》和《**醉拳**》，将拳脚功夫与喜剧结合，形成了一种新的谐趣功夫片。功夫片随着社会文化的发展自觉地转向喜剧化。80年代，由**李连杰**主演的、以武林胜地实景拍摄的《**少林寺**》及之后的《武林志》等影片，把功夫片推向一个新的高度。2001年，《**卧虎藏龙**》获美国电影奥斯卡奖4项大奖，功夫片受到中外观众的喜爱。功夫片是世界通过电影认识和了解中国传统文化的重要途径。

（戴中孚　撰　孙承健　修订）

《功夫熊猫》 *Kung Fu Panda*　美国系列动画片。共三部。

第一部　梦工场动画公司2008年出品。编剧，G.伯杰、J.阿贝尔；导演，M.奥斯本、J.斯蒂文森。

故事讲述了熊猫阿宝一心想学武，梦想行走江湖，浣熊师父设擂选龙斗士对抗恶势力雪豹太郎。阿宝借爆竹之力进入会场，机缘巧合下，居然成为龟仙大师选中的龙斗士。浣熊师父因材施教，用食物来引导阿宝，在短时间内将阿宝锻炼成了真正的高手。师父交给阿宝一本连一个字都没有的武功秘籍，让阿宝和5位高徒带着和平谷的居民逃亡，自己对付太郎。在逃亡的途中，阿宝父亲说出祖传秘方“味道好的秘诀是面的本身”，使阿宝突然领悟武功的最高境界是“自己”。阿宝决定回去帮助师父。最终，阿宝使出四两拨千斤的招数战胜了太郎，拯救了山谷。影片2009年获第81届美国电影奥斯卡奖最佳动画长片奖提名、第36届美国电影安妮奖最佳动画长片奖等。

第二部　梦工厂动画公司2011年出品。编剧，G.伯杰、J.阿贝尔；导演，吕寅荣。故事讲述了邪恶反派孔雀王子正打算用无人能挡的机密武器征服中国并且毁灭功夫，神龙大侠阿宝在与孔雀王子的战斗中因疑惑自己的身份而落败，为了搞清楚“我是谁？我从哪里来？”，贪吃好玩、笨拙可爱的阿宝不断被唤醒儿时回忆，孔雀王子的恶行被揭开。最终，阿宝静心凝气，用“空手接炮弹”的功夫打败了孔雀王子，拯救了凤凰城并成功复仇。影片2012年获第84届美国电影奥斯卡奖最佳动画长片奖提名、第39届美国电影安妮奖最佳动画电影导演奖等。

第三部　中国电影股份有限公司、梦工场动画公司、上海东方梦工厂文化传播有限公司2016年联合出品。编剧，G.伯杰、J.阿贝尔；导演，吕寅荣、A.卡罗尼。

故事讲述了神龙大侠阿宝失散已久的亲生父亲突然现身，重逢的父子二人一起来到了一片不为人知的熊猫乐土。在这里，阿宝遇到了很多滑稽的熊猫同类。500年前曾是乌龟大师结义兄弟的大反派天煞拥有能够吸走别人真气的功夫，从被放逐的灵界返回凡界，残害所有功夫高手，阿宝迎难而上、因材施教，把贪图享乐、笨手笨脚的熊猫村民训练成一班所向披靡的功夫熊猫，最终大家合力克敌制胜打败了天煞。

作为喜剧功夫类的商业类型片，影片充满乐观主义精神。影片叙事具有中国禅宗的意味，第一部的“无”、第二部的“静”、第三部的“气”，这些上乘武学境界的修为赋予了阿宝强大的除暴安良的力量。拥有武侠梦的阿宝父母被害、被人收养、学好功夫打败恶人复仇等，是司空见惯的中

《功夫熊猫》海报

国武侠叙事套路。小村庄、砖瓦房、四合院、吃食杂耍、黄包车、高墙深宫、朱甍碧瓦、雕梁画栋、亭台楼阁、张灯结彩、坚船利炮等，是对古老中国风物的想象。虽然武侠故事和“国宝”熊猫的人设、国风背景都很中国化，但影片表达的却是典型的“美国梦”，其核心价值观仍然沿袭了美国一贯的个人英雄主义，强调的是只要勇于追求自我，就能够靠后天努力激发潜力、取得成功。（杨晓林）

《攻壳机动队》 *Ghost In The Shell* 日本彩色动画片。讲谈社、万代公司1995年联合出品。改编自士郎正宗同名长篇科幻漫画原作第一卷。编剧，伊藤和典；导演，押井守。

故事讲述了在2029年的一个大都市中，复古色彩的广告牌和噪声充斥街区。人类的所有器官均可实现人造，即所谓“义体”，头脑则可以“电脑化”，国家与民族的界限日渐消失，人的思维和情绪等都可以被数据化。电波的噪声干扰太多，电缆成为传递信息的重要渠道。负责国家安全的部门公安9课，别名“攻壳机动队”，俗称9课。9课是网络反恐精锐部队，主要执行绝密的暗杀任务。作战经验丰富的实际领导者草薙素子来自军队，因此被叫作少校。少校孔武有力、行事沉着冷静，具备高效准确的判断力和统率力，因而受到9课部长荒卷器重。素子除大脑和一部分脊椎外，身体大部分已经被义体化。素子的搭档巴特与素子差不多，是一个几乎全身义体化的赛博人。户草则截然不同，几乎是“原装”人类。素子将户草介绍到9课的目的是保持组织的多样性和特殊性，以免大家都被义体化后高度统一，容易存在致命缺陷导致全军覆没。在一次执行任务过程中，素子发现了绰号为“傀儡师”的顶级黑客的踪迹。素子等人费尽周折，也没能抓住傀儡师。与政府合作的义体制造商“大型身体公司”投入女性义体生产，不料一个义体擅自逃走，直到遭遇交通事故被交到了9课。经调查，傀儡师是外务省、“大型身体公司”和公安6课于一年前密谋开展的机密计划“2501”的产物，这个AI旨在通过植入木马病毒以控制对象，来完成一系列外务省的特工工作。但在信息海洋中，“2501”计划的自我意识逐渐觉醒，他认为自己是一个不具备肉体的生命体，并强烈要求获得社会认同的政治身份。由于傀儡师已经不受管控，外务省决计将它回收。傀儡师希望体会“死亡”这个概念，认为自己的子孙后代就是数据，希望获得延续生命的能力。傀儡师很早以前就获知素子的存在，希望通过与她的融合来达到这些目的。素子回想起自己对于身体、回忆、本我、自我、超我等问题的困惑，答应了傀儡师的请求。素子在融合中脱离了自己的义体这个“壳”，傀儡师也随之灭亡。不久，傀儡师和素子的义体都被外务省和6课的部队破坏，头脑并未受伤的素子在巴特的保护下使用了一个少女形态的义体，消失在茫茫的信息海洋之中。

作为日本原创科幻动画电影代表作，影片在原作漫画基础上，形成了独立的世界观。影片提出了“电脑化”与“义体化”这两个理解未来末世世界的关键词，来展现人类在精神层面的困惑，即人的异化。影片具有宏大的世界观、强烈的悲剧色彩，体现了20世纪90年代日本动画电影的思辨倾向。影片描写了在末世情境下，男性与女性、肉体与非肉体、灵魂与信息之间的边界日渐模糊，表现了日本动画电影关于后人类主题的深邃思考，是赛博朋克动画电影的圭臬。影片富于视觉冲击的影像表达，体现了日本动画电影的先锋美学特征。影片制作基本以纯手绘为主，只有五六十个计算机制图（CG）镜头，但被认为是数字动画的标志性作品。影片1996年获第1届神户动画奖最佳作品奖。

（支菲娜）

宫崎骏 Miyazaki Hayao（1941-01-05～ ） 日本动画电影导演、制片人。生于东京。幼时在父亲任职的宇都宫市长大。1945年7月12日，亲历宇都宫大空袭，后来将此回忆画成了《天空之城》中的烈火焚城画面，废墟和战火也成为其多部作品中的重要场景。1950年举家迁回东京，自学素描，深喜P.塞尚。中学时期曾深受手冢治虫和杉浦茂的漫画影响，立志成为漫画家。1958年高考前夕，偶然看到东映动画股份有限公司出品的首部长篇动画电影《白蛇传》，被其中的女主角白娘子吸引，转志动画。1959年，考入日本学习院大学政治经济学部，其间热衷儿童文学和木偶剧创作。1963年，大学毕业后进入东映动画股份有限公司工作；同年，参与制作动画电影《汪汪忠臣藏》，开启动画生涯。1965年，参与制作大冢康生导演的《格列佛游记》，并应高畑勋之邀参与《太阳王子霍尔斯的大冒险》的编剧、人物性格设计等工作，才华初现。1971年，与高畑勋等联合执导动画电视片《鲁邦三世》。1972～1973年，和高畑勋联合执导动画短片《熊猫家族》《熊猫家族：大雨马戏团》，片中的熊猫形象成为后来《龙猫》中龙猫家族的形象原型。

1979年，完成动画电影处女作《鲁邦三世·卡里奥斯特罗城堡》。随后，在《动画时代》连载漫画《风之谷的娜乌西卡》(全7卷)。1984年，将《风之谷的娜乌西卡》改编成同名动画电影，一跃成为一线导演。1985年，与高畑勋联合创立吉卜力工作室。1986年，完成《天空之城》，以耸立着照叶树的空中浮岛“拉普特”为舞台，以王族后裔和冒险家之子保护拉普特这个“失落的乌托邦”为情节主线，批判机械文明和独裁体制，宣扬人类与自然共生，影射核战争。1988年，执导动画电影《龙猫》，以童趣手法展现了两姐妹与森林精灵龙猫之间的故事。虽然影片票房收入不理想，制作过程中也经历诸多艰难，但龙猫形象深入人心，公映时龙猫毛绒玩偶卖出66.69万个。1989年，以在东京工作的白领女性为原型创作了《魔女宅急便》，成为年度日本电影票房收入冠军。1992年，完成影片《红猪》，以第二次世界大战期间参加过反纳粹战斗的飞行员、作家桑·特格舍佩里和罗尔多·达尔为原型，创造了因在战争中目睹战友罹难而心灰意冷、甘愿猪面示人的中年飞行员形象，并设计了“飞机墓场”这一场景。1997年，执导《幽灵公主》，获第21届日本电影学院奖最佳影片奖等。2001年，完成《千与千寻》，成为日本电影史上的票房收入冠军，并获第52届德国柏林国际电影节金熊奖、第75届美国电影奥斯卡奖最佳长篇动画奖等，从艺术价值和商业价值两个维度为当代日本动画电影确立了国际地位。2004年，根据英国女性儿童文学作家D.W.琼斯的同名原作，改编导演了《哈尔的移动城堡》，获第61届意大利威尼斯国际电影节杰出技术贡献奖。2008年，完成《悬崖上的金鱼公主》。2013年，执导《起风了》，展现了零式战斗机设计者堀越二郎的半生历程。

宫崎骏的动画电影多贯穿“飞行”的主题，废墟也是不可或缺的场景，并且通常以照叶树林为故事发生的环境，建构独特的自然生态体系，表达人与自然共生的理念，融入了关于劳动本位、人类精神家园等终极命题的思索。在人物方面，作品往往以女性为第一主角，但并非仅仅呈现为女性视点。早期作品中的女主角多是“战斗的女性”，以《天空之城》为界限；后期作品中的女性回归普通少女，但仍然具有较高的独立自主性。宫崎骏的影片通俗易懂，市场反响优异。2005年，获第62届意大利威尼斯国际电影节终身成就奖。2014年，获第87届美国电影奥斯卡奖终身成就奖。（支菲娜）

龚稼农 Gong Jianong（1902-02-23～1993-10-27） 中国电影演员。原名龚稼龙。生于江苏南京，卒于台湾。曾就读南京钟英中学。学生时代热衷文体活动，是学校话剧团的中坚，演出过《终身大事》《道义之交》《好儿子》等五四运动名剧，后毕业于国立东南大学体育科。1922年供职于省立南京通俗教育馆。1925年考入上海大中华百合影片公司，在电影《透明的上海》中做场记。龚稼农气质文雅、外形俊朗，被正在筹拍新片、物色男主角的民新影片公司导演**卜万苍**看中，遂于1925年进入民新公司，有幸主演了自己第一部电影《玉洁冰清》，奠定了影坛小生的地位，并从此开始使用卜万苍为其改取的艺名“稼农”。

1926年随卜万苍加入**明星影片公司**，出演了影片《未婚妻》。在与初上银幕的**阮玲玉**主演了电影《挂名夫妻》（1927）、与**胡蝶**合演了影片《**火烧红莲寺**》（1928）后，龚稼农开始成为明星公司的台柱子，被誉为东方的考尔门。1925～1937年，主演了《**歌女红牡丹**》（1931）、《啼笑因缘》（1932）、《**狂流**》（1933）、《女性的呐喊》（1933）、《华山艳史》（1933）、《脂粉市场》（1933）、《女儿经》（1934）、《到西北去》（1934）等影片。他在明星公司主演了50多部默片，还主演了《自由之花》（1932）、《**春蚕**》（1933）、《热血忠魂》（1935）、《劫后桃花》（1935）、《小玲子》（1936）、《压岁钱》（1937）等有声片。1937年，龚稼农离开明星公司，与王献斋、王征信等组建影人剧团，在各地演剧宣传抗日。1938～1942年，先后在天声、国华等电影公司主演了《红粉飘零》（1938）、《三笑》（1940）、《花溅泪》（1941）等影片。1947年，应香港大中华影业公司邀请，与陈娟娟合演了电影《四美图》。1949年赴台湾发展，曾任农业教育影片公司编导委员和台中厂的厂务主任。1954年复出参演电影《罂粟花》，还有《吴凤》（1962）、《兰屿之歌》（1964）、《意难忘》（1965）、《塔里的女人》（1966）等影片。《缇萦》（1971）是龚稼农参演的最后一部影片，荣获台湾电影金马奖最佳影片奖、最佳编剧奖等5项大奖，为其演艺生涯画上了一个完美的句号。

龚稼农在将近50年的表演生涯中，拍摄了100多部电影，其演艺生涯经历了中国电影从默片到有声片、从黑白片到彩色片的各个历史阶段。他的表演不瘟不火，恰到好处，称得上是中国电影史早期真正的“实力派”男演员。1970年曾出版《龚稼农从影回忆录》。1993年获第30届台湾电影金马奖纪念奖。（许　婧）

巩俐 Gong Li（1965-12-31～　） 新加坡籍华裔电影演员。祖籍山东济南。生于辽宁沈阳。1987年，在《**红高粱**》中扮演九儿，一举成名。1989年，从中央戏剧学院表演系毕业后留校任教；同年，出演《代号美洲豹》，获第12届中国大众电影百花奖最佳女配角奖。1990年，在《菊豆》中饰演女主角菊豆。1991年，在《大红灯笼高高挂》中扮演性格刚烈、与另几位妻妾争宠导致发疯的四姨太太。1992年，主演《**秋菊打官司**》，获第13届中国电影金鸡奖最佳女主角奖和第49届意大利威尼斯国际电影节最佳女主角奖。1993年，在《**霸王别姬**》中饰演菊仙，获第59届美国纽约影评人协会奖最佳女配角奖。1994年，在《**活着**》中饰演家珍。2000年，出演《漂亮妈妈》，获第24届加拿大蒙特利尔国际电影节最佳女演员奖和第20届中国电影金鸡奖最佳女演员奖。2002年，主演《周渔的火车》，获第10届北京大学生电影节最受欢迎女演员奖。2006年，出演《满城尽带黄金甲》，获第26届香港电影金像奖最佳女主角奖。2014年，与**陈道明**合作出演《**归来**》，获第16届中国电影华表奖优秀女演员奖提名和第51届台湾电影金马奖最佳女主角奖提名。2020年，在《夺冠》中饰演郎平，获第27届香港电影评论学会大奖最佳女演员奖。

巩俐气质优雅，表演功力深厚，对角色有着出色的理解，取得了突出的艺术成就。出演的影片还有《一代妖后》（1989）、《古今大战秦俑情》（1990）、《唐伯虎点秋香》（1993）、《画魂》（1994）、《摇啊摇，摇到外婆桥》（1995）、《风月》（1996）、《荆轲刺秦王》（1999）、《爱神》（2004）、《2046》（2004）、《艺伎回忆录》（2005）、《迈阿密风云》（2006）、《少年汉尼拔》（2007）、《谍海风云》（2010）、《我知女人心》（2011）、《兰心大剧院》（2021）等。2000年，担任第50届德国柏林国际电影节评委会主席，获第24届加拿大蒙特利尔国际电影节艺术成就大奖。2002年，担任第59届意大利威尼斯国际电影节评委会主席。2003年，担任第16届日本东京国际电影节评委会主席。2004年，入选美国《首映》推选的影史百大伟大表演。2005年，被授予国家有突出贡献电影艺术家荣誉称号。2014年，担任第17届上海国际电影节评委会主席。2018年，担任第55届台湾电影金马奖评委会主席。2021年，担任第11届北京国际电影节评委会主席。

（庆　文　撰　李　清　修订）

《满城尽带黄金甲》剧照

《归来》剧照

《狗脸的岁月》 *My Life as a Dog* 瑞典彩色故事片。瑞典电影技术公司1985年出品。编导，L.霍尔斯道姆；摄影，J.佩

《狗脸的岁月》剧照

尔松；主演，A. 格兰泽柳斯、M. 金纳曼、A. 丽登。

故事发生在一个12岁的少年英格玛身上。英格玛自比一条被人遗弃的狗，在他很小的时候，父亲弃他们母子而去，母亲体弱多病长年卧床，哥哥还常常捉弄他，只有他最喜爱的小狗西卡陪伴着他。暑假期间，母亲不堪其扰，将他送到舅舅家寄养。在这里，英格玛的生活打开了一片新的天地，他结识了一群新朋友，有了对异性、对爱情的最初认识。然而，英格玛的离开并没有使妈妈的病好转。英格玛回家不久母亲病情加重，他再次被送到舅舅家。为此，英格玛一直自责是自己害了妈妈。

影片以一个12岁的小男孩的独白贯穿全片，聚焦于男孩成长的心路历程，对男孩心理和情感上的变化处理得细腻感人，尤其英格玛妈妈带给他的痛苦与快乐，十分真切动人。同时，影片在这种伤感的基调中又不乏幽默与风趣，片中有很多令人会心一笑的段落，以轻快温馨的笔触呈现出青少年成长中的酸甜苦辣。影片1987年获第53届美国纽约影评人协会最佳外语片奖、第21届瑞典电影学院金甲虫奖最佳影片奖、第40届丹麦电影波迪奖最佳欧洲影片奖，1988年获第45届美国电影金球奖最佳外语片奖。 （李晓欢）

《狗镇》 *Dogville* 丹麦彩色故事片。瑞典Filmmek公司等2003年出品。编导，拉斯·冯·提尔；摄影，A.D. 曼托；主演，N. 基德曼、H. 安德森、L. 白考尔。

《狗镇》剧照

故事讲述了20世纪30年代，有一个美丽的女郎葛瑞丝逃到美国落基山脉的一个小镇上。汤姆是小镇的道德代表，他说服村民同意收留葛瑞丝，但葛瑞丝要为大家劳动以作为回报。但不久，村里人发现了这个女孩的秘密，她是警察重金通缉的逃犯。警察一次又一次的出现引发了村民的不安和争论，他们开始露出狰狞的一面。有村民借警察搜捕强暴了葛瑞丝，从此葛瑞丝成了小镇人发泄和欺辱的对象，村民将她像狗一样拴了起来。在绝望和愤怒中，葛瑞丝向汤姆求救，汤姆将葛瑞丝躲在镇上的消息传了出去。很快一群黑帮分子闯进小镇。原来，葛瑞丝是黑帮头目的独生女，因不想继承父业而离家出逃。最终，葛瑞丝利用父亲的权力使村民付出了惨重的代价，镇上村民全部被杀害，只留下一条狗。

影片延续了导演善于探讨人性的主题，把狗镇作为一个人性的试验场，将人性的善与恶浓缩在狗镇，揭示了人性的复杂和诡异多变，批判了罪欲的贪婪和道德的伪善。影片是一部风格化的作品，融合了戏剧、音乐等多种表现形式。影片采用古典戏剧的结构，分成序曲和9个章节，而且每个章节都有清晰的主题。影片场景是在摄影棚内的舞台上搭设，布景精简到极致，表演上借鉴了舞台剧的形式，也可看作是一部脱离了现场表演的舞台剧。影片2013年获第16届欧洲电影奖最佳导演奖和最佳摄影奖，2014年获第48届意大利电影大卫奖最佳欧洲电影奖。

（张慧瑜）

“孤岛”电影 films of Shanghai in Isolated Island period 从1937年11月12日中国守军撤离上海至1941年12月8日太平洋战争爆发的4年零1个月时间内，作为“孤岛”的上海租界区电影。1937年淞沪会战后，中国军队撤离上海，日军占领上海。由于当时日本与英法美等国尚未开战，日军并未进入苏州河以南的公共租界和法租界。上海这块处于日军重重包围之内的租界区，形如“孤岛”，故将这段特殊时期创作的电影称为“孤岛”电影。

上海“孤岛”时期，位于公共租界内的新华影业公司二厂、艺华影业有限公司等几乎未受战火影响，因此迅速恢复了拍片，掀起了一股商业片创作浪潮。新华公司两部低成本电影《飞来福》(1937）和《乞丐千金》(1938)，市场反应良好。新华公司随后将因战事中断的电影《貂蝉》拍完上映，经过大量广告宣传，连映70天，获得了巨大票房成功，还输出到美国放映，全面开启了“孤岛”电影的复兴。新华公司会集了包括进步电影工作者在内一大批滞留“孤岛”的演员、导演和编剧，一年之内就拍摄了18部影片。面对电影市场的繁荣，明星公司因无力拍摄新片，将此前拍摄的《古塔奇闻》《四千金》《母亲的秘密》《火烧红莲寺》等重新公映，票房大卖。各电影公司纷纷效仿，拍摄了一批武侠片、神怪片、爱情片、色情片、恐怖片等，如艺华公司重拍《火烧红莲寺》《新盘丝洞》《化身姑娘》《香江歌女》等，新华公司拍摄《古屋行尸记》《冷月诗魂》《地狱探艳记》《四潘金莲》等。

1939年，华成影片公司出品的《木兰从军》连映85天，引发了“孤岛”轰动，将古装片拍摄推向了一个高潮。其中，既有《葛嫩娘》《明末遗恨》《孔夫子》《费贞娥刺虎》《洪宣娇》等以古喻今、暗含抗日爱国思想的古装电影，也有大量从民间故事、稗官野史改编的故事片如《乞丐千金》《白蛇传》《孟姜女》《燕子盗》《杨乃武》等。1940年，影片公司争相拍摄一些题材故事，出现了多宗“双胞案”，如艺华公司和国华公司的《三笑》，国华公司与新华公司的《碧玉簪》《孟丽君》等。同时，一些电影公司另辟蹊径，拍摄了宗教片《观世音》《济公活佛》《地藏王》，社会片《女子公寓》《乱世风光》《世界儿女》，喜剧片《王先生与吃饭难》《王先生和二房东》等王先生系列与《李阿毛与唐小姐》《李阿毛与东方朔》等李阿毛系列，动画电影《铁扇公主》，戏曲片《古中国之歌》《贤惠媳妇》等。

“孤岛”电影时期，20余家电影公司拍摄了250余部影片。影片题材广泛、类型多元，呈现出了一派商业电影热潮此消彼长的繁荣景象。“孤岛”电影时期，新建了沪光、金门、中华、光陆等十余家电影院，创立了《国光影讯》《电星》《电影》等40余种专门的电影报刊。随着电影市场的兴盛，租界建立了电影话剧专校，中法剧艺学校新增电影科，新华公司、金星公司开办演员培训班，培养电影人才。在战争环境和难民独特的受众心理的作用下，“孤岛”电影中不乏粗制滥造之作，出现了一批商业投机的电影公司，但其接续了中国20世纪20年代的商业电影流脉，在丰富电影类型、促进电影拍摄技术发展上具有重要意义。在租界复杂的权力关系中，在日本电影审查的制约下，“孤岛”电影人坚守了民族气节，抵制了电影《茶

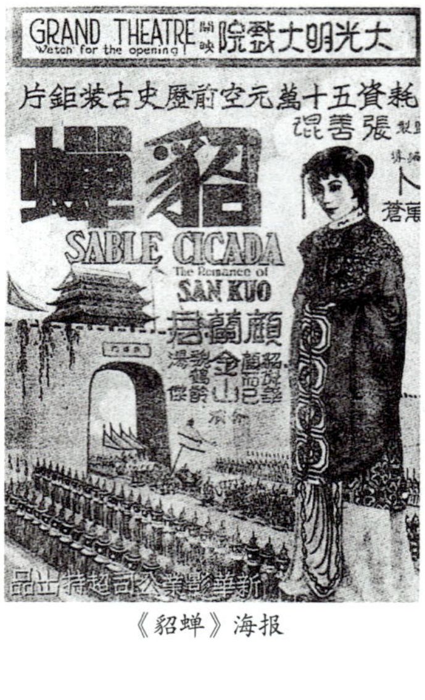

《貂蝉》海报

花女》东渡、中日合作等日本文化侵略策略，应得到中国电影史的认可及肯定。

（忆　帆）

《孤儿救祖记》 *An Orphan Rescues His Grandpa* 中国故事片。明星影片公司1923年出品。编剧，郑正秋；导演，张石川；摄影，张伟涛；主演，王汉伦、郑小秋、郑鹧鸪、王献斋、周文珠。

故事讲述了杨姓富翁在独子死后，立侄道培承嗣，道培为了独吞家产，诬陷怀有遗腹子的嫂嫂不贞，致使嫂嫂被驱出家门。嫂生一子，名余璞。10年后，余璞入校读书，经常与杨翁相遇，并不相识。杨翁喜爱余璞。一日，道培为谋取钱财，竟欲谋害杨翁，正危急时，前来玩耍的余璞救了杨翁性命，结果恶侄暴死，杨翁忏悔，翁、媳、孙三代团圆，举家欢乐。

影片是一部教孝、惩恶、劝学及提倡义务市民教育的家庭伦理作品，反映了创作者的改良主义思想和教化社会的艺术主张。影片通俗易懂、情节曲折、戏剧性强，富于民族风格。影片演员多系新人，表演较少文明戏的夸张，与当时粗制滥造的一批滑稽打闹和社会黑幕影片有明显不同。影片公映后，受到观众欢迎，并在商业上大获成功，挽救了在经济上处于危机之中的明星影片公司。同时，吸引了更多的人投资电影事业，使其他电影公司相继成立，带来了早期中国电影事业的一度繁荣。

（黄加明）

古巴电影 Cuban cinema 1897年，法国人G.韦雷将卢米埃尔兄弟的影片带往古巴放映；同年，韦雷在古巴拍摄了一部新闻片《扑灭火灾》，记录了1897年在哈瓦那举行的消防演习实况。20世纪初，古巴相继拍摄了一些新闻报道片、广告片和风光片。1910年，古巴导演E.迪亚斯·克萨达聘用职业演员拍摄了两部艺术短片《受蒙骗的犯人》和《胡安·何塞》。1913年，迪亚斯·克萨达拍摄了古巴第一部长故事片《曼努埃尔·加西亚》，叙述独立战争期间一位民族英雄的光辉事迹，受到观众欢迎。同一时期，其他导演也拍摄出一些影片。20世纪20年代，被称为"古巴电影之父"的R.佩翁拍摄了《现实》(1920)、《候鸟》(1921)、《泽诺威亚妈妈》(1921)、《一吻之毒》(1929)等故事片，影片内容虽然一般，但是促进了古巴民族电影的形成。

30年代，有声电影的出现使古巴电影发生了危机。古巴当时既缺少资金，又缺少创作人员和必要的技术与设备。1937年，导演E.卡帕洛斯拍摄了第一部有声长故事片《赤蛇》。30年代末，音乐片风行一时，这类影片里采用了民间音乐和舞蹈，如J.萨尔瓦多尔的《哈瓦那风光》(1939)和《古巴歌手》(1939)。1940年，卡帕洛斯拍摄了影片《我的五个儿子》和《来自美洲的未婚妻》。

40～50年代，由于美国电影的垄断组织极力扼杀古巴的民族电影，古巴电影事业的发展受到阻碍。为了摆脱困境，古巴电影工作者开始与墨西哥电影创作人员合作拍摄影片，合拍的影片有《街头天使》《不该出生的人们》《命运的打击》。1950年，古巴导演M.阿隆索根据C.比利亚韦尔德的小说拍摄了影片《塞西莉亚·巴尔德斯》，内容是反对种族歧视和批判虚伪的资产阶级道德。1953年，墨西哥导演E.费尔南德斯执导拍摄了一部叙述古巴政治活动家、诗人J.马蒂的生平事迹的影片《白玫瑰》。总体而言，从30年代末到古巴革命发生前这一很长的时间里，古巴生产的有声电影大多是闹剧片、歌舞片，以及为美国旅游者摄制的地方民俗片，还有对西班牙后裔及黑人进行粗鲁挖苦的滑稽片。

1959年古巴革命成功后，成立了政府电影艺术和电影业研究所（1977年后成为文化部管辖的一个局）。该研究所既是电影制片生产中心，管理影片发行、输出输入事宜，又是培养电影工作者的学校，还设有电影资料馆，并于1960年开始出版电影刊物《古巴电影》。这一时期，古巴涌现出T.古铁雷斯·阿莱亚、J.加西亚·埃斯皮诺萨、O.托列萨等年轻导演。古铁雷斯·阿莱亚拍摄了影片《土地改革》(1959)、《革命的故事》(1961)。加西亚·埃斯皮诺萨于1960年拍摄了他的第一部长故事片《古巴在跳舞》，在这之前，他拍摄了一些短纪录片，其中比较出色的有《无祖国毋宁死》《解放年》和《住房》。托列萨拍摄了反映萨巴达地区排干沼泽工程的影片《被遗忘的土地》(1961)。1961年9月，古巴开始生产分集短片《人民百科全书》，每集一个主题，如《视觉的缺陷》《纸板是怎样做成的》《西红柿》《排球的基本知识》《报纸是怎样产生的》《莱奥纳多·达·芬奇》等，这些影片在古巴社会主义改革中起了很大作用。1964年，古巴与苏联合拍了影片《我——古巴》（导演是苏联人M.卡拉托佐夫）。这一时期传记片占重要位置，如J.玛希普导演的《马蒂的青年时代》、E.皮内达·巴尔内特导演的《大卫》(1967)。现代题材的影片有古铁雷斯·阿莱亚导演的《打倒官僚主义者》(1966)和《欠发达的记忆》(1968)。年轻导演H.索洛斯拍摄的《露西亚》(1968)，通过一位女性在三个不同历史时期的经历讲述了古巴的民族历史。这期间，很多外国进步电影工作者到古巴工作，对古巴电影事业的发展给予很大帮助。

70～80年代，古巴生产了几部表现其他国家人民解放斗争的影片，如P.维加导演的《巴拿马》(1973)、J.玛希普导演的《安哥拉——希望的胜利》(1975)、R.罗贝斯导演的《民族的矛》(1977)、V.卡萨乌斯导演的《格拉纳达：小国家、伟大的革命》(1980)。这一期间，表现现代生活题材的作品有S.高梅斯导演的《以某种方式》(1974)、M.O.戈麦斯导演的《女人，男人，城市……》(1978)、P.维加导演的《特雷莎的肖像》(1979)。还出现了一批社会学影片，如O.罗哈斯导演的《一天接着一天》(1978)、L.F.贝尔纳斯导演的《卡伊达——传说的真事》(1981)、P.格拉纳多斯导演的，以反帝国主义为内容的寓言式影片《风向图》(1983)。1982年，索洛斯拍摄的《塞西莉亚》以女主角塞西莉亚的经历，讲述了19世纪初古巴反抗西班牙殖民统治的民族解放斗争。影片投资巨大，有宏阔的历史视野，画面构图和人性描写细腻入微。

80年代中后期，古巴电影导演开始关注美国社会的古巴移民问题，表现背井离乡的移民四处流浪并且适应新文化的艰难过程。1985年，耶稣·迪亚兹导演的《隔离》首次讲述古巴流亡者回到古巴探亲的故事。1986年，伊凡·阿科斯塔导演的《阿格米斯》讲述迈阿密的古巴裔美国人如何在双重文化背景下生活的故事。这部低成本电影准确地捕捉到年轻一代的古巴裔美国人的问题，即他们在融入美国生活和维护传统之间的矛盾和游移。从80年代末到90年代初，古巴电影经历了一个短暂的复兴，作品丰富，也引发争议。这一阶段的代表性作品有《次要角色》(1989，导演O.拉哈斯)、《阿兰布拉美术馆》(1989，导演恩里克·皮内达·巴尼特)、《玛丽亚·安东尼娅》(1990，导演S.吉拉尔)、《可爱的谎言》(1991，导演热拉尔多·齐奥纳)等。受世界范围的社会主义阵营解体、美国封锁等因素影响，这一复兴很快陷入低潮。

90年代以来，古巴电影越来越多地依赖合作制片，重要的作品有《草莓与巧克力》(1993，导演古铁雷斯·阿莱亚和J.C.塔维奥)、《出殡也疯狂》(1995，导演塔维奥)、《口哨人生》(1999，导演F.佩雷斯)、《奥丘之蜜》(2001，导演H.索洛斯)、《邻居古巴》(2005，导演索洛斯)、《遗产争夺战》(2008，导演J.C.塔维奥)、《老房子》(2010，导演L.哈姆雷特)、《无罪》(2018，导演A.吉尔)、《螳螂窝》(2019，导演A.S.迪亚兹)等。这些作品一方面继续着古巴的历史主题和民族文化身份的探索，另一方面也表现了古巴当代生活所面临的问题；既展现出艺术形式上的探索，也有商业性的类型元素的渗入。

（尹广文　撰　秦喜清　修订）

古柏，G.　Gary Cooper(1901-05-07～1961-05-13)　美国电影演员。原名弗兰克·詹姆斯·古柏。生于蒙大拿州海伦娜，卒于加利福尼亚州洛杉矶。1932年，主演根据E.海明威小说改编的电影《永别了，武器》。1936年，出演《富贵浮云》。1941年，出演《约克军曹》，获第14届美国电影奥斯卡奖最佳男主角奖。1943年，再次出演根据海明威小说改编的电影《丧钟为谁而鸣》，获第16届美国电影奥斯卡奖最佳男主角奖提名。1952年，主演西部片《正午》，获第25届美国电影奥斯卡奖最佳男主角奖和第10届美国电影金球奖最佳男主角奖。

古柏先后出演过90余部影片，以西部片成就最高，塑造的人物寡言少语、沉稳坚毅、待人和善，常为伸张正义而挺身而出，塑造了一系列个性鲜明的正派美国人形象。古柏出演的影片还有《摩洛哥》(1930)、《城市大街》(1931)、《马可·波罗东游记》(1938)、《草莽英雄》(1940)、《约翰·多伊》(1941)、《风尘双侠》(1946)、《龙虎干戈》(1954)、《四海一家》(1956)、《西部人》(1958)、《糊涂劫车案》(1959)、《怒海争雄》(1959)、《天网记》(1961)等。

《正午》剧照

20世纪30～50年代曾18次入选美国年度十大影星，被视为美国电影史上最具代表性的表演艺术家之一。1961年，获第33届美国电影奥斯卡奖终身成就奖。1963年，法国戛纳国际电影节为纪念古柏设立了古柏奖。

（谷时宇）

古装电视剧　costume TV drama　以某一真实的历史朝代或虚构的朝代为时空依托，以中国古代服饰装束和空间置景为主要造型参考，着重表现权谋、英雄、爱情等主题，具有独特审美风格和特定接受群体的**电视剧**类型。古装电视剧有虚构和非虚构之分，前者是在保留古装这一特定视觉符号的基础上，架空人物与故事背景，偏重于娱乐属性，如《仙剑奇侠传》等；后者则是在史实与史料的基础上建构故事，虚构成分较少，影像基调朴实自然，偏重于文化属性，如《努尔哈赤》《孔子》等。从表现内容上，古装电视剧又可分为宫廷题材、武侠题材、神话题材等。其中，宫廷题材着重书写王朝兴衰，常有以古喻今的意味，如《大明王朝1566》；武侠题材在江湖空间中表现侠士的曲折人生，传达惩恶扬善的价值取向，如《神雕侠侣》；神话题材在较大自由的时空中表现人神魔怪的爱恨情仇，具有奇幻色彩，如《花千骨》。

古装电视剧最早出现在20世纪70年代末，如《岳云新传》《鹊桥仙》。80年代以《努尔哈赤》为代表的史诗性历史正剧崭露头角。90年代出现了《雍正王朝》等艺术水平较高的经典作品；同时，以《戏说乾隆》《还珠格格》为代表的戏说古装剧以世俗视角演绎帝王故事，融入言情与轻喜剧元素，掀起收视热潮。进入21世纪，以《寻秦记》为代表的古装穿越剧一度流行，但模式化的创作也让观众审美疲劳。2006年以来，则出现了《甄嬛传》《琅琊榜》等热播之作。

古装电视剧以其精美的服装道具及时空设置给观众带来新鲜观感，具有较强的市场号召力，但同时也常出现历史真实与艺术真实之间失衡的现象，提升审美文化质感是其高质量发展的关键所在。

《甄嬛传》剧照

（王利丽）

《牯岭街少年杀人事件》　*A Brighter Summer Day*　中国彩色故事片。杨德昌电影公司1991年出品。改编自国民党败退台湾后的第一桩未成年人杀人案件。编剧，**杨德昌**、阎鸿亚、杨顺清、赖铭棠；导演，杨德昌；摄影，张惠恭、李龙禹；主演，杨静怡、张震、金燕玲、张国柱。

《牯岭街少年杀人事件》剧照

故事讲述了在20世纪60年代初的台北市，中学生崇信帮派，不同帮派之间互相打架斗殴，甚至大开杀戒。小四是“小公园帮”的成员，他的父亲受“反攻大陆”白色恐怖的影响被囚禁多日，给小四的成长历程抹上一层阴影。对世态的不安和无助心理使小四与周围的世界格格不入，一次，因女友小明的负心，他绝望地用匕首刺向了小明。

影片以一则少年情杀事件，展现了60年代台湾社会的状况，隐喻传达了台湾社会的时代悲剧。影片格局严密、结构庞杂，人物性格心理展示充分，具有史诗性风格。影片以自然写实的用光、低调的摄影、大量全黑的夜戏和冷静的固定长镜头，为时代气氛和人物情绪的营造提供了与主题极为呼应的影像风格。影片1991年获第28届台湾电影金马奖最佳影片奖和最佳原创剧本奖，第4届东京国际电影节评委会特别奖和影评人费比西奖，第36届亚太影展最佳影片奖，第13届南特三大洲电影节最佳导演奖。

（于丽娜）

《故事》　*Story*　电影剧作专著。美国导演、剧作家R.**麦基**著。周铁东译。中国电影出版社2001年8月初版，后多次再版。全书共分为4个部分：第一部分《作家和故事艺术》论述了故事的重要性及编写故事所面临的主要问题和解决的宏观途径；第二部分《故事诸要素》重点论述了剧作结构，诠释了结构与背景、类型、人物、意义之间的关系；第三部分《故事设计原理》从故事材质、事件、场景、布局等方面论述了故事的设计原理；第四部分《作家的工作》从解说、人物、文本、问题及解决办法等方面论述了剧作的具体方法。该书以100多部影片作为示例，向读者传授银幕剧作原理。同时，从基本概念入手，理论阐述与案例分析紧密结合地论述了标准三幕戏剧结构的特点，同时探讨了两幕、七幕甚至八幕影片的结构方式与方法，指出了每一种结构的优点与局限性，强调了思想内容和艺术形象塑造的重要性。 （赵卫防　张智华）

故事板设计　storyboard design　用来表达作者创作意图的视觉草图。最早的故事板设计始于华特迪士尼公司的卡通片。20世纪30年代，故事板主要是为了展现卡通节目里的人物的重要动作及剧情的关键点。现代影视美术中的故事板设计主要是指安排影视拍摄程序的记事板，即实际拍摄前由美术设计师和导演沟通后制作的、一种将连续画面分割成以单个镜头为单位标注拍摄方式和时间长度等内容的可视剧本。故事板中展示了各个镜头之间的连接方式，并给剧组各个部门说明了影片风格、拍摄方法、创作意图等。

20世纪90年代以前，影视剧组的故事板设计通常是手绘的，之后电脑绘画逐渐取代了过去的手绘故事板。许多大型影视剧组都会在拍摄之前用三维立体（3D）动画来模拟影片的拍摄，创作故事板。例如电影《侏罗纪公园》(1993）就是用电脑动画模拟的方式完成故事板设计之后再进行实际拍摄的。 （宋东葵）

故事片　feature film　综合文学、戏剧、音乐、绘画诸种艺术因素，通过具体视听形象反映生活，以塑造人物为主，具有故事情节的影片。大多由演员扮演角色，具有一定的故事情节，表达一定的主题思想。按题材、风格、样式等因素，故事片可分为警匪片、喜剧片、动作片、惊险片、科幻片、歌舞片、哲理片等。故事片可以从历史或现实生活中选取题材，也可以对其他艺术样式进行改编再创造。有些

《月球旅行记》剧照

故事片片种属某些国家或地区所特有，如美国的西部片。故事片就其主题、内容、艺术手段而言，因创作者的思想倾向、艺术素养的差别而显得丰富多彩。通常追求生动的人物形象、引人入胜的情节和首尾完整的结构，但电影史上也有一些非情节化、非性格化的故事片。世界第一部故事片为法国导演G.梅里爱的《月球旅行记》(1902)。中国第一部故事片是张石川导演的《难夫难妻》(1913)。

（姚国华　撰　孙承健　修订）

故事片音乐　feature film music　为故事片专门创作的音乐。故事片是以影像画面和声音艺术为手段，综合文学、戏剧、美术、音乐和舞蹈等因素，以表现和虚构情节为基础，通过演员的表演进行叙事的一种影视片类型。在故事片中，音乐具有体现影片的主题思想、刻画人物性格、烘托人物内心情感、增强戏剧矛盾冲突、渲染特定环境气氛等功能。早期故事片的音乐是从19世纪的标题音乐、歌剧的舞台配乐发展而来的，因而带有浓厚的戏剧音乐色彩。随着电影艺术的不断发展，故事片力求体现现实性和真实性，要求音乐在表达主题思想、抒发人物感情时适度而质朴，不夸张不过分，在创作上更加注意与画面的有机结合，以及与声音结构各部分（语言、音响和音乐）之间的协调。如《泰坦尼克号》中的主题曲《我心永恒》渲染了爱情的凄美色彩，推动叙事达到高潮；《烈火战车》中的配乐以激昂抒情的旋律，烘托了奔跑者奋斗拼搏的精神。

（赵　娴）

顾长卫　Gu Changwei（1957-12-12～　）中国电影摄影师、导演。祖籍江苏。生于西安。1976年，高中毕业后待业两年。1978年，与张艺谋、梁明等一起考入于北京电影学院摄影系。1982年，毕业后被分配到西安电影制片厂担任摄影助理。1984年，在滕文骥导演的《海滩》中担任摄影师。

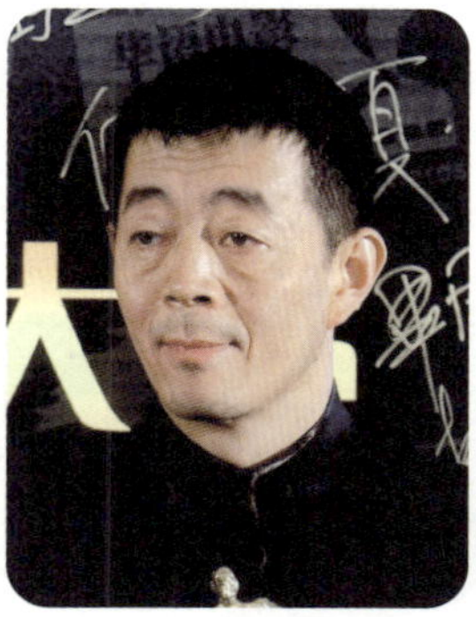

1987年，在陈凯歌执导的《孩子王》中担任摄影师，其静态摄影内涵丰富，风格清丽；同年，在张艺谋执导的《红高粱》中担任摄影师，其摄影洒脱张扬，通过创造性地运用摄影造型手段，拍出了大自然的生命感，展现了具有震撼力和意境深远的视觉形象。凭借《孩子王》和《红高粱》，顾长卫获第8届中国电影金鸡奖最佳摄影奖。1993年，在《霸王别姬》中担任摄影师，获第66届美国电影奥斯卡奖最佳摄影奖提名。1994年，在《阳光灿烂的日子》中担任摄影师，获第33届台湾电影金马奖最佳摄影奖。2005年，首度执导影片《孔雀》，获第25届中国电影金鸡奖最佳导演处女作奖提名、第55届德国柏林国际电影节银熊奖。2009年，导演影片《最爱》，获第20届上海影评人奖最佳导演奖、第19届北京大学生电影节最佳导演奖。

顾长卫担任摄影师的作品还有《大明星》(1985)、《神鞭》(1986)、《代号美洲豹》(1989)、《菊豆》(1990)、《边走边唱》(1991)、《狭路英豪》(1993)、《兰陵王》(1997)、《鬼子来了》(2000)、《纽约客的秋天》(2000）等。导演的作品还有《立春》(2008)、《龙头》(2012)、《微爱之渐入佳境》(2014)、《遇见你真好》(2018）等。顾长卫和张艺谋、陈凯歌等人长期合作，为中国电影走向世界作出了重要贡献。2012年，任中国民主促进会（民进）第十三届中央委员。曾任中国电影家协会理事、北京国际电影节评委、美国电影奥斯卡奖评委等。

（李　力）

《怪物史莱克》　*Shrek*　美国彩色动画片。梦工厂工作室2001年出品。改编自W.斯蒂格的同名童话绘本。编剧，T.埃里奥特、C.米勒；导演，A.亚当森、V.詹森；美术设计，D.罗木斯、G.阿瑞托斯。

故事讲述了一只长相丑陋、心地善良的绿色怪物史莱克，为了换回沼泽的地契，在领主奎德的威逼下决定将公主从恶龙的囚禁下救出来。史莱克和爱唠叨的同伴驴子一起同巨龙斗智斗勇后，终于救出了公主并护送她回去参加奎德的婚礼。然而爱上公主的史莱克阻止了婚礼，并让公主明白了奎德与其结婚的真正目的。当奎德目睹公主变成绿色怪物后，气愤地抓住了史莱克和公主。所幸史莱克的同伴们及时赶到，救出了公主和史莱克。公主和史

《怪物史莱克》剧照

莱克相爱，公主虽然永远变成了绿色怪物的样子，但他们却拥有最美好的幸福和真爱。

影片颠覆了传统童话的叙事模式、角色类型、爱情模式，以及传统艺术和生活的关系，以两个丑八怪最后生活在一起作为大团圆结局，让观众大感意外又觉寓意深刻。影片完全采用计算机技术制作，取得了不俗的观赏效果。影片2002年获第74届美国电影奥斯卡奖最佳动画长片奖、第28届美国电影人民选择奖最受欢迎电影奖、第55届英国电影学院奖最佳改编剧本奖等。（杨晓林）

《关山飞渡》 *Stagecoach* 美国故事片。联美公司1939年出品。改编自莫泊桑的短篇小说《羊脂球》。编剧，D. 尼科尔斯；导演，J. 福特；摄影，B. 格伦农；主演，J. 韦恩、G. 本克劳夫特、T. 米切尔。

《关山飞渡》剧照

故事讲述了在19世纪80年代美国西部某小镇，越狱犯灵果、妓女达拉丝、警官威尔柯克士、孕妇露茜等聚在一辆驿车上。灵果和达拉丝感情上开始互相接近。露茜早产。在庆祝婴儿平安降生的宴会上，达拉丝和灵果互诉身世，但达拉丝隐瞒了自己的妓女身份。灵果听从达拉丝的劝说正要逃走，警官给灵果戴上了手铐。印第安人开始进攻，驿车狂奔，达拉丝怀抱婴儿并保护着露茜的安全。印第安人追上了他们的车，灵果身手不凡，屡建奇功。最后，美国骑兵赶到，他们全部获救。驿车终于到达目的地，灵果报了家仇，与达拉丝远走他乡。

影片通过不同阶层人物之间的关系，探讨了危机中的人性。导演通过镜头语言、音乐及剪辑，营造了紧张和恐怖的气氛。作为一部经典的早期西部电影作品，其摄影风格成为以后西部片争相效仿的标准技法，节奏流畅、视点多变的剪辑则成为后来许多电影大师的启蒙教材。影片1939年获第12届美国电影奥斯卡奖最佳男配角奖、最佳音乐奖。

（赵小青 撰 章柏青 修订）

关文清 Moon Kwan（1894-08-24～1995-06-17） 中国电影导演。生于广东开平，卒于美国加利福尼亚州旧金山。1911年赴美国加州大学攻读英文。1915年到好莱坞当临时演员，学过摄影，并参与了D. 格里菲斯的《残花泪》的摄制。后考入加州电影学院学习编导，接受了系统的电影专业教育。1920年回国，在广州钻石影片公司培训演员，并教授化装。1921年来到香港。1923年，进入民新制造影画片有限公司担任顾问，指导影片拍摄。1925年参与了香港第一部长故事片《胭脂》的拍摄，并负责全片的化装。同年，回广州创办南越影片公司，出品了影片《添丁发财》。

1930年应邀担任联华影业公司香港分厂的编导，并作为主要教员协助黎北海开设了两期演员养成所，为香港培养了一批优秀的影剧演艺人才。1931年执导了联华港厂第一部影片《铁骨兰心》。1932年执导了香港第一部侦探片《夜半枪声》。1933年执导了融侦探、惊险、滑稽、侠义于一体的复合类型片《暗室明珠》；同年，和赵树燊在美国旧金山创办了大观有声影片公司，并出品了粤语片《歌侣情潮》。1934年回到香港。曾拍摄国民革命军北伐的纪录片。1935年编导了粤语片《生命线》，因具有较高的艺术水准和抗日爱国思想，在香港和广州上映时引起轰动，获广州市电影戏剧歌曲审查委员会颁发的奖状和奖金。随后拍摄了抗战三部曲《抵抗》《边防血泪》《公敌》。除了抗战爱国电影的拍摄外，关文清也尝试其他类型影片的拍摄，如提倡自由与美满婚姻的讽刺喜剧片《摩登新娘》（1935），针砭时弊的影片《人言可畏》（1936）等。这类影片上映后颇受欢迎，引领了香港拍摄粤语片的热潮。

1941年香港沦陷后，关文清不愿为日本人拍片，返乡任中学英语教师。1947年，去香港编导了《复员泪》。1969年执导其最后一部影片《查利捉猫记》。一生共执导50多部影片，其中20多部由他编剧。关文清是香港第一个拥有海外留学经历的电影专业人士，还是粤语片的早期倡导者和实践者之一。在影片中十分注重对新观念的表现，被称为“洋派”导演。晚年定居美国，并致力于对香港电影历史的研究和梳理。1976年出版了《中国银坛外史》。

扩展阅读

赵卫防.香港爱国文人关文清的电影生涯.电影艺术，2007（4）.

（孙 萌）

《关于我母亲的一切》 *All About My Mother* 西班牙彩色故事片。埃尔德塞奥电影公司1999年出品。编导，P. 阿尔莫多瓦；摄影，A. 比托；主演，S. 洛芙、M. 佩雷德斯、C. 佩尼亚、P. 克鲁兹。

《关于我母亲的一切》剧照

故事讲述了18年前，曼努埃拉怀着身孕，离开变为“人妖”的丈夫洛拉，来到马德里，独自抚养儿子埃斯特班。埃斯特班17岁生日那天，曼努埃拉带埃斯特班观看乌玛·罗霍主演的经典戏剧《欲望号街车》，散场后埃斯特班为了得到乌玛的签名，遭遇车祸身亡。由于答应儿子要告知其父亲真相，曼努埃拉决定前往巴塞罗那寻找洛拉。在巴塞罗那，曼努埃拉和乌玛结成朋友，完成了儿子的遗愿。曼努埃拉回到马德里后，通过故友格拉多，认识了修女罗萨，谁知罗萨竟然怀上了洛拉的孩子，而且感染了艾滋病毒。曼努埃拉留在罗萨身边悉心照顾，直至其难产死去。在罗萨的葬礼上，洛拉出现，但不久也离开人世。曼努埃拉决定自己抚养罗萨和洛拉的儿子，为他起名为埃斯特班。

影片聚焦女性心理，淋漓尽致地表现了女主人公的内心变化，细腻地表现了女性内心的情感和欲望。影片采用戏中戏结构，一方面曼努埃拉为儿子寻父的旅程和《欲望号街车》的演出相交织，另一方面曼努埃拉的遭遇和戏剧主人公的命运互为对照，戏中戏的演绎很好地传达了人物的宿命关系。影片在形式上延续了导演的一贯风格，即肥皂剧的情节和人物、浓烈的摄影色彩和后现代的拼贴剪辑。影片1999年获第52届法国戛纳国际电影节最佳导演奖，第12届欧洲电影奖最佳影片奖、最佳女演员奖；2000年获第72届美国奥斯卡奖最佳外语片奖，第57届美国电影金球奖最佳外语片奖，第53届英国电影学院奖最佳导演奖和最佳外语片奖，第25届法国电影凯撒奖最佳外国电影奖，第14届西班牙电影戈雅奖最佳影片奖、最佳女演员奖等6项大奖，第50届德国电影奖最佳外国电影，第44届意大利电影大卫奖最佳外国电影奖等。（甄晓文）

《光阴的故事》 *In Our Time* 中国彩色故事片。“中央电影事业股份有限公司”1982年出品。编导，陶德辰、杨德昌、柯一正、张毅；摄影，陈嘉谟；主演，张艾嘉、李立群、李国修、蓝圣文、石安妮、孙亚东、欧阳莎菲。

影片分为《小龙头》《指望》《跳蛙》和《报上名来》四段故事。其中，《小龙头》讲述了小男孩小毛最爱的东西就是恐龙玩具，他沉迷在自己的幻想世界中。可现实是他在家中受父母冷落、在学校受同学排挤。直到遇到了女孩小芬，小毛才有了交心的小伙伴，但这段友情并没有维持多久就因为小芬举家移民美国而告终。《指望》讲述了一段青涩的少女爱情故事。少女小芬与邻家小男孩小华一起学习、一起成长，生活简单。一个年轻英俊的大学生成了小芬家的租客，少女的心开始悸动。小芬默默地暗恋着这位隔壁的大哥哥，直到撞见了姐姐和这个大学生的亲热场面，这段青涩的暗恋以悲伤谢幕。《跳蛙》讲述了小胖怀揣着一腔热血想干出一番大事来，却在学校社团、爱情等各方面处处碰壁，最后在一次与外籍学生的游泳赛中重新找回了迷失的自己。《报上名来》讲述了一对新婚夫妻乔迁新居第一天遇到的各种麻烦，一连串的小误会折射出人与人之间缺乏起码的信任与沟通的困难。

影片四段故事分别对应了人生的童年、少年、青年和成年四个阶段，呈现了台湾20世纪60～80年代近20年的历史发展岁月，体现出人文写实品格及成长主题。影片在戏剧冲突之外，更加注重用光影画面和思想内涵来打动观众。影片的诞生，标志着台湾新电影运动的兴起。

（黄钟军）

光源色温 color temperature 表示光源光谱质量最通用的指标。简称色温。色温是按绝对黑体来定义的，绝对黑体的辐射和光源在可见区的辐射完全相同时，黑体的温度就称此光源的色温。一般用Tc表示，单位开尔文（K）；也可以用微倒度（麦德瑞值）表示，符号RMD。彩色摄影与光源色温关系很大，由于光源色温导致有日光型彩色片和灯光型彩色片之区分。日光型彩色片比灯光型彩色片的色温高，在拍摄时，若与现场光线不匹配，需要使用滤光片加以调节。

（张 桥）

广播电视产业 radio and television industry 围绕广播电视逐渐形成的产业。诞生于20世纪20年代末，主要利用无线电和电子技术装备进行信息传播，一般包括只播送声音的广播和声音与图像同时传播的电视等载体。广播电视产业涵盖广播电视设备的生产、销售、运用等领域，以及通过广播电视提供的信息内容生产、运营和传播等。由于世界各国和不同地区的社会制度、历史条件、政治体制、技术水平等方面存在着差异，广播和电视自其诞生之日起就形成了形态各异的管理体制和经营方式。广播电视产业主要涉及以下技术：演播室技术、交互信息处理技术、信息保护技术、无线地面数字广播技术、专业音视频处理技术、光电发射和接收技术；电台和电视台自动化技术、网络运营综合技术、交互式网络电视（IPTV）技术、高端个人媒体信息服务技术等。

（黄钰萤 丁倩沁）

广岛国际动画节 International Animation Festival Hiroshima 日本动画节。世界四大动画节之一。1985年创办于日本广岛。由木下莲三、手冢治虫、川本喜八郎等人发起。每两年举办一届。广岛国际动画节不仅有竞赛，还有研讨会与各项展览，是日本最具代表性的动画节。动画节设有大奖赛、广岛奖和其他奖项，参赛作品包含商业作品和独立制片人的影片，参赛者涵盖了世界各地的动画制作者、动画大师及学生，是一个综合性的国际动画电影节。广岛国际动画节的东方动画作品较多，偏重亚洲文化，曾设立韩国或东南亚的动画专题。展映对象以短篇动画为主，作品要求是任何停格拍摄或是电脑制作的影像类型，但是必须是评奖时间两年内完成的作品。动画节选片量是世界四大动画节之中最少的，因此竞赛单元和展映单元成为重头戏。每届动画节中参加放映的作品导演都需要在第二天参加一场发布会，与记者和观众见面，针对自己的作品接受提问，而每日采访和发布会的内容都将会印到动画节的通讯杂志上，每日一期。广岛动画节几乎将所有的活动都安排在一个建筑空间里开展，因为环境相对封闭，反而促进了动画导演、创作者之间的沟通和交流，同时也满足了更多人来参加动画节的需求。

（赵 宁）

《广岛之恋》 *Hiroshima Mon Amour* 法国、日本合拍故事片。法国阿尔高斯·科莫影片公司、日本大映映画株式会社1959年联合出品。编剧，M.杜拉斯；导演，A.雷乃；摄影，S.维埃尔尼；主演，E.丽娃、冈田英次。

故事发生在日本广岛的一昼夜之间。女主人公是法国演员，来日本拍摄一部关

《广岛之恋》剧照

于和平题材的影片。男主人公是日本建筑师。两人在前一天刚认识，而且都已有了自己幸福的家庭，但还是很快地相爱了。在男主人公的家里，女演员讲述了自己的第一次恋爱。那是在第二次世界大战期间，在她的家乡纳维尔，她爱上了一位德国士兵。但是，士兵在纳维尔解放的那一天被打死。她则因为与德国人恋爱受到羞辱。日本广岛遭到原子弹轰炸的那天，她去了巴黎。男主人公恳求她留下来，但她难忘巴黎的家。最后，两人互相道别。

影片以隐喻式的时空结构代替传统的线性叙事结构，通过大量的闪回和画外音，打破时空界限，把过去与现在、经验与对经验的描述交织在一起，借助对记忆与遗忘、经验与时间等问题的探讨来表现战争给人们带来的梦魇。影片将广岛街头与纳维尔街头的移动拍摄镜头组接在一起，比照出了战争的残酷。1959年获第12届法国戛纳国际电影节国际影评家协会大奖，1960年获第26届美国纽约影评人协会奖最佳外语片奖，1961年获第14届英国电影学院奖联合国奖。

（章柏青 唐建军）

《归来》 *Coming Home* 中国彩色故事片。乐视影业（北京）有限公司、万达影视传媒有限公司等2014年出品。根据小说《陆犯焉识》改编。编剧，邹静之；导演，张艺谋；摄影，赵小丁；主演，陈道明、巩俐、张慧雯。

故事讲述了劳改犯陆焉识获释，回到家中，一切都已经物是人非。陆焉识的女儿丹丹从小喜欢舞蹈，但受父亲牵连而成了一名工厂女工，丹丹对这位给她带来命运逆转和创伤记忆的父亲是排斥的。陆焉识深爱的妻子冯婉喻，因患病已然不再认识眼前的他。陆焉识试图唤醒妻子的记忆，但都无济于事。深厚的感情、生活的变故，迫使陆焉识做出了对他来说最荒诞却又最合理的人生选择。

影片风格朴素，思想较为深刻，表现了时代给知识分子家庭带来的创伤。影片

《归来》剧照

中，父母与子女之间的紧张对峙，隐喻着历史与个人之间的分裂。影片2015年获第30届中国电影金鸡奖最佳录音奖、第34届香港电影金像奖最佳两岸华语电影奖、第51届台湾电影金马奖最佳原创电影音乐奖，2016年获第16届中国电影华表奖优秀音乐奖等。（储双月）

《归心似箭》 *Anxious to Return* 中国彩色故事片。八一电影制片厂1979年出品。编剧，李克异；导演，**李俊**；摄影，杨光远、陈振中；主演，赵尔康、**斯琴高娃**、马志刚。

《归心似箭》剧照

故事讲述了在1939年冬，东北抗联连长魏德胜在战斗中负伤掉队，又遭叛徒出卖而落入敌手，受尽折磨，最终逃出虎口。途中因饥饿与伤痛晕倒在一条小溪边，被年轻寡妇齐玉贞救回家中，精心照料。他与玉贞建立了真挚的感情，但魏德胜归队心切，耐心说服玉贞父女俩，毅然出发奔赴抗战前线，寻找部队去了。

影片以凝练、深沉、细腻的笔触，通过魏德胜、齐玉贞这两个血肉丰满的人物形象，表现了中华民族隐忍负重、刚毅坚定的性格特征，以及中国抗联战士坚强的革命信念和高尚的道德情操。影片在充满诗意的画面中，透露出浓郁的乡土气息和民族特色，尤其在爱情的描写和对人物复杂而微妙心理的揭示上处理得较为成功，有较强的艺术感染力。影片1979年获文化部优秀影片奖，1983年获第12届葡萄牙菲格拉达福兹国际电影节评委奖等。（陈少舟）

国防电影 national defence film 1936年提出的电影创作口号及随后摄制的一批抗敌救国的影片。国防电影是在20世纪30年代日本侵华战争加剧与民众抵抗日本侵略者情绪高涨的背景下产生的。1935年12月28日，上海文化界救国会成立。1936年1月27日，欧阳予倩、**蔡楚生**、**孙师毅**、周剑云、**孙瑜**、**费穆**等人联合发起了上海电影界救国会。1936年5月，在文学艺术界“国防文学”“国防戏剧”“国防音乐”的号召下，国防电影应运而生。电影界围绕“国防电影”这一口号进行了广泛讨论，探讨如何创作抗日爱国的影片等。随后，电影界人士拍摄了一批反映帝国主义侵略下的人民现实困苦与民众团结抗日的影片，如《狼山喋血记》《壮志凌云》《**迷途的羔羊**》《联华交响曲》《青年进行曲》《生死同心》《压岁钱》《**十字街头**》《**马路天使**》等，这些影片反映了电影人以银幕为武器的爱国情怀。（梁玛丽）

《国际电影》 *International Screen* 中国电影杂志。1952年创刊于新加坡。月刊。主编为朱旭华。为新加坡亚洲国泰机构所属刊物，创办初期曾在新马、印度、美国等27个地区发行，最高发行量达到10万份。1955年10月1日迁至香港出版，成为香港**国际电影懋业有限公司**（简称电懋）的官方刊物。20世纪60年代停刊，一共出版过321期，是香港较为长寿的电影杂志之一。杂志以宣传电懋影片为主要目的，主要内容为电懋影片的制作和明星的动态。文字不局限于简单的影片和明星的介绍，而是配合影片生产进度，采用有针对性的文字描述影片等，全方位展示银幕之外电影的创作和明星生活，以达到策略性地宣传、经营和推销的目的。同时，杂志配合电懋的创作风格，其封面以女明星为主，并多以现代都市女性形象展现。另外，杂志也是电懋对外宣传的途径和出口，1961年电懋与日本东宝株式会社合作之后，开始增添“东宝之页”专栏，反映电懋对合作方的重视。在塑造电懋的企业文化和形象方面，杂志在其内容、编排、设计风格等方面配合电懋形象，成为其宣传和建立企业文化、形象的重要载体。（类成云）

国际电影懋业有限公司 Motion Picture General Investment Co. 中国电影制片机构。简称电懋。1956年成立于香港，是新加坡的大型电影发行公司国泰机构下属的制片机构。其前身为国际影片发行公司，由国泰机构在1954年成立于香港，主事人陆运涛，总经理欧德尔，主要业务是选购香港出品的“国语片”、粤语片及日本影片在新加坡、马来西亚国泰机构所属电影院放映。1956年**陆运涛**将国际影片发行公司和国泰机构接管的永华影业公司改组合并成大型的制片公司——国际电影懋业有限公司。陆运涛任董事长，钟启文任总经理，1962～1964年陆运涛兼任总经理。1964年6月20日陆运涛因空难在台湾罹难，陆运涛的妹夫朱国良于1965年6月将公司改组为国泰机构（香港）有限公司（简称国泰），由国泰机构原发行经理俞普庆主持，其后业务日益萎缩。

公司仿照好莱坞片厂制进行垂直整合式经营，采用流水作业式拍摄影片，设置全年拍摄计划和财政预算及剧本策划制度。片厂内可以同时拍摄多组不同电影，以应付庞大的市场需求。电懋领导层大多接受欧美教育，作风较为西化，其作品也深受好莱坞影响，从故事结构、剪接技巧到镜头运用，均走迎合中产趣味的梦幻路线，且影片选材以女性、时尚、都市、青春的特色而著称。在演员方面，成立演员训练班，培训新人，制造明星，采取好莱坞控制明星的做法塑造明星形象，其旗下的尤敏、葛兰、林翠、陈厚、雷震、乔宏、田青等均形象鲜明，星光耀眼。

从1954年国际影片发行公司成立，到1971年国泰结束制片，共拍摄227部影片，31部为粤语片，其余是“国语片”。其中，《金莲花》（1957）获第4届亚洲影展最佳女主角奖；《四千金》（1957）获第5届亚洲影展最佳影片奖；《星星月亮太阳》（1961）获第1届台湾电影金马奖最佳剧情片奖；《香港》（1961）获第8届亚洲影展最佳纪录片奖。其他作品在亚洲影展中获得各类奖项的还有《情场如战场》（1957）、《龙翔凤舞》（1959）、《空中小姐》（1959）、《玉女私情》（1959）、《家有喜事》（1959）等。公司其他叫好叫座的影片还有《曼波女郎》（1957）、《我们的子女》（1959）、《云裳艳后》（1959）、《南北和》（1961）、《爱的教育》（1961）等，粤语片《爱情三部曲》（1955）、《断鸿零雁记》（1955）、《苦心莲》（1960）等。

20世纪50年代末至60年代初，是电懋发展的黄金期，其不仅在中国香港积极开展制片业务，而且在中国台湾及东南亚、日本等地开拓电影业务，对于促进香港电影业的对内发展和对外扩张，提升香港电影工业的格局，完善香港电影业生产运作机制，丰富香港电影的创作类型，都起到了重要的积极作用。

电懋另出版有杂志《**国际电影**》，在新加坡、马来西亚、印度、美国旧金山等27个国家和地区发行，发行量达10万，用以宣传影片制作及明星动态，为新片造势，共出版321期，是香港知名的长寿电影杂志。（余慕云 张承宇）

国际影视教育 international film and television education 国际范围内以电影电视的活动影像为对象的教育活动。

产生与发展 由于世界范围内经济社会发展水平、活动影像文化的普及与流行程度的差异，国际间**影视教育**的发展呈现出明显的不平衡。

电影诞生于欧洲国家，早期对电影人才的培养也首先产生于这些地区。当时，知识阶层普遍把电影看作是一种新奇的技术噱头而予以鄙视，人们对于电影的艺术与文化价值的认识经历了一个历史过程。最初，电影人才需求主要是针对这一新娱乐媒体应用所需的技术人才。电影教育就是从20世纪初在欧美国家开始出现的短期摄影技术培训学校起步的，某些大学起初也开设过类似的技术培训类课程，并逐渐发展成电化教育类的专业教育。然而真正把电影作为一个有艺术和文化表现力的媒介，有意识地系统培养影像生产人才的专业教育活动，则是在第一次世界大战前后，当时电影发展已经表现出巨大的文化影响潜力。

比较正规且系统地进行专业电影人才培训的学校最早出现在欧洲，学界公认的历史最悠久的专业电影学校是1919年成立的莫斯科电影学校，即**莫斯科国立电影学院**（又称莫斯科国立格拉西莫夫电影学院）。“十月革命”之后的俄国，面对新的社会和文化建设的需要，最早认识到要更好地利用这一新的媒介的重要性。在列宁惊叹“电影是最伟大的艺术”的同时，一批极具先锋精神的苏联艺术家首先开始了电影艺术的探寻和电影艺术人才培训的教育尝试。电影蒙太奇艺术的开拓者**L.V.库里肖夫**、**S.M.爱森斯坦**、**V.I.普多夫金**、S.A.格拉西莫夫、**A.A.塔尔科夫斯基**、V.舒克申等一批苏联电影大师都曾在此工作学习。到第二次世界大战前，欧洲一些电影大国相继成立了培养电影艺术人才的专业性学校。1926年，法国的卢米埃尔兄弟联合创办了国立高等路易·卢米埃尔学院。该校后来与在同年创办的法国高等电影研究院基础上发展而成的**法国高等国家影像与声音职业学院**，是法国仅有的两所国立影视学院，也是国际顶尖水平的影视院校。1935年，意大利成立了由国家电影资料馆和国立电影学院组成的**意大利电影实验中心**，其中的电影学院也是颇负盛名的优秀电影院校，**M.安东尼奥尼**等电影大师出自于此。第二次世界大战后，很多国家开办了专业电影院校。1946年，M.福尔曼的母校**布拉格表演艺术学院电影电视学院**创立。接着是1948年在罗兹建立的波兰国立戏剧影视学院，涌现出A.瓦依达、K.基耶斯洛夫斯基、R.波兰斯基等诸多大师。1950年，中央文化部电影局电影表演艺术研究所（今**北京电影学院**）成立，这是欧美地区之外的第一所专业电影院校。20世纪60～70年代，英国、德国、瑞典、荷兰、以色列等许多国家相继建立了专业电影院校。日本导演今村昌平于1975年创办了横滨放送映画专门学校（今**日本电影大学**）。

除了一些规模较小的院校之外，这些专业电影院校大多在专业设置结构上与电影工业体系相对应，专业划分较细致，对专业训练水平的要求也较高。这种专业电影院校主要致力于电影创作和制作人才的培养，专业特征鲜明，训练系统严谨，对于设备、人员的要求都很高。至今这类院校大多仍坚持精英教育的方针，招生规模都不大，入学考试比较严格，教学要求较高，同时毕业生质量评价较高，行业就业率和成才率相对都较高。

欧洲许多国家的专业电影院校长期归属文化部门而非教育部门管理，不以学历教育为目标，而努力满足影视产业的人才需要。20世纪中后期，这类院校大部分陆续转入学历教育体系，甚至为了适应高等教育体系对人才学历的要求，尝试培养与创作制作专业相关的博士等高学历人才。

1967年，美国根据总统要求建立了类似欧洲体系的培养非学历高级创作人才的专业电影院校**美国电影学院**，该校也开始了本科学历教育。而主流的美国电影教育则与欧洲不同，主体是附属于综合性大学和综合性艺术院校的二级学院。美国开展电影专业教育最早的院校是南加州大学电影艺术学院。该校1929年便与美国电影艺术与科学学院共同创建了电影学院，其电影专业教育几经波折，到20世纪50年代后开始稳定发展，并推动了美国大学电影教育的逐渐普及。**D.格里菲斯**、E.刘别谦等都曾在此任教，还产生了**G.卢卡斯**等众多好莱坞大亨，靠着他们的捐赠，与好莱坞的紧密联系学院越办越红火。50年代之后，美国随着高等教育进入大发展阶段，综合性大学纷纷开始建立影视专业，并逐渐形成了加利福尼亚大学洛杉矶分校戏剧影视学院、纽约大学帝势艺术学院等高水平影视名校。除了综合性大学之外，美国还有不少高水平的综合性艺术院校，在影视教育发展的环境下，利用其综合艺术优势，也在影视教育方面表现出独特性，如芝加哥哥伦比亚学院、芝加哥艺术学院、加州艺术学院、美国艺术中心设计学院等。

就整体而言，美国与欧洲传统的影视教育的重要差别在于，很多美国学校的影视专业分为编剧、制作、管理和理论四个专业，在制作专业里包含了许多欧洲系统院校划分很细致的导演、摄影、录音、美术、剪辑等多方面的内容。这种训练方式注重学生综合创作能力的培养，要求学生专业与精深相结合，有目的地形成个性化的创作特色。这种相对综合的人才培养目标与专业设置，得到世界上许多院校效仿，培养目标不限于工业中的高端创作人才，还能适应电视和其他影像媒体的复合型人才培养需求。世界综合性大学里从事影视和相关媒体制作教育的二级学院或系科数以千计，远远超过专业电影院校，成为影视教育的主体。由于综合性大学都有各自不同的学术传统和学科重点，对于影视学科的重视程度不同，其影视院系的水平也参差不齐，并且不一定与大学本身的整体水平一致，例如多数美国常春藤大学都没有很好的影视制作院系。但是好的综合性大学有着整体学术环境优势，一旦着力发展，也能迅速提高影视教学水平，如哥伦比亚大学的影视制作专业的异军突起就是一个很好的例子。

形成规模 随着数字技术的发展和普及，影像制作的技术和经济门槛越来越低，越来越多的学校开始了影视相关教育，一些以往有较好媒体教育训练基础的院校纷纷向影视制作领域扩张，影视教育在全世界范围内形成了规模，并得到空前的发展。现存的高等影视教育机构绝大多数都是20世纪90年代以后成立的，专业艺术教育院校和综合性大学里的影视系科在教学经验和师生资源等方面的合作和融合也在不断发展，一些新的现象开始出现。变化之一是发达国家的本科影视教育已经进入普及阶段，带有更多素质教育的成分，一些较好的学校越来越注重入学质量和提高淘汰率，其重点也从行业就业率向成才率转化。变化之二是影像生产的方式日益多元化，对人才的知识结构提出许多新的要求，特别是动画片、纪录片及实验影像人才的需求推动了影像制作人才教育的多元化，一些与影像媒体相关的其他院校开始介入活动影像教育，例如以数字交互和实验影像见长的罗得岛设计学院。而随着影像文化影响力的不断扩大，诸如加州大学伯克利分校、耶鲁大学等传统名校，对影像传播和娱乐越来越关注。

在国际上，影视理论方面的专业主要集中于研究生阶段，很少出现在本科阶段。当然，不少影视专业的强校对制作者和学生在理论课程的学习有着严格的要求，理论方面的师资和学术基础的整体实力会很强。如美国的南加州大学、加州大学洛杉矶分校、纽约大学、哥伦比亚大学等。另一些综合性大学不太发展制作专业，但依据整体学科优势而拥有很高质量的影视理论系科，如芝加哥大学、法国巴黎第八大学等。但是理论教学也有其特点，除了与学校的整体人文学科水平有关之外，拥有一些突出的优秀学者显得尤为重要，而且各校影视理论教学的特色也与不同学者的学术特点和特长密不可分。影视理论进入大学以及影视研究与现代人文研究深度结合，离不开法国学者J.米特里和C.麦茨等人的开拓性工作。

国际交流　世界上许多国家都开展了影视教育，一些传统电影产业并不发达的国家和地区，受电视和网络视频领域人才广泛需求的推动，也产生了不少独具特色且水平较高的影视院校。因此，影视教育在国际间的交流合作也越来越重要。1955年，“铁幕”两边的一些影视教育工作者为了冲破冷战的政治藩篱，推动影视教育的国际交流，在法国戛纳成立了国际影视教育联合会。这一组织已经由8个国家学校代表组成的小型交流机构，发展成为一个包括来自六大洲60个国家的180多所视听教育机构，拥有上万名教师和员工，每年培训6万多名学生，并与160多万名校友进行网络交流的世界性组织。在充分支持创造性、多样性、跨文化思维和可持续发展的基本原则下，通过推动教学思想和经验的交流，组织多种形式双边和多边教育合作，支持学生影视节等创作交流，举办有关影视教育发展的学术研讨会等各种活动，为国际影视教育的发展做出了不懈的努力。中国的影视教育工作者从1982年加入国际影视教育联合会后，一直积极参与国际影视教育交流，中国学者经常担任该组织亚太分会的主要领导，帮助亚洲学校吸收先进的教学经验，也向世界同行展示自己的教学成果。

发展趋势　随着全球化的发展，影像媒体的应用也在不断开拓新的领域，对活动影像的跨时空、跨文化和跨文本的再利用，图像档案学、影像史学、影像认知学等对影像的运用和研究，也在不断推动着全球影像教育领域走向更广阔的未来。

（钟大丰）

国家电影局　National Film Board　中国电影管理机构。国家管理全国电影事业的职能机构。2018年4月16日成立于北京。前身是1949年4月在中共中央宣传部领导下建立的中央电影事业管理局。1949年10月中央人民政府成立后，改由中央人民政府文化部领导。1954年，改称文化部电影事业管理局。1986年3月，划归广播电影电视部，由广播电影电视部对电影、电视事业实行统一领导。1998年3月，广播电影电视部改组为国家广播电影电视总局，设电影局。2013年3月，组建国家新闻出版广电总局，设电影局。2018年3月，根据《深化党和国家机构改革方案》，为更好发挥电影在宣传思想和文化娱乐方面的特殊重要作用，发展和繁荣电影事业，将国家新闻出版广电总局的电影管理职责划入中共中央宣传部。2018年4月，中央宣传部正式接管电影管理工作，对外加挂国家电影局的牌子。

调整后，中央宣传部关于电影管理方面的主要职责是：管理电影行政事务，指导监管电影制片、发行、放映工作，组织对电影内容进行审查，指导协调全国性重大电影活动，承担对外合作制片、输入输出影片的国际交流等。（高冀滨）

国家广播电视总局　National Radio and Television Administration　中国国家广播电视行政管理部门。其前身为国家新闻出版广电总局。曾简称广电总局、国家广电总局等。1949年6月，在中共中央宣传部领导下，成立中央广播事业管理处。同年11月，改为广播事业局，技术、行政业务先后由国务院相关部门和国务院领导，宣传业务由中共中央宣传部领导。先后历经广播事业局（1949）、中央广播事业局（1952）、广播事业局（1954）、中央广播事业局（1967）、广播电视部（1982）、广播电影电视部（1986）、国家广播电影电视总局（1998）、国家新闻出版广电总局（2013）、国家广播电视总局（2018）的历史沿革。自1986年起，下设电影局，承担国家电影行政管理工作。2018年3月17日，第十三届全国人民代表大会批准《国务院机构改革方案》，在国家新闻出版广电总局广播电视管理职责的基础上组建国家广播电视总局，作为国务院直属机构。将国家新闻出版广电总局的新闻、出版和电影管理职责划入中共中央宣传部。同年4月，新组建的国家广播电视总局、国家新闻出版署（国家版权局）、国家电影局分别挂牌，国家新闻出版广电总局一分为三。

自2018年起，国家广播电视总局内设机构有：办公厅、政策法规司、宣传司、电视剧司、传媒机构管理司、网络视听节目管理司、媒体融合发展司、科技司、安全传输保障司、规划财务司、公共服务司、国际合作司等。其主要职责是：贯彻党的宣传方针政策，拟定广播电视管理的政策措施并督促落实，统筹规划和指导协调广播电视事业、产业发展，推进广播电视领域的体制机制改革，监管、审查广播电视与网络视听节目内容和质量，负责广播电视节目的进口、收录和管理，协调推动广播电视领域“走出去”工作等。

（支菲娜）

《国泰故事》　*The Cathay Story*　中国电影著作。黄爱玲主编。香港电影资料馆2002年出版。该书为研究香港电影机构国际电影懋业有限公司的专题书籍。全书主要包括3个方面：①国际电影懋业有限公司（简称电懋）历史发展轨迹的追溯与厘清，涉及主事人陆运涛以及电懋与星马地区的关系、电懋与邵氏竞争的研究等。②对电懋作品的文本和理论分析，涉及《野玫瑰之恋》(1960)、《璇宫艳史》(1957)、《游戏人间》(1961）等片；对电懋前期的粤语片、粤语戏曲片及后期较被忽视的武侠片也进行了分析和研究。③对电懋主要演员、编剧、导演、作曲等创作风格及特征的个案研究；亦有电懋重要行政人员欧德尔、窦汉勋、朱美莲，作曲家綦湘棠，普通员工石琪等人的回忆专文。书后附人物小传、片目、中英文名称对照表、索引等，方便读者使用。

《国泰故事》会聚了中国香港、中国台湾、新加坡等地知名的香港电影研究学者，如李欧梵、罗卡、梁秉钧、余慕云、李焯桃、傅葆石、叶月瑜、黄奇智等人，是一本对国泰机构、电懋影业展开全面研究的专题书籍，为后续研究提供了一定的原始资料和研究方法。

2009年曾推出增订本，除了重新修订初版中的文稿和资料，还增添了对电懋的葛兰、雷震及邓小宇三位演员的访谈。

（张承宇）

《国王的选择》　*The King's Choice*　挪威、德国、丹麦、瑞典合拍彩色故事片。挪威派拉多克斯公司等2016年出品。编剧，H.R.艾格、J.T.瑞尼兰；导演，E.普派；摄影，J.C.罗森隆德；主演，J.克里斯滕森、A.B.克里斯蒂安森、A.哈卡拉赫蒂、K.马克维斯、T.诺沃妮、K.舒特勒。

故事讲述1940年4月9日，纳粹德国入侵保持中立的挪威。挪威军人进行抵抗，在埃里克森上校的指挥下，挪威击沉了一艘德国军舰，但德国军队势不可当。挪威国王哈康七世、王储奥拉夫王子及皇室成员随政府要员被迫开始撤至哈马尔。与此同时，德国驻挪威大使克特·布劳尔仍然试图与挪威政府联系，劝说政府签字投降。德国军队的挺进迫使挪威皇室再迁到萨利庄园，玛塔太子妃携带子女撤到瑞典。挪威的亲纳粹分子吉斯林发动政变，成立了伪政权。在希特勒的命令下，布劳尔要求单独与挪威国王会谈，并要求挪威国王签字，承认伪政权和德国军队占领。哈康七世经过痛苦思考，拒绝了德国方面的要求。此后，德国军队对埃尔沃吕姆和尼瓦森进行了轰炸，1940年4月11日，挪威与德国进入战争状态。

影片通过德国军队入侵挪威三天内的时局剧变，刻画了一个亲民、善良、外柔内刚的国王形象，以独特的角度再现了第二次世界大战对欧洲国家的深刻影响。影片的声音设计和配乐出色，对于剧情发展、情绪渲染、主题表达都起到了重要作用。影片2017年获第64届美国电影音效剪辑师协会奖最佳外语片音效剪辑奖、第33届挪威电影阿曼达奖最佳挪威电影奖等。

（秦喜清）

H

《哈利·波特》系列 *Harry Potter* series 美国、英国合拍彩色系列故事片。华纳兄弟影业公司2001～2011年出品。根据英国女作家J.K.罗琳的同名小说改编。编剧，S.克劳夫斯、M.戈登堡；导演，C.哥伦布、A.卡隆、M.内威尔、D.叶慈；摄影，J.希尔、R.布拉特、S.伊兹亚克、B.德尔博内、M.塞瑞辛、E.塞拉等；主演，D.雷德克里夫、R.格林特、E.沃森等。

影片共出品8部：《哈利·波特与魔法石》(2001)、《哈利·波特与密室》(2002)、《哈利·波特和阿兹卡班的囚徒》(2004)、《哈利·波特与火焰杯》(2005)、《哈利·波特与凤凰社》(2007)、《哈利·波特与混血王子》(2009)、《哈利·波特与死亡圣器（上）》(2010)、《哈利·波特与死亡圣器（下）》(2011)。故事讲述了哈利·波特进入魔法学校学习并与死敌伏地魔展开战斗的过程。哈利·波特是一个孤儿，他尚在襁褓中时，魔法师父母为了保护他的生命被邪恶的伏地魔杀死。哈利·波特11岁时进入魔法学校霍格沃兹。在学校，他认识了好友罗恩和赫敏。哈利·波特的到来打破了学校的宁静，在随后发生的一系列事件，让人们相信伏地魔即将归来。哈利·波特和他的朋友们用智慧和勇气冲破重重阻挠，抽丝剥茧地揭开了隐藏在魔法世界中的种种真相。先是揭穿了道貌岸然的奇洛老师是伏地魔的爪牙，然后在密室里毁掉了伏地魔的日记。之后认识并救下了父母生前的好友，同时也是自己的教父——小天狼星布莱克。接着，哈利·波特在三强争霸赛后被伏地魔利用，伏地魔借此重生，哈利·波特侥幸逃脱。而在伏地魔归来的一战中，小天狼星布莱克不幸牺牲。在寻找并消灭魂器的过程中，校长邓布利多不幸战死。伏地魔控制了魔法部，甚至取走了邓布利多的魔杖，孤立无援的哈利·波特不得不四处躲藏，同时不断寻找魂器的下落。在消灭了所有魂器后，重生的哈利·波特迎来了与伏地魔的最终决战并一举消灭对手，魔法世界最终恢复了和平。

《哈利·波特与魔法石》剧照

影片人物造型奇异有趣，情节曲折生动，用恢宏离奇的电脑特效再现了虚构的魔法世界。《哈利·波特》系列影片从第一部上映起就风靡全球，成为最卖座的电影之一，总票房达78亿美元。曾获美国电影奥斯卡奖、英国电影学院奖、日本电影学院奖等奖项和提名。 （范 倍）

哈萨克斯坦电影 Kazakhstani cinema 1991年以前，哈萨克斯坦为苏联加盟共和国。哈萨克斯坦电影分为苏联时期电影(1929～1991)和独立后的电影(1991～)两个阶段。

苏联时期电影(1929～1991) 哈萨克斯坦电影业起步发展较晚。在苏维埃“东方电影”计划的影响下，1929年开始设立电影院。1934年成立阿拉木图电影制片厂，以拍摄被称为最新报道的新闻片和纪录片为主，除服务于哈萨克斯坦之外，还包括吉尔吉斯斯坦、卡拉卡尔帕克自治区等其他中亚区域，代表了哈萨克斯坦电影业的早期发展。1935年，“东方电影”机构解散，迫于第二次世界大战战前紧张局势，列宁电影制片厂、**莫斯科电影制片厂**、**列宁格勒电影制片厂**和中央新闻电影制片厂开始撤离到阿拉木图，1941年这些电影制片厂与阿拉木图电影制片厂合并为中央联合电影制片厂。中央联合电影制片厂在阿拉木图一直运行到1944年，在战争期间，苏联国内80%的故事片都由这家制片厂制作。苏联电影导演S.M.**爱森斯坦**的史诗电影《伊凡雷帝》就是在哈萨克苏维埃社会主义共和国拍摄的。其他电影大师V.I.**普多夫金**、D.**维尔托夫**也曾在这里工作。苏联电影学院和格拉西莫夫摄影学院在战争中暂时迁往阿拉木图，培养了很多著名的哈萨克斯坦电影人。20世纪20～40年代，苏联在哈萨克斯坦生产了著名的纪录片《土西铁路》(1929)及故事片《草原风暴》(1939)。其中，《草原风暴》讲述阿曼热尔迪·伊马诺威领导1916年革命的故事，展示出哈萨克斯坦在建立苏维埃政权中的作用。1944年，中央联合电影制片厂解散，阿拉木图电影机构正式命名为哈萨克电影制片厂。1946年，哈萨克电影制片厂出品的《阿拜之歌》是首部由当地人亲自参与摄制的故事片。

50年代，受敏感的文化政策的影响，哈萨克斯坦电影基本陷入停滞，重要作品有马萨特·贝嘉林导演的知识分子题材电影《即将到来的时代》(1957)。60～70年代，哈萨克斯坦电影有较大发展，代表作品有萨肯·艾曼诺夫导演的《阿达尔》(1964)、《父岛》(1966)、《首领的末日》(1971)，阿卜杜拉卡·萨克巴耶夫导演的《我的名字叫科沙》(1964)，马萨特·贝嘉林导演的女性电影《痕迹消失在地平线后》(1964)，苏丹·坎哈德嘉夫导演的《女子孜别克》(1972)，卡尼贝克·卡西贝克瓦导演的《男孩和马驹》(1972)等。导演萨肯·艾曼诺夫是这一时期的重要代表人物。

80年代，哈萨克斯坦电影界开始挑战僵化的电影体制，涌现出新的创作浪潮。至80年代末期，曾在莫斯科电影学院和各制片厂学习的、出生于50～60年代的导演逐渐成长起来，他们既接受了苏联经典电影的熏陶，同时也受到**意大利新现实主义电影**、**法国新浪潮电影**和日本第二次世界大战后电影的影响，自觉地关注当下社会问题，立足本土文化和艺术，在镜头语言和叙事结构上表现出民族和地方特色，哈萨克斯坦本土的文学、音乐、舞蹈等传统艺术为他们的艺术创新提供灵感，从而摆脱苏联僵化的电影语言和制作模式，为民族电影创作带来活力，并引起世界关注。拉希德·努克曼诺夫执导的第一部影片《针》(1988)是引领哈萨克斯坦新浪潮电影运动的一个重要作品。《针》选择摇滚乐队Kino的灵魂人物、苏联年轻人视为反叛英雄的维克多·崔作为影片的主人公；讲述主人公回到阿拉木图挣钱还债，发现前女友犯上毒瘾，于是决定打击贩毒者，最后却以悲剧收场。哈萨克斯坦新浪潮电影的其他代表作品还有《阳台》(1988)、《触摸》(1989)、《恋爱中的小鱼》(1989)、《两兄弟中间的女人》(1991)等。

独立后的电影(1991～) 1991年哈萨克斯坦独立后，哈萨克斯坦电影新浪潮继续发展，代表作品有达勒赞·奥米尔巴耶夫导演的《卡依哈》(1992)、《心电》(1995)和努克曼诺夫导演的《狂野东方》(1993)。《狂野东方》根据黑泽明的《七武士》改编，讲述了一群马戏团的小矮人请七位侠士保护他们免受蒙古铁骑掠夺的故事。1998年，达勒赞·奥米尔巴耶夫导演了《黑仔》，讲述了来自阿拉木图的一名年轻司机因无法支付车祸赔偿费而被迫抢劫犯罪的故事，该片是哈萨克斯坦与法国联合制作的一部影片。90年代中后期，由于经济转型的影响，哈萨克斯坦电影新浪潮陷入低谷。1995～1999年，哈萨克斯坦电影出品量大幅减少。

21世纪以后，伴随着哈萨克斯坦经济的复苏，电影业再次焕发活力。哈萨克斯坦电影类型多样，同时向大制作和多国合拍的方向发展，既表现出强烈的民族意识，同时也体现出商业化和国际化的总体特征。有表现哈萨克斯坦民族史诗的影片《游牧战神》(2005)和《无畏的一千勇士》(2012)，以及“总统之路”系列电影(《我童年的天空》等六部，2010～2018)，也有传承俄罗斯诗意传统的电影如鲁斯坦·阿卜杜拉舍夫的《复活岛》(2004)和《给斯大林的礼物》(2008)，还有以先锋姿态质疑现实的电影如《斯佐的爱》(2004)、《小猎人》(2004)、《舒迦》(2007)、《仇》(2007)、《学生》(2012)、《和谐课程》(2013)、《拥有者》(2014)等。一直关注社会文化心理的达勒赞·奥米尔巴耶夫创作了《路》(2001)和《罪与罚》(2012)，《罪与罚》获第65届法国戛纳国际电影节一种关注大奖提名。商业类型片也得到较大发展，如《图班嫁给我》(2008)、《你是谁，卡先生》(2010)、《老头儿》(2012)。

2007年，阿坎·萨塔耶夫执导的《黑色人生》被认为是哈萨克斯坦独立后最具代表性的商业片，取得了票房成功。合作拍片使哈萨克斯坦电影走向国际化。2007年，俄罗斯、德国和哈萨克斯坦联合制片推出《蒙古王》，德国、法国和哈萨克斯坦三国合拍《乌尔詹》。2008年，接任哈萨克斯坦电影制片厂厂长的剧作家叶尔苗克·阿曼沙耶夫，推动了《真正的上校》《爱的嘲弄》《不现实的爱》等一系列合拍片的制作。哈萨克斯坦电影也开始在国际上频频获奖，如耶尔兰·纳姆努克哈姆拜德执导的《核桃树》(2015)，先后获法国沃苏勒亚洲国际电影节评审特别奖和国际评委大奖、第20届韩国釜山国际电影节新浪潮奖。法尔哈特·沙日普瓦导演的《个人成长训练》(2019)获第41届莫斯科国际电影节最佳影片奖，2021年，达勒赞·奥米尔巴耶夫的影片《诗人》获第34届东京国际电影节最佳导演奖。哈萨克斯坦电影在主流电影和商业电影、民族化和国际化的交织中迎接挑战，不断发展。

（秦喜清）

《蛤蟆的油》 *Gama no Abura: jiden no yō na mono* 日本电影著作。黑泽明著。李正伦译。南海出版公司2006年11月出版。16开本，21万字。

《蛤蟆的油》封面

《蛤蟆的油》为日本电影导演黑泽明撰写的一本关于自己生平经历和人生心得的传记。全书以作者自己的人生成长经历为叙述线索，共分为6个章节，包括酥糖与剑道、大正的声音、在迷路、危险的拐角、预备——拍、到《罗生门》为止。全书内容涵盖了作者从1岁起的孩童时代到1950年拍摄电影《罗生门》期间的生活经历和人生感悟。作者坦然面对往昔，叙述了他体质羸弱、愚钝爱哭的孩提时期；偏爱文史学科，也习练剑道的少年时期；沉迷在文学、绘画、电影之中，迷茫徘徊的青春时期；步入电影行业，逐渐走向艺术创作的导演时期。作者在书中还翔实地阐述了自己拍摄《姿三四郎》《最美》《姿三四郎续》《胆大包天的人们》《罗生门》等电影过程中的准备工作、心理状态、拍摄内外的工作细节和插曲，为读者讲述了镜头外不为人知的故事。

全书叙述平实、语言质朴，犹如一泓甘洌的清泉，给读者留下了较多的人生启示和思考空间。对于探究黑泽明电影导演风格的形成，具有重要的学术参考价值。

（孙承健）

《海豚湾》 *The Cove* 美国彩色纪录片。2009年出品。编剧，M. 孟龙；导演，L. 西霍尤斯；摄影，B. 艾特肯。

影片讲述位于日本本州岛最南部和歌山县的太地町镇，是日本传统捕鲸法的发源地，捕鲸是那里居民的重要收入来源。1986年国际捕鲸委员会颁布了禁止商业捕鲸令，但在日本限量捕鲸行为仍然存在，而且海豚和小鲸捕杀量快速增长，每年平均有2.3万条海豚被“合法”围杀，仅在太地町就要杀死1500多条海豚。影片拍摄到的画面令人震惊，屠杀开始后，海豚哀鸣凄厉，蓝绿色的海水瞬间变成触目的红色。

影片以海洋环保主义者里克·奥巴瑞的视角，运用水下针孔摄影和伪装成岩石的摄影机拍摄，讲述了动物保护人士冒着生命危险，突破阻碍，走进日本太地町湾，揭示当地大量海豚被屠杀的情景。影片对日本的海豚猎杀行为进行剖析并提出质疑，呼吁公众起来阻止这一行为，并告知公众食用海豚肉可能带来的汞中毒风险。影片上映后，在影像的客观性和中立性问题，以及秘密拍摄手法和片中对日本人描述方面一直存在争议。影片2009年获第25届美国圣丹斯国际电影节观众奖、第14届智利圣地亚哥影评人协会最佳纪录片奖，2010年获第82届美国电影奥斯卡奖最佳纪录长片奖等。

（李　春）

《海霞》 *Haixia* 中国彩色故事片。北京电影制片厂1975年出品。改编自黎汝青小说《海岛女民兵》。编剧，谢铁骊；导演，钱江、陈怀皑、王好为；摄影，钱江、王兆麟、李晨声；主演，吴海燕、蔡明、赵联、田冲、陈强。

《海霞》剧照

故事讲述了幼年时代的海霞，目睹父亲被渔霸陈占鳌勾结海匪打死在海上。后陈占鳌强占了海霞家的船屋，逼死了海霞妈妈。海霞心里播下了仇恨的种子。中华人民共和国成立后，海霞在党的关怀培养下成长起来，担任了同心岛民兵排长。逃到台湾去的陈占鳌派特务黑风潜入同心岛，破坏民兵建设，制造了摔伤女民兵的事故。向来轻视民兵工作的乡长未经详细调查，便将事故责任推在海霞身上，并撤了海霞的职务。在这场复杂的斗争面前，海霞不灰心不气馁，冷静地分析事故原因，发动群众，查勘敌情，终于抓出特务，打垮敌人，击毙陈占鳌，粉碎了敌人骚扰海岛的阴谋。

影片以20世纪60年代初东南沿海的

渔民生活为背景，写出了一群女民兵的成长经历，以及她们亦渔亦武、保家卫国的生活，也写出了女民兵们各具色彩的性格特征。影片中一群充满朝气的海岛女民兵，持枪练兵一身武装，并显露出清丽风姿，在美丽的海岛风光映衬下，构成了中华人民共和国成立以来电影中难得一见的女性影像风景。影片融故事、人物、大海风情为一体，摄影风格清新、质朴、细腻、抒情。影片插曲优美动听，起到了推进情感发展、渲染场景气氛的作用，为影片增色不少。（张兆龙）

《海选》 *Village Head Election* 中国彩色纪录片。又名《大官村里选“村官”》。中央电视台1998出品。编导，胡劲草；摄影，栗严、王忠新、王小鹏。

影片以地处吉林省西北部的国家级贫困县——镇赉县大官村村干部选举为背景，全面翔实地记录了发生在20世纪末中国农村基层换届选举出现的新生事物——村干部海选的全过程。所谓“海选”，是指没有上级指定的候选人，由村民根据个人意愿，任意选择一个他们认为合适的人，作为村主任的候选人以及四位委员候选人的人选；最后用差额选举的办法，选出村主任。这种新型的选举方式受到该村村民的极大欢迎，从慎重填写选票到对候选人的现场提问，都体现出村民们珍惜自己的民主权利，渴望个人权利被尊重的愿望。在紧张激烈的选举过程中，原来的村主任和一名普通村民王臣逐渐成为最具实力的两个竞争对手。在两人的竞选演说后的投票选举中，原来的村主任以微弱的优势当选。

影片展现的海选过程一波三折，意外迭出，既真实可信又颇具戏剧性。所见证的中国基层民主化的进程，在中国民主进程的发展史上留下了浓重的一笔。影片结构紧凑，叙事平稳，细节鲜明，详略得当，真实地反映了一个村庄农民的生活状况。影片1999年获第39届摩纳哥蒙特卡洛国际电视节女神银奖。（刘乃康）

海岩 Hai Yan（1954～ ） 中国作家、影视编剧。原名佀海岩。祖籍湖南衡阳。生于北京。1969年，入伍成为海军航空兵。1975年，转业进入北京市公安局劳改局成为警察。1985年，出版个人第一部长篇小说《便衣警察》，1987年小说被改编为同名电视连续剧《便衣警察》，1988年获第6届中国电视金鹰奖优秀连续剧奖、第8届全国电视剧飞天奖三等奖、第1届公安部金盾影视奖。1994年，与王朔等人组成

海马影视创作室。2001年，与其他三名创始人一起成立了海润影视制作有限公司。2002年，凭借创作的剧本《拿什么拯救你，我的爱人》，获第13届北京电视春燕奖最佳编剧奖。2003年，加盟世纪英雄电影公司，并成立海岩影视工作室。2003年，担任电视剧《玉观音》的编剧，获第22届中国电视金鹰奖最佳编剧奖。

海岩编剧的电视剧主要有以下几个方面的特点：一是以警匪类型讲述情感故事，如《便衣警察》《永不瞑目》《玉观音》等，都是以一桩案件为起因而展开情节，主人公在侦破过程中产生情感的纠葛和人性的挣扎。二是女主人公多为美丽善良而内心复杂的女性，男主人公青春张扬、侠骨柔肠、满怀正气，与各种恶势力进行不屈不挠的斗争。三是多以悲剧结局，揭示人性的弱点是造成人生悲剧的原因。此外，海岩的作品还有《一场风花雪月的事》(1997)、《永不瞑目》(1999)、《你的生命如此多情》(2001)、《平淡生活》(2005)、《五星大饭店》(2007)等。（张智华）

《憨豆先生》 *Mr. Bean* 英国电视剧。英国广播公司1990～1995年出品。共15集。编剧，R.艾金森、R.柯蒂斯、B.艾尔顿、R.德瑞斯考等；导演，J.H.戴维斯、P.韦兰德、J.伯金；摄影，S.奥戴尔、C.沃茨等；主演，R.艾金森。

故事讲述了憨豆先生沉默寡言，经常通过违反常理的想法与肢体动作引人发笑。剧中内容经常以憨豆先生进行生活中的简单任务为主题，如去游泳、上教堂、看电视等。因为憨豆对生活常规与世界运作的方式浑然不觉，所以总以种种异想天开的方式来试图完成这些任务，由此产生荒谬滑稽的喜剧效果。

《憨豆先生》剧照

编剧艾金森早在牛津大学皇后学院攻读硕士时，已开始构思这个性格鲜明的人物，对于憨豆先生的角色定位是：体内存在着儿童心智的成人，常常在生活中弄巧成拙。该剧已在全球200多个国家或地区播出，衍生作品包括同名电视动画片《憨豆先生》及电影《憨豆先生》与《憨豆先生的假期》等。此外，艾金森也曾以“憨豆先生”的身份出现在2012年英国伦敦奥林匹克运动会开幕典礼上。（陈雅雯）

韩国电影 South Korean cinema 19世纪末，电影传入朝鲜半岛。

早期电影（1897～1945） 1903年6月23日，本土报纸《皇城新闻》刊登了一则东大门电气会社器械厂放映电影的广告。1919年，金陶山引领的“新剧座”在团成社上演连锁剧《义理的仇讨》，通常被认为是电影制作的起点。1923年，朝鲜总督府递信局为鼓励民众储蓄，资助了电影《月光下的盟誓》的制作，被认为是本土首部故事片。该片女主角由当时的妓生李月华出演，影片的成功使李月华成为当红明星。20世纪20年代中期，“电影”一词取代“活动写真”。1923年，日本人早川孤舟将朝鲜古典名著《春香传》抢先拍成电影。朴承弼深受触动，于1924年制作了一部改编自古典名著的电影《蔷花红莲传》，该片的制片人、导演、演员和摄影等均由本国人担当；故事讲述蔷花与红莲姐妹因受继母虐待而死，冤魂化身女鬼，出现在使道身旁，希望他能替自己讨回公道。

日本殖民统治时期（1910～1945）的很多本土电影展现了朝鲜民族主义与日本殖民政策之间的矛盾。1926年，罗云奎编导、主演的电影《阿里郎》获得空前成功。《阿里郎》运用独特的隐喻性表现方式试图唤醒民众的民族意识和反抗精神。在其影响下，朝鲜无产阶级艺术同盟制作了《流浪》(1928)、《昏街》(1929)、《暗路》(1929)等电影，这些电影描述无产阶级的贫困生活，表现民族主义思想。1926年，日本政府制定了活动写真和电影检阅规则，通过严格的电影审查系统打压本土电影。1932年，李圭焕自编自导了民族电影《没有主人的渡船》，该片是民族悲愤现实主义的力作。当时《三千里》杂志将《没有主人的渡船》与《阿里郎》和《蔷花红莲传》评为朝鲜三大名片。

1935年10月3日，《春香传》开启了有声电影的时代，各电影公司纷纷进行有声电影制作，作品有《阿里郎山岭》(1935，洪开明)、《朝鲜之歌》(1936，金尚镇)、

《迷梦》(1936，梁柱南）等。《朝鲜之歌》是早期的音乐片。《迷梦》是保留下来的最早的电影，该片表现新女性脱离私人空间，在公共领域表现自己的欲望，但电影结尾又回归到保守的秩序。1938年，《朝鲜日报》社举行了历史上的首次电影节，罗云奎的《阿里郎》(1926）获得了最佳默片奖，安夕影的《沈清传》(1937）获得了最佳有声片奖。

1940年1月，日本公布朝鲜映画令，要求电影制作、上映和宣传都必须登记批准。朝鲜总督府将当时的电影公司合并成朝鲜映画协会株式会社。1940～1945年，朝鲜映画协会株式会社制作的电影成了军国主义御用宣传工具，如间谍动作片《望楼的决死队》、动员征兵的电影《青年的风采》、宣扬军国主义的电影《爱的盟誓》等。

光复和朝鲜战争时期的电影（1945～1953） 1945年，随着日本投降，电影业摆脱了日本统治。1946年，李龟永导演的传记片《安重根史记》成为光复后制作的第一部电影。“解放电影”或“光复电影”表现了爱国志士开展民族独立斗争的故事，如《自由万岁》(1946，崔寅奎)、《尹奉吉义士》(1947，尹逢春)、《我越过了三八线》(1951，孙全）等。

1948年8月和9月，朝鲜半岛南部和北部先后成立大韩民国和朝鲜民主主义人民共和国。1950年，爆发朝鲜战争，电影业遭到重创，许多影片如《阿里郎》(1926）等电影拷贝在战火中被毁或遗失。战争期间，韩国制作了一批战争纪录片，如《曾经美丽的汉城》(1950，李龟永)、《西部战线》(1950，尹逢春)、《铳与剑》(1953，林云鹤）等。

战后复苏期的电影（1954～1962）朝鲜战争后，为保护本国电影产业发展，韩国政府在1954年3月31日修订了《入场税法》，免除了国产电影的入场票税。1959年颁布了国产映画制作奖励和为了映画娱乐纯化的补偿措施。在政策激励下，韩国电影业在战后开始复兴。

1955年，李奎焕导演的《春香传》(赵美铃、李敏主演）是韩国电影复兴的开路先锋。《春香传》的成功掀起了历史剧的拍摄热潮，随后出现了《年轻的人们》(1955，申相玉导演)、《无形塔》(1955，申相玉导演)、《二流子悲史》(1956，金圣珉导演)、《麻衣太子》(1956，全昌根）等影片。这一时期的历史剧虽然有历史的主题和形式，但人物心理和风俗都与现代人息息相关。战后讲述个人故事的通俗剧也成为当时重要的类型片，《自由夫人》(1956，韩滢模）是其中的代表。光复后，《魂断蓝桥》《罗马假日》等美国经典好莱坞电影的大量涌入让韩国电影人有了紧迫感，也为韩国电影人提供了学习的契机。

韩国电影复兴与类型化时期（1963～1971） 1960年，韩国开始出现以新父权家长制为中心的“家族剧”电影。申相玉执导的《浪漫爸爸》(1960）和姜大振执导的《朴书房》(1960）拉开了家族剧电影的热潮。姜大振导演的《马夫》(1961）在第11届德国柏林国际电影节上获得银熊奖。

1962年1月20日，韩国颁布了历史上的首部《电影法》。《电影法》的核心内容是企业化的政策和外国电影进口配额制。《电影法》使原来64家电影公司合并、重组为韩国映画社、申电影、韩兴映画社等16家电影公司。其中，申电影在政府的扶植下发展成20世纪60年代韩国最大的电影公司。

随着电影数量的激增，韩国电影进入了类型片时期。其中历史剧有《燕山君》(1962，申相玉)、《暴君燕山》(1962，申相玉)、《真圣女王》(1964，河汉洙)，喜剧片有《总角泡菜》(1964，张一湖)、《青春事业》(沈雨燮)、《更喜欢女人》(1965，金基丰)，恐怖片有《月下的共同墓地》，文艺电影有《海边的小渔村》(1963，金洙容)、《晚秋》(1966，李晚熙)、《雾》(1967，金洙容）等。

独裁时期和不景气的电影业（1972～1979） 20世纪70年代，韩国政治进一步走向独裁统治。通过外国电影进口配额制资助国产电影制作的政策导致了国产电影质量下降。电视普及和其他娱乐产业的发展也使韩国电影的萧条进一步雪上加霜。

1972年，姜大宣执导的《女高时节》开启了青少年电影的蓬勃发展。1973年，修订后的《电影法》设立了映画振兴公社。为配合宣传政府的各项政策，映画振兴公社拍摄了影片《证言》(1973，林权泽）及多部新乡村电影，如《妻子们的行进》(1974，林权泽）等。

1975年7月18日，新生代导演金镐善、边仁植、李长镐、河吉钟、洪坡在首都武桥洞泰和馆别馆大厅发起了韩国电影史上最早的电影艺术运动“映像时代”。随着性的商品化和拜金主义的蔓延，电影人开始制作以女招待或妓女为主人公的通俗剧，1974年李长镐执导的《星星的故乡》、1975年金镐善执导的《英子的全盛时代》、1977年金镐善执导的《冬天的女人》是这一题材的代表。

新军部文化统治和新电影文化（1980～1989） 1980年，文化公报部废止了优秀电影奖励制度。1984年，韩国第五次修订《电影法》。原来电影业的许可制被登记制所取代，准入门槛的降低使自由制作成为可能。原来少数电影制作公司垄断韩国电影的局面被瓦解。1986年，韩国在美国的压力下第六次修订《电影法》。原来对外国进口电影的限制被废除，外国电影公司可以在韩国建立分支机构直接经营电影业。

这一时期出现了社会电影创作热潮。《人之子》(1980，俞贤穆)和《曼陀罗》(1981，林权泽）描写韩国社会边缘群体，提倡宗教参与解决社会问题。1981年，李斗镛执导的电影《避幕》受邀参加意大利威尼斯国际电影节，标志着韩国电影真正进入国际市场。1982年3月，在光州事件的旋风中登场的全斗焕政府，积极利用了3S（性、银幕和体育）政策，以郑仁烨为代表的《爱玛夫人》引发了色情片制作的热潮。

20世纪80年代中后期，新锐导演将韩国电影推向了国际视野。1987年，林权泽执导的《种女》在第32届亚太国际电影节上获得最佳影片奖、最佳导演奖和最佳女配角奖，女主角姜受延在第44届意大利威尼斯国际电影节摘得影后的桂冠。裴镛均自编、自导的处女作《达摩为何东渡》(1989）在法国戛纳国际电影节上入围一种关注单元，并在第42届瑞士洛迦诺国际电影节上获得最佳影片奖等奖项。

新韩国电影运动及21世纪以来的电影（1990年至21世纪20年代） 1990年起，韩国逐年放宽对外国电影进口拷贝数目的限制。外国电影长驱直入，韩国本土电影受到冲击。1996年，韩国修订了《电影振兴法》，成立了韩国公演艺术振兴协会，取代了原有的公演伦理委员会，将电影分为全体可观看、12岁以上可观看、15岁以上可观看、18岁以上可观看四个等级分类。1999年成立的法定民间机构“电影振

《太极旗飘扬》剧照

兴委员会”，使韩国电影环境得到了改善。

20世纪80年代后期，大企业开始直接参与电影的制作。90年代中后期，企划电影成为韩国电影的主流。1999年《生死谍变》拉开了韩国大片的时代，其观影人次达到580万，一举刷新90年代初《西便制》所创下的百万人次纪录。2003年的《实尾岛》和2004年的《太极旗飘扬》观影相继突破1000万人次。这一时期**釜山国际电影节**、全州国际电影节、富川国际奇幻电影节等相继在韩国举办。

21世纪以来，韩国电影在国际电影节上取得了骄人的成绩。2002年，林权泽凭借《醉画仙》获法国戛纳国际电影节最佳导演奖。同年，李沧东导演的《绿洲》拿下意大利威尼斯国际电影节特别导演奖。2003年，朴赞郁导演的《老男孩》赢得了第57届法国戛纳国际电影节评委会大奖。2004年，金基德导演的《撒玛利亚女孩》和《空房间》分别获第54届德国柏林国际电影节最佳导演奖和第61届意大利威尼斯国际电影节最佳导演奖。2005年，韩国的《那时那些人》和《哭泣的拳头》获得第58届法国戛纳国际电影节导演双周大奖。2013年，金基德导演的《圣殇》在第69届意大利威尼斯国际电影节上赢得金狮奖。2019年，**奉俊昊**导演的《寄生虫》获第72届法国戛纳国际电影节金棕榈奖、第92届美国电影奥斯卡奖最佳影片奖等。　（王宜文）

韩尚义　Han Shangyi（1917-11-04～1998-03）　中国电影美术设计师。生于浙江上虞，卒于上海。出身于贫苦农民的家庭。从小喜爱美术，曾就学于上海美术专科学校美术教师进修班。抗日战争全面爆发后，于1938年去武汉考入由郭沫若任厅长的军事委员会政治部第三厅美术科，从事抗日宣传活动。1940年转入中国电影制片厂开始从事电影**美术设计**。最初参加拍摄《东亚之光》（1940）等影片时，在艺术上还处于摸索阶段；到拍摄《还我故乡》（1945）时，已能较好地掌握电影美术的特性。其间，兼任话剧、歌剧的舞台美术设计。1946年回到上海，在**昆仑影业公司**担任《**一江春水向东流**》（1947）、《新闺怨》（1948）、《关不住的春光》（1948）等影片的美术设计。

1949年后，转入上海电影制片厂，先后担任《上饶集中营》（1951）、《**南征北战**》（1952）等20多部影片的美术设计。他的美术设计既有大笔触的写意，也有精雕细刻的写实，追求虚实结合，强调戏剧节奏和艺术气氛，构图和谐，具有很强的表现力。例如，在《**林则徐**》（1959）中，以简练的笔触着力于场景的概括，强调戏剧气氛；在《聂耳》（1959）中，着力于夸张的色彩和构图以及大幅度的场面调度，增强了电影的表现力；在《枯木逢春》（1961）中，着力于山水画般的景色设计，富有江南的地方特色；在《白求恩大夫》（1965）中，以平凡的场景追求浑厚自然、朴素真实的风格；在《从奴隶到将军》（1979）中，注重形象对比、时代特征和地方特色；在《**南昌起义**》（1980）中，着力于强烈的时代气息和历史真实感；在《子夜》（1981）中，由于体现出时代的特色，内外景衔接自然，实景的选择和加工与人物身份协调，获第2届中国电影金鸡奖最佳美术奖。

韩尚义在**戏曲电影**创作方面作出了很大贡献。共参与《梅兰芳的舞台艺术》（1955）、《洛神》（1955）、《搜书院》（1956）、《宋士杰》（1956）、《望江亭》（1958）等8部戏曲电影的创作，对不同影片的社会和艺术功能、影片戏曲的叙事风格、不同的故事情调、色彩进行了不同的创造性处理，使影片的视觉风格极为统一，让美术造型为戏曲语言与电影语言的高度融合发挥了重要纽带作用。在艺术实践中，为奠定戏曲电影美术设计的美学基础和艺术风格进行了有价值的探索。在概括戏曲电影美术设计的原则与经验时，提出了十个要求和“要把真的拍得假一些，把假的拍得真一些”的观点。撰写了《关于戏曲艺术片中的布景》《浅谈戏曲片的布景》等文章。除创作外，还重视电影美术理论的研究，出版了《论电影与戏剧的美术设计》《电影美术漫笔》《电影美术散论》《电影美术造型》等。20世纪90年代出版有散文集《带咸味的糖》。曾任上海电影制片厂副厂长、总美工师，中国电影家协会名誉理事。　（张兆龙　高小健）

《汉江怪物》　*The Host*　韩国彩色故事片。韩国秀宝娱乐公司2006年出品。编剧，**奉俊昊**、河元俊等；导演，奉俊昊；摄影，金炯求、金丙书；主演，**宋康昊**、裴斗娜、边熙奉、高雅星、朴海日。

故事讲述了汉江边上，一只从未见过的怪物冲到围观的人群中，它的出没给都市带来恐慌。中年男子朴康斗的女儿玄瑞被怪物抓走，康斗为了保护家人，与怪物展开大战。最终，凭借一家人的共同努力，成功将怪物击退。

影片融科幻、恐怖、动作于一体，营造了强烈的视觉刺激。影片中对家庭温情的细腻描写和扣人心弦的拯救场面，展现出饱满的情感张力。为了呈现逼真的视觉

《汉江怪物》海报

效果，影片制作团队投入了高昂的制作费用，打造了活灵活现的怪物形象。影片2006年获第27届韩国电影青龙奖最佳影片奖、最佳技术奖等多项大奖；2007年获第43届韩国百想艺术大赏最佳影片奖，第44届韩国电影大钟奖最佳导演奖、最佳剪辑奖，第1届亚洲电影大奖最佳电影奖、最佳男主角奖、最佳摄影奖、最佳视觉效果奖等。　（朱洋洋）

汉克斯，T.　Tom Hanks（1956-07-09～　）　美国裔希腊影视演员、导演。生于美国加利福尼亚州康克德。高中毕业后进入加利福尼亚州查伯得学院接受系统的表演训练。

1979年，首次出演低成本影片《血红溅白纱》，之后还参加了《亲密伙伴》等电视剧的演出。1984年，主演影片《美人鱼》，凭借其喜剧风格和令人同情的个性塑造引起了影评家的注意。随后，连续主演了《单身汉聚会》（1984）、《红鞋男子》（1985）、《头条笑料》（1988）、《飞越未来》（1988）、《虚荣的篝火》（1990）、《女子棒球队》（1992）、《西雅图夜未眠》（1993）等影片，逐渐成为观众心目中的喜剧明星。

1993年，与D.华盛顿合作出演《**费城**》，获第66届美国电影奥斯卡奖最佳男演员奖和第51届美国电影金球奖最佳男主角奖。1994年，在《**阿甘正传**》中饰演自强不息的阿甘，获第67届美国电影奥斯卡奖最佳男演员奖和第52届美国电影金球奖最佳男主角奖。1996年，自编、自导、自演了影片《那一天传奇》，初显导

演才华。1998年，主演《拯救大兵瑞恩》，获第71届美国电影奥斯卡奖最佳男演员奖提名、第56届美国电影金球奖最佳男主角奖提名和第52届英国电影学院奖最佳男演员奖提名。2000年，出演《荒岛余生》，获第73届美国电影奥斯卡奖最佳男演员奖提名和第58届美国电影金球奖最佳男主角奖。2001年，自编、自导、自演电视剧《兄弟连》，获第54届美国艾美奖迷你剧/电视电影类最佳导演奖和最佳迷你剧奖。2019年，出演传记片《邻里美好的一天》，获第92届美国电影奥斯卡奖最佳男演员奖提名和第77届美国电影金球奖最佳男主角奖提名。

《拯救大兵瑞恩》剧照

《邻里美好的一天》剧照

汉克斯的演技浑然天成、纯真质朴，富有幽默感，塑造的银幕形象真实可信。出演的影片还有《绿里奇迹》(1999)、《猫鼠游戏》(2002)、《幸福终点站》(2004)、《猫王不在了》(2004)、《达·芬奇密码》(2006)、《女王》(2006)、《查理·威尔森的战争》(2007)、《云图》(2012)、《菲利普船长》(2014)、《间谍之桥》(2015)、《萨利机长》(2016)、《华盛顿邮报》(2017)等。担任配音的动画电影有《玩具总动员》系列(1995～2019)、《极地特快》(2004)、《汽车总动员》(2006)、《辛普森一家》(2007)等。执导的影片和电视剧还有《恐怖墓穴》(1994)、《从地球到月球》(1998)、《华丽的荒土：月球漫步记》(2005)、《拉瑞·克劳》(2011)、《电子都市》(第一季，2012)、《猫王》(2022)等。2002年，获第30届美国电影学会奖终身成就奖，是30年来获此奖项最年轻的人。2020年，获第77届美国电影金球奖塞西尔·布朗特·戴米尔奖。

（赵小青　撰　章柏青　唐建军　修订）

行业剧 industry TV drama　以某个特定行业为题材，围绕该行业塑造核心人物、构建核心事件、设置主要矛盾的电视剧类型。专业性是行业剧的最基本要求。从剧本创作到拍摄、制作都要遵从行业的专业知识和行业规范，真实立体地展现行业风貌。剧中人物不仅要在形象上符合职业特征，还要展现出行业的专业术语、职业技能和职场人际关系。在宣传行业常识与构建职业伦理的同时表现行业魅力，传递积极向上的精神力量，并潜移默化地感染观众，使观众对行业产生认同，实现教育与感化功能。

出于观众对特殊行业的好奇心理及对于动作元素的偏好，律政、警察、医疗成为行业剧的主流题材，军队、消防、航空、新闻、酒店等行业也有较多表现。中国较有代表性的行业剧有表现警察行业的《重案六组》、医疗行业的《无限生机》、法医行业的《法医秦明》、猎头行业的《猎场》等。行业剧的剧情不能剥离行业背景，否则故事不能成立。（王乙涵）

《好兵帅克》 *The Good Soldier Schweik*　捷克斯洛伐克彩色定格动画片。布拉格木偶动画工作室1955年出品。改编自捷克作家J.哈塞克的小说《好兵帅克》。编导，J.特恩卡。

影片由三个段落构成，分别是帅克在黑市上买樱桃白兰地酒，帅克旅行到布德约维塞，帅克流浪到布迪姆。帅克为人温和憨厚，能做到别人无法做到的大事，总是遵循着帝国军队的规矩办事。影片通过帅克的言行和他在各地的所见所闻，反映了捷克人民对奥匈帝国暴政、战争的情绪和抵制。

影片使用木偶角色进行表演，充满喜剧效果。影片是特恩卡作品中为数不多的配有旁白的动画片，特恩卡根据舞台剧的对话亲自改写，编制完成了**分镜头剧本**，并请诗人J.韦里希担任影片的解说，还选读了原著中一些与动画片剧情相关的段落。特恩卡亲自操纵了片中帅克的很多动作，夸张的动作真切地表现出了这个角色的性格。影片获第8届捷克斯洛伐克国际电影节最佳木偶片奖。（李　铁）

合拍片 co-production film　由两个及两个以上国家、地区的电影制片机构合作摄制或进行商业合作而拍摄的影片。合拍片包括联合摄制、协助摄制与委托摄制三种摄制方式。联合摄制是合作制片方共同投资（含资金、劳务或实物）、共同摄制、共同分享利益及共同承担风险的摄制方式，发行时通常有两个或多个语言的版本；协助摄制是由合作制片的一方出资，在另一方境内拍摄，出资方有偿提供设备、器材、场地、劳务等予以协助的摄制方式；委托摄制是合作制片的一方委托另一方于境内代为拍摄的摄制方式。

在电影产业全球化的发展趋势下，联合摄制的影片由于可以多方投资、版权分割、保底分账、整合优势资源、共同分担风险、享受政府政策扶持、进入多方市场等，成为一种重要的电影制片策略。例如，电影《青鸟》(1976)是由**20世纪福克斯电影公司**和**列宁格勒电影制片厂**联合编剧、摄制，并得到了**E.泰勒**、A.加德纳、**简·方达**等好莱坞影星的出演，取得了良好的合拍效应。

根据中国电影主管部门颁发的《中外合作摄制电影片管理规定》，合拍片是指依法获得《摄制电影许可证》或《摄制电影片许可证（单片）》的境内电影制片方和境外电影制片方在中国境内外以联合制片方式所摄制的各类影片。各合作制片方的投资方式、最低投资数量、发行成分的比例、结算方式及权利、义务等都有相应的规定。1941年，由**费穆**编剧，奥地利弗莱克夫妇联合导演，英茵、张翼、蓝兰等主演的影片《世界儿女》，是中国较早的中外合拍片。中华人民共和国成立后，中国与苏联合拍的纪录片《中国人民的胜利》(1950)和《解放了的中国》(1950)、中国与法国合拍的故事片《风筝》(1958)、中国与苏联合拍的故事片《风从东方来》(1959)等为新中国早期合拍片。改革开放后，自1979年成立专门管理和拍摄合拍片的中国电影合作制片公司以来，中国先后与英国、法国、意大利等20多个国家与地区签署了电影合拍协议，极大地促进了合拍片摄制以至中国电影业的繁荣发展。（张默然）

《何处是我朋友的家》 *Where Is the Friend's Home?*　伊朗彩色故事片。伊朗青少年发展研究院1987年出品。编导，**阿巴斯·基雅罗斯塔米**；摄影，F.萨巴；主演，B.A.普尔、A.A.普尔、K.B.德发埃。

故事讲述了在伊朗乡村一所小学学校中，一群孩子在课堂里听老师讲课，老师发现穆罕德屡次没有完成家庭作业，严厉地批评了他并警告他如若再犯此错误立即开除。当天放学后，小男孩阿穆德却赫然发现自己把同桌穆罕德的作业本带回了家。为了把作业本还给同桌，阿穆德孤身前行，翻过对面的山坡，到村子里去寻找同桌。阿穆德寻找途中处处碰壁，最终没有找到穆罕德，只好带着作业本回家，替朋友写了作业。次日，老师检查作业时，阿穆德及时把写好作业的本子交上，让穆罕德免于惩罚，两个孩子也得到了珍贵的友谊。

影片故事温暖，构图平实，导演用长镜头呈现出一个安静平和的世界。影片启用非职业演员，叙事质朴，接近纪录片风格。影片1989年获第42届瑞士洛迦诺国际电影节铜豹奖、评委会奖、费比西特别推荐奖。（陈　刚）

何非光 He Feiguang（1913-08-14～1997-09-06）中国电影导演。生于台湾台中，卒于上海。父亲何日新经营“土砻间”（碾米厂），自幼家境较好。何非光曾就读于台中一中，其间参演了话剧《昏暗》，话剧影射了殖民者对台湾人的欺压，因而他被称作“不良少年”，何非光的几个哥哥也分别受到日本殖民者的迫害，这在他的心里种下了仇视日本人的种子。在学校里，他被日本人叫作“清国奴”，因此与人打架而被学校开除。后赴日本东京学习，不久回到上海。20世纪30年代初，在苏州游历时参观**联华影业公司**拍摄《续故都春梦》的外景戏，戏中演员无法完成骑马动作，何非光被临时拉来充当替身，顺利完成拍摄。1933年，与联华影业公司签约，成为正式演员，在《母性之光》（1933）、《**渔光曲**》（1934）、《再会吧，上海》（1934）、《体育皇后》（1934）等影片中扮演反面角色。后转向电影幕后，两度前往日本学习有声电影拍摄技术。1937年回国，开始导演电影。

1939年，在中国电影制片厂拍摄了《保家乡》，影片号召大众奋起抗日，开创了纪实性故事片的新形态。1940年，导演《东亚之光》，是他电影创作的高峰，被称为人类史上的奇迹、一柄正义之剑。影片讲述了抗战时期，日本人高桥三郎应征参加侵华战争，山本队长向日本兵极力丑化中国。二人被俘虏后，慢慢感悟到战争的残酷和日军暴行的危害。影片于战地重庆拍摄，特色在于片中战俘的扮演者均为真实的日本战俘，具有反战意味，所以此片拍摄时受到日军的疯狂阻挠，包括用飞机轰炸、给演员投毒等。影片上映后，引起轰动。1941年，由于日军切断了国民党的陆地供给，中国电影制片厂因胶片不足而无法拍摄，何非光前往香港，为邵氏的南洋影片公司拍摄《新生命》。太平洋战争爆发后，又返回重庆。之后，相继拍摄了《气壮山河》（1944）、《血溅樱花》（1944）。

1946～1949年，何非光又拍摄了《芦花翻白燕子飞》（1946）、《某夫人》（1946）、《出卖影子的人》（1947）、《同是天涯沦落人》（1947）、《天山之歌》（1947，纪录片）、《人兽之间》（1949）。是抗日战争时期拍摄抗战电影最多的导演之一。1995年，参加中国抗战电影研讨会。1997年，中国台湾电影导演协会追授何非光终身成就奖。（徐建华）

何基明 He Jiming（1916～1994-08-13）中国电影导演。生于台湾，卒于台湾。毕业于东京艺术学院。曾担任过日本东宝公司的教育片导演，返回台湾后担任台北县电化教育工作的指导。台湾光复后，任台中县政府电影课长、民众教育艺术主任等职。在担任这些社教工作期间，其与歌仔戏剧团合作将歌仔戏中的神怪演出片段拍成电影，并穿插在舞台剧中交替放映，大受欢迎。

1955年在台中创办华兴电影制片厂，自任厂长。1956年，得到成功影业社投资，与麦寮歌仔戏剧团拱乐社陈澄三合作，以35毫米摄影机拍摄，将该社拿手戏目《薛平贵与王宝钏》的舞台演出略加分镜拍成电影，并于1957年1月4日在“大观”与“中央”戏院联映八日，获得较大成功。1957年导演了第一部台湾少数民族抗日电影《青山碧血》，努力还原雾社事件的历史现场，获第1届台湾闽南语片电影展览会金马奖最佳编剧奖。1960年赴日本，在映画电视技术会拍摄教育片。1969年回到台湾，受聘加入台湾“中国电视公司”筹备相关戏剧节目，并参与拍摄电视剧。

何基明还拍摄有《金山之夜》《台南运河殉情记》《邱罔舍》《王怀义买父》《无胆英雄》《雾夜香港》等影片，以及《玉兰花》《翠玉环》《苦心莲》等电视剧。1992年获第29届台湾电影金马奖终身成就奖，同年获日本电视技术协会奖。（于丽娜）

何群 He Qun（1955-12-07～2016-12-31）中国影视导演、美术师。生于江苏南京，卒于北京。1982年毕业于北京电影学院美术系，同年进入广西电影制片厂担任美术师。曾在《一个和八个》（1983）、《**黄土地**》（1984）、《大阅兵》（1985）、《书剑恩仇录》（1986）、《寡妇村》（1987）、《出嫁女》（1990）等影片中任美术师。1988年转任导演，拍摄了电影处女作《哗变》（1989）。1989年进入珠江电影制片厂。1991年与江浩联合执导了作品《烈火金钢》，获中国广播电影电视部优秀故事片奖。1992年与刘宝林联合执导的《上一当》，获第4届上海影评人奖十佳影片奖。1994年执导电影《凤凰琴》，获第14届中国电影金鸡奖最佳故事片奖、最佳编剧奖、最佳男主角奖，第17届中国大众电影百花奖最佳故事片奖、最佳男演员奖等。1994年，导演电视剧《紧急追捕》。1995年执导影片《混在北京》，获第19届中国大众电影百花奖最佳故事片奖。1996年执导影片《男孩女孩》，获第3届中国电影华表奖优秀儿童片奖。

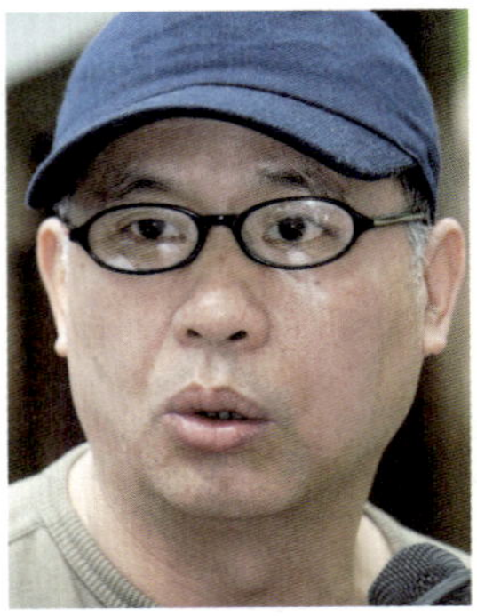

21世纪，主要转向电视剧创作。2003年，与张羽、段果平共同执导了中国第一部反映“抗击非典”的电视报告剧《没有硝烟的战争》。2004年，执导了根据梁羽生武侠小说改编的武侠电视剧《萍踪侠影》。2006年，执导了根据同名小说改编的抗日题材电视剧《吕梁英雄传》，获第23届中国电视金鹰奖优秀长篇电视剧奖。2007年，执导了根据同名小说改编的言情电视剧《秋海棠》。2008年，拍摄了反映家庭“冷暴力”的电视剧《婚姻背后》。2010年，拍摄了根据老舍同名小说改编的年代剧《茶馆》，获第28届中国电视剧飞天奖优秀长篇电视剧三等奖。之后陆续推出了《零炮楼》（2013）、《铁血兄弟》（2013）、《结婚的秘密》（2014）、《养父的花样年华》（2014）等。

何群在电影美术创作上有着鲜明的个人特色和较高的艺术追求，而他的艺术追求也体现在其导演创作中。其作品叙事自然流畅，题材贴近生活，内容反映现实，拥有对生活敏锐的观察力，表达了对小人物的深切关注与理解。（孙承健）

荷兰阿姆斯特丹国际纪录片电影节 International Documentary Film Festival Amsterdam 世界专业纪录片电影节。1988年创办于荷兰阿姆斯特丹。之后每年11月举行，为期11天。电影节成立宗旨是促进全球纪录片文化的发展，鼓励具有前瞻性和创意性的纪录片创作，提供全球纪录片导演、制作人、买家与观众相互交流的机会，同时致力于搭建国际纪录片合作及交易的专业化平台。电影节主要活动有：①国际纪录片展映；②比赛评奖；③纪录片创投论坛；④交易市场；⑤培训学院；⑥实验单元。主要评奖项目分为八类，分别为纪录长片、纪录中长片、新人导演、学生制片、儿童纪录片、荷兰纪录片、最受青少年喜爱纪录片，以及不限形式的互动类计划等。除青少年选片项目外，最佳影片奖项评选标准，着重于作品本身是否能有效表现创作者在叙事及电影上的个人观点和创新独特的风格，并能够关注时代社会的议题，激励观众思考、反馈等。中国导演范立欣于2009年以《归途列车》获得最佳纪录长片奖，这是亚洲纪录片于该节崭露头角的起点。

除主题多元的展映外，电影节最重要的活动，是与产业接轨的纪录片创投论坛和纪录片交易市场。前者是欧洲最大的国际纪录片合作融资平台，内容包含圆桌提案、中心提案与粗剪计划；后者是促进国际纪录片产业发展而设立，鼓励具有开创性的纪录片制作，邀请国际纪录片导演、买家、片商、策展人和经理人在该活动中共同欣赏最新、最佳的创意纪录片，进而达成交易目的。电影节设有基金会，以支持发展中国家的纪录片发展，还设立纪录片学院，以培养新的纪录片工作者、促进高水平纪录片的产出。同时，也开设在线电视平台，播映历年电影节各单元展映的优秀作品。 （赵 远 高浩敏）

荷兰电影 Dutch cinema 1898年荷兰拍摄了第一部纪录电影《国王一家》（导演安德森）。1902年拍摄了短故事片《长裤汉遇险记》（导演穆连斯兄弟）。1910年在哈勒姆出现了第一家电影制片厂，摄制了一些纪录片和短故事片。20世纪20年代前后，外国影片大量涌进，荷兰电影无力与之竞争，1919年哈勒姆电影制片厂关闭。

1927年，以J.**伊文思**为首的一些青年电影工作者在阿姆斯特丹成立了俱乐部性质的“电影–联盟”。他们不顾警察当局的限制，放映苏联革命电影，宣传进步的电影艺术。他们的组织迅速扩大，遍及荷兰城市。同时他们团结年轻的电影工作者反对商业电影，赋予电影以社会倾向性，并对电影语言进行创新实验。这个组织为荷兰纪录电影在30年代取得成就打下了基础。1934年，导演G.鲁登拍摄了影片《死水》（此片以摄影技巧高超著称，摄影师是A.范·巴尔西和A.卢斯杰克），伊文思拍摄了《须德海》。其他重要的纪录电影有《水晶世界》（1934，导演J.莫尔）、《复活节岛》（1934，导演Z.菲尔努）、《古老城市》（1935，导演V.突辛斯基）、《气缸之歌》（1936，导演M.德·哈斯）等。这样，荷兰形成了一个优秀的纪录电影学派。其特点在于探索新的、富于表现力的电影手段，以诗意和尖锐的政论性相结合的手法反映现实生活。20世纪30年代，荷兰的故事片水平不如纪录片。1933年拍摄了第一部有声电影故事片《祖国之父》（导演G.杰尼森）。

德国法西斯占领荷兰期间，荷兰的电影生产实际上停止了。战争结束后，拍摄了几部纪录片，如反映荷兰抵抗运动的《最后的射击》（1945，导演Z.菲尔努）和《在路上会同》（1946，导演O.范·涅恩浩夫）。在50年代以后的很长时间里，荷兰纪录片和科普片在国际上享有盛名，如导演J.莫尔的《从勒文胡克到电子显微镜》（1951），M.德·哈斯的《化妆跳舞会》（1952）、《阿姆斯特丹——水上城市》（1957），导演H.范·德尔·哈尔斯特的《我们一起撒网》（1952）、《畜牧神》（1962），B.汉斯特拉的《伦勃朗，肖像画巨匠》（1956）、《玻璃》（1958）等。这时期生产的故事片主要有反映荷兰农村生活的《军乐队》（1958，导演B.汉斯特拉），描写一个少女在资本主义社会的悲惨遭遇的《珍妮》（1958，导演V.范·海梅特）和喜剧片《同行们，不要喊叫！》（1960，导演F.拉德马克尔斯）。

1965年荷兰政府开始对电影生产给予资助。60年代中期，新一代电影工作者成长起来，其作品反映了荷兰当时的社会问题，如故事片《约瑟夫·卡突斯不光彩地返回伦勃朗的国家》（1966，导演W.维尔斯达宾）、《妄想狂》（1967，导演A.狄特沃斯特）等。70年代摄制的较重要作品有《励柳·穆威》（1971，导演V.维尔斯达宾）、《美味糕》（1972，导演P.维尔胡文）、《安泽拉》（1973，导演N.德尔·黑德）、《弗兰克和爱娃》（1973，导演P.德·拉·帕拉）、《火红头发的辛》（1974，导演F.韦斯）、《太阳的孩子》（1975，导演R.万·尼），以及导演J.斯杰林格的影片《来自奈梅根的马里金》（1974）和《艾尔凯里克》（1975）等。在彩色和技巧方面进行实验的影片，有导演F.兹瓦尔蒂斯的《这是我》（1977）等。在艺术上获得很大成功的影片，有导演F.拉德马克尔斯拍摄的《麦克斯·哈韦拉尔》（1976）、导演P.维尔胡文执导的反法西斯的影片《女王的士兵》（1977）和导演V.维尔斯达宾根据S.费斯特代克的作品改编的影片《1943年田园曲》（1978）。

这期间荷兰纪录电影的出色影片有：B.汉斯特拉的《12000000》（1964）、《水的叫声》（1967），J.菲尔努的《在荷兰的天空下》（1967）。反映发展中国家的问题的纪录片有《非洲革命》（1972，导演C.乔金）、《边境的交叉点》（1974，导演F.布洛梅特）等。

70年代，荷兰电影票房开始下降，唯一成功的主流电影人是迪克·麦斯，其作品包括《电梯》（1983）、《该死的阿姆斯特丹》（1988）、表现失能家庭的喜剧片《宜家》（1986）及《宜家在美国》（1992）续集。80年代，F.罗德麦克斯的《攻击》（1986）获第59届美国电影奥斯卡奖最佳外语片奖和第44届美国电影金球奖最佳外语片奖。

《攻击》剧照

90年代，荷兰通过税收政策的调整鼓励本国电影业发展，之后出现电影创作的繁荣。21世纪，荷兰和摩洛哥演员共同参演的喜剧电影《乖乖宝贝》（2004）和《炸肉排天堂》（2005）获得不俗的票房。与此同时，荷兰还拍摄了适合全家观影的儿童小说改编电影，如《时空电梯》（1998）、《小面包屑》（1999）、《猫女》（2001）、《彼得·贝尔历险记》（2002）、《变色龙号船长》（2003）、《普卢克拖车》（2004）、《愿望小马》（2005）等。 （尹广文 秦喜清）

赫本，A. Audrey Hepburn（1929-05-04～1993-01-20） 英国电影演员。生于比利时布鲁塞尔，卒于瑞士特洛什纳。父亲是爱尔兰裔英国富商，母亲是荷兰贵族后裔。6岁父母离婚，随母亲住在荷兰。自幼受到良好、全面而严格的艺术训练，酷爱芭蕾，师从荷兰名师S.加斯盖。第二次世界大战时期，赫本由于营养不良而结束了“芭蕾梦”，后逐渐与舞台和电影结缘。因在轻歌剧《鞑靼酱》中的演出，让赫本获得了

首部电影《天堂里的笑声》(1951)中女侍角色。后因在百老汇舞台剧《姬姬》中的出色演出，被导演W.惠勒看中，获邀主演《罗马假日》(1953)而一举成名，荣获了奥斯卡奖、金球奖（剧情类）、纽约影评人协会奖和英国电影学院奖的最佳女演员奖。

赫本身上所具备的清纯典雅的贵族气质，奠定了一种新的女性美观念。此后，赫本主演的《萨布里娜》(又译《龙凤配》，1954)、《修女故事》(又译《修女传》，1959)、《蒂凡尼的早餐》(1961)和《等到天黑》(又译《盲女惊魂记》，1967)使其4次获奥斯卡奖最佳女主角奖提名。其中，《修女故事》获得美国纽约影评人协会奖和英国电影学院奖的最佳女演员奖。1963年又以《谜中谜》第3次获英国电影学院奖最佳女演员奖。1964年主演的音乐喜剧片《窈窕淑女》，她虽因没有亲自演唱而不能提名奥斯卡奖，但该片荣获包括最佳影片奖、最佳导演奖、最佳男演员奖等8项奥斯卡奖。

《窈窕淑女》剧照

赫本在30年的艺术生涯中共拍摄了26部电影。20世纪50～60年代，是她演艺事业的巅峰期，主演或出演了《战争与和平》(1956)、《上流社会》(1956)、《黄昏之恋》(1957)、《甜姐儿》(1957)、《如何盗窃100万》(又译《偷龙转凤》，1966)、《丽人行》(1967)等重要影片。1967年后一度退隐，1976年重返影坛，出演了《罗宾与玛丽安》(1976)、《血统》(1979)、《皆大欢喜》(1981)、《永远》(1989)等影片，均因无法超越先前已成定式的少女形象和随着妇女解放运动高涨，不能满足时代对"新女性"的呼唤而反响平平。后再次退出影坛转向公益事业，担任联合国儿童基金会的亲善大使，直到去世。

1992年，赫本被美国演员工会和英国电影学院分别授予终身成就奖、特别奖，1993年被美国电影艺术和科学学院授予琼·赫肖尔特人道主义奖。（许 婧）

赫本，K. Katharine Hepburn(1909-11-08～2003-06-29) 美国电影演员。生于康涅狄格州哈特福德，卒于康涅狄格州哈特福德。父亲是知名医生。1924～1928年，就读于布林莫尔学院，其间参加过大学戏剧演出。

1928年，在巴尔的摩首次登台演出，不久成为百老汇名角。1932年，出演G.库克执导的《离婚账单》，一举成名。1933年，出演《牵牛花》，获第6届美国电影奥斯卡奖最佳女演员奖。此后，与S.屈赛搭档主演了《小姑居处》(1942)、《自由之火》(1943)、《联邦一州》(1948)和《帕特和麦克》(1952)等多部影片。20世纪50年代，重返舞台，演出《皆大欢喜》等W.莎士比亚戏剧。1962年，出演S.吕美特执导的《长夜漫漫路迢迢》，获第15届法国戛纳国际电影节最佳女演员奖。1967年，再次与屈赛合作，出演《猜猜谁来吃晚餐》，获第40届美国电影奥斯卡奖最佳女演员奖、第22届英国电影学院奖最佳女演员奖和第12届意大利电影大卫奖最佳外国女演员奖。1968年，出演根据同名话剧改编的影片《冬狮》，获第41届美国电影奥斯卡奖最佳女主角奖。1982年，与H.方达合作出演《金色池塘》，获第54届美国电影奥斯卡奖最佳女演员奖和第36届英国电影学院奖最佳女演员奖。

《长夜漫漫路迢迢》剧照

赫本性格直爽，表演处处充满着优雅、机智和魅力，特立独行的人格和拒绝向社会妥协的生活方式，成为20世纪美国"现代女性"的缩影。她出演的影片还有《寂寞芳心》(1935)、《西尔维娅传》(1935)、《费城故事》(1940)、《非洲女王号》(1951)、《夏日痴魂》(1959)、《爱情事件》(1994)等。1999年，被美国电影学会评为"百年来最伟大的女演员"第一位。

（何 为 撰 刘 斐 修订）

《黑暗中的舞者》 *Dancer in the Dark* 丹麦彩色故事片。赞罗帕娱乐公司等2000年出品。编导，拉斯·冯·提尔；摄影，R.穆勒；主演，C.德诺芙、D.摩斯、P.斯特曼、J.格雷等。

故事讲述了塞尔玛是一名患有眼疾将近失明的单身母亲，儿子吉恩遗传了同样的疾病。为了给儿子治病，他们从捷克移民到美国，租住在警察比尔和他的妻子琳达的房子里。塞尔玛开始拼命赚钱，经过一段时间的劳累，塞尔玛显得精疲力尽。面对这种绝望得令人窒息的生活，塞尔玛选择逃避到只有音乐和舞蹈的幻想世界中自娱。一天，比尔告诉塞尔玛他濒临破产，塞尔玛也向比尔讲述了她辛苦攒钱给儿子做手术的事情。但是，比尔偷走了塞尔玛的钱，当塞尔玛打算拿回自己的钱时，两人发生械斗，比尔死亡，塞尔玛被捕。塞尔玛拒绝用那笔钱支付律师费，最终被处以绞刑。在行刑室，她用歌声告别人世。

《黑暗中的舞者》剧照

影片突破了传统歌舞片的模式，将主人公塞尔玛乏味、艰难的现实生活和她梦幻般的歌舞世界交叉进行展现，具有强烈的情绪感染力。影片是拉斯·冯·提尔"金心三部曲"的第三部，其中悲剧式的结局给观众心灵造成巨大震撼。影片采用手持摄影机拍摄，其中歌舞场面同时调用了100架手持摄影机，抓住了精彩的"黄金瞬间"，保证了高度的真实性，具有纪录片的风格。影片2000年获第53届法国戛纳国际电影节最佳影片金棕榈奖、第13届欧洲电影奖最佳影片奖，2001年获第24届日本电影学院奖最佳外语片奖。

（甄晓文）

《黑帮暴徒》 *Tsotsi* 南非、英国合拍彩色故事片。英国电影电视制作公司、南非工业发展合作部、南非国家电影和视频基金会2005年联合出品。编剧，A.加德；

导演，G. 胡德；摄影，L. 戈沃；主演，P. 奎文亚吉、T. 菲托、M. 麦格诺。

故事讲述了托西是一个无恶不作的黑帮头目，在一次劫车过程中无意带走了车上的一名婴儿。托西本人是个孤儿，出于同情把婴儿带回了家。之后，托西性格逐渐改变，善良的本性被呼唤出来。最终，托西将婴儿归还婴儿的生父和生母，并向警方自首。

影片有意淡化对犯罪过程的描述，重点突出人性复苏的过程，并将托西犯罪的原因归结于童年创伤。影片以婴儿隐喻南非新政体，以黑帮隐喻实施种族隔离的白人统治阶级，通过描述黑帮头目如何经过与过去决裂、将婴儿交给警方的艰难过程，暗示了南非社会转型的艰难。影片还揭示了南非的种族隔离、城市犯罪等诸多问题，具有强烈的现实意义。影片2005年获第30届加拿大**多伦多国际电影节**人民选择奖最佳故事片奖，2006年获第78届美国电影奥斯卡奖最佳外语片奖。

（张　勇）

《黑炮事件》 *The Black Cannon Incident* 中国彩色故事片。西安电影制片厂1985年出品。改编自张贤亮的小说《浪漫的黑炮》。编剧，李唯；导演，**黄建新**；摄影，王新生、冯伟；主演，刘子枫、高明、汪漪、盖尔哈德·奥尔谢夫斯基。

故事讲述了某矿山公司精通德语的工程师赵书信为寻找一枚丢失的象棋子，向苏州的棋友发了一份“丢失黑炮301找赵”的电报。这诡秘的电文竟引来了对赵书信的一番追查，酿成了一桩所谓的黑炮事件。尽管德国工程师汉斯·施密特提出希望赵书信能再次与他合作，但公司领导却故意安排赵书信临时去维修厂，而另派旅行社的德语翻译来担任翻译。由于翻译的错译，试车轴承全部烧毁。一场误会，致使国家损失了上百万元。

影片通过事件的发展和人物性格的揭示呈现出深刻的哲理性和思辨性，启示人们，改革要深入进行下去，就必须肃清长期以来极“左”思潮的流毒和影响，从而改变不正常的人际关系，建立起相互信任、尊重和合作的新关系。影片反思了知识分子的心灵扭曲，对官僚结构及其体制性痼疾给予了讽刺和批判。在艺术表现上，创作者熔写实、荒诞、造型、象征等多种艺术手法于一炉，对影像美学做出了富有成效的探索和创新。影片1985年获中国广播电影电视部优秀故事片奖，1986年获第6届中国电影金鸡奖最佳男主角奖。

（翁睦瑞）

黑泽明 Kurosawa Akira（1910-03-23～1998-09-06） 日本电影导演。生于东京，卒于东京。黑泽明从小家教很严，对书法和绘画非常感兴趣，曾立志当一名画家。

1929年参加日本普罗美术同盟。1936年被录取为照相化学研究所制片厂助理导演。1939～1941年与人联合导演了影片《马》，并写了《青春的气流》《航空兵的凯歌》等7个电影剧本。1943年创作的《姿三四郎》显示了他的艺术才华。之后导演的作品有《最美》（1944）、《无愧于我们的青春》（1946）、《野狗》（1949）、《丑闻》（1950）等。

1950年拍摄的《**罗生门**》获第16届意大利威尼斯国际电影节金狮奖和第24届美国电影奥斯卡奖最佳外语片奖。1951年尝试改编F.M.陀思妥耶夫斯基的名著《白痴》，并成功导演了《活着》。后者被评为1952年度《电影旬报》十大佳片之首。1954～1970年，主要作品有《七武士》（1954）、《活人的记录》（1955）、《蛛网宫堡》（1957，根据W.莎士比亚《麦克白》改编）、《底层》（1957，根据M.高尔基同名小说改编）、《暗堡中的三恶人》（1958）、《坏蛋睡得最香》（1960）、《保镖》（1961）、《椿三十郎》（1962）、《天堂与地狱》（1963）、《红胡须》（1965）、《电车声》（1970）。1969年与导演**木下惠介**、小林正树等成立了“四骑会”。1971年12月因创作苦闷自杀未遂。20世纪70年代后的作品有《德尔苏·乌札拉》（1975）、《影子武士》（1980）、《乱》（1985，取材于莎士比亚悲剧《李尔王》）、《梦》（1990）、《八月狂想曲》（1991）等。

《影子武士》剧照

黑泽明的作品善于描写日本民族的现实与历史，揭示人性与灵魂的冲突，探寻人类无法回避的贪婪伪善等本质问题。其作品导演手法简练，视觉形象生动，动作性强，节奏明快，具有恢宏的气势和浓郁的民族色彩，多次斩获国际大奖。1978年曾出版个人自传《**蛤蟆的油**》。1990年获第62届美国电影奥斯卡奖终身成就奖，成为首位获此殊荣的亚洲人。

（李正伦）

《红高粱》 *Red Sorghum* 中国彩色故事片。西安电影制片厂1987年出品。改编自莫言同名小说。编剧，陈剑雨、朱伟、莫言；导演，**张艺谋**；摄影，**顾长卫**；音乐，赵季平；录音，顾长宁；主演，**巩俐**、**姜文**。

《红高粱》剧照

故事讲述了在抗日战争时期的西北土地上，男女主人公历经曲折一起经营一家高粱酒坊，但是在日军侵略战争中，女主人公和酒坊伙计不幸惨遭日军虐杀。影片通过一个富有传奇色彩的故事，塑造了“我奶奶”“我爷爷”、罗汉大叔等中国普通老百姓群像，讴歌了他们敢生、敢死、敢爱、敢恨的性格选择，对中华民族的历史、心理、文化及生存方式作了思考。影片风格粗犷豪放、气势宏伟，画面造型生动、气氛热烈。导演充分调动了各种电影手段，摆脱了传统的结构方式。电影保留了莫言小说中“我爷爷”“我奶奶”的爱情，以及“我爷爷”打日本鬼子的两条线索，也保留了以“我”来回溯祖辈故事的视角。影片对莫言小说做了大量的删除和修改，把小说山东高密东北乡的地点搬到了西北，影像回到第五代导演标志性的“黄土”意象空间，具有意味深长的象征性。

影片以叙事的传奇性和民俗的奇观性，成为西方人视野中的反抗专制秩序的东方民族寓言，从而走向了国际舞台。影片1987年获文化部优秀影片奖；1988年获第8届中国电影金鸡奖最佳故事片奖、最佳摄影奖、最佳音乐奖、最佳录音奖，第11届中国大众电影百花奖最佳影片奖，第38届德国柏林国际电影节金熊奖，第5届津巴布韦国际电影节最佳影片奖、最佳导演奖和故事片真实新颖奖，第35届澳大利亚悉尼国际电影节电影评论奖。

（弘　石）

《红军和白军》 *The Red and the White* 匈牙利故事片。匈牙利电影制片厂、苏联莫斯科电影制片厂1967年联合出品。编剧，G.赫尔纳迪、M.扬索、L.卡拉尔、V.卡伦、G.姆迪瓦尼；导演，扬索；摄影，T.索姆罗；主演，J.玛达拉斯、T.摩那尔、A.柯察克。

《红军和白军》剧照

故事讲述了1919年苏俄内战时期，匈牙利士兵在伏尔加河平原援助红军、与白军作战的情形。影片从远景处的白军骑兵开始，表现红军被追击的场面。幸存的战士逃回到红军驻地，但白军很快赶到。红军指挥官跳楼自尽，红军集体被俘。俄罗斯籍的红军被命令脱去外衣、长靴，然后遭到集体枪杀。作为外籍士兵，匈牙利籍红军战士被驱逐，随后遭到白军追杀。国际第二团的11名红军伤员藏身于一个河边医院里，白军不断前来骚扰，搜查红军战士的下落。一名红军战士受命骑马逃出，向红军第一骑兵师报告情况并请求支援。白军无情地残杀了他们搜查到的红军战士。危急时刻，一小队红军出现，医院的白军被控制。红军兵分两路突围，匈牙利籍红军跟随红军指挥官到伏尔加河附近，与成群的白军展开战斗。最后，全队集合，高唱马赛曲走向敌营，全部牺牲。报信的红军士兵终于带回了大量的红军，在田野的草丛里，这名红军士兵看到的是一堆红军战士的尸体。军号声中，他举起了长刀，眼睛中含满热泪。

影片探索了**运动镜头**和镜头内**蒙太奇**组接，通过运动镜头再现战争场面，摄影机随演员的表演一起移动，呈现了气势恢宏的战斗过程。影片展现了战争中的胜利者对被俘者的凌辱和对人性的践踏，反思了人性与权力的问题。影片为纪念十月革命胜利50周年而拍摄，被认为是匈牙利新浪潮电影的代表作品之一。影片1968年获第21届法国戛纳国际电影节金棕榈奖提名，1969年获法国电影评论协会评论奖最佳外语片奖。（秦喜清）

《红楼梦》 *A Dream of Red Mansions* 中国彩色戏曲片。上海海燕电影制片厂和香港金声影业公司1962年联合出品。改编自同名越剧。编剧，徐进；导演，岑范；摄影，陈震祥；主演，徐玉兰、王文娟。

《红楼梦》剧照

故事讲述了林黛玉幼年丧母，外祖母贾母将其接至身边。黛玉初入贾府，与表哥贾宝玉一见如故。宝玉是家中后代嫡出中唯一男丁，被家人寄予厚望，父亲对其严厉，而贾母对其娇宠。次年，薛姨妈及女儿薛宝钗入府投亲。宝钗有一金锁，众人皆说此与宝玉的玉正为佳配，是金玉奇缘。但宝钗常常劝说宝玉要专于仕途，引发宝玉反感。宝玉无心仕途，反与王府戏子、府中丫鬟过从甚密，引得父亲怒而鞭笞，令他更与黛玉心心相印。然而，由于黛玉自幼寄人篱下，敏感多疑，数次误会宝玉，忧思过甚，身体更加孱弱。后贾母做主，凤姐设计，骗宝玉与宝钗成婚，黛玉含恨而死。当宝玉得知所娶之人并非黛玉，且黛玉已死时，冲至灵前，声声泣血。在绝望之中，宝玉弃玉，愤然出走。

影片以贾宝玉和林黛玉的爱情故事为主线，选取原小说中典型情节，突出表现了宝玉的叛逆性格，强调了对封建大家族的反抗主题。影片尽可能地在有限的时间内还原与展现原著的精神风貌。导演在充分发挥了越剧艺术特色的同时，注重电影化的语言表达，充分利用**蒙太奇**手段加强情节中的对比，并在对比中完成了人物性格的刻画和不同人物之间的对立与冲突。如黛玉焚稿和宝玉成亲便采用了平行蒙太奇的技巧，将大悲与大喜两件事情同时展开，进而产生了强烈的戏剧冲突，刻画出情节高潮时强烈的悲剧性。导演采用实景拍摄，将大观园的美丽景色与情绪气氛中的压抑、封建势力对人物的束缚扭曲很好地融合，构成影片视觉审美与主题表达的独特叙事结构，很有张力。对于宝、黛的亲密交往与内心挣扎等细节塑造，除了在色彩、影调处理等方面都非常讲究外，还特别善于利用景物来烘托情绪气氛，有力地表现了人物的心理变化，并有效地传达给观众，引起共鸣。影片结构完整，情节叙述紧凑，情绪贯穿饱满，视觉形态统一，人物造型俊丽，唱腔柔美细腻，是中国**戏曲电影**中非常具有代表性的作品。

（高小健）

《红楼梦》 *A Dream of Red Mansions* 中国电视剧。**中央电视台**和**中国电视剧制作中心**1987年联合出品。共36集。改编自中国古典文学名著《红楼梦》。编剧，周雷、刘耕路、周岭；导演，王扶林；摄影，李耀宗、季云军、周志全；主演，欧阳奋强、陈晓旭、张莉、邓婕、郭霄珍。

故事讲述了扬州巡盐御史林如海的妻子去世，林黛玉与父作别后来到京都荣国府探亲，并就此与贾宝玉相见。二人一见如故，荣国府贾母更是十分疼爱林黛玉。没过多久，薛姨妈带着女儿薛宝钗也来到荣国府探亲，长袖善舞的薛宝钗更是受人欢迎，性格孤傲的林黛玉心底产生芥蒂。元妃省亲时，荣国府建造了富丽堂皇的大观园，府内众姐妹就此搬进大观园居住。大观园内姐妹们吟诗作对，大观园外的荣国府却处处危机。最终凤姐独木难支，晴雯惨死，探春远嫁，大观园诸芳流散。黛玉听说宝玉失踪悲痛过度而死，宝玉远游回家后黯然神伤。宝钗喜成大礼后不久，贾府被奉旨查抄，全家主仆被收押，宝玉心如死灰，从此消失在天际。

《红楼梦》剧照

《红楼梦》在遵循原著的基础上，以深沉而雄浑的格调，展现了封建社会背景下一个大家族的起落兴衰，犹如一幅色彩斑斓的社会画卷。该剧运用情景交融、富有诗情画意的镜头，把千姿百态的自然景色与人物复杂的思想感情交织在一起，升华到了理想美的意境。是中国大陆地区第一次完整地将古典文学名著《红楼梦》搬上银幕，播出后受到了大众的好评与喜爱，在学界引发了较大的讨论，成为中国电视史上的经典作品。也是大陆电视剧第一次通过全国“海选”的形式选拔演员，在当时产生了很大的轰动。该剧1987年获第7届中国电视剧飞天奖电视连续剧特等奖、优秀女配角奖、优秀美术奖、优秀

剪辑奖，第5届大众电视金鹰奖优秀连续剧奖和优秀女配角奖。（王乙涵）

《红旗漫卷西风》 *The Red Flag Thrown into West Wind* 中国纪录片。北京电影制片厂1950年出品。编导，姜云川、张建珍；摄影，罗茅、程默、张永、鲁明、韩克超；解说，陈方千。

影片以介绍中共革命圣地延安开始，对中国共产党在民族危亡关头，领导边区军民英勇抗日、反对国民党封锁、开展大生产运动一直到抗战胜利，都有相应的展现。面对解放战争初期国民党军队的进攻，毛泽东率领中国共产党沉着冷静地与边区人民共同战斗，以2万多兵力和胡宗南部20多万敌军周旋，最后将其全歼。中国共产党收复延安，并且乘胜攻占了西安、兰州、银川、西宁等广大地区，使远在新疆的包尔汗等率部起义，欢迎解放军进驻新疆。

影片以毛泽东诗词《清平乐·六盘山》中的诗句“红旗漫卷西风”为片名，副标题为“西北解放战争概述”，是一部全面反映中国人民解放军解放整个大西北全过程的文献纪录片。影片在全国各地战场摄影师从前线拍摄而来的大量素材的基础之上，又特派西北前线摄影师等五人拍摄而成，是新中国早期纪录电影的经典之作。影片史料丰富，影像珍贵，其中很多镜头都有很强的史料价值，如胡宗南进犯延安之前，毛泽东等中央领导人亲临战斗动员大会并讲话的镜头。片中音乐大多为日后脍炙人口的陕北民歌。尽管当时的技术条件有限，但影片中表现解放军歼灭敌人的动画图示却清晰明了，令观众印象深刻。影片1950年获第5届捷克斯洛伐克卡罗维发利国际电影节纪录片荣誉奖，1957年获文化部1949～1955年优秀影片长纪录片二等奖。（刘乃康）

《红旗谱》 *The Red Flag* 中国彩色故事片。北京电影制片厂、天津电影制片厂1960年联合出品。根据梁斌同名长篇小说改编。改编，胡苏、凌子风；导演，凌子风；摄影，吴印咸；主演，崔嵬、蔡松龄、鲁非、赵联、葛存壮等。

影片以冀中滹沱河畔锁井镇农民和恶霸地主的斗争为题材，反映了广大农民在中国共产党领导下逐步提高觉悟，前仆后继、英勇奋斗的过程。影片塑造的朱老忠作为农民阶级的代表，丝毫不见奴性，表现出敢于反抗强权、否定权威的叛逆性。显然，朱老忠身上已经涤除了封建社会因愚民教育而习以为常的心理积习，挣脱了尊卑等级观念和宿命论的思想束缚。崔嵬演绎的朱老忠这个人物，性格鲜明，形象感人，散发着一股浓厚的冀中平原乡土气息，有一种浑然天成的艺术美感。影片具有浓郁的民族特色和地方特色，善于调动电影的艺术手法以刻画人物。（王云缦）

《红日》 *The Red Sun* 中国故事片。上海天马电影制片厂1963年出品。改编自吴强同名小说。编剧，瞿白音；导演，汤晓丹；摄影，马林发；主演，张伐、杨在葆。

《红日》剧照

故事讲述了1946年冬，中国人民解放军第三野战军与敌军“王牌”74师激战后，主动北撤山东。敌74师师长张灵甫开始向山东沂蒙山区进犯，企图与第三野战军决战。1947年冬，以孟良崮战役为中心，双方展开了一场大决战。最终，第三野战军全歼74师，击毙了张灵甫。

影片以1946～1947年华东战场上的莱芜、孟良崮两大战役为背景，描写了中国人民解放军各级指挥员和战士的英雄群像，同时也揭露了行将灭亡的国民党军队外强中干、穷凶极恶的嘴脸。影片既忠实于原著又保有电影特点，用电影手法保持了原著宏大的规模、众多的艺术形象及重大的事件情节。由于影片在人物个性处理上，并不回避英雄人物的缺点、弱点和普通人的情绪心理，所以人物性格丰满、鲜明、真实动人。（王云缦）

《红色娘子军》 *The Red Detachment of Women* 中国彩色故事片。上海天马电影制片厂1960年出品。编剧，梁信；导演，谢晋；摄影，沈西林；主演，祝希娟、王心刚、陈强。

故事讲述了20世纪30年代初，海南岛椰林寨地主南霸天的丫头吴琼花，被装扮成华侨巨商的红色娘子军党代表洪常青救出，并参加了娘子军。吴琼花苦大仇深，在一次执行任务中因见到仇人南霸天就擅自开了枪，违反了侦察纪律。洪常青启发教育吴琼花要克服个人复仇思想。吴琼花在革命队伍里迅速成长进步，洪常青英勇就义后，吴琼花继任党代表，带领红色娘子军消灭了南霸天的反动势力。影片以20世纪30年代初期海南岛人民的革命斗争为背景，通过吴琼花这个富有反抗精神的女奴转变为自觉的无产阶级革命战士的成长过程，揭示了中国妇女只有在中国共产党的领导下进行革命斗争才能获得彻底解放的主题思想。故事情节起伏跌宕，人物性格鲜明感人。吴琼花从奴隶成长为共产主义战士的曲折经历、党代表洪常青两次扮演华侨巨商打入反动势力的堡垒椰林寨、在封建势力压迫下孤苦妇女红莲与木头人成亲等，这些情节设计都富有强烈的传奇色彩。

影片镜头处理有创造性，独具一格，调动大量的近景、特写用以刻画人物的内在激情，成功地使用了当时还用得不多的变焦距镜头。演员祝希娟凭借富有气质的个性化表演，成功地塑造了女主人公作为旧社会被压迫妇女的代表在反抗和斗争中成长的典型形象。影片1962年获第1届中国大众电影百花奖最佳故事片奖、最佳导演奖、最佳女演员奖及最佳男配角奖，1964年获第3届亚非电影节万隆奖。（张兆龙）

《红在革命蔓延时》 *A Grin Without a Cat* 法国纪录片。1977年出品。编导，C. 马克；摄影，P.W. 格伦、W. 库安特。

影片分为上、下两集。上集《柔弱的手掌》记录和反思了越南战争的爆发，表现了在世界范围内掀起的反战浪潮以及全球各地风起云涌的左派革命。对欧洲影响深远的法国“五月风暴”，也被重点介绍和讨论。下集《断掌》则着重描述左派内部的分裂，讲述了苏联军队对捷克斯洛伐克进行军事行动之后，欧洲左派革命者开始对苏联模式产生幻灭。在此情绪下，左派斗争在高潮之后开始转向更微观的领域，如妇女权利保障、环保以及裁军等方面，新左派运动也逐渐由此形成。

影片是对1967～1977年全球左派革命历史所进行的记录与反思，从越南、苏联、智利到玻利维亚、法国，拍摄范围之宽广令人震惊。影片的精彩之处不仅在于记录了历史，还在于描述和阐述历史的方式，对历史的思考具有十分宝贵的社会意义。（李玥阳）

侯孝贤 Hou Hsiao-Hsien（1947-04-08～　）中国电影编剧、导演。生于广东梅县。1972年毕业于板桥艺术专科学校（今中国台湾艺术大学）影剧科，后随导演李行

做场记工作。1975年开始担任编剧，先后在《桃花女斗周公》《我踏浪而来》《早安台北》等影片中担任编剧。1980年，编导处女作《就是溜溜的她》。1981年，编导《风儿踢踏踩》。1982年，编导《在那河畔青草青》，引起影坛重视。1983年，与万仁、曾壮祥联合执导《儿子的大玩偶》；影片根据台湾乡土作家黄春明的同名小说改编，由《儿子的大玩偶》《小琪的帽子》《苹果的滋味》3段故事组成，其中侯孝贤执导的《儿子的大玩偶》被认为确立了**台湾新电影运动**的主题与方向。同年，执导的《风柜来的人》，以台湾20世纪中期社会工业转型为背景，讲述乡镇一群男孩高中毕业后等待征兵期间来到城市的迷茫和困惑；影片具有少年不羁的生命质感，是侯孝贤影像风格形成的开始。

1985年编导的《童年往事》，是一部自传色彩浓厚的电影，承载了台湾社会历史的变迁，充满人间生离死别的沧桑，获第22届中国台湾电影金马奖最佳原著剧本奖、第36届德国柏林国际电影节国际评论奖。1986年编导的《冬冬的假期》，通过孩童的目光来注视成年人的世界，获第7届法国南特三大洲电影节最佳剧情片奖、第38届瑞士洛迦诺国际电影节特别奖、第30届亚太影展最佳导演奖。1986年导演的《**恋恋风尘**》，将台湾厚重的人文底蕴融入一段简单静谧的爱恋之中；影片出现侯孝贤此前电影中从未出现的大量空镜头，这既是他对人生的感悟，又是他对日本导演**小津安二郎**的致敬。1987年，凭借《尼罗河女儿》获第5届意大利都灵国际电影节特别评审奖。1989年导演的《**悲情城市**》，以台湾二二八事件为背景，通过一个家族的兴衰，折射出历史的嬗变、族群的冲突和身份的认同等，是一部宏大的史诗电影；影片获第47届意大利威尼斯国际电影节金狮奖、第26届中国台湾电影金马奖最佳导演奖等。1993年执导的《戏梦人生》，获第30届中国台湾电影金马奖最佳摄影奖、第46届法国戛纳国际电影节评委会奖。2015年执导的古装文艺武侠片《**刺客聂隐娘**》，以刺客聂隐娘为线索串起一个个鲜活的生命，用特有的影像魅力呈现唐朝世界，为观众提供了无限的想象空间。影片获第52届中国台湾电影金马奖最佳导演奖、第68届法国戛纳国际电影节最佳导演奖等。

侯孝贤在第68届法国戛纳国际电影节上

侯孝贤是一位大师级的导演，具有重要的国际影响力。他的电影充满人文关怀，擅长用长镜头、空镜头传递东方特有的美学神韵。他的反叛商业传统的叙事语言，看似平淡无奇，却在淡泊中寄予了深厚的生命体验，有着浓郁的诗情和意境。侯孝贤拍摄的电影还有《好男好女》（1995）、《南国再见，南国》（1996）、《海上花》（1998）、《千禧曼波之蔷薇的名字》（2001）、《咖啡时光》（2003）、《最好的时光》（2005）、《红气球的旅行》（2007）等。2007年，获第60届瑞士洛迦诺国际电影节终身成就奖、第18届日本东京国际电影节黑泽明奖。2020年，获第57届台湾电影金马奖终身成就奖。

（陈野 撰 高小健 修订）

侯曜 Hou Yao（1903～1942） 中国电影导演、编剧。字一星，号东明。生于广东番禺，卒于新加坡。毕业于国立东南大学教育学系。就学期间就酷爱文艺。1921年，

加入了由郑振铎、周作人等创立的文学研究会。从1924年起，在长城制造画片公司从事编剧和导演工作，相继在《弃妇》（1924）中担任导演、编剧，在《摘星之女》（1925）、《春闺梦里人》（1925）、《一串珍珠》（1926）中担任编剧，在《爱神的玩偶》（1925）、《伪君子》（1926）中担任导演。这些“问题剧”影片提出了各种人生问题，内容涉及女权、婚姻、非战和社会等各个方面。

1926年离开长城公司，加入**民新影片公司**，自编、自导了多部影片，包括《和平之神》（1926）、《月老离婚》（1927）、《海角诗人》（1927）、《西厢记》（1927）、《复活的玫瑰》（1927）、《木兰从军》（1928）等，并在《战地情天》（1928）中任编剧。侯曜的早期影片，比较注意追求形式的完美和表现的新颖，场景考究、镜头灵活、富有想象力和创造性，在当时的电影创作中体现和代表着一种新派风格。1932年，在联华北平分厂自编、自导了《故宫新怨》。1933年，加入香港振业影片公司，导演了电影《呆佬拜寿》。1937年，为南星影片公司编导了《沙漠之花》。抗日战争全面爆发后，侯曜马上加入抗日题材电影的创作中。组织建立了文化影片公司，自编、自导的抗日题材电影包括《太平洋上的风云》（1938）、《叱咤风云》（1938）、《血肉长城》（1938）等。同期，还创作了《珠江风月》（1937）、《紫霞杯》（1938）、《柳曼玲》（1938）、《理想未婚妻》（1938）等影片。

除了编剧和导演之外，侯曜还擅长电影理论研究和小说创作。1926年，创作并出版了中国最早的电影剧作研究专著《影戏剧本作法》，同期也创作了大量小说，其中有很多都被他搬上了银幕。侯曜还创办过香港生活新闻学院。1940年，加入南洋影片公司，并被派往新加坡，指导创作马来语电影。太平洋战争爆发后，新加坡被日军侵占。1942年，侯曜因为拍摄抗日影片被指控为当地抗日分子代表，遭日军抓捕并残忍杀害。作为早期中国电影理论的拓荒者、电影编剧、导演、小说家，同时也是受人敬仰的爱国主义者，侯曜的电影作品在当时风靡一时，对中国电影事业作出了重要贡献。

（李强）

侯咏 Hou Yong（1960-09-26～ ） 中国影视摄影师、导演。生于陕西西安。自幼酷爱绘画。1978年，与**张艺谋**、**顾长卫**、吕乐等一同考入北京电影学院摄影系。1982年毕业后被分配到峨眉电影制片厂工作，先后任摄影助理、副摄影和摄影师。1984年，首次担任摄影师，拍摄了**田壮壮**导演的第一部剧情片《9月》。随后继续与田壮壮导演合作，拍摄了《猎场札撒》（1984）和《盗马贼》（1986），影片中写实化的摄影风格使得侯咏被称为“山野派”。

1986年，在丁荫楠导演的历史题材影片《**孙中山**》中担任摄影师，获第7届中

国电影金鸡奖最佳摄影奖。1988年，在郭宝昌执导的城市生活片《他选择了谋杀》中首度担任编剧。1989年，在吴子牛执导的影片《**晚钟**》中担任摄影师，获第9届中国电影金鸡奖最佳摄影奖。1991年，独立执导影片《天出血》。1993年，与田壮壮再度携手，拍摄了影片《蓝风筝》，延续了简朴、典雅的写实摄影风格。1997年，在**谢晋**导演的历史战争影片《**鸦片战争**》中担任摄影师，获第17届中国电影金鸡奖最佳摄影奖。1999年，在《一个都不能少》中担任摄影师，获第19届中国电影金鸡奖最佳摄影奖提名；同年，在《我的父亲母亲》中担任摄影师，获第20届中国电影金鸡奖最佳摄影奖。2003年，执导影片《茉莉花开》，获第7届上海国际电影节评委会大奖、第24届中国电影金鸡奖最佳女主角奖、电影频道传媒大奖最佳剧情片奖。2007年执导的电视剧《卧薪尝胆》，获第2届首尔国际电视节最佳长篇电视剧奖和最佳摄影奖。

除此之外，侯咏还导演了影片《一个人的奥林匹克》(2008)，电视剧《闯关东》(中篇，2008)、《愤怒的摄影师》(2012)等。侯咏凭借精湛的摄影技术、敏锐的艺术直觉和对电影形式内容之间的依存关系的明确辨析，在光影斑斓的戏剧风格和自然主义的极简写实风格之间游刃有余的辗转，形成了鲜明的艺术特色。1997年，调入深圳影业公司任一级摄影师。2013年，调入上海戏剧学院，任教授、硕士研究生导师、摄影系系主任。曾担任中国电影家协会理事、中国影视摄影师学会副会长。

（梁　明）

《后窗》 *Rear Window*　美国彩色故事片。阿尔弗雷德·希区柯克制片公司1954年出品。编剧，J.M.海斯、C.伍尔里奇；导演，**A.希区柯克**；摄影，R.伯克斯；主演，J.史都华、G.凯莉、T.瑞特、R.布尔。

故事讲述了摄影记者杰夫摔伤了腿在家休养，百无聊赖的他像看电影般临窗观看院中邻居的生活。他从某些迹象推断出邻居病妻被丈夫杀害。他的女友丽莎潜入凶宅拿到证据，但被罪犯堵在家里。杰夫打电话招来警察，带走丽莎，却暴露了自己。罪犯打上门来，杰夫被扔出窗外，千钧一发之际，警察赶来救下杰夫，这回他双腿都敷上了石膏。

影片是悬疑大师希区柯克的代表作品之一，可用多种方法解读。有人从精神分析入手，探索主人公男性特征被褫夺及他的窥视癖问题；也有人从电影的本体反思

《后窗》剧照

着笔，探讨影片的深层内涵。影片以强烈的激情、严谨的结构、丰富的细节及贯穿始终的悬念，成为在世界上最受欢迎的悬疑片之一。影片1955年获第27届美国电影奥斯卡奖最佳导演奖提名等4项提名。

（军　文）

后期配音工艺　post dubbing technique　完成画面的拍摄和剪辑工作后，在对白录音棚的银幕上放映画面，然后演员根据画面上的语言口形位置及表演的情绪再进行语言录音的一种录音方法。在后期配音工艺中，“后期”的含义是指在画面拍摄完成后的工作时段。为了区别**同期录音工艺**和后期配音工艺中语言录音的不同之处，补录语言是特指在同期录音工艺中现场录制有困难的语言声音的补录过程。通常以故事片（剧情片）居多。而后期配音是特指在后期配音工艺中，对银幕上所放映画面的角色语言口形位置进行语言录音的配音过程。

后期配音工艺的应用范围很广。如有些影片因为技术或环境原因无法进行同期录音，或同期录音的声音质量不能令人满意时，都可以采用后期配音的方法来完成语言的配音工作。此外，新闻纪录片、科教片和广告片的解说词（旁白），美术片中的角色语言，以及故事片中的旁白、内心独白和各种译制片中的角色语言等，都需要通过后期配音的方法，由演员配音来完成影片声音艺术的再创作任务。

由于在后期配音中，专业的对白录音棚的声学条件、录音设备的质量比较好，也没有现场环境的各种干扰噪声，所以配音时要比同期录音时能更容易地实现比较高的技术质量。从艺术性来讲，在进行语言后期配音时，有时配音演员的声音与画面口型不能一一同步，加之配音与现场拍摄时的环境大不相同，配音演员很难再现出拍摄时演员所展示的那种情感，使得很多影视艺术作品的艺术感染力被大大降低。因此，后期配音工艺中的声音情感通常不如同期录音来得真实感人。

（姚国强　刘广阶　姚世荣）

后期制作　post-production　影视作品在完成前期的素材拍摄工作后，经由多道工艺程序参与的制作过程。影视制作中的专业术语。影视剧本的编写及内容素材的现场拍摄，在整体影视作品生产模式中通常是先期进行的，被称为前期拍摄；而后期经由剪辑等制作人员参与的制作过程，被称为后期制作。通常，后期制作的基本工作是将前期拍摄、录制的素材、镜头进行剪辑与合成，建构出基本的镜头关系与视听语言风格。相较于前期拍摄，后期制作是创作者进行再创作的关键环节，导演和剪辑师通过预设好的**蒙太奇**类型，将影视作品从无序混杂的镜头中挑选、编织成为有序的组接序列，不仅包括了一系列工艺上、技术上的制作程序，还包括众多创作和技术人员的参与。后期制作大致工序包括：视频编辑、素材处理、特效处理、字幕处理、音频处理、包装处理直至最后成品输出。20世纪90年代初期，影视后期制作已经进入全面数字化阶段，传统的胶片剪辑转变为数字化的非线性剪辑，随着视觉特效技术的不断发展，后期制作呈现出越来越精密化、专业化、分工化的趋势。

（丁珊珊）

胡蝶　Hu Die（1908-03-23～1989-04-23）中国电影演员。原名胡瑞华。原籍广东鹤山。生于上海，卒于加拿大。曾就读于上海务本女子中学。1925年，考入洪深主持的中华电影学校，之后被介绍到大中华影片公司，在影片《战功》中扮演配角。电影学校停办后，加入友联影片公司，在影片《秋扇怨》中饰演主角。

1926年，入**天一影片公司**，3年内相继主演或出演了《夫妻之秘密》《梁祝痛史》《珍珠塔》《电影女明星》《女律师》《新茶花》《大侠白毛腿》等20多部影片。1928年，进入**明星影片公司**，之后相继主演了《血泪黄花》《碎琴楼》《桃花湖》《红泪影》《啼笑因缘》等30多部影片。1931年，在中国最早的蜡盘发音有声片《**歌女红牡丹**》中饰演女主角。1932年一·二八事变之后，又主演了《自由之花》《战地历险记》《**狂流**》《脂粉市场》《**姊妹花**》《劫后桃花》等影片。胡蝶在《姊妹花》中，一人兼饰了两个贫富悬殊、性格不同的人物形象，

表演出色，该影片是她电影生涯中最成功的代表作。

1935年，曾随周剑云到苏联、英国、法国等国家考察电影事业，并参加柏林国际电影会议和莫斯科国际电影展览会。1937年抗日战争全面爆发后去香港，后在华新影业公司主演了《绝代佳人》《杨贵妃》《孔雀东南飞》等影片，还为中联电影企业有限公司拍摄了《家》。抗战胜利后，在香港为大中华影片公司主演了《某夫人》《春之梦》等影片。20世纪50年代，在香港主演了《后门》《苦儿流浪记》《街童》《孤儿奇遇记》等影片。60年代后自影坛引退，先定居香港，后在加拿大安度晚年。1986年12月出版了《胡蝶回忆录》，书中记载了胡蝶的从影经历。胡蝶在20世纪30年代曾被誉为电影皇后。

（陈少舟）

胡金铨 King Hu（1932-04-29～1997-01-14）中国电影编剧、导演。原籍河北邯郸。生于北平（今北京），卒于台湾台北。曾就读于国立北平艺术专科学校。1949年只身离开北京，移居香港。初入电影界曾担任电影美工、陈设、演员，后升任编剧、导演。兼任演员期间，曾参加《三姐妹》《小情人》《后门》《武则天》等影片的演出。1958年加入邵氏兄弟（香港）有限公司，参与演出影片10余部。1962年，编写了《花田错》等电影剧本。1963年，担任《梁山伯与祝英台》的助理导演。

1964年独立导演影片《大地儿女》，获第4届台湾电影金马奖最佳编剧奖，自此逐渐确立自己的创作风格。1965年拍摄首部武侠片《**大醉侠**》，开启了新派武侠片的热潮；同年，加入台湾联邦影业公司。1967年执导的《龙门客栈》，获第6届台湾电影金马奖优等剧情片奖和最佳编剧奖，并创造了港台两地的票房纪录，成为武侠电影史上的重要之作。1970年执导的《**侠女**》，获第28届法国戛纳国际电影节综合技术奖，在世界范围内引起强烈反响。20世纪70年代初，成立金铨影业公司。1975年执导的影片《忠烈图》，获美国芝加哥国际电影节杰出贡献奖。1977年，被英国出版的《国际电影指南》评选为当年世界五大导演之一。1979年执导的《山中传奇》，获第16届台湾电影金马奖优等剧情片奖、最佳导演奖、最佳美术设计奖。1981年，在台湾拍摄了第一部时装喜剧电影《终身大事》。1983年在《大轮回》中执导的第一段《第一世》，获意大利国际科幻电影节最佳导演奖和第20届台湾电影金马奖优秀作品奖。

胡金铨在自己编导的影片中多次兼任美术设计，画面有中国山水画的意境。他的作品注重人物形象的造型感，具有独特的动态美，并强调剪辑中的动静相间的节奏感，开创了具有强烈诗化韵味的作者式武侠电影类型。其作品为中国武侠电影确立了经典形态，并展现出了独特的中国武侠电影精神。1993年香港电影导演会授予他终身成就奖。1994年，被香港演艺人协会授予荣誉院士称号。

（陈　野）

胡伟立 William Hu（1931～　）中国影视作曲家。祖籍江苏无锡。生于香港。1955年，就读于北京师范大学。1960～1986年，先后在北京艺术学院、中国音乐学院及**北京电影学院**任教，担任音乐教师。从1986年起，先后在香港泛亚交响乐团、香港无线广播电视台任职。

1992年，为电影《至尊无上Ⅱ之永霸天下》创作主题曲《一起走过的日子》，获第11届**香港电影金像奖**最佳原创电影歌曲奖提名；同年，为电影《审死官》创作配乐，获第29届台湾电影金马奖最佳原创音乐奖提名。1993年，为电影《东方三侠》创作配乐，获第13届香港电影金像奖最佳原创电影配乐奖提名。1994年，为电影《梁祝》创作配乐，获第14届香港电影金像奖最佳原创电影配乐奖。2011年，为电影《龙门飞甲》创作配乐。2014年，为电影《**智取威虎山**》创作配乐，获第30届中国电影金鸡奖最佳原创电影音乐奖提名、第35届香港电影金像奖最佳原创音乐奖、第13届中国长春电影节最佳音乐奖。

胡伟立曾为《大时代》《赤脚绅士》《燃烧岁月》《怒剑啸狂沙》《火玫瑰》等近千部电视剧创作配乐；为《鹿鼎记》系列、《黄飞鸿》系列、《唐伯虎点秋香》《新上海滩》《新不了情》《东方不败2》《破坏之王》《九品芝麻官》《天若有情3》等数百部电影创作配乐；为香港中乐团、台湾中乐团、香港泛亚交响乐团、香港话剧团、台湾交响乐团等团体创作了《神州行组曲》《北国风云》《C大调中胡协奏曲》等大型合奏曲。任中国音乐家协会会员、中国电影家协会会员、中国电影音乐学会特约理事、香港作曲家作词家协会（CASH）会员、香港弦乐教师协会理事、香港艺术家联盟会员、香港电影戏剧总会会员。

（詹　新）

《葫芦兄弟》 *Calabash Brothers* 中国彩色动画片。**上海美术电影制片厂**1986年出品。共13集。编剧，姚忠礼、杨玉良、墨犊；导演，胡进庆、葛桂云；造型设计，吴云初、胡进庆；作曲，姚忠礼。

故事讲述了葫芦山里的蛇精和蝎子精侥幸逃了出来，为了消灭这两个妖怪，山上的老爷爷种出了七彩葫芦。两个妖精摧毁不了七彩葫芦，便把老爷爷抓走。不久，七彩葫芦变成了七个各有本领的小男孩，为了救出爷爷、消灭妖怪，七兄弟前仆后继闯进妖怪洞府，与蛇精和蝎子精展开殊死搏斗。最终，为了拯救人类，七兄弟化作七色山将妖精封印，人间重归祥和。

《葫芦兄弟》剧照

影片汲取了中国传统的剪纸、皮影等民间艺术的养分，形成了独特的艺术效果，人物动作举手投足之间，渗透着中国动画独有的形式美与韵律美，是动画艺术民族化的代表。由杨烁作词、姚忠礼作曲的影片主题曲《小小葫芦娃》，随着动画片的热映成为当时最脍炙人口的儿童歌曲。影片1988年获中国广播电影电视部优秀影片奖，1989年获第3届中国儿童少年电影童牛奖系列片奖、首届中国影视动画节目展播三等奖、埃及开罗国际儿童电影节三等奖。2013年，被中共中央宣传部和中华人民共和国教育部推荐为15部优秀动画片之一。

（赵春宁）

互联网电视平台运营模式 operation modes of internet television platforms 基于互联网平台的一种电视运营活动。随着互联网技术的发展，互联网平台运营模式集中表现在从“受众”到“用户”的转型，从“宣传”到“服务”的转型，从“封闭”到“开放”的转型。电视消费方式也由单向封闭传播向点播、时移、订阅等自主互动方式转变。与互联网的链接，使电视的社交功能大大增强，如微博、微信、弹幕等社交手段嵌入电视节目，在观看节目的同时，受众可以形成各种主题的社交圈子，并进行内容的分享、评论与推荐。通过互联网平台，电视受众对内容的主动参与性大大提高，不仅可以“多对一”评论节目内容，甚至可以左右剧情或节目内容的下一步发展。与此同时，电视也将能提供网络游戏、视频通话、电子购物、物联网等增值服务。

在营利方式上，传统电视媒体的经营主要是依靠广告在播出平台上获得利润，收入方式较为单一；而互联网电视平台则可以根据不同终端用户的不同需求，进行精准广告投放，进行付费点播和套餐定制，并拓展电视购物、平台增值等新消费方式，以此成为新的经济增长点。

互联网电视平台运营模式使电视进入音视频产业、游戏产业、家庭健康产业、培训教育产业、支付理财等新领域，使传统单一产业向链条式多产业融合发展，带动相关硬件和软件产业的共同发展。

（赵书波）

《花火》 *Fireworks* 日本彩色故事片。北野武工作室1997年出品。编导，**北野武**；摄影，山本英夫；主演，北野武、岸本加世子、大杉涟、寺岛进。

故事讲述了刑警西一直笼罩在孩子几年前死去的阴影下，而后妻子美幸也身患绝症。搭档崛部在任务中受伤，坐上了轮椅，崛部的妻儿都离他而去。西借高利贷给崛部买了许多画具，希望他借画画振作起来。年轻的警探田中与西一起执行任务时牺牲了，西一直认为是自己的责任，因此供养着田中的妻儿。放高利贷的人不断骚扰西，西决定把一切做个了结。西买来一辆旧车，改装成警车去抢劫银行；将一部分钱给崛部购买画具，另一部分给田中的妻儿，自己带着妻子四处旅行。西干掉了所有来骚扰自己和妻子旅行的人。在海滩边，曾经的同事中村拦截住了西，西借口想与妻子说几句话，让中村再给自己一点时间。不料，枪声响起，西结束了自己和妻子的生命。

影片剧情简单，台词较少，探讨了对生活与生命的理解。作为北野武电影美学

《花火》海报

的代表之作，运用了大量的**空镜头**和**长镜头**，使影片生活质感极强。影片情感自然含蓄，其中蓝色影调营造出了哀伤忧郁的气氛，在久石让配乐的烘托下，表现出日本文化中独特的物哀之情。影片中北野武塑造的警察西虽然外表凶恶，性格不羁，但是面对友人、爱人时的硬汉柔情令观众难以忘怀。影片1997年获第54届意大利威尼斯国际电影节金狮奖、第10届欧洲电影奖国际银幕奖；1999年获第22届日本电影学院奖最佳电影配乐奖，第41届日本电影蓝丝带奖最佳影片奖、最佳导演奖等4项奖，第72届日本《电影旬报》奖年度十佳影片奖等。

（甄晓文）

《花木兰》 *Mulan* 美国彩色动画片。**华特迪士尼公司**1998年出品。根据中国“花木兰替父从军”的民间故事改编。编剧，R.D.圣索西、萧丽塔；导演，T.班克罗夫特、B.库克。

故事讲述了花木兰相亲挫败后，看到年迈的父亲即将再度被征招上战场，决定女扮男装、代父从军。花家宗祠的祖宗派出木须龙保护花木兰的安全。花木兰刚到军中有诸多不适应，但最终都一一克服，完成了军队严格的训练。后被人发现女扮男装的身份，被迫离开军队。就在她万分沮丧时，得知匈奴侵略皇城的计划，她勇敢地参与抵御匈奴，受到皇帝的嘉奖。解甲还乡时，花木兰不仅赢得荣誉，还获得了爱情与幸福。

影片制作上不再采用过去传统手绘方式，而是采用当时较为先进的电脑动画生产系统。影片中匈奴在冰雪覆盖的山峰偷袭军队场景，是以“阿提拉”人群模拟技术软件来完成的。影片不仅保留了迪士尼的叙事特色，而且具有东方韵味。影片是迪士尼首次以中国元素为创作主题，场景处理借鉴了中国山水画和水彩画浓淡远近的表现方式。人物造型由华裔艺术家张振益担任角色设计和美术监督，创造出东方人特有的凤眼等造型。影片获当年美国票房约1.2亿美元，全球票房约3亿美元，成为年度第二高票房电影。影片1998年获第26届美国电影安妮奖最佳动画长片奖。

（余紫咏）

《花为媒》 *Flower is a Go-between* 中国彩色戏曲片。长春电影制片厂1963年出品。改编自同名评剧。编剧，吴祖光；导演，方荧；摄影，舒笑言；主演，新凤霞、李忆兰、赵丽蓉、张德福。

故事讲述了王俊卿与表姐李月娥三年前就心生爱慕之情，在王俊卿父亲的寿宴

《花为媒》剧照

上，两人重逢，并赠以罗帕作为定情信物。王俊卿的母亲请媒婆阮妈给王俊卿说亲，阮妈介绍张家姑娘张五可，但王俊卿心系表姐李月娥，不答应婚事，并且忧虑成疾。阮妈只好去张家退亲，去李家说亲。而李月娥的父亲李茂林对王俊卿有偏见，拒绝了婚事。王俊卿得知后，病情加重，阮妈只好献计，让王俊卿与张五可相亲，看到才貌双全的张五可，不仅会答应婚事，而且病也会痊愈。由于王俊卿病重，只能让表弟贾俊英代他去与张五可相亲。贾俊英看到张五可才貌双全，并带回了定情的红玫瑰，转交给王俊卿，王俊卿仍然不接受。阮妈又要王家把张五可娶进门，王俊卿的病肯定会好。王俊卿的母亲只好答应。李月娥得知王俊卿要结婚，心急如焚，听了二大娘的计策，先到一步与王俊卿成亲。晚到一步的张五可大怒，进入洞房质问王俊卿。贾俊英刚好来道喜，阮妈顺势撮合张五可与贾俊英成了亲。两对新人在闹剧之后，终成眷属。

影片虽然是一出古装剧，但是通过婚姻恋爱故事反映了新的主题，用喜剧方式表达了新的思想。情节符合评剧这种生活气息浓厚的剧种形式，令观众喜闻乐见。演员表演基本采用舞台表演方式，但是由于在棚内搭制立体布景，所以在电影语言运用上十分灵活，空间有了很大拓展，镜头运动获得更大自由，景别调度也突出了人物情绪、表情的变化和塑造，增加了情感的表现力和喜剧夸张化的效果。

（高小健）

《花样年华》 *In the Mood for Love* 中国彩色故事片。春光映画2000年出品。编导，**王家卫**；摄影，李屏宾；美术，文念中；剪辑，**张叔平**、黄铭林；造型设计，张叔平；主演，**张曼玉**、**梁朝伟**、潘迪华。

故事讲述了20世纪60年代的香港，报馆编辑周慕云与太太搬进一间公寓，这里的住户大多是上海人。他们搬来后和某日资公司的贸易代表陈先生及其太太苏丽

《花样年华》剧照

珍比邻而居。苏丽珍被丈夫冷落，周慕云遭妻子背叛，二人无意中还发现他们配偶间有私情。周慕云和苏丽珍面对“同是天涯沦落人”的境遇不禁互相慰藉，两人之间悄然滋生出情愫。然而，两人并未超越情感的底线，后来周慕云离开了香港。多年后，周慕云再回旧居，却听说当年的邻舍已换，于是惆怅地离开了旧地。

影片是王家卫对传统文化的回归之作，细腻地诠释了港人由传统到现代的传承与转变。影片以内景和夜景为主，摄影以暗光和冷色调为基础，营造了一个疏离、冷峻和落寞的视觉印象。画面构图多为不规则，人物与环境被挤压在一个狭小局促的构图中，前景被遮蔽，后景的人物活动空间狭小，常常“出画”，营造出压抑局促的情感氛围。影片2000年获第37届中国台湾电影金马奖最佳女主角奖、最佳摄影奖和最佳造型设计奖，第13届欧洲电影奖最佳外语片奖，第53届法国戛纳国际电影节最佳男演员奖和技术大奖，2001年获第20届香港电影金像奖最佳男主角奖、最佳女主角奖、最佳剪辑奖、最佳美术指导奖和最佳服装造型设计奖，第26届法国电影凯撒奖最佳外语片奖，2002年获美国国家影评人协会奖最佳外语片奖。（张 燕）

华北电影队 North China Film Troupe 中国电影机构。1946年10月15日在河北省涞源成立。起初名称为晋察冀军区政治部电影队。其成员由东北电影制片厂和原军区抽调人员组成，队员30多人，汪洋任队长，设制作股（方文负责）、放映股（季明负责）和总务股（刘均负责）。1947年5月改称华北军区政治部电影队，简称华北电影队。华北电影队为适应当时动荡不定的战争环境，把电影设备、器材经过改装，全部安置在一辆胶轮大车上，以流动方式在冀中平原开展巡回放映和新闻电影拍摄工作，被称为大车上的制片厂。曾先后在平山、定县、兴国等地建立新闻摄影据点，拍摄了不少有关华北解放战争的新闻素材，如《华北新闻》等。1947年11月，在华北电影队基础上成立石家庄电影制片厂，由华北军区政治部领导，拍摄了《晋中战役》(1948)、《济南战役》(1948)、《淮海战役》(1948)等新闻素材。1949年1月接收国民党政府在北平的电影机构后，其摄影队与原制作部门人员都加入了北平电影制片厂的建制。（李小燕）

华表奖 Huabiao Film Awards 中国政府颁发的最高电影奖。其前身为“文化部优秀影片奖”，1957年由文化部创办，后中断22年，1979年开始继续评奖。1985年起由中国广播电影电视部（1998年改为国家广播电影电视总局）接办。1994年改名为中国电影华表奖。除1986年与1987年、1989年与1990年合并举办外，一直为一年一届。2005年起改为每两年举办一次。

华表奖奖杯

华表奖以突出主旋律，坚持多样化，多出精品，促进繁荣为办奖宗旨。凡是歌颂社会主义制度、反映现实生活、富有创新精神、具有一定艺术特色和市场影响力的国产优秀故事片、纪录片、短片、科教片、美术片和外国译制片、中外合拍片均可参加评奖。评委由政府部门、艺术部门、教育部门、宣传部门、社会团体的知名人士组成，以投票方式推选获奖者，评奖内容包括优秀故事片奖、优秀少儿童牛影片奖、优秀对外合拍片奖、优秀故事片编剧奖、优秀故事片导演奖、优秀男女演员奖、优秀美术片奖等20多个奖项。获奖者颁发以天安门前的汉白玉华表为造型的奖杯，以及奖金、证书等。2016年，华表奖奖项数做了较大幅度的减少。

（章柏青）

华纳兄弟影业公司 Warner Brothers 美国电影制片、发行机构。简称华纳兄弟。1923年4月由华纳4兄弟创建。当时总部设在纽约，由H.华纳任总裁，A.华纳主管财务；制片厂设在好莱坞附近的伯班克，由J.华纳和S.华纳负责。华纳兄弟1917年开始在纽约从事电影的发行放映业务，建立华纳公司出品影片是业务的扩展。1925年，接管维太格拉夫电影公司。1927年，出品、发行电影史上第一部有声影片《爵士歌王》，从而使华纳公司于20世纪30年代初进入了好莱坞八大电影公司的行列。

在20世纪30年代以拍摄**强盗片**、**歌舞片**和**传记片**著称，尤以E.G.鲁宾逊、J.贾克奈、H.**鲍嘉**等人主演的强盗片最受观众欢迎。传记片中也有不少受欢迎的作品，如P.茂尼主演的《左拉传》(1937)等。华纳兄弟的影片一般都比较朴素、紧凑，成本也较低，其主题都或多或少与30年代初发生的美国经济危机有联系。

50年代是美国电影萧条时期，华纳兄弟把财力转向制作电视系列片。从60年代开始，越来越多地采用向独立制片人投资的制片方式，成功地拍摄了《窈窕淑女》(1964)、《谁害怕弗吉尼亚·沃尔夫》(1966)、《**邦妮和克莱德**》(1967)等。1967年，加拿大发行电视片的七艺公司买下了华纳公司，改名为华纳-七艺公司。两年后，华纳-七艺公司又转让到一个大企业集团金尼全国服务公司手中，改组为华纳交流公司。这个公司经营的业务范围甚广，制片和发行影片仅是其中的一个项目。

《邦妮和克莱德》剧照

70～80年代，华纳兄弟签约了包括**P.纽曼**、**R.雷德福**、B.史翠珊等电影明星，并且与M.斯科塞斯、**S.库布里克**、**S.斯皮尔伯格**等才华横溢的导演合作，拍摄了《发条橙子》(1971)、《激流四勇士》(1972)、《穷街陋巷》(1973)、《再见爱丽丝》(1974)、《闪灵》(1980)、《银翼杀手》(1982)、《太阳帝国》(1987)、《全金属外壳》(1987)等。同时，基于华纳旗下侦探漫画（DC）公司的超人、蝙蝠侠、神奇女侠等角色拍摄的电影和电视系列片，也为公司带来了丰厚的利润。

90年代以后，华纳兄弟制作的知名电影包括《好家伙》(1990)、《刺杀肯尼迪》(1991)、《保镖》(1992)、《完美的世界》(1993)、《天生杀人狂》(1994)、《盗火线》(1995)、《宇宙大灌篮》(1996)、《天使之城》(1998)、《黑客帝国》系列(1999～2003)、《蝙蝠侠：黑暗骑士》(2008)、《地心引力》(2013)、《星际穿越》(2014)、《疯狂的麦克斯：

《蝙蝠侠：黑暗骑士》剧照

狂暴之路》(2015)等。90年代末，获得了《哈利·波特》小说的电影改编权。2001～2010年，以几乎每年一部的速度制作电影《哈利·波特》系列。2008年，华纳兄弟宣布合并好莱坞制片公司新线影业。2009年，宣布将旗下的DC公司更名为DC娱乐，进军电影、电视及其他多媒体领域。同年，华纳兄弟全球票房达到40.1亿美元，打破了好莱坞历史纪录。2015年后，出品了《神奇动物在哪里》(2016)、《信条》(2020)等。

（胡思旅　撰　李　强　修订）

《华氏911》 *Fahrenheit 9/11*　美国彩色纪录片。2004年出品。编剧，M.摩尔；导演，M.摩尔。

影片通过对911事件官方调查人员的采访，讲述了布什政府对事件的调查和处理不及时的原因。影片开篇有1分钟多的黑场画面，配上了911事件现场的各种声响，随后是大楼被撞击的场面和人们惊慌逃难的场景。还将镜头转向伊拉克战场，呈现战火对人的摧残。影片对美国总统布什、反恐战争，以及新闻媒体的相关报道持批判态度，指出布什家族与沙特皇室、沙特驻华盛顿大使、本·拉登家族在社会与经济上的联系。

影片导演雇用了大量摄影师和记者，并动用社会关系潜入伊拉克采访美国政府

《华氏911》海报

官员、伊拉克民众及参加伊拉克战争的美国士兵。影片呈现了911事件的灾难性场面，表现了战争中美军与伊拉克普通人的真实状况。影片片名受到R.布雷德伯里1953年的反乌托邦小说《华氏451度》启发，在911袭击与“纸的自燃”之间建立起一种类比。影片的宣传口号是“自由燃烧的温度”，上映后曾引起激烈争议，是有史以来票房最高的纪录片。影片2004年获第57届法国戛纳国际电影节金棕榈奖，第31届美国电影人民选择奖最受欢迎电影奖。

（李　春）

华特迪士尼公司　The Walt Disney Company　美国娱乐公司。简称迪士尼公司。1926年由W.迪士尼创立。总部设在美国加利福尼亚州伯班克。主要业务包括娱乐节目制作、主题公园、玩具、图书、电子游戏和传媒网络。旗下拥有皮克斯动画工作室、惊奇漫画公司、试金石电影公司、米拉麦克斯影业公司、博伟影视公司、好莱坞电影公司、ESPN体育、美国广播公司（ABC）等。迪士尼公司在20世纪30～40年代，依靠动画形象“米老鼠”起家。1937年，制作了世界上第一部动画长片《白雪公主和七个小矮人》。这部电影对全球少年儿童乃至成年人的影响巨大而深远，迪士尼公司从此开始领导世界动画电影的潮流。40年代开始涉足真人电影领域。后收购独立电影巨头米拉麦克斯和三维空间（3D）动画新贵皮克斯，开始巩固自己作为全球顶级电影公司的地位。2012年11月，收购了卢卡斯影业公司。

迪士尼公司的动画电影可以划分为手绘经典动画、真人动画、计算机动画、模型动画、电影版卡通和录像带首映等类型。迪士尼公司的经典动画由迪士尼最具代表性的迪士尼动画片厂制作，几乎每年都有新片推出，因此也常被一些影迷称为“年度动画大片”。绝大多数的经典动画是以剧情长片为主的，也有少数几部属于中短篇的动画合集或者音乐片、纪录片的性质。不少作品被改编为迪士尼主题公园的游行表演、冰上世界和音乐剧等形式，有些还另外发行了电视版节目以及录像带、数字影碟（DVD）等影音产品的续集。

迪士尼公司的电影代表作品有《木偶奇遇记》(1940)、《小鹿斑比》(1942)、《爱丽丝梦游仙境》(1951)、《小熊维尼历险记》(1977)、《美女与野兽》(1991)、《阿拉丁》(1992)、《圣诞夜惊魂》(1993)、《狮子王》(1994)、《风中奇缘》(1995)、《玩具总动员》(1995)、《花木兰》(1998)、《怪兽电力公司》(2001)、《海底总动员》(2003)、

《海底总动员》剧照

《超人特攻队》(2004)、《机器人总动员》(2008)、《飞屋环游记》(2009)、《冰雪奇缘》(2013)、《疯狂动物城》(2016)、《寻梦环游记》(2017)等。

迪士尼公司涉及多个行业，以迪士尼动画为先导的迪士尼品牌在世界上享有盛誉。

（杨晓林）

化妆师　make-up artist　影视造型艺术的重要创作成员。化妆师的主要工作内容是根据剧本内容、演员样貌和影片总体造型的要求，设计演员的发型和妆容。化妆师需要根据不同的拍摄方案，设计不同的妆面造型，指导制作各种化妆所需的配件，完成人物的试装和造型，并配合摄影师完成拍摄工作。化妆师不仅需要根据导演的要求完成人物的整体形象设计，还要在整个影片拍摄过程中，负责保持人物造型的连续性，准确描画人物随着年龄、环境、情绪的变化而产生的不同造型。

因类型和题材的不同，剧组化妆师们必须熟悉各个年代和各种情境下的妆容特征。不同于生活妆，影视化妆不是以让演员变美为目的，而是要塑造符合剧本描述和情境特征的人物形象，努力将演员形象向剧本中的角色贴近。因此，化妆师需要具有一定的艺术造诣、美学素养、绘画基础和历史知识，以及观察、分析生活的能力，能够熟练运用化妆技法，带领和指导助手完成影片所规定的化妆任务。

（宋东葵）

画面结构　composition picture　摄影师对镜头内部元素的组织与排布。是影视创作的一种基本手段。画面结构也可以被称作画面构图。包含了镜头的景别、角度、主体与陪体的位置及其关系、前景与后景及其关系、主体与背景及其关系、陪体与背景及其关系、画内之物与画外之物及其关系、主体与留白的关系等构图元素。在主体、陪体、背景等构图元素一定的情况下，画面结构的设计还要考虑到对被摄主体的形状、线条的有序化和艺术化处理，使之呈现多种多样的图式，如对角线构图、直线构图、平行线构图、曲线构图、对称构

图、圆形构图、不完整构图等。与图片摄影和美术作品不同，影视摄影的画面结构必须要融入动的因素，在摄影机的运动中，即在推、拉、摇、移、跟、甩、升降等镜头运动的视觉效果下实现其最终效果。在数字技术和虚拟技术的背景下，画面结构也可以依赖后期特技来完成或完善。

对画面结构的把握一般由**摄影师**或摄影指导具体负责，但最终的决定权掌握在导演手中。精准、富有意味的画面结构不仅可以充分地传达甚至深化影片的主旨和意蕴，也是一个创作者和影片风格的有机组成部分。（丁珊珊）

画面景别 shooting scale 摄影机与被摄主体距离不同，或所用摄影镜头焦距不同造成的被摄主体在电影画面中呈现范围大小的区别。简称景别。景别是画面的造型元素之一，按照人体在画面中所占比例，一般可划分为**特写**、**近景**、**中景**、**全景**、**远景**5种。另外还有大全景、大特写等景别。在影像创作时，通过不同的景别完成导演的**场面调度**和摄影师的镜头调度，实现影片的叙事、表意和抒情等目的。

大全景一般用来表现人物的生存环境全貌，展现人物与环境之间的关系，适宜呈现自然风光和群体活动的大场面。大全景中包含环境和人物，环境所占比重较大，而人物较小，通常重视介绍环境，渲染气氛、抒发感情，人物的细节呈现不多。随着宽银幕的出现，一些气势恢宏的大场面出现在很多影片中，大全景越来越成为电影营造视觉奇观的手段。

大特写在表现人物时呈现的是极其细微的某一部位，如眼睛、嘴角、手等；在表现物体时呈现的是细微的细节，如牛铃铛、桌上的一个划痕等。大特写比特写镜头更加靠近和深入主体，但其用意相通，都能在艺术效果上产生强烈的冲击和刺激，使用的时候也是不能滥用，要起到画龙点睛之用。（李　勇）

画面主体 image subject 画面中所要突出展现的最重要对象。画面主体承载了画面多数的表意内容，同时也必须作为画面构图的结构趣味中心出现在画面中。在拍摄中，画面主体总是拍摄者取景、构图、调焦、曝光的主要对象和主要依据。

画面主体具有极大的包容性，可以是某一个被摄对象，也可能是某一组被摄对象；可以是人，也可以是物。画面主体内容通常是占据核心位置的重要元素，且决定着画面的构图形式。画面主体一般位于画面关键位置，通过颜色、面积、线条、方向等形式来突出。与陪体、前景及背景的关系在**画面结构**中要格外注意。例如，在《末代皇帝》中，幼年溥仪接受百官朝拜时，在众多人物中，重点突出主体溥仪；电影《大红灯笼高高挂》在开场就出现了女主角颂莲的近景镜头，颂莲即是画面主体；再如，《**刺客聂隐娘**》在表现后宫场景时，经常以薄纱做前景来拍摄薄纱后的主体人物，在营造意境的同时，其目的还是为了突出薄纱后的人物。

在动态画面中，一个镜头的主体是可以跟随镜头运动逐渐变化的，与此同时，观赏的视角和视野也随之改变。画面主体的表现方法通常分为两类：①直接表现法。即用最为简单的手法（大小、明暗反差、色彩等元素变化），直观地让主体在画面中变得一目了然，视觉形象不受干扰。②间接突出法。即用相对隐晦的手法，将画面真正的主体作出一定程度的遮挡和隐藏，让观众通过其他渠道感知到画面主体。例如，在电影《**活着**》中，老全在满地死伤的士兵中寻找自己的弟弟，虽然都身着同样的军绿色，但老全在这场戏中的主体地位却异常突出。（李　勇）

画内空间 space in the frame 画面中各元素能够构成并直接通过画面使观者接受画面信息的二维空间效果。画内空间是承载画面各元素的基本载体，可以给予观者最为直接的感官体验和信息传达。画内空间感的构成元素主要有**透视**、色彩、光影、拍摄距离、**拍摄角度**、景别等。这些元素通常要以相应的手法来完成创作者对画面空间的构想。在通常情况下，画内空间是以和谐、稳定为主的，这就要求画内空间的构成元素（有时包括画外音）之间要有相对和谐与稳定的搭配，以此来对创作者的创作意图进行最贴切的艺术传达。在个别情况下，画内空间要按照创作者意图来打破这种和谐与统一，以达到一种矛盾、冲突、夸张、对比鲜明的艺术效果，从而提升观者的视觉刺激，给观者留下更为深刻的感官记忆与艺术体验。（李　勇）

《画皮》 *The Painted Skin* 中国彩色故事片。香港凤凰影业公司1965年出品。根据《聊斋志异·画皮》改编。编剧，鲍方、黄布衣；导演，鲍方；摄影，曹瑞池；主演，朱虹、高远、陈娟娟、翁午。

故事讲述了明朝年间，山西王家有兄弟崇文和崇武。弟弟崇武在外习武，哥哥崇文14岁中秀才，却考不过乡试。乡试临近，崇文担心再一次名落孙山，因此求神问卜。崇文按照道士指引，夜晚出门，往西北方向寻找高人指点；当走到魁星阁的破庙时，看到一位哭泣的美貌女子。后美女来到崇文家，自称学政史之女梅娘，被后母逼婚，逃到此处寻找父亲。崇文将梅娘藏在书房中，说好等他赶考时带她去找父亲。两人交往日益增多，崇文对梅娘的感情也在加深，而对自己的妻子陈氏越来越看不惯，甚至将她赶出家门。陈氏万念俱灰，想一死了之，恰好被在外学武回家的弟弟崇武救下。听完嫂子哭诉，崇武赶回家中询问究竟。没想到，却看到骇人一幕，原来梅娘是披着画皮的厉鬼。崇武自知不是对手，立刻跑去请师父帮忙。等崇武和师父赶到，崇文已被挖去心脏。崇武和师父联手，最终除掉厉鬼。

影片在叙事结构和情节上比较符合原著，展现出人心才是鬼的生发地，具有一定的教育意义。影片在人物造型、气氛营造上可圈可点，是当时较为成功的恐怖类型片。（类成云）

画外空间 space outside the frame 观者与画面形成的一种假想的空间。在图片摄影领域，较为注重画外空间的营造，这样更能丰富内容，强化主题，赋予主体新的意味。在影视摄影领域，常常以开放式构图来构造画面，即画面通过有限的视觉元素来激发观众无尽的想象灵感，使得画面的表意不止停留在**画内空间**，也使得观者和画面产生审美距离，能更好地使观者感受到创作者原有的用意。

除此之外，画外空间还经常配合画外音使用，使得观者对画外空间的想象相对具象，也使得画外信息更加完整并贴近创作者的表意。（李　勇）

《话说长江》 *Story of the Yangtze River* 中国彩色纪录片。中央电视台和日本佐田雅志企划社1983年联合出品。共25集。编剧，陈汉元；导演，戴维宇；解说，陈铎、虹云。

影片按照长江的流向，自西向东，逐个介绍长江流经地区的山水风光、历史文化、风土人情。每集介绍一个地区或城市，直到长江流入大海。25集的内容涉及长江源头、金沙江、四川盆地、岷江、成都、峨眉山、宜宾、重庆、大足石刻、川江、三峡、葛洲坝、荆江览古、洞庭湖、赤壁、庐山、景德镇、九华山、黄山、南京、扬州、镇江、太湖平原、上海及长江入海。

影片演播形式为章回评书体，每集一个主题。主持人以看似随意自由的“话说”方式，将讲解与现实环境中出现的人和事穿插在一起。这种“话说”方式开创了中国纪录片"话说体"的创作模式，并引领了一系列同类型纪录片的创作。影片系统地论述了长江沿岸地理及人文发展概况，在详细讲解长江的发源、流向、水文、资源等自然特征的同时，更多地描绘了长江所流经地区的城市、名胜古迹、风土人情等。影片播出后反响热烈，使中国观众第一次直观完整地了解国家的人文地理和自然风光，因此被赋予了超出纪录片本身信息所传达出的意义。影片主题曲《长江之歌》也广泛传唱。影片1983年获全国电视专栏节目年度评选特别奖。 （赵 远）

《怀念乡土》 *Nostalgia for Countryland* 越南彩色故事片。越南电影协会、日本NHK电视台1995年联合出品。根据越南当代作家阮辉涉的同名小说改编。编导，邓日明；摄影，阮友俊；主演，萃红、黎云、谢玉宝等。

原著是一篇结构松散、有点像随笔的短篇小说，导演邓日明抓住了小说的"魂"，把它改编拍摄成了一部如行云流水散文诗般的电影作品。影片通过一个17岁男孩阿壬的独白展开故事、交代人物关系，如在美国生活不幸福的阿娟、"活守寡"的大嫂、可爱的妹妹遭遇车祸、凤叔和绒婶的幽会等，以此反映人与人之间的感情纠葛，人们对家乡的热爱、眷恋，以及对改变家乡面貌、改变生活的渴望。影片展现给观众的是风景秀丽的村庄、金色的稻田，日出而作、日落而息的村民，看似平淡无奇，但背后却有许多故事令人动容。片中的庙会、葬礼、水上木偶表演等场面很好地反映了越南传统风俗。

作为一部农村题材作品，影片透过阿壬的视角来反映越南农村的现状、农民的命运、遭遇和思想感情，以及战争给人心灵上的创伤。影片中，音色优美、轻柔的独弦琴声在描绘人物心理、抒发情感方面产生了特殊的作用。影片1995年获越南电影协会金风筝奖A奖，1996年获第11届越南电影节最佳导演奖、法国南特三大洲电影节观众最喜爱的影片奖、印度新德里亚太国际电影节柯达奖、比利时国际电影节法语国家文化技术合作组织奖、荷兰鹿特丹国际电影节最佳亚洲影片奖，1997年获瑞士费里堡亚非拉三大洲国际电影节青年评委会及观众奖。 （李水英）

环球影片公司 Universal Pictures Co. 美国电影制片、发行机构。1912年，美国独立电影公司的老板C.莱默尔把他的公司和六七家小电影公司合并，组成环球影片公司，在20世纪30～40年代成为垄断美国电影生产和发行的8家大公司之一。1914年，莱默尔在好莱坞北面建起了摄影棚和供拍外景用的场地，命名为环球影城。1915年3月环球影城正式开幕启用，当年生产影片250部。

30～40年代，生产了大量低成本影片，其中大多是**西部片**、**音乐片**、**恐怖片**和滑稽片，都有很高的票房价值，盈利颇丰。还有一部分主题严肃的作品如《西线无战事》(1930)等，但为数不多。1946年，环球影片公司和国际影片公司合并为环球国际公司。

50年代，一改过去大量摄制低成本影片的做法，采取少拍片以提高技术质量的方针。同时，开始采用资助独立制片人拍摄影片的方法，其中不乏成功之作，如《斯巴达克斯》(1960)。1952年，德卡唱片公司购得了环球国际公司的大部分股票之后，恢复了旧名。以后该公司又归美国音乐公司（MCA）所有。

《斯巴达克斯》剧照

60年代，公司集中全力提供电视片和供电视放映的影片。同时，还把环球影城作为好莱坞的一个旅游中心向旅游者开放而利润倍增。70年代，摄制了颇有影响的《美国风情画》(1973)及历史上获利最多的娱乐影片《**大白鲨**》(1975，又译《鲨腭》)。80年代后，公司的所有权频繁变更。80～90年代，制作了《时光倒流七十年》(1980)、《E.T.外星人》(1982)、《走出非洲》(1985)、《闻香识女人》(1992)、《辛德勒的名单》(1993)、《侏罗纪公园》(1993)等影片。

《美丽心灵》剧照

进入21世纪，制作的代表电影包括《角斗士》(2000)、《速度与激情》系列(2001～2019)、《美丽心灵》(2001)、《金刚》(2005)、《悲惨世界》(2012)、《驯龙高手3》(2019)等。2005年，被通用电气公司收入麾下。2016年，环球影片公司以38亿美元的价格收购美国梦工厂动画公司。

（胡思旅 撰 李 强 修订）

环绕立体声 surround stereo 能够使重放声场产生类似于立体空间形式的声像。环绕声指位于听音者后方的声场，主要由无固定方向、均匀向各个方向传播的混响声构成，因其环绕着听音者而得名。环绕立体声是在双声道和多声道立体声的基础上增加了后方环绕声道发展而来的，因此增加了声像的纵深感和临场感。

环绕立体声属于球面立体声，需要三个以上的声道来构成，听音者处于各个声道的发音点的包围之中。环绕立体声的重放方式，保留了原信号的声源方向感，同时还能产生围绕感和扩散感的音响效果。听音者在聆听环绕立体声时能够区分来自前后、左右、上下的声音。环绕立体声可以使听音者仿佛置身于实际声场中，感觉被真实的声场环绕、包围。环绕立体声能够将空间声像分布到三维空间，逼真地再现声音源空间混响。环绕立体声与影像相结合能够给予观众更加逼真生动的临场感，使得影视艺术更具感染力。

（姜 燕）

环绕声多声道电影录还音工艺 surround sound multichannel film recording and playback technique 当代电影主流的录音与还音制作流程。在这类电影录还音工艺中，经电影录音师混录完成的声音（包含语言、音响及音乐），通过银幕后面水平设置的左、中、右扬声器箱，以及在观众厅周围的墙上、呈水平面位置平行环绕设置的多组扬声器箱，向观众播放影片中的各类声音。在这种录还音声音系统中，观众不仅能够听到银幕纵深处所发出的声音，而且也能够身临其境地欣赏到来自银幕两边以及自己背后发出的环绕声音。但是，与**空间声多声道电影录还音工艺**不同，环绕声实际上是围绕着影院观众所在位置的水平面进行发声的。环绕声多声道电影录还音声音系统主要有以下几类。

杜比A型模拟环绕声 使用这种工艺进行环绕声多声道电影录还音的制作流程，采用了杜比公司开发的4-2-4矩阵模拟环绕声变积式（SVA）系统，对混录完成后的磁性4声道（L、C、R和S）环

绕声进行2声道的光学环绕声编码处理。在电影院放映时，再将这2声道的光学声迹解码还原为4声道的环绕声，通过左、中、右和环绕声扬声器进行重放还音。

这种模拟环绕声系统较好地解决了早期在模拟单声道电影录还音制作流程中存在的信噪比、频宽、动态和失真等问题。

杜比SR型模拟环绕声　杜比SR型模拟环绕声多声道电影录还音工艺是在杜比A型模拟4－2－4矩阵环绕声多声道电影录还音工艺的基础上，应用杜比公司在1989年发明的固定和可调频带的第二代模拟频谱降噪技术（NR-SR）的模拟环绕声多声道电影录还音技术。是4.1路5声道（左、中、右、环绕声和超重低音）的模拟环绕声多声道电影录还音声音系统，但部分技术指标已接近数字环绕声多声道电影录还音工艺制作的技术水平。

杜比SR.D型数字环绕声　1992年，杜比公司向电影发行市场推出了SR.D单系统数字环绕声多声道电影录还音声音系统。由于它的模拟光学声迹仍然使用杜比SR模拟环绕声多声道的光学声迹，且数字声迹与模拟声迹是在同一个电影拷贝上，所以该系统一般被称为杜比SR.D数字环绕声多声道电影录还音声音系统，或简称为杜比SR.D系统。

杜比SR.D系统的数字声道为5.1路6声道（左、中、右、左环绕、右环绕和超重低音）。采用了AC-3压缩编码技术，压缩比为12∶1。数字声迹的位置被设置在模拟声迹这一侧的上、下片孔之间。1999年5月杜比公司开发的“杜比数字-环绕声EXTM”数字环绕声系统，为6.1路7声道（左、中、右、左环绕、中环绕、右环绕和超重低音）。

DTS型数字环绕声　DTS型数字环绕声是美国DTS公司于1993年正式向电影发行市场推出的双系统数字环绕声多声道电影录还音声音系统。DTS是数字化影院声音系统的英文缩写。

DTS的数字声为5.1路6声道（左、中、右、左环绕、右环绕和超重低音），采用了相干声学编码方式的编码系统，压缩比为4∶1。使用印制在电影拷贝上的TC码同步引导外置的CD-ROM系统还音。TC码的记录位置是在模拟声迹与画面之间。DTS公司2000年6月开发的DTS-ES Discrete 6.1数字环绕声系统，是在原有的5.1环绕声多声道的基础上，增加了一个后环绕的中置声道，形成新的6.1路7声道环绕声系统（左、中、右、左环绕、中环绕、右环绕和超重低音）。

索尼SDDS型数字环绕声　SDDS型数字环绕声是日本索尼公司1993年推出的一种单系统数字环绕声多声道电影录还音声音系统。SDDS是索尼动态数字声音系统的英文缩写。

SDDS的数字和模拟声迹均印在同一个拷贝上（单系统）。它的数字声迹分为两组，分别记录在拷贝两侧片孔外的片边缘上。SDDS的数字声为7.1路8声道（左、左中、中、右中、右、左环绕、右环绕和超重低音）。SDDS的数字声迹采用的是自适应变换声编码技术，压缩比约为5∶1。（姚国强）

《皇帝的夜莺》 *The Emperor's Nightingale* 捷克斯洛伐克彩色定格动画片。布拉格木偶动画工作室、捷克斯洛伐克国家电影公司1949年联合出品。根据丹麦作家H.C.安徒生的童话改编。编剧，V.内兹瓦尔；导演，J.特恩卡、M.马科韦茨；音乐，V.特罗扬。

故事讲述了国王养了一只夜莺，非常喜欢它的鸣唱；不久从国外进贡来一只机械夜莺，国王又开始沉迷于机械夜莺的歌声；真正的夜莺逃离了国王的宫殿，在森林中自由生活，为普通大众歌唱。过了一段时间，机械夜莺发生了故障，国王也病入膏肓，真正的夜莺飞回了宫殿，用自己的歌声从死神手中救了国王一命，得救的国王想要重新留下夜莺，可是夜莺却又飞回森林，继续为更多的人唱动人的歌曲。

影片是导演特恩卡进入木偶定格动画创作领域的初期作品，在传统定格动画的技术上进行了许多探索。特恩卡从一些绘画、插画中对神秘东方的视觉意象中获得创作源泉，并通过自己的想象设计了中国古代的国王、大臣等角色造型，在影片的一些镜头中还结合了真人的戏剧表演。片中音乐令人难忘，尤其是机械夜莺和真夜莺歌声的差异；真夜莺悠长、醇美的声音在空荡荡的皇宫中回响，而机械的夜莺重复乏味、沉闷。影片1955年获第9届瑞士洛迦诺国际电影节金豹奖。（李　铁）

《黄宝妹》 *Huang Bao Mei* 中国纪录片。上海天马电影制片厂1958年出品。编剧，陈夫、叶明；导演，谢晋；摄影，沈西林。

影片主人公黄宝妹是上海一名普通的纺织女工，她向工友学习棉线接头方法、业余参加越剧表演小组、组织工友们成立黄宝妹小组学习先进生产技术，以自己的模范行为感化思想落后的工友并带领小组全体成员成为先进经验的推广者。在被评为全国劳动模范后，黄宝妹不满足现有成

《黄宝妹》剧照

绩，不断改进自己的工作，通过消灭细纱接头白点、学习检修机器等方式，提高了纺纱的质量与产量。

影片为艺术性纪录片的代表作，采用“访问记”的形式，以一位编剧想要寻访全国劳动模范黄宝妹的事迹为叙事线索，展现了黄宝妹及工友的平凡生活点滴。影片时代特征鲜明，具有强烈的意识形态宣传作用。（赵　远）

《黄飞鸿之壮志凌云》 *Once Upon a Time in China* 中国彩色故事片。嘉禾电影有限公司1991年出品。编剧，徐克、阮继志、梁耀明、邓碧燕；导演，徐克；摄影，陈东村、陈佩佳、钟志文、林国华、黄岳泰、黄仲标；动作指导，袁仁祥、袁信义、刘家荣；音乐，黄沾、戴乐民；剪辑，麦子善；主演，李连杰、关之琳、元彪、郑则士、张学友、午马、刘洵、袁祥仁。

故事讲述了清朝末年，国家积贫积弱，朝廷和洋人签订了一系列丧权辱国的不平等条约。广东佛山武师黄飞鸿武功高强，努力寻找救国出路。梅州梁宽在戏院结识美貌女子十三姨，却不想十三姨是黄飞鸿的恋人，梁宽与黄飞鸿因此结敌。梁宽拜入北方武师严振东门下，但看不惯其为虎作伥，便与之决裂。在不平等条约下，洋人拐卖妇女，准备运到美国当妓女。十三姨也被掳上洋船，险些遭到侮辱，幸得梁宽解救。后黄飞鸿赶来，与洋人及其爪牙浴血奋战，解救十三姨及其他劳工和妇女。最终，梁宽与黄飞鸿误会消除，梁宽拜黄飞鸿为师。

影片在“西方列强围剿清廷王朝”的大历史背景下，突出历史责任感与使命感及自强不息、拼搏进取的民族精神，着重刻画了黄飞鸿从一忍再忍到绝境反击的“内省”过程。影片1991年获第28届台湾电影金马奖最佳原创音乐奖，1992年获第11届香港电影金像奖最佳导演奖、

最佳剪辑奖、最佳电影配乐奖、最佳动作指导奖。（赵卫防）

黄建新 Huang Jianxin（1954-06-14～ ） 中国电影导演。祖籍河北深县（今深州）。生于陕西西安。1970年，参加中国人民解放军。1979年，毕业于西北大学中文系。

1983年，毕业于北京电影学院导演进修班。1985年，导演处女作《黑炮事件》，震动影坛。1986年，导演《错位》，不仅批判了体制陋习，而且也触及了人性思考，影片具有浓郁的现代主义装饰风格。1994年，导演《背靠背，脸对脸》，描写了中国人与政治的关系，嘲讽了尔虞我诈、丑态百出的“窝里斗”现象，获第15届中国电影金鸡奖最佳导演奖、最佳合拍故事片奖。1995年，导演《红灯停，绿灯行》，透露出深刻的社会问题。1996年，导演《埋伏》，反映了平凡人物的精神状态，获第17届中国电影金鸡奖评委会特别奖。2005年，导演《求求你，表扬我》，具有黑色幽默的色彩，又饱含人生哲理，获第8届上海国际电影节评委会大奖、最佳编剧奖等。2010年，与韩三平联合执导《**建国大业**》，取得了巨大的经济效益和社会效益。2011年，与韩三平联合执导《建党伟业》，获第12届中共中央宣传部精神文明建设“五个一工程”奖、第14届中国电影华表奖优秀故事片奖等。2021年，导演献礼片《1921》。

黄建新的作品主要将目光聚焦于城市，关注现实，关注青年；影片主题总是直面人生，表现出对社会的使命感和责任感；影片人物往往是社会中的普通人，致力于对性格、心理的剖析；艺术手法朴素、平实、沉稳。他导演的电影还有《轮回》（1988）、《站直啰，别趴下》（1992）、《说出你的秘密》（1999）、《谁说我不在乎》（2000）、《决胜时刻》（2019）等。2005年，被授予国家有突出贡献电影艺术家称号。2019年，获中国电影导演协会年度杰出贡献导演奖。（庆 文）

黄健中 Huang Jianzhong（1941-12-29～ ） 中国影视导演。原籍福建晋江。生于印度尼西亚。1948年随父母回国。曾就读于北京市第一中学。1960年进入北京电影制片厂附属电影学校学习，后来任北京电影制片厂场记、副导演、导演。1979年，以副导演的身份参与电影《小花》的拍摄创作。

1982年独立执导了首部电影《如意》。之后相继执导了影片《一叶小舟》（1983）、《二十六个姑娘》（1984）、《良家妇女》（1985）、《一个死者对生者的访问》（1987）、《贞女》（1987）、《龙年警官》（1990）、《过年》（1991）、《大鸿米店》（1995）、《三坊七巷》（1997）、《红娘》（1998）、《我的1919》（1999）、《沧海情仇》（1999）等。其中，《良家妇女》出于对人性的自由发展深层次的关注，1986年获第25届捷克斯洛伐克卡罗维发利国际电影节主要奖和国际影评家组织奖，第18届西班牙大西洋国际电影节最佳影片奖，第11届印度电影节国际评论家奖等；《龙年警官》1990年获第14届中国大众电影百花奖最佳故事片奖和中国广播电影电视部1989～1990年优秀影片奖；《过年》1991年获中国广播电影电视部优秀影片奖；第15届中国大众电影百花奖最佳故事片奖、第4届日本东京国际电影节评委奖；《红娘》1999年获第22届中国大众电影百花奖最佳故事片奖；《我的1919》2000年获第7届北京大学生电影节评委会特别奖和第20届中国电影金鸡奖最佳故事片奖。

进入21世纪，主要转向电视剧创作，主要作品有根据金庸同名武侠小说改编的《笑傲江湖》（2001）、《盖世太保枪口下的中国女人》（2022）、与佐藤纯弥联合执导的《世纪末的晚钟》（2003）、《银饰》（2005）、《风满楼》（2005）、改编自张敬同名小说的《越王勾践》（2006）、《美丽无声》（2008）、《母仪天下》（2008）、《雾柳镇》（2008）等。2009年执导了《大秦帝国之裂变》，该剧2010年获第25届中国电视金鹰奖优秀电视剧奖和最佳美术奖，2011年获第28届飞天奖长篇电视剧二等奖。此外还执导有《经纬天地》（2010）、《大风歌》（2011）、《暗花》（2012）、《蓬莱八仙》（2013）等。

黄健中导演的作品丰富，在数量和质量上都值得敬佩，类型和模式多样，没有局限的题材和明显的个人风格，善于不断探索和创新。2005年被授予中国电影百年百位优秀电影艺术家称号。（孙承健）

黄金分割 golden section 数学理论中最能引起美感的比例。在数学领域，黄金分割被定义为将一线段分成长度不等的两段，其较长一段占到总长度的0.618。毕达哥拉斯学派最早对黄金分割的比例问题进行研究。之后，欧几里得在他的名著《几何原本》中给出黄金分割的完整几何解与证明。文艺复兴后，黄金分割的理论开始从数学领域拓展到艺术理论。20世纪后，黄金分割法则在很大程度上被作为视觉传达的设计参照。

在摄影造型艺术上，其构图的方式方法从摄影术诞生的那一天起就受到了黄金分割的影响。黄金分割理论与主体陪体的理论相互结合成为**摄影构图**中重要的理论依据，也是标准化摄影构图的参照。如在人物对话的正反打拍摄中，主体人物通常要摆放在画面的三分之一分割处，这样的构图方式更合乎人们的审美习惯。（李 勇）

《黄金时代》 *The Best Years of Our Lives* 美国故事片。塞缪·戈温电影公司1946年出品。改编自M. 坎特的小说《以我为荣》。编剧，M. 坎特、R.E. 舍伍德；导演，**W. 惠勒**；摄影，G. 托兰；主演，M. 洛伊、F. 马奇、D. 安德鲁斯、T. 怀特、F. 梅奥、H. 拉塞尔。

故事讲述了第二次世界大战结束后，陆军中士艾尔、空军上尉弗雷德及水兵霍默回到布恩市。艾尔回到了曾经工作的银行，长期的军旅生活使他不得不重新适应银行的规则；弗雷德面临着家庭破裂的困扰，在适应新生活的过程中，和虚荣的妻子产生了矛盾；水兵霍默在战争中失去双手，受到他人眼光和自卑心理的煎熬。最终，艾尔重新适应了银行生活，得到了经理的认可；弗雷德与虚荣的妻子离婚，找到了心仪的工作并和艾尔的女儿陷入爱河；霍默则在女友的帮助下逐步摆脱心中阴霾，步入婚姻殿堂。

影片围绕三位不同社会阶层的复员军人的战后生活展开，反映了战后美国军人

《黄金时代》剧照

重返社会时的不适，以及他们积极努力的生活态度。影片题材虽充满灰暗消极色彩，但结局较为圆满，上映后获得了舆论的好评和不俗的票房收益。影片1947年获第19届美国电影奥斯卡奖最佳影片奖、最佳男演员奖、最佳男配角奖、最佳导演奖、最佳编剧奖、最佳电影剪辑奖、最佳配乐奖，拉塞尔因他的表演给退伍军人带来希望和勇气而被授予奥斯卡荣誉奖。同年，影片还获第4届美国电影金球奖最佳影片奖，拉塞尔因最佳非职业表演获特别奖。

（段运冬）

黄梅调电影 Huangmei opera film 中国香港、台湾地区电影人以黄梅调唱腔为基本音乐表现形式，融入现代流行文化元素新创的、具有一定戏曲表现手段、注重电影语言使用的电影类型。黄梅调电影脱胎于内地黄梅戏电影，20世纪50年代末期～60年代末期流行于香港、台湾及东南亚地区。在美学表现方面，黄梅调电影更注重电影化的表现方式而非戏剧舞台程式，除插入的黄梅调唱段外，其他美学元素完全等同于古装“国语片”，而不是内地黄梅戏电影那样具有戏曲程式的戏曲艺术片。

1957年，内地黄梅戏电影《天仙配》在香港公映引发轰动，亦引起香港电影人关注。1958年，长城电影制片有限公司拍摄了电影《借亲配》，成为香港第一部黄梅调电影。之后，导演李翰祥为邵氏兄弟（香港）有限公司拍摄了第一部彩色黄梅调电影《貂蝉》，创下了30万港元的票房收益纪录，并在第5届亚洲影展上获最佳导演奖、最佳女主角奖等5项大奖。借着《貂蝉》的成功之势，邵氏兄弟（香港）有限公司相继推出了《江山美人》(1959)、《杨贵妃》(1962)、《梁山伯与祝英台》

《貂蝉》海报

(1963)、《王昭君》(1964）等黄梅调电影。香港国际电影懋业有限公司和国泰影业公司也推出了多部黄梅调电影，如《宝莲灯》(1964)、《梁山伯与祝英台》(1964)、《秦香莲》(1964)、《金玉奴》(1965）等。香港其他少数独立制片公司和台湾“国联影业公司”等也跟进制作黄梅调电影，引发香港地区、台湾地区和东南亚地区长达十几年的黄梅调电影浪潮。

根据创作体系的不同，黄梅调电影大体上分为以下三类。

第一类为邵氏兄弟（香港）有限公司中以李翰祥为轴心创作的“李氏体系”黄梅调电影。这类作品除李翰祥本人直接参与创作的《貂蝉》《江山美人》《杨贵妃》《王昭君》《梁山伯与祝英台》等影片外，还有李翰祥策划的影片，如《凤还巢》(1963)、《杨乃武与小白菜》(1963)、《玉堂春》(1964）等。“李氏体系”制作的黄梅调电影具有以下几个特征：①大都具有“江山”“社稷”之类的国家情怀的主题。②突破原戏曲的舞台化程式，充分发挥电影视觉特性。影片中的布景都是在片场搭的实景，用国画泼墨手法渲染背景和鲜艳华丽的服饰，呈现出强烈的影像风格。③打破了地方戏曲舞台化造型，塑造了一种具有当代色彩的、泛中国化的古典人物画造型。④对白全部将戏曲方言改为普通“国语”发音，唱段的词曲上较传统黄梅戏更为时尚化。

第二类为邵氏兄弟（香港）有限公司中非李翰祥创作体系摄制的影片，如岳枫、袁秋枫、罗臻、陈一新、严俊等人创作的黄梅调电影。这类影片与“李氏体系”黄梅调电影相比没有特别的新意，表现得中规中矩，如其音乐大都由“邵氏兄弟”御用作曲王福龄以黄梅戏中的“评词”唱腔统合，平铺直叙，较少创新。这类影片中以岳枫导演的最多，如《白蛇传》(1962)、《花木兰》(1964)、《宝莲灯》(1965)、《西厢记》(1965）等。

第三类为香港国际电影懋业有限公司和香港国泰影业公司推出的黄梅调电影。在内容上，与邵氏兄弟黄梅调电影中一贯的“江山美人式”的乱世情怀、“才子佳人式”的爱情悲欢主题相比，以浓郁的人情味见长。

黄梅调电影题材多涉及“历史”“国家”“存亡”等较为严肃的主题，但其民间性的叙事角度和“俗文化”精神消解了其严肃性，使其成为较受欢迎的类型片。该类型片在60年代曾被作为“中国电影”的代表，推动了中国香港电影的国际化发展。进入70年代，由于电视的兴起及武侠片、功夫片等类型片的风靡，黄梅调电影渐渐走向没落，最终于1975年左右彻底结束制作。

（粪成云）

黄绍芬 Huang Shaofen（1911-05-02～1997-01-27） 中国电影摄影师。笔名黄克。生于广东中山，卒于上海。1925年入民新影片公司学徒，学习洗印、摄影、照明等技术，并兼任演员。1929年开始独立承担电影摄影工作，并任上海联华影业公司摄影组长。1949年以后，历任上海联合电影制片厂和上海电影制片厂摄影师、上海电影制片厂总工程师兼技术办公室主任、上海电影局摄影总技师、中国摄影家协会上海分会主席、中国电影家协会理事、上海文联副主席、上海摄影家协会主席等。

黄绍芬担任摄影的最早电影作品是《故都春梦》和《野草闲花》。20世纪30年代参加拍摄了《恋爱与义务》《一剪梅》《桃花泣血记》《三个摩登女性》《母性之光》《人道》《续故都春梦》《到自然去》《春到人间》《如此繁华》《艺海风光》等故事片，并拍摄了纪录片《十九路军抗日战史》等，开始成为一名有声望的电影摄影师。

1937年在上海新华影业公司参加拍摄《貂蝉》《武松与潘金莲》《白蛇传》等多部古装影片，广受好评。1943年由于抵制与日本摄影师合作拍摄《春江遗恨》，毅然辞去摄影师工作。抗日战争胜利后重返影坛，被上海文华影业公司聘为技术总负责人，拍摄和指导拍摄了《假凤虚凰》《夜店》《艳阳天》等影片，并担任戏曲片《相思树》的联合导演。1954年，参加拍摄新中国第一部彩色戏曲片《梁山伯与祝英台》。此后，拍摄的故事片有《伟大的起点》《女篮5号》《林则徐》《聂耳》《枯木逢春》《霓虹灯下的哨兵》，戏曲片有《宋士杰》《十五贯》及《白蛇传》等。这些影片充分表现出他的构图质朴、光影运用娴熟、画面处理清新细腻等摄影风格。

作为中国早期电影摄影的开拓者之一，黄绍芬为中国电影摄影事业作出了较大贡献。其拍摄的电影剧照《枯木逢春》，曾获上海电影剧照展览一等奖。摄影作品《帆》曾获民主德国摄影特别奖。

（张德明）

黄蜀芹 Huang Shuqin（1939-09-09～2022-04-21） 中国影视导演。广东番禺人。生于上海，卒于上海。父亲是戏剧家、电影导演**黄佐临**。1964年，毕业于北京电影学院导演系。之后，相继任上海电影制片厂场记、副导演、导演。1979～1980年，分别在**谢晋**执导的影片《啊！摇篮》《**天云山传奇**》中担任副导演。1981年，拍摄电影处女作《当代人》。1983年，导演电影《青春万岁》，获苏联塔什干国际电影节纪念奖。1984年，执导影片《童年的朋友》，获文化部1984年优秀影片奖。1986年，执导商业片《超国界行动》。

1987年，与李子羽、宋国勋联合编剧，独立导演中国第一部女性主义电影《人·鬼·情》，影片透过女性视角观察整个世界，对人性进行精微探索，获第8届中国电影金鸡奖最佳编剧奖、第7届美国圣巴巴拉国际电影节最佳导演奖。1990年，执导电视剧《围城》，获第11届中国电视剧飞天奖长篇电视连续剧二等奖、优秀导演奖、优秀男主角奖。1993年，导演了第二部女性题材电影《画魂》。1995年，执导电视剧《孽债》，获第15届中国电视剧飞天奖长篇电视连续剧三等奖。1996年，执导影片《我也有爸爸》，获第17届中国电影金鸡奖最佳儿童片奖、最佳女配角奖。2001年，执导剧情片《嗨，弗兰克》。

黄蜀芹是中国第四代导演代表人物之一，她导演的电影、电视剧人物个性鲜明，艺术表现手段多样，具有较高的社会意义和较高的艺术品位。她执导的电视剧还有《承诺》（1995）、《啼笑因缘》（2004）等。2016年，获第7届中国电影导演协会奖年度杰出贡献导演奖。

（军　文　撰　孙　萌　修订）

《黄土地》 *Yellow Land* 中国彩色故事片。广西电影制片厂1984年出品。根据柯蓝的散文《深谷回声》改编。编剧，张子良；导演，**陈凯歌**；摄影，**张艺谋**；主演，王学圻、薛白、谭托、刘强。

故事讲述了陕北农村贫苦女孩翠巧，是一个淳朴、深情而又具有反抗精神的陕北农民歌手。在前来采风的八路军文艺工作者顾青的启发下，翠巧想参加八路军以躲避早年订下的娃娃亲。但顾青以组织纪律为由，暂且拒绝了翠巧的请求。顾青走后，在父亲安排下，翠巧还是嫁人了。婚后，翠巧离家东渡黄河，寻找新生活，却不幸被淹死。

影片淡化戏剧冲突，运用造型语言和色彩描写表达意蕴、抒发情感。影片中色彩鲜明、动作强烈、场面浩大、力度刚劲

《黄土地》剧照

的造型画面及喷涌而出的感情，突出显示了中国第五代导演的电影风格，标志着中国第五代导演的崛起。影片导演以对民族文化的反思和颠覆性的艺术形式，震惊了中外影坛，引起强烈反响。影片1984年获第29届英国伦敦国际电影节最佳导演奖，1985年获第5届中国电影金鸡奖最佳摄影奖、第7届法国南特三大洲电影节最佳摄影奖、第38届瑞士洛迦诺国际电影节银豹奖、第21届日本东京国际电影节黑泽明奖等。

（翁睦瑞）

黄宗江 Huang Zongjiang（1921-11-03～2010-10-18） 中国电影剧作家。祖籍浙江瑞安县（今浙江瑞安市）。生于北平（今北京），卒于北京。10岁时就在《世界日报》副刊发表过独幕剧《人的心》。1932年在青岛读中学时，常在萧军主编的《青岛日报》上发表诗文。在天津南开中学时，积极参加南开剧社的演出活动。1938年考入燕京大学外国文学系，与**孙道临**、丁力、朱嘉琛等人成为学校戏剧活跃分子，曾参与组织燕京剧社。1940年休学，先后在上海、重庆等地剧社（团）当演员，还在轮船上当过水手。抗日战争胜利后复学回到燕京大学。1947年创作话剧《大团圆》，不久被上海清华影片公司拍成电影。

1949年5月参加中国人民解放军，任华东军区专业创作员。1952年入解放军总政治部文工团。1955年调总政文化部创作室。1958年任八一电影制片厂编剧。在编剧生涯中，创作了《海魂》（1956，与沈默君合作）、《柳堡的故事》（1957，与石言合作）、《县委书记》（1958，与史超、郑洪合作）、《江山多娇》（1959，与王云合作）、《农奴》（1964）、《柯棣华》（1981）等电影剧本；改编了**夏衍**、柯灵的原作《秋瑾》（1982，与**谢晋**合作）等。此外，还编写了话剧《南方啊，南方》（1965）。其中，《海魂》1959年获第10届捷克斯洛伐克劳动人民电影节“为世界和平而斗争”二等奖。《柳堡的故事》剧本风格清新、意境优美，描写人物心理感情委婉动人。《**农奴**》是黄宗江的代表作，标志着他的电影剧作达到了一个新的高度，也是中国第一部反映西藏人民解放斗争的电影剧本，影片1981年获第1届菲律宾马尼拉国际电影节金鹰奖。

（陈少舟）

黄宗霑 James Wong Howe（1899-08-28～1976-07-12） 华裔美国电影摄影师。原籍广东台山。生于广东广州，卒于美国加利福尼亚好莱坞。5岁时随家人去美国。只受过中等教育，从事过照相馆送货生、暗室助手等职业。1916年，进入好莱坞拉斯基摄影厂当摄影棚清洁工。1917年开始从事电影摄影工作，刻苦钻研，自学成材。1922年担任影片《命运之鼓》的第一摄影师。1926年拍摄了《男人陷阱》，其精致、瑰丽的影像风格获得好评。1928年为米高梅电影公司拍摄了《悲欢小丑》。

黄宗霑早期以拍摄女明星形象闻名。进入20世纪30年代，其迎来了职业生涯的全盛时期。1931年拍摄了《大西洋彼岸的人》，第一次采用25毫米的广角镜头。1934年完成了喜剧片《瘦人奇案》和言情片《曼哈顿通俗剧》。1938年，为好莱坞性感女星海蒂·拉玛主演的《阿尔及尔》掌镜，第一次获奥斯卡奖最佳摄影奖提名。1941年拍摄了《林肯在伊利诺伊》。1943年拍摄了华纳兄弟影业出品的浪漫爱情片《金石盟》。1944年在《反攻洛血战》和《空军》中担任摄影师。1955年在《玫瑰纹身》中担任摄影师，获第28届美国电影奥斯卡奖最佳摄影奖。1959年，担任《桃色血案》的摄影师，被业界誉为是“黑白电影摄影的教科书杰作”；同年，在《老人与海》中担任摄影师。1964年，担任《原野铁汉》的摄影师，影片中的摄影为人物关系和人物心理提供了与之相符的环境氛围，获第36届美国电影奥斯卡奖最佳摄影奖。1966年在惊悚片《脱胎换骨》中担任摄影师，成功地营造了紧张恐怖的气氛。

黄宗霑一生拍摄过120多部故事片，并多次获得奥斯卡奖最佳摄影奖提名。其在艺术上、技术上都不断创新，对光和影的研究造诣尤深。当黄宗霑的艺术臻于炉火纯青时，他愈益遵循现实主义手法，追求真实质朴。他的作品根据不同的主题和题材，有的充满诗情画意，有的具有冷峻的纪录风格。其他重要作品有《最后一个人》《黄色护照》《权利与荣耀》《汤姆历险记》《北方之星》《滑稽女郎》等。1957年曾获美国乔治·伊斯曼艺术节授予的电

影艺术家称号。曾任美国电影艺术与科学学院、美国电影摄影师协会、美国导演工会的会员。（沈　善）

黄佐临　Huang Zuolin（1906-10-24～1994-06-01）中国电影导演、戏剧家。原名黄作霖，艺名黄佐临。祖籍广东番禺。生于天津，卒于上海。出身于高级职员家庭。10岁时进天津新学书院。1925～1928年，在英国伯明翰学习商业，学写短剧，得到英国剧作家萧伯纳的指点。1935年再度赴英国，在剑桥大学攻读戏剧专业研究生，硕士论文为《莎士比亚演出简史》。同时对电影发生兴趣，研究S.M.爱森斯坦、V.I.普多夫金的电影理论。1937年抗日战争全面爆发后，离开英国取道苏联回国。1938年，在重庆国立戏剧专科学校任教。1939年去上海从事爱国进步戏剧活动，成为话剧导演。1946年秋，应邀参加上海文华影业公司，负责艺术创作，兼任电影导演。

1947年，导演的第一部影片《假凤虚凰》，描写一个受资本家的委托冒充成经理的理发师和一个装扮成华侨富翁的女儿的寡妇，经相互欺骗后觉悟的故事。影片以喜剧的形式，辛辣地讽刺了社会上的欺骗风气，赞扬了劳动者的善良品质。同年，在根据苏联作家M.高尔基的《底层》改编的影片《夜店》（1947）中，用严谨的导演构思和精巧的镜头处理，表现了一群挣扎在社会底层小市民的不幸命运，对黑暗的社会现实发出悲愤的控诉。1949年，根据鲁迅翻译的L.班台莱耶夫同名小说改编导演了《表》（1949），真实地反映了当时都市社会流浪儿童的生活，成为中国现实主义影片的优秀之作。与前两部电影比较，黄佐临对现实主义的创作方法有了新的探索。在编写剧本时，专门到贫儿教养所实地考察孤儿的生活；使用非职业演员，其中有些流浪儿的扮演者是从贫儿教养所物色来的孤儿；许多镜头是在上海的街头小巷实地拍摄。在文华影业公司，黄佐临还导演了由他的夫人丹尼担任主角的《腐蚀》（1950）及《美国之窗》（1952），培养了石挥、鲁韧、叶明等电影演员和导演。

黄佐临在艺术上严肃、执着，富有进取精神，追求朴素的、自然的、明确的、健全的、有血有肉的、带泥土气息的艺术风格。中华人民共和国成立后，先任上海人民艺术剧院副院长、院长，后兼任上海市电影局顾问，把创作的重心从电影转到了话剧。20世纪60年代后，又从事K.S.斯坦尼斯拉夫斯基、梅兰芳、B.布莱希特演剧体系的比较研究，对中国戏剧、电影界产生较大影响。黄佐临导演的影片还有《为了和平》（1956）、《鲁迅生平》（1956，长纪录片）、《布谷鸟又叫了》（1958）、《三毛学生意》（1958）、《黄浦江的故事》（1959）、《陈毅市长》（1981）等。（张兆龙）

灰渐变滤镜　grey gradient filter　常用的物理滤镜中的一种。灰渐变滤镜的作用为在大光比摄影时弥补拍摄设备感光元件原生宽容度的不足，使图像的暗部与高光部均合理曝光。其特点为可以保留更多的细节，以及更少的噪点。渐变中灰滤镜有软与硬之分，此外还有反向渐变中灰滤镜之类的特殊滤镜。

软渐变中灰滤镜的全透明与半透明黑的边界过度比较缓和，所以比较适合拍摄高光与暗部间有较多不规则衔接的风光，如城市间摄影，或者一些比较奇怪的山峰，当然也有一些摄影师认为用硬滤镜整体压下亮部处理的效果更佳。硬渐变中灰滤镜的全透明与半透明的边界过度非常快，所以比较适合拍摄高光与暗部界限分明的风光，如海边日出或一些山岳摄影。反向渐变中灰滤镜的变化为由下向上的渐淡变化，适合一些特殊的用途。（张　桥　王　真）

《回归》　*The Return*　俄罗斯彩色故事片。Ren电影公司2003年出品。编剧，V.莫伊欣柯、A.诺沃托茨基；导演，A.萨金塞夫；摄影，M.克里奇曼；主演，V.加林、I.杜布朗拉沃夫、K.拉朗尼柯、N.弗多维娜。

故事讲述了离家10多年的父亲突然回家，宣布要带两个儿子去远足、钓鱼。途中他们遇到了种种险情，原来是父亲为锻炼孩子所做的刻意安排。随着接触的深入，父子间不断发生冲突。在一次冲突升级中，父亲为救小儿子从高塔掉下意外身亡。两个儿子在悲痛中意外将父亲的遗体沉入大海，他们在渺无人烟的荒岛上互相帮衬、渡过难关并走向成熟。影片运用创世纪的七天作为故事发展的时间，片中几次出现的圣经读本，父亲躺在床上睡觉时宛如耶稣的面部造型，都体现了作者对父亲权威和精神的追求。影片中父亲的意外身亡正是一种精神升华，父亲虽亡，孩子却得以成熟。影片通过父亲在神秘岛上找到的黑匣子建构神秘感和悬疑感，为情节发展提供叙事动力，也为观众提供了观影乐趣。影片结尾父亲的尸体和黑匣子意外沉入水中，赋予了影片更多的深层含义和艺术魅力。

《回归》海报

影片造型富有特色，饱含诗意。摄影师用不同特写表现的湖面，站在塔顶环顾四周所展现的水天相连、旷野无边，给人以神情自得、心旷神怡之感。影片以精心构图再现的大海、湖泊、森林、原野、暴雨、瀑布，既体现了巧夺天工的美，也再现了俄罗斯自然景观的伟大魅力。剧中人仿佛融入了大自然，与大自然浑然一体、不可分割。影片2003年获第60届意大利威尼斯国际电影节金狮奖、最佳处女作奖、天主教人道精神奖，第16届欧洲电影奖欧洲年度发现奖；2004年获第17届俄罗斯电影尼卡奖最佳影片奖、最佳摄影奖。（李芝芳）

绘画电影　painting film　源于对电影绘画本性的理解而出现的电影样式，尤指注重雕塑性或者绘画性造型的电影。绘画电影的理论基础是“动态绘画”。意大利人R.卡努杜在《第七艺术宣言》中提出，电影是运动着的造型艺术，电影导演是以光为画笔的画家，即把银幕形象幻视者幻觉中的一幅幅形象在银幕上画出来。英国纪录电影导演P.罗沙把电影作品视为“动态的模特儿”，通过光和运动加诸自然景物而具有绘画的倾向性，认为这种动态的绘画性是艺术家所拥有的一切现有表现形式中最强有力的表现形式。在苏联，绘画电影论者主张把电影看作一块巨幅的画布，由画家（导演或编剧）在上面用豪迈的笔触绘出他的叙事诗式的构思，因而被称为绘画叙事诗电影理论。

电影进入有声时代后，由于对语言因素的过分依赖，画面造型水平普遍有所降低，真正具有绘画性的电影并不多。不过，在一些绘画传统比较深厚的国家，对电影画面造型结构的重视一以贯之，并且概括出一些创作原则。如在A.A.塔尔科夫斯基指导的《镜子》《乡愁》《牺牲》等影片中，观众时时刻刻都能感受到绘画、诗意与哲理交融之美。中国电影艺术工作者也对电影的绘画性进行过积极的探索，如20世纪20年代但杜宇拍摄的《海誓》、80年代**陈凯歌**拍摄的《**黄土地**》等，都曾以风格化的静态形象来表达影片的构思。

（刘宇清）

绘景 matte painting 在摄影棚内，根据内景的特定要求，用绘画、喷刷和幻灯等手段绘制成天地山川、树木花卉、亭台楼阁等景物的一种造型手段。在影视创作中，由于摄影棚空间有限，只能容纳搭制场景中前景和中景范围内的表演区景物，远景的景物要通过绘景来解决，所以绘景是构成场景的因素之一。如在一个院落中，透过院墙等部件可看到天空、远山、树林以及远处的村落等，这些景色都需在“天片”的平面上绘制而成。有时为了增加场景结构的层次和空间感，把临时制作的、有建筑轮廓的单片置于天片与搭置的布景之间，并在单片的平面上绘制出具有立体效果和气氛的景物。

绘景是影视造型的重要方面，所绘制的景物必须做到逼真可信，其具体的形象、色彩、色调、明暗对比、虚实和透视关系的处理，必须与棚内搭制的具体场景和谐统一。绘景不仅对场景的真实性和艺术效果起着重要的作用，而且对提高摄影棚的使用率、加快影视作品拍摄进度、降低制作成本等方面也起着不可忽视的作用。

（黄治贵）

绘景师 matte painter 负责绘制影视剧场景中背景的创作人员。绘景师的任务是根据剧情及摄影棚内景的要求，以绘画的方式绘制场景中的背景，如远山、蓝天、花草、丛林等。绘景师在绘景前需要根据**美术师**的创作意图和设计要求绘制草图和气氛图，绘制景物需要贴合影片的整体造型风格，更要注意色彩、色调、虚实对比和透视关系的处理，需要与实景统一协调。绘景师需要掌握绘画的基本写实技法并具备绘画的基本理论修养，对影视**美术设计**的相关知识有较为全面的了解。随着科技的进步，数字绘景开始部分取代绘景师的工作，成为影视后期制作中不可或缺的重要环节。

（宋东葵）

惠勒，W. William Wyler（1902-07-01～1981-07-27） 美国电影导演。生于法国阿尔萨斯（当时为德占区）米卢斯城，卒于美国贝弗利希尔斯。1922年在巴黎国立音乐学院学习时，遇见了美国环球影片公司老板的亲属C.莱默尔，经推荐去环球

公司工作。1925年，开始担任导演，其时正是默片时代末期，惠勒所执导的都是两本一部的西部片。20世纪30～40年代是惠勒创作的鼎盛时期，当时美国许多根据文学名著改编拍摄的影片均出自他手，如根据L.海尔曼的话剧改编的《死胡同》（1937），根据O.戴维斯的话剧改编的《吉萨贝尔》（1938）和根据E.勃朗特同名小说改编的《呼啸山庄》（1939）等，其中《呼啸山庄》获第12届美国电影奥斯卡奖最佳黑白摄影奖。

1942年，导演《忠勇之家》（又译《米尼弗夫人》），歌颂了英国人民在第二次世界大战期间的英勇精神，获第15届美国电影奥斯卡奖最佳影片奖、最佳导演奖。1946年，导演《**黄金时代**》，获第19届美国电影奥斯卡奖最佳影片奖、最佳导演奖等。1953年，导演喜剧片《罗马假日》，颇受观众欢迎，获第26届美国电影奥斯卡奖最佳编剧奖。1959年，导演《宾虚》，展现了罗马文化和基督教之间复杂、激烈的宗教斗争和政治斗争，获第32届美国电影奥斯卡奖最佳影片奖、最佳男主角奖、最佳导演奖等11项奖。

惠勒拍片重视题材的选择，重视影片的社会效果。在技术上要求严格，每个镜头都要反复试拍，有“拍99次的惠勒”的雅号。他拍摄的影片还有《搜捕者》（1965）、《滑稽女郎》（1968）、《琼斯的解放》（1970）等。1965年，获美国电影艺术与科学学院欧文·撒尔伯格纪念奖。1976年，获美国电影学奖终身成就奖。

（胡思旅）

混合光 hybrid optical 不同光源同时作用、共同工作时所营造出的光影效果。在不同光质、不同色温、不同类型光源的作用下，混合光可以使画面的光影、色彩、立体感等方面的效果有丰富的变化。在影视艺术创作中，运用混合光时要根据创作需要合理选择灯光，要注意光比的控制，要尽可能各取所长、避免杂乱，一般情况下应统一色温，做到光线丰富而统一。在特殊条件下，也可利用混合光形成特定气氛，在画面内部形成色光的对比，如拍摄夜景时高色温的月光及低色温的灯光等。

（张　桥）

混合录音工艺 mixed recording technique 影视录音制作工艺流程中的最后一道录音工艺。简称混录。混合录音工艺既是影视作品的一个录音技术制作的过程，又是一个声音艺术创作的过程。因此，混合录音师（简称混录师）不但要严格把握好各项录音技术指标，而且还要处理好画面与声音、声音与声音之间的互动平衡关系，使影视作品中的声音创作在艺术质量与技术质量上都达到一个非常高的水准。

在混录过程中，需要混录师将已经剪辑、制作完成的各类声音素材，包括但不限于语言（独白、对白、群白、内心独白以及旁白等）、动效、资料音响（自然、军事、机械和动物等）和音乐（原创音乐、资料音乐）等各类声音素材，按照导演的创意构思，通过各类混录器材设备，并经过各种复杂的方法和手段，最终将各类声音素材混合成为一条（单声道）或多条（多轨模拟环绕声、多轨数字环绕声、多轨空间声及多轨国际声）的声音混录母带。在混录母带完成后，才算基本完成了影视作品的录音技术制作过程和声音艺术创作任务。因此，混录过程也是对影视作品中的声音进行的最后一次艺术创作。

为了保证混录工作的正常进行，一般在混录前，都要在标准的混合录音棚（各项技术指标和标准放映厅的技术指标一致）里的监听条件下进行各条声音素材带的技术和艺术质量的检查工作。这个过程叫作混前检查。混前检查主要有以下两个主要目的：①检查声音素材的录音技术质量，了解各条声音素材带中是否存在或还缺少各种声音内容，各类声音素材是否与画面的内容保持着同步状态，各类声音素材在声带上的位置安排是否有利于混录的技术操作等。②检查声音素材的艺术创意质量，了解所录制的声音素材在情绪气氛上是否与画面内容相匹配，是否还需要增减声音素材内容来为影片内容服务，各个声音素材的**剪辑点**是否符合导演的创意要求等。

除了混录师、剪辑师和场记必须参加终混前的混前检查工作外，导演也必须参加混前的检查工作程序。因为作为一个对艺术要求非常认真的影视导演，对哪一场戏应该呈现哪些声音，都会有自己独特的看法。有创意头脑的导演除了对片中的声音有自己的构思以外，还需要非常善于与**声音设计师**和混录师去协调和沟通，从声音设计师或是混录师那里去了解和吸取对声音艺术再创作的不同观点和建设性意见，并及时地应用到影片的声音创意中去。因此，在混前检查中，导演提出的意

见越具体、越中肯，混录师的准备工作就会越充分，就越能减少混录师在终混时再进行各种修改的可能性，降低混录师的工作强度和精神压力及混录成本。

在模拟录音时代，当一部影视作品的声音素材内容很多，或者需要同时完成多种混录母带时，很可能会出现混录棚内的录还音设备不够用的情况。因此，在正式混录前，混录师要先去了解混录棚的录还音设备是否可以容纳所有声音素材的同时录还音。如果影片声音素材超过了混录棚混录还音设备的最大容量时，就需要将所有的声音素材先分门别类地提前合并在一起，然后再进行终混。这个先行合并的过程一般称为预混。

预混的目的是将大量的声音素材先进行归类合并处理，这样在终混时就可以减少混录师的工作强度，尤其是在有些混录设备不具备自动化操作功能时这点尤为重要。一般可以将大部分的客观语言声（包括独白、对白、群白）先预混成一条语言预混带；也可以将所有的音响声（包括动效、资料音响和背景音响）预混成一条音响预混带；同时将一些音乐声（主要是客观音乐）预混成一条或数条音乐声带（因为音乐声有可能在衔接时会出现叠出叠入的声音效果）。而其他的一些主观化的声音素材（如内心独白、解说和情绪音乐等），由于经常需要在其他声音出现的同时才能进行特别的艺术处理，一般建议主观化的声音素材先不进行预混处理，而是等到终混时再与其他的预混声带进行音色、电平及平衡方面的特殊处理。

当不得已使用模拟录音设备进行预混时，每预混一次都会在预混的声带上增加一些模拟录音设备所带来的本底噪声。所以，在应用模拟设备进行影视作品的预混时，要提前进行技术设计并保持节制。然而这个问题在数字录音工艺中几乎已不存在。

随着高科技的发展，影视作品中的声音最终被混录成为单轨单声道混录声音母带的情况已十分罕见（只在个别的影视资料纪录片的声音制作中还有存在），而混录成为多轨多声道混录声音母带的情况则非常普及。常见的电影数字多声道环绕声还音系统有20世纪90年代初分别面世的美国杜比SR.D数字环绕声还音系统（5.1声道）、美国的DTS数字环绕声系统（5.1声道）和日本的SDDS数字环绕声系统（7.1声道），以及21世纪新出现的各类数字多轨空间声还音系统，如美国的杜比Atmos数字全景声还音系统、中国的ADSS数字全维声还音系统等。（姚国强）

《活着》 *To Live*　中国彩色故事片。年代国际（香港）有限公司1994年出品。改编自余华同名小说。编剧，余华、芦苇；导演，张艺谋；摄影，吕乐；主演，葛优、巩俐。

故事讲述了地主家少爷福贵滥赌成性，妻子家珍苦劝无效，带着女儿返回娘家。福贵输光家产，把老父亲也气死。一年后，家珍带着女儿和出生不久的儿子有庆回来，福贵洗心革面，靠演皮影戏过活。国共内战期间，福贵被抓去当兵，继而被俘虏。后历经坎坷获释返乡，一家团圆。中华人民共和国成立后，福贵因先前已把家产输光，未被划为地主成分，但接连的运动和意外使他先后失去了儿子和女儿，遭遇人生之痛，最后剩下的唯有活着。

《活着》剧照

影片以男主人公福贵的人生经历为叙述线索，贯穿国共内战和中华人民共和国成立后的历次运动，表现了动荡时代下中国人的命运。影片通过福贵的一生遭遇，揭示了人在面对历史命运时的无奈和渺小，表现了普通民众的随波逐流，影射了时代的动荡与变异。影片1994年获第47届法国戛纳国际电影节评委会大奖、最佳男演员奖；1994年获美国国家影评人协会奖最佳外语片奖；1995年获第48届英国电影学院奖最佳外语片奖。（徐　阳）

《火烧红莲寺》 *Burning Paradise*　中国故事片。明星影片公司1928年出品。改编自平江不肖生（向恺然）的武侠小说《江湖奇侠传》。编剧，郑正秋；导演，张石川；摄影，董克毅；主演，郑小秋、夏佩珍、梁赛珍、王献斋、汤杰。

故事以武林昆仑派与崆峒派之争为背景，以西南边疆崇山峻岭中之红莲寺为发生地，讲述了两派武林高手之间打斗的曲折经历。影片上映后受到观众欢迎，3年内接连拍摄续集，最终形成了长达18集的电影系列，甚至形成了一个独特的影片样式，即所谓的火烧片。影片在多方面对武侠电影形态进行了探索。在特技技术方面，发明的“吊威亚”技术被动作电影沿用至今，放飞剑、斗掌风等动画特技，腾云驾雾、御风飞行、隐身复现等特技摄影，

《火烧红莲寺》海报

为武侠电影的发展奠定了技术基础。影片是中国武侠电影走向类型化、标准化的里程碑，也是武侠电影走向成熟的重要标志，同时也是中国大型系列电影的开山之作。受其影响，中国影坛在此后一段时期内掀起了一场“武侠神怪片”热潮。（丁幼晗）

《火烧圆明园》 *The Burning of the Imperial Palace*　中国彩色故事片。新昆仑影业有限公司和中国电影合作制片公司1983年联合出品。编剧，杨村彬、李翰祥；导演，李翰祥；摄影，杨林；主演，刘晓庆、陈烨、梁家辉、张铁林、闪增宏、项堃。

故事讲述了清咸丰二年（1852），叶赫那拉家族颇具姿色的少女玉兰被选入宫，被册封为贵人。但因为叶赫那拉家族与爱新觉罗家族有宿怨，因而一直未能得到咸丰帝的宠幸。玉兰为此苦恼不已，并想方设法引起咸丰帝的注意。后来，玉兰借咸丰帝游圆明园的机会以一曲缠绵哀怨的小调吸引了咸丰的目光。被宠幸以后的玉兰，凭借其聪明伶俐的手段经常可以陪在皇帝身旁。一年以后，玉兰生下儿子载淳，被册封为懿贵妃，载淳也被册封为太子。然而，此时的大清王朝处于内忧外患、危机四起的态势之中。英法联军先后攻占广州、天津，直逼北京，朝廷上下乱作一团。清兵以血肉抵挡枪炮，虽拼死一战仍全军覆没。咸丰帝率领嫔妃、肃顺等大臣以“秋猎”之名逃到热河行宫，留下恭亲王奕䜣与英法联军谈判。逃到热河的咸丰皇帝终日沉溺于酒池肉林，不思朝政，奏章也交于懿贵妃批阅。英法联军攻入京城，烧杀抢掠，无恶不作；在抢夺了圆明园的宝物和金银珠宝之后，放火烧了圆明园。咸丰皇帝和妃嫔们安然无恙，可

驻守京城的大臣们自感愧对朝廷，投湖自尽。

影片延续了李翰祥导演一贯的创作风格，叙事流畅、场面宏大、构图严谨、画面精致，人物塑造鲜明突出，具有强烈的历史真实感和东方美学特征。影片是李翰祥首次“北上”与中国电影合作制片公司合作拍摄的作品，开启了香港和内地“合拍”的时代，而其创作也影响了内地历史剧的创作观念和方式。影片1983年获文化部优秀影片特别奖。 （类成云）

霍夫曼，D. Dustin Hoffman（1937-08-08～ ） 美国影视演员、导演。生于洛杉矶。19岁时，离开大学加入剧团。曾到纽约谋求演员工作，到处碰壁后当过看门人和护士，后来在电视和流动剧团里扮演一些次要角色。1965年，获奥比奖最佳戏剧演员奖。1967年，主演影片《**毕业生**》，获得成功。1969年，在影片《午夜牛郎》中扮演一个患肺病的流浪汉，再次获得好评。此后，陆续塑造了多种类型的角色，如《小大人》（1970）中被印第安人抚育成人的白人、《蝴蝶》（1973）中的囚犯、《伦尼》（1974）中的喜剧演员、《总统班底》（1976）中的记者等。1979年，和**M.斯特丽普**合作出演影片《**克莱默夫妇**》，因其精彩的表演，获第52届美国电影奥斯卡奖最佳男演员奖和第37届美国电影金球奖最佳男主角奖。1988年，和**T.克鲁斯**合作出演《雨人》，获第61届美国电影奥斯卡奖最佳男演员奖和第46届美国电影金球奖最佳男主角奖。2008～2016年，在动画电影《**功夫熊猫**》系列中为浣熊师傅配音，获第36届美国电影安妮奖最佳动画电影配音奖。2012年，执导影片《四重唱》。2014年，出演《小乌龟是如何长大的》，获第44届国际艾美奖最佳男演员奖。

霍夫曼大器晚成，凭借非凡的演技，塑造了众多生动而迥异的银幕形象，尤其以塑造小人物见长。出演的影片还有《至尊神探》（1990）、《虎克船长》（1991）、《极度惊慌》（1995）、《摇尾狗》（1997）、《圣女贞德》（1999）、《月光旅程》（2002）、《寻找梦幻岛》（2004）、《拜见岳父大人2》（2004）、《马格瑞姆的玩具店》（2007）、《鞋匠人生》（2014）、《落魄大厨》（2014）等。

《克莱默夫妇》剧照

《雨人》剧照

出演的电视剧有《赤裸城市》（1958）、《鸿运赛马》（2011）等。1989年，获第39届德国柏林国际电影节终身成就奖。1996年，获第53届意大利威尼斯国际电影节终身成就奖。1997年，获第54届美国电影金球奖塞西尔·布朗特·戴米尔奖。1999年，获第27届美国电影学会终身成就奖。2008年，获第12届美国好莱坞电影奖终身成就奖。2009年，获法国政府颁发的法兰西共和国艺术与文学骑士勋章。同年，获第34届法国电影凯撒奖荣誉凯撒奖。 （李 湄）

霍克斯，H. Howard Hawks（1896-05-30～1977-12-26） 美国电影导演、编剧、制片人。生于印第安纳州戈申城，卒于加利福尼亚州棕榈泉城。早年主修机械工程专业，曾设计并驾驶飞机。20世纪20年代初转到电影界工作。1924年，在《明日黎明》中担任剪辑师。1925年，在《通往昨日之路》中担任编剧。1932年，导演的**强盗片**《疤脸大盗》（又译《疤面人》），叙事简明、紧凑、激烈，被后来的许多强盗片所仿效。之后，相继拍摄了《二十世纪》（1934）、《养育婴儿》（1938）、《他的女友星期五》（1940）等较为出色的轻松喜剧片。1941年，导演传记片《约克军曹》，获第14届美国电影奥斯卡奖最佳影片奖提名、最佳导演奖提名。1943年，导演战争片《空军》。1948年，导演西部片《红河》，充满紧张的气氛和丰富的想象力。1949年，导演战争片《战地新娘》。

霍克斯在美国电影界活跃了40多年，导演（也常兼编剧或制片人）了各种样式的影片，其中最擅长拍摄战争片，如《拂晓巡逻》（1930）、《只有天使才有翅膀》（1939）、《男绅们偏爱金发女》（1953）、《法老的土地》（1955）、《男人喜欢的运动》（1964）、《黄金国》（1967）、《里奥洛沃》（1970）等。他善于制造戏剧气氛，启发演员揭示人物的内心世界，通过细节来表现典型人物，并且很有叙述故事的才能。讲求实际，从不追求画面的风格和技术上的花哨。霍克斯虽不是一位创新者，但总是能沿着别人创出来的样式拍摄出一些堪称佳作的影片。1975年，获第47届美国电影奥斯卡奖荣誉奖。 （胡思旅）

霍纳，J. James Horner（1953-08-14～2015-06-22） 美国影视作曲家。生于加利福尼亚州洛杉矶，卒于加利福尼亚州凡吐拉。从5岁开始学习钢琴。10岁时随家人移居伦敦，并就读于皇家音乐学院，接受了扎实的古典音乐教育。之后在美国南加州大学作曲专业深造，获得博士学位后，留校担任音乐理论课教师，其间不断参与学生作品的创作。1979年，在影片《红衣女郎》中担任编曲工作，从此踏入了电影音乐领域。1982年，为动作科幻片《星际旅行2：可汗怒吼》配乐。1983年，在《电光飞镖侠》和《魔法当家》中承担配乐工作，获第11届美国电影土星奖最佳配乐奖提名。同年，还在《头脑风暴》中承担配乐工作，获第11届美国电影土星奖最佳配乐奖。

1986年，为动画片《美国鼠谭》配乐，获第14届美国电影土星奖最佳配乐奖提名，其在片中创作的歌曲《出门在外》还曾获得格莱美奖。1995年，在《勇敢的心》中承担作曲工作，获第68届美国电影奥斯卡奖最佳配乐奖提名。1997年，在《泰坦尼克号》中承担配乐工作，并创作了歌曲《我心永恒》，获第70届美国电影奥斯卡奖最佳原创歌曲奖和最佳配乐奖、第55届美国电影金球奖最佳原创歌曲奖和最佳配乐奖。2000年，为喜剧片《圣诞怪杰》配乐，获第27届美国电影土星奖最佳配乐奖。2009年，为《**阿凡达**》配乐，获第36届美国电影土星奖最佳配乐奖。2012年，为《超凡蜘蛛侠》配乐。2014年，为华语电影《狼图腾》配乐。

霍纳创作了一系列风格迥异的电影音乐作品，在电影音乐创作领域取得了卓越的成就，其唯美华丽、充满诗意的电影音乐风格在电影乐坛中独树一帜。其他重要作品还有《异形2》《梦幻成真》《阿波罗13号》《佐罗传奇》《美丽心灵》《尘雾家园》《黑金》等。 （杨宣华）

霍普金斯，A. Anthony Hopkins（1937-12-31～ ） 英国戏剧、电影演员。生于南威尔士塔尔伯特港。自幼生活在传统严肃的家庭氛围中，养成了沉默、孤僻、坚毅的性格。17岁时考入英国皇家威尔士音乐戏剧学院。自幼崇拜戏剧大师L.奥利弗。1965年受偶像奥利弗之邀进入英国皇家剧院做戏剧演员。1967年作为奥利弗的替补出演了舞台剧《死亡之舞》，获得好评，开始成为活跃在英国戏剧舞台上的新星。1968年到美国百老汇演戏，受到瞩目。同年出演了个人首部电影《冬狮》，自此进入电影界。

1972年主演历史剧《战争与和平》，获第26届英国电视学院奖最佳男主角奖。1976年主演犯罪片《林德伯格绑架案》，获第28届美国艾美奖最佳男主角奖。1980年出演传记片《象人》。1985年重返伦敦戏剧舞台，随后在国家剧院演出了《荒凉之路》《李尔王》《安东尼和克莱奥帕特拉》三部剧，赢得了戏剧界的好评。1991年主演美国惊悚电影《沉默的羔羊》，创造了影史典型形象——患有精神分裂症、高智商、令人不寒而栗的食人魔汉尼拔，获第64届美国电影奥斯卡金像奖最佳男演员奖、第45届英国电影学院奖最佳男演员奖、第18届美国电影电视土星奖最佳男演员奖等，成为英国历史上第三位获得奥斯卡奖项的演员，也为他打开了享誉世界的银幕生涯。1993年出演《幻境》，获第47届英国电影学院奖最佳男演员奖；同年出演《告别有情天》，获第38届意大利电影大卫奖最佳外国男演员奖。1994年在传记片《尼克松传》中饰演美国总统尼克松。1997年出演《断锁怒潮》，获广播影评人协会奖最佳男配角奖。2007年导演并出演了《滑流》，获第60届瑞士洛迦诺国际电影节青年评审团奖。其他重要作品有《霍华德庄园》《惊情四百年》《秋日传奇》《情约今生》《亚特兰蒂斯之心》《人性污点》《证据》《破绽》《希区柯克》《惊天绑架团》《通灵神探》《变形金刚5》等。霍普金斯戏路宽广，以精湛的演技和执着的艺术追求，塑造了一个个栩栩如生的银幕形象和戏剧人物，尤其是那些冷酷、犀利、狡猾、诡异的形象，令观众印象深刻。2006年获第63届美国电影金球奖终身成就奖。2008年获第61届英国电影学院奖终身成就奖。 （许 婧）

《告别有情天》剧照

霍廷霄 Huo Tingxiao（1964-09-27～ ） 中国影视美术师。生于陕西绥德。1991年，毕业于北京电影学院，被分配到八一电影制片厂故事片部美术创作室任影视美术设计师。1999年，参与《荆轲刺秦王》的美术设计。2002年，在《英雄》中担任美术师，获第23届中国电影金鸡奖最佳美术奖、第22届香港电影金像奖最佳美术指导奖。2004年，在《十面埋伏》中担任美术师，获第24届中国电影金鸡奖最佳美术奖。2006年，在《满城尽带黄金甲》中担任美术师，获第26届香港电影金像奖最佳美术指导奖。2010年，在《唐山大地震》中担任美术师，获第28届中国电影金鸡奖最佳美术奖。2014年，参与游戏《江湖》的美术研发。2021年，在《长津湖》中担任美术指导之一。

霍廷霄参与美术设计的影片还有《霸王别姬》（1993）、《白鹿原》（2012），以及电视剧《茶马古道》（2005）、《大唐荣耀》（2016）等。曾任沈阳关东影视城的总美术师、沈阳世博园“盛京之战”大型表演的总设计师。善于运用色彩参与电影叙事，如在《英雄》中，分别运用黑色、蓝色、红色来表达影片的情绪与氛围，同时也明确地区分了叙事的段落。2019年，任第32届中国电影金鸡奖评委。任北京电影学院教授、博士生导师，中国电影美术学会会长。 （宋东葵）

J

“机动战士高达”系列 Gundam series 日本系列动画片。简称“高达”系列。日升动画公司1979年开始出品。编剧，星山博之、松崎健一、荒木芳久、山本优、富野喜幸；导演，富野由悠季。

“高达”系列体量庞大，谱系繁杂，世界观宏大，人物和剧情支线众多。系列作品在内容上并非都彼此独立，相互之间具有承接或关联关系。每一部作品虽然都有各自侧重的主题，但大多围绕战争、科技与人性来展开，表现战争的残酷、普通人的遭遇，表达对和平的渴求。

“高达”系列共推出20多部电视动画片、30多部原创光盘动画片和30多部剧场版，是日本动画史上的史诗巨作，也是日本机器人动画的集大成之作。其中《机动战士高达0079》《宇宙战舰大和号》《新世纪福音战士》被称为日本科幻动画的三大里程碑。“高达”系列作品已经成为日本社会的文化现象，其不断融入时代元素的新作也层出不穷，展现出旺盛的生命力。（陈奇佳）

《鸡毛信》 *The Letter with Feathers* 中国故事片。上海电影制片厂1954年出品。改编自华山的同名小说。编剧，**张骏祥**；导演，**石挥**；摄影，罗从周；主演，蔡元元、舒适、蒋锐。

故事发生在抗日战争时期华北抗日根据地，龙门村的儿童团长海娃接受了给八路军送一封鸡毛信的任务。途中遇上日本兵，他急中生智地想了多种办法与敌人周旋，保住了鸡毛信，完成了任务。八路军根据鸡毛信所报告的情况，袭击了日本据点，活捉了猫眼司令。

影片按照儿童特有的思想感情、语言动作刻画人物，使影片独具特色。影片以送鸡毛信作为主要线索，结构简单，但故事情节起伏跌宕、悬念环生、引人入胜，并且以生动细腻的笔触塑造了海娃这位坚贞顽强、机智勇敢的抗日小英雄形象，表现了中国少年儿童反抗日本侵略者的斗争精神，深受观众特别是少年儿童观众的喜爱。影片在中国儿童电影史上地位显赫、

《鸡毛信》海报

独特，是中华人民共和国成立后首部反映中国少年儿童抗日斗争的儿童影片。影片1955年获第9届英国爱丁堡国际电影节优胜奖，1957年获中国文化部1949～1955年优秀故事片三等奖。（张兆龙）

基德曼，N. Nicole Kidman（1967-06-20～ ）澳大利亚电影演员。生于美国夏威夷。父亲是一名心理医生，同时也是癌症研究专家，母亲是出版商。4岁时举家迁往澳大利亚，定居悉尼。自幼学习芭蕾舞和表演，表现出对艺术的强烈兴趣与过人天赋。6岁亮相悉尼舞台，14岁成为悉尼菲利普大街剧院的正式演员。

1983年登上银幕，在《丛林圣诞节》中饰演配角。1985年主演了电视连续剧《越南》，获澳大利亚电影学院奖最佳女主角奖。1989年出演了成名作《航越地平线》，其美貌气质和不俗的演技得到好莱坞认可。1990年与**T.克鲁斯**合作出演了《雷霆壮志》。1995年在《不惜一切》中扮演一个不择手段、满足私欲的坏女人角色，获第53届美国电影金球奖最佳女演员奖。2001年出演了歌舞片《红磨坊》，饰演一个巴黎红灯区的舞娘，获第59届美国电影金球奖最佳女主角奖、第11届美国MTV电影奖最佳女演员奖。2002年主演《时时刻刻》，获第75届美国电影奥斯卡奖最佳女主角奖、第53届德国柏林国际电影节银熊奖最佳女演员奖、第60届美国电影金球奖最佳女主角奖、第56届英国电影学院奖最佳女主角奖，当之无愧地成为兼具偶像和实力、美貌和演技于一身的国际影星。2017年主演电视剧《大小谎言》，获第69届美国艾美奖最佳女主角奖、第75届美国电影金球奖最佳女主角奖、第24届美国演员工会奖最佳女演员奖。

《红磨坊》剧照

她参演的其他电影作品有《冷山》《人性污点》《**狗镇**》《重生》《复制娇妻》《翻译风波》《皮毛》《侵入》《澳洲乱世情》《兔子洞》《报童》《斯托克》《谜一样的双眼》《沉默的妻子》《天才捕手》《狮子》《大开眼戒》《翡翠城市》《海明威与盖尔霍恩》等；电视剧作品有《一个国家的实践》《五里溪》《获胜者》《曼谷希尔顿》等。（许 婧）

《激情燃烧的岁月》 *Years of Burning Passion* 中国电视连续剧。中国人民解放军总政话剧团、中国人民解放军沈阳军区话剧团、西安长安影视制作有限责任公司2001年联合出品。共22集。改编自石钟山的中篇小说《父亲进城》。编剧，陈枰；导演，康洪雷；主演，孙海英、吕丽萍、黄海波、陈丽娜等。

故事讲述了中华人民共和国成立前夕，中国人民解放军某团长石光荣与女文工团员褚琴相识。褚琴在组织安排下与石光荣结婚，但心里依然放不下一位名叫谢枫的文工团员。朝鲜战争爆发，石光荣与谢枫双双入朝，石光荣胜利归国，谢枫却在朝鲜牺牲。褚琴与石光荣的感情并未转好，褚琴排斥石光荣的野蛮粗暴，石光荣同样不理解褚琴浪漫细腻的性格，二人在教育孩子、接待亲友等各方面矛盾不断。随着退休年龄的到来和大儿子石林长久以来与家庭的隔阂，石光荣日渐苍老。时光流逝，石光荣与褚琴在情感上渐渐越发依赖彼此，随着石林的回归，石光荣感受到了生活的幸福。

该剧人物性格鲜明，颇具时代气息，除了石光荣与褚琴这对组织安排的军旅婚姻之外，石晶与胡达凯之间的爱情观也极具年代特征。作为一部**军旅电视剧**，剧中平凡朴实的生活细节尤其打动人心。编剧

在改编小说的过程中，删去了原著中压抑的情节段落，着重强调那个年代所独有的朝气与激情。该剧2002年获第20届中国电视金鹰奖优秀长篇电视剧奖、最佳美术奖、最佳录音奖、观众喜爱的男演员奖、观众喜爱的女演员奖，2003年获第22届中国电视剧飞天奖长篇电视剧一等奖、优秀男演员奖，2009年获第9届中共中央宣传部精神文明建设“五个一工程”奖等。

（王乙涵）

吉卜力工作室 Studio Ghibli 日本动画机构。成立于1985年6月15日，由宫崎骏和高畑勋在德间书店股份有限公司总裁德间康快支持下设立，旨在支持宫崎骏和高畑勋的动画电影创作。最早隶属于德间书店。1992年8月开始建造自有制片基地。1999年，由宫崎骏出任吉卜力工作室负责人。2005年4月作为独立的股份公司正式运营，铃木敏夫任公司负责人。工作室拥有望月智充、近藤喜文、森田宏幸、宫崎吾朗、米林宏昌等导演。吉卜力工作室旗下拥有吉卜力和梶野两个品牌。其中，吉卜力为主品牌，以出品原创长片动画电影为主业。梶野为副品牌，最初以出品实拍电影为主，后来也出品动画电影。

吉卜力贯彻导演中心主义，以“深入描写人的心理，以丰富的表现力展现人的忧欢”为理念，出品的动画电影被业内称为“三高”式大片，即“高制作费、高周期、高回报率”，作品完成度较高。一般每部作品花费10～20亿日元、2～3年时间，其制作费用和制作周期是普通日本动画公司作品的8～20倍。1993年以前，全部以赛璐珞材质、采用“完全动画片”方式制作，即每秒18帧以上。自《平成狸猫大战》（1994）起导入CG技术，并在《幽灵公主》（1997）中得以大范围应用。基于赛璐珞材料费高企原因，《隔壁的山田家族》（1999）成为吉卜力第一部全数字动画作品。以《悬崖上的金鱼公主》（2008）为契机，吉卜力作品逆3D动画之风潮而回归手绘动画。

吉卜力是原创动画电影的杰出代表品牌，以宫崎骏和高畑勋为灵魂的吉卜力作品，获德国柏林国际电影节金熊奖、美国电影奥斯卡奖最佳动画长片奖、法国昂西国际动画电影节金奖等国际顶级奖项和各类本土顶级奖项。

（支菲娜）

吉布森，C. Colin Gibson（1948～　） 澳大利亚电影美术指导。1994年在《沙漠妖姬》（1994）中负责布景设计。2015年在《疯狂的麦克斯：狂暴之路》中担任艺术指导，获第88届美国电影奥斯卡奖最佳艺术指导奖。影片以末世情结、废土、蒸汽朋克、重金属等作为主要风格元素，但色彩格调与其他类似题材影片的昏暗单调特点截然不同。该片色调丰富艳丽又富于变化，风格上唯美又暴力，大量爆裂的场面以男性荷尔蒙极其旺盛的特点迎合了众多影迷的感官需求，具有刺激而震撼的视觉效果。他参与创作的其他影片有《恐龙战队》（1995）、《小猪进程》（1998）、《尼姆岛》（2008）、《长城》（2016）、《24小时：末路重生》（2017）等。

（宋东葵）

吉尔吉斯斯坦电影 Kyrgyz cinema 吉尔吉斯斯坦电影主要包括苏联时期的电影、独立后的电影。

苏联时期的电影　第二次世界大战后，吉尔吉斯斯坦出现第一批电影艺术家，诗人C.艾特玛托夫是其中代表人物。20世纪50年代，在苏联文化部电影发展局的领导推动下，苏联莫斯科电影学院和基辅电影学院为中亚地区小的苏维埃联盟国培养了一批青年电影人。在当时的情况下，这些年轻的电影人得不到重用，一般只做些辅助性工作，无法进行故事片的制作和拍摄。60年代中期，吉尔吉斯斯坦涌现出几位出类拔萃的艺术家，代表性导演包括T.欧基耶夫、B.沙姆希耶夫、G.巴扎罗夫和M.乌布克耶夫，他们共同创造了“吉尔吉斯斯坦奇迹”。欧基耶夫早年曾在苏联列宁格勒电影学院学习电影技术，担任过几个苏联导演的副手。20世纪50年代后回到吉尔吉斯斯坦，协助筹建吉尔吉斯斯坦电影厂，曾担任录音师和技术顾问。1965～1966年，赴苏联基辅电影学院研究生院学习电影剧作和导演理论，此后从事电影剧作和导演工作，也曾导演舞台剧和纪录片。1967年，欧基耶夫导演自己的第一部长故事片《我们童年的天空》。这部影片根据艺术家自己的个人经历编成，讲述了儿子劝说父亲离开家乡的故事，影片公映后受到欢迎和重视。70～80年代，欧基耶夫还编剧和导演了《拜火记》（1971），此片根据吉尔吉斯斯坦第一位女共产党员尤库伊萨列娃的真实故事改编，曾经在苏联各地公映，受到欢迎并获得大奖，也是导演自己最认可的作品。1985年，他导演的《雪豹后裔》获第35届德国柏林国际电影节银熊奖。艾特玛托夫在这一时期改编了自己的多部小说，他担任编剧的影片有《炽热》（1963）、《第一位教师》（1966）、《查密利雅》（1972）、《白轮船》（1978）等，这些影片用浓郁的诗意手法体现出吉尔吉斯斯坦民族的文化特征。

独立后的电影　20世纪90年代开始，吉尔吉斯斯坦的民族电影业进入新的时期。1991年，吉尔吉斯斯坦文化部宣布吉尔吉斯语为该国民族语言（原来俄语为正式官方语言），同时把戏剧和电影作为重要文化产业发展。1993年，建立第一个吉尔吉斯斯坦民族电影制片厂，同年拍摄第一批吉尔吉斯斯坦民族电影。此后，吉尔吉斯斯坦电影有较大发展，一些电影作品在世界各地的国际电影节上公映并获得大奖。2001年，吉尔吉斯斯坦制定了专项电影法案，用来扶持和推动本国电影的发展。2004年，推出新电影法规，把国家年度经济预算的0.1%用于拍摄一部故事片和一部纪录片。2005年，吉尔吉斯斯坦电影导演A.苏云德科夫、A.阿迪卡雷科夫、M.萨鲁卢、E.阿布德贾帕罗夫、N.阿布德卡德罗夫、T.比尔纳扎罗夫、T.库尔门代耶夫和S.谢尔－尼亚兹以团体的形式，起草了名为《吉尔吉斯斯坦电影发展战略10＋》的章程，对吉尔吉斯斯坦的青年电影人才培养和电影拍摄提出规划和要求。

独立后的吉尔吉斯斯坦电影致力于探索民族历史的表达，以及社会变迁中心理变化的呈现。阿迪卡雷科夫的创作最具代表性，他用诗电影的手法，通过对本国独立后的社会生活的敏锐观察，表现出吉尔吉斯斯坦人民在转型初期文化和民族身份认同的矛盾与复杂状态，通过对内心生活的审视、多维时空的编织和潜意识的展现，表达了吉尔吉斯斯坦人曲折多变的人生。《秋千》（1993）和《养子》（1998）是他20世纪90年代的代表作品，它们为吉尔吉斯斯坦电影赢得了国际声誉。这两部作品与《猩猩仔十七岁》（2001）构成“成长三部曲”，通过儿童、少年和青年3个年龄段的男性的成长经历，揭示吉尔吉斯斯坦的历史变迁以及民族主体意识的觉醒，3部作品组成了一首充满忧伤的民族抒情史诗。

从20世纪90年代到21世纪初，吉尔吉斯斯坦的其他重要电影作品有萨鲁卢导演的《希望》（1993）、《我的丝路兄弟》（2001）、《崎岖的河，平静的海》（2005），阿布德贾帕罗夫导演的《萨拉坦》（2004），B.卡拉古洛夫导演的《母亲对她曼库特儿子的哭泣》（2004）等。

进入21世纪以来，吉尔吉斯斯坦的电影业面临资金有限、发行体系薄弱等困难，但仍在继续发展，新老电影人共同努力，将更多的吉尔吉斯斯坦电影带到国际电影节上，这些作品获得关注并赢得赞誉，如《出租车与电话》(导演阿布德贾帕罗夫，2013)、《路口》(导演萨鲁卢，2014)、《库尔曼江·达特卡》(导演谢尔-尼亚兹，2014)、《天国牧民》(导演M.阿布德卡雷科夫，2015)、《天堂之下》(导演D.季列别尔格诺娃，2015)、《父亲的遗愿》(导演B.穆库尔和达斯坦·扎帕尔·乌雷，2016)、《夜间事故》(导演比尔纳扎罗夫，2017)和《半人马》(导演阿迪卡雷科夫，2017)。2018年，B.皮尔马托夫导演的黑色喜剧《极光》代表吉尔吉斯斯坦角逐2019年美国电影奥斯卡奖最佳外语片奖，这部黑色喜剧既表现了吉尔吉斯斯坦与苏联时代的关系，也展示出当下吉尔吉斯斯坦人的价值观和心理状态。 （钟大丰）

吉许，L. Lillian Gish（1893-10-14～1993-02-27） 美国电影演员。生于俄亥俄州斯普林菲尔德，卒于纽约。其自幼丧父，母亲在剧团做清洁工维生。4岁即跟随姐姐参加巡回剧团演出，在舞台当儿童演员。1912年参演了《看不见的敌人》，从此走上影坛。1913年经M.璧克馥介绍，被**D.格里菲斯**选为演员。由于她清秀瘦弱，逗人爱怜，又会演戏，加上有格里菲斯的指导，逐渐成为美国默片时代最具独特表现能力的女演员之一。她随即参加了格里菲斯几部重要作品的演出，如《一个国家的诞生》《党同伐异》《世界之心》《被摧残的花朵》《走向东方》等。其中在《被摧残的花朵》里的表现尤为出色，充分显示了她的表演才能；而在《党同伐异》里，她不仅饰演了晃摆摇篮的女人，而且还参与了其他摄制工作，是导演格里菲斯的助手。

20世纪20年代初，她离开格里菲斯后拍片数量有所减少。1926年与米高梅电影公司签约，拍摄了《波希米亚女郎》，演技达到一定高峰。1928年离开米高梅，重返舞台，在百老汇演出戏剧。40年代之后，她又在银幕上出现，先后拍了10余部影片，但主要精力仍放在舞台以及后来的电视方面。在这10余部影片里，她虽然不再扮演主角，但所饰配角仍有不少精彩的表演。如在《太阳浴血记》中扮演母亲，在《猎人之夜》中扮演象征“善”的雷切尔等。1978年，她以85岁高龄参加了R.阿尔特曼导演的影片《婚礼》的演出。1987年，她又以94岁高龄主演了L.安德森导演的《八月的鲸》，获第59届美国国家评论协会奖最佳女演员奖。

其表演含蓄、自然，是自然主义表演派的先驱。其演艺生涯时间长，见证了美国电影历史的发展，被誉为“美国银幕第一女士”。1971年获第43届美国电影奥斯卡奖特别荣誉奖。 （胡思旅）

吉永小百合 Yoshinaga Sayuri（1945-03-13～ ） 日本影视演员。生于东京。小学五年级时开始登台表演，14岁时参加了电视剧《来无影去无踪的侦探》的演出。1960年与浜田光夫联合主演了影片《玻璃中的少女》，随后二人多次搭档演出了多部青春片，成为日本20世纪60年代前期一对银幕上的青春偶像。其主演的影片可分为两类：一类是《黑暗中的口哨声》《我不死》《不断斗争的人》等动作片；另一类是《花、少女和白色的路》《他与我》《割草姑娘》等青春片。她扮演的角色大多是纯真热情的平民姑娘，有“庶民女星”之称。

1962年，因主演《化铁炉的街》获第13届日本电影蓝丝带奖最佳女主角奖和日本广播协会电影奖最佳新人奖。之后4年里又主演了《消失在雨中》《你好，二十岁》《悲伤的离歌》《伊豆的舞女》《归乡》等青春片。1969年自早稻田大学毕业后，主要参加电视剧的演出。1973年以后，在《青春之门》《皇帝不在的八月》《冲动杀人，儿子啊！》《动乱》《海峡》《阿范》《天国车站》等影片中扮演重要角色。1985年和1987年分别主演了《梦千代日记》和《电影女演员》。

她的表演生机勃勃，充满活力，显示了深厚的功力和广阔的戏路。20世纪90年代后的作品有《外科病房》(1992)、《天国大罪》(1992)、《阵雨的记录》(1998)、《千年之恋》(2001)、《北之零年》(2005)等。2014年，主演剧情片《不可思议的海岸物语》并担任该片制片人，获第38届加拿大蒙特利尔国际电影节评委会大奖。吉永小百合于2006年获得紫绶褒章，2010年获选为文化功劳者。 （洪　旗）

《集结号》 *The Assembly* 中国彩色故事片。华谊兄弟传媒有限公司、寰亚电影有限公司、上海电影集团公司及浙江影视集团2007年联合出品。改编自杨金远的小说《官司》。编剧，刘恒；导演，**冯小刚**；摄影，吕乐；主演，张涵予、邓超、袁文康、汤嬿、廖凡、王宝强。

故事讲述1948年解放战争时期，连长谷子地率领九连47名战士在汶河岸执行掩护大部队撤退的任务，团长刘泽水下令，以集结号为令，听见号响就撤退。惨烈的战争在炮弹的轰鸣中开始，九连的战士死伤惨重，排长焦大鹏牺牲前说自己听见了集结号，谷子地自己没有听见，决定死守阵地，结果导致全连除谷子地外，47名战士全部阵亡。战争结束后，谷子地开始寻找真相，发现当年集结号确实没有吹响，而且根本就没有吹号手，九连当年是一支前去送死、有去无回的连队。进入和平年代，九连因部队改了番号，谷子地找不到组织，牺牲的战友被认定为失踪。出于强烈的震惊和内疚，谷子地与指导员王金存的妻子一起踏上求证之旅，真相大白后，他和他的47个战友一同被授予战斗英雄的荣誉称号。

《集结号》剧照

影片找到了个体命运与历史进程之间的疏离关系，表达了战争中的尊严与英雄气概。影片成功之处，在于塑造了谷子地这一战争年代全新的军人形象，其性格豪爽直率又不失理性，眼光犀利尖锐，处理问题沉稳冷静，倔强果敢坚持己见，是个有血有肉、有情有义的真汉子。影片制作精致、视听震撼，在战争的真实性以及质感营造等方面取得了一定成就。影片2008年获第29届中国大众电影百花奖最佳故事片奖、最佳导演奖、最佳男主角奖、最佳男配角奖，第45届台湾电影金马奖最佳男主角奖，第15届北京大学生电影节最佳影片奖；2009年获第13届中国电影华表奖优秀导演奖、优秀男演员奖、优秀故事片奖、优秀电影音乐奖，第27届中国电影金鸡奖最佳故事片奖、最佳导演奖、最佳摄影奖、最佳音乐奖。 （储双月）

《纪录电影文献》 *Documentation and Fictionalization* 中国电影论文集。主编单

万里。中国广播电视出版社2001年出版。16开。该书是一部大型纪录电影研究论文集，编辑录入文章70余篇，字数约110万字。全书内容丰富，涉猎广泛，既有对纪录片起源与历史的梳理，也有关于导演与作品、方法与技巧、理论与美学等纪录片本体问题的阐述，同时对电视与纪录片的关系、纪录片的现状与未来等问题作了展望。全书中外研究论文兼容并包，其中译介居多；纪录电影和**电视纪录片**兼顾，但以纪录电影为主；古今纪录片兼谈，历史与理论并重。书后附百余种纪录电影参考资料的索引，具有珍贵的史料价值。

（刘　强）

纪录片 documentary film　以真人真事为表现对象，不经过虚构，直接反映生活的电影或电视艺术形式。纪录片从现实生活本身选取典型，提炼主题，通过艺术形象再现生活。在准确、客观地反映生活方面，它与新闻报道相同，但大多数纪录片并不具有新闻报道的性质，而更近似于文学创作中的报告文学。纪录片是现实生活的见证、历史的忠实写照，因而能以其令人信服的真实性和来自生活的特有艺术魅力引发观众思考，并影响、激励和启迪观众。

“纪录片”一词是英国的J.**格里尔逊**于1926年在一篇评论文章中最先使用的。

纪录片的发展历程　*世界纪录片的发展历程*　电影在诞生伊始，就显示出了它的记录功能。世界上最早的一批影片正是纪录片。1895年12月28日在巴黎卡普辛路14号大咖啡馆的印度厅内正式公映的由L.**卢米埃尔**摄制的《**工厂大门**》《火车进站》《婴儿的午餐》等12部实验性的影片，都是记录真实生活景象的纪录片代表作品。

19世纪90年代末期，电影开始用于新闻题材的报道。俄国的沙皇加冕、英国的英王亲临奥林匹克开幕式、西班牙的斗牛、澳大利亚的竞走等新闻事件，都被搬上了银幕，成为初期纪录片的主要题材。同时，也有人开始注意到纪录片在艺术、产业、医学、军事、科学等领域所具有的教育价值。

1923年，R.**弗拉哈迪**的《**北方的纳努克**》公映，标志着纪录电影在艺术创作上进入了一个新的发展阶段。这部影片记录了在冰冻的北方，一个因纽特人和他的家庭为谋求生存而斗争的一天。影片有些场景是经过组织设计后拍摄而成，但影片反映的人物和生活细节都是真实的。由于该片具有艺术感染力，弗拉哈迪因此被称作为“纪录电影之父”。

苏联十月革命后，列宁十分重视新闻片和纪录片的宣传鼓励和新闻传播的作用。由D.**维尔托夫**主编的系列影片《电影真理报》广泛发行。影片的素材是由摄影师分别在战争前线和后方各地拍摄的，然后由导演集中起来进行编辑，加上字幕，成为新闻主题。有些新闻主题后来又根据新的构思，汇编成篇幅较长的纪录影片，如《国内战争》《前进吧，苏维埃》《在世界六分之一的土地上》等。摄影师们把摄影机的镜头看作电影的“眼睛”，认为“电影的眼睛”比人眼更完善，更具有分析力。这些被称作**电影眼睛派**的艺术家们认为：为了达到现实意义的效果，搜集到的现实的片段必须有真实的基础。他们经常带着摄影机到市场、工厂、学校、小酒馆或是街道上，遇到合适的素材就拍下来。事先也不征得被拍者的同意，也不要求被拍者的表演，找一个可以隐蔽摄影机的地方，就可以进行拍摄。然后再经过剪辑，把混乱的视觉现象变得条理分明。

20世纪20～30年代，美国电影进入全盛时期，好莱坞在摄影棚里制造出来的脱离现实的梦幻似的电影风靡一时。为了抵制这种影响，在英国出现了以格里尔逊为代表的纪录电影运动。他们极力摆脱电影商业化的影响，强调电影的社会意义，不回避、不掩饰广泛社会生活中的矛盾和问题，面对现实，积极发挥纪录电影直接反映生活的潜力；在艺术上通过画面造型，以及音乐、解说的配合，实现对于美和诗意的追求。这个时期出现了一批杰出的纪录电影艺术家和有代表性的作品，如格里尔逊的《**漂网渔船**》，P.罗沙的《交接点》《船坞》，H.E.安斯戴与A.艾尔顿的《住房问题》，W.鲁特曼的《柏林：城市交响曲》，J.**伊文思**的《博里纳日》，B.瑞特的《锡兰之歌》等。他们不掩饰这些作品是为了宣传。格里尔逊公开宣称：“我把电影院看成一个讲坛，并以一个宣传家的身份来利用它。”他们中间的不少人从艺术上的现实主义者成为思想上、政治上的社会主义者。在这些进步的纪录电影艺术家中，荷兰的伊文思具有十足的代表性。他深入比利时的矿区去拍摄支持工人运动的影片，到苏联去拍摄新兴的苏维埃国家的社会主义建设，在反法西斯战争中他和许多电影工作者一起，拿起电影的武器参加了战斗。起初伊文思到达了西班牙战争前线，在那里拍摄了《西班牙的土地》；之后又到了中国，在抗日战争中拍摄了《四万万人民》。哪里有战斗，他就赶到哪里去，以此被称作“飞翔的荷兰人”。

在这个时期，德国女导演L.**里芬斯塔尔**1934年在希特勒的直接指使下，拍摄了反映在纽伦堡举行的纳粹党的全国代表大会，片名为《意志的胜利》。这部影片把法西斯的上台当作德国复兴的形象加以宣扬，客观上为法西斯留下了罪恶历史的记录。

20世纪60～70年代，纪录电影基本上以**真实电影**和**直接电影**两大流派为主。这两种流派的纪录电影，虽然在理论上都源于苏联电影理论家维尔托夫的“电影眼睛派”，但在创作理念和实践上却大相径庭。真实电影以法国电影导演J.**卢什**为代表，喜欢用各种干预、参与性的拍摄方式来构建真实的过程和目的。如在他拍摄的《**夏日纪事**》中，摄制者不再是躲在摄影机后面的局外人，而是积极参与拍摄对象生活的局内人。它标示出纪录片作者在他所拍摄的世界中的位置，这种理念与直接电影刚好相反。直接电影主张，纪录电影应“尽可能消除影片主体与观众之间的障碍”，将电影中来自摄制者的干预降至最小限度。电影制者绝不应有能对影片主体在语言内容和行为方式的干预，应以做“墙壁上的苍蝇”为本分。两种流派此消彼长，争相斗艳，各自都有诸多杰出的作品，如真实电影的《夏日纪事》《美洲豹》，直接电影的《提提卡蠢事》《给我庇护》等。

20世纪80年代，西方新纪录电影开始兴起。纪录电影遇到两个方面的挑战，其一是真实电影和直接电影之后，纪录电影遭遇了美学上的困境和生存危机；其二是电视的普及已逐渐取代影院作为纪录片主要传播平台的地位。纪录电影以杰出导演与作品为代表的大师时代已然终结。纪录片已成为电视工业流水线上的一种媒介产品。在这种语境下，新纪录电影以反叛和否定真实电影和直接电影的创作及其影响来主张自己的创作理念，以一种空前的杂交性和包容性，有意模糊传统剧情片、纪录片乃至MTV的界限，把影片的制作过程和制作者浓厚的反讽意味明显地中心化，表现出鲜明的反英雄化的后现代特征。它使纪录电影从电影中的贵族走向平民和娱乐。由于拓展了表现手法和题材范围，新纪录电影吸引了大量的观众，从20世纪80年代发展至90年代初，不仅改变了人们对纪录片的认识，也改写了西方国家纪录片的创作观念和方法。从20世纪90年代开始，新纪录电影不断迎合观众的兴趣和期许，很多影片都引起观众的强烈反响和理论界的关注，如《巴黎在燃烧》《克拉姆》《假如我们是国王》《快速、廉价和失控》《载誉而归》和《死亡先生》等。

进入21世纪，新纪录电影发展势头不减，先后有众多作品获得国际大奖，如《华氏911》获第57届法国戛纳国际电影节金棕榈奖，《科伦拜恩的保龄》获第75届美国电影奥斯卡奖最佳纪录长片奖等。与此同时，欧洲纪录电影也重整旗鼓，先后有《迁徙的鸟》《帝企鹅日记》《海洋》等一批影片在全球放映，票房和口碑都获得成功。

21世纪以来，纪录电影重回院线，呈现出产量提升，票房稳定的特征。与此同时，通过电视看纪录片的观众也在上升。纪录电影开始建立较为稳定的受众和较为固定的市场，院线发行基本上成为稳定常态，更多的作品开始进行国际发行和销售，纪录片的市场和发行策略已经逐步趋于成熟。此外，新媒体纪录片也逐步发展出自己的特色，成为影响世界纪录片行业的重要因素。新的数字平台的出现为纪录片节目内容的销售开辟了新的空间，越来越多的纪录片制作者开始使用网络上的素材资源。同时，更多的制作者选择在网络上宣传、发行，销售自己的影片，包括进行融资活动。以网飞为代表的新媒体平台飞速崛起，打破了有线电视以渠道垄断为基础的传统盈利模式。很多年轻人已"远离"电视，开始在丰富的网络数字资源世界中寻找自己感兴趣的节目。奥斯卡获奖纪录片《伊卡洛斯》和《美国工厂》便出自新媒体平台。

中国纪录片的发展历程　中国纪录片的历史是从西方国家的摄影师来中国拍新闻片开始的。19世纪末，外国摄影师拍摄了以义和团和八国联军为主角的纪录片，同时又拍摄了记录当时中国社会生活风貌的影片。之后又在20世纪初拍摄了以光绪皇帝和慈禧太后大出丧等为主题的新闻片。1911年辛亥革命时期，除日本摄影师拍摄了《辛亥鳞爪录》外，中国摄影师朱连奎等也拍摄了反映武昌起义的《武汉战争》，随后又拍摄了反映二次革命的《上海战争》。1918年前后，商务印书馆活动影戏部拍摄了一些以时事和风景为内容的纪录短片，如《欧战祝胜游行》《第五次远东运动会》以及《南京名胜》《西湖风景》等。

1924年前后，第一次国共合作期间，孙中山十分重视纪录片的拍摄。他以大元帅的名义，下令有关方面给予电影摄影师黎民伟工作上的方便。黎民伟这个时期拍摄了《国民革命军海陆空大战记》等新闻片和纪录片，并在孙中山逝世后，利用已拍的材料汇编为《勋业千秋》。在这个时期，苏联摄影师F.B.布留姆等人也在中国拍摄了《伟大的飞行与中国国内战争》《1927年的上海》等。

抗日战争时期，中国电影工作者投入了全民抗战的洪流。他们走出摄影棚，用手提摄影机拍摄了许多具有历史价值的新闻纪录片，并从实际工作中培养起一批专业的新闻纪录电影工作者。国民政府军事委员会政治部所属的中国电影制片厂、国民党"中央宣传委员会"所属的中央电影摄影场以及西北影业公司等先后摄制了《抗战特辑》《抗战实录》等新闻杂志片；纪录片则有《卢沟桥事变》《空军战绩》《淞沪前线》《湘北大捷》《民族万岁》和《华北是我们的》等。金陵大学"电影与播音部"的孙明经将其抗战爆发前拍摄制作的《首都风景》《连云海港》《青岛风光》《绥远移民》等片重新剪辑为《还我河山》，还参与大量涉及民族和边疆问题的科学考察，拍摄了《自贡井盐》等纪录片，也给中国新闻纪录电影事业带来了新的发展。与此同时，中国共产党领导的八路军总政治部在延安成立了电影团。这是在中国共产党直接领导下创立的第一个电影机构。在当时物质条件十分困难的情况下，电影团摄制了《延安与八路军》《生产与战斗结合起来》(《南泥湾》)《中国共产党第七次全国代表大会》等纪录片和新闻片，成为记录中国共产党及其领导下的解放区广大军民抗日斗争的珍贵史料。

解放战争期间，在中国共产党领导下的解放区的电影事业有了很大发展，为新中国电影事业积累了经验、准备了干部。当时电影的首要任务是为革命战争服务，主要拍摄了直接反映解放战争和解放区建设的新闻纪录片。这一时期，东北电影制片厂、华北电影队分别拍摄了《民主东北》《华北新闻》以及《翻身曲》等新闻片和纪录片。这些当时为了及时鼓舞和激励战斗情绪的影片，已成为开创新中国战斗岁月的历史见证。

中华人民共和国建立后，中国新闻纪录电影事业有了划时代的发展。1953年7月在北京建立了中国第一个摄制新闻片和纪录片的专业机构——中央新闻纪录电影制片厂。此外，中国人民解放军的八一电影制片厂和其他电影厂，也拍摄了一定数量的纪录片。新闻纪录电影从业人员的数量和素质都有很大提高，并在少数民族中培养了许多创作人员，摄制了大量新闻片和长短纪录片。如《百万雄师下江南》《新中国的诞生》《红旗漫卷西风》《抗美援朝》《中国民族大团结》《伟大的土地改革》《早春》《百万农奴站起来》《黄河巨变》《非洲之角》《在激流中》《征服世界最高峰》《先驱者之歌》《莫让年华付水流》《我们看到的日本》等，其中有些作品曾在国内外获奖。

20世纪80年代以后，电视在全国迅速发展和普及，为新闻纪录电影的播映提供了更便利的平台，开拓了更广阔的领域，新闻纪录电影除继续在影院放映外，开始大量进入电视屏幕。中央电视台播出的中日合拍专题纪录片《话说长江》以及《话说运河》《让历史告诉未来》等，都在观众中引起热烈反响。20世纪90年代初的《望长城》一方面延续了之前电视纪录片的宏大视野，另一方面在电视纪录片的表现形式上展开了有益探索。1993年，中央电视台《东方时空》栏目开办。1994年，新闻评论节目《焦点访谈》开播，进一步扩大和增强了纪实影像的社会影响力。从90年代开始，一些电影人开始尝试独立纪录片的拍摄和制作，如《流浪北京》《北京的风很大》《广场》《老头》《八廓南街16号》等，备受国际电影节关注。电视上播放的纪录片题材广泛多样，制作水平日渐提升。另外，多家电视台开播纪录片栏目。

21世纪以来，中国纪录片的创作有起有伏。第一个十年，由于市场低迷和各电视台实行收视率末位淘汰制，纪录片栏目纷纷被裁撤，纪录片平台骤然萎缩。各省电视台从20世纪90年代开创的纪录片栏目相继消失，中央电视台只留下《见证》《探索·发现》等为数不多的栏目。与此同时，电影院线近乎全面失守，每年只有寥寥几部能进院线上映。2010年，国家开始大力倡导纪录片生产和播出。2011年，中央电视台纪录频道正式开播，随后全国纪录片电视平台迅速扩张，先后有北京纪实频道、上海纪实频道和湖南金鹰纪实频道相继播出，继而江苏卫视、东方卫视、浙江卫视等一线卫视开始在黄金时间播出纪录片。由此促进了纪录片创作日趋繁荣，涌现出一批优秀作品，如《故宫》《大国崛起》《舌尖上的中国》《航拍中国》《如果国宝会说话》等。其中，《舌尖上的中国》开创了中国纪录片"现象级"传播，创造了第一个品牌，成为中国纪录片发展的里程碑。

纪录电影也开始回归院线且票房不断攀升，如《喜马拉雅天梯》《旋风九日》《四个春天》《藏北密岭：重返无人区》《重返·狼群》等票房均过千万元，而《二十二》则第一个突破亿元票房，成为2017年全球纪录片票房第一。虽然多数纪录电影仍然无法通过票房回收成本，院线表现欠佳，但纪录电影院线空间不断拓展，影响力日益扩大。

新媒体技术的出现和应用，使纪录片的创作发展和传播格局都发生很大变化。2012年，《舌尖上的中国》的热播，让互联网初识纪录片的市场潜力，此后新媒体加速布局纪录片，网络纪录片的数量品质明显提升。

中国纪录片迈入了高质量发展关键期，对社会发展和文化建设发挥着积极作用。时至今日，中国纪录片已形成两个维度的演进模式，一方面是模式化的工艺流程和技术手段打造的纪录片工业化之路，如《故宫》《大国崛起》《舌尖上的中国》等；另一方面，则是《大同》《垃圾围城》《塑料王国》《人间世》等民间纪录片对日常生活、时代变迁的个人化思考。

纪录片的艺术形式和创作原则　纪录片是以现实生活作为创作素材，经过发现和选择，使生活形象直接成为影片的艺术形象。纪录片的艺术加工过程，是使生活形象转化为艺术形象的过程。纪录片加工的目的，是使影片艺术形象反映的生活真实可信，具有艺术感染力，使观众能够更准确、更清晰、更本质地感受到生活现实。纪录片创作中的艺术真实必须服从生活的真实，不能与生活的真实相对立。在这一前提下，纪录片可以运用对比、象征、衬托、暗示、联想、想象等各种艺术手法，通过摄影、美术、声音、剪辑等手段，融汇为艺术整体，从而最大限度地保持生活的光彩、气息和节奏，如实反映现实内容。然而，纪录片并非原封不动地照搬生活，而是创造性地利用现实，是现实生活的组织、提炼和剪裁；创作者可运用适当形式，把不同时间、空间的生活素材，根据特定的主题联系在一起，以达到特定的创作目标。

纪录片对于现实生活的反映是严格地与生活同步进行的。在战争中反映战争，在生活的进程中反映生活，在改革中反映改革。对于历史题材，创作者往往运用历史事件的真实音像资料，或是借助当时留下的照片、文献资料、历史文物以及有关的历史遗址进行创作。不得已的情况下，会运用补拍，但也必须保持事件当时的真实状况。

抗日战争前，中国纪录电影一般都是单纯的客观记录，只有一个题目，没有完整的构思和具体的艺术设计。有时只是遇到什么就拍什么。由于摄影机重量大，移动不便，一般只能架设在固定的位置上，镜头角度和景别的变化都不大。这些影片虽然存在着技术和艺术上的许多缺陷，但毕竟朴素地记录了许多不可复见的历史场景和人物的真实影像。

抗日战争时期，拍摄新闻纪录影片因为受瞬息万变的战争的影响，不可能像故事片那样事先写好了剧本再动手拍摄，只能直接取材于战斗现实，发挥纪录电影真实、及时反映生活的特长，摒除各种不符合客观实际的主观设想，保持生活本身特有的生动感人的力量，在现实生活中进行拍摄，在拍摄过程中逐步形成主题，经过剪接台上的再创造，使影片的思想性和艺术性臻于完善。这种拍摄方法，一直延续到解放战争时期。

中华人民共和国建立之初，中国和苏联合作拍摄了《中国人民的胜利》《解放了的中国》。这两部影片给当时经验较少的中国新闻纪录电影工作者带来了影响。这种影响改变了原来的拍摄方法，使影片的拍摄更具有艺术创作的特点：影片拍摄之前，创作者通过采访和案头工作，写出思想性、艺术性都比较完整的剧本（或具有剧本性质的拍摄提纲），作为整个影片的创作依据。对影片主题和艺术结构作出具体设计，对于提高影片的思想质量和艺术质量是有积极作用的，但在拍摄方法上，也出现了程度不等的组织拍摄、补拍，以至搬演等情况，发展到后来，真人真事的表演、真人假事的虚构、假人假事的臆造等都屡有出现，违反了新闻纪录电影必须如实反映生活现实的原则。为了抵制拍摄方法上的虚假倾向，一种称作“采访摄影”的方法得到了提倡，强调用“挑、等、抢”的做法捕捉生活中最有光彩的一刹那，追求生活本身最富有表现力的形象。

20世纪50年代末到60年代初，轻便的、低噪音的摄影机和录音机的出现，给现场拍摄和同步录音带来了便利。在西方国家出现了真实电影的创作流派。这个流派标榜真实地表现生活，反对传统的剧本，提倡即兴创作、现场拍摄；拍摄中强调采光自然、运用现场音响，尽可能地保持生活的客观形态。当时这种创作方法并没有引起中国纪录电影工作者的注意。70年代伊文思在中国摄制《愚公移山》时，中国的摄影师、录音师、照明师等参加工作，从创作实践中接触了这种创作方法，并接受了它的影响，主要表现在声音进入银幕、大量运用被拍人物的同期声和生活的自然音响，尽量突出自然光的效果，避免摆布的痕迹。此后，各种不同的拍摄方法都在纪录片的创作实践中并存、发展。

纪录片作为对现实的再现，艺术形式和创作原则的变化始终围绕着人们对“真实”的具体理解展开。在广泛的艺术探索和产业实践中，曾经被区别于纪录片的**科教片**、人类学电影、工业电影、旅行志等非虚构电影形式，又重新被纳入纪录片范畴。B.温斯顿认为到了20世纪90年代，越来越多的电影创作者都不再相信既有的对“事实性”的简单化理解，他们以不同风格的作品质疑这种美学现状。例如，W.赫尔措格关于第一次海湾战争的纪录片《黑暗之课》（1992），就用绘画式的鲜明色彩表现科威特油田燃烧的场景，使之呈现为一部科幻片或“为一个无法再居住的星球吟唱的一首挽歌”。用动画技术来表现的纪录片有着悠久的历史，《**我在伊朗长大**》《和巴什尔跳华尔兹》是较有代表性的作品。另外，数码技术的进展也为纪录片的表现手法提供了更多的可能。如《与恐龙同行》和《工业化世界的七大奇迹》就采用了电脑图像界面制造出的视觉特效。J.贝汉在21世纪创作的《迁徙的鸟》《海洋》《地球四季》等规模庞大的纪录片，广泛使用了特种摄影技术和电脑特效。

纪录片的分类　纪录片的分类，没有固定的统一标准，依照题材与表现方法的不同，一般分为以下几类：

①**探险纪录片**。通常是指探索大自然未知世界和表现人类生存冒险经历的影片，一般包括宇宙奥秘、星际运动、天体运转、地球起源、自然风貌、四季交替、地理气象、物种演变、动植物生长等内容。

②**人类学纪录片**。通常是指利用影视手段拍摄的、旨在进行人类学研究和体现人类学研究成果的纪录片。

③**文献纪录片**。利用文献资料，包括文件、图片、实物、各种文字记载及其他影像、音频素材等，加以编辑拍摄而成的影片。

④**新闻片**。又称时事报道片。指报道新近发生的新闻事件的纪录影片。如报道辛亥革命70周年纪念活动的《历史的纪念》，报道女排比赛的《拼搏》等。

⑤历史纪录片。指再现过去时代的历史事件的纪录片。

⑥传记纪录片。指记录人物生平或某一时期经历的纪录片。它与一般时事报道片或历史纪录片的区别，在于以特定的人物为中心，不允许用演员扮演，也不可有虚构的情节和人物。如《诗人杜甫》《伟大的孙中山》《革命老人何香凝》《毛泽东》《叶剑英》等。仅表现某一人物的某一侧面的人物肖像片、人物速写片等也属于此类。

⑦人文地理片。指探索一定地区的自然状况，或介绍社会风俗习惯、城乡风貌的纪录片。如《黄山奇观》《漫游柴达木》

《土林探奇》等。

⑧舞台纪录片。指记录舞台演出实况的纪录片。对舞台演出的歌舞、戏剧、曲艺等进行现场拍摄，可以根据需要对演出节目进行剪裁、删节，但对演出内容不能改编、增添，以区别于根据舞台节目改编的舞台艺术片。如《民间歌舞》《友谊舞台》等。

⑨专题系列纪录片。指在统一的主题下分别出片或连续出片的纪录片。其中各部影片都可以连续放映，也可以各自独立，如《漫游世界》《紫禁城》《近代春秋》等。

⑩**电视纪录片**。是以电视为载体，以摄像或摄影手段，真实记录自然、社会以及人类活动的电视节目。

⑪**政论片**。电视纪录片的一种类型，通常也被视为电视专题片的一个分支。一般是指具有强烈政治理论色彩，以思辨和论证的方式，通过将理论、文学等元素与电视表现手段结合，对某个重大历史事件或进程进行描述，或对某种重大理论、重大政策进行分析、阐述、论证的电视纪录片。

⑫**《新闻简报》**。1949～1993年长期在中国影院放映的中国电影纪录片的一种类型，一般以加片的形式在故事片之前放映，1978年后改为《祖国新貌》，直到1993年结束。

（何钟辛　撰　刘乃康　刘　斐　修订）

纪录片音乐　documentary film music　为**纪录片**专门创作或编配的音乐。纪录片强调生活的真实性，因此纪录片音乐一般以叙述性音乐为主，在旋律、节奏的变化与配合下主要用于表现影片的主题思想和阐释内在的情绪，往往具有鲜明的时代特征、民族风格和地域色彩。

纪录片的音乐体裁广泛，不同的题材、样式和风格决定了纪录片音乐创作手法的多样化。纪录片的音乐创作主要分为两种形式：一种是为纪录片量身定制的音乐；另一种是在已有音乐作品中挑选符合纪录片内容需求的作品进行剪辑创作。

20世纪80年代以来，纪录片开始大量采用自然音响和同期录音的方式，纪录片中的音乐使用量趋于减少。但随着纪录片的商业化运营，纪录片创作又逐渐重视音乐的使用，纪录片音乐可以潜移默化地提升作品的观赏性和视听性，能对纪录片的市场营销起到促进作用。　（赵　娴）

纪实性照明　documentary lighting　一种追求自然光效果的照明方式。又称写实性照明、自然光效。纪实性照明是电影摄影用光的新观念，也代表着现代电影照明发展的一种新趋势。纪实性照明强调纪实性，照明需要真实而简洁，尽量使用自然光或固有光，尽可能少采用**人工光**，不要使用修饰光。同时使用人工光的情况下，要充分考虑其光线逻辑等真实性，尽可能使“人工”隐藏，以此最大化地表现纪实性，表现出真实而自然的美感。现代电影技术的发展和摄影镜头的不断完善，为实现纪实性照明提供了基本的物质条件。

（张　桥）

《寂静的世界》 *The Silent World*　法国彩色纪录片。又译《沉默的世界》《七海猎奇》。1956年出品。编剧，J.-Y.考斯图；导演，考斯图、L.马勒；摄影，马勒；人物，考斯图、F.杜马、A.法尔科。

影片采用彩色胶片并使用当时最先进的拍摄技术，捕捉海底神奇的世界。摄制组到地中海、印度洋、红海、波斯湾等七处不同海域，探索各式各样的海洋生物和美轮美奂的海底景观。影片拍摄不仅深入从未到达的海底深处，而且留下了海底鱼群、珊瑚等不同生物的画面。影片中，部分段落充满猎奇色彩，给人们留下深刻的印象。

影片摄影构思、镜头分切精细，节奏富于变化，如激烈的鲨鱼搏斗与舒缓的与鱼共舞、人与动物的游戏等，既富有诗意又张弛有度，耐人寻味。影片探险式的拍摄，彩色影像的冲击力，给观众带来不同以往的体验。影片1956年获第9届法国戛纳国际电影节金棕榈大奖，这是金棕榈大奖首次颁给一部纪录片，证明了该影片的魅力；1957年获第29届美国电影奥斯卡奖最佳纪录片奖。　（李玥阳）

加本，J.　Jean Gabin（1904-05-17～1976-11-15）　法国电影演员。原名让·加本·阿莱克希·蒙戈尔日。生于巴黎，卒于巴黎。出身艺人家庭。1930年，参加巡回演出剧团，赴南美演出，归国后开始电影生涯。20世纪30年代后期是其艺术生涯的全盛时期，主演了《在底层》（1936）、《同心协力》（1936）、《幻灭》（1937）、《逃犯贝贝》（1937）、《雾码头》（1938）、《衣冠禽兽》（1938）、《太阳升起》（1939）等经典影片。第二次世界大战期间流亡美国。1943年4月，加入自由法兰西海军部队，参加解放祖国的战斗。战后继续电影生涯，主演了《不准动用这笔钱》（1954）、《麦格雷警长》（1958）、《猫》（1971）等影片。1958年，在《悲惨世界》中令人信服地再现了雨果笔下饱经沧桑、富有人性的主人公冉阿让的形象，获得很高评价。

《悲惨世界》剧照

加本的表演稳健、质朴、简洁，富有魅力。一生主演过94部影片，塑造了众多银幕形象，成为法国最著名的电影表演艺术家之一。　（崔君衍）

加拿大电影　Canadian cinema　加拿大电影始于19世纪末。

早期电影　加拿大的第一批影片摄制于1898年。在马尼托巴省，农庄主J.弗里尔拍摄了表现加拿大中部草原地带的风光和资源的影片。在安大略省，M.哈里斯拖拉机工厂拍摄了广告片，并在多伦多的全国博览会上映，这几乎是世界上第一部广告片。加拿大太平洋铁路公司为了吸引移民，把弗里尔拍摄的影片送到伦敦上映，非常卖座。于是太平洋铁路公司出资委托英国人C.厄本创办比沃斯高普公司。该公司于1902～1910年摄制了一套标题为《生动的加拿大》的系列片，全面介绍了自大西洋沿岸到太平洋沿岸的加拿大各地的风土人情，用作鼓励移民和宣传商品的广告。1913年，加拿大的第一部长故事片《伊凡吉林》问世。该片根据美国诗人H.W.朗费罗的同名长诗改编，内容描写加拿大历史上阿卡迪亚人被放逐到北部荒原的悲惨经历。加拿大的历史故事、奇特风光和史诗人物的悲剧命运，使这部充满戏剧性的影片不仅在加拿大，而且在美国都获得巨大的商业利润。

1906年，曾在早期的镍币影院中担任过放映员的L.-E.维梅特，在蒙特利尔开设第一家拥有400个座位的舒适电影院。由于营业情况良好，他于翌年耗资13万加元又建造了一家拥有1300个座位的豪华影院，这是北美洲第一家豪华影院。随着影院的大批出现，影片发行公司也相继成立。1915年，T.麦克奈特为多伦多市的考尼斯－梯尔影片公司，摄制了剧情纪录片《和平与战争中的加拿大》。1916年，C.鲁斯和L.鲁斯兄弟拍摄了故事片《自卫》，把纪实性场面与虚构故事结合起来，手法较新颖，使纪录片剧情化和用纪录手法拍故事片成为加拿大电影的一个特征。

同一时期，考尼斯－梯尔影片公司还拍摄了很多两本一部的惊险片和喜剧片。1917年在安大略省的特伦顿，加拿大第一家拥有多个摄影棚的加拿大国民电影制片厂建成，拍摄了故事片《婚姻的陷阱》《权力》和《巨大的阴影》。同年，在西部沿海城市温哥华，导演A.D.基恩拍摄了《基瑟伯爵历险记》等多部影片。1918年，加拿大联邦政府在工商部的建制下设立广告展览局，负责摄制反映加拿大经济成就的风光影片。同年，侨居在美国的加拿大人E.希普曼回国，在艾伯塔省创办电影公司。他聘请D.M.哈特德福导演的影片《回到上帝的国度》于1919年摄成，上映后赢利高达300%。于是希普曼在3年之中，又拍摄了8部故事片。当时，加拿大电影业呈现一片繁荣，在东部、中部和西部都出现了以摄制故事片为主的影片公司。一些影片不仅以纪实的风格表现了加拿大奇特的自然景观，而且着重表现人的命运，表现人与自然的关系。这一倾向后来成为加拿大电影的又一特征。

纪录片与动画片　1920年，美国电影打入加拿大电影市场，分散星布的小规模电影企业无力对抗，纷纷倒闭或沦为美国电影的附庸。到1929年，好莱坞吞并了加拿大境内三分之一的影院。当时加拿大是英国的自治领地，因为英国议会曾经通过一项法律，规定联合王国境内影院上映的影片中，英国影片不得低于7.5%。而凡在联合王国境内摄制的影片，如果工资支出的75%是付给英籍人员的，就算作英国影片。好莱坞利用这项法律，出资在加拿大拍摄了许多粗制滥造的故事片。这些影片名义上是加拿大出品，但真正的加拿大电影那时已只剩下新闻片。

新闻片从加拿大电影诞生之日起就受到加拿大政府和人民的关注。因为加拿大地广人稀，又是多民族的国家。为了维护国家的统一，极有必要沟通各民族和各地区之间的情况，而电影是理想的沟通工具。另外，加拿大是个移民国家，为了培养国民意识，极有必要对居民进行本国历史、文化以及地理方面的教育，而电影是最形象的教育工具。因此，加拿大政府在1923年，把隶属工商部的广告展览局改组为政府电影局。一批电影工作者创办的私营企业联合新闻制片厂，自1932年起到1953年止，拍摄了总标题为《加拿大风物志》的系列片。这些影片表现了加拿大各方面丰富多彩的生活内容。影片主要创作者G.斯帕林在视觉艺术上显示出独特的造诣。政府还于1938年聘请英国纪录电影学派的创始人**J.格里尔逊**前来指导，并接受了他的建议，成立国家电影委员会，任命他为电影事务的政府委员。1941年，政府电影局并入电影委员会，顺利解决了战时影片生产与发行等问题。

第二次世界大战期间，格里尔逊请外国著名电影工作者R.斯波蒂斯伍德、**J.伊文思**等人去加拿大工作。他们与加拿大的纪录片工作者纽曼、罗夫曼、贝维贝奇等人一起摄制了两套专题系列片，即《加拿大坚持战斗》和《全世界在行动》，为加拿大电影赢得了国际声誉。1941年，《全世界在行动》中的《丘吉尔岛》获美国电影奥斯卡奖最佳纪录片奖。与两套系列片同时拍摄的，还有文化、教育和民俗学等方面的专题系列片。

格里尔逊还为加拿大开创了动画片的摄制工作。他聘请了当时还默默无闻的英国年轻艺术家**N.麦克拉伦**来加拿大国家电影局主持动画片部的工作。麦克拉伦在加拿大创作了《**邻居**》(1952)、《椅子的传说》(1957)、《双人舞》(1968)等风格独具的艺术影片。在影片发行方面，电影委员会建立了巡回放映队，把影片送到矿山、工厂、农村甚至边远的人口稀少的居民点。使影片真正起到了沟通生活、促进了解的作用，从而为国家的统一作出了贡献。1945年底，格里尔逊因受到政治迫害，离开加拿大。电影委员会再次以生产异国情调影片为主。

法语影片及英语影片　自从有声片出现，加拿大法语地区的影院几乎每年要从法国输入约占法国影片年产量80%的法语影片。第二次世界大战截断了这方面的片源，于是法语居民集中的魁北克省成为制作法语影片的基地。魁北克地区的天主教教会势力很大，法语影片制作受到教会的控制。这一时期拍摄的较有影响的影片有：纪录片《一个二十二岁的人》(1940)、《魁北克——战术跳板》(1942)等，故事片《肖邦神父》(1943)、《堡垒》(1947)、《乡村本堂神父》(1949)、《受难儿童小朝霞》(1951)等。1950年国家颁布电影新法，规定电影委员会的职责在于协调电视与私营电影公司的关系。1956年，国家电影委员会从渥太华迁到蒙特利尔，为电视台拍摄影片的法语导演F.当塞罗、C.朱特拉、P.佩罗、M.布罗尔、G.格鲁等魁北克人回到故乡，更具备了以多种方式来表现故乡题材的可能。

加拿大英语影片自20世纪50年代中期以后也获得显著的发展。有影响的影片有《小火箭》(1958，格鲁等导演)、《寂寞的男孩》(1962，V.考尼格等导演)等。20世纪60年代后期，在英语片中还出现了有探索意义的实验影片如M.斯诺的《波长》(1967)和《中心地区》(1970～1971)等。

从20世纪50年代末，加拿大出现了运用**真实电影**创作方法拍片的导演。这些年轻的电影工作者力图使影片能反映群众所关心的问题和社会中的真实事件，如D.阿尔康的《独来独往或成群结伙》(1961)、L.肯特的《遗骸》(1963)、D.欧文的《无人挥手告别》(1964)、格鲁的《袋中猫》(1964)、布罗尔的《来往于海水与淡水之间》(1967)和《命令》(1974)、D.谢比布的《顺路而下》(1970)、朱特拉的《我的叔叔安托万》(1971)和《卡姆拉斯卡》(1973)、J.博丁的《摄影师马丁》(1976)、R.斯普赖的《一人》(1977)、S.纳里诺的《为什么向教员开枪？》(1977)、F.曼凯维奇的《摆脱成功》(1980)、G.卡尔的《普卢夫一家》(1981)等。

20世纪80年代以来的新发展　20世纪80年代中期以来，加拿大电影不断有新的发展，特别是英语电影尤为引人注目。朱维森、D.克罗南伯格、A.伊戈扬的作品给加拿大电影带来国际声誉，对英语电影的整体提升和发展产生重要影响。朱维森的《月色撩人》(1987)获3项美国电影奥斯卡奖。克罗南伯格创作的《赤裸的午餐》(1991)和《撞车》(1996)都是加拿大重要的电影作品，他通过对媒介、性病与技术结合等议题，探索了复杂的人性。伊戈扬20世纪80年代的影片通过日常生活中的媒介（电视、摄影机、录像带）探索人物的心理和性格，《家有家窥》(1987)、《有台词的角色》(1989)都展示了媒介的记录性质，探讨了真实与错觉和边界，以及媒介的双重性，即虽然会扭曲现实，但也是帮助人们发现真实的工具。伊戈扬20世纪90年代的影片在主题、情节和人物关系上都有较大拓展，《保险公司代理人》(1991)反映了社会各个阶层人们的生活和心理状态，获莫斯科国际电影节银奖。《舞女克里斯蒂娜》(1994)是加拿大英语电影首次入选法国戛纳国际电影节竞赛单元的作品，获得好评。《甜蜜的来世》(1997)通过一起校车事故，揭示了

《甜蜜的来世》剧照

小镇居民日常生活背后的残酷现实，影片获法国戛纳国际电影节评委会大奖，受到了国际影坛的肯定。

这一时期还有其他重要作品，如R.康蒂的动画片《烦透了》（1986）和电脑动画片《拉萨利》（1996）；P.梅特勒的《他的头顶》（1989）、《地壳构造板块》（1992）；B.麦克唐纳的摇滚公路三部曲《路杀》（1989）、《61号公路》（1991）、《铁杆罗戈》（1996）；P.罗泽玛的《白色房间》（1990）、《当夜幕降临》（1994）；G.马丁的《天使长》（1990）、《小心》（1992）、《冰雪仙女的暮色》（1997），场景设计具有后现代和实验性风格；C.斯科特的《这群陌生人》（1990）；D.沃希克的《H》（1990）和《芥末浴》（1993）；J.波泽的《杂货商的妻子》（1991）；D.韦林顿的《我喜欢穿警服的男人》（1993）；J.彼德沙的《日食》（1994）；M.胡尔布恩的《情人节》（1994）和《痛苦的房子》（1995）等。

法语电影一方面延续叙事细腻、摄影风格纪实的特点，另一方面也开始出现多线叙事的探索，代表作品有J.C.洛宗的《夜间动物园》（1987）和《莱奥洛》（1992），M.布洛的《纸婚》（1989），J.阿莱恩等6位导演拍摄的集锦片《宇宙》（1997）。

《莱奥洛》剧照

与此同时，移民电影反映出加拿大多元文化的特点，印裔导演D.梅塔的《山姆和我》（1991），印裔导演S.克里希纳的《印式混合调料》（1991）和《露露》（1996），牙买加裔导演C.弗戈的《鲁德》（1995），S.威廉斯的《幸存灵魂的人》（1995）以及华裔导演沈少艾的《双喜》（1994），以不同风格和角度反映了移民族群的生活和文化差异与冲突。

包容的态度、宽松有利的创作环境和不同民族、宗教、肤色的电影创作者的参与，使加拿大电影特别是动画电影融合了不同民族国家的服装、音乐、语言、传说、神话等元素，呈现出缤纷多彩的艺术风格。21世纪，加拿大电影在保留自身特色的同时，也积极开拓电影的商业发展并展开国际合作。2015年，加拿大与爱尔兰、英国、美国联合摄制的影片《房间》，获第40届多伦多国际电影节人民选择奖最佳故事片奖，以及包括美国电影奥斯卡奖在内的多项国际电影大奖的提名。女演员B.拉森凭借该片获第88届美国电影奥斯卡奖最佳女主角奖、第69届英国电影学院奖最佳女主角奖。同年，加拿大还与英国、爱尔兰联合制作了影片《布鲁克林》，该片获第69届英国电影学院奖最佳英国电影奖，以及第88届美国电影奥斯卡奖的3项提名。

扩展阅读

李迅.当代加拿大电影巡礼.电影新作，1998（1）.

（李恒基　撰　秦喜清　修订）

加纳电影　Ghana cinema　加纳独立前，英国殖民者曾设有一个制片中心，生产纪录片。1957年加纳独立，20世纪60年代加纳开始拍摄纪录片。1967年，导演T.丹尼埃尔斯完成了《自由》，记录了自1957年加纳独立到1966年的军事政变期间的加纳的人民生活。其他纪录片有《武装了的加纳》（1966，导演阿里奇）、《你在躲我》（1972，导演K.尼姆）、《为自由的津巴布韦而战斗》（1972，导演乌夫蒂）、《加纳孩子们的游戏》（1972，导演乌夫蒂）、《阿连迦的一天》（1972，导演丹尼埃尔斯）。

1965年完成第一部故事片《从通戈来的哈姆雷特》，由英国人T.毕晓普所拍。1968年，加纳导演S.阿尔依梯根据神话故事《蜘蛛人阿南希》改编成电影《不要为阿南希流泪》。1971年，B.奥基迦拍出音乐故事片《干你自己的事》。80年代初优秀的影片还有K.P.安西伊导演的《非洲热烈的爱情》（1981）和《殖民地的故事》（1983）。

80年代末，手持摄像机拍摄的电影数量迅速增加。由于国有的加纳电影工业中心（GFIC）的导演难以筹到资金，因此，他们开始编写短小的大纲，寻找电视从业者或业余演员用摄像机拍摄电影故事片。这种拍摄方法在加纳获得成功。加纳电影工业中心提供剪辑等服务，相应也获得影片放映权。从1990年开始，加纳的发行放映体系逐渐发生变化，每年会有一定数量的手持摄像机电影上映，这些电影来自非专业导演和在加纳电影工业中心中任职的电影工作者。

（陆孝修　撰　秦喜清　修订）

家庭伦理剧　family ethics drama　以普通人的家庭婚姻、爱情亲情为主要表现内容的电视剧类型。大多遵循写实传统，集中反映人的精神情感世界以及伦理观、价值观取向，是荧屏上最活跃也是最兴盛的电视剧类型之一。自出现以来经历了漫长的探索与发展，1958年的中国第一部电视剧《一口菜饼子》中即展现了大量表现家庭生活的元素。改革开放初期，《凡人小事》（1980）、《家风》（1983）、《雪野》（1987）等短篇剧都是当时影响较大的家庭伦理剧。1991年，中国第一部长篇室内通俗剧《渴望》则揭开了家庭伦理剧蓬勃发展的序幕，此后《过把瘾》（1994）、《牵手》（1998）、《贫嘴张大民的幸福生活》（1998）、《一年又一年》（1999），21世纪之后的《空镜子》（2001）、《中国式离婚》（2004）、《金婚》（2007）、《媳妇的美好时代》（2009）、《大丈夫》（2014）、《虎妈猫爸》（2015）、《小别离》（2016）、《我的前半生》（2017）等一系列贴近现实生活、展现社会家庭观念变迁的热播作品陆续出现，家庭伦理剧的发展日趋成熟，也奠定了其在中国电视剧艺术类型中的重要地位。

家庭伦理剧以其浓郁的生活气息和贴近平民百姓的情感表达赢得了电视观众的青睐，形成了朴素平实、温厚蕴藉的审美风格。2010年后，中国的家庭伦理剧存在同质化的创作症结，某些作品对生

《媳妇的美好时代》剧照

活的表现比较浮泛，泛偶像化、轻喜剧化成为固定模式，不同程度上损害了家庭伦理剧的写实传统。　（戴　清　卞天歌）

家庭伦理片　family ethics film　以反映家庭亲情和伦常关系为主的故事片。家庭伦理片通常以家庭中丈夫与妻子、父母与子女、兄弟姐妹、祖孙之间的伦理关系为基础，表现爱情、婚姻、亲情等主题，反映

社会风俗、道德规范、价值观念、宗教信仰等问题。家庭伦理片一般以描绘日常生活琐事为主，节奏平缓，外部戏剧冲突相对较弱，但情感张力十足。

家庭伦理片具有较强的地域色彩和时代特征，不同历史时期的不同国家、地区的家庭伦理片因社会观念、风俗习惯、文化传统、艺术风格的差别，显现出各异的电影风貌。家庭伦理片是中国最具特色的一种电影类型，承载着建构伦理道德、改良社会、教化民众、抚慰观众情感等多方面的功能。中国早期家庭伦理片如《**孤儿救祖记**》《儿孙福》《**姊妹花**》等注重表现人伦孝悌、夫德妇道、家庭制度等问题，形成了由于人物行为不端使家庭关系破裂，最终幡然悔悟，家庭大团圆的电影模式。欧洲的家庭伦理片如《婚姻生活》《呼喊与细语》《已婚妇女》等则关注家庭中夫妻关系、代际关系、亲属关系的情感状况，通过对爱情的炽烈与平淡、婚姻的背

《婚姻生活》剧照

叛与回归、家人的隔膜与沟通的展现探讨人性的复杂、道德问题、伦理困境等。

（张默然）

嘉宝，G.　Greta Garbo（1905-09-18～1990-04-15）　美国电影演员。生于瑞典斯德哥尔摩，卒于美国纽约。出身贫寒。13岁丧父，14岁做工谋生。曾因貌美为

大百货公司拍广告短片，如在《流浪汉彼得》（1922）中饰沐浴美女等。1922～1924年靠奖学金入斯德哥尔摩皇家剧院学习。在此期间被知名导演M.斯蒂勒发现，应邀在《科斯塔·柏林的故事》（1924）一片中饰演主角，获得成功。

1925年，赴美国为米高梅电影公司拍片。1926年，出演了其在好莱坞的第一部影片《急流》。1927年，主演了《肉与魔》和《圣洁女》。1930年，主演了《安娜·克利斯蒂》，获第3届美国电影奥斯卡奖最佳女主角奖提名。1933年，主演了《瑞典女王》，她对人物尊严与美丽出神入化的传达将她的电影表演生涯推向了高峰。1936年，主演了《茶花女》，获第3届美国纽约影评人协会奖最佳女主角奖、第10届美国电影奥斯卡奖最佳女主角奖提名。1941年，在喜剧片《双面女人》中饰演两个角色，但并没有取得理想的成绩。有评论称，观众更喜欢以演出悲剧闻名的“忧郁的”嘉宝，而不愿接受其喜剧形象。1949年，嘉宝退出影坛，隐居纽约。

她主演的影片还有《野蓝花》（1929）、《安娜·卡列尼娜》（1935）、《妮诺契卡》（1939）等。她的绝色容貌和表演才华在电影史上成就了一个“嘉宝神话”。1954年，美国电影奥斯卡奖评委会特别为她设立了一项终身成就荣誉奖。在1999年美国电影学会评选的百年来最伟大女演员中，嘉宝名列第五。

（何　为　刘　斐）

《嘉禾电影》　*Golden Movie News*　中国电影杂志。1972年5月创刊，1972～1982年连续出版，20世纪90年代初停卖，具体停刊日期不详。由**邹文怀**、梁风共同创办。被称为香港最后一本“官方”电影刊物。刊物内容以评介电影作品、推介电影明星、报道电影业态为主，致力于扩大嘉禾电影的影响力。与以女星做封面的香港电影刊物《**南国电影**》不同，《嘉禾电影》是香港同类杂志中以男性作为封面最多的电影刊物。杂志以**李小龙**做过多次封面人物，是拥有李小龙最多电影剧照及私人照片，能够凭出售李小龙平面版权获利的电影杂志。《嘉禾电影》是以电影明星作为特色影响最大的香港电影刊物，也是外国有关香港电影出版物中被引用最多的香港电影杂志。

（谢建华）

嘉禾电影有限公司　Golden Harvest Ltd.　中国电影机构。由**邹文怀**、何冠昌和梁风1970年5月创立于香港。简称“嘉禾”。“嘉禾”参考美国电影的方式，制作和发行完全靠银行融资，成立之初便采取不同于传统片厂制度的做法，除公司投资制作影片外，同时支持中国香港和台湾两地的独立制片公司拍片，“嘉禾”负责发行，有效地减少了制片成本。“嘉禾”在香港率先实行与导演、演员的分红制度，增加了电影人创作的灵活度和积极性。成立之初公司因版权与“邵氏兄弟”产生法律纠纷，在国泰机构的支持下，1972年迁入原国泰机构旗下的永华制片厂，建立行政、制片及发行总部，并得到国泰在东南亚的院线的支持。

“嘉禾”为节约成本，同时避免与“邵氏兄弟”竞争，增加作品的猎奇元素，常到泰国、韩国等地拍摄外景。“嘉禾”邀请从美国回到香港的**李小龙**拍摄了《**唐山大兄**》（1971）、《**精武门**》（1972）等片，打破了香港电影票房纪录。随后，李小龙与邹文怀合组“嘉禾”的卫星公司“协和电影公司”，自编自导自演电影《猛龙过江》（1972），再次刷新票房纪录，也为“嘉禾”打开了国际市场。随后，与美国华纳兄弟影业公司合作拍摄《龙争虎斗》（1973），在全球掀起“李小龙热”。1973年，李小龙去世后，“嘉禾”邀请**许冠文**加盟拍摄了《鬼马双星》（1974），开启香港喜剧新模式，打破香港电影票房纪录。之后，《半斤八两》（1977）再破香港电影票房纪录。1977年，洪金宝与“嘉禾”签约，开拍谐趣功夫片，深受市场和观众欢迎。1979年，成龙加入“嘉禾”，自编自导的《师弟出马》（1980），在亚洲市场获得成功。此后，许冠文的《摩登保镖》（1981），**成龙**的《**A计划**》（1983）、《**龙兄虎弟**》（1986），洪金宝的《**夏日福星**》（1985）等影片，都在香港及海外市场取得巨大成功。经过十几年的经营，“嘉禾”在20世纪80年代成为香港三大综合电影机构之一，1985年至1990年间，“嘉禾”平均每年制作近30部电影，发行网络及戏院网络遍及全世界。

“嘉禾”早期偏向于国际路线，影片取材亚洲部分国家的传统功夫，如《合气道》（1972）表现日本功夫、《跆拳震九州》（1973）表现韩国功夫、《中泰拳坛生死战》（1974）表现泰国功夫、《密宗圣手》（1975）表现尼泊尔功夫。1975年，在好莱坞成立制片部，先后拍摄《荷京喋血》（1978）、《杀手壕》（1980）、《炮弹飞车》（1981）等英语片。“嘉禾”投资拍摄的功夫特技外语片《忍者神龟》（1990）在全球创下票房佳绩，并将成龙的《红番区》（1995）、《警察故事4之简单任务》（1996）引入美国主流市场。凭借邹文怀与日本电影界的联系，“嘉禾”为香港电影真正打开日本市场，许冠文、成龙、洪金宝、元彪等人均收获大量日本影迷。“嘉禾”从《唐山大兄》开始即采用母公司和子公司结合的“卫星制”运营模式，“嘉禾”本身作为具有院线公司的母公司，主要负责发行工作，“协和”“许氏”等独立公司作为子公司，负责制片工作。这种模式在20世纪80年代

之后，发展成为具有香港特色的院线制营销模式，推动了香港电影的产业建构。“嘉禾”除电影制作外，还经营发行、影片冲印、戏院及影视店等业务，范围遍及世界各地。1992年，“嘉禾”引入美国影院的新概念，在新加坡开设了亚洲第一家多厅影院，以应对电影观众日渐减少，观影趣味的多样化。此后数年，“嘉禾”在香港和东南亚各地建立多家多厅影院，曾在7个国家及地区拥有40多间影院和330多块银幕。

1994年11月，“嘉禾”于香港联交所上市。此后不久，香港影业进入低潮，但“嘉禾”仍出品了一些优质影片，如《**甜蜜蜜**》(1996)、《宋家皇朝》(1997)、《风云雄霸天下》(1998)、《特务迷城》(2001)。2003年之后，“嘉禾”停止制片业务，股权多有变动，在收购、出售、成立戏院等业务上多有动作。2008年，橙天娱乐集团正式收购“嘉禾”，成为单一大股东。2009年，更名为橙天嘉禾娱乐（集团）有限公司。“嘉禾”顺应时代，锐意改革，善于用人，给香港电影生产方式带来重要变化，是香港电影业黄金期的重要组成部分，在将香港电影推向国际市场的过程中发挥了不可替代的影响和作用。

（余慕云　张承宇）

《甲方乙方》 *The Dream Factory* 中国彩色故事片。北京紫禁城影业公司和北京电影制片厂1997年联合出品。编剧，**冯小刚**、王刚；导演，冯小刚；摄影，王小列；主演，**葛优**、刘蓓、何冰、冯小刚。

《甲方乙方》海报

故事讲述了没戏演的演员姚远、赋闲在家的副导演周北雁、道具员梁子、编剧钱康4个人，合伙在1997年夏天创办了一个“好梦一日游”项目，专门帮助消费者过一天“梦想成真”的瘾：让卖书人当一天事务繁忙的巴顿将军；让留不住话的厨师守口如瓶一天；让成功的商人过吃苦受累的日子；让在家中逞大男子主义的男人受气一天；让如日中天的女明星当一回普通人；还义务帮助失恋男青年找回生活的希望；帮贫困技术员患绝症的妻子在生命最后圆一次有房的梦想。

影片由几个小片段串成，每段小故事在幽默中透着正能量，戏谑中带着真道理。影片创作的一大特色就是“梦里梦外”瞬间切换的相反姿态形成了最为荒诞的效果。影片是中国贺岁电影的先声，具有典型的早期冯氏电影风格。影片1997年获第21届中国大众电影百花奖最佳影片奖、最佳男主角奖和最佳女主角奖。

（朱　萍）

《甲午风云》 *Naval Battle of 1894* 中国彩色故事片。长春电影制片厂1962年出品。编剧，希侬、叶楠、陈颖、李雄飞、杜梨；导演，**林农**；摄影，王启民；主演，李默然、浦克、王秋颖、李颉、庞学勤。

故事发生在1894年，蓄谋侵华已久的日本帝国主义在中国领海内肆意挑衅、制造事端。北洋大臣李鸿章一味靠列强调停，消极避战。日寇得寸进尺，击沉中国船只。以“致远”号管带邓世昌为代表的爱国官兵和威海百姓，坚决要求对日作战，但邓世昌两次请战均遭拒绝，被革职。日寇不宣而战，民愤四起，李鸿章被迫起用邓世昌。在海战中，北洋水师出师失利，邓世昌代替旗舰指挥作战，率领“致远”号官兵英勇战斗，击伤日军旗舰“吉野”号。最后弹绝，邓世昌决定撞沉“吉野”号，但不幸被鱼雷击中，全舰官兵壮烈牺牲。

影片以19世纪末中日甲午战争中丰岛、黄海两次战役为主线，将这一历史事件中人民群众和爱国官兵反侵略的民族主义精神予以淋漓尽致地表现。李默然以其刚毅深沉而又富于激情的表演，使邓世昌这位爱国志士的形象进入中国银幕艺术典型的行列。影片追求凝练、明快、浓烈、深沉的艺术风格，使之充溢着令人振奋的浩然正气与悲壮力量。影片1983年获第12届葡萄牙菲格拉达福兹国际电影节评委奖。

（陈少舟）

贾樟柯 Jia Zhangke（1970-05-24～　）中国电影导演、编剧。生于山西汾阳。1991年，报考北京电影学院，未被录取。1993年，开始在北京电影学院文学系旁听，观看了百余部经典影片。学习之余，凭借对电影创作的热爱，成立了“青年电影实验小组”，开始其独立影片的创作之路。1994年，开始拍摄短片《小山回家》。

1998年，开始拍摄长篇处女作《小武》，获第48届德国柏林国际电影节沃尔福冈·施多德奖、第20届法国南特三大洲电影节最佳影片奖、第3届韩国釜山国际电影节新浪潮奖等。2000年，执导了《站台》，以纪实性的创作手法获得国际影坛的认可，获第57届意大利威尼斯国际电影节亚洲电影促进联盟奖。2002年，导演影片《任逍遥》，该片与《小武》《站台》并称“故乡三部曲”。2006年，执导了《**三峡好人**》，获第63届意大利威尼斯国际电影节最佳影片金狮奖。2013年，编导了《天注定》，获第66届法国戛纳国际电影节最佳编剧奖。2015年，编导了《山河故人》，获第23届北京大学生电影节最佳导演奖、第52届台湾电影金马奖最佳原创剧本奖、第68届法国戛纳国际电影节金棕榈奖提名。2018年，编导了《江湖儿女》，获第54届芝加哥国际电影节最佳导演银雨果奖、第13届亚洲电影大奖最佳编剧奖等。2020年，执导了纪录片《一直游到海水变蓝》。

贾樟柯凭借《天注定》获第66届法国戛纳国际电影节最佳编剧奖

他编剧或导演的作品还有《世界》(2004)、《东》(2006)、《二十四城记》(2008)、《海上传奇》(2010)、《语路》(2011)、《在清朝》(2016)等。贾樟柯是中国第六代导演中的代表人物，他在多年的电影创作中，始终关注底层和边缘人物的生存状态，赋予作品人文情怀。他用纪实风格的创作手法诠释了社会转型时期中国社会的变迁与发展，带有心理现实主义的色彩。他的作品在国际上获得广泛认可，成为世界了解中国的一个窗口，在中国电影历史进程中有着独特的艺术价值。2007年，担任第60届法国戛纳国际电影节评委会主席。2008年，获第10届法国杜维尔亚洲电影节杰出艺术成就奖。2010年，获第63届瑞士洛迦诺国际电影节终身成就奖。2015年，获第68届法国戛纳国际电影节终身成就奖（金马车奖），是首位获该奖项的华人导演。

（孙承健）

《假凤虚凰》 *Fake Phoenix* 中国故事片。文华影业公司1947年出品。编剧，**桑弧**；

导演，**黄佐临**；摄影，许琦；主演，**石挥**、**李丽华**、叶明、路珊。

故事讲述了投机失败的大丰企业公司总经理张一卿，委托理发师杨小毛顶替经理的身份，向一位登报征婚的“华侨富商的女儿”范如华小姐求婚，以骗取巨款。而范如华实际上是一个生活无靠的寡妇，也希图利用“征婚”的手段来物色一个财貌双全的丈夫。杨小毛、范如华互相吹骗，闹出不少笑话，但在结婚那天他们发现了对方真实的身份，关系破裂。经过一番周折，他们觉悟了，撕下了绅士淑女的假面具，结成美满的夫妻。

《假凤虚凰》剧照

影片辛辣地嘲讽了旧上海十里洋场上的欺骗风气，揭露了资产阶级不择手段损人利己的行为，对劳动人民善良、正直的品质加以赞美。影片喜剧手法较为成功，人物风趣隽永的对话，理发师职业性的习惯动作，有趣的噱头穿插等都加强了影片的喜剧风格。影片人物形象生动，镜头处理干净、流畅，富有生活的真实感，上映后产生较大反响。导演黄佐临曾亲自为影片翻译，由文华影业公司将影片配音制成中国第一个英语拷贝输出国外。

（张兆龙）

柬埔寨电影 Cambodian cinema 柬埔寨电影经历了早期、黄金期、衰落期和恢复期四个发展阶段。1909年，一位法国制片人在金边四臂河皇宫区成立了柬埔寨第一家影院——布里贡电影院。20世纪40年代，由西哈努克亲王制作的短片《柬埔寨泰山》和《马其诺防线》，开启了柬埔寨本土电影的制作。1960年，由参森逸导演的柬埔寨第一部彩色电影《花开花谢》在电影院上映。参森逸还制作了另外一部名为《猎人的脚印》(1960)的影片，讲述了一位边境军人和一位村长女儿的恋爱故事。

20世纪60年代早期，柬埔寨政府出台了多项鼓励文化发展并降低本土电影票房税收的政策，这使得柬埔寨电影迅速进入本土制作的黄金期。至70年代中期，全国有60多家电影制作公司和70多家影院，影片产量超过300部。促成这一时期柬埔寨电影繁荣的人是西哈努克亲王。1966年，西哈努克亲王发行了自己的第一部长片《飞天》。他在整个职业生涯中共拍摄了29部长短故事片，他的电影大多都跟社会有密切的联系，其中《魔法森林》(1967)入围第5届莫斯科国际电影节，《日暮乡关》(1992)获圣彼得堡国际电影节的特别奖。

60年代中期，柬埔寨电影市场受到法国、美国、中国香港、印度、泰国电影的冲击，随后开始转型。取材于戏剧、文学的电影，如《再见了，我的明星》(1964)、《亲爱的，回来吧》(1966)等逐渐消失，改编自神话、民间传说和《佛说本生经》的故事开始被搬上屏幕，这类题材在当时占了电影总产量的三分之二，并且成为日后柬埔寨经久不衰的电影传统，其中最有代表性的是李文任的《鹧鸪》(1965)、《十二姐妹》(1967)、《吴哥之后的高棉人》(1972)，张林君的《蛇王之妻》第一部(1970)、《蛇王之妻》第二部(1973)，义煌谦的《金天鹅》(1967)、《素万般扎》(1970)以及惠光的《天鳄》(1972)。这些影片凭借着本土观众及邻国观众对相同传说的喜爱在国内外取得了商业上的成功。《蛇王之妻》第一部成功地出口到泰国、新加坡、中国香港、甚至韩国，影片随后在泰国爆红，并最终包揽了第19届亚洲影展的最佳导演奖和最佳女主角奖等6个奖项。

70年代中叶开始，由于政治更迭，柬埔寨电影工业饱受摧残。红色高棉政权结束后，金边的电影院重新开放，但仅放映来自苏联、越南、古巴、东德等国家的电影。直到1987年，一位活跃于六七十年代的电影导演义煌谦制作了政权更迭后的首部长片《黑暗的影子》(1989)。这一时期的柬埔寨电影题材通常是80年代的政治生活或在70年代红色高棉统治下民众的悲惨生活，这些电影很快获得了民众的支持。几年之后，影视行业开始缓慢地复苏，小型的电影制作公司从零跃升至215家，电影题材也重新延续了之前的电影传统，比如改编自民间传说的《我妈是飞头蛮》(1991～1992)。随着1989年柬埔寨与国际接轨，电视的出现、香港盗版录像带和泰国肥皂剧DVD的涌入，本土制作在短暂复兴后再次走向崩溃，柬埔寨最后一家商业电影院于1996年关闭。

1994年，移民法国的潘礼德回到柬埔寨，拍摄了第一部改编自马来西亚小说的长片《稻田里的人们》，并入围了第47届法国戛纳国际电影节主竞赛单元。随后他拍摄了《战后的一夜》(1998)、《游魂之地》(2000)、《S21红色高棉杀人机器》(2003)以及《残缺影像》(2013)等影片，并多次入围戛纳、柏林、奥斯卡等国际电影节。2006年，潘礼德与一些导演创办了波帕纳影像中心，向公众提供免费的影像资源。

《稻田里的人们》剧照

21世纪初，柬埔寨电影似乎再次走向缓慢的恢复。柬埔寨与泰国合作翻拍的20世纪70年代的《蛇王之妻》第一部——《蛇王之子》(2001)在两国深受欢迎，其后的第二部也同样有泰国女明星参演。2003年，柬泰关系出现崩裂，柬埔寨禁止播放泰国所有的电视和电影作品，这给柬埔寨本土电影带来了新的机遇。2003～2004年，柬埔寨出现了一批新作品，如《东姆与狄欧》《母亲的心》《捕鳄鱼者》等，尽管这些作品吸引了一批柬埔寨观众，但是由于很多导演采用老套的故事情节，影片质量参差不齐，加上知识产权的不明晰，盗版横行，柬埔寨电影行业停滞不前。2010年，柬埔寨举办了第1届柬埔寨国际电影节以促进本土和国际电影的发展。2014年开始，周戴维的《金梦》(2011)、《柬埔寨2099》(2014)、《钻石岛》(2016)，卡维奇尼昂的《再见，金边》(2015)、《三个轮子》(2015)、《再见，白楼》(2019)等独立电影开始出现并进入国际电影视野。

（陈 刚 蔡仁平）

剪辑点 cutting point 剪辑时一个镜头切换到另一个镜头的交接点。又称剪接点。**影视剪辑**工作的一项重要内容，便是确定两个镜头组接的剪辑点。理论上，任何两个镜头组接，完美剪辑点只有一个，增减一格（帧）都不行。完美剪辑点判断依据是视觉流畅、情绪连贯、节奏明快不拖沓，但在剪辑实践中，不同剪辑师对同一个剪辑点的判断略有差异。剪辑点的选择不能机械照搬指导性原则和规律，需要在叙事节奏、演员表演、人物关系、角色情绪等基础上，对剪辑点进行再调整。另外，剪辑点也不是孤立存在的，需要把镜头置入整个序列中去考察。

剪辑点选择的依据有三个：动作剪辑点、情绪剪辑点和节奏剪辑点。动作剪辑点依据镜头内主体的形体动作，选择合适的剪辑点，这是剪辑实践中最常见的剪辑点。情绪剪辑点以规定情境中角色的情绪变化和延伸为依据选择剪辑点。节奏剪辑点以叙事节奏和人物关系为基础，以叙事详略得当为依据，结合观众观影时的心理期待等因素，以镜头长短对比的方式寻找剪辑点。（郑汉民）

剪纸片　paper-cut film　运用剪纸造型来表现故事情节、塑造形象的**美术片**。中国剪纸片源于中国民间皮影戏和窗花剪纸艺术，以平面雕镂技术的纸偶造型为主要艺术手段。剪纸片在摄制时，一般首先用纸剪成或刻成人物形体和背景道具，描绘色彩，装配关节。其次按剧情需要，将人物和景物的活动，分解为若干个循序渐进的不同姿态，平放在玻璃上，由人操纵，依次扳动关节，采用逐格摄影的方法拍摄下来，通过连续放映形成活动的影像。

《猪八戒吃西瓜》剧照

万古蟾是中国剪纸片的主要创始人，1958年其导演的《猪八戒吃西瓜》为中国第一部剪纸片，之后导演的《金色的海螺》《人参娃娃》等，都曾在世界上获得好评。中国优秀的剪纸片还有《红军桥》《狐狸打猎人》《猴子捞月》《鹬蚌相争》《火童》等。（张松林）

简·方达　Jane Fonda（1937-12-21～　）美国电影演员、社会活动家。生于纽约。电影演员**H.方达**的女儿。大学肄业后曾在巴黎学习美术，又在纽约L.斯特拉斯伯格主持的演员讲习班学习，业余做服装模特。1960年，参演影片《海外奇谈》，开始演员生涯。1971年，出演《柳巷芳草》，获第44届美

《柳巷芳草》剧照

《荣归》剧照

国电影奥斯卡奖最佳女演员奖和第29届美国电影金球奖最佳女主角奖。1978年，在反对越南战争题材的影片《荣归》中扮演出征军人之妻，获第51届美国电影奥斯卡奖最佳女演员奖和第36届美国电影金球奖最佳女主角奖。1979年，和J.莱蒙合作出演《中国综合征》，获第52届美国电影奥斯卡奖最佳女演员奖提名和第33届英国电影学院奖最佳女演员奖。1982年，和K.赫本合作出演《金色池塘》，获第54届美国电影奥斯卡奖最佳女配角奖提名、第39届美国电影金球奖最佳女配角奖提名和第36届英国电影学院奖最佳女配角奖提名。1990年，在参演了影片《斯坦利和艾丽丝》后渐渐淡出银幕。2005年，出演《怪兽婆婆》，再次回归银幕。

方达举止优雅，才华横溢，能将角色的情感世界细腻地传达给观众。方达还是一个杰出的社会活动家，自1969年开始，参加了黑人争取民权以及反对侵越战争的群众运动，曾前往越南拍摄了纪录片《越南纪行》，向美国观众介绍越战真相。她出演的影片还有《茱莉亚》（1977）、《电光骑士》（1979）、《朝九晚五》（1980）、《神迹奇案》（1985）、《烽火异乡情》（1989）、《乔治亚法则》（2007）、《如果我们生活在一起》（2012）、《和平、爱与误解》（2012）、《白宫管家》（2013）、《父女情》（2015）、《年轻气盛》（2015）等。出演的电视剧有《新闻编辑室》（2012）、《格蕾丝与弗兰基》（2015）等。2014年，获第42届美国电影学会奖终身成就奖。2017年，获第74届意大利威尼斯国际电影节终身成就奖。（谢榕津）

间谍片　espionage film　以“间谍”为核心人物或以刺探和获取政治、经济、军事、科技情报活动为题材的影片。是西方电影中较早出现的惊险样式片种之一。间谍片有的按照现实生活中发生过的真实间谍事件编写，有的仅仅根据事件线索进行大量的虚构再创作。早期的间谍片一般都与战争事件有密切关系。第二次世界大战后，科技、经济领域的间谍活动频繁出现，间谍片有较大的发展。间谍片的故事情节突

《永不消逝的电波》海报

出渲染间谍或反间谍人员的机智勇敢、克敌制胜的英雄主义思想和行为。如中国电影《永不消逝的电波》、苏联电影《侦察员的功勋》、美国电影《不可能完成的任务》《谍影重重》等。（戴中孚）

间接编辑　indirect editing　利用载有原始素材画面地址信息的副本进行编辑，在获得镜头组接顺序后，再以此为导引利用原始素材编辑成母带的影视剪辑方式。在胶片电影制作中，一般将底片（负片）洗印成正片（工作样片），后者带有与前者同样的片边号码。在剪辑台上剪辑完成后，得到镜头串联单，或称编辑决策表（Edit Decision List，简称EDL表）。然后以此为依据进行底片剪辑，制作成母版和拷贝版。数字非线性编辑技术引入电影制作后，剪辑效率大为提高。将工作样片进行胶转磁，然后输入到非线性编辑系统中，利用软件进行剪辑，自动生成EDL表。

在以磁带为载体的电视制作中，早期的间接编辑也是将原素材拷贝成带有时间码信息的工作带。在低档编辑设备上寻找编辑点，编成一个工作带，从而获得EDL表。工作带并不是作为节目播出使用的，它有两个作用：第一是用来审看录制出的节目带是否符合艺术要求并确定对素材内容所进行的取舍、顺序安排，配入对白和音乐等。第二是得到一个记录着编辑点、素材之间的过渡和特技效果的编辑清单EDL表，这是正式编辑的数据依据。在编辑决策表上一般列有选用素材的排列顺序、每段选用素材的长度及其入点和出点

的位置、镜头转换方式、慢转换的过渡方式和长度等数据信息。决策表可以由人工抄写（胶片电影剪辑、磁带编辑）或者软件生成。

在以磁带为主的电视制作中，对于高质量的电视节目（如电视剧）来说，早期数字非线性编辑的采集质量还不高，输入输出会有损失。或者采集质量很高，但所需要的硬盘存储空间太大，成本太高。在这种使用情形中一般采用间接编辑：以非数字非线性编辑系统进行低质量采集，剪辑生成EDL表后，再利用高质量的原始磁带在自动编辑系统中完成成片。

在数字非线性编辑中，多数采取**直接编辑**的方式。随着4K/8K超高清视频制作的普及，其巨大的数据量和后期处理流程对剪辑、调色等后期系统提出更高的匹配要求，制作成本随之加大。在这种情况下，间接编辑又重回制作领域：利用相对较低质量的视频素材完成剪辑、调色等流程，然后再用高质量素材替换、输出成片。

（张歌东）

《建国大业》 *The Founding of a Republic* 中国彩色故事片。中国电影集团公司等2009年联合出品。编剧，**王兴东**、陈宝光；导演，**黄建新**；摄影，赵晓时；主演，**唐国强**、**张国立**、许晴、刘劲、陈坤。

《建国大业》海报

故事讲述了1945年8月抗战胜利后，中国共产党毛主席应邀飞赴重庆同蒋介石谈判，经过民主党派共同努力与政治协商，双方签订《双十协定》。但是，国民党蒋介石无法放弃一党专制的独裁思想，开始发动对共产党的内战。中国共产党制定了针锋相对的武装反击斗争，并与其他民主党派一起，坚决反对国民党的独裁统治。与此同时，毛泽东与众多民主党派领袖肝胆相照，开始为如何建立一个民主的新中国而未雨绸缪。中国共产党领导的人民解放战争取得了节节胜利。1949年9月，中国人民政治协商会议第一届全体会议在北京隆重召开。随后，中华人民共和国于1949年10月1日正式成立。

影片展现了中国共产党走向历史舞台的必然性，呈现了国民党政府在时代形势面前的种种不现实性、不合理性，塑造了蒋介石这一从自负傲慢走向颓败的人物形象。作为献礼片，影片取得了巨大的经济效应和社会效应，也证实了大众传媒足够有能力弥合现实社会中主旋律与大众化、政治性与公共性之间存在的罅隙。作为重大革命历史题材作品，影片寻求多元化发展的样本，采取全明星阵容出演的商业模式，遗形取神，其所取得的商业成功，标志着观众从原先的关注银幕中出现多少历史人物直接转变为关注有多少明星参与影像盛会。影片2009年获第1届澳门国际电影节金莲花优秀影片大奖、最佳女配角奖、中国电影贡献奖，2010年获第17届北京大学生电影节突出贡献大奖、第15届上海影评人奖十佳影片奖、第30届中国大众电影百花奖最佳故事片奖和最佳女配角奖，2011年获第28届中国电影金鸡奖最佳录音奖、第14届中国电影华表奖优秀故事片奖和优秀导演奖等。

（储双月）

《建国史的一页》 *A Page of History* 中国纪录片。又名《勋业千秋》。**民新影片公司**1941年出品。导演，**黎民伟**；摄影，黎民伟、罗永祥、梁林光。

影片记录了孙中山、胡汉民、廖仲恺、谭延闿等在广州的革命活动，包括孙中山在韶关誓师、炮兵演习，孙中山北上时与夫人宋庆龄在春明丸甲板上散步的镜头，孙中山逝世后盛大的悼念场面等。影片还记录了北伐军击败孙传芳部队，攻克徐州，国民政府定都南京，继而攻克济南和沧州，以及群众欢庆北伐胜利的盛大游行等。另外，影片也介绍了国民革命军将领及各界要人，如蒋介石、冯玉祥、阎锡山、李宗仁、张静江、蔡元培、吴稚晖、胡汉民、李济深、何应钦和古应芬等。

影片呈现了孙中山先生革命生涯最珍贵、最辉煌的一页，展现了北伐战争的规模和气势，揭露了日本帝国主义的残酷罪行。影片拷贝由黎氏后人保存至20世纪70年代，几经抢修，只剩下34分钟片段，但其后亦告散失。后由黎氏六子黎锡先生寻回，并捐赠予香港电影资料馆保存。影片片头有吴铁城的题词“建国史之一页”和孙中山的题词“天下为公”，是中国近代史的珍贵影像资料。

（类成云）

健康写实主义电影 healthy documentary film 20世纪60年代中国台湾电影的创作潮流。始于1963年**李行**导演的《街头巷尾》。该片拍摄时借用了台湾“**中央电影事业股份有限公司**”（简称“中影”）的场地，台湾“中影”总经理龚弘看后，盛赞影片的写实风格。龚弘认为剧中小人物身居陋室、团结有爱、守望相助的精神，适合台湾“中影”公司的制片方针，因此邀请李行拍摄了《蚵女》（1963）、《养鸭人家》（1965）、《路》（1967）等影片，由此开启了台湾“中影”健康写实主义电影的创作时代。

李行作为健康写实主义电影创作的灵魂人物，深受20世纪30～40年代大陆电影的影响，他将这些电影的人文关怀带到健康写实创作中，关注社会，关心底层小人物的生存境遇，认同中国文化、传统和历史，表现中国民族精神、传统道德和家庭伦理以及台湾与大陆一脉相承的文化根源。李行将儒家的伦理道德奉为终生不渝的信仰，在他的作品中冲突的解决不指向外在的社会现实，而是寄托在人物的道德完善上，相信传统的伦理道德能维持新的社会秩序，缺乏真正面对社会问题的勇气，缺少批判现实的精神，这也决定了健康写实主义创作的局限性。

健康写实主义电影既是社会重心转移到经济发展的结果，又受到**意大利新现实主义电影**和苏联社会主义写实论的影响。但“写实”与“健康”的矛盾造成健康写实主义在表现社会现实时有局限性。不过，健康写实主义的很多代表作品多少突破了“健康”的限定，表现出较强烈的纪实性。它们通常取材于台湾乡土题材，以自然光实景拍摄，因此真实地反映出一个时代生活氛围。《街头巷尾》小珠上街卖报时展现了20世纪60年代台北街景，《蚵女》展现了台湾西海岸的蚵田风光，《养鸭人家》通过家家户户养鸭的生活展现地道的台湾渔村生活和当地的淳朴民风。健康写实主义电影第一次将台湾的风土人情、社会样貌搬上银幕，开启了台湾电影本土化的道路，奠定其以传统伦理与人性描写为特征的基本形态和美学特征。

健康写实主义电影制作精良，树立了台湾自制影片的信心，提升了台湾电影的竞争力。作为台湾第一部自制彩色电影，《蚵女》提升了台湾电影制作的技术水准。《养鸭人家》获第3届台湾电影金马奖最佳导演奖、最佳男主角奖、最佳彩色摄影奖，第12届亚洲影展金禾奖最佳男配角奖、最佳编剧奖、最佳美术指导奖。《养鸭人家》等作品当时由邵氏公司的邵维瑛在香港发行，卖座良好，评价甚高，开拓了“中影”及台湾制作文艺片的海外市场。健康写实主义为台湾影坛培养了多位重要电影人才，如摄影师赖成英，编剧张永祥，演员唐宝云、王戎、江明、葛香亭、崔福生等人，为此后台湾电影发展奠定了技术与美学的基础。（于丽娜）

键控技术 key control technology 一种分割和镶嵌电视屏幕特技效果的技术手段。又称键信号控制特技。键控技术的本质包括“抠”和“填”。“抠”就是由控制电平将画面沿一定的轮廓线抠掉（变成黑色），“填”就是将所要叠加的视频信号填到被抠掉的区域。键控技术的分割边界可以是任何规则或不规则的形状。键控技术所需要的门控信号称为键控信号或键信号，键信号不是由扫换波形发生器产生，而是由作为键源的视频信号通过键处理器产生的。

键控技术具有视频切换开关的性质，在有键信号的时候背景图像不通过，前景图像通过，没有键信号的时候背景图像通过，而前景图像不通过。视频切换开关输出合成图像的背景和前景即是被抠图像和填充图像。

键控技术包括自键、外键和色键。自键是以参与键控的某一图像的亮度信号作为键信号进行分割画面。自键的键信号常常为黑白信号，如黑底白字、白底黑字或黑白图形。外键是指键信号来自参与键控特技的两路图像信号之外的第三路图像信号，由该路信号的亮度电平作为键信号来分割画面。色键则是利用图像信号的色彩作为键信号来分割画面，图像信号可以取自参与键控制特技的两路图像信号之中的任何一路信号。色键又有硬色键和软色键之分，软色键可以软化叠加时两种信号的突变交界，使分界处自然而不明显。

键控技术是一种非常有效的视频画面合成技术，在现代影视业的应用非常广泛。

扩展阅读

王灏，孟群.电视制作技术.北京：中国国际广播出版社，2009.

（孟　群）

江奇涛 Jiang Qitao（1954～　）中国影视编剧。生于安徽无为。1971年参军入伍。1989年毕业于解放军艺术学院文学系。2005年，担任编剧的《汉武大帝》获第25届中国电视剧飞天奖优秀长篇电视剧奖。2006年，担任战争剧《亮剑》的编剧，获第26届中国电视剧飞天奖优秀编剧奖、长篇电视剧一等奖，第23届中国电视金鹰奖优秀长篇电视剧奖。该剧改编自都梁同名小说，把战争史诗和英雄传奇有机结合起来，对主人公李云龙这一军人形象的刻画突破了以往的类型化、脸谱化。2009年，在电视剧《人间正道是沧桑》中担任编剧，讲述了杨家三兄妹分别加入国共两党，从手足情深到相互较量，最后天各一方的故事。全剧人物血肉丰满，充满了信仰的力量。2016年，担任电视剧《少帅》的编剧，获第22届上海电视节白玉兰奖最佳编剧奖。

他擅长军旅题材，作品突出军人气质与民族精神。此外，他还创作了电视剧本《无国界行动》（2006）、《大唐芙蓉园》（2007）以及电影剧本《雷场相思树》（1986）、《红樱桃》（1995）、《红色恋人》（1997）等。（张智华）

姜帝圭 Kang Je-gyu（1962-11-27～　）韩国电影导演。生于庆尚南道昌原市。高中毕业后，就读于韩国中央大学戏剧电影系。大学毕业后，做过助理导演，并开始撰写剧本，先后创作了《谁看见了龙爪》《游戏规则》《玫瑰的日子》等5部电影剧本，其中《谁看见了龙爪》获第27届韩国百想艺术大赏电影类最佳编剧奖。1998年拍摄了其处女作《银杏树床》（又译《隔世琴缘》），获第34届韩国电影大钟奖最佳新人导演奖和第17届韩国电影青龙奖最佳新人导演奖。1999年执导了动作片《生死谍变》，获第20届韩国电影青龙奖最佳导演奖等，第36届韩国电影大钟奖最佳男演员奖等。2004年拍摄了战争题材电影《太极旗飘扬》，获第40届韩国百想艺术大赏电影类最佳电影奖等，第25届韩国电影青龙奖最佳男演员奖等。其他主要作品有《登陆之日》《长寿商会》《恋慕》《斗破苍穹》等。姜帝圭积极吸收好莱坞电影的优秀创作手法，通过好莱坞的叙事模式讲述韩国本土的故事，不仅对本国的历史进行了反思，同时也关照当下社会问题，极具现实主义色彩。（孙承健）

姜文 Jiang Wen（1963-01-05～　）中国影视演员、导演。原名姜小军。生于河北唐山。1984年，毕业于中央戏剧学院表演系。后任中国青年艺术剧院演员。1986年初涉银幕，在《末代皇后》中饰演溥仪，把人物既是皇帝又是奴才、既尊又卑的复杂性格和谐地融为一体，受到好评。1987年，在《芙蓉镇》中扮演秦书田，把一个身处逆境却不失乐观、幽默、机智的知识分子塑造得栩栩如生，获第10届中国大众电影百花奖最佳男演员奖。1987年，在《红高粱》中塑造的“我爷爷”一角亦获成功。他的表演具有内在的幽默感，分寸掌握准确，同时注意声音造型。1988年，出演《春桃》，细腻地刻画出人物在情感旋涡中的复杂心态，获第12届中国大众电影百花奖最佳男演员奖。1990年，出演《本命年》，塑造了一个不甘毁灭但最终被毁灭的失足青年形象。

1994年，把王朔的小说《动物凶猛》改编为电影《阳光灿烂的日子》，讲述一群少年在“文化大革命”中的成长经历，充满后现代意蕴。2000年，自导自演根据尤凤伟小说《生存》改编的电影《鬼子来了》，着重剖析了中国人的愚昧和愚善，是一部黑色幽默电影，获第53届法国戛纳国际电影节评委会大奖。2007年，执导电影《太阳照常升起》，影片分别以疯、恋、枪、梦为主题，讲述了四段时空交错的故事，风格前卫魔幻。2010年，自导自演电影《让子弹飞》，讲述在北洋军阀时期，劫匪张麻子摇身一变化身为鹅城县长马邦德，并与镇守鹅城的恶霸黄四郎展开斗争的故事，获第48届台湾电影金马奖最佳改编剧本奖、第11届华语电影传媒大奖最佳导演奖等。2014年，自导自演电影《一步之遥》，故事内容根据中华民国时期的阎瑞生案改编，获第65届德国柏林国际电影节金熊奖提名。2018年，自导自演电影《邪不压正》，获第55届台湾电影金马奖最佳动作设计奖。

作为演员，他为观众塑造了许多脍炙人口的角色；作为导演，虽然他的作品有很多争议，褒贬不一，但他特立独行的创作风格，获得许多观众和专业人士的赞赏。他主演的影片还有《李莲英》（1991）、《有话好好说》（1997）、《寻枪》（2002）、《天地英雄》（2003）、《绿茶》（2003）、《一个陌生女人的来信》（2005）等，主演的电视剧有《北京人在纽约》（1994）等。2014年，获第17届上海国际电影节华语电影杰出贡献奖。2018年，担任第21届上海国际电影节金爵奖评委会主席。

（庆　文　撰　李　清　修订）

蒋雯丽 Jiang Wenli（1969-06-20～ ） 中国影视演员。生于安徽蚌埠。1993年毕业于北京电影学院表演系。1989年参演首部电视剧《悬崖百合》。1999年，主演电视剧《牵手》，凭借夏晓雪一角，获第19届中国电视剧飞天奖最佳女演员奖。同年，主演电影《女帅男兵》，获第6届中国电影华表奖优秀女演员奖。2003年凭借《台湾往事》，获第10届中国电影华表奖优秀女演员奖。2007年，主演**顾长卫**执导的电影《立春》，获第27届中国电影金鸡奖最佳女主角奖。同年，主演电视剧《**金婚**》，饰演文丽一角，获第14届上海电视节**白玉兰奖**最佳女演员奖。2011年，主演电视剧《幸福来敲门》，饰演江路，凭借该角色获第28届中国电视剧飞天奖优秀女演员奖。蒋雯丽主演的电视剧还有《跑马溜溜的山上》《大地之子》《日落紫禁城》《黑冰》《**大宅门**》《刮痧》《三个人的冬天》《中国式离婚》《深呼吸》《玉卿嫂》《娘要嫁人》《女人帮》《爱情最美丽》，出演的电影有《最爱》。除了做演员之外，蒋雯丽还尝试做导演。2010年，以导演、

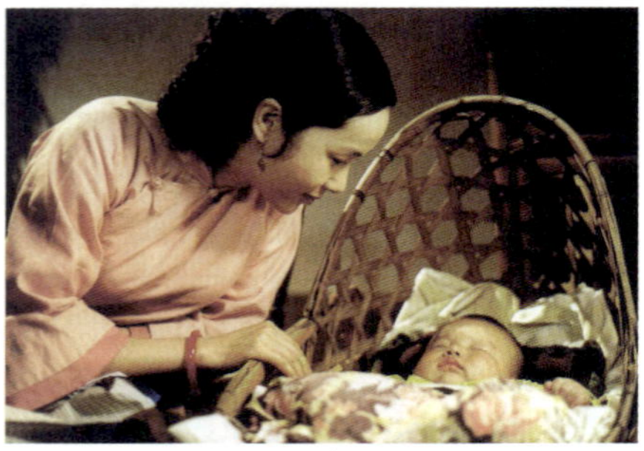

《台湾往事》剧照

编剧的身份推出导演处女作电影《我们天上见》。 （陈友军）

降格摄影 shooting at lower-than-normal frame rates 拍摄速率低于24格/秒的摄影，是变速摄影的一种。俗称快动作。降格摄影是取得特殊银幕效果的一种电影摄影方法。根据银幕艺术效果的要求，摄影速率可降至20格/秒、16格/秒以至8格/秒或更少。以此摄取的画面，以正常的24格/秒速率的放映机放映，可获得比实际运动过程快或超快的效果。使用这种方法拍摄的镜头，在银幕上通常称为快动作镜头或快镜头。这类镜头常用来压缩运动体的时间历程、加快动作频率、强化节奏，可以使银幕上的车辆与行人快速移动，呈现人物与物体异乎常态的快速动作，从而形成紧张的气氛或造成喜剧的效果。 （陈 青）

《焦点访谈》 *Focus Interview* 中国新闻评论类电视节目。由中央电视台新闻评论部于1994年4月1日创办。每天在中央电视台综合频道首播（2003年7月起中央电视台新闻频道并机播出）。以深度报道和舆论监督为主要特色，节目定位是：时事追踪报道，新闻背景分析，社会热点透视，大众话题评说。节目采用演播室主持和现场采访相结合的结构方式，述与评相结合。该节目选题贴近民生，讲述老百姓自己的故事。面对诸多社会问题，从解决问题、促进社会进步的原则直面问题的真相。“硬焦点、软着陆”是《焦点访谈》一贯坚持的策略，出发点是积极的、善意的，争取通过批判性的报道产生正面的社会效果。该节目培养了方宏进、敬一丹、水均益、方静、翟树杰、张泉灵、张羽等广受观众认可的记者和主持人。该节目两次被评为“中央主要新闻单位十大名栏目”。1999年和2001年获首届和第2届中国新闻名栏目奖。多次获中央电视台优秀栏目一等奖。2010年8月28日，在第17届中国新闻奖评选中获中国新闻名专栏奖。 （王利丽）

《较量》 *The Contest between China and the US* 中国彩色纪录片。八一电影制片厂1995年出品。导演，王金铎；摄影，李萍、王珠珠；解说，饶立群、彭和。

影片记录了中华人民共和国成立之初，百废待兴，美国带领联合国军侵入朝鲜，中国边境受到威胁。在朝鲜的请求和国防的考虑下，中国人民组成志愿军开赴朝鲜，抗美援朝。志愿军与朝鲜人民军一起战斗，首战告捷。影片全面反映了抗美援朝战争中各主要战役的过程，既有当事双方统帅及高级将领进行战役指挥过程的描述，又有一线部队在战场上的激烈厮杀，以及双方在谈判桌上唇枪舌剑、互不相让的较量过程。

影片为中国第一部全面叙述抗美援朝战争全过程的历史文献作品，是一部记录、见证中国人民志愿军为保家卫国在朝鲜战场浴血奋战的详尽战史。影片中有大量客观真实的记录和丰富翔实的史料，其中包括大量鲜为人知的战场纪实影像，如中国赴朝战地摄影队拍摄的大量镜头，以及来自美国友人沃林·赛斯勒提供的部分影视资料等。影片客观真实地介绍了敌我双方在军事装备、后勤供应、资本支持等方面的差距，着力表现了志愿军战士英勇奋战、不怕流血牺牲的大无畏精神，以令人信服的观点、论据，阐明了正义之战必胜、人民战争必胜的规律。 （刘乃康）

《教父》系列 *The Godfather* series 美国彩色故事片。**派拉蒙影业公司**1972年、1974年、1990年出品。共三部。根据M.普佐的同名小说改编。编剧，普佐、**F.F.科波拉**；导演，F.F.科波拉；摄影，G.威利斯；主演，A.帕西诺、M.**白兰度**、J.卡恩、S.科波拉、R.**德尼罗**、J.凯泽尔、A.加西亚。

故事讲述唐·维多·柯里昂从西西里来到纽约，通过劫富济贫而名声大振，成为教父。柯里昂因反对毒品交易而遭到刺杀，虽然没死，但身体状况一落千丈。柯里昂的大儿子桑尼被刺身亡，二儿子弗雷多生性懦弱，退伍归来的小儿子迈克刺杀了杀父仇人并继承父业，成为新的教父。为了巩固权力，迈克不断进行帮派清洗。迈克扩大家族生意的势力范围，到了晚年，开始结交参议员、教皇，成立基金会，关注慈善，致力于家族事业合法化。迈克由于身体不支，准备退出江湖，让位于哥哥桑尼的遗子文森。但由于得罪了众多家族，仇家派人来行刺迈克，不料误杀了迈克的女儿玛丽。最终，迈克在忧郁和伤感中度过最后的人生时光。

影片关注人物的心理刻画，冷静地讲述一个真实的教父对家庭、子女的百般呵护，对弱者的帮助、同情和对敌手的无情。作为黑帮犯罪题材作品，影片以柯里昂家族的成长史为线索，反映了20世纪意大利裔黑手党在美国的兴衰。影片既是黑帮生活的真实再现，也是20世纪美国价值取向的体现。影片中，政府与黑帮势力勾结，宗教人士与黑帮势力合伙犯罪，映射了当时美国的政治丑闻、经济萧条及各种社会问题。《教父》1973年获第45届美国电影奥斯卡奖最佳影片奖、最佳男主角奖、最佳改编剧本奖。《教父2》1975年获第47届美国电影奥斯卡奖最佳影片奖、

《教父》剧照

最佳男配角奖、最佳导演奖、最佳改编剧本奖、最佳艺术指导奖、剧情类最佳配乐奖。《教父3》1991年获第63届美国电影奥斯卡奖最佳影片奖提名、最佳导演奖提名、最佳摄影奖提名等7项提名，第48届美国电影金球奖最佳影片奖提名、最佳导演奖提名、最佳男主角奖提名等7项提名。（黄 鹏）

杰克逊，G. Glenda Jackson（1936-05-09～ ）英国电影、戏剧演员。生于伯肯黑德。曾就读于英国皇家戏剧艺术学院。16岁离校加入业余剧团，除演戏外，还从事过服务员等多种职业。1964年，在伦敦、纽约演出舞台剧《迫害和谋杀让·保罗·马拉》，获得成功。1967年，首次出演根据舞台剧改编的同名影片。1969年，出演《恋爱中的女人》，获第43届美国电影奥斯卡奖最佳女演员奖和第36届美国纽约影评人协会奖最佳女演员奖。1971年，主演《血腥星期天》，获第25届英国电影学院奖最佳女演员奖。1973年，出演《接触社会》，获第46届美国电影奥斯卡奖最佳女演员奖和第31届美国电影金球奖音乐喜剧类最佳女主角奖。1979年，出演《女诗人斯蒂威》，获第47届美国纽约影评人协会奖最佳女演员奖。20世纪90年代开始从政，是英国的资深议员。此后出演的影片有《士兵的归来》（1982）、《风中之王》（1990）等。曾长期参与舞台剧表演。2018年，获第72届托尼奖话剧类最佳女主角奖。（邢祖文）

《恋爱中的女人》剧照

结构主义电影理论 structuralism film theory 西方结构主义思潮影响下兴起的各种电影理论学说的泛称。20世纪初以来，现代语言学研究发生了重大转变，从研究语言本身和语言的来源转变为研究“普遍的法则”和“语言能力”，F.de索绪尔的结构主义语言学影响至各人文学科，成为研究社会、经济、政治与文化的方法论模式。20世纪50～60年代，法国文化人类学家C.列维－斯特劳斯为研究原始社会形态及文化创立了一种从语言学的基础出发来考察人类及社会形态的方法，依据语言学的结构模式对人类象征系统进行科学化的认知，标志结构主义思潮的兴起。20世纪60年代中后期，R.巴尔特、M.福柯、L.P.阿尔都塞、J.德里达、J.拉康纷纷借助结构主义模式，完成了相关学科的研究。

在电影领域，结构主义思潮一方面启发了受语言学影响的符号学的创立，即C.麦茨的结构主义符号学电影理论；另一方面启发了为数众多的文本分析，深刻影响了电影理论的研究趋向。**电影符号学**产生后，学界涌现出众多与结构主义或符号学相关的电影理论，这些理论以麦茨的研究为基础在不同层面上进行拓展研究。20世纪70年代前后开始，电影符号学遭遇源自“电影语言与自然语言之间差异”的种种质疑和发展瓶颈，结构主义电影理论转向了叙事学电影理论和后结构主义电影理论，后结构主义电影理论从结构主义内部消解了结构中心，以意识形态、精神分析及修辞为对象，继续在语言学方法和深层关系等领域探索，包括**精神分析学电影理论**、**女性主义电影批评理论**、**意识形态电影批评理论**、麦茨的第二符号学和电影修辞理论等。（林 琳）

捷克电影 Czech cinema 1993年1月1日，捷克成为独立的主权国家。随着政治形势的变化，捷克电影出现了因改制和私有化带来的产权混乱、经营不善等状况，位于捷克布拉格的巴兰道夫电影制片厂遭遇困境。J.斯维拉克、J.霍布雷克、S.戈蒂昂、P.泽伦卡、D.昂德利克等年轻一代的导演就在这种变动的局面中成长起来。斯维拉克执导的《青青校树》（1991）获第64届美国电影奥斯卡奖最佳外语片奖提名，《柯里亚》（1996）获第69届美国电影奥斯卡奖最佳外语片奖。霍布雷克执导的《甜蜜的永远》（1999）通过片中少年的视角，讲述了1967年两个布拉格家庭间发生的充满温情而令人惆怅的故事，《分道不扬镳》（2000）讲述的是生活在小镇上的一对夫妇不顾纳粹分子的威胁，保护并救助从集中营逃回的邻居的故事。V.米切尔执导的《秋天里的春光》（2001）讲述了一位年届垂暮的剧场工作者不甘于衰老和庸碌的家庭生活，偕同以前的同事到处假扮他人、妙趣横生的经历。T.沃瑞执导的《布拉格狂想曲》（2005）全片无对白，依靠场面调度和演员风格化的表演展现出布拉格一家人独特的生活面貌与活力。老一辈导演J.门泽尔执导的《我曾侍候过英国国王》（2006）改编自捷克作家B.赫拉巴尔的小说，在第57届德国柏林国际电影节上获费比西奖。J.斯凡克梅耶是捷克著名的动画电影导演和编剧，他的作品《浮士德》（1994）、《极乐同盟》（1996）、《贪吃树》（2000）、《疗养院》（2005）、《幸存的生命（理论与实践）》（2010）等，采用真人和黏土、陶瓷人偶等相结合的方式，从潜意识层面探索现实中存在的怪诞与疯狂，在世界范围内产生了深远的影响。

从2010年开始，捷克电影委员会通过运营电影基金来提振产业和文化氛围，以确保捷克作为欧洲最活跃的电影制作中心之一的地位。由于其深厚的电影文化传统以及特殊的地理位置，《间谍游戏》（2001）、《谍影重重》（2002）、《天降奇兵》（2003）、《地狱男爵》（2004）、《007：大战皇家赌场》（2006）、《纳尼亚传奇：凯斯宾王子》（2008）、《蜘蛛侠：英雄远征》（2019）等大制作合拍片都选择在捷克取景拍摄，或是有捷克电影人参与制作。

捷克比较重要的电影节和电影奖项有创办于1946年的**卡罗维发利国际电影节**，创办于1968年的皮尔森电影节以及1994年首次颁发的捷克电影电视雄狮奖，创办于2002年的国际动画电影节。（刘 斐）

捷克斯洛伐克电影 Czechoslovakian cinema 1896年，卢米埃尔兄弟和T.A.爱迪生的电影先后在布拉格等地放映。1898年，捷克建筑师和照相师J.克尔日涅斯基拍摄了纪录片和喜剧短片（由喜剧演员J.什瓦尔－马洛斯特兰斯基主演）。1911年，建立了第一个影片公司，1912年又建立了幻像公司和阿苏姆公司，这些公司基本拍纪录片和新闻片，也拍少量故事片。1913年，幻像公司导演E.维兹涅尔根据话剧《混浊的血》进行了改编拍摄。同年，阿苏姆公司导演M.乌尔班拍摄了《埃斯特列拉》等故事片。

第一次世界大战期间，捷克的电影拍摄陷于停顿。1916年，由A.冯茨导演的喜剧片《金心》是这一期间唯一比较好的影片。1918年，捷克斯洛伐克共和国建立以后，国内又成立了几家专门拍摄故事片的公司，但在外国公司的竞争下，不久陆续倒闭。

20世纪20年代，捷克斯洛伐克电影受到美国好莱坞影片的影响，拍摄了一些动作片和仿西部片，如《奇米涅卡的项链》(1920，导演V.比诺维奇)、《失去魅力的后宫》(1922，导演K.安顿)、《山之子》(1925，导演V.斯拉文斯基)。也有些电影工作者试图表现人民生活、民族文化以及民族发展史的作品，如《捷克天空》(1918，导演J.A.帕洛乌什)、《庙宇的建设》(1919，导演K.捷格尔)等。1922年，导演J.西阿凯里、F.戈尔里维拍摄了斯洛伐克第一部故事片《小雅诺什》。此外，从20年代开始，许多影片改编了古典文学作品，其中最有名的是导演J.克拉尔根据K.斯维克拉维的作品拍摄的《洪流中的十字架》(1921)。

1931年，建立了巴兰道夫电影制片厂，这是当时欧洲最大的电影制片基地之一。1932年，捷克斯洛伐克政府为保护民族电影事业颁布了"大陆政策"，规定电影公司每购买和放映5部外国片必须放映1部本国片。20世纪30年代，捷克斯洛伐克电影中比较著名的有《神魂颠倒》(1932，导演G.马哈特)、《河流》(1933，导演J.罗文斯基)、《炎热的夏天》(1939，导演F.查普和V.克尔什卡)。同时，有一批被称为"小现实主义"的影片，也受到欢迎。这些影片主要揭示"小人物"的心理活动。20年代末捷克斯洛伐克年产故事片近30部，至第二次世界大战前已增至41部。

随着声音在电影中的出现，捷克斯洛伐克电影中逐渐形成了一个社会批判学派。有些影片揭示了资本主义制度下的经济危机和道德沦丧，如V.库巴谢克导演的《黎明》(1934)、M.弗里奇导演的《水上的人们》(1937)、M.齐干导演的《营队》(1937)、O.瓦夫拉导演的《哲学故事》(1937)和《柔情蜜意》(1937)等。而弗里奇于1937年导演的讽刺喜剧《世界属于我们》及H.哈斯于1937年根据话剧改编的《白色病》，都是反对希特勒德国对捷克斯洛伐克主权威胁的影片。在法西斯占领时期，捷克斯洛伐克电影处于低潮，1942年只生产了10部故事片。这一时期的电影创作，除少数改编作品和喜剧片外，均不受欢迎。

1945年，捷克斯洛伐克获得解放，特别是1948年2月建立人民民主制度以后，电影事业进入了一个新的发展时期。银幕上出现了新时代的人民形象，个人和社会、劳动和人是当时许多影片的主题，如《没有翅膀的人》(1946，导演F.察普等)。革命历史题材创作受到重视，如《久经锻炼的人》(1950，导演弗里奇)、《新战士站起来》(1950，导演J.瓦伊斯)、《无产者安娜》(1952，导演K.斯切克雷)等。第二次世界大战的经历也成为这一时期的主题之一，如《偷取的国境线》(1947，导演瓦伊斯)、《沉默的壁垒》(1949，导演瓦夫拉等)。此外，历史片、喜剧片、民间文学改编作品也受到很大重视。

50年代末至60年代初，许多电影创作人员开始深入探讨道德和精神世界的问题，他们的作品力图揭示现代人的性格。在艺术手法上，电影工作者继承民族文化传统，追求电影样式、风格的多样化。如《逃离阴影》(1958，导演J.谢克文斯)、《白鸽》(1960，导演F.弗拉奇)、《六月的日子》(1961，导演A.卡赫列克)等，都是有特色的作品。60年代初，毕业于布拉格电影学院的一批青年导演开始登上舞台，掀起了一场新浪潮电影运动(见**捷克斯洛伐克新浪潮电影**)。60年代中期以后，有些电影工作者受美国电影的影响，创作上模仿黑色影片，表现出一种消极、阴暗的情绪。

70年代以后，捷克斯洛伐克在电影题材上，除了表现工农生产战线上的典型人物，如《正常的男人》(1972，导演J.列茹哈)、《妇女的道路》(1974，导演D.科代)、《鹳鸟筑巢的地方》(1975，导演斯切克雷)等，许多影片还探讨了家庭问题、青年问题，如《我哥哥有一个好兄弟》(1975，导演S.斯特那达)、《飞鸟的阴影》(1977，导演J.巴里克)。此外，儿童片、喜剧片、革命历史片和改编作品也有不少成功之作。同时，一些电影工作者更加尖锐地揭露社会上的黑暗和不公正现象，如《明天我们将行动起来》(1976，导演P.叔尔哥夫)等。

80年代，捷克斯洛伐克电影取得了更大的成就。许多影片转而深入研究人的个性的形成，研究人的成长和时代发展的关系。J.伊列什帕拍摄的《偏蚀》(1982)、J.索乌库帕拍摄的《袋中风》(1983)、O.科谢克拍摄的《鲁卡什》(1983)都是这方面的成功之作。同时，对历史的分析仍然是电影工作者注意的内容。斯洛伐克导演Z.扎贡根据巴列克的同名长篇小说改编的影片《助手》(1982)，再现了1945～1946年捷克斯洛伐克的社会变革，同时还分析了人的心理与外界的相互影响。青年问题也是80年代捷克斯洛伐克电影探讨的内容，V.德尔加拍摄的《今天来了一个新青年》(1981)、K.卡赫尼亚拍摄的《凡地，啊，凡地！》(1983)等，都从不同角度对当时捷克斯洛伐克青年的成长及存在的问题进行了分析。

捷克斯洛伐克的美术电影在世界美术电影中占有突出的地位。早在20世纪30年代，K.多达勒、G.特尔洛娃等人就制作出第一批动画片。1945年以后建立了美术电影制片厂。从那时起，捷克斯洛伐克已经形成独具风格的美术电影学派，其中最杰出的是J.特伦卡。特伦卡的影片《捷克年》(1947)、《白雅王子》(1950)、《**好兵帅克**》(1955)、《古老的捷克童话》(1963)等都是著名的作品。另一位著名的美术电影导演是K.捷曼，40年来他拍摄了大量作品，其中有12部获得国际电影节最高奖。捷曼的影片《毁灭性的发明》(1958)、《一千零一夜》(1981)等受到世界各地电影观众的欢迎。

捷克斯洛伐克的纪录电影也很发达。20世纪40年代的《飞翔之歌》《斯洛伐克上空之虹》，50～60年代的《夜间城市》《水与劳动》《女教师》，70～80年代的《后代和祖先》《捷克的巴洛克》《火之花》等，从各个不同方面反映了捷克斯洛伐克社会生活的发展。

捷克斯洛伐克共有6家电影制片厂：巴兰道夫电影制片厂、布拉格短片电影制片厂、哥特瓦尔德儿童电影制片厂和布拉迪斯拉发电影制片厂以及新闻电影制片厂、捷军电影制片厂，年产故事片40～50部，纪录片、美术片及科教片上百部。捷克斯洛伐克艺术科学院影视所培养电影创作人员，还出版有《电影艺术》《今日电影》等数种电影刊物。自1950年起在卡罗维发利举办卡罗维发利国际电影节(1946～1949年在玛丽亚温泉市举行)，每两年一次，是较有影响的国际电影节。

1989年，东欧剧变。1993年1月，捷克斯洛伐克解体为捷克和斯洛伐克成为两个主权国家。在新的社会环境下，两国电影朝风格多元化、制作国际化的方向发展，同时也面临着商业和艺术的双重挑战。

(李小蒸)

捷克斯洛伐克新浪潮电影 new wave of Czechoslovakia cinema 20世纪60年代捷克斯洛伐克出现的电影创作流派。20世纪50年代末，捷克斯洛伐克的政治氛围相对宽松，文化艺术氛围活跃。V.雅斯尼导演的《九月的夜晚》(1957)和《渴望》(1958)，摆脱了苏联倡导的社会主义现实主义的创作思路的束缚，前者大胆地批判现实，后者则重倡捷克斯洛伐克电影固有的抒情风格，为捷克斯洛伐克新浪潮电影登上历史舞台奠定了基础。60年代初，毕业于布拉格电影学院的青年导演开始登台亮相。V.齐蒂洛娃拍摄了两部短片《屋顶》(1961)和《一袋跳蚤》(1962)，她使用纪录片的叙事方式，显示了真实电影的创作倾向。1962年，被誉为捷克斯洛伐克新浪潮电影的“施洗者约翰”的S.乌赫尔，以《网中的太阳》拉开了新浪潮的大幕。《网中的太阳》以新颖的视听语言表现年轻人在感情、身份、生活选择上的迷惘与彷徨，以隐喻的方式呈现了充满未知与不确定性的现实生活。

此后，捷克斯洛伐克的新锐导演进行了广泛的艺术探索，在创新电影语言的同时表达了对现实的独特认知和发现，形成了鲜明的艺术风格特征。1963年，齐蒂洛娃、J.门泽尔、J.伊雷什、E.绍姆、J.涅麦茨联手改编作家B.赫拉巴尔的小说，拍摄了集锦片《底层的珍珠》，用不同的方式表达年轻一代导演的艺术追求与风格，荒诞、讽刺、幽默的叙事手法与纪录片式的写实风格、实验的影像表达融合在一起。在几年时间里，不断推出重要作品，引起世界影坛的关注和肯定。1964年，雅斯尼导演的《卡桑德拉猫》，以新颖的手法讲述了一个社会批判寓言，在法国戛纳国际电影节上获评委会特别奖。随后，J.卡达尔和E.科洛斯联合导演的《大街上的商店》(1965)以及门泽尔导演的《严密监视的列车》(1966)，以独特的叙事视角和创新的风格讲述了第二次世界大战题材的故事，两部影片接连获美国电影奥斯卡奖最佳外语片奖，将捷克斯洛伐克新浪潮电影推向高潮。

捷克斯洛伐克新浪潮电影导演摆脱了战后电影创作中的矫饰习气，以诙谐、清新、朴实的电影风格表现人民的生活和精神状态，以隐喻的方式反思国家的政治生活，以创新的电影语言表达先锋和探索意识。总体来看，捷克斯洛伐克新浪潮电影一方面延续了法国新浪潮电影开辟的写实方向，有不少作品采用纪实手法，追求真实的再现。同时，也致力于形式的探索，在视听语言方面尝试了很多新颖的表现手法。更重要的是，为了表达他们的政治、社会关切，新浪潮影片在叙事上大胆创新，通过寓言式的故事、政治科幻、超现实的想象表达对社会和政治生活的反思，出现了很多表现手法复杂的作品，如《卡桑德拉猫》(1964)、《宴会与客人》(1966)、《没有男人的八月末》(1967)、《为年轻剑子手的辩护》(1970)等，也给当时的电影审查带来很大挑战。

1968年的“布拉格之春”之后，电影创作的宽松氛围受到极大影响，除J.涅尔斯之外，大多数新浪潮导演面临困境，齐蒂洛娃、绍姆、门泽尔等被禁止拍片，M.福尔曼、涅麦茨等导演离开捷克斯洛伐克，前往西方国家继续工作。作为一场电影运动的捷克斯洛伐克新浪潮电影在此后偃旗息鼓。（秦喜清）

借地位 borrow position　影视表演中的一种拍摄技巧。在影视剧的拍摄过程中，出于画面构图或景别设计等需要，在不影响演员自己和其他演员所扮演的角色，以及不影响空间或场景中原有存在物之间关系的前提下，有时候会要求演员离开所扮演角色本应该在的实际活动的位置，而在另一个或偏离或远离的位置进行表演，使画面看起来更真实、画面构图更完美。此种方法常见于特写、近景等景别的拍摄中。（员晓明）

借视线 by line of sight　影视拍摄中的一种表演技巧。在影视剧的实际拍摄中，出于某种画面构图方面的需要，可能会要求演员的视线并非集中在真实的搭档或导演所要求的关注点上，而是借助一个新的视点进行表演。这个“视点”可能是某一个位置、某一个工作人员、某一件物品或一个想象中的虚拟视点。演员要将这个新的视点作为自己进行真实交流的对手，在信念感的支撑下进行真实的、自然的表演。即表演中的借视线。（员晓明）

《金刀情侠》 *Gold Dagger Romance*　中国电视剧。香港佳艺电视有限公司（CTV）1978年出品。共9集。改编自古龙武侠小说《小李飞刀》的第二部《九月鹰飞》。编剧，谭嫜；导演，徐克；主演，游天龙、郑裕玲、魏秋桦、余安安。

故事讲述长相犹如天仙心智却酷似白痴的上官小仙，因继承其父价值连城的财宝和武功秘籍，而成为江湖人争夺的猎物，小李飞刀李寻欢的传人叶开受人之托保护上官小仙。上官小仙的父亲、金钱帮帮主上官金虹恰是比武死在李寻欢之手。上官小仙为了重振金钱帮、称霸江湖，施展诡计，欲借叶开的飞刀消灭敌人并替父报仇。当这个智商只有七岁的美人在叶开的保护下来到古都长安时，武林血战随之拉开帷幕，86位武林高手相继离奇被杀，叶开遂布局引出内奸，却万万没想到，杀手居然就是心如蛇蝎的上官小仙。在所有阴谋败露之下，上官小仙与叶开决一死战，就如当年兵器谱上排行第二的上官金虹与第三的李寻欢一比高下，结果也如出一辙，最终正义战胜了邪恶。叶开不是赢在他出众的武艺和机智的应变能力，而是他那颗仁慈的心与正直的品格。

该剧在遵循古龙原著的前提下进行二度创造，以“情”为中心，维系着整部剧集，刀下留情、刀下留人的多情结局耐人回味。该剧是导演徐克的实验性作品，他把电影的悬疑、恐怖、奇情等元素，与中国武侠类型片进行融合，效果奇特可观，受到业界的赞叹。该剧使用16毫米电影胶片以电影手法拍摄，是香港“菲林剧”的代表，其部分外景在韩国拍摄，人物造型、美术、演员调度、摄影构图、灯光运用、蒙太奇剪辑、特技等都十分讲究，相对以往电视剧具有较大突破。（李　杨）

《金猴降妖》 *Golden Monkey Subdued the Evil*　中国彩色动画片。上海美术电影制片厂1985年出品。根据《西游记》中“三打白骨精”的故事改编。编剧，特伟、包蕾；导演，特伟、严定宪、林文肖；动画设计，常光希等。

故事讲述唐僧、孙悟空等师徒四人和白龙马西天取经途中，来到一座荒山。这里的妖怪白骨精乘孙悟空出去找食物，幻变成一个妖娆的寡妇，迷惑了猪八戒和唐僧，被踩着筋斗云回来的孙悟空一个金箍棒打死。白骨精过一阵子又变成找寻娘亲的孩子，孙悟空不顾唐僧等阻挠，三下五除二将他打杀。唐僧开始念紧箍咒约束孙悟空，然而没多久白骨精又幻变成一个垂垂老者，口口声声要找儿媳妇和孙子。在唐僧不停歇地念紧箍咒声中，疼得满地打滚的孙悟空还是忍着痛苦将白骨精打下山崖。唐僧坚决不留这个屡下杀手的徒弟，孙悟空只好含泪拜别师傅和师弟们，回到了花果山。他一离去，唐僧等很快被白骨精擒住，只有八戒杀出去，连滚带爬地去花果山求援。白骨精准备烹煮唐僧，邀请自己的妖娘来共享。白骨精在妖娘跟前表演了自己幻变迷惑唐僧的过程，唐僧懊悔不已。这时，妖娘忽然就变成了孙悟空，孙悟空一举将白骨精等大小妖怪消灭。师徒四人牵着白龙马又踏上了取经的征程。

影片主要人物造型基本沿用了20世纪60年代动画片《大闹天宫》中观众熟悉的设计，从故事情节来说，和原著没有太大的改变，但在细节上则更丰富，更富有人性化和神奇色彩。影片中无论从造型还是场景上，都有一种幽暗的气质，让观众眼前一亮。如白骨精在妖洞中修炼幻化，映照出的幻象、倒影，再配以阴柔的音乐，给观众新的视听冲击力，是过去动画片少见的妙笔。再如孙悟空拜别唐僧回花果山那段情节，唐僧转身不肯受拜，而孙悟空出现四个变身，从四个方向对着唐僧跪拜，唐僧只好转回身体，接受孙悟空正身的拜别，观众无不被孙悟空的真挚情感而打动，同时也充分显示出动画片的艺术优势。影片的音乐设计也十分出色，采用了电子琴演奏，颇具新鲜效果。影片1986年获中国广播电影电视部优秀影片奖、第6届中国电影金鸡奖最佳美术片奖，1987年获法国布尔波拉斯文化俱乐部青年动画电影节长片奖和大众奖，1989年获第6届美国芝加哥国际儿童电影节动画故事片一等奖。（李　清）

《金婚》 *Golden Wedding* 中国电视连续剧。北京电视艺术中心、北京世纪星润影视投资咨询有限公司2007年联合出品。共50集。编剧，王宛平；导演，郑晓龙；主演，**张国立**、**蒋雯丽**、林永健、李菁菁、沈傲君等。

该剧讲述小学老师文丽同机械厂技术员佟志50年的婚姻生活。文丽和佟志刚结婚的时候，二人围绕着家长里短整日争吵不休。中年时期，文丽和佟志对彼此早已疲惫，二人的沟通越发冷淡，情感关系近乎破裂。老年时期，文丽身患癌症，孩子大宝车祸身亡。家庭屡遭大难反而使得家里每一个人认清了互敬互爱的意义，文丽和佟志50年来的相濡以沫在金婚纪念日画上了浓重一笔。

该剧以编年体的形式、史诗般的笔触和平民化的视角向观众还原了真实的婚姻生活，同时也折射出中国50年的社会变迁。每年一集的内容看似细碎平淡，却涵盖了婚姻生活里的各种矛盾冲突。佟志和文丽争吵了50年，争吵的原因有捉襟见肘的家庭生活，有相处不来的婆媳关系，有丈夫事业和家庭的矛盾，有精神上的出轨，有对儿女的付出。该剧以其温情而又质朴的语调，给观众上了一堂线索清晰、内容流畅的婚姻课。该剧2008年获第14届上海国际电视节白玉兰奖最佳电视连续剧银奖、最佳导演奖、最佳男演员奖、最佳女演员奖，第24届中国电视金鹰奖优秀长篇电视剧奖、最佳表演艺术女演员奖、最具人气女演员奖、观众喜爱的电视剧女演员奖；2009年获第27届中国电视剧飞天奖长篇电视剧一等奖、优秀导演奖、优秀男演员奖，第11届中共中央宣传部精神文明建设“五个一工程”奖。（王乙涵）

金鸡奖 Golden Rooster Awards 中国电影奖项。**中国电影家协会**于1981年创办，因该年是中国农历辛酉鸡年，故取名金鸡奖，象征着金鸡啼晓，意在激励电影工作者闻鸡起舞，为发展中国社会主义电影而奋发努力。其宗旨是表彰做出成绩的电影工作者，促进电影创作的繁荣。参加评奖的影片以上一生产年度摄制的为限，参加评奖的创作人员也以上一生产年度有作品的为限。金鸡奖的评选范围具有区域性，2005年前，提名的影片和电影工作者必须为中国内地籍，2005年后将港澳籍电影工作者纳入评选范围，但参与提名的影片制片方必须有中国内地参与。评奖项目包括最佳故事片奖、最佳戏曲片奖、最佳纪录片奖、最佳科教片奖、最佳美术片奖、最佳外国译制片奖、最佳男女主角奖、最佳男女配角奖、最佳编剧奖（含改编）、最佳导演处女作奖、最佳儿童片奖和最佳合拍片奖等。必要时可增加其他奖项。评委会由中国电影家协会聘请著名电影艺术家、评论家、技术家约25人组成。参评影片由各制片单位推荐，评选委员会决定候选名单，再由全体委员以无记名投票方式决定获奖名单。原在每年5～6月颁奖，1992年后，改在金鸡百花电影节现场揭晓

金鸡奖奖杯

并颁奖。自2005年起，金鸡奖与**百花奖**隔年评选一次，金鸡奖逢单数年评选。（李文斌）

金陵大学电化教育专修科 Audio Visual Education Special Course of Jinling University 中国电影教育机构。简称金大影专。成立于1938年。金陵大学（南京大学的前身之一）理学院与重庆国民政府教育部电影教育和播音教育委员会合作，在成都开办电化教育专修科，设电影教育和播音教育两组，学制两年，孙明经任主任。**吕锦瑷**、贾伟廉、杨建侯、**魏学仁**、裘家奎、潘澄侯、戴安邦、吴汝麟、陈纳逊、范谦衷等曾任教于此。学制最初采用学年制，课程设置多偏于基础技术。两组的公共必修基本课程有国文、英语、数学、物理、光学、电磁学等，技术课程有无线电学、电机工程、内燃机学、汽车学、有声电影、金工实习、电码发收、放映实习及机械修理、收音机装置及修理、影片观览等。电影组加修摄影学、剧本编审、电影摄影法等课程。1942年，编辑出版了《电影与播音》月刊，孙明经任主编。该月刊是中国最早出版的报道、讨论电影和电教事业的综合性刊物。1943年，开始实行学分制，学生可以选修金陵大学各系课程，其他各系学生也可选修电化教育专修科的课程，并参加实践。

金大影专负责全校各系的电化教育服务工作，包括放映电影、出租幻灯片和设备、制作教学幻灯节目等，同时还扩展到从事社会电教活动。1943年，电化教育专修科开始在成都华西坝广场组织露天电影放映，影片有自然常识、地理、历史等类型的科教片，也有反映反法西斯战争的新闻纪录片和专修科拍摄的幻灯片。放映活动每周或隔周进行，观众最多时达两万多人，一时影响颇大。1945年夏，国民党军事委员会政治部委托金陵大学代办军中电影放映人员训练班。理学院和专修科派出主讲辅导教师，培训了近百名学员。

1946年，随金陵大学迁回南京，改称电影播音专修科，又称影音专修科，仍简称金大影专。此后，课程日趋完备，必修课程有大学英语、物理、化学、数学、电工学、机械制图等，专业课程有摄影初步、电影赏析、影音教育、摄影概论、电影制作、摄影化学、摄影物理等。1950年，承担**南京电影放映训练班**的教学和辅导工作。1952年9月，并入中央文化部电影局电影学校（今**北京电影学院**）。（张　华）

金球奖 Golden Globe Award 美国电影与电视奖项。1944年由好莱坞外国记者协会创办，每年举办一届，评委主要由记者和影评人出任。包括电影类奖项和电视类奖项，电影类奖项又称美国电影金球奖，电视类奖项又称美国电视金球奖。

第1届金球奖在**20世纪福克斯电影公司**的摄影棚举行，颁奖典礼采取正式晚宴

金球奖奖杯

的形式。1956年，金球奖首次引入电视类奖项，自此金球奖横跨电视和电影两大领域，成为与美国电影**奥斯卡奖**齐名的奖项。金球奖设有最佳剧本奖、最佳导演奖、最佳外语片奖、最佳男女主角奖等奖项。2003年之前，颁奖晚宴通常在奥斯卡奖投票日前几天进行。2003年之后，晚宴改在每年1月中旬举办。提名者名单通常在圣诞节前公布。作为每年第一个颁发的美国重要影视奖项，金球奖一直被视为奥斯卡奖的风向标。（甄晓文）

金容沃 Kim Yong-ok（1948-06-14～ ）韩国影视编剧、作家。生于忠清南道。1972年，获高丽大学哲学学士学位，随后分别在台湾大学、东京大学攻读哲学专业。

1982年，获哈佛大学哲学博士学位。1990～1996年，在圆光大学韩医学专业就读。1990年，在电影《将军的儿子》中担任编剧，讲述孤儿金都汉从8岁失去母亲流浪街头，到成为一名保护当地商贩不受日本侵略者影响的人物的故事。2002年，在《醉画仙》中担任编剧，获第23届韩国电影青龙奖最佳影片奖。影片讲述韩国著名山水画家张承业的一生。在19世纪政治和社会动荡下的韩国，出身贫寒的张承业拥有绘画天赋，然而他必须在周围压抑的世界中证明自己，同时他的艺术创作不时被自己的脾气和酒精所困扰，影片刻画出了张承业怪异豪放、恣意浪荡的性格特征。

金容沃善于现实主义题材影片创作，往往在创作中隐含哲学意念，具有人道主义关怀，以生动丰富的人物形象反映现实。他担任编剧的影片还有《砂洞》（1988）、《开辟》（1991）等。（赵　远）

《金色的海螺》 *The Golden Conch* 中国彩色**剪纸片**。上海美术电影制片厂1963年出品。改编自阮章竞的同名童话长诗。编剧，包蕾；导演，**万古蟾**；摄影，王世荣。

故事讲述了从前有一个青年渔民，一次出海时打捞到一只金色的海螺。原来，这只海螺是蓝海仙女变的。她爱上了这位勤劳的青年，于是化作海螺来到人间。二人结为知心好友，一起劳动、唱歌。三年过去了，在人间的海螺姑娘被母亲海神娘娘发现。海神娘娘令她在天亮前回仙岛，否则大水将淹没人间。青年得此消息三闯仙岛，经受住了海神娘娘的考验。他的忠诚和勇敢终于感动了海神娘娘，海神娘娘同意他和海螺姑娘永远生活在一起。

影片以流传在古代民间的神话爱情故事，来反映劳动人民勤劳勇敢、坚贞不渝的高贵品格，歌颂了勇于牺牲和奉献、敢于与大自然抗争的不屈不挠精神。影片像一首动人的抒情诗，故事情节精练，细节丰富，转场巧妙且叙事流长，耐人寻味。影片采用中国民间雕镂刻剪的传统工艺，使人物造型生动细腻，人物动作吸收了传统戏曲的表演程式，并借鉴动画片、皮影、木偶戏的特长，摸索出一套剪纸影片的表现技法，使静止的剪刻形象栩栩如生地在银幕上活动起来，产生了迷人的魅力，具有浓郁的民族色彩。影片1964年获第3届亚非电影节卢蒙巴奖。（陈　野）

金山 Jin Shan（1911-08-09～1982-07-07）中国电影、戏剧演员与导演。原名赵默，字缄可。祖籍湖南怀化。生于江苏吴县，卒于北京。父亲早逝，青少年时生活颠沛流离，曾多次辍学。早年热爱戏剧艺术，并学过京剧。后在一个农场当学徒时，编导和演出了幕表剧《出征》，农场解散后到一家戏班从事绘景工作。18岁时，参加国民革命军。20世纪20年代末到上海，学习诗画，业余参加京剧演出，具有多方面的艺术兴趣。时值抗日活动风起云涌，他参加了反对帝国主义大同盟，并于1932年加入中国共产党。此后，对话剧产生浓厚兴趣，决心从事话剧活动，被调至中国左翼戏剧家联盟，参加了一系列戏剧活动的组织、创作和表演。

1935年，开始从事电影创作，在上海月明影片公司主演《昏狂》。1936年，加入新华影业公司，在《长恨歌》中饰演主要角色。同年，还在根据俄国作家N.V.果戈理名剧《钦差大臣》改编的《狂欢之夜》里饰演假钦差。1937年，在《夜半歌声》中饰演男主角宋丹萍，角色富于激情，性格独特鲜明。同年，在《貂蝉》中扮演吕布（影片因抗日战争而中断拍摄，于1938年在香港拍摄完成并上映）。抗日战争全面爆发后，任上海救亡演剧二队副队长。1939年，接受周恩来交付的任务赴南洋，在华侨中进行抗日宣传活动。不久被新加坡殖民当局传讯，1940年被驱逐出境。1941年，在香港担任旅港剧人协会的领导工作。珍珠港事件后，日军侵占香港，金山于1942年春辗转到达重庆。同年，主演了郭沫若编写的历史剧《屈原》，以借古讽今的手法揭露了国民党当局制造皖南

《夜半歌声》剧照

事变的阴谋，演出取得很大成功。其扮演的屈原充满诗意、感情充沛，人物刻画准确生动，获得广泛好评。1947年，在长春电影制片厂首次自编自导影片《**松花江上**》。影片主要反映一对青年矿工夫妇不堪日本帝国主义奴役，和民众一同起来抗争，并进行抗日武装斗争的故事。影片中的一些场景，如母亲在日寇胁迫下跳江自尽，青年夫妇一路逃亡，矿工在矿井下惨遭窒息，以及矿工们奋起抗争等，拍摄得真实感人。在导演艺术处理上，金山着力于东北自然景色的渲染和风土人情的描绘，使影片中的许多场景有如一幅幅富有地方特色的风俗画。

中华人民共和国成立后，金山集中精力从事戏剧和电影创作工作。1959年，自编自导电影《**风暴**》，并扮演了主角施洋。先后改编、导演的影片还有《黄花岭》（1956）、《十三陵水库畅想曲》（1958）等。“文化大革命”后，虽身体多病，但创作热情很高。1978年冬，排演了话剧《于无声处》。此后，在从事戏剧教育的同时，大力投入电视剧艺术的开创性工作。晚年，任中央戏剧学院院长、电视剧艺术委员会主任、中国戏剧家协会副主席、中国文联委员等。（王云缦）

金斯利，B. Ben Kingsley（1943-12-31～ ）英国影视演员。生于约克郡。父亲是侨居英国曼彻斯特的印裔内科医生，母亲是

英裔时装模特、演员。受母亲的影响，自幼就表现出对戏剧和表演的热爱，曾参加业余戏剧演出。后加入英国皇家莎士比亚剧团、皇家

宫廷剧团和国家剧院，参演了《仲夏夜之梦》《理查三世》《敌人》《哈姆雷特》《暴风雪》《沃尔普尼》等剧作。1972年，首次参演电影《急先锋》。1973年，参演《苦力》。两部影片反响平平，让他意识到戏剧与电影的差异，于是重返戏剧舞台磨炼演技。

1982年，在电影《甘地传》中饰演印度民族解放运动领袖甘地，一举成名，获第40届美国电影金球奖最佳男主角奖和最佳新人奖、第36届英国电影学院奖最佳男主角奖和最杰出新人奖、第8届美国洛杉矶影评人协会奖最佳男演员奖以及第55届美国电影奥斯卡奖最佳男主角奖等诸多奖项。1991年，出演《巴格西》，获第64届美国电影奥斯卡奖最佳男配角奖提名和第49届美国电影金球奖最佳男配角奖提名。1994年，出演《辛德勒的名单》，获第47届英国电影学院奖最佳男配角奖提名。2000年，主演《性感野兽》，获第4届英国独立电影奖最佳男主角奖和第14届欧洲电影奖最佳男演员奖。2003年，出演《尘雾家园》，获第76届美国电影奥斯卡奖最佳男演员奖提名和第61届美国电影金球奖最佳男主角奖提名。2013年，出演《钢铁侠3》，获第40届美国电影土星奖最佳男配角奖。

《辛德勒的名单》剧照

金斯利戏路宽广，既可以驾驭圣雄甘地般的伟人形象，又擅长扮演《钢铁侠》中“满大人”一类的反派角色。他出演的影片还有《危险女人心》(1983)、《茶花女》(1984)、《墨利斯的情人》(1987)、《福尔摩斯外传》(1988)、《死神与少女》(1994)、《罪与罚》(1998)、《告白》(1999)、《零号嫌疑犯》(2004)、《雾都孤儿》(2005)、《十诫》(2007)、《禁闭岛》(2010)、《雨果》(2011)、《安德的游戏》(2013)、《出埃及记》(2014)、《博物馆奇妙夜3》(2014)、《云中行走》(2015)、《极速之巅》(2016)、《最终行动》(2018)等。20世纪80年代中期之前，还曾活跃在电视荧幕上。参演了《加冕街》(1966)、《冒险家》(1973)、《威塞克斯故事集》(1973)、《爱之学校》(1975)、《伦敦的狄更斯》(1976)、《刑事法庭》(1978)等电视剧，以及《不幸》(1973)、《安东尼和克莱奥帕特拉》(1974)、《谢谢你，同志们》(1978)、《安妮日记》(2001)、《哈瑞斯太太》(2005)等电视电影。2001年，获第36届捷克卡罗维发利国际电影节杰出贡献奖。

（许　婧）

金秀贤　Kim Soo-hyun(1943-01-27～　)　韩国影视编剧。生于忠清北道清州市。毕业于韩国高丽大学。1968年，以剧本《雪原上的鹿》获韩国文化广播公司7周年纪念广播剧剧本招募奖，开始编剧生涯。1971年，创作电影剧本《笔女》。1979年，担任电视剧《孤独的关系》的编剧。她的作品以**家庭伦理剧**为主，善于表达民族情感。人物性格多样有趣，台词颇具寓意。多部作品创下当年韩国电视台电视剧最高收视纪录，并多次荣获韩国的各大影视奖项。电视剧代表作有《爱情是什么》《澡堂老板家的男人们》《青春的陷阱》《无子女便是福》等。电影代表作有《下女》《生死别恋》《多罪的女人》《永恒之夜》《母亲》《雪花》等。1987～1995年，任韩国广播协会顾问、韩国广播作家协会主席。

（武小宇）

金焰　Jin Yan(1910-04-08～1983-12-27)　中国电影演员。原名金德麟。生于朝鲜汉城（今首尔），卒于上海。1912年，随父亲逃亡至中国东北，后入中国籍。1918年到天津，后入南开中学读书。1927年，为减轻家庭负担，只身到上海投奔民新影片公司，被录取为表演学员。1928年，加入田汉主办的南国艺术剧社，曾主演过《莎乐美》《卡门》和《回春之曲》等名剧。1929年，开始拍摄影片，主演了《风流剑客》等武侠片。1930年，入联华影业公司，多主演以反封建为主题的影片，如《野花闲草》(1930)、《恋爱与义务》(1931)、《桃花泣血记》(1931)等，这些影片因为反映了当时的社会现象和知识青年的一些切身问题，引起广大青年学生的兴趣。

1933年，主演了《**三个摩登女性**》《母性之光》《黄金时代》等左翼电影。之后，相继主演了《**大路**》(1935)、《新桃花扇》(1935)、《壮志凌云》(1936)等具有现实意义的反帝反封建影片，其朴实、真挚、热情的表演，一洗过去那种油头粉面、无病呻吟的小生形象，形成了健康、朝气蓬勃的表演风格，获得广大观众的好评，成为当时极受欢迎的演员之一。抗日战争全面爆发后，先去香港，后转入内地。1940年，在重庆中央电影摄影场参加拍摄了《长空万里》，并参加演出了一些舞台剧。抗日战争胜利后，回到上海。1947年，主演了《迎春曲》和《乘龙快婿》。

中华人民共和国成立后，金焰任上海电影制片厂演员组组长，相继参加拍摄了《大地重光》(1951)、《伟大的起点》(1954)、《母亲》(1956)、《暴风中的雄鹰》(1956)、《海上红旗》(1958)等影片。后因病隐退，告别影坛。他在20世纪30年代被誉为“电影皇帝”。曾任上海电影制片厂演员剧团团长、中国电影家协会第4届理事等。

（颜久石）

金英贤　Kim Yeong-hyeon(1966～　)　韩国影视编剧。毕业于延世大学经济学科。1991年，任韩国产业经济研究院杂志经济记者。1992～1996年，为韩国文化广播公司娱乐作家。1998年，获韩国文化广播公司搞笑电视编剧特别奖。

2003年，担任励志历史剧《大长今》的编剧，该剧获得2004年度韩国电视剧收视之冠，并创下了韩国电视剧在亚洲地区的最高收视纪录。该剧讲述了一代奇女子徐长今通过自己的努力成为朝鲜王朝历史上首位女性御医，被中宗赐“大长今”称号的故事。2009年，由她担任编剧的电视剧《善德女王》，获韩国文化广播公司演技大奖年度最佳作品奖。该剧表现了从小因不祥预言而被抛弃的德曼公主经过不懈努力与宫内权力斗争，成长为新罗第一位女王——善德女王的故事。2011年，担任电视剧《树大根深》的编剧，获第48届韩国百想艺术大赏最佳编剧奖、第4届韩国放送通信委员会广播大奖。

创作的影视剧以历史题材为主，以历史人物为主线，擅长将政治、历史、动作、爱情、悬疑等各种元素融为一体。代表作品还有《神话》《薯童谣》《H.I.T》《皇室家族》等。

（武小宇）

《金鹰》　*Golden Eagle*　中国彩色故事片。**凤凰影业公司**1964年出品。改编自朝克图纳仁的同名小说。编剧，陈召；导演，陈静波；摄影，蒋仕；主演，高远、姜明、朱虹、张静、陈娟娟、曹炎。

故事讲述了王公统治年代，内蒙古青年布尔固德在摔跤大赛中获得胜利，得到了“金鹰”的称号，却惹怒了巴音旗王爷。王爷到处收买勇士捉拿布尔固德。布尔固德为躲避追捕，只好隐姓埋名，流浪草原，但其“金鹰”之名远播。在躲避过程中他遇见了少女珊丹，并与她相恋。好景不长，布尔固德的身份暴露被抓。在回去的路途中，寡妇都桂玛帮他逃跑。珊丹被巴音小王爷抢走，布尔固德与朋友前去营救，激战中杀死了王爷。布尔固德带着珊丹和朋友，三人从此流浪草原。

影片在内蒙古实地取景，场面宏大，并将内蒙古特色的那达慕盛会搬上大银幕，其中赛马、摔跤、歌舞等元素，再现了蒙古族独特的民俗文化，令观众大开眼界。影片中有刀剑大战、肉搏厮杀等武功表演，也有诙谐打斗的场景，形式丰富多彩。影片是20世纪60年代香港武侠片起步发展的标志性影片，也是香港首部票房超过百万港元的电影作品。（赵卫防）

金鹰奖 TV Golden Eagle Award 中国电视艺术综合奖。全称中国电视金鹰奖。前身为中国大众电视金鹰奖。1983年由中国《大众电视》杂志社创办，每年举办一次。

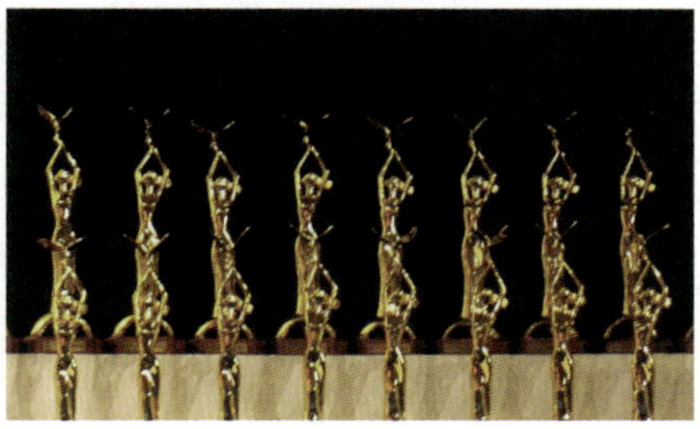

金鹰奖奖杯

由电视观众和刊物读者自由投票，通过电子计算中心统计，对上一年全国播出的电视剧以及电视剧主创人员按照获票多少选拔出优秀节目和优秀创作人员，给予奖励并颁发证书。由于获奖电视剧及其主创人员是按照制作部门提名、全国观众投票的方式进行评选的，所以具有较强的群众性。奖项设有优秀电视连续剧奖（系列剧）、优秀电视单本剧奖、优秀电视短剧小品奖、优秀儿童电视剧奖、优秀电视戏曲片奖、优秀男演员奖（后改男主角、男配角）、优秀女演员奖（后改女主角、女配角）、最佳男女配音演员奖等。1996年改由中国文学艺术界联合会和**中国电视艺术家协会**共同主办，更名为中国电视金鹰奖。2000年升级为中国金鹰电视艺术节，改由湖南电广传媒股份有限公司承办，每年在长沙举行。2001年后金鹰奖评奖方式略有改动，在制作部门提名基础上，由各部门专家组成的评委会提出候选名单，再由观众投票，部分不适合观众投票的评奖项目由评委会直接评选。2006年开始，金鹰奖由原来的每年评选一次改为每两年评选一次。（王占海）

《筋疲力尽》 *Breathless* 法国故事片。又译《精疲力尽》。乔治·德·鲍雷加电影公司1960年出品。编剧，J.-L.**戈达尔**、F.**特吕弗**；导演，J.-L.戈达尔；摄影，R.古塔尔；主演，J.-P.**贝尔蒙多**、J.茜宝、J.-P.梅尔维尔。

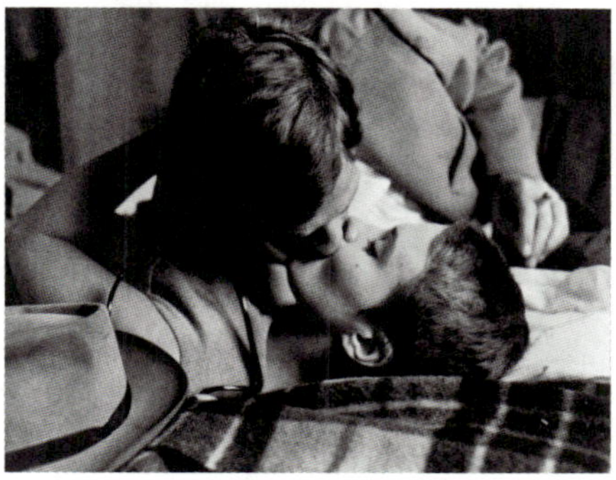

《筋疲力尽》剧照

故事讲述了无所事事、身无分文的米歇尔从意大利到巴黎，经马赛时偷了美国人的车，向巴黎一路超速行驶。两个警察追上来，他用枪击倒一个，然后逃之夭夭。到达巴黎，米歇尔在大街上遇到卖报的美国姑娘帕特里夏，向她表达爱意，并称要带她去意大利。米歇尔看报纸时发现警察正在追捕他。他在巴黎一边抢劫，一边追求帕特里夏。警察找到帕特里夏，要求她再见到米歇尔时一定打电话报告。两人约会完后到一个瑞典女人家过夜，帕特里夏却告诉米歇尔她不想跟他去意大利，并且已向警察报告行踪。米歇尔大吃一惊，但并不想逃跑，他说自己已经筋疲力尽。最后，听天由命的米歇尔被警察开枪击毙。

影片是**法国新浪潮电影**的经典之作，通过主人公混乱的生活，表现了西方现代社会中精神世界的分崩离析和痛苦绝望。影片深受存在主义思想的影响，违反结构原则，却不显混乱，显示出极端蔑视传统电影技法的现代主义倾向。影片镜头自由跳跃，段落与段落之间无关联，人物喜怒无常，情绪变化毫无来由，情节的传统观念被破坏殆尽。影片在剪辑上大量**跳切**，打破了观众习以为常的连续性和逻辑性；在摄影上采用偷拍、抓拍、即兴拍摄，呈现出一种自然流动的真实感。影片1960年获第10届德国柏林国际电影节最佳导演银熊奖。（安 燕）

近景 close shot 影片中摄取人物上半身或物体局部的一种画面。近景画面能使观众看清人物的面部表情或某种形体动作。近景有时也摄取景物的某一部分。近景的视距比特写稍远，有些摄取人物腰部以上的镜头，又称中近景。

近景中，人物上半身活动和面部表情占据画面显著地位，成为主要表现对象。在影片中，为了强调人物表情和重要动作，常运用近景或中近景。近景和**特写**的作用有相似之处，即视距近、视觉效果鲜明、强烈，可对人物的容貌、神态、衣着、仪表作细致的刻画。（边善基）

靳夕 Jin Xi（1919-10-27～1997-06） 中国木偶片编剧、导演。原名曾涤萍。生于天津，卒于上海。受过中等教育，因爱好美术，转入天津市立美术馆西画研究班学习。1937年在太原参加八路军。1938～1947年，先后在晋察冀军区的七月剧社、晋察冀日报社和抗敌剧社工作，绘制石印画、连环画、油画、水粉画、木刻、展览画片、漫画千余种。1947年秋，任华北军区创办的《战友》半月刊副主编。1949年后，任东北电影制片厂美术片组、上海电影制片厂美术片组副组长、导演。

1953年，编导完成了中国第一部彩色**木偶片**《小小英雄》。1954年，编导了中国第一部木偶与真人合成的动画片《小梅的梦》。1955年编导了具有民族风格和色彩的美术片《**神笔**》，获文化部1949～1955年优秀美术片一等奖，第2届波兰华沙国际儿童电影节木偶片特别优秀奖等。1956年导演了木偶片《中国木偶艺术》，获第8届意大利威尼斯国际儿童电影节优秀奖。1957年，上海美术电影制片厂成立后，先后任导演、副厂长、艺术委员会主任。1979年，导演了木偶片《阿凡提》，获1979年文化部优秀影片奖，第3届中国大众电影百花奖最佳美术片奖等。除此之外，还编导有《火焰山》《谁唱得最好》《孔雀公主》等多部木偶片和创作有《东郭先生》《胖嫂回娘家》等电影剧本。其创作作品的题材广阔，形式多样，有喜剧、讽刺闹剧、抒情诗剧等。

靳夕还撰写了有关美术电影的文章，填补了中国美术电影在理论探讨方面的薄弱环节，如《谈木偶片的特性》《中国美术片的发展》《美术电影的艺术虚构》《充分发挥美术电影的艺术特性》等。曾任中国电影家协会理事。（陈 野）

《惊魂记》 *Psycho* 美国故事片。又译《精神病患者》。沙姆雷电影公司1960年出品。改编自R.布洛克小说。编剧，J.斯蒂凡诺；导演，A.**希区柯克**；摄影，J.L.罗素；主演，A.博金斯、V.迈尔斯、J.利、J.加文。

故事讲述了在亚利桑那州凤凰城上班的职业女性玛丽安经常利用午休时间偷偷

和情人山姆在小旅馆幽会。山姆和前妻离婚了，一直因为支付赡养费而负债，因此他不愿意立刻和玛丽安结婚。这天，玛丽安的老板做成了一笔生意，顾客支付了四万美元现金。出于对十年老员工的信任，老板让玛丽安把四万美元现金存到银行，并同意她回家休息。由于玛丽安急迫地想改变自己的生活，一念之差之下，她携款逃离小镇，希望能和情人山姆去往加利福尼亚州开始新生活。当她开车逃离凤凰城后，遇到了警察，玛丽安决定去车行换一辆车再上路。天色渐暗并且下起瓢泼大雨，玛丽安只能驶离高速公路，并决定在路旁的贝茨旅馆休息一晚。汽车旅馆的老板叫诺曼·贝茨，他看起来腼腆温和，喜欢做鸟类标本，但是很害怕自己严苛又残酷的母亲。得知玛丽安没有吃晚饭，他为玛丽安送来了三明治和牛奶。吃完诺曼为她准备的晚餐，和诺曼交谈后，玛丽安回到房间洗澡，却在浴室中被精神分裂的诺曼杀死，抛尸沼泽。私家侦探来到旅馆探听玛丽安的下落，也被诺曼杀害。玛丽安的姐姐和山姆加入警方的调查，在逐步调查下终于揭露诺曼杀人的真相。

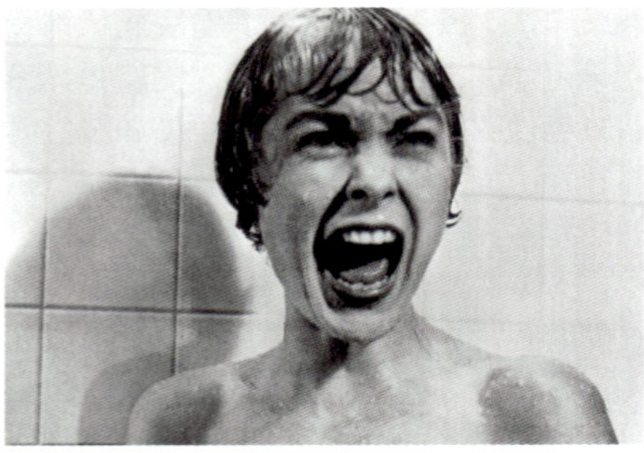
《惊魂记》剧照

影片是希区柯克技巧纯熟的作品之一，也是惊悚片的代表作。影片运用开创性的艺术手法和富有感染力的镜头语言，把精神问题导致的犯罪行为引入到电影的表现领域，并以其对现代人心理和精神层面的剖析而成为经典。影片1961年获第33届美国电影奥斯卡奖最佳导演奖提名等4项提名，第18届美国电影金球奖最佳女配角奖。1992年，被收入美国国家电影保护局的国家电影名册。（胡谱忠）

惊险片 thrill and adventure film 以惊险情节贯穿全片的故事片。又称惊险样式影片。惊险片由于样式和题材的特定要求，通常运用悬念、夸张的结构手法，使故事情节曲折离奇、矛盾冲突紧张尖锐、场面惊险恐怖、节奏扣人心弦，具有引人入胜的特殊艺术效果。惊险片以惊险情节刻画人物、表现主题，但因惊险情节的紧张多变、节奏快，不易于表现人物复杂细腻的

《铁道游击队》海报

思想感情，主要是突出显示人物临危不惧和机智勇敢的性格品质。惊险片在情节安排上虽然可以适当夸张，但必须真实可信、符合生活和情感逻辑。

惊险片包括间谍片、历险片、侦探片、探险片、恐怖片、野兽片和某些科幻片。早期的惊险片大多描写警匪格斗、凶杀侦缉、人兽较量等为惊险而惊险的内容，后来逐渐发展到科幻和政治军事领域，出现了科幻惊险片和政治军事惊险片。科幻惊险片以科学幻想为内容，未来的世界和遥远的过去为惊险情节提供了故事背景，如美国的《星球大战》。政治军事惊险片侧重讲述在政治、军事领域中发生的曲折离奇的故事，如法国的《蛇》。中国的军事惊险片形成了独具特色的艺术风格，《智取华山》《铁道游击队》《渡江侦察记》等是其中的优秀代表。（戴中孚）

精剪 fine cut 影视作品在粗剪版本基础上进行的再创作。是剪辑创作的第二个阶段。精剪需要剪辑师在导演总体艺术构思的指引下，结合自己对影片的主题、风格、叙事、人物关系、气氛等因素的思考，进行二度创作。精剪的工作内容一般包括削减或删除副线情节以突出主线，删除某些场次以调整影片的节奏，重新调整场次顺序以吸引观众，调整镜头的剪辑点以突出某个角色等。精剪最终要达到叙事流畅、节奏明快、人物形象鲜明、吸引观众的目的。有的影片甚至在精剪阶段重新组织叙事结构，跟剧本的叙事结构大相径庭。精剪过程，有的是剪辑师一人完成，有的是导演跟剪辑师共同完成，这个过程，短则两三个月，长则半年至一年。（郑汉民）

精神分析学电影理论 psychoanalytical film theory 基于电影的语言特性以及电影与梦机制的相似性，运用精神分析学原理解释电影现象的西方现代电影理论。精神分析学电影理论研究观影主体与做梦主体、电影与梦境、观影情境与镜像阶段、摄影机透镜成像与人类视觉之间普遍存在的相似性，本质上是一种关于观影主体的理论。在精神分析学电影理论中，观众（观影主体）就是“梦”的主人，作为影片（乃至电影）的起源、作为通过认同机制达成欲望的施动者而存在。

精神分析学电影理论来源于S.弗洛伊德和J.拉康的精神分析学。20世纪20年代，法国先锋派电影导演和理论家受弗洛伊德学说的影响，试图把梦境、心理变化、无意识或潜意识过程搬上银幕，创造一种存在于艺术家内心与幻觉中的超现实主义作品。如L.布努埃尔的电影《一条安达鲁狗》，就把弗洛伊德精神分析学说中梦的象征意义直接表现为银幕形象。1968年，J.-L.博德里发表了《基本电影机器的意识形态效果》，标志着电影精神分析符号学的建立。1975年5月，法国综合性理论刊物《通讯》第23期发表了以“电影精神分析学”为主题的系列文章，标志着电影结构主义符号学和精神分析学的结合。同年，C.麦茨出版了《想象的能指》，全面解释电影机制、主体观看过程和主体创作的心理过程，是精神分析学电影理论的代表作。

精神分析学电影理论涉及弗洛伊德精神分析学说的四个主要观念：①人格本质。人的心理活动包括本我、自我和超我三个层次，本我冲动引起的内驱力，受到自我和超我的压抑和审查，于是以“转移”的形式表现为梦或者神经症。②无意识领域。人类大部分的精神活动是无意识的，无意识活动在人的精神生活中占有重要的位置。③梦的机制。梦是无意识欲望的替代与转移。④性欲说。人类社会活动、精神生活和艺术创造的原动力来自根本性的生命欲望，即力比多。

精神分析学电影理论主要研究电影的三个方面：①电影文本中的欲望或者欲念，即影片中人物的无意识活动和性心理。如R.贝卢尔认为A.希区柯克的影片《西北偏北》是俄狄浦斯情结的再现。②研究无意识在电影创作和欣赏过程中的作用，即文本的欲念。如L.穆尔维的名作《视觉快感与叙事性电影》。③电影媒体的文化功能。如麦茨在《想象的能指》中认为，电影的实质在于满足“窥淫癖”，观众与银幕形象的认同产生于“自恋情结”，影片结构间接反映无意识欲望的结构，无意识在构成情节、形成节奏和色彩时具有一定作用，符号学中的“隐喻”和“换喻”

《西北偏北》剧照

与精神活动中的"移换"和"浓缩"相对应等。

精神分析学与意识形态理论相结合形成了意识形态电影理论，精神分析学与符号学和女权主义理论相结合形成了女权主义电影理论。类比方法是电影研究与精神分析嫁接的基点，但精神分析的概念不可能在所有的电影现象以及它们的生成机制中找到恰当的对应物。精神分析学电影理论沿袭了弗洛伊德非理性主义在世界观和方法论方面的缺陷，排斥人类精神活动的社会性因素和外部世界客观条件对人格与心理的影响，造成了理论体系上的片面性和局限性。

扩展阅读

李恒基，杨远婴.外国电影理论文选.北京：三联书店，2006.

苏珊·海沃德.电影研究关键词.邹赞，孙柏，译.北京：北京大学出版社，2013.

（刘宇清）

《精武门》 *Fist of Fury* 中国彩色故事片。嘉禾电影有限公司1972年出品。编导，罗维；摄影，陈清渠；主演，**李小龙**、苗可秀、田俊。

故事讲述了20世纪30年代初，精武门主持人霍元甲在上海遇害，徒弟陈真悲愤不已，决心报杀师父之仇。陈真得知毒死师父的元凶是日本空手道武馆主持人。日本武馆来精武馆公开挑衅，精武馆对此决定暂时忍耐。陈真决意单枪匹马为师

《精武门》剧照

父报仇。他闯入日本暴徒巢穴，将武馆首领打败。可是精武馆也被日本人砸烂。陈真决定牺牲自己，保全武馆，迎着恶势力走去。

影片是李小龙的代表作，也是**功夫片**的经典之作。影片内容取材于天津武林史料，突出复仇主题，叙述了陈真等人报仇雪恨的侠义故事。影片主人公不惜以生命为代价，不屈不挠，无坚不摧，体现了高昂的爱国主义情操与乐观的民族精神。影片故事动人，武打技艺高超，特别是李小龙自创的"截拳道"拳术具有较强的观赏性。影片中凶狠激烈的追、打、拼、杀，渲染了紧张气氛，令人目眩。影片结尾，陈真面对恶势力腾空而起，英武非凡，画面突然停格，给观众留下了难忘的印象。影片1972年获第10届台湾电影金马奖评委会特别奖、最佳技艺特别奖、优等剧情片奖、最佳剪辑奖。（章柏青 赵 远）

景物亮度 scenery brightness 所拍摄的景物的明亮程度。景物的明亮程度与被摄体照明条件以及所处环境有关。景物亮度对应于画面的影调及密度。景物亮度高，影调明朗，影调密度大，反之景物亮度低，影调晦暗，影调密度小。景物亮度除了受照明条件所决定外，还受景物本身特性影响，如其本身色彩明度、反光率、背景环境的对比影响以及自身观看条件等因素的限制。正确精准地表现景物亮度不仅是技术上的要求，更是创作者艺术创作的基础和决定因素。（张 桥）

《警察故事》系列 *Police Story* series 中国系列故事片。《警察故事》系列包括《警察故事》《警察故事续集》《警察故事Ⅲ超级警察》《警察故事4之简单任务》4部影片。

《警察故事》 嘉禾电影有限公司1985年出品。编剧，**成龙**、邓景生；导演，成龙；摄影，张耀祖；主演，成龙、林国雄、**林青霞**、**张曼玉**。故事讲述警探陈家驹忠于职守，疾恶如仇。家驹拘捕了毒枭朱滔，审讯时，因证人莎莲娜失踪，朱滔被释放，家驹受处分。朱滔嫁祸于家驹，家驹只得挟持上司，单独寻找凶犯。最后在莎莲娜协助下，家驹擒住罪犯，洗脱了自己的罪名。影片将曲折复杂的故事情节与打斗相结合，具有较强的喜剧性、娱乐性和商业性。影片以长镜头方式记录，并辅以重复不同角度的倒叙镜头，把挑战极限的身体动作当作奇观吸引观众，标志着成龙形成了自己的表演风格和电影特色。影片1986年获第5届香港电影金像奖最佳影片奖、最佳动作指导奖。

《警察故事续集》 威禾电影制作有限公司1988年出品。编剧，成龙、邓景生；导演，成龙；摄影，张耀祖、李有棠；主演，成龙、张曼玉、董骠等。故事延续了警探陈家驹与邪恶势力的争斗。陈家驹因毒贩朱滔被保释出狱，与自己的上司发生冲突，辞职离开警察局。某罪犯用炸弹勒索一家商场钱财，陈家驹被警队召回调查炸弹案。罪犯不仅用炸弹炸毁了警察局，并且绑架了陈家驹的女友阿美。最后陈家驹冲入匪巢，将匪徒一网打尽。影片1989年获第8届香港电影金像奖最佳动作指导奖。

《警察故事Ⅲ超级警察》 嘉禾电影有限公司1992年出品。编剧，邓景生、马美萍；导演，唐季礼；摄影，林国华；主演，成龙、张曼玉、杨紫琼、元华等。故事讲述香港警探陈家驹为打入国际贩毒

《警察故事Ⅲ超级警察》剧照

集团，掩饰身份只身赴内地。在内地警察杨建华的帮助下，接近了正在服刑的犯罪集团核心成员豹强。豹强在陈家驹的帮助下越狱，将其视为心腹。陈家驹、杨建华与豹强一起到香港，加入犯罪集团。集团老大猜霸带着陈家驹等人到马来西亚营救自己被绑架的妻子，在此地陈家驹遇见在旅行社当导游的女朋友阿美。阿美误会陈家驹与杨建华的关系，差点儿让陈家驹身份暴露。最后，陈家驹与杨建华合力将犯罪集团绳之以法。

《警察故事4之简单任务》 嘉禾电影有限公司1995年出品。编剧，唐铭基、唐季礼；导演，唐季礼；摄影，马楚成；主演，成龙、吴辰君、董骠等。故事讲述陈家驹受美国情报局委托，调查国际军火犯罪集团贩卖核导弹的犯罪行为。家驹在跟踪疑犯徐杰的过程中，发现了乌克兰的核弹基地，家驹与疑犯搏斗中掉入冰湖后

被俄罗军救出。随后，家驹赶往澳洲寻找徐杰的妹妹，发现疑犯徐杰是被人胁迫，真正的幕后黑手是俄罗斯上校。经过一番激烈搏斗，家驹抓住罪犯，找回丢失的核弹头。

四部影片各自单独成篇，同时又有系列故事的统一延续性。贯穿四部影片的核心元素是警匪博弈、枪战动作、成龙的喜剧表演和真人近身搏斗的刺激场面。系列影片前两部的叙事以香港本地为背景，展示了许多富有香港区域特点的谐趣场景，后两部将视角转向亚洲地区，犯罪对象多为国际犯罪集团，视野更加开阔。

（章柏青　赵　远）

警匪电视剧　TV drama about police and robbers　以警察与罪犯为主要人物、以刑事案件的侦破过程为主要对象的电视剧类型。简称警匪剧。如果把“警匪”中的“警”理解为所有的公检法及律师人员，“匪”理解为所有的作案人的话，那么警匪剧就可以与涉案剧画上等号。但一般情况下，人们使用“警匪剧”时，更偏重对刑事题材的表现。而涉案剧还包括主要涉及民事案件的律政剧以及主要涉及间谍事件的谍战剧。

根据对破案人、作案人的侧重，可以细分出几个子类型：如美国电视剧《绝命毒师》这样以罪犯的犯罪为主、以警察的查办为辅的剧，通常被称为犯罪剧；如英国电视剧《神探夏洛克》、日本电视剧《神探伽利略》这样虽有警察参与破案但却以

《绝命毒师》剧照

非警察为主要破案人并以推理为主要破案手法的剧，一般被称为推理剧，在广义上都可归入警匪剧之列。警匪电视剧通常将正义与邪恶作为主要对立面，借由双方的斗争来呈现人性中的善与恶，并呼唤与彰显社会公平正义的崇高性。从形式上看，警匪剧矛盾突出集中，节奏跌宕起伏，具有极强的观赏性。因此，警匪剧是电视剧的重要类型和主要类型，很多国家都有很多警匪剧播出。

中国的警匪电视剧起步于1979年根据同名小说改编的《神圣的使命》《刑警队长》，随后又有《便衣警察》《9·18大案纪实》《英雄无悔》《重案六组》《黑洞》等优秀作品。其中，《9·18大案纪实》以纪实性的拍摄手法所营造的独特风格，为警匪剧的创作提供了新的思路；《重案六组》《黑洞》等作品同时追求戏剧性情节的营造与复杂性人物的塑造，为同类型作品的创造积累了经验。

由于警匪剧在社会中有广泛的受众群体，使得该类型剧的创作始终处在热门状态。但也正因如此，同类作品容易带给受众审美疲劳，作品质量的高下悬殊及对犯罪过程的刻画程度所引发的社会问题与相关争议等，都为警匪剧的创新与发展提出了种种考验。

（李胜利　王英男）

警匪片　police and gangster film　以刑事犯罪为题材、以警察或匪徒为主人公的一种电影类型。警匪片以正义战胜邪恶为常规主题，宣扬符合社会要求的道德观念，同时暴露社会制度中存在的问题。警匪片情节紧张，节奏明快，疑云密布，并穿插许多血腥场面，给人以强烈的感官刺激。西方警匪片涉及内容广泛，常见的有凶杀、抢劫、诈骗、盗窃、走私、贩毒、酗酒、斗殴等。代表作有A.佩恩的《**邦妮和克莱德**》(1967)、D.西格尔的《肮脏的哈利》(1971)、J.迈克布莱德的《来钱容易》(1986)、H.贝克的《爱海》(1989)等。自20世纪80年代后期开始，中国拍摄了如《最后的疯狂》(1987)、《疯狂的代价》(1988)等有着警匪片样式特征的影片。中国香港电影在80～90年代拍摄了一批警匪片经典之作，如《警察故事》(1985)、《**英雄本色**》(1986)、《暗战》(1999)等。2002年的《无间道》，把警匪片提到了一个新的高度，建构了心理警匪片的新模式。

（章柏青）

镜头记录本　lens recorder　影片拍摄中由场记完成的按照镜号顺序，逐个记录所拍摄镜头的文本。又称镜头纪录本、完成台本。导演在拍片过程中并不总是按照**分镜头剧本**进行，而是根据剧组的工作情况以及一些不可抗力因素，进行拍摄顺序的调整，或者是临时的创作改变。镜头记录本需要将完全符合发行拷贝内容的全部镜头的摄法、画面镜位、有效长度、内容、音响效果和音乐进行记录。镜头记录本可供查阅参考影片时使用。电影放映部门可以根据它对拷贝做检查，看看拷贝的损坏程度，并据此进行修复。而在数字时代，镜头记录本更多的作用在于拍摄以及剪辑期间的镜头检查和镜头整理。电影理论工作者可以把镜头记录本作为一种研究资料，比如通过它与文学剧本、分镜头剧本的对比，看看其间做了哪些改动，琢磨一下改动的缘由。

（戴中孚）

镜头设计　lens design　导演根据文学剧本所要表达的情感、内容、意蕴，为每场戏的镜头调度、景别、构图、角度、光线、影调、色彩等进行的设计。镜头在电影中主要是指摄影机开停一次对被摄对象的连续记录，或者在剪辑过程中，将一次拍成的连续画面分剪成两个或两个以上的片段，可供穿插、组接，每一分剪片段亦称一个镜头。镜头亦是电影的基本组成单位，镜头组接形成场，场形成段落等。镜头按景别可分为远、全、中、近、特等，按摄影机与被摄物体的角度可分为鸟瞰、俯拍、水平、仰拍、倾斜镜头等，按运动方式可分为推、拉、摇、移、跟等。镜头设计的作用是把影片中所想要表现的场景氛围和色彩基调、所需要体现的光线设计及主要人物的动作表达进行视觉化的呈现，从而达到将影片的创作构思及创作想象视觉化的目的。镜头设计可以由导演在**分镜头剧本**创作阶段完成，也可以在现场和摄影师、美术师、灯光师等主创人员协调后再决定。镜头设计涉及诸多方面，是考验导演能力的一个重要指标。

（丁珊珊）

九宫格构图　nine palace lattice composition　按照“井”字的书写布局将画面进行分割的构图方式。又称井字构图。采用九宫格构图时，画面的主体通常放在4条直线的焦点上或者放在其中某一条直线上，4个交点都符合**黄金分割**的比例，是最佳的位置。九宫格构图符合人类的审美标准，是常用的构图形式。在创作者没有强烈主观要求的情况下，摄影师通常会将主体安排在黄金分割的交点或者井字格的直线上。九宫格中交出的4条线段，其实也是安置主体非常有利的位置，能够使主体吸引观众的注意力。九宫格构图适合表现单独的主体，多用于主体比较明显的场景中。

（李　勇）

《九色鹿》　*Nine Colored Deer*　中国彩色动画片。上海美术电影制片厂1981年出品。根据敦煌莫高窟257洞内北魏时期壁画《鹿王本生》改编。编剧，潘絜兹；导演，钱家骏、戴铁郎。

影片采用敦煌壁画的形式，以佛教绘画的风格，讲述了善良的九色鹿为帮助弄蛇人却反遭其出卖，最后九色鹿以神力化险为夷，弄蛇人也遭到报应的故事。影片

创作者画了近2万张动画，背景200多张，在美术设计上很好地保持了北魏壁画的独特风格。影片早在1957年就开始投入制作，但因政治运动停拍。影片1985年获水墨动画片制作工艺国家文化科学技术一等奖，1986年获加拿大汉弥尔顿国际动画电影节特别荣誉奖。 （李保传）

《旧世界群像》 *Pictures of the Old World* 捷克斯洛伐克纪录片。斯洛伐克电影学院1972年出品。导演，D.哈那克；摄影，A.汉斯克等。

影片记录了世世代代居住在斯洛伐克塔特拉山区、远离现代文明的人们原始而富有情感冲击力的生命样态。影片开篇，伴随着歌谣，一位饱经沧桑的老妇人出场，佝偻的身体、颤抖的双手、稀疏的毛发，老人在艰难地生活着。随后片中出场的十位人物或则年老体衰，或则身患严重疾病、时刻等待着死神的到访。他们物质生活虽然并不充裕，但在镜头前表现出令人难忘的坚定自信与对生活的热爱。片尾，油尽灯灭，老人的脸没入黑暗，婴儿哭啼声预示着新的生命轮回。

影片拍摄受到M.马蒂内克拍摄的一组摄影作品的启发，以独特的视听语言，成功地将静态摄影、人物面对镜头的自我讲述与G.F.亨德尔等音乐家的作品、民间流传的古老谣曲编织成了一首富有动态与恢宏气势的生命礼赞，营造出一个由山中小聚落所承载的宇宙观和世界图景。影片1989年获第2届欧洲电影奖特别提及奖。 （刘　斐）

角色创作总谱 character creation score 演员在表演创作前对所扮演角色进行的分析、构思及表现方式的综合考量和总体设计。又称表演总体构思。演员在进行人物创作总体构思过程时，首先，要对全剧的故事情节、矛盾冲突及主题进行分析，在对全剧有所把握的基础上进而对自己将要参与演出角色的文学剧本形象进行分析，初步了解角色的性格和所处的规定情境。在这一过程中，演员需要对剧本的规定情境、角色与其他角色之间的关系、角色的行为方式和态度，以及角色在全剧中的最高任务和贯穿行动进行分析、归纳，以得出角色性格的总体表现。其次，演员应对自己所扮演的角色进行形象构思，即在对角色文学形象认识的基础上，有意识地进入生活进行观察和体验，以累积和获取到的素材作为创作材料，开展创作想象。对角色进行形象构思，除了要构思角色的外部动作和行为方式之外，还应明确找到角色的心理及性格形成的前史，寻找合理的逻辑并以此作为人物造型和行为方式、性格心理的依据。对角色外部造型的构思不仅要具体到面部、体态、穿着等外在特征，还应对其表情、眼神、举止、声音等方面进行构思。另外，角色的整体气质、风貌等也应是角色形象构思涉及的范围。对角色行为方式的构思，需要演员结合角色的生活、思想（内心独白、内心视象等），对角色的语言台词以及动作处理进行细致的安排与设计。最后，演员创作角色需要对角色形象进行呈现，即用什么样的技巧和方式演绎，使人物成为鲜明的、活生生的形象。在这一过程中演员需要根据自身条件和可能性，在心怀全剧的基础上，将对角色的构思和设计尽可能准确地体现出来，并不断调整和修正。

此外，由于影视剧的拍摄特性，当演员进行影视剧创作的时候，他们的表演通常是非连续性的。在这种情况下，演员需要提前做好准备，在熟悉把握剧本的基础上，深入探索人物的性格及心理，找到人物在全剧中的贯穿行动等，以确保角色的完整和统一。 （员晓明）

《崛起的第三金属——钛》 *Titanium* 中国彩色科教片。北京教育科学电影制片厂1985年出品。编导，王树楷；摄影，刘允良。

影片借用故事片的叙事方式，将金属钛比拟为巨人，以“巨人的解放”为线索，展现了“巨人”钛的强度高、耐高温、耐低温、抗腐蚀、能记忆等金属特性，例如一根拉长的钛镍合金弹簧遇热就能恢复原来的形状，再放到冷水中又能重新伸展开。影片详细阐释了钛在航天工业、化工、冶金、电子科学、宇宙探索、医学、国防科学等领域的应用以及未来的广阔前景等。

影片生动地表现了特殊金属钛的特性，改变了科教片传统创作模式，以强烈的艺术感染力和浓郁的感情色彩震撼了观众，开创了工业题材科教片新的创作模式。影片题材枯燥，金属形象单一，仅靠画面表现是有限的，因此声音在影片中占有重要作用。在表现金属强度的场景中，导演以比赛的方式进行呈现，并通过变幻的背景光、赛场音乐和现场解说，甚至背景音中加入观众欢呼，以此来营造气氛，为影片增添了趣味性和观赏性。影片1986年获第6届中国电影金鸡奖最佳科教片奖。 （赵　远）

《爵士歌王》 *The Jazz Singer* 美国故事片。华纳兄弟影业公司1927年出品。编剧，S.拉菲尔森、A.A.科恩；导演，A.克罗斯兰；摄影，H.莫；主演，A.乔森、M.麦卡沃伊、W.欧兰德。

故事讲述了唱诗班的领唱拉比诺维兹先生希望儿子杰基继承自己的衣钵，成为自己家族中犹太教堂的第六代领唱。杰基嗓子好，又擅长表演，是父亲的希望，然而杰基不想成为犹太教堂的领唱，他想成为爵士明星。年少的杰基在酒吧里演唱情爱歌曲时，被父亲强行拉回家。杰基警告父亲如果再打他，他将会离家出走再也不回来。父亲还是用皮带抽了他一顿，杰基不顾母亲的阻拦，冲出家门。离家后，杰基更名改姓，在旧金山的各种场合演出。多年后，杰基在酒店演出时受到芭蕾舞演员玛丽亚的赏识和推荐，进入正规的剧团，两人也产生爱情。杰基成为越来越有名的爵士歌手，剧团也因他的表现而受到纽约百老汇的邀请。回到家乡演出的杰基在父亲生日那天带着礼物回家看望父母。父亲指责儿子演唱的东西低俗下流，要他回来继承自己的事业，

《爵士歌王》剧照

遭到杰基反对，一家人不欢而散。杰基反对父亲的看法，但也常常想起父亲带领唱诗班歌唱的情景。犹太教赎罪日那天，杰基开始百老汇的彩排和演出，此时他的父亲病重，父亲的朋友要求他代替父亲领唱，但杰基的女友玛丽亚劝他专注自己的事业，杰基左右为难。彩排结束后，杰基回到犹太教堂代替父亲领唱，因此受到剧团经理的威胁和责备。但经理聆听完他的领唱之后，也深受感动。父亲在儿子的歌声中安详去世。杰基完成唱诗班任务之后，带着母亲，继续自己的爵士歌手事业。

影片情节曲折，充满励志和传奇色彩，是世界电影史上第一部有声片，同时也是世界第一部歌舞片。影片上映后，取得了200多万美元的票房成绩，其中对白声音的出现引起了观众的强烈反响。影片1929年获第1届美国电影奥斯卡奖特别奖。

（张　冲）

军旅电视剧 military TV drama 广义上，既包括表现中国现代革命史上军事战争的相关题材创作，也包括表现中华人民共和国成立后和平年代的军旅题材创作。狭义上，专指以中华人民共和国成立以来的军队建设、军人生活及其精神情感世界为主要表现内容，以承载家国情怀、凝聚民族精神为主旨内涵，弘扬爱国主义与主流价值观的电视剧类型。

改革开放以来，军旅电视剧一直是比较活跃的创作类型。20世纪80年代是该题材创作的萌芽期，主要以军队文艺单位拍摄的短篇剧为主，如《凯旋在子夜》《高山下的花环》等。20世纪90年代后，篇幅开始向长篇发展，表现和平年代军人面对新形势、完成新使命的作品开始增多，如《潮起潮落》《和平年代》《女子特警队》《红十字方队》等。21世纪以来，表现形式更加多样化，其中强调“科技建军”和揭示军队建设的未来发展趋向成为一个表现重点。如《DA师》《导弹旅长》《士兵突击》《火蓝刀锋》等。其中，2007年热播的《士兵突击》带有鲜明的人文反思色彩，剧中表现的许三多和钢七连“不抛弃、不放弃”的精神引发了转型社会的普遍关注，成为轰动一时的热点文化现象。此后，军旅电视一直延续着《士兵突击》的成长主题，努力表现年轻一代军人的成长历程与精神面貌，《我是特种兵》《陆军一号》《青春集结号》《热血尖兵》《深海利剑》等都是比较受欢迎的作品。但也出现了因不断重复而产生的创作瓶颈，如何在成长主题的表现上推陈出新，有力地超越偶像化、传奇化套路，并且在创作观念和艺术形式上不断探索，以此才能长久保持军旅电视剧的创作活力。（戴　清　卞天歌）

均衡构图 equilibrium composition 各个视觉元素在摄影师的排列组合下以最为恰当的、准确的形式出现在画面中的合理状态。画面的均衡构图有两种表现形式：一种是对称式均衡，即绝对均衡。对称式均衡影响着诸多的艺术形式，如绘画、建筑等。另一种均衡以独特、自主的视觉形式自由排列视觉元素。这种形式要求摄影师具备较强的图像感知能力，参照几何规律来完成画面的排列设计，将诸多元素有机整合、统一。所有画面元素都为主体的形象化表达服务，准确顺畅地传达创作者的拍摄意图。主体的形状大小和位置，物体的明暗与冷暖色调，物体的材质、线条的疏密、轮廓的虚实均会对均衡构图产生影响。此外，中国的造型艺术通常强调的“留白”也会对均衡构图产生一定的影响。正确的画面空白可以带给观众更多的心理空间，使观众对被摄物体进行想象和意蕴的填补。在摄影艺术中，留白并非只是单一颜色的填充，也可以进行大量重复元素的积累和密布。将画面的主体安排在画面的一小部分中，留出空白或者空隙。这样的排列看似与物理学上的均衡概念相左，实则在视觉感官和心理知觉上更好地调配了画面中的元素。（李　勇）

K

卡尔内，M. Marcel Carné（1909-08-18～1996-10-31） 法国电影导演。生于巴黎，卒于上塞纳省克拉马尔。毕业于美术学校。早期曾任《电影画报》《电影世界》

等刊物的记者。1929年拍了一部纪录片《诺让——星期天的乐园》。接着担任导演R.克莱尔和J.费戴尔的助手。1936年开始独立导演影片，此后10年间，与诗人兼编剧J.普莱卫合作，拍摄了7部影片，并取得很大成功。

1938年，执导了成名作《雾码头》，是法国**诗意现实主义电影**的代表作之一，获第6届意大利威尼斯国际电影节最佳导演奖、法国路易·德吕克奖、梅里爱奖、法国电影国家大奖。1945年，执导了《天堂的孩子们》，是诗意现实主义电影的顶峰力作，也是该流派的最后一部作品，获第11届意大利威尼斯国际电影节特别荣誉奖。1979年法国电影艺术与技术学院在评选法国有声片50年来十大佳片时，《天堂的孩子们》名列榜首，《雾码头》排第九。1936～1945年的成功之作还有《太阳升起》（1939）、《夜间来客》（1942）等。

卡尔内一生共拍了20余部影片。他的影片主要描写社会底层人物的悲惨命运，对当时的社会制度具有强烈的嘲讽与鞭挞意味。1946年，由于《夜之门》的失败，卡尔内与普莱卫分道扬镳。此后，他导演的影片均为成绩平平的商业片。1971年，获第35届意大利威尼斯国际电影节终身成就奖。1979年，被选为法兰西学院院士，这是有史以来法国电影导演首次获得此荣誉。同年，意大利向他颁发国家电影大奖。著有自传《回味生活》（1979）。

（王　蔚）

《卡里加里博士的小屋》 *The Cabinet of Dr. Caligari* 德国故事片。又译《卡里加里博士》。德国柏林德克拉电影公司1920年出品。编剧，C.梅育、H.雅诺维茨；导演，R.维内；摄影，W.哈迈斯特；主演，W.克劳斯、C.伐德特、F.弗海尔、L.达古弗尔。

《卡里加里博士的小屋》海报

故事开始于公园的长凳上，大学生弗朗西斯向一个男子讲述他的奇特经历：神秘的卡里加里博士对他施行了催眠术，而后就一直对他任意摆布：忽而将他当作马戏团杂耍表演的玩物，忽而指使他去劫持他人的未婚妻。弗朗西斯被折磨得筋疲力尽，终于发现卡里加里博士是精神病院的院长，但是没有人相信他。弗朗西斯终于被抓进了精神病院的禁闭室。故事讲完了，院长微笑着告诉医生们："我终于明白了他的疯病的性质。他以为我是那个神秘的卡里加里。我现在找到使他恢复神智的途径了。"

作为世界电影史上被谈论最多的作品之一，影片的表现主义风格及其所塑造的作为疯狂和幻想、残忍和固执的结合体的卡里加里博士这一形象，对西方**恐怖片**的形成和发展具有深远意义。（章柏青）

卡罗维发利国际电影节 Karlovy Vary International Film Festival 捷克第一个国际电影节，世界上历史最久的电影节之一。国际电影联合会认定的五大国际电影节之一。创办于1946年。1946年（第1届）至1949年（第4届）在捷克斯洛伐克的玛丽亚温泉市举行。1950年（第5届）起改在疗养地卡罗维发利举行。1958年以前，除1953年和1955年未举行外，每年举行一次。1959年苏联创办**莫斯科国际电影节**后，为了与之交替举行，便改为两年一次，在6～7月之间举行，为期两周。每届有30～40个国家参加，放映大量影片。电影节的主要目的是为和平、为人类幸福、为各国自由而斗争，同不道德的影片做斗争。电影节的主要活动项目有：①举行评奖工作；②举行观摩展映并召开座谈会；③举办回顾展；④开办电影市场，推销影片。电影节最高奖是水晶地球仪奖，其他奖项有评委会特别奖、利迪策玫瑰奖（利迪策是捷克斯洛伐克的一个村庄名，1942年德国法西斯屠杀该村居民并烧光全村。电影节组织者为纪念反法西斯的胜利而设立此奖）等。这些奖分别授予最佳影片、导演、男女演员、编剧、摄影等。中国从1950年起开始参加该电影节并多次获奖，是中华人民共和国最早选片参加的一个国际电影节。1950年，**凌子风**导演的《中华女儿》在第5届卡罗维发利国际电影节上获自由斗争奖。1988年，**谢晋**执导的《**芙蓉镇**》在第26届卡罗维发利国际电影节上获水晶地球仪奖。

1992年，捷克斯洛伐克分离成两个独立的国家。此后的卡罗维发利电影节在选片上更加多样化。中国电影《寻枪》（2003）、《天下无双》（2003）、《图雅的婚事》（2007）、《**三峡好人**》（2007）等都参加过电影节的展映。2008年，中国电影《地下的天空》入围主竞赛单元。2020年，受全球新型冠状病毒肺炎疫情的影响，电影节暂停举办。（陈振兴）

卡普尔，R. Raj Kapoor（1924-12-14～1988-06-02） 印度电影演员、导演、制片人。生于白沙瓦（今属巴基斯坦），卒于新德里。出身电影世家，父亲和兄弟都是驰名印度的戏剧、电影演员。在家庭环境的熏陶下，自幼酷爱电影艺术，担任过导演助理、电影美工和演员。20世纪30年代，曾在影片《地震之后》中扮演儿童角色。40年代初期，在影片《蓝荷花》中扮演配角。1946年编导了自传体影片《火》和爱情故事片《雨》，并自任主角，取得了成功。1950年，建立了拉兹·卡普尔电影公司。《**流浪者**》（1951）是他自导自演的第3部影片，获印度国家电影奖和1953年第6届法国戛纳国际电影节最佳故事片奖。他也因此片成为蜚声国际影坛的导演和表演艺术家。此后，他又拍摄了多部影片，都取得了出色的成绩。他的影片虽然是商业片，但不庸俗粗鄙，对社会问题有一定程度的揭露，艺术风格不落俗套。60年代以后，他把主要精力用于制片业。

（孙　琬）

卡普拉，F. Frank Capra（1897-05-18～1991-09-03） 美国电影导演。生于意大利西西里巴勒莫，卒于加利福尼亚州。1903年，随父母家人移居美国。1921年，开始为旧金山一家小公司拍摄只有一本的廉价

影片。后来进入哥伦比亚影业公司当学徒，并担任过道具员、剪辑师、助理导演和噱头作者等职务。1926年，导演由喜剧演员H.朗东主演的《强有力的人》，获得成功，决定朝喜剧片方向发展。

20世纪30年代，除《斯密斯先生到华盛顿》(1939)一片外，卡普拉拍摄的多部喜剧片都是由剧作家R.里斯金编剧的，如《淑女一日》(1933)、《一夜风流》(1934)、《第兹先生进城》(1936)、《消失的地平线》(1937)、《你不能夺去别人的幸福》(1938)、《遇见约翰·多伊》(1940)等。其中《一夜风流》故事紧凑，情节曲折，人物个性鲜明，对话风趣且富有张力，获第7届美国电影奥斯卡奖最佳影片奖、最佳男演员奖、最佳女演员奖、最佳导演奖、最佳剧本奖。《第兹先生进城》和《你不能夺去别人的幸福》两部影片均获美国电影奥斯卡奖最佳导演奖。他的喜剧大都是描写小城镇普通人的日常生活，主人公往往性格古怪，故称为“怪人喜剧”。情节结构、性格刻画与对白都经过精心的构思和巧妙的安排，故又称“精致喜剧”。由于这些喜剧充满丰富的生活素材，接触到美国经济大萧条时期尖锐的社会问题，故又有“社会喜剧”之称。

第二次世界大战期间，卡普拉担任战时制片部主任，拍摄军事系列片《我们为何而战》(1942～1945)，其中《战争前奏曲》获第15届美国电影奥斯卡奖最佳纪录片奖。二战后，卡普拉的创作活动趋于沉寂，只拍摄了《奇妙的生活》(1947)、《联邦一日》(1948)、《锦囊妙计》(1961)等影片，但影片的感伤情调已不符合当时的观众趣味。1971年，出版了自传《弗兰克·卡普拉，片名前的名字》。1982年，获第39届意大利威尼斯国际电影节终身成就奖。

（伍菡卿）

《卡萨布兰卡》 *Casablanca* 美国故事片。华纳兄弟影业公司1942年出品。改编自M.伯内特和J.艾利森的舞台剧《人人都来里克咖啡店》。编剧，C.罗宾逊、J.爱泼斯坦；导演，M.柯蒂斯；摄影，A.埃迪森；主演，H.鲍嘉、I.褒曼、P.亨雷德、C.雷恩斯。

故事讲述了第二次世界大战期间，里克在法国殖民地摩洛哥的卡萨布兰卡开办了自己的咖啡馆。有一天里克的旧情人伊尔莎和她的丈夫维克多一起来到卡萨布兰卡。里克在咖啡馆与伊尔莎再次见面，重新燃起了爱情之火。维克多负责抵抗纳粹德国的地下组织，引起了纳粹德国的注意。面对旧爱与正义的事业，里克放弃了私情，参与到与敌人的周旋之中，帮助伊尔莎和维克多脱险，以致自己陷入困境。最后关头，卡萨布兰卡的警察局长雷诺帮助里克脱险，让他奔赴法国。

影片刻画了一个独特的男性形象，与传统正派主角不同，里克表现出鲜明的矛盾性，他有私心、私情，但最终仍然站在抗击纳粹的战线上，里克从最初对解放阵线的无动于衷到最后投身抵抗运动，也象

《卡萨布兰卡》海报

征了美国放弃孤立主义正式加入盟军阵营。影片情节紧张，布光巧妙，常借用不同光线暗示人物的内心世界，表现他们的悲欢喜乐。影片1943年入选美国国家评论协会十佳影片之一，1944年获第16届美国电影奥斯卡奖最佳影片奖、最佳导演奖和最佳剧本奖。

（段运冬）

《开国大典》 *The Birth of New China* 中国彩色故事片。长春电影制片厂1989年出品。编剧，张天民、张笑天、刘星、郭晨；导演，李前宽、萧桂云；摄影，李力、王小列、钟文明；主演，古月、孙飞虎、黄凯。

影片故事讲述了1948年底，毛泽东领导的中国共产党指挥了解放战争的平津战役。蒋介石由于军事上的惨败，假意引退。为保护北平古城，中国共产党一再做傅作义工作，北平和平解放。1949年3月党中央迁往北平。蒋介石梦想保住半壁江山，积极作军事部署。国民党南京政府派代表团去北平谈判，拒绝在和谈协议上签字。24小时后，渡江战役打响。4月23日南京解放。5月24日，蒋介石离开大陆。10月1日，毛泽东等领导人和各方人士登上天安门城楼，毛泽东庄严宣告中华人民共和国成立。

影片是20世纪80～90年代新时期“弘扬主旋律”历史背景下第一部引起广泛关注的重大革命历史题材影片。影片为同类题材作品确立了制作范式，即在掌握大量史实的基础上，以纪录片的方式，通过双方最高统帅部两条线索，不带主观褒贬地再现人物与历史，间以“工笔”展现细节，表现伟人的情感世界。影片1990年获第10届中国电影金鸡奖最佳故事片奖、最佳导演奖、最佳剪辑奖、最佳编剧奖及最佳男配角奖，第13届中国大众电影百花奖最佳故事片奖、最佳男主角奖及最佳男配角奖。

（阿 章 撰 章柏青 唐建军 修订）

坎农诺，M. Milena Canonero（1946-01-01～ ）美国电影服装设计师。生于意大利都灵。出身于电影世家。20世纪70年代，开始与好莱坞导演合作。1971年，在S.库布里克执导的《发条橙子》中首次担任服装设计。1975年，在《乱世儿女》中担任服装设计，获第48届美国电影奥斯卡奖最佳服装设计奖。1981年，在《烈火战车》中担任服装设计，获第54届美国电影奥斯卡奖最佳服装设计奖。2006年，在《绝代艳后》中担任服装设计，获第79届美国电影奥斯卡奖最佳服装设计奖。2014年，在《布达佩斯大饭店》中担任服装设计，获第87届美国电影奥斯卡奖最佳服装设计奖、第68届英国电影学院奖最佳服装设计奖。她还在《走出非洲》(1985)、《至尊神探》(1990)、《塔克：其人其梦》(1998)、《提图斯》(1999)、《扬眉女子》(2001)中担任服装设计，这5部影片均获美国电影奥斯卡奖最佳服装设计奖提名。

坎农诺的服装设计能够完美呈现不同类型电影所需要的风格，《绝代艳后》的服装设计展现了华丽的洛可可造型和令人迷醉的糖果色调，《布达佩斯大饭店》的服装设计精致考究又极具时代氛围。在《闪灵》(1980)等影片中，她设计的服装造型展现得极为理性克制，不露痕迹地配合了剧情，彰显独特的艺术张力。她担任服装设计的影片还有《教父3》(1990)、《十二罗汉》(2004)、《你好，安妮》(2016)等。2017年，获第67届德国柏林国际电影节终身成就奖。

（宋东葵）

坎皮恩，J. Jane Campion（1954-04-30～ ）新西兰电影导演。生于惠灵顿。母亲是剧作家和演员，父亲是剧场导演。1975年在惠灵顿的维多利亚大学获得人类

学学士学位。1979年在悉尼大学艺术系攻读绘画专业。后进入澳大利亚电影电视学校学习专业知识。毕业后拍摄了大量短片，其中1982年拍摄的《果皮》获第39届法国戛纳国际电影节短片金棕榈奖。

1989年执导了处女作《甜妹妹》。1990年拍摄了传记片《天使与我同桌》，展现了一个脆弱的女性为生存而斗争的故事，获第47届意大利威尼斯国际电影节评委会大奖等。1993年执导了《钢琴课》，获第46届法国戛纳国际电影节金棕榈奖，第66届美国奥斯卡奖最佳原创剧本奖等。1999年拍摄了《圣烟》，获第56届意大利威尼斯国际电影节女性题材电影奖。2007年，为庆祝法国戛纳国际电影节60周年，拍摄了3分钟短片《每人一部电影》。2013年执导了电视剧《谜湖之巅》，获第65届黄金时段艾美奖最佳迷你剧奖。

其他主要作品有《一个女孩的故事》《八小时之外》《两个朋友》《淑女本色》《水之日记》《八》《明亮的星》《世界名导短片集》等。其电影以女性特有的细致和敏感，体现了独特的现代派风格，被视为“女性电影”导演的代表。（孙承健）

科波拉，F.F. Francis Ford Coppola（1939-04-07～ ）美国电影导演、制片人、编剧。祖籍意大利。生于底特律。曾就读于美国加利福尼亚大学洛杉矶分

校，获电影硕士学位。1963年，开始独立制片，不久与G.卢卡斯建立万花筒制片公司。1967年，导演喜剧片《艳侣迷春》，获第20届法国戛纳国际电影节金棕榈奖提名。1970年，与E.H.诺斯合作在《巴顿将军》中担任编剧，获第43届美国电影奥斯卡奖最佳编剧奖。

1972年，以低成本拍摄描写黑社会的影片《教父》，获第45届美国电影奥斯卡奖最佳影片奖和最佳改编剧本奖，商业上也取得巨大成功。1974年，编导《教父2》，获第47届美国电影奥斯卡奖最佳影片奖、最佳导演奖、最佳改编剧本奖等，被称为有史以来最成功的续集电影。同年，编导惊悚片《对话》，获第27届法国戛纳国际电影节金棕榈奖。1979年，作为编导、制片人，用近4000万美元制作了反映越南战争的影片《现代启示录》，以深刻尖锐的主题和独特的视觉造型赢得广泛关注，获第32届法国戛纳国际电影节金棕榈奖。1990年，导演《教父3》，完成《教父》系列。

科波拉在艺术上富于探索和创新，善于发现和使用人才，为美国电影的振兴与发展作出了很大贡献。他的主要作品还有《心上人》(1982)、《棉花俱乐部》(1984)、《佩吉·休出嫁》(1986)、《石头公园》(1987)、《塔克：其人其梦》(1988)、《纽约故事》(1989)、《布拉姆·斯托克斯的吸血鬼》(1992)、《杰克》(1996)、《造雨人》(1997)、《超新星》(2000)、《没有青春的青春》(2007)、《此刻与日出之间》(2012)。此外，他还任多部电影和电视剧的制片人。1992年，获第49届意大利威尼斯国际电影节终身成就奖。

（陈梅 撰 令仪 边山 修订）

科幻片 science fiction film 以现实生活和科学幻想为基础，对人类的未来进行想象或预测的影片。科幻片是科学观念、艺术想象和电影手段三者结合的产物。优秀的科幻片对活跃人们的思想、预测科学未来、促进科学发展起着积极的推动作用。科幻片一般都运用想象和幻想，往往情节曲折复杂，场面惊险离奇。早在电影诞生之时，科幻片的雏形就已随之产生。法国电影导演G.梅里爱1902年拍摄的《月球旅行记》被认为是最早的一部科幻片。

科幻片的发展与科幻小说的盛行有密切关系。自20世纪50年代始，科幻小说改编的电影逐渐流行，此时的科幻电影以低制作成本的B级片为主。到1968年S.库布里克的里程碑作品《2001：太空漫游》之后，科幻电影得到了更多的关注，开始成为更为严肃的电影类型。20世纪70年代末期，随着电影《星球大战》系列的上映并获得成功，使用大量特技效果的大制作的科幻电影逐渐流行起来，为日后鸿篇巨制的科幻电影大片潮流奠定了基础。进入21世纪，科幻电影的最大特征就是超级英雄电影大量涌现，如《X战警》《蜘蛛侠》《绿巨人》等。

现代的科幻电影是一类尝试以未知事物满足观众的电影，满足人类对未来的想

《绿巨人》剧照

象或是反映现实社会的冲突。它注重于真实科学、推想性科学或思辨科学以及经验性方法，并在一定的社会环境下将它们与魔法或宗教中的超验主义互相结合起来。

（唐建军 撰 孙承健 修订）

科教片 science and education film 运用影视手段来传播科学技术知识的片种。全称科学教育片。在某些国家，统称科学片。其中适于学校和社会教育的影片，称为教育片。在中国，过去称为教育片，自1953年开始称为科学教育影片。科教片的特点是其科学性和通俗性，在真实揭示客观世界发展规律的基础上，力求深入浅出，通俗易懂、生动活泼。优秀的科教片应在科学性、思想性、艺术性和趣味性等诸方面达到和谐统一。

科教片在发展生产、促进经济建设、提高人民科学文化水平等方面起着重要作用。由于影视具有广泛的群众性和鲜明的形象性，用它来传播科学技术知识，能收到很好的效果。数字技术出现之后，特别是流媒体技术的出现和影视媒介的高度融合，以及网络覆盖范围的不断扩大，科教片的制作和传播都有了巨大的变化。此外，科教片还可作为国际间文化交流的工具，起到扩展视野、扩大知识面、丰富生活的作用。科教片的内容主要是科学技术知识，可以帮助观众加深对客观世界、事物的本质及其发展规律的认识。

科教片的分类 按照影片的不同任务、对象和不同内容，科教片可以分为以下几类：

①科学普及片。简称科普片。其对象为一般观众，内容主要是基础科学知识和生活常识，如《宇宙与人》《月球探秘》《小鸭快跑》《绿色长城》等。也有一些科普片是介绍科学研究成果和具有科学文献价值的影片，如《没有“外祖父”的癞蛤蟆》《生命与蛋白质——人工合成胰岛素》《泥石流》《首星揭秘》等。还有一些是含有一定知识性的文化欣赏片和地理风景片，如《敦煌艺术》《桂林山水》《圆明园》等。而一些有关介绍绘画、雕塑、工艺品制造

的影片也属于这一类。这类影片着重介绍科学知识，对观众的知识基础没有特殊要求。它侧重普及，尽可能使更多的人能理解和接受，并产生兴趣。

②技术传授片。向特定观众传授某项技术的科教片。如《郝建秀工作法》《煤矸石的综合利用》《水轮机转轮的类型与结构》《人工家兔繁殖》以及大量有关培育良种、合理施肥、改良土壤、改进农具的农业影片。技术传授片的实用价值较大，与发展生产、提高操作技能、提高劳动生产率的关系亦较为密切。有的科技片的观众对象仅限于某一工种的少数工人，有些影片则应用范围较广泛，带有较大的普及性。

③教学片。作为电化教育、向学生进行教学的作品。主要运用于课堂，也可通过互联网和流媒体技术、移动终端（如手机）等运用于各种场所。这类作品按照不同学科、不同年级的教学进程，配合教师讲课，遵照教学要求，因此内容集中，对象明确。由于影视的鲜明形象性和特殊表现方法，教学片易为学生理解，并取得良好的教学效果。

④科学研究片。记录科学实验的过程和成果以及一般人类肉眼难以观察到的自然变化现象的影视作品。简称科研片。它可供继续深入研究之用，也可以在科学会议、学术交流活动中放映，如记录断指再植手术、生物胚胎发育过程、金属铸件内伤探测的作品等。这类作品一般由科研机构和科学工作者自行拍摄，不列入科教电影制片厂摄制计划，也不在影院放映。

⑤科学杂志片。以报道新技术、新工艺、新材料、新设备为内容的影片。一般篇幅较短，只介绍很简单的科学内容，如中国摄制的《科技简报》《科学与技术》《农林科技简报》等，都是每月摄制一本，每本包括几个题材。

⑥科学幻想片。以普及科学知识为目的的科教片。简称科幻片。与故事片中的科幻片的不同之处在于：它具有一般科教片的特性——科学性，即使虚构若干情节，也是为更好地讲述科学原理，预测科学发展的未来，丰富符合科学规律的想象力。中国影片《小太阳》就是按照这一要求拍摄的科幻片。

⑦军事教育片。以军事为题材的科教片。简称军教片。这种影片可以配合部队的军事训练任务，进行形象示范；向观众讲解武器知识，介绍现代军事科学的新成果等，如中央电视台军事频道的《兵器大观》等栏目。此外，有些影片如对原子武器的防护、对化学武器的防护、射击知识、战地救护等，不仅适用于部队，还可在广大人民群众中放映，满足他们学习军事知识和战时自我保护的需要。

⑧社会教育片。以解释社会现象、传授社会科学知识和规范社会生活秩序等为内容的科教片。简称社教片。社教片的范围十分广阔，并不是所有的学科都可拍成社教片。作为科教片的社教片，须在选题时就考虑到是否适于以影像表现出来，也要考虑到它的知识性能否对广大观众起到教育作用。在已经拍成的社教片中，一些涉及人们日常交通安全的影片如《红绿灯下》，以及聚焦小学生放学后校内外安全问题的影片《放学后》，就收到了很好的社会效果。此外，一些涉及少数民族生活史和有关工厂企业和农村生产组织如何实施科学经营管理方法的影片，也取得了效果。如《佧佤族》《农业生产合作社的包工制》等。

⑨电视台科教类栏目。由各级电视台制作、播出的各种形式的科教类电视节目。内容涉及人类生活的方方面面，很受广大观众的欢迎。这类栏目形式多样，既有传统科教片的形态，也有访谈类、综艺类节目的制作、播出形式，如中央电视台的《走近科学》《探索·发现》《防务新观察》《是真的吗》等。

科教片分类在实践中并无严格的界限。有些科普片也涉及一些具体的技术措施，有些技术传授片亦同时介绍些科学原理。还有些科普片和技术传授片又可用于教学。各类影片相互交融，彼此渗透，但创作意图是不应混淆的，至少应确定其主要归属。这样在创作和制作影片时，才能有其明确的受众和用途。对于科教片发行工作来说，这种区分也很必要。教学片、科研片以及一部分技术传授片由于专业性太强，一般很少在电影院放映。

此外，科教片在形态上与纪录片也多有融合，边际区分并不十分明显。很多优秀的科教片，在内容、形态、表现手法等诸方面都与纪录片极为相似。如科教片《变暖的地球》，在以一种细致、新颖的角度剖析地球变暖现象的同时，也体现出强烈的历史使命感和人文关怀；而有些优秀的纪录片也同时兼有科普的功能，再如人文历史纪录片《稻之道》，就通过影片向观众科普了有关稻作文化的相关知识。因此，科教片与纪录片相比，只有创作初衷与表现侧重的不同，并无形态上的严格区分。

科教片的发展 世界科教片的发展　电影发明后不久，一些科学家就运用摄影机拍摄到某些动物的肢体运动、心脏跳动、消化过程、雌雄交配的镜头。起初只是片段的记录，以后便发展成完整的影片。1906年G.梅里爱把电影分为四大类，其中之一便是科学片。教育片起源很早，1919年美国就曾建立拍摄教育电影的公司，专为学校制作供教学用的非娱乐性影片。

法国的J.班勒维对科教片的发展起到过重要作用，他在1928年拍摄了第一部科教片《章鱼》，接着拍摄了《寄生蟹》《海猬》。1930年，班勒维在巴黎创办了科学电影研究所，之后便一直从事科教片的拍摄研究工作。他所拍摄的《变形虫细胞核的转移》，用显微摄影把细胞活动拍得十分清晰生动，被视为科教片历史上的代表作。第二次世界大战以后，科教片在经济和教育比较发达的国家都受到了重视，产量剧增。美国和日本的教育片普及到各级学校。日本制作科学片、教育片及其他短片的企业单位有150家，每年生产1000余部科学片、教育片和新闻纪录片。这些企业各有特点，如有的擅长拍海洋生物，有的专拍医学内容或动物等。苏联有3个专门摄制科教片的制片厂，都具有一定规模，人员充实，设备齐全，每年产量约1000本。其中《宇宙》《重见光明》《生命的起源》等曾译成中文在中国各地放映。A.M.兹古里基导演的《在北冰洋上》《在中亚细亚沙漠中》《森林的故事》等，表现了在不同环境中生长的动物。该影片取得突出的成绩，多次在国际上获奖。1947年国际科学电影协会成立，它拥有27个会员国。在举行年会的同时，往往要办科学电影节，评选优秀影片。有的国家还曾举办专项的国际科教电影节，如联邦德国的西柏林国际农业电影节、意大利的国际医学电影节。法国、南斯拉夫、波兰也举办过国际科技电影节或国际短片电影节。1987年在北京也举行了国际科教片电影展。在数字摄影机出现之前，各国的科教片绝大部分是用16毫米胶片摄制的，这样便于拍摄和小范围放映。也有些科学研究片和教育片是用8毫米胶片摄制的，只有很少数适用于影院或大范围放映的科教片，才印制35毫米拷贝。

20世纪80年代中期以来，随着电视的普及和数字技术的出现，科教类电视片异军突起。以美国探索频道和国家地理为代表的一大批电视机构，都制作了大量的科教片。其中，探索频道1985年起在美国播出；1989年起陆续在欧洲、澳洲、北美洲、亚洲等国家和地区播出。该频道节目类型丰富，内容涵盖自然、科技、历史、探险、文化和时事等多个领域。而以“增进和普及地理知识”为宗旨，致力于探索历险、环境保护以及教育的国家地理，则在节目覆盖171个国家及地区，用户超过4.4亿个家庭的同时，逐步加大对中国市场的关注，连续推出多部关于中国题材的纪录片，并在《寰宇地理》栏目中播出，如2006年与中国中央电视台共同合作完成的《故宫》(国际版)。《寰宇地理》已在北京、上海、广州等20余家电视台落地播出。这些代表世界最高制作水准的科教片，对中国科教片的创作产生了一定的影响和借鉴作用。

中国科教片的发展　中国开始摄制科教片是在1918年，当时**商务印书馆活动影戏部**拍摄了《盲童教育》《驱灭蚊蝇》《养蚕》等少量的教育片。20世纪30年代，摄制科教片的单位略有增加。南京金陵大学曾摄制《国术》《陶器》《酱油之速酿》《黄河文化》；大夏大学创立的中国教育电影社拍摄了《火柴》《科学养鸡法》；南京“中央大学”电化教育系拍摄过供教学用的短片；中国教育电影协会也摄制过一些有关生物、物理、化学的教学片。40年代初期，中华教育电影制片厂在重庆成立，拍摄过《家庭副业》《阳光与健康》等影片。

1948年，由中国共产党领导的东北电影制片厂拍摄了第一部科教片《预防鼠疫》，为新中国科教片事业打下了基础。

中华人民共和国成立后，比较重视科教片的摄制。1951年，**北京电影制片厂**拍摄了《农村卫生》等3部科教片。1952年中央文化部电影局决定成立教育片组，这是中华人民共和国成立后最早建立的专门摄制科教片的机构。1953年2月，在教育片组的基础上，在上海正式成立中央文化部电影局科学教育电影制片厂（后更名为**上海科学教育电影制片厂**）。

1955～1957年是新中国科教片历经初创后的发展壮大期。借全国开展向科学进军和“百花齐放，百家争鸣”方针提出的有利时机，新中国科教电影取得了科学与艺术结合的初步收获。1956年举办的“全国教育影片展览”，将新中国科教电影推向社会。

1958～1960年，在“大跃进”相关思潮的影响下，中国科教片一度畸形发展，拍摄了《湖北万斤田》《北京市消灭老鼠》《鲁山万能土高炉》等一大批违反科学规律、浮夸虚假的科教片。这一时期中国科教电影的产量奇高但佳作甚少，仅以上海科学教育电影制片厂为例，1958年该厂科教片年产量猛增到133部207本，与经过调整后的1960年的52部111本相差1.5倍还多。1960年3月，**北京科学教育电影制片厂**成立，连同农业部所属中国农业科学电影制片厂，中国有3个专门摄制科教片的制片厂。之后，许多科研单位、大专院校以及各省区的电影制片厂也纷纷摄制科教片，总数接近百家。

1961～1965年是中国科教电影发展的第一个繁荣时期。中共中央宣传部要求科教电影“在内容方面必须有严格的科学性；而在表现形式方面，则要注意技巧，力求生动优美，能引人入胜”。在此方针指引下，一大批科学与艺术紧密结合，形式新颖，风格多样的科教片应运而生，如《知识老人》《中国武术》等；其中尤以为农民拍摄，力求能让几亿农民“看得懂、学得会、用得上”的技术传授片，如《巧种多收》《金小蜂与红铃虫》《白菜三大病害》等，受到农民观众的欢迎。1963年6月8日至14日，全国十大城市举办“国产科学教育电影展览”和“全国科学电影宣传周”，是这一时期科教片成就的集中展现。

“文化大革命”期间，科教电影饱受摧残，生产近乎停滞。如1968～1971年期间，全国三大科教电影制片厂除上海科影厂生产了11部科教片外，北京科影和中国农影均未生产一部影片。“文化大革命”后期，科教片的生产虽得到一定的恢复，但优秀作品几近于无。

1978年初，全国科教电影工作会议提出了“科教电影要为提高全民族的科学文化水平服务”的口号。1979年2月28日，文化部、教育部、全国科协在北京联合召开全国科教电影事业规划会议，为新时期科教电影的创作指明了方向。之后召开的全国科教电影选题工作会议，既可视为对此前规划会议的具体落实，也可视为新时期中国科教电影复兴的号角。两个会议极大调动了广大科教片创作者的工作热情。据不完全统计，1979～1985年，“三大厂”共生产科教片880部2008本，不仅产量高、题材面广，而且普遍呈现出想象力丰富，艺术手段精湛，广受观众欢迎的特点。自1979年始，国家每年举办一次优秀科教片政府奖评选，先后评出《生物进化》(1979)、《遥感》(1980)、《胆结石的奥秘》(1981)、《冠心病》(1982)、《黄河与森林》(1983)、《台风》(1984)、《中国首次南极考察》(1985）等多部优秀影片；此外还有《红绿灯下》(1978)、《蜜蜂王国》(1981)、《细胞重建》(1984)、《崛起的第三金属——钛》(1985）等多部影片获中国大众电影百花奖和中国电影金鸡奖最佳科教片奖等，标示着新中国科教电影迎来自身发展的第二个高潮。

20世纪90年代初，由于电视的普及与录像业的兴起，中国科教片与中国电影一样迎来市场的低迷并尝试改革。1991～1992年，先进行体制内改革；1993年市场化转型开始启动；1994年，以广播电影电视部电影局《关于进一步深化电影行业机制改革的通知》为标志，科教电影与整个中国电影一样，其自1995年1月1日起，产品不再由中影公司收购，完全推向市场。自1993年起，中国多家科教电影制片厂先后改制，中国科教电影由此走向“影视合流”模式。中央电视台和多家地方电视台纷纷开办科教类频道。

21世纪以来，在国家政策推进与扶持下，中国科教片在困难中砥砺前行，力求发展。年产量已从1997年的10部扩大到100余部左右，其中，2015年达到121部。整体而言，产量相对稳定，创作理念不断提升，出现诸多有影响力有特色的影片。在政策和市场双重影响下，科教片在内容、技术和形态等方面都多有变化，也实现了较良好的传播效果。

科教片的创作　选取题材是科教片创作中的第一步。可供科教片拍摄的题材范围是十分广泛的，从广阔无垠的空间，到物质的内在精细结构。天文、地理、物理、化学、动物、植物、农业、遗传、医学、历史、伦理道德等各门学科，都可以为科教片提供取之不尽的拍摄题材。在选题时，应当优先考虑与发展生产、提高劳动生产率以及与人们日常生活有密切关联的科学技术题材，同时也要考虑影视的特性，如是否易于用影像表现等。科学性是科教片创作的首要原则，也是区别于其他片种的特性。

科教片的科学性包含以下3个方面：①知识性。任何一部科教片都要给人以科学技术知识。这种知识内容应是新颖的、深刻的，也是广大观众所需要并能接受的。运用影视的优越性，不仅可以展示事物外部的鲜明形象，而且可以深入内部，揭示自然界的奥秘，显示其本质特征，探求其内在规律，使观众由不知到知，由浅知到深知，满足观众求知的欲望。②准确性。影片所介绍的科学技术内容应是正确的，是事物的本来面目，符合客观世界发展规律，而不是谬误的、臆造的、浮夸的。③真实性。科教片既要注重生活真实，也须注重科学真实。唯其如此，才可使其所介绍的知识、所阐述的科学原理令人信服。这种真实性，不仅指影片的科学内容，而且包括表现形式、人物的动作、环境布置、服装设计等。科教片不可能完全排除扮演或再现，因为有些发明创造过程已完成，有些动作是当事人所不能完成的，只能借助于扮演者表演。但这样的扮演应当尽量减少，尤其要避免虚假。只有当观众完全相信“这是真的”时，影片的价值才得以充分显现。科教片也要注意思想性，创作中的指导思想要符合辩证唯物主义，要考虑到社会需要和社会效益。在观众看完科教片以后，他们会相信物质的客观存在，相信世界是可知的，了解到物质运动和自然发展的规律。这些观点不是影片的创作者直接说出来灌输给观众，而要使观众在接受影片科学内容时自然地接受。同样，影片的社会意义在于它所传播的科学技术知识有利于发展生产力，有利于提高人们的科学文化水平，而不在于增加不必要的政治宣传内容和思想教育。

科教片在传播科技知识的同时，须力求起到提升观众情操，增加观众兴趣的作用。为此须大力提高影片的艺术水平，增强艺术性。科学研究片要求剖析清楚，述理透彻，不强调艺术性。技术传授片，尤其是以广大观众为对象的、带有普及性的技术传授片，应做到生动活泼、通俗易懂，兼具一定的艺术性。科学普及片，要力求做到科学与艺术的结合，将创作者所深入理解的知识内容以生动的形式表现出来。

中国科教片在实践中形成了自己的创作特色。除了遵守上述一般原则外，还比较注重以下几个方面：①从中国实际出发，密切配合国家发展，为现代化建设服务。大量科教片的题材和内容都与发展生产、提高人民生活有密切联系。如有关农业技术、防病治病、增进健康、保护环境、安全生产、利用新能源、节约煤电的影片拍得较多，多为提高全民族科学文化水平的基础科学知识题材。特别是农村科教电影的创作、普及、发展，更受到高度重视，早在20世纪60年代初，中共中央宣传部就曾发文，强调农村科教片的重要性。1964年3月16日，文化部和国家科委联合召开全国科教片会议，明确提出“科教片要为五亿农民雪中送炭”的口号。1982年4月23日，文化部、国家农委、农业部、林业部中国科协联合下达了《关于运用科教影片，加强农业科技普及和推广工作的联合通知》。通知不仅强调农村科教电影要加大推广和普及的力度，更需要从源头上加强生产，以满足广大农民的需要。21世纪以来，相关政策也一再向农村科教片倾斜。②充分显示中国特有的科学技术成就，反映带有中国特色的科学技术动态。如拍摄著名科学家李四光、华罗庚、朱洗、吴汝康、裴文中、谈家桢等科学研究成果的影片；拍摄长江、黄河、长城、古都北京、桂林山水、青藏高原等描绘中国壮丽河山及其地理风貌的影片；拍摄熊猫、白鳍豚、丹顶鹤等珍贵动物的影片；拍摄断肢再植、中草药应用、武术气功等，在中国有独特创造的医学和健康术方面的影片；还有敦煌艺术、云冈石窟、中国绘画、书法等反映中国优秀文化传统的影片。这些影片不仅传播科学文化知识，而且可以增强中国人民的民族自豪感，促进各国人民对中国的了解。③面向中国广大观众，既考虑他们的需要，又适应他们的接受能力。中国是一个发展中的社会主义国家，农村人口又较多，为了有效地向他们普及科学、传授技术，科教片在内容上注重选取群众迫切需要了解的知识，在表现形式上力求做到深入浅出、通俗易懂、层次清楚，也尽量把科学道理讲得活泼些、有趣些，使之符合广大观众的欣赏习惯，为他们所喜闻乐见。与此同时，中国科教片的创作存在一定的问题，并面临诸多挑战。由于科教片产业化需求不足，导致各制片、出品方创作动力不足，对政府和政策扶持的依赖度较高。虽然部分科普题材显示出了市场潜质，但产业规模不大，市场机制还有待激活，需要开拓更多的市场着力点，才能够更好地平衡产业效益和公益效益。

值得注意的是，随着互联网技术的迅猛发展和普及，大量新媒体和自媒体的出现，使科教片的创作既遇到新的机遇，也遭遇前所未有的挑战。当下科教片的传播受到局限，能进入商业院线放映的影片微乎其微，大多是在电视台播放，使观众的观看受到播放时段的限制，而且这些电视观众的年龄组越来越趋于中老年化，从而使科教片的受众对象范围越来越窄。与此同时，网络上各种社交软件（如QQ、微信、抖音、快手）等自媒体经常传播有关生活常识、养生经验、科学健身、食品安全、人工智能等方面内容的微视频、微电影，能在短时间内得到大范围转发、传播。这些微视频，有的具备一定的科学含量和知识性，但也有很多缺乏科学根据，以讹传讹，甚至无中生有、恶意炒作。因此，在一个多平台、多渠道、全链条、全媒体迅猛发展的时代，如何以市场为导向，引导社会资本积极参与，整体策划、有效整合，开辟新的创作、生产、经营模式和传播渠道，利用新媒体的优势和途径，扩大科教片的传播范围，让广大受众更好、更及时地接受正确的科学知识乃至参与互动，将是未来科教片发展面临的新的课题和挑战。

科教片的表达手段　解说词在科教片中有着重要的作用。科教片一般没有完整的故事情节，画面的内容往往须借助解说词才能解释清楚，因此解说词成为科教片创作中一个重要的组成部分。解说词的作用不限于解释或注释，它能启发观众思考或渲染情绪。好的解说词既准确、精练，又生动、优美，带有一定的文学性。它不是简单地重复画面，而是把画面的内在含义指点给观众，加深观众对画面的理解。解说词应与画面互相呼应，互相配合，而不能互相妨碍。

动画是揭示事物内容结构、剖析科学原理的重要手段，在科教片中运用较多。科教片的动画与美术片不同，一般是在拍摄不到实物的情况下才运用，其目的在于阐述科学技术知识。在科教片的发展过程中出现了尽量少用动画的趋势，在动画设计中讲究新颖、生动，使人一目了然。科教片动画不要求对每项事物都描绘得十分细微逼真，只是按照内容需要，突出其中某一部分，显示这一局部在整体中的正确位置，使观众能观察到事物深处，了解产生某些现象的原因。在科教片中常应用高速摄影、放大摄影、**显微摄影**、X光透视摄影、延时摄影，以及水下、空中、望远、内窥镜等摄影技术，以便能把人类肉眼无法看到的东西拍摄下来，如中国影片《胆结石的奥秘》用光导纤维内窥镜深入人体内摄影，拍摄到蛔虫经食道钻到肠内的过程等。这些手段很大程度上增加了科教片的表现力和说服力。此外，数字特效，虚拟技术的应用，能使一般常规拍摄手法不能实现的影像或效果，得到更加逼真，乃至“足以乱真”的体现。如影片《月球探秘》，全片时长50分钟，其中近一半影片由三维电脑动画做成，仅有10分钟左右的篇幅采用了实拍与特效合成的技术手段。影片呈现出更真实的色彩还原度，更高清、更精细的画面等。这也让诸多以往只存在于想象中的拍摄手法有了实现的可能。

（洪林原　撰　刘乃康　修订）

科教片音乐　science and education film music　为科教片创作或编配的音乐。科教片音乐以叙述性或描绘性的音乐为主，配合影片画面内容可以起到解释和说明的作用。有时根据画面内容需要，参照故事片或纪录片的音乐表现手法进行配乐创作。科教内容的电视节目一般都伴有符合作品情绪的音乐，与科教片的画面内容互相配合、相得益彰。（赵　娴）

科斯特纳，K.　Kevin Costner（1955-01-18～　）美国电影演员、导演、制片人。

生于加利福尼亚州洛杉矶。童年在加州劳工区卡普顿度过。考上加利福尼亚大学之后，逐渐对表演产生了兴趣。1978年，在与妻子蜜月旅途中与《埃及艳后》中安东尼的扮演者R.伯顿偶然相遇，受其点拨之后，辞掉工作前往洛杉矶，开始踏上电影之路。1985年，出演了西部片《银城歼霸战》。1987年，主演了B.de帕尔玛的犯罪片《铁面无私》，与S.康纳利和R.德尼罗两位影帝一起飙戏，开始扬名好莱坞。

1990年，首次担任导演、制片，并主演了西部片《与狼共舞》，为当时行将式微的西部片注入了新鲜而强劲的活力，获第63届美国电影奥斯卡奖最佳导演奖、最佳影片奖等7个奖项，第41届德国柏林国际电影节杰出成就奖，第48届美国电影金球奖最佳导演奖，第15届日本电影学院奖最佳外语片奖。1991年，凭

《与狼共舞》剧照

借在惊悚悬疑片《刺杀肯尼迪》中的精彩演出，获第49届美国电影金球奖最佳男主角奖提名。同年，还主演了《侠盗王子罗宾汉》，获第18届美国电影土星奖最佳男主角奖，这两部风格迥异的电影使其成为实力派巨星。1992年，与W.休斯顿共同主演了剧情片《保镖》，获第2届美国MTV电影奖最佳男演员奖，这部佳作在全球收获高达4亿美元的票房。1996年，凭借爱情喜剧片《锡杯》获第54届美国电影金球奖最佳男主角奖提名。2012年，主演了历史剧《血仇》，获第64届美国艾美奖电视电影类最佳男主角奖。2013年，出演了科幻动作片《超人：钢铁之躯》。2014年，主演了动作片《三日刺杀》和亲情片《黑白祖孙情》。2015年，主演了体育片《麦克法兰》。2016年，出演了科幻动作片《蝙蝠侠大战超人：正义黎明》。2017年，出演了传记片《茉莉的牌局》。

科斯特纳饰演的角色亦正亦邪，自然洒脱，既甜蜜性感，又粗犷勇猛，表演张力十足，塑造了许多感人至深的人物形象，为观众奉献出了众多佳作。他主演的影片还有《无路可逃》(1992)、《完美的世界》(1993)、《执法悍将》(1994)、《未来水世界》(1995)、《邮差》(1997)、《瓶中信》(1999)、《惊爆十三天》(2000)、《鬼谜》(2002)、《天地无限》(2003)、《流言蜚语》(2005)、《愤怒之上》(2005)、《惊涛大冒险》(2006)、《布鲁克斯先生》(2007)、《关键投票》(2008)、《新女儿》(2009)、《合伙人》(2010)、《一触即发》(2014)、《隐藏人物》(2016)等。2004年，获第15届美国棕榈泉国际电影节终身成就奖。2013年，获第38届法国电影凯撒奖荣誉奖。2015年，获第20届美国广播影评人协会奖终身成就奖。（孙　萌）

科威特电影 Kuwaiti cinema　科威特的民族电影事业起步较晚，20世纪60年代以后才开始摄制纪录片。1971年以后，科威特导演H.萨迪克陆续拍摄了3部故事片：《残酷的海》(1974)、《扎因的婚礼》(1975)和《法尔康的皇后沙亨》(与印度合拍)。此后，电影事业在政府新闻宣传部的领导下有了较大的发展。政府所管辖的国家电影团在全国拥有14家影院，每年进口外国影片400多部，对本国的电影电视生产的投资也逐年上升。1984年达5000万美元。国营的现代系统广播电影电视公司仅1984年就投资2000万美元拍摄故事片。为了提高影片的艺术与技术水平，科威特从80年代起和瑞士、西班牙、意大利等国的电影电视公司合作。1984年，国营的特赖泰尔国际制片公司与外国合拍了一部英语故事片《朦胧的回忆》。80年代较知名的影片还有国营的阿拉伯海湾国家联合制片公司拍摄的《开放的西赛姆》和《西赛姆的街道》等。进入21世纪后，比较有影响的影片有剧情片《萨哈拉亚利》(2003)、科幻片《如你所愿》(2003)、纪录片《失去艾哈迈德》(2006)、喜剧片《求爱交叉点》(2018)等。

科威特电影俱乐部和科威特幸运娱乐公司是科威特主要进口外国影片的公司，前者还负责举办电影节，如海湾国家电影电视节，每年举行一次。（陆孝修）

《渴望》 *Exception*　中国彩色电视剧。北京电视艺术中心1990年出品。共50集。编剧，李晓明；导演，鲁晓威；摄影，毕建华、李苏；主演，张凯丽、李雪健、黄梅莹、孙松、韩影等。

故事讲述了北京一条胡同中，居住着一户普通人家，心直口快的刘母含辛茹苦拉扯两个女儿长大。长女刘慧芳善良孝顺，喜欢上了同工厂出身知识分子家庭的王沪生，并与其结为夫妻。王沪生的姐姐王亚茹的未婚夫罗冈由于政治立场问题被送往五七干校改造。王亚茹和罗冈的私生女被丢弃之后被刘慧芳的妹妹燕子捡到，刘慧芳将其取名刘小芳并抚养成人。“文化大革命”之后，王家被平反，地位提升。王亚茹不喜欢不是王家骨肉的刘小芳。刘慧芳和变心的王沪生离婚。罗冈向刘慧芳求婚，慧芳不愿拖累罗冈，不得已把小芳的身世说了出来。

影片生动地展现了从“文化大革命”时期到改革开放年代中国的社会生活历程，曲折地表达了在商品经济的大环境下人们对传统人伦规范的向往与呼唤，揭示了人们对爱情、亲情、友情以及美好生活的渴望。剧中温柔善良的刘慧芳、憨厚老实的宋大成等形象深入人心，影响了几代人的思想和生活。该剧一经播出便得到了社会的广泛关注，创造了90.78%的收视率，成为中国电视剧发展的历史性转折的里程碑。该剧1991年获第11届中国电视剧飞天奖长篇电视剧一等奖、最佳男配角奖，第9届中国大众电视金鹰奖优秀连续剧奖、最佳男主角奖、最佳女主角奖、最佳男配角奖、最佳女配角奖。

（阿　章　撰　章柏青　唐建军　修订）

克拉考尔，S. Siegfried Kracauer(1889-02-08～1966-11-26)　德国电影理论家、艺术史家。生于德国美因河畔法兰克福，卒于美国纽约。早年当过报纸副刊编辑，

写过小说和一些社会学著作。1933年流亡到巴黎，从事艺术史研究。1941年去美国定居，在纽约现代博物馆任职，从事电影史和电影理论研究。主要电影著作有《宣传和纳粹战争片》(1942)、《从卡里加里到希特勒》(1947)和《电影的本性》(1960)。克拉考尔在《电影的本性》一书中建立了他完整严密的理论体系。该书的副题——物质现实的复原，体现了他的中心论旨，因为他认为电影是照相的一次外延，其全部功能是记录和揭示我们的周围世界，而不是讲述虚构的故事。他研究电影的目的

是通过对各类电影的研究，寻找出一条最符合电影本性的发展路线。为此，他详尽地分析了电影的材料和方法，摒弃了一切“非电影化”的形式和内容，树立起他的“电影化”标准。他的结论是，只有拿着摄影机到现实生活中去发现和摄录那些典型的偶然事件，才能拍出符合电影本性的影片。克拉考尔被认为是西方写实主义电影理论的重要代表人物，但他对传统的故事片所持的排斥态度引起了很多争议。

（明　禄）

克莱尔，R. René Clair（1898-11-11～1981-03-15） 法国电影导演、作家。原名雷内·肖麦特。生于巴黎，卒于巴黎。学生时代开始文艺创作。1920年，作为演员登上银幕。1924年，导演**达达主义电影**代表作《幕间休息》。影片完全摒弃了叙事的逻辑性，忽而是拳击手猛击大歌剧院，忽而是女演员的脸上长出一把黑胡子；前面是肃穆的送葬队伍，随后却是一场疯狂的追逐。评论界认为，这些内容实际上是在抨击和揶揄资产阶级的习俗、风尚、文化与礼仪，是第一次世界大战后青年一代愤世嫉俗精神状态的体现。1925年，导演的《沉睡的巴黎》上映。1928年，导演了喜剧片《意大利草帽》。

1930年，编导了第一部有声片《巴黎屋檐下》。1931年，导演《自由属于我们》，以轻喜剧的风格，诙谐而犀利地揭露了资产阶级对个人机械式的控制和压榨，抨击和批判了资本主义社会的重大体制问题。1945年，导演《无人生还》，获第1届瑞士洛迦诺国际电影节最佳影片奖。1947年，导演《沉默的黄金》，获第2届瑞士洛迦诺国际电影节最佳影片奖。1952年，导演《夜美人》，获第17届意大利威尼斯国际电影节国际影评人协会奖。

克莱尔对无声电影美学作出了一定的贡献。他虽然曾经激烈反对有声电影，但在20世纪30年代还是拍摄了《百万法郎》（1931）、《七月十四日》（1933）等早期有声电影，以自己的实践丰富了有声电影的表现手段。他拍摄的影片还有《魔鬼的美》（1950）、《大演习》（1955）、《百合门》（1957）、《爱情和法国女郎》（1960）、《风流的节日》（1965）等。1962年，他被选为法兰西学院院士。1979年，获第11届莫斯科国际电影节纪念奖。

（崔君衍）

《克莱默夫妇》 *Kramer vs. Kramer* 美国彩色故事片。哥伦比亚影业公司1979年出品。编导，R.本顿；摄影，N.艾尔孟德罗斯；主演，D.**霍夫曼**、M.**斯特丽普**、J.亨利、J.亚历山大、H.达夫。

故事讲述了事业有成的泰德无暇顾家，妻子乔安娜愤而出走，之后泰德被6岁的儿子比利和家务弄得狼狈不堪。泰德刚修复了父子关系，却为此丢了工作。乔安娜找好工作就回来要领走儿子。法庭上两人各自陈述艰辛和爱子之心，法官最终依法将监护权判给母亲。泰德忍痛送别儿子，乔安娜不忍带走比利，两人心情复杂地拥抱在一起。

影片深刻反映了在美国具有普遍意义的妇女解放与儿童抚养的两难问题，正面表现了美国妇女独立意识的觉醒及其对既有家庭秩序产生的影响。影片的开放式结尾表明，即便夫妻和解也未必能解决这一重大社会问题。影片上映后，在社会上引起巨大反响，并在影坛掀起**家庭伦理片**的热潮。影片1980年获第52届美国电影奥斯卡奖最佳影片奖、最佳男演员奖等5项奖，第37届美国电影金球奖最佳编剧奖、最佳女配角奖等4项奖，第24届意大利

《克莱默夫妇》剧照

电影大卫奖最佳外国电影奖、最佳外国男演员奖、特别奖；1981年获第4届日本电影学院奖最佳外语片奖。

（仲　霞）

克劳馥，J. Joan Crawford（1904-03-23～1977-05-10） 美国电影演员。原名露西尔·费伊·利休厄。生于得克萨斯州圣安东尼奥，卒于纽约。出生前父母便离异。早年为生计，做过女招待、售货员、夜总会歌女。1923年，自幼爱好舞蹈的她赢得了一项业余舞蹈比赛的冠军，并借此机会加入了合唱团，开始以舞蹈为业。1925年在百老汇一个歌舞团演出，被米高梅电影公司看中，开始到好莱坞拍片。同年出演了第一部影片《漂亮女士》，扮演了一个跳舞的小角色。

1928年主演了《我们爱跳舞的女儿》，大受好评，一举成名，随后与男演员C.**盖博**合演了8部影片。1930年在《现款已付》中扮演一个争强好胜、为了往上爬不择手段的女人。1932年出演汇集了米高梅电影公司当时全部明星的《大饭店》，自己也开始成为一线明星。之后出演的《雨》《时装模特》《女人们》等奠定了她在好莱坞的明星地位。20世纪40年代结束了与米高梅电影公司的合约，转到华纳兄弟影业公司。1945年在《欲海情魔》中扮演一个女招待出身的饭馆老板娘，获第18届美国电影奥斯卡奖最佳女主角奖。1946年出演了《诙谐曲》（又译《恨海香魂》），因精彩表演而获得好评。1952年主演了《意外恐惧》，获第10届美国电影金球奖最佳女主角奖。1962年与B.戴维斯合演了恐怖片《简这孩子怎么回事？》，获得票房上的成功。1970年主演了最后一部影片《穴居》。

其他代表作品有《流浪汉》《奇异的货物》《花容月貌》《手足英雄》《女王蜂》《秋日落叶》《冷暖群芳》《神秘马戏团》等。其表演充满女性魅力，善于塑造有心机的性感女郎形象，是好莱坞电影史上活跃时间较长的演员之一。著有回忆录《琼的肖像》和《我的生活道路》。

（李　湄）

克鲁斯，T. Tom Cruise（1962-07-03～　） 美国影视演员、制片人。生于纽约锡拉丘兹。父亲是机电工程师，母亲是一位热爱戏剧的教师。幼时生活困苦，使他养成了勤奋乐观的生活态度。他早年的愿望是做一名牧师，曾在旧金山神学院进修。偶然参加了校内音乐剧的演出，开始着迷于戏剧与表演，并加入当地剧院。1981年，先后参演《熄灯号》《无尽的爱》，开始了其演艺生涯。1983年，参演F.F.**科波拉**执导的影片《局外人》。同年，出演《乖仔也疯狂》，获

第41届美国电影金球奖音乐喜剧类最佳男主角奖提名。

1986年，主演励志片《壮志凌云》，一举成名。1988年，与D.霍夫曼联合主演《雨人》。1990年，主演《生于七月四日》，获第62届美国电影奥斯卡奖最佳男演员奖提名和第47届美国电影金球奖最佳男主角奖。1992年，出演《义海雄风》，获第50届美国电影金球奖最佳男主角奖提名。1994年，与B.皮特合作出演《夜访吸血鬼》。1996年，开始担任《碟中谍》系列电影男主角。1997年，出演《甜心先生》，获第69届美国电影奥斯卡奖最佳男主角奖提名和第54届美国电影金球奖音乐喜剧类最佳男主角奖。1999年，参演影片《木兰花》，获第72届美国电影奥斯卡奖最佳男配角奖提名和第57届美国电影金球奖最佳男配角奖。同年，与N.基德曼合作主演了S.库布里克的遗作《大开眼戒》。2003年，出演《最后的武士》，获第61届美国电影金球奖最佳男主角奖提名。2008年，出演《热带惊雷》，获第66届美国电影金球奖最佳男配角奖提名。

克鲁斯饰演过众多性格各异的角色，凭着自己坚韧不拔、吃苦钻研的精神一步步在演艺事业上走向成功与辉煌。他参演过的影片还有《处男有男》(1983)、《金钱本色》(1986)、《龙威虎将》(1988)、《鸡尾酒》(1988)、《雷霆壮志》(1990)、《大地雄心》(1992)、《糖衣陷阱》(1993)、《碟中谍2》(2000)、《香草的天空》(2001)、《王牌大贱碟3》(2002)、《碟中谍3》(2006)、《狮入羊口》(2007)、《危情谍战》(2010)、《碟

《生于七月四日》剧照

中谍4》(2011)、《侠探杰克》(2012)、《遗落战境》(2013)、《明日边缘》(2014)、《碟中谍5》(2015)、《侦探杰克·永不回头》(2016)、《新木乃伊》(2017)、《碟中谍6》(2018)等。2005年，获第49届意大利电影大卫奖特别奖。2020年，获第75届法国戛纳国际电影节荣誉金棕榈奖。

（孙　萌）

克鲁兹，P.　Penelope Cruz（1974-04-28～　）西班牙影视演员。生于马德里。毕业于西

班牙国家音乐学院古典芭蕾系。15岁时参与电视选秀，踏上演艺之路。1991年，出演了第一部影片《希腊迷宫》。1992年，出演了《火腿，火腿》和《四千金的情人》，在西班牙影坛崭露头角。1994年进军好莱坞。1995年，主演了影片《捕获的唇》。1997年，出演了西班牙导演P.阿尔莫多瓦执导的影片《颤抖的欲望》。1998年，出演《二战影界风云》，获第13届西班牙电影戈雅奖最佳女演员奖。1999年，再次与阿尔莫多瓦合作，在《关于我母亲的一切》中饰演一位可爱的修女。2000年，主演了好莱坞影片《女人至上》和《骏马》。2004年，出演《别碰我》，获第17届欧洲电影奖最佳女演员奖和第48届意大利电影大卫奖最佳女演员奖。2006年，和阿尔莫多瓦合作拍摄了影片《回归》，获第79届美国电影奥斯卡奖最佳女主角奖提名、第64届美国电影金球奖最佳女主角奖提名、第60届英国电影学院奖最佳女主角奖提名和第29届法国戛纳国际电影节最佳女演员奖、第19届欧洲电影奖最佳女演员奖、第21届西班牙电影戈雅奖最佳女演员奖。

2008年，出演W.艾伦执导的影片《午夜巴塞罗那》，获第81届美国电影奥斯卡奖最佳女配角奖、第62届英国电影学院奖最佳女配角奖和第23届西班牙电影戈雅奖最佳女配角奖。2009年，主演阿尔莫多瓦执导的影片《破碎的拥抱》，获第24届西班牙电影戈雅奖最佳女演员奖提名和第22届欧洲电影奖最佳女演员奖提名。同年，出演音乐歌舞片《九》，获第82届美国电影奥斯卡奖最佳女配角奖提名和第67届美国电影金球奖最佳女配角奖提名。2011年，出演《加勒比海盗4》。2017年，出演英国导演K.布拉纳执导的《东方快车谋杀案》。同年，出演了《挚爱枭雄》，获第32届西班牙电影戈雅奖最佳女演员奖提名。2018年，出演了A.法哈蒂执导的《人尽皆知》，获第33届西班牙电影戈雅奖最佳女演员奖提名。同年，出演了电视剧《美国犯罪故事第二季》，获第76届美国电视金球奖最佳女配角奖提名。2019年，出演了阿尔莫多瓦执导的《痛苦与荣耀》。

克鲁兹有着西班牙女郎特有的狂放不

《回归》剧照

羁，拥有过人的表演天赋，美貌与演技并重。她出演过的影片还有《因为爱你》(1993)、《反叛的女人》(1993)、《郁金香芳芳》(2003)、《侠盗魅影》(2006)、《晚安好梦》(2007)、《来到这个世上》(2012)、《爱在罗马》(2012)、《黑金杀机》(2013)、《妈妈》(2015)、《超级名模2》(2016)、《西班牙女王》(2016)等。2018年，获第43届法国电影凯撒奖终身成就奖。2019年，获第67届西班牙圣塞巴斯蒂安国际电影节终身成就奖。

（韩婷婷）

客观镜头　objective shot　客观描述人物活动和情节发展的叙事镜头。又称中立镜头。客观镜头拍摄的画面，大都是代表观众的眼睛从一个旁观者的角度所看到的情景和事物。客观镜头可以将内容客观地表达给观众，在银幕直观效果上可产生临场感。由于导演在处理演员的感受时不加主观评价，采取中立态度，因而能使观众最大限度发挥自己的判断，参与剧情发展。客观镜头通常为导演大量运用，是影片镜头组成的主要成分。客观镜头按其内容和性质，有叙述性和描写性之分。前者着重一般的交代和说明，后者侧重具体的描绘和刻画，两者相辅相成，互为补充。

（陈　青）

客观语言　objective dialog　影视作品中的有声语言之一。又称画内语言、叙事性语言。作为有声语言的客观声源，客观语言主要由影视作品中的演员在影视拍摄现场或录音棚内根据剧情内容同步发声创造。因为客观语言能被观众在角色进行画内场景表演时直接欣赏到，所以客观语言与角色的说话表演口型应该完全一致。

客观语言主要包括独白、对白和群白。①独白。独白是角色在影视作品中的独自说话方式，常用于表现角色的思想和情绪活动。主要包括两种表现形式：一种是角色自我交流性的独白，即生活中常见的自言自语；另一种是与其他角色做陈述性交流时的独白，如演讲、做报告等单向交流。②对白。又称对话，是影视作品

中两个及以上角色之间的客观性语言交流形式。包括在同一个空间的语言交流和不同空间中的语言交流（如电话中的交谈）。对白又常常被称为言语动作，与角色的肢体动作相对应。作为角色之间的对话，对白可以向观众传达重要信息，如角色的性格、情绪和故事背景等。自有声电影诞生以来，对白就成为影视作品中叙事的重要元素。③群白。又称群声、群杂或背景人声，是处在画面次要或背景位置的若干非主要角色（群众角色）交流时发出的各种语言声音。群白的语言声音可辨析度往往较低，目的是避免使观众的注意力偏离故事内容。群白的主要作用是表现故事情节发展时的环境气氛背景，用于交代故事情节的时代背景、地域背景和空间背景等信息内容。群白声音具有环境声音的一些主要特点，如群白声音与环境声音一样是来自四面八方的，其音量一般与对白的音量有显著的级差等。（姚国强　王旭锋）

空间建构 space construction　用画面元素的排列方式来进行空间整合的塑造方式。在摄影艺术中，空间建构主要通过透视、色彩、光影、拍摄距离、拍摄角度、焦距、景深、景别等要素来实现。这些要素之间相互配合，以最为完善的方式来塑造最符合创作者拍摄意图的空间结构。在进行空间建构的时候，摄影师一方面要考虑到画内空间对观者的直观感受（是否能准确表意），另一方面还要借助画外空间与画内空间的关系使得画面和观赏者产生一定的审美距离，使画面的想象空间有所保留。笼统来说，空间建构不仅要完成对几何空间的塑造，而且要完成对心理空间的把握。空间建构要求摄影师具有相应的视觉传达的知识储备和一定的心理学基础以及丰富的空间想象力。（李　勇）

空间声多声道电影录还音工艺 spatial sound multichannel film recording and playback technique　在单声道电影录还音工艺和环绕声多声道电影录还音工艺之后发展起来的一种新的多声道电影录音与还音制作流程。空间声与单声道（由一个声道还音）、环绕声多声道（在水平层面上进行多个声道还音）有着极大的不同。空间声是一种能在放映场所全方位进行声音还音的新声音系统。它可以在所处空间位置的前后、左右及上下维度进行还音，而且声音的还音位置不受限制。因此，它能最大限度地再现人类所处空间中声源声音的所在位置，逼真地还原真实世界的听感。

世界范围内的多家电影录音技术研发机构开展了对空间声多声道电影录还音工艺的研发和试制工作。这些空间声包括但不限于沉浸声、全维声、全景声、全息声、临境音和多维声等。已被量产的空间声多声道电影录还音声音系统，主要有杜比公司开发的全景声系统。

从严格意义上来讲，杜比的全景声声音系统只是“半空间声”或“准空间声”。因为这种声音系统未能将来自底部的声音内容纳入它们的技术体系中。中国具有自主知识产权的全维声声音系统，则通过设置的“底置声道”实现了声音在全维度上的声音重放与还音功能。（姚国强　姚　睿）

空镜头 scenery shot　影片中没有人物只有景物的镜头。又称景物镜头。空镜头有写景与写物之分。写景的往往用全景、远景，通常叫作风景镜头；写物的镜头大都用特写、近景，又称细节描写。

空镜头是电影艺术特有的表现手段，常用以介绍故事发生的背景、交代时间空间、抒发人物情绪、推进故事情节、表达作者态度，具有说明、暗示、象征、隐喻等功能，在影片中能够产生借物喻情、见景生情、情景交融、渲染意境、烘托气氛、引发联想等艺术效果。空镜头也可用来调节影片的节奏，如短促、动荡的空镜头，可以在观众心理上造成某种紧迫感，舒缓、稳定的空镜头，能使节奏变得稳定起来。空镜头的运用，不只是单纯描写景物，而是把客观的景物与主观情绪结合起来，向观众灌注创作者态度的一种手段。（边善基）

《孔雀》 *Peacock*　中国彩色故事片。北京保利华亿传媒文化有限公司2004年出品。编剧，李檣；导演，顾长卫；摄影，杨树；主演，张静初、冯砾、吕玉来。

故事讲述了20世纪70年代的北方小城一家五口人的故事。姐姐高卫红内心充满激情，梦想能当伞兵；哥哥高卫国患有脑疾，但天性善良耿直；弟弟高卫强寡言少语，浑身浸透叛逆和颓废。姐姐报名参军，偷母亲买菜钱换了烟酒想疏通关系，但最终理想破灭。与同样爱好音乐的“干爹”相处被骂成“狐狸精”，嫁给不爱的人又最终离婚，偶遇多年前令自己心动不已的伞兵，对方却早已不认识自己。姐姐的梦想随时间流逝一点一点消磨殆尽，连最后一点点关于美好初恋的幻想也被赤裸裸的现实击破。哥哥从小患病，体型肥胖，因脑疾常被人捉弄，喜欢上工厂姑娘却被无情拒绝，最终和瘸腿的乡下姑娘结婚，

《孔雀》海报

经营着一家小吃店维持生计。弟弟因为哥哥脑疾而备感羞耻，故意让他人扮演警察哥哥扬眉吐气。保守的父亲发现他画了裸体女性，被当成流氓逐出家门。多年后他领着一个带孩子的女人回到家里，并失掉了一根手指。最终，姐姐重新嫁人生了个女儿，哥哥两口子小生意做得不错，弟弟也已经安于现状，生活又回复到从前的平静。

影片采用极其冷静的基调，截取生活中几个片段，将人物命运表现得淋漓尽致。影片镜头细腻流畅，演员表演真挚朴实，在绝望中给观众带来了一丝温暖。影片2005年获第55届德国柏林国际电影节评委会大奖银熊奖、第14届上海影评人奖最佳女演员奖、第25届中国电影金鸡奖最佳女配角奖，2006年获第6届华语电影传媒大奖最佳导演奖、最佳女主角奖、最佳新演员奖和最佳编剧奖等。（朱　萍）

恐怖片 horror film　以离奇怪诞的情节和阴森恐怖的场景来吸引观众的故事片。恐怖片的内容或取材于凶杀、犯罪的现实生活，或取材于民间的神怪传说，主要表现罪犯行凶、妖魔鬼怪吸血杀人、凶猛怪异的生物威胁人类的正常生活等。恐怖片的故事情节充满悬念，往往运用特殊场景的布置，通过声音、光线、音效等方面的配合，造成紧张强烈的恐怖氛围，引起观众的心理恐慌。优秀的恐怖片作品往往表现严肃的主题，如德国导演R.维内的影片《卡里加里博士的小屋》(1920）批判了资本主义虚伪的道德和伦理，中国导演马徐维邦的《夜半歌声》(1936）以恐怖片的形式表达了鲜明的反封建主题。电影数字技术的发展为表现恐怖画面提供了有利条件，如美国导演S.斯皮尔伯格的影片《大白鲨》(1975）利用电子控制的形状逼真、动作灵活的机器鱼呈现了惊怖的吃人画面。

《卡里加里博士的小屋》剧照

除此之外，一些渲染地震、核战争的所谓灾难片和制造紧张情节的悬念片也属恐怖片的范畴。

（戴中孚　撰　章柏青　唐建军　修订）

《恐龙葛蒂》 *Gertie the Dinosaur* 美国动画短片。1914年出品。编导，W.麦凯。

影片在今天看来稚气十足，不过是一只叫葛蒂的雌性恐龙按指示做出的一个个动作，在这期间恐龙有时乐意，不乐意时变得很任性，不理睬或反抗主人的指令。影片动画风格自然，当年曾让美国观众大为吃惊，恐龙能有节奏地呼吸，移动时重心也移动，喝水时腹部起伏，这在当时是前所未有的。

影片创作者麦凯开创了关键格动画的麦凯拆分系统，即先绘制角色的主要姿势或位置，然后再绘制中间的画格。这样可以减轻工作的繁复冗长，更好地掌握片中动作的时机。影片是史上最早的一部以恐龙为主角的动画片，也是世界上第一部角色动画。影片2006年6月在法国昂西国际动画电影节上被评为“动画的世纪·100部作品”第一名。（杨晓林）

库布里克，S. Stanley Kubrick（1928-07-26～1999-03-07） 美国电影导演、编剧、摄影、监制。生于美国纽约布朗克斯郡，卒于英国赫特福德郡。学生时代酷爱摄影，

曾为杂志创作摄影作品。1950年，拍摄了第一部纪录短片《拳击一日》。1951年拍摄了第二部纪录短片《飞翔的牧师》。1953年首次尝试拍摄了故事片《恐惧与欲望》。1955年拍摄了第二部故事片《杀手之吻》，奠定了他此后的导演风格。1956年以准纪录片的方式拍摄了多线索叙事的犯罪片《谋杀》（又译《杀手》），由此形成个人艺术风格。之后开始崭露头角，引起关注，相继拍摄了根据小说改编的战争片《光荣之路》（1957）、再现古罗马风云的史诗巨片《斯巴达克斯》（又译《万夫莫敌》，1960）和改编自V.纳博科夫具有争议性的同名小说的《洛丽塔》（1961）。其中《光荣之路》受到了C.戴高乐和W.丘吉尔的赞扬。这些影片提升并巩固了他的影坛地位，展现了他多类型电影的个性化风格。

1963年，执导了影史经典之作《奇爱博士》，是一部根据P.乔治小说改编的梦魇式黑色幽默科幻片，该片1965年获第18届英国电影学院奖最佳影片奖。1968年的巅峰之作《2001：太空漫游》改编自A.克拉克的科幻小说，制作历时3年。这是他运用欧洲艺术电影风格和反讽暗喻的象征手法，创作的一部发人深思的寓言式科幻片，深化了科幻类型影片的创作。其特技摄影和视觉奇观时至今日都毫不逊色。影片1969年获第41届美国电影奥斯卡奖最佳视觉效果奖，第22届英国电影学院奖最佳摄影奖、最佳音响奖、最佳美工奖。1971年，将英国作家A.伯吉斯描写未来世界犯罪的小说《发条橙子》搬上银幕，继续以黑色幽默、犯罪与科幻结合的手法反思暴力和人性危机。影片备受争议和关注，获第37届美国纽约影评人协会奖最佳影片奖和最佳导演奖。《奇爱博士》《2001：太空漫游》和《发条橙子》被称为“未来三部曲”。1975年，库布里克根据英国19世纪作家W.萨克雷的小说创作了电影《巴里·林登》，获第48届美国电影奥斯卡奖最佳摄影奖、最佳服装设计奖等。1980年拍摄了改编自S.E.金畅销小说的恐怖片《闪灵》。1987年拍摄了越战片《全金属外壳》，改编自G.哈斯福特的小说，是美国反思越战的代表作品之一。1999年，在沉寂了12年后执导了自己最后一部影片《大开眼戒》，探讨了美国中产阶级家庭的婚姻危机。

库布里克的电影善于从文学中汲取灵感，经过思想沉淀与重新构思，凭借其精湛的电影技艺和对艺术质量的绝对掌控，赋予了影像灵魂和生命。他的作品不仅推动了欧洲艺术电影的复苏，而且带动了新好莱坞电影时代“恐怖片”和“科幻片”的大规模复苏。他通过实验性技术手法和以暴制暴的表达方式，赋予了影片对科技进行深刻反思的现代主题和超前的视觉体验，确立了其影像凌厉的导演风格，无愧于电影大师的地位。1997年，库布里克获得美国导演协会格里菲斯奖和第54届意大利威尼斯国际电影节终身成就奖，以表彰他对世界电影不可磨灭的贡献。1999年，因心脏病突发逝世。（许　婧）

库里肖夫，L.V. Lev Vladimirovich Kuleshov（1899-01-13～1970-03-30） 苏联电影导演、电影理论家。生于坦波夫，卒于莫斯科。曾就读于莫斯科美术学校。1916

年，进入电影界。1918年，导演了第一部作品《工程师普赖特的方案》。1919年在莫斯科电影学校建立了被称为“库里肖夫集体”的教学工作室。1924年，拍摄了《西方先生在布尔什维克国家的奇遇》。之后，相继拍摄的影片有《死光》（1925）、《遵守法律》（1926）、《伟大的慰问者》（1933）、《铁木儿的誓言》（1942）、《我们从乌拉尔来》（1944）等。

1939年起担任全苏国立电影学院教授。他认为电影艺术的特性就是蒙太奇，进行过被称为库里肖夫效应的著名实验：将俄国著名演员莫兹尤辛的一个无表情的特写镜头，分别和一盆汤、一口躺着一具女尸的棺材、一个小女孩玩着一个滑稽的玩具狗熊的镜头并列剪辑在一起，观众在观看过程中认为莫兹尤辛演技非常好，分别表现出了饥饿、悲伤及愉悦的感受。因此库里肖夫认为单个镜头只是电影的素材，蒙太奇的创作才是电影艺术。他一生致力于研究电影艺术的基本规律，在总结自己的艺术实践和国外影片后，提出了自己的蒙太奇理论，对世界电影理论的发展产生了重大影响。主要理论著作有《电影艺术》《电影中的排练方法》《电影导演实践》《电影导演基础》《镜头与蒙太奇》等。1969年获苏联人民艺术家称号。

（章柏青）

库里肖夫效应 Kuleshov effect L.V.库里肖夫通过镜头剪辑实验所发现的蒙太奇效果。库里肖夫受过专业美术教育并且受到法国和俄国构成主义思想的强烈影响，他在总结自己的艺术实践经验，以及全面深入研究D.格里菲斯等人影片构成特点的过程中，发现了许多有规律性的电影艺术特性。他在20世纪20年代初通过一系列剪辑实验来检验自己的思想，并把验证的结果提升为电影理论。库里肖夫是第一位研究蒙太奇理论的电影艺术家，他的研

究成果经由后来的S.M.爱森斯坦和V.I.普多夫金的研究和阐发，不仅直接作用于苏联电影艺术的创作实践，而且在此基础之上，将蒙太奇发展成为一套完整的电影理论体系，形成了苏联蒙太奇学派。

库里肖夫进行过一系列蒙太奇实验，其中莫兹尤辛实验最为经典。他的学生普多夫金曾描述过这个实验："库里肖夫和我做过一次有趣的实验。我们从某一部影片中选了俄国著名演员莫兹尤辛的几个特写镜头，我们选的都是静止的没有任何表情的特写——亦即静止不动的特写。我们把这些完全相同的特写与其他影片的小片段连接成三个组合。在第一个组合中，莫兹尤辛的特写后面紧接着桌子上摆了一盘汤的镜头。这个镜头显然表现的是莫兹尤辛在看着这盘汤。第二个组合是，使莫兹尤辛面部的镜头与一个棺材里面躺着一个女尸的镜头紧紧相连。第三个组合是这个特写后面紧接着一个小女孩在玩着一个滑稽的玩具狗熊。当我们把这三种不同的组合放映给一些不知道此中秘密的观众看的时候，效果是非常惊人的。观众对艺术家的表演大为赞赏。观众从那盘忘在桌上没喝的汤，看出了莫兹尤辛的沉思心情；观众看到他看着女尸时那副沉重悲伤的面孔，也跟着异常感动；而看到他在观察女孩玩耍时的那种轻松愉快的微笑，观众也跟着高兴起来。但是我们知道，在所有这三个组合中，特写镜头中的脸都是完全一样的。"这一效应是利用莫兹尤辛向前下方看的视线把莫兹尤辛和下一个镜头中的形象联系在一个统一时空之中，因此观众认为莫兹尤辛对那个形象作出了相应的反应。也就是说，拍摄的角度、演员的视线等因素都提示前后镜头是持续性的。特写镜头备受重视，使库里肖夫效应达到了前所未有的戏剧效果，即使每个画面内部的信息含量都很小。因为在这个实验中，重要的是剪辑而不是画面内部的信息。

库里肖夫借此实验证明，只要有目的地把两个不同的镜头并列起来，就能从中导引出新的含义。人天然具有一种把两个接连出现的形象联系在一起的本能，它们的连续出现似乎在暗示两者之间存在某种逻辑、时间或空间上的关系。由此，他得出这样一个结论：电影的实质在于影片的构成，即各个镜头的组合最终形成的一个总合效果，而不是靠演员的表演和各个场面的拍摄表现出来。也就是说，电影的思想是由镜头的并列带来的联想所产生的，单个镜头的拍摄只是素材的准备阶段，唯有经由蒙太奇的创造过程，才能成为电影艺术。

库里肖夫效应的影响范围已经超出了蒙太奇学派，并且从电影理论界延伸到电影创作界，它的科学实验方法及其丰富的含义赋予世界影坛上许多著名的电影艺术家无尽的创作灵感，富有启发意义。在先锋派导演L.布努埃尔的《一条安达鲁狗》中割眼球的场景，就是利用库里肖夫效应来完成的。在超现实主义者手中，影像在纯粹自由的拼贴组合之下完成了隐喻，比较适合表现人的白日梦。

A.希区柯克在《后窗》中将J.史都华朝窗外看的镜头运用了库里肖夫实验。他在视线匹配原则、重视面部特写等方面借鉴了库里肖夫的实验方法。现代观众已不同于库里肖夫时代的观众，而是在观赏过程中希望有更多的主动参与性，因此主流电影在加快叙事节奏、增加镜头内部信息量的同时，对演员的要求也相应发生了变化。只有精准地掌握自己在前后镜头中的表演分寸，才能获得完整的银幕效果。

（储双月）

《狂潮》 *Hotel*　中国电视剧。香港电视广播有限公司（TVB）1976年出品。共129集。编剧，邓伟雄、陈韵文、何月凤、杜良媞、少雅、李耀明；导演，王天林、梁淑怡、石少鸣；主演，周润发、缪骞人、石坚、狄波拉、吴楚帆、李香琴、黄淑仪、伍卫国、关菊英。

故事讲述了邵华山心中一直埋藏着一个秘密，就是程一龙在走私生意中枪杀了自己的父亲，于是复仇便成了邵华山的全部人生。邵华山通过一年努力成为程家女婿，并替岳夫打理生意，岳母更是对其十分疼爱。邵华山借程一龙住院时机夸大程的病情，提出重组程氏公司架构的要求，并成功掌权。随后邵华山变本加厉，将程氏股份变卖，把大部分物业低价抵押给银行，使程家一夜之间债务累累。有一天，收容邵华山的美国孤儿院院长告诉了邵华山实情，原来当年是程一龙无奈之下自卫失手杀死了邵父。邵华山大为震惊，心中懊悔至极，但无论怎样都无法弥补自己给程家及程家女儿的伤害。最终，邵华山被自己的情妇用枪杀死。

该剧剧情丰满，情节跌宕起伏，主线讲述邵华山与程家的情感纠葛，其他辅线也围绕爱情与婚姻，表现港人生活的小细节。该剧以巨额投资、布景严谨、外景考究著称，是香港以美国肥皂剧模式拍摄电视剧集的成功案例，是香港第一部真正意义上过百集的豪华时装剧。该剧播出后收视率极高，自此掀起百集长剧热潮。

（李　杨）

《狂流》 *Raging Torrent*　中国故事片。明星影片公司1933年出品。编剧，丁谦平（夏衍）；导演，程步高；摄影，董克毅；主演，胡蝶、龚稼农、夏佩珍、王献斋。

故事讲述了九一八事变后，长江大水灾波及16个县。汉口附近小镇傅庄的穷苦农民在农村教师刘铁生的带领下，与洪水搏斗，奋勇抢险。恶霸地主傅柏仁则携带侵吞的巨额捐款和家人逃亡汉口，并沿途继续向社会骗取捐款。傅庄因刘铁生率乡民合力固堤，转危为安，而傅柏仁又携眷返回。最后愤怒的群众夺取了傅柏仁家里的木料抢修堤坝，而傅则被淹没在汹涌的狂流之中。

影片深刻揭露了封建地主阶级代表傅柏仁的丑恶：他侵吞修堤巨款以致堤防决口；他勾结地方反动势力，迫害人民；当灾民在洪水中奄奄待毙时，他却驾着汽轮观赏"水景"。同时，影片歌颂了中国农民勇敢、善良的品质及敢于与洪水、与封建地主阶级斗争的精神。影片第一次在中国电影中描写了农村的阶级斗争，开辟了中国电影创作的革命现实主义道路和电影配合革命斗争的光荣传统。傅柏仁覆灭在洪水中的结尾，蕴含着地主阶级必然灭亡的深意。影片的镜头处理真实灵活，描写水灾的场面采用长江水灾新闻片中的画面，有很强的感染力。

（张德明）

《狂人皮埃罗》 *Pierrot le Fou*　法国彩色故事片。德劳伦提斯公司和罗姆巴黎电影公司等1965年联合出品。编剧，J.-L.戈达尔、L.怀特；导演，J.-L.戈达尔；摄影，R.古塔尔；主演，J.-P.贝尔蒙多、A.卡里娜、S.富勒、J.-P.利奥德。

故事讲述了费迪南厌倦了中产阶级的妻子、聚会和乏味的物质生活，疯狂地爱上少女玛丽安娜，从平庸枯燥的生活一下子坠入活跃刺激的旅程。玛丽安娜叫他"皮埃罗"，他们一路南下，为所欲为，或抢劫杀人，或在海边游荡，或整天捧着小说寻找写作灵感。玛丽安娜激起了费迪南沉寂已久的文学激情，自己却逐渐厌倦

《狂人皮埃罗》剧照

这样的生活，二人的关系也逐渐疏离，玛丽安娜想要“回到人间”，去找她真正的情人。绝望的皮埃罗杀了玛丽安娜和她的情人，随后引爆身上的炸药自杀。

影片塑造了两个虚无主义的反英雄人物，他们肆意妄为，无视任何道德、法律，全凭个人的意志和激情行事，具有明确的逃离现实的倾向和含糊不清的毁灭生命的冲动。影片导演戈达尔创造了一个自由华丽的影像世界，以夸张的布光、色彩、构图呈现强烈的视觉张力。影片对类型元素肆意挪用、嘲讽，对艺术名家及其作品随心所欲地引用，大量卡通讽刺式的词句引用和道具设计，大量跳接、硬性转场、不协调插入镜头，大量分割画面，朗读式画外音，各种相互矛盾的事物充斥画面，拆解着电影的固有规则。影片1965年获第30届意大利威尼斯国际电影节金狮奖提名，1967年获第20届英国电影学院奖最佳外国男演员奖提名。（安　燕）

昆仑影业公司 Kun Lun Film Company 中国电影制片机构。由夏云瑚、蔡叔厚、任宗德等人创办于1946年。地点位于上海。1947年6月同联华影艺社合并，仍沿用“昆仑”名义。夏云瑚任总经理兼厂长，孟君谋任副厂长兼场务主任。合并后，原联华影艺社摄制的《八千里路云和月》和《一江春水向东流》(上集《八年离乱》)，归昆仑发行，《一江春水向东流》(下集《天亮前后》)由昆仑摄制。1947年2月，《八千里路云和月》公映，受到观众舆论的欢迎。改组后的昆仑公司，为进一步充实和扩大创作力量，除原来的摄影师韩仲良、朱今明，美工师韩尚义、李恩杰等外，陈白尘、蓝马、赵明、严恭、张客、沈扬等都从戏剧界转移过来。原中央电影摄影场、中国电影制片厂的沈浮、陈鲤庭、孙瑜、赵丹等，也先后加入。此外，王云阶、丁辰、郑伯璋等也纷纷参加，抗敌演剧第九队等进步戏剧团体也给“昆仑”以支持，使昆仑成为战后国统区有着重大社会影响的进步电影制片厂。

昆仑公司继承和发扬20世纪30年代和抗战时期中国共产党领导电影的革命传统，建立编导委员会，由阳翰笙、蔡楚生、史东山、陈白尘、沈浮、陈鲤庭、郑君里等任委员，先后由阳翰笙、陈白尘任主任，以加强对创作的指导。由于编导委员会的指导有方，以及汇集了多方面的电影人才，昆仑继《一江春水向东流》(下集《天亮前后》）之后，又先后完成和拍摄了《万家灯火》《关不住的春光》《丽人行》《希望在人间》《三毛流浪记》等影片。这些影片以思想内容的进步、艺术处理的精湛，赢得了广大的观众。昆仑影业公司所采取的制片方针，引起了统治当局的极大注意。随着人民解放战争形势的日益发展，陈白尘、沈浮、郑君里、赵丹、徐韬、王林谷等又集体创作了电影剧本《乌鸦与麻雀》，于1949年4月投入拍摄，并不顾当局的禁令，坚持到上海解放，在1950年初完成上映。

昆仑一共摄制了9部影片，大都在思想上、艺术上有较高成就。它继承和发扬了中国20世纪30年代左翼电影的现实主义精神，而且在人民解放战争的历史关键时刻，站在中国共产党和人民大众的立场，以反帝、反封建、反官僚资本为目标，创作出了一批在中国电影史上占重要地位的作品，标志着中国电影已步入成熟的时期。

1951年9月，昆仑与长江电影制片厂合并，成立公私合营的长江昆仑联合电影制片厂。1952年1月并入国营的上海联合电影制片厂。（王云缦）

L

拉镜头 track down shot 摄影机沿光轴向后移动或通过焦距变化产生逐渐远离被摄主体效果的镜头。见**影视镜头**。

拉斯·冯·提尔 Lars von Trier(1956-04-30～) 丹麦电影导演。生于哥本哈根。出身于中产阶级家庭。11岁时便开始使用祖母送给他的摄影机拍摄电影。1979年他

考入了丹麦电影学校。1980年开始拍摄短片《夜曲》。1981年，拍摄短片《梦幻夜曲》，获德国慕尼黑电影节最佳影片奖。1982年，拍摄短片《影像多面向》，获德国慕尼黑电影节最佳影片奖。1984年，拍摄首部长片《犯罪分子》，影片融合了德国表现主义和美国黑色电影风格，获第37届法国戛纳国际电影节最佳技术奖。1991年，执导了惊悚片《欧洲特快车》，获第44届法国戛纳国际电影节最高技术委员会奖等。1995年，与T.温特伯格等年轻导演共同签署了《道格玛95宣言》，旨在还原电影艺术的本质。1996年，拍摄了爱情片《破浪》，获第49届法国戛纳国际电影节评委会大奖。1999年，拍摄了《敏郎悲歌》，获第49届德国柏林国际电影节银熊奖。2000年，执导《**黑暗中的舞者**》，获第53届法国戛纳国际电影节最佳影片金棕榈奖和最佳女演员奖等。2003年，拍摄惊悚悬疑片《**狗镇**》，获第16届欧洲电影奖最佳导演奖和最佳摄影奖等。其他主要作品有《瘟疫》《美狄亚》《欧罗巴》《医院风云》《曼德勒》《真假老板》《每人一部电影》《华辛顿》《忧郁症》《女性瘾者》等。拉斯·冯·提尔被誉为丹麦鬼才导演，颇受文艺青年的喜爱，其作品特立独行，具有强烈的反叛精神和深刻的苦难叙事。在形式上，作品追求实验性和纪实性，因此经常成为各大独立影展的常客。 （孙承健）

《蜡笔小新》 *Crayon Shin-chan* 日本电视动画片。新锐动画株式会社（SHIN-EI）1992年出品。根据日本漫画家臼井仪人的同名漫画改编。编剧，阪口和久、清水东、相内美生等；导演，本乡满、原惠一、武藤裕治。

该片以散点叙事的手法，讲述了日本春日部市的5岁幼稚园小男孩野原新之助（小新），在生活中与家人、老师、同学、邻居、路人等之间所发生的故事。主人公小新尤其擅长恶作剧，看似儿童般的行为，实际上以充满了戏谑、调侃甚至略带解构的眼光来看待世界，嘲笑人类公认的某些价值规范或行为准则，将一些传统上因为羞耻心、敬畏感不便直言或不便直接表现的东西公然暴露于天下并以此为乐事，所以他的出现往往搅得周围狼狈一片。小新这个艺术形象，利用他的童言无忌将现代社会矫情、虚伪、浮夸的一面尽情剥离，既包含对日本当时教育观念的对抗，更深层次也是压力沉重的日本中年男人压抑天性的一种投射。

该片凭借肆无忌惮的调笑内容、略带痞气的风格，在日本动漫界一枝独秀。该片着力渲染小新的这种“恶趣”，传达了某种怪异却又坚定的文化信念，受到观众的欢迎。在具体的表现上，片中的恶趣味总和夸张的肢体语言、性有所关系，使得颠覆性异常强烈，那种无拘无束蔑视一切的笑声，正是动画的本质力量所在。该片在日本影响较大，1993年7月12日创下28.2%的最高收视纪录。故事发生地春日部市自该作播出后，知名度大大提高。该作同时也被翻译配音，在中国、西班牙、印度、印度尼西亚、韩国、德国等国家的电视台播放。《蜡笔小新》的衍生剧作很多，同时也有一些剧场版。 （陈奇佳）

《兰戈》 *Rango* 美国彩色动画片。工业光魔公司2011年出品。编剧，J.洛根；导演，G.维宾斯基；美术设计，J.贝尔。

故事讲述了一只被饲养在玻璃箱里的变色龙兰戈，它时常幻想自己是一个大英雄。有一天它穿越到了一个古老的美国西部小镇，兰戈就地杀了一只鹰，于是它被小镇里的沙漠动物崇拜，并拥戴为小镇警长。从此，兰戈过上了它幻想的英雄的生活，每天在镇子上巡逻。平静的小镇其实暗藏危机，在镇子的尽头，有一片专门为“好人”而设置的坟场，那些都是反抗镇长自私自利的地鼠龟的下场。原来镇长为了自己的利益，切断了整个镇子的水源，整个镇民都没有水喝，生存艰难。兰戈勇敢地带领小镇人民反抗，群众的团结抗

《兰戈》剧照

争赢得了这场革命的胜利，镇长也被大蛇咬死。

影片通过讲述一条妄想自己成为大英雄的变色龙兰戈的故事，引发了观众对人类自身命运的哲学思考。影片中，兰戈并不具备救世主的能力，但在危机面前，“我是谁”的疑惑逼它成为一个西部的英雄，从虚张声势的大话王到真正的英雄，其形象立体而饱满，虽长相怪异却深得观众的青睐。影片后期技术非常精湛，捕捉细节的能力令人叹为观止。影片2012年获第84届美国电影奥斯卡奖最佳动画长片奖、第65届英国电影学院奖最佳动画片奖、第39届美国电影安妮奖最佳动画电影奖等。 （杨晓林）

《蓝》《白》《红》三部曲 Three Colors: *Blue, White, Red* 法国、波兰、瑞士合拍彩色故事片。托尔电影制片厂、CBA电影公司、CED电影公司、MK2电影公司、法国第三电影制片厂等1993～1994年联合出品。编剧，K.基耶斯洛夫斯基、K.皮尔斯维奇、A.霍兰等；导演，基耶斯洛夫斯基；摄影，E.克罗西斯基、S.伊兹亚克、P.索伯辛斯基；主演，**J.比诺什**、B.里格恩特、F.派梅尔、I.雅各布、J.-L.特兰蒂尼昂、J.-P.罗利特、Z.扎马洲斯基、J.德尔佩、J.加约斯。

《蓝》讲述了一个妻子在丈夫与女儿遭遇车祸死亡后的情感经历。幸存下来的朱莉痛不欲生，她把音乐家丈夫的曲谱付之一炬，想要从痛苦中走出，然而过去的一切如同蓝色的光焰，囚禁她，令她窒息。丈夫的助手一直爱着朱莉，并请求她和自己一起完成音乐家的遗作。这件事让

《蓝》剧照

朱莉意外得知，丈夫生前有一个情人，这个女人已怀有他的骨肉。朱莉对丈夫的情人和将要出生的、延续着丈夫生命的孩子满怀复杂的感情，但仍赠送旧宅将他们安顿。朱莉和助手一起把音乐家的《欧盟交响曲》最后乐章完成，也获得了心灵的自由，有勇气迎接新的生活。

《白》讲述了波兰发型师卡罗尔的婚姻与情感生活。他与新婚妻子多明尼到巴黎生活，但新生活并非他想象的那般美好。卡罗尔在生活的重压下丧失了性功能，遭到妻子多明尼的抛弃。他在巴黎如同丧

《白》剧照

家之犬，靠在地铁站卖艺谋生，在同胞米高拉的帮助下，历经千辛万苦回到故乡波兰。他凭借房地产买卖很快发财，并且奇迹般恢复了性能力。发迹后的卡罗尔欲再次征服多明尼，却遭到拒绝。他装死把多明尼骗到波兰，让她涉嫌谋害前夫，承受牢狱之灾。

《红》讲述了日内瓦大学学生和兼职模特瓦伦蒂娜的情感经历。远在英国的男友是瓦伦蒂娜孤独生活里最重要的心灵寄托。一次她驾车撞伤一条狗，在将狗送还主人时，认识了独居的退休法官。她发现法官最大的嗜好是窃听邻居的电话，冷眼旁观各种欺骗，这让瓦伦蒂娜深感困惑。男友的怀疑和冷漠，弟弟的吸毒，母亲的无人照料，都让瓦伦蒂娜倍感痛苦。但在与瓦伦蒂娜的相处中，老法官冰封的情感开始融化。住在瓦伦蒂娜对面街角的法律系学生奥古斯特，也经历了恋人的背叛。瓦伦蒂娜决定去看望母亲和男友，奥古斯特也打算旅游疗治失恋的创伤。影片末尾，二人遭遇沉船事故，却双双幸存。

《蓝》《白》《红》三部影片各自成章，

《红》剧照

故事独立，却又有着内在的联系。联系的纽带是不同作品中的角色相互参照，同一角色出现在不同故事当中，在不经意之中成为彼此生活的背景。《红》结尾处，三部影片的主人公神秘齐现沉船事故的幸存者之列，表达了导演对偶然性与必然性的哲思。导演基耶斯洛夫斯基的影片总是探讨人类的困惑与迷茫，具有较强的精神性特征。三部影片对音乐、色彩、光的唯美处理及个性化表达，对生活细节的敏锐捕捉，旨在以高度电影化的手法完成人物心理时空及作品象征世界的建构，以此探讨现代人在日常生活中的精神孤独和道德困境，以及偶然性、救赎、悲悯等多重主题。

《蓝》1994年获第50届意大利威尼斯国际电影节最佳影片奖、最佳女演员奖，《白》1994年获第44届德国柏林国际电影节最佳导演奖，《红》1994年获波兰影评人协会金卷奖最佳波兰影片奖。

（安　燕）

《蓝精灵》 *The Smurfs*　美国电视动画片。翰纳芭芭拉工作室1981年出品。改编自比利时漫画家贝约1958年创作的同名漫画。编剧，贝约等；导演，B.哈斯科克等。

故事讲述了在森林中蘑菇形的屋子里，居住着一群蓝色的小精灵。他们每天欢声笑语，过着平静安定的生活。然而，森林里有一个邪恶的巫师闯进蓝精灵所在村庄，准备活捉蓝精灵。为此，蓝精灵们团结在一起，与巫师展开了一场斗智斗勇的较量。

该片场景丰富，人物形象众多且生动可爱，如滑稽的蓝精灵、喜欢捉弄的蓝精灵等。该片节奏轻快，充满喜剧色彩，播出后备受欢迎，在北美的流行文化中占有一席之地。该片被引进中国后，成为一代青少年的记忆。该片曾被提名日间时段艾美奖。

（靳　晶）

蓝马　Lan Ma（1915-08-16～1976-07-30）中国电影、话剧演员。原名董世雄。原籍浙江余杭。生于北京，卒于北京。自幼酷爱京剧、曲艺。1931年入上海联华影业公司北平电影人才养成所。九一八事变后，参加中国左翼戏剧家联盟领导的演剧活动。1934年，加入中国旅行剧团。1937年，毕业于国立北平艺术专科学校，后入西北影业公司。1938年再次加入中国旅行剧团，并前往香港，参演话剧《雷雨》《日出》等。

1939年，在香港参加中华艺术剧社，同年首次参加电影拍摄，在蔡楚生编导的《孤岛天堂》里扮演角色。1943年参加中国艺术剧社，参与演出《一年间》《北京

人》《家》《草木皆兵》《戏剧春秋》等10余部话剧，在剧中担任重要角色，备受观众喜爱。解放战争时期，加入昆仑影业公司，先后参加了影片《万家灯火》(1948)、《丽人行》(1949)、《希望在人间》(1949)的拍摄。蓝马以他精湛的演技和舞台经验，塑造了不同的艺术形象，饰演的角色真实、深沉，感情细腻丰富。

1951年调入总政文工团，并先后拍摄了《走向新中国》(1951)、《彩车曲》(1952)、《万水千山》(1959)等影片，同时出演话剧《控诉》《曙光照耀莫斯科》《三八线上》等。在话剧《万水千山》中，他的表演朴素、真实，成功塑造了剧中红军基层干部李有国的英雄形象，获1956年第1届全国话剧会演表演一等奖。作为中国优秀的表演艺术家，在话剧舞台上和电影银幕上塑造了多种不同的角色，深受观众喜爱。曾任中国文联第1届委员，中国影协、中国剧协第1届理事。

（王云缦）

劳顿，C.　Charles Laughton（1889-07-01～1962-12-15）　美国电影演员。生于英国约克郡的斯卡伯勒，卒于美国洛杉矶。曾就读于英国皇家戏剧艺术学院。1926

年首次登台演出，1928年进入电影界。早期扮演过《十字军英雄记》(1932)中的罗马暴君尼禄王。1932年到美国拍摄了第一部好莱坞电影《古老的黑房子》。1933年，凭借《亨利八世的私生活》中饰演的英王角色获第6届美国电影奥斯卡奖最佳男演员奖，是第一个因主演英国电影而获得奥斯卡奖最佳男演员奖的英国演员。劳顿擅长扮演冷酷无情的角色，如《叛舰喋血记》(1935，获第1届美国纽约影评人协会奖最佳男演员奖）中的勃莱船长、《悲惨世界》(1935)中的警探沙威。但他不愿专演类型单一的反派，1936年回英国主演了荷兰画家伦勃朗的传记片《伦勃朗传》。1937年与人合办“五月花”电影公司，因成绩不佳，重

返好莱坞。此后塑造的著名角色有《巴黎圣母院》(1939)中的驼背打钟人、《纽约奇谭》(1941)中的穷音乐家、《吾土吾民》(1943)中的小学教员等，还曾主演**A.希区柯克**执导的影片《牙买加旅店》(1939)。1958年在《原告证人》中扮演大律师一角，获第30届美国电影奥斯卡奖最佳男演员奖提名。1969年出演了**S.库布里克**执导的巨星云集的大制作《斯巴达克斯》。其演技洗练，戏路宽广，不论演凶神恶煞的角色还是懦夫、可怜虫，都入木三分。在他35年的电影生涯中，曾主演或参演了50多部影片。他始终和戏剧界保持联系，曾先后在老维克剧院和斯特拉特福参加了两个季度的莎士比亚舞台剧的演出。

（李钧学　许　婧）

《老兵新传》 *The Veteran*　中国彩色故事片。上海海燕电影制片厂1959年出品。编剧，**李准**；导演，**沈浮**；摄影，罗从周；主演，**崔嵬**、孙永平、顾也鲁、韩涛。

《老兵新传》海报

故事发生在1948年东北解放区，正在当县长的转业干部战长河听说国家要办农场的消息，主动要求到北大荒开荒。他率领通讯员小冬子、会计周清和等来到一片荒芜、气候恶劣的北大荒，建立了第一个农场筹备处。战长河克服重重困难，又抵制了农学家杨松筠、副场长的保守观念，带领群众垦荒种植了两万亩小麦，并打退了前来骚扰的武装匪徒。丰收时节，许多青年男女来到北大荒安家立业，而老站长又将踏上新的征程。

影片着力刻画了战长河这位身经百战、功勋卓著、转业到农垦战线上来的革命干部。在他身上，革命的理想和艰苦奋斗的精神结合在一起，使他像一团火一样团结和关怀同志，既有严肃批评，又有热忱帮助，带领大家不畏艰苦，与天斗、与地斗、与反革命土匪武装斗，终于在荒原上建起了农场，用生产的粮食支援了解放战争和新中国的建设。影片编导用现实主义的创作手法，使人物个性有棱有角、丰富多彩，给人以"立体"雕塑之感，既着力表现人物迎难而上、勇于自我批评的优点，也不刻意回避或排除人物莽撞冲动、风风火火的缺点和弱点。影片1959年获第1届莫斯科国际电影节技术成就银质奖。

（王云缦）

《老井》 *Old Well*　中国彩色故事片。西安电影制片厂1987年出品。改编自郑义的同名小说。编剧，郑义；导演，**吴天明**；摄影，陈万才、**张艺谋**；主演，张艺谋、吕丽萍、梁玉瑾。

故事讲述了在太行山区一个古老而贫穷的老井村，这里严重缺水，挑一担水都要走几十里路。村民们为了找水，一代接一代地打井，但都没有成功。面对残酷的现实，回乡知识青年孙旺泉立誓要打出一口有水的井。为此，他割舍了巧英对他刻骨铭心的爱，违心地做了年轻寡妇段喜凤的倒插门女婿。在打井过程中，旺泉的父亲和伙伴相继献出宝贵生命，这一切更加激发了旺泉的斗志，旺泉在县委的支持下组织村民，依靠科学方法继续打井。在一次塌方中，旺泉和巧英被困在井底，两人表达了深埋心底的情感。在乡亲们的营救下，二人最终脱险。不久，老井村也迎来了第一眼出水井。

影片以严峻的现实主义笔触塑造了当代青年农民的复杂性格，挖掘了中华民族在数千年历史文化深层结构中积淀的精神品质，充满了深沉的忧患意识。影片以大量篇幅表现村民们坚忍不拔的愚公移山式的打井行为，在片尾却轻描淡写地交代了工业化机械最终打井成功。这两种文明的对比和影片颂扬的民族精神有一种悖谬的效果，但也正因为导演透露出的矛盾性和复杂性，留给了观众许多阐释的空间。导演把纪实风格、象征性造型和主观表现融为一体，成功地体现了富于综合创新意识的美学追求。影片1987年获文化部优秀

《老井》剧照

影片奖，第2届日本东京国际电影节大奖、最佳男演员奖和国际电影批评家联盟特别奖、东京知事奖，第7届美国夏威夷国际电影节评委会特别奖；1988年获第8届中国电影金鸡奖最佳故事片奖、最佳导演奖、最佳男演员奖和最佳女配角奖，第11届中国大众电影百花奖最佳故事片、最佳男演员奖，第11届意大利萨尔索国际电影电视节一等奖。

（弘　石）

《老友记》 *Friends*　美国彩色电视剧。又译《都市六人行》。华纳兄弟影业公司1994年出品。编剧，D.克莱恩、M.卡夫曼；导演，R.柯罗杰；摄影，R.黑桑；主演，J.安妮斯顿、C.考克斯、L.库卓、M.勒布朗、M.派瑞、D.史威默。

《老友记》剧照

故事讲述了一起长大的六个好朋友莫妮卡、钱德勒、瑞秋、菲比、乔伊和罗斯的爱情和友情。六个人物性格鲜明、独特、活泼，虽然偶尔也有争执和矛盾，但总是靠亲情和友情聚拢在一起。该剧将故事的主要场所设定在他们的公寓和中央公园咖啡馆，内容是他们的生活、工作和喜怒哀乐。

该剧每集设定在一两个场所之内，人物固定，以对白幽默、细节搞笑取胜。在长达十年的播出时间里，该剧的摄影技术和影像质量不断提升，人物也不断成长，从懵懂少年到成熟青年，也培养了一大批《老友记》剧迷。该剧2002年获第54届美国艾美奖喜剧类最佳剧集奖，2003年获第60届美国电视金球奖喜剧类最佳女主角奖。

（甄晓文）

雷德福，R.　Robert Redford（1936-08-18～　）美国电影演员、导演。生于加利福尼亚州圣莫尼卡。毕业于范奈中学。曾在美国戏剧学院学习。1959年开始在百老汇舞台上饰演一些配角。1962年首次登上银幕。1963年主演了百老汇浪漫喜剧《公园里的赤脚人》，引起轰动。随后拍摄了《第九十号剧团》《暮色地带》等电视片。

1969年在《卡西迪和基德》中扮演基

德，一举成名。1973年在《骗中骗》中饰演小流氓，获第46届美国电影奥斯卡奖最佳男主角奖提名，并开始成为美国电影观众最喜欢的男演员之一。1974年主演了《了不起的盖茨比》。1976年出演了以水门事件为背景反映美国重大政治事件的《总统班底》。1979年主演了通过牛仔英雄的遭遇揭露大企业内幕的《电光骑士》和反映美国监狱的恐怖与腐败的《布鲁贝克》。其所主演的影片都具有一定社会意义，其演技自然潇洒，为这些影片增色不少。

70年代末，开始从事导演工作。1980年导演了第一部影片《普通人》，从一个侧面反映了美国中产阶级家庭的崩溃过程，获第53届美国电影奥斯卡奖最佳影片奖、最佳导演奖、最佳男配角奖、最佳改编剧本奖。1985年主演了《走出非洲》。1992年执导了影片《大河恋》，获第65届美国电影奥斯卡奖最佳摄影奖。1995年执导了《幕后谎言》，获第48届英国电影学院奖最佳剧本改编奖。1998年，自导、自演了《马语者》，获得好评。2013年主演了《一切尽失》，获第79届美国纽约影评人协会奖最佳男主角奖。

雷德福参与演出的其他影片有《候选人》《回首当年》《秃鹰三日》《意外的成功》《桃色交易》《间谍游戏》《赎金危情》《美丽待续》《无处可逃》《美国队长2》《林中漫步》等。2002年获第74届美国电影奥斯卡奖荣誉奖。2010年被法国总统授予骑士勋章。2017年获第74届意大利威尼斯国际电影节终身成就奖。著有《追踪》一书。（胡思旅）

雷乃，A. Alain Resnais（1922-06-03～2014-03-01） 法国电影导演。生于莫尔比昂省的瓦讷市，卒于巴黎。1943年毕业于法国高等电影学院。1948年拍摄了短片《凡·高》，获第22届美国电影奥斯卡奖最佳短片奖，以后接连拍了几部短纪录片，逐步显示出他的才能。50年代末，伴随着*法国新浪潮电影*的崛起，与志同道合的艺术家们一同与作家合作，拍摄了一批令人耳目一新的影片，显示出了作家电影的倾向，由于他们都居住在塞纳河左岸，故被称为*左岸派*，雷乃是核心代表。

他拍摄的短片主要有《戈尔尼卡》

（1950）、《高更》（1951）、《雕像也在死亡》（1954）、《夜与雾》（1955）、《世界的全部记忆》（1956）、《第15车间的神秘》（1957）等；长片主要有《苯乙烯之歌》（1958）、*《广岛之恋》*（1959，获第14届英国电影学院奖联合国奖、第12届法国戛纳国际电影节电影电视作家协会奖）、*《去年在马里昂巴德》*（1961，获第26届意大利威尼斯国际电影节金狮奖）、《穆里埃尔》（1963）、《战争结束》（1966）、《远离越南》（1967）、《我爱你，我爱你》（1968）、《斯塔维斯基》（1974）、《天命》（1977，获第3届法国电影凯撒奖最佳影片奖、最佳导演奖等7项奖）、《我的美国叔叔》（1980，获第33届法国戛纳国际电影节评委会特别奖）、《生活是部小说》（1983）、《死之恋》（1984）、《情节剧——香消琴韵中》（1986）、《我要回家》（1989）、《吸烟/不吸烟》（1993）、《人人都会唱这支歌》（1997，又译《法国香颂》，获第23届法国电影凯撒奖最佳影片奖）、《严禁嘴对嘴》（2003）、《绝对隐私》（2006）等。

雷乃的作品在内容上善于探索时间和生命的主题，富有创新精神；在形式上摒弃传统的线性叙事结构和手法，借助闪回、跳跃、画外音等电影手段，将历史、事实与记忆，过去与现在等时间元素糅合，通过影像进行时空倒错的视觉化叙事，展现过去对现在施加的富有神秘色彩的心理影响。他的作品《广岛之恋》和《去年在马里昂巴德》在电影史上具有重要地位，是现代电影“教科书级”的典范，是*意识流电影*的高峰之作。雷乃获第62届法国戛纳国际电影节、第52届意大利威尼斯国际电影节终身成就奖。

（顾凌远　许　婧）

雷诺，J. Jean Reno（1948-07-30～　） 法国电影演员。原名胡安·莫雷诺·艾利瑞·里门斯。生于摩洛哥卡萨布兰卡。父母是西班牙人，全家为逃避F.佛朗哥的法西斯政权迁居北非。曾就读于卡萨布兰卡的公立戏剧学校。1967年，摩洛哥六日战争爆发，雷诺前往法国，在马赛服兵役。服役期满后加入法国国籍，在巴黎学习戏剧。1974年，首次登台出演戏剧《瞧！这个人》。1979年，参演C.加夫拉斯执导

的电影《女性之光》，受到瞩目。

1981年，首次出演L.贝松执导的电影《前后》。此后，两人相继合作了《最后决战》（1983）、《地下铁》（1985）、《碧海蓝天》（1988）、《尼基塔》（1990）等多部影片。1984年，参演B.布里叶执导的电影《我们的故事》。同年，还随D.弗拉蒙剧团在欧洲巡演。1993年，出演《时空急转弯》，获第19届法国电影凯撒奖最佳男演员奖提名。1994年，出演了贝松执导的《这个杀手不太冷》（又译《杀手莱昂》），在片中饰演一个外表冷漠、内心善良温情的职业杀手，获第20届法国电影凯撒奖最佳男演员奖提名。2001年，主演《暗流》，获第14届欧洲电影奖最佳男演员奖提名。

《这个杀手不太冷》剧照

雷诺擅长演绎内外反差颇大的角色，能立体地呈现出人物的个性，显示了其演技的多面性。他参演的影片还有《来访者》系列三部曲（1993～2001）、《情定巴黎》（1995）、《云上的日子》（1995）、《美洲豹》（1996）、《碟中谍》（1996）、《排队上天堂》（1997）、《哥斯拉》（1998）、《浪人》（1998）、《绿芥刑警》（2001）、《巴黎一夜》（2002）、《请你闭嘴》（2003）、《卢旺达饭店》（2004）、《爱你如诗美丽》（2005）、《决战帝国》（2005）、《达·芬奇密码》（2006）、《粉红豹》系列（2006～2009）、《侠盗联盟》（2017）等。2003年12月15日，获法国总统J.希拉克授予法国国家勋章，希拉克在致辞中称其是一位“伟大的演员”。（许　婧）

雷诺阿，J. Jean Renoir（1894-09-15～1979-02-12） 法国电影导演、编剧。生于法国巴黎，卒于美国加利福尼亚州的贝弗利希尔斯。父亲是印象派画家A.雷诺阿。第一次世界大战后学习过陶瓷工艺美术。

1924年投身影坛，导演了第一部影片《水中姑娘》。一生共创作了40多部电影作品。1926～1935年，雷诺阿共拍摄了13部影片，其中包括反映下层人民生活状况的《娜娜》（1926）、《布杜落水遇救记》（1932）、《托尼》（1935）。1935年，雷诺阿深受进步思潮的影响，拍摄了一系列富有进步倾向的作品：为法国共产党竞选进行宣传的影片《生活属于我们》（1936）；以第一次世界大战为背景、反对战争、宣扬人道主义精神的影片《幻灭》（1937）；取材1789年法国大革命时期的史实、抨击专制统治的影片《马赛曲》（1938）；揭露上流社会醉生梦死生活的影片《游戏规则》（1939）。其中《幻灭》和《游戏规则》是世界电影史上的不朽名作，被誉为法国**诗意现实主义电影**的代表作。

1941年，雷诺阿移居美国，在好莱坞导演了6部影片：《沼泽地》（1941）、《吾土吾民》（1943）、《向法国致敬》（1944）、《南方人》（1945）、《女仆日记》（1946）、《海滨女郎》（1947）。1951年，到印度拍摄影片《河流》，随后，又到意大利和法国，导演了这一时期的重要作品《金马车》（1953）和《法国康康舞》（1955）。1962年，雷诺阿完成了他最后一部影片《被捉住的军士》。雷诺阿善于运用景深镜头和长镜头进行叙事，形成了独特的诗意现实主义风格，为世界电影语言的发展作出了杰出贡献。（崔君衍）

雷伊，S. Satyajit Ray（1921-05-02～1992-04-23）印度电影导演。生于加尔各答，卒于加尔各答。曾在一家广告公司任过画师。1947年组织了孟加拉邦电

影爱好者协会。1949年在欧洲，任法国著名导演**J.雷诺阿**的助手。1951年受雷诺阿拍摄《河流》的影响，雷伊准备拍摄《大地之歌》，从1952年开始历时两年才完成，获第7届法国戛纳国际电影节人性纪录国际奖，从此声名大振。

1955年根据B.B.班纳吉的小说改编、拍摄的《大地之歌》，表现了印度农村宗法制家庭的贫困和解体，是他的**阿普三部曲**的第一部。1956年拍摄的阿普三部曲第二部《大河之歌》，获第18届意大利威尼斯国际电影节金狮奖。1959年完成了阿普三部曲第三部《大树之歌》。20世纪70年代初拍摄了表现加尔各答政治形势的政治三部曲《森林中的日日夜夜》（1970）、《仇敌》（1970）、《不负责任的伴侣》（1971），表达了他对印度社会的看法。

雷伊是印度新电影运动的创始人，一生共导演37部电影，大部分由他自己写剧本或改编剧本，在影片中常以真实而动人的方式提示事物的本质。他的作品主要反映印度现实社会和政治问题，寓意深刻，见解独特，深挖人物的心理特征，手法细腻、抒情、优美。他使印度电影的写实主义传统更上一层楼，也使得印度电影从此摆脱了只有歌舞片为世人所知的状况，让印度情节故事片也开始在世界获得瞩目。他的艺术风格富有强烈的民族色彩，在国内外深受欢迎，多次获奖。雷伊本人享有很高的声誉，是公认的印度现实主义电影奠基人，英、美等国都举办过他的影展。1963年美国《时代周刊》将他列为世界十一位最杰出的导演之一。1992年，雷伊获第64届美国电影奥斯卡奖荣誉奖，但他却在1个月后的4月23日与世长辞。日本导演**黑泽明**得知雷伊去世的消息，感叹“世界失去了一位最伟大的写实主义导演”。（孙　琬）

类型剧 genre drama 在类型元素、故事背景、角色安排、情节设置以及价值观体现上有着固定模式和共同特征的电视剧。类型剧的出现是基于对受众口味与审美标准的精准把握，类型剧可以提高制片效率，削减拍摄成本，精准市场定位。作为工业化规范生产出来的电视剧形态，类型剧有着共通的艺术特性。观众可以通过类型化的场景、人物、剧情和主题等具有标志性的常规元素来判断电视剧的类型，并选择是否观看。

电视剧的类型可以根据题材内容、时间维度、地域文化特征等来划分。中国电视剧市场已经形成了包括都市情感剧、**家庭伦理剧**、青春偶像剧、军旅剧、警匪剧、谍战剧、悬疑剧、古装剧、历史剧和情景喜剧等在内的诸多类型和亚类型。随着影视行业的发展和观众审美取向的更迭，类型剧也在不断发展变化。（王乙涵）

类型片 genre film 按照不同类型（或称样式）的规定要求制作出来的影片。类型片是好莱坞全盛时期孕育而生的一种电影创作模式，但又不局限于好莱坞。作为一种影片制作方式，类型片的生产模式是20世纪30～40年代好莱坞大制片厂共同采用的策略，奠定了好莱坞电影工业在全球电影市场的地位。类型片的生产机制引起了世界上许多国家的效仿，绝大多数国家的**商业电影**基本上都以类型观念作为影片制作的基础观念，类型片也成为商业电影、娱乐电影的代名词。

常见的类型片种类有**西部片**、**恐怖片**、**歌舞片**、**战争片**、犯罪片、**喜剧片**、**家庭伦理片**、**科幻片**、动作片、侦探推理片等。一般而言，同类型的电影大多具有相同或相似性的三个基本要素，即公式化的情节、定型化的人物、图解式的造型。类型片的基本特征是以叙事为主导的规范化的审美形式，以追求利润的最大化为目的和原则。20世纪50年代以后，随着好莱坞大制片厂制度的解体，资本垄断下的传统类型片生产无法在市场中发展，各种类型片之间的严格界线趋于模糊，出现了类型之间的融合与跨界，并由此形成了许多亚类型乃至新的类型。（丁珊珊）

黎巴嫩电影 Lebanese cinema 1929年黎巴嫩第一部无声片问世。该片是由意大利人J.皮杜蒂制作的《伊里亚斯·麦勃鲁克历险记》。1931年，卢姆纳尔电影公司成立。该公司于1934年生产了《在巴尔贝克废墟里》，这是在阿拉伯国家完成生产全过程的第一部影片，上映后十分成功。1943年黎巴嫩独立后，阿里·阿里苏拍摄了《美丽的花朵》《沙漠上的星星》等。第二次世界大战结束后，黎巴嫩电影业发展迅速，制片公司纷纷成立，从国外引进制片器材。1953年，生产了3部故事片，其中两部由于对白不是方言，不是特别成功。1958年G.纳西尔导演的《往何处去？》被认为是这个时期的最佳影片。1960年纳西尔又拍摄了《年轻的陌生人》。1959～1960年，大量资本开始进入制片业。1962～1966年，年产故事片由8部跃至17部，多半是舞台悲喜剧。其中比较成功的有《卖戒指的人》（导演Y.夏欣）、《早上好，爱情！》（导演A.托基）、《先知的诞生》（导演M.赛尔曼）。之后受中东地区动荡局势和连年内战的影响，大部分导演流亡国外，许多影院被毁。20世纪80年代主要影片有《避难所》（1981）、《爆炸》（1983），两片导演均为哈布泽乌。

1991年黎巴嫩内战结束，首都贝鲁特

再次成为阿拉伯世界大众传媒业中心，以电视为主。90年代中期，黎巴嫩六所大学设立影视专业的学位教育，吸引了阿拉伯国家的青年学生。90年代时，黎巴嫩电影以战争题材为主。1998年，电影《西贝鲁特》在国内外获得反响，并代表黎巴嫩角逐第71届美国电影奥斯卡奖最佳外语片奖。进入21世纪之后，《波斯塔》(2005)、《焦糖》(2007)、《子弹横飞》(2010)、《吾等何处去》(2011)、《羞辱》(2017)、《何以为家》(2018)等影片广受好评。

（陆孝修　撰　秦喜清　修订）

黎北海 Li Beihai(1889～1955-12-26) 中国电影导演、事业家。生于广东新会，卒于广州。曾在香港经商。自幼喜爱戏剧。1909年参加了故事短片《偷烧鸭》的拍摄，并在其中饰演警察一角。1913年任美华电影公司导演，同年导演了香港第一部短故事片《庄子试妻》，并在其中饰演男主角庄子。该片作为香港电影的滥觞之作，是中国第一部运到海外放映的电影，同时电影中也出现了中国第一位女性演员严珊珊。1923年，黎北海与黎海山、黎民伟联合创办了民新制造影画片有限公司，任经理。同年，开办香港一家全由港人投资兴建的新型影院——新世界电影院。

1924年，任教于广州的民新演员养成所，开始承担电影艺术教育家的职责。1925年，创作完成了香港第一部长故事片《胭脂》，在其中承担了编剧、导演及演员的多重职务。1928年创办香港电影制片公司，同时开办了香港演员养成所，重视对电影人才的培养。1930年编导了香港第一部古装巨制《左慈戏曹》，并在其中饰演男主角左慈。同年，任联华影业公司香港分厂厂长兼联华演员养成所所长及导师。1933年，与唐醒图合作创办了香港第一家有声电影制片公司——中华制造声默影片有限公司，并出品了香港第一部有声电影《傻仔洞房》，开启了香港影业的有声片时代。1934年在中华制造声默影片公司导演了《陈宫骂曹》和《薄幸》。1935年退出影坛，改行经营小食店，后在广州病逝。

黎北海在香港早期电影中具有多重身份，既是电影艺术家、电影企业家，又是电影艺术教育家。作为香港电影事业的先驱者和开拓者之一，他参与了香港电影最早三部影片的编剧、导演和演员工作，显示了自己在电影艺术上的多才多艺。同时在电影教育上积极努力，为香港电影业的后续发展，培养、储备了人才，作出了历史性贡献。

扩展阅读

风群.黎北海的电影人生.当代电影，2011（8）.

（孙　萌）

黎莉莉 Li Lili(1915-06-02～2005-08-07) 中国电影演员。原名钱蓁蓁。祖籍安徽桐城。生于北京，卒于北京。6岁被寄养在孤儿院，后又做过养女、丫鬟，学过京剧。1926年，在光华影片公司制作的《燕山侠隐》中饰演儿童角色，父亲钱壮飞在拍摄工作中兼任编导和美工，她和母亲、弟弟钱江都充当演员。1927年"四一二"事变后，被父母送入黎锦晖创办的中华歌舞专科学校，并成为黎锦晖义女，后改姓黎，取艺名黎莉莉。1928年，随黎锦晖的中华歌舞团(后改组为明月歌舞团)赴南洋和国内各地旅行演出，因此成为知名演员。1931年，参与拍摄联华影业公司的《银汉双星》。

1932年，主演了天一影片公司的中国首部歌舞片《芭蕉叶上诗》。同年，正式成为联华影业公司演员，主演孙瑜编导的爱情片《火山情血》(1932)，由此开始了电影演员生涯。接着，连续拍摄了《小玩意》(1933)、《天明》(1933)、《大路》(1934)、《体育皇后》(1934)、《狼山喋血记》(1936)、《鬼》(《联华交响曲》之六，1937)、《如此繁华》(1937)等12部影片，成为当时最受欢迎的女明星之一。抗日战争全面爆发后，在武汉加入中国电影制片厂，后随厂辗转到重庆，先后拍摄了《热血忠魂》(1938)、《塞上风云》(1940)、《气壮山河》(1944)、《血溅樱花》(1944)等4部故事片。1939年在香港主演了由香港大地影业公司出品、蔡楚生导演的《孤岛天堂》。

她的表演风格自然清新，擅长舞蹈，身上散发着青春与率真的独特气质，其充满活力和朝气的表演给观众留下了深刻的印象。1946年，到美国进修学习表演、语言、声乐、化妆等。1949年后，进入北京电影制片厂。1953年，参加拍摄故事片《智取华山》。1955年，进北京电影学院表演训练班学习。1957年结业后留北京电影学院表演系任教并淡出银幕。1991年，获第3届中国电影表演学会奖特别荣誉奖。

（陈　野）

黎民伟 Li Minwei(1893-09-25～1953-10-26) 中国电影事业家，新闻纪录电影的开拓者之一。原籍广东新会。生于日本，卒于香港。毕业于中国香港圣保罗书院。1911年，参加中国革命同盟会，在中国香港组织清平乐剧社演出文明戏，宣传革命思想。1913年，与美商合作在香港创办华美影片公司，拍摄自编的短片《庄子试妻》，并反串女主角庄妻。其妻严珊珊饰演女婢，成为中国影坛第一位女演员。1921年，与兄弟黎海山、黎北海合作成立民新制造影画片有限公司，1923年改名为民新影片公司，开办民新演员养成所。1924年，拍摄黎北海编导的故事片《胭脂》，黎民伟扮演男主角鄂生，女主角由林楚楚扮演。

1925年前后，黎民伟追随孙中山的革命活动，拍摄了《中国国民党第一次全国代表大会》《孙中山先生为滇军干部学校举行开幕礼》《廖仲恺先生为广东兵工厂青年工人学校开幕》《孙中山先生北上》《孙大元帅检阅广东全省警卫军武装警察及商团》《孙大元帅出巡广东东北江记》《孙大元帅誓师北伐》。孙中山在北京病逝后，又拍摄了《孙中山先生出殡及追悼之典礼》，共20本新闻纪录片，将孙中山在第一次国内革命战争时期的主要活动和事迹，以及当时参加活动的重要人物，如廖仲恺、李大钊、周恩来的活动都摄入镜头，成为极其珍贵的电影文献。

1926年，黎民伟将民新影片公司迁往上海，主管公司的制片和技术；聘请欧阳予倩、侯曜、孙瑜、卜万苍等编导人员，拍摄《玉洁冰清》《天涯歌女》等影片。1929年，将民新公司与罗明佑的华北电影有限公司合并，拍摄了《故都春梦》等影片。后以民新、华北两公司为基础，并入大中华百合影片公司的原有人员，组成联华影业公司，黎民伟任联华第一厂主任。1932年，带领摄影队到淞沪前线，在炮火中拍摄了有关"一·二八"抗战的新闻纪

录片。抗日战争胜利后，重返中国香港，弃影从商。1994年，获第13届香港电影金像奖荣誉奖。（陈 野）

李安 Ang Lee（1954-10-23～ ）中国电影导演、编剧。祖籍江西。生于台湾屏东潮州镇。1975年，毕业于台湾艺术专科学校戏剧电影系。1978年，赴美留学，先后

就读于伊利诺伊州立大学香槟分校与纽约大学。1982年，拍摄了学生作品《阴凉的湖畔》，获纽约大学奖学金。1984年，拍摄毕业作品《分界线》。1991年，编导处女作《推手》，讲述中西文化差异下父子的代沟，细腻地刻画了在西方语境下中国式父亲的尴尬，获第28届台湾电影金马奖评委会特别奖、第37届亚太影展最佳影片奖。1993年，导演同性恋题材影片《喜宴》，延续了他对多元文化背景下的伦理道德冲突以及由此所引发的人际情感纠葛的关注，获第43届德国柏林国际电影节金熊奖、第30届中国台湾电影金马奖最佳剧情片奖和最佳导演奖等。1994年，导演《饮食男女》，讲述台湾名厨老朱在妻子去世后与三个女儿相处时所发生的情感故事，获第39届亚太影展最佳影片奖等。《推手》《喜宴》《饮食男女》三部影片被称为李安的父亲三部曲。1995年，根据18世纪英国作家J.奥斯汀同名小说改编拍摄了《理智与情感》，片中人物塑造丝丝入扣，对恋爱的男女情感有着精准而微妙的把控。影片获第68届美国电影奥斯卡奖最佳改编剧本奖、第46届德国柏林国际电影节金熊奖、第53届美国电影金球奖最佳影片奖。1997年，拍摄电影《冰风暴》，讲述美国一个中产家庭濒临破裂的故事，是李安拍摄的第一部真正意义上的美国电影。

2000年，导演武侠片《卧虎藏龙》，以片中主要角色间的情感为叙事线索，将中国**武侠片**提升至国际化的新境界，并引领了中国武侠大片的潮流。影片获第73届美国电影奥斯卡奖最佳外语片奖等多项大奖，成为华语电影第一部荣获奥斯卡奖的影片。2005年，导演《断背山》，获第62届意大利威尼斯国际电影节金狮奖、第78届美国电影奥斯卡奖最佳导演奖、第63届美国电影金球奖最佳导演奖等。2007年，根据作家张爱玲的同名小说改编拍摄了《色·戒》，讲述抗战时期革命青年王佳芝欲行刺汉奸头目，便以色诱之，最后戏假情真陷入情网的故事。李安通过对复杂人性情感的探索，显示了他与众不同的视点，解构了主流意识形态长期以来“英雄形象”的单向模式，拓展了这类电影的表现空间，展现出一种独特的维度。影片获第64届意大利威尼斯国际电影节金狮奖、第44届中国台湾电影金马奖最佳导演奖等。2012年，根据Y.马特尔的同名小说改编执导了《少年派的奇幻漂流》，获第85届美国电影奥斯卡奖最佳导演奖。影片讲述印度少年派在一次海难中脱险，后与一只孟加拉国虎在救生小船上漂流，并获得重生的故事。2016年，拍摄了战争片《比利·林恩的中场战事》，揭示了战争对人心灵的毁灭与扭曲。

李安凭借《少年派的奇幻漂流》获第85届美国电影奥斯卡奖最佳导演奖

李安是华语电影界最有国际影响力的导演，他的电影题材多变，兼具东西方的叙事策略和影像魅力，充满了人文关怀，具有含蓄内敛的美学风格。他拍摄的电影还有《与魔鬼同骑》（1999）、《圣子》（2001，短片）、《绿巨人》（2003）、《制造伍德斯托克》（2009）、《双子杀手》（2019）等。2006年，获第9届上海国际电影节华语电影杰出贡献奖。2009年，担任第66届意大利威尼斯国际电影节评委会主席。2013年，担任第50届中国台湾电影金马奖评委会主席。2021年，获第74届英国电影学院奖终身成就奖。（李 清）

李保田 Li Baotian（1946-11-28～ ）中国影视演员。生于江苏徐州。1960年，在徐州地区梆子剧团学演丑角。1966年，转到徐州地区文工团。1978年，考入中央戏剧学院导演干部进修班。1981年毕业留校。1983年，在电影《闯江湖》中饰演丑角艺人张乐天，开始演艺生涯。1987年，在电影《人·鬼·情》中饰演女艺人秋芸的父亲，获第8届中国电影金鸡奖最佳男配

角奖。1988年，出演《葛掌柜》，获第8届中国电视剧飞天奖最佳男主角奖。1993年，在电影《凤凰琴》中饰演山区民办教师余校长，获第1届中国电影华表奖最佳男演员奖、第14届中国电影金鸡奖最佳男主角奖和第17届中国大众电影百花奖最佳男演员奖。1995年，在**张艺谋**执导的电影《摇啊摇，摇到外婆桥》中饰演唐老大，将上海滩黑社会头目刻画得入木三分。1996年，主演电视剧《宰相刘罗锅》，获第14届中国大众电视金鹰奖最佳男主角奖。1998年，出演《有话好好说》，获第21届中国大众电影百花奖最佳男配角奖。2003年，主演电视剧《神医喜来乐》。2014年，主演电影《夜莺》。

李保田表演功力深厚，风格自然、纯朴、洒脱，塑造的人物形象颇具真实感。他参演的影片还有《流浪汉与天鹅》（1985）、《贞女》（1987）、《菊豆》（1990）、《过年》（1992）、《离婚了，就别来找我》（1997）、《马背上的法庭》（2006）、《北京时间》（2015）等。出演的电视剧还有《葛掌柜》（1986）、《师魂》（1988）、《好男好女》（1989）、《大路朝天》（1991）、《山不转水转》（1992）、《鸦片战争演义》（1997）、《烟壶》（1998）、《万家轶事》（1999）、《村主任李四平》（2000）、《警察李酒瓶》（2001）、《跃龙门》（2002）、《钦差大臣》（2005）、《南北大状》（2008）、《永不回头》（2009）、《丑角爸爸》（2010）等。2020年，

《菊豆》剧照

获第30届中国电视金鹰奖中国文联终身成就电视艺术家荣誉奖。（黄海贝）

李碧华 Lilian Lee（1959～ ）中国作家、影视编剧。原名李白。祖籍广东。生于香港。毕业于香港真光中学。从事过小学

教师、专访记者、专栏作家等工作。1981年，与张坚庭、陈召合作编剧电影《父子情》，获第1届香港电影金像奖最佳影片奖。1988年，与**邱刚健**合作将自己的小说《**胭脂扣**》改编为同名电影，获第8届香港电影金像奖最佳编剧奖。1993年，与**芦苇**合作将自己的小说《**霸王别姬**》改编为同名电影，获第46届法国戛纳国际电影节金棕榈奖、第51届美国电影金球奖最佳外语片奖等。

她擅写奇情畸恋，故事内容别出心裁，人物形象独具一格，不落窠臼，能够揭示人物复杂丰富的内心世界。其笔调华美，富有东方意蕴，女性意识的张扬令作品传达出独特的人生体味和价值取向，充满着对人性的深刻追索与探问。她编剧的电影作品还有《潘金莲之前世今生》(1989)、《古今大战秦俑情》(1990)、《川岛芳子》(1990)、《青蛇》(1993)、《诱僧》(1993)、《饺子》(2004)、《生死桥》(2007)、《迷离夜》(2013)、《奇幻夜》(2013)等。

（朱怡璇）

李翰祥 Li Han-Hsiang（1926-04-18～1996-12-17） 中国电影导演。生于辽宁锦州，卒于北京。曾就读于国立北平艺术专科学校及上海市立剧校。1948年赴香港，先后在大中华、长城、大观等影片公司任广告绘制员和布景师。1949年考入永华影业公司演员训练班，参演《狗凶手》等影片。1953年担任影片《翠翠》的助理导演。1954年与人合导影片《嫦娥》。1955年，独立执导《雪里红》和《马路小天使》，同年加入邵邨人主持的邵氏父子公司。1957年后转入**邵逸夫**成立的**邵氏兄弟（香港）有限公司**。1956～1963年，在邵氏公司先后执导了20余部影片，以民间故事片和古装历史片为主。其中黄梅调古装片《貂蝉》(1958)、《江山美人》(1959)和伦理故事片《后门》(1960)分别在第5、第6、第7届亚洲影展获奖，奠定了他的导演地位；影片《杨贵妃》(1962)获第15届法国戛纳国际电影节最佳室内摄影特别奖；影片《梁山伯与祝英台》(1963)获第2届台湾电影金马奖最佳影片奖和最佳导演奖；其他影片还有《儿女英雄传》(1959)、《倩女幽魂》(1960)、《武则天》(1961)等，多以民间故事片和古装历史片为主。

1963年，到台湾创办国联影业公司。1966年获台湾十大杰出青年金手奖，并受聘于台湾文化艺术院。执导的主要影片有《西施》(1965)、《冬暖》(1967)、《缇萦》(1970)等。1971年，回香港创办新国联影业公司，拍摄了"骗术片"《骗术奇谈》(1971)、《骗术大观》(1972)和《骗术奇中奇》(1973)。1972年重返邵氏公司，先后执导了《大军阀》(1972)、《金瓶双艳》(1974)、《倾国倾城》(1975)、《金玉良缘红楼梦》(1977)、《乾隆下江南》(1977)、《武松》(1981)等30余部影片。1983年组建新昆仑影业有限公司，与内地合拍历史片《**火烧圆明园**》与《垂帘听政》，并于1983年均获文化部优秀影片特别奖。1986年执导影片《火龙》。1988年执导《西太后》(又译《一代妖后》)。1989年后拍摄了《敦煌夜谭》等影片。1996年执导40集电视连续剧《火烧阿房宫》(未完成)。

他共执导影片近90部，监制及策划的影片20余部，多次获得亚洲影展、台湾电影金马奖、香港电影金像奖等奖项。作为中国电影史上重要的电影工作者，李翰祥开创了**黄梅调电影**这一样式，并使之曾红遍东南亚及海外华人社会。他的作品叙事节奏流畅、场景逼真豪华，既照顾史实又富有戏剧性，擅长在戏曲题材、历史题材和民间故事中找寻独特的角度和表达方式。2006年获第6届华语电影传媒大奖卓越贡献大奖。曾任全国政协委员。出版有回忆录《三十年细说从头》等。

（余慕云）

《李慧娘》 *Lee Huiniang* 中国彩色戏曲片。上海电影制片厂1981年出品。根据同名京剧改编。编剧，刘琼；总导演，刘琼；导演，邓逸民、沙洁；摄影，卢俊福、周福星；主演，胡芝风、詹国治、许鸿良。

故事源自明代周朝俊的传奇《红梅记》，讲述了南宋末年，奸臣贾似道弄权误国，导致时局动荡，良家女子李慧娘在战乱中被贾似道掳到贾府为歌姬。一日，歌姬们随贾似道游湖，李慧娘听到太学生裴舜卿怒斥贾似道祸国殃民的罪行，不由心生敬慕，赞叹裴舜卿的慷慨陈词，正巧被贾似道听见。贾似道愤怒回府，将李慧娘杀死。李慧娘死后，贾似道将裴舜卿骗进府中，意图杀害。李慧娘欲搭救裴舜卿，在阴间得到明镜判官的同情，准其暂回人间，并赠予阴阳扇相助。李慧娘回到贾府，与裴舜卿相见，并道明实情。李慧娘借助阴阳扇，成功救出了裴舜卿，惩罚了奸人。

影片反映了奸臣当道的社会现实，宣扬了伸张正义的民主思想，具有鲜明的进步意义。影片打乱了原有的舞台剧情节结构，将"见判"场面放在影片开头，"游湖"与"杀姬"插在判官审判过程中，运用电影时空手段，使情节结构更加紧凑。影片运用了多种拍摄手法来表现人物状态，其中运用多棱镜摄影，突出了画面的神幻效果，渲染了影片的特定气氛。影片还多次运用特技手段，如大特写判官眼睛时，瞳孔里出现的李慧娘的鬼魂形象，从而表现出阴间特有的环境特征。影片没有过多地追求戏曲的表现形式，而是较大地改变了戏曲舞台表演形式，将表演与电影技巧紧密地结合起来。影片一经上映，便受到观众欢迎。影片1981年获文化部优秀影片奖、1982年获第2届中国电影金鸡奖最佳特技奖。

（高小健）

李俊 Li Jun（1922-03-02～2013-01-07） 中国电影导演。生于山西夏县，卒于北京。1937年参加中华民族解放先锋队，后参加八路军。1938年入抗日军政大学学习。

1939年加入中国共产党。以后一直从事部队文艺宣传工作，先后担任文化教员、宣传科长、文工团团长等职，在部队中创作了多部歌剧和舞台剧。曾因创作歌颂战斗英雄的歌剧《李鸿基》、歌颂中朝友谊的话剧《患难之交》获一等功臣称号及一等创作奖，其他创作有《活捉康泽》(独幕歌剧)、《歌唱许县长》(歌曲)等。

1952年调入八一电影制片厂，担任新闻摄影总编室副主任、导演。最初参加新闻纪录电影创作，拍摄了纪录片《战俘营》(1953)、《通向拉萨的幸福道路》(1954)、《飞向高空》(1956)、《空中比武》(1957)等。1959年与冯一夫合作编导故事片《回民支队》，深受观众喜爱。同年独立编导故事片《友谊》。1963年执导了故事片《**农奴**》，对电影语言进行了大胆的探索，取得了较高的成就。1964年，导演了《分水岭》。1974年，与李昂联合导演了红色经典故事片《**闪闪的红星**》，成功塑造了儿童英雄潘冬子的形象，影片获全国少年儿童文艺创作二等奖。1976年与郝光联合导演了《南海长城》。1977年执导了舞台艺术片《十月的胜利》。1979年导演的《**归心似箭**》获文化部优秀影片奖，并为影片插曲《雁南飞》作词。20世纪80年代还创作了故事片《许茂和他的女儿们》(1981)、《朱德与史沫特莱》(1985)、《女教官的报告》(1988)等。90年代，担任大型历史题材系列片《**大决战**》的总导演，在银幕上真实再现了解放战争中的三大战役，在电影、文化、军事等领域产生了深远影响，获第15届中国大众电影百花奖最佳故事片奖、第12届中国电影金鸡奖最佳导演奖等。

他所导演的作品镜头语言干净利落，兼具厚重与灵巧，忠于史实又能给观众以美的享受。在军事题材上很有造诣，将中国军事题材电影推上了一个新的层面。1995年获中国电影世纪奖最佳导演奖。曾任中国电影家协会理事。（陈少舟）

李丽华 Li Lihua（1924-07-17～2017-03-20） 中国电影演员。原籍河北宛平。生于上海，卒于香港。父母都是京剧演员。12岁赴北平（今北京）学艺。1940年入上海艺华影片公司当演员，同年因处女作《三笑》一举成名，从此走上银幕。后在艺华出演了《千里送京娘》《女人心》《啼笑因缘》《吕四娘》等17部影片。

1942年后，相继在中联影业公司、中华电影联合股份有限公司等参演了《秋海棠》《凌波仙子》《春江遗恨》等影片。1947年为文华影业公司主演了讽刺喜剧片《假凤虚凰》，开始被广泛熟知。1948年前往香港拍片，在香港长城、龙马、永华、邵氏等影片公司拍摄影片，主演了《说谎世界》《误佳期》《拜金的人》《小凤仙》《雪里红》等影片。1954年创办丽华影业公司。1955年主演了香港第一部彩色电影《海棠红》。1957年与严俊合办金龙影片公司，摄制了《一鸣惊人》《游龙戏凤》等影片。

1958年，赴美与好莱坞明星V.麦丘联合主演了合拍片《飞虎娇娃》，开始走向国际影坛。60年代大部分时间在邵氏兄弟（香港）有限公司拍片。1962年主演了李翰祥执导的《杨贵妃》。1963年在宫闱历史片《武则天》中饰演武则天，把一个既有政治才能，又有可畏之威的雍容华富、擅弄权术的女皇演得栩栩如生。1964年主演了《故都春梦》，获第3届台湾电影金马奖最佳女主角奖。1965年主演了《万古流芳》，获第12届亚洲影展最佳女主角奖。1968年主演了《扬子江风云》，获第7届台湾电影金马奖最佳女主角奖。1978年出演了其最后一部影片《新红楼梦》。同年，出演了电视连续剧《圣剑千秋》。1983年息影，移居美国。

其主演的其他重要影片有《万紫千红》《艺海恩仇记》《血海仇》《满园春色》《恋之火》《风雨同舟》《梁山伯与祝英台》《八国联军》《迎春阁风波》等。自1940年从影，前后共演影片120余部。其所饰演的角色，无论是小家碧玉，还是江湖女侠、女皇帝，都表演得惟妙惟肖、栩栩如生。1993年获第30届台湾电影金马奖纪念奖。2015年获第52届台湾电影金马奖终身成就奖。2016年获第35届香港电影金像奖终身成就奖。（余慕云）

李连杰 Jet Li（1963-04-26～ ） 新加坡籍华裔电影演员。生于北京。两岁时父亲去世，家境困难。1971年暑期，开始在北京什刹海体校武术班训练。1974年，参加全国武术比赛，连夺少年组和全国组第一名。1975～1979年，连续五年获得全国武术比赛冠军，被北京市体委授予特等功。1979年，参加第四届全国运动会，夺得五枚金牌。

1982年，在武侠电影《少林寺》中饰演男主角觉远，自此开始演艺生涯。20世纪90年代赴香港主演了徐克执导的《黄飞鸿》，轰动一时。此后，又拍摄了“黄飞鸿”系列武侠片《男儿当自强》（1992）、《龙行天下》（1992）、《狮王争霸》（1993）等，成为继李小龙、成龙之后的又一位功夫影星。1998年，赴好莱坞发展演艺事业，成为享誉国际的动作片演员。2006年，在于仁泰执导的影片《霍元甲》中饰演武术家霍元甲，获第28届中国大众电影百花奖最佳男主角奖提名、第26届香港电影金像奖最佳男主角奖提名和第13届香港电影评论学会大奖最佳男主角奖。2007年，与刘德华、金城武合作出演《投名状》，获第27届香港电影金像奖最佳男主角奖。

李连杰武打动作迅捷连贯，具有很强的观赏性，成功塑造了黄飞鸿、方世玉、陈真、霍元甲等银幕英雄形象。他出演的影片还有《少林小子》（1983）、《南北少林》（1984）、《中华英雄》（1986）、《笑傲江湖之东方不败》（1992）、《太极张三丰》（1993）、《方世玉》（1993）、《方世玉Ⅱ》（1993）、《铁鸡斗蜈蚣》（1993）、《魔教教主》（1993）、《精武英雄》（1994）、《中南海保镖》（1994）、《新少林五祖》（1994）、《洪熙官》（1995）、《给爸爸的信》（1995）、《致命武器4》（1998）、《致命罗密欧》（1999）、《龙之吻》（2001）、《救世主》（2001）、《英雄》（2002）、《狼犬丹尼》（2005）、《功夫之王》（2008）、《建国大业》（2009）、《龙门飞甲》（2010）、《海洋天堂》（2010）、《敢死队》系列（2010～2014）、《不二神探》（2013）、《封神传奇》（2016）、《花木兰》（2020）等。（安 超）

《霍元甲》剧照

李萍倩 Li Pingqian（1902～1984-11-18） 中国电影导演。原名李椿寿。原籍安徽桐城。生于浙江杭州。出身于书香世家。1919年肄业于上海沪江大学社会系。20世纪20年代初在明星影片公司附属明星影戏学校学习。曾在郑正秋与郑鹧鸪主办的民兴新剧社做记录剧本的工作。不久任摄影助理。1924年与汪煦昌等共同创办神州影片公司。1925年，在神州影片公司的影片《不堪回首》和他自任编导的《花好月圆》中饰演角色。1926年，导演了影片《难为了妹妹》《好儿子》，在创作上体现了“神州派”的“潜移默化”的艺术主张。1927年以后，为大中华百合影片公司、天一影片公司导演了《情欲宝鉴》《劫后孤鸿》等30多部影片。1931年，与邵醉翁联合导演了中国最早光学录音的有声片之一《歌场春色》。

1932～1936年，在明星影片公司导演了《旧恨新愁》《琵琶春怨》《丰年》《现代一女性》《时代的儿女》《女儿经》《人伦》《热血忠魂》《桃李争艳》《夜会》等影片。其中，《时代的儿女》《丰年》颇获好评。1938～1947年，先后为艺华影业有限公司、光明影片公司、新华影业公司、国泰影业公司等导演了《凤求凰》《费贞娥刺虎》《杜十娘》《桃李争春》《裙带风》《母与子》等20多部影片。1947年底，去香港为永华影业公司导演了《春雷》。1949年起任香港长城电影制片有限公司导演，作品有《说谎世界》《禁婚记》《百花齐放》《方帽子》《蜜月》《门》《白日梦》《寸草心》《都会交响曲》《绿天鹅夜总会》《佳人有约》《雪地情仇》《我是一个女人》《绝代佳人》

《三笑》《三恋》《望夫山下》《逆旅风云》等。其中,《绝代佳人》1957年获文化部优秀影片奖。

李萍倩从影60年,共主演了10多部影片,导演了近200部影片,编写了10多个剧本,是中国目前从影时间最长、拍摄影片最多的电影创作家之一。李萍倩在创作上是多面手,现实生活、历史故事、民间传说、神话寓言等各种题材都涉猎过。正剧、悲剧、喜剧、闹剧、传奇性的、漫画式的,各种风格样式他都进行过尝试。其中,尤以讽刺喜剧片见长。在表现家庭关系、世态人情方面,观察入微,能处理得细微动人,有一定的功力。自1965年拍摄完《烽火姻缘》后,停止拍片。曾任长城影片公司艺术顾问、香港华南电影工作者联合会会长、第六届全国政协委员、第四届中国文联委员。

(黄加明)

李少白 Li Shaobai(1931-07-01～2015-03-16) 中国电影史学家、理论家、教育家。生于安徽太和,卒于北京。1949年,加入中国人民解放军西南服务团第三大队。1950年,进入西南大区影片经理公司,担任秘书,负责起草公文,之后参加宣传工作。1951年开始发表影评。1954年,调入中国电影发行总公司宣传处工作,开始大量撰写影评。1957年,从中国电影发行总公司调入中国电影工作者联谊会,进入电影艺术研究部工作。1958年,进入《中国电影发展史》编写组。1963年,与程季华、邢祖文合作完成《中国电影发展史》。

"文化大革命"期间,被隔离审查,下放劳动。1973年,调回国务院文化组艺术研究机构(今中国艺术研究院),担任电影组组长。1980年,在中国艺术研究院参与创建电影研究所,担任副所长职务。之后,参与创办《电影文化》(《当代电影》前身)杂志和《影视文化》丛刊;参与创建中国艺术研究院研究生部电影系,在国内率先招生、培养中国第一批电影学研究生。1987年,主持创建电影电视研究室。1991年,出版了《电影历史及理论》一书。其后出版的学术著作有《影心探赜》《影史榷略》等。2006年7月,主编完成《中国电影史》,由高等教育出版社出版。另有旧体诗词选集《灵府轨迹》出版。曾任中国艺术研究院电影电视研究所研究员、博士生导师,北京电影学院客座教授,北京师范大学、西南师范大学兼职教授,中国电影艺术研究中心学术委员。

(丁亚平)

《李时珍》 *Li Shizhen* 中国故事片。上海电影制片厂1956年出品。编剧,张慧剑;导演,沈浮;摄影,罗从周;主演,赵丹、舒适、康泰、仲星火、钱千里。

故事讲述了明代大药物学家李时珍自幼随父行医,精通医术。他在行医之际,经常发现过去的药物志上记载有误,决心重修《本草纲目》。他的想法得到家人、乡亲和同行们的支持。他不顾恶霸乡绅的嘲笑以及朝廷太医的阻挠打击,离家别妻,在学生庞宪的陪伴下,用了30多年的时间,历经千辛万苦,走遍深山大川,采集药物标本,重修了长达52卷的《本草纲目》,流传千古。

《李时珍》剧照

影片在忠实于史料的基础上,记述了李时珍暮年之际不惜倾家出资刻印《本草纲目》,使其得以流传的业绩,表现了李时珍不顾个人安危,数十年四方采药的坚韧不拔的精神。影片立意含蓄,耐人寻味,着力表现了李时珍不畏强暴、不怕困难,与地主、土豪恶绅、御医格格不入,以及对封建体制的抗拒,同时又描绘出他始终与贫苦劳动人民心连心、共患难的感人情景。影片富有寓意地3次展示了劳动人民费力地逆流挽舟即拉纤的场景,借此画面隐喻李时珍一生都在逆流里,可还是从不言弃、迎难而上。"身如逆流船,心比铁石坚。望父全儿志,至死不怕难。"影片以歌词道出了李时珍朝着既定目标矢志不渝地奋力前进的心迹。影片还结合李时珍师徒的行迹,充分展示了祖国山川的壮丽秀美,既烘托了人物,也激发了观众对祖国河山的热爱。

(王云缦)

《李双双》 *Li Shuangshuang* 中国故事片。上海海燕电影制片厂1962年出品。改编自李准的小说《李双双小传》。编剧,李准;导演,鲁韧;摄影,朱静;主演,张瑞芳、仲星火、赵抒音、刘非。

故事讲述了李双双和孙喜旺是一对夫妻。双双爽直、泼辣,敢于和自私落后现象做斗争;喜旺憨厚、朴实,但胆小怕事。喜旺当了生产队记工员后,和副队长

《李双双》剧照

金樵、落后农民孙有营私舞弊,多记工分。双双被选为妇女队长后揭发了他们的行为,喜旺一气之下离家去搞运输。不久孙有夫妇给女儿桂英在城里说了一门亲事。但桂英早与队里青年二春相爱,双双帮助桂英,受到孙有老婆的怒骂,刚刚回来的喜旺再度离家。秋收时节,喜旺看到生产队在双双领导下获得丰收,于是主动回来与她团聚,无意露出金樵与孙有搞运输有贪污之事。在双双帮助下,喜旺帮金樵和孙有认错,双双与喜旺和好。

影片把视角对准20世纪60年代中国农村普通农民的生活,以生动和娴熟的笔触,通过凡人小事展示了新中国的社会内容。影片塑造的李双双这一光彩照人的银幕形象,既具有中国妇女善良、勤劳的传统美德,又体现了新中国农村妇女崭新的精神风貌。演员张瑞芳的表演淳朴、自然,与角色融为一体,准确地把握了角色的基调。影片富有生活情趣和泥土气息,重视人物的语言、造型,尽力使之朴素生动,从而切合人物性格。影片1963年获第2届中国大众电影百花奖最佳故事片奖、最佳编剧奖、最佳女演员奖、最佳男配角奖。

(军 文)

李小龙 Bruce Lee(1940-11-27～1973-07-20) 美国电影演员。原名李振藩。祖籍广东佛山。生于美国旧金山,卒于中国香港。美国西雅图华盛顿州立大学肄业。父

亲李海泉为香港知名粤剧演员。未满一岁时,他就出演了影片《金门女》。8岁时,出演影片《富贵浮云》。10岁时,主演影片《细佬祥》。此后,参演了《人之初》(1951)、《慈母泪》(1953)、《危楼春晓》(1953)、《爱》(1955)、《孤星血泪》(1955)、《人海孤鸿》

(1960）等10余部影片，给观众留下了深刻印象。1954年，拜叶问为师，学习咏春拳。1959年，赴美国西雅图华盛顿州立大学读书，同时吸收空手道、西洋拳等武学，创立了“截拳道”。1964年，在美国获得万国空手道比赛大会冠军。1966年，在美国20世纪福克斯电影公司参演电视剧《青蜂侠》。1967年，成立振藩国术馆。1969年，参与拍摄《丑闻喋血》等电视剧。

1971年返回香港，主演香港**嘉禾电影有限公司**拍摄的功夫片**《唐山大兄》**，获得极大成功。1972年，主演电影**《精武门》**，打破了亚洲票房纪录，并掀起了**功夫片**的浪潮，获第10届台湾电影金马奖最佳技艺特别奖。同年，与**邹文怀**联合创办协和电影公司，自编自导自演《猛龙过江》。这3部影片连创香港最高票房纪录，备受观众欢迎，奠定了其功夫巨星的地位，使功

《龙争虎斗》剧照

夫片走进国际电影市场。1973年，主演《龙争虎斗》，并在美国获得惊人的票房。同年7月在香港逝世，年仅33岁。功夫片《死亡游戏》是其未完成的遗作。1972年，被评为年度世界七大武术名家之一。2005年，获第24届香港电影金像奖世纪之星奖。

（余慕云）

李行 Hsing Lee（1930-05-20～2021-08-19） 中国电影导演。原名李子达。原籍江苏武进。生于上海，卒于台北。1948年迁居中国台湾。1952年毕业于台湾省立

师范学院，曾在学院话剧社当过编剧、导演和演员。毕业后从影，在影片《永不分离》《马车夫之恋》中担任演员。1958年任《情报贩子》和《水摆夷之恋》的副导演。随后为台联影业公司执导了《王哥柳哥游台湾》《两相好》《台湾地下水》等10部台湾闽南语故事片和两部纪录片。

1963年，执导了他的第一部“国语”片《街头巷尾》，因成绩突出，被台湾“中央电影事业股份有限公司”聘为编导。之后，以《蚵女》（1964）、《养鸭人家》（1964）等影片践行了“健康写实主义”的美学路线，奠定了“乡土电影”的美学根基；并以《婉君表妹》（1965）、《哑女情深》（1965）在台湾开启了纯情浪漫的**琼瑶电影**先河。其中，与李嘉合导的“国语”彩色片《蚵女》获第11届亚洲影展最佳影片奖；独立执导的《养鸭人家》获第3届台湾电影金马奖最佳导演奖；《玉观音》（1968）获1969年第15届亚洲影展最佳剧情片奖；《吾土吾民》（1975）、《早安台北》（1979）、《小城故事》（1979）均获台湾电影金马奖最佳剧情片奖；**《秋决》**（1971）、**《汪洋中的一条船》**（1978）均获台湾电影金马奖最佳剧情片奖和最佳导演奖。

他共导演了50多部电影，影响较大的还有《还我山河》（1966）、《彩云飞》（1973）、《碧云天》（1976）、《原乡人》（1980）、《大轮回》（1983，与**胡金铨**、白景瑞合作）、《唐山过台湾》（1986）等。作为中国台湾乡土电影的奠基人，其作品善于弘扬中国传统文化，坚持民族风格和乡土气息，由衷拥护传统道德和家庭伦理。追求戏剧化模式，手法细腻，制作认真。20世纪80年代后，主要致力于台湾电影金马奖评选活动和台湾与大陆及香港间的电影文化交流活动。1991年，组团参加中国电影“金鸡百花奖”活动，为台湾电影界首次正式参加大陆影展。1993年，率中国台湾代表团赴香港参加首届“海峡两岸暨香港电影导演研讨会”。同年续任金马奖执行委员会主席，促成大陆影人正式组团来台参加金马奖。1995年，获第32届台湾电影金马奖终身成就特别奖。

扩展阅读

陈飞宝.台湾电影史话（修订本）.北京：中国电影出版社，2008.

卢非易.台湾电影：政治、经济、美学（1949～1994）.台北：远流出版公司，2000.

宋子文.台湾电影三十年.上海：复旦大学出版社，2006.

（余慕云）

李雪健 Li Xuejian（1954-02-20～ ） 中国影视演员。生于山东菏泽。少年时代随父母迁居贵州凯里。19岁参军，后调至空军政治部话剧团任话剧演员。转业后到中央实验话剧院任演员，先后在《这里通向云端》《九一三事件》《火热的心》等话剧中饰演重要角色。1982年初涉影坛，在电影《天山行》中扮演指导员余海洲。1990年，在电视剧**《渴望》**中成功扮演宋

大成，获第9届中国大众电视金鹰奖最佳男配角奖。同年，在故事片《焦裕禄》中饰演焦裕禄，获第14届中国大众电影百花奖最佳男演员奖和第11届中国电影金鸡奖最佳男主角奖。2011年，出演电影《杨善洲》，获第14届中国电影华表奖优秀男演员奖和第19届北京大学生电影节最佳男演员奖。2012年，出演电影《一九四二》，获第50届台湾电影金马奖最佳男配角奖。2015年，出演电视剧《嘿，老头！》，获第13届四川电视节金熊猫奖长篇电视剧类最佳男演员奖和第6届澳门国际电视节最佳男主角奖。2016年，在电视剧《少帅》中饰演张作霖，获第22届上海电视节白玉兰奖最佳男演员奖提名和第28届中国电视金鹰奖最佳表演艺术奖。同年，在影片《老阿姨》中饰演甘祖昌，获第8届澳门国际电影节最佳男主角奖。

《杨善洲》剧照

《一九四二》剧照

李雪健为人低调，踏实勤勉，对表演艺术有着孜孜不倦的追求，塑造了众多生动鲜活的艺术形象。他出演的影片还有《钢锉将军》（1986）、《鼓书艺人》（1987）、《大侦探》（1988）、《四十不惑》（1992）、《有话好好说》（1996）、《横空出世》（1999）、《幸福时光》（2001）、《云的南方》（2004）、《吴清源》（2005）、《山楂树之恋》（2010）、《建党伟业》（2011）、《红星照耀中国》（2019）等。出演的电视剧还有《李大钊》（1989）、《抉择》（1997）、《梦开始的地方》（1999）、

《大宅门》(2001)、《历史的天空》(2004)、《搭错车》(2004)、《利益与代价》(2004)、《赵树理》(2006)、《美丽人生》(2008)、《父亲的战争》(2009)、《父爱如山》(2010)、《北部湾人家》(2018)、《光荣与梦想》(2021)等。2013年，当选为第9届中国电影家协会主席。2014年，获第12届中国长春电影节华语电影艺术成就奖。2015年，获第7届澳门国际电影节华语表演艺术杰出成就奖。2018年，被党中央、国务院授予“改革先锋”称号。

（庆　文　撰　李　清　修订）

李准　Li Zhun（1928-05-17～2002-02-02）　中国作家、电影剧作家。原姓木华梨。生于河南孟津，卒于北京。蒙古族人。生长在农村，仅上过一年初中，当过盐号学徒、邮递员、银行职员、教师等。靠自学走上文艺创作道路，最初编写历史小戏，后写小说。1948年在银行任职，后任洛阳市干部文化学校语文教师。1952年开始发表作品，最初写的短篇小说后来汇集为《卖马》。1954年参加了当时文化部电影局举办的“电影剧本讲习班”，开始学习电影创作。同时，调入河南省文艺界联合会，专职从事创作，并于同年带领全家到荥阳县（今荥阳市）农村安家落户。

1954～1965年，先后共写了50多部中、短篇小说，10多部电影剧本，以及多个话剧和戏曲剧本。1956年开始写电影剧本，第一个电影剧本是《老兵新传》，作品成功地塑造了老兵战长河乐观、豪迈、主动要求到北大荒发挥余热的艺术形象。之后又写了《小康人家》《李双双》《龙马精神》《耕云播雨》《大河奔流》，改编了《牧马人》《高山下的花环》《失信的村庄》《大漠紫禁令》《清凉寺钟声》《老人与狗》等。其中部分剧本编为电影剧本集《走乡集》。

他长期生活在农村，热爱劳动人民，生活积累深厚，熟悉农民家庭，也熟悉农村小镇上形形色色的人物，因此他的作品具有浓郁的乡土气息。他善于通过富于特征的典型环境和动人的细节刻画人物，因此他塑造的人物性格鲜明、生动，语言朴素、清新、自然、流畅，风格朴实、平易、洗练。他创造的一系列富于时代精神的电影文学形象给观众留下了深刻印象。1963年创作的《李双双》获第2届中国大众电影百花奖最佳故事片奖、最佳编剧奖。1985年李准凭借改编剧本《高山下的花环》，获第5届中国电影金鸡奖最佳编剧奖。同年，其长篇小说《黄河东流去》获第2届茅盾文学奖，作品被称为“立体的流民图”。

（陈少舟）

李梓　Li Zi（1930-12-23～2014-01-05）　中国译制片配音演员。生于河北石家庄，卒于上海。自幼爱好文艺。1948年，赴山东济南解放区，就读于华东大学。1950年，转入山东大学艺术系表演专业。1952年，调入上海电影制片厂任演员。后转入上海电影译制厂工作。1954年，为《不可分离的朋友》中的阳光少年配音，开始从事译制片配音工作。1977年，为《叶塞尼亚》中奔放热烈的吉卜赛女郎叶塞尼亚配音，获上海文联表演艺术奖。

李梓的音质优美、纯净，韵味十足。她有着极强的语言驾驭能力，嗓音多变，配音不太受影片中人物的年龄、性别所限，能为多年龄层的角色配音。从名门贵胄到卑微阶层，从少女、少妇到村妇，从女游击队长到科学家，各种年龄、气质、身份、秉性的女性形象，都被李梓处理得贴切传神，各具风采。李梓一生共为300多部译制片配音，是上海电影译制厂公认的“当家花旦”，也是上海电影译制厂为内参片配音最多的演员。李梓担任主要配音演员的影片及其声音形象有《红与黑》(1957)中的木尔小姐、《被侮辱与被迫害的人》(1958)中的丽茜、《阴谋与爱情》(1960)中的路易莎、《白夜》(1961)中的纳斯金卡、《红色宣传员》(1963)中的李善子、《红菱艳》(1970)中的佩姬、《简·爱》(1972)中的简·爱、《巴黎圣母院》(1972)中的艾丝美拉达、《基督山伯爵》(1976)中的梅赛德斯、《音乐之声》(1976)中的玛利亚、《尼罗河上的惨案》(1978)中的林内特、《望乡》(1978)中的女记者三谷圭子、《卡桑德拉大桥》(1980)中的斯屈德纳医生、《啊！野麦岭》(1980)中的政井峰、《英俊少年》(1981)中爱唱歌的少年海因切、《茜茜公主》(1985)中茜茜的母亲以及《红楼梦》(1989)中的贾宝玉等。她参与配音的译制片、电视剧还有《瞎子带路人》(1963)、《勇敢的人们》(1971)、《三口之家》(1986)等。

（许　婧）

里恩，D.　David Lean（1908-03-25～1991-04-16）　英国电影导演。生于克罗伊登，卒于莱姆豪斯。1927年，在高蒙影片公司当杂役。1928年起，由摄影助手、剪辑助手逐步升为助理导演。1930年，任剪辑师。1935～1942年，一直在爱尔斯垂摄影场当剪辑师，剪辑了《卖花女》《侵略者》等影片辑。1942年，与戏剧家N.科沃德合作导演了影片《我们为之而战》，一举成名。1945年，根据科沃德舞台剧改编导演了《相见恨晚》，富有英国式的人情味，获第1届法国戛纳国际电影节大奖。第二次世界大战后，里恩根据C.狄更斯经典作品拍摄的《孤星血泪》(1946)和《雾都孤儿》(1948)，在艺术处理上都很有特点。在《孤星血泪》的开场戏中，剪辑的节奏和音响的运用，恰到好处，令人震撼。

1952年，导演《一飞冲天》（又译《冲破声音的障碍》），获第25届美国电影奥斯卡奖最佳音响效果奖。1954年，导演《霍布森的选择》，获第4届德国柏林国际电影节金熊奖。1955年，导演《夏日时光》（又译《夏日》），获第21届美国纽约影评人协会奖最佳导演奖。1957年，导演战争片《桂河大桥》，结构严谨，叙事流畅，阐述了战争的荒谬性及破坏力，具有鲜明的反战色彩。影片1958年获第30届美国电影奥斯卡奖最佳影片奖、最佳导演奖等7项奖。1962年，导演《阿拉伯的劳伦斯》，场面壮观、气势恢宏，具有历史、文化反思的底蕴，表达了苏伊士事件后英国人对本国殖民政策的反思。影片1963年获第35届美国电影奥斯卡奖最佳影片奖、最佳导演奖等7项奖。1965年，根据B.L.帕斯捷尔纳克同名小说改编拍摄了《日瓦戈医生》，通过日瓦戈医生同两个女人的爱情悲剧展现了俄国革命前后的社会巨变，以及革命胜利给人们带来的命运逆转。影片1966年获第38届美国电影奥斯卡奖最佳改编剧本奖、最佳原创配乐奖等5项奖，第23届美国电影金球奖最佳导演奖、最佳编剧奖等5项奖。1984年，他以76岁的高龄导演了影片《印度之行》，并亲自担任剪辑。影片探讨了东西方文化的差异，

1963年，里恩在奥斯卡奖颁奖仪式上

享誉国际影坛，获第50届美国纽约影评人协会奖最佳影片奖、最佳导演奖。

他是一个既追求艺术品位又追求商业价值的电影艺术家。他的作品表达了对人类历史和文化的反思，给人以强烈的视觉冲击力和艺术感染力。他的影片从不拘束在摄影棚狭小的空间里，坚持实景拍摄，强调电影画面的真实性。他导演的影片还有《幸福家庭》(1944)、《快乐的精灵》(1945)、《深情的朋友》(1948)、《梅特林》(1950)、《瑞安的女儿》(1970)等。1974年，获第27届英国电影学院奖终身成就奖。1990年，获美国电影学会奖终身成就奖。

（伯 奋）

理查德森，R. Robert Richardson（1955-08-27～ ）美国电影摄影师。生于马萨诸塞州海恩尼斯。在佛蒙特大学罗得岛设计学院学习电影。之后，考入美国电影艺术学院攻读艺术硕士，着迷于通过镜头看世界，选择了电影摄影方向。他曾在当时已经成名的摄影师N.阿尔芒都和S.尼科维斯特的剧组当过实习生。毕业后为多部纪录片担任摄影指导，并遇到导演O.斯通。

理查德森拍摄了斯通导演的多部风格化电影，如《萨尔瓦多》(1986)、《野战排》(1986)、《华尔街》(1987)、《生于七月四日》(1989)、《大门》(1991)、《刺杀肯尼迪》(1991)、《天与地》(1993)、《天生杀人狂》(1994)、《尼克松》(1995)、《U形转弯》(1997)等。其中《刺杀肯尼迪》获第64届美国电影奥斯卡奖最佳摄影奖。理查德森在这些影片中进行了突破探索，总是能调动最适合的形式对内容进行最极致的表达。其倾斜的构图、晃动的摄影机，以及大量的广角镜头、丰富的影调变化吸引了更多风格化的导演和他合作。他和M.斯科塞斯合作，拍摄了《赌城风云》(1995)、《穿梭阴阳界》(1999)、《飞行家》(2004)、《闪亮之光》(2008)、《禁闭岛》(2010)、《活在拜金世界：乔治·哈里逊》(2011)等影片。其中《飞行家》获第77届美国电影奥斯卡奖最佳摄影奖。

理查德森与Q.塔伦蒂诺合作，拍摄了《杀死比尔》系列（2003、2004、2012)、《无耻混蛋》(2009)、《被解救的姜戈》(2012)、《八恶人》(2015)、《好莱坞往事》(2019)等影片。2011年，在《雨果》中担任摄影师，获第84届美国电影奥斯卡奖最佳摄影奖。他熟练掌握从胶片到数字的介质变化，以丰富的影像质感，独特的色彩控制，制造出极具荒诞气息的场面。

（高 薇）

历史片 historical film 电影历史文献片和历史故事片的合称。历史文献片只真实地记录重大的历史事实。历史故事片多根据历史小说和历史剧改编，也有直接从史实取材进行创作的。历史片以历史人物或历史事件为表现对象，并从历史事实中提炼戏剧冲突和情节。因此，一部分传记片也属于历史片，一部分描述历史战争的影片也属于历史片，一些运用历史资料、历史影像、文物遗迹等具有历史价值的文献拍摄而成的历史纪录片同样属于历史片的范畴，如《辛亥革命》《淮海千秋》等。

再现过去史实的历史片要求片中的人物和事件遵循历史的真实性，不得有悖历史的客观性。但是，历史故事片允许一定程度的虚构和想象，在结构上要求既忠于历史事实，又要保证艺术完整，避免唯历史主义。优秀的历史故事片一般通过重大的历史事件去细致刻画人物性格，展示特定历史时期的社会风貌，揭示人物在历史中的命运和历史发展的必然规律。中国摄制了许多优秀的历史片，如《甲午风云》《南昌起义》《西安事变》《大决战》《建国大业》等。

（戴中孚）

历史题材电视剧 historical TV drama 主要人物或主要情节于史有征的电视剧作品，常被称为历史剧。按照作品忠于历史的程度，历史题材电视剧可大致分为正说历史剧（又称历史正剧）与戏说历史剧（简称戏说剧）两类。正说历史剧的主要人物与主要情节均于史有征，如《努尔哈赤》《一代廉吏于成龙》《汉武大帝》《成吉思汗》等。戏说历史剧则更大胆地求诸对历史戏剧化、艺术化的诠释与表达，主要人物往往于史有征，但主要事迹大多虚构，如《戏说乾隆》《还珠格格》《康熙微服私访记》《铁齿铜牙纪晓岚》等。还有一系

《铁齿铜牙纪晓岚》剧照

列作品，其历史虚构之处也不少，非历史学家难以分辨其历史忠诚度，比如曾被章学诚评为“七实三虚”的《三国演义》的中央电视台电视剧改编版，一般也被归入历史正剧之列。

关于历史题材电视剧理论的各种争议也一直伴随着创作实践，主要体现为该概念的内涵与外延、社会作用、历史真实与艺术真实的关系、历史观与历史人物的塑造以及对戏说历史剧的评价等。比如，由于历史题材电视剧几乎无法避免虚构（区别仅在于虚构比例的多少），因此，有些学者根本上就不承认“历史题材电视剧”或“历史正剧”或“历史剧”这些概念的可成立性，有些人不把戏说历史剧归入历史题材电视剧之内。为了与现实题材电视剧相区分，不同国家对历史题材电视剧所表现的历史年代截止期限也有不同的惯例性规定，比如，在中国，一般把表现清末民初之前历史的电视剧作品称为历史剧，而这个标准显然无法应用于其他国家。

广义的历史题材电视剧泛指一切古装剧，与现实题材的时装剧相对而言。

（李胜利 王英男）

立陶宛电影 Lithuanian cinema 立陶宛1918年11月18日建国。1940～1991年是苏联加盟共和国之一。1909年，立陶宛第一部电影诞生，影片是由立陶宛人安坦纳斯在家乡拍摄的一部短片。1921年，立陶宛首次完成了纪录片的拍摄。1926年，立陶宛开始出现制片公司和电影学校。1927年，拍摄了喜剧短片。1928年，完成了故事片《士兵》。1938年，立陶宛拍摄制作了第一部木偶片。苏联时期，立陶宛于1941年建立了苏维埃立陶宛共和国电影制片厂。该制片厂在德国占领期间被迫关闭。1956年，立陶宛的电影制片厂加入了苏联的电影制片厂，此后3～4年约有40位导演参与故事片和纪录片的生产。导演维托乌塔斯·普兰诺维奇的影片《亚当想成人》(1959)在国际国内获得多个奖项。20世纪80年代后期立陶宛开始出现独立电影。首家独立电影工作室由肯内马·巴尔塔斯导演于1987年创立，其他导演工作室创始人还有诺米努斯·马特里斯。1991年苏联解体，立陶宛独立，政府电影公共资金的数额急剧下降，电影人为了自救开始建立小型工作室。沙鲁纳斯·巴塔斯执导的《三天》(1992)和《走廊》(1996)获得了较高的国际声誉。《海里来的野兽》(1992)和《狼牙串珠》(1997)也是比较有名的电影作品。21世纪以来，立陶宛电影的领军人物是黑色幽默剧《零2》(2010)的导演埃米里斯·维维里斯，战争片《维尔纽斯犹太区》(2006)的导演阿乌德留斯·尤仁纳斯等。2010年，立陶宛创建国家电影科学院。

银鹤奖是立陶宛电影界一项重要奖

项，其中最佳男主角奖、最佳导演奖、最佳影片奖受人瞩目。（吴 江）

丽的电视有限公司 Rediffusion Television Limited; RTV 中国电视节目制作播出机构。成立于1957年5月29日，是香港最早成立的电视台。开办初期是黑白有线英文台，只抽出部分时间播出中文节目。节目大部分是从英国购买的，全部采用英语对白，没有配音也没有字幕。只有新闻和天气部分用粤语播映。开播初期，播放时长为中午2小时，晚间4～5小时。1963年9月起，"丽的"增设中文台，电视用户一度增加很快。此后，"丽的"在节目上有一些创新，增设了工艺、插花、烹饪以及卫生讲座等节目，并制作一些游戏节目和配音片集。"丽的"曾依靠以时事新闻为题材的单元剧《十大奇案》《十大刺客》《大丈夫》《十大骗案》及乡土剧《大地恩情》，使收视率一度领先。1967年香港无线电视台的启播给"丽的"带来了很大的冲击。1981年4月，"丽的"由于长期亏损，公司股权经重组，改名为亚洲电视广播有限公司。（周 焘）

《丽人行》 *Three Women* 中国故事片。昆仑影业公司1949年出品。改编自田汉同名话剧。编剧，田汉；导演，**陈鲤庭**；摄影，韩仲良；主演，沙莉、**赵丹**、黄宗英、**上官云珠**、**蓝马**。

故事发生在1944年日本侵略者占领下的上海。女工金妹从纱厂放工回家途中，遭日寇奸污，痛不欲生，幸遇爱国志士李新群、孟南和刘大哥，被救至友人梁若英家中。梁若英由于丈夫章玉良到内地参加抗战，为生活所迫嫁给王仲原。从前线回来的玉良与若英相约在新群和孟南家会面。日寇密探来捕孟南，误将玉良和若英逮捕。新群为营救玉良和若英四处奔走，王仲原却置若罔闻。玉良和若英获释后，玉良继续从事抗日活动。若英得悉王仲原另有外遇，并发现他与敌寇狼狈为奸，方才醒悟，决意投江自杀，无意中在江边发现金妹，原来金妹也是投江自杀后被人救起的。在新群的帮助下，若英和金妹变得坚强起来，开始了新的征程。

《丽人行》剧照

影片以三名不同性格女性的经历为主线，相互交织，形象地刻画了进步爱国女性和工厂女工们的境遇，生动地反映了抗日战争时期上海的景象。影片在20世纪40年代的中国电影创作中较有特色，并且具备现实意义。影片处理多条线索，脉络清晰，相互呼应，显示出组织结构上的功力。一些重场戏，如玉良和若英重逢，感情描写细腻，人物关系微妙，具有较强的艺术感染力。（张德明）

栗原小卷 Komaki Kurihara（1945-03-14～ ） 日本影视演员。生于东京。少年时期曾学过小提琴和芭蕾舞。1963年毕业于东京芭蕾舞学院，后入俳优座演员训练所。1964年开始在电视剧中露面，第一部银幕作品是根据她主演的同名电视剧改编的《高梅斯的名字叫高梅斯·流沙》。1970年在《战争和人》等3部影片中担任配角。1971年在《生死恋》中饰演女主角夏子。1972年在《忍川》中扮演了一个虽然不幸但很坚强的女子，获第27届日本每日电影奖女演员演技奖。她饰演的角色大部分性格外向，有主见且充满刚强之气，如《望乡》中的女记者，中日合拍电视剧《望乡之星》中的长谷川照，都属于这类角色。其中《生死恋》《望乡》曾在中国引起轰动，栗原小卷也因此深受中国观众的喜爱。

她出演的其他影片还有《莫斯科之恋》《八甲田山》《未发出的三封信》《菩提树之丘》《花的季节》《给未来的留言》《擦镜子的男人》等。1991年，在中国导演**谢晋**的影片《清凉寺钟声》中饰演一位日本母亲，获得赞誉。

（晏 妮 撰 阿 文 修订）

《联华画报》 *Lianhua Pictorial* 中国电影杂志。前身为《联华周报》，1932年12月3日在上海创办，出版过4期。1933年1月1日改为《联华画报》。起初为周刊，后改为半月刊。16开本。由上海**联华影业公司**主办并发行出版。主要撰稿人有陆逢新、钟石根、白坚、尘无、鲁思等。

该刊为联华影业公司的宣传刊物，旨在"以图画的形式来表现我们生活与艺术的关联与进展，不仅只负责报道联华消息，而且要成为每个电影爱好者的优良读物"。总体而言，该刊侧重宣传和介绍联华公司的拍片情况、影人生活、作品动态等，如第1期，主要介绍了联华女演员**阮玲玉**在参加《**三个摩登女性**》摄制中的情况和照片。1935年，《联华画报》由周刊改版为半月刊，篇幅随之增加，并由横版16开本，改为直版16开本。内容仍以宣传该公司的影片、影人为中心，但已注意刊登一些电影艺术家的创作经验谈、札记等，如**蔡楚生**的《一天风云楼梦呓集》、**吴永刚**的《〈小天使〉导演者言》以及**孙瑜**的《**大路**》剧本（连载）等，还刊登译文、漫画，内容较周刊有所充实。该刊图文并茂，比较全面地反映了1933～1937年联华的风貌。1937年，随联华影业公司的结束宣告停刊。（王云缦）

联华演员养成所 Lianhua Actor Training Institute 中国电影教育机构。成立于1931年4月。**联华影业公司**在北平（今北京）、上海两地分别设立联华演员养成所和联华歌舞班，培养表演人才。目的是扩大演员队伍以适应影片拍摄的需要。电影演员**白杨**便是联华影业公司北平五分厂演员养成所培养的演员。九一八事变后，日军侵占中国东北，联华的主要业务逐渐转到了上海，停办了北平的联华五厂和演员养成所。1931年4月和1932年，**黎北海**在中国香港的联华三厂先后开办了两期联华演员养成所。第一期公开招生时报名踊跃，在近千名报名者当中仅录取60人。这些学员一毕业就参与联华影片的拍摄，有些学员后来成为著名导演、演员、制片人和布景师，是中国香港早期电影工业的基本力量。（万传法）

联华影业公司 Lianhua Film Corporation 中国早期私营电影企业。全称为联华影业制片印刷有限公司。成立于1930年。由**罗明佑**的华北电影有限公司、**黎民伟**的**民新影片公司**、吴性栽的大中华百合影片公司、但杜宇的上海影戏公司、**黎北海**的香港电影制片公司等电影机构合并而成。其在香港公开招股，大部分董事会成员都为香港人，其董事长为香港富商何东，第一届董事会由罗明佑、黎民伟、黎北海、卢根、胡文虎、简玉阶、罗雪甫等香港商界人士组成，罗明佑任总经理。1930年10月在香港正式注册成立，总管理处设在香港。在上海设分管理处，并设立联华一厂、二厂；在香港设立联华三厂和海外联华公司，并建立联华演员养成所；还在北京设立分支机构。

1931年，“联华”的主要业务逐渐转到了上海，其管理中枢也从香港移到了上海。“联华”广泛吸收外资和国内资本，汇集了电影制片、发行以及其他行业资本，形成了一个以资本为纽带，产供销一体化的新型电影企业。“联华”首创了中国电影产业中摄制、发行、放映各产业链互为依托的模式；实行各分厂独立拍片、总厂发行的运营体制，由各分厂厂长充当制片人，自行控制预算、成本和摄制时间。“联华”提出了“提倡艺术、宣传文化、启发民智、挽救影业”的创作观念，善于网罗人才，尤其注意吸收具有新文化思想的艺术人员参与创作，创作面貌有别于其他公司。

1930～1932年，共拍摄了《故都春梦》《野草闲花》《恋爱与义务》《恒娘》《一剪梅》《南国之春》《野玫瑰》《人道》《共赴国难》《火山情血》《奋斗》等长故事片28部。在左翼电影运动的影响与公司进步电影工作者的努力下，1933年开始，影片较初创时期有明显变化。在1933～1934年期间，摄制出了一批在中国电影史上产生过较大影响的影片，如《三个摩登女性》《城市之夜》《都会的早晨》《母性之光》《小玩意》《渔光曲》《大路》《神女》《新女性》等。这些影片在题材上突破了对一般市民生活的描绘，将镜头对准了劳动人民、进步知识分子等；在艺术手法方面既注重民族化、大众化的表现形式，又努力吸取外国电影中的优秀经验，发挥电影艺术的特长。为此，联华的影片被当时舆论肯定为“新派”电影的代表。其中蔡楚生编导的《渔光曲》不仅在国内创上座最高纪录，而且在1935年莫斯科国际电影节上获得荣誉奖。

1936年8月，由于经济困难，被华安电影公司接管，但仍沿用联华名义发行，曾拍摄发行了《狼山喋血记》《孤城烈女》《联华交响曲》《慈母曲》《将军之女》《摇钱树》《如此繁华》《王老五》《艺海风光》等有声影片以及由周信芳主演的有声戏曲片《斩经堂》等。1937年7月抗日战争全面爆发，公司停办。 （王云缦）

《廉吏于成龙》 *Inspector and Prince* 中国彩色戏曲片。上海电影集团公司、上海电影制片厂和上海京剧院2009年联合出品。根据同名京剧改编。编剧，梁波、戴英禄、黎中城、王涌石；导演，郑大圣；摄影，王天麟、钟铖；主演，尚长荣、关栋天、夏慧华、齐宝玉。

故事讲述了康熙年间，于成龙新任福

《廉吏于成龙》剧照

建按察使，发现“通海”案实为前任官员一手铸成的冤假错案，草菅人命，上万百姓蒙冤入狱。于成龙不顾安危力主重审冤案，并减轻百姓的军粮徭役，他不畏权贵与驻节福建的康亲王斗酒进言，周旋于勒春、喀林等当地官僚之间，最终救无辜百姓于囹圄，平反冤案，使一方百姓安居乐业。

影片充分运用了写意艺术观念，将戏曲艺术中的“虚”与电影艺术中的“实”巧妙结合，运用镜头运动、灯光等场面调度手法，为中国戏曲影片开创了新的创作风格。影片开场有意将舞台装置和布景后台带入镜头，为观众营造一种“审视”戏曲艺术形态表现的观影心态，利用灯光打破电影中绝对实景的界限，丰富的摄影机调度，创造了一种新的戏曲观赏审美的视角。影片中还不时地插入琴师演奏的镜头画面，突破了电影叙事的封闭性，贯通情节与现实的时空界限，给观众强烈的带入感。影片2009年获第27届中国电影金鸡奖最佳戏曲片奖、第13届中国电影华表奖优秀戏曲片奖。

（高小健）

《恋恋风尘》 *Dust in the Wind* 中国彩色故事片。“中央电影事业股份有限公司”1986年出品。编剧，吴念真、朱天文；导演，侯孝贤；摄影，李屏宾；主演，王晶文、辛树芬。

故事讲述了阿远中学毕业后，因为家境困顿，放弃学业，来到台北谋生。尽管生活艰辛，阿远却没有放弃理想，依然努力地生活和学习着。一年后，青梅竹马的阿云也来到台北务工。在工业化的城市里，阿远、阿云以及来自异乡的年轻朋友们，在社会的底层默默地打拼着。面对生活的压力，阿远和阿云始终相互扶持。阿云初来台北思乡心切，每晚以泪洗面，阿远默默陪伴；阿远重病卧床，阿云请假悉心照料。两人的爱情朴实而又简单。然而，服兵役通知的到来彻底改变了二人的生活。分隔两地的日子里，两人起初通过书信诉情。然而，恋人远赴金门后的孤单、对未来的恐慌感，种种情绪萦绕在身在台北的阿云心头，爱情的缝隙逐渐越来越大。最终，在阿远退伍前夕，阿云选择嫁给每天为她送信寄信的邮差。阿远退伍返乡，面对眼前熟悉又陌生的一切，他走到田中听阿公唠叨着周遭发生的事情。

影片取材于编剧吴念真的成长经历，在创作手法上以诗意写实的风格、全景的铺陈、长镜头的使用、缓慢的节奏，近乎纪实地记录了阿远和阿云平凡的人生和爱情。影片中，人物的迁徙带来了景致的改变，台北街头和乡村形成了截然不同的对比，二人的关系也悄然发生变化，从相守到情变，展现创作者对青春的感伤与忧郁、对乡村的情感寄托以及对城市工业化的批判。影片1987年获葡萄牙特利亚国际电影展最佳导演奖，法国南特三大洲电影节最佳摄影奖、最佳配乐奖。

（黄钟军）

梁朝伟 Tony Chiu-Wai Leung（1962-06-27～ ）中国影视演员。祖籍广东台山。生于香港。自幼父母离异，随母生活。15岁辍学。1980年，通过征选加入香港无线

电视台艺员训练班。1982年，毕业于第11期艺员训练班。曾主持儿童节目《430穿梭机》。1981年，在电视剧《英雄出少年》中饰演一名少林弟子。1985年，参演影片《青春差馆》。1986年，参演了尔冬升执导的《癫佬正传》和关锦鹏执导的《地下情》等影片。1987年，再次与尔冬升合作，出演《人民英雄》，获第7届香港电影金像奖最佳男配角奖。1989年，与钟镇涛、王祖贤合作出演《杀手蝴蝶梦》，获第9届香港电影金像奖最佳男配角奖。

1989年，赴台湾出演了侯孝贤执导的影片《悲情城市》。1994年，参演王家卫执导的影片《重庆森林》，获第31届台湾电影金马奖最佳男主角奖和第14届香港电影金像奖最佳男主角奖。1995年，主演了越南导演陈英雄执导的影片《三轮车夫》，该片获第52届意大利威尼斯国际电影节最佳影片奖。1997年，与张国荣合作出演《春光乍泄》，获第17届香港电影金像奖最佳男主角奖和第3届香港电影金紫荆奖最佳男主角奖。2000年，再次与

《重庆森林》剧照

《春光乍泄》剧照

王家卫合作，主演影片《花样年华》，获第53届法国戛纳国际电影节最佳男演员奖和第20届香港电影金像奖最佳男主角奖。2002年，主演《无间道》，获第22届香港电影金像奖最佳男主角奖、第40届台湾电影金马奖最佳男主角奖和第8届香港电影金紫荆奖最佳男主角奖。同年，出演了**张艺谋**执导的影片《**英雄**》。2004年，主演《2046》，获第24届香港电影金像奖最佳男主角奖和第10届香港电影金紫荆奖最佳男主角奖。2007年，主演**李安**执导的《色·戒》，获第44届台湾电影金马奖最佳男主角奖和第2届亚洲电影大奖最佳男演员奖。

梁朝伟演戏认真，作风严谨，无论是严肃文艺还是诙谐搞笑，艺术片或商业武侠片，都能驾轻就熟。他参演的影片还有《喋血街头》(1990)、《倩女幽魂Ⅲ道道道》(1991)、《辣手神探》(1992)、《射雕英雄传之东成西就》(1993)、《阿飞正传》(1994)、《东邪西毒》(1994)、《暗花》(1998)、《超时空要爱》(1998)、《玻璃樽》(1999)、《无间道3：终极无间》(2003)、《韩城攻略》(2005)、《伤城》(2006)、《赤壁》(上，2008)、《赤壁》(下，2009)、《东邪西毒：终极版》(2009)、《听风者》(2012)、《一代宗师》(2013)、《巴黎攻略》(2016)、《欧洲攻略》(2018)、《捉妖记2》(2018)等。出演的电视剧还有《天龙八部》(1982)、《苏乞儿》(1982)、《香城浪子》(1982)、《天降财神》(1983)、《北斗双雄》(1983)、《家有娇妻》(1984)、《新扎师兄》(1984)、《杨家将》(1985)、《新扎师兄续集》(1985)、《倚天屠龙记》(1986)、《新扎师兄1988》(1988)、《绝代双骄》(1988)、《侠客行》(1989)等。2015年，获法国艺术与文学勋章之军官勋章。2018年，获卓别林电影人士艺术成就奖。　（安　超）

《梁红玉》 *Liang Hongyu*　中国彩色戏曲片。香港新光影业1963年出品。根据京剧日本折子戏《擂鼓战金山》改编。原著，南宫博；编剧，李隽青、陈肇兴；导演，**卜万苍**；摄影，童震；主演，徐露、马荣祥、孙元坡等。

故事讲述了北宋将门之后梁红玉在家破人亡后被迫沦为官妓，但她勤修武艺，寻机从军以报国仇家恨。在韩世忠的举荐下，梁红玉如愿进入军营，遂嫁给韩世忠与之南征北战。面对金人侵略，韩世忠组织民兵抗敌，梁红玉率领女兵击军鼓、掌军旗，终助韩世忠大破金兵，保卫长江百姓。

影片在台北士林厂搭制布景，基本为舞台写意风格，又兼具立体实感。在电影化创作方面相对保守，尽管布景设置花了很大工夫，但是对于剧中很多动作性强的段落，依然采取了“纪录”方式。影片一定程度上运用生活化表演方式，颇有新意，采用先期录音，然后现场对口型表演拍摄。影片是台湾地区拍摄的第一部宽银幕彩色戏曲影片，记录和反映了台湾京剧发展黄金时期的面貌。影片率先在香港公映，反应不俗，但在台湾市场并没有达到预期。　（高小健）

梁家辉　Tony Ka-fai Leung（1958-02-01～　）中国影视演员。祖籍广东南海。生于香港。毕业于香港玫瑰岗中学，后在香港理工学院广告设计系学习。1981年，

考入香港无线电视台艺员培训班。1982年，担任模特、杂志编辑。1983年，受**李翰祥**之邀，出演影片《垂帘听政》，获第3届香港电影金像奖最佳男主角奖。同年，还出演了李翰祥执导的《**火烧圆明园**》。1990年，出演《爱在别乡的季节》，获第27届台湾电影金马奖最佳男主角奖。1992年，主演《92黑玫瑰对黑玫瑰》，获第12届香港电影金像奖最佳男主角奖。1992年，主演法国电影《情人》。2003年，主演彭浩翔执导的《大丈夫》，获第23届香港电影金像奖最佳男配角奖。2005年，主演根据王安忆同名小说改编的影片《长恨歌》，获第25届香港电影评论学会奖最佳男演员奖。2005年，与任达华、古天乐、张家辉合作出演《黑社会》，获第25届香港电影金像奖最佳男主角奖。2007年，出演《战·鼓》，获第44届台湾电影金马奖最佳男配角奖。2012年，主演《寒战》，获第32届香港电影金像奖最佳男主角奖。2015年，在《智取威虎山》中饰演

《寒战》剧照

座山雕，获第5届北京国际电影节最佳男配角奖。

梁家辉举手投足之间散发着文人般的儒雅气息，塑造角色时对人物复杂的内心世界把握得精准而到位。他参演的影片还有《火龙》(1986)、《监狱风云》(1987)、《英雄本色3：夕阳之歌》(1989)、《新龙门客栈》(1992)、《射雕英雄传之东成西就》(1993)、《东邪西毒》(1994)、《人约黄昏》(1995)、《黑金》(1997)、《江湖告急》(2000)、《双瞳》(2002)、《金鸡》系列(2002～2014)、《三更2之饺子》(2004)、《神话》(2005)、《太行山上》(2005)、《十月围城》(2009)、《建国大业》(2009)、《建党伟业》(2011)、《太极》(2012)、《冰河追凶》(2016)、《明月几时有》(2017)等。参演的电视剧有《千王群英会》(1981)、《香江岁月》(1985)、《小说家族之男烧衣》(1987)等。2005年，入选中国电影表演艺术学会评选的“中国电影百年百位优秀演员”。　（安　超）

梁明　Liang Ming（1957～　）中国电影摄影师、导演。祖籍天津。生于北京。高中毕业后进入国营706厂做电工。1978年，与**张艺谋**、**顾长卫**等一起考入北京电影学院摄影系。1982年，以第一名的成绩毕业并留校任教。1983年，作为摄影师拍摄了电影《路》。1985年，在无台词的先锋实验故事片《远古猎歌》中担任摄影师。1986年，导演了欧洲广播协会的纪录片《假期》。1989年，执导中国第一部立体声魔幻现实主义恐怖片《黑楼孤魂》，引起轰动和关注。1990年，赴美国芝加哥艺术学院电影系读研究生，毕业后在美创办

华夏电视台任台长、总编导。回国后调入中国传媒大学，任教授、博士生导师、摄影系系主任、电影实验中心主任。

2004年，在《两个人的芭蕾》中担任摄影师，获第24届中国电影金鸡奖最佳摄影奖。2008年，导演《夏天，有风吹过》，获第9届中国长春电影节最佳新人奖和最佳女配角奖、美国圣地亚哥国际儿童电影节最佳影片奖等。2009年，在《谁主沉浮》中担任摄影师，获第10届中国长春电影节最佳摄影奖。2010年，由他导演兼摄影指导的《都市童话》获德国科隆国际电影节评委会大奖和第28届中国电影金鸡奖最佳中小成本影片奖提名、最佳摄影奖提名。2014年，导演电影《旗》，获第30届中国电影金鸡奖最佳导演奖、最佳儿童影片奖和最佳音乐奖三项提名。

梁明担任摄影或导演的影片还有《黑眼睛》(1997)、《女帅男兵》(1999)、《棒球少年》(2001)、《背水一战》(2002)、《荷香》(2003)、《结婚七年》(2005)、《亲兄弟》(2007)、《吴哥的微笑》(2011)、《一号目标》(2013)、《旗袍套上燕尾服》(2018)等。他在艺术上执着追求，在技术上精益求精，用丰富的光影和色彩、灵动多变的运动镜头书写出人物的命运和感情，被誉为心灵的摄影机。

他在电影理论研究方面也成果丰厚，出版学术著作有《电影色彩学》《影视摄影艺术学》《镜头在说话》《经典电影影像分析》，译著有《电影和电视制作》《开拍之前——故事板的艺术》《高清电影摄影》等。2013年，被评为北京市十佳电影工作者。曾被北京市文联授予“繁荣首都文艺事业突出贡献者”荣誉称号。曾任中国电影家协会理事、中国文艺评论家协会理事等，曾任中国电影金鸡奖、中国长春电影节金鹿奖、上海电视节白玉兰奖等奖项评委。 （李 力）

《梁山伯与祝英台》 *Liang Shanbo and Zhu Yingtai* 中国彩色戏曲片。上海电影制片厂1954年出品。改编自华东戏曲研究院同名越剧舞台剧。编剧，徐进、**桑弧**；导演，桑弧、黄沙；摄影，**黄绍芬**；作曲，刘如曾；主演，袁雪芬、范瑞娟、张桂凤、吕瑞英。

故事讲述了祝员外有一女儿名祝英台，天资聪颖，一日窗口看到往来书生，动心外出求学，并最终说服父亲同意她前往杭州。英台同婢女银心女扮男装上路，途中偶遇同行者梁山伯，二人一见如故，遂于草桥义结金兰。他们在杭州同窗三年，情谊深厚。无奈祝员外来书唤英台归家，英台托师母做媒，师母应允。梁祝分手时依依不舍，十八里相送，途中英台虽频繁暗示自己女儿身，山伯却未能会意，英台只得以家中有九妹为由，向山伯提亲，嘱他尽快前去迎娶。直到师母告诉实情，梁山伯才知道九妹即祝英台，喜出望外，立即动身去祝家提亲，无奈英台已被父亲许配官家公子马文才。山伯无奈回家，一病不起，不久抑郁而逝。英台得到消息后痛不欲生，出嫁时到山伯墓哭祭，忽然电闪雷鸣，坟墓裂开，英台纵身跳入，坟墓合上。雨过天晴之后，坟墓中飞出一对蝴蝶，携伴自由飞翔。

影片故事源自著名民间传说，通过一个充满了浪漫主义色彩的爱情悲剧，表现了封建社会中难得的追求爱情的勇气，歌颂了敢于践行“生前不能夫妻配，死后也要成双对”的誓言及以身殉情的牺牲精神，寄寓着劳动人民的美好生活理想和爱情追求。影片将剧中充满情感刻画的情节，如草桥结拜、十八里相送、楼台会等，用电影化手段精心塑造，使其成为影片的经典段落。这些段落在越剧柔美清丽的唱腔塑造下，不仅为故事增添细腻感人的浪漫格调，也给予观众极大的艺术享受。影片配合情节和唱词需要增添了部分实景，同时场景变换时虚实并用，由此极大拓展了影片的想象空间，也使影片更具神话色彩和浪漫特征。在总体效果上，影片通过画面布局、特殊角度和镜头运动等方法营造出一种难得的中国古典美学意境。

作为中华人民共和国成立后第一部彩色电影，影片上映后，不仅获得中国广大观众的强烈喜爱，而且为中国电影赢得了很大的国际声誉。1954年，周恩来总理出席日内瓦会议期间，用这部影片招待外国友人和记者，将其译为“中国的罗密欧与朱丽叶”。影片1957年获文化部1949～1955年优秀舞台艺术片一等奖，1954年获第8届捷克斯洛伐克卡罗维发利国际电影节音乐片奖，1955年获第9届英国爱丁堡国际电影节映出奖。 （陈少舟 储双月）

梁信 Liang Xin（1926-03-02～2017-01-28） 中国电影剧作家。原名郭良信。曾用笔名金城。祖籍山东。生于吉林扶余，卒于广东广州。出身贫寒，7岁丧父，只读过5年小学，即做杂工、学徒自谋生路。苦难的生活使梁信接触到社会底层多种多样的人物，丰富的生活经历为他日后的创作奠定了厚实的生活基础。1945年参加中国人民解放军。曾任松江军区独立四师宣传队队长，在解放战争中曾参加多次重大战役。中华人民共和国成立初期在广西任武工队队长、区委书记，参加剿匪。长期靠自学文化，提高了写作水平，1953年调中南军区任专业创作员，创作并发表了两个独幕剧。

1958年去海南岛体验生活，创作了电影文学剧本《**红色娘子军**》，1960年由**谢晋**导演拍成影片，获第1届中国大众电影百花奖最佳故事片奖，并在印度尼西亚雅加达获第3届亚非电影节万隆奖。此后，又创作了电影文学剧本《碧海丹心》(1962年拍成电影)、话剧《南海战歌》。1962年调广州部队政治部创作组。1975年与人合作将话剧《南海长城》改编为电影文学剧本，并创作了电影剧本《特殊任务》。“文化大革命”后，创作了《从奴隶到将军》等电影剧本。梁信的电影创作，坚持了现实主义传统，在电影民族化、大众化方面取得一定成绩。他在《红色娘子军》中塑造的吴琼花、洪常青，在《从奴隶到将军》中塑造的罗霄等人物形象，丰满生动、个性鲜明，具有浓郁的民族特色。梁信还写过不少长短篇小说，如《龙虎风云记》等。

1983年获中国人民解放军文艺奖。2005年被国家人事部、广播电影电视总局授予“国家有突出贡献电影艺术家”荣誉称号。2016年获第33届中国大众电影百花奖终身成就奖。 （陈少舟）

梁赞诺夫，E.A. Eldar Aleksandrovich Ryazanov（1927-11-18～2015-11-30） 苏联和俄罗斯电影导演。生于萨马拉，卒于莫斯科。1950年毕业于全苏国立电影学院导演系。1956年处女作《狂欢之夜》问世。之后，相继拍摄出一系列喜剧片，如《没有地址的姑娘》(1958)、《从哪里也没来的人》(1961)、《骑兵之歌》(1962)、《给我意见本》(1965)、《小心你的汽车》(1966)、《曲折的成功之路》(1969)、《命运的嘲弄》(1976)、《办公室的故事》(1977)、《车库》(1980)、《**两个人的车站**》(1982)等。

他的喜剧别具一格，有喜剧散文之称。1984年拍摄的《残酷的罗曼史》获第18届全苏电影节大奖。后拍摄的影片有《被遗忘的长笛曲》(1988)、《亲爱的叶列娜·谢尔盖耶芙娜》(1988)、《天堂》(1991，获1991年国家文艺奖)。苏联解体后，他拍摄的影片有《预言》(1993)、《你好，傻瓜》(1996)、《老马》(2000)、《静静的港湾》(2001)和《卧室的钥匙》(2002)等。他的影片擅长以悲喜剧的手法对社会不良现象进行批评和讽刺。

此外他还写有诗歌及歌词，20世纪90年代曾发表诗集《怀念》。2013年出版有《诗歌和短篇小说合集》。其他著作有《这些不严肃的影片》《喜剧片的痛苦面目》和《没有做的总结》。1977年获苏联国家奖。1984年获苏联人民艺术家称号。2001年起担任俄罗斯电影科学院总裁。

（戴光晰　撰　芝　芳　罗　斯　修订）

《两杆大烟枪》 *Lock, Stock and Two Smoking Barrels*　英国彩色故事片。手工制作电影公司、顶峰娱乐公司等1998年联合出品。编导，G. 里奇；摄影，T. 莫利斯－琼斯；主演，J. 弗莱明、D. 弗莱彻、N. 莫兰、J. 斯塔姆。

故事讲述了伦敦街头混混艾德和朋友参加黑社会赌局，没想到赌局是斧手哈里设下的骗局。他们欠下哈里50万英镑的巨款，为了在一个星期内偿还赌债，艾德一伙准备打劫住在隔壁的一群毒贩。这群毒贩恰在同一天对种植大麻的毒品供应商实施了抢劫。意外频发，抢劫的、贩毒的、放贷的、收债的，几拨人马在一连串的巧合中，共同上演了一场几乎失控的闹剧。

《两杆大烟枪》剧照

影片使用多线索叙事，并巧妙地将几条线索编织在一起，显示了在叙事和类型上的创新。影片是导演里奇的处女作，里奇大胆启用非专业演员，部分演员甚至平生第一次登上银幕，显示出其调度演员的能力。影片拍摄成本只有160万英镑，但票房十分成功，在英国影史票房榜高居前列。影片1998年获第11届日本东京国际电影节最佳导演奖。（范　倍）

《两个人的车站》 *A Railway Station for Two*　苏联彩色故事片。莫斯科电影制片厂1982年出品。编导，E.A. 梁赞诺夫；摄影，W. 阿里索夫；主演，L.M. 古尔琴柯、O. 巴西拉什维里。

故事讲述了钢琴家普拉东的妻子无证驾驶撞死了人，他为了不影响妻子当电视主持人的前途，决定代其受审。审判前他先去看望住在外地的父亲。在途中一个小车站，他因餐厅女招待薇拉意外滞留了两天。其间，两人从争吵、误会、相互关心、同情彼此的不幸遭遇到萌生爱意，经历了感情的复杂变化。普拉东服刑后，跋涉数千里前去看他的竟是薇拉。

《两个人的车站》剧照

影片在喜剧表现手法上颇具特色，是梁赞诺夫拍摄的第15部喜剧片。影片具有悲喜交加、主题多义的特点，既歌颂了经历过生活磨难的中年男女之间真挚美好的爱情，又剖析了复杂的社会生活，揭露了社会人性中的某些阴暗面。影片剪辑出了一个真实的时代横切面，是一幅色彩斑斓的社会生活立体画卷。影片1983年获第16届全苏电影节最佳男演员奖、最佳女演员奖。（军　文）

《燎原》 *Burning Plain*　中国故事片。上海天马电影制片厂1962年出品。编剧，彭永辉、李洪辛；导演，张骏祥、顾而已；摄影，周达明；主演，王尚信、王熙岩、魏鹤龄、杨梦昶、郑敏。

故事讲述了1905年，赣西煤矿工人要求发清欠饷，矿上用“议事”为名将领头的萧昌定骗杀。中国共产党成立后，雷焕觉来江西办起了工人夜校，领导工人斗争。一次井下发生瓦斯爆炸，矿上竟惨无人道勒令封井。公司老板吴晓岚又假意请雷焕觉谈判，想暗杀他镇压罢工。但工人已觉醒，一万多煤矿工人高唱着“我们不是牛马，我们是人”的歌声发动了大罢工。吴晓岚无奈，只得谈判，罢工取得了最后的胜利。影片以1922年江西安源煤矿工人大罢工为背景，通过中国共产党人雷焕觉等人的艺术形象，阐明了只有用马克思列宁主义武装起来，在中国共产党的领导

《燎原》海报

下，工人阶级才能从自在的阶级变为自为的阶级，团结起来，取得革命斗争胜利的真理。影片编导以缜密的构思，把劳资之间、工人内部、反动统治阶级内部各种错综复杂的矛盾有条不紊地组织在一起，并在激烈的冲突中刻画人物。几处群众斗争的大场面，如工人萧昌定被杀、封井大搏斗、煤矿大罢工等，处理得很有特色，感染力很强。1982年，上海电影制片厂摄制了《燎原》的续集《大泽龙蛇》。

（张兆龙）

《了不起的狐狸爸爸》 *The Fantastic Mr. Fox*　美国彩色动画片。20世纪福克斯电影公司2009年出品。根据R. 达尔的经典童话改编。编剧，W. 安德森、N. 鲍姆巴赫；导演，W. 安德森。

故事讲述了狐狸先生在一次偷窃时得知妻子怀孕，他向妻子承诺不再行窃。12狐年后，狐狸一家搬入树屋。其间搬来暂住的表兄克里斯托弗森做什么事都非常出色，儿子艾什对他又妒又恨。他们家住养鸡场、火腿商和苹果酒三农场主交界处。狐狸爸爸按捺不住，联合负鼠凯利再次开始偷窃，农场主掘地三尺欲挖出狐狸一家。他们好不容易从农场主手中逃脱，刚以为能过上平静的生活，不料表兄被农场主抓住，他们的家更是被大水冲走。狐狸父子和负鼠为营救表兄前往农场，成功救出表兄，兄弟俩冰释前嫌。他们在脱逃时遇到人类的围捕，机智勇敢的艾什帮助狐狸一家逃离农场。

影片的改编突破了童话故事的局限，能让各个年龄段的观众都乐在其中，并从中体会轻松温馨的家庭气氛。影片舞台剧般的表演、明快的色彩搭配、较快的叙事节奏，配合怀旧式的背景音乐和带有黑色幽默的对白，给观众留下了深刻的印象。

《了不起的狐狸爸爸》剧照

影片2010年获第37届美国电影安妮奖最佳动画编剧奖、第82届美国电影奥斯卡奖最佳动画长片奖提名等。（杨晓林）

《廖仲恺》 *Liao Zhongkai* 中国彩色故事片。珠江电影制片厂1983年出品。编剧，鲁彦周；导演，汤晓丹；摄影，沈西林、刘锦棠；主演，董行佶、梁月军、刘铁蕾、史东敏、章杰。

故事讲述了1922年陈炯明在广州发动叛乱，孙中山和夫人宋庆龄脱险离开广州。孙中山得力助手廖仲恺被捕，后在各方压力下，得以获释脱离险境。总参议胡汉民等人要廖仲恺劝说孙中山放弃与苏俄和中国共产党的来往，廖仲恺经过与李大钊的接触，得知孙中山的想法后，非常支持孙中山。廖仲恺拒绝了汪精卫、胡汉民等人的威胁利诱，汪精卫、胡汉民等人发动叛乱。廖仲恺作为孙中山的全权代表，指挥平叛，在工农军和黄埔军校学生的配合下，叛乱被平息。1925年3月，孙中山病逝北京，廖仲恺号召民众继承孙中山遗志，继续革命。廖仲恺的行动使国民党右派和帝国主义势力恨之入骨。8月20日凌晨，廖仲恺在国民党中央党部门口被暗杀，时年48岁。

影片集中表现了廖仲恺清廉正直、临危不惧、大义凛然的革命家气节和协助孙中山制定“联俄、联共、扶助农工”三大政策的过程以及在孙中山死后他与各种反革命势力的坚决斗争。影片在尊重历史事

《廖仲恺》剧照

实的同时，着力表现历史人物的精神面貌和心灵世界，讴歌了革命先驱者的高尚情操和献身精神。影片演员的表演形神兼备，真实感人，较好地把握住了历史人物的精神风貌和气质神采。影片1983年获文化部优秀影片奖，1984年获第4届中国电影金鸡奖最佳导演奖和最佳男主角奖。（弘　石）

列宁格勒电影制片厂 Lenfilm 苏联、俄罗斯电影制片机构。1917年成立于彼得格勒（今圣彼得堡）。前身为国家教育委员会校外教育处电影科。1918年为人民教育委员会附属电影委员会，名称曾几经变化，1934年确定为列宁格勒电影制片厂。2004年，更名为列宁格勒电影制片厂开放股份公司。

列宁格勒电影制片厂在苏联时期已有完备的摄影棚和洗印车间，每年生产数十部影片，具有广泛的国际影响。苏维埃时代的著名文化人物S.M.爱森斯坦、S.尤特凯维奇、D.肖斯塔科维奇、N.阿基莫夫、Y.季亚诺诺夫、V.什克洛夫斯基和谢拉皮翁兄弟等都曾活跃其中。苏联解体之后，列宁格勒电影制片厂成为一家准私人公司，尽管列宁格勒已改回旧称圣彼得堡，但公司依然保留了原有电影厂的名字。2001年，列宁格勒电影制片厂改善了陈旧的生产条件，装备了现代化的录音设施和数字编辑技术，2007年又与苹果IMC公司一起开设了后期制作培训中心。列宁格勒电影制片厂每年不但创作剧情片，制作电视连续剧、音乐录影带、广告片、纪录片，而且同时为外来项目提供服务，与多国艺术家联合摄制影像作品。

列宁格勒电影制片厂是历史悠久的电影生产机构，在国内外享有极高的专业声誉，其代表性作品有《外套》(1926)、《新巴比伦》(1929)、《夏伯阳》(1934)、《马克辛三部曲》(1935～1939)、《大雷雨》(1934)、《彼得大帝》(1937～1939)、《伟大的公民》(1938～1939)、《村庄》(1964)、《奖金》(1975)、《失足少年》(1983)、《孤独的人类之声》(1987)、《出租车布鲁斯》(1990)、《安娜·卡列尼娜》(1996)、《浮士德》(2011)、《凯瑟琳大帝》(2015)、《鸟》(2017)等。（杨远婴）

《烈日灼人》 *Burnt by the Sun* 俄罗斯彩色故事片。又译《毒太阳》。俄罗斯3T电影制片公司和法国一号机电影公司1994年联合出品。编剧，N.S.米哈尔科夫、R.伊布拉吉姆别科夫；导演，米哈尔科夫；摄影，V.卡留塔；主演，O.米契柯夫、米哈尔科夫。

故事讲述了1936年，红军英雄科托夫与妻子玛露霞、女儿娜佳在一个小村庄度假。红军的坦克要压过农田出征，科托夫出面干涉，士兵撤走了。玛露霞少年时代的恋人德米特突然来到他们中间，10年前他莫名失踪，玛露霞曾为此自杀。德米特的归来让科托夫心中满怀妒忌。玛露霞似乎与德米特旧情复燃。为此，科托夫与玛露霞产生了矛盾，但很快又言归于好。作为秘密警察的德米特向科托夫透露了此行的目的：科托夫受到怀疑，他是来押送科托夫到莫斯科的。当晚，一辆黑色轿车来到了科托夫家门口。科托夫不久被枪毙，直到20世纪50年代才得到“平反”。

《烈日灼人》剧照

影片将故事背景设置在苏联“大清洗”时期，把炎热的夏日和那个时代异化扭曲的人际关系巧妙而有机地糅为一体，手法平实而褒贬自见。影片通过政治运动给人带来的灾难，反思了斯大林时代社会的苦难命运。影片导演曾将这部影片说成是“一个被太阳灼盲双眼的人的悲剧”。影片1994年获第47届法国戛纳国际电影节评委会大奖，1995年获第67届美国电影奥斯卡奖最佳外语片奖。

（赵小青　撰　章柏青　唐建军　修订）

《邻居》 *Neighbours* 中国彩色故事片。北京电影学院青年电影制片厂1981年出品。编剧，马林、朱枚、达江复；导演，郑洞天、徐谷明；摄影，周坤，顾文恺；主演，冯汉元、李占文、王培、郑振瑶、袁牧女、许忠全、王憧。

故事发生在“文化大革命”刚过去时建工学院的一幢教职工宿舍楼里。这里住着院领导，也住着普通工人，多少年来以邻为友，和睦相处。可是面临分房问题，宿舍楼里掀起了风波，焦点就是能否将院领导袁亦方搬出去后的房子当公共厨房。普通人一个小小的要求最终得到了满足。但为此做出努力的领导刘力行却病倒了。

影片以教职工宿舍里的六户人家为代表，通过对邻里之间因分房问题引发的纠

纷以及各家生活中的喜怒哀乐的呈现，抨击了以权谋私的社会现状，同时引发人们对教职工权益保障的思考以及对社会不正之风的监督意识。影片情节合理，充满温情，叙事流畅，人物众多却性格迥异，生动形象。影片整体节奏舒缓，将家长里短的生活场面呈现在大银幕上，具较强真实感和生活气息，邻里之间的互帮互助被演绎得淋漓尽致。影片1981年获文化部优秀影片奖，1982年获第2届中国电影金鸡奖最佳故事片奖。（储双月）

林楚楚 Lin Chuchu（1905-01-21～1979-02-16） 中国电影演员。原名林美意。祖籍广东新会。生于加拿大域多利埠（今维多利亚），卒于香港。3岁时父亲去世。曾就读当地中华会馆学中文，12岁时到香港与母亲生活，并就读于英华女校。1919年，中止学业，嫁给导演**黎民伟**。1925年，林楚楚成为黎民伟创办的民新制造影画片有限公司的基本演员，主演了香港第一部长故事片《**胭脂**》，并使用艺名“林楚楚”。同年12月，与黎民伟迁居上海，后相继参演了《玉洁冰清》（1926）、《西厢记》（1927）、《海角诗人》（1927）、《复活的玫瑰》（1927）、《木兰从军》（1928）等无声片。

1929年，协助黎民伟和**罗明佑**创办**联华影业公司**，主演了《故都春梦》（1930）、《一剪梅》（1931）、《人道》（1932）、《天伦》（1935）、《母爱》（1936）、《慈母曲》（1937）、《新人道》（1937）等电影。1940年，随夫赴香港，拍摄了《岳飞》（1940）、《天涯慈父》（1941）等影片。太平洋战争爆发后，曾辗转桂林等地。1947年，重回香港，拍摄了《丽春花》（1947）、《静静的嘉陵江》（1949）、《义犬救美》（1953）等影片。1953年，黎民伟辞世，林楚楚息影，仍热心内地与香港的文化艺术交流。一生主演的电影共计35部。

林楚楚温婉、知性，受过良好的中西方教育。平日为人低调，相夫教子，与其在银幕上塑造的有着中国传统美德的大家闺秀和贤妻良母的形象相一致。

扩展阅读

风群.母性之光：林楚楚的电影生涯.电影艺术，2011（6）.

（许 婧）

林达悃 Lin Dakun（1938-11～ ） 中国影视声音理论家。生于福建罗源。1961年，毕业于南京大学物理学系声学专业，后进入中国建筑科学研究院任技术员。1978年起，在北京电影学院录音系任教，先后担任主任教员、教研室副主任以及北京电影学院技术委员会委员。1992年，参与创建北京声学学会，并担任第1届理事会理事。

林达悃参与并负责了多项国家级课题及声学工程项目，如国家重点课题《多功能厅堂音质分析》之《语言清晰度与音质主观评价》的专题，北京人民大会堂的音质总结，北京京西宾馆音质改进的声学研究设计，大型革命史诗《东方红》的录音技术咨询等。他发明的用于北京地下铁道的吸声砖，获第一届全国科学大会奖。获国际名人研究中心（英国剑桥）颁发的20世纪（电影电视录音科学）杰出成就银奖。

林达悃在影视声音技术及理论方面也取得了相应研究成果，先后发表《录音室声场的新视点》等学术论文30余篇，另有专著《录音声学》《广播影视声学》《影视录音声学基础》等10余部。曾任中国电影电视技术学会（CSMPTE）声音委员会委员和专家组成员、中国电影家协会会员、中国声学学会会员、北京电影学院录音系教授和硕士研究生导师、中国传媒大学录音艺术学院（今音乐与录音艺术学院）客座教授等。（吕 霓）

林和平 Lin Heping（1953～ ） 中国影视编剧。生于辽宁丹东。19岁进入凤城剧团学习表演。1978年，调入凤城文化馆，开始文学创作。2007年，参与编剧电视剧《西圣地》，获第26届中国电视剧飞天奖长篇电视剧一等奖、第10届中共中央宣传部精神文明建设“五个一工程”奖。同年，担任家庭剧《女人一辈子》的编剧，获第14届上海电视节**白玉兰奖**最佳编剧奖提名。2017年，担任剧情片《那年八岁》的编剧，获第9届中国影协杯优秀电影剧作奖。

他编剧的《老道口》（1993）、《而立之年》（1995）、《远山远水》（1996）、《太平镇》（1997）等，融入了他对多年东北生活的感悟，有着浓郁的乡土气息；《爱有多深》（2006）、《继父》（2006）、《小姨多鹤》（2009）、《风和日丽》（2011）等，则以细腻的笔触描绘了一个个鲜活的女性形象；《勋章》（2008）、《战火中的花蕾》（2013）等军旅题材作品，讲述了平凡人在战争中经历的成长与灵魂的洗礼。他还创作了“血色”系列作品《血色残阳》（2005）、《血色迷雾》（2008）、《血色恋情》（2010），凸显了他在悬疑题材方面的才华。

他编剧的影视剧在题材上着重表现普通人的生活与情感，其代表作品还有《人活一张脸》（2009）、《朋友一场》（2009）、《天道人道》（2010）、《苍天泪》（2011）、《菊子》（2011）、《赏金猎人》（2012）、《笑红颜》（2012）、《寒冬》（2013）、《草帽警察》（2014）等。（王晓旭）

《林家铺子》 *The Shop of the Lin Family* 中国彩色故事片。北京电影制片厂1959年出品。改编自茅盾同名小说。编剧，**夏衍**；导演，**水华**；摄影，**钱江**；主演，**谢添**、张亮、马薇。

《林家铺子》剧照

故事发生在1931年浙江杭嘉湖地区的一个小镇上，各阶层开展抵制日货运动。小商铺林老板为维持生计，不得不贿赂商会会长以便继续卖日货。上海难民来了，林老板卖起日用品“一元货”，生意很好。为补充货源，他到欠他账的小店主王老板家强行提货。对面商铺“裕昌祥”放出谣言，声称林老板要捞一把后卷款逃走。不断敲诈勒索林家铺子的国民党党部借此机会抓了他。林家花了大笔钱才救他出来。警察局长还要强娶他的女儿明秀做小老婆。林老板终于破产了，无奈之下，他带着女儿趁夜逃离了小镇。

影片以极其凝练隽永的笔触，描绘了一幅20世纪30年代遭战乱冲击的江南小镇的生活图景。影片以林家铺子的命运折射出那个动乱时代社会经济破败的现实，用林老板的悲剧表现整个民族工商业的共同命运。演员谢添以细腻的表演，突出了人物的矛盾心理，拉开了情感层次。影片也有着经久不衰的艺术价值，除了茅盾小说和夏衍剧本改编提供了厚实的文学基础，作为导演的水华也有着非凡的导演艺术功力，一部反映“弱肉强食”的悲剧性影片，在他的调度下展现了东方美学的隽永韵味。影片叙事娓娓展开，节奏急缓有致，从容不迫，画面构图简洁而寓意深远。影片摄影和美术也是可圈可点，把水乡的自然景色、社会风情、时代氛围用极致的造型语言，再现了江南小镇的纯真风貌。影片1983年获第12届葡萄牙菲格拉达福兹国际电影节评委奖。（王云缦）

林农 Lin Nong（1918～2002-07-21） 中国电影导演。原名粟多泽。生于四川南充，卒于北京。17岁进南充县立农林实验学校，未毕业就加入出川抗日壮丁队到达武汉，在战区宣传队进行抗日救国宣传演出活动。1938年9月奔赴延安，进抗日军政大学预科学习，后转入延安鲁迅艺术学院戏剧系学习。鲁艺毕业后，在鲁艺实验剧团当演员，曾参加《日出》《白毛女》等剧的演出。1948年在沈阳鲁迅艺术学院任教，并兼任学院实验剧团导演和演员。发表的《演员手记》是当时一部较有影响的表演方面的普及教材。

中华人民共和国成立后，先后在东北电影制片厂、长春电影制片厂、北京电影制片厂从事电影创作工作。他先后在《卫国保家》（1950）、《上饶集中营》（1951）、《丰收》（1952）等影片中任副导演。1953年第一次独立导演了舞台艺术片《小姑贤》，之后相继与谢晋联合导演了《一场风波》（1954），与朱顺文联合导演《神秘的旅伴》（1955）。1957年独立导演了《边寨烽火》，该片主要演员在第11届捷克斯洛伐克卡罗维发利国际电影节上获得青年艺术家奖。林农擅长拍摄重大历史题材和少数民族题材的影片。他导演了《党的女儿》（1958）、《甲午风云》（1962）、《兵临城下》（1964）等影片。这些影片显示出他结构严谨、手法简练、人物刻画细腻等特点。

20世纪70年代，他改编、导演了《艳阳天》（1973）、《金光大道》（1975）等影片。1980年与王亚彪合导了《大渡河》，成功地塑造了毛泽东、周恩来、朱德等革命领导者的形象。之后，又执导了《奇异的婚配》（1981）、《跳动的火焰》（1984）、《孔府秘事》（1987）等影片。他还编写了《西安事变》等影响较大的电影文学剧本。他善于发现和培养新的演员，王晓棠、李默然、达奇等演员均通过他导演的影片第一次走上银幕。（陈少舟）

林青霞 Brigitte Lin（1954-11-03～ ） 中国电影演员。祖籍山东莱阳。生于台湾。1973年，主演第一部影片《窗外》。1974年，主演文艺片《云飘飘》，一举成名。1975年，出演《八百壮士》，获第22届亚洲影展最佳女主角奖，成为台湾“首席文艺女星”。1973～1986年，在中国台湾、香港共演出近100部影片，先后在《在水一方》（1975）、《我是一片云》（1977）、《月朦胧鸟朦胧》（1978）、《燃烧吧，火鸟》（1982）等多部根据琼瑶小说改编的电影中担任女主角。此外，还主演了由其他小说改编的《绿色山庄》（1978）、《晨雾》（1978）、《沙滩上的月亮》（1978）等影片。在当时影坛上，与秦汉、秦祥林、林凤娇并称“二秦二林”，深受影迷的喜爱。

20世纪80年代初，在美国进修表演课程。1990年，主演由严浩执导、三毛编剧的影片《滚滚红尘》，展现了精湛的演技，获第27届台湾电影金马奖最佳女主角奖。1991年，首次出演舞台剧《暗恋桃花源》，饰演云之凡一角，广受好评。1992年与金士杰合作，出演根据舞台剧《暗恋桃花源》改编的同名电影。同年，出演武侠片《笑傲江湖之东方不败》，获第12届香港电影金像奖最佳女主角奖提名，获得不俗票房。1994年，宣布息影。

《笑傲江湖之东方不败》剧照

林青霞的表演风格自然朴实、内敛细腻。她出演的影片还有《我爱夜来香》（1983）、《蜀山》（1983）、《新龙门客栈》（1992）、《东成西就》（1993）、《东邪西毒》（1994）、《重庆森林》（1994）等。2005年，获《大众电影》评选的“百年中国电影史上的十大女明星”称号和中国电影表演艺术学会评选的“中国电影百年百位优秀演员”称号。2006年2月19日，国际天文联合会主持下的小行星中心（MPC）刊登55987号文件，正式宣布批准将38821号小行星改名为“林青霞”。息影后，为多家报纸撰写专栏，并于2011年、2014年分别出版散文集《窗里窗外》和《云来云去》。（高小健）

林杉 Lin Shan（1914～1992-02-05） 中国电影剧作家。原名李文德。生于浙江慈溪，卒于北京。1930年参加了中国共产主义青年团，1931年转为中国共产党党员。1932年，经中共党组织介绍到上海的小学任教，在左翼戏剧家联盟的领导下，于上海组织了戏剧团体青虹剧社，由左翼剧联派戏剧家刘保罗任指导，开始了长达60年的艺术生涯。1932年8月被捕，度过五年囹圄生活。抗日战争全面爆发后前往晋西北解放区从事戏剧工作。先后任晋西文联剧协主任、剧社社长、西北艺术学院戏剧系主任等职，创作了秧歌剧《以毒攻毒》、山西梆子《买卖婚姻》、话剧《中华儿女》等一批宣传抗日、反映晋西北人民生活的小戏。1947年，林杉任土地改革团秘书，为工作团起草的题名为《山西崞县是怎样进行土地改革的》的工作报告，受到毛泽东同志的重视，得到毛泽东同志的重要批语。

1949年调入中央电影局剧本创作所，从事电影文学创作。20世纪50年代，把小说《吕梁英雄传》改编为电影文学剧本《吕雄》，还创作了《刘胡兰》（1950）、《丰收》（1953，与孙谦合作）、《上甘岭》（1956，与曹欣、沙蒙、肖矛合作）等电影文学剧本。《上甘岭》剧本的艺术构思完整缜密，人物形象鲜明生动，具有强烈的艺术魅力。此后，他又创作了电影文学剧本《党的女儿》（1957）、《冬梅》（1959），并与他人合作创作了《风从东方来》（1958）、《试航》（1958）、《再生记》（1958）、《两家人》（1963）等电影文学剧本。

林杉的艺术创作主张富有民族色彩和中国气派，其作品以真实、质朴、严谨取胜，不矫揉造作，注重人物性格的刻画，将人物思想感情的真切视为作品的生命所在。林杉根据自己的创作实践，对电影艺术的许多方面做了深入的理论研究，出版有《一个电影编剧的探索》等著作。曾任长春电影制片厂艺术副厂长、中国电影家协会书记处书记、《大众电影》杂志主编等。

（陈少舟）

《林则徐》 *Lin Zexu* 中国彩色故事片。海燕电影制片厂1959年出品。编剧，吕宕、叶元；导演，**郑君里**、**岑范**；摄影，**黄绍芬**、曹威业；主演，**赵丹**、邓楠、温锡莹、高博、**秦怡**。

故事讲述了19世纪初，随着帝国主义势力的侵入，鸦片大量输入中国。清道光皇帝为形势所迫，派大臣林则徐去广州查禁鸦片。林则徐在爱国官员、将领和广大人民群众的支持下，对帝国主义商人采取严厉措施，销毁了大量鸦片，并加强海防，严阵以待。清政府在帝国主义武力威胁和腐朽卖国官吏的诋毁阻挠下，把林则徐革职发配，向帝国主义屈膝投降。清政府的腐败和英军的侵略行为激起了广州人民的愤怒，在邝东山的领导下，三元里爆发了反抗英军的英勇斗争。

影片以历史人物传记片的形式，展现了中国历史转折时期的重大事件鸦片战争，再现了三元里人民打败英帝国主义侵略军的宏伟场面，塑造了民族英雄林则徐的形象。影片格调气势雄伟、慷慨悲壮，是中国电影中表现历史题材的里程碑式的作品。同时，影片注重细致深刻的人物心理描写，通过借鉴中国传统绘画、诗词的意境来烘托人物感情、展示内心世界，并运用生活化的京剧表演技法，突出了民族特色，是中国电影民族化的典范之作。

（王云缦）

凌子风 Ling Zifeng（1917-03-10～1999-03-02） 中国电影导演。原名凌风。祖籍四川合江。生于北平（北京），卒于北京。毕业于国立北平艺术专科学校和南京国立戏剧学校。

1933年，他加入左翼“星球剧社”“美术家大联盟”。1938年，凌子风到汉口中国电影制片厂任美工兼演员。同年赴晋察冀抗日根据地，他编导的独幕话剧《哈娜寇》获得晋察冀边区鲁迅文学奖。1945年在鲁迅艺术学院戏剧系任教员。1946年后，先后进入延安电影制片厂、东北电影制片厂和北京电影制片厂，以导演身份进行电影拍摄工作。1947年，在延安当战地新闻记者，之后随干部大队南下，先后担任华北联合大学艺术学院戏剧系教员及石家庄市电影戏剧音乐工作委员会主任等职务。

1950年，他导演的《中华女儿》在第5届捷克斯洛伐克卡罗维发利国际电影节上获“自由斗争奖”，这是新中国第一部在国际电影节上获奖的影片。20世纪50年代，导演的作品有《陕北牧歌》（1951）、《金银滩》（1953）、《春风吹到诺敏河》（1954）、《母亲》（1956）、《深山里的菊花》（1958）等。1960年后，导演了《**红旗谱**》（1960）、《春雷》（1961，与侣朋合导）、《草原雄鹰》（1964，与董克娜合导）、《李四光》（1979）等影片。其中《红旗谱》较好地展现了他的创作风格和艺术才华。

1982年编导影片《骆驼祥子》，获文化部优秀影片奖、第3届中国电影金鸡奖最佳故事片奖、第6届中国大众电影百花奖最佳故事片奖。1985年，凌子风凭借《**边城**》获第5届中国电影金鸡奖最佳导演奖。1995年，纪念中国电影诞生九十周年时，获中国电影世纪奖最佳导演奖。20世纪90年代，凌子风还导演了电视连续剧《古庙》《金色的诱惑》。他导演的作品节奏鲜明、色彩浓烈、时代感强、生活气息朴实浓郁。曾任中国电影基金会理事和中国电影家协会理事、名誉理事。

扩展阅读

马德波，戴光晰. 导演创作论：论北影五大导演. 北京：中国电影出版社，1994.

（黄加明）

《零的突破》 *Breakthrough* 中国彩色纪录片。中央新闻纪录电影制片厂1984年出品。编导，**陈光忠**；摄影，许昭德、相春晖、扎西。

影片以回望历史和对比的方式讲述了旧中国三次参加奥运会，三次“零”的纪录的情形。1932年，东北大学学生刘长春突破重重阻力，只身一人代表中国前往美国洛杉矶参加奥运会田径赛，在预赛中便被淘汰；1936年，参加奥运会的周余愚失败后将自己当时参赛的号簿牌精心保存几十年；1948年，参加奥运会的中国足球队在没有参赛路费的情况下，整个球队提前几个月到东南亚，以比赛卖门票的方式筹措路费，回程路费也是由当地华侨捐助。中华人民共和国成立后，历史的屈辱激励着国人不断地奋战。几十年来，一代代体育健儿们为了祖国荣誉奋勇拼搏，在世界各类比赛中相继取得好成绩。

影片非常鲜明地体现了导演陈光忠的创作特点，视角独特，资料丰富，评述结合，创作中带有很强烈的个人情感，具有历史感和使命感。影片完成后，曾在中国体育代表团赴洛杉矶参加第23届奥运会之前放映，为运动员们壮行。影片1985年获第5届中国电影金鸡奖最佳纪录片奖、文化部1984年度优秀纪录片奖。

（赵　远）

零度剪辑 zero editing 在镜头组接时尽量不让观众感觉到创作者意图的剪辑手法。又称无技巧剪辑。零度剪辑形成于经典好莱坞电影时期。在电影诞生之初，无声电影由于没有声音，观众的注意力全部被电影的画面所吸引。在镜头组接时，为了让观众感到镜头过渡自然，人们发明了叠化、划入划出、淡入淡出等技巧，使镜头之间的组接不过于生硬，可是这种技巧本身给观众的印象是强烈而明显的，很容易让观众的注意力集中到影像表现的层面上。电影**蒙太奇**技巧发展成熟后，镜头之间的组接不再过多地依赖淡入淡出等技巧，而是利用画面形象之间的对比、并置等方式，来完成象征、隐喻等功能。这一时期的剪辑，不是要抹去创作者的主观意图和人为加工的痕迹，而是要将创作者的思想强烈而明显地传达给观众。

随着有声电影的出现和好莱坞电影的兴起，电影逐渐从早期的视觉艺术转变成了视听综合艺术，从早期重思想性，依靠画面形象表达意义转向了更重视戏剧性，形成真实生活的幻觉这样一种“梦幻机制”。在这种需要下，电影剪辑逐渐形成了一种普遍被人们所接受的“无技巧剪辑”观念，在镜头与镜头之间采用连续对切的组接方式，通过不同机位、景别画面的运用，有规律而循序渐进地将一场戏清晰而完整地交代给观众，并且不给观众以人为安排的感觉，而是让观众不知不觉地接受了影片的内容。好莱坞电影中常用的流畅式剪辑（由全景至正反打），就是一种行之有效地将观众自然而然地带入剧情的方法。这种不让观众感觉到人为痕迹的剪辑手法和理念被称为零度剪辑，其主要目的在于消除观众在电影观赏过程中对影像表现形式的有意注意（在心理学上，人的注意被区分为有意注意和无意注意两种形式）。针对观众的这种心理特点，电影的叙事机制所要完成的首先是把观众的有意注意转变为无意注意，使观众在不知不觉中进入影片的故事情景之中。零度剪辑不需要依赖特技，而是依靠一套完整、模式化的电影语言来弥合上下镜头组接时的裂隙，赋予虚构的视像以真实时空的幻觉，而在这个过程中，创作者必须把自己隐藏起来。在制片厂制度的控制下，创作者个人风格、主题和故事的差别都被模糊了。零度剪辑是为“梦幻机制”服务的，梦幻机制要求电影所形成的幻觉世界是相对封闭的，否则观众会从梦中醒来或者跳出，因此不能让观众感到创作者的存在，也不能意识到自己作为旁观者的身份。零度剪辑可以保证电影的表述流畅，没有斧凿痕迹，让观众处于一个完全封闭、无法独立思考的空间。只要相信这一切都发生了，导演造的梦境也就成真了。

《罗马假日》是好莱坞式零度剪辑的典范之作，影片中公主与平民之间充满古典浪漫气息的爱情故事无疑是一部现代版的成人爱情童话，给观众带来无尽的感动和遗憾。随着电影技巧的发展，电影的拍摄从机位、角度和运动等方面都拥有了更多的灵活性，观众接受心理的变化也使得过去人们认为无法适应的视觉感受变得司空见惯，电影不仅从拍摄手法上发生了巨大的变化，镜头之间的组接也更加灵活多样。传统零度剪辑的目的是使镜头的连接尽量符合情节和现实逻辑，抹去连接的痕迹，而在现代电影创作中，这样做则往往是缺乏变化，没有个性和风格的代名词。从另一个角度来说，零度剪辑这种千篇一律的剪辑方式也只适合于某类影片，并不可能适用于所有电影的叙事情景和美学样式。特别是对于不同题材、不同类型、不同风格的电影，需要有更加多元化的创作手法。从电影艺术的角度来说，零度剪辑所对应的往往是经典叙事模式和大团圆的内容结局。自从现代电影观念得到发展之后，导演们便不再严守时空完整的幻觉，而是经常有意对时空进行打破、割裂、重组，按照心理流程和视觉经验来组织影片内容。因此，零度剪辑已不再是具有统治地位的剪辑方式。 （李　相）

刘德华 Andy Lau（1961-09-27～　）中国影视演员、歌手。祖籍广东新会。生于香港。自幼家境贫寒，毕业于香港可立中学。1980年，考入香港无线电视台艺员培训班。1982年，从培训班毕业后任无线电视台演员。1981年，出演了电影处女作《彩云曲》。同年，主演电视剧《江湖再见》。1982年，参演许鞍华执导的影片《投奔怒海》。1983年，与无线电视台的黄日华、梁朝伟、苗侨伟和汤镇业组成“无线五虎将”，出演了多部受观众欢迎的电视剧。1991年，创建天幕制片公司，制作都市漫画奇侠片《神雕侠侣》。1999年，主演影片《暗战》，获第19届香港电影金像奖最佳男主角奖。2002年，主演《大块头有大智慧》，获第23届香港电影金像奖最佳男主角奖。2004年，主演《无间道3：终极无间》，获第41届台湾电影金马奖最佳男主角奖。同年，分别与张艺谋和冯小刚合作，主演了《十面埋伏》和《天下无贼》。2007年，出演陈可辛执导的影片《投名状》，获第1届香港电影票房巨星大奖。2007年，出演《门徒》，获第27届香港电影金像奖最佳男配角奖。2012年，主演许鞍华执导的《桃姐》，获第48届台湾电影金马奖最佳男主角奖和第31届香港电影金像奖最佳男主角奖。2013年，出演《盲探》，获第46届西班牙锡切斯国际电影节最佳男主角奖。2015年，与井柏然合作出演影片《失孤》，获第16届中国电影华表奖优秀男演员奖。2018年，与姜武、宋佳合作出演《拆弹专家》，获第37届香港电影金像奖最佳男主角奖提名。2020年，主演《拆弹专家2》。

刘德华在公众面前一直保持着健康向上的艺人形象，代表了脚踏实地、积极进取的一代香港人。他参演的影片还有《法外情》(1985)、《夏日福星》(1985)、《英雄好汉》(1987)、《江湖情》(1987)、《旺角卡门》(1988)、《至尊无上》(1989)、《天若有情》(1990)、《阿飞正传》(1990)、《赌侠》(1990)、《五亿探长雷洛传》(1991)、《绝代双骄》(1992)、《天长地久》(1993)、《烈火战车》(1995)、《大冒险家》(1995)、《新上海滩》(1996)、《龙在江湖》(1998)、《去年烟花特别多》(1998)、《枪火》(1999)、《孤男寡女》(2000)、《无间道》(2002)、《龙凤斗》(2003)、《墨攻》(2006)、《三国之见龙卸甲》(2008)、《建国大业》(2009)、《游龙戏凤》(2009)、《狄仁杰之通天帝国》(2010)、《建党伟业》(2011)、《新少林寺》(2011)、《风暴》(2013)、《我的特工爷爷》(2015)、《澳门风云3》(2016)、《解救吾先生》(2015)、《长城》(2016)、《拆弹专家》(2017)、《侠盗联盟》(2017)、《追龙》(2017)、《人潮汹涌》(2021)等。参演的电视剧有《英雄出少年》(1981)、《苏乞儿》(1982)、《神雕侠侣》(1983)、《鹿鼎记》(1984)、《杨家将》(1985)等。此外，他在音乐领域也取得了突出的成就，发表了《忘情水》(1994)、《中国人》(1997)、《冰雨》(1997)、《可不可以》(1999)等众多脍炙人口的歌曲。除演艺事业外，还热心公益慈善，

《投名状》剧照

1994年，创立“刘德华慈善基金会”。2000年，被国际青年商会组织评为“世界十大杰出青年”。2016年，获香港特别行政区政府颁发的铜紫荆星章。 （安　超）

刘广宁 Liu Guangning（1939-01-27～2020-06-25） 中国配音演员。原籍福州。生于香港，卒于上海。自幼爱好文艺。1960年秋，从上海第四女子中学高中毕业后，毛遂自荐并通过考试成为上海电影译制厂见习配音演员。同年，参与保加利亚电影《第一课》的配音。1963年，为《罪恶之家》中的伯尔林小姐配音，给观众留下了深刻印象。1978年，为《尼罗河上的惨案》中的杀人凶手杰姬配音，突出了集热情浪漫、凶狠狡黠、杀伐决断于一身的人物多面性，展现了驾驭性格复杂多变的角色的能力。1987年，为《天使的愤怒》中的詹妮弗配音，获第5届中国大众电视金鹰奖最佳女配音演员奖。同年，刘广宁定居香港。2008年，重返上海继续从事语言艺术工作。

刘广宁的音质清脆甜美、晶莹清亮，无论为美丽善良、天真无邪的清纯少女，还是被侮辱被损害的年轻女性配音都游刃有余。她通过丰富的语调和气息的变化，准确地把握不同时代、处境中的女性形象，声情并茂，被观众誉为“银幕后的公主”。曾为300多部译制片、国产片配音，还参加过电视剧配音和广播剧演播等工作。担任主要配音演员的影片及其声音形象有木偶片《孔雀公主》(1963)中的公主、《红菱艳》(1970)中的特莉、《冷酷的心》(1972)中的莫妮卡、《魂断蓝桥》(1975)中的玛拉、《鸳梦重温》(1975)中的凯蒂、《生死恋》(1976)中的夏子、《基督山伯爵》(1976)中的海蒂、《叶塞尼亚》

(1977)中的路易莎、《悲惨世界》(1978)中的妓女芳汀、《吟公主》(1978)中的贵族小姐吟时、《望乡》(1978)中的青年阿崎、《孤星血泪》(1978)中的埃丝黛拉、《绝唱》(1979)中的小雪、《凡尔杜先生》(1979)中的拉塞尼、《水晶鞋与玫瑰花》(1979)中的帕拉婷、《大独裁者》(1979)中的哈娜、《砂器》(1980)中的理惠子、《啊！野麦岭》(1980)中的阿菊、《大篷车》(1980)中的"小辣椒"妮莎、动画片《天鹅湖》(1981)中的奥杰塔公主殿下、《阳光下的罪恶》(1982)中的克里斯汀、《苔丝》(1982)中的苔丝、《海峡》(1983)中的木村多惠、《兆治的酒馆》(1984)中的左代、《父子情深》(1993)中的男孩卢卡等。参与后期配音的国产影片有《**天云山传奇**》(1980)、《沙鸥》(1981)、《夜上海》(1982)、《天山行》(1982)、《少林小子》(1984)等。此外，还出演了影片《**建国大业**》(2009)、《十月围城》(2009)等。2017年，出版《我和译制配音的艺术缘：从不曾忘记的往事》一书。 （许　婧）

刘和平 Liu Heping(1953～　) 中国影视编剧、剧作家。生于湖南衡阳。出身于戏剧家庭。15岁时随父亲下放到湖南农村，在父亲的指导下读书。1971年考入剧团，任专业演奏员。1974年考取公办教师。1982年，调至文化系统任戏曲编剧，长期担任衡阳市艺术研究所所长。1993年，创作舞台剧《甲申祭》，获文化部文华奖、中国首届曹禺戏剧文学奖。

1997年开始影视剧创作。1999年，担任电视剧《雍正王朝》的编剧，获第19届中国电视剧飞天奖最佳编剧奖、第17届中国电视金鹰奖最佳编剧奖。该剧以雍正时期的政治风云和朝堂争斗向观众展示了一个王朝的历史，其严肃的正剧风格为历史剧树立了典范。2007年，担任电视剧《大明王朝1566》的编剧，浓墨重彩地刻画了嘉靖、海瑞、严嵩等历史人物，以史喻今，引发观众对贫与富、廉与贪等社会矛盾的思考。2014年，在电视剧《北平无战事》中担任编剧，获第21届中国电视剧**白玉兰奖**最佳编剧奖、第30届中国电视剧飞天奖最佳编剧奖。该剧从经济战线切入，以蒋经国强制推行币制改革为背景，展现了1948年国民党经济全面崩溃之前的众生相，全剧用几十天的时间跨度呈现出恢宏厚重的历史主题。

他擅长创作宏大的历史题材，大多依据真实的历史或史料改编，具有睿智的历史眼光和深厚的美学造诣。他编剧的作品剧作富有戏剧张力，情节设置环环相扣、高潮迭起，不仅塑造出一批个性鲜明的人物形象，描绘了真实的时代氛围，同时以现代的审美精神解读历史，传达出一种博大深邃的"大中国史观"。他的代表作品还有电视剧《李卫当官》(2001)、《沧海百年》(2004)以及电影剧本《援军明日到达》等。1994年，被评为国家一级编剧。2011年，当选中国广播电视协会电视剧编剧工作委员会常务副会长。2015年，被评为"2014中华文化人物"。 （王乙涵）

《刘三姐》 *Liu Sanjie* 中国彩色故事片。长春电影制片厂1960年出品。根据广西壮族民间传说改编。编剧，乔羽；导演，**苏里**；摄影，郭镇铤、尹志；作曲，雷振邦；美术，童景文、张起旺；主演，黄婉秋、刘世龙、张巨光、夏宗学。

影片讲述了壮族民间歌手刘三姐用山歌做武器，与劳苦人民一起反抗以莫怀仁为代表的地主阶级恶势力的压迫，追求美好幸福生活的故事。刘三姐因唱山歌表达穷人的心声而遭到地主的迫害，险些丧命，她乘着竹筏一路放歌沿江漂流，被老渔夫和他的儿子阿牛收留。刘三姐和姑娘们每天在山上边采茶边唱歌。地主莫怀仁企图霸占茶山，禁止他们采茶和唱歌。刘三姐设计与莫怀仁对歌，她凭着聪明智慧和乡亲们的支持，在歌台上将莫怀仁请来的三个酸秀才斗得狼狈不堪。气急败坏的莫怀仁又将刘三姐抢到家中威胁利诱，刘三姐毫不屈服。阿牛在众乡亲帮助下，救出了刘三姐。俩人在河边用山歌表达了对彼此的爱意。为了躲避莫怀仁的迫害，他俩离开了这里，每到一个新的地方，都能听到刘三姐动人的歌声。

作为一部音乐风光故事片，影片把优美的山歌和秀丽的桂林山水融于一体，给人以美的享受，令观众耳目一新。影片运用现实主义的艺术手法，通过唱山歌的形式表现了劳苦人民与地主阶级之间的对抗。影片摄影和美工颇具匠心，镜头画面上桂林山水充满了诗情画意和地域色彩，为影片增添了独特的魅力。作曲家雷振邦为影片创作的音乐取材于广西壮族的民歌，有着浓郁的民族风格和地方特色，优美抒情，悦耳动听。青年演员黄婉秋以其秀美的形象和质朴的表演，成功地塑造了美丽、机智、勇敢的刘三姐的典型形象。影片上映后，以动人的形象、旖旎的风光、迷人的旋律倾倒了观众，受到国内外的广泛好评。影片1963年获第2届中国大众电影百花奖最佳摄影奖、最佳音乐奖和最佳美术奖。 （高冀滨）

《流浪地球》 *The Wandering Earth* 中国彩色故事片。中国电影股份有限公司、北京京西文化旅游股份有限公司、北京登峰国际文化传播有限公司等2019年联合出品。编剧，龚格尔、严东旭、郭帆等；导演，郭帆；摄影，刘寅；主演，吴京、屈楚萧、赵今麦、李光洁、吴孟达。

《流浪地球》剧照

故事讲述了2075年太阳加速老化，对地球家园造成了严重的威胁。联合政府决定开启"流浪地球"计划，在地球上建造了1万座行星发动机，为地球离开太阳系提供动力。为了到达4.2光年外的新家园，人类需要暂时生活在地下城。与此同时，为保障"流浪地球"计划，联合政府建造了"领航员号"国际空间站，刘培强是在国际空间站工作的中国宇航员，肩负着保护地球与家人的使命。刘培强的儿子刘启和孤儿韩朵朵由刘培强的岳父韩子昂抚养长大。出于对地面世界的憧憬，刘启带着韩朵朵想方设法取得到达地面的资格，通过各种安全检查，拿着伪造的车卡开上了韩子昂的运载车。当韩子昂找到两个孩子的时候，由于木星引力激增造成了地球轨道偏离，地面发生了严重的灾难。而他们驾驶的运载车也被救援队临时征用为运送火石，他们只能服从救援队员的安排，运送火石到杭州。等他们到达杭州时，地下城已经被岩浆融化，刘启本想听从姥爷的遗愿带韩朵朵回到地下城的家中，可是当时很多地方已发生灾难。刘启决定带着韩朵朵加入拯救的行动中。当所有的发动机都已经维修好，却仍然没有改变木星与地球相撞的趋势。本来能返回地球的宇航员刘培强，在空间站一直尽力挽救地球。最终，刘培强为"流浪地球"计划献出了宝贵的生命。

影片制作水准上乘，艺术构思精巧，视听效果震撼，挖掘了人物对个人命运与地球命运的关联意识度及认识差异，为国内外观众呈现了一部中国特色的科幻大片。影片中，刘培强、刘启、韩朵朵等人不畏艰险、齐心协力，号召全球救援队做出最后的努力，传递出“合作、共赢、责任、大爱”的人类命运共同体价值观，展现出中国文化的精髓。影片设置了3个功能不同的空间：人类生存的地下空间、冰封的地表空间和领航员空间站的太空空间，其中冰封的地表空间有着冰冻的城市、运载车、行星发动机、火石等，极具重工业赛博朋克的制作风格。影片还加了许多中国元素，如福字、舞狮子等，增添了民族文化色彩。影片2019年获第9届北京国际电影节天坛奖最佳视觉效果奖，第15届中共中央宣传部精神文明建设“五个一工程”奖优秀作品奖，第32届中国电影金鸡奖最佳故事片奖、最佳录音奖；2020年获第28届上海电影评论学会奖华语十佳影片奖，第35届中国大众电影百花奖最佳导演奖。（连 洁）

《流浪艺人》 *The Travelling Players* 希腊彩色故事片。帕帕利奥斯制作公司1975年出品。编导，T.**安哲罗普洛斯**；摄影，J.凡尼提斯；主演，E.科塔曼尼多、A.桥格里。

故事讲述了1939～1952年的希腊，一个流浪卖艺的家庭在各地巡回演出讨生活。他们的演出经常被政治事件所打断，先是遭遇纳粹入侵，演出中途发生空袭，曾从军抗敌的团长被通敌者打死在舞台上。第二次世界大战结束后，前来接收希腊的英军抓住了他们，并要求演出，结果演出又在一名士兵的被杀中草草收场。而参加游击队的弟弟潜回国内，在演出当中杀死了害死父亲并与母亲同居的人。最后，美军势力进入希腊，团长的二女儿嫁给了一名美军士兵，她之前所生的孩子现在已经可以演出了。

影片用历史回环和时间穿梭的方式结构故事，讲述了一个巡回剧团在1939年至1952年间的命运，巧妙地将希腊14年的历史变迁和剧团的跌宕命运糅合在一起。影片艺术处理较为庄重，如同古希腊戏剧一般，深焦**长镜头**的运用和长时间的群体画面构成了全片主要摄影风格。影片1975年获第28届法国戛纳国际电影节费比西奖、第25届德国柏林国际电影节新电影论坛奖。（张慧瑜）

《流浪者》 *The Vagabond* 印度故事片。印度拉兹·卡普尔电影公司1951年出品。编剧，K.A.阿巴斯；导演，R.**卡普尔**；摄影，R.卡尔马卡尔；主演，卡普尔、纳尔吉斯。

《流浪者》剧照

故事讲述了印度知名法官拉贡纳特信奉这样一条哲学：强盗的儿子天生是强盗。据此，这位法官给无罪的扎卡判刑。扎卡为报复法官，绑架又释放了怀孕的法官妻子，并散布流言说她怀的是强盗的孩子。法官将妻子里列赶出家门，里列在雨中生下拉兹。拉兹逐渐长大，迫于生计，拉兹随扎卡偷盗。拉兹在一次行窃中偷了一条项链，这条项链正是法官拉贡纳特所丢。在一个恐怖的黑夜，扎卡为逃避警察追捕来到拉兹家，拉兹为保护母亲杀死了扎卡，并准备杀死拉贡纳特，因为“强盗的儿子天生是强盗”这一理论害了拉兹一生，不料刀子被拉贡纳特夺走，拉兹被判3年。

卡普尔的作品多为自导自演，具有较强的娱乐效果，又不失深刻的社会批判内涵。影片反映了印度等级社会的黑暗现实，歌颂了纯洁的爱情和人道主义。作为一部典型的印度歌舞情节片，大量富有民族特色的歌舞被穿插剧情之中，主题曲《拉兹之歌》更是脍炙人口。

（仲 霞 撰 章柏青 唐建军 修订）

六合一导播制 6 in 1 live production system 电视转播的一种导播工作机制。随着电视技术的发展与电视制作水平的提高，电视制作的方式逐渐趋于复杂。多讯道的节目制作由原来的几个讯道组成的ESP、EFP工作方式，逐渐出现讯道数目繁多、辅助设备复杂或多种多讯道制作方式复合的现状。面对复杂的制作流程和高标准的制作要求，每个工作岗位都更需要职能细化、分工明确。传统意义上，导播岗位通常是一个导播或两个导播（调机与切换）人员；而现在由专业的转播组织完成复杂的转播任务时，导播岗位已经发展为多人协同作业的导播工作团队，由总导播、助理导播、场地导播、慢动作导播、字幕导播、切换导播（视频切换员）这6个职能岗位来共同完成导播工作。这种导播工作机制即为六合一导播制，这已经成为专业化导播团队建制的发展趋势。

总导播 必须深入了解节目或转播对象的性质内容，熟悉节目的流程与实施细节，详细考察录制现场，制定导播工作台本，布局摄像机位，监督美术、灯光、录音、视频等技术部门的设计与实施工作。在直播或录制中，总导播负责指挥各个摄像机位、把握慢动作重放顺序与时机、整合图表字幕信息以及监听所有和画面相关的音频信号。可以说，在录制前后，所有节目制作及技术保障部门的工种岗位都需要和总导播沟通汇报，接受总导播的指挥控制。

助理导播 既是总导播的贴身助理，也是总导播的“备份”。助理导播需要了解总导播对节目实施的整体想法以及对录制环节、细节的所有要求，熟悉导播工作台本，在彩排与演练阶段必须随时跟随总导播并牢记总导播对各工种岗位的每个要求以及每次细小的方案调整。在直播或录制中，助理导播手持工作台本，帮助总导播控制、把握节目进行的流程与时间，及时发现并提示可能出现的问题，详细记录需要重录或补拍的段落等。

场地导播 又称现场导演，是总导播在演播现场的代言人。在录制之前，场地导播往往需要按照工作台本的要求负责舞美、灯光、音乐音响与节目配合在一起的连排。在直播或录制中，场地导播要随时将总导播的指令传达给现场不配备通话设备的演出人员和工作人员，并随时将现场的有效信息反馈给总导播，有些时候还要帮助协调摄像机位的工作区域及其与场面调度的配合。

慢动作导播 主要是协助总导播完成慢动作画面的播放工作的人。慢动作导播可能亲自操作，也可能负责指挥慢动作操作员选择慢动作回放画面，并负责控制、掌握回放的速度、契机、夹带的特效等。

字幕导播 需要在录制之前监督所有图表字幕的制作完成，并进行全面仔细的核查。在直播或录制中，字幕导播按照总导播的指令，亲自操作字幕机或指挥字幕操作员，完成上下各种图表、字幕的工作，并需掌握好与画面的配合以及图文字幕的播放时机与停留时间。

切换导播 在节目录制现场的导播室内负责操作控制视讯切换器（切换台）以及特殊效果产生器（特技台）的制作人员。在中国内地（大陆）的电视台和制作单位中，切换导播常被称为“切换”；在中国港台地区则被称为“技术指导”或“司钮”。在导播分工细化的制作团队中，切换导播被形象地比作总导播的手指。实际上，这个工作依然是一个随时需要构思与决断的过程。

在节目录制的过程中，总导播通常戴着耳机坐在切换导播的旁边，通过耳机通话对在现场工作的现场导演和多位摄像师下达口令，通过监视器监看由每个摄像机拍摄和其他视频信号来源的各个画面，适时地指挥切换师选择画面。当然，画面的选择、切换的时机，以及组接的方法、特技效果的选择一般都由切换导播来负责。

扩展阅读

郑月.电视节目导播.北京：中国传媒大学出版社，2018.

（郑　月）

《笼民》 *Cageman* 中国彩色故事片。银都机构有限公司和幻影制作有限公司1992年联合出品。编剧，黄仁逵、吴沧洲、张之亮；导演，张之亮；摄影，林国华；主演，黄家驹、乔宏、李名炀、谷峰、胡枫、泰迪罗宾、黄志强、廖启智。

故事讲述了香港虽然经济繁荣，但市民的居住条件却相当困窘。其最甚者，便是旧楼里每个床铺四周用铁丝网围住，多人挤在一起的所谓“笼屋”。政府与地产商出于各自的考量，决心要拆除笼屋。笼屋里那些弱势的笼民却担心自己的未来，群起抗争。但是，在消防员与警察的胁迫下，旧楼最终被拆除。在一片喧闹谩骂声中，笼屋走入了历史。

影片采用了传统写实手法，将一群边缘人与弱势群体的生活展现得鲜活生动、淋漓尽致，体现了导演严谨的创作态度和强烈的社会责任感。影片中**长镜头**的大量使用，使笼民的生活细节极具真实感。片中出现的人物群像，从多位性格、年龄、职业各不相同的笼民，到虚情假意的两位议员，也显现出极其写实化的特点。影片1993年获第12届香港电影金像奖最佳影片奖、最佳导演奖、最佳编剧奖、最佳男配角奖，第1届上海国际电影节评委会特别奖，第38届亚太影展最佳影片奖。

（吴涤非）

娄烨 Lou Ye（1965-03-01～　）中国电影导演。生于北京。从小学习绘画。高中时，在上海美术学校学习动画片制作，同时在**上海美术电影制片厂**从事动画制作，参与过动画片《天书奇谭》《金猴降妖》的动画制作。1985年，进入**北京电影学院**导演系学习。在校期间，曾拍摄制作16毫米黑白实验短片《无照行驶》。1989年，拍摄16毫米彩色短片《耳机》，是其毕业作品。1992年，开始以独立电影导演的身

份从事影视创作。1993年，拍摄长片处女作《周末情人》，获第45届德国曼海姆·海德堡国际电影节最佳导演奖。1995年，导演悬疑惊悚电影《危情少女》。1998年，拍摄影片《苏州河》，获第15届法国巴黎国际电影节最佳影片奖、第29届荷兰鹿特丹国际电影节最佳影片奖。

2003年，导演影片《紫蝴蝶》，获第56届法国戛纳国际电影节金棕榈奖提名。2009年，导演《春风沉醉的夜晚》，获第62届法国戛纳国际电影节金棕榈奖提名。2012年，导演电影《浮城谜事》，获第4届中国电影导演协会年度导演奖、第7届亚洲电影大奖最佳电影奖和最佳编剧奖。2014年，导演电影《推拿》，获第64届德国柏林国际电影节杰出艺术贡献银熊奖、第15届中国华语电影传媒大奖最佳导演奖、第51届中国台湾电影金马奖最佳剧情片奖等。2016年，执导**警匪片**《地狱恋人》。2019年执导影片《兰心大剧院》，获第76届意大利威尼斯国际电影节金狮奖提名。

娄烨导演的影片还有《花》(2011)、《风中有朵雨做的云》(2019)。娄烨是中国第六代导演的代表人物之一，有着独立电影人的身份。他目光敏锐，始终坚持自由创作的精神，试图运用独立影像诠释边缘人群的欲望与情感。他的影片视听风格带有明显的个人标签，手持摄影、不稳定的构图、灰暗的色调是其影片的突出印记。2013年，获第13届中国华语电影传媒大奖百家传媒年度致敬电影人奖。

（孙承健）

卢贝兹基，E. Emmanuel Lubezki（1964-06-21～　）墨西哥电影摄影师。生于墨西哥的墨西哥城。从小热爱电影。从墨西哥电影学院毕业后，为同学好友A.卡隆拍摄了长片处女作《爱在歇斯底里时》(1991)。随后，他们到好莱坞发展，并建立了长期合作关系，拍摄了《小公主》(1995)、《烈爱风云》(1998)、《他妈妈也一样》(2001)、《人类之子》(2006)、《地心引力》(2013)等影片。在《人类之子》中，卢贝兹基借助数字影像合成创造了7分钟的内外景复杂场面运动摄影**长镜头**。在《地心引力》中，他完成了真人角色与数字背景的有效结合，探索了虚拟摄影机和现场光效匹配的新领域，创造出完美无瑕的外太空现实景象，获第86届美国电影奥斯卡奖最佳摄影奖。

卢贝兹基与导演T.马力克合作拍摄过影片《新世界》(2005)、《生命之树》(2011)、《通往仙境》(2012)，将自然光独特的美感呈现在画面中，对自然光线的应用游刃有余。与导演A.G.伊纳里图合作拍摄过影片《鸟人》(2014)、《荒野猎人》(2015)。《鸟人》获第87届美国电影奥斯卡奖最佳摄影奖、第68届英国电影学院奖最佳摄影奖。《荒野猎人》以超广角镜头、沉浸式的摄影画面，带领观众进入角色，关注人物在荒野上生死攸关的故事，获第88届美国电影奥斯卡奖最佳摄影奖、第69届英国电影学院奖最佳摄影奖。

卢贝兹基的影像探索由外而内，通过摄影表达情绪和故事。他还拍摄了《情迷巧克力》(1992)、《云中漫步》(1995)、《假凤虚凰》(1996)、《第六感生死缘》(1998)、《断头谷》(1999)、《阅后即焚》(2008)等影片。

（高　薇）

卢卡斯，G. George Lucas（1944-05-14～　）美国电影导演、编剧、制片人。生于加利福尼亚州。中学毕业后，当过送报员和马路清洁工。在南加州大学电影系毕业后，到旧金

山开办一家制片公司。这一时期，他筹集到78万美元，拍摄了一部表现城市郊区年轻人跳摇摆舞的影片，获得500万美元的票房。之后他又拍摄了《面对生活》等短片。1973年，执导《美国风情画》，获第31届美国电影金球奖音乐喜剧类最佳影片奖。

1973～1977年，卢卡斯一直在进行电影《**星球大战**》的构思和编写，但没人愿意投资。后来在S.**斯皮尔伯格**的帮助下，20世纪福克斯电影公司为他投资800万美元，但条件很苛刻，他不能获得影片的利润，只有拍摄影片续集权和影片派生产品权。1977年，导演《星球大战》，几乎囊括了美国电影奥斯卡奖的所有技术奖项，获得3亿美元的利润，卢卡斯由于经营影片派生产品而获利2亿美元。从此，卢卡斯成为美国好莱坞的传奇和权势人物，拥有了绝对的自主权。1980年，导演《星球大战2：帝国反击战》，再次取得票房佳

绩，并获第53届美国电影奥斯卡奖最佳音响奖。1981年，在《夺宝奇兵1：法柜奇兵》中担任编剧。1983年，担任《星球大战3：绝地大反攻》的编剧和制作人。1999年，他策划多年的《星球大战前传1：幽灵的威胁》上映，再度掀起观影狂潮。2002年，推出《星球大战前传2：克隆人的进攻》，获第29届美国电影土星奖最佳特效奖。2005年，导演《星球大战前传3：西斯的复仇》。

此后，他相继参与《星球大战：原力觉醒》(2015)、《星球大战外传：侠盗一号》(2016)、《星球大战：最后的绝地武士》(2017)、《游侠索罗：星球大战外传》(2018)等系列电影的制作。《星球大战》系列电影开科幻大片之先河，是卢卡斯对世界电影最大的贡献。此外，卢卡斯监制的电影众多，并参演许多纪录片。1992年，获第64届美国电影奥斯卡奖欧文·撒尔伯格纪念奖。2005年，获美国电影学会奖终身成就奖。2013年，获美国国家艺术奖章。

（赵小青　撰　章柏青　唐建军　修订）

卢梦　Lu Meng（1917～2005-09-25）　中国电影教育家。原名田振中。原籍河北深县（今深州市）。生于山西太原，卒于北京。1933年，加入山西省文艺界救国联合会。1937年，任牺牲救国同盟会特派员，赴山西忻县领导抗日救亡活动，负责编辑《西北文艺》，领导七月剧社。1938年，任山西新军决死队第四纵队政治部宣传科科长。1939年，任西北文协主任、西北文联常委。1945年后，历任西北中心地委宣传部部长、《晋绥大众报》报社社长、山西省委宣传部秘书长等职。其间参加第一次全国文艺界代表大会，主编山西省委宣传部党刊《前进》。

1952年11月调入北京，担任中央人民政府文化部电影局电影学校副校长。电影学校于1956年1月改称为**北京电影学院**后，任党委副书记、副院长。1959年秋，调任中共北京市委文化部学校处处长，1960年任北京艺术学院院长。1964年初重回山西，担任中共山西省委宣传部部长。1976年后恢复工作，先后担任山西人民出版社负责人、山西省文化局局长。1974年5月，任山西云冈石窟维修工程领导组组长，主持全面维修云冈石窟的工作。1975年，回到山西省委宣传部任副部长，分管全省文艺工作。1978年3月，调回北京，任北京电影学院领导小组副组长，主持北京电影学院的重建工作。1980年10月，任北京电影学院党委书记、副院长。

（戴德刚）

卢米埃尔，L.　Louis Lumière（1864-10-05～1948-06-06）　法国工业家、电影发明家、电影导演。生于贝桑松，卒于邦多勒。

1894年秋，他与其兄A.卢米埃尔在研究了T.A.爱迪生的运动摄影机和E.J.玛雷的摄影机的基础上，发明了“卢米埃尔电影放映机”。1895年12月28日，在巴黎卡普辛路大咖啡馆的印度厅内，第一次在公众场合中放映了拍摄的《工厂大门》《火车进站》《水浇园丁》《婴儿的午餐》等10多部短片。尽管只能放映几分钟，但此举正式宣告了电影的诞生。从1896年起，卢米埃尔培训了大批电影放映员并将他们输送到世界各国进行放映和拍片活动。

《水浇园丁》剧照

卢米埃尔对景物、构图有着十分强烈的直观感受，擅长“捕捉大自然”，如影片《工厂大门》《孩童争斗》等；他在摄影中开始运用“特写镜头”，如影片《婴儿的午餐》；也开始运用景深镜头，如影片《火车进站》。他拍摄了最早的喜剧片如《水浇园丁》，最初的特技片如《拆墙》，最早的新闻片如《法国摄影协会大会》《沙皇尼古拉二世的加冕》等，而且注重记录社会的生活实景和通俗场景，开创了写实主义电影的先河。这些不同类型的短片，是世界电影史上电影艺术样式的雏形。作为电影的发明者，卢米埃尔被称为“世界电影之父”，奠定了世界电影艺术的发展。

（胡　滨　许　婧）

卢什，J.　Jean Rouch（1917-05-31～2004-02-19）　法国电影导演。生于巴黎，卒于尼日尔。早先是人种学家，在法国国立研究中心工作。业余时间里，用摄影机作为记录手段，在去非洲的旅行中拍摄了《割礼》(1949)、《猎河马》(1950)、《求雨先生》(1951)等8部短片，对纪录片产生了兴趣。1958年，卢什在影片《我是一个黑人》中，试图把码头工人的日常生活直接搬上银幕，为此他邀请了3个码头工人，即兴发挥表演，形成了一种虚构与生活混合一体的影片，该片1959年获第12届瑞士洛迦诺国际电影节最佳娱乐电影奖。

之后，他提出了**真实电影**的概念，提倡把电影看作是进行社会心理分析的方式，并依赖于对自己主人公的积极干预和即兴效果。1961年，卢什践行了自己对真实电影的理解，拍摄了影片《**夏日纪事**》，描述了1960年夏天自己在巴黎的一段经历。影片中，他向遇到的工人、大学生、女招待、黑人等提出“你们怎样生活？是否幸福？”等问题，记录了人物临场采访的情景。在回答这些与个人经历相联系的问题时，有些人欢声笑语，有些人涕泪涟涟。影片真切、动人，毫无表演的痕迹，上映后受到理论界广泛关注。1959年，拍摄了《人类之塔》，表现一个中学里黑人学生与白人学生之间的友谊。1993年，导演《水夫人》，获第43届德国柏林国际电影节和平电影奖。

他的影片情感真挚，强调人与人之间的信任，往往带有某种学术研究的参考价值。他的真实电影在世界电影范围内产生了一定的影响。他的重要作品还有《在黑卜星相家的国家》(1947)、《万捷尔伯的魔术师》(1948)、《河水之子》(1949)、《疯狂的主人》(1955)、《惩罚》(1963)、《巴黎所见》(1965)、《雅加尔》(1968)、《渐渐地》(1971)、《普莱先生喔喔叫》(1975)、《巴巴杜》(1976)等。

（胡　滨）

芦苇　Lu Wei（1950-03～　）　中国影视编剧、导演。生于北京。在西安长大。1968年，到农村下乡劳动。1971年，进工厂当工人。1972年，离开工厂开始学习画画。1976年，进入西安电影制片厂，做过炊事员、绘景、美工。1982年，以影片《魂系蓝天》开始编剧生涯。1987年，创作剧本《星塘的阿芝》，获第1届夏衍电影文学剧本二等奖。1988年，在《疯狂的代价》中担任编剧。

1989年，在《黄河谣》中担任编剧。对历史的深刻追索和对黄土地的深厚情感

使他与中国第五代导演的创作精神血脉相通。1993年，在**陈凯歌**导演的《**霸王别姬**》中担任编剧，获第46届法国戛纳国际电影节金棕榈奖等奖项。1994年，在**张艺谋**导演的《**活着**》中担任编剧，获第47届法国戛纳国际电影节评委会大奖等奖项。1996年，自编自导影片《西夏路迢迢》，获第17届中国电影金鸡奖最佳导演处女作奖。2007年，在《图雅的婚事》中担任编剧，展现了草原牧民漫天风沙的生活环境和精神困惑。2012年，在《白鹿原》中担任编剧，描写了关中农民在战争、革命、饥荒中的生存状态。2015年，在《狼图腾》中担任编剧。

他的创作不盲目追随市场，善于将深厚的人文精神注入了作品之中，注重文化内涵和价值观的融入与表达。他注重作品与观众的交流，留给观众思考的空间，也使影片具有多重解读的可能性。他担任编剧的影片还有《人生没有单行道》(1984)、《走进暴风雨》(1984)、《灯影春秋》(1987)、《九夏》(1989)、《黑风景》(1990)、《桃花满天红》(1994)、《红樱桃》(1995)、《秦颂》(1995)、《等待》(2001)、《杜月笙》(2003)、《赤壁》(上，2008)、《李陵传》(2008)、《赤壁》(下，2009)、《岁月如织》(2009)、《龙的亲吻》(2010)、《定军山情歌》(2016)等。他担任编剧的电视剧有《李自成》(1998)、《胡景翼》(2016)等。2020年，获新时代国际电影节庆祝中华人民共和国成立70周年全国十佳电影编剧奖。（商凌云）

陆运涛 Loke Wan Tho (1915-06-14～1964-06-20) 中国电影事业家。原籍广东江门。生于马来联邦吉隆坡，卒于台湾。其父为华侨实业家、金融家、慈善家陆佑。陆运涛1933～1936年在剑桥大学攻读文学及历史专业，并获文学学士及历史学硕士学位。1940年回到新加坡，管理家族产业。曾任新马国泰机构总裁，马来亚银行和马来亚航空公司等机构的董事长。1948年，陆运涛和新马院商何亚禄等合作，先后组成国际戏院有限公司、陆氏戏院有限公司、国泰戏院有限公司，这几个公司当时在新马地区有数十间新型戏院，放映和发行中外电影，业务发展较好。1951年，在新加坡成立国际电影发行公司，主要业务为代理中国香港、美国、意大利等国家或地区的电影在新马及东南亚国家的放映。1953年，委派英籍犹太人欧德尔到香港创立和主持国际电影发行公司，这是国泰机构在香港创办的第一个电影机构，主要负责购买香港影片给国泰机构发行，同时资助一些电影制片公司拍戏。

1956年，陆运涛在香港组建成立**国际电影懋业有限公司**，集制作、发行、院线于一身，是国泰机构在香港成立的第二个电影机构，陆运涛任董事长，相关具体业务交由欧德尔和钟启文管理，但是决策权仍由陆运涛掌控。公司制作了一批广受观众欢迎的影片，如1957年获第5届亚洲影展最佳影片奖的《四千金》、1961年获第1届台湾电影金马奖最佳影片奖的《星星月亮太阳》等。1962年，“电懋”高层纷纷离职，陆运涛亲自出任总经理，并加大力度开拓台湾市场。1963年，说服并支持导演**李翰祥**脱离“邵氏”到台湾组建国联影业公司。1964年6月20日，陆运涛在台湾参加完第11届亚洲影展后，返回途中因飞机失事遇难。

陆运涛及其国际电影懋业有限公司对香港电影发展产生了深远影响，促成了香港电影在20世纪50～60年代的繁荣，丰富了香港电影创作类型和题材。作为慈善家，陆运涛对提倡、赞助和推动新马等地的教育、艺术事业作出了一定贡献。曾获“拿督”(华人在马来西亚得到的最高荣誉之一)等荣誉称号。（张承宇）

陆柱国 Lu Zhuguo (1928-10-12～2022-12-01) 中国电影剧作家、小说家。生于河南宜阳，卒于北京。少年时代曾入私塾，1942年后在师范学校求学。1948年参加中国人民解放军，在陈赓兵团政治部宣传部工作，不久调新华分社任新华社前线记者。次年10月调总政治部文化部创作组。1950年7月，任《解放军文艺》编辑部小说组副组长。1954年夏，回总政文化部创作室任创作员。1959年调八一电影制片厂任编剧。1950～1958年，主要致力于中、长篇小说创作，著有长篇小说《踏平东海万顷浪》，中篇小说《上甘岭》。

1958年以后主要从事电影文学剧本创作，代表作品有与王炎合作的《战火中的青春》(1958)、《独立大队》(1962)和与王愿坚合作的《**闪闪的红星**》(1973)、与鲍梦梅合作的《花枝俏》(1981)等。其中《闪闪的红星》获共青团中央等单位举办的1979年第二次“全国少年儿童文艺创作奖”二等奖，《花枝俏》获1980年文化部优秀影片奖。1997年他创作剧本《大进军》，获第18届中国电影金鸡奖最佳编剧奖和第8届上海影评人奖最佳编剧奖。2007年，凭借创作的剧本《我的长征》《太行山上》，获第12届中国电影华表奖优秀编剧奖。同年，被授予第26届中国电影金鸡奖终身成就奖。陆柱国创作剧本追求人物和情节的传奇性，但又把这种传奇性建立在生活真实的基础上，在故事的进行中，往往异峰突起，出人意表。曾任八一电影制片厂副厂长。（陈剑雨）

录音棚 sound studio 专供影视节目录音用的一种建筑场地及设施。又称录音室。一般来讲，专业的录音棚可分为：语言录音棚（又叫对白录音棚）、音响录音棚（又叫动效录音棚、拟音棚）、资料录音室（又叫资料转录室）、声音编辑室、音乐录音棚和混合录音棚等几大类。这些录音棚（室）除能有效地隔绝外界噪声的干扰外，还可以根据不同的录音工艺要求，分别对录音棚内的录音环境进行不同的声学处理，以达到完美的录音技术质量。

电影制作用的录音棚，内部空间一般可分为四个部分：录音室（供演员或拟音师工作的空间）、放映室（安放电影放映设备和同步设备的空间）、机械室（安放录音设备和其他信号处理设备的空间）和调音控制室（安放调音设备和监听设备的空间）。电影用的混合录音棚一般没有录音室，只有放映室、机械室和调音控制室三个部分的空间。

用于电视录音用的录音棚，一般只有两个部分的空间：录音室（供演员或拟音师工作的空间）和调音控制室（安放调音设备、录音设备和监听设备的空间）。因为制作电视节目的录音设备体积相对于电影录音设备的体积要小，而且电视屏幕占地位置较小，又没有电影录音棚专有的电影放映设备。所以，电视录音棚一般没有专用的放映室。而机械室和调音控制室往往也合二为一。

录音棚的声学要求有以下几点：①隔声。在影视节目录音时，通常要求所录制的声音干净、音色纯正。因此，为了防止外界的噪声对录音棚拾音工作的干扰，录音棚的墙体应能隔绝外界传来的各类噪声。由于声音在固体中的传播速度通常要比空气中的传播速度快。因此，来自地下的震动声音对录音棚的干扰尤为明显。所以，有些技术要求很高的录音棚通常会采用双重隔声构造的建筑结构，将墙体分成内外两部分，尽可能地把来自地面或地下的固体传播的振动声音衰减到最低程度。

由于建筑物设计和结构上的原因，隔声值一般很难达到要求的极限标准。所以，录音棚多少都存在着一些本底噪声。一般录音棚的本底噪声约在30分贝（dB）。②吸声。由于用于影视节目制作的各类建筑物的体积大小是各不相同的，建筑装饰材料也是不一样的。因此，为了保持建筑物内声学条件的一致性，就需要在建筑物内的墙体上铺设各种吸声材料和反射材料，使建筑物内的声场环境趋向统一，尽可能地保证录音时的声音艺术质量。一般来讲，某些吸声材料对于特定频率的声波具有一定的吸收作用。所以，吸声材料的使用有利于声场的扩散和降噪。同时，它还可以消除延时的反射声，以免在建筑物内形成回声或过长的混响。一般好的录音棚内的声场环境条件比较一致，声音频率范围也比较均匀。③混响。一个声音在发出声后，声音强度衰减到原始声的−60分贝（dB）时的时间，称为混响时间。通常情况下，建筑物内的混响时间是一定的。建筑物内自然混响时间的长短，可以影响建筑物内声源的原始音色。混响时间太长，声音就变得浑浊、不清晰；混响时间短，则显得声音比较干瘪、不饱满。一般来讲，作为专业对白、动效录音棚的混响时间应该越短越好，这样对声源音色的干扰就小。至于影视节目中各种声音所需要的混响时间，则可通过录音师在后期制作时通过调整各类混响设备得到。混响时间短的棚称为强吸声录音棚；反之，称为自然混响录音棚。有些录音棚内混响时间的长短，可通过调整录音棚内设置的声学吸声材料和反射材料的不同变化来获得。这种混响时间可以调整的录音棚，称为可调混响录音棚。（姚国强　侯　明）

吕锦瑗 Lü Jin'ai（1912～2000）中国电影教育家、科学家。生于山西交城。1930年，毕业于北京贝满女中，其间开始对摄影产生浓厚兴趣，并萌发了自制感光胶片的念头。因为家庭经济困难，她放弃了保送燕京大学的机会，回到家乡担任了一年的小学教师。1931年，考入金陵女子文理学院化学系，愈加坚定了要研制中国自己的感光材料的决心。1936年大学毕业之后，先后在金陵大学与明德女中担任理化教员与教务主任之职。南京沦陷后，她与丈夫孙明经一起迁往四川，先后在广益中学教英语，在求精中学教数理化。

1939年，开始进行感光材料的研制。1941年，用自制照相散页底片拍摄了一张自拍像《母与子》，这是第一张由中国制造、可以装到相机上使用的照相散页底片。同年，被华西协合大学化学系聘为讲师，并为华西大医学院成功研制了一批急需用于诊断骨折的X光片。1942年，在华西大学开设摄影化学课和影音文献课，供华西坝上五所大学的学生选修。1944年，负责主持联合国影片新闻宣传处成都流通处的日常工作，直到1945年日本投降。1947年，和孙明经共同起草完成了《电影、播音、电视、摄影中文术语词汇中英、中法文对照表》，由顾毓琇、孙明经、顾颉刚、黎锦熙四人审阅通过后送联合国教科文组织备案。从此，电影、播音、电视、摄影的中文术语有了统一的标准。1941～1948年，协助丈夫孙明经做了大量的《电影与播音》杂志的编辑工作。还协助孙明经做了大量的纪录片、教育片的拍摄工作。

1952年，在全国高等院校院系大调整中，从金陵大学影音部调入中央人民政府文化部电影局电影学校（北京电影学院前身），任洗印教研组组长同时兼任摄影组教师。在电影学校以及更名后的北京电影学院，先后开设了感光乳剂、洗印原理、彩色片原理、感光材料及其加工、摄影过程原理、黑白与彩色感光材料等课程，为中国的电影教育作出了重要贡献。主编了四期《摄影技术参考资料》，翻译了苏联的相关教材《感光材料及其加工》。同时也编写出了中国自己的教材《彩色片原理及彩色片加工》。“文化大革命”时期，北京电影学院停课，她仍然抱病翻译了许多专业文献，“文化大革命”结束后继续做了大量专业工作。

扩展阅读

白欣，杜光胜.中国电化教育先行者——吕锦瑗.电化教育研究，2014，35（1）.

华锡梅.我国电影技术教育工作的回顾与展望.影视技术，2003(2).

（戴德刚）

《绿野仙踪》 *The Wizard of OZ* 美国彩色故事片。米高梅电影公司1939年出品。改编自L.F.鲍姆的小说《神奇的奥兹巫师》。编剧，N.兰利、F.瑞尔森、E.A.沃尔夫等；导演，V.弗莱明，摄影，H.罗森；主演，J.加兰、F.摩根、R.博尔格、J.赫利、B.拉尔、M.哈米尔顿。

故事讲述了纯真善良的堪萨斯乡村女孩桃乐茜被一股龙卷风刮进神奇的矮人国度，桃乐茜决定寻找大巫师奥兹帮她回家。旅途中，桃乐茜先后遇到了寻找大脑的稻草人、寻找心脏的锡人和寻找勇气的狮子。他们结伴而行，拜访奥兹，打败了邪恶女巫，最终都如愿以偿。

影片雅俗共赏，当主人公桃乐茜卷入矮人国度时，画面由黑白转为彩色，充满了幻想色彩。影片制作精良，色彩运用巧妙，角色设置生动，演员表演活泼，上映后为米高梅赢得了大量赞誉，女主角扮演者加兰也因此成为影星。影片1940年获第12届美国电影奥斯卡奖最佳原创歌曲奖、最佳配乐奖等。（段运冬）

《绿野仙踪》剧照

滤光纸 filter paper 用于照明灯前控制和调整光色的透明纸，是影视照明中不可缺少的辅助手段。滤光纸有白色磨砂纸和彩色灯光纸两种。白色磨砂纸可以起到控制亮度和照明范围、柔化光线的作用，通过局部遮挡的方法调整一个灯光光域内的局部照明，以细致调整人物的**主光**、副光，获得适当的光比或柔和的光影。彩色灯光纸有红、橙、黄、绿、青、蓝、紫等各种颜色不同深浅的各系列透明纸（现在多为涤纶制成）。彩色灯光纸主要有两方面用途：①改变**光源色温**。如彩色片摄影中，在**自然光**和**人工光**混合照明时，或用灯光片在自然光下拍摄时，使光源色温统一或使光源色温与胶片类型所需要的色温统一，需用升或降色温灯光纸。升色温时使用适当的蓝系列灯光纸，降色温时选用橙黄色系列灯光纸，以获得色平衡的效果。②色光照明。如火光效果选用红系列灯光纸，月光效果选用蓝系列灯光纸等。（张　桥）

《乱世佳人》 *Gone with the Wind* 美国彩色故事片。塞尔兹尼克国际影业公司和米高梅电影公司1939年联合出品。改编自M.米切尔1936年发表的同名小说。编剧，S.霍华德、B.赫克特等；导演，V.弗莱明、S.伍德、G.库克；摄影，E.哈勒；主演，C.**盖博**、**费雯丽**、L.霍华德、O.德·哈

《乱世佳人》海报

维兰、H.麦克丹尼尔。

故事讲述了美国南北战争爆发前夕，南方庄园主千金斯嘉丽喜欢上了艾希礼，但遭到拒绝，随后另嫁他人。南北战争期间，斯嘉丽两度成为寡妇，最后嫁给了爱慕自己的白瑞德。斯嘉丽一年之后生下女儿，但对艾希礼仍念念不忘。斯嘉丽在经历了一系列意外之后，才意识到自己对白瑞德的感情，但此时白瑞德已心灰意冷，决意离开斯嘉丽。斯嘉丽十分痛苦，但仍然怀抱希望，决心回到故土。

影片以恢宏的气势、华丽的色彩、豪华的场景以及逼真的战争场面，生动地展现了美国南北战争时期的社会现实，细腻地刻画了人物丰富的内心世界。影片摄影灵活多变，音乐渲染到位，给观众留下了深刻的印象。影片拍摄过程中，在处理原著和影片长度的问题上出现分歧，曾数次更换导演、编剧。影片上映后，取得了很大的成功，获得了广泛好评，但也有批评者认为影片美化南方奴隶制，对奴隶经济抱有怀旧之情。影片1940年获第12届美国电影奥斯卡奖最佳影片奖、最佳女演员奖、最佳女配角奖、最佳导演奖、最佳编剧奖、最佳彩色摄影奖、最佳美术指导奖、最佳电影剪辑奖。（段运冬）

伦勃朗照明 Rembrandt lighting 用于拍摄人像的一种用光方式。因为照明用光最终呈现与著名画家伦勃朗肖像画极其相像，因此将这种照明方式命名为伦勃朗照明。伦勃朗光照明属于侧光照明，最为明显的特点就是被摄者脸部某侧颧骨附近呈现出明显的倒三角亮部区域。同时人物面部大部分处于亮部区域，明亮的倒三角区域使得人物更加生动、丰富。（张　桥）

《论电影音乐》 *On Film Music* 中国电影论文集。王云阶著。中国电影出版社1984年出版。全书共收作者电影音乐论文与评论42篇，都是中华人民共和国成立以后发表的。该书分上、下篇。上篇主要是作者个人电影音乐创作经验的总结，如《从影片〈林则徐〉谈电影音乐民族化问题》《〈傲蕾·一兰〉的音乐创作》等；也有对电影音乐美学问题的探讨，如《音乐在电影综合艺术中的作用》等。下篇是对中外电影音乐的评论。全书内容丰富、生动，理论与实践经验高度结合，不仅对专业的电影工作者和音乐工作者有启发，对一般读者也有所帮助。（茹　苓）

《论戏曲电影》 *Opera Film Theory* 中国电影论文集。张骏祥、桑弧等著。中国电影出版社1958年9月出版。32开，67 000字。

全书收入了1956年中国戏剧家协会上海分会、中国电影家协会和《中国电影》杂志共同召开的首次戏曲电影观摩座谈会上与会者的发言，共11篇文章。主要包括张骏祥的《舞台艺术纪录片向什么方向发展》、桑弧的《谈谈戏曲片的剧本问题》、陶金的《摄制戏曲影片〈十五贯〉杂记》、韩尚义的《谈戏曲影片的布景形式》、徐苏灵的《试谈戏曲艺术片的一些问题》等。全书就戏曲电影现实创作的问题和保证创作质量展开了讨论，提出了很多有关戏曲电影观念和创作的理论性问题，涉及戏曲电影概念、本体特征、创作观念、表现方法、剧本问题、布景问题、创作体会等多方面内容。

全书奠定了戏曲电影的概念、理论架构、创作的基本原则和方法，为研究戏曲电影的创作和理论、了解戏曲电影在中华人民共和国成立以来的发展提供了重要的史料和理论参考，具有很大的实践指导意义和学术价值。（高小健）

《罗拉快跑》 *Run Lola Run* 德国彩色故事片。德国X电影创意公司、西德广播电台、阿特公司1998年联合出品。编导，T.提克威；摄影，F.格里伯；主演，F.波坦特、M.布莱布特罗伊、J.科尔。

故事讲述了罗拉收到恋人曼尼的电话，曼尼告知她如果在20分钟之内筹集不到10万马克，自己就会被杀死。罗拉于是开始狂奔，为曼尼筹款，但每一次不同的选择和机遇，都导致了故事走向完全不同的结局。

影片打破了经典叙事的线性结构，采用三段式结构，伴随着快速剪辑、定格、升降格、移动镜头、节奏鲜明的电子音乐，交替运用黑白、彩色、分割画面、动画镜头，实现了开篇字幕所说的“人类要不断

《罗拉快跑》剧照

探索”的精神。影片的内容和风格都呈现出了高度的电脑游戏的特征。作为新媒体时代的电影，它反映了一种全新的思维和生活方式。电影也说明即使科技发展，人们对世界的把握还是有限的，命运往往不可预知，人生无常而荒诞。影片1999年获第49届德国电影奖最佳影片奖、最佳男配角奖、最佳导演奖、最佳剪辑奖、最佳摄影奖等。（杨　柳）

罗兰，S. Sophia Loren（1934-09-20～　）意大利电影演员。原名索菲娅·希科洛内。生于罗马。出身于贫困家庭。年少时期在战乱的恐怖和饥饿中度过。1949年开始在一些影片里饰演配角，同时引起了意大利著名制片人后来成为其人生伴侣的C.庞蒂的注意。由于在影片《贩卖白奴》(1952)和《海底下的非洲》(1953)里扮演了比较重要的角色，开始受到业界关注。1953年，在歌剧电影《阿依达》中首次担任女主角。1954年，因演出V.德·西卡执导的影片《那不勒斯的黄金》而成名。1955年，主演了M.索尔达蒂执导的影片《河里来的女人》，开始名扬世界。同年，又参加拍摄了喜剧片《多可怜，这个骗子！》《维纳斯的标志》《漂亮的磨坊主女儿》等，引起好莱坞制片人的注意。

1956年，前往美国好莱坞发展。1957年，在美国导演S.克雷默执导的影片《骄傲与热情》(又译《气壮山河》)中与G.格兰特搭档饰演男女主角。1958年，主演了《黑兰花》，获第23届意大利威尼斯国际电影节最佳女主角奖。同年，还主演了《榆树下的欲望》。1960年，主演了《乔恰拉的女人》(又译《两个女人》《烽火母女情》)，获第14届法国戛纳国际电影节最佳女演员奖、第5届意大利电影大卫奖最佳女演员奖、第34届美国电影奥斯卡奖最佳女演员奖、第15届英国电影学院奖最佳外国女演员奖。罗兰在好莱坞拍摄的一些影片里扮演具有异国情调的美人，提高了她的国际声誉。1961年回到意大利，主要在德·西卡执导的几部影片里演戏，塑造了各类悲剧和喜剧人物形象，如影片

《阿尔托纳的幽禁者》(1962)、《70年的薄伽丘》(1962)等。1963年，主演了《昨天，今天，明天》，获第8届意大利电影大卫奖最佳女演员奖。1964年，主演了《意大利式结婚》，获第4届莫斯科国际电影节最佳女主角奖、第9届意大利电影大卫奖最佳女演员奖。1970年，主演了苏联、意大利合拍的故事片《向日葵》，获第14届意大利电影大卫奖最佳女演员奖。1974年，主演了德·西卡执导的最后一部影片《航行》，获第18届意大利电影大卫奖最佳女演员奖、第22届西班牙圣塞巴斯蒂安国际电影节最佳女演员奖。1976年主演了《卡桑德拉大桥》。1977年，在E.斯科拉执导的《不平常的一天》里扮演女主角。1979年，在英国主演了故事片《火力》。

罗兰的表演热情性感、幽默乐观，具有鲜明的意大利民族特征，尤其是在一些影片里塑造的普通意大利妇女形象极为成功。她主演或出演的重要影片还有《奥罗拉》(1984)、《成衣》(1994)、《脾气更坏的老者》(1995)、《心中的太阳》(1997)、《陌生人之间》(2002)、《好莱坞上的台伯河》(2009)等。1979年，曾出版自传《生活和爱情》。曾4次获美国电影金球奖最受欢迎女演员奖。1991年，获第16届法国电影凯撒奖荣誉凯撒奖。1994年，获第44届德国柏林国际电影节终身成就奖。1998年，获第55届意大利威尼斯国际电影节终身成就奖。1999年，获第43届意大利电影大卫奖终身成就奖，并被美国电影学会选为百年来最伟大的女演员第21名。2005年，获第24届土耳其伊斯坦布尔国际电影节终身成就奖。2007年，获第2届罗马国际电影节终身成就奖。2014年，获第58届意大利电影大卫奖特别奖。

（尹广文　许　婧）

《罗马，不设防的城市》 *Rome, Open City* 意大利故事片。意大利伊克赛尔萨电影公司1945年出品。改编自S.阿米德伊的同名小说。编剧，S.阿米德伊、R.罗西里尼、F.费里尼；导演，R.罗西里尼；摄影，U.阿拉塔；主演，A.法布里奇、A.马尼亚尼、M.巴格利埃罗、V.安尼齐亚里科、N.布鲁诺。

故事讲述了第二次世界大战期间，罗马抵抗者在德军占领下正进行顽强抵抗，抵抗战士工程师G.曼菲蒂受到德军搜捕，躲到战友弗兰西斯科的家中，并设法与神父D.彼得罗取得联系，让神父将一份重要的款子送给游击队。神父顺利地完成了任务。第二天是弗兰西斯科与皮娜的结婚日，得到情报的德军赶来搜捕曼菲蒂，

《罗马，不设防的城市》海报

弗兰西斯科被捕，皮娜追赶军车时中弹身亡。曼菲蒂组织人伏击了军车，弗兰西斯科被救了下来。曼菲蒂等人躲在他前女友玛丽娜的家中。由于玛丽娜泄密，神父、曼菲蒂等人被捕。曼菲蒂被敌人酷刑折磨而死，神父则死在行刑队的枪口之下。

作为**意大利新现实主义电影**的开山之作，影片实践了导演罗西里尼将摄影机扛到大街上的宣言，采用实景拍摄的手法，真实地再现了意大利在“二战”时期所经历的苦难。影片中，长镜头、实景拍摄、自然光源等手法赋予影像强烈的真实感，也为日后意大利新现实主义电影的创作奠定了基石。影片1946年获第1届法国戛纳国际电影节大奖，1947年获第19届美国电影奥斯卡奖最佳剧本奖提名。（秦喜清）

罗马尼亚电影 Romanian cinema 罗马尼亚在1896年5月27日第一次放映了**L.卢米埃尔**的影片。1897年，罗马尼亚拍摄了风景片《泰尔古·莫西洛尔》《基谢列夫的公路》等。1909年建成了专门的放映厅。1911年导演G.布雷泽亚努拍摄了罗马尼亚第一部故事片《非常不幸的爱情》，他于1912年又拍摄了反映1877～1878年俄土战争的影片《独立战争》。同一时期，维也纳、柏林和布达佩斯的富翁们投资拍摄了一些情节剧和惊险片。1920～1930年，罗马尼亚出现了一批优质的无声电影，如J.米哈伊尔拍摄的《马纳塞》(1927)等。在有声片初期，生产的影片很少，外国影片充斥本土电影市场。

1940年罗马尼亚法西斯化后，电影生产几乎完全停顿下来。至1944年独裁政府被推翻前，制作较好的影片有：J.杰奥尔杰斯库根据I.L.卡拉迦列的舞台剧名作改编的讽刺喜剧片《暴风雨之夜》(1942)和根据T.穆尚泰斯库的话剧改编的《冬夜之梦》(1946)等。1944～1947年，进步的电影工作者把一些革命事件记录到胶片上，摄制了一些新闻片和小型纪录片，如《乡村狂想曲》(1945，导演J.米哈伊尔)、《森林》(摄影师J.杰奥尔杰斯库)、《一分钟》(摄影师I.波斯坦)等。1947年罗马尼亚人民共和国成立后，影片生产和发行实现了国有化。1950年开始建立布夫迪亚电影基地，成立布加勒斯特电影制片厂和亚历山德鲁·萨希亚纪录电影制片厂。1957年建立国家电影资料馆。

20世纪50年代，罗马尼亚相继拍摄出《我们的村子里》(1951，J.杰奥尔杰斯库和V.伊柳编导)、《为了美好的生活》(1951，导演E.涅格良努)、《米特雷亚·科科尔》(1952，导演L.丘莱伊)、《号手的外甥》(1954，导演J.米哈伊尔)、《展开》(1955，导演J.克里内斯库)等反映社会主义建设、表现新人和新生活的现实题材影片。此外，以文学作品改编的影片，有《罗马尼亚佃农》(1952，根据I.L.卡拉迦列的作品改编，导演J.杰奥尔杰斯库)、《幸福的磨坊》(1957，根据I.斯拉维奇的原作改编，导演V.伊柳)等。第一部彩色片为儿童片《红睡莲》，摄于1955年，由G.托比亚斯导演。

60年代以后，改编影片仍占很大比重，比较突出的有根据L.雷布雷亚努的小说改编的同名影片《被绞死者之林》(1964，导演L.丘莱伊)和《起义》(1966，导演M.穆雷尚)，这两部影片忠实地再现了原作者创作思想。这一时期，反映罗马尼亚共产党领导人民进行反法西斯斗争的著名影片有《多瑙河之波》(1960，导演L.丘莱伊)、《星期天六点钟》(1965，导演L.平蒂列)等。60～70年代初，还出现了一批爱国主义历史题材的影片。第一部是《图多尔》(1962，导演L.布拉图)，它表现了1821年瓦拉几亚人民的民族解放斗争，歌颂了罗马尼亚历史上反土耳其统治的最大一次起义。此后，S.尼古拉埃斯库连续导演了3部反映罗马尼亚抗击外来强大侵略者的历史影片：《达基亚人》(1967)、《勇敢的米哈伊》(1971)和《不朽的人》(1975)；M.德勒冈也先后拍摄了同一主题的历史影片《凯旋柱》(1968)和《斯特凡大公》(1974)。除此之外，还有根据民间传说创作的反抗外族侵略的古装惊险片，如《绿林好汉》《贞女遭劫》《绿林好汉复仇记》等。60年代后期，电影的题材日趋多样，表现现实生活的影片日益增多，如《通情达理——青年的早晨》

(1967，导演A.布拉耶尔)、《蜿蜒曲折》(1967，导演M.瑟乌坎)、《恢复》(1969，导演L.平蒂列)等，这些影片表现了“代沟”问题、妇女问题和社会道德问题等。

70年代，文学作品改编最成功的影片有M.韦罗尤和D.皮察根据I.阿吉尔比恰努的作品创作的《石婚》(1973)和《金魂》(1974)。其后，两位导演又各自改编拍摄了《在桥的那一边》(1975，原作I.斯拉维奇)和《特纳塞·斯卡蒂乌》(1977，原作D.赞菲列斯库)。70年代的重要作品还有描写地下反法西斯斗争的《陷阱》(1974，导演M.马尔库斯)、《墙》(1975，导演C.瓦埃尼)、《城市的蓝门》(1974，导演M.穆雷尚)、《此路不通》(1975，导演D.勒斯塔塞)；根据真人真事拍摄的《爆炸》(1973，导演M.德勒冈)；反映工人生活的《沸腾的生活》(1975，导演S.科拉埃斯库)及《我们需要的人》(1979，导演M.马尔库斯)；反映农村生活的《暴风雨》(1973，导演M.莫尔多万)；反映青年生活及婚姻爱情等问题的《起飞》(1971，导演T.乌尔苏)及《菲力普，好样的！》(1975，导演D.皮察)；反映社会主义建设时期党内斗争的影片《政权·真理》(1972，导演M.马尔库斯)和《光阴》(1979，导演G.维丹尼蒂斯)等。

80年代，现代题材影片进一步增加。如挽救失足青年的《安娜和小偷》(1981，导演V.卡洛泰斯库)；儿童片《山之子》(1981，导演G.纳吉)；反映社会道德问题的《片段》(1982，导演A.塔托什)、《竞赛》(1983，导演D.皮察)；表现工人生活的《伐木工》(1983，导演I.科尔马赞)；表现农村生活的《热面包心》(1984，导演A.克洛伊托鲁)、《秋雨飘香》(1985，导演M.莫尔多万)；表现家庭、婚姻问题的《重归于好》(1986，T.马勒斯库导演)等。名著改编影片有《从地狱归来的人》(1983，N.马尔吉内亚努根据I.阿尔比恰努的《宪兵》改编)、《阿德拉》(1984，导演M.韦罗尤，根据C.伊布尔埃利亚努小说改编)、《丘良德拉舞》(1985，S.尼科拉埃斯库根据L.雷布雷亚努小说改编)、《姊妹们》(1985，导演I.米胡，根据H.洛文内斯库原著改编)等。

罗马尼亚的动画片从50年代开始在国际上享有盛誉。其中首推I.波佩斯库－戈波的作品，尤其是他的系列片《简史》(1956)、《七艺》(1958)、《人类》(1960)、《喂，喂！》(1962)等。其他著名的动画电影工作者有I.特鲁伊克、S.巴拉沙等。

1954年，原戏剧学院改组为戏剧与电影艺术学院，设有电影导演、摄影与电影学系。1957年成立电影资料馆。1963年成立电影协会。1964年开始，在马马亚举办本国电影节。1971年成立罗马尼亚电影中心，中心通过五个电影制片厂为电影制作提供资金支持，并控制电影进出口及国内电影放映事业。

以苏联为首的东欧阵营解体后，罗马尼亚政局动荡，经济凋敝，电影产业发生了根本性的改变，经历了长时间的消沉。2003年，罗马尼亚实施电影改革法案，以支持本土电影创作。与此同时，一批优秀青年导演开始涌现，他们崇尚长镜头、自然光、手持摄影以及生活化的表演，作品在各大国际电影节频频获奖，被称之为罗马尼亚电影新浪潮。C.普优2001年执导的《无命钱》被认为是罗马尼亚电影新浪潮的开端，该片获第42届希腊塞萨洛尼基国际电影节费比西奖；2005年，他又凭借《无医可靠》获第58届法国戛纳国际电影节一种关注单元一种关注大奖。

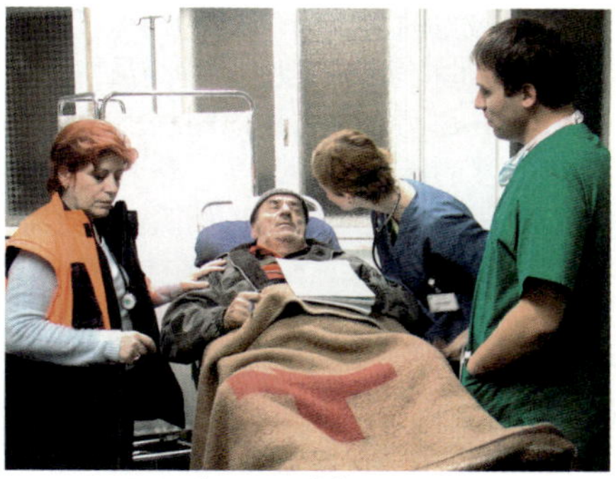
《无医可靠》剧照

21世纪以来，罗马尼亚电影在国际影坛接连获得重要荣誉。C.波蓝波宇2006年导演的《布加勒斯特东12点8分》获第59届法国戛纳国际电影节金摄影机奖以及导演双周单元欧洲电影奖，2009年又凭借《警察，形容词》获第62届法国戛纳国际电影节费比西奖一种关注奖；C.蒙吉2007年导演的电影《四月三周两天》获第60届法国戛纳国际电影节金棕榈奖、费比西奖主竞赛单元奖等，2012年编导的《山之外》获第65届法国戛纳国际电影节最佳编剧奖，2017年导演的《毕业会考》获第69届法国戛纳国际电影节最佳导演奖、第52届美国国家影评人协会奖最佳外语片奖等多个奖项；C.内梅斯库2007年导演的《加州梦》获第60届法国戛纳国际电影节一种关注单元一种关注大奖；F.谢尔班2010年导演的《想吹口哨我就吹》获第60届德国柏林国际电影节银熊奖评委会大奖、银熊奖阿弗雷鲍尔奖等；C.P.内策尔2013年导演的《孩童姿势》获第63届德国柏林国际电影节最佳影片金熊奖；R.裘德2015年导演的《喝彩！》获第65届德国柏林国际电影节最佳导演银熊奖，2016年导演的《受伤的心》获第69届瑞士洛迦诺国际电影节评委会特别奖和堂吉诃德奖。（程一虹　李　强）

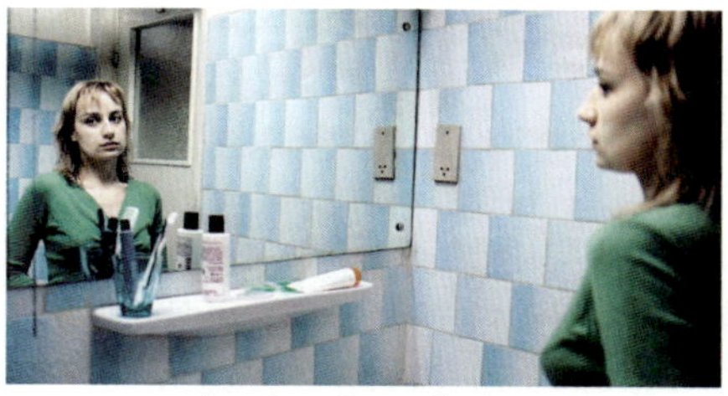
《四月三周两天》剧照

罗明佑　Luo Mingyou(1900～1967)　中国电影事业家。广东番禺人。生于香港，卒于香港。出身于名门望族。早年曾入广东高等师范学校(中山大学前身)。1918年入北京大学法学院读书。1919年开始在课余经营真光影戏院，毕业后以自己增建的三家影戏院为基础，将北平、天津两地外商经营的三家大戏院合并过来。1927年建立华北电影有限公司，任总经理。1929年，罗明佑在太原、济南、石家庄、哈尔滨、沈阳等地收购或新建的戏院达20余家，控制了北方五省的电影放映和发行事业。

因见外国影片充斥中国市场，而当时的国产影片多属粗制滥造之作，且神怪武侠片成风，罗明佑便提出“复兴国片、改造国片”的口号，于1930年8月以华北公司为基础，先后与**民新影片公司**、大中华百合影片公司等合并，组成联华影业制片印刷有限公司，开始摄制影片。公司总管理处在香港，1931年移至上海，1932年后改称**联华影业公司**。在其组织领导下，公司拍摄了《故都春梦》(1930)、《恋爱与义务》(1931)、《粉红色的梦》(1932)、《**三个摩登女性**》(1932)、《铁骨兰心》(1932)、《小玩意》(1933)、《**新女性**》(1934)、《**渔光曲**》(1934)、《**神女**》(1934)、《**大路**》(1934)、《浪淘沙》(1936)、《慈母曲》(1937)等优秀影片。他广罗人才，使“联华”聚集了一批当时中国最有才华的编导和表演人才，并积极联络国内数十家电影院，在经营方面采用制片与发行放映为一体的现代营销模式，建立起了中国电影史上第一个集制作、发行、放映于一体的电影企业，与当时明星影片公司和天一影片公司形成三足鼎立之势。为了革新电影事业，他吸收一些留学生、大学生和有一定文化艺术修养的话剧演员作“联华”的创作骨干，并在艺术创作上摆脱文明戏的影响，讲究导演技巧，注意对电影艺术特性的运用和掌握，使“联华”出品的影片给人耳目一新的感觉，特别受到知识分子和青年学生的欢迎。

1932年罗明佑被选为国民党中国教育电影协会执行委员，兼任中央电影摄影场顾问，并赴欧美考察电影事业。1933年推出“挽救国片，宣扬国粹，提倡国业，服务国家”的制片方针，并代表“联华”与国民党中央党部订立拍摄新闻片的合约，又自编自导了宣传新生活运动的影片《国风》。1935年因欠吴性栽胶片贷款无力偿还，而使联华的操纵权转至吴性栽手中。1937年与朱石麟合作导演影片《慈母曲》后退出联华。1937年全面抗战爆发后，到香港主持中国教育电影协会香港分会，并主办《真光》电影半月刊，宣传抗战电影。后退隐息影，晚年皈依基督教，成为牧师。

（陈　野）

罗启锐　Alex Law（1953～2022-07-02）中国影视编剧、导演。生于香港，卒于香港。1976年，毕业于香港大学英文系。1979年，开始在电视台工作。1981年，执导电视剧《霸王别姬》。1982年，赴美留学，就读于美国纽约大学电影系。1984年，与张婉婷合作拍摄《非法移民》，这部作品与《秋天的童话》(1987)、《八两金》(1989)合称“移民三部曲”。1987年，在爱情电影《秋天的童话》中担任编剧，获第7届香港电影金像奖最佳编剧奖。1988年，在《七小福》中担任编剧，获第25届台湾电影金马奖最佳原著剧本奖。1989年，与张婉婷合作编剧《八两金》。

1998年，与张婉婷合作编剧《玻璃之城》，将自己就读香港大学的经历与面对香港回归祖国而产生的思想情感孕育其中，使影片既有历史视野又具个人情怀，获第35届台湾电影金马奖最佳原著剧本奖。2009年，在《天水围的夜与雾》中担任编剧，关注了移居香港的内地人的底层生活。2010年，自编自导电影《岁月神偷》，记录了香港社会的发展变迁，以怀旧的感人故事唤起了老一代香港人集体记忆，获第29届香港电影金像奖最佳编剧奖、第60届德国柏林国际电影节新生代单元水晶熊最佳影片奖。他的作品表达情感真挚朴实，有着浓厚的本土情怀。编剧的作品还有《警贼兄弟》(1986)、《我爱扭纹柴》(1992)、《宋家皇朝》(1997)、《北京乐与路》(2001)、《三城记》(2015)等。

（朱怡璇）

《罗塞塔》　*Rosetta*　比利时、法国合拍彩色故事片。法国国家电影中心、比利时瓦隆-布鲁塞尔联邦电影视听中心等1999年联合出品。编导，J.-P.达内、L.达内；摄影，A.马柯恩；主演，E.德奎恩、F.隆吉奥内、A.耶和诺、O.古尔梅、B.马尔拜。

故事讲述了18岁的罗塞塔在一家工厂试工后被解聘，她找到工头想挽回工作，但被赶出来。她穿过高速路，在一片树林的一个树洞里换上雨靴，钻过一片铁丝网回到她与母亲居住的房车里。母亲酗酒，不断与底层男性发生关系，母女关系非常紧张。罗塞塔寻找新的工作，但一次次被拒。罗塞塔结识了在街头松饼店打工的里科特并发现了里科特的秘密。她向老板告发里科特偷卖松饼，老板解雇了里科特，把小吃店交给罗塞塔打理。愤怒的里科特不断骚扰罗塞塔。面对艰难的生活，罗塞塔甚至想自杀。最终，罗塞塔重新回到需要照顾的母亲身边。

影片采用同期录音，没有配乐，手持摄影机跟踪拍摄了罗塞塔的每一次失业，她的每一次挣扎，鞭辟入里地描写了失业的罗塞塔的抗争与绝望。影片演员德奎恩表演真实贴切，很准确地刻画出一个生活在底层的年轻女性形象。影片1999年获第52届法国戛纳国际电影节金棕榈奖、最佳女演员奖和天主教人道精神奖特别提及奖。

（秦喜清）

《罗生门》　*Rashomon*　日本故事片。日本大映公司京都制片厂1950年出品。根据芥川龙之介小说《竹林中》改编。编剧，桥本忍、黑泽明；导演，黑泽明；摄影，宫川一夫；主演，三船敏郎、京町子、森雅之。

故事讲述了在日本平安时代，罗生门下有行脚僧、樵夫、打杂工三个人在一起避雨，他们在谈论着一个武士被杀的案件。这个武士带着妻子远行，经过森林时，武士被人杀了，但究竟谁是凶手，说法不一。被擒的大盗多襄丸说他在林中看见武士及其妻真砂，便诱绑武士并当面强奸真砂，真砂逼两个男人决斗，多襄丸经激战杀死武士。真砂供认，她求丈夫宽恕时手中短刀误伤丈夫，致其死亡。武士的阴魂借招魂女巫之口说他是蒙羞自杀的。其中樵夫目睹了案件发生的全过程，但因为自己拿走了武士身上镶有宝石的短刀，起初选择了隐瞒真相。后樵夫良心发现，说出了事情真相。

影片以丰富的镜头语言、精彩的场面调度、独特的叙事结构，讲述了一起发生在森林中的杀人凶案，通过不同当事人的利己供词，鞭挞了人的自私自利思想，表现出复杂的人性欲望，流露出对人性不可

《罗生门》剧照

信的绝望感和对客观真理不可信的疑惑感，体现了创作者深刻的人生思索，具有十分丰富的哲理内涵。影片结尾，采用开放式结构，宣扬了人道主义永存的思想，在国际上受到了广泛赞誉和高度评价。影片促使世界重新认识日本电影，为日本电影进入国际市场铺平了道路。影片1951年获第16届意大利威尼斯国际电影节金狮奖，1952年获第24届美国电影奥斯卡奖最佳外语片奖等。

（仲　霞　章柏青　唐建军　修订）

洛迦诺国际电影节　Locarno International Film Festival　瑞士第一个国际电影节。由洛迦诺国际电影协会创办于1946年。每年7月至8月之间举行，为期两周。每年几十个国家参加，放映几十部影片。电影节的主要目的是放映瑞士从未看过的外国影片，鼓励各国青年导演或新导演拍摄具有新风格和新内容的影片。电影节主要活动项目有：①评选参加比赛的影片；②举行非比赛性的展映；③举办评论周；④举办回顾展；⑤召开艺术专题座谈会；⑥开设电影市场。主要奖项原来是金帆奖、银帆奖、铜帆奖，后改为金豹奖、银豹奖、铜豹奖。另外，还颁发评委会特别奖，分别授予最佳故事片、纪录片、短片等。中国从20世纪50年代起开始参加该电影节，其中《阿Q正传》《黄土地》《恐怖分子》《四十不惑》《二嫫》《秋月》《浮生》《西夏路迢迢》《赵先生》《男男女女》《我是你爸爸》《中国姑娘》《寒假》《方绣英》等影片先后获奖。

（陈振兴）

《骆驼祥子》　*Rickshaw Boy*　中国彩色故事片。北京电影制片厂1982年出品。改编自老舍同名小说。编导，凌子风；摄影，吴生汉、梁子勇；美术，俞翼如；道具，邓成玉；主演，张丰毅、斯琴高娃。

故事讲述了在20世纪20年代，18岁的祥子进北京到人和车厂当了人力车夫。拼命干了三年，攒钱买了辆自己的车。想不到却被抓夫的大兵连人带车抓了去。后来他又回到车厂，幻想再攒钱买车。车厂主刘四的女儿虎妞一直爱着祥子。一天晚上，祥子被虎妞灌醉后两人发生了关系。事后他为了摆脱虎妞，出去给一位教授拉包月，没料到虎妞又找上门来。祥子无奈与虎妞成了亲。可是反对这门婚事的刘四卖了车厂跑了。祥子和虎妞被迫搬进一个大杂院，在这儿他们认识了善良柔弱的妓女小福子。不久，虎妞难产死去，小福子也上吊自杀了，祥子绝望潦倒，结束了自己悲惨的生命。

影片通过当时中国社会中的几个底层人物，展示出一幅真实生动的生活画卷，市井气息浓郁，具有鲜明的民族风格和地方特色。影片深刻揭示了中国人在长期的封建压迫中形成的“遇见老虎是羊，遇见羊是老虎”的生存技巧，体现了老舍的国民性批判思想。影片1982年获文化部优秀影片奖，1983年获第3届中国电影金鸡奖最佳故事片奖、最佳女主角奖、最佳美术奖、最佳道具奖，第6届中国大众电影百花奖最佳故事片奖和最佳女演员奖。

（弘　石）

M

马丁, C. Catherine Martin（1965-01-26～ ） 澳大利亚电影服装设计师、艺术指导。生于悉尼。曾就读于悉尼艺术学院，学习视觉艺术。1996年参与创作《罗密欧与朱丽叶》，获第69届美国电影奥斯卡奖最佳服装设计奖提名和最佳艺术指导奖提名、第51届英国电影学院奖最佳艺术指导奖。2002年，凭借电影《红磨坊》获第74届美国电影奥斯卡奖最佳艺术指导奖、最佳服装设计奖。2008年在《澳洲乱世情》中担任服装设计，获第81届美国电影奥斯卡奖最佳服装设计奖提名。2014年，凭借电影《了不起的盖茨比》获第86届美国电影奥斯卡奖最佳艺术指导奖、最佳服装设计奖。在《了不起的盖茨比》的服装设计中，她在面料、色彩和材质的选择应用及细节塑造方面力图再现“爵士时代”的真实风貌，还原了20世纪20年代的时代气息，契合了当时美国纽约穷奢极欲的大时代背景。她参与的影片大多为其丈夫B.鲁曼执导。其他作品还有《探长拉瓦丁》(1986)、《假面舞会》(1987)、《不羁的美女》(1991)、《贝蒂》(1992)等。

（宋东葵）

马来西亚电影 Malaysian cinema 马来西亚电影业始于20世纪30年代，主要经历了以下4个时期。

早期电影时期（1933～1941） 1933年，B.S.拉詹斯导演的《莱拉马纽》被认为是马来西亚电影的开端。该片根据古代阿拉伯经典爱情故事改编，由孟买莫逖拉尔化学公司制片，演员来自当地的一个戏剧团。1937年，邵逸夫和邵仁枚两兄弟开始从上海进口电影设备，在新加坡的小型电影工作室制作电影。1941年日本占领马来西亚之前，他们仅生产出五至六部电影。

日本殖民统治时期（1941～1945） 在此时期，马来西亚的电影出品较少，日本电影借助邵氏兄弟的渠道进入马来西亚市场，并辐射东南亚地区。日本电影工作室在“湘南”(新加坡在日本占领期间的地名）拍摄了一些表现日本扩张的电影，如《南风Ⅱ》(1942，松竹工作室)、《马来虎》(1942，大荣工作室)、《全面进攻新加坡》(1943，大荣工作室)。这些电影将马来西亚表现为资源丰富、民风朴实、充满异域风情的地方。还有一些讲述日本“南洋姐”的电影，如《南洋姐》(1937，东宝电影公司)、木下惠介的《花开之港》(1943，松竹工作室)，表现了在东南亚谋生的日本妓院的生存状况。

发展和衰落时期（1945～1975） 1947年，电影《新加坡之夜》标志着电影恢复制作。该片由邵氏兄弟投资，拉詹斯导演，斯普·萨拉瓦主演。邵氏兄弟在马来西亚拥有并租赁了一系列剧院，因此，这部电影获得很好的反响。邵氏兄弟也得以继续生产电影，引进更多明星。在拉詹斯之后，邵氏兄弟还引进了许多印度导演，如S.拉曼纳森、K.R.西塔拉玛·萨斯特里、潘尼·玛加姆达尔和D.高斯等。在他们的影响下，大多数早期马来西亚电影都包含一些歌舞情节。另外，一些当地电影导演如L.克力什南和正在学徒的K.M.巴什克尔也进入创作。到20世纪60年代，本土导演逐渐成为主要创作力量。

邵氏兄弟的马来电影公司（MFP）获得巨大成功，这鼓励许多其他企业投身电影行业，出现了不少电影公司，如努桑塔拉电影公司。但大多数公司命运不济，因制作经费逐渐上升、观众日渐减少而纷纷倒闭，最后仅存位于新加坡的邵氏公司与国泰克里斯电影公司。国泰克里斯电影公司的连锁影院遍布马来西亚和新加坡，对邵氏兄弟形成挑战。当时，两家公司年产量约为10部，多为黑白影片，并在停业之前各制作了三部彩色电影。早期电影多取材于民间故事、舞台剧、虚构或真实的历史英雄人物或传说，如生活在马六甲王国鼎盛时期的勇士汉都亚及其亲密友人汉嘉伯的故事都被搬上银幕。邵氏兄弟用伊斯曼彩色底片拍摄的《汉都亚》由印度导演普哈尼·玛加姆达执导，拉姆力主演，1957年获德国柏林国际电影节金熊奖提名。

1961年，H.M.沙赫购买了吉隆坡河口边缘的优质土地，建立了独立电影制片厂。该厂成立之初发展缓慢，但随着大批顶级明星加入，独立制片厂开始加速发展，后成为马来西亚国家电影发展公司（FINAS）的总部。邵氏兄弟当年也向独立制片厂派遣了许多新加坡电影导演，包括L.奎师南等。

复兴时期（1975年至今） 1975年，沙巴州电影凭借《科马之家》赚得巨大利益，此后，马来西亚电影进入新一轮成长期。电影公司如雨后春笋般出现，如帕尔费玛公司、西埃德·凯驰克制片公司等。

1981年，马来西亚国家电影发展公司（FINAS）成立，该公司致力于发展和鼓励电影工业的成长和修复，提供研究和咨询服务，制定措施支持青年导演成长。在这些措施实施后，登记在FINAS名下的电影公司超过300家。

80～90年代，马来西亚电影在起伏中发展：1985年只生产5部故事片，1989～1990年故事片产量超过20部，后产量略有下降，但1995年跃升至15部，1999年又跌到7部。进入21世纪以来，马来西亚电影获得较大发展，产量增加，如2009年生产了26部电影。2011年，马来西亚发行超过40部电影。2012年，为支持本国电影发展，FINAS实施强制上映制度，要求影院每周必须上映两部本土电影。

（陈 刚）

《马路天使》 *Street Angel* 中国故事片。明星影片公司1937年出品。编导，袁牧之；摄影，吴印咸；作曲，贺绿汀；主演，赵丹、周璇、魏鹤龄、赵慧深。

故事讲述了青年吹鼓手陈少平所租阁楼对面，住着从东北流亡而来的两姐妹。姐姐小云沦为妓女，妹妹小红靠在酒楼卖唱为生。小红、少平平时对窗相望，情投意合。一天，一流氓企图霸占小红，少平带小红逃跑并躲起来，后结为夫妻。不久，小云也逃来这里，与报贩老王一起生活。不料流氓追踪此处，小云帮助小红越窗逃走，自己则在搏斗中被刺死。

影片以20世纪30年代的上海都市生活为背景，讲述了社会底层人民的遭遇以及歌女小红与吹鼓手陈少平之间的爱情故事。影片注重运用细节，旁敲侧击地针砭时弊，对社会黑暗进行了辛辣的讽刺和嘲笑。影片风格深沉隽永、明快诙谐。影片中镜头和蒙太奇的运用都有不少可取之

《马路天使》海报

处，声音的处理也别具一格，在描写环境、烘托气氛、刻画人物心理方面发挥了显著作用。影片中的插曲《四季歌》《天涯歌女》唱出了东北人民故土沦陷、流亡他乡的痛苦和哀思，流传甚广。影片演员的表演朴实细腻，性格鲜明，感染力很强。影片公映后，被誉为“中国影坛上开放的一朵奇葩”。影片1983年获第12届葡萄牙菲格拉达福兹国际电影节评委奖。

（黄加明）

马守清 Ma Shouqing（1923-11-26～2006-11-11） 中国电影技术专家、摄影师。生于吉林长春，卒于北京。中学毕业后考入株式会社满洲映画协会训练班，先学经营，再学导演，后改行学摄影等技术，因成绩优异，被保送去日本东京写真专门学校学习。1944年毕业回国。曾任“满映”摄影员。1945年初开始研究彩色摄影。

1945年8月在中国共产党地下组织领导下，参与组建东北电影工作者联盟和东北电影公司。1946年5月到达东北解放区兴山，参加东北电影制片厂（原东北电影公司）的建设工作。1948年后，先后担任东北电影制片厂第一部短故事片《留下他打老蒋》、第一部科教片《预防鼠疫》及故事片《白衣战士》等影片的摄影。1950～1956年，是国庆节、五一劳动节天安门游行纪录影片的主要摄影师之一。参加了中国电影事业发展的第一个五年计划的起草和历次技术发展规划的制订；负责组织全国电影洗印部门由手工洗印过渡到机器洗印、由光学录音过渡到磁性录音、由依靠国外洗印彩色影片过渡到国内自己洗印彩色影片的改造；负责中国电影技术标准化的工作。同时，担任了西安、峨眉、内蒙古和天山等电影制片厂工艺设计的总负责人。

从20世纪50年代后期开始，组织领导了染印法彩色影片、宽银幕立体电影、全景电影、环幕电影和球幕电影等重大科研课题的研究工作。同时，还先后筹办了北京电影学校洗印中等技术科、洗印专修科并组织了电影局洗印轮训班的师资选配、课程设置。20世纪60年代初，筹建了北京电影学院电影工程系。20世纪50～60年代曾在北京电影学院讲授电影制片工艺学。在国内长期担任电影技术杂志《电影技术》《国际电影技术参考资料》《国际电影技术》和《电影放映技术》的主编，并撰写了多篇重要文章。1987年获日本电影电视技术协会增谷奖（功绩奖）。曾任中国电影科学技术研究所所长、文化部科学技术委员会委员、文化部电影局技术委员会副主任、中国电影家协会理事、中国标准化协会理事、国际电影技术协会联合会理事和中国电影电视技术学会副理事长等。

（金驾东）

《玛丽娅·布劳恩的婚姻》 *The Marriage of Maria Braun* 德国彩色故事片。阿尔布拉托斯公司和特琉电影公司等1978年联合出品。编剧，P.梅尔特斯海默；导演，R.W.**法斯宾德**；摄影，M.鲍尔豪斯；主演，H.许古拉、K.洛维奇、I.德斯尼、G.伊格斯。

《玛丽娅·布劳恩的婚姻》剧照

故事讲述了玛丽娅和纳粹军人赫尔曼在第二次世界大战的炮声下仓促登记结婚。战后，玛丽娅没能在归来的军人中找到丈夫，她为糊口委身一名美国士兵比尔，不料却与丈夫赫尔曼重逢。赫尔曼和比尔大打出手，玛丽娅失手打死比尔。赫尔曼顶罪，替妻子服刑十年。此时西德正在从废墟开始经济奇迹腾飞。玛丽娅边探监，边攀靠富商奥斯瓦尔德，为生存和婚姻爱情敛财。丈夫刑满归来，夫妻情感疏远，丈夫暗中以一纸合同，“成全”富商和妻子的关系，以图富商身后遗产。1954年，奥斯瓦尔德律师宣读遗嘱，玛丽娅才知道奥斯瓦尔德和赫尔曼早有协议。玛丽娅痛苦地去煤气灶点烟，突然一声爆炸，房子和人全部成为废墟。

影片通过主人公的婚姻悲剧和命运悲剧，影射了战后德国社会在精神和伦理的废墟上的物质重建，批判了经济崛起所掩盖的拜物式道德腐败，表达了德国青年对20世纪50年代德国社会政治和精神生活空虚的憎恶。影片也婉转表达了德国战后面对的“非纳粹化”的压力和难以被宽宥的战争遗患体验，暗示出德国物质和精神的双重贫困及其重建的艰难。影片是**新德国电影运动**的代表作品，同时标志着法斯宾德叙事艺术的成熟。影片1979年获第29届德国柏林国际电影节《柏林早报》读者评委会奖、最佳女演员奖、杰出成就奖，第29届德国电影奖金质电影奖最佳导演奖、最佳女主角奖、最佳女配角奖、最佳制作设计奖等；1980年获第24届意大利电影大卫奖特别奖。

（杨　慧）

玛索，S. Sophie Marceau（1966-11-17～　） 法国影视演员、导演、编剧。生于巴黎。14岁时参演处女作《初吻》，在影片中饰演青春萌动的清纯少女薇卡，迅速走红。1982年，拍摄了续集《初吻2》，获第8届法国电影凯撒奖最佳新人女演员奖。1984年，出演了续集《初吻3》。1985年，在A.祖拉斯基执导的影片《狂野的爱》中饰演了一个叛逆女孩，自此开始不断尝试塑造各种银幕形象。1995年，在《勇敢的心》中饰演法国公主伊莎贝拉，成为最受好莱坞欢迎的法国影星之一。1997年，在《安娜·卡列尼娜》中饰演为追求自由爱情而走向毁灭的悲剧女主角。1999年，在《007：黑日危机》中首度饰演反面角色蛇蝎美人，把“邦女郎”演绎得淋漓尽致。2002年，自编、自导、自演了影片《当爱变成习惯》（又译《对我说爱》），获第26届加拿大蒙特利尔国际电影节最佳导演奖。2007年，自导、自演了第二部故事长片《魅影追击》。2008年，主演喜剧电影《母女情深》，获第8届摩纳哥蒙特卡洛喜剧电影节最佳女主角奖。2021年，出演郑晓龙执导的电影《图兰朵：魔咒缘起》。

《初吻2》剧照

玛索不断尝试创新并探索挖掘自身的艺术可能性和创造性，尤其以纯真美丽、神秘忧郁的少女形象深入人心。她参演的影片还有《芳芳》（1993）、《云上的日子》（1995）、《仲夏夜之梦》（1999）、《忠诚》（1999）、《失去与得到》（1999）、《卢浮魅影》（2001）、《逃之夭夭》（2005）、《超级女特工》（2008，又译《幕后女英雄》）、《不要回头》（2009）、《床的另一边》（2009）、《穿梭少女梦》（2010）、《邂逅幸福》（2012）、《阻止我》（2013）、《囚犯》（2016）等。2003

年，被授予法国文化部艺术与文学勋章。2015年，担任第68届法国戛纳国际电影节评委。（许　婧）

《麦兜故事》 *My Life as McDull*　中国彩色动画片。香港幸福发行有限公司2001年出品。改编自谢立文、麦家碧的同名漫画。编剧，谢立文、麦家碧；导演，袁建滔；美术设计，麦家碧；配乐，何崇志。

故事讲述了在香港九龙，居住着一个单纯乐观的小朋友麦兜。麦兜是一只小猪，他有一个单亲妈妈麦太。妈妈麦太把所有的希望和梦想都寄托在了麦兜身上，但麦兜天赋一般，总是让妈妈失望。妈妈一路看着麦兜从出生到上幼儿园，再到上中学，最后成为上班族的一员。麦兜一路虽然跌跌撞撞，但凭借着正直善良创造着自己的美好生活。

《麦兜故事》剧照

影片风格清新幽默，空间场景逼真，间接表现了香港普通百姓的人生历程。影片通过场景实拍、角色合成、三维动画等多种影像元素，刻画了麦兜的生活环境和心理场景。影片2002年获第7届香港电影金紫荆奖十大华语片奖、第26届香港国际电影节国际影评人大奖、第21届香港电影金像奖最佳原创音乐奖、第39届台湾电影金马奖最佳动画片奖；2003年获法国安锡国际动画电影节最佳电影奖、第7届韩国汉城国际动画节最佳动画长片大奖、第27届加拿大蒙特利尔国际儿童电影节最佳长片大奖等。（张启忠）

麦基，R.　Robert Mckee（1941-01-30～　）美国影视编剧、剧作理论家。生于底特律。电影学博士。早年曾做过演员。1979年，搬到洛杉矶成为好莱坞编剧。1981年，开设故事培训班，1983年面向社会招生，至今已成为全球性的大型故事与写作机构，并定期在洛杉矶、纽约、伦敦、北京等城市举办故事结构讲习班，培养了大量的影视从业者。

1991年，创作电视剧本《我控诉：〈公民凯恩〉》，获第37届英国电视学院奖最佳艺术节目奖。1997年，出版了专著《故事——材质、结构、风格和银幕剧作的原理》，该书集合了作者30年的授课经验，在对经典影片的详细读解中，阐述了故事创作的基本原理，是学习编剧的入门书目。麦基创作了多部影视剧本，除写作和授课之外，还担任多个大型影视公司的顾问。（张智华）

麦凯，W.　Winsor McCay（1871-09-26～1934-07-26）　美国漫画家、动画导演。生于密歇根州春湖，卒于纽约。从小就酷爱绘画，长大后虽然没能进入专业大学，但在芝加哥找到了一份绘制海报和广告宣传品的工作。这份长达9年的工作为他的绘画打下了坚实的基础。1898年，成为《辛辛那提商业论坛报》的全职插画师。两年之后，进入《辛辛那提调查报》工作。1903年，为调查报告绘制了一系列彩色漫画，显现出独特的个人风格。

1904年，发表了自己的第一部漫画作品短片漫画《足够先生》。同年，发表的《小萨米的喷嚏》使他取得巨大的成功。之后又发表长篇漫画《兔魔王的梦》。1905年，发表漫画《小尼莫游梦土》。该漫画一直连载到1911年，连载期间被各家报纸模仿刊登，而且还被译成不同语言，在全世界发行。麦凯自己制作的第一部动画短片《睡梦乡中的小尼莫》也是基于这部漫画。1911年，正式涉足动画领域，推出让他大获成功的动画《恐龙葛蒂》。这部动画一共有10 000张画，先用墨水画在纸片上，再把纸片贴到硬纸板上。麦凯自己画人物，他雇了一名助手画背景。这部短短10分钟动画片，用去了整整两年时间。《恐龙葛蒂》不仅引起了全世界轰动，葛蒂还成了第一位举世闻名的动画片明星。1918年，麦凯与美国环球影片公司合作发行了第一部真正意义上的动画纪录片《卢西塔尼亚号的沉没》。这是一部片长仅有12分钟的动画，包含了25 000幅画。麦凯特别热爱自己的动画事业，几乎工作到了生命的最后一刻。

他是动画电影史上的大师级人物，是最早提倡要用动画讲故事表达思想情感的人，为美国动画作出了巨大的贡献。他早期的报纸漫画和动画作品，为后来的动漫艺术创作树立了标准，几乎每个动画创作者都能从其漫画中受益。（杨晓林）

麦克拉伦，N.　Norman McLaren（1914-04-11～1987-01-27）　加拿大动画师、导演、制片人。生于苏格兰，卒于蒙特利尔。1933年进入格拉斯哥艺术学院学习室内设计，在学校成立电影社并尝试在胶片上画画。早期创作了一些直接在电影胶片上刮划、绘画的实验电影和动画，如《从七到五》（1933）和《相机的狂欢》（1935），是对形式主义的复杂探索，获得苏格兰业余爱好者电影节奖。1936～1939年在英国邮政总局工作，制作了《图书交易》（1937）、《许多泡菜与翅膀上的爱》（1938）、《海军新闻》（1938）等。1943年1月，以麦克拉伦为中心的加拿大国家电影局动画部成立。

1952年创作完成动画片《邻居》，获第25届美国电影奥斯卡奖最佳纪录短片奖、加拿大电影奖特别荣誉奖，影片将视觉和声音完美地融合在一起，向社会传达了反对暴力和战争的理念。1956年导演的《节奏》获第6届德国柏林国际电影节银熊奖最佳纪录/文化短片奖。1957年导演的《椅子的传说》获第30届美国电影奥斯卡奖最佳纪录短片奖。1967年导演的《双人舞》获第22届英国电影学院奖最佳动画片奖。麦克拉伦因擅长图像和声音的实验动画而出名，他开发了许多开创性的技术使动画与音乐同步并且结合在一起。如抽象动画短片《白色闪烁》（1952）中的画面图像就不是采用以往在干净的电影胶片上绘画的方式，而是通过去除乳胶使胶片完全曝光的方式，让影像看上去是黑底白色的图像。这种方式成像效果好但技术定位非常困难。为了获得画面持续的运动感，麦克拉伦发明了用只能持续几格的一组影像加上多格的黑色作为过渡、再衔接下一组影像的技术手段。这种技术在视觉上给观众一种频闪的冲击，也被用于制作敲击效果的声道。

麦克拉伦导演或制作的作品还有《乌鸦》（1959）、《水平线》（1962）、《色彩交响》（1971）、《芭蕾慢板》（1972）、《那喀索斯》（1983）等。1985年，他将一生中所完成的72部电影作品捐赠给纽约现代艺术博物馆和美国电影艺术与科学学院。1988年，加拿大国际动画电影协会创办了诺曼·麦克拉伦奖。（靳　晶）

《没有过去的男人》 *The Man Without a Past*　芬兰、德国、法国合拍彩色故事片。德国巴伐利亚电影、德国潘多拉电影制片、法国金字塔制片、芬兰人造卫星公司、芬兰广播公司2002年联合出品。编导，A.考里斯马基；摄影，T.萨米宁；主演，M.佩尔托拉、K.乌廷、J.尼玛拉、S.瓦拉莫、J. 海蒂恩。

故事讲述了一个乘火车来到赫尔斯基的男子在公园遇袭，康复后失忆。没有名字，没有身份，他在另一位贫困者尼玛拉的帮助下，勉强安顿下来。他从治安员手里租了一个集装箱，在门口种上土豆。在参加教堂的慈善活动中，他结识了善良的工作人员埃玛，在慈善中心找到工作。他让慈善机构的演出队演奏摇滚乐，与埃玛渐生情愫。他尝试到下岗职工中心寻找工作，但由于没有名字无法登记。他好像十分熟悉焊接的工作并因此被雇用，当他到银行开账户时，碰上了某老者抢银行。警方试图拘捕他，埃玛找来律师，帮助他摆脱困境。抢银行的老者请他将欠薪发给工人，然后开枪自杀。警方贴出告示，男子终于弄清楚自己的名字叫拉吉尼。他回到家中，才知道自己已经与妻子办理了离婚手续。拉吉尼重新回到赫尔辛基，找到埃玛，两个人幸福地回家。

影片是考里斯马基“芬兰三部曲”的第二部，直接触及了失业这一当时困扰芬兰的社会问题。影片通过失忆男子的遭遇，呈现了大量失业者、流浪汉的面孔，直面他们的无助、不幸与内心的善良。影片叙事流畅，对白洗练，在充满现实感的画面中又融入淡淡的幽默。影片2002年获第55届法国戛纳国际电影节最佳女演员奖、评委会大奖、天主教人道精神奖和棕榈狗奖。（秦喜清）

《梅花三弄》 *Plum Blossom Series* 中国电视连续剧。“中国电视事业股份有限公司”1993年出品。改编自琼瑶同名小说。编剧，琼瑶、林久愉；导演，沈怡。

该剧分为三个独立的故事章节：《梅花烙》《鬼丈夫》《水云间》。其中《梅花烙》讲述了清朝乾隆年间一位福晋因无子嗣，只得在生产时换婴假装得了男孩，同时在自己女儿肩膀上以发钗烙上梅花印以便日后相认。男婴皓祯长大后因与卖唱女吟霜相爱而冷落了皇帝赐婚的公主，遭来公主的妒忌和报复，对以丫鬟身份入府的吟霜百般折磨，并称她是白狐所变的妖孽。机缘巧合之下福晋发现了吟霜肩头的梅花烙印，才得知她正是自己流落在外的女儿。福晋为了证明吟霜是人而非狐仙不惜说出换婴往事，导致全家遭灭门之灾。关键时刻，公主救人于法场。皓祯想到与吟霜之约，飞马奔回王府，无奈迟来一步，吟霜已悬梁自尽。皓祯抱着吟霜的尸体离开王府。《鬼丈夫》讲述了民国初年，柯起轩与袁乐梅自幼定下娃娃亲，却因误会两家结怨。长大后柯起轩意外发现袁乐梅手腕的梅花胎记，得知她的身份但不敢相认，后来两人互生好感定下终身。定亲之后，柯起轩却突然遭遇大火，导致面目全非、行动不便，从此封闭了自己的心。家人为了劝说袁乐梅改嫁谎称柯起轩已被烧死，哪知袁乐梅毅然与牌位成婚。随着时间推进，袁乐梅发现了柯起轩还活着的真相，她凭借自己坚韧而温柔的爱逐渐攻破柯起轩的心房，经历重重波折后全家终于团圆。《水云间》讲述了穷困潦倒的画家梅若红对富家小姐杜芊芊一见钟情，芊芊也爱上了充满激情的梅若红。但因两人身份悬殊，梅若红将芊芊让给了年轻有为的好友汪子墨，自己为了逃避感情接受了子墨的妹妹汪子璇。但梅、杜两人的爱并没有因此消失，芊芊在胸口纹了一朵红梅来对梅若红表达爱意，当他们终于冲破阻隔在一起时子璇却因流产而命在旦夕。汪子墨为了报复梅若红烧毁了他的画作，也击溃了他的自尊。但芊芊还是包容了梅若红，不料此时梅若红远在家乡的发妻翠屏却携子前来投奔，于是芊芊负气离开。一番波折之后，翠屏为了成全梅、杜二人投湖自尽，梅若红此时已接近精神崩溃，芊芊又回到他身边。

该剧是琼瑶言情小说改编电视剧的代表性作品，三个故事时间跨度经历清朝、民初到当代，通过共同的梅花意象元素将三段缠绵悱恻的爱情故事依次呈现，以强烈的戏剧冲突和激烈的人物情感碰撞将凄美的爱情、感人的亲情熔于一炉。该剧播出后在中国引起极大反响。（赵 益）

梅里爱，G. Georges Méliès（1861-12-08～1938-01-21） 法国电影导演。生于巴黎，卒于巴黎。原是舞台魔术师，当过画家，从事过戏剧工作，担任过罗培·乌坦剧院的经理。后在蒙特勒伊建立了一个“照相车间”，被称为最早的“摄影棚”，使用舞台演员、布景、道具、服装、化装手段等进行特技摄影，开创了与L.卢米埃尔“捕捉自然”相对立的另外一种风格。1896年拍摄了第一部影片《玩纸牌》，除此之外，还拍摄了80部长20米的短片。1899年拍摄了第一部有20个场面的长片《德雷福斯案件》及第一部童话片《灰姑娘》。随后拍摄了一系列令他名垂影史的神话片和幻想片，如《小红帽》（1901）、《蓝胡子》（1901）、《鲁宾逊漂流记》（1902）、《格列佛游记》（1902）、《魔灯》（1903）、《一千零一夜的宫殿》（1905）、《卡拉波斯仙女》（1906）等。

他尤其热衷于拍摄J. 凡尔纳式的科学幻想作品。如《月球旅行记》（1902）、《无法实现的旅行》（1904）、《海底两万里》（1907）、《北极征服记》（1912）等。《月球旅行记》是梅里爱艺术创作的高峰之作，也为他赢得了一时的财富，同时，为电影的排演确定了艺术地位，电影排演的观念开始风行全世界，梅里爱开创了电影工业与艺术影片结合的新时代。1908年起，梅里爱的电影事业开始走下坡路。1914年后已完全破产，被迫在巴黎火车站附近开小铺，靠卖玩具与糖果为生，直到去世。

梅里爱一生共摄制了430部影片，将戏剧艺术的重要创作和演出环节应用到电影制片与制作过程，不断在技术发明中挖掘电影摄影艺术的潜力，开创了戏剧性地讲述故事的先河，其充满诗情画意和非凡想象力的作品，让观众领略了电影的神奇魅力，他为世界电影的发展作出了巨大贡献，被称为世界第一位电影艺术家。（许 婧 胡 滨）

梅育，C. Carl Mayer（1894-11-20～1944-07-01） 奥地利电影编剧。生于格拉茨，卒于伦敦。早年当过流浪画家和舞台演员。1919年在柏林与捷克诗人H. 雅诺维茨共同编写了电影剧本《卡里加里博士的小屋》，因而在德国电影中创立了表现主义流派，这部影片也成为德国电影史上一部重要作品。在写了几个剧本之后，梅育脱离了自己创立的这一流派，成为“室内剧”电影的理论家，创作了《后楼梯》（1921）、《碎片》（1921）、《除夕》（1923）等“室内剧”影片的剧本，以及被誉为一部杰作的《最卑贱的人》（1924）。此后，他还创作了《柏林：城市交响曲》（1927）和《日出》（1927）等电影剧本。1930年后移居英国。（冯由礼）

《湄公河行动》 *Operation Mekong* 中国彩色故事片。博纳影业集团有限公司、博纳影视娱乐有限公司、华夏电影发行有限责任公司、蓝色星空影业有限公司等2016年联合出品。根据真实事件改编。编剧，林超贤、朱镜祺、刘小群、谭惠贞、林明杰；导演，林超贤；摄影，冯远文；主演，张涵予、彭于晏、冯文娟、吴旭东。

故事发生在2011年的湄公河金三角流域，两艘中国商船的船员全部遇害，且被栽赃贩卖90万粒毒品。为了彻查真相，中国组织召开四国会议，打破地域限制，共同合作捉拿罪犯。整件栽赃陷害事件，是由盘踞在金三角的大毒枭糯卡所为。中国决定派出精锐缉毒队员，云南省缉毒总队队长高刚带领特别行动小组潜入金三角，与情报员方新武合作接洽。糯卡深居幕后，捉拿难度极大。缉毒精英们只能从糯卡集团的几个核心成员下手，各个突破。可是解救岩多帕行动遭遇失败，只能重新寻找目标。在中国警方的帮助下，行动小组开始假扮富商接近贩毒集团，引蛇出洞。在险象环生及危机四伏的交涉、对决、追逃之后，缉毒部队终于找到糯卡集团山林中藏匿的窝点。经过与丧失人性的贩毒分子殊死搏斗，中国缉毒部队成功缉拿毒贩头目糯卡归国审判。

《湄公河行动》海报

影片叙事简洁明快，环环相扣，风格凌厉，场面刺激火爆，从街道、高空、商场、丛林等不同场景的追击枪战，再到最后直升机与海面快艇高密度火力拼杀，水陆空全方位的较量，惊心动魄。影片在满足现代观众心理预期基础上，努力建构自信、强大的大国形象，彰显捍卫国土与保护国民生命财产的决心。影片2016年获第12届中美电影节最佳影片奖、最佳男主角奖、最佳制作人奖；2017年获第36届香港电影金像奖最佳动作设计奖，第31届中国电影金鸡奖最佳故事片奖，第14届中共中央宣传部精神文明建设“五个一工程”奖优秀作品奖；2018年获第17届中国电影华表奖优秀故事片奖等。

（连　洁）

美国电影　American cinema　1893年，T.A.爱迪生发明电影视镜并创建“囚车”摄影场，被视为美国电影史的开端。1896年，维太放映机的推出促进了美国电影的群众性放映。

无声电影　19世纪末至20世纪初，美国的城市工业经济和中下层居民数量迅速增长，美国电影成为适应城市平民需要的一种大众娱乐。它起先出现在歌舞游乐场内，随后进入小剧场，在剧目演出之后放映。1905年，在匹兹堡出现的镍币影院（入场收费5美分镍币）很快遍及美国所有城镇，到1910年每周的电影观众多达3600万人次。这些影片都是单本一部的，当时的产量是每月400部，主要的制片基地在纽约，主要机构包括爱迪生公司、比沃格拉夫公司和维太格拉夫电影公司等。1903年，E.**鲍特**的《一个美国消防队员的生活》和《火车大劫案》提高了电影的艺术水准。影片中使用了剪辑技巧，鲍特成为用交叉剪辑手法来营造戏剧效果的第一位导演。

《火车大劫案》剧照

电影由于收益高，竞争也十分激烈。自1897年开始，爱迪生即为争夺专利进行诉讼。1908年，成立了由爱迪生控制的电影专利公司，该公司拥有16项专利权，并与电影胶片专营者之一的伊斯曼柯达公司达成协议：只有专利公司组织成员方能购买伊斯曼胶片。1910年，电影专利公司垄断了美国电影的制作、发行和放映。

独立制片商为摆脱专利公司的垄断，相继到远离纽约和芝加哥的洛杉矶郊外小镇好莱坞去拍片。这里的自然条件得天独厚，远离专利公司的控制，又临近墨西哥，一旦专利公司提出诉讼便于逃离。D.**格里菲斯**此时开始了他的电影生涯，他于1907年加入比沃格拉夫公司，1908年导演了第一部影片《陶丽历险记》。至1912年，格里菲斯已为该公司出品了近400部影片，发现和培养了许多著名演员，如M.塞纳特、M.璧克馥和L.**吉许**姐妹等。

到第一次世界大战爆发前夕，镍币影院逐渐被一些条件较好的电影院代替。电影专利公司的垄断权势也逐渐消失，终于在1915年正式解体。此时，以格里菲斯为代表的一批新的电影艺术家已经出现，电影制作中心也从东海岸转移到好莱坞。第一次世界大战不同程度地破坏和损害了欧洲各国的电影业，却促成了美国电影的勃兴。美国电影源源不断地涌入欧洲市场。到第一次世界大战结束时，美国电影已经建立起在欧洲的霸权地位。

对美国早期电影的发展和提高作出贡献的共有三位导演，他们是格里菲斯、T.H.英斯和塞纳特。格里菲斯的《一个国家的诞生》（1915）在当时来说是一部空前的巨作。但该片由于种族主义观念而受到舆论界与观众的指责。他次年拍摄《**党同伐异**》，由于构思和技巧不适应当时观众的接受观念，加之其他社会的、经济的原因，遭到冷遇，但该片四个不同时代、不同地点的故事和平行剪辑技巧给以后的蒙太奇方法以启示。英斯主要拍摄美国西部题材的影片，塞纳特以滑稽、打闹喜剧片见长，这些是美国电影类型片的雏形。

1914年，C.**卓别林**拍摄了第一部影片《谋生》，立即吸引了全世界的观众。1919年，卓别林、D.范朋克、璧克馥三位著名演员和格里菲斯一道创办了联美公司，以发行他们独立制作的影片。

20世纪20年代，美国影片生产的结构从以导演为中心逐步转化为以制片人为中心的体制。在“制片人中心”模式基础上形成了20年代的“**明星制度**”，各大公司均以明星为重要财富。除卓别林、范朋克和璧克馥外，先后成名的还有“胖子”R.亚布克尔、T.巴拉、巴里摩尔兄弟、L.查尼、L.吉许姐妹、M.马许、T.米克斯、G.史璜逊、J.基尔伯特、G.**嘉宝**、B.基登、N.希拉、H.劳埃德和R.瓦伦蒂诺等。

此时，“好莱坞”已成为“美国电影”的同义词。在明星制度鼎盛时期，由于有些明星行为不检点招致公众的抨击，美国电影业成立了“美国制片人与发行人协会”，在W.H.海斯的主持下这一组织制订了“伦理法典”，以便在审查影片时剔除不合乎美国公众道德观念和生活方式的情节、对话和场面。这部法典对美国电影的控制和约束一直延续到1966年，即著名的《海斯法典》。

严格的审查制度使美国无声电影的主要成就表现在喜剧片、西部片和历史片三个方面。喜剧片的佳作首推卓别林的《**寻子遇仙记**》（1921）、《淘金记》（1925）和《马戏团》（1928），基登的《航海者》（1924）和《将军》（1926），劳埃德的《大学新生》（1925）；西部片主要有《篷车》（1923）、《铁骑》（1924）和《小马快邮》（1925）等；历史片有R.英格兰姆的《启示录四骑士》（1921），格里菲斯的《暴风雨中的孤儿们》（1922），C.B.地密尔的《十诫》（1923）和《万王之王》（1927）等。

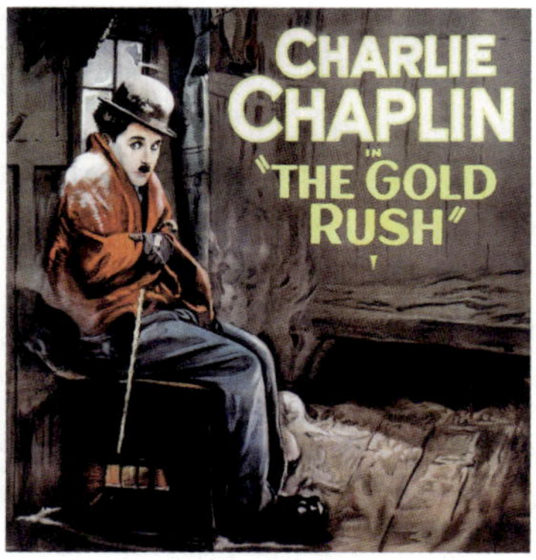

《淘金记》海报

第一次世界大战后，不少欧洲导演陆续来到好莱坞，为美国电影继续占领欧洲市场起了重要作用。他们中有：瑞典的V.D.斯约史特洛姆、M.斯蒂勒（以及与他合作过的女演员G.嘉宝），德国的E.von斯特劳亨、E.刘别谦、J.von斯登堡、F.W.茂瑙和P.莱尼。他们对好莱坞电影作出了重要贡献，但他们的才能不同程度受到了制片公司的抑制和扼杀，其中大部分人在好莱坞的遭遇是不幸的。

这些欧洲导演和美国导演一道，拍摄出无声电影时期最后一批重要的影片，其中包括：格里菲斯的《被摧残的花朵》（1919）和《赖婚》（1920），斯特劳亨的《盲目男人》（1919）、《愚蠢妻子》（1922）和《贪婪》（1924），刘别谦的《循环的婚姻》（1924）和《温德米尔夫人的扇子》（1925），H.金的《史泰拉恨史》（1925），斯登堡的《求救的人们》（1925）和《纽约的码头》（1928），K.维多的《大检阅》（1925）和《人群》（1928），斯约史特洛姆的《红字》（1926）和《风》（1928），R.华尔许的《光荣价值几何》（1926），F.鲍沙其的《七重天》（1927），C.勃朗的《肉与魔》（1927），茂瑙的《日出》（1927），以及W.A.惠尔曼的《翼》（1927）等。**R.弗拉哈迪**的《**北方的纳努克**》（1922），则为纪录电影奠定了基础。

到20年代中期，豪华的电影院基本上取代了镍币影院。到20年代末期，好莱坞电影为战胜商业无线电广播这样的竞争对手，必须在音响方面来一次革命。在这样的背景下，有声电影应运而生。

早期有声电影　1926年，**华纳兄弟影业公司**拍摄了用唱片配唱、J.巴里摩尔主演的歌剧片《唐璜》（A.克罗斯兰导演）。1927年10月6日，华纳公司首映了由A.克罗斯兰导演、A.乔森主演的有歌唱、对白、声响的《**爵士歌王**》，这是世界上第一部有声故事片。1928年7月6日，华纳公司又推出了"百分之百的有声片"《纽约之光》。自此，有声电影全面推开，一年之内半数美国影院安装了音响设备。至1930年，除卓别林继续拍摄了几部无声片外，全部故事片均为有声片。

电影的声音革命与美国1929年的经济大萧条同时发生。有声电影极大地刺激了美国电影市场，观众蜂拥前往观看这种更加"新奇的玩意儿"，因此尽管经济萧条，电影业表面上却还繁盛。实际上，一批较小的影片公司和影院陆续倒闭，几家大影业公司也要依赖摩根和洛克菲勒财团的支持才能生存发展。此外，有声电影使生产成本提高，影片生产的数量锐减，又因有声片带来的语言障碍大幅度缩小了美国电影的海外市场。在电影业内部，声音的出现冲击了电影艺术和技术的各个部门，一些不能适应有声片的技术人员都被淘汰了。

最先适应有声片制作的导演拍摄出的富于创造性的影片有：R.马莫里安的《喝彩》（1929）和使用了主观镜头的《化身博士》（1932），刘别谦的《爱情的检阅》（1929）和《微笑的中尉》（1931），L.迈尔斯通的《西线无战事》（1930）和《头版新闻》（1931），K.维多的《哈利路亚》（1930）。卓别林不久后拍摄了他的第一部有声片《城市之光》（1931）。

大萧条时期的诸方面因素使好莱坞影片的生产模式和制片公司体制定型下来。好莱坞的制片公司是自1912年开始相继建立的，各公司大多经历了初建、合并、更名、巩固的过程。随着1928年雷电华影业股份有限公司的组建，1929年美国制片公司体制的结构明确形成。它们包括五家较大的影片公司，即**派拉蒙影业公司**（组建于1914）、**20世纪福克斯电影公司**（始建于1915，合并于1935）、米高梅电影公司（合并于1924）、华纳兄弟影业公司（1923）和雷电华影业股份有限公司（1928）；三家较小的公司，即**环球影片公司**（1912）、联美公司（1919）和哥伦比亚影业公司（1924）。这便是通称的"八大公司"。

"黄金时代"的电影　在20世纪30年代，尽管电影观众的人数时有起伏，但总的趋势是上升的，其中大多数观众把看电影当作一种逃避和解脱。为了满足观众不断增长的需求，好莱坞的影片生产从以制片人为中心改变为以制片人为单元的制片模式，各大公司的组织结构大同小异。这种"制片人单元"的模式按照既定的配方和规格生产出供应全国影院的电影产品。

美国电影中的特殊现象——**类型片**，在30年代获得了充分的发展。最初的类型片是无声电影时代的喜剧片、闹剧片和西部片，到30年代初期，歌舞片、盗匪片、侦探片、恐怖片等类型片相继出现并得到发展。类型片是美国经济、社会和文化需要的直接产物，其中经典作品有歌舞片《四十二街》（1933）、《掘金女郎》（1933）、《大礼帽》（1935）、《风月无边》（1936）和《齐格飞大歌舞》（1936），盗匪片《小凯撒》（1931）、《公敌》（1931）、《疤面人》（1932）和《吓呆了的森林》（1936），恐怖片《吸血鬼》（1931）和《弗兰肯斯坦》（1931）等。

30年代还出现了美国电影史上具有代表性的影片，如斯登堡的《摩洛哥》（1930）和《上海快车》（1932），E.戈尔汀的《大饭店》（1932），M.勒罗伊的《我是越狱犯》（1932），M.柯蒂斯的《新新监狱两万年》（1933）、《黑色的愤怒》（1935）和《侠盗罗宾汉》（1938），G.顾柯的《八时餐会》（1933）和《小妇人》（1933），J.克伦威尔的《人类枷锁》（1934），刘别谦的《风流寡妇》（1934），**F.卡普拉**的《一夜风流》（1934）、《第兹先生进城》（1936）和《斯密斯先生到华盛顿》（1939），**J.福特**的《告密者》（1935）、《青年林肯》（1939）、《**关山飞渡**》（1939）、《怒火之花》（1940）和《青山翠谷》（1941），卓别林的《摩登时代》（1936），F.朗格的《狂怒》（1936），V.弗莱明的《勇敢船长》（1937）、《绿野仙踪》（1939）和《**乱世佳人**》（1939），**W.惠勒**的《红衫泪痕》（1938）和《呼啸山庄》（1939），以及**A.希区柯克**在美国导演的第一部影片《蝴蝶梦》（1940）等。此外，H.霍克斯、H.金、R.马莫里安、R.华尔许等亦拍摄了多部质量优秀的影片。

当时对美国电影发展作出贡献的还有众多的表演艺术家，其中包括F.亚斯坦、**H.鲍嘉**、C.鲍育、J.贾克余、**G.古柏**、**J.克劳馥**、B.戴维斯、O.德·哈维兰、M.黛德丽、E.弗林、**H.方达**、**C.盖博**、C.格兰特、**K.赫本**、C.隆巴、P.茂尼、W.鲍威尔、E.G.鲁宾逊、R.G.罗吉丝、J.史都华和**E.泰勒**等。优秀的电影人中还包括摄影师G.托兰和**黄宗霑**。此外，童星**S.邓波儿**等主演的影片对于鼓舞30年代的美国民众起到了特殊的作用。

从20年代末开始，**W.迪士尼**创造了米老鼠、唐老鸭等一系列家喻户晓的动画形象，并从1938年的《白雪公主和七个小矮人》开始，创造了《木偶奇遇记》（1940）、《幻想曲》（1940）、《小鹿斑比》（1942）等脍炙人口的动画长片，使美国动画片的影响遍及世界。

好莱坞在30年代发展为美国文化中心之一，众多的作家、音乐家及其他人士

《幻想曲》剧照

相继来到这一电影都城。他们之间相互影响，拍摄出一批社会意识较强的影片，如《新新监狱两万年》(1933)、《告密者》(1935)、《巴斯德传》(1935)、《狂怒》(1936)、《黑色军团》(1936)、《穷巷之冬》(1936)、《他们不会忘记》(1937)、《左拉传》(1937)、《斯密斯先生到华盛顿》(1939)、《华莱士传》(1939)、《怒火之花》(1940)、《青山翠谷》(1941)等。年轻的**O.威尔斯**1941年导演的《**公民凯恩**》吸取了经典美国电影的精华，从叙事结构到镜头结构均有重大创新，把美国电影推向一个新的高点，对之后世界电影的结构、摄影和理论的影响十分深远。

欧洲战争形势紧张后，好莱坞拍摄了反纳粹意义的影片如A.李维克的《一个纳粹间谍的自白》(1939)和卓别林的《大独裁者》(1940)。美国参战后，电影业积极支持了反法西斯战争。一大批著名导演和演员参军到前线作战或拍摄战争纪录片，其中有方达、盖博、R.蒙哥马利、史都华、R.泰勒、卡普拉、G.蒂文斯和福特等人。还有一些演员前往战区作鼓舞士气的巡回演出。

美国的纪录片在战争年代有了长足的进展。在弗拉哈迪之后，美国纪录片曾处于停滞状态，到30年代中期才在英国的**J.格里尔逊**和荷兰的**J.伊文思**的影响下再次受到重视，拍摄了《开垦平原的犁》(1936)、《河流》(1937)和《城市》(1939)等。第二次世界大战爆发后，东西海岸的纪录片导演与好莱坞故事片导演联合起来，除为军方摄制了大批军事训练片和战争纪录片外，还摄制了数量相当可观的堪称经典之作的纪录片，如福特的《中途岛战役》(1942)，J.休斯登的《来自阿留申群岛的报告》(1943)、《圣彼得罗之役》(1945)，W.惠勒的《孟菲斯美女》(1944)，L.德·罗歇蒙的《战时女郎》(1944)等。此外，卡普拉率领他的分队自1942年起用资料片和缴获的敌方影片制作出《我们为何而战》系列片；G.卡宁和英国的C.里德合作导演的《真正的光荣》(1945)被誉为长纪录片的代表。

第二次世界大战期间出现了许多优秀的故事片，如勒罗伊的《魂断蓝桥》(1940)和《东京上空三十秒》(1944)，迈尔斯通的《鼠与人》(1940)、《北极星》(1943)，顾柯的《费城故事》(1940)，霍克斯的《约克军曹》(1941)，惠勒的《小狐狸》(1941)和《忠勇之家》(1942)，W.休斯登的《马耳他之鹰》(1941)，H.金的《皇家空军中一名美国佬》(1941)，S.伍德的《金石盟》(1942)和《战地钟声》(1943)，希区柯克的《破坏者》(1942)、《疑影》(1943)和《救生船》(1944)，柯蒂斯的《胜利之歌》(1942)、《**卡萨布兰卡**》(1943)和《出使莫斯科》(1943)，朗格的《刽子手也死亡》(1943)，刘别谦的《生死问题》(1942)和《天堂可以等待》(1943)，I.匹查尔的《月落乌啼霜满天》(1943)，H.舒姆林的《守望莱茵河》(1943)，B.怀尔德的《通向开罗的五座坟墓》(1943)和《失去的周末》(1945)，W.A.惠尔曼的《黄牛惨案》(1943)和《大兵乔的故事》(1945)，L.麦卡里的《与我同行》(1944)，O.普雷明格的《劳拉》(1944)，G.拉托夫的《俄罗斯之歌》(1944)，华尔许的《目的地缅甸！》(1945)等。**I.褒曼**、B.克罗斯贝、J.迦伦、R.海华丝、B.霍普、**G.派克**、L.透纳和**J.韦恩**等演员在这一时期加入了美国电影明星的行列。

《与我同行》剧照

1946年，电影观众的人数创造了纪录，这使好莱坞在战后一两年间表现得十分活跃，许多演员、导演（包括他们在战争中培养出的助手）回到好莱坞，以新的热情投入影片制作。从战后开始直至50年代初期，是好莱坞"黄金时代"的最后一段繁荣时期。这一时期最突出的影片有：惠勒的《黄金时代》(1946)、《女继承人》(1949)和《罗马假日》(1953)，福特的《亲爱的克莱蒙丁》(1946)，卓别林的《凡尔杜先生》(1947)，E.卡赞的《君子协定》(1947)、《漂亮的混血姑娘》(1949)和《欲望号街车》(1951)，维多的《太阳浴血记》(1947)，霍克斯的《红河》(1948)，休斯敦的《宝石岭》(1948)、《柏油丛林》(1950)和《非洲女王号》(1951)，H.金的《正午十二点》(1949)和《枪手》(1950)，R.罗森的《当代奸雄》(1949)，华尔许的《白热》(1949)，怀尔德的《日落大道》(1950)和《十七号战俘营》(1953)，J.L.曼凯维支的《彗星美人》(1950)，斯蒂文斯的《阳光照耀之地》(1951)和《原野奇侠》(1953)，V.米纳里的《一个美国人在巴黎》(1951)和《邪恶的和美丽的》(1952)，S.多南和G.凯利的《雨中曲》(1952)，F.齐纳曼的《**正午**》(1952)和《走向永生》(1953)等。

美国电影自20世纪40年代末至50年代中期，也经历了一系列的打击和挑战。第一，1948年5月美国最高法院根据反托拉斯法对拖延多年的"派拉蒙法案"作出了裁决，判定大公司垄断为非法，要求制片公司放弃发行和经营电影院的业务。这切断了大公司的主要财源，迫使公司大幅度减少影片生产并进行裁员。第二，美国电视发展迅速，1953年的电影观众人数与1946年相比减少了一半。为争夺观众，早在20年前即已发明出来的宽银幕电影开始成为与电视竞争的手段。第三，"非美活动调查委员会"1947年开始针对好莱坞进步人士进行政治迫害。1948年，华盛顿特区联邦法院判处好莱坞十人案，1951年又继续加深和扩大对电影界人士的迫害。许多人被指控为共产党，800余人被列入黑名单。受迫害的人或亡命欧洲（如J.达辛、J.洛塞），或战略性退却（如J.休斯登、罗森、齐纳曼），或卖友求荣成为叛徒（如E.德米特里克、卡赞）。这场迫害极大损伤了美国电影的创作元气。然而，受迫害的电影界人士还是克服重重困难摄制出描写锌矿工人罢工的影片《社会中坚》(1954，H.比伯曼导演)。主要诞生于40年代中期至50年代初期的美国"黑色电影"，如怀尔德的《加倍赔款》(1944)和《日落大道》(1950)，T.加奈特的《邮差总按两次铃》(1946)和N.雷伊的《以夜维生》(1949)，亦是在这种政治气候的特殊条件下产生的，并随着50年代末政治迫害的消退而逐渐消逝。

经典好莱坞时期之后的电影　美国电影的黄金时代结束之后，各大公司从20世纪60年代中期开始逐个解体或转产，《海斯法典》也被正式废除。为挽颓势，出现了微型影院、艺术影院、汽车影院。独立制片及实验电影有了发展。

在"好莱坞之后"的年代里，一些经典题材和类型电影发生了变化。雷伊、V.米纳里和D.西尔克使美国情节电影前进了一步，出现了米纳里的《邪恶的和美丽的》(1952)、《蛛网》(1955)和《家在山那边》(1960)，西尔克的《写在风中》(1957)、《被玷污的天使》(1958)和《生活的模仿》(1959)等有代表性的影片。自《枪手》和《正午》开始，传统的西部片也发生了变化。在这种称之为“成人西部片”中，此前单枪匹马的主人公，有些变成了群体的主人公，并出现了福特的《搜索者》(1956)、G.R.希尔的《虎豹小霸王》(1969)和S.佩金珀的《野性的一群》(1969)等与过去不同的西部片。歌舞片中的佳作当推R.怀斯的《西区故事》(1961)和《音乐之声》(1965)、顾柯的《窈窕淑女》(1964)、惠勒的《滑稽女郎》(1968)。

《西区故事》剧照

这一时期是美国青年思想动荡的年代，出现了一批表现青年疑虑、反抗的所谓“反英雄”影片，代表作品有：雷伊的《无因的反抗》(1955)，卡赞的《伊甸园东方》(1955)，J.洛甘的《野餐》(1956)，M.尼科尔斯的《**毕业生**》(1967)，A.佩恩的《**邦妮和克莱德**》(1967)，D.霍珀的《**逍遥骑士**》(1969)，J.施莱辛格的《午夜牛郎》(1969)，T.马力克的《荒原》(1973)等。这一时期其他突出的影片还有：地密尔的《十诫》(1956)，史蒂文斯的《巨人》(1956)，**S.库布里克**的《光荣之路》(1957)、《斯巴达克斯》(1960)、《怪癖博士》(1964)、《2001：太空漫游》(1968)和《发条橙子》(1971)，怀尔德的《热情似火》(1959)和《公寓》(1960)，惠勒的《宾虚》(1959)，休斯登的《不合时宜的人》(1961)，尼科尔斯的《第二十二条军规》(1970)，F.沙夫纳的《巴顿将军》(1970)，G.西顿的《飞机场》(1970)，R.阿尔特曼的《陆军野战医院》(1970)和《纳什维尔》(1975)，A.希勒的《爱情故事》(1970)，P.波格丹诺维奇的《最后一场电影》(1971)，M.福尔曼的《飞越疯人院》(1975)。希区柯克在这一阶段拍摄了他最有影响的一批影片，如《**后窗**》(1954)、《眩晕》(1958)、《西北偏北》(1959)、《精神病患者》(1960)、《群鸟》(1963)和《玛尔妮》(1964)。

《飞越疯人院》剧照

美国黑人演员过去在电影中只扮演次要或反面的角色，自S.波蒂埃开始，黑人在《挣脱锁链》(1958)、《蓝斑》(1965)、《吾爱吾师》(1967)、《炎热的夜晚》(1967)和《猜猜谁来吃晚餐》(1967)中扮演了正面角色，并开始尝试由黑人自己编导关于黑人生活的影片。

从L.斯特拉斯堡在纽约开设的演员讲习班培养出来的**M.白兰度**、M.克利夫特、**P.纽曼**和**简·方达**等加入了电影演员的行列。从大学电影系毕业的年轻导演亦开始崭露头角，拍摄了一批重要影片，如**F.F.科波拉**的《教父》(1972)、《教父2》(1974)和《对话》(1974)，**G.卢卡斯**的《美国风情画》(1973)，M.斯科塞斯的《穷街陋巷》(1973)和《**出租车司机**》(1976)等，这些影片显示出美国青年导演在承继美国电影传统基础上的创新精神，为70年代的电影复兴准备了条件。

美国电影的“复兴” 美国电影的复兴是从**S.斯皮尔伯格**的《**大白鲨**》(1975)和卢卡斯的《**星球大战**》(1977)开始的。这两位导演都是南加利福尼亚大学电影学院的毕业生，他们运用当代工艺技巧制作的传统类型片（**灾难片**、**科幻片**）引起强烈的反响，并促使美国电影的制作和票房收入直线上升，开启了美国电影大制作、高票房的“大片”时代。这些影片包括《金刚》(1976)、《第三类接触》(1977)、《异形》(1979)、《超人》(1979)、《失去方舟的入侵者》(1981)、《外星人》(1982)、《银翼杀手》(1982)、《终结者》(1984)、《回到未来》(1985)以及这些影片的续集。

《星球大战》剧照

20世纪70年代末以后，家庭和妇女以及普通人生活的影片又重新受到重视，如W.艾伦的《安妮·霍尔》(1977)和《汉娜姐妹》(1986)，阿尔特曼的《三个女性》(1977)，H.罗斯的《转折点》(1977)，齐纳曼的《朱莉亚》(1977)，P.马佐尔斯基的《一个未婚女人》(1978)，R.本顿的《克莱默夫妇》(1979)，R.雷德福的《普通人》(1980)，阿普特德的《矿工的女儿》(1980)，M.雷德尔的《金色池塘》(1981)，J.L.布鲁克斯的《母女情深》(1983)等。关于越南战争的影片当推H.阿什比的《归家》(1978)、M.西米诺的《猎鹿人》(1978)和科波拉的《**现代启示录**》(1979)。其他突出的影片还有关于工人的如《洛奇》(1976)、《蓝领》(1978)、《诺玛·雷》(1979)，表现青年的有《周末狂热》(1977)、《油脂》(1978)、《毛发》(1979)和《闪光舞》(1983)，表现兄弟情感的《雨人》(1988)，表现白人老太与黑人司机的建立友谊和情感的《为戴茜小姐开车》(1989)等。

美国独立制片在这一时期也获得新的发展。独立制片早在20世纪60年代就曾发挥重要作用，1976年税收法案的重新修订使独立制片规模缩小，但录像带、有线电视市场的发展带动了对影片的需求，独立制片重新繁荣。1981年，美国影人R.雷德福等人成立圣丹斯研究所，致力于培养新生电影力量，推动美国电影的多样化发展。1985年，举办第1届圣丹斯独立电影节，打造了一个促进美国独立电影发展的平台。20世纪80年代，独立制片的米拉麦克斯影业公司生产了一些低成本的影片。这一时期，受到关注的独立电影作品有科恩兄弟导演的新黑色电影《血迷宫》(1984)，S.索德伯格导演的《**性、谎言和录像带**》(1989)，《性、谎言和录像带》获第42届法国戛纳国际电影节金棕榈奖，给美国的独立电影带来声誉。

家庭录像机和收费电视的出现也使美国电影的收入结构发生变化，到1986年，大制片厂在家庭录像带市场上获得的收入已经超过影院收入。从80年代中期开始，录像带、付费电影、无线电影等也成为电影重要的发行渠道，改变了好莱坞电影的收入结构。同时，大片所带动的衍生品（包括玩具、游戏等）的收入也大幅提高。例如1978～1983年，衍生品的销售收入翻了三倍。这一趋势一直延续到90年代，到90年代初，录像带市场收入几乎是电影票房的两倍。同时，付费有线电视用户也有大幅增长。

20世纪90年代以来的电影发展 20世纪90年代以后，美国电影在遵循经典的好莱坞电影叙事的基础上，在人性的挖掘与展示上更加深入。在犯罪片、惊悚片方面，J.戴米的《**沉默的羔羊**》(1991)、科恩兄弟的《巴顿·芬克》(1991)和《冰血暴》(1996)、A.明格拉的《天才雷普利》(1999)都展示了人性的复杂与矛盾。科幻片有进一步发展，斯皮尔伯格的《侏罗纪公园》(1993)、J.卡梅隆的《真实的谎言》(1994)、沃卓斯基兄弟的《黑客帝国》(1999)等在特效画面和叙事上都有新的突破。**K.科斯特纳**的《与狼共舞》(1990)和C.伊斯特伍德的《不可饶恕》(1992)是西部题材片，前者讲述白人军官与印第安人交往的故事，后者讲述一个老枪手为赏金重出江湖的故事，延续了美国电影的西部片传统。其他代表性作品还有讲述越狱洗冤的《**肖申克的救赎**》(1994)，表现低智人阿甘生活的《**阿甘正传**》(1994)，讲述婚外爱情的《廊桥遗梦》(1995)，讲述爱情与灾难的《**泰坦尼克号**》(1997)，“二战”题材影片《拯救大兵瑞恩》(1998)，反思和批判媒介影响的《**楚门的世界**》(1998)，展示当代美国家族生活百态的《美国丽人》(1999)，表现女性为社会正义而奋斗的《永不妥协》(2000)以及反映青年校园生活和体育运动的《光辉岁月》(2000)等。

《楚门的世界》剧照

美国的独立电影在90年代继续发展。独立制片的《低俗小说》(1994)获得成功，这使好莱坞大公司纷纷成立发行部门，专门发行独立制片的电影。《弹簧刀》(1996)、《英国病人》(1996)、《心灵捕手》(1997)、《美国丽人》(1999)、《浓情巧克力》(2000)以及《贫民窟的百万富翁》(2008)等都是借好莱坞公司发行获得成功的作品。这股独立浪潮至21世纪第一个十年开始衰退。

21世纪以来，美国电影在数字特效上有更大的发展，J.卡梅隆的《**阿凡达**》(2009)开始的“动作捕捉技术”使数字形象更加逼真自然。C.诺兰的《**盗梦空间**》(2010)和《星际穿越》(2014)、A.卡隆的《地心引力》(2013)、D.维伦纽瓦的《降临》(2017)等科幻片在叙事结构、场景

《阿凡达》剧照

表现、科学想象上都有新的拓展。在这一时期，系列电影在美国大行其道，如21世纪漫威电影宇宙出品了《蜘蛛侠》(2002)、《钢铁侠》(2008)、《美国队长》(2011)、《复仇者联盟》(2012)、《蚁人》(2015)等系列影片，此外还有《变形金刚》(2007)、《猩球崛起》(2011)、《饥饿游戏》(2012)等系列。其他受到关注的影片还有Q.塔伦蒂诺的《杀死比尔》(2001)、《被解救的姜戈》(2012)、《好莱坞往事》(2019)，伊斯特伍德的《百万美元宝贝》(2004)，J.科恩的《老无所依》(2007)，S.麦奎因的《为奴十二年》(2013)、M.麦克唐纳的《三块广告牌》(2016)，D.沙泽勒的《爱乐之城》(2016)，K.罗纳根的《海边的曼彻斯特》(2017)，P.法拉利的《绿皮书》(2018)等。　（陈　梅　秦喜清）

美国电影产业　American film industry　美国制作的电影及其电影工业体系。起源于19世纪末。早期美国电影产业重心位于东海岸，新泽西的利堡一度被视为美国的电影之都。19世纪末，T.A.爱迪生在新泽西州的西奥兰治创立美国第一间制片厂黑色玛丽亚。当时，在新泽西地区能以比纽约市低非常多的成本进行拍摄，受到了制作公司的青睐。1907年起，卡勒姆制片公司开始在利堡进行拍摄。两年后，**环球影片公司**的前身之一冠军电影公司在当地创立首间制片厂，此后的十年间，许多电影公司和制片厂都选择在利堡栖身。1910年后，为了规避爱迪生所属公司对电影专利的垄断，许多制片公司开始往南加州发展，在洛杉矶建立制片厂，电影产业重心逐渐向西转移。美国比沃格拉夫公司派导演**D.格里菲斯**到西海岸，拍摄了美国影史上第一部在好莱坞完成的电影《在古老的加利福尼亚》。

20世纪早期，电影作为一门新兴产业，吸引了许多犹太移民投资镍币影院。几年内，这些投资者纷纷从电影的发行放映转移到投资电影的拍摄制作，如S.戈尔德温、华纳兄弟等，后来成为美国电影产业巨头。第一次世界大战后，欧洲许多电影创作者也来到美国，如导演**A.希区柯克**、F.朗、**J.雷诺阿**和许多演员。

20世纪20～40年代常被称为好莱坞的黄金年代。此时的好莱坞电影通常遵循相似的模式，一个团队只隶属于一个制片公司，并将电影归类为西部、喜剧、音乐剧和动画几种类型。因此，观众几乎可以从电影演员直接猜到其隶属的制片公司，制片公司也握有极大的权力。1927年，**华纳兄弟影业公司**使用维他风声音同步系统成功推出首部有声电影《**爵士歌王**》，其他电影公司也纷纷跟进。该电影获得成功后，华纳兄弟开始并购策划。直至20世纪30年代，几乎所有的首轮电影院都属于美国当时五大制片公司：米高梅电影公司、**派拉蒙影业公司**、雷电华影业股份有限公司、华纳兄弟影业公司和**20世纪福克斯电影公司**。这一时期，绝大多数的美国电影拍摄都已经转移到西海岸，好莱坞俨然成为美国的演艺事业中心。美国电影产业也开始与社会政治运行息息相关，许多政治人物仰赖好莱坞的大额捐款支持竞选活动，更不乏电影工作者投身政坛的例子。1930年，W.H.海斯联合宗教界人士起草并开始执行《电影制作法典》，又称《海斯法典》。这部法典基于道德理由，对影片中涉及的性、犯罪、宗教、民族感情以至服装和舞蹈等内容做出严格限定。

40年代末，好莱坞的黄金年代和制片厂独大的制度开始走向衰落，主要原因是派拉蒙法案和电视的兴起。1938年，**华特迪士尼公司**推出的《白雪公主》虽然没有任何五大制片厂的参与，却成为当年最卖座的电影，宣告了制片厂的权力开始动

《白雪公主》剧照

摇。其后，为解决制片厂垄断档期的问题，检察长和制片公司签署了一份同意裁判书，对垄断问题作出妥协。然而，当时逐渐兴起的三个小制片公司——环球影片公司、联美公司和哥伦比亚影业公司却拒绝签署，导致电影档期的问题没有得到真正的解决。最后，最高法院判决制片公司垄断档期的行为违反了《谢尔曼反托拉斯法》，从此终结了制片厂和演员、制作团队连为一体的产业格局。此后，美国电影产业的商业策略产生了剧烈的变化，制片公司开始试图创造电视无法呈现的娱乐效

果，于是开始追求充满特效、壮观的电影制作，同时电影数量和整体预算也跟着大幅下降。1949年后，制片公司已经完全放弃所有策划经营权，电影审查制度也跟着发生变化。在经历严格的内容审查后，电影产业中开始出现反抗的声音。直到1968年，美国电影协会终于用电影分级制度取代了被视为侵犯创作自由的《海斯法典》。

60年代，"新好莱坞"兴起。新一代电影导演把从欧洲发展出来的电影技术带到好莱坞，创造出与过去不同的电影美学形态。1967年，《邦妮和克莱德》被视为美国电影重振的开端。此后，好莱坞时常创造出受到影评推崇、票房也相当成功的电影，并孕育出了一代颇负盛名的导演，如F.F.科波拉、S.斯皮尔伯格、G.卢卡斯、S.库布里克和M.斯科塞斯等。但同时也出现卖座大片独大的现象，导致制片公司过度专注在票房营收上。

80～90年代，好莱坞在家用录像带和DVD中发现了另外一种商机。那些上映时表现不佳的电影，如《肖申克的救赎》，通过录像带和DVD渠道反而表现得非常亮眼，得到了重生的机会。录像带和DVD渠道的崛起，加上独立制片大量增加、拍摄成本降低等因素，促成了中低规模好莱坞电影制作的复兴，在没有制片公司投入大量资金的情况下，许多电影创作者也依然能成功。

以90年代为起点，好莱坞产出了许多全球知名的卖座大片，如《侏罗纪公园》《阿甘正传》《泰坦尼克号》等经典电影。现代好莱坞电影呈现出卖座大片和独立制片数量两极化的现象。为了吸引观众，制片公司非常依赖特效、续集、漫画改编，以系列大片作为其主要营收来源，使得一些独立制片和小成本电影难以生存。

《侏罗纪公园》剧照

进入21世纪后，制作、放映技术和传播手段的更新均对好莱坞电影产业构成影响。电脑特效在电影制作中所占比重越来越大；IMAX影院对影片视听效果的突破直接推动了科幻片的复兴；移动互联网

《复仇者联盟》海报

和在线流媒体技术则进一步促使产业结构做出调整，以实现数字化转型。代表性的影片包括《指环王》《美国队长》《复仇者联盟》《盗梦空间》《阿凡达》《速度与激情》等。随着美国流行文化的全球化传播，好莱坞电影的跨国制片与销售模式更加深入。影片本身在剧情架构、明星、制作团队等方面均明显表现出全球合作与融合的趋势。好莱坞电影产业模式对世界各国的电影工业产生持续而深远的影响。《贫民窟的百万富翁》《逃离德黑兰》等片就是好莱坞吸纳全球电影人才、创意、文化、资金等资源的产物。同时，好莱坞也是全球化条件下美国政府推广商品、文化、生活方式和价值观的第一线。（廖珮雯）

美国电影发行体系 film distribution system of the United States 美国电影生产完成后进入电影院线或其他窗口进行销售的环节。主要体现为获得制片方或版权方授权，对美国电影产品进行推广和销售的体系。

销售收入是美国发行体系的基本依据，包括从影院到各发行窗口，再到面向各种经营商的特许使用权授权，及其他国家和地区的发行所得。在美国的电影产业链中，影片票房收入只是电影产业的基础收入，而版权和衍生产品收入则占比最大。这决定了美国电影发行体系具有以下4个特点：①注重观众导向。这是美国电影发行的核心。②多窗口发行。包括影院、电视点播、网络点播、音像制品、家庭影院等多个发行窗口，以期获得影片收益最大化。③重视挖掘特许经营的商业价值。成熟的美国电影公司都有负责特许权推广和经营的部门，涉及酒店、玩具、首饰、服装、电子产品、餐饮、旅游等各行各业。④重视国际发行渠道建设。国际发行是美国发行体系的重要支点。美国电影的国际发行，一方面可以通过大电影公司的各类发行机构，进行覆盖全球主要国家和地区的混合发行；另一方面，也可以利用独立发行商的特殊优势，针对某些特定国家或地区进行影片发行。（赵书波）

美国电影学院 American Film Institute 美国影视教育机构。又称美国电影学会。成立于1967年。学院位于洛杉矶。根据1965年美国总统约翰逊在白宫玫瑰园签署的一项法案和要求建立。宗旨是"保护美国电影的传统，并促进其艺术发展"。

学院设有传媒科学与工程、艺术硕士（编辑、制片）等课程，强势专业是电影剧本创作、导演、电影摄影。学院注重实践，学生入校后从检查摄像机等各种电影制作设备的最基本常识学起，然后学习摄制，开始拍摄两三分钟的故事短片，对摄制工作进行初步了解和体验之后再步步深入。学生按专业分科，在学习专业课的同时也开展联合实践。通常从每个专业选一个人组成一个摄制组，分工合作，在练习拍片的同时，培养协作精神。该校有60位专职教授，同时还聘请许多来自相关行业具有丰富经验和专业知识的精英人物担任客座教授。研究生教育施行的是两年制教学，在校研究生人数在300人之内，学生大多数来自美国，也有一些来自欧洲、亚洲的其他国家。美国电影学院不仅从事教学、培养影视制作人才，同时还评选、颁发年度十大电影电视奖和终身成就奖，并举办电影节。（李二仕 陈文远）

美国国家地理频道 American National Geographic Channels 美国电视机构。美国21世纪福克斯公司和国家地理学会共同拥有的数字电视和卫星电视网络，总部设在新加坡。1997年9月，美国国家地理频道在欧洲开播。1998年7月，国家地理频道亚洲频道与星空卫视合作开播。2001年1月，与福克斯有线电视网合作在美国开播。2016年11月14日，国家地理频道更名为"国家地理"，将"频道"从其名称中删除。

国家地理秉承国家地理学会"增进和普及地理知识"的核心价值，致力于探索历险、环境保护以及教育方面的推广工作。旗下囊括8个频道，分别是：国家地理频道、国家地理高清频道、国家地理野生频道、国家地理野生高清频道、国家地理悠人频道、国家地理悠人高清频道、国家地理音乐频道、国家地理音乐高清频道。国家地理用户覆盖超过143个国家和地区，4.4亿个家庭和48种语言。主要播放由国家地理和其他制作公司制作的非虚构电视节目，主要涉及自然、科学、文化和历史等，也播放一些现实和伪科学的娱乐节目。标志性主题音乐是由E.伯恩斯坦创作。

21世纪以来，国家地理频道逐步加

大对中国的关注，连续推出多部关于中国题材的纪录片，并在《寰宇地理》栏目中播出。如2006年国家地理频道与中国中央电视台共同合作完成的《故宫》(国际版)，影片以学术研究为基础，用还原历史和客观讲述的方式向全球观众介绍了这座集古代宫廷建筑之精华的皇家建筑群，以弥合中西文化差距的国际化视角展现中国文化。再如《魅力中国》主题系列，该系列包括深入到野生大熊猫生活的腹地，独家获取大熊猫神秘生活纪录的《国宝大熊猫》；给中国铁路运输系统带来翻天覆地变化的《高科技磁悬浮列车》；展现中国高超的桥梁建造技术的《伟大建筑巡礼：中国的桥》等。2016年，美国国家地理推出《华彩中国》栏目，以崭新别致的视角展现中国文化和自然魅力。（赵　远）

美国新电影运动　new American cinema　20世纪50年代末至60年代，美国青年导演团体发起的一场试图改造美国电影现状的先锋电影运动。20世纪50年代末60年代初，艺术家B.康纳拍摄了具有超现实主义拼贴风格和抽象主义风格的电影，如《一部电影》和《宇宙射线》，开创了美国新电影的早期范式。1960年10月，一批自称为美国“新一代”导演的代表团体，发表了正式宣言，宣传不能信任艺术或者生活方面的任何“经典原则”，要求使电影成为纯粹的个人表现，反对任何形式的电影检查，反对现行的制片、发行、放映政策，鼓励由艺术家以个人筹资方式拍摄低成本的“粗糙然而富于生命力”的影片。

60年代初期，随着16毫米电影机和便携式声音设备的发明，美国新电影得到进一步发展。一方面，S.布拉哈格等其他早期先锋派代表人物采用“第一人称”拍摄影片，以电影表达个体的主观意识。布拉哈格的《狗·星·人》充满神话色彩和诗性，表现出对内心现实和超现实领域的探索，也表明对当时美国大众文化的一种抗拒。另一方面，K.安格在他导演的《天蝎星升起》中添加了摇滚音轨，有些人视之为音乐视频的先声。而J.史密斯和A.沃霍尔则将同性恋元素引入电影创作。另外，一种建立在抽象主义和极简主义基础上的间接叙事，成为美国新电影的重要一支，代表作有沃霍尔的《沉睡》和M.斯诺的《波长》。

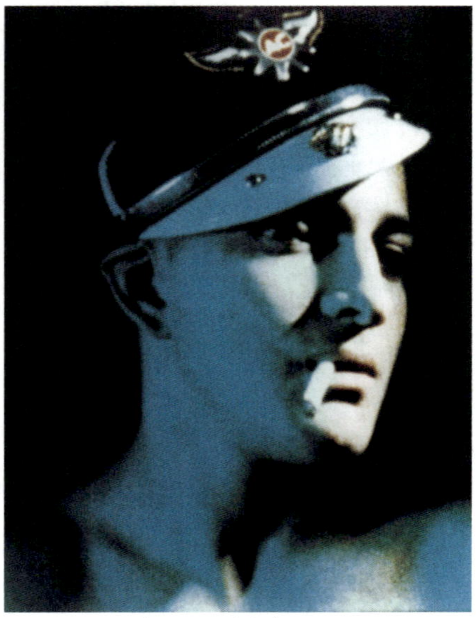

《天蝎星升起》剧照

70年代以后，与商业电影的强势相反，美国新电影创作开始走向衰退，转而支持或加入了**地下电影**运动。但布拉哈格、沃霍尔和斯诺等人创作的美国新电影代表了美国先锋电影的最高成就，使先锋派电影在美国艺术界确立了地位，并对60年代的世界影坛产生了重要影响。

（贾磊磊　林　琳）

美术布景　art set　影视场景中人工搭建的部分。“布景”原为戏剧舞台美术用语，后被运用到影视创作中，是影视美术造型的重要手段之一。一般由影视**美术师**根据剧本内容、导演阐述进行设计构思，用木材、灰浆、油漆、砖瓦等材料和塑料压模、玻璃钢成型、平面绘画等技巧，制成各种景物，加上**绘景**、灯光配合，为影片人物创造特定的生活空间与环境。

影视美术布景要求设计上的基本真实和制作上的逼真效果，同时需要注意造型上的美，考虑形、光、色、线的组合，使布景更立体，更有层次，更富于变化，更符合形式美的一般法则。布景经历了由早期的平面的舞台式布景到现在的立体式的构筑布景和分解布景的发展过程，并且在影视创作中发挥着越来越重要的作用。

（黄洽贵）

美术片　animated cartoon　主要运用绘画或其他造型艺术形象（人、动物或其他物体）来表现艺术家的创作意图的影片样式。美术片包括动画片、**木偶片**、**剪纸片**、剪影片、**折纸片**等。动画片是美术片中最基本的形式，是以图画表现人物形象、戏剧情节和主题思想的影片。它采用逐格摄影（又称定格摄影）的方法，将一系列互相之间只有细微变化而动作连续的画面记录下来而形成的影像。木偶片是以木偶表现人物形象、戏剧情节和作者构思的影片。木偶形象根据不同的艺术要求，采用木头或其他材料做成。木偶肢体的关节依靠机械或软性的铜丝、银丝等金属材料控制而活动自如，操纵者扳动木偶关节，使木偶作出一个个按顺序分解的动作，逐格拍摄下来。剪影片、剪纸片与折纸片是以纸片造型为媒介的影片。纸片人物肢体活动的关节用铜丝连接，可以转动。拍摄时，操纵者扳动纸片人物的关节，使动作过程分解成许多画面，逐格拍摄。以折叠纸片为艺术载体的影片也称纸偶片。

美术片创作涉及文学剧本创作、**分镜头剧本**创作、**美术设计**、动画设计、声音制作等。文学剧本是一部美术片的基础，导演以此摄制成影片。分镜头剧本是用视觉形象来体现剧本、未来影片的蓝图，是每个镜头所不可缺少的形象依据。美术设计包括人物设计和背景设计，背景设计与人物造型是统一的，须使两者在画面中成为一个整体，从而确定一部美术片的美术风格、人物造型。动画设计，在木偶片和剪纸片中称为“动作设计”。设计者要运用绘画或操作的技巧使静止的人物形象产生动作、感情和性格，要凭借丰富的实践经验，使表演的意图与正确的技术、人物造型的特点与动作表演的风格、形体动态与画面构图统一起来。美术片大都少用甚至不用对白，因而音乐的作用较为突出，借以抒发感情、渲染气氛、增强人物动作的表现力。不少美术片采用“先期音乐”的摄制方法，即先录制音乐，再根据音乐设计人物动作。

由于媒介和制作方法的特殊性，美术片形成了以下几个艺术特点：①自由的虚拟，用泛人格化方式把主体意识到的世间万物组织进创作视野，虚构出一个丰富生动的艺术世界；②特殊的夸张，其思维对象的包罗万象和拍摄方法的奇特，使它长于超常规的动作和造型夸张；③浓郁的童心童趣，其儿童的心理模式和关怀对象使之显示出稚朴、纯净色彩，同时充满奇思异想和孩子似的谐趣幽默。

中国的美术片从本民族的传统绘画、壁画、年画、雕刻、民间工艺和地方戏曲等各方面汲取丰富的养料，逐渐形成了自己的艺术风格，被称为中国动画学派。其作品有如下艺术特色：①民族性，本土文化的滋养开创了鲜明的民族风格，表现在人物造型、背景设置、动作、语言和音乐诸方面。②民间性，中国美术片具有浓郁的乡间风味，造型简洁，色彩鲜艳，纹样古朴。③写意性，中国美术片讲究气韵生动、虚实相生的表现手法，追求“寓意”“神似”的艺术效果，每个画面都是一幅水墨画，充满诗情画意。另外，美国、日本等国家也都形成了自己独特的美术片风格。（张松林）

美术片音乐 animation music 专为动画影视作品创作的音乐。动画音乐与画面内容密不可分，具有强调画面节奏、配合角色动作、表现画面内容等重要作用。动画音乐有时会比故事片的音乐更夸张，更富于喜剧色彩，叙事性功能更强，对剧情的推进、场景的渲染和人物的塑造都起到重要作用。在无对白语言的动画作品中，音乐具有第二台词的功能，可以拟人化的“代替”语言来刻画角色、推动剧情发展。

为了使音乐与画面吻合同步，早期的动画电影常采用先期录音的方式，依照音乐的情绪和节奏设计画面节奏和人物动作，并以此为依据进行拍摄和剪辑制作。在动画电影的音画关系中，“米老鼠式”的配乐手法具有代表性。这种配乐手法因为最早出现在米老鼠的动画片里而得名。它指画面中角色的动作、情绪与音乐一一对应，高度一致。

在中国动画电影学派的努力下，中国动画音乐广泛吸收中国民族民间音乐和戏曲音乐的语言和手法，在世界动画音乐的创作领域中，形成了鲜明的民族风格与民族特色。 （赵 娴）

美术设计 art design 根据剧本内容和影视拍摄的特殊要求，在统一的艺术构思下，对剧中环境和角色的外部形象进行的总体设计。美术设计一般要求**美术师**对影视作品造型进行总体艺术构思和处理，并绘制人物形象、场景形象和影视画面等各种图样，形象地表达其设计意图。美术设计的具体工作范围包括**外景**的选择和加工，内景的设计，服装、化妆、道具的设计和选用等，它运用多种艺术造型手段，帮助塑造典型人物形象，并为人物提供活动环境。在美术设计中，各种形象的塑造要求鲜明真切、照顾全局、分清主次，并把握形象的总体感与表现形式的统一；细节的精致考究，应从属于整体；手法、形式的丰富多样，应与全片风格相协调；形象的各具特色，应互成对比映衬，并呼应衔接成为一体。影视美术设计往往是综合创作的结晶，美术设计应在导演的统一意图下，与摄影等主要创作部门共同研讨影视作品的总体造型、镜头运用、色彩影调等方面的处理，确定统一的方案。 （黄治贵）

美术师 art director 在影视剧创作中负责影片造型设计的主要创作人员。美术师在**美术指导**的统领下，负责运用各种技术手段对影视剧所涉及的景、物、人进行造型设计，包括影视剧中的场景、人物造型、道具、特效、镜头画面设计等。美术师的设计，既强调艺术性，又强调技术性，是具有艺术性和工艺技术性双重性的艺术创作。

在影片拍摄准备阶段，美术师根据剧本的设定情景及导演对未来影片总体创作意图和造型形式的要求，进行构思并绘制各种设计图来体现整部作品的造型意图。在拍摄过程中，美术师为了实现总体造型意图，负责组织指导美术组的具体工作，对作品的最终呈现效果和艺术质量负责。

在具体工作中，美术师要完成以下任务：①在创作中要确定场景的色彩空间和色调倾向。为了形成某一场景特定的色调气氛，美术师首先对场景、陈设道具、人物服装及其他装饰物件的色彩进行设计、选择和组合，在符合总体造型构思的基础上初步形成色彩基调。②需要对场景空间平面布局和结构进行设计以及对立体空间进行安排。

此外，还有副美术师和美术助理在美术师的领导下工作，其中副美术师负责协助美术师完成相应的工作。美术助理（亦称“助理美术”）在美术师、副美术师的指导下做各项具体工作，其主要任务包括绘制场景的**气氛图**、置景图、道具图、模型图；拍摄前实地勘景、测量建筑和物体尺寸、制作场景模型、采购场景中所需道具、现场布置场景等；在拍摄现场协调工作人员更换场景、**戏用道具**；处理在场景拍摄时随时发生的问题，根据拍摄需要，在符合整体设计的原则下可对场景做适当的加工和调整等。

扩展阅读

全荣哲.电影美术设计语言.北京：北京联合出版公司，2016.

马纳.电影美术设计.黄天名，刘明明，译.北京：中国电影出版社，1986.

（宋东葵）

美术指导 art director 在影视美术创作中起指导作用的部门总负责人。美术指导的主要任务是把控影视作品整体视觉风格，直接与**导演**、**摄影师**接洽，协同导演完成影片的创作叙事。美术指导要根据导演确定的整体艺术风格来完成影视作品中的美术构想，并且通过**美术师**落到实处。美术指导要提供对拍摄场景的建议和要求，同时还需要负责指导服装、化妆、道具、特效人员的工作，给他们提出具体的建设性的意见。美术指导负责影视制作中任何与影视整体美感相关的内容，从而使创作更加形象化、具体化。

一个优秀的美术指导通常需要累积多元化的经验，比如了解各种风格的建筑设计、各个年代的服装服饰以及不同的绘图技巧等。其工作周期往往贯穿影片制作的前期和后期，美术指导应对未来影片的整体造型效果负责。但是，在实际拍摄中，美术指导的职责会因决策机关、投资者、监制或导演的要求及外在市场因素的影响而有所不同。 （宋东葵）

《美洲帝国的衰落》 *The Decline of the American Empire* 加拿大彩色故事片。马利奥电影公司、加拿大电影局等1986年联合出品。编导，D.阿康特；摄影，G.迪福；主演，D.米歇尔、D.贝里曼、L.波特、R.吉拉德、Y.雅克。

故事讲述了戴安是《今日作家》杂志的记者，她采访《幸福观变迁》的作者多米尼克，探讨如何获得个体的幸福和当下的满足感。另外两个女性露易丝和丹尼埃尔也加入讨论。四人在体育馆一边健身，一边大聊幸福、性与男人的话题。与此同时，四个男人雷米、皮埃尔、阿兰和克劳德在家中准备晚餐，他们同样也在讨论女人的身体、性、亲密关系的话题。四对男女都是知识分子，在无休止的言谈中，透露出他们的生活状态和隐秘感情，最终他们的关系和情感陷入混乱与纠结。

影片故事情节简单，以人物对话为叙事发展动力。通过他们直率的谈话，幽默地展现了婴儿潮一代处理性爱、情感、幸福的方式以及他们对世界的认知，透露出个体在追求幸福时所遭遇的挫败感。影片1986年获第39届法国戛纳国际电影节费比西奖，1987年获第59届美国电影奥斯卡奖最佳外语片奖提名。 （秦喜清）

蒙当，Y. Yves Montand（1921-10-13～1991-11-09） 法国电影演员、歌唱家。本名伊沃·利维。生于意大利蒙苏马诺阿尔托，卒于巴黎。1923年全家因反对法西斯统治而移居法国马赛。11岁时辍学在理发店、工厂等打零工。18岁开始在当地俱乐部献艺。1944年开始成为歌手，随后在女歌星E.皮雅芙的提携下，成长为一名一流的歌手，同时开始涉足影坛。1946年，蒙当和皮雅芙两人携手演出了描写皮雅芙舞台生涯的歌舞

《恐惧的代价》剧照

片《不闪光的星》。同年，M.卡尔内邀他拍摄了《夜之门》。1953年主演了获第6届法国戛纳国际电影节大奖的《恐惧的代价》，一举成名，随后开始在欧洲各国拍片。1960年开始在美国好莱坞拍摄影片，主演了《让我们相爱》《我的艺伎》，这些影片虽然博得观众的赞赏，但他对自己饰演的轻浮性感的角色并不满意。之后在法国导演C.科斯塔-加夫拉斯的影片中，表演风格开始发生根本性变化，如在《火车上的谋杀案》(1965)、《Z》(1969)、《招供》(1970)、《戒严令》(1973)、《特殊法庭》(1975)中，他以严肃、深沉、冷静、自然的表情深深地打动了观众。

另外，他还出演了《战争结束》(1966，A.雷乃导演)、《一切顺利》(1972，J.-L.戈达尔导演)等影片。20世纪80年代后主演了《男人的野心》(1985)、《甘泉玛侬》(1986)、《3张26日的票》(1988)、《迷幻公路》(1992)等影片，受到全球观众的好评。1987年担任第40届法国戛纳国际电影节评委会主席。（王　蔚）

蒙太奇　montage　电影艺术的主要叙述手段和表现手段之一。法文montage的音译，原为组合、装配之意。文学和各种艺术也都运用蒙太奇手段，但它在电影艺术中作用更大。电影是运动的艺术，而电影运动的感受来自三个方面：一是演员等具体形象本身的动作，二是摄影机的移动，三是画面的更动。蒙太奇是指后者的组织安排及其产生的效果，这种效果作用于观众的思想和感情，给影片以感染力。苏联影片《乡村女教师》中，教师瓦尔瓦拉和革命者马尔蒂诺夫相爱，马尔蒂诺夫试探地问她能否永远等待他，她一往情深地回答："永远"，紧接着导演用了两个盛开的花枝的镜头这是蒙太奇手段。D.格里菲斯在《赖婚》中，把孤女晕倒在浮冰上的镜头，和在一块块浮冰上跳过去救她的人的镜头反复剪接在一起，使观众感到直到浮冰要被大瀑布冲入旋涡之前的一刹那，孤女才被救了上来，这也是蒙太奇手段。S.M.爱森斯坦导演的《战舰波将金号》中有一段著名的敖德萨阶梯段落，让执行镇压命令的沙皇士兵队伍、走下阶梯的士兵的脚、士兵举枪齐射的镜头，与惊慌逃命的群众的镜头反复交替出现，让士兵穿着大皮靴的脚和打死的尸体的镜头交叉出现，让抱着打死的孩子朝军队走去的女人、趾高气扬走下阶梯的军队与枪口齐射的特写镜头交替出现，让这些内容的镜头、一辆滚下阶梯的婴儿车和睡在车内的婴儿的镜头交替出现，这也是著名的蒙太奇范例。

蒙太奇不是唯一的手段，也不是孤立的手段。它要和演员表演、造型元素以及诉诸听觉的语言、音乐、音响相辅相成协同作用。

蒙太奇的诞生及发展　当L.卢米埃尔在19世纪末拍出历史上最早的影片时，他是不需要考虑到蒙太奇问题的。因为他总是把摄影机摆在一个固定的位置上，即全景的距离（或者说是剧场中中排观众与舞台的距离），把人的动作从头到尾一气拍完。后来，发现胶片可以剪开，再用药剂黏合，于是有人尝试把摄影机放在不同位置，从不同距离、角度拍摄。他们发现各种镜头用不同的连接方法能产生惊人的不同效果，这就是蒙太奇技巧的开始，也是电影摆脱舞台剧的叙述与表现手段的束缚，有自己独立表现手段的开始。一般电影史上都把分镜头拍摄的创始归功于美国的E.鲍特，认为鲍特在1903年拍摄的《火车大劫案》是现代意义上的"电影"的开端，因为鲍特把不同背景，包括站台、司机室、电报室、火车车厢、山谷等场景里发生的事连接起来叙述一个故事，这个故事里包括了几条动作线。但是，举世公认的第一个有成就的电影艺术家还是格里菲斯，格里菲斯熟练地掌握了不同镜头组接的技巧，使电影终于从戏剧的表现方法中解脱出来。

蒙太奇在无声片时期已经有了相当快的发展。从1927年起，电影有了声音，这时电影从创作到理论都发生了一次极大的震动。画面加上声音，蒙太奇不只是画面与画面的关系，而且又有了声音与声音、声音与画面的关系。而所谓声音，又包括人声、音响与音乐三者。人声又包括台词、解说词、内心独白以及人群的杂声。因此，画面与声音的结合涉及画面与人声、音响、音乐的各种结合，声音与声音的结合涉及多种声音之间的结合。由于这样的复杂性，使电影的声音构成和声画构成有了无限丰富的可能性，给视听艺术开阔了无限广阔的新天地。电影从黑白片发展成彩色片，色彩成为电影的表现手段之一，给电影带来色彩的蒙太奇新课题，又一次丰富了电影蒙太奇的世界。

蒙太奇的功能　通过蒙太奇手段，电影的叙述在时间、空间的运用上取得极大的自由。通过两个不同空间的运动的并列与交叉，可以造成紧张的悬念，或者表现分处两地的人物之间的关系，如恋人的两地相思。不同时间的蒙太奇可以反复地描绘人物过去的心理经历与当前的内心活动之间的联系。这种时空转换的自由使电影在很大程度上取得了小说家表现生活的自如。蒙太奇的运用，使电影艺术家可以大大压缩或者扩展生活中实际的时间，造成所谓"电影的时间"，而不给人以违背生活中实际时间的感觉。

蒙太奇这种操纵时空的能力，使电影艺术家能根据他对生活的分析，撷取他认为最能阐明生活实质的，最能说明人物性格、人物关系的，乃至最能抒发艺术家自己感受的部分，经过分解与组合，保留下最重要的、最有启迪力的部分，摒弃或省略大量无关轻重的琐屑，去芜存菁地提炼生活，获得最生动的叙述、最丰富的感染力。在《党同伐异》中，表现妻子在法庭上看着无辜的丈夫被判罪的痛苦时，只集中拍摄妻子痉挛着的双手。在《红色娘子军》里，琼花看到地主南霸天，便违反侦察纪律开了枪，紧接的镜头是队长把缴下来的琼花的枪往桌上一拍，省略了向连长汇报的经过。动作是中断了，但剧情是连续的，人物关系是发展的。这种分解与组合的作用，使电影具有高度集中概括的能力，使一部不到两小时的影片能如《公民凯恩》一样介绍一个人的一生，涉及几十年的社会变迁。

蒙太奇还有两个无法否定的重要作用。一是使影片自如地交替使用叙述的角度，如从作者的客观叙述到人物内心的主观表现，或者通过人物的眼睛看到某种事态。没有这种交替使用，影片的叙述就会单调笨拙。二是通过镜头更迭运动的节奏影响观众的心理。

蒙太奇的种种功能，使几代电影艺术家、理论家深信"蒙太奇是电影艺术的基础，没有蒙太奇，就没有电影"，认为电影要采用特殊的思维方式——蒙太奇思维的方式。

蒙太奇的分类　蒙太奇的分类没有统一的标准，也未形成统一的看法，不同的电影理论家都有过不同的蒙太奇分类法。V.I.普多夫金认为有5种不同的蒙太奇：①对比蒙太奇。如资本主义危机时期焚毁小麦与饥饿儿童镜头的连接。②平行蒙太奇。如普多夫金导演的《母亲》中，游行示威的工人队伍逐渐壮大与涅瓦河的冰块逐渐融化镜头的平行描绘。③隐喻蒙太奇。也可称为比喻蒙太奇或象征蒙太奇。例如以飞翔的海鸥象征对自由的向往等。④交叉蒙太奇。也可称为“动作同时发展”的蒙太奇。如《党同伐异》中最后一秒钟的营救。⑤反复蒙太奇。即代表着一定主题意义的事物，在关键时刻反复出现在画面中。

M.马尔丹把蒙太奇归纳为三类，即叙事蒙太奇、思维蒙太奇和节奏蒙太奇。爱森斯坦、**巴拉兹**、R.爱因汉姆也都有过不同的蒙太奇分类法，也有人认为过分烦琐的分类是徒劳无功的。艺术手段千变万化，不可能把它归纳成若干文法规范，随时会有艺术家创造出新的手法。当代法国电影理论家**J.米特里**认为蒙太奇的目的只是抓住观众的注意力，使之集中在被表现的事物上，首先是通过情节本身，通过情节所要求的生动的叙事来表达含义；其次是抒情，绘声绘色地抒发，墨酣情切地渲染。综上所述，不妨把蒙太奇归结为叙事的、抒情的和理性的（象征的、对比的、隐喻的）三大类，三者之间并无不可逾越的鸿沟。往往是在叙述的同时也抒发了感情，或者传达了作者的思想。

蒙太奇的理论探讨　格里菲斯虽然在实践中发展了蒙太奇，但是没有想到过总结或探索蒙太奇的规律和理论。苏联导演**L.V.库里肖夫**和他的学生爱森斯坦、普多夫金认真探索了蒙太奇的奥秘，影响了欧美各国电影理论家和电影艺术家。

库里肖夫认为电影的素材就是一段段拍下来的片段，演员的表演与场面的安排不过是素材的准备。库里肖夫做过一个著名的实验，在一个没有任何表情的演员的特写后面接上三个不同的片段，第一个是一盆汤，第二个是一口棺材，第三个是一位女孩。据说观众认为第一个片段的特写表情表现的是想喝那盆汤，第二个片段表现的是沉痛的悲伤，第三个片段表现的是愉快的微笑。库里肖夫借此实验证明，只要有目的地把两个不同的镜头并列起来，就能从中导引出新的含义。单个镜头的拍摄只是素材的准备阶段，唯有经由蒙太奇的创造过程，才能成为电影艺术。

爱森斯坦关于蒙太奇理论有一句名言：“两个蒙太奇镜头的对列，不是二数之和，而是二数之积。”爱森斯坦把辩证法应用到蒙太奇理论上，强调对列镜头之间的冲突。爱森斯坦认为单独的镜头只是“图像”，只有当这些图像被综合起来才形成有意义的“形象”。正是这样的“蒙太奇力量”才使镜头的组接不是砌砖式的叙述，而是“高度激动的充满情感的叙述”，正是“蒙太奇力量”使观众的情绪和理智纳入创作过程之中，经历作者在创造形象时所经历过的同一条创作道路。爱森斯坦在从事戏剧活动时提出所谓“杂耍蒙太奇”，在舞台上失败后，又认为电影才是实现“杂耍蒙太奇”的场地。所谓“杂耍蒙太奇”就是运用强烈的，哪怕是离开情节结构的镜头、插曲或节目来达到抓住观众的效果，从而使其接受作者要灌输的观点。

普多夫金对蒙太奇的视野则广阔些，他不把注意力只集中于蒙太奇的对比和比喻的作用，而是把蒙太奇作为既是叙述手段又是表现手段来看待。他在《论蒙太奇》一文的开头就声明：“把各个分别拍好的镜头很好地连接起来，使观众终于感觉到这是完整的、不间断的、连续的运动——这种技巧我们惯于称之为蒙太奇。”当然，这种工作不是刻板的机械的操作，也不是盲目的任意的编排，要把镜头组织成“不间断的连续的运动”，“就必须使这些片段之间具有一种可以明显看出来的联系”。这种联系可以只是外在形式的，例如前一镜头有人开枪，下一镜头一人中弹倒下，但更重要的是“深刻的富于思想意义的内在联系。”他还进一步指出在简单的外在的联系与深刻的内部联系两端之间，还有无数的中间形式。但总之，“一定要有这种或那种联系，直到尖锐的对比或矛盾”。因此，他又为蒙太奇下了个定义：“在电影艺术作品中，用各种各样的手法来全面地展示和阐释现实生活中各个现象之间的联系。”并认为蒙太奇决定于导演天资的高低，“这种天资使导演善于把生活现象之间的潜伏的内在联系，变为仿佛昭然若揭的、鲜明可见的、可以直接感受而不必解释的联系”。正因如此，巴拉兹说电影不是单纯的再现，而是真正的创造，优秀的导演不仅展示了画面，同时还解释了画面。

蒙太奇与长镜头　第二次世界大战后，法国电影理论家**A.巴赞**的电影评论文章在世界范围内起了很大影响。他的理论基础建立在“电影的照相本性”上。他认为一切艺术都是以人的参与为基础的，唯独照相有不让人介入的特权，电影的本性就是来自照相本性，其艺术感染力来自同一源泉：对真实的揭示。德国电影理论家**S.克拉考尔**也说“电影按其本质来说，是照相的一次外延”，他们认为电影的任务就是记录客观存在的世界。巴赞认为“唯有这冷眼旁观的镜头能还世界以纯真的原貌”，“清除我们的感觉蒙在客体上的精神锈斑”。巴赞认为电影导演的首要职责是尊重他所描绘的物质和事件，而不是表达他对它们的看法。“现实主义”要求我们抛开我们赋予世界的含义，以便恢复世界的本意。巴赞由此推论出他的理论的另一个基本点：蒙太奇应被禁用。因为蒙太奇的叙述方式隐含着把意见强加于观众的危险，电影往往强迫观众接受某种意识形态，而电影本性是反对这种做法的。他竭力推崇纪录片导演**R.弗拉哈迪**，以他在《**北方的纳努克**》中拍摄的因纽特人猎海豹一场为例，说明不用蒙太奇分切而连续拍摄的优越性，认为弗拉哈迪才是通过电影来发现世界，而不是用取自现实的画面来创造一个新的世界，借以表述自己的看法。

巴赞攻击蒙太奇的主要论点是：①蒙太奇论者不承认单镜头，不承认未经剪辑的电影片段是艺术。巴赞认为单个镜头就容纳着丰富的含义和艺术价值。他责怪爱森斯坦“把事件隐化了，而用另一种合成的现实或事件来代替它”，这是给所描写的对象“增添了东西”。②蒙太奇限制了电影的多义性而导致单义性，导演成了指挥观众的向导，观众只能接受他的看法而不能自行赏解影片的含义。巴赞认为现实是一个多层次的结构，而爱森斯坦把自然的含义砍到只剩下他自己个人的解释。他特别反对“杂耍蒙太奇”和隐喻、象征等理性蒙太奇，说这是把思想强加给观众，而尊重现实的导演应该在现实面前“自我消失”。③蒙太奇是文学性的，是反电影的。电影应当表达真正的时间流程、真正的现实纵深，而摄影的时空连续性与蒙太奇是水火不相容的。

巴赞提出通过景深镜头的运用来代替蒙太奇的手段。因为景深镜头有纵深感，可以把不同人物和他们之间发生的事件放在同一个镜头内，呈现在观众面前，由观众自己去“赏解”。当然，这又包含着演员调度与摄影机调度的运用，即利用演员位置的调动与摄影机的移动不断地跟摄人物。这样拍摄的镜头必然地有较长的长度，因此巴赞的理论又曾被称为“长镜头理论”。景深是为了保持剧情空间的完整性，**长镜头**是为了保持剧情时间的完整性，也就是为了达到巴赞所要求的“真正的时间流程，真正的现实纵深”，而不致为蒙太奇的分割所破坏。巴赞认为，蒙太奇是讲述事件，连续拍摄才是记录事件，才为观众保留了自由选择、对物相或事件解释的权力。

巴赞的理论在世界范围内引起电影创作上的一次大变革，也推动了长期停滞的**电影美学**的发展。但是电影界一般认为，巴赞完全否定蒙太奇，推崇景深镜头连续拍摄，具有片面性。

首先，批评蒙太奇论者把单镜头看成是无意义的，这是应该的，但也不能因此把任何单镜头都看成是意义完整的，或者要求所有镜头都是连续拍成的。所谓长镜头实质上是取消了“镜头”与“系列镜头”的区别，要求每个镜头是完整句子一样的“系列镜头”，甚至自成场次。任何一部影片必然有大量的意义不完整的镜头，必须与其他镜头连接起来才具有比较明确的或完整的意义。有时可能仅仅是为了叙述的便利，有时是为了戏剧效果，更多的时候是为了让观众看到镜头单独存在时看不到的含义，如前文所说的交叉蒙太奇、隐喻蒙太奇等。这是通过可见的具体形象，使观众意会到看不见的、丰富的人物内心活动或剧情的深刻思想内涵的方法。所以，镜头是既封闭又开放的形式，被动作内容所限制、封闭，但又由于与其他镜头的连接、对立而开放。镜头是独立的，又是互相依存的，即使是系列镜头，也不能离开影片总体的内容与形式而成为完整的艺术存在。

其次，不能因对景深镜头、连续拍摄的偏爱，而放弃蒙太奇所能取得的构成**电影空间**、**电影时间**的便利，放弃电影所特有的集中概括的功能，放弃声画蒙太奇的广阔天地。应该对景深镜头、连续拍摄的作用有充分的认识和重视，同时也要看到它的局限性。景深镜头不能摆脱画面的框子，而且有透视问题的干扰。人物处在不同层次上，远近事物的尺度就不同，所以就要用场面调度来配合，于是“照相本性”还是要受到人的干预。事实上，长镜头不过是利用了场面与摄影机调度代替蒙太奇组合，实现画面的范围和内容的更替。所以有人把这种手法叫作“镜头内部的蒙太奇”或“纵深蒙太奇”。

此外，连续拍摄只能是就一个场景而言，不可能对不同地点、不同时间的事件统统运用连续拍摄的方法。悬念片大师A.**希区柯克**曾经做过全片一个镜头拍到底的试验，完全取消蒙太奇，结果只能以失败告终。

真实不真实不取决于蒙太奇方法或是连续拍摄法。蒙太奇的确可以掩盖虚假的东西，但是，蒙太奇又不一定要造成不真实。反之，连续拍摄景深镜头也不能保证一定拍出现实主义的作品。

巴赞反对蒙太奇的最大原因，是认为导演成了指挥观众的向导，限制了影片的多义性。然而，与观众心理要求、视线转移要求相符合的蒙太奇是电影叙述所必需的。艺术作品允许并且需要艺术家的指引。现实主义不是照相式地复制生活，而是根据艺术家的世界观来反映生活。导演运用蒙太奇手段，不是如巴赞所指责的给现实附加了什么东西，而是根据自己的感受揭示出现实中原来就有的东西。纯客观的记录是不存在的。所谓“冷眼旁观”的摄影机捕捉到的“真实”仍然不免是根据导演的观点选择出的东西。

（张骏祥）

蒙太奇思维 montage conception 电影艺术家为塑造银幕形象而运用的一种形象思维方式，是影片创作者对现实生活观察、分析、概括并进行艺术构思所采取的一种特殊的思维活动。与其他艺术领域所运用的形象思维方式不同，蒙太奇思维以在运动中的具体的画面（包括表演动作、摄影机运动、造型设计、光影构图、色彩运用）和声音（包括人声、音乐、音响）等各种表现元素及其相互错综复杂的关系为基础，进行构思、设计和组合。因此它既能揭示现实生活中种种现象的内在联系，又能使镜头、场面之间具有连续性和节奏感，在时间与空间的表现上均有极大的自由，从而有可能使影片具有高度的集中概括能力以及强烈的艺术感染力。蒙太奇思维从写作文学剧本阶段开始，导演运用它在文学剧本基础上对未来影片进行总体设计和构思，并由摄影、演员、美术设计、录音、作曲、剪辑等创作人员共同工作而在银幕上实现。

（刘果生）

蒙太奇学派 montage school 苏联电影美学学派。兴起于20世纪20年代。以L.V.**库里肖夫**、S.M.**爱森斯坦**、V.I.**普多夫金**、D.**维尔托夫**等为代表的电影人力求用新的电影表现方法表现新的革命内容，他们研究创立了蒙太奇理论，并将理论付诸实践，拍摄了《**战舰波将金号**》《**母亲**》《**土地**》等运用蒙太奇的经典之作。

库里肖夫最有代表性的理论被称为“**库里肖夫效应**”，他提出了一项实验并由普多夫金具体操作完成：给俄国著名演员莫兹尤辛拍一个毫无表情的特写镜头，分别接在一盆汤、一口棺材、一位女孩的镜头之前，结果观众在观看过程中发现莫兹尤辛的情绪变化——分别对应着饥饿、悲伤和愉快。由此看到了蒙太奇构成的可

《战舰波将金号》剧照

能性、合理性和心理基础。

20世纪20年代初，爱森斯坦发表了文章《杂耍蒙太奇》，提出了一种电影结构方法，即选择具有强烈感染力的手段加以适当组合，作用于观众情绪，使观众接受创作者想要表达的思想。他把这种方法运用在戏剧和电影创作中。随后他又提出“理性电影（理性蒙太奇）”，强调镜头内部的冲突和两个镜头之间的冲突可以产生新的意义，进一步深化了蒙太奇理论。

普多夫金同样把蒙太奇视为电影艺术创作的基础，与爱森斯坦的理论不同，他认为蒙太奇就是要揭示出现实生活中的内在联系，是一种辩证思维的过程，强调剧本和演员的重要性，创立了“联想蒙太奇”理论，强调电影的叙事功能。

维尔托夫创建了“电影眼睛”理论，强调电影是对现实的即兴观察，反对故事片，但他并不是单纯的摄录现实，而是“用纪录手段对可见的世界做出解释”，强调将电影素材加以组织，引导观众领会创作者意图，从而达到明确的思想结论。他按照自己的理论拍摄了一些影片，如《电影真理报》《持摄影机的人》等。

20世纪30年代，蒙太奇探索受到苏联官方批判，蒙太奇学派逐渐开始转向社会主义现实主义的创作。蒙太奇学派给世界电影带来深刻影响，丰富了电影语言，作为一个独立、完整的电影实践理论体系，为当代电影技术提供了理论基础。

（张慧瑜）

蒙眼购片 blind buying 电影放映商提前订购尚未观看的影片的一种购买行为。又称盲目购买、盲目投标。蒙眼购片是美国大制片厂时代的一种市场策略。当时，电影制片公司要求放映商必须提前订购还没有看过的影片，从而确保影片顺利进入市场、获取收益并抢占更多市场份额。这是20世纪早期好莱坞大制片公司在开始投资和发展自己院线时所采取的一种影片发行和租映方式。放映商为了保证从大制片公司获得优质片源，确保市场领先，只能接受苛刻的协议。放映商需要预定未看

过的电影（有时电影甚至尚未开拍），并成批订购制片公司计划完成的一大批影片而非单独租借影片，有时一批影片数量高达50部。而在生产过剩的时期，放映商经常不得不预定数量超过其放映能力的影片，以获得能够吸引最多观众的影片。

蒙眼购片不仅是一种影片发行方式，更是好莱坞大制片公司垄断和控制市场的手段。这种发行机制受到了独立制片方、独立发行商和放映商的强烈反对，他们不断提出抗议和诉讼，指控大制片公司的经济霸权行为。1948年联邦法院颁布了《派拉蒙法案》，禁止大制片公司要求电影院对影片的盲目投标和整批订片的做法，规定必须采取一片一议、影院一家一议的交易方式，5部影片为一次购片的最大基数。这项反垄断裁决使得派拉蒙等好莱坞大电影公司放松了对旗下院线和放映环节的控制，打破了好莱坞大制片厂的垄断地位，从而进一步开放美国电影市场，也一定程度激活了美国电影业，使得院线制逐渐成为主流。（田　乐）

蒙古电影　Mongolian cinema　1935年，蒙古电影制片厂在乌兰巴托成立。1936年，开始拍摄纪录片。1937年，开始摄制定期的新闻杂志片。1938年，第一部由蒙古人导演的故事片《诺尔吉玛的道路》（T.那楚格道尔吉与P.谢弗菲尔联合导演）问世。

蒙古电影从诞生之日起即与苏联密切合作。一方面是苏联帮助蒙古培养电影专业人才，另一方面是合作拍片。蒙古的第一部故事片《蒙古之子》（1936）及著名影片《他叫苏赫巴托》（1942）是由苏联导演拍摄的。蒙古和苏联合拍的主要是革命历史题材影片，之后合拍的影片还有《草原勇士》（1956）、《结局》（1968）、《敌军士兵们，听着！》（1972）、《戈壁兴安岭之战》（1982）等。

20世纪50年代开始，蒙古民族电影事业日趋发展。蒙古电影制片厂在1961年和1978年经过两次扩建，年产能力得到提升。50年代至80年代，蒙古较重要的历史题材影片有《觉醒》（1957，导演C.甘登）、《人民的使者》（1959，导演P.吉格吉德）、《被抛弃的姑娘》（1961，导演P.奇米道索尔）、《洪水》（1966，导演吉格吉德）、《清澈的塔米尔河》（1970～1973，导演P.道尔吉帕拉木，根据文学作品改编）、《日蚀年》（1975，导演木·崩塔尔）、《大路开端》（1978，导演B.苏木胡）等。较突出地反映现实生活的影片有《什么阻碍我们》（1959，导演道尔吉帕拉木）、《给我一匹马》（1959，导演道尔吉帕拉木）、《我的爸爸在乌兰巴托》（1961，导演吉格吉德）、《女婿》（1970，导演吉格吉德）、《马达声声》（1973，导演苏木胡）、《相逢》（1974，导演H.尼亚木达瓦）、《翻过一山又一山》（1977，导演木·崩塔尔）、《天晴了》（1978，导演道尔吉帕拉木）、《布希胡的故事》（1980，导演L.胡克卓勒）、《五指连心》（1983，导演尼亚木达瓦与B.巴勒金尼亚木）等。

20世纪90年代，没有了国家财政对电影业的扶持，蒙古电影陷入了一段时间的低迷。拍摄完成的新电影很少，即便拍摄完成也无处发行放映，当时的许多电影院都被迫关闭。

21世纪后，蒙古电影开始有所起色。一些代表性的作品有《哭泣的骆驼》（2004）、《小黄狗的窝》（2005）、《森林里的珍珠》（2008）、《弦外之音》（2011）、《蓝斑人》（2012）、《博克多汗》（2012）、《不见七佛》（2012）、《阿奴哈顿》（2013）、《遥控》（2013）、《困在国外》（2014）、《起义者》（2015）、《母亲》（2016）、《草原骑手》（2017）、《智童侦探》（2018）等。2018年，蒙古国电影艺术研究院主办的“研究院奖”电影节在乌兰巴托举行。（王　琢）

孟广钧　Meng Guangjun（1927-05-15～　）中国电影翻译家。原籍山东莱州。生于黑龙江哈尔滨。其父经商。幼时曾在哈尔滨美国基督教青年会学校读书。1946年进哈尔滨苏联影片输出机构，为苏联影片翻译中文字幕。1948年去兴山，任东北电影制片厂（长春电影制片厂前身）翻译，与桴鸣、刘迟、袁乃晨等人一起完成了中国第一部华语对白的苏联译制片《普通一兵》。影片《普通一兵》1957年获文化部1949～1955年优秀翻译片一等奖。此后担任该厂翻译片处组长，相继翻译了《阴谋》《苏沃洛夫》《波罗的海代表》等影片，以及《侦察员的功勋》《愤怒的火焰》《罗马11时》《陀思妥耶夫斯基的二十六天》等近30部苏联和其他国家的电影剧本。

1954年随中国电影代表团赴苏联及东欧几个国家考察访问，回国后担任文化部电影局专家办公室副主任。1957年调中国电影出版社任外国电影书籍编辑室副主任，负责主编《国际电影》。1958年任外国电影书籍编辑室主任。1959年，电影研究所成立之初，被调去负责外国电影研究工作，组织编译了一批外国电影资料，扩大了电影界、文化界人士的视野。1960年中国电影工作者协会成立，当选为理事，任对外联络部部委兼中国电影出版社编审。曾任中国电影出版社副社长，第4届中国电影家协会常务理事、秘书长、书记处常务书记，第5届中国电影家协会主席团成员、理事。（茹　芩）

孟加拉国电影　Bangladesh cinema　1947年，印巴分治，孟加拉国划归巴基斯坦，被称为东巴基斯坦。1971年12月，印度和东巴基斯坦之间的战争结束，1972年孟加拉国成为一个独立国家。1953年，有志于电影事业的阿卜杜尔·贾巴尔·汗筹建了伊克巴尔电影公司。1956年，他以自己的舞台剧本为蓝本，摄制了故事片《面孔与面具》，被认为是孟加拉国第一部电影。此片大量采用外景，冲破了妇女不能参与表演的陈规，让女子走上银幕。影片摄制虽然比较粗糙，但具有鲜明的民族性，吸引了大量观众，获得了成功。

1957年，东巴基斯坦建立了电影发展公司，并开始营业。它为私人制片商提供设备和技术服务。这为后来的孟加拉国电影事业的发展进一步打下了基础。1956～1965年是东巴基斯坦电影的初创阶段，主要是以神话、民间故事和小说等为题材拍摄情节简单的故事片。在这一阶段，共拍摄28部影片，上座率较高的只有4部，这4部中有两部电影艺术水平较高，《天将破晓》（1958）在莫斯科国际电影节获金质奖，《玻璃墙》（1964）获1965年巴基斯坦国际电影节11项奖。

1965年，电影导演萨拉哈丁根据乡间传统戏剧所拍摄的电影《种植》公映后受到群众欢迎。因此，1966～1969年脱胎于乡村流动演出的民间戏剧“贾特拉”的影片迅速增加。1965年东巴基斯坦只生产了5部影片，1967年上升到14部，1968年达25部。1970～1975年，由于影片的乡村戏剧形式的局限性，而且囿于固定程式，所以“贾特拉”式影片在风行一时之后开始衰落。此时，社会政治矛盾尖锐化，电影界开始注意摄制反映社会现实的影片。1970年，导演Z.拉伊罕摄制了以争取独立斗争为背景的故事片《生活的掠影》。

孟加拉国独立战争时期，故事片停拍，让位于纪录片，其中影响较大的有《停止种族灭绝》《一个国家诞生了》《解放战士》等。孟加拉国成为一个独立国家后，电影事业得到发展，一大批后起之秀加入了电影工作行列，影片的形式和内容都深入新的领域，这个时期主要是以描写独立战争为题材的影片。其中艺术水平较高的有《那十一个人》《初升太阳的光焰》《孟加拉之虎》《战争》等。

1975年以后，随着政治形势的稳定，影片题材和风格趋于多样化，一些编导在提高艺术水平方面也进行了新的尝试，如描写残酷的教派仇杀的《早安》(1976)、叙述战争造成家庭不幸的《五彩缤纷的云》(1976)、歌颂一对青年男女突破贫富界线恋爱的《越界》(1977)、描述与盗窃犯做斗争的儿童影片《埃米尔侦察小分队》(1980)、反映1943年大灾荒时一个妇女悲惨遭遇的《不吉祥的房子》(1980)等。1976年生产了孟加拉语故事片46部、纪录片16部、新闻片26部；1981年生产孟加拉语故事片44部，进口英语片29部，拍摄纪录片18部（其中11部译成英语）、新闻片36部。达卡1979年有影剧院50个、座位35 837个；1981年时影剧院增至60个，座位有48 730个。20世纪80年代全国有300多个电影院，22.3万多个座位，全年观影2亿余人次。1982年，青年导演A.布里摄制了《新加坡之恋》。此片在新加坡拍了许多外景，故事曲折，采用电子乐器配乐，大量运用特技摄影，放映后很受欢迎，上座率很高，获得了成功。因而一些导演都寻找在国外拍摄外景的题材以吸引观众。21世纪后，孟加拉国拍摄了《一封未完成的遗书》(2010)、《电视风波》(2012)、《贾拉尔的故事》(2014)、《真诚的，达卡》(2018)、《女神》(2018)、《最后邮局》(2018)等。

孟加拉国电影的业务和行政管理隶属于新闻部，下属机构有电影发展公司、电影与出版局、电影学院与档案馆、电影审查委员会。除商业性电影发行、放映系统外，还有电影爱好者组织——电影协会（主要在达卡地区）。他们通过组织欣赏国内外优秀影片，举办讨论会、讲座，出版刊物等，培养和提高对电影的欣赏水平和促进制片水平。政府设立的电影奖有国家电影奖，每年评选一次，选出最佳的影片、导演、演员、配乐、剧本、摄影等20项。评选委员会由新闻部指定。此外，还有电影记者协会奖、电影制片人协会奖、达卡国际电影节等，其中达卡国际电影节由彩虹电影协会定期举办，是孟加拉国最有声誉的电影节。（任鸣皋）

梦露，M. Marilyn Monroe（1926-06-01～1962-08-05） 美国电影演员。生于加利福尼亚州洛杉矶，卒于加利福尼亚州布伦特伍德。童年生活凄惨，主要在孤儿院和寄养人家中度过。一度以摄影模特为业，并由此进入影坛。1948年，出演首部影片《斯库达，嚯！斯库达，嗨！》。1950年，在《夜阑人未静》和《彗星美人》中扮演

配角。20世纪50年代，成功地主演过多部商业片，主要扮演外貌性感、头脑简单的金发美女，如《绅士爱美女》(1953)、《愿嫁金龟婿》(1953)、《七年之痒》(1955）等。此后，开始改拍题材比较严肃的影片，如《公共汽车站》(1956)、《游龙戏凤》(1957）和《热情似火》(1959)等，其中凭借《热情似火》获第17届美国电影金球奖最佳女主角奖。1961年，与C.盖博合作出演影片《不合时宜的人》。1962年，在拍摄《濒于崩溃》期间由于服用过量安眠药而离世，以备受压抑而毁灭的形象永远留在了影迷心中。

《七年之痒》剧照

1999年，被美国电影学会评为“百年来最伟大女演员”第六名。（何　为）

《迷途的羔羊》 *A Lamb Astray* 中国故事片。联华影业公司1936年出品。编导，蔡楚生；摄影，周达明；主演，葛佐治、陈娟娟、郑君里、沈浮、黎灼灼。

故事讲述了孤儿小三子流落上海，与一大批和他命运相同的流浪儿童一起露宿街头。富翁沈慈航偶然发现小三子很像他死去的儿子，便强行收养他为义子。小三子后遭沈慈航的姨太太诬陷偷东西，被赶了出去。不久，他又和其他穷苦的孩子们流浪街头。一天他们饿极了，偷了几个面包，被警察追捕，孩子们逃进一座没有建成的摩天大楼。警察把他们追逼到最高的一层。上天无路，入地无门，面对茫茫的上海，孩子们惊恐的脸上流着绝望的眼

《迷途的羔羊》海报

泪。这时，画面上推出字幕：“各位！假如这些迷途的羔羊……无辜的孩子们，是你亲爱的弟妹，或者是儿女，你应该有什么感想？”

影片反映了20世纪30年代中国流浪儿童的悲惨生活，控诉了统治阶级对流浪儿童的摧残和蹂躏，赞美了穷苦儿童天真善良、纯朴友爱的美好心灵。影片内容丰富，手法洗练，将对黑暗势力的辛辣嘲讽和对流浪儿童的深厚同情有机地统一在一起，将喜剧手法和悲剧气氛和谐地统一在一起，将严肃广阔的社会生活和活泼诙谐的儿童情趣恰当地统一在一起，赢得了电影观众的喜爱。（黄加明）

米哈尔科夫，N.S. Nikita Sergeyevich Mikhalkov（1945-10-21～　） 苏联和俄罗斯电影导演、编剧、演员。生于莫斯科。1963～1966年在史楚金戏剧学校学习。

1971年毕业于全苏国立电影学院。学生时代曾在《勃尔斯克上空的乌云》和《漫步莫斯科》中担任重要角色。之后演出的影片有《点名》(1966)、《贵族之家》(1969)、《红帐篷》(1970)、《驿站长》(1972)、《西伯利亚颂》(1979)、《两个人的车站》(1982)、《残酷的罗曼史》(1984)等。他的表演流畅自然，幽默深沉。1974年首次执导影片《敌中有我，我中有敌》。继而又导演了《爱情的奴隶》(1976)、《未完成的机械钢琴曲》(1977)、《五个夜晚》(1979)、《奥勃洛莫夫一生中的几天》(1980)、《亲人》(1981)

和《没有证人》(1983)等。1987年在意大利完成根据A.P.契诃夫的小说《带哈巴狗的女人》改编的影片《黑眼睛》。1991年完成表现东西方文化碰撞的影片《乌尔加》(获1991年意大利威尼斯国际电影节金狮奖等奖项)。苏联解体后,拍摄的影片有《烈日灼人》(1994)、《西伯利亚理发师》(1999,获俄罗斯国家文艺奖)、《十二怒汉》(2007)、《烈日灼人2》(2010)。他所导演的绝大部分电影都是自己担任编剧,写有电影剧本《冒险》《仇恨》等。1977年获俄罗斯联邦功勋演员称号。1993年起任俄罗斯文化基金会会长。1997年任俄罗斯电影工作者协会主席。

(李小蒸 撰 芝芳 罗斯 修订)

米伦,H. Helen Mirren(1945-07-26~) 英国影视演员、话剧演员。原名伊莲娜·莉迪娅·米诺洛夫。生于伦敦。祖父是第一次世界大战时去往英国避难的白俄罗斯贵

族、外交官,祖母是俄罗斯女伯爵,父亲是俄罗斯人,母亲是英国人。曾就读于教育学院,后考入皇家中央演讲和戏剧学院。1965年,被英国国立青年剧院录取,出演了舞台处女作《安东尼和克莱奥帕特拉》。1967年,加入英国皇家莎士比亚剧团,演出了众多W.莎士比亚、A.P.契诃夫的戏剧。

米伦思想前卫,是一个坚定的女权主义者,她用裸露的身体反抗当时英国社会对女性身体自由的禁锢,并以大尺度的表演,在舞台和荧屏上尽情宣扬其女性立场。1968年,在戏剧《特洛伊罗斯和克瑞西达》中几乎全裸出演,引起英国媒体哗然。1969年,在M.鲍威尔执导的《沙滩上的夏娃》中几乎全裸出镜的表演,再次引起公众的关注。1972年,进入英国戏剧和电影导演P.布鲁克在法国巴黎创办的国际戏剧研究中心学习。1974年,回到英国皇家莎士比亚剧团,出演莎士比亚戏剧《麦克白》,以精湛的表演赢得了各界好评。1984年,出演《卡尔》,获第37届法国戛纳国际电影节最佳女演员奖。1994年,主演《疯狂的乔治王》,获第48届法国戛纳国际电影节最佳女演员奖。2001年,主演《高斯福庄园》,获第6届美国纽约影评人协会奖最佳女演员奖和第74届美国电影奥斯卡奖最佳女配角奖提名。

《卡尔》剧照

2006年,在S.弗雷斯执导的《女王》中饰演英国女王伊丽莎白二世,获第63届意大利威尼斯国际电影节最佳女演员奖、第64届美国电影金球奖最佳女主角奖、第60届英国电影学院奖最佳女主角奖、第20届欧洲电影节最佳女演员奖、第73届美国纽约影评人协会奖最佳女主角奖和第79届美国电影奥斯卡奖最佳女演员奖。2010年,出演《最后一站》,获第4届意大利罗马国际电影节最佳女主角奖。2015年,出演电影《女王》的百老汇舞台版《观众》,获第38届劳伦斯·奥利弗奖最佳女演员奖和第69届安东尼特·佩瑞奖(托尼奖)话剧类最佳女主角奖。

《女王》剧照

米伦还活跃于电视屏幕,出演了多部电视剧并获得一系列奖项。1991~2006年,在英国广播公司(BBC)系列电视剧《头号嫌疑犯》中饰演女警察珍妮,展现出其用表演控制叙事的能力,连获第45届、46届、47届英国电视学院奖最佳女演员奖。1996年,主演《失败的追击》,获第54届美国电视金球奖最佳女主角奖。1999年,出演《兰德的激情》,获第51届美国电视艾美奖最佳女主角奖。2007年,饰演《伊丽莎白一世》中的女王伊丽莎白一世,获第64届美国电视金球奖最佳女主角奖和第59届美国电视艾美奖最佳女主角奖。2019年,主演《叶卡捷琳娜大帝》,获第77届美国电视金球奖最佳女主角奖提名。

从情色演员到艺术女王,米伦尽情释放着自己率真睿智的个性和探索艺术的执着态度。她出演的影片还有《赫洛斯塔图斯》(1967)、《野蛮救世主》(1972)、《幸运儿》(1973)、《罗马帝国艳情史》(1979)、《漫长美好的星期五》(1980)、《黑暗时代》(1981)、《蚊子海岸》(1986)、《厨子、大盗、妻子和情人》(1989)、《陌生人的安慰》(1990)、《赤焰战场》(2010)、《米其林情缘》(2014)、《爱在记忆消失前》(2017)、《温彻斯特》(2018)等。2003年,被英国女王伊丽莎白二世授封为大英帝国女勋爵。2011年,获第33届俄罗斯莫斯科国际电影节杰出成就特别奖。2012年,获第25届欧洲电影奖欧洲影人世界电影杰出成就奖和第47届捷克卡罗维发利国际电影节杰出电影艺术贡献奖。2014年,获第67届英国电影学院奖终身成就奖。2020年,获第70届德国柏林国际电影节终身成就奖。

(许 婧)

米特里,J. Jean Mitry(1907-11-07~1988-01-18) 法国电影理论家、电影史学家、导演。生于苏瓦松,卒于巴黎。1925年起担任电影俱乐部秘书长,为电影刊物撰写评论文章。曾做过法国先锋派导演M.莱皮埃的助手。1936年2月与H.郎特罗瓦、G.弗朗叙合力创办法国电影资料馆。1949年起,拍摄了一系列把音乐形象转化为银幕形象的实验影片,如《太平洋231》(1949)、《德彪西作品的形象》(1951)等。米特里的重要电影著作是多卷本《电影史》,《电影史》以电影语言的演进为纲,探讨了电影艺术形式的发展。他的两卷本《电影美学与心理学》(1963),对艺术史、绘画、音乐、节奏、电影形式和结构做了综合论述,是当代重要的百科全书式的电影美学专著。米特里的电影著作和理论观念不偏执,富有辩证精神,被誉为电影界的黑格尔。

(崔君衍)

缅甸电影 Burmese cinema 1910年,缅甸开始进口外国影片,以印度和英国的居多。1911年,缅甸电影之父吴翁貌开始钻研电影的制作技术,克服种种困难,于1919年完成缅甸第一部纪录片《赴英谈判的缅甸代表吴吞辛的葬礼》。1920年10月13日,吴翁貌自导自摄完成缅甸第一部无声故事片《爱情与酒精》,该片在仰光上映后获得成功,这一天被定为缅甸电影的诞生日。1921年,吴翁貌集资创办了缅甸第一家电影公司——缅甸电影公司(1923年归缅玛阿瑞公司)。之后又拍摄《农村姑娘玛努》,博得观众好评,缅甸的电影制片业由此发展起来。到第二次世界大战之前,仰光、曼德勒、毛淡棉、腊戌等城市不断涌现新的电影公司,但能够长久维持下来的不多。

20世纪20～30年代，缅甸的影片以爱情片和**家庭伦理片**为最多，此外也有历史故事片、神话故事片、佛教故事片以及少量喜剧片、打斗片。此时，还拍摄了一些反对英帝国殖民主义的影片。1931年，英缅公司出品了缅甸第一部有声故事片《勃迪克亚金屋和梭罗王》，但由于缅甸电影院大部分没有放音系统，所以无声片的摄制一直持续到1957年才终止。第二次世界大战期间，缅甸电影业完全停顿。自1946年下半年始，各电影公司才又开始拍片。在民族独立运动日趋高涨之中，缅甸的电影工作者为争取民族独立作出了自己的贡献，拍摄了一些唤醒民众、教育人民、鼓舞斗志的反殖民主义及争取独立的影片，如《游击队》《血盟同志》《第一号敌人》《革命之死》《勇敢的青年》《血与土地》等。

1948年，缅甸宣告独立，电影事业随之也进入新的发展阶段，涌现出一批新的电影公司。部分电影公司掌握了彩色片的技术，摄制了《爱得对》《爱情的传统》《佛的一生》等16毫米彩色影片，但是由于资金不足、摄制成本高、技术要求高等原因，产量很少。1951年，缅甸政府投资创办了新闻纪录影片公司，该公司是缅甸唯一的纪录影片摄制机构，也是唯一的国营制片公司。该公司随后摄制了缅甸第一部大型纪录片《我们的联邦》。政府为了提高电影艺术水平，激发电影工作者的创作热情拍出更多的优秀影片，于1952年成立了电影评选委员会，每年评选最佳影片和最佳演员。虽然政府支持和鼓励本国电影的生产，但是由于缅甸没有完整的电影生产基地，故事片生产还是有很大困难。20世纪50年代著名的影片有《李生姐妹》《自己的孩子》《爱之花》等。1962年，政府规定各公司在拍摄新片之前，要首先将剧本送交有关政府部门审查，获准后才能开拍。1963年，政府审查机关撤销了自1948年以来摄制的数十部鬼怪片的放映权，鬼怪片自此基本绝迹。60年代著名的影片有《爱情的泪》《妙塔林林》《马马中尉》《国外的印度人》等。

1972年，缅甸政府宣传部将政府的几个电影机构合并为缅甸电影公司，主管所有影片的审查、发行、放映和新闻纪录片的摄制。1976年，缅甸电影理事会改组为缅甸电影理事会组织委员会。这是一个群众性组织，由著名电影导演、演员、剧作家、作曲家和电影公司老板们组成。该组织负责向政府有关部门转达电影界的意见，汇报电影界的工作，加强各公司之间的联系和合作。20世纪70年代以来，由于电影界的一再呼吁，政府更加重视电影业的发展，尽可能地提供电影界所需胶片、化学药品及各种器材。20世纪80年代，平均每年出品70～80部故事片。从内容上看，爱情片和家庭伦理片占绝大多数，其次是武打片、神话故事片等，情节都比较简单，艺术与技术质量一般。从80年代末开始，在电影、录像机、外国电影和社会动乱的综合影响下，缅甸电影严重下滑，1988年没有出品一部电影。20世纪90年代前期，缅甸电影年产量只有15部左右。鼎盛时期，全缅甸共有电影院400多家，但到了21世纪10年代，仰光只剩下71块银幕。

2013年，昂高赖导演的影片《克耶邦美人》在东盟国际电影节上获得特别评审团大奖，昂高赖在缅甸率先使用了环绕立体声技术。2018年，缅甸公映了83部本土电影。2019年，缅甸首部3D电影《伟大的缅甸》公映。（英伯沙　支菲娜）

民新影片公司 Minxin Film Corporation　中国早期私营电影企业。前身是1921年由**黎民伟**、黎海山、**黎北海**筹组的民新制造影画片有限公司。1923年在香港正式成立。以拍摄新闻片为主，拍摄了《中国国民党第一次全国代表大会》《国民革命军海陆空大战记》等影片。1924年黎民伟带摄影机到北京，为梅兰芳拍摄《西施》中的“羽舞”、《霸王别姬》中的“剑舞”，以及其他京剧舞蹈片段，剪辑成一部两本长的戏曲短片，曾多次在影院映出。同年冬，民新在广州建立摄影场并创办“民新演员养成所”，黎民伟热情地为当时的广东革命政府拍摄了一批反映孙中山革命活动的新闻纪录片。黎北海则编导了根据《聊斋志异》中的《胭脂》改编的同名时装影片（8本），**林楚楚**饰胭脂，黎民伟扮演男主角，公映后颇得好评。后因香港大罢工和内部管理不善等，民新制片工作暂停。1926年，黎民伟到上海发展，和曾留学法国的珠宝商李应生组建上海民新公司，在上海建立厂地，除摄制影片外，还承办代理拍片、冲洗、染色和放映等业务，并开办民新影戏专门学校，培养人才。黎民伟主管制作和技术，李应生主管经济和营业，演员大多是他们二人的家属和好友。后聘请欧阳予倩、**侯曜**、**孙瑜**等参加编导工作。初期的制作态度比较严肃，但因编导的思想认识不一，拍摄的影片瑕瑜互见，其中既有欧阳予倩创作的现实题材影片《玉洁冰清》(1926)、《三年以后》(1926）和《天涯歌女》(1927)，也有侯曜编导的《和平之神》(1926)、《海角诗人》(1927)、《西厢记》(1927）等颇具探索意义的影片。1927年后，民新拍摄了《木兰从军》(1928）等古装片、武侠片，至1929年，先后拍摄了20多部。同年，李应生退出，民新开始与**罗明佑**的华北电影公司合作拍片，不久并入**联华影业公司**。（陈　野　赵卫防）

《泯灭天使》 *The Exterminating Angel*　墨西哥故事片。古斯塔夫·阿拉特里斯特制片公司等1962年出品。编剧，**L.布努埃尔**、L.阿尔科里萨；导演，L.布努埃尔；摄影，G.菲格罗亚；主演，S.皮纳尔、E.兰巴尔、A.本尼迪托等。

故事讲述了20位资产阶级上层男女听完音乐会后，受邀到诺维莱夫妇家里吃晚餐，而后遭到莫名的诅咒，再也走不出这栋寓所。随时间推移，这些高贵人士携带的文明特质逐渐丧失，堂皇的居室变得狼藉一片，被幽闭的富人们出现了集体谵妄症，几乎走向毁灭。一位客人偶然间发现了逃生之道。他们到大教堂举行弥撒，结果诅咒重演，他们与神父再次被困在教堂里。

影片灵感来源于导演1940年旅居纽约时的构思：一群资产阶级人士被困在一栋豪宅里。影片内容似乎是一场不能醒来的噩梦，表达了每一个人是自己时代下无可救药的囚徒，唯有想象力和诗能将人从精神的牢笼里解救出来。影片上映后，遭到墨西哥主流评论界的抨击，但受到新一代电影人的喜爱。（魏　然）

《明星半月刊》 *Star Semi-Monthly*　中国电影杂志。1935年4月16日在上海创刊。初为半月刊，后改为月刊，易名《明星》。为16开本。由**明星影片公司**编辑、出版，上海华威贸易公司发行，主要面向国内各地及南洋。高季琳（柯灵）、范烟桥等历任主编。1937年“八一三”事变后，因战事停刊，共出48期47本。杂志每期均有黑白照片、图画、文字三部分，图文相映，颇为生动。杂志以介绍明星影片公司生产出品的影片为主要内容，刊载故事台本、摄制情况、演职员介绍、创作经验、国外电影及理论介绍等诸多方面的文字。1936年明星公司进行改组，设立二厂，同年7月16日出版的《明星半月刊》(第六卷第一期)，作为《明星公司革新号》，刊载了《明星公司革新宣言》，阐明了“为时代服务”“摄制国防电影”的新的制片方针，表现出明星影片公司电影工作者救亡图存的爱国热情和复兴中国民族电影事业的良好愿望。《明星半月刊》记载了明星

影片公司兴衰发展的历史，是研究早期中国电影发展状况的重要资料。（黄加明）

《明星特刊》 *Star Special Issue* 中国电影杂志。1925年5月1日在上海创刊，不定期刊。由明星影片公司编辑发行，周剑云、宋痴萍主编。32开本。每逢明星影片公司一部新片完成，即出该片特刊一期。1928年1月20日停刊，共出了29期，均为铅印，以文字为主，彩色封面。每期印两万册，由上海及外地各大书店、各影戏院发行。第一期为《〈最后之良心〉号》，创刊号上刊载的《本刊之使命》一文说明："本刊为明星之言论机关，以唤醒制片同业，促进中国影戏，介绍新片内容，研究银幕艺术为宗旨。"杂志每期着重介绍一部影片，包括电影本事、字幕说明、拍摄台本、演职员介绍、创作经验谈、简短影评等多方面内容，每期附有该片剧照20余幅，图文并茂，较为生动；也不时刊登一些外国电影介绍，外国电影理论方面的译文和影剧广告。在20世纪20年代的电影书刊中，《明星特刊》是比较严肃正派，较具学术性、知识性、专业性而较少商业性和低级趣味的电影书刊之一，是研究20世纪20年代中国电影事业的重要资料之一。（黄加明）

明星影片公司 Star Film Corporation 中国早期私营电影企业。1922年3月，由张石川、郑正秋、周剑云、郑鹧鸪、任矜苹等人共同发起，创办于上海。初期摄制滑稽短片，1923年拍摄了《孤儿救祖记》，获得了巨大的商业成功，随后开始摄制长故事片。公司坚持"教化社会"的宗旨和电影与民族文化传统结合的艺术主张。1927年，摄制了《火烧红莲寺》，开中国影坛神怪武侠片之先河。1931年，试制成功中国第一部蜡盘配音有声片《歌女红牡丹》。1932年，邀请夏衍、阿英、郑伯奇任编剧顾问，促成与左翼文艺工作者的合作，为中国共产党地下组织领导电影事业提供了契机。之后，较短时间内拍摄了《狂流》《春蚕》《铁板红泪录》《女性的呐喊》《上海二十四小时》《脂粉市场》《盐潮》《姊妹花》等一批以反帝反封建为主题的影片，成为左翼电影运动的基本阵地。

1934年艺华影业有限公司被捣毁后，明星影片公司上层一度出现短暂的徘徊。不久，又主动找到中国共产党的电影工作者，要求实行第二次合作，并于1936年7月1日，进行了革新和改组，明确提出"为时代服务"的制片方针，建立了明星一厂、二厂。二厂吸收了由电通股份有限公司转来的一批左翼电影工作者。改组后，公司面目有所改观，相继拍摄了《生死同心》《压岁钱》《十字街头》《马路天使》等影片。1937年7月抗日战争全面爆发，明星公司制片基地严重受损，遂停办。

1922～1937年，明星影片公司共拍摄影片200余部，培养了包括编剧、导演、演员、摄影、美工、录音、剪辑、洗印、发行在内的一整套人才，经历了从无声片到有声片的变革，为发展中国民族电影事业做出了积极努力，为中国共产党对中国电影事业的领导提供了一定的条件，是一个为中国早期民族电影事业兴起、发展、美学进步作出过有益贡献的电影公司。（黄加明）

《明星月报》 *Star Monthly* 中国电影杂志。1933年5月1日在上海创刊。月刊，16开本。由明星影片公司编辑、出版，上海华威贸易公司发行。主要撰稿人有黄子布（夏衍）、席耐芳（郑伯奇）、张凤吾（阿英）、郑正秋、张石川、沈西苓等。1935年1月1日，出版至第二卷第六期后自行停刊，共出有12期。后另出《明星半月刊》。《明星月报》是在左翼电影运动蓬勃发展中出版的。它在《创刊旨趣》（第一卷第一期）中明确宣布"电影是属于大众的""是大众所需要的银色的安慰"。在创刊号上，刊登了席耐芳、张凤吾、尘无（王尘无）撰写的3篇重要理论文章，详尽地阐述了左翼电影运动反帝反封建的方针、任务和大众化路线，是左翼电影运动的纲领性文献。作为明星公司的宣传刊物，该刊以相当的篇幅刊登了明星公司出品影片的剧照、本事、演职员表、电影小说和插曲歌谱，介绍了《脂粉市场》《春水清波》《上海二十四小时》《女性的呐喊》《压迫》《女儿经》《到西北去》等影片，并收入《春蚕》《青春线》《人伦》等一些比较重要的影片剧本。此外，还发表明星公司的片场速递，报道各摄制组的行程经过和拍片趣闻。不同于一般的公司宣传刊物对本公司出品的一味溢美，该刊本着对中国电影界发展前景所负的责任，发表了不少电影理论、评论、技术和史料类文字。如《关于影评问题》《中国电影的本质问题》《论电影宣传》《中国电影的检讨——从表面的转变说到今后的趋势》等。同时，也登载了介绍苏联进步电影理论的文章和苏联影片（《生路》）的电影剧本。与同时期的一些电影刊物相比较，《明星月报》有着鲜明的反帝反封建立场，是左翼电影阵地中具有一定影响的论坛之一。（黄加明）

明星制度 star system 由影视界操纵的，以制造明星偶像、鼓励明星崇拜为手段，旨在推销产品、提高利润的商业运作惯例。1910年，美国环球影片公司老板K.力默尔发现某些演员主演的影片总是拥有大量观众，电影公司可以利用演员知名度向影院加价。于是他打破常规，聘用一名当红女演员，给她提高酬金，同时赋予她在银幕上使用自己名字的权利。从此，观众得知银幕上那位迷人的被称作"比沃格拉夫女郎"的演员真名是F.劳伦斯。劳伦斯成为世界上第一位影视明星。美国的其他制片公司见此法有利可图，遂群起效仿，并最终风靡世界影坛。

自从第一个明星产生后，影视界对于生产明星越来越熟练，最终形成了不成文的操作程序，以工业化的流水线方式批量制作明星品牌。在生产前的选材阶段，制片人或高价起用最近在某部作品中获得成功并拥有一定知名度的新演员，或瞄准当前可被商业利用的普遍社会心理需求和观众的观影期待，物色能够契合这种需求和期待的演员，经过一系列包装，让他（她）们充任男（女）主角。在制造明星时，一般保持明星们独特的表演风格，让他（她）们始终扮演某一种类型的角色，强化具有明星本人个性特征的类型化表演，使之保有对观众的长期吸引力，甚至成为观众心目中的理想人物或崇拜的偶像。以美国《007》系列为代表的续集影片就是打造明星的标本。

明星是无法凭空崛起的。在影视作品准备、制作、发行的全过程，媒体是影视界"造星运动"的共谋者和获益者，媒体运用热播、全程报道、跟踪报道等炒作方式，全方位宣传明星的艺术道路、人生历程，甚至是隐私与花边新闻，挑逗受众的好奇心和窥视欲。在好莱坞的一般影片中，宣传发行费用已经占到总投资的三分之一以上，有的影片甚至占到一半。

在好莱坞，卖座明星的地位一度超过导演和编剧，一些名声极大的明星能决定接手影片的风格，是影片制作的中心和主导力量。有时，影片其实就是为明星量身定做的，目标指向明星演员已经定型的银幕性格特征。20世纪50年代后，明星制度显示出衰落的征兆，导演中心制取代了明星制，但这并不意味明星就此陨落。制造明星、用明星吸引观众的传统做法，依然是影视界的主要手段之一。

明星制度是电影历史发展的必然产物，它为挽救一些濒临倒闭的制片公司、促进电影的进步作出了不可磨灭的贡献。（陈 青）

《摩拉湾》 *Moana* 美国纪录片。又译《摩阿拿》。派拉蒙影业公司1926年出品。导演，R.弗拉哈迪；摄影，R.弗拉哈迪。

《摩拉湾》剧照

影片在充分了解波利尼西亚群岛部族原生态生活方式、传统文化的基础上，以日常生活为轴线，记录了波利尼西亚人传统的生活，如做饭、钓鱼、打猎、聚会、仪式等。影片延续了导演以往的创作模式，许多场景源于“搬演”，如为了还原传统的波利尼西亚人的传统生活方式，弗拉哈迪虚构了家庭关系，让拍摄对象穿传统民族服饰。影片试图透过对日常文化的细节记录，关注人类的生存状况，是一部具有丰富文化历史底蕴的纪录片。（赵 远）

《魔灯》 *Laterna Magica* 瑞典电影著作。为瑞典电影导演I.伯格曼的自传，成书于作者宣布息影后的1987年。作者在书中用朴实真诚的语气回顾和总结了自己的创作历程和人生故事，包括成长经历、爱情婚姻、电影创作等。书中指出了作者与电影的结缘，来自他童年时期用锡兵玩具换得的一个魔灯外形摄影机，这个摄影机燃起了他对电影的热情，也开启了他之后的艺术生涯。作者借由魔灯这个词用作自传的书名，从另一个层面也隐喻了自己的电影人生。作者在书中回忆了自己的童年家庭生活，其中父母不幸的婚姻、对死亡的

《魔灯》封面

恐惧、宗教思想观念的束缚，对其电影创作产生了重要影响。书中讲述了作者自己青春期对女性荷尔蒙的冲动以及5段婚姻经历，回答了其电影作品中的虚无主义及哲理思考的来源。

全书如同作者的电影一样，是其现实、记忆与梦境的统一体，是一个关于伯格曼电影生涯的真实记录，也是一扇通向伯格曼心灵的门。伯格曼在书中通过真诚的笔调叙述，为人们更好地了解他的作品提供了深层次的心理依据。

该书中文版由刘森尧译，广西师范大学出版社2005年出版。（孙承健）

魔幻片 fantasy film 表现存在魔法、巫术等神奇法力的虚幻世界的一种电影类型。魔幻片一般以神话思维和想象力为基础，综合运用神话故事、民间传说、历史故事、小说等原型，讲述原有魔幻世界秩序被打破，主人公经历百般磨难、克服种种阻力，最终率领各种奇幻生灵团队打败恶魔阵营，重建稳定世界秩序并成长为英雄的故事。魔幻片常常以魔法、巫术、咒语、法器、法典等元素，构建一个与现实世界并存的魔幻世界及一些非人类的奇幻生物、具备超能力的人类。魔幻世界中生活着人、神、兽、魔、精灵、巫师等，他们各有专属的空间，并有异于现实世界的秩序与通行规则。当魔幻世界的正常秩序被打破时，形成正义与邪恶两个阵营，正义团队最终战胜邪恶阵营，形成和谐失衡、英雄救世、正必胜邪的叙事模式。魔幻片以现实世界为基础，包含着亲情、友

《西游·降魔篇》剧照

情、爱情等人类情感及信任、意志、勇气、正义等人类品质，表现出对和平的热爱及坚守家园意识。世界早期电影《斯诺菲拉图》《绿野仙踪》《爱丽丝梦游仙境》及中国早期武侠神怪片《三奇符》《焚灯鬼影》《白蛇传》已呈现出“魔幻”色彩。数字技术的发展促进了电影特效水平的提高，为魔幻片带来了更为逼真的视听效果。《魔戒》《哈利·波特》《暮光之城》《纳尼亚传奇》等系列电影真正将作为一种类型电影的魔幻片推向了电影界。21世纪后，《蜀山传》《钟馗伏魔》《画皮》《九层妖塔》《西游·降魔篇》《寻龙诀》等一大批具有魔幻元素电影的出现催生了中国式“魔幻片”。（忆 帆）

《魔女宅急便》 *Kiki's Delivery Service* 日本彩色动画片。德间书店、日本电视台和吉卜力工作室1989年联合出品。原作，角野荣子；编导，宫崎骏；美术设计，大野广司。

故事讲述了住在某个乡下小镇的少女琪琪，她生于魔女之家，依家族古训，要在13岁这年的满月之日离开家乡，到一座没有魔女的新城市展开独立生活，完成魔女修行。她学着骑上妈妈的扫帚，带着小黑猫吉吉来到海边城市克里克。起初，她不能适应城市的生活节奏，也感受到大城市对魔女的疏离。她借住在好心的面包店女店主索娜家的二楼，运用骑扫帚飞行的专长开了一家速递公司，随后邂逅了以制造人力飞行器为梦想的少年蜻蜓。琪琪独自面对孤独、忧虑和思乡之情，并在挫折中逐渐成长。

《魔女宅急便》剧照

影片沿袭了导演宫崎骏作品中多见的关于女性成长的主题，刻画了从地方来到大城市生活的具有女性独立的琪琪形象，同时也成功塑造了作为琪琪成长的见证者和魔女身份证明人的黑猫形象，另外也描绘了丰富的中老年妇女形象。影片对原作中强调的幻想童话色彩进行了大幅压缩，将魔法仅仅作为一种最基本的生存技能来描写。影片从人物形象设计、场景设计、剧情完整程度、对飞行的描写等各方面来讲，都是导演宫崎骏作品中较有代表性的。影片1990年获第13届日本电影学院奖最具话题影片奖和特别奖。（支菲娜）

莫里康内，E. Ennio Morricone（1928-11-10～2020-07-06） 意大利影视作曲家、指挥家、小号演奏家。生于罗马，卒于罗马。少年时期学习小号，1940年进入罗马圣塞西莉亚音乐学院继续学习小号、作曲、合唱音乐。1946年，为《青年》组曲创作了钢琴伴奏声乐作品《早晨》，并在接下来的几年间继续创作该类型的古典音乐作品。

20世纪60年代初，创作了一系列喜剧配乐。1964年，为西部片《荒野大镖客》创作配乐。1986年，为电影《战火浮生》创作音乐，次年获第44届美国电影金球奖最佳电影配乐奖。1998年，为电影《海上钢琴师》创作音乐，2000年，获第57届美国电影金球奖最佳电影配乐奖。2007年，获美国电影奥斯卡奖终身成就奖。2014年，为电影《八恶人》创作音乐，2016年，获第88届美国电影奥斯卡奖最佳原创音乐奖、第73届美国电影金球奖最佳原创电影配乐奖。另有5部影片入围美国电影奥斯卡奖最佳原创音乐奖：《天堂之日》（1978）、《战火浮生》（1986）、《铁面无私》（1987）、《巴格西》（1991）和《西西里的美丽传说》（2000）。

创作的音乐体裁多样、涉猎广泛，是一位颇具才华、实验性与影响力的作曲家。为超过500部电影、电视剧作品创作了音乐。同时，还创作了超过100部的古典音乐会作品。曾获意大利共和国勋章。他的电影音乐作品还获得了美国电影金球奖、英国电影学院奖、法国电影凯撒奖、意大利电影大卫奖、欧洲电影奖等多个电影音乐创作奖项。主要电影音乐作品还有《西部往事》（1968）、《驱魔人2》（1977）、《美国往事》（1984）、《天堂电影院》（1988）。

（杨宣华）

《莫斯科不相信眼泪》 *Moscow Does Not Believe In Tear* 苏联彩色故事片。莫斯科电影制片厂1980年出品。编剧，V.切尔内赫；导演，V.V.缅绍夫；摄影，I.斯拉洛维奇；主演，V.阿莲托娃、I.穆拉维耶娃、A.V.巴塔洛夫。

故事发生在1958年的莫斯科，女工卡捷琳娜因女友怂恿而冒充教授女儿，受

《莫斯科不相信眼泪》剧照

到摄像师鲁道里的追求并相恋怀孕。但当鲁道里知其女工身份后又抛弃了她。20年后她成为厂长，通过朋友聚会与豪爽、热情、正直的钳工果沙相识并相爱，自尊感极强的果沙知其厂长身份后离她而去。卡捷琳娜备感痛苦，女友开导她："莫斯科不相信眼泪，要想获得，必须行动。"在女友帮助下，这对中年恋人终于开始新的生活。

影片贴近生活，真实而细腻地展现了卡捷琳娜这代苏联中年人的命运和心路历程。影片围绕女主人公两次阴差阳错的情感经历推进剧情，表现了当时现实社会人们对道德、人生的理解和思考。影片公映后在苏联和国际影坛引起热烈反响。影片1981年获苏联国家奖、第53届美国电影奥斯卡奖最佳外语片奖。

（仲　霞）

莫斯科电影制片厂 Mosfilm 苏联最大的电影制片厂。初成立于1924年，自1927年始在列宁山上建厂，由"国影"公司第一、第三分厂合并组建，当时名为"国影一、三厂"。在以后的10多年间，名称一再改变。1936年定为现名。先是综合性制片厂，自1935年始，只生产故事片。战争期间，莫斯科电影制片厂迁至阿拉木图，曾并入中央联合制片厂。至苏联解体时，共有摄影棚13个，另有录音棚及其他技术厂房、车间。有10个创作集体，年产55部故事片（40部影片和15部电视片）。创作的作品主要有：《战舰波将金号》（1925）、《我们来自喀琅施塔得》（1936）、《列宁在十月》（1937）、《列宁在1918》（1939）、《区委书记》（1942）、《伊凡雷帝》（1945、1948）、《第四十一个》（1956）、《雁南飞》（1957）、《共产党员》（1958）、《战争与和平》（1967）、《红莓》（1974）、《莫斯科不相信眼泪》（1979）等。苏联解体后，成为一家私营公司。

（章柏青）

莫斯科国际电影节 Moscow International Film Festival 苏联、俄罗斯国际电影节。世界上最重要的国际电影节之一。1959年由苏联电影部门创办，1991年苏联解体后由俄罗斯电影部门接办。1959～1995年，每两年举办一次，7月或8月举行，为期两周。1997年宣布每年举办一次，1998年由于资金问题并未举办，自1999年开始每年举办一次。自创办以来，规模不断扩大。电影节的主要目的是通过放映具有艺术价值和思想内容的影片，促进各国电影工作者交流经验和相互合作。主要活动项目有：①由三个评委会分别对故事片、儿童片、短片进行评奖；②举行会外展映和专场展映；③分别召开各种专题讨论会；④举办回顾展；⑤开设电影市场。奖项较多，主要有金质奖、银质奖、评委会特别奖。分别授予最佳影片、导演、男女演员等。首届时中国开始参加，并数次获奖。

（陈振兴）

莫斯科国立电影学院 Russian State University of Cinematography 苏联、俄罗斯电影教育机构。前身是莫斯科摄影研究所。成立于1919年9月1日。前身是莫斯科摄影研究所，由苏联导演L.V.库里肖夫和V.加丁建立。是世界上成立最早的电影教学机构之一，隶属于俄罗斯联邦高等教育局，受国家文化部监管。学院拥有一套完整、具体、实用的教学方法体系。该电影教育体系对导演、摄影、编剧等方向的专业性指导并不仅仅停留在表面和技术层面，而是重视专业知识与人文教导的统一，按照俄罗斯民族文化，培养俄罗斯艺术从业者的传统理念以及使命感。学院用自己独特并与时代接轨的教学方法，在各个时期都能培养出具有创作能力的电影人才。学院的本科与硕士专业皆分为导演、摄影、表演、编剧与电影研究、艺术设计、制片六大专业。由于全部科目使用俄语授课，非俄语生进入专业学习之前需在校进行一年语言学习。本科学生可以直接攻读硕士学位（两年至两年半）。电影学者可以在国立电影学院通过对电影各个方面的综合学习，获得电影电视及其他声像艺术专业或非制作领域的经济与管理专业的博士学位。

此外，学生将有机会以个人或小组身份参加一些特别设立的关于电影制作方面的课程，包括电影剪辑、视频开发、电脑动画、电影史和电影理论、电影剧本创作。学习这些课程所需的时间视学生所选择的具体课程以及预期的学习效果而定。学校会对这些联合课程进行评估，通过的学生将额外获得相应的合格证书。此外，电影学院还设有夏季旅游短训班。

莫斯科国立电影学院是苏联电影及俄罗斯电影史不可或缺的组成部分。苏联及俄罗斯各个时期一流的电影、电视及戏剧工作者都曾在学校执教，如库里肖夫、S.M.爱森斯坦、V.I.普多夫金、A.P.杜甫仁科和M.I.罗姆等，而俄罗斯的很多大师级导演和著名演员，如S.F.邦达尔丘克、S.帕拉杰诺夫、N.S.米哈尔科夫、A.索科洛夫及A.A.塔尔科夫斯基也都毕业于该校。其毕业生遍布于国内外的电影制片厂、影视公司和电视台。

（钟大丰）

墨西哥电影 Mexican cinema 1896年，工程师S.托斯卡诺和I.阿吉雷开办了电影院，并放映法国卢米埃尔兄弟的影片《工厂大门》等。1898年，托斯卡诺在许多地方开设了电影院，并于1899年从巴黎带回了G.**梅里爱**的影片。托斯卡诺是墨西哥第一位导演和制片人，其自编、自导的《唐胡安·特诺里奥》(1898)是墨西哥第一部无声短故事片。托斯卡诺拍摄了一批关于墨西哥革命运动和主要政治事件的新闻素材，这些素材曾被其女儿D.C.托斯卡诺剪辑成一部优秀的影片《一个墨西哥人的回忆》(1947)。

早期电影的发展 1910年爆发的资产阶级民主革命推动了早期电影的发展。1910～1915年，墨西哥的纪录影片蓬勃发展，拍摄了不少反映当时政治和军事事件的纪录片。如《墨西哥的暴动》《委拉克鲁斯的革命》等。1917～1920年是墨西哥无声电影富有成果的年代。1917年，M.德拉班德拉导演了墨西哥第一部长故事片《光》，该片摄影师E.卡拉斯科运用了当时先进的技术。同年，建立了阿斯特卡电影公司，年产影片10部左右。1919年，E.罗萨斯导演的《灰色汽车》细腻、清新，成为这一时期最有影响的影片。

1921年，M.孔特雷拉斯·托雷斯导演了第一部影片《工头》，后又摄制了《赤热的灵魂》(1923)、《黄金、血和太阳》(1925)等。由于他参加过革命战争，所以他导演的影片充满了爱国主义精神。20世纪20年代末期，由于美国电影垄断了墨西哥市场，无声电影陷入了困境。

有声电影的出现与电影事业的初步繁荣 1930年，墨西哥拍摄了第一部有声影片《高于责任》，由于缺乏技术力量，该片成为失败之作。1931年，A.莫雷诺导演的《圣洁的女人》被视为墨西哥有声电影的开端。同年，苏联电影大师S.M.**爱森斯坦**和G.V.亚历山德罗夫等来到墨西哥，拍摄了《墨西哥万岁》。爱森斯坦这部作品的美学观念及艺术手法对墨西哥电影产生了很大的影响。

1932年，墨西哥借好莱坞停止生产外语影片的机会，加速了民族电影的生产。1933年生产了21部影片，在西班牙语系的国家中居首位。1938年，年产量达到38部。导演F.德富恩特斯是墨西哥电影界的一位先驱，他拍摄的《门多萨老兄》(1933)描写一个地主从参加革命到背叛革命、屠杀革命者的经历，评论界认为该片是当时的最佳影片。J.布斯蒂略·奥罗执导的《两个修士》(1934)风格与众不同，受德国表现主义的影响，该片充分利用了服装和布景的表现力。由E.G.穆列尔和奥地利人F.齐纳曼联合导演的《渔网》(1934)，描写了渔民反抗压迫的斗争。《大庄园》(1936)是一部受到拉丁美洲观众欢迎的民间喜剧片，为墨西哥电影开辟了新的市场。这一时期，以民间喜剧和催人泪下的情节剧为主，智利籍导演J.博尔、古巴籍导演R.佩翁以及多产导演J.奥罗尔的作品是这些题材的代表。

1934～1940年，墨西哥政府为了促进本国电影事业的发展，宣布了有关放映单位必须放映国产片、违者处以罚款的规定。随后又建立了国家电影银行，用贷款方式支持制片人。1941年制定了电影检查章程。在这个时期，墨西哥建立了许多电影制片厂和电影公司。其中最大的是墨西哥电影公司和克拉萨影片公司。1938～1944年被誉为墨西哥电影的黄金时代。此时正值第二次世界大战，好莱坞和欧洲各国的电影业都处于萧条、停滞阶段。西班牙发生了内战，其影片退出了拉美市场，此时墨西哥国内的政治、经济比较稳定，促进了电影事业的发展。1939年西班牙内战结束，一些知名的电影工作者移居墨西哥，如L.**布努埃尔**、C.贝罗、L.阿尔科里萨等。与此同时，在好莱坞工作的墨西哥电影工作者也纷纷回国拍片。因此，墨西哥影片在拉美市场上占有很大的优势。1945年成立了墨西哥电影生产劳工工会，下设各专业协会。1948年，墨西哥艺术和电影学院效仿美国奥斯卡奖的形式，设立了一年一度的阿列尔奖。20世纪40年代末期，墨西哥成立了电影总局，领导全国的电影事业。由此，墨西哥电影有了较快发展，年产量达到80～100部。墨西哥电影发展的时间不长就遇到了阻力。第二次世界大战结束后，美国及欧洲的电影开始复苏。为了保住已取得的优势，墨西哥大量拍摄在商业上确有保证的影片。在竞争中，虽然墨西哥的电影工作者做了很大的努力，但国际市场还是日趋缩小。

在墨西哥电影的发展时期，涌现出一批优秀的电影工作者。E.费尔南德斯与摄影师G.菲格罗亚合作，共同拍摄了《野花》(1943)、《玛丽娅·坎德雷利娅》(1944)、《被遗弃的人》(1944)、《珍珠》(1945)、《热恋的女人》(1946)、《躲藏的激流》(1947)等。其中《玛丽娅·坎德雷利娅》在第1届法国戛纳国际电影节上获奖；《珍珠》根据美国作家J.斯坦贝克的小说改编，以浓重的笔墨表现了印第安人的贫困生活和他们低下的社会地位，在第8届意大利威尼斯国际电影节上获4项奖；菲格罗亚是墨西哥著名的摄影师，有较深的艺术造诣，他与费尔南德斯合作拍摄的影片构图优美，节奏舒展。

J.布拉乔因导演《一个伟大的爱情故事》(1942)一举成名，他拍摄的《异样的黎明》(1943)、《心直口快的人》(1945)受到电影评论界重视。R.加瓦尔东导演的第一部影片《茅屋》(1944)问世后，立即引起了人们的注意，他较成功的作品有《另一个女人》(1946)、《桥上的影子》等。此外，C.乌鲁埃塔执导的《玛雅人的夜晚》(1939)以优美的音乐和画面获得成功。导演布努埃尔在墨西哥拍摄了18部影片，其中《被遗忘的人们》(1950)描写了墨西哥流浪儿童的悲惨处境，获法国戛纳国际电影节国际评论奖和最佳导演奖；《纳萨林》(1958)获法国戛纳国际电影节评委会国际奖。

现实主义题材影片的创作 由于**意大利新现实主义电影**及墨西哥国内进步思想的影响，一些反映社会现实的影片相继问世。如B.阿拉斯拉基导演的《命根子》(1953)获法国戛纳国际电影节评论奖；侨居在墨西哥的西班牙人C.贝罗(《命根子》的编剧)拍摄的《斗牛士》(1956)获意大利威尼斯国际电影节评论奖；其他如《我们这些穷苦人》(1947，I.罗德里格斯导演)、《你们这些有钱人》(1948，罗德里格斯导演)、《偷渡的苦工》(1953，A.加林多导演)等影片，反映了下层社会人民的现实生活。

M.巴瓦查诺·庞塞是《命根子》《斗牛士》等影片的制片人，他为布努埃尔拍摄《纳萨林》提供了一切条件。墨西哥评论界认为：庞塞是为使墨西哥拍出优秀影片而不断奋斗的制片人，在墨西哥电影史上占有重要的地位。

在这一阶段拍摄的影片仍以情节剧为主，此外也拍摄了不少喜剧片。这些喜剧片多由喜剧演员M.M.坎丁弗拉斯主演。由于拉丁美洲人民生活贫困，很多人是文盲，因此这些喜剧片颇受拉美观众的欢迎。

20世纪60～70年代：从低谷到复兴 20世纪60年代，墨西哥影片生产不景气，1963年仅生产了25部，且商业片占领电影市场。1965年，墨西哥电影劳工者工会举行了第一届实验电影竞赛，未能扭转电影业的萧条局面。但在竞赛中涌现了一批有才华的新导演，如R.加梅斯导演的《秘密公式》在竞赛中获头奖，该片对墨西哥社会的现状进行了批评；A.伊萨阿克执导的《这个村庄没有贼》获得好评。

L.阿尔科里萨在60年代导演了几部重要的影片，并在国际电影节上获奖。如

《特拉尤坎》(1961)在捷克斯洛伐克卡罗维发利国际电影节和美国旧金山国际电影节上获奖,《捕鲨鱼的人》(1962)在阿根廷马德普拉塔国际电影节上获奖,《塔拉乌马拉》(1964)在法国戛纳国际电影节上获奖。布努埃尔在60年代拍摄的影片《比里迪亚娜》(1961)获法国戛纳国际电影节金棕榈奖,《沙漠中的西蒙》(1965)获意大利威尼斯国际电影节银狮奖。

20世纪50～60年代,电影俱乐部运动和独立电影运动蓬勃发展。一些电影工作者独立制片,拍出了具有现实主义倾向的影片。具有代表性的作品有《消失的琴声》(1960)、《跟斗》(1960)、《空旷的阳台》(1961)等。其中G.阿斯科特导演的《空旷的阳台》反映了西班牙内战时的情景,该片在1962年瑞士洛迦诺国际电影节上获评论奖。

1970年,R.埃切韦里亚被任命为墨西哥国家电影银行行长,负责电影业。埃切韦里亚在40～50年代曾当过电影演员,他了解墨西哥电影业中存在的弊病,他力图使墨西哥电影在数量、质量以及在影响方面达到过去兴旺时期的水平。为此,他采取了以下措施:墨西哥国家电影银行购买私营的美洲电影制片厂,使电影工业进一步国有化;成立国家电影制片公司,国家向该公司以及与国营公司合作的独立制片公司优先贷款;成立国家电影资料馆;建立短片生产中心;在首都及其他城市建立新的电影院,并重新开放了多年来已停映的影剧院,以扩大国产片的放映阵地;设置三家专门负责向国内、外发行墨西哥影片的电影公司;相应放宽审查制度,有些过去由于政治原因禁演的影片,如《白玫瑰》等可以与观众见面。在此期间,为扩大墨西哥电影的国际影响,墨西哥积极参加国际电影节,并和一些国家相互举办电影周。

20世纪70年代,墨西哥故事片的年产量平均为70部左右,影片题材多样,有反映社会问题、政治事件的影片,有家庭伦理片、喜剧片、凶杀片、色情片等。一些中青年导演虽然过去属于不同的流派,此时却都开始在题材和表现手法等方面进行新的探索,成为墨西哥电影队伍的主力军。阿尔科里萨在20世纪70年代改变了风格,拍摄了两部轻喜剧片《民族工匠》(1972)和《有生力量》(1975),《有生力量》获第4届拉科鲁尼亚国际幽默片电影节最佳导演奖。1974年,阿尔科里萨导演了《预兆》,并与诺贝尔文学奖获得者哥伦比亚作家G.加西亚·马尔克斯共同编剧,获西班牙圣塞巴斯蒂安国际电影节评委会特别奖、哥伦比亚卡塔赫纳国际电影节拉美最佳影片奖。

F.卡萨尔斯导演的大部分影片是反映政治及社会问题的,《在那些年代里》(1972)在莫斯科国际电影节上获奖;《卡诺阿》(1975)涉及社会制度问题,在德国柏林国际电影节上获银熊奖;《牢房》(1976)、《瘟疫年》(1978)反映了墨西哥的社会问题。A.里普斯坦拍摄的反映家庭问题的影片《纯洁的城堡》(1972)获阿列尔奖;《没有边界的地方》(1977)在西班牙圣塞巴斯蒂安国际电影节上获特别奖,在国内获最佳影片奖和最佳导演奖。J.H.埃莫西约导演的《狗的生日》(1974)、《失事》(1977)均在国内获奖;他于1979年拍摄的《我亲爱的玛丽娅》根据G.加西亚·马尔克斯提供的素材改编,影片揭露了疯人院的非人条件,获第21届哥伦比亚卡塔赫纳国际电影节大奖。青年女导演M.F.比奥兰特于1983年导演的《神秘》描写了一位电视女演员的私生活,该片在国内获最佳影片奖、最佳导演奖。T.戴维森是位老导演,他拍摄的大部分影片是文艺性较强的情节剧,其中《玛丽娅》(1971)在拉美曾引起轰动。小雷内·卡多纳经常拍摄以墨西哥特有的自然风光及紧张的情节来吸引人的影片,如《新鲁宾逊漂流记》(上、下,1968、1971)、《幻想的气球旅行》(1974)、《飓风》(1977)等。1980年,小雷内·卡多纳拍摄了描写美国人民圣殿教900多人集体自杀事件的影片《圭亚那——本世纪的罪行》,影片上映后,受到各国的注意。J.丰斯导演的《泥瓦匠们》(1976)在第27届德国柏林国际电影节上获银熊奖。R.阿赖萨导演的反映夫妻问题的影片《陷阱》(1978)在国内获最佳影片奖。P.莱杜克导演的《里德,暴动的墨西哥》(1972)是70年代初最重要的独立制片的影片,该片反映了墨西哥革命,在国内获最佳影片奖。

墨西哥电影在20世纪70年代虽有一定发展,但由于种种条件的限制,并未达到预想的目的。20世纪70年代后期,影片的质量每况愈下,有不少影片描写色情、乱伦等。据统计,墨西哥2000家左右的电影院80%上映外国片。由于外国影片的冲击,墨西哥影片只能在外省和小城市上映。墨西哥广播、电视和电影总局负责管理电影业,该局受内政部领导。1976年后,墨西哥的电影机构不断变化,电影银行一度关闭。由于经济问题,电影业缺少资金,国营的墨西哥电影公司几乎年年亏损。一些私人制片商为了追求上座率并与外国影片争夺市场,便拍摄色情、凶杀、打斗等所谓刺激性强的影片。

合拍片发展与新墨西哥电影　20世纪80年代以来,墨西哥影片产量下降,墨西哥电影院减少,外国影片垄断了电影市场,电影业日趋萧条。电影制片的重点放在与外国合拍片上,如与苏联合拍了根据J.里德的作品改编的《红钟》(1982),与法国、西班牙合拍了《安东尼叶塔》(1982),与美国合拍了《在火山下》(1984)等。墨西哥电影工作者对此有不同的看法,他们认为一些制片人为了赚钱,给合拍片提供良好的条件,而对国产片却十分苛刻。这些合拍片的编剧、导演、演员大都由外国人担任,因此湮没了本国的电影人才。但由于采用了较为先进的特技,合拍片场面宏大,大都上座率高。较有影响的影片有:F.卡萨尔斯导演的《路斯的动机》(1984)在1985年的西班牙圣塞巴斯蒂安国际电影节上获银壳奖;P.莱杜克执导的《弗里达》(1985)在新拉美电影节获大奖;《货车女郎》(1985)、《非法移民》等也受到观众的欢迎。

20世纪90年代被称作"新墨西哥电影"时代,A.利普斯坦、A.阿雷奥、A.卡隆等导演创作了高品质的影片,如阿雷奥导演的《巧克力情人》(1992),A.萨拉诺导演的《性、耻辱和眼泪》(1999)、《另一种征服》(1999),A.G.伊纳里图执导的《爱情是狗娘》(2000)等。

21世纪以后,墨西哥导演开始陆续设立自己的独立制片公司,并在欧洲电影的影响下,寻求更加个人化的风格表达,同时也积极参与国际合作和商业大片的创作。2013年,卡隆凭借科幻片《地心引力》获第86届美国电影奥斯卡奖最佳导演奖。2018年,又凭借《罗马》获第75届意大利威尼斯国际电影节金狮奖,第91届美国电影奥斯卡奖最佳导演奖、最佳外语片奖、最佳摄影奖。

(傅郁辰　撰　秦喜清　修订)

《墨西哥万岁》 *¡Que Viva México!* 苏联纪录片。国际电影发行公司1979年出品。编剧,S.M.爱森斯坦、G.V.亚历山德罗夫;导演,S.M.爱森斯坦。

影片分为六个部分:序言、萨东加、祭祀日、龙舌兰、随军妇女和尾声,展示了墨西哥从征服前的文明到20世纪初革命的历史,深刻描绘了墨西哥文化和风土人情、民间习俗和传统仪式,如阿兹特克雕塑、完全墨西哥风俗的带有母系社会特点的婚礼、宗教游行队伍、斗牛、难以置信的庆祝死亡的仪式等。影片结构建立在哲学思考上,每一部分表现墨西哥某一时期某个地区的生活，对应相应的原始元素（石头、水、铁、火、空气），配有不同的墨西哥民歌，不同的墨西哥艺术家的作品。

《墨西哥万岁》剧照

影片中反复出现的悠久而庄重的纪念碑、独特文化意味的民间风俗以及特有的民族服饰等，都具有一定的文化指涉功能。影片流露出一种抒情情调，导演广泛运用隐喻手法，突出造型和蒙太奇，以一个诗人的眼睛揭示了文化的日常运作。影片最初拍摄于1931年，因为资金短缺及政治原因，导演没有完成拍摄就返回苏联，40年后导演助手根据素材剪辑而成。（赵　远）

《母亲》 *Mother*　苏联故事片。罗斯电影公司（后为高尔基电影制片厂）1926年出品。改编自M. 高尔基的同名小说。编剧，高尔基、N. 扎尔赫伊；导演，V.I. **普多夫金**；摄影，A. 戈洛夫尼亚；主演，V. 巴拉诺夫斯卡娅、N. 巴塔洛夫。

故事发生在十月革命期间，母亲尼洛夫娜终日被酗酒丈夫欺辱，生活在痛苦的深渊。丈夫死后，儿子巴维尔萌发革命意识，加入蓬勃的工人运动中，胆小怯懦的母亲在儿子的影响下逐渐醒悟，也积极投身革命。沙皇派出警察镇压工人运动，儿子巴维尔在“五一”游行中英勇牺牲。母亲尼洛夫娜奋不顾身地从儿子手中接过革命的红旗，最终光荣牺牲。

影片导演普多夫金是苏联电影**蒙太奇学派**的奠基人之一，倡导“为全世界拍摄的影片”，致力于创造符合大众认知特点的影像造型。影片践行了普多夫金的蒙太奇理论，多用特写镜头表现演员心理活动，并用联想蒙太奇清晰地阐释想要表达的思想内容。“隐喻”是影片影像语言表达的一大特点，例如将欢笑的婴儿、美丽的田园风光、缓缓的溪流等镜头组接到一起，表现工人运动所具有的生命力；工人革命与涅瓦河解冻后浮冰的流动建立的叙事联系，暗示工人运动最终必将胜利的坚定信念。影片对光和影、机位、**场面调度**、电影音乐等方面进行电影语言的形式创新，在满足观众对逼真性的需求之外，调动观众日常的审美经验，赋予影片艺术美、诗意美和形式美。（高媛媛）

木村拓哉　Kimura Takuya（1972-11-13～ ）日本影视演员、歌手。生于东京。1987年，加入以培养男性艺人著称的杰尼斯演艺事务所接受训练。1988年，成为杰尼斯演艺事务所成立的SMAP组合成员之一，开始走上演艺之路。1988年，参演了由SMAP成员主演的电视剧《危险少年3》。1989年，出演了个人首部舞台剧《导盲犬》。1990年，出演东京广播公司（TBS）单本剧《弟弟》。1991年，参演音乐剧《圣斗士星矢》。1992年，参演音乐剧《勇者斗恶龙》。同年，参演电视剧《是谁偷走了我的心》，其俊秀帅气而不乏阴柔气质的外形，展现出了丰富的可塑性。

1993年，在电视剧《爱情白皮书》中饰演执着深沉、虽败犹荣的取手治，成为少女们眼中的“白马王子”。1994年，在电视剧《青春无悔》中饰演一个野性难驯的叛逆少年，掀起“木村拓哉热”。同年，出演《足球风云》，获第7届日本日刊体育电影大奖石原裕次郎新人奖。1996年，主演电视剧《悠长假期》，获第9届日本日剧学院奖最佳男主角奖，该剧成为年度收视率最高的剧集。同年，还与宫泽理惠合作出演了电视剧《协奏曲》，同样获得较高收视率。1997年，主演《恋爱世纪》和《礼物》，同时入选当年十大最佳日本电视连续剧榜单，并获第15届日本日剧学院奖最佳男主角奖。此后，相继出演了《沉睡森林》（1998）、《美丽人生》（2000）、《律政英雄》（2001）、《从天而降的一亿颗星星》（2002）、《华丽一族》（2007）、《改变》（2008）、《无价之宝》（2012），分别获得第19、第24、第28、第33、第52、第57、第75届日本日剧学院奖最佳男主角奖。2006年，主演电影《武士的一分》，获第20届日本日刊体育电影大奖最佳男主角奖和第16届日本东京体育电影大奖最佳男主角奖。

木村拓哉多才多艺，勤奋努力，善于驾驭不同类型的角色，以含蓄细腻的表演，生动刻画人物丰富的情感世界，赢得了国内外观众的欢迎。导演三池崇史称他是“永不褪色的顶级偶像”。他参演的电影还有《2046》（2004）、《律政英雄》（2007）、《伴雨行》（2009）、《宇宙战舰大和号》（2010）、《无限之住人》（2017）、《检察方的罪人》（2018）、《假面饭店》（2019）等。参演过的电视剧还有《你在时间的彼方》（1995）、《织田信长》（1998）、《冰上恋人》（2004）、《南极大陆》（2011）、《安堂机器人》（2013）、《东京大饭店》（2019）、《教场》（2020）等。发行过的歌曲有《一起加油吧》《或许没有问题》《我们还有明天》《感谢》《什么事情》《青色闪电》等。此外，他还曾为**宫崎骏**执导的《哈尔的移动城堡》（2004）等影片配音。（许　婧）

《木兰从军》 *Maiden in Armour*　中国故事片。上海华成影片公司1939年出品。编剧，欧阳予倩；导演，**卜万苍**；摄影，余省三、薛伯青；主演，陈云裳、梅熹。

故事讲述了自幼随父习武的少女花木兰，改扮男装，代父从军，以抗外侮。在军中与刘元度结为朋友，两人并肩作战屡立战功，后木兰升为元帅。刘元度识破木兰是女子并暗生爱慕之情。木兰率众苦战12年，终于打败入侵之敌，凯旋归家，并与刘元度结成美满婚姻。

影片通过塑造花木兰智勇双全的性格及展现其在国家危难时挺身而出的爱国行动，歌颂了中国人民的爱国气节，讽刺鞭挞了卖国贼、两面派和动摇分子的丑陋面目。影片上映后，起到了宣传抗日、鼓舞人心的作用，侧面反映了抗日战争时期广大人民反抗侵略、渴望胜利的心声。进步影评界人士曾联名对影片进行推荐，指出《木兰从军》“尽可能地透过历史，给现阶段的中国一种巨大的力量，它告诉我们怎样去奋斗，怎样去争取胜利”，认为《木兰从军》是“孤岛”创作环境中的一个正确的道路。影片的成功，带动和促进了一批以历史故事为题材的爱国影片在“孤岛”产生。（黄加明）

木偶片　puppet film　以木偶表演来塑造人物形象、表现故事情节的影片。木偶片是在木偶戏的基础上发展起来，其制作原理与动画片相同，但动画片的图画是平面的，而木偶片的人物和布景是立体的。制作木偶片时，首先按照剧情设计出木偶的连贯动作，再将每个动作分解为若干循序渐进的不同姿态，在拍摄现场由人操纵，依次扳动关节，采用逐格摄影的方法拍摄。

木偶高度一般为20厘米左右，布景是与它相适应的小巧模型，主要分为关节木偶、提线木偶、布袋木偶、杖头木偶4种。摄制木偶片主要使用关节木偶，进行逐格拍摄，其他3种木偶表演可采用连续拍摄的方法。

木偶形象的脸部不能活动，制作木偶时要注意特定的表情刻画；同时，可以根据人物表情变化的需要，在拍摄中更换各种表情头（头部和身体是可以装拆的）。木偶角色在说话时，嘴巴大都不动，主要靠动作来帮助表达语言情绪。但也有能使嘴巴活动的木偶。制作木偶使用的材料，与影片的艺术风格有密切关系。木偶的动作具有机械性，朴拙风趣，使木偶片呈现出特有的韵味和风格。

1910年，法国的动画片先驱E.科尔摄制了木偶片《小浮士德》。1935年，苏联人A.普图什柯将木偶与一个真人演员组合在一起，摄制了《新格利佛游记》，是第一部木偶与真人合成的大型有声木偶片。第二次世界大战后，捷克的木偶片创作居世界首位，J.特伦卡导演的《好兵帅克》《仲夏夜之梦》、H.梯尔洛娃和K.齐门联合导演的《圣诞梦》、梯尔洛娃导演的《玩具暴动》、B.波耶尔导演的《多喝了一杯》等，都是捷克乃至世界木偶片的重要作品。此外，法国、德国、匈牙利、日本等，在木偶片创作上也较有影响。

中国的木偶戏有着悠久的历史，为木偶片的发展提供了良好的基础。1939年中国摄制成功第一部木偶片《上前线》。中华人民共和国成立后，摄制了《皇帝梦》《小小英雄》《神笔》《孔雀公主》《阿凡提》等优秀木偶片。　（张松林）

木下惠介　Kinoshita Keisuke（1912–12–05～1998–12–30）　日本电影导演、编剧。生于静冈县浜松市，卒于东京。曾就读于东方照相学校。1933年进入**松竹公司**任摄影助手。1936年转入导演部任助理导演。1943年成为导演，拍摄了第一部影片《热闹的码头》。1946年，导演了《大曾根家的早晨》。影片是其成名之作，也是第二次世界大战后日本的第一部反战影片，被誉为“日本电影的早晨”，获《电影旬报》年度十佳影片第1名。1951年，编导了日本电影史上第一部彩色影片《卡门归乡》，获《电影旬报》年度十佳影片第4名。

1954年编导的《二十四只眼睛》是他最有代表性的作品之一，影片描述了12个孩子与女教师之间的感情，将个人的悲剧融入了历史的悲剧之中，导演手法朴实、细腻而富于抒情性。影片获《电影旬报》年度十佳影片第1名、电影导演奖，《每日新闻》电影奖的导演奖、编剧奖和电影作品奖，第12届美国电影金球奖最佳外语片奖。1958年执导了《楢山节考》，讲述了因贫穷而抛弃老人的古老传说。影片全部采用布景拍摄，具有日本歌舞伎的独特韵味，获《电影旬报》年度十佳影片奖第一名和电影导演奖、第23届意大利威尼斯国际电影节金狮奖。1964年后主要从事电视剧的创作，后来又拍摄了反映当代日本社会问题的影片《冲动杀人，儿子啊！》（1979）、《父亲啊！母亲啊！》（1980）等，获较高评价。

其主要作品还有《破戒》（1948）、《破鼓》（1949）、《日本的悲剧》（1953）、《女人的园地》（1954）、《愿君如野菊》（1955）、《亦喜亦悲几度秋》（1957）、《笛吹川》（1960）、《永生的人》（1961）、《香华》（1964）、《留下这个孩子》（1983）、《新亦喜亦悲几度秋》（1986）、《父》（1988）等。其作品内容丰富全面，既能拍摄让人捧腹的喜剧，也能拍摄让人潸然泪下的悲剧；既能拍出超脱于现实之外的历史片，又能拍出发人深省的社会片。作为日本电影史上难得一见的全才导演，他有着深厚的艺术造诣，总是在摸索新的类型和电影风格。　（洪　旗）

N

《南昌起义》 *Nanchang Uprising* 中国彩色故事片。上海电影制片厂1981年出品。编剧，李洪辛、吴安萍、徐海秋、周大功；导演，汤晓丹；摄影，沈西林；主演，孔祥玉、高长利、刘怀正、李显刚。

故事讲述了1927年国民革命军二次北伐取得胜利后，汪精卫开始集中力量反共。7月15日，汪精卫发动反革命政变。中共中央接受了周恩来等人的意见，计划举行“南昌暴动”，并委任周恩来为起义前敌委员会书记。周恩来乔装打扮抵达南昌，叶挺、贺龙等人把部队开赴南昌，准备参加起义。张国焘赶至南昌想阻止起义，周恩来与之进行了激烈辩论。大多数人拥护周恩来的决定，起义按原计划进行。因有人出卖起义情报，周恩来当机立断，宣布起义提前。8月1日凌晨，南昌起义的枪声响起，在大家的浴血奋战下，起义最终取得胜利。

影片较完整、真实地反映了1927年8月1日南昌起义的经过，让周恩来、贺龙、叶挺、朱德、刘伯承、叶剑英、恽代英、李立三、谭平山、蔡和森等共产党早期领导人，后来被开除出共产党的陈独秀、叛变革命的张国焘等人，以及汪精卫、朱培德、张发奎等国民党人士，都以真实姓名出现在那场举世闻名的八一南昌起义的历史画卷之中。这在当时来说可谓是很大的突破。影片不仅成功塑造了叱咤风云的革命领袖人物，而且较好地把握了历史的脉络，通过艺术的概括和创造，达到了历史真实与艺术真实的统一。影片表现了那场揭开中共独立领导武装斗争和创建革命军队之序幕的南昌起义，打响了重大革命历史题材电影创作的“第一枪”。影片1981年获文化部优秀影片奖。

（弘　石）

南非电影 South African cinema 1898年有人在南非拍摄纪录片。从1912年起开始生产新闻片。1915年，基拉尼电影公司正式开业，生产无声片。20世纪30年代开始生产有声片，影片大都充满种族歧视和帝国主义宣传。20世纪70年代开始，少数影片对种族歧视略有批判，如达文尼希导演的《水手长和列娜》(1974)和《客人》(1977)。从20世纪70年代起，南非有一些反种族隔离的电影工作者一直在地下拍片，然后将片送往国外放映，以揭露白人统治者的罪行，唤起国际舆论的同情。这些影片有《抵抗的一代》《五种命运》《十字路口》《太阳出来了》等。

20世纪80年代，导演海涅曼拍摄了一部《新国王》，影片嘲讽了卖身投靠白人、迫害黑人同胞的黑人败类，审查时没有被通过。另有一部科夫导演的纪录片《改变》，该片直接谴责了种族隔离政策。这一时期，由于税收政策的改变，占据电影市场主流的是好莱坞式的商业片。《约伯曼》《麦邦苏拉》《风迹》《濒临深渊》等反映社会现实、具有批判意识的影片处于边缘状态，多数只限于在电影节、大学校园、工会驻地放映。联合国际等几家大型电影公司控制着南非的电影发行。

20世纪90年代初，种族隔离制度废除之后，很多拍摄于80年代的独立电影得以公开放映。90年代的南非电影以短片为主要特色，纪录片、动画片等也有较多发展。艺术家W.肯特里奇的短片《流亡中的费利克斯》(1994)综合采用多种表现手法，对种族隔离和殖民主义给南非社会造成的影响进行了深刻的揭露和反思。

《卡雅利沙的卡门》剧照

21世纪以来，南非电影获得一些国际声誉。如《卡雅利沙的卡门》获第55届德国柏林国际电影节金熊奖，《黑帮暴徒》获第78届美国电影奥斯卡奖最佳外语片奖。很多国际制作的影片也选取南非作为取景地，如《第九区》(2009)和《超能查派》(2015)等，其中《第九区》曾获第82届美国电影奥斯卡奖最佳影片奖提名，该片导演N.布洛姆坎普为南非裔。

（陆孝修　撰　秦喜清　修订）

《南国电影》 *Southern Screen* 中国电影杂志。1957年12月创刊于香港。月刊。南国电影画报社出版。早期督印人为邹文怀，总编辑为梁风。1984年6月停刊，共出版315期。

杂志延续了《联华画报》《满洲映画》《新华画报》等中华民国以来的电影刊物风格，封面以“邵氏”女明星为主，内容围绕“邵氏”影星和“邵氏”影片两个核心，以消息和介绍为主，主要对邵氏公司的发行渠道、明星策略、制片规划、影业交流等进行宣传。杂志每期一般在80～100页，偶有新年一月号特刊，多达140页或200页。不定期刊登理论性文章，如《从香港工展看国产影业》(1958年1月号)、《从“国语片”的趋势谈到今后制片路线》(1959年7月号)等。从1960年1月第23期开始，增加了“读者信箱”等互动内容。杂志在20世纪60年代的发行量每月均维持在10万份以上，最高达到14万份，是亚洲读者群最大的娱乐刊物。发行地域除香港本地外，还有整个东南亚、澳大利亚、印度、韩国、北美、南美、法国和英国等国家和地区，以及中国澳门、中国台湾等地区。

《南国电影》是一本记录邵氏电影产业历史的“百科全书”，也是“邵氏”推动明星制、增强企业影响力的重要手段。杂志既可作为了解邵氏企业运营的窗口，也是了解20世纪60～70年代香港电影的重要史料，对于研究香港电影文化变迁具有一定的价值。

（谢建华）

南京电影放映训练班 Film Projection Training Class of Nanjing 中国电影培训机构。1950年6～12月由中国文化部电影事业管理局、教育部、中华全国总工会、中苏友好协会等单位共同在南京组办。全国大部分省市文化部门及部队、工会、中苏友好协会等派出学员共1886名，编4个大队、12个中队、1个发电机队。白大方任主任，胡介民任副主任，郑伯璋任教务长。训练班的干部由各单位推荐借调，训练班师资由各专业单位及南京金陵大学电化教育系提供。放映器材由苏联和东欧国家进口。其目的在于满足中华人民共和国成立初期的放映需要，为普及电影，当时中央决定大力发展电影放映队，准备把电影放映队从原有的100个增加到700个，在全国各地区及部队开展活动。1950年12月实习阶段，全班组成40个流动放映队，到工厂、农村、部队、机关共放映542场，观众达63万多人次。结业后训练班组建放映队600个，训练班的许多学员后来成为中国电影放映事业的骨干，为农村、工厂、部队电影放映工作奠定了基础。

（何　云）

南京电影机械厂 Nanjing Cine-Equipment Manufactory 中国电影机构。中国电影机械的主要生产基地，中国第一家国营电影机械厂。1951年开始筹建，1952年1月3日利用原农业教育制片厂旧址扩建而成，当时名称为中央文化部电影机械厂，隶属文化部电影局，1952年改为南京电影机械厂。1962年改属第一机械工业部，1968年后隶属南京市仪器仪表公司。

1952年6月，南京电影机械厂生产出中国第一台电影放映机——长江200型16毫米流动式放映机。此后，又先后生产出中国第一台35毫米流动式放映机、宽银幕电影放映镜头、16毫米及35毫米编辑机、120和135照相机、35毫米逐格放映机、16毫米简易印片机等，使工厂逐步走上系列化、成套化和多样化的发展道路。

1984年以后，在进一步发展电影机械成套设备的同时，又研制和批量生产了缩微系列产品、复印机、摄影仪、幻灯机、照相机等，使工厂的产品领域更为广阔。此外还用引进技术生产F16-4AⅡY高效氙灯放映机，供科研、教学用的ELD-16多用途放映机、FF16分析放映机，供中、小型电影院使用的FG16T固定式放映机，供制片厂、电视台使用的QB-16声画编辑机，各类型16毫米、35毫米系列放映机等。其中16毫米多用途放映机、铟灯放映机、35毫米逐格放映机曾获1978年全国科学大会奖，F16-4A放映机获国家银质奖。部分产品远销非洲、东南亚等地。

南京电影机械厂依靠独有的光、机、电综合技术力量和良好的经济基础，在电影、电教、办公自动化领域不断开发出适应市场需求的系列产品，为中国数字放映技术和现代成像技术作出了重要贡献。

（周景学）

南斯拉夫电影 Yugoslavian cinema 第一次世界大战前，塞尔维亚、克罗地亚和斯洛文尼亚曾是奥匈帝国的一部分。1918年，塞尔维亚、克罗地亚和斯洛文尼亚组成“塞尔维亚人、克罗地亚人和斯洛文尼亚人王国”，1919年《凡尔赛和约》承认王国的主权和边界。1929年，更名为“南斯拉夫王国”。

电影的传入与初期的试制 1896年，奥匈帝国时期的南斯拉夫地区第一次放映了卢米埃尔兄弟的影片。1905年，南斯拉夫摄影师M.莫纳基拍摄了一部民俗短片《洗衣女》。1909年，在贝尔格莱德成立了一家拍摄塞尔维亚影片的电影公司。1910年，贝尔格莱德国家剧院的演员兼导演I.斯达诺耶维奇-齐恰拍摄了南斯拉夫地区的第一部故事片《卡拉焦尔杰》，影片描写1804～1813年反抗土耳其统治的塞尔维亚人民起义英雄的事迹。1911年，斯达诺耶维奇-齐恰拍摄了历史片《乌尔里赫·柴尔斯基和弗拉基斯拉夫·胡尼亚吉》。

在1912～1913年巴尔干战争和第一次世界大战期间，新闻纪录电影有了很大发展。1914年，A.瓦利奇拍摄的《弗朗茨·斐迪南在萨拉热窝被刺》是极其珍贵的历史资料。1917年，在萨格勒布成立了克罗地亚电影公司，摄制了《布尔茨柯在萨格勒布》(1917，导演A.古隆德）和历史片《玛季雅·古贝茨》(1919，导演A.比尼奇基)。此后一段时间，较突出的影片有《无辜的罪人》(1928，导演K.诺瓦科维奇)、《特里格拉夫陡壁》(1930，导演M.巴德尤拉）等。两次世界大战之间，南斯拉夫曾有几次振兴本国电影生产的尝试，但都失败了，主要原因是缺少资金和技术设备，而且得不到政府方面支持，因而南斯拉夫电影没有能力同在本国上映的德国和美国影片相竞争。

游击队题材电影的发展 南斯拉夫电影发展的新阶段是从人民解放战争期间开始的。1942年，游击队的新闻电影工作者们拍摄了前线战斗场面、地下工作者的活动、游击队的日常生活和解放区建立政权的情景。1943年10月，人民解放军决定建立游击队电影小组（后改为最高参谋部电影处，后又改组为电影企业)。1945年，摄影师S.米什科维奇、A.戈利什奇、N.瓦西尔耶维奇和M.伊万尼科夫等把拍摄的素材编辑成为短片《我们的第1号新闻片》。同年，还拍摄了纪录片《贝尔格莱德》(导演N.波波维奇)、《自由的步伐》（导演R.诺瓦科维奇)、《雅辛诺瓦茨》(导演G.加夫林)。解放后，南斯拉夫相继在各联邦共和国建立了电影制片厂。1946年建立了贝尔格莱德的明星制片厂和阿瓦拉制片厂、萨格勒布的亚德兰制片厂、卢布尔雅那的特里格拉制片厂、斯科普里的瓦尔达尔制片厂，1947年建立了萨拉热窝的博斯纳制片厂，1948年建立了采蒂涅的洛夫森制片厂。

1946年，开始定期生产新闻片。1947年，新南斯拉夫的第一部有声故事片《斯拉维察》摄制完成（编剧兼导演V.阿弗里奇），影片描写一位为民族解放而献身的女英雄。这部作品为以后多年拍摄“游击队题材”电影打下了基础。20世纪40年代末至50年代初的影片大多反映人民解放战争。如《这个民族将永世长存》(1948，导演N.波波维奇)、《在自己的土地上》(1948，导演F.什蒂格利奇）和《永葆青春》(1948，导演V.纳诺维奇)。

民族电影事业的兴起 1950年，成立了南斯拉夫电影工作者协会。1954年在普拉市举办了首次国家电影节，对南斯拉夫进一步建立民族电影起了重要作用。从50年代初开始，一些导演力求探索新的电影表现手段，注意写人、表现战争和沦陷中人的道德问题。如《离太阳太远》(1953，根据D.乔西奇的小说改编，导演K.诺瓦科维奇)、《他俩》(1954，导演Z.斯克里金)、《当机立断》(1955，导演F.察普)。南斯拉夫电影的题材范围在20世纪50年代有所扩大。这个时期出现了一些用惊险片样式来表现战争题材的影片，如《M博士的专用列车》(1954，导演P.米特洛维奇)。偏重刻画心理的战争题材影片也有了进一步发展，如《不要东张西望，小儿子》(1951，导演B.巴乌埃尔)、《大与小》(1956，导演V.波加契奇)、《和平的山谷》(1956，导演F.什蒂格利奇)。

50年代下半期反映现代生活题材的作品有所增加。在心理剧样式中较重要的影片有《星期六晚上》(1957，导演为V.波加契奇)；社会采访样式的影片有《不定时的列车》(1959，导演V.布拉伊奇）和《沸腾的城市》(1961，导演V.布拉伊奇)。这个时期，南斯拉夫电影工作者拍摄了一些根据本国文学作品改编的影片，如F.汉热科维奇导演的《可敬的长老普尔耐法师》(1951，根据S.马塔乌利的小说改编）和《自身的主人》(1957，根据S.科拉尔的话剧改编）以及I.普列特纳导演的《私生子》(1963，根据P.沃兰茨的短篇小说改编）等。这时期还出现了第一批较成功的喜剧片，如关于南斯拉夫封建王朝垮台的讽刺片《该诅咒的金钱》(1956，导演V.斯托杨诺维奇)。第一部彩色影片《教士奇拉和教士斯皮拉》(1957，导演S.约瓦诺维奇）也是喜剧片。

多样化发展和现代题材影片的拍摄 20世纪60年代，南斯拉夫电影题材样式更加多样化，与进口的美、法、意大利和联邦德国等国家影片的竞争能力有所增强。但在南斯拉夫电影生产中占主要位置的还是战争题材的影片，如F.什蒂格利奇导演的《第九圈》(1960)和《烟囱和云彩之歌》(1961)、V.波加契奇导演的《照片上的人》(1963)等。1962年，V.布拉伊奇拍摄出一部场面宏大的史诗式影片《柯扎拉》，歌颂人民在战争中的丰功伟绩。

60年代涌现出的新一代电影导演越来越多地致力于拍摄现代题材的影片，其中重要的作品有B.赫拉德尼克的《雨中舞蹈》(1961)和《沙土上的城堡》(1962)、A.彼得罗维奇的《他与她》(1961)和《在过去的日子里》(1963)、V.米米察的《普罗米修斯》(1964)和《星期一或星期二》(1966)等。但是战争和革命的题材始终为创作者们所关注,P.焦尔杰维奇拍摄了史诗式电影三部曲:《姑娘》(1965)、《梦想》(1966)和《黎明》(1967),导演D.迪耶维奇拍摄了《行军》(1967)。这个时期摄制的关于农村生活的影片有:《羽毛收购者》(1967,导演A.彼得罗维奇)、《别人天空的太阳》(1968,导演M.柯索瓦茨)、《岗峦起伏的地方》(1969,导演P.焦尔杰维奇)。1969年,导演布拉伊奇拍摄了史诗式战争题材电影《内雷特瓦河上的战斗》。

游击队题材电影的新变化　60年代末至70年代初,一度出现了一些受到社会舆论尖锐批评的被称为“黑浪潮”或黑色影片的倾向性影片。南斯拉夫电影的“游击队题材”作品出现了明显的变化,史诗式电影得到了进一步发展,如《苏捷什卡战役》(1973,导演S.德里奇)、《乌日策共和国》(1974,导演P.米特洛维奇)、《游击队》(1974,导演S.杨科维奇)、《绿山高地》(1975,导演Z.韦利米洛维奇)。由于拍摄作战题材宏伟壮观的场面耗资太大,电影生产很快转向摄制规模不大但艺术水平较高的影片,如游击队题材的喜剧片《掷弹筒手》(1973,导演P.高鲁包维奇)、描写战争中儿童的影片《小里特山里的窝棚》(1974,导演B.巴乌埃尔)、心理影片《恐惧和义务之间》(1976,导演V.杜列吉奇)。此时现代题材又逐渐引起更多的电影艺术家的兴趣,最初拍摄了一些批评偏僻地区落后现象的影片,后来摄制了一些剖析由于经济改革、工业化和科技革命在人们精神上心理上产生影响的作品,如《死鸟飞翔》(1973,导演Z.帕夫洛维奇)、《巴甫列·巴甫洛维奇》(1975,导演P.焦尔杰维奇)、《家》(1975,导演B.日伊日奇)和《不要探出头来!》(1977,导演B.日伊日奇)、《疯狂的日子》(1977,导演N.巴比奇)。

70年代中后期的美学新发展　70年代中后期从电视界转到电影界来的一代新人拍摄了大量影片。他们对生活和艺术的观点一致,作品的特点是把抒情喜剧、社会学研究和直接电视采访等几种要素结合起来。代表作有《听其自然吧!》(1974,导演R.格尔利奇)、《浴场冬季守卫人》(1976,导演G.帕斯卡列维奇)、《布吉米尔·特莱科维奇的爱情生活》(1977,导演D.卡拉克莱奇)、《特殊培养》(1977,导演G.马尔科维奇)、《疯狂的年代》(1978,导演Z.恰里奇)、《喜欢列车的狗》(1978,导演G.帕斯卡列维奇)、《好,大师!》(1979,导演R.格尔利奇)、《来自占领时期的26张照片》(又译《26个画面的占领》,1979,导演L.扎弗拉诺维奇)、《特殊治疗》(1980,导演G.帕斯卡列维奇)、《谁在那唱歌?》(1980,导演S.希扬)、《马拉松赛跑运动员通过光荣圈》(1982,导演S.希扬)、《我们走下去》(1982,导演Z.肖特拉)。描写人民解放战争的影片仍然占重要的地位,如导演A.焦尔杰维奇的《克拉列沃开来的列车》(1982)和导演M.萨拉诺维奇的《7月13日》(1982)等。E.库斯图里卡的创作引起了世界影坛的关注,如《爸爸出差时》(1985)、《流浪者之歌》(1989)、《地下》(1995)等,反映了南斯拉夫解体前后的社会生活。

纪录片和动画片的拍摄　纪录片在南斯拉夫电影占有特殊的位置。南斯拉夫的很多主要电影艺术大师都是从拍摄纪录片开始的。如焦尔杰维奇等,其中一部分人一直在从事纪录片工作。一些纪录片创作者的影片在国际上得到了好评。如R.斯列梅茨、K.什卡纳塔、M.什特里巴茨、Z.里斯基奇、N.迈达克等。

从50年代兴起的**萨格勒布学派**动画片在国际上享有盛名。1956年组建了摄制动画片的萨格勒布制片厂。60年代初南斯拉夫动画片取得了最大的成就。D.武科蒂奇的《代用品》(1961)获第34届美国电影奥斯卡奖最佳动画短片奖。60年代末以后,动画制片厂的主要产品是与外国公司联合出品商业性的动画系列片。但是萨格勒布学派的经验成了南斯拉夫动画片创作的主要依据。其他共和国也组建了动画片制片厂。

南斯拉夫自1954年以来每年都举办许多电影节。国内的有普拉故事片节、贝尔格莱德短片和纪录片节、尼什优秀男女演员电影节;国际的有贝尔格莱德国际电影节、贝尔格莱德国际科技电影节、贝尔格莱德国际儿童片电影节、贝尔格莱德国际动力电影节、克拉尼国际体育和旅游电影节、索波特“为自由而斗争”电影节、**萨格勒布国际动画节**。

南斯拉夫曾有12家电影制片厂生产长故事片,有20家制片厂生产短片。1949年在贝尔格莱德设立了南斯拉夫电影资料馆。　(尹广文)

《南征北战》 *Conquest in the South and Battles in the North*　中国故事片。上海电影制片厂1952年出品。编剧,沈西蒙、沈默君、顾宝璋;导演,**成荫**、**汤晓丹**;摄影,**朱今明**、顾温厚;主演,冯喆、**张瑞芳**、陈戈、项堃。

故事发生在1947年冬,国民党军队进攻华东解放区,人民解放军华东部队实行大踏步战略后退,某师一团一营高营长率领的部队,转移到山东沂蒙山区桃村待命。这时,部队接受了在摩天岭狙击敌人的战斗任务。在地方武装和当地群众的支援配合下,军民合力完成了战斗任务,最终和大部队一起歼灭了狡猾顽固的敌张军长部。

《南征北战》剧照

影片正面表现了中国人民解放军的军事斗争生活,形象地体现了毛泽东“运动战”的伟大战略思想,以鲜明的时代特点、真实的生活气息、生动的人物形象和宏伟壮观的战斗场景而独具特色。影片一经放映即好评如潮,受到了广大观众的热烈欢迎。影片是中华人民共和国成立初期很有影响的军事题材影片,曾得到陈毅、粟裕等人的关怀和支持。　(黄加明)

《难夫难妻》 *Difficult Husband, Difficult Wife*　中国故事片。亚细亚影戏公司1913年出品。编剧,**郑正秋**;导演,**张石川**、郑正秋;摄影,依什尔;主演,丁楚鹤、王病僧。影片以广东潮州地区封建买卖婚姻习俗为题材,描写了一对互不相识的男女青年从由媒人撮合起,经过种种繁文缛节直到送入洞房的婚礼过程。《难夫难妻》是中国摄制故事片的开端,是中国第一部无声短故事片,拍摄时不仅有事先写好的剧本,也有专职导演。在把电影当作赚钱工具和消遣品的时代,《难夫难妻》触及了社会现实,以嘲讽的笔触抨击了封建婚姻制度,具有进步意义。　(黄加明)

《哪吒闹海》 *Nezha Conquers the Dragon King*　中国彩色动画片。上海美术电影制片厂1979年出品。改编自明代神话小说《封神演义》。编剧,王往;导演,王树忱、严定宪、徐景达;动画设计,林文肖等。

故事讲述了陈塘关总兵李靖的夫人怀胎三年零六个月,谁知竟生下一个肉球。

《哪吒闹海》剧照

李靖认为不吉，正要挥剑砍杀，肉球却忽然裂开，开出一朵闪闪发光的莲花，一个可爱的男孩跳了出来。太乙真人从天上下来，收孩子为徒，赐名哪吒，还赠他乾坤圈和混天绫两件神器。哪吒长到七岁时已经一身本领，为了救百姓，他杀了龙王之子敖丙，还把龙王打伤。龙王集结四兄弟水淹陈塘关，并要李靖交出哪吒。李靖胆小懦弱，想杀了哪吒平息龙王的怒火，但不忍下手。哪吒为了不连累父母和全城的百姓，悲愤地“割肉剔骨”、挥剑自刎。仙鹤衔去他的灵珠送到太乙真人处。太乙真人以鲜藕为身躯，用仙术让哪吒在莲花中重生，还送了他一对风火轮和一柄火尖枪。哪吒降临龙宫，打败龙王，从此一城百姓过上了安宁的生活。

影片包括哪吒出世、大闹龙宫、剔骨还亲、莲花重生等情节，故事跌宕起伏，情节完整动人，是中国美术电影难得的精品。作为中国首部宽银幕动画片，影片制作精良，无论是汉代风格的壁画，还是古朴的香炉、戏曲背景音乐，以及年画风格的人物造型、风姿独特的莲花等，都散发着浓郁的民族文化气息。影片成功塑造了哪吒这个叛逆英雄，尤其是他挥剑自刎的情节，是全片最出彩片段：哪吒眼神凄厉，随着他决绝的动作，带血的长剑缓缓落下插在地上，音乐转为静寂凄楚，余韵无穷。影片还使用了特技摄影，画面炫目夺人。该片作为新中国成立三十周年的献礼片，在国内外引起轰动，在香港上映两周内，观众达12万人次；在法国也同样造成了轰动，收获了很多赞誉。影片获文化部1979年优秀影片奖、青年优秀创作奖，第3届中国大众电影百花奖最佳美术片奖，第2届菲律宾马尼拉国际电影节特别奖，第7届法国布尔波拉斯文化俱乐部青年动画电影节评委奖和宽银幕长动画片奖。

（李　清）

《哪吒之魔童降世》 *Ne Zha: I am the Destiny* 中国彩色3D动画片。霍尔果斯彩条屋影业有限公司、可可豆动画影视有限公司、十月文化传媒有限公司2019年联合出品。取材自中国家喻户晓的神话传说。编剧，饺子；导演，饺子。

故事讲述魔童哪吒曲折坎坷而又充满传奇的成长历程。天地灵气孕育出一颗能量巨大的混元珠，元始天尊将混元珠提炼成灵珠和魔丸，灵珠将投胎为人，将来可助周王伐纣，而魔丸却会诞出魔王。为了不让魔王为祸人间，元始天尊启动了天劫咒语，3年后天雷将会降临，将之摧毁。徒弟太乙真人受命将灵珠托生于陈塘关李靖家的儿子哪吒身上。然而阴差阳错，灵珠和魔丸竟被调包，使得本应是灵珠英雄的哪吒却成了混世大魔王。哪吒出生后就打上魔童印记而被陈塘关百姓鄙视，也没有任何孩子愿意和他玩耍，父母忙于职守，对他也疏于陪伴。孤独的哪吒常常以调皮捣蛋和恶作剧来恐吓众人，其实内心却渴望成为英雄而被认同。转眼间哪吒的3岁生日马上到来，这一天也将是天劫咒语启动的日子，灵珠和魔王都将面临生死攸关的考验。

《哪吒之魔童降世》海报

影片对传统文艺作品中的哪吒形象进行了颠覆性改造，表现了哪吒的叛逆是对不公正命运和社会成见的反抗。影片中的所有人物立体生动，对应着现代社会症候，令观众产生强烈共情，是一部为“合家欢”量身定制、制作精良的动画片。影片的叙事节奏、动作戏设计、特效、人物造型等都有创新突破，炫目华丽的美术效果令人耳目一新。影片上映后取得超过50亿元人民币的票房，刷新了中国动画电影的纪录。影片2019年获第16届中国动漫金龙奖最佳动画长片奖金奖、最佳导演奖、最佳编剧奖，第32届日本东京国际电影节金鹤奖最佳作品奖；2020年获第35届中国大众电影百花奖最佳编剧奖，第33届中国电影金鸡奖最佳美术片奖。（李　清）

内景摄影 shooting in studios 在摄影棚内或实景中的室内景进行的电影拍摄工作。内景摄影的特点是：一切都是人工搭建、布置及修饰的，是按照**美术师**的要求而设计的。内景摄影的光线效果、亮度分析、明暗反差及色彩效果等，是摄影师和照明人员试验而成的。对于一般**故事片**而言，内景摄影占相当比重。

内景摄影具有明显的有利条件：①不受天气、季节等自然条件的限制和影响。装有空调的摄影棚，为演员提供适宜的室温，解除冬天拍摄夏天戏或夏天拍冬天戏的困难。②自有声电影问世以来，摄影棚的设计和建造，一般都严格注意声学技术的应用，使其既隔绝外界噪声的干扰，又在棚内构成适宜的声场分布和混响，以适应拍摄时采用**同期录音工艺**，并保证声质优美、清晰的录音效果。③在内景摄影的条件下，照明、特技、烟火等工种，比较容易从技术上控制，创造出所需的环境气氛和视觉效果。④摄制组可以就近得到厂内各部门的支援和配合，能有效地保证按计划完成。

内景摄影也有其不利的方面，例如，搭置布景耗资大，制作费时，带来增加制片成本、延长拍摄时间等问题。内景摄影对某些场面的处理，包括布景、照明等，容易显露人工痕迹而缺乏真实感。20世纪60年代以来，随着电影器材的进步，不少导演为了追求场面真实，走出摄影棚，更多采用实景拍摄方法。（田俊人）

内景外搭 interior setting at off-site set construction 影视剧创作中把内景搭建在自然环境中的一种方法。在影视创作中，一般都是把内景搭设在摄影棚里，因为摄影棚的拍摄条件比较优越，灯光、照明条件比较好，搭建的内景不受时间、季节的限制，可以随时拍摄。但是摄影棚内搭设内景有一个非常大的问题，就是里面的远景和中景都是由**绘景师**绘景完成的，绘景作为背景虽然可以用幻灯以及特定光效制造云影变换的中、远景效果，但这种静止远景下拍摄出来的画面，与在自然的环境中拍摄所产生的真实感无法相提并论。而内景外搭，主要是利用实际的自然景色和人工建造的场景相结合，利用真实的自然环境做背景，创造出富有变化的层次感和运动感。例如电影《**刺客聂隐娘**》(2015) 绝大部分的内景，如田季安的府邸、聂隐娘的家都是在台北“中影”古城区内搭建而成，影片中搭建的内景与外景的自然光线和周围自然环境相融合，达到真实而自然的效果，极高地还原了唐朝的建筑风貌。

（宋东葵）

《能召回前世的布米叔叔》 *Uncle Boonmee Who Can Recall His Past Lives* 泰国彩色故事片。启明电影公司等2010年联合出品。编导，阿彼察邦·韦拉斯哈古；摄影，沙约姆胡·木克迪普洛姆；主演，萨卡达·卡温巴迪、塔纳帕·萨伊萨玛尔。

故事讲述了布米叔叔患肾衰竭，即将离世。布米叔叔在阿珍的陪同下来到乡下农场，在这里，布米叔叔见到了去世19年的妻子阿惠的亡魂和失踪多年的儿子波松。虽然阴阳相隔，人鬼殊途，一家人还是像平常一样回忆往昔，互诉别离。在静谧的乡间农场，布米叔叔回想起了自己此生所犯下的罪孽。生命即将结束，他在家人的陪伴下，回到了自己前世出生的地方。

影片用轻松的影调描述了当地人对前世今生、轮回的创意幻想，平静且令人感动，简单的故事传递出了复杂深刻的内涵。影片探索了人类、自然和超自然世界的奇妙关系，表达了人类灵魂和大自然相通的观念，通过断层和异化的形式表现出人们对时间、印象、记忆、交流和自然以及灵魂的理解。影片介于纪录片和虚构电影之间，使用了非职业演员，片中人物的对话大都是即兴发挥，由此淡化了表演的痕迹。影片发挥实验电影精神，镜头唯美且多使用**长镜头**和大全景画面，突破了传统的拍摄方式。影片2010年获第63届法国戛纳国际电影节金棕榈奖，2011年获第5届亚洲电影大奖最佳电影奖。（张晓艳）

尼加拉瓜电影 Nicaraguan cinema 尼加拉瓜共和国虽然是中美洲最大的国家，但尼加拉瓜极度贫困的经济现状使得其民族电影业起步非常晚。尼加拉瓜影院中上映的主要是来自好莱坞、墨西哥、阿根廷的电影。直到20世纪60年代，尼加拉瓜民族电影开始萌芽。当时的独裁者索摩查开设电影公司，制作广告片、军事教学片与新闻片，用以维护独裁统治。从一开始，尼加拉瓜电影的起步与衰落就与独裁、反独裁的国内政治斗争密切相关。

20世纪70年代，尼加拉瓜国内桑地诺民族解放运动如火如荼，革命党人与外国友人合拍电影，用胶片记录尼加拉瓜人民的斗争。1978～1979年摄制的反映桑地诺民族解放阵线斗争的《尼加拉瓜，七八年九月》《自由祖国或死亡》《尼加拉瓜：创造自由的人们》等影片，有效地参与了革命文化宣传和革命力量的动员。1979年索摩查政权垮台后，桑地诺政府成立了尼加拉瓜电影学院。1979～1985年，该学院拍摄了40多部新闻短片，主要承担政治宣传的功能。其中一些短片还被进一步制作为纪录片。1982年，学院与古巴、墨西哥合拍《阿尔西诺和飞鹰》（智利导演M.利廷），该片是20世纪80年代尼加拉瓜电影中国际知名度最高的作品，反映了拉丁美洲人民反对美国侵略的斗争，该片获第13届苏联**莫斯科国际电影节**金奖、第55届美国电影**奥斯卡奖**最佳外语片奖提名。

之后，尼加拉瓜电影学院开始注重剧情片，尤其是小说改编电影，曾改编了诺贝尔文学奖得主M.A.阿斯图里亚斯的小说《总统先生》。1990年，桑地诺阵线在大选中失败，学院濒于解体，国家电影生产模式不复存在。此后尼加拉瓜电影进入独立制作阶段。其中尼加拉瓜电影学院创始人之一F.皮内达的卡米拉电影公司最为知名。皮内达作为摄影指导的《卡拉之歌》（1996，导演肯·洛奇）、《尤玛》（2010，导演佛罗伦萨·豪吉）都是尼加拉瓜电影重要的代表作品，其中《卡拉之歌》获第53届意大利威尼斯国际电影节金狮奖提名。（滕　威）

尼克尔森，J. Jack Nicholson（1934-04-22～　）美国影视演员。生于新泽西州内普顿。10岁时开始登台演出。1954年，在米高梅电影公司工作。1958年，出演了人生第一部电影《呐喊小杀手》，从此开始演艺生涯。1969年，出演**《逍遥骑士》**，获第42届美国电影奥斯卡奖最佳男配角奖提名、第23届英国电影学院奖最佳男配角奖提名和第27届美国电影金球奖最佳男配角奖提名。1970年，出演《五支歌》，获第43届美国电影奥斯卡奖最佳男演员奖提名和第28届美国电影金球奖最佳男主角奖提名。1973年，出演《最后的细节》，获第46届美国电影奥斯卡奖最佳男演员奖提名和第27届法国戛纳国际电影节最佳男演员奖。1974年，出演**《唐人街》**，获第47届美国电影奥斯卡奖最佳男演员奖提名、第32届美国电影金球奖最佳男主角奖、第28届英国电影学院奖最佳男演员奖。

1975年，在《飞越疯人院》里饰演不经意闯入疯人院的“正常人”墨菲，获第48届美国电影奥斯卡奖最佳男演员奖、第33届美国电影金球奖最佳男主角奖和第30届英国电影学院奖最佳男演员奖。1981年，出演《烽火赤焰万里情》，获第54届美国电影奥斯卡奖最佳男配角奖提名、第39届美国电影金球奖最佳男配角奖提名和第36届英国电影学院奖最佳男配角奖。1983年，出演《母女情深》，获第56届美国电影奥斯卡奖最佳男配角奖和第41届美国电影金球奖最佳男配角奖。1985年，出演《普里兹家族的荣誉》，获第58届美国电影奥斯卡奖最佳男演员奖提名和第43届美国电影金球奖音乐喜剧类最佳男主角奖。1987年，出演《离离原上草》，获第60届美国电影奥斯卡奖最佳男主角奖提名和第45届美国电影金球奖最佳男配角奖提名。1992年，出演《义海雄风》，获第65届美国电影奥斯卡奖最佳男配角奖提名和第50届美国电影金球奖最佳男配角奖提名。1997年，在《尽善尽美》中饰演一个脾气古怪的作家，获第70届美国电影奥斯卡奖最佳男演员奖和第55届美国电影金球奖音乐喜剧类最佳男主角奖。2002年，出演《关于施密特》，获第75届美国电影奥斯卡奖最佳男演员奖提名、第56届英国电影学院奖最佳男演员奖提名和第60届美国电影金球奖最佳男主角奖。2006年，出演《无间行者》，获第64届美国电影金球奖最佳男配角奖提名和第60届英国电影学院奖最佳男配角奖提名。

《飞越疯人院》剧照

尼克尔森具有卓越的诠释角色内心世界的才能，演技高超并且充满魅力，无论饰演主角还是配角，都丰满生动、耐人寻味。他出演的影片还有《破碎的大地》（1962）、《魔鸟》（1963）、《通向地狱的后门》（1964）、《地狱飙车天使》（1967）、《猎爱的人》（1971）、《美人迟暮》（1972）、《冲破黑暗谷》（1975）、《大峡谷》（1976）、《闪灵》（1980）、《邮差总按两次铃》（1981）、《强渡魔鬼关》（1982）、《心火》（1986）、《东镇女巫》（1987）、《蝙蝠侠》（1989）、《霍法》（1992）、《狼人》（1994）、《72小时生死线》（1995）、《小心女人》（1996）、《誓不罢休》（2001）、《爱是妥协》（2003）、《遗愿清单》（2007）、《我仍在这里》（2010）、《你怎么知道》（2010）等。1994年，获美国电影学会奖终身成就奖。1999年，获第56届美国电影金球奖塞西尔·布朗特·戴米尔奖。2001年，获肯尼迪中心荣誉奖。

（孙　萌）

尼日尔电影 Nigerien cinema　尼日尔民族电影的创始人是穆斯塔法·阿拉桑纳和奥默鲁·冈达，他们在20世纪50年代参与了瑞士人G.布朗特德和法国人J.**卢什**在尼日尔进行的民族志电影拍摄，掌握了电影技术。

20世纪60年代，穆斯塔法·阿拉桑纳拍出了第一批揭露新殖民主义并强调传统文化在当代非洲生活中巨大作用的影片。如动画片《刚惹之死》（1965，获1966年达喀尔世界电影艺术节动画片一等奖）、《伟大的桑巴》（1978），纪录片《阿拉希斯·桑希里》和《冒险家的归来》等。冈达的影片主要有《卡巴斯卡布》（1968）、《多妻的瓦祖》（1970，获瓦加杜古泛非电影节一等奖）、《赛登》（1973）。

1970年，尼日尔电影工作者协会成立，由政治家、作家兼评论家布布·哈马领导。该协会为一批新导演进入电影界作出了重要贡献。此后的主要影片有亚·科索可的《米伊·吉布尔的成功》（1969）和《联合会》（1975），穆斯塔法·乔本的《水蛭》（1970），伊努萨·乌塞尼的《刚嘎》（1975），迪·芒戈的《黑星》（1976）和《黑云》（1980），C.弗朗索瓦的《我们会是朋友的》（1981）等。

尼日尔没有国家的电影生产基地，政府为影片生产提供少量资助。法国的国际人文科学会和法国文化中心对发展尼日尔电影事业起到了重要作用。自20世纪80年代以来，尼日尔电影在风格上越来越接近法国艺术电影，然而由于受经济制约，公共资金很难维持本土的电影生产。1994年，尼日尔制片人兼导演O.I.马汉马那创立了尼亚美非洲电影节。该电影节每两年举行一次，不设奖项，致力于电影制作和电影研究。

20世纪90年代至21世纪，代表性的作品有雅克·杜别松的《撒哈拉赤子心》（1996）、拉玛托·凯塔的《阿莱丽：一个非洲女演员的命运曲》（2005）、萨尼·哈吉·马格里的《远乡的召唤》（2011）等。

（陆孝修）

尼日利亚电影 Nigerian cinema　1905年，尼日利亚开始放映电影，主要放映外国影片。1939年，英国以拉各斯为中心，在非洲的殖民地成立英国殖民地电影联合公司。1960年尼日利亚独立后，优先发展广播和电视。1963年尼日利亚公布了电影法，第二年又做了修订。20世纪60年代初，导演希·欧罗绍拉改编过电视剧，同时拍摄了几部纪录片。

1966年，尼日利亚拍摄了第一部故事片《两个人和山羊》，由英国人G.琼斯导演。随后，第一批尼日利亚电影工作者相继涌现，如F.奥拉德雷拍摄了《攻击的收获》（1971）和《阳光下的蟾蜍》（1972）；S.德赛姆拍摄了《魔鬼的晚餐》（1971）；欧拉·巴罗根导演了《A》（1971）、《艾买提》（1974，第一部伊波语电影）、《阿贾尼·欧昆》（1975）和《音乐人》（1976）等。这些影片充分运用了传统的情节剧形式和有民俗特点的音乐。其后，巴罗根是尼日利亚优秀的导演代表，他在1978年根据A.巴列基的小说改编了《自由的战斗》，他在1981年根据M.姆旺加的民间故事改编了《为了自由》。其他较著名的导演及作品还有艾地·乌格布玛的《面具》（1975），奥罗西的《沉浮》（1976）、《漂亮的小伙子》（1979）和《石油轰鸣》（1981），J.奥柏的《大河的女儿》（1977）。

1979年尼日利亚成立电影委员会。1981年成立尼日利亚国家电影制片联合公司，在全国19个州都有分公司。1982年成立尼日利亚电影局，负责制片业，建立发行网，但发行网仍控制在印度人和黎巴嫩人手中。1984年前每年进口500余部外国片。为了发展本国电影生产，之后两年只进口10余部。尼日利亚1985年有约250家电影院。21世纪初，为满足中产阶级及以上观众的需求，尼日利亚电影院数量增加。银鸟公司在尼日利亚各主要城市的富人区设立现代电影院。2004年银鸟公司成立自己的电影院线。同时，尼日利亚政府加大投资，以期提高本国电影质量。2006年，政府与泛非经济银行合作启动了诺莱坞计划，投入大量资金扶植优质电影。2009年的恐怖电影《小塑像》热卖，标志“新尼日利亚电影”的诞生。2013年，尼日利亚电影票房创新高，达到110亿美元，电影业经济占尼日利亚经济总额的1.4%。伴随繁荣的电影市场，尼日利亚出现越来越多高质量电影和更加规范化的发行放映体系。

（陆孝修）

《尼斯印象》 *Nice Impression*　法国纪录片。1930年出品。导演，J.维果；摄影，B.考夫曼。

影片展现了法国海滨度假城市尼斯的景象，这里有美丽的海岸线、和煦的日光、宜人的气候。这里是有产阶级安逸享乐的天堂，他们出入豪华的酒店，懒洋洋地晒着太阳，兴奋地玩着一掷千金的轮盘赌等。同时，在城市的内部，这里有贫民窟，有患病的孩子，有污水沟、垃圾、乞丐、小商贩等。影片有几个非常知名的带有超现实主义色彩的镜头：享受擦鞋服务的男子的皮鞋突然消失，鞋油被直接擦在赤裸的脚上；身着皮衣靠在躺椅中晒太阳的女子突然变得赤身裸体等。

影片侧重对社会政治维度的关切，描绘了城市的日常景象和众生相，将有产者生活的浮靡奢华与底层贫民的凋敝人生境况形成鲜明对比，并对前者进行了强烈的讽刺，具有深刻的社会主题。影片属于社会纪录片，导演以令人意想不到的方式拍摄了大量的影像素材，并运用**蒙太奇**手法加以组织和阐释，从而清楚明确地表达了自己的立场和观点。影片的社会意识对第二次世界大战后**法国新浪潮电影**运动，产生了深远的影响。

（刘　斐）

拟音 foley　影视拟音师在专门的动效录音棚里通过人工手段、利用各种拟音道具来设计和模拟出各种物体动作所发出的音响效果声音。一般来讲，拟音是由拟音师在录音室里根据画面内容模拟出的各种音响声音，而拟音录音师在控制室里进行录音操作。

影视作品中的所有角色和物体的运动都应该有与之相匹配的动作音响声音。如缺少与角色或物体动作匹配的音响效果，观众就会认为影片缺乏真实感。有时候，这种真实感需要以艺术和银幕真实来代替“现实真实”。如真空中无法传播声音，外太空中的飞船无法产生可听到的声音，但大多数的声音设计师会为画面添加飞船飞行的声音效果，形成银幕真实感并为影片增加视听冲击力。而在同期录音时因为要优先录制语言声，往往也无法同时录制到高质量的音响声。因此，很多影视作品都会在**后期制作**阶段通过拟音来录制画面中缺失的音响内容，或替换同期录制的品质不高的音响内容。

拟音所录制的音响效果声音是叙事必不可少的组成部分。优秀的拟音工作可以通过恰当的音响声音为场景增添真实性与感染力，唤起观众的观影冲动，令观众产生真情实感。拟音对于动画电影具有特殊作用，由于采用人工画面与人造声音，所以动画角色与物体的大小、重量、肌理、质感和速度等，都需要通过音响声音的塑造表现。因此，动画电影常常要通过拟音的方式来赋予角色动作真实的音响声音，以加强艺术真实感。

拟音是一件创造性的工作，拟音师不

仅需要有丰富的生活经验和专业的影视知识，同时还要具备灵敏的肢体协调能力与想象力，才能够通过各种拟音道具来获得所需要的各类音响声音。 （王旭锋）

逆光 backlight 当被摄主体处于相机和光源中间的时候，光源被称作逆光，又称背面光、背景光、轮廓光。逆光分为三种形式：正逆光、侧逆光和顶逆光。正逆光指摄影机、被摄主体和光源处在接近同一条直线上，高度也基本一致，此时被摄体的轮廓最为突出，且轮廓各个部位的亮度也最为统一。侧逆光指光线与镜头光轴构成大约120°～150°夹角，在这种光照下，某一侧的造型会被突出，另一侧则被适当规避。顶逆光则是光源在被摄体后方偏顶部的位置，造型上也是顶部轮廓最为明显。在逆光照明这种条件下，被摄景物、被照明景物轮廓表现清晰，景物大部分为暗影，景物区分度高，大气透视效果好，层次分明。逆光的产生实际上是由于被摄物体（后方）背景光源过亮，同时在被摄物体上没有其他光源进行提亮补偿使得被摄体曝光不够充分。因此，逆光条件下不建议进行拍摄，或者尽量避免在逆光条件下拍摄。但高质量的逆光拍摄会形成独特的视觉和艺术效果，增强画面的想象感、意境感。 （张 桥）

年龄妆造型 age makeup styling 影视化妆中在外观上改变演员年龄以符合角色的年龄设定的造型。当演员与扮演的角色之间年龄有差距，或者剧中角色的年龄跨度很大（如一个演员要饰演角色的青年、中年、老年这些不同时间段的生活）的情况下，就会要求**化妆师**通过年龄妆刻画出角色的年龄变化。如**电视剧**《白鹿原》（2017）演绎了20世纪渭河平原50年的变迁，表现了剧中人物从青年到老年的曲折人生和起伏命运。该剧化妆设计精益求精，对于角色的成功塑造功不可没。

化妆师在进行年龄妆造型设计时，应该充分考虑影响到年龄感的多重因素，如心理情绪、精神状态、健康状态及生活状况、工作环境等。化妆师应该注意表现年龄变化中诸多生理特征如皮肤的质地和气色、五官的形状、毛发的颜色变化等。年龄化妆造型通常会采用绘画化妆法、整形化妆法、毛发化妆法、塑型化妆法，针对演员皮肤的肤色、质地，五官的状态，头发、胡须和眉毛的形状和颜色，皱纹的立体感或骨骼的突起效果等，进行细致入微的刻画、处理。 （宋东葵）

聂晶 Nie Jing（1921-12-16～1986-04-26） 中国电影摄影师。生于辽宁锦州，卒于北京。1939年从锦州师范学校毕业后，在义县南关小学任教。1940年考入株式会社满洲映画协会任演员，后学习摄影。1943年任华北电影公司摄影助理。1946年在“中央电影事业股份有限公司三厂”任摄影助理。1949年任北京电影制片厂摄影师，拍摄了《开国大典》《军旗》等纪录片。1950年任故事片《卫国保家》和《高歌猛进》的摄影师。1955年拍摄**林农**执导的《神秘的旅伴》，展现了少数民族和边地的风俗人情。1957年拍摄了其第一部彩色故事片《边寨烽火》，取得了一定的成功。1959年拍摄红色经典《**青春之歌**》，很好地展现了主人公不同成长阶段的美。1962年拍摄《**杨门女将**》，获第1届中国大众电影百花奖最佳戏曲片奖。1963年拍摄了《**小兵张嘎**》，呈现了流畅而富有韵味的镜头画面。1980年拍摄了《铁弓缘》，获文化部优秀影片奖、第3届中国大众电影百花奖最佳戏曲片奖。

他的摄影以精细的人物刻画、浓郁的地方特色和生活气息而获得好评，并对中国传统戏曲艺术与电影艺术相结合的戏曲电影进行了积极的探索。其他重要作品有《国庆十点钟》《虎穴追踪》《北大荒人》《野猪林》《天山的红花》《知音》等。1979年曾发表《电影摄影的曝光》一书。曾任北京电影制片厂总摄影师、中国电影家协会理事、中国电影摄影协会副会长。 （黄加明）

纽曼，P. Paul Newman（1925-01-26～2008-09-26） 美国电影演员、导演、制片人。生于俄亥俄州克利夫兰，卒于康涅狄格州韦斯特波特。第二次世界大战期间在海军服役。

战后回到俄亥俄州，进入凯尼恩学院攻读经济学，后转到耶鲁戏剧学院。1952年，在纽约参加演员讲习班。1953年，在百老汇演出《野餐》，获得好评。1955年，出演第一部影片《银酒杯》。1958年，与新婚妻子J.伍德沃德合演《漫长的炎夏》，一举成名，获第11届法国戛纳国际电影节最佳男演员奖。同年，出演《朱门巧妇》，获第31届美国电影奥斯卡奖最佳男演员奖提名。1961年，出演《江湖浪子》，

《金钱本色》剧照

获第15届英国电影学院奖最佳外国男演员奖。1963年，出演《原野铁汉》，获第36届美国电影奥斯卡奖最佳男演员奖提名和第21届美国电影金球奖最佳男主角奖提名。1967年，出演犯罪题材影片《铁窗喋血》，获第40届美国电影奥斯卡奖最佳男演员奖提名。

1968年，首次执导影片《巧妇怨》，获第41届美国电影奥斯卡奖最佳影片奖提名。1982年，出演S.吕美特执导的《大审判》，获第55届美国电影奥斯卡奖最佳男演员奖提名。同一时期，开始向制片方面发展，与S.波埃特、B.史翠珊、S.麦奎因组织了首艺公司。1986年，出演M.斯科塞斯执导的《金钱本色》，获第59届美国电影奥斯卡奖最佳男演员奖。1994年，出演R.本顿执导的《大智若愚》，获第67届美国电影奥斯卡奖最佳男演员奖提名和第45届德国柏林国际电影节最佳男演员奖。2002年，出演S.门德斯执导的《毁灭之路》，获第75届美国电影奥斯卡奖最佳男配角奖提名、第60届美国电影金球奖最佳男配角奖提名和第56届英国电影学院奖最佳男配角奖提名。2005年，出演并监制影片《帝国的崩塌》，获第63届美国电影金球奖最佳男配角奖。

《大智若愚》剧照

纽曼是20世纪60～70年代美国票房号召力最强的十大明星之一，1969年与1970年更升至首位，当时美国有史以来最卖座的15部影片中就有3部是纽曼主演的，分别是《虎豹小霸王》（1969）、《骗中骗》（1973）和《火烧摩天楼》（1974）。1986年，获第58届美国电影奥斯卡奖终身成就奖。 （李 湄 撰 刘 斐 修订）

农村电视剧 rural TV drama 以农村和农民为表现对象的电视剧。农村电视剧是中国电视剧最经久不衰、最重要的类型之一。1958年播出的中国第一部电视剧《**一口菜饼子**》就是以农村生活为表现对象。1978年的农村剧《三家亲》则拉开了农村电视剧发展的帷幕。农村电视剧率先形成创作热潮，涌现出一大批作品，这些作品多控诉"文化大革命"的灾难，同时讴歌了农村新时代的到来。

随着改革的推进，各种复杂矛盾也呈现出来。20世纪80年代末出现了一批深刻反映农村现实的优秀作品，如《雪野》《太阳从这里升起》《葛掌柜》《神禾塬》《篱笆·女人和狗》三部曲等。这些作品深刻揭示了农村的现实矛盾，塑造了一批经典的农民形象，取得了极大的社会影响和艺术成就。20世纪90年代起，农村电视剧呈现衰落的迹象，产量日趋下降，在创作的广度和深度上也停滞不前。乡镇干部成为农村电视剧的表现主体，如《党员二愣妈》《一村之长》等。喜剧形式流行起来，取得了不错的收视率，《刘老根》系列是其代表。21世纪以来，农村电视剧的创作出现了一定的复苏，《马大帅》《插树岭》《圣水湖畔》《生存之民工》等都引起了广泛的关注。另外《乡村爱情》系列将小品喜剧风格发扬光大，成为农村剧知名的品牌。农村电视剧起着为农民立传、为农村书史的作用，诞生了大量经典作品。随着中国城市化进程的不断深化，农村电视剧也在慢慢淡出荧屏，但经典作品仍继续流传。（戴 清 付李琢）

《农奴》 *The Slaves* 中国故事片。八一电影制片厂1963年出品。编剧，**黄宗江**；导演，**李俊**；摄影，韦林嶽；主演，旺堆、小旺堆、强巴、小多吉、白玛央杰。

故事讲述了在西藏的农奴制度下失去父母的小奴隶强巴过着非人的生活。他从此不再说话，用无声表示反抗。解放军进藏后，长大了的强巴开始用行动反抗老爷。解放军医治好了强巴的病，强巴与女奴兰尕一同去找解放军，途中遇到奴隶主郎杰，二人纵马跳崖投江，兰尕被解放军搭救，强巴却被抓回当了喇嘛。之后，郎杰与土登活佛勾结帝国主义分子叛乱，郎杰胁迫强巴逃往国外，强巴与郎杰展开搏斗。危急中，强巴为解放军所救。土登活佛放火烧毁寺庙，企图嫁祸解放军，强巴揭露了土登活佛暗蓄武器的阴谋罪行。农奴获得解放，多年的哑巴也说话了。

影片通过农奴强巴一家人的悲惨境遇，用真实感人的艺术形象深刻地揭露了旧西藏农奴制度野蛮残酷的本质。由于编导的精心设计，影片在人物、情节、细节的处理上，具有较强的艺术感染力。影片在银幕上第一次都用藏族演员来扮演主要角色，他们以真实本色的表演发挥了专业演员所不能达到的逼真程度。影片摄影也十分考究，一方面采用西藏实景拍摄，使其具有浓郁的藏族人民的生活气氛；另一方面，**长镜头**和出色的光影调动，赋予人物造型和画面富有雕塑感。影片形成了纪实性和戏剧性、现实和象征交融，格调凝重冷峻，感情深沉含蓄的写实风格，是中国第一部反映西藏农奴制度的优秀故事片。影片1981年获第1届菲律宾马尼拉国际电影节金鹰奖。（陈少舟）

《女人，四十》 *Summer Snow* 中国彩色故事片。嘉禾电影有限公司1995年出品。编剧，陈文强；导演，**许鞍华**；摄影，李屏宾；主演，萧芳芳、乔宏、罗家英。

故事讲述了孙太太阿娥既是一个勤俭持家、聪明能干的家庭主妇，又是公司熟悉业务、善于精打细算的骨干。她的公公曾是战功卓著的飞行员，个性倔强、固执传统，经常无故冲孙太太发火，每次都是婆婆来解围。一天，孙太太回家途中看见牌友们街边玩麻将也跃跃欲试，孰料一向反对女人玩麻将的公公路过，孙太太急忙收拾东西跟他回家，回家后发现婆婆去世了。不久公公患上了老年痴呆症，不认识儿子、女儿，只认得儿媳妇孙太太，全家人生活受到了极大影响。孙太太难以兼顾家庭与工作，跟丈夫发生争执，后来尝试送公公去敬老院，未果，最终只好辞职在家照顾老人。公公过世后，全家恢复了往常一样的生活，孙太太却不时思念起公公与婆婆。

影片延续了导演以往关注现实题材、关注底层小人物的创作方向，对平凡小女人的生活细碎、离合悲欢、爱与希望的人生故事进行了细腻描绘。影片在摄影风格上有明显的纪实倾向，影像进行了简单滤镜处理，整体比较温馨。影片贯穿始终的经典粤曲，尤其是首尾呼应的《凤阁恩仇未了情》，与影片主题形成了互文本，为影片铺垫了一番浓郁的香港文化韵味。影片1995年获第32届中国台湾电影金马奖最佳剧情片奖、最佳女主角奖、最佳男配角奖、最佳摄影奖、观众票选最佳影片奖，第45届德国柏林国际电影节最佳女主角奖，1996年获第15届香港电影金像奖最佳影片奖、最佳导演奖、最佳编剧奖、最佳男主角奖、最佳女主角奖、最佳男配角奖，第2届香港电影评论学会奖最佳影片奖和最佳女演员奖。（张 燕）

女性主义电视批评 feminism television criticism 运用女性主义理论对电视文本、制作、解读中的性别问题进行的批评。产生于20世纪80年代，受女性主义电影批评的影响而建立，是女性主义理论在电视传媒领域的应用和拓展，着重于发现、分析文本中的性别不平等。其目的是通过对文本内容的分析，包括对女性形象的分析、文本叙事与符码上的两性差异、观看过程中的性别差异的揭示，对作品中的性别歧视、刻板印象以及对女性的物化等现象进行批判，将父权制中被边缘化的女性话语拉回到主流话语中来，建构女性意识，最终为女性争取政治、经济、文化、社会等方面的权利。

作为一种传媒批评思想，它借鉴社会学、统计学方法，注重定量分析，将电视批评与社会批评结合，并针对电视媒体与**电影**不同的符码形式、传播环境、接受对象等特征，建立起有别于女性主义文学批评和电影批评的模式。肥皂剧、电视文艺节目、电视广告、电视娱乐及体育节目等都是其关注的对象。女性主义电视批评较少关注作为创作者的女性，这一方面是因为电视文本的创作中没有较多的个人创作，另一方面是电视文本的创作者中男性居多数，即使女性有机会进行创作，也往往是在规定好的框架内来完成的。

电视的商业属性、家庭观看模式都决定电视比电影及其他文化形式更忠实地复制主流价值观及刻板的性别观念。女性基于与男性不同的社会与文化经验而具有了与男性不同的解读视角。然而，这其中的困境在于，女性经验也是受各种社会因素影响甚至是被建构的结果，多数女性观众并不会以女性身份观看电视，而是以男性视角观看、认同男性角色。因此，女性主义电视批评首先要培养女性观众的女性意识，自觉发现并警觉文本中的父权意识形态。同时，相对传统女性主义批评过于强调女性身份，忽略了其他社会因素的倾向，女性主义电视理论研究更多指涉种族、阶级、社会、体制等范畴，转向更广泛的社会及文化研究。E.A.卡普兰的《女权主义批评和电视》、L.S.蒙福德的《午后的爱情与意识形态——肥皂剧、女性与电视剧种》、G.塔奇曼的《大众媒介对妇女采取的符号灭绝》等都是女性主义电视批评的重要文献。（凌 燕）

女性主义电影批评理论 feminism film criticism theory 借用精神分析学和意识

形态理论概念，解构、批判以好莱坞电影为代表的电影性别观念和秩序的一种电影批评理论。又称女权主义电影批评理论。女性主义电影批评理论的主旨是揭示和抨击银幕上的性别歧视，阐明男权社会的无意识所构成的电影形式的反女性本质。

女性主义电影批评理论的发展经历了三个阶段：①形象批评阶段（1972～1975）。即女性主义电影理论的形成时期。立足于男女生理的差异，探讨电影艺术对女性形象的歪曲问题，并指出女性在电影这套符号象征系统中已被意识形态建构为具有稳定不变的形象和意义的符号，意识形态又以此方式强化男权社会的性歧视。这一时期的代表人物为M.罗森和M.哈斯科尔。早期的女性主义电影批评在研究方法上过于倚重对电影文本中的女性形象的分析，缺乏对媒介机制的特征研究，使得女性主义电影批评流于表面，而无法做出深入透彻的阐释。②叙事批评阶段（1975～1985）。女性主义电影批评迅速吸纳了符号学、意识形态分析和精神分析批评等理论资源，开始探讨以男性视点拍摄的影片中女性的主体性及其客体地位的形成原因。这一时期的代表人物是L.穆尔维，她把精神分析批评当作一种政治批判的武器，深入阐明了男权社会的无意识如何构成了电影的叙事模式。③文化批评阶段（1985～　）。女性主义电影批评对两性差异进行文化反思的阶段。从前期的男女性别差异二元论转向社会生活的各个层面，以探求多元化的、可能的观影方式。这一阶段的代表人物是T.de瑞蒂斯。她以性别问题作为分析中心，要求重新确定电影研究的规则。她认为女性主义电影批评应扩大到阶级、种族、肤色、年龄等领域，应从社会生活的各个层面广泛展开，才能对女性自我主体性有更准确的把握和认识。

女性主义电影批评理论的代表性文本包括：C.庄士敦的《女性电影作为抗衡的电影》，穆尔维的《视觉快感与叙事性电影》以及《穆尔维关于〈太阳浴血记〉对〈视觉快感与叙事电影〉的进一步思考》，J.米切尔的《精神分析与女权主义》，罗拉蒂斯的《爱丽丝说不》，E.A.卡普兰的《母亲行为、女权主义和再现》，C.约翰斯顿的《走向女权主义电影实践：几个命题》。这些论文试图用不同的方法破译好莱坞影像符码，揭示其中隐含的“性别歧视”，从而解构传统的“经典叙事”。

作为当代**电影理论**的重要流派，女性主义电影批评理论具有激烈的批判立场和高度综合的方法论基础，采用了符号学、叙事学、精神分析学、意识形态理论等对好莱坞电影工业和制作方式进行批判和解构，并试图颠覆发达资本主义社会的语言和意识形态结构。作为一种纯粹的批评性理论，女性主义电影批评理论在立场和方法上自觉地疏离电影创作实践，以维护理论形态本身的自洽性和政治、美学批评的独立性。（刘宇清）

挪威电影 Norwegian cinema 挪威电影业始于20世纪初，主要经历了以下5个阶段。

初创与早期发展　挪威的第一家电影院于1904年在克里斯蒂安尼亚（奥斯陆）开设，主要放映外国影片。1908年挪威摄制了第一部短故事片《渔人的艰险生涯》。第一次世界大战期间拍摄了一些娱乐性电影。1916年，导演P.柳克·谢斯特创办了克里斯蒂安尼亚电影公司，拍摄了现实生活题材的影片《青春的心》《冬夜》《孤儿》《引水员的女儿》。从1919年开始，各大中城市着手建立城市电影业联合会，使私营影院成为城市公益文化机构，同时兼管制片和发行业务。20世纪20年代挪威拍摄故事片很少，其中比较好的作品有导演R.布列斯丁的《弃儿安娜》（1920）、《结婚列车在哈当厄》（1926）和导演L.辛丁格的《新警务税务代理人》（1926）、《山中奇遇》（1927）等。有些导演的作品在创作思想和人物塑造方面近似瑞典电影学派。20世纪20年代以来，挪威和丹麦多有合作拍片的尝试。丹麦导演C.T.德莱叶在挪威拍摄了影片《格隆斯达尔的未婚妻》（1925），导演G.肖纳沃伊特在挪威执导了影片《巴尔德温的婚礼》（1926）和《莱拉》（1929）。

社会题材电影的兴起　20世纪30年代，由于工人运动形势高涨，挪威电影的题材发生了变化，出现了描写城市贫民、揭示尖锐社会问题的作品。1931年，导演T.易卜生根据O.布洛丁的作品拍摄了挪威第一部有声故事片《大洗礼宴》。随后，其他导演也根据布洛丁的作品拍摄了影片，如《好人们》（1937，导演L.辛丁格）、《婴儿》（1938，导演R.布列斯丁）、《可爱的马林》（1940，导演K.赫格尔）。1937年，T.易卜生拍摄了心理分析题材的影片《两个生者与一个死者》。之后，又拍摄了电影三部曲：《流浪汉》（1937）、《包尔德森》（1939）和《托列斯·斯涅尔杰沃德》（1940），这些作品充满浓郁的生活气息。与挪威工人运动有紧密联系的导演U.德格尔执导了影片《北方破晓》（1939）、《山谷上空轰鸣》（1940），上映后产生了积极的社会影响。

战争题材电影的发展　德国法西斯占领期间，挪威设立了国家电影部，对电影生产进行严格管制，强迫电影工作者宣传纳粹思想，但大多数挪威电影创作和技术人员对此进行了抵制，或者只拍摄一些远离现实的喜剧片。第二次世界大战之后，战争和抵抗运动的题材在挪威电影里占有重要位置，如《我们要活下去》（1946，导演U.德格尔）、《奔向英格兰的逃亡者》（1946，导演T.桑纽）。导演T.维特-姆勒尔拍摄了再现挪威伞兵炸毁“重水”工厂经过的影片《重水之战》（1949，与法国导演J.德莱威合作）和描述被俘的船员们逃回祖国参加解放斗争的影片《逃出达喀尔》（1951）。这两部影片采用大量纪录片素材，有很强的真实感，是**故事片**和**纪录片**独具匠心的结合。影片中的角色扮演者是亲身参加过上述两次战斗的幸存者和一些职业演员。20世纪50年代，导演N.P.默雷尔拍摄的反法西斯题材影片《接触》（1956）也运用了这种手法。在抵抗运动题材的影片中，还有描述挪威爱国者支援被俘的南斯拉夫游击队员事迹的《血腥的道路》（1955，导演K.贝格斯特洛姆和南斯拉夫导演R.诺瓦科维奇），以及关于挪威医务工作者营救一批犹太儿童的影片《如此一个夜晚》（1958，导演S.马特曼-莫）。导演兼编剧A.斯库恩的创作把挪威反映战争题材的影片推向一个新的高度，他的影片《迫降》（1952）、《九条生命》（1957）、《包围》（1960）探讨了英雄行为的精神根源。这期间，反映挪威国内现代生活的作品有《克拉涅糖果店》（1951）、《白马群》（1951，导演S.马特曼-莫和H.尼尔森）、《一个不认识的人》（1952，导演A.辛宁格-仁森）和T.易卜生执导的故事片《神秘的偶然事件》（1948）、《大与小》（1951）和《朋友们》（1959）。挪威的纪录片和科普片创作颇有成就，代表性的作品有《康·蒂基》（1950，导演T.海尔达尔）、《拉普兰人亚基》（1957，导演P.休斯特）、《冲向狂风暴雨的人们》（1964，导演A.贝尔格）等。

《康·蒂基》剧照

20世纪60年代，由于电视的发展，电影观众人数急剧减少。这时期摄制了一些艺术水平不高的娱乐片。国家增加了对影片生产的资助后，出现了几家新电影公司，并继续拍摄了一些战争题材的影片，如《伟大的游戏》(1967，导演K.包韦姆)、《晒焦的大地》(1969，导演K.安德森)等。

新生代导演的涌现 20世纪70～80年代，挪威电影界涌现出了新一代导演。P.廖克贝格执导了《出路》(1970)，A.布列因执导了《强制》(1971)、《妻子们》(1975)、《捕猎女妖记》(1981)，L.米克尔森执导了《我们》(1976)、《小伊达》(1981)，V.廖克贝格执导了《启示》(1977)、《听使唤的女孩》(1981)。青年导演们的共同特点是关注现实生活问题，这在P.贝尔格的《关着门的单间》(1970)、《警察之战》(1974)，P.布卢姆的《安东》(1973)、《妈妈的家》(1974)，P.班格-汉森的《金丝鸟》(1973)等影片中都有反映。这一时期的喜剧片有《小贝尤尔森》(1974，导演J.久林格)、《最后的弗列克斯涅斯》(1974，导演B.赫尔拉森)。导演S.瓦姆和P.温涅列德合作拍摄了很多影片，如《拉塞和盖尔》(1971)、《沉默的多数》(1978)、《比夜更黑暗》(1979)、《生和死》(1980)等。根据文学作品改编的影片有《一个短工的血》(1978，导演E.苏勒巴根)、《柳细》(1979，导演J.久林格)。70年代以后，儿童片有进一步发展，如《大奖》(1975，导演I.卡布里诺)、《到圣诞节星星上旅行》(1976，导演O.索卢姆)、《柴贝林》(1981，导演L.格洛姆)、《爱说漂亮话的人》(1982，导演P.布卢姆)。

进入20世纪90年代后，产生较大影响的影片有《自然之子》(1991)、《冰雪前线》(1992)、《最后的中尉》(1993)、《寂寞的星期天》(1996)、《极度失眠》(1997)、《撒旦驾驭媒体》(1998)、《拨云见星》(1998)、《苏菲的世界》(1999)等。挪威电影人和电影机构还参与制作了多部合拍片，如波兰导演K.基耶斯洛夫斯基的《维罗妮卡的双重生命》(1991)，丹麦导演**拉斯·冯·提尔**的《破浪》(1996)，瑞典导演**I.伯格曼**的《在小丑面前》(1997)等。

题材与类型的多元化 21世纪以来，在挪威制作的影片中，《提线王子复仇记》(2004)展现出挪威在**木偶片**方面达到的艺术高度；《超完美地狱》(2006)探讨人生的价值与意义问题；《重奏》(2006)讲

《提线王子复仇记》剧照

述了有志成为作家的两个年轻人之间的竞争与友谊；音乐纪录片《直到光芒把我们带走》(2008)讲述风靡一时的黑金属音乐背后的故事；《猎头游戏》(2011)将犯罪、惊悚、悬疑等类型片元素融为一体；《奥斯陆，8月31日》(2011)讲述了一名吸毒者的新生；《白色严冬》(2012)通过第二次世界大战期间发生在挪威的空战故事，揭示了战争的荒谬；《重金属之旅》(2018)则将几名业余音乐爱好者追寻梦想的历程，变成了一次充满意外和笑料的惊险之旅。此外，《龙纹身的女孩》(2011)、《寒枝雀静》(2014)等**合拍片**也获得了较好的票房与社会反响。

（尹广文 撰 刘斐 修订）

P

《扒手》*Pickpocket* 法国故事片。法国坎帕尼亚电影资料馆1959年出品。编导，R.布列松；摄影，L.-H.布雷；主演，M.拉萨尔、M.格林、D.扎尔迪。

《扒手》剧照

故事讲述了无所事事的年轻人米歇尔深受虚无主义和尼采超人哲学的影响，坚信偷窃是一种与众不同的"超人"艺术。他一次次行窃，将偷窃作为艺术来演练，手法优雅流畅。他在扣人心弦的冒险中没有恐惧和罪恶感，相反似乎总是享受着芭蕾舞表演般的审美愉悦。米歇尔有个常年卧病在床的母亲，母子关系很生疏。在去看望母亲时，他认识了照顾母亲的邻居女孩珍妮。米歇尔加入盗窃团伙，学会了更加高难度的动作，技艺越来越高超，沉迷得也越来越深。他在地铁站目睹同行被抓后，颇受震动，携带赃款去伦敦过了两年花天酒地的生活。回到巴黎后，得知珍妮为好友杰克生下一子并被遗弃，决定努力工作来养活他们。一次偶然的机会，遇上曾经抓捕过他的警察，警察以赛马为由引诱米歇尔再次偷窃，并将之抓捕。珍妮来监狱看他，米歇尔发现自己原来还有爱的能力。

影片以米歇尔日记的形式展开，主人公的内心独白贯穿始终，语言洗练，情感克制，充满哲思。影片电影技法朴素简单，镜头语言凝练节制，剪辑冷峻客观，往往通过人物不带任何情感的面部表情、行窃的细部过程及声音效果来支撑叙事，拒绝戏剧性。影片景别的变化是递进式的，富于层次感，画面充满冷峻的沉思气质。影片是导演布列松"庄重宁静的艺术"的典范代表，通过一个活在自己内心世界的孤立的人不寻常的行为和精神世界，对现代人精神处境的孤独和超越做出富于哲学向度的沉思，不做任何道德的判断、善恶的褒贬，只展现人性的幽暗是如何闪闪发光，又随之熄灭，并最终走向超越。影片1960年获第10届德国柏林国际电影节金熊奖提名。（安 燕）

拍客 procamera 使用手机、照相机、摄像机等拍摄图片、视频并上传至互联网进行分享的人。拍客所拍摄的内容包括日常生活、社会热点、突发事件等。从2006年开始，拍客的拍摄与分享逐步由图片过渡为视频影像。视频网站的迅速发展为拍客群体的产生创造了条件。拍客拍摄、制作和上传的网络视频不仅是视频网站原创内容的重要来源，有些还被传统媒体采用。拍客是互联网时代一种表达方式和文化现象，其积极意义在于记录社会生活中的特殊时刻，对一些社会问题进行监督与反思。拍客通过视频分享与传播，可以促进不同群体之间的交流与理解。（李 艳）

拍摄方向 shooting direction 围绕被摄对象并在同一水平面的周围选择的拍摄方位。当拍摄距离与**拍摄高度**不变，拍摄方向不同，展现的被摄对象形态不同。拍摄方向通常分为正面拍摄、斜侧拍摄、侧面拍摄、后侧拍摄、背面拍摄。

正面拍摄指镜头方向对准被摄物正面。用于表现具有典型特征的正面形象。正面角度的拍摄在构图上较为端庄、肃穆，但因缺乏透视感和立体感，容易陷入刻板和僵硬。斜侧拍摄指镜头选择被摄对象的正面与侧面之间的角度进行拍摄。当与正面或侧面偏离的角度较小时，对形象的影响较小。根据需要，选择适当的拍摄位置，多角度展现物体形象，丰富其变化使得形象更加生动立体。侧面拍摄指镜头处在与被摄对象侧面成直角的拍摄位置上。选择侧面拍摄是为了展现轮廓、线条、运动状态等具有典型特征的形象。如体育赛事中，拍摄奔跑、跳高、滑雪等项目，摄影角度常常选择侧面拍摄，展现速度、人体曲线、发力的瞬间等。后侧拍摄指镜头移至被摄对象的斜后方进行拍摄，这种拍摄角度比较特殊，由于被摄体的面貌信息很少，只能通过有限的信息进行想象或揣测，它更适于表现一种情绪或精神。背面拍摄指摄影镜头与被摄对象的正面呈180度角。当被摄体为人物时，其整个形体动作就是把握人物性格和感情的关键，背面拍摄的画面含蓄，给人以丰富的联想。

选择拍摄方向，不仅要考虑被摄对象的形象、构图的形式、表现的内容，而且应根据被摄对象和主题的关系进行考量。（李 勇）

拍摄高度 shooting height 水平方向上摄像机与被摄物之间的高低距离。拍摄高度不同，构图也发生变化。构图的变化使画面地平线位置的高低、前后景物的可见度和透视度均发生变化。拍摄高度包括平拍、俯拍、仰拍、顶拍四种。

平拍指摄影机与被摄对象的高度相同。平拍的视角与人眼看到的近似，所得到的画面平稳而正常，常用于纪实拍摄中。其缺点是画面平淡，易产生分割，且前后景物之间容易重叠，不利于展现空间、层次和深度。

俯拍指摄像机的位置高于被拍摄对象进行自上而下的拍摄。俯拍有利于展现立体感，从而增强物体的正、侧、顶等多面关系；增强平面景物的线条透视，增加空间深度；使人物压缩变形，产生萎缩、矮低的视觉效果，丑化人物形象。

仰拍是指摄像机镜头低于被摄对象的角度从下向上拍摄。仰拍使前景升高，后景降低，突出主体。仰拍垂直线条的景物，线条向上汇聚，产生高大、挺拔的视觉效果。仰拍能够夸张人物形体及面部特征，拍摄腾空动作能够夸张跳跃高度。

顶拍是摄像机在垂直于被摄物的顶部向下进行拍摄。拍摄角度与水平线近似垂直，能拍摄到被摄物全部线条和轮廓。顶拍能使被摄水平面上的一切物体得到最充分的展示，并且可以准确再现物体纵向、横向的远近距离。（李 勇）

拍摄角度 shooting angle 摄影机的位置与被拍摄对象位置之间的角度。又称"机位角度"。拍摄角度由拍摄的方向、距离、高度三个相互依存的因素决定，一旦摄影机放置在某一空间位置后，这三个因素也就随之确定。拍摄角度代表着观众的视角。任何物体，在空间都占有一定的体积和位置。人们观察物体时，在视线与对象之间存在着一定的角度。影视艺术借助摄影机来展现、表现对象，摄影镜头代表着观众的眼睛，因此角度和方位在影视创作中是十分重要的。

影视画面中，不仅有距离的变化，而且有角度的变化。这种角度，从纵向来说，有平角、仰角、俯角；从横向来说，有正面、侧面、斜面。灵活多变的镜头拍摄角度，是影视艺术区别于其他艺术特别是戏剧的一个重要特征。不同的拍摄角度赋予被摄对象以不同的外部形状，决定着画面的性质。它是影视艺术表现性格特征的一种强有力的手段，既可表现艺术家的独特感受，也可赋予拍摄对象以性格色彩。

（边善基）

派克，G. Gregory Peck（1916-04-05～2003-06-12） 美国电影演员。原名艾尔德里德·格利高里·派克。生于加利福尼亚州圣迭戈市，卒于洛杉矶。10岁时曾进入洛杉矶圣约翰陆军军官学校学习。毕业于加州大学伯克利分校。大学期间对舞台表演产生兴趣，后考进纽约尼伯胡剧团。1942年初登百老汇舞台，在E.威廉斯的《晨星》中的表演给观众留下了深刻印象，获得较大成功。

1944年开始从影，出演了个人首部电影《光荣岁月》，饰演了一位同纳粹德国作战的俄罗斯游击战士。他少年时代所受的严格的军事训练和对待艺术创作的严肃态度，使他迅速成为受导演信赖、受观众欢迎的演员。同年，出演了《天路历程》，扮演一位牧师。1945年，与I.褒曼共同主演了A.希区柯克执导的悬疑片《爱德华大夫》。1947年主演了爱情片《鹿苑长春》，获第4届美国电影金球奖最佳男主角奖。同年主演了反犹太主义题材的影片《君子协定》。1949年主演了战争片《晴空血战史》，获第16届纽约影评人协会奖最佳男演员奖。1950年主演了西部片《黑天鹅》，获第8届美国电影金球奖最受欢迎男演员奖。1953年主演了爱情片《罗马假日》，与A.赫本演绎了一段爱情故事。1954年主演了喜剧爱情片《百万英镑》，获第12届美国电影金球奖最受欢迎男演员奖。1962年在悬疑片《杀死一只知更鸟》中扮演一位白人律师，获第35届美国电影奥斯卡奖最佳男主角奖、第20届美国电影金球奖最佳男主角奖。1969年主演了《主席》，获第26届美国电影金球奖塞西尔·布朗特·戴米尔奖。

《罗马假日》剧照

《杀死一只知更鸟》剧照

其他重要作品有《太阳浴血记》《在海滩上》《纳瓦隆大炮》《凶兆》《麦克阿瑟将军》《海狼》《无声的抗议》《抢钱世界》《老美国佬》《恐怖角》《白鲸》等。派克擅长扮演善良、坚定的男性形象，成功塑造了一系列颇具艺术魅力的人物形象，其在美国电影界享有较高声望。1968年获美国电影学院奖终身成就奖。1987年获第42届法国戛纳国际电影节终身成就奖。1991年获第43届德国柏林国际电影节终身成就奖。1995年获第20届法国电影凯撒奖荣誉凯撒奖。1998年获第48届德国电影奖终身成就奖。2003年获第47届意大利电影大卫奖终身成就奖。曾任美国电影艺术与科学学院主席、全国艺术委员会委员、美国防癌学会主席等职。

（陈 梅）

派拉蒙影业公司 Paramount Pictures, Inc. 美国电影制片、发行机构。A.楚柯尔在1912年创立名演员公司。J.L.拉斯基于1913年建立杰西·拉斯基故事片公司。1916年，上述两家制片公司合并成立名演员-拉斯基公司，由A.楚柯尔任总裁，J.L.拉斯基任副职。次年，新公司兼并了12家制片公司；之后再把派拉蒙影片发行公司也并了过来，遂于1927年改名为派拉蒙-名演员-拉斯基公司。1930年，又兼并了拥有多家影院的帕布利克斯公司，再改公司名为派拉蒙帕布利克斯，逐步发展成为好莱坞的大公司。1933年，由于领导层的矛盾与经营不善，被纽约联邦地区法院宣布破产。1935年，重新组织成立了派拉蒙影业公司。新公司因生产了一系列由M.魏斯特、B.克罗斯贝、B.霍甫、D.拉摩、G.古柏和C.考尔白等人主演的赚钱影片而再次兴起。当时公司的导演有J.von斯登堡、E.刘别谦和R.马莫里安等。

《与我同行》剧照

20世纪40年代，发掘吸收了不少新人，如A.莱德、V.莱克、B.兰开斯特、K.道格拉斯等人以及导演B.怀尔德、P.斯特吉斯。这一时期公司最赚钱的影片是《与我同行》。20世纪50～60年代，派拉蒙和其他大公司一样受到美国影业萧条的打击，影片产量下降，收入减少。1966年，石油资本集团购买了派拉蒙，使其成为海湾与西方石油公司的一家子公司。随着20世纪70年代美国电影业的复兴，派拉蒙摄制了《教父》(1972、1974)、《油脂》(1978)等票房价值很高的影片，公司逐年有盈余，并于1978年达到了创纪录的数字。派拉蒙独特而高效的发行模式也被其他好莱坞公司争相模仿。20世纪80年代陷入低谷，20世纪90年代后相继制作了《阿甘正传》(1994)、《勇敢的心》(1995)、《变脸》(1995)、《泰坦尼克号》(1997)、《楚门的世界》(1998)、《拯救大兵瑞恩》(1998)等知名电影，重新焕发生机。

《怪物史莱克3》海报

进入21世纪后，派拉蒙取得辉煌业绩。2006年，收购美国梦工厂公司，后发行了《怪物史莱克3》(2007)、《星际迷航》系列、《变形金刚》系列等电影，并与漫威合作发行《美国队长》(2001)、《钢铁侠》系列等影片。派拉蒙分别于2007

年和2011年登顶好莱坞电影公司票房冠军。2012年后，因为与梦工厂和漫威的合作结束，公司业绩明显滑落，在各大电影公司激烈的竞争中已不占优势。

（胡思旅 撰 李 强 修订）

配音演员 dubbing actor 专门从事为影视作品对白、解说等配音的演员。配录的工艺过程称为配对白。某些拍摄现场，如野外景地、工厂、市场等，不具备现场录音条件，无法进行同期录音，需留待后期在特设的录音棚内配录。除了翻译影片（包括外国语翻译和普通话、粤语、方言、少数民族语言之间的互相翻译）需配音演员配录台词外，在有些影片里，由于演员嗓音不好、语言不标准或不符合角色性格的要求，都不采用他们本人的声音，而是在后期录音时请配音演员为影片配音。

配音演员工作照

现今大多数配音演员都是广义上的配音演员，配音演员的工作种类已经趋向多元化，而非仅限为人物配音。其不同于舞台演员和**电影演员**。他们从声音上来再现原片（剧）中人物的形象，以声音作为其表演手段。他们在配音前必须对原片的故事、艺术样式、风格、时代背景等做充分的分析，然后拟定出自己对某一角色的配音方案，也称之为“声音化妆”。除了在故事片、电视剧的制作中需要配音演员外，纪录片、科教片的解说词，美术片以及翻译片中的对话都需配音演员配音。配音演员在配音前需了解剧情，熟悉人物，把握情节和情感的脉络，反复观摩需配对白的无声画面，揣摩角色的内心感觉和说话声音，对准角色讲话的口型复述台词等。实录配音时，要明确话筒位置，始终与话筒保持相同的距离和角度，并要控制住声音，使之基本处于同一水平上。在与角色口型吻合基础上，悉心体会人物语气与气息的细微变化、语句的连接与停顿、情感发展的层次与方向、节奏速度的展现与变化及语言色彩的多侧面。

配音是二度创作，好的配音能把原有形象用声音模仿出来，并在此基础上加入自己的创作，使声音和形态水乳交融，使人物形象形神兼备。配音演员专业水平的好坏直接影响最终影片的质量，因此，配音演员无论在表达技巧、语言功力、文学素养、领悟能力，还是声音的可塑性、现场反应等方面，都需达到较高水平。

（章 同）

棚内布景 set in the studio 影视剧拍摄时在摄影棚内搭建的场景。又称棚内景。棚内布景通常由**美术师**设计并绘制平面图，然后美术师监工，由制（置）景工人按比例在摄影棚内搭建。棚内布景的最大优点是摄影棚内的灯光、照明等拍摄设备充足，同时又不受时间和季节的限制。这样既不必担心自然光线的强弱变化，也不用担心会有路人突然出现在背景中打断了拍摄的进度，因此棚内布景可以让摄制组随时随地拍戏。一般情况下，棚内布景主要搭建的是影片利用率最高的重要场景，如20世纪90年代初由英达执导、梁左编剧的家庭情景喜剧《我爱我家》里面的客厅、餐厅、卧室等场景均是棚内布景。棚内布景在搭建特殊场景方面也有独特优势，如电影《道士下山》（2015）中的一些居住场景就是由美术师在摄影棚内搭建的。

（宋东葵）

皮克斯动画工作室 Pixar Animation Studios 美国动画电影制片公司。简称“皮克斯”。由S.乔布斯1986年8月17日成立于美国。总部位于加利福尼亚州。公司前身是卢卡斯影业公司1979年成立的电脑绘图部门。该部门从纽约理工大学招聘电脑图形实验室的负责人E.卡特姆，卡特姆的团队曾多年参与制作卢卡斯影业公司的电影特效。1986年，**G.卢卡斯**遭遇财务危机，决定出售团队，刚刚离开苹果公司的S.乔布斯以1000万美元收购了该团队，成立皮克斯动画工作室。乔布斯任工作室的董事长，卡特姆任工作室总监。

皮克斯公司最初以生产电脑硬件为主，主要服务于图形设计。为了推销公司产品，展示电脑动画制作的特色，皮克斯请J.拉萨特执导制作了《顽皮跳跳灯》（1986）等动画短片。1990年起，皮克斯经历了出售硬件部门和多次裁员。1991年，皮克斯从迪士尼动画公司手中拿到订单。迪士尼动画投资2600万美元，由皮克斯公司制作三部电脑动画，第一部是《玩具总动员》。但由于公司长期亏损，乔布斯曾一度想出售该公司。1995年，《玩具总动员》大获成功，全球票房3.61亿美元。《玩具总动员》的成功使迪士尼和皮克斯产生分歧。经过多次谈判，2006年，迪士尼以74亿美元的出价并购了皮克斯。该并购保证维持皮克斯运营的独立性，保留皮克斯的名字，工作地点不变。从《赛车总动员》（2006）开始，电影品牌的标示更改为迪士尼·皮克斯。

《玩具总动员》剧照

皮克斯出品的动画电影获得广泛好评与商业成功。自2001年美国电影奥斯卡奖设立最佳动画片奖以来，皮克斯电影有多部获奖，分别是《海底总动员》（2003）、《超人总动员》（2004）、《美食总动员》（2007）、《机器人总动员》（2008）、《**飞屋环游记**》（2009）、《玩具总动员3》（2011）、《勇敢传说》（2012）、《头脑特工队》（2015）、《寻梦环游记》（2017）。

2009年9月6日，皮克斯成员J.拉塞特、B.伯德、P.多克特、A.斯坦顿与L.安克里奇在第66届意大利威尼斯国际电影节上获终身成就奖，由卢卡斯颁奖。

（张慧瑜）

《漂网渔船》 *Drifters* 英国纪录片。帝国市场委员会电影部1929年出品。导演，**J.格里尔逊**；摄影，B.埃蒙特。

影片共分为四个部分：第一部分描写渔民出海的场景，波浪翻滚的海面成群的海鸥自由飞翔，鲱鱼在远海中欢快游动，渔民们正为捕鱼做准备；第二部分远离海岸的渔船遇到大批鱼群，渔民们撒下渔网，渔网飞向海平面，漂浮的浮球在海面此起彼伏，工人们进餐休息静等收获，鱼儿穿梭在渔网中；第三部分工人们开始收网，沿着渔网海面上形成巨大的鲱鱼带，惊涛骇浪中，颠簸渔船上的工人们艰难地把渔网拖到甲板；第四部分渔船返航，买鱼的人们从四面八方涌向码头，热闹的鱼市开启了这个城市新的一天。

影片记录了渔民打鱼的过程，捕捉到普通劳动者日常生活的辛苦与尊严，是一部具有“交响乐式”**蒙太奇**的纪录片，给英国银幕带来一种异国情调。作为英国纪录电影运动的代表作品，影片通过结构的巧妙编排、声音的大胆试验和韵律节奏的把握，创作出纪录片的影像诗，影响了英国此后的电影创作，也影响了世界纪录片的发展。（于丽娜）

《平凡的世界》 *The Ordinary World* 中国电视连续剧。上海尚世影业有限公司、北京电视台、华视影视投资（北京）有限公司、上海源存影业有限公司等2015年联合出品。共56集。改编自路遥同名小说。总编剧，温豪杰；导演，毛卫宁；主演，王雷、佟丽娅、袁弘、李小萌等。

该剧讲述了出身农民家庭的两兄弟孙少安、孙少平追逐梦想和爱情的故事，展现出20世纪70～80年代陕北农村的面貌，表现出当代农村的生活百态，同时将城乡的反差真实地体现出来。剧中人物平凡朴实，体现出平凡人在艰难生活中仍能保持高贵的灵魂和精神品质。剧中所反映的真实历史场景不仅引起了当下社会对于三农等问题的反思，同时为观众提供了一方安放心灵的空间。

该剧凭借其独一无二的厚重历史感，在浮躁喧嚣的社会中给观众们注入了一剂强有力的镇静剂，产生了良好的社会效益。该剧尊重原著，台词、配乐、影调等方面极具陕北特色，服装、化妆、造型等方面的细节凸显了浓郁的时代特色和农民家庭的生活气息。该剧2015年获第21届上海电视节白玉兰奖最佳导演奖、第30届中国电视剧飞天奖优秀现实题材类电视剧奖，2016年获第28届中国电视金鹰奖优秀电视剧奖、最佳编剧奖、观众喜爱的男演员奖和观众喜爱的女演员奖，2017年获第14届中共中央宣传部精神文明建设“五个一工程”奖优秀作品奖等。（王利丽）

平面图 plane graph 影视场景在水平面的投影图。又称地盘图。平面图要体现出场景的规模、内部结构、部件尺寸、结构的厚度以及门窗、花草位置等。在影视美术创作中，平面图应用于场景、道具的设计制作中。不同于建筑平面图，在影视创作中的平面图不仅要求体现墙体的厚度、建筑结构、总体布局、场地大小、陈设道具的位置等方面，还要求在画面上体现出演员的行走路线、活动范围、摄影机的走向以及拍摄角度等。在平面图绘制完成后，通常会复制几份简单的版本分发给剧组里的各个部门，例如置景部门、摄影部门、照明部门、导演等。这有助于他们在工作时了解影片的场景构成。平面图不仅是布景搭建的重要图纸，还是剧组进行预算的依据。平面图上还需要标注比例尺。

影视美术中不仅场景具有平面图，道具、布景等需要制作出实物的物品也都需要绘制平面图。（宋东葵）

《平原游击队》 *Guerrillas on the Plain* 中国故事片。长春电影制片厂1955年出品。编剧，邢野、羽山；导演，苏里、武兆堤；摄影，李光惠；主演，郭振清、杜德夫、王恩启、方化、张莹、安震江。

《平原游击队》剧照

故事讲述了1943年秋，游击队长李向阳奉命带部队深入敌后平原某县城，牵制城里的日寇松井部队，同时保住在李庄的公粮。地主杨老宗把情报报告松井，松井带领部队搜索李庄。李向阳带领部下在群众的支持下，经过几个回合的周旋、较量，巧妙地运用地道战打击敌人，又派战士侯大章烧掉了敌人的炮楼。最后，李向阳佯装日军，进城打死了汉奸，烧毁了敌人粮仓。气急败坏的松井部队再次杀进李庄，不料陷入了人民战争的海洋，而被歼灭。

影片以抗日战争时期华北地区著名的地道战为背景，讲述了一支抗日游击队神勇莫测、以少胜多地消灭日寇一个中队的故事。影片导演手法严谨流畅，注意镜头运动和影调变化，真实地再现了抗日战争时期华北平原军民的抗日斗争生活，塑造了智勇双全、爱憎分明的游击队指挥员李向阳的英雄形象，热情歌颂了中国人民誓死保卫祖国的爱国主义精神和革命英雄主义气概。影片的故事情节引人入胜，生活气息浓郁，有着明朗乐观的格调和雄浑悲壮的抒情色彩。影片1957年获文化部1949～1955年优秀故事片三等奖。（黄加明）

葡萄牙电影 Portuguese cinema 葡萄牙从1896年开始拍摄电影。1909年，创建了葡萄牙电影制片公司，并拍摄了第一部故事片《狄亚哥·阿尔维斯的罪行》（导演小巴尔波沙）。无声电影时期葡萄牙最有影响的国产故事片是导演R.鲁普根据弗·拉盖和热·柯列·奥里威拉的喜剧改编的《狼》（1923）。葡萄牙著名导演J.L.de巴罗斯在无声电影时期就显露了他的才华，1930年他以精湛的摄影技巧拍摄了《海上的玛丽亚》，这部影片由葡萄牙西海岸一个小港的渔民担任演员。1931年，巴罗斯拍摄了葡萄牙第一部有声电影《悍妇》，他的创作风格对葡萄牙电影产生了很大影响。导演M.de奥里维拉是一位洞察力敏锐的电影艺术家，他拍摄的纪录片《杜鲁，河上的繁重劳动》（1931），是葡萄牙电影史中最有价值的作品之一。

萨拉查的法西斯独裁统治阻碍了民族电影的发展。一段时期内，葡萄牙主要拍摄娱乐性影片。20世纪40～50年代，葡萄牙摄制了为数不多的具有社会意义和艺术价值的电影作品，其中最为驰名的有导演巴罗斯的《阿拉·阿里巴》（1942）、导演奥里维拉拍摄的故事片《街头少年》（1942）。其中《街头少年》由一群孩子演出，叙事简洁生动，获得很大成功。奥里维拉在1955～1958年还拍摄了几部半纪录性影片，如《画像与城市》《爱情的秘密》《追逐》《面包》等。

20世纪60年代，一些在国外学成回国的电影工作者形成一个新葡萄牙电影派。他们试图在当时的社会条件下改变一下葡萄牙电影状况。这些人的作品中较出色的故事片有《贝拉密诺》（1964，导演F.洛皮什）、《改变生活》（1966，导演P.罗沙）、《圆圈》（1969，导演A.da C.杰里什）。另外，导演奥里维拉拍摄的纪录片《春天的童话》（1962）也属于新葡萄牙电影派作品。

从1971年起，独立制片业开始有了一定发展。这个时期拍摄的影片较著名的有《雨中蜜蜂》（1971，导演洛皮什）、《宣誓》（1972，导演A.de玛塞杜）、《所不爱的人》（1972，导演穆·希尔瓦）、《我的朋友们》（1973，导演杰里什）。

1974年“四月革命”结束了萨拉查政权的统治，葡萄牙电影业开始出现新的希望。1975～1977年拍摄的一些影片描述了当时寻求深刻变革、处于骚动和剧烈冲突之中的社会现实，如影片《土地的法则》《殖民地和村民们》《武器和人民》等。与此同时，向观众推出的另一些出色的影片有《上帝、祖国、权力》（1975，导演R.西蒙斯）、《阿尔卡塞尔·基比尔的群魔》（1976，导演J.封塞卡－伊－科斯塔）、《内地的废墟》（导演S.卡埃塔诺）等。这个时期，还拍摄了一些明显反映葡萄牙

《前进青春》剧照

政治问题的故事片，如《联合会》(1977，导演拉·卡勒万·杰莱斯)、《神圣同盟》(1978，导演艾·热亚达)。1981年，导演奥里维拉拍摄了根据A.B.鲁伊斯的作品改编的故事片《弗兰西斯卡》。

20世纪70～80年代里，葡萄牙每年生产影片5～7部左右，电影市场主要还是由欧美电影大国的影片垄断。20世纪90年代开始，葡萄牙电影产量有明显增加。导演奥里维拉继续拍摄了大量电影，如《爱欲修道院》(1995)、《信》(1999)、《我要回家》(2001)、《不确定原理》(2002)、《永远美丽》(2006)、《金发奇女》(2009)、《哥柏与阴影》(2012)等，其他引起关注的作品有F.格麦兹导演的《血树》(1996)、R.卢易兹导演的《犯罪家谱》(1997)、C.卡雷拉导演的《阿马罗神父的罪恶》(2005)、P.考斯塔导演的《前进青春》(2006)、M.戈麦斯的《一千零一夜》(2015)等。 （尹广文　秦喜清）

普多夫金，V.I. Vsevolod Illarionovich Pudovkin (1893-02-28～1953-06-30) 苏联电影导演、演员、电影理论家。生于奔萨，卒于莫斯科。1920年入莫斯科电影学校。1922年转入L.V.**库里肖夫**工作室学习与工作。1925年摄制了《棋迷》(合拍)和科普片《大脑的功能》。主要代表作有《**母亲**》(1926)、

《圣彼得堡的末日》(1927)、《成吉思汗的后裔》(1929)，这几部影片是20世纪20年代苏联电影的杰作，奠定了普多夫金的导演风格和在世界影坛上的地位。之后，又拍摄了《普通事件》(1932)、《逃兵》(1933)、《米宁和波扎尔斯基》(1939)、《苏沃洛夫大元帅》(1940)、《海军上将纳希莫夫》(1947)、《瓦西里·波尔特尼柯夫的归来》(1953)等影片。他强调剧本创作和演员工作的基础作用，并将**蒙太奇**视为电影艺术创作的核心因素，使其影片充满诗意和抒情色彩。他是苏联电影事业奠基人之一，同时是苏联最早的电影理论家和批评家，出版有《论电影编剧、导演和演员》《电影剧本》等著作。1941年、1942年、1951年三次获得苏联国家奖；1948年获苏联人民艺术家称号。

（俞　虹　撰　章柏青　唐建军　修订）

普莱卫，J. Jacques Prévert (1900-02-04～1977-04-11) 法国电影编剧、诗人。生于塞纳河畔讷伊，卒于奥蒙维尔拉罗盖。早期受到超现实主义的影响，曾写过大量诗文，其第一部诗集《话语》曾广受好评。1935年以后转向电影编剧创作，为导演J.**雷诺阿**编写了剧本《兰基先生的犯罪》。1936年，

为导演M.**卡尔内**编写了剧本《珍妮》。1938年在卡尔内执导的《雾码头》中任编剧，影片为法国**诗意现实主义电影**的杰出代表。1945年编写了剧本《天国的孩子们》，获第19届美国电影奥斯卡奖最佳原创剧本奖提名。1946年创作了《夜之门》，反响平平。1956年参与改编了V.雨果的《巴黎圣母院》。其他编剧作品有《胜利在望》《乡村一隅》《再会吧，莱昂纳》《夜间来客》《夜之门》《夏日时光》《小士兵》《意外的旅行》《牧羊女与扫烟囱的人》等。他是法国20世纪30年代诗意现实主义电影最优秀的电影剧作家。 （胡　滨）

Q

《七武士》剧照

七小福合影

《七品芝麻官》 *Sesame Official*　中国彩色戏曲片。北京电影制片厂1979年出品。改编自豫剧传统剧目《唐知县审诰命》。改编，牛得草；导演，**谢添**；摄影，黄心一；主演，牛得草、吴碧波、姜晶豫。

故事讲述了明嘉靖年间，宰相严嵩的妹妹、一品诰命夫人严氏恶霸一方，其子程西牛欲强娶举人林伯公之女秀英为妻，并杀死了秀英的哥哥。定国公卫士杜士卿拔刀相助，并手写柬帖，助秀英去县衙告状。双方争斗时，严府家丁错手杀死了程西牛，严氏迁怒于林家，在他们进京告状的途中打死林父。清苑县知县唐成接到林秀英的状纸，得知案情重大，立刻向巡按禀报。严氏赶到按院衙门，大闹公堂，一众官员不敢招惹严氏，逐级推诿，案子压到唐成头上。唐成相貌丑陋，但内心刚强，为人正直，为官清廉，利用智慧与严氏巧妙周旋，缜密查案。最终，杜士卿带来大理寺缉拿严氏的命令，唐成押解严氏进京复命。

影片保持并加强了原剧目的喜剧风格，豫剧丑角表演艺术家牛得草在片中塑造了唐成不畏权贵，机智幽默的清官形象，在戏曲舞台上创造了为数不多的丑行出演正面人物的成功案例，是对传统戏曲中定型化的角色的创新性发展。影片创作时借助了新的电影特技手段，对原剧的喜剧元素进行了更为夸张性的电影表达，表现了“新时期”**戏曲电影**创作时代性特征。影片获得了非常大的社会反响，“当官不为民做主，不如回家卖红薯”的平民性话语更成为一种时代性的文化代言。影片1981年获第4届中国大众电影百花奖最佳戏曲片奖。（高小健）

《七武士》 *The Seven Samurai*　日本故事片。东宝株式会社1954年出品。编剧，**黑泽明**、小国英雄、桥本忍；导演，黑泽明；摄影，中井朝一；主演，**三船敏郎**、志村乔、千秋实、加东大介、宫口精二、稻叶义男、津岛惠子、木村功。

故事讲述了日本战国时代，一个穷山村经常受到强盗袭击。又一个收获季节到来了，村民们为了保卫劳动果实，决定雇武士抵抗强盗。有七个武士受雇来到村庄，指导全村人做防御准备，他们分别是堪兵卫、久藏、胜四郎、五郎、七郎、平八和菊千代。强盗来了，武士和村民奋起反抗，久藏和菊千代杀死了三名强盗，但平八献出了生命，强盗暂时撤退。武士和村民誓死守护村庄，同时武士久藏与村中的姑娘志乃产生了恋情。天亮时分，强盗再次入侵，久藏与五郎接连牺牲，菊千代在杀死最后一名强盗后也牺牲了。强盗终于被彻底歼灭，村民和武士们付出了生命的代价，荒凉的山丘上竖起了一座座新墓碑。

影片借鉴了美国**西部片**的成功经验，又富有日本民族文化的独特精神。导演黑泽明在片中表现出他运用**场面调度**的才能，他利用快速剪辑、慢镜头、长焦距镜头表现扣人心弦的打斗场面、群马冲杀，流露出黑泽明式的人道精神。影片是日本电影史上一部十分重要的作品，其成功不仅在于精彩的武打场面，更重要的是塑造了众多栩栩如生的人物，而且一人一面，从各个侧面组合成一个光彩照人的武士群体形象。影片1954年获第19届意大利威尼斯国际电影节银狮奖。（甄晓文）

七小福　seven little fortunes　特指出身香港中国戏剧学院的若干香港电影人，具体成员不定。原为京剧武生的于占元，从中国内地到香港后创办中国戏剧学院，以传统的戏曲科班制度收徒教学。于占元收徒人数不少，但每次外出表演多为七个，所以称之为“七小福”。20世纪50年代起，香港电影业逐渐繁荣，功夫片、武侠片、神怪片等类型均有动作场面，需要替身和动作指导，“七小福”逐一进入香港电影界，并因师兄弟关系而互相提携。其中香港电影界具有代表性的“七小福”有元龙（洪金宝）、元楼（**成龙**）、元彪、元奎、元庆（袁和平）、元华、元秋、元庭、元武、元泰等。“七小福”参与拍摄的电影主要为动作片，他们和其他武术指导一起，为香港动作电影作出了重要贡献。扎实的戏曲舞台功底为他们的动作设计提供了灵感的来源和基础，也为他们的表演带来力度和美感，促使香港动作片成为广受世界欢迎的片种。（张承宇）

《奇爱博士》 *Dr. Strangelove*　美国故事片。哥伦比亚影业公司1964年出品。改编自P.乔治的小说《红色警戒》。编剧，P.乔治；导演，**S.库布里克**；摄影，G.泰勒；主演，**G.C.斯科特**、P.塞勒斯、S.海登、K.怀恩、S.佩金斯。

故事讲述了苏联正在研制毁灭地球的超级武器，冷战引发的热核战争一触即发，美国空军将军杰克极端仇视共产主义，在美国总统不知情的情况下派多架携带核武器的轰炸机到苏联实行毁灭性轰炸。此时，苏联大使告诉美国总统，如果苏联境内遭受攻击，防卫系统会自动启动足以毁灭地球的超级武器。随后，德国纳粹武器专家奇爱博士来到国防部作战室，解释了苏联超级武器的来龙去脉。美国总统为了和平，紧急向轰炸机发出返航指令，并请求苏联帮助击落美国轰炸机。经过一番折腾，未被击落的美国轰炸机接收到指令开始返航，但是有一架轰炸机因通信设备失灵最终投下了核弹。核弹爆炸所产生的冲击波使苏联超级武器启动。奇爱博士开始向美国总统讲述将20万人转移到地下生活的方案，以便日后东山再起。然而，世界很快被一连串的核爆炸所淹没。

作为一部反思冷战的电影，影片以黑色幽默的方式反映了现实世界中随时有可

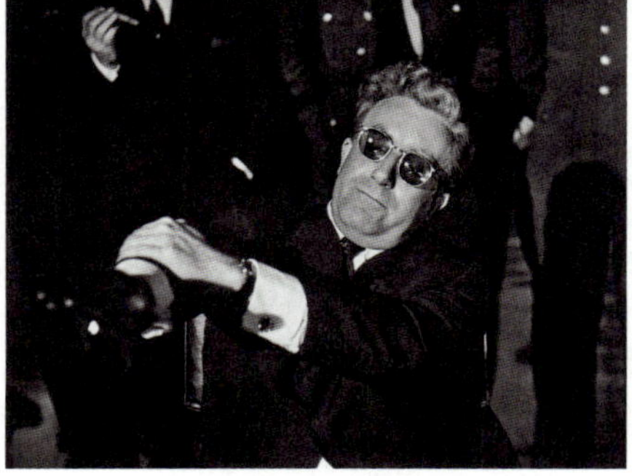

《奇爱博士》剧照

能摧毁全人类的核对峙状态。影片把大量性暗示与核战争随时爆发的氛围联系在一起，造成讽刺和颠覆的效果。影片用奇爱博士来暗示冷战时代美苏精英不仅使用纳粹武器，而且在精神意识上和纳粹有着千丝万缕的联系。影片1965年获第18届英国电影学院奖最佳影片奖、最佳英国艺术指导奖、最佳英国电影奖，第37届美国电影奥斯卡奖最佳影片奖等4项提名。（张慧瑜）

气氛图 atmosphere map 根据剧本所描述的内容绘制出的影视剧中典型场景的示意图。又称设计图、布景图。影视美术师通常会对剧本进行研究，并且和导演沟通，在分析人物性格特点、采集外景以及搜集资料后，和主创人员进行初步的探讨，统一思想后依据剧本中每场戏规定的主要情节进行艺术处理，并设计出影片主要场景的典型环境气氛画面。

气氛图的绘制内容主要包括场景的空间造型、环境基本色调、光影设计、镜头画面构成、景深关系等。在设计时会注重对时代特征、地方特色、生存环境的烘托和描绘，同时还要注意场面调度、镜头手法、可行性以及艺术风格。气氛图可以直观地向导演、演员、摄影等主创部门提供影视作品将来成片时的典型环境，可反映出影视作品的主题、风格、基调等。一般气氛图被确定之后需要由主创人员签字确认。

气氛图更像是彩色绘画作品，其绘制风格、手法不限，水粉、水彩、油画等工具都可以绘制。在数码绘画盛行之后，许多剧组都通过电脑进行气氛图的绘制。每一个主要场景通常需要绘制几张气氛图以供选择、参考。（宋东葵）

气氛妆造型 atmosphere makeup 影视化妆的一种造型。气氛妆造型可分为战争气氛妆和生活气氛妆。如果影片需要拍摄战争场面，那么演员身上、脸上势必会出现伤口，这些伤痕就需要通过化妆来体现。战争气氛妆是营造战争题材影片的重要手段之一，需要化妆师熟练应用复杂多样的造型手段和技巧，在演员皮肤上制造出创伤、枪伤、烧伤、砸伤、刀伤等效果。绘制战争气氛妆需要着重考虑如下几点：①战争发生的环境及规模；②不同武器所造成创伤的区别；③新伤和旧伤。以上因素会造成化妆效果，如血的颜色和浓度有所不同。另外，战争题材影片中的色彩基调一般以灰、褐、黄、黑为主，风格凝重浑厚，那么肤色应以青铜、古铜色为主，化妆时需要调整演员肤色，尽量避免脸色红润。生活气氛妆则在没有特殊要求的情况下，趋于日常即可。（宋东葵）

《千与千寻》 *Spirited Away* 日本彩色动画片。日本吉卜力工作室2001年出品。编导，宫崎骏；美术设计，武重洋二。

故事讲述了娇惯的10岁女孩荻野千寻随父母搬家，途中误入诸神居住的灵异之地，父母因贪吃神的食物而变成猪。千寻自己的身体似乎也正在消失，她向白龙求救。白龙教她跟掌管油屋（诸神洗澡之地）的汤婆婆求一份工作以免变成动物。为救父母，千寻勇敢地去了油屋，被汤婆婆按惯例夺去名字以便于奴役她。千寻以新名字“千”在油屋工作并寻找机会搭救父母，而白龙则以自身经历告诉千寻千万不能忘记自己的真实姓名。油屋里的人因为她有人类的身份而难为她，分给她浑身散发着恶臭的客人，但千寻以正直认真的工作态度打动了客人并收到一颗神秘药丸。白龙被汤婆婆的双胞胎姐姐钱婆婆打伤，千寻一心想救治白龙。她带着被自己改造一新的无脸男和被变成老鼠的汤婆婆的儿子去找钱婆婆。最终，在钱婆婆的帮助下，千寻化解了汤婆婆的各种招数，从一群猪中认出父母并让他们恢复了人类之身。父母似乎像什么也没发生一样带着千寻重新回去，但千寻的眼神和动作表明她已经成长。

影片融会了日本民族传统文化，以手绘为主，画面精美，大小角色个性鲜明，色彩富有寓意。导演宫崎骏一向喜好使用传统赛璐珞胶片和人工着色来创作动画，在本片中首次全面使用数字着色和拍摄的方法。影片2002年获第52届德国柏林国际电影节金熊奖、第25届日本电影学院奖最佳影片奖，2003年获第75届美国电影奥斯卡奖最佳长篇动画奖。（刘桂华）

《迁徙的鸟》 *Winged Migration* 法国、德国、意大利、西班牙、瑞士合拍彩色纪录片。又译《鸟与梦飞行》。2001年出品。编剧，J.多斯特、J.贝汉等；导演，J.贝汉、J.克鲁奥德、M.德巴；摄影，M.本杰明、L.查本尼耶等。

影片是一部记录和呈现鸟的迁徙过程的自然电影，讲述了燕、鹰、鹅等不同鸟类在地球上艰难迁徙和生存的故事。影片画面以航拍为主，绝大部分素材是在空中拍摄，展现了鸟类飞越高山、平原、海洋、城乡等不同景象，呈现了鸟类求偶、交配、寻食、斗争等不同生存场面。

影片拍摄历时4年时间，足迹跨越世界50多个国家，使用的胶片累计长度达590英里，最终完成了一部89分钟的纪录片。在影片中，观众将会体验到与鸟特别是加拿大天鹅并肩飞行的独特场景。影片制作者养了各种鸟，并在新生的鸟身上打上印记，鸟的生长过程始终暴露在电影镜头下。摄影机安放在超轻型飞机、滑翔伞、热气球、射出的子弹，以及卡车、摩托车、遥控机器人等不同设备上。影片2002年获第27届法国电影凯撒奖最佳剪辑奖，2003年获第75届美国电影奥斯卡奖最佳纪录片奖提名。（李 春）

前期录音工艺 pre-recording technique 影片正式拍摄前，把拍摄内容所需要的声音提前录制下来，然后在拍摄现场进行还音，由演员根据还音的声音内容进行表演，再把演员表演的动作和预先录制的声音一起记录下来的一种影视录音方法。又称先期录音工艺。在前期录音工艺中，“前期”的含义是指在画面拍摄前的工作时段。前期录音工艺主要用于拍摄有歌曲、戏剧、音乐表演或舞蹈表演的剧情内容。常被用来拍摄故事片（剧情片）中的歌舞戏剧及音乐场景，或者是拍摄类型片中的歌舞片和戏剧片等。

在拍摄有歌曲、戏剧、音乐表演或舞蹈表演的剧情内容时，常常需要把一场连贯的剧情内容分割成若干个镜头来拍摄，但是连续的歌声和伴奏音乐声被分割后不能保持声音的完整性和连贯性。因此，为了使分割拍摄的画面能与该剧情内容的声音相吻合，并保持声音的完整性和连贯性，就需要在拍摄画面前，先将要拍镜头的歌曲或戏曲等声音内容提前用录音设备完整地录制下来，然后再根据各镜头的拍摄需要，在拍摄时用与摄影机同步的还音设备，将与所拍镜头对应的已录制好的声音进行现场还音，并送入放大器由现场扬声器播放出来，而演员则按照播放的声音内容进行演唱、演奏或表演。演员表演的口型或表演的动作必须和放音的内容和声音节奏相吻合，但可以不出声。此时，由摄影师按照导演的创意要求，从各种角度以各种景别的镜头来进行演员的画面拍摄。最后，在后期剪辑时，由声音剪辑师把所拍摄下来的画面与先期已录制好的歌曲或戏曲等音乐内容一一对应地同步组接在一起，使得最终声画合一且趋于流畅和完整。

前期录音工艺的录制场地，可以是在拍摄现场，也可以是在专业的录音棚里，更可以是在一个与剧情发生地完全不相干的场地里。从具体的影视声音创作实践中可以了解到，由于前期录音工艺既可以配合**同期录音工艺**使用，也可配合**后期配音工艺**使用，所以一般不会独立地担当完成一部影视作品的录音制作重任（MV拍摄及美术片制作除外）。因此，在影视声音创作时，一般不再将前期录音工艺独立地划分成一种录音工艺，更多是在学术理论研究时作为一个专有名词来使用。

（姚国强　刘广阶）

钱江　Qian Jiang（1919～2001）　中国电影摄影师、导演。浙江湖州人。生于北京，卒于北京。父亲钱壮飞是中国共产党地下工作者。因父亲遭到反动势力追捕，钱江少年时曾独自在南京流浪。后在影星姐姐**黎莉莉**的帮助下，开始接触电影。1935年，进入上海新华艺术专科学校西画系学习，开始接受系统的艺术训练。1938年，加入中国电影制片厂任录音员，并在《孤岛天堂》中担任摄影助理。1941年，进入延安鲁迅艺术文学院美术系学习，后在**延安电影团**洗印新闻片。1946年前往香港，在大光明影业公司担任美工师，后在华凤摄影场担任摄影助理。1949年，进入东北电影制片厂担任摄影师，后转至上海电影制片厂。1954年，去莫斯科电影制片厂学习，回国后担任北京电影制片厂摄影师。

1956年，在中华人民共和国第一部彩色故事片《**祝福**》中担任摄影师，影片画面虚实相衬，浓淡适宜，颇具地域风情，彩色外景画面既有力地体现了人物情感，也渲染了故事的时代氛围，获得广泛好评。1959年，在《**林家铺子**》中担任摄影师，钱江通过简洁而寓意深远的画面再现了20世纪30年代江南小镇既热闹又破败的景象，深沉、细腻又不失艺术感染力。1978年后担任导演，独立执导了《报童》（1979）、《他们在相爱》（1980）、《金陵之夜》（1985）等影片。

作为摄影师，他还拍摄了《**革命家庭**》（1961）、《洪湖赤卫队》（1961）、《阿娜尔罕》（1961）、《草原雄鹰》（1964）、《龙江颂》（1972）、《**海霞**》（1975）、《大河奔流》（1978）等。钱江的电影摄影艺术构图简洁，画面精致，富于中国绘画艺术的传统风格。他是中国杰出的电影摄影师和导演，为中国的电影事业作出了重要贡献。曾担任中央新闻纪录电影制片厂厂长。

（梁　明）

《倩女幽魂》　*A Chinese Fairy Tale*　中国彩色故事片。**新艺城影业有限公司**1987年出品。改编自蒲松龄的《聊斋志异》中《聂小倩》的故事。编剧，阮继志；导演，程小东；摄影，潘恒生、李嘉高、刘满棠、黄永恒；服装设计，陈顾方；美术，奚仲文；音乐，戴乐民、黄霑；主演，**张国荣**、王祖贤、午马、刘兆铭、林威。

《倩女幽魂》剧照

故事讲述了落魄书生宁采臣在湖心亭结识女鬼聂小倩。小倩本想加害于他，但宁采臣的善良使小倩心生怜悯。小倩因为担心宁采臣安危而故意编谎话气走他，没想到他因挂念小倩又跑了回来，令小倩大为感动。燕赤霞无奈之下表明了自己的道士身份，并说出小倩是女鬼的事实。宁采臣说服燕赤霞一起帮助小倩投胎转世。不料黑山老妖却要将聂小倩抢去做妻，宁采臣邀燕赤霞前去解救，一番搏斗后，黑山老妖的根基被燕赤霞毁掉，宁采臣则用金刚经配合宝剑刺死了黑山老妖，小倩最终得以投胎。

影片集武侠、神怪、惊悚、喜剧、爱情于一身，开创了香港特技神怪片的先河。影片特意把故事背景进行模糊化处理，并且浓墨重彩地突出一个“乱”字，以便与现实社会相勾连，借古讽今。影片以淡蓝色为主的冷色调，延续了这一时期香港电影一贯的忧郁色彩，烟雾缭绕的树林和空地既拓展了空间，又增添了神秘；小倩标志性的兰花指、长发、长裙、水袖等让这个人物别具古典优雅和律动之美。影片1987年获第24届台湾电影金马奖最佳男配角奖、最佳改编剧本奖、最佳剪辑奖、最佳服装设计奖，1988年获第7届香港电影金像奖最佳美术指导奖、最佳原创电影音乐奖、最佳原创电影歌曲奖，第16届法国国际科幻电影节评判团特别奖。

（奚成云）

强盗片　gangster film　以重大的抢劫案件和强盗生活为题材的影片。强盗片起源于美国，被认为是美国电影史上最富于美国社会特征的影片样式。强盗片常以现代都市为背景，多描写强盗作案、警匪格斗、追捕落网、囚徒越狱等内容。故事来源一般是社会新闻，并不追求生活中真人真事的反映和纪实，而是将主人公进行重新塑造，他们虽然罪行累累，却往往风流倜傥，具有引人入胜的魅力。强盗片多以悲剧告

《教父》剧照

终，主人公不是伏尸枪下，就是锒铛入狱。在拍摄上，强盗片采用现实的、半纪录性的表现方法，具有一定的实事报道格调，常带有暴露和批判社会的色彩。

20世纪30年代是强盗片的黄金期，出现了《小凯撒》《公敌》《疤脸大盗》等优秀作品。其他重要作品有70年代的《教父》，80年代的《铁面无私》，90年代的《低俗小说》等。

（戴中孚）

乔榛　Qiao Zhen（1942-11-17～　）　中国影视配音演员、译制导演、电影演员。生于上海。高中毕业前参加学校话剧《我的一家》的演出，由此走上艺术之路。1965年，在上海戏剧学院表演系毕业后被分配到**上海电影制片厂演员剧团**。1970年，借调至**上海电影译制厂**，为影片《红菱艳》中的教练格里沙配音。1975年，正式调入上海电影译制厂任配音演员、译制导演。1984～1986年，任上海电影译制厂厂长。1998年，再次出任上海电影译制厂厂长直至退休。

1978年，担任日本影片《追捕》的译制导演，获文化部1979年优秀译制片奖。1982年，担任法国影片《苔丝》的译制导演，获文化部1982年优秀译制片奖。1983年，担任法国影片《国家利益》的译制导演，获文化部1983年优秀译制片奖。1989年，为《战争与和平》中的沃伦斯基配音，获第2届中国电影表演艺术学会奖。1993年，与**丁建华**联合担任影片《国际女郎》的译制导演，获第14届中国电影金鸡奖最佳译制片奖、中国广播电影电视部1993年优秀译制片奖。1995年，担任美国影片《真实的谎言》的译制导演，获第2届中国电影华表奖优秀译制片奖。1999年，担任英美合拍影片《诺丁山》的译制导演，获第6届中国电影华表奖优秀译制片奖。

2003年，担任韩国影片《假如爱有天意》的译制导演，获第10届中国电影华表奖优秀译制片奖。乔榛和丁建华是长达30多年的“黄金搭档”，合作完成了多部译制片配音，影响广泛。

乔榛的声音既浑厚温润、稳重深沉，又刚柔相济、富有弹性，无论是儒雅稳健、轻佻浮夸还是滑稽喜感的角色，都能驾驭自如。他参与配音的译制片和影视剧超过千部（集），担任主要配音演员的影片及其声音形象有《魂断蓝桥》（1976）中的罗伊、《生死恋》（1976）中的大宫雄二、《叶塞尼亚》（1977）中的奥斯瓦尔多、《尼罗河上的惨案》（1978）中的赛蒙、《苔丝》（1982）中的亚历克、《阳光下的罪恶》（1982）中的派屈克、《寅次郎的故事》（1982）中的寅次郎、《国家利益》（1983）中的勒鲁瓦、《第一滴血》（1985）中的兰博、《斯巴达克斯》（1986）中的克拉苏、《廊桥遗梦》（1996）中的罗伯特、《安娜·卡列尼娜》（1998）中的沃伦斯基等。参与配音的影片还有《望乡》（1978）、《加里森敢死队》（1980）、《人世间》（1982）、《虎口脱险》（1982）、《爱德华大夫》（1983）、《冒险的代价》（1985）、《角斗士》（2000）、《蝙蝠侠：侠影之谜》（2005）和《哈利·波特》系列（2007～2011）等。担任译制导演的影片还有《三十九级台阶》（1982）、《海狼》（1983）、《月尾岛》（1983）、《钢琴课》（1993）、《情归巴黎》（1996）、《特工狂花》（1997）、《精灵鼠小弟2》（2002）等。参演过的电影有《珊瑚岛上的死光》（1980）、《R4之谜》（1982）等。2018年，获第14届全国德艺双馨终身成就奖。2019年，获第17届中国电影表演艺术学会奖特别荣誉奖。

（许　婧）

《桥》 *Bridge*　中国故事片。东北电影制片厂1949年出品。编剧，于敏；导演，王滨；摄影，包杰；主演，王家乙、吕班、陈强、江浩。

故事发生在1947年东北解放战争时期，为了配合人民解放军全面进攻，某铁路工厂接受了修复松花江铁桥的任务。在缺乏钢铁、炼钢炉损坏的严重困难下，厂长发动共产党员、积极分子，组织广大工人夜以继日地修复大桥，最终在松花江解冻之前，将大桥修复，支援了解放战争。

影片通过塑造老梁和老侯两个工人形象，表现了工人阶级拥护共产党、战胜困难支援解放战争的热忱，歌颂了他们积极的劳动态度和巨大的创造力。影片在画面构图、故事发展、人物表现等方面都已经呈现了一种健康、有力、朴素、明朗的风格。作为新中国第一部以工人阶级为主人公、反映解放战争的作品，影片在中国电影史上占有非同寻常的位置，具有划时代的意义。

《桥》海报

（张兆龙）

《桥》 *Most*　南斯拉夫彩色故事片。波斯纳电影制片厂1969年出品。编剧，J. 莱博维奇、P. 格鲁博维奇；导演，H. 克尔瓦瓦茨；摄影，A. 米利塞维奇；主演，S. 佩洛维奇、W.B. 日沃伊诺维奇、I. 加洛。

故事讲述了1944年，第二次世界大战接近尾声，南斯拉夫的游击队少校“老虎”带领队员受命炸毁一座德军从希腊撤军途中必经的大桥。为了炸桥，他们必须在7天之内找到建设这座大桥的工程师。经过一系列曲折惊险的斗争，他们最终不畏牺牲完成了任务，工程师亲手炸毁了自己建造的桥。

影片叙事流畅、场面逼真，紧张刺激的情节中不乏诙谐的台词。影片塑造了性格各异的人物形象，抒发了深沉而坚定的革命浪漫主义情怀。影片1974年由北京电影制片厂译制引进，影片中所呈现的爱国主义和英雄情怀曾打动一代中国观众。

（张慧瑜）

秦威　Qin Wei（1911-01-08～1994-07-25）中国电影美术设计师。生于河北成安，卒于北京。1929年，进国立北平大学艺术学院西洋画系学习。1935年，赴日本留学，在东京日本帝国美术院研究班学习。1938年初，入西北影业公司，在《风雪太行山》等影片中任制片主任，为新闻纪录片《华北是我们的》创作《青纱帐里》大幅木刻宣传画，并且与贺孟斧合作创作音乐短片《在太行山上》。1942年，秦威在成都南虹艺术专科学校任教期间，曾担任舞台剧美工设计一职。

1946年后，加入上海国泰影业公司，曾为《无名氏》（1947）、《忆江南》（1947）等影片担任美术设计。1947年赴香港，为永华影业公司摄制的《山河泪》（1948）、《火葬》（1948）以及大江影业公司的《静静的嘉陵江》（1949）等影片担任美术设计。中华人民共和国成立后，先后进入东北电影制片厂和北京电影制片厂工作，担任美术设计师一职，为《赵一曼》（1950）、《智取华山》（1953）、《游园惊梦》（1956）、《青春之歌》（1959）、《风暴》（1959）、《北大荒人》（1961）、《小兵张嘎》（1963）、《烈火中永生》（1965）、《知音》（1982）等故事片和《杨门女将》（1960）、《野猪林》（1962）、《铁弓缘》（1979）等戏曲片以及《丹凤朝阳》（1959）、《欢天喜地》（1959）等歌舞、杂技、艺术片担任美术设计。

他的美术设计创作具有较强的生活气息和时代特点；善于用环境烘托气氛，刻画人物，深化主题；具有空间感强、抒情色彩浓厚的风格。曾任中国电影家协会理事、中国电影美术学会会长。

（黄加明）

秦怡　Qin Yi（1922-02-04～2022-05-09）中国电影、戏剧演员。原名秦德和。生于上海，卒于上海。自幼热爱文艺作品。曾就读于中华职业学校商科，并参演话剧《放下你的鞭子》，后加入中国万岁剧团。1938年，奔赴武汉参加抗日宣传活动。同年，进入中国电影制片厂当实习演员，参与《正在想》《好丈夫》等话剧和电影的表演。1941年后，参加进步话剧运动，进入中华剧艺社，演出《草木皆兵》等话剧。曾先后在《忠义之家》《无名氏》《母亲》等片中扮演主要角色。1946年，凭借影片《遥远的爱》成名。

1949年后，成为上海电影制片厂演员，并任演员剧团副团长。20世纪50年代由于主演《马兰花开》被中国观众广泛熟知。曾在《农家乐》（1950）、《铁道游击队》（1956）、《女篮5号》（1957）、《青春之歌》（1959）、《北国江南》（1963）、《海外赤子》（1979）、《雷雨》（1984）、《青山夕照》（1984）、《梦非梦》（1993）等影片中扮演重要角色，还兼演电视剧作品。20世纪80年代初，秦怡担任上影演员剧团团长。

1983年，她凭借主演的多集电视剧《上海屋檐下》获第1届中国大众电视金鹰奖优秀女演员奖。1995年，获中国电影世纪奖最佳女演员奖。2008年，全国妇联及《人民日报》等十几家国内媒体授予秦怡“中国十大女杰”称号。2009年，获得上海文艺家终身荣誉奖以及第18届中国金鸡百花电影节终身成就奖。2011年，参与拍摄《秦怡》专题艺术片，在此期间，秦怡艺术馆也正式落成，并全面开放。2013年，出演微电影《幸福家味道》。2015年，出品、编剧并主演的影片《青海湖畔》在上海国际电影节展映。

她在表演生涯中，扮演过众多不同类型的角色，形成了朴实、深沉、细腻、自然的表演特色。曾任中国电影家协会理事、全国文联委员和全国政协委员。2019年，获“人民艺术家”国家荣誉称号。

（张兆龙）

青春片 youth film 以表现青年人的学习生活、情感价值为主要内容，反映青年人的困惑、焦虑、叛逆、励志等文化心理与精神特质的一种电影类型。青春片的主要内容一般关注青年人性成熟体验、对爱情的向往和追求、对社会的叛逆和反抗、对人生价值观的质疑和反思、人生的彷徨和迷茫等。青春片中往往出现校园、家庭、体育场、酒吧、舞会等场景，以青年人与自我、恋人、朋友、父母、师长等之间的冲突及其解决为叙事动力，对人类青年阶段长大成人的独特生命体验和青年亚文化进行探索。随着青春片的发展及成熟，逐渐形成了青春爱情片、青春犯罪片、青春励志片等亚类型。其中青春爱情片的代表有《情书》（日本）、《八月照相馆》（韩国）、《山楂树之恋》（中国）等；青春犯罪片的代表有《牯岭街少年杀人事件》（中国）、《天生杀人狂》（美国）、《问题少年》（法国）等；青春励志片有《逆光飞翔》（中国）、《歌舞青春》（美国）等。

《山楂树之恋》剧照

（忆　帆）

《青春之歌》 *Song of Youth* 中国彩色故事片。北京电影制片厂1959年出品。改编自杨沫的同名长篇小说。编剧，杨沫；导演，崔嵬、陈怀皑；摄影，聂晶；主演，谢芳、康泰、于洋、于是之、秦怡。

故事讲述了九一八事变前，女学生林道静因反抗地主家庭逼婚，又苦于无职业可寻，跳海自杀，幸被大学生余永泽所救，二人结合。婚后，林道静结识了共产党员卢嘉川，使她明白了知识分子只有投入到抗日救亡运动，才是真正的出路。她终于与自私狭隘的余永泽分了手，在卢嘉川、江华、林红等共产党员英勇献身精神的感召下，走上了革命道路。

《青春之歌》剧照

影片描述了女青年林道静如何从一个只追求个人自由的小资产阶级知识分子，逐步成长为无产阶级的先锋战士——共产党员。她与余永泽从相识、结合、分歧直至决裂的过程，影片处理得简练、层次清楚、入情入理；她与卢嘉川、江华的接触，从对个人渐有好感产生信任直至对中国共产党的信仰，也表现得细致可信。影片中许多场景情景交融，充满激情，很有艺术感染力，例如林道静入党宣誓、和林红在狱中英勇斗争等。影片在着力刻画林道静、卢嘉川等鲜明生动的知识分子艺术形象的同时，精练而准确地概括出从九一八事变到一二·九运动期间知识分子追求进步走上革命道路的必由之路。影片具有较浓郁的时代气息，展现了波澜壮阔、风云变幻的历史环境。影片是中华人民共和国成立10周年献礼片，曾得到周恩来总理的高度赞誉。影片上映后，受到国内外观众的广泛欢迎。（王云缦）

《青蛇》 *Green Snake* 中国彩色故事片。思远影业公司和上海电影制片厂1993年联合出品。改编自李碧华同名小说。编剧，徐克、李碧华；导演，徐克；摄影，高照林；主演，张曼玉、王祖贤、赵文卓。

故事讲述了法海在西湖边竹林里碰到一青一白两条蛇妖正在施展妖术，本想直接收服，却又发现她们在帮助一名产妇遮风挡雨，于是便放了她们并把从蜘蛛精那里拿到的佛手链留给她们。白素贞和小青

《青蛇》海报

在佛手链的帮助下修炼成人形。白素贞选择嫁给看上去憨厚老实的书生许仙。端午佳节，小青因沾到雄黄酒现出原形，吓死了许仙。为救许仙，白素贞带小青去昆仑山盗取灵芝仙草被法海撞见。法海对自己的定力过于自信，让小青主动勾引他。结果小青勾引成功，法海动了杀念。事后，法海多次劝许仙远离白素贞，但许仙不听，被抓到了金山寺。白素贞和小青为了逼法海放人，施法水漫金山。其间，白素贞耗尽千年修为生下了孩子，之后被倒塌的雷峰塔砸死。蛇妖生子，彻底摧毁了法海心中的执念。小青救出许仙，但发现他已经剃度出家，背叛了姐姐，于是便用剑刺死他，随后跳进水里，逃离这个冷酷的世界。

影片以“青蛇”的独特视角切入，增加了小青和白素贞在“男人”和“姐妹情谊”取舍上的矛盾冲突，并从中展现了“现代女性”敢爱敢恨、个性独立的爱情观和友情观。影片中大量特效镜头如空中漫步、水漫金山等令人眼花缭乱；人物和服装造型独具匠心。（类成云）

《倾听不列颠》 *Listen to Britain* 英国纪录片。皇家电影公司1942年出品。导演，H.詹宁斯、S.麦克阿里斯特；摄影，H.E.福勒。

影片记录了第二次世界大战期间，普通英国人的日常生活场景——著名的建筑、普通人的日常生活、劳动的工人、上学的孩子、上班的职员、街头上从容的行人、歌舞厅里欣赏音乐的听众，从各个方面表现了战争期间民众的生活，这其中有战争带来的混乱与不协调，如天空中飞过的战机、坦克行进、兵工厂的生产。即便如此，战时的伦敦，艺术的生活仍随处可见：医护人员在休息时弹琴唱歌、工人们欣赏流行歌手的表演、军人们参观战时艺术展、女王和民众一起欣赏音乐会等。

影片通过画面与音响完美的结合，将日常生活的声音和不协调音融合在一起，表现战争阴影笼罩下的英国人的勇敢顽强和幽默乐观，如标题所言，用心倾听，用音乐和意象表达“看”，即使战争来临，一切都是有序的、高雅的、有尊严的。影

片选用的曲目有英国乡村音乐及贝多芬、勃拉姆斯等来自德国著名音乐家的作品，导演意图传递出超越战争的人性视角，保护包括德国在内的全世界人民和各民族的文化。 （赵 远）

《清宫秘史》 *The Dark Secrets of the Qing Court* 中国故事片。永华影业公司1948年出品。改编自姚克的话剧剧本《清宫怨》。编剧，姚克；导演，朱石麟；摄影，庄国钧；主演，周璇、舒适、洪波、唐若青。

故事由光绪皇帝选皇后开场，光绪属意珍妃违背慈禧心意，矛盾由此开始。甲午战争惨败后的1898年，光绪皇帝支持康有为带领的维新派变法，却受到慈禧为首的顽固派的抵制，双方矛盾日益激化。慈禧等人预谋借天津阅兵之际废掉光绪；而维新一派则也开始了行动，他们派出袁世凯刺杀荣禄，并围攻慈禧。结果光绪被袁世凯出卖，彻底沦为慈禧的傀儡。1900年，义和团起义，八国联军进犯北京，珍妃跳井而死，慈禧携光绪等人逃出京城。

影片冲突虽然集中于慈禧和光绪的家庭矛盾，但以此为视角体现守旧与维新、墨守成规与积极进取等政治和历史层面的矛盾。影片制作精良，叙事流畅，镜头运动灵活，剪辑上更是善用叠印、淡出等方式。比如表现甲午战争惨败，旗帜与战船在海面漂浮相叠印的画面；再如袁世凯选择背叛光绪帝的时候，画面中，在他头部两侧叠印慈禧和光绪的头像，光绪的头像逐渐暗淡的同时慈禧头像逐渐放大，暗示袁世凯要投靠于她。由于意识形态的差异，影片上映后受到了不同的非议。

（类成云）

《情书》 *Love Letter* 日本彩色故事片。日本富士电视台1995年出品。改编自岩井俊二同名长篇小说。编导，岩井俊二；摄影，筱田升；主演，中山美穗、丰川悦司、柏原崇、酒井美纪。

故事讲述了渡边博子的恋人藤井树登山时遇难，3周年忌日时，博子按捺不住对他的思念，向藤井树在小樽读小学时的住址寄去一封信。没想到这封信被当地一位同名同姓的女性收到。女藤井树出于好奇寄出了回信，两人不断书信往来。博子的友人青叶希望博子放下藤井树和自己在一起，于是带领博子来到小樽意欲弄清楚事情的原委。原来两位藤井树曾经是同班同学，当博子在街上遇见女藤井树时，发现她和自己长得一模一样。一个偶然事件，揭开了少年藤井树的初恋故事。

影片情节构思巧妙，构图简洁唯美，大量使用高光、柔光，画面清新明快。影片在配乐上，大多选用清冷的钢琴伴奏，在日本北方的雪景映衬下，描画出一个凄美动人的爱情世界。影片奠定了导演岩井俊二诗意化的影像风格。影片1995年获第20届日本报知电影奖最佳导演奖，1996年获第19届日本电影学院奖最具话题演员奖和最佳新人奖。 （甄晓文）

琼瑶电影 Chiung Yao film 改编自中国作家琼瑶的言情小说的电影。1963年7月，琼瑶出版第一部长篇小说《窗外》，登上台湾文坛。此后，琼瑶作品风靡中国台湾和东南亚等地。20世纪60～70年代，台湾电影界掀起改编琼瑶小说的两次热潮，先后将50多部琼瑶小说改编成电影。琼瑶电影在两次改编热潮中形成了特有的叙事和影像风格，影响了台湾爱情片的创作，也培养出大量电影明星，导演李行、李翰祥、宋存寿等也都曾经拍摄过琼瑶电影。

第一波琼瑶电影改编热潮始于1965年。台湾“中央电影事业股份有限公司”购买了琼瑶的小说《六个梦》的版权，将拍摄任务交给李行。李行拍摄了《六个梦》中的《婉君表妹》和《哑女情深》。在改编时，李行淡化琼瑶小说里不食人间烟火的虐恋，将叙事主题转为伦理亲情与两代人的互动关系，受到观众欢迎，掀起跟拍琼瑶电影的热潮。之后，李翰祥拍摄了《菟丝花》和《几度夕阳红》，香港“邵氏”公司拍摄了《寒烟翠》和《船》，香港独立制片人王引去台湾拍摄了《烟雨濛濛》。1968年琼瑶和丈夫平鑫涛自组火鸟电影公司加入改编行列，拍摄了《月满西楼》和《陌生人》，后因经营不善而倒闭。很多跟风作品大都是由小型独立制片公司拍摄的，制作粗糙引起了观众反感，导致琼瑶电影很快没落。但是造就了柯俊雄、王戎等电影明星，也令唐宝云和王莫愁的演艺生涯如日中天，开启了台湾电影史上的第一个明星时代。

第二波琼瑶电影改编热潮出现在20世纪70年代。1973年，李行重新开始拍摄琼瑶电影，相继拍摄了《彩云飞》《心有千千结》《碧云天》《海鸥飞处》《浪花》《小城故事》等，开启了“二林二秦”（“二林”指林凤娇和林青霞，“二秦”指秦汉和秦祥林）的时代，也将甄珍等人捧成炙手可热的明星。李行的拍摄引发了第二次琼瑶电影改编热潮。此次热潮推动了台湾“明星经济”的兴起，琼瑶爱情文艺电影也在“明星效应”的包装下，远销东南亚、韩国等地。1976年，琼瑶和丈夫平鑫涛再次自组电影公司拍摄自己的作品。琼瑶亲自操刀，自己担任编剧、监制，亲自挑选演员，参与发行宣传等，对整个过程精益求精，其中《月朦胧鸟朦胧》《聚散两依依》等影片取得不俗的票房成绩。但是好景不长，1983年的《昨夜之灯》宣告风行近20年的琼瑶电影成为历史。

前后长达20年的琼瑶电影创作热潮，将琼瑶电影发展成有特定叙事模式和影像风格的类型创作。琼瑶电影的男女主角一般都是中产阶级或精英阶级出身的俊男靓女，故事背景脱离现实，衣食无忧；场景多集中在餐厅、客厅、舞厅（“三厅电影”因此得名）；男女主角的情感关系具有理想化特征。 （于丽娜）

邱刚健 Qiu Gangjian（1940～2013） 中国电影编剧。笔名耶律楚材、戴安平、秋水长安、邱戴安平。生于福建厦门，卒于北京。1961年，毕业于台湾艺专（今中国台湾艺术大学）影剧系。1964年，毕业于美国夏威夷大学东西文化中心戏剧培训班戏剧专修科。1962年起，先后担任台湾《现代文学》编辑、台湾《剧场》主编，同时担任台湾国华广告公司电影电视部创意、撰稿人。1966～1973年，在邵氏兄弟（香港）有限公司任编剧。

20世纪70年代，为张彻、楚原、桂治洪等导演创作了《小煞星》《大决斗》《爱奴》《血证》《毒女》等剧本。1982年，担任电影《投奔怒海》的编剧，获第2届香港电影金像奖最佳编剧奖，该影片对香港新浪潮电影起到了推动作用。1986年，创作电影剧本《地下情》，获第6届香港电影金像奖最佳编剧奖。1988年，担任电影《胭脂扣》的编剧，获第8届香港电影金像奖最佳编剧奖。1989年，与阿城共同创作了电影剧本《人在纽约》，获第26届台湾电影金马奖最佳原创剧本奖。1992年，与焦雄屏联合在电影《阮玲玉》中担任编剧。后移居北京，创作《夜宴》等电影。

他一直在寻找艺术上的创新，作品细腻又前卫，创作的主题基本都围绕着生、死和性，始终挖掘人性的深度。他创作的电影还有《巡城马》（1982）、《杀出西营盘》（1982）、《烈火青春》（1983）、《唐朝豪放女》（1984）、《女人心》（1985）、《梦中人》（1985）、《群莺乱舞》（1988）、《少女心》（1989）、《倩女一千年》（2005）、《秋海棠》（2006）、《迷城》（2010）等。 （李金秋）

邱岳峰 Qiu Yuefeng（1922-05-10～1980-03-30） 中国译制片演员。曾用名邱呼生、欧阳月枫。原籍福建福州。生于

黑龙江呼伦贝尔，卒于上海。1942年肄业于北平外国语学校，同年参加话剧演出，先后在天津大亚剧团、艺风剧团、北平华联剧社、上海联星剧团、影人剧团等话剧团体任职。1950年进入上海电影制片厂翻译片组任**译制片**演员。他在30年的译制片创作生涯中，为约200部外国影片的主要角色配音，运用语言声音创造性地再现了原来的银幕形象，所配角色上至总统下及平民，甚至有小偷、奸商、神父、幻想者、杀人谋财的“英雄”、风度潇洒的白军中尉、忧郁怪僻的英国绅士等。

他给每个角色的配音均独具神韵、特色各异，与原片中的人物水乳交融、相映生辉，如《警察与小偷》(1957）中的小偷、《红菱艳》(1972）中的莱蒙托夫、《简·爱》(1979）中的罗切斯特、《大独裁者》(1980）中的希特勒和理发师、《凡尔杜先生》(1980）中的凡尔杜、《悲惨世界》(1981）中的小店主德纳第等，都给广大观众留下了深刻的印象，为译制片配音艺术作出了贡献。同时在数十部中国**美术片**和**故事片**中担任配音，如《**大闹天宫**》(1964）中的孙悟空、太上老君，《阿凡提》(1979）中的巴依老爷等。

此外，他还负责了匈牙利影片《称心如意》(1956）和日本影片《白衣少女》(1980）的译制工作；曾在中国影片《**林则徐**》(1959)、《傲蕾·一兰》(1979)、《珊瑚岛上的死光》(1980）等影片中扮演过角色。1980年3月30日，因服用过量的安眠药去世。

（任白云　唐　军）

《秋菊打官司》 *The Story of Qiu Ju*　中国彩色故事片。**银都机构有限公司**和北京电影学院青年电影制片厂1992年联合出品。改编自陈源斌的小说《万家诉讼》。编剧，刘恒；导演，**张艺谋**；摄影，池小宁、于小群、卢宏义；主演，**巩俐**、雷恪生、刘佩琦。

故事讲述了在北方山村，一向老实、忠厚、怯弱的村民万庆来，在自家承包地里盖楼，因而与村长王善堂发生争执，骂村长“断子绝孙”，村长一怒之下，一脚踢到庆来的“要害处”。庆来整日躺在床上，连农活也干不了。妻子秋菊善良而有主见，去找村长说理，但村长不肯

《秋菊打官司》剧照

认错。怀着身孕的秋菊挺着大肚子到乡政府告状，结果乡政府只是让村长赔偿经济损失。秋菊不满又到县公安局告状，仍是这一结果。秋菊非要“有个说法”，又告到市中级人民法院，市法院十分重视。法院调查取证阶段，秋菊难产，村长组织人送秋菊到医院，秋菊顺利生下一个男孩。秋菊与村长的矛盾开始化解，但正当秋菊给孩子办满月酒时，市法院来了警车将村长带走。秋菊欲拦警车，没有成功。她感到一阵突如其来的茫然若失。

影片借民告官的故事，表现了法制观念在普通人心中的觉醒，刻画了秋菊这一独具个性的人物形象，展现了人性与法制的矛盾冲突。影片娴熟的纪实风格，标志着导演张艺谋美学观的一次新飞跃。影片1992年获第49届意大利威尼斯国际电影节最佳影片金狮奖、最佳女演员奖等；1993年获第13届中国电影金鸡奖最佳故事片奖、最佳女主角奖，第16届中国大众电影百花奖最佳故事片奖。

（阿　章　撰　章柏青　唐建军　修订）

《秋决》 *Execution in Autumn*　中国彩色故事片。大众电影事业股份有限公司1972年出品。根据古代“死刑犯临刑前咬母乳”的传说改编。编剧，**张永祥**；导演，**李行**；摄影，赖成英；主演，欧威、葛香亭、唐宝云、傅碧辉、陈慧楼、崔福生等。

故事讲述了汉代一裴姓富家，三代单传的孙子裴刚自幼父母双亡，在祖母宠溺之下缺乏管教，暴戾恣睢，最终酿成大祸。他为了一个风尘女子，与他人争风吃醋，连续杀害了三条人命，因此被判死刑。在死牢中等待秋决的裴刚，将罪过归于自己的祖母。莲儿是裴奶奶从小养大的远方亲戚，她答应祖母与牢中的裴刚成亲，以延续香火、传宗接代。莲儿报恩献身，每天都前往牢狱探望丈夫，她的善良、柔情感化了裴刚，裴刚蛮横的性格也因此逐渐转变。最终，在祖母、妻子、牢头、同狱书生等人的感化下，裴刚认识到自己的罪行。秋天到了，怀着裴家骨肉的莲儿，在大树下目送囚车上裴刚的身影，在飞扬的尘土中逐渐消逝。

影片戏剧冲突强烈，人物性格突出，演员表演富有感染力。影片对中国传统文化、伦理观、价值观、生命观以及时序伦常皆有深刻的反思，它一方面颂扬了中国文化的朴厚、仁爱以及中国人的美德，另一方面又批判了传宗接代至上的家族观。影片上映后轰动台湾，在票房上十分卖座，还引发文化界广泛的讨论。影片1972年获第10届台湾电影金马奖最佳剧情片奖、最佳导演奖、最佳男主角奖、最佳女配角奖、最佳彩色摄影奖。另外，影片曾代表中国台湾地区参加1972年第45届美国电影奥斯卡奖最佳外语片角逐。

（黄钟军）

屈赛，S.　Spencer Tracy（1900-04-05～1967-06-10）　美国电影演员。生于威斯康星州密尔沃基，卒于洛杉矶。父亲是卡车推销员。1917年辍学入美国海军。第

一次世界大战结束后，入西北军事学院学习。1921年进入里彭学院，并在该学院戏剧表演中崭露头角。1922年入美国戏剧艺术学院，并在百老汇饰演小角色。毕业后当过旅馆侍者、看门人和推销员。后来受雇于一固定剧团，逐步成长为引人注目的主角演员。

1930年在百老汇出演舞台剧《最后一英里》，颇为成功，引起了好莱坞导演J.**福特**注意，被请去出演《河的上游》，由此进入电影界。随后与**20世纪福克斯电影公司**签约，成为一名演员，接连出演了《暴发户》《年轻美国》等影片，但由于体型短粗、面孔粗糙，不符合好莱坞美男标准，很少有机会担任主角，只饰演一些“硬汉子”或凶手、酒鬼等角色。

1935年转到米高梅电影公司，成为该公司主要男演员。1936年出演了《旧金山》，获第9届美国电影奥斯卡奖最佳男主角奖提名。1937年主演了《怒海余生》，获第10届美国电影奥斯卡奖最佳男主角奖。1938年主演了《孤儿乐园》，获第11届美国电影奥斯卡奖最佳男主角奖，成为首位连续两次获得奥斯卡奖最佳男主角奖的演员。1950年主演了《新娘的父亲》。1954年主演了《红怜泪》，获第11届美国电影金球奖最佳男主角奖。1955年主演了

《黑岩喋血记》，获第8届法国戛纳国际电影节最佳男主角奖。1958年主演了根据E. 海明威小说改编的《老人与海》。1961年主演了《纽伦堡审判》，获第6届意大利电影大卫奖最佳外国男演员奖。1967年主演了《猜猜谁来吃晚餐》，获第25届美国电影金球奖最佳男主角奖、第12届意大利电影大卫奖最佳外国男演员奖、第22届英国电影学院奖最佳男主角奖。

《猜猜谁来吃晚餐》剧照

其他重要影片有《新新监狱两万年》《人的城堡》《化身博士》《兄弟情仇》《最后的欢呼》《天下父母心》《疯狂的世界》等。其外貌虽然一般，但其表演以含蓄自然著称，富有男性魅力，被誉为"演员中的演员"。（李　湄）

《屈原》 *Qu Yuan*　中国彩色故事片。凤凰影业公司1975年出品。编剧，鲍方；导演，鲍方、许先；摄影，蒋仕；主演，鲍方、张铮、朱虹、翁午、鲍起静、吴景平。

故事讲述了战国时期，诸侯国割据称雄，不断进行兼并战争。楚国大诗人、政治家屈原力主对外联齐抗秦，对内改革变法，但遭到以上官大夫靳尚为首的贵族集团反对。屈原努力不懈，促使楚怀王接纳其主张，并在弟子宋玉和婵娟的协助下，撰修了限制贵族特权的新法令。靳尚拉拢怀王宠姬南后出面与屈原对抗，更在秦国宰相张仪访楚之际，对屈原大肆诽谤。屈原痛加驳斥，但贪图小利、轻信谗言的楚怀王竟不顾忠告而绝齐亲秦，终止变法，并免去屈原的官职，将其逐出皇宫。屈原满怀悲愤，漫游汉北，写出了著名的《离骚》。后惊闻楚怀王因受骗在与秦国交战中大败，又毅然接受怀王决心变法的诏令赶回郢都。靳尚等竟残杀志士，囚屈原于东皇太乙庙，婵娟也被投入黑牢。在风雨雷电交加之夜，婵娟被卫士石豪救出，前来相会，却不幸误饮阴谋毒害屈原的鸩酒而身亡。石豪怒杀凶手，纵火焚庙。屈原怀着满腔悲愤和继续探索真理的意志向汉北而去。

影片以丰富鲜明的画卷，再现了战国时代秦楚斗争的历史，塑造了威武不屈、理性正直的屈原形象，歌颂了屈原的爱国主义情怀。影片风格悲愤雄壮，场面宏大，场景逼真，富有强烈的历史感和舞台感。影片在叙事上讲究起承转合，具有较强的戏剧冲突张力。影片在拍摄时曾因为当时政治形势的变化受到诸多限制，"文化大革命"结束后在中国内地上映。（粪成云）

取景 viewfinder　摄影时选取景物作为表现对象的创作方式。取景分为取景位置、取景范围、取景焦点、取景瞬间四个要素。

取景位置指摄影机与拍摄客体的相互位置关系。确定取景位置是摄影造型的第一步，包括三个方面的选择：一是选择取景角度，二是选择取景距离，三是镜头焦段的选择。这三方面的选择，是为了通过对被拍摄物体外部造型的塑造表现摄影师的创作思想。选择不同的取景角度，不仅可以表现出被摄客体不同侧面的外部形态，而且能展现创作者的审美情趣以及对观众的造型引导。取景距离的选择以及镜头焦段的选择对于被摄体的外在空间表达有着重要的影响。如广角镜头与相对较近的拍摄距离的组合常给人一种夸张的畸变效果，对于人物的塑造和环境空间的塑造都有着戏剧化的表意性。

取景范围有两个维度的解释，一是取景角度视线视角的确定，二是被拍摄客体的位置及位置变化。取景视角的宽广程度决定画面对被摄景物的容纳范围；而客体的位置关系则决定了背景的选择和镜头畸变程度的选择。

选择取景焦点就是运用调节摄影机镜头焦点和景深的技术，在取景范围的纵深空间里，选择需要清晰描绘的对象作为焦点，或让不同焦段内的景物获得不同的清晰程度。

取景拍摄前的最后一关是瞬间选择。拍摄时，快门或录制按钮被按下去的瞬间称为取景瞬间。在平面摄影中，取景瞬间决定着画面的故事性，如何在长的时间轴上挑选出最具典型意义的时间点是平面摄影最重要的创作技巧。在影视创作中，从录制按钮被按下到一个镜头的拍摄完成都属于取景瞬间，摄像师需要在录制过程中全神贯注和精准把控。（李　勇）

《去年在马里昂巴德》 *Last Year at Marienbad*　法国故事片。泰拉电影公司和科莫兰电影公司等1961年联合出品。编剧，A. 罗伯－格里耶、A. 雷乃；导演，A. 雷乃；摄影，S. 维尔尼；主演，G. 艾伯塔基、D. 塞里格、S. 皮托夫。

故事讲述了在一座巴洛克式风格的古建筑里，戏剧演出正在进行，男人X与女人A相遇。男人告诉女人一年前他们曾在这里相见，她曾许诺一年后在此重逢，并将跟随他一起走。A起初不信，但是男人不停出现在她面前，不断描述他们曾经在一起的种种细节，细到动作、情绪、颜色的描绘。于是，A开始怀疑自己的记忆，她开始相信男人所说的一切或许真的在去年发生过。最后，她与男人一同离去。

《去年在马里昂巴德》剧照

影片在一个封闭的、令人窒息的古建筑里上演现在的故事，过去如同一个挥之不去的幽灵，在现在的时空里肆意游走，并指向未来。随着男主人公X急切反复地叙述，场景也随之在过去与现在的时空里频繁转换，导致叙事跳跃、断裂，结构破碎，现实与虚构、真实与想象相互混搭、覆盖，难分彼此。场景、物像、音乐、台词、情节的反复乃至周而复始，不仅起着强化情绪、加剧作品风格化的作用，也成为建构人物记忆的推动力。影片在整体上的叙事策略虽然颇为大胆，但男主人公引导女主人公的记忆走向规定情境的主线索却是清晰的。在主线索的扩张与畸变中，影片的内涵也变得异常丰富复杂，不仅探讨了现实世界的冷酷、个体的孤立、存在的模糊性以及记忆建构的可能性，也指涉了过去、现在、未来互为交织的错综关系，由此对时间、空间、记忆、情感、存在的确定性发出质疑。影片1961年获第26届意大利威尼斯国际电影节最佳影片金狮奖。（安　燕）

《权力的游戏》 *Game of Thrones*　美国电视剧。家庭影院频道（HBO）2011年出品。改编自美国作家G. 马丁的奇幻小说《冰与火之歌》。编剧，D. 贝尼奥夫、D. 希尔、G. 马丁、V. 泰勒；导演，D. 贝尼奥夫、A. 泰勒、D.B. 威斯、D. 纳特、D. 米纳汉、A. 萨哈罗夫；摄影，M. 彭特克沃、A. 萨哈罗夫；主演，I.H. 怀特、C. 丹斯、J.C. 布莱德利、R. 多纳基、I. 迈克尔希尼、S. 宾、M. 费尔里、E. 克拉克、I. 格雷、K. 哈灵顿、N.C. 瓦尔道、P. 丁拉基。

《权力的游戏》海报

故事讲述了临冬城主暨北境统领艾德·史塔克家族受到国王劳勃·拜拉席恩的邀请，前来君临城对付叛军。但国王被杀，而史塔克发现了皇后乱伦的秘密，欲剪除皇后时却行动失败，史塔克被杀，家人也面临灭顶之灾。此后几个强大的家族——拜拉席恩家族、兰尼斯特家族、坦格利安家族、史塔克家族、铁群岛民和长城以北的野人、异鬼或为争夺王位统治七国或为复仇、生存陷入了一场混战。

该剧设定了一个虚构的中世纪世界，表现了几大家族和几个王国展开权力的角逐。该剧在叙事上，一波三折的剧情设计具有很强的吸引力，在布景规模上，残酷战争和大尺度性爱场面具有视觉冲击力。该剧2012年获第69届美国电视金球奖最佳男配角奖，2013年获第65届美国艾美奖最佳视觉效果奖等，2016年获第22届上海电视节最佳海外电视长剧奖。

（甄晓文）

全景 full shot　影片中摄取人像全身或场景全貌的一种画面。全景画面可使观众看到人物的全身动作及其周围部分环境。全景具有较广阔的空间，既能展示出比较完整的场景，又可使人物的整个动作和人物相互的关系得到充分的展现。在全景中，人物与环境常常融为一体，能创造出有人有景的生动画面。

全景与**特写**相比，视距悬殊。如果两者直接组接，会造成视觉上和情绪上大幅度的跳跃，但若运用得好，常能收到特有的艺术效果。如果人物情绪的发展是跳跃的，景别的跳跃就可以很好地为塑造人物和渲染气氛服务。

全景往往是拍摄一场戏的总角度，它制约着该场戏分切镜头中的光线、**影调**、色调、人物方向和位置，使之衔接。为使观众看清画面，全景镜头的长度一般应不少于6秒。

（边善基）

《群英会》 *Gathering of Heroes*　中国彩色戏曲片。北京电影制片厂1957年出品。改编自传统京剧。导演，**岑范**；摄影，连城、吴生汉；主演，萧长华、马连良、谭富英、裘盛戎、叶盛兰、袁世海。

《群英会》剧照

故事讲述了三国时期，刘备和孙权联合抗曹。曹操派出谋士蒋干，探听两家联军虚实。周瑜预料蒋干来意，故意伪造曹营水军头领蔡瑁、张允降吴假信，夹于书中。不料蒋干中计，曹操误将蔡瑁、张允二人斩杀。周瑜因破曹之事纠结成病，诸葛亮前来探望，二人定下火攻之计。周瑜对智谋在自己之上的诸葛亮嫉恨在心，遂命之监造十万支狼牙箭。诸葛亮胸有成竹，主动要求三日之内造完。三日后，江面大雾，诸葛亮和鲁肃一同乘船前往江北曹操大营处“草船借箭”，曹操不敢贸然出击，便命令万箭齐发，诸葛亮成功得到十万支狼牙箭。

影片采用舞台纪录片形式，并没有破坏原本剧目的表演节奏，具有珍贵的艺术价值。影片基本沿用了舞台表演原本样式，但也做出了一定的删减，以适合电影的长度，使故事讲述更为紧凑精练。影片还利用电影特有的艺术手段，通过小景别镜头，突出了艺术家表演时对角色的刻画和个人风采。

（高小健）

R

《燃火的时刻》 *The Hour of the Furnaces* 阿根廷纪录片。解放电影小组1968年出品。导演，F. 索拉纳斯、O. 赫蒂诺；摄影，J.C. 德桑索。

影片的副标题是《关于新殖民主义、暴力和解放的笔记》。全片分为新殖民主义、暴力和解放三个部分，长达四个多小时，讲述了殖民主义在阿根廷的历史、西方世界的学生运动和革命抗争。影片首次在意大利佩萨罗电影节上放映时，索拉纳斯允许观众在观影过程中随时打断、发言，阐释自己对殖民主义和革命的见解。这反映了导演的电影观念，即期待政治电影能直接导致政治行动。在政治上，影片支持庇隆主义，认同劳工阶级的立场。影片中，动荡的鼓点与快速剪辑的街头斗争场景给观众带来了感性认识，画外音与理论家的言论、穿插其间的报告帮助观众理解影像，并做出政治判断。作为具有浓厚20世纪60年代色彩的政治纪录片，影片在视听语言上的创新广受赞誉，是“第三电影”的重要实践。（魏 然）

冉平 Ran Ping（1953-06-10～ ）中国影视编剧。祖籍河北蠡县。生于北京。曾在内蒙古电视台从事专业编剧工作。1990～1991年，在北京电影学院学习。1993年，担任电视剧《东方商人》的编剧，获第15届中国电视剧飞天奖优秀编剧奖、第13届中国电视金鹰奖最佳长篇连续剧奖、第5届中共中央宣传部精神文明建设“五个一工程”奖。1994年，参与创作电视剧剧本《沟里人》，获第15届中国电视剧飞天奖中篇电视连续剧一等奖。1997年，与杨争光合作编写电视剧剧本《水浒传》，获第18届中国电视剧飞天奖特别奖。1997年，创作电影剧本《一代天骄成吉思汗》，获第4届中国电影华表奖优秀故事片奖、第4届中国长春电影节金鹿奖。

2000年之后主要创作电影剧本。2006年，在电影《剃头匠》中担任编剧，获第37届印度国际电影节最佳影片金孔雀奖。2008年，担任编剧的电影《长调》，获第11届上海国际电影节传媒大奖、第11届中共中央宣传部精神文明建设“五个一工程”奖、第3届德国科隆电影节最佳影片奖。2012年，担任编剧的电影《画皮2》在票房上突破当年中国电影票房纪录。2016年，担任编剧的电影《西游记之孙悟空三打白骨精》产生了较大的反响。他创作的电视剧注重流畅通俗，电影注重写意与情绪表达。另著有长篇小说《蒙古往事》。（李金秋）

《让娜·迪尔曼，商业街23号，布鲁塞尔1080》 *Jeanne Dielman, 23 Quai du Commerce, 1080 Bruxelles* 比利时、法国合拍彩色故事片。比利时天堂电影公司、法国三联合公司、比利时法语区文化部、瓦隆-布鲁塞尔联邦电影和视听中心1975年联合出品。编导，C. 阿克曼；摄影，B. 曼戈特；主演，D. 塞里格、J. 德科尔特、H. 斯特罗克。

故事讲述了布鲁塞尔一位中年寡妇让娜·迪尔曼三天的生活。全片采用固定机位，以冷静的纪实手法拍摄了这位普通中年女性的日常活动：整理床铺，买菜做饭，照顾上学的儿子，下午固定时间接客，用卖淫所得补贴家用。通过她与儿子简单的交谈，我们知道她与早已去世的丈夫似乎也没有什么感情。在日复一日单调重复的生活里，她的心理悄然发生了变化，看似井然有序的日常生活开始崩塌。最终，她将剪刀捅向嫖客的脖子。

影片以三个半小时的时长、有限的场景和固定机位镜头冷静地描绘了一个中年女性的生活，刻画了一位女性的内心世界。影片在电影语言上具有先锋性，表现出明确的女性意识，被认为是西方女性主义的代表作品之一。（秦喜清）

《人到中年》 *At Middle Age* 中国彩色故事片。长春电影制片厂1982年出品。改编自谌容的同名小说。编剧，谌容；导演，王启民、孙羽；摄影，王启民；主演，潘虹、达式常。

故事讲述了1979年秋，某医院中年眼科医生陆文婷18年来兢兢业业，在丈夫傅家杰的支持下刻苦钻研、勤奋工作，成为医院里医术高明的业务骨干。可是人到中年，连主治大夫都不是，始终拿着56元的工资，一家三口挤在只有12平方米的小屋里。然而，她事业心不减，工作任劳任怨，有时连孩子生病都无暇照顾。终于，她被沉重的工作和生活压垮了、病倒了。陆文婷在医院精心的治疗和护理下，逐渐恢复健康。

影片歌颂了中国知识分子的崇高奉献精神，触及了中年知识分子待遇的问题，具有较强的时代色彩和感染力。影片1982年获文化部优秀影片奖，1983年获第3届中国电影金鸡奖最佳故事片奖和最佳女主角奖，第6届中国大众电影百花奖最佳故事片奖。（弘 石）

人工光 artificial light 人工光源所发出的光线。人工光由具有一定的发光特性的各种电光源所提供。影视摄影常用的人工光有白炽灯、碘钨灯、卤钨灯、碳弧灯、氙灯、三基色荧光灯等；按性能分则有聚光灯、散光灯、柔光灯等。内景摄影全部使用人工光，外景摄影则以自然光为主，辅以人工光。人工光在光照的强度与均匀程度等方面一般不如自然光，但在使用上较少受客观条件限制，光位的确定、亮度的控制、光影的布置和各种效果光的使用等，都可由摄影师自己来支配。人工光可以从容、自由地对景物进行造型处理；可以根据创作意图利用灯光营造各种光影的艺术氛围；可用作对自然光的补充，补充阴影部分的光照，构成丰富的画面影调。人工光是影视摄影的重要造型手段之一。（田俊人）

《人·鬼·情》 *Ghost Love* 中国彩色故事片。上海电影制片厂1987年出品。编剧，黄蜀芹、李子羽、宋国勋；导演，黄蜀芹；摄影，夏力行、计鸿生；主演，裴艳玲、徐守莉、李保田、姬麒麟。

故事讲述了20世纪50年代初，农村姑娘秋芸的母亲与农村戏班的一个男人私奔。秋芸11岁时，渐渐显露出唱戏的才能。她不顾父亲的反对，努力练功，后被送到省城剧团。青年时代的秋芸在舞台上是英俊的男子，而在台下却是充满柔情的少女。后来她萌生了演鬼判钟馗的创作冲动，在克服了种种压力和挫折后，一出《钟馗嫁妹》，获得极大的成功。

影片运用灵活多变的画面语言，表现了秋芸曲折的生活经历和复杂的内心体验，以及女性意识的苏醒和崛起。影片创作者把人物的生活世界分为虚幻和真实两个部分，虚的部分充满人情，实的部分颇带“鬼趣”，从而表达了深刻的人生哲理。影片以人道主义情怀观照中国男权制度下的女性成长，反映了女人在家庭、事业上的两难困境和精神挣扎，以及为此付出的沉重代价。影片1988年获第8届中国电影金鸡奖最佳编剧奖、最佳男配角奖，第5届巴西里约热内卢国际电影电视录像节最佳影片奖；1992年获第7届美国圣巴巴拉国际电影节最佳导演奖。（弘　石）

人类学纪录片 anthropologic documentary 利用影视手段拍摄的、旨在进行人类学研究和体现人类学研究成果的一种纪录片。人类学纪录片是一种人类学研究方法，它不仅能直观地记录人类社会各种族群文化生活的状况，而且还是当下人们保存、抢救人类即将消失文化的最有力的工具。各种人类学纪录片的拍摄方法、侧重点虽有所不同，但目的都是利用影像对人类的生存状态、生活方式、人种繁衍、组织规则、宗教信仰、社会结构、文化模式等展开研究。人类学纪录片与其他类型的纪录片在形态上多有交叉，如被公认为人类学纪录片开山之作的《北方的纳努克》，同时也是探险纪录片的经典作品。

人类学纪录片是出现较早的一个纪录片类型，它的历史几乎和电影的诞生一样久远。世界上第一部人类学纪录片，是法国人类学家F.-L.瑞格纳特于1898年在法国巴黎举办的非洲民族学博览会上，用电影记录的非洲沃洛夫妇女制作陶器的过程。美国人类学家G.本特森和M.米德于1936～1939年在巴厘人的村庄进行的田野调查工作，被视为最早将纪录片用于人类学研究的例子。

早期的人类学纪录片由于拍摄方法、原则、目的的不同，虽都具有某些人类学纪录片的特点，但整体特征并不明显，一直到1922年美国导演R.弗拉哈迪拍摄了《北方的纳努克》，真正意义上的人类学纪录片才正式出现。弗拉哈迪在拍摄《北方的纳努克》时，不仅悉心观察纳努克及其家人日常的生活劳作，还与拍摄对象长期住在一起，在熟悉其生活习俗的基础上，再将他们的各种生活场景拍成电影，有时还刻意搬演一些生活中的场景。弗拉哈迪以这种方式拍成的电影，打开了通往富有诗意的纪录片和人类学电影的道路。影片中所彰显的对原始人群的人文关注，以及在拍片过程中与被摄对象的“互信共享原则”，一直为后世的人类学纪录片所推崇。

20世纪下半叶，是人类学纪录片获较大发展的时期，相继出现了很多具有重大影响和典型意义的影片。如1950～1959年J.马歇尔拍摄的长达50万英尺彩色胶片的《布须曼人》系列片，人类学家兼摄影师M.阿什与人类学家N.查格昂合作拍成的50多集、有关委内瑞拉南部亚鲁玛莫人的系列片，1963～1965年，A.巴利克希指导拍摄的内特西利克因纽特人系列片等。其中，法国导演J.卢什和E.莫兰于1960年制作的《夏日纪事》，在纪录片和人类学纪录片的发展上影响巨大。卢什也是一位人类学家，他利用纪录片作为人类学研究的工具，不但推进了人类学的研究，更以人类学的观念影响了纪录片的摄制。在《夏日纪事》中，卢什采取了让被拍摄者参与街头采访、拍摄完后互相讨论拍摄内容，以及导演本人亲自参与讨论、讨论的情况又被拍摄下来构成影片的另一部分等方式，力求更加真实地表达出被拍摄者个人或这群人的现实生活。而在拍摄过程中，拍摄者与被拍摄者之间建立的了解、互信的关系，本质上又与弗拉哈迪在《北方的纳努克》中所倡导的“互信共享原则”一脉相承。卢什将自己的电影命名为“真实电影”，影响一直持续到今天。

除了“真实电影”外，人类学纪录片还在其他方面进行了种种尝试，如1963年美国哈佛大学电影研究中心主任R.加德纳在人类学家K.海德的协作下，拍摄了揭示新几内亚达尼人“国殇观”的《死鸟》；人类学家J.阿代尔和传播学教授S.沃思于1966年进行的，让被研究的土著人自己拍摄自己的试验等。

20世纪下半叶，是影视人类学学科逐渐建立的时期，诸多影视人类学拍摄和研究机构以及传播系统都纷纷建立。如始建于1952年的德国格丁根科学电影研究所，被称为世界三大影视人类学研究中心之一。此外如美国、日本、法国、荷兰等国家，也都相继成立了相关拍摄、研究机构和人类学电影节。

人类学纪录片于20世纪80年代中期传入中国。当时，随着一批国外人类学家和影视人类学家的先后到访，中国人类学纪录片的创作与实践得到了很大发展。1995年4月，德国格丁根科学电影研究所和中国社会科学院，在北京共同举办了首届影视人类学国际学术讨论会。同年10月，“中国民族学会影视人类学分会”宣布成立，这些都标志着中国影视人类学发展进入了一个新的时期。中国民族众多，有着丰富而宝贵的人类学研究资源，拍摄各民族人类学纪录片，既可以记录、保护各民族传统文化遗产，又有利于促进中国传统文化与世界的交流。20世纪90年代至今，中国人类学纪录片创作成果丰硕，先后有多部作品受到国内外广泛好评，如《藏北人家》(1991)、《沙与海》(1991)、《最后的山神》(1993)、《甫吉和他的情人们》(1994)、《中国瑶族》(1996)、《八廓南街16号》(1997)、《三节草》(1997)、《最后的马帮》(1998)、《远山的瑶歌》(2001)、《雪落伊犁》(2001)、《厚街》(2002)、《钢琴梦》(2003)、《驼殇》(2004)、《西藏一年》(2008)等。

扩展阅读

陈刚.人类学纪录片的历史、现状与展望.当代电影，2002(5).

桂清萍.中国人类学纪录片的发展探索.现代视听，2009(12).

（刘乃康）

《人生》 *Life* 中国彩色故事片。西安电影制片厂1984年出品。根据路遥同名小说改编。编剧，路遥；导演，吴天明；摄影，陈万才、杨宝石；主演，周里京、吴玉芳、高保成。

故事讲述了高中毕业生高加林的民办教师工作被大队支书的儿子顶替，他又当了农民。淳朴善良的刘巧珍爱这个有文化的人，帮他卖馒头，处处给他温暖和照顾。加林的叔叔转业回来担任地区劳动局长，加林被安排到县上当新闻干事，他发挥了自己的才干。加林的同学、漂亮的广播站播音员黄亚萍爱上了他。考虑到自己的前途，加林终于接受了亚萍的爱。巧珍非常痛苦，病倒了。加林走后门的事情被揭露，只能回到乡下。回村后，得知巧珍已经被迫嫁给农民马栓，他开始重新思考自己的人生。

影片讲述了新旧交替时期，以高加林为代表的当代中国农民的命运，反映了复杂的时代问题和社会境况。影片所呈现的“陈世美”这一传统叙事母题触动了当时农村知识青年渴望从农村走向城市的现状，引起广泛的讨论和共鸣。影片上映后，反响强烈。影片1985年获第5届中国电影金鸡奖最佳音乐奖，第8届中国大众电影百花奖最佳故事片奖和最佳女演员奖。

（阿　章）

《人生七年》 *Seven Up!* 英国系列电视纪录片。英国格拉纳达电视台1964～2019年出品。导演，P.阿蒙德、M.艾普特。

该系列纪录片自1964年起跟踪拍摄14名来自英国不同阶层的7岁儿童的生活。每隔7年，都会重新采访当年的这些孩子。这些被跟踪拍摄的孩子，分别代表了当时英国社会不同的阶层。在拍摄之初，影片就明确假定每个孩子出身的社会阶级预先决定了他们的未来，而他们的成长经历，代表了整个英国的社会演进历程。

影片具有史诗风格，折射了英国社会文化的变迁，表现了普通人的生活和情感。影片已先后出品9辑。2005年，英国电视第四频道将该系列片纳入最伟大的50部纪录片名单中。（李　春）

人物造型设计 character modeling design 美术师对人物形象的总体设计。美术师依据影视作品中角色的身份、年龄、外貌、性格、民族、职业等特点，做出总体形象设计；构思与描绘人物面容、毛发样式与体态风度、服饰冠履直至身携物件的样式与色调。总体形象设计既要符合剧情与人物个性特征，又要适应影视逼真特性和影像感色性能，并与场景环境及同场人物协调。美术师对不同时期的人物形貌与四季服饰应画出细部图并注明色标。人物造型图样确定后，要将整体意图与细节构成提示给化装、服装、道具诸部门，交各部门分别体现。在影视作品创作中，有专职服饰设计师在美术师指导下完成人物造型设计。（黄治贵）

《人造风景》 *Manufactured Landscape* 加拿大彩色纪录片。加拿大方德里电影公司、加拿大国家电影局2006年联合出品。导演，J.白希瓦；摄影，P.梅特勒；E.伯汀斯基。

影片记录了加拿大知名摄影家伯汀斯基在中国福建、浙江、天津、上海以及孟加拉国的拍摄活动。伯汀斯基主要拍摄工业景观，擅长高角度俯拍，以完整再现巨大的工业景观，包括厂房车间、港口水坝、矿山河流、工业垃圾等。他的作品既有工业生产的过程，也有被人类工业生产改变和破坏的自然环境。影片摄影机跟随伯汀斯基的脚步，拍摄了福建硕大的小家电生产厂房，成群结队的年轻工人，浙江堆积如山的电子垃圾处理场，天津港口薄雾笼罩的巨型煤场，三峡建设工地以及成片的库区拆迁房屋，上海奢华的别墅与简陋的弄堂。影片记录了伯汀斯基的拍摄过程，并展示出拍摄的最终作品。伯汀斯基用巨幅画面与严谨构图表达了对工业生产及其环境影响的忧虑，从中可以看到，在全球化进程中，作为世界工厂的中国一方面在迅速发展，同时也面临着巨大的环境压力，如电子垃圾的再循环对土壤和河流的污染。

影片以流畅的运镜展现了伯汀斯基的创作风格，以充满艺术感的画面对全球化和工业生产提出严肃的思考。影片开篇以长移动镜头展现了一个巨大车间，一排排的工作台和忙忙碌碌的工人，以移动影像展现了一幅令人震撼的工业景观。影片2006年获加拿大多伦多电影评论协会奖，2007年获加拿大基尼奖最佳纪录片奖。（秦喜清）

任庆泰 Ren Qingtai（1851-01～1920-07-26） 中国电影创始人。字景丰。生于山东莱州府掖县。后随父母搬迁至辽宁法库。早年因家境贫寒学习木匠手艺，后来进入奉天（今沈阳）富绅于某开办的照相馆当伙计。之后前往上海，在上海一家外国人经营的照相馆打工。清同治十三年（1874）左右，前往日本学习照相技术。清光绪十八年（1892）回国后，在北京琉璃厂土地祠开设“丰泰照相馆”，这家照相馆主要是以拍合影和戏装照为主。因为照相技术出名，他还曾数次应召为王公贵族拍照，被慈禧赏赐四品顶戴。1896年，开始有外国电影在中国放映。任庆泰不喜欢外国初期拍摄的那些打闹类短片，于是决定自己拍摄影片。1905年，出资为京剧名伶谭鑫培拍摄戏曲表演的电影片段，完成了中国第一部电影《定军山》，内容包括原剧目中的“请缨”“舞刀”“交锋”几个片段。之后，他还陆续拍摄了京剧《青石山》《艳阳楼》《金钱豹》《白水滩》《收关胜》《纺棉花》等片段，成为中国电影的开拓者、创始人。1909年，丰泰照相馆遭受一场大火，拍片业务终止。在开办照相馆的同时，他经营的大观楼影戏园成为这些影片的放映场所。此外，他还开办有药房、木柴厂、家具店、汽水厂等。（高小健）

日本电影 Japanese cinema 日本是电影进入亚洲的最早窗口。1896年，T.A.爱迪生发明的“电影镜”传入日本，而真正的日本电影则自1897年稻畑胜太郎等人引进电影设备开始。

无声电影　1899年的《闪电强盗》是日本最早的故事片，其主要演员横山运平是日本第一位电影演员。牧野省三则因导演《本能寺会战》(1908)而成为日本电影之父。1918年，电影艺术协会发起纯电影运动，作品有《生之光辉》《深山的少女》等。1920年，大正活动照相放映公司和松竹公司成立，拍出了《业余爱好者俱乐部》《雾码头》和《路上的灵魂》等影片。1924年的《笼中鸟》预示关东大地震后日本电影的复兴，代表作有伊藤大辅导演的《忠次旅行记》、阿部丰的《碍手碍脚的女人》、五所平之助的《乡村的新娘》、小津安二郎的《虽然大学毕了业》等。这个时期是日本历史上从来没有过的社会矛盾激化期。以佐佐元十和岩崎昶为代表的倾向进步的电影工作者拍摄了一批反对帝国主义和资本主义的短纪录片，随后，各制片厂拍摄了一批有进步倾向的故事片，被称为“倾向电影”，主要有伊藤大辅的《仆人》《斩人斩马剑》，内田吐梦的《活的玩偶》等。

有声电影　日本的有声电影始于1931年。第一部真正的有声片是五所平之助的《太太和妻子》。这一时期的最初五六年是日本电影的产量高峰期。重要影片有内田吐梦的《人生剧场》，沟口健二的《浪华悲歌》《青楼姊妹》，小津安二郎的《独生子》，田坂具隆的《追求真诚》，清水宏的《风中的孩子》，衣笠贞之助的《大阪夏季之战》等。1937年日本发动全面侵华战争后，统治者加紧对电影的控制，禁止拍摄具有批判社会倾向的影片。小津安二郎未按政府意愿行事，拍出了《户田家的兄弟》和《父亲在世时》两部体现他独特的淡泊风格的影片。沟口健二亦导演了《残菊物语》等“艺道”三部曲。黑泽明和木下惠介各拍摄了处女作《姿三四郎》《花开港口》。为避开严格审查，一些艺术家纷纷拍摄名著改编作品，一时出现了文艺片的鼎盛。主要作品有《苍生》《母与子》《暖流》等。

战后电影　第二次世界大战后，驻日盟军推动的某种程度的民主化，以及战败后日本人民的苦难生活和对战争引发灾难的深刻反思，使得日本电影出现了巨大转机。电影审查制度的放宽，也使日本电影得到较大的创作自由。各种样式，各种题材的影片相继问世。首先，是独立运动兴起与发展。山本萨夫等人创办新星电影社，吉村公三郎和新藤兼人组织近代电影协会。这两个组织成为战后独立制片的先驱，拍摄了一系列被称为社会派的现实主义电影：今井正的《不，我们要活下去》，山本萨夫的《真空地带》《没有太阳的街》，家城巳代治的《云飘天涯》，关川秀雄的《广岛》，龟井文夫的《活下去总是好的》，新藤兼人的《原子弹下的孩子》，山村聪的《蟹工船》。其次，这一时期还出现了“太阳族”电影，描写一批“太阳族”（战后出生于中产阶级的青年）的生活。1949年后，文艺片复兴，描写社会问题的作品也增多。成濑巳喜男的《闪电》《兄妹》《浮云》被誉为文艺片的佳作。另外，小津安二郎的《东京物语》，沟口健二的《近松物语》，黑泽明的《活着》《七武士》《蛛网宫堡》，木下惠介的《日本的悲剧》《楢山节考》等，均获得很高评价。木下惠介

1951年导演的《卡门归乡》是日本第一部彩色片。这个阶段，日本电影开始在国际上受到重视。黑泽明的《罗生门》在1951年意大利威尼斯国际电影节上获得大奖。之后，衣笠贞之助的《地狱门》、沟口健二的《西鹤一代女》和《雨月物语》也分别在法国戛纳国际电影节和意大利威尼斯国际电影节上获奖。

《雨月物语》剧照

日本新浪潮电影　20世纪50年代中后期，随着经济的发展，日本社会的价值观、道德观发生剧变。青年一代迷失了方向，传统的电影艺术失去了吸引力。这一状况迫使电影创作者们进行创新。以大岛渚为代表的一批新晋导演掀起了日本新浪潮电影，作品有大岛渚的《青春残酷物语》《太阳的墓场》，吉田喜重的《爱神＋虐杀》，筱田正浩的《情死天网岛》等。羽仁进、今村昌平等人导演了《不良少年》《猪和军舰》等在题材和表现形式上都有所突破的创新之作。与此同时，日本经济起飞，又带来诸多无法排除的矛盾。山本萨夫继续独立制片传统，拍摄了一系列针砭时弊的作品，如《战争与人》《华丽家族》《金环蚀》等。山田洋次的代表作《男人真辛苦》从1969年至1985年连续拍了36集。新浪潮导演熊井启的《帝国银行事件·死囚》和《日本列岛》涉及美国占领军在日本的罪恶活动，是非常大胆的电影，熊井启还拍摄了颂扬中日友好的《天平之甍》。其他优秀作品有小津安二郎的《秋高气爽》《秋刀鱼之味》，黑泽明的《恶人睡得香》《保镖》《红胡须》《影子武士》，内田吐梦的《饥饿海峡》，今井正的《碗的故事》，木下惠介的《父亲啊！母亲啊！》，新藤兼人的《裸岛》，今村昌平的《诸神的欲望》等。

20世纪80～90年代的电影　日本电影经过一段衰退后，从70年代后期开始逐步复苏。80年代以后，电影的题材和

《影子武士》剧照

表现手法均有显著变化。主要作品有《车站》《细雪》《早春故事》《泥水河》《啊，野麦岭·新绿篇》《乱》《台风俱乐部》等。90年代后，日本电影为走出困境，出现了变化：一是独立电影和独立电影院的发展，二是电影录像带市场的建立，三是电影主题普遍表现出对人的存在、社会及机械文明的质问与怀疑。代表作品有山本政志的《万事如意联系》、崔洋一的《月亮从哪边升起》、塚本晋也的《铁男》、新藤兼人的《午后的遗书》、北野武的《花火》、松井久子的《雪穗》、青山真治的《尤里卡》、黑泽清的《超凡神树》等。

21世纪日本电影新发展　进入21世纪以来，日本电影获得较为稳定的发展。具有人文主义传统的是枝裕和是21世纪以来国际上最为关注的日本导演之一，其作品《海街日记》《小偷家族》等都以日本独有的情感细腻和对人性的挖掘获得世界好评。园子温导演的《冰冷热带鱼》等影片，开辟了富于形式美与现代感的暴力美学。女导演获上直子、西川美和、横滨聪子、大森美香、棚田由纪、吴美保等，在探索女性心理、女性地位和女性视角的表达方面也各有特色，形成了独特的女导演现象。　（陈笃忱　撰　支菲娜　修订）

日本电影大学　Japan Institute of the Moving Image　日本影视教育机构。成立于1975年。前身是导演今村昌平创建的横滨放送映画专门学校。坐落于日本神奈川县川崎的新百合之丘地区。日本第一所电影专业大学。这所两年制的职业学校为学员提供电影制作的实习平台，改变了传统制片厂学徒制的电影专业人才培养模式。1985年，学校迁至川崎市，改为三年制的日本映画学校，向日本电影电视领域输送了大量人才。

2011年，日本电影大学升格为正式大学，提供四年制本科教育。大学只设立了电影系一个系，电影专业一个方向，开设编剧与导演、摄影照明、录音、剪辑、纪录片与电影理论等课程，致力于同时培养电影产业人才和具有广阔视野的复合型人才。大学建立了自主学习小组和集中式教学等特色教育方式。在入学的前一年半时间里，学生要完成包含文化、语言等多个领域在内的通识课程以及电影制作的基础课程。之后，学生根据自己的兴趣和特长选择专业方向，进行更细致、更专业化的学习。大学致力于振兴亚洲电影，重视与各个国家的交流互动及人才培养，积极接收海外学生和研究人员。　（钟大丰　于　帆）

日本山形国际纪录片电影节　Yamagata International Documentary Film Festival　亚洲第一个国际纪录片影展。由日本纪录片工作者小川绅介创办。1989年配合山形建城一百周年纪念活动举办第一届，此后每两年举办一次，为期一周，时间为举办年份的十月。2007年之后成立专属非营利公益组织，负责当地工作并控管电影节资金。该电影节致力于建构非剧情导向的独立制片展映平台，就纪录片的历史、发展、现状与多元可能设计丰富多样的内容单元，向大众推广勇于挑战及具有实验精神的纪录片作品，深掘纪录片在媒体科技进步下的发展，着力探讨纪录片作为表现形式的创新，积极提拔优秀新人导演。

电影节主要活动有：①比赛评奖。②主题影展及研讨会。③世界电影观摩影展。④面向大众的工作坊与座谈会。⑤电影对接与文化推广。电影节的核心为“国际竞赛”和“亚洲新浪潮”两个单元的评奖。前者要求参赛作品为60分钟以上的纪录长片，最高奖为弗拉哈迪大奖；后者自1993年正式设立，主要目的是鼓励亚洲纪录片的发展，拔擢新人导演，影片风格与长度皆不设限，最高奖为小川绅介奖。电影节每个奖项都设有奖金，每部作品只限投奖一个单元。

中国纪录片导演在该电影节屡有斩获。2003年，王兵凭《铁西区》获弗拉哈迪大奖，这是中国导演第一次获此奖项；2005年，李一凡和鄢雨以《淹没》再次获该奖项；2007年王兵又凭借《和凤鸣》赢得了个人的第二座弗拉哈迪大奖。亚洲新浪潮单元方面，1993年，吴文光以《1966，我的红卫兵时代》首次获小川绅介奖；之后，1997年李红的《回到凤凰桥》、2003年沙青的《在一起的时光》、2007年冯艳的《秉爱》以及2011年顾桃的《雨果的假期》，皆获该奖项。　（赵　远　高浩敏）

《入殓师》　*Departures*　日本彩色故事片。松竹株式会社2008年出品。改编自青木新门的小说《门纳棺夫日记》。编剧，

小山薰堂；导演，泷田洋二郎；摄影，浜田毅；主演，本木雅弘、山崎努、广末凉子。

故事讲述了因为乐团解散，失业的大提琴手小林大悟带着妻子美香从东京回到老家山形县。大悟除了演奏大提琴没有其他技能，因此很难找到工作。一天，大悟看到一则诱人的招聘广告，来到一家神秘的事务所。事务所老板佐佐木向大悟说明所谓的“旅程助理”工作就是入殓师，负责为遗体化妆并纳入棺木。大悟犹豫许久，最终瞒着妻子接受了工作。在经历了各式各样的死别后，大悟逐渐爱上了这份工作。但是妻子知道实情后表示不解，和大悟发生争执后回到娘家。美香发现自己怀孕后回到大悟身边，看到丈夫工作时表现出的温柔、善良，她逐渐理解了大悟。令大悟没想到的是，某天他面对的是离家出走、自己恨了三十多年的父亲。在为父亲净身时，他发现父亲手中紧握着一块石头，这块包含着对儿子的爱的石头让大悟原谅了父亲，大悟怀着感激之情送走了父亲。

《入殓师》剧照

影片选取入殓师这个不受关注的职业作为叙事切入点，讲述了金融危机时代背景下关于家庭与责任的故事。影片既表现出对逝者的尊重，也有生活化的诙谐逗趣，充分表达了日本人对人生意义的理解，对生死的态度。影片视角独特，影像平实，情感绵长，音乐抒情沉重，上映后成功地打动了世界观众。影片2009年获第81届美国奥斯卡奖最佳外语片奖，第32届日本电影学院奖最佳影片奖、最佳男主角奖等10项奖，2010年获第29届香港电影金像奖最佳亚洲电影奖。

（甄晓文）

阮玲玉 Ruan Lingyu（1910-04-26～1935-03-08） 中国电影演员。乳名凤根，学名阮玉英。原籍广东中山。生于上海，卒于上海。6岁时父亲病逝。1926年，为

了帮助母亲承负生活重担，经人介绍考入**明星影片公司**当演员，改名阮玲玉，并先后主演《挂名的夫妻》《血泪碑》《白云塔》等影片。1928年，转入大中华百合影片公司，主演了《劫后孤鸿》《情欲宝鉴》等武侠片。

1929年秋，进**联华影业公司**，在影片《故都春梦》中担任主角，演技有较大提高，表演上的成功奠定了她在影界的地位。1930年，与**金焰**等人联合主演了《野草闲花》。1933年，主演了《**三个摩登女性**》，一改饰演风流女性和悲剧人物的戏路，成功地塑造了一个具有民主革命觉悟的女工周淑贞的形象。1934年，主演了《**神女**》，她用真挚感人、细腻传神的表演，把一位沦落烟花的善良女子的悲惨命运和她对儿子伟大而崇高的母爱表现得淋漓尽致。《神女》是阮玲玉的代表作，也是中国无声片时期表演艺术的高峰。

她主演的影片还有《城市之夜》《小玩意》《人生》《**新女性**》等。阮玲玉从影10年，共拍摄了29部影片，塑造了各式各样的妇女形象。在长期艺术实践中，逐步形成了自己娴熟纯真、朴素含蓄、委婉清秀的艺术风格，成为中国无声片时期拥有最多观众的一位表演艺术家。1935年3月8日，她不甘忍受不幸婚姻的痛苦以及下流小报的诽谤，留下“人言可畏”的遗书，服毒自杀。

（黄加明）

《阮玲玉》 *Center Stage* 中国彩色故事片。嘉禾电影有限公司1992年出品。编剧，邱戴安平；导演，关锦鹏；摄影，潘恒生；主演，**张曼玉**、**梁家辉**、秦汉、吴启华、刘嘉玲、叶童。

《阮玲玉》剧照

故事讲述一个现代的电影剧组，正在拍摄有关中国电影默片时期著名女演员阮玲玉事迹的同名剧情电影。为此，他们采访了许多当年的亲历者，观摩当年的影片，并讨论如何再现阮玲玉及其身处的那个时代。剧组工作人员及演员在不断地修正中，逐步将阮玲玉的故事铺展出来。影片采用了历史与现实交错的叙述方式，将20世纪30年代的传奇与90年代对传奇的重新上演，乃至老影人访谈、剧组生活和阮氏当年主演影片的片段融为一体。影片将黑白和彩色的画面混用，纪录片与故事片的风格并置，在艺术与美学方面进行了大胆的探索，给人以深刻印象。同时，影片对女性、时代和人文主义等主题的表达，也具有相当的思想与情感深度。影片1991年获第28届中国台湾电影金马奖评审团特别奖、最佳女主角奖和最佳摄影奖，1992年获第42届德国柏林国际电影节最佳女演员奖、第28届芝加哥国际电影节最佳女主角奖和最佳导演奖，1993年获第12届中国香港电影金像奖最佳女主角奖、最佳摄影奖、最佳美术指导奖及最佳电影配乐奖。

（吴涤非）

“软性电影”与“硬性电影”论争 The debate between “soft film” and “hard film” 中国电影事件。1932～1935年，以刘呐鸥、黄嘉谟、江兼霞、穆时英等为代表的“软性电影”论者与**夏衍**、**王尘无**、唐纳、阿英、鲁思等坚持“硬性电影”论的左翼电影人展开的一场论争。1933年12月，《现代电影》第6期上发表黄嘉谟《硬性影片与软性影片》一文，至此“硬性电影”与“软性电影”成为论争中双方理论主张的指称。

随着**左翼电影运动**的展开，“影评人小组”坚持每片必评的电影评论活动引起了“软性电影”论者的注意，并在《现代电影》上形成不同电影观念的争鸣。1933年4月，《现代电影》第3期刘呐鸥《中国电影描写深度的问题》认为“怎么样地描写着”的形式问题比“描写着什么”的内容问题更为重要，是电影成为“艺术”的重要评判标准。这显然与此前硬性电影论者发表的《批评的任务》《怎样地批评》等注重电影“意识”批评截然相反。刘呐鸥针对左翼电影的大众化路线表示电影本身就是大众化的，无须再鼓吹大众化了。他以《城市之夜》《**都会的早晨**》为例，指出电影的“内容偏重主义”症，将马克思主义的社会、阶级、意识全填进电影里，造成“头重体轻的畸形儿”，是一些带“马化风味”的电影批评家引导所致。这种指责更是直指夏衍、郑伯奇等联合署名发表的《〈城市之夜〉评》。此后，田蛙的《大众化专卖店》批评红色的大众化电影的剧

情模式化与强制性，黄嘉谟的《国产电影业的展望》《电影之色素与毒素》指责利用中国电影灌输政治鼓动的“主义”为“毒素”。在《矛盾》月刊上，刘呐鸥、黄嘉谟等人发表一组批判电影《春蚕》的文章，刘呐鸥的《论取材——我们需要纯粹的电影作者》《电影节奏论》，黄嘉谟的《硬性影片与软性影片》《软性电影与说教电影》，江兼霞的《关于影评人》等，强调“电影是给眼睛吃的冰淇淋，是给心灵坐的沙发椅”，主张纯粹美的、艺术的电影，批评硬性电影空虚浅薄，充满意识正确的说教，电影论争日趋激烈。

1934年6月，唐纳在《晨报》上发表《太夫人》一文，针对黄嘉谟相关《太夫人》电影评论文章展开交锋，指出软性电影论所谓抽象化、观念化的美和爱是“小市民哲学的调和性与改良主义”，首发回击之音。接着，唐纳又发表了《清算软性电影论》，从软性电影论的矛盾之处入手进行批驳，认为黄嘉谟一方面宣扬电影追求纯粹的肉体娱乐和精神安慰，另一方面又表示电影担负教育和宣传的使命。黄嘉谟主张恢复电影“第八艺术的纯真表现”，表现人生的原义和现实的写照，同时又拒绝暴露社会黑暗，使电影沦为为资产阶级享乐服务的工具。刘呐鸥对此矛盾作出了解释，电影要无视帝国主义对中国的侵略，在丑恶的现实上粉饰趣味主义的色彩，道出了软性电影论的实质。鲁思的《驳斥江兼霞》《论电影批评的基准问题》，夏衍的《“告诉你吧”——所谓软性电影的正体》《玻璃屋中的投石者——再答“软性说教者”》《白障了的“生意眼”——谁戕害了中国的新生电影》，王尘无的《也是杂感》《论穆时英的电影批评底基础》等以电影票房、连映日期、卖座纪录等统计数据驳斥了软性电影论者的指责，从电影作为上层建筑的意识形态的一种表现形式指出电影批评的基准在于反映现实的真实度上。电影的形式与内容无法分离，纯粹的形式美只是供给没落的市民幻想的麻醉剂。

“软性电影”与“硬性电影”论争围绕着电影批评的标准、电影的艺术性与政治性、内容与形式、大众化与倾向性、教育与娱乐等问题进行，其中涉及了“左右立场”和国共两党政治意识形态的差异。论争深化了对电影本体、电影的功能和意义、电影批评价值的认知，具有重要意义。

（丁亚平　张默然）

瑞典电影 Swedish cinema　1896年，瑞典开始有外国人拍摄新闻片。1898年，瑞典人自己开始拍摄影片。1907年，在斯德哥尔摩成立了斯温司卡影片公司。1909年，C.麦格努孙加入该公司成为经理和主要导演。当时所拍的影片主要是改编北欧国家的文学作品，如根据丹麦作家H.C.安徒生的作品改编拍摄的《幸福的套鞋》（1912）等。1911年，瑞典出现了4家电影公司，其中一家专门拍摄根据瑞典小说作家、戏剧家J.A.斯特林堡的作品改编的影片，如《朱丽小姐》（1912）和《父亲》（1912）。1912年，麦格努孙聘请了两位后来成为瑞典电影界泰斗的舞台演员V.D.斯约史特洛姆和M.斯蒂勒做导演和主演。从此，斯温司卡影片公司兴盛起来。最初几年，所拍摄的故事片主要效仿当时丹麦情节戏的模式，如斯蒂勒的《黑色的面具》（1912）、《吸血鬼》（1912）、《当爱情死去的时候》（1912）、《红塔》（1914）、《翅膀》（1916），斯约史特洛姆的《血的声音》（1913）和《爱比恨有力量》（1914）等。到1917年，斯约史特洛姆已拍摄32部故事片。他探索电影的表现手段，力求揭示社会问题。1913年，斯约史特洛姆停止模仿丹麦电影，拍摄了一部重要作品《英格保·贺姆》，之后又拍摄了影片《罢工》（1915）。斯蒂勒为瑞典喜剧样式影片的发展奠定了基础，拍摄了喜剧片《现代女权运动者》（1913）、《爱情和新闻事业》（1916）、《汤姆斯·格拉尔最好的影片》（1917）等。

瑞典古典学派时期　1917年，斯约史特洛姆拍摄的故事片《赛尔日·维根》（又译《巨浪的日子》，根据H.易卜生的诗作改编）开始了瑞典电影发展的新阶段。在这部影片里，确定了后来被称为瑞典古典学派的一些美学原则。瑞典古典学派曾对世界电影艺术的发展产生过影响。斯约史特洛姆对瑞典电影的题材进行了改革，他使农民、渔夫、城市贫民第一次登上银幕。这个学派的影片对传统的生活方式和习俗做了富有诗意的描绘，常常采用实景拍摄，力求表现人与大自然的和谐一致，同时也展示了人们与邪恶的斗争。斯约史特洛姆和他的追随者们以革新精神解决了把文学作品改编为电影的一些问题，塑造了许多不逊色于原作的鲜明的视觉形象。瑞典古典学派的美学原则体现得最完整的影片是斯约史特洛姆根据冰岛作家J.西古永松的剧本改编的《生死恋》（1917），根据瑞典女作家S.O.L.拉格洛夫的长篇小说改编的《煤矿女》（1917）、《英格玛尔的儿子们》（1918）、《卡琳·英格玛尔的女儿》（1920）和《鬼车魅影》（1920）。斯蒂勒也是这个学派的大师，在他的作品中，造型精细优雅，情节结构动作感强，细节富于联想和表现力。斯蒂勒的影片有根据芬兰作家J.林南科斯基的作品改编的《火红的小花之歌》（1918）及根据拉格洛夫的作品改编的《阿尔纳的宝藏》（1919）、《古庄园》（1923）、《古斯泰·贝林的故事》（1924）。这个学派兴盛时期培养了一批电影演员，如L.汉松、T.哈马林、I.艾克曼、I.尼尔松、G.嘉宝、G.莫兰德尔、J.哈塞尔克威斯特。这些人以后都成了电影明星。

瑞典古典学派的美学原则在其他一些导演的创作中也得到了发展。如J.布鲁尼斯导演的《索尔巴堪的小仙女》（1919，根据挪威作家B.比昂松的短篇小说改编）和《流浪骑士》（1920，根据丹麦作家H.彭托彼丹的原作改编）等，K.巴克林德导演的《岛民》（1919，根据J.A.斯特林堡的作品改编），I.海杜奎斯特导演的《玩具的结婚》（1919，根据拉格洛夫的作品改编），R.卡尔斯登导演的《最高目标》（1921，根据斯特林堡的作品改编）。1919年，斯温司卡影片公司与斯堪的阿影片公司合并，组成了斯温司卡影片企业公司，新公司领导人极力要占有国际电影市场，仿效美国方式拍摄影片，但没有成功。1924年，原斯温司卡影片公司的四大台柱——导演斯约史特洛姆、斯蒂勒和演员汉松、嘉宝，以及其他创作人员离开瑞典前往好莱坞，从此瑞典电影便陷于一蹶不振的境地。虽然有人试图继续发展瑞典古典学派，但也仅拍摄了几部影片。如导演布鲁尼斯拍摄的根据斯特林堡的剧本改编的《查理十二》（1925）和《古斯塔夫·瓦萨》（1928）；导演A.斯约堡拍摄的影片《最强的一个》（1929）。

低潮与复兴时期　20世纪30年代，有声电影在其他国家的出现使瑞典电影在国际市场上丧失了竞争能力。瑞典第一部有声电影是斯约史特洛姆从美国回瑞典后拍摄的影片《瓦德雪平的马库雷尔一家》（1930，根据瑞典作家H.F.E.贝里曼的长篇小说改编），它具有声画结合的特点。1931年，导演莫兰德尔与导演Y.赫尔斯特廖姆联合拍摄了叙述芬兰革命事件的影片《某一夜晚》。此外，以社会问题为内容的影片有G.艾特格伦的《查理·腓特烈在指挥》（1933）、I.约翰松的《被解职的人》（1933）、P.A.布兰涅乌的《在红旗下》（1931）和《冲突》（1936）。1936年，莫兰德尔拍摄了他的成名之作《午夜琴声》（I.褒曼主演）。这期间，莫兰德尔和S.包曼还拍摄了沙龙式的情节片，F.卢定和A.别尔松拍摄了没有任何社会内容的喜剧片与闹剧片。30年代，瑞典电影的产量不多，质量不高。

第二次世界大战开始后，中立的瑞典处于隔绝状态，外国影片停止进口，本国的电影生产开始增加。1940年开始，瑞典电影复兴起来。这期间的影片虽然大部分是娱乐片，但是反映尖锐社会问题的现代题材也得到了一定的发展，如莫兰德尔的《诺言》(1943，根据K.蒙克的话剧改编)，A.汉力克孙导演拍摄的《第56号列车》(1944)、《一件犯罪案》(1946)。这些影片的特点是深刻的心理描写，从中可以看到创作者继承了无声电影时期瑞典电影的优良传统。这时期也摄制了一些描写被侵占国家的抵抗运动的严肃作品，如《第一师团》(1941，导演H.艾克曼)、《危险的道路》(1942，导演A.汉力克孙)、《阁下》(1943，导演艾克曼)、《一堵无形的墙》(1944，导演莫兰德尔)。特别是导演斯约堡的影片《冒生命的危险》(1940)，以创

《天国之路》剧照

新的电影语言展示了与法西斯斗争主题，他的另一部重要作品是既富于哲理又富于讽喻的叙事诗式影片《天国之路》(1942)。

“四十年代学派”时期　“四十年代学派”是瑞典文艺界青年一代当中文艺创作的一种美学思想流派。它反映了知识分子对战争、战后的欧洲局势和资本主义社会感到失望的情绪。1944年，导演斯约堡拍摄了被称为瑞典四十年代学派的宣言的作品《折磨》，编剧为后来成为著名导演的I.伯格曼。

伯格曼在瑞典电影中占有特殊的地位。他在20世纪50年代中期便跻身于世

《折磨》剧照

界著名导演之行列。四十年代学派的思想原则在伯格曼早期电影作品中得到了最明显的体现。如他执导的影片《危机》(1945)、《雨中情侣》(1946)、《开往印度的船》(1947)、《黑暗中的音乐》(1948)、《港口城市》(1948)、《监狱》(1949)和《渴》(1949)。在拍摄了几部反映社会问题的影片之后，伯格曼把注意力集中在如何在银幕上阐述哲学，探索人生的意义，表现个人的感受、体验及精神上的疑惑，探讨宗教以至于上帝是否存在的问题上。伯格曼培养了一大批现代瑞典电影演员，如G.毕约伦斯特兰德、M.von休道夫、Y.库列、E.尤谢夫松、B.安德松、H.安德松、I.图林、L.乌尔曼、G.林德布洛姆。与伯格曼合作的摄影师是G.费舍尔和S.尼科维斯特。

与此同时，莫兰德尔根据伯格曼的剧本拍摄的影片《没有脸面的女人》(1947)、《爱娃》(1948)、《离了婚的男人》(1951)表现了资产阶级社会人的内心空虚、思想颓废。导演艾克曼的影片《伴随月亮流浪》(1945)、《姑娘和草籽》(1950)，导演L.E.切尔格伦的《当城市睡着的时候》(1950)等也都展示了同样的主题。

20世纪40～50年代，瑞典电影的喜剧样式也反映了这个学派的创作原则，如由N.普布主演的讽刺闹剧分集片《演员》(1943)、《金钱》(1945)、《气球》(1946)、《士兵包姆》(1948)等，塑造了在资本主义世界被压榨的小人物滑稽可笑的形象。1943年，导演E.福斯特曼在影片《海港之夜》里第一次表现了工人阶级的团结精神和阶级斗争问题。其后又拍出《草原开花之时》(1946)、《外国海港》(1948)、《拉尔斯·汉德》(1948)。导演A.麦特森以现实主义手法描述了工人的日常生活，如影片《铺设路轨的人》(1947)。1951年，麦特森拍摄的抒情电影《她只在一个夏天跳过舞》，得到了国际上的好评。1954年，麦特森根据冰岛作家H.K.拉克斯奈斯的长篇小说拍摄了影片《沙尔卡·瓦尔卡》。1955年，麦特森又根据斯特林堡的同名中篇小说改编了电影《海姆斯岛上的居民》，但后来他却转向拍摄警探题材的惊险片。

第二次世界大战以后，导演斯约堡在把瑞典的文学作品搬上银幕的创作中，善于深刻地剖析主人公的精神世界，如根据K.I.洛-约翰松的作品改编的影片《只有一个母亲》(1949)，根据斯特林堡的作品改编的《朱丽小姐》(1951)、《卡琳·曼斯多特》(1954)和《父亲》(1969)，根据P.拉尔克维斯特的长篇小说改编的《巴拉巴》(1953)，根据V.穆贝里的作品改编的《法官》(1961)。在处理个人与社会这一主题时，斯约堡继续保持早期影片的艺术美学原则：剧情紧张，人物感情充沛，形象鲜明，摄影角度奇特，明暗处理大胆。20世纪50年代，在表演方面有出色成就的瑞典演员有A.切林、U.派尔姆、S.耶列尔、M.谢杰林格、E.达尔贝克、A.蓓拉、U.雅各布森等。

瑞典的纪录电影从20世纪40年代中期就有了发展。瑞典纪录电影工作的代表人物是理论家兼导演G.韦纳。他拍摄了短片《血祭》(1946)、《列车》(1948)、《黎明》(1955)、《渴望的水》(1964)等。从事拍摄短片工作的导演还有P.丘贝格、G.斯库哥伦德、N.叶林格、K.马尔丁。导演兼剧作者P.瓦伊斯拍摄了一些抽象派电影的实验片，如《草图》(1952～1954)、《幻景》(1958)。新闻纪录片工作者A.苏克斯道夫拍摄的影片曾在国际上得到好评。他拍摄了《夏天的故事》(1941)、《印度村庄》(1951)、《莽林的故事》(1957)、《我的家——科波卡巴纳》(1966)。这些影片讴歌了大自然的秀美，并把它和现代资本主义社会文明的衰退做了对照。

新瑞典电影学派时期　20世纪60年代，瑞典电影界出现了一代新人。1963年，瑞典政府对电影事业的政策进行了改革，给开始从事创作的新导演提供了一些比较好的条件。这个时期出现了所谓的新瑞典电影学派。这个流派的很多导演本人是作家，他们根据自己撰写的电影文学剧本进行拍片。学派的著名代表人物是B.魏德堡。新瑞典电影学派的创作特点是真实地描写生活中的冲突，进行社会分析，力求在复杂的相互关系中探究个人和社会的生活。这个学派对电影语言的新的富于表现力的手段进行了探索，为了使作品接近实际生活，在艺术片里也运用了纪录片的手法。以魏德堡为首的编导和评论家反对老一辈导演（主要是伯格曼）的创作倾向和美学原则。魏德堡指责伯格曼的创作“过分脱离实际，说理过多，具有玄妙色彩”，并反对把伯格曼当作瑞典电影的代表。新瑞典电影学派的影片题材都是以普通人的日常社会生活为内容的。如魏德堡的《乌鸦居民区》(1963)描写一个瑞典工人家庭简朴的生活经历，《爱情65》(1965)和《你好，罗兰德》(1966)接触了战后瑞典的青年问题，《阿达伦31》(1969)和《乔·希尔》(1971)反映工人运动，创作的社会倾向性体现得最为明确。这个学派的导演J.特罗厄尔的作品具有史诗般的气魄，如《这就是你的生活》(1966，根据瑞典作家E.O.V.雍松的小说改编)叙述一个

年轻人的生活，展示出20世纪初瑞典的时代面貌；根据C.A.V.莫贝里的作品改编的两部影片《侨民》（1971）和《移民》（1973）生动地再现了19世纪灾荒年代瑞典贫苦农民迁徙美国的情景。导演V.舒曼的影片《情妇》（1962）、《491》（1964）、《服装》（1964）、《你们说谎！》（1969），特别是叙述1909年大罢工的影片《一掬爱情》（1974），都是关于社会和政治问题的作品。导演J.陶纳尔拍摄了描写资产阶级婚姻崩溃的影片《九月的星期天》（1963）、《一次恋爱》（1964）、《奇遇从这开始》（1965）、《酒后头痛》（1973）。导演J.哈尔多夫集中表现青年生活问题，描写青年的孤僻性格和同周围生活的冲突以及这种情况导致犯罪或产生心理上的混乱等，他的影片有《神话》（1966）、《放荡生活》（1967）、《乌拉和尤里亚》（1967）、《幻想自由》（1969）、《公司职员们的娱乐晚会》（1972）、《莫留下我自己》（1980）。属于新瑞典电影学派的导演还有M.塞特林、I.加姆林、L.约林格、J.考尔内、S.贝约克曼和K.格雷德。

20世纪60～70年代，瑞典摄制了一些具有现实意义的纪录片，如《来自美国的逃兵》（1968，导演O.肖格连、L.兰贝尔特）、《打破纪录的年代》（1969，导演L.艾维特、S.海德克维斯特）、《矿工罢工》（1970，导演M.温杰尔海登）、《美国人在河内》（1972，导演L.马尔梅尔）、《人类和土地》（1983，导演U.von斯特拉乌斯）等。

20世纪70～80年代的瑞典电影 这一时期，老一辈的电影工作者一直没有停止拍片，如伯格曼拍摄了《面对面》（1976）、《秋天奏鸣曲》（1978）、《芳妮和亚历山大》（1982）等，并逐渐恢复了传统叙事结构。这期间，一些人又对改编古典文学名著发生兴趣，如I.斯库格斯贝格的《我幻想的城市》（1977）、A.布莱英的《严肃的游戏》（1977）、J.肖德尔曼的《夏洛塔·廖文绍尔德》（1979）、魏德堡的《维多利亚》（1979）等。20世纪70年代以来，瑞典影坛上又出现了一批新的演员，如I.埃克曼、T.赫尔贝格、I.斯坦格尔茨、L.纽曼、L.尼尔歇姆、M.塞尔茨、A.艾克曼涅尔、M.安德尔松、A.高德尔乌斯等。

瑞典的女导演所占比例比一般国家都要高，如塞特林在20世纪60年代导演了影片《两个相爱的人》和《姑娘们》，以独特的妇女感情叙述了西方国家的妇女地位问题。20世纪70年代末，瑞典又涌现出一批女导演。M.阿尔涅导演了《在法尔乔宾戈的五天》（1975）、《遥远和近前》（1976）、《自由墙》（1979），G.林德布洛姆导演了《天堂一角》（1976）、《萨里和自由》（1981），I.黑尔涅导演了《狡猾的窃贼》（1979），B.斯文松导演了《玛坎》（1977）、《英贝尔·列勒》（1981），I.图林导演了《打碎了的天空》（1982），S.奥斯丁导演了《妈妈》（1982）。活跃在这一时期的许多青年导演，有一部分是瑞典电影学会培养出来的。

《秋天奏鸣曲》剧照

20世纪80年代，瑞典每年摄制故事片15～20部。最大的电影公司是斯温司卡影片企业公司、欧罗巴电影公司和桑德列夫电影公司。瑞典电影学会从1966年起也摄制影片，该学会是电影情报和科研单位，有自己的电影俱乐部。学会所属斯德哥尔摩电影资料馆是世界上最大的电影资料馆之一。电影学会从1965年附设电影学校，培养电影导演、摄影师和录音人员。电影演员由斯德哥尔摩剧院附设的学校培养。斯德哥尔摩大学设有电影艺术系。从1979年起每年在哥德堡举行国际电影节。出版的主要电影刊物有《卓别林》《电影鲁坦》《电影与电视》。

《同窗之爱》剧照

20世纪90年代之后的瑞典电影 20世纪90年代后，瑞典出现一些新锐导演，如L.穆迪森等。穆迪森1998年拍摄的首部长片《同窗之爱》获瑞典观众欢迎，并收获4项金甲虫奖。此后，他拍摄了《在一起》（2000）、《永远的莉莉娅》（2002）、《心洞》（2004）、《容器》（2006）、《猛犸》（2009）、《我们是最棒的》（2013），穆迪森成为继伯格曼之后最受世界关注的瑞典导演。其他新锐导演还包括黎巴嫩裔导演J.法勒斯和伊朗裔导演L.帕萨等。此外，瑞典电影开始拓展类型片，拍摄了吸血鬼片和僵尸片。

（尹广文 撰 秦喜清 修订）

瑞士电影 Swiss cinema 1896年，瑞士在日内瓦国际博览会上首次放映电影。由于瑞士语言的不统一，瑞士电影的发展受到了一定的影响。1918年，瑞士建立了第一家电影公司，专门拍摄惊险片和滑稽片。

瑞士有4个语言区，除罗曼什语区外，法语区、德语区和意大利语区均有电影生产。20世纪20年代，在法语区拍摄的影片有《塞尔温的十字架》（1922，导演Z.贝兰热）、《山的呼唤》（1923，导演A.波尔舍）、《攀登萨列弗的人们》（1923，导演Z.布洛舍）。德语区是制片业最为活跃的地区。1924年，导演E.哈德尔拍摄了歌颂瑞士民族英雄威廉·退尔的长故事片《联邦的起源》，并在苏黎世创立了普拉厄森斯电影公司。这家公司起初只摄制广告片，30年代起拍摄了几部大型纪录片，后也投资摄制故事片。主要是改编19世纪瑞士德语作家G.凯勒和J.戈特赫尔夫的文学作品，其中比较重要的影片是L.林德堡执导的《机枪手维普夫》（1938）、《最后的机会》（1945）和《马托王朝》（1947），F.施尼德尔执导的《长工乌利》（1954）和《佃户乌利》（1956）。

普拉厄森斯电影公司力图打入国际电影市场，曾聘请外国导演去瑞士拍片。如美国导演F.齐纳曼拍摄的故事片《搜索》（1948），意大利导演L.康曼西尼拍摄的《海蒂》（1952）等。其他电影制片公司拍摄了一些描写社会生活的影片，如导演K.弗里尤的《警察维克尔里》（1955）、《楚列尔面包房》（1957）、《达列巴赫·卡里》（1970）。德国导演E.莱泽尔在瑞士剪辑了几部反法西斯的政论性影片，如《埃赫曼，"第三帝国"的人》（1961）、《我选择生活》（1963）等。60年代中期以前，法语区的电影公司主要生产纪录片，故事片为数很少。如《在暴风雨中的孤岛》（1942，导演A.波尔舍）、《马努什》（1943，导演F.肖尔瓦里）、《沉默的恐惧》（1960，导演K.留丹）。70年代以前，提契诺州的意大利语区只生产了3部故事片：《爱娃》（1940，导演包尔基）、《随着布谷鸟啼鸣声》（1942，导演A.凯伦）、《边境的往事》（1971，导演B.索尔迪尼）。

第二次世界大战期间外国影片进口减少，刺激了瑞士民族电影事业的发展，1942年瑞士年产故事片达13部。战后，瑞士政府对民族电影的发展给予很大关注。1958年，瑞士的宪法中增加了关于电影事业的补充条款。1963年，瑞士颁布了对新闻片、纪录片、科普片和教学片的生产给予资助的法令；1970年又对该法令做了修正，即对故事片生产也给予资助。60年代末至70年代初，瑞士年产故事片稳定在15部左右。

从60年代中期开始，一些主要在法语区工作的青年电影工作者在创作中逐渐冲破旧模式，力求使作品所表现的冲突真实可信，具有社会意义，代表作品有《他们中间的四个》（1967，导演C.萨姆皮温、Z.桑道斯、F.柳塞尔、Y.叶尔森）等。体现这种现实主义倾向的影片还有A.达涅尔执导的《蝶螈》（1971）、《世界中间》（1974）、《在白色城市里》（1983），M.苏台拉执导的《大麻素》（1968）、《逃避》（1974），C.高列达执导的《邀请》（1973）、《花边女工》（1977，与法国、联邦德国合拍）、《马里奥·里奇之死》（1983）。这个时期，德语区的电影创作者们也力求通过现实主义手法拍摄社会生活题材的影片。如T.久尔菲尔导演的《跳蚤马戏班老板之死》（1973）、《帮工》（1977），R.里希导演的抨击性讽刺片《叶夫盖尼——可见是高尚的人》（1968）、《对质》（1975），D.施密特导演的以精细、雅致著称的影片《今夜或永远不……》（1972）、《天使们的影子》（1976）。80年代初期，最有影响的一部故事片是《船已满员》（1981，导演M.伊姆霍夫）。

进入21世纪，瑞士本土电影产量不大，但艺术风格独特、品质优良。如M.艾希曼的《冲吧，查理！》（2003），女导演L.普尔的《蓝蝴蝶》（2004）、《妈妈去做头发了》（2009），D.拉巴格尼尔的家庭题材影片《蓝色》（2000）、《马塞罗，马塞罗》（2008），D.德里瓦的古装片《在下巴赫》（2003），A.葛斯彭纳的《海蒂和爷爷》（2015）等。

此外，电影刊物《瑞士电影》于1935年创刊。1948年，在瑞士政府支持下，国家电影资料馆在洛桑设立。在瑞士举办的国际电影节有日内瓦国际自然影片电影节、洛桑国际军事电影节、洛桑国际青少年电影节、洛桑世界先锋派电影节、**洛迦诺国际电影节**等。创办于1998年的“瑞士电影奖”，由每年洛迦诺国际电影节的“瑞士电影日”活动评选产生，旨在奖励年度优秀的瑞士电影作品和电影人。该奖于2008年改为石英奖，首部获奖作品是女导演M.路文斯基的《亲爱的》（2008）。

（尹广文　支菲娜）

S

《撒旦的探戈》 *Satan's Tango* 匈牙利、德国、瑞士合拍故事片。匈牙利电影协会和创新基金会、德国冯·韦廷霍夫电影制作公司、瑞士维嘉电影公司等1994年联合出品。根据匈牙利作家L.卡撒兹纳霍凯的小说改编。编剧，卡撒兹纳霍凯、B.塔尔；导演，塔尔；摄影，G.麦迪维奇；主演，M.维格、P.霍瓦特、L.费鲁格西、E.A.阿伯特、J.代尔日、M.B.塞克利。

故事讲述了在一个与世隔绝的农场里，几户人家的生活日渐衰败，施密德把牛卖了，准备私自携款逃走，被与施密德太太通奸的弗塔基知道，弗塔基也要求分钱。这时，他们听说以前的两个骗子正在返回农场的路上，农场的人们聚集在小酒馆，惶惶不安地等待着骗子的到来。这些人的行为都逃不过酗酒的医生帕特里那的眼睛。村里的小女孩在大男孩桑易的诱惑下，将自己攒的硬币埋在树林里，盼望得到更多的财富。受骗后，小女孩十分气愤，拿自己的小猫出气，最后服药自尽。骗子伊里米亚斯趁机跳出来，说服大家把钱交给他，办更好的集体农庄。最后，身无分文的几家人只能听从伊里米亚斯的调遣，分散到各地去打苦工谋生。

影片由12个章节组成，采取多视角、画外音的叙事手法，展现了农场几家人在同一个时空中各自的生活状态和内心的挣扎。影片以黑白影像、**长镜头**、独特的音响设计营造出一个压抑、衰败、没有前途的世界。影片片长达七小时，但只有150个镜头，持续的横移、推拉、跟拍镜头，展现了沉重的生活节奏。影片1994年获第44届德国柏林国际电影节卡里加里电影奖。（秦喜清）

萨杜尔，G. George Sadoul（1904-02-04～1967-10-26） 法国电影史学家、影评家。生于南锡，卒于巴黎。青年时期学习法律，后因爱好文艺，参加过超现实主义文学团体。1935年担任法共创办的《瞭望》周刊电影栏目的主编，从此开始电影研究工作。第二次世界大战法国沦陷时期，曾参加地下抵抗运动，担任地下刊物《法兰西文学报》的编委，主编《法兰西银幕》。战后，美国影片充斥法国银幕，法国制片业濒临灭亡，萨杜尔积极撰写文章，号召法国电影工作者为保卫本国电影而奋斗。他除继续主编独立出版的《法兰西银幕》、写作电影史外，还在法国电影高等学院、巴黎大学电影学研究所任教。1956年曾来中国访问讲学。回国以后，在法国报刊上撰文介绍**中国电影**。

萨杜尔一生著作甚丰，仅电影史就有《电影艺术史》(1948)、《法国电影》(1953)、《世界电影史》(1959)、多卷集的《电影通史》(1946年以后陆续分卷出版)。萨杜尔还撰写了有关电影人的评传与电影词典，如《卓别林传》《乔治·梅里爱传》《路易·卢米埃尔传》《钱拉·菲利普传》《电影艺术家词典》《影片词典》等书。在他所写的《电影艺术史》《世界电影史》《电影通史》中，都有专门章节论述中国电影的发展情况。在西方资本主义国家中，他是第一个介绍中国电影的人。（徐 昭）

萨格勒布国际动画节 Zagreb World Festival of Animated Films 世界四大动画节之一。1972年创办于克罗地亚萨格勒布。该动画节始终鼓励独立动画艺术创作并不断挖掘国际优秀作品和团队。起初每两年举办一次。在双数年6月中旬，举办动画短篇竞赛。其中，中国的经典**水墨动画片**《**小蝌蚪找妈妈**》在1978年举办的第3届萨格勒布国际动画节上获得一等奖。动画节于1986年首次设立国际终身成就奖，向为动画电影行业奉献青春并获得广泛赞誉的前辈致敬。2002年设立专门奖，以表彰在动画理论方面作出卓越贡献的人士。2005年，动画节被组委会分为两个部分，其中，每逢单数年的10月末，进行超过1小时时长的长篇动画电影的独立竞赛；独立竞赛包括3个单元：主竞赛单元、学生竞赛单元和儿童电影竞赛单元；还有包括最佳儿童电影奖、终身成就奖、动画杰出成就奖，专门针对学校的最佳动画电影票选奖等非竞赛类奖项。该动画节在世界范围内具有较大的影响力，是国际动画领域中的重要事件。（赵 宁）

萨格勒布学派 Zagreb school of animation 南斯拉夫动画学派。法国电影史学家**G.萨杜尔**在《世界电影史》中，首次提出“萨格勒布学派”这一名称。该学派具有全新的美学标准和独特文化个性，不仅开创了艺术动画的全新时代，也因其创办的**萨格勒布国际动画节**而在世界上声名远扬。成立于1953年的萨格勒布电影公司是萨格勒布学派艺术家们的创作基地，共出品了600多部充满探索精神、风格各异的动画电影，获得了超过400个国际奖项，几乎囊括了世界所有电影节的大奖。

萨格勒布学派起源于20世纪40年代末。1950年，讽刺漫画杂志《克雷姆》的一群漫画家，在W.纽格鲍尔和F.哈德兹科的带领下开始制作南斯拉夫的第一部动画电影《大会》，该片嘲讽了苏联新闻部长对“铁托民族主义”的不悦，成为讽刺动画的经典作品。在此基础上，受到南斯拉夫政府的支持，专门创作动画片的杜加电影公司成立，《克雷姆》的很多漫画家来到这个公司，并逐渐培养了100多名动画、描线、上色、绘景等各个制作环节的人员。D.武科蒂奇、B.科拉、Z.葛雷吉克成为重要导演，他们克服困难创作出5部黑白动画短片。

1953～1963年是南斯拉夫经济大发展的10年，而这10年也是萨格勒布学派动画电影创作发展的鼎盛时期。1953年，南斯拉夫工会的电影工作者建立了萨格勒布电影公司，这个公司从事各种类型的电影活动，创作的门类包括动画片、艺术短片、故事片、纪录片、科教片、广告短片等。1956年，南斯拉夫政府给萨格勒布电影公司强有力的资金支持，动画工作室应运而生，由原来杜加电影公司的成员以及一大批慕名而来的年轻人组成。从此，萨格勒布成为南斯拉夫动画创作的中心。

20世纪50年代末，萨格勒布动画工作室的作品不断在德国奥伯豪森国际电影节、法国戛纳国际电影节、意大利威尼斯国际电影节、德国曼海姆-海德堡国际电影节上获奖。尤其1961年D.武科蒂奇导演的《代用品》获得美国电影奥斯卡奖最佳动画短片奖，使得萨格勒布动画工作室获得极高的世界声誉。1969年，国际动画电影协会（ASIFA）伦敦会议召开，萨格勒布赢得了永久性国际动画节的举办权。1972年6月，第1届萨格勒布国际动画节成功举办，该动画节对于世界动画作品的宣传、传播也起到重大作用。

20世纪80年代，南斯拉夫陷入了前所未有的困境，物资短缺、通货膨胀问题严重。1982年，南斯拉夫已没有能力创作动画，动画生产趋于停滞。1990～1995年，克罗地亚与塞尔维亚之间的战争，使得很多艺术家开始寻求国外的发展，萨格勒布学派走向衰落。（李 铁）

塞尔维亚电影 Serbian cinema 塞尔维亚电影经历了塞尔维亚王国时期、南斯拉夫联邦人民共和国时期、后南斯拉夫时期。

塞尔维亚电影具有鲜明的民族风格和表现方式，电影生产和创作与国家政治、社会、经济的发展息息相关。

塞尔维亚王国时期的电影　塞尔维亚的第一部电影诞生于1909年。20世纪10年代最受欢迎的塞尔维亚无声电影演员和导演是贝尔格莱德喜剧之王L.斯坦诺捷维奇。20世纪20～30年代是塞尔维亚电影第一个重要发展时期，影片题材主要涉及战争、民族意识和文化冲突。1939年，M.波波维奇导演的《科索沃战役》上映。第二次世界大战前，塞尔维亚共拍摄了12部电影。1929年，塞尔维亚王国改称南斯拉夫王国。1945年，改称塞尔维亚共和国，加盟南斯拉夫联邦。

南斯拉夫联邦人民共和国时期的电影　第二次世界大战后，塞尔维亚民族电影业长期停滞。经过重建，电影生产步入正轨。20世纪60年代中后期，一些年轻导演的作品开始受到国际认可。代表性作品有南斯拉夫"黑浪潮"电影的领头人D.马卡夫乔维导演的《人，不是鸟》(1965)、《爱情故事或电话的悲剧》(1967)、《R：身体中的秘密》(1971)，A.彼得罗维奇导演的《三故事》(1965)、《羽毛收购者》(1967)、《硕士和玛格丽塔》(1972)。其中《三故事》《羽毛收购者》曾获美国电影奥斯卡奖提名，《羽毛收购者》曾获法国戛纳国际电影节评委会大奖，这些作品涉及对政府的批评，常常使用黑色幽默、荒诞情节和视觉效果揭示社会问题。

H.克尔瓦瓦茨导演的《桥》(1969)、《瓦尔特保卫萨拉热窝》(1972)等影片取材于二战期间的战斗故事，融合了战争、动作等多种类型元素，表现出较高的观赏性，在当时的社会主义阵营里产生广泛影响。20世纪80年代，G.马克维奇的《黑痘》(1982)、《台湾卡纳斯塔》(1985)、《似曾相识》(1987)也是较有代表性的作品。这一时期，塞尔维亚电影的重要人物还有剧作家、编剧G.米希奇。

后南斯拉夫时期的电影　20世纪90年代，南斯拉夫解体、北约轰炸等重要事件直接影响到塞尔维亚的电影创作。电影主题既涉及战争、暴力和性，也表现人道主义和对丑恶事物的讽刺。最具有国际影响力的是E.库斯图里卡，他从20世纪80年代开始受到世界影坛的关注，《爸爸出差时》(1985)、《流浪者之歌》(1989)、《亚利桑那之梦》(1993)、《黑猫白猫》(1998)、《巴尔干庞克》(2001)、《生活是奇迹》(2004)、《向我承诺》(2007)、《与神对话》(2014)、《送奶路上》(2016)等在国际电影节上受到关注和好评，他的作品想象奇特、影像生动、配乐丰富，标志着塞尔维亚电影新的发展。这一时期的重要导演还有S.阿森尼耶维奇、G.马克维奇、O.诺夫科维奇、D.比耶洛格利奇等。阿森尼耶维奇凭借《扭转》(2003)获第53届德国柏林国际电影节短片金熊奖，马克维奇导演的《蓝色地带》(2003)和《游》(2008)获多项国际电影节奖，诺夫科维奇导演的《明天上午》(2006)、《白白的世界》(2010)也曾获国际电影节大奖，比耶洛格利奇导演的《梦的味道：蒙得维的亚见》(2014)在世界范围内引人注目。

（吴　江）

塞内加尔电影　Senegalese cinema　塞内加尔独立前，在本土没有电影生产。20世纪50年代初，塞内加尔电影工作者在法国拍了几部短片。其中P.维埃拉导演的《塞纳河上的非洲》(1955)描写了在法国的非洲学生生活，这是法语非洲的非洲人制作的第一部影片。1960年塞内加尔独立后，维埃拉又拍摄了故事性纪录片《一个人、一种理想、一种生活》(1961)、《兰勃》(1963)；B.桑戈尔拍摄了《吐巴的大教堂》(1961)。

作家、导演S.乌斯曼为故事片的发展作了重大贡献，他的艺术短片《马车夫》(1962)引起了国际上的注意，其后拍摄有故事片《黑姑娘》(1966)、《汇单》(1968)、《塞内加尔独立》(1977)等。较知名的故事片还有J.特拉奥雷的《少女》(1970)、《仙人掌》(1975)；维埃拉的《软禁》(1970)；乔普·芒哥基的《流氓》(1970)、《鬣狗的笑声》(1973)；M.蒂亚姆的《克里姆》(1971)、《巴克斯》(1974)；B.桑布的《科杜》(1971)；蒂迪亚纳·奥的《铜手镯》(1974)、《证明书》(1979)；斯·恩·巴的《彼岸》(1979)；恩那伊的《凯基泰伊》(1981)；女导演S.法耶的《卡杜·毕卡特》(1975)。

1961年塞内加尔建立了电影工作者协会。1972年成立电影办公室。同年，成立国家电影公司。1974年成立国家电影进出口公司（CEDEK）。1983年成立新电影生产公司。1983年之后，由于国内资金短缺等原因，塞内加尔电影出现衰落。个别有经济实力的导演继续创作，如桑贝纳创作了《迪亚洛艾的兵营》(1987)和《戈卢瓦尔》(1992)，但资金匮乏总体上阻碍了电影工业的发展。塞内加尔的电影生产资金几乎全部来自海外，并依靠国际电影节提高声誉。21世纪以来，代表作品有《莫拉德》(2004)、《独木舟》(2012)、《塞姆班》(2015)等。

（陆孝修）

《塞上风云》　*Storm on the Border*　中国故事片。中国电影制片厂（重庆）1940年出品。编剧，阳翰笙；导演，应云卫；摄影，王士珍；主演，黎莉莉、舒绣文、周伯勋、陈天国。

故事讲述了蒙古族青年迪鲁瓦因见蒙古族少女金花儿与汉族青年丁世雄互相爱慕，心怀妒意。丁世雄祖籍辽宁，时常思念沦落敌手的东北家乡。潜伏蒙古地区的日本特务长把特务机关设在王爷府，进行破坏活动。他利用迪鲁瓦对丁世雄的不满，挑拨蒙汉两族人民的关系。这一阴谋被金花儿的哥哥、丁世雄的好友郎桑发觉。于是，日本特务绑架了郎桑。罗尔姬娜以团结抗日的大义争取了王爷府保安队反正。迪鲁瓦明白了真相，同丁世雄尽释前嫌，终于救出郎桑，蒙汉两族人民一起攻进王爷府，击毙了日本特务长。

影片通过敌我斗争和民族矛盾、爱情纠葛的交错，表现了中华民族团结御敌、共同抗日的时代主题，对不同民族、不同阶层在抗日大局上的团结一致做了形象的描述。影片插曲《塞上风云》对表现主题和渲染地域风格起到了很好的作用。影片1940年完成制作，因当局多次阻挠，直至1942年，经进步力量的争取和斗争，才得以上映，上映后深受舆论界和广大观众的欢迎。

（张德明）

三船敏郎　Mifune Toshirō(1920-04-01～1997-12-24)　日本电影演员。生于中国青岛，卒于日本东京。1946年进入电影界。1948年在《泥醉天使》中饰演一个生活糜

烂的小流氓而一举成名。他善于扮演粗犷、强悍、动作性强的粗线条人物，中年后以扮演首领人物为多。曾经多次在国际电影节上获奖。如《罗生门》(1950)、《七武士》(1954)、《不守法的阿松的一生》(1958)分别获意大利威尼斯国际电影节金狮奖、银狮奖和铜狮奖；《保镖》(1961)和《红胡须》(1965)两度获意大利威尼斯国际电影节最佳男主角奖。他主演的主要作品还有《蛛网宫堡》(1957)、《在底层》(1957)、《大阪城的故事》(1961)、《椿三十郎》(1962)、《山本五十六》(1968)、《黑部的太阳》(1968)、《日本海大海战》(1969)、《红太阳》(1971)、《柳生家族的阴谋》(1978)、《日本的首领》

（1978）、《将军》（1980）、《玄海无聊小调》（1986）、《千利休》（1989）、《深河》（1995）等。其表演独树一帜又极富个性，曾是日本国内最受女性欢迎的男演员。1993年被日本授予三等功“瑞宝章”。（洪　旗）

三点布光 three-point lighting　将人物照明的**主光**、**辅助光**（副光）和**逆光**三种基本光线运用得当并处理好三个基本光位，以达到最佳视觉效果的布光方式。主光、辅助光和逆光在光线效果上是相互制约、相互补充的。由主光确立被摄物体的形态；辅助光增加柔和的层次，减弱主光造成的阴影；逆光则把被摄物体从背景中分离出来。主副逆三个光位在方向及照度上应进行合理搭配，如果处理得当，三个光位的光线可以互相补充，在人物方向变化时，仍能正确表现形象；如处理不当，则会互相干扰，破坏形象的表达。三种光线分别置于一个基本的位置，各司其职，共同创造出具有三维立体感的画面空间。

三点布光是保证人物基本造型的程式化照明方法。逆光光线从被摄物体的背面方向发出，因为能够将被摄物体的轮廓形体清晰勾勒，也被称作轮廓光。其确立画面的层次关系和立体清晰度，给画面平添活力，显得更加生动。由于逆光的造型效果突出，有条件时应尽量安排使用。逆光通常使用聚光灯照明，直接置于被摄对象的背后或稍高的地方，但它的光线不能被摄影机看到，否则会造成干扰镜头的眩光，甚至会造成摄像管的损坏。有时，人们使用反射光作为逆光，即光线投射到天花板或被摄者背后的墙壁上，再反射到被摄者的背面，形成柔和光。为了有效地突出画面的立体造型，逆光的强度通常应控制在至少等于主光的强度水平上甚至更大。三点布光中主光、辅助光、逆光的光比设置常用1∶0.5∶1.5或1∶0.5∶2的比例标准，即以主光为基准，辅助光的强度为主光的一半，逆光为主光的1.5～2倍，并把它作为一种理想的模式。这是因为，如果主光太暗或辅助光过亮，画面造型效果就会削弱；而逆光过弱则主体与背景无法分离，画面缺少立体感和深度感。然而在实际操作过程中，并没有一个绝对不变的模式，应根据拍摄场景在摄影机取景器中所反映的实际情况对光效需求做出判断，视光比变化需要，依照明意图而定，使三光照明达到平衡。

三点布光是摄影布光模式中的规范及基础，但也有局限性及不足，例如在多机拍摄中，场内光线较为复杂，由于拍摄的角度不同，灯具的位置也需要进行变化和调整。电影制作的方式讲求精确的照明效果，要求严格地按照规范对每一镜头逐一布光，耗费很多时间。在电视节目中，现场制作多，时效要求快，使用太规范的三点布光法有时就难以实现，因此需要充分利用原有灯具以及精准快速的打光技巧以适应电视的动态表现和大范围的场景照明要求。（张　桥）

三分法构图 trichotomy composition　把画面横分三份，每一份中心都可放置主体形态的一种构图方式。三分法构图适宜多形态平行焦点的主体，可表现大空间、小对象，也可反向选择。这种画面构图表现鲜明、形式简练。画面的三分之一分割线与黄金分割点十分接近，因此三分法构图与**黄金分割**理论很相似。在拍摄前，摄影师将取景器画面分成横向和纵向的三等份，以分割的线和点来安排拍摄的主体、陪体以及环境陈设。在运动构图中，三分法也同样是摄影师进行画面视觉元素搭配排列的重要依据。在一些平面化的**摄影构图**中，三分法也可以作为分割重要部分与次重要部分的依据。占比重为三分之一的部分通常可以作为重要部分，以多衬小的手法更能突出画面的主要部分。（李　勇）

《三个和尚》 *Three Monks*　中国彩色动画片。**上海美术电影制片厂**1980年出品。改编自民间谚语“一个和尚挑水吃，两个和尚抬水吃，三个和尚没水吃”。编剧，包蕾；导演，阿达；摄影，游涌；造型设计，韩羽。

故事讲述了一个小和尚住在高山上的庙宇里，挑水、念经、赶走坏老鼠。一个高和尚来到庙里后，两人开始一起担水。上山时，二人发生争执，水泼了一地。几天后来了一个胖和尚。他单独挑了一天水后，三个人都不愿再挑水了。老鼠咬断蜡烛，火烧着幔帐和屋梁，小庙起火了。这时，三个和尚跳了起来，争先恐后地挑水救火。幸亏一场大雨灭了火。从此，三个和尚团结一致，想办法在山崖边装上滑轮

《三个和尚》剧照

把水桶吊上山来，欢欢喜喜地共同劳动。

影片突出表现了丰富的细节创造能力和寓教于乐的叙事结构，先用喜剧的形式讽刺人性的弱点，并表达了团结、互助的主题。影片构思新颖，全片没有一句对白，却寓意深长。影片幽默诙谐，造型、动作、音乐、音响和谐统一，在艺术上都有所创新，具有浓郁的民族风格。影片1981年获第1届中国电影金鸡奖最佳美术片奖，第4届丹麦国际儿童和青年电影节银质奖；1982年获第32届德国柏林国际电影节最佳短片银熊奖；1983年获第2届菲律宾马尼拉国际电影节儿童片特别奖。（陈　野）

《三个摩登女性》 *Three Modern Ladies*　中国故事片。**联华影业公司**1933年出品。编剧，田汉；导演，**卜万苍**；摄影，**黄绍芬**；主演，**阮玲玉**、**金焰**、黎灼灼、陈燕燕。

故事讲述了青年演员张榆热恋过的南

《三个摩登女性》剧照

国姑娘虞玉经常出入歌台舞榭，后来去了香港，归来后成为有钱的寡妇；另一个痴情少女、崇拜他的影迷陈若英，因得不到张榆的爱情而自刎殉情；而因张榆逃婚被他抛弃的小资产阶级女性周淑贞，却参加了抗日救亡运动，并告诫张榆不要再演那种无聊的爱情片，且引导他去观察上海的另一个阶层——贫穷的劳苦大众。在周淑贞的感召下，张榆拒绝了虞玉的诱惑，开始走向进步。

影片反映了“只有真能自食其力、最理智、最勇敢、最关心大众利益的，才是当代最摩登的女性”这一主题，同时，也真实可信地表现了张榆经过现实生活和斗争的教育，由一个沉湎于明星生活的青年逐步转变的过程。影片洋溢着奔放的革命热情，对当时的青年知识分子的精神世界产生了重要影响。（张德明）

《三国演义》 *The Romance of Three Kingdoms*　中国电视剧。**中国电视剧制作中心**和**中央电视台**1994年联合出品。共84

集。改编自罗贯中同名长篇演义小说。编剧，杜家福、朱晓平、刘树生、叶式生、周锴、李一波；总导演，王扶林；导演，蔡晓晴、赵妍妍、沈好放等；主演，孙彦军、**唐国强**、鲍国安、吴晓东、陆树铭、李靖飞、张光北、洪宇宙。

故事讲述了东汉末年，黄巾起义失败后，董卓趁十常侍乱政之机领兵入京把持朝政。曹操刺杀董卓失败后召集天下义军以袁绍为首共伐董卓，王允以美人计除去董卓后，天下群雄并起。汉室宗亲刘备与关羽、张飞桃园三结义，三顾茅庐求得贤士诸葛亮，人才济济的刘备逐渐在乱世中发展起自己的一份力量。孙策先后占据了江东六郡，威震江东。曹操先灭吕布，再灭袁绍，势力如日中天之际南下江东，意欲一统天下。孙权与刘备联手在赤壁大败曹军，就此逐渐形成了魏蜀吴三足鼎立之势。镇守荆州的关羽为东吴所除，刘备东征吴国大败而归后病死。诸葛亮独木难支，六出祁山终以失败告终。魏国朝中司马家逐渐坐大，司马师兄弟篡权夺位，先灭蜀国后篡魏代晋，司马炎吞并吴国，天下一统。

该剧遵循小说的故事线索，根据三国历史发展顺序的时间进程，分为群雄逐鹿、赤壁鏖战、三足鼎立、南征北战、三分归一五个各自独立但又相互关联的故事段落，以演义的手法讲述了中国从东汉末年直至三分归晋近百年间魏、蜀、吴三国兴盛、争霸和衰亡的历史，展示了错综复杂的政治斗争与大智大勇的军事谋略，较好地保留了原小说的文化内涵与历史底蕴。该剧在故事主题、剧作节奏和叙事手段充分尊重原著的基础上，以权谋为框架，以忠义为核心，在原著"尊刘贬曹"的背景基调下以魏蜀两国矛盾贯串全剧，并成功塑造了刘备、关羽、张飞、诸葛亮、曹操等鲜明的荧屏形象。在拍摄上，该剧尽可能地借助影像还原三国时期的历史风貌与宏大的战争场面。该剧镜头语言简洁流畅，镜头运用动静结合、长短交替、分寸得当，营造出了庄重古朴的历史基调，其主题曲《滚滚长江东逝水》气势磅礴、苍凉悲怆，被广为传唱。该剧1995年获第15届中国电视剧飞天奖长篇电视剧一等奖、优秀男主角奖、优秀美工奖，第13届中国大众电视金鹰奖最佳长篇电视连续剧奖、最佳男主角奖，第4届中共中央宣传部精神文明建设"五个一工程"奖优秀电视剧奖。（王乙涵）

三角形构图 triangle composition 画面中元素的排布趋势大致构成一个三角的构图方式。三角形构图是摄影中经常使用的一种构图方法。一般分为正三角形构图、倒三角形构图、直角三角形构图。在通常情况下，普通随机的三角形给人以稳重、踏实，又具有设计感的造型美感。倒三角形的构造能增强动感，适度打破常规三角形构图的沉闷。而正三角形构图过于规整，往往显得枯燥。L形直角三角形的构图方式也被看作是一种垂直相交线的构图方式。其带来的稳定感与正三角形相仿，而稳定感的多少则取决于直角的摆放位置是否与水平线相同。在**摄影构图**上常以L形进行排列构图。（李　勇）

《三毛流浪记》 *An Orphan on the Streets* 中国故事片。昆仑影业公司1949年出品。改编自张乐平连环画《三毛》。编剧，阳翰笙；导演，**赵明**、严恭；摄影，**朱今明**、韩仲良；主演，王龙基、关宏达、黄晨、莫愁、林榛、杜雷。

《三毛流浪记》海报

故事讲述了旧社会一个失去了父母的流浪儿三毛，忍饥挨冻，露宿街头，想找工作求生存而不得。流氓骗他去偷窃，他宁肯饿肚皮也不去。一次偶然机会，被一位贵妇人收为养子，三毛过上了富人的生活。贵妇人让他学习许多上流社会的礼节，并为他举行了一次鸡尾酒会。三毛不满意贵妇人家中的荒淫和虚伪，集合一群讨饭的小伙伴冲散了酒会，然后他披起旧麻袋片儿，又回到流浪儿童中去。

影片真实地表现了流浪儿童的悲惨童年，控诉了黑暗社会对他们的凌辱和摧残，赞美了穷苦少年儿童天真善良、纯洁美好的心灵。影片为解决都市流浪儿童这一社会问题而呼吁。演员王龙基饰演的三毛形象真实、生动、感人，给观众留下了深刻印象。影片公映后，在国内外颇受欢迎。影片1983年获第12届葡萄牙菲格拉达福兹国际电影节评委奖。（黄加明）

三浦友和 Miura Tomokazu（1952-01-28～　）日本影视演员。原名三浦稔。生于山梨县盐山市（今甲州市）。1959年迁居东京。1970年，毕业于都立日野高中，后进入日本电子工学院学习，业余期间积极参加社会文艺团体的活动。1972年，首次在东京广播公司摄制的电视剧《秘密部队》中出演配角，后陆续出演了《火热的兄弟》《剑道一击》等电视剧。1974年，与**山口百惠**首次合演《伊豆的舞女》，大受欢迎，获第18届日本电影蓝丝带奖最佳新人奖。1975年，与山口百惠联合主演了《潮骚》《绝唱》，二人开始成为日本观众喜爱的银幕情侣。之后，他们还相继合作了《风雪黄昏》(1976)、《春琴抄》(1976)、《污泥中的纯情》(1977)、《雾之旗》(1977)、《鸢之恋》(1978)、《炎之舞》(1978)、《拥抱》(1979)、《天使的诱惑》(1979)、《古都》(1980）等多部电影，以及电视剧《血疑》(1975）等。

1985年，出演了《台风俱乐部》，获第10届日本报知电影奖最佳男配角奖。1989年，主演了《悲秋杀手》和《二二六》。1991年，出演了《仔鹿物语》，获第46届日本每日电影奖最佳男配角奖。1999年，编剧并主演了《家庭私小说》，获第24届日本报知电影奖最佳男主角奖、第54届日本每日电影奖最佳编剧奖。2007年，出演了《转转》，获第50届日本电影蓝丝带奖最佳男配角奖。2009年，出演了《不沉的太阳》，获第82届日本《电影旬报》奖最佳男配角奖等。2016年，主演电影《葛城事件》，获第41届日本报知电影奖最佳男主角奖。

《家庭私小说》剧照

三浦友和的表演质朴温情、洒脱刚

毅，他与山口百惠被视为银幕上的“金童玉女”，在观众眼中始终是银幕内外的理想佳偶。他出演的其他重要作品还有《绿色的山脉》(1975)、《向阳的斜坡路》(1975)、《那小子和我》(1976)、《星与岚》(1976)、《青年之树》(1977)、《姿三四郎》(1977)、《残照》(1978)、《圣职之碑》(1978)、《黄金伙伴》(1979)、《洁白的爱情》(1979)、《遥远的明天》(1979)、《天国车站》(1984)、《夜路炭炭》(1986)、《幸福家庭计划》(2000)、《极恶非道》(2010)、《给不能传达爱的大人们》(2011)等。2012年，被日本政府授予紫绶褒章奖。（许 婧）

《三傻大闹宝莱坞》 *3 Idiots* 印度彩色故事片。印度维若德·乔普拉制片公司2009年出品。改编自C.巴哈特的小说《五点人》。编剧，R.希拉尼、A.乔什；导演，希拉尼；摄影，C.K.穆哈利德哈拉曼；主演，**阿米尔·汗**、R.马德哈万、S.乔什、K.卡普。

故事讲述三位青年大学生法罕、拉加与兰彻的学校生活。兰彻的特立独行引起模范学生查尔图的不满，他们约定十年后再一决高下，看哪种生活方式能取得成功，然而毕业时兰彻却选择了不告而别。十年之后，查尔图归来，他找来法罕、拉加，一同踏上寻找兰彻的旅程，一路上，他们回忆起大学生活的点点滴滴，也发掘出兰彻不为人知的秘密。

影片在叙事结构上，采用了现在、过去两条叙事线索交替进行，互为解释，从而加强了影片的因果联系，增加了紧凑感。影片反映了许多印度的社会问题，如教育制度、贫富差距、高校自杀率、医疗状况等，同时探讨了教育的价值和人生的意义。影片充满诙谐幽默色彩，与真挚情感交错出现，笑中带泪，富有哲理。影片

《三傻大闹宝莱坞》剧照

2010年获第57届印度国家电影奖最受观众喜爱的娱乐电影奖，第11届国际印度电影学院奖最佳影片奖、最佳导演奖等10多项奖。（马聪敏）

《三十九级台阶》 *The 39 Steps* 英国故事片。**高蒙影片公司**1935年出品。改编自J.巴肯的小说《男孩自己的故事》。编剧，C.贝内特、I.海伊；导演，**A.希区柯克**；摄影，B.诺勒斯；主演，R.多纳特、M.卡洛。

故事讲述了加拿大游客理查德·汉内在英国的奇特遭遇。他在一场“记忆先生”的演出后偶遇安娜贝拉·史密斯，他协助史密斯摆脱了某些人士的跟踪，但未料史密斯却在他公寓被杀。为了弄清楚事情的来龙去脉，汉内开始了一场奇特的伦敦之旅。他必须像逃犯一样揭开犯罪的面纱才能证明自己的清白，回到普通人的世界。

《三十九级台阶》海报

影片悬念迭起、案件扑朔迷离，激发了观众的好奇心。片中悬念很大程度上来自影片内在的张力和浓郁的人情味道，充满着浓厚的英国本土文化气息。1999年，影片入选英国电影协会评选的世纪百部佳片。此外，R.托马斯、D.夏普、J.哈维斯先后于1959年、1978年、2008年执导了同名影片。（范 倍）

《三峡好人》 *Still Life* 中国彩色故事片。西河星汇2006年出品。编导，**贾樟柯**；摄影，田荔、周智生；主演，韩三明、赵涛、王宏伟。

故事讲述了奉节县城正在进行三峡工程建设，这里迎来了一男一女两个山西人。男人韩三明来自汾阳，是忠厚老实的煤矿工人，来奉节寻找十六年未见的前妻，前妻麻幺妹是他当年用钱买来的，生完孩子后跑回了奉节。女人沈红来自太原，是名沉默寡言的护士，为寻多日不曾与自己联系的丈夫而来奉节。丈夫与她的夫妻关系早已是有名无实，但一定要找到那位躲着不见的丈夫当面讨个说法，办完离婚手续。韩三明几经波折了解到前妻背负重债过着凄苦生活后，毅然决定复婚挑起重担来拯救幺妹。沈红在寻找过程中也不是一帆风顺，丈夫总在有意无意地躲着她。

《三峡好人》海报

韩三明和沈红两个人虽不认识，却都在这座县城中努力地寻找着、生活着。

影片延续着导演贾樟柯一直以来的电影创作主题，聚焦于现代化进程中阵痛的社会转型时刻，完整复现和再现现实生活中芸芸众生的生存本相，真实表达他们被时代潮流席卷而又无力改变的生活经历和情绪状态。影片充满悲悯深沉的人道主义关怀，平静地叙说着大时代下小人物的生存与情感。影片构图别具匠心，善于利用景深，着力于用纪实笔法描摹出三峡工程这一宏阔背景下的中国社会现实和普通民众的生活状态。影片借助两位山西人找寻各自曾经的伴侣的旅程，真实展现了国家重大方针政策对小人物生活造成的强大冲击，以及小人物无力摆脱命运钳制的现状。影片2006年获第63届意大利威尼斯国际电影节最佳影片金狮奖，2007年获第1届亚洲电影大奖最佳导演奖和最佳电影奖。（储双月）

散文电影 film prose 采用艺术散文结构而创作的一种**电影样式**。散文电影在叙事形式上弱化戏剧情节和矛盾冲突，注重抒情和情景交融的氛围营造。20世纪20～30年代，散文电影被认为与**诗电影**相对而言。苏联散文电影的主要代表S.尤特凯维奇、S.A.格拉西莫夫等人主张电影向散文学习，认为电影艺术的中心任务是塑造“能够使观众喜爱的主人公”，影片中主要的是人、人的行动、人的相互关系、人与事件的相互关系，形象只有通过与其他人的相互关系、与事件的相互关系才有可能创造出来。苏联散文电影的代表作品有《夏伯阳》(1934)、《马克辛三部曲》(1935～1939)、《列宁在十月》(1937)等。这些影片或塑造了革命领袖形象，或描写了英雄人物的思想发展和性格成长，它们通过叙事结构和对人物的心理刻画，表现了时代环境，歌颂了无产阶级革命斗争以

及历史上的丰功伟绩。20世纪40年代之后，散文电影被认为与“戏剧电影”相对而言。散文电影不遵循传统的戏剧结构形式，不采用贯穿始终的情节冲突，而是通过多种叙述手段，用多侧面、多层次、多声部的手法，使作品更加接近生活的本来形态，以达到亲切可信的艺术效果。但这类影片并不排斥戏剧性，而是从自然的日常生活与松散的散文结构中表现现实生活中的戏剧性因素。中国在20世纪30～40年代拍摄了《马路天使》(1937)、《十字街头》(1937)、《万家灯火》(1948)等具有散文电影特点的影片。1982年，吴贻弓拍摄的《城南旧事》被认为是新时期散文电影的代表作品。（刘果生）

桑弧 Sang Hu(1916-12-22～2004-09-01) 中国电影导演、编剧。原名李培林。原籍浙江宁波。生于上海，卒于上海。从小喜爱中国传统戏曲，曾在上海沪江大学新闻

系读书，后在中国实业银行工作。工作之余，钻研电影艺术。1935年，经京剧表演艺术家周信芳介绍，结识了朱石麟。在朱石麟的帮助下，开始电影文学剧本创作。1941年创作第一个电影剧本《灵与肉》。接着又创作了《洞房花烛夜》《人约黄昏后》等。

抗日战争胜利后，在文华影业公司，先后创作了《假凤虚凰》(1947，编剧)、《太太万岁》(1947，导演)和《哀乐中年》(1949，编导)。中华人民共和国成立后，先后在文华影业公司和上海电影制片厂任编导，重要作品有《梁山伯与祝英台》(1954，编导)、《天仙配》(1955，改编)、《祝福》(1956，导演)、《魔术师的奇遇》(1961，编导)、《她俩和他俩》(1979，编导)、《子夜》(1981，编导)、《邮缘》(1984，编导)等。其中，他导演的新中国第一部彩色戏曲影片《梁山伯与祝英台》(越剧)1957年获文化部优秀影片奖、第8届捷克斯洛伐克卡罗维发利国际电影节音乐片奖、第9届英国爱丁堡国际电影节映出奖；《祝福》获第10届捷克斯洛伐克卡罗维发利国际电影节特别奖、墨西哥国际电影节银帽奖；《她俩和他俩》获1980年文化部优秀影片奖。1990年执导根据京剧《曹操与杨修》改编的4集电视艺术片，获戏曲电视“黄河奖”一等奖。

长期的艺术实践，使他在探索中国传统戏曲与电影艺术相结合以及喜剧形式等方面成绩卓著，形成了含蓄、细腻、质朴而又深沉的风格。1999年获中国电影家协会颁发的“从事电影50周年纪念”荣誉牌。（李梦学）

桑尼，J. Jaideep Sahni(1968-07～) 印度影视编剧、制片人。生于新德里。2002年，创作电影剧本《印度黑帮》，获第48届印度电影观众奖最佳原创故事奖、第4届印度国际电影学会奖最佳故事奖。2007年，创作电影剧本《加油，印度！》，获第9届印度国际电影学会奖最佳故事奖、最佳剧本奖。影片讲述了印度曲棍球队队长卡比尔退役后，接手不被看好的女子曲棍球队，并带领她们最终夺得世界冠军的故事。影片以体育题材关涉印度社会的性别歧视问题，以镜头观察社会，对大众起引导作用。2018年，为电影《调音师》中的歌曲作词。

桑尼的作品以喜剧为主，题材广泛，注重在作品中展现印度社会中普遍存在的性别歧视问题。他参与编剧的作品还有《丛林野兽》(2000)、《班迪和巴布莉》(2005)、《宅基地之争》(2006)、《来跳舞吧》(2007)、《年度最佳推销员》(2009)、《印度罗曼史》(2013)等。（侯东晓）

色彩查找表 look up table; LUT 用以衡量图像信息中的色彩信息和密度值并进行记录和保存的工具。一个色彩查找表(LUT)可以被看作一块调色盘，在实际操作中色彩查找表常被当作类似“模版”的工具来调整图像输出时的色彩和影调风格。在数据统计应用及图像处理过程中，色彩查找表被用于转换输入数据至需要的输出格式。它也被称为LUTs或3D LUT，即在数据输出过程中每一个输出值都对应一个目录值。在影视剧的拍摄中，很多摄影师都会根据影片的内容和风格需要预先调校好一个LUT并输入摄影机，以便在现场监看时所拍摄的画面会自动套用摄影师预制的LUT，进而使拍摄的原画面影调和色彩倾向更接近摄影师预想的最终画面。同时，前期预制的LUT还可以为后期调色和最终输出提供参考辅助。（于小忱）

色键抠像 chroma key 视频制作中的一种特技技术。键控技术之一。在键控特技合成中有两路图像信号，将其中一路信号中的某一种色彩作为键信号，用以分割画面。其效果就是将一路信号画面（作为前景）中的某种色彩抠除，抠除的部分被另一路的信号画面（作为背景）中与抠除部分轮廓相对应的部分填充，二者“镶嵌”成一幅图像。这也被称为“抠像”特技。

在影视制作中，一般将人或物置于高饱和度的单色幕布前作为前景画面，幕布的颜色要与人的肤色有较大差别。前景信号的幕布颜色成分形成一个键控信号控制色键混合器。当画面出现幕布颜色成分时，将背景信号接通，即幕布颜色部分被背景画面所填充；当出现其他成分时，前景信号接通，画面中作为前景的部分被保留下来。这样就得到了一个合成画面。

在色键抠像时，理论上可以选择任何颜色作为色键信号来去除背景，但是在实际操作中为了将人物从背景中分离出来，常常采用蓝色或绿色这两种与人的肤色差异较大的色彩作为键控信号。当选择了某种颜色为色键后，在合成的画面中将不再出现此种颜色。色键抠像应当保证背景光照均匀，幕布本身要避免强光照射，键电平调节要恰当。人物可加轮廓光，但不要离幕布太近，人物的投影不要落在幕布或地板上。前景中应避免过细的线条。（孟 群）

《沙堡》 *The Sand Castle* 加拿大彩色动画短片。又译《沙丘城堡》《居者有其屋》。加拿大国家电影局1977年出品。导演，C.赫德曼。影片以沙子为媒介，一个由沙子堆捏的偶“母亲”形象，制作了一群貌似猪、海星、蛇以及不知所名的奇怪生物，稚拙而又灵动。沙子动物经过无序的乱窜之后，“母亲”制作了一个类似滑梯式的、有围墙的沙堡，这里成了小动物们的游乐场。影片结尾，城堡被漫天的黄沙所侵蚀和覆盖。影片中壮丽、蜿蜒曲折的沙城堡，都是由沙子堆成的。影片1978年获第50届美国电影奥斯卡奖最佳动画片奖，也确立了赫德曼在加拿大动画家中的地位。（张启忠）

《沙家浜》 *Sha Jia Bang* 中国彩色戏曲片。长春电影制片厂1971年出品。京剧现代戏《沙家浜》改编自沪剧《芦荡火种》。编剧，北京京剧团集体；导演，武兆堤；摄影，舒笑言；主演，洪雪飞、谭元寿、马长礼、周和桐、万一英。

故事讲述了新四军在前线杀敌，指导员郭建光等十八名伤病员留在沙家浜养伤。忠义救国军司令胡传魁和参谋长刁德一接受日本人的指令，进驻沙家浜搜寻伤病员。以春来茶馆老板娘身份作掩护的地

《沙家浜》剧照

下党员阿庆嫂将伤病员转移到了湖中的芦苇荡。阿庆嫂利用曾救过胡传魁性命的关系，与敌人斗智斗勇，伤病员在缺粮缺药的情况下坚守在芦苇荡。最后，阿庆嫂做内应，郭建光和伤病员与大部队配合直捣胡传魁老巢，解放了沙家浜。

影片表现了武装斗争和地下斗争的配合，特别强调了革命军队和武装斗争是取得胜利的决定因素。影片中阿庆嫂、郭建光和沙奶奶分别代表了共产党员、革命军人和革命群众三个群体，成为某种观念的形象化代言，通过他们的忠诚和无畏，揭示了中国革命胜利的必然趋势。也正因为如此，影片中这些人物形象也表现得相对单一，缺少人性的丰富性和复杂性。另外，“文化大革命”期间“三突出”原则的创作思想在影片的摄制中表现也很突出。影片把所有镜头中的主要位置和最明亮的光线都留给正面人物和英雄人物。刁德一和胡传魁没有一个**特写**和**近景**，他们的塑造全部用冷光和大量的俯视镜头。这尽管表现了创作者强烈的爱憎，但却失去了生活的真实。作为“样板戏”的代表电影，影片充分体现了那一时期极端化意识形态下的艺术表现特征，有着不可替代的史料价值和认识价值。

（邢化祥）

沙蒙 Sha Meng（1907-11-02～1964-06-26） 中国电影导演。原名刘尚文。生于河北玉田，卒于北京。1922年毕业于北师大附小后入法文高等学堂。1926年改入中法大学服尔德学院预科。不久辍学回乡任教。后在哈尔滨满绥长途电话局任话务员。1933年，进入上海美术专科学校学习。不久参加左翼戏剧运动，先后加入新地剧社、晨曦剧社、狮吼剧社、大地剧社、上海业余剧人协会等进步戏剧团体，演出过《罗密欧与朱丽叶》《大雷雨》等话剧，并在影片《夜半歌声》《**都市风光**》《**十字街头**》中饰演角色。1937年抗日战争全面爆发后，参加上海救亡演剧三队、抗敌演剧队第二队，进行抗日救亡宣传活动。1940年，在重庆北碚育才学校任教。1941年皖南事变后，赴香港加入旅港剧人协会，参加了《雾重庆》《北京人》等话剧的演出。1944年3月从重庆到延安，在鲁迅艺术学院戏剧系任教并兼鲁艺实验剧团团长，与王滨、舒强合导了苏联话剧《前线》。抗日战争胜利后，赴东北任东北文工团第一团团长。

1948年，加入东北电影制片厂任导演。1950～1956年先后导演了故事片《赵一曼》《上饶集中营》《丰收》《**上甘岭**》等。其中《上甘岭》是沙蒙的电影代表作，影片故事结构完整，成功地塑造了志愿军英雄人物的银幕形象，再现了抗美援朝的战争风貌，既有紧张激烈的战争场面，又有舒缓深沉的抒情场景。1960年，由长春电影制片厂调到北京电影制片厂任导演。1962年，与他人合导了最后一部故事片《汾水长流》。其影片大多注重现实主义的追求，在环境、气氛以及服装、道具等细节处理上，都十分精细、讲究。曾任中国电影家协会第1届委员、第3届理事。

（李晋生）

《沙漠散记》 *Desert Notes* 中国彩色纪录片。内蒙古电视台1978年出品。共6集。导演，额尔德尼。

影片以内蒙古巴丹吉林沙漠为表现对象，借沙漠、草原、戈壁等地域景观，记录了草原民族的生活状态和民族精神。同时表现了养驼人、乡村教师、护林人、草原牧人坚韧而顽强地从事着自己的事业，展现了一个时代的精神。影片准确地表现了沙漠、草原民族所具有的独特的意象之美，自然风光和生活在这里的草原民族都是导演赞美的对象。影片摄制组从内蒙古阿拉善额济纳河两岸跋涉到贺兰山密林深处，又将足迹延伸至腾格里沙漠腹地，与沙漠相生相伴的骆驼、驼铃、绿洲、胡杨树等都是导演关注的对象。

影片沿袭传统**电视纪录片**的创作模式，以解说加画面的方式展开主题，具有强烈的民族性、时代性。由于影片大多画面都是为解说主题服务，导致事件记录的完整性不足。影片曾发行到22个国家和地区，是世界了解20世纪70年代末正在变革的中国的一扇窗口。影片1983年获中央电视台全国优秀专栏节目三等奖、优秀摄影一等奖。

（赵　远）

《沙漠中的西蒙》 *Simon of the Desert* 墨西哥故事片。墨西哥电影制片人工会（STPC）1965年出品。编剧，L.**布努埃尔**、J.亚历杭德罗；导演，布努埃尔；摄影，G.菲格罗亚；主演，C.布鲁克、S.皮纳尔。

故事讲述了高柱修士西蒙为了离上帝近一些，在荒凉沙漠中的一根高8米的柱子上生活了6年6周零6天，试图净化人类精神、祈祷赎罪。一群教士和农民信众膜拜他，为他提供一根全新的柱子让他继续修行。他拒绝后，信众们纷纷离开。撒旦不断诱惑西蒙，不管撒旦变身为天真的女孩还是耶稣，都没有诱使西蒙放弃自己的使命。穿着长袍的撒旦爬上柱子，和西蒙一起永远地消失。他们穿越时空，来到了一间拥挤而喧闹的夜店，轰响的摇滚乐队正在演奏《放射性肉身》。西蒙抗议说想回去，但撒旦告诉他不能离开，必须忍受这些，西蒙颤抖不止。

影片以喜剧的方式对基督教的禁欲主义、神性等问题进行思考。影片表演带有先锋派戏剧的痕迹。影片1965年获第30届意大利威尼斯国际电影节评委会大奖和费比西奖。

（张　冲）

《沙与海》 *Sand and Sea* 中国彩色纪录片。宁夏电视台和辽宁电视台1991年联合出品。导演，康健宁、高国栋；摄影，江兵、高国栋。

影片记录了两位中国农民的生活状态，其中牧民刘泽远生活在内蒙古与宁夏交界处的腾格里沙漠，这里环境恶劣、与世隔绝，刘泽远依靠种植粮食和养骆驼艰难度日。渔民刘丕成生活在辽东半岛的一个叫井洼岛的孤岛上，以养殖水产为生，赚了不少家产，生活十分殷实。刘泽远和刘丕成的生活空间和居住条件大相径庭，但他们身上有着共同点，即他们的生活与大自然紧密相联，严苛的环境左右着他们的命运，沙暴和海潮都可以带来毁灭性影响。两位农民无力掌控家庭和子女的未来。

影片采用平行结构，将两个空间跨度很大的家庭放在一起交替呈现，向观众揭示了人与自然的规律性关系，即人类只有在一定的自然环境中才能生存，人类始终依存于自然，且受到自然条件的限制，人类必须要和自然做顽强勇敢的斗争才能获得主体性。影片1991年获第28届亚洲广播电视联盟纪录片大奖，是中国第一部获国际大奖的电视纪录片。亚广联评委对影片给予了高度评价，认为它反映了人类的普遍规律和全人类共同的生活特性。

（刘　强）

山口百惠 Yamaguchi Momoe（1959–01–17～ ）日本影视演员、歌手。生于东京。从小缺失父爱，和妹妹、母亲相依为命，生活艰辛。曾在横滨市立濑谷小学、

横须贺市立鹤久保小学、横须贺市立不入斗中学、东京品川中学、东京目黑区日出女子学园高中部读书。1972年，报名参加日本电视台音乐节目《明星诞生》，决赛演唱歌曲《旋转木马》获第二名。1973年，发表歌曲《青涩的果实》，获第6届新宿音乐节新人奖、第4届日本流行歌曲大奖联盟奖。

1974年，发表歌曲《一个夏天的经历》，获第7届日本唱片销售大奖银奖、第7届日本有线大奖观众奖、第16届日本唱片大奖大众奖等多个奖项，并在日本广播协会（NHK）一年一度的红白歌会上大放异彩，成为日本流行歌坛的当红明星。同年，在日本东京广播公司制作的“赤色系列”电视剧第一部《赤色的迷宫》中饰演女主角结城明子，并首次与**三浦友和**合作出演电影《伊豆的舞女》。此后，又相继出演了《血疑》(1975，又译《赤色的疑惑》)、《赤色的命运》(1976)、《赤色的冲击》(1976)、《赤色的锁链》(1977）等电视剧。1977年，发表歌曲《秋樱》，获第9届日本唱片销售大奖金奖、第19届日本唱片大奖歌唱奖等多个奖项。1980年11月19日，山口百惠和三浦友和结婚，宣布息影隐退。

山口百惠形象清纯可爱，表演质朴自然、真切感人，从银幕到生活都给歌迷、影迷留下了温婉、善良、勇敢且乐观的形象。她在日本电影业低潮期进入影坛，主演了一系列根据文学名著改编的电影，以川端康成的作品开启和结束自己的银幕之旅，充分展示了多面的演技。山口百惠与三浦友和是**东宝公司**的黄金搭档，相继合作了《潮骚》(1975)、《绝唱》(1975)、《风雪黄昏》(1976)、《春琴抄》(1976)、《污泥中的纯情》(1977)、《雾之旗》(1977)、《鸢之恋》(1978)、《炎之舞》(1978)、《拥抱》(1979)、《天使的诱惑》(1979)、《古都》(1980）等影片。此外，还与其他演员合作了《伊甸园之海》(1976)、《野菊之墓》(1977）等影片。著有自传体小说《苍茫的时刻》。

（许 婧）

《山水情》 *Landscape Feeling* 中国彩色动画片。上海美术电影制片厂1988年出品。编剧，王树忱；导演，**特伟**、阎善春、马克宣；美术设计，卓鹤君、吴山明；作曲，金复载；古琴独奏，龚一。

故事讲述了古时，一个老琴师来到山中激流渡口，一个渔家少年驾着小舟将他渡到对岸，老琴师病倒在山路上，少年将他接回家养病。病愈后的老琴师亲授古琴技艺，少年琴艺渐精。深秋，老琴师离开，临别时赠古琴与少年，少年抚琴送行，老琴师在少年若有若无的琴声中隐入深山中。

作为中国第四部**水墨动画片**，全片没有一句台词，通过一幅幅壮美的中国水墨山水配以清悠的古琴声，来表现老琴师和渔家少年真挚的情谊，充满了中国禅学道法自然的思想。影片散发着中国传统文化气息，杰出的水墨技法与古琴技艺都出自大家之手，有着非凡的魅力，是一部具有标志性意义的中国动画电影。影片1988年获第1届上海国际动画电影节大奖；1989年获第9届中国电影金鸡奖最佳美术片奖，中国广播电影电视部优秀影片奖，第1届苏联莫斯科国际儿童青少年电影节勇与美奖，第6届保加利亚瓦尔纳国际动画电影节优秀影片奖；1990年获第14届加拿大蒙特利尔世界电影节最佳短片奖，印度孟买国际纪录片、短片、动画电影节最佳童话片奖。

（李 清）

山田洋次 Yamada Yoji（1931–09–13～ ）日本电影导演。生于大阪府宝塚市。出身于一个铁路职工家庭。1954年毕业于东京大学法学部，同年进入**松竹公司**任导演助

手。1956年开始撰写电影剧本，被拍成影片的主要有《创造明天的少女》《黎明的地平线》等。1961年导演第一部影片《二楼的房客》。他擅长拍摄喜剧片，有“喜剧山田”之称。系列片《男人难当》是其喜剧影片的代表作，共拍摄了40多部，其中9部被《电影旬报》评为当年十大佳片之一。此外，主要拍摄的影片有《家族》(1970)、《故乡》(1972)、《幸福的黄手绢》(1977)、《远山的呼唤》(1980)、《电影的天地》(1986)、《抓住彩虹的人》(1997）以及《学校》(1～4集，1993～2000)、《黄昏的清兵卫》(2002)、《隐剑鬼爪》(2004)、《武士的一分》(2006)、《母亲》(2008）等，展示出了他独特的艺术追求。这些影片主要描绘社会底层民众的生活和情感，歌颂他们纯真的爱情和善良的品格。《故乡》和《幸福的黄手绢》曾被《电影旬报》评为当年十大佳片第一名。《家族》《幸福的黄手绢》《学校》《黄昏的清兵卫》曾获日本电影学院奖。21世纪以来，相继拍摄了《弟弟》(2010)、《东京家族》(2013)、《小小的家》(2014)、《如果和母亲生活在一起》(2015)、《家族之苦》(2015)，受到了国际和日本影坛的关注和认可。2008年，在第2届亚洲电影大奖上获亚洲电影终身成就奖。2015年，获日本**东京国际电影节**武士奖。

（洪 旗 阿 文）

《闪灵》 *The Shining* 美国彩色故事片。**华纳兄弟影业公司**1980年出品。改编自S.金的同名小说。编导，**S.库布里克**；摄影，J.奥尔科特；主演，**J.尼克尔森**、S.杜瓦尔、D.劳埃德。

故事讲述了作家杰克为了寻找创作灵感，接受了为旅店看门的工作。专心写作的杰克喜欢饭店的偏远幽静，不顾前任饭店管理者丧失理智、杀害全家的传言，毅然带妻子温蒂和儿子丹尼住进了这间豪华饭店。搬入饭店后，杰克始终无法专心写作，他出入饭店的酒吧，大脑中不断出现各种怪异、恐怖的幻想。杰克经常见到前任管理者的幽魂，后者不断诱导杰克杀死自己的妻儿。妻子温蒂偶然看到杰克的稿纸，上千张稿纸上竟然密密麻麻写着同一句话。温蒂感到恐惧，开始疏远杰克。此时，温蒂发现儿子的意识越来越混乱。温蒂进退维谷，决定向他人求助。当温蒂拿起无线电时，杰克凶相毕露，在温蒂与丹尼面前举起了疯狂的斧头。

《闪灵》剧照

影片着力描写了人类直面心灵困顿时的压抑与无助，映射出现代人无法沟通、自我毁灭的困境。影片在渲染恐怖气氛上手法独特，为之后很多**恐怖片**所借鉴。影片1981年获第8届美国电影土星奖最佳男配角奖。

（甄晓文）

《闪闪的红星》 *Sparkling Red Star* 中国彩色故事片。八一电影制片厂1974年出品。根据李心田同名小说集体改编。执笔，王愿坚、**陆柱国**；导演，**李俊**、李昂；摄影，蔡继渭、曹进云；主演，祝新运、薄贯君、高保成、李雪红、刘江。

故事讲述了1934年秋，主力红军撤出中央根据地。出发前父亲给冬子留下一颗红五星。在白色恐怖中，母亲为掩护乡亲们英勇就义。冬子在游击队里逐渐长大，他随宋老爹一起参加战斗，为游击队筹盐、送情报，最后用计砍死返乡团头子胡汉三。1938年，冬子带着那颗保存多年的红星，加入了红军，跟随父亲开赴抗日前线。

《闪闪的红星》剧照

影片通过讲述在艰难困苦环境中成长起来的革命小英雄的成长史，塑造了其爱憎分明、机智勇敢、纯洁质朴的性格特征。在艺术手法上，影片充分运用电影手段，如优美的风景镜头、明快动听的插曲、抒情的蒙太奇节奏，来营造情景交融之境和抒情浪漫格调。影片上映后，获得了罕见的轰动效应，赢得了全国观众的喜爱。影片1980年在第二次全国少年儿童文艺创作奖评选活动中获二等奖。（黄加明）

商务印书馆活动影戏部 Film Department of Commercial Press 中国电影制片机构。1917年春成立于北京。最初是商务印书馆业务科的一个部门，后在夏瑞芳、高蒙旦主持下成立活动影戏部，由印刷所照相部负责拍摄工作。影片的摄制方针与商务印书馆的出版宗旨相同，以传播当时的社会主流文化和教育大众为目的。

成立之初引进了当时最为先进的摄影器材和专业人才，建立了相应的比较现代的管理制度，并聘请留美学生叶向荣为摄影师。主要摄制“风景”“时事”“教育”“新剧”“古剧”五大类短片。教育片如《盲童教育》《技击大观》《养真幼稚园》，风景片如《长江名胜》《浙江潮》《南京名胜》，时事片如《第五次远东运动会》等。影片内容比较严肃，在一定程度上产生了启蒙主义的教育效果。1920年出品的“古剧”片《**春香闹学**》《天女散花》记录了梅兰芳的早期表演艺术。“新剧”片如《死好赌》《柴房女》《猛回头》《得头彩》等多以滑稽打闹、宣扬封建道德的“警世”内容为主。1920年，商务印书馆派人赴欧美考察电影业后决定扩大拍片业务，另行成立专门的活动影片部，逐步扩充技术设备，自建摄影棚，制定摄制组织机构和规章制度，较大规模地开展摄制影片的工作。除此之外，还经营发行放映、租售影片器材、代制影片等业务。在中国最早实行自制自销的电影经营方式，是中国第一家由中国人独资经营的完整的大型的电影企业。

之后，由于商务印书馆活动影片部开始拍摄一些脱离其“通俗教育”宗旨的商业性长故事片，1926年经商务印书馆董事会决议，活动影片部改组为国光影片公司。该公司仅拍摄了《上海花》《不如归》等5部影片，由于营业亏损，于1927年3月停办。（黄加明）

商业电影 commercial film 为营利而制作发行的影片。商业电影必须通过发行和放映，才能被观众观看和消费，并且只有努力吸引观众，尽量争取票房收益，才能收回成本、获得盈利；只有获得盈利，才能投入再生产，形成生产、消费、再生产的良性循环。商业电影更加注重故事情节，借助视听技术和**明星制度**，追求通俗的娱乐效应，以便吸引更多的观众。同时，商业电影可能会因为营利的目的而回避真正的社会问题，磨平尖锐的矛盾冲突，把政治准则和道德理想定型化，形成逃避主义的虚假和谐或泛滥成灾的低俗趣味。

作为近代工业技术和资本主义制度的产物，几乎所有的电影都具有天然的商品属性，但电影的商业属性和商业电影并不是一回事。绝大多数通俗电影、娱乐电影都可能成为卖座的商业电影。高雅的艺术电影也可以获得了不起的商业成绩。商业电影也并不必然是低俗乏味、粗制滥造的赝品。美国好莱坞的主流电影既是典型的商业电影，又为全世界贡献了许多艺术精品。

中华人民共和国成立后，中国的商业电影观念和产业实践，都经历了艰难曲折的发展过程。在计划经济时期，曾经把商业电影作为对西方某些一味追求市场效应、专门以营利为目的的低俗影片的贬称。21世纪以来，中国电影市场涌现出一大批优秀的商业电影，电影产业蓬勃发展，成为全球第二大电影市场。

（刘宇清）

《上甘岭》 *Battle on Shangganling Mountain* 中国故事片。长春电影制片厂1956年出品。编剧，**林杉**、曹欣、**沙蒙**、肖矛；导演，沙蒙、林杉；摄影，周达明；主演，高保成、徐林格、刘玉茹、张亮。

《上甘岭》剧照

故事讲述了1952年秋，正当板门店谈判休会期间，美军在朝鲜中部三八线附近发动了大规模进攻，企图攻占上甘岭和五圣山，借用武力达到他们在谈判桌上达不到的目的。中国人民志愿军某部八连连长张忠发，率领全连战士坚守上甘岭阵地。他们曾一度被切断与后方的联系，缺粮缺水缺弹药，但战士们以惊人的毅力、顽强的意志，在坑道里坚持了24天，完成了拖住敌人的任务，使中国人民志愿军获得了大反攻的胜利，从而扭转了朝鲜战场的形势，迫使美方代表在板门店重新谈判，并最终在停战协议上签字。

影片取材于著名的上甘岭战役，是一部表现抗美援朝战争的作品。影片采用富有个性的动作和语言来刻画人物，在节奏处理上也别具匠心，既有激烈紧张的战斗场面，又有舒缓深沉的抒情段落，二者有机地交织在一起，很好地提高了影片的观赏效果。影片插曲《我的祖国》在渲染气氛、表现主题上起着重要的作用，为广大观众所喜爱。

（阿　章　撰　章柏青　唐建军　修订）

上官云珠 Shangguan Yunzhu（1920-03-02～1968-11-23） 中国电影演员。原名韦均荦。生于江苏江阴，卒于上海。1939年春，为逃避战火到上海，先后在华光戏剧学校、新华影业公司演员训练班学习。1940年导演**卜万苍**为她取了“上官云珠”的艺名。1941年从影，在《玫瑰飘零》中扮演角色。前期作品有《国色天香》(1941)、《泪洒相思地》(1942）等。后参加中国旅行团去北方演出话剧。

抗日战争胜利后，回到电影界，先后在中国电影制片厂二厂、**文华影业公司**和**昆仑影业公司**等电影公司拍摄的《天堂春梦》(1947)、《太太万岁》(1947)、《**一江春水向东流**》(1947)、《**万家灯火**》(1948)、《**群魔**》(1948)、《**丽人行**》(1949)、《**希望在人间**》(1949)、《**乌鸦与麻雀**》(1949)等影片中担任主角或重要角色，演技有较大提高。1949年后，拍摄了《南岛风云》(1955)、《枯木逢春》(1961)、《**早春二月**》(1963)、《**舞台姐妹**》(1965)等10多部电影，并主演了《雷雨》《风雪夜归人》《日出》《上海屋檐下》《北京人》等多部话剧，艺术上趋于成熟。同时也参加外国电影的译制配音工作，如《玛莉娜的命运》(1954)、《曙光照耀着我们》(1954)、《牛虻》(1955)、《世界的心》(1956)等，并因在苏联电影《牛虻》中为女主角琼玛配音，而获得文化部颁发的优秀配音演员奖。

她塑造过少女、老妪、淑女、荡妇、家庭妇女、革命女性等银幕形象，戏路宽阔，善于准确体现人物的气质，揭示不同人物内心感情。1962年入选文化部评选的“新中国二十二大电影明星”。

（张兆龙）

上海电影（集团）有限公司 Shanghai Film Group 中国影视机构。简称上影集团。2009年成立于上海。前身为2001年成立的上海电影（集团）公司，旗下包括5家大型制片企业、14家影视制作公司、上海联和电影院线、东方电影频道及影视拍摄基地等，是中国最具规模和实力的现代电影集团之一。旗下**上海电影制片厂**、**上海美术电影制片厂**、**上海电影译制厂**等不仅是中国电影的标志性品牌，而且也是上影集团影视内容创新的三大主梁。同时，形成了以上海电影股份、上海美术设计、上影制作、上海永乐股份、上影互娱、上影科技、上影文旅、上影文化物业等组成的八大支柱产业。上影发展坚持“精品内容，大IP开发，转型升级”的核心战略，积极培育发展“4+X”业务板块，大力推动内容、产业、机制、文化等四大创新，加快形成“人才专业化、组织生态化、机制市场化、资产证券化、产业数字化”的“五化”发展新格局、新面貌。在影视产品创作、生产、宣传、销售、发行、放映等主营业务之外，公司不断拓展文旅、文商、文化物业等相关产业，构建起覆盖创作、拍摄、制作、宣发、销售、放映和周边产品的影视全产业链。

上海电影（集团）有限公司内景

上影集团以创新为引领，立足主业、深化改革，着力培育新业务，布局新领域，致力于成为铸造精品内容，应用创新科技，实现高质量发展，引领产业转型的综合影视文化集团。自成立以来，相继拍摄推出了《高考1977》(2009)、《辛亥革命》(2011)、《一步之遥》(2014)、《盗墓笔记》(2016)、《阿凡提之奇缘历险》(2018)、《江湖儿女》(2018)、《悬崖之上》(2021)等一批影视作品。

（梁玛丽）

上海电影译制厂 Shanghai Film Dubbing Studio 中国电影机构。上海电影制片厂在1949年筹建成立上海电影制片厂译制片组。1950年译制出第一部苏联故事片《团的儿子》。1957年，以译制片组为基础，正式建成上海电影译制厂。陈叙一任厂长。该厂拥有先进的技术设备和一批深受观众喜爱的配音演员，如**邱岳峰**、**毕克**、尚华、**李梓**、**刘广宁**、**童自荣**、**乔榛**、**丁建华**等。在他们配音的影片中，朝鲜的《安重根击毙伊藤博文》，日本的《啊，野麦岭》《远山的呼唤》，英国的《苔丝》，法国的《国家利益》，美国的《胜利大逃亡》，苏联的《国际女郎》等获文化部或广电总局颁发的优秀译制片奖。该厂还配音复制过不少中国少数民族语片和粤语片。20世纪80年代以来，又把中国影片《孔雀公主》《武当》《**城南旧事**》等译制成英、法、西班牙语等外国语片。进入21世纪，上海电影译制厂为《木乃伊归来》《古墓丽影》《侏罗纪公园》《哈利·波特与魔法石》《我最好朋友的婚礼》《怪物史莱克》《暴风雪》《暗流》《外星人》《蜘蛛侠》《精灵鼠小弟2》《风语者》《无声的舞者》《印度往事》《情归亚拉巴马》《爱有天意》《钢琴师》《后天》《加菲猫》《贫民窟的百万富翁》《敢死队》《地心历险记》《了不起的盖茨比》《侏罗纪世界》等外国影片配音。作为中国第一家译制外国影片的专业电影厂，上海电影译制厂为中国电影事业输送了一批优秀的配音演员，创造出了众多经典的银幕形象，为中外电影文化交流起到了很好的桥梁作用。

《苔丝》剧照

2001年，与上海电影电视（集团）公司、上海科学教育电影制片厂、上海美术电影制片厂等联合组建上海电影（集团）公司。2009年，上海电影（集团）公司改组为上海电影（集团）有限公司。

（萧　章）

上海电影制片厂 Shanghai Film Studio 中国电影制作机构。1949年6月，上海市军事管制委员会派于伶、**钟敬之**为军代表，接管了国民党在上海的中央电影企业公司总管理处及一厂和二厂、中国电影制片厂摄影场、上海实验电影工场等机构。之后由当时担任上海市军事管制委员会文教委员会副主任的**夏衍**负责，着手进行上海电影制片厂的筹建工作。1949年11月16日，上海电影制片厂正式宣告成立。由于伶、钟敬之任正、副厂长，徐韬、蔡贲为正、副秘书长，陈白尘、**张骏祥**任艺术委员会正、副主任。

1950年初，按照社会主义改造的政策，长江电影制片厂首先实行公私合营。1951年9月，**昆仑影业公司**与长江电影制片厂合并，成立公私合营的长江昆仑联合电影制片厂。1952年，长江昆仑联合电影制片厂联合文华影业公司、国泰影业公司、大同电影企业公司、大中华影业公司、大光明影业公司和华光影业公司，组成国营性质的上海联合电影制片厂，由于伶兼厂长，叶以群为副厂长。1953年2月，上海电影制片厂与上海联合电影制片厂合并，厂名沿用上海电影制片厂。于伶任厂长，叶以群、蔡贲等人任副厂长。

1957年4月，改组为联合企业性质的上海电影制片公司。由袁文殊任经理，蔡贲、林琳、张骏祥、瞿白音任副经理。下设3个故事片厂：江南电影制片厂（厂长**应云卫**，副厂长王力、杨师愈）、海燕电影制片厂（厂长沈浮，副厂长徐桑楚、张友良）、天马电影制片厂（厂长陈鲤庭，副厂长齐闻韶、王林谷）。1958年10月，原有联合企业性质的上海电影制片公司改为上海市电影局，袁文殊任党委书记兼局长，丁正锋、蔡贲、张骏祥、瞿白音任副局长。1960年后，由杨仁声任局党委书记，张骏祥任局长。当时，由于支援华东各省新建电影厂，江南厂建制相应撤销，留下海燕、天马两个厂。

从建厂到"文化大革命"开始的17年间，拍摄了故事片136部，戏曲片和纪录片74部。其中《上饶集中营》《翠岗红旗》《南征北战》《鸡毛信》《渡江侦察记》《家》《女篮5号》《林则徐》《老兵新传》《聂耳》《今天我休息》《红色娘子军》《枯木逢春》《李双双》《燎原》《红日》《舞台姐妹》《白求恩大夫》《梁山伯与祝英台》《天仙配》《孙悟空三打白骨精》《红楼梦》等，均受到广大观众的热烈欢迎，一些影片还在国内外多次获奖。

在"文化大革命"期间，海燕电影制片厂曾改名为红旗电影制片厂，天马电影制片厂改名为东方红电影制片厂。1973年5月，"红旗""东方红"两个厂合并，定名为上海电影制片厂。1981年，成立电视部，专门负责电视剧的创作与摄制。1981～1985年，电视部摄制了25部（34集）电视剧，其中《卖大饼的姑娘》《上海屋檐下》《人之初》《卖瓜不说瓜甜》《贴纸条的信》等在播出后均得到好评并获奖。1985年3月，上海市电影局与上海电影制片厂合并成立上海电影总公司，影片出品的厂名、厂标不变。1987年，上海电影总公司被取消，上海电影制片厂恢复独立建制。1996年，上海电影制片厂联合上海电影技术厂、上海影视乐团等，组建成立上海电影电视（集团）公司。

1977～1985年，拍摄了长故事片123部，短故事片12部，舞台艺术片和纪录片9部。其中，《从奴隶到将军》《曙光》《她俩和他俩》《啊！摇篮》《苦恼人的笑》《天云山传奇》《巴山夜雨》《庐山恋》《喜盈门》《南昌起义》《白蛇传》《阿Q正传》《牧马人》《城南旧事》《泉水叮咚》《雷雨》《咱们的牛百岁》《大桥下面》《女大学生宿舍》《高山下的花环》《邮缘》《童年的朋友》《咱们的退伍兵》《日出》《秋天里的春天》等均赢得广大观众的赞许，并先后被文化部评选为优秀影片，或在国内其他评奖活动和国际电影节上获得荣誉。

20世纪90年代以来，公司出品或合作拍摄的影片主要有《阮玲玉》(1991)、《唐伯虎点秋香》(1993)、《红河谷》(1996)、《生死抉择》(2000)、《2046》(2004)、《世界》(2004)、《东京审判》(2006)、《伯爵夫人》(2006)、《蓝莓之夜》(2007)、《大灌篮》(2008)、《高考1977》(2009)、《海上传奇》(2010)、《攀登者》(2019)等。2001年，上海电影电视（集团）公司联合上海美术电影制片厂、上海电影译制厂、上海科教电影制片厂等，组建成立上海电影（集团）公司。2009年，上海电影（集团）公司改组为上海电影（集团）有限公司。

（姚国华）

《上海二十四小时》 *Shanghai over 24 Hours* 中国故事片。明星影片公司1933年出品。编剧，夏衍；导演，沈西苓；摄影，周诗穆；主演，陈凝秋、顾兰君、赵丹、顾梅君。

故事讲述了30年代上海一天内发生的事情。下午4时，一个外国纱厂里的童工被机器轧伤，倒在血泊中，纱厂周买办却置之不理。重伤的童工被抬回家里，童工哥哥陈大的妻子在周家当用人，赶到周公馆借钱，结果不成。夜晚9时，陈大弟弟伤势加重。陈家邻居老赵为了替陈大一家弄钱，第一次在周公馆里行窃。第二天清晨倦游回来的买办太太发觉失窃，怀疑是陈大作贼，将他抓了起来。10时以后，周买办到纱厂，忙着指挥把纱包上的洋货商标换成国货商标，而陈妈已被周公馆解雇。老赵知道自己连累了陈大，到警察局去自首。下午2时，陈大被释，而他的弟弟已死。又是下午4时，刚起床的买办太太开始盘算如何打发这个无聊的夜晚。

影片暴露了买办资产阶级压迫剥削工人的罪恶和荒淫无耻的生活，展现了工人和城市贫民被压迫、受剥削的悲惨生活。影片题材在当时具有尖锐的现实意义，在艺术上也有一定特色，故事情节紧凑，矛盾冲突鲜明有力，有较强的悬念性和吸引力。影片始终贯穿了对比的手法，憎爱分明，给观众留下了深刻印象。影片曾遭到当局的剪删，显得凌乱不堪，一年之后才获许公映，但它在中国电影史上的作用和地位是无法抹杀的。（张德明）

上海国际电影节 Shanghai International Film Festival 中国国内第一个国际电影节。国内第一个由国际制片人协会认可的国际A类电影节。1993年由中国广播电影电视部和上海市政府、上海广播电影电视局在上海创办。受中国电影输出输入公司的支持与资助，后改由上海市政府主办，上海国际电影节组织委员会承办。两年举办一次，时间由最初的每年10月改为6

第21届上海国际电影节闭幕现场

月，为期一周左右，并在上海影城以及其他影院公映参赛、参展影片。自2001年起，改为每年举办一次。

电影节的宗旨是广交四海宾客，增强世界各国电影界人士的相互了解和友好情谊，扩大中国电影的海外市场，促进世界电影艺术的发展与繁荣。电影节规定：参赛影片必须是在当届电影节前一年1月1日以后出品，且放映时间不少于70分钟的35毫米故事片。参加会外参展的影片不受此限。参赛和参展的影片由电影节组委会派人出国挑选。评委会由9名世界各地著名艺术家组成。

主要活动有：①参赛影片放映；②国际电影观摩放映；③召开电影创作研讨会；④召开电影评论会；⑤设影片交易市场和影片项目市场，并召开经贸洽谈会；⑥组织来宾参观游览。电影节的主竞赛单元为金爵奖，包括最佳影片奖、最佳导演奖、最佳男女主演奖、评委会特别奖等奖项。另设亚洲新人奖、手机电影节短片大赛奖和电影频道传媒大奖等奖项。

（章柏青）

上海科学教育电影制片厂 Shanghai Scientific and Educational Film Studio 中国电影机构。简称"上科影"。前身为1952年成立的北京电影制片厂科教片组。1953年2月2日，北京电影制片厂科教片组迁至上海，成立科学教育电影制片厂，编辑室仍留在北京。1957年编辑室迁至上海，改名为上海科学教育电影制片厂。1954～1956年曾一度建立翻译片组，翻译国外科教片。设创作办公室、技术办公室、生产办公室、艺术委员会和技术委员会，并有动画车间、照明车间、特技布模车间、录音放映车间、剪接车间等技术部门。生产品种有科学普及片、技术推广片、课堂教育片、社会教育片、科学幻想片、科学技术杂志片和旅游片等。

自建厂以来，共摄制科教片上千余部。其中《细胞重建》《全息胚——生物科学的新发现》《脑海》《花》获中国电影金鸡奖最佳科教片奖；《没有"外祖父"

的癞蛤蟆》《知识老人》《红绿灯下》获中国大众电影百花奖最佳科教片奖；《水土保持》《淡水养鱼》《杠杆的作用》《玉米人工授粉》《敦煌艺术》《盐湖》《叶面施肥》《试管苗》《遗传工程初探》《119与911》《蜜蜂王国》《万里长城》《幼儿家庭教育》《胆结石的奥秘》《燕子》《拱的建筑》《台风》《中国首次南极考察》《曾侯乙编钟》《动物的眼睛》等均获优秀影片奖；《培育壮秧》《杉木》《高山植物》《中国冰川》《冠心病》《摇篮——人造卵与赤眼蜂》《高空气球》《眼底——洞察人体疾病的窗口》等曾在国际上获奖。

2001年，与上海电影电视（集团）公司、上海美术电影制片厂、上海电影译制厂等联合组建上海电影（集团）公司。2009年，上海电影（集团）公司改组为上海电影（集团）有限公司。（刘 咏）

上海美术电影制片厂 Shanghai Animation Film Studio 中国电影机构。前身是1947年成立的东北电影制片厂美工科卡通组。1949年成立美术片组。1950年，美术片组迁到上海，隶属上海电影制片厂。1957年4月正式建立上海美术电影制片厂，特伟任厂长，并汇集了中国美术电影创始人万籁鸣、万古蟾、万超尘等人。正式建厂前，美术片组摄制了94部美术片，较好的有动画片《骄傲的将军》、木偶片《神笔》等。厂内拥有一批美术片艺术、技术、管理方面的专业人才和较完整的摄影、录音、剪辑、放映、录像等技术设备，同时设有动画、剪纸工作楼和木偶片摄影棚等，能摄制动画、木偶、剪纸等美术片。

1958年拍摄了中国第一部剪纸片《猪八戒吃西瓜》。1960年摄制了中国第一部水墨动画片《小蝌蚪找妈妈》和第一部折纸片《聪明的鸭子》。其他优秀影片有《大闹天宫》《哪吒闹海》《阿凡提》《三个和尚》《雪孩子》《鹿铃》《鹬蚌相争》《夹子救鹿》《黑猫警长》《山水情》《神医》等。至20世纪90年代，共摄制包括《葫芦小金刚》系列、《大盗贼》系列、《舒克与贝塔》系列、《自古英雄出少年》系列在内的各类美术片300多部。

进入21世纪，又相继制作了《可可的魔伞》《宝莲灯》《格兰特船长的儿女》《勇士》《西柏坡》《大闹天宫3D》等一批优秀的美术片。该厂的动画片、剪纸片、木偶片等具有鲜明的民族风格和精湛的艺术技巧，在致力于发展中国民族动画片的同时，还与法国、德国、美国、日本、加拿大、澳大利亚等国合作拍摄了《狐狸列那》《诺亚方舟》《不射之射》《环游地球

《猪八戒吃西瓜》剧照

八十天》《番茄酱》《鸭子侦探》《天才发明家》《甜与酸》等作品。自建厂以来，共获得了国内外200多个奖项，为中国美术片的发展和繁荣作出了卓越的贡献。

2001年，与上海电影电视（集团）公司、上海科学教育电影制片厂、上海电影译制厂等联合组建上海电影（集团）公司。2009年，上海电影（集团）公司改组为上海电影（集团）有限公司。

（何郁文 撰 章柏青 唐建军 修订）

《上海滩》 *Shanghai Beach* 中国电视连续剧。香港电视广播有限公司（TVB）1980年出品。编剧，陈翘英、梁健璋、岑国荣；导演，招振强、谭锐铭等；主演，周润发、赵雅芝、吕良伟。

故事讲述了北平大学生许文强因参与学潮运动被捕入狱，出狱后他只身到上海谋生，举目无亲之际，结识了小贩丁力，两人很快成为好友。许文强经过打探，找到了早已成为上海著名交际花的老同学方艳云。在她的引荐下，许文强逐步加入上海的黑帮，经过几次危机事件之后，许文强逐渐在上海站稳脚跟。许文强不忘丁力当时相助之恩，邀请他加入自己的公司，并把他培养成自己最得力的助手。法租界大亨冯敬尧觉得许文强是个人才，想收为己用，但许文强更愿意自己干。冯敬尧的女儿冯程程从北平回来之时，在火车站被人劫持为人质。许文强看准时机，顺利将冯程程解救出来。自此，冯程程对许文强芳心暗许。在一次帮派间的纠纷中，丁力不顾后果地将对方老大金某杀死，引起诸帮派的围攻。许文强、丁力奋力搏杀，终是走投无路，只好求助冯敬尧。冯敬尧当然求之不得，对两人加以重用。冯程程也经常能够见到许文强。经过几次接触之后，许文强明白了冯程程的心意，发现自己也爱上了她。正当两人你侬我侬并准备结婚之际，许文强发现冯敬尧竟然向日本间谍山口香子出售情报，并要在当晚袭击精武门。许文强考虑再三，决定通过冯程程的前男友、爱国青年陈翰林通知精武门。许文强在帮助精武门之时击毙了山口香子。冯敬尧得知情况后大怒。为了让日本人息怒，冯敬尧派人到处搜捕许文强。丁力是搜捕他的人中最得冯敬尧赏识的。尽管许文强百般躲藏，还是被丁力找到。丁力贪恋当时的地位和富贵，不愿意欺骗冯敬尧，但也不愿意抓许文强。最后，他砍断许文强小指以向冯敬尧复命，并给了许文强一张离开上海的车票，让他赶紧离开。许文强狼狈乘火车到达香港。在香港，许文强认识了成书一家，并找到了一份工作，过上安稳的日子。冯程程听说许文强到了香港，也到香港找他。见到冯程程后，许文强向她说明了情况，也拒绝了冯程程。冯程程绝望地离去。但与此同时，杀手尾随冯程程来到许文强家里，没有见到许文强却杀害了成书一家。在没有许文强的上海，丁力的势力越来越大，野心也日益膨胀。许文强悄悄回到上海找冯敬尧报仇，并希望丁力能够看在往日交情的份儿上帮他。丁力帮许文强找到一个机会让他们单独见面，两个人自己决斗。最终，冯敬尧败北，死在许文强枪下。冯程程无法接受这一切，伤心欲绝，远走法国。丁力和许文强强强联合，发展成垄断法租界的势力。但是，许文强念念不忘冯程程，无心于上海的争斗。就在他准备离开上海去法国找冯程程时，被法国人乱枪打死。

该剧以民国年间的上海为背景，描述了上海帮会内人物的恩怨情仇以及许文强与冯程程之间的爱情故事。该剧主人公许文强并不是以往电视剧中常见的正面角色，其内心渗透着黑白、正邪等不同元素，是一个亦正亦邪的形象。该剧在香港播出以后引起轰动，创下较高收视率，并引发拍摄民国题材，尤其是以民国时期上海黑帮为题材的电视剧的热潮。该剧是香港电视史上较为经典的剧集之一，在香港电视剧史上具有里程碑的意义。同时，该剧开创了香港电视剧在内地播放的先河，对中国电视剧的发展影响深远。1990年，在香港评选出的20世纪80年代十大电视剧中，《上海滩》名列榜首。

（周 燕）

邵罗辉 Shao Luohui(1919-10-05～1993) 中国电影导演。本名邵守利。台湾省台南县人。早年在日本东京帝国影剧学校学习编导。1947年，返回台湾自组剧团，后因严重亏损而解散。1955年，另组“都马歌仔戏剧团”，并以之为班底，拍摄了中国

台湾第一部闽南语电影、16毫米歌仔戏电影《六才子西厢记》，成为闽南语电影的先驱。此后他将剧团交由朋友经营，自己专门从事电影创作，有时也以梅芳玉的名字参加戏剧与电影表演。1966年，编导彩色歌仔戏电影《六才子西厢记》，票房甚佳。其导演作品多以中国或日本的民间故事为题材，先后执导《薛仁贵与柳金花》《雨夜花》《西北雨》《李世民游地狱》《乞丐与艺旦》《何日再相逢》等闽南语电影。1971年，与日本大藏公司合作拍摄《试妻奇冤》《东京之夜》。1981年，宣布退出影坛。 （高小健）

邵牧君 Shao Mujun（1928-12-26～2015-06-12） 中国电影理论家、翻译家。原名邵本孝，笔名闻谷。生于上海，卒于北京。高中毕业考入上海东吴大学中文系、外文系，后转入上海圣约翰大学英文系求学。1949年，考入清华大学研究生院外国语文学系继续深造，专攻美国现代戏剧。1951年，调入中央电影局艺术委员会研究室，从事电影翻译工作。先后翻译和校订了美国电影理论家和电影史学家H.劳逊的《戏剧与电影的剧作理论与技巧》、苏联导演S.M.**爱森斯坦**的《电影艺术四讲》、荷兰纪录片导演J.**伊文思**的《纪录电影中的若干问题》等。

1956年，调入中国电影出版社外国电影书籍编辑室，负责编辑《电影艺术译丛》的西方部分。之后，相继发表了《间离效果》《蒙太奇运用的界限》《战后意大利电影的四个阶段》《德国电影中的表现主义》《关于世界电影理论的几点考虑》等译文，还翻译了德国电影理论家S.**克拉考尔**所著的《电影的本性》一书。

邵牧君发表的理论文章有《美国电影导演今昔谈》《现代派与现代化》《德国电影的新崛起》《略论西方电影中的现代主义》《电影、文学和电影文学》《一场错误的战争》《纯与非纯——当代电影理论走向辨析》《西方电影中的流派问题》等。他十分强调电影的娱乐性，发表的论文有《颠覆“第七艺术”清算“艺术电影”》《电影首先是一门工业，其次才是一门艺术》。1981年写成《西方电影史概论》一书。还曾长期担任《**世界电影**》主编，对西方电影史的研究有建树。曾任中国电影家协会理事、书记处书记，中国世界电影学会副会长。 （丁亚平）

《邵氏电影初探》 *The Shaw Screen: A Preliminary Study* 中国电影著作。黄爱玲主编。香港电影资料馆2003年出版。本书汇集了中国及新加坡多位研究者如钟宝贤、周承人、石琪、陈炜智、焦雄屏、何思颖、罗卡、张建德、吕大乐、迈克、黄爱玲、黄淑娴、容世诚、林奕华、叶月瑜、邱淑婷等对邵氏相关电影公司的研究文章及其他资料。全书勾勒了邵氏电影产业的全貌，展示了上海“天一”公司与香港早期电影的关系；梳理了上海早期电影人在“邵氏父子”“邵氏兄弟”的创作情况；对比研究了“邵氏兄弟”与“电懋”的异同。全书对邵氏海外市场的开拓与国际合作、邵氏影片的风格特征和创作特点以及文化特征等论题也均有探讨。另外，书中还对邵氏的创作人员、企业运营模式进行了分析。书中附部分邵氏电影海报、邵氏大事记、幕后人物小传、邵氏影片片目、人名索引、片名索引等信息资料。全书是研究邵氏电影家族的重要专题书籍，对研究香港电影史及香港电影产业制度发展提供了重要史料，具有较重要的学术和史料价值。 （张承宇）

邵氏兄弟（香港）有限公司 Shaw Brothers Ltd., Hong Kong 中国电影制片机构。成立于1958年。1925年，邵醉翁、邵邨人、邵仁枚、**邵逸夫**兄弟在上海创办**天一影片公司**，1934年迁到香港，1937年改名南洋影片公司，1950年改名邵氏父子有限公司。1958年，邵逸夫从新加坡赴香港建立邵氏兄弟（香港）有限公司，自任总裁，主营制片业务。邵邨人主持的邵氏父子有限公司改经营院线业务。邵氏兄弟（香港）有限公司成立之初，邵逸夫便购买清水湾46公顷的土地，削山建造邵氏影城，影城1964年落成，拥有多个摄影棚和当时亚洲最先进的设备，以及众多的管理、演艺、技术人员，成为当时香港最大的现代化电影制片厂。1971年，邵氏兄弟（香港）有限公司正式上市。

邵氏公司在香港及东南亚地区拥有大型发行放映网，全世界有100多家戏院放映它发行的影片。公司推行大厂体制和流水线式的创作，以“垂直整合”模式运营，共生产1000多部电影。**邹文怀**、**方逸华**等分别担任公司高层管理者。同时公司还推行全球化战略，除东南亚市场外，成功开拓中国台湾以及日韩市场；此外，还与欧美电影企业联合拍片，并在欧美建立影院。邵氏公司旗下拥有**李翰祥**、**张彻**、岳枫、陶秦、刘家良、**楚原**、桂治洪、张坚庭等导演，以及林黛、凌波、乐蒂、姜大卫、狄龙、傅奇等演员，也雇用贺兰山、井上梅次、郑昌和等日韩导演和摄影师。

邵氏公司所制作出品的影片以古装片、武侠片、功夫片、宫闱片居多，最具代表性的类型是**黄梅调电影**和新武侠片。黄梅调电影代表作品有《江山美人》（1959）、《杨贵妃》（1962）、《梁山伯与祝英台》（1963）等。新武侠片代表作品有《**大醉侠**》（1966）、《**独臂刀**》（1967）、《金燕子》（1968）、《刺马》（1973）、《流星·蝴蝶·剑》（1976）、《天涯·明月·刀》（1976）、《万人斩》（1980）等。20世纪80年代之前，邵氏公司的代表作有《后门》（1960）、《万古流芳》（1965）、《蓝与黑》（1966）、《少林三十六房》（1978）、《中华丈夫》（1978）等，以及功夫片《**报仇**》（1970）、《马永贞》（1972），黑帮片《成记茶楼》（1974）、《大哥成》（1975），喜剧片《大军阀》（1972）、《七十二家房客》（1972），宫闱片《武则天》（1963）、《倾国倾城》（1977），歌舞片《香江花月夜》（1967）等，都受到观众认可。其中楚原创作的《七十二家房客》具有产业意义，不仅使式微的香港粤语电影再度复苏，而且使香港国语与粤语电影融合成新香港电影。80年代后，公司代表作有《表错七日情》（1983）、《倾城之恋》（1984）、《女人心》（1985）、《非法移民》（1985）等。

20世纪80年代初，邵氏公司的电影业务不断收缩。1985年，邵氏公司将全部院线售予潘迪生旗下的**德宝影业公司**。1987年5月，邵氏公司宣布停止生产电影，全力投入TVB的电视业务，邵氏影城转为TVB的电视制作基地。2011年，新建的邵氏电影城完工，邵氏公司重回电影界。2014年1月，邵逸夫辞世，邵氏公司的电影业务陷入停滞。 （赵卫防）

邵逸夫 Run Run Shaw（1907-11-19～2014-01-07） 中国影视事业家。原名邵仁楞。浙江宁波镇海人。生于上海，卒于香港。父亲邵行银在上海从事颜料漂染业务，

开设锦泰昌颜料号。曾就读于青年会英文中学。1925年，与长兄邵醉翁在上海创办**天一影片公司**，后协助邵醉翁拍摄《珍珠塔》（1926）和《孙行者大战金钱豹》（1926），担任摄影、编剧等职，并负责外埠发行工作。1928年，随三兄邵仁枚在南洋开拓市场，经两年艰苦奋斗，二人在新加坡、马来西亚组成邵氏兄弟公司。全盛时期，邵氏兄弟公司在马来西亚和新加坡拥有160多间影

院，兼营游乐场，成为娱乐界巨头，地产物业遍布各大城市。自1933年起，邵氏兄弟公司支持天一港厂和南洋影片公司（天一港厂后身）摄制多部粤语影片，支持改组后的邵氏父子公司（由二兄邵邨人主事）在香港摄制56部"国语片"，其中优秀作品有《红玫瑰》(1952)、《梅姑》(1956)等。

1954年，邵逸夫与其他亚洲电影人一起合作，设立了东南亚影展（后改为亚洲影展），寻找商业合作交流机会。1957年，邵逸夫到香港重整制片业务。1958年，成立**邵氏兄弟（香港）有限公司**，并在清水湾兴建东南亚最大规模的现代化影城。公司成立后通过招聘、培养电影人才，后成为香港规模最大、产量最高的电影制片机构。20世纪60年代，邵逸夫聘请日本电影导演、摄影师来香港拍摄影片，充分发挥了邵氏影城的作用，提高影片产量以应院线需求。1967年，邵逸夫踏足发展迅速的电视行业，与利孝和等院线商成立**香港电视广播有限公司**（无线电视台，TVB），任董事局成员。1980年，邵逸夫成为无线电视台的最大股东，出任董事局主席。邵逸夫在无线电视台也设立艺员培训班，培养出**周润发**、**周星驰**、**梁朝伟**、**刘德华**等明星，拍摄了《**上海滩**》(1980)、《万水千山总是情》(1982)、《**射雕英雄传**》(1983)等经典电视剧。同期，邵氏电影业务不断收缩。1985年，邵逸夫将邵氏公司全部院线售予德宝影业公司，1987年5月宣布停止生产电影。2000年，邵逸夫宣布将700余部邵氏电影的永久版权以6亿港元价格售予马来西亚收费电视台亚洲卫星电视广播旗下的天映娱乐公司。2010年1月1日，邵逸夫宣布卸任TVB行政主席。

邵逸夫对于香港电影、电视的发展作出了重要的贡献，香港在第二次世界大战后能成为亚洲电影中心之一，邵逸夫功不可没，但邵逸夫视电影为商品的态度，及高度掌控旗下明星、导演的做法，也使邵氏影片娱乐性强而艺术性不足。邵逸夫晚年热心公益事业，向内地教育机构捐赠巨款建设教学设施。1977年，获英国女王授予爵士爵位，成为香港娱乐业获爵士头衔第一人。1980年，获香港大学名誉法学博士学位。1992年，被聘为首批港事顾问。1995年12月，任香港特别行政区筹委会委员。1998年，获香港特区大紫荆勋章。

（张承宇　余慕云）

绍特，W.　Waldo Salt（1914-10-18～1987-03-07）美国电影编剧。生于芝加哥，卒于洛杉矶。20世纪30年代开始编剧生涯。1978年，创作电影剧本《荣归》，获第51届美国电影奥斯卡奖最佳原创剧本奖。1969年，改编电影剧本《午夜牛郎》，获第42届美国电影奥斯卡奖最佳改编剧本奖和第23届英国电影学院奖最佳剧本奖。影片是美国新好莱坞电影的经典之作，讲述了一位得州牛仔来到现代化大都会纽约闯荡，却处处碰壁、穷困潦倒，最后被一名患有重病的流浪汉收留的故事。影片通过两人在纽约街头的游荡，展示了美国底层社会的悲惨和黑暗面，哀悼了西部开拓精神和浪漫主义牛仔形象的没落，取而代之的是商业资本主导的现代大都会文化的兴起。绍特在剧本中直面美国社会现实、关注边缘人物，其反英雄的时代气质契合当时美国非主流社会嬉皮士文化的思潮，使影片成为美国时代精神的一面镜子。

绍特的创作以城市题材及战争题材为主，编剧的作品还有《哈克贝利·费恩历险记》(1939)、《今晚，我们突袭加来》(1943)、《文克先生去打仗》(1944)、《陌生情人》(1948)、《沉默中爆发》(1961)、《烽火霸王》(1962)、《我的子弹会拐弯》(1971)、《冲突》(1973)、《蝗虫之日》(1975)等。

（张林明）

《蛇之拥抱》 *Embrace of the Serpent*　哥伦比亚故事片。布法罗电影公司、卡拉科电视台等2015年联合出品。编剧，C.格拉、J.T.维达尔；导演，格拉；摄影，D.加列格；主演，N.托雷斯、J.贝弗特、A.玻利瓦尔。

影片以一位亚马孙萨满、科瓦诺族的最后幸存者卡拉马卡特的视角讲述他与德国博物学家冯·马蒂乌斯和美国博物学家埃文前后相隔40年的两段交往经历。影片中两位学者先后前往哥伦比亚下辖的亚马孙河流域，均是为了寻找一种被称为"亚库鲁纳"的拥有神奇疗效的致幻植物。卡拉马卡特虽对白人怀有戒备，但他还是选择将自己部族的知识透露给外来者，但首要条件是白人需要对丛林怀有足够的尊重。在第一次寻找的终点，当卡拉马卡特发现致幻的植物很可能被白人提取为毒药或危险制剂时，他宁可选择放火烧掉它们。40年后，卡拉马卡特再次陪同美国学者寻找药草，并在此过程中将科瓦诺的宇宙观传授给学者。

影片的创作灵感来源于德国博物学家T.科赫-格林贝格和美国植物学家R.舒尔特斯两人的亚马孙考察笔记。影片是对美洲植物灭绝和消逝的原住民文化遗产的凄哀挽歌。影片2015年获第68届法国戛纳国际电影节国际艺术院线协会奖，2016年获墨西哥阿列尔奖最佳拉丁美洲电影奖、第88届美国电影奥斯卡奖最佳外语片奖提名。

（魏　然）

社会片　social problem film　以现实社会生活中的问题为题材的一种影片。社会片内容一般涉及整个社会领域存在的比较严重的问题，如危害社会安全秩序的结伙抢劫、殴斗凶杀、流氓活动以及家庭伦理、社会道德等各个方面。社会片因探索的是人们普遍关心的各种社会问题，所以也叫"问题片"。社会片由于其主题引人注目，加上电影艺术真实形象的表现力，因而拥有大量的观众。

社会片在暴露社会弊病和社会黑暗面方面起着积极的作用。20世纪30年代初期好莱坞拍摄的《亡命者》等影片，无情地揭露了美国社会的腐朽。70年代，日本青少年犯罪率急遽上升，形成严重的社会问题时，日本电影也以此为题材拍摄了一批社会片，如《青春残酷物语》等。80年代，中国曾拍摄了一些对青少年具有教育作用的社会片，如《陌生的朋友》《少年犯》等。

（戴中孚）

社会心理学派电影理论　social psychological film theory　运用社会心理学的原理和方法研究电影创作的理论。是20世纪60年代苏联电影创作形成的一个学派。在社会主义现实主义文艺政策的指引下，苏联电影工作者通过电影艺术手段研究人和社会集团、社会环境之间的关系，研究作品"怎样才能适应阶级和党对社会现象的态度和要求"。自20世纪60年代以来，逐渐形成了一个学派，电影理论家Y.魏茨曼称之为"社会心理学派"。在社会心理学派电影中，一个人和他人、集体、社会、环境紧密联系在一起，而不是表现孤立于社会与集体之外的"纯个人"的精神世界，也不从抽象的、游离于社会之外的角度去表现个人的问题。

导演S.A.格拉西莫夫是社会心理学派的代表人物之一，他始终坚持从观察、分析到严谨结论的创作原则，在艺术为道德服务的思想指导下，表现对人的信任、对人的精神创造的信任以及苏联人民精神的一致性。如在他的《人与兽》《记者》《湖畔》《热爱人》等作品中，遵循艺术虚构服从于社会问题研究的逻辑，力求真实，情节跟随生活的自然流动进行，对道德问题、社会问题、政治问题进行社会心理分析和研究，在形式上表现为长篇小说式的结构。

社会心理学派电影包括各种风格和题

材的作品。一批以“实干家”为主人公的“生产题材”影片，如《奖金》表现的实际上就是对生产问题的社会调查，同时也对工人的新特点和生产集体中新的相互关系进行了艺术和社会分析。关于国际政治事件的“政治电影”，通过社会和心理研究，表现事件的前因后果。一系列以妇女为主角的电影，如《卡里尼科娃医生的每一天》是对苏联社会中妇女问题的社会调查。那些表现农村问题和青年问题的影片也体现出社会心理学派的特点。

社会心理学派电影理论对中国的电影理论批评与创作实践产生了深远影响，如中华人民共和国成立后十七年间的“社会主义建设电影”、改革开放初期的“伤痕电影”和“反思电影”等，都带有一定的社会心理学派的特点。（刘宇清）

社会学电影理论 sociological film theory 运用哲学和社会学思想研究电影的社会功能、电影与社会的相互关系的理论或者学科。也称电影社会学、社会学电影批评。社会学电影批评的理论资源和研究方法非常丰富，显示出两种不同的趋向：一是运用实证主义、直觉主义、弗洛伊德学说和天主教教义的电影社会学；二是按照唯物史观来分析电影社会功能问题的电影社会学。从原则上讲，社会学电影批评要把社会学的理论和方法与研究对象有机地结合起来，联系电影作品本身的艺术结构来观察其中的社会内容，辩证地分析思想问题和艺术问题。

电影诞生之后，因为其与生俱来的群众性和广泛的影响力，很快就成为社会学关注的对象。早在20世纪20年代，人们就开始运用社会学的思想和观念来阐释电影现象和作品。一般认为，德裔英国社会学家J.P.迈耶的《电影社会学》(1946)标志着社会学电影理论的成形。另外，英国电影理论家R.曼维尔的《电影与观众》(1950)也被认为是这方面的重要著作。

20世纪60～70年代以来，电影与社会、电影与政治的关系问题日益突出，更多社会思潮和研究方法渗入电影研究领域，出现了各式各样的社会学电影理论。德国社会学家、电影学家普罗柯普将这些理论分为三类：①“镜子”论。电影就像反映不同社会意识结构的镜子，各种行为模式、人物类型和冲突公式都会在不同的电影中反复出现。S.**克拉考尔**称为“集体无意识”，P.泰勒称为“集体神经官能症”，E.莫兰称为“集体梦想”。②“操纵”论。即把电影视为对观众进行社会操纵的强大力量。③“整体”论。即把电影视为使人在社会结构中联成社会整体的手段。

在中国，电影工作者和理论批评家始终坚持以社会功能为核心的电影本体论。20世纪20年代，中国电影的开拓者们把电影视为传播科学、启迪民智的教育工具，强调电影和戏剧一样，具有表现人生、批评人生、调和人生、美化人生的功能。从30年代开始，左翼电影人十分注重对电影作品的社会内容进行分析，把电影与当时的阶级斗争、民族解放斗争联系起来。1949年之后，中国电影在很长一段时间内坚持文艺为政治服务、为工农兵服务的宗旨，坚持政治标准第一、艺术标准第二的批评原则，将电影的社会政治功能发挥到极致。80年代以来，从社会学角度研究电影的专著和文章，再次将电影作品的社会分析与艺术分析结合起来。一些电影研究者明确提出建立“电影观众学”的主张，力求对中国电影观众结构的特殊性、各时期社会心理的变化对电影创作方向的影响等问题进行科学分析。

（刘宇清）

社会主义现实主义电影理论 socialist realism film theory 电影艺术创作方法的理论。社会主义现实主义电影理论是苏联文学创作和文艺批评的基本方法，对苏联电影创作和批评产生过重要的指导作用。它要求艺术家从现实的革命发展中真实地、历史具体地去描写现实。同时，艺术描写的真实性和历史具体性必须与用社会主义精神从思想上改造和教育劳动人民的任务结合起来。它不仅推动了社会主义国家的电影创作，而且激发了一些资本主义国家的进步电影创作，在世界电影发展史上产生过极大的影响，是一种不容忽视的电影思想和电影文化现象。

1934年，苏联第一次作家代表大会通过作协章程，正式规定社会主义现实主义为苏联文艺创作的基本方法，即“社会主义现实主义，作为苏联文学与苏联文学批评的基本方法，要求艺术家从现实的革命发展中真实地、历史具体地去描写现实；同时，艺术描写的真实性和历史具体性必须与用社会主义精神从思想上改造和教育劳动人民的任务结合起来。社会主义现实主义保证艺术创作有特殊的可能性去表现创作的主动性，选择各式各样的形式、风格和体裁”。此后，社会主义现实主义这个首先由文学界提出的创作方法，便成为其他所有艺术创作普遍的指导原则。它力求遵循马克思主义哲学、美学思想，在概括客观现实时按照党性、人民性的原则，强调无产阶级立场，在作品中再现革命的进程，肯定社会主义现实，塑造为共产主义而奋斗的时代英雄人物形象。

苏联电影一直在政治、经济、文化的发展中经历美学形式的变革。从20世纪30年代中期到90年代初期，苏联官方主导执行社会主义现实主义的文艺政策，对电影创作、理论与批评产生了深刻的影响。早在20世纪20年代，一些以革命或变革为主要内容的影片，从阶级斗争视角反映现实社会，把人民群众描述为推动历史发展的主力，已经在一定程度上体现了社会主义现实主义的美学原则。比如，S.M.**爱森斯坦**的《罢工》(1925)、《**战舰波将金号**》(1925)，V.I.**普多夫金**的《**母亲**》(1926)以及A.P.**杜甫仁科**的《土地》(1930)等。20世纪30年代，苏联电影转向社会主义现实主义创作方向的首要问题是**蒙太奇学派**代表人物的转向问题。社会主义现实主义的创作方法要求他们更真实、更具体地去描写苏联的社会现实，去创造列宁在《党的组织和党的文学》中所主张的“为大众的艺术”，而不是具有抽象意念的知识分子的艺术；要去表现富有社会内容的内在冲突，而不是强调形式主义的外在冲突；要刻画具体的人物形象，而不限于即兴的人物速写。《夏伯阳》(1934)、《列宁在十月》(1937)、《马克辛三部曲》(1935～1939)等影片的出现，标志着社会主义现实主义电影的创作日趋成熟。到了20世纪40年代，社会主义现实主义方法一度受到庸俗社会学的影响，把方法当作规范，限制了艺术个性的发展。50～60年代，随着苏联国内政治形势的发展，苏联文艺界开始讨论和重估社会主义现实主义方法，发掘其中的人道主义内涵，在内容上要求充分反映人的内心世界，赞美人的全面和谐发展，在方法上鼓励多样性和独创性。电影界创作出了一大批反映苏联人民精神风貌的优秀影片，如《**雁南飞**》(1957)、《**士兵之歌**》(1959)。70～80年代，随着思想解冻，对社会主义现实主义的讨论也不断深入。有的理论家认为，社会主义现实主义是“真实地描写现实的历史的开放的体系”；有的理论家认为，社会主义现实主义作为一种创作方法是稳定的，作为一种思想美学体系实际上是“封闭”的，而社会主义现实主义艺术是“开放”的，应该开放地吸收不同的艺术形式、风格手法。总之，社会主义现实主义概念在讨论中不断地被建构、解构、延伸、扬弃，相应的创作方法在艺术活动中不断地被实践、演变，涌现出众多不同风格、不同流派、不同样式的优秀作品，如《**这里的黎明静悄悄**》(1972)、《白比姆黑耳朵》

(1977)、《莫斯科不相信眼泪》(1980)等。80年代末90年代初，苏联国内政治形势发生了根本变化。1991年12月，苏联解体，它所倡导的社会主义现实主义方法及原则也随之终结。（刘宇清）

《射雕英雄传》 *Legend of the Condor Heroes* 中国电视连续剧。香港电视广播有限公司（TVB）1983年出品。改编自金庸同名武侠小说。编剧，张华标、陈翘英；导演，王天林；主演，黄日华、翁美玲、苗侨伟、杨盼盼。

故事讲述了南宋年间，临安郊外的牛家村中，郭啸天和杨铁心两个把兄弟的夫人都怀孕了，两家约定为孩子取名郭靖、杨康，勿忘"靖康之耻"之意。不料，杨铁心夫人包惜弱的美貌引来大祸，大金国赵王联合官员段天德血洗村庄。后来，郭靖在大漠长大，性格淳朴善良；而杨康成了小王爷，奸诈狡猾。18年后，郭靖奉师命南下，遇东邪黄药师之女黄蓉，两人情投意合，共闯江湖。而杨康得知自己身世后，虽有爱人穆念慈规劝，但却贪恋富贵，继续认贼作父，最终惨死铁枪庙，留下遗孤取名杨过。郭靖为报国仇家恨，走遍大江南北，先后得到北丐洪七公、老顽童周伯通传授武功，和梅超风、西毒欧阳锋、裘千仞等交手，功夫修为大有长进。在民族大义面前，郭靖拒绝了成吉思汗的赏识，救援襄阳城，守护了大宋国土，成为一代大侠。

该电视剧分为《铁血丹心》《东邪西毒》《华山论剑》三部分，以古代宋、金、蒙古三国对峙为背景，围绕郭靖、黄蓉、杨康、穆念慈四人的故事展开，讲述了郭靖在经历各种磨难后成为一代大侠以及他与黄蓉之间的爱情故事。该剧曲折跌宕的情节设计、单纯的爱情关系、激烈的打斗及精彩的对白都深深地吸引了观众。该剧1983年在香港无线电视台播出后，收视率极高，成为一部公认的经典武侠剧。自《射雕英雄传》小说出版以来，出现过多个版本的改编电视剧，其中，最为经典的是1983年TVB版。该剧1983年获美国纽约国际电影电视节金牌奖。（张　燕）

摄像机控制单元 camera control unit　负责讯道摄像机供电、信号传输、参数调整的模块。摄像机控制单元将讯道摄像机摄取的视频信号进行解调和编码处理，并对各个讯道摄像机的主要技术参数如黑白平衡、光圈、快门等进行遥控调整，使多讯道制作系统中的各个讯道摄像机的参数都能够互相匹配。

摄像机控制单元的操作面板一般由视频工程师进行操控，在录制前和录制过程中对各讯道摄像机的技术参数进行实时监看和调整，确保录制信号符合技术要求。有了摄像机控制单元，讯道摄像师就可以集中精力进行画面的构图、焦点的控制和镜头运动的实现，不必像普通电子新闻采集摄像师那样在拍摄画面的同时还得实时关注并调整摄像机的技术参数。（郑　月）

摄影曝光 photographic exposure　影视摄影、照相时通过物镜使感光片接受光照的过程。曝光量（H）是感光片上所接受的照度（E'）与曝光时间（t）的乘积，其单位为勒·秒。如下式：

$$H=E'\cdot t\ (\text{勒·秒})$$

感光片上所接受的照度（E'）由摄影物镜的相对孔径控制。照相机的曝光时间（t）由快门控制；影视摄影机的曝光时间（t）由摄影机的频率（n，每秒拍摄的幅数）和光闸开度（α）控制。如下式：

$$t=\frac{\alpha}{360°\times n}\ (\text{秒})$$

一定的胶片，在一定的显影加工条件下，所要求的恰当曝光量是一定的。摄影曝光在拍摄瞬间进行，但它的实现却离不开洗印阶段，离不开负片显影对密度、影调与色调的影响，因此选定控制影响显影程度的因素（如选定适当的洗片工艺、显影液配方、显影时间与温度）是实现摄影曝光准确控制的关键措施。

摄影曝光的准确控制必须以曝光测定为基础，要在与实际拍摄完全相同的条件下进行试拍测定。选定曝光组合的依据是摄影曝光的重要内容。在摄影实践中，可以依据景物所接受的照度确定曝光，也可依据景物的亮度曝光。摄影曝光的确定还应当注意到胶片或记录载体的宽容度与景物的亮度范围。

摄影曝光是否恰当，与所摄画面中的亮度平衡有密切关系。对画面中大面积的过亮部分与过暗部分，可采取调节照明、调配景物或利用前景、道具等手段进行调整。摄影曝光应在全面了解和掌握摄影设备性能、曝光计原理及使用方法、洗印特别是显影的方法、曝光测定及生产试验的方法、量光及订光的方法、基准亮度选定的方法、宽容度应用及亮度平衡艺术处理的方法之后，结合摄影、洗印、放映的条件进行。（刘国典）

摄影构图 photographic composition　摄影创作的重要构成和环节。摄影构图的前提是立意，一定的构图形式总是围绕着摄影画面所要传达的主题观点来进行的。无论是动态构图还是静态构图，均是一个组织和经营的过程。在这一过程中，摄影者利用一定的摄影手段或技法将对主题表达有用的物体纳入镜头之内并进行一定的处理或控制。摄影构图的结果是某种特定的画面形态。这些不同的画面形态因存在一定的规律性而往往被划分成几种有限的类型。如对角线构图、三角形构图、三分法构图等。

摄影构图的基本要求　摄影构图一般有以下几方面要求：①简洁。利用摄影手段让主体更加明显于陪体，在主陪体信息量的比例上遵循节俭原则。②完整。尽量使主体得以充分表现或使画面所要表达的主题完整。③生动。注重主体形象的形态、动作、表情所传达出的环境气氛的现场性。④稳定。通常要保持各景物在画面中视觉形态上的平衡，即应处理好主与次、白与黑、动与静、远与近、大与小等相互关系。

形状与构图　形状是构图中最基本的构成要素，它是识别物体整体形态的主要依据。在摄影中，物体的外部特征首先要依靠形状来反映，各物体间的形状对比还能形成某种反差和节奏特性。视觉形象也只能通过形状来认识。正方形、长方形等形状通常给人以平稳的感觉。正立的三角形给人以稳定、优势强烈的感觉。曲线则能给人以运动感或流动感，比如起伏的山脉、水流，以及女性的身体等。圆形代表一种饱满的感觉，能够唤起人们圆满、温暖的情感。

线条与构图　线条是构成形状的基本要素，它是面的分界线，可以形成最为抽象的形式元素，是构图的骨架。根据在画面中所占据的面积比例，有时形状也可抽象为线条，从这个角度讲，线条又可被看作是一种更极端的形状。在摄影构图时，不同线条的位置和方向往往会被当作一种象征，它能使人们产生一定的联想。比如，垂直的线条会给人以高大挺拔、威严庄重之感，从而能传达出一种积极向上的力量；水平线条则给人以安稳、舒展之感，传达出一种踏实安定的坚实感；倾斜的线条则有一种危险、不安定，甚至超越控制的倾向。直线简单直接，曲线则富于变化。

在摄影画面构图时，应将画面中线条的安排和结构问题放在首要位置考虑。如主体和前后景各是什么样的线条结构。对于那些线条感不明显的景物，不仅要学会如何看出其中的线，而且要善于看到由线条所构成的各种体和面。

影调与构图　影调主要指摄影画面的

明暗关系，它是构成摄影画面的基本因素。在摄影构图时，常常利用明暗对比来形成主体与陪体间的对比关系，从而达到突出主体的目的。

影调的明暗关系又可分为亮度和**反差**两大因素，按亮度分布不同，摄影画面可分为高调、低调、全调；按反差程度不同，摄影画面可分为软调、硬调和中间调。无论调性分类如何，作为摄影构图中的一个基本元素，它主要依照明暗对比布光法的基本构成来完成主体与前后景的区分与对比关系。

质感与构图　质感是指被摄物体表面结构特征被摄影画面所再现的一种综合的感觉程度。质感又往往被理解为被摄对象最鲜明的外在形象特征。只有把质感和轮廓形式的表现结合起来，才能完成摄影画面对物体的真实再现。

用光是表现物体质感的最关键因素，粗糙面的物体宜使用柔和的散射光从侧面进行打光，光滑面物体的质感表现则往往借助光的照射角度来控制，适当的镜面反射有利于体现其光滑的程度。

（李　勇）

摄影光线　photographic light　影视摄影艺术创作的造型表现因素之一。

光线种类　**影视摄影**创作中光线的种类划分。不同的划分标准可将光线赋予不同的名称。按光线性质可分为直射光和散射光，即硬光和软光两种。按光源可分为**自然光**和**人工光**两种。按光的作用可分为**主光**、补助光、背景光、眼神光、发光、修饰光等。按光的方位可分为**正面光**（顺光）、背面光（**逆光**）、顶光、脚光、侧顺光、侧光、侧逆光等。

光线设计　在拍摄之前制订出的照明、光线设计及布置方案。光线设计包括光源的使用、色温的选择、亮度的大小、光质的软硬、光比的大小等。除了要考虑灯具光线本身的选择和使用，更重要的是需要结合具体拍摄内容、场景、人物以及艺术表现的程度。光线设计要先以实际为重，再考虑艺术表现，随后进一步更细致地确定光线与内容的设计搭配，最终通过光影的设计，在符合生活逻辑的基础上为整个摄影艺术创作锦上添花。

光线平衡　根据技术和艺术的要求对光线明暗对比、明暗范围和明暗配置的调整。光线平衡有两个方面的意义：①技术掌握。从记录载体的特性出发，使景物的亮度范围适合记录载体的感光度和宽容度，使景物明暗对比与胶片的反差相适应。可用测光表直接测光控制，同时控制景物亮度间隔达到控制记录载体密度间隔的目的。正确掌握两者之间的关系是摄影师处理银幕上影调的前提。②造型和艺术气氛的控制。摄影师凭生活经验用目测来判断各估量光线情况是否符合光线的自然规律，改正和舍弃不必要的光线，同时还要从剧情出发去观察和鉴别由光线的方向、明暗对比配置以及光色所构成的光线效果是否达到了预期的光线气氛。

光线条件　摄影创作中被摄体及周围环境的照明情况。光线条件包括光源种类、光线性质、光线方向、明暗分布以及光色成分等，是摄影的重要表现手段之一。摄影师可借助不同光线条件完成摄影曝光、摄影造型，并创造各种光线效果和光线气氛。光线条件的不同，直接决定了拍摄效果，这就需要摄影师充分利用好不同的光线条件、拍摄手段来拍摄出丰富多彩的画面或艺术作品。

光线气氛　运用光影造型、光线设计组合，对一场景或一景物营造出需要的气氛，达到渲染整体环境或情绪的目的。光线气氛是气氛镜头组成的重要条件，通过光线对规定情境的环境渲染，可加强对人物内心的刻画。如在苏联影片《**母亲**》（1926）中，丈夫符拉索夫酒醉回家，摄影师用人工光将他醉后跌跌撞撞的体态造成巨大投影，飘飘忽忽投落在整片墙壁上，随着他步履蹒跚而变实，造成恐怖、压抑的气氛，母亲也像是被黑影所压迫。这场戏中光线气氛既表现了符拉索夫的悲剧结局，也表现了母亲的痛苦生活。摄影师也常选择自然光来创造特定的光线气氛。如在苏联影片《乡村女教师》（1947）中，有一场光线气氛对比极为强烈：瓦尔瓦拉带着她的学生进城赶考，去时阳光明媚，白云朵朵；而归途中却是阴云密布，天气昏暗。两种光线气氛表现出师生在同一地点的两种不同的心情，去时带着欢快的希望，归时怀着失望的痛苦。光线气氛有多种多样，如昏暗潮湿的监狱、灯火辉煌的宫殿、恐怖的剪影、花前月下依偎的恋人等特定的光线气氛。电影中经常呈现的阳光、月夜、雷雨、晨雾、暮霭等画面，都可以称为光线气氛画面。

（张　桥）

摄影机运动控制系统　camera motion control system　随着数字技术的发展而产生的一种利用计算机后台来完成对摄影和辅助硬件电机马达的控制，进而使摄影机按照预先设定程序完成如移动、旋转、摇摄、升降、变焦和对焦等精准运动的系统。简称MoCo。该系统最早产生于20世纪70年代。通常用于一些常规摄影手段无法完成的复杂运动镜头的拍摄，或者对高精度运动轨迹进行重复拍摄。摄影机运动控制系统主要由计算机控制系统、电路控制系统和伺服马达控制系统三部分组成。其工作原理是计算机控制系统发出脉冲数据，电路控制系统接收脉冲数据后给伺服马达系统供电，并产生开关信号，伺服马达系统接收数据脉冲和开关信号后，驱动相应的传动带或齿轮完成指令动作。

摄影机运动控制系统一般具有以下几个技术特点：①重复拍摄高精准运动轨迹镜头。该系统由计算机后台来控制，所以摄影机运动的轨迹数据被精确地记录、存储在计算机内，数据不但可以编辑修改，而且可以反复重复同一镜头。②真实和虚拟摄影机运动轨迹数据共享。真实摄影机的运动轨迹数据可以被3D软件中的虚拟摄影机读取，并和三维电脑特技结合，方便制作出有特殊艺术效果的镜头。③特殊条件下的**运动镜头**拍摄。摄影机运动控制系统经常用于危险、恶劣、超自然等特殊环境中的运动镜头拍摄，比如和危险猛兽共存、水下、微观等环境。④方便实现运动镜头的群体效果。采用摄影机运动控制系统，可以实现对群体运动镜头的多次重复拍摄，避免了对群体画面采用固定机位多次拍摄再后期合成的传统拍摄方式，极大地丰富了群体画面的艺术表现效果。

扩展阅读

刘进.先进的摄影机运动控制系统.影视技术，2004(5).

（高贺胜）

摄影师　cameraman　影视作品主要创作人员之一。见**影视摄影**。

《神笔》　*The Magic Brush*　中国彩色木偶片。上海电影制片厂1955年出品。改编自洪汛涛的童话小说《神笔马良》。编导，**靳夕**；摄影，章超群、赵克骏；木偶表演者，夏秉钧、尤磊、周曼玮、吕衡。

故事讲述了放牛娃马良用树枝和木炭作笔，苦练绘画。后得神仙赠予的神笔，画出的东西都能变成真的。从此马良以笔画画，救助穷苦农民。贪官得知后，逼马良画一座金山。马良利用其贪欲，以神笔画海和风浪，在海中心画了一座金山，当贪官和其奴才乘船去搬金子时，狂风巨浪将他们吞没。

影片叙述了一个中国古老的民间神话传说，是一部宣扬正义必定战胜邪恶的信念，反映劳动人民惩恶扬善意愿的神话木偶动画片。影片在造型设计上将戏曲脸谱演化为近似夸张的漫画，同时在服饰上赋予人物性格特征。影片既有浓厚的民族风格，又有木偶片的假定性特征，两者浑然一体。

影片是中国第一部在国际上获奖的美术片。影片1957年获文化部1949～1955年优秀美术片一等奖，第2届波兰华沙国际儿童电影节木偶片特别优秀奖；1956年获第8届意大利威尼斯国际儿童电影节儿童文娱片一等奖，第3届叙利亚大马士革国际博览会电影节短片银质一等奖，第1届南斯拉夫贝尔格莱德国际儿童节优秀儿童片奖。（陈　野）

《神女》 *The Goddess*　中国故事片。联华影业公司1934年出品。编导，吴永刚；摄影，洪伟烈；主演，阮玲玉、黎铿、章志直、李君磐。

故事讲述了在20世纪20年代旧上海的街头，一位妓女在混乱、黑暗的夜晚，刚躲过巡夜警察的追捕，又落入流氓的控制。为躲避流氓欺凌，多次迁居，并想找工作跳出火坑。而工作没有着落，流氓又找上门来，以卖掉她的孩子相要挟。她被逼继续卖笑。她想抚养孩子上学，但社会上的偏见迫使聪明好学的孩子离校。当她正想带孩子离去之际，流氓偷走她多年的积蓄。狂怒之下她砸死流氓，自己被捕入狱。

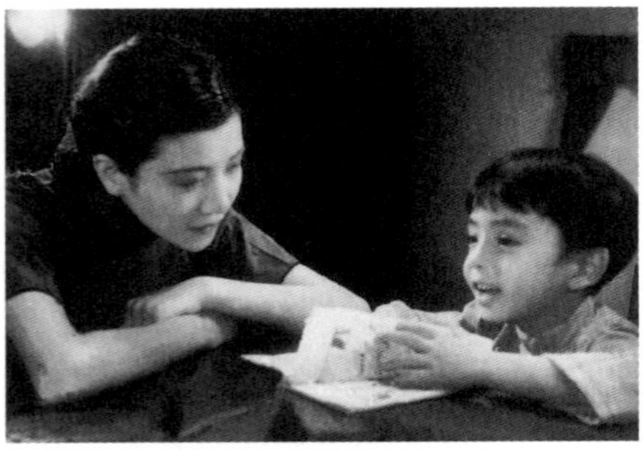

《神女》剧照

影片揭露了20世纪20年代中国社会的黑暗，描述了上海一位妓女的血泪生活，将她的不幸遭遇和崇高的母爱和谐完美地结合在了一起。影片在视觉造型上，透露出一种真实、朴素的清新气息，形成了一种委婉、含蓄的艺术风格。演员阮玲玉的表演细腻真实，生动传神，将一个悲苦的妓女形象刻画得栩栩如生。影片被誉为中国无声电影的巅峰之作。（王云缦）

沈浮　Shen Fu（1905-03-23～1994-04-27）中国电影导演。生于天津。出身于码头工人家庭。自幼生活贫困，虽勤奋好学，但小学未读完就被迫去照相馆当学徒，利用

工作之便偷学摄影，后被辞退。1924年，考入天津渤海影片公司当演员，不久编导并演出了喜剧短片《大皮包》。公司倒闭后，沈浮仍坚持钻研电影。他以影院为课堂，学习各类影片，其中美国喜剧演员C.卓别林主演的《淘金记》等影片对他影响尤深。

1933年，进入上海联华影业公司，初期编导或演出的影片，如《无愁君子》《天作之合》等多具喜剧色彩。1936年，构思编写了影片《狼山喋血记》，用象征、隐喻的手法，告诫人们要与凶残成性的侵略者作顽强的斗争。抗日战争时期，在重庆从事话剧工作，写了《金玉满堂》《重庆二十四小时》《小人物狂想曲》等舞台剧本，广泛演出。抗日战争胜利后，先后在北平、上海等地从事电影工作。1946年，编导了一部美化美国神父的影片《圣城记》，受到进步舆论的批评。他接受了批评，第二年就编导了一部有进步意义和一定艺术特色的影片《追》。1948年，编导了在中国电影史上有重要价值的影片《万家灯火》，并编写了影片《乌鸦与麻雀》的文学剧本。

中华人民共和国成立后，他先后执导了《李时珍》(1956)、《老兵新传》(1959)、《万紫千红总是春》(1959)、《北国江南》(1963)、《曙光》(1979)等10多部影片。这些影片反映了他勤奋、刻苦追求，在艺术上坚持现实主义创作方法的精神。在导演处理上，他将饱满的激情和细腻的刻画融为一体。曾任上海电影制片厂厂长、中国电影家协会常务理事、中国电影家协会上海分会主席。1994年，获得首届中国电影导演协会年会终身成就奖。（王云缦）

沈嵩生　Shen Songsheng（1931-09-14～1998-03-14）中国电影理论家、电影教育家。生于浙江海宁，卒于北京。1952年，毕业于南京金陵大学影音专修科。留校任教后，在全国院系大调整时来到中央人民政府文化部电影局电影学校（今北京电影学院），先后任摄影系教师、文艺理论教研组副组长、编导系副主任、文学系主任。1983年7月至1992年12月，担任北京电影学院院长。任教期间先后主讲了电影摄影艺术、艺术概论、电影艺术概论、影片分析等课，并担任电影历史与电影理论方向的硕士研究生导师。其重要论文有《电影艺术特性》《电影剧作与电影造型》《电影中的色彩》《在动作中写人》《叩一叩摄影美学的大门》《构思、运动、用光》《眼神的魅力》以及与葛德合写的《新时期电影摄影造型的崛起》《纪实派与绘画派的融合》，著有专著《电影摄影技巧与理论》等，并主编了“大学电影教材”系列丛书。

在教育思想上，主张通过提高学生的社会责任感，使他们重视文艺创作的社会效益和群众的审美趣味，要求学生首先掌握常规电影的拍摄。重视教学改革，提出综合培养的教学思想。1984～1985年，他领导全校师生进行教育改革的大讨论，进而制订出了新的教学计划以及综合培养的方案，比如每个专业的学生都要学习电影学科的五个基础课程，即电影剧作、视听语言、电影造型、电影声音、电影技术概论。他提倡教学应该与科学研究、艺术创作相结合。在他任职期间，北京电影学院集中编写、出版了几十本教材，学院教师还在青年电影制片厂拍摄了《珍珍的发屋》(1986)、《湘女萧萧》(1988)、《本命年》(1990)、《北京，你早》(1990)等多部作品。另外，他还非常重视人才，重视教师队伍的建设和培养，鼓励学校老师出国学习或者访问，重视跨学科吸纳青年教师人才。曾任国际电影电视高等院校联合会委员、国家教委学位委员会第2届和第3届艺术学科委员、中国高等院校影视学会会长、中国电影家协会理事、中国电影基金会理事、中国影视交流协会常务顾问等职。（戴德刚）

沈西苓　Shen Xiling（1904～1940-12-17）中国电影导演。原名沈学诚，笔名叶沉。生于浙江德清，卒于重庆。中学时代热爱绘画，大学毕业后考取官费生，留学日本，

后结识戏剧家秋田雨雀等人，在艺术上开始有所升华。1924年，在日本筑地小剧场担任实习美工。1928年回国，参加创造社，从事文艺译著。1929年加入上海艺术剧社，参加演出并自任导演。1930年与许幸之、王一榴等发起组织左翼美术团体时代美术社。同年参加中国左翼作家联盟，是发起者之一。后应天一影片公司之邀，从事美工布

景工作，并对电影编剧艺术进行探索和研究。1932年，编写了以上海女工生活为题材的电影剧本《女性的呐喊》。后离开天一公司，入**明星影片公司**任导演，并参加创办中国最早的左翼电影理论刊物《电影艺术》。1933年2月当选为中国电影文化协会执行委员，并担任宣传部领导工作。同年，导演了《女性的呐喊》，反映了底层民众的遭遇和觉醒，有鲜明的反帝反封建思想。同年，又完成了《**上海二十四小时**》，影片以新颖的艺术构思，简洁的蒙太奇处理，真实地表现了20世纪30年代都市生活中尖锐的阶级矛盾。影片完成后被无理删剪、扣压，他一度愤而离开电影界，以示抗议。《女性的呐喊》和《上海二十四小时》两部影片代表了他从美工师到电影导演的转型。同年参与轰动一时的《怒吼吧，中国！》的联合演出工作。

1934年，与**郑正秋**合作，参加影片《**姊妹花**》的拍摄。后参加拍摄《女儿经》，比较真实地描写了当时社会中形形色色妇女的生活。1935年，编导了反映抗日救亡主题的《乡愁》和描写黑暗社会劳动妇女悲惨生活的《船家女》，这两部影片独具艺术特色，画面剪辑、节奏、音响都处理得很好，具有一定的艺术感染力。1936年，在**夏衍**的协助下，将爱尔兰剧作家S.奥凯西的《朱诺和孔雀》改编为《醉生梦死》，并亲自执导。同时积极参与国防戏剧运动，与夏衍、于伶、凌鹤等集体创作了《撤退赵家庄》等。抗日战争全面爆发后，又集体执导《保卫卢沟桥》，在上海蓬莱大戏院演出，轰动全市。其间，还创作了《在烽火中》《罗店夜战》等独幕剧。当上海成为孤岛时，他和姐姐沈兹九一道离沪赴汉，后迁居重庆、成都，导演了舞台剧《民族万岁》《塞上风云》和《一年间》。

1937年，在改组后的明星影片公司二厂编导了《**十字街头**》。影片个性鲜明、剪辑简练集中，很有生活气息，反映了他在艺术上的成熟。1937年7月当选为电影界工作人协会常务理事。1938年，在武汉当选为中华全国电影界抗敌协会理事，被中国电影制片厂聘为编导委员。后与夏衍、冯乃超、郑伯奇等人组织艺术剧组，演出《炭坑夫》《西线无战事》等剧。1939年编导了影片《中华儿女》，以4个故事短片交织组成中国人民群众投入抗日救亡的动人画幅。沈西苓导演的影片都不同程度反映了现实生活，有鲜明的抗日爱国思想。他兼具编剧、导演、诗歌、绘画等才能，又会翻译，是个全才艺术家。

（张德明）

升格摄影 shooting at higher-than-normal frame rates　拍摄速率超过24格/秒的摄影，是变速摄影的一种。俗称慢动作。升格摄影是取得特殊银幕效果的一种电影摄影方法。根据银幕艺术效果的要求，摄影速率可提高至48格/秒甚至300格/秒。以此摄取的画面，以正常的24格/秒速率的放映机放映，可获得比实际运行过程缓慢，甚至超慢速的效果。使用这种方法拍摄的镜头，在银幕上通常称为“慢动作镜头”或“慢镜头”。这类镜头，可使一些快速运动的过程，在银幕上缓慢地展现，便于观察、欣赏与研究。在艺术片、纪录片中常用于表现某些运动和舞蹈的精彩片段。在故事片中，多用于梦境、幻想或某些神话的场景。也有的导演用以表现现实生活的瞬间。

（陈　青）

《升官记》 *A Promotion to Remember*　中国彩色戏曲片。北京电影制片厂和湖北电影制片厂1982年联合出品。根据京剧《徐九经升官记》改编。编剧，郭大宇、志淦；导演，肖朗；摄影，李月斌；主演，朱世慧、陈国光、胡为之。

故事改编自张寿臣的单口相声《姚家井》，讲述了明朝时期，在并肩王的小舅子尤金大喜之日，安国侯的干儿子刘钰带兵闯入府中，抢走了新娘李倩娘。由于双方势力庞大，朝廷无人敢接案。此时，并肩王举荐了一直怀才不遇的玉田知县徐九经。徐九经奉旨进京，一心想大展宏图。徐九经刚上任，便前往侯府，侯爷命他将李倩娘断给刘钰，而徐九经用激将法将李倩娘带出侯府。徐九经回到尤府，尤金拿出了与李倩娘的婚书，并肩王将尚方宝剑借给徐九经，命其将李倩娘断给尤金。徐九经经了解得知李倩娘与刘钰早有婚约，且二人情投意合，尤金为抢夺人妻者。在并肩王不断施压下，徐九经经过激烈的思想斗争，决定秉公执法。开堂审案时，徐九经用尚方宝剑镇住了并肩王，用计策使尤金承认了自己伪造婚书的罪行，最终定了尤金的罪，依法了断此案，使刘钰与李倩娘有情人终成眷属。徐九经在此案结束后，辞去官职，卖酒为生。

影片成功地塑造了徐九经不惧官场恶势力，刚正廉洁的正直形象，同时批判了权贵间只为私利不惜枉法的行径。影片为新编古装历史剧，既继承和发展了传统京剧的表现方式，又运用电影化手段增强了作品的表现性，如在徐九经审案时，电影运用闪回的手法，把徐九经痛苦屈辱的仕途经历和内心坚毅的性格展示出来，巧妙地将人物的内心斗争直观地展现在银幕上，打破了舞台空间的局限性，增加了剧作结构的冲突性，更增强了影片的艺术表现力。影片在布景、人物造型上也注重配合剧情的发展而变化。影片不拘于形式，用电影手段制造出喜剧效果，具有一定的创新性。影片1982年获文化部优秀戏曲片奖。

（高小健）

《生产与战斗结合起来》 *Combining Production and Combat*　中国纪录片。又名《南泥湾》。**延安电影团**1942～1943年摄制。编辑，钱筱璋；摄影，**吴印咸**、徐肖冰。

《生产与战斗结合起来》剧照

影片实地记录了南泥湾开发之前的一片荒芜，记录了三五九旅指战员以饱满的革命热情，克服重重困难开荒种地、挖窑洞、盖房子、养猪放羊、纺线织布、土法造纸，把南泥湾变成了塞北江南的真实情景，并且保存了毛主席为影片书写“自己动手、丰衣足食”题词时的珍贵镜头。影片通过对南泥湾大生产的记录，说明在中国共产党的领导下，边区军民通过自力更生、艰苦奋斗，是能够战胜日本侵略者的围攻和国民党军队的经济封锁的；生动地表现了边区军民不畏困难、顽强战斗的革命英雄主义精神。

影片于1943年2月在延安和陕甘宁边区上映，受到中共中央领导同志和广大军民的热烈欢迎，是一部具有革命历史文献价值的纪录片。

（张兆龙）

《生命》 *Gift of Life*　中国纪录片。全景传播基金会2004年出品。导演，吴乙峰；摄影，吴乙峰。

影片以1999年9月21日发生在台湾南投县的“9·21”大地震为背景，记录了4个在地震中丧失亲人的家庭在灾后几年间如何进行“心理重建”的过程。其中失去女儿的电钻工人张国扬和吴玉梅夫妇在工地上进行着艰辛的劳动；失去母亲和孩子的一对夫妇决定在灾后重拍结婚照，再度蜜月行；年仅16岁、痛失双亲的女孩发觉自己怀孕后，坚持生下孩子，期盼延续出一个家而不孤单；徘徊在自杀边缘的罗佩如则克服梦魇，远渡重洋到美国实现自己留学的梦想。

影片打破了纪录片“写实主义”形式和风格的既有模式，具有浓厚的人文关怀精神和生命主体意识。影片于2004年进入台湾电影院线放映后创下超过1000多万台币的票房纪录，是当年包括剧情片在内的台湾本地影片票房的第1名。影片2003年获第8届**日本山形国际纪录片电影节**优等奖、法国南特三大洲电影节观众票选最佳纪录片奖。（李　晨）

《生命与蛋白质——人工合成胰岛素》 *Life and Protein: Artificial Synthesis of Insulin* 中国彩色科教片。**北京科学教育电影制片厂**1980年出品。编导，万迪基；摄影，张宝义。

影片介绍了1965年9月17日，中国科学家在世界上第一次完成人工合成的结晶牛胰岛素，此举标志着中国的生化技术在人类揭开生命奥秘的道路上已达到世界领先水平。影片全面回顾、总结了中国科学家从1958年就开始的人工胰岛素研究，一直到1965年成果发布的全过程，对人工合成胰岛素的性质、功能、价值等进行了详尽的介绍，对来自国内多所研究机构科学家的辛勤工作进行了披露和表彰。

影片克服了年代久远、事过境迁等带来的困难，大量采用动画加实景特写和当年参与研究相关科学家的采访素材，来呈现当年研究的过程，以避免虚假的情景再现和摆拍；特别是在普及蛋白质基本知识的基础上，阐明了人工合成胰岛素的重大科学价值。影片构思严谨，主题突出，叙事由浅入深，形象生动，如用大型团体操的形式来比喻整个生命运动，而每一个参与团体操表演的个人就犹如整个生命运动中的一种蛋白质等，十分通俗易懂，在利用电影的视觉特性来表现微观、抽象、深奥的科学原理方面，进行了有益的探索。影片1980年获文化部优秀影片奖，1981年获第1届中国电影金鸡奖最佳科教片奖。（刘乃康）

《生死恨》 *Regrets of life and death* 中国彩色戏曲片。华艺影片公司1948年出品。改编自同名京剧。编剧，梅兰芳、**费穆**；导演，费穆；摄影，**黄绍芬**、李生伟；主演，梅兰芳、姜妙香、萧德银、李庆山、李春林。

影片故事原型见于明初陶宗仪《南村辍耕录》中的一段记载，舞台剧由齐如山根据明传奇《易鞋记》改编。

故事讲述了北宋末年，金兵经常犯界骚扰，汉人常被金兵掳掠为奴。金兵统帅

《生死恨》剧照

张万户家就有掳来做奴仆的程鹏举、韩玉娘，中秋节时，他下令强迫二人成亲。新婚之夜，韩玉娘向程鹏举发泄了自己内心被逼婚的屈辱，并动员程鹏举逃回祖国，报仇雪恨。事情败露后，玉娘又被张万户卖给他人为妻。分别时，玉娘赠耳环于鹏举，同时也捡得鹏举一只鞋子作为纪念。此后鹏举终于逃回国并从军，打退了金兵，官至襄阳太守。他感念玉娘旧情，十年未娶。后派部下赵寻带耳环与鞋寻访，而此时，玉娘已身染重病。鹏举赶来，二人抱头痛哭，玉娘香消玉殒。

作为中国第一部彩色电影，也是中国第一部彩色戏曲片，影片在艺术表达上取得了较高成就，体现出费穆和梅兰芳对戏曲和电影融合的深入思考。首先，剧本方面进行重新整理，不仅有场次增删与合并，而且对台词和舞台表现也进行重新加工，从舞台剧的21场改为19场，由此剧情更为集中，适合电影表达要求。其次，在表演方面，梅兰芳尽量保留戏曲表演的程式性，同时也增加了一些生活化动作，能够直接明确地传达人物状态，并能够较好地配合电影实景。为结合特写或近景镜头优势，梅兰芳还通过眼神或脸部表情变化着重表现人物心理。另外，在布景和道具方面，影片改为写实和写意相结合，在摄影棚拍摄，搭建场景样式较为丰富，贵族和贫民空间都有体现，注意在审美上权衡象征和写实的关系，同时也注意适应表演程式和身段运动。道具方面也酌情使用了很多真实物件，比如织布机、梭子等。影片虚实交融的布景形式为此后**戏曲电影**的表达开辟了新的道路。

此外，为了提高声画结合的效果，影片采用了先期录音，而后翻录进电影声带，而全片更是在剧本、布景、录音全部完成后才开始真正拍摄，这体现了创作者的严谨态度。整体而言，影片《生死恨》的出现标志戏曲电影发展进入了一个全新阶段。在创作观念上，影片对戏曲的电影化表现进行了主动、有效的思考和尝试，并为写意和写实两种美学特征的融合积累了宝贵经验。

当然影片也存在遗憾，比如拍摄时使用16毫米胶片，因为无法录制音轨和放映，不得已赴美国洗印扩大成25毫米格式，色彩由此被冲淡，留下一定遗憾。但无论如何，凭借在艺术和技术两方面的突出成就，影片《生死恨》是费穆和梅兰芳两人一生最重要的戏曲电影代表作。（高小健）

声音监制 sound supervisor 影视声音创作和制作过程中对声音艺术创作水准、录音技术制作质量及制作工艺流程进行全面质量把控和管理的声音专家。声音监制是影视工业尤其是影视声音创作职位分工细化与规范化的产物。随着影视生产工业化不断发展深化，现代影视声音制作工艺流程已呈现出从传统的“录音师一人负责制”向“专业分工团队合作制”转变的趋势，更加注重每个制作岗位的细化分工和团队的协同效能。缘此，声音监制职位应运而生。

声音监制是监督性职位，受制片部门和导演部门的委托和授权，对声音部门的整体创作和制作过程进行有效监督和质量把控，以保证声音部门的艺术创作水平和技术质量。如声音艺术创意的设计是否符合影片的风格要求；录音实施计划是否按照要求进行；工作进度和制作周期是否拖延；录音制作成本是否控制在合理的范围之内；影片声音制作质量水准是否达到了国家规定的技术指标等。

声音监制要积极协调声音部门与其他主创部门之间的工作关系，还要从市场和观众的角度出发，来反观声音艺术创作和技术制作所呈现的艺术效果，为声音创作及声音质量提升提出修改意见。（赫铁龙）

声音剪辑师 sound editor 影视声音制作工艺中负责声音编辑和剪辑的专业人员。声音剪辑师通常在影视声音的**后期制作**阶段才介入具体工作。其工作职责是在影视画面定剪的基础上，对传声器录制或通过电子设备生成的声音素材（包括语言、音乐和音响）进行选择、剪辑、叠加和添加效果等一系列声音处理，最终获得具有较高生活真实性、艺术性与戏剧性的影视声音。声音剪辑师可分为对白剪辑师、音乐剪辑师、动效剪辑师和资料声剪辑

师等。 （赫铁龙）

声音设计师 sound designer 策划和构思影视作品的声音制作方案、总体负责声音风格设计的创作人员。声音设计师要遵循从整体声音风格确定到局部声音基调落实，再到具体声音细节实施的工作程序，将声音的精细化设计渗透到制作的每一个环节。在整体设计阶段，声音设计师要充分领悟影片的思想主题以及**导演**的创作意图，确定影片的声音基调，包括但不限于以下几个层面：声音的总体基调应该是欢快的还是压抑的，是密集的还是稀疏的，是写意的还是写实的；如何设定角色语言的民族性和地域性；如何设定音乐和音响的时代性等。此外，语言与音响以及音乐的关系、音乐创作的初步设想，也是由声音设计师在这个阶段完成的。

在完成整体风格和基调的设计之后，声音设计师就要进入更为具体的局部和细节设计中。例如，为了凸显角色的性格特点，声音设计师常常要对角色语言的音色、语气语调和情绪进行仔细的打磨和推敲。另外，还要对角色在运动过程中所发出的动作音响进行认真的设计和挑选，使与角色有关的各类声响能够在真实的前提下更加彰显角色个性，增强影片整体的戏剧性。

除此之外，还有非常规的声音设计，主要指特殊声音效果的制作与运用。例如，在科幻片与惊悚片中，那些超现实角色和造型的声音设计与处理，要在最大程度上发挥出声音设计师的主观能动性。特殊声音效果的制作中经常会使用合成器、音频工作站软件及插件技术、声音合成软件等先进数字技术设备，以取得理想的声音效果。

在具体的影视声音艺术创作和录音制作实践中，声音设计师、录音指导（声音指导）与**声音监制**三个职位有时会由同一个人担任。 （赫铁龙）

圣丹斯国际电影节 Sundance Film Festival 美国国际电影节之一。1984年由美国导演、演员**R.雷德福**一手创办。每年1月在美国犹他州举行，为期11天左右。电影节前身是1978年创办于盐湖城的美国犹他州电影节。1981年，电影节迁至帕克城。1984年，为使美国电影实现多样性和多元化，雷德福和同事及朋友在美国犹他州圣丹斯成立了圣丹斯研究所，接手管理此电影节。转型后的电影节致力于支持、培养新编剧、导演，协助向国内外影展推介独立制作的故事片和纪录片。1991年，

圣丹斯国际电影节颁奖现场

电影节正式更名为圣丹斯国际电影节。

电影节专门为独立电影人设立，为低成本、独立制作的电影提供交流和展示的平台，推动了美国乃至全球的独立制片，表现出不同于好莱坞主流电影的审美趣味和价值取向。该电影节每年都会收到数千部申请参展的影片，并从中选出100部左右长片、60部左右短片参展。经过多年的发展，该电影节已成为美国独立制片业的一面旗帜和新电影人的孵化器，有不少好莱坞年轻导演从这个电影节走向世界影坛。电影节是独立电影的交易所，每年都会被发行公司挖掘出一些具有商业潜力的影片，这些影片的成功也提高了圣丹斯国际电影节的名气和影响力。 （甄晓文）

《圣诞颂歌》 *A Christmas Carol* 美国彩色动画短片。**华特迪士尼公司**等1971年出品。改编自C.狄更斯1843年创作的中篇小说。导演，R.威廉姆斯。

故事讲述了守财奴斯克鲁奇在圣诞节临近之时，与圣诞气氛格格不入，拒绝侄子邀请参加圣诞夜晚会和慈善捐助。圣诞夜，他独自一个人待在家里，梦见逝去的合伙人马利被重重锁链禁锢的鬼魂。马利告诉守财奴将有三个幽灵前来拜访，这是让他逃离和马利相同命运的机会。三个幽灵向守财奴展示了他的过去、现在和未来，唤醒了守财奴人性的一面。最后，守财奴融入了欢快的圣诞气氛中，并成了小镇里的大善人。

影片通过圣诞夜的鬼魂对守财奴的考验，让痛恨圣诞节的老头儿开始思考圣诞节的真谛，并愿意从此弃恶从善改变自己的行为，探讨了人性的价值与意义。影片由手绘制作而成，结合了速写、版画等绘画风格，流畅的动作、丰富的表情和大透视场面，生动地体现了人物的内心世界。影片镜头之间使用快速平移或缩放的方式转场，丰富了镜头的表现力，大动态的画面营造了强烈的视觉冲击，在同年代作品中独树一帜。影片视觉风格受J.里奇和画家M.维恩特钢笔水墨插画的启发，灰暗的水墨上色和素描般的排线凸显人物内心的黑暗面。影片1973年获第45届美国电影奥斯卡奖最佳动画短片奖。 （杨晓林）

《圣女贞德蒙难记》 *The Passion of Joan of Arc* 法国故事片。又译《圣女贞德受难记》。1928年摄制并出品。编剧，J.德尔耶、C.德莱叶；导演，C.德莱叶；摄影，R.马特；主演，M.法奥康涅蒂、A.阿尔托、M.西蒙。

《圣女贞德蒙难记》剧照

故事讲述了15世纪20年代末，英国在占领法国北部后，兵临要塞奥尔良城下。贞德率兵冲破敌军重围，奋力杀敌，击溃英军。她的英雄事迹四处传颂，被称为“奥尔良少女”。贞德军队的壮大和影响力引起法国贵族的妒恨。在贡比涅战役中，她被出卖，落入勃艮第叛军手中，勃艮第公爵将贞德卖给英国当局。被英国当局严密控制的天主教会指控贞德为异端和女巫。法庭上，法官更是伪造证据，以信仰问题不断对贞德施以精神上和肉体上的折磨。面对惨无人道的酷刑与莫须有的诬陷，贞德正气凛然、坚贞不屈。最后，贞德被押赴鲁昂市广场，绑在火刑柱上活活烧死。

影片并未集中展现贞德征战沙场的英勇壮举，而是截取她在监狱和法庭上面对法官正气凛然、坚贞不屈、疲惫而又充满反击智慧的片段，表现了贞德崇高壮美的英雄气概。影片通过极简主义的取景、特写镜头，以及字幕里让人感到窒息的对白，强烈地表现了贞德遭受道德拷问和肉体耻辱时的内心活动，渗透着痛入骨髓的残酷。影片风格严谨、典雅，充满人情味，被认为是电影史上的杰作之一。 （安　燕）

圣塞巴斯蒂安国际电影节 San Sebastian International Film Festival 西班牙首个国际电影节，被称为“西班牙国际电影节之父”。1953年创办，每年9月举行一次，为期10天左右。电影节的主要目的是支持世界各国电影界人士进行合作，以促进世界电影艺术和电影事业的发展。主要活

动项目有：①举行比赛评奖；②举行会外展映；③举办回顾展；④从1970年起开设电影市场；⑤召开座谈会。主要奖项有金贝壳奖、银贝壳奖、评委会特别奖。分别授予最佳影片、导演、男女演员等。

20世纪70年代以来，中国多次参加。1988年，影片《湘女萧萧》在该节获堂吉诃德奖。2009年，影片《南京！南京！》获金贝壳奖、最佳摄影奖。2016年，影片《我不是潘金莲》获金贝壳奖、最佳女演员奖。

（陈振兴）

《圣石传说》 *The Legend of the Sacred Stone* 中国彩色戏曲片。霹雳国际多媒体2000年出品。编导，黄强华。

影片讲述了一颗相传能实现成人所有愿望的“天问石”而掀起一场武林风暴的故事。曾遭遇神秘生物“非善类”迫害的剑上卿变成了性情大变的“骨皮先生”，为了拿到“天问石”，骨皮先生利用武林争斗从中得利，趁素还真、青阳子与“非善类”争斗时夺下能开启“天问石”能量的磁镭导引，随后迫使女儿剑如冰结交素还真与傲笑红尘，为其所用，以图拿到“天问石”。同时，骨皮先生设下杀人嫁祸之计，促使素还真与傲笑红尘反目成仇。剑如冰知道其父的阴谋后，及时化解了一场双雄的决斗。骨皮先生又生恶念，为达到称霸武林的目的，甚至要求其女自我牺牲，助其恢复往日雄风。剑如冰痛心其父早已违背了维护武林和平的初衷，恐其日后贻害武林，遂决定与“天问石”同归于尽。

影片将幻想情节加入传统武林故事，表现了人类的善恶情怀。影片将布袋戏这种古老的民间手工玩偶与现代三维动画技术相结合，打开了国际市场，使得中国民间艺术种类获得了新的生命力。影片创下台湾八大电影院同步首映的纪录，首周票房便收入新台币2800万元。

（高小健）

《诗》 *Poetry* 韩国彩色故事片。韩国联合电影公司等2010年出品。编导，李沧东；摄影，金锡炫；主演，尹静姬、李大为、安内相、金熙罗、姜恩珍。

故事讲述了66岁的女主人公美子与上初中的孙子生活在汉江边的小镇里，靠做钟点工赚些小钱，生活虽清贫但也安静。她虽然开始患上了老年痴呆症，但却发现自己酷爱诗歌，不仅时常参加诗歌朗诵会，而且自己也开始写诗。但是平静的生活中也有悲剧在发生，一个女孩因为被她的孙子和其他不良少年强奸而投河自

《诗》剧照

尽。她满怀歉疚和罪责，却发现自己的孙子和其他人都无动于衷。美子的周围一片冷漠，她无法忍受社会对罪恶行为的纵容和包庇，能慰藉她的只有诗和大自然的美。

影片以女学生被强奸后自杀事件为线索，捕捉和反省了韩国道德价值观沦丧、人们毫无负罪感的社会暴力现实。影片2010年获第63届法国戛纳国际电影节最佳编剧奖和天主教人道精神奖特别提及奖，第31届韩国电影青龙奖最佳女演员奖，第47届韩国电影大钟奖最佳电影奖等4项奖；2011年获第5届亚洲电影大奖最佳导演奖和最佳编剧奖，第47届韩国百想艺术大赏最佳电影导演奖。

（王宜文）

诗电影 film poetry 对电影的抒情诗本性的理解而出现的一种电影形态。1925年起，法国“先锋派”理论家A.伯克莱提出“影片应该成为诗”。L.慕西纳克认为电影的最完善的体现，是“电影诗”，这种“电影诗”将能概括一切表现形式。J.爱浦斯坦认为电影是最强有力的、诗的工具。他们把电影看作表现主观幻觉的手段，认为超现实幻梦的境界是最崇高的电影领域，主张主观幻想的绝对自由，热衷于探索电影隐喻，反对电影情节。他们通过创作实践和理论著述，表达了电影的抒情诗本性的理解，被誉为“银幕诗人”。

与此同时，苏联电影艺术家对电影中诗的语言进行了卓有成效的探索，创作出《战舰波将金号》《土地》《母亲》等，以富于隐喻性的电影语言，运用比拟、象征等艺术手段，将主观情绪和客观景物融为一体，对社会历史进行了高度概括。自20世纪50年代中期，诗电影在苏联继续得到发展，创作出《海之歌》《雁南飞》等作品，并注意与叙事因素相结合，从民族文化汲取养料。

1965年，意大利作家、艺术家P.P.帕索里尼在《诗的电影》一文中阐述了诗电影，认为诗电影排斥传统叙事程式，追求神秘的、梦幻的、暧昧的、非理性的境界。

中国诗电影较之西方，具有鲜明的美学特色，富有情景交融的意境，代表作品有《小城之春》《城南旧事》《我的父亲母亲》等。

（刘果生）

诗意现实主义电影 poetic realism film 法国20世纪30年代以后出现的一种电影创作倾向。进入20世纪30年代以后，欧美电影逐步趋向成熟，尤其是法国电影，在经历了20年代中期的先锋派运动后，在电影的表现特征上，有了进一步的开拓。随着苏联电影的兴起和发展以及美国好莱坞电影影响的日益扩大，全世界几乎都发现并承认电影是一门艺术，认为电影拥有无限广阔的能力去表现和反映现实，而这种现实又必然是同电影摄制者生活于其中的社会环境紧密结合的。

法国的一些电影艺术家，如R.克莱尔、J.雷诺阿、M.卡尔内等人便通过自己的影片，力求电影在宏观地表现日常生活的真实图景的同时，应具有某种诗情画意的特征（如叙事结构、对白、表演、画面构成、光线照明和声响气氛、配乐、包含隐喻作用的道具等）。最早具有上述表现特征的影片有克莱尔的《巴黎屋檐下》（1930），J.维果的《操行零分》（1933）、《驳船亚特兰大号》（1934）等。这些影片以散文式的手法对生活中的人、日常的事物和环境都做了诗意的再现。

1936年以后，一些电影工作者（包括雷诺阿、J.杜维威尔、卡尔内）开始摄制现实主义色彩鲜明，以普通群众的命运、经历为主要内容的影片，如《兰基先生的犯罪》（1936）、《同心协力》（1936）、《在底层》（1936）、《生活属于我们》（1936）、《逃犯贝贝》（1937）、《幻灭》（1937）、《雾码头》（1938）、《北方旅馆》（1938）等。这些影片不仅继承了20世纪20年代印象派和先锋派电影的创新精神，而且与社会现实保持着密切的联系。它并无明确的系统理论，

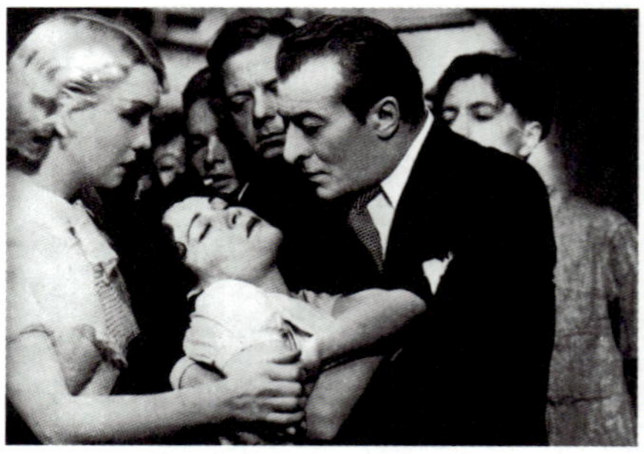

《兰基先生的犯罪》剧照

在创作上强调遵循人道主义和人性论。这些影片一般都有诗意现实主义电影之称。

（程　骊）

《狮子王》系列 *The Lion King* series 美国系列动画电影。《狮子王》系列包括《狮子王》《狮子王2：辛巴的荣耀》《狮子王3：哈库拉·马塔塔》《狮子王4：王者归来》4部影片。

《狮子王》 华特迪士尼公司1994年出品。根据W.莎士比亚的《哈姆雷特》改编。编剧，J.兰福特、C.桑德斯等；导演，R.阿勒斯、R.明科夫。故事讲述小狮子辛巴在狮王父亲被叔父杀死后，逃到非洲大草原的种种坎坷遭遇。其故事结构和人物关系都和《哈姆雷特》一样。狮王木法沙和王后沙拉碧产下小王子辛巴，可是木法沙的弟弟刀疤认为辛巴妨碍了自己的王位继承，心生仇恨，不断暗杀辛巴，终于在一次暗杀中将救辛巴的木法沙推下悬崖，木法沙摔死，辛巴逃走，刀疤当上了国王。逃到大草原的辛巴被机智的猫鼬丁满和善良的野猪彭彭搭救，他们从此相依为命。有一天辛巴偶遇了昔日的伙伴娜娜，得知刀疤已经篡夺王位并对"人民"进行蹂躏。辛巴决定返回狮子王国和刀疤抗争，最后辛巴取得胜利，并承继父亲王位成为真正的森林之王，担负起保护"国民"和草原的使命。

《狮子王2：辛巴的荣耀》 华特迪士尼公司1998年出品。编剧，J.古巴、F.科伯勒、C.马库斯等；导演，R.拉杜卡、D.卢尼。故事讲述辛巴的女儿琪拉雅的恋情。琪拉雅性情顽劣，有一天闯入蛮荒之地，在这里遇到了刀疤的儿子高孚，两个小伙伴成了好朋友。但是高孚的母亲却想杀害琪拉雅为其夫报仇，所幸被及时赶到的辛巴救回。光阴荏苒，琪拉雅和高孚长大并相爱。刀疤的族人希望借助高孚的恋情，绑架琪拉雅，制服辛巴，夺回王权。但是高孚选择了爱情及宽容，在高孚努力下，刀疤族人决定放弃仇杀，草原上再次恢复了和平。

《狮子王3：哈库拉·马塔塔》 华特迪士尼公司2004年出品。编剧，T.罗格斯、R.阿勒斯、I.梅琪；导演，B.雷蒙德。故事采用"剧中剧"的结构，以丁满和彭彭一起看《狮子王》电影作为开场。丁满不愿意劳动，做哨兵也不尽职，由于族群驱逐，丁满告别母亲后远走他乡，路上遇到了老猴子和野猪彭彭，他们一同前往巨石。随后影片以他们的视角，重新演绎了第一部《狮子王》中辛巴出生的情景，接下来的很多剧情都是在解释和演绎第一部电影中出现的情节。包括丁满、彭彭和小辛巴的相遇，小辛巴和娜娜恋爱等，又巧妙地接续丁满和彭彭帮助小辛巴回到家乡，帮他夺回王权的情节。最后，丁满给猫鼬家族找到了一个和平宁静的生活福地。

《狮子王4：王者归来》 华特迪士尼公司2019年出品。编剧，I.梅琪、J.内桑森、J.罗伯特等；导演，J.费儒。故事内容与系列电影中的第一部相似，但对情节做了调整。讲述刀疤害死了木法沙后，却让辛巴误以为是自己的失误导致了父亲意外身亡，迫使他心灰意冷远走他乡。辛巴成年后与青梅竹马的母狮娜娜重逢，洞悉刀疤窃取王位的实情后，历经一番思想上的焦灼与挣扎，重返家乡，夺回王位。

系列影片具有史诗性风格，场景波澜壮阔，充满非洲大草原的异国情调。影片角色心理刻画得细腻丰富，台词富有哲理意味。影片在技巧上也是大胆尝试，如在表现辽阔的非洲大草原场景时，采用全方位的摄影调度，呈现极为夸张的变焦效果。系列片中第一部最为成功，是动画片史上票房最高的非3D电影。该片1995年获第67届美国电影奥斯卡奖最佳原创歌曲奖、最佳配乐奖，第52届美国电影金球奖最佳喜剧类影片奖，第22届美国电影安妮奖最佳动画电影奖等。第二部在场景设计和技术方面没有第一部宏大，市场效果不佳，1999年获第27届美国电影安妮奖动画录像带杰出成就奖。第三部结构较松散，角色没有大的创新。第四部是一部真人与CG结合的电影，通过绿屏抠像，将真人表演和CG电脑成像技术完美地结合，塑造了栩栩如生的狮子形象，展现了逼真的大草原场景。该片2020年获第92届美国电影奥斯卡奖最佳视觉效果奖提名。 （张启忠）

施瓦辛格，A. Arnold Schwarzenegger （1947-07-30～ ） 美国电影演员、运动员、政治家。生于奥地利格拉茨。自幼热爱体育，尤其是健美运动，曾数次获得欧

洲"健美先生"称号，还获得过世界级的"奥林匹克先生"称号。高中毕业后，进入美国威斯康星大学攻读商业经济，毕业后投资创办健美器械邮购公司。22岁时，出演了第一部动作片《纽约大力神》。1976年，与S.菲尔德合作出演《保持饥饿》，获第34届美国电影金球奖最佳新人男演员奖。1984年，主演影片《终结者》，一举成名。此后，参演《终结者》系列推出的多部续

《保持饥饿》剧照

集，在世界各地赢得了巨额票房收入。1988年，和D.德维托合演《孪生兄弟》，在影片中饰演一位充满温情、坚韧且不无幽默感的哥哥，广受好评，一跃成为美国最受欢迎的电影演员。2003年，出任加利福尼亚州州长。2011年卸任州长，重返大银幕，出演了《终结者：创世纪》（2015）、《为什么我们要杀死冈瑟》（2017）等影片。

施瓦辛格在银幕上始终以强者和力量的化身形象出现，受到广大动作片观众的喜爱。他参演的影片还有《幼儿园警探》（1991）、《最后的动作英雄》（1993）、《真实的谎言》（1994）、《威龙二世》（1994）、《蒸发密令》（1996）、《蝙蝠侠与罗宾》（1997）、《龙牌之谜》（2019）等。此外，还曾多次受到国际健美联合会的表彰和奖励。 （章 唐）

《十诫》 *Dekalog* 波兰彩色电视电影。自由柏林广播电视台、波兰电视台等1989年联合出品。共10集。编剧，K.皮埃谢维奇、K.基耶斯洛夫斯基；导演，基耶斯洛夫斯基；摄影，P.索伯辛斯基、V.兹多特、V.阿达梅克等；主演，A.巴尔奇斯、O.卢巴申科、H.巴拉诺夫斯基、C.杨达、A.巴尔迪尼等。

《十诫》是指《圣经》里上帝为人类制定的十条戒律。十集影片借用"十诫"内容，讲述了十个现代普通人生活中的伦理故事，探讨人类在本能和社会道德发生冲突时的情绪波动，思考了道德、人性、宗教、伦理、科学理性等精神层面的问题。十个故事背景相似，人物都住在同一栋居民楼里，个别有些联系，但每一集相对独立。第五集和第六集后扩充成两部完整电影《杀人短片》（又译《杀诫》）和《爱情短片》（又译《情诫》）。十集影片虽然分别由九位不同的摄影师完成，但在影像风格上保持了一致性，讲究布光和构图，善用隐喻象征的手法，宿命论和悲观主义色彩贯穿始终。影片1989年获第46届意大利威尼斯国际电影节费比西奖。 （张慧瑜）

《十五贯》 *A Case of Injustice about Strings of Coins* 中国彩色戏曲片。上海电影制片厂1956年出品。根据同名昆曲改编。改编，**陶金**；导演，陶金；摄影，黄绍芬、陈震祥；主演，周传瑛、李倩影、徐冠春、周传铮、郑传鉴、王传淞。

《十五贯》剧照

故事讲述了无锡小肉店老板尤葫芦带15贯钱回家，谎称是卖女儿的身价，尤葫芦的女儿苏戍娟信以为真，当夜逃走。同一天晚上，赌徒娄阿鼠为偷15贯钱杀死了尤葫芦，并诬陷苏戍娟谋财杀父而逃。当邻人们追上苏戍娟时，与她路遇同行的熊友兰正巧身上也带着15贯钱。于是两人被知县过于执判为死刑。监斩官况钟觉察到其中有冤，力争延缓斩期，亲自调查研究，找到了杀人凶手，挽救了苏戍娟与熊友兰的性命。

影片以尤葫芦的女儿被诬告贪财弑父最后冤屈得以昭雪为情节发展的主要线索，通过一件人命案的处理，鞭挞了只凭主观臆断定案、草菅人命的官僚主义者过于执，热情歌颂了不怕丢官、深入调查研究、对普通百姓的生命负责且机智严谨的清官况钟。昆曲《十五贯》剧情曲折跌宕、惊险刺激，在舞台演出时，曾得到周恩来总理的高度赞扬，被赞“一出戏救活了一个剧种”。搬上银幕以后，在导演处理、布景设计、摄影上都做了新的尝试和探索，而且强化了现实政治意义。

（陈少舟　储双月　邢化祥）

《十月》 *October* 苏联故事片。1928年出品。编剧，S.M.**爱森斯坦**、G.V.亚历山德罗夫；导演，爱森斯坦；摄影，E.堤塞；主演，N.波德弗尔斯基。

影片以纪录风格表现十月革命这一历史性事件，没有将焦点对准个别人物，而是致力于塑造革命者的群像，表现和讴歌人民群众强大的集体力量。影片为了真实还原历史，用了大批曾参与推翻沙皇政权和资产阶级临时政府的工人阶级群体作为演员。影片结构庞大，爱森斯坦通过联想、想象、象征等方式，将大量意象与心理感

《十月》海报

受相关联，如涅瓦河吊桥上马和女人的意象，揭示沙皇倒台的历史命运；舰艇在涅瓦河上巡游、工人阶级攻打冬宫的画面，展现了工人阶级的正义、勇气和信念。影片注重情绪渲染，游行的群众捣毁亚历山大三世雕像的画面，列宁在装甲车演说时用手势指着胜利方向的激动人心的场面，都成为电影史上的经典段落。影片对联想蒙太奇和理性蒙太奇的使用，使电影从表达感情转为表达抽象的思维，艺术与科学的结合，使影片产生具有客观评价历史的功能，全面、深刻地揭示了十月革命背后的社会和历史意义。

影片在摄影方面尝试通过视觉影像表达其政治主张，如片头沙皇的形象在屏幕中占据主要位置，但光线暗淡，摄影机采用低角度拍摄，在表现其史诗的宏大场面的同时，也隐喻着高高在上的沙皇权力的崩塌。雕像后面是基督教堂的尖顶，暗示宗教与国家的关系。雕像的倒塌与工人游行的影像同步，则暗示着旧秩序终被推翻，工人阶级获得历史成功的必然。影片1990年曾由科林斯电影公司重制。

（高媛媛）

《十字街头》 *Crossroads* 中国故事片。明星影片公司1937年出品。编导，**沈西苓**；摄影，周诗穆、王玉如；主演，**赵丹**、**白杨**、吕班、英茵、沙蒙、伊明、吴茵。

故事讲述了四个东北大学生流亡到上海谋生，刘大哥刚毅有为，失业后回到北方参加抗战。小徐消沉懦弱，因找不到出路而自杀。阿唐是个乐天派，以给商店布置橱窗糊口。老赵对生活总是充满信心，终于在报馆找到一个夜班校对的工作。老赵住的后楼搬来一位纱厂教练员杨芝瑛。两人隔室相处，却不相识，并为了一些小事写字条相骂，进行恶作剧式的报复。一个偶然的机会，他们相遇并产生爱情。不久，杨芝瑛、老赵相继失业，他们决定追随刘大哥的脚步。十字街头，几位青年一起并肩向前走去。

影片生动描写了20世纪30年代青年们的苦闷、觉醒和走上抗敌斗争的过程。影片严谨简练，叙事流畅，人物形象鲜活，生活气息浓郁，具有乐观明朗的格调，是沈西苓导演的代表作。影片虽经当局较大删剪，但上映后仍受到热烈欢迎，被当时进步影评界评为“一部值得推荐的国产佳片”。

（黄加明）

石冈瑛子 Ishioka Eiko（1939-07-12～2012-01-21） 日本电影服装设计师。生于东京，卒于东京。毕业于东京艺术大学。1982年，前往美国纽约举办个展。此后，逐渐步入电影行业。1992年，在《吸血僵尸之惊情四百年》中担任**服装设计**，获第65届美国电影奥斯卡奖最佳服装设计奖。2008年，在北京奥运会开幕式上担任服装总设计师。2012年，在《白雪公主之魔镜魔镜》中担任服装设计，获第85届美国电影奥斯卡奖最佳服装设计奖提名。石冈瑛子的服装造型设计具有先锋派特点，用色颇为大胆，尤其擅长运用对比鲜明的颜色。她参与服装设计的影片还有《三岛由纪夫传》(1985)、《入侵脑细胞》(2000)、《坠入》(2006)、《大德兰修女》(2007)、《惊天战神》(2011）等。2002年，被日本政府授予紫绶褒章。

（宋东葵）

石挥 Shi Hui（1915-03-02～1957） 中国电影演员、导演。原名石毓涛。生于天津，卒于上海。幼时随家迁往北京。自幼热爱表演艺术。读初中时，因父亲失业而辍学。曾当过列车服务员、车站行李员、牙医学徒和影院小卖部售货员。后由同学蓝马介绍，参加话剧团当演员。1940年来到上海开始从事话剧表演，相继在中国旅行剧团、上海剧艺社等团当过演员，出演过《大雷雨》《大马戏团》《名优之死》等剧，塑造了很多鲜明的舞台形象，被誉为“话剧皇帝”。1941年3月，加入上海剧艺社，出演了《愁城记》《正气歌》等话剧。同年4月，在电影《返魂香》中饰演北洋军人，开始电影表演艺术生涯。同年秋，随导演**黄佐临**、吴仞之等组成上海职业剧团。1942年2月，在《乱世风光》中饰演角色，

随后成为苦干剧团主要演员，并与上海艺术剧团合作出演了《荒岛英雄》《大马戏团》《秋海棠》等话剧。1943年，主演了《梁上君子》《金小玉》《夜店》等剧。

1947年加入文华影业公司，相继主演了《**假凤虚凰**》《太太万岁》《**夜店**》3部影片。1948年，主演了《艳阳天》和《哀乐中年》。同年，独立编导了第一部电影《母亲》。1950年，自导自演了影片《**我这一辈子**》，以精湛的演技塑造了一个正直、善良的旧北京警察形象，是他表演上的杰作，并且获文化部1949～1955年优秀影片二等奖。其后，参加了《姊姊妹妹站起来》(1950)、《光辉灿烂》(1950)、《美国之窗》(1951)等片的演出。1953年，进入上海电影制片厂任演员兼导演。1954年，导演了儿童片《**鸡毛信**》，获文化部1949～1955年优秀影片二等奖、第9届英国爱丁堡国际电影节优胜奖。1955年，执导了戏曲片《**天仙配**》，受到了广大观众的喜爱，给戏曲片创作提供了有益的经验。1957年，编导了《雾海夜航》。

石挥没有受过戏剧、电影专门院校的正统训练，他的艺术成就来自他自身的刻苦钻研、舞台实践，从社会生活中汲取丰富的养料。石挥具有很高的艺术素养，除了在话剧和电影领域编导演俱佳外，同时还擅长京戏、相声、数来宝等传统民间艺术。他的表演既重视内心体验，又注重外形塑造，因而形象性格鲜明、外形独特，具有深厚的韵味。文集《石挥谈艺录》于1985年出版，书中收录了石挥的19篇文章以及他的两篇译著。1995年获中国电影世纪奖最佳男演员奖。（王云缦）

《时间的风景》 *Time Scapes* 新西兰彩色纪录片。2012年出品。导演，T.劳；摄影，T.劳。

影片以升格拍摄和延时拍摄技巧，记录了美国西南部的风景。在固定机位的镜头中，大自然的斗转星移、日出日落、地球的自转、林间的阳光、龙卷风、飞逝的流云、海浪沙滩等，都在4K的超高清镜头中美轮美奂地呈现出来。影片同时呈现了人与自然的关系，并以一种全新的认识世界的方式告诉观众，我们周遭的世界正以惊人的速度发生着变化。

影片由新西兰导演劳在美国西南部历时两年拍摄而成，是一部无对白纯影像纪录片，同时也是世界首部公开发行的4K电影。影片采用高清数字摄影机进行拍摄，保证了画面的清晰度与震撼力，使得每一秒钟拍摄的素材都可以被极大地延长。影片寓意深远，所谓“时间的风景”着眼点并不是风景本身，而是人们关于时间的体验。影片以**升格摄影**作为重要的拍摄手段，意在强化时间概念。（李玥阳）

时间码 time code 以特殊的时序数字码记录在画面上的信息。时间码是一种绝对地址码，它是在画面录制时对每一帧画面所记录下来的地址标定，以时、分、秒、帧在计时器上显示。对应磁带介质而言，时间码与记录在磁带上的每条视频磁迹一一对应。常用的时间码有LTC时间码和VITC时间码。LTC码由固定磁头沿磁带纵向记录在一条专用磁迹上，其长度为一帧，称为纵向时间码。VITC码将时码信号插入图像场消隐期的某一行中，作为图像信号记录在磁带上，又称为垂直间隔时间码。具有时间码编辑功能的录像机内部能同时产生并记录LTC和VITC两种时间码，通过检测重放状态在两者之间进行自动切换。对于数字介质而言，时间码以特定方式被直接记录在数字化设备中，并在需要时给予准确呈现。时间码编辑是电视节目后期编辑的一种先进的编辑方法，编辑精度高、效率高，被广泛应用于电视节目制作当中。（孟　群）

实景改造 reality transformation 根据影片拍摄的需要对实景进行的改造和加工。实景改造既可以针对**外景**也可以针对内景。在外景改造时，**影视美术**相关创作人员根据需要种植一些花草树木，局部修改建筑物的结构，或者由**绘景师**绘制单片等方法来增加层次感和景深。在内景改造时，会在原有设施的基础上增加一些陈设，更改室内的色彩，或是把与剧本和表演相关的道具加进来。

实景改造要注意场景的真实感，改造的部分不能脱离生活的原貌。另外，在改造时要注意改造部分与原陈设在色彩和造型上的协调统一，不能让观众看出破绽。实景改造的质量优劣直接影响到影片的真实性和银幕效果。实景加工也需要由**美术师**进行场景图的设计与绘制。（宋东葵）

实景摄影 shooting on actual location 不搭任何布景，在事先决定的真实景物中进行的影片拍摄工作。一般现实题材的影片，适于采取实景（或在实景基础上稍微做人工修饰）拍摄，可使影片中出现的场面富有真实感和时代气息。从制片管理角度看，实景拍摄不必搭置布景，可以节约制片成本，加快摄制进度，但对器材的使用和技术的处理有较复杂的要求，因为有些室内实景（如卧室、办公室、车厢、船舱等）空间很小。实景摄影时，拍摄所用摄影、照明器材都须具有小巧、轻便、高效、灵活等特点。（田俊人）

实景照明 scene lighting 在真实的室内环境中进行的光线处理。实景照明利用**人工光**与**自然光**的相互配合进行照明，可以自然光线为主，以人工光为辅助；或是以人工光为主，自然光为辅。实景照明需要人工光光源的选择与调试，以达到人工光与自然光的平衡统一。实景照明不仅能够节省拍摄经费，而且可以使画面的表现效果生动而真实。需要注意的是，实景照明在人工光的布光上受场地影响限制较大。（张　桥）

实验电影 experimental film 采取非传统的叙述形式和拍摄方法，带有艺术实验性质的一种电影。又称前卫电影、先锋电影。实验电影不以营利为目的，不同于主流电影，旨在突破传统惯例，探索新的艺术表达形式或类型，主要包括20世纪欧洲**先锋派电影**、第二次世界大战前后美国先锋派电影、美国新电影等。

很多实验电影，尤其是早期实验电影，与绘画、舞蹈和文学等艺术密切相关，或由新技术的发展而兴起，其拍摄目的与**商业电影**完全不同，通常是为了实现艺术家的个人理想或激发人们对新技术的探求，而不是娱乐大众或谋取经济收益。然而，实验电影的创作一般在主流商业渠道以外，由个人或少数人筹资拍摄，制作成本低，演职人员少，甚至全部拍摄工作都由导演一人完成。实验电影的创作者起初多为业余爱好者，后由实验电影进入商业电影制作领域或赢得美学地位。实验电影的范围广泛，普遍特征有：①不遵循常规叙事逻辑；②运用各种技巧以达到抽象化效果，如故意散焦或失焦、在胶片上画刮痕迹、快速剪接等；③声音与画面不同步，甚至完全没有声音，从而激发观者更加主动地思考电影。

实验电影发端于20世纪20年代，是以美国为中心发展起来的非商业性电影。从20年代末至40年代中期，发展迅速，并在欧洲形成了一股先锋派浪潮，与当时风靡欧洲的各种现代艺术思潮有着明显的对应关系，表现风格包括超现实主义、抽象主义、印象主义、表现主义等，这一时期，**L.布努埃尔**和S.达利合拍的超现实主义短片《一条安达鲁狗》被公认为是最著名的实验电影。其他欧洲先锋派电影的代表作有H.里希特的《早餐前的幽灵》等动画短片、O.费钦格的《研究》等系列抽象电影和L.雷的《彩色盒》等。

40～50年代，实验电影在美国得到发展，M.黛伦和A.哈米德拍摄的《午后的迷惘》被认为是美国第一部重要的实验电影。它建立了实验电影的一种审美范式，带有超现实主义的梦幻色彩，同时又是全新的、美国式的个性化创作，此后K.安格、S.布拉哈格、S.克拉克、G.马科普洛斯、J.梅卡斯、W.玛斯、M.门肯、C.哈灵顿、S.彼得森、L.罗可辛和E.皮尔格林等人的创作延续了这一范式。

50年代末，美国出现了秘密放映实验电影的**地下电影**运动，并为60年代美国新电影的发展打下了基础。不久，人们便很少使用"实验电影"一词，而代之以"地下电影"或"美国新电影"。美国新电影的代表人物是布拉哈格，其代表作《狗·星·人》充满神话色彩和诗性，是美国实验电影从"自白"式走向抽象的例证，也表明一种对当时美国大众文化的抗拒。与此相反，美国新电影结构唯物主义导演，如H.弗兰普顿和M.斯诺崇尚形式主义，他们的创作突出媒介手段：结构、投影和最为重要的时间，反对幻觉和浪漫主义，代表作有《波长》等。

70年代后，随着电影商业化的发展，实验电影逐渐式微，只是在世界各地偶尔零散出现。但是实验电影在电影艺术表现内容、形式及技巧等方面不断做出探索，挖掘了电影艺术的各种可能性，是电影艺术发展不可或缺的组成部分。

（贾磊磊　林　琳）

史楚金，B.　Boris Shchukin（1894-04-17～1939-10-07）苏联电影、戏剧演员。生于莫斯科，卒于莫斯科。1913年曾在高等技术学校学习。国内战争时曾参加红军。1920年入瓦赫坦戈夫实验培训所（即后来的瓦赫坦戈夫剧院）。1922年任莫斯科艺术剧院演员。1926年转入瓦赫坦戈夫剧院任演员，出演过《婚礼》《伊格尔·布雷乔夫》等戏剧作品，是斯坦尼斯拉夫斯基体系的积极体现者。1935年进入电影界，

《列宁在1918》剧照

并在影片《飞行员》中扮演了航校校长洛加乔夫。1936年在影片《胜利者的一代》中塑造了布尔什维克米哈伊洛夫形象。1937年出演了《列宁在十月》，1939年出演了《列宁在1918》，他在这两部影片中均成功地塑造了无产阶级革命领袖列宁的形象，开创了列宁题材影片创作的领域。1936年获苏联人民艺术家称号。

（李溪桥）

史东山　Shi Dongshan（1902-12-29～1955-02-23）中国电影导演、编剧。原名史匡韶。生于浙江杭州，卒于北京。从小受父亲的艺术熏陶较深，20岁进入上海影戏公司担任美工师，并在一些影片中扮演角色，还利用业余时间尝试写电影剧本。1925年，编写的剧本《柳絮》被公司采用，自己任导演，上映时改名《杨花恨》，这是他导演的第一部影片。1926年，编导《同居之爱》，存在唯美倾向，脱离社会现实。1927年，编导《王氏四侠》，主观上想表现驱除强暴、为祖国斗争的思想，形式上却使影片格调和当时流行的神怪武侠片同流，大大损伤其积极意图。1931年，为**联华影业公司**导演了《银汉双星》，再次表现出唯美主义倾向。

左翼电影运动兴起后，史东山的艺术观发生很大变化。"九一八"事变和"一·二八"事变后，他大声疾呼"要拿起枪到东北去，要投奔义勇军"。1932年，同**孙瑜**、**蔡楚生**等合作编导反映民众抗战情绪的《共赴国难》。同年，他还编导了反映青年在国难当头之际消除私怨、一起奔赴抗战前线的《奋斗》，这些影片激励了人民的抗日热情。1933年9月，参加中国电影文化协会，任执行委员。1934年初，转入艺华影业有限公司拍片，先后编导《女人》(1934）和《人之初》(1935)。之后，又为新华影业公司编导了《长恨歌》(1936)、《狂欢之夜》(1936)、《青年进行曲》(1937)。这些影片深刻、广泛地触及社会问题，有鲜明的时代色彩。

抗日战争全面爆发后，史东山由上海赴武汉转至重庆，在当时军事委员会政治部第三厅领导下的中国电影制片厂工作。这期间，他编导的影片有《保卫我们的土地》(1938)、《好丈夫》(1939)、《胜利进行曲》(1940)、《还我故乡》(1945）等，反映出他饱满的爱国主义热忱。此外，他还导演了《蜕变》《秋收》等舞台剧。抗日战争胜利后，他回到上海，参加联华影艺社（后改称**昆仑影业公司**）的筹建工作，并拍摄了《**八千里路云和月**》(1947)。作为史东山的代表作，这部影片为"战后中国电影艺术奠下了一个基石"。1948年5月，编导了《新闺怨》。

中华人民共和国成立后，史东山任文化部电影局技术委员会主任。行政工作之余，编导了《新儿女英雄传》(1951)，获第6届捷克斯洛伐克卡罗维发利国际电影节导演特别荣誉奖。1952年，与蔡楚生合作拍摄大型纪录片《反对细菌战》。1954年，他的理论著作《电影艺术在表现形式上的几个特点》出版。1995年，获中国电影世纪奖最佳导演奖。曾任第一届全国人民代表大会代表。

（李梦学）

史密斯，M.　Maggie Smith（1934-12-28～　）英国电影演员。生于英格兰伊尔福德。曾在牛津戏剧学校学习表演。1952年初登舞台。1958年进入电影界。

1965年，在影片《奥赛罗》中扮演苔丝德蒙娜，获第38届美国电影奥斯卡奖最佳女配角奖提名。1969年，出演《春风不化雨》，获第42届美国电影奥斯卡奖最佳女演员奖和第23届英国电影学院奖最佳女演员奖。1978年，与**简·方达**合作出演《加州套房》，获第51届美国电影奥斯卡奖最佳女配角奖和第36届美国电影金球奖音乐喜剧类最佳女主角奖。1984年，出演《个人作用》，获第38届英国电影学院奖最佳女演员奖。

1986年，主演《看得见风景的房间》，获第40届英国电影学院奖最佳女演员奖、第44届美国电影金球奖最佳女配角奖和第59届美国电影奥斯卡奖最佳女配角奖提名。1992年，与W.戈德堡合作出演《修女也疯狂》，进一步奠定了在国际影坛的地位。1999年，参演《与墨索里尼喝茶》，获第53届英国电影学院奖最佳女配角奖。2001年，参演《高斯福庄园》，获第74届美国电影奥斯卡奖最佳女配角奖提名、第59届美国电影金球奖最佳女配角奖提名和第55届英国电影学院奖最佳女配角奖提名。同年，在《哈利·波特与魔法石》中饰演米勒娃·麦格教授。2007年，被查出身患乳腺癌，但依旧忍受化疗痛苦，戴着头套坚持拍完了《哈利·波特与凤凰社》，并最终康复。2010年起，在电视剧《唐顿庄园》系列中扮演伯爵老妇人，获第63届美国艾美奖剧情类剧集最佳女配角奖、第64届美国艾美奖剧情类剧集最

《春风不化雨》剧照

《看得见风景的房间》剧照

佳女配角奖和第68届美国艾美奖剧情类剧集最佳女配角奖。

史密斯具有同时驾驭舞台与影视的深厚功力，戏路宽广，演技精湛，尤以饰演喜剧和正剧角色著称，被誉为“大不列颠最杰出的女演员之一”。她出演的影片还有《一代情侣》(1963)、《爱撒谎的人》(1964)、《安排香饵钓金龟》(1967)、《与姑妈同游》(1972)、《尼罗河上的惨案》(1978)、《四重奏》(1981)、《阳光下的罪恶》(1982)、《夏日惊魂》(1993)、《理查三世》(1995)、《大卫·科波菲尔》(1999)、《保持缄默》(2005)、《哈利·波特与火焰杯》(2005)、《哈利·波特与混血王子》(2009)、《涉外大饭店》(2011)、《住货车的女士》(2015)、《唐顿庄园2》(2022)等。1996年，获第49届英国电影学院奖终身成就奖。

（伯　奋　撰　孙　萌　修订）

史泰龙，S. Sylvester Stallone（1946-07-06～　）美国电影演员、导演、编剧。原名迈克尔·西尔维斯特·史泰龙。生于纽约。父亲是发型师，母亲是合唱团歌手。他出生时由于难产，医生用助产钳助产失误，造成左脸颊部分肌肉瘫痪。高中毕业时，得到了瑞士一家学院的奖学金。他一边给学生

上体育课，一边学习戏剧课程。1969年，回到美国后，进入迈阿密大学专修戏剧，随后前往纽约追求自己的梦想。

1970年，在《凯蒂和杜德家的聚会》中饰演舞男，开始进入演艺圈。1971年，出演了伍迪·艾伦执导的影片《香蕉》。1976年，编剧并主演了《洛奇》，获第21届意大利电影大卫奖最佳外国男演员奖、第49届美国电影奥斯卡奖最佳男演员奖提名、第34届美国电影金球奖最佳编剧奖提名。1978年，第一部自编自导自演的电影《陋巷风云》上映，显示了其在电影方面的全方位才能。1979年，编导了《洛奇2》，取得全球票房2亿美元的成绩。1982年，编剧并主演了《第一滴血》。1995年，主演了科幻片《特警判官》。2000年，主演了动作片《大开杀戒》。2009年，自编自导自演了动作片《敢死队》，获第66届意大利威尼斯国际电影节终身成就奖。2013年，出演了越狱题材动作片《金蝉脱壳》。2015年，出演了《奎迪》，获第73届美国电影金球奖最佳男配角奖。2017年，出演了《银河守卫队》。

史泰龙凭动作电影《洛奇》和《第一滴血》成为20世纪80年代好莱坞动作明星的代表。他坚持在影片中实战对打，内心有一种复杂的英雄情结，他的正义感使得他所饰演的英雄角色充满魅力，给观众留下了深刻的印象。他出演过的影片还有《胜利大逃亡》(1981)、《铁胆威龙》(1986)、《超越巅峰》(1987)、《破茧威龙》(1989)、《探戈与加什》(1989)、《弹指威龙》(1991)、《母子威龙》(1992)、《绝岭雄风》(1993)、《超级战警》(1993)、《炸弹专家》(1994)、

《洛奇》剧照

《第一滴血》剧照

《超时空战警》(1995)、《最后刺客》(1995)、《龙生出天》(1996)、《警察帝国》(1997)、《生死极速》(2001)、《绝地狂龙》(2002)、《狙击杀手》(2002)、《摊牌》(2003)、《的士速递3》(2003)、《旗鼓相当》(2013)、《赤警威龙》(2013)、《金蝉脱壳2》(2017)等。1986年，获第12届美国电影人民选择奖最受欢迎电影男演员奖。1992年，获第17届法国电影凯撒奖荣誉凯撒奖。1997年，获第23届美国电影土星奖终身成就奖。2003年，以《第一滴血》中的“兰博”当选美国国家广播公司评出的“影视作品中的十大铁血猛男形象”。2016年，获第21届中国华鼎奖终身成就奖、第31届美国圣巴巴拉国际电影节年度荣誉奖。

（孙　萌）

《士兵突击》 *Soldiers Sortie* 中国电视连续剧。浙江天意影视有限公司、八一电影制片厂、北京华谊兄弟影视投资有限公司等2006年联合出品。共30集。改编自兰晓龙的小说《士兵》。编剧，兰晓龙；导演，康洪雷；主演，王宝强、陈思诚、段奕宏、张国强、张译、邢佳栋等。

故事讲述了许三多同老乡成才一同参军入伍，成才进了“钢七连”，笨拙木讷的许三多却进了红三连后勤维护第五班。在五班的日子里，没什么心眼儿的许三多踏实肯干、知情重义，完成了所有人都认为不可能完成的任务，改变了所有人对他的印象。即便如此，后来进入钢七连的许三多在连长高城和副班长伍六一等人的眼里依然是个孬兵。为了证明自己，许三多在班长史今的帮助爱护下发奋图强、不忘初心，一路成长为优秀的钢七连战士。不仅如此，许三多一路上秉持着“不抛弃、不放弃”的钢七连信条，团结战友，提升自己。在这一过程中，许三多也收获了与高城、伍六一、袁朗等人真挚的战友情。

作为一部军旅题材电视连续剧，该剧以一名木讷的新兵许三多在军营这个大学校里成长为一名优秀的战士为主线，向观众展现了当代中国士兵不抛弃、不放弃的精神风貌。影片中，许三多的人物性格是一个寓言，折射出当代人内心的自卑与怯懦，而许三多对梦想的坚持与努力鼓舞、激励了广大的电视观众。该剧2008年获第24届中国电视金鹰奖优秀长篇电视剧奖、最佳导演奖、观众喜爱的电视剧男演员奖、最具人气的电视剧男演员奖，第14届上海电视节白玉兰奖最佳电视连续剧金奖和最佳编剧奖；2009年获第27届中国电视剧飞天奖长篇电视剧一等奖、优秀编剧奖、优秀导演奖，第11届中共中央宣

传部精神文明建设“五个一工程”奖。
（王乙涵）

《士兵之歌》 *Ballad of a Soldier* 苏联故事片。苏联莫斯科电影制片厂1959年出品。编剧，G.N.丘赫莱伊、V.埃佐霍夫；导演，丘赫莱伊；摄影，V.尼古拉耶夫；主演，V.伊瓦绍夫、Z.普罗科伦科等。

故事发生在第二次世界大战期间，19岁的普通士兵阿廖沙击毁德军两辆坦克立功，他拒绝嘉奖，只求回家探望母亲，帮母亲修补屋顶。将军被阿廖沙的孝心感动，阿廖沙踏上回家的旅程。影片集中表现阿廖沙在旅途中和美丽姑娘舒拉的爱情故事，细致描绘了二人从“不打不相识”到彼此相爱、最终又忍痛分离的全过程，中间穿插叙述阿廖沙帮助断腿老兵与妻子重逢，给偶遇的战友家人送去香皂，营救火车被炸后的伤员等事件，塑造了一个正直善良、感情真挚的士兵形象。同时以家庭为核心，展现战时苏联前线和后方各色人群的生活样态。当阿廖沙历经千难万险回到家的时候，留给母亲的只有短短几分钟的时间，母子二人互相叮嘱，依依惜别。阿廖沙向母亲发誓，一定会回来帮母亲修补屋顶，孰料，这是母子二人的永别。

《士兵之歌》剧照

影片用散文式的结构充分表现了阿廖沙的内心世界，对眼睛特写镜头的频繁使用，加深了影片的诗意色彩，演员表演真挚自然，音乐节奏配合人物情绪，生动传神。影片为公认的苏联新浪潮电影代表作之一。影片1960年获第13届法国戛纳国际电影节金棕榈奖提名，1962年获第34届美国电影奥斯卡奖最佳原创剧本奖提名、第15届英国电影学院奖最佳影片奖。
（高媛媛）

《世界电影》 *World Cinema* 中国电影杂志。1952年创刊于北京。双月刊，大32开本。由中国电影家协会主办。前身为《电影艺术译丛》，以介绍外国电影及其理论为主，旨在为中国电影工作者及广大读者对外国电影的学术探讨提供园地，以加强电影理论的建设。1964年6月停刊，1978年10月复刊，1981年下半年改为现名。该刊较广泛地介绍当代及电影史上有关电影美学、电影特性、风格样式、表现手段的理论；也涉及编剧、导演、表演、摄影、美工等方面的基本技巧和创作经验；对国际上有影响的电影思潮、电影理论、流派和创作倾向，也有所反映。同时，每期还刊载有特色有影响的外国电影剧本。该刊开设有专题文论、电影剧本、评论与鉴赏、访谈录、电影专题研究、理论综述、读者点评等栏目。
（陈笃忱）

市川昆 Ichikawa Kon（1915-11-20～2008-02-13） 日本电影导演。原名市川仪一。生于三重县伊势市，卒于东京。幼年丧父，四岁随母亲移居大阪。自幼酷爱绘画。1933年，以美工师的身份加入地处京都的J.O公司，其间接触过很多迪士尼的动画作品，并制作很多动画电影。1937年，J.O公司与其他公司合并形成东宝电影公司，市川昆亦由此逐渐转向剧情片的助理导演工作，先后供职于东宝、新东宝和日活公司。1946年，执导处女作《娘道成寺》，这部木偶戏电影描写了一个爱情悲剧故事，可惜未能播出。1949年，导演儿童题材电影《三百六十五夜》，获得票房成功。1952～1953年，相继拍摄了批判现实生活的讽刺喜剧《触角的女人》和《普先生》（又译《糊涂先生》），显示出其独到的喜剧风格。

1956年，因拍摄《缅甸的竖琴》一举成名，影片透过一个日本士兵机缘巧合皈依佛门的故事，把宗教资源充实到人道主义内涵中，具有很强的艺术感染力，获第21届意大利威尼斯国际电影节圣乔治奥奖、第30届日本《电影旬报》年度十佳影片奖第六名、第29届美国电影奥斯卡奖最佳外语片奖提名。同年，导演了以太阳族（战后中产家庭出生的青年）的流氓生活为主要内容的《刑房》，表现了性、暴力以及愤怒青年对社会的反抗，引发了观众对影片的道德抵触和日本评论界的大讨论。1959年，导演反战电影《野火》，影片对小说原著结尾——主人公在精神病院里追怀往事的情节进行了大胆的改动，让其在奔向村庄野火时突然被冷枪打死，这一改动增加了影片的震撼力量，获第33届日本《电影旬报》年度十佳影片奖第二名。1962年，导演《我两岁》，获第36届日本《电影旬报》年度十佳影片奖第一名。《野火》和《我两岁》奠定了市川昆在日本影坛的地位。1965年，市川昆作为官方钦定导演，拍摄纪录片《**东京奥林匹克**》。这部具有革新性质的纪录电影，因把焦点聚焦于人而不是竞赛项目、包括鲜有对日本国威展示的镜头画面，在日本引起争议。1976年，导演《犬神家族》，创下当时日本电影史上的票房神话，影片主人公金田一耕助成为日本家喻户晓的人物形象。1985年，重拍《缅甸的竖琴》，获得巨大成功，票房高达29亿日元，成为当年最卖座的电影。1994年，导演《四十七人刺客》，获第7届日本东京国际电影节评委会大奖、第18届日本电影学院奖最佳导演奖。

市川昆拍摄的其他主要作品有《东宝一千零一夜》（1947）、《炎上》（1958）、《键》（1958）、《雪之丞变化》（1963）、《源氏物语》（1966）、《古都》（1980）、《细雪》（1983）、《鹿鸣馆》（1986）、《女儿的婚事》（2003）、《梦十夜》（2006）等。市川昆长于日本文学名著的改编且在其中形成独特的个人风格。20世纪后半叶，市川昆改编拍摄了很多日本文学名著，大多由其妻子和田夏十担任编剧，夫妻联袂创作了能够代表日本主流文艺电影最高水准的影片。市川昆一生共拍摄120余部电影，创作生涯长达60年，跨越日本电影几个时代，是少有的既被学院派认可，亦能经受市场检验的电影大师；但因其作品类型杂驳，风格多变，也招致一些批评。1995年，在日本《电影旬报》为纪念电影诞生百年而举办的日本导演的“世纪排名”中，市川昆紧随**小津安二郎**、**黑泽明**、沟口健二、大岛渚和成濑巳喜男之后，排名第六。
（刘乃康）

试镜头 shooting test 电影导演选择演员时的一项工作。演员初选后，由**导演**选定影片的某些场景、镜头，指定演员根据角色和镜头的要求，进行考验式的表演，并拍摄下来放映，以确定是否符合扮演这一角色的要求，决定是否选用。试镜头的演员，一般按自己的造型设计作简单的化装，有时也可不化装。除了演员选择，为了判断服装和化装的效果，也进行试镜头的工作。此外，有的导演在正式拍摄前对某些场景进行部分镜头的试拍，也称为试镜头。
（陈 青）

视效导演 visual effect director 对一部影片的最终影像风格、技术标准以及特技效果的生成进行艺术指导并对其最终效果负具体责任的主创人员。全称视觉效果导演。电影是一种视听结合的艺术形式。因此，一部制作精良的影片，必须有专人负责视觉效果的制作。视效导演的职责是通过视觉效果的运用来达到导演或制片人的创作目的。视觉效果强调大众的直观感受，有些视效导演从影片创作前期便介入到制作中来，和**导演**、摄影指导、照明指导、录音指导、剪辑指导以及特效指导保持密切沟通与联络，并贯穿创作的全过程。在现有的中国电影工业体系当中，视效导演则大多是从后期才开始参与影片的制作，主要体现为和剪辑指导、剪辑师、调色师等一起处理前期的影像素材，对剪辑台上的素材或未完成的影片进行修饰与完善，起到的实际是特效师的作用。视效导演应了解基本的电影语言，熟悉最新的制作技术，特别是对数字技术、虚拟技术等新兴的制作手段应有足够的了解和掌握。也有一些被称为“超级剪辑师”的视效导演并不十分熟悉操作技术，但依然能够指导剪辑师和特效师创作出特定的视觉效果，包括各种由软件生成的特技效果，他们的作用类似于后期制作导演，只负责提供创意，具体执行则另有专人来完成。

（丁珊珊）

《视与听》 *Sight and Sound* 英国电影杂志。1932年4月1日创刊。英国电影协会编辑出版的电影理论与批评杂志。初期是季刊，1949年在获得英国电影协会的基金补贴后改为月刊。1949～1955年主编为G.兰伯特，1956～1990主编为P.休斯顿。与大多数电影杂志不同，《视与听》杂志评论所有当月上映的电影，包括只在艺术影院上映的电影。

杂志以研究电影理论与历史和评价当代影片为目的，提倡电影的艺术性。其中，“论文”是最重要的栏目，经常发表著名电影人和理论家的文章，主题可分为如下4类：电影艺术问题探讨、电影史研究、电影艺术大师专题、经典影片分析。其余栏目有：“特稿”“影评”与“其他”。“特稿”栏目包括编辑部前言、影坛杂感、读者来信、上映影片简介等4个固定栏目。此外，对各大国际电影节的报道也经常出现在这一栏里。“影评”栏目是对新片或正在英国上映的影片的评论。每篇文章都是1000～2000字，每期大概有7篇文章。在“其他”栏目中，除了“电视”作为固定内容以外，其他都是些补白性的短文，绝大部分是对影片的短评。

每隔十年，《视与听》杂志会邀请国际知名电影人投票选出心目中最伟大的10部电影。1992年之前，被邀请的影评人和导演共同投出一份名单。1992年之后，影评人和导演分别投出名单。1952年，第1届投票中，排名第一的影片是《**偷自行车的人**》。此后，《**公民凯恩**》蝉联5届投票的榜首。2012年，影评人投票排名第一名的影片是《迷魂记》，导演投票排名第一名的影片是《东京物语》。（范 倍）

《视与听》封面

手机剧 mobile phone drama 为手机这一播放平台专门制作的影视剧。相对于电视机、电脑等收视终端，手机屏幕小，收视环境不固定，收视时间碎片化。因此，手机剧以短片居多，手机剧的单集时长控制在10分钟以内，一般在5分钟左右，这是手机剧制作的常规做法。在题材和剧情设计方面，手机剧以都市、爱情、时尚等作为常用题材，但也有部分作品属于其他题材，如手机动画剧《乐卡千千问》（100集）就是科普题材，在每集2分钟的时长里讲授一个科学常识。中国的第一部手机短剧是上海移动联合上海东方传媒2005年2月6日推出的《新年星事》。

作为新媒体剧，手机剧与观众之间的即时互动是其较之传统**电视剧**的一大优势。手机剧在投拍前、制作及播出过程中，可以通过与观众的互动了解市场对题材、演员选择、剧情走向的喜好，以便随时调整拍摄，还可以提升观众对该剧的关注度。（李 艳）

手机院线 mobile phone cinema line 手机电影的在线发行渠道。伴随着互联网的发展和智能手机的出现，使得每个手机用户都有可能成为电影制作人。从影片拍摄到后期制作，一个人就可以胜任，并且不需要高昂的成本。4G网速可以支持手机电影的现场拍摄、制作和传输，为观众随时随地在线观看手机电影提供了可能。

手机院线最早出现于2010年，以中国移动推出的手机移动院线“G拍G客”为标志。2011年，**上海国际电影节**创办了手机电影节。国内的手机院线主要包括中国移动、电信天翼的手机电影付费点播业务以及一些提供手机观影服务的视频网站等。手机院线与通过视频网站观影的区别在于，可以通过微博、微信等社交媒体平台实时分享对影片的评价。与传统电影院线相比，手机院线中的电影不存在“下档”问题，受众可以随时观看。

在观影收费方面，手机院线基本采用按流量计费和根据单部影片价格计费这两种方式。在手机影片的版权购买方式上，手机院线一是把由用户点击量产生的收益按照一定比例分给电影的原创者，二是采用一次性买断电影版权的方式。

（李 艳）

舒绣文 Shu Xiuwen（1915-07-18～1969-03-17） 中国电影、戏剧演员。曾用名许飞琼。原籍安徽黟县。生于安徽安庆，卒于北京。生于一个中学教师家庭。幼年随父母迁居北平。13岁因家境贫困失学。16岁独自谋生到上海。由于讲一口流利的普通话，1931年进**天一影片公司**教授国语，不久加入集美歌舞剧社当演员，开始舞台生涯。后相继在五月花剧社、春秋剧社担任演员，随田汉等从事进步戏剧演出活动。

1933年，加入上海艺华影业有限公司，参加拍摄了《民族生存》和《中国海的怒潮》两部影片。1934年，加入**明星影片公司**，先后在《女儿经》（1934）、《热血忠魂》（1935）、《新旧上海》（1936）、《清明时节》（1936）、《压岁钱》（1937）等影片中扮演重要角色。抗日战争时期，在中国电影制片厂主演了《保卫我们的土地》（1938）、《好丈夫》（1939）、《**塞上风云**》（1940）等影片，并主演了一批著名进步话剧，与**白杨**、**秦怡**、**张瑞芳**一同被誉为话剧界“四大名旦”。抗战胜利后，主演了影片《**一江春水向东流**》（1947）、《裙带风》（1947）、《弱者，你的名字是女人》（1948）、《野火春风》（1949）、《恋爱之道》（1949）等影片。中华人民共和国成立后，在上海电影制片厂主演了《女司机》(1951)、《一场风波》(1954)、《李时珍》(1956)等影片，还为《乡村女教师》等译制片配音。1957年，入北京人民艺术剧院，在话剧舞台上先后塑造了《关汉卿》中的朱帘秀、《伊索》中的克丽娅等人物形象，尤其是在《骆驼祥子》中的虎妞形象标志着她的表演艺术达到了最佳境界。

舒绣文戏路很宽，艺术造诣深厚，表演真实自如，奔放洒脱，富于激情，以准确地刻画人物性格见长，是公认的性格演员之一。2005年，被评为“中国电影百年百位优秀演员”。曾任中国文联委员、中国戏剧家协会常务理事、中国电影家协会常务理事、全国妇联执委会委员、全国政协委员、全国人大代表等。

（黄加明 撰 许 婧 修订）

数字配光调色 digital lighting and color matching 利用数字图像产生原理，通过软件和硬件的配合，实现在计算机和网络环境中对影视画面中的光线和色彩效果进行纯数字化调整的技术手段。数字配光调色技术是数字中间片工艺中的核心技术之一，具有实时、直观、精确等特点。对于画面光线与照明，数字配光技术通过增加虚拟光线、局部加亮变暗处理、修正影调、仿真留银效果等手段，达到在影视后期延续、完善、改进前期摄影效果的作用，实现对画面照明语言的再建构。对于画面色彩，数字调色技术以数字化的直观显示与可视化精确的控制手段直接对画面色彩的原始色相、色度等参数进行调整，也可以进行二次配光校色、动态关联校色等，达到色彩的无级微调。数字配光调色技术极大增强了影视画面的艺术细节感染力，提升了影视画面的审美意境。

数字配光调色对于胶片、磁带素材和数字素材的工作方法有所不同。胶片和磁带素材需要在完成剪辑工作后，将原底片转成数字文件，然后进行数字配光调色，并且配光和调色是两项不同的技术。对于数字素材，剪辑完成后的数字影像可以直接利用专业软件实现配光与调色。

（王淑慧）

数字视频跟踪技术 digital video tracking technology 在影视后期合成中对画面上的内容进行跟随操作的技术。不同于图片场景中使用平面合成工具即可完成画面背景的抠像与调色，在视频场景中，由于背景往往处于动态之中，因此需要使用跟踪技术完成复杂的运动跟随与图像处理。数字视频是由若干帧组成的图像序列，其中含有丰富的信息。数字视频跟踪技术将数字视频中的帧分解出来并加以处理和分析，获得必要的信息。

数字视频跟踪的一般过程是：选择画面上的一个特征区域（跟踪点），由计算机自动地分析这个特征区域在一系列图像上随着时间推进而发生的位置变化。跟踪得到的结果是一系列的位移数据。为了方便后期的跟踪处理，在实拍合成镜头的素材之前，必须要设计镜头的运动，按照跟踪的需要布置好跟踪点。

数字视频跟踪技术拓展了影视创作的表现空间，很大程度上提高了创作人员的工作效率，为创作高质量的影片特效奠定了基础。

（王淑慧）

数字视频合成 digital video compositing 通过数字视频技术将多路源素材混合成单一复合画面的技术处理手段。数字视频的每一帧画面都是由像素所组成的，视频的合成实质就是像素点的混合。每个像素的透明度都可以被控制，这样在多层画面叠加时，每一层画面上的像素都可以混合在一起，这被称为整体合成。此外，在影视制作中还可以利用色键抠像技术将在绿幕或蓝幕背景前拍摄的人物、动物、场景等去除背景叠加到其他画面中，这被称为局部合成。数字视频能够合成的画面层数从几层到几十层、上百层。因此，现实创作中难以完成的或限于现实条件不可能完成的，以及在现实世界中根本不存在的视觉效果，都可以利用数字视频合成来实现。数字视频合成要满足真实感原则。在影视艺术中，数字视频合成画面的最终目的是以逼真的视觉效果赢得观众的认同。即使表现现实中不存在的事物，也力求使画面符合观众的视觉习惯与心理期待，让观众感觉画面是通过实际拍摄得到的，从而产生强烈的身临其境的真实感。

（张歌东）

数字视频技术 digital video technology 以数字信号方式生成、获取、处理、输出、传送视频的技术手段。数字信号是将代表信息的物理量以一系列二进制数据组的形式来表示，其特点是在时间轴上是离散的，即单位时间内存在有限个数据组（或称样值）；幅度轴上也是离散的，即每个数据存在于有限个状态数（或称量化等级）上。在数字信号环境中，电路中处理的信号是一系列数据流。数字信号有多项优点：抗干扰能力强，在处理、变换或传输过程中，干扰杂波不会积累；数字电路或设备容易调整和实现自动化操作，一致性和互换性好，稳定性高，便于大规模集成化生产；便于存储、延迟和变换，通过改变存储器的读出顺序，可以在空间坐标轴上对数字信号实现各种空间变换；可以实现多媒体化与网络化。数字信号的数码率（即单位时间处理的比特数）高，占用频带宽，若不进行码率压缩，很难实现数字信号的处理与传输。

在影视技术发展历程中，数字视频技术具有两重含义：一重是指将模拟视频数字化以后得到的数字视频，这是其早期阶段。模拟视频数字化，即把以模拟形式存在的信号（胶片、模拟格式磁带）变换成数字信号。经过数字化处理的视频信号，被称为数字视频；另一重含义是指由数字摄录设备直接获得或由计算机软件生成的数字视频。随着数字摄录设备的发展，采用CCD、CMOS作为光电转换单元的数字摄像机直接将图像记录成数字视频，不再进行从模拟到数字的转换。还有一种更为“纯粹”的数字视频，就是由计算机软件生成的数字视频，如计算机动画。数字视频技术在电视系统中包括数字摄录设备、数字编辑设备、非线性编辑系统、硬盘存储节目的全自动播出系统、数字演播室、虚拟演播室、数字节目制作系统、数字音频工作站等。

随着数字广播电视标准的确定，电视系统的全面数字化对节目制作、传输、播出带来了革命性的变化。演播室从CCIR-601建议开始，实现演播室设备的数字化，作为电视技术数字化的第一个里程碑。在传输方面，码率压缩技术的突破和MPEG标准的建立作为电视技术数字化的第二个里程碑，使整个发射传输系统各个方面全面数字化。从卫星直播开始，数字压缩方式已成为卫星广播的主流。有线电视采用数字压缩视频，提供数字视频频道服务。

在电影制作中，从早期的数字化电影制片发展到电影的数字制作全流程，数字视频技术已经改变和正在改变电影从拍摄到后期剪辑合成的全过程。同时，以高分辨率、高帧速率、高动态范围、宽色域为代表的高质量影像正在打破电影电视在技术上的壁垒。

（孟 群）

数字音频系统 digital audio system 以计算机控制的硬磁盘为载体，完成模拟或数字音频信号采录、节目编辑和声音混合等录音技术制作以及艺术加工处理过程的一整套系统设备。数字音频系统在广播影视节目的制作、播出、管理、审查、系统控制等各个环节都已得到广泛应用。数字音频系统的基础设备是计算机，在此基础上配置有音频信号的输入和输出接口、专门的数字音频信号处理器、相关软件等系统模块。这样一套音频系统可以在多媒体电脑上进行众多烦琐的音频操作，能够有效省略大量的周边辅助数字音频设备，还能节省众多设备的连接、安装和调试时间，且性价比高，操作智能化，简单方便。数字音频系统以硬盘为主要记录载体，因此存取速度远超磁带系统，并且记录自如，不用像在磁带上记录信号那样以线性时间顺序沿磁带长度方向记录，而是可以直接使用硬盘记录，通过计算机的控制用智能目录管理的方式存放数据，既可按时间顺序存放，也可间隔地在硬盘的空白区域中存放，在重放时利用相应的目录寻找出所需数据的位置并将其取出，使用上十分方便快捷。

数字音频系统的主要特点包括以下几点：①具有专业要求的音质录入和声音播放。②录放音时既能听到声音，同时还可看到DAW屏幕上描绘出的彩色信号波形，更直观有效。③所有操作界面均可同屏显示，操作状态一目了然。④具有全面、快捷和精细的音频剪辑功能。⑤可准确、细致、快速地对录入的声音素材进行删除、静音、复制、移位、拼接、移调、伸缩等操作，编辑工作的质量和效率都很高。

利用数字音频信号处理器提供的众多数字信号处理手段，在数字技术及其相关设备的控制下可实时完成调音、声音压扩、声像移动、电平调整、混响、延时、降噪、变速变调等多种功能，从而实现对声音的全方面处理。数字音频系统已经成为现代音频后期制作的重要设备。

（姜　燕）

双南院线　double south theatre chain　中国电影院线。成立于1966年，隶属于香港南方影业有限公司，何贤为初期最主要的奠基人。院线利用内地资金组建，以发行香港左派公司影片及内地出品影片为主。院线以南华戏院和南洋戏院为“龙头”，另有“珠江”“银都”“高升”“新光”“国宝”“华都”等戏院。影市兴旺时，其他戏院会临时加入，最多时超过十家。院线的第一座戏院是普庆戏院，原专演粤剧，以放映西片为主，插映国产片。其舞台设备，是内地剧团到港演出、香港各界庆祝国庆演出的主要场地。南华戏院，位于旺角砵兰街180号，由南方公司与新加坡崇侨银行组成南华娱乐有限公司共同经营，于1966年1月9日开幕，开幕电影为《小兵张嘎》，该戏院于2005年1月15日结业。南华戏院地处九龙区中心地带，本区另两家属于本院线的影院为珠江戏院和银都戏院。珠江戏院位于九龙土瓜湾，于1964年5月14日开业。银都戏院位于九龙观塘，1963年开业。南洋戏院位于港岛区湾仔摩利臣山道，系南洋烟草公司的货仓改建而成，南方公司租下后，于1966年4月1日开幕，开幕电影是《甲午风云》。该戏院的启用，标志着双南院线的建成。该戏院于1999年4月11日结业。港岛区另两家属本院线戏院是高升戏院和新光戏院。高升戏院原专演粤剧，1960年改映戏曲电影后转型并出手，南方公司与何贤合作接手。新光戏院位于北角，1972年建成，是该院线组建后继续开拓的例证。自此，双南院线组成了一条布局较完整的国语电影院线，促成了20世纪60～70年代国产电影和长城、凤凰公司电影制作、发行的高峰期。随着经营的发展，双南逐渐形成了理想的“以院养制”体系，即戏院盈利用以支持南方影业公司拍摄影片的制作成本。双南院线不仅是南方影业公司的品牌，也是国产电影放映的品牌，使香港人可以从银幕上了解内地、了解祖国，也丰富了港人的文娱生活。

（张承宇）

《水浒传》　*The Water Margin*　中国电视剧。中央电视台和中国电视剧制作中心1998年联合出品。共43集。改编自施耐庵的同名长篇章回体小说。编剧，杨争光、冉平；导演，张绍林；摄影，张绍林；主演，李雪健、周野芒、臧金生、丁海峰、赵小锐、王思懿。

故事讲述了宋徽宗年间，奸佞当道，林冲被逼上梁山落草，晁盖等好汉智取生辰纲也投奔梁山，晁盖被拥为首领。鲁智深、杨志、武松等好汉皆以被逼造反。山东郓城好汉及时雨宋江杀死阎婆惜被发配江州，又因在浔阳楼题反诗行将问斩，李逵等人大闹刑场救出宋江，宋江就此加入梁山。梁山势力日益壮大，大破连环马、三打祝家庄，风头渐盛。晁盖为史文恭重伤后不治，宋江受众好汉拥戴成为梁山泊头领，梁山泊就此举起义旗，替天行道、杀富济贫，荡平朝廷数次征剿。后被朝廷招安，一心报效国家。宋廷勒令梁山好汉充当先锋征讨方腊，梁山好汉遭受重创，死散殆尽。

该剧秉承忠于原著又不完全拘泥于原著的改编原则，以人物列传的方式展现了鲁智深、林冲、杨志、宋江、武松等好汉相继被逼造反的过程，塑造了一批刚正不阿、忠义不屈的英雄群像。同时，该剧在人物刻画与主题挖掘等方面进行了合理的改编，对原著中诸多影响人物形象的暴戾行为进行了删减和淡化。突出他们路见不平拔刀相助的侠义精神，既明确了梁山好汉替天行道、举起义旗的核心立场，又彰显了官逼民反的故事主题。该剧节奏紧凑，影像流畅，制作考究，具有很强的观赏性，获得了较好的播出效果。该剧1998年获第16届中国电视金鹰奖最佳长篇连续剧奖、最佳导演奖、最佳摄影奖、最佳美术奖，第18届中国电视剧飞天奖优秀长篇电视剧奖。

（王乙涵）

水华　Shui Hua（1916-11-23～1995-12-16）中国电影导演。原名张水华。祖籍湖北。生于南京，卒于北京。1931年九一八事变时他在高中读书，即开始接触进步革命

文艺。1933年入复旦大学法学系学习，课余和赵丹等从事戏剧活动。1934年加入南京左翼剧联。1936年春至1937年春，赴日本加入“中华戏剧协会东京分会”，跟随“中国留日剧人协会”学习戏剧、电影。抗日战争全面爆发后，随演剧队到武汉、长沙前线进行抗日救亡宣传；后在重庆育才学校戏剧组任教。1940年去延安，在鲁迅艺术学院实验剧团任导演。曾创作群众喜闻乐见的秧歌剧。

1949年调东北电影制片厂任导演。第一部影片是与王滨合导的《白毛女》，此片1951年获第6届捷克斯洛伐克卡罗维发利国际电影节特别荣誉奖，1957年获文化部1949～1955年优秀影片一等奖。后调入北京电影制片厂任导演。在北京电影制片厂导演的最初两部影片是《土地》（1954）和《林家铺子》（1959）。《林家铺子》以独特的艺术风貌出现于影坛，成为水华的一部代表性作品。他在小说和剧本的基础上，用电影手段进行了再创作。场景朴实而具有浓郁的生活气息，色调变化丰富，导演处理注重整体性，细节也很讲究。曾获第12届葡萄牙菲格拉达福兹国际电影节评委奖。1986年，香港22位影评人在第200期《电影》上选出中国电影史上十大影片，《林家铺子》名列第五。他还导演了《革命家庭》（1961）和《烈火中永生》（1965）。1981年导演《伤逝》，获文化部优秀影片奖。

1995年，在纪念世界电影诞生100周年、中国电影诞生90周年时，水华获中

国电影世纪奖最佳导演奖。曾任北京电影制片厂艺术委员会主任，中国影协第2、3届理事，第4届常务理事，第5届主席团委员，第三届全国人民代表大会代表，第五、六届全国政协委员。（王云缦）

水墨动画片 water-ink cartoon 将中国水墨画技法运用于动画片制作的美术片。水墨动画片采用动画拍摄的特殊处理技巧，把水墨画形象和构图逐一拍摄下来，通过连续放映形成浓淡虚实、活动的水墨画影像，借此表现人物造型和环境空间造型。水墨动画片突破了世界各国动画片通常采用的线条结构方法，是中国美术片的创新，为中国所特有。水墨动画片的特征是既无明确的边缘线，又不平涂色彩；既保留了水墨画的技巧和情趣，又充分发挥动画技术的特长，赋予水墨画形象以新的生命。

水墨动画片讲究笔墨情趣和意境气韵，具有鲜明的民族特色。中国第一部水墨动画片是1960年试制成功的《小蝌蚪找妈妈》，片中活跃的青蛙、蝌蚪、螃蟹、虾等动物，生动地体现了中国美术的笔墨情趣。中国其他优秀水墨动画片有《牧笛》

《牧笛》剧照

《鹿铃》《山水情》《猴子捞月》等，都曾引起国内外观众的瞩目。（姚国华）

水木洋子 Mizuki Yoko（1910-08-25～2003-04-08） 日本电影编剧。原名高木智子。生于东京，卒于千叶。1949年，创作剧本《女人的一生》，从此开始电影编剧工作。长期与成濑巳喜男、今井正、小林正树、市川昆等导演合作，相继创作了多部电影剧本。1950年，在今井正执导的《来日再相逢》中担任编剧，通过战争后方的女性视角，温情细腻地观察战争给日本带来的巨大伤痛。1954年，在影片《山之音》中担任编剧，讲述感情生活破碎的儿媳与孤寂的公公之间隐秘的乱伦故事，直面日本社会中的男女地位差异背后的伦理危机。

1955年，在成濑巳喜男执导的《浮云》中担任编剧，展现了日本战后女性艰难的生存状态，获第10届日本每日电影奖最佳影片奖。1964年，在小林正树导演的《怪谈》中担任编剧，从小泉八云的同名原著中选取了四个故事，连缀而成了一部三个小时的长片。这四个故事内容相互独立，主题则统一指向怪谈背后的恐怖人性。1976年，在影片《弟弟》中担任编剧，讲述了一个身患绝症的纨绔浪子反思自己家庭关系的故事，影片以弟弟的生活反衬姐姐的伟大，并尝试以家庭情感来弥合日本现代社会中的性别矛盾。

她的剧作题材以女性日常生活为主，善于雕琢日本现代女性的内心世界。作品选材大胆，主题严肃，立意深远，或以奇诡玄幻的鬼怪故事呈现人物的内心世界，或跳出寻常的伦理判断来反思女性在日本现代社会中的生存困境。她创作的电影剧本还有《母亲》(1952)、《骤雨》(1956)、《妖婆》(1976）等。1953年，获第1届日本菊池宽奖。1981年，获日本紫绶带奖章。1987年，获日本皇室颁发的勋四等宝冠章。（于歌子）

《水问》 *The Water Cries* 中国电视纪录片。中央电视台2008年出品。共8集。编导，王猛。

影片共包括《危机何时到来？》《饮水能否安全？》《生灵是否安宁？》《江河如何安澜？》《水究竟属于谁？》《大国水网有多远？》《节水难在何处？》《水的答案在哪里？》，分别从危机、饮水、生态、利用、分配、治理、节水、文明等八个方面回到了有关水的问题。影片记录了中国最缺水地区人们的生活，展现了城市生活中的节水困境，披露了触目惊心的湖泊、河流污染调查结果，访问了中国乃至世界一流的水问题专家，分析了水危机出现的深层次原因，推荐了符合科学发展观的用水管水理念，试图寻找一条符合中国国情的、人水和谐的发展道路。

影片为中国第一部全面反映中国水资源整体状况的电视纪录片，以超越一般“水利片”的视野，从人类生存与繁衍的高度，在披露、分析中国目前所面临的各种水的问题的同时，探究了水和人类历史发展与未来的关系。影片见微知著，以小见大，通过一个个生动形象的事例，如甘肃东乡族人在婚礼上以干净的水作为待客的最高礼遇等，揭示了现实中水的危机与生态失衡的大主题，展示了一个民族、一个社会在水资源面前的道德良心和生存思考。影片共有8个摄制组分别前往全国各地，从青藏高原到东海之滨，到处寻找有关水的故事，堪称一次以最真实的方式展开的真正的田野调查；同时兼有大量国外有关水资源状况的介绍、资料和对比，较好地实现了善待历史、尊重国情、放眼全球、揭示危机、分析原因，探寻人、水和谐发展之道的主题。影片2009年获亚太广播电视发展机构最佳水源问题电视纪录片奖。（刘乃康）

水下摄影 under-water cinematography 摄影的一种。使用专用的照相机或摄影机在水下进行拍摄。又称潜水摄影、水中摄影。水下摄影使人们可以通过高质量的水底摄影影像，欣赏到独特的水底光影效果和水底自然世界之美。水下摄影还可以为海洋资源的开发收集第一手的图片、视频资料，供学者、专家研究，同时也是水下工程、沉船打捞时不可缺少的辅助手段。

最早开始尝试水下摄影的是英国摄影师W. 汤普森。他发明了最早的水中拍摄装备，1856年曾试图在水下为一艘潜艇拍照，但未成功。第二次有记录的海底拍摄是1866年法国摄影家巴辛拍摄的沉船资料。直到1893年法国的动物学教授L. 布顿才开始对水下摄影进行深入研究。当时进行水下拍摄要把相机装在防水箱中，另以一个浮力筒在水面勾挂着防水箱，防水箱可在水下移动。由于没有防水手表，曝光时间全由水面上控制。布顿还发明了水下闪光灯，最终拍摄到一批游鱼的照片。

1913年，水下摄影取得重大发展，美国人J.E. 威廉逊研究出大型金属管及耐压球体，人与器材全可进入，滴水不入，气压也正常，可长时间工作。威廉逊利用这一设备拍了第一部水下电影《海底两万里》。此后，水下摄影设备日臻完善。1953～1954年，美英两国开始在水下大规模拍制全本彩色电影。1956年完成的电影《寂静的世界》，使得观众可以看到海底的奇景。

水体的光学性质对水下摄影影响很大：水体对光的强烈衰减作用，大大限制了拍摄目标的有效光辐射的传输距离；水体对光的强烈散射，大大降低了目标对于背景的对比度和影像分辨率。水中摄影的画面质量和观察距离，比空气中低得多。在光程为5～15米的清洁水中测得的光学传递函数表明，最小可辨角宽为3′左右，它和拍摄距离的平方根成正比。

水体的光谱衰减特性，使水中彩色摄影必须做特定的色度校正：在自然光条件下摄影时，可用彩色平衡滤光器进行彩色校正，滤光器的透射光谱分布和水体衰减光谱分布相似；使用人工照明时，要求红色波段有较强的辐射以平衡水体对红色波段较强的衰减。在工作距离小于两个衰减长度时，不必做彩色校正。水中电视摄影的彩色校正，一般可通过调整监视器的3个基色电子束的强度来完成。

在水中摄影或观察系统设计中，必须考虑光学物镜的像差校正。很多简单的水中摄影系统是将空气中使用的摄影系统加以密封，通过摄影机壳体的平行平面玻璃水封窗口拍摄水中目标。这种平行平面玻璃窗口会造成严重的色差和像差，降低了分辨率，并使视场角变窄。一般只适合于视场角小于15°和分辨率低于20线/毫米的拍摄要求。为此，有人运用平凹透镜作水密封窗口，可使水中视场角和空气中摄影视场角相同，使平行平面水密封窗口的色差和像差均被消除。校正后，视场角可达90°，中心分辨率可达40线/毫米。专门设计的水中摄像物镜，其消像差质量可达到空气中高质量摄影物镜的水平。由于水中环境的要求，加上人工照明的电源、摄影机快门和进片等的自动控制的要求，大型水中摄影系统还必须有相应的适当的运载体等，这都是水中摄影要考虑的问题。

随着数字摄影技术的发展，涌现出各种不同的深海、浅海数字照相和摄影系统，有相当高的自动化程度和画面存储、传输能力，配置于各种有缆水下潜器或无缆水下潜器。水下摄影已成为水下潜器的基本配置，用以获取海中生物、水产、地质海洋工程或深海热液图像信息的主要手段之一。（赵上元）

《水中刀》 *Knife in the Water* 波兰故事片。波兰摄影机电影创作小组1962年出品。编导，R.波兰斯基；摄影，J.李普曼；主演，L.尼姆切克、J.乌梅茨卡、Z.马拉诺维奇。

故事讲述了一对中产阶级夫妇安德烈和克里斯蒂娜驾车到马祖里湖区游玩，遇到了徒步旅行的年轻人搭车，安德烈邀请年轻人乘坐他们的私家帆船一起游湖。航行中，三个人的关系在驾船、吃饭、游戏、闲聊中不断发生摩擦。年轻人一直玩一把折叠刀，安德烈恼怒中把刀丢入湖里，两人发生正面冲突，年轻人跳入水中消失不见，安德烈和克里斯蒂娜一面担心地找他，一面争执，安德烈赌气独自游水离开。这时，躲在船尾的年轻人再次出现，克里斯蒂娜打了他、怒斥他骗人，又与他拥吻。最后，年轻人悄悄离去，安德烈在岸边等着妻子，克里斯蒂娜靠岸后，他们驾车离开，回到原本的生活中去。

影片通过年轻人的闯入揭示出中年夫妇无趣的婚姻、中产阶级的虚伪以及人性的阴暗。影片通过对细节的处理、巧妙的构图和**场面调度**，展示出三个人关系的微妙变化。影片对白充满琐碎的生活质感而又不显得聒噪无聊，在写实的风格中加入模糊性和玩世不恭的态度。影片在思想倾向和艺术风格上受到**法国新浪潮电影**的某些影响，以散文化风格见长，着力于心理交流和刻画以及情景交融的意境烘托。影片道具折叠刀有着丰富的象征意味，隐含着悲观的意念。影片1962年获第27届意大利威尼斯国际电影节国际影评人协会奖。（张慧瑜）

《丝绸之路》 *Silk Road* 中国彩色纪录片。中央电视台和日本NHK电视台1980年联合出品。共17集。编导，屠国壁、铃木肇；摄影，屠国壁、戴维宇、井上正次；解说，赵忠祥。

影片共分为《古都长安》《跨越黄河》《祁连山下》《神秘的黑城》《莫高窟的生命》《到楼兰去》《流沙古道》《美丽的和田》《火焰山下》《穿越天山》《龟兹幻想曲》《沿天山西行》《天马的故乡》《葱岭古道行》等，介绍了丝绸之路是从中国古长安（今西安）开始的、伸向西域以丝绸为主的贸易商路，始于周秦，盛于汉唐，是东西方最早的文化交流通道，对丝绸之路的壮丽景观、文化遗址、民族风情、宗教习俗等进行了深入探索。

影片以弘扬民族文化、回溯历史、面向未来为创作视点，首次将丝绸之路辉煌灿烂的历史文化搬上了荧屏。影片在展现丝绸之路的文化风貌时，采取了多种表现手法，如开篇处以沙漠中的驼队、悠远的驼铃声作为引子，将观众带入了神秘、古老的中国西部；摄影上将远、全、中、近、特各种景别的画面有机交织到一起，将历史与现实、历史古迹与自然风光巧妙地融合到了一起，给人以气势非凡、积淀深厚的审美感受。影片内容涉及上下几千年，在结构布局上，采取了化整为零、分段式播出的方式。影片摄制组探古访今，由东向西，重走古代贯穿欧、亚大陆全长7000余千米的交通要道，开创了中国纪录片大片的先河。（刘卉青）

思想电影 film-contemplation 通过导演或者主人公的思考来感染、启发观众的影片。又称思考电影。思想电影源起于20世纪中叶苏联导演M.I.罗姆等人的电影实践，主要代表人物有电影剧作家Y.格布里罗维奇及导演S.尤特凯维奇、**A.雷乃**、C.朗兹曼等。思想电影以独特的个人视角拷问历史，反思人类重大主题，表达作者对时代的思考。

20世纪50年代的苏联，从政治到文化都经历着重大变革，一向受到压抑的思想界日趋活跃，艺术界也开始出现“解冻思潮”。此时，苏联电影艺术家开始进行积极的艺术探索。50年代后期，文艺界开始用新视角处理战争题材，提倡人道主义精神，在题材、内容、艺术表现形式等方面呈现出创新、多样化面貌。正是在这一环境下，罗姆在对艺术创作的反思、对苏联电影现状的审视以及对西方现代电影的借鉴中，于1962年推出纪录片《一年中的九天》。随后罗姆在《一部影片的后记》中谈到，“我的创作术语是‘影片—思考’”，由此拉开思想电影的序幕。思想电影在60年代逐渐演变成为一种重要的电影实践。思想电影的践行者认为，这一电影样式能够透过艺术形象引导观众对人生进行哲学沉思。思想电影以反思战争的政治性题材为主，文体常以纪录电影的形式出现，以追问、反思等为叙事主线，影片穿插诸多对白、旁白（评论、解说词），利用画外音表现人物，并与旁白交叉使用。除此之外，导演并不只是一个场面调度者，而是通过对剧本的表现引导观影者获得观影思考，导演同时把“自己”隐匿在电影中，将素材与已有的意念融合，创作出一个全新的近似论说文的影像文本。

典型的思想电影有罗姆导演的《普通的法西斯》(1965)，格布里罗维奇编剧、尤特凯维奇导演的《列宁在波兰》(1965)、《列宁在巴黎》(1980)，以及法国导演雷乃拍摄的影片《夜与雾》(1955)，朗兹曼的《浩劫》(1985）等。其中，尤其值得关注的是罗姆导演的《普通的法西斯》，影片重点不在于表现法西斯的侵略及后果，而在于引导观众反思法西斯为何会在德国发生？法西斯思想的根源是什么？为什么会有如此多的民众趋之若鹜、为之效命？这部影片中，时时可见作者的追问，处处可引观众的思考。

思想电影在20世纪60年代的苏联成为一种重要的电影样式，与时代、社会、电影艺术家的创作思想革新等有着密切的联系，思想电影以其鲜明的时代特征与独特的艺术形式，影响着当时的电影界。随着社会语境以及电影的发展与演变，现今的犹如思想电影的一类文本已不限于对二战的思考，甚至包括对恐怖主义、文化冲突、生态环境等全球现实问题的追问与反思，可视为思想电影在当下的延续。美国导演M.摩尔于2004年拍摄的纪录片《华氏911》可视为这样的代表，它并非去简单地还原“美国911恐怖事件”，而是揭示千丝万缕的利益关系与政治、金融的非同寻常的“联系”。在英美左翼思潮的影响下，涌现出了一系列介入性电影，可视为思想电影的扩延，而新一轮的全球化实践为其在艺术形式与美学理念的更新提供了强有力的文化支持。（段运冬）

斯科特，G.C. George Campbell Scott（1927-10-18～1999-09-22）美国影视演员。生于弗吉尼亚州怀斯，卒于加利福尼亚州西湖村。毕业于密苏里大学。曾在海军陆战队服役。最初在纽约的舞台上开始演艺生涯，后拍过一些电视剧，最终转向电影。1960年，出演《桃色案件》，获第32届美国电影奥斯卡奖最佳男演员奖提名。1962年，出演《江湖浪子》，获第34届美国电影奥斯卡奖最佳男演员奖提名和第19届美国电影金球奖最佳男配角奖提名。1970年，在《巴顿将军》中饰演集勇敢、幽默、强硬、狂热、浪漫、直率于一身的巴顿将军，获第43届美国电影奥斯卡奖最佳男主角奖和第28届美国电影金球奖最佳男主角奖。1997年，主演电视电影《十二怒汉》，获第55届美国电视金球奖最佳男配角奖。

斯科特在好莱坞演艺圈被认为是一个“叛逆者”，曾认为奥斯卡奖项“并不真实”而拒绝领奖。他独特的个性吸引了包括S.*库布里克*、S.克雷默、R.罗森和J.休斯顿等著名导演与他合作。他的表演风格朴实无华，生动自然，最擅长扮演性格粗暴耿直的硬汉英雄形象。他出演的影片还有《奇爱博士》（1964）、《芳菲何处》（1968）、《简·爱》（1970）、《他们或是巨人》（1971）、《海豚之日》（1973）、《俄克拉何马石油战》（1973）、《神偷盗宝》（1974）、《兴登堡遇难记》（1975）、《暴风雨中的小岛》（1977）、《夺魄冤魂》（1980）、《熄灯号》（1981）、《圣诞颂歌》（1984）、《瑞恩·怀特》（1989）、《怒海情涛》（1993）、《体热边缘》（1993）、《天下父母心》（1999）等。2003年，他饰演的巴顿将军当选美国国家广播公司评出的“影视作品中的十大铁血猛男形象”。（孙 萌）

斯里兰卡电影 Sri Lankan cinema 20世纪20年代初，斯里兰卡民族电影业的先驱者们开始了艰苦的创业工作，但由于经济技术的落后，没有生产影片。第二次世界大战期间，斯里兰卡拍出了3部无声短片。1947年1月21日，斯里兰卡上映了第一部僧伽罗语故事片《食言》，该片根据同名话剧改编，上映后获得意想不到的成功，连续放映147天，场场爆满，打破了外国影片在斯里兰卡连续放映80天的纪录。《食言》的上映进一步激发了电影工作者的热情，《阿索卡玛拉》（1947）、《狡猾的保护人》（1948）等电影也陆续与观众见面。

斯里兰卡电影创业初期的10年中所摄制的影片，无论从哪个方面都无法与进口的印度影片相比，每年最多只能拍摄4部故事片。但是这些影片打破了国内影坛被印度电影垄断的局面，受到了广大人民群众的欢迎，不过影片带有很深的模仿印度影片的痕迹。当时人们喜爱的演员有L.德维和A.W.贾亚马纳等。前者能歌善舞，恰到好处的表演，使许多观众为之倾倒；后者是个喜剧演员，惟妙惟肖的动作，常常使人捧腹大笑。

1956年以后，斯里兰卡创办了3个电影制片厂和洗印厂，开始用自己的电影技术人员和设备独立摄制影片。著名的僧伽罗导演L.J.彼利斯第一次带领演员和摄影师走出摄影棚，拍摄外景，拍摄了质量较高的故事片《生命线》（1956），电影评论家们称它是斯里兰卡电影史上的里程碑。《生命线》突破了过去影片的旧框框，大胆地描写了当地人的现实生活。此后，一批以反映本民族中下层人民生活为题材的、具有民族风格的现实主义影片不断涌现出来，如《奉献》（1961）、《岸边》（1961）和《宝石岛》（1962）等，都是当时比较突出的影片。它们标志着斯里兰卡的电影业日臻成熟。1963年，彼利斯导演的故事片《乡村的变迁》在1965年新德里举行的第3届印度国际电影节上获得最佳故事片金孔雀奖，从而使斯里兰卡影片在国际影坛上赢得一席之地。20世纪60年代，斯里兰卡的电影业发展迅速，除了拍摄出少量的新闻纪录片和几部少数民族故事片外，平均每年拍摄20部故事片。创作和摄制出一大批揭露现实社会、反映城乡贫苦人民生活的故事片，同时涌现出一批水平较高的电影剧作家和评论家，他们进一步促进了斯里兰卡电影业的发展。但是，当时斯里兰卡的电影发行业被3家私人电影公司垄断，它们从西欧、美国和日本大量进口影片，其中不少是色情、凶杀和打斗内容的影片，败坏社会风气，毒害青少年，引起了不少有识之士的关注。

20世纪70年代以后，斯里兰卡政府颁布了电影法，成立了国家电影局，积极资助国产故事片的生产。1976年4月，政府将私人电影公司的电影进出口和批发权收归斯里兰卡国家电影局掌握，并限制外国电影，特别是禁止色情、凶杀影片的进口。斯里兰卡凯拉尼亚大学创办了电影学专业，教授电影史、电影评论和电影艺术等课程。国家电影局建立了电影剧本图书馆，电影制片厂和导演可以向该馆购买剧本版权作拍摄之用。70年代，斯里兰卡政府在国内进行了一系列的体制改革，这时期的电影从不同的侧面艺术性地再现了独立以来斯里兰卡的变化。根据S.R.马德瓦拉的同名小说改编的电影《五亩地》（1970）是一部上乘之作，影片反映了斯里兰卡独立后，从土地改革中获益的农民，迁居新开垦的农业区域，开辟新生活的艰辛和获得丰收后的喜悦。除此以外，比较成功的还有《三面人》（1970）、《大沙漠》（1971）和《四十万卢比》（1971）等。这个时期，虽然摄制了几部质量较高的故事片，但是和60年代相比，国产故事片的整体质量有所下降。主要原因是电影厂家过分追求票房收入、商业利润。此外，许多人认为，限制外国影片进口，使编、导、演人员不能及时了解世界电影发展趋势，影响了影片摄制水平的提高。

1977年以来，国家电影局放宽了对外国电影进口的限制，并向电影厂家和私人贷款，鼓励生产质量高的民族故事片。1979年，国家电影局首次设立“斯里兰卡电影总统奖”。1983年，国家电影局投资1500万卢比建成一座彩色电影洗印厂，鼓励和帮助电影工作者生产彩色故事片。进入20世纪80年代，斯里兰卡摄制的影片内容广泛，类型多样。其中在内容上和艺术上都比较突出的有《密林中的村庄》（1981）、《邀请》（1981）、《决心》（1982）和《老家》（1982）等。优秀的影片造就了一批观众喜爱的优秀演员，如玛丽妮·冯塞卡、伽米尼·冯塞卡、左·阿贝维克拉马和托尼·拉纳辛哈等，他们均以其细腻动人的演技蜚声影坛。

20世纪90年代，斯里兰卡拍摄了《黑暗中的灵魂》（1996）等重要影片。进入21世纪之后，又相继创作出《风中折翼鸟》（2002）、《米勒·索亚》（2004）、《八月细雨》（2011）、《玛塔》（2011）、《昨天和明天之间》（2013）、《池边的歌声》（2014）、《格姆努王》（2015）、《又脏又黄又黑暗》（2015）、《白光之暗》（2015）、《浴火之鸟》（2016）、《还我河山》（2017）、《阿桑德·西米蒂卡》（2018）、《先父之地》（2018）、《耶输陀罗》

（2018）等作品。（黎炳森 李丽莎）

斯米尔诺娃，M. Mariya Smirnova（1905-04-01～1993-05-04） 苏联电影编剧。生于萨马拉，卒于特维尔。1927年毕业于全苏国立电影学院表演系库里肖夫工作室。1929年开始从事电影剧本创作，与D.波兹南斯基合作编写了她的第一部电影剧本《她的道路》。1937年编写了《村妇》，在全苏创作评奖中获一等奖。1947年创作了《乡村女教师》，讲述了一个平凡乡村女教师的不平凡历程，获斯大林奖一等奖。1948年，根据B.N.波列伏依同名小说改编了《真正的人》，获斯大林奖二等奖。她所创作的电影剧本还有《乡村医生》（1952）、《田野啊，田野》（1957）、《初恋的故事》（1957）、《三海旅行》（与印度的K.A.阿巴斯合作，1958）、《在同一个屋顶下》（1963）等。其作品人物形象鲜明，富于时代感。（徐谷明）

斯皮尔伯格，S. Steven Spielberg（1946-12-18～ ） 美国电影导演、编剧、制片人。生于俄亥俄州辛辛那提。13岁时，参加童子军摄影学习班，获荣誉奖章。毕业于加利福尼亚州立学院电影系。1968年，拍摄制作短片《安布林》，引起了**环球影片公司**的注意。随后，与环球影片公司签约，并执导了一些电视剧。1971年，导演了电视电影《决斗》。1974年，编导自己的第一部故事片《横冲直撞大逃亡》（又译《苏格兰快车》），获第27届法国戛纳国际电影节最佳编剧奖。1975年，执导灾难片《**大白鲨**》，是好莱坞第一部票房超过1亿美元的影片。1977年，编导科幻片《第三类接触》，获第5届美国电影土星奖最佳导演奖。1981年，导演《夺宝奇兵1：法柜奇兵》，获第9届美国电影土星奖最佳导演奖。1982年，导演《E.T.外星人》，用科幻手段展现了儿童纯真善良的天性，获第55届美国电影奥斯卡奖最佳音响奖、最佳音效剪辑奖、最佳视觉效果奖、最佳配乐奖。

1993年，运用大量数码技术等高科技手段拍摄了以恐龙为主角的《侏罗纪公园》，刷新票房纪录，获第66届美国电影奥斯卡奖最佳视觉效果奖、第20届美国电影土星奖最佳导演奖等。同年，作为制片人还执导了《辛德勒的名单》，展现了战争中人性的光辉，获第66届美国电影奥斯卡奖最佳影片奖和最佳导演奖、第51届美国电影金球奖最佳导演奖。1994年，与D.格芬等人联合组建“梦幻工厂”影片公司。1998年，导演战争片《拯救大兵瑞恩》，展现了战争的惨烈与残酷，同时又表现出强烈的人文情怀。影片1999年获第71届美国电影奥斯卡奖最佳导演奖、最佳摄影奖等5项奖，第56届美国电影金球奖最佳剧情片奖和最佳导演奖。2001年，导演《人工智能》，获第28届美国电影土星奖最佳编剧奖。2002年，执导《少数派报告》，获第29届美国电影土星奖最佳科幻电影奖、最佳导演奖。2011年，导演动画片《丁丁历险记：独角兽的秘密》，获第69届美国电影金球奖最佳动画长片奖。2021年，导演《西区故事》。

斯皮尔伯格素有“电影神童”之称，他执导的影片充满想象力和创造力，而且具有非常强的票房号召力。他执导的影片还有《夺宝奇兵2：魔宫传奇》（1984）、《紫色》（1985）、《太阳帝国》（1987）、《夺宝奇兵3：圣战奇兵》（1989）、《猫鼠游戏》（2002）、《幸福终点站》（2004）、《世界大战》（2005）、《慕尼黑》（2005）、《夺宝奇兵4：水晶头骨王国》（2008）、《战马》（2011）、《林肯》（2012）、《间谍之桥》（2015）、《圆梦巨人》（2016）、《头号玩家》（2018）等。由他担任制片人的战争迷你剧有《兄弟连》（2001）、《太平洋战争》（2010）等。此外，他还担任多部影片的制片人，为多部电影编写剧本或客串演员。2009年，获第66届美国电影金球奖终身成就奖。

（令仪 边山 撰 许婧 修订）

斯琴高娃 Stchingowa（1950-01-20～ ） 瑞士籍华裔影视演员。生于内蒙古自治区昭乌达盟（今赤峰市）宁城县。1965年，任内蒙古自治区歌舞团舞蹈演员、报幕员。1980年，参加中国人民解放军，后任八一电影制片厂演员。1982年，在根据老舍同名小说改编的影片《**骆驼祥子**》中饰演虎妞，以洒脱自如、充满生活情趣的表演，塑造出虎妞多种精神因素混杂的个性，获第6届中国大众电影百花奖最佳女演员奖和第3届中国电影金鸡奖最佳女主角奖。1984年，成功出演了香港导演严浩执导的《似水流年》，获第4届香港电影金像奖最佳女主角奖。同年，在香港举办“斯琴高娃影片欣赏”专题展。1993年，在《**香魂女**》中饰演既开放又传统、被金钱异化的农村妇女香二嫂，获第33届美国芝加哥国际电影节最佳女主角奖。2001年，分别出演电视剧《**大宅门**》和《康熙王朝》中的主要角色白文氏和孝庄文皇后，获得观众的好评。其中对性格复杂、经历曲折的白文氏的成功演绎，使得这个角色成为其代表作之一。2007年，出演**许鞍华**执导的电影《姨妈的后现代生活》，获第14届北京大学生电影节最佳女演员奖、第16届上海电影评论学会奖最佳女演员奖、第14届香港电影评论学会奖最佳女主角奖和第27届香港电影金像奖最佳女主角奖。

斯琴高娃塑造过众多性格迥异的角色，表演生动自然，真实可信。她出演的影片还有《**归心似箭**》（1979）、《许茂和他的女儿们》（1981）、《大泽龙蛇》（1982）、《风雨下钟山》（1982）、《**高山下的花环**》（1984）、《驼峰上的爱》（1985）、《月牙儿》（1986）、《电影人》（1988）、《嫁到宫里的男人》（1990）、《老人与狗》（1993）、《太后吉祥》（1996）、《北京爱情故事》（2014）、《荒城记》（2017）、《南溟奇缘之爱情树》（2022）等。出演的电视剧还有《党员二愣妈》（1996）、《大唐御史谢瑶环》（1998）、《肥猫寻亲记》（2001）、《孝庄秘史》（2002）、《绝对权力》（2002）、《野火春风斗古城》（2004）、《江城令》（2009）、《人生风雨情》（2009）、《娘》（2010）、《师傅》（2011）、《武则天秘史》（2011）、《上线下线》（2014）、《平凡岁月》（2017）、《星火云雾街》（2018）等。曾任亚洲微电影学院副院长、第7届亚洲微电影艺术节评委会主席。

（军文 撰 李清 修订）

斯特丽普，M. Meryl Streep（1949-06-22～ ） 美国电影演员。生于新泽西州巴斯金里奇。高中时开始参加学校戏剧活动。曾就读于瓦瑟学院，毕业后赴耶鲁戏剧学院攻读，获戏剧硕士学位。斯特丽普在耶鲁的三年里，曾在耶鲁轮换剧目剧院里扮演了约40个截然不同的角色。她在耶鲁毕业后，成功地在舞台上演过各种不同的角色。

1977年开始涉足影坛，在影片《朱莉亚》里出演一个小角色。1978年在影片《猎鹿人》中扮演角色，获美国国家影评人协会奖最佳女配角奖。1979年出演了《乔·泰南的引诱》《曼哈顿》《**克莱默夫妇**》三部影片，其中凭借《克莱默夫妇》的精彩出演，获第52届美国电影奥斯卡奖最佳女配角奖。1981年在《法国中尉的女人》中，一人分饰性格命运截然不同的两个角色，获第35届英国电影学院奖最佳女主角奖、第39届美国电影金球奖最佳女主角奖。1982年出演了《苏菲的抉择》，获第55届美国电影奥斯卡奖最佳女主角奖、第40届美国电影金球奖最佳女主角奖。1995年出演《廊桥遗梦》。2002年出演《改编剧本》，获第60届美国电影金球奖最佳女配角奖。2003年主演了《天使在美国》，获第56届美国电视艾美奖迷你剧电视电影最佳女主角奖。2008年主演了《虐童疑云》，获第15届美国演员工会奖最佳女主角奖。2009年出演了浪漫喜剧《朱莉与朱莉娅》，获第67届美国电影金球奖最佳女主角奖。2017年获美国电影金球奖终身成就奖，同时凭借《华盛顿邮报》获第89届美国国家评论协会奖最佳女主角奖。

《法国中尉的女人》剧照

其他重要作品有《西尔克伍德》《走出非洲》《弦动我心》《时时刻刻》《铁娘子》《大希望温泉》《八月：奥色治郡》《赐予者》《送乡人》《瑞奇和闪电》《跑调天后》等。斯特丽普的演技精湛、娴熟，善于表现人物丰富而细腻的内心活动，并注意角色的外部动作配合。其银幕魅力超越了国界和种族，得到了全世界观众的认同。

（谢榕津）

斯托克豪森，A.　Adam Stockhausen（1972-11-30～　）美国电影美术指导。生于威斯康星州布鲁克菲尔德。1995年，本科毕业于马凯特大学。1999年，硕士毕业于耶鲁大学戏剧学院。2013年，在《为奴十二年》中担任艺术指导，获第86届美国电影奥斯卡奖最佳艺术指导奖提名。2014年，在《布达佩斯大饭店》中担任艺术指导，获第87届美国电影奥斯卡奖最佳艺术指导奖。《布达佩斯大饭店》具有鲜明独特的美学风格，影片中的大饭店并不是一个真实的场所，而是根据德国格尔利茨百货商店的微缩模型和风景画合成的，从蛋糕房层层堆放的甜点到酒店大堂色彩艳丽的地毯，每个细节都尽善尽美。2015年，在《间谍之桥》中担任艺术指导，获第88届美国电影奥斯卡奖最佳艺术指导奖提名。参与创作的其他作品还有《穿越大吉岭》（2007）、《惊声尖叫4》（2011）、《月升王国》（2012）、《年轻时候》（2014）、《头号玩家》（2018）等，这些作品曾获多种不同奖项。

（宋东葵）

斯托拉罗，V.　Vittorio Storaro（1940-06-24～　）意大利裔美国电影摄影师。生于意大利罗马。父亲是电影公司的放映师，也是他摄影的启蒙老师。11岁便开始学习图片摄影，18岁进入意大利中央电影学院学习。毕业后拍摄的第一部作品《烟雾》便展现了他的才华。1968年，拍摄了第一部长片《少年，少年》。20世纪70年代，相继拍摄了《蜘蛛策略》（1970）、《随波逐流的人》（1970）、《摧花手》（1970）、《巴黎最后的探戈》（1972）、《1900》（1976）、《月神》（1979）、《亚嘉莎失踪案》（1979）等影片。之后，到美国好莱坞发展。

1979年，在F.F.**科波拉**导演的《**现代启示录**》中担任摄影师，获第52届美国电影奥斯卡奖最佳摄影奖。1981年，在《烽火赤焰万里情》中担任摄影师，获第54届美国电影奥斯卡奖最佳摄影奖。1987年，在《末代皇帝》中担任摄影师，获第60届美国电影奥斯卡奖最佳摄影奖、第32届意大利电影大卫奖最佳摄影奖。1990年，在《遮蔽的天空》中担任摄影师，获第42届英国电影学院奖最佳摄影奖。1999年，在《波尔多欲望天堂》中担任摄影师，获第13届欧洲电影奖最佳摄影奖、第14届西班牙电影戈雅奖最佳摄影奖。

斯托拉罗的电影摄影作品以自然唯美、优雅华丽风格著称，被誉为“用光线绘画”的大师。他灵活运用光线的摄影理念对当代电影摄影的理念和实践产生了重要影响。他电影摄影的核心是用光线创作的影像参与讲述电影的故事，表现时空、情绪、人物性格、主题、节奏或其他深层次的意义。这一摄影艺术理念在他的许多作品中都得到了充分的阐释，并且影响了众多摄影师的创作。此外，他的作品还有《旧爱新欢》（1982）、《弗拉明戈舞》（1984）、《鹰狼传奇》（1985）、《伊奥船长》（1986）、《探戈狂恋》（1987）、《伊斯达》（1987）、《塔克：其人其梦》（1988）、《大都会传奇》（1989）、《至尊神探》（1990）、《小活佛》（1993）、《飙向死亡线》（1996）、《情欲飞舞》（1998）、《沙丘魔堡2000》（2000）、《驱魔人外传》（2005）、《一代画家卡拉瓦乔》（2007）、《咖啡公社》（2016）、《摩天轮》（2017）、《纽约的一个雨天》（2019）等。2001年，获美国电影摄影师协会颁发的终身成就奖。2005年，获第58届瑞士洛迦诺国际电影节卓越奖。

（梁　明）

《四百下》　*The 400 Blows*　法国故事片。法国卡洛斯影片公司等1959年出品。编导，F.特吕弗；摄影，H.达卡伊；主演，J.-P.利奥德、C.莫里耶、A.雷米。

故事讲述了巴黎学生安托万对学校填鸭式的教育很反感，课上做小动作又被罚，于是他干脆与好友雷内逃学逛大街。父母知悉后把他狠揍了一顿，他只好离家出走。母亲改变了态度使他回到家中，但他因抄袭作文再次受罚。他躲进雷内家，又偷了继父单位的打字机。继父把他扭送警察局，后来他又进了少管所。安托万乘人不备逃了出去。他穿过树林，越过田野，一直跑到茫茫大海边。

作为特吕弗的自传体处女作，影片不着意渲染戏剧冲突，而是通过纪实性的日

《四百下》海报

常生活铺陈来揭示造成主人公产生叛逆乃至犯罪心理的社会因素。影片追求真实，大量采用天然实景拍摄并有意识地运用**长镜头**以提升事件的可信度，这些美学追求使影片成为**法国新浪潮电影**的代表作。影片1959年获第12届法国戛纳国际电影节最佳导演奖。

（仲　霞　撰　章柏青　唐建军　修订）

松坂庆子　Matsuzaka Keiko（1952-07-20～　）日本影视演员、歌手。原名高内庆子。生于东京。1968年，就读于

日本大学第二高中。1969年，出演大映电影公司出品的影片《怀孕》。1971年，进入大映电影公司，出演了《树冰悲歌》《深夜急诊室》等影片。1972年，大映电影公司破产后进入松竹电影公司，出演了《黑色奔流》。同年，主演电视剧《年轻人》，获制作协会新人奖。1978年，主演《事件》，一举成名。

1981年，主演《青春之门》，获第5届日本电影学院奖最佳女主角奖。同年，主演《寅次郎的故事：浪花之恋》，获第24届日本电影蓝丝带奖最佳女主角奖。1982年，主演《蒲田进行曲》和《道顿崛川》，获第6届日本电影学院奖最佳女主角奖和第37届日本每日电影奖最佳女演员奖。1990年，主演《死之棘》，获第64届日本《电影旬报》奖最佳女主角奖、第45届日本每日电影奖最佳女主角奖、第33届日本电影蓝丝带奖最佳女主角奖和第14届日本电影学院奖最佳女主角奖。1996年，获第51届日本每日电影奖田中绢代奖。2000年，出演《妖怪传》和《本日再休诊》，获第55届日本每日电影奖最佳女配角奖。2007年，参演田壮壮执导的《吴清源》。2008年，出演《萤火虫之墓》，获第63届日本每日电影奖最佳女配角奖。2009年，出演《大阪哈姆雷特》，获第5届日本大阪亚洲电影节最佳女演员奖。2017年，出演陈凯歌执导的《妖猫传》。

松坂庆子气质高贵，戏路广阔，擅演古装女性角色。出演的影片还有《寅次郎的故事》系列（1969～1995）、《信札疑云》（1979）、《一盘没有下完的棋》（1982）、《上海浮生记》（1984）、《火宅之人》（1986）、《肝脏大夫》（1998）、《人性的证明》（2004）、《犬神家族》（2006）、《武士的家用帐》（2010）、《八个拔河女》（2012）、《吹向越南的风》（2015）等。出演的电视剧有《春天的波涛》（1985）、《笃姬》（2008）、《浪花少年侦探团》（2012）、《花燃》（2015）、《早子老师，要结婚是真的吗？》（2016）、《死亡约会》（2021）等。此外，还曾出版个人音乐单曲和专辑。（许　婧）

《松花江上》 *On the Sungari River* 中国故事片。长春电影制片厂1947年出品。编导，金山；摄影，杨霁明、陈民魂；主演，张瑞芳、王人路、周凋、浦克。

故事讲述了在东北松花江畔的一个小村子里，生活着祖孙三代人。日本侵略者侵入东北，孙女妞儿的父母惨遭杀害，祖父也一气之下病倒了。妞儿的表兄投入抗日斗争，并击毙欲侮辱妞儿的日本队长。祖父、妞儿和表兄离家外逃。途中祖父去世，临终将妞儿托于表兄。他们到煤矿做工，并继续进行斗争。后来日寇对矿工进行残酷镇压，两人冒死离开矿区，双双参加了抗日义勇军。

《松花江上》海报

影片是金山编导的第一部故事片，也是较早真实、生动地在银幕上展现东北人民生活和斗争的电影作品。影片采用粗犷有力的气势和细腻抒情相结合的手法，将矿工们与日寇的斗争情景，展现得颇为壮观。影片以交响乐的形式烘托出强烈的时代气氛，尤其是孙女为矿工们演唱《四季歌》的部分，抒发了对家乡、祖国、亲人的热爱和思念。影片上映后，引起电影评论界的极大重视，被认为是国产影片“极珍贵的收获”。（王云缦）

松竹公司 Shochiku Motion Picture Co. 日本电影机构。1895年，大谷竹次郎收购京都的剧场“阪井座”，用以经营歌舞伎事业。1902年，大谷竹次郎与其孪生兄弟白井松次郎联手经营，将公司更名为“松竹公司”。1920年，松竹公司先后成立松竹电影公司和“帝国活动写真株式会社”，开始经营电影制作业务，并于1921年将两家公司合并。

松竹公司最早的制片厂设在东京蒲田，由从好莱坞归来的摄影师亨利小谷担任技术指导，以拍摄现代题材的娱乐片为主，拥有野村芳亭、牛原虚彦、池田信义、岛津保次郎、小津安二郎、成濑巳喜男等著名默片导演。另建立了由戏剧家小山内薰领导的电影研究所，培养电影人才。1921年，该研究所拍出第一部艺术片《路上的灵魂》。1923年，松竹公司在京都设立了一个制片厂，以拍历史古装片为主。1931年，推出日本最早的有声电影《女士与妻子》。随着有声电影的普及，蒲田电影制片厂因在重工业地区深受噪声干扰，于1936年迁至神奈川县大船。由东京帝国大学毕业的城户四郎出任厂长。城户四郎不仅保持情节剧和喜剧传统，并且注意加强演技和剪辑的节奏感。公司拍摄的娱乐片赢得妇女观众的青睐。

第二次世界大战以后，松竹公司以“感伤道德主义”的“松竹大船格调”式家庭伦理片，赢得主要观众群即家庭妇女青睐，为日本电影产业和艺术探索发展贡献了力量。如1951年公映日本最早的彩色剧情片《卡门回乡》，此外还有《请问芳名》《二十四只眼睛》《悲欢几度秋》等脍炙人口的作品。松竹公司的创作力量不断加强，在编导方面拥有涩谷实、丰田四郎、吉村公三郎、木下惠介、小林正树、野村芳太郎、松山善三等，演员方面拥有田中绢代、高峰三枝子、岸惠子、岩下志麻、倍赏千惠子、三国连太郎等。1959年起，松竹公司以大岛渚、筱田正浩、吉田喜重为旗手将日本新浪潮电影运动推向顶峰，他们的代表作《爱与希望之街》《恋爱单程票》《秋津温泉》是日本电影艺术的转折之作。同一时期出道的山田洋次，其作品《男人真辛苦》系列是电影史上较长的续集电影之一。2000年6月，大船制片厂被关闭，京都制片厂继续运营。2009年，松竹公司制作的《入殓师》获美国电影奥斯卡奖最佳外语片奖，这是最佳外语片成为独立竞赛单元后，日本电影首次获此殊荣。2011年3月，松竹子公司京都制片厂更名为“松竹制片厂股份公司”，之后，与大船制片厂关闭后在东京总公司设立的“新制片厂准备室”合并。

松竹公司是日本规模第二大的电影公司，拥有制片厂、影院，并经营电影版权，在日本电影艺术发展史上留下了诸多重要印记。（金驾东　撰　支菲娜　修订）

宋康昊 Song Kang-ho（1967-01-17～　）韩国电影演员。生于金海市。从初中二年级开始立志成为演员，后进入釜山商科学院演艺系，但中途退学。1991年，进入演友舞台剧社开始演艺生涯。1996年，主演了自己的处女作《猪堕井的那天》。1997年，被宋能汉导演选中出演《黑帮3号再上位》中的“不死派”大哥，凭借这一角色连续斩获了第35届韩国电影大钟奖最佳新人男演员奖、第18届韩国电影青龙奖最佳男

配角奖。

2000年，主演《共同警备区》，获第4届韩国导演选择奖最佳男演员奖。2003年，主演电影《杀人回忆》，获第40届韩国电影大钟奖最佳男演员奖、第7届韩国导演选择奖最佳男演员奖。2006年，主演科幻电影《汉江怪物》，获第27届韩国电影青龙奖最佳男演员奖提名、第10届韩国导演选择奖最佳男演员奖。2014年，主演电影《辩护人》，获第35届韩国电影青龙奖最佳男演员奖、第14届韩国导演选择奖最佳男演员奖。2016年，主演电影《密探》，获第37届韩国电影青龙奖最佳男演员提名、第53届韩国百想艺术大赏电影类最佳男主角奖。2019年，主演的《寄生虫》获奖无数，最具影响力的奖项包括第72届法国戛纳国际电影节金棕榈最佳影片奖、第92届美国电影奥斯卡奖最佳影片奖。2022年，凭借《掮客》获第75届法国戛纳国际电影节最佳男演员奖。

宋康昊主演的电影还有《绿鱼》《死不张扬离奇失魂事件》《生死谍变》《密阳》《三个家伙》《蝙蝠》《雪国列车》《观相》《第五纵队》《出租车司机》等。

（范小青）

宋项如 Song Xiangru（1930～1998-04）中国影视编剧。生于江苏省泗洪县四河乡大柳巷，卒于台湾台北。1949年，进入台湾大学中文系学习。毕业后先后就职于台湾飞腾电影公司等机构。他当过记者、编辑、主编及自由撰稿人，做过演员、编剧、导演和制片人。

1958年，创作了个人第一个电影剧本《冬暖》。1983年，创作歌舞电影剧本《搭错车》，讲述了收废品的哑叔和养女阿美之间的故事，主题不仅表现了人与人之间的情感变化，而且也展现出人在时代变迁中的随波逐流与无奈。1991年，在电视剧《戏说乾隆》中担任编剧，该剧由台湾飞腾电影公司与北京电影公司联合出品，以乾隆皇帝下江南为历史背景，虚构出发生在乾隆皇帝身上的故事。宋项如选择民间传说中乾隆皇帝的风流趣事为题材，迎合了民众对皇帝隐私的窥探欲望，将普通人的欲望和幻想转化成了剧中人的奇闻逸事加以诠释，开创了“戏说”历史剧的先河。

他的作品大多为现实题材，以情感叙述为主，形式多样。他还陆续创作了《候鸟之爱》《我歌我泣》《寻梦的孩子》《欢颜》等剧本。

（连子强）

苏里 Su Li（1919-01-26～2005-05-02）中国电影导演。原名夏传尧。原籍安徽合肥。生于安徽当涂，卒于吉林长春。父亲是修鞋匠。1931年，就读于安徽省芜湖高级农业职业中学。1937年参加八路军。1938年加入中国共产党，后进入延安抗日军政大学学习，开始话剧表演。1946年，任东北军政大学文工团副团长，之后参与了《钢骨铁筋》等多部剧本的创作。1949年，调入东北电影制片厂，任演员、副导演。

1952年，在吕班导演的《六号门》中任副导演。1955年，在严恭导演的影片《祖国的花朵》中任副导演。同年，与武兆堤联合导演了《平原游击队》。1957年，与严恭联合导演了《青春的脚步》。1958年，导演了《红孩子》，获第2届金江少年儿童文艺创作二等奖。1959年，导演了《我们村里的年轻人》，是中国电影史上的经典之作。1960年，执导了《刘三姐》，获第2届中国大众电影百花奖最佳摄影奖、最佳音乐奖、最佳美术奖等。1972年，与王炎联合导演了《奇袭白虎团》。1978年，与张健佑联合导演了《严峻的历程》。1993年，应邀为洛阳电视台拍摄了6集电视片《浴血洛阳城》。

苏里导演的电影注重叙事，能够借助冲突、悬念等艺术元素吸引观众，人物形象鲜活生动、富有个性，展现出时代赋予的蓬勃向上的人生态度和理想主义精神。他独立执导的影片还有《哥哥和妹妹》（1956）、《春眠不觉晓》（1980）、《点燃朝霞的人》（1984）等；苏里与他人合作的重要影片还有《我们村里的年轻人（续集）》（1963，与尹一清合导）、《战洪图》（1973，与袁乃晨合导）等。1999年9月中共中央宣传部、文化部和国家广电总局联合评选百部电影精品，他的《平原游击队》《我们村里的年轻人》《刘三姐》三部影片入选。曾任长春电影制片厂导演、副厂长，中国文联第4届委员，吉林省影协副主席，中国影协第3、第4、第5届理事。1996年，获吉林省文艺最高成就特别奖。

（孙 萌）

苏联电影 Soviet cinema 1917年十月社会主义革命后至1991年12月苏联解体前的苏联电影。

人民电影事业的诞生 十月革命后，彼得格勒、莫斯科，后来还有乌克兰，都很快成立了电影委员会。1919年8月27日，颁布了V.I.列宁签署的法令，决定将照相、电影生产及发行移交人民教育委员会领导。这一天标志着苏联电影的诞生。此后，列宁对电影工作作了一系列指示。根据列宁指示的精神，拍摄了大量新闻片和纪录片，这些影片反映了国内生活中的重要事件。1918～1920年，还拍摄了一些根据古典文学改编的影片，如《谢尔盖神父》（1918，原著A.N.托尔斯泰，导演Ya.A.普罗塔扎诺夫）、《偷东西的喜鹊》（1920，原著A.I.赫尔岑，导演A.A.萨宁）等。M.高尔基的《母亲》也在此期间第一次被搬上银幕（1920，导演A.拉朱姆内依）。根据形势的需要，十月革命后拍摄了一批表现国内政治问题的故事片，它们被称为“宣传鼓动片”。1921年，国立第一电影学校全体师生在V.R.加尔金领导下拍摄了《镰刀与锤子》，这是苏联第一部大型革命题材故事片。影片表现十月革命期间贫富农之间的斗争。1923年，格鲁吉亚电影制片厂拍摄了另一部著名的革命题材故事片《红小鬼》（导演I.N.佩列斯基阿尼），影片表现了S.M.布琼尼第一骑兵军和N.I.马赫诺匪帮的斗争。

《红小鬼》海报

在此期间，苏联电影工作者的艺术探索比较活跃。导演L.V.库里肖夫领导国立电影实验工作室，除在蒙太奇手法上进行实验外，还创立了“电影模特”理论。这种理论把演员比作操作中的机器，把导演比作设计工程师。库里肖夫根据这一理论拍摄了《西方先生在布尔什维克国家的奇遇》（1924）和《死光》（1925）等影片。另外两名青年导演G.柯静采夫和L.Z.特拉乌贝尔格创办了“奇异演员养成所”。他们力图把类似杂耍的夸张表演方式带到银幕上来，拍摄了《十月姑娘的奇遇》（1924）和《米施卡反对尤登尼奇》（1925）等影片。这些探索包含着一定的积极因素，有些影片在主题上也有价值，但由于对形式的过分迷恋而影响了作品的完整和深度。1924年，俄共（布）第13次代表大会关于电影的决议指出，必须加强党对电影的领导。从这一年起，健全了领导机构，取消了私营发行公司，出版了《电影报》《苏联银幕》《苏联电影》等杂志，成立了革命电影协会。1925年又成立了由F.E.捷尔任斯基领导的苏联电影之友协会。1924～1925年，苏联拍摄了142部影片，其中故事片70部。而这一时期最重要的收获是，出现了《**战舰波将金号**》（1925，导演**S.M.爱森斯坦**）和《**母亲**》（1926，导演**V.I.普多夫金**），这两部影片成为世界电影史上的经典之作。乌克兰导演**A.P.杜甫仁科**拍摄的影片《兹文尼郭拉》（1928）、《兵工厂》（1929）、《土地》（1930）也取得了重要成就，其所运用的诗意手法产生了鲜明的表现力，充满了革命的激情。

20世纪20年代苏联纪录电影也出现了新的面貌，涌现了一批反映革命现实的纪录片和新闻片。许多影片反映了列宁的活动。以新闻杂志片《电影真理报》为中心，出现了**电影眼睛派**团体，其领导人是**D.维尔托夫**。他的影片《前进吧，苏维埃》《关于列宁的三支歌》等，对苏联纪录电影的发展起了促进作用。

与电影事业发展的同时，苏联电影理论探索也很活跃。爱森斯坦的蒙太奇理论不仅对苏联电影，而且对世界电影的创作和理论发展产生了重大影响。

迅速发展阶段　20世纪30年代，苏联电影进入了一个新的发展阶段。有声电影的出现，使电影艺术的表现手段更为丰富。革命电影艺术的发展，使一大批优秀作品出现，其中《夏伯阳》（1934，导演瓦西里耶夫兄弟）被誉为里程碑式的作品。

30年代苏联电影的突出特点是革命斗争和建设题材在创作中占据主要地位。《生路》（1931，导演N.V.艾克）、《金山》（1931，导演S.尤特凯维奇）、《马克辛三部曲》（1935～1939，导演柯静采夫和特拉乌贝尔格）、《伟大的公民》（1938～1939，导演F.M.艾尔姆列尔）、《政府委员》（1939，导演A.G.扎尔希和I.Ye.赫依费茨）以及S.A.格拉西莫夫导演的《七勇士》（1936）、《共青城》（1938）、《教师》（1939）等影片，反映了苏维埃人——新生活的建设者的精神面貌，表现了社会主义的伟大成就，特别是反映了革命思想对社会发展的推动作用。

《夏伯阳》剧照

这一时期还拍摄了一批优秀影片，历史题材影片如《彼得大帝》（1937～1939，导演V.M.彼得罗夫）、《苏沃洛夫》（1941，导演V.I.普多夫金），喜剧片如《富裕未婚妻》（1938，导演I.A.佩里耶夫）、《拖拉机手》（1939，导演佩里耶夫），根据高尔基原著改编、M.S.顿斯阔依导演的影片《童年》（1938）、《在人间》（1939）、《我的大学》（1940）等。

30～40年代初，苏联生产故事片近400部，动画片100多部，苏联电影在社会主义现实主义方法指导下取得了辉煌的成就，在国内外产生了重大影响。

40年代的苏联电影生产由于卫国战争而受到影响。1941～1945年，苏联的主要电影企业迁往后方，减少了产量。**莫斯科电影制片厂**和**列宁格勒电影制片厂**都撤离到加盟共和国哈萨克斯坦的阿拉木图。战争期间，苏联国内80%的故事片都由阿拉木图电影制片厂制作。在对敌斗争热情的鼓舞下，苏联电影工作者拍摄了一批反法西斯题材的影片，如《区委书记》（1942，导演佩里耶夫）、《玛申卡》（1942，导演Yu.Ya.莱兹曼）、《伟大的转折》（1945，

《伟大的转折》剧照

导演艾尔姆列尔）等。同时还拍摄了表现爱国主义思想的历史题材影片，如《库图佐夫》（1944，导演V.M.彼得罗夫）、《伊凡雷帝（上集）》（1945，导演爱森斯坦）等。

这一时期苏联电影的创作力量主要放在拍摄反映卫国战争的新闻纪录片上。1941～1945年共拍摄了489期新闻杂志片、67部短片、347部大型纪录片。其中如《战争的一天》（1942）、《斯大林格勒》（1943）、《为我们苏维埃乌克兰而战》（1943）、《解放法兰西》（1944）、《歼灭日寇》（1945）等，对鼓舞人民的斗志，激发抗敌的热情，都起到了很好的作用。

卫国战争结束后，反法西斯斗争仍然是电影创作的重要主题。导演格拉西莫夫于1948年根据A.A.法捷耶夫的同名原著拍摄的影片《青年近卫军》，表现了苏联青年的反法西斯斗争。同一题材的影片还有《侦察员的功勋》（1947，导演B.V.巴尔涅特）、《真正的人》（1948，导演A.B.斯托尔佩尔）等。这一期间还出现了一些其他题材的优秀影片，如《乡村女教师》（1947，导演顿斯阔依）、《俄罗斯问题》（1947，导演M.I.罗姆）、《米丘林》（1948，导演杜甫仁科）、《西伯利亚交响曲》（1948，导演佩里耶夫）等。

从战争结束直至50年代前期，苏联电影创作处于低潮状态。由于战争的影响、政治上的个人迷信和创作理论上流行无冲突论，影片产量减少，1940年苏联故事片产量54部，1951年则不到5部。青年创作力量得不到成长的机会，与国外的文化交流陷于半停顿状态。在创作中，出现了一些过分颂扬领袖人物的影片。一些表现当代生活的影片则回避生活矛盾，粉饰现实。公式化、概念化成为这一时期电影创作的显著特点。

繁荣时期　1956年（苏共第20次代表大会之后）到1962年，故事片产量达到104部，大批青年创作人员陆续涌现，各加盟共和国的电影事业也得到发展。在创作中，最明显的变化是题材样式的扩大。20世纪50年代中期和后期出现了一系列优秀影片，如《狂欢之夜》（1956，导演**E.A.梁赞诺夫**）、《第四十一》（1956，导演G.N.丘赫莱伊）、《保尔·柯察金》（1957，导演A.A.阿洛夫和V.N.纳乌莫夫）、《共产党员》（1957，导演莱兹曼）、《列宁的故事》（1957，导演尤特凯维奇）等。此外，还拍摄了多部成功的现代和古典文学巨著改编的影片，如《静静的顿河》（1957～1958，导演格拉西莫夫）、《苦难的历程》（1957～1959，导演G.L.罗沙利）、《堂吉诃德》（1957，导演柯静采夫）等。

50年代后半期至60年代前期最引人注目的是一批战争题材的作品。如S.F.邦达尔丘克导演的《一个人的遭遇》（1959）和丘赫莱伊导演的《**士兵之歌**》（1959）。丘赫莱伊导演的另一部战争题材影片《晴朗的天空》（1961），除表现前方战士和后方人民作出的贡献外，还通过对个人迷信的批判，提出了“信任人”的主题。这些显示了苏联战争题材电影创作的深入发展。另一些影片，如《我住的房子》（1957，导演L.A.库里让诺夫）、《**雁南飞**》（1958，导演M.K.卡拉托佐夫）、《七面

《雁南飞》剧照

风》(又译《临风而立》,1962,导演S.I.罗斯托茨基)、《伊万的童年》(1962,导演A.A.塔尔科夫斯基)等,在人物心理刻画和表现环境的真实方面也显示了特色。

从50年代中期开始,除"非英雄化"倾向外,"非情节化""生活流""意识流"等倾向在一些影片中也有所反映。60年代以后,在前一阶段探索的基础上,苏联影片从数量到质量都有明显的提高。表现列宁的影片有《蓝色笔记本》(1963,导演库里让诺夫)和《列宁在波兰》(1966,导演尤特凯维奇),战争题材作品有《生者与死者》(1964,导演斯托尔佩尔)和《士兵的父亲》(1965,导演R.D.奇赫伊泽),农业题材作品有《主席》(1965,导演A.A.萨尔蒂科夫),表现战后农村阶级斗争的影片有《谁也不想死》(1965,导演V.P.扎拉基亚维丘斯)。格拉西莫夫拍摄了道德题材三部曲《人与兽》(1962)、《记者》(1967)、《湖畔》(1970),罗姆拍摄了大型纪录片《普通的法西斯》(1966),邦达尔丘克拍摄了根据托尔斯泰同名小说改编的影片《战争与和平》(1965～1967),柯静采夫改编了W.莎士比亚的《哈姆雷特》(1964)和《李尔王》(1971),塔尔科夫斯基拍摄了历史传记片《安德烈·鲁布廖夫》(1966)。60年代,苏联电影理论仍较活跃,罗姆、尤特凯维奇等导演提出"思考电影"的概念。与此同时,在20～30年代曾展开过诗电影和散文电影的争论,这时又进一步展开。

四大题材创作热潮 1972年,苏共中央发布"关于进一步发展苏联电影事业的措施"的决议,要求电影创作应体现时代精神,现代题材应在创作中占据主导地位,塑造当代主人公形象应成为苏联电影创作中的主要课题。20世纪70年代苏联电影出现了政治题材、军事爱国主义题材、生产题材和道德题材四大题材创作热潮。

政治题材作品一般称为政治电影,以表现当代国际政治事件为主。这些作品的主题思想反映了苏联政府的对外政策。如《这是一个甜蜜的字眼——自由》(1972,导演扎拉基亚维丘斯)、《礼节性的访问》(1973,导演莱兹曼)、《信任》(1976,导演V.I.特列古勃维奇)等。在军事爱国主义题材方面,主要出现了3类作品:①史诗性影片。这些作品力图全面反映卫国战争,如Yu.N.奥泽罗夫导演的5集影片《解放》(1969～1972)和4集影片《自由士兵》(1974～1977)、导演M.I.叶尔绍夫拍摄的4集影片《围困》(1973～1978)等。②英雄主义和人道主义相结合的作品。这类影片在军事爱国主义题材创作中占多数。它们表现的往往是局部战役,重点是刻画战争中人的心理状态,通过个人遭遇表现红军战士的英勇精神。如《这里的黎明静悄悄》(1972,导演罗斯托茨基)、《他们为祖国而战》(1975,导演邦达尔丘克)等。③歌颂军功的作品。这类作品主题比较单一,如《崇高的称号》(1973,导演Ye.Ye.卡列洛夫)等。在生产题材方面,一些影片通过工农业生产中的矛盾冲突,表现科技革命时代先进人物的精神面貌。如影片《奖金》(1975,导演S.G.米凯良)、《反馈》(1977,导演特列古勃维奇)等。在道德题材方面,苏联电影工作者取得的进展最大,许多作品真实、深刻地反映了苏联社会中存在的矛盾,反映了个人、家庭、集体之间的冲突,刻画了在现实环境中人的心理状态和精神面貌。这些作品中,有些从塑造正面主人公着手,反映苏联社会的发展及其存在的问题,如《个人问题访问记》(1979,导演L.戈戈别里捷)、《莫斯科不相信眼泪》(1980,导演V.V.缅绍夫)。有些影片从揭露反面现象着手,表现各种落后、腐朽的势力如何阻碍社会的前进,如《白轮船》(1975,导演V.沙姆希耶夫)、《辩护词》(1976,导演V.Yu.阿布德拉什托夫);有些影片通过个人的遭遇,提出每个人面临的人生道路和个人理想问题,如《红莓》(1974,导演V.M.舒克申)、《奇怪的女人》(1976,导演莱兹曼);有些影片通过平淡无奇的生活现象表现人与人之间的关系中存在的障碍,从而提出人的生活态度问题,如《白比姆黑耳朵》(1970,导演罗斯托茨基)、《个人生活》(1980,导演莱兹曼)等。以上各类影片虽然取得的成就不完全一样,但它们都反映了作者积极干预生活的热情。这些作品使电影创作更接近于生活的现实,因而受到观众的欢迎。

20世纪70年代,苏联电影工作者还创作了一些其他题材和样式的作品,如科幻片《太阳系》(1973,导演塔尔科夫斯基)和《潜行者》(1979,导演塔尔科夫斯基),儿童片《童年过后一百天》(1975,导演S.索洛维约夫)和《无权转交的钥匙》(1976,导演D.K.阿萨诺娃),古典文学改编作品《未完成的机械钢琴曲》(1977,导演N.S.米哈尔科夫)和《奥勃洛莫夫一生中的几天》(1980,导演米哈尔科夫),喜剧片《办公室的故事》(1977,导演梁赞诺夫)和《秋天马拉松》(1979,导演G.N.达涅利亚),史诗片《西伯利亚颂》(1979,导演A.S.米哈尔科夫-孔恰洛夫斯基),以及表现革命前格鲁吉亚人民生活的诗电影《愿望树》(1977,导演T.Ye.阿布拉泽)。70年代苏联纪录电影也有不少成绩。如20集大型纪录片《伟大的卫国战争》(1965～1978,总导演R.L.卡尔曼)反映了苏联人民反法西斯斗争的全貌。《矿工们》《秋明王国》等反映了国内的建设。此外,还有一些为苏联对外政策服务的纪录片。在科普片、美术片方面,苏联电影工作者也都作出了一定成绩。

改革前的电影状况 20世纪80年代以后,苏联电影积极向主题的深化、新题材的开拓以及样式的多样化方向发展。1981～1985年,苏联共拍摄了750部故事片。在战争题材方面,除继续创作史诗性作品如《莫斯科保卫战》(1985,导演Yu.N.奥泽罗夫)、《胜利》(1985,导演Ye.S.马特维耶夫)外,电影艺术家主要致力于表现苏联人民在战争中精神力量的源泉,如《源泉》(1982,导演A.西连科);从当时的角度思考战争给人类带来的影响,如《岸》(1983,导演阿洛夫和纳乌莫夫);研究法西斯产生根源,如《自己去看》(1985,导演E.G.克利莫夫)。有的作品通过对苏联军人形象的塑造力图把人道主义和爱国主义思想结合起来,如《小亚历山大》(1982,导演V.P.弗金)。在道德题材方面,电影创作把个人生活与社会生活更紧密地结合起来,研究在复杂的生活矛盾中,人的处世态度以及因此给个人及社会带来的影响,如《愿望的年代》(1983,导演莱兹曼)、《没有证人》(1983,导演米哈尔科夫)。有些作品在展示人的内心世界,表现关心人、尊重人的思想时努力深化人道主义的主题,如《生活、眼泪和爱情》(1984,导演N.N.古宾科)、《稻草人》(1984,导演R.A.贝科夫)。在生产题材方面,电影创作更多地注意改革的主题,注意表现经济改革的复杂性和艰巨性,如《第二梯队开始行动》(1984,导演E.V.雅桑)、《从工资到工资》(1985,导演A.I.玛纳萨罗娃)。在革命历史题材方面,1981年拍摄的《列宁在巴黎》(导演尤特凯维奇)通过新颖的艺术手法,把过去和现在联系在一起，突出了列宁思想的价值。1982年拍摄的《红钟》（导演邦达尔丘克）、1985年拍摄的《雾中的岸》（导演Yu.Yu.卡拉西克）都再现了20世纪革命历史的发展。

80年代苏联还拍摄了一些其他优秀的影片，如惊险片《密探》（1981，导演弗金）及《为胡狼准备的陷阱》（1985，导演M.马赫穆多夫），传记片《列夫·托尔斯泰》（1984，导演格拉西莫夫），讽刺喜剧片《青山，或不可思议的故事》（1984，导演E.申盖拉雅）及《骗术》（1984，导演特列古勃维奇），以及文学改编作品《瓦萨》（1983，导演G.A.潘菲洛夫）、《残酷的罗曼史》（1984，导演梁赞诺夫）。

80年代上半期苏联电影创作的特点之一是致力于题材和样式的融合。不少影片打破了传统的分类界限，使影片产生更大的艺术感染力。《机组人员》（1981，导演A.N.米塔）把情节剧和惊险样式结合在一起，在样式多样化的探索中做了尝试。《德黑兰1943年》（1981，导演阿洛夫和纳乌莫夫）把政治样式和惊险样式结合起来，突出国际政治斗争的内在紧张性。喜剧片《两个人的车站》（1984，导演梁赞诺夫）中糅合着悲剧的因素。《行星的检阅》（1984，导演阿布德拉什托夫和A.A.敏达杰）通过半童话半寓言的样式，对人生价值进行哲理性思考。《战地浪漫曲》（1984，导演P.Ye.托多罗夫斯基），既从道德探索的角度探讨战争给社会生活带来的影响，又通过战争事件展示人物之间的复杂心理变化。

改革时期的电影　1985年，M.S.戈尔巴乔夫当选为苏共中央总书记，苏联社会开始改革。1986年5月苏联影协第5次电影工作者代表大会也开始了电影的全面改革。大会在促成苏联电影“历史性转变”的目标下，提出了“改革电影生产体制，加强物质刺激和精神刺激，保证摄制组在拍摄影片过程中的最大独立性”，并拟定了电影生产的新措施。人事方面，原影协领导班子中2/3的人员被撤换，邦达尔丘克、罗斯托茨基等著名导演全被换掉，大会选举了以E.G.克利莫夫为主席的新的领导班子。

新领导班子规划了宏伟的蓝图，结果是：①解禁了一大批被搁置的，具有高度艺术水准的影片，如A.Ya.阿斯科利多夫的《女政委》（1967，获1987年柏林国际电影节特别奖）、K.G.穆拉托娃的表现妇女问题的《长离别》（1968）、E.G.克利莫夫的表现俄罗斯宫廷权力斗争的《垂死挣扎》（1974～1981，获1982年威尼斯国际电影节国际影评奖）等。②改变电影生产模式，电影生产实行独立核算，电影创作者与发行者之间也建立新的核算关系。除国家原有电影制片厂外，出现了各种合作社式的、个体的、股份形式的电影制片厂或电影公司，电影生产急剧上升，到苏联解体的1991年，全国共有电影生产单位近250个，全年生产影片达350部。③打破国家统一的电影发行放映体制，取消国家对进口影片的限额，致使大量涌进外国电影，本土电影失去市场。

《垂死挣扎》剧照

改革时期的电影创作出现了一度繁荣。改革之初，一批剖析社会问题的优秀影片走上银幕，它们是R.G.巴拉扬的《梦中和不是梦中的飞行》（1983，获1987年苏联国家文艺奖金）、索洛维约夫的《别人的白鸽和灰斑鸽》（1986，获1986年威尼斯国际电影节特别大奖）、阿布德拉什托夫的《普留姆布姆，或者危险游戏》（1986，获1987年威尼斯国际电影节“意大利共和国金质奖章”奖）、K.沙赫纳扎罗夫的《信差》（1987，获莫斯科国际电影节特别奖）、Yu.V.卡拉的《后来发生了战争》（1987，获1987年西班牙国际电影节大奖、波兰国际电影节大奖）等。改革之后，电影创作取消了审查，取消了选题计划，加上社会的民主和公开化，电影开始冲破禁区，揭露现实问题，触及历史的“空白点”，出现了一批值得注意的政论纪录片，如Yu.波德尼耶克斯的《做青年人容易吗？》（1986）、S.S.戈沃鲁欣的《不能这样生活》（1990）等。故事片创作则出现了一批引起社会关注的表现青年人生活问题的影片，如V.V.皮楚尔的《小薇拉》（1988）、托多罗夫斯基的《国际女郎》（1988，获东京国际电影节最佳女演员奖）、阿布德拉什托夫的《仆人》（1988，获国家文艺奖）、P.S.伦金的《出租车布鲁斯》（1990，获戛纳国际电影节最佳导演奖）等。这期间，在艺术思想及表现手法上具有创新的作品有M.M.胡齐耶夫的《无限》（1991，获1992年柏林国际电影节评委会奖、1993年国家文艺奖金）、米哈尔科夫的《乌尔加》（1991，获1991年威尼斯国际电影节金狮奖、1992年欧洲电影科学院“菲尼克斯”最佳导演奖、1993年国家文艺奖金）、N.N.多斯塔尔的《云彩－天堂》（1990，获1991年洛迦诺国际电影节评委特别大奖银豹奖）、托多罗夫斯基的《爱情》（1991，获1992年戛纳国际电影节欧洲艺术电影联合会奖和天主教评委会奖、日内瓦电影节最佳男主角奖、芝加哥国际电影节和平奖）等。这期间，整个创作在繁荣，水平却在下降。1991年底，随着苏联的解体，多民族的苏联电影也从此成为历史。但各加盟共和国在苏联时期积累了珍贵的电影摄制经验，为后来各自的电影发展奠定了基础。

电影事业　苏联电影的领导机关是成立于1963年的苏联国家电影委员会，各加盟共和国均有自己的电影委员会。当时全苏共有39个电影制片厂。苏联电影家协会成立于1965年，各加盟共和国（除俄罗斯联邦共和国外）也均有自己的协会。培养干部的最高学府为全苏国立电影学院与列宁格勒电影工程学院。基辅戏剧学院设有电影系。此外，国家电影委员会还和影协联合主办一个电影编导二年制高级培训班。研究机构有全苏电影艺术研究所、全苏电影与照相科技研究所、全苏艺术理论研究所。主要电影刊物有《电影艺术》《苏联银幕》《电影放映员》《苏联电影》及《电影与电视技术》等。举办的电影节有全苏电影节、塔什干国际电影节、莫斯科国际电影节等。

（李小蒸　撰　李芝芳　苏　过　修订）

苏小卫　Su Xiaowei（1960～　）中国电影编剧。笔名思芜。生于北京。1982年，北京师范学院中文系本科毕业。1988年，北京师范大学中文系研究生毕业。1995年，

任编剧的第一部电影《赢家》，获第2届中国电影华表奖优秀编剧奖、第3届中国长春电影节最佳编剧奖。1999年，在《那山那人那狗》中担任编剧。2002年，凭借电影《生活秀》获第22届中国电影金鸡奖最佳编剧奖。2003年，凭借《暖》获第23届中国电影金鸡奖最佳编剧奖。2009年，凭借《沂蒙六姐妹》获第13届中国电影华表奖优秀编剧奖、第10届中国长春电影节最佳编剧奖。2012年，在《唐山大地震》

中担任编剧，细腻地展现了普通人在地震之后冗长平淡的日常生活，获第31届中国大众电影百花奖最佳编剧奖。同年，凭借《秋之白华》获第4届英国万像国际华语电影节优秀编剧奖。

她的作品既有对普通人情感生活的表现，如《赢家》中的残疾运动员常宁、《那山 那人 那狗》中的山区邮递员、《暖》中朴实的乡村百姓；也有对战争时代中个体沉浮的刻画，如《沂蒙六姐妹》中的六位女英雄、《秋之白华》中的瞿秋白和杨之华。无论哪一种题材，都能够以极其细腻的笔触表现人物的内心情感，真实感人。作品体现出鲜明的个人风格，既有唯美主义的色彩，又有浓厚的生活气息。同时关注细微的人情冷暖，流露着淡定、平和之美，擅长从普通人物的人生经历和命运中审读时代，充满人文关怀，在平凡中透露着对生活的热爱和对命运的宽容。她编剧的作品还有《说出你的秘密》(1999)、《第一书记》(2010)、《萧红》(2012)等。

（王晓旭）

碎片剪辑 fragmented editing 剪辑的一种手段。“碎片”有两层含义：其一，镜头的时间度量，指时间很短的镜头；其二，镜头组接的时空处理方式。碎片剪辑本质是截取完整动作过程的一小部分或一个碎片，这个单独的碎片镜头并没有明确的叙事意义，只有通过组接，把这个碎片镜头置于序列中才能凸显它的作用。当众多时空断裂的碎片或镜头组接在一起形成一个系统，这个系统就会传达出一种整体的视觉风格和影像冲击力，进而影响观众的视觉心理。碎片剪辑虽然也是时空省略的一种方式，但它跟经典的“**无缝剪辑**”省略方式完全不同，后者通过剪辑策略呈现给观众流畅的时空省略幻觉，而碎片剪辑完全抛弃了这种流畅感，它通过镜头**跳切**造成的视觉不适明确告诉观众时空省略的事实。碎片镜头长度也有一个极限，短于这个极限，观众如果无法获得信息，就成了技术失误。

（郑汉民）

孙道临 Sun Daolin（1921-12-18～2007-12-28） 中国电影演员、导演、配音演员。曾用名孙以亮。原籍浙江嘉善。生于北京，卒于上海。1938年考入燕京大学哲学系，参加燕京剧社的演出。1943年参加中国旅行剧团、上海国华剧社等演剧团体的演出。1945年回燕京大学复学，1947年毕业。1948年步入影坛，在《大团圆》中扮演角色。中华人民共和国成立后，进入上海电影制片厂，在近20部影片中担任主角或重要角色。

他爱好广泛，有深厚的艺术素养，在电影表演创作中，善于从生活出发，体验角色的情绪感受，着力于人物性格的刻画，追求平易质朴、深沉内在、真实自然的艺术风格。塑造的形象主要有《**乌鸦与麻雀**》(1949)中的中学教员华洁之、《民主青年进行曲》(1950)中不问政治的大学生、《**渡江侦察记**》(1954)中机智干练的李连长、《家》(1956)中善良懦弱的大少爷觉新、《不夜城》(1957)中的资本家张伯韩、《永不消逝的电波》(1958)中的地下工作者李侠、《**革命家庭**》(1961)中的江梅清、《**早春二月**》(1963)中苦闷彷徨、诚挚矜持的萧涧秋、《李四光》(1979)中的科学家李四光、《一盘没有下完的棋》(1982)中善良耿直的江南棋王等。

1984年，将曹禺的话剧《雷雨》搬上银幕，任导演并饰演男主角周朴园。1986年编导并主演了影片《非常大总统》。2001年执导影片《詹天佑》，荣获第7届中国电影华表奖优秀故事片奖。此外，他还在《王子复仇记》《白痴》等20多部译制片中配音。曾任中国电影家协会第5届理事、主席团委员，上海市人大代表、顾问。

（张兆龙）

孙师毅 Sun Shiyi（1904～1966-10-03） 中国电影编剧、歌词作家。笔名施谊。原籍浙江杭州。生于江西南昌，卒于北京。1918年在江西省立甲种工业学校化学科学习。毕业时，因援助方志敏遭到追捕，逃到北京，就读于北京汇文大学。1924年就读于上海国立政治大学。1926～1929年，先后在长城画片公司、**商务印书馆活动影戏部**、神州影片公司任编辑、编剧、剪辑和演员等。1929年后，在山东省立实验剧院任导演兼讲师，导演了自己编译的三幕话剧《未完成之杰作》。1934年，为联华影业公司编写电影剧本《**新女性**》，生动地揭示了中国正直的知识妇女在半殖民地半封建社会的悲惨命运，并首次与聂耳合作创作了该片的主题歌《新女性歌》。之后，又与聂耳合作为影片《**大路**》创作《开路先锋歌》和《大路歌》，这两首歌曲流传甚广。为影片《飞龙村》创作的《牧羊歌》是中国最早的电影儿童歌曲。

1935年，加入电通影片公司，任编导兼《电通画报》执行编委，为影片《自由神》的主题歌《自由神之歌》作词。作为20世纪30年代进步词曲作家的重要组织者和联系人，孙师毅在上海组织成立了“歌词曲作者联谊会”，创作了一大批反映劳动人民苦难生活和抗日救亡图存的歌曲，为30年代左翼歌咏运动的蓬勃开展起了重要推动作用。1936年，到无锡筹办江苏省教育学院电影广播教育专修科，并任科主任。1937年，八一三事变后，率专修科学生搬迁到武汉。1938年，在武汉参加周恩来领导的军事委员会政治部第三厅工作，任主任秘书。1940年第三厅改组为文化工作委员会，任委员，接办南林印刷公司，并为重庆话剧演出团体导演了《大雷雨》《夜店》等话剧。在兼任中国电影制片厂特约编导期间，还剪辑短纪录片《和平之应声》(1938)，为影片《白云故乡》(1940)创作主题歌歌词。

1949～1951年，在香港任《文汇报》总编辑。1957年回到北京。1958年调文化部参加**中国电影资料馆**的筹建工作，任顾问。后在中国电影资料馆工作。曾主编《神州特刊》《长城特刊》《电通公司特刊》等电影杂志的编辑，是中国电影界最早的理论家和批评家之一，发表了《对于省教育会的电影检查说话》《啊！中国影片》《电影剧在艺术中之位置》《电影界的古剧疯狂症》等一系列重要理论文章。

（黄加明）

《孙悟空三打白骨精》 *Monkey King Skeleton Demon* 中国彩色戏曲片。上海天马电影制片厂1960年出品。取材于中国古典文学名著《西游记》。编剧，浙江省文化局“孙悟空三打白骨精”整理小组；导演，杨小仲、俞仲英；摄影，卢俊福；主演，六龄童、筱昌顺、七龄童、傅马潮、筱艳秋。

故事讲述了唐僧师徒四人途经宛子山，一具白骨逾千年成精，住在山中波月洞内。闻听唐僧去西天取经要路过此山，决定抓住唐僧，吃他的肉以求长生不老。为欺骗唐僧师徒，白骨精先后变身为村姑、老妪和老丈，均被孙悟空识破。唐僧却不辨人妖，反而责怪孙悟空行凶害命，违反戒律，念起紧箍咒惩罚孙悟空。白骨精最后假冒佛祖名义空中投下素绢，责备唐僧。唐僧盛怒之下写下贬书，将孙悟空赶走。白骨精终于把唐僧和沙僧二人抓到了自己洞内，只有猪八戒逃脱。为救师傅，猪八戒直奔花果山搬请大师兄。孙悟空立即前往营救，化身白骨精之母金蟾大仙，混入妖洞，让白骨精重演骗术，唐僧幡然醒悟。孙悟空现出本相，消灭了白骨精及众妖魔。师徒四人重新踏上征途。

影片着意刻画了孙悟空等具有鲜明性格特点的形象，成功演绎了古代民族神话的传奇特质，也比较出色地将古代神话与当代意识进行了有机融合，富于时代色彩。影片打破了戏曲艺术传统的叙事结构方式，采用了故事片叙事的逻辑，场景变换比较频繁，增加了故事的紧凑性和观赏性。影片利用各种特技手段，如利用烟雾和其他物体遮挡、**叠印**技术等实现妖怪身形的变化，用停机再拍等技巧表现神界、妖怪们的忽隐忽现，营造出虚幻感十足的“神出鬼没”的剧情气氛。影片布景采用了具有民族绘画风格的山水造型，同时又结合了电影化的透视空间，塑造出与剧情十分贴切的崇山峻岭、妖神并处的典型环境。影片突出了镜头的运动性，展示了绍剧艺术家六龄童出色的艺术表演技巧，使这出戏的“美猴王”形象深入人心。影片1963年获第2届中国大众电影百花奖最佳戏曲片奖。（高小健）

孙瑜 Sun Yu（1900-03-21～1990-07-11）中国电影编剧、导演。原名孙成玙。原籍四川自贡。生于重庆，卒于上海。1923年，他从清华学校（今清华大学）毕业后，公费到美国留学。先后在威斯康星大学学习文学戏剧，哥伦比亚大学夜校选修电影编剧和导演，纽约摄影学院学习电影摄影、洗印、剪接等。他是中国最早在国外经过专门学习的电影工作者。1926年回国，先后在上海长城画片公司和**民新影片公司**编导影片《渔叉怪侠》（1928）和《风流剑客》（1929）。20世纪30年代，受进步思想影响，在**联华影业公司**导演了《故都春梦》（1930）和《野草闲花》（1930），从不同侧面触及社会时弊，具有反封建的思想内容，艺术上也日趋成熟。影片上映后，引起观众的注意，为中国银幕带来了清新的气息。

1932年后，随着**左翼电影运动**的开展和苏联影片的公映，孙瑜的思想发生很大变化，他的电影创作进入新的时期。他先后拍摄了《野玫瑰》（1932）、《共赴国难》（1932）、《火山情血》（1932）、《天明》（1933）和《小玩意》（1933）等进步影片。1934年，以筑路工人生活为题材创作了代表作《**大路**》，表达了鲜明的反帝反封建主题思想，影片格调乐观、昂扬，结构严谨，表现出新颖活泼、开朗明快、时代感强的艺术特色。抗日战争全面爆发后，孙瑜转移到重庆，曾为中央电影摄影场和中国电影制片厂编导《长空万里》（1940）和《火的洗礼》（1941）。1945年，赴美国考察学习。1948年回国，进入上海**昆仑影业公司**。1949年，筹备拍摄《**武训传**》，影片上映后引起广泛讨论。

中华人民共和国成立后，孙瑜任**上海电影制片厂**导演，先后创作了《乘风破浪》（1957）、《鲁班的传说》（1958）和戏曲艺术片《秦娘美》（1960）。1981年，中国电影出版社出版了《孙瑜电影剧本选集》。1987年，上海文艺出版社出版了孙瑜回忆录《银海泛舟》。曾任中国电影工作者协会、中国电影家协会常务理事、中国文联委员。（李梦学）

《孙中山》 *Sun Yat-sen* 中国彩色故事片。珠江电影制片厂1986年出品。编剧，贺梦凡、张磊；导演，丁荫楠；摄影，王亨里、**侯咏**；主演，刘文治、张燕。

《孙中山》剧照

故事讲述了1894年，孙中山等人在上海定下“驱除鞑虏、恢复中华”的决心，并在檀香山成立兴中会。随后，他领导多次武装起义，屡挫屡起。1900年惠州起义失败后，孙中山流亡日本，成立同盟会。1911年辛亥革命成功，孙中山就任临时大总统。1912年他辞去大总统职赴日本，袁世凯篡权，孙中山回国再掀革命高潮。他决心建立革命军队，兴师北伐。陈炯明叛变，炮轰总统府，革命面临危机。孙中山脱险后来到上海，会见李大钊等共产党人，毅然改组国民党，宣布三大政策。1924年，冯玉祥致电请孙中山北上，他抱病来到北京，受到民众拥戴。

影片采取了散文诗的拍摄手法，表现了孙中山伟大光辉的一生。影片既不拘泥于史实的细枝末节，又不悖于历史总面貌，在对历史做出形象描绘的同时，注重对历史总趋势的整体把握。影片1987年获第7届中国电影金鸡奖最佳故事片奖、最佳导演奖等9项奖，第10届中国大众电影百花奖最佳故事片奖。（弘 石）

索尼经典电影公司 Sony Pictures Classics 美国电影公司。1992年成立于美国洛杉矶，总部位于纽约。由奥利安经典影业公司的前任老板M.巴克、T.伯纳德、M.布鲁姆共同创办。是索尼影视娱乐有限公司旗下自主经营的品牌子公司，主要发行或出品文艺片、纪录片和独立电影，代理发行非美国本土制作的海外电影。

公司善于从好莱坞之外的中低成本电影中挖掘具有潜力的作品，之后进行投资，买下版权发行。其中投资最为成功的案例之一是W.艾伦执导的《午夜巴黎》（2011），影片在美国取得5600万美元票房，为公司取得了可观的利润。公司还和世界著名独立电影人合作，包括P.阿尔莫多瓦（《**关于我母亲的一切**》《吾栖之肤》）、R.波兰斯基（《杀戮》）、R.林克莱特（《爱在午夜降临前》）、**王家卫**（《2046》）和**张艺谋**（《**归来**》）等。

公司成立以来，参与投资过多部电影，其中获美国电影奥斯卡奖的有《霍华德庄园》（1992）、《对她说》（2002）、《战争迷雾》（2003）、《卡波特》（2005）、《监守自盗》（2010）、《寻找小糖人》（2012）等。公司出品的影片获美国电影奥斯卡奖最佳外语片奖的有《印度支那》（1993）、《四千金的情人》（1994）、《毒太阳》（1995）、《**卧虎藏龙**》（2001）、《**入殓师**》（2009）、《谜一样的双眼》（2010）、《更好的世界》（2011）、《**一次别离**》（2012）、《爱》（2012）等。2014年，公司参与投资拍摄了商业大片《超凡蜘蛛侠2》。之后，相继出品或发行了《爆裂鼓手》（2014）、《胡丽叶塔》（2016）、《无主之作》（2018）等影片。（甄晓文）

《超凡蜘蛛侠2》剧照

T

塔尔科夫斯基，A.A. Andrey Arsenyevich Tarkovsky（1932-04-04～1986-12-29） 苏联电影导演。生于扎夫拉捷耶，卒于法国巴黎。诗人阿尔谢尼·阿列克山德罗维奇·塔尔科夫斯基之子。1956年，进入全苏国立电影学院导演系学习。1961年，拍摄了毕业作品《压路机和小提琴》。1962年，拍摄第一部故事片《*伊万的童年*》，影片通过小侦察员伊凡的遭遇，表现了战争对儿童的摧残。1966年，拍摄了《*安德烈·鲁布廖夫*》。1973年，拍摄科幻题材作品《太阳系》，表达了精神探索比科学探索更为艰苦的主题。1976年，创作的《镜子》是一部带有自传性质的作品。1979年，拍摄了第二部科幻片《潜行者》，再次表达了人生探索的主题。1983年，在意大利拍摄了《乡愁》，获第36届法国戛纳国际电影节最佳导演奖、费比西奖和天主教人道精神奖。1984年离开苏联，定居西方。1986年，在瑞典拍摄了最后一部影片《牺牲》。他的影片具有震撼人心的视觉形象和象征性的梦幻般的格调，而没有传统的情节和戏剧结构。他的影片始终贯穿着一种执着的救赎世界的呼吁，因此被称为"电影界的贝多芬"。1980年，获俄罗斯联邦人民艺术家称号。曾出版电影美学、研究论文集《雕刻时光》。

扩展阅读

李宝强.七部半：塔尔科夫斯基的电影世界.北京：中国电影出版社，2002.

（李小蒸 撰 章柏青 唐建军 修订）

台湾电视 Taiwan's television 中国电视的重要组成部分。

台湾电视台 中国台湾地区自20世纪50年代开始筹建无线电视台。1951年，台湾"行政院"决定由"政府"主导、企业化经营电视事业。经过十多年筹备，1962年2月14日，台湾地区最早的电视机构"国立教育电视广播实验电台"成立，隶属台湾当局"教育部"的"国立教育资料馆"。该台每周广播共计23小时，收视范围仅为台湾北部地区，收视率为1.40%。1963年12月1日，"国立教育电视广播实验电台"改名"国立教育电视广播电台"（NETV），简称"教育电视台"。1962年4月28日，隶属于台湾省政府的台湾电视公司（简称"台视"）成立，同年10月10日开播。1968年，隶属于国民党掌控的"国防部"的"中国电视公司"（简称"中视"）成立，1969年10月31日开播。1970年2月，"教育电视台"扩建并改名为"中华电视台"（简称"华视"），1971年10月31日"华视"正式开播。至此，隶属于国民党当局党政军系统的台湾地区三大公营电视机构正式建立。

1993年，有线电视系统在台湾获得正式合法地位，民营电视企业和有线电视企业逐渐增多。1993年6月，民进党蔡同荣所属的民间投资股份有限公司和张俊宏所属的全民电通投资股份有限公司合并成立民间全民电视公司（简称"民视"），1996年6月获台湾当局"新闻局"审议通过，取得了台湾第四家无线电视台的经营权，也是台湾第一家民营资本的无线电视台。1997年6月11日，民视无线台正式开播，12月15日宣布成立民视无线国际台（FTV1）和北美民视新闻台（FTVN）。1998年，台湾第五家无线电视机构公共电视基金会（简称"公视"）成立，同年7月1日开播，为台湾第一家不属于任何政党团体的公共广播电视机构。自此，台湾电视的无线电视系统得以完善。

随着台湾政党的轮替和经济的变化，台湾几家无线电视机构也向民营化和公共化发展。2002年10月，台湾当局"立法院"在审议"广播电视法"部分条文修正案时决议，"台视""华视"应朝着公共化和民营化的方向发展。2003年12月，"立法院"通过"广播电视法""有线广播电视法"等法案，规定"政府"、党政等系统及其捐助成立财团和选任公职人员不得投资广播和电视产业，已经投资的自法律公布之日起两年内退出投资。"台视"自2000年台湾政党轮替时，民营持股开始大幅增加，2003年后，民营股份占近四分之三。2007年，"台视"公股开始竞标售股，有线电视机构的非凡电视台老板黄崧胜出，持有超过30%的股权，成为最大的股东入主"台视"。至此，"台视"完成了民营化之路，朝着多频道、多媒体、多路径的资讯集团化经营模式发展，拥有主频道、家庭台、财经台、国际台、美洲台等播出平台。2000年，台湾政党轮替，"华视"进入改制之列，"华视"由民进党掌控的"国防部""教育部"主控，为"绿营"服务。"华视"拥有主频道、教学台、休闲频道、美洲台、宏观电视等播出频道。2006年7月，"华视"加入"公视"，联合组成台湾公共广播电视集团。但由于各种原因，"华视"连年来财务状况不佳，经营不善。自"华视"加入"公视"后，客家电视频道、"原住民族"电视频道（有线）、宏观电视频道（有线）、教育频道（有线）也在2007年并入台湾公共广播电视集团。改组之后的"公视"规模庞大，但整合过程和经营情况不如人意。"公视"拥有公共电视、DIMO频道、客家电视台等播出频道。"中视"自成立至2000年5月民进党"执政"，一直是国民党党营的文化事业机构。1999年8月上市，成为台湾第一家上市的媒体。2000年之后，迫于外界要求"党政军退出三台"的压力下，"中视"开始释出党营事业所持有的股份给民间，及至2003年，国民党及其投资事业的持股比例已经低于50%，达到民营化的目的。之后，"中视"继续释出国民党党营股份，至2007年6月，中视集团完全成为民营媒体集团，与国民党事业体系彻底脱钩。2008年11月，台湾旺旺集团以150亿新台币购买了包括"中视"在内的《中国时报》集团，"中视"再度易主，拥有主频道、新闻台、生活台、美洲台等播出频道。台湾"民视"建立后，一直为民进党所掌控，在"党政军退出三台"法案的舆论氛围中，蔡同荣辞去"民视"董事长。在大环境不利于无线台的发展背景下，"民视"各项收益却持续稳定增长。"民视"拥有无线台、新闻台、台湾交通电视台（2011年之后仅保留声音广播）、高画质台等。"民视"股东群及观众群多为绿营，节目以本土化为核心，政论、新闻类节目多具有"台独"倾向，娱乐类节目确立了时装电视剧的类型品牌。

1993年台湾公布实施"有线电视法"，台湾有线电视播放系统开始合法化并步入正轨，同时"立法院"也开放大型卫星接收系统，奠定了台湾有线卫星电视稳步发展的基础。台湾的有线卫星电视也取得了较快发展，具备有线电视运营资格的机构经过了官方的谨慎筛选与审核。

台湾主要有线卫星电视台集团有：①联利媒体股份有限公司（TVBS），由香港电视广播有限公司（TVB）及台湾年代集团合资创立，后者2005年退出，旗下有综合台、新闻台、娱乐台、亚洲台等频道。②纬来电视网股份有限公司，旗下有日本台、体育台、综合台、育乐台、戏剧台、电影台、儿童台等频道。③星空传媒有限公司（台湾），旗下有中文台、电影台、国家地理频道、合家欢、ESPN、体育台等频道。④东森媒体集团，旗下有综合台、幼幼台、新闻台、客家电视台、“原住民”电视台、超级电视台、超视育乐台、戏剧台、电影台、洋片台、娱乐台、亚洲卫视台、亚洲新闻台、美洲卫视台、美洲新闻台、美洲幼幼台、美洲戏剧台等频道。⑤中天电视股份有限公司，旗下有综合台、新闻台、娱乐台、亚洲台、美洲台等频道。2020年12月12日，中天新闻台被民进党当局强行关台。⑥八大电视股份有限公司，旗下有第1台、综合台、戏剧台等频道。三立电视股份有限公司，旗下有都会台、台湾台、新闻台、国际台等频道。⑦年代集团，旗下有东风卫视、年代新闻台、Much TV、东风亚洲台等频道。⑧非凡电视台，旗下有新闻台、商业台、国际台等频道。⑨富邦集团，旗下有MOMO购物台、MOMO亲子台等频道。另有国兴卫视、环球综合台、太阳卫视、华人戏剧台、“中华财经台”、佛卫电视慈悲台等其他本土卫星电视台，以及英国广播公司、日本放送协会、探索频道、动物星球、旅游生活频道等卫星电视台的播出频道。

台湾的卫星电视台在1990年以后陆续开放，TVBS是台湾第一个卫星电视台，1993年9月28日首播。此后无线台用卫星传送，用户可自行利用碟型天线接收信号。“台视”“中视”“华视”“民视”“公视”五台进行无线信号播出，部分频道用卫星信号传送。2005年，“中华电信”的MOD平台开播后，为观众提供了收看电视节目的新途径——宽带电视，许多卫星电视台被推至该平台。2010年，壹传媒集团所属IPTV服务——壹网乐正式开播，推动台湾宽带电视及随选视讯服务的快速发展。2012年9月5日，凯擘大宽带正式推出SUPER MOD的平台服务，进一步推动台湾数字电视的发展。

台湾电视剧　台湾电视剧(简称台剧)是台湾各大电视台的重要播出内容。台剧起源于20世纪60～70年代，当时的剧集大多改编自琼瑶爱情小说，或题材不一的古装剧，具有一定的市场价值和观众基础。如台湾“华视”1974年曾推出350集电视连续剧《包青天》，创下台湾电视连续剧“最长”纪录，包拯的扮演者仪铭荣1975年获第11届台湾广播电视金钟奖演技奖，该剧获同届金钟奖“大众娱乐性节目优秀奖”。

20世纪80～90年代，台湾电视剧进入繁盛时期，出现了《星星知我心》(1983)、《昨夜星辰》(1984)、《一剪梅》(1984)、《情义无价》(1988)、《婉君》(1990)、《戏说乾隆》(1991)、《雪山飞狐》(1991)、《新白娘子传奇》(1992)、《梅花三弄》(1993)等各类优质剧集，在海峡两岸和香港地区产生影响。随着台剧的热播，参演的台湾本土演员如马景涛、刘德凯、陈德容、金超群、寇世勋等成为家喻户晓的明星。

21世纪之后，台湾电视剧的叙事重点从家庭伦理题材转向情爱题材，特别是女制作人柴智屏2001年打造的台湾偶像剧《流星花园》，因为契合青年观众群体的心理诉求，成为现象级作品，成为风靡亚洲的“F4神话”。之后，台湾偶像剧演变为文化标签，表达了青年群体的价值取向。但是，随后偶像剧迎来市场危机，例如《薰衣草》(2001)、《土司男之吻》(2002)等质量不佳的剧集口碑较差，收视率低。此后，创作团队在情节、人物、制作、包装等各个方面提升水平，推出了《战神》(2004)、《王子变青蛙》(2005)等更具卖点、更迎合观众的剧集。《恶魔在身边》(2006)、《恶作剧之吻》(2006)等台剧捧红了一批偶像明星。2008年台剧产量达到最高，由陈乔恩、阮经天主演的《命中注定我爱你》取得台湾电视台的最高收视率。2008年之后，大陆开始与台湾合拍电视剧，其中《又见阿郎》(2009)、《就想赖着你》(2010)等在台湾取得较高收视率。此后，台湾电视剧市场进入低谷期，大陆电视剧开始抢占台湾电视台的黄金播出档。为挽救颓势，台湾无线电视台与卫星频道开始联合播出偶像剧，如台视与三立电视台联盟播出的《下一站，幸福》(2009)、《偷心大圣PS男》(2010)，“台视”与三立电视台播出的《就是要你爱上我》(2013)，“公视”与TVBS欢乐台联合首播的《16个夏天》(2014)。

除此之外，台湾本土剧占据一定市场，本土剧指在台湾本土制作、讲述台湾故事的长篇剧，播出时间多半在周一至周五晚间的八点档。20世纪90年代之前，此种类型电视剧不被电视台看好。90年代初，“华视”拍摄的八点档电视剧《爱》获得良好口碑，渐而影响其他台，纷纷拍摄闽南语或闽南语加“国语”的本土剧。“民视”成立和有线电视频道的普及，使本土剧更为流行。21世纪之后，闽南语连续剧在“民视”“三立”等摄制的多部卖座剧带动下，收视率不减，形成一股文化风潮，代表作包括“三立”的台湾三部曲：《台湾阿诚》(2001～2002)、《台湾霹雳火》(2002～2003)、《台湾龙卷风》(2004)等；“民视”的人生三部曲：《爱》(2008)、《娘家》(2008～2009)、《夜市人生》(2009～2011)等。这类电视剧着重表现人性、亲情，剧集偏长，通常在300集以上。

台湾电视节目　台湾地区的电视节目也十分重要。无线电视台中，电视剧所占比例高于其他节目，其中尤以“民视”占53.71%为最高。其他为新闻、综艺、资讯和少儿类节目。“华视”新闻节目的所占比例最高，“公视”节目类型以公益及公共议题为主，新闻和政论类节目较少。21世纪以来，由于卫星有线电视的快速发展，台湾无线电视台的收视率均大幅度降低，而有线台的收视率大幅升高，如1994年，无线台与有线台的收视比为7∶3，2011年此比例降为1∶4。

与此同时，台湾电视节目发生诸多变化：①新闻和政论类节目逐渐增多，如从2004年开始的台湾地区领导人选举和县市各级领导人的选举，成为最热门的政论类和新闻类节目。②体育比赛的实况和突发性灾难事件的现场转播增多。③歌唱竞技类和谐星艺人搞笑类综艺节目，以及新形态的美食节目增多。2002年“中视”首播的《综艺大哥大》、2004年台湾中天综合台开播的《康熙来了》、2007年“中视”开播的《超级星光大道》、“台视”开播的《钻石夜总会》等综艺节目较受观众欢迎。新形态的美食节目中，《三立男大厨》《TVBS食尚玩家》《八大大小爱吃》等强化节目主持人与厨师的互动，产生一定的收视率。

台湾电视奖项　台湾电视界设有年度台湾电视金钟奖，每年10月或11月举行。它最初由“新闻局”设立于1965年，初设目的为奖励广播类节目。1971年，电视节目第一次有资格参与金钟奖角逐。自1993年起，广播与电视分开颁奖。2000年起，“新闻局”正式将金钟奖交由民间机构——广播电视事业发展基金承办，成为台湾电视行业的最重要奖项，设有最佳戏剧节目奖、电视迷你剧集（电视电影）奖、最好教育和文化计划奖（教育文化节目奖）、电视系列最佳女主角奖（戏剧节目女主角奖）、电视系列最佳男主角奖（戏剧节目男主角奖）等奖项。　（赵卫防）

台湾电影　Taiwan's cinema　中国电影的重要组成部分。

日据时期的台湾电影（1895～1945）　1895～1945年，是中国台湾的日据时期。20世纪初，电影开始传入台湾。1900年6月16日，日本人大岛猪市和松浦章三在台北淡水馆的9号间举行了台湾的首次电影放映，放映了卢米埃尔兄弟的电影拷贝十余部。1921年之前，台湾主要放映日本影片。在此期间，曾有日本人在台湾拍摄过《台湾实况介绍》等少量新闻纪录片。

1922年，日本松竹蒲田电影公司在台湾摄制了日本影片《大佛的瞳孔》。1923年，官办的《台湾日日新报》成立电影部，拍摄了故事片《老天无情》，摄制人员以日本人为主。

1925年，台湾人刘喜阳等组建了台湾电影研究会，同年编导摄制了台湾人制作的第一部故事片《谁之过》。1936年，台湾总督府文教局等机构出品了台湾第一部有声电影《鸣呼！芝山岩》。1937年，台湾人吴锡洋等在台北投资创办“第一电影制作所”，同年摄制了《望春风》《荣誉的军夫》两部影片。1941年，台湾总督府内设“台湾映画协会”，掌控台湾电影制作与配给发行业务。1922～1945年，台湾共摄制了10部故事片和众多新闻纪录片，故事片中有3部有声日语电影。由于日据时期的特定环境，这一时期的电影多用于日本军国主义做意识形态宣传。

除制片业外，台湾电影的发行业同样沦为日本殖民统治的工具，台湾发行以进口片为主，其中多数为日本电影，中国大陆电影则受到最为严格的管制。同期在台湾放映的大量纪录片，更是配合日本殖民政策的宣教影片。这一时期，由于在台湾放映的影片多为进口片和默片，担任现场翻译及剧情解说的“辩士”特别受宠，他们使用台湾闽南话解说，一定程度上推进了台湾文化的发展。

台湾电影的光复与重建（1945～1955） 1945年抗日战争胜利后，台湾省行政长官公署接收了日本“台湾映画协会”和“台湾报道写真协会”，1945年11月在台北改组成为台湾电影摄影场，由重庆派来的白克任场长。该机构于1946年开始生产新闻纪录片，两个月生产一辑，只印一个拷贝，在台湾少数影院巡回演出，其中较有影响的纪录片有《台湾新闻》《今日至台湾》等。1948年年初，台湾电影摄影场改组为官商合办性质的台湾省电影摄制股份有限公司，1949年5月又被改组为台湾省电影制片厂（简称“台制”），仍以拍摄纪录片为主，到20世纪50年代末，基本保持上述的生产水平。

1949年，国民党统治集团退踞台湾，其属下较多的制片机构、影人和设备等随之迁移到台湾。这一时期，从大陆迁到台湾的电影公司有1946年3月在重庆创办、1948年经南京迁往台湾的农业教育电影公司（简称“农教”）和1949年5月从南京迁往台湾的“中国电影制片厂”（简称“中制”）等，这些公司在50年代之前于台湾拍摄了较多的纪录片，但由于准备不够，此间均未拍摄过故事片。1946～1949年，台湾当地只有私营的万象影片公司拍摄过一部故事片《阿里山风云》，其间有少数大陆制片公司如“国泰”“大同”等来台拍片。

进入20世纪50年代后，“农教”开始大规模拍摄故事片，1950年拍摄了第一部“反共”题材故事片《恶梦初醒》，之后又拍摄了多部故事片。1954年，“农教”和专营影院发行业务的台湾电影事业公司合并改组为“中央电影事业股份有限公司”（简称“中影”），李叶任首任总经理。“中影”成立后，基本承袭了“农教”的路数，以拍摄“国语”的“反共”题材故事片为主，如《梅刚春回》（1954）、《歧路》（1955）等，凸显宣教功能。由于海内外市场对此类题材影片均不接受，因此之后的“中影”影片内容逐渐转向其他方面。“中制”“台制”同时开启了故事片的创作，除了“反共”题材影片外，“中制”1954年拍摄了戏曲片《洛神》等艺术质量较高的影片，“台制”也拍摄了喜剧片、谍战片等类型片和较多的新闻纪录片。这一时期，除了公营电影企业外，也出现了“万象”“联邦”“高和”“华兴”等民营电影公司。50年代前期，这些民营公司制片多依赖公营厂，出品的“国语片”较少。1950～1954年，台湾一共生产了14部“国语片”。

台湾电影的第一次勃兴（1956～1963） 1955年台湾电影事业开始步入正轨。“中影”相继拍摄了《碧海同舟》（1955）、《关山行》（1956）、《归来》（1957）、《悬崖》（1958）等“国语片”，“台制”“中制”分别拍摄了《黄帝子孙》（1955）、《奔》（1956）等“国语片”。台湾官方电影摄制机构在1955～1960年共生产20部“国语片”，这些影片宣导省籍融合、“团结反共”等主题，构成了20世纪50年代台湾“国语片”“战斗文艺”的基本特色。同一时期，香港出产的厦门语片在台湾的上座率高，票房收入超过“国语片”，刺激台湾开始大量拍摄闽南语电影。第一部闽南语电影是1955年公映的歌仔戏电影《六才子西厢记》，该片由台湾都马歌仔戏剧团团长叶福盛投资，留学日本的邵罗辉执导，但由于拍摄粗糙，未能引起较大反响。1956年，民营华兴电影制片公司摄制、台湾电影先驱何明基执导的歌仔戏电影《薛平贵与王宝钏》获得了巨大的成功，掀起拍摄闽南语电影的高潮。台湾省影剧工会等机构1957年设立了一年一度的金马奖影展，当年举办了第1届影展。1955～1960年，台湾共拍摄了179部闽南语电影，其中较有代表性的有《林投姐》（1956）、《疯女十八年》（1957）、《青山碧血》（1957）、《血战噍吧哖》（1958）、《小情人逃亡》（1958）、《王哥柳哥游台湾》（1958）等。除古装题材外，这些影片还有表现日据时期台湾少数民族抗日题材以及较多现实题材的作品，具有一定的类型意识。现实题材影片在传统价值观下表达了对台湾女性、情感、乡村和城市生活的关注，具有一定的人文深度和本土意识。

这些闽南语电影都是由“华兴”“台联”等私营制片机构摄制的，有些曾出口到菲律宾、新加坡、马来西亚等国。闽南语电影的兴起，不仅造就了林博秋、何基明等台湾电影的创始者，促进了台湾民营电影事业的迅速发展，而且培养了诸多电影人才，如著名导演张英、李行、林福地、唐邵华、梁哲夫、李泉溪以及制片人白克、戴传李、赖国材，演员柯俊雄、葛香亭、张美瑶、欧威等。此阶段也是地方戏曲片——歌仔戏电影的黄金时代，歌仔戏电影占闽南语电影总数的26%。

闽南语电影与“国语片”的并置——台湾电影的黄金时代（1963～1970） 进入20世纪60年代后，台湾开启都市化进程，电影产业被列为重要的发展对象。1962年，台湾正式设立电影金马奖，表彰有突出文化贡献的台湾和香港电影。台湾当局同时出台多项政策鼓励台湾人以及香港和其他地区商人来台拍摄影片，台湾的民营电影公司“联邦”“台联”“福华”“大来”等逐渐发展成为规模较大的电影制片发行企业。1963年，香港导演李翰祥携新加坡国泰机构资金来台成立国联公司。1964年的丰源空难使国泰机构庞大的台湾电影投资计划搁浅。1967年，香港片商黄卓汉来台成立第一影业公司，以台湾为基地扩增“国语片”产量。

在这种态势下，台湾“国语片”和闽南语电影都获得了较快发展。闽南语电影迎来了第二个高潮。1962年，闽南语电影产量由前一年的37部跃升至120部。整个20世纪60年代，共生产713部闽南语电影，成为推动60年代台湾电影繁荣发展的主要力量。在美学层面，1960～1963年，歌仔戏电影再度流行。1962年，洪一峰执导的《旧情绵绵》使歌唱片进入闽南语电影的主流行列。1965年，台湾成立了加工出口区，吸引了农村闲散人口和大量妇女就业，造成传统闽南语电影观众流失。闽南语电影被迫改变题材，由过去的戏曲传奇故事、苦情戏转变为城乡喜剧、爱情与写实题材，迎合社会变迁所造成的新的创作环境。由于“国语片”以及台湾电视崛起，供过于求以及艺术表现力每况愈下等原因，台湾闽南语电影于70年代迅速衰落。

60年代，台湾的“国语片”得到了较快发展，共出品了392部“国语片”。除当局的扶植政策外，1963年，“中影”总经理龚弘提出“健康写实创作路线”为“国语片”的发展推波助澜。“健康写实”的美学主旨有两点：一是学习写实主义之风格；二是避免过度暴露社会问题。遵循这一“创作路线”，许多“国语片”导演于60年代执导了多部优秀“国语片”。李行导演了实践该路线的《街头巷尾》(1963)、《蚵女》(1964)、《养鸭人家》(1965)、《玉观音》(1968)等影片，同时开辟了台湾乡土电影的先河。其他导演如白景瑞推出了《寂寞的十七岁》(1968)，李翰祥推出了《冬暖》(1968)等“健康写实”的力作，这些作品在践行“健康写实”美学路线的同时，均延续了台湾电影人文写实的传统。“健康写实”之外的其他“国语片”在60年代也获得较快发展，古装片中，李翰祥执导的《状元及第》(1964)、《西施》(1965)，宋存寿执导的《破晓时分》(1968)等做出了艺术探索。这一时期的抗战题材电影涌现了**胡金铨**执导的《大地儿女》(1965)和李翰祥执导的《扬子江风云》(1969)等力作。在武侠类型方面，此时的台湾电影虽不如香港电影那样高产，但胜在艺术表现力和丰富的外景上，如胡金铨执导的《龙门客栈》(1967)以章回体小说的叙事、京剧的空间调度、武打的舞蹈走位以及音乐锣鼓场面的节奏控制等手法，开辟了全新的武侠电影风格，并创下当年台湾电影的最高上座率。1970年上映的《**侠女**》以独特的“诗意武侠”荣获第35届法国戛纳国际电影节的技术大奖。这一时期，爱情文艺片也是台湾电影的主要类型。1965年，李行的两部影片《婉君表妹》《哑女情深》以及王引执导的《烟雨濛濛》均获得票房成功，三部影片都是改编自台湾言情小说家琼瑶的作品，自此引发了**琼瑶电影**的热潮，使得台湾爱情文艺片成为有固定叙事模式的类型片。

传统与经典时期的台湾电影（1971～1980） 70年代初，台湾被驱逐出联合国，日美和台湾“断交”，台湾在国际上被孤立。在这种态势下，台湾电影的文宣使命更加急迫，台湾电影产业亦在这种诉求中得以加强。公营的“中影”“中制”“台制”等机构开始扩充业务，扩大制片规模。民营的“第一影业”“联邦”和“大众”等大中型公司发展迅速，并努力开拓海外市场。1971～1980年，台湾共摄制2150部电影，最高年产量是1979年的252部。这一时期，闽南语电影逐渐式微，“国语片”成为主力。

在众多导演中，李行涉足多类型、多题材的影片创作，他首先以《心有千千结》(1973)、《海鸥飞处》(1974)等影片在台湾掀起了第二波琼瑶电影风潮；之后又回归乡土电影，坚持民族化电影风格，摄制了《**汪洋中的一条船**》(1977)、《小城故事》(1979)等影片，在一贯的伦理表达中拓展新意。白景瑞继续多方位的艺术探究，一方面依然践行“健康写实”路线，拍摄了《家在台北》(1970)、《再见阿郎》(1971)、《留学三部曲》(1977)等高度写实又兼具艺术创新的影片；同时也拍摄《一帘幽梦》(1976)等琼瑶电影和《白屋之恋》(1972)等其他爱情文艺片，延续浪漫的个人风格。胡金铨以《迎春阁之风波》(1973)、《忠烈图》(1975)、《空山灵雨》(1979)、《山中传奇》(1979)等武侠片继续在中国古典文化里寻求另一个幽秘的武侠世界，以鲜明的艺术风格和严谨态度拓展了武侠电影的形式，并走向世界。宋存寿专注表达阴郁悲伤情感，他执导的《母亲三十岁》(1973)、《流水落花春去》(1978)等情感类型影片以及《庭院深深》(1970)、《**窗外**》(1973)等琼瑶电影，探讨了中国家庭伦理观，剖析了社会问题，富含怀旧情怀，多以悲剧告终。丁善玺等执导的《英烈千秋》(1974)、《八百壮士》(1976)、《笕桥英雄传》(1977)等，是公营公司出品的抗日题材影片，回应台湾当局政宣诉求，战争场面规模宏大，情节悲壮感人。

70年代末80年代初，台湾电影的主流逐渐由功夫片和爱情文艺片转向女性复仇片、帮会犯罪片、美女冒险片、赌片、闹剧片。同时台湾也出现了思乡寻根的影片，例如《源》(1979)、《香火》(1979)、《原乡人》(1980)等。它们追寻和描写台湾和祖国大陆的血缘关系，表现大陆人在开拓、建设台湾方面的贡献，引起了关注。

1970年，台湾共有500多家影院，这是台湾电影史上的最高数字。电视、录像带的空前发展冲击了70年代的台湾电影业，电影市场和票房收入开始缩减。同时，台湾地区努力推动电影文化的发展。1975年，“中影”开设了中国电影文化城，同年台湾地区成立电影事业发展基金会，并于1978年拨款成立了台湾电影图书馆。台湾大部分重要电影书刊，如《电影评论》等都是在70年代出版的。

台湾电影的“新电影”与“新新电影”（1981～2007） 20世纪80年代初期，两岸关系开始松动。1987年以后，台湾解除戒严，开放党禁、报禁，电影界获得较大的自由创作空间，电影审查实行分级制。1989年起，“国片制作辅导金”每年提供3000万元新台币，资助10部电影。在这种态势下，“永升”“学者”“第一”“龙祥”“汤臣”“长虹”等台湾民营电影公司逐渐壮大，不仅超越了“中影”等公营电影公司的实力，成为制片业龙头，而且在发行和放映上发展也较快。80年代，台湾共出品影片1039部。

在宽松的大环境下，台湾电影创作日趋丰富，文艺片、政宣片、喜剧片、武侠片、社会犯罪类型片等成为主流。特别是有感于香港电影在台湾市场中的地位，一批年轻的台湾电影人抱着振兴台湾电影的目的，开启了台湾新电影浪潮。“新电影”以“中影”等公司1982年任用新导演拍片开始，至1987年1月53位电影人发表《台湾电影宣言》的公开信式微。“新电影”的导演包括**侯孝贤**、**杨德昌**、陈坤厚、万仁、张毅、王童、李佑宁等人，他们的影片注重个人表达、写意风格和形式力量。他们的电影描写台湾本地的人生百态，呈现台湾重大历史事件带来的心灵创伤。他们注重以个人经历和视角呈现第二次世界大战后台湾青少年的成长，关照“二战”后台湾从淳朴的农耕文明走向现代工业文明的历史进程，以个人化书写关照台湾的历史和现实。在风格上，他们选用非职业演员或不出名艺人，摆脱表演的舞台化和程式化，追求生活化；多用**客观镜头**和**长镜头**拍摄中、远景，以丰富画面内涵；碎片化的叙事，探索叙事的开放性与多元性。“新电影”的代表作有《**光阴的故事**》(1982)、《儿子的大玩偶》(1983)、《小毕的故事》(1983)、《海滩的一天》(1983)、《油麻菜籽》(1984)、《玉卿嫂》(1984)、《老莫的第二个春天》(1984)、《童年往事》(1985)、《恐怖分子》(1986)、《稻草人》(1987)、《**悲情城市**》(1989)等。

在台湾“新电影”浪潮中，涌现出侯孝贤、杨德昌等当代台湾最重要的导演，他们树立了台湾电影的品牌形象，让台湾电影走向世界。侯孝贤是台湾电影的集大成者，他的电影是乡土的、传统的、写实的，同时又深具写意之美，着重反思台湾历史和现实，冷静客观又带有浓郁的怀旧情绪，蕴含丰厚的人文风情，代表作品有《风柜来的人》(1983)、《冬冬的假期》(1984)、《童年往事》(1985)、《悲情城市》(1989)、《好男好女》(1995)、《海上花》(1998)、《千禧曼波之蔷薇的名字》(2001)、《最美好的时光》(2005)、《**刺客聂隐娘**》(2015)等。杨德昌的电影颇具虚灵之美，风格凌厉，结构缜密，构图精巧，故事复杂，人物众多，影像设计和节奏处理很有现代感，场景以都市为主，对历史和社会的批判不留情面，代表作有《光阴的故事》(1982)、《恐怖分子》(1986)、《牯岭街少年杀人事件》(1991)、《麻将》(1996)、《一一》(2000)等。

这一时期的台湾电影，除"新电影"导演外，老一代导演李行、白景瑞、宋存寿等也沿袭以往的美学路线，相继拍摄了《侯鸟之爱》(1982)、《金大班的最后一夜》(1984)、《唐山过台湾》(1986)等影片。在政治诉求下，公营公司摄制了政宣类电影，有"反共"情绪的《皇天后土》(1980)、《假如我是真的》(1981)、《血战大二担》(1982)等，有强化军士教育的《成功岭上》(1980)等，还有歌颂辛亥革命的《辛亥双十》(1981)等。其他类型片有朱延平执导的一系列市民谐剧片如《小丑与天鹅》(1985)、军教喜剧片《大头兵》(1987)以及青春歌唱片《七匹狼》(1989)等；林青介拍摄的表现校园学生生活的社会写实影片如《学生之爱》(1981)等，风格清纯，之后这类影片又走向了喜闹剧的路子；琼瑶电影如《燃烧吧！火鸟》(1982)、《昨夜之灯》(1983)等脱离了早期的宿命、中期的悲喜剧色彩，在表现浪漫爱情的同时，触及社会问题和女性自我独立，但票房不佳，这类影片于1983年在台湾基本终结。

80年代后半期，鉴于香港电影的迅猛发展，许多台湾民营电影公司纷纷注资香港，台湾电影的产业生态逐渐变差。进入90年代后，台湾电影政策发生偏差。为刺激台湾电影市场，台湾当局从1994年起大幅度开放进口配额，扩大外片上映的电影院及厅数，允许外商进入台湾组建发行院线。虽然这些政策在起始阶段刺激了台湾市场，但却使好莱坞电影长驱直入，使台湾本土逐步失去了电影发行业的控制权。而"新电影"过重的个人经验书写和个性风格使台湾电影渐渐远离传统的通俗叙事，更趋向于写意。从他们开始，台湾电影与大众娱乐属性渐行渐远。进入90年代，蔡明亮、林正盛、李康生等"新新电影"人，更加注重形式，写意品格被刻意彰显放大，如蔡明亮的《爱情万岁》(1994)、《你那边几点》(2001)等。台湾电影的个人化趋势以及政策失误，导致台湾观众对台湾电影乃至华语片的兴趣减弱，90年代台湾电影严重滑坡，在台湾市场的份额锐减。

在市场减弱的整体环境下，李安、陈国富等追求新叙事风格的导演推出了佳作，如《推手》(1991)、《喜宴》(1993)、《饮食男女》(1994)、《黑暗之光》(1999)、《征婚启事》(1999)、《爱你爱我》(2001)、《蓝色大门》(2002)、《双瞳》(2002)等。李安的电影温柔敦厚，充满家庭的温馨、宽容和体谅，表现出中国传统的处世哲理；同时也融会西方文化的特点，符合西方观众的欣赏口味。他的作品做到了艺术性、观赏性和娱乐性的统一，受到观众和业界的肯定。他执导的《卧虎藏龙》(2000)获美国电影奥斯卡奖四项大奖，开启了华语武侠大片的先河。李安创作的作品还有《理智与情感》(1995)、《冰风暴》(1997)、《断背山》(2005)、《色·戒》(2007)、《少年派的奇幻漂流》(2013)、《比利·林恩的中场战事》(2016)等，都获得较高国际声誉。

《喜宴》剧照

面对台湾电影的颓势，台湾当局和台湾影人努力挽救颓势。从2001年起，台湾电影辅导金提高到每年1.2亿元新台币。此外，台湾新闻管理机构还奖励在世界影展上获奖的台湾影片及其个人。台湾影人一方面效仿香港电影，与内地合作，推出了一些华语大片；另一方面，魏德圣、钮承泽、锺孟宏、张作冀、林书宇、杨雅喆、程孝泽等年轻新锐导演，不再沉溺于个人成长经验和个人心声的表达，尽可能追求更多观众的认同。他们追求故事结构完整、叙事节奏流畅、场景氛围营造，显示出了与"新电影"和"新新电影"的不同特色。他们的影片在保持传统台湾电影的人文特色的同时，重新强调娱乐属性，努力赢回台湾观众。

台湾电影的复兴时期（2008～ ）2008年，以魏德圣执导的《海角七号》为标志，台湾电影成功地满足了观众的观影诉求。该片创下了5.3亿新台币的台湾影片票房纪录，在台湾岛内外引起轰动。2010年，钮承泽的《艋舺》在台湾获得"金马奖"多项大奖，取得2.58亿新台币的票房成绩。两部影片使台湾电影一定程度上摆脱了"艺术闷片"的诟病。同年，海峡两岸签署《两岸经济合作框架协议》(简称ECFA)，进一步推进两岸电影合作，刺激台湾电影进一步复苏。之后，台湾电影出现了《那些年，我们一起追过的女孩》(2011)、《赛德克·巴莱》(2011)、《阵头》(2012)、《大尾鲈鳗》(2013)、《总铺师》(2013)、《等一个人咖啡》(2014)、《我的少女时代》(2015)、《楼下的房客》(2016)、《相爱相亲》(2017)、《角头2：王者再起》(2018)、《比悲伤更悲伤的故事》(2018)等影片。台湾市场的年度票房冠军开始归属台湾本土电影，台湾电影的市场占有率有了较大提升。 （赵卫防）

《海角七号》剧照

《台湾电影：政治、经济、美学（1949—1994）》 *Taiwan Film: Politics, Economy, Aesthetics, 1949—1994* 中国电影著作。卢非易著。台湾远流出版事业股份有限公司1998年出版。16开。该书以编年方式，根据台湾电影的发展特点，按照五年分期展开论述，从政治、经济、美学的交互架构中，梳理了从1949年到1994年台湾电影发展历程的宏观面貌。在政治部分，书中探讨了台湾电影权力的结构、权力运作的方式、法规技术等，同时探讨了政治气候对电影类型发展的影响，以及电影如何反映社会的政治情绪。在经济部分，主要运用娱乐经济学、媒介经济学、政治经济学等理论，探讨政府对电影资源分配的政治考量以及电影生产与行销的互动关系，并梳理了各阶段有影响力的生产发行与放映公司的状况。在美学部分，书中则以古典电影理论并借用传播与文化批判理论，梳理了自1949年到1994年台湾各种类型和重要创作现象以及重要创作者作品的美学特征。

该书还附录了大量的图表，包括从1949年到1994年台湾送检影片片目，以及此间《台湾新生报》《徵信时报》《"中国"时报》各县市地方版、电影广告等，为论述提供了翔实的数据支撑，借此勾勒了台湾电影院线的变迁，是一部数据翔实、脉络清晰、观点鲜明的电影史研究专著。 （于丽娜）

台湾新电影运动 Taiwan's new cinema movement 中国电影运动。又称台湾新浪潮电影、台湾新电影。

发展过程 20世纪70年代末至80年代初，台湾电影陷入困境。香港新浪潮电影影响到台湾，对台湾电影市场构成威胁。台湾“中央电影事业股份有限公司”（简称“中影”）巨额亏损，开始体制改革。在总经理明骥主持下，起用小野、吴念真、陶德辰、余为正、柯一正、张毅、杨德昌、王小棣、张乙宸、傅季中、杨立国等新人进行创作。1982年，陶德辰、杨德昌、柯一正和张毅联合拍摄了《光阴的故事》，台北票房达到400万元新台币，台湾新电影运动正式拉开帷幕。

1983年，是台湾新电影运动的第一个高潮。《光阴的故事》的成功让“中影”公司和独立制片公司对年轻导演产生信心，并给予他们较大创作自由。1983年，侯孝贤、曾壮祥、万仁联合执导了《儿子的大玩偶》。台湾“中影”公司与万年青公司合作，由陈坤厚导演拍摄了《小毕的故事》。“中影”公司与新艺城台湾分公司合作，请杨德昌拍摄了《海滩的一天》。之后，林清介执导了《台上台下》，王童执导了《看海的日子》，柯一正执导了《带剑的小孩》，虞戡平执导了《搭错车》，万仁执导了《油麻菜籽》，由于这些影片独具特色的人文视点和价值主题，台湾新电影运动逐渐成为一种创作流派。

从1984年开始，台湾新电影开始在台湾地区以外产生影响。这一年，《冬冬的假期》《老莫的第二个春天》《小爸爸的天空》《策马入林》《雾里的笛声》《玉卿嫂》等10多部影片上映，在影片的题材选择、叙事手法、拍摄技巧等方面，都有了较全面的提升和改变。

1985年是台湾新电影运动的第二个高潮。这一年，侯孝贤的《童年往事》、陈坤厚的《结婚》和《最想念的季节》、杨德昌的《青梅竹马》、万仁的《超级市民》、虞戡平的《台北神话》、麦大杰的《国四英雄传》等影片，加强了与社会的关系，从不同角度展现台湾历史和现实人文景观。虽然这些影片具有一定的艺术价值，也在国际影坛引起关注，但却无法得到观众的认可。1985年11月，“中影”公司推出了《阿福的礼物》，舆论和观众反响平平。1987年1月24日，由詹宏志执笔，丁亚民、小野等新电影工作者和支持者共53人签名的《台湾电影宣言》公开信，刊登在《中国时报》影剧版。信中对台湾当局的电影政策、大众传播媒体与评论体系提出质疑，企图争取大众对“另一种电影”的重视与支持，表达争取“另一种电影”存在空间的决心。至此，台湾新电影运动宣告结束。

创作特点 台湾新电影运动主要有以下几个方面的特点：①在内容题材方面，开始有意识、自觉地建立严肃的电影文化。新电影与台湾现实社会有紧密的联系，记录了台湾由传统农业社会转型为现代化社会的历史变迁；关注和探讨女性在社会变迁中的角色身份，以及折射的婚姻价值观念；试图唤醒民族意识，以“写实影像”“成长经历”“青少年时期生活写照”为题材，或从个人的回忆出发，以微观的视点重构台湾的过去。②在艺术表达方面，注重艺术写实主义和创新，建立了新的电影艺术风格。他们力求内容和形式的统一，把对艺术的追求和探索相结合。他们将导演理念和镜语风格同中国传统文化相结合，使用非职业演员，叙事坚持客观性与开放性，并使用长镜头、客观镜头、深焦镜头等电影纪实语言，突破了台湾传统摄影观念。③在制作模式上，建立新的电影制片模式。一方面，“中影”“万年青”“第一”“汤臣”“高仕”等公司纷纷起用新导演拍片。另一方面，20世纪80年代后期，侯孝贤、杨德昌、万仁等均以个人名义成立独立公司，寻找合资或独资创作电影，坚持在创作上独立自主。他们通过国际影展路线，争取国际评论的支持，同时保持收支平衡或产生盈利。

台湾新电影运动持续时间不长，先后参与的人员约有导演11位、编剧9位、技术人员及制片34位，但在中国台湾地区和国际影坛的影响比较大，为台湾电影培养了大批人才，影响了台湾电影的后续发展，开创了台湾电影的新局面。但因为过于注重自我表达，缺少对观众审美趋向和市场的了解，导致台湾新电影最终成为“艺术电影”的代名词而逐渐失去市场。

扩展阅读

陈飞宝.台湾电影史话.北京：中国电影出版社，2008.

（类成云）

台网联动 TV-internet integration 发生在传统电视媒体与网络新媒体间的跨媒介合作与融合现象。自20世纪90年代，网络新媒体的兴起不断冲击和挑战传统媒体的生存空间。其中，网络视频服务的崛起，明显分流了电视观众，对广告资源的分流也让电视媒体颇感压力。在此背景下，电视台开始与网络媒体展开联动融合发展。

台网联动本质上不是二者的简单相加或连接，让一方为另一方服务，而是媒介间展开资源整合，实现优势互补，促进整体传播效果，提升媒体形象。台网联动涉及内容的策划制作、节目播出、推广营销、媒体发展、品牌建设、资本运营等层面上的联动。从传播学角度上来看，台网联动体现了媒介融合的趋势，是互联网时代媒体竞争中的过渡性概念。

国际上，台网联动比较成功的案例有美国有线电视新闻网和它的网站CNN.COM，美国全国广播公司和新闻集团联合注册成立的在线视频网站Hulu.con。在中国，台网联动发展初期主要表现为广电媒体建立自己的网站。2005年之后，网络视频的崛起极大改变了视频消费的市场格局，随着视频网站纷纷上市，它们大量购买热播影视剧、综艺节目的网络播出权，同时网络自制视频节目兴起，一些处于市场领先地位的电视台和互联网公司在内容资源上进行联合投资、购买、营销、播出。到2011年，台网联动已成为业界常态，广电媒体自身的台网一体化经营或者联合体经营进入新层次。（边　静）

《太平山下》 *Stories among Us* 中国电视剧。香港电视广播有限公司（TVB）1967年出品。编导，钟景辉；主演，梅欣、容玉意、沈殿霞、上官筠慧。

故事讲述了太平街上的一幢旧楼中住着一群性格各异、职业不同的人，每个人都有着精彩丰富的生活。该剧以家庭为单位，展现了各行各业的香港小市民是如何在复杂多变的社会中求生存的。该剧以平民视角，用生活化的镜头语言，呈现了20世纪60年代的香港，既拥有高度的戏剧冲突，又包含现实主义的表达力度。该剧每一集都有新矛盾和新看点，叙事方式简单、紧凑、密集，背后蕴藏的主题十分深刻，其中包含香港社会人与人的关系、事与事的碰撞，诠释了何为“太平山下不太平”，表达了对香港社会现实的热辣讽刺与深刻反思。该剧于1967年11月19日在TVB正式播出，是一部演员阵容强大、每周日播出半小时时长的娱乐喜剧，是TVB成立以后播出的第一部电视剧。

（张　燕）

《泰福祥日记》 *A Diary of State-owned Taifuxiang Group* 中国彩色纪录片。中央电视台1998年出品。共3集。编导，郑永志。

影片记录了河北省张家口市一家老字号国营百货商场——泰福祥，从计划经济体制向市场经济转变，由国营改为个人买断承包经营和职工入股应聘的全过程。展现了改革大潮袭来之时，泰福祥从经理到普通员工在改革浪潮的裹挟之下，各色人等的心态与所承受的压力。影片除按时间顺序分别记录承包改制工作的进程以及店内职工的种种反应之外，还交叉介绍了原商场经理刘玉娥、职工金丽英的家庭对这场变革的反应、态度。

影片以小见大，通过对泰福祥改制全过程的跟踪拍摄，客观而真实地折射出中国各行各业改革的背景、过程和发展。影片客观真实，影像质朴；没有说教，没有预设的主题，没有摆拍；以一种平视的角度展开记录和叙事，把判断和结论留给观众。2006年，《泰福祥日记》又拍摄了续集并于当年年底在央视新闻频道《纪事》栏目中播出。（刘乃康）

泰国电影 Thai cinema 1921年，美国制片人H.麦克雷在瓦苏拉蒂家族帮助下拍摄了泰国第一部影片《苏万小姐》。1927年，瓦苏拉蒂家族成立了斯里克伦影业公司，生产了泰国自己导演的第一部无声影片《双喜临门》，三年后，该公司又生产了泰国第一部有声影片《走入歧途》。

第二次世界大战期间，泰国电影生产陷于停顿。当时电影被戏剧和舞台文娱节目所取代。战后，泰国电影工业有了新的发展。16毫米彩色影片被首次引进，几部著名的戏剧被改编成电影，舞台上的男女演员转而成为电影明星。1945～1955年，电影生产处于混乱状态。制片人寻找不到合适的电影素材，便彼此进行模仿，为了商业上的利润，不惜将片名定为已上映并叫座的影片名字。同时，制片人也热衷于将大众喜爱的流行小说或小型戏剧节目拍成电影。由于技术设备等种种原因，直到20世纪60年代末，泰国还只是用16毫米彩色反转片拍片。而且，电影大多还是无声的，在放映时由专业配音演员通过话筒配音，因此有些配音演员深受观众欢迎。

1964年，泰国电影制片者协会成立。70年代是泰国电影发展的重要时期。由于采用了群众喜爱的泰国民歌，影片在农村观众中备受欢迎，其中《我们农场的情歌》(1970）一片大获成功，制片人获利600万铢，打破泰国影片的收入记录。1970年，大部分制片人在影片中加入了民间乐曲。有的影片有30多支民歌，而不考虑这些歌曲与情节是否有关。1970年年底，导演庇阿克·鲍斯特拍摄了一部与当时泰国电影风格迥异的影片——《佐尔》。在该片中，导演对摄影的角度、格调、演员技巧、剪辑技术都有所创新。影片收入虽然不如《我们农场的情歌》，但深受观众赞扬。这部影片被看作样板，被许多影片创作者效仿。

1973年，政府决定对制片给以财政上的支持，降低进口胶片和制片的税收，提高外国影片的税率，从而提高了国产片的产量，并全部采用35毫米胶片。1976年，出现了一些新人，他们关心现实，干预社会。如帕慕森·差耶·阿隆拍摄的第一部影片《狗的生活》，描写了曼谷贫民窟的生活，提出改变贫民生活的先决条件是提高教育水平。这在泰国电影普遍模仿好莱坞和西方娱乐片、追求票房价值的潮流中，显得独树一帜。之后，帕慕波·差耶·阿隆又相继导演了《城雾》《残忍的天性》《乞丐之城》《老和尚》等5部影片，成为泰国最知名的导演。

80年代以来，泰国每年大约生产130部影片，在东南亚各国中仅次于菲律宾，名列第二位。泰国共有五六个大的制片集团，有134名注册的电影制片人，在曼谷有44座一级影剧院和60座二级影剧院，全国约有1200座电影院。泰国影片年出口量一直很低，平均1年仅有4～5部影片出口。

90年代，泰国电影产量下滑，1996年生产了50部电影。之后，在《喋血青春》(1997）和《鬼妻》(1999）的带动下，泰国电影开始复苏，并掀起泰国新浪潮电影运动。新浪潮电影注重拍摄手法的创新，增强美术设计和摄影的美感，注重泰国本土文化的表达。进入21世纪，泰国电影产量不断提高，品质也大幅提升。代表作品有《晚娘》(2001)、《祝福》(2002)、《拳霸》(2003)、《我记忆中的女孩》(2004）等。《素丽瑶泰》(2001）上映后，在国内市场上受到欢迎，刷新了本土影片的票房纪录。《热带疾病》(2004）和《**能召回前世的布米叔叔**》(2010）分别获法国戛纳国际电影节评委会奖（第57届）和金棕榈奖（第63届），成为泰国电影重新崛起的标志。21世纪以后的泰国电影题材丰富，类型多样，其中恐怖片、动作片、史诗片和爱情片最为引人注目，它们既具有鲜明的泰国民族文化特色，同时也获得了较好的市场效果，在民族性与世界性、人性探索与商业性诉求之间走出一条有特色的探索之路。（英伯沙 秦喜清）

泰勒，E. Elizabeth Taylor（1932-02-27～2011-03-23） 美国影视演员。生于英国伦敦，卒于洛杉矶。自幼学习舞蹈，后随父母移居好莱坞。1942年，作为童星初登银幕。1944年，主演《玉女神驹》，一举成名。1957年，与M.克利夫特合作出演《战国佳人》，获第30届美国电影奥斯卡奖最佳女演员奖提名。1959年，与K.赫本合作出演《夏日痴魂》，获第17届美国电影金球奖最佳女主角奖。1960年，主演《巴特菲尔德8号》，获第33届美国电影奥斯卡奖最佳女演员奖。1966年，主演《灵欲春宵》，获第39届美国电影奥斯卡奖最佳女演员奖和第20届英国电影学院奖最佳英国女演员奖。1972年，主演《奇男奇女奇情》，获第22届德国柏林国际电影节最佳女演员奖。1981年首次参加舞台演出，主演了L.海尔曼的《小狐狸》。此后，还参演或参与配音了《辛普森一家》(1992)、《天才保姆》(1996)、《上帝，魔王和鲍勃》(2000）等电视剧。

泰勒演技精湛，能够胜任天真少女、任性少妇、应召女郎、性情古怪的老妇等多种类型的角色。她主演的影片还有《阳光照耀之地》(1951)、《狂想曲》(1954)、《巨人》(1956)、《朱门巧妇》(1958)、《春浓满楼情痴狂》(1962)、《埃及艳后》(1963)、《禁房情变》(1967)、《少年托斯卡尼尼》

《夏日痴魂》剧照

《巴特菲尔德8号》剧照

(1988)、《这帮老娘们》(2001)等。1957年，获第14届美国电影金球奖特别奖。1985年，获第42届美国电影金球奖塞西尔·布朗特·戴米尔奖。1992年，获第65届美国电影奥斯卡奖吉恩·赫肖尔特人道主义奖。2000年，获英国女王伊丽莎白二世授予的女爵士勋章，以表彰其对电影事业以及慈善事业作出的非凡贡献。曾获美国电影学会、美国演员工会、英国电影学院、英国电影协会等机构颁发的终身成就奖。（谢榕津）

泰勒，R. Robert Taylor（1911-08-05～1969-06-08） 美国电影演员。原名斯潘格勒·艾灵顿·布勒。生于内布拉斯加州菲利村庄，卒于加利福尼亚州圣莫尼卡。

毕业于美国波莫纳学院。1934年，在大学里演出舞台剧时被米高梅电影公司的星探发现，获得电影试镜的机会，随即和米高梅签订了长达十七年的合约。1935年，出演了《泰晤士广场的女士》《百老汇旋律1936》《天荒地老不了情》等影片。1936年，与G.嘉宝合作主演了爱情片《茶花女》。1937年，主演了好莱坞犯罪片《当仁不让》。1938年，主演了爱情片《牛津风云》。1940年，与费雯丽合作主演了爱情片《魂断蓝桥》，因在片中饰演英俊痴情的“罗伊”为观众所熟知。

第二次世界大战爆发后，泰勒在影迷们的强烈反对下，坚持自己的信仰入伍从军。1943～1945年，服役于美国海军航空运输师，担任海军航空运输部门飞行教

《魂断蓝桥》剧照

官，在此期间参与拍摄了影片《俄罗斯之歌》《战斗夫人》等。1946年，主演了《新婚浩劫》。1952年，出演了《劫后英雄传》。1964年，出演了《屋不是家》。1969年他与F.唐纳薇合作，在J.弗兰克海默执导的战争片《超级船长》中饰演自己。

泰勒拥有英俊外表和古典气质，凭借自己完美的侧颜和精湛的演技，其所塑造的银幕形象征服了众多观众。泰勒出演的重要影片还有《双雄喋血》(1942)、《暴君焚城录》(1951)、《原子弹轰炸广岛记》(1952)、《四海英雄传》(1953)、《最后的捕猎》(1956)、《派对女郎》(1958)、《乞力马扎罗山上的凶手》(1959)、《白马的奇迹》(1963)、《夜行者》(1964)、《野蛮大地》(1966)等。1954年获第11届美国电影金球奖最受欢迎男演员奖。（孙 萌）

《泰坦尼克号》 *Titanic* 美国彩色故事片。20世纪福克斯电影公司和派拉蒙影业公司1997年联合出品。编导，J.卡梅隆；摄影，R.卡朋特；主演，L.迪卡普里奥、K.温斯莱特、B.赞恩。

故事讲述了1912年4月15日，豪华巨轮泰坦尼克号与冰山相撞沉没。1985年，巨轮遗骸在北大西洋海底被发现，探险家在船舱的保险柜中发现一张少女的画像。消息传出，一位102岁的名叫罗丝的老妇人自称是画中的少女，从她口中，人们听到了一个遥远的爱情故事。1912年4月10日，泰坦尼克号从英国出发驶往美国纽约，富家少女罗丝与母亲以及未婚夫卡尔登上了这艘船。在船上，罗丝认识了流浪青年杰克，两人坠入爱河。正当两人在仓库汽车中缠绵时，巨轮撞上了冰山。卡尔的男仆诬陷杰克偷了钻石“海洋之心”，并将杰克铐在船舱水管上。巨轮将被海水淹没之时，罗丝救出了杰克，随即巨轮彻底沉没。冰海里，杰克将罗丝救上漂浮在水中的木板，而浸在水中的杰克被冻僵，临死前，杰克让罗丝无论如何要都活下去。杰克沉入海底之后，罗丝终于等到了救护船的到来。老妇人讲完她的故事，背着众人将钻石“海洋之心”沉入海底，让

《泰坦尼克号》剧照

它追随年轻的爱人而去。

影片制作耗资2亿美元，是当年成本最高的作品，更是一件展示当时电脑工艺最高水准的电影精品。影片讲述的爱情故事虽是许多老故事的翻版，但依然有着打动人心的力量。影片1998年获第70届美国电影奥斯卡奖最佳影片奖、最佳导演奖等9项奖，第55届美国电影金球奖最佳导演奖、最佳影片奖等4项奖，第11届欧洲电影奖最佳女演员奖。（徐 勇）

探险纪录片 adventure documentary 探索大自然未知世界和表现人类生存冒险经历的一种纪录片。探险纪录片一般包括宇宙奥秘、星际运动、天体运转、地球起源、自然风貌、四季交替、地理气象、物种演变、动植物生长等内容。其内容新奇，画面真切、形象、生动，具有较强的观赏性，一直受到观众的喜爱。探险纪录片范围广阔，种类繁多，风格多样，经典作品数不胜数。各种类型的探险纪录片几乎已涉及人类世界与社会生活的各个角落。值得注意的是，探险纪录片在形态上与其他类型的纪录片多有交叉，如某些反映偏远地区民族生活和风俗的探险片，同时具备人类学纪录片的特点；某些以自然地理、自然生物、动植物生长、宇宙太空为题材的探险片，又兼具科教片的功能。1911年，摄影师H.邦丁跟随英国探险家R.斯考特去南极探险，一路拍摄了大量影像资料，这些资料在1920年时被剪辑成影片《斯考特南极探险记》，成为探险纪录片的开山之作。电视和数码技术的发展，为探险纪录片的拍摄、创作提供了技术支持，使影片的视觉呈现更加丰富，思想内涵更为深刻。（刘乃康）

汤臣电影事业有限公司 Tomson Films 中国电影制片机构。1984年3月1日由徐枫在台湾投资成立。之后，在香港、上海分别设立分公司。公司制片方针是致力于扶持影坛新兴力量，并力图创立海外品牌。第一部投拍的影片是留美硕士曾壮祥执导、改编自作家李昂同名小说的《杀夫》(1985)。此后，公司参与制作拍摄了大量兼顾商业性和艺术性的优秀作品，如《丑小鸭》(1984)、《好小子》(1986)、《旧情绵绵》(1988)、《今夜星光灿烂》(1988)等。“汤臣”对海外市场十分重视，会根据海外华人的欣赏趣味来拍摄电影、设计情节。1988年以后，试图通过参加国际影展，赢得声誉，扩大影片的海外影响，从而在欧美电影市场逐渐打开局面。其中，1993年，由“汤臣”投资拍摄、陈凯歌导演的

影片《霸王别姬》，获第46届法国戛纳国际电影节最佳影片金棕榈奖。公司的发行体系在20世纪90年代逐步完善，确立了以中国台湾、中国香港以及马来西亚、新加坡、泰国、印度尼西亚、日本为中心的发行网络。1995年，投资拍摄的影片《风月》遭遇票房失利，因而就此停止制片工作。汤臣电影事业有限公司不仅为优秀的电影人提供了良好的平台，而且在中国电影的海外推广工作方面作出了贡献，让中国电影得以走向海外，获得更多国际关注。（赵卫防）

汤晓丹 Tang Xiaodan（1910-02-22～2012-01-21） 中国电影导演。生于福建华安，卒于上海。幼年侨居海外，自幼对绘画、电影产生兴趣。10岁随父母回国。1928年，在厦门集美农林专科学校读书期间，因参加学生运动被开除学籍。1929年，到上海结识了沈西苓、许幸之等人，开始在上海为一些报刊写稿和画漫画，并参加一些电影活动。1931年，加入天一影片公司，任电影美工设计师。在拍摄粤剧片《白金龙》（1933）时，导演生病，汤晓丹升任导演。影片在南洋放映，颇受观众欢迎。1933年，编导故事片《飞絮》和《飘零》，为日后做电影导演奠定了基础。1935年，到香港专门从事粤语片创作。之后，为上海艺华影业有限公司、大观影片公司、南粤影片公司编导或导演了《花开富贵》（1937）等多部影片。抗日战争全面爆发以后，他创作了具有爱国主义思想的粤语片《上海火线后》（1938）、《小广东》（1940）和《民族的吼声》（1941），对粤语片的进步起一定的作用。1942年，香港沦陷，他辗转到重庆。1945年，在中国电影制片厂导演影片《警魂歌》。1948年，导演《天堂春梦》和《甦凤记》，有力地揭露了重庆国民党政府统治下的社会黑暗，影片在艺术上反映出生动朴素的导演风格。1949年，导演《万象回春》。

中华人民共和国成立后，汤晓丹进一步发挥艺术才能，创作题材颇为广泛，导演了《不夜城》（1957）、《卧龙湖》（1958）、《钢铁世家》（1959）、《祖国啊，母亲》（1975）、《傲蕾·一兰》（1976）等。特别是战争题材的影片，使他成为最受观众欢迎的电影导演之一，其中主要有《胜利重逢》（1951）、《南征北战》（1952）、《渡江侦察记》（1954）、《红日》（1963）等。这些影片用现实主义的表现手法，展现宏伟的历史场面，刻画鲜明的人物性格，歌颂伟大的解放战争和解放军英雄形象。1981年，导演影片《南昌起义》，在银幕上再现了周恩来、朱德、贺龙、李立三、叶挺、叶剑英等老一辈无产阶级革命家的光辉形象，真实还原了1927年八一南昌起义，成为历史真实与艺术真实结合较好的影片。1983年，导演影片《廖仲恺》，塑造了中国民主革命的先驱廖仲恺的崇高形象，是一部具有文献性的传记片，获第4届中国电影金鸡奖最佳导演奖。2004年，获第24届中国电影金鸡奖终身成就奖。（张德明）

《唐顿庄园》 *Downton Abbey* 英国电视剧。英国独立电视台2010～2016年出品。共6季52集。编剧，J.费罗斯、T.佩普勒、S.斯蒂芬森；导演，B.珀西瓦尔、D.埃文斯、J.斯特朗等；摄影，N.威洛比、G.弗雷克等；主演，M.道克瑞、H.博内威利、E.麦戈文、M.史密斯。

故事发生在1912～1926年，英国约克郡一个虚构的庄园中克劳利贵族及其仆人们的生活。整部剧集以当时的重大历史事件为背景，如第一季中的泰坦尼克号沉没，第二季中的第一次世界大战爆发、西班牙流行病、无线电报丑闻，第三季中的爱尔兰独立战争，第四季中的茶壶山丑闻，第五季中的1923年英国大选、阿姆利则血案、啤酒馆暴动，最后一季则描写了战争期间，工人阶级地位上升、贵族阶级衰落的内容。

《唐顿庄园》剧照

该剧展示了20世纪初英国阶级社会的样貌，片中富有同情心的贵族形象令人印象深刻，但也引发争议。该剧在商业上相当成功，也受到评论界的广泛赞扬，但也有人提出剧集过于表面化、戏剧化，不够真实。该剧还在美国、澳大利亚、新西兰、爱尔兰、加拿大播出。该剧2011年获第63届美国电视艾美奖最佳剧集奖、最佳导演奖、最佳编剧奖、最佳女配角奖，2012年获第64届美国电视艾美奖最佳女配角奖、第69届美国电视金球奖最佳剧集奖，2013年获第70届美国电视金球奖最佳女配角奖，2015年获第72届美国电视金球奖最佳女配角奖。（张慧瑜）

唐国强 Tang Guoqiang（1952-05-04～ ） 中国影视演员、导演。生于山东青岛。1970年，中学毕业后进入青岛市话剧团。1976年，在电影处女作《南海风云》中饰演男主角于化龙。1978年，调入八一电影制片厂。1979年，在电影《小花》中饰演红军战士赵永生，获1979年文化部优秀影片奖青年优秀创作奖。1984年，主演影片《高山下的花环》，引发强烈反响，成为表演生涯的新起点。1985年，考入北京电影学院干部专修班。1993年，转业到中国青年艺术剧院，后调入中国国家话剧院。1994年，在84集大型历史题材电视剧《三国演义》中扮演诸葛亮。

1996年，在电影《长征》中饰演毛泽东，得到了专家和观众的高度认可，获第4届中国电影华表奖最佳男演员奖。1999年，在电视剧《开国领袖毛泽东》中再次扮演毛泽东，获第20届中国电视剧飞天奖优秀男演员奖。同年，在电视剧《雍正王朝》中饰演雍正皇帝，将雍正在权力斗争中冷静、狠毒的性格表现得淋漓尽致，充分运用动作、眼神的细微表演传递出丰富的历史内涵，获第17届中国电视金鹰奖最佳男主角奖，成为其演艺生涯中的又一个里程碑。2009年，执导并主演电视剧《解放》，获第25届中国电视金鹰奖最佳电视剧奖和第28届中国电视剧飞天奖长篇电视剧特等奖。2016年，执导并主演电视剧《天涯浴血》。

唐国强是一位高产演员，出演的电影和电视剧多达百部。他参演的影片还有《走在战争的前面》（1978）、《今夜星光灿烂》（1980）、《路漫漫》（1981）、《共和国不会忘记》（1988）、《龙云和蒋介石》（1989）、《建国大业》（2009）、《毛泽东与齐白石》（2013）、《开罗宣言》（2015）、《百团大战》（2015）、《碧海雄心》（2017）等。参演的电视剧有《明天不是梦》（1991）、《东周列国·春秋篇》（1996）、《水浒传》（1998）、《郑

《建国大业》剧照

成功》(2001)、《长征》(2001)、《江山风雨情》(2003)、《大唐歌飞》(2003)、《张伯苓》(2005)、《昭君出塞》(2006)、《西安事变》(2007)、《贞观长歌》(2007)、《保卫延安》(2009)、《郑和下西洋》(2009)、《人间风雨情》(2010)、《东方》(2011)、《辛亥革命》(2011)、《建元风云》(2013)、《毛泽东》(2013)、《舞乐传奇》(2013)、《勇士之城》(2014)、《太行山上》(2015)、《吉鸿昌》(2016)、《彭德怀元帅》(2016)、《换了人间》(2018)等。（黄海贝）

《唐人街》 *Chinatown* 美国彩色故事片。派拉蒙影业公司1974年出品。编剧，R.唐尼；导演，R.波兰斯基；摄影，J.A.阿朗索；主演，J.尼科尔森、F.唐纳薇、J.休斯顿。

故事讲述了私家侦探杰克被假穆瑞太太委托调查穆瑞先生出轨，在杰克的调查过程中，随着穆瑞先生出轨“证据”的落实，真穆瑞太太出现。当一切线索都指向水库时，穆瑞先生又离奇死亡。杰克发现并卷入了一场隐藏在穆瑞先生出轨事件背后的阴谋，涉及官商勾结、损害公共利益等。杰克坚持调查下去，最终真相浮出水面，现实的残酷与人性的阴暗暴露无遗。

作为一部黑色侦探片，影片结构严谨，故事情节层层推进，环环相扣，充满侦破悬疑的气氛，被誉为20世纪70年代最经典的“黑色电影”之一。影片为了营造“唐人街”这一隐喻性场景，大量运用低调布光，高反差照明，营造黑暗基调和气氛。影片故事的结局，改变了好莱坞此类电影一贯的大团圆式处理，赋予了影片新的价值与内涵。影片1975年获第47届美国电影奥斯卡奖最佳原创剧本奖。（黄 鹏）

《唐山大兄》 *The Big Boss* 中国彩色故事片。嘉禾电影有限公司1971年出品。编剧，李小龙、罗维；导演，罗维、吴家骧；主演，李小龙、衣依、田俊、苗可秀。

故事讲述了郑潮安随亲戚去泰国谋生，在许剑等朋友的帮助下，谋得冰厂的工作。为了牟取暴利，冰厂老板在冰中藏匿毒品，被工人发现后，老板又将工人残忍杀害，连许剑也惨遭毒手。看着工友们离奇死亡，工人们纷纷罢工抗议，此时厂方雇用了一帮打手压制工人。郑潮安终于忍无可忍，与对方大打出手。无奈之下，厂长任命他为领导，工友们称其为“唐山大兄”。然而此举并未笼络住郑潮安，他深夜到冰厂调查，发现了被冰封起来的工友尸体。发现真相后，郑潮安来到老板家中，誓要他血债血还，为死去的兄弟们报仇。最后，潮安手刃老板的同时自己也身负重伤并被警察带走。

《唐山大兄》剧照

影片取材于真实的故事，主人公郑潮安的老家在河北唐山，因反抗欺压而在泰国华侨中闻名，被称为“唐山大兄”。影片塑造了一个具有反抗精神、敢向强权说不的中国人形象，激起了观众强烈的民族情绪，同时引发了一阵“功夫片”潮流。与以往香港武侠片中程式化的武打动作不同，影片中李小龙自创融合咏春拳、泰拳等拳术的截拳道，充满力量并富有节奏感，改变了以往观众对武侠片的观感和认识。影片是李小龙从美国返回香港后拍摄的第一部影片，公映后创下了香港电影诞生以来的最高票房纪录，同时在东南亚地区也产生了较大的社会影响。（赵卫防）

《桃李劫》 *The Graduates' Fate* 中国故事片。电通影片公司1934年出品。编剧，袁牧之；导演，应云卫；摄影，吴蔚云、李熊湘；主演，袁牧之、陈波儿、周伯勋、唐槐秋。

故事讲述了刚从学校毕业的两个青年陶建平和黎丽琳，抱着“为母校争光荣，为社会谋福利”的理想，走入社会。他们结婚后，陶建平在一家轮船公司任职，由于反对公司老板不顾乘客安全、超重运载货物的行为，愤而辞职。失业后，他到处

《桃李劫》海报

遭到冷遇。为了生活，黎丽琳进了一家贸易公司，不怀好意的经理企图污辱她，逼得她无法继续工作。陶建平好不容易在营造厂找到一份工作，又因反对厂主偷工减料而辞职。最后陶建平不得不当了造船厂的苦工。不幸接踵而来，黎丽琳因产后身体虚弱，昏厥跌倒，陶建平为了拯救垂危妻子的生命，在告贷无门的绝境下，被迫偷钱，但这时妻子已无法医救。当他含泪把孩子送进育婴堂后回到家里时，警方已等待着要逮捕他。他试图挣扎反抗，在搏斗中误杀了人，最后被判处死刑。

影片通过一对知识青年的遭遇、反抗和最终家破人亡的悲剧，揭露和控诉了不合理社会的黑暗和无情。影片成功地运用了有声电影的技巧，音响、歌唱和画面得到较好的结合，是中国第一部以有声电影手法创作的作品。影片中，由陈瑜（田汉）作词，聂耳作曲的《毕业歌》，热情洋溢地表达了在民族危机下青年学生参加民族生存斗争的爱国热情和担负起天下兴亡重任的决心。影片上映后，《毕业歌》成为当时广泛流传的歌曲之一。（伯 奋）

陶金 Tao Jin（1916-01-22～1986-09-28）中国电影演员、导演。原名陶秉钧。生于江苏苏州，卒于广东广州。出生于破落的书香门第，从小既爱音乐（拉二胡），又喜绘画，曾就读于北平京华美术专科学校。1935年由阎哲吾介绍加入唐槐秋的中国旅行剧团，在舞台的不断实践中，锻炼了自己。1936

年加入**天一影片公司**，在影片《黄浦江边》中扮演主要角色。后又参加《女同学》（1936）、《杨柳村》（1937）等片的拍摄。1938年进中国电影制片厂，在《胜利进行曲》（1939）、《青年中国》（1940）、《日本间谍》（1943）、《还我故乡》（1945）等影片中扮演不同类型角色，表现出多方面的才能。

抗战胜利后回到上海，进入**昆仑影业公司**，在1947年拍摄的《**八千里路云和月**》和《**一江春水向东流**》两部影片中，分别担任男主角，但两个角色的遭遇、性格、思想迥然不同，他对人物的刻画细腻生动，真实可信，表演艺术达到了新的高度。1948年在香港加入**永华影业公司**，参演了描写农民和渔民生活的影片《火葬》和《海誓》。1949年在大光明影业公司导演影片《诗礼传家》。1951年回到上海，主演影片《方珍珠》。1952年进入上海电影制片厂，参加影片《斩断魔爪》（1954）和《宋景诗》（1955）的拍摄。

1958年以后，主要从事电影导演工作，主要作品有：戏曲艺术片《**十五贯**》（1956）、《二度梅》（1959）、《齐王求将》（1962）、《西园记》（1979）以及故事片《护士日记》（1957）、《斗鲨》（1978）等。1985年在影片《海瑞骂皇帝》中扮演皇帝。在其艺术生涯中，创造了众多逼真而感人的艺术形象，丰富的生活经历和人生体验，为其艺术创作提供了取之不尽的艺术源泉。曾任中国电影家协会名誉理事。

（王云缦）

陶经 Tao Jing（1957～ ） 中国电影录音师。生于上海。自幼学习小提琴、大提琴和声乐。高中毕业后，曾在上海郊区农场务农。1978年考入**北京电影学院**录音系，1982年获学士学位。

1995年，在影片《摇啊摇，摇到外婆桥》中担任录音师，获第48届法国戛纳国际电影节最高技术奖及美国音效剪辑学会颁发的美国电影金盘奖声音设计奖。1999年，在影片《荆轲刺秦王》中担任录音师，获第19届中国电影金鸡奖最佳录音奖。2002年，在影片《**英雄**》中担任录音师，获第23届中国电影金鸡奖最佳录音奖、第22届香港电影金像奖最佳录音奖。2008年，担任好莱坞影片《功夫之王》的音效总监。同年，担任北京奥运会开幕式音效总监。2014年，在影片《**归来**》中担任录音师，获第30届中国电影金鸡奖最佳录音奖。

陶经从事电影录音创作40余年。其他电影声音创作的代表作有《孩子王》（1987）、《哦，香雪》（1989）、《黑楼孤魂》（1989）、《边走边唱》（1991）、《**霸王别姬**》（1993）、《**活着**》（1994）、《有话好好说》（1997）、《十面埋伏》（2004）、《千里走单骑》（2005）、《满城尽带黄金甲》（2006）、《白银帝国》（2009）、《山楂树之恋》（2010）、《金陵十三钗》（2011）、《一秒钟》（2020）等。

陶经的学术成果有《论新技术语境下中国电影声音创作方法——以影片为例》《呼唤真诚的电影音乐》《倾听——访录音师陶经》《杜比立体声电影的声音创作》《ADR的讨论》等。任中国传媒大学艺术学部音乐与录音艺术学院教授、博士生导师，国家一级录音师，**中国电影家协会电影声音艺术工作委员会**常务副会长，中国电影家协会高新科技委员会副会长，北京电影学院研究生院兼职教授，中国电影制作人协会理事，美国音效剪辑学会会员、评委。

（吕 甍）

特吕弗，F. François Truffaut（1932-02-06～1984-10-21） 法国电影导演、影评家。生于巴黎，卒于塞纳河畔讷伊。从小酷爱文学和电影，15岁在巴黎发起并组织了大众电影俱乐部。

在工作中结识了法国电影理论家**A.巴赞**，巴赞是他艺术上的指路人和生活上的支持者。1953年进入法国农业部电影处工作，后在《**电影手册**》和《艺术》杂志任编辑和撰稿人，成为著名影评家。他的文章文笔犀利，富于创见。他的论文《论法国电影的某种倾向》（1954）将当时"作者论"的争鸣推向高潮，肯定了剧本创作的中心地位和导演富于原创性的作者地位，被视为新浪潮运动的纲领与宣言；他的《法国电影在虚假中死去》（1957）预告了"第一人称"影片的到来，第一部这类影片是他执导的《**四百下**》（1959，获第12届法国戛纳国际电影节最佳导演奖），同时也是**法国新浪潮电影**代表作。影片结尾主人公安东尼奔向海边转而面向观众的定格画面，成为电影史上有特定寓意的经典镜头，定格技巧从此被"致敬式"地大量使用。

1958年后开始逐渐放弃评论工作，专门从事电影创作。曾跟意大利导演R.罗西里尼学习导演。他勇于探索，独辟蹊径，革新了电影的艺术语言。在25年的导演生涯中共执导了23部影片，其中重要的有《**朱尔与吉姆**》（1962）、《华氏451度》（1966）、《偷吻》（1968）、《穿黑衣的新娘》（1968）、《夫妇生活》（1970）、《美国之夜》（1973）、《阿黛尔·雨果的故事》（1975）、《绿色的房间》（1978）、《逝去的爱情》（1979）、《**最后一班地铁**》（1980）、《隔壁的女人》（1981）等。

其作品题材广泛，风格多样，半数以上获得法国电影大奖、法国戛纳国际电影节最佳导演奖、法国电影凯撒奖、美国电影奥斯卡奖最佳外语片奖等50多个国际奖项，大部分影片在艺术上或商业上取得了较大成功。他的影片基本上是自编、自导，甚至本人在影片中扮演角色。曾发表过《零用钱》《喜欢女人的男人》等多部小说，撰写过访谈形式的长篇论著《论希区柯克的电影艺术》和影评自选集《我生命中的电影》。

（黎赞光 许 婧）

特殊光线照明 special light illumination 采用特殊光线进行照明的一种布光形式。特殊光线照明可以很大程度上突出被摄主体的形象，从而全面地反映出被摄主体的特性。采用特殊光线照明方式拍摄出来的画面或主体，一般都具有浓厚的玄幻色彩和神秘朦胧之感。在使用特殊光线进行照明时，必须注意光线的角度和方位。同时，要把握好形式与内容的关系，不能过于求新出奇。

（张 桥）

特伟 Te Wei（1915-08-22～2010-02-04） 中国动画片导演、漫画家。原名盛松。广东中山人。生于上海，卒于上海。少时喜爱连环画。17岁入广告社当学徒，后在制

药厂和博物馆当职员。通过自学，常在报纸上发表漫画作品。1935年后，专门从事国际时事漫画创作，发表了许多反法西斯题材作品，成为当时引人瞩目的漫画家之一。1937年后，参加抗日漫画宣传队，在南京、武汉、广州、桂林等地举行街头漫画展览，后

为各地报刊作画。

1949年，进入东北电影制片厂，负责组建美术片组，1950年该组迁到上海。1956年，导演动画片《骄傲的将军》，在表现形式上运用中国传统的绘画艺术并加以提炼创造而成，是中国美术电影探索民族化道路的重要开端。1957年，组织成立上海美术电影制片厂，任厂长。1960年，在中国第一部**水墨动画片**《**小蝌蚪找妈妈**》中担任艺术指导，创造了中国动画电影史上别开生面的一页。1963年，编导水墨动画片《牧笛》，格调高雅，意境优美，表现了他独特的艺术构思。

特伟对中国美术电影专业队伍的建设、民族化道路的开创，以及美术电影事业的繁荣和发展作出了重大贡献。他导演或参与制作的动画片还有《好朋友》(1954)、《金色的大雁》(1976)、《**金猴降妖**》(1985)等。1989年，获第1届中国电影节

《骄傲的将军》剧照

荣誉奖。1995年，被国际动画学会授予终身成就奖。曾任中国电影家协会常务理事、中国电影家协会上海分会副主席。

(陈　野)

特效化妆　prosthetics make-up　采用各种造型手段表现特殊角色、特殊外形的化妆造型。特效化妆是**影视化妆**的一种，主要针对民间传说、神话故事、童话传奇等题材作品中出现的存在于幻想世界里的特异形象的造型设计，如《山海经》中的奇禽怪兽、《西游记》中的妖魔鬼怪等。特效化妆方法特殊、步骤复杂，如前期需翻制演员的头部或者身体的模型；通过雕塑制作雕塑模型；用发泡乳胶或硅胶等材料制作假皮；然后化妆粘贴、喷枪上色；再制作毛发、假牙等。整个过程都需要花费大量的时间，利用各种材料手工制作完成。特效化妆任何一个环节出现瑕疵都会影响最终的效果，对于一个专业的特效化妆师，不仅要具备色彩绘画技能，掌握雕塑、翻模工艺，熟悉后期电脑合成手段，而且还要懂得化学材料，如硅胶、聚氨酯、发泡乳胶等的运用，甚至要了解皮肤整形和口腔医学、人体骨骼和解剖学、基础电子技术等相关知识。

特效化妆在影视剧创作中起着至关重要的作用，很多脍炙人口的经典形象都出自特效化妆师的艺术创造。如《死神来了》(2000)中各种被烧伤、刺伤、挖眼的效果、《哈利·波特》(2002)中的伏地魔的造型，以及国产电影《画皮》(2008)中妖怪小唯的人皮等。

(宋东葵)

特写　close-up　影片中拍摄人的面部或被摄对象局部的一种画面。也是视距最近的一种镜头。特写镜头呈现在银幕上，由于视距短近，取景范围小，画面内容单一、集中、突出，把所表现的对象从周围环境中突显出来并放大，因此可以造成强烈和清晰的视觉形象，得到强调的效果。电影中的特写，是突出和强调细节的重要手段，它既可通过眼睛的顾盼、眉梢的颤动以及各种细微的动作和情绪的变化，揭示人物的心灵，也可把原来不易看清或容易忽视的细小东西加以突出，赋予生命，或借此刻画人物、烘托气氛，或用来介绍人物、时间、地点的特征。

一般来说，特写镜头比较短促，运用得当能使观众在时间、视觉和心理上产生强烈的反应。特别是当它与其他景别镜头结合起来，通过长短、远近、强弱的变化时，能造成一种特殊的蒙太奇节奏效果。

电影特写镜头是由美国早期电影导演**D.格里菲斯**开始运用的。在一部影片中，特写镜头不宜多用、滥用。

(边善基)

《提摩西日记》　*A Diary for Timothy*　英国纪录片。1945年出品。导演，H.詹宁斯；摄影，F.葛梅基；解说词，E.M.福斯特；解说，M.雷德格雷夫。

影片讲述了第二次世界大战即将结束，一个名叫提摩西的孩子在英国诞生了，一位长辈向新生命提摩西讲述英国的过去、现在及未来。长辈告诉提摩西英国的普通大众，从农民、火车司机到受伤的士兵、水手、飞行员都在为英国的未来而战，提摩西以后可以自由地与大海亲近，再也不用担心地雷和炸弹。

影片以一位长辈向提摩西讲述历史和现实为线索，表现了二战的残酷及给民众所带来的痛苦，表达了人们对战后生活的渴望和对未来的无限希望。影片没有直接呈现战争的艰苦，而是通过广播让后辈了解到当时日常生活的匮乏，间接体验战争给人带来的创伤。影片也使用了超越纪录片的手法，如精美的镜头、摆拍的人物以及由作家福斯特撰写、演员雷德格雷夫配音的解说词，都赋予影片强烈的诗意。

(李玥阳)

体现角色　reflect the role　演员创作角色的方法。演员将体验角色的所得通过自己的形体、语言技术表现出来，将角色变成“活生生”的真实的“人”的过程。体现角色需要通过内部及外部技术共同完成。内部技术是指演员运用想象、信念等心理技术激发自己的创作天性和表达冲动。外部技术主要是指演员在表演过程中所运用的肢体、言语等。内在情感能够激发相应的外部动作并通过外部动作表达出来，外部动作能反过来作用于人物的心理，激发产生人物的内在情感，两者之间紧密关联、缺一不可。

(员晓明)

体验角色　experience the role　演员创作角色的方法。演员在接到具体创作任务之后，根据剧情的提示，对自己扮演的角色进行深入全面的发掘和了解。在这一过程中演员充分展开想象，使自己设身处地地生活在角色的规定情境中，以角色的方式，合乎逻辑地进行思考和行动，将角色的思想性格外化为具体可见的行为、动作、表情、步态、语言、声音等，在想象与体会中感知角色的生活并从角色的角度行动起来，使自己与角色融合，达到完美统一的境界。

对角色的体验包括体验人物的思想感情与构思人物的外部形象两个方面。演员体验角色首先要了解文学剧本所描写的事件、人物所处的社会环境等客观存在，这些因素能够直接对演员体验角色的思想感情，处事为人的立场、观点、方法等方面产生影响。此外，演员还应对角色形象的内心世界进行深入探寻，摸清角色的性格、情感形成的内在动因，将其与外部形象设置相结合，熟练掌握角色在不同场合下的心理、语言和行为动作，这是塑造角色性格化的关键。

(员晓明)

体育片　sports film　以体育活动、训练和比赛为故事背景，来推动情节、塑造人物、反映现实生活的**故事片**。体育片的故事情节、人物命运往往与体育事业或体育竞赛活动紧密相连，具有紧张、精彩的体育竞技场面，在导演和摄影艺术上注重节奏感和动作性，如《愤怒的公牛》《火之战车》等。体育片的主要演员必须具备符合剧情需要的体育技巧，一般都聘请体育工作者担任角色。鲜明的人物性格和精彩的体育表演是体育片的重要特色。中国的体育片时代特征明显，具有强烈的思想

教育性和励志精神，展现出了新的时代风貌。谢晋导演的《女篮5号》(1957）和张暖忻导演的《沙鸥》(1981）是中国体育片的优秀代表作。

从广义上来看，体育片除故事片外，还包括体育纪录片和体育资料片。

（戴中孚 撰 章柏青 唐建军 修订）

天片光 skylight 将摄影棚内当作天空的幕布进行照明的光线。天片亮度以及人物亮度和天片亮度的比例，是剧中时间（昼、夜、晨、夕）的重要标志。天片的色调处理和光线的明暗处理结合得恰当，可以充分展示环境气氛，烘托剧情和人物情绪。照明天片所用的灯具是散射光，如盆灯、平灯、条灯等，有时也用幻灯。由于天片面积大，照明灯具多，应注意光线分布均匀。为了呈现出真实的天空的效果，天片光要上暗下亮，并且由暗逐渐转亮。另外，还要防止别的光影投落到天片上。

（张 桥）

《天使爱美丽》 *Amelie* 法国彩色故事片。天堂家庭娱乐公司等2001年出品。编剧，J.-P.热内、G.洛朗；导演，J.-P.热内；摄影，B.德邦内；主演，A.塔图、M.卡索维茨、J.杜布兹、D.皮诺、M.罗宾。

《天使爱美丽》剧照

故事讲述了法国女孩艾美丽的童年孤单寂寞，只能凭借自己的幻想在平凡小事中寻找乐趣。成年后她到一家咖啡馆当侍应，偶然的一次机遇，她发现了一个40年前的百宝盒，她怀着好奇之心找到百宝盒曾经的主人，童年的玩物唤起了主人的感动和爱，艾美丽为自己的小小善举感到快乐和欣慰。从此，她如同人间天使，悄悄帮助那些孤独、失意、被欺负的人，不知不觉中改变了他们不如意的生活。艾美丽的努力消除了人心的隔阂，给单调乏味的生活注入生机，给人们带来久违的温暖与快乐。艾美丽在帮助别人的过程中，也获得追寻幸福的勇气，最终收获了期盼已久的爱情。

影片剧情设计犹如超现实的浪漫童话，想象天马行空，创意绝妙奇特，格调美好轻快。影片散发着灵动的气息，处处迸发出奇思妙想的火花，以浓郁的浪漫主义手法和喜剧的基调，对人的内在情感及人与人之间沟通的可能性进行温情观照。影片2001年获第26届加拿大多伦多国际电影节人民选择奖最佳故事片奖，第14届欧洲电影奖最佳影片奖、最佳导演奖、最佳摄影奖等；2002年获第55届英国电影学院奖最佳艺术指导奖和最佳剧本原创奖等，第27届法国电影凯撒奖最佳导演奖、最佳影片奖、最佳制作设计奖、最佳配乐奖，第16届西班牙电影戈雅奖最佳欧洲电影奖。

（安 燕）

《天书奇谭》 *The Legend of Sealed Book* 中国彩色动画片。上海美术电影制片厂1983年出品。根据明代神魔小说《平妖传》部分章节改编。编剧，包蕾、王树忱；导演，王树忱、钱运达；造型，柯明；美术设计，秦一真、马克宣、黄炜。

故事讲述了天宫“秘书阁”的袁公犯了天条，将看守了三千年的天书偷取后来到人间，雕刻在云梦山白云洞石壁上。后被玉帝派人抓回，玉帝贬他终身在白云洞看守石壁上的天书。每逢香炉冒烟，他就必须回到天宫述职。袁公将顺路捡到的天鹅蛋放在香炉中；趁他去天宫述职，三个狐狸精把天鹅蛋偷走。狐狸精们认为天鹅蛋不祥，将天鹅蛋埋在土中，压了一块大岩石。然而袁公却乘机将天鹅变成了一个可爱的孩童，取名蛋生。他叮嘱蛋生每当香炉升烟，就要来白云洞石壁中拓天书。蛋生遵袁公指点，刻苦攻读天书，以济苍生。适逢闹蝗灾，狐狸精借此勒索百姓发财，蛋生用天书中学到的本领，将蝗虫都变成燕子飞走了。蛋生又变了个聚宝盆让百姓各取所需。狐狸精窃走了天书，到皇宫中迷惑小皇帝。蛋生与狐狸精斗法，袁公出现，助他夺回了天书，并推倒云梦山将狐狸精压死。他让蛋生迅速记下天书的全部内容，然后一把火将天书焚毁，自己也被玉帝派人擒回天宫受罚。蛋生按照师傅嘱咐，从此用天书造福于民。

作为一部喜剧动画片，影片想象力奇崛大胆，故事荒诞有趣，人物充满了夸张的娱乐性，但又符合传统文化的内涵，有着浓郁的民族风格。影片在造型设计上吸收民间年画和中国戏曲中脸谱风格，配乐也借鉴了戏曲风，节奏明快，故事引人入胜，充满了童趣，是一部难得的动画片佳作。

（李 清）

《天水围的日与夜》 *The Way We Are* 中国彩色故事片。汉电影有限公司和影王朝有限公司2008年联合出品。编剧，吕筱华；导演，许鞍华；摄影，林志坚；主演，鲍起静、陈丽云、梁进龙。

故事讲述了贵姐是一家超级市场的售货员，同时也是一位坚强的母亲，尽管丈夫撒手人寰，仍凭一己之力努力支撑家庭，并将儿子张家安抚养长大。梁欢是一位刚刚搬进天水围的阿婆，年轻时曾外出打拼，年老之后便落叶归根回到故土养老。梁欢偶然间结识了贵姐母子，并与之成为相依相伴的朋友。

影片采用了纪实性的影像风格，真实场景、自然光效、手提摄影，不做作、不夸张，记录人物朴实无华的生活样态。影片没有强烈的戏剧冲突，叙事以细节取胜，聚焦柴米油盐的生活小细节和日常片段，勾勒出了属于香港的日日夜夜。影片2008年获第21届日本东京国际电影节亚洲之风亚洲电影奖特别关注奖，2009年获第28届香港电影金像奖最佳导演奖、最佳编剧奖、最佳女主角奖、最佳女配角奖，第15届香港电影评论学会奖最佳影片奖、最佳导演奖、最佳女主角奖，第9届华语电影传媒大奖最佳影片奖、最佳导演奖、最佳女配角奖、百家传媒致敬电影人奖。

（张 燕）

《天堂电影院》 *Nuovo Cinema Paradiso* 意大利彩色故事片。法国TF1电影制作公司1988年出品，编导，G.托纳多雷；摄影，B.朱拉托；主演，P.诺瓦雷、M.莱昂纳蒂、A.娜诺、J.贝汉、S.卡西欧。

《天堂电影院》剧照

故事讲述了在意大利南部小镇詹卡多里，童年的萨尔瓦托活泼好动，被镇上的人称作“小托托”。托托对电影放映师艾费多的工作十分好奇，二人也因“天堂乐园戏院”结缘，成为无话不谈的忘年交。艾费多引导着托托的成长，当他参加学校考试、试验放映电影、在唱诗班学习时，艾费多像老师一样指导他。托托逐渐长大，正值青春年少的他爱上了银行家的千金艾琳娜。爱情的到来伴随着甜蜜与忧伤，艾琳娜的父亲坚决反对他们在一起，艾琳娜离开了西西里去读大学，萨尔瓦托去服兵役。在托托面对困惑与感情的失败时，艾费多建议他远走他乡，追随电影梦想。时光荏苒，托托功成名就后回到故乡，艾费多早已故去，"天堂乐园戏院"也被炸毁。艾费多生前给托托留下了一份特殊礼物，即被审查委员会剪掉的所有吻戏的胶片。托托坐在新建成的现代电影院中放映这卷胶片，追忆往昔，百感交集。

影片通过讲述一段数十年忘年之交的感情，表达了对现代社会发展的反思与对传统的怀念，同时也传达出导演对传统电影放映消失的遗憾。影片采用当地儿童作为主要演员，运用朴实的拍摄手法，具有浓郁的写实风格和怀旧色彩。影片1989年获第42届法国戛纳国际电影节评委会大奖，1990年获第62届美国电影奥斯卡奖最佳外语片奖、第47届美国电影金球奖最佳外语片奖等。（甄晓文）

《天仙配》 *Marriage of the Fairy Princess* 中国戏曲片。上海电影制片厂1955年出品。取材于民间神话。改编，**桑弧**；导演，**石挥**；摄影，罗从周；主演，严凤英、王少舫。

故事讲述了七仙女向往人间平凡的生活，对老实忠厚的凡人董永产生了爱慕之情，遂下凡与董永结为夫妻。二人一起劳动，相亲相爱。玉帝发现后，以董永的性命相威胁，不许二人一同生活。最终，七仙女不得不离开心爱之人。

影片根据黄梅戏通俗写实的特点，采用实景或立体布景拍摄，较为真实地展现了人间的劳作与生活。影片实景与布景的结合相得益彰，形成一种新的视觉风格。天庭与人间两种截然不同风格的场景结合在一起，创造出了一种中国民间独有的神话韵味。演员严凤英通过精彩的表演，塑造了一位热情大胆又非常可爱的人物形象，让观众自然而然地喜爱并同情角色。影片对神话题材的戏曲电影创作产生了较大的影响。（高小健）

天一影片公司 Tianyi Film Corporation 中国早期私营电影制片机构。1925年由邵醉翁及其兄弟创办于上海。由邵醉翁任总经理兼导演，二弟邵邨人负责制片兼编剧。1926年起拍摄了由**胡蝶**主演的《梁祝痛史》《珍珠塔》(前后集)《义妖白蛇传》《孟姜女》以及其他古装片，多数取材自民间故事和古典小说，在当时的"古装片"浪潮中占领先机，颇受本土观众及南洋华侨欢迎。1928年拍摄了《混世魔王》《乾隆游江南》(9集，1928～1931)等神怪武侠片。

1931年，利用美国人的有声器材和技术，拍摄了中国最早片上发声影片《歌场春色》。20世纪30年代在**左翼电影运动**影响下，也拍摄过《飞絮》(1933)、《飘零》(1933)、《挣扎》(1933)、《海葬》(1935)、《母亲》(1935)等较有社会意义的影片，但出品更多的是商业片。1933年"天一"聘请粤剧表演艺术家薛觉先拍摄了粤语有声片《**白金龙**》，影片在广东、香港和东南亚各地公映后，颇受欢迎，取得了较大的票房成功，也激发了邵醉翁南下香港发展的念头。1934年，邵醉翁将上海的业务委托给邵邨人，自己带领"天一"的创作主力及大部分资产移师香港，成立天一影片公司香港分厂，并兴建了摄影棚和片场，与粤剧名伶合作拍摄粤语歌唱片，也和其他内地和香港导演合作拍摄其他粤语有声片，从而带动了香港电影的第一次勃兴。

1936年，"天一港厂"连续出现火灾，造成了巨大的损失。邵氏家族决定"天一港厂"由邵邨人负责，邵醉翁返回上海。1937年"天一港厂"改名为南洋影片公司。抗日战争全面爆发后，"天一"总部结束在上海的全部制片业务，将全部器材运往香港南洋影片公司。南洋影片公司以后又分别被改组为邵氏父子公司和**邵氏兄弟（香港）有限公司**。天一影片公司在12年中拍摄了无声故事片60余部，有声故事片35部，长短新闻片、纪录片15部。（陈少舟）

《天云山传奇》 *Legend of Tianyun Mountain* 中国彩色故事片。上海电影制片厂1980年出品。改编自鲁彦周同名小说。编剧，鲁彦周；导演，**谢晋**；摄影，许琦；美术，陈绍勉、丁辰；主演，王馥荔、石维坚、施建岚、仲星火。

《天云山传奇》剧照

故事讲述了1957年，天云山考察队政委罗群被打成"右派分子"，被遣返到农村监督劳动。未婚妻宋薇痛苦地与他分了手，并与专爱整人的地委书记吴遥结了婚。宋薇的同学冯晴岚敬慕罗群的党性品格，在他危难的关键时刻伸出温暖之手，两人在艰苦的环境下结了婚。"文化大革命"开始后，罗群再次遭劫而冯晴岚也遭受着贫苦和痛苦的折磨。"文化大革命"结束后，当罗群的"右派"错误终于得到纠正时，冯晴岚却因病去世，宋薇在同学冯晴岚的墓前陷入了深深的自责中。

影片通过对宋薇、罗群、冯晴岚、吴遥等典型人物遭遇、命运的描写，从一个侧面概括了从反右运动到"文化大革命"结束20年间的社会生活及人与人的关系，揭露了极"左"路线的危害，表达了人民对历史的反思。影片以宋薇这样一个极"左"路线的牺牲品为主线，以她一系列的矛盾、痛苦、觉醒和斗争贯穿全片。为深入具体地揭示宋薇的内心世界，创作者准确地运用了闪回、时空交错、声画对位、内心旁白等电影语汇。影片摄影质朴、洗练，造型构图比较讲究；美工富有民族特色，其中农村生活场景的选择和画面的色彩既真实又具有地方风味。影片1980年获文化部优秀影片奖；1981年获第1届中国电影金鸡奖最佳故事片奖、最佳导演奖、最佳摄影奖、最佳美术奖，第4届中国大众电影百花奖最佳故事片奖。（张兆龙）

田方 Tian Fang（1911-01-01～1974-08-27）中国电影演员、电影事业家。原名田兆栋。祖籍天津。生于河北保定，卒于北京。1919～1931年，在北平（今北京）读书，肄业于私立北平辅仁大学。在学校时，爱好文学戏剧，经常参加业余话剧演出。1932年8月，到上海考入**天一影片公司**担任国语教员兼场记、演员，因偶然充当群众演员，显露了表演才能，开始了电影演员的生涯。同时在"吉星""新华"等公司任演员。1932～1935年，先后在天一影片公司摄制的《挣扎》(1933)、《海葬》(1935)等6部影片中担任角色。1935年转入新华影业公司，主演了《红羊豪侠传》(1935)和《壮志凌云》(1936)，其表演朴实、淳厚。1937年7月抗日战争全面爆发，参加救亡演剧第二队，积极从事抗日救亡的宣传工作。1938年到延安抗日军政大学学习。1939年转入鲁迅艺术学院实验话剧团任艺术领导职务兼演员。曾在《日出》等舞台剧中担任角色。

抗日战争胜利后，赴东北担任东北文工团副团长，参与筹建东北电影制片厂。1949年组建北京电影制片厂，担任第一任

厂长。此后，历任中央电影局副局长、中国电影工作者协会副主席等职。1953年领导组建北京电影演员剧团，兼任第一任团长。1958年，担任艺术领导工作之余，重新参与表演创作活动，先后在《深山里的菊花》(1958)、《一天一夜》(1958)、《革命家庭》(1960)等影片中担任角色，并在与苏联合作拍摄的影片《风从东方来》(1959)中扮演水电站总工程师。1964年，主演影片《英雄儿女》，以娴熟的演技创造了一个坚毅沉着、凝重温厚的军事指挥员形象。

他的表演气质朴实，自然流畅，凝重深邃。作为电影事业家，他忠实积极，艰苦奋斗，为人民电影事业的开创和发展，倾注了热情和心血，作出了重要贡献。曾任中国电影家协会第2届常务理事、第3届副主席。

扩展阅读

于敏.真正的人：田方传.北京：中国电影出版社，2005.

朱小鸥，叶云珠.于蓝和田方.北京：社会科学文献出版社，1997.

（李小燕）

田华　Tian Hua（1928-08-03～　）中国电影演员。原名刘天花。生于河北唐县。1940年参加晋察冀军区抗敌剧社儿童演剧队，演出过许多话剧、歌剧和秧歌剧。1950年在影片《白毛女》中饰演主角喜儿，开始走上银幕。由于她熟悉贫苦农民的生活，对被压迫、被凌辱、家破人亡、逃入荒山过着野人生活的喜儿的悲惨命运怀有深厚的感情，因此，塑造的艺术形象朴实逼真，有血有肉，获得极大成功。

1955年，进中央戏剧学院表演干部训练班进修深造。1958年在影片《党的女儿》中饰演李玉梅。1959年进入八一电影制片厂，成为专业电影演员。先后在《江山多娇》(1959)、《风暴》(1959)、《白求恩大夫》(1964)、《秘密图纸》(1965)、《奴隶的女儿》(1978)、《法庭内外》(1980)、《许茂和他的女儿们》(1981)、《通天塔》(1985)、《党小组长》(1986)、《决策》(1986)、《小铃铛》(续集，1986)、《柳菲的遗书》(1988)、《多梦时节》(1988)、《一家两制》(1994)等影片中塑造了农村姑娘、青年妇女和革命干部等一系列不同年龄、身份、性格的人物形象。

其表演朴实自然，感情真挚，人物个性鲜明，以丰富的生活体验和成熟的艺术经验，为中国电影塑造了一些有民族品质，有血有肉的新东方女性。1953年，作为中国妇女代表参加了丹麦哥本哈根世界妇女代表大会。1981年因《法庭内外》获第1届中国电影金鸡奖最佳女主角奖提名。1995年获中国电影世纪奖最佳女演员奖。2009年获第12届中国电影表演艺术学会金凤凰奖终身成就奖。2010年获第19届中国金鸡百花电影节暨第30届大众电影百花奖终身成就奖。曾任中国文联委员、中国电影家协会理事。（陈少舟）

田军利　Tian Junli（1953～　）中国电影编剧。生于陕西西安。1986年，创作电影剧本《血战台儿庄》，获第7届中国电影金鸡奖最佳编剧奖、第10届中国大众电影百花奖最佳故事片奖。影片是首部反映国民党正面战场对日作战的国产电影，翔实表现了台儿庄战役的时代背景，中日兵力的调动情况以及战役的局部细节，对历史的还原公正、客观。1988年，担任编剧的电影《共和国不会忘记》获广播电影电视部颁发的优秀影片奖，次年获第12届中国大众电影百花奖最佳故事片奖。影片讲述的是在改革开放初期，位于四川、云南交界位置的钢铁公司陷入严重经营困难，最终扭亏为盈的故事，为观众鲜活地勾勒出一幅改革开放与市场经济体制建立初期的时代画卷。1991年，创作电影剧本《国魂》，描写了改革开放初期，广大农村干部在党的新政策、新思路的指引下，积极探索建设中国特色社会主义新农村之路的故事。

他的电影剧本具有鲜明的时代烙印与独特的历史气息，善于通过性格鲜明的人物和历史细节展现故事。曾任文化部艺术司副司长、东方歌舞团团长、中国交响乐团党委书记。（赵东宇）

田中绢代　Tanaka Kinuyo（1910-11-29～1977-03-21）日本电影演员、导演。生于山口县下关市，卒于东京。1924年步入影坛，曾在250多部影片中担任主要角色，早期扮演了众多天真可爱、具有浓郁日本民族风格的少女形象，在相当长的时间内，始终被誉为日本电影中的头号女明星。20世纪40～50年代，扮演了不同时期、不同类型的女性。1951年主演的《西鹤一代女》获第17届意大利威尼斯国际电影节国际奖。1953年主演的《雨月物语》获第18届意大利威尼斯国际电影节银狮奖。从1953年开始尝试导演工作，曾独立导演了几部影片，反响一般。晚年塑造了一些动人的日本老年妇女形象。1975年因在《望乡》中的出色表演获第25届德国柏林国际电影节最佳女演员奖。她主演的重要影片还有《太太和妻子》(1931)、《宗方姊妹》(1953)、《楢山节考》(1958)等。

（晏　妮）

田中裕子　Tanaka Yuko（1955-04-29～　）日本影视演员、戏剧演员、歌手。生于大阪府池田市。后因父亲工作需要举家迁至北海道，就读于北海道向陵中学、札幌西高等学校。1972年，就读于明治大学文学部演剧科。1975年，进入文学座剧团，开始个人的表演事业。1979年，出演日本放送协会(NHK)电视剧《阿玛姊姊》，正式进入演艺圈。

1981年，开始参演电影，出演了《乱世浮生》和《北斋漫画》，获第5届日本电影学院奖最佳新人奖和最佳女配角奖、第24届日本电影蓝丝带奖最佳女配角奖、第6届日本报知电影奖最佳女配角奖、第2届日本横滨电影节最佳女配角奖。1983年，出演《越过天城山》，获第38届每日电影奖最佳女主角奖、第26届日本电影蓝丝带奖最佳女主角奖、第7届加拿大蒙特利尔国际电影节最佳女演员奖。同年，出演了NHK电视剧《阿信》中16岁到45岁时期的女主角阿信，将日本民族柔弱而坚韧的性格演绎得淋漓尽致，创下年度收视纪录，在海外也获得了观众的广泛欢迎。1989年，与歌手泽田研二结婚。2005年，主演《何时读书天》和《火火》，获第79届日本《电影旬报》奖最佳女主角奖、第60届日本每日电影奖最佳女主角奖和第30届日本报知电影奖最佳女主角奖。2010年，出演电视剧《母亲》，获第65届日本日剧学院奖最佳女配角奖。2013年，出演《相残》《最初的路》，获第87

届日本《电影旬报》奖最佳女配角奖。

田中裕子演技精湛，善于揣摩角色心理，在细节中展现角色的性格特征、内心活动，从温柔坚强的阿信到城府颇深的慈禧，都能演绎得形象生动、游刃有余。她出演的影片还有《火红的第五乐章》(1981)、《卡波涅痛哭》(1985)、《夜叉》(1985)、《二十四只眼睛》(1987)、《摘彩虹的男人》(1996)、《大阪物语》(1999)、《考试家族》(1999)、《喧闹的下北泽》(2000)、《萤火虫》(2001)、《被埋葬的树木》(2005)、《无家可归的中学生》(2008)、《与春同行》(2010)、《致亲爱的你》(2012)、《家路》(2014)、《为了这条街的生命》(2016)等。参演的电视剧还有《宛如飞翔》(1990)、《东京铁塔：老妈和我，有时还有老爸》(2007)、《羁绊：奔跑的奇迹小马》(2017)、《夏空》(2019)，以及中日联合摄制的电视剧《不知其名》(1989)、《苍穹之昴》(2010)等。担任配音演员的动画电影有《幽灵公主》(1997)、《地海传奇之格德战记》(2006)等。

此外，也活跃在话剧、音乐等领域。1989年，在英国莎士比亚戏剧节上演出话剧《拿破仑的公主》，取得了成功。1999年，接拍"威士忌"系列广告，获当年日本广告大奖。2009年，在日本巡演W.莎士比亚名剧《冬天的故事》。曾成功举办独唱音乐会，发行的音乐唱片畅销日本。2010年11月，被日本政府授予紫绶褒章奖。

（许 婧）

田壮壮 Tian Zhuangzhuang（1952-04-26～ ）中国电影导演、演员。生于北京。父亲**田方**、母亲**于蓝**均为电影演员。1966年，从北京第十三中学毕业后，赴吉林插队劳动。1982年，毕业于**北京电影学院**导演系。1984年，导演影片《猎场札撒》，歌颂了朴素淳厚的蒙古族习俗，展现了辽阔壮美的大自然景观，表现了创作者心目中天、地、人之间和谐共荣的理想。1986年，执导《盗马贼》，描绘了主人公以彪悍强壮出场、软弱无力落幕的一生，从人类生存和心理需求的角度探讨了人与宗教、人与自然、人与神灵的关系。1987年，导演《鼓书艺人》，表现了战争背景下一家人的喜怒哀乐以及作为艺人生活的艰辛，影像风格质朴自然，散发出浓郁的现实主义气息。1988年，导演《摇滚青年》，反映了当代青年人勇于冲破旧体制的反抗精神，有着鲜明的时代特征。

1991年，导演《李莲英》，获第41届德国柏林国际电影节特别鼓励奖。1992年，执导影片《蓝风筝》，获第6届日本东京国际电影节最佳影片奖。2002年，重拍20世纪40年代的经典电影《小城之春》，获第59届意大利威尼斯国际电影节圣马可奖、第3届华语电影传媒大奖最佳导演奖。之后，回到北京电影学院执教，担任导演系研究生导师、系主任，培养出路阳、文牧野等多名导演。2004年，拍摄纪录片《德拉姆》，获第5届华语电影传媒大奖最佳导演奖、第1届中国电影导演协会年度奖最佳导演奖。2006年，导演《吴清源》，获第10届中国上海国际电影节最佳导演奖。2009年，导演《狼灾记》，承接了他早期大胆粗粝而野性四溢的影像风格，洞悉人性，呼唤良善，有着凝重而又飘逸的史诗感。2014年，担任古装历史片《王朝的女人·杨贵妃》的艺术顾问和导演。2017年，主演《相亲相爱》。2019年，执导根据阿城小说《树王》改编的电影《鸟鸣嘤嘤》。

作为第五代导演代表人物之一，他的作品突出特点是对人的心灵和大自然的关注。他执导的影片对传统的叙事方式进行解构，饱含哲理，情感描写细腻流畅，形成别具一格的创作风貌，同时也为观众提供了新的观影体验。他导演的影片还有《红象》(1982)、《特别手术室》(1988)等。

（军 文 撰 李 清 孙 萌 修订）

《甜蜜的生活》 *La Dolce Vita* 意大利故事片。理阿玛电影公司、百代财团电影公司1960年联合出品。编剧，F.**费里尼**、E.弗拉亚诺、T.皮内利等；导演，F.费里尼；摄影，O.马尔特利；主演，M.马斯楚安尼、A.艾克伯格、A.艾梅、Y.菲尔诺。

故事讲述了马切罗是一个采写花边新闻的娱乐记者，每天流连于咖啡馆、夜店、私人聚会之间，他在聚会上结识了富有的玛德莲娜，女友艾玛因马切罗的冷淡而痛苦万分。马切罗采访美国明星西尔薇娅，受到她的吸引，两个人在罗马的喷水池里度过美妙的时光，但最终以西尔薇娅丈夫的暴怒而结束。在教堂里，马切罗听了老朋友斯坦纳的风琴演奏，在他家里的聚会上，遇到各种各样的艺术家，聆听了斯坦纳录下的大自然之声，见到了他可爱的孩子，但在幸福的生活表面，马切罗却嗅到斯坦纳内心的不安与恐惧。试图写作的马

《甜蜜的生活》剧照

切罗在海边的小吃店碰到一个清新自然的乡下女孩儿。接下来，马切罗采访两个儿童看到耶稣显灵的场面，人们陷入宗教狂热，都想从圣树上拿到一根树枝或树叶，得到神的护佑。马切罗的老父亲来到罗马，与儿子度过短暂的几个小时，在酩酊大醉之后，告别了儿子和罗马返回家乡。马切罗与女友激烈争吵，但最后还是和好如初。斯坦纳在枪杀了自己的两个孩子之后开枪自杀。罗马的欢宴在继续，在破败的古堡里探险，大醉后的各种失态。黎明时分，放荡的人群来到海边，一群渔民打捞上一条奇形怪状的死鱼。马切罗再次看到那个清纯的乡下女孩儿，却听不清她的话。

影片以记者马切罗为叙事视角，勾勒出一幅罗马生活的全景图，情人的争吵、知识分子的自杀、渴望神庇佑的人群、落寞的父亲都被嵌入到繁华的生活场面之中。影片描写了罗马喧闹的生活以及喧闹背后的空虚、无聊，深入剖析了现代人的心理状态，表达了现代人精神世界的迷惘与困境。影片1960年获第13届法国戛纳国际电影节金棕榈奖，1962年获第34届美国电影奥斯卡奖黑白片最佳服装设计奖。

（秦喜清）

《甜蜜蜜》 *Comrades: Almost a Love Story* 中国彩色故事片。**嘉禾电影有限公司**1996年出品。编剧，岸西；导演，陈可辛；摄影，马楚成；主演，**张曼玉**、黎明、曾志伟、杨恭如。

《甜蜜蜜》剧照

故事讲述了为存钱娶妻从天津来到香港的黎小军认识了为赚大钱给妈妈盖房的广州女孩李翘，两人因为共同的爱好——

邓丽君的歌，由朋友变为恋人，但最终因理想不合分道扬镳。黎小军如约娶了女友方小婷，李翘则追随黑社会豹哥去了美国。1995年5月8日，一代偶像邓丽君去世。他们在纽约唐人街一家商店的橱窗前再次相遇，当四目相对时，他们耳畔响起了一起唱过的《甜蜜蜜》，一段历史和情感记忆再次浮现。

影片叙事流畅，风格清新，将一对年轻男女悲欢离合的情感故事置于大陆人移民香港，香港人移民国外的时代背景下，具有历史怀旧意识和地域身份想象的认同。影片以极具主题感的邓丽君歌曲《甜蜜蜜》贯穿始终，书写了香港特定时代的社会变迁和离愁别绪。影片1997年获第16届香港电影金像奖最佳导演奖、最佳影片奖、最佳女主角奖等9项大奖，第42届亚太电影节最佳女演员奖和最佳编剧奖，第23届美国西雅图国际电影节最佳影片奖。（谢建华）

调音台 console mixer 连接在*传声器*、还音机与录音机之间的影视节目制作中必不可少的调音设备。调音台在整个录音工艺中把传声器或其他线路设备送来的电信号做加工处理，然后再把声音输出到监听设备或者记录设备上去，对若干路外来声音信号进行总体或单独的调整。调音台根据体型大小，可分为大型、中型、小型和袖珍调音台；根据安装情况，可分为固定座式调音台和便携式调音台；根据信号模式，可分为模拟式调音台、数字式调音台和数控调音台；根据操作模式，可分为手动式、半自动式和全自动式调音台；根据用途，可分为混合录音调音台、扩声调音台、外采便携式调音台、直播调音台、语言录音调音台、音乐录音调音台等。

尽管调音台有不同的种类和规格，但大多数的调音台都是由输入组件、输出组件和主控组件等几部分构成，并起到电平调整、频率均衡、信号分配、信号处理、信号检测等作用。不同的调音台，装置及功能各有差异。以多功能的混合录音调音台为例，它可对至少6条以上通路的不同声音进行调整，每一路均设有滤波器、均衡器、音量控制器等，用以对声音素材进行调整修饰。调音台可在通路或总线上插入混响器、延时器、压限器、降噪器等周边设备，以进行特殊音响的制作，使最终录到磁带上的声音符合影片声音创作的需要。随着技术的发展，数字调音台突显出更大的优势，例如在音频处理环节更加智能地记录保存参数数据；功能丰富且直观的触摸显示屏；可以通过平板电脑控制对应的产品；内置均衡、压限、EQ等众多效果器；调音环节记忆场景一键调用；高精度电动推子记录每一个场景的参数增益大小；S/PDIF输入、USB输入打破传统只有MP3输入、模拟信号输入的模式，使得数字调音台实现“压限器+效果器+分频器+模拟调音台+播放器”的五重叠加效果；还可以通过无线网络连接功能打破传统使用线缆连接的局限，使用无线网络连接进行操作，更加简便快捷。（姜 燕）

跳切 jump cut 一个镜头切到下一个镜头时具有明显跳跃感和不流畅感的一种剪辑方式。跳切属于无技巧剪辑手法，它截取事件过程中最具表现力的部分呈现在银幕上，在镜头组接时不再把时空完整、视觉流畅和因果逻辑作为第一要求，而是强调影片主题和思想的表达。在跳切创作中，视觉流畅让位于内容的呈现和表达，跳切不仅是形式，更是内容，它使用视觉的不流畅感侵犯观众观影时沉浸银幕幻觉的安全感，这种间离感促使观众主动思考。跳切手法强调观影过程中观众跟影片创作者之间的对话甚至是共同创作，影片主创相信观众有能力把镜头之间断裂的内容通过生活和观影经验填补完整。如果说无缝剪辑是满足观众期待并让剪辑遁于无形的话，那么跳切就是挫败观众的期待并让观众意识到他们正被剪辑所操控。

传统剪辑认为跳切是一种技术失误，在剪辑中是不被允许的。在电影中大规模使用跳切手法是从法国导演J.-L.*戈达尔*拍摄的《*筋疲力尽*》(1960)开始的，随后在法国新浪潮电影中大量使用。自此，跳切不仅为观众所接受，更被认为是一种创作和表达手法。（郑汉民）

《铁皮鼓》 *The Tin Drum* 德国彩色故事片。弗兰兹·塞兹电影制作公司、比奥斯科帕电影公司、阿尔泰米斯电影公司等1979年联合出品。改编自G.格拉斯的同名小说。编剧，J.C.卡里埃尔、F.塞茨、V.施隆多夫；导演，V.施隆多夫；摄影，I.卢瑟；主演，D.本萘特、M.阿多夫、A.维克勒、D.奥布里斯基。

故事讲述了在20世纪20年代的德国，小男孩奥斯卡在3岁时目睹成人世界的丑行，厌恶至极，决定不再长大，于是故意从梯子上滚下去，摔伤脊柱，成为侏儒。1933年，奥斯卡9岁，其生活周围笼罩在法西斯主义的气氛中，父亲成为希特勒的党徒，母亲定期幽会表舅，怀孕后不想生下孩子，过量食鱼中毒而死。1939年，德国入侵波兰，表舅在与德兵的战斗中身亡。不久，外祖母雇用了一位女仆玛丽亚。奥斯卡爱上了玛丽亚，又目睹玛丽亚与父亲发生关系，玛丽亚怀孕后生下了库尔特，成为奥斯卡的继母。为了逃避这一切，奥斯卡加入侏儒剧团，周游各前线慰问演出。战争接近尾声，苏军扭转战局，奥斯卡回到家乡。父亲因纳粹徽章而死，在葬礼上，奥斯卡扔掉背了18年的铁皮鼓，决定长大，此时，库尔特用石头砸中了奥斯卡的后脑勺，他摔进墓坑，从此又开始长高。

《铁皮鼓》剧照

影片忠实于原作，将纪实、荒诞、讽刺、闹剧等多种风格糅合在一起，以一个儿童的视角，展现了1924～1945年德国社会的精神空虚和道德沦丧，批判了纳粹统治给德国社会带来的残酷恶果。影片是一部击中纳粹德国要害的政治性电影，是当代德国电影的一个突破，是新德国电影的代表作之一。影片1979年获第32届法国戛纳国际电影节金棕榈奖、第29届德国电影奖杰出故事片奖，1980年获第52届美国电影奥斯卡奖最佳外语片奖，1982年获第5届日本电影学院奖最佳外语片奖。（甄晓文）

《铁扇公主》 *The Princess of Iron Fan* 中国动画片。中国联合影业公司1941年出品。改编自吴承恩小说《西游记》。编剧，王乾白；导演，*万籁鸣*、*万古蟾*、万超尘、万涤寰；摄影，陈正发、刘广兴、孙绯霞、周家让、石凤岐。

故事讲述了唐僧师徒四人去西天取经，受阻于火焰山。孙悟空、猪八戒到翠屏山芭蕉洞找牛魔王之妻铁扇公主借灭火的芭蕉扇，铁扇公主不肯借予。悟空和八戒与公主和牛魔王经过几个回合的斗法，终得宝扇，扑灭火焰山的烈火，登上取经的路程。影片故事曲折生动，如孙悟空变只小虫钻进铁扇公主腹内大闹；猪八戒化作牛魔王的模样从铁扇公主手中骗到真扇；牛魔王又化作猪八戒的模样从孙悟空手中骗回扇子等许多情节，都处理得妙趣横生，引人入胜。

影片吸收了中国戏曲造型艺术的特点，赋予了孙悟空、猪八戒、铁扇公主、玉面公主等人物以鲜明的个性特征，尤其是孙悟空这个深入人心的斗争形象，恰当地传达了作者隐晦表达反抗侵略的意图。影片将中国山水画搬上银幕，第一次让静止的山水动起来，从而使这部动画片增加了浓郁的民族特色。影片制作规模浩大，有100多名制作人员，历时一年半时间完成，并且开创了中国动画片史上第一部长片的纪录，也创下当时亚洲地区第一部长动画片的纪录。（陈　野）

《铁西区》 *West of the Tracks* 中国彩色纪录片。王兵电影工作室2003年出品。导演，王兵；摄影，王兵。

影片共分为《工厂》《艳粉街》《铁路》三个部分。其中《工厂》集中于生产空间，再现了20世纪末中国东北重工业城市沈阳市铁西区的空间景观。《艳粉街》将镜头转向工人聚居的生活区，在平房区域面临整体拆迁的背景之下，跟踪记录了工人子弟的生存状态，也记录了居民们被迫告别旧居前后的生活细节。《铁路》以沿铁路轨道拾荒打工为生的临时工老杜父子的生活为主要线索，展现了他们在工业生产体系、劳动保障和城市空间的边缘处相依为命、挣扎求生的艰辛过程。

影片展现出高度敏锐的观察和深入的思考，完整呈现出在工厂倒闭、工人下岗的生死存亡关头，工厂内外的运作机制与运行状态，以及工人群体历史命运中面临的巨大转折。影片采用观察式纪录片的拍摄手法，对被拍摄对象做“墙上苍蝇”式的冷静呈现。影片镜头沿着穿行在工厂间的小型火车所提供的视觉线索，重新将整个工业区串联成一个有机的整体，缓慢、沉重，且并不试图投射拍摄者的主观感情色彩。同时，镜头又频频切入劳动场地和休息间，既见证着机器和人深刻却不乏超现实色彩的交互关系，也记录了工人们劳动、打牌、下棋、争吵、打闹、洗澡、聚会的生动场景，以及他们面对镜头对自身生存困境展开的反思。影片2003年获第14届法国马赛国际纪录片电影节最佳纪录片奖、第8届*日本山形国际纪录片电影节*弗拉哈迪奖，2005年获第2届墨西哥城国际现代电影节最佳纪录片奖。（刘　斐）

同期录音工艺 synchronization recording technique 影视作品拍摄时用录音设备把拍摄现场的声音和画面内容同时记录下来的一种*影视录音工艺*。在同期录音工艺中，“同期”的含义是指在画面拍摄时的工作时段。在影视作品的现场拍摄时，摄影师和录音师最重要的工作是把演员表演的画面内容和语言声音同时捕捉并记录下来。采用这种录音工艺录制下来的演员语言情绪和表演情绪统一真实，具有语气语调自然等优点，因此能真实地表达出影片整体所需要的声画情绪氛围和艺术效果。为了确保语言录音的技术质量，也为了便于后期时的录音制作工作，需要在同期录音时避免拍摄现场出现不必要的各类干扰噪声，包括但不限于摄影机的机械噪声、照明灯具的热噪声，以及其他的环境噪声等，以免降低同期录音时的语言技术质量，影响最终的声画艺术质量。

根据同期录音的工作特点，录音师应遵循“同期录音三原则”来进行工作。即：①语言声音应该优先于音响声音的录制。②画内声音应该优先于画外声音的录制。③录音助理（话筒员）工作时要面向演员和摄影机。第一个原则是基于在影视作品中演员表演的语言起着叙事和交代情节等重要的作用。因此，为了真实地再现影片内容所描述的情节，需要演员在拍摄现场通过丰富的语言来表达出角色的各种情感。拍摄的同时进行语言的录制工作，可以把演员表演过程中的各种情感内容记录下来，为影片的艺术再现增光添彩。所以说，同期录音中的语言录制是其第一要务，是每个录音工作者重中之重的工作。第二个原则是指演员在画内所发出的声音（语言或音响声音）要优先于画外发出的声音。首先，是因为画内演员所发出的语言声或音响声与演员的表演是同步的，而画外发出的声音并没有同步的要求。因此画外声可以在拍摄完后在现场补录，而不会出现补录画内声导致的同步问题。其次，在生活中人们往往是下意识地遵循“眼见为实、耳听为虚”的准则。因此，当人们眼睛所看到的画面中的角色所发出的声音，听上去和人们在生活中所听到的声音在空间感知不相符时，就会感到不舒服，甚至很别扭，从而导致出现空间感失真的现象。因此应该根据人类在自然界的听觉本能，尽可能地录制观众视线所在区域内的声源声音，这样才能避免声画不同步或空间感知不统一的现象。但是，当第二原则与第一原则相抵触时，如某个角色在画内发出的声音是音响声，而另一个角色在画外发出的声音是语言声音时，一般须服从第一原则来录制，即“语言声音优先于音响声音的录制”。第三个原则是录音助理（话筒员）正确设置*传声器*拾音位置的前提。因为录音助理（话筒员）面向演员进行录音的最终目的，是要通过对演员表演时的运动走向来操控传声器的指向、远近距离以及上下角度等，同时还要兼顾摄影机调度，避免话筒穿帮。只有这样才能高质量且高效地拾取演员声音的音量、音色和空间感。

在影视作品拍摄现场进行同期录音时，依据国际惯例通常是采取以下工作模式：导演喊“预备”时，现场全部安静。录音助理（话筒员）高举着传声器（话筒）对准演员；导演喊“声音”，录音师则大声回复“声音开机”并启动录音机；导演喊“摄影”，摄影师则大声回复“摄影开机”并开动摄影机；之后场记就拿着一块场记拍板放在摄影机的镜头前，大声喊出“某某影片第几场第几镜第几次”，同时，迅速地在镜头前将场记拍板的上、下两块拍板敲击在一起，发出一声清脆的拍板声；随后导演就接着大声喊道“开始”。于是，演员们根据剧本的要求开始表演，而录音助理则高举着传声器紧随着演员的表演而运动。

当导演认为这个镜头已按拍摄要求完成时，就会大声地喊道“停”。这时，录音师就必须按下调音台或录音机上的振荡器开关，把振荡器发出的一声短暂的“滴”声录下来后，才能关掉录音机。自此，录音师就将现场所表演的声音完整地与画面内容一起同步记录在了各种记录载体上。由于录音机在场记报号前就进入了录音状态，所以场记的报号声和打板声就被同时地录制在记录载体上。这样在进行后期剪辑和配音工作时，在记录载体上寻找记录某一声音片段的开始位置就变得很方便。而当导演喊停以后，继续录制的“滴”的振荡声，则在后期工作时可以方便声音剪辑师迅速地找到某一个声音片段的结束位置。

同期录音工艺记录的是拍摄现场演员最真实的表演声音，它要比后期配音时的声音表演显得更加自然和真实。一般来讲，同期录音工艺更能与同时拍摄下来的画面一起带来真实的、视听一致的艺术效果。（姚国强　刘广阶　姚世荣）

童话片 fairy tale film 以童话为题材、主要为儿童拍摄的一种影片。童话片的内容多以古代传说、神话、动物和无生物的拟人化故事、寓言为情节线索，运用想象、幻想和夸张手法塑造形象，反映生活，并以优美动人的意境和画面、通俗有趣的对话，使儿童观众在美的享受中接受教育。童话片内容的全部构思虽然都依据幻想产生，但它的情节和事件或多或少都以真实事件为依据，从现实的基础上产生幻想，又从幻想的情景中反映现实。童话片属于**儿童片**的范畴，要符合儿童心理和爱好的特点，它可以拍成**美术片**，也可以拍成由真人扮演角色的**故事片**。童话片的代表作品有《**绿野仙踪**》《美女与野兽》《小铃铛》《森林王子》等。（戴中孚）

童牛奖 Calf Awards 中国电影奖项。由中国教育部、文化部、全国妇联、共青团中央、广播电影电视总局1985年发起创办，委托中国儿童少年电影学会举办。对中国儿童电影进行评奖，两年一次，逢奇数年的3～4月评奖，5～6月颁奖。童牛奖的宗旨为发扬“初生牛犊不怕虎”与“俯首甘为孺子牛”的勇闯精神、创造精神，促进中国儿童电影的发展和繁荣。评奖项目包括优秀故事片奖、优秀美术片奖、优秀科教片奖、优秀纪录片奖、优秀导演奖、优秀儿童演员奖、优秀成年演员奖等，还设有特别奖。奖品为牛头雕像和获奖证书。评委由文艺界、教育界和新闻界知名人士组成。第2届起设儿童评委奖。2002年，改为每年评选一次。2005年，该奖纳入“**华表奖**”评选系统，评出的影片冠名为优秀少年童牛奖。（陈振兴 撰 章柏青 唐建军 修订）

童自荣 Tong Zirong（1944-01-11～ ）中国影视配音演员。生于江苏丹阳。1962年，考入上海戏剧学院话剧表演系，痴迷于**孙道临**、**邱岳峰**、**毕克**、尚华配音的译制片，其中孙道临的发声和重音处理，对他日后的配音影响深远。1973年，到**上海电影译制厂**工作，开始从事配音事业。1978年，为《未来世界》中的记者查克配音，开始崭露头角。1979年，为《佐罗》中**A.德隆**饰演的佐罗配音，独具特色，不同于《佐罗》原片中德隆沙哑的烟酒嗓，得到了德隆的肯定，并被誉为“声音世界的王子”。1985年，为《黑郁金香》中德隆饰演的居里安配音，影片获1985年中国广播电影电视部优秀译制片奖。1997年和1998年，分别为《警官的诺言》《孤胆警探》中德隆饰演的角色配音。2004年退休后主要为动画片配音。

童自荣的声音华丽清亮、优美飘逸，擅长赋予角色格外的美感，为形象增色。他善于利用自己的音色特点进行创作，在一些角色中，他有意识地抑制自己的华丽音色，挖掘声音潜力，以声音出色地塑造出性格复杂、人格多重的角色，拓展了自身的配音戏路。担任主要配音演员的影片及其声音形象有《孤星血泪》（1978）中的成年皮普、《水晶鞋与玫瑰花》（1979）中的爱德华王子、《绝唱》（1979）中的少爷、《阿拉伯历险记》（1980）中的哈桑王子、《啊！野麦岭》（1980）中的监工黑木、《砂器》（1980）中人格分裂的和贺英良、动画片《天鹅湖》（1981）中的齐格菲尔德王子、《少林寺》（1982）中的觉远、《阳光下的罪恶》（1982）中的雷克斯、《三十九级台阶》（1982）中的汉内、《苔丝》（1982）中的安琪儿、童话剧《大海的女儿》（1983）中的王子、《铁面人》（1983）中的菲利普、《蒲田进行曲》（1983）中的仓田银四郎、《茜茜公主》（1985）中的博克尔上校、《伦敦上空的鹰》（1986）中的上尉保尔、《靡菲斯特》（1988）中的霍夫根、《云中漫步》（1996）中的保罗、《玩具总动员3》（2011）中的胡迪警长、《西游记之大圣归来》（2015）中的妖王混沌等。参与配音的电视剧有《加里森敢死队》（1980）、《亚瑟王》（1984）、《是，大臣》（1991）、《安娜·卡列尼娜》（1998）等。他还演播了近30部广播剧，并为科教片、风景片担任解说。（许 婧）

《偷自行车的人》 *The Bicycle Thief* 意大利故事片。意大利P.D.S.影片公司1948年出品。编剧，C.柴伐蒂尼；导演，**V.德·西卡**；摄影，C.蒙托里；主演，L.马齐奥拉尼、A.斯塔尤拉。

故事讲述了第二次世界大战后的罗马，失业两年的安东好不容易找到一份贴广告的工作，但刚上班，他赖以谋生的自行车便被偷走。他带着儿子布鲁诺四处寻找，历尽千辛万苦抓到了处境比他还悲惨的小偷。因无证据，警察也表示无能为力。安东无奈中想偷车以免再次失业，但刚下手就被抓，并且受尽侮辱。车主看在孩子面上放了他。最终，父子俩徘徊在街头，消失于茫茫人海里。

影片通过二战后意大利普通工人的悲惨遭遇，深刻地揭示了战后初期意大利的社会现实，被公认为**意大利新现实主义电影**最杰出的代表作。影片较为全面地体现了新现实主义流派的美学原则：表现普通人的日常生活；追求纪实风格；采用街头实景拍摄；全面起用接近角色的非职业演员；没有结局，任观众想象人物的命运。影片1949年获第4届瑞士洛迦诺国际电影节评委会特别奖，1950年获第22届美国电影奥斯卡奖最佳外语片奖、第7届美国电影金球奖最佳外语片奖、第3届英国电影学院奖最佳影片奖。

《偷自行车的人》剧照

（仲 霞 撰 章柏青 唐建军 修订）

透视 perspective 在平面或曲面上描绘物体的空间关系的方法或技术。“透视”一词来源于拉丁文“perspclre”（看透）。最早诞生于绘画领域，现在也广泛应用于摄影摄像领域。

透视包括几何透视和空气透视。几何透视是根据数学科学相关原理，将空间中的各个元素利用“近大远小”的视觉透视法则进行排列、布局，因此又称远近法。空气透视，又称影调透视，利用空气在空间距离上对物体明暗色彩的影响来做到视觉透视。研究透视规律在摄影上主要有两方面用途：①将线条透视和影调透视作为造型手段，组织画面、空间建构、确定构图、表达主题以此来增强画面的艺术感染力。②鉴别影像失真或畸变程度。对同一被摄目标，只要物距不变，无论采用镜头焦距如何变化，透视不变。当物距过近时，影像透视会发生失真，竖直线不互相平行而向上聚拢。使用广角镜头近摄会使远小近大过分夸张，使用远摄镜头远摄会使远小近大过分压缩，都会产生透视上的失真（又称广角畸变）。

影视画面透视是在二维平面上建构三维立体的空间幻觉，因此，透视效果在画面上表现为纵深感。在拍摄时，影响画面纵深感的因素很多，如景物前后的配置、物体的运动、光线的层次、镜头焦距的长短、焦点的虚实、拍摄的角度、**影调**明暗的控制、线条走向的安排等。不同的处理方式，可表现出不同的透视效果。（李 勇）

突尼斯电影 Tunisian cinema 1897年突尼斯开始放映外国电影。1907年出现第一家影院。1922年，突尼斯电影工作者A.S.什克里拍摄了第一部短片《迦太基的姑娘》，1923年又拍了第一部长片《大街里的眼睛》。法国统治突尼斯时期，法国人在突尼斯设有制片厂，拍摄了不少惊险片，如《鞋匠》（1926）、《素馨花》（1939）等。1939年后各城市普遍修建了影院。1942年农村出现电影放映车。1946年第一家电影俱乐部成立。同年，法国和突尼斯合资建立非洲电影制片厂，这是突尼斯电影的起步。1954年电影资料馆成立。1955年第一家私人电影公司成立。1956年突尼斯独立。1957年突尼斯成立国家电影制片发行有限公司和电影爱好者协会。

20世纪60年代是突尼斯电影大发展时期，突尼斯电影之父O.克利非拍摄了14部短故事片和纪录片，如《我们历史的一页》《莫丝贝大叔在城里》等。1964年，创办古莱比耶国际业余电影节。1966年，创办迦太基国际电影节。1966年，克利非拍出了第一部长故事片《黎明》，之后又完成了《叛逆》（1968）、《游击队员》（1970）、《呐喊》（1972）等。1967年，建立加马特电影制片厂。1969年，颁布电影国有化法令。1975年，外国电影公司停止了在突尼斯的一切业务活动。突尼斯电影公司（ATPEC）成为唯一的电影进出口机构，该公司与许多外国公司合拍故事片，主要有《朱哈》（1956，与法国合拍）、《加来拉》（1965，与联邦德国合拍）、《叛逆》（1968，与保加利亚合拍）、《奇怪的死》（1969，与法国合拍）、《尤斯里》（1971，与瑞士合拍）、《太阳》（1977，与荷兰合拍）、《大地的阴影》（1982，与法国合拍）等。1979年和1981年突尼斯政府曾减免国产片发行税。

突尼斯生产的主要影片还有B.巴拜的《而明天？》（1972）；A.阿马尔的《西西·南特》（1974，获1974—1975年度迦太基国际电影节银像奖）、《阿齐扎》（1978）；N.克塔利的《使节》（1976）、《沙漠中的航标》（1984，获法国南特三大洲电影节大奖以及西班牙巴伦西亚国际电影节金奖）、《灰人》（1985，获意大利陶米纳电影节大奖、迦太基国际电影节金奖）。

20世纪80年代，突尼斯年产3～5部故事片，近20部短片。有108家影院，其中国营占1/8。年进口400多部外国片。每两年举办一次迦太基国际电影节。

20世纪90年代至21世纪，随着突尼斯最大的发行放映公司——古邦迪尼集团（建立于20世纪70年代，拥有突尼斯大多数影院）的创始人先后逝世，突尼斯的电影发行事业受到影响。2006年11月，由昆塔通讯集团投资，T.B.阿玛尔和S.贝吕斯科尼在加马特成立私营电影实验室，寻求广泛的国际合作。2014年，A.柯西胥凭借《阿黛尔的生活》成为第一个获得法国戛纳国际电影节金棕榈奖的突尼斯导演。（陈振兴　撰　秦喜清　修订）

土耳其电影　Turkish cinema　1908年，西蒙·威恩伯格（罗马尼亚籍波兰人）在泰佩巴希建立了土耳其第一家电影院。1914年，弗阿特·乌兹克纳伊拍摄的纪录片《阿亚斯泰法诺斯俄国纪念碑的倒塌》是土耳其人拍摄的第一部影片。1915年，恩维尔帕夏命令由西蒙·威恩伯格领导土耳其中央军队电影部，这是土耳其的第一个电影生产机构。1916年，土耳其国防全国委员会也开始制片。1918年，这两个机构的设备转交土耳其残废军人协会，其后又转交给大国民议会的军队管理。这一时期，拍摄了几部短片和土耳其的第一批故事片，主要有《魔爪》（1917）、《特务》（1917）、《希梅特老爷的婚礼》（1918）等，这些影片大多是搬上银幕的戏剧作品。

1922年，土耳其第一个制片公司凯马尔电影公司建立。1928年，伊佩克电影公司成立。1922～1939年，这两家公司的业务主要在国外进行，而演员及片目则由著名戏剧家穆赫辛·埃尔图格鲁尔根据伊斯坦布尔剧团演出的剧目选定。同时，开始了农村片、侦探片、喜剧片、歌剧片和历史片的尝试。1931年，土耳其第一部有声电影《在伊斯坦布尔的大街上》由导演穆赫辛·埃尔图格鲁尔拍摄完成。1932年，伊佩克电影公司建成了第一座有声电影摄影棚。

1938年6月29日，土耳其的戏剧和电影由国家接管，并制定了有关法律，降低票房税收。1938年，伊佩克电影公司拍摄了《爱情的眼泪》和土耳其第一部歌舞片《上帝的天堂》。1939年8月8日，土耳其通过了电影和电影剧本检查法，该检查法规定“不允许与国家制度相抵触的政治、经济和社会思想的宣传影片上映”。1938～1944年，好莱坞影片和埃及影片打入土耳其市场，使土耳其电影事业受到严重打击。

第二次世界大战后，由于减少了进口影片的数量，土耳其的电影事业有所发展。从事电影业的人数剧增，制片厂发展到18家。1948年，市政减少了对国产片的娱乐税，从而支持了国产片的拍摄，影片的质量也有所提高。1952～1955年，导演吕特菲·阿卡德拍摄的影片开始摆脱戏剧的影响，并尝试拍摄社会题材的影片。然而，鉴于国家的经济状况，土耳其真正的电影事业尚未形成，影片的内容和质量也受到当局电影检查的限制和影响。

1955年，土耳其设立了旨在发展民族电影事业和培养民族电影工作者的电影生产和实践中心。20世纪60年代初期，土耳其电影制片公司迅速增加，年产影片达95部。1961年，土耳其公布新宪法；其中有关思想自由和言论自由的新条令对1939年的条令做了修改，使一些有抱负的电影艺术家能为土耳其电影保持一定的艺术水平并在银幕上反映社会现实做出努力。60年代中期电影年产量达200部以上，其中主要有反映犯罪青年生活的《黑夜之外》（1960）、反映土耳其农村现状的《蛇的报复》（1962）、描写大城市里的小市民为生存斗争的《苦涩的生活》（1963）、再现煤矿工人生活的《城里的陌生人》（1963）、提出农村问题的《干旱的夏天》（1964）、反映农民涌入大城市的《漂泊异乡的鸟儿》（1964）、表现组织工会和罢工的《在黑暗中觉醒的人们》（1965）等。

20世纪60～70年代，土耳其电影发展较快，到1973年土耳其电影年产量已达208部，其中178部是彩色片。70年代末电视的出现使土耳其电影的发展受到挫折，年产量下降到每年65部。这一时期，著名导演、作家、演员Y.居内依创作的影片被认为是土耳其最重要的影片。他拍摄的影片如《希望》（1970）、《哀歌》（1971）、《父亲》（1971）、《同志》（1974）、《不安》（1975）对社会现状持尖锐的批评态度，受到广泛的重视。1982年，他执导的《道路》获法国戛纳国际电影节大奖。这一时期比较重要的影片还有吕特菲·阿卡德导演的《边界的法律》（1966）、《母亲》（1967），阿蒂夫·伊尔马兹导演的《孳生地》（1966）、《大地的血》（1966）等。除此之外，土耳其电影生产和实践中心拍摄的较成功的影片有《查禁》（1977）、《在圣弗兰勃鲁的时候》（1978）。1979年，土耳其电影生产和实践中心完成了与苏联合拍的影片《我的爱，我的忧伤》，该片根据土耳其著名诗人纳齐姆·希克梅特的作品改编。

为发展电影事业，从1964年起，土耳其每年在安塔利亚举行“金橘奖”电影节，在阿达纳举行“金棉桃奖”电影节。1978年，土耳其文化部下设电影管理局。1986年，土耳其通过土耳其电影法。

受到电视、录像机和政治动荡的影响，20世纪80～90年代土耳其电影陷入低谷，全国电影票年售出量从1966年的9000万张降到1984年的5600万张，1990年再降至1100万张；电影院数量从1966年的近2000家降到1984年的854家，到1990年再降至290家。90年代前期，每年出品电影约10～15部。1995年以后，土耳其电影开始复苏，2000年后全国电影票售出量升到2000万张左右，全国电影院数量也升至约500家。土耳其本土电影的票房超过外国电影，但本土电影产业仍面临困难，电影的制作多是个体项目，发行也掌握在跨国公司手中。

21世纪以来，土耳其本土电影获得长足发展。2001年，耶尔玛兹·埃尔多安编导的喜剧片《电视来了》获得巨大的成功，吸引了约2500万观众。努里·比格·锡兰的作品《远方》(2003)、《三只猴子》(2008)、《安纳托利亚往事》(2011)、《冬眠》(2014)等广受赞誉，其中《冬眠》2014年获第67届法国戛纳国际电影节金棕榈奖。 （李贤德　秦喜清）

土库曼斯坦电影 Turkmen cinema 土库曼斯坦电影经历了漫长的发展，作为苏联加盟共和国，电影创作直接受到苏联电影生产的影响。1991年独立后，土库曼斯坦逐渐建立自己的民族电影。

苏联加盟共和国时期的电影　20世纪20年代，土库曼斯坦开始拍摄纪录片，记录选举、列宁纪念碑的建造和1917年十月革命周年庆典等社会活动。1925年，来自列宁格勒塞夫扎波电影厂的俄罗斯摄影师S.莱比德夫和B.巴舍姆在土库曼斯坦制作了第一部纪录片《土库曼苏维埃社会主义共和国宣言》。1926年，最早的电影制片厂阿什哈巴德电影厂在土库曼斯坦首府成立，制片厂主要生产新闻纪录片和政治宣传片。1929年，新成立的土库曼斯坦电影制片厂制作了第一部纪录长片《白金》(A.弗拉吉丘克导演)，表现棉花行业集体化的过程。此后，还有《不能忘记》(1931)、《沙漠第一》(1932)和《七颗心》(1935)等反映农场建设和工业发展的纪录片。

1930年，莱兹曼导演了土库曼斯坦第一部故事片《干涸的土地》，这部无声片发行几个月后由制作方重新为影片配音。1935年，土库曼斯坦生产第一部长故事片《我会回来》(导演A.莱达西谢夫)，讲述一个年轻的劳动者的故事，影片上映后带给观众非常深刻的印象。20世纪30年代还拍摄了反映青少年马术运动的《乌姆巴尔》(1937，导演A.马可夫斯基)、讲述植物学家工作的《苏姆巴尔山谷的人们》(1938，导演N.蒂霍诺夫)、描写边境战士和农庄农民抗击敌对分子的《苏维埃爱国者》(1939，导演G.劳米德兹)。1939年，阿什哈巴德电影厂更名为阿什哈巴德电影制片厂。1940年，导演Y.伊万诺夫–巴尔科夫拍摄《图兰》，讲述女性争取劳动自由的故事，该片1941年获斯大林奖二等奖，影片的成功促进了电影制作团队的成长。

1941年，卫国战争爆发后，基辅电影制片厂被撤离到阿什哈巴德，来自乌克兰的电影工作者和土库曼斯坦电影工作者开始联合制作影片，更有经验的乌克兰电影人在战争时期培训了土库曼斯坦年轻电影人。在此期间，土库曼斯坦电影制作人的专业技术能力明显提高。1942年，基辅电影制片厂和阿什哈巴德电影制片厂联合摄制了《钢铁是怎样炼成的》，后继续合作拍摄革命题材影片《乌克兰大草原上的游击队》(1943)、《彩虹》(1944)和展示土库曼斯坦农村婚礼的《魔晶》(1945)。1948年，伊万诺夫–巴尔科夫导演音乐电影《远方的新娘》，再次获斯大林奖二等奖。同年10月，阿什哈巴德大地震摧毁了阿什哈巴德电影制片厂，国家不得不暂时停止电影制作活动。

20世纪50年代，阿什哈巴德电影制片厂开始重建，并制作故事片。拉弗尔·佩雷斯坦导演了重建后的头两部电影《牧羊人之子》(1954)和《狡猾的老阿什尔》(1955)。1957年，该厂制作第一部彩色电影《非常使命》(导演伊万诺夫–巴尔科夫、阿尔特·卡尔列夫)。1958年，阿什哈巴德电影制片厂更名为土库曼斯坦电影制片厂。

20世纪60～80年代，是土库曼斯坦电影制作的重要时期，除由俄罗斯和乌克兰电影工作者担任导演之外，新一代土库曼斯坦电影人开始自己执导制片厂生产的影片，他们大多是格拉西莫夫摄影学院的第一批土库曼斯坦籍毕业生，获得成就的有布拉特·曼苏罗夫、考扎库里·纳尔里耶夫、雅兹赫迪·塞多夫、库班·雅赞诺夫、穆拉德·库尔班克列谢夫、穆罕默德·苏恩坎诺夫和乌斯曼·萨帕罗夫。这一时期的重要作品有布拉特·曼苏罗夫导演的《竞争》(1963)、《解渴》(1966)、《奴隶》(1968)、《伙伴们，不能死！》(1977)，考扎库里·纳尔里耶夫导演的《新娘》(1971)、《当女人骑马时》(1974)、《能够说“不”》(1976)、《贾马尔的树》(1980)、《卡拉库姆，45°的阴影》(1982)及传记片《弗拉吉与幸福分离》(1984)，考扎库德·纳尔里耶夫导演的《白雾》(1977)、《老人与女孩》(1981)及喜剧片《再见，我的帕特希尼！》(1987)，乌斯曼导演的儿童片《男性教育》(1982)、《小岛上的冒险》(1985)。1988年，哈尔曼米特·卡卡巴耶夫导演的《儿子》讲述了一对父子的深厚感情被认为是一部抒情诗的感人杰作，是土库曼斯坦民族电影艺术的开路先锋。

独立后的电影　1991年，土库曼斯坦独立，土库曼斯坦开始出现自己的民族电影。政府严格控制媒体、新闻以及电影创作和生产。政府规定国家电影制片厂每年只拍摄四部电影作品，以歌颂英雄人物的历史片和故事片为主，且以录像带发行，只能在土库曼斯坦和俄罗斯等国电视台播映，同时电影人才外流，电影生产陷入停滞状态。2008年，政府重振土库曼斯坦电影，土库曼电影制片厂更名为“乌古斯汗土库曼电影协会”，并选送15名大学生前往俄罗斯电影和艺术机构学习。同年，阿什哈巴德举办首届纪录片和短片“土库曼斯坦和世界电影艺术节”，其中乌古斯汗土库曼电影协会提交了28部短片。

2010年以来，土库曼斯坦加强了与世界各国的电影交流，拍摄的影片有《银河系》(2010，导演K.安纳诺夫)、《恋人村》(2010，导演V.伊山库里耶夫)、《马匹饲养员》(2012，导演M.奥拉索夫)、《白村赞歌》(2016，导演A.热合曼)。

（钟大丰）

推镜头 track up shot 通过镜头运动渐次集中突出被摄主体的过程。简称“推”。完成推镜头的方法有两种：①摄影机沿光轴方向向被摄主体移动。②通过变焦镜头的短焦端向长焦端转动，造成摄影机推近被摄主体的效果。推镜头拍摄的画面效果是景物范围由大到小，由全面到局部，画面里的次要部分逐渐被推移到画面之外，主体部分或局部细节逐渐放大，占满银幕。这是引导观众视觉注意力集中的过程，也是从整体到局部、由全貌到细节的观察事物的视觉心理过程。推镜头的画面特点是变换被摄主体与摄影机之间的空间关系，将观众注意力引向将要表现的事物，在这个过程中实现了从一个表现中心向另一个表现中心的转移，达到特定的艺术效果。

推镜头主要有以下几个方面的功能：①突出主体形象。摄影机（或变焦镜头）被推向被摄主体的同时，画面取景范围由大到小，随着次要部分不断移出画外，所要表现的主体部分逐渐“放大”，并充满画面，从而达到突出主体人物、突出重点形象的作用。②放大细节。推镜头可以从一个较广的画面范围和视域空间起动，逐渐向前接近这一画面和空间中的某个细节或形象，这是一个从全貌到细节的拍摄过程，观众在这个过程中被画面的推进过程所引导，感知到整体与局部关系，以及局部细节的信息，完成了一个连续的视觉心理过程，弥补了全景画面中细节不足的特点。③丰富造型语言。摄影机（或变焦镜头）在向前改变画面范围的同时，画面构成中的景别、构图、角度、光线结构都在发生变化，不仅仅是画面范围大小的变化。这些造型元素随着推镜头的过程不断变化，产生不同的造型效果，形成不同的造型语言。使得原本镜头中固定不变的造型元素丰富了，其艺术表现力也随之丰富了。④调整画面节奏，从而产生外化的情绪力量。摄影机向前运动（或变焦镜头从短焦端向长焦端移动）本身就处在一种运动之中，运动的快慢和画面的变化形成了直接的关系，也就是说画面变化的节奏快慢直接受到外部运动快慢的影响。如果推进的速度缓慢而平稳，能够表现出安宁、幽静、平和、神秘等氛围或情绪。如果推进的速度急剧而短促，则常显示出一种紧张和不安的气氛或是急躁暴烈的情绪。比如说急推，被摄主体急剧变大，画面从稳定状态急剧变动继而突然停止，爆发力大，画面的视觉冲击力极强，有震惊和醒目的效果，具有一种揭示的力量。

（马　诚）

W

《瓦尔特保卫萨拉热窝》 *Valter Brani Sarajevo* 南斯拉夫彩色故事片。波斯纳电影制片厂1972年出品。编剧，H.克尔瓦瓦茨、S.普列达；导演，H.克尔瓦瓦茨；摄影，M.迪科索维基维克；主演，W.B.日沃伊诺维奇、L.萨马季奇、L.马尔科维奇、S.迪米特里耶维奇。

故事讲述了1944年第二次世界大战接近尾声时，南斯拉夫国内游击队异常活跃，德军为了集中兵力对付游击队，命令撤回驻扎在巴尔干的“A军团”。德军拟定了秘密计划“劳菲尔行动”，派冯·迪特里施上校实施该计划，从萨拉热窝为“A军团”运输补给燃料。此时萨拉热窝人民抵抗运动屡屡告捷，游击队长瓦尔特是一位几乎无人得见其真容的传奇人物。于是德军派遣上尉康德尔假冒瓦尔特打入抵抗运动的组织内部，不断破坏他们的行动，并试图抓捕真正的瓦尔特。但是，瓦尔特识破敌计，德军的“劳菲尔行动”宣告失败。

影片根据第二次世界大战中萨拉热窝抵抗运动领导人W.佩里奇的真实事迹改编创作而成。影片围绕两条线索展开：一是德军千方百计要找出谁是瓦尔特；二是游击队费尽心思要弄清楚“劳菲尔行动”的内容。影片情节环环相扣、跌宕起伏、惊险刺激，塑造了机智勇敢的英雄瓦尔特，刻画了钟表匠和女儿、铁路护路工人、医生等鲜明的正面形象，展示了南斯拉夫人民抗击德国法西斯的英勇图景。影片1973年由北京电影制片厂译制引进，上映后受到中国观众的喜爱，成为当时国内最流行的外国电影之一。（张慧瑜）

外景 exterior scene 影视拍摄真实的生活环境和自然环境，也包括在演播室、摄影棚以外搭的景。又称实景、自然景。外景通常由**美术师**根据影片情节的需要事先选定，并可按照**导演**的创作意图对实景作一定的加工，使之具有典型特征和时代气息。真实、自然的外景，具有浓厚的生活气息，更有利于表现地方色彩或民族特色。演员在真实的景物中表演，更容易进入情景交融的状态，特别是**电视节目主持人**在外景出现，会增加节目的现场感和真实性。外景可以为镜头提供广阔的四维空间，有利于加强镜头的运动性和表现力。另外，节约制作成本也是外景的一个优点。不过外景也有不利的方面：①“靠天吃饭”，如春花、夏雨、秋实、冬雪等要等待老天的赏赐。②电源问题，在落后、偏远的农村以及荒无人烟的戈壁沙漠，交通闭塞，缺乏电力，发电车有时也无能为力。③自然景难以随意调度，摄影机位及灯光布置等会受到限制。在选外景时，美术师应根据剧本和导演意图，提出影片总体造型构思和选择外景的原则与方案，再与导演、**摄影师**商讨定案。选外景首先要看大环境是否满足总体造型要求，然后考虑加工方案、拍摄条件与周期等因素。（黄洽贵）

外景导演 director of the outer scene 从事**外景**选择和拍摄的导演。不同于搭建的室内摄影，外景主要指真实的自然环境或是生活环境。外景拍摄作为影视场景的重要组成部分，是展现影片时代风貌、民族风格、地域特征最直接的表现形式。因此，外景导演的素质和能力，对一部影片的风格造型起着重要作用。

外景导演主要任务是选景和拍摄。在影片筹备阶段，外景导演应当与**美术师**、**摄影师**根据剧作文本和导演意图制定出影片的整体造型，并提出相应的外景选择方案。在影片拍摄前，外景导演应对环境外貌、随时间变化的光线提前做完善的考察，制订适时的拍摄规划。拍摄过程中，在天气适宜的条件下，先拍摄对天空、光线等有严格要求的全景镜头、远镜头，然后再拍中、近景镜头（因为这类镜头可借位拍摄），在有效的时间和条件下拍出符合影片需要的理想画面。

外景导演可以有效利用天空、山川、河流等真实景物作为背景，可以对自然环境做一定的布景和搭建来改变外景景观，经过取舍加工以适应影片的典型环境，更贴近影片的创作要求。在外景拍摄时，现场条件要求有利于摄影、录音和打光，尽可能选取较为集中的外景地，以方便器材等物质资料的转移。同时，外景导演需要重点考虑自然光的影响和天气变化，需要预先制订多套拍摄方案，以防天气突变等因素延误影片总体的拍摄进度。（孙承健）

外景摄影 shooting on location 利用自然环境或实地景物进行的影视拍摄工作。习惯上也称为拍外景。外景摄影的拍摄特点是：场面的景物风貌、背景层次、表演区域、光线色彩、环境气氛等，一般是以选择、等待、捕捉方法获得。根据影片情节的需要，外景拍摄安排在事先选定、具有典型特征的自然景色或稍微做人工修饰的实景中拍摄，以求富有真实感和时代气息。一般在制片厂内搭置露天场地布景，进行“户外”摄影的，不称为外景摄影。

外景摄影要求**摄影师**在拍摄前对环境外貌、时间变化中光照关系做仔细观察，并在此基础上和**导演**、制片部门一起制订拍摄进度计划和拍摄顺序。拍摄时摄影师要思考周密，当机立断，及时拍下符合所需光线、气氛条件的理想画面。

外景摄影主要利用**自然光**，并辅以人工照明。用作辅助光的外景灯具，必须能提供相当大的有效照度，光色应与日光相接近，这对拍摄彩色片尤为重要。（田俊人）

外景照明 outdoor lighting 在室外拍摄时运用**自然光**（太阳光、天光）以及**人工光**进行照明的方式。外景照明中多以自然光为主，受自然条件影响较大。晴天时，太阳光起主要照明作用，被摄物照度均匀，同时太阳光直射，光质硬，光影明显，投影清晰，光影大小在不同时间中随太阳角度的变化而变化；日出日落时，光线和整体环境偏暖色调，光质柔和均匀，多易拍摄被摄体逆光状态；夜晚或阴雨天时，则多以人工光作为主要光源，自然光作为背景光，交代时间和环境，烘托环境气氛。外景照明时，需要创作人员掌握自然光和人工光的特点，选择适当的拍摄时间，同时具备应对复杂天气状况的能力。（张 桥 王 真）

完片担保 completion guarantee 通过对电影制片方进行有效监督，从而向投资方保证影片能够在既定拍摄计划和预算内，按照既定剧本拍摄完工并完成交付的一种**电影保险**。完片担保起源于20世纪50年代的美国，当时伴随美国独立制片电影的兴起，一些独立制片人寻求保险公司来承担拍片的风险，继而发展成为由专业的完片担保公司来承接相应的担保业务，确保一部影片在既定预算内按期完成。影片在制作过程中，如若未能按预定完成，由完片担保方承担相关损失。在国际电影市场中，完片担保多被理解为一种用于保障影片正常生产的服务。这种服务由专业公司来实现，是电影项目运行与风险保障的重要环节。作为完片担保机构，要非常熟悉电影制作流程，并能够对剧本质量、主创人员的能力和素质、制片公司的操纵能力、完片后的发行收益等各个环节进行全方位评估。（高 飞）

《晚钟》 *Evening Bell* 中国彩色故事片。八一电影制片厂1989年出品。编剧，吴子牛、王一飞；导演，吴子牛；摄影，侯咏；主演，陶泽如、孙敏。

《晚钟》剧照

故事讲述了1945年秋，侵华日军宣布投降，八路军五名收尸队员发现一名即将饿死的日本兵，得知有一支日军军火库守卫部队因断粮多日，濒于饿死。出于人道主义，他们救活日本兵，并来到军火库喊话。洞里日军摇晃着走出来并吞食了八路军战士的口粮，但他们没有缴械。一名惨遭蹂躏的中国女劳工冲出洞来。经交涉，日军交出两具已被摧残致死的中国人的尸体。夜晚，洞内日军集体净身，唱《荒城之月》，发出最后的哀鸣。次日早上，八路军押走投降的30名日军士兵。日军指挥官自杀，作恶多端的军曹精神崩溃。弹药洞里巨响轰鸣，浓烟冲出。

影片从人性、人道主义和人类生存意识的角度，表现了抗日战争给人民带来的空前灾难。影片充分调动画面语言的感染力，情景交融，形象与哲理浑然一体，有一种凝重的历史感。影片1989年获第9届中国电影金鸡奖最佳导演奖、最佳男配角奖、最佳摄影奖，第39届德国柏林国际电影节银熊奖。（军 文）

万方 Wan Fang（1952～ ） 中国影视编剧、作家。生于北京。从小受父亲曹禺的影响，对文学艺术产生了浓厚兴趣。1968年，到东北插队。1970年，进入沈阳军区前进歌剧团。1978年，退伍后在《剧本月刊》做编辑。1980年，开始担任中央歌剧院编剧。

1985年，开始**影视文学剧本**创作。同年，担任电影《日出》的编剧，获第6届中国电影金鸡奖最佳编剧奖。1989年，创作的歌剧《原野》获第3届德国慕尼黑国际音乐戏曲研究会特别荣誉证书奖，并成为首部在美国肯尼迪艺术中心商业演出的中国歌剧。1995年，担任编剧的电视剧《牛玉琴的树》，获第16届中国电视剧飞天奖短篇电视剧一等奖。1997年，担任编剧的电影《黑眼睛》获第4届中国电影华表奖优秀故事片奖。2002年，担任编剧的电视剧《空镜子》，获第20届中国电视金鹰奖长篇电视优秀作品奖。

她擅长书写情感题材，其作品有着强烈自省意识和社会责任感。早期编写的影视剧本中人物性格偏执，结构安排戏剧化，矛盾冲突强烈。从《空镜子》开始，作品中的情感更平和、舒缓，手法细腻、情感充沛、生活气息浓厚，对女性心理的刻画精准细致。她的作品表达着对人生的观察和思考，将人物的心理状态真实地展现出来，给人们以启迪。剧作风格质朴无华，看似平淡，内部却充满张力。创作的电影作品还有《小芳的故事》《别哭，妈妈》等，电视剧作品还有《我们的纯真年代》《女人心事》《你是苹果我是梨》《空房子》《走过幸福》《日出》《城市上空的惊鸟》《钢铁是怎样炼成的》等。（朱怡璇）

万古蟾 Wan Guchan（1899-01-18～1995-11-19） 中国美术片导演。生于南京，卒于上海。自幼喜好绘画、皮影。1921年毕业于上海美术专门学校，留校任西画教员。因酷爱动画电影，暇时常与其兄**万籁鸣**探索动画影像映现原理，并进行了多次试验，终于使画稿中的人物和山水动了起来。

1925年，进入**商务印书馆活动影戏部**，与兄万籁鸣、弟万超尘一起制作了动画广告片《舒振东华文打字机》。1927年，独立完成了一部滑稽短片《一封寄回来的信》。除此之外，与其兄弟合作制作了《大闹画室》（1926）、《国人速醒》（1931）、《民族痛史》（1931）、《龟兔赛跑》（1931）、《骆驼献舞》（1935）、《抗战歌辑》（1935）、《抗战标语》（1935）等多部动画短片。

1935年，为喜剧片《**都市风光**》绘制了一段"卡通"乐剧，圆满完成了给故事片配动画的尝试。1940年，出任上海新华联合影业公司卡通部主任，并参与创作了中国第一部长动画片《**铁扇公主**》。1945年后任北平中电三厂美工科科长、南京中华教育电影制片厂技术主任。1949年为生计去香港，任长城电影公司美工科科长。1956年回到上海，参加**上海美术电影制片厂**的导演工作，并开始**剪纸片**的研究创制工作。在他的领导下，经过一年多的反复试验，1958年拍摄出中国第一部独具特色的剪纸片《猪八戒吃西瓜》。

《渔童》剧照

1959年以后，连续完成了《渔童》（获第二次全国少年儿童文艺创作二等奖）、《济公斗蟋蟀》《猴龟分树》《人参娃娃》（获第1届亚历山大国际电影节最佳儿童片奖），并与钱运达联合导演了《**金色的海螺**》（获第3届亚非电影节卢蒙巴奖）等剪纸片。这些剪纸片在艺术形式上吸收了中国皮影、窗花、剪纸等民间艺术的表现技巧，采用雕镂刻剪的工艺手法，具有多种艺术风格。有的影片人物造型细腻，富有个性特征，有的则粗犷奔放，在银幕上多彩多姿，栩栩如生。背景设计线条明快，色彩和谐，古朴典雅。他是中国早期美术片的开拓者之一，剪纸片的创造者。曾任中国动画学会顾问、上海电影制片厂顾问。（陈 野）

《万家灯火》 *Myriads of Lights* 中国故事片。昆仑影业公司1948年出品。编剧，阳翰笙、**沈浮**；导演，沈浮；摄影，**朱今明**；主演，**蓝马**、**上官云珠**、吴茵、齐衡、沈扬。

故事讲述了抗日战争胜利后的上海，某贸易公司职员胡智清工作勤奋，但由于秉性耿直，不愿与经理合谋为奸，竟被解职。于是，胡家大小八口生活日渐窘迫，而妻子又兰怀了孕，使得生活更加困难，

《万家灯火》海报

婆媳关系也出现了不和。婆婆带领次子一家要回乡下，又兰负气出走导致流产住院，胡智清左右为难，还被人诬为偷盗，遭到毒打。胡智清羞愤交加，茫然不知所向，竟被汽车撞倒，幸由路人送往医院。后在工人群众的关怀帮助下，胡智清全家终于各自觉悟，相互谅解，重新团聚。他们凝望上海夜色中的万家灯火，心潮起伏，思绪万千。

影片题材并不重大，但通过普通一家人的遭遇，反映了农村日趋困苦的现实，表现了广大中下层劳动者的命运。影片创作者采用了现实主义表现方法，并且将城乡相互对照，交替呈现，扩大了影片所展示的社会面貌。影片人物形象鲜明，艺术手法质朴、自然、细腻，形成了素描般的艺术风格。（王云缦）

万籁鸣 Wan Laiming（1899-01-18～1997-10-07） 中国美术片导演。生于南京，卒于上海。幼时酷爱美术，对中国画各种技法悉心研摹，后又自学西画。1919年考入上海商务印书馆美术部工作，任美术编辑。20年代初受美国动画片启发，结合中国的走马灯、皮影戏以及活动西洋镜的投影原理开始对动画电影进行研究。经过无数次失败，终于使绘制的画面活动起来。1925年，他和弟弟**万古蟾**、万超尘为商务印书馆制作了动画广告片《舒振东华文打字机》，是他从事动画影片创作的开始。1926年，和万古蟾在长城画片公司制成中国第一部动画片《大闹画室》。1930年又为大中华影片公司制作了《纸人捣乱记》等动画短片。这些作品尽管还比较幼稚，但在人物造型和动作上，注意走自己民族传统的道路，奠定了他的动画片的风格基础。

1931年，转入**联华影业公司**，制作了宣传抗日的《国人速醒》《精诚团结》两部动画短片。1934～1937年，在**明星影片公司**，与其弟先后制作了《神秘小侦探》《新潮》《抵抗》《飞来祸》《龟兔赛跑》《蝗虫与蚂蚁》《国货年》《漏洞》《民族痛史》《血钱》《航空救国》等多部动画短片。1935年，万氏兄弟解决了动画片的光、画、声的合成问题，创作了中国第一部有声动画片《骆驼献舞》。抗日战争全面爆发后，万籁鸣为中国电影制片厂制作了抗日救亡题材的动画短片《抗战特辑》《抗战标语》《抗战歌辑》，对动画片的民族化问题进一步进行了探索。1940年，万籁鸣应上海新华影片公司之邀，制作了胶片长达8000余尺的有声动画片《**铁扇公主**》，人物造型古朴细腻，具有鲜明的个性特征，在动画技巧上达到了新的水平。

《大闹天宫》剧照

中华人民共和国成立后，万籁鸣于1954年从香港回到上海，在**上海美术电影制片厂**任导演，先后制作了《野外的遭遇》（1955）、《大红花》（1956）、《墙上的画》（1957）、《美丽的小金鱼》和《美妙的颜色》（1958）等动画片，形成了他的艺术风格和民族风格。1960年，参加动画片《**大闹天宫**》的编导工作。在创作中，将自己多年来形成的精巧细腻的艺术风格赋予影片，使孙悟空的形象生动鲜明地跃然银幕之上，其他人物亦各有其貌，栩栩如生。影片场面宏大，五彩缤纷，变化万千，妙趣横生，具有浓郁的民族气息，受到国内外观众的一致赞扬。

作为中国早期美术片的开拓者之一，他所创作的美术片人物性格鲜明、理想主义浓厚、场面设计精致，为中国动画电影的开拓和发展作出了重要贡献。同时，其在水彩画、水粉画、油画等方面也颇有造诣。曾任中国电影家协会名誉理事、上海美术电影制片厂顾问。（陈　野）

《万水千山》 *The Long March* 中国彩色故事片。八一电影制片厂和北京电影制片厂1959年联合出品。根据陈其通同名话剧改编。编剧，孙谦、**成荫**；导演，成荫、华纯；摄影，高洪涛；主演，**蓝马**、黄凯、梁玉儒。

《万水千山》海报

影片反映了中国工农红军二万五千里长征的战斗生活，表现红军指战员在长征途中经受了严酷的战争和恶劣的自然环境的种种考验，胜利地完成了长征任务。影片以现实主义态度，真实地再现了长征途中飞夺泸定桥、强渡大渡河、爬雪山、过草地、腊子口战役等雄伟壮观的战斗场景，以高亢激越的笔调讴歌了中国工农红军“万水千山只等闲”的革命英雄主义精神和乐观主义精神。影片正面描写革命斗争形势之险恶，渲染了战争的残酷性和斗争的艰苦性。导演把握住了艺术反映生活的现实性和倾向性的分寸感，从而取得了较高的艺术成就。演员蓝马饰演的李有国，形象生动、性格鲜明。影片以丰富独到的细节刻画和饱满昂扬的创作激情，成功地塑造了中国共产党领导下的工农红军指战员的群像。（黄加明）

汪煦昌 Wang Xuchang 中国电影摄影师、电影教育家。生卒年不详。安徽婺源（今属江西）人。曾就读于上海震旦大学。1919年，自费赴法国留学，担任驻法华工队青年会的干事。一年后进入电影专校学习摄影专业。1922年毕业后，受路易斯电影工厂的聘请，参与摄制影片《小神仙》（1922），随后为百代公司拍摄了《爱情之室》（1922）。1923年，重新回到路易斯电影工厂担任副导演。归国后，应**明星影片公司**邀请担任摄影主任，拍摄了《玉梨魂》（1924）、《诱婚》（1924）、《苦儿弱女》（1924）等影片。

1924年2月，在留法学生徐琥创办的光华影戏专修学校担任摄影教授。同年7月，与徐琥联手创办了**昌明电影函授学校**，任学校校长期间，聘请洪深、周剑云、**程步高**、郑鹧鸪等人教授课程。该校开创了中国电影教学中“函授”的方法，还编写了中国第一部电影教材《昌明电影函授学校讲义》，讲义涵盖影戏概论、编剧学、导演学、摄影学4部分内容，其中汪煦昌与周剑云合著影戏概论部分。与此同时，他还担任明星影片公司的摄影师、**中华电影学校**的兼职教员，教授摄取影剧之艺术，并随带私人摄影机亲自讲解。

1924年10月，与杨廼庆等人在上海创办神州影片公司，任经理兼摄影师。"神州"创办之初，提出"潜移默化"的制片方针，力图透过电影艺术的感染力"于陶情冶性之中，收潜移默化之效"。汪煦昌认为，电影具有巨大的社会教育意义，希望通过家庭、恋爱、婚姻、友谊、亲情等题材来渲染"人性"和"人情"，从而感染银幕前的观众，并将这一理念贯穿于其在"神州"初期亲自担任摄影的《不堪回首》(1925)、《花好月圆》(1925)、《道义之交》(1926)3部影片之中。1927年4月，"神州"因资金不足而宣告结束。汪煦昌从此退出影坛。（姜　贞　郑丹妤）

《汪洋中的一条船》 *He Never Gives Up* 中国彩色故事片。"**中央电影事业股份有限公司**"1977年出品。改编自郑丰喜同名自传体小说。编剧，**张永祥**；导演，**李行**；摄影：陈坤厚；主演，秦汉、林凤娇。

故事讲述了郑丰喜出生在兄弟姐妹众多的贫困家庭，出生时小腿先天萎缩，故而只能或跪或爬着行走。幼年的郑丰喜跟随耍猴师傅街头卖艺，跪地讨钱，晚间与猫同眠。师傅因病猝然去世后，他爬回家乡，跟着五哥在田寮里养鸭。他靠爬行捡食田间的花生、番薯、野菜充饥，强忍其他孩子欺侮，还差点在大雨瓢泼的激流里丧生。郑丰喜凭着常人难以想象的毅力奋发读书，考上了中兴大学法律系。当地对他的事迹进行了报道，在校长和医院院长的帮助下，郑丰喜装上了假肢，实现了他站着走进大学校门的愿望。大学里，郑丰喜的毅力和顽强的精神感动了同系女同学吴继钊，两人坠入爱河。但吴继钊的父母坚决反对这门婚事，最终吴继钊仍不顾社会舆论和家庭所带来的压力，坚持自己的选择，毅然与郑丰喜结婚。毕业后，两人一起回到郑丰喜的家乡任教，受到学生和家长的欢迎与尊敬。其间，郑丰喜将自己的经历写成小说并发表出来，引起社会舆论的强烈反响。他的事迹在台湾地区广为流传，继而被评为台湾十大优秀青年之一。不久，郑丰喜患上了肝癌，最终还是被病魔夺去了生命。

影片以朴实的视听语言，通过人物内心情感的回溯，将郑丰喜困苦辛酸的童年及在求学、情感道路上的不断坚毅前进，淋漓尽致地展现在了观众面前。影片戏剧效果明显、人物内心张力饱满，是李行导演的重要代表作。影片上映时，创造了台湾地区新的票房纪录。影片1978年获第15届台湾电影金马奖最佳剧情片奖、最佳导演奖和最佳男主角奖，1979年获第25届亚太影展最佳导演奖和悲剧片最感人男星奖、演技最突出女主角奖、国际天主教影片特别奖。（黄钟军）

《王宝钏》 *Wang Baochuan* 中国彩色戏曲片。大成影片公司1959年出品。根据李少芸的同名粤剧改编。编导，左几；摄影，魏海峰；主演，芳艳芬、罗剑郎、半日安、欧阳俭、胡笳、陈好逑等。

故事讲述了相国王允之女王宝钏爱上寒士薛平贵，与父亲脱离关系。王允以权谋私，强令薛平贵远征。薛平贵被困西凉，却获公主爱慕，但薛平贵心中只有王宝钏，拒婚。王宝钏独守十八年，借鸿雁传血书。薛平贵终于打动公主，离开西凉，与王宝钏相聚。后薛平贵得到赏封，以藩王身份与王宝钏回相国府拜寿，吐气扬眉。

影片保留了原舞台剧的重要场面的完整，如三击掌、平贵别窑、回窑等，都以接近折子戏纪录片的方式拍成。影片中折子戏以外的情节，都以南音合唱交代，简洁而又余韵。影片精心的镜头调度，如特写、近景和推拉镜头，体现了创作者拍摄粤剧电影时的用心。影片中，罗剑郎在戏中穿上大靠，威风凛凛，是其从影以来最为出色的表演，其做手、身段都无懈可击，进窑、出窑时的功架干净利落；芳艳芬在"三送三别"中的表演也是十分精彩，每一留一别都有感情变化，最后哭倒地上，把夫妻分离的患得患失演得淋漓尽致。（罗　丽）

王滨 Wang Bin（1912-03-12～1960-01-17）中国电影导演。原名王绍杰、王彬。又名王斌。生于山东昌邑，卒于长春。出生于商人家庭，父亲在烟台一家洋行做职员。

因爱好文艺，1929年考入北平大学西洋文学系旁听，开始接触进步戏剧演出活动。1930年，入北平（今北京）的**联华影业公司**五厂电影演员养成所，在影片《故宫新怨》(1931年侯曜导演）中饰演文学家章天南。后在上海的联华一厂任演员、场记、剧务。

1934年，经**夏衍**介绍，进**天一影片公司**任编剧、导演，同年编写了《母亲》《重归》，编导了《海葬》。《海葬》比较真实地写出了当时社会穷苦渔民灾难重重的生活。1936年参加西北影业公司。1938年到抗日军政大学和陕北公学学习。1939年在鲁迅艺术学院实验剧团任副团长和导演，并兼任戏剧教员，导演了一些舞台剧。1940年导演了曹禺的四幕话剧《日出》。1942年与水华联合导演了苏联革命历史话剧《带枪的人》。1944年，积极组织并参与了大型新歌剧《白毛女》的创作。

1948年进东北电影制片厂，后导演新中国第一部故事片《桥》。1951年，与水华联合改编、导演影片《白毛女》，在国内外获得较高声誉，并获第6届捷克斯洛伐克卡罗维发利国际电影节特别荣誉奖。之后，又导演了《怒海轻骑》(1955)、《巧媳妇》(1957)、《画中人》(1958）等颇具特色的影片。（黄加明）

王尘无 Wang Chenwu（1911-01-23～1938-05-25） 中国电影理论家、评论家。原名王承谟。祖籍浙江宁波。生于江苏海门，卒于江苏海门。曾就学于上海持志大学。

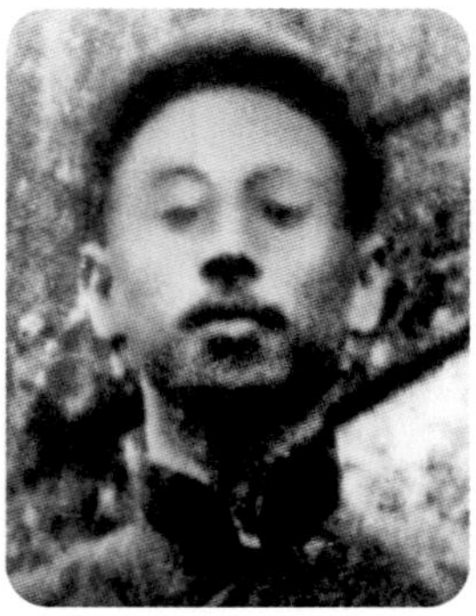

1930年，加入中国共产党。1932年，在上海加入中国左翼作家联盟，是左翼戏剧家联盟影评小组的负责人之一，也是以**夏衍为首的党的电影小组**成员之一。从1932年5月起，先后以尘无、向拉、方景亮、离工等笔名，发表了大量电影理论和电影批评文章。以反帝反封建的鲜明立场、实事求是的态度、切中时弊的批评、准确深刻的剖析、明快泼辣的文笔，形成了自己的独特风格，与广大观众要求以国产电影"猛醒救国"的正义呼声发生共鸣，并在指导和促进左翼与进步的电影创作方面起到积极的作用。

在20世纪30年代**左翼电影运动**中，王尘无为建立和捍卫左翼电影理论做了大量工作。1933年5月，发表了《中国电影之路》一文，用马克思主义的观点详尽地论述了中国电影的反帝反封建的方针任务和大众化路线等问题，是中国左翼电影运动的重要理论文献之一。1934年，在批驳“软性电影论”的论战中，先后发表了《清算刘呐鸥的理论》《论穆时英的电影批评底基础》《病余随笔——“艺术的快感”与客观的现实》等理论文章，进一步宣传和阐述了马克思主义的文艺理论，捍卫了左翼电影运动的方针路线。同时，还发挥自己多方面的才能，写了一些短文、杂文。

（黄加明）

《王哥柳哥游台湾》 *Brother Liu and Brother Wang on the Roads in Taiwan* 中国故事片。台联影业公司1958年出品。编剧，萧铜；导演，李行、张方霞、田丰；摄影，陈忠信；主演，矮仔财（张福财）、李冠章、柯玉霞、戽斗。

故事讲述了王哥原是一个擦鞋匠，柳哥则是一个三轮车夫，二人情同手足。一日，算命先生断定王哥必于三日内发一笔横财，而柳哥则于四十四日之后，必死无疑。三日后王哥果然中了“爱国”奖券。在众人欣喜之余，柳哥却闷闷不乐。因为算命先生的话已经应验了，那么柳哥就很可能死于四十四天之后。王哥不忍见柳哥悲伤，于是接受建议，和柳哥二人相携畅游台湾名胜古迹。两人带着一箱现金，无意中被小偷盯上，小偷想利用一切方法取得两人信任偷到那箱钱，但两人小心谨慎，巧妙化解了小偷的多次设计。影片分为上、下两集，上集主要讲述王哥、柳哥两个好友从三餐不继的贫穷，到买彩券中奖，决定走一趟台湾旅途的经过。下集则着墨于描述他们的旅游路线，包括木栅指南宫、北投温泉、中和圆通寺、西螺大桥、日月潭、关仔岭、赤崁楼、安平古堡、台中公园等台湾著名景点，观众观看电影，如同跟随王哥、柳哥一起饱览台湾美景。在此过程中，王哥和柳哥多次化险为夷，没让小偷成功。

影片是台湾导演李行的处女作，虽然充满了戏谑的情节，但也带着温馨与欢乐。影片在台湾大获成功，开台湾闽南语影片的喜剧片先河，改变了之前的“悲情”的刻板印象。王哥、柳哥这对银幕经典搭档，也开始成为台湾闽南语喜闹剧的经典模式。

（黄钟军）

王家卫 Wong Kar Wai（1958-07-17～ ） 中国电影导演、监制。生于上海。幼年随父母前往香港。就读于香港理工学院，学习平面设计。毕业后，进入无线电视台创办的影视创作培训班，学习电影制作与剧本写作。1982年，离开无线电视台，正式进入电影圈，与何康乔、劳文生、奚仲文等人共同在电影《彩云曲》中担任编剧。1987年，与谭家明合作《最后胜利》。

1988年，执导个人的第一部电影作品《旺角卡门》。1990年，拍摄影片《阿飞正传》，获第10届香港电影金像奖最佳导演奖、第28届台湾电影金马奖最佳导演奖等。1992年，与刘镇伟联合成立泽东电影公司。1994年，执导《东邪西毒》，获第1届香港电影评论学会大奖最佳编剧奖、最佳导演奖等。同年，执导爱情文艺片《重庆森林》，获第14届香港电影金像奖最佳导演奖。1995年，拍摄了都市传奇电影《堕落天使》。1997年，导演影片《春光乍泄》，获第50届法国戛纳国际电影节最佳导演奖。2000年，导演影片《花样年华》，获第7届香港电影评论学会大奖最佳导演奖、第26届法国电影凯撒奖最佳外国电影奖等。2004年，与M.安东尼奥尼联合创作《爱神》。同年，拍摄电影《2046》，获第57届法国戛纳国际电影节金棕榈奖提名。2007年，导演电影《蓝莓之夜》。2013年，执导武侠电影《一代宗师》，获第33届香港电影金像奖最佳影片奖和最佳导演奖、第8届亚洲电影大奖最佳导演奖等。

王家卫的电影带有明显的个人标签，对时代与人有着深刻的理解与思考，具有独特的影像感和艺术风格。其作品的影像世界是高度抽象后的真实，叙事时流露出独特的时间观，电影里的场景往往都在线性时间的过去和未来中呈现出一种独特状态，尽管他不断地用细节去强调时间概念，但他讲述的这些故事并没有特别的时间背景，它们可能每天都会发生在这个城市的角落里，它们只是从城市生活中抽离出来的标本。除此之外，王家卫还在《射雕英雄传之东成西就》（1993）、《逆光飞翔》（2012）、《摆渡人》（2016）、《撞死了一只羊》（2018）等影片中担任监制。2006年，担任第59届法国戛纳国际电影节评委会主席。同年，被法国文化部授予法兰西文学艺术骑士勋章。

（孙承健）

王家乙 Wang Jiayi（1919-01-27～1988-11-27） 中国电影导演。原名王家绎。生于江苏南京，卒于北京。青少年时期在南京市第一中学（原名首都中区实验学校、南京市立第一中学）就读，加入“磨风艺社”，后成为左翼戏剧家联盟成员。1935年入上海震旦大学医科读书。七七事变后，参加了抗日救亡演剧团，辗转上海、武汉、重庆等地，主要负责舞台、灯光工作。1940年到达延安，被分配在鲁艺实验剧团做演员，主演了话剧《海滨渔夫》，并且在《带枪的人》《白毛女》中饰演了重要角色。1945年，随延安干部团第八中队（后改名为东北文工团第一团）奔赴东北开辟革命根据地，并于该年加入中国共产党。在此期间扮演了大型秧歌剧《血泪仇》中的王保长，并且先后在团中任艺术科长、演员、导演。1947年，随文工团到农村参加土地改革运动，编导了二人转《井台记》。

1948年调入东北电影制片厂，并饰演了新中国第一部故事片《桥》中工人老梁一角，在此期间任演员、导演、副厂长、艺委会主任和顾问组长。他独立导演的第一部影片是大型纪录片《人民的新旅大》（1949）。此后导演了故事片《高歌猛进》（1950）、《鬼话》（1951，短片）、《葡萄熟了的时候》（1952）、戏曲片《蝴蝶杯》（1956）、中法合拍儿童故事片《风筝》（1957）、《伤疤的故事》（1957）、《金玉姬》（1957）。1959年，从法国学习归来后，导演了反映云南少数民族现实生活的喜剧故事片《五朵金花》。1961年，导演影片《达吉和她的父亲》，影片讲述彝、汉两个兄弟民族两位老人为一个女儿互谅互让的故事。影片表现了人情美和人性美，具有较强的艺术感染力，标志着他在导演艺术上走向成熟。1965年，导演了另一部表现少数民族生活的影片《景颇姑娘》，大胆选用当过奴隶的少数民族青年饰演主角，其表演质朴、逼真，体现了少数民族独特的气质，从而使影片富于民族生活气息。20世纪70年代末，与他人合作导演了《豹子湾的战斗》和《小字辈》等影片。

《风筝》获第11届捷克斯洛伐克卡罗维发利国际电影节荣誉奖及第19届意大利威尼斯国际电影节圣·乔治奖；《五朵金花》获第2届亚非电影节最佳导演银鹰奖；《小字辈》获1979年文化部优秀影片奖。他导演的作品以抒情见长，风格明丽，手法细腻；对喜剧的处理流畅、明快而富于浓郁的生活情趣。

（陈少舟）

王丽萍　Wang Liping（1964～　）中国影视编剧。生于浙江杭州。毕业于南京政治学院新闻系。1992年，创作了首部电影剧本《青春作证》。1999年，担任电影《绿色柔情》的编剧，同年被作为特殊人才引进上海。2009年，担任《媳妇的美好时代》的编剧，塑造了鲜活立体的女主人公形象，令人印象深刻，获第28届中国电视剧飞天奖最佳编剧奖、第16届上海电视节白玉兰奖最佳编剧奖，该剧获第25届中国电视金鹰奖优秀电视剧奖、第4届日本东京国际电视剧节最佳海外电视剧奖。2007年，担任都市剧《保姆》的编剧，获第13届上海电视节白玉兰奖最佳编剧奖提名。2015年，担任都市剧《大好时光》的编剧，获第19届华鼎奖中国百强电视剧最佳编剧奖。

她编剧的电视剧作品还有《婆婆媳妇小姑》《错爱一生》《谁懂我的心》《双城生活》《我的美丽人生》《我家的春秋冬夏》《岁月如金》《生活启示录》等。这些作品大多为现实题材，关注当代都市普通人的命运。情感细腻、富有生活情趣，人物塑造生动，在家长里短中蕴含诗意，在幽默风趣中凸显地域特色。她善于塑造女性形象，在作品中表现出自觉的女性意识与温馨的女性情怀。2011年，任**中国广播电视协会电视剧编剧工作委员会**常务副会长。2013年，获全国德艺双馨电视艺术工作者称号。2017年，获第11届全国电视制片业十佳编剧奖。曾任**中国电视艺术家协会**副主席。获全国三八红旗手标兵。

（朱怡璇）

王苹　Wang Ping（1916-09-02～1990-12-28）中国电影导演。原名王光珍。祖籍江苏江宁。生于南京，卒于北京。青少年时期在南京市第一中学（原名首都中区实验学校、南京市立第一中学）就读，加入“磨风艺社”，后成为左翼戏剧家联盟成员。1934年，毕业于南京中学高中师范科，后在南京任小学教师。1935年，因在剧团排演易卜生名剧《娜拉》并饰演主角娜拉，被南京教育局以“一个戏子岂能为人之师”的理由革职，通令南京各校不得再聘她为教师。王苹为此在《新民报》上发表《致南京人民公开信》，表达了自己与保守反动势力斗争到底的决心。1935年加入西北影业公司，与作家宋之的结为夫妻，主演了个人第一部影片《无限生涯》，因反映矿工的生活和斗争，被阎锡山下令停拍。1937年参加上海救亡演剧一队，先后参加了《母亲》《太平天国》《大雷雨》《武则天》《原野》《民族万岁》《阿Q正传》等进步剧目的编演。1941年，随着政治形势的严峻，王苹被组织派到香港参加廖承志领导的“旅港剧人协会”，后辗转抵达重庆，加入中国艺术剧社，参演了《戏剧春秋》《草木皆兵》《家》《清明前后》等剧目。

抗日战争胜利后，先后在《**一江春水向东流**》《**八千里路云和月**》《**丽人行**》《天堂春梦》等影片中扮演不同类型角色。1948年撤离上海至华北解放区，任华北大学三部研究员兼文工团员。1949年5月到东北电影制片厂。1950年9月到解放军总政文化部电影处，参与筹建**八一电影制片厂**。1953年，加入中国共产党，并且成为中华人民共和国成立后的第一位女电影导演，摄制了大型军事教育片《河川进攻》和《祁建华速成识字法》。1956年完成故事片《冲破黎明前的黑暗》。1957年拍摄的《柳堡的故事》是首次显示并奠定她朴实自然、优美细腻的抒情艺术风格的影片。后来导演的主要作品有《永不消逝的电波》（1958）、《勐垅沙》（1960）、《槐树庄》（1963）、《**东方红**》（1965）、《我们是八路军》（1977）等，其中《东方红》开创了中国拍摄大型歌舞片的先河。1963年因《槐树庄》获第2届大众电影百花奖最佳导演奖。

1985年离休后，担任中国第2部大型音乐舞蹈史诗影片《中国革命之歌》总导演，1986年获第6届中国电影金鸡奖特别奖。曾被授予少校军衔，获中国人民解放军二级红星功勋荣誉章。历任八一电影制片厂副厂长、顾问。曾任中国文联第4届委员、中国电影家协会常务理事。

（陈少舟）

王小帅　Wang Xiaoshuai（1966-05-22～　）中国电影导演、编剧。生于上海。青少年时期在贵阳度过，其间对绘画产生兴趣。1979年，和家人搬到武汉。15岁时在中央美术学院学习美术。1989年，进入**北京电影学院**导演系学习，毕业后在福建电影制片厂工作。1993年，离开国有制片厂，开始独立制作影片，编导处女作《冬春的日子》，被英国广播公司评为电影诞生以来百部佳片之一，并被纽约现代艺术博物馆收藏。2001年，执导《十七岁的单车》，获第51届德国柏林国际电影节评委会大奖银熊奖。2005年，执导《青红》，获第58届法国戛纳国际电影节评委会大奖。2008年，执导《左右》，获第58届德国柏林国际电影节最佳编剧银熊奖、特别关注奖。2019年，执导《**地久天长**》，获第32届中国电影金鸡奖最佳编剧奖、第69届德国柏林国际电影节最佳男演员银熊奖和最佳女演员银熊奖。

他执导的电影还有《大游戏》（1994）、《极度寒冷》（1997）、《扁担·姑娘》（1999）、《梦幻田园》（1999）、《二弟》（2003）、《日照重庆》（2010）、《我11》（2012）、《闯入者》（2014）等。王小帅是中国第六代电影导演代表人物，为挖掘中国艺术电影的生存空间作出了突出贡献。他的电影注重描绘青少年细腻的心理状态，关注城市底层边缘化群体，多围绕成长主题展开，主人公的成长不仅仅是身心从幼稚到成熟的转变，更是对现实世界的领悟过程。作品多通过对个体存在现状和社会环境的表述，呈现人性冷暖和伦理情感，表现中国在改革开放和社会变迁时期的人文样貌。2010年，获法国文学艺术骑士勋章。2017年，担任第20届**上海国际电影节**亚洲新人奖评委会主席。

（孙承健）

王兴东　Wang Xingdong（1951-01～　）中国影视编剧、剧作家。生于辽宁大连。1971年开始发表作品。1978年，到北京电影学院进修编剧。1989年，担任编剧的电影《我只流三次泪》，获第3届中国电影童牛奖最佳编剧奖。1992年，担任编剧的电视剧《纪委书记》获第12届中国电视剧飞天奖长篇电视连续剧三等奖。1993年，创作电影剧本

《蒋筑英》，获第13届中国电影金鸡奖最佳编剧奖。《蒋筑英》讲述了中年光学专家蒋筑英短暂而光彩绚烂的一生，创作中他采访60多人，在电影中诠释了这位光学家燃烧自己照亮别人的奉献精神。

1994年，凭借电影剧本《天国逆子》获第7届日本东京国际电影节大奖，凭借电影剧本《留村察看》获第18届中国大众电影百花奖最佳故事片奖。同年，由他担任编剧的电视剧《离别广岛的日子》获第14届中国电视剧飞天奖长篇电视连续剧三等奖。1997年，凭借电影剧本《离开雷锋的日子》，获第3届中国电影华表奖最佳编剧奖、第17届中国电影金鸡奖最佳编剧奖。《离开雷锋的日子》讲述了雷锋的战友乔安山践行雷锋精神的故事，通过直陈社会弊病的方式彰显雷锋精神的可贵。2009年，为话剧《北平·1949》创作剧本，获2009年度中国话剧金狮奖。2012年，凭借电影剧本《辛亥革命》获第31届中国电影金鸡奖最佳编剧奖。

他擅长利用现实主义的创作手法，在创作中避免将主旋律模式化。他的作品都经过实地调查采访，善于运用生活化的细节塑造人物，为主旋律影片市场化做出了有益探索。他编剧的作品还有电影《孔繁森》(1996)、《法官妈妈》(2002)、《生死牛玉儒》(2005)、《**建国大业**》(2009)、《黄克功案件》(2014)、《邹碧华》(2017)，儿童题材影片《飞来的仙鹤》(1982)、《狼犬历险记》(1985)，奥运题材影片《一个人的奥林匹克》(2008)、《许海峰的枪》(2012)，电视剧《雷锋的死与我有关》(1996)，广播剧《邹碧华》《深情》等。1997年，被中国文联评为首届德艺双馨中青年艺术家。历任延边军分区宣传队创作员、长春电影制片厂编剧、北京紫禁城影业公司一级编剧。曾任中国电影家协会副主席、中国电影文学学会会长、全国政协委员。

（商凌云）

王炎 Wang Yan(1923-05-05～2005-06-14) 中国电影导演。生于山东烟台，卒于北京。幼时举家迁至大连，8岁时父亲逝世，寄

宿在烟台的外婆家，就读于烟台省立中学。1937年抗日战争全面爆发，王炎跟随老师奔赴西北抗日，成为一名文艺兵。1939年在八路军总司令部宣传大队火星剧社任分队长。1942年入鲁迅艺术学院戏剧系学习，在抗日前线编演了秧歌剧《二流子转变》以及其他一些歌舞剧和小节目。1947年调入**西北电影工学队**，次年进入东北电影制片厂，曾在故事片《光芒万丈》(1949)、《赵一曼》(1950)中扮演角色。1950年以后，任《胜利重逢》(1951)、《**南征北战**》(1952)等影片的副导演。1954年入北京电影学院导演进修班深造。1957年毕业后分配到长春电影制片厂，后又到北京电影制片厂任导演。他独立执导的第一部故事片是《寻爱记》(1957)。此后，连续导演了故事片《三年早知道》(1958)、《康庄大道》(1959)、《战火中的青春》(1959)、《冬梅》(1961)和《独立大队》(1964)等。1964年，代表中国电影界携影片《独立大队》赴印度尼西亚参加第3届亚非电影节。1970年，与**苏里**联合导演样板戏电影《奇袭白虎团》。1972年，与**成荫**联合导演彩色版故事片《南征北战》。1979年导演了故事片《从奴隶到将军》(上、下集)，获1979年文化部优秀影片奖。1981年编导了农村题材的故事片《许茂和他的女儿们》，获第2届中国电影金鸡奖最佳女主角奖、最佳摄影奖等奖项。之后又执导了《悠悠故人情》(1984)、《女人国的污染报告》(1987)、《荒火》(1988)、《阿曼尼萨罕》(1993)等。其作品善于在尖锐、复杂的矛盾冲突中，揭示人物丰富的精神世界，也长于在平凡人物身上挖掘鲜活的时代精神。曾任中国电影家协会第4、5届理事。

（陈少舟）

王志文 Wang Zhiwen(1966-06-26～) 中国影视演员。祖籍浙江宁波。生于上海。1988年毕业于北京电影学院表演系，毕业后被分配到中央戏剧学院研究所工作。

1991年，因出演电视剧《南行记》中的青年艾芜而崭露头角。1992年，因饰演电视剧《皇城根儿》中的王喜一角成名。1993年，在电视剧《过把瘾》中饰演方言，获第14届中国电视剧飞天奖优秀男主角奖。1994年，参演《粉红》，获第5届中国电影表演艺术学会奖。1995年，主演《无悔追踪》，该剧成为其标志性作品。1997年，凭借在话剧《归来兮》中的精彩表演，获第9届上海白玉兰戏剧表演艺术奖最佳男演员奖。

2001年，出演**陈凯歌**导演的电影《和你在一起》，获第26届中国大众电影百花奖最佳男配角奖、第22届中国电影金鸡奖最佳男配角奖等。同年，在《黑冰》中出演大毒枭郭小鹏，他一方面表现了郭小鹏阴险毒辣、不择手段的反面性，另一方面也表现了他孝顺、深情的一面。王志文赋予了反面角色丰富的人性和情感，改变了传统角色定位的单向度思维。2005年，主演喜剧片《求求你，表扬我》。2014年，在电视剧《大丈夫》中饰演大学教授欧阳剑，获第20届上海电视节**白玉兰奖**最佳男演员奖。2021年，出演谍战剧《叛逆者》。

王志文参演的电视剧还有《国家干部》(2006)、《宽恕》(2007)、《手机》(2010)、《旗袍》(2011)、《青瓷》(2012)、《人到四十》(2011)等，参演的电影还有《墨攻》(2006)、《风声》(2009)、《黄金时代》(2014)、《最长一枪》(2019)等。

（陈友军）

网飞 Netflix 美国互联网影视公司。1997年由R.哈斯廷斯和M.兰道夫联合创立。总部位于加利福尼亚州洛斯加托斯。公司成立初期，网飞以经营DVD租赁服务为主，以订阅收入为主要盈利模式。到2006年，网飞订阅用户接近千万，租赁和销售总收入达到270亿美元。2007年，北美的互联网带宽大幅提升，哈斯廷斯决定开展流媒体在线点播（VOD）业务。为此，网飞开始研发机顶盒，为在线点播提供技术基础。家用视频游戏主机和智能手持设备的同步发展也让网飞的在线流媒体服务有了硬件支持和全平台覆盖。

公司早期即和美国各大影视发行公司建立了良好的关系，保证了所提供的视频内容品种丰富、完整。此外，网飞重视网站大数据，通过分析订阅用户的观影数据和电脑操作习惯，确定目标观众的需求和趣味，从而使作品更有针对性。数据采集与分析也使得公司为用户带来了高效的影视推荐、购买体验。

2012年，网飞开始开发制作原创作品。同年，网飞第一部原创剧集《莉莉海默》上线。2013年，以当代美国政治为题材的电视剧《纸牌屋》大获成功。随后，《铁杉树丛》《女子监狱》等原创剧目也有不俗表现。网飞摒弃了传统电视网“预订—试播—全季预订—周播—续订”的方法，采取整季预订、整季上线的模式。这些原创电视剧集使网飞用户数大幅增长。

除了加大对原创内容的持续投入外，网飞还向全球50多个国家推出视频流媒

《纸牌屋》剧照

体点播服务，海外用户持续增长。2017年11月，网飞购买爱奇艺公司出品的《白夜追凶》播放权，在190多个国家和地区上线。2018年4月，网飞以2000万美元收购影片《罗马》，这部影片斩获了美国电影奥斯卡奖等重要奖项。（甄晓文）

网络电影 internet cinema 以互联网媒介为首发和主要传播平台的电影。网络电影伴随着网络技术的发展和普及而兴起，具有参与性、即时性、原创性、互动性等特点。与传统电影不同，网络电影以互联网为发行平台，以网络用户为目标受众，并根据网络用户的喜好来确定题材和制作风格，根据网络播放的硬件条件和观影环境来确定拍摄手法。网络电影的收益取决于网络用户的有效观看数量，视频网站根据影片的有效付费点播量给合作方结算，分配收益。制作精良、口碑较好的网络电影也可以进入电影院线播映。

网络电影一般是使用电脑在非封闭的环境中观看，在视觉感受上不同于影院观影，这使得其在拍摄手法上不能像拍摄大银幕电影那样自由地采用远景、全景，而是多采用中景、近景和特写。电脑的观影环境容易受到干扰，注意力不能像在电影院那么集中，因此网络电影在题材选择、叙事脉络、镜头剪辑等方面都把吸引观众放在重要位置，如延长重要的特写镜头的时长、在拍摄时处理好灯光的亮度以便与电脑收视环境相适应等。

2000年8月18日，中国台湾发行的《175度色盲》被认为是世界上第一部网络电影，该影片将真人拍摄与2D、3D动画相结合，还让用户依照自己喜欢的顺序观看影片并进行互动，以凸显网络特征。2003年9月19日，德国柏林举行了网络电影节，展播了世界多个国家的网络电影。（李　艳）

网络剧 internet drama 为互联网播放平台制作的影视剧。网络剧是网络催生的艺术新形态，重视互联网思维与网感。主要由网络公司制作或者由网络公司委托外包公司制作。网络剧各集时间长度可以不一样。网络剧制作周期短，主要在网络上反复播放。具有即时性、互动性、短小精悍等特点。

网络剧从题材内容、叙事手法、思想内涵等方面呈现出多元化和复杂性。网络剧与互联网亚文化关系密切。某些网络流行文化和网络用语只能在包括网络剧在内的网络环境中得到较好的表现，一旦脱离了网络环境，这些文化和名词就会失去其含有的韵味和内涵。网络剧注重受众的交互与反馈，受众的反馈与参与构成了网络剧的重要组成部分。交互既是受众对于网络剧艺术美的感受，也是网络剧艺术的自身形态。网络媒介使网络剧拥有了从剧本到制播全过程的受众互动。

网络剧具有后现代主义美学特征的审美体验，具有数据化的虚拟性，但核心美学价值是艺术真实。网络剧可以驾驭具有宏大而深刻思想内涵的题材，获得和经典影视艺术比肩的艺术成就。网络用户行为的"大数据"挖掘，被誉为网络剧行业通过互联网挖掘用户行为数据分析结果的战略运用，给影视从业者带来了一种新思路。

网络剧受众以年轻大学生和白领阶层为主体，其内容往往能使年轻观众对剧中人物的生活和遭遇产生情感共鸣。网络剧在人物形象、叙事、演员表演、画面构图、灯光色彩等方面都达到专业水准。网络剧的制作团队日趋专业化。中国网络剧代表作有《白夜追凶》《无证之罪》《长安十二时辰》《沉默的真相》《隐秘的角落》等，美国则有《纸牌屋》等。（张智华）

网络综艺 internet variety 以视频网站为主要制作方、以互联网平台为主要播出渠道的综艺节目。视频网站为应对市场竞争日趋白热化、受众对内容的要求日益走高、购买节目版权成本不断增加等问题，同时也为了提高自身品牌识别度，由购买节目内容、吸引用户上传内容转向"内容购买+衍生自制"。除了网络电影、网络电视剧之外，网络综艺节目也是视频网站彰显自身节目制作能力和水准的重要途径。

引进专业的制作团队，不断增加对综艺节目制作的投入，使得网络综艺节目的质量不断提升。如腾讯视频从2016年开始每年投入10亿元进行节目研发与制作，而2017年用于自制内容的投入是2016年的8倍。其他视频网站在网络综艺节目制作中也纷纷采取大投入、大制作、大明星的模式，在外景选取、舞台设计、后期制作等方面精益求精，推高网站综艺节目的竞争层级。

优质的网络综艺节目给视频网站带来了可观的回报，如《奇葩说》三季的累计播放量超过17亿次，《姐姐好饿》在播出第二天，电商成交量就比之前增长了8倍。在网络直播的热潮中，米未传媒、腾讯视频和斗鱼直播推出了一档直播类综艺节目《饭局的诱惑》，在斗鱼直播平台上，前两期观看人数超过千万；而腾讯视频首播的第一期播放量突破3500万次，话题阅读达2亿次。

《奇葩说》节目现场

网络综艺的制作主体还包括一些影视制作机构和个人。有的网络综艺节目也会回流到传统电视媒体平台上播出，如《偶滴歌神啊》《爱上超模》《流行之王》等。（李　艳）

《网中的太阳》 *The Sun in a Net* 捷克斯洛伐克故事片。布拉迪斯拉发电影制片厂1962年出品。根据斯洛伐克作家A.贝德纳日的3个短篇改编而成。编剧，贝德纳日；导演，S.乌赫尔；摄影，S.索莫拉尼；主演，M.比埃里克、J.贝拉考娃。

故事讲述了一对青年男女费亚罗和贝拉彼此有好感但总闹别扭，两人各自的家庭关系也很紧张。费亚罗的父母忙于工作而无暇照顾他，贝拉的母亲失明，常年困在家中。费亚罗暑假时去集体农场劳动认识了年轻且生气勃勃的姑娘雅娜，两个人的关系很快变得亲密无间。此时费亚罗的朋友彼特趁机接近贝拉。一次机缘巧合，费亚罗结识了住在农场附近的贝拉的爷爷，也终于知道了贝拉母亲失明的缘由。暑假过后，费亚罗和贝拉又走到一起，但对生活仍然迷茫。

影片被认为是捷克斯洛伐克新浪潮电影的开山之作，以奇诡的想象力、新颖的镜头语言和激进的探索与实验，形成了一种冲破桎梏的反思力量。影片片名《网中的太阳》取自电影中河畔渔夫在渔网中放置酒瓶采集日光的情节，片中大量使用碎玻璃、墨镜等道具反射阳光，室内戏中利用镜子完成人物关系的分配，室外戏展现自然环境的生命力，使影片更富感染力。影片注重心理和感觉的描写，具有含义丰富的隐喻和意象，爵士乐的运用也具有突破性，表现出受西欧新浪潮电影的影响。影片被官方认为含有太多政治隐喻一直被禁映，2016年才获得公映。（陶赋雯）

《旺角卡门》 *As Tears Go By* 中国彩色故事片。影之杰制作有限公司1988年出品。编导，**王家卫**；摄影，刘伟强；动作设计，董玮、江道海、潘健君；美术指导**张叔平**；主演，**刘德华**、**张曼玉**、张学友、万梓良。

故事讲述了香港九龙区旺角的古惑仔华仔是一个社团的小头目，与小弟乌蝇情同手足。兄弟俩靠追债为生，生活窘迫。华仔的远房表妹阿娥来旺角看病，暂时寄宿在他家中。两人相处日久，渐生情愫。与此同时，跟华仔苦恋六年的女友美宝因受够了当前的穷苦生活，背着他打掉孩子，并提出分手。华仔一直希望乌蝇低调行事，以便在乱世中保全自己。但乌蝇一心想要出人头地，为人张扬跋扈，到处闯祸，就连社团的狠角色托尼他也敢招惹，连累华仔差点被人家打死。心烦意乱的华仔好不容易决定来大屿山和表妹阿娥一起生活。但是乌蝇却在此时接了社团刺杀叛徒的生死签，威风一时，还趁机羞辱了托尼一番。为了救乌蝇，华仔毅然辞别了阿娥。最终，华仔帮乌蝇完成了刺杀任务，自己却被警察击毙，再也没能回到大屿山。

影片是王家卫的导演处女作，不仅表现了浓浓的兄弟情和真挚的爱情，还通过两个底层小人物的落魄，以小见大，折射出当时香港底层社会民众的生存境遇与社会大背景。影片情感表达充满诗意，影像风格处理细腻，手持摄影增添了影片真实感。影片艺术化表达和商业化追求相结合，开启了**香港黑帮片**的新思维。影片1989年获第8届香港电影金像奖最佳男配角奖和最佳艺术指导奖。（类成云）

《望长城》 *Odyssey of the Great Wall* 中国彩色纪录片。中央电视台1991年出品。共4集。编导，刘效礼等；摄影，韩金度；主持，焦建成、黄宗英、李培红。

影片共包括《万里长城万里长》《长城两边是故乡》《千年干戈化玉帛》《烽烟散尽说沧桑》。影片随着主持人徒步长城的脚步和采访，长城的历史、作用、功能、意义、变迁等开始逐渐浮现，老龙头传说、蒙古草原上的婚俗、陕北高原上的信天游、司马迁墓、甘肃裕固族舞蹈等普通生活瞬间进入画面。影片广泛综合了历史、地理、考古、民俗、社会学、人类学等不同学科的研究成果，兼及自然生态条件与人口变迁等因素，对沿长城遗址附近居住的人们的风俗习惯和生活状况进行了细致而真实的刻画。

影片打破了声画分离的传统，大胆采用跟踪拍摄和同期声，让普通人面对镜头说话，突显了纪实主义美学风格，给电视纪录片的创作观念带来了颠覆性的冲击。影片承接20世纪80年代中国电视工作者在纪录片、专题片领域展开的风格探索，同时也和20世纪90年代的“**中国新纪录片运动**”构成呼应，在中国电视纪录片史上具有一定的标志性意义。影片1991年获第1届范长江新闻奖。（刘 斐）

《危楼春晓》 *In the Face of Demolition* 中国故事片。中联电影企业有限公司1953年出品。编剧，余千之；导演，李铁；摄影，孙伦；主演，张瑛、卢敦、紫罗莲、梅绮、黎灼灼、**李小龙**、李月清、黄楚山、黄曼梨、吴楚帆。

故事讲述了教书先生罗明来到一座在战前建成的破旧狭小的危楼里，罗明进门就与恶语相向的黄大班打了个照面。二房东三姑欲安排罗明住在尾房，尾房原来的房客谭二叔本是高级技工，因公伤断左臂而失业，妻子产后失调卧病在床，全家六口靠两个大孩子卖报、刷鞋糊口。由于谭家已欠租3个月，三姑也已经代交房租，但长贫难顾，她欲把房屋转租罗明。谭二叔要求改租床位，黄大班家的丫鬟玉芳想将自己的床位让给谭二叔全家，却遭到黄妻呵止，恰好司机梁威出工回来，仗义垫付房租，才使谭二叔一家不致流落街头。同一屋檐下，罗明逐渐认识了来自社会各个阶层的房客：重义气的的士司机梁威夫妇、为了生存不得不在舞厅工作却洁身自好的白莹、刚从乡下走出来的无知女孩玉芳、上下为难的二房东三姑、心肠歹毒的黄大班夫妇等。不久，罗明与白莹相恋，并准备结婚。此时罗明却被学校辞退，两人经济上陷入困境。梁威也被公司辞退，威嫂临盆在即。谭二叔靠卖血为生，生命危在旦夕。玉芳被黄大班污辱，想上吊自杀，被病重的谭二叔救起，不料谭二叔因此病势加剧，在玉芳面前死去。一场飓风来临，失修的旧屋顿变危楼。众人凭着彼此扶持逃出险境，黄大班却为了拾回一叠高利贷借据而命丧瓦砾堆下。

影片将一所破旧的危楼作为社会的缩影，反映出20世纪50年代香港社会生活的艰苦以及种种不合理现象，鼓励穷人要团结互助，共渡难关。吴楚帆饰演的的士司机梁威富有正义感，成为受尊敬的人物，其口头禅为“人人为我，我为人人”，提倡守望相助、乐于助人，其形象深入人心。影片群戏出色，在现实中选取了许多新鲜活泼的素材，严肃认真而充满生活情趣，是粤语片的优秀代表。

（张承宇）

威尔士，F. Fran Walsh（1959-01-10～ ）新西兰电影编剧、制片人。生于惠灵顿。丈夫为新西兰影视导演P. 杰克逊。2001～2003年，在杰克逊的支持下，她与P. 鲍恩斯、S. 辛克莱携手改编了《指环王》三部曲，包括《指环王：护戒使者》(2001)、《指环王：双塔奇兵》(2002)、《指环王：王者归来》(2003)。

2004年，凭借改编电影剧本《指环王：王者归来》，获第30届美国电影土星奖最佳编剧奖、第76届美国电影奥斯卡奖最佳改编剧本奖、第57届英国电影学院奖最佳改编剧本奖。《指环王》三部曲根据英国作家J.R.R. 托尔金的长篇魔幻作品《魔戒》改编而成，电影剧本最大程度上还原了托尔金笔下包罗万象的雄奇世界，使得《指环王》三部曲成为21世纪以来魔幻类型电影的里程碑之作。

威尔士的作品以想象力和奇幻性著称，故事引人入胜，如与杰克逊合作的风格诡异的低成本影片《群尸玩过界》(1992)。她参与编剧的电影作品还有《疯狂肥宝综艺秀》(1989)、《罪孽天使》(1994)、《恐怖幽灵》(1996)、《金刚》(2005)、《可爱的骨头》(2009)、《霍比特人：意外之旅》(2012)、《霍比特人：史矛革之战》(2013)、《霍比特人：五军之战》(2014)等。（张林明）

威尔斯，O. Orson Welles（1915-05-06～1985-10-10） 美国电影导演、演员、编剧、制片人。原名乔治·奥逊·威尔斯。生于威斯康星州基诺沙，卒于加利福尼亚州洛杉矶。1931年，加入爱尔兰都柏林市的盖特剧院，开始演员生涯。1934年，回到美国，在百老汇演戏，任水星剧院导演。1938年，由于主演广播剧《星际战争》而名声大噪，随后雷电华影业股份有限公司请他到好莱坞发展。

1941年，导演并主演《公民凯恩》，获得巨大成功。影片在叙事上打乱时间顺序，运用大量长焦距镜头、移动摄影、多层次音响等艺术手法，颇具创新，在世界电影史上占有重要地位。1942年，导演《安倍逊大族》，表现一个行将崩溃的贵族世家。这两部影片确立了他在世界影坛一流导演和演员的地位。1943年，导演了《长夜漫漫路迢迢》。在好莱坞，他还导演并主演了《陌生人》（1946）、《上海小姐》（1948）、《麦克白》（1948），主演了《简·爱》（1944）和《春闺泪痕》（1946）等。1949年后，他不满好莱坞的制片厂制度，去欧洲拍片。同年，在C.里德执导的《第三人》中担任主演，该电影曾被英国电影学院列为英国电影史百部佳片第一位。

《公民凯恩》剧照

他执导的影片还有《约翰逊的信》（1938）、《阿卡汀先生》（1955）、《历劫佳人》（1958）、《审判》（1962）、《不朽故事》（1968），以及《奥赛罗》（1952）、《午夜钟声》（1965）、《福斯塔夫》（1966）等一系列根据W.莎士比亚戏剧改编的作品。1970年，获第34届意大利威尼斯国际电影节终身成就奖。1975年，获美国电影研究院终身成就奖。（陈　梅）

威廉姆斯，J.T. John Towner Williams （1932-02-08～　）美国影视作曲家、指挥家。生于纽约。1958年，独立完成了配乐生涯中的第一部电影《情圣》。1972年，为电影《屋顶上的提琴手》创作配乐，获第44届美国电影奥斯卡奖最佳改编配乐奖。1976年，为电影《大白鲨》创作配乐，获第48届美国电影奥斯卡奖最佳原创配乐奖。1978年，为电影《星球大战》创作配乐，获第50届美国电影奥斯卡奖最佳原创配乐奖。

1980～1993年，担任波士顿通俗交响乐团的指挥。1983年，为电影《E.T.外星人》创作配乐，获第55届美国电影奥斯卡奖最佳原创配乐奖。1993年，为电影《辛德勒的名单》创作配乐，获第66届美国电影奥斯卡奖最佳原创配乐奖。2000年，跻身好莱坞剧场名人堂，并于2004年获得美国电影学会终身成就奖与肯尼迪中心荣誉奖。2005年，为电影《星球大战》创作的配乐被美国电影学会评为"史上最优秀的美国电影音乐"。同时，该影片配乐作品因在文化、历史和审美上的巨大价值被美国国会图书馆的国家录音登记处特别保存。

此外，还曾为管弦乐团和独奏乐器创作过数量众多的古典协奏曲和其他作品。主要电影音乐作品还有《超人》（1978）、《侏罗纪公园》（1993）、《拯救大兵瑞恩》（1998）、《哈利·波特》（2001）等。

（姚国强）

威尼斯国际电影节 Venice International Film Festival　意大利国际电影节。世界上第一个国际电影节，有"国际电影节之父"之称。1932年8月6日在意大利威尼斯创办。威尼斯双年展的组成部分。1934年第2届电影节之后，改为每年8月底至9月上旬在意大利威尼斯的利多举行，为期两周。1943～1945年，因第二次世界大战中止举办。1946年恢复举行。

1932～1942年，设有最佳故事片奖、最佳纪录片奖、最佳短片奖、最佳意大利影片奖、最佳外国影片奖、最佳导演奖、最佳编剧奖、最佳男女演员奖、最佳摄影奖、最佳音乐奖等奖项。除此之外，还曾设有特别奖、综合奖、"墨索里尼杯"奖、"双年节杯"奖等奖项。1946年后，电影节组委会取消了"墨索里尼杯"奖。1949年，增设圣马克金狮奖等。1954年，圣马克金狮奖改名为金狮奖。1963年，在新任威尼斯国际电影节主办人L.基亚里尼领导下，电影节进行大规模重组。奖项结构和主旨文化都进行了改革。在之后的6年里，电影节制定了较为严格的选片标准，统一遵循标准进行审片。1968年，欧洲的社会和政治动荡波及威尼斯双年展。1969～1979年，电影节废除了奖项的颁发评选，回到最初的观摩放映模式。1980年恢复评奖。

第78届威尼斯国际电影节外景

威尼斯国际电影节的宗旨是"为严肃的艺术服务"，至今已逐渐形成特有传统：聚焦全世界电影实验者，鼓励电影人拍摄形式新颖、手法独特的影片，不论成熟与否，只要有创新精神，均被电影节接纳。

最高奖项为金狮奖，每年仅有一部长片获此殊荣，有的年份这一大奖由两部影片分享，奖杯形象为"圣马克金狮"（有翅膀的狮子）。银狮奖仅次于金狮奖，并非每一届都颁发，一般颁发给角逐金狮奖的影片、最佳处女作电影、最佳短片或最佳导演。中国电影在威尼斯国际电影节的舞台上多次露面，斩获20多次大奖。2005年的第62届威尼斯国际电影节，中国电影参展数量为历届之最。中国导演**张艺谋**的《秋菊打官司》（1992）和《一个都不能少》（1999）先后获金狮奖，张艺谋成为继法国导演L.马勒之后第二位两次荣获该奖的导演。（甄晓文）

微距镜头 macro lens　在超近距离（倍率为1∶10左右）校正像差的近摄镜头。微距镜头是一种用作微距摄影的特殊镜头，主要用于拍摄人物或景物的细节，如人物的眼睛、嘴唇特写或花卉昆虫等。微距镜头也用于学术用途的拍摄以及复制保存文献。和一般镜头相比，微距镜头具有更高的影像放大倍率。

微距镜头一般有两种结构：①镜头采用内置伸缩镜筒的结构，摄影者只要旋转镜头对焦环就能进行正常的对焦，如果想近摄，只要（一般都设计有解锁按钮）把已旋转至最短对焦处的对焦环继续旋转，就能把镜头的整个光学系统随同内置的镜筒同步前移，从而使像距增大，焦距缩短，达到近摄的目的。②镜头采用改变光学镜片组的结构，通过改变镜头内光学镜片组前后位置来获得较近的焦距和较高的影像放大率，从而达到近摄的目的。

微距摄影主要有三种方法：①运用微距镜头拍摄，实现数10倍到1/2倍乃至等倍率近摄。如50毫米、100毫米、200毫米微距镜头。②在普通镜头（非微距镜头）前面加装近摄镜片（焦距较长的凸透镜），组合成新的光学系统，可拍摄更近物距的景物，影像放大率增大，实现微距摄影的目的。③通过连接镜头与机身之间的皮腔伸缩，改变对焦距离，放大倍率来完成。

进行微距摄影时，因为摄距比较近，

要求有足够的照明条件以进行曝光补偿，并且要精确对焦。（马 诚）

微相表演 microphysiogonomy performance 影视表演中一种“细部显微”的表现手段，是通过特写或近景镜头呈现演员面部表情和形体动作等细微表演的角色塑造方法。微相表演是影视表演区别于舞台表演的一种本体认知理论。匈牙利电影理论家巴拉兹最早使用了“微相学”这一术语，他认为借助异于常规景别的特殊处理可以“超越空间”探入人物心灵领域，使人物心理活动外化，即根据细微的面部表情变化来体验和了解人物内心活动的细微变化。

相对于舞台艺术，影视表演在镜头下的宽容度更大，更强调真情实感的“写实性”。因此，创作者通过微相表演，可以捕捉人物细微的心理和生理反应，包括表情、眼神、手势和其他外部肢体细节，对准确地刻画出人物的性格特征和情绪变化有着重要作用，可以让观众察觉其蕴含在语言之外的丰富的“潜台词”，让人物形象在观众眼中变得立体、生动。

微相表演在传达人物的心理活动层次和细微情绪体验上有着举足轻重的作用，是演员“二度创作”成功的保障。因此，能够掌握并运用好微相表演，是塑造出鲜活、丰满、深刻的人物形象的基本功和一种境界，它对演员的演技、文化水平和理解思考能力有着很高的要求，需要演员做好戏外功夫。（许 婧）

韦布，J.R. James R.Webb（1910-10-04～1974-09-27） 美国影视编剧。生于科罗拉多州丹佛，卒于洛杉矶。1962年，创作电影剧本《西部开拓史》，讲述了普雷斯科特家族四代人在美国西部开拓创业的故事，获第36届美国电影奥斯卡奖最佳原创剧本奖。这部史诗性的巨片分为河流、平原、内战、铁路、不法之徒五个章节，由三个导演联合执导，全景式再现了美国开拓西部的历史，是一部典型的颂扬美国西部精神的影片。

韦布编剧的作品还有《秘密行动》（1952）、《草莽雄风》（1954）、《黄金篷车大作战》（1954）、《空中飞人》（1956）、《锦绣大地》（1958）、《猪排山》（1959）、《恐怖角》（1962）、《太阳王》（1963）、《安邦定国志》（1964）、《奇兵定江山》（1969）等。（张林明）

韦恩，J. John Wayne（1907-05-26～1979-06-11） 美国电影演员。原名马里

恩·迈克尔·莫里森。生于艾奥瓦州温特塞特，卒于洛杉矶。父亲是一位药剂师。在加利福尼亚州长大，后获足球奖学金进入南加利福尼亚大学。暑假期间曾在福克斯电影公司实习工作，后结识了导演J.福特，福特对其日后演艺生涯的发展起到了很大作用。

1928年开始在福特和其他导演的影片中饰演小角色。1930年福特将其推荐给导演L.沃尔什，主演了影片《大追捕》，一举成名。1939年主演了福特执导的西部片经典之作《关山飞渡》，其精湛而深沉的表演使他一举成为影坛明星。1948年主演了《红河》，展现了其更加成熟的演技，开始成为超级巨星。1949年主演了战争片《硫磺岛浴血战》。1960年自编、自导、自演了西部战争史诗片《边城英烈传》，获第33届美国电影奥斯卡奖最佳音响奖。1969年主演了西部片《大地惊雷》，获第42届美国电影奥斯卡奖最佳男主角奖、第27届美国电影金球奖最佳男主角奖。

《关山飞渡》剧照

其他主要作品有《真的勇敢》《射手》《绿色贝雷帽》《搜索者》《生为西部人》《骑兵》《牛仔们》等。其演技精湛，富于男性魅力，出演了许多西部片，塑造了众多美国西部开发时期纵马持枪、见义勇为的牛仔形象，刻画了他们剽悍好斗、勇敢坚毅的性格。1953年获第10届美国电影金球奖最受欢迎男演员奖。1966年获第23届美国电影金球奖塞西尔·布朗特·戴米尔奖。（胡思旅）

《围城》 *Fortress Besieged* 中国电视剧。上海电影制片厂影视艺术部、中央电视台等1990年联合出品。共10集。改编自钱钟书的同名长篇小说。编剧，孙雄飞、屠傅德、黄蜀芹；导演，黄蜀芹；摄影，沈星浩、黄群学；主演，陈道明、英达、吕丽萍、李媛媛、葛优、史兰芽。

故事讲述了抗战初期，结束4年欧洲游学生活的方鸿渐回到上海，居住在死去的未婚妻家里，并在丈人家里结识了女博士苏文纨和表妹唐晓芙。苏文纨对方鸿渐颇有好感，方鸿渐却对唐晓芙暗生情愫。在苏文纨的挑拨下，唐晓芙宣布与方鸿渐绝交，情场受挫的方鸿渐只得与苏文纨的追求者赵辛楣一同前往三闾大学教书，一路上经历颇丰。在三闾大学任教期间，二人疲于应对校内外的个人恩怨与观念纷争，处处遭受排挤，方鸿渐也因与英语教师孙柔嘉日渐亲密引起其他同事妒忌而事事不顺。赵辛楣转而从商，方鸿渐与孙柔嘉结婚回到上海，但他们的婚姻最终还是因为各种琐事和争吵宣告失败。

该剧导演精准地把握了原著的精神内涵，将小说中的幽默、调侃、讽刺意味和尴尬、无奈、凄凉的人物处境表现得淋漓尽致。该剧以沉稳克制的叙事手法准确地重现了原著中方、苏、唐、孙等主要角色的人物特性，基本还原了小说中丰富的人物关系网，也进一步凸显了作品主题。该剧在成功地塑造了方鸿渐这一性格懦弱、犹豫不定、无用却可爱的典型中国知识分子形象的同时，也刻画了工于心计、求爱不成便下嫁曹元朗的女博士苏文纨；可爱率性却又意气用事，轻易同方鸿渐宣布绝交的唐晓芙；真正同方鸿渐走进围城后又各自走出的平凡世俗小女人孙柔嘉；以及阴险狡诈、表里不一的韩学愈、李梅亭、顾尔谦等配角，并由此构成了人物布局轻重得当又栩栩如生的知识分子群像。该剧1991年获第11届中国电视剧飞天奖优秀长篇电视剧二等奖、优秀导演奖、优秀男演员奖，第9届中国大众电视金鹰奖优秀连续剧奖。（王乙涵）

维尔托夫，D. Dziga Vertov（1896-01-02～1954-02-12） 苏联电影导演、编剧兼理论家。原名杰尼斯·阿尔卡基耶维奇·考夫曼。生于比亚韦斯托克（今属波兰），卒于莫斯科。曾就读于军乐学校、精神性神

经病医学院和莫斯科大学。1918年开始在莫斯科电影委员会新闻电影部工作，曾参加最早的苏联新闻片《新闻周报》的剪辑。1919年起，领

导一个电影工作者小组在国内战场上拍摄新闻纪录片并从事宣传鼓动工作，因而成为苏联和世界纪录电影的创始者。

他在工作中不断探索新的拍摄方法和新的剪辑方法，以揭示革命进程中的现实问题，逐渐形成了**电影眼睛派**。主要作品有《电影真理报》(1922～1925，杂志性质)、《电影眼睛》(1924)、《前进吧，苏维埃》(1926)、《在世界六分之一的土地上》(1926)、《持摄影机的人》(1929)、《顿巴斯交响曲》(1930)以及反映卫国战争的新闻纪录片。1934年拍摄的《关于列宁的三支歌》是用电影反映时事的优秀作品。

作为苏联纪录电影的奠基人之一。维尔托夫力图创造出反映现代生活的新电影，认为电影的实质在于**拍摄角度**和**蒙太奇**，否定新闻电影以外的各种电影艺术。其在摄影和剪辑技巧上，有很多革新，在创作上和理论上的探索对纪录电影的发展起到了一定的推动作用。（富　澜）

《维莉蒂安娜》 *Viridiana* 西班牙、墨西哥合拍故事片。西班牙电影工业联合会、墨西哥古斯塔沃·阿拉特里斯特公司、西班牙59电影公司1961年联合出品。编剧，L.布努埃尔、J.亚历杭德罗；导演，L.布努埃尔；摄影，J.F.阿瓜约；主演，S.皮纳尔、F.雷依、F.拉瓦尔、M.洛扎诺。

故事讲述了即将成为修女的维莉蒂安娜，在嬷嬷的建议下于仪式前到资助人海麦叔叔的乡间住所看望他。海麦却因维莉蒂安娜酷似亡妻而动情。在维莉蒂安娜返回修道院的前夕，海麦央求她穿上妻子的婚纱并向她求婚，遭拒后，海麦用药迷醉了维莉蒂安娜。第二天，维莉蒂安娜执意离开，海麦自杀身亡。为此，维莉蒂安娜决定留下。海麦的儿子何塞来到这里，他雇人重整荒废的田地，振兴父业，维莉蒂安娜为无家可归者提供食物和住所，带他们虔诚祷告。然而这群人好吃懒做，在她进城的时候登堂入室，大摆宴席，甚至企图玷污维莉蒂安娜。维莉蒂安娜救世的幻想彻底破灭，她烧毁了十字架和荆

《维莉蒂安娜》剧照

冠，走向何塞的房间，与何塞及拉莫娜玩起纸牌。

影片是导演布努埃尔的宗教三部曲之一，以大量象征和隐喻的手法表现了宗教的理想主义与现实世界之间的差距，对天主教的伪善性及其救赎理念进行了直接而辛辣的嘲讽。影片曾在西班牙被禁，直到1977年才得以公映。影片1961年获第14届法国戛纳国际电影节金棕榈奖。（李晓欢）

维马，R.G. Ram Gopal Varma（1962-04-07～　）印度电影编剧、导演、制片人。生于安得拉邦首府海得拉巴。职业生涯前期的影片创作以编剧为主，后期逐渐转向制片人、导演。1991年，编剧并导演了电影《每时每刻》，讲述了一个被抢劫犯追杀的年轻女子在一个富有正义感的小偷的帮助下走出险境，将抢劫犯绳之以法的故事。整部影片幽默搞笑，情节设计跌宕起伏、扣人心弦。维马凭借该片获印度安得拉邦政府颁发的南迪奖最佳编剧作家奖和最佳导演奖。1998年，执导了以孟买黑社会为背景的黑帮故事片《塞雅》，获第43届印度电影观众奖最佳影片奖。这部风格前卫大胆、题材扎根印度社会现实的作品，重塑了印度电影中的犯罪类型，被认为是维马第一部真正的杰作，是维马职业生涯的转折点，它将维马与“孟买黑色电影”紧紧地联系在一起。

维马的作品风格多样，在动作片、歌舞片风行的印度，其影片经常缩减片中的歌舞片段，更注重对影片整体叙事流畅度和完整性的把控。他擅长黑帮犯罪题材创作，作品专注于表现印度社会现实，聚焦当代都市，故事背景多设置在孟买。其作品为印度类型电影提高了深度，带来新的电影技巧，被称为“孟买黑色电影”。参与编导的作品还有《学校》(1999)、《印度黑帮》(2002)、《印度教父》(2005)、《默恋》(2007)、《印度教父2》(2008)、《印度教父3》(2017)等。（侯东晓）

《伪钞制造者》 *The Counterfeiters* 德国、奥地利合拍彩色故事片。木兰电影制片公司、艾柯尔策电影制片公司、贝塔电影公司等2007年联合出品。改编自斯洛伐克犹太裔印刷工人A.伯格的回忆录。编导，S.卢佐维茨基；摄影，B.纽恩费尔斯；主演，K.马克维斯、A.迪赫、D.史崔梭德。

故事发生在第二次世界大战期间，德国纳粹试图制造大量假币来破坏同盟国的经济环境，妄图以此在战争中取得优势，这一秘密计划被称为“伯纳德行动”。他们精挑细选了一些有相应才能的犹太犯人，包括伪钞制造高手索洛维奇、理想主义者伯格等，让他们在相对舒适体面的集中营里工作。在极端的生存环境下，面对道德的两难境地，该如何选择立场，成为他们每个人要面临的拷问。

《伪钞制造者》剧照

影片由真实的历史事件改编，题材新颖，风格上尽显平实和真切，开篇采取倒叙手法，并和结尾前后呼应，把影片的内容延续到了“二战”之后，引人思考战争对人永久的伤害和影响。影片2007年获第57届德国电影奖金奖最佳男配角奖，2008年获第80届美国电影奥斯卡奖最佳外语片奖。（杨　柳）

委内瑞拉电影 Venezuelan cinema 1909年，被称为委内瑞拉民族电影事业之父的M.A.戈农和A.G.比达尔第一次将纪录短片《加拉加斯狂欢节》献给委内瑞拉观众。1911年，两人又拍了一部反映加拉加斯狂欢节的短片，与第一部不同之处是增加了一些个人的表演，具有了早期故事片的痕迹。1913年，E.齐默尔曼和L.曼萨诺联合导演了委内瑞拉第一部长故事片《卡耶纳斯太太》。同年，现已无从考查编导的舞台剧纪录片《处决皮亚尔》公映。在这以后的一段时间里，委内瑞拉由于技术设备的简陋落后，电影事业的发展相当缓慢。1913～1933年，只生产了12部长片，其中比较有影响的是《阿亚里》(1931，F.贝拉埃科切亚导演)、《女人的心》(1932，J.费尔南德斯导演)。那时由于没有制片厂，这两部影片都是在街头拍成的。这一时期的重要电影工作者除上面几部影片的导演之外还有A.G.比达尔、E.J.安索拉等人。

1933年，委内瑞拉政府买进一套电影声效设备，促使有声电影的产生。在实验性地拍摄了一部音乐短片之后，1937年拍摄了第一部有声长片《决裂》(A.德尔加多·戈麦斯导演)，该片1939年正式公映。1940～1942年，摄制了3部长片：《我可怜的女儿》(费尔南德斯导演)、《难忘之夜》

（R.博尔贾导演）和《街上的胡安》（R.里韦罗导演）。由于影片上映后大量亏损，从1942年始，电影业出现危机。1948年玻利瓦尔制片公司成立后，吸引了墨西哥和阿根廷的导演前来拍片，每年能生产两三部娱乐影片。20世纪50年代，M.P.希门尼斯独裁时期，电影业再度陷于困境。这一时期M.贝纳塞拉夫拍摄的影片《莱维隆》是委内瑞拉民族电影的最早尝试。1958年独裁政府被推翻后，电影得到国家的资助，境况大为好转，虽然当时商业性影片仍占主导地位。这一年，贝纳塞拉夫完成的长纪录片《阿拉瓦》为电影的社会批判倾向奠定了基础。

1963年，委内瑞拉电影家协会成立。20世纪60年代后半期，独立制片导演团体的出现是委内瑞拉电影发展的重要阶段。独立制片的导演们把视线倾注到国内现实问题上，拍出了一系列重要影片，如H.埃·盖代萨导演的《望着我们的城市》（1966）和《孩子们沉默无语》（1968）、K.列波耶托导演的《死井》（1967）、H.索莱导演的《委内瑞拉》（1969）等。1966年成立的电影资料馆在发行这些影片方面起了很大作用。1971年，旅游部门成立了电影处，由于它的资助，委内瑞拉电影事业在70年代获得较大发展。1972年，创办电影学校。这一时期出现了一批反映现实和青年运动的影片，如《想哭不想哭》（1973，瓦莱瓦施坦因导演）、《马伊拉凯布石油公司》（1974，D.奥罗佩萨导演）、《我是罪犯》（1976，C.德拉塞尔达导演）等。影片年产量不断上升，一度达到20部。

20世纪80年代初建立的电影基金会为民族电影事业的发展作出了积极的努力。80年代有3家大制片基地兼洗印厂、5家影片发行公司。市场上每年放映的国产片只占3.5%，其他75%为美国片，20%多为英国、法国、西班牙等国影片。政府在社会发展部下设电影局，对国内外影片不审查，只有一个影片定级委员会。1985年，F.托雷斯导演的《奥里安娜》获第38届法国戛纳国际电影节金摄影机奖。这一时期比较有名的影片还有《一个罪犯史》（1985，奥罗佩萨导演）、《守口如瓶》（1985，C.博利瓦尔导演）、《可疑的杀人犯》（1986，博利瓦尔导演）和《作案》（1986，T.乌赫列斯导演）等。

20世纪90年代至21世纪，委内瑞拉电影不断有佳作问世，引起世界影坛的关注。J.诺沃亚导演的电影《少年海罗》（1994）获得圣巴巴拉国际电影节最佳故事片大奖。E.施奈德导演的《点和线》（2004）获得四项国家大奖以及哈瓦那电影节评委会特别奖。J.雅各布维奇导演的《暴力特快》（2005）是委内瑞拉最卖座电影。M.隆登导演的电影《列宁格勒》（2007）获比亚里茨国际艺术节金太阳大奖。托雷斯导演的《伊娃哈瓦那》（2010）获纽约国际拉丁电影节最佳国际特色奖。隆登导演的《佩洛玛洛》（2013）获西班牙圣塞巴斯蒂安国际电影节金贝壳奖。M.法拉利导演的电影《蓝色非粉红》（2012）是首部获西班牙电影戈雅奖最佳西班牙语外国电影奖的委内瑞拉电影。L.维加斯导演的长片处女作《来自远方》（2015）获第72届意大利威尼斯国际电影节金狮奖，是首部获得该奖项的委内瑞拉电影和拉丁美洲电影。

（韩传铮　秦喜清）

魏铎　Wei Duo（1932-01～2003）　中国电影摄影师。生于辽宁营口，卒于广州。1948年参加中国人民解放军，曾任辽南军区文工团美术组组员、东北军区政治部文工团美术组组长。1956年，毕业于北京电影学院摄影班。在八一电影制片厂时曾参加过抗美援朝战场纪实拍摄，在战场上负伤，立功受奖。在中印边境自卫反击战中，冒险深入前沿阵地拍摄纪实片。后调到珠江电影制片厂担任摄影师。其间，拍摄了《抗美援朝》《中印边界自卫反击战》《狩猎》《雪地练兵》《军垦战歌》《向森林进军》《扁担精神赞》《女子采油队》等纪录片。

1979年，在《春雨潇潇》中担任摄影师，开始引起关注。1981年，在《扬帆》中担任摄影师，形成其电影摄影艺术的个人风格，也奠定了他在中国电影摄影界的地位。1982年，在《逆光》中担任摄影师，获第3届中国电影金鸡奖最佳摄影奖，魏铎在影片中大胆创新用光，成功地将画面美和塑造人物结合起来，受到好评。1989年，在《巍巍昆仑》中担任总摄影师。

作为中国第四代电影摄影师，他还拍摄了《枫树湾》（1976）、《春歌》（1978）、《雾都茫茫》（1980）等故事片。曾任中国电影家协会第5届理事、中国摄影师协会副会长等。

（梁　明）

魏人　Wei Ren（1953～　）　中国影视编剧。原名魏东升。祖籍山西五寨。生于北京。1969年，毕业于北京五中。后入伍内蒙古生产建设兵团。1979年退伍后在《民间文学》编辑部当编务。1982年，开始发表文学作品。1988年，与王朔等人成立海马影视创作室。1990年，创作电影剧本《龙年警官》，影片获第14届中国大众电影百花奖最佳故事片奖。1996年，进入中国公安部金盾影视文化中心，担任总编室主任、制片人。2000年，担任影片《刑警张玉贵》的编剧。2008年，创作电影剧本《无法结局》，获第9届中国电视电影百合奖优秀编剧奖。2009年，担任电视剧《公安部长罗瑞卿的故事》的编剧，该剧获第27届中国电视剧飞天奖中篇电视剧奖。2014年，在《历史转折中的邓小平》中担任编剧之一，该剧获第13届中共中央宣传部精神文明建设“五个一工程”奖、第28届中国电视金鹰奖优秀电视剧奖。

魏人的影视创作主要以公安题材为主，其笔下的警察形象疾恶如仇、不畏强权、悲天悯人，如《龙年警官》中的傅冬、《刑警张玉贵》中的张玉贵等。他善于将人物放置于复杂而巨大的矛盾中，让人物在法律、职责、亲情、友情等之间进行选择，形成了具有独立风格的类型特色。他编剧的影视作品还有：电影《青春无悔》（1991）、《直接伤害》（2002）、《左小马》（2004）、《疯狂的玫瑰》（2009）、《落花有声》（2010）；电视剧《编辑部的故事》（1991）、《海马歌舞厅》（1993）、《刑警夏日》（1995）、《英雄无悔》（1996）、《我是警察》（1999）、《公安局长》（2002）、《蛇年警官》（2002）、《巡警第九队》（2004）、《我非英雄》（2004）、《警察世家》（2008）、《光荣时代》（2019）等。

（王晓旭）

魏学仁　Hsioh-ren Wei（1899～1987）　中国物理学家、电化教育家。生于江苏南京。1914年，入金陵中学，毕业后进入金陵大学。大学期间成绩优异，荣获国内重要的学术团体斐陶斐荣誉学会首次颁发的金钥匙奖，并留校担任助教、讲师等。1925年，考取美国洛克菲勒奖学金，同年秋赴美国芝加哥大学研究院攻读物理。1928年秋学成归国，出任金陵大学物理系教授兼教务长。1930年，担任金陵大学理学院院长，曾批准金陵大学化学系教授唐美森放映由柯达公司销售的教育电影，效果良好。随后，积极推进教育电影在金陵大学理学院的教学及研究，与理学院各系教师合作，分头翻译制作汉语本，用于课程教学，并在全国推广。同年秋，成立以发展电影教育为宗旨的推广委员会、发展委员会和交际委员会。1934年秋，正式改组成立科学教育电影委员会（又称教育电影委员会）。此后，金陵大学理学院的各系课程都开始广泛使用教育电影来辅助课堂教学。

1935年起，与中国教育电影协会及教

育部等合作拍摄中国教育电影。最初他亲自参与创作、拍摄，后增聘孙明经等毕业校友数人，组成摄制小组，分赴各地，按编定的拍摄内容稿本自行拍摄和出品适合国情的教育电影，此举对于当时的中国而言可以说是首创。1936年9月，成立理学院教育电影部，至1943年底，摄制教育影片百余部，复制影片千余部。1936年，主持成立电影与播音部，并在国民政府教育部和中国教育电影协会委托下，承办“全国电化教育人员训练班”（电影与播音师资班），由全国各省、市教育厅局选送青年大学教师到南京培训。该训练班分别于1936年、1937年、1938年举办三期，培训青年教师近300人，这是中国电影广播高等教育的起点。

1938年冬季开办电化教育专修科，分为电影教育与播音教育两组。初创时实行学年制，后改为学分制。1947年4月，电化教育专修科改称电影播音专修科，简称影音科。1944年与联合国影片新闻宣传处签订电影放映合同，由金陵大学巡回放映该处提供的以反法西斯为主要内容的影片。1950年任卡内基国际和平捐赠组织电化教育项目主任，在美国编著出版《幻灯片与电影的分类》一书。他在中国早期电化教育领域取得了丰硕的成绩，为电化教育的推广作出了重要贡献，是中国电化教育的先驱。（姜　贞）

文德斯，W.　Wim Wenders（1945-08-14～　）德国电影导演。生于杜塞尔多夫。1967年到慕尼黑电影电视高等学校学习，同时也为《电影评论》等报刊撰文，并导演了一些短片。1970年，拍摄了第一部实验性的侦探影片《城市之夏》。1971年，与R.W.法斯宾德、U.布兰德纳尔、H.博姆等人一起创建了作家电影出版社，是新德国电影的成员。文德斯最初的故事片《守门员害怕罚点球》（1971）、《红字》（1972），反响一般。但后来的旅行三部曲《阿丽丝在城市》（1974）、《错误的举动》（1974）和《时间的流程》（1976）相当成功。他的影片《美国朋友》（1977）除获得联邦电影奖外，还于1977年正式代表联邦德国参加了法国戛纳国际电影节。1978年到美国，随后导演了影片《哈默特》（1982）和《事态》（1982），其中《事态》以纪录片的手法描述了虚构情景，表现了一位完全以文德斯本人为模特儿的电影冒险家。影片采用黑白影调，获1982年第39届意大利威尼斯国际电影节金狮奖，成为新德国电影中最有名望的青年导演之一。1984年拍摄的影片《得克萨斯州的巴黎》（与法国合拍），获第37届法国戛纳国际电影节金棕榈奖。1987年，凭借《柏林苍穹下》获第41届法国戛纳国际电影节最佳导演奖。20世纪90年代以后，陆续拍摄了《咫尺天涯》（1993，第46届法国戛纳国际电影节评委会大奖）、纪录片《乐满哈瓦那》（1999，欧洲电影最佳纪录片奖和奥斯卡最佳纪录片提名）、《百万美元大酒店》（2000，第50届德国柏林国际电影节银熊奖）、《迷失天使城》（2004）、3D纪录片《皮娜》（2011）和通过一起车祸探索人生意义的《一切都会好》（2015）。2015年2月，获第65届德国柏林国际电影节终身成就奖。（史梦君）

文华影业公司　Wenhua Film Company　中国电影制片机构。1946年8月由吴性栽创办于上海。吴邦藩任总经理，陆洁任厂长兼常务董事。1947年2月开始制片，5月又增聘人员，扩大业务。其主创人员以上海进步话剧团体苦干剧团为基础，但也吸收其他艺术水准较高的艺术家加入，在当时被视为一家高格调的“文艺片”影片公司。艺术上由黄佐临、桑弧负责，摄影师有黄绍芬、许琦、葛伟卿、李生伟，演员有石挥、丹尼、叶明、史原、张伐、韩非、韦伟、程之、莫愁、崔超明、俞仲英、汪漪等，曹禺、费穆、张爱玲、李丽华、石羽、上官云珠、蒋天流等也参加过公司相关影片的拍摄。

“文华”的影片在20世纪40年代中国影坛上自成一派，创造了脱俗的、为高文化水准观众所欣赏的艺术精品。至1949年5月上海解放，“文华”共摄制13部影片，包括《假凤虚凰》《夜店》《艳阳天》《表》《不了情》《太太万岁》《小城之春》《哀乐中年》以及戏曲艺术片《越剧精华》等。其中费穆导演的《小城之春》最具代表性，突破了中国电影原有的表现手法，将氛围与影调的营造作为叙事结构中的主要艺术因素，开启了东方现代电影的先河。影片的艺术价值于20世纪80年代被重新发现，成为中国电影史上“文艺片”的经典。这些影片题材虽不重大，但在艺术手法上往往注重人物感情的细腻表现，在风格、样式上比较清新独特；同时，在内容上也注意社会效果，具有一定的思想性；在影像表达上也更注重心理和内涵层面的体现。

作为抗日战争后一家有影响的电影制片公司，“文华”除摄制了一批值得重视、研究的影片外，它还锻炼和培养出不少电影艺术人才，在中华人民共和国成立后的电影事业中继续发挥了积极作用。1949年5月上海解放后，拍摄了《腐蚀》《太平春》《我这一辈子》《思想问题》《姊姊妹妹站起来》等。1951年9月并入上海联合电影制片厂。（王云缦　陈少舟）

文化部优秀影片奖　Prizes for Best Films of the Ministry of Culture　中国电影奖项。1957年4月11日，文化部首次颁发了优秀影片奖，以奖励1949～1955年中国内地和香港生产的优秀影片及创作人员。之后中断了22年，1979年恢复评奖活动，一年一届。从1980年起，由文化部组织的评奖委员会，对各制片厂提名的前一年创作生产的优秀影片进行评选，授予选定影片以“文化部优秀影片”的荣誉称号，并发给有关影片摄制组奖品、奖状和奖金。评奖的宗旨是：鼓励创作，表彰先进，总结经验，推动社会主义电影创作的繁荣和发展。1986年，中国广播电影电视部建立后更名为“中国广播电影电视部优秀影片奖”。（李文斌）

文献纪录片　film documentary　利用文献资料加以编辑拍摄而成的影片样式。文献纪录片所用的文献资料大体包括文件、照片、图片、实物、各种文字记载及其他影像、音频素材。文献纪录片大多比较完整地展现了某一历史事件的始末，或某一特定人物的生平，如《辛亥风云》《毛泽东》《鲁迅传》等。文献纪录片所表现的历史事件和历史人物，必须保持历史的本来面目，不能违背史实。可以运用电影的艺术手段对文献资料进行必要的剪辑，但不能虚构；可以利用反映历史面貌的美术作品来弥补某些形象化史料的不足。某些故事片比较系统、真实地记录或反映某一重大历史事件，也具有一定的文献价值，习惯上称为文献性故事片，如《甘地传》等。（姚国华）

《我不是药神》　*Dying to Survive*　中国彩色故事片。花满山（上海）影业有限公司、北京真乐道文化传播有限公司、欢欢喜喜（天津）文化投资有限公司等2018年联合出品。编剧，韩家女、钟伟、文牧野；导演，文牧野；摄影，王博学；主演，徐峥、周一围、王传君、谭卓、章宇、杨新鸣、王砚辉。

故事讲述了上海经典印度神油店的老板程勇生意萧条，日子过得紧巴，前妻还与他争夺孩子的抚养权。一天，店里来了一个白血病患者，求他从印度带回一批仿制的特效药格列宁，这为程勇提供了商机，同时也让买不起天价正版药的白血病人保住一线生机。程勇不愿做走私的买卖，但是父亲病危，他只能尝试印度特效药的销售。程勇周围出现一群帮助他卖药的白血病人或家属。程勇顺利取得印度格列宁的销售代理权，平价特效药救人无数，他被病患封为“药神”。但是，他很快被正版格列宁公司举报，程勇也和德国格列宁（假药）公司发生冲突。受到假药贩子张长林的威胁之后，程勇放弃了印度格列宁的代理权，忍痛与朋友散伙。而利欲熏心的张长林猖獗地销售药物被警察查封，致使药物停售。一年后，程勇已开办了工厂，生意红火。但是昔日的朋友白血病人吕受益因为高昂医药费和病痛的折磨而自杀，更多的病人同样命悬一线。这时候印度药厂国际官司失败，生产被迫停止。程勇决定重新卖药，并把价格降到最低。市场上又重新出现印度格列宁，这一情况促使警察加大了盘查力度。全国各地的白血病友奋力保护平价特效药和“药神”程勇，而“黄毛”(彭浩)在躲避查封行动中惨死。最后程勇还是被警方带走，接受审判。在运送程勇去监狱的路上，四处而来的白血病人纷纷摘下口罩送行。不过，此案引起政府高度重视，程勇获得减刑提前释放。政府也推进了医疗体制改革，加大了大病医保力度。

影片基于真实事件而创作，焦点对准慢粒白血病患者无力购买天价进口药维持生命的严酷现实，引发了对个体生存命题的共情及对社会性问题的深思。影片既有对社会敏感问题的揭露，同时也努力去点燃人们内心的温暖之光，仁爱、互助、对生命珍视等成为影片的叙事情感动力。影片将镜头语言、人物表演融合于现实主义叙事中，不仅彰显出独特的艺术魅力，而且深入民间疾苦，审视社会问题，具有强烈的人文关怀精神。影片2018年获第42届加拿大蒙特利尔国际电影节最佳剧本奖，第55届中国台湾电影金马奖最佳新导演奖、最佳男主角奖、最佳原著剧本奖；2019年获第15届中共中央宣传部精神文明建设“五个一工程”奖优秀作品奖，第32届中国电影金鸡奖最佳导演处女作奖、最佳男配角奖，第35届中国大众电影百花奖优秀影片奖，第38届香港电影金像奖最佳两岸华语电影奖，第13届亚洲电影大奖最佳男配角奖。（连　洁）

《我的璀璨生涯》 *My Brilliant Career* 澳大利亚彩色故事片。澳大利亚大联合组织公司、玛格丽特·芬克制片公司、新南威尔士电影公司1979年联合出品。改编自M. 富兰克林1901年的同名小说。编剧，E. 维特考姆；导演，G. 阿姆斯特朗；摄影，D. 麦克阿佩恩；主演，J. 戴维斯、S. 耐尔、W. 修斯。

故事讲述了西碧拉出生在19世纪末的澳大利亚，她从小就表现得独立勇敢，梦想成为作家。父母对她的梦想嗤之以鼻，将她送往祖母家，希望她能在那儿学会循规蹈矩。两个当地男子弗兰克和哈里对她展开追求。西碧拉虽然喜欢哈里，却拒绝了他的求婚。随后，为帮父亲还债，西碧拉成为债主的管家。在工作中，她教孩子们认字、读报。债主因怀疑她跟大儿子有不正当的关系，把她赶出了庄园。当她回到祖母家时，哈里再次向她求婚，怀揣作家梦的西碧拉再度拒绝。她勇敢地与保守的大环境抗争，经过不懈努力，终于成为一名出色的女作家。电影在西碧拉朗读自己的小说《我的璀璨生涯》中结束。

《我的璀璨生涯》剧照

影片通过描写西碧拉的奋斗故事，表现了19世纪末女性独立意识的觉醒。影片利用自然光效，以现实主义的手法大量展现了澳大利亚的自然风貌。影片画面优美，人物服饰与道具精致考究。影片1979年获第17届澳大利亚电影工会奖最佳影片奖、最佳导演奖、最佳改编剧本奖、最佳摄影奖、最佳制作设计奖和最佳服装设计奖，1981年获第34届英国电影学院奖最佳女演员奖。（曹怡平）

《我的电影生活》 *My Film Life* 中国电影史料。梅兰芳著。中国电影出版社1962年出版。32开，12.5万字。全书内容涉及梅兰芳自1920年拍摄《春香闹学》《天女散花》起到1959年拍摄《游园惊梦》止，近40年的从影经历。书中文章多数刊发在《电影艺术》《游戏报》，共计19篇，详细记述了梅兰芳拍摄戏曲片的经历以及与外国电影艺术家的交往和友谊。全书通过作者自述，呈现了大量生动的戏曲艺术以及**戏曲电影**的创作细节，包括电影的拍摄缘起、详细经过以及后续相关情况等。

该书对如何解决戏曲的程式化表演同电影的写实手法和背景处理的矛盾，如何运用电影的特殊表现手段来加强和丰富戏

《我的电影生活》封面

曲艺术等方面，都提供了宝贵的经验。除了涉及一些耳熟能详的戏曲艺术作品，梅兰芳还回忆了一些鲜为人知的中外电影的艺术交流与合作情况，体现出梅兰芳深厚的艺术修养、个人魅力以及中国戏曲的世界影响力。为了解中国戏曲、戏曲与电影创作的关系等提供了大量参考资料，具备一定的研究价值。（忆　帆）

《我的少女时代》 *Our Times* 中国彩色故事片。玉春雷娱乐文创股份有限公司、华联国际多媒体股份有限公司、华策影业有限公司和台湾映艺娱乐股份有限公司2015年联合出品。编剧，曾咏婷；导演，陈玉姗；摄影，江敏忠、陈国隆；主演，宋芸桦、王大陆、李玉玺、简廷芮。

故事讲述了长相平凡的普通女生林真心收到了一封“幸运信”，她必须要把这封信寄给五个人，不然厄运就会降临。林真心把信偷偷放在校园霸王徐太宇的书桌里，不料被徐太宇发现，徐太宇开始了一系列恶搞林真心的行动。后两人意外发现自己暗恋的对象在秘密交往，遂组成“失恋阵线联盟”，誓要拆散这对金童玉女，帮对方追到心上人。在这个过程中，林真心得知徐太宇的堕落是由于好朋友阿远的意外溺亡，她决心帮徐太宇走出心理阴影。后徐太宇重整学业、奋发图强，考进了学校“英雄榜”，曾经的暗恋对象陶敏敏也对徐太宇刮目相看、芳心暗许。

不料学校新上任的教导主任对徐太宇百般刁难，徐太宇在一次被罚长跑途中晕倒，不得不进行手术，手术前徐太宇将林真心托付给欧阳非凡，而此时的林真心也意识到自己对徐太宇早已暗生情愫。多年后，林真心参加偶像刘德华的演唱会，殊不知这正是徐太宇再次走近自己的开始。

影片以20世纪90年代的台湾高中生活为背景，讲述了女生林真心和校园霸王徐太宇浪漫又温情的初恋故事。影片充满着青春趣味和积极的正能量，勾起了观众对青春年少时的回忆。影片上映后，获得了极好的票房收入。影片2016年获第16届华语电影传媒盛典最受瞩目表现奖。

（张雨蒙）

《我的左脚：克里斯蒂·布朗传》 *My Left Foot* 爱尔兰、英国合拍彩色故事片。爱尔兰弗恩戴尔电影公司、英国格拉纳达电视台、爱尔兰广播公司1989年联合出品。根据C.布朗的同名自传改编。编剧，S.康诺顿、J.谢里丹、布朗；导演，谢里丹；摄影，J.康罗伊；主演，D.戴-刘易斯、B.弗里克、A.韦兰、K.谢里丹、F.肖。

影片讲述了残疾人克里斯蒂如何在家人、朋友的呵护下成长为画家的故事。克里斯蒂天生残疾，给父母带来巨大的压力，但母亲精心呵护克里斯蒂，童年时期的克里斯蒂与兄弟姐妹度过了一段愉快的时光。他学会用左脚写字、画画。在艾莲医生的帮助下，克里斯蒂逐渐学会了说话。长大后，克里斯蒂爱上了艾莲，却因情感波折而痛苦万分。母亲帮助他走出困境，并带领全家给他搭建了一个独立的小屋，方便他创作。在艾莲的帮助下，克里斯蒂成功举办了画展，他把卖画的钱偷偷放在母亲存钱的盒子里，表达他对母亲和家人的爱护之情。最终，克里斯蒂收获了爱情。

影片从克里斯蒂参加慈善活动展开叙事，以回忆的形式讲述了克里斯蒂不同时期的生活。影片情节感人，表演真实，生动地描绘了爱尔兰底层家庭生活的贫困与快乐。影片1990年获第62届美国电影奥斯卡奖最佳男主角奖、最佳女配角奖。

《我的左脚：克里斯蒂·布朗传》剧照

（秦喜清）

《我是说谎者：费里尼的笔记》 *I'm a Born Liar: A Fellini Lexicon* 意大利电影著作。F.费里尼著。倪安宇译。生活·读书·新知三联书店2000年出版。32开，20.1万字。

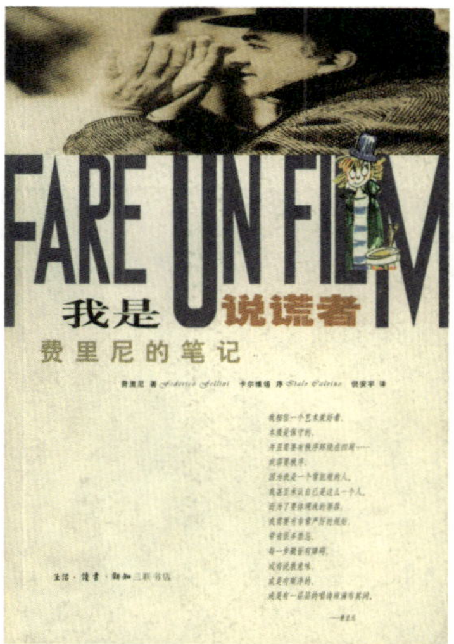

《我是说谎者：费里尼的笔记》封面

该书是意大利电影导演费里尼撰写的关于自己个人成长和从影经历的自传。全书按照费里尼从业时间书写而成，共分为14个部分，包括“我记得……”“与罗西里尼相遇”“开机”“卡比利亚之夜”“信手涂鸦”“编故事”“谁迷茱丽叶”“萨蒂里康”“献给马戏团”“电视”“罗马”“再见里米尼”“电影是什么”“结语”。书中还收入了费里尼创作的描绘梦境的漫画、涂鸦和笔记。此外，译者还整理了费里尼的大事记和作品年表放在书的最后。作者在书中讲述了自己在家乡里米尼的成长经历，回忆了自己在罗西里尼的指导下从事电影工作的情形，解释了为什么马戏团会多次出现在自己的电影中，论述了电影与电视的关系，阐述了自己的电影思维，并在“卡比利亚之夜”中，详细说明了自己电影创作灵感的产生过程。

该书之所以用“说谎者”来定义，是由于费里尼承认在他传记式电影中所描述的都是虚构的回忆，他几乎虚构了一切，包括童年、人物、乡愁、梦想、回忆等。书中所插入的漫画，是作者用图像的方式在记录电影中的人物，想要在绘画与电影之间建立某种关系。

（孙承健）

《我在伊朗长大》 *Persepolis* 法国、美国合拍动画片。又译《波斯波利斯》。索尼经典电影公司2007年出品。根据M.莎塔比创作的同名自传漫画小说改编。编剧，V.帕兰德、M.莎塔比；导演，帕兰德、莎塔比。

故事讲述了20世纪70年代，莎塔比通过她年轻的眼睛注视着伊朗社会的变迁。1979年，伊斯兰教革命中巴列维国王失败，宗教领袖掌握大权，伊朗成为一个教权国家。随着莎塔比长大，她目睹了女性被迫穿黑袍戴黑巾，社会日渐保守。两伊战争爆发，伊朗政府开始实施新的法律，并削减更多的社会自由，而莎塔比以大胆的态度拒绝对这种不公正的现象保持沉默，她的父母对此十分担心，便将她送到维也纳去上学。在一个不同的文化背景下，莎塔比发现自己同样身处磨难，经常被等同于她所逃离的宗教极端主义。对此她毫不退缩，克服心理障碍，最终赢得了认可，甚至有了爱情的体验。但爱人的背叛，让她痛不欲生。后经家人许可，莎塔比返回伊朗，又进入一个艰难时期。她进入艺术学校，出席派对并与男友结婚，但莎塔比仍然是叛逆的，她不屈服于任何的压制性环境。24岁时她意识到，尽管自己是个伊朗人，却无法在这个国度继续生活，为了避免被伊朗当局作为政治异议人士，于是她决定永远离开伊朗并移居至法国。

影片上映后好评如潮，但一些神职人员认为冒犯了伊朗和伊斯兰教，并存在色情内容的场面，最初在一些伊斯兰国家被封禁，甚至引发知识界和政界人士的抗议。影片2007年获第60届法国戛纳国际电影节评委会奖，2008年获第80届美国电影奥斯卡奖最佳动画长片奖提名。曾被美国《时代周刊》杂志评为2007年度十大电影之一。

（张　骏）

《我这一辈子》 *The Life of a Peking Policeman* 中国故事片。文华影业公司1950年出品。改编自老舍的同名小说。编剧，杨柳青；导演，石挥；摄影，葛伟卿、林发；主演，石挥、魏鹤龄、沈扬、李纬、程之。

故事以一个奉公守法的北京旧警察在晚年对往事的回忆构成。清末，20多岁的“我”失业后，由邻居赵老警介绍，当了清政府的警察，目睹了清兵的腐败。“我”曾被派在秦大人家当门警，1919年五四运动爆发，秦大人倒台。“我”升了巡警，并结识学生领袖申远。不几年，秦大人又上台了，“我”又被派在秦公馆当门警。秦的官愈做愈大，老百姓愈过愈穷，“我”被降为三等警察，死了妻子，留下

《我这一辈子》剧照

一双儿女。紧急关头，“我”救助了地下共产党员申远。抗日战争时让儿子参加了八路军。后来，“我”因儿子是八路军被抓进监狱，狱中又遇见申远。在申远的帮助下，“我”终于清醒了。但未及解放，“我”在街头冻饿而死。

影片发挥了原作于平凡的生活中发现真理的长处，以简练的笔调，描写了北平城里一个旧警察的一生，从一个侧面表现了旧中国近半个世纪的变迁。影片用纵横相间的方式，以纵的历史和“我”的思想发展为经，以清末至中华人民共和国成立前近50年间的几个历史片段为纬，呈现了一幅既有历史纵深感又有社会透视广阔度的、饱含世态炎凉和人间辛酸的风情画。影片1957年获文化部1949～1955年优秀影片二等奖。（阿　军）

《卧虎藏龙》 *Crouching Tiger, Hidden Dragon*　中国彩色故事片。安乐影片有限公司、**中国电影合作制片公司**等2000年出品。编剧，王蕙玲、J.夏慕斯、蔡国荣；导演，**李安**；摄影，鲍德熹；主演，**周润发**、**杨紫琼**、**章子怡**、张震、郎雄、郑佩佩。

故事讲述了李慕白行走江湖多年，随身携带的青冥剑伤人无数，他看透江湖恩怨，决意将青冥剑由红颜知己俞秀莲带到京城送给贝勒爷，从此退隐江湖。然而，宝剑在送到贝勒府的当晚就遭到黑衣人抢劫，俞秀莲与黑衣人百般斡旋，最终宝剑还是被盗走。有人看到黑衣人进了九门提督玉大人府内，俞秀莲也认为与玉府有关。九门提督玉大人刚从新疆调来上任，主管京城治安。贝勒爷与其交往过甚，认为此事与其无关，切勿打草惊蛇影响大局。俞秀莲猜测是玉府小姐玉娇龙意气用事所为，为了将此事化小，俞秀莲只好暗中查访宝剑下落。玉娇龙自幼被藏匿在玉府的碧眼狐狸收为徒弟，武功了得，不仅对江湖之事深有耳闻，而且有着浪迹江湖的憧憬。在新疆之时，玉娇龙瞒着家人与号称“半天云”的大盗罗小虎私订终身，而如今来到京城，父亲为了个人仕途为其指定婚事，迫使玉娇龙想冲出家门放浪江湖。俞秀莲了解之后，一方面对其隐瞒了李慕白来到京城探寻宝剑的消息，另一方面旁敲侧击希望玉娇龙能完璧归赵。之后，在玉娇龙归还宝剑之时，与李慕白有了一次正面交锋。李慕白由此发现了害死师傅的碧眼狐狸的下落。一时任性的玉娇龙卷入了这场江湖纷争中，李慕白在与碧眼狐狸交手中为救玉娇龙而身中剧毒。在俞秀莲的指引下，玉娇龙来到武当山，却始终无法面对罗小虎，最终跃身万丈绝壁。

《卧虎藏龙》海报

影片蕴含着独特的东方美学意蕴与浓厚的人文色彩，探讨了个体深处“江湖”中的人生抉择，再现了人性的自我博弈。影片呈现了不同的地域奇观，既有江南水乡的烟雨凄迷、京城市井的喧闹纷扰，也有边疆大漠的豪迈辽阔、武当山的山色空蒙。影片中，古建筑群落、古典服饰、民风民俗以及颇具水墨山水画卷般的视觉语言和民族性的配乐等，都体现出儒雅诗意、飘逸空灵的传统文化意蕴。影片将中国功夫的形式美与传统儒道精神、山水文化、书画文化以及地域自然风光进行结合，演绎了粗犷与柔美，诠释了中国式的侠骨柔情。影片开拓了中国**武侠片**的新境界，代表着中国武侠片取得了世界性的成功，也标志着中国电影开始走向世界。影片2000年获第37届中国台湾电影金马奖最佳剧情片奖、最佳剪辑奖；2001年获第73届美国电影奥斯卡奖最佳外语片奖、最佳摄影奖、最佳艺术指导奖、最佳配乐奖，第20届香港电影金像奖最佳影片奖、最佳导演奖、最佳摄影奖，第58届美国电影金球奖最佳导演奖、最佳外语片奖等。（梁玛丽）

渥太华国际动画节　Ottawa International Animation Festival　加拿大动画节。世界四大动画节之一。1976年8月创办于加拿大渥太华。由加拿大电影协会组织创立。1976～2005年，每两年举办一次，之后改为一年一办。早期的渥太华国际动画节个性化十足，丝毫没有商业气息。在评审环节，评委从创作理念、技术水平和艺术革新等方面综合考量，评选出优秀作品。参赛作品结合了多领域的技术，既有电脑制成的作品，如加拿大电影委员会制作，用电脑动画形式重现现实的作品；也有传统的动画作品，如直接在胶片上勾画出图案等。参赛作品可以是在电影、电视或网络上放映的动画作品，也可以是采用停格拍摄或是电脑制作的影像类型。

动画节奖项包括最佳动画片奖、最佳独立短片奖、最佳学生动画奖、最佳商业片奖等，其中包括专门面向青年观众的最佳动画短片及系列动画奖。该动画节的评审团组成别具一格，除国际评审团外，还有6～13岁的儿童评审团负责儿童竞赛单元的作品评审工作。该影展作品的类别划分一直在更新中，以便反映动画行业本身的发展。2002年，新增动画电影竞赛奖项；2004年，引入成人和少儿频道电视节目竞赛奖项；2012年，增设游戏动画奖项。电视动画大会是动画节主要板块之一，汇集了来自世界各地的业内人员，共同商讨动画行业的发展问题。此外，动画节专门开辟场地，为加拿大本土高校学生提供展示自己创意的平台。（赵　宁）

乌发电影公司　Universum Film A.G.　德国电影机构。全称为全德环球电影股份公司。成立于1917年。在德国军方的支持下，由德意志银行联合其他银行和企业投资成立，位于柏林市西南郊的波茨坦。当时乌发电影公司的使命是按照政府授意树立德国的正面形象，对抗好莱坞电影的影响，起到宣扬德意志民族精神的作用。魏玛共和国时期，发展成为私营企业，不再承担战争宣传职责，更多地倾向于商业制作。1923年，建立巴伯尔斯贝格大制片厂，拥有当时世界上较为先进的设备和现代化的摄影棚，制作了《最卑贱的人》(1924)、《大都会》(1927)、《蓝天使》(1930)等经典影片。1929年，拍摄了第一部有声片《心之曲》。

20世纪20年代中后期，为克服财政困难，乌发电影公司与美国**派拉蒙影业公司**、米高梅电影公司签署“派乌米协定”，接受两家美国电影公司的资金注入。它们之间的竞争关系暂时转变为一定的合作关系。1927年，胡根堡公司执掌乌发电影公司的经营管理，德国本土资本重新占据上风，与好莱坞的短暂的合作关系随之结束。希特勒统治时期，公司再次被纳入国家化轨道，重新成为意识形态的宣传工具。第二次世界大战期间共生产1000多部影片。1942年，兼并大量的中小电影制作公司，形成了一个综合性的电影控制机构。1945年纳粹灭亡，乌发电影公司随之结束。

（李晓欢）

乌克兰电影 Ukrainian cinema 乌克兰电影经历了苏联时期和乌克兰独立时期。

苏联时期的电影 1917年底，东乌克兰地区建立苏维埃政权，成立乌克兰苏维埃社会主义共和国。1919年，乌克兰电影开启全面国有化过程。1922年成立了全乌摄影及电影管理局。该管理局重新组建了雅尔塔电影制片厂和敖德萨电影制片厂，1928年两厂合并为基辅电影制片厂（后更名为杜甫仁科基辅电影制片厂），是当时世界最大、最现代化的电影厂之一。此时期创作的故事片尝试将革命主题与革命前的传统情节剧、惊险剧融合起来，如P.恰尔金尼的《乌克拉其亚》和A.P.杜甫仁科的《爱的浆果》(1926)、《外交邮包》(1927)。同时也拍摄了一些根据民族经典文学作品改编的影片，如《塔拉斯·特利亚西洛》《尼古拉利亚杰》《波里斯拉夫笑起来了》等。来自莫斯科的电影导演在敖德萨拍摄了许多电影。1925年上映的S.M.爱森斯坦的电影《战舰波将金号》成为敖德萨城市的名片。20世纪20年代末，导演L.库尔巴斯与作家M.约甘森、Y.杨诺夫斯克合作发起新现代主义。导演、编剧、雕塑家I.卡瓦列里泽的《大雨》征服了许多观众。杜甫仁科的影片《阿森纳》(1929)、《大地》(1930)在乌克兰艺术的形成过程中起着重要作用，奠定了乌克兰“诗电影”的基石。

1930年乌克兰首次出现有声片，即D.维尔托夫的纪录片《热情：顿巴斯交响曲》和次年索洛维约夫的艺术片《前线》。20世纪30年代至40年代初，乌克兰电影以表现民族历史题材为主，有影响力的作品有杜甫仁科的《肖尔斯》(1939)和I.萨夫琴科的《波科坦·赫梅利尼茨基》(1941)。

第二次世界大战时期，乌克兰被德军占领的部分仍在经营电影。乌克兰电影协会在基辅电影制片厂的基础上拍摄了一些宣传片、纪录片和编年史电影。著名的电影摄影师如N.托尔斯基和Y.塔马斯基都在此制片厂工作。基辅当时有8家电影院。一部分乌克兰电影工业和电影人疏散到东部，在配合战争形势的同时也贡献了一些电影杰作，如W.瓦西里耶夫斯卡娅编剧、M.多斯科伊执导的影片《彩虹》，创作者以非凡的艺术力量表现了乌克兰村庄被纳粹占领的悲惨遭遇，影片获得多个国际奖项。

1945～1953年，乌克兰电影遵循社会主义现实主义的创作原则。这期间，B.巴内特、D.德穆茨基、T.舍甫琴科、I.萨温琴科等导演或摄影师展现出较高的创作水平。1950年下半年至20世纪60年代早期的“解冻”政策促使乌克兰电影迅速增多，出品了一批至今仍受观众喜爱的影片，如《对岸街道的春天》(1956，导演M.胡其耶夫、F.米隆涅尔)、《饥渴》(1959，导演Y.塔什科夫)、《伊万娜》(1960，导演V.伊夫琴科)、《两只兔子》(1961，导演V.伊凡诺夫)、《梦》(1964，导演F.邓尼森科）等。

1960～1970年，乌克兰电影界出现了一批享誉世界的导演、演员，导演有S.帕拉杰诺夫、Y.伊里延科、L.奥瑟卡、N.马申柯等，演员有I.米卡拉伊丘科、Y.舒姆斯科、G.尤拉、C.斯捷潘诺夫、N.格林尼克、B.斯图普卡等。在这个时期，乌克兰独特的诗电影初现轮廓，代表作品有帕拉杰诺夫的《被遗忘祖先的影子》(1964，该片获第7届阿根廷国际电影节二等奖)、P.托多罗夫斯基的《忠诚》(1965)、伊里延科的《渴望之井》(1965)、奥瑟卡的《石十字架》(1968)等。伊里延科的《伊万·库巴拉的夜晚》(1968）和K.穆拉托娃的影片《长长的导线》(1971）虽然都遭禁映，但伊里延科的《黑斑白鸟》(1971）获莫斯科国际电影节金奖。诗电影美学在马申柯的《政委》(1971）和《钢铁是怎样炼成的》(1973）中获得延续，在演员米卡拉伊丘科的导演处女作《巴比伦-XX》(1979）中也有所体现。

20世纪70～80年代，非故事影片和动画片的创作较为繁荣，基辅科教片电影制片厂出品较多，其中P.萨波列夫等人的《动物的语言》《动物在想什么？》《地平线边缘的七步》具有代表性。

独立时期的电影 苏联解体后，乌克兰电影业举步维艰，西方电影几乎全部占领乌克兰市场。电影人一方面感叹无奈，另一方面努力自救以挽救危局。在新的电影观念和新的影像技术手段冲击下，他们开始在更多的电影类型和领域施展才华。喜剧片《注意，女妖》(1991，导演A.阿梅林）注重抒情和戏剧趣味，而非青春时尚打斗，很受影迷欢迎。《饥饿33》(1991，导演O.扬楚克）讲的是乌克兰大饥荒时期家庭的悲惨命运。《刺杀：一场发生在慕尼黑的谋杀案》(1995，导演扬楚克）描述了战后被迫逃离乌克兰的难民和军人反抗和求生的故事。从20世纪末开始，乌克兰导演在电影短片创作中崭露头角，注重表现对乌克兰民族问题、历史问题和社会现实矛盾的思考和关注，这些短片在国际上备受瞩目，代表了乌克兰电影的发展潮流。

2001年，诗电影的代表人物伊里延科恢复创作，但风格上有较大变化。他拍摄的短片《为格特曼·马泽帕祈祷》风格大胆，是一部具有实验性的超现实主义电影。影片以乌克兰的视角重新诠释了瑞典国王卡尔十三世与俄皇彼得一世的历史争端，虽在德国柏林国际电影节上仅获提名，但也引发了激烈讨论。2003年，导演O.山宁拍摄的短片《妈妈》获美国电影奥斯卡奖提名，影片关注冲突与和解的话题，把罗密欧与朱丽叶的悲剧转换成哥萨克逃犯和鞑靼妇女之间的生死情仇，影射了社会现实中复杂的民族情感和身份问题。2005年，I.斯特列别茨基导演的电影短片《旅者》获第58届法国戛纳国际电影节最佳短片金棕榈奖。2007年，M.弗洛塔拍摄的短片《雨》在德国慕尼黑国际电影节上获三等奖。

1998年1月13日，乌克兰通过《电影摄影法》。2001年，新生代导演T.托门柯在德国柏林国际电影节“全景单元”获奖。2003年，漫画家S.科瓦尔拍摄的《9号电车开走了》获德国柏林国际电影节银熊奖。2005年，斯特列别茨基导演的《小提琴手》获法国戛纳国际电影节金棕榈奖。2006年，L.科比尔丘科导演的惊悚片在乌克兰获得成功。随着经济的发展、国家对电影投入的增加以及市场化水平的提高，乌克兰电影获得了新生。乌克兰自2010年起把国产电影放在重要的地位，2013年，政府支持电影产业的预算达1357亿格里夫纳（约合1696万美元），乌克兰的电影生产也呈现出类型化、多样化的趋势，乌克兰的影院开始放映黑帮片、警匪片、枪战片，如《小丑》《白色帆布》《老师法规》《按钮》《公司英雄》《空中海盗》《樱桃之夜》等。与此同时，独立工作室、电影投资公司、分销商以及网络影院相继涌现。2014年，导演M.斯拉波什比茨科夫的故事片《部落》参加了法国戛纳国际电影节评论周竞赛单元，获得三项大奖。

（吴　江）

乌拉圭电影 Uruguayan cinema 1896年7月18日，乌拉圭首都蒙得维的亚放映了第一场电影，是法国卢米埃尔兄弟的影片。1898年，居住在乌拉圭的西班牙人F.奥利弗拍摄了第一部纪录片《干河自行车运动场上的自行车赛》。1909年，L.阿德罗埃尔创建了第一家电影制片公司，主要拍摄新闻纪录片。不久后成立的格卢克斯曼发行公司也开始拍新闻片。到第一次世界大战初，乌拉圭已拍摄了几十部新闻纪录短片。乌拉圭第一部长片诞生于1919年，片名为《金拳》(导演E.菲加罗)。整个无声片时期的长片不多，较突出的有《岸边的幽灵》(1923，导演菲加罗)、《一个巴黎小姑娘在蒙得维的亚的游历》(1927，导演H.毛里塞)、《金溪小英雄》(1929，导演C.阿隆索)等。

1936年，乌拉圭第一部有声片《两种命运》问世。此后所拍影片极为有限，且大多是阿根廷人导演的。20世纪50年代，乌拉圭出现了一些电影俱乐部，由年轻的电影工作者和爱好者拍摄了一些有一定影响的影片，如《乌拉圭人的日记》(1950，导演E.因兹)、《画家生平》(1951，导演因兹)、《海滩城》(1959，导演F.穆西特利)等。另外，国家旅游部、国立大学拍摄了一些短片和科教片。20世纪60年代以后，长片生产几乎停顿，市场上放映的故事片都是外国电影。在拍摄的短片中较重要的有《达斯·莫台斯河以远》(1960，导演R.法布莱)、《独一无二的乌拉圭》(1960，导演U.乌利韦)、《选举》(1967，导演乌利韦、M.汉得列拉)、《我喜欢大学生》(1968，导演汉得列拉)、《67年的乌拉圭：肉食问题》(1970，导演汉得列拉)等。在乌拉圭电影俱乐部的支持下，乌拉圭电影资料馆与其他电影资料馆合作，于1971年制成由4个短片组成的《啊！乌拉圭》。1973年，乌拉圭发生政变，许多电影工作者流亡国外，电影事业日益艰难。

1984年之后，乌拉圭建立民主制度，自由主义气息鼓励了电影业的发展，出现了CEMA等本土制片机构。为解决本土电影制作的困难，蒙得维的亚市成立了FONA基金，国家政府也创设了INA基金，目的都是为本土项目提供资金。这些举措使乌拉圭本土电影呈现积极发展态势。

1998年以来，乌拉圭电影的题材种类越来越多。如L.里格尼的超现实主义电影《雪佛兰》、E.施罗德的神秘主义电影《葡萄园》、L.尼托导演的具有易卜生风格的电影《巴拉斯·奎德拉的记忆》(2000)、B.罗德里格兹讲述自己回忆的《该死的可卡因》(2001)、V.帕格编导的《一个出租车司机的自白》(2011)等。值得一提的是，J.P.里贝拉、B.斯托尔联合导演的黑色喜剧《威士忌》(2004)获第57届法国戛纳国际电影节"一种关注"单元奖、第17届日本东京国际电影节最佳影片奖。

（秦喜清）

《乌鸦与麻雀》 *Crow and Sparrow* 中国故事片。**昆仑影业公司**1949年出品。编剧，沈浮、林谷、徐韬、陈白尘、赵丹、郑君里；导演，**郑君里**；摄影，苗振华、胡振华；主演，**赵丹**、魏鹤龄、黄宗英、**孙道临**、吴茵、**上官云珠**、王蓓、李天济。

故事讲述了1948年国民党政权即将灭亡之际，小官僚侯义伯非法霸占了一座房子，并试图把房子抵押出去好捞几个钱逃命。此事引起房客们的恐慌，大家都不敢挺身而出，房客萧先生自愿出头却碰了钉子。侯义伯蛮横无理，弄得大家不得安生。最终，大家被逼得无路可走开始团结斗争。此时，侯义伯听到国民党政府分崩离析的消息，狼狈地逃跑了。除夕夜，大家热热闹闹地聚在一起吃年夜饭。

《乌鸦与麻雀》海报

影片揭露了小官僚侯义伯仗势欺人、鱼肉百姓的丑恶嘴脸，并表现了他在逃跑前夕色厉内荏的虚弱本质。影片剧本构思巧妙，情节流畅，风格活泼，讽刺辛辣，生动地刻画了一群不同类型的小市民形象，其中美国货摊贩萧老板是影片中最突出、形象最生动鲜明的人物。影片于1949年4月投入拍摄，其间不顾国民党当局的禁令，坚持拍摄，直到上海解放，1950年初完成上映。影片1957年获文化部1949～1955年优秀故事片一等奖。

（王云缦）

乌兹别克斯坦电影 Uzbekistan cinema 乌兹别克斯坦的电影有着较长的历史。电影发展主要分为苏联加盟共和国时期的电影和1991年独立后的电影。

苏联加盟共和国时期的电影 乌兹别克斯坦是世界上最早放映电影的国家之一。1898年，卢米埃尔兄弟拍摄的法国早期电影，曾在乌兹别克斯坦的一家剧院内放映。1925年，乌兹别克斯坦成立第一家电影制片厂——布哈拉电影制片厂。20世纪30年代，作为苏维埃联盟共和国成员国，乌兹别克斯坦同苏联的电影艺术家合作拍摄了第一批电影作品，如《起义》《黎明之前》《塔什干纺织厂》等。其中，纪录片《塔什干纺织厂》获得纽约世界博览会大奖。1937年，协作拍摄的大型故事片《誓言》，曾于20世纪40年代中期在世界各国公映，中国上海也曾放映过。第二次世界大战期间，乌兹别克斯坦的电影业停滞，直到20世纪60年代才得以复苏。1968年，乌兹别克斯坦导演S.阿布保苏夫创作了故事片《面包之城》，该片以类似意大利新现实主义的风格，获得世人瞩目，也为乌兹别克斯坦民族电影奠定基础。从历史和文化渊源来看，同其他中亚国家相似，乌兹别克斯坦早期电影风格主要受到苏联电影的影响。1989年之前，乌兹别克斯坦民族电影业完全为苏联政府所监控，包括电影审查等。导演Y.拉兹阔夫曾在乌兹别克电视台工作，并到莫斯科电影学院学习。处女作《屋子里的带扶手的梯子》(1983)获得莫斯科青年电影节大奖，拉兹阔夫被认为是最有潜力的乌兹别克电影导演。导演Z.穆沙阔夫曾在莫斯科电影学院学习电影导演和制片，1989年他执导了长片处女作《士兵的故事》，并一举成名。

1968～1988年，乌兹别克斯坦举办了塔什干国际电影节，影响广泛。

独立后的电影 1991年8月31日，乌兹别克斯坦独立。在脱离苏联政治体系后，乌兹别克斯坦民族政府决定建立文化艺术部门。在瑞士帮助下，乌兹别克斯坦民族电影业起步，建立了民族电影制片厂。不少年轻人获得到西方学习电影艺术的机会，成长为电影艺术家。1996年，乌兹别克斯坦建立了电影学校，培养了不少影视人才。与中亚地区其他国家一样，乌兹别克斯坦民族电影缺乏创作资金和先进设备。政府每年出资拍摄6部大型故事片。私营电影制片厂则常常举债拍摄电影，包括向国外银行借贷等，每年能够拍摄6～10部影片。拉兹阔夫拍摄的《演说家》(1998)、《男人的舞蹈》(2002)、《博伊肯扎耶夫同志》(2002)、《牧羊少女》(2005)等作品在国际电影上获奖，将乌兹别克斯坦电影推向世界影坛；穆沙阔夫拍摄了商业电影《天空中的男孩》(2002)和《天空中的男孩2》(2003)；N.阿巴索夫导演的《费里尼》(1999)和D.卡西莫夫导演的《巨人与矮子》(2004)也受到国际影坛的关注。

独立后乌兹别克斯坦成立了很多私营电影公司。2005年，乌兹别克斯坦全年生产故事片15部。美军入侵阿富汗后，好莱坞电影大量进入中亚地区。印度宝莱坞的音乐歌舞片也同样受到欢迎。到2010年，乌兹别克斯坦每年出品的电影达到80部。投资成本低、制作周期短的“案板电影”大大增加了电影出品的数量。B.亚库博夫导演的喜剧《超级儿媳》(2008)和《出租新郎》(2009)是“案板电影”的代表作品。同时，也出现了具有社会批判性的电影作品，如Y.图伊切夫和A.沙霍比丁诺夫合作的《雪中的郁金香》(2003)和《他人》(2008)，以及图伊切夫导演的《青少年》(2005)、《源头》(2006)、《寂静》(2008)。2012年，沙霍比丁诺夫导演了《天使》，以寓言的风格探索了人性。女性导演S.伊斯迈洛娃拍摄了《少女的沉默》(2014)，图伊切夫导演了《来自天堂的女人》(2016)，这两部影片都表现了女性的命运。乌兹别克斯坦电影人强调民族电影的独立性，他们以独具民族特色的作品开始获得国际影坛的青睐。（钟大丰）

无对象交流 non-object communication 演员在表演创作过程中与实际上并不存在的想象出来的客体（人、物、环境等）进行的交流。通常情况下，演员在表演创作时，其交流对象实际上并不存在，主要靠演员在自己的内心中想象虚构出来。要想通过无对象交流达到真实的效果，演员必须具备丰富的想象力和坚定的信念感，能够在内心中迅速发掘构建自己的情感记忆，创造出具体的幻象。

无对象交流的出现一般有以下几种情况：①演员出演独角戏，这种演出形式决定了演员必须寻找准确具体的内心视象，依靠自身的强大想象力与剧中的各种假定对象进行交流。②由于演出或者拍摄过程中的条件所限，演员需要与假想对象进行交流。③出于电影拍摄过程中的需要，例如景别、分切等，表演对象通常并不在现场，演员需要面对镜头或在镜头前进行无对象交流。（员晓明）

无缝剪辑 seamless editing 在组接镜头选择切点时，利用人的视觉暂留特性，让观众在心理上认为镜头的转换并没有造成时空断裂和省略。又称经典剪辑。无缝剪辑是剪辑的一种规则，在经典好莱坞电影时期确立，至今还在广泛使用。无缝剪辑指的是时空无缝隙，没有省略。比如，最常选择镜头切点的依据是动作点，利用人们日常生活中常见的形体动作作为转换镜头的依据，或者利用前景运动遮挡的方式来切换镜头。总体原则是在镜头组接过程中保证时空统一和完整，让观众沉浸在完整的银幕幻觉里。从广义上讲，无缝剪辑是指采用一系列剪辑手法保证观众观影时银幕时空连贯性的幻觉不被打破，如各种传统光学特技转场方式以及数字特技的转场方式、空镜头的使用等。无缝剪辑是现今电影主流的剪辑方式，随着电影语言自身的发展以及观众观影经验的逐步积累，无缝剪辑的内涵和外延都在不断地发生变化。（郑汉民）

无厘头喜剧片 nonsense comedy film 中国香港类型片。是一种不注重因果逻辑、以讽刺调侃为主的喜剧形式。无厘头喜剧片流行于20世纪90年代至21世纪初期。“无厘头”一词出自粤语方言，又写作“无哩头”。兴起于1988年香港的“软硬天师”组合。“软硬天师”的成员葛民辉和林海峰常以没头没脑、乱说乱讲的方式做电台节目。这种毫无逻辑、不按常理出牌的笑料，在香港大受欢迎。1990年，曾志伟和林敏骢主持的电视节目《开心主流派》开播，标志着无厘头文化进入电视圈。

1990年8月，**周星驰**主演的无厘头喜剧片《赌圣》大获成功，成为香港电影史上首部票房超过4000万港元的电影。无厘头喜剧片在此后数年中均为香港电影票房翘楚，成为家喻户晓的喜剧片类型。无厘头喜剧片在20世纪90年代撑起了香港电影的半壁江山，打破了20世纪80年代香港喜剧片由许氏喜剧、新艺城喜剧、动作喜剧三分天下的局面，赢得了大众的认可，在东南亚地区也有一定影响。1998年，这股热潮开始慢慢消退。进入21世纪后，无厘头喜剧片虽不乏优秀作品，如《**功夫**》(2004)，票房上也有出色表现，但整体势头趋缓。

《功夫》剧照

无厘头喜剧片主要以戏谑、调侃、玩世不恭、反传统、反逻辑等方式营造喜剧效果，其精神核心是反叛和解构，表现手法受到西方解构主义的影响，无论是人物形象还是情节设计，都表现出对传统的调侃与批判。无厘头喜剧片打破以往英雄主角的设定，主人公往往有贪财、粗鄙、好色、自私、胆小等缺点，配角设计也兼具人性的优缺点，但是他们最终总是守住善良本性。同时，剧中人物因惧怕失望而故作轻松，掩饰内心对人间情义的渴望。无厘头喜剧片深刻反映了现代人的无力感，加之语言变形夸张，多使用流行港式粤语、谐音、俚语和俏皮话，夹杂英文及倒装，引发年轻观众的共鸣。

无厘头喜剧片在内地的流行，与影碟普及和互联网的兴起有关。1998年，《大话西游》在内地校园网络上被关注和热议，引发了观看热潮。无厘头喜剧片逐渐成为内地青年亚文化的一部分，在青年群体中产生了广泛影响。2010年后，《西游·降魔篇》(2013)、《夏洛特烦恼》(2015)等作品，显示出无厘头喜剧片的新发展。（张承宇）

《无名士兵》 *The Unknown Soldier* 芬兰彩色故事片。芬兰北极电影公司1985年出品。根据V.林纳的同名小说改编。编剧，V.阿托恩、V.林纳、R.莫贝；导演，R.莫贝；摄影，E.沃里尼；主演，R.图里拉、P.-P.佩特里乌斯、P.里斯基、M.麦克莱、P.考沃拉。

故事讲述了在1941～1944年的苏芬“继续战争”中，一个由上尉考斯克拉带领的分队开赴前线，在茂密的山林地与苏联军队展开作战。初上战场的新兵倍感恐惧，而参加过苏芬冬季战争的老兵罗卡向他们传授作战经验。他们打过了苏芬边界，攻下了彼得罗扎涅茨克，但苏联凭借强大的军事力量开始反攻，芬兰军队败退，将军的威胁恫吓也没能阻止芬军败退的脚步。最后，考斯克拉上尉在炸毁苏军的一辆坦克后牺牲。遭到重创、疲惫不堪的芬兰士兵撤离彼得罗扎涅茨克，受伤的士兵躺在马车里，广播里传出苏芬和谈的消息。

影片塑造了普通士兵的群体形象，他们在战争中的恐惧与勇敢、服从与叛逆，深刻地展现了人性的多个方面。影片采用纪实风格拍摄，随军跟进的记录方式真实地再现了战争的推进过程以及战争场面的残酷。影片1986年获芬兰国家电影奖最佳演员奖、最佳导演奖。（秦喜清）

无声源音乐 non-sound source music 不能从画面上看到或感受到声源的音乐。简称无源音乐。无声源音乐一般由影视作曲家根据影片的主题原创而来。因此，无声源音乐亦可称为主观音乐、虚拟音乐、情绪音乐或抽象音乐。

无声源音乐不像语言的语义那样清晰和直接，但是可起到含蓄的煽情和感人的效果。无声源音乐往往是影视作品创作者（导演和作曲家）根据塑造角色性格的需要和渲染情绪气氛的需要而精心设计创作出来的。无声源音乐的风格、样式、主题、旋律、节奏和时值的变化大都与画面所表现的内容情绪有关联，可以起到解释、充实、烘托和评论画面内容的重要作用。

（姚国强　王旭锋）

《无因的反抗》 *Rebel without a Cause* 美国彩色故事片。华纳兄弟影业公司1955年出品。改编自R.林德奈1944年撰写的个人经历。编剧，S.斯特恩、N.雷伊；导演，N.雷伊；摄影，E.哈勒；主演，J.迪恩、N.伍德、S.米涅奥、C.艾伦。

故事讲述了叛逆青少年吉姆每次闯祸都要搬家换学校。这一次，他在新学校受到不良少年的欺负，因为他常爱招惹漂亮女孩朱迪，而朱迪是这群不良少年的小头目巴兹的女友。巴兹向吉姆提出飙车比试胆量的挑战，吉姆只能接受。巴兹和吉姆各驱一车驶向悬崖，最后跳下车的为胜者。晚上，少年们前来观看比赛，其中有吉姆仅有的两个朋友——柏拉图和朱迪。比赛时，吉姆在千钧一发之际安全地跳出车来，而巴兹却因为外套袖子挂在车门把手上而不能脱身，最终冲下悬崖摔死。吉姆的父母知道此事，决定再次搬走以远离是非，而吉姆却坚定地要去自首。吉姆到警察局，在门口遇见了那群不良少年，又被值班警察赶了出来。柏拉图在四处找吉姆的时候，被那群不良少年包围。他们认为吉姆向警方告了密，逼他说出吉姆的家庭住址。柏拉图逃回家中，拿出一把手枪。最终，吉姆、朱迪和柏拉图在天文馆附近的空宅中会合，决定在空宅度过逃离家庭的一个夜晚。三位青少年的家庭各有不美满的地方，但三人在一起嬉戏感到十分快乐。不良少年们还是找到这所空宅，袭击了睡梦中的柏拉图。当时，吉姆和朱迪在别处，柏拉图认为他们抛弃了自己，心存怨气。警察发现空宅被闯，前来调查后发现了他们的打斗。惊吓过度的柏拉图跑进天文馆，并朝警察开枪。三个少年的家长此时也驱车赶来。吉姆和朱迪也进入天文馆里，安抚柏拉图的情绪。吉姆趁机卸下

《无因的反抗》剧照

柏拉图手枪里的子弹。然而，柏拉图从天文馆中出来后仍然被警察射伤。当一切状况都平息下来后，吉姆终于忍不住哭了起来，拥抱了他的父亲。

作为好莱坞第一部正视青少年问题的电影，影片反映了当时美国青年的精神迷茫与混乱，主演迪恩也因此片成为美国青年反叛的象征。影片导演对影像色彩隐喻功能的运用和制片方宽银幕构图的商业美学尝试，都使得此片在美学和电影产业上具有重要的历史地位。影片1957年获第14届美国电影金球奖最佳新人（女性）奖，1990年被美国国家电影保护局收入国家电影名册。

（胡谱忠）

《无主孤军》 *The Paper Will Be Blue* 罗马尼亚彩色故事片。罗马尼亚埃斯特多媒体公司2006年出品。编剧，A.巴丘、R.蒙泰安；导演，R.蒙泰安；摄影，T.卢卡奇乌；主演，P.伊帕特、A.卡拉里努、D.布库尔。

故事讲述了1989年12月22日，罗马尼亚齐奥塞斯库政府即将倒台，驻扎布加勒斯特的各支军队陷入混战。内务部的一名士兵科斯蒂决定脱离自己的巡逻队伍而投身战斗，却差点被国防军打死。他的中尉带着手下去寻找他。经历了很多曲折，科斯蒂终于归队。但就在第二天清晨一切归于平静时，死亡却突然到来。影片采取了倒叙的手法，开头就是第二天清晨，装甲车外两人点燃香烟，检查站的士兵突然开火，杀死了装甲车内外的所有人。

影片的讽刺在于中尉曾反复强调的命令和口令，在敌我不分的战乱中不停变换，最后成了他们牺牲的罪魁祸首。影片节奏沉闷缓慢，风格接近于纪录片，镜头真实而富于冲击力。影片没有宏大的叙事视角，而是用一种冷峻旁观的电影语言展现了动荡的时局下无辜个体的悲剧命运，他们不明所以却又无能为力，成为历史更迭过程中的牺牲品。影片2006年获第59届瑞士洛迦诺国际电影节金豹奖最佳影片奖提名。

（杨　柳）

《无主之地》 *No Man's Land* 波黑、法国等合拍彩色故事片。又译《三不管地带》。诺埃制片公司、法布里卡公司、曼电影公司等2001年联合出品。编导，D.塔诺维奇；摄影，W.V.恩德；主演，B.德约里奇、R.比托拉贾奇、F.索瓦格维奇、G.西蒂斯、K.卡特利吉。

故事讲述了波斯尼亚人尼奇与塞尔维亚人尼诺二人在波斯尼亚与塞尔维亚的战争中相遇。在一处两军交界的封锁线之间，有一个三不管地带的壕沟。尼诺在一个老兵带领下巡视壕沟，老兵将地雷塞入波方士兵尸体下面充作陷阱。这时手持武器的尼奇突然出现，击毙老兵并将尼诺俘虏。不久"尸体"突然醒来，尼奇看着压在地雷上的战友无力解困，只好与尼诺二人在波塞阵地之间的无主地带求助。他们彼此不相信对方，又担心被射杀而不敢逃出壕沟，外加他们的唯一同伴躺在已经触动的地雷上不敢动弹，三人同时陷入尴尬的危险境地。一位联合国军官不顾上级禁令前往壕沟解救他们，并试图拆解地雷，但联合国维和部队高层为避免麻烦拒绝施救。英国女记者珍妮获得这一消息后，借媒体力量对维和指挥部施压。但是维和部队与媒体的介入并不能破解壕沟中的困局。等待他们的是令人绝望的冷漠和荒谬。

影片以一个荒诞的故事讽刺了政客的虚伪、媒体的无良和国际社会的不公正。影片镜头冷峻，画面充满纪实色彩。影片2002年获第74届美国电影奥斯卡奖最佳外语片奖、第54届法国戛纳国际电影节最佳编剧奖、第59届美国电影金球奖最佳外语片奖等。

（吴　江）

吴天明 Wu Tianming（1939-10-25～2014-03-04） 中国电影导演。原名吴耕。原籍山东莱芜（今济南莱芜区）。生于陕西三原，卒于北京。1960年考入西安电影制片厂演员剧团训练班。1961年，参演了影片《巴山红浪》。1962年训练班毕业后，成为西安电影制片厂演员剧团的演员。1974年跟随北京电影制片厂拍摄《红雨》，后任《渭水新歌》等影片副导演。同年，进入中央五七艺术大学电影导演专业班（后为北京电影学院导演进修班）学习。1979年与滕文骥合作导演了《生活的颤音》，获1979

年文化部优秀影片奖和个人"青年优秀创作奖"。

1982年导演的《没有航标的河流》，获1984年文化部优秀影片二等奖、第4届夏威夷国际电影节东西方中心电影奖。1983年导演的《人生》，获1985年第8届中国大众电影百花奖最佳故事片奖、最佳女主角奖以及第6届中国电影金鸡奖最佳音乐奖。1986年导演的《老井》，以现实主义手法表现了中华民族百折不挠的奋斗精神和根深蒂固的恋土情结，风格质朴凝重，获第8届中国电影金鸡奖最佳导演奖等4项大奖、第11届中国大众电影百花奖最佳故事片奖等3项大奖、第2届日本东京国际电影节最佳影片奖和最佳男主角奖、第7届夏威夷国际电影节评审团特别奖等多项国际奖。后期作品主要有《变脸》(1994)、《非常爱情》(1997)、《首席执行官》(2002)。其中《变脸》1995年获第2届中国电影华表奖最佳对外合拍片奖，1996年获第16届中国电影金鸡奖最佳导演奖和最佳合拍故事片奖、第9届日本东京国际电影节最佳导演奖和最佳男演员奖。

吴天明曾任西安电影制片厂厂长，曾全力支持陈凯歌、张艺谋等中国第五代导演的领军人物拍摄了《孩子王》(1987)、《红高粱》(1988)等影片。他的作品有着较深的内涵，温厚而朴实，表现了一个艺术家的良心、爱心和责任感，也显示了其才华、修养和视野。2005年，获第1届中国电影导演协会终身成就奖。2013年9月，凭借电影《百鸟朝凤》获第29届中国电影金鸡奖评委会特别(个人)奖。2014年，《百鸟朝凤》获第13届中共中央宣传部精神文明建设"五个一工程"奖优秀作品奖。

(杨国还)

吴蔚云 Wu Weiyun(1907～2003) 中国电影摄影师。江苏吴县人。生于江苏苏州，卒于上海。父亲在上海教私塾，他随读过两年，后进上海美丰石印局学习彩色版画石印制版工艺。1927年，进入上海天一影片公司学摄影，兼做杂活。从1927年到抗日战争全面爆发前夕，他先后在天一、明星、艺华、电通等影片公司担任摄影师，完成了《桃李劫》(1934)等10多部作品。

1937～1945年，他主要在中国电影制片厂任摄影师，除参加新闻片《抗战特辑》的摄制工作外，还在重庆、香港等地参加摄制宣传抗日的故事片《孤岛天堂》(1939)、《白云故乡》(1940)、《热血忠魂》(1940)、《日本间谍》(1940)等，并在《还我故乡》(1945)中担任摄影指导。抗日战争胜利后回到上海，任《还乡日记》(1947)、《遥远的爱》(1947)、《街头巷尾》(1948)、《关不住的春光》(1948)等影片的摄影师，并任《一江春水向东流》(1947)和《丽人行》(1949)的摄影顾问和技术指导。1949年9月，去东北电影制片厂担任影片《赵一曼》的摄影师，后又参加拍摄了《白毛女》(1950)等影片。1955年，转入上海电影制片厂，开始摄制彩色影片，先后参加了《梅兰芳的舞台艺术》(上、下集，1955)等多部彩色戏曲艺术片的摄影工作。

他的摄影取景构图自然，人物造型生动，并善于运用虚实结合，大全景和中近景、特写结合的手法，增强蒙太奇组接的节奏感，使影片的主题更加鲜明。1960年，任上海电影技术研究所所长，努力为研制新型摄影机、光学技巧印片机、海底摄影设备，以及立体电影等而工作。"文化大革命"后任上海电影制片厂摄影顾问。

(陈　野)

吴贻弓 Wu Yigong(1938-12-01～2019-09-14) 中国电影导演。原籍浙江杭州。生于重庆，卒于上海。1960年毕业于北京电影学院导演系。先后任《李双双》《北国江南》等影片的助理导演和《于无声处》的副导演。1980年，第一次独立导演了上海电影制片厂出品的一部30分钟的短片《我们的小花猫》，得到业界高度肯定，获1980年文化部"青年优秀创作奖"。

1980年，与吴永刚联合导演了《巴山夜雨》，获文化部优秀影片奖、第1届中国电影金鸡奖最佳影片奖。影片通过人物间的对立冲突表达了一种特殊社会情境中人性的醒悟，还原历史情景，同时注重影片叙事的意境，其中川江航道、峡谷和峭壁以及蒙蒙夜雨等写意镜头显示出了独特的诗意特征。1982年，导演了《城南旧事》，获第3届中国电影金鸡奖最佳导演奖、第2届菲律宾马尼拉国际电影节最佳影片金鹰奖、第14届南斯拉夫贝尔格莱德国际儿童电影节最佳影片思想奖。影片摒弃了"戏"的内核，表现出一种更为开放的"散文"形态。《巴山夜雨》和《城南旧事》表现出吴贻弓独特的诗化风格，奠定了他追求的诗意电影美学的基础。1992年，导演了《阙里人家》，获中国广播电影电视部优秀影片奖最佳导演奖、第13届中国电影金鸡奖最佳录音奖。

其他重要作品还有《姐姐》(1984)、《流亡大学》(1985)、《月随人归》(1990)、《海之魂》(1997)等。作为第四代导演的领军人物之一，其作品诗化特征明显，注重挖掘生活中的真善美，弘扬人道主义反思精神和深入探索电影语言的表现力，继承和发扬中国优秀美学传统，具有含蓄、深沉、委婉、细腻的艺术风格，代表了中国新时期"散文电影"的最高成就。2012年，获第3届中国电影导演协会奖终身成就奖、第15届上海国际电影节终身成就奖。曾任上海市电影局局长、上海电影制片厂厂长、中国电影家协会主席、全国政协委员等。

(张兆龙)

吴印咸 Wu Yinxian(1900-09-21～1994-09-07) 中国电影摄影师、教育家。原名吴荫諴。生于江苏沭阳，卒于北京。1919年，入上海美术专科学校，学习西画并参加黑白影社。1927年，从事舞台布景工作。1930年，进照相馆工作。1932年，进上海天一影片公司任布景师，兼写美术字幕，开始对电影摄影发生兴趣。1935年，进电通股份有限公司，担任《风云儿女》的摄影师，接着又拍摄了《都市风光》。"电通"停业后，转入明星影片公司二厂，任《生死同心》(1936)和《马路天使》(1937)两部影片的摄影师。在《马路天使》里，他用实景拍摄加强影片的真实感，增强影片的生活气息，并运用大量的仰、俯角度和运动镜头，发挥电影造型艺术的特长，使得此影片成为他20世纪30年代的代表作。

1938年秋，到延安参加八路军总政治部领导的延安电影团，和徐肖冰共同拍摄了解放区第一部大型纪录片《延安与八路军》。1940年，参加拍摄了反映大生产的《生产与战斗结合起来》(即《南泥湾》)、《陕甘宁边区第二届参议会》等纪录片。解放战争期间，任东北电影制片厂副厂长，负责纪录片《民主东北》的制片工作。1949年，任东北电影制片厂厂长，同时还在东影训练班主讲摄影构图课程。其间，相继领导拍摄了《桥》《中华女儿》《赵一曼》《白毛女》《钢铁战士》等多部优秀故事片，还拍摄了《淮海战役》《解放天津》《百万雄师下江南》《红旗漫卷西风》等纪录片。1955年，任北京电影学院副院长兼摄影系系主任，主讲摄影构图课，编写教材，对学生进行系统性训练。

1959年，参加拍摄彩色故事片《红旗谱》，影片构图简洁，光线质朴，镜头处理流畅，以浓重的色彩、粗犷的画面结构，突出朱老忠等英雄形象，获第1届中国大众电影百花奖最佳摄影奖。1964年，担任彩色故事片《白求恩大夫》摄影指导，赋予影片浓郁的民族风格。摄影艺术理论著作有《摄影艺术表现手法》《摄影用光》《摄影构图》《人像摄影》《摄影回忆录》等。

（陈 野 刘小磊）

吴永刚 Wu Yonggang（1907-11-01～1982-12-18） 中国电影导演。生于江苏吴县（今苏州），卒于上海。出身于知识分子家庭。19岁时进入上海百合影片公司当美工练习生，并学做服装、道具、化装、场记。**史东山**是他在电影编导方面的启蒙老师。1934年，在**联华影业公司**编导处女作《神女》，对影片中的人物和场景都作了精心设计和安排，镜头处理力求创新，不落俗套。由于他学过美术，运用素描方法刻画人物，朴素地描写了下层妇女的悲惨命运。1936年，在新华影业公司编导《壮志凌云》，该片被称为“充满刚毅勇敢和血腥气味的一部纯粹的国防影片”。

1938年，导演《胭脂泪》《离恨天》。1947年，导演《迎春曲》。1950年，导演中华人民共和国成立后第一部描写农村土改的影片《辽远的乡村》。1952年，到新疆哈萨克地区生活了两年。1955年，拍摄了中国首次使用民族演员和语言的故事片《哈森与加米拉》，获1957年文化部优秀影片奖故事片三等奖。1956年，导演深受观众喜爱的影片《秋翁遇仙记》。1961年以后，拍摄了舞台艺术片《碧玉簪》（1962）和《尤三姐》（1963）。1980年，任影片《巴山夜雨》总导演，同导演**吴贻弓**以及全体演员密切合作，使这部影片在思想和艺术上都有所突破。

他的作品遵循现实主义创作原则，注重挖掘人物的内心世界，同时形成了简洁、自然的艺术风格。从《神女》到《巴山夜雨》，吴永刚共拍摄27部故事片、5部舞台艺术片和3部舞台艺术纪录片。他拍摄的影片还有《中国白雪公主》（1940）、《铁窗红泪》（1941）、《摩登地狱》（1941）、《忠义之家》（1946）、《祇犊情深》（1948）等。

（李梦学）

吴宇森 John Woo（1946-09-22～ ） 中国电影导演。生于广东广州。1951年随父母移居香港。曾就读于香港利玛窦书院，在校期间读过许多神学著作，对日后形成的电影风格有重要影响。中学时代就喜欢看电影，尤其是好莱坞的黑帮片、西部片及歌舞片。中学毕业后曾到台湾念艺术专科，同时开始尝试拍摄实验电影。

1968年，在影片《死节》中任编剧，自此进入电影圈。1971年，签约邵氏兄弟（香港）有限公司，跟随导演**张彻**学习拍摄电影。1973年执导了电影处女作《铁汉柔情》。1976年执导了粤剧长片《帝女花》。1983年加入**新艺城影业有限公司**，随后前往台湾拍摄了一些功夫片和喜剧片。1986年回香港加入徐克电影工作室，导演了《**英雄本色**》，该片奠定了其暴力美学的电影风格，是香港警匪片里程碑式的杰作。影片1986年获第23届台湾电影金马奖最佳导演奖等4项奖，1987年获第6届香港电影金像奖最佳影片奖。1987年，执导了《英雄本色2》。1989年，执导了动作片《喋血双雄》，该片是其暴力美学的代表作，影片获第9届香港电影金像奖最佳导演奖。1993年赴美国好莱坞发展，执导了《终极标靶》，使其成功打入好莱坞主流商业片市场。1996年，任枪战动作片《断箭》的导演，该片获第5届美国MTV电影奖最佳动作场景奖。1997年拍摄了动作片《变脸》，获第24届美国电影电视土星奖最佳导演奖。2000年执导了《碟中谍2》，影片获第10届美国MTV电影奖最佳动作场景奖。

2006年结束在好莱坞的发展，回到香港并任《天堂口》的监制。2008年，执导了《赤壁（上）》，影片获第28届香港电影金像奖最佳美术指导奖等5项奖。2009年，执导了《赤壁（下）》，影片获第29届香港电影金像奖最佳音响效果奖、第4届亚洲电影大奖最高票房奖。2010年获第67届意大利威尼斯国际电影节终身成就奖。2014年，执导了战争片《太平轮》，影片获第34届香港电影金像奖最佳剪辑奖和最佳音响效果奖、第16届中国电影华表奖优秀摄影奖、第28届日本东京国际电影节武士奖。2017年执导了影片《追捕》。其他重要作品有《女子跆拳道群英会》《钱作怪》《发钱寒》《摩登天师》《滑稽时代》《义胆群英》《纵横四海》《至尊黑杰克》《桑桑和小猫》等。

吴宇森的电影具有鲜明独特的个人风格，拍摄电影多为动作片，善于讲述江湖男人的恩怨情仇，场面虽然血腥暴力，但不同的是他用特殊的慢镜头来表现暴力的瞬间，将本来血腥残酷的场面表现得颇具诗意和浪漫，形成了其独有的暴力美学风格。

（孙承健）

《五朵金花》 *Five Golden Flowers* 中国彩色故事片。长春电影制片厂1959年出品。编剧，赵季康、王公浦；导演，**王家乙**；摄影，王春泉；主演，杨丽坤、莫梓江、王苏娅、朱一锦、谭尧中、孙静贞。

故事讲述了在云南大理的“三月街”盛会上，一对白族青年阿鹏和金花相识并相爱。他们在蝴蝶泉边定情，相约明年再会。翌年山茶花开时，阿鹏如期而至，但未见金花踪影。痴情的阿鹏接连找了四个金花都不是他要找的心上人。当他将要离开时，终于在蝴蝶泉边找到了心上人，其他四位金花也来为他们祝福。影片以精巧的艺术构思，构成了独特的喜剧风格。影片格调清新优雅、妙趣横生，具有浓郁的民族特色、抒情色彩和浓烈的时代气息。影片对苍山洱海、三月街、蝴蝶泉等奇山异水、民族风情的描绘，富有诗情画意，是一部轻松愉快、赏心悦目的集人美、歌美、山水美、人情美为一体的生活喜剧片。

《五朵金花》海报

影片上映后，曾引起巨大轰动，并先后在46个国家和地区放映，创下了当时中国电影在国外发行的最高纪录。影片1960年在埃及开罗举行的第2届亚非电影节上获最佳导演银鹰奖、最佳女主角银鹰奖。

（陈少舟）

《五女拜寿》 *Celebrating Mother's Birthday* 中国彩色戏曲片。长春电影制片厂1984年出品。根据同名越剧改编。编剧，顾锡东；舞台导演，张骏声、于爱如、王世菊；摄影，王启民、李俊岩；主演，何赛飞、何英、方雪雯、陶慧敏、茅威涛、董柯娣、徐爱武。

故事讲述了明嘉靖年间，户部侍郎杨继康育有五女，适逢杨继康六十寿辰，五个女儿都前来拜寿。家境贫寒的三女儿三春夫妇受到其他女儿的鄙弃，杨氏夫妇禁不住挑拨竟将三春夫妇赶出杨府。但其后杨继康遭奸臣严嵩陷害，被削职抄家，众叛亲离，只有丫鬟翠云守在二老身边。杨氏夫妇投靠其余女儿不得，后被三春接回奉养。三春夫婿邹应龙高中状元，被封为七省巡按，在朝中扳倒了严党，为杨家洗清冤屈。又逢杨老夫人六十大寿，女儿女婿们又来拜寿逢迎。杨老夫妇对这几个女儿早有清醒认识，大女婿认贼作父被赶出杨府，二女儿夫妇唯利是图被责骂，四女、五女道歉后被接纳，三女夫妇被奉为上宾，丫鬟翠云被收为义女，全家又相聚在欢乐祥和的气氛中。

影片通过五个女儿、女婿和亲家、丫鬟对待家道变迁的不同态度，鞭挞了封建等级社会中趋炎附势、嫌贫爱富的丑恶灵魂，颂扬了刚正不阿、善良贤惠的传统美德和主流价值。影片完整保留了原剧人物众多、行当齐全、流派纷呈的特色，对越剧传播起到了很好的作用。影片从情节的推进和人物动作的实际需要出发，采用实景或仿实景拍摄，刻画了杨继康夫妇投奔女儿途中一路跋山涉水、风餐夜宿的屈辱、艰辛的心情，在运河孤舟、江南拱桥、西湖官船、水乡石板路、郊外枯庙等场景中，很好地烘托了家道中落的悲怆。影片还采用声画对位方式，在唱腔中插入画面的闪回场景，增加了用声情并茂的视听方式进行情绪的表达和烘托。影片1984年获中国广播电影电视部优秀影片奖优秀戏曲片奖，1985年获第5届中国电影金鸡奖最佳戏曲片奖。

（傅 秋）

《五四以来电影剧本选集》 *Selected Screenplays since May 4th* 中国电影剧本选集。中国电影工作者联谊会编辑。分为上、下两卷，中国电影出版社分别于1959年、1961年出版。32开。该书选收了1931～1949年的电影剧本16个，都是当时优秀的现实主义剧作，据此摄制的影片在当时也都产生了很大影响，在中国电影史上占有一定地位。上卷收入剧本11个，包括《狂流》《春蚕》《上海二十四小时》《渔光曲》《大路》《桃李劫》《逃亡》《新女性》《劫后桃花》《十字街头》《马路天使》；下卷收入剧本5个，包括《八千里路云和月》《一江春水向东流》《万家灯火》《梨园英烈》《乌鸦与麻雀》。该书从剧本角度反映了中国电影逐渐成熟的发展过程，为了解和研究中国电影史、中国电影剧作史提供了重要资料。

（张兆龙）

《五至七时的克莱奥》 *Cléo from 5 to 7* 法国故事片。塔马利斯电影公司和罗姆巴黎电影公司1962年联合出品。编导，A.瓦尔达；摄影，P.邦尼斯、A.勒文、J.拉比尔；主演，C.玛钱德、M.莱格兰德、J.-C.布里亚利。

故事讲述了歌唱演员克莱奥因小腹疼痛参加体检，预感自己得了癌症，这一预感被占卜师证实。克莱奥在绝望中不知所措，焦虑地等待体检结果。她游荡在巴黎街头——咖啡馆、帽子商店、大街、电影院、公园，看到形形色色的人，聆听各种各样的交谈——阿尔及利亚战争、诗歌、绘画等，以一个亲历者的视点，目睹社会和人生百态。最后，她来到公园，邂逅即将重返阿尔及利亚战场的士兵，士兵的话驱散了笼罩在她心头的阴霾。克莱奥和士兵一同来到医院，准备接受事实，她感到不再那么恐惧了。

影片通过克莱奥的亲身亲历和**主观镜头**，不仅呈现了20世纪60年代巴黎社会的真实景象，而且细致入微地刻画了人物的心理，创造了将纪实与虚构、物理时间与心理时间融为一体的可能性。影片最重要的特点是电影的讲述时间完全对应人物活动的时间流程，使之于松散的记录式游历中又具备了叙事的强度。影片除了开头是彩色，其他部分皆使用黑白色进行叙事，大量摇镜拍摄、主观镜头、**跳切**，以及对声音的处理，给观众留下了深刻印象。影片中克莱奥观看的黑白默片以及关于裸体的讨论，富于象征地指向对纯朴人性、自然状态的回归是一切个人、社会疾病的救赎之道。影片1962年获第15届法国戛纳国际电影节金棕榈奖提名。

《五至七时的克莱奥》剧照

（安 燕）

武侠电视剧 swordsman TV drama 以中国传统武术为“武”，以侠客或义士为“侠”，表达“以武行侠”主题的电视剧。简称武侠剧。武侠剧是中国的原创作品类型，最早可追溯到1928年**明星影片公司**拍摄的电影《**火烧红莲寺**》。武侠剧之所以吸引观众主要有三个方面的原因：①贯穿始终的武打是武侠剧的标志和看点，漂亮的武术套路和动作营造出了极强的视觉观感；②武侠剧的“侠义主题”营造出了一个快意恩仇、侠骨柔肠的世界，其所宣扬的“扬善惩恶”“善有善报、恶有恶果”符合人们对世界的美好幻想；③武侠剧的“意境”蕴含了东方的处世哲学和人生观念。

《仙剑奇侠传3》剧照

武侠剧的故事多改编自武侠小说，以中国传统的侠客文化为内核，在内地和香港都广受欢迎，尤其是由金庸、古龙、梁羽生的小说改编而来的武侠剧被不断翻拍。进入21世纪之后，武侠剧朝着多样化方向发展，例如武侠情景喜剧《武林外传》《龙门镖局》以及改编自游戏的《仙剑奇侠传》系列，都使得武侠剧呈现出更加多样化的发展趋势。除此之外，一些经典武侠剧被不断重拍，并由“重武”向着“重情”方向发展。（曾一果 李玉茜）

武侠片 swordsman film 以表现中国武术技艺中刀剑搏击等为主要内容的影片。又称武侠电影。与**功夫片**相比，除了展现对象不同外，武侠片中的主角多为古代的刀剑侠客，且武侠片更注重用电影特技展现动作的神奇性，也更侧重于“侠义精神”和情怀的表现。

20世纪20年代初期无声电影阶段，

中国银幕上就开始出现根据神怪武侠小说改编的武侠片，如18集影片《火烧红莲寺》等，掀起了中国电影史上的第一次商业浪潮。20世纪60年代中后期，中国香港张鑫炎等人执导的《云海玉弓缘》和张彻等人执导的《独臂刀》等新武侠片，以动感、奔放、逼真和阳刚美学等提升了中国武侠片的美学品质；而胡金铨则在《侠女》等影片中以冷静悬疑的气氛、熟练精准的技巧和渗透其中的禅思哲理而使中国武侠片获得了新的价值。20世纪80年代末，徐克、程小东等年轻创作力量，以《笑傲江湖》《新龙门客栈》《青蛇》等电影开始掀起中国武侠片的第三个高潮，这些影片创新动作和叙事技巧，在剪辑方式和拍摄手段上都有了巨大突破，特别是以高科技手段营造出更为神奇和虚幻的武侠世界。

《新龙门客栈》剧照

21世纪之后，《卧虎藏龙》《英雄》《太极》《狄仁杰之通天帝国》等一大批武侠片继续类型美学探索，在动作和叙事层面都取得了重大突破，奠定了华语电影的品牌，并引领中国电影走向海外。

（孙承健）

舞剧片 dance or ballet film 以舞蹈或舞蹈语言为主要叙事方式的影片。舞剧片以舞蹈、音乐的舞台演出形式为特点，主要利用演员的身体和动作来表达故事情节和塑造人物形象。舞剧片的主要角色一般都由艺术上有造诣的专业舞蹈演员担任。舞剧片既包括对舞剧演出的忠实记录，也包括打破舞台限制，采用外景和实景，改变原舞剧结构而保留主要舞蹈段落的形式。舞剧片多由成熟或知名舞剧改编，突出表现舞蹈艺术的卓越成就，如苏联芭蕾舞蹈

《红菱艳》剧照

家G.乌兰诺娃主演的《罗密欧与朱丽叶》（1955）等。舞剧片也包括以突出舞蹈场面为主的故事片，如英国导演M.鲍威尔拍摄的《红菱艳》（1948）等。中国曾拍摄过不少民族舞剧片，如叶明执导的《宝莲灯》（1959）、《小刀会》（1961），颜学恕执导的《丝路花雨》（1982）等。（戴中孚）

《舞台姐妹》 *Two Stage Sisters* 中国彩色故事片。上海天马电影制片厂1965年出品。编剧，林谷、徐进、谢晋；导演，谢晋；摄影，周达明、陈震祥；主演，谢芳、曹银娣、李纬、邓楠。

故事讲述了1935年浙江东部某农村，童养媳竺春花因不堪虐待，逃进越剧戏班“阳春舞台”。在老艺人邢师傅的指导下，她和邢的女儿月红成为戏班的台柱。后邢师傅被军警打伤，临危前嘱咐月红、春花要“清清白白做人，认认真真唱戏”。班主阿鑫把她们带到上海唱戏。在戏院唐经理的利诱下，月红追求虚荣和享乐，委身于唐经理。在进步思想影响下，春花联合越剧界姐妹演出根据鲁迅名著改编的《祝福》，引起反动当局的注意，指使阿鑫暗害春花。事后又胁迫月红出庭作证受审，企图将政治迫害化为姐妹恩怨。春花当众揭穿了这个阴谋。中华人民共和国成立后，春花随团到浙东农村演出，找到了月红。姐妹俩又携起手开始新的舞台生活。

《舞台姐妹》剧照

影片通过对春花、月红悲欢离合的描写，表现了姐妹间的性格冲突，同时挖掘了人物思想的发展与变化，从一个侧面反映了20世纪40年代前后中国的社会生活。影片情节设计巧妙，将春花、月红演出的小舞台和社会的大舞台紧密照应在一起，把台上做戏和台下做人有机地联系在一起，取得了艺术上的突破。影片中浙东农村秀丽的山水、乌篷船和水上舞台，以及借鉴越剧的伴唱和川剧的帮腔而创造的旁唱，都富有民族特色。影片对中国电影民族风格的建立，是一次有益的尝试和探索。影片1980年获第24届英国伦敦国际电影节英国电影学会年度奖，1981年获第1届菲律宾马尼拉国际电影节金鹰奖，1983年获第12届葡萄牙菲格拉达福兹国际电影节评委奖。（张兆龙）

《舞台与银幕之间》 *Between the Stage and the Screen* 中国电影口述史料集。赵景勃、冉常建主编。中国文联出版社2007年5月出版。16开。副标题为“戏曲电影的回顾与讲述”。全书主要是对老一辈戏曲电影创作者的访谈，可视为一本亲历者口述史料集。全书包括4章，第一章是导演和编剧访谈，计10篇；第二章是摄影师访谈，计7篇；第三章为剪辑师和录音师访谈，计2篇；第四章为美术师访谈，计4篇。全书基本涵盖了戏曲电影创作的核心部门，访谈对象也多为戏曲片创作的艺术家，如谢铁骊、郭维、岑范、王肯、彭恩礼、傅正义、刘学尧等，内容主要围绕他们当年进行戏曲片创作的缘起、社会背景、创作过程、艺术总结和经验反思等方面进行，从中可以看出不同工种的艺术家对戏曲电影的认知差异。导演群体对时代背景和创作缘起了解较多，并对戏曲片内容和形式的关系进行了深入思考；编剧群体着重关注从舞台到银幕的故事改编，从戏核、框架、合理性等几个方面讲述改编心得；摄影师对画面节奏和视觉风格等有较深体会；剪辑师对录音方式、后期合成等方面更为熟稔；而美术师则对不同电影内容的虚实选择做出解释。同一般的理论研究相比，书中访谈对理解戏曲电影更具鲜活性和感染力，受访者还表达了对不同创作部门间的协调关系、戏曲片是否为独立类型、戏曲片的未来发展等问题的思考，具有一定的理论深度。该书最初源于中国戏曲学院开设戏曲电影专业研究生教育的教学实践，采访跨越北京、上海、长春三地，基本覆盖国营制片厂时期戏曲片的创作重镇。（高小健）

物质现实复原论 redemption of physical reality 20世纪60年代，德国电影理论家S.克拉考尔提出的现实主义电影理论。1960年，克拉考尔发表了电影美学专著《电影的本性》，将电影的本质属性界定为“物质世界的复原”，并建立了完整严密的现实主义电影理论体系，即物质现实复原论。他称该理论是一种实体的美学，而不是形式的美学，其立论基础是：电影按其本质来说是照相的外延，因而也跟照相手段一样，跟周围世界有一种显而易见的亲近性。克拉考尔认为，电影是唯一能保持其素材完整性的艺术，因此具有记录和揭示物质现实的使命。

物质现实复原论认为，当影片记录和

揭示物质现实时，它才成为名副其实的影片，即只有充分发挥照相性和记录性才具有电影性。其基本观点包括：①电影不是剪辑或其他形式的产物，而是照相的产物，照相的特性是电影的基本特性，记录是电影的基本功能。②除了照相的特性，电影还具有技巧性，即电影不能只停留在记录物象上，而应当具有揭示现实世界本身固有意义的功能，因为许多瞬息即逝的现象，要不是电影摄影机具有高强的捕捉能力，人们很难觉察到它们。③电影应当追求形象的真实，而排斥抽象的真实，一部影片越少直接接触内心生活、意识形态和心灵问题，它就越富于电影性。④电影作为一种媒介体，弥合了异化了的主体与物质环境之间的裂痕，看电影的意义在于使现代人通过摄影机体验物质现实，把注意力从内心世界转移到生活的外部现象上来，从而“医治”现代人的“思想空虚症”和“认识抽象症”。因此，最理想的电影素材是找到的故事，是被发现的，而不是被构造出来的，电影创作应尽可能局限于把现实材料摄录在胶片上，而不要对现实进行任何解释。

克拉考尔的物质现实复原论强化了**A.巴赞**的现实主义电影美学，但简化了艺术作品与现实之间辩证的、多层次的关系，不利于电影在反映生活真实上从表面走向深入、从现象触及本质。

（贾磊磊　林　琳）

《雾中风景》 *Landscape in the Mist*　希腊彩色故事片。帕拉迪斯电视台、希腊电视台ET1频道等1988年联合出品。编剧，**T.安哲罗普洛斯**、T.格拉；导演，T.安哲罗普洛斯；摄影，Y.凡尼提斯；主演，T.帕莱奥罗格、M.泽克、A.桥格里、E.科塔曼尼多。

故事讲述了两个年幼的私生子姐姐乌拉和弟弟亚历山大，前往德国寻找母亲随口编造的父亲。由于没钱买票，一路上他们数次被赶下火车，又搭乘陌生人的汽车，遇到了各色人物，经历了成人世界的残酷与险恶，以失去儿童的童贞和梦想为代价，最终到达他们幻想中的国度。

影片聚焦个体的记忆和生命，通过一场穿越国境的寻父之旅，探讨了关于孩子被动成长中与成人世界的冲突，饱含了导演深厚的忧伤情怀。影片镜头语言朴实细腻，满怀诗意的**长镜头**将人们精神的迷失和对生命的困惑完美地呈现在观众面前，具有强烈的哲学思辨色彩。影片1988年获第45届意大利威尼斯国际电影节银狮奖、瑟吉奥·特拉萨蒂奖、天主教人道精神奖、国际同盟艺术电影奖等，1989年获第2届欧洲电影奖最佳影片奖。

（甄晓文）

X

《西安事变》 *Xi'an Incident* 中国彩色故事片。西安电影制片厂1981年出品。编剧，郑重、成荫；导演，成荫；摄影，高洪涛、郑煜元、陈万才；化妆，王希钟、李恩德；主演，金安歌、辛静、王铁成、孙飞虎。

《西安事变》剧照

故事讲述了1936年，日本帝国主义不断扩大对中国的侵略，蒋介石坚持不抵抗政策，继续进行内战。国民党高级将领张学良和杨虎城认清形势后，要求蒋介石联共抗日，但遭到了拒绝。12月12日，张学良、杨虎城发动西安事变，武装扣留蒋介石，提出改组南京政府，停止内战，共同抗日。17日，中共中央派周恩来、叶剑英等人前往西安调停相关事宜。24日，蒋介石被迫同意停战协议，联共抗日。25日蒋介石获释，并在张学良陪同下返回南京。西安事变得以和平解决，但蒋介石飞回南京后，立即拘禁张学良，后杨虎城和其次子在重庆被蒋介石派出的特务杀害。

影片以中国现代史上震惊中外的西安事变为题材，歌颂了张学良、杨虎城两位将军的爱国精神和中国人民抗日民族统一战线的伟大胜利。影片以现实主义的艺术风格、纪实性的手法，真实地反映了西安事变这一重大历史事件的演进过程与其中人物的真实活动和思想性格。影片中的主要人物和事件均有严格的史料依据，较好地处理了历史真实与艺术典型化的关系。导演把广阔的历史背景与细致的性格刻画结合起来，成功地塑造了蒋介石、张学良、杨虎城等几个典型的历史人物，形象栩栩如生，真实可信。影片1981年获文化部优秀影片奖，1982年获第2届中国电影金鸡奖最佳导演奖、最佳男配角奖、最佳化妆奖。

（翁睦瑞）

《西班牙的土地》 *The Spanish Earth* 美国纪录片。当代历史有限公司1937年出品。导演，J.伊文思；摄影，J.弗诺；解说，E.海明威。

《西班牙的土地》剧照

影片记录了1936年西班牙内战爆发后，西班牙人民与叛军和干旱的土地进行了坚韧不拔的斗争。在广袤的土地上，人民挖渠灌溉，军队出征保卫首都马德里。战争之余人们照常生活着：吃饭、看报、理发，广播里播放着欢快的西班牙民族歌曲。枪声密集，人民军英勇战斗。枪声中范村来的战士朱里安给家里写信。人民军在英勇抵抗叛军的进攻，付出了巨大的牺牲。影片结尾范村修架的水渠终于通水开始浇灌干涸的土地。

影片是一部带有宣传性质的解释型纪录片，以距马德里40千米的一个村庄和马德里市为记录对象，捕捉了许多细微之处，不仅有关于战争的画面，而且有西班牙真实的农村、城市生活的场景。影片解说词风格干练、硬朗，由作家海明威亲自撰写并朗诵。

（赵 远）

西班牙电影 Spanish cinema 西班牙电影史从1896年开始，可分为无声电影时期、早期有声电影、内战时期电影、佛朗哥执政时期电影、当代电影五个阶段。

无声电影时期 1896年，法国人A.普洛米奥在马德里放映了L.卢米埃尔的影片。同年5月15日，普洛米奥在西班牙拍摄了一部影片《法国圣·路易斯学校学生出大门》。10月，E.希梅诺拍摄了西班牙自己的第一部影片《做完大弥撒后走出萨拉戈萨皮拉尔教堂》。1897年，F.赫拉贝尔托使用自己制造的摄影机，在巴塞罗那自编、自导、自演，摄制了西班牙第一部故事片《咖啡馆里的争吵》。而后，赫拉贝尔托又拍摄了《桑斯圣玛丽亚教堂大门》等影片。1898～1906年，赫拉贝尔托共摄制11部影片，被公认为第一个对本国电影业作出贡献的西班牙人。另一位电影先驱是工程师S.de乔蒙，乔蒙在巴塞罗那成立第一个影片染色公司。乔蒙摄制的影片富于想象力，如《电动饭店》(1905)曾采用了特技摄影。

早期无声电影大多改编话剧。巴尼奥斯兄弟将话剧《唐璜》(1910)、《牺牲》(1910)等搬上银幕。1920年，J.布赫导演的《巴罗马村的节日》受到好评。

1925～1929年，西班牙无声电影发展较快。1928年生产影片59部。突出的导演是F.雷依、J.布赫斯、B.佩罗霍、F.德尔加多等。影片多据文学作品改编，如《特罗亚之家》(1925)、《瞎子领路人》(1926)、《圣·苏比尔西奥修女》(1927)等。此外，风俗片、歌舞片及轻歌剧题材的影片也很流行。在整个无声电影时期，雷依导演的《阿拉贡的阿古斯蒂娜》(1928)描写了西班牙人民反抗法国侵略者的事迹，《邪恶的村庄》(1929)反映农民为生活所迫出外谋生的情景，两部影片不同凡响，取得很大成功。

早期有声电影 有声电影的诞生对西班牙电影界震动很大。1929年，导演F.埃利亚斯拍摄了西班牙第一部有声影片《神秘的太阳门》，但由于技术设备不完善，归于失败。因而使得不少导演到国外，特别是到美国去拍摄西班牙语影片，以便向拉丁美洲国家发行。这使西班牙国内的影片生产受到很大影响，产量锐减。直到埃利亚斯由法国回到巴塞罗那成立了奥尔贝阿电影公司，并成功地摄制了第一部有声故事片《巴克斯》(1932)，才使西班牙有声电影走上正轨。

1932～1933年，只生产了很少几部影片，L.布努埃尔拍摄了纪录片《无粮的土地》(1932)，展现了拉斯乌尔德斯地区的贫穷、落后和愚昧，触及了社会现实。1934～1936年，西班牙电影公司建立，促进了电影事业的发展。这一时期的影片以风俗片、轻歌剧片和表现农村生活的情节剧为主。影片中穿插安达鲁西亚舞及斗牛的场面。影响较大的有佩罗霍根据小说改编的《黑人具有白人的心灵》(1934)，雷

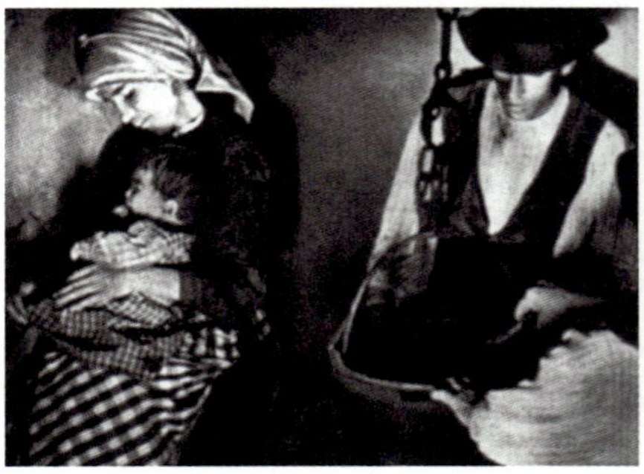

《无粮的土地》剧照

依执导的《高尚的乡下人》(1935)、《莫雷娜·克拉拉》(1935)等。

在西班牙内战爆发之前，尽管美国影片向西班牙倾销，但西班牙国产电影仍有竞争能力，受到不少观众欢迎，而且占领了南美洲西班牙语系国家很大一部分市场。这一时期，涌现了人们爱戴的女明星I.阿亨娜和喜剧演员M.利赫罗、R.希梅诺等。

内战时期电影 1936年7月18日，西班牙内战爆发，许多电影企业停产，电影工作者随之分化。有的人流亡国外拍片，有的人加入人民阵线和共和政府一边，有的人为国民政府服务。

在共和政府辖区，以拍摄反映人民斗争的纪录片为主，如《农民》《1936年的马德里》等。但也摄制了极少数故事片。这一时期，有不少外国电影工作者前来拍摄反映西班牙内战的影片，如J.伊文思拍摄的《西班牙的土地》(1937)，法国作家A.马尔罗将自己小说中的几个章节改编摄制成的影片《特鲁埃尔山区》。

在国民政府统治地区的电影工作者，摄制了一些歌颂长枪党的纪录片。1938年初，他们与德国合作成立了西班牙德国电影公司，联合拍摄影片。1938～1939年，该公司与乌发电影公司合作摄制了5部故事片，其中由佩罗霍执导的《塞维利亚的理发师》(1938)、《西班牙的叹息》(1938)是知名的两部。

佛朗哥执政时期电影 这一时期的西班牙电影历史，可分为以下几个阶段。

1940～1950年 初期的10年，先是由情报部主管电影，后成立了电影总局，制定了严格的审查制度，并强调重视民族电影，规定了放映外国影片与国产影片的比例等。不久，成立了电影剧作家协会，创办了圣塞巴斯蒂安国际电影节。1947年开办了西班牙电影研究和实验学院。

这一时期，生产的电影绝大部分是商业性质的影片，包括风俗片、根据文学作品改编的影片以及历史题材影片，大多远离现实。此外，还有宣传、歌颂长枪党的影片。一些老导演如雷依、佩罗霍、E.阿达宾等仍活跃在影坛上，同时也涌现了R.希尔、A.罗曼、J.L.S.de埃雷迪亚、E.内维列等一批新人。

1941年，雷依将他的无声片《邪恶的村庄》重拍成有声片，1942年在意大利威尼斯国际电影节上获奖。《邪恶的村庄》无论是有声片和无声片，都在西班牙电影史上占有重要一席。此外，希尔导演的《钉子》(1944)、《堂吉诃德》(1947)、《没有太阳的街》(1948)等，也是上座率高的影片。

在这一时期，佛朗哥以J.德安拉德的化名写了电影剧本《家族》(1941)，由埃雷迪亚执导。影片通过一个军人家庭的变化，表现了半个世纪以来西班牙政治上的重大事件，鼓吹佛朗哥精神。

主要演员有A.马约、R.杜兰、M.贝希诺、A.里维列斯等。

1951～1962年 受意大利新现实主义电影的影响，从20世纪50年代初开始，西班牙摄制出一批反映现实生活的影片。1951年，J.A.N.孔德导演的《犁沟》，获很高评价。毕业于电影研究和实验学院的J.A.巴尔登和L.G.贝尔兰加共同编剧，由贝尔兰加导演的《马歇尔，欢迎你》，描写一个小镇为欢迎"马歇尔计划"的一个委员所做的准备，深刻地反映了社会现实，对美国所谓的经济援助计划也进行了讽刺，1956年获法国戛纳国际电影节评委会特别奖。巴尔登导演了揭露中产阶级自私虚伪的《骑车人之死》，再次获戛纳国际电影节评委会特别奖。贝尔兰加拍摄了《普拉西托》(1961)和《刽子手》(1964)两部讽刺喜剧片。《刽子手》获意大利威尼斯国际电影节国际评论奖，在国内被评为西班牙电影史上10部最佳影片之一。此外，意大利人M.费雷里为西班牙导演了影片《小房子》(1958)和《小车》(1960)。《小车》以辛辣幽默的手法刻画了老年人的孤独，1960年获意大利威尼斯国际电影节国际评论奖。演员J.伊斯贝特在《小车》《刽子手》和《马歇尔，欢迎你》中扮演主角，以表演真实感人获得好评。

《马歇尔，欢迎你》剧照

这一时期，在西班牙电影史上占一定地位的影片还有：J.de奥尔杜尼亚导演的《最后一支民歌》(1957)，在马德里创上映325天的纪录，并在墨西哥取得成功，该片女主角的扮演者S.蒙铁儿成为继I.阿亨蒂娜和A.包蒂斯塔之后的电影女明星；由L.布努埃尔导演，西班牙与墨西哥合拍的《比里迪亚娜》(1961)，获戛纳国际电影节金棕榈奖，但因该片涉嫌批评佛朗哥政权，在1976年以后才获准在西班牙上映。

1962～1967年 西班牙新电影时期。

《最后一支民歌》剧照

1962年西班牙电影和戏剧总局对电影审查宣布了新的严格条例，但对过去禁演的影片放宽了尺度，并鼓励发展民族电影，力争打入国际市场。

一批在马德里国立电影学校（原电影研究和实验学院）和巴塞罗那电影学校学习和工作的青年人，在法国新浪潮电影的影响下，想对西班牙电影进行革新。他们摄制了一批反映现实、抨击社会、格调清新的影片，形成了西班牙的新电影。代表人物及其作品有C.绍拉导演的《为一个强盗而哭泣》(1964)和《狩猎》(1965)，后者获德国柏林国际电影节银熊奖。M.苏梅尔斯执导的《从玫瑰色到黄色》(1963)，获圣塞巴斯蒂安国际电影节银贝壳奖。M.皮卡索的处女作《图拉姨妈》(1964)，是根据M.de乌那穆诺的同名小说改编的影片，获圣塞巴斯蒂安国际电影节最佳导演奖。此外，B.M.帕蒂诺拍摄的《给贝尔塔的九封信》(1965)，获圣塞巴斯蒂安国际电影节银贝壳奖。J.迪亚罗特的《爱情的时代》(1964)和M.福尔的《燃烧的皮》(1968)，分别在1964年度、1968年度的巴利亚多利德电影节获西班牙文化学院奖和最佳作品奖。苏梅尔斯执导的《戴孝的小姑娘》(1964)获戛纳国际电影节特别奖。H.格劳的《夏天的夜晚》(1962)和A.丰斯的《寻求》(1966)都受到评论界的好评。

这一时期，大多数"新电影"作品在创作风格上都采取了精雕细琢的叙述方法，题材刻意求新，在一定程度上揭露了

《狩猎》剧照

社会现实弊端，从而促进了电影事业的发展，受到国内外重视。1966年生产影片164部，达到一个新的高峰。但是由于当局的严格控制，这一时期的作品多采用隐喻、象征的手法，步履艰难，尽管如此，“新电影”在西班牙电影史上还是留下了光辉的足迹。

1970～1975年　由于经济萧条，政府对电影贷款日益缩减，审查越来越严，因此这一时期电影生产处于低潮。在此期间，绍拉取得了较突出的成绩，绍拉执导的《安娜和狼》（1972）反映了军队、教会和性方面的问题，绍拉执导的《安赫利卡表妹》（1973）获1974年戛纳国际电影节评委会奖。V.埃里塞导演的《蜂房精神》（1973）和J.L.博劳执导的《逃亡者》（1975）先后获圣塞巴斯蒂安国际电影节金贝壳奖。P.奥莱亚执导的《狼的森林》（1970）和J.de阿米尼昂的《我亲爱的小姐》（1971）也受到好评。

当代电影　1975年11月20日佛朗哥去世，此后，西班牙的政治、经济、文化都发生了很大变化。在电影方面，取消了审查制度，被禁演的影片得以公演。包括布努埃尔的《比里迪亚娜》（1961）、B.M.帕第诺的《为战后演唱的歌》（1971）以及一些外国色情影片。同时，各种题材的影片竞相摄制出来。1976年生产电影108部，1977年生产113部。观众对影片的思想内容和艺术质量的要求也日益严格。一些导演继承、发展了“新电影”反映现实的特点，拍摄了一批反映政治事件、内战以及社会现实的影片。

政治题材影片的出现，标志着西班牙电影跨入一个新时期，其代表作有J.A.巴尔登导演的《一月的七天》（1978），描述了1977年1月24日极右分子在马德里杀害几名进步律师的真实事件，获莫斯科国际电影节大奖。J.L.G.桑切斯与A.利纳雷克共同导演的《多洛雷斯》（1980），是一部西班牙共产党领导人多洛雷斯的传记影片。M.G.阿拉贡执导的《黑帮》（1977），描述了极右分子反政府的活动，获第27届德国柏林国际电影节最佳导演奖银熊奖。阿拉贡导演的《森林之心》（1978）和

《一月的七天》剧照

《花园中的魔鬼》（1982）等片也颇有影响。A.里瓦斯拍摄的《燃烧的城市》（1976）和《胜利》（1983），反映了18世纪末、19世纪初西班牙的历史事件，《燃烧的城市》在蒙特利尔世界电影节获奖。此外，《暗杀佩德拉尔贝斯》（1978）、《从塞哥维亚逃跑》（1981）等，都是政治题材影片。

1936～1939年的西班牙内战，给人民带来精神上、心灵上的创伤，人们开始对这一段历史进行反思。J.卡米诺拍摄的《1936年漫长的假期》（1975）、《陈旧的回忆》（1977），J.查瓦里导演的《夏天的自行车》（1984），J.L.加西导演的《未解决的课题》（1977）、《重新开始》（1982）等影片都反映了战争给家庭、恋人、孩子带来的无法弥补的创伤。《重新开始》获1983年美国电影奥斯卡奖最佳外语片奖。

从1975年开始，反映人类自身问题的影片渐渐多起来。人与人之间难以沟通，无法解脱的孤独、苦闷都成为西班牙电影工作者探索的主题。J.de阿米尼昂导演的《巢》（1980），描写了一个老鳏夫的孤独以及他与一个13岁女孩间的情谊，扮演小姑娘的演员A.托雷特曾在《蜂房精神》（1973）、《姑息养奸》（1975）中扮演主角。由于她在《巢》中的成功表演，获蒙特利尔世界电影节最佳女演员奖。女导演P.米罗执导的《贾利·古柏在天堂》（1980），描写了一位事业心很强的电视女导演在身患绝症之后与朋友、亲人无法求得心灵的沟通。米罗于1983～1985年曾任西班牙电影局局长，她的另一部影片《昆卡的罪行》（1979）上座率很高，在日本上映时引起轰动。绍拉导演的《埃莉莎，我的宝贝》（1977）表现一位老学者孤独、怕死的心情，甚至与亲生女儿都无法相互了解。该片女主角由电影大师C.卓别林的女儿G.卓别林扮演。该片采用蓝色、灰色做基调，并运用了超现实的表现手法，受到好评。埃里塞拍摄的《南方》（1983）用一个女孩自述的手法，表现了他父亲的忧郁、苦闷。该片在芝加哥电影节获奖。这类题材影片大多细腻感人，努力追求刻画人物的内心世界。

20世纪80年代，不少文学作品被改编成电影，较成功的有M.卡穆斯导演的《蜂房》（1982），获柏林国际电影节金熊奖。卡穆斯的另一部重要作品是《圣洁无辜的人们》（1984）。此外，还有《帕斯库亚尔·杜阿尔特》（1976）、《同特雷莎在一起的最后几个下午》（1985）等影片。这一时期也拍摄了不少追求商业利润的惊险片、鬼怪片、色情片以及庸俗的喜剧片。这一时期主要的导演还有J.L.博劳、E.德拉伊格莱西亚、P.奥莱亚等。

1984年1月，西班牙政府颁布了电影保护法，对国产片资助成本费25%～50%，如影片获得成功，还可得到更多的补贴。为了扩大西班牙电影在国际影坛的影响，每年西班牙举办十多个国际电影节，并在许多国家举办西班牙电影周和回顾展。有些西班牙影片在重要的国际电影节获奖。西班牙每年平均生产70～100部影片。尽管如此，每年上映的外国影片还高达350～400部，美国影片仍控制着它的市场。20世纪80年代，西班牙电影观众数量有所下降。

20世纪90年代，西班牙电影受到美国好莱坞电影的冲击。西班牙电影在影院的占有份额从1980年的20.1%下降到1993年的8.7%。1994年，西班牙颁布了新的保护和促进电影法，对美国电影的译制与放映做出限制，用银幕份额保证西班牙电影和欧盟电影的放映，同时政府对新导演、合作制片提供资助，这些都促进了西班牙电影的发展。到90年代后期，西班牙电影产量有较大增长，从1990年的年产量42部提升到2000年的104部，银幕数也从1990年的1733块增至2000年的3500块。这一时期，导演绍拉、V.阿朗戈、卡穆斯、埃里塞、B.卢纳、米罗都有作品问世，重要作品有《情人们》（1991）、《火腿，火腿》（1992）、《大家都去监狱》（1993）、《乳房与月亮》（1994）、《河中之王》（1995）、《可靠的人》（1996）、《看菜园的狗》（1996）、《好运气》（1997）、《探戈》（1998）等。导演P.阿尔莫多瓦拍摄了一系列女性题材影片：《高跟鞋》（1991）、《基卡》（1993）、《我的秘密之花》（1995）、《颤抖的欲望》（1997）、《关于我母亲的一切》（1999）。90年代也出现大量新生代导演，他们更关注当下生活，关注和表现青年的爱情与情感问题，新生代导演和作品有J.梅德姆导演的《红松鼠》（1993）、J.B.乌略亚导演的《死去的母亲》（1993）、F.L.de拉阿诺亚导演的《街区》（1998）。同时，西班牙电影在类型片方面也有新的发展和变化。

21世纪初，由于资金的匮乏，西班

《红松鼠》剧照

《深海长眠》剧照

牙电影出现下滑，影院数量和观影人数减少。在地方政府、电视频道和网络的支持下，2010年后西班牙电影又开始回温，2014年本土电影票房达到1.23亿欧元。此时的西班牙电影仍然以喜剧片、警匪片、剧情片、惊悚片、动画片为主要类型。这一时期的重要作品有《深海长眠》(2004)、《黑面包》(2011)、《伤心小号曲》(2010)和《西班牙情事》(2014)等。

（傅郁辰　撰　秦喜清　修订）

西北电影工学队　Film Training Institution of Northwest China　中国电影培训机构。1947年10月成立于山西兴县蔡家崖。以**延安电影制片厂**的部分成员为主，并有从陕北抗战剧团、绥德文工团、晋绥地区战斗剧社、七月剧社等文工团调来的人员参加。**钟敬之**任队长，主要成员有**成荫**、孙谦、**凌子风**、石联星、程默、赵伟、苏云、杜生华、高田、高振寰等。西北电影工学队是解放战争期间，中国共产党在西北地区为培养电影专业人才和干部而设置的。工学队成立后即奔赴东北新解放区，经过8个月的徒步行军，1948年5月底抵达合江省兴山县（今黑龙江省鹤岗市）鹤岗矿区东北电影制片厂。工学队全体人员分别参加了“东影”各个部门的电影业务学习，其任务是掌握电影洗印、制作技术，把延安电影制片厂的战场纪录资料洗印出来。工学队编辑的西北战役纪录影片素材，曾在“东影”出品的《**红旗漫卷西风**》等纪录片中采用。由于解放战争的推进，西北电影工学队的成员大部分留在东北，充实东北电影制片厂的人才和技术力量，成为中国共产党领导下的人民电影基地的新生力量。

（李小燕）

西部片　western film　好莱坞开创的一种影片类型。西部片以19世纪美国开拓西部疆土为背景，以白人掠夺、屠杀印第安人，颂扬拓荒精神为主要内容。初期的西部片都是一些短片，最早的一部长片《横越平原》(1912)由专拍西部片的T.H.英斯导演。他和专演西部片的演员W.S.哈

《西部往事》剧照

特对西部片的发展作出了贡献。英斯的西部片采取美国西部的通俗题材，主人公都是头戴宽檐帽、腰挎左轮枪的牛仔，作恶的反面人物多是印第安人或黑人。影片画面大都是衬有人马奔驰、尘土飞扬的木屋小镇。酒吧、赌场和荒野是西部片的三大场景。故事内容大同小异，主题上宣扬善有善报，恶有恶报；情节上一般包括美人遇难，英雄相救，有情人终成眷属。第一次世界大战后，西部片的思想境界和艺术特色有了新的提高。由J.克鲁兹直接取材于美国历史的无声片《篷车》(1923)，被誉为歌颂开拓西部地区的史诗；**J.福特**的《铁骑》(1924)、《**关山飞渡**》(1939)被世界电影史家推为经典之作。由于西部片拥有广大观众，一些国家纷起效法。如意大利的《西部往事》(1968，S.莱昂内导演)、中国的《双旗镇刀客》(1991，何平导演)。

（戴中孚）

《西游记》　*Journey to the West*　中国电视剧。中国国际电视总公司和中央电视台1986年联合出品。共25集。改编自吴承恩的同名古典小说。编剧，戴英禄、杨洁、邹忆青；导演，杨洁；主演，六小龄童、徐少华、迟重瑞、汪粤、马德华、崔景富、闫怀礼、刘大刚。

故事讲述了孙悟空拜师学艺、龙宫借宝后大闹天宫，最后被如来佛祖压在五行山下。五百年后，孙悟空被大唐高僧玄奘所救，在观音菩萨指点下，孙悟空护唐僧西天取经，并在路上收了猪八戒和沙僧两位师弟。师徒四人日夜兼程，一路抢滩涉险，降妖伏怪，历经九九八十一难，最终取回真经，修成正果。

该剧展现了唐僧四人西天取经的艰辛历程，表达了不畏权势的抗争精神和不避艰险的进取精神。该剧秉承“忠于原著、慎于创新”的改编原则，删繁就简、去粗取精，以唐僧、孙悟空、猪八戒、沙僧师徒四人为主要人物，从形象塑造、性格把握到情感演变进行了精心的改编与刻画。该剧镜头语言流畅、节奏明快，虚实结合、繁简得当，符合中国观众的观赏习惯与审美趣味。该剧首次在电视剧中使用了吊威亚技术，在当时资金匮乏、设备简陋的条件下，大胆采用声、光、化、电等表现手段，用一部摄像机为观众创造出一个充满奇幻色彩的神话世界。

该剧播出后引起轰动，创造了89.4%的收视率神话。1999年，央视又补拍了剩余故事《西游记续集》(共16集)，并在2000年播出。六小龄童所演绎的孙悟空成为观众心中不可复制的经典人物形象。片尾曲《敢问路在何方》也伴随着该剧的热播，成为一代人心中永恒的旋律。该剧1988年获第8届中国电视剧飞天奖长篇连续剧特别奖，第6届中国大众电视金鹰奖优秀连续剧奖和最佳男主角奖。

（王乙涵）

《西游记之大圣归来》　*Monkey King: Hero is Back*　中国彩色动画片。浙江横店影视制作有限公司、北京天空之城文化创意有限公司等2015年联合出品。取材于古典小说《西游记》。编剧，田晓鹏、刘虎、米粒、金冉、金成；导演，田晓鹏。

故事讲述了在长安城内，自幼被行脚僧抚养的孤儿江流儿，纯真善良，他从小听了很多齐天大圣孙悟空的戏文，还得到一个齐天大圣的玩偶随身带着，他内心对这个大闹天宫的英雄十分崇拜。一天，他奋勇救下了被山妖掳走的小女孩，被山妖追逐，在背着女孩逃跑过程中，机缘巧合地解开了被如来佛压在五行山下的齐天大圣封印，从此与孙悟空结缘。孙悟空护送江流儿和小女孩回长安，遭遇了许多艰难险阻，一路和妖魔拼杀打斗，还遇到了猪八戒和白龙马。由于孙悟空的封印并没有彻底解除，所以他的功力无法完全恢复，在与妖王奋战时，他陷入险境，江流儿奋力奔跑，引开了巨大凶猛的妖王混沌，但

《西游记之大圣归来》海报

自己却被妖王摧毁的乱石埋葬。孙悟空悲痛万分，他用内心汹涌的激愤冲开了封印，一个顶天立地身披鲜红披风手持金箍棒的大圣终于回归。

影片叙事结构借鉴了好莱坞冒险英雄的类型模式，是一个关于“命运—使命—成长—诱惑—考验”的神话。影片中的孙悟空形象更趋向人性化，孙悟空的封印虽被江流儿无意中解开，但孙悟空并不想管闲事，而是想着回到花果山；后来的保护江流儿和小女孩，都是不情愿的举动；而当江流儿为他失去性命时，孙悟空的正义感爆发，一个有血有肉、侠肝义胆的大圣形象终于完成。影片情节跌宕起伏，造型上也借鉴了外国动漫的优点，颇具现代感。同时，影片又有着鲜明的中国文化基因，故事及其讲述都有着东方神韵。影片是全球首部西游记题材的3D动画片，历经八年时间完成，获得了票房上的巨大成功，打破了美国《**功夫熊猫**》保持四年的动画电影票房纪录。影片2015年获第30届中国电影金鸡奖最佳美术片奖、第7届中国国际影视动漫版权保护和贸易博览会动漫金羊奖、第2届文荣奖突出贡献奖，2016年获第16届中国电影华表奖优秀故事片奖。（李　清）

《西藏一年》 *A Year in Tibet*　中国彩色纪录片。中国藏学研究中心和北京地平线文化传播有限公司2009年联合出品。共5集。导演，书云；摄影，孙昭东、扎西旺嘉、次仁多吉；解说，杨大林。

影片包括《夏末》《秋》《冬》《冬末》《春》，以人类学田野考察的方式，跟踪拍摄了8位普通藏族人一年四季的生活，对当下西藏各阶层人民的日常生活，诸如工作劳动、礼佛诵经、婚丧嫁娶、生日庆贺等进行了真实、客观的记录。影片所涉人物阶层广泛，既有寺庙的高级主持喇嘛（白居寺管委会副主任次成），也有刚满16岁的白居寺最小僧人次平；既有江孜县第一个辞职经营家庭旅馆且生意越做越大的建藏，又有早年丧父、家境贫困、高中辍学、一无所长的27岁的拉巴；以及在片中“失业”了的、能通过作法驱散冰雹的法师次旦，善良的乡村医生拉姆等。

作为一部观察性纪录片，影片编导始终坚持客观、真实的原则，忠实地记录了8位藏族人的生活与困惑。影片叙事平行交叉，彼此呼应，以西藏第三大城镇江孜县为拍摄地点，用一年四季结构全片，其中，春、夏、秋各为一集，冬季则因较为漫长分为两集。（刘乃康）

希腊电影　Greek cinema　1900年，希腊在雅典放映了最早的外国电影。1906年，希腊开始拍摄纪录片。1911～1912年，拍摄了几部短喜剧片，导演都是S.季米特拉科普洛斯，由他自己和法国演员M.林戴主演。1914年，S.C.巴哈托里斯开办雅典电影公司，希腊开始正常的影片生产。第一次世界大战期间主要生产报道战事的新闻片。1925年，导演D.弗拉查诺斯拍摄了故事片《被命运厌弃者》。1927～1931年，卡吉阿狄斯兄弟创立了达哥电影公司，该公司摄制了历史片和根据文学作品改编的电影。如导演D.卡吉阿狄斯的《爱情和波浪》（1927）和《被缚的普罗米修斯》（根据古希腊悲剧诗人埃斯库罗斯的作品改编）。

1931年，导演O.拉斯科斯以新颖的手法改编了古希腊作家朗戈斯的小说《达夫尼斯和赫洛亚》，影片画面优美、富有诗意，使希腊电影第一次在国际上获得关注。1932年，卡吉阿狄斯导演了第一部希腊有声电影故事片《恶劣的途径》。在迈塔克萨斯将军独裁统治和法西斯占领期间，希腊主要摄制新闻片。为数不多的故事片当中比较好的有《离别歌》（1939，导演F.菲诺斯、T.斯库拉斯）、《心中的声音》（1943，导演L.约诺普洛斯）、《掌声》（1943，导演G.柴维拉斯）。1944年后希腊电影年产量有所增加。20世纪40年代末期，年产故事片8～10部，大部分是讲述悲欢离合的情节片，如《马里诺斯·康达拉斯》（1948，导演柴维拉斯）、《最后的使命》（1949，导演N.齐弗罗斯）。

1950年后，新一代电影工作者成长起来。这时期的电影创作受**意大利新现实主义电影**的影响，如导演G.格里哥里乌拍摄的《艰苦的面包》（1951），以及反映希腊现代生活问题的影片《血的圣诞节》（1951，导演G.泽尔沃斯）、《伪金币》（1955，导演柴维拉斯）和《情欲的海湾》（1957，导演泽尔沃斯）。M.卡科亚尼斯执导的《史泰拉》（1955）和《黑衣女郎》（1957）两部电影运用了现实主义手法，富有人情味，深为观众称道。此后，卡科亚尼斯又改编了古希腊悲剧诗人欧里庇得斯的作品《埃勒克特拉》（1961）。导演N.孔杜洛斯拍摄了故事片《魔城》（1954），之后他又拍摄了《秘密工作者》（1958）、《年轻的阿佛罗狄忒》（1963），这些作品具有抒情风格。20世纪60年代中期，希腊又出现了一批进步的青年电影工作者，他们敢于尖锐地提出社会和政治方面的问题。如《搜捕》（1965，导演A.基鲁）、《直到船边》（1966，导演D.达米阿诺斯）、《面对面》（1967，导演R.曼突里斯）、《不守秩序的牧人》（1968，导演N.帕帕达基斯）等。

20世纪60年代，希腊年产故事片上升到100～120部。在军事独裁期间，进步的电影被禁止摄制，卡科亚尼斯、孔杜洛斯、曼突里斯、A.格里瓦斯等导演纷纷侨居国外。进步导演秘密拍摄了政治影片，如《古埃里翁》（1969，导演D.杰奥斯）、《基督教徒希腊人的希腊》（1970，导演K.贺罗诺普洛斯）。这一时期，还出现了一些所谓的“爱国主义”影片以及间谍片、惊险片。

1974年，电影年产量减少到45部。尽管审查很严，但是在军事独裁统治的末期还是出现了若干在政治上和艺术上都较好的作品，如**T.安哲罗普洛斯**的《改造》（1970）和《36年的日子》（1972）、P.乌尔卡里斯的《安娜求婚》（1972）。独裁统治垮台后，希腊摄制了一些揭露君主独裁制度罪行的影片，如《宣言》（1974，导演A.列佩尼奥蒂斯）、《证据》（1975，导演N.卡乌尼狄斯）、《幸福的一天》（1976，导演乌尔卡里斯）。描述希腊农民贫穷生活的影片有《由于一件微不足道的小事》（1974，导演T.普萨拉斯）和《沉重的甜瓜》（1977，导演P.达希奥斯）。1977年，导演卡科亚尼斯拍摄了根据欧里庇得斯的悲剧改编的影片《伊菲格涅亚》。1978年，N.帕奈奥托普洛斯和M.马努萨基斯分别拍摄了讽刺现代希腊资产阶级社会的影片《肥沃谷地的懒汉》和《诸君！》。1980年，安哲罗普洛斯执导的《亚历山大大帝》讲述了希腊人民反抗暴政的故事。安哲罗普洛斯以现代电影手段表现古希腊文学遗产的其他影片也在国际上得到好评。

20世纪90年代以后，希腊年轻导演更关注当下现实，用讽刺手法揭露社会问题，《安全性生活》（1999）是非常成功的希腊电影。其他重要作品还有V.玛佐麦诺斯创作的3D动画片《金钱，黑暗神话》，批判了金钱对人性的影响，获1999年国际奇幻电影节评审团特别奖。玛佐麦诺斯之后拍摄了故事片《罪》（2009）、《十日》

《格列柯传》剧照

(2012)。2003年，T.布麦特斯拍摄了《香料帝国》，成为当年希腊电影的票房冠军，票房超过1200万欧元。2004年，P.伏格利斯的《新娘》也获得较好的票房收入，他的《小英格兰》(2014)获第17届上海国际电影节金爵奖。2007年，Y.斯玛拉格迪斯的《格列柯传》获得票房上的成功。

（尹广文）

希区柯克，A. Alfred Hitchcock（1899–08–13～1980–04–29） 英国电影导演、编剧。生于伦敦，卒于美国洛杉矶。1913年毕业于伦敦圣伊格内修斯学院。1914年进工程航行学校，学习机械、电力、动力和航海。1918年开始在电报公司任职，同时在伦敦大学进修艺术课程。早年从事过广告等工作。1920年进入电影界，在好莱坞拉斯基公司新成立的伦敦分公司担任字幕设计员，不久升为主任，并指导拍摄无对白的场景。1922年起，任助理导演兼编剧、艺术指导，拍摄了《女人对女人》(1923)、《恶棍》(1925)等片。1925年升为导演，拍出了《快乐的花园》《山鹰》，但他认为第三部影片《房客》(1926)才是自己第一部力作，并从此开始拍摄使之成名的“悬疑片”。1929年执导了英国第一部有声电影《讹诈》，音效处理匠心独运，引起了不少导演的纷纷效仿。1930年参与执导歌舞片《爱尔斯特里的呼声》。此后，相继完成了《朱诺和孔雀》(1930)、《谋杀案》(1931)、《怪癖的富翁》(1932)、《来自维也纳的华尔兹舞》(1933)、《知道太多事情的人》(1934)、《三十九级台阶》(1935)、《破坏》(1936)、《年轻的姑娘》(1937)、《失踪的女人》(1938，获纽约影评人协会奖最佳导演奖)、《牙买加旅店》(1939)等25部影片。

希区柯克独特的个人风格引起了好莱坞的兴趣，1940年他应邀赴好莱坞拍片。希区柯克在好莱坞导演的首部影片《蝴蝶梦》(又译《丽贝卡》)，获1940年第13届美国电影奥斯卡奖最佳影片奖和最佳摄影（黑白片）奖。在这部心理悬疑片中，他通过画外音、空镜头、移动摄影、反应镜头、声效和跳接等剪辑技巧，制造了神秘、恐怖、惊悚的悬疑效果，让观众身临其境地感受到了“不在场的丽贝卡”的惊惧气氛。自此，希区柯克长期定居美国，几乎每年都有新片问世，共执导了32部好莱坞电影，均反响热烈，代表作品有《春闺疑云》(1941)、《疑影》(1943)、《救生船》(1944)、《爱德华大夫》(又译《意乱情迷》，1945)、《美人计》(1946)、《帕拉亭案件》(1947)、《绳索》(1948，系独立制片，他的第一部彩色片)、《列车上的陌生人》(1951)、《我承认犯罪》(1953)、《电话谋杀案》(1954)、《后窗》(1954)、《捉贼记》(1956)、《迷魂记》(1958)、《西北偏北》(1959)、《精神病患者》(1962)、《群鸟》(1963)、《撕裂的帷幕》(1966)、《暴怒》(1971)、《家庭阴谋》(1976)等。这些影片奠定了他在世界电影史上至今无法撼动的“悬念大师”的稳固地位。

希区柯克极富想象力和幽默感，其善于调动一切视听手段和出色剪辑来制造悬念、产生心理恐怖与惊悚的艺术手法风靡世界各国，法国的F.特吕弗和C.夏布洛尔，英国的L.安德森、美国的P.波格丹诺维奇等都承认学习吸收了希区柯克的悬念手法。希区柯克曾5次入围美国电影奥斯卡奖最佳导演奖提名。美国电影艺术与科学学院1967年授予他欧文·撒尔伯格纪念奖，1979年授予他终身成就奖。1980年，英国女王伊丽莎白二世册封他为爵士。

（许　婧）

《希区柯克论电影》 *Dialog Between Truffaut and Hitchcock* 法国电影著作。F.特吕弗著。严敏译。上海文艺出版社1988年8月出版。32开，319 000字。

全书是法国新浪潮电影导演特吕弗20世纪60年代中期采访A.希区柯克的记录，以对话形式编写而成。全书共有4个部分，包括前言、引论、正文、附录。在前言中，特吕弗对美国影评家们在谈到希区柯克时的那种傲慢态度深感不满，并且

《希区柯克论电影》封面

认为希区柯克的影片将比任何影片都更加经得住时间的考验。引论介绍了特吕弗作为记者采访希区柯克过程中的一些情况和采访的主要范围等。正文部分，希区柯克用他最为直白和简洁的生活语言表达了自己对电影艺术的个人理解和特殊追求。希区柯克对自己的50多部影片做了详尽的回答，无论是从大的电影布局和构思方面，还是小到每一个场面、镜头、细节，以及演员的表演，都阐述得淋漓尽致。附录部分包括希区柯克的影片年表、13部代表作的故事、研究希区柯克的参考书目和6篇关于希区柯克的短文。

（孙承健）

《希望在人间》 *Hope is on Earth* 中国故事片。昆仑影业公司1949年出品。编导，沈浮；摄影，朱今明、胡振华；主演，蓝马、上官云珠。

故事讲述了抗日战争期间，上海沦陷后，爱国的大学教授邓庚白因支持学生参加抗战，被日本特务机关逮捕。其妻陶静寰三年间多方探询，仍无下落。邓庚白三年中深受折磨，坚贞不屈。日寇无奈假意释放邓庚白出狱，暗中派特务进行监视。邓庚白机智地掩护了爱国青年们的抗日活动，并亲手杀死了特务，最后又被捕入狱。

影片艺术构思颇有特色，如在邓庚白随身所带的烟斗这一细节上，导演反复强调，前后呼应，在电影结尾他再次被捕时，仍不忘拿起他心爱的烟斗，从容离家入狱，表现出一位大学教授的身份、嗜好，并衬托出他的从容、镇定，反映了革命知识分子邓庚白的崇高气节。影片的摄影也较为成功，在虚实相间、明暗对比之中，突出了邓庚白的不屈精神和日本特务的残暴虚弱。影片曾遭到国民党当局大量删减。影片具有严格的现实主义特点，被认为是“为中国今天的剧坛放射一道伟大的光影”。

（王云缦）

奚美娟 Xi Meijuan（1955–04–20～　） 中国话剧、影视演员。生于上海。1976年毕业于上海戏剧学院表演系，同年任上海人民艺术剧院演员。1976年首次演出的剧目是《万水千山》。1978年因参演《枯木逢春》荣获上海首届青年演员会演表演奖。之后，凭借《于

无声处》(1978) 和《救救她》(1979), 成为上海话剧界引人瞩目的新星。1987年在写意话剧《中国梦》中饰演明明, 斩获第5届中国戏剧梅花奖话剧类表演奖。1991年, 因主演《留守女士》获第3届上海白玉兰戏剧表演艺术奖主角奖。20世纪80年代后, 她一直活跃在话剧舞台上, 参演了《罗密欧与朱丽叶》(1980)、《寻找男子汉》(1986)、《驯悍记》(1986)、《幸福的日子》(1999)、《家》(2003) 等作品, 在话剧界声名鹊起。2015年回归阔别多年的舞台, 在《北京法源寺》中塑造了一个与众不同的慈禧形象。

奚美娟在舞台实践的同时一直活跃在影视领域。1985年首次"触电", 在电影《公寓》中饰演惠芳。1990年, 在女导演武珍年的影片《假女真情》中扮演一位小学教师, 朴实而自然的表演征服了观众, 获第11届中国电影金鸡奖最佳女主角奖。1992年参演影片《蒋筑英》, 因成功塑造了蒋筑英的妻子路长琴, 获第4届中国电影表演艺术学会奖、中国广播电影电视部优秀影片奖最佳女演员奖。1996年在《一棵树》中饰演朱珠, 获第12届乌兹别克斯坦塔什干金豹国际电影节最佳女演员奖和第6届中国电影表演艺术学会奖。2000年出演《月圆今宵》, 荣获第11届上海影评人奖最佳女演员奖、第7届中国电影华表奖最佳女演员奖。

1994年, 奚美娟参演了电视剧《钟点女工》, 初涉电视领域。1996年, 在《儿女情长》中饰演童建菊, 获得第15届中国电视金鹰奖最佳女配角奖。2000年后开始突破以往的"好人形象", 在演绎反面人物上同样入木三分。如《红色康乃馨》(2000, 获第21届中国电视剧飞天奖优秀女演员奖) 中性格复杂、亦正亦邪的董事长,《黑金》(2002) 中心狠手辣的女企业家,《坐庄》(2003, 获第22届中国电视金鹰奖观众喜爱的电视剧女演员奖) 中极尽各种手段的老总,《暗战》(2003) 中阴险狡诈的大毒枭等, 在角色塑造上展现了更多的可能性。在《红处方》(1998)、《情怨两代人》(2000)、《红色地毯黑色梦》(2003)、《五妹》(2005)、《可怜天下父母心》(2007)、《王贵与安娜》(2008)、《春草》(2008)、《爱有多远》(2009)、《母亲的战争》(2010)、《晚婚》(2010)、《月嫂》(2011)、《儿女情更长》(2012)、《老有所依》(2013)、《辣妈正传》(2013)、《爷们儿》(2014)、《说好的幸福》(2015) 等多部电视剧中生动地诠释了不同性格特点的母亲形象。

她在影片《第一诱惑》(1993)、《月圆今宵》(2001)、《法官妈妈》(2002) 以及电视剧《人大主任》(2002)、《警察抓小偷》(2008)、《许愿树》(2008)、《保姆与保安》(2010) 等影视作品中, 成功塑造了真诚善良、爱岗敬业的女性知识分子形象, 为广大观众认可且喜爱。奚美娟参演的多是现实题材作品, 因此她扮演的女性角色都带有鲜明的时代印记。2007年, 获文化部全国德艺双馨电视艺术工作者称号。2012年荣获第8届华鼎奖百强电视剧中国电视剧杰出成就奖。2016年, 当选为中国文联副主席。 (许 婧)

悉尼电影节 Sydney Film Festival 澳大利亚电影节。创办于1954年。每年6月举办, 为期12天, 在悉尼的多家电影院展映世界范围内的剧情片、纪录片、短片和动画片。世界上周期最长的电影节之一, 也是澳大利亚新南威尔士州重要的文化活动。2008年, 正式设立比赛单元, 表彰有勇气的、无畏的、前沿的电影。共设12个奖项, 奖金共6万美金, 评委会由5位澳大利亚和国际电影人组成, 正式比赛单元由澳大利亚电影导演协会国际联合会负责。通过澳大利亚纪录片基金会鼓励并支持澳大利亚优秀作品, 并选出悉尼电影奖、最佳纪录片奖、最佳短片奖、最佳长片奖、最佳动画奖、最佳创新奖等。另外, 还推出电影节之旅计划, 将活动扩展到全年, 覆盖澳大利亚19个地区的旅游点, 成为澳大利亚时间最长、范围最广的文化旅游项目。 (胡谱忠)

《锡铁小兵》 *Tin Toy* 美国彩色动画片。**皮克斯动画工作室**1988年出品。编导, J. 拉塞特。

故事讲述了一个红色的锡铁小兵来到了新家, 它看到隔壁爬进来一个憨憨胖胖的婴儿, 婴儿拿起地上的玩具又啃又咬、又摔又打。锡铁小兵生恐自己也遭如此粗暴的对待, 于是转身想逃, 但是随着移动, 它身上的小鼓也叮咚作响, 这吸引了婴儿的目光, 于是婴儿和小兵之间的追逐就此展开。锡铁小兵是一个平民英雄, 面对"强敌"它会选择逃跑, 躲在藏着很多玩具的沙发下; 面对"责任"它又能挺身而出, 拉动手中的风琴取悦啼哭的婴儿。最终, 婴儿头上罩着纸袋, 跌跌撞撞地走出了房间。而这时, 沙发下的玩具们才纷纷兴奋地跑出来。

影片以锡铁小兵的视角来展开故事, 因此一个婴儿在玩具眼中就成为一个巨型的暴君, 颇具童趣。影片将动画形象与真实的人物动作相结合, 人物表皮采用数码动画绘制, 其制作难点在于做出一个看上去非常真实的卡通人物。影片在技术上的尝试为电脑动画的制作开拓了一个新的方向, 为动画业注入了新的生命力, 同时使人看到了电脑动画所蕴含的巨大潜能。影片1989年获第61届美国电影奥斯卡奖最佳动画短片奖、第3届美国洛杉矶国际动画节一等奖等。 (杨晓林)

喜剧片 comedy film 以能产生笑的效果为特征的**故事片**。喜剧片是电影史上最早出现的片种之一。通常运用比较夸张的手法、出人意料的风趣情节和幽默诙谐的语言, 来描绘令人发笑的事件或塑造具有喜感的人物。优秀的喜剧片一般都有高尚的趣味和内容, 往往用多种不同含义的笑声讽刺、鞭笞生活中的丑恶、落后现象, 歌颂肯定美好、进步的事物。喜剧片冲突的解决一般都较轻快, 多以代表特定时代的进步势力取胜、落后势力失败作为结局, 能使观众在轻松娱乐中自然地受到启发和教育。

喜剧片的内容表现大都遵循着由矛盾到和解的过程, 所展现的矛盾涵盖了社会和生活的各个方面, 如性别、种族、民族、地区、年龄等之间的尖锐冲突, 喜剧的结果意在弥合社会各领域的冲突, 通过大团圆的结局实现社会和解。喜剧片打动观众情绪不仅在于幽默的语言行动, 还在于悲情意识的抒发。

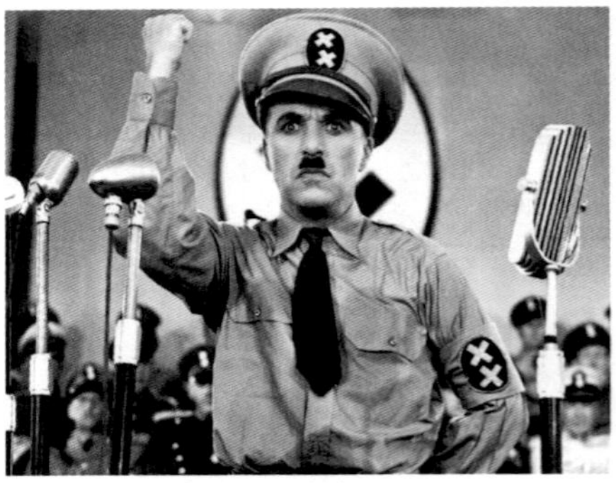

《大独裁者》剧照

喜剧片根据描写对象和表现手法的不同, 可分为讽刺喜剧片, 如**C. 卓别林**的《大独裁者》; 抒情喜剧片, 如**王家乙**的《**五朵金花**》; 歌颂喜剧片, 如鲁韧的《今天我休息》; 荒诞喜剧片, 如**赵明**的《**三毛流浪记**》; 功夫喜剧片, 如**成龙**的《**醉拳**》; **无厘头喜剧片**, 如**周星驰**的《**大内密探零零发**》; 滑稽片, 如法国的《虎口脱险》; 音乐喜剧片, 如美国的《音乐之声》等。 (戴中孚)

《喜羊羊与灰太狼》 *Pleasant Goat and Big Big Wolf* 中国彩色动画片。广东原创动力文化传播有限公司2005年开始出品。

编剧，吴潮威、石建娜、刘丽凡等；总导演，黄伟明。

故事讲述在青青草原上，生活着灰太狼、红太狼、小灰灰一家以及羊村的喜羊羊、懒羊羊、慢羊羊、美羊羊、暖羊羊、沸羊羊等小羊们。为了满足红太狼吃羊的愿望，发明家灰太狼设下各种阴谋诡计企图捉羊。而羊村中的小羊们总是能一次次破坏灰太狼的机关，粉碎其阴谋，灰太狼只能落荒而逃却又无可奈何。灰太狼一家和羊群们不断重复的智斗游戏，令灰太狼的儿子小灰灰跟小羊们成了好朋友。小灰灰常常背叛父亲，协助小羊们对付灰太狼。狼羊两族在这片神奇的土地上展开了旷日持久的游击战。

该片以幽默搞笑的画风席卷荧屏，尤其是狼和羊都被拟人化，每天不断上演的捉捕和反捉捕行为，成为一种有趣的游戏，深受幼小观众的喜爱。片中角色性格各有特色，也给成年观众们留下了很深的印象。该片在国内多家电视台热播，取得了不俗的收视率，同时在其他国家和地区也受到欢迎。该片已在电视台播出20多部，另有多部同名电影在电影院上映。该片2010年获第25届中国电视金鹰奖优秀动画片奖等。

（李　清）

《喜盈门》 *Brimming with Joy* 中国彩色故事片。上海电影制片厂1981年出品。编剧，辛显令；导演，**赵焕章**；摄影，彭恩礼、程世余；作曲，杨绍梠；主演，王书勤、温玉娟、王玉梅、张亮、洪学敏。

故事讲述了20世纪80年代，在北方一个山村，陈家大院笑声盈盈，人们祝贺陈仁武和薛水莲新婚，一片喜气洋洋。大嫂强英总是计较家庭的得失，以为水莲和仁芳的新裤料是婆婆买的，便要求婆婆也给自己买。婆婆无奈，只得借钱，善心的水莲拿出自己的钱帮婆婆解围。之后，强英又试图拆散仁芳与男友、分家时强夺硬抢、分家后虐待爷爷等。丈夫仁文一怒之下，打了强英一巴掌，强英气回娘家。邻居们开始批评强英，强英内心受到震动。回家后看见婆婆在照应孩子，水莲帮她做

《喜盈门》剧照

活，内心很受感动，便承认了自己的错误。自此，一家人又过上了美满的生活。

影片按照中国农民的欣赏习惯，在故事情节的叙述上以时间先后为顺序，通过一场家庭纠纷的产生、发展和解决，表现了一个普通农村家庭在赡养老人、婆媳关系等问题上的矛盾冲突，并在冲突中进行人物性格的鲜明对比，揭示了伦理道德的主题，歌颂了中华民族的传统美德和优良风尚。由于影片人物形象鲜明，语言通俗生动，具有群众喜闻乐见的民族风格，题材和主题又具有普遍的社会意义，所以上映后受到观众的热烈欢迎。影片1981年获文化部优秀影片奖，1982年获第5届中国大众电影百花奖最佳故事片奖和第2届中国电影金鸡奖最佳音乐奖及荣誉奖。

（翁睦瑞）

戏剧性光线 dramatic light 主要用于塑造人物肖像的光线。戏剧性光线按照戏剧内容要求以及人物内心活动运用光线，如用脚光、顶光、局部照明、各种效果光处理人物形象，以便更好地揭示戏剧内容或人物的心理状态。戏剧性光线是烘托气氛的照明处理，可增强戏剧效果。这种光线处理从戏剧内容出发，首先是为光线效果的运用找到现实根据，并给予适当夸张，有时也不完全与环境的自然光线效果相一致，不拘泥于人物外貌特征的表现。戏剧性光线处理不限于肖像的照明，也适用于其他对象。凡不拘泥于外貌特征的造型而着重表现戏剧效果的照明，都可称作戏剧性光线。

（张　桥）

戏曲电影 opera film 中国独特的电影片种。是中国传统戏曲艺术形式与电影艺术形式相结合的产物。又称戏曲片。

概念界定　长期以来，人们对“戏曲电影”的称谓及其所包含的概念含义一直并不确定。中华人民共和国成立以后，在对戏曲电影创作进行讨论的时候，就出现了诸如“戏曲片”“戏曲影片”“舞台纪录电影”“戏曲纪录片”“舞台艺术纪录片”“戏曲艺术片”等多种称谓。这反映了当时人们对戏曲电影的一种美学认识上的差异。其中“舞台”“纪录”的概念是把戏曲电影中的戏曲艺术形态和电影艺术形态看成各自独立无法融合的两种艺术形式，在二者的关系上，戏曲属于舞台，电影只是起到一种单纯的载体的作用。在这样的观念下，戏曲电影记录的成分大，在剧场舞台拍摄或在摄影棚内搭景拍摄。剧本基本是照搬舞台演出本，化妆造型、服装道具等也和舞台演出一样，音乐和唱腔也完全是原舞台演出的设计。如果有布景，也基本上是平面的延伸。这种提法根据舞台演出形式进行原封不动的拍摄，或者作为文献式的、教材式的影片才会与适用的创作方法相一致。**徐苏灵**提出“戏曲艺术片”的概念。他认为凡是其处理方法、表现形式不是纯粹记录式的，为广大观众所热烈欢迎的戏曲电影创作方法应该从称谓上加以区别。上述这些提法反映了当时艺术家、理论家们对这一片种进行美学探讨和理论概括的欲望。

戏曲电影尽管在说法上可以简单明确地称为“戏曲电影”或“戏曲片”，但是本质上所反映的主要还是“戏曲艺术片”这个概念意义。它应该是用电影艺术形式对中国戏曲艺术表现进行创造性银幕再现，既对戏曲艺术特有的表演形态进行记录，又使电影与戏曲两种美学形态达到某种有意义的融合，成为中国独特的电影形态和影片种类。对“戏曲艺术片”概念的这种概括兼顾了这个片种“纪录”和新的艺术“创造”的两方面，既以戏曲艺术（包括其叙事方式和本体艺术形态）为主要表现对象，又强调了电影艺术手段在这个片种中的主体价值。在二者的关系上，既强调了在这两种艺术形态之间的跨越性，也强调了两种艺术媒介的融合性。

戏曲电影为宣传、传播、保留、记录中国优秀的传统戏曲样式、优秀剧目、艺术大师的表演艺术成就提供了一种现代艺术手段。从艺术上说，戏曲电影经过创作实践，形成了自己独特的叙事美学特征和艺术形式特点，发展成为具有独特艺术魅力的电影品种，从而创造了新的民族电影艺术形态，这是中华民族电影的骄傲。

中国戏曲电影发展历程　中国的戏曲电影历史悠久，**北京丰泰照相馆**于1905年拍摄的戏曲片**《定军山》**标志着中国电影的诞生。一个多世纪以来，戏曲电影经历了从纪录到艺术再现，再到多视角式审美的形态发展历程，其中蕴含着丰富的形态转换和美学特征的演变，它既与中国电影整体的历史步伐相伴，又在自身的建构中另辟蹊径，成为中国电影中的一朵奇葩。

在电影的初始阶段，受技术和认知局限，戏曲电影采取的是原始的拍摄方法，通过摄影机的镜头把戏曲表演片段记录下来。这个阶段从1905年起到20世纪20年代初期。如《定军山》《长坂坡》《天女散花》**《春香闹学》**等，这些电影记录了谭鑫培、俞菊生、梅兰芳等京剧大师的戏曲表演片段。尽管随着中国电影技术水平的提高，中国电影的表现力和技巧运用有了

较大的进步，影片长度也大大增加，能够表现一定的情节和人物，还能进行一定的气氛营造，甚至是实景拍摄，但是从基本形态上说，此阶段绝大多数的戏曲电影拍摄仍然属于纪录性质，只能算是戏曲电影的初创期。

从1937年华安影业公司出品、费穆任艺术指导、周翼华导演、周信芳和袁美云主演的京剧戏曲片《斩经堂》开始，戏曲电影开始了自己的艺术创作阶段。其标志是影片画面打破了舞台的局限，而在搭建立体布景和在实景中拍摄，使戏曲片具有了一种叙事艺术片的品质，在完成戏曲叙事的同时，影片注重电影艺术手段与戏曲叙事方式的结合，此后的戏曲电影创作基本延续了这样一种创作思路。20世纪40年代后期，费穆与梅兰芳合作拍摄了中国第一部彩色戏曲片《生死恨》。

中华人民共和国成立以后，党和政府出于保护民族文化和传统艺术的目的，对古老的戏曲艺术实行了改造和继承的政策，使得中国传统艺术形式在新的社会条件下更好地为社会和人民大众服务，并把这种传统艺术与新的时代文化建设进行了有效的融合，使戏曲艺术成为文化事业中最具代表性的艺术形态。同时，把戏曲剧目搬上银幕，继承中国优秀的文化遗产也是党和政府倡导的一项重要的文化事业。由于得到了国家计划经济体制的保证和文化政策的大力支持，戏曲电影产量保持着稳定的水平，许多优秀的传统剧目和新编剧目被搬上了银幕，受到广大观众的极大欢迎。这时的戏曲电影创作获得了新的艺术表现空间，成熟的电影创作经验被运用到戏曲电影创作中来，使戏曲电影的艺术品质获得非常大的提高，并形成不同的风格流派，出现了许多剧种剧目的电影艺术精品。如记录京剧大师艺术成就的《梅兰芳的舞台艺术》《盖叫天的舞台艺术》《洛神》《荒山泪》《周信芳的舞台艺术》《尚小云的舞台艺术》《群英会》《借东风》等，这些影片或展示了单个艺术大师的艺术风采和艺术经验，或保留了众多艺术家的群像。另外，还有京剧电影《杨门女将》《野猪林》《尤三姐》、越剧电影《梁山伯与祝英台》《红楼梦》《碧玉簪》《追鱼》、评剧电影《秦香莲》《刘巧儿》《花为媒》、豫剧电影《花木兰》《朝阳沟》《穆桂英挂帅》、昆曲电影《十五贯》《游园惊梦》、粤剧电影《关汉卿》《搜书院》等，都是各自剧种中脍炙人口的戏曲电影经典。这些影片中既有传统戏曲剧目，也有新编剧目；有讲述历史故事，也有表现新的生活；有传播传统文化精髓，也有寄予了当代生活认知，可谓异彩纷呈。这个阶段可谓戏曲电影创作发展的黄金时期。1966～1976年，中国社会处于“文化大革命”中，以几部现代京剧及其电影为代表的戏曲电影成为这个时期国家文艺生活的全部，而其艺术本体创作经验也成为一种政治化文艺的教条。

“文化大革命”后的新时期，思想禁锢被解除，迎来了文艺的春天，也出现了戏曲电影创作的第二个高潮，产量恢复到“十七年电影”时期的水平，艺术表现更增加了一些新的特质，赢得观众的极大关注和观看热情。传统戏曲方面，拍摄了京剧《铁弓缘》《白蛇传》《红娘》《李慧娘》、昆曲《西园记》《牡丹亭》、豫剧《背靴访帅》《棒打薄情郎》、采茶戏《茶童戏主》、河南曲剧《卷席筒》、越调剧《诸葛亮吊孝》、秦腔《三娘教子》等，这些影片的拍摄让以前受到冷遇或批判的一些剧目重新回到观众的面前，这种创作取向是新时期中非常重要的一种文化现象，说明了对传统文化的重新评判和价值衡量。新编或改编古装戏曲电影有京剧《升官记》《三打陶三春》《真假美猴王》《岳云》、豫剧《七品芝麻官》《樊梨花》、越剧《五女拜寿》《莫愁女》、川剧《巴山奇冤》、汉剧《闯王旗》、北方昆曲《血溅美人图》、河北梆子《哪吒》、吕剧《海盗的女儿》、晋剧《三关点帅》、吉剧《包公赔情》《燕青卖线》等。这些新编改编戏曲都是活跃在当时舞台上受到观众欢迎的剧目，被搬上银幕同样引起了极大的社会反响。这些影片从不同的角度表达了对传统文化和道德价值的重建愿望，反映了当时普遍的社会心理和文化取向，戏曲电影用自己的方式加入社会文化的重建工作中来。这时期戏曲电影创作的另一个特点是现代题材戏曲剧目被搬上银幕。如京剧《苗岭风雷》、豫剧《倒霉大叔的婚事》、越剧《祥林嫂》、评剧《杨三姐告状》、川剧《四姑娘》等。这些作品与时代同步，反映了改革开放时期人们的思想变化和对未来的憧憬。

20世纪90年代以后的较长一段时间，戏曲电影创作进入低谷。主要原因是戏曲与电影这两个艺术领域都缺少在创作思想、社会观念表达和艺术形态创新方面有所突破的新作品出现，没有能够跟上时代发展的步伐。进入21世纪以后，这种状态在逐渐改变，戏曲电影重回电影银幕上来，并陆续出现一些令人耳目一新的戏曲电影作品，在情节叙事和视觉创造上都不同程度地关注了戏曲艺术形态本身，而改变了过去完全针对情节故事叙事及人物设计和表现的做法，如京剧《春闺梦》《对花枪》《廉吏于成龙》《霸王别姬》《龙凤呈祥》《状元媒》、豫剧《苏武牧羊》、昆曲《红楼梦》及一些现代题材的地方戏电影，都在视觉结构的创造上下了很大功夫，显示出戏曲电影创作的某些新的思路和新的美学探索，令观众获得一种不同以往的观看体验，这与此前的所有戏曲电影创作的理念产生了根本性的差异，使戏曲电影创作进入一个新的阶段。这些新的创作观念的产生，一方面在于中青年导演对于戏曲的认知发生了时代性的变化；另一方面国家对非物质文化遗产的保护政策既是一项国家文化政策，也是全世界对文化遗产的共同认知，这导致戏曲艺术在社会文化领域的身份也发生了变化，无形中给创作者注入一种保护、观赏、膜拜的心理态度，把戏曲搬上银幕的目的更为明确，即记录、保护传承与戏曲审美并重。

经过100余年的艺术探索，戏曲电影不仅极大地丰富了群众的文化生活，同时为继承和传播优秀的民族文化传统作出了很大的贡献，为创造和形成具有中国民族传统的电影艺术产生了重要影响，并赢得了很高的国际声誉。在全球化语境下，文化的多样性获得普遍重视，民族文化建设占据了国家文化战略的重要位置。随着国家对戏曲艺术进行的一系列政策扶持和资金支持，民间力量的不断加入，戏曲电影生产和艺术创作获得了新的发展机遇，并一定能够为民族文化的复兴作出更大的贡献。

扩展阅读

张骏祥，桑弧，等.论戏曲电影.北京：中国电影出版社，1959.

（高小健）

戏用道具 props 能够直接参与到表演中、与演员动作发生关系的道具。戏用道具不同于一般物件或布景中的陈设道具，它与剧情发展、人物动作（演员的表演）直接发生关系。在影视拍摄中，戏用道具是为了展现事件、刻画人物形象、渲染环境气氛而设计和选用的。电视剧《红楼梦》（1987）中黛玉、宝钗等手中的笔墨纸砚、头上戴的簪花头饰，电影《狼图腾》（2015）中巴图尔、陈阵等人驾马的皮鞭等，都是典型的戏用道具。戏用道具总体上归影视剧组中道具部门管理，但也有一些道具归其他部门管理，如影视剧中的花草、树木等（指的是落地生根的）就属于美工、置景部门；演员穿的衣服等属于服装部门；耳环、头戴的花饰属于化妆部门。

（宋东葵）

系列片 serial film 内容具有连续性，多集成部，构成系列的影片。系列片一般采用同一风格、同一类型，人物重复出现，主人公贯穿始终。系列片每集自成起讫，相对独立，又集集环扣，彼此关联，首尾呼应。往往一波未平，一波又起，层出叠见，造成悬念。系列片的出现，往往起于第一部影片的票房成功，制片商认为继续拍摄制作同一主人公、同一故事类型的影片至少能获得一个基本的票房保证，这便导致了系列片的生产。系列片可分为系列故事片如《**火烧红莲寺**》《速度与激情》，系列纪录片如《抗战特辑》《高考》等。（姚国华）

《细说澳门》 *All About Macao* 中国电视系列片。蔡氏兄弟（澳门）影业公司1999年出品。共30集。总编导，蔡安安。该片首次以澳门人的视角诉说澳门人对澳门的感情和理解，将一个原汁原味的澳门清晰、平实、准确地展现在观众面前。该片篇幅之长和介绍澳门内容之丰富细腻，前所未有。其内容涵盖澳门的历史、地理、政治、经济、社会，以及民生、民风、民俗、民情等各个方面。是集知识性、趣味性、思想性、艺术性和可视性为一体的电视作品，为海内外全面、真实地了解澳门提供了参考，具有一定的社会学意义和学术价值。（赵　益）

《侠女》 *A Touch of Zen* 中国彩色故事片。国际影片有限公司1971年出品。根据蒲松龄《聊斋志异》中的《侠女》改编。编导，**胡金铨**；摄影，华慧英；主演，徐枫、石隽、白鹰、田鹏、曹健、苗天等。

故事发生在明朝万历年间，没落书生顾省斋在小镇上经营字画铺养家糊口。一次偶然的机会，他结识了新来邻居杨之云，与她暗生情愫。一次，东厂人士欧阳年前来打探，与住在附近的算命瞎子相遇后打斗。瞎子受伤后被顾省斋及母亲撞见，遂将瞎子送到附近的杨之云处，这才知道二人真正的身份。杨之云实为因弹劾魏忠贤而被杖毙的左副都御史杨涟之女杨慧贞，算命瞎子则为保卫忠良之后的石门樵将军。二人正被朝廷通缉，为对付东厂追杀，顾省斋在废屯堡设下重重机关，并得到高僧慧圆的帮助。最后，慧圆修成正果，顾省斋和杨之云逃出生天，远走他乡。

影片将戏曲美学、武侠题材和东方文化相融合，尤其是人物性格和动作设计都带着传统京剧的模式，使得中国传统舞台艺术的程式和体系很好地融入影像表达中。同时，影片具有浓烈的东方美学和“神性”色彩，具有较强的思辨价值。影片时长187分钟，在台湾上映时曾分为上下两集，下集曾改名《灵山剑影》。影片1972年获第10届中国台湾电影金马奖最佳彩色影片美术设计奖，1975年获第28届法国戛纳国际电影节技术大奖、第1届加拿大蒙特利尔灵异电影节心灵影展荣誉奖。（黄钟军）

《下水道》 *Kanal* 波兰故事片。画面电影工作室1957年出品。编剧，J.S.斯塔温斯基；导演，A.瓦依达；摄影，J.李普曼；主演，T.伊热夫斯卡、T.扬查尔、W.格林斯基、T.格雅兹道夫斯基。

《下水道》剧照

故事讲述了1944年，在华沙起义最后一周里，纳粹搜捕抵抗人士，一支波兰抵抗军在中尉扎德拉的带领下，试图从下水道冲出德国人的包围圈，一起进入下水道寻找出路的还有平民。人们在下水道摸索着出路，德国人用毒气、饥饿夺取了一条又一条生命。在弥漫着瓦斯的下水道中，到处充满了恐惧。有的人疯狂了，有的人自杀了，也有的人在做爱。最后，他们都走向了悲剧的归宿。

影片改编自波兰爱国人士斯塔温斯基的真实经历，为瓦依达“战争三部曲”中的第二部。影片对波兰解放前夕的历史进行了严峻的反思和独到的阐发，具有阴郁和严酷的艺术特色。影片开场用一个4分20秒的**长镜头**凸显压抑情绪，拍摄下水道场景时多使用近景突出逼仄感，表现出潮湿阴冷和绝望。影片1957年获第10届法国戛纳国际电影节评委会特别奖。（张慧瑜）

夏布洛尔，C. Claude Chabrol（1930-06-24～2010-09-12） 法国电影评论家、电影导演和制片人。生于巴黎，卒于巴黎。曾担任《**电影手册**》的编辑和影评撰稿人，是当时“作者论”的积极倡导者之一，同时兼任**20世纪福克斯电影公司**的新闻专员。1957年，与E.罗梅尔合写了一部有影响的专著《阿尔弗雷德·希区柯克》。1958年，开始参与电影创作实践，利用妻子的

一笔财产拍摄了第一部长片《漂亮的塞尔日》，获第11届瑞士洛迦诺国际电影节最佳导演奖。1959年，编导影片《表兄弟》，获第9届德国柏林国际电影节金熊奖。在这两部电影中，夏布洛尔以自然朴实的表现手法，大胆地揭露了自己熟悉的法国社会的某些不良现象，是**法国新浪潮电影**较早和具有代表性的作品。1964年，编导间谍片《老虎爱吃鲜肉》。

1973年，执导剧情片《血色婚礼》，获第23届德国柏林国际电影节费比西奖。1978年，编导《维奥莱特·诺齐埃尔》，获第31届法国戛纳国际电影节金棕榈奖提名。1985年，执导《醋劲小鸡》，获第38届法国戛纳国际电影节金棕榈奖提名。1995年，导演剧情片《冷酷祭典》，获第52届意大利威尼斯国际电影节金狮奖提名。1997年，导演《一切搞定》，获第45届西班牙圣塞巴斯蒂安国际电影节最佳导演奖、最佳影片奖。1999年，导演喜剧片《谎言的颜色》，获第49届德国柏林国际电影节金熊奖提名。2000年，导演《亡情巧克力》。2003年，导演《心碎之花》，获第53届德国柏林国际电影节金熊奖提名。2006年，导演《权力喜剧》，获第56届德国柏林国际电影节金熊奖提名。

夏布洛尔的电影主张真诚的主题和富于现实感的画面形象。他拍摄的作品还有《房门紧锁》(1959)、《善良的女人》(1960)、《朗德吕》(1963)、《丑闻》(1967)、《轻浮的女人》(1968)、《不忠实的女人》(1969)、《决裂》(1970)、《夜幕降临之际》(1971)、《骄傲的马》(1980)、《荣誉小姐》(2004)、《双面娇娃》(2007)、《贝拉米》(2009)等。2003年，获第16届欧洲电影奖终身成就奖。（黎赞光）

夏钢 Xia Gang（1953-01-01～　） 中国影视导演。生于北京。1978年考入北京电影学院导演系。1983年调到北京电影制片厂担任导演。1985年，在潇湘电影制片厂与蒋卫和联合导演了影片《自信的男子汉们》。

1989年，独立导演了《一半是火焰，一半是海水》，影片改编自王朔的同名小说，上映后在社会上引发轰动。1990年，执导了由郑晓龙、**冯小刚**编剧的影片《遭

遇激情》，获第11届中国电影金鸡奖最佳导演奖提名。1991年，导演了文艺片《我心依旧》。1992年执导了《大撒把》，影片上映后引起热烈反响，并一举创下当年国产电影票房纪录，获第13届中国电影金鸡奖最佳导演奖。1993年导演了《无人喝彩》，获得成功。1994年，执导了《与往事干杯》，获第24届葡萄牙菲格拉达福兹国际电影节国际电影联合会评委会特别荣誉奖。1996年拍摄了《伴你到黎明》，获上海影评人奖年度十佳影片奖。1997年，拍摄了音乐故事片《生命如歌》。1999年导演了《玻璃是透明的》，获第8届北京大学生电影节最佳导演奖。2001年，拍摄了《谁来倾听》。

2003年执导了家庭情感类电视剧《亲情树》，获第24届中国电视剧飞天奖长篇电视剧一等奖、第22届中国电视金鹰奖优秀长篇电视剧奖、第10届中共中央宣传部精神文明建设"五个一工程"奖优秀作品奖等。同年，导演了根据同名话剧改编的电视连续剧《天下第一楼》。2007年，导演了历史传奇剧《荀慧生》，获第26届中国电视剧飞天奖长篇电视剧二等奖、第24届中国电视金鹰奖优秀电视剧奖。2009年，与妻子孟朱合作导演，将小说《一个女人的史诗》搬上电视荧屏。2011年，执导了家庭剧《幸福生活在招手》。2017年，执导了古装剧《穆桂英挂帅》。

（孙承健）

《夏日纪事》 *Chronicle of a Summer*　法国纪录片。1960年出品。导演，J.卢什、E.莫兰；摄影，M.布洛特、R.库塔尔。

影片用16毫米摄影机在法国巴黎和圣托贝拍摄并且同期录音，以卢什与莫兰探讨"普通人能否在摄影机面前自然地谈心中所想"开始，之后一系列真实身份的参与者被导演引入"关于法国社会和工人阶级快乐"的讨论。影片结尾，导演揭示了影片画面编码的方式和真实性的主题。

影片通过安排情境，让采访者互相接触的方式，记录片中事件与人物的真实发展，展示受访者的个性。影片打破了英国纪录片大师**J.格里尔逊**所倡导的传统模式，具有试验性的结构创新，被认为是**直接电影**的典范。2014年，在《视与听》杂

《夏日纪事》海报

志评选的有史以来最佳纪录片排行榜中，《夏日纪事》列第六名。

（李　春）

夏衍　Xia Yan（1900-10-30～1995-02-06）中国电影剧作家、电影事业家、戏剧家、文艺评论家。原名沈乃熙，字端轩，号端先。祖籍河南开封。生于浙江杭县（今属

杭州市余杭区），卒于北京。1914年，高小毕业后到染坊店当学徒工。不久被学校保送至杭州甲种工业学校染色科学习。在甲种工业学校，他接触到《新青年》等一些马克思主义书刊和进步同学，思想发生很大变化。1919年五四运动后，他积极参加杭州学生声援北京学生的爱国运动。同时，与同学一道发起并创办了当时浙江第一个进步刊物《双十》（第二期改为《浙江新潮》）。曾接连发表文章抨击时弊。1920年，甲种工业学校毕业考试名列第一，被公费保送到日本留学。他虽然学工科，但却爱好哲学与文学。利用课余时间，阅读了大量文艺作品，并研读了《共产党宣言》《共产主义运动中的"左派"幼稚病》等马列主义经典著作的日译本。1924年11月，孙中山北上途经日本门司港，夏衍与同学郑汉先前往迎接谒见。孙中山当场指定李烈钧介绍他加入了第一次国共合作时期的国民党，并担任了国民党驻日海外总支部的常委及组织委员。1927年，蒋介石发动"四一二"反革命政变，他在日本受到国民党右派的通缉并被开除党籍。同年5月，离开日本返回中国，7月在上海加入中国共产党。1929年末，参加筹组中国左翼作家联盟，并与郑伯奇、阿英、**沈西苓**等人创办在中国共产党直接领导下的第一个戏剧团体——上海艺术剧社，推动了革命戏剧运动的发展。同时，又和冯乃超、沈西苓等人编辑左翼文艺刊物《艺术》月刊。1930年3月2日，中国左翼作家联盟成立，他被推选为常务委员。同年8月1日，中国左翼剧团联盟成立，夏衍为负责人之一。

1932年，夏衍经中国共产党组织同意进入电影界。1933年3月，建立了以夏衍为组长的**党的电影小组**，他成为中国**左翼电影运动**的开拓者、组织者和领导者之一。这之前，应上海**明星影片公司**邀请，担任编剧顾问，后以丁一之的化名，创作了他的第一部电影剧作《**狂流**》，影片公映后被誉为"中国电影界的新的路线的开始"。1933年，夏衍改编、创作的作品有：《**春蚕**》（根据茅盾同名短篇小说改编，化名蔡叔声编剧），这是中国新文艺作品搬上银幕的可喜尝试；《**上海二十四小时**》以20世纪30年代上海的现实社会生活为背景，通过一个童工受伤身亡的24小时展开故事情节，生动、深刻地揭示了都市生活的黑暗现状；《脂粉市场》（化名丁谦平编剧）和《前程》（化名丁谦平编剧），是夏衍表现知识妇女的影片；《时代的儿女》（和郑伯奇、阿英合作编剧），描写1925～1927年疾风暴雨般的革命年代中不同知识青年的不同命运。1933年9月，夏衍经田汉介绍与阳翰笙等任艺华影业有限公司编剧，但是不到两个月，艺华影业有限公司即被统治当局雇佣的打手捣毁。当时，夏衍和田汉等左翼电影工作者受到国民党顽固派的警告，但在极端困难的条件下，他们仍然没有停止战斗。1934年初，他创作的电影剧本《同仇》，以及与人合作的《女儿经》，不得不分别以"程步高编导"和"明星编剧委员会"的名义摄制。1934年7月，他被迫退出明星影片公司转入**联华影业公司**，任联华二厂特约编剧，同时与司徒慧敏、**孙师毅**、**袁牧之**等组成电通股份有限公司。夏衍负责领导电通影片公司电影创作，并为"电通"写了电影剧本《自由神》。

1935年春，随着中国共产党上海地下组织先后遭到破坏，夏衍也遭追捕，不得不离开电影工作岗位一度蛰居避难。随后第一次用"夏衍"的笔名发表短篇小说《泡》，同时开始了话剧创作。写了独幕剧《都会的一角》《中秋月》和多幕历史剧《赛金花》《秋瑾传》（又名《自由魂》）。1936年6月，发表报告文学《包身工》引起强烈反响，被誉为中国报告文学的典范

作品。1937年，创作了三幕剧《上海屋檐下》，是他创作上一次大的突破。抗日战争全面爆发后，在上海、广州、香港主办《救亡日报》《华商报》。后辗转抵达重庆，任中共南方局文化组副组长。在周恩来直接领导下主持大后方的文化运动，特别是戏剧运动，同时从事统一战线工作，曾任《新华日报》代总编辑，并在该报发表《苏联电影与世界大战》《造梦与破梦》等电影评论文章。其间，创作了《一年间》《心防》《法西斯细菌》《芳草天涯》等多部话剧，显示出他戏剧艺术的新发展。他虽然离开了电影战线，但还继续和电影界保持着一定的关系，写了许多影评文章，以及电影剧本《白云故乡》《恋爱之道》等。

1950年，创作了电影剧本《人民的巨掌》。1956年，他根据鲁迅原著改编了电影剧本《**祝福**》。1958年，根据茅盾原著改编了电影剧本《**林家铺子**》。在《祝福》和《林家铺子》这两部作品中，剧作的风格朴实，结构严谨，时代气息浓厚，人物形象饱满，既体现了原著的神韵风采，又达到了电影艺术的新高度，成为中国改编电影剧本的优秀典范。1962年，他和**水华**合作，根据陶承的小说《我的一家》改编了电影剧本《**革命家庭**》，获第1届中国大众电影百花奖最佳编剧奖。同年，他受廖承志约请，根据巴金原著为香港演员夏梦改编了电影剧本《憩园》(拍成影片后改名为《故园春梦》)。1964年，与水华合作，根据罗广斌、杨益言小说《红岩》改编电影剧本《烈火中永生》。

1949年，任上海军事管制委员会文化教育管理委员会副主任、中共华东局宣传部副部长。1950年，任上海市委常委和宣传部部长、上海市文化局局长、上海市文联主席。1952年，创办电影文学研究所。1954年，被任命为文化部副部长，主管电影及外事工作，并担任中国文联副主席、中国人民对外文化协会副会长。1979年，被选为中国文联副主席、**中国电影家协会**主席。1985年，连任中国电影家协会主席。

夏衍在电影理论上颇多著述。文章大部分被选辑为《写电影剧本的几个问题》(1959)、《**电影论文集**》(1961)。1985年他撰写的回忆录《懒寻旧梦录》问世，详尽地回顾了他的革命文艺道路。夏衍为中国电影事业的发展作出了重要贡献。1994年，夏衍被国务院授予“国家有杰出贡献的电影艺术家”称号。（张德明　陈少舟）

夏衍杯编剧奖　Xiayan Cup Screenwriter Award　中国电影编剧奖。创立于2006年，前身是夏衍电影文学剧本奖，每年举办一次。夏衍杯编剧奖的电影剧本征集工作由**国家电影局**、**电影剧本规划策划中心**和**中国夏衍电影学会**共同举办，征集办公室设在电影剧本规划策划中心。夏衍杯编剧奖面向全国征集，注重专业编剧，鼓励青年专业人才，强调剧本的可操作性，旨在服务全国制片机构。剧本征集时间为每年1月15日至4月15日，评选时间为每年5月4日至10月30日。主办方组织专家对参评电影剧本进行评选，每届产生5部“优秀电影剧本”和10部“创意电影剧本”以及20部“潜力电影剧本”。

夏衍杯编剧奖对评委会选出的“优秀电影剧本”实行政府补贴，自2011年起，对“优秀电影剧本”和“创意电影剧本”实施奖励制度。夏衍杯编剧奖鼓励大力弘扬民族精神和时代精神，讴歌改革开放新人新事和丰硕成果，思想性、艺术性、观赏性尽可能完美统一，贴近实际、贴近群众、贴近生活的好作品，特别关注当代题材，鼓励艺术创新，支持类型化探索。

夏衍杯编剧奖评选出了《花市》《奔跑吧，青春》《伴娘》《独家新闻》等优秀剧本，培养了邓舟舟、月光、田鸽、邵磊、苏亮、苏彪、董润年、焦华静、陈舒、任鹏、秦海燕等著名编剧。（张智华）

先锋派电影　avant-garde film　20世纪20年代以后主要在法国和德国兴起的一场电影运动。先锋派电影的重要特点是反传统叙事结构而强调纯视觉性或意义的呈现。

第一次世界大战后，战败的德国各种政治思想、文艺思潮空前活跃，许多艺术家和知识分子对传统的价值观念和美学原则提出了怀疑，其中也包括对年轻的电影艺术的认识。他们认为，电影必须摆脱其他古老艺术的束缚和影响，成为独立的艺术，这种独立应该以它自身的特性为基础。他们看到电影最大的直观特性就在于能使静态的画面产生运动。有几位画家首先进行了有益的实验，如抽象派画家H.里希特以一系列黑、白、灰三色正方形和长方形的变化和跳跃为内容拍摄了《节奏21》(1921)、《节奏23》(1923)和《节奏25》(1925)；瑞典达达主义画家V.埃格林1921年在德国拍摄了《对角线交响乐》，1924年又拍摄了《平行线》和《横线》。这些一般不超过15分钟的短片，排斥人物形象与故事情节，而是以线条规律性变化、转换的视觉形象为内容。1925年起，德国先锋派电影转入一个新的阶段，例如曾受埃格林影响的W.鲁特曼将实录的镜头与抽象的表现形式结合在一起，创造出一种新的纪录电影。这两个阶段的不同在于，

《机械舞蹈》剧照

第一阶段强调电影的“纯”运动感，第二阶段则更多地强调剪辑的作用。

法国先锋派电影运动开始于**L.德吕克**的艺术创作。他要求与当时的商业影片彻底决裂，主张以电影手段发掘人与物的特征美。法国先锋派电影运动大致可分为三个阶段。第一阶段以立体派画家F.莱谢尔和**R.克莱尔**等人的电影实验作品为代表，他们也把运动视为电影的本性。但与德国先锋派电影的不同之处是，他们并不把手绘的图形的变化作为表现内容，而是把日常生活中的物品或景象结合起来表现，如1924年莱谢尔拍摄的短片《机械舞蹈》和克莱尔的《幕间休息》等。这些影片同样没有完整的故事情节和鲜明的主题，被称作“**达达主义电影**”“抽象电影”或“纯电影”。第二阶段以G.杜拉克、**L.布努埃尔**、A.阿尔托等人的实验性影片为代表。他们的影片受超现实主义文学的影响，表现人的潜意识，包括梦境、幻觉等。杜拉克于1928年拍摄的短片《贝壳与僧侣》(阿尔托编剧)主要是分析一个僧侣混乱的心理活动，借助一系列并无内在联系的镜头的组接进行一种精神分析。布努埃尔于1928年摄制的《一条安达鲁狗》，也是以类似方法表现人的潜意识活动，或者是对一种荒诞不经的新美学的追求。第三阶段以1929年后法国先锋派电影转入纪录电影为标志。这种纪录电影很快就分为两种倾向：一种以嘲讽社会现象为主，如法国导演J.维果的《**尼斯印象**》(1929～1930)，主要是以怪诞的画面和奇特的剪辑，借实录的尼斯景象嘲讽市内上流社会的生活方式；另一种则是具有抒情色彩或唯美主义倾向的纪录片，如**J.伊文思**在鲁特曼和法国先锋派电影的直接影响下，拍摄了《桥》(1928)和《雨》(1929)。

先锋派电影运动的主旨是企图从电影的形象性和运动性出发，去扩大、挖掘电影的可能性，使电影最终成为一种独立的新艺术。先锋派电影运动的代表人物更多的是从形式出发，以自我为目的。作为一次艺术运动，许多实验性影片在表现手法、镜头技巧等方面的探索，对电影艺术

的发展起了一定的推动作用。

扩展阅读

乔治·萨杜尔.世界电影史.徐昭，刘承伟，译.北京：中国电影出版社，1986.

邵牧君.西方电影史概论.北京：中国电影出版社，1984.

（何　正）

显微摄影 photomicrography 通过显微镜的成像系统对微小物体进行放大的摄影技术。显微摄影按照显微镜成像的原理可以分为两大类：①光学显微摄影。一般使用光学显微镜的物镜作摄影镜头，将照相机的机身安装到显微镜的镜筒上或镜座上，记录显微镜所形成的光学影像。光学显微摄影根据显微镜的用途又可分为对透明染色标本用透射光成像的生物显微摄影，用反射光对不透明标本成像的金相显微摄影，对不能染色的活体标本成像的干涉显微摄影，拍摄岩石或高分子结晶形态的偏光显微摄影及使用特殊光线成像的荧光、紫外线、红外线显微摄影等。光学显微摄影受光波波长的限制，摄影倍率只能达到数千倍。②电子显微摄影。记录由电子显微镜形成的电子影像所转化成的光学影像，由于电子显微镜依靠波长极短的电子束成像，放大倍率可以高达十几万倍（扫描电子显微镜）至100万倍（透射电子显微镜）。

红外线、紫外线显微摄影与透射电子显微摄影必须使用特殊的胶片，其余显微摄影均可使用普通的摄影胶片。显微摄影为观察与记录微观世界提供了重要的技术手段。显微摄影的技术难点在于标本的制备、照明方式的选择与曝光的控制。

（高礼吾）

现代电影 modern film 第二次世界大战以后，尤其是20世纪60年代以来在电影观念方面较诸传统电影有所进展的电影。“现代电影”一词最早见于20世纪60年代初法国和苏联的一些电影刊物上，当时多国电影艺术家和理论家曾就“现代电影”“现代电影剧作”等问题进行过讨论或笔谈。有人将现代电影的起源追溯到20世纪40年代中期崛起的意大利新现实主义电影，也有人认为O.威尔斯在1941年拍摄的《公民凯恩》宣告了现代电影的诞生。苏联电影理论界则以《雁南飞》《一个人的遭遇》《士兵之歌》等影片的出现，作为现代电影与传统电影的分界线。

相对于传统电影，现代电影具有如下特点：①集中关注美学和艺术建构问题，对形式的关注被突显在内容之上；②偏爱对人物内在生命的视觉再现，善于将人物的主观想象、幻想甚至梦境以非叙事的方式投射到银幕上；③提出主体性的问题，催生现代性的政治电影；④尊重观众的审美情趣和理性思考，有意识地创造一种反思的空间，帮助观影者建构自身的主体性；⑤降低对文学、戏剧以及其他传统艺术形式的依赖性，以电影本体为主，更加自由地运用各邻近艺术的表现手段，以达到样式、风格、结构的多样化。

总体而言，现代电影与现代主义思潮紧密相关，渗透着两次世界大战所引发的悲观主义思想，既受惠于启蒙运动，又得益于精神分析。现代电影解构甚至毁坏传统叙事的结构，将凝视转变为批判的武器，把摄影机当作监视自身的工具，具有高度自觉的反身性。

（刘宇清）

现代派电影 modernist film 将现代主义的创作原则运用于影片创作的电影流派。广义看来，电影是人类现代文明的产物，是对“现代生活”的摄制与表现，本身就是现代性媒介，具有“泛现代”的文化内涵与特征。狭义来看，现代派电影是受“现代主义”文艺思潮，尤其是现代先锋艺术思潮影响的一系列电影的统称，包括欧洲先锋派电影、德国表现主义电影、法国新浪潮电影等。在电影观念上，现代派电影呈现出反传统、反理性、反主流的特性，注重作品中“自我”本能、潜意识及原初感受，强调情感的表现；在叙事方面，采用“意识流”的手法弱化经典电影的戏剧性叙事，通过跳接、“晕化”镜头、多视点、小情节或者反情节等主观性语言增强电影视觉特性。

现代派电影的第一次实验是在20世纪20年代，称为“前卫电影运动”或“欧洲先锋派电影运动”。该运动最早兴起于法国，主要是一波致力于用电影媒介进行艺术表达的艺术（艺术理论）家的媒介实践与理论探索。按产生的时间先后，先锋派电影分为艺术电影、立体主义、抽象主义、超现实主义等阶段。

最早的先锋派电影受印象主义绘画的影响，故在法国境内兴起的先锋派电影又称为“印象派电影”（1920～1924），电影活动虽只有短短4年时间，但为电影媒介的主体性与电影语言的探索奠定了基础。作为该运动主将的L.德吕克被誉为印象派电影的创始人与旗手，主张电影应当摆脱戏剧模式的影响，反对电影叙事，提倡“视觉韵律”。与德吕克享有同样地位的G.杜拉克倡导“纯电影”，并认为电影是“眼睛的音乐”或“视觉交响乐”，以此来探索电影媒介的纯粹性。

除法国“印象派电影”外，欧洲中部国家如德国、奥地利、瑞典等也衍生出了具有“前卫”精神的表现主义电影。此类作品人物造型夸张、怪诞，以一种沉重、阴暗的氛围表现人物内心的苦闷和抑郁。最具代表性的作品是R.维内的《卡里加里博士的小屋》（1920）和F.朗格的《大都会》（1927）、《凶手》（1931）。

如果说20世纪20年代的“先锋派电影运动”还是电影导演和前卫艺术家对电影语言的共同探索，那么发生在20世纪60年代以法国为代表的“新浪潮电影”更符合“现代派”电影理念。“新浪潮”一词最早出自法国记者F.吉罗于1957年10月3日发表于法国《快报》的文章，兴起并活跃于20世纪50年代末，60年代则随法国“五月风暴”、美国“嬉皮士运动”等反西方资本主义体制活动得到加强。法国新浪潮电影运动是一次更为彻底而成熟的电影运动，倡导的电影理念依然是反对理性、反对经典及客观的叙事结构。“新浪潮”的序幕由围绕A.巴赞的一群青年导演所揭起，主要成员包括F.特吕弗、J.-L.戈达尔、J.里维特等人。同一时期的由年轻电影人群体组成的“左岸派”也有着重要的影响，代表人物包括A.雷乃、A.罗伯-格里耶、M.杜拉斯等，其作品注重人物内心情感的刻画与电影手法的运用，同样带有很强烈的“现代派”色彩。相较于美国好莱坞的电影制片制度，他们认为电影重要的不是制作而是表达，主导电影的应是“前卫意识”而不是“大众梦想”，确立了“作者电影”的观念。除了特吕弗、雷乃外，瑞典的I.伯格曼、意大利的F.费里尼、美国的O.威尔斯、日本的黑泽明等均为现代派电影中十分重要的导演。

现代派电影观念的冲击不仅停留在电影本身，而且对20世纪中后期电影生产体制、电影观念、电影技法产生了深远影响。在好莱坞电影体制中，与此对应的是新好莱坞电影，最具代表性的有A.佩恩的《邦妮和克莱德》（1967）、M.尼科尔斯的《毕业生》（1967），以及后期在好莱坞电影体制中游刃有余的F.F.科波拉的一些作品。

除了法国之外，欧洲的德国也产生了“新电影运动”，出现了R.W.法斯宾德、W.赫尔措格、V.施隆多夫、W.文德斯等重要导演。在亚洲，日本出现了大岛渚拍摄的《感官世界》（1976）、《爱的亡灵》（1978），中国出现了台湾新电影运动、香港新浪潮电影，甚至有的学者将中国“第

五代导演”的创作也归为“电影新浪潮”的一部分。（段运冬）

《现代启示录》 *Apocalypse Now* 美国彩色故事片。美国佐伊特罗普制片公司1979年出品。改编自英国小说家J.康拉德的《黑暗之心》。编剧，J.米留斯；导演，F.F.科波拉；摄影，V.斯托拉罗；主演，M.白兰度、M.希思、R.杜瓦。

故事讲述了越南战争中为理想而战的美军特种部队上校柯兹被荒谬的现实逼疯，抗命退向柬埔寨丛林并成为土著首领，杀人无数。上尉威拉德奉命将其除掉。威拉德率领一艘巡逻艇溯河而上，沿途目睹战争造成的种种残酷悖谬的景象，他也几近疯狂。找到柯兹后他发现后者言谈富有哲理，但行为怪诞。相处数日，威拉德悟出柯兹理想破灭后内外求索不得其解，便以杀人驱逐内心的恐惧和空虚。他受尽柯兹的残忍折磨之后最终将其杀死。柯兹似乎借助威拉德的手完成了渴望已久的死亡，获得精神上的解脱。对这一切厌恶不已的威拉德“锄奸小组”登船离去。柯兹的疯狂虽然被制止了，但在整个越南战场上，恐怖与杀戮仍然在疯狂地进行着。

《现代启示录》剧照

影片不仅从视觉上还原了真实的越战，而且把战争的荒诞性和毁灭性赤裸裸地展现在观众面前，令观众深感窒息。影片寓意深刻，使人深思越战如何将人异化、使人道德沦丧等哲理性问题。影片1979年获第32届法国戛纳国际电影节金棕榈奖和费比西奖；1980年获第52届美国电影奥斯卡奖最佳摄影奖和最佳音响奖，第37届美国电影金球奖最佳导演奖、最佳电影配乐奖、最佳男配角奖，第33届英国电影学院奖最佳男配角奖和最佳导演奖，第24届意大利电影大卫奖最佳外国导演奖。

（仲　霞　撰　章柏青　唐建军　修订）

《现代万岁——光艺的都市风华》 *The Glorious Modernity of Kong Ngee* 中国电影著作。黄爱玲主编。香港电影资料馆2006年出版。该书是研究香港电影机构光艺影业公司（简称“光艺”）的专题书籍，汇集了中国香港、中国台湾及新加坡多位研究者，如容世诚、黄淑娴、蓝天云、迈克、何思颖、麦浪、黄爱玲、罗卡、钟宝贤、张建德等对“光艺”及其出品影片的研究论文和其他资料。全书分为4个部分，包括前言、评论、口述历史和影片索引。其中评论部分主要分析和展现了“光艺”与香港时代变化的关系，尤其与流行文化的密切联系；“光艺”背后新马资金、政治背景、观众与香港电影业的互动；“光艺”及其影人和作品与香港电影工业发展变化的关系等。口述历史部分主要是对“光艺”影人的访谈，包括对何建业、陈文、龙刚、谭嬣、胡美屏、嘉玲、南红和谢贤等“光艺”重要人物的访谈。该书是一部对“光艺”展开全面研究的专题书籍，为研究香港电影工业与新马地区的互动联系提供了丰富的原始资料。（张承宇）

现实题材电视剧 reality TV drama 以现实主义的创作方法为主要手段，反映当下现实生活内容的**电视剧**类型。由于现实题材电视剧表现对象的丰富性、复杂性，使其涵盖的内容范围极为广泛。其所关切的重点在于现实生活中的典型问题与矛盾，以及从中显现的思想精神与情感状态。由于电视剧多以长篇为主，且很多国家的电视剧实行边拍边播制度，因此受制于制作时间、制作成本等因素的电视剧多以现实题材电视剧为主。

《中国式离婚》海报

纵观中国的电视剧发展史，现实题材电视剧始终在引领着创作类型的主流方向，其所反映出的不同时代、不同社会环境的生活特点，也基本与中国社会发展的步伐相一致。如20世纪80年代的《新闻启示录》《女记者的画外音》《**高山下的花环**》《篱笆·女人和狗》，20世纪90年代的《**渴望**》《外来妹》《**北京人在纽约**》《贫嘴张大民的幸福生活》《和平年代》，21世纪的《空镜子》《刘老根》《中国式离婚》《裸婚时代》等。

信息时代日新月异的社会变革，给现实题材电视剧创作带来了新内容，同时也对创作者的思想认识和创作方法提出了新的要求和挑战。（李胜利　王英男）

现象学电影理论 phenomenology of film 运用现象学原理研究电影的理论。又称电影现象学。现象学是20世纪初由德国哲学家E.胡塞尔开创的一门全新的哲学，其核心观念为：不呈现于意识中的事物绝不存在，唯有“现象”是所有人类知识的绝对起点。根据现象学的立场，哲学不该追问“某物是什么”，而应思考“某物是如何（向我们）呈现的”，强调一切存在只有从意识（体验）出发才能得到正确的解释。胡塞尔的现象学研究意识行为及其本质结构，认为感知（知觉）是存在的意识，是关于存在着的对象的意识，一切意识行为最终都可回溯到感知之上。M.梅洛-庞蒂将“知觉”提高到本体的高度，把“知觉”与“身体”联系起来，建立“知觉现象学”，强调感知是感性因素和理性因素的结合，身体是物质（自在）与精神（自为）的结合，既具有胡塞尔现象学的气质，又具有M.海德格尔存在主义哲学的神韵。胡塞尔和梅洛-庞蒂的思想是现象学电影理论的主要理论资源。

现象学电影理论首要的研究对象是活生生的“电影经验”，即电影向人们呈现的纯粹现象。换言之，就是体验中的电影，正如体验中的存在一样。最基础和最主要的电影经验就是电影知觉。电影是在将世界“现象”化，现象学电影理论则研究这种“现象”化活动何以可能、怎样生效。电影艺术是对生存、文化的“感觉”，现象学电影理论则是反思、整合这种“感觉”的哲学。电影所讲的“故事”都隐含着人生在世的根本问题，都是一个相对或相关的大故事的投影。电影的本质就是诗和道德的实验，现象学电影理论以胡塞尔提出的“生活世界”为逻辑起点，通过电影创作和电影阐释两个维度来建设人类的“良知”，将伦理变成美学。

现象学电影理论借助现象学原理、分析技术、阐释能力来探讨电影的呈现方式、影像思维和叙述功能，以及电影用来诗意地把握世界的各种独特方式。电影是感觉的艺术，现象学是思想的艺术，现象学电影理论既为电影建立富有阐释能力的哲学理论而努力，也为让更多人感受到现象学的哲学效应而努力。1992年出版的V.索布切克的著作《眼目所及：电影经验现象学》，被誉为现象学和电影研究结缘的奠基之作。该书涉及所有现象学电影理论思潮关注的问题，包括对梅洛-庞蒂存在现象学的重估，对胡塞尔形而上现象学的批判，对作为感觉主体的电影“身体”的阐发，对观者电影“体化”经验的论述，以及对电影“身体”和观者“身体”缠绕碰撞所形成的“空间”的描述等。电影本身之所以既是被看与感觉的客体，又是观看与感觉的主体，是因为电影如观者和电影人一样“显现了感觉和表达的能力”。2000年，L.马科斯出版《电影皮肤：跨文化电影、身体性和感觉机制》一书，将梅洛-庞蒂的现象学理论用于跨文化影像研究，提出“触感影像”“触感视觉”以及“触感电影”等概念。2009年，J.巴克的《触感之眼：体触与电影经验》更加系统地定义了体感、触感与视感之间的关系，以及触感在电影和观众之间搭建亲密关系的重要作用，在分析方法和观念架构上丰富了现象学电影理论。

现象学电影理论关涉电影本性、电影叙事、观影体验以及影像与观众关系等重要观念，不仅提供了重新认识和定义电影的独特角度，而且有助于思辨性地把握和理解新媒体条件下影像与人类、屏幕与日常生活浑然一体的文化转型。 （刘宇清）

乡土电影 local film 中国电影流派之一。20世纪60年代的**健康写实主义电影**和80年代的**台湾新电影运动**的部分作品以及当下表现台湾乡土社会民俗风情的电影都属于乡土电影的范畴。乡土电影是台湾电影重要的人文精神表现，通过台湾本地的人文风貌，展示了乡土民风民俗、文化历史、生活状态，以及台湾在每一个历史、社会发展节点上的社会转型和文化变迁，具有台湾电影独特的本土色彩。

1963年兴起的台湾健康写实主义电影，打破了当时台湾官营电影机构一味拍摄“国策电影”、政宣电影的局面，叙事题材和视点聚焦台湾本土社会。**李行**率先拍摄出表现台湾渔民生活的《蚵女》（1963），揭开了台湾乡土电影创作的序幕，此后的《街头巷尾》（1963）、《养鸭人家》（1965）、《路》（1967）都延续了此风格。尽管受当时审查机构所限，健康写实主义电影无法全面呈现真实、复杂的台湾社会，但是它第一次将台湾人的生存现状、人际关系、社会空间、存在环境等引入电影，奠定了台湾电影重传统伦理与人性表达的创作风格。

20世纪70年代，由于国际政治局势和台湾岛内社会环境的变化，台湾文学界开始检讨和反思60年代的现代派文学运动，呼吁文学有清晰的民族归属，发挥社会认知及意识形态功能，从而将乡土文学运动推上历史舞台。乡土文学带动了乡土电影的创作。李行拍摄了根据台湾乡土文学作家郑丰喜自传改编的《**汪洋中的一条船**》（1977）、表现小镇淳朴风貌的《小城故事》（1979）以及改编自台湾乡土文学作家钟理和同名自传小说的《原乡人》（1980）。陈耀圻拍摄了表现早年移居台湾的大陆先辈艰苦钻探石油的《源》（1980）。这些电影描画了台湾社会历史人文图景，建构了台湾人本土的文化认同。

20世纪80年代，台湾新电影运动影响深远，《儿子的大玩偶》（1983）、《看海的日子》（1983）、《风柜来的人》（1983）、《冬冬的假期》（1984）、《我爱玛莉》（1984）、《童年往事》（1985）、《莎哟娜啦再见》（1987）、《**恋恋风尘**》（1987）都具有乡土电影的特质。这些作品记录了台湾由传统社会向现代社会的变迁，小人物因社会转型、经济发展、文化混生所带来的矛盾焦虑、自我迷失、价值巨变，新旧身份认同的无所适从，展现了台湾在现代与传统文化碰撞和交织中的人文和生存状态。

21世纪以来，台湾电影仍不乏乡土电影的创作，它们通过环岛的方式展现地域风情，或以台湾民俗强化地域文化的独特性。乡土电影在台湾电影发展的不同阶段被赋予不同的人文内涵，成为台湾电影史的重要组成部分。 （于丽娜）

香港电视 Hong Kong's television 中国电视的重要组成部分。香港电视业始于1957年，经过了开拓时期、竞争时期、繁盛时期、创意时期和快速发展时期等几个重要的阶段。

开拓时期（1957～1969） 丽的电视台的诞生 1957年5月29日创立的丽的电视台（RTV），是黑白制式的付费有线电视英文台，由英国财团经营，是香港第一家电视台。丽的电视台最初只有1500个用户，都是外籍人士。1963年9月30日中文台开播，用户每月增加千户以上，虽然以播放外国电视片为主，但增加粤语配音。

香港电视广播有限公司（TVB）的诞生 1965年港英政府批出第一个商营无线电视牌照，由香港电视集团投得。1967年，香港电视集团正式创立了**香港电视广播有限公司**（又称无线电视台，简称TVB）。同年11月19日，无线电视台正式开播，创办人为利孝和、**邵逸夫**、祈德尊、史泰灵和余经纬等，利孝和任董事局主席，邵逸夫等为首任董事。采用无线形式免费播出，开设翡翠台（粤语中文台）和明珠台（英文台），港岛和九龙地区400多万香港市民都能收看。除每天两次时事新闻播报之外，还播放《时事分析》《新闻与天气预报》《报晓雅集》等新闻类节目。娱乐节目方面，明珠台播放从英美引进的《鼠纵队》《我是间谍》《青蜂侠》《侵略者》等影片，翡翠台每周也播放10集粤语片、“国语片”和潮语片等。同时，TVB引进大量留学归来的影视人才、戏剧名家和演艺明星，如钟景辉、蔡和平、梁醒波、潘迪华、陈齐颂、郑君绵、沈殿霞等。TVB制作了各种综艺节目，其中现场直播电视综艺节目《欢乐今宵》连续播放27年，其他有《花王俱乐部》《太平山下》《星报青年节目》《体育节目》《赛马节目》《每周论坛》《摔跤大赛直播》等。电视剧集也在此时兴起，逐渐成为该台吸引电视观众的重要手段。技术方面，TVB是香港最早采用彩色制式播出的电视台。

20世纪50年代之后，香港人口暴增，电视消费需求增大，而RTV和TVB的节目满足了当时香港民众的消费需求。TVB以免费电视牌照、人才优势、节目理念给RTV的发展带来压力。另外，RTV当时过分看重电视行业，过早放弃电台经营，影响了自身的发展。

竞争时期（1970～1979） 香港电台电视部的开办 1929年成立的官方香港电台于1970年成立公共事务电视部，但并非独立的电视频道，节目借助RTV和TVB的平台播出。作为官方电视部门，它承担着为香港影视领域培养输送新生力量和关注社会民生问题的社会责任。该台引进了电影电视专业的年轻人才，如**许鞍华**、黄华麒、刘国昌、**方育平**等人。1974～1979年，该台出品了实景拍摄的单元剧集《**狮子山下**》，该剧反映底层市民的生活现状，将香港的历史融入其中，收视观众高达149万人，主题歌《狮子山下》至今仍是香港文化的经典。1976年，香港电台与香港教育电视合并，英文名称改为RTHK，中文台启用大学生负责管理节目，制作人员大多来自香港浸会学院传理系、香港树仁学院新闻系和香港中文大学新闻系的毕业生。

TVB的快速发展 1971年1月26日，TVB的《欢乐今宵》节目率先使用彩色制式直播，标志着香港电视进入彩色时代。之后，TVB借助这档节目塑造了无数经典的明星形象及综艺搭档，如“情侣合唱团”的沈殿霞和罗文、“四朵金花”歌舞组合的沈殿霞、汪明荃、王爱明、张圆圆，以及“大乡里”的谭炳文、“扫街茂”的李添胜等，其中也包含**李小龙**、邓丽君、徐小凤等娱乐明星。《欢乐今宵》文化内容杂糅，迎合大众娱乐审美，收视率占据绝对优势。继《欢乐今宵》采用实地直播方式之后，TVB各类节目也采用室内外直播方式。同时TVB电视剧也不断演变，从最初的单本剧发展到长篇剧集，形成了三种不同类型：①文艺爱情剧，如郑少秋主演的《烟雨濛濛》、王天林执导的《啼笑因缘》等；②好莱坞叙事风格的长篇故事剧集，如《狂潮》《家变》《奋斗》《CID》等；③古装剧，如《紫钗记》《萧十一郎》等。还有根据古龙和金庸的武侠小说改编成的电视剧，如《书剑恩仇录》《陆小凤》《倚天屠龙记》《楚留香》等，在题材和故事上表现出多元化特征。另外，该台不断推出新节目，如教育片《芝麻街》、黄霑的《趣怪天堂》、甘国亮的《玛丽关77》等。1972年，TVB开办“电影电视艺员训练班”，每年一期，为香港影视界培养众多人才。

为提高收视率，TVB的电视制作技术不断发展，这一时期成立了“菲林组”，使用16毫米胶片以及电影的制作方法拍摄了《北斗星》《国际刑警》《的士司机》等多部电视剧，反映了20世纪70年代香港的社会面貌。由于拍摄技术和介质的差异，这些电视剧的艺术质量和视觉效果高于一般电视剧。

丽的电视台应对挑战 1973年2月，丽的电视台迫于TVB“免费”的竞争压力，不断下调收视费用以维系用户，同时决定策略性转型，即由有线转为无线，由收费转为免费，并改名为丽的电视（英文名称RTV不变），设“丽的中文台”和“丽的英文台”两个频道。号称“丽的三雄”的麦当雄、李兆熊、屠用雄分别擅长写实警匪片、长篇剧集和综艺节目，他们制作了众多精良的电视节目和电视剧，如写实警匪剧《大件事》《大丈夫》、长篇史诗电视剧集《变色龙》《天蚕变》《浣花洗剑录》、综艺节目《哈罗夜归人》等，还有麦当雄编导的《十大奇案》、薛家燕主演的《大家姐》等。RTV试图以优质作品来对抗TVB的竞争，但一直未能改善亏损状态。

佳艺电视的诞生 1975年9月7日，佳艺电视（CTV，简称佳视）开播，主要提供职业训练和技术训练类的教育性节目，是香港第三家免费电视台，等边六角形的台标代表中国儒家的“六艺”。佳视重点发展电视剧节目，《隋唐风云》试水之后，武侠剧《射雕英雄传》轰动一时，成为佳视镇台之宝。随后的《神雕侠侣》《碧血剑》颇受观众欢迎，以毒枭跛豪为题材的时装动作剧《追虎擒龙》为佳视再创收视新高，佳视开始和TVB形成竞争态势。1978年2月，周梁淑怡带领刘天赐等TVB的20多名精英跳槽佳视，筹备数月制作了《金刀情侠》《名留青史》等“菲林剧”，7月推出全新节目，发动了“七月攻势”。但是佳视的营运资金被迅速耗尽，“七月攻势”计划失败。7月底，周梁淑怡的人马集体辞职，8月21日佳视倒闭。佳视虽然只存在3年时间，但其制作的电视剧却有五六十部之多，加上制作的其他电视节目，使得佳视在香港电视史上具有重要的存在价值。佳视倒闭之后，其大批台前幕后精英分别加入TVB和RTV。

繁盛时期（1980～1989） 20世纪80年代是香港历史上的重要时代，经济全面起飞，成为“亚洲四小龙”之一。香港回归祖国日期确定，民众人心趋于安稳，香港电视的发展步入黄金时期。为了保证高收视率，长篇电视剧集成为各个电视台争夺观众的核心要素，其间，香港电视机构生产了200多部电视剧集，其中80%是古装剧。《霍元甲》《**射雕英雄传**》《**上海滩**》等剧集风靡内地，许文强、冯程程、郭靖、黄蓉等艺术形象成为一代年轻人的美好向往和时代记忆，这一时期也成为内地及东南亚观众心目中的“港剧”年代。

TVB港剧的繁盛 TVB在长篇古装电视剧集改编和播映上占据香港电视产业的绝对优势。20世纪70年代中期以来，TVB的重要股东邵逸夫收缩电影生产，重点发展电视业。80年代初，TVB董事局主席利孝和去世，邵逸夫接管TVB并掀起港剧热潮。80年代，TVB推出的《千王之王》《上海滩》《亲情》《山水有相逢》《京华春梦》《盖世豪侠》《流氓大亨》《天龙八部》《射雕英雄传》《魔域桃源》《雪山飞狐》《倚天屠龙记》《绝代双骄》《鹿鼎记》等收获高收视率，铸就TVB电视剧集史上辉煌的一页。1985年的台庆剧《杨家将》阵容强大，集结**周润发**、万梓良、黄日华、**梁朝伟**、**刘德华**、苗侨伟、汤镇业、谭炳文以及郑裕玲、**张曼玉**、汪明荃、赵雅芝、刘嘉玲、曾华倩、周海媚等巨星联袂出演，开辟TVB台庆剧模式。

亚视的出现 亚视的前身是1957年5月开播的丽的电视台。20世纪80年代，丽的电视台经历3次股权变动，1981年3月英国母公司因投资失利把丽的电视出售给澳大利亚财团。之后股权被商人邱德根收购，1982年改名为“亚洲电视广播有限公司”（ATV，简称亚视）。1987年亚视将中文台改名为“黄金台”，英文台改名为“钻石台”。1988年，亚视股权出让给丽新集团和新世界集团，同年聘任周梁淑怡出任首席执行官，对节目进行一系列改革，并启用新台徽。1989年，再次修改台徽，并改“黄金台”为“本港台”，“钻石台”为“国际台”。亚视长篇剧集表现不俗，《大地恩情》等剧集在与TVB的竞争中胜得一筹。模仿TVB创作和改编名著推出的古装剧、武侠剧，如《大侠霍元甲》《四大名捕》《武则天》《萍踪侠影录》《天涯·明月·刀》《秦始皇》《白发魔女传》等成为经典作品。

香港电台电视部开创品牌 香港电台电视部的实况剧集《狮子山下》从1974年起一直分阶段拍摄播放。1984～1988年共拍摄42集，获得纽约电影电视节、芝加哥国际电影电视节、亚太青年电影工作者节等电视节的多项大奖。

TVB和亚视争相打造艺人 这一时期，TVB和亚视除出品节目之外，还致力于发掘和培养新人。TVB继续举办电影电视艺人培训班，在1980年第9期艺员训练班开学之际，开始第1期编导人员训练班招生，为后来TVB的发展输送了大量专业人才。通过“香港小姐”选美选出的港姐李嘉欣、张曼玉、陈法蓉等，成为20世纪80年代香港电视的明星。亚视于1985年开始举办“亚洲小姐”选美，选出叶玉卿、利智、杨恭如等，并且开始举办艺员训练班，培养出何家劲、**张国荣**等艺人。两家电视台发掘和培训艺人的体系，奠定了香港娱乐界的繁荣。

80年代后期，香港电视进入辉煌年代，长篇电视剧集成为观众收视的核心，但也存在思想深度和哲理性不足的问题，不利于后续的进一步发展。

创意时期（1990～1999） 20世纪90年代，光纤通信、互联网、卫星电视以及数字化等技术的发展，使电视节目在传输、播放和存储等各环节的效率和品质获得大幅提升。电视频道的数量、电视节目平台的飞速增加，使香港电视同所有传统媒体一样面临去中心化、去边界化的多元变革，唯有在内容和形式上跨界、跨领域的创新，才能跟上媒体快速发展的步伐。

传统电视节目推陈出新 这一时期，亚视宣告电视剧减产。TVB电视剧开始关注本土现实题材，表现中产阶级的社会心态，如《壹号皇庭》《刑事侦缉档案》《妙手仁心》等在香港创下高收视率。台庆剧如《大家族》《大时代》《创世纪》等成为当年的收视冠军。时装剧如《我本善良》《今生无悔》《天地豪情》《天地男儿》《香港人在广州》等更加贴近现实社会的民生百态。香港电台电视部从《狮子山下》开始，经过20多年的实践和经验积累，已经发展出独具特色的写实主义风格，即契合现实社会的故事、遵循自然实景的拍摄手法和关注底层民众的人文情怀。此类剧集聚焦于社会环境、社会变迁、社会心态等外在因素如何形塑小市民，故事中人物性格整体一致，在情节与事件中不突出道德评判，导演、编剧不以外部戏剧冲突为核心，而是注重挖掘社会表象下的人性本质，以及由复杂人性所映射的一系列社会问题。这些作品能体现出创作者对当下世界人们的互动交往、存在的社会空间、人文背景的关怀，如方育平的《齐风》和《戏凤》等都是从现实素材中截取生活的真实面，与观众产生共情共鸣。

1997年香港回归祖国之后，TVB和亚视都把内地市场作为主攻目标之一，以“背靠祖国，放眼全球”为策略，除了将大量的电视剧外景转到内地实景拍摄外，还与内地不少发行公司合作拍摄电视剧，如《血荐轩辕》《大唐双龙传》等，同时也广邀内地电视台和媒体出席在香港的活动，以推销和扩大香港电视剧在内地的影响。香港古装剧集尤其是金庸新武侠连续剧，如《神雕侠侣》《笑傲江湖》《醉打金枝》《天龙八部》《鹿鼎记》等在内地掀起收视狂潮。TVB和亚视非常重视与内地的合作。TVB于1998年12月7日成立全球首个24小时普通话剧集卫星频道——星河频道。亚视在节目中增加中文字幕，引入《还珠格格》，开创香港电视台引入内地优质电视剧的先河；播放《三国演义》首创解读节目模式，即增加专家解读环节，深入浅出、借古喻今；亚视还与内地合作拍摄剧集，出品了《纵横四海》《国际刑警》和《洪熙官》等电视剧。

高新技术引入 TVB和亚视在20世纪90年代均启用“丽音”多声道广播系统（NICAM），接近即时的缩扩音频多路广播，为观众提供数码式立体声及多种语言的广播服务。1994年，香港电台电视部网上广播站开设，成为香港第一家在互联网上播放广播和电视节目的传媒机构，提供4个电台频道24小时直播，以及自选电台、电视节目服务。1997年，TVB网页正式启用，为观众提供有关无线电视的最新资讯。1998年，香港电视节目制作开始普遍采用数码技术。1999年出品的电视剧集《Y2K前的暑假》在互联网设立讨论区，借助高新技术提高了传播效率。

全新平台初现端倪 不断发展的移动通信技术满足了受众随时随地获得资讯和娱乐的需求，传统媒体面临挑战和危机，香港电视也跟进新技术的发展，新增了多个播出平台。香港九仓有线电视（WCT）于1993年10月31日开播，共有粤语新闻、英语新闻CNNI、体育ESPN、动向、壹级、儿童、电影和YMC8个频道，成为香港第一个24小时的电视频道。该频道改变了观众的收视习惯，观众可以自行选择自愿缴费收看。初期只通过微波传送节目，后来铺设光纤主干线与大厦公共天线相连，为广大香港用户提供互动电视服务。1998年10月，正式改名为香港有线电视（CATV）。

TVB收费电视（TVBNV）于1998年成立，业务包括收费电视经营、电视频道营运，总部和卫星地面站设在电视广播城。无线网络电视提供超过60个频道，包括本地及国际频道，节目包括电视剧、电影、综艺节目、体育节目、纪实节目、儿童类节目及新闻资讯等。香港宽带（HKBN）有限公司于1999年12月成立，利用光纤及CAT-5E线路接驳的全球最大的城域以太网网络，进行数码电视信号的传播。

快速发展时期（2000～　） 踏入21世纪，随着数字化等高新技术的突破，香港电视业全面进入“飞跃的年代”，除了推出高清电视之外，电视内容的存储、播放和传输平台的建设日趋成熟，香港电视行业呈现全新的架构。

迎合时代的电视实力提升 TVB在此期间耗资20多亿港元兴建将军澳电视广播城，建筑面积逾11万平方米，拥有2个外景拍摄场地和22个摄影厂，制作器材全面数字化，为公众提供优质高清电视服务。

香港电台电视部网上广播站不断推行新举措，如网上直播节目的全年存储和回看、网上新闻订阅速递服务、设立“香港电台服务热线”、年轻人网上广播平台TeenPower启播、DRM数码广播测试等。

除用数字技术改良电视设备之外，亚视大力改革节目的制播模式。内容、视野逐渐拓展，业务平台不断拓宽。但由于资金周转问题，公司股权和高层管理人员不断变换，节目风格逐渐偏离香港观众口味，多次发生颇具争议的社会事件，亚视的形象和公信力每况愈下。2015年4月1日亚视未获续牌，2016年4月2日停止运作，5月5日亚视官方网站停止运作。

面向全球的业务模式拓展 为了深入开拓内地市场，TVB在香港回归祖国之后，精选符合新时期受众审美的剧集在内地放映。2000年，大型港剧《创世纪》在CCTV-8播出后引起轰动，湖南台重播时依然高居收视第一。此后，在香港收视率高的电视剧成为内地电视台播映的首选，创造了港剧在内地市场的又一黄金时代。“后港剧”营销模式除了迎合内地电视台收视率激烈竞争的形势之外，也令新一批香港艺员成功打入内地电视剧产业链。从外景拍摄地选址内地，到与内地发行公司合作拍摄，或者参演内地电视剧，同时也广邀内地电视台和媒体出席在香港的电视活动，使得香港与内地电视的合作不断深入，《大唐双龙传》《岁月风云》《摘星之旅》等是第一批TVB与内地的合拍剧。

亚视与内地的合作十分密切。与内地合作拍摄新版《书剑恩仇录》《射雕英雄传》《天龙八部》等，引进内地优质剧集《橘子红了》《人间四月天》《康熙帝国》《雍正王朝》《孝庄秘史》《水浒传》等，转战内地投资“广东亚视演艺职业学院”，继续为国内外培养输送演艺人才。同时，亚视加强与国际的合作，引进境外节目，与新加坡“优频道”合作《胜券在握》，网罗和引进《爱情白皮书》《蓝色生死恋》《爱上女主播》等日本、韩国剧集。

数字时代的电视平台架构 数字技术不断发展，香港电视领域数字平台逐步成熟，免费电视台、收费电视台、卫星电视台、电视内容供应商和流动媒体等多重类型电视产业结构，以不同的技术平台和收视需求定位各自的角色及功能。

免费电视台 香港特别行政区政府为了打破TVB和ATV多年垄断香港免费电视市场的局面，于2009年开放免费电视牌照的发放。2013年10月15日，由香港有线电视（HKCATV）经营的奇妙电视以及香港电讯盈科有限公司拥有的香港电视娱乐正式获得免费电视牌照，并于2017年5月14日启播。2016年，电讯盈科的免费电视台ViuTV开播，以无线形式输送电视信号，覆盖香港99%的人口。

收费电视台 2001年，香港有线电视耗资约6亿港元将电视信号由模拟广播转为数字广播，以数字方式加密，成为香港首家进行数字内容播放的电视台。2006

年，香港有线电视进行重组，成立香港有线新闻、体育和娱乐三个新频道。2016年，推出Fanhub 4.0高清互动解码盒，支持HDMI、自选点播和点播重温功能。有线电视提供大量香港之外的频道节目资源，如BBC World、CNN、中国中央电视台新闻频道、Discovery、国家地理、凤凰卫视资讯台等，还创立香港首个粤语体育频道，转播足球世界杯、NBA、香港赛马及2008年北京奥运会等，还包含香港首个自选影院服务，播放最新院线电影及成人节目等。

无线收费电视（TVBNV）以“exTV银河卫视”和“SUPER SUN新电视”的名义提供收费电视服务。2005年底率先推出香港首个24小时高清频道“高清翡翠台”，2008年推出J2数码频道，2009年推出香港唯一免费24小时新闻频道iNews，领先于免费电视提供互动电视数据服务，提供天气、恒生指数、新闻提要资讯等。拥有23个电视频道，如TVBE、TVBN、TVBQ、TVB8和星河频道，以及8条无线电视频道，如精选剧集合、无线大剧院、无线新闻台、无线健康台、无线音乐台、无线卫星新闻台、无线卫星亚洲台等，是香港首个利用其他公司传送平台的收费电视服务商，服务覆盖达120万户，精彩节目包括热爆电视剧、电影、人气综艺节目、新闻资讯等。2013年，无线收费电视时期步入无线网络电视时期，除了官方网站www.tvb.com外，还推出了多项内容，如《my TV SUPER》《无线新闻》《无线财经》《娱乐新闻》《TVB Fun》及《TVB Zone》等，让观众随时随地都能收看TVB节目。

Now TV宽频电视于2003年9月启播，是全球最具规模的IPTV（网络协议电视）之一，由电讯盈科运营，有180多个高清及标清频道，自制频道有Now香港台、Now观星台、Now华剧台等，高清服务有频道订阅服务。

香港宽频bbTV（HKBN bbTV）于2003年开播，由城市电讯有限公司运营，2007年全面提升数码电视平台并正式命名为bbTV。由于属于互联网电视，所以不需领取香港收费电视牌照，不受广播条例监管。共有80多个电视频道、多个中外电影频道以及迪士尼等国外知名频道，另有18个即时股票报价、手机短信、电邮及网上相簿等互动频道。

卫星电视台　星空传媒（STAR TV）于1990年由李嘉诚收购的和记黄埔有限公司投资成立，总部设于香港，1991年8月26日正式开播。最初开播时只有中文、体育、合家欢、电影和音乐4个频道，后发展到53个频道，以9种语言播出，观众约3亿人，播出超过2万小时中文和印度语节目内容，拥有全球最庞大的当代华语片库。

华娱卫视（CETV）于1994年开播，创办人蔡和平，隶属于TOM集团和美国时代华纳公司，该频道采用普通话播放，主打电视剧、综艺、电影节目等，为首家获准在中国内地进入有线电视的境外卫星电视频道，2016年底停播。

凤凰卫视（Phoenix TV）于1996年3月开播，总部位于香港，主要面向全球华人地区的观众，拥有凤凰卫视中文台、资讯台、香港台、美洲台、欧洲台、电影台以及凤凰网凤凰宽频、《凤凰周刊》等，是世界华语媒体中最有影响力的媒体之一，主要采用普通话播出。凤凰卫视节目类型多样，主持人、评论员、记者等广受中国高知阶层喜爱。2021年，凤凰卫视启动全新改版，突出新闻立台，强化新闻直播。凤凰卫视香港台加强粤语传播，服务香港及其他粤语受众，以港新闻和港娱乐作为两大重点，打开传播新局。

香港卫视于2010年10月28日开播，集卫星电视、网络电视、影视剧投资为一体，通过多频道传输、多语种覆盖、多媒体互动、多文化交融、多地区联动现代传媒科技手段，多元化发展文化产业，拥有6个卫星频道和1个网络电视台，总部设在香港红磡，在大埔拥有卫星传输基地。

香港的卫星频道还有点心卫视，2007年3月30日在香港通过Now TV宽频电视与观众见面，7月通过澳门有线电视试播，又称粤港频道，是内地开办的第一家覆盖香港、澳门、广东的粤语电视媒体，节目内容围绕珠三角地区的经济、社会发展、文化生活、潮流时装等。（李　杨）

香港电视广播有限公司 Television Broadcasts Limited　中国电视机构。又称香港无线电视台。简称TVB。由利孝和、**邵逸夫**、祈德尊、余经纬等人创办于1967年。1967年11月19日正式开播，是香港第一家获得免费无线电视牌照的电视台。首届董事局主席为利孝和，首届总经理由澳大利亚人C.贝诺担任。1967～1987年，该公司地址位于香港九龙塘广播道77号，另在钻石山竖成片场建有录影厂。1988～2002年，迁至香港清水湾道，并建有16个录影厂，总面积超过6500平方米。2003年，在香港新界将军澳工业邨重建，总面积约11万平方米，由6幢11层大楼组成，即广播大楼、综艺录影厂大楼、戏剧录影厂大楼、新闻及停车场大楼、工场大楼以及联汇大楼，此外还有一个卫星地面站和占地面积约12 500平方米的外景拍摄场地。

现公司拥有5个免费电视频道，包括翡翠台、明珠台、J2（年轻人定位）、互动新闻台（24小时新闻及互动资讯）和J5（原高清翡翠台，资讯财经）；15个收费电视频道，包括TVB Radio、直播新闻台、华语剧台和神州电视台等；两个卫星电视频道TVB8和TVB星河；4个亚太、5个欧美境外卫星频道，主要业务涵盖电视广播服务、节目制作及发行分销、数码媒体及书刊发行等，范围遍及世界各地，是全球最大的中文商业传媒之一。

TVB的成长大致经历了开创、竞争、辉煌、瓶颈和开拓五个时期。

开创期（1967～1969）　1967年11月19日，翡翠台和明珠台同时开播。开台第二天即开播现场直播电视综艺节目《欢乐今宵》，参与者有钟景辉、蔡和平、梁醒波、潘迪华、陈齐颂、郑君绵和沈殿霞等人，**李小龙**、邓丽君和徐小凤等明星也经常应邀参加演出。另开播游戏竞技节目《花王俱乐部》、歌唱选秀节目《声宝之夜》、情景喜剧节目《太平山下》和《赛马节目》等节目类型。剧集方面，翡翠台每周播放10集粤语片、“国语片”和潮语片；明珠台播放从英、美引进的原声影片，如《鼠纵队》《我是间谍》《青蜂侠》等；另外独立摄制了钟景辉编导及冯淬帆、石修、黄淑仪等出演的《梦断情天》。该公司引进香港第一部可以独立收播节目的外勤广播车，并通过与路透社、美联社和各国新闻通讯社的联络，播报世界重大新闻，同时

香港电视广播有限公司大楼

还制作《时事分析》《新闻与天气预报》和《报晓雅集》等原创新闻类节目。

竞争期（1970～1979） 1971年，《欢乐今宵》引领香港电视进入彩色时代，沈殿霞、罗文、汪明荃、谭炳文和李添胜等明星脱颖而出。在慈善活动方面，“6·18”秀茂坪山赈灾筹款晚会，打破香港开埠以来筹款金额和名伶人数的纪录。在节目制作方面，开启了香港电视直播史的新纪元，如直播美国首次登月、香港宝生银行大劫案18小时全程直播等重大社会事件。在电视剧摄制方面，从最初的单本剧发展成为长篇剧集，如《烟雨濛濛》《狂潮》《紫钗记》《少年十五二十时》《萧十一郎》《书剑恩仇录》《陆小凤》《楚留香》《小李飞刀之魔剑侠情》等作品，奠定了TVB的市场优势。在电影拍摄方面，20世纪70年代初开始用16毫米电影胶片拍摄“菲林剧”，成立“菲林组”。在艺人培训方面，1972年开办首期电影电视艺员训练班，此后每年一期，为香港影视界培养众多人才，如甘国亮、许绍雄、**周润发**、关锦鹏、吕良伟、陈玉莲、汤镇业、苗侨伟和黄日华等。

辉煌期（1980～1989） TVB在长篇古装电视连续剧、都市剧以及其他类型的电视连续剧制作方面，摄制出诸多精品，如《天龙八部》《**射雕英雄传**》《**上海滩**》《京华春梦》《万水千山总是情》《义不容情》《新扎师兄》等，进一步巩固了TVB在香港电视行业的地位。在综艺节目制作方面，除了《欢乐今宵》之外，选美节目《香港小姐》和音乐节目《十大劲歌金曲颁奖典礼》以及艺员训练班也帮助TVB开拓事业发展版图，培养了大批优秀的人才。

瓶颈期（1990～1999） 亚洲金融危机和数字技术的出现使传统电视行业受到巨大冲击。TVB虽然推出《壹号皇庭》《刑事侦缉档案》《妙手仁心》《天地豪情》《天地男儿》《大时代》《创世纪》等优秀剧集，但整体产量少、投资低、剧情乏味，收视惨淡。同时，亚视推出资讯娱乐节目《今日睇真D》和数字特技科幻电视剧《我和僵尸有个约会》等，契合观众的观影需求，对TVB的发展形成强大竞争压力。因此，TVB引入高新技术突破发展瓶颈。1994年，成立覆盖亚洲地区的卫星频道。1997年，TVB网站正式上线，并获得《星岛日报》主办的“我最喜爱的网站”大奖。1998年，设立收费电视（TVBNV），以抗衡香港有线电视（CATV）和香港宽带（HKBN）等全新数字化平台的竞争。

开拓期（2000年至今） 随着香港奇妙电视、ViuTV等不断获得免费牌照并陆续开播和准备开播，以及Now TV、香港宽带和CATV等收费电视逐步进入市民家庭，TVB传统电视模式被数字互动电视平台和移动网络电视平台颠覆。另有内地电视业的兴起及其多方位渗透香港市场所带来的外部竞争压力。随后，邵逸夫全身而退也引发内部股权动荡与运营危机。此时，进军内地市场成为TVB实现突破的捷径。TVB以“背靠祖国，放眼全球”的策略，除了成立全球首个24小时普通话剧集卫星频道——星河频道和申请内地落地之外，继续向内地输入曾经在香港热播的电视剧集，并与内地传媒集团联手成立影视机构进行节目的发行销售和电视剧的投资拍摄，以期提高香港电视剧在内地的影响力。

TVB主导香港电视业半个多世纪，各类电视节目共计获得300多项国际大奖，培养出的众多影视人和影视明星成为香港影视界颇具影响力的人物，其资料片收藏更成为华人社会的影像宝库。TVB曾入选亚洲50年间最具竞争能力企业、全港20大杰出商业机构及亚洲200家卓越公司。2001年，获得美国国家广播协会颁发的“国际广播卓越大奖”，被誉为“有华人的地方，就有香港无线电视台的节目”。 （李　杨）

香港电影 Hong Kong's cinema 中国电影的重要组成部分。

初创时期（1897～1945） 1897年4月，L.卢米埃尔的“活动放映机”和T.A.爱迪生的“电影视镜”同时被引入香港，在香港进行了首次电影放映。1898年，爱迪生公司派摄影师到香港拍摄了一批影像资料，并将这些资料剪辑成《香港街景》等5部短纪录片。爱迪生公司在香港进行的电影放映与拍摄活动，间接促使香港电影业的诞生。

1907年，曾从事冰块生意的香港商人卢根和另一在港犹太商人H.W.雷利合股建成香港第一家专门放映电影的影院——比照戏院。此前香港放映的影片均来自欧美。1909年，香港首次放映了内地影片——上海影戏公司出品的纪录片《光绪皇帝金棺出殡》。1912年，香港又放映了内地出品的反映辛亥革命的纪录片。

香港人第一次制片始于1914年，**黎民伟**主持的香港人我镜剧社和美国商人B.布拉斯基在香港成立的华美影片公司，先后合作拍摄了《**庄子试妻**》《瓦盆伸冤》《艇家的梦想》《偷烧鸭》四部故事短片，《庄子试妻》成为香港第一部影片，**严珊珊**因饰演庄妻侍女成为中国第一位电影女演员。

1921年，黎民伟在香港建成新世界戏院。1923年，黎民伟和兄长黎海山、**黎北海**、黎东海等创办香港第一家全部由香港人投资的制片机构——香港民新制造影画片有限公司。成立之初，公司拍摄了表现早期国民革命和北伐战争的纪录片，如《中国国民党第一次全国代表大会》《国民革命军海陆空大战记》等。1925年，公司拍摄并上映了香港第一部长故事片《**胭脂**》。后因“省港大罢工”以及内部管理不善等原因，公司1926年结业。黎民伟赴上海新组上海民新公司，黎北海留在香港。1928年，黎北海在香港富商利希慎的资助下，以“香港民新”留下的部分器材为基础，建立了香港影片公司，拍摄了《左慈戏曹》（1930）、《客途秋恨》（1931）两部影片。同一时期，香港其他电影公司还拍摄了《金钱孽》（1924）、《乱世鸳鸯》（1925）、《从军梦》（1926）等10多部无声电影。这些影片大多继承“文以载道”的文化传统和伦理观念，影响了之后香港电影的价值取向。

1930年，**联华影业公司**在香港成立，其总部后来设在上海。香港影片公司改组成为“联华港厂”，该厂和**赵树燊**、**关文清**主持的“海外联华公司”在香港拍摄了《铁骨兰心》（1931）、《古寺鹃声》（1932）、《战地归来》（1934）、《难兄》（1934）等多部无声片。随后，黎北海组建中华制造声默影片有限公司，拍摄有声片，“海外联华公司”改组为香港大观影片公司。1913～1934年，香港共生产28部无声电影，大部分都体现出传统伦理观念。

30年代初期，有声电影的出现改变了香港电影的产业格局。上海**天一影片公**

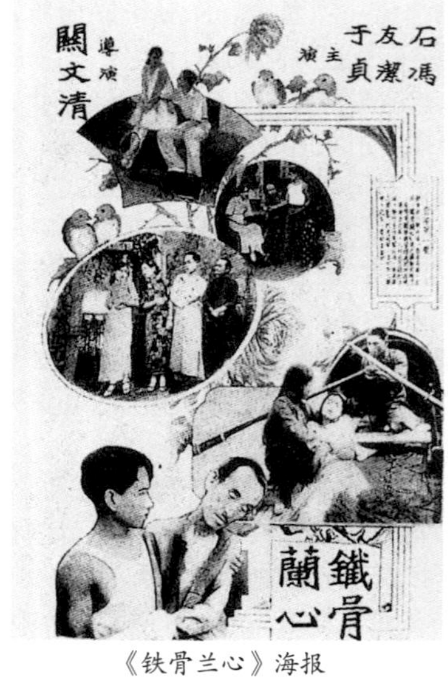

《铁骨兰心》海报

司出品的粤语有声片《**白金龙**》在南洋和省港地区的票房获得成功，让“天一”老板邵醉翁看到了粤语片的市场潜力，加之上海同行业竞争加剧、时局动荡等原因，邵醉翁决定南迁。1934年，邵醉翁在香港成立天一影片公司香港分厂，以拍摄粤语歌唱片为主。之后，大型制片公司如“南粤”“全球”等相继建立，一改香港电影制片业的弱势和零散局面，推动了整个香港电影产业格局的形成。1937年，内地爆发全面抗日战争，更多的内地影人和资本南迁香港，进一步刺激了香港电影产业和美学的发展。1931～1941年，香港共出品影片591部，其中粤语有声片520多部、“国语片”近60部。

这一时期香港的电影创作分为以下几类：①教化题材电影，如《广州一妇人》(1936)、《孤儿行》(1938)、《慈母泪》(1938)等均是劝善、警世以及重人伦和世俗情感的影片。②宣扬抗战爱国题材的影片，其中有《肉搏》(1937)、《**最后关头**》(1938)、《太平洋上的风云》(1938)、《烽火故乡》(1941)和纪录片《广州抗战记》(1937)、《西北线上》(1941)等，这些影片融合了多种类型；内地影人在港拍摄了如《血溅宝山城》(1938)、《孤岛天堂》(1939)、《白云故乡》(1940)、《正气歌》(1941)等，这些影片以抗战、救国为核心价值主题，体现当时的主流思想和意识形态的宣教功能。③言情片，如《梁山伯与祝英台》(1935)、《夜吊白芙蓉》(1935)等。④早期粤语喜剧片，如《乡下佬游埠》(1935)等，这些影片尚未脱离中原传统文化的思维惯例，局限于当时内地电影流行的类型和故事主题，在表现形式上，一方面以传统戏剧模式为主，另一方面也具有以粤语、粤剧、粤曲为核心的省港语言文化特色和创作模式。

1941年12月，香港被日军攻陷，在“日占时期”，香港电影制片事业完全停滞，大部分香港影人离开了香港。

延续时期（1945～1955） 这一时期，香港共出品1580多部各类影片，其中粤语片超过1250部，“国语片”近240部，厦语片60部。抗日战争胜利后，香港电影复苏，首先是“国语”电影产业迅速发展，大中华影业公司、**永华影业公司**等制片机构相继成立。较多的上海电影工作者由于各种原因到香港发展，加入这些“国语片”公司，拍摄了《国魂》(1948)、《**清宫秘史**》(1948)、《野火春风》(1948)、《水上人家》(1949)等影片。这些影片从拍摄技巧到美学表达，延续了旧上海电影风格。

中华人民共和国成立后，由于香港和

《国魂》海报

内地的隔绝，香港影坛出现了左右对峙的局面。“左派”影人改组建立了**长城电影制片有限公司**、**凤凰影业公司**、**新联影业公司**等电影机构，拍摄“国语片”和粤语影片，并以华南电影工作者联合会为阵地在电影业内进行统战工作。“右派”影人建立了新华影业公司等电影机构，在拍摄影片的同时，以港九电影从业人员自由总会为阵地，与“左派”影人对峙。左右对峙中，左派电影没有刻意强调意识形态诉求，而是在“导人向上、导人向善”的指导思想下，拍摄满足香港观众娱乐诉求的商业电影，如喜剧片、言情片和古装片等类型片。朱石麟领导创作了一批重在表现社会人情世故、表达人性美的轻喜剧电影，如《误佳期》(1951)、《**一板之隔**》(1952)、《乔迁之喜》(1954)等；以李萍倩为代表的“长城”派拍摄的社会批判喜剧如《说谎世界》(1950)、《禁婚记》(1951)，通过戏谑和讽刺引导观众认识、理解社会上的不健康现象。右派电影以“国语”电影为主，如《新渔光曲》(1955)、《半下流社会》(1957)等具有鲜明的“反共”色彩，但也表现了社会问题和社会矛盾，在艺术风格上延续旧上海电影的传统。

粤语片方面，1947年的《郎归晚》在新马地区和香港本地均取得较大的票房收益，引发粤语片的强势回归，深受港内外广大观众的欢迎。一些片商为攫取暴利，拍出了大量质量低劣的影片，致使20世纪40年代末香港粤语片出现滞销局面。面对粤语片的颓势，内地影人**蔡楚生**、**史东山**、阳翰笙、王为一、谭友六等在著名娱乐业商人袁耀鸿等支持下，组成拍摄粤语片的南国影业公司，以严谨的创作态度拍摄了《珠江泪》，赢得业内良好口碑。1952年，“左派”影人在香港成立了粤语片公司——新联影业公司，推出制作精良的《败家仔》(1952)，以改善粤语片的生存环境。此后香港粤语影人相继成立了中联电影企业有限公司、华侨影业公司和光艺影业公司等，以优秀作品引领粤语片走出创作与市场的低迷状态。

这一时期的粤语片，出品最多、影响最大的是现实主义题材影片。它们在叙事上延续中华文化的主流观念，宣扬传统的道德伦理和社会习俗，如褒扬中国传统女性美德的《红菱血》(1951)、颂扬患难与共的《**危楼春晓**》(1953)、展现传统家庭伦理关系的《父母心》(1955)等。同时也有改编自文学名著的《家》(1953)、《春残梦断》(1955)等，这些影片反映出粤语影人在传统与现代、东方与西方的文化混生和并置环境下的纠结心态。这一时期粤语武侠片也得到新的发展，代表作如遵循真功实打路线的系列武侠片《黄飞鸿》。粤语喜剧片也得到了一定程度的发展，其数量众多，分为社会讽刺喜剧和爱情喜剧两大类。

黄金时期（1956～1966） 这一时期，新马地区的发行机构纷纷赴香港，成立大型制片公司。发行粤语片的新加坡光艺机构在香港建立了光艺影业公司，发行“国语片”的新加坡国泰机构老板陆运涛赴香港建立**国际电影懋业有限公司**（简称“电懋”），发行“国语片”的新加坡邵氏兄弟公司负责人**邵逸夫**赴香港组建**邵氏兄弟（香港）有限公司**。这些公司在香港组建了大型片场和演艺团队，自身拥有院线，采用“垂直整合”经营模式，努力拓展海外的制片和发行，引领香港电影从独立制片体制向现代化、全球化和产业化的制片体系迈进。1956～1966年，香港出品的粤语片、“国语片”总计超过2570部，数量远超以往，其中粤语片超过2000部。

香港电影的黄金时期，戏曲片取得了较大成就。最具代表性的是出自粤语片公司的粤剧片、出自“邵氏兄弟”“电懋”“长城”等公司的**黄梅调电影**，以及出自“左派”公司的越剧片及其他剧种影片。粤剧片有表现粤剧艺术的戏曲片和生活化表演的粤曲歌唱片两种形式。前者演员穿粤剧服装、照搬戏曲表演的唱念做打，较有影响的影片有《梁祝恨史》(1958)、《**帝女花**》(1959)、《紫钗记》(1959)、《蝶影红梨记》(1959)等，其中大部分为唐涤生编剧，李铁导演，粤剧名伶任剑辉、白雪仙主演。粤曲歌唱片在表演、**场面调度**等方面完全不依据粤剧程式，演员亦不是传统粤剧的做功和排场，表演方式更贴切现实生活，如《无头东宫》系列片（1957～1963）、《璇宫艳史》系列片（1957～1958）等。黄梅调电影延续了内地黄梅戏电影的美学风格，除插入的黄梅调唱段外，表现手段更接近于古装“国语片”。这一时期，“邵氏兄弟”接连推出了《江山美人》（1959）、《杨贵妃》（1962）、《梁山伯与祝英台》（1963）等黄梅调电影。“电懋”和“国泰”赶拍了《宝莲灯》（1964）、《秦香莲》（1964）、《金玉奴》（1965）等黄梅调电影。香港其他种类的戏曲片也呈现出繁荣态势，如越剧片《王老虎抢亲》（1960）、《三看御妹刘金定》（1962）等。这批影片由夏梦等明星主演，对白为“国语”，唱腔为越剧，由内地著名越剧演员幕后代唱，影片的音乐、表演、布景、服装等艺术元素纯正舞台化。此外，香港与内地合拍的越剧片《**红楼梦**》（1962）、《碧玉簪》（1962），京剧电影《**野猪林**》（1962）以及潮剧电影《苏六娘》（1957）等也深受港澳和东南亚地区观众的欢迎。

“国语”时装片是香港电影黄金时期的另一类主要影片。这类影片兼顾人文精神和通俗娱乐。《新寡》（1956）、《新婚第一夜》（1956）、《故园春梦》（1964）等影片，

《故园春梦》海报

涉及反对封建旧伦理、反对性别歧视、女性生存困境议题。改编自台湾作家王蓝同名小说的影片《蓝与黑》（1966）则体现了“邵氏兄弟”以通俗娱乐为本、淡化政治、跨地域吸引全球华人的制片策略。“电懋”的时装片将创作重点放在现代都市题材上，故事均围绕都市人的遭遇如男女爱情、情贼骗子、舞女生活、家庭恩怨等展开，形式上效仿好莱坞的都市片，迎合中产阶级的审美品位，代表作品有《四千金》（1957）、《曼波女郎》（1957）、《野玫瑰之恋》（1960）等。

喜剧片依然是这一时期香港影片的重要类型。“长城”讽刺喜剧和“凤凰”社会人情喜剧依旧延续。“电懋”“邵氏兄弟”等电影机构推出了都市风情喜剧，以通俗性和娱乐性最大限度地迎合观众的审美诉求，如《丈夫三部曲》（1959～1965）、《青春女儿》（1959）、《香车美人》（1959）、《长腿姐姐》（1960）等。“电懋”推出的“南北”系列喜剧，以南北文化的差异来制造喜剧效果。“新联”“中联”等传统粤语片公司的喜剧片，如《巴士银》系列等，更多以家庭矛盾映射社会矛盾。“光艺”喜剧如《难兄难弟》（1960）表现在充满价值冲突的现代社会中人类如何被规训，表现出粤语喜剧的现代性。

此外，在这一时期的武侠片类型中，除《黄飞鸿》系列片外，还出现以传统特技创作的神怪武侠片，如《六指琴魔》（1965）等。歌舞片《龙翔凤舞》（1959）、《花团锦簇》（1963）等从简单的记录模仿过渡到自觉创作，但仍限于舞台形式的表演。

转型时期（1967～1979）　1964年“电懋”高层在台湾空难中去世，加之内地“文化大革命”和香港“六七暴动”的影响，“长城”“凤凰”等左派电影公司式微，“邵氏兄弟”在这一时期一家独大，发展成为香港乃至亚洲规模最大的电影企业之一。但随着**邹文怀**创立的**嘉禾电影有限公司**的问世，“邵氏兄弟”的流水线大厂体制逐渐衰落，至70年代末，“邵氏兄弟”大规模收缩制片。邹文怀创立的院线母公司和制片子公司结合的“卫星制”模式成为这一时期香港电影的主要产业模式。香港电视在这一时期也逐渐兴盛，各电视台为竞争需要而培养的“菲林组”为香港电影积蓄了大量人才。

这一时期，香港动作类型片取得了较大的艺术成就。邵逸夫在60年代提出的“武侠新世纪”美学战略，意在对香港动作类型进行美学革新，“邵氏兄弟”的导演**张彻**、**胡金铨**、徐增宏等将战略付诸实践，拍摄了《**独臂刀**》（1967）、《金燕子》（1968）、《刺马》（1973）等新武侠片，实现了香港动作类型的美学突破。新武侠片的美学创新表现在它突破了粤语武侠片的儒家文以载道思想，突出娱乐性。在美学形态上，新武侠片着重抒写男性情义，刻意渲染带有暴力色彩的阳刚之美。在制作上，更加注重武术指导的作用，影片的动作场面均有武术指导设计，以精细独特的技巧制造电影动感。

以近现代历史为背景的功夫片是这一时期香港动作片的一个主要分支，其中有“邵氏兄弟”的《报仇》（1970）、《马永贞》（1972）、《天下第一拳》（1972）等，“嘉禾”及其卫星公司出品的**李小龙**功夫片《**唐山大兄**》（1971）、《**精武门**》（1972）、《猛龙过江》（1972）、《龙争虎斗》（1973）等。这些影片体现出真功实打的特点，其中李小龙的功夫片以明星气质和自创的“截拳道”打斗动作吸引了大量观众，成功将华语电影带入美国主流院线。这一时期的香港动作电影，还包括《流星·蝴蝶·剑》（1976）、《天涯·明月·刀》（1976）、《少林三十六房》（1978）等。

《猛龙过江》剧照

转型时期的喜剧类型片有不同形态。**李翰祥**的风月喜剧如《大军阀》（1972）、《骗术奇中奇》（1973）、《风流韵事》（1973）等，主要特点是对人情世事进行调侃戏谑，采用集锦形式，表现民间野史、市井风情。“许氏喜剧”具有草根情怀、讽刺人性弱点、笑料密集的特点，代表作《天才与白痴》（1975）、《**半斤八两**》（1976）、《卖身契》（1978）等。动作夸张的功夫喜剧有《**醉拳**》（1978）、《蛇形刁手》（1978）等。楚原的《七十二家房客》（1973）具有产业意义，该片让日趋式微的香港粤语片再度复苏，并且使香港“国语片”与粤语片合流而成新香港电影。

这一时期，较有艺术成就的香港电影还包括社会奇情片《成记茶楼》（1974）、《沙胆英》（1976）等，犯罪片《香港奇案》（1976）等，恐怖片《鬼眼》（1974）等，历史片《倾国倾城》（1975）等，歌舞片《香江花月夜》（1967）以及琼瑶的言情电影等。

繁荣时期（1980～1993）　在此时期，金融工商业等纷纷投资电影产业，“卫星制”模式进一步发展，形成了院线制营销体制模式。在院线制营销模式的作用下，产生了四对母公司和卫星公司的最佳资源配置：金公主院——**新艺城影业有限公司**；德宝院线——**德宝影业公司**；嘉乐院线——嘉禾及其子公司；**双南院**

线——**银都机构有限公司**。这个营销体制将香港电影产业推向高峰。至1992年，香港电影的港产片票房达12.4亿港元，占比近79%，达到了空前的水平。这一时期，香港电影设立了一年一度的“金像奖”，成为华语电影的盛事。电影审查制也变为分级制。

20世纪70年代末，一批从电视台转入电影公司的新导演如**徐克**、**许鞍华**、谭家明、**方育平**等在香港影坛掀起了新浪潮电影运动。“新浪潮”的代表作有《**蝶变**》(1979)、《点指兵兵》(1979)、《疯劫》(1979)、《**父子情**》(1981)、《投奔怒海》(1982)、《半边人》(1983)等。这些影片在主题内涵、叙事结构、电影语言等方面进行了本土化探索与革新，加速了香港电影的本土化进程。“新浪潮”之后，这批年轻导演们开始进行商业片创作，进一步促进了香港电影的繁荣。

“新浪潮”之后，以喜剧为主的商业类型片空前兴盛。主要影片有新艺城公司出品的《最佳拍档》系列(1982～1989)、“嘉禾”出品的“福星”系列片(1983～1985)、王晶的“追女仔”系列(1987～1989)等动作喜剧，《鬼打鬼》(1980)、《僵尸先生》(1985)、《天官赐福》(1987)动作喜剧等鬼怪喜剧和僵尸喜剧，《三人世界》(1988)、《八星报喜》(1988)、《小男人周记》系列(1989～1990)等社会生活喜剧，**周星驰**主演的《逃学威龙》(1991)、《审死官》(1992)、《鹿鼎记》(1992)、《武状元苏乞儿》(1992)、《唐伯虎点秋香》(1993)等“无厘头”喜剧。

动作类型片也得到长足发展，不仅题材丰富，而且表现出杂糅的复合类型特征。刘家良、张鑫炎等执导的动作片，如《少林寺》(1982)、《五郎八卦棍》(1984)等，继续遵循硬马硬桥的南派风格。袁和平、徐克、程小东等人的《倩女幽魂》系列(1987～1991)、《笑傲江湖》系列(1990～1993)、《黄飞鸿》系列(1991～1997)、《**新龙门客栈**》(1992)、《太极张三丰》(1993)、《**青蛇**》(1993)等动作片显示出飘逸灵动、凌厉洒脱的风格，通过特技和剪辑手段，以丰富的视听想象力和新颖的特技形式创造超现实感的武侠世界。**成龙**等武打明星的动作片，如《A计划》系列(1983～1987)、《**警察故事**》**系列**(1985～1996)等，则由谐趣功夫片逐渐转化成为以展示身体极限为主要目的的警匪片。另有赌博题材的《赌神》系列(1989)、《赌圣》系列(1990～1991)等，黑帮题材的《省港旗兵》(1984)、《跛豪》(1991)、《雷洛传》(1991)等，表现个人男性情谊和个人英雄主义的《**英雄本色**》(1986)、《龙虎风云》(1987)等。

《青蛇》剧照

《警察故事》剧照

繁荣时期，香港的文艺片也丰富多彩，许鞍华、张之亮、关锦鹏、**张婉婷**、尔冬升等为主要创作者。代表作品有言情片《秋天的童话》(1987)、《**胭脂扣**》(1988)、《**阮玲玉**》(1992)等，写实片《笼民》(1992)等，伦理片《上海假期》(1991)等。影片表现了现实生活中的社会问题以及港人的生存状态。

多元化时期(1994～　)　随着好莱坞电影的全球推广，中国香港电影丧失了传统的海外市场，如中国台湾地区、东南亚地区、韩国等，本地市场也不断遭遇危机。加之自身无法克服的产业问题，以及20世纪90年代后期的亚洲金融危机等原因，香港电影自90年代中前期出现滑坡。21世纪后，香港本地电影跌入低谷，年制片量维持在50部左右，院线业萎缩至历史最低点。为寻找出路，香港电影人积极开发内地市场，两地合拍片大幅增加。2003年6月，中华人民共和国商务部与香港特别行政区签署了《内地与香港关于建立更紧密经贸关系的安排》(CEPA)，推进了内地和香港的电影合作。此后，“英皇”“寰亚”“安乐”等大批香港电影公司或在内地设立分支机构或直接移至内地发展，大量的香港影人直接北上内地，促进了内地电影的美学提升和华语电影的融合发展。

这一时期，香港电影的商业类型片更趋成熟。徐克的《蜀山传》(2001)、《**智取威虎山**》(2015)等片继续以视效特技营造动作奇观。成龙的《红番区》(1995)、《新警察故事》(2004)、《十二生肖》(2012)等续写硬派动作奇观。周星驰的《**大话西游**》(1995)、《**大内密探零零发**》(1996)等片在延续“无厘头”喜剧风格的同时，向特效动作类型转型，如之后的《少林足球》(2001)、《**功夫**》(2004)等。刘伟强等以“古惑仔”系列片和《无间道》(2002)等“银河映像”黑帮片确立了新一代香港黑帮类型片的美学根基。陈可辛、王晶、陈嘉上、陈木胜、叶伟信、林超贤等商业片导演都推出了有个性的力作。

《无间道》剧照

香港电影多元化时期的文艺片创作势头不减。代表作品有**王家卫**执导的《**一代宗师**》(2013)等，王家卫的作品以独特的电影语言，打造了他个人完整的电影世界。此外，许鞍华、陈果、尔冬升、关锦鹏等人的作品也显示出了更强的个性。动画电影《麦兜》系列(2001～2014)也取得了较好的口碑和票房。2010年之后，香港影人创作出人文气质较浓的《五个孩子的校长》(2015)、《踏雪寻梅》(2015)、《幸运是我》(2016)等优秀影片。

(赵卫防　余慕云)

香港电影金像奖　Hong Kong Film Awards　中国电影奖项。1982年创立。每年一届，颁奖时间为每年4月份。由香港电影金像奖协会董事局主办。旨在表彰中国香港地区电影从业人员的成就，促进香港电影进步和繁荣，向本地和全球推介香港电影。

首届香港电影金像奖由香港电影杂志《**电影双周刊**》发起主办，没有提名名单，最终颁出5个奖项：最佳影片奖(《**父子情**》)、最佳导演奖(**方育平**)、最佳编剧奖(张坚庭《胡越的故事》)、最佳男主角奖(**许冠文**《摩登保镖》)、最佳女主角奖(惠英红《长辈》)。1983年，开始通过

第40届香港电影金像奖颁奖现场

电视台进行颁奖典礼转播。1993年12月，香港电影金像奖正式注册为“香港电影金像奖有限公司”，评奖事宜由13个协会会员组成的香港电影金像奖协会董事局主持。组成董事局的13个协会会员单位包括：香港影业协会、香港电影导演会、香港戏院商会、香港专业电影摄影师学会、香港动作特技演员公会、香港电影编剧家协会、香港演艺人协会、香港电影美术学会、香港电影剪辑协会、香港电影制作行政人员协会、香港电影灯光协会、香港电影商协会、香港电影后期专业人员协会。董事局每月召开会议，解决与评奖有关的政策、行政、管理工作问题，具体评奖事宜由董事局下属的金像奖秘书处负责执行。每届由13个协会会员单位派人参与评奖，以多方面征集专业意见，保证评奖的广泛性和公正性。为保证金像奖的独立性、专业性和公信力，董事局一直拒绝商业赞助，而是依赖颁奖典礼电视直播版权收入进行运作。

共设置19个常设奖项和2个非常设奖项。常设奖项有最佳影片奖、最佳导演奖、最佳编剧奖、最佳男主角奖、最佳女主角奖、最佳男配角奖、最佳女配角奖、最佳新演员奖、最佳摄影奖、最佳剪辑奖、最佳美术指导奖、最佳服装造型奖、最佳动作设计奖、最佳原创电影音乐奖、最佳原创电影歌曲奖、最佳音响效果奖、最佳视觉效果奖、新晋导演奖、最佳亚洲华语电影奖，2个非常设奖项是终身成就奖和专业精神奖。

根据《香港电影金像奖评选细则》制定的评选规则，金像奖经过提名和专业评审两轮评选。首轮提名奖评选由“香港电影金像奖选民”(符合金像奖选民资格及向金像奖协会正式登记者）和“100人专业评审团”(由香港电影金像奖评选事务组推荐及邀请的电影业内人士和专业媒体工作者组成）投票选出所有奖项的提名名单，票份各占第一轮总积分的50%。在各类奖项中得票最高的首五名可获得提名，进入第二轮评选。第二轮评选由“55人专业评审团”(由香港电影金像奖评选事务组推荐及邀请的电影工作者和专业媒体工作者组成）及金像奖13个协会会员，联同香港作曲家及作词家协会会员选出得奖者。“55人专业评审团”占第二轮投票积分55%，金像奖13个协会会员、香港作曲家及作词家协会会员投选其专业奖项占积分25%，投选其他奖项占积分20%。

金像奖奖座经过第1届的金属人造型、第2届的高举星球男性造型、第3届的蓝色水晶方块造型后，第4届至第9届改为挥手飞奔的男性造型，第10届开始使用设计大师梁铨设计的以手持星球、身围胶片的女神为造型的“星光荣耀”奖座，并一直沿用至今。（谢建华）

香港电影文化中心 Film Cultural Center of Hong Kong 中国香港非营利性质的电影推广和文化交流机构。筹建于1977年，正式成立于1978年1月。由香港导演蔡继光发起，香港文化学者罗卡、吴昊等人联合创办。其宗旨为推广、研究电影艺术，培养电影电视人才。成立时在香港文化界具有一定的影响力，曾拥有会员近2000人。其主要活动有3个方面：①举办专题电影放映活动。曾举办过“中国电影回顾展”“台北电影八一（年）”“五十年代香港粤语片精选”“奥斯卡得奖电影回顾展”“电影史经典名作欣赏”“日本电影回顾展”等，还与教育组织在学校举办“暑期优良电影欣赏周”。②举办电影专业课程教学，如电影编剧、电影制作等课程。由香港著名电影工作者讲授，学生人次达2400之多。③举办有关电影研讨会。曾举办过“第一届普及文化研讨会”“中国电影四十年研讨会”“香港电影暴力问题研究会”“青春电影面面观研讨会”等。此外，每月还出版会员通讯《电影人》。

该机构还和海外其他一些电影机构以及电影编导、研究人员等从业者进行交流，并藏有大量中外电影名片的拷贝、录像带和电影书刊。（余慕云　樊成云）

香港歌舞片 Hong Kong's musical film 中国香港类型片。

兴起　20世纪40年代后半期，大批内地尤其是上海的电影人南下香港，包括**周璇**、白光、龚秋霞等歌唱片明星和姚敏、梁乐音等电影音乐人。他们来到香港后继续从事歌唱片创作，将内地歌唱片电影的风格融入香港电影创作中。以周璇主演的《歌女之歌》(1948)、《花外流莺》(1948)等为代表的歌唱片，开启了内地歌唱片在香港的发展之路。初创时期的歌唱片，故事背景多设置在上海或者内地的某个地区，并无香港特色或者元素。

形成　20世纪50年代，歌唱片逐渐成为香港电影的重要类型，1956年达到创作高峰。1956年，新华影业公司的《桃花江》《葡萄仙子》《采西瓜的姑娘》，自由公司的《蔷薇处处开》，万象公司的《那个不多情》《春风吻上了我的脸》等影片相继上映，之后**国际电影懋业有限公司**(简称“电懋”）等公司陆续推出一些类似作品。其中，王天林和张善琨联合导演的《桃花江》具有探索性，表现在：①影片将主角设置为香港人，以乡村为背景，展现香港底层民众对香港和家乡的认可和怀念之情，体现出本土意识和身份自觉意识；②影片中的音乐歌唱开始参与整体叙事，男女对唱的形式容易引发观众认同。但这一时期的香港歌唱片尚未脱离舞台，仍与现实生活相去甚远。

1956～1958年，香港歌舞片开始形成，不仅表达了香港民众自我身份的文化身份意识，展示了香港现代社会的都市风格，也开始借鉴外来歌舞片，形成自身的类型特色。它开始模仿好莱坞歌舞片，在歌唱中穿插舞蹈，形成歌舞并重的类型模式，同时借鉴日本歌舞片，甚至请日本艺伎和艳舞女郎参加演出。《万花献媚》(1956)、《花花世界》(1956)、《万花春色》(1956)、《艳舞销魂》(1957)、《曼波女郎》(1957)等影片都是在模仿的基础上创作出的歌舞片，其中包含赴日拍摄的纪录电影，也有用简单剧情串联的歌舞节目，甚至不乏展示日本艳舞的影片。此外也有主题较为严肃的歌舞片，如新华影业公司的《蝴蝶夫人》(1956）和《凤凰于飞》(1958)，国泰影业公司的《欢乐年华》(1956）等。这些影片推动香港歌舞片由模仿向舞台记录的转变，歌舞参与情节、事件、人物及人物关系的建构，开始形成歌舞融合的表现形式。

成熟　1959～1965年，香港歌舞片发展到成熟期。受到“国语”歌舞片的影响，粤语片逐步在影片中加入歌舞元素，粤语歌舞片开始形成，表现出现代化和流行性的特征。20世纪50年代末期，**邵氏兄弟（香港）有限公司**、“电懋”等大型制片公司在香港本土迅速发展，为香港歌舞片的发展提供了资金、技术、人才等有利条件，提升了歌舞片的创作层次。《龙翔凤舞》(1959）展现了流行舞蹈恰恰、阿拉伯舞、西班牙舞等11种不同舞蹈形式的编排设计和12首爵士风格的中国流行歌曲，突破了之前对日本歌舞的模仿，创造出较有中国特色的歌舞片形式。之后，王天林导演的《野玫瑰之恋》(1960)，陶秦导演的《千娇百媚》(1961)、《花团锦簇》(1963)、《万花迎春》(1964）等影片更加注重影片的戏剧性和价值主题，人物设置复杂多样，情节事件独特，添加了时装表演等噱头。粤语歌舞片的发展方面，“邵氏兄弟”的粤语片组拍摄了一系列由林凤、欧嘉慧、张英才等青年演员主演、娱乐性为主的粤语片，加入大量歌舞元素和其他流行时尚元素，掀起了粤语青春歌舞片的热潮。《玉女春情》(1958)、《青春乐》(1959)、《千娇百媚》(1961)、《花团锦簇》(1963)

《野玫瑰之恋》海报

等具有代表性。这些歌舞片多以都市年轻人为表现对象，重视偶像明星组合和歌舞编排的奇观性。

繁荣　1966～1970年是粤语歌舞片、“国语”歌舞片的繁荣阶段。伴随陈宝珠、萧芳芳等主演的时装青春片热潮，一批反映年轻人生活观和价值观的歌舞片进入观众的视野。1966年，黄尧导演，陈宝珠主演的《姑娘十八一朵花》采用现场舞蹈、流动画面和歌曲演唱相结合的方式，配合别墅、泳池等香港中产阶级的生活场景，上映10天后票房高达50万港元，创下了当年粤语黑白歌舞片的票房最高纪录。之后的《玉楼三凤》(1968)、《紫色风雨夜》(1968)等影片，标志着粤语歌舞片成为粤语片的重要类型。“邵氏兄弟”倾向于“国语”歌舞片的创作。除歌舞元素外，电影题材也不再局限于爱情喜剧。电影叙事更加完整严谨、人物形象更加饱满，同时模仿好莱坞歌舞片，将影片场景从舞台转到现实环境，不再受舞台时空的约束。受聘于“邵氏兄弟”的日本导演井上梅次拍摄的《香江花月夜》(1967)、《青春鼓王》(1967)、《花月良宵》(1968)等影片，不但延续了香港歌舞类型片的模式，还融入了都市化元素，具有现代社会的精神指向和青年亚文化特征。之后，歌舞类型片成为“邵氏兄弟”此时期的主要类型片之一。在经过了20世纪60年代末期的繁荣之后，香港歌舞片逐渐走向没落。

衰落　1970年以后，香港歌舞片走向衰落。20世纪60年代中后期，“邵氏兄弟”推出了“武侠新世纪”攻略，香港电影业转向更注重表现阳刚暴力美学的武侠片、功夫片以及强化本土意识的喜剧片。与此同时，歌舞片的重要导演陶秦去世，井上梅次回到日本，主创人员减少，缺乏优秀制作团队。进入70年代以后，香港经济迅速发展，社会生活节奏变化，文化混生融合，观众的审美取向由此发生改变。70年代之后，仅有《玉女嬉春》(1972)等少量歌舞片。2000年之后，随着香港“千禧年”“怀旧”情绪的出现，香港影坛再次少量出现如《浪漫樱花》(2001)、《爱君如梦》(2001)等歌舞片，但影响不大。香港和内地合拍、陈可辛导演的《如果·爱》(2005)，是进入21世纪后的代表性歌舞片，该片将当代中国人的生存困境、社会变迁带来的困惑等融入歌舞与场景中，形成以歌舞讲故事的独特电影语言。

《如果·爱》剧照

香港歌舞片曾经是香港电影发展的重要动力，承担了香港电影对现代化和本土化的探索和追求，同时也丰富了香港电影的类型元素，凸显了香港电影的娱乐化和观赏性。

扩展阅读

赵卫防.香港电影艺术史.北京：文化艺术出版社，2017.

黄爱玲.邵氏电影初探.香港：香港电影资料馆，2003.

黄爱玲.国泰故事.香港：香港电影资料馆，2009.

（类成云）

香港国际电影节　Hong Kong International Film Festival　1977年由中国香港市政局创办的综合性国际电影节。电影节每年举行一次，为期两周，一般在3月中旬到4月初。自1978年起获国际电影制片人协会联合会承认与支持，规模日益扩大。1977～2000年分别由香港市政局和康乐及文化事务署主办。2001年，第25届改由康乐及文化事务署与香港艺术发展局合办。2002～2004年由香港艺术发展局主办。自2005年第29届始，正式由香港国际电影节协会举办。电影节不设奖项，主要目的是把香港变成国际电影中心地之一，增进香港与世界电影工作者间的联系与交流，使香港电影界人士及观众了解世界影坛的情况。主要活动有：放映各国故事片、纪录片、短片，放映亚洲地区新片，放映香港影片，举办香港电影回顾展，举行纪念性活动，举行专场放映，召开研讨会，举办有关展览会。

（陈振兴）

第35届香港国际电影节活动照

香港黑帮片　Hong Kong's gangster film　中国香港类型片。又称枭雄片。

初创阶段　1955年唐煌执导的电影《传统》，是香港电影史上第一部黑帮片。之后，陈文为光艺影业公司拍摄了黑帮片《铁胆》(1966)，张彻为**邵氏兄弟（香港）有限公司**拍摄了《大决斗》(1971)和《马永贞》(1972)，桂治洪为邵氏兄弟（香港）有限公司拍摄了《成记茶楼》(1974)和《大哥成》(1975)，林国翔为**嘉禾电影有限公司**拍摄了《四二六》(1977)。除此之外，这一时期还出品了《四二八》(1978)、《白粉双雄》(1978)、《家法》(1979)、《无毒不丈夫》(1981)、《血洗唐人街》(1982)和《怒拔太阳旗》(1983)等早期黑帮片。初期的香港黑帮片借鉴了好莱坞黑帮片，包括叙事策略、情节结构和模式，同时进行本土化改造或发展，将好莱坞电影的“美国精神”转化成“香港精神”。

发展阶段　1984年，麦当雄执导的《省港旗兵》将警匪元素和黑帮元素融合，在叙事、节奏、情节、美术等方面均有所创新。之后，同类型影片逐渐增多，如《喋血双雄》(1989)等。一些传记黑帮片也陆

《喋血双雄》剧照

续出现，如《跛豪》(1991)、《五亿探长雷洛传》(1991)、《四大探长》(1992)、《赌城大亨之新哥传奇》(1992)等。黑帮片成为香港的代表性电影，在国际电影市场中也赢得广泛关注。这一时期的黑帮片在主题上弱化了价值和道德评判，或对黑帮人物明贬暗褒，或为巨贪警官和大毒枭立传，把人物形象浪漫化。此时的黑帮片同时具备现代动作片的类型元素，如枪战、警匪、打斗等，为后来复合型黑帮片奠定了基础。

繁荣阶段　20世纪90年代中后期，

以刘伟强的黑帮片作品最具代表性。这一阶段的人物形象发生变化，20世纪80年代中后期黑帮片中的人物多为“枭雄”或者主要黑帮势力，此时黑帮片主人公演变为“古惑仔”，如刘伟强的《古惑仔》系列（1996～1998）。《古惑仔》根据当时的流行漫画改编，表现街头青少年“古惑仔”对抗社会、为所欲为的生活态度和行为方式，是以青少年为目标观众的青春型黑帮片。该系列影片保留了黑帮片的情义主题，表现古惑仔群体肝胆相照、“抱团作战”的生活。为了突出青年特点，片中人物具有冲动、好勇、帅气的热血性格，成为当时年轻观众争相模仿的对象。后来，该系列影片引发一批跟风作品，如《旺角揸fit人》(1996)、《去吧，揸fit人兵团》(1996)、《古惑天堂》(1997)、《新古惑仔之少年激斗篇》(1998)、《古惑仔情义篇之洪兴十三妹》(1998）等。

分化转型期　2000年左右，香港电影产量增多，黑帮片产量在2000年达到峰值。这一时期的黑帮片在创作方向上出现分化，经典黑帮片仍然是创作的主要方向，但也涌现反类型黑帮片，他们自觉探索黑帮片新的发展路径。在内容上，经典黑帮片坚守并深化香港本土化创作风格，更加日常化、生活化，贴近香港观众的生活。反类型黑帮片对经典黑帮片的叙事进行拆解与重建，甚至用亲情或爱情替代传统的江湖情义。在形式上则表现出无序、去中心和对经典的解构与反讽。在主题上，它们有别于《古惑仔》系列中黑帮人物的青春、忠勇，转向描述草根阶层的生活状态，表现人物在各方势力挤压下的生存状态，例如《刀手》(2000)、《旺角街头》(2000)、《险角》(2001)、《黑道风云》(2002)。

融合消弭阶段　2003年，中华人民共和国商务部和香港特别行政区签订《内地与香港关于建立更紧密经贸关系的安排》，之后香港电影进入合作制片阶段。自此，香港黑帮片分为两部分发展，一部分是与内地合拍，并逐渐与警匪片、喜剧片等其他类型片融合，如《杀破狼》(2005)、《神探》(2007)、《潜龙风云》(2014)、《杀破狼2》(2015）等均以警匪片为主，黑帮片类型为辅；另一部分是面向香港市场的影片，如《古惑仔：江湖新秩序》(2013)、《江湖悲剧》(2016)、《老笠》(2016)、《树大招风》(2016)、《选老顶》(2016）等，评价不高，市场反应一般，有些不被内地观众接受，加上创作人才流失，整体处于低迷状态。

《杀破狼》剧照

黑帮片是香港电影的代表性类型，它以独特的港式风格和美学特征丰富了香港电影，征服了香港本地观众，也获得中国内地、韩国、日本、北美、东南亚等国家和地区的观众的欢迎。另外，黑帮片元素影响到其他类型片的创作，如王家卫的影片《旺角卡门》(1989）等。（类成云）

香港僵尸片　Hong Kong's zombie film　中国香港类型片。兴起于20世纪80年代。以“僵尸”“丧尸”“吸血鬼”等为主要内容。以《僵尸先生》(1985)、《一眉道长》(1989）最为典型，刘观伟和林正英分别是香港僵尸片的代表导演和演员。

20世纪80年代以前，香港的僵尸片数量少，情节内容、形象塑造等方面明显模仿西方同类型电影。1936～1980年，只有7部僵尸片，分别是《午夜僵尸》(1936)、《鬼屋僵尸》(1939)、《三千年地底僵尸》(1939)、《湘西赶尸记》(1957)、《尸变》(1958)、《僵尸复仇》(1959）和《吸血妇》(1962)。1974年，邵氏兄弟（香港）有限公司与英国公司合作拍摄了一部集合西方吸血鬼和本土“湘西赶尸”传说的《七金尸》，成为第一部中西文化混搭的吸血僵尸片，但当年票房表现不佳，影响力较弱。该片作为香港第一部发行至全球的鬼怪电影，提供了创作团队学习国外“吸血僵尸”题材影片的机会，影响了20世纪80年代的香港僵尸片。1985年，洪金宝监制、刘观伟执导、林正英主演的《僵尸先生》一炮而红，票房达到2009万港元，在第5届香港电影金像奖中被评为1985年十大华语片之一。此后，香港出现众多模仿《僵尸先生》的电影，引发一阵“僵尸片热潮”。《僵尸翻生》(1986)、《僵尸家族》(1986)、《僵尸少爷》(1987)、《僵尸叔叔》(1988）等均是这一时期的代表性影片。在僵尸片中，茅山术、黄纸符、桃木剑、糯米、墨斗线等是必备元素。穿着清代官服、面色灰白、顶着黑眼圈、头贴黄符，是僵尸片的经典银幕形象。香港僵尸片多融合喜剧类型，借助动作元素将可怕的僵尸喜剧化，使影片既刺激，又有笑点，一些动作的设计产生悲喜结合的戏剧性效果。因此，香港僵尸片也被看作是香港喜剧片的亚类型。

20世纪90年代以后，香港僵尸片逐渐走向没落，粗制滥造之作居多，《非洲和尚》(1991)、《僵尸至尊》(1991)、《新僵尸先生》(1992)，以及完全效仿西方吸血鬼电影的《一屋哨牙鬼》(1993）等，都在票房上失利。21世纪初，香港出品了《赶尸先生》(2001)、《僵尸大时代》(2003)、《少林僵尸》(2004）等影片。2010年之后，香港僵尸片有回潮之势，年轻导演麦浚龙执导了《僵尸》(2013)，画面较为恐怖和血腥。陈翊恒执导的《天师斗僵尸》(2014）等，既有经典港片的僵尸元素，同时也融入了现代游戏中的僵尸元素。（张承宇）

香港浸会大学电影学院　Film College of Hong Kong Baptist University　中国影视教育机构。20世纪70年代初，香港浸会大学开办电影及电视学科，隶属于传理学院。70年代末，除制作课程外，开设了电影理论、历史、批评及美学课。80年代，创办了中国香港高等教育史上首间数码图像教研室。1991年，成立电影电视学系，先后开设了本科、硕士课程。2009年，电影电视学系升格为电影学院，包括电影专业（专科）、电影电视专业（本科）、电影与媒体艺术专业（本科）、新媒体及影视创意文学写作专业（本科）和电影电视与数码媒体艺术（硕士）三个层次的学位教育，面向本地及国际范围招生。学院于2014年11月成立了点子电影工作室，从学生中间筛选精彩的“点子”，并提供包括资金、知名电影人的指导、拍摄器材及制作设备等全方位的协助，支持学生拍摄剧情片及微电影。学生创作的电影短片曾多次获得全球华语大学生影视奖、中国金鸡百花电影节短片学院奖，以及中国大学生微电影节、北京大学生电影节等颁发的奖项。（李二仕）

香港灵异片　Hong Kong's supernatural film　中国香港类型片。起源于20世纪30年代。1939年，美国影片《摄青鬼游埠》在香港上映引起较大轰动，同年香港影坛掀起一股“鬼片热”。1939年，汪福庆导演的《女摄青鬼》，讲述一女子变成女摄青鬼报丈夫和女儿被杀之仇的故事。这一时期的灵异片还有《差里遇摄青鬼》(1939)、《人鬼奇缘》(1939)、《女鬼洞房》(1939)、《古墓冤魂》(1939）等。有些灵异片因宣扬迷信被进步影人批评为“有毒素”的影片，受到社会各界的严厉指责，灵异片一度沉寂。

20世纪60年代末，香港灵异片复苏，

20世纪80年代达到高潮。灵异片之所以能成为香港电影中的重要类型，除观众对恐怖刺激的心理需求之外，也与其良好的投入产出比有很大关系。20世纪70年代开始，香港影坛风尚转变，不少影片强调感官刺激，灵异片成为热门片种。何梦华导演的《降头》(1975)风靡一时，影片取材东南亚习俗，综合暴力、色情内容，音乐和场景十分诡异，突出神秘气息。桂治洪导演的《邪》《蛊》《魔》系列以重口味镜头为卖点，其中《邪》系列技法成熟，以离奇诡异的影像风格，讲述奇峰陡转、曲折跌宕的阴谋故事，也遵从灵异片的惯常套路，即一切看似有鬼作祟的怪异现象，背后都有人指使。

20世纪70年代末至80年代初，一些年轻影人拍摄了风格各异的灵异片。**许鞍华**拍摄了《疯劫》(1979)、《撞到正》(1980)等灵异片，拍摄技巧更加多变，叙事手法更加个性化。同时期洪金宝导演的《鬼打鬼》(1980)将鬼怪片和功夫喜剧相结合，惊悚剧情中穿插精心设计的武打动作以及诙谐逗趣的笑料，又不乏对人性的洞察和调侃，让灵异片具有了更高的观赏价值。

20世纪90年代末开始，香港灵异片曾短暂回潮，不再单纯强调视觉刺激，而是引入日本、泰国灵异片元素，强调引发观众的心理恐惧。彭氏兄弟、郑保瑞等导演先后拍摄《见鬼》(2002)、《古宅心慌慌》(2003)等作品。陈可辛、罗志良等导演创作了《三更之回家》(2002)、《异度空间》(2003)、《救命》(2004)等具有文艺片色彩的恐怖片。1997年开始拍摄的《阴阳路》系列，是邱礼涛首发制作的经典港式鬼片，至2007年一共拍摄了20部。2017年《阴阳路》系列上映20周年，邱礼涛拍摄了《常在你左右》重启该系列。2013年的"李碧华鬼魅系列"分为上篇《迷离夜》和下篇《奇幻夜》，效仿20世纪90年代中期盛行的三段式故事结构，即由3个导演执导3段不同的故事。

香港灵异片与香港许多片种一样，具有类型杂糅的特征，通常将惊悚、搞笑、功夫、武侠、情色、暴力等因素融于一体，以提升娱乐性和观赏性。取材较为多元化，包括传统鬼怪、巫蛊邪术、恐怖心理等，既不失华南民间文化色彩，也暗喻都市化、现代化的某些现实。

（张承宇）

香港新浪潮电影 Hong Kong cinema new wave 中国香港电影的美学运动。20世纪70年代末至80年代初，香港电影界的一批年轻导演打破传统香港类型片的桎梏，拍摄了大量具有实验性和个人风格的影片。这一电影现象受到业界的重视，1978年8月18日出版的香港电影杂志《大特写》发表了一篇题为《香港电影新浪潮：向传统挑战的革命者》的评论文章，首次用"新浪潮"一词形容香港电影的新气象。自此，该创作潮流正式被命名。

20世纪70年代，香港电影逐渐呈现疲态，内容陈旧，手法落伍。新浪潮之前，已经有部分年轻导演尝试改变，如唐书璇、蓝乃才、桂治洪等，但时机尚未成熟。1976年，梁普智、萧芳芳导演的《跳灰》被认为是新浪潮的先声。1978年，曾在国外学习电影的严浩、**徐克**、**许鞍华**，以及摄影出身的谭家明和想拍实验电影的章国明等大批年轻导演，从电视台辞职后投身到电影行业，慢慢形成一股变革的力量。1978年，严浩执导的《咖喱啡》，被视作新浪潮的第一枪。1979年，徐克的未来主义武侠片《**蝶变**》、许鞍华的悬疑推理片《疯劫》、章国明的**警匪片**《点指兵兵》相继出现，标志着香港新浪潮电影的正式诞生。随后，刘成汉、**方育平**、蔡继光、谭家明、黄志强、单慧珠、唐基明、张坚庭、黎大炜、于仁泰等相继崛起，拍摄了《墙内墙外》(1979)、《欲火焚琴》(1980)、《夜车》(1980)、《喝彩》(1980)、《师爸》(1980)、《山狗》(1980)、《**父子情**》(1981)、《投奔怒海》(1982)及《似水流年》(1984)等影片，强烈冲击了香港电影界。这些导演在叙事内容、主题表达、镜头语言等方面进行了改革。

他们的创作更加关注香港本土的发展，通过展示香港的社会现实，表现香港人的生存和情感状态。这些创作者深入描绘各种社会心态与心理诉求，同时展示本土风貌，把镜头对准香港的城市空间和往来人群，勾勒出香港作为一座繁荣国际都市的存在空间与文化价值；讲述个人经验和集体记忆，通过历史的共同记忆与个体的私人记忆的融合，编织影片故事的叙述脉络，表现人们如何在变动的社会环境中寻求归属感和认同感；以女性视角和不同类型的女性形象，颠覆传统社会的性别结构与性别关系；关注国家、民族以及海外华人的生活。新浪潮电影包含多种类型，在传统武侠片、喜剧片等类型片的基础上，拓展了惊悚片、鬼怪灵异片、枪战动作片等领域，为后来香港电影的创作和发展奠定基础。在创作形式上，注重实用的现代电影语言形式和艺术技巧，突破传统香港电影的叙事模式和电影语言。

20世纪70年代末，香港社会走向稳定，新浪潮缺乏继续生长的社会文化土壤。不少电影主题过于晦涩、人物乖戾，观众难以接受，新浪潮导演在强调个性的同时，并未改变香港电影的商业性特质。到80年代中期，香港新浪潮电影的高潮过去之后，大部分新锐导演很快转向主流商业电影的创作。

香港新浪潮电影对香港电影的发展产生了较大影响，新浪潮电影在题材内容、表现形式、影像风格、技术手段各方面都进行了革新，呈现出题材丰富、类型繁盛、形式多元的形态，整体上提高了香港电影的思想性和艺术性。同时，这场电影运动为香港电影业输送了大量的优秀人才，促使有才华的年轻人进入香港电影工业，更新了行业的人才结构。香港新浪潮电影运动改善了香港的电影文化环境，为香港电影的繁荣与多元奠定了基础。

扩展阅读

卓伯棠.香港新浪潮电影.香港：香港天地图书有限公司，2003.

赵卫防.香港电影艺术史.北京：文化艺术出版社，2017.

（张承宇）

香港新武侠片 Hong Kong's new martial-arts film 中国香港类型片。1965年10月，**邵氏兄弟（香港）有限公司**官方杂志《**南国电影**》刊出文章《彩色武侠新攻势》，发表新武侠片的宣传攻略及美学主张。该文指出新武侠片的特点是"以真实的动作、立判生死的打斗，代替过去虚假的、神怪的、舞台化的武打和所谓的特技"。自此开启了香港新武侠片的先河。

香港新武侠片的发展主要经过了以下两个阶段。

第一阶段是1965～1966年的尝试时期。该阶段的主要代表作品有《江湖奇侠》(1965)、《鸳鸯剑侠》(1965)、《虎侠歼仇》(1966)、《边城三侠》(1966)、《文素臣》(1966)以及《**大醉侠**》(1966)等。这些影片由**张彻**、**胡金铨**、徐增宏等邵氏公司编导参与策划、编剧或导演，在武打设计和摄影构图方面追求新意，同时受到日本剑侠片的影响，首次使用慢镜头拍摄，并且起用粤语片的武术指导刘家良、唐佳等人，使动作场面具有观赏性和艺术性。

第二阶段为1967～1973年的成熟期。该阶段的主要代表作品是张彻导演的影片，如《断肠剑》(1967)、《**独臂刀**》(1967)、《大刺客》(1967)、《金燕子》(1968)、《独臂刀王》(1969)、《保镖》(1969)、《十三太保》(1970)、《新独臂刀》(1971)、《刺马》(1973)等。此外还有邵氏公司的其他导演如岳枫、潘磊、罗维、郭南宏等人执导的《盗剑》(1967)、《天下第一剑》(1968)、《影子神鞭》(1971)、《剑女幽魂》(1971)等；亦包括**长城电影制片有限公司**推出的《云海玉弓缘》(1966)等。成熟期的影片奠定了新武侠片的美学形态。在主题表现上，新武侠片更重快意恩仇、兄弟情义的表达，一定程度弱化了道德伦理观念的束缚；情节以戏剧性冲突为主，叙事节奏快；人物个性明显。在艺术形式上，新武侠片逐渐由黑白过渡到彩色，由粤语转为普通话，主角更多设置为古代的刀剑侠客，更注重武术指导的作用，影片的动作场面均有武术指导设计。同时，导演、武术指导、道具师等为打斗场面进行全方位包装，混合使用真兵器与道具兵器，结合特效化妆、特技等使场面和气氛都更逼真。此外，新武侠片的导演善用分镜头和快速剪辑表现武打场景，还使用变焦镜头、升格镜头、手提摄影等手段来辅助拍摄。在其他电影制作技术上，新武侠片采用了后期配音，使得动作场面和演员的选择拍摄有更大的自由度。同时，新武侠片也吸收了日本片场的搭建布景方法。

新武侠片对后来的香港动作电影有较大影响，尤其是张彻的“阳刚暴力美学”和胡金铨的“影戏美学”，都在刘家良、**吴宇森**、**徐克**、林岭东、陈木胜、唐季礼、叶伟信等香港动作片导演的作品中延续了下来。

扩展阅读

赵卫防.香港电影史（1897～2006）.北京：中国广播电视出版社，2007.

黄爱玲.邵氏电影初探.香港：香港电影资料馆，2003.

赵卫防.百年逸夫的历史贡献.当代电影，2014(5).

（类成云）

香港英雄片 Hong Kong's hero film　中国香港类型片。20世纪80年代初期，香港电影进入商业电影发展的繁荣时期，这一时期的商业片除了保持基本的类型特征以外，更加显示出本土化、现代化和娱乐化的特点。类型元素开始大规模整合，类型片逐渐发生变异，传统类型片不断融入其他元素，出现新的类型，英雄片就是后起之秀，是现代动作片的一个亚类型。

这一时期的香港英雄片以**吴宇森**执导的“英雄”系列和林岭东执导的“风云”系列为代表。在这些作品中，主角不再是警察，而是黑道之中有情有义的“有道之盗”。英雄片中的主要人物是黑道人物或者罪犯。英雄片不再依据传统的道德标准塑造人物，而是强调具有江湖特色的兄弟情义，描写他们如何与其他邪恶的势力做斗争。如《**英雄本色**》(1986)中宋子豪和小马哥的兄弟情，《龙虎风云》(1987)中卧底警察和黑帮成员建立了生死情。他们体现的是传统的侠义精神，像英雄一样拯救社会，“英雄片”称谓由此而来。

《英雄本色》剧照

《龙虎风云》剧照

英雄片中充满浪漫和悲壮情怀。在吴宇森的“英雄”系列片中，为了突出英雄的浪漫与悲壮，在影像上刻意突出画面的节奏感和韵律感，比如使用升格镜头美化、仪式化搏斗场面，强化英雄在生死之间从容自若的品格特征。林岭东的“风云”系列影片突显冲突、矛盾和人物的压抑心理，悲壮凄美、癫狂浪漫。无论是《英雄本色》中最后一场决斗，还是《监狱风云》中阿正在高压水枪喷射下口中喷吐鲜血的镜头，都具有极强的暴力美学特征。

枪战场面是英雄片的重要类型元素，也是塑造英雄人物形象的重要方式，反映了现代元素融入动作片后产生的变化。在吴宇森的“英雄”系列片中，枪林弹雨、血肉横飞的枪战场面是影片的特色。跳跃翻腾中的凌空射击、大量的短镜头快速剪切，镜头对主角神情与肢体动作的全力捕捉，是英雄片中枪战场面的经典模式。林岭东用纪实的手法表现枪战，通过营造残酷性来凸显悲剧感。

英雄片作为动作片中的亚类型，丰富和发展了现代动作片的内涵，确立了现代动作片中“暴力美学”的风格特色，同时在美学维度上提升了“英雄”人物的复杂性和真实性，成就了香港英雄片的经典。

（类成云）

《香港影画》 *Hong Kong Movie News*　中国电影刊物。1966年1月由**邵氏兄弟（香港）有限公司**创办。**邹文怀**督印，总编辑朱旭华。创刊6个月后，便发行至东南亚、日本、韩国、美国、加拿大和欧洲等国家和地区，每月平均发行量10万份左右。该刊力求创新，网罗一批电影爱好者和青年知识分子作为编辑，如亦舒、陆离、西西、罗卡、石琪、梁浓刚等人。他们既写专栏文章，也译介外国电影理论和专题电影评论。该刊先后联络了《华侨日报》《工商日报》《快报》《明报》等机构投票选择香港电影十大新闻、十大明星，刊载有关香港地区电影院线状况的统计信息，组织每月电影座谈会，了解年轻人的审美诉求、欣赏口味。该刊没有局限于企业刊物的定位，而是将视野放宽至国际影坛，设置巴黎、纽约、伦敦、海外通讯及世界影坛巡礼等专栏，介绍世界各地的电影发展状况。该刊着力吸引女性读者，每期随刊附赠大尺寸彩色明星海报，开设“明星发型示范”“明星服装设计图解”等专栏。

作为“邵氏兄弟”第二份官方杂志与宣传刊物，该刊从1966年创刊至1980年8月停刊，共发行15年，为“邵氏兄弟”电影创作的黄金年代提供助力。刊物既体现出流行文化、大众狂欢的价值诉求，也表达了觉醒的本土意识，推动了香港电影文化的发展。该刊与《**南国电影**》一同推动了邵氏电影的发展，同时也反映了转型时期消费文化的状态。

（类成云）

《香港影人口述历史丛书》 *Oral History Series*　中国电影史料。黄爱玲、盛安琪、刘嵚、郭静宁等编写。黄爱玲为编写主任。香港电影资料馆2000年开始出版。已出版《南来香港》《理想年代——长城、凤凰的日子》《楚原》《王天林》《摩登色彩——迈进1960年代》《龙刚》六种。香港电影资料馆自1994年开始启动“口述历史丛书计划”，先后受访的香港影人达170多位。该丛书编纂的目的在于通过广泛访问亲历影史的前辈，系统地整理其所提供的关于香港电影业和其个人事业的第一手资料，试图多角度探求香港电影发展的历史。该丛书着重还原香港电影业的历史面貌，不同年代、台前幕后、各个岗位的影人均在受访之列。在事件选择方面，丛书秉承以下原则：对已经广为人知的大事从略，注重细节的补充；在与其他资料有矛盾之处，需要向被访者再次求证；需特别说明的，则在书中列于每篇文章两旁的备注栏中，该栏也会补充一些相关的重要影人的资料。在编纂体例上，丛书以专书进行专题探讨，附有个人的作品年表和珍贵历史照片。

其中《南来香港》受访对象包括演员钱似莺、李丽华、卢敦，导演岳枫、胡鹏，摄影师何鹿影，制片人童月娟及填词人陈蝶衣8位影人，讲述20世纪30～40年代他们由上海南来香港发展的经历，对早期中国电影和战后香港影坛的时代蜕变有详尽描述。《理想年代——长城、凤凰的日子》选择了陆元亮、舒适、韦伟、鲍方、夏梦、胡小峰、朱克、罗君雄、朱虹9位20世纪50年代曾加入“长城”“凤凰”公司的资深影人进行访谈，反映当年“左派”公司的创作和“左派”影人的心路历程。书中还附有沈鉴治导演撰写的《旧影话》，其中有对早期“长城”的关键人物袁仰安的详尽介绍。《楚原》中对楚原的访谈侧重讲述其在“光艺”“邵氏”“国泰”等公司的创作经历，以及《爱奴》《七十二家房客》等影片的创作心得。附有个人电影作品年表、与香港影事对照年表，以及著名影评人石琪、罗卡的评论。《王天林》选辑了王天林在1975年和1986～1989年为《香港电视》撰写的专栏文章，并附有罗卡、黄爱玲和刘天赐的评论，通过对其子王晶和徒弟林德禄、林岭东的访谈，道出了香港影坛的众多秘闻趣事。《摩登色彩——迈进1960年代》综合访谈、评论两种形式，访谈部分通过影业创办人黄卓汉、罗斌，演员罗兰、雪妮，导演凌云、黄尧、潘垒、何梦华，编剧司徒安、叶逸芳等口述，描摹了香港电影20世纪50～60年代转变期的历史和美学踪迹。评论部分选录了罗卡、吴俊雄、朱顺慈、何思颖、容世诚和蒲锋等影评人的文章。盛安琪、刘嵚合编的《龙刚》收录了香港电影的革新人物龙刚的口述资料，记录了他与秦剑等影人的交往，以及《英雄本色》《昨天今天明天》等影片的创作心得，同时附有罗卡、舒琪、何思颖等人的评论12篇。

丛书对电影人的采访是抢救性工程，对于搜集和保存电影人对香港电影业的记忆有重要的社会学和人类学的意义和作用，对于还原香港电影业历史风貌，为后来的研究者提供翔实的史料具有重要的史料价值和社会价值。（谢建华）

香港粤剧片 Hong Kong's Cantonese opera film 中国香港的戏曲电影。分为粤剧歌唱片和粤剧戏曲艺术片两类。

粤剧歌唱片 粤剧歌唱片中演员大多穿古装戏服（偶尔穿时装），但表演方式、场面调度不依据粤剧程式，演员做功亦不是传统粤剧的做功和排场，而是现实中生活化的做功，用生活化的表演代替程式化的表演，中间插入若干段粤曲，与粤剧戏曲片有较大区别。

粤剧歌唱片是粤剧伶人对传统粤剧改革的结果，作为一种更为开放的戏曲类型，粤剧能在传统艺术特质的基础上融入当代多元文化元素，具有更强的娱乐性和观赏性。自20世纪30年代开始，马师曾、薛觉先等粤剧艺术家便开始了这种艺术革新，他们改编国外戏剧和电影作为新粤剧曲目，引入小提琴等西洋乐器伴奏，改变传统的表演、布景和灯光效果等。粤剧的时尚化革新更贴近观众的视听欣赏需求，也适合搬上银幕，如薛觉先的《白金龙》（1933）等。上海天一影片公司于1934年南迁香港建立天一港厂后，开始大量拍摄粤剧歌唱片，如《泣荆花》（1934）、《乡下佬游埠》（1935）、《摩登新娘》（1935）等。与此同时，马师曾、白驹荣、谭兰卿、关德兴、上海妹等大批粤剧伶人现身银幕，还有许多著名粤剧伶人投资开办、加盟电影公司，如马师曾、薛觉先分别加入了全球影片公司和南粤影片公司等，不少粤剧伶人创办独立制片公司，以拍摄粤剧歌唱片为主。

20世纪40年代以后，粤剧歌唱片依然占据香港粤剧片的主导地位，在本土及东南亚地区有着良好的声誉和市场。马师曾、伊秋水、邝山笑、林坤山等粤语电影明星主演了大量的粤剧歌唱片，既有家庭伦理片如《藕断丝连》（1947）、《晨妻暮嫂》（1947）、《荆棘幽兰》（1948）、《本地状元》（1948）等，亦有喜剧片如《步步高升》（1948）、《万绿丛中一点红》（1948）、《四代同堂》（1948）、《珠联璧合》（1949）等。之后的一些粤剧片中，歌唱仍占据主导地位，甚至还出现了《歌唱沙三少》（1951）这样的纯歌唱片。这些粤剧片中的许多著名粤剧唱段在观众中流行，如新马师曾演唱的《光绪皇夜祭珍妃》，梁醒波演唱的《光棍姻缘》，芳艳芬演唱的《唔嫁》，任剑辉和白雪仙合唱的《热泪吻银筝》，红线女演唱的《卖花赞花香》等。粤剧片除用传统戏曲的梆黄配曲外，还大量使用当时的中外流行曲如《夜上海》《何日君再来》等配曲，提升了影片的商业价值和观赏价值。

粤剧片由于拍摄场景集中、周期短、花费少、资金周转快，因此达到量产。为吸引更多观众，一些粤剧制片人使用“大堆头”政策，即在一部粤剧片中集中多个名伶合演，造成演员片酬大增，导致其他部分制作粗糙，在摄制中出现了“七日鲜”的怪胎。1952年，由粤剧名伶和粤语片明星联合出演的《红白金龙》获得成功，投机的制片商纷纷效仿，将制片策略改为“伶星埋堆”组合，很快在香港影坛泛滥。这种畸形发展导致了两种后果：①为支付伶星巨额片酬，制片商尽可能地压低制片成本；②伶和星的表演风格不一致，影片艺术价值受到影响。这样制作的粤剧片发展至20世纪50年代初，出现滞销局面。

20世纪50年代初中期，在粤语影人的呼吁声下，尤其是在新联影业公司等四大粤语片公司成立后，还包括内地优质戏曲艺术片的影响，香港粤语片开始重视制作质量，产量迅速回升。20世纪50年代香港一共生产515部粤剧片，占同期粤语片产量的三分之一。

20世纪50年代中期之后，粤剧歌唱片向重视觉化表现方向发展。其中一类受好莱坞20世纪30～40年代流行的《天方夜谭》等奇幻片的影响，制片及导演仿照好莱坞影片的视效特技，制作了大批带有神魔色彩的粤曲歌唱片，最典型的是《无头东宫》系列片，以1957年的《无头东宫生太子》为开篇，至20世纪60年代中期约有15部之多。这些影片多由李少芸编剧，前期由余丽珍、凤凰女、林家声主演，后期由吴君丽、李香琴主演。片中呈现诸多奇幻情节，如人头飞来飞去，时而被困于大酒壶内，时而又徜徉于宫中。《飞头公主滴血救亲夫》（1960）、《飞头公主雷电斗飞龙》（1960）中有飞鞋、宝塔和水晶球等奇幻景物，和《天方夜谭》系列片中的飞毯、灯妖等特技景物极为相似。另一类更侧重视觉景观的制造，如在服装、道具、布景、歌唱等方面讲求视觉的愉悦感，代表作品有《璇宫艳史》系列片（1957～1958）。该系列片利用宏伟的布景、服装和道具塑造一个充满异域色彩的感官世界，包括各类内外景、各种精巧道具（烟斗、洋酒、酒杯、假手枪等）、奢华欧化的陈设（皇室油画、西式家具、名贵古董、西式餐具等）、异国情调的装扮（西式背心、钻石链、女皇艳装、手杖等）。《璇宫艳史》系列片成功后，其他电影公司纷纷仿拍，把好莱坞宫闱片改造成粤曲歌唱片，如《月宫宝盒》（1958）、《历尽沧桑一美人》（1958）、《驸马艳史》（1958）、《贼王子》（1958）、《玻璃鞋》（1959）等，掀起了香港粤曲歌唱片的又一次热潮。

粤剧戏曲艺术片 产生于20世纪50年代上半期，是用电影语言表现粤剧舞台艺术的影片，大多来源于传统粤剧曲目或民间故事，演员穿粤剧服装，遵循唱念做打的戏曲表演程式。在粤剧戏曲艺术片中，虽有少量如实记录粤剧舞台艺术的纪录片，但仍利用电影化的场面调度。《情僧偷到潇湘馆》（1956）、《洛神》（1957）、《香罗冢》（1957）、《画里天仙》（1957）等影片为前一时期的代表作，这些影片保留了较多的粤剧戏曲片程式表演，在场面调度方面开始与电影有所结合。

1958年之后，香港粤剧戏曲艺术片创作进入新的高潮，特别是出现了唐涤生、李少芸等著名剧作家。唐涤生一生编写了446部粤剧，其中94部被搬上银幕。他编剧的粤剧片以文学性见长，剧本结构严谨新颖，唱词清丽典雅，代表作有被誉为粤剧片瑰宝的《梁祝恨史》（1958），以及《一年一度燕归来》（1958）、《帝女花》（1959）、《紫钗记》（1959）、《蝶影红梨记》（1959）、《九天玄女》（1959）、《可怜女》（1959）、《六月雪》（1959）等。这些粤剧戏曲艺术片大部分由任剑辉、白雪仙、芳艳芬、梁醒波、靓次伯等粤剧名伶主演，多改编自传统剧目，如《紫钗记》改编自汤显祖的同名传奇，讲述唐代才子李益和歌姬霍小玉的爱情故事。影片不仅保留了粤剧舞台的艺术精华，还探索用电影特性表现粤剧传统艺术。黄鹤声导演、李少芸编剧的《扎脚刘金定》（1958）较有影响，片中粤剧名伶余丽珍扎脚演出“斩四门”“破火龙阵”等粤剧传统排场、工架，再现了传统表演艺术。

20世纪60年代，出现了根据香港大龙凤粤剧团演出剧目改编而成的古装粤剧片，如《百战荣贵迎彩凤》（1961）、《十年一觉扬州梦》（1961）、《凤阁恩仇未了情》（1962）等。这些影片由著名粤剧文武生麦炳荣和正印花旦凤凰女主演，大体遵循香港粤剧戏曲艺术片的美学路线。麦炳荣刻画了豪迈而深情的铁汉形象，与女文武生任剑辉反串的儒雅书生形象形成强烈对比。而凤凰女刁泼爽朗的形象与白雪仙、芳艳芬雍容闲雅的形象也形成鲜明的对比，展现了正印花旦不同的戏路。

同时，香港粤剧戏曲艺术片还与内地合拍了粤剧折子戏集锦片，例如新联影业公司以鸿图公司的名义和上海电影制片厂、珠江电影制片厂合作拍摄《彩蝶双飞》（1959）等影片。该片由《打面缸》《凤仪亭》《拾玉镯》《蝶双飞》四出粤剧折子戏组成，《蝶双飞》取自内地根据田汉话剧《关汉卿》改编的同名粤剧的结尾一折。影片完整保存了马师曾、红线女、吕玉郎、郎筠玉、罗品超等粤剧伶人的首本戏精华和精湛的演技。

20世纪70年代之后，由于香港社会的整体娱乐诉求和新一代香港观众的出现，香港粤剧片逐渐退出了香港影坛。

（赵卫防）

香港UA院线 United Artists　中国电影院线。全称娱艺院线有限公司。1985年成立，隶属于香港立基控股。首家影院开设在沙田新城市广场第一期，命名为UA影院，共有6个影厅，是亚洲首间多厅电影院（1997年扩充至10个厅，后于2006年10月中旬缩减为3个厅）。之后，该院线相继开设UA分店，包括金钟店、黄埔店、德福店、时代广场店、太古城中心戏院店、东荟城店、香港仔店、朗豪坊店、机场店等。在后来的经营中，有的影城转到其他院线，有的结束营业。UA院线多采用数字放映系统和杜比全景声音响系统，拥有香港首家IMAX电影放映系统。1997年，该院线开通电话和网上订票，2006年初开通使用NOW宽带电视订票。该院线不定期开办各种影展、亲子活动或者各种优惠活动以吸引观众，另外还出版《爆米花》杂志，刊登近期影讯等。同时，该院线积极推出手机应用软件，供观众下载使用。

2014年开始进军内地电影放映市场，分别在上海、广东建立了5家英皇·UA电影城。截至2019年，UA院线拥有14家影院，分布在机场、铜锣湾、屯门、沙田、九龙、尖沙咀等地。同时，在澳门也开设了多家影院。该院线放映的影片多为立基电影发行有限公司引进的影片，以商业片为主。除此以外，UA院线还与香港英皇电影合作成立英皇娱艺影院（广东）有限公司，将英皇电影在投资、制作、发行及艺人管理等方面的优势和UA院线的放映资源相结合，进一步提升双方的影响力。

作为香港主要院线之一，UA院线成立于香港电影发行放映业的繁荣时期，通过与英皇电影合作将业务拓展到电影业上游，改变了仅靠放映业务的单一模式，为其他影院提供了可资借鉴的经验。2021年3月8日，因受新型冠状病毒肺炎疫情及长期经营压力影响，香港UA院线全线停业。

（类成云）

《香魂女》 *Woman Sesame Oil Maker*　中国彩色故事片。天津电影制片厂、长春电影制片厂1993年联合出品。根据周大新中篇小说《香魂塘畔的香油坊》改编。编导，谢飞；摄影，鲍萧然；主演，斯琴高娃、伍宇娟、雷恪生、陈宝国。

故事讲述了香油坊老板香二嫂及儿媳妇环环两代人的命运沉浮。香二嫂因家贫7岁被卖做了童养媳，13岁被迫与瘸腿的酒鬼丈夫圆房，并生下了一个智障儿子。香二嫂精明能干，在改革大潮中，把一座偏僻的小香油坊经营得遐迩闻名，并与个体司机任忠实情投意合，给压抑苦闷的生活带来少许的快乐。香二嫂的不幸令人同情，但她同时也是另一桩悲剧的始作俑者，她利用金钱胁迫贤惠漂亮的环环与自己智障的儿子成亲。可悲的是，善良、文静、勤快的环环为帮助父母还清欠款，从未想到过要与命运抗争，甘愿成为这桩愚昧、荒谬婚事的牺牲品。

影片通过描写人物的个性、心理、行为方式与时代、社会的猛烈碰撞，深化了作品的主题。导演谢飞深受中国传统文化的濡染，其作品中蕴含着一种东方神韵和浪漫主义色彩。影片流露出对中国传统女性的深切同情，又暗含着警世意味。影片1992年获中国广播电影电视部优秀影片奖特别荣誉奖，1993年获第43届德国柏林国际电影节最佳影片金熊奖。

（刘　华）

《肖申克的救赎》 *The Shawshank Redemption*　美国故事片。华纳兄弟影业公司1994年出品。编剧，F.达拉邦特、S.金；导演，F.达拉邦特；摄影，R.狄金斯；主演，T.罗宾斯、M.弗里曼、B.冈顿。

故事讲述了银行家安迪被人陷害，以杀妻罪名入狱。监狱里的瑞德是狱中权威人物，可以买来犯人们需要的东西。安迪在狱中沉默数日，瑞德因一副国际象棋和安迪成为朋友。安迪请求瑞德买来一幅美女海报贴在牢房里。外出劳作时，安迪从狱友口中得知典狱长山姆·诺顿私吞税款，此后他有意接近狱长，成为狱长洗黑钱的得力帮手。安迪因此得到格外的关照，摆脱了苦役和旁人的骚扰。一日，一个犯人被关进监狱，他知道安迪杀妻案的真相。安迪找诺顿争取假释，可是却被诺顿拒绝。为防止安迪假释，典狱长不惜杀死了那个知情的犯人。安迪得知此事后逐渐消沉，并与瑞德密谋越狱。20年后，安迪成功越狱。他顺利转走了诺顿的黑钱，

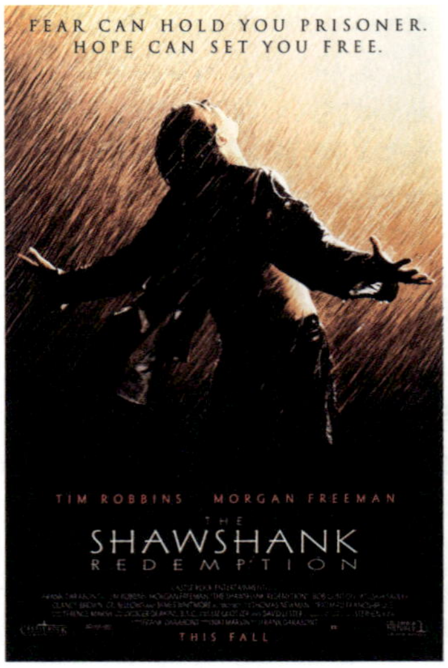

《肖申克的救赎》海报

还告发了诺顿的罪行。最终，安迪和瑞德在橡树下相会，安迪获得了救赎。

影片叙事简洁有力，刻画了一个忍辱负重、机智坚定的反体制英雄。影片通过越狱故事，肯定了人类对自由的向往、对体制的反抗和人性的自我救赎。影片1996年获第19届日本电影学院奖最佳外语片奖。（甄晓文）

《逍遥骑士》 *Easy Rider* 美国彩色故事片。哥伦比亚影业公司1969年出品。编剧，P.方达、D.霍珀、T.索泽恩；导演，D.霍珀；摄影，L.科瓦奇；主演，P.方达、D.霍珀、J.尼科尔森。

故事讲述了比利和怀特二人用毒品交易获得的钱去参加新奥尔良狂欢节。二人骑着摩托车上路，途中经过游民的群落，与那里的居民短暂相处。经过得克萨斯州时，因为参加未经批准的游行被关进了当地的监狱，幸得律师汉森的帮助他们才得以脱身。出狱后，汉森也加入他们，三人一同上路，在一个保守的小镇，受到了当地居民的嫌弃，更在深夜遭到袭击，汉森遇害。狂欢节索然无味，他们靠着妓女和迷幻药才能麻醉自己。二人继续上路，途中被一个货车司机用猎枪莫名枪杀。

《逍遥骑士》剧照

影片以公路片的形态，通过两个嬉皮士年轻人在美国境内的游走，展现了当时美国社会的动荡和文化的冲突，呈现了反体制运动遭遇的抵制及失败。作为新好莱坞电影的代表作之一，影片视听形式颇具特色，不时出现的快节奏闪前手法，似乎总在暗示着人物最终的命运。影片末尾的墓地吸毒段落，打碎事件时空进程，幻觉化的画面和声音的错杂使用，将视听的风格化推向极致，成为渴望追求新生的青年人彷徨无助而堕入空虚的形象写照。影片1969年获第22届法国戛纳国际电影节最佳处女作奖。（黄　鹏）

《消防员的舞会》 *The Firemen's Ball* 捷克斯洛伐克彩色故事片。捷克巴兰多夫制片厂、意大利卡洛·庞蒂电影公司1967年联合出品。编剧，M.福尔曼、J.帕布塞科、I.帕塞尔、V.萨塞克；导演，福尔曼；摄影，M.昂德里切克；主演，J.沃斯特塞尔、J.塞巴内克、J.瓦尔诺阿、F.德贝尔卡、J.考尔布。

影片讲述了捷克斯洛伐克一个小镇消防队的故事。一年一度的舞会上，消防队员准备给患癌症的老局长送上一件纪念品——一把金斧头。为了调节气氛，舞会组织者还特地安排了抽奖和选美活动。但从一开始，奖品似乎就不断减少，一个巨大的猪头肉香肠不见了。约瑟夫责怪老伴看管不利，但后来发现香肠藏在老伴的包里。舞会的选美活动艰难地进行，最后，姑娘们不肯上场，选美演变成一场闹剧，选美皇后的皇冠戴在一位老大妈的头上。这时外面传来火警声，大家都纷纷涌了出去，一幢房子烧起了大火，灭火车进不去，消防队员们只好铲雪救火。救出来的老头儿被带到舞会现场，大家把抽奖彩票送给他，表示慰问，但老头儿却说他想要钱，不想要些纸片。这时组委会发现抽奖的大部分奖品已经不翼而飞，组委会建议把灯关了，让人们把奖品送回去，结果灯亮后发现，连剩余的奖品也不见了。组委会再次关灯，要求大家送回奖品。灯亮了，人们看到约瑟夫正把猪头肉香肠扔回奖品台上。惊慌失措的约瑟夫昏倒在地，消防队员们把他抬进办公室，并展开激烈争吵。稍后，他们才发现已经人去楼空，只有老局长坐在椅子上。大家赶紧拿上礼物盒子，郑重地交给局长。局长向大家表示感谢，打开盒子，发现里面空空如也。大雪地上，被烧毁的房子变成焦土，老头儿与消防队员躺在一张床上。

影片是**捷克斯洛伐克新浪潮电影**的后期作品，是福尔曼赴美前在捷克斯洛伐克导演的最后一部作品。影片以喜剧的手法，通过一个舞会的组织，反映了当时捷克斯洛伐克人心思变的社会躁动，围绕着荣誉、物欲、情欲、贡献与索取等问题描写了普通人的心理和精神状态。影片1968年获第21届法国戛纳国际电影节金棕榈奖提名，1969年获第41届美国电影奥斯卡奖最佳外语片奖提名。（秦喜清）

潇湘电影制片厂 Xiaoxiang Film Studio 中国电影制片机构。创建于1958年6月。厂址在湖南长沙。前身是湖南电影制片厂。1980年改用现名。厂部下设文学部、导演室、短片室、美工室、演员剧团，以及洗印、录音、摄影、照明、置景、化妆服装、道具、动力维修等生产车间。厂内设有摄影棚2个（1个中型，1个小型）、混合录音棚1个、对白录音棚1个。全厂创作、技术人员和设备，可保证4个故事片摄制组、1个电视剧摄制组、1个科教片摄制组同时进行工作。洗印车间具备年产量300万米拷贝的生产能力。

2003年6月，在长沙正式成立以潇湘电影制片厂为主体的潇湘电影集团，由旗下潇湘影视制片公司、潇湘音像发行公司等18个潇湘系子公司和潇湘电影频道等实体整合而成。建厂以来，拍摄的影片有《幽灵》(1980)、《湘西剿匪记》(1987)、《毛泽东和他的儿子》(1991)、《秋收起义》(1993)、《国歌》(1998)、《英雄郑成功》(2000)、《郑培民》(2004)、《袁隆平》(2008)等。另外，还拍摄了一批新闻纪录片、科教片、舞台纪录片、电视剧等。（陈永年）

《小兵张嘎》 *Little Soldier Zhang Ga* 中国故事片。北京电影制片厂1963年出品。改编自徐光耀同名小说。编剧，徐光耀；导演，**崔嵬**、欧阳红樱；摄影，**聂晶**；主演，安吉斯、张莹、张平、李小燕。

故事讲述了在抗日战争时期的河北白洋淀，张嘎目睹奶奶被日寇杀害后，在老钟叔、罗金保、区队长等人的引导下，成为一名名副其实的八路军战士的故事。影片以张嘎在残酷的对敌斗争中不断受到教育、锻炼，逐渐从一个只知报私仇、无组织纪律的孩子成长为一个有理想、有觉悟的革命战士的过程为主要线索，生动而真实地再现了冀中人民反对日本侵略者的斗争过程。

影片情节曲折、引人入胜，鲜明地刻画了张嘎纯真幼稚、爱憎分明、勇敢顽强的性格。影片许多寓意丰富的细节描写得细腻传神，符合儿童特点，贯穿着活泼明朗、诙谐有趣的儿童情趣和优美清新的抒情色彩，几个小演员的表演也真实生动，十分可爱。影片的摄影在**长镜头**处理上灵活流畅、丰富多彩，很有特色。影片上映后，受到了广大观众，特别是儿童观众的欢迎，也得到了评论界的好评，是中国儿童故事片中的代表作之一。影片1980年在第二次全国少年儿童文艺创作奖评选活

《小兵张嘎》剧照

动中获一等奖。（黄加明）

《小城之春》 *Spring in a Small Town*　中国故事片。文华影片公司1948年出品。编剧，李天济；导演，**费穆**；摄影，李生伟；主演，石羽、李纬、韦伟、崔超明、张鸿眉。

故事讲述了中国抗日战争胜利后，在江南某小城的一个破落家庭里，主妇周玉纹墨守妇道，照顾长期患病的丈夫戴礼言，日复一日，过着单调乏味的生活。一天，青年医生章志忱的到来，打破了家庭的平静。章志忱既是戴礼言早年的同学，又是周玉纹十多年前初恋的情人。重新见面，章志忱和周玉纹陷入了感情的痛苦和矛盾之中。章志忱因想到病中的老友，克制了自己的感情。很快，戴礼言发现了他们之间这种微妙的关系，于是受不了刺激，自杀未遂，后又心脏病发作晕死过去，所幸被章志忱救醒。为此，周玉纹悔恨交集。不久，章志忱离开，周玉纹和戴礼言又恢复到过去的生活。

《小城之春》海报

影片以舒缓的节奏和朴实的镜头语言，通过反复交替出现的古老残荒的城头、颓败倒塌的庭院、低沉悲凄的音乐，将孤寂的小城、冷落的家庭和如同在一潭死水中生活的人物的精神世界展现在观众面前。同时，影片对复杂的伦理道德观念进行了探讨，提出了值得深思的问题。导演费穆在影片中将镜头深入人物复杂矛盾的内心，揭示微妙的情感关系，借物喻人，以景抒情，富有独特的东方诗韵。该片是中国电影史上难得的艺术精品，也是费穆后期导演创作中的代表作。影片1995年被评选为中国电影90年历史上十大经典作品之一，2005年被**香港电影金像奖**评为中国百年百大电影第一名。（陈少舟）

《小飞侠》 *Peter Pan*　美国动画电影。又译《彼得·潘》。**华特迪士尼公司**1953年出品。改编自苏格兰剧作家J.M.巴利的小说《彼得·潘》。编剧，E.派内、W.希布勒、J.里纳尔迪、M.班他、R.怀特、B.考特莱尔；导演，C.杰罗尼米、W.杰克逊、H.卢斯科。

故事讲述了乔治有两个儿子和一个女儿，分别是约翰、迈克和温蒂，他们很喜欢听小飞侠彼得·潘的故事。有一天小飞侠来到这里，带姐弟三人去梦幻岛游玩。强盗船长胡克驾驶着小船，捆绑了印第安酋长的女儿老虎莉莉，要她供出小飞侠藏身之处。小飞侠勇敢地和海盗做斗争，最后赶走了胡克船长，拯救了大伙儿。姐弟三人被送回家园，而永远不想长大的小飞侠彼得·潘则继续飞往世界各地，找寻其他儿童，将他们送往梦幻岛。

影片杂糅了歌舞、武打等元素，展现了印第安人的民俗风情。影片上映后具有一定的社会影响，彼得·潘成为一个代名词，代表着不愿长大进入成人世界的孩子，也象征保持纯真的赤子之心。影片1953年获第6届法国戛纳国际电影节大奖提名。（张启忠）

小津安二郎　Ozu Yasujirō（1903–12–12～1963–12–12）　日本电影导演。生于东京，卒于东京。幼时喜欢绘画，1923年，进入**松竹公司**的蒲田电影制片厂当摄影助手。

1926年，任副导演。1927年8月，导演第一部作品《忏悔的白刃》。1928年，拍摄《年轻人的梦》，之后拍了几部喜剧短片。1930年，与编剧野田高梧合作，先后拍摄了《公司职员的生活》（1929）、《结婚学入门》（1930）、《那天夜晚的妻子》（1930）、《东京的合唱》（1931）、《青春之梦》（1932）等。1932年，导演《有生以来初次看到的》，影片获第9届日本《电影旬报》奖年度十佳影片奖第一名。影片深刻揭露了社会的黑暗、虚伪，受到广泛赞誉，从而奠定了小津安二郎的导演风格。

1933年，导演《心血来潮》，影片获第10届日本《电影旬报》奖年度十佳影片奖第一名。1934年，导演《浮草物语》，影片获第11届日本《电影旬报》奖年度十佳影片奖第一名。1937年，应征入伍。1939年退伍后，编写电影剧本《恬淡的生活》（原名《茶泡饭的味道》），经检查不准拍摄，一直到第二次世界大战后的1952年才搬上银幕。1941年，成功拍摄《户田家的兄弟》，影片获第18届日本《电影旬报》奖年度十佳影片奖第一名。1953年，导演《东京物语》。1960年，拍摄《秋日和》，获第8届亚太电影节最佳导演奖。1962年，导演《秋刀鱼之味》，通过描绘日本人琐碎的家常，展现了人到晚年时的矛盾心理状态。影片是小津安二郎的遗作，汇聚了其一生的智慧和对电影的总结，其中蕴含的隽永情怀和人生感悟耐人寻味，凝练细腻的电影手法打动人心。

小津安二郎的电影没有强烈的戏剧冲突，主要描写小市民阶层的琐碎日常，风格真实、朴素、细腻，充满人情味。他拍摄的作品还有《贫民街绅士录》（1947）、《风中的母鸡》（1948）、《晚春》（1949）、《麦秋》（1951）、《早春》（1956）、《东京暮色》（1957）、《龙爪花》（1958）、《早晨好！》（1959）、《浮萍》（1959）、《小早川家的秋天》（1961）等。1958年，获日本文教大臣奖和政府颁发的紫绶奖章。1959年，日本艺术院为其颁发艺术院奖和特等功劳奖。1963年，被推选为日本艺术院院士。逝世后，日本政府追赠其四等勋章，日本电影记者会追赠其文化奖，日本广播协会追赠其特别奖。（李正伦）

《小蝌蚪找妈妈》 *Little Tadpoles Looking for Mummy*　中国彩色**水墨动画片**。上海美术电影制片厂1960年出品。根据方惠珍、盛璐德同名原著改编。集体编导。艺术指导，**特伟**；技术指导，钱家骏；摄影，段孝萱、游涌、王世荣。

故事讲述了青蛙妈妈在水塘里生下的小宝宝变成了小蝌蚪。小蝌蚪想要找妈妈，但不知妈妈是什么样子。它们向虾公公打听，却错认了金鱼、螃蟹、乌龟为妈妈。后来，当鲇鱼张开口要吃它们的时候，青蛙妈妈赶来把鲇鱼赶跑，把小蝌蚪带回了

《小蝌蚪找妈妈》剧照

家。小蝌蚪长大了，最后变成了青蛙。

影片成功地将在国际上享有盛誉的中国水墨画与动画影片结合起来，使齐白石笔下的蝌蚪、青蛙、虾、蟹等小动物栩栩如生地在银幕上动了起来，产生了墨迹浓淡有致、笔法虚实相辅的效果。作为中国第一部水墨动画片，影片打破了传统动画片“单线平涂”的方法，在动画片历史上是一个创举，为世界动画艺术的发展作出了贡献。影片1961年获第14届瑞士洛迦诺国际电影节短片银帆奖，1962年获第1届中国大众电影百花奖优秀美术片奖，1964年获第17届法国戛纳国际电影节荣誉奖，1978年获第3届南斯拉夫萨格勒布国际动画电影节一等奖，1981年获第4届法国蓬皮杜中心国际青少年电影节二等奖。 （陈 野）

小说电影 fiction film 在传统的戏剧式结构的基础上大量运用艺术散文因素，从而使戏剧性与叙事性获得较好结合的电影样式。小说电影分为长篇小说电影和中篇小说电影，其任务与文学中的长篇和中篇叙事作品基本相同：反映复杂的社会关系，深入剖析人的活动和生活的极其纷繁复杂的各个方面，详尽地揭示人的内心状态。小说是以文字为媒介的叙事体，电影是以影像为媒介的叙事体，小说电影是小说和电影交叉形成的亚类型文体。在中国早期的电影学知识语境下，小说电影更偏向于由小说改编而成的电影。

1933年，夏衍根据茅盾同名小说改编的无声故事片《春蚕》首次将五四新文化运动以后的新文艺作品搬上银幕。20世纪50年代，鲁迅的《祝福》(1956)、巴金的《家》(1956)、茅盾的《林家铺子》(1959)等相继被改编成同名电影。此后，鲁迅的三部小说《伤逝》(1981)、《阿Q正传》(1981)和《药》(1981)也先后被改编成同名电影。第五代导演的许多电影作品都源于对小说的改编，如张艺谋的《红高粱》(1988)、《菊豆》(1990)、《大红灯笼高高挂》(1991)、《活着》(1994)，陈凯歌的《黄土地》(1984)、《霸王别姬》(1993)、《搜索》(2012)等。这些影片意在揭示生活中的矛盾，通过刻画人物，使观众与角色产生共鸣。因媒介、观众（读者）、生产方式及审查机制的不同要求，电影和小说的创作所受制约不同。在改编过程中，许多“小说化”的元素如借喻、梦境、回忆、概念性意识等，在屏幕中被空间变化、真实影像以及其他的叙事手法所替换。

在世界电影发展史上，各国经典名著也频频被改编成电影，如《安娜·卡列尼娜》(1935)、《呼啸山庄》(1939)、《乱世佳人》(1939)、《简·爱》(1944)、《战争与和平》(1956)、《日瓦戈医生》(1965)、《教父》(1972)、《茶花女》(1981)等，这些经典作品经过导演二度创作后，以新的面貌登上银幕，影片从小说中汲取营养，并积极探索契合自身媒介特性的表现方式，力求完整地再现故事情节。

电影对小说的改编往往要面临不同艺术形式之间的美学转换问题。小说是间接地表达，通过语言刻画人物情节，并构建起情感想象的空间；电影则是借助人物的动作神态，经由视听语言将画面直观呈现于观众面前。小说往往表现的是思想和情感的连续；而电影对小说的改编则需要通过物质现象或具体事件的连续来再现和模拟人物的思想感情，通过画面提供给观众零散的线索，唤起观众的某种回忆或想象，从而串联起一个连续的故事。小说改编成电影不是对小说单纯地进行复制，而是以电影思维为主导进行再创造的过程。

如果要对小说电影进行真正划定的话，应该超出由小说改编成的电影的范畴，上升到电影亚类型中思考，亦即对电影叙事的小说特质的理解而出现的电影类型。公认的较为典型的小说电影有苏联的《静静的顿河》(1958)、法国的《广岛之恋》(1959)、意大利的《罗科和他的兄弟们》(1960)及中国的《天云山传奇》(1981)等。这些电影普遍带有文学色彩，倾向于描绘人物的潜意识活动以及复杂的时空交错关系。欧洲20世纪50年代末“左岸派”电影着力探索人物的内心世界，对人的心理活动的表现较为细致，再现外部环境时常采用记录式手法，往往集中于刻画某一类事件或某一小部分群体，凸显人物内心与现实的冲突，带有强烈的文学和戏剧色彩。小说电影在拍摄时常常打乱传统的电影文法，摄影机对叙事的介入性较少，常常是以客观的视点向观众讲述一个故事，戏剧性大大让位于讲述性。更为重要的是，在讲述上吸收了小说的诸多表现手法，使电影带有文学的质感。在“左岸派”电影中，通常利用人物的心理时间构架影片，大量采用非传统的叙事方式，将画外音作为戏剧因素渗入故事之中，“缝合”影片中过去与当下的时空片段，大大减少影像的戏剧性冲突。拍摄手法上，常采用闪回的方式，以看得见的画面来表现人物看不见的内心变化和发展。剪辑方式上，常常打乱前后顺序，将回忆与现实交叠在一起，展现意识活动的流动性，镜头跟随主要人物的心理活动穿插于过去与现在、精神世界与现实世界中，打破客观场景中封闭的物理空间，使影片更具立体感。 （段运冬）

《小鞋子》 *Children of Heaven* 伊朗彩色故事片。又译《天堂的孩子》。伊朗儿童与青年智力发展局1997年出品。编导，M.马基迪；摄影，P.玛勒克扎德；主演，A.F.哈什米安、M.A.纳吉、B.塞迪齐。

故事讲述了家境贫寒的男孩阿里在帮妹妹扎拉取修补的鞋子时，把妹妹仅有的鞋子弄丢了。为了不被父母惩罚，他央求妹妹保密，兄妹俩轮流穿同一双鞋子上学。父亲打工意外受伤，治病花去了答应给妹妹买鞋的钱。在看到全市长跑比赛季军的奖品是一双运动鞋时，阿里参加了比赛，却意外拿了第一名。领奖台前，哈里泪流满面。没有赢到鞋子，妹妹扎拉非常失望，哥哥疲倦地脱下鞋子，露出一双长满水泡的脚。此时，他的父亲正在回家的途中，在他的自行车上，放着买给阿里和妹妹的新鞋子。

影片叙事简练，擅于在细节的编织中展示人物的内心。影片擅长运用长镜头，充满写实主义气质，展现了伊朗社会底层生活的景象，蕴含着丰富的人文关怀精神。影片1997年获第21届加拿大蒙特利尔国际电影节最佳外语片奖、最佳导演奖、观众票选最佳影片奖，1998年获第11届新加坡国际电影节亚洲最佳故事片奖，1999年获第71届美国电影奥斯卡奖最佳外语片奖提名等。 （陈 刚）

效果光 effect lighting 在影视摄影中借场景中的发光体（不论是否在镜头中出现），着力强调或渲染的光线。在影视创作中，效果光可以再现特定的自然生活氛围，可使镜头中表现的事物更突出，增强银幕效果，烘托剧情，给观众留下深刻的印象。效果光在镜头中的运用须紧密结合影片情节，为刻画人物服务。离开了这个前提，一切效果光就失去它存在的意义。效果光大体分为两类：①写实效果光。即模拟生活中实有的发光效果，如火光、电闪、星光、投影等。②意境效果光。即以假设或虚拟的光源，在镜头中表现某种效果的光，借以突出人物心理、表达某种情绪、暗示或象征某种意念。 （田俊人）

效果图 rendering 表现影视剧作品的视觉内容、视觉效果的图绘。影视美术设计中的效果图不仅包含场景效果图，还有道具效果图、服装效果图等。影视效果图的画面中还包含灯光设计、装饰细节、家具陈设、主要气氛、拍摄角度以及大的空间环境等。效果图分为手绘效果图和电脑效果图两种。手绘效果图是设计师以绘画的形式完成的效果图，因此很考验设计师的绘画功底，而成功的手绘效果图通常具有绘画的独特韵味和表现力。电脑效果图是利用设计软件辅助完成的效果图。电脑效果图不仅可以展示出更加逼真的效果，还能够360°呈现场景、道具的环境与结构。例如电影《风声》（2009）的一组美术效果图就是用电脑绘制的CG图。其中西楼会议室的效果图就是用图形软件进行绘制的，全面地向观众展示了西楼会议室里的所有陈设，包括一些装饰细节、灯光效果以及未来影片会呈现出的效果和气氛。

（宋东葵）

谢芳 Xie Fang（1935-11-01～ ） 中国影视演员。原名谢怀复。生于湖北黄陂。出身于一个知识分子家庭。自幼受家庭熏陶，喜读诗书，酷爱文艺。1951年，加入中南文工团（后改为武汉歌剧院），出演了《小二黑结婚》《货郎与小姐》《开花结果》《白毛女》《太阳初升》等歌剧。1959年，在北京电影制片厂筹拍的建国十周年献礼片《**青春之歌**》中出演女主角林道静，一举成名。1963年，在**谢铁骊**导演的《**早春二月**》中塑造了青年知识分子陶岚的形象。同年，调入北京电影制片厂。1965年，在影片《**舞台姐妹**》中饰演越剧艺人竺春花。

谢芳的表演细腻含蓄，质朴无华，注重人物内心刻画，塑造了许多不同时代、不同性格的女性形象。她参演的影片还有《泪痕》（1979）、《第二次握手》（1980）、《李清照》（1981）、《血，总是热的》（1983）、《黄河之滨》（1984）、《清水湾，淡水湾》（1984）、《明姑娘》（1984）、《幸运的人》（1986）、《文成公主》（1986）、《送你一片温柔》（1992）、《九九艳阳天》（1999）、《刘巧儿家飞来个小洋妞》（2009）、《心灵的责任》（2010）、《古路》（2013）、《一座城池》（2013）等。参演的电视剧有《我爱我家》（1993）、《幻影天使》（2000）、《红楼丫头》（2002）、《陪读》（2005）、《爱在鄂尔多斯》（2007）、《壮士出征》（2008）、《母仪天下》（2008）、《战火中青春》（2009）、《水上游击队》（2011）等。著有自传体杂文《银幕内外》。2015年，获第15届中国电影表演艺术学会奖终身成就奖。2016年，获第33届中国大众电影百花奖终身成就奖。

（黄海贝）

谢飞 Xie Fei（1942-08-14～ ） 中国电影导演。生于陕西延安。1965年，毕业于**北京电影学院**导演系，后留校任教。1979年，与他人合作导演了《向导》，影片获文化部优秀影片奖。1983年，导演影片《我们的田野》。1986年，与乌兰联合导演了根据沈从文小说《萧萧》改编的电影《湘女萧萧》，讲述湘西少女嫁给小男孩的悲剧婚姻故事，表达了对封建丑陋习俗毫不留情的批判。影片1988年获法国蒙彼利埃国际电影节金熊猫奖。

1989年，将当代作家刘恒的作品《黑的雪》改编成电影《本命年》，反映了处于改革时期青年个体劳动者的心路历程。表现手法上，含蓄内敛，镜头朴实自然，却极有张力，不仅赢得了专家们的褒扬，还因其“残酷青春”的叙写受到年轻人的欢迎。影片1990年获第13届中国大众电影百花奖最佳故事片奖、第40届德国柏林国际电影节银熊奖。

1991年，拍摄的《世界屋脊的太阳》获中国广播电影电视部优秀影片奖。1993年，根据当代作家周大新中篇小说《香魂塘畔的香油坊》改编拍摄了电影《**香魂女**》，讲述封建愚昧和婚姻陋习对女性的戕害，以及女性悲剧命运的轮回延续。影片1993年获第43届德国柏林国际电影节金熊奖。1995年，将当代作家张承志蒙古族题材的小说《黑骏马》改编为同名电影，用诗一般的视觉语言表达了对民族文化的眷恋，以及对这种传统文明终将为城市文明所替代的惆怅之情。影片1995年获第19届加拿大蒙特利尔世界电影节最佳导演奖。2000年，拍摄了根据藏族作家扎西达娃小说《冥》改编的电影《益西卓玛》。影片讲述一个女人和三个男人的爱恨恩怨的故事，时间跨度长达50年，表现西藏半个世纪的风云变迁和地域特色，获第20届中国电影金鸡奖最佳音乐奖。

谢飞是令人瞩目的中国第四代导演之一，他保持了较高的电影拍摄数量，在汹涌的商业大潮中始终坚持对现实批判性审视的精英文化立场和美学追求，电影风格独树一帜，广受好评。曾任北京电影学院导演系系主任、北京电影学院副院长。

（庆 文 撰 李 清 修订）

谢晋 Xie Jin（1923-11-21～2008-10-18） 中国电影导演。生于浙江上虞，卒于浙江上虞。出生在书香门第，从小喜欢戏剧，在中学时常参加学生戏剧活动，主演过多幕剧《岳飞》。1941年考入国立戏剧专科学校。1943年辍学，至重庆中国青年剧社，担任剧务、场记及演员工作。1947年回校复学，并于1948年毕业，后加入大同电影企业公司任副导演。1950年入华北革命大学政治研究院学习。先后在长江影片公司、上海电影制片厂任助理导演、副导演。1950年担任《哑妻》副导演。1954年执导淮剧短片《蓝桥会》后升为导演。

1957年执导了成名作《女篮5号》，影片为中国第一部彩色体育故事片，同年获第6届世界青年电影节银质奖章，1960年获墨西哥国际电影节银帽奖。1958年导演了《疾风劲草》《大跃进中的小主人》《黄金妹》等。1960年导演了《**红色娘子军**》，讲述了海南女奴吴琼花成长为红军指挥员的传奇故事。影片1962年获第1届中国大众电影百花奖最佳故事片奖、最佳导演奖、最佳女演员奖及最佳男配角奖，1964年获第3届亚非电影节万隆奖。1965年拍摄了《**舞台姐妹**》，描写了春花、月红两个姐妹之间悲欢离合的故事，影片1980年获第24届英国伦敦国际电影节英国电影学会年度奖，1981年获第1届菲律宾马尼拉国际电影节金鹰奖，1983年获第12届葡萄牙菲格拉达福兹国际电影节评委奖。1979年执导了《啊！摇篮》，同年获文化部优秀影片奖。20世纪70年代还拍摄了《青春》（1977）等。

1980年导演了《**天云山传奇**》，影片上映后引起轰动。影片以三个女性的目光来表现青年知识分子罗群的坎坷人生道路，展现了一段不堪回首的往事。影片1980年获文化部优秀影片奖，1981年获第1届中国电影金鸡奖最佳故事片奖、最佳导演奖、最佳摄影奖、最佳美术奖，第4届中国大众电影百花奖最佳故事片奖。1982年拍摄了《牧马人》，表现了主人公对祖国、对草原、对亲人纯朴真实的爱，影片1982年获文化部优秀影片奖，1983年获第3届中国电影金鸡奖最佳男配角奖、最佳剪辑奖，第6届中国大众电影百花奖最佳故事片奖、最佳男配角奖。1983年导演了《秋瑾》。1984年拍摄了《**高山下的花环**》，表现了青年军人浴血疆场的故事，影片1984年获文化部优秀影片一等奖，1985年获第5届中国电影金鸡奖最佳编剧奖、最佳男主角奖、最佳男配角奖和最佳剪辑奖，第8届中国大众电影百花奖最佳故事片奖、最佳男演员奖、最佳男配角奖和最佳女配角奖。1987年拍摄了《**芙蓉镇**》，展现了中国20世纪50～70年代的历史，影片1987年获中国广播电影电视部优秀影片奖，第7届中国电影金鸡奖最佳影片奖、最佳编剧奖、最佳导演奖等10项奖，第10届中国大众电影百花奖最佳故事片奖、最佳男演员奖、最佳女演员奖、最佳男配角奖及特别奖，1988年获第26届捷克斯洛伐克卡罗维发利国际电影节水晶地球仪大奖，第33届西班牙瓦亚多利德国际电影节评委会特别奖和观众奖，1989年获第5届法国蒙彼利埃国际电影节金熊猫奖。

20世纪90年代相继拍摄了《最后的贵族》(1990)、《清凉寺钟声》(1992)、《启明星》(1993)、《老人与狗》(1993)、《女儿谷》(1994)、《**鸦片战争**》(1997)。其中《鸦片战争》高屋建瓴地表现了鸦片战争的始末，再现了中国人民抗击外侵的不屈不挠的英雄气概。影片1997年获第17届中国电影金鸡奖最佳影片奖、最佳摄影奖等多项大奖。2001年执导了《女足9号》。

谢晋具有传统知识分子的政治情结和民族情怀，具有强烈的社会历史责任感，满怀人道主义精神。其作品总能追随时代步伐，注重人物刻画，善于运用多种电影语言刻画人物的性格，剖析人物丰富的内心世界，使人物真实生动。他重视继承中国进步电影的优良传统，善于吸收国外电影语言和技巧，形成了思想深刻、情感浓郁、气势宏伟的独特风格。其作品曾在20世纪80年代中期引起一场“**谢晋电影模式**”**争论**。

1998年曾获香港文学艺术家协会颁发的中华文学及艺术家金龙奖“当代电影大师”称号。2005年获上海市文学艺术杰出贡献奖和第25届中国电影金鸡奖终身成就奖。2007年获第10届上海国际电影节华语电影杰出艺术成就奖。曾在法国、美国等地举办影展，有较大的国际知名度。曾任中国电影家协会第4届理事、第5届主席团成员，第5届、6届中国文联执行副主席，第7届全国政协委员。著有创作经验文集《我对导演艺术的追求》。

（张兆龙）

“谢晋电影模式”争论 debate on Xie Jin's film mode 中国电影事件。20世纪80年代，国内学术界围绕导演**谢晋**的电影创作展开了一系列的广泛讨论。1986年7月18日，《文汇报》刊发了朱大可与江俊绪的两篇意见相左的文章，引发了一场关于“谢晋电影模式”的集中争论。朱大可的《谢晋电影模式的缺陷》、李劼的《“谢晋时代”应该结束》等持否定性立场。朱大可明确提出“谢晋电影模式”，即谢晋电影中具有共同的结构、功能、特性的表层和深部的文化表征。其在好莱坞式的情感扩张主义中让观众潜移默化地接受传统伦理观念，以既定的“好人蒙冤、价值发现、道德感化、善必胜恶”母题模式缔造道德神话，形成了以三从四德、温良恭俭的老女人及家庭人伦为代表的谢晋儒学，是对现代反思性人格、主体独立意识、科学理性精神的否定。李劼则进一步表示应该挑战和超越谢晋电影模式，宣告谢晋时代的终结。江俊绪的《谢晋电影属于时代和观众》、黄式宪的《评论不应脱离实际——也谈谢晋电影》、**邵牧君**的《为谢晋电影一辩》等则针锋相对，反驳了谢晋电影模式论，认为谢晋具有强烈的社会忧患感和自我超越意识，电影呈现出新旧思想杂陈状态，不能以“儒学”冠之，堪称“引人入胜、震人心弦、发人深思”的电影典范。

面对争议，谢晋本人否认了“谢晋电影模式”的存在，指出“电影儒学”是对自己电影的误读，主张电影多种流派风格并存，坚持向好莱坞学习，以人民大众为创作导向。随着论争的推进，对两种对立观念进行辨证反思，深化了讨论。**钟惦棐**《谢晋电影十思》肯定了朱大可的文化批评视角，谢晋电影中的儒文化确实存在，同时也批评了朱大可的激进文风，指出电影批评必须在电影历史、电影本体和电影文化之间寻找平衡。

（张默然）

谢添 Xie Tian(1914-06-18～2003-12-13)中国电影演员、导演。原名谢洪坤，曾用名谢俊。祖籍广东番禺。生于天津，卒于北京。早年就读于天津英文商务专修学校。1933年，加入鹦鹉剧社，出演田汉、曹禺等人的剧作。1935年参加狮吼剧社。1936年，拍摄《夜会》后接连又参加拍摄了《**马路天使**》《生死同心》《压岁钱》《四千金》，并主演了《母亲的秘密》《梦里乾坤》等影片。1937年参加抗日救亡演剧活动。1939年，在西北影业公司拍摄的影片《风

雪太行山》中担任主角。抗战胜利前夕，参加了《重庆二十四小时》《结婚进行曲》《日出》《雷雨》等话剧的演出。1946年以后，在**中央电影企业股份有限公司**三厂主演了《圣城记》《追》等影片。中华人民共和国成立后，进入北京电影制片厂，先后在《民主青年进行曲》(1950)、《新儿女英雄传》(1951)、《走向新中国》(1951)、《六号门》(1951)等影片中饰演角色。

1955年进入北京电影学院导演班学习，1957年毕业，导演了影片《探亲记》。1959年主演了影片《**林家铺子**》，凭借着对林老板这一角色的准确把握，以精湛的演技从不同侧面刻画了江南小镇商人林老板的独特性格和复杂心理，使影片在那个时期独具风采。20世纪50年代末期起，先后执导了《水上春秋》(1959)、《洪湖赤卫队》(1961)、《花儿朵朵》(1962)、《小铃铛》(1964)等影片。新时期以来，导演了《甜蜜的事业》(1979)、《**七品芝麻官**》(1979)、《丹心谱》(1980)、《茶馆》(1982)、《小铃铛续集》(1986)等影片。其中，《小铃铛》获第2届全国少年儿童文艺创作一等奖，《甜蜜的事业》获文化部优秀影片奖和第3届中国大众电影百花奖最佳导演奖，《七品芝麻官》获第4届中国大众电影百花奖最佳戏曲片奖，《茶馆》获第3届中国电影金鸡奖特别奖。1997年，在影片《红娘》中客串老和尚一角，1999年获第19届中国电影金鸡奖特别荣誉奖。

作为演员，谢添戏路宽阔，表演能力强，能准确地捕捉人物的个性特征，被称为“银幕上的千面人”“中国的卓别林”。作为导演，其作品风格多样，感情真挚，富于幽默感，其影片人物性格鲜明，格调轻松。曾任**中国电影家协会**理事。

（黄加明）

谢铁骊 Xie Tieli (1925-12-27～2015-06-19) 中国电影导演。生于江苏淮阴，卒于北京。1940年在淮海军政干部学校培训学习之后，被派往抗日剧社承担抗日宣传工作。1950年在中央电影局表演艺术研究所任教员兼表演系副主任。1956年任北京电影演员剧团副团长。1957年起，在**北京电影制片厂**先后任导演、副厂长等职务。

1959年独立导演影片《无名岛》。1961

年，导演影片《暴风骤雨》。1963年根据柔石的小说《二月》改编、导演影片《早春二月》，在民族化与电影表现手法相结合方面做出了成绩。影片1983年获第12届葡萄牙菲格拉达福兹国际电影节评委奖。1964年，改编、导演《千万不要忘记》。20世纪70年代相继拍摄现代京剧舞台艺术片《智取威虎山》(1970)、《龙江颂》(1972)、《海港》(1972)、《杜鹃山》(1974)。1975年，改编、导演影片《海霞》。1978年与陈怀皑联合导演《大河奔流》(上、下集)。1980年导演《今夜星光灿烂》。1981年与陈怀皑联合导演《知音》。之后编导影片《包氏父子》(1983)、《清水湾，淡水湾》(1984)。1988～1989年导演的《红楼梦》获第10届中国电影金鸡奖最佳导演奖。90年代有代表作《月落玉长河》。

他的导演艺术既有浓郁的民族特色，又有新颖脱俗的艺术魅力，能将深刻的思想内容、缜密的情节结构、精细的人物刻画、优美的抒情色彩和精致的诗画意境融会在一起。1985年当选为中国电影家协会副主席，1998年任主席。2005年获第25届中国电影金鸡奖终身成就奖。2011年获第2届中国电影导演协会杰出贡献奖。出版有《谢铁骊谈电影艺术》《谢铁骊剧作选》等著作。 （黄加明）

心理分析电视批评 psychological television criticism 运用心理学原理对与电视相关的心理活动进行的分析和批评。心理分析电视批评可以了解创作者、观众乃至社会大众的心理需求，有助于达到更好的传播效果，从而使电视作品的美学价值、文化价值、社会价值都得到较为充分的发挥。心理分析电视批评沿袭了电影心理分析的基本概念，但由于电视与电影的艺术载体、传播渠道、接受环境、创作动机、接受心理、文本符码都呈现出不同的特征，因此电视心理分析在研究对象、研究方法、研究成果等诸多方面逐渐体现出与电影心理分析不同的面向与特点。

电视节目、电视剧的创作过程中集体性因素更显著，创作者往往不是个体，而是电视机构，受创作者的个体无意识影响较小，使得创作过程和作品中呈现的心理问题更为复杂。就电视自身而言，电视文本形态跨越的艺术种类繁多，受外部因素影响大，不同形态文本的观众心理活动机制、心理需求都不同，仅仅对电视创作者个体的创作动机、创作历史、创作过程、创作心理进行分析是远远不够的。因此电视心理分析涉及艺术学、传播学与心理学的交叉研究，常常需要采用定量和定性相结合的研究方法。

研究范畴主要包括：对主体在创作过程中的心理活动进行研究，探讨创作者的个性、体验等如何影响创作；对电视作品中表现的心理进行分析；研究观众如何认识和理解作品，分析电视作品对观众产生的心理影响。这些研究亦可分为三个层面：基础理论、应用分析、心理测量与分析。

对电视作品进行心理学批评的目的是对所涉及的心理现象进行分析阐释，并不涉及作品美学价值判断。心理分析只是提供了一种理解电视作品创作、传播、接受机制的方法，其局限性不可避免。对于电视作品的评价，不仅仅有心理因素的参与，还与观众的年龄、职业、民族、地理环境、经历等方面直接相关。因此，任何电视心理活动、心理现象都不可能仅从心理学角度就获得充分阐释。电视心理分析往往需要与其他方法结合起来，比如针对作品，要更多借助美学批评方法；针对观众，更多结合传播心理学、社会心理学；针对创作与传播者，还可能要结合政治经济学、产业研究等。 （凌　燕）

《心灵与智慧》 *Hearts and Minds* 美国彩色纪录片。哥伦比亚影业公司1974年出品。导演，P.戴维斯；摄影，R.皮尔斯。

影片记录了美国发动对越战争后，战争给越南人民带来的灾难和越南民众对侵略的反抗和斗争。影片呈现了一幅悲惨和混乱的越南战时图景：拖着假肢的病人、被严重烧伤的孩童、伤心至极的村民、被残忍杀害的战俘、旗帜飘扬的反战游行、真实的新闻影像等。

影片使用了大量新闻影像和对越南平民、悲痛的家人、美国士兵和军事将领的采访，通过他们的真实讲述再现了战争的残酷，探讨了美国陷入战争困境的原因，表达了对美国种族主义和军国主义的不满和控诉。影片对一直为自己罪行开脱的、虚伪的政客进行了无情的批判。影片上映后，引起了美国公众对越战态度的转变。影片1975年获第47届美国电影奥斯卡奖最佳纪录片奖，1976年获第11届美国堪萨斯州影评人协会奖最佳纪录片奖。 （惠东坡）

《心有千千结》 *The Heart with Million Knots* 中国电视连续剧。香港电视广播有限公司(TVB)1976年出品。改编自琼瑶的同名小说。编剧，王晶；导演，招振强；主演，李琳琳、石修、金兴贤、郑子敦。

故事讲述了护士雨薇负责照顾脾气暴躁古怪的富商耿克毅老人，耿老爷子百般刁难都被雨薇顺利化解，他越来越喜欢这个聪明伶俐、个性独特的女孩子，并逐渐对她产生信任和依赖。同样，雨薇在与耿老爷子朝夕相处的过程中，了解到他整日郁郁寡欢的心结，帮助他化解与两个只会垂涎遗产的儿子之间的隔阂，并阴差阳错赢得了他另外一个纯良但叛逆的爱子耿若尘的心，美好爱情让多年浪子回归并重整家业。若尘与雨薇在新婚蜜月时突然收到律师转交的耿老先生的遗嘱和巨额财产，面对财富，他们不约而同地决定把它捐赠给公益慈善学校，选择坦然度过自己的人生。

该剧延续琼瑶原著作品的风格，将爱情波折、家庭纠葛作为推动剧情发展的主要动力，将主人公的感情刻画得细致入微，感人至深。 （李　杨）

新德国电影运动 new German cinema movement 20世纪60年代联邦德国兴起的旨在振兴德国电影的电影运动。联邦德国成立后，随着经济的迅速发展，电影业在20世纪50年代出现了蓬勃发展的繁荣景象，但佳作少，多以娱乐性为主，内容回避历史、逃避现实。进入20世纪60年代，联邦德国的电影事业经历了一场危机，由于艺术质量低劣，1961年送往意大利威尼斯国际电影节参赛的5部影片均被退回。除此之外，在电视业的发展和外国电影的竞争影响下，联邦德国国产电影的观众数量锐减，导致影片产量大幅度下降，使德国电影在质量和产量上均处于低谷。这种局势下，受法国新浪潮电影的影响，年轻一代德国电影工作者萌发了强烈的革新意识。1962年2月28日，A.克鲁格、E.赖茨、P.沙莫尼、H.森夫特等26位青年电影导演签署了一份《奥伯豪森宣言》，呼吁从商业伙伴和某些利益集团的羁绊中摆脱出来，创立新的德国电影，在艺术形式和思想上摒弃陈规陋习。该宣言宣称“旧电影已经灭亡，我们寄希望于新电影”。1965年2月，在新德国电影代表人物克鲁格的努力下，德国青年电影管理委员会成立，并由政府支持设立青年电影基金，先后资助了20部故事片的拍摄，其中，克鲁格的《告别昨天》(1966)和J.沙夫的《文身》(1967)等影片于1965～1967年在一些国际电影节上获奖，使新德国电影运动在国际上取得影响。尽管新德国电影获得国际赞誉，但在国内票房欠佳，很快陷入危机。这一局面在1974年联邦德国主要广播公司德国电视一台、德国电视二台与电影局（成立于1968年，旨在支持德国电影制作的政府组织）达成影视协议后得到扭转，新一代电影人借鉴**意大利新现实主义电影**、法国新浪潮电影、**美国新电影运动**，直接在电影中再现和探讨德国社会问题，突出了纳粹、外籍劳工、现代社会发展等主题，如W.赫尔措格的《阿基尔，上帝的愤怒》(1972)、R.W.**法斯宾德**的《恐惧吞噬灵魂》(1974)、V.施隆多夫的《肉体的代价》(1975)和《**铁皮鼓**》(1979)等。其中《铁皮鼓》成为第一部获美国电影奥斯卡奖最佳外语片奖的德国电影，这些代表作的出现将新德国电影运动推向了最高峰。新德国电影运动在实现了一些目标，如建立国家对电影业的资助制度以及使德国电影取得国际地位之后，从20世纪80年代开始表现乏力并终结。

新德国电影在内容题材上风格多样，在创作方法上善于吸收世界各电影流派的长处，富于哲理性、纪实性、民族性，体现了较强的社会批判精神，成为具有国际影响的一个现代电影流派。

（贾磊磊　林　琳）

《新华画报》 *Xinhua Pictorial* 中国电影杂志。1936年6月5日在上海创刊。月刊，16开本。由新华影业公司主办并出版，张善琨任发行人，新华画报社编辑部编辑。主编有龚天衣、丁聪，主要撰稿人有欧阳予倩、洪深、**史东山**、徐迟、柯灵、尘无等。1937年8月5日因抗日战争全面爆发休刊，1938年10月5日复刊，1940年12月25日停刊，共出42期41本。杂志的宗旨为“助力于一切国产电影的推动工作”。杂志图文并重，除宣传新华影业公司的新片及影人生活外，还发表有关中国电影现状、电影评论、电影史料、电影技术、电影配乐、电影表演探讨等文章。如田汉的《“生”的把握与改造》，柯灵的《观众的心理》，侯枫的《特殊的电影》等。张乐平的长篇漫画《三毛》从该刊创刊第一年起，陆续连载。1940年末，《新华画报》随新华影业公司结束而停办。《新华画报》是一份出版时间较长、有一定影响的电影刊物。

（王云缦）

新加坡电影 Singaporean cinema 1902年，电影自西方传入新加坡。1927年，“南洋刘贝锦自制影片公司”拍摄了新加坡首部本土电影《新客》，拉开了新加坡本土电影制作的序幕。这一时期，作为英属殖民地的新加坡，其电影放映多以美国及英国影片为主，本土电影制作则以家庭伦理片、爱情故事片和恐怖片为主。1937年，邵氏兄弟在新加坡建立制片厂后，新加坡电影逐渐受到印度电影的影响，邵氏兄弟从印度引进导演和影片技术人员，将已经制作好的印度电影重新改编成马来语版本，早期的新加坡电影在电影制作、摄影风格、剪辑和故事结构上都带有明显的印度色彩。第二次世界大战爆发之后，尤其是日本占领新加坡期间，新加坡电影市场只允许放映日本制作的政治宣传电影，其他国家制作的电影被禁止放映，使得刚刚起步的新加坡电影业饱受打击。

“二战”结束后，新加坡电影业迎来发展的黄金期，在邵氏兄弟旗下的马来电影公司和国泰旗下的国泰克里斯电影公司两个新加坡最大的电影制作机构的助推下，新加坡在20世纪50～60年代制作了将近400部华语、马来语影片，成为马来语电影的制作中心。这一时期马来电影公司和国泰克里斯电影公司主要制作以马来神话传说为题材的电影，如《坤甸》(1957)。1965年新加坡独立至20世纪80年代中期，由于新加坡政府忙于经济和民生建设，新加坡电影观众转向好莱坞进口电影，导致本土电影市场萎缩以及人才流失，新加坡电影业进入持续的低迷期，马来电影公司及国泰克里斯电影公司也相继关停。

1987年，新加坡国际电影节设立，旨在为优秀的新加坡电影提供走向全球的平台。1989年新加坡文化艺术咨询理事会发布《国家艺术发展报告》，新加坡政府开始加强自身的文化建设，新加坡电影业开始复苏。2000年，新加坡政府公布了《文艺复兴城市报告》，试图将新加坡打造为一个全球性的艺术城市，并推出了一系列旨在振兴新加坡本土电影制作，为电影制作者提供资金支持的计划。在此背景下，新加坡陆续出现了邱金海、唐永健、陈子谦等有代表性的本土电影人，开启了新加坡本土电影的新时代。这些创作者的创作类型多样，邱金海以拍摄艺术片见长，代表作品有《十二楼》(1995)、《薄面佬》(1997)、《和我在一起》(2005)等；唐永健既拍摄喜剧片，如《吃风》(1999)、《大世界》(2011)，也拍摄恐怖片，如《女佣》(2005)、《鬼啊鬼》(2007)，还有动作片，如绑架犯罪题材的《第一诫》(2008)；陈子谦的首部电影《15》(2003)获新加坡国际电影节的关注和好评，成为新加坡首部获意大利威尼斯国际电影节未来金狮奖提名的电影；陈子谦的《881》(2007)成为新加坡最卖座影片，并代表新加坡角逐美国电影奥斯卡奖最佳外语片奖。

进入21世纪后，新加坡电影越来越多地进入国际视野，其国内最多产的电影制作公司——国营新传媒星霖电影公司不断推动国内电影作品进入国际市场，其目标是为国际观众创造“无国界”电影。新加坡国内的新一代电影创作者也开始受到法国戛纳、意大利威尼斯等国际性电影节的青睐，巫俊锋的《沙堡》(2010)和《监狱学警》(2016)分别入围法国戛纳国际电影节的“影评人单元”和“一种关注单元”；陈哲艺的《**爸妈不在家**》(2013)获法国戛纳国际电影节金摄影机奖。此外，反思新加坡商业社会的《美满人生》(2006)、讲述新加坡本土记忆的纪录片《备忘录》(2007)、喜剧系列电影《新兵正传》(2012～2015)、反映新加坡历史和普通民众生活的《1965》(2015)等都备受关注。

（陈　刚　代　硕）

新联影业公司 Sun Luen Film Co. 中国电影制片企业。成立于1952年2月29日，创办人有卢敦、邓荣邦、陈文和谢济芝等。1954年后廖一原成为主要负责人。公司成立时，主要编导有卢敦、陈文、吴回、李享、罗志雄等，主要演员有吴楚帆、白燕、张瑛、张活游、黄曼梨、紫罗莲、李清、容小意、红线女、梅绮、梁醒波、邓碧云、白雪仙等。成立之初，公司即提出“新联出品，必属佳片”的口号。公司拍摄的第一部影片是《败家仔》(1952)。公司除了自己出品外，还团结周围力量，努力推动粤语电影的改革，积极推动、协助中联电影企业有限公司、华侨影业公司、光艺影业公司三家宗旨相近的粤语片公司成立，合称粤语影坛“四大公司”。彼此互相支持，以出品高质量的粤语片为己任，有效地改变了粤语影坛粗制滥造的风气。

公司在初成立的10多年的黄金时代里，包括它以“鸿图”“飞龙”公司名义拍摄的影片在内，共生产约90部故事片。较著名的有《家家户户》(1954)、《谁是凶手》(1957)、《十号风球》(1959)、《苏小小》(1962)、《巴士良巧破豪门计》(1977)等。其中《苏小小》于1961年在杭州实地拍摄，开香港影片回内地拍实景之风。此外，反映香港水荒和广东同胞帮助香港解决水荒的大型纪录片《东江之水越山来》，首轮公演票房收入超过百万港元，打破了纪录片的票房纪录。1974年拍摄的大型风光纪录片《桂林山水》，也曾掀起港澳同胞去桂林旅游的热潮。

新联影业公司是最早与内地制片厂和个人合拍影片的香港制片机构。1958年即在广州拍摄了马师曾、红线女等主演的粤剧舞台艺术片《彩蝶双飞》和《佳偶天成》。1959～1960年，又拍摄了姚璇秋、范泽华等主演的潮剧舞台艺术片《苏六娘》《告亲夫》《乳燕迎春》等。此后，与珠江电影制片厂合作，先后拍摄了琼剧舞台艺术片《红叶题诗》(1962)、汉剧片《齐王求将》(1962)、故事片《七十二家房客》(1963)等。其中《七十二家房客》在香港公映后影响颇大，被改编为粤语话剧上演，创造了粤语话剧在香港连续上演70多场（天）满座的最高纪录。

20世纪60年代中后期至70年代，公司因受内地"文化大革命"影响，电影制作陷入半停顿状态，但其间仍支持独立制片公司拍片。进入80年代，公司制作日渐恢复，最突出的是与长城公司合组中原电影制片公司，制作了轰动一时的武术电影《少林寺》(1982)。1982年，**新联影业公司**与**长城电影制片有限公司**、**凤凰影业公司**合并，组建了**银都机构有限公司**。（余慕云 张承宇）

《新龙门客栈》 *New Dragon Gate Inn* 中国彩色故事片。潇湘电影制片厂和思远影业公司1992年联合出品。编剧，**徐克**、苏叔阳、张炭、晓禾；导演，李惠民；摄影，刘满棠、黄岳泰；武术指导，程小东、元彬、张耀星；主演，**梁家辉**、林青霞、**张曼玉**、甄子丹、刘洵、吴启华、熊欣欣、袁祥仁、元彬、任世官。

《新龙门客栈》海报

故事讲述了明朝景泰年间，宦官专权。东厂督公曹少钦为夺取兵权处死了兵部尚书杨宇轩，并假意流放杨家一对子女，设好陷阱，准备伏击周淮安（杨宇轩爱将）。周淮安的红颜知己邱莫言带领一帮江湖刀客率先出击，救走了两个孩子。邱莫言等人如约来到大漠边关的龙门客栈，东厂的人乔装后尾随而至。龙门客栈是一家黑店，店内藏有逃生密道。老板娘金镶玉看似风骚，但却对英俊潇洒的周淮安情有独钟。为了带大家安全撤离，周淮安不得已娶金镶玉为妻。曹少钦亲率大队人马包围了龙门客栈，金镶玉带大家悄悄地从密道突围出去，但还是被曹少钦发现。一场生死对决过后，曹少钦被刺死，邱莫言香消玉殒，周淮安和金镶玉身负重伤。事后，金镶玉点起一把大火烧了龙门客栈，追随周淮安而去。

影片翻拍自1967年**胡金铨**执导的《龙门客栈》，保留了前作的故事主线、主题思想以及一些音乐、服装造型等经典元素，在故事情节、人物刻画、情感表达等方面都进行了创新。影片在武打场面的设计上，采用了低角度仰拍、手持摄影、多近景特写等镜头语言，并利用快速剪辑和京剧鼓点来增加节奏，使武打动作显得潇洒凌厉。影片远赴甘肃敦煌沙漠取景，并配以西北民歌突出其地域性，使得空间表现更加真实自然。影片1992年获第27届台湾电影金马奖最佳武术指导奖。

（赵卫防）

《新女性》 *New Women* 中国故事片。联华影业公司1935年出品。编剧，**孙师毅**；导演，**蔡楚生**；摄影，周达明；主演，**阮玲玉**、王乃东、**郑君里**。

故事讲述了韦明出身书香门第，与所爱的人结婚，生下一女，但不久遭遗弃。她只得来上海求生，在一所学校当音乐教师。学校董事王博士是有妇之夫，见韦明漂亮想求婚，遭到韦明的拒绝。由于韦明爱写作，结识并爱上了编辑余海俦，但想到自己的过去，并不想跟余海俦结婚。王博士得不到韦明的爱，便暗中辞退了韦明，同时假意同情进行拉拢，韦明拒绝了王博士的引诱。不料韦明的女儿得了肺炎，为救孩子的命，韦明不得已去卖身，未想到侮辱她的正是王博士。她回到家中，深感绝望，服毒自杀。

影片通过主人公韦明的悲惨遭遇，揭示了旧中国正直的知识妇女被压迫、被侮辱的遭遇，控诉了黑暗社会的罪恶。影片最后，许多女工迎着朝霞踏着报纸上韦明的死讯前进的画面，表达了创作者对妇女解放正确道路的认识。影片触痛了当时中国社会的罪恶势力，遭到黄色报纸及所谓的"新闻记者公会"大肆攻击，制造了轰动一时的"《新女性》事件"。影片主演阮玲玉准确地把握了人物的思想脉络，真实地展示了人物复杂的内心世界，成功地塑造了追求光明和自由但性格软弱的旧中国知识妇女的生动形象。阮玲玉在拍完影片不久也演出了一场与韦明同样的人生悲剧，自杀身死。中华人民共和国成立后，导演蔡楚生曾在60年代和郑君里一起，将影片重新剪辑并配音。（陈 野）

《新女性》海报

《新闻简报》 *News Bulletin* 中国新闻电影纪录片。1949～1993年作为中国电影纪录片的一种类型长期在影院放映，1978年后改为《祖国新貌》，直到1993年结束。由**中央新闻纪录电影制片厂**拍摄制作，每期10分钟左右，一般每周一期，通常以"××××年第××号"进行编号。但有时也会出现周期不稳定的情况，如1967年仅出了10号，1969年出了14号。《新闻简报》每期一般有5个左右的新闻事件，其中2～3个为国内重大新闻。

《新闻简报》是中国较早的影像新闻片。在电视普及之前，它是以影像方式记录、传播国内外重要新闻的主要途径之一。内容涉及国家领导人的动向和指示、重大外交事件、国计民生重大决策、科教文体卫以及经济、军事、社会生活、先进人物事迹等各个方面。是广大人民群众除报纸、期刊、广播等传播媒介之外，获取国家大事、时事新闻的重要来源。《新闻简报》是非商业性的新闻纪录片，通常在影院的正片播放之前以加片方式放映，另外也在广大厂矿、农村的露天广场上放映。

从当时的历史条件和传播学、叙事学、影视学等角度来看，《新闻简报》在很多时候，尤其是在"文化大革命"时期，并非能真实反映当时的社会生活和人们的精神面貌，而是一种意识形态化的、政治化的媒介产品。《新闻简报》曾一度成为中国式的新闻纪录电影修辞方法和话语形式，但随着时代和技术的进步，它逐渐退出了历史舞台。（刘乃康）

新闻片 news film 报道重要时事新闻的纪录片样式。又称"时事报道片"。新闻片以报道当前政治、经济、文化、军事等方面的时事动态为主，它强调"新"，其拍摄必须在事件发生的当时和现场。真实与及时是新闻片的基本特征。新闻片要求主题单一，一般应具有时间、地点、人物等新闻要素。报道1984年中华人民共和国国庆阅兵的《国庆阅兵》是新闻片的典型代表。随着电视的普及和电视节目形态的发展，新闻片已逐渐被电视新闻片所取代。（姚国华）

新西兰电影 New Zealand cinema 1936年，新西兰政府创办了一家新闻纪录电影制片厂。1936～1939年每年生产短新闻片15～20部。20世纪40年代末及其后，拍摄了一些纪录片和风景片，故事片生产没有得到发展。1940～1976年，新西兰仅生产了6部故事片。其中比较有价值的作品有：描写爱情故事的《冲破障碍》(1952，导演R.米兰斯和J.奥谢)，刻画新西兰青年形象的《私奔》(1964，导演J.奥西亚)和描写冒险活动的《不要让这难倒你》(1966)。这些影片均为太平洋电影公司出品。由于国产片在新西兰国内发行收不回影片制作费用，20世纪70～80年代摄制影片依靠出口获得收益。1977年，新西兰的电影创作出现了突破，出现了一批颇受欢迎的影片，如R.唐纳森导演的《熟睡的狗》、T.威廉姆斯导演的《独舞》、G.墨菲导演的《野人》等。1978年新西兰成立了电影委员会，国家对电影业增加了资助。此外值得提及的影片还有：G.史蒂文导演的《皮下》(1979)、D.雷德导演的《中世纪的盖布》(1979)、唐纳森执导的《旧车宫殿》(1982)、墨菲导演的《报复》(1983)。

1993年，J.坎皮恩执导的《钢琴课》获得4项美国电影奥斯卡奖和法国戛纳国际电影节金棕榈奖，新西兰电影逐渐得到国际认可。1994年，P.杰克逊执导的《罪孽天使》和L.塔玛霍瑞执导的《夕阳武士》也得到很高评价。《钢琴课》和《罪孽天使》这些新西兰电影，部分或者全部都是由外国投资，同时也启用了大量外国演员。但是，新西兰电影人才流失依然是很大问题。导演坎皮恩、塔玛霍瑞，演员T.莫里森、C.柯蒂斯等都陆续去美国发展。

《夕阳武士》剧照

杰克逊一直留在新西兰发展，他执导了《指环王》三部曲，三部电影由美国、新西兰政府和杰克逊的公司共同投资，演员来自世界各地，杰克逊与新西兰制作人员在新西兰完成了拍摄，影片的成功直接影响了新西兰电影产业的发展。许多好莱坞电影开始选择在新西兰拍摄，或者把后期的剪辑、特效制作放在新西兰完成。《最后的武士》(2004)、《金刚》(2005)、《纳尼亚传奇：狮子、女巫和魔衣橱》(2005)等都是在新西兰制作完成的。

《可爱的骨头》剧照

与此同时，新西兰本土拍摄的《在我父亲的洞穴里》(2004)、《世上最快的印第安摩托》(2005)也反响热烈，后者打破了《最后的武士》的票房纪录，获得650万美元票房。杰克逊出品或导演了《可爱的骨头》(2009)、《光晕》(2015)。J.卡梅隆的《尼斯湖怪：深水传说》(2007)、《阿凡达》(2009)都是杰克逊的公司监制的，特效也是由杰克逊创办的维塔数码公司制作。（尹广文 撰 秦喜清 修订）

新艺城影业有限公司 Cinema City Co., Ltd. 中国电影制片机构。由麦嘉、黄百鸣、石天1980年9月创办于香港。隶属于金公主娱乐有限公司，由地产财团“九龙建业”支持。新艺城有关剧本的通过、影片制作路线、制作方法及技巧等，由一个七人组成的最高决策小组决定，这七人为麦嘉、黄百鸣、石天、徐克、曾志伟、泰迪罗宾和施南生。

《最佳拍档》海报

新艺城在制片策略上非常注意影片的娱乐性和票房价值，对各地观众、各种观众的口味以及市场需要颇有研究。善于改编卖座率高的西方热门题材，并从W.莎士比亚、C.卓别林、莫里哀作品以及意大利喜剧中获取养分丰富创作。敢于在拍摄成本上进行高风险的大投资，比如高价聘请当红明星引发话题，高价引入国外的高科技特效以增强影片的视觉效果，花费高额宣传费建立公司品牌形象等。宣传手法上也多有新意，如加强与影迷的互动，挖掘影迷可能带来的潜在价值，重视电影周边产品开发等。

新艺城在类型片上尤其偏爱喜剧片，或者在喜剧片中加入动作片元素，为了适应香港的快速节奏，发展出一套笑料密集的做法，并宣扬实用、功利等观念，很切合香港的时代情绪和商业电影市场需求。1980年，新艺城摄制了第一部影片《滑稽时代》。随后相继摄制了《欢乐神仙窝》《鬼马智多星》《追女仔》《最佳拍档》《开心鬼》《英雄本色》等，都大受欢迎，取得了不错的票房成绩，有些在香港还创造了卖座纪录。

新艺城在20世纪80年代的香港影坛占有重要位置，并对邵氏兄弟（香港）有限公司、嘉禾电影有限公司两家重量级的制片公司构成了一定程度上的挑战。但新艺城的大部分影片过分追求商业利润，也带来片种单调、电影节奏失控、缺少内涵等缺点，观众较易失去新鲜感，并最终造成新艺城的电影事业后劲不足。1991年新艺城制作了最后一部影片《蛮荒的童话》，随后宣告结束。（余慕云 张承宇）

新左派电影理论 new left theory of film 20世纪60年代，西方激进社会文化思潮影响下形成的一种电影理论观念。新左派运动是极左倾向的文化政治运动，发生于20世纪60年代末的西欧和北美，是当代社会政治史和文化史上的重大事件之一。在新左派运动的影响下，法国电影导演J.-L.戈达尔和法国《电影手册》杂志的一批评论家的美学路线发生了急剧变化，开始从着重以“影像本体论”的原则研究电影转向“左派政治电影”。他们声称“重要的不是拍摄政治影片，而是政治地拍摄影片”，并接二连三拍出大批直接图解“左”的政治概念的影片。1969年起《电影手册》先后发表了《电影·意识形态·批评》《约翰·福特的〈青年林肯〉》等文章，自称为“唯物主义电影”的拥护者，并对A.巴赞的“本体论现实主义”原则进行重新考察。

新左派电影理论的特点为：①将文化与“资产阶级性”加以等同。戈达尔曾声称，电影本身就具有“资产阶级性”，因为它最初诞生于资本主义国家。《电影手册》评论家们则认为，电影所再现的并非具体现实中的事物，而是占统治地位的意识形态能予以接受的事物，因此“电影再现具体现实”亦即“本体论现实主义”的理论是“极端反动的”。②对电影摄影机的性质和作用做“左”的解释。巴赞强调摄影机的“工具性”，反对艺术家意识的“干预”，认为纯客观地、无动于衷地摄录现实才是一种“真正的工具性活动”。新左派理论家们则声称，把摄影机视作真实再现现实的工具是不正确的，摄影机本身就具有“意识形态性”，是一种“意识形态机器”，反映出在该社会占统治地位的意识形态。③主张废除一切传统的电影形式，实行“革命的非结构化”。

新左派电影理论对20世纪70年代初包括美国先锋派电影在内的西方各国电影创作实践和理论研究都产生过一定影响。

（林　琳）

《星球大战》 *Star Wars* 美国彩色故事片。卢卡斯影业公司1977年出品。编导，G.卢卡斯；摄影，G.泰勒；主演，M.汉米尔、H.福特、C.菲雪。

《星球大战》剧照

故事讲述了很久以前，在遥远的另一个银河系，邪恶的帝国废弃了共和制，以暴力统治宇宙。爱好自由的人们开始起来反抗。农场青年天行者卢克在老骑士本的引导下投入反帝事业，在太空历险的过程中结识了参议员蕾亚公主、宇航师汉等朋友。在朋友们的帮助下，卢克驾驶太空战机，靠着元力（只有少数人经过训练才能掌握的生命力能量场）指引击中帝国堡垒死星的要害，最终将它炸得粉碎。

影片集中使用了最先进的高科技及数字制作手段，创造了一个前所未有的太空世界，其中富有创意的逼真画面（如壮观的太空攻防战和千奇百怪的太空生物）使其成为当时最卖座的影片。它的巨大成功使得好莱坞竞相拍摄科幻电影和超级英雄电影。影片不仅引领了美国电影的创作潮流，还引发了以电脑技术为基础的电影制作革命。影片1978年获第50届美国电影奥斯卡奖最佳视觉效果奖等7项大奖。

（仲　霞　撰　章柏青　唐建军　修订）

《星图》 *Maps to the Stars* 加拿大彩色故事片。普洛斯彼罗制片公司和完整电影公司2014年联合出品。编剧，B.瓦格纳；导演，D.柯南伯格；摄影，P.苏斯切斯基；主演，J.摩尔、J.库萨克、A.威廉姆斯、M.华希科沃斯卡、A.伯德、R.帕丁森。

《星图》剧照

故事讲述了威斯是好莱坞著名精神治疗师，著述丰厚。他与妻子克里斯蒂娜育有一儿一女。儿子本杰是一名因出演电视剧而走红的童星，但因为吸毒被关进了戒毒所。女儿阿加莎因为纵火被送进了精神病院。阿加莎从精神病院出来后，成了父亲患者哈瓦娜的私人助理，并且爱上了哈瓦娜的情人，一次偶然事件下，阿加莎打死了哈瓦娜。本杰从戒毒所出来后，因精神紧张出现了幻觉，不慎杀死了自己一直讨厌的小孩儿演员。对儿子颇为关爱的克里斯蒂娜几近癫狂，在泳池边自焚。最后，阿加莎和本杰姐弟俩取下了父母的婚戒，吃下一堆药片，在星空下盟誓结为夫妻，私订终身。

影片围绕威斯一家人展开，是一部批判好莱坞与西方文化的电影，是对好莱坞明星生活的讽刺。影片影调阴郁，用多线索叙事揭示了人物的变态、扭曲和痛苦，展现了光鲜外表下的乱伦和精神失常。影片2014年获第67届法国戛纳国际电影节最佳女演员奖。

（甄晓文）

邢祖文 Xing Zuwen（1922-01-10～2001-07-12） 中国电影史学家、翻译家。笔名茹苓、伯奋、静远等。祖籍浙江湖州。生于上海，卒于北京。1938年读中学时，撰写的揭露日军侵华战争罪行的纪实作文《大世界的两颗炸弹》被报纸采用，并被收入朱作同、梅益主编的《上海一日》书中。1939年起，在《新闻报》《华美晚报》《大美早报》《申报》《导报》《文汇报》等报纸发表了大量电影评论文章。1940年，上海私立大同大学商科肄业，先后在上海电信局当报务员、浙江兴业银行当职员。抗战胜利后，为上海《文汇报》《新民报》以及香港《文汇报》等报刊撰稿，并开始研究美、英国家的电影历史和创作。

1948年，成为电影杂志《水银灯》的重要撰稿人，发表了大量关于好莱坞的电影时事报道及评论文章。中华人民共和国成立后，先后在《大众电影》杂志社、中国电影出版社、中国电影工作者协会等任编辑、记者。1973年，调入国务院文化组艺术研究机构（今中国艺术研究院）从事研究工作。1983年，受聘任《中国大百科全书·电影》中国电影史分支副主编。

主要研究成果有《好莱坞——电影帝国》《中国电影发展史》(与程季华、李少白合著)、《美国银幕上的中国与中国人》(与刘宗锟合译)、《鲁迅与电影》(与刘思平合编)、《美国影人录》《美国电影的兴起》(与刘宗锟合译)等。曾担任《中国电影大辞典》《中国电影编年纪事》副主编。为《中国大百科全书·电影》《世界知识大辞典》《艺术欣赏词典》等工具书撰写近400个条目，为《中国电影年鉴》(1981～1992)撰写近百万字稿件。曾任中国艺术研究院电影电视艺术研究所研究员。

（丁亚平）

形体动作训练 physique movement training 为了使演员的外部形体具备一定艺术创作能力而进行的专门、系统的形体训练。形体动作训练着重从外在形体方面提高演员的表演技巧，使演员具备随时随地调动自己的形体动作的能力以及自如地运用自己身体表情达意的能力。

形体动作训练首先要改变演员自身形体的原始状态，使其松弛灵活、协调自如，具备美感和初步的可塑性；其次，形体动作训练应以提高演员形体表现力为目的，使演员具备有意识捕捉不同人物形象形体特征的能力，并能够对其进行生动鲜活的模拟；第三，形体动作训练能够丰富演员的肢体语言，以满足其创作不同人物形象的需求。

（员晓明）

性格妆造型 makeup styling 影视化妆中赋予角色鲜明个性特征的化妆造型。人物的内在气质、个性特征、感情思想、趣味爱好，以及人生经历、生活境遇等都会不同程度地对人的生理和心理造成影响，也会反映在人物的外貌上。性格妆造型的任务是借助各种细节的刻画，将角色的内在气质和特征体现在演员外形上，以此塑造出形貌各异、气质不同的个性化的典型人物形象，使演员的造型设计与角色要求相符合。性格妆造型既要求表现人物形象鲜明的特征，也要符合生活逻辑。细节的运用要准确、合理，避免主观随意。现实主义题材影片《我不是药神》（2018）成功地塑造了一个个鲜活的小人物，打动了无数观众，而其中深入细腻的化妆造型对于角色的塑造功不可没。（宋东葵）

《性、谎言和录像带》 *Sex, Lies, and Videotape* 美国彩色故事片。奥特洛影片公司、维金公司1989年联合出品。编导，S.索德伯格；摄影，W.洛伊德；主演，J.斯派德、A.麦克道威尔、L.S.吉亚科莫、P.加拉格尔。

《性、谎言和录像带》剧照

故事讲述了在美国的一个小镇，格雷厄姆回到家乡，使得好友约翰、约翰的妻子安和安的妹妹辛西娅之间看似平衡的三角关系出现裂痕以致最后家庭解体。影片以性为切入点，讲述了谎言和背叛带来的精神创伤及其治愈的故事。整部电影具有象征色彩，“性”“谎言”和“录像带”既是构成电影的三个元素，也是电影表现人性及其对现代人生存状况的思考的不同层面。秀丽端庄的安、放荡的辛西娅以及有着阳痿症状的格雷厄姆，三个人性格迥异，面对现实时常以谎言包裹自己，却不约而同地在录像机面前敞开自身。这种悖论表现了人类内在真实和现实表象之间的背离关系及普遍困境。录像机既能引诱人们敞开心扉、道出隐秘，同时也让他们陷入虚伪和扭曲中，看不清自己。电影结尾格雷厄姆毁掉录像带之后，和离婚的安坐在一起，亲昵而安静地等待一场大雨的降临，带有某种预言和象征色彩。影片1989年获第42届法国戛纳国际电影节最佳影片奖、最佳男演员奖。（徐　勇）

匈牙利电影 Hungarian cinema 1895年，匈牙利发明家A.西克莱拍摄出第一批短片。1898年以后，匈牙利出现新闻短片、风景片和滑稽短片。1901年，导演B.日特科夫斯基拍摄了匈牙利第一部科教片《舞蹈家》。1912年10月，M.凯尔迪茨导演的匈牙利第一部故事片《今天和明天》上映。第一次世界大战期间，匈牙利电影年产量逐年增长，1914年18部，1917年75部，1918年102部。拍摄了许多根据文学名著改编的影片，如《金人》（导演A.柯达）、《圣彼得的伞》（导演柯达）、《博士先生》（导演凯尔迪茨）等。

1919年4月，匈牙利苏维埃共和国签署了电影国有化的法令。这期间除继续拍摄根据文学名著改编的影片外，还拍摄了一些革命题材、青年题材和儿童题材的影片，如《我的弟弟在前进》（导演凯尔迪茨）和《雅玛特》（导演柯达）。同时还拍摄了表现当时革命活动的新闻纪录片。

随着政治、经济危机的出现和日益加重，匈牙利电影也出现了不景气的状况。1923～1930年，匈牙利一共生产4部影片。20世纪30年代以后，有些导演试图拍摄严肃的电影作品，如《春雨》（1932，导演P.费奥什）、《霍尔特巴里》（1936，导演G.赫林格）等，但电影院上映的仍以商业片为主。

第二次世界大战期间，在法西斯政权统治下，匈牙利只摄制了一些宣传军国主义的影片。战后，匈牙利建立了无产阶级政权，对电影事业进行了根本性的改造，电影题材进一步扩大，出现了大量反映社会主义革命和建设的影片，同时涌现出一大批年轻的电影工作者。如《在欧洲某处》（1947，导演G.拉德瓦尼）、《田野之歌》（1947，导演I.肖驰）、《一寸土》（1948，导演F.班恩）、《女人上路》（1949，导演I.伊涅依）、《安娜·萨宝》（1949，导演F.马利阿什）、《卡达琳娜的结婚》（1950，导演F.马利阿什）、《14条被拯救的生命》（1954，导演I.瓦尔康依）等。但这些作品大多流于公式化，缺乏对人物心理的细致刻画。

1957年后，匈牙利电影产量逐年增加，1957年15部，1959年19部，1964年达到21部。随着电影事业的发展，涌现出一些较有影响的电影艺术家，如Z.法布里、K.马克多等。导演法布里主要创作反法西斯主题的影片，如《汉尼拔先生》（1956）、《地狱中的两个期限》（1961）、《日蚀》（1964）。导演马克多拍摄分析社会各阶层人物的性格及心理的形成和发展的影片，如《9号病房》（1955）、《全神贯注》（1961）、《失去的天堂》（1962）、《倒数第二的人》（1963）等。

1965～1985年，匈牙利电影得到进一步发展，逐步摆脱50年代前后那种公式化、简单化的倾向，许多导演以现实主义的创作方法反映和分析匈牙利的昨天和今天，对历史和社会进行深刻的描述、剖析，形成了所谓布达佩斯学派。如I.萨博的《父亲》（1966）、《波热街25号》（1973）、《布达佩斯的童话》（1977）、《信任》（1979）、《靡菲斯特》（1981）等，A.科瓦奇的《雷雨》（1960）、《寒冷的日子》（1966）、《养马场》（1978）等，M.扬索的《呼喊》（1968）、《光明的风》（1969）、《人民暂时还不原谅》（1972）、《快板》（1979）等。M.扬索的《红军和白军》（1967）、《静默的呼喊》（1967）、《红色赞美诗》（1972）以运动长镜头著称，探索了暴力、道德等主题，对世界电影产生广泛影响。尤其是《红色赞美诗》获第25届法国戛纳国际电影节最佳导演奖。这一时期较著名的导演还有I.真格希、B.卡贝、L.鲁戈什等。

《红色赞美诗》剧照

20世纪80年代，匈牙利女导演M.梅萨罗斯的《给我孩子的日记》（1984）从独特的个人角度讲述了政治与个人命运的纠缠，获第37届法国戛纳国际电影节评委会大奖，是匈牙利80年代重要的电影作品。1982年，萨博导演的《靡菲斯特》获第54届美国电影奥斯卡奖最佳外语片奖。20世纪90年代后，B.塔尔是最受瞩目的匈牙利导演，代表作品有《撒旦的探戈》（1994）、《鲸鱼马戏团》（2000）、《来自伦敦的男人》（2007）、《都灵之马》（2011），其中《都灵之马》获第61届德国柏林国际电影节银熊奖。

匈牙利纪录电影在战后也形成了自己的传统。早在1945年，就拍出了表现土地改革的纪录片《土地属于我们，我们要得到它》，以后又拍摄了一系列反映社会主义建设的纪录片，如《女人的命运》（1947）、《儿童城》（1948）、《后头、宫殿、人们》（1955）、《他们希望和平》（1961）、《他们20岁》（1965）、《春天的镜子》（1966）、《历史的对比》（1975）、《按照纪录》（1980）等。

匈牙利建有电影学院，培养电影创作和事业的各类专门人才。理论研究上以**巴拉兹**的著作最有影响，他的著作《可见的人》（1925）和《电影美学》（1945）被译成多种文字，至今仍是电影研究的基础理论。匈牙利每年举办一次本国电影节，以推动电影创作的发展。

（李小燕 撰 秦喜清 修订）

虚拟演播室 virtual studio system 将计算机制作的三维虚拟场景与电视摄像机现场拍摄的人物活动图像进行数字化实时合成而形成的电视演播室。虚拟演播室使人物与虚拟背景实现同步变化，以获得完美的合成画面。虚拟演播室技术包括摄像机跟踪技术、色键技术、灯光技术、计算机虚拟场景设计技术等。该技术在传统色键抠像技术的基础上，利用了计算机三维图形技术和视频合成技术，根据摄像机的位置与参数，使三维虚拟场景的透视关系与前景保持一致，经过后期合成，使得前景中的演员看起来真实地在计算机所产生的三维虚拟场景中运动，从而创造出逼真的、立体感强的电视演播室效果。虚拟演播室不受物理空间限制，通过软件来生成实际不存在或难以制作的场景或道具，实现瞬间的变化，创作出真实演播室难以实现的效果，可以用较小的成本制作奇幻的视觉效果。制作时节省人力、物力、财力，同时还提高演播室的利用率。虚拟演播室使电视节目创作人员在时间、空间和道具制作等方面都获得了更大的创作自由度。虚拟演播室虽然具有诸多的优越性，但由于初期设备投资大，普及和推广有一定的难度。

（宋东葵）

虚拟转播技术 virtual rebroadcasting technology 将讯道摄像机拍摄到的景物转换为数据并与计算机制作的三维虚拟场景进行实时合成的电视转播技术。虚拟转播技术一般需要摄像设备、摄像机位置参数分析和控制设备、计算机平台、图形工作站和图像合成设备等。

在制作中，摄像机位置参数分析和控制设备会记录并传输摄像机的参数（包括镜头参数、机头运动参数和摄像机空间位置参数）变化，并将摄像机所采集的前景视频信号与摄像机参数一同传输到图形工作站当中。图形工作站根据这些数据调整三维虚拟场景，生成符合前景透视关系的背景图像，最终由图像合成设备将前景图像与背景图像合二为一，输出为视频讯号供导播调用并切出。

虚拟转播技术给电视制作人员提供了极大的创作与想象空间，突破了现实中场景的大小、布局、材料等限制，达到实景拍摄无法达到的视觉效果。虚拟转播技术已经广泛应用在中国中央广播电视总台春节联欢晚会等大型电视文艺晚会的直播及国际足联世界杯等大型体育赛事的电视转播当中。

（郑 月）

虚实对比 virtual-real comparison 由光学镜头的焦距、光圈及与被摄对象的距离来控制景深范围，使画面中呈现虚实相生的效果，达到突出主体的目的。虚，在画面中指焦点不实，影像不清晰。实，指清晰的图像。影视画面在一般情况下应该是清楚的影像，但又常常需要使用虚实对比，达到创作意图。整个画面没焦点的无焦画面也是一种虚实对比，在艺术上可以表现人物的心理活动。如电视连续剧《一地鸡毛》大结局中的几个镜头画面就采用了虚焦的画面，产生了一种类似幻觉的感受，用具象的镜头语言表现了抽象的主人公心理。

由于景深的大小取决于光圈、物距和焦距这三个因素，所以用长焦距镜头拍成虚实对比的画面，效果比较显著。广角镜头类似人眼所见，景深大，画面虚实并不明显。这时可用人工烟雾造成虚实对比效果。如电视连续剧《长征》很多场面成功地用了人工烟雾，不仅突出了主体，还有诗一般的意境。在拍摄时，只需先将镜头对准想要的实景，在按快门的同时，迅速转动光圈，即可达到此效果。

（李 勇）

徐公美 Xu Gongmei 中国电影理论家、电影教育家、电化教育先驱。生卒年不详。生于上海。曾是上海广济小学教员。1922年，进入北京人艺戏剧专门学校，成为首批学员，曾编写《父权之下》《飞》《歧途》等剧。1924年学校停办后，回到上海任上海乐华女子学校教务长，后担任商务印书馆活动影戏部主任。1926年，参演长城画片公司制作的《伪君子》。1932年，被上海大夏大学聘请为教授，在大夏大学开设电影教育课程。同时，担任中国教育电影协会电影剧本研究会委员等职务。1936年，主持上海大夏大学举办的电影教育讲座，讲座聘请徐苏灵、姚苏凤、向培良、许幸之、但杜宇等任讲师。同年，与卢时白、潘公展、郭有守、徐悲鸿等人一同发起成立全国电影教育用品公司，并与中央电影摄影场、金陵大学展开合作，以推进电影教育和无线电教育为宗旨，自制非常时期教育及教课影片，译售并出租外国制教育及教课影片，缩制有教育意义的小型长片。

他早年主要致力于演剧编写与演剧术的研究，写过《演剧术》《戏剧短论》《演剧概论》《农民剧》等。后来认识到电影对教育的巨大促进作用，遂转向关注电影教育。1933年，他出版的《电影教育》是中国电影史上可查的第一部电影教育专著，书中详细论述了教育电影的意义、电影与教育的关系、教育影片的研究、电影的学习指导方法等。1938年，出版关于电影及电影教育的历史专著《电影发达史》，该书系统介绍世界发达国家电影发展的制度与状况，梳理中国电影与电影教育的发展历程，提出中国电影与电影教育发展的系统建议。1936年，出版中国第一部关于电影场的著作《电影场》，该书从电影场的构造、设备、管理、施教方法、片源等维度讲述了电影教育最基本的理论。

1936年，受中国教育电影协会上海分会委托考察日本电影教育，归国后，将获取的第一手珍贵资料著述《日本电影教育考察记》一书，书中采用了大量的数据和图表以充分论述日本电影教育发展的历史与现状，文末探讨了中国电影教育发展之路问题。1937年，编辑出版《非常时期的电影教育》，针对社会动乱的特殊国情，与时俱进地提出了电影发展的特殊政策方针，具有鲜明的时代意义，为政府决策提供了有力的参考依据。1939年1月，日本国际映画新闻社社长市川彩来到上海，汪伪政权曾派其协同筹备策划组织亚洲电影公司。

（姜 贞 郑丹妤）

徐进良 Xu Jinliang（1944-12-16～ ）中国影视编剧、导演。生于台北。1967年，毕业于台湾师范大学艺术系，后赴意大利学习导演专业。1971年，拍摄实验电影《大寂之剑》。1972年，执导纪录片《中国历代人物画》。1974年，与友人合组龙种电影公司，拍摄影片《大地龙种》。翌年，执导电影《云深不知处》，获第12届台湾电影金马奖优等剧情片奖。1978年，拍摄制作的影片《香火》以台湾民间的抗日故事为主题，人物生动形象。1979年，组建辉煌电影公司，以青春题材为主要出品内容。同年，执导的电影《拒绝联考的小子》受到观众追捧，票房大卖。

1985年，从电影市场转向电视剧领域，制作了许多脍炙人口的电视连续剧，代表作品有《邮差总是按错铃》系列、《英雄世家》系列、《大姐当家》系列。1989年，成立赏心悦目电影公司。2002年，改编漫画《风云》为同名电视剧并担任导演，取得了收视佳绩。2003年，编剧并导演电视剧《英雄本色》（又名《风云争霸》），并根据该剧的剧本和人物设定开发同名电脑游戏《英雄本色》。

他编剧的作品题材广泛，紧贴受众和市场需求，以细致的观察、敏锐的触角来反映大众审美趣味，善于挖掘编剧作品的衍生价值。《风云》《英雄本色》《魔剑生死棋》都是将电视剧创作与电脑游戏开发结合，充分考虑到两者的互动与呼应，树立了品牌价值和后续的经营目标。

（朱怡璇）

徐克 Hark Tsui（1950-02-15～ ）中国电影导演。原名徐文光。生于越南。13岁时，拍摄了一部8毫米胶片的魔术表演短片。1966年，移居香港。1969年，进入美国得克萨斯州的南遁道会大学就读。1975年，毕业于得克萨斯州大学。1977年回到香港，加入无线电视台任编导，参与拍摄了《家变》《小人物》《大亨》等长篇剧。1978年，转入佳艺电视台，导演了电视剧《**金刀情侠**》。1979年，执导武侠片《**蝶变**》，该片是**香港新浪潮电影**的开山作之一。1981年，拍摄了黑色喜剧片《鬼马智多星》，获第18届台湾电影金马奖最佳导演奖。1983年，聘请美国《**星球大战**》特技小组人员，拍摄了大型科幻武侠片《新蜀山剑侠》，影片熔西方科技和神话为一炉，具有划时代意义，被视为香港电影特效史上的一部里程碑之作。1984年，创立电影工作室，后相继导演了《上海之夜》(1985)、《打工皇帝》(1985)、《刀马旦》(1986)、《英雄本色3：夕阳之歌》(1989)等类型片。其中《上海之夜》获法国南特三大洲电影节特别奖。同时，还参与了30余部电影的拍摄，重要的有《**英雄本色**》(1986，监制)、《英雄本色2》(1987，编剧)、《**倩女幽魂**》(1987，监制)、《喋血双雄》(1989，制片人)、《笑傲江湖之东方不败》(1992，编剧)、《**新龙门客栈**》(1992，监制）等。

1991～1997年，徐克与**李连杰**合作，拍摄了多部“黄飞鸿”系列片，将黄飞鸿的形象进行了大刀阔斧的改造。他将黄飞鸿这个人物置身于中国的时代变迁中，使传统武侠片中的形象不仅更加人性化，而且显得格局更大，兼备行侠仗义与家国情怀等特征。1993年，根据**李碧华**同名小说改编拍摄了《**青蛇**》，让中国古老传说中的人物回归有血有肉的人性层面，影像造型及光影惊艳绝伦，充满了奇崛的想象力。2001年，导演《蜀山传》，给观众带来了极大的视觉刺激和享受。2010年，开始“狄仁杰宇宙”的构筑，重新探索以探案为故事核心的魔幻、悬疑加动作的武侠电影类型。至2022年，“狄仁杰”系列片已拍摄3部，其中《狄仁杰之通天帝国》（2010）获第30届香港电影金像奖最佳导演奖。2011年，导演可称为《新龙门客栈》续集的3D大片《龙门飞甲》，该片被誉为中国内地第一部真正意义上的3D武侠电影。2014年，根据中国红色经典小说《林海雪原》改编导演的中国首部3D战争动作片《**智取威虎山**》，以大刀阔斧的类型片手法，重塑经典，极具个人风格，获第30届中国电影金鸡奖最佳导演奖、第35届香港电影金像奖最佳导演奖等。2021年，与**陈凯歌**、林超贤联合导演抗美援朝题材电影《**长津湖**》。

徐克自20世纪80年代开始其影视事业生涯，不断创造和引领新潮，以大胆新颖、充满动感的视觉奇观，显示了其独有的艺术审美观和想象力。他执导的影片还有《豪门夜宴》(1991)、《梁祝》(1994)、《刀》(1995)、《花月佳期》(1995)、《金玉满堂》(1995)、《迎头痛击》(1998)、《顺流逆流》(2000)、《七剑》(2005)、《深海寻人》(2008)、《女人不坏》(2008)、《狄仁杰之神都龙王》(2013)、《西游·伏妖篇》(2017)、《狄仁杰之四大天王》(2018）等。2013年，获第16届上海国际电影节华语电影杰出贡献奖。2017年，获第11届亚洲电影大奖终身成就奖。

（赵小青 撰 李 清 修订）

徐苏灵 Xu Suling（1910-07-10～1997-03-04） 中国电影编剧、导演。原名徐玉麟，笔名苏灵。祖籍天津。生于上海，卒于上海。9岁丧父，家境日艰，中学没毕业就到一所小学校任教。1930年毕业于上海中华艺术大学西画系，后在哈尔滨艺术学院担任西画系教员。1931年回到上海，在《春潮》《矛盾》等刊物从事编辑工作。同年12月，开始从事戏剧活动，以编剧、导演的身份参与《乱钟》《国民公敌》等话剧的排演工作。

1934年到艺华影业公司出任编导，参与影片《花烛之夜》的剧本写作和影片拍摄，随后又导演了《小姐妹》(1936)、《海天情侣》(1937)、《满园春色》(1937）等故事片。1937年抗日战争全面爆发，远赴重庆到中央电影摄影场任职。1939年，将“八一三”抗战历史事件搬上荧幕，拍摄了影片《孤城喋血》。随后，拍摄了《东战场》(1938)、《西藏巡礼》(1940)、《新疆风采》(1943)等多部纪录片。抗战胜利后，徐苏灵担任中央电影摄影厂二厂厂长，编写了《肠断天涯》剧作文本，导演拍摄了《人尽可夫》(1948)、《女大亨》(1950）等影片。后为国泰影业公司执导了《生命交响曲》(1950）等影片。1952年，徐苏灵在上海电影制片厂出任导演一职，执导了《人往高处走》(1954)、《阿福寻宝记》(1957)、《第一列快车》(1958)、《飞刀华》(1963)、《月亮湾的笑声》(1981）等影片，其中《月亮湾的笑声》1981年获文化部优秀影片奖。

徐苏灵在**戏曲电影**上也有建树，先后导演了《宇宙锋》(1954)、《秦香莲》(1955)、《穆桂英挂帅》(1958)、《百岁挂帅》(1959)、《三个母亲》(1959）等优秀戏曲片，其中《秦香莲》1957年获文化部1949～1955年优秀影片奖。1956年徐苏灵在《中国电影》发表了《试谈戏曲艺术片的一些问题》一文，翔实地讨论了剧本改编、布景装置的风格、电影特性与戏曲特点如何适应等问题，为戏曲电影的发展提供了可参照的理论依据。

（孙承健）

许鞍华 Ann Hui（1947-05-23～ ） 中国电影导演。生于辽宁鞍山。1972年毕业于香港大学，获文学硕士学位，之后赴英国伦敦国际电影学院学习。早期参与拍摄了《北斗星》等多部电视剧，还到东南亚和墨西哥拍摄了一批纪录片。1978年，导演电视剧《狮子山下之来客》，以20世纪70年代大量越南船民私渡来港为故事背景。1979年，执导电影《疯劫》，在叙事方面进行先锋探索，影片被认为是中国**香港新浪潮电影**代表作，获第17届台湾电影金马奖优等剧情片奖、最佳摄影奖、最佳剪辑奖。1980年，执导鬼怪喜剧片《撞到正》（又名《小姐撞到鬼》）。1981年后，放弃对形式的追求，注重影片对时代和现实的反映，代表作有继续表现越南船民悲惨命运的《胡越的故事》(1981）和《投奔怒海》(1982)。这两部电影和之前的《狮子山下之来客》并称为许鞍华的“越南三部曲”。其中，《投奔怒海》获第2届香港电影金像奖最佳影片奖，创下1500万电影票房，被誉为香港新浪潮电影的经典之作。

1984年，将张爱玲的同名小说《倾城之恋》搬上银幕，影片获第4届香港电影金像奖最佳音乐奖、第25届台湾电影

金马奖最佳服装设计奖。1990年，导演半自传电影《客途秋恨》，讲述女儿和母亲由隔阂到相互理解的故事，获第27届台湾电影金马奖最佳原创剧本奖。1995年，导演《女人，四十》，讲述中年女性阿娥在婆婆意外过世后，和患上阿兹海默症的公公相处的过程，细腻地表现了香港社会的历史变迁和市民生活的点滴，获第32届台湾电影金马奖最佳剧情片奖、第15届香港电影金像奖最佳影片奖和最佳导演奖等。1997年，根据张爱玲的小说《十八春》改编拍摄了《半生缘》，讲述20世纪30年代上海一对家庭出身迥异的情侣的爱情悲剧，细腻展示了女性的情感世界。1999年，导演《千言万语》，反映了香港20世纪60年代的动荡生活，获第19届香港电影金像奖最佳影片奖、第36届台湾电影金马奖最佳剧情片奖。2008年，导演**《天水围的日与夜》**，获第28届香港电影金像奖最佳导演奖、第15届香港电影评论学会奖最佳导演奖、第9届华语电影传媒大奖最佳导演奖。2012年，导演反映香港本土题材的电影《桃姐》，讲述富家少爷罗杰与自幼照顾他长大的家佣桃姐之间形成的特殊亲情，获第31届香港金像奖最佳影片奖和最佳导演奖、第48届台湾电影金马奖最佳导演奖等。2014年，执导女作家萧红的传记电影《黄金时代》，采用间离风格的纪录片叙事手法进行艺术上的创新，获第34届香港电影金像奖最佳导演奖、第51届台湾电影金马奖最佳导演奖。

2017年，导演中国香港回归二十周年献礼片《明月几时有》，获第37届香港电影金像奖最佳导演奖、第54届台湾电影金马奖最佳导演奖。影片根据中国香港抗战史实改编，是许鞍华第一次拍摄主旋律类型的电影，她采用黑白影像贯穿始终的纪录片手法，将历史和现实连接起来。许鞍华导演的影片还有《阿金的故事》(1996)、《去日苦多》(1997)、《幽灵人间》(2001)、《男人四十》(2002)、《玉观音》(2003)、《姨妈的后现代生活》(2007)、《天水围的夜与雾》(2009)、《第一炉香》(2021)等。2012年，获第6届亚洲电影大奖终身成就奖。2020年，获第77届意大利威尼斯国际电影节终身成就奖。

（赵小青　撰　李　清　修订）

许冠杰　Xu Guanjie (1948-09-06～　)
中国电影演员、歌手。祖籍广东番禺。生于广东广州。毕业于香港大学心理学系。自幼喜爱西欧流行音乐。1967年组织莲花乐队，为主唱歌手。同年，入电视台主持

流行音乐节目。1971年和哥哥**许冠文**主持颇受欢迎的综艺节目《双星报喜》。1972年入香港**嘉禾电影有限公司**任演员，主演了第一部影片《马路小英雄》，后又主演了《小英雄大闹唐人街》(1973)等3部影片，引起人们的广泛注意。

1974年与许冠文等创办许氏兄弟影片公司，并主演了创业影片《鬼马双星》，创当年香港电影卖座纪录。此后，许氏兄弟影片公司的《天才与白痴》(1975)、**《半斤八两》**(1976)、《卖身契》(1978)、《摩登保镖》(1981)等均列当年香港电影票房最高影片之榜首，其中《半斤八两》被评为香港杰出讽刺喜剧片之一。许氏兄弟影片公司影片的主题曲均由许冠杰作曲填词，并流行一时，推动了香港粤语流行歌曲的潮流。1982年，许冠杰离开嘉禾电影有限公司，加入新艺城影业有限公司，同年主演了喜剧电影**《最佳拍档》**，成为香港电影年度票房冠军。随后主演的《最佳拍档：大显神通》(1983)、《最佳拍档：女皇密令》(1984)均为香港当年票房第一名。20世纪90年代参演电影《笑傲江湖》(1990)、《花田喜事》(1992)、《水浒笑传》(1993)后，逐渐淡出影坛，全力投身音乐事业。

许冠杰出演的影片多为喜剧电影，给观众留下了一个个插科打诨的人物形象。在音乐方面，他灌制的唱片多次获香港唱片界颁发的金唱片奖、白金唱片奖。为电影《笑傲江湖》演唱的主题曲《沧海一声笑》获第10届香港电影金像奖最佳电影歌曲奖。其众多音乐作品开创了香港流行乐坛的新纪元，对现代粤语音乐的推行和发展起到了关键作用。（余慕云）

许冠文　Xu Guanwen (1942-09-03～　)
中国电影演员、导演。生于广东番禺。自幼随父母移居香港，后毕业于香港中文大学社会系。1968年进入香港电视台主持校际问答比赛节目。1971年加入无线电视台，与弟弟**许冠杰**主持综艺节目《双星报喜》，大受欢迎。1972年加入**邵氏兄弟（香港）有限公司**，主演了喜剧片**《大军阀》**，一举成名，随后主演了《一乐也》《丑闻》《声色犬马》等影片，成为香港著名喜剧演员之一。

1974年，与许冠杰创办了许氏兄弟

影片公司，公司与**嘉禾电影有限公司**合拍了讽刺喜剧片《鬼马双星》，在影片中他自编自导自演，影片创当年香港卖座纪录。1976年拍摄了**《半斤八两》**，影片再创卖座纪录，而且打进日本、西班牙电影市场。此后又以《卖身契》《摩登保镖》创下当年香港电影票房纪录，并推动了香港喜剧片的热潮。他制作的喜剧片富有社会意识和人情味，嬉笑怒骂，大快人心。他塑造的冷面笑匠的形象，成为香港喜剧偶像之一。1982年，他凭借《摩登保镖》获第1届香港电影金像奖最佳男主角奖。随后导演或出演的主要作品有《欢乐叮当》《神探朱古力》《鸡同鸭讲》《合家欢》《新半斤八两》《财叔之横扫千军》《神算》《丐世英雄》等，其中《鸡同鸭讲》获美国拉斯维加斯国际喜剧电影节最佳男主角奖。2004年客串演出了《鬼马狂想曲》，并主演了《煎炸三宝》。2006年出演了《宝贝计划》。2014年自编自导自演的喜剧电影《打虎》开拍。

他以娱乐大众为拍摄电影的最高理想，从不拍色情暴力片。1983年被选为香港十大杰出青年之一。1996年出任中国国务院香港事务顾问。2004年获香港特别行政区政府非官守“太平绅士”。2006年被香港岭南大学授予“荣誉院士”。

（余慕云）

许氏喜剧片　Xu's comedy film　中国香港喜剧类型片。创始人**许冠文**，其他主创有许冠英、**许冠杰**等。1974年，许冠文拍摄了第一部粤语喜剧片《鬼马双星》，票房达到625万港元，成为当年香港票房冠军。该片是许氏喜剧片的开山之作，奠定了其表现香港小人物的草根风格，契合香港观众的心理状态和观影期待。之后，许冠文又拍摄了《天才与白痴》(1975)、**《半斤八两》**(1976)、《卖身契》(1978)等粤语喜剧片，其中《半斤八两》的票房突破850万港元，再次刷新香港电影票房纪录，这些电影进一步强化了许氏喜剧片的核心特征。

在人物塑造方面，许氏喜剧片集中表现香港草根阶层的小人物。小人物本身的复杂性和多面性，人性弱点、缺陷、欲望等，被创作者用来构思喜剧桥段。小人物

见多识广，自恃高人一等，因而自作聪明，试图彰显自我存在的价值，但经常弄巧成拙、洋相百出。许氏喜剧片的人物和人物互动关系往往有固定的套路和模式。许氏喜剧片通过喜剧桥段展示人性弱点，让小人物的形象更为立体和深入人心。

笑料密集是许氏喜剧片的重要特征，堆砌笑料、娱乐观众是其明确的创作目标。之后的香港喜剧电影大都贯彻了高密度笑料的美学路线，确立了香港喜剧电影的本土化特色。

喜剧动作化是许氏喜剧片的另一特征。许冠文利用疯狂的追逐、打闹、自食其果的恶作剧制造幽默的动作场景，如在《半斤八两》中设计了厨房打斗等经典段落。同时，影片大量使用机关道具，使剧情出人意料，惊喜不断。这种方式影响了20世纪80年代初新艺城影业有限公司喜剧动作片的创作。

许氏喜剧片是香港喜剧电影中具有本土特色的类型，尽管在人物塑造等方面不尽完善，但为20世纪80年代新艺城喜剧的崛起和发展奠定了观众基础和创作基础，也为后来香港无厘头喜剧片的产生提供借鉴。20世纪90年代初期，随着新艺城喜剧片的崛起，许氏喜剧片逐渐式微。

（类成云）

许之乔 Xu Zhiqiao（1914-06～1986-01-18）中国电影、戏剧理论家，剧作家。原名许升乔，笔名何苗、贺鹰。原籍广西桂林。生于湖南永州（今零陵县），卒于北京。出身于书香门第。自幼聪颖勤学，中学时期因向往革命而积极参与左翼戏剧活动。在“一二·九”运动中，加入中国共产党组织的外围小组，积极投身于抗日救亡活动，并与瞿白音、吕复、舒强、水华、王苹等致力于进步戏剧的演出和宣传活动。1938年8月，成为中国左翼戏剧家联盟南方小组正式成员。抗日战争期间，先后参加中国共产党领导的救亡演剧队八队、抗敌演剧队第二队（后改为九队），并与章泯、葛一虹在武汉共同创办《新演剧》杂志。

1939年，考入南京中央大学艺术科西画系，师从徐悲鸿，后因继续从事进步活动而遭到国民党当局的跟踪和迫害。1940年到桂林，参与田汉主编的《戏剧春秋》杂志的编辑与出版工作，为推动中国抗日进步戏剧运动作出了贡献。1944年，加入抗敌演剧队五队。同年秋，受聘于云南大学附中，并积极筹组中国剧社。1947年春，经组织安排，入上海戏剧专科学校任教。1949年后，在上海进行文学、戏剧理论的教学和研究工作，并创作了话剧《钢铁是这样炼成的》、电影剧本《望穿秋水》（大同电影企业公司摄制）、《歌仙刘三妹》等经典艺术作品。

1951年，中央电影局表演艺术研究所（今北京电影学院）增设编剧系（教育部确认为电影编剧编辑专修科，简称编剧班），他任专职教师，主讲情节与结构课程。编剧班结束后，他同汪流、余倩等留校任教。之后，领导组建文艺理论教研组，主要负责文艺基础知识和基础理论课程的教学，他和余倩主讲的文学作品分析课程成为艺术专业必修课。1956年北京电影学院成立，1961年增设文学系，他先后任文学教研组组长和文学系主要负责人。此外，在古典文学研究方面，许之乔也有独特的建树，其撰写的《〈红楼梦〉是属于人民的》《〈琵琶记〉论辩》《〈海之歌〉漫谈录》《〈红旗谱〉中人民大众的人性美和人情美》《从形象看哲学》等文学艺术论文，充分展现出他在学术领域的开拓精神。

（丁　宁）

叙利亚电影 Syrian cinema 1908年，土耳其人首次在阿勒颇市放映活动画片。1916年，大马士革建立第一座影院，主要放映德国无声片。1928年，导演阿尤布·巴德尔拍出无声片《无辜的被告》，宣告叙利亚电影诞生。此后又拍摄出两部无声片：《在大马士革的天空下》（1932，导演伊斯梅尔·安祖尔）和《义务的呼唤》（1938，导演道德尔）。由于殖民主义的统治，叙利亚电影长期无法发展，在第二次世界大战前，摄影师诺里丁·里法伊曾拍下许多新闻纪录片段，但由于无法通过法国审查机构，和观众见面的只是其中极少一部分。

1946年独立后，成立叙利亚电影制片公司，和埃及、黎巴嫩合拍了一部《阿米里亚之夜》。1947年，导演纳齐赫·沙班德尔拍摄出一部《光明与黑暗》。1949年，导演艾哈迈德·阿尔凡继纪录片《战场上的叙利亚军队》后又拍了一部故事片《过路人》。20世纪60年代初，祖海尔·沙瓦拍出了商业上成功的影片《绿色的山谷》（1961）和《在边界后面》（1963）。独立后拍摄的一些影片主要反映叙利亚人民的生活与传统。在此期间，农业部、卫生部、教育部、社会事务部、国防部都先后成立了电影部门，生产、放映纪录片。1963年，阿拉伯复兴社会党执政后叙利亚成立了国家电影总公司，隶属文化部，统管电影生产、发行以及进出口业务。该公司在南斯拉夫的帮助下，于1968年拍摄出故事片《货车司机》。到1980年，共生产故事片23部，纪录片近200部。这期间私营制片业也取得长足进步，20多家制片公司共拍出80多部故事片。1986年，叙利亚全国有影院105座，其中100家是私营的。年进口400多部影片。

60～80年代的主要影片有：反映巴勒斯坦民族斗争的《太阳下的男人》（1970，导演穆罕默德·夏欣等，获1970年迦太基国际电影节银奖）、《受骗的人》（1972，获1972年迦太基国际电影节大奖）、《爱的另一面》（1973，导演穆罕默德·夏欣）、《相反方向》（1975，导演穆拉纳·赫正德），反映民族和阶级斗争的《豹》（1972，导演纳比勒·马利赫，获第25届瑞士洛迦诺国际电影节和1972年卡罗维发利国际电影节奖）、《耻辱》（1974，导演白希尔·萨非亚）、《英雄再生》（1976，导演萨拉赫·迪赫尼）、《第五座城堡》（1979，导演白拉勒·萨布尼）和《残存的形象》（1980，导演纳比勒·马立赫，获1981年大马士革国际电影节金剑奖），反映现实生活问题的《红、白、黑》（1977，导演白希尔·萨非亚）、《桑葚，我的宝贝》（1979，导演马尔万·哈达德）、《陷阱》（1980，导演乌地厄·优素福），表现历史题材的《进步党人》（1973，导演纳比勒·马利赫）、《冒险》（1977，导演穆罕默德·夏欣）等。

90年代拍摄了《晚》（1992，导演穆罕默德·马拉斯）、《临时工》（1993，导演纳比勒·马利赫）等。进入21世纪后，拍摄了《巴勒斯坦，一个等待橙色夜晚的盒子》（2012，导演巴萨姆·萨米·切赫斯）、《爱人》（2012）、《大马士革之路》（2013，导演穆罕默德·马拉斯）、《我最后的朋友》（2014，导演约乌德·萨伊德）、战争片《黑风》（2016）、纪录片《战争演绎》（2016，导演安德烈亚斯·达尔斯加德、奥贝达·齐顿）、《水泥的滋味》（2017，导演吉亚德·卡尔托姆）、《恐怖分子的孩子》（2017，导演塔拉勒·德尔基）、《我失去影子的那天》（2018，导演苏迪德·卡丹）、《洞穴里的医院》（2019，导演菲拉斯·法耶德）等。其中，《我失去影子的那天》讲述一位母亲因为要给儿子做晚餐而陷入战乱区的故事，获第75届意大利威尼斯国际电影节银狮奖。

自1979年开始，在大马士革每两年举行一次东阿拉伯国家、亚洲和拉丁美洲电影节。自2007年开始一年一度，最终评选出长故事片和短故事片金、银、铜奖及最佳阿拉伯语影片奖。

（张文建）

叙事性声音蒙太奇 narrative sound montage 影视声音蒙太奇的一种。见影视声音蒙太奇。

《悬崖上的野餐》 *Picnic at Hanging Rock* 澳大利亚彩色故事片。澳大利亚电影委员会、大英帝国澳大利亚电影公司、麦克尔罗伊电影公司和野餐电影制作有限公司1975年联合出品。改编自澳大利亚作家J.林赛的同名小说。编剧，C.格林；导演，P.威尔；摄影，R.博依德；主演，R.罗伯茨、V.格雷、H.摩丝。

故事讲述了澳大利亚联邦建立的前一年即1900年，圣瓦伦丁女子住宿学校学生的生活和遭遇。圣瓦伦丁节当天，严格刻板的校长亚普莉亚德夫人组织了一次野餐，地点选在一处悬岩。孤儿萨拉被禁止一同前往，只能目送好友米兰达和其他同学离开。麦克劳老师带着学生们抵达悬岩后，大家切蛋糕庆祝。休息时米兰达等四人去悬岩上测量几块岩石，被当时在悬岩下郊游的迈克尔和仆人埃尔伯特发现。迈克尔被米兰达的美貌吸引。当天晚上，校长亚普莉亚德夫人收到消息称麦克劳老师与米兰达等四人失踪，警方立刻介入调查，校长却只关心学校的名声和下学期学生的人数。迈克尔和埃尔伯决定一起回到悬岩找寻失踪的女孩，意外发现了还活着的厄玛。厄玛头部受伤严重，忘记了发生过的一切。萨拉因为失去了好友米兰达而精神崩溃，她的监护人也不再支付学费，最终被校长赶回孤儿院，在绝望中自杀。

《悬崖上的野餐》剧照

影片事件扑朔迷离，颇具神秘氛围，通过一场离奇的失踪案，宣告了对维多利亚时代的伤感告别。影片一方面呈现了底层的苦难和被压抑的欲望，另一方面表现了澳大利亚对维多利亚时代的异常复杂的情感。影片1976年获第2届澳大利亚作家协会奖阿维尔故事片奖，1977年获第30届英国电影学院奖最佳摄影奖，1979年获第7届美国科幻小说与奇幻恐怖片学院奖最佳摄影奖。（胡谱忠）

选机位 select parking position 拍摄景物、人物以及物体时，选择摄影机位置的过程。选机位是**影视导演**首要而基本的工作。选机位主要考虑距离、方向和高度三个因素，这三个因素又被称为摄影三坐标，共同确定了画面的构图。就距离而言，摄像机与被摄物距离越近，被摄主体越大，摄影机镜头拍摄所涵盖的范围越小；摄影机与被摄物距离越远，被摄主体越小，摄影机镜头拍摄所涵盖的范围越大。不同拍摄距离的选择导致**远景**、**全景**、**中景**、**近景**、**特写**等不同景别的产生。就方向而言，一般分为正面拍摄、侧面拍摄、前侧面拍摄、后侧面拍摄和背面拍摄。就高度而言，镜头主要包括采取平视、俯视或仰视对被摄物进行拍摄。距离、方向、高度中任何一个因素发生改变，画面的构图都会发生变化。

除了单机位拍摄，还有双机位拍摄和多机位拍摄，双机位拍摄和多机位拍摄同样具有相对固定的机位法则。例如在双机位拍摄双人对话时，两台摄像机应交叉拍摄，但两台摄像机通常与被摄对象的距离并不完全相同，两台摄像机与对话二人共同摆成一个不等边四边形的格局。当采用三台或三台以上摄像机进行多机位拍摄时则因固定场地与特殊场地的区分而各有不同机位。从不同角度、使用不同景别的多机位拍摄时，表现力比单机位要强。机位的选择同时也体现了不同视点、不同构图、不同调度和不同叙事方式。（孙承健）

《薛平贵与王宝钏》 *Love Amongst War* 中国戏曲片。华兴电影制片厂1956年出品。编剧，陈守敬；导演，**何基明**；摄影，何錂明；主演，刘梅英、吴碧玉、许金菊、陈澄三。

故事讲述了唐朝年间，魏妃母子在宫中惨遭郑妃谋害，慌乱中，太子逃离皇宫，在薛家庄被薛祥抚养，取名薛平贵。十八年后，薛平贵文武双全。王宝钏是丞相王允的三女儿，嫁给薛平贵住进了寒窑。后来，薛平贵从军征战，远赴西凉，王宝钏苦守寒窑。薛平贵历尽风险，战功赫赫。后娶了西凉国代战公主，当上了西凉国的国王。离家十八年后，薛平贵接获义兄送来原配王宝钏血书一封，遂单骑走三关直奔长安城，与王宝钏寒窑相会。平贵登基后，封王宝钏为正宫皇后。

影片将台湾民间歌仔戏《薛平贵与王宝钏》整个舞台戏搬上银幕，利用晚间散场戏的舞台，实地拍摄，并加入外景戏和民谣，保持了舞台剧的特色。影片制片态度严肃，演员虽无银幕经验，却很认真。影片在台湾戏院和“中央戏院”首映时，大受欢迎，之后在台湾全岛巡回放映。影片掀起了拍摄闽南语电影的高潮，被认为是闽南语电影起步的奠基之作。（黄钟军）

《雪之女王》 *Snow Queen* 苏联动画片。1957年出品。根据H.C.安徒生同名童话故事改编。编剧，G.格列波涅、L.阿特马诺夫、N.埃德曼；导演，阿特马诺夫。

故事讲述了小女孩歌尔达和小男孩盖亚是一对好朋友，他们每天一起在花园里玩耍。一个冰雪夜里，雪之女王来了，她摔碎了魔镜，魔镜的碎片吹到了盖亚的眼睛里。从此，盖亚就像中了咒语一般，再也不是那个勇敢而快乐的小男孩了，他的眼中充满了仇恨，也不再和歌尔达一起玩耍。雪之女王为了解除自己身上的咒语，带走了盖亚。在冰雪宫殿中，盖亚必须要完成一个无穷无尽的拼图才能去除魔咒。盖亚失踪后，歌尔达决定去寻找盖亚，歌尔达踏上了充满艰辛和危险的未知的征途。最终，歌尔达找到了雪之女王的冰雪宫殿。歌尔达用自己的眼泪解除了盖亚身上的魔咒，解救了盖亚和雪之女王。

影片在世界动画史上可与迪士尼的《白雪公主》等相提并论，堪称典范。影片中冷酷无情的雪之女王拥有美丽的外表和财富，却只能生活在无尽的孤独和冷漠之中。影片中的场景丰富多变，五彩的花园、富丽堂皇的宫殿、北方的冰雪世界、山川洞穴等栩栩如生；人物形象生动逼真，雪之女王的塑造是通过拍摄真人形象，然后将所得到的图像逐帧绘制到赛璐珞片基上，被施了魔法的盖亚、善良坚毅的歌尔达也塑造得生动传神。影片1957年获意大利威尼斯国际电影节动画电影类金狮奖，1958年获莫斯科国际电影节特别奖、法国戛纳国际电影节动画电影类最佳影片奖，1959年获伦敦电影节年度最佳影片奖等。（廖海波）

《血战台儿庄》 *Battle of Tai'erzhuang* 中国彩色故事片。广西电影制片厂1987年出品。编剧，田军利、费林军；导演，杨光远、翟俊杰；摄影，鞠烽、雷甲铭；主演，邵宏来、初国良。

故事讲述了1938年春，侵华日军企图合围徐州打通津浦线。国民党第五战区司令长官李宗仁亲抵徐州，布置与日军的决战。中、日两军在临沂展开激战。与此同时，张自忠将军捐弃前嫌听从李宗仁指挥，及时夹击取得胜利，守住了阵地。几天后，中、日两军又在徐州北面的台儿庄激战，中方全歼日军矶谷师团，取得抗日战争以来国民党战场上第一次辉煌胜利。

影片画面造型悲壮凝重、气势恢宏，

充分利用电影的表现手段真实再现了抗日战争史中重要的一页，呈现了国民党爱国官兵可歌可泣的英雄业绩，塑造了一批国民党高级将领以民族国家大义为重的爱国志士群像。影片是第一部叙述国民党正面战场抗日事迹的战争片，也提及国民党高级将领采纳周恩来、叶剑英作战方针和中共天津地下党提供日军进攻台儿庄的重要军事情报等史实。影片1987年获中国广播电影电视部优秀影片奖，1988年获第8届中国电影金鸡奖最佳编剧奖、第11届中国大众电影百花奖最佳故事片奖。

（弘　石）

寻根电影　root search film　中国电影中以历史寻根和文化寻根为主题的影片。20世纪70年代开始，中国台湾电影开始反思美日经济援助带来的民族性的丧失，想从中华传统文化中汲取养料，表现出对台湾及原乡故土的文化认同。先后拍摄了《秋决》(1972)、《香火》(1979)、《原乡人》(1980)、《源》(1980)、《唐山过台湾》(1988)等一批寻根电影。这些作品通过追溯台湾历史，探寻民族文化心理和民族文化性格，确定了台湾的民族和文化身份认同。这些作品追寻台湾与大陆的历史连接和血缘关系，体现出台湾历史、文化与大陆的一脉相承，反映出台湾人对寻根历史的渴望。

（于丽娜）

《寻子遇仙记》　*The Kid*　美国故事片。查理·卓别林电影公司1921年出品。编导，C.卓别林；摄影，R.托瑟罗；主演，C.卓别林、J.库根、E.珀薇安丝。

故事讲述了一位和画家谈恋爱的女子生下孩子后，因穷困潦倒把孩子放进了一辆有钱人的汽车内。没想到汽车却被两个

《寻子遇仙记》剧照

偷车贼偷走，婴儿被遗弃在贫民区的垃圾桶旁。伤心的妈妈突然后悔遗弃孩子，但再次回到有钱人家门口时车子和孩子都不知去向。被遗弃的婴儿恰好被晨起肚饿的单身汉夏尔洛拾到，善良的他几次想放下婴儿，最终决定抚养这个弃婴。夏尔洛和孩子相依为命，愉快地一起生活了四五年。夏尔洛教育男孩要自立、勇敢和做一名绅士。女子后来成为一名有名的演员，思子心切，常向穷苦孩子布施，也曾在夏尔洛家门口偶遇自己的孩子。孩子生病了，医生发现夏尔洛的经济条件不足以抚养孩子，因此带着孤儿院的人来收养孩子。女子的演出获得成功，孩子的画家爸爸也成为有名的艺术家。在晚会上，他向女子表示愿意补偿她的损失，女子黯然神伤，她思念自己的孩子，决定在报纸上悬赏寻找弃婴。夏尔洛奋力和孤儿院的人一起争夺孩子，最后把孩子抢了回来。但是他们不能回到原来的住处，于是在便宜的居所租住一晚，夏尔洛看到了报纸上的寻人启事，拿出当年襁褓中的纸条，不料孩子却被贪财的旅馆店主偷走。夏尔洛找不到孩子，失落地回到自己的家。在梦中，他和小孩及其母亲团聚。这个时候，警察把他叫醒，并把他带到女子家中与弃婴重逢。

作为卓别林的代表作品之一，影片将强烈的乐观主义精神和深沉的悲剧气氛融为一体，表现了主人公对生活的挚爱，表达了不同阶层的人们通过善良的人性达成和解的思想。影片中，主人公夏尔洛虽然衣衫褴褛，但教育孩子独立、勇敢、保持绅士等，形成了隽永的喜剧风格，给观众留下了深刻的印象。影片充满喜剧色彩，2008年被列入奥斯卡百部经典影片之一。

（张　冲）

讯道摄像机　channel camera　应用于多讯道电视节目制作的专用摄像机。讯道摄像机由镜头系统、机身系统、寻像器、通话系统、传输适配系统和摄像机控制单元等几个部分构成。主要承担着视频图像的拾取与视频讯号的给送任务。

按照制作方式的不同，讯道摄像机可分为ESP摄像机（演播室摄像机）和EFP摄像机（现场节目制作摄像机）两种。一般情况下，ESP摄像机的造价较高，在成像质量、信噪比和稳定性上都要优于EFP摄像机。按照体量的不同，讯道摄像机分为固定式摄像机（座机）、便携式摄像机（手持、肩扛）和特殊类摄像机三种。固定式摄像机一般配备成像效果较好的箱式镜头，使用大寻像器。便携式摄像机一般配备便携式变焦镜头。特殊类摄像机有的体积很小，有的借助轨道进行运动，有的则具备高速拍摄功能，应对多种特殊拍摄需要。

（郑　月）

Y

《鸦片战争》 *The Opium War* 中国彩色故事片。峨眉电影制片厂、成都汇通城市合作银行、中华民族文化促进会、上海谢晋－恒通影视有限公司、上海精文投资有限公司1997年联合出品。编剧，朱苏进、倪震、宗福先、麦天枢；导演，谢晋；摄影，侯咏；主演，鲍国安、林连昆、苏民。

《鸦片战争》剧照

故事讲述了1838年，清朝道光皇帝闻奏鸦片泛滥，已危及天朝安宁，大为震怒，命湖广总督林则徐为钦差大臣，赴广州查禁鸦片。林则徐在广州缉拿走私鸦片的贪官韩肇庆等人，严令英国鸦片商人缴出所有鸦片。1839年6月3日，虎门海滩人海如潮，两万余箱鸦片被销毁。英国议会展开激烈辩论，通过对华战争拨款议案。英远征军避开已有准备的广州，沿海路北上，攻陷定海，抵达天津。道光帝无奈将林则徐撤职，派直隶总督琦善为钦差大臣赴广州与英军谈判。其间英军再犯广东沿海，虎门炮台浓烟滚滚，爱国将领关天培与敌人同归于尽。之后英军占领香港，香港开始被英国殖民统治。

影片从史实出发，真实地反映了鸦片战争的始末，讴歌了中华民族反抗外来侵略欺压、奋勇斗争的英雄气概。影片耗资近1亿元人民币，是当时中国投资较大的影片之一，并创下了国产片在国内的票房纪录。影片1997年获第17届中国电影金鸡奖最佳故事片奖、最佳摄影奖、最佳录音奖、最佳道具奖、最佳男配角奖，1998年获第21届中国大众电影百花奖最佳故事片奖。

（阿　章　撰　章柏青　唐建军　修订）

《胭脂》 *Rouge* 中国故事片。香港民新制造影画片有限公司1925年出品。改编自蒲松龄小说《聊斋志异·胭脂》。编导，黎北海；摄影，罗永祥；主演，黎民伟、林楚楚、黎北海。

故事讲述了少女胭脂偶见秀才鄂秋隼而心动，闺友王氏自愿为媒。此事为王氏相好宿介得知，于是宿介便冒秋隼之名夜入胭脂闺房，但在闺房遭到拒绝。宿介夺走胭脂的绣鞋，无意掉落于王氏门外。无赖毛大经过此地拾到绣鞋，并偷听到宿介与王氏的对话，数日后夜闯胭脂家，与胭脂父亲搏斗，并将其杀死。胭脂不明真相，误将鄂秋隼告上法庭。此案经县、府两级审结，秋隼、宿介均被判处死刑。后在山东提学佥事的帮助下，真相大白，元凶伏法，胭脂与秋隼也终成眷属。

影片叙事取材于古典文学，通过一个传奇的爱情故事，表达了劝人为善、善恶到头终有报的思想，为香港后来的电影创作提供了参照。由于影片胶片拷贝未保存下来，上述故事内容是根据各种资料综合而成。片中演员全部身着民国初年的时装，并首次设立化妆、道具等部门，为以后的电影制作奠定基础。影片是香港电影史上

《胭脂》剧照

第一部长故事片，其制作成本约为1万港元，在香港上映一周便获利6000港币，创下当时香港电影票房的新纪录。

（吴涤非）

《胭脂扣》 *Rouge* 中国彩色故事片。嘉禾电影有限公司1988年出品。改编自李碧华同名小说。编剧，李碧华、邱刚健；导演，关锦鹏；摄影，黄仲标；主演，梅艳芳、张国荣、万梓良、朱宝意。

故事讲述了20世纪30年代，香港塘西青楼女子如花对十二少陈振邦一见钟情，两人缠绵爱恋，却因陈家家长不同意而殉情。如花在黄泉苦等十二少而不得见，遂回到阳间寻找。如花希望能再度与十二少相会。通过在报社工作的一对青年男女的帮助，如花终于在回阴间前见到了潦倒不堪的十二少。原来，十二少当年就没有

《胭脂扣》剧照

死。如花将两人信物胭脂盒还给他，随后失落地回到阴间。

影片整体质感细腻，人物塑造丰满立体，结构严谨而具有灵气，将如花充满戏剧张力的悲剧命运用沉着而平缓的语言叙述出来，展现出导演较强的控制能力。影片成功地展现了两个时空，表现了阴间和阳间两个世界，营造了一个凄美、哀婉的画面气氛。影片将如花对十二少那至死不渝的爱情表现得十分感人，同时讽喻了现代社会青年对爱情的态度和观念，产生了扣人心弦的艺术效果。影片1987年获第24届台湾电影金马奖最佳女主角奖、最佳摄影奖、最佳美术设计奖；1988年获法国第10届第三世界影展大奖金球奖，第6届意大利都灵国际电影节评委会特别奖；1989年获第8届香港电影金像奖最佳影片奖、最佳导演奖、最佳编剧奖、最佳女主角奖、最佳剪辑奖及最佳电影歌曲奖。

（粪成云）

延安电影团 Film Troupe of Yan'an 中国共产党建立的第一个电影机构。1938年秋，在中国共产党中央委员会和八路军总政治部的组织领导下，成立于延安。全名为八路军总政治部电影团。谭政任团长。成员有袁牧之、吴印咸、徐肖冰、李肃等7人，由袁牧之负责艺术工作，李肃负责政治和行政工作。1939年后，曾从事电影工作的马似友、吴本立、周从初、钱筱璋、程默等先后调到电影团，稍后又有席珍、唐泽华、罗光、鲁克等24人陆续参加。

延安电影团由一个摄影队和一个放映队组成。从1938年秋到1946年为止，前后8年，克服陕北物质上、技术上和生活上的各种困难，摄制出《延安与八路军》《陕甘宁边区第二届参议会》《十月革命节》《生产与战斗结合起来》《红军是不可战胜的力量》等新闻纪录片和《白求恩大夫》《延安各界纪念抗战五周年》等新闻素材；拍摄出数以万计的反映陕甘宁边区和延安的政治、军事、经济、社会、文化等各方面活动的照片；巡回放映了十几部

苏联早期优秀故事片。抗日战争胜利后，开办过两期摄影训练班，培养了40多名青年摄影师。1945年11月后，延安电影团成员由陈波儿、吴印咸率领，分批赴东北解放区参加东北电影制片厂的筹建工作。

延安电影团所摄制的纪录片，质朴、真实、粗犷，风格上自成一派，为积累重要的革命史料、开拓和发展人民电影事业作出了贡献。在镜头语言上，对新中国初期电影如《中华女儿》《**白毛女**》《**南征北战**》等优秀作品，起着深刻的影响。

（章　文）

延安电影制片厂 Yan'an Film Studio 中国电影制片机构。1946年7月成立于延安。受中国共产党西北中央局宣传部领导，由习仲勋任董事长、陈永清任厂长，创作人员有**陈波儿**、钟敬之、伊明、翟强、冯白鲁、程默、**凌子风**、阿甲、**高维进**、王岚等。制片厂成立后，凭借一架埃摩手提摄影机、4个100支光的水银灯和2万米胶片，在条件艰苦、设备简陋的情况下开始拍摄影片。1946年9月，开始拍摄延安革命根据地唯一的一部故事片《边区劳动英雄》。影片由陈波儿、伊明编剧，伊明导演，凌子风、阿甲、李波等人参加演出，因战争形势的发展和机器故障于1946年11月停拍，未能完成。

1947年1月，延安电影制片厂为适应解放战争的需要转入新闻纪录电影的创作。后派遣程默、凌子风到陕甘宁保卫战前线，随军拍摄了新闻素材《保卫延安、保卫边区》，拍摄了毛泽东、周恩来等转移行军以及毛泽东在窑洞灯下指挥作战的珍贵镜头，反映了1947年3月中央机关和军队撤离延安至转入反攻这一重要历史事件，后分别辑入《**红旗漫卷西风**》《还我延安》等纪录片中。

1947年10月，延安电影制片厂限于物质条件，难于继续开展工作，遂告结束。该厂成员及从陕、晋两地区几个文艺团体抽调来的干事组成了**西北电影工学队**。

（李小燕）

《延安内貌》 *Scenes of Yan'an* 中国纪录片。又名《西北线上》。青年摄影团1941年出品。编导，林苍、徐天翔；摄影，金昆。

影片分为8个段落：①毛泽东、林彪与丁玲；②中国抗日军政大学；③鲁迅艺术学院；④十八集团军的战术；⑤延安的青年男女们；⑥延北的五一劳动节；⑦关于新四军的种种；⑧延安革命根据地的民间生活。影片记录了毛泽东、朱德等领导人的生活工作情况、共产党领导的抗日军队的训练情况、"中国抗日军政大学""鲁迅艺术学院""陕北公学"等学校学生的学习生活以及根据地人民群众的生活状况。

影片篇幅虽比较简短（时长14分钟），流于浮光掠影，但对了解和认识延安革命根据地的社会状况十分重要，更充分体现了林苍、徐天翔、金昆等青年的爱国热情。影片摄制人员由香港出发，途经汉口、西安，进入延安。影片是香港电影工作者首次获准进入延安革命根据地拍摄的纪录电影。影片摄制完成后曾被禁演，直到1941年6月才在香港公映。战时由王文治冒生命危险保存，其后由他的女儿王泉珠捐赠香港电影资料馆。影片于1949年10月由《西北线上》改名《延安内貌》再度在香港上映。

（类成云）

《延安与八路军》 *Yan'an and the Eighth Route Army* 中国纪录片。中国共产党领导下的人民政权的第一部大型纪录片，1938年10月至1940年3月由**延安电影团**拍摄，后期制作在苏联进行。编导，**袁牧之**；摄影，**吴印咸**、徐肖冰、吴本立。

影片记录了毛泽东等中央领导的工作情景，陕甘宁边区的政治生活、生产、经济的发展，抗日军政大学、陕北大学、鲁迅艺术学院等学校学生的学习和生活以及延安的自然风貌。影片还记录了朱德总司令和其他八路军高级指挥员的形象，呈现了晋东南、晋西北和河北地区八路军、民兵和儿童团的抗日斗争。

影片忠实地记录了延安和抗日根据地生气勃勃的面貌和八路军的战斗生活，歌颂了中国共产党领导根据地军民英勇抗战的丰功伟绩，形象地展现了"天下人心归延安"的主题思想。影片是拍摄者深入群众、深入部队，在抗日斗争第一线实地拍摄的，具有重要历史文献价值。

（张兆龙）

严寄洲 Yan Jizhou（1917-10-09～2018-06-21） 中国电影导演。生于江苏常熟，卒于北京。初中毕业后入上海世界书局印刷厂当练习生。1938年投奔延安，进入抗日军政大学。1938～1951年，担任演员、戏剧干事、戏剧教员等诸多职务。早期的文艺活动主要是参与话剧的编导和演出，主要有《甄家庄战斗》《开荒一日》《两兄弟》《一把锉》《口袋》《把敌人挤出去》等。1949年后曾在成都军管会文艺处从事电影审查工作。

1953年调入**八一电影制片厂**，开始导演生涯。导演的作品主要有《脚印》（1955）、《这决不是小事情》（1956）、《战斗里成长》（1957）、《五更寒》（1957）、《**英雄虎胆**》（1958）、《一日千里》（1958）、《海鹰》（1959）、《赤峰号》（1959）、《哥俩好》（1962）、《野火春风斗古城》（1963）、《**万水千山**》（1977）、《猎字99号》（1978）、《二泉映月》（1979，获文化部优秀影片奖）、《三个失踪的人》（1980）、《琵琶魂》（1982）、《再生之地》（1983）、《破雾》（1984）、《陈赓蒙难》（1984）、《陈赓脱险》（1984）、《死亡集中营》（1987）、《柳菲的遗书》（1988）、《猎豹出击》（1990）等。

其作品数量众多、类型丰富，大多带有惊险色彩，情节曲折，战斗场面宏伟，人物刻画得栩栩如生，能够引发观众的喜爱。其影片都有很好的票房，被称为"不赔钱的导演"。2012年获第31届中国大众电影百花奖终身成就奖，2017年获第8届中国电影导演协会年度杰出贡献导演奖。曾任中国戏剧家协会会员、中国作家协会会员、中国电影基金会名誉理事、中国电影家协会名誉理事和中国文联委员等。

（孙承健）

严珊珊 Yan Shanshan（1896-10～1952-08-02） 中国电影演员。本名严淑姬。生于广东广州，卒于香港。为家中第三个孩子，故称"三妹"。曾就读香港懿德师范学校，其间结识**黎民伟**，后与之结婚。1912年3月是广东北伐军女子救伤队队员。1913年加入黎民伟组织的人我镜剧社，与他合演了古装短片《**庄子试妻**》，黎民伟自任编剧并反串庄子之妻，严珊珊饰演其婢女，严珊珊由此成为中国电影史上第一位登上银幕的女演员。影片被美商带回美国，成为大洋彼岸放映的第一部中国影片。1923年，与黎民伟在香港合办民新制造影画有限公司。1925年10月，严珊珊随夫到上海，担任上海民新影片公司基本女演员，参演了《和平之神》（1926）、《五女复仇》（1928）、《再世姻缘》（1928）等电影。在影片中，她大多饰演少女、少妇形象，动作表情自然得体，颇得观众赏识。1928年，严珊珊息影。

（许　婧）

言情电视剧 romantic TV drama 以男女主人公爱情命运起伏变化为主线，男女主人公情感世界和情感纠葛为主要内容，从而阐释“爱情”这个主题，包括都市言情剧、古装言情剧、偶像言情剧等。简称言情剧。又称爱情剧或情感剧。言情电视剧是荧屏上长盛不衰的一种电视剧类型，它通过各种各样的故事被不断演绎。中国的言情剧可以追溯到1961年的《桃园女儿嫁窝谷》，但直到1990年的《渴望》，言情剧才在中国真正达到成熟。从此，言情剧开始成为电视荧屏上的主要类型，尤其由琼瑶小说改编的言情剧曾达到鼎盛期。之后，亦有以赵宝刚作品为代表的都市言情剧、以于正作品为代表的古装言情剧、以林玉芬作品为代表的偶像言情剧等类型。

言情剧之所以长盛不衰，与永恒的母题“爱情”有着紧密的关系。言情剧的特点是：深陷在情爱中的人物形象、以爱情为主线的叙事、抒情化的影像和声效。这些对观众而言都是极佳的设定，尤其是以女性为主的受众。21世纪以来的《宫》(2011)、《裸婚时代》(2011)、《何以笙箫默》(2015)等言情剧都引起了极大的关注。言情剧霸占荧屏的同时，也暴露出更多的问题。比如千篇一律的故事、矫揉造作的情节、无病呻吟的对白，而真正反映现实情感世界的言情剧却越来越少，有些言情剧甚至无明确的情爱观、伦理观。

（曾一果　李玉茜）

演播室灯光吊挂系统　lighting hanging system for studio　演播室上空吊挂灯具的设备总称。该系统由灯具及其吊挂系统组成，可以通过自身机械结构完成灯具位置的改变，最大限度提高布光效率，适应不同节目的迅速切换，缩短节目制作的布光周期，具有使用灵活的特点。

该系统种类多样，但常见的演播室灯光吊挂设备主要有以下三种：①定位式吊挂设备。该设备包括水平吊杆、组合吊杆、垂直吊杆等，在演播室平面内位置固定，基本上只做升降运动，不能做水平移动。②平移式吊挂设备。沿特定轨迹既能做升降运动，又能做水平运动的吊挂设备。包括卧式行车吊杆、杆控滑轨小车吊杆、机控轨道小车吊杆等。③支撑式吊挂设备。通过架子单元组件组合而成的吊挂设备。一般不能在横向上位移或在纵向上改变高度。通过架子组件累加，组合成符合灯光设计需要的高度与跨度，形成一个类似脚手架的立方体框架，往往立在舞台两侧，上面的横梁可以用于侧光光位的吊挂。只要安全稳定，这些组件通过组合可以组成长宽高不同形态。其优点是使用简单、方便操作、灯位较多，尤其是在没有理想灯光吊挂位置的场地，只要空间允许，支撑式吊挂设备可以迅速完成搭建。其缺点是不能灵活改变支撑式吊挂设备的形状。

（李兴国）

演播室灯光设备层　lighting equipment layer for studio　处于演播室顶部，安装灯光吊挂装置、通风装置、消防排烟系统等基础设施的钢结构设备平台。演播室灯光设备层是灯光设备的承载体，灯光吊挂系统必须基于此设备层来建构。该设备层由通风空调系统、机械化灯杆及景杆提升系统、特种灯光照明配电及控制系统、普通照明配电系统、消防雨淋及排烟系统、建筑声学吊顶等系统所构成。

演播室灯光设备层是一个自上而下的多层次结构，大体可以分成上层的风管层与下层的设备层。上层的风管层安装有消防系统的雨淋总管、演播室排烟风管、通风空调水平风管、空调下垂风管等各种风管，其净层高适宜在2300毫米左右；沿风管层下弦则分别依附安装有普通照明配电系统、建筑声学的吸音吊顶等。下层的设备层除了安装有通风空调下垂风管外，主要是安装多点水平提升电机设备及其动力系统、灯光照明系统的配电线槽，并构筑维护人员的检修施工平台，其净层高适宜在2300毫米左右。在设备层下方，分别依附安装普通照明配电系统、吊挂安装水平灯光吊杆等。

演播室灯光设备层是一个综合的、多功能的设备层。其钢结构是提供安装灯光吊挂提升设备的结构性平台；通风空调系统为演播室换气通风；普通照明配电系统提供演播室基本照明的电力供应；消防雨淋及排烟系统确保演播室安全运转、减少火灾隐患。

演播室灯光设备层的构造是根据布光位置设计的，布光位置决定灯光提升设备的位置，灯光提升设备的位置是整个布光方案的核心。灯光设备层在设计时，应以灯光提升设备为优先考虑，为其预留最理想的安装位置，从而使设备层尽可能为布光设计的意图服务。而其他设备设施是辅助性的，应依附围绕灯光方案来展开。即设计者应由灯光设备层工艺方案出发，再推导出通风空调系统、消防雨淋及排烟系统、建声吊顶的具体位置方案。否则，会出现灯光设备层与灯光吊挂设备安装要求脱节的问题。

（李兴国）

《演员自我修养》　*An Actor Prepares*　苏联表演艺术家K.S.斯坦尼斯拉夫斯基关于表演的重要著作。1956年以后在中国多次出版。K.S.斯坦尼斯拉夫斯基是苏联表演艺术家、导演、戏剧教育家、理论家，他从1907年开始撰写《演员自我修养》第一部，经过30年的编写修改，在1938年出版。由于第二次世界大战的原因，第二部直到1951年才出版。因斯坦尼斯拉夫斯基病逝，第二部未能完成，部分章节是将他的手稿资料整理后出版。第一部为《体验创作过程中的自我修养》，是用戏剧学校师生课堂对话形式所记录的日记体，记述了在斯坦尼斯拉夫斯基演剧体系中表演教学的方法。强调了演员体验过程的重要性，演员在创作时真实而深刻的体验，有助于创造角色的最富于表现力的外部形式。第二部指出了如何训练外在的形体器官能让演员最大限度地表现出内心的感受和体验，将体验过程中感觉到的东西再现于观众眼前，即“由外到内”的方法。

该书的精华之处在于斯坦尼斯拉夫斯基用自己的经历阐释了舞台艺术的原理以及对舞台表演所持有的态度。用反证法批判了几种对舞台表演所持有的错误态度，包括凭借灵感表演和依照本色表演的想法。该书强调表演艺术应该建立在演员的体验和创作灵感上，而不仅仅只是下意识就能达到的。在作者看来，人是无法随时体验各种情感，并以形体形式表现出来的。人的情感变化是依照人的天性自然发生的，要有意识地激发创作天性以及下意识的创作过程。

该书从浅显的演剧理论到舞台表演，循序渐进地阐述演员在形体、发声、本性、逻辑等各个方面所应该具备的技能和素养。该书凝聚了斯氏表演体系的精华，在世界范围内产生了巨大影响。　（陈积银）

《鼹鼠的故事》　*The Mole*　捷克斯洛伐克彩色动画片。妙计兄弟动画工作室1956年开始出品。编导，Z.米莱尔。

该片寓教于乐，充满了温馨的友情，讲述了小鼹鼠与森林中的动物朋友们，如小兔、刺猬、田鼠、小鸟之间发生的有趣故事，这些故事与人类遗落在森林中的物品相关，如火柴、电话、收音机、留声机、颜料等。该片主题耐人寻味，风格幽默，具有抒情色彩。

该片最早的鼹鼠造型比较写实，自20世纪60年代起，这些小动物的形象逐步变得抽象、可爱，场景设计也变得更富装饰性。70年代是该系列动画片的创作高峰期，80年代后，因为受到政局的影响，该片创作进程明显放缓，只出品了4部，涉及的主题也稍显沉重，如《鼹鼠在城市》描写城市化对于自然环境的破坏。

90年代起，这一系列的创作数量开始恢复增长。该片曾获意大利威尼斯国际电影节奖项。（李　铁）

《雁南飞》 *The Cranes Are Flying* 苏联故事片。莫斯科电影制片厂1957年出品。编剧，V.罗佐夫；导演，M.K.卡拉托佐夫；摄影，S.乌鲁谢夫斯基；主演，T.萨莫洛娃、A.V.巴塔洛夫。

故事讲述了女主人公维罗妮卡身披婚纱，正憧憬着美好婚姻。突然苏联卫国战争爆发，她的心上人鲍里斯奔赴战场。尽管她望眼欲穿，鲍里斯却杳无音信。因家被炸毁，她住进鲍里斯家里，鲍里斯的表弟马尔克寻机占有了她。当她发现马尔克道德败坏时毅然与之分手。她仍苦苦等待鲍里斯的来信，有人告诉她鲍里斯已经牺牲，可她不信。战争结束了，战士们凯旋，她手捧鲜花，接不到心上人，便将花送给战士。雁群南飞，生活仍在继续……

《雁南飞》剧照

影片一反苏联电影歌颂英雄的传统，而将主人公还原为现实生活中随处可见的带有诸多缺陷的普通人。影片人物形象真实自然，广泛而深刻地反映了社会生活和人们的观念，因而引起了观众的共鸣，成为苏联电影史上的经典之作。作为苏联**诗电影**的代表作，影片中营造诗电影的摄影手法也堪称经典，其中鲍里斯牺牲等场景是最值得称道的段落。影片1958年获第11届法国戛纳国际电影节金棕榈奖。

（仲　霞　撰　章柏青　唐建军　修订）

《央视春节联欢晚会》 *CCTV Spring Festival Gala* 中国大型综合性文艺晚会。又称《央视春晚》，简称《春晚》。创办于1983年。首届总导演是黄一鹤、邓在军。每年举办一届。为庆祝农历新年而举办。每年除夕晚上20：00开始在央视综合频道、中文国际频道等以现场直播的形式播出。

《春晚》是现代媒体和传统民俗相结合的产物，大致经历了三个阶段：从20世纪80年代的独领风骚，到20世纪90年代在不断尝试创新中发展，至21世纪的日趋成熟，逐渐形成了相对稳定的“春晚模式”。在节目内容方面，《春晚》通常以大型歌舞秀开场，场面喜庆热烈，打造“普天同庆，盛世欢歌”的节日景象。《春晚》长达4个多小时，包含了多方面互动内容，许多节目反映了大众新年的愿望，直抵人民内心情感，体现了《春晚》作为社会文本动态反映的重要价值。此外，晚会还包括歌曲、舞蹈、相声、小品、戏曲、杂技、魔术等多种艺术形式。在技术层面上，现场直播的播出模式实现了拍摄与播出的同步，强化了“天涯共此时”的概念，增强了全球观众的现场感和参与感。LED屏幕、AR、VR等技术的引入，使得《春晚》的舞美灯光愈加绚烂，为观众呈现出更加变幻多彩的视听盛宴。

《春晚》从开办以来，留下了许多经典节目和精彩瞬间，是中国规模最大、演出阵容最强、收视率最高、影响力最大的综合性文艺晚会。歌曲《难忘今宵》《我的中国心》《在那桃花盛开的地方》《爱的奉献》《相约一九九八》《常回家看看》《吉祥三宝》等登上央视《春晚》后，迅速在大江南北广为流传。语言类节目中，马季、姜昆、陈佩斯、赵丽蓉、赵本山、宋丹丹、沈腾等表演的相声和小品曾先后成为观众关注的重头节目。2012年4月，《春晚》荣获吉尼斯世界纪录证书，是全球收看人数最多的晚会节目。

《春晚》已经不再是简单的文艺联欢活动，一定意义上是中国人的新民俗，是全球华人在除夕夜不可或缺的“年夜饭”。《春晚》以兼顾当下性和观赏性的节目形态，聚焦民众关心的议题，唤醒记忆、调动情感、承载文化，是一个颇有影响和意义的文化现象。（丁亚平　王利丽）

《阳光灿烂的日子》 *In the Heat of the Sun* 中国彩色故事片。**中国电影合作制片公司**和香港港龙电影娱乐制作公司1994年联合出品。改编自王朔的小说《动物凶猛》。编导，**姜文**；摄影，**顾长卫**；主演，夏雨、宁静、陶虹、耿乐。

故事讲述了20世纪70年代初的北京，大人们忙着“闹革命”，学校停课，某军队大院里一帮十五六岁的孩子们整日沉溺于打架闹事，在耀眼的阳光与遍地的红旗中度过自己的青春岁月。影片充满热烈的阳光和英雄的梦想、青春的骚动和狂乱的宣泄，展现了一幅意象丰富、意味深长的图景，既有爱情和性的冲动，也有幼稚和失败的革命精神。影片以超现实的手法，将“文化大革命”时期的一段青春予以真实并淋漓尽致地呈现，朦胧的爱恋与青少年的悸动，时代的洪流与家国的动荡，被赋予在这灿烂的青春里。影片1994年获第51届意大利威尼斯国际电影节最佳男演员奖；1996年获第33届台湾电影金马奖最佳剧情奖、最佳导演奖、最佳男主角奖等7项奖，第7届新加坡国际电影节最佳男主角奖。（徐　阳）

杨德昌 Edward Yang（1947-11-06～2007-06-29） 中国电影导演。祖籍广东。生于上海，卒于美国。幼年迁居台湾。1965～1969年就读于台湾交通大学控制工程系。

1970年赴美攻读电机工程专业硕士。1974年曾在南加州大学学习电影课。之后在美国华盛顿大学从事计算机软件设计工作7年。1981年回到台湾，担任余为彦执导的《1905年的冬天》的编剧、制片助理和演员。1982年与宋存寿等分别导演电视剧系列片《十一个女人》中的单元剧，执导了其中的《浮萍》，引起影界注目。同年导演了四段式影片《**光阴的故事**》中第二段《指望》，获得突破，影片革新了台湾电影的内容和形式，被看作**台湾新电影运动**的开山之作，杨德昌也因此成为台湾新电影的代表人物。

1983年编导《海滩的一天》，影片以纯粹映像和心理剖析回溯了30多年来台湾社会的整个发展变化。1985年编导《青梅竹马》，反映了台湾社会转型期所面临的诸多矛盾和问题，影片1985年获第38届瑞士洛迦诺国际电影节国际影评协会奖。1986年拍摄《恐怖分子》，对现代都市生活中潜伏着的危机和恐怖进行了思考，影片1986年获第32届亚太影展最佳编剧奖，1987年获第23届台湾电影金马奖最佳影片奖、第40届瑞士洛迦诺国际电影节银豹奖。1991年执导《**牯岭街少年杀人事件**》，影片根据真实社会事件改编，1991年获第28届台湾电影金马奖最佳影片奖和最佳原创剧本奖，第4届日本东京国际电影节评委会特别奖和影评人费比西奖等。1994年编导《独立时代》，表现了一群初入社会的年轻人对爱情、友谊、自我认同的向往，影片1994年获第31届台湾电影金马奖最佳原创剧本奖、最佳男配角奖及最佳女配角奖。1996年执导《麻将》，获第33届台湾电影金马奖最佳男配角奖。2000年拍摄《一一》，影片2000年获第53届法国戛纳国际电影节最佳导演奖，2001年获第35届美国国家影评人协会奖最佳电影奖，2002年获第2届华语电影传媒大奖最佳导演奖和最佳电影奖。

杨德昌是一个几乎不受传统文化和台湾电影约束的特立独行者，是台湾新电影的重要领军人物。他的影片视野开阔，在影像表现上具有冷静隔离之感，内容上往往将细腻的心理剖析和人物的悲剧命运联系在一起，呈现出精细的体察和电影形式的高度内省能力，流露出现代主义倾向。（孙承健）

《杨门女将》 *Women Generals of the Yang Family* 中国彩色戏曲片。北京电影制片厂1960年出品。编剧，范钧宏、吕瑞明；导演，**崔嵬**、陈怀皑；摄影，**聂晶**；主演，王晶华、杨秋玲等。

故事讲述西夏侵犯宋朝边境，元帅杨宗保在边关牺牲，朝廷举棋不定。佘太君驳斥了主和派的谬论，率杨门女将奔赴边关抗敌，终于获得胜利。影片成功塑造了以佘太君为首的正义凛然、有勇有谋的古代妇女英雄群像。

影片在尊重和保持京剧戏曲特点的前提下，尽可能发挥电影艺术表现手段，从而达到很高的艺术境界。影片在突出人物性格、情节冲突的重要细节上，进行了许多艺术加工。影片还通过特写突出人物极细微的感情变化，从而使得戏剧冲突及人物情绪产生跌宕起伏之感，并达到强烈的对比。影片1962年获第1届中国大众电影百花奖最佳戏曲片奖。（储双月）

杨亚洲 Yang Yazhou（1956-04-09～ ） 中国影视导演。生于黑龙江哈尔滨。1980年进入西安电影制片厂担任演员，在《战斗年华》《即将发出逮捕令》《**黑炮事件**》

《秦始皇》《冒险的美国女人》等影片中饰演角色。其间，曾到中央戏剧学院学习表演，之后又回到西安电影制片厂。1992年起开始在**黄建新**导演的《站直啰，别趴下》《五魁》等影片中担任副导演。1994年，与黄建新联合导演了《背靠背，脸对脸》，获第2届北京大学生电影节最佳故事片奖、第15届中国电影金鸡奖最佳导演奖和最佳合拍故事片奖等。1995年，与黄建新联合导演了《红灯停，绿灯行》。1995年在电视连续剧《血色童心》（叶大鹰担任总导演）中担任导演，开始涉足电视剧的拍摄。1996年，与黄建新联合执导了《埋伏》，获第17届中国电影金鸡奖评委会特别奖。

1998年，独立执导了首部电影《没事偷着乐》，取得较好的票房成绩，获意大利远东国际电影节最佳故事片奖等。1999年，导演了电视电影《大戏小戏》和《家园》，分别获第1届电影频道电视电影百合奖一等奖和二等奖。2001年导演了电视电影《法官老张轶事》，获第22届中国电影金鸡奖最佳电视电影奖、第2届电影频道电视电影百合奖二等奖。2001年导演了电视剧《空镜子》，获第22届中国电视剧飞天奖长篇电视剧二等奖、第20届中国电视金鹰奖优秀长篇电视剧奖。2002年执导了影片《美丽的大脚》，获第22届中国电影金鸡奖最佳影片奖和最佳导演奖、第9届中国电影华表奖优秀故事片二等奖和优秀导演奖。2004年导演了情感伦理剧《浪漫的事》，获第24届中国电视剧飞天奖长篇电视剧二等奖和优秀导演奖、第22届中国电视金鹰奖优秀长篇电视剧奖和最佳导演奖。2005年执导了《泥鳅也是鱼》，获第18届日本东京国际电影节最佳艺术贡献奖。2014年导演了家庭情感剧《嘿，老头！》，获第30届中国电视剧飞天奖优秀现实题材电视剧奖、第28届中国电视金鹰奖优秀电视剧奖。2015年，执导了电影《哺乳期的女人》。

杨亚洲的作品关注小人物的生存状态，苦难中蕴含光明，被中国观众誉为"平民导演"。他导演的影片还有《雪花那个飘》（2005）、《大太阳》（2011）、《最长的拥抱》（2012）等。他导演的电视剧还有《爱情滋味》（2001）、《家有九凤》（2005）、《大浴女》（2007）、《八兄弟》（2008）、《美丽的事》（2009）、《晒幸福》（2012）、《草帽警察》（2013）、《生活有点甜》（2015）、《嘿，孩子！》（2016）、《情深缘起》（2020）、《经山历海》（2021）等。（孙承健 高冀滨）

杨占家 Yang Zhanjia（1936-08～ ） 中国电影美术师。生于天津武清。1963年，毕业于中央工艺美术学院（今清华大学美术学院），并留校任教。1972年，调入北京电影制片厂任美术师。1989年，在电影《红楼梦》中担任美术师，获第10届中国电影金鸡奖最佳美术奖。1993年，与叶锦添、李伟明一起在《诱僧》中担任美术设计，获第30届台湾电影金马奖最佳美术设计奖。

他参与的作品还有《**海霞**》（1975）、《原野》（1981）、《**霸王别姬**》（1993）、《东邪西毒》（1994）、《**卧虎藏龙**》（2000）、《天下无双》（2002）、《十面埋伏》（2004）、《霍元甲》（2006）、《功夫之王》（2008）等。他制作的电影场景设计图完整精细，建筑结构准确，就像专业的建筑施工示意图，不仅拥有个人风格，而且具有独特的技术美，在中国电影美术界别具一格。他精通美术和建筑，曾参加过浙江横店影视城"明清宫苑"和"江南水乡"、沈阳本山影视基地的设计。（宋东葵）

姚国强 Yao Guoqiang（1956-09-23～ ） 中国影视录音师、理论家。祖籍山东。生于杭州。1978年，考入**北京电影学院**录音系电影录音专业。1982年，获北京电影学

院文学学士学位，毕业后任浙江电视台技术部录音师。1984年，在电视剧《新闻启示录》中担任录音师，该剧获第5届全国电视剧飞天奖一等奖。1985年，任铁道部工程指挥部文工团录音师。1988年，在张军钊执导的电影《弧光》中担任录音师，该片获第16届莫斯科国际电影节特别奖。1989年，在环幕电影《华夏掠影》中担任录音师，该片获广电部科技进步奖一等奖、国家科技进步奖二等奖。1991年，在电视剧《中国神火》中担任录音师，该剧获第12届全国电视剧飞天奖一等奖、第10届中国大众电视金鹰奖优秀连续剧奖、中共中央宣传部精神文明建设"五个一工程"奖。1994年，在电视剧《9·18大案纪实》中担任录音师，该剧获第15届中国电视剧飞天奖二等奖、第13届中国大众电视金鹰奖最佳中篇连续剧奖、中共中央宣传部精神文明建设"五个一工程"奖。

1997年，姚国强调入北京电影学院录音系，任教授、博士生导师、国家一级录音师。1999年，任《当代影视声音系列丛书》执行主编。2002年，参与编写《新世纪电影学论丛》之《审美空间延伸和拓展——电影声音艺术理论》。同年，任北京电影学院教务办公室副主任兼科研负责人，出版专著《影视录音：声音创作与技术制作》。2004年，任北京电影学院首任科研设备处处长。2005年，主编《银幕再现——与中国当代电影录音师对话》。2009年，任北京电影学院科研信息化处

处长。同年，主编《银幕写意——与中国当代电影作曲家对话》。2011年，编写国家级精品教材《电影电视声音创作与录音制作教程》。

姚国强致力于影视声音艺术创作、教育与理论研究工作，提出了“同期录音三原则”“音乐录音工艺分类法”“全维度ADSS电影声音空间声”等创新性学术理论，开辟出当代中国影视声音史、声音理论及声音艺术学科教育的学术研究新格局；先后发表相关论文150余篇，主持国家级或省部级科研课题近30项。另有代表性专著《电影声音艺术与录音技术：历史、创作与理论》（第1辑、第2辑和第3辑）等10余部。

姚国强担任录音师的影视作品还有《我们的田野》（1981）、《上党战役》（1986）、《杏花三月天》（1992）、《凤凰琴》（1994）、《龙城风光》（1999）、《秘语十七小时》（2001）、《荷香》（2003）等。多部影视艺术作品获奖。多次担任影视声音类奖项的评委。长期担任多所高校的兼职、客座、特聘教授。先后任**中国高等院校影视学会**副会长、**中国电影家协会电影声音艺术工作委员会**会长、中国录音师协会电影电视声音专业委员会主任委员等。

扩展阅读

姚国强，孙欣.银幕再现——与中国当代电影录音师对话.北京：中国电影出版社，2005.

（吕　甍）

摇镜头　pan　在拍摄时摄影机位不变，通过机身云台做上下、左右、旋转等运动进行拍摄的方法。又称摇、摇摄、摇拍。摇镜头的运动过程包括起幅、摇摄过程、落幅。镜头水平摇时，画面展示的是一条横卷，如同中国水墨画中的长卷。镜头垂直摇时，画面展示的是一条纵卷。画面内容的变化依据镜头摇摄完成，画面展开的空间排列是现实空间原有的排列，它不会破坏或分割现实空间中的物距关系，而是在自身运动中忠实地还原出这种关系。如果将摄影机装在能够升降的机械装置上，那么还能将以上运动与升降运动配合在一起使用。它的运动方向可以和被摄主体同向，也可逆向。这种拍摄手法有利于逐一展示事物，产生巡视环境、展示场面、烘托情绪气氛、揭示人物精神面貌等多种艺术效果。摇镜头是在画面框架空间与镜头运动时间的结合中完成的。人物形象和空间结构是按时间顺序逐一展示完成的，而非固定镜头中一次性展现。

在**A.巴赞**的“**长镜头**”理论中，摇镜头的连续画面比分割剪辑过的画面更能客观地表现现实空间的真实性和整体感。摇镜头还便于表现运动主体的动态、动势、运动方向和运动轨迹，例如在表现运动主题的作品中，快跑的人群、飞奔的赛马、奔驰的汽车、飞翔的雄鹰、空中掠过的飞行器等，常常会采用摇镜头的手法拍摄，在运动镜头中，摇镜头是最利于捕捉这类被摄主体轨迹的拍摄手法。在摇镜头过程中还能够通过运动速度的快慢形成一种节奏，将同一场景中的不同主体有机联系在一起，以表达种种暗喻、对比、并列、因果等关系。总之，摇镜头是**运动镜头**中较为常用的一种手法，在叙事和表达形式感方面都有着独特的功能和艺术效果。

（边善基）

《摇椅》　*Crac*　加拿大彩色动画短片。又译《摇椅咯吱》。加拿大国家电影局1981年出品。编导，F.贝克。

故事讲述了一个青年樵夫在森林中砍了一棵大树，锯掉树冠后，带回一根圆木，通过锯、刨、钻等工艺，制成一把绿色摇椅。摇椅见证了樵夫恋爱、结婚、生子，后来又成了孩子们钓鱼的船、扮演武士的战马以及拖拉机。当孩子们长大之后，摇椅被涂上了黄色的油漆，最后因为脆裂把老主人绊摔了一下后被扔出门外。摇椅见证了小屋门前的土路、铁路、公路的演变，以及座座木屋变成了幢幢楼房。昔日乡村逐渐被工业文明所侵蚀和取代。原计划建核电厂的土地，因为群众的激烈抗议，改做用于美术馆的建设。时过境迁，一个美术馆门卫拾得了这把被人遗忘的破椅子。最后，破旧的摇椅成了美术馆门卫的座椅，没想到成了来博物馆参观的小朋友的最爱。

影片故事灵感来源于导演女儿在学校所做的一个课题，收集有关魁北克省历史的童年记忆，以及那个时期所保留下来的一些无名画家的作品。影片中摇椅背上的笑脸，通过不同角度，出现了不同的表情，具有一定的叙事功能。同时，摇椅作为一条主线，展示了一个家庭与城市的变迁。影片画面色调清新唯美，节奏欢快。影片1982年获第54届美国电影奥斯卡奖最佳动画短片奖等。

（张启忠）

也门电影　Yemeni cinema　也门电影的发展分为三个时期。

初期的电影放映和制片（1919～1967）　1919年，阿卜杜拉·阿齐兹将“特瓦黑”区的一间客店改建为影院，标志着也门电影放映的开端。之后，在英国殖民区和穆卡拉城陆续出现一些电影院。20世纪40年代，苏联电影协会曾拍摄纪录片，讲述北也门统治者叶赫亚·哈米德·丁的故事。英国人在也门也有一些电影拍摄活动。20世纪60年代，也门民族电影出现。1961年，亚丁高中生组成的电影爱好者协会拍摄了无声故事片《罪恶之徒》（导演阿卜杜·阿齐兹·巴尔汗木）。1967年，电影爱好者佐法尔·穆罕默德·阿里拍摄了20分钟黑白短故事片《从农舍到皇宫》，该片1968年在亚丁上映，成为也门民族电影的起点。

独立后电影的起步和发展（1967～1990）　1967年，也门摆脱英国殖民统治，建立也门民主人民共和国（也称南也门）。1972年，政府宣布成立电影局，主管生产、发行及进出口影片，同时把20家影院收归国有，只放映社会主义国家和阿拉伯国家的影片。1975年，也门电影公司出品第一部纪录片《革命为谁》，导演来自巴勒斯坦和叙利亚。1975年萨那电视台成立，1984年电视台引进录像系统，拍摄了许多纪录片和文献片。20世纪70年代，也门生产的代表性纪录片有佐·穆·阿里的《五一节来了》（1979）、《走自己的路》（1979），法鲁格·麦吉德的《也门之歌》（1979）等。80年代，电影生产几乎停滞。

统一之后的电影（1990～　）　1990年5月，也门民主人民共和国和阿拉伯也门共和国统一，成立也门共和国。两国的电影部门进行了合并。电影院完成了私有化，放映数量较少。1993年，在导演穆罕默德·哈姆丹尼的领导下成立电影俱乐部筹备委员会。但电影制片进展不大，电影公司未对电影制作给予大力支持，只进行了设备维护和电影资料的修复。21世纪以来，也门首位女导演卡蒂嘉·萨拉米的创作较为引人注目，她导演的《十岁离过婚的诺朱姆》（2014）以童婚题材伸张了女性的权益，影片由也门与德国等国联合摄制，获2014年迪拜国际电影节最佳故事片奖。除此之外，《故乡她客》（2005）、《婚前十日》（2018）等也产生了较大影响。

（陆孝修　撰　秦喜清　修订）

《野草莓》　*Smultronstället*　瑞典故事片。瑞典AB影片公司1957年出品。编导，**I.伯格曼**；摄影，G.费舍尔；主演，V.D.斯约史特洛姆、B.安德森。

故事讲述了退休医学教授博格从噩梦中惊醒，想起他要去隆德接受荣誉博士的授衔，于是便驾车与儿媳同行。旅途中他触景生情，不时陷入回忆与梦幻：他的初恋情人为他采摘野草莓，却因他的冷漠嫁给他哥哥；亡妻因他的冷漠而与人通奸，

《野草莓》剧照

对他的惩罚是终身孤独；他进入一幢旧宅，必须证明自己得奖当之无愧，但没有成功。现实生活中，博格获得了学位荣誉，却陷入了沉重的自省中。一天结束了，他在温情的梦幻中睡去……

影片中博格以第一人称讲述自己的旅行，现实时空虽顺时序发展，但其间穿插大段回忆与梦幻，他在心理空间里自由驰骋，反省自己的孤独、冷漠及无法与人沟通。影片是**意识流电影**的代表作，所呈现的多主题、多线索、多层面的复调叙事是导演伯格曼对世界电影艺术的一大贡献。影片因内容和形式的诸多创新在影史上占有重要地位，被视为现代主义电影的早期代表作。影片1958年获第8届德国柏林国际电影节金熊奖和费比西奖、第23届意大利威尼斯国际电影节意大利影评人奖，1960年获第17届美国电影金球奖最佳外语片奖。

（仲　霞　撰　章柏青　唐建军　修订）

《野蛮人入侵》 *The Barbarian Invasions* 加拿大彩色故事片。金字塔制片公司、星体电影公司等2003年联合出品。编导，D.阿坎德；摄影，G.笛福；主演，R.吉拉德、S.卢梭、D.贝里曼、M.-J.克罗兹。

《野蛮人入侵》剧照

故事讲述了远在伦敦工作的塞巴斯蒂安接到母亲路易斯电话，称父亲雷米病重，让他回加拿大照顾父亲。因为彼此之间的隔阂，回到蒙特利尔的塞巴斯蒂安没有受到父亲的欢迎。父亲不愿去国外治病，两人因转院问题发生争执。塞巴斯蒂安指责父亲的风流破坏了家庭，伤害了母亲，也让自己和妹妹希尔薇安青春失意。他赌气要离开蒙特利尔回到英国，最终还是被母亲说服留下来。塞巴斯蒂安开始照顾父亲，他把病情转告给远在澳大利亚的妹妹，将父亲安置到舒适的病房，召集来父亲的好友、情人和学生，设法为父亲买海洛因止痛。通过短暂相处，父子终于尽释前嫌。父亲平静、幸福地走完人生最后一程，坦然离去。

影片以平淡质朴的影像表现两代人在世界观和生活方式上的差异和冲突，细致入微地刻画了人物的情感变化，把民族、社会、动荡的局势、爱情、死亡等话题融合在一起，充满人文关怀。影片2003年获第56届法国戛纳国际电影节最佳女演员奖、最佳编剧奖，2004年获第76届美国电影奥斯卡奖最佳外语片奖提名、第61届美国电影金球奖最佳外语片奖提名。

（甄晓文）

《野山》 *In the Wild Mountains* 中国彩色故事片。西安电影制片厂1985年出品。改编自贾平凹小说《鸡窝洼的人家》。编剧，颜学恕、竹子；导演，颜学恕；摄影，米家庆；录音，李岚华；服装，麻利平；主演，杜原、岳红、辛明、徐守莉。

故事讲述了在秦岭深处的一个山洼里的人们，照老辈人的样儿生活惯了，虽说日子清贫却很知足。只有复员军人禾禾不甘现状，力图改变家乡及自身的命运。他的举动招人非议，妻子也将他拒之门外，而贤淑敦厚的邻居嫂子桂兰怜悯并支持他，进而发展成真挚的爱情。禾禾的妻子秋绒与桂兰的丈夫灰灰也找到了生活上的共鸣点，走在了一起。

影片以纪录片的形式表现农村生活，细节真实传神，同时也以农民在生活和情感上的困惑来探讨当时社会普遍关注的农村改革问题。影片从故事情节的表层深入人物精神世界的变化，在思想表现上颇有创见，揭示了农村改革促使人们旧的生活方式和旧的思想观念的解体和新的生活方式、新的思想观念的萌生，有力地冲破了陈旧的农村生活程式和封建的婚姻、爱情、伦理观念。影片既很好地继承和发挥了故事性、情节性强的传统编剧技巧，又注入了表现性和哲理性，注意影像造型的表现力，收到了雅俗共赏的良好艺术效果。影片1985年获中国广播电影电视部优秀影片奖，第6届中国电影金鸡奖最佳故事片奖、最佳导演奖、最佳女主角奖、最佳男配角奖、最佳录音奖、最佳服装奖，1986年获第8届法国南特三大洲电影节最佳影片奖，1987年获第37届德国柏林国际电影节国际天主教电影组织促进奖。

（翁睦瑞）

《野猪林》 *The Wild Boar Forest* 中国彩色戏曲片。北京电影制片厂和香港大鹏影业公司1962年联合出品。编剧，李少春；导演，**崔嵬**、陈怀皑；摄影，**聂晶**；主演，李少春、袁世海、杜近芳。

故事讲述了80万禁军教头林冲携妻游庙上香时，遇到奸臣高俅之子高衙内，高衙内垂涎林妻的美色，上前调戏，被林冲怒斥。林冲在此结识了鲁智深，二人结拜为兄弟。此后，高衙内勾结陆谦先是用调虎离山计引开林冲，欲霸占其妻，幸得使女锦儿报信，林冲及时赶到。一计不成，高衙内又设计诬陷林冲持刀向高俅行刺，并计划在林冲被发配到沧州的路上行刺，暗地跟踪的鲁智深及时出手相救。到沧州后，陆谦火烧草料场欲加害林冲，在山神庙避雪的林冲躲过一难，杀死陆谦后上了梁山。

影片尽量遵循戏曲艺术的特征，较多保留了京剧演员的扮相及表演方式，且符合观众以往在舞台上观看京剧的视角习惯。影片在摄影上，多采用**长镜头**，利用摄影机调度实现景别变化及人物运动的拍摄。影片画面景深感强，较为写意、抽象，颇具东方审美意蕴。影片导演为了更好地体现这出经典戏曲的艺术神韵，将演员的很多精彩动作予以保留，并根据情境和人物性格发展逻辑，请林冲的扮演者、京剧大师李少春在"风雪山神庙"一场戏中将原来的几句"吹腔"重新设计创作了一个大的唱段"大雪飘"，充分表达了林冲悲愤的内心世界，为其反上梁山进行了充分的心理铺垫。这个唱段成为李派唱腔的经典作品，传唱不衰，成为这出戏的保留唱段。

（高小健）

叶锦添 Tim Yip（1965-12-22～　）中国影视美术指导、人物造型师。生于香港。毕业于香港理工学院高级摄影专业。1987年，在《**胭脂扣**》中担任美术设计。1993年，

与杨占家、李伟明一起在《诱僧》中担任美术设计，获第30届台湾电影金马奖最佳美术设计奖。2001年，在《**卧虎藏龙**》中担任美术指

导，获第73届美国电影奥斯卡奖最佳美术指导奖。2006年，在《夜宴》中担任美术指导和服装设计，获第43届台湾电影金马奖最佳美术设计奖和最佳造型设计奖、第1届亚洲电影大奖最佳美术指导奖。2008年，参与拍摄《赤壁》(上)，获第28届香港电影金像奖最佳美术指导奖、最佳服装造型设计奖。

他所参与的作品还有《吃一碗茶》(1989)、《秋月》(1992)、《无极》(2005)、《赤壁》(下，2009)、《风声》(2009)等电影，以及《大明宫词》(2000)、《橘子红了》(2002)、《红楼梦》(2010)等电视剧。叶锦添设计的服饰浓艳繁复，喜爱使用大面积的丝绸锦缎，色调上偏爱大胆鲜艳的明黄、大红、碧绿等色彩，形成了独特而强烈的个人风格。他的作品极具东方底蕴和古典韵味，将虚实关系、空间留白、动静对比、疏密节奏发挥得淋漓尽致，中西结合、虚实相生，形成其独特的"新东方主义"美学观。

（宋东葵）

《夜店》 *The Inn at Night* 中国故事片。文华影业公司1947年出品。改编自高尔基舞台剧《在底层》。编剧，柯灵；导演，**黄佐临**；摄影，**黄绍芬**、许琦、葛伟卿；主演，**石挥**、童芷苓、张伐、**周璇**、石羽、韦伟。

故事发生在上海的租界，很多底层人寄居在闻家店，可谓三教九流，鱼龙混杂。落魄少爷金不换靠妻子卖淫为生，赖皮匠为妻子治病债台高筑，走方医卖药的全老头讲义气，巡捕石敢当呆头呆脑，报贩牛三乐天知命，小偷杨七郎年轻豪爽、而心高气傲，而开店的老板闻太师则是八面玲珑、阴险狡诈。老板娘赛观音水性杨花，放浪不羁。她先是与小偷杨七郎私通，不想后者竟然爱上了她善良敦厚的妹妹石小妹。妒火中烧的赛观音从此对妹妹百般欺负，并与姘头小方密谋毒死闻太师，卖掉石小妹。而此时，决定重新做人的杨七郎正准备和石小妹私奔，正撞见告发他与自己妻子私通的闻太师。两人扭打在一起，闻太师毒发身亡，杨七郎成为嫌犯锒铛入狱。石小妹因受尽折磨，被卖为娼，选择了自杀。

影片通过形形色色底层人物的命运，对黑暗的社会发出了深沉的控诉。影片剧本虽参考了高尔基原著的一些情节和人物，但它已经"中国化"，表现了中国的社会生活。影片导演对镜头的处理缜密，并能把不同戏路的电影、话剧、京剧演员的表演较好地统一起来。影片的美工和音乐都着力表现人物生活的环境，为剧情的发展营造了气氛。

（张兆龙）

《一板之隔》 *The Dividing Wall* 中国故事片。龙马影业公司1952年出品。编剧，文白；导演，朱石麟；摄影，罗君雄；主演，韩非、李清、江桦、蓝青。

故事讲述了公寓楼里只有一板之隔的两个单身房客——大龄未婚的洋行打字员陈有庆和学校教员陈强之间由相互对立到建立深厚友情的故事。陈有庆因为好长时间没有按时领到薪水，又不时受到上司的责骂而郁闷，下班回家后就把收音机声开得大大的，以此来宣泄苦恼。陈强早年丧妻，育有女儿小玲，虽有工作却因无钱交女儿学费而苦恼。一天晚上，陈强在批改学生作业，陈有庆收音机的音乐声令他难以忍受。一天，陈强家的猫踩脏了陈有庆的床单，两人间的矛盾终于爆发，之后冲突日渐升级。不久，同一层又搬来一位年轻女教员华宛倩，见两人常常争吵便出面调解。陈有庆误认为华宛倩喜欢自己，就给她写了情书。华宛倩见陈强家经济窘迫，有时会主动帮助小玲，结果惹来陈有庆强烈的妒忌。陈有庆后来发现华宛倩已有爱人，这才明白过来。正当此时，陈有庆和陈强均突然失业，有庆虽然自己生活已经很困难了，但还是把收音机典当帮助陈强解决经济困难。华宛倩在回乡前则把自己的职位让给了更需要工作的陈强。陈强和陈有庆两人在患难之中建立了深厚的友情。在宛倩搬离之际，有庆拆下了隔在他们之间的墙板，象征两人友谊无隔。

影片风格细腻、流畅、幽默，以简单的人物、狭小的空间、集中的场景和平凡的生活细节营造了强烈的喜剧效果，并善于运用比兴手法和发掘演员的喜剧表演天赋来刻画喜剧人物，传达了人性美和人伦理想。影片1957年获文化部1949～1955年优秀影片奖。

（类成云）

《一次别离》 *A Separation* 伊朗彩色故事片。阿斯哈·法哈蒂公司2011年出品。编导，A.法哈蒂；摄影，M.卡拉里；主演，P.莫阿迪、L.哈塔米、S.侯赛尼、S.巴亚特、S.法哈蒂、A.-A.沙巴兹、B.卡里米。

故事讲述了伊朗年轻夫妇纳德与西敏在是否移居国外的问题上发生分歧。西敏想通过移民给女儿特梅更好的教育和生活，纳德想留在伊朗照顾年迈生病的父亲。他们申请离婚，但被驳回。西敏赌气回了娘家。纳德自己的生活变得一团糟，他聘请护工瑞茨照顾父亲。瑞茨因需要外出，将老人绑在床上，导致老人跌倒。纳德一气之下辞退了瑞茨，把她推到门外，

《一次别离》海报

瑞茨随后流产。两个家庭就此展开诉讼。最终，纳德同意支付赔偿费，瑞茨也遵守不能撒谎的教义，不顾丈夫的反对，承认流产是其他原因造成的，放弃了赔偿。纳德和西敏最终离婚，他们的女儿也必须在父母之间做出选择。

影片延续了伊朗电影的现实主义风格，通过一桩民事纠纷，揭示了伊朗当代社会面临的道德、宗教、阶层等诸多问题。影片叙事简洁有力，以抽丝剥茧的手法一步步展露真相，展示人物内心的纠结和复杂的人性。影片2012年获第61届德国柏林国际电影节金熊奖、最佳女演员奖、最佳男演员奖等，第84届美国电影奥斯卡奖最佳外语片奖，第69届美国电影金球奖最佳外语片奖，第6届亚洲电影大奖最佳电影奖、最佳导演奖、最佳编剧奖、最佳剪辑奖，第37届法国电影凯撒奖最佳外国电影奖，第56届意大利电影大卫奖最佳外国电影奖。

（陈　刚）

《一代宗师》 *The Grandmaster* 中国彩色故事片。**银都机构有限公司**、香港泽东电影有限公司、北京市广播电影电视局等2013年联合出品。编剧，**邹静之**、徐皓峰、**王家卫**；导演，王家卫；摄影，P.勒素；主演，**梁朝伟**、**章子怡**、张震、宋慧乔等。

故事讲述了1936年佛山武术界一片躁动、沸腾，八卦拳宗师宫羽田因年事已高，准备隐退，让出自己所担任的中华武士会会长一职。宫羽田来到广东，以切磋武术的方式寻找合适的人选，最终与叶问

《一代宗师》剧照

等人达成“拳有南北，国无南北”的默契。弟子白猿马三急于上位，投靠日本势力，害死师傅。宫羽田的独生女宫二决意报仇，将与叶问的个人情感深埋心底。

影片通过民国时期的武林传奇故事，展现了武林中人超越地域和门派的限制，维护正义、抵御外侮的民族精神。影片在视觉效果、动作设计、武打音效等方面制作精良，融优雅与神圣、浪漫与怀旧于一体。影片2013年获第29届中国电影金鸡奖最佳男配角奖、最佳美术奖，第50届台湾电影金马奖最佳女主角奖、最佳摄影奖等5项奖，第15届中国电影华表奖优秀对外合拍片奖、优秀女演员奖；2014年获第8届亚洲电影大奖最佳电影奖、最佳导演奖、最佳女主角奖等7项奖，第33届香港电影金像奖最佳影片奖、最佳导演奖、最佳编剧奖、最佳女主角奖等12项奖，第32届中国大众电影百花奖最佳影片奖、最佳女主角奖。（储双月）

《一江春水向东流》 *The Spring River Flows East* 中国故事片。联华影艺社和昆仑影业公司1947年联合出品。编导，蔡楚生、郑君里；摄影，朱今明；主演，白杨、陶金、舒绣文、周伯勋、上官云珠、吴茵。

《一江春水向东流》剧照

故事发生在抗日战争时期的上海，女工素芬和夜校教师张忠良夫妻曾积极投入支援东北抗日义勇军的捐款活动。抗日战争全面爆发，忠良因抗日工作经汉口到重庆。素芬及婆婆、孩子为生活所迫回到乡下老家。忠良初到重庆时，很看不惯国民党官场的腐败现象，但被交际花王丽珍吸引，与之同居，思想开始堕落。素芬历经苦难，时时思念远方的丈夫。八年后，终于盼来了抗战的胜利，也意外见到忠良。但他早已不是那个纯朴而又信守誓约的丈夫了。素芬在绝望中投江自尽。

影片以抗战期间一个家庭的悲欢离合为主线，真实、生动、概括地反映了抗战时期的社会面貌。导演通过素芬的形象，表现了广大中国人民在抗日战争期间的艰苦奋斗精神，而张忠良则是那种从热血青年蜕变为腐化分子的典型。影片以不同性格的人物、曲折变化的情节、抒情质朴的风格反映出当时广大人民，尤其是生活在沦陷区群众的心绪与愿望，把揭露的矛头对准当局的腐败、社会的黑暗。影片上映后深受舆论好评，继《渔光曲》之后，再次创造了国产影片卖座的最高纪录。（王云缦）

《一口菜饼子》 *The Last Bite of a Veg Bun* 中国电视剧。北京电视台（中央电视台前身）1958年出品。共1集。改编自《新观察》杂志发表的同名小说。编剧，陈庚；导演，胡旭、梅村；主演，孙佩云、李燕、余琳。

故事讲述了妹妹拿着一块金丝枣糕逗小狗，引起了姐姐的回忆——解放前，母亲带着姐妹二人逃荒，母亲省下仅有的一口菜饼子给了女儿，自己却在饥寒交迫中死去。如今，当妹妹再次想起妈妈留下的菜饼子，悔恨自己忘记了曾经的苦难。

该剧通过主人公对解放前苦难的回忆，展现了旧社会人们的悲惨生活。该剧只有20分钟，为中国第一部电视剧。在没有专业录像设备的艰苦条件下，演职人员以办公室改建演播室，用三台台式摄像机和简陋的灯光、音响设备，实现了多机拍摄、音画同步、同期播出的效果。该剧播出后反响热烈，从此这一类型的电视文艺节目被命名为“电视剧”。遗憾的是，在技术条件的限制下，该剧未能留下影像资料。（王乙涵）

《一条叫旺达的鱼》 *A Fish Called Wanda* 英国、美国合拍彩色故事片。米高梅电影公司、迈克尔·沙姆伯格制作公司等1988年联合出品。编剧，C.克莱顿、J.克立斯；导演，C.克莱顿；摄影，A.休姆；主演，J.克立斯、K.克莱恩、J.L.柯蒂斯、M.帕林。

故事讲述了乔治·汤普林、性感女孩旺达和肯策划抢劫珠宝。旺达介绍了她兄弟奥托入伙，但实际上奥托是她的秘密情人，他们打算获得珠宝后出卖乔治。旺达还计划摆托奥托，独占珠宝。为了彻底搞垮乔治，旺达又试图色诱律师。

影片是一部黑色犯罪喜剧，以意外、

《一条叫旺达的鱼》剧照

巧合、荒诞为主要喜剧表达手段。影片节奏明快，叙事紧凑，情节看似荒诞但铺设合理。导演巧妙地结合了伊林电影制片厂的温馨风格和滑稽黑色喜剧。四个演员的表演都非常精彩，每个角色均有独特的个性和丰富的笑料。影片1989年获第61届美国电影奥斯卡奖最佳男配角奖，第42届英国电影学院奖最佳男演员奖、最佳男配角奖。（范 倍）

伊拉克电影 Iraqi cinema 1909年，伊拉克开始放映电影。1943年，成立巴格达电影有限公司，但由于资金不足、设备不齐及第二次世界大战等原因，未能生产影片。1945～1946年，埃及导演尼亚齐·穆斯塔法和艾哈迈德·巴德尔汗分别用伊拉克演员拍摄了两部伊埃合作影片《东方之子》(1946)、《开罗—巴格达》(1946)，从此开始了伊拉克电影的历史。

1948年，建立巴格达制片厂，并从埃及、法国和土耳其等国聘请了一些电影工作者，拍摄了一些影片，如《阿里亚和伊萨姆》(1948，法国导演安德烈·绍顿)、《伊拉克的莱依拉》(1949，埃及导演A.卡米尔·穆尔西）等，都是商业化影片。1953年，亚斯·阿里·纳赛尔致力于发展民族电影事业，成立了艺术世界公司，1955年拍出了《法特娜和哈桑》等片。1955年，《萨义德先生》上映，这部由卡莫纳拉·胡斯尼导演的影片为伊拉克民族电影走现实主义道路奠定了基础。

20世纪60～70年代，在与商业化电影竞争中，伊拉克民族电影不乏成功之作。如《谁来负责？》(1961，导演阿卜杜·吉巴尔·胡立)、《守卫者》(1968，导演哈利勒·绍基)、《渴》(1972，导演穆罕默德·舒克里·吉米尔)、《转变》(1975，导演吉·阿里)、《经验》(1976，导演阿特·图哈米)、《大河》(1978，导演费萨尔、雅西里)、《墙》(1979，导演M.克里·吉米尔）等。70年代后期，伊拉克年产30部纪录片，3～4部故事片。

1960年前，伊拉克故事片生产均由私人公司经营。国营“电影、戏剧总组织”成立于1959年，开始只生产纪录片，6年后开始生产故事片，如《检察官》《好运气》《自由战士之桥》。1972年改为“电影、戏剧、广播、电视总组织”，1975年又分成电影、戏剧和广播、电视两个独立部门。私营公司自1973年后在人力和财力方面渐趋衰落，1980年根据革命指导委员会34号法令成立公私合营巴比伦电影电视生产公司，该公司是国内进口外国影片与电视彩色片的公司。

20世纪80年代，巴比伦电影电视生产公司生产了多部影片，主要有《狙击手》（1980，导演费·雅西里）、《卡迪西亚》（1981，导演埃及S.艾布·赛伊夫）。1984年，M.舒克里·吉米尔导演了《尊严的呼声》，较为成功。至1986年，全国有影院107座，主要分布在巴格达、巴士拉、纳杰夫三大城市。

1988年两伊战争结束后，政府抽调大量资金投入社会重建，电影业资金受到影响。1990年，伊拉克入侵科威特并引发海湾战争，电影业基本停滞。2003年，第二次伊拉克战争爆发，战争直接影响了伊拉克的电影生产。伊拉克的电影遗产在战争期间遭到破坏，有12部大师的作品丢失，保存下来的电影拷贝也存在残缺不全的问题，同时影院经营困难。萨达姆政权倒台后，部分流亡或移居海外的导演和演员通过纪录片反映战争给伊拉克人民带来的创伤以及他们对时局和未来生活的思考。这类电影被称作"决定时刻的电影"，如《在巴格达的16个小时》（2004，导演塔里克·哈希姆）等。

与此同时，伊拉克电影也开始出现引发国际影坛关注和肯定的作品，如《海龟会飞》（2004，导演巴赫曼·戈巴迪）和《公里为零》（2005，导演辛那·萨利姆），两部影片展示出库尔德人在萨达姆时期曾遭受的压制以及伊拉克战争造成的新的创伤，其中《公里为零》获第58届法国戛纳国际电影节金棕榈奖提名，是伊拉克首部入围该电影节的作品。21世纪后伊拉克电影的重要作品还包括穆罕默德·达拉吉导演的《梦》（2006）和《巴比伦之子》（2009）、辛那·萨利姆导演的《我甜蜜的胡椒地》（2013）、绍卡特·阿明·科尔基导演的《石头不会忘记》（2014）等。

（陆孝修　撰　秦喜清　修订）

伊朗电影 Iranian cinema　20世纪20年代，伊朗早期电影工作者莫塔桑迪拍摄过几部新闻片。1930年，由莫塔桑迪任制片人、A．奥哈尼安任导演的伊朗第一部故事片《阿比·拉比》问世。1934年，伊朗人A.H.塞普内塔在印度孟买拍摄了几部波斯语的影片，故事都取材于波斯的民间故事或神话传说，演员全部由伊朗人担任，音乐取自伊朗民间的曲调。塞普内塔的努力，没有得到国内的支持。1936年以后，去印度拍摄伊朗电影的活动便终止了。第二次世界大战以后，影片发行人I.库尚于1945年在德黑兰创立了米特拉影片公司，1947年改名为帕尔斯影片公司。这家公司拍出一些受观众喜爱的影片，但内容多半是外国卖座的娱乐影片的复制品。如库尚自己导演的《后悔的人》（1954）、《最后的爱》（1957），莫赫塔塞马导演的《那吉王》（1957）、《阿加·穆罕默德汗·卡德加》（1959），马基德·莫希凡导演的《田野上的黄莺》（1957）、《爱的窃贼》（1959）等。当时仅什拉吉导演的《码头上的贼》（1957）受到一点新现实主义的影响。

20世纪60年代，伊朗电影有了较大的发展，影片年产量增加到70部，不仅扩大了国内市场，而且也输往中近东国家。在题材方面，也有不少表现普通劳动人民生活的影片。诸如I.戈莱斯坦导演的《燕归巢》（1964）、《砖头和镜子》（1965），达尔尤什导演的《还有困难》（1967）等。

70年代，一批青年电影工作者涌现出来，D.梅赫朱导演了《奶牛》（1969）、《邮递员》（1971），萨列沙导演了《一件小事》（1973）、《平静的生活》（1974）、《在异域》（1975），B.贝扎依导演了《陌生人与雾》（1974），女导演纳比里导演了《该诅咒的土地》（1976），卢斯卡米导演了《报告》（1977），M.基木亚依导演了《石头旅行记》（1977），B.法尔玛纳拉导演了《夜的继续》（1977）。这批青年导演的共同特点是企图表现伊朗的生活现实，表现新风旧俗并存下的伊朗人的日常生活和人际关系。当时国王的审查制度很严，很多影片遭到禁映。

1979年，伊朗宣布为伊斯兰共和国。大部分电影公司和电影院收归国有。80年代以来的影片有《塔拉的传说》（1980，导演B.贝扎依）、《校园》（1980，导演D.梅赫朱）、《血的季节》（1981，导演卡伍什）、《魔鬼的手》（1982，导演扎依德巴甫）等。从80年代后半期开始，伊朗电影在*阿巴斯·基雅罗斯塔米*的带领下进入新的发展时期。阿巴斯·基雅罗斯塔米的"村庄三部曲"（*《何处是我朋友的家》*《生活在继续》《橄榄树下的情人》）继承前辈的纪实风格，通过疏离政治的叙述方法，以儿童题材挖掘和探讨人性，把伊朗电影推向世界影坛。1997年，阿巴斯·基雅罗斯塔米导演的《樱桃的滋味》获第50届法国戛纳国际电影节金棕榈奖。其他重要的作品还有《水缸》（1994，第47届瑞士洛迦诺国际电影节大奖）、《父亲》（1996）、*《小鞋子》*（1997，此片是伊朗第一部入围美国电影奥斯卡奖最佳外语片奖的电影）、《苹果》（1998）等。

《樱桃的滋味》剧照

21世纪以来，伊朗电影在探索现实、电影美学多元化方面都有较大的发展，如《秘密投票》（2001）、《巴伦》（2001）、《尘中之舞》（2003）、《美丽城》（2004）、《烟花星期三》（2006）、《关于伊丽》（2009）、*《一次别离》*（2011）、《过往》（2013）、《推销员》（2016）、《签证优惠》（2017）、《人尽皆知》（2018）。其中《一次别离》获美国电影奥斯卡奖最佳外语片奖、德国柏林国际电影节金熊奖等多项国际大奖，《人尽皆知》获第71届法国戛纳国际电影节金棕榈奖提名，它们代表了伊朗电影的新成就。另外还有《铃鼓》（2008）、《迦南》（2008）、《街头试验》（2009）、《你的世界几点》（2014）、《无边无界》（2014）、《德黑兰天堂》（2014）、《墨尔本》（2014）、《我没生气》（2014）、《出租车》（2015）、《意外的真相》（2015）、《筹款风波》（2017）、《阑尾》（2017）、《德黑兰：爱之城》（2018）、《梦之城堡》（2019）等。伊朗导演阿巴斯·基雅罗斯塔米的遗作《24帧》（2017），以探讨影像24帧的原理，在静态的镜语之中呈现出诗意的电影画面。

《一次别离》剧照

（曹　娥）

伊林电影制片厂 Ealing Studio　英国电影制片机构。前身是由B.迪恩主管的联合有声影业公司。1937年，英国电影遭受了一次危机，一些制片商接受巨额投资和贷款，但是能够获利的影片却很少。结果导致许多资金的来源中断，影片制作公司和一些投资商一并遭殃。这次危机使B.迪恩在1938年离开了电影制作行业。1938年，米高梅电影公司的M.鲍尔肯接管了联合有声影业公司，将其更名为伊林电影制片厂。

1944年，兰克机构帮助投资影片制作并通过其发行网络进行发行，伊林电影制片厂因此获得较快发展。鲍尔肯通过民主决策以及赋予某些电影制作者独立性，使伊林影片的出品表现出一定程度上的统一性。伊林出品的影片很多场景都是在伦敦贫困地区或遭到炸弹轰炸的地区实景拍摄的。

20世纪30～40年代，该厂制作了很多喜剧片。1949年发行的3部影片《通往平利可的护照》《荒岛酒池》和《仁心与冠冕》给伊林带来了喜剧片方面的声望。大多数好莱坞风格的喜剧片都依赖插科打诨或怪诞情境，而伊林喜剧片大多是在日常情境中注入奇思妙想。另一部典型的伊林喜剧片是C.克莱顿执导的《薰衣草山的暴徒》(1951)。这部影片把现实主义与风格化的表现手法融合在一起，近乎纪录片的开场段落，实景拍摄的场景展示了主角的日常生活状态。

《薰衣草山的暴徒》剧照

实际上，喜剧类型的影片只占该厂出品的三分之一。最为成功的伊林电影是一部关于警察生活的现实主义风格剧情片《寒夜青灯》(1950)。最后一部重要影片是《老妇杀手团》(1955)。1955年，严重的亏损迫使鲍尔肯将伊林电影制片厂的一些制片设备出售给英国广播公司，制作方向随之转型。（范　倍）

《伊万的童年》 *Ivan's Childhood*　苏联故事片。苏联莫斯科电影制片厂1962年出品。编剧，V.博戈莫诺夫、A.A.塔尔科夫斯基、A.C.康查洛夫斯基；导演，塔尔科夫斯基；摄影，V.尤索夫；主演，N.布尔雅耶夫，N.格陵柯、V.祖布科夫等。

故事讲述了12岁男孩伊万的家人在第二次世界大战中被德国纳粹杀害，为了复仇，伊万加入苏联红军，成为一名小侦察兵的故事。伊万凭借自己的勇敢和机智屡立战功，与红军中校格里兹诺夫、上校贺林、上尉科赫林成为好朋友，格里兹诺夫为了保护伊万，准备送他去军校读书，伊万坚决不从，最终在一次侦察活动中献出了年轻的生命。

影片是导演塔尔科夫斯基的处女作，

《伊万的童年》剧照

与以往的反战影片注重战争场面的纪实性和客观性描写不同，塔尔科夫斯基构建了现实和非现实两个时空，现实时空主要展现的是苏联红军与德国纳粹之间真实的战争场面，非现实时空主要是由伊万回忆母亲和妹妹的梦境和个人的臆想串联而成。两个时空通过不同的光影、造型、叙事内容区分开来，又通过伊万这个人物将其串联。风景优美的乡野、母亲和妹妹的笑容、自由奔跑的伊万、吃苹果的马、树林中的蝴蝶和少年等非现实的意象与无处不在的烟雾、此起彼伏的枪炮声、被吊死的战友、暗示死亡的沼泽地等现实存在产生强烈的对比，激发观众视觉和心理的双重震荡。导演摆脱以往塑造英雄的概念化方式，采用长镜头、蒙太奇等多种艺术表现技巧，营造出影片的“诗性”风格，通过对伊万内心活动的呈现，细致地刻画出一个天真的孩童转变为复仇“怪物”的过程，衬托出战争的残酷以及对孩子天性的扭曲。影片1962年获第27届意大利威尼斯国际电影节金狮奖、第5届美国旧金山国际电影节最佳导演奖。（高媛媛）

伊文思，J.　Joris Ivens（1898-11-18～1989-06-28）　荷兰纪录片导演。生于荷兰奈梅亨，卒于法国巴黎。1927年创办荷兰第一家电影俱乐部“电影-联盟”。他进入电影界时，正值先锋派电影兴起之时，受此影响，先后在阿姆斯特丹和巴黎拍摄了《对运动的研究》(1928)、《桥》(1928)和《雨》(1929）等短纪录片。1930年应荷兰建筑总工会之邀，拍摄了一些以建筑工程为主题的纪录片，同时，摄制了表现荷兰人民填海造田的著名纪录片《须德海》。此后，伊文思在欧洲、美国拍摄了一系列进步影

片，如反映机械化劳动对工人神经损伤的《工业交响曲》(1931)，应国际化学处理木材协会之邀拍的《木馏油》(1931)，歌颂苏联社会主义建设的《英雄之歌》(1932)，表现比利时博里纳日煤矿工人大罢工的《博里纳日》(1933)，与美国作家E.M.海明威等人一起摄制的反映西班牙内战的《西班牙的土地》(1937)，记录中国人民奋起抗战的《四万万人民》(1938）以及反映第二次世界大战的影片《警报》(1943)、《认识你的敌人：日本》等。1946年因拍摄澳大利亚码头工人拒绝为荷兰船只装卸武器的纪录片《印度尼西亚在呼唤》而被荷兰政府禁止进出荷兰，直到1966年禁令才被解除。

1947～1952年，在东欧各国拍摄了反映新生社会主义国家的影片《最初的年代》《和平一定在全世界胜利》《世界青年联欢节》《华沙－柏林－布拉格和平赛车》等。1954年拍摄了以密西西比河、长江、恒河、伏尔加河、尼罗河、亚马孙河为背景的《激流之歌》。1955年拍摄了反映巴西、中国、法国、意大利、苏联5个国家妇女生活的《五支歌》。此后，伊文思又先后在法国、意大利、马里、古巴、越南等国拍摄了一系列纪录片，如《塞纳河畔》(1957)、《明天在南圭拉》(1960)、《旅行日记》(1961)、《天空、土地》(1965）等。

1958～1987年，伊文思访问中国10余次，并先后担任过中央新闻纪录电影制片厂和文化部的顾问，在为中国新闻纪录影片培养创作人才的同时，拍摄了《早春》(1958）和系列片《愚公移山》(1976)。

伊文思善于继承和创新，其作品追求探索，具有抒情色彩和诗意气质，对世界纪录电影的发展作出了巨大贡献。伊文思一生在世界各地拍片，有“飞翔的荷兰人”之称。1955年获世界和平奖，1978年获英国皇家艺术学院荣誉博士，1986年法国政府向他颁发荣誉军团勋章。（振　淦）

依田义贤　Yoda Yoshikata（1909-04-14～1991-11-14）　日本电影剧作家。生于京都。1930年开始从事编剧工作，曾在日活、第一电影、新兴、大映等公司担任专业编剧。依田义贤以其现实主义的创作思想，与著名导演沟口健二长期合作，为沟口健二编写了大量剧本。依田义贤最具有代表性的作品有：《浪华悲歌》(1936)、《青楼姊妹》(1936)、《爱怨峡谷》(1937)、《残菊物语》(1939)、《元禄忠臣藏》(1941)、《女演员须磨子之恋》(1947)、《夜晚的女人们》(1948)、《西鹤一代女》(1952)、《雨月物语》(1953)、《异母兄弟》(1959)、《板车之

歌》(1959)等。依田义贤年轻时即以诗人著称，同时还是散文作家，著有《青楼街》《京都的妇女》等书。1992年，获第15届日本电影学院奖会长特别奖。（陈笃忱）

移镜头 tracking shot 摄影机沿着水平方向横移拍摄的镜头。见影视镜头。

移轴镜头 tilt-shift lens 通过调整光学镜头的光轴来改变被摄景物的透视和清晰范围的特殊镜头。工作原理是在机身和胶片平面位置保持不变的前提下，整个摄影镜头的主光轴平移、倾斜或摆动，达到改变所摄影像透视关系或聚焦区域的目的。移轴镜头的基准清晰像场比普通镜头大得多，这是为了确保在摄影镜头主光轴平移、倾斜或摆动后仍能获得足够大的清晰影像。移轴镜头又被称为“TS镜头”，主要用于建筑摄影和广告摄影。如在拍摄建筑物时，为了拍到全貌，机身要向上仰，胶片平面与高楼的主线会形成一定夹角，上部由于物距较远而变小，造成透视变形(近大远小的效果)。移轴镜头可以通过移动后镜头中心调整与胶片平面的角度，上部虽然物距较远，但是对应的下部像距也较远，相应的放大率的改变抵消了透视变形，只要保证胶片平面与建筑物主线平行，拍出的画面就没有透视变形。

移轴镜头能够实现的拍摄效果可以归结为以下4个方面：①纠正仰拍或者俯拍造成的透视变形。②获得大景深的效果。移轴镜头可以用来拍摄全区域成像清晰的画面效果，通俗地说就是大景深的效果。商业摄影中的产品广告拍摄，以及风光和建筑摄影中，常把这种镜头的平移和倾斜拍摄功能组合使用，在纠正被摄体透视变形的同时，获得一般摄影镜头难以达到的全区域聚焦和结像清晰的效果，其原理是采用了沙姆定律。③获得浅景深的效果。在移轴镜头的景深控制中，可根据拍摄的目的，运用沙姆定律使被摄物体的一个面在影像上得到全区域的合焦。若反其道而行之，将沙姆定律反过来使用，那么就可以轻而易举地将被摄物体的清晰范围限定于对焦点上，使其他部位影像全部模糊。在具体操作上，无所谓光圈的大小，只需将相机的机身和镜头的倾角按沙姆定律反向扭转，这样就可将清晰区域限定在一条线上或极小的空间范围内。④有效处理拍摄镜面等反射物。如拍摄一面镜子或者是正对着建筑物的一个反射面，如使用普通镜头拍摄，那么机身(拍摄者)必然会在镜面中被映射出来。如果利用移轴镜头的偏移功能，就能够轻而易举地解决这个问题，既拍摄了对象又不会在画面中反射出机身(拍摄者)。（马　诚）

乙羽信子 Otowa Nobuko(1924-10-01～1994-12-22) 日本电影演员。原名加治信子。生于鸟取县西伯郡。1939年自宝塚音乐歌剧学校毕业后开始登台表演。1950年出演了第一部影片《处女峰》。1953年主演了《缩影》《欲望》《女人的一生》等影片，开始用写实的表演方法塑造在艰难生活中顽强挣扎的女性，获当年日本电影“蓝丝带奖”最佳女主角奖，确立了她作为演技派演员在日本影坛的地位。1960年主演了新藤兼人的《裸岛》，后继续与新藤兼人合作，在《鬼婆》《恶党》《本能》《性的起源》等影片中饰演主要角色。1962年，因主演《仓库里的黑猫》和《强男弱女》获《每日新闻》颁发的最佳女主角奖。20世纪70年代后演出的重要影片有《赤裸的十九岁》《仪式》《我的路》《竹山孤旅》《事件》《绞杀》等。其中《赤裸的十九岁》获1971年第7届莫斯科国际电影节大奖，《绞杀》获1972年第36届意大利威尼斯国际电影节帕西内蒂奖最佳女主角奖。她从影近40年，演出共150多部影片，塑造了大量经历不同、性格迥异的女性形象。自1956年起还演出了多部电视剧，如中国观众熟悉的《阿信》等。主要电影作品还有《原子弹下的孩子》《狼》《女人坡》《香华》《触角》《地平线》《落叶树》等。1995年被日本政府内阁会议授予四等宝冠勋章。（洪　旗）

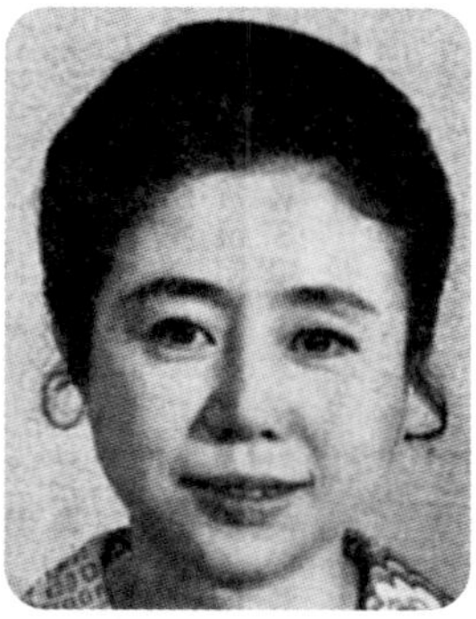

以色列电影 Israeli cinema 以色列建国前，俄籍犹太人雅可布·本多夫于1912年在今属以色列的区域内拍摄了第一部短纪录片《埃尔兹的犹太人生活》。1923～1947年出现了一些准纪录片性质的电影，主要有《犹太军团》(1923，导演雅可布·本多夫)、《这里就是埃尔兹》(1933，导演巴鲁奇·阿加达迪)、《圣地》(1934，导演克伦·海耶松)、《伟大的诺言》(1947，导演约瑟夫·莱斯泰)、《我父亲的房子》(1947，导演赫培德·克林)等。

1948年，以色列宣布建国。1950年，导演阿玛尔拍摄了以色列第一部故事片《休战》。海尔兹利亚兴建第一个制片厂后，陆续拍出了不少故事片，其中包括约瑟夫·克鲁姆哥尔德导演的《脱离邪恶》(1951)和T.迪金森导演的《24号高地没有回答》(1955)。1954年，以色列通过了奖励民族电影生产和必须放映以色列短片的法令。1961年成立海法电影资料馆。1969年成立民族电影生产基金供给协会。20世纪60年代摄制的18部故事片中较为知名的有《牢记》(1964，导演阿尔特维斯)、《月球上的一个洞穴》(1965，导演乌里·佐哈尔)等。70年代以色列年产故事片12～15部。代表作有《小木鸟》(1977，导演罗辛比尔克)、《维恰尔案件》(1979，导演阿弗拉姆·赫弗纳)等。

20世纪80到90年代出品的影片中，《战地日记》(1982)是一部反映巴以冲突给平民造成伤害的纪录片;《战火爱火》(1986)的故事发生在第二次世界大战期间的耶路撒冷，描写了一名美国军人和一名犹太女孩之间的爱情;《艾维亚的夏天》(1988)讲述了集中营幸存者在精神和生活上遭受的痛苦；歌舞片《皇帝的新衣》(1987)和《小红帽》(1989)也较有特色;《浮世酒馆》(1992)的故事发生在特拉维夫的一家小酒吧，刻画了出现在酒吧里的各色人等的精神状态;《苹果树下》(1995)描写以色列建国之初几个年轻人在集体农庄的生活；纪录片《流亡上海》(1997)以口述史的方式回顾了二战期间犹太人逃离欧洲、在上海寻求庇护的过程;《耶路撒冷断章》(1998)用个人日记和家庭肖像的方式书写城市的历史;《禁城之恋》(1999)表现一对姐妹在面对宗教干涉个人情感和婚恋生活时做出的不同选择。

进入21世纪之后，以色列产生较大影响的影片有《暗夜》(2005)、《母子情深》(2006)、《与皮娜有约》(2006)、《乐队来访》(2007)、《宝道西之旅》(2007)、《和巴什尔跳华尔兹》(2008)、《黎巴嫩》(2009)、《路斯的终点》(2010)、《暗之光》(2012)、《果实的谋杀》(2013)、《在她身边》(2014)、《无以为家》(2015)、《第48号交接点》(2016)、《夹缝中》(2017)、《重生》(2017)、《狐步舞》(2017)、《格沃罗》(2018)、《梦的募集》(2018)、《女特工》(2019)、《安娜》(2019)、《蝴蝶》(2019)等。其中,《狐步舞》获第74届意大利威尼斯国际电影节银狮奖，并在全球其他电影节上多次获奖，是以色列电影中的杰作。

（陆孝修　撰　刘　斐　修订）

《艺华周报》 *Yihua Weekly* 中国电影杂志。1933年9月9日在上海创刊。为周刊，16

开本。由艺华影业有限公司编辑出版。编辑有王尘无、龚天衣，主要撰稿人有阳翰笙、岳枫、赵一山、金人、郭彦等。已知出至1933年底第6期。该刊是**左翼电影运动**舆论阵地之一。创刊号提出电影是“一种大众教育的工具，具有对于大众的绝对伟大的力量”，要求中国电影工作者“更积极地使用这手中的工具以代替大众的呼号”。该刊对艺华公司摄制的影片，进行了评介和宣传，还刊登有《中国电影事业今后谈》《关于电影的人才问题》等文章，并以一定的篇幅介绍了苏联电影的成就。1933年底，随着艺华公司的改组而停刊。

（陈　野）

艺术电影　art film　在技法或叙事上具有实验性的先锋电影。艺术电影一般不以盈利为唯一目的，趣味高雅，注重艺术技巧。艺术电影试图挑战传统的电影美学和惯例，对于推动电影艺术发展和引导观众欣赏趣味常起到积极作用。典型的艺术电影大多都属于中小成本的制作。

“艺术电影”的概念起源于法国，原本是创办于1908年的一家制片公司的名称。而这个概念的应用，主要是为了给电影赋予一种可以吸引中产阶级的合法性。为了改变电影社会地位低下的状况，便以“艺术”为标榜，聘请名作家和名演员拍摄一些符合上流人士艺术趣味的影片。1916年，美国导演**D.格里菲斯**耗费巨资拍摄《**党同伐异**》，表达个人对历史的见解和对艺术的追求，是艺术电影最早的典型，具有崇高的历史地位。20世纪20年代，艺术电影开始更加紧密地和**先锋派电影**联系在一起。20世纪30～40年代，伴随着法国**诗意现实主义电影**和**意大利新现实主义电影**运动，艺术电影的内涵扩大到包括社会和心理现实主义层面。20世纪50年代，“作者策略”认为某一类电影导演可以被称为电影的作者，是电影的发生者和创造者而不仅仅是制造者。作者理论确立了艺术电影的合法性。20世纪50～60年代以后，具有现代意识的欧洲导演，如**M.安东尼奥尼**、**I.伯格曼**、**A.雷乃**、**A.A.塔尔科夫斯基**等人的大部分作品均带有艺术电影的性质。

从电影历史发展来看，艺术电影并不是美国好莱坞电影或**商业电影**的反面。总体而言，艺术电影的符码和惯例比较分散，叙事不够整一，人物行为不定，时空相对自由。艺术电影有意识地使观众和电影保持距离，从而创造一种反思的空间，有助于观影者建构自身的主体性。

（刘宇清）

《艺术家》　*The Artist*　法国故事片。法国小雷耐电影公司和小皇后电影公司等2011年联合出品。编导，M.哈扎纳维希乌斯；摄影，G.西夫曼；主演，J.杜雅尔丹、B.贝乔、J.古德曼、J.克伦威尔。

故事讲述了乔治·瓦伦汀是默片时期好莱坞著名男演员，深受观众喜爱。一次邂逅，他认识了梦想当演员的佩瑟·米勒，米勒在他的帮助下成为好莱坞大红大紫的有声电影明星。有声电影的出现，如同噩梦，让乔治·瓦伦汀难以适从，他拒绝在银幕上开口说话，不愿拍摄有声电影，陷入过气的困境。拍摄默片的惨败让乔治·瓦伦汀一蹶不振，在他企图自杀之时，一直崇拜、爱慕他的佩瑟·米勒拯救了他，佩瑟·米勒说服电影公司老板让她与乔治·瓦伦汀一起主演一部有声歌舞片，最终影片获得成功，二人的爱情也开花结果。

影片采用传统的好莱坞叙事手法，讲述了一个发生在默片时代、具有典型事件性的故事，真实地刻画了在有声电影的冲击下，一代默片演员由辉煌到失意、无可奈何的心路历程。影片通过搬演、模拟、穿插默片的经典片段，表达了对默片的敬意。影片在主干故事之外，又套上一个典型的好莱坞**爱情片**类型模式，使故事显得浪漫而清新动人。影片以黑白默片的表现形式进行拍摄，通过简要的字幕交代剧情。影片音效的运用如神来之笔，不仅突显主人公的心理，也隐喻了特定时代默片与有声片十分胶着的复杂关系。影片2011年获第64届法国戛纳国际电影节最佳男演员奖；2012年获第84届美国电影奥斯卡

《艺术家》剧照

奖最佳影片奖、最佳导演奖、最佳男主角奖、最佳服装设计奖、最佳原创音乐奖，第69届美国电影金球奖最佳男演员奖和最佳音乐奖，第65届英国电影学院奖最佳影片奖、最佳原创剧本奖等7项奖，第37届法国电影凯撒奖最佳女演员奖、最佳摄影奖等6项奖。

（安　燕）

译制片　dubbed film　直接把对白或解说从一种语言译成另一种语言，重新配音复制的影片。又称翻译片。译制片是在原版影片基础上针对声音剪辑的一次再创作，可以使不懂原版片语言的观众听懂和了解影片的内容。译制片制作的一般方法是：先将原版片的对白译成所需要的语言，再由配音演员按照原版片画面中人物的思想感情，用近似的语调、口型录成一条翻译的对白声带，然后和原版片中的音乐、音响、效果声带混合录制，用以印制供放映用的译制片拷贝。一个国家或地区从一种民族语言译成另一种民族语言的影片，也是译制片。

在对电影作品进行第二次艺术创作的过程中，译制片的翻译与配音更加注重翻译原则与方法的总结和归纳。在语言翻译的过程中，要保证在文本内容意义的基本传达基础上，力求内容简洁易懂，减轻观众对不同文化的理解难度。在配音环节中，要求配音演员与剧中角色在话语节奏上保持一致，与角色融于一身，情感的投入通过声音达到完美的释放。无论是内容的翻译与解说，还是演员的配音都要求达到和谐统一。译制片是国际文化交流的重要载体，译制片强调影片艺术思想的无国界表达，要求翻译与配音在不同民族文化语境下实现最佳融合，其最终的艺术追求是文化意向的有效传达。

（姚国华）

意大利电影　Italian cinema　1895年，意大利开始摄制新闻纪录片。1904年，在都灵建立了新闻纪录电影制片厂，导演A.安勃罗西奥、摄影师R.奥梅尼亚等人开始拍摄影片。

早期电影　1905年，F.阿尔伯里尼和D.桑多尼在罗马创办了电影制片厂，1906年定名为西纳斯公司。其后两三年间，很多小电影公司在都灵、米兰、罗马、那不勒斯和威尼斯等地成立。西纳斯公司于1905年摄制了第一部有群众大场面的故事片《攻陷罗马》(导演阿尔伯里尼)，紧接着又摄制了一批历史题材的影片。这些影片注重场面宏大、布景豪华，对历史事实则不重视。1908～1910年，拍摄了影片《麦克佩斯》《安尼塔·卡里巴尔迪》《奥赛罗》《贝亚特丽奇·琴奇》等。1913年是意大利无声影片最兴盛的时期，年产量达497部。E.格左尼的《你往何处去？》(1912)、M.卡塞里尼的《庞贝城的末日》(1913)和G.德·里加罗的《卡比利亚》(1914)等影片在国外大获成功。其中《卡比利亚》取材于古罗马与迦太基的战争，意大利颓废派作家G.邓南遮参与了此片剧本的编写，作曲家I.皮泽蒂为影片写了放映时乐队演奏的乐曲。而卡塞里尼的另一部影片

《卡比利亚》海报

《我的爱情不会死》(1913)是现代题材作品，为沙龙式情节影片的代表作。大规模的宣传使这一时期的一批电影演员蜚声国内外影坛，由法国演员A.第特主演的喜剧也风靡一时。当时的大量影片内容脱离现实，但也有的导演致力于反映人民大众的生活。这类影片大多是根据真实主义流派长篇小说拍摄而成的，如根据R.布拉乔的原作改编的《消失在黑暗中》(1914，导演N.马尔托里奥)运用对比蒙太奇描述了那不勒斯地方的显贵和贫民生活的天壤之别，其他还有根据É.左拉的小说改编的《黛莱丝·拉甘》(1915，导演马尔托里奥),《阿松塔·斯比纳》(1915，导演G.塞伦纳)等。

第一次世界大战期间，意大利电影失去了一部分外国市场，进入不景气时期。这时，只有演员兼导演E.吉奥内的作品还保持着一定的影响力。他拍摄的浪漫主义的惊险样式影片中，最著名的是系列片《灰鼠》(1918)。为了挽救日益衰退的局面，意大利电影企业家们把当时20多家影片公司组成了一个托拉斯，即意大利电影联合公司。但这也未能恢复意大利电影昔日的繁荣。1921年以后，意大利影院上映的主要是美国影片。

法西斯统治时期　墨索里尼政府把电影作为宣传手段。1935年，意大利设电影业管理局，把电影生产和影片发行都置于国家控制之下。同年，在罗马建立了电影实验中心，负责培养电影专业人才。1937年在罗马建成了一座欧洲最大的有10个摄影棚的综合电影制片厂——电影城。影片产量也逐年增加，1942年的影片产量达119部。尽管这一时期的电影是在法西斯的统治之下，但露骨地鼓吹法西斯、军国主义思想的影片并不多，大部分导演还是以拍摄古装片、音乐片、情节片和喜剧片为主。这个时期有些人追求“纪录片的客观性”，拍摄了一些“纪录派”电影。如《海底的人们》(1940，导演F.de罗勃蒂斯)、《白色的船》(1941，导演R.罗西里尼)。

第二次世界大战期间，有些导演对法西斯官方电影采取消极态度，在创作中只注重对作品形式的探索，人们把这类影片称为“书法派”电影。“书法派”电影拒绝拍摄庸俗的商业片和鼓吹法西斯思想的宣传片，致力于改编文学名著，如《以往的小世界》(1941，导演M.索尔达蒂)、《射击》(1941，根据A.S.普希金的短篇小说改编，导演R.卡斯戴拉尼)、《空想家贾柯莫》(1942，导演A.拉都达)、《嫉妒》(1943，导演F.波乔里)等。一些青年电影工作者反对法西斯的官方电影，其中很多人曾在罗马的“电影实验中心”执教或学习。由于没有通过实际拍片来实现自己想法的机会，他们经常在电影杂志《白与黑》和《电影》上发表有关电影理论和美学方面的文章，阐述自己的主张。1939～1942年发表的这些文章为后来**意大利新现实主义电影**的美学原则奠定了基础。这些青年当中很多人后来成为著名导演，如L.维斯康蒂、G.de桑蒂斯、G.普希尼、A.彼特朗吉里、C.利萨尼、**M.安东尼奥尼**；有些成为著名电影艺术理论家，如G.阿里斯泰戈、G.威亚齐等。

法西斯统治的末期，意大利电影工作者冲破种种阻力，摄制了几部预示新现实主义诞生的影片：《云中四部曲》(1942，导演A.勃拉塞蒂)、《孩子们在注视着我们》(1943，导演**V.德·西卡**，编剧C.柴伐蒂尼)和《沉沦》(1943，导演维斯康蒂)。这几部影片显现出意大利电影复兴的迹象。

新现实主义电影　第二次世界大战结束后，在民主运动高涨的形势下，产生了意大利新现实主义电影。新现实主义电影的出现是20世纪40～50年代世界艺术界的一个重要现象。新现实主义电影追求“纪录派”的真实准确性，展示备受战祸的意大利人民的苦难生活，表现人民对社会不公正和对资产阶级压迫的抗议，反映人民对美好未来的憧憬。

1945年，导演罗西里尼拍摄了**《罗马，不设防的城市》**，表现了人民群众团结斗争的精神，是新现实主义电影的宣言书。1946年，罗西里尼又拍摄了《游击队》，呈现了人民群众在战争中的生活情景。随后，德·西卡的**《偷自行车的人》**(1948)、桑蒂斯的《艰辛的米》(1949)等相继问世。这些影片取材于真实事件，采用自然实景，启用非职业演员；艺术语言精练、严谨，既拒绝法西斯统治时期的粉饰、浮夸程式，也摈弃好莱坞的陈腐模式。

进入50年代，意大利国内政治、经济形势不断发展变化，有些人通过作品强调自己忠实于新现实主义的创作原则，并力求继续发展这个传统，如德·西卡的**《风烛泪》**(1952)和《屋顶》(1956)、利萨尼的《苦难情侣》(1954)、P.捷米尔的《司机》(1956)等。有些人突破新现实主义的原则，如罗西里尼的《圣弗兰西斯科》(1950)等，开始明确表现出他崇尚宗教信仰的主题；**F.费里尼**的阐述哲学、道德问题的影片《道路》(1954)则对新现实主义创作原则进行了反思。除此之外，还出现了“玫瑰色新现实主义电影”，如卡斯戴拉尼的喜剧片《两文钱的希望》(1952)、L.康曼西尼的闹剧片《面包、爱情与幻想》(1953)等，这些影片具有新现实主义的某些表面特征，而社会批判的内容却被阉割掉了。

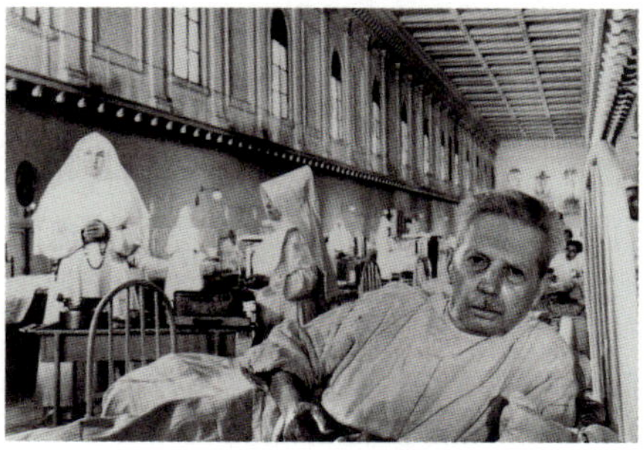

《风烛泪》剧照

50年代中期后，新现实主义电影在世界范围内产生了重要的影响，但在意大利却陷入危机。然而，人民民主运动的高涨促使很多电影艺术家重新回到反法西斯的民主团结的立场上来，相继出现了《戴拉·罗维莱将军》(1959)、《大战》(1959)、《罗马的夜晚》(1960)等优秀作品。

繁荣时期　20世纪60年代，意大利电影呈现出新的繁荣景象。1959～1961年摄制了几部举世瞩目的故事片：维斯康蒂的《罗科和他的兄弟们》、费里尼的**《甜蜜的生活》**、安东尼奥尼的《奇遇》和《夜》。当时意大利正处于暂时稳定和表面繁荣时期，这几部影片的作者从各自不同的思想立场出发反映了意大利社会发展的这一新阶段，他们在揭露和讽刺的同时，也表现出令人压抑的孤独寂寞。《甜蜜的生活》是反映社会问题的作品，它揭示了罗马资产阶级生活的腐化及其精神上的空虚。类似情况也存在于费里尼在此前后的几部影片里，如《道路》(1954)、《诈骗》(1955)、《卡比利亚之夜》(1957)以及他吐露内心隐秘的自传体影片**《八部半》**(1963)。安东尼奥尼则致力于探讨资产阶级社会里人

《甜蜜的生活》剧照

的异化问题，虽然他对其所表现的内容进行了深刻的社会剖析，但有时也把离群索居的悲剧作了绝对化和美化的描述。德·西卡在这一阶段则拍摄了反法西斯的影片《乔恰拉》(1960，根据作家A.莫拉维亚的小说改编）和《阿尔托纳的幽禁者》(1962，根据法国作家J.-P.萨特的剧本改编)。在20世纪60年代的以反法西斯为主题的第二个浪潮期间，意大利拍摄了许多好的影片:《1943年的长夜》(1960,导演F.凡奇尼)、《都回家去》(1960,导演康曼西尼)、《那不勒斯的四天》(1962，导演N.洛依)、《他们走向东方》(1964，导演桑蒂斯)、《要嫁给军人的姑娘们》(1965，导演V.朱尔里尼）等。维斯康蒂导演了一部关于纳粹分子如何攫取政权的影片《群神的灭亡》(1969)。此后，德·西卡拍摄了反战的情节片《向日葵》(1969）和根据G.巴萨尼反法西斯的长篇小说改编的影片《芬齐-孔蒂尼家的花园》(1970)。

表现工人的题材仍然为意大利电影艺术家所关注。塔维亚尼兄弟和V.奥尔西尼执导了《一个将被烧死的人》(1962)，导演莫尼塞利以喜剧样式拍摄了有关意大利工人第一次罢工的影片《同志们》(1963)，导演U.格列戈莱蒂拍摄了嘲笑资本主义剥削方法的科学幻想式讽刺喜剧片《奥米克伦》(1963)。电影艺术家们对揭露黑手党罪行的题材也颇感兴趣，如V.de塞塔的《奥尔戈索洛的匪徒》(1961)、拉都达的《黑手党人》(1962)、E.佩特里的《各取应得》(1967)。这时意大利也出现了政论性电影。导演F.罗西采用纪录手法，摄制了带有社会批判性质的、剖析黑手党问题的影片《萨尔瓦托雷·裘连诺》(1961)和杂文式影片《掠夺城市的手》(又译《伸向城市的手》，1963)。很多导演致力于把文学作品搬上银幕。如朱尔里尼的《家庭纪事》(1962)、维斯康蒂的《金钱豹》(1963）和《在威尼斯之死》(1971)、F.马塞利的《冷漠的人们》(1963）等。

这个时期一些新导演崭露头角。在意

《乞丐》剧照

大利电影占有特殊位置的导演兼作家P.P.帕索里尼于1961年拍摄了处女作《乞丐》，翌年拍摄了《罗马妈妈》。他的影片虽然存在着过多的自然主义描写，但是准确地反映了罗马城郊流氓无产者的可怕生活。在影片《马太福音书》(1965）里，帕索里尼表达了使共产主义和基督教理想相调和的意图。其后，他又转向拍摄改编世界古典名著的影片，如索福克勒斯的《俄狄浦斯王》(1967)、欧里庇得斯的《美狄亚》(1969)、G.薄伽丘的《十日谈》(1971）等。他拍摄的最后一部影片《索多玛120天》(1975)，揭露了法西斯统治的罪恶，但同时渲染了病态的色情和暴虐狂。

这个时期，社会喜剧片中较受欢迎的是意大利式喜剧片，将喜剧和悲剧两种成分相结合，力求表现现代社会的重大问题。如德·西卡的《昨天，今天，明天》(1963)、《意大利式结婚》(1964)，P.杰米的《意大利式离婚》(1961)、《被诱骗被遗弃的女人》(1964)，D.利齐的《艰难的生活》(1961)、《争先恐后》(1962)，L.藏巴的《大街上的调度员》(1960)、《保险局医生》(1968）等。此外，导演S.莱翁内于20世纪60年代中期拍摄的“意大利西部片”也获得了良好声誉，如《为了多余的几块钱》(1964)、《好人，粗暴汉和无赖》(1966)、《从前在西部某地》(1968）等。20世纪60年代下半期，意大利出现了一批被称为“叛逆电影”的影片。青年导演M.贝洛契奥的影片《怒不可遏》是其代表作品。它以离奇的形式表现了青年对资产阶级生活习俗、家庭伦理的极端个人主义的反抗。属于“叛逆电影”的还应提到塔维亚尼兄弟执导的几部影片:《打倒者们》(1967)、《在天蝎座标记下》(1969)。成长于西班牙的导演M.费雷里的作品也有一定影响。他的《蜂后》(1963)、《猿猴女人》(1964)、《迪林杰死了》(1969)、《接见》(1971）等影片运用讽刺和怪诞手法表现了反教权主义的社会批判的内容。

20世纪70年代，在电影中，出现一个被称为“**政治电影**”的派别，它在反法西斯主义、社会批判的激情和艺术原则方面接近新现实主义，在意大利国内外赢得了评论界的注意和观众的赞许。如B.贝托鲁奇的《蜘蛛的战略》(1970，电视片）和《二十世纪》(1976)、凡奇尼的《马梯奥蒂谋杀案》(1973)、C.利兹尼的《圣巴比伦广场，下午8点钟，无法理解的谋杀案》(1976)、G.蒙塔尔多的《阿妮丝和死》(1976）等都是以反法西斯为主题的。喜剧样式的政治影片有莫尼塞利的《我们要上校》(1973)、E.斯科拉的《我们曾如此相爱》(1975）和心理描写片《不平常的一天》(1977)。这个时期的具有反殖民主义和国际主义意义的影片有《萨科和万泽蒂》(1971，导演E.蒙塔尔多)、《代号“恶魔”行动计划》(1979，意大利与西班牙合拍，导演G.蓬戴科尔沃)；工人题材的影片有《工人阶级上天堂》(1971，导演E.佩特里)。揭露国家机关贪污受贿，法官、警察、检察机关与黑手党互相勾结的电影也占有重要位置，如导演D.达米阿尼的《一个警察局长的自白》(1971)、《跪着的人》(1979)，佩特里的《对一个不容怀疑的公民的调查》(1970)、《托多·莫多》(1976)，罗西的《马太伊案件》(1973)、《尊贵的尸体》(1976)，藏巴的《尊敬的人们》(1975）等。

《一个警察局长的自白》剧照

此外，反映意大利农村生活中尖锐社会问题的影片有《一家之主的父亲》(1977，导演塔维亚尼兄弟)、《木屐树》(1978，导演E.奥尔密)，根据作家C.莱维的同名小说改编的影片《基督停留在埃博利》(1979，导演罗西）等。著名的意大利导演们也拍摄了一些“政治电影”，如维斯康蒂摄制的《室内装饰的全家像》(1974)，强烈地谴责了法西斯阴谋者，同时也激烈地指责了左翼极端分子。德·西卡与柴伐蒂尼联合导演了两部剖析社会问题的影片《我们叫他安德烈》(1972)和《短暂的休假》(1973)；费里尼拍摄了《罗马》(1972）和《阿马尔柯德》(1973)，这位艺术家在这两部影片里第一次鲜明地表现了反教权主义和反法西斯的主题思想。安东尼奥尼在英国拍摄了有关青年问题的影片《放大》(1966)之后，在国内导演了《职业：记者》(1975)，其中既有他经常表现的主题和题材，也反映了反殖民主义的倾向。朱尔里尼拍摄的根据D.布恰蒂的原作改编的《塔尔塔尔沙漠》(1976)，则以反军国主义思想引起了人们的注意。

“政治电影”在发展中，严肃成分和娱乐成分互相渗透的倾向使电影的水平有所提高。但是另一方面，也出现了一些引起争论的电影作品，如费雷里的《饕餮》(1973)，L.卡瓦尼的《夜间守门人》(1974)。这些电影虽然表现了反资产阶级和反法西斯的意向，但同时也存在着自然主义的表现手法。

当代电影状况　从20世纪70年代中期开始，意大利的政治、思想和经济各方面都不太稳定，部分电影工作者对社会、人的信仰丧失了信心，这反映在他们创作的一些影片里，如费雷里导演的《最后一个女人》(1976)和《再见，色欲之徒》(1978)，费里尼的《乐队在排练》(1978)，L.康曼西尼的《堵塞》(1979)。20世纪70年代末和80年代初生产的影片中属于此类的影片有斯科拉的《露台》(1979)，费里尼的《女人城》(1980)和《船行驶了》(1983)，贝托鲁奇的《一个可笑的人的悲剧》(1981)，罗西的《三兄弟》(1981)，塔维亚尼兄弟的《圣洛伦索之夜》(1981)，安东尼奥尼的《一个女人的辨认》(1982)等。

意大利电影在20世纪70年代末80年代初的不景气，有很多原因，如国产电影得不到国家支持，美国资本越来越多地渗入意大利电影生产和影片发行系统，电视的竞争等。此外，一些著名导演，如维斯康蒂、罗西里尼、德·西卡、捷米尔、帕索里尼等的相继谢世也是其中原因之一。1978～1979年，制片生产规模压缩，影院数减少，观众观影由1975年的5.1亿多人次减少到1978年的3.1亿多人次，外国影片占全国发行量的70%，其中主要是美国电影。与此同时，意大利的影片水平也在普遍下降。

意大利电影到20世纪80年代中后期开始出现转机。贝托鲁奇在导演了大胆描写性的影片《巴黎最后的探戈》后，又拍摄了从人性角度表现中国末代皇帝溥仪一生的《末代皇帝》，后者获第60届美国电影奥斯卡奖最佳影片奖、最佳导演奖等9项奖。G.托纳多雷导演的《天堂电影院》以两位放映员之间的友谊与交往，描写了一个时代、一种文化的消亡，影片获第42届法国戛纳国际电影节评委会大奖、第62届美国电影奥斯卡奖最佳外语片奖、

《天堂电影院》剧照

第47届美国电影金球奖最佳外语片奖等。同时期，具代表性的作品还有L.卡瓦尼导演的《方洛各》(1988)，罗西导演的《忘却巴勒莫》(1989)，费雷里导演的《微笑之家》(1990)等。从20世纪90年代开始，意大利电影走出低谷，《邮差》(1994)、《美丽人生》(1997)、《儿子的房间》(2001)等影片广受好评。托纳多雷导演的《玛连娜》(2000)、S.索尔迪尼导演的《白色与郁金香》(2001)、P.索伦蒂诺导演的《绝美之城》(2013)、M.加洛尼导演的《故事的故事》(2015)、P.杰诺维塞导演的《完美陌生人》(2016)、A.罗尔瓦赫尔导演的《幸福的拉扎罗》(2018)等代表着意大利电影的新成绩。(尹广文)

意大利电影实验中心　Experimental Cinematography Centre　意大利电影教学、实验和科研机构。成立于1935年。位于罗马。为欧洲较早的电影学院。成立之初受意大利政府资助，重点发展教育、理论研究和出版。分为两大机构：意大利国家电影资料馆和国立电影学院。

意大利国家电影资料馆是欧洲乃至世界范围内重要的电影资料馆，与意大利国家电影产业资料馆共同保存了12万部电影。此外，该中心在促进文化交流方面也非常活跃，承担意大利各类电影的修复，接受外来电影在国内外电影节的放映交流等。

国立电影学院总部位于罗马，学制3年，专业包括表演、剧本创作、场景道具与服装设计、摄影、录音工程、剪辑等。每个课程只招收6～8名学生，要经过竞争激烈的入学考试。所有课程都有相应的理论和具体训练的内容，学生要经过大量的实践，首先是拍摄视频，然后是用35毫米胶片制作短片。在他们的学习过程结束时，要制作特定的毕业项目，所有学科的学生都要根据自己的专业，参与到制作中来。学院有不同的校区，学生可以在皮埃蒙特校区学习动画和电影，在伦巴第校区学习纪录片、广告和电视剧，在阿布鲁佐校区学习视听传播和新闻，而西西里岛校区则教授纪录片等相关课程。学院相继培养出了一大批在意大利乃至欧洲著名的电影艺术家，很多活跃在意大利电影银幕上的演员都毕业于该学院，如导演M.安东尼奥尼、意大利电影实验中心主席S.如利、意大利国立电影学院院长A.D.桑蒂斯等。(李二仕)

意大利新现实主义电影　Italian neorealism film　第二次世界大战结束后，意大利出现的具有社会进步意义和艺术创新特征的电影流派。第二次世界大战结束后，意大利社会生活各方面陷于崩溃，在民主运动高涨形势下，产生了意大利新现实主义电影。新现实主义电影的出现是20世纪40～50年代世界艺术界的一个重要现象。新现实主义追求纪录片式的真实准确性，展示备受战祸的意大利人民的苦难生活，表现人民对社会不公正和对资产阶级冷酷的抗议，反映人民对美好未来的憧憬。

1945年，导演R.罗西里尼拍摄了影片《罗马，不设防的城市》，这部歌颂人民群众在反法西斯斗争中团结精神的影片成了新现实主义的宣言书。它使新现实主义电影在国际上确立了地位。翌年，他又拍摄了同一主题思想的影片《游击队》，展示了战争年代意大利人民生活的广阔情景。他在摄制这部影片时，拒绝使用摄影棚、服装、化妆和专业演员。这部影片创造的一种新颖的风格很快被其他国家效仿。导演C.利萨尼、A.勃拉塞蒂也拍摄了反映游击队和地下工作者斗争的影片。其后，新现实主义创作者转向描写战后生活中一些紧迫的问题，对这些问题进行批判性的社会剖析，如V.德·西卡的《偷自行车的人》(1948)、G.de桑蒂斯的《艰辛的米》(1949)等。

《罗马，不设防的城市》剧照

新现实主义的导演们尽管创作手法和风格各异，但他们的影片有一些共同之处：对现实生活做历史的、具体的处理，对当时生活条件进行尖锐的批评，对普通人民的苦难表示真诚的同情。新现实主义的电影语言精练、严谨；既拒绝法西斯统治时

期那种粉饰、浮夸的程式，也摈弃好莱坞的那些陈腐的模式。影片通常采用自然实景，人物角色经常由非职业演员扮演。影片以某一真实事件为基本内容，往往取材于报纸上发表的新闻报道，绝不采用虚构臆造的故事。新现实主义在内容和形式方面分别提出了“还我普通人”和“把摄影机扛到大街上”两个响亮的口号。

20世纪50年代前后，意大利国内政治、经济形势不断发生变化，特别是反法西斯各政党出现分裂之后，进步的意大利电影工作者的团结统一也开始解体，有些人通过作品强调自己忠实于新现实主义的创作原则，并力求继续发展这个传统，如C.利萨尼拍摄了《苦难情侣》(1954)，德·西卡拍摄了《屋顶》(1956)，P.捷尔米拍摄了《司机》(1956)。有一些人则开始放弃新现实主义，如罗西里尼拍摄的《斯特隆波里，上帝的土地》(1949)、《上帝的流浪歌手弗兰西斯科》(1950，又译《圣弗兰西斯科》)等影片开始明确地表现出崇尚宗教信仰的主题；A.杰尼那按照梵蒂冈的旨意拍摄的影片《沼泽地的上空》，只是形式上利用了许多新现实主义手法而已；**F.费里尼**的阐述哲学、道德问题的影片《道路》(1954)，对新现实主义创作原则进行了反思，引起了广泛的争论。

《苦难情侣》剧照

这个时期，R.卡斯戴拉尼导演的喜剧片《两文钱的希望》(1952)、L.康曼西尼导演的闹剧片《面包、爱情与幻想》(1953)被一些官方机构和右翼分子宣布为“乐观片”，并大加吹捧，而另一些作品，如有重要意义的影片《**风烛泪**》则被认定为“悲观片”。由于政府对“乐观片”给予资助，因此产生了一个变种样式的电影，人们把它讥讽为“玫瑰色新现实主义”。这种样式的影片徒具新现实主义的某些表面特征，缺少社会批判的内容。

20世纪50年代中期，新现实主义对法国、西班牙、日本、印度、拉丁美洲等很多国家和地区产生了有力的影响，但在意大利，它却陷入危机之中。但是，无论是教权主义的反动势力，还是好莱坞的垄断组织都没能扼杀意大利电影艺术的发展。人民民主运动的高涨促使很多电影重新回到反法西斯的民主团结的立场上来。1959年，罗西里尼拍摄了《戴拉·罗维莱将军》，M.莫尼塞利拍摄了《大战》。1960年，罗西里尼又摄制了充满反法西斯精神的影片《罗马的夜晚》。

意大利新现实主义电影是一次从内容到形式的美学革命，它突破了传统电影，特别是以好莱坞为代表的电影梦幻的传统和陈规，标志着**现代电影**的开始。

（尹广文）

意识流电影　stream of consciousness film　受意识流文学影响，在银幕上着重表现人的非理性、潜意识、直觉活动的电影。意识流电影出现于20世纪50年代后期。1957年，瑞典电影导演**I.伯格曼**拍摄的《**野草莓**》，是世界电影史上最早的意识流电影。1962年，**F.费里尼**拍摄的《**八部半**》是强调直觉的“内省影片”的典型。法国新浪潮电影代表人物**A.雷乃**在20世纪50年代末期也创作了震撼世界影坛的意识流电影《**广岛之恋**》和《**去年在马里昂巴德**》，尤其《广岛之恋》在当时被认为是世界影坛上的“一颗精神原子弹”。

意识流电影擅于打破传统的戏剧式构造，采用反内容化、反戏剧化、反传统的舞台剧结构，不强求有一度完整的戏剧事情在影片中贯穿始终，而是打破时空次序、随便跳跃、非理性怪诞、无逻辑的闪接，情节间的逻辑联系被切碎，把过去、现在和将来的事件相互颠倒、彼此渗透，通过回忆、想象、梦境、幻觉直接表现主人公的内在心理动作，形成一种网状的立体结构。意识流电影经常采用内心独白、象征、隐喻等表现手法，表现现代人在自然状态下敏感、纷繁、矛盾的心理活动。

《广岛之恋》剧照

意识流电影的时间空间跳跃多变，扩大了影片的容量，实现了自由联想式的情节组织和主题表达。

扩展阅读

罗慧生.世界电影美学思潮史纲.太原：山西人民出版社，1987.

（章柏青　唐建军）

意识形态电影批评理论　ideological film criticism theory　以西方马克思主义意识形态理论为依据的电影批评理论，是在**电影符号学**和精神分析学以及叙事学所共同奠定的理论基础上发展起来的。20世纪60年代，法国《**电影手册**》和《电影力》的“左”倾政治取向影响了电影理论和批评的面貌。1969年，结构主义马克思主义理论家L.阿尔都塞发表《意识形态与意识形态国家机器》一文，借用J.拉康的“误识理论”及其对“想象界”和“象征界”的区分，详尽地阐述关于“主体”和“意识形态再生产”的理论，强调宗教、教育、家庭、法律、工会、文化和大众传媒是“意识形态国家机器”，其功能是向个体灌输主流意识形态，使个体接受现存社会规范和社会结构，在生产关系体系内“自愿”接受社会角色，以非武力或非强迫的方式迫使个体服从现存社会关系。

1970年，J.-L.博德里发表《基本电影机器的意识形态效果》一文，认为电影不是对现实的模仿，而是对主体位置的模仿，是对主体的构成过程的模仿，观影只是一种意识形态的日常仪式。电影的意识形态效果附着在文艺复兴之后奠定的中心透视法之上。电影给观众提供一个连续运动的、中心透视的空间影像。在观影过程中，银幕成为镜子，观众还原为婴儿，通过认同摄影机而进入主体的位置，与客体建立起一种虚假的想象关系，进而获得某种认同和满足。在博德里分析电影机器的意识形态效果的基础上，《电影手册》编辑部发表《约翰·福特的〈青年林肯〉》一文，成为用意识形态批评方法分析电影的经典文献。法国理论家J.-P.欧达尔、美国学者D.达扬分别在《论缝合系统》和《经典电影的指导性符码》中揭示电影在叙事中如何实现意识形态效果的策略。20世纪70年代以后，F.杰姆逊对文本与社会语境、叙事学与意识形态关系的深入探讨，进一步推动了意识形态电影批评。此外，工业分析理论分析电影工厂、制片、发行和放映制度对电影叙事及意识形态效果的影响，成为意识形态电影批评理论的一个重要分支。

一般认为，意识形态电影理论强调，电影作为一种表达手段，属于意识形态上层建筑。无论就电影的生产机制、电影表现的内容和形式，还是电影的基本装置而言，都具有意识形态的性质。电影既受制于意识形态机器，也在生产意识形态。意识形态电影批评的任务，就是要破坏和反对电影与“主导意识形态”的“共谋”。

（刘宇清）

音响录音工艺 sound effects recording technique 影视作品创作时用录音设备把音响录制或还原出来的一种**影视录音工艺**。一般来讲，音响是指影片中除语言和音乐之外的其他声音的统称，是影视声音元素中的一种声音类型。音响又被称为“音效”或“效果”。

在音响录音工艺中，主要有两种不同的录音方法：一种是在后期的音响录音棚（又称动效录音棚或拟音棚）中，对照影视作品中不同角色或物体在表演时的发声动作位置，使用各种音响道具模拟出这些声音来，然后用录音设备将其录制下来的方法。通常这种录音方法也被称为动效录音。另外一种就是在拍摄现场或在生活环境中，提前录制好各种各样剧情所需要的真实音响声，再把这些录制好的真实音响声进行分门别类的排列组合。然后在后期声画剪辑时，找出与画面内容相适应的音响声，在资料转录室中把这些音响声转录下来并通过声音剪辑设备对准画面上的发声位置进行同步套剪后使用。通常这种录音方法又叫作资料音响转录。尽管这两种音响录音工艺的目的是不一样的，但在录音技巧上则完全一样。

一部影视作品的音响声音应该与画面的情节内容、季节气候、地理环境以及人物的心理状态紧密结合、保持一致，起到真实感人的重要作用，这就要求音响录音师在进行音响录音时要深思熟虑，根据实际生活的知识和体验来选录音响声，要像对待语言录音那样认真对待每一个音响声。同时，还要注意正确选择优秀的音响录音传声器进行不同的参数设置，充分利用录音环境空间的直达声和反射声的不同比例，来获得空间感、距离感和均衡感相一致的音响声来使音响声与画面内容浑然一体，从而取得声画合一的艺术效果。

（姚国强　刘广阶　姚世荣）

音响素材 sound material 在声音创作过程中有意收集、整理、保存的音响资料。又称声音资料。在影视声音创作过程中，有一些声音如核弹爆炸声、太空飞船升空声、已故人士讲话声等，由于客观条件所限无法借助录制获得，就需要借用声音资料库里的音响素材来解决。音响素材内容广泛，除音响效果外，还包括音乐、戏曲和语言等方面的声音资料。

音响素材中的部分内容来自影片现场录制的同期声音。一般录音师在现场录制同期声时，会有意识地录制和存储一些有价值的音响素材来充实声音资料库，以备后期剪辑使用。除此之外，另一部分音响素材内容来自音响素材公司专门录制的音响素材库。大型电影制片厂及影视声音制作机构，一般会安排专人对音响素材进行分类编目，并注明音响素材的来源、录制年月、录制方法等，然后存储于声音资料库内。

在光学录音和模拟录音时代，音响素材常被保存在唱片、光学声带或磁性声带等模拟媒介上。进入数字时代以后，DAT和CD光盘开始取代传统存储媒介来保存音响素材。尤其是硬盘、SD卡、CF卡和U盘等数字存储介质的大量使用，其容量大、使用方便快捷、保存时间长的特点，使音响素材能够方便地存储并且无质量损失。

（王旭锋）

音响源 sound source 影视作品中各种音响的来源。简称声源。根据现实世界中的音响来源，音响源可分为以下几类：

动作音响，又称动作效果，简称动效。它是指影视作品中各类角色进行各种活动时同步发出的各种声音。如脚步声、开关门窗的声音、吃饭的碗筷声等。动作音响是角色同步发出的动作之声，须与角色的动作行为相吻合，与画面内容保持声画同步的关系。

自然音响，指自然界中现存的、非人类行为产生的声音。如山崩海啸、风雨交加、小桥流水及空气流动的声音等，主要用来表现故事发生地的环境气氛。

机械音响，指机器设备工作时所发出的各种声音。如工厂的马达轰鸣、洗衣机的转动声及钟表的滴答声等。这类声音可以构成各种不同的音响环境。

军事音响，又称战争音响，指和战争有关的各种军事装备所发出的声音。如各种炸弹爆炸声，子弹呼啸声，战车、战机及军舰等运行的轰鸣声等。

动物音响，指自然界中各种动物发出的声音。包括飞禽走兽和水族生物发出的各种鸣啼、吼叫、扑翅和游动的声音。

交通音响，指由各种交通工具发出的声音。如飞机、车辆及船舶发出的声音。

特殊音响，指影片中各种特殊的、古怪离奇的声音，即超自然声音。如飞船在外太空中划过发出的运动声及远古时期的恐龙怪叫声等。通常特殊音响需要通过音频工作站或各种电子设备对各种原生态的声音进行加工处理后才能得到。

现实世界中的音响源是影片声音创作的重要参考素材，录制方法与技巧应根据音响源的不同而予以区分。

（姚国强　王旭锋）

音乐录音工艺 music recording technique 影视作品拍摄时用录音设备把音乐内容记录下来的一种**影视录音工艺**。影视作品中的伴奏音乐，根据其来源主要有两大类：一类为原创音乐，是由作曲家专门为影视作品创作和编配的音乐；另一类则是从已出版或发表的音乐作品中选择的音乐，又被称为资料音乐。

根据使用设备和制作手段的不同，原创音乐的录音工艺主要有以下三种。

同期录音两轨混音录音工艺　在同期录音两轨混音录音工艺中，乐队的所有组成部分被集中在同一个场地一起演奏和演唱音乐作品。而音乐录音师则通过各种录音设备和录音技术手段，实时地、一次性地把该音乐作品完整地混录为两轨立体声音乐，并直接将它录制到某种记录媒介（模拟或数字录音母带）上，完成音乐母带的制作。

在这种音乐录音工艺中，为了演奏和演唱好音乐作品，体现出作曲家的艺术构思，通常对器乐演奏员的演奏水平和声乐演唱者的演唱水平要求很高，特别是对节奏和音准方面的要求更严，不能出错。否则在录音时，当其中一人出现了演奏或演唱错误时，其他人都要跟随着重新进行录音。同时，对音乐录音师而言，把握好整个乐队的声强、音高、音色和各声部之间的强弱平衡，以及整部作品的旋律、节奏及和声方面的感情色彩，就变得格外重要。因此，这种录音工艺对音乐录音师和所有现场录制人员的工作要求就很高，录音制作的难度也非常大。但这种音乐录音工艺也有其明显的优点，就是在乐队内部平衡良好的前提下，比较适合录制整体感和融合感要求很强的古典音乐。另外，这种工艺录制出来的音乐作品的感情色彩和情绪明显要高于用其他音乐录音工艺录制的音乐作品。

分期录音多轨混音录音工艺　分期录音多轨混音录音工艺是将不同乐器的乐音（既可以是真实乐器发出的声音，也可以是通过电子合成器模拟发出的），按音乐总谱中对各声部音源的要求依次分轨演奏，并通过调音台进行艺术和技术加工处理后，分别输出到多轨录音设备上录制保存。待所有声部的音源全部录制到多轨录音设备后，音乐录音师再将多轨录音设备上的各种音源进行还音，通过调音台对这些声部的音源再次进行艺术和技术加工处理后，混录为两轨或多轨的立体声音乐，并记录在某种记录媒介上，完成音乐母带的制作。

用这种工艺录制的音乐作品，优点是

乐队演奏的音准和节奏一般要高于用同期录音两轨混音工艺录制的乐队水平，并且各个声部的音源声部色彩和情绪层次分明，演奏时互不干扰，音乐的频响及动态范围也较宽广。当录音过程中出现了演奏或演唱错误时，进行修改也很容易。这样对音乐录音师和演唱及演奏者的工作压力也就有所减轻。缺点是声部之间的感情色彩不如同期录音两轨混音录音工艺、同期录音多轨混音录音工艺所录制的音乐作品。另外，录音的投资较大，录音制作的周期也比较长。

同期录音多轨混音录音工艺　同期录音多轨混音录音工艺与同期录音两轨混音录音工艺在制作流程的某些方面是相同的。即大部分的演奏乐器设置在同一个录音空间里由指挥或“电子节拍器”来指挥演奏，而电声乐器、电子乐器及声乐演唱部分的声音，则在乐队的基本部分录制完成后，以“复配”的方式再单独进音乐录音棚里录制（电子和电声乐器也可先于乐队的基本部分被录制）。或者虽在同一个录音空间里演奏和演唱，但却将各类乐器和演唱者通过隔声小室或隔声板分隔开来，使各个音源的声部互不干扰，而各种器乐的演奏和演唱信号被多个传声器拾音后分别记录到多轨录音设备的各个声轨上进行保存。待全部声轨上的声音均准确无误地录制完成后，再经过多轨录音设备的还音，通过调音台对这些声部的音源再次进行艺术和技术加工处理后，混音为两轨或多轨的立体声音乐，并记录在某种记录媒介上，完成音乐母带的制作。

在这种音乐录音工艺中，音乐是“同期录制”的，且最终音乐是记录到多轨录音设备上再进行分轨混音的。这种音乐录音工艺主要有以下特点：①保持了乐队的整体感觉，音色生动，利于演奏员和演唱者发挥出个人最好水平；②各个乐器声部之间的平衡感和整体感要优于分期录音两轨混音录音工艺；③各个乐器声音的层次比同期录音两轨混音录音工艺好；④容易解决演奏或演唱中出现的技术失误，可以大大降低演唱者和演奏员的心理压力以及音乐录音师和作曲家的工作强度；⑤声音信号处理要比同期录音两轨混音录音工艺方便；⑥音乐作品的感情色彩要好于分期录音多轨混音录音工艺录制的音乐作品，与同期录音两轨混音录音工艺录制的作品不相上下。

需要说明的是，以上所指的音乐“同期录音”与影视作品中常用到的“同期录音”是两种不同的概念。这里的“同期录音”或“分期录音”是指音乐拾音时，演唱与演奏者的演出状态。如演唱和各个乐器声部的演奏者同时在一起完成一部音乐作品表演的，则称之为“同期录音”；反之，如演唱和各个乐器声部的演奏者是分别依次完成一部音乐作品表演的，则称之为“分期录音”。而“两轨混音”或“多轨混音”是指混音时录音设备的声轨状态。如一部音乐作品是在两轨录音设备上进行混音完成的，则称之为“两轨混音”；如一部音乐作品是在多轨录音设备上进行混音完成的，则称之为“多轨混音”。

（姚国强）

音乐片　musical film　以音乐及音乐生活为题材的一种影片。音乐片将音乐与叙事结合起来，以一种特殊的演出形式去体现，往往在大型的交响乐队的伴奏下进行。1927年，美国拍摄的有声片《爵士歌王》是世界上第一部音乐片。音乐片用有关音乐的故事情节来展现生活画面，抒发作者情思。一般以音乐家的事迹和乐曲为描写对象。音乐片中的音乐与一般故事片中的电影音乐和插曲不同，音乐不是单纯作为外加手段为影片烘托气氛、抒情写意，而是剧作构思和剧情的主要部分。有些音乐片的故事情节带有音乐家的传记性质，称作音乐传记片，如苏联的《格林卡》(1946)、中国的《聂耳》(1959)、美国的《莫扎特》(1984）等。

《爵士歌王》剧照

音乐片最初是把百老汇的东西搬上银幕，后来则发展为具有特殊形式的类型片。在好莱坞20世纪30～40年代的音乐片中，影片的基本矛盾是两性关系之间的矛盾，而影片对于两个相爱的主要人物的突出描写，使得叙事和主题的处理降为了陪衬。音乐片中千篇一律的爱情故事不过是些花样翻新的爱情纠葛的重复。当然在这类影片中、有些还涉及美国人对于功名成就和个人幸福等观念的理解。在当时，音乐片将它所颂扬的东西和大众电影的叙事要求结合起来，迎合了众多观众的趣味，是类型片的一种重要形式。40～50年代，音乐片走向了“最受欢迎的顶峰年代”。60～70年代，很多改编自舞台音乐剧的音乐片受到大众的喜爱，如《音乐之声》(1965)、《欢乐糖果屋》(1971)、《屋顶上的提琴手》(1971)都是这一时期的作品。80～90年代，迪士尼的动画电影几乎占据了音乐片市场，如《小美人鱼》(1989)、《美女与野兽》(1991)、《阿拉丁》(1992)、《狮子王》(1994)、《风中奇缘》(1995)、《花木兰》(1998）等。21世纪，音乐片出现了很多优秀作品，如《歌剧魅影》(2004)、《妈妈咪呀！》(2008)、《悲惨世界》(2012)、《爱乐之城》(2016）等。

《音乐之声》海报

（戴中孚　撰　孙承健　修订）

《音乐人生》　*KJ: Music and Life*　中国彩色纪录片。北京视纳华仁文化传播有限公司2009年出品。导演，张经纬。

影片记录了被称为“天才少年”的香港琴童黄家正从11～17岁的音乐与人生历程，呈现了他的成长与蜕变经历。黄家正11岁时获香港校际音乐节钢琴组冠军，随即受邀远赴布拉格演出。本应在父母怀中享受快乐童年的黄家正却提出“为什么演奏音乐”“人有权结束生命”“世界为什么不完美”等人生疑问。17岁的黄家正进入香港著名的贵族学校拔萃男书院乐团，带领队友在比赛中取胜，却仍未停止对音乐与人生的思考，他“不为比赛而音乐”“要用音乐指导人生”的观点质疑了主流社会中将音乐功利化的现象，提出“要做真正的Human Being”。

影片通过主人公周遭老师、朋友、兄妹、父亲对他的评价，展现出他年少轻狂、执着热情的复杂性格，通过巧妙的细节处理，展现出主人公与周围环境热情与冷静、天真与世故之间的矛盾冲突，记录了他对人生的沉沦与迷茫、追问与质疑，留给观众广阔的思考空间。影片2009年获第46届台湾电影金马奖最佳纪录片奖、最佳剪辑奖、最佳音效奖；2010年获第29届香港电影金像奖最佳新晋导演奖，第16届香港电影评论学会大奖最佳电影奖，第4届台湾国际儿童影展评委会特别奖。

（李　晨）

银都机构有限公司 Sil-Metropole Organization Ltd. 中国影视机构。1982年11月成立于香港。由**长城电影制片有限公司**、**凤凰影业公司**、**新联影业公司**及中原影业公司的人才、艺术和技术力量整合而成。成立时的主要负责人有名誉董事长吕健康、何贤，董事长廖一原，总经理傅奇，副总经理陈静波，发行经理刘芳等。后来，清水湾电影制片厂、南方影业公司和**双南院线**的戏院陆续并入，使得银都机构集制作、片厂、院线、发行和广告于一身，成为拥有多功能电影产业链的集团公司。

1984年，银都机构开始出品影片，以“导人向上、导人向善，不拍渲染暴力和色情的影片”为宗旨。20世纪80～90年代，银都机构是香港和内地合作的桥梁。它独立拍摄以及与内地制片厂合拍的影片有《少林小子》(1984)、《乱世英雄乱世情》(1986)、《大上海1937》(1986)、《闪电行动》(1987)、《书剑恩仇录》(1987)、《香香公主》(1987)、《黄河大侠》(1988)、《寡妇村》(1988)、《西太后》(1989)、《最后的贵族》(1989)、《秋菊打官司》(1992)、《西楚霸王》(1994)、《重案背后》(1998)、《黑马王子》(1999)等。21世纪之后，又以独立制片或联合制片的形式出品发行了《**英雄**》(2002)、《龙凤斗》(2004)、《冲锋陷阵》(2004)、《韩城攻略》(2005)、《最爱女人购物狂》(2006)、《绝色神偷》(2006)、《男儿本色》(2007)、《老港正传》(2007)、《窃听风云》(2009)、《打擂台》(2010)、《桃姐》(2011)、《寒战》(2012)、《**一代宗师**》(2013)、《五个孩子的校长》(2015)、《惊天破》(2016)、《狂兽》(2017)、《杀破狼·贪狼》(2018)、《扫毒2：天地对决》(2019)等。21世纪以来，银都机构还承接内地、香港及海外影视剧的宣传、发行业务，在香港发行了多部影视剧。

1986年，银都机构在香港投资兴建影艺戏院，用于放映“另类电影”，一厅专映内地电影，二厅放映日本及欧洲的小众文艺片，成为香港文艺片的一片热土。2006年，该影艺戏院歇业，2009年7月重新在位于香港淘大的百老汇戏院开业，更名为淘大影艺剧院，为优质的艺术电影提供了传播的空间。（赵卫防 余慕云）

《银都六十》 *60 Years of Sil-Metropole Organization Ltd.* 中国电影著作。三联书店（香港）有限公司2010年出版。银都机构编著。该书是银都的前身（长城、凤凰、新联、南方、清水湾电影制片厂）以至银都六十年的全记录，包括公司成立的宗旨、各阶段的发展、逐年介绍曾摄制及发行的电影、主创人员（编、导、演）的文章及访谈，以及重要的电影影评等，最后以纪念银都六十周年的大型电影《**一代宗师**》告终。该书分为理想年代、坎坷岁月、重建日子和复兴时期四个部分，对银都机构的历史和发展做了梳理和分析，每一部分后附该时期生产创作的影片详细资料、剧照、海报等。该书共计38万字，约1000幅照片，保存了大量银都机构的史料。该书对于中国电影史学的研究具有重要的参考价值。（类成云）

《银幕形象创造》 *Creation of Film Images* 中国电影专著。赵丹著。中国电影出版社1980年出版。32开，1.6万字。全书记录了作者对艺术的追求、思考、探索和困惑，饱经风霜的生活和他所经历的20世纪中国电影发展，以及他对生活的乐观和对电影的执着。作者结合自己在主演《**十字街头**》《**马路天使**》《**乌鸦与麻雀**》《**李时珍**》《**林则徐**》《聂耳》《烈火中永生》和《海魂》等影片时创造的银幕形象，论述了他丰富的艺术经验，并深入探讨了电影表演艺术中的一些问题，是作者第一手幕后创作日记与实践总结。全书为探索民族表演体系留下了宝贵的经验财富，是中国电影表演艺术理论方面的一本有价值的书。全书主要包括以下几个章节：初叩表演艺术之门、《十字街头》和《马路天使》、我演小广播、李时珍形象的创作及其他、林则徐形象的创造、聂耳形象的创造及其他、许云峰形象的创造、魂牵梦萦记《海魂》、略说当前电影表演。另外，全书还收录了作者电影作品年表及影片海报、剧照。（茹 苓）

《银幕追求——与中国当代电影导演对话》 *Screen Pursuit: Dialogue with Chinese Contemporary Film Directors* 中国电影访谈录。由张会军、谢小晶、陈浥主编。中国电影出版社2002年出版。32开，21.9万字。该书收入了**谢飞**、郑洞天、**陈凯歌**、**张艺谋**、**王家卫**、**冯小刚**、冯小宁、唐季礼、张元、王全安等导演的访谈内容，这些导演都是中国电影创作的积极耕耘者，其中很多导演的影片在众多重要的国内外电影节上获奖，在世界上享有极高的声誉。

该书定位集中于“艺术创作的总结”和“导演理论的梳理”，在涉及影片创作和导演创作问题的同时，也讨论电影的本体、电影的剧作、电影的摄影、电影的表演、电影的风格、电影的美学、电影的思想、电影的市场、电影的观念等相关的问题，具有重要的学术意义、理论意义和实

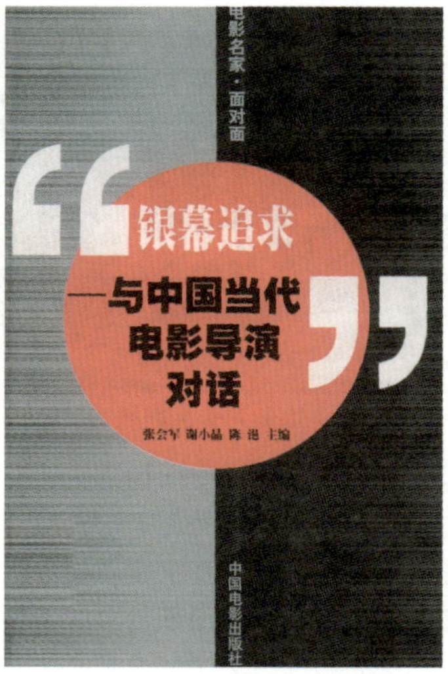

《银幕追求——与中国当代电影导演对话》封面

践意义。书中文字既是他们影片创作外延的心灵书写，又是他们影片创作本体的全面诠释；既是他们理论思维的清晰表述，又是他们语言风格的完整再现。

该书对备忘当代中国电影的创作历程，诠释中国电影导演的艺术风格，读解不同观念影片的创作手段，梳理和总结电影导演艺术理论具有很好的参考价值。（孙 萌）

《饮食男女》 *Eat Drink Man Woman* 中国彩色故事片。“**中央电影事业股份有限公司**”1994年出品。编剧，李安、J.沙姆斯、王蕙玲；导演，李安；摄影，林良忠；主演，郎雄、吴倩莲、王渝文、杨贵媚、张艾嘉、赵文瑄。

故事讲述了朱父一个人把三个女儿拉扯大，家中四口人每个人都性格倔强、要强，很少沟通感情，每周日晚上的聚餐成了唯一团圆的时刻。父亲曾是酒店厨师长，年迈后味觉慢慢退化，却一直不服老；大姐三十未嫁，编了受过情伤的谎言，想要照顾老父亲终老；二姐最像母亲，也最叛逆，一心想要逃离父亲，搬出去单过；小妹性情纯真，在快餐店打工。生活在吵闹和平淡中推进，直到有一日小妹在餐桌上突然宣布自己已经怀孕，饭后便搬出了家门。曾经最叛逆的二姐放弃了去阿姆斯特丹晋升的机会，成了父亲唯一的依靠。一天，父亲把所有人都召集回来吃饭，也叫上了隔壁锦荣一家，席间父亲连干几杯酒，宣布了要搬出去，和锦荣共同生活的消息。曾经一个完整的家，最终只剩下二姐一人。

影片深入地刻画了一个传统中国家庭的样貌，家人缺少沟通却彼此默默奉献。但是在人生阶段的更迭和家庭结构的改变中，血浓于水的亲情却从未改变。影片把

《饮食男女》剧照

中国饮食文化与家庭生活和情感关系相结合，不仅将中国饮食文化的博大精深充分表现了出来，同时也将饮食文化在家庭关系之中的张力表现了出来，增加了影片的美学意境。影片将烹调艺术带入家庭和情感的戏剧之中，不仅增加了可视性，而且展现了东方文化的魅力。影片1994年获第7届台北电影节优秀作品奖，第39届亚太影展最佳影片奖、最佳剪辑奖。

（赵小青　张雨蒙）

印度电影 Indian cinema　19世纪末印度开始建立电影事业。

无声电影时期　1896年，在孟买第一次放映了卢米埃尔兄弟的影片。此后10年中，外国制片人不断带来各种新影片，在孟买和其他大城市放映。这些放映活动激起了一些印度人的制片兴趣，达达·萨赫布·法尔克以两位摔跤家的表演和训练猴子为素材，拍摄了印度最早的两部短片，被誉为印度电影的先驱。1900～1910年，印度拍摄的短片和纪录片内容主要反映印度人民的生活、自然风光、重要的政治事件、趣闻或舞台剧。1913年，“印度电影之父”D.G.巴尔吉拍摄了印度第一部故事片《哈里什昌德拉国王》，为印度电影事业奠定了基础，同时为以后印度影片的形式、内容和表现手法提供了具体的模式。此后，印度故事片生产蒸蒸日上，出现了不少新作，如《火烧楞迦城》《迷人的巴斯马苏尔》《忠诚的苏尔达斯》《卡杰和德维雅尼》《沙恭达罗》等。它们取材于《摩诃婆罗多》和《罗摩衍那》两大史诗或印度神话故事。1919年巴尔吉的学

《哈里什昌德拉国王》剧照

生B.潘特在马哈拉施特拉邦的科拉普尔创立了马哈拉施特拉影片公司，拍摄了《赛兰特里》《雄师之城》《抗暴君记》等。这些影片以保卫祖国、反抗外族侵略为内容，以豪华的场景、艳丽的服装和惊险的情节见长，潘特因此被称为印度电影的第二位开拓者。20世纪20～30年代初期是印度电影的繁荣时期。无声影片的产量持续上升，1931年高达207部，并且出现了《德维达斯》《玩具车》《吉莉巴拉》《地狱天堂》等优秀作品。1932年，大量外国有声影片输入印度，使无声影片市场受到很大冲击，产量下降到180部。1934年，年产量仅7部，1935年完全停产。至此，无声电影时期宣告结束。

早期有声电影　1930年，帝国影片公司导演A.伊兰尼受到外国有声影片的启发，制作了印度第一部有声影片《阿拉姆·阿拉》。影片题材取自《一千零一夜》，场景宏大，穿插了10首歌曲和许多舞蹈场面。30年代是印度民族独立运动的活跃时期，现实主义倾向在电影中日渐增强。这一时期出现了一批卓越的导演和影片，如D.K.博斯、P.C.巴鲁阿抨击社会不平等的《德维达斯》(1931)、V.森达拉姆反对包办婚姻的《不速之客》(1947)及表现教族对立的悲剧影片《邻居》等。1946年，孟加拉人民戏剧协会和进步导演阿巴斯合作拍摄了印度第一部新现实主义影片《大地之子》，表现了1943年孟加拉邦大饥荒中灾民的悲惨遭遇。1946年，森达拉姆导演了《柯棣华医生的不朽事迹》，讲述了柯棣华医生投身中国的抗日战争并以身殉职的悲壮故事。

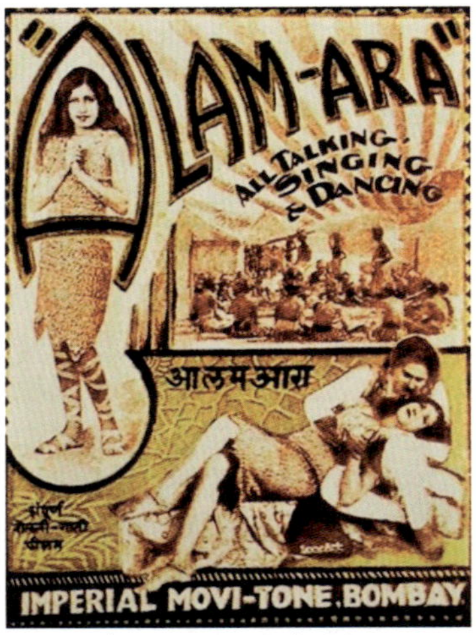

《阿拉姆·阿拉》海报

独立后的印度电影　1947年印度自治。1950年印度共和国成立，印度电影也随之发生变化，一批新的电影艺术家成长起来，他们不愿被娱乐片的洪流所吞噬，要求真实地反映现实。如1949年霍什拍摄的《不幸的人们》，真实地再现了饥寒交迫中农民们的悲惨生活。1953年B.罗伊完成了《两亩地》，其主题和表现手法都突破了印度电影的传统模式，表现了农民和土地的关系，揭示了农民的内心世界，创造了真实可信的人物性格，并将音乐和内容有机地结合在一起。20世纪50年代中期具有优良电影传统的孟加拉地区涌现出一批青年导演，他们举起“新电影”的旗帜，其代表人物是S.雷伊和M.森。雷伊导演的第一部“新电影”《大地之歌》(1955)，向观众展示了孟加拉农村生活的真实图景，获第9届法国戛纳国际电影节的“人权证书奖”和其他6项国际电影奖。M.森的作品绝大多数表现印度社会的贫困、剥削、政治事件和阶级斗争。

《大地之歌》剧照

当代印度电影　20世纪60年代，印度的影片年产量达300多部，其中以孟加拉语影片艺术水平最高。S.雷伊的《大都会》(1963)、《两少女》(1964)、《查鲁拉达》(1964)、《主角》(1966)、《歌手古比和鼓手巴卡》(1968)、《森林中的日日夜夜》(1970)等都在这一时期完成，并在印度国内和国外多次获奖。南印度影片《恒河母亲，我向您献上黄色的圣衣》轰动一时，它的成功使各地制片人受到鼓舞，竞相拍片。印地语影片中，M.森的《舒姆先生》(1969)被誉为新电影的典型作品。其他如V.森达拉姆的《潜逃》和阿巴斯的《黑夜笼罩着孟买》等片也都是当时的一流作品。

70年代，印度政局动荡不定，阶级矛盾激化，社会问题严重，贫困的人民群众把摆脱重重困境的希望寄托在幻想之

《大都会》剧照

中，以寻求精神上的解脱。一些商业制片人模仿西方影片，拍摄了风行一时的“武打片”。影片的情节纯属虚构，大致相同，形成一种模式，而且制作成本高，场景豪华，有强大的明星阵容，构成了独具特色的“多明星片”。武打明星A.巴詹主演的《烈焰》在全国上映达3年之久，场场满座。此外，《牺牲》《友谊》等也红极一时。70年代以来，新电影运动向前发展，涌现出新一代导演，他们按照新电影的精神制作影片。如P.R.雷迪的坎纳达语影片《最后的仪式》(1970)批判了婆罗门烦琐的宗教仪式和偏见；M.S.萨图的印地语影片《热风》(1973)叙述了印巴分治后穆斯林家庭的离散和困难；S.贝内格尔导演的印地语影片《幼苗》(1974)描述贱民的悲惨处境和为争取平等的社会地位而进行的斗争；G.阿拉万坦的马拉雅拉姆语影片《到来》(1974)揭露了印度社会的阴暗面；G.尼哈拉尼的印地语影片《受伤者的哭声》(1980)揭露了资产阶级法律的虚伪性。这些影片从各个侧面反映了印度社会的现实问题。

1985年，印度电影的年产量达912部，已连续14年居世界首位。其中大部分是以爱情和歌舞为主的娱乐片。之后，有一段时期影片数量下降。80年代末，政府采取某些政策及电影音乐版权的先期转让等措施，使印度电影连续保持世界最大电影生产国的地位。新一代电影人的崛起，使印度电影在内容、样式、风格上有较大改变。如M.拉什南拍摄的《英雄》(1987)，被观众称为印度版的《教父》。拉什南拍摄的《阿格尼·纳克沙特拉姆》(1988)、《安加尼》(1990)、《罗雅》(1992)也广受好评。90年代中期以后涌现了一批艺术电影的导演，2002年在意大利威尼斯国际电影节上，由M.纳伊尔导演的以揭示当今印度人生存状态、探讨人的隐蔽内心世界为主旨的影片《季风婚礼》获最佳影片金狮奖，再一次引起了世界影坛对印度电影的关注。

21世纪以来，印度宝莱坞电影在景观画面、叙事手法、国际化上都有新的突破和变化，显示出印度电影新的发展趋势，值得关注的作品有《阿育王》(2001)、《印度往事》(2001)、《宝莱坞生死恋》(2002)、《地球上的星星》(2007)、《三傻大闹宝莱坞》(2009)、《我的名字叫可汗》(2010)、《我的个神啊》(2014)、《巴霍巴利王》(2016)、《摔跤吧！爸爸》(2017)、《神秘巨星》(2018)、《小萝莉和她的猴神大叔》(2018)、《调音师》(2018)等。

《季风婚礼》剧照

《阿育王》剧照

印度电影基本划分为5个主要电影工业区域，分别以孟买（主要是印地语和马拉雅拉姆语）、金奈（主要是泰米尔语、泰卢固语）、加尔各答（孟加拉语、阿萨姆语、奥里雅语）和班加罗尔（埃纳德语）为制片基地。印度电影用51种语言拍摄（主要用8种语言）。印度电影绝大多数是商业影片，真正严肃的电影只占很少一部分。大量印度电影离生活较远，它们以豪华的场面、艳丽的服饰、漂亮的影星来吸引观众。这些影片，不论与故事情节是否有关，几乎无片不歌、无片不舞。究其原因，一是印度为多民族国家，民族语言繁多，歌与舞易为观众理解；二是印度有悠久的音乐、舞蹈传统，歌与舞为观众所喜爱。这一切既形成印度电影的独有特色，也使印度电影类型单一，内容模式化、商业化。（孙婉 仲霞 秦喜清）

印度电影产业 Indian film industry 印度制作的电影及其电影工业体系。以位于孟买的宝莱坞为代表。除此之外，还有以泰米尔语为特色的“凯莱坞”，以泰卢固语为特色的“托莱坞”等。孟买是印度最大的电影生产基地，代表着**印度电影**的产业化发展水平。除孟买外，随着数字技术和印度创意产业的发展，金奈和班加罗尔两大城市也已经成为印度电影的重要生产基地，这两个城市都建起了现代化的电影城。印度电影产业形成了以相对稳定的内容制作团体和高预算的商业化电影为核心、以中小制作团队制作的小成本电影为补充的产业链。

1947年，印度电影开始走上独立发展道路，但产业集中度较低。制片商、发行商和影院运营商数量众多，合作复杂多样。1957年，《印度母亲》曾获美国电影奥斯卡奖最佳外语片奖提名。到20世纪70年代，印度已经拍摄出一些很出色的作品，如中国曾引进过的《大篷车》。70～80年代，印度电影产业出现低谷，主要表现为：①电影本身没有好的故事；②电影院没有空调，卫生环境较差，被中产阶级排斥；③由于观众钟情于俗套的歌舞片和动作片等，在电影艺术探索上并没有好的突破。90年代开始，印度推行了新自由主义改革，经济高速发展。随着来印度投资的跨国公司和国际资本增加，印度电影产业出现了兼并和横向一体化。虽然绝大多数的印度电影仍由小型制片公司制作，但专业化程度获得较大提高，增强了印度电影的国际影响力。进入21世纪，印度政府越来越重视文化产业，电影产业被政府正式纳入经济发展规划，获得了较多融资，电影产业整体水平得到提升。但影院基础设施有待加强，人均银幕数在全球票房前十的国家中也排行较低，在电影银幕数的增长和设施升级方面还有很大的空间。

《印度母亲》海报

印度是仅次于美国的全球第二大电影出口国。印度的电影节是其电影产业的一个亮点。为提高印度电影知名度，印度每年举办各类国际电影节十余次。国内电影节形式多样，很多邦都举办自己的国际电影节，但规模较小，影响力不大。印度中央政府举办的比较有影响力的国际电影节有印度国际电影节（印度最大的国际故事片电影节）、孟买国际电影节（以纪录片、短片和动画片为主）、印度国际儿童电影节等。

扩展阅读

庄廷江.印度电影的海外市场开拓策略探析.北京电影学院学报，2015(1).

（赵书波）

印度尼西亚电影 Indonesian cinema 由于长期处在殖民统治下，印度尼西亚（简称印尼）电影生产起步较晚。20世纪20年代中期，开始有荷兰人和华人投资的小电影公司出现，荷兰人所拍影片多模仿好莱坞情节片，华人所摄影片则多为侦探片、神话片和武侠片，产量都不高。

1933年，印度尼西亚人巴什蒂亚尔·埃芬迪与中国人一起导演了《安佳·达西玛》，这是印尼拍摄的第一部有声片。1934年，荷兰人M.弗兰肯在印尼自编自导了一部表现爪哇农村生活的半纪录性的影片《稻米之歌》，第一次起用印尼人担任演员。这些影片为印尼民族电影的起步创造了条件。1937年，商业上最成功的影片是由华裔、荷兰裔印尼人联合导演的《月光曲》，该片由印尼著名歌唱家鲁姬亚主演。同年，印尼人开始自己组织生产影片。

印尼被日本占领时期（1942～1945），电影业完全控制在侵略者手中，仅拍了4～5部影片。其中，贝尔巴塔·沙里的《胡基安》和S.巴林狄赫导演的《我的梦》被认为是具有印尼民族特色的影片。

印尼独立前，最有影响的电影公司是华裔郑锦熙父子的爪哇电影公司，它为印尼的电影事业培养了一批人才，同时也摄制了一些受东南亚观众欢迎的影片，如《梭罗河之誓》《一条手巾》等。1945年，印尼共和国成立后，由于同卷土重来的荷兰殖民军作战，电影生产几乎完全中断。直到1948年，在临时首都日惹拍出了《铁古泰隆河之泪》（导演巴林狄赫和安德佳尔·阿斯马拉）之后，电影生产才开始恢复。

1950年，国家电影制片厂在万隆成立，除自己生产纪录片和故事片外，也对私营公司提供技术服务。当时印尼共有柏沙里公司、柏菲尔公司、飞鹰公司和金箭公司4家私营公助公司。这时期，印尼有进步意义的影片是伊斯梅尔·乌斯马导演的《不可饶恕的罪行》（1951）、柯托特·苏卡迪导演的《残疾人》（1952）、巴斯基·埃芬迪导演的《归来》（1952）等。20世纪50年代末至60年代初，印尼摄制的较重要的影片有《查雅布拉纳》（1958，导演柯托特·苏卡迪）、《战士》（1959，导演伊斯梅尔·乌斯马）、《杜朗》（1961，导演巴赫迭·夏坚）、《小星》（1963，导演维姆·翁保合）等。1963年，影片产量开始减少。为了保护本民族的电影，政府情报部设置了电影管理机构，向进口影片征收税金，国产片产量逐年增加。到60年代末，印尼电影在东南亚已有一定竞争能力。70年代以来，印尼曾提出拍摄树立自己民族形象的影片，并于1979年设立国家电影委员会，参加管理影片生产、发行和人才培养等。这一段时间内重要的影片有维姆·翁保合的《妈妈》（1972）、《无辜的新嫁娘》（1974）、《情夫》（1975），T.朱乃迪的《幻想破灭》（1973），苏瓦尔迪·哈桑的《义子》（1974）、《绝望的泪》（1975），堤古赫·卡拉西的《1828年11月》（1979），阿米·普里约诺的《雅加达，雅加达》（1977）、《西堤·珀蒂威医生回到农村》（1980）等。到80年代初，影片年产量一度达50多部。但到1985年前后，年产量又降至10部左右。

在电视兴起、录像普及以及外国电影的冲击下，印度尼西亚电影在90年代陷入低潮，90年代前期平均每年生产30部影片，低于1955年65部的水平，1995年更是跌至16部，1999年只生产了7部国产电影。这一时期主要出品的是B级成人电影。

进入21世纪后，伴随着后苏哈托时代的改革运动，印度尼西亚的独立制片蓬勃发展，并开始探讨之前被禁的话题，如宗教、种族、爱情等。21世纪后的重要作品有卢蒂·索得扎瓦的《爱情是什么？》（2002）、里里·里沙的《艾莲娜，艾莲娜》（2003）、尼亚·迪娜塔的《锁不住的基情》（2005）、琼可·安华的《新魔王撒旦的奴隶》（2017）、阿唯·苏雅迪的《达努：我看见鬼》（2017）以及印尼首部动画片《美女与战士》（2005）。（区塞来　秦喜清）

印象派电影 impressionist film 20世纪20年代法国先锋派电影代表之一。由法国电影创作者L.德吕克与其友人创立，旨在复兴法国电影。该流派在理论上提出了一些含糊不清的概念，如“上镜头性”等，在创作实践上团结了一批有才气的电影创作者如A.冈斯、G.杜拉克、M.莱皮埃等人，组成了法国电影印象派。印象派电影深受印象派绘画的影响，其特点是不注重影片的故事情节，着重创造氛围，以风景或背景作为影片中的重要角色，具有诗意的画面和强烈的表现力。印象派电影的重要作品有杜拉克的《西班牙的节日》《微笑的布迭夫人》、冈斯的《车轮》《拿破仑》、莱皮埃的《黄金国》以及德吕克的《狂热》

《拿破仑》海报

等。印象派电影追求造型美、新奇的视觉形象和新颖的拍摄角度，最后发展到完全否定人和社会，脱离现实。因此，1924年德吕克去世后印象派电影便告衰落。印象派电影虽然是昙花一现，但在电影美学和电影技巧上作出了一定的贡献。

（章柏青）

应云卫 Ying Yunwei（1904-09-17～1967-01-16） 中国话剧、电影导演。字雨辰，号杨震。浙江慈溪人。生于上海，卒于上海。1919年因贫困辍学，进洋行当学徒工。不久与程梦莲、孟君谋等组织化装宣讲团。1921年10月在黄炎培、沈钧儒的资助下，与谷剑尘、汪优游（仲贤）、陈宪谟等组成上海戏剧协社，以后十余年间他一直是协社的演员、导演和领导者之一。1930年导演了W.莎士比亚的《威尼斯商人》，获得成功。同年，中国左翼戏剧家联盟成立后，他被吸收为秘密盟员，从此开始了艺术生命的新时期。1933年为纪念九一八事变两周年并欢迎法国作家H.巴比塞率领的代表团，左翼剧联决定团结上海广大戏剧工作者，演出苏联剧作家S.M.特列季亚科夫的《怒吼吧，中国！》，他任导演兼舞台监督，第一次在中国话剧舞台上调度处理了上百人的群众场面，影响很大。1934年辞去洋行工作，加入电通影片公司，导演电影《桃李劫》。此后为中国旅行剧团导演《梅萝香》，组织上海业余剧人协会，为《钦差大臣》导演团成员之一。1935年去南京国立戏剧学校任教务长。1936年7月回上海后任改组后的明星公司二场导演兼场务主任，导演了《生死同心》。11月，作为导演团成员参与四十年代剧社演出的夏衍剧作《赛金花》。1937年任上海业余实验剧团理事会主席及舞台监督，并导演了《原野》。抗日战争全面爆发后，任上海救亡演剧队三、四两队的总队长，导演了《保卫卢沟桥》《放下你的鞭子》等抗战名剧。1938年春抵武汉，参加周恩来任副部长的军事委员会政治部第三厅戏剧科工作，参与发起组织中华全国戏剧界抗敌协会。不久去重庆担任中国电影制片厂编导委员，导演了话剧《全民总动员》《上海屋檐下》《一年间》《国家至上》等和电影《八百壮士》。1939年秋，在重庆导演了阳翰笙编写的电影剧本《塞上风云》。

1941年皖南事变后，应云卫同陈白尘、孟君谋等在重庆组织进步职业剧团中华剧艺社，担任理事长，并导演陈白尘的《大地回春》，接着演出了阳翰笙的《天国春秋》和郭沫若的《孔雀胆》。1942年组织重庆戏剧界最强大的阵容演出郭沫若的《屈原》，轰动山城。1946年3月又在重庆和现代戏剧协会合作首演陈白尘的《升官图》。中华剧艺社是当时大后方话剧界的一支主力兵团，6年中他一直是剧团的领导人。

抗日战争胜利后回到上海。1946年起参加国泰影业公司并任场务主任，导演了《忆江南》《无名氏》等影片。中华人民共和国成立后加入上海电影制片厂，导演了多部戏曲电影，如《周信芳的舞台艺术》等；并为许多戏曲剧团排戏，如沪剧《自有后来人》、甬剧《半把剪刀》等。20世纪60年代任上海市电影局顾问。

应云卫历任中国电影工作者协会理事和影协上海分会副主席、中国戏剧家协会理事、上海江南电影制片厂厂长等职。作为戏剧导演，应云卫能够尊重、适应各种不同风格的剧本并加以发挥，而又始终贯穿着他个人亲切流畅的风格。作为组织活动家，他在极为复杂的环境中进行了曲折而有效的斗争，夏衍、于伶、宋之的合写的《戏剧春秋》就是以他为原型素材的。

（李天济）

英国电影 British cinema 1889年，W.多尼索尔普在英国制造了摄影机和转动架，拍摄了特拉法尔加广场全景；1895年，B.艾克里斯发明了动力灯，拍摄了埃普瑟姆地方的赛马、牛津和剑桥两校的划艇比赛、基尔运河的通航典礼。这是世界上最早的新闻纪录片。R.W.保罗于1896年3月26日在奥林匹亚大厅里为观众作了电影首次商业性映出，上映的节目是他自己拍摄的《多佛海的狂浪》。后来，保罗摄制了许多喜剧短片，其中《大兵求爱记》可放映1分钟。

早期电影　对英国早期电影最有影响的是布莱顿的几位摄影师。他们是E.柯林斯、G.A.史密斯、J.威廉森等，后来被称为布莱顿学派。他们最早采用了两次曝光、移动摄影、叠印、全景、倒拍、停拍等技巧。柯林斯拍过30部影片，其中只有一部《中断的旋律》保存了下来。史密斯在《祖母的放大镜》（1900）中采用特大特写镜头，银幕上出现了放大的走动的表、笼中的金丝雀、人的眼睛。威廉森则在新闻片中自由地交替变换事件地点并采用外景等，他的《士兵的归来》和《战前和战后的后备兵》两部影片，描绘了真实的生活片段。

C.赫普沃思是当时的电影艺术家和革新家。他1897年撰写的《活动摄影术——或电影摄影入门》，是世界上最早的电影理论著作之一。他曾改进冲洗影片器具、印片机和胶片打孔机。1898年，他拍摄了《铁路切断中的快车》，接着拍摄了《艾丽丝漫游奇境记》（1903），分16个场景，场景间交融衔接。1905年拍摄的《浪子救人》利用摄影机述说故事，结构复杂，采用了分镜头剧本的串联、剪辑、摇拍、低角度摄影等技巧。与赫普沃思同时期的F.S.莫特肖拍摄的《抢劫邮车》《白昼行劫》（两片均摄于1903年）则奠定了惊险片在英国的地位。

早期英国电影除纪录片和故事片外，还有风景片，如G.潘廷格的《罗伯特·斯科特漫游南极》（1913）。1914年，英国电影工作者制作了第一部动画片。G.皮尔逊导演的《血字的研究》是根据小说《福尔摩斯探案》中的故事拍摄的第一部侦探片，《厄尔塔斯——死里逃生的人》（1916）则是第一套动作惊险连续片集。

20世纪20年代，赫普沃思因拍摄《阿尔夫的纽扣》（1920）和其他几部作品而名震一时。皮尔逊则制作了《一切都不在乎》（1920）、《爱情生活和笑声》（1923）等，英国无声影片时代最受欢迎的明星B.鲍尔芾就是他培养出来的。另一部受欢迎的影片是H.肖的《基普斯》（1921）。但最杰出且商业上最成功的作品要推G.卡茨的《女人对女人》（1923），它的成功是制片人M.巴尔康、导演V.萨维尔、剧作家卡茨和他的助手**A.希区柯克**，以及当时大家喜爱的好莱坞女明星B.康普逊合作的结果。希区柯克20年代后期在盖恩斯巴勒影片公司因执导《快乐的花园》（1925）和《房客》（1926）两片而成名。

随着电影制片事业的发展，英国的电影放映场所逐步脱离游艺场而建起可容纳几百名观众的影戏院，当时还雇用钢琴师和小乐队在放映电影时进行伴奏。不久，一批大影院开办起来。但是自1909年起，美、法两国影片占领英国市场，英国影片只占全国上映总数的15%，因此，英国既不能从国内电影市场收回大量资金，又没有充足财力投入制作优秀影片以同外国影片争夺国内外市场。第一次世界大战爆发后，英国电影生产更受影响。从1916年起，英国加征娱乐税，对影院营业更为不利，电影事业进一步遭遇危机。大战结束后，美国影片源源而来，使英国影片只占本国上映影片的5%，出口影片更是屈指可数，因此一些著名制片人如赫普沃思也不得不于1924年关闭制片厂。为保护民族电影，政府于1927年正式通过了电影法案，规定限额分配比率，要求1935年英国影片的放映须达到总数的20%，使英国影片在全国影院的上映比率逐年提高。此时，新的制片厂如戈蒙特公司、英国国际影片公司和英狮公司先后成立。到20年代末，英国又摄制出一批引人注目的影片，如希区柯克的《决斗场》（1928）、A.阿斯奎斯的《流星》（1928）和《地下》（1928）、E.A.杜邦的《皮卡迪利大街》（1929）。

有声电影的出现　1929年，有声影片问世。希区柯克导演的《讹诈》拍了一半即改为有声影片。他在运用声音效果方面可谓匠心独运。该片是公认的英国第一部有声片，对其他导演很有启发。此后拍摄出了一批较成功的有声片，如希区柯克的《谋杀》（1930），阿斯奎斯的《逃出达特穆尔》（1930）、《正告英格兰》（1931）和《跳舞吧，美丽的女郎》（1931），萨维尔的《W——计划》（1931）和《办公室的少女》（1932），W.福特的《罗马快车》（1932），H.威尔科克斯的《神奇之夜》（1932）等。

20世纪30年代，英国电影出现了短期的繁荣景象，每年影片生产量为150～200部。英国故事片的复兴同出生于匈牙利的制片人A.柯达有很大关系。他于1933年定居英国，创办伦敦电影制片厂以后，摄制了一批成功的影片，其中以《亨利八世的私生活》（又译《英宫艳史》，1933）为最。该片在国外享受的盛誉远远超过英国其他影片。他为英国影片开拓了向国外输出的广阔前景，又给电影事业灌输了乐观与奋发的风气。他的公司还在世界各国搜罗人才，礼聘他们来英国工作，推进了英国电影事业的发展。如德国导演P.津纳执导的《凯瑟琳女皇》（1934）、美国明星D.范朋克主演的《唐璜》（1934）、法国导演R.克莱尔拍摄的《鬼魂西行》（1935）、美国导演兼美工设计家W.C.孟席斯所拍的《未来世界》（1936），都是引人注目的影片。这家公司制作的影片如Z.柯达导演的《河上刺儿头》（1935）、《伏象神童》（1937），以及A.柯达本人拍的《伦勃朗传》（又译《画圣情痴》，1936）等，都是成功之作。

此期由巴尔康监制、希区柯克导演的

《亨利八世的私生活》剧照

《三十九级台阶》剧照

影片《万事通》(1934)、《三十九级台阶》(又译《国防大秘密》,1935)和《破坏》(又译《薄命花》,1937)也都极为成功。此外,萨维尔的《好伙伴》(1933)、《常青树》(1934),威尔科克斯的《涅尔·格温》(1934)、《维多利亚女皇》(1937),L.门德兹的《犹太人苏斯》(1934),T.本特利的《老古玩店》(1935),R.史蒂文森的《都铎·罗斯》(1936),B.维尔特尔的《罗得岛》(1936),均获得较高评价。1937年,英国故事片产量达200多部。但好景不长,大多数制片人不讲求质量,拍摄的影片没有票房价值,加之多数资金来自借贷,年终结算很少获利。到1938年,生产骤然下降,英国议会为挽救这个局面,在这年又通过新电影法案,规定:提高英国影片在国内上映的分配定额(逐年增高至1947年的25%);抵制滥拍成本低、质量差的影片;允许外国资金向英国电影事业投资。根据这个条款,美国米高梅电影公司和**20世纪福克斯电影公司**都投放资金,在英国开办了几家联合制片厂拍片,如米高梅电影公司投资的《一个美国佬在牛津》(又译《留英外史》,1938)、《城堡》(又译《卫城记》,1938)和《再见,奇普斯先生》(又译《万世师表》,1939),福克斯公司投资的彩色片《晨之翼》(1937)等。这些影片全都由好莱坞导演执导、好莱坞明星主演,英国方面只提供场地、摄影器械、技术人员和个别演员。英国电影导演这期间也拍出了几部成功的影片,如阿斯奎斯的《卖花女》(1938)、希区柯克的《失踪的女人》(又译《琼花劫》,1938)、C.里德的《银行休假日》(1938)和《群星普照》(1939)、Z.柯达的《四羽毛》(1939)等。

其间,英国电影事业实行了**明星制度**,相继登上明星宝座的有L.霍华德、C.**劳顿**、G.菲尔兹、R.唐纳、M.奥勃朗、M.洛克伍德、**费雯丽**、R.哈里森、L.**奥利弗**等。

纪录电影运动 1929年,**J.格里尔逊**在英帝国交易局电影部资助下,导演了一部纪录片《**漂网渔船**》,使他成为英国纪录电影运动的创始人。他主张电影艺术的目的在于社会教育,并认为苏联电影是表现电影社会功能的实际事例。他从工商企业得到经济上的资助,并吸收有志于现实主义影片的艺术工作者P.罗塔、B.赖特、E.恩斯特等参与这个运动。他们的作品反映英国社会出现的尖锐问题,如失业、劳动条件差、居住环境恶劣等,在艺术处理上也有新的追求。

第二次世界大战爆发后,英国电影业无法正常生产,大部分电影界人士被征入伍。故事片生产从1940年的108部下降到1942年的46部。但观众反而有增无减,影片票房收入直线上升。第二次世界大战期间,英国邮政总局的电影机构被新闻部合并,成为皇家电影机构,给了纪录片工作者施展才华的机会,他们拍出了一批优秀的纪录片,如A.卡瓦尔康蒂的《最初的日子》(1939)、H.詹宁斯和H.瓦特的《伦敦必胜》(1940)、瓦特的《今晚的目标》(1941)等,还有英、美合拍,由里德和美国人G.卡宁合导的《真正的光荣》(1945)。这些纪录片在战时所起的作用很大。另外还有一些故事片也有高票房纪录或宣传价值,如P.赫斯特和布鲁内尔三人合导的《雄狮添翼》(1939)、M.鲍威尔的《第49°纬线》(又译《侵略者》,1941)、N.科沃德和**D.里恩**合导的《我们所在的部队》(又译《海神》,1942)、迪金森的《近亲》(1942)等。有关大战题材的故事片还有里德的《铁血忠魂》(1944)、鲍威尔的《壮士春梦》(1943)等。其他题材的影片则有A.柯达的《巴格达窃贼》(1940)、迪克森的《煤气灯》(1940)、B.迪安的《二十一天》(1940)、帕斯卡尔的《巴巴拉上校》(1941)、L.阿利斯的《穿灰衣服的人》(1943)、奥利弗的《亨利五世》(1944)、吉列特的《臭名昭著的绅士》(1945)等,还有豪华历史剧《凯撒和克莱奥帕特拉》(又译《璇宫艳后》,1945)、科沃德和里恩合作的《相见恨晚》(1945)等。

电影事业的危机 J.兰克是在第二次世界大战时期崛起的英国电影事业家。早在30年代,他就开始从事宗教电影的摄制工作。1935年,创办英国全国电影公司,摄制了第一部商业性电影,同年他与C.M.伍尔夫合办电影发行总公司。1941年兰克已握有英国三大电影放映网中的两大放映网。二战结束时,他的总公司扩展成实力雄厚的联合企业,拥有英国的制片、发行和放映事业的大部分实权。他雄心勃勃,计划出巨资建立故事片厂,包括儿童片、动画片部门,摄制新闻纪录连集片,开办电影学校,专门培养有希望的童星。他想用巨资拍摄大片打进美国市场,把英国电影事业从多年的困境中拯救出来。1947年,他去美国推销自己的电影,不料英国政府却在此时颁布法令,要征收国外进口影片75%的税收,美国各家制片公司坚决抵制,好莱坞影片全部停止输往英国。兰克想在美国打开市场的计划也成为泡影,英国电影界陷入了极为困难的境地。英国政府于是敦促兰克和其他制片人增产影片,以填补空缺。但是英国电影业经济拮据,影片能收回成本的为数不多。1948年,英国政府只得撤销外国影片的进口税,美国影片又立刻大量涌进,英国影片在本土银幕上仍无容身之地。英国政府再度规定:美国影片必须将从英国所得利润中的一定数额向英国电影事业投资。此期间兰克影片公司和其他制片厂比较优秀的作品有里恩根据C.狄更斯小说改编的《锦绣前程》(又译《孤星血泪》,1947)和《雾都孤儿》(1948),鲍威尔和E.普雷斯伯格的《上天阶梯》(又译《太虚幻境》,1946)、《黑水仙花》(又译《思凡》,1947)和《红菱艳》(1948),奥利弗自导自演的《王子复仇记》(1948),里德导演的《虎胆忠魂》(1947)、《倒下的偶像》(1948)和《第三个人》(1949),还有迪金森的《黑桃皇后》(1949)等。

《雾都孤儿》剧照

为了维持和保护本国电影事业,英国政府只得仍旧采用上映的定额分配办法,规定从1950年起,分配英国影片上映的定额要增加到30%,但当时娱乐捐税仍然保持战时标准,电影事业所得实惠甚微。英国政府于1949年成立国家电影筹资公司,通过该公司将钱借给电影事业;1950年又创立英国电影生产基金会,专门支配从电影票上征收的捐税以补助电影生产。而这时候电视越来越受群众欢迎,电影院的上座率开始以惊人的速度下降。

40年代末,英国出现了由巴尔康主持的"伊林喜剧影片"。伊林是制片厂名,位于伦敦西郊。伊林喜剧表现现实生活,敢于打破常规,以新眼光观察生活,温和地批判贵族阶层和人情风俗的繁文缛节。

最成功的作品当推哈默的《善人与贵族》(1949)，A.麦肯德里克的《清洁的小岛》(1949)、《白衣男子》(1952)和《专门勾引女人的人》(1955)。其他值得提及的有C.克莱顿的《大叫大嚷》(1947)、《拉旺德山暴乱》(1951)，H.科尼利厄斯的《史姆利科的护照》(1949)、《日内瓦的妇人》(1953)，以及M.江普的《天堂的笑声》(1950)等。

英国政府限定了美国影片所得利润要有相当比例投资在英国电影事业以后，美国公司开始恢复与英国合作拍片。这一阶段英美合拍的较佳作品有J.尼格列斯科的《流浪儿》(1950)、R.沃尔什的《霍恩布洛上尉》(1951)、J.休斯顿的《非洲女王号》(1951)和《莫比·迪克》(1956)，而最杰出的作品则是里恩的《桂河大桥》(1957)。恰在此时，美国的一些进步电影工作者由于遭受麦卡锡主义的迫害，纷纷离开好莱坞。导演J.洛西到伦敦定居后，接踵而来的又有**C.卓别林**、R.莱斯特、**S.库布里克**、S.吕美特等。这些人为英国电影艺术作出了贡献。

《桂河大桥》剧照

1956年，以L.安德森、T.理查森和K.赖兹为首的一伙年轻人发表宣言并摄制了一系列影片，积极倡导自由电影运动。它的基本内容是要求用积极态度来表现艺术工作者的社会责任感，反对资产阶级的唯美主义。他们鲜明地反对资本主义的社会现实和道德价值观，如J.克莱顿的《屋顶阁楼间》(又译《金屋泪》，1958)，理查森的《愤怒的回顾》(1959)、《蜜味》(1961)和《长跑家的孤寂》(1963)，赖兹的《星期六晚上和星期日早晨》(1960)，安德森的《这种运动生活》(1963)。此外，重要的影片还有J.施莱辛格的《恋爱有术》(1962)和《骗子比利》(1963)等。到60年代中期，自由电影的调子有所变化，反抗仅被作为个人对待生活态度的一种表现方法而不再具有社会性含义。这种倾向在理查森的影片《汤姆·琼斯》(1963)中表现得最为明显。60年代末至70年代初，自由电影比较重要的作品是安德森的影片《假如》(1968)和《哦，幸运儿》(1973)。

《阿拉伯的劳伦斯》剧照

在这两部影片里，导演在表现当代社会冲突时，把敏锐的观察和独创的概括巧妙地结合在一起，在思想上和艺术上都达到了新的高度。

60年代英国利用美国的资金拍了不少影片。其中T.扬导演的《诺博士》(1962)成为后来长盛不衰的**《007》系列**电影中的第一部。其他电影还有J.L.汤普逊的《纳瓦隆大炮》(1961)、里恩的《阿拉伯的劳伦斯》(1962)、P.格伦维尔的《绳环》(1964)。其他英国名片有G.格林的《愤怒的沉默》(1960)、J.卡迪夫的《儿子和情人》(1960)、J.克莱顿的《无罪的人》(1961)、B.福布斯的《L形房间》(1962)和《一个雨天下午的集会》(1964)、施莱辛格的《亲爱的》(1965)和《远离狂乱的人群》(1967)、L.吉尔伯特的《阿尔菲》(1966)等。

20世纪70～90年代的电影　英国国会在70年代又通过一个新电影法案，重申50年代提出的把本国影片在影院的分配定额提高到30%，并且增加了电影筹资公司的预算，因为美国投向英国电影事业的资金数额逐年减少，以至完全停止了。随着电视越来越普遍，影院上座率不断降低，尽管提高了票价，但1976年的票房收入还是降到了历史最低点。同年，英国订立一条税法，规定外侨影片制作者在全世界范围收入的75%要交纳所得税，从而阻塞了国外投资。这一年，英国故事片生产降到64部。1977年再降到42部。

70年代上半期，英国的重要影片（其中有些是美国导演的作品）有里恩的《瑞安的女儿》(1970)、C.迈尔斯的《处女与吉卜赛人》(1970)、R.波兰斯基的《麦克佩斯》(1971)、J.洛西的《送信人》(1971)、R.阿顿波罗的《青年时代的丘吉尔》(1972)、M.弗兰克的《阶级烙印》(1973)、库布里克的《巴里·林登》(1975)、拉塞尔的《汤米》(1975)、库珀的《太上皇》(1975)等。

70年代后期，英国制片业在美国资本的牵制下，松木和爱尔斯垂两大制片厂虽也自己投资拍片，主要还是出租场地同美国合作。美国著名连续卖座片《超人》**《星球大战》**等就是在这两个制片厂的摄影棚里拍摄的。

进入80年代，英国电影事业有所好转。1981年的《火的战车》和1982年的《甘地传》两片连续获得美国电影奥斯卡奖最佳影片奖。《教育丽塔》(1983)、《当地英雄》(1983)、《印度之行》(1984)等片也获得好评。1986年，艾菲里的《一间可以看见风景的房间》和乔菲的《使命》更获得广泛的国际声誉。D.贾曼和P.格林纳韦也通过自己的系列电影创作，打造了英国艺术电影另外的维度。

这期间英国影片市场仍然被美国电影所垄断，在全部票房收入中，英国影片仅占10%左右，许多影片在国内的收入仅能收回投资的10%～40%。

英国电影在90年代呈现了多元化的特点。①以低预算的影片努力赢得市场。这类影片中商业上取得较好效益的有由电视喜剧明星M.克鲁勒斯导演并主演的《蹒跚》(1994)、V.简和G.辛尼导演的《猪倌莱昂》(1993)、S.舒瓦茨导演的《软顶，硬肩》(1992)。②目标瞄准大众市场的大预算类型电影。较为成功的有D.坎农导演的《年轻的美国人》(1994)、P.安德森导演的《购物》(1994)、B.列奥那德根据S.金小说导演的影片《锄草人》(1993)。90年代英国票房最高的影片是M.纽威尔在1994年导演的《四个婚礼和一个葬礼》，这部影片在世界范围内的票房收入达到2.5亿美元，被提名美国电影奥斯卡奖。另一部黑色喜剧影片《浅坟》受到年轻人欢迎。其他在商业上获得成功的影片还有D.博伊尔导演的《迷幻列车》(1996)、N.乔丹导演的《哭泣游戏》(1992)、J.马登导演的《布朗夫人》(1997)和《恋爱中的莎士比亚》(1999)、S.舒瓦茨导演的《射鱼》(1997)、P.霍威特导演的《滑动门》(1998)、G.里奇导演的**《两杆大烟枪》**(1998)、R.米歇尔导演的《诺丁山》(1999)等。③借助外国资金，主要是美国资金自主拍摄的电影。较为重要的影片是《理智与情感》(**李安**导演，1995)、《贝隆夫人》(A.帕克导演，1995)等。④涌现了一批有着“怪异之美”的新艺术电影。这些电影最突出的特点是纪录性，是纪录性与敏锐讽刺性的结合。其中较为优秀的影片有A.柯汀的《闲逛》(1997)、P.凯勒的《伦敦纪事》、J.迈布雷的《爱是魔鬼》(1998)等。英国学者C.蒙克指出90年代“下层社会”电影的主要变化强调个人身份和性别政治学。最显著的差异就是拒绝把工人阶级男性塑造成受害者的可怜形象。这一时期的现实主义电影呈现的是未来工人阶级的乐观积极向上的叙事，比如《空谈无效》

《四个婚礼和一个葬礼》剧照

(1995)、《快餐卡车》(1996)、《奏出新希望》(1996)、《美丽新事物》(1996)、《一脱到底》(1997)、《2407》(1997)、《捕鼠者》(1998)。与此同时，现实主义电影还与“青年文化”和“中间文化”(意指中产阶级，中年人)紧密关联起来，价值取向上趋向于主流价值之外的亚文化，有的关注女性，充满了另类的反叛与抗争。比如《蝴蝶之吻》(1994)、《猜火车》(1996)、《双城记》(1997)、《两杆大烟枪》(1998)。现实主义作为一种创作方法和美学，在英国也和一些类型化的处理相结合，也和导演的美学追求实践相结合，而在经历解构和后现代的拆解之后，表现出新的面貌和特质。比如T.维斯通过他的“三部曲”——《孩童们》(1976)、《圣母玛利亚与孩童》(1980)和《死亡与变形》(1983)，以及《远距离声音，静照生活》(1988)、《长日将尽》(1992)等很好地开拓了“记忆现实主义”的美学创作。

随着后殖民时代的开启，许多移民及其后代开始出现并成为英国电影新的国族特点，多种族平等的包容杂汇状态，多元文化的价值观念开始成为当代英国国族电影的新面目。特别表现为英国的亚裔电影、非裔电影。前者包含巴基斯坦、印度和日本等移民文化的呈现和渗透，最显著的代表就是H.库雷希、石黑一雄、S.拉什迪等文学与剧本的改编和创作，以及像导演G.查达哈、U.普拉萨德，演员O.普瑞等电影人为代表的系列作品，如《我美丽的洗衣店》(1985)、《睡遍伦敦》(1987)、《夺命伦敦》(1991)、《海边的吧唧》(1995)、《去日留痕》(1995)、《麻烦中的兄弟》(1996)、《我儿狂热》(1997)、《东就是东》(1998)。

《年轻灵魂的反叛》剧照

后者的主要代表作品有《压力》(1975)、《汉兹沃斯之歌》(1986)、《客场比赛》(1986)、《寻找兰斯顿》(1988)、《年轻灵魂的反叛》(1991)、《献给马尔科姆X的七支歌》(1993)、《说话像个孩子》(1998)等。

英国的大电影制片厂有“松木”“爱尔斯垂”“金波顿”和“图克南”。主要电影教育机构有伦敦电影学校、民族电影学校、皇家艺术学院、伦敦电视电影学院。主要电影研究机构为不列颠电影研究院(建于1933年)。伦敦国际电影节是世界著名非竞赛性电影节，每四年举办一次。主要电影出版物有《**视与听**》(1932年创刊)和《银幕》(1959年创刊)。

21世纪的电影　2000年，英国电影委员会成立，旨在接管艺术委员会的业务，避免把发行电影彩票的资金直接发给电影人的做法，从而对英国电影实施更好的扶持计划。具体包括：“发展基金”提升剧本的质量；“首映基金”资助大预算电影和有天赋的电影人，诸如《高斯福庄园》《西尔维娅》《年轻的亚当》《土豆男人的性生活》；“新电影基金”资助短片及剧情片，鼓励电影工业的多样化，如《玛德莲堕落少女》《血色星期天》；“英格兰区域投资基金”资助了9个区域的电影代理机构，主要是提高电影制作技巧，以及提升对地方性和区域性电影的教育和理解。2011年，英国政府关闭了英国电影委员会，其职能由英国电影协会接管。英国电影委员会资助的最后一部电影《国王的演讲》(2010)，获4项美国电影奥斯卡奖、7项**英国电影学院奖**，以及多项国际电影大奖。

21世纪前后，英国电影工业和美国加强了紧密联系。英国的电影制作公司和美国联合制作，再交由美国公司发行。英国的电影可以通过美国公司来募集资金和发行，比如《一脱到底》(1997)就是由美国**20世纪福克斯电影公司**成功运作的。好莱坞制片厂的片子在英国外景地拍摄，并且雇佣英国的技术人员，比如《**哈利·波特**》**系列**、《玩具总动员》(2003)、《阿尔菲》(2003)。

好莱坞公司经常使用英国的后期制作

《阿尔菲》剧照

和特技技术。英、美之间的明星和演员互相串用，以增加对两国观众的认同和吸引力。另外英国观众的口味也强烈受到美国电影的影响。英国电影的制作和发行会同时兼顾英美两地的观众和市场来考量。2008年，与美国合拍的影片《贫民窟的百万富翁》，导演、制片人、编剧由英国人担任，主要演员由印度演员担任，全程拍摄于孟买，受到全球范围的关注和好评，获得7项英国电影学院奖、8项美国电影奥斯卡奖、4项美国电影金球奖。由于《007》和《哈利·波特》等系列电影票房与口碑大获成功，英国电影继续与美国联合制作系列电影，包括《王牌特工》(2014)、《王牌特工2：黄金圈》(2017)、《神奇动物在哪里》(2016)、《神奇动物：格林德沃之罪》(2018)等。

(刘宗锟　邢祖文　撰　李二仕　修订)

英国电影学院奖　British Academy Film Awards　英国电影奖项。英国电影和电视艺术学院奖中的电影类奖项，被视为英国电影的**奥斯卡奖**。其奖项设置与美国电影奥斯卡奖类似。1947年开始评奖，1949年5月举办第1届电影颁奖仪式，获奖电影有《黄金时代》(1946)、《虎胆忠魂》(1947)等。此后，每年的4月或5月举办颁奖仪式。从2002年起，颁奖时间更改为2月。奖杯为面具形状，由美国雕塑家M.坎利夫设计，1955年被采纳使用。

首届设最佳影片奖、最佳英国片奖、最佳纪录片奖。第2届增设最佳专题片奖。第3届增设联合国奖。第6届增设最佳英国女演员奖、最佳英国男演员奖、最佳外国女演员奖、最佳外国男演员奖、最有前途的新人奖。以后几乎每几届都增设新的奖项。大部分奖项对所有国家的电影开放，有些奖项专门为英国电影设立，如优秀英国电影奖、英国短片奖和英国短片动画奖等。

(范　倍)

英国自由电影　British Free Cinema　20世纪50～60年代在英国兴起的一场旨在复兴英国电影艺术的电影运动。英国自由电影源于20世纪50年代英国故事片生产停滞的局面。为了振兴英国电影事业，1956年，以L.安德森、T.理查森和K.赖兹为首的一批年轻人发表了一份声明，提出了“自由电影”运动的原则，抨击了当时苍白无力的电影批评，指责英国电影业逃避现实，提出要将电影从纪录片资助人的宣传目的和故事片制作者的票房追求中解放出来，强调艺术家的社会责任，要求重视日常生活题材和创作中的个性表现，“自由”表现普通人的真实生活。自由电影运动就此开启。这次运动和反对文学与戏剧中传统价值观有联系，也与“愤怒的年轻人”运动的政治和精神抗议相结合。

自由电影运动的倡导者最初拍摄纪录短片，很快就转向了剧情片领域。他们的影片多以中部工业地区为背景，有意选用黑白胶片，以阴暗的色调表现环境，并起用无名演员来塑造叛逆的工人阶级青年形象。自由电影的基本内容是要求用积极态度来表现艺术工作者的社会责任感，反对资产阶级的唯美主义。他们鲜明地反对资本主义的社会现实和道德价值观，如J.克莱顿的《屋顶阁楼间》(又译《金屋泪》，1958)，理查森的《愤怒的回顾》(1959)、《蜜味》(1961)和《长跑家的孤寂》(1963)，赖兹的《星期六晚上和星期日早晨》(1960)，安德森的《这种运动生活》(1963)。此外重要的影片还有J.施莱辛格的《恋爱有术》(1962)和《骗子比利》(1963)等。

《愤怒的回顾》剧照

英国自由电影于1963年达到高潮，随后便因社会思潮转变以及中坚分子星散而急剧衰落。尽管其存在时间不长，但它对传统观念的猛烈冲击在英国电影界产生了深远的影响，如安德森之后所拍摄的影片《假如》(1968)和《哦，幸运儿》(1973)，继承了自由电影的精神，是英国自由电影的某种延续。（邢祖文）

《英雄》 *Hero* 中国彩色故事片。北京新画面影业有限公司、**银都机构有限公司**、精英娱乐有限公司2002年联合出品。编剧，李冯、**张艺谋**、王斌；导演，张艺谋；摄影，**赵小丁**；美术，**霍廷霄**、易振洲；作曲，谭盾；录音，**陶经**；主演，**李连杰**、**梁朝伟**、**张曼玉**、**陈道明**、**章子怡**、甄子丹。

故事讲述了战国后期，秦王为一统天下，发动对诸侯六国的讨伐战争。赵国刺客长空和情侣刺客残剑、飞雪三人最为秦王忌惮。秦国侠士无名与长空决战，长空故意败下。无名实为赵国人，击败长空后，称可捉拿残剑、飞雪，得秦王觐见。

《英雄》剧照

实际上无名为刺杀秦王而来。无名早前到赵国找到残剑和飞雪，并试图说服二人协助。三年前残剑、飞雪本已杀入秦宫，但最终残剑放弃杀死秦王。飞雪为赵国将军赵震之女，杀死秦王带残剑回家一直是她心愿，但残剑的行为让二人生怨。无名本想得到残剑帮助，不料残剑却竭力阻止无名刺杀秦王。无名临行前，残剑送给无名“天下”二字。无名本可依靠十年练就的功夫“十步一杀”杀死秦王，但最终时刻他也选择放弃，并希望秦王能一统天下，避免连年战火。得知刺杀失败的飞雪对残剑更加生怨，而残剑除心怀“天下”外，心里还有飞雪，并愿自绝于飞雪剑下以示证明，失手杀死残剑的飞雪愧痛不已，随后与残剑一起自绝。放弃刺杀秦王的无名没能走出秦王宫殿，死于密集箭雨之中。

影片明星云集，场面宏大，构图精美，音乐大气，武打设计挥洒写意，充满着浓郁的东方色彩和古典意蕴。影片色彩使用大胆而且富有创新精神，为该片最大艺术成就之一。影片上映后，创造了中国大陆电影票房神话，取得了商业上的巨大成功。影片开启了21世纪国产古装武侠大片时代，对中国电影国际化进程和对中国电影产业发展具有重大意义。影片2003年获第26届中国大众电影百花奖最佳故事片奖，第23届中国电影金鸡奖最佳导演奖、最佳录音奖、最佳美术奖等，第22届香港电影金像奖最佳音乐奖、最佳服装造型奖等，第8届香港电影金紫荆奖十大华语片奖；2004年获第17届芝加哥影评人协会奖最佳摄影奖，美国《时代周刊》年度十佳电影第一名；2005年获第9届中国电影华表奖优秀对外合拍片奖、合作拍摄荣誉奖和特殊贡献奖。（朱 萍）

《英雄本色》 *A Better Tomorrow* 中国彩色故事片。**新艺城影业有限公司**1986年出品。编剧，陈庆嘉、梁淑华、**吴宇森**；导演，吴宇森；摄影，黄永恒；主演，狄龙、**周润发**、**张国荣**、朱宝意、李子雄。

故事讲述了宋子豪和好兄弟小马哥在伪钞集团工作。子豪去中国台湾进行交易被人出卖，险些丢了性命，最终被台湾警方抓捕入狱。集团为防止子豪泄密，绑架宋父。在争斗中，宋父被杀，由此在警校受训的子杰对大哥怀恨在心。小马哥通过报纸得知子豪入狱，孤身一人前往台湾将出卖子豪的小汪打死，自己腿部中两枪并残废。子豪出狱后回到香港方知父亲去世，内疚万分。他找到落魄的小马哥，而此时阿成已经成为集团老大。子杰因大哥身份的缘故，升职申请被退回，由此更加埋怨子豪。阿成想通过子豪收买子杰做集团在警局的内线未成，故意加害子杰。子杰不听子豪劝告，险些丧命。原来当年是阿成出卖了子豪。小马哥孤身一人潜入集团总部，抢走犯罪证据的磁带。在逃离之际，

《英雄本色》剧照

子豪及时赶来营救。子豪通过子杰女友把磁带转交给子杰。码头上，子杰和阿成作为双方交换的人质，交易双方展开了激烈的枪战。最终，小马哥和阿成先后被打死，身负重伤的子豪决定跟弟弟子杰去自首。子杰终于原谅了大哥。

影片以“暴力美学”的表现形式，展现了江湖黑帮之间的兄弟之情，揭示了在善恶之间摆荡的人性，张扬着阳刚之美。影片中简单但不失优雅的舞蹈动作搭配慢镜头融入枪战场面，以真情实感做铺垫的同时又颇具形式美感。影片是吴宇森执导的第一部枪战片，兼顾了商业性和艺术性，开创了黑帮英雄片的电影潮流。由于影片口碑和票房的双丰收，之后又接连推出《英雄本色2》(1987)、《英雄本色3：夕阳之歌》(1989)。影片1986年获第23届台湾电影金马奖最佳导演奖、最佳男主角奖、最佳摄影奖、最佳录音奖，1987年获第6届香港电影金像奖最佳影片奖、最佳男主角奖。（赵卫防）

《英雄儿女》 *Heroic Sons and Daughters* 中国故事片。长春电影制片厂1964年出品。改编自巴金的小说《团圆》。编剧，

《英雄儿女》剧照

毛烽、武兆堤；导演，武兆堤；摄影，舒笑言；主演，**田方**、刘尚娴、刘世龙。

故事讲述了在抗美援朝期间，志愿军某师政治委员王文清，在朝鲜战场上遇到了老战友王复标之子王成。不久，王成在战斗中壮烈牺牲。王文清见到了王成的妹妹王芳，发现她就是自己18年前失散的女儿。但他没有立即相认，而是鼓励她向王成学习。后王芳在战斗中负伤。当王复标随慰问团赴朝时，三人相遇，王文清与女儿相认，并鼓励王芳做一个革命的接班人。

影片真实地再现了抗美援朝战场如火如荼的战争生活，生动地表现了王文清、王复标等老一辈革命者对革命后代的严格要求和殷切期望，热情地讴歌了王成、王芳等志愿军战士大无畏的英雄气概和勇于献身的国际主义精神，为英雄的祖国儿女谱写了一曲壮丽的赞歌。演员田方以质朴自然、深沉含蓄的表演，塑造了一个中国人民志愿军高级指挥员的银幕形象，受到观众和评论界的好评。（黄加明）

《英雄虎胆》 *Intrepid Hero* 中国故事片。八一电影制片厂1958年出品。编剧，丁一三；导演，**严寄洲**、郝光；摄影，蒋仕；主演，于洋、张勇手、里坡、胡敏英、方辉、王晓棠。

故事讲述了1950年夏末，广西十万大山地区，残匪头目李汉光和他的老婆李月桂急切盼望台湾派来的副司令。解放军侦察科长曾泰冒名顶替，只身上山。由于延误了预定的接头日期，李月桂对这位新来的“副司令”颇有怀疑。曾泰沉着、机智，巧作应对，连过李月桂的几次试探与考验。但在一次与“老猎人”接头时，被发现破绽。曾泰与上级的联系被切断。危急之际，解放军派侦察参谋耿浩送来新的联络方式。在敌穴中，耿浩与曾泰同敌人斗智斗勇，历经艰险，终于将敌人引入解放军布下的天罗地网并全部歼灭。

《英雄虎胆》剧照

影片构思精巧，在叙事模式上采取了“冒名顶替”的套路，艺术上的虚构与想象相当大胆，悬念强烈，情节引人入胜，是一部优秀的惊险样式作品。

（阿　章　撰　章柏青　唐建军　修订）

《樱桃的滋味》 *The Taste of Cherry* 伊朗彩色故事片。阿巴斯·基雅罗斯塔米公司1997年出品。编导，**阿巴斯·基雅罗斯塔米**；摄影，H.佩瓦尔；主演，H.厄沙迪、A.巴盖里。

《樱桃的滋味》剧照

故事讲述了中年男子巴迪开着一辆吉普车寻找自杀后埋葬自己的人。小士兵和神学院的学生都拒绝帮他这个忙。巴迪找到一个叫巴盖的人，巴盖向巴迪讲述自己的故事：从前他因为生活不如意曾想在一棵樱桃树下结束生命，但他无意中尝到了樱桃的滋味，这奇妙的滋味让他怀念起人生的种种美好，从此打消了自杀的念头。在巴盖的劝说下，巴迪逐渐回心转意。巴迪驱车来到自己的墓穴，独自回味着今天所发生的一切。夜晚来临，他看到整座城市如同灯火的海洋，随后，他静静地躺进墓穴，渐渐露出了平静的微笑。次日，太阳东升，出现的却是摄制组工作的场面。导演指挥着各部门的工作，扮演巴迪的演员走向摄影机。

影片延续了阿巴斯以往的创作方法：连贯流畅的**长镜头**，不断介入的画外音，生死等人生哲学命题的探讨，开放式的结尾。影片以独特的叙事手法、艺术风格和哲学思考，确定了阿巴斯的大师地位，表现了对孤独个体、自由选择、现实反思等层面的深刻探讨。影片1997年获第50届法国戛纳国际电影节金棕榈奖。

（赵小青　撰　章柏青　唐建军　修订）

《影》 *Shadow* 中国故事片。乐视影业（北京）有限公司、上海腾讯影业文化传播有限公司、完美威秀娱乐（香港）有限公司等2018年联合出品。根据朱苏进剧本《三国·荆州》改编。编剧，李威、**张艺谋**；导演，张艺谋；摄影，**赵小丁**；主演，邓超、孙俪、郑恺、王千源、王景春、胡军、关晓彤、吴磊。

《影》剧照

故事讲述沛国的都督子虞处于斗室之间，运筹帷幄，欲收复境州，自立为王。但他身负杨苍刀伤，体态大变，相貌衰老。一年前，子虞启用从小训练的替身“影子”境州。而主公沛良实际上一直怀疑子虞替身的身份，表面上并不赞同子虞与杨苍决战，还以联姻的办法来加强与炎国的联盟关系。但杨苍的儿子杨平故意侮辱沛国，只答应纳长公主青萍为妾。这样的行径激怒了沛国群臣。在朝堂上，因为主战还是主和，沛国君臣发生争执。主和的沛公先是罢免都督子虞，后是箭伤大将军田战。都督子虞对战杨苍的心意已决，已经和夫人小艾、“影子”境州练就了阴柔的沛伞技法，以抵御杨苍的阳刚刀法。田战找到了子虞，与他密谋收复境州的事。阴雨连绵的第七日，正是对决之日。子虞的“影子”来到境州城外水道，士兵们也在田战的带领下从水下密道来到境州城内。在“影子”境州与杨苍对决之时，城内也发生了激烈的对决。沛伞对大刀，天时地利人和，最终以阴克刚，杨苍父子被杀，境州城被攻破。等“影子”境州回到家中，却发现母亲已被人刺死。境州也差点丧命于刺客，幸好沛良的人及时相救。“影子”境州随沛良的人重返沛国。朝堂上君臣欢庆收复境州少时，沛良退下众人，只留下境州和小艾。这时，沛良将内奸鲁爱卿刺死，与此同时本想拿装着子虞人头的匣子，威胁境州为他所用。但刚进来的侍卫为子虞假扮，他一剑刺伤沛良。子虞说出境州的母亲死在沛公刀下，想借境州之手除掉沛良，并催促境州和夫人尽快离开，可是“影子”境州已经不再为人所掌控。他残忍将沛公、子虞杀死之后，制造沛公被刺杀假象，以欺瞒门外的群臣。“影子”境州真正想做回的不仅是自己，还有沛国的王。

影片用简单的"黑"与"白"构造出中国传统水墨画的神韵，将人心较量、朝堂纷争、时代动荡通过两种颜色相互浸染、彼此渗透表现出来。影片将屏风、太极、占卜、琴瑟等视觉隐喻符号，融入时局与人性繁杂中，带来了全新的视觉体验与视觉叙事方式。影片不仅探讨了人性善恶、权谋欲望，而且探索了更多的影像美学边界。影片在创作者个性化表达基础上，对中国民族文化和传统美学精神实现了创新性应用。影片2018年获第55届台湾电影金马奖最佳导演奖、最佳视觉效果奖、最佳美术设计奖、最佳造型设计奖，2019年获第13届亚洲电影大奖最佳造型设计奖、最佳美术指导奖、最佳声音效果奖。

（连　洁）

影调　tone　画面中的明暗关系。又称基调或调子。影调分亮度和反差两个方面。因画面中亮暗层次的分配不同，即黑白灰在画面中占有的比例不同，影调可分为亮调、暗调和全调三种；因画面中反差大小的不同，画面可分为高调、低调和中间调三种。

影调的形成与光线、照明有密切的联系。光线的选择与照明的设计可以调节影调的状态，不同的影调状态又能引起人们不同的视觉心理感受。通常根据影调的明暗情况分高调（又称软调）、低调（又称硬调）和中间调。高调画面明亮、柔和，给人吉祥、轻柔之感；低调较暗、反差大，给人稳重、刚劲之感；中间调画面自然平和，给人较正常的心理感受。

影调是构成画面可视形象的基本因素之一。影调与景物的亮度直接相关。不同亮度的景物，经过光电转换过程，在画面上表现不同明暗的影调。景物亮度间距小，阶级多，还原后的影调层次丰富、细腻；相反，景物的亮度间距大，明暗阶级少，则影调层次缺乏，反差大。在画面构图中，影调经常用来表现空间透视和物体质感，同时也是烘托气氛和表达情感的手段。

影调是光线效果的客观再现，是摄影师在摄影构图上的一种艺术化手法，是对画面中光影流动和变化的高度提炼。

（李　勇）

影片预售融资　film pre-sell finance　电影项目方通过影片的内容预售而获得资金。电影制片人在影片拍摄制作开始之前，往往会通过影片的内容和主创人员的社会影响力，在潜在的目标市场进行融资，从而提前获得影片的部分投资。

影片预售融资还包括通过出售电影的版权进行融资，一般常为大制作公司使用。具体操作方式为在电影上映之前，向海内外的发行放映公司出售电影的版权，比如发行权、放映权等，以融得电影版权的定金，或者电影的保底发行金。凭借更充裕的资金，鼓励和支持影片的制作。一般影片预售版权是在影片资金到位、剧本完成、剧组团队基本成形之后才会开始。冯小刚在拍摄《夜宴》时，仅通过在亚洲的版权预售就收回了超过一半的投资成本；程小东在拍摄《白蛇传说》时，仅依靠版权预售就基本收回了影片的制作成本。

在电影产业不断发展的背景下，中国影片预售融资开始出现"众筹"等新模式，即电影项目方以预售的形式向大众筹措资金，融资完成后回报投资者。回报形式包括赠送或兑现电影的观影券、电影的衍生品等预售实物。这种模式的电影预售融资属于商品预售型融资，在影片上映前与观众进行充分的互动交流，提高观众对影片的关注度，同时电影衍生品的出售也可以使得电影内容得到一定的曝光。这不仅能够提高公众对影片的关注度，也能对影片起到很好的宣传作用和营销作用，《黄金时代》（2013）、《大鱼海棠》（2016）等影片均采取了此种影片预售融资方式。

（乔　阳）

影视编剧　film and television writer　创作影视文学剧本的工作以及专门从事这项工作的人员。影视编剧可以提供成熟完备的影视剧本，剧本的内容包括影视剧的故事叙述和情节展开，它是影视作品表达思想主旨和塑造人物形象的基础。完整的影视剧本可以作为文学著作出版，但它和其他文学作品有很大不同。影视剧本的写作不同于小说和戏剧，影视艺术从小说中吸取了叙事技巧和环境营造方法，从戏剧中吸收了对白和人物冲突等，但影视的本质在于采用视听语言作为艺术手段。因此，影视编剧要用文字营造出具体的视听情境，需要具备声画结合的形象思维能力和结构时空的意识。影视编剧所采用的写作手段主要有人物行动的描写和人物之间的对白。人物的行动包括外部行动和内部行动，后者主要指人物内心产生的思想和情感变化。影视编剧主要通过描绘人物的种种外部动作来间接描写人物内心。人物对白则是建立人物关系的基础，可以起到塑造人物和推动剧情的作用。

影视编剧所创作的剧本主要包括电影剧本和电视剧剧本，广义上也包括短片、短视频、纪录片、电视节目和专题片的脚本。电影剧本需要标识出每一个场景的时间和地点，分场描写发生的事件以及人物对白和动作片段，还可以包括旁白和蒙太奇等镜头语言提示。电影剧本可由一人完成或多人共同完成，90分钟长度的电影文学剧本字数通常不少于3万字。电视剧剧本的创作分步骤进行，首先创作故事大纲，之后创作分集梗概，最后进行分集剧本的写作。一部电视剧的完整剧本可以由一人独立完成，也可以多人合作分工完成，再由文学编辑进行统筹修改等。一集45分钟到60分钟的电视剧剧本字数通常在1万字以上。

影视编剧的创作过程是开放的。影视剧是集体创作的艺术，影视编剧的工作是提供简明清晰的剧本供剧组拍摄使用。职业化的影视编剧需要具备能够吸引观众的情节结构技巧，尤其是电视剧编剧，要掌握每一集的叙事节奏，在部分满足观众期待的同时维持总的悬念，并不断制造新的悬念。好莱坞商业电影则对叙事节奏有严格要求，如开场10分钟介绍主要人物，每个叙事段落都有一定的起承转合结构等。

影视编剧有一定的自由度和个人风格，但没有文学语言上的个性化特点。中国电影较注重文学性，这主要指内容层面的深刻性和时代性。中国第五代导演的电影很多都由文学作品改编而来，如根据莫言小说改编的电影《红高粱》。影视编剧经常由作家和剧作家兼任，如刘恒、邹静之等。优秀的影视编剧可以创作出主题丰富、情怀宏大，能够揭示普遍人类情感和生活状况的文学剧本。例如电影编剧芦苇创作有《霸王别姬》《秦颂》《疯狂的代价》等，对第五代导演的电影作出了贡献。

美国一些影视公司购买编剧的创意，再调动擅长不同内容的编剧，采用传送带式的流程对人物设定、情节结构和对白噱头等进行分工协作。在这种情况下生产的影视剧本不可能具备强烈的个人风格。与之相对的是20世纪50年代法国《电影手册》倡导的"作者电影"，这些艺术片多数由导演兼任编剧，以实现创作意图最大化，如J.雷诺阿、F.特吕弗、J.-L.戈达尔、E.侯麦等人的作品。艺术电影大师也多为自编自导，如A.A.塔尔科夫斯基、A.希区柯克、F.费里尼、I.伯格曼等。R.麦基在《故事》一书中通过投资渠道不同区别了两种编剧方法，大制片厂的影视编剧必须满足商业类型要求，小成本的独立作品则可以保持适当的独特性。

影视编剧虽然受制于制片人和导演，但剧本具有架构影片和发掘主旨的重要功能，是必不可少的一环。影视剧本可以是原创，也可以是对小说或影片的改编。好的改编建立在对原作思想内涵的深刻理解之上，将原作内核巧妙提取出来，置于不同社会历史环境之下进行再创作，产生新的意义和不尽相同的艺术特征，美国奥斯卡奖设有最佳改编剧本奖。成功的改编如M.斯科塞斯的《无间风云》翻拍自香港电影《无间道》。（张倩玉）

影视表演 film and television acting 演员、节目主持人、演播员等根据文字作者提供的剧本或导演的命意，以自身为创作工具，在摄影机或摄像机前用形体、表情、语言、声音等手段，在导演或编导的指导下进行艺术创作、创造人物形象的过程。影视演员是影视作品人物形象的最终体现者。演员通过表演，把剧本和导演意图中抽象的艺术形象转化到银幕或屏幕上，成为可视可听的活生生的直观形象。在此过程中，演员不仅要再现，而且要用自己的理解和表演补充剧作形象，亦即不仅扮演角色，而且创造形象。为了生动、鲜明、细腻、深刻地塑造性格各异的人物形象，演员需具备一定的文化知识、相当的思想水平和丰富的艺术素养，具备深刻的理解力、敏锐的观察力、丰富的想象力和形象的表现力，力求达到演员与角色的统一、生活与艺术的统一、体验与体现的统一。

影视表演的特点 影视表演与舞台表演同属表演艺术，从根本上看，二者并无实质性的区别，它们在创作原则、创作方法和创作技巧上都有相同的规律，比如它们都靠演员创作角色。为了创造完美的艺术形象，演员必须从外到内调动各种表演语汇，塑造准确细腻的内心视像，其表演风格和把握行动方式都受到导演的控制。通常情况下，无论是舞台作品还是影视作品，创作角色的目的、任务和方向都来源于剧作家提供的剧本。然而影视艺术与舞台艺术是两种不同的艺术，二者在表演上的区别也是显而易见的。比如，舞台演员是在舞台上表演并直接跟观众交流，演员的表演是艺术创造的最后环节。影视演员的表演是通过银幕或银屏上的放映间接与观众交流，演员在摄影（像）机前的表演并不是观众接受的最后形象。影视演员的表演还要经过摄影（像）机的艺术处理和后期制作的剪辑加工两个阶段的再创造（在胶片电影中还要经过洗印），才能跟观众见面。

影视表演的非连续性 影视是在空间中展开的时间艺术，是建立在时间与空间交叉中的综合艺术。影视拥有时空的自由性，即影视剪辑只要合乎生活逻辑和艺术规律，就可以将任何画面和其他画面并列，将任何音响和其他音响并列。这种时空的自由造成影视表演的非连续性。蒙太奇手法和摄影（像）机的分段拍摄也造成演员的创作出现断续性：一个一个镜头分切拍摄，最长的镜头数分钟，最短的不到1秒。所需拍摄的场景既不连贯，又无顺序，有时由于生产上的需要，甚至颠倒场景分类拍摄。这就使演员几个月以至半年以上时间断续、瞬间地生活在同一个形象中。可是银幕放映时艺术的连续性又要求演员在颠倒拍摄的“镜头表演”中保持人物形象的完整性、统一性，保持思想、情绪发展的连贯性和镜头衔接的连续性。影视是“一次演出，一次定型”的艺术，一旦拍摄完毕，演员的表演就永远固定在胶片、录像带或数字介质上。因此，充分的案头工作和实拍前的排演十分重要。演员要充分深入地钻研剧本，分析、理解扮演的角色，发挥艺术想象力，以适应各个场面零分细割的交错拍摄。演员在处理瞬间、断续表演时要注意瞬间片段本身在整场戏乃至整个作品中的分量，使人物生活的该瞬间体现人物的性格，反映人物人生历程的阶段性特征；同时注意瞬间与瞬间的衔接，不能把单场戏演得过足，破坏表演的总体效果。

影视表演的镜头感 与戏剧演员要有“舞台感”相似，影视演员从事创作时要有“镜头感”。镜头感是影视演员在实拍时与摄影（像）机镜头的关系和对它的感受。它反映出演员表演时把握各种不同镜头的一种准确有机而又恰到好处的分寸感。由于剧情和人物刻画的需要，影视作品经常采用不同的景别进行拍摄，拍摄的手法也多有变化。演员必须熟悉、适应各种拍摄方法与技巧，既要反映出人物形象的真情实感，又要不露痕迹地把握外部形体动作的幅度，以及自身与镜头的角度、距离、动与静的关系。准确熟练的镜头感是演员的技艺与修养成熟的专业资质之一。演员的镜头感具体体现为下面几种情况：①“到位”意识。在推、拉、摇、移、跟等移动镜头中，有时镜头起先对准的是其他物体或空间，并没有把演员照在画面内，只有当镜头运动到自己身上时，演员才算“到位”，表演才算有效。②分寸感。不同的景别对影视演员的表演有不同的要求。在大全景或远景镜头中，演员的外部动作就应该相应加大幅度，才能够收到效果。当面对特写或近景时，演员必须依靠丰富具体、真挚热情的内心体验，运用面部细微的表情揭示人物多样的内在世界。特写和近景是影视演员塑造人物形象，尤其是刻画人物心理所特有的重要手段。它们拍摄极其细小的动作以及微妙的细节，不仅可以再现人物细腻微妙的表情，而且能够揭示出隐藏在表情背后的潜在感情和隐秘欲念，以及人物的人生遭际和行为方式。③借视线。指实拍中由于构图的需要，演员的视线偏离实际交流对象，借助另一个视点进行表演，以达到更逼真、理想的艺术效果。这就要求无论有无交流对象，演员都要在与对手的交流不失真的同时，保持清醒准确的镜头意识，使自己的形体和外部神态清晰地展现在画面上。

影视表演的生活化 不同的艺术形式有不同的欣赏方式。一般来说，戏剧中假定性占优势，影视则纪实性占优势，因此，人们可以接受戏剧中风格化的布景和程式化的夸张表演，但对影视表演则要求真切、自然、生活化。另外，摄影（像）机的运动改变了观众与影视表演的距离，产生了特写、近景、中景、全景、远景等不同景别的镜头。舞台上演员的表演似乎总是处于“全景”的位置，表演上的强调与夸张是必要的。影视表演由于有了摄影（像）机和麦克风的帮助，观众无论处于什么观看位置，都能看到导演给他们看到的景象。因此，一旦演员的表演虚假过分，就会在机器面前暴露无遗。影视艺术将大自然的现实环境纳入自己的形象体系，整个自然世界都是影视演员的表演区。他们可以在与现实生活相一致的真实外景，或能确切再现现实的内景，或就在生活实景中进行表演。这就要求演员的表演像真实生活一样自然，并与生活融为一体。同样，演员的对白也要与实际生活中的音响相协调。现代影视技术的发展，大大增强了影视复制现实的能力，人在现实中的一切视听感受，几乎都能在影视中再现。影视的这个美学特点要求创作摒弃人为造作的倾向和过分戏剧化的设计痕迹，追求生活自然的表现；要求布景、化妆、服装以生活的本来面目反映生活，寓艺术加工于生活的形式之中。它要求演员有很高的艺术造诣和技巧，塑造出典型、鲜明的人物性格。要求演员表演时将艺术与技巧隐藏到生活的背后，融入生活之流。

影视表演的流派 在表演艺术领域，历来就有体验派和表现派两种表演学派的争论。体验派的代表人物是18世纪美国悲剧演员H.欧文、意大利悲剧演员T.萨尔维尼和苏联戏剧家K.S.斯坦尼斯拉夫斯基。体验派的基本创作原则是通过演员的有意识的心理技术达到天性的下意识的创作，即要求演员在创作时有意识地体验角色，正确地生活于角色之中，从而产生我就是角色的真实感和信念，间接地用意识去影响下意识，唤起并诱导本能和下意识的创作活动，以便打开下意识的隐秘角落，自然而然地流露出角色所需要的感情。体验派认为表演的目的是通过艺术表达人的精神生活。外部表达依赖于内心体验，而为完成体验，又要求具备训练有素的发音器官和形体器官。所以在重视内部体验的同时，也要注意对情感作外部体现的技术。体验派艺术坚决反对匠艺式的刻板表演，亦不赞同只在角色准备阶段进行体验的表现派创作方法。它要求演员每次当众演出都体验角色，不断刷新表演，并主张在经过充分准备的前提下，在现场表演时进行即兴创作，使表演新颖生动。

表现派的代表人物是法国思想家D.狄德罗和演员别努阿-康斯坦·科格兰。表现派也要求演员在准备角色时进行内心体验，但体验过程不是艺术创作的主要步骤，而只是创作工作的准备阶段，其目的是为了找到情感表露时最完美的外部形式。一旦找到之后，就借助演员训练有素的肌体和表演技巧，精确而机械地重复这些已被确定的手法来演绎角色。由于表现派当众表演时已停止了体验，所以演出显得华丽而冷漠。表现派注重艺术的完美性，讲究形式，往往形式比内容更让人感兴趣。该派认为演出具有假定性，舞台在创造真实生活的印象方面，手段过于贫乏，所以表演不但不应避免程式，而且应当热爱程式。

体验派与表演派理论是基于舞台表演的，后来给影视剧表演以极大影响。事实上，在表演实际中，体验与表现并非泾渭分明，许多人主张体验派与表现派的结合，纯粹的表现派或体验派是不存在的。

影视表演的风格 影视艺术和观众的发展、演变影响着影视表演风格的演变和发展。无声片时期，电影表演受哑剧表演的影响，主要依靠外部的形体动作。有声电影初期，电影表演艺术借鉴话剧舞台艺术表演的风格。随着电影艺术逐步走向成熟，电影艺术的表演也日趋独立，产生了一种生活化的表演风格。电影美学的多元化、风格样式的多样化促使电影表演风格的多样化。不同的片种，*喜剧片*、悲剧片、传奇剧、闹剧、*歌舞片*等，对表演提出不同的要求，使之产生不同的风格。表演风格还有一个群体因素，不同民族、不同国家中，由于文化背景与受众审美习惯的差异，也呈现不同的风格与特点。另外，影片导演的不同风格和追求也会带来不同的表演风格与特点。在电视中表演风格的种类更多，独特性更加明显。*电视剧*、小品、综艺节目、谈话节目、智力竞赛、体育节目、新闻等都有自己的鲜明特征。

对于演员的个人表演风格，比如硬汉形象、英俊小生、纯情少女、性感明星等，存在着不同的看法。有的认为演员具有自己的风格标志着演员艺术上的成熟，因此主张演员追求个人的表演风格。有的把演员个人的独特风格看作演员在创作上存在较大局限性的表现，因为他无论演什么都只有一个形象，所以主张演员在艺术创作中应该摆脱自己的风格，以便创造出符合各色影片的各色人物。也有人认为影视艺术是集体创作的结果，演员的风格突出，就会与整个作品的风格冲突，从而破坏作品的和谐，因此演员的表演要服从作品的统一风格。

随着数字技术的发展，尤其是CG影像制作技术的广泛应用，影视剧中的表演越来越多地呈现出不同以往的形态，譬如面对虚拟的对象进行表演，在虚拟环境中的表演，演员与虚拟形象的合成，甚至虚拟演员等，对演员表演提出更高要求，要有丰富的想象力、很强的形体表现力、更为敏锐的感受力等。

（章　同）

影视策划 film and television planning 在前期创作时对影视剧作品的市场定位、题材选择和剧本创作等各方面进行建设性和逻辑性准备的过程。对制片方而言，影视策划指在影视项目前期进行市场评估、成本预算、剧本策划、制作周期等诸多未来规划的过程。市场的评估包括对市场风向、受众定位、行业法规和政策趋向等进行把关调控，最大可能减少项目的商业风险。对剧本创作而言，影视策划指在剧本创作前期对剧本的风格定位、题材选择、主题表达、情感基调以及人物关系、故事情节走向进行反复推敲商榷，最终实现整体创意的过程。影视剧本策划需要从社会价值、艺术价值和经济价值三个层面进行考量。社会价值是以虚构故事折射现实问题，引起观众共鸣，通过作品来实现艺术家的社会责任感，感染、引导观众；艺术价值则是通过作品的艺术高度启迪观众的心灵，实现创作者的自我表达；经济价值是通过大众普遍接受的题材类型来吸引观众，并实现经济收益。

另外，影视策划也指对影视项目进行筹划策略的相关部门或人员。影视策划人员不仅要有对整个项目定位和特色把控能力，还需要有一定的整合资源和行业公关的能力。

（王乙涵）

影视产业 film and television industry 以影视作品的制作为核心，通过影视作品的发行、放映及衍生品开发所关联的一系列市场活动和经济形态的总称。影视产业遵循产业经济学的规律，根据产业内的经济关联，形成上下游之间的协作关系，构成了从影视作品的制作到投融资、发行、放映及后产品开发的产业链条。

影视产业具有以下几个方面的属性：①经济属性。从经济学的角度而言，影视产品是一种特殊的商品，本身具有交换价值，而从影视产业链条来看，影视作品的拍摄需要在资金保障的前提下进行，然后通过票房收入或其他途径回收成本并获取盈利。因此，影视产品经由电影院放映、电视播出、网络播放、影碟放映等多种放映形式和衍生品的开发及销售发挥其经济功能，具有重要的经济属性。②文化属性。影视作为独立的艺术，富有深厚的社会文化内涵，并将特定文化语境、文化意识、文化倾向在影视作品中体现和传递出来。作为文化产业的重要组成部分，影视产业具有重要的文化属性。③意识形态属性。作为人类的精神文化产品，影视与民族认同、宣传教育和国家软实力的发展密切相关，这些因素在影视产业的发展进程发挥着关键的作用。因此，影视产业具有重要的意识形态属性。

影视产业具有以下几个方面的特点：①具有资本密集的特点。影视产业的发展依赖大量的资本投入，无论是影视产品的制作环节，还是发行和放映环节，都离不开大量的资金投入。②具有高度的外部相关性。影视本身集聚了文学、音乐、美术、戏剧等其他艺术形式的特性，在物质载体上又呈现出高度复杂的技术形态，且与数字技术相关联。随着影视衍生品的不断开发，影视产业的相关产业非常广泛和丰富，与音乐、出版、动漫、互联网、游戏等产业都保持着很强的外部相关性。③具有集群化、全球化的特点。作为一种产品，影视产品的制作周期比较长，在制作、发行和放映的过程中需要其他相关行业支持，因此许多国家在发展影视产业时会通过产业集群的发展，形成稳定强大的综合竞争优势。同时，影视产业还与服务业、旅游业等有效地整合，进而增强影视产业的活力。④具有很强的体验性。影视产品作为一种体验性的产品，消费者可以通过不同的途径对产品进行亲身体验，了解产品的特性与功能，因此影视产品的营销环节在影视产业中发挥着重要的作用。

（王　婷）

影视导演 film and television director 影视艺术创作中整体负责作品的艺术思想、风格特征、技巧表现的掌舵人。影视导演是制作影视作品的团队的核心，组织和指导不同专业的创作人员和技术人员的拍摄活动，引领整个剧组的创作工作。

职责与任务 一般而言，影视导演参与影视作品拍摄的全过程，参与整个制作的所有事项。一部电影或电视剧的创作和制作，通常分为前期筹备阶段、中期拍摄阶段和后期制作阶段。

在前期筹备阶段，影视导演的职责和任务主要有参与剧本的构思、选演员、选外景和案头工作。影视导演组织主要的创作人员选定所要拍摄的作品，对电影剧本或电视剧本进行研究和分析，参与剧本的构思及创作。选演员是影视导演在前期筹备阶段中的重要工作，导演会根据角色的气质、外形的可塑性、表演的才能等几个维度来遴选演员。选外景也是影视导演在筹备阶段的重点任务之一，导演会根据剧本的室外场景需要，与剧组的摄影、美术、录音等技术人员共同商定选取拍摄外景的场地。在基本确定剧本内容后，导演根据未来将完成的影片或电视剧写作导演阐述，这也是导演对作品纲领性的整体设计。同时，导演会根据文学剧本创作供现场拍摄使用的**分镜头剧本**，这是导演对文学剧本的二次创作，将文学语言转化为视听性的语言结构，内容包括镜头号、景别、摄法、画面内容、台词、音乐、镜头长度等。

在中期拍摄阶段，影视导演的职责和任务主要是负责将摄影、演员、美术、化妆、录音、道具等部门的创作人员和技术人员统一协调起来共同完成影视作品的拍摄任务。在拍摄前，导演会召开镜头会议，给剧组的每个部门布置具体的拍摄任务，使各部门的工作人员明确和熟知自己在拍摄时所负责的工作事项。在拍摄时，导演会综合摄影、灯光、录音、美术等，运用演员的表演，将剧本的艺术构思和思想内涵呈现在银幕和屏幕上。在拍摄程序上，分为外景拍摄和内景拍摄。在具体拍摄中，导演会根据剧本的情境设定、角色情绪、艺术倾向等给演员说戏，启发演员、引导演员更好地完成角色人物的塑造。擅长表演的导演会直接给演员进行示范，用以唤起演员的表演激情。在拍摄时，有的导演受到具体环境或条件的启发和刺激，会改变原有的拍摄意图或创作方法，进行即兴的创作。

在后期制作阶段，影视导演的主要职责是与剪辑师对影视作品进行剪辑工作，通过对工作样片和拍摄素材的整理和剪辑，对影视作品进行再创作，是对剧本再一次的加工。剪辑工作是后期阶段的中心工作，剪辑师根据导演的艺术构思剪出毛剪的样片，导演再参与精修细剪的工作，然后进行后期的录音工作，包括录语言对白、配音乐、配动效、缩混等，并将作品送审。审查后，根据相关意见作出相应的调整，再进行配光、调色、套底等工序，最后出完成片。

艺术风格 导演在影视作品中表现出来的创作倾向和艺术特色，是导演品位的直接反映和体现。影视是综合性的艺术，是集体创作的产物，而导演作为这一集体创作的负责人和掌舵人，其个人的风格在创作中发挥着主导性和决定性的作用。由于导演的个人经历、思想认识、艺术倾向、性格特征不同，在处理影视作品的题材选择、表现形式及影视语言运用上，都各有不同。因此，不同导演的影视作品表现出来的风格也各有不同。影视导演的风格是导演的艺术观、世界观、人生观等观念的融合，随着导演的经历、思想、情感等发生变化，其风格亦随之发生改变。

艺术语言 影视导演在用镜头讲故事时最常用的语言方式包括**蒙太奇**、**长镜头**和**场面调度**。蒙太奇是影视导演叙述故事最重要的语法之一。导演根据内容的需要和情节的发展，将全片或全剧分解为不同的段落、场面和镜头进行处理，再根据艺术构思运用蒙太奇将这些段落、场面和镜头重新排列和组合，使之产生对比、平行、交叉、重复、连续等效果，形成一个有机的艺术整体。长镜头是影视导演常用的语法之一。相对于蒙太奇中的分解镜头而言，长镜头保持了画面空间和时间的相对统一性和完整性，导演通常在拍摄时使用长镜头表达现实的多义性和模糊性。场面调度是影视导演重要的创作语法。导演会使用场面调度引导观众从不同的角度和距离去观察影视作品中的画面，使观众获得相对统一的视听印象。（丁亚平）

影视道具 film and television prop 影视作品中出现的各种用具。简称道具。影视道具的主要功能是作为“戏用”，即人物的戏用，或人物之间矛盾冲突的戏用。道具因剧情、人物、场景的需要而出现，是布局画面的构成因素，体现场景环境气氛、呈现地区与时代特色的手段，为塑造人物、推进情节、揭示人物性格情感及思想服务。贴切、传神的道具可以增加剧情的张力，拓展作品的意义、深度，引起观众强烈的审美兴趣。

按体积分，道具有大、中、小三种。汽车、轮船、恐龙等是大道具；钢琴、桌椅、电视机等是中道具；发卡、珠宝、手机等是小道具。按功能分，有人物随身道具、**陈设道具**和效果道具。人物随身道具是经常伴随在演员身边的道具，是造型中最重要的道具；陈设道具是依据剧情需要而布置在场景里的各种用具，它在作品中具有交代环境、烘托气氛、刻画人物的功用；效果道具指可造成特殊效果的道具，如武打片中被演员压碎的桌子、一掌两断的石板等，可以衬托功夫的深厚。

作为影视作品中最重要的一种道具，随身道具从戏用上来看，有纯实用类随身道具、装饰类随身道具和双重意义的随身道具。前两种只同人物的年龄、性别、地位、习惯等表面特征相关，起陈设性的作用；后一类随身道具，如中国影片《我的父亲母亲》(1999）中的红发卡，是剧中父亲送给母亲的礼物，又是母亲心爱的饰物，在父亲被当作“右派”抓起来的时候，它还丢失过，使剧情出现转折，因而具有实用与美学上的双重价值。随身道具不仅与主人公的周围事物有着密切联系，而且作为一类造型语言，讲述着主人公的理想、兴趣、口味、偏爱，以及他们心灵深处不可见的活动。如根据鲁迅同名小说改编的影片《伤逝》里的小狗，承担着主人公的荣辱祸福，见证主人公的爱情历程，又有自己独特的命运。因此设计道具不能随心所欲，要根据剧本的规定情境、导演的总体构想、摄影的创作意图、演员的表演需求和人物的具体情况来确定。道具的选择要符合人物的身份气质和实际生活需要，要有强烈鲜明的时代感、历史感、民族特征和地域特色，还要配合剧情显现矛盾冲突和故事发展的生动性、典型性与完整性。随身道具的装饰加工也是道具设计的重要内容。随身道具往往贯穿人物命运或故事过程始终，具有时间、经验、痛苦等饱含艺术穿透力的因素，所以装饰加工道具并非简单地做旧或毁损，而是加上岁月和人生轨迹的记号，使其成为标明文本寓意的符号和激发观众审美想象的细节。

特殊道具的选择和制作也是道具设计的工作之一。特殊道具一般指非现实时空的影视作品中人物使用的道具，如中国电视动画连续剧《西游记》中孙悟空的兵器金箍棒、美国科幻片《黑客帝国》中的长剑等。它们虽是想象的产物，但也要求形象优美、造型准确、效果逼真。

（唐 文）

影视改编 film and television adaptation 充分运用影视艺术的表现手段，遵循影视艺术的规律和特点，将其他文艺形式的作品经过再创作，使之成为影视剧作的艺术现象。影视改编的对象范围较广，如戏剧、小说、散文、诗歌、故事、民间传说、神话等，均可进行艺术再创作。影视改编是把一种文学体裁的作品转换为影视文学剧本，其中必然对原作有所增删与改动。而改动的幅度、情节各异，大致上可分为3种类型：一是基本上忠实于原著，如影片《祝福》《青春之歌》等；二是接近于原著，即原著的主题思想不变，主要人物和事件基本保留，如《骆驼祥子》《复活》等；三是改动较大，如根据P.梅里美同名小说改编的影片《塔曼果》，对原作的主题与人物的精神面貌做了相应的改变。

忠实性和创造性的结合是改编应遵循的原则。原著提供的内容是改编的基础，并且决定与影响着改编艺术再创造的方向和性质。因此，严格意义上的改编，必须尊重原作。改编中外经典名著，尤其如此。忠实于原著并不是要求亦步亦趋，而是强调忠实于原著的精髓，即忠实于原著的艺术思想、形象系统、风格神韵等。影视改编的创造性一般体现在赋予原著以新的艺术生命，并贯串在从他种文艺思维到影视思维，从他种文艺形象到影视形象，从他种文艺语言到影视语言的转换过程之中。经过再创造的优秀改编作品，能够深化原作的主题思想，焕发出新的艺术魅力。

改编历来是影视剧本的一个重要来源，占有相当的比例，其中不乏脍炙人口的佳作。有的名著已先后改编过多次，如V.雨果的《悲惨世界》等。影视改编肩负着普及文学名著、扩大影视题材、开拓自身艺术表现领域的使命。作为影视创作中的一个重要方面，它具有独立的品格和特殊的审美价值。

21世纪新语境下，科技的进步、文化的变迁、电子传媒的无国界性和飞速发展，使当今的媒介环境变得更加丰富多彩；人们需求的多元化，消费文化的强大力量，文学、影视、动漫、游戏等各种媒介呈现出越来越趋于融合的走向，互动的全涵盖改编正在兴起流行，使得影视改编呈现出多元化、复杂化态势。

（张智华　姚国华）

影视故事梗概　film and television synopsis　影视编剧在进入创作阶段时，为剧本编撰的故事概要。影视剧作者在创作影视文学剧本之前，先选用自己掌握的生活素材中最能确切表现人物性格和展示主题的一系列事件，构造成一个有简略剧情内容的故事梗概，作为进一步编写影视文学剧本的依据。它的基本内容包括主要人物、时间地点、情节发展和结局等。它侧重于遵循时间的序列规定事件过程，注意事件之间的内在连贯性，并扼要地表述矛盾冲突和主要人物之间的关联。通过故事梗概可以反映出未来剧本中心事件或故事内容的大致轮廓。影视制片机构或投资人在物色剧本的阶段，往往先要剧作者交出一个故事梗概，作为评断和取舍的依据。

（戴中孚）

影视化妆　film and television makeup　在影视艺术创作中，运用化妆品和化妆工具，采取合理的步骤和技巧，对人体的面部、五官及其他部位进行渲染、描画、整理的过程。化妆能增强人物脸部轮廓的立体感、调整形色、掩饰缺陷、表现神采，从而达到美化脸部的效果。化妆需表现出人物独有的自然美，又要能改善人物原有的“形”“色”“质”，增添美感和魅力。化妆可分为生活化妆和艺术化妆，生活化妆是日常生活中人们以美化、修饰为目的的化妆。艺术化妆指在戏剧表演、影视剧拍摄、电视节目制作等创作过程中塑造剧中人物外部形象的手段，如涂油彩、施脂粉、勾脸谱、变换服装、戴假面具等。

影视化妆的造型划分主要包括性格妆造型、年龄妆造型、肖像妆造型、美容妆造型、气氛妆造型和模拟妆造型等。影视化妆表现技法有绘画化妆法、整形化妆法、塑形化妆法、毛发化妆法和气氛化妆法等。影视化妆是影视艺术的重要的造型手段之一。

（宋东葵）

影视画框　film and television frame　呈现影视作品影像的四边框，大致相当于镜头的取景框。影视画框从绘画画框的概念演变而来，强调导演对视觉元素的截取和安排。影视画框概念的引入将影视空间分为画内空间和画外空间。画内空间主要为银幕或屏幕呈现，银幕或屏幕是以二维平面展现三维空间的理想工具。如果影视画面仅仅表现长焦镜头，没有焦点透视，就会削弱画面纵深上的空间立体感，造成扁平、压缩的感知。有效制造影视的立体空间，必然需要银幕上展示纵深运动，以前后景物大小和方位变化、各处声场差别、光线层次变化等造成不同的立体化感知。画外空间可以取得和画内空间同等的重要性，在观众视听联想的作用下，影视作品中未表现和展示的空间，在很多情况下会获得几乎与画框内空间同样大的作用。画外空间可以通过视觉和听觉两方面手段进行表现，其中听觉手段表现更适用于画外空间的叙事。在一个单镜头段落中，首先，画面的原有视觉素材可引导观众联想出画外空间，比如人物由画内向画外的走动等；其次，空镜头与听觉元素的搭配也可以表现画外空间；再次，人物视线投向画框以外也表现了画外空间；最后，声音是表现画外空间最为自由、最富创造性的手段，画框框不住声音，画外音效（及音响）可以始终打破画框的约束力。值得一提的是，随着VR视频技术的广泛运用，影视画框的概念有进一步被打破的趋势。

（李　勇）

影视技术　film and television technology　拍摄、制作、播映影视作品时所使用的各种技术。影视技术是在照相学、光学、机械学、物理学、声学、电子学、电信技术、计算机科学技术等相关科学技术的基础上发展起来的。为实现影视作品所需要的独特的艺术效果，影视技术不断地与时俱进、更新迭代，同时推动着影视艺术的进步和创作观念的革新。

影视技术包括电影技术和电视技术。电影技术主要指电影拍摄、电影制作、电影放映及电影器材制造技术等。在照相术的基础上，先驱者们为电影的诞生做出了一系列持续的努力。电影作为一种独特的艺术形式，其心理机制源自人的视觉暂留原理，最早揭示这一现象的是英国人J.帕里斯，而后真正发明这一电影摄影原理的是英国人E.麦布里奇，电影技术充分运用了先进的科学原理，从而刺激了人的复杂想象，通过心理作用产生了似动的效果。其后，G.伊斯曼发明了感光胶片，T.A.爱迪生发明了每次可放映半分钟和供一人观看的电影视镜。在此基础上，卢米埃尔兄弟发明了连续摄影和放映的机器，并可供许多人一同观看。在电子管、光电管、扩音管的出现和发展下，有声电影得以研制成功。1927年，世界第一部有声电影《爵士歌王》诞生，标志着电影技术从无声向有声的转变。在此基础上，由美国西电公司主推的蜡盘发声技术被广泛采用，从而确立了每秒24格放映速度的标准。20世纪30年代，彩色电影的出现标志着电影技术史上的再一次变革和飞跃。50年代后，电影技术有了新的发展和进步，出现了数字电影、3D电影、4D电影、VR电影等。电影放映技术也随之发生变化，出现了3D放映、IMAX影院、4D影院、VR影院等。

电视技术主要指使电视传输得以实现的原理和技术手段。电视技术随着科技的变革和创新而不断发展，先驱者们为电视的发明与发展做出了许多尝试和努力。其中德国的K.F.布劳恩发明了阴极射线管（CRT），俄国的B.罗辛发明了使用CRT的电视，英国的J.L.贝尔德发明了世界上第一台机械电视，美国的V.K.兹沃雷金发明了现代电视机的雏形——电子电视。20世纪20年代中后期至20世纪30年代，英国、德国、意大利、美国、法国等国家陆续建立了电视台。第二次世界大战期间，电视广播因战事一度被中断，战后开始恢复。从50年代起，黑白电视在世界各地广泛普及和发展。1953年，彩色电视机正式在美国面世。中国的北京电视台（中央电视台前身）于1958年5月1日进行了黑白电视实验广播，同年9月2日正式广播。1973年，中央电视台试播了彩色电视，同年10月1日正式广播。随着技术的发展，电视技术发展至数字电视时代。数字电视是指节目的采编、播出、传输及接收等全面采用数字信号的电视系统，数字电视在90年代逐渐成为现实。2020年，中国全面进入数字电视时代。

（王　婷）

影视剪辑　film and television editing　电影和电视后期制作的一道程序，也是影视艺术创作过程中的最后一次再创作。剪辑师通过剪辑，将先期拍摄的大量素材，经过选择、取舍和组接，编成一个连贯流畅、含义明确、有艺术感染力的作品。

影视剪辑的历史　电影诞生时并没有剪辑。其第一次出现是在美国导演E.鲍特的《一个美国消防队员的生活》一片中。影片把房子着火、一对母子被困、消防队员赶来相救三个片段连在一起。D.格里菲斯在《一个国家的诞生》里，采用了分镜头的拍摄方法，即将场景分解成一个个不同的镜头分别拍摄下来，如用全景、远景介绍环境，用近景、特写突出细节，用四条动作线的交叉来推动剧情，用闪回表达人物的心理活动，从而把剪辑发展成制作影片的必要元素，剪辑艺术由此产生。在无声片时期，剪辑被苏联电影学派在理论和实践两个层面上加以发展，V.I.普多夫金创立了结构性剪辑，S.M.爱森斯坦创立了理性蒙太奇。在有声电影早期，声音与画面的剪辑不免蹩脚。一段时间的摸索之后，创作者们逐渐脱离无声片的制作范式，能够比较自如地处理有声片镜头的次序、选择场景、安排时间和做到情节的流畅。

起步时期的电视剪辑与电影剪辑相似，到20世纪50年代末期，还只能用把录像带剪断再粘接起来的方法进行画面剪接。60年代初第一台电子编辑机问世。剪辑人员利用电子设备对素材进行筛选、排列，再按顺序转录到另外一盘磁带上。1967年，美国电子工程公司开发了时码编辑系统，像片边号码用于电影剪辑一样，用电子时码进行电视编辑，从而提高了编辑精度。1969年，计算机编辑系统出现，并且功能陆续得到升级，非线性编辑与线性编辑的自由选择使电视艺术的编辑工作越来越方便、快捷、有效。随着数字技术的不断发展，影视剪辑全面进入数字化时代，以数字视频格式进行的直接编辑成为影视编辑的主要工作方法。

剪辑过程　电影剪辑开始于记录所有拍摄胶卷的镜头序号。之后，剪辑师分解工作拷贝，把全部镜头从盘上剪下，将每个镜头用特种铅笔标号。接着按照顺序把一场或连续数场中要用的镜头粗略地集中、组合。这个过程称串编，被淘汰的镜头称“落选”镜头，有时候，落选镜头也会重新被起用。然后进行粗编，具体工作是根据剧情调整镜头，使之更加有机地结合在一起。在串编阶段的组合再次被推敲一遍，剪辑师可能把准备接在一起的两个镜头拉过观察器，仔细地衡量剪切点的位置。做出决定后，在剪切点标上记号。再把镜头素材自观察器中取出剪开，用胶带接片机接在一起。大多数剪辑师都准备有调整方案，以备更精细的编辑和最后的决定性编辑之用。粗剪之后，一般要征求导演或其他创作人员的意见，进一步剪辑，对影片的动作、时空关系、画面的视觉形象、电影语法等，进行精心处理，形成全片总体节奏，突出主题思想，加强艺术效果，直至语言双片定稿。剪辑创作的最后阶段将录音部门送来的全部声音素材与语言双片剪接，处理音乐、音响效果与画面的关系，使之发挥应有的作用，从而形成一部完整的影片。

声音部分有先期、同期、后期三种录音方式，剪辑方式也相应有异。先期录音大都是完整的乐段和唱段，要按照音乐的旋律与唱词安排画面；同期录音的声带声音与画面一般吻合，通常和相应画面同时剪辑；后期录音的内容包括“对口型”的对白、内心独白、旁白和背景音乐、音响效果等，一般按照画面的条件录音，这就要求剪辑时预先想象声画结合和声音所能构成的一系列艺术效果，以免反复剪辑对画面和声带造成损害。

电视的剪辑略显复杂。不同的设备系统在操作上有不同的要求。单切换系统是最简单、最基本的编辑系统，控制磁迹编辑和时间码编辑是它的两种基本编辑方法。它能把一个视频图像和它的对白声接在另一幅视频图像后面，但不能淡入淡出、叠化、划像，不能保持图像静止或在图像上加图表与文字，也不能校正色彩偏差和丢失的视频信息。单切换系统不能胜任的工作可由特技机、信号质量控制与测量仪、图形叠加机等设备完成，只是这些仪器的价格颇高。用桌面计算机进行辅助编辑，可以克服上述问题。桌面计算机的优点在于花费较少的时间，就能完成图形创作、特技效果、音频处理、镜头记录等多项任务。如果将计算机与视频处理器相连，还可以使用扭曲、立体化、软边、翻滚、旋转、变焦、闪烁、卷页等数字特技。之后，发展出非线性随机存取编辑。它的优点是不必把镜头与场景一个接在另一个后面录下来，两个相接的镜头可以有随意的时空跨越，因为可以把它们中间的场景随时补上。所以在第一场景拍摄之前，就可以编辑作品的最后一场。素材的提取也与编入一样方便，所以称为“随机存取”。

剪辑技法　剪辑首先要做到镜头与镜头组成的动作看上去自然、连贯、流畅，其次要体现镜头并列产生的文本意义。再现与表现双重功能的辩证统一，是剪辑艺术技巧运用于影视创作的总则。

流畅是剪辑的基本功。它有两个作用：一是在镜头的组接和修剪中，保证镜头转换的流畅；二是在段落转换中，使连续的两个段落既有一定的连贯性，又能清楚地划分出段落界线，使观众分辨出不同的场面。具体来看，在镜头转换上，要注意保持正确的方向感，使被摄体的运动方向在画面中保持一致。当物体运动方向改变时，为让观众理解镜头内容，通常要在另一个运动方向不同的镜头间加上一个中性镜头作为过渡（中性镜头指物体直面或背对摄影机运动的镜头）。镜头转换是否协调也是要注意的方面。剪辑常以不同镜头中造型、节奏类似的部分为剪辑点，用“动接动”和“静接静”达到和谐的转换。动接动指在镜头的运动和人物形体动作中切换镜头，比如上镜头是移摄，在未移定时切换到另一个移动摄影镜头上，而且移的方向、速度接近，衔接起来的效果就很流畅，观众的视线就会十分舒适地从一个画面转移到另一个画面。静接静指在一个动作结束后（或在静场时）切换镜头，切入的另一个镜头又是从静到动。“静接静”多半是转场时运用，即上一场结束在静止的画面上，下一场又从静止的画面开始。在一连串镜头中保持被摄物在画面中的位置也是至关重要的。当镜头改变时，如果被摄物看上去从画面的一个位置跳到了另一个位置，就会产生不真实感。此外，被摄物形象的大小、色调的协调以及音响的变化和均衡，都是应该注意的方面。

在流畅的剪辑技法中，镜头的转换习惯用“切换”(将分切的镜头画面直接粘连)。段落的转换一般用“渐隐、渐显”表现段落结束与开始；用“化”表现一段省略掉的时间过程，划分两个不完整场面的段落；用“划”表现地点、场合、事件的变换，划分两个以上的不完整场面的段落。另外，还可以用许多其他方法划分段落，例如仍用切换方式。

戏剧性剪辑是影片创作的艺术要求。在长期的制片实践中，剪辑艺术技巧已具有丰富的经验。**蒙太奇**可以说是这些经验的集大成者。在影视剪辑中，把零散的不同画面按蒙太奇原理组接到一起，不仅能产生强烈的视觉效果及类比、表现的作用，而且能够创造出速度感和节奏感。比如，摇滚乐节目的编排就经常以蒙太奇段落为核心，其画面或者是演唱会场面，或者是按歌曲内容设计的情节，有时也会二者并用，互相穿插。在纪录片或电视剧节目中，有时会把蒙太奇段落与普通的叙述性片段交织在一起。这时，蒙太奇段落的节奏将受到叙述内容或导演意图的制约。此外，如果能使配乐与蒙太奇段落的基调协调一致，会增强画面感染力。（章　同）

影视教育　film and television education　以电影电视的活动影像为对象的教育活动的通称。在概念界定上，影视教育通常是指其狭义概念，即以培养专业影像生产人才为目标的专业影视制作教育，也称影像生产人才教育。广义上还包括影视人文学教育和影视媒介素养教育。不同的教育目标使这几类影视教育具有不同的教育体制与方法。

影像生产人才教育　影像生产人才的教育和培养一直是影视教育的主体。影像媒体对从业者有不同的层次需求，专业人才的培养教育机构可分为以下三类：

①以基本影像媒体素质及专业技术为目标的中短期非学历教育。这类教育的性质属于影视媒体素质教育和专业人才的准备及补充性教育。从电影诞生不久就出现的培训学校，到现在还广泛存在的各种艺校、技校，以及专业院校和社会机构举办的各种进修班和训练课程，甚至为应付影视相关专业的艺考出现的大量培训机构等大都属此类。

②以本专科学历教育为主的影视专业制作人才培养，在数量上占了当前影视教育的最大部分，其主要内容是基本专业知识技能和文化素质。这类教育虽然与专业精英人才的培养教育在内容和形式上都很接近，但是在专业的针对性和训练强度方面略显不足。其特点是侧重专业所需的综合素质教育，为进一步学习和在工作中成长打下扎实基础。

③以培养相对精英化的从业人员为目标的专业影视教育。此类包括少数专业影视院校的创作类高学历人才培养，以及有一定从业经验和创作成就的从业人员的回炉进修、创作工作坊等。多数专业影视院校除制作类专业之外，还设置编剧和管理类专业。这些学校对技术操作、训练经验和创造力培养非常重视。这类教育入学筛选比较严格，专业划分比较细致，训练的强度和针对性都比较高。

专业影视教育不仅包括专业学历教育，而且包括从业人员的再教育和非影视专业高层次人才的影视专业培训。专业影视教育侧重专业水平的提高，在专业人才培养方面起到了重要的作用。21世纪后，新媒体影像开始大规模进入影视学校的教育体系，培养新媒体制作人才的专业和课程逐渐成为不可缺少的组成部分。

影视人文学教育　影视人文学教育是指以影视活动影像为研究对象的人文学科人才的培养教育，或称为影视理论人才的培养。存在于综合大学的人文科学研究生教育之中，以及专业艺术院校的理论专业之中。早期影视理论人才大多是从影视产业和其他人文科学领域转到影视研究领域的。自20世纪50年代开始，影视教育普遍进入西方的大学体系，影视理论人才开始多出自高等教育体系。随着结构主义语言学、人类学、精神分析学、女性主义等在人文科学领域的广泛应用和发展，影视理论得以丰富发展，影视理论人才培养与人文科学的教育体系开始深入结合。

影视人文学教育起初只是影视本体和影视艺术史的教学，被认为是影视专业创作人才教育的辅助系统，后逐渐发展为独立的人文科学研究领域。影视人文学教育广泛运用现代人文科学知识与方法，研究影视媒体在社会体系中的位置与运作机制。影视人文学教育重视理论人才的人文科学基础知识的训练，逐渐形成了一个与制作体系相对独立的学术领域和教育领域。

影视媒介素养教育　影视媒介素养教育以提高全民的视听媒体认识水平为目标，旨在使全民能够较好地利用影音媒体参与科学研究和社会发展。影音媒体作为技术手段在各类教育和科学研究中广泛应用，影音媒体素材成为不可或缺的学术资源。视听媒体的应用已经渗透到从基础教育到专业学术研究的各种层次，也拓展到了各种非学术的学习和教育领域。这对教育者和受教育者的媒体素养都提出了新的要求，并且对不同领域的教育理念和学术思想的发展产生了不同程度的影响。

随着数字技术的发展，一些新的与影音媒体有关的学术领域得到开拓。如基于影音媒体发展而诞生的虚拟影像、虚拟现实、交互影像、图像档案学、影像史学、影像人类学等，都为科学事业的发展带来了新的开拓。影视教育将随着影音媒体发展的需要越来越多地走出专业从业人员教育的限制，进入更广泛的教育领域。

发展影视教育的原则　发展影视教育必须处理好四个关系：

①人文素养与专业能力、创造力的关系。活动影像是建立在复杂的技术手段基础之上的。无论创作还是利用影像媒介，都需要对媒介规律有深入了解，并具有理解和运用的创造性能力。在教育教学中，知识结构设计和技能训练方法的有效结合才能保证人才培养的真正质量。

②理论教学与实践训练的关系。影视媒体的视听表达特性决定了影视教育与其他教育大为不同。对影视媒介的实践运用，有助于提高对影音媒体的把握能力和前瞻性认识。高质量的技能训练和相应的理论知识学习的结合，是对媒介深入理解的基础。

③“专”与“通”的关系。影视生产分工细致，对人才的专业能力要求很高。影像生产人才教育既需要非常精细化的专业教育，同时又需要全面的、丰富的人文艺术知识教育。欧美影视院校对“专”与“通”的关系有不同理解，美国专业设置相对宽泛，而欧洲更细致地接近于影视生产的部门划分。两种模式各有利弊，分别兼顾了“专”与“通”的不同方面。在影视人文学教育和媒介素养教育中同样需要处理好这类关系，才能使受教育者更好地理解和利用影视媒介。

④课程体系的设计与因材施教、个性化学习之间的关系。这一点在专业影视制作教育中尤为重要。影视生产人才的专业性特征和对艺术创造能力的关注，使得传统的教育理念与方法对于培养影视艺术人才有明显缺陷。相对宽泛的专业设计，学生在教师指导下的自主发展方向和课程选择，设计多样化的选修课程，小班教学和个体化的创作实践教学与辅导结合的教学方法等，都有助于发挥学生的学习主动性，培养个性鲜明的艺术创作人才。

（钟大丰）

影视镜头 film and television shot 摄影机在一次开机到关机之间所拍摄的连续影像，影视作品的基本构成单位。又称影视画面，简称镜头。影视镜头包含以下几个方面：①景别。包括远景系列和近景系列。②运动镜头。即摄影机的运动，包括推、拉、摇、移、升、降、跟、晃动。③拍摄角度。包括平、斜、仰、俯。④镜头长度。摄影机开停一次延续的时间。⑤镜头的画幅比例。影视画面的宽高比例，如同绘画的画框，是构图的重要依据。

景别 又称**画面景别**。通常是指被摄主体在画面中所呈现的范围。景别形成是由摄影机同被摄对象间的距离远近，以及拍摄使用的光学镜头焦距所造成。景别是影视创作主体所运用的重要表现手段。根据剧情的需要、人物的塑造以及观众的心理而形成不同的景别处理。景别的划分一般以被摄主体在画面中是否被完整呈现为标准，分为全景系列和近景系列。凡是完整呈现形象的划为全景景别系列，不完整呈现形象的划为近景景别系列。全景系列分为**远景**、**全景**，近景系列分为**中景**、**近景**和**特写**。

景别具体可划分为：①远景。摄影机远离被摄主体且采用短焦距光学镜头拍摄的画面。在影视作品中善于展现客观世界的广阔，能全面展示人物活动的环境和规模，在抒发情感，渲染气氛，创造意境方面发挥作用。远景相当于观众从远距离观看被摄景物，画面所包括的内容多，看不清景物细节，所以远景镜头的长度一般不应少于10秒。根据景物和人物的比例划分，远景还可分为大远景（被摄主体在画面上下所占比例低于十分之一）、远景。②全景。呈现被摄人物全身或场景全貌的镜头。全景相对于远景来说视野较小，但仍然可以表现出人物和环境的全貌，因为人物在环境中的比例较大（一般来说，以画面上下能够完整包容被摄主体为依据），所以既能表现人物也能表现环境。根据人物和景物的比例，全景镜头可分为大全景（画面上下容纳的范围不超过两个成年人的高度）、全景。这个景别在描绘环境和人物动作方面作用较大。③中景。表现人物膝盖以上部分形象或局部场景的镜头。被摄人物占有空间的比例增大，可使观众看清人物上半身的神态表情和形体动作，从而反映出人物的内心情绪，有利于交代人与人、人与物之间的交流或关系。中景表现被摄人物的细节更多更丰富，而环境则处于次要地位。中景镜头的数量在影视作品中所占比例较大，叙事的表现功能较强，情绪感染方面较弱，是最常用的景别。中景可分为中景、中近景（表现人物腰部以上或局部场景的镜头）。④近景。表现人物胸部以上形象或物体局部的镜头。近景中被摄人物占据大部分画面，环境变得零碎而模糊，观众注意力完全在人物的面部表情上。常用来展示人物的感情、心理和细微动作。近景又称肖像镜头，它的作用相当于文学作品中的肖像描写，对人物音容笑貌、仪表神态、衣着服饰进行详细刻画，也可用来展现和突出景物的局部。近景镜头拉近了被摄主体与观众的距离，增强了情感交流的功能。⑤特写。表现人物肩部以上部位或物体细节的镜头。特写能把表现的对象从周围环境中强调、凸显出来，迫使观众去注意主体的关键性细节。可将人物细微表情和瞬间信息传达出来，如惊愕的眼神、张开的大嘴、颤抖的睫毛、抽搐的肌肉等，造成强烈而清晰的视觉形象。特写是突出和放大人物表情或景物局部的拍摄手段，其所蕴含的情感力量最大，最适宜表现人物的强烈感情，常常被用在影视作品的高潮段落中。特写可分为特写、大特写（运用广角镜头贴近被摄对象或运用微距镜头拍摄到的人物或景物局部，如一只眼睛、一只耳朵、一根针等）。

运动镜头 又称运动摄影、移动镜头。是影视区别于其他造型艺术最主要的特征，也是影视作为艺术的重要标志之一。主要是指通过镜头运动（摄影机机位移动或变焦镜头的推拉）渐次展开或集中，或逐一展示被摄对象，其存在时间和空间的流逝与转换，突破了静态镜头对时空的展示，丰富了电影表现手段。

运动镜头主要包括：①**推镜头**。简称推。推镜头可以通过摄影机沿光轴向被摄主体移动来实现，也可以通过变焦镜头的焦距变化，造成摄影机推近被摄主体的效果。推镜头所拍摄的画面效果是，景物范围由大到小，由全面到局部，画面里的次要部分逐渐被推移至画面之外，主体部分或局部细节逐渐放大，占满画面。这是通过镜头运动渐次集中突出被摄主体的过程，也是引导观众视觉注意力集中的过程。是从整体到局部、由全貌到细节观察事物的视觉心理过程。②**拉镜头**。简称拉。拉镜头可以通过摄影机沿光轴向后移动逐渐远离被摄主体实现，也可以通过变焦镜头的焦距变化，造成摄影机远离被摄主体的效果。拉镜头所拍摄的画面效果是，景物范围由小到大，由局部到全面。与推镜头的运动方向相反，被摄主体在画面中所占比例逐渐缩小，拉镜头是通过镜头运动渐次展开景物形象的过程，是引导观众的视觉注意力由点及面、由局部到全面的过程，也是观察事物由细节到全貌的视觉心理过程。③**摇镜头**。摄影机位不移动，借助于云台底盘使摄影镜头做上下、左右、旋转等拍摄。摇镜头善于描述空间、环境，如左右摇摄常用来介绍大场面，上下摇摄常用来展示高大物体的雄伟、险峻。摇镜头在逐一展示、逐渐扩展景物时，还使观众产生身临其境的感觉。④**移镜头**。摄影机沿着水平方向横移拍摄的镜头。移镜头是机位产生移动的拍摄手法，它能打破画面的局限，跟随被摄对象移动，从而扩大空间视野，表现广阔的生活场景。⑤**跟镜头**。摄影机跟随被摄对象保持一定距离运动的移动镜头。跟镜头始终跟随运动着的主体，有特别强的穿越空间的感觉，适宜于连续表现人物的动作、表情或细部的变化。跟镜头依据摄影机在被摄主体的前后位置，分为前跟和后跟两种。

拍摄角度 摄影机与被摄对象的相对位置关系可分为平视、仰视、俯视。①平视。摄影机光轴与被摄对象处于同一水平位置，且类似于人与人之间的平视关系。②仰视。摄影机光轴与被摄对象不在同一水平位置，且摄影机位在被摄对象下方位置，所摄影像呈现仰视效果。类似于观众抬头观看人或景物，多用于表现景物的高耸、险峻和人物的高大、伟岸。③俯视。摄影机光轴与被摄对象不在同一水平位置，且摄影机位在被摄对象上方位置，所摄影像呈现俯视效果。类似于观众低头观看人或景物，多用于表现景物的辽阔、宽广和人物的渺小、阴险。

镜头长度 摄影机一次从开机到关机延续的时间长度。摄影机一般是按照每秒24格（帧）的速率来记录和还原客观事物运动轨迹。所以记录镜头长度可以用秒数（或分钟数）也可以用格（帧）数。一般来说用秒数（或分钟数）记录，低于一秒钟可以用格（帧）数记录。①降格（帧）摄影。摄影机可以用低于每秒24格（帧）的速率来记录客观事物，镜头长度依然可以用秒数（或分钟数）或用格（帧）数记录，但是所摄影像的运动轨迹快于人眼对于客观事物正常速度的判断，就是俗称的快动作。如在喜剧片中，此类镜头多用于表现夸张的动作而产生喜剧效果。②升格（帧）摄影。摄影机可以用高于每秒24格（帧）的速率来记录客观事物，镜头长度依然可以用秒数（或分钟数）或用格（帧）数记录，但是所摄影像的运动轨迹慢于人眼对于客观事物正常速度的判断，俗称慢动作。此类镜头多用于延展某些重要的动作，放大某些重要的细节，从而产生时间延长、空间凝滞的艺术效果。苏联电影艺术大师V.I.普多夫金称慢镜头是"时间的特写"。

镜头的画幅比例 又称镜头的画幅比，指电影画面的宽高比。一般来说一部电影的画幅比例是固定的，早期的黑白电影出现过1.33∶1、1.375∶1的画幅比例，被称为普通银幕，后来发展到1.66∶1、1.85∶1、2.35∶1、2.4∶1，被称为宽银幕（2.35∶1、2.4∶1又被称为变形宽银幕），类似于绘画中不同比例的画框，不同的画幅带来了不同的构图形式。镜头的画幅比例根据所拍摄的内容而设定，普通银幕多用于表现较小的场景且集中于人物的展现，宽银幕则适合展现广阔的空间环境且能容纳更多的人和景物。（谢 飞 马 诚）

影视剧本小样 film and television script demo 详细版的影视故事梗概或长版的剧本概述。影视剧本小样的长度和详细程度介于**影视故事梗概**和**影视文学剧本**之间。如果说影视故事梗概是关于剧本的总体构思，概括故事结构、主要事件和主要人物的一段或几段文字，那么影视剧本小样则会用故事的写作方式，将梗概细化，展开人物关系，用一两句话来描述每个情节点，从而讲述完整事件。在美国好莱坞，影视剧本小样通常还指代包含编剧对拍摄、导演风格建议的详细故事。

（沈 丹）

影视剧情节 film and television drama plot 影视作品的内容构成要素，由以人物为中心的事件和冲突构成。事件通过因果逻辑关系进行组合，并通过人物与环境、人物与人物之间的冲突组成情节，多个情节铺陈串联构成故事。

影视剧情节不是事件的客观罗列，而是把事件以因果关系进行重组，以主观逻辑进行解释，从而为事件赋予情感倾向，传达作者的主观能动性，实现作品的艺术作用。影视剧情节的艺术作用包括塑造人物、丰富冲突、凸显主题等。在人物塑造层面，情节可以刻画人物、构建人物关系、折射人物心理活动，塑造生动鲜明的艺术形象；在丰富冲突方面，情节可以按照因果、对比或是递进的逻辑，来容纳救援、复仇、追捕、绑架、解谜、竞争等常见的故事元素，并以此丰富影视作品的感染力；在凸显主题方面，情节借助对人物、人物关系以及具体事件的刻画，提炼出日常生活中包括爱恋、牺牲、感动和勇气等命运主题，从而提升作品的艺术魅力。

影视剧情节通常分为开始、发展、高潮和结局，本身的逻辑顺序并没有一定之规。在创作过程中，为了增添人物的鲜活程度，丰富情节的可看性，加强主题的表现力度，可以随着影视作品所要表达主题的需要和创作者的好恶，对情节进行排列、组合、穿插或倒叙。（王乙涵）

影视剧作结构 film and television screenplay structure 影视剧作的组织方式和内部构造。影视创作者根据对生活的认识，按照塑造形象、表现主题和思想内涵的需要，运用影视思维和各种艺术手段，把一系列生活材料、人物、事件等，按照轻重主次合理匀称地加以安排和组织，通过一定的体系和连贯性形成一个统一的整体，使其既符合生活规律，又适应特定的艺术要求。由于现实生活的丰富性、复杂性，创作者的思想观念和艺术才能的独特性，观众审美需要的多样性，具有创造性的影视剧作结构不会彼此雷同，甚至同一题材在不同创作者手中也会创造出不同结构的作品。

影视剧作结构按时间空间处理，可分为顺序式和时空交错式两种主要类型；按叙事角度，可分为主观叙述和客观叙述两种格局；按剧作与各文学门类的关系，可分为戏剧式、散文式、综合式等结构形式。影视剧作结构属于剧作的形式部分，与题材、主题、人物等内容要素一样，是影视剧作重要的构成因素。影视剧作结构须从生活出发，以其所反映的现实生活为依据，服从于主题和人物形象的需要。影视剧作结构的优劣，对一部影视剧本的成败常常起很大的作用。（刘果生）

影视录音工艺 film and television sound recording technique 运用各种录音设施和设备（包括但不限于：场地设施、拾音设备、调音设备、记录设备、监听设备、周边设备、连接设备、计算机音频工作站、剪辑设备、摄影摄像设备、照明设备和影院还音设备），把声音信号转变成电信号并记录在各类记录载体上，使声音最终成为影视作品中的一个有机创意部分的技术与艺术过程。自20世纪20年代末期始，电影从"哑巴"成长为一个能够开口"说话"的艺术类型，声音以其独特的艺术表现手段和美学感染力，极大地增强了画面内容的空间感和真实感，多层次、多侧面地呈现了角色内心世界的表现力。在影视声音的录音技术制作过程中，各类录音设备的选择、录音制作技术的操作和声音创作艺术的构思将直接影响到影视作品中的声音技术和艺术质量。因此，影视录音工艺在影视艺术创作中具有不可替代的重要地位。

影视作品从一个创意的构思到制作完成以及最终被观众所欣赏到，都遵循着一定的艺术创作规律和工艺技术程序。由于"工艺"是指将原材料或半成品加工成产品的工作、方法和技术等，而"工艺流程"则是指工业品生产中，从原料加工到成品的多项工序安排的程序。因此，从影视作品的制作和诞生过程来看，制作不同的片种、不同的风格和不同的规模的影视作品，则需要选用不同的录音设备和使用不同的录音方法才能完成制作和创作。

影视录音工艺分类 影视录音工艺有多种分类方法。

从传播媒体的角度分类，可分为电影录音工艺、电视录音工艺、广播录音工艺、商业录音工艺、网络录音工艺。

从记录载体的角度分类，可分为机械录音工艺、光学录音工艺、磁性录音工艺、数字录音工艺。

从拍摄期的角度分类，可分为**前期录音工艺**、**同期录音工艺**、**后期配音工艺**。

从音源成分的角度分类，可分为**语言录音工艺**、**音响录音工艺**、**音乐录音工艺**、**混合录音工艺**。

从内容的角度分类，可分为电影故事片录音工艺、电影新闻纪录片录音工艺、电影科教片录音工艺、电影美术片录音工艺、电影广告片录音工艺、电视剧录音工艺、电视新闻片录音工艺、电视纪录片录音工艺、电视综艺节目录音工艺、MV录音工艺、电视广告片录音工艺、广播剧录音工艺、广播新闻录音工艺、广播广告录音工艺、网剧录音工艺等。

从还音声场的角度分类，可分为单声道录音工艺、多声道环绕声录音工艺、多声道空间声录音工艺。

从记录方式的角度分类，可分为模拟录音工艺、数字录音工艺。

从放映形式的角度分类，可分为普通电影录音工艺、特种电影录音工艺。

上述分类方法，其实并不能全面地概括各类影视录音工艺。但由于当前影视声音理论界还缺乏更恰当的专业术语，不妨将影视声音的录音制作工艺机械地分成以上这几大类。这样便于通过对录音工艺过程的叙述，对影视声音的录音技术制作有一个比较清楚的认识。从某种意义上讲，每一位影视录音师都是通过这几类录音工艺来完成影视作品的声音艺术创作和录音技术制作的。

影视录音工艺流程 影视录音工艺有以下基本流程。其他类型的录音制作工艺可以从下面基本流程中衍生推导出来。

声音设计 是一部影视作品在声音艺术创作方面成功和失败的关键点。在声音设计阶段，**声音设计师**（或录音师）要熟读剧本，不断与导演沟通自己的艺术感觉。在**导演阐述**的基础上，将自己关于剧本、人物语言和表演特征、环境音响的构思及音乐方面的意见，写成声音设计阐述提供给导演参考。有时甚至要将最新的录音技术装备及各项录音制式方面的资料提供给导演部门。所以声音设计不仅包括艺术的设计，同时也包括技术的设计。如没有良好的技术设备的保障，再好的艺术构思也无法实现。

技术装备 录音师的主要工作就是围绕着导演在**分镜头剧本**中所提出的与影片声音设计内容有关的各项要求，逐一地去落实各种录音技术设备，完成所需的录音准备工作。必要时还需要在拍摄前做一些录音技术方面的试验，以避免正式拍摄时出现问题。

现场放音 在影片的拍摄过程中，经常需要拍摄一些有歌唱、音乐、舞蹈或戏曲演唱等方面的内容。一般来讲，导演在拍摄时，往往将这些带有音乐旋律的内容分成若干个镜头来表现。因此，如果在拍摄这些镜头的同时进行现场录音，则这些内容中所演唱或演奏的歌曲、戏曲或音乐的节奏、音高、音色、长度及音乐情绪方面，很难在多个单独镜头中保持一致性和连贯性。同时，做到声画的精确同步也很难。因此，需要提前对这些拍摄内容进行前期录音，然后将前期录制下来的音乐在现场放音，由演员根据放音的内容进行现场表演。

现场录音 在拍摄现场所录制的各种声音被称为“现场声”。当声音与画面内容精确同步时，现场声又叫作“同期声”。它包括镜头中演员表演的语言声、各种物体发出的动作音响声和拍摄现场的环境音响声。

现场补录 在进行现场录音时，有时会因现场某些其他声音的干扰而使得演员表演的语言录制效果不太理想。因此，当发现这些个别声音的录制有问题时，可以采用现场补录的办法来补救。即当拍摄完画面后，立即让演员在拍摄现场按照拍摄内容重新进行表演，但摄影机不开动，由录音师对演员表演的语言进行录音。这样就可用现场补录的声音替换掉有问题的现场声音。

资料收录 在影片的拍摄期间，往往需要录制一些影片内容所需要的各类音响。一般将这些根据作品的需要而专门录制的音响称之为资料音响。有些资料音响在拍摄现场即可录制到，而有些资料音响则需要到其他场地去专门录制。

现场声转录 当结束现场的同期拍摄后，就进入到影片制作的下一个阶段——后期剪辑制作阶段。为了方便影片的声画剪辑工作，首先要将在拍摄期进行录音的各种记录媒介上的声音素材，转录至数字音频工作站（DAW）上进行保存。同样，现场所拍摄的画面也要转录到数字视频工作站（DVW）上保存。这些声画样片既可以供摄制组主创人员审看，也可以作为整个后期制作过程中的工作样片使用，所以它们是剪辑人员进行各种艺术加工处理的基本素材。

双片套剪 套剪又被称为套片，是指将画面和声音素材合在一起进行的同步剪辑过程。通常要先通过数字视音频工作站将这些声画素材同步合并锁定在一起。然后按照画面内容的前后顺序，逐一地对每一场景的每一镜头同步地配上合适的声音。在这个阶段，根据分镜头剧本的要求和导演的艺术构思，剪辑人员要将各个镜头的声音样片和画面样片分别地连接在一起，在数字视音频工作站上同步地进行各种剪辑。这个过程就是画面和声音双片套剪。

声画双片审查 样片剪辑工作完成之后，一般要将声画样片进行同步放映，由影片制作机构的主管领导和摄制组的各个主创部门对样片进行艺术和技术审查。这个过程叫声画双片审查。录音师在声画双片审查过程中，应注意检查声音的录音技术和艺术质量。首先要检查演员的语言和口型位置是否准确。另外，还应注意检查演员说话的音量大小是否合适，语言的节奏是否连贯，人物声音形象的塑造是否准确等。如有问题，就需要重新进行语言的补录。

双片修改 审完声画双片后，有时主管部门会对影片内容提出一定的修改意见，摄制组的导演也会对画面和语言方面的一系列问题进行修改。但这种修改必须是声画双片同步进行，以确保声画的同步关系。只有修改完成后，才能进行下一步的工作。

补录语言 有时现场拍摄的内容无法进行同期录音（如动作场面或赛车场面等），或者由于拍摄现场有无法控制的噪声（下雨场面等），这类情况下必须通过补录的方式来进行语言的后期补录。

语言套剪 语言套剪主要是将后期补录的语言重新对准画面的内容。如需要给画面加上某些画外音（主观语言）时，就需要在后期声音制作时进行语言补录。当语言补录完成后，录音师需要将补录的语言声带对准画面的相应位置，将画面和语言准确地同步套剪，并定位在一起。

补录动效 动效声音是音响声的一种。为画面动作进行拟音的这项工作称之为“音响拟音”。它主要指通过音响道具，用人工发声的方法来模拟人、动物或各种物体所发出的动作声响。由专业的拟音师担任拟音工作。

动效套剪 当动效补录完成后，需要将补录的动效声对准画面上的动作物体，将画面和动效准确地同步剪辑定位在一起。

资料转录 动效补录工作完成后，就应着手挑选、转录和剪辑各种资料音响。这个过程被称为“资料转录”。运用和处理各类资料音响对录音师来说是件最具艺术创造性的技术工作。因为录音师在现场同期录音的主要工作是语言记录，而如何安排和处理影片环境中的各种资料音响，则给录音师留有很大的创作余地。录音师在此阶段，要对各种资料音响进行对比、挑选和设计，并通过资料音响实现对整部影片的声音艺术构思。

资料套剪 完成了资料音响的转录后，就要由剪辑助理和声音剪辑师一起，共同将资料音响分门别类地分段剪开，并做好整理工作。然后，录音师与声音剪辑师一起按导演的艺术要求，在剪辑设备上确定各条资料音响的位置进行资料音响的剪辑工作。

音乐构思 除了一些带有实验性质的影片外，现在大多数影片的声音中都有音乐元素的存在。影视音乐的主要来源有两类：一类是已经在社会上流传的商业音乐；而另一类则是由作曲家专门为影视作品创作和编配的原创音乐。由于第一类音乐作品已经留存于世，所以在影片中选择和运用这些音乐作品相对就比较方便和容易。编剧、导演、声音设计师和作曲家均可以根据自己对艺术的理解，按分镜头剧本的要求，在影片的相应内容处选择合适的音乐作品。但专为影片创作和编配的音乐就需要作曲家反复地研究文学剧本或导演分镜头剧本，这样才能形成影片的音乐构思。一般来讲，当影片画面审查定剪之后，作曲家就可以在导演和音乐录音师的陪伴下，通过剪辑设备精确地计算出需要加配音乐的画面内容的长度，然后根据长度开始音乐创作。

音乐录音 当作曲家完成作曲创作任务、写出音乐总谱后，就可以进行音乐录音。影视音乐录音与一般商业音乐的录音方法几乎是相同的，只是后期在混音时输出声道的数目有所不同（见**音乐录音工艺**）。

一般商业音乐，不管是磁带还是CD，不管是在调幅广播中还是在调频广播中播出，一般都是做成两个声道的立体声节目。但由于电影声音还音声场的特殊性，使得电影原创音乐既可以做成两个声道的立体声形式，也可以做成两个声道的非立体声形式（即一个声道上是背景音乐，另一个声道是歌唱的声音）。如果是模拟环绕声电影，则音乐需要混音成四个声道（左、中、右和环绕声）；如果是数字环绕声电影，则音乐可能要混音成六个声道（左、中、右、左环绕、右环绕和超低音）或八个声道（左、左中、中、右中、右、左环绕、右环绕和超低音）。假如制作的是环幕电影或空间声电影，则它们的音乐就要混音成十个声道以上。

音乐转录　对电影音乐来说，在音乐录音棚中制作完成的音乐混音母带往往是模拟磁带或是数字磁带，并不能直接在影片的混录时使用。一般情况下，须将在音乐录音棚里完成的音乐混音母带转录到数字音频工作站上。这个过程叫“音乐转录”。如果音乐录音棚已使用了数字介质作为音乐母带储存，则只需进行拷贝即可。

音乐套剪　将转录或拷贝到数字音频工作站上的音乐混音母带，与需要音乐内容的画面进行音画同步的音乐剪辑工作。

混录　是“混合录音”的简称，也是影视录音工艺的最后一道工序。在这个混录过程中，需要混录师将已剪辑完成的各类声音素材（包括语言、动效、资料和音乐素材），按导演的艺术构思混录到一起。所以说，混录过程也是对声音进行的最后一次艺术创作。在混录过程完成后，就基本完成了影视声音的录音技术工作和声音艺术创作任务。

混底双片审查　混录完成后得到的声音母带，我们称之为“混录声底”。由于混录声底来之不易，所以轻易不要动用，在数字技术全面应用到电影声音后期制作领域之前，一般需要将混录声底转录成“混录声正”后，送交政府电影主管部门进行影片的技术质量和艺术质量的综合检查。如审查未获通过，导演等主创人员就要根据审查意见对影片进行修改。一般情况下，在影片进行修改时，不要随意地剪辑混录声底，而是应根据需要把修改过的声音部分重新进行混录。

光学转录　一般来讲，早期的电影制片机构或电影洗印厂均设有专门的光学转录室，又称转光室。转光室内装备有各种磁性和光学的录还设备。将磁性声底上的声音转录到光学设备上的光学声底上，这个过程就叫作“光学转录”。光学转录的技术质量直接关系到影片完成后拷贝的声音技术质量。所以，光学转录是对设备和技术要求很高的一道工序。但由于现在已进入到了数字时代，各大影院放映影片时均不再使用光学放映机，而采用激光数字投影仪来放映影片。因此，在实际的录音工艺流程中已无必要再制作光学拷贝。

声画底剪　如果必须完成光学拷贝的制作，则在光学转录后可以得到35毫米的光学声音胶片，被称为“光学声底”。中国采用的是国际上通行的变积式光学声底，在画幅与底片齿孔之间记录着声音波形的各种变化。由于最终在影院放映的影片是声画合一的单系统拷贝，所以需要将转光后的光学声底与画面底片通过光学方法叠印在一起做成标准拷贝。这样才能保证声画在一起同步工作。这个过程又称“声画底剪”。一般画面底片和光学声底不能平行同步相接。在35毫米的影片中，光学声底的剪辑点要比画面底片的剪辑点提前20格。这是因为电影放映机的光学放映镜头和光学还音头不在同一个位置的缘故。

印制拷贝　一部影片是由多个镜头组接而成的，而每一个镜头的拍摄条件都不可能完全一致，因此镜头之间就存在着许多不稳定因素。通常在进行声画底剪后，需要印制一个拷贝。这个拷贝一般被称为“第一校正拷贝”。在印制第一校正拷贝时，剪辑师和摄影师要对镜头的光号进行调整，统一影片的基调。有时需要经过三次校正后才能统一整部影片的调子，这时才能进行大规模的影片拷贝印制工作。

至此，一部声画俱佳的影视艺术作品的录音工作完成。（姚国强）

影视录音师　film and television sound recordist　影视声音创作和录音制作工作中负责具体录音业务的专业人员。在声音进入影视创作的初期，录音师的主要职责是对声音进行捕捉和记录，对录音设备进行操作和管理；随着技术与设备的不断更新和进步，录音师也从最初的单纯的技术工种逐渐转变为兼具技术操作能力与艺术创作能力于一身的专业复合型人才，成为影视作品的主创人员。

影视录音师可分为同期录音师、对白录音师、动效录音师、资料转录师、音乐录音师、预混录音师、终混录音师及译制片录音师等。同期录音师是摄制组中声音部门在拍摄现场的负责人，主要负责声音团队的组建、录音设备器材的选型和调试，以及指导同期录音助理按照声音设计师的声音创意要求，共同完成拍摄现场的同期录音工作；对白录音师也称“ADR录音师”，是在后期配音环节中负责录制演员对白的录音师；动效录音师是拟音部门中负责录制动效的专业人员；资料转录师是负责各种音响资料转录的专业人员；音乐录音师是负责音乐录音工作的专业人员；预混录音师是负责对已录制好的语言、音乐和音响声进行预混录的专业录音人员；终混录音师是负责对声音进行最终混录的专业人员；译制片录音师是在译制片制作工艺中负责对白录音和混录工作的专业人员。（赫铁龙）

影视美术　film and television art　为影视艺术作品进行的造型设计和制作。影视美术是综合性的艺术创作，是影视艺术有机的组成部分。从前期的**概念设计**到场景搭建、服装、化妆、特效设计，以及后期的调色、字幕设计等，影视美术贯穿影视创作的整个过程。其具体工作任务是：以导演的艺术构思为指导，以剧本为依据，以塑造角色为主要目的，创造性地对影视剧本中描述的时代、环境、人物形象等进行视觉化的设计与体现。此外，通过营造氛围形成具有深刻内涵的作品隐喻，构建独特的视觉语言样貌也是影视美术设计的重要任务。影视美术设计对于影视作品的叙事、场景营造、艺术风格和审美价值都是至关重要的。影视美术在很大程度上影响了导演及摄影的艺术处理方法，场景、道具及人物造型设计对于激发演员的情绪、促进演员的表演动作、推进剧情的发展更是举足轻重。

影视美术是影视制作组中最大的部门，基本由**美术指导**、场景设计、人物造型、道具设计等构成。此外，还有更为详细的分工，具体工作内容分为**绘景**、置景、服装、化妆、道具、特效等。影视美术设计者不仅要具备扎实的专业技能，也要有良好的沟通能力、较好的文化素养和审美能力。做到及时、有效地与**导演**和**摄影师**沟通，还要能够对剧本进行深入的分析、研究，根据题材把握作品的风格与样式，深入洞察外部世界与人物内心的关系，准确把握场景与人物的艺术体现，创作出具有表现力和感染力的视觉形象。

（宋东葵）

影视明星　film and television star　在影视艺术中取得一定表演成就并在观众中具有票房和收视号召力的男女演员。简称明星。

在美国，从商业角度出发，凡是具有一流演技的男女演员，都被称作明星。一些西方国家把拥有大量观众、能为影视产品赚取巨大利润的演员称作明星。但获得明星称号，并不意味着演员在表演艺术上具有很深的造诣。1896年，G. 梅里爱成立电影制片公司，最早采用“影视明星”一词。好莱坞创始人之一A. 楚柯尔创建的“名演员公司”选用优秀的电影演员获得成功后，该词开始盛行。在电影诞生之初，观众连演员的名字都不知道，电影公司也不愿让观众知道，因为他们怕演员的知名度提高后，会索要更高的片酬。当观众熟悉某演员后，常以演员扮演的角色或他们所属的公司名来称呼。1910年，美国**环球影片公司**老板K. 力默尔发现某些演员主演的影片总是拥有大量观众，电影公司可以利用演员知名度向影院加价。于是他打破常规，聘用一名当红女演员，给她提高酬金，同时赋予她在银幕上使用自己名字的权利。从此，观众得知银幕上那位迷人的被称作“比沃格拉夫女郎”的演员真名是F. 劳伦斯。劳伦斯成为世界上第一位影视明星。美国的其他制片公司见此法有利可图，遂群起效仿，并最终风靡世界影坛。

（章　同）

影视默戏　preview in the mind of film and television　影视演员进行创作准备的一种心理方法。演员在影视剧正式表演前或正式开拍前在头脑中对自己将要进行的表演进行“预演”，将其进行视觉化的呈现，一般不会出声。它需要演员在内心中对自己所扮演的角色心理进行体验和深入，并对自己的表演方式、节奏等方面进行审视和推敲，以达到熟悉表演进程、找到准确的心理感受、发现表演问题等目的。

（员晓明）

影视人物形象　film and television character image　影视作品中的人物通过容貌气质、穿衣打扮、言谈举止、行为做派等元素在观众脑海中构建出的包括性格特质、精神面貌和价值理念在内的总体形象。人物形象的塑造由主观元素和客观元素集合而成。客观元素即指人物的外貌、语言、动作等。人物因其过往经历的不同，呈现出来的容貌、服饰等外部形态也千差万别，这些客观元素构成的人物肖像是影视作品塑造人物形象的重要手段。如D. 林奇的电影《象人》中的象人，与T. 波顿的电影《剪刀手爱德华》中的爱德华都是运用人物肖像塑造的人物形象。同样，人物的语言和动作对塑造人物形象也起着至关重要的作用。在影视剧中，台词是塑造人物形象最直接的手段，除了台词的内容，台词的声调、口音和语速都能有效地彰显人物形象。而人物的动作并不泛指人物在日常生活中的所有举止细节，而是特指人物在特殊情境下，做出的最能反映出人物性格与内心世界的举动。如电影《摩登时代》中，C. **卓别林**饰演的工人查理由于长时间反复做用扳手拧东西的动作，在吃饭时把刀叉也当成扳手拧个不停。卓别林借拧的动作讽刺了工业化生产对人的异化，塑造了经典的人物形象。

《摩登时代》剧照

主观元素则是指观众通过客观元素对人物的精神世界做出的主观判断，包括人物的性格、理念和价值观等抽象元素。其中，人物性格是人物形象塑造的核心。在艺术创作过程中，人物性格特征大致分为人物对现实生活的态度特征、人物面临困境时的意志特征、人物自身所具备的情绪特征，以及人物处理难题时的理智特征。人物的态度特征反映了人物自身在处理社会关系和人际关系时所采取的基本态度。正面的态度特征通常包括热情、乐观、公平、诚恳、认真等，负面的态度特征通常包括自私、狭隘、奸诈、懒惰、敷衍和冷漠等。人物的意志特征是人物在面临困境时所做出的反应。正面的意志特征包括顽强、专注、自信、勇敢、果断和独立，负面的意志特征包括颓废、怯懦、犹疑、固执、任性、放任自流等。人物性格不同，其情绪特征也不尽相同。正面的人物情绪特征通常包括稳定、乐观、宁静、坚忍和积极等，负面的人物情绪特征通常包括易怒、沮丧、悲观、鲁莽、多疑、虚荣和暴躁等。就人物的理智特征而言，正面的理智特征通常是聪慧、独立，善于触类旁通、深思熟虑又富于想象力，负面的理智特征则是愚钝、死板、小聪明、人云亦云、缺乏主见等。

一般而言，态度特征是人物性格塑造的最基本要素，态度特征的不同决定了人物在艺术作品中的角色是正面形象还是反面形象。当然，在影视作品中人物性格及其所代表的人物形象并不是孤立静止的，而多半是上述性格特征的组合。剧作人物可以在态度特征和理智特征层面上呈现正面积极的效果，却在意志特征和情绪特征层面上呈现负面消极的效果。不同种类的性格特征在人物的身上互相存在、互相制约，并共同组成一个复杂的人物形象。A. **雷乃**在电影《**广岛之恋**》中所塑造的法国女演员，B. 贝托鲁奇在电影《随波逐流的人》中所塑造的马塞洛都是复杂人物性格特征的代表。

不同影视剧里的人物形象也不尽相同。相较而言，优秀的艺术片所塑造的人物形象通常具备复杂人物性格的诸多特征，商业片和好莱坞类型片中的人物形象通常呈现出符号化和惯例化趋向。

演员在演绎影视剧本中的人物时，会根据自身对作品中人物形象的理解进行二次创作。同一人物，在由不同演员演绎时，因对剧作人物的理解各不相同，也会表现出各不相同的人物形象。

（王乙涵）

影视摄影　film and television photography　影视摄影师运用摄影机和光学镜头，经过曝光将客观对象及其活动连续记录在胶片或数码存储介质上的过程。影视摄影以客观实体为对象，运用光学镜头、感光材料（数字硬盘）、摄影机械（数字）设备，以光线、色彩、运动、构图等艺术造型手段，创造出逼真、生动、直观、具体的形象。影视摄影既有再现现实的功能，用于传播信息，传授科学、技术、文化知识，储存各种珍贵的资料与文献，又有表现现实的功能，可以描摹环境、创造人物、渲染气氛、交代情节、营造意境、揭示寓意。

影视摄影通常按具体技术、技法可分成普通摄影、动画摄影、特技摄影（如逐格拍摄、停机再拍、快/慢速摄影、倒拍、合成拍摄等）、特殊摄影（如红外线摄影、**显微摄影**、**水下摄影**、航空摄影、超高速摄影等）、立体摄影、环形摄影等；或按不同影视作品可分为故事片摄影、科教片摄影、新闻片摄影、美术片摄影、广告片摄影、电视剧摄影等。

历史发展　影视摄影的发明经过了两个阶段。第一阶段是17～19世纪初的绘画阶段。这一阶段发明的“旋盘”“诡盘”“法拉第轮”，以及“走马灯”等都以绘制的图画为基础，模拟实物的运动。第二阶段从1851年开始。此时，照相术取得突破性进展，曝光时间从原来的14小时缩短为几秒。照相被引进影视发明的实验中，标志着影视摄影的诞生。1887年，T.A. 爱迪生在35毫米胶片上把每格胶片凿4个小孔，并运用他发明的“电影镜”实现了连续拍摄，使人通过镜头可以看见活动影像。1895年，L.卢米埃尔生产出“电影放映机”，这个机器具有摄影、洗印和放映三重功能，于是电影正式面世。

电影放映机

影视摄影技术与艺术的双重特性决定摄影的发展会同时受到技术进步和影视艺术观念发展的推动。最初在银幕上出现的影像，作为新发明的一项娱乐活动，都用固定镜头拍摄，只能表现一个空间。G.梅里爱利用摄影机的倒拍、叠印、二次或多次曝光、合成影像等技巧，将魔术照相变成魔术电影，后来又变为戏剧电影，给观众带来新的感受。1896年，卢米埃尔的摄影师A.普洛米奥把摄影机放在船上，“使不动的东西发生运动”，开创了运动摄影的先例。同年，法国摄影师W.狄克逊在固定机位上旋转摄影机机身，产生摇拍效果。担任过卢米埃尔的摄影师的J.威廉森，1899年在拍摄报道片《亨莱的赛船》时，从七八个不同角度连续拍摄船只出发、竞赛、胜利到达终点等镜头，并在移动的船上拍摄观看的人群，形成简单的蒙太奇效果。英国的G.A.斯密士1901年拍摄《小医生》时，运用了大特写。英国高蒙影片公司的D.柯林斯拍摄《汽车中的结婚》一片时，应用摇摄、移动、反拍等手段，交替表现汽车相互追赶的景象。

摄影机位的解放大大促进了电影的发展。在此基础上，美国的D.格里菲斯等人吸收并发扬了先驱者运用的各种电影手段，拍摄了《一个国家的诞生》《党同伐异》等影片，使电影步入艺术的殿堂。接着，电影思潮风起云涌，如独霸全球的好莱坞电影、苏联电影学派、瑞典电影学派、德国表现主义电影、室内剧电影、法国印象派电影等，使摄影机的表现领域和手法呈现出丰富多样的形态。其后，声音、色彩、宽银幕、微粒高速片、摄影机附件的陆续发明，使摄影获得越来越大的创作自由，其艺术光彩也愈加迷人。

在影视摄影艺术的历史发展过程中，出现了绘画派和纪实派两个摄影派别。

绘画派由以梅里爱为代表的讲究画面造型美的倾向发展而来，经过格里菲斯、S.M.爱森斯坦的实践和总结，成为20世纪60年代前统治世界影坛的派别。绘画派追求影视艺术的绘画性和假定性，把影视画面当作“活动的绘画”。注重借鉴绘画构图的原则，讲究画面的整体布局，构图严谨、完整。景物安排注意主与宾、藏与露、疏与密、简与繁的搭配和人与景、光与影、暖色与冷色的和谐，静态构图也合乎章法。在运动摄影时，精心布局画面的运动结构，在起幅和落幅中力求构图的完整，在运动过程当中关照画面的布局和前后景的回应。在光线处理上，既尊重自然光源的真实效果，又从特定剧情出发，充分考虑光线的假定性和装饰性。对人物光，主、副光配合使用，用轮廓光突显人物，用装饰光显示细部。对环境光则用背景纱、烟雾等方法强调气氛渲染。这个流派还很重视发扬民族绘画传统。如中国摄影学派强调对中国传统绘画，特别是彩墨、山水画的学习；苏联摄影学派注重19世纪俄罗斯巡回画派的创作传统；墨西哥摄影学派的作品透露出明显的墨西哥版画的韵味。绘画派的作品有中国的《林则徐》《早春二月》《边城》和国外的《伊凡雷帝》《圣女贞德》《孤星血泪》等。

纪实派的源头是卢米埃尔的早期电影，苏联的电影眼睛派对其继承并加以发展；到意大利新现实主义，纪实派始蔚为大观。60～70年代，这个摄影流派在国际上占据重要位置。纪实派强调遵循逼真性的美学原则，主张画面的真实感、自然感和生活化。纪实派也注意画面的结构，但不局限于传统的构图原则，而是以现实生活和人的心理感受为依据，打破画面的和谐、对称，颠倒宾主关系，运用不规则、开放性的布局来确立画面造型形式。运动镜头是这个派别的一个特色。他们自如地运用推、拉、摇、移、跟、退、升、降、变焦距等形式，形成多景深、多景别的长镜头结构，并且忽略不规则前景物的遮挡和闪动，以取得更加真实的效果。在静态构图中，常不做事先的设计，采用新闻纪录片的采访摄影、多机摄影、抢拍、偷拍等手法。由于大量的实景拍摄，所以用光时重视画面原来光源的真实再现，以自然光为主，以人工光为辅。在总体造型上，力图在画面上不留下摄影的痕迹，追求还原世界的艺术效果。纪实派的代表作有中国的《马路天使》《沙鸥》《秋菊打官司》《三峡好人》和国外的《偷自行车的人》《罗马，不设防的城市》《罗马11时》《现代启示录》等。

绘画派和纪实派是不同美学指导思想下的两个派别。但二者并非截然对立、水火不容，它们之间的渗透与影响一直存在。像中国的《如意》《骆驼祥子》《黄土地》和国外的《公民凯恩》《雁南飞》《莫斯科不相信眼泪》等优秀影片，都融合了两派的长处。

艺术表现手段 影视摄影有技术和艺术两种表现手段。前者包括摄影机、光学镜头和感光材料等，后者包括构图、运动、色彩、光线等。摄影师只有在学会运用各项技术手段之后，才能进一步掌握艺术表现手段进行创作。

构图表现 构图指为表现某一特定的内容和取得某种视觉美感效果，将镜头前的被表现对象以及摄影的各种造型因素有机地组织、分布在画面中，以形成一定的画面形式。无论在静态构图还是在动态构图中，都要安排好画面的几何中心、视觉中心、地平线位置和透视关系，注意画面的幅式、人物的关系和前景与后景的搭配，以便使构图新颖、中心突出、形态多变，实现镜头组接时构图画面的对比与统一，完成叙事功能，方便观众的视觉接受，满足他们的审美需求。

光学表现 摄影师运用光学镜头焦距的长短、调子的软硬、光圈的大小、焦点的远近，以及具有特殊效果的附加装置（滤光镜、镜头纱等），可使影像获得景物透视、影像虚实和影调气氛等不同的艺术效果。光学物理的发展，产生了不同型号、规格的镜头，其性能也不断改善，这使摄影的造型能力得以提高。例如，长/短焦距镜头改变了影视画面的空间关系、透视关系和节奏感，通过假定性的银幕造成不同的艺术效果。变焦距镜头的运用，既省力省时，又造成流畅的运动速度感。

运动表现 摄影师采用某种摄影频率和使摄影机以某种方式运动来拍摄画面。物体在画面里以不同形式的运动使画面构图不断发生变化，摄影机不同形式的运动也使构图画面不断变化，这就是影视运动特性的两个方面。摄影机的推、拉、摇、移、升、降、跟等不同的运动方式和镜头焦距的调节，扩展了影视画面的视野，丰富了各种空间关系和透视关系，也产生了不同的节奏感。运动表现手段有助于再现事件发生、发展的真实过程，呈现事物在时空转换中的因果关系和对比关系，铺展场面的规模、环境和气氛，创造不同的节奏和情势，造成视觉冲击；有利于显示人物在动态中的精神面貌，展现人物的主观视像和感受；也可为演员表演的连贯性提供有利条件。

色彩表现 摄影师对画面的色相、色饱和、色对比、色反差、色温、色调等的把握。色彩是影视作品的情绪元素。影视画面通过对环境、服装、布景、道具的色彩选择和配置，对光线和感光材料的控制和运用，实现色彩表达作品思想内容和以造型力量感染观众的表现功能。创作者在准确还原色彩的基础上，应把注意力放在对影视色彩总谱的思考和体现上，如色彩气氛的设想、场与场之间或镜头之间色彩蒙太奇的构思以及不同色彩处理对观众可能产生的不同心理反应等，放在对色彩的地域、时代、民族特色的体现上。

光线表现 摄影师在采光和布光中，运用自然光和人工光处理画面中光线的明暗、反差、基调、层次、色彩的还原以及灯光、烛光、火光、月光等特定的光学效果，表现被摄物体的立体形态、轮廓形式、表面质感，从而深刻刻画人物性格，创造环境气氛，渲染特定的情绪。在所有的摄影造型手段中，光线是最基本的手段，摄影师运用的光线大体有三种方式：一是**自然光**，二是**人工光**辅助下的自然光，三是人工光。

摄影师的工作 摄影师是影视艺术的主创人员之一，他的工作贯穿于整个作品的制作过程。在前期，摄影师从阅读、研究剧本开始案头工作，对作品的整体造型进行艺术构思。接着要在选景之后写出“摄影阐述”。摄影阐述是摄影师根据自己对剧本和导演意图的理解所提出的影视造型的设计蓝图、指导实际拍摄的依据、同其他创作部门相互协作的方案。一般包括对影视主题的理解、风格样式的认识、造型基调的确定、人物性格的剖析和形象设计、总体环境设想以及一些特殊摄影手段的运用等。在现场拍摄时，摄影师的工作有定角度、布光、构图、曝光等，同时把握节奏、体现总体造型构思。在后期，摄影师的主要工作是补拍和参与洗印的配光。

（孙明经 刘国典）

影视声音 sound in film and television 凡是被记录在一定的储存媒介（如电影的光学拷贝、电视的录像磁带及数字载体）上，经传播后由电影银幕或电视荧屏背后和周围的多组扬声器播放出来，能传达一定艺术信息的、具体的、可闻可感的声音，可称之为电影或电视艺术作品中的声音，统称影视声音。作为一门视听艺术，影视艺术中的声音与画面、声音与声音之间的组合关系是影视艺术创作的重要组成部分。它们之间的形式和内容经过不同组合，可创造出多种多样、富有不同表现力的艺术效果。把一些可能造成对比和一定含义的声音加以排列、组合，其效果要比画面形象的独自表现更为强烈，可深化画面的内容和含义。

影视声音的艺术表现手法，主要分为**叙事性声音蒙太奇**和**表现性声音蒙太奇**两大类。影视声音的具体内容丰富多彩，具有多种艺术功能。它可以配合画面呈现出各种内涵，可以独立成为某种剧作元素，还可以根据作品内容需要，展示声音的规律性和独特性，形成独特气质。

影视声音也可以成为思维、动作、情节等剧作元素的源泉和成因。它可以传达出画面内容以外的意蕴，赋予影片新含义，也可以用来塑造银幕形象和刻画特定人物性格，还可以用来改变影片的节奏或赋予影片特殊风格等。

在一部影视作品的声音创作过程中，声音创作者要根据剧本的总体构思，对各种声音之间以及各种声音和画面之间的**蒙太奇**关系进行精心的考量和布局，借助声音的艺术、物理、生理和心理属性，创造性地提炼生活中的声音素材，使声音与画面有机结合、层次分明、自然流畅并融为一体，给予观众丰富的艺术意境和听觉联想，从而创造出与画面相符、具有高超艺术感染力或具有特殊含义的丰富立体的声音形象，使声音成为内容呈现的艺术推动力。

（姚国强 姜 燕）

影视声音理论研究 research on theories of film and television sound 以影视声音创作的本质、基本原理及发展规律作为研究对象的基础性理论研究。影视声音理论研究不仅是影视声音理论体系的重要组成部分，而且是影视声音学科重要的学术研究基础。影视声音理论研究的根本问题是研究声音的本体属性，以及影视声音有别于其他影视元素的特性。其中，声画关系研究、声音真实性研究、听觉主体研究、声音风格化等涉及美学、批评学、文化学和人类学等学科理论的研究，都是影视声音理论研究的重要对象。影视声音理论研究包括影视声音史学、影视声音美学、影视声音批评学、影视声音人类学、影视声音文化学、影视声音类型学、影视声音符号学、影视声音元素研究、影视声音创作研究、影视声音艺术家研究等。

（张晋辉 姚国强）

影视声音蒙太奇 film and television sound montage 将各种声音元素及片段依照影视作品的剧情发展或艺术表达的需要进行各种形式和关系的组合，以产生一种新的意义和特定的情绪的组合方式。它是**蒙太奇**的重要组成部分。自1927年有声电影诞生以来，影视创作者开始考虑声音和画面之间、声音与声音之间的蒙太奇关系。因为声音元素的加入，既符合了观众对现实生活场景的视听感知经验，又能更准确地体现出画面内容与声音内容的空间感和延续性。可以说，声音的出现大大地扩展了蒙太奇的表现技巧，甚至突破了银幕画框的限制，为影视作品营造了非凡的情绪氛围，增添了极大的艺术感染力。

根据声音蒙太奇在影视作品中的功能和作用，在满足影视作品艺术创作需要的前提下，声音蒙太奇可分为两类：叙事性声音蒙太奇和表现性声音蒙太奇。

叙事性声音蒙太奇 又称叙述性声音蒙太奇。它以交代剧情和展示事件中的真实声音为主，即按剧情事件的发展脉络、事件的逻辑顺序和内容的因果关系来有机地组接声音和画面内容、声音和声音内容，因此具有客观和写实的特点。此外，叙事性声音蒙太奇还有解释、烘托、渲染和强调画面内容的艺术作用。

叙事性声音蒙太奇主要有声画同步、声音导前、声音滞后、声音转场、声音淡出淡入和声音切出切入等。

声画同步 影视作品中声音与画面内容同步出现和同步消失的一种声音剪辑、处理手法。声画同步是声音蒙太奇的一种创作手法，是声画组合中最基本的表现形式之一。声画同步使得声画时空关系和信息内容保持一致，可以为影片内容增添真实感，提高视觉形象的感染力，加深观众对审美对象的实际感受。若处理不当，声画同步的平铺直叙有时会让观众产生拖沓的感觉。

声音导前 影视作品在画面场景转换时，后一个画面场景的声音提前出现在前一个画面场景的尾部，造成后一个画面内容先声夺人的效果。又称声音提前。声音导前是声音蒙太奇的一种创作手法，是声画组合中最基本的表现形式之一。在影视作品中，声音导前经常被用来衔接彼此相连的两个画面场景的时空关系。如将后一个画面场景中的火车鸣笛声提前到前一个宁静的山村画面场景中，强调了即将到来的时空变化，预示着事件内容的发展进程。声音导前的艺术特点是引发情绪或节奏的内在联系，造成激动和紧张的气氛，引起悬念。

声音滞后 影视作品在画面场景转换后，前一个场景中的声音以画外音的形式延续到后一个场景的开始处，以此衔接前后两个场景的时空关系。又称声音延续。声音滞后是声音蒙太奇的一种创作手法，是声画组合中最基本的表现形式之一。如将前一场景中打仗的枪炮声延续到后一个宁静的山村画面中，虽然时空发生了变化，但暗示着战争还在继续。声音滞后的艺术特点是使画面的转换节奏变得流畅和连贯。

声音转场　影视作品中通过声音来衔接两个画面场景以完成两场戏之间的有机转换。又称声音转换。声音转场是声音蒙太奇的一种创作手法，是声画组合中的表现形式之一。在影视作品中，声音转场具体表现为出现在前一画面场景结束时的声音与后一个场景开始时的声音是一致或类似的，以此作为画面场景时空转换的依据。如可利用报告或演讲来实现声音转场，即将前一个报告会的场景过渡到后一个小会议室的场景，而报告或演讲声音则在前后两个场景中延续以衔接彼此之间的关系。声音转场的艺术特点是用声音带动画面场景进行衔接转换，可令剪辑风格生动畅快，加快画面的叙事节奏。

声音淡出淡入　声音在影视画面场景中的逐渐消失和逐渐出现。又称声音渐隐渐显。声音淡出淡入是声音蒙太奇的一种创作手法，是声画组合的表现形式之一。声音淡出淡入主要用来表现时空关系的转换或更替。影视作品中，声音一般和画面内容的渐隐、渐显是同步进行的。如可以在前一个画面中将现实生活的声音淡出，并将后一个画面中过去生活的声音淡入，以表现人物对往事的追忆情景。声音淡出淡入的艺术特点是可以制造出时空过渡的感觉，表现出不同的时空环境。

声音切出切入　声音在影视画面场景中的突然消失和突然出现。声音切出切入是声音蒙太奇的一种创作手法，是声画组合的表现形式之一。影视作品中，声音切出切入通常与画面场景内容的切换是同步一致的。有时也被用来进行特殊的声音时空转换。如在表现同一个场景但不同时间的两个画面时，用收音机广播报时声音的切出切入来表现时间的陡然跳转，暗示观众剧情时间已发生了巨大的变化。声音切出切入可使画面内容的组接变得更快捷，节奏更紧凑。

表现性声音蒙太奇　是声音创作者对影片声音内容的主观性和写意性的表达。它的主要作用是根据剧情发展和情绪表现的需要，将现实生活中的具体声音加以夸张、变形，来表现人物的精神状态或事件的非现实进程，从而揭示出人物的内心世界和事件进展过程中寓示、象征和隐喻的内容。

表现性声音蒙太奇主要有纯主观声音、纯写意声音、风格化声音、声画对位、声音重复、声音放大、声音沉默、声音闪前、声音闪回、声音失真、声音重叠等。

纯主观声音　将现实中的具体声音加以艺术化的主观处理，在画面内外都不展现任何声源依据的一种声音蒙太奇用法。又称超现实声音或主观声。纯主观声音常用来展示角色的内心世界，阐释无法用现实声音给予具体说明的内容，起到揭示角色内心世界的重要作用。纯主观声音常以内心独白、内心旁白、旁白或解说词的形式出现，表现主人公在回忆、幻觉和梦境中的内心情绪，揭示出画面以外的含义。纯主观声音还可表现出声音形象的片段性、叙述的不连续性和节奏的跳跃性，可在情绪表现和叙事传达上起到重要的艺术渲染作用。

纯写意声音　用现实生活中完全不可能发生的声音来烘托画面内容的一种声音蒙太奇手法。纯写意声音在影视作品中的应用范围极广，它的隐喻和渲染作用及表达情绪的能力是现实中的声音不能代替的。如作曲家专为影片内容创作的原创音乐就是纯写意声音的一种。优秀的影视原创音乐可以在多个层面作用于观众的情感体验，引发观众情绪共鸣，使观众对影视作品有更深刻的感悟，也促使观众对内容进行思考。比如影视作品中角色生离死别之际出现的音乐，往往易唤起观众强烈的情感共鸣，让人潸然泪下。纯写意声音还可揭示画面的精神内涵，比如纯写意声音用于一组长镜头画面，可以加强画面内容的节奏感；而出现在画面场景转换处的纯写意声音，则可以使场面的情绪气氛明显转换，并将两个平行的画面场景内容紧密地联系在一起。

风格化声音　运用与现实声音相似的写意声音逐渐取代原有的现实声音的一种声音蒙太奇手法。在影视作品中，现实的客观声音虽然可赋予画面场景生活真实感，但限制了画面蒙太奇的丰富性和时空转换的创造性。因此，当现实声音限制了画面内容的表现张力时，可将现实的客观声音转化为风格近似的写意声音，以解除声音对画面的束缚，增强声音的戏剧张力。如将剧情中客观的钟表滴答声、角色心跳声和呼吸声逐渐加大音量，让它们超出现实中的常规表现，便形成了风格化声音，从而加剧对角色内心紧张心理的渲染并对即将爆发的情绪情感进行铺垫。在影视录音工艺流程中，往往需要根据影片的题材、类型和故事内容来确定主题，然后从剧本中解读、界定可以有效表现主题的声音列表，并根据情绪曲线的走向使用相应的声音来表达。此类声音也大多属于风格化声音的范畴。此外，风格化声音还能够进行时空关系的转换，将叙事性的声音转化为表现性的声音。

声画对位　影视作品中声音与画面不相吻合的一种蒙太奇手法。影视作品中的声画对位是指从特定的艺术目的出发，在同一时间内让声音与画面形成相互独立或对比的关系，以便更加深刻地表达内容含义，传递弦外之音。

声画对位在具体的声音艺术创作中主要有两种表现方式：

①声画平行。即声音内容不图解画面内容，但也不与画面完全对立，而是与画面内容相对平行地各自讲述但互为观照。如画面是一个接一个不同的客观情节内容，此时平行发展的声音则着力刻画人物内心的主观情绪；又如伴随着画面内角色情绪的起伏，音乐旋律也随之起伏，为画面内容锦上添花。声画平行以独特的表现方式，能从整体上揭示事件的进程节奏和人物的情绪状态，在听觉上可为观众提供更多的联想和潜台词，从而扩展了单位时间内的内容叙事容量。

②声画对立。即有意使画面与声音在情绪、气氛、节奏以至内容等方面互相对立，使声音具有寓意性，从而深化和表现主题。比如画面上表现的是欢快或悲惨的气氛和情绪，在声音上则表现相反的委婉哀伤或是诙谐风趣的声音内容。声画对立以对立的方式来表现表面上互为关联的事件，从而能造成激动和紧张的气氛和情绪节奏，并突出情节矛盾冲突的尖锐性，制造出更多的故事悬念。

声音重复　声音元素在剧情发展的关键时刻反复或多次出现，从而造成强调、对比、呼应和渲染等艺术效果。声音元素（语言、音乐或音响）可以通过精心的声音构思设计反复地呈现在影片中。作为一种表现性声音蒙太奇手段，声音重复一般不是指出现在同一个镜头或同一个场景中的声音，而是重复出现在不同场景、不同段落中的相同或相似的声音，这些声音才能构成表现性声音蒙太奇意义上的声音重复。声音重复还可以成为角色或场景的声音标记。如当一个重要角色出现在画面时，某特定声音就会适时地伴随出现，反复多次就会使观众形成声音条件反射，并产生叙事上的心理期待，从而实现导演预期的叙事效果。

声音放大　根据影视作品叙事或表现的需要，将真实生活中具体的细节声音进行反常规的音量放大，从而强调和突出这个声音细节对叙事的重要性。声音放大可有效地表现细节声音的内容和形式，引起观众的联想和共鸣，具有强烈的情绪感染力和形象表现力。

声音沉默　影视作品中画面所对应的声音内容突然停止发声，造成场面寂静的声音效果，类似于音乐中的休止符。又称静声或静默。在影视作品中，如表现英雄人物英勇就义的情景时，声音设计师会有意识地在场景中营造一种死一般的寂静场面，从而营造出一种声音之间的强烈对比关系，来凸显人物大无畏的英雄气概。根据影视声音设计中的对比原则，声音震撼力的关键不完全在于音量的大小，而在于前后两个声音之间的对比与反衬关系。所以，影视作品中震撼的声音来临前都会有意识地将与上一个镜头匹配的声音的音量减弱直到声音沉默。然后，以迅雷不及掩耳之势让下一个镜头的声音以大声级的动态爆发出来，从而造成观众在听觉上的强烈反差，让观众充分感受到震撼的声音效果。这是大多数优秀的影视作品都会采用的声音创意技巧，尤其是在惊悚片、恐怖片等类型片中，声音创作者特别青睐声音沉默之后带给观众的冲击力和震撼力。因为在这些类型片的关键场景中，这种强烈的声音对比往往能让观众感受到震撼、惊吓与刺激。因此，声音沉默除了跟大声级声音匹配形成震撼效果之外，还可以用在高潮段落或故事发生重要转折之时，以表现人物情绪受到冲击或专注于某事物时的一种主观听觉感受，这也是声音沉默所具有的重要美学意义。

声音闪前　将尚未发生事件内容中的声音提前出现在影片场景中的一种声音创作手法。声音闪前时的声音与画面是不同步的。声音闪前一般与角色的活动及内心情绪相关，表现了角色对未来事件的预感或对未来事件进行的一种提示。声音闪前中的声音以短时出现的情况居多，可对影视作品中的人物与叙事形成特殊含义。

声音闪回　在影视作品的现在（现实）叙事场景中，出现了过去（回忆）的叙事场景里已发生事件的声音内容的一种声音创作手法。声音闪回可以把已发生事件中的声音内容在现实场景中进行重现，其主要作用是表现回忆、心理活动内容或是故事叙事上的一种暗示和强调作用。由于表现的是回忆或心理层面上的过去事件内容，声音闪回一般需要用一些加了特效的声音，如长时间的混响效果或回声效果，将过去（回忆）叙事场景里已发生事件中的声音与现在（现实）叙事场景事件中的声音区分开来。声音闪回与“闪回”的相同点都属于时间上的返回“跳跃”。但声音闪回与“闪回”的主要区别在于前者只是声音元素在时间上的返回“跳跃”，画面内容却是现在（现实）叙事的内容，并不返回“跳跃”；而“闪回”不仅在时间上进行了返回“跳跃”，同时在空间上也进行了返回“跳跃”，即声音与画面同时进行了返回“跳跃”。因此，与“闪回”相比，声音闪回作为一种呈现过去时态的信息手段，具有更大的自由度，无须画面切换，仅用声音元素即可实现。

声音失真　声音经录制或处理加工后所产生的信号质量畸变。声音失真可分为非线性失真和线性失真等。非线性失真是指声音在录制加工处理后出现了新的频率成分，从而导致了与原声之间的差异。线性失真是指虽然声音在后期处理后没有出现新的频率成分，但是原有各频率成分之间的比例发生了变化，如增加了高频部分的音量或者减少了低频部分的音量。声音失真作为声音艺术创作的一种手段，根据影片叙事或表现的需要，声音创作者可有意识地对特定的声音元素进行变速、变调、滤波、变形和夸张等失真技术处理，以达到强调和刻画影片中特殊场景、特殊事件的创作目的。如很多影片中的慢镜头画面都会伴随着声音失真的技术处理。

声音重叠　声音重叠主要有三种创作方法。

第一种是把多个环境中的声音素材在某个画面内容场景中叠加在一起的创作手法。这种手法可以增加声音的力度与群感，拓宽声音层次并提升影片内涵，赋予场景特定的情绪气氛，多用于环境声的创作。如把森林的环境声和小河边的环境声做声音重叠处理可以做出森林里小河边的环境声；还可以再叠加不同的鸟鸣、虫叫的声音，来创造音色丰富并且符合影片叙事与内容表现需要的声音。

第二种是用若干种声音元素叠加、合成创作出新的特殊音响效果的创作手法。如在创作现实中不存在的物体的声音时，经常会用到这种声音重叠的手法。如在影片《侏罗纪公园》中，对多种不同的声音进行重叠处理后创作出了已灭绝的恐龙叫声。

第三种是用无线传声器的“干声”和有线传声器的“湿声”进行声音叠加的创作手法。在影视声音创作中，由于远景、全景的景别限制或环境噪声的干扰，强指向传声器可能无法拾取到高信噪比的声音，而无线传声器则无法有效地拾取到场景所处空间环境的反射声，导致所拾取的声音混响过短，显得太干，与画面空间感不符。为了达到比较高的信噪比来保证声音品质，同时又有合理的混响声来展现空间环境的真实感，一些有经验的现场同期录音师会在这些场景中同时使用两种传声器进行同期录音，并在后期制作时把强指向传声器拾取的声音和无线传声器拾取的声音进行声音重叠处理，经过恰当的平衡后可以达到兼具高信噪比和空间感的声音效果。（姚国强　王旭锋　张晋辉）

影视声音设计　film and television sound design　影视作品中使声音艺术与画面艺术在**蒙太奇**组合中获得独特美学价值的一种视听创作表现手段。在声音艺术创作中，各类声音构成元素（语言、音响和音乐）在影视作品中的应用、蒙太奇组接、与画面的配置、录制语言的选择，以及音响和音乐的录音工艺等，都是需要声音设计认真解决的问题。因此，在影视声音的艺术创作和技术制作过程中，构思设计是声音艺术创作的重要环节，也是**声音设计师**（录音师）在录音技术制作前必须首先完成的重要任务。一部影视作品如果没有事先进行精心的声音构思和创意设计，观众在观看画面时将听到一些杂乱的声音，从而会影响观众的听觉情绪。声音构思和创意设计不仅对影视的声音艺术创作具有重要意义，而且直接关系到一部影视作品的思想内容和艺术效果，甚至决定了一部影视作品的成败。因此，在进行声音设计时，不仅要涉及声音主题、声音意境和声音动机的内容，还要充分考虑声画关系和声音层次等诸方面的问题。

声音主题　在影视作品中，声音设计师将具有某种特定含义的声音（可以是语言、音乐和音响中的一种或多种）赋予某个角色、某个道具或某个环境，使这一声音主题多次重复出现或贯穿剧情始终，达到刻画人物性格、表达作品主题的目的。

声音主题的表现方法有两种：声音主题与角色或环境在相同的时空内同步出现；声音主题与角色或环境在不同的时空内交叉出现。

声音意境　通过声音将生活环境和思想情绪融为一体而形成的艺术境界。在影视作品的声音意境中，“情与景汇，意与象通”，可使观众在观赏中产生心理想象和意象联想，在思想情绪上受到感染，从而达到身临其境的愉悦效果。

声音意境的表现形式有很多，比如通过虚化或过滤内容情节中的某些现实环境声音，或突出强调与角色相关的某种声音，使观众体验到与角色相同的心境，在观影情感上产生强烈共鸣。

声音动机　影视作品中描述声音和场景之间对应关系的专用术语，从音乐术语

“主导动机”借鉴而来。

在影视作品中，在声音和某个特定场景或特定人物形成关联，在作品中多次出现，成为一种相对固定的关系之后，每当观众听到声音就会联想到相应的人物或场景。所以，声音动机对表现人物性格和烘托影片主题思想具有提示作用。

影视作品的声音动机一般在两种情况下出现：一是在同一时空中，声音与角色或环境同步；二是用暗示的手法以及声画对立的方式，使声音动机在其他角色或环境中出现。声音动机的使用可推动剧情、塑造人物形象，有助于影视作品主题的深化。

声画关系 由一个或多个来自不同时空的声音与画面结合所形成的声音与画面的时空关系。从影视作品的视觉和听觉两方面关系来看，声画关系蕴含在“声音蒙太奇”中。不同类型的声画关系拓展了影视艺术的表现力。

声画关系主要表现为声画同步、声画对位（声画平行和声画对立）等方面。

声音层次 影视声音在画面空间中所呈现出的分布和排列形式，以及声音内容单一或复合的呈现方式。

在影视作品中，声音元素的多寡以及声音在不同场景中的呈现方式不尽相同，常因内容、风格和样式的不同而产生变化。一些复杂的场面，往往由节奏、情绪、音量、音调和音色各异的多种声音元素组成。这些声音构成了层次丰富、主次分明、跌宕起伏和舒张有度的声音总谱。声音总谱包含声音层次的多样性，可以传达创作者的艺术观念，令观众获得身临其境的逼真感。

此外，在进行声音设计或构思时还需要注意以下几点：①再现生活的真实性。声音思维是声音设计师选择和提炼社会生活的一种艺术思维。声音构思必须以社会生活的真实性为基础，以文学剧本所反映的生活环境为依据，使影视作品中的声音构思符合生活真实。这是影视声音设计的重要前提。②体现主题的思想性。主题是影视作品的思想灵魂。声音设计要在表现社会生活真实性的基础上，进一步发挥出声音的艺术表现力，使声音各元素的艺术组合，以及声音和画面的艺术组合具有更深刻的思想内涵，更好地体现出作品主题的思想性。这是影视声音构思和创意设计的重要原则。③形象创造的独特性。影视作品在拍摄题材的选择、主题思想的阐释、角色形象的塑造以及造型语言的运用等方面，都应具有独特性和创造性。运用声音元素创造鲜活和独特的角色形象是声音构思和创意设计的艺术创作原则之一。④创作过程的整体性。现代影视艺术是声画交融的视听综合艺术，体现了影视艺术区别于其他纯视觉艺术或纯听觉艺术的特殊性和优势性。影视艺术的综合性和构成元素的多样性，体现在声音元素需要合理地存在于影视作品的整体风格之中。因此，声音构思的又一个创作原则就是要体现出影视作品的整体性。只有声音与画面相互交融、相辅相成及和谐统一，才能构成一个完整的影视艺术作品。

（姚国强　姜　燕　张晋辉）

影视声音艺术属性 film and television sound art attribute 运用语言、音响和音乐等声音元素，艺术性地反映影视作品中所形成的综合听觉印象。声音形象与人类自身的各种感官之间存在着内在的重要联系，因此，各种自然现象可以借助多方面的感性体验进入到声音范畴，从而使声音产生强烈的艺术感染力。运用声音艺术属性来提炼生活中的声音素材，创造出与画面相符或具有特殊含义的、丰富立体的声音形象，是影视声音创作者的重要任务。

声音艺术属性与声音的物理属性、生理属性和心理属性有所不同，它主要由空间感、运动感、色彩感、平衡感、节奏感和真实感构成。

声音空间感 人耳对声源所处立体空间的感觉。声源的发声在不同空间内会产生不同的空间环境特征。一般来讲，根据自身的生活体验，人耳可辨听出室外或室内的声音，而且还可以区分出声学环境特性的差异，包括封闭或非封闭空间的体积大小。这是由所处空间环境的声学特性决定的。

声音空间感主要反映在以下几个方面：①环境感。影视作品中的声音空间环境。现实空间总是充满各式各样、连绵起伏的声音，因此可以认为声音具有无限的空间连续性。与人眼只能看到视线范围内影像的视觉体验不同，人耳可以全方位接收来自四面八方的声音。因此，听觉的全方位接收特性是我们进行影视声音艺术创作的重要基础。通过具有典型意义的环境音响，声音设计师可营造出不同的画内或画外空间环境，使观众感知到影像所处的空间环境。②透视感。又称距离感、远近感或深度感。在不同的空间环境里，声音的直达声、反射声和衍射声的不同比例，声音振幅（音量）的大小，可以使我们产生声音远近距离的感觉。③方向感。又称方位感。在不同的空间环境里，声音到达耳朵的时间、强度和相位是不同的。借此人类可以辨别出声源的具体方向和所处位置。

声音运动感 任何声源在运动时，其声音都会随着位置的改变而引起音量（振幅）及音调（频率）的明显变化。声学上称之为多普勒效应。这种效应会使观众在听觉上产生声音发生运动的感觉。声源的移动速度越快，多普勒效应就越明显。在影视声音创作中，声音设计师常运用多普勒效应表现影片中的人、动物或物体的运动速度。

声音的运动感还包括声源种类的变化。各种声源在内容、音量、音色、音调以及远近距离上的交替变化，形成了生动活泼的声音运动感。当这类声音与镜头运动有机结合在一起时，就可以使影视作品的内容变得更加丰富多彩、真实可信。

声音色彩感 声音和画面不同，它没有具体的实在外形。所以，声音的色彩感只是一种对声音艺术属性的特别描述，目的是便于人们能够加深理解和认识声音的艺术属性。它主要包括以下几个方面：①地域色彩。即通过声音来反映一个地区的地域特色。通常是由声源的地域环境和生活习俗所决定的。在影视艺术作品中，适当运用带有地域色彩的声音，如方言、民歌或特色音响等，可以创造出地域色彩鲜明的声音形象，能更生动地表现出该地域的社会习俗和风土人情，营造出栩栩如生的生活气息和艺术感染力。②民族色彩。即通过声音反映民族的特点和风俗习惯。在特定的生活环境下，不同国家与民族的社会风俗与习惯所带来的声音建构出独特的民族色彩，点缀出该民族独特的社会传统和风土习俗。这些民族色彩可以通过声音的内容和形式得到精确再现。在影视艺术作品中，运用富有民族色彩的特色声音及其独特的表达方式可以创造出反映特定民族社会生活的声音形象，从而达到强烈的艺术效果。③时代色彩。即通过声音反映出时代的特征及风貌。由于不同时代具有不同的政治、经济、文化及社会生活特征，所以其声音内容也会受到时间的影响，具有时代所留下的印痕。在影视艺术作品中，为了真实地反映不同时代的社会生活状况，声音设计师需要采用带有时代色彩的声音，生动地再现当时的生活环境和社会面貌，达到烘托时代气氛、深化主题的目的。

声音平衡感 影视作品的拍摄顺序与完成镜头的排列顺序是不同的。因此，如何使不同时间和不同地点所录制的各类声音在镜头组接时彼此平衡统一，是录音师的重要工作之一。

在影视作品中，为了让观众对角色声音形象在听觉上保持统一和平衡，就应该使演员的语言音色与角色形象始终互相吻合，并必须保持角色在音色上的一致性，避免同一人物的语言在镜头快速切换或场景变化时发生音色和音量上的突变。除了保持演员自身的音量和音色平衡外，还应注意演员之间的音量和音色方面的平衡。这就需要录音师掌握好调音技巧，使演员之间的音量和音色协调一致。

声音节奏感 将语言、音乐和音响等声音素材按照一定的规律组合，形成强弱、长短、虚实和明暗的节奏变化。影视声音的节奏组合会给观众带来特殊的审美体验，从而为声音带来旋律感和节奏感。电影中的声音节奏是声音造型的重要手段之一，可以塑造人物的心理空间，形成作品特殊的风格，具有强烈的情绪感染力。

在影视声音创作中，声音节奏形式是与内容的节奏形式同构的，它们相互协同、相互影响、相互支撑、相互补充。通过听觉形象表现出来的节奏，可构成有韵律的、有轻重缓急的、有强弱交替的声音层次。

声音真实感 在影视作品中运用声音元素来反映现实生活，体现事物客观本质，并通过声音来表达“艺术真实”的感觉。

在影视作品的创作和制作过程中，录音师根据影片内容和风格的设计需要，对现实生活中具备现实质感而又独具特征的事件和现象进行声音元素的概括和提炼，使声音元素与画面有机结合，创造出富有真实感和感染力的声音，从而体现出生活的真实性、必然性和本质性，使观众在影视作品的欣赏中获得审美体验，感悟到生活和生命的真实。

扩展阅读

姚国强.影视录音：声音创作与技术制作.北京：北京广播学院出版社，2002.

姜燕.影视声音艺术与制作.北京：中国传媒大学出版社，2008.

姚国强.电影电视声音创作与录音制作教程.北京：中国电影出版社，2011.

（姚国强　姜　燕）

影视声音元素 film and television sound element 影视作品的基本构成元素之一，与影视画面并列为两大基本构成元素。影视声音元素的分类方法有多种，比较科学的是分为影视语言、影视音乐和影视音响三大类，每个大类又可根据各自的艺术属性再细分成若干小类。

影视语言 特指影视作品中由人类或非人类（如动物、植物）等扮演的各种角色说话时发出的有声语言（包括但不限于发出的任何声息）。影视语言可以起到讲述故事、铺陈情节、刻画人物性格、揭示人物内心世界、论证推理和增强现实感等诸多重要作用。此外，影视语言还承载着另外两种含义：一是表现角色体验的语言含义。角色间通过语言相互交流，向观众传达信息。二是表现角色感情的语调含义。语调在情感和意图表现上有一定模糊性，但可通过控制节奏、强度、音调、速度、音型及语言的秩序，增强或减弱语言的情绪。

根据影视语言的艺术属性，可将语言进一步分成客观语言和主观语言。客观语言是影视作品中最常见的有声语言，主要有独白、对白和群白（声）等几种样式。由于客观语言能被观众在角色进行画内表演时直接欣赏到，所以又称“画内语言”或“叙事性语言”。主观语言主要包括内心独白、旁白和内心对白等几种样式。主观语言常被用来表现故事片中角色的内心世界，也经常在专题纪录片中发挥叙事的功能。由于主观语言与画内角色的表演是一种平行对位的关系，即语言和画面内的角色口型不同步，所以又被称为“画外语言”“画外音”或“表现性语言”。

影视音乐 *影视音乐*不仅包括专门为影视作品创作和编配的音乐，还包括故事中的各种有声源音乐。影视歌曲也是影视音乐的重要组成部分。影视歌曲由曲、词两部分构成，和画面内容相辅相成，构成完美的银幕声画形象。

影视音乐除了揭示人类心灵奥秘和表现丰富感情外，还与影片的思想内容、结构形式和艺术风格协调一致。影视音乐根据主次关系，可进一步细分为主题曲（歌）和插曲两种。主题曲（歌）奠定了影片音乐的主题基调，起到深化影片主题的作用。插曲则提供了画面和语言都无法产生的情绪效果。根据影片中是否出现音乐声源，影视音乐可分为有声源音乐和无声源音乐，也可根据作曲家是否为影片专门创作而分成原创音乐和编曲音乐。

影视音响 一般是指影视作品中除语言、音乐之外的其他声音的统称，有时也被称为“音效”。音响的范围非常广泛，几乎涵盖自然界中的所有声音和非自然界的声音。

音响可以为画面叙事内容增添生活气息，烘托剧情气氛，扩大观众视野，赋予画面环境感，呈现更具体的社会深度和广度。在实际应用时，根据音响的发声性质，通常可将音响分成动作、自然、机械、军事、动物、交通和特殊等若干类；根据音响的功能作用，可以分成主要音响和次要音响（又称背景音响）；根据音响的录制状态，可以分成同期音响和资料音响；根据音响的属性，又分成细节音响和环境音响；根据音响的来源，可分成有源音响和无源音响等。

（姚国强　王旭锋）

影视声音总谱 film and television sound score 标明影视作品每个场景中声音内容构成的一种文字记录方式。声音总谱表现了声音与画面、声音与声音之间的呈现方式和相互关系。声音总谱是影视声音创作的设计蓝本。*声音设计师*在影视创作的筹备阶段就开始了声音总谱的构思与设计。声音设计师首先通过剧本对影视作品的主旨形成自己的理解，之后在筹备与勘景阶段获得直观体验，与剧组其他部门的主创人员进行交流沟通后，逐渐完成声音总谱设计。

声音创作人员在进行人物塑造、场景设计、音乐渲染、效果烘托等时，原则上要按照声音总谱构思的统一基调、风格样式和节奏，选择一切可以使用的声音表现手段，对作品进行声音艺术处理，使之成为声音创作中的有机组成部分。声音总谱在影视作品摄制过程中，常根据具体情况的变化做必要及相应的修改。

声音总谱的结构必须参照电影的整体结构进行权衡，要考虑整体与部分、部分与部分的关系，包括声音与画面的关系、时间和空间与声音的关系，以及语言、音乐和音响等诸种声音元素之间的关系。在每一部分之间，需要认真斟酌声音与人物、事件、内容、思想情感和审美形式的关联。在这个过程中，声音设计师需要选择典型的场景与典型的声音元素，在与造型元素的结合中提炼出完整的声音结构，构成声音艺术形象的完整性，形成声音与画面、内容与形式的统一。

声音总谱除了受影视作品的内容决定之外，也会受到作品体裁、样式和风格，以及声音设计师或导演对形式追求的影响。

（姜　燕）

影视台词 film and television lines 影视剧中角色的独白、旁白或对白。影视台词是影视剧本构成的基本元素，其中独白是角色的自思、自语，用以表现角色心理活动、抒发情感；旁白是画面外的人对剧情发展和人物心理加以叙述、抒情或议论，启发观众思考；对白是剧中角色间相互的对话，用以交代人物关系、推进剧情，是影视台词的主要形式。

影视作品需要在规定时间内完成剧情发展，并通过台词的措辞、语气和声调来塑造人物、表现冲突、凸显主题。因此，台词必须具备动作性、性格化的特点。动作性是指角色的台词要产生于矛盾冲突之中，人物在冲突中的态度与动作能够推动人物关系与情节向前发展，同时展现人物丰富的心理活动。性格化则是指角色的台词不仅要符合其生理和社会特征，更要符合其性格特点，剧中角色的塑造很大程度上需要靠台词来完成。不同的角色待人处事有不同的方式、情绪、态度和动机。做到台词的性格化，不仅要求剧作者能抓住人物性格的独特之处，而且还能够深入人物的内心世界，把握戏剧情境的变化和人物错综复杂的相互关系，从而写出最符合人物特质的台词。

影视台词既是剧情展示的主要途径，也是观众理解影视作品的重要媒介。不同的影视作品有着不同的台词风格。为了便于观众欣赏和理解，影视剧台词大多以口语化和日常化为主。有一些影视作品的台词具有风格化，如**王家卫**的电影，将台词的三种表现形式旁白、对白、独白运用得流转自如，其台词含义深刻、诗意隽永，具有强烈的个人色彩和风格特色，不仅推进了情节发展，而且参与人物内心世界的展示和时空的艺术化重构，引导观众深入探索影片所要表达的精神主题。又如电视剧《**大明宫词**》的台词华丽典雅、含蓄有力，充满诗意之美，体现出台词在叙事功能、抒情功能、美学功能上的意义，为观众提供了独特的审美感受。（王乙涵）

影视题材 film and television theme 影视剧本所描写的生活领域或生活现象。广义上，影视题材指影视剧本所反映的生活现象的对象、性质和范围。如工业题材、农村题材、军事题材、知识分子题材，或现代题材、历史题材等。狭义上，影视题材指经过作者概括、集中、提炼、加工后，组织进作品中的那些主要事件或生活现象，即表达一定主题的生活素材。影视题材是影视剧本构成的基本因素。

影视题材有多样性的特点，可以表现大千世界、社会历史的方方面面。影视题材所包含的事件规模大小不同，既可以有表现重大历史的题材，也可以有反映普通人日常生活的题材。但决定一部影视作品思想和艺术价值的关键，不在于题材的事件规模大小，而在于题材所反映的思想深度和艺术质量。影视编剧家有正确的思想观点，才能把握有意义的题材，并能深刻地挖掘题材的意义。（姚国华）

影视文学剧本 film and television literature script 为拍摄影视作品而创作的、按照影视思维创造银幕或银屏形象的文学样式。影视文学剧本由一系列互为关联的情节和场景组成，它们都统一在剧本的结构之中。影视文学剧本是影视作品拍摄的蓝本，是决定一部影视作品成功与否的关键，主要包括电影文学剧本和电视剧文学剧本。电影文学剧本的基本结构是三段式，即开端、中段及结局。一般来说，开端约占全片四分之一的长度，其任务是建置人物、引出故事的戏剧性前提。中段是故事冲突的发展部分，是剧本的主体，长度约占全片的一半。结局则是故事冲突的高潮和解决部分，长度约占全片的四分之一。在电视剧文学剧本中，单本剧的剧本结构与电影剧本类似，连续剧情况相对复杂，但基本结构方式是一致的。

影视艺术的本质美学特征是通过视听语言来讲述故事、表达情感，这决定了影视文学剧本具有以下特点：①可视性。影视文学剧本的内容要鲜明具体，能在银幕或银屏上呈现直观的视觉形象。因此影视文学剧本描述的往往是具体的场景、人物、动作和对话等内容，而排斥抽象性的陈述、议论、心理等内容，对必须表现的抽象内容也要转化为具体的可视化场景和对话来表达。②叙事性。影视是叙事艺术，影视文学剧本也属叙事性文学。叙事性文学所具有的主题、人物、情节等要素对影视文学剧本来说必不可少。这三者在剧本中又往往交织在一起，人物推动情节的发展，情节显示人物的性格，情节与人物共同表现作品的主题。影视文学剧本的叙事方式是将文字描绘的场景画面按照一定叙事目的以**蒙太奇**的方式连接在一起，这种连接不受时空的限制，能在最大程度上实现作品的表达目的。③综合性。影视是视听艺术的综合，也是时空艺术的综合，还是多种艺术形式的综合。影视文学剧本同样具有综合性，它不仅包含情节、人物等叙事元素，也包含形象、场景等造型元素，还包含画面与音响、对话、音乐等视听元素的组合。

影视文学剧本有特定的格式要求。一般来说，剧本以场景作为基本叙述单元，场景的划分以时间或空间的转换为标准。一个场景就是在同一个时空发生的一个统一的动作，包含一个或多个镜头。影视文学剧本是由一系列的场景以蒙太奇的方式组成的。在格式上，一个场景开始会用场标标明序号、时间及地点，场标与正文之间有空行。（周文萍）

影视戏剧冲突 conflict of dramaturgy in film and television 影视作品中表现人与人之间的矛盾关系以及人的内心矛盾的特殊艺术形式。戏剧冲突在戏剧动作中体现矛盾产生、发展、解决的过程，并树立人物的性格与剧本的立意。影视中的戏剧冲突主要来源于戏剧和叙事艺术的传统，也发展出自己独特的表现形式。电影和电视剧最重要的特征是通过二维画面叙事，对时空同一性和集中性没有要求，其中的戏剧冲突也和舞台戏剧有所不同。

电影和电视剧作为新兴现代艺术和综合艺术，一方面继承了大量古典戏剧的情节结构方式。比如早期好莱坞经典影片强调叙事结构的戏剧性，采用暗含幕场的闭合叙事结构。**A.希区柯克**具有强烈悬念的影片充分展现了人与未知力量之间的冲突，是西方悲剧传统的当代表现形式。另一方面，影视作品和戏剧一样具有广泛的社会传播性和影响力，因此影视作品中的戏剧冲突不仅吸收了古典的冲突形式，同时也吸收了辩证唯物主义关于社会冲突的思想。此外，中国电影更注重史诗性，能将戏剧冲突和抒情性融合在一起。中国20世纪30～40年代的电影注重情节性，重点表现人物关系的冲突，比如大量的伦理情节剧；同时也具有强烈的社会批判色彩和对复杂人性的揭示，具有一定的现代性。

现代西方电影经过**意大利新现实主义电影**和**法国新浪潮电影**的兴起，充分发掘了电影的视听手段，已能摆脱古典的封闭叙事，进一步表现人物的内心世界。电影的技术特性和时空自由度决定它可以表现更多除人物性格和人物情感之外的理性主题。如**西部片**中人与自然的冲突、**科幻片**中不同理念之间的冲突，都属于影视中的戏剧冲突。例如，好莱坞经典剧情片《盗火线》中展现了多层次的戏剧冲突，首先是警匪的对立，其次是警察的家庭困境和劫匪的兄弟情仇。影片还通过视听语言和场面调度暗示了深层的文明冲突，比如警察居住在后现代风格的家中，而劫匪头目被打死时倚靠在一个机械上，说明劫匪代表的较原始的文化最终被现代文明所毁灭的必然历史进程。结局警察的胜利只是主要角色个体关系的结束，根本的戏剧冲突被完整充分地呈现而无须得到解决。影视中的戏剧冲突并不局限于个体，有时人物只是社会力量的象征，如**M.安东尼奥尼**的电影表现中产阶级男女的情感困境，通过生活细节的描绘隐晦地批判了发达资本主义社会中存在的精神空虚和情感冷漠症状，通过视听语言的创造而不是人物性格的揭示呈现戏剧冲突。

电视剧的戏剧冲突则更接近于古典戏

剧，因为丰富情节和多线叙事有利于人物性格和人际关系的充分展开。电视剧中戏剧冲突的表现形式不限于语言对白，真正吸引人的冲突来自对深层人性矛盾和社会矛盾的发掘。如历史剧中的戏剧冲突表现为人在某一历史阶段与特定环境和文化之间的斗争。

扩展阅读

谭霈生.论戏剧性.北京：北京大学出版社，1984.

（张倩玉）

影视叙事 film and television narrative 影视作品中对人物、事件和环境做一般性说明和交代的手段和技巧。影视叙事学核心体现为叙事者、叙事空间、叙事时间和叙事节奏四个方面。

叙事者 叙事者是一个叙事文本中给听述者讲故事的人，他是联系作者与人物的中介、沟通故事与作者的桥梁。影视作品中全部叙事元素与手段都体现着叙述人的目光与意图，引导或暗示观众接受他的观点。叙事者包含人称与视点两个方面。有的叙事有一个明确语法意义上的人称："我""你""他/她"；有的叙事是"匿名的叙事者"，但镜头话语本身的运作还是体现着匿名叙事者的策略和意图，呈现一个总的叙事角度。总的叙事人称（匿名或者非匿名）下有不同层次上的视角选择和切换，即视点问题。视点指人物与叙述者的关系、人物之间的关系。影视叙事想要贯彻叙事意图、传递故事含义、达到叙事目的，就需要依靠人物视点来建构和推动，即让"谁"站在什么位置上"看"。人称是对文本叙述主体的定位，不同的人称构筑起整体结构意义上的叙述角度和视野；视点则是文本结构运作的具体切入角度，不同的视点构造出不同的叙述层次。它们两者共同奠定了影视叙事动力学基础，同时也表现着影视作品创作主体的叙事策略或介入态度的主观与客观性。

叙事空间 叙事空间是制作者以视听手段对故事叙事中的空间进行表现，它是根据空间艺术元素（构图、光线、色彩等）重构后的空间，是想象性空间。影视作品的空间叙事主要就是研究镜头空间和场景空间的选取、造型和表现、叙事功能、结构形式、排列组合等问题。从组织的层次来说，影视的叙事空间包括镜头空间、场景空间、单一故事的叙事空间和影视片整体叙事空间，其中镜头空间和场景空间分别是影视作品中最基本和最有意义的叙事空间单位。创作者对叙事空间进行重组，即把拍摄的片段性镜头空间根据一定的叙事或表意目的进行重新组合，形成完整统一的影视叙事空间。叙事空间的重组包括场景空间的组合与镜头空间组合，即空间蒙太奇。空间蒙太奇的主要技法包括淡入淡出、划入划出、跳切、叠印叠化、变焦、定格、分割银幕等。另外，根据观众对空间的知觉方式，影视作品的叙事空间分为视觉的影像空间和听觉的声音空间。

叙事时间 叙事时间由顺序的时间与重构的时间等结合而成。重构的时间会打断时间线性秩序，迫使观众进行思考并参与叙事，观众在观看和理解中完成了自己的理解和创造。此外影视作品还有放映时间，它是观众的物理阅读时间，对于电影来说，观众是无法干涉放映时间的（除非不在影院观看）。影视作品时间主要通过镜头和蒙太奇来呈现。单个镜头内的时间是完整的时间段落，而蒙太奇是对时空片段的组合，这种组合结构一般显现为三种形式：单线式顺序结构、团块式结构和复调对话式结构。

叙事节奏 叙事节奏是时空一体化的视听概念，它包含内在节奏和外在节奏。内在节奏是由情节发展的内在矛盾、冲突或人物内心、情绪的起伏而产生的节奏，它决定影视画面和整部作品的基本价值；外在节奏是影视片内在节奏的直观表现形式，既表现在时间的流程中也表现在空间运动的流程中，是影视作品形式美的重要内容。影视叙事节奏不仅存在于画面的本身之中（镜头），还存在于画面的接续之中（蒙太奇）。长镜头派提倡在同一空间内发现事物的关联，而蒙太奇理论侧重对于时间节奏的研究。在实际创作中往往是两者的结合。根据节奏的属性，可将节奏分为客观的影像运动节奏和主观的视觉心理运动节奏两个层面。前者包括镜头内人和物体的运动节奏、摄影机运动节奏（视角、景别、变焦、位移及速度）、剪辑节奏（镜头的长度以及其组接的顺序排列和手法、音乐音响节奏）和色彩节奏（明暗关系和色彩对比）。它们是传情达意的重要手段，建构和决定了观看者视觉和心理的活动形态。（周冬莹）

影视烟火 film and television pyrotechnic 在影视拍摄现场使用能够发生烟雾、燃烧和爆炸的化学物质及其他材料制造烟、火、弹着点、爆炸等效果的特技方法。影视烟火是影视作品拍摄中不可缺少的重要组成部分，在科教、科幻、神话、战争、悬疑等题材影视作品中较为常见。利用烟火技术，可以创造出各种环境气氛，如战争、恐怖、仙境等。合理地使用烟火，可起到深化主题、塑造人物、调节影调、改变景色反差等作用。

设计烟火，要掌握影视片的主题思想，熟悉时代背景，考虑到烟火创造的环境气氛与影视片风格、基调、节奏等方面的统一，把烟火与故事情节融为一体。烟火在特定的主题情节中可采用写意手法，合理夸张，如影片《白蛇传》(1962）中的云海和《风雨下钟山》(1982）序幕中的战火，都是运用烟火大胆夸张、渲染，创造出特定环境效果的范例。

影视烟火的形式一般有：①各种（色）烟、云、雾的效果；②枪炮发射效果；③弹道效果；④弹着点效果；⑤多种形式的火烧效果；⑥模型烟火的效果等。影视烟火中常用的火药有两种：以硝酸盐或氯酸盐作氧化剂、镁铝合金粉及硫黄作可燃剂的雷子药和以硝酸盐作氧化剂、木炭粉及硫黄作可燃剂的黑火药。影视创作在运用烟火技术时，须特别注意安全，化学药品配比须适量，须有演员安全措施、消防措施，并提前做好组织抢救的准备工作。

（于 泽）

影视演员 film and television actor 运用表演技巧，在影视作品中把文学剧本中导演或编导不成文构想的角色创造成银幕或屏幕形象的人。广义上凡是在影视作品中扮演某一人物形象的人，都可称为影视演员。

演员的类型 影视演员的分类方法有许多种。按演员所从事影视艺术的门类分，影视演员包括**电影演员**、电视剧演员、小品演员、相声演员、各种电视节目的主持人等。

按参与表演的深度分，影视演员包括职业演员、非职业演员、群众演员、替身演员等。职业演员指专门从事影视艺术表演，并以它为职业的人。非职业演员指不专门从事表演专业，仅由摄制组临时邀请去扮演某个角色的业余演员。有时导演为追求纪实效果，宁愿选择非职业演员。在**意大利新现实主义电影**中起用非职业演员成为创作惯例。中国影片《沙鸥》和《一个都不能少》的成功，非职业演员起了不少作用。群众演员指扮演群众角色的演员，他们在作品中一般没有台词，仅作为故事背景出现，大多由摄制组在拍摄时临时邀请或雇用。替身演员指专门代替某些演员在拍摄中完成需要特殊技能如杂技、马术、舞蹈、弹奏乐器、书法绘画以及危险性较高的动作的演员。有些国家（如美国）有专职替身演员。

按表演特色分，影视演员分为类型演员、特型演员、本色演员、性格演员等。类型演员指在多部作品中扮演同一类型角色的演员。特型演员指具备特殊外形条件的演员，如特别肥胖、高大或精瘦、矮小者，如美国戏剧演员搭档劳莱和哈台；也指由于外貌酷似而扮演世人熟悉的历史人物的演员，如扮演毛泽东的古月。本色演员指在表演中具有“本色”特点的演员，这类演员在创作时并不刻意改变自己的内、外部条件，相反，他们利用自己原有的形象、气质塑造人物，所创造的人物既有剧本角色的个性，又包含着演员自己的气质。一般而言，性格演员与本色演员相对，指能够塑造远离自身条件的各种人物性格和形象的演员。

演员的工作　演员接受角色后，首先要做的是案头工作。案头工作主要有熟读剧本，了解全剧的矛盾冲突和主题思想，查阅各种与剧本有关的资料，了解故事时代背景，明确作品的风格等。其次是理解、领悟**导演阐述**和**分镜头剧本**，根据不同的分切场景、景别及镜头处理，设计表演层次的变化，采用各种表演手段，在非连续性的拍摄过程中，确保表演的连贯顺畅。最后，明确所演角色在全剧中的地位、作用，并把握人物的性格特点、社会关系、来龙去脉和场景中的任务等。

在实拍之前，演员的准备还有对词背词、片段练习、说戏议戏以及默戏和排演等。排演可以分为三个阶段：①拍摄前阶段的排演。通过反复排练逐步掌握形象，把握人物的基调和性格的主要特征。②拍摄前夕的排演。指拍摄前在实拍的布景或实景中的排练。通过这种排演，确定形象的外部体现形式和**场面调度**，选择演员表演的最后方案。③拍摄现场的排演。一般按分镜头排练。要求演员寻找到准确的人物心理感觉，产生正确的外部节奏和心理节奏，捕捉到最佳的表演状态以准备实拍。

实拍时，演员到达自己的表演区，集中注意力，进行规定的表演。这时往往需要演员能够做到“当众孤独”。因为拍摄现场并非安静和井井有条，影响演员的因素防不胜防。这就要求演员能把自己从混乱中孤立出来，全身心投入表演。另外，演员也要能够经受住“无穷等待”的考验。拍片是一项集体活动，很难做到步调一致；有时还得天公作美，如等待日落日出、下雨降雾等。演员还要经受恶劣条件的考验，如在强烈的灯光中睁眼、在寒冷的冬天跳入结冰的河流等。

演员的素质　演员是一项特殊的工作，不仅需要一定的科学文化知识、相当的专业技能和成熟的心理能力，还要具有表演的天赋资质及能力、才干。包括演员的容貌、形态、形体动作的灵活性与可塑性，声音的音色和音调，言语的清晰度，创造形象的理解力、想象力、感受力、表现力，以及演员自身的性格、气质、魅力等。表演素质受天赋的制约，但又与后天的环境和训练相关。

（章　同）

影视音响　film and television sound　影视作品中除语言、音乐之外的其他声音的统称，有时也被称为音效。见**影视声音元素**。

影视音乐　film and television music　作曲家为影视作品创作的原创音乐，以及影视导演和作曲家选用既有的音乐素材为影视画面重新进行设计和编配的音乐。伴随录音技术的革新和人们声音审美需求的变化，影视音乐从诞生起经历了多个发展阶段。在电影诞生之初，电影音乐往往是钢琴师（风琴师）或小型乐队坐在银幕边上现场演奏现成音乐作品，通常缺乏与画面契合的节奏与情感。20世纪伊始，一些作曲家尝试专门来为电影创作音乐。1908年，法国作曲家C.C.圣-桑斯为默片《吉斯公爵的被刺》作曲，开创了作曲家为电影谱曲的先河。此后，越来越多的作曲家加入为电影作曲的行列。

1927年10月6日，美国**华纳兄弟影业公司**出品的《**爵士歌王**》在美国公映，标志着“有声电影”的诞生。由于录音技术取得革命性突破，语言、音乐和音响三元素结合在一起，与画面并驾齐驱，共同成为影视视听语言的重要组成部分。

20世纪30～40年代，电影音乐迅速发展，在音乐创作和录音制作上都找到更好的路径，奠定了影视音乐的基石。早期电影音乐具有奢华的交响化风格。50～70年代中期，电影作曲家进一步将爵士音乐、摇滚音乐、电子音乐等现代音乐元素融入电影音乐的创作中，形成了电影音乐多元化的创作风格。与此同时，电影歌曲也成为电影音乐创作不可或缺的重要内容。70年代中期开始至今，现代音乐风格与创作手法越来越多地进入电影音乐创作中，更好地契合多样化的电影类型与故事主题，极大地拓展了电影音乐的艺术表现空间。

影视音乐的创作和设计须符合影视作品题材、内容和风格方面的要求，体现导演的总体构思；须配合影片剧情和画面蒙太奇，进行相应的声音蒙太奇构思和剪辑。作为影视声音中的重要元素，影视音乐需要和语言、音响相结合，符合声音总谱设计，综合作用于观影者。影视音乐的演奏演唱须经过音乐创意、音乐表演，以及音乐录音、音乐混音、音画剪辑等影视声音的制作工艺，最终通过银幕或荧屏的放映发声来体现它的功能和作用。影视音乐与传统音乐的曲式结构不同，内容与形式更加灵活和多样。

影视音乐的组成包括配乐和歌曲两部分。配乐可分为**主题音乐**和场景音乐、片头音乐和片尾音乐。歌曲可分为主题歌和插曲、片头歌和片尾歌。按画面中音乐声源的出现方式可分为有声源音乐、无声源音乐。

影视音乐与画面的配置方式主要有米老鼠式音乐和全局式音乐。米老鼠式音乐源于早期动画，主要着眼于表现画面中运动的、有节奏感的剧情元素，强调音乐和动作精准、完美的契合。全局式音乐着眼于把握整部影片的总体基调，捕捉某一场景或某组镜头的情绪气氛，一般做法是让音乐主题通过旋律发展、移调、配器的调整、对位手法的运用等方式反复出现。

影视音乐与画面的配置关系主要有音画同步、音画对位、音画平行、以音配画四种。音画同步追求音乐与画面在情绪、气氛和动作节奏上的一致性，达到视听统一。音画对位指音乐与画面在情绪、气氛和动作节奏上形成鲜明的对比关系，以增大戏剧的张力，丰富剧情的内涵，形成新的寓意。音画平行是指音乐按照画面内容的情绪、气氛和动作节奏保持平行发展。以音配画是指通过画面镜头的设计与剪辑，诠释和配合音乐作品的发展，多用于动画片。

影视音乐艺术还包括音乐音响化与音响音乐化。音乐音响化是指作曲家创造性地在传统乐器或现代乐器上通过非传统的演奏技法获取新音色。此时音乐具有了音响的呈现方式。音响音乐化是指**声音设计师**、作曲家创造性地选择和组织具有新意的声源材料，将生活中的非乐音声音元素以音乐的方式组织和处理，使观众从音响中感受音乐的韵律，获得独特的审美体验。

（陈　功）

影视音乐本体特性　ontological characteristic of film and television music　影视音乐不同于一般音乐作品的艺术特征。影视音乐通过旋律曲调、节拍节奏、发声力度、和声配器和织体曲式，表现出不同时代、国家、民族、地域、艺术流派以及作曲家本人的艺术特色和创作个性。

影视音乐的时代特征集中体现了某一时代占主导地位的审美心理和审美需求。作曲家在创作影视音乐时，一般会根据影视作品的思想内容和剧情需要，运用某时代特有的曲调、民族传统民间音乐、音乐语汇、代表性乐器及主要表现手法进行创作。如此一来，影视音乐便具备了鲜明的时代特征，加强了影片内容的时代性、真实性和艺术魅力，最终达到烘托时代氛围、深化故事主题的目的。

影视音乐的民族特征反映了一个民族的文化艺术特点和风俗习惯。作曲家在创作具有民族风格的影视音乐时，要以影视作品所表现的生活内容为依据，适当运用带有地域色彩的民族民间音乐（包括当地的民歌、小调、说唱、戏曲、民间歌舞、特色乐器音色或器乐曲等）、具有民族民间色彩的特色音乐语汇（如调式、旋律、节奏和和声），以及独特的民族民间乐器和民族艺术表现手法进行创作，从而增强影视作品的艺术独特性、表现力和影响力。影视音乐的民族风格会随着时代的变迁、社会经济文化的发展和各民族民间音乐文化的交流而不断地丰富和发展。同时，影视音乐的创作又直接受到各种艺术流派和作曲家本人创作个性的影响。

最重要的是，影视音乐与独立音乐的本体特性是有所不同的。影视音乐是影视与音乐的联姻，具备跨界创作的特征，具体表现为：刻画心理、表达情绪、阐释剧情，起到增强剧情冲突的作用；在场景段落转换中实现声音蒙太奇的重要作用；烘托剧情的环境氛围和营造空间感；成为作品中社会、民族、人文、地理和时代的重要声音表达标记。（申　林）

影视音乐功能　function of film and television music　影视艺术作品中的音乐在艺术表达上的作用。**影视音乐**的主要功能是：深化主题思想、展示故事情节、渲染情绪气氛、塑造角色形象、交代时代地域背景和推动情节发展等。具体表现在以下几个方面：设定音乐风格和基调、增强和超越语言内容、塑造和刻画角色形象、建立戏剧和叙事张力、提供时空和记忆联想、表现隐喻和弦外之音、为动作提供节奏依据。

影视音乐通过鲜明的风格和基调突出作品的主题思想。音乐可以增强人物对话的情感与情绪，加深观众对剧情内容的理解。在某些情况下，音乐可以起到叙事的作用，表达语言难以言说的情感与情绪，形成对情节与故事的补充。作曲家可用音乐主题或乐器（通常为两者的结合）来代表作品中角色的形象、性格或身世。音乐亦可预示银幕上即将发生的事件，暗示欢乐、悲剧或紧张场面的临近，强化戏剧悬念，建立起戏剧和叙事的张力，增强观众的心理期待。通过音乐的旋律、节奏和类型，呈现特定的时代环境和空间环境，唤起角色和观影者的时空记忆，使其对剧情产生共鸣。

此外，作曲家还可以把具有民族或地域特色的乐器作为创作元素，让音乐成为特殊地域与文化族群的表征，让观众产生跨国家、跨文化、跨族群的时空想象。通过音乐作品的选用，凭借原作的意涵与剧情内容产生某种呼应和联系，形成对故事内涵的隐喻。在**歌舞片**或是某些影视节目的歌舞场面中，音乐（通常为**有声源音乐**）为角色表演的舞蹈动作提供节奏依据。（陈功范　翎）

影视音乐历史　film and television music history　专为影视作品创作或编配的音乐的发展历程。影视音乐历史分为无声电影（默片）音乐和有声电影（声片）音乐两大阶段。

无声电影（默片）音乐阶段　1895年，卢米埃尔兄弟拍摄的影片在法国首映时，曾邀请钢琴师为电影放映进行现场伴奏。钢琴声不仅提升了现场的观影气氛，而且掩盖了放映机发出的噪声。之后，随着观众审美需求的不断提升，现场即兴演出逐渐演变为钢琴师或乐队根据剧情需要、选择适当的音乐进行现场伴奏的方式。随着电影观众数量的增多，电影发行机构也会在影片发行时附上一份配乐说明单，列出影片的情绪说明、可供选用的乐曲名称和乐曲转换点等内容。一些大城市的乐队事先准备好专供电影配乐的乐谱。同样，中国早期无声电影也常有钢琴师或乐手在影院为无声电影现场配乐。后来，上海的大型电影院里也渐渐有乐队为无声电影演奏配乐。留声机发明普及后，一些电影院采用留声机播放唱片的方式为影片放映进行配乐。

1908年，法国作曲家C.C.圣-桑斯专门为无声电影《吉斯公爵的被刺》作曲。此后，许多传统作曲家陆续接受电影制片机构的邀约，为无声电影作曲和配乐，他们的音乐创造力与电影艺术相结合，增添了无声电影的艺术感染力。

1926年，中国无声电影《良心的复活》上映，影片主演杨耐梅曾在现场演唱了插曲《乳娘曲》，由此拉开了国产电影配乐唱歌的先例，这也是目前所知的中国第一首电影歌曲。**明星影片公司**的这一大胆尝试，将无声电影变成了“有声”电影，在当时的电影放映市场上轰动一时。

1927年10月6日，美国**华纳兄弟影业公司**出品的有声电影《**爵士歌王**》在纽约首映。影片采用了“蜡盘发声”的录音技术（即将声音事先刻录在蜡盘上，在放映时与影片同步播放声音），被视作史上第一部有声电影。影片中，爵士歌手杰克即兴为餐馆食客们演唱了一首爵士歌曲《蓬头垢面》。在乐队演奏间奏时，杰克向食客们说了几句话。这成为电影发展史上的一个重要时刻，标志着有声电影的诞生。语言和音响、音乐一样，成为电影声音艺术的重要元素。

美国有声电影《爵士歌王》在世界各地映出，受到欢迎。中国也不甘落后，开始了有声电影录音技术的研发。1930年，中国故事片《野草闲花》中的歌曲《寻兄词》采用了美国的“蜡盘发声”录音技术。

有声电影（声片）音乐阶段　随着录音技术的多项发明，电影声音终于摆脱了现场演奏和播放音乐的方式，“蜡盘发声”逐步向“片上发声”过渡，无数工程师想方设法寻找录音的新方式，让电影胶片在放映出精彩画面的同时，也让电影音乐在影院上空飘响。优美动听的电影音乐不仅能阐释故事情节，也能令观众陶醉。观众对有声电影的期盼推动了真正有声电影的到来。

20世纪20年代末期，随着录音技术和工艺的日臻成熟，无声电影迅速转向有声电影。到30年代中期，世界各国电影基本上完成了向有声电影的转型，无声电影进入谢幕时刻。角色的对白语言、故事的情绪音乐和环境的聒噪音响与画面结合，赋予了电影新的面貌。

中国在美国《爵士歌王》之后就开始尝试制作有声电影，但在很长一段时期内保持无声电影和有声电影并存的局面。在这一过渡时期，有许多电影歌曲广为流传，受到欢迎，如《开矿歌》《大路歌》《新女性歌》《渔光曲》《乡愁》等。1931年放映的影片《**歌女红牡丹**》被公认为中国最早的有声电影。影片采用了风靡一时的“蜡盘发声”录音技术。影片在摄制过程中没有录制环境音响，因此只有对白语言和京剧唱段的声音，但公映时仍然引起不小的轰动。

随着录音技术的不断进步，诞生了更先进、更易操作的“片上发声”光学录音技术。“片上发声”将音乐烙印在光学胶片上，在音质、同步的精确性等方面都好于“蜡盘发声”。此后所有有声电影中的音乐都采用这种方式录制，一直延续到磁性录音技术普及之前。早期有声电影的音乐观念仍然保留无声电影时期的音乐创作习惯。具体表现为音乐从头使用到尾，大多选用现成的音乐作品。

随着有声电影录音制作技术和声音创

作艺术的不断发展，许多著名作曲家开始专门为电影创作音乐，有声电影音乐得到进一步的提高和发展。有声电影音乐必须从影片的总体声音设计出发，在构思和创作时考虑与语言、音响的互相配合，与画面融为一体，使音乐成为电影艺术创作的有机组成部分。为此，世界各国都涌现出专为电影进行作曲配乐的音乐家。世界各大电影节为表彰音乐家为电影艺术、电影事业所做出的非凡贡献，纷纷设立电影音乐的专项奖项，褒奖电影音乐家。

1935年，中国第一部有作曲家专门作曲的影片《*都市风光*》上映。之后中国电影的各个历史阶段都有优秀的电影音乐出现，许多脍炙人口的优秀电影歌曲和音乐被广为传唱，烙刻了时代的印记。

电视音乐伴随电视的发明与电视节目的发展而诞生。电视是现代化信息传播的高科技产物，拥有庞大的观众群。一般来讲，电视音乐源自电影音乐，属同根同源。长期以来，电视音乐继承了电影音乐的艺术特点及创作规律，随着电视制作技术的发展与实践探索，逐渐形成了具有一定特色、拥有独特表现力的新兴音乐形式。电视音乐和电影音乐一样，包括广告音乐、台标音乐、专题片音乐、新闻片音乐、*纪录片音乐*、*科教片音乐*、电视剧音乐等。但是，由于电视台需要大量的音乐内容，因此音乐在电视上的重复使用率高，受版权保护的程度一般也低于电影音乐。

随着大量高科技录音技术和多媒体影音制作手段的运用，影视作品的风格、类型与体裁不断延伸，音乐体裁也随之呈现出专业化和类型化的特点。许多新兴的音乐体裁不断涌现，如体育类音乐、新闻时事类音乐和真人秀类音乐等。

总体而言，在科技飞速发展的数字网络化时代，影视音乐要不断创新，满足广大影视观众对音乐的美学期待与消费诉求。对影视音乐创作者而言，这既是机遇也是挑战。 （姚国强　赵　娴）

影视音乐作曲家　film and television music composer　影视声音艺术创作与技术制作团队中负责音乐创作的专业人员。影视音乐作曲家（简称作曲家）要根据影视导演的要求，创作出符合剧情要求的音乐。一般来讲，作曲家应该在影片创作的前期策划阶段就投入到音乐创作之中。作曲家需要了解电影文学剧本和*分镜头剧本*对音乐创作的艺术要求，与导演、音乐总监、音乐剪辑师和*声音设计师*等主创人员共同了解和确定影片音乐的音乐风格、情绪情感、音乐段落的长度和整体布局，以及音乐与语言、音乐与音响之间的有机结合等问题。根据影片需要，作曲家还要在影片拍摄前，到剧本指示的拍摄环境进行体验采风，采集民族民间音乐素材，思考音乐创作的各种可能性。

在影片的*后期制作*阶段，作曲家要观看*粗剪*的工作样片，与导演、声音设计师、音乐录音师等人交流创作设想。当画面定剪后，作曲家要根据样片的长度与音乐剪辑师一起做好配乐点的标注表，开始正式的音乐创作。

影视音乐作曲家需要具备以下几方面的创作能力：①具备扎实的作曲技术功底，知道使用什么样的旋律、和声、节奏及乐器来创作符合影片情绪要求的音乐内容。②掌握各类音乐的风格及创作技巧，熟悉传统交响乐、当代无调性音乐、流行音乐和爵士音乐的风格特点，以胜任不同类型影片的音乐创作。③具备与导演及声音创作团队良好的沟通能力，具有将导演的创作意图转化为音乐语言的能力。④对音乐如何配合画面内容的情绪有敏锐的洞察力和感受力。⑤清楚影视音乐受画面内容和长度制约。*影视音乐*不同于传统音乐的创作，需要作曲家根据画面内容的情绪和节奏来确定每一段配乐的起止点和情绪转折点，按照规定的画面长度精确地谱写出所需音乐。⑥影视制作后期为音乐创作预留的时间有限，作曲家需要具备抗压能力，在有限的时间内完成创作。⑦当代作曲家要熟练掌握必要的电脑作曲技术，了解采样音色库中各种音色的特点，能够运用电子合成器及各类软硬件设备创作音乐。

一般来讲，作曲家在详细了解了音乐片段的时间标注后就可以创作。在写作缩略谱后，通过钢琴视奏的方式供导演试听。作曲家也可以直接通过电脑完成MIDI音乐小样，然后交导演和声音设计师试听，与他们交流并请他们提出修订完善意见，修订直到满意为止。 （陈　功）

影视语言　film and television language　影视作品中由人类或非人类（如动物、植物）等扮演的各种角色说话时发出的有声语言（包括但不限于发出的任何声息）。见*影视声音元素*。

影视照明　lighting for film and television　利用光线完成影视摄影技术与艺术任务的一种手段。在影视艺术创作中，如果不经过照明就用摄影机直接拍摄，那么记录在胶片或数字介质上的影像与人眼实际观看的相比，会显得不清楚，甚至失真。因此，在影视制作中，照明的第一个目标就是合理曝光，给摄影机器提供准确的光量，以便将景物变成机器可以接收的图像，引领观众视线，让观众能够看明白画面上的影像。

照明是一项艺术活动，它要完成下列任务：①造型任务。即通过光线的布置、明暗影调的设计，在二维的平面屏幕上表现出被摄物在三维空间中的质感、立体感和空间感。②戏剧任务。即运用光线对人物和环境加以渲染，以突显人物的形象、性格，暗示人物的情绪，引导观众的情感，如黑暗能制造危险的悬念。③构图任务。通过角度、光位、光色、光影以及明暗的分布和调整，达到理想的摄影构图效果，从而突出主体，平衡画面。

影视照明的基本方法是三点式照明，即用*主光*、侧光和背光从三个方向照亮被摄体。在照明过程中，要防止光线的相互干扰，使其他光线始终与主光保持协调一致。照明的分类方式多样、种类较多，如*外景照明*、*实景照明*、内景照明，交叉照明、立体照明，*纪实性照明*、*装饰性照明*等。 （唐　文）

影视制作　film and television making　使用多种技术手段，从摄影（摄像）、录音到洗印（指电影）、剪辑、加工，最后制成可供放映（播出）的影片与电视节目的全过程。影视的制作过程可划分为相互衔接的两个阶段。前期是拍摄阶段，完成影片的全部拍摄内容，如果是同期录音，也包括完成与画面相应的对白录音；后期制作阶段，主要是进行编剪、后期录音、混合录音，胶片电影还需套剪画底及洗印加工等工作，直到制作完成合格的影视作品为止。

洗印加工　胶片电影后期制作中的洗印加工较为复杂，要经过7个主要工序：①工艺查验与质量控制。其工作任务包括控制冲洗药液，测定胶片性能，检查洗印、印片的物理机械条件。②洗印加工。其工作除进行画面原底显影加工外，还要分别承担各种彩色和黑白复制片的加工任务。③半成品与成品鉴定。影片制作的最终成品是供放映用的拷贝。除此之外，一切在制作中的影片都是半成品。为了保证质量，半成品与成品都要依照标准要求进行技术鉴定。④印片与配光。印片工序的职责是印制工作样片、校正拷贝、标准拷贝、翻正片、翻底片及大量发行拷贝。配光是指为了达到印制影像所要求的色彩、密度效果，根据画底密度、印制用的胶片性能以及印片机的性能等一系列有关参数来预先给定曝光条件。⑤剪辑与套底合成。即根据镜头表和已按**分镜头剧本**剪辑完成的样片进行画底剪辑，最后按本（卷）号进行声底、画底的套合。⑥标准拷贝与翻正翻底片的制作。校正拷贝经过制作修正与放映审定后，制作成各项技术指标符合规定的标准拷贝。标准拷贝具有长期保存的价值，为避免其原底片的损伤，一般不以它印制大量发行拷贝，仅用它制作翻正翻底片，再印制大量拷贝。⑦在翻底制作完成并做出翻底拷贝后，转入大量拷贝的制作与洗印。

影视制作的发展　20世纪50年代，电影制作中开始应用电视技术，如在电影摄影机上安装电视取景器。70年代又出现了彩色分析仪，用模拟方法在电视屏幕上对电影画面进行配光。之后，录像、电子计算机、激光等技术在影视制作中被不断应用，如磁性录像、电子编辑、磁性图像和胶片影像的相互转换等。电影摄影机附带录像的工艺设备也是在70年代出现的，不久即可用磁性录像方法拍摄并将图像转录到胶片上，以电视的摄制方法生产了影院中放映的故事片。80年代以后，视频技术在影片生产中的应用不断扩大。例如，在用胶片拍摄电影画面之后，将画面图像转录到磁带、光盘等不同的载体上，用磁带与光盘进行剪辑，甚至用其进行一系列后期制作，最后以它为根据来套剪胶片原画底。这种工艺除了最初和最后使用原画底外，传统的印制样片和样片编辑，以至用样片进行后期录音等工艺，都可以由视频工艺——磁带或光盘来实现。此外，高清晰度彩色电视和录像技术的进展迅速提高了视频图像的质量。用录像带代替胶片进行拍摄，通过磁带—胶片图像转换的影片拷贝已基本接近用胶片拍摄影片的拷贝质量。

数字化技术的运用　20世纪90年代以后，在影视制作上，计算机技术被广泛应用。在前期制作方面，运用计算机软件程序可迅速分解剧本，规划制作，计算机图像软件可以为摄影、编辑和整个故事叙述提供视觉化的指导。在实际安装照明之前，对人物和场景模拟的计算机程序，提供了可视化照明效果，使照明设计可以迅速进行修改。新的数字记录设备为视频摄像机制作新闻纪录片提供了很多便利。数字影像和声音可在数字非线性编辑机上立即进行编辑。数字音频处理技术和设备极大地改进了录音。例如，数字化记录的声音可以比模拟记录的声音更有效地滤去不需要的背景杂音。数字化技术在影视后期制作中效果最为显著。数字化视频磁带记录器如D1、D2、D3等，在非线性编辑中促进了特技效果的产生。数字非线性编辑系统使编辑和修改影视就像操作计算机处理器一样简单和快捷。此外，为提高后期制作效率，非线性编辑系统可使编辑者在影片定型和印出或在线视频磁带编辑之前看到最终的编辑节目，包括一些特技效果。这使得编辑的效率大大提高，且节约了诸多费用。总之，数字技术明显地提高了速度、效率与灵活性，为影视制作开拓了新局面。

（章柏青）

影视主题歌　film and television theme song　表达影视作品主题思想或概括作品基本内容的歌曲。影视主题歌是影视作品音乐内容的中心，可以通过变化旋律或变换歌词等形式在作品中反复出现。影视主题歌的旋律可作为主题音乐贯穿作品始终，采用变奏、变形和发展等音乐创作技巧刻画或塑造主要角色的形象和性格特征。影视主题歌还可以展现作品的历史背景和时代氛围，帮助观众进入剧中情境并引发观众的情感共鸣。影视主题歌的歌词内容往往呼应影片主题，更容易向观众传达作品的主题思想及情感内容，协助观众理解影片的内涵。

（赵娴）

《影戏杂志》　*Movie Magazine*　中国电影杂志。1921年4月1日在上海创刊。16开本。共发行3期，每期80页左右。1922年5月终刊。前两期由中国影戏研究会和影戏杂志社出版，第三期由**明星影片公司**接办刊行。编辑为顾肯夫、陆洁（笔名不浊）和张光宇，主要撰稿人有徐欣夫、冯心造、陈寿芝、周剑云等。

其办刊宗旨为：发扬影戏在文学美术上的价值；介绍有价值的影片给读者；防止有害影片的流行；在影剧界替中国人争人格。杂志附有较多的外国电影明星照片。内容除介绍中国观众熟悉的外国电影演员和影片外，还发表观众对中外电影的观感。陆洁在编辑创刊号时第一次在文章中创造了“导演”这一名词，并通过《滑稽及讽刺活动画之制法》译文，首次向中国读者介绍了动画、卡通的制作过程。第三期以三色套版封面介绍了电影艺术家**C.卓别林**，还发表了评论中国早期故事片《海誓》的文章和《明星影片股份有限公司组织缘起》等一些有关“明星”公司的文字。

该杂志是中国第一本铅印的专业电影杂志，为后来许多电影刊物提供了借鉴。

（茹　苓）

影院排片　cinema arrangement　影院安排影片放映时间和场次的行为。影院排片是影院日常经营活动的主要内容，关系到影院的观影人次，直接影响影院的票房收入。影响影院排片的因素主要有：影片质量、影片主创、影片宣传、影片口碑、单日票房、上映天数、影厅大小、影厅数量、影片长度及具体黄金时间分配等。此外，影院的地理位置、交通、天气、风俗习惯、语言类别、重大节日、重大活动、消费人群以及所在院线或影院投资公司的指导意见、大数据分析结果、影片预售情况等因素也会对影院的排片产生影响。通常，影院可以根据影片上映第一天的实时票房以及电影上映后的口碑、网络热议等因素及时调整排片。

影院排片的基本方法主要有：①集中排片法，主要针对某部观影客流特别大的影片进行设计，安排密集的场次，满足大众观影的需要。②插片法，多部量级相当的影片同时上映时通常采用的方法，排片人员根据影院观众的流动规律，将上座率较高的影片安排在观影人流较多的时间点，其他影片可以根据类型及上映时间间隔安排，这样可以保证影院上座率的最大化。③平均分配法，通常根据公式“（影片时长+场间时长）÷影厅数”来进行分配。这三种方法各有特点，在实际排片中可灵活搭配运用。

（李　红）

永华影业公司　Yong Hwa Film Co.　中国电影制片机构。香港第一家规模较大、设备较现代化的“国语片”制片机构，由内地商人李祖永创办于1947年。公司成立时，许多当时一流的电影艺术与技术人才都云集其中，公司设有编导委员会，由著名戏剧家欧阳予倩任主任委员。其编剧团队有柯灵、周贻白等；导演团队则延揽了朱石麟、**卜万苍**、**李萍倩**、**张骏祥**等；男演员团队有刘琼、**陶金**、王元龙等；女演员团队有**舒绣文**、**白杨**和**李丽华**等。此外，永华公司还拥有摄影师余省三、服装师卢世侯、布景师包天鸣等优秀团队。公司拥有自建的厂房和摄影棚，从美国购买了全套的电影摄影、录音、洗印、照明及包括背景放映机等在内的特级设备，是当时中国私营电影制片机构中的佼佼者。永华的创业作是1948年由吴祖光编剧、卜万苍导演、刘琼主演的《国魂》，影片根据文天祥的生平事迹改编。同年，朱石麟编导了该公司的第二部大型古装影片《**清宫秘史**》。1948～1949年永华摄制的故事片还有《春雷》《春城花落》《大凉山恩仇记》《火葬》《海誓》《春风秋雨》(即《虾球传》)

等。1949年冬，司马文森在永华内部组织了香港电影工作者读书会，会员除一些“国语片”影人外，还吸纳了吴楚帆、苏怡、卢敦、张活游等粤语影人。1950年，“读书会”扩大成为香港电影工作者学会（简称影学会），隶属中国共产党在香港成立的“港九民盟”。1951年，永华公司出现财政危机，爆发“永华工潮”，导致部分影人被港英政府驱逐出香港。1952年，永华改组，李祖永仍任总经理，陈寿荫任秘书，任尔光、汪晓松主持制片部，林秉宪主持营业部并兼任厂长，另聘李应源、莫康时、严俊、陈翼青为导演。先后摄制了故事片《拜金的人》《一刻春宵》《爱的俘虏》《翠翠》《巫山盟》《玫瑰玫瑰我爱你》《春天不是读书天》《吃耳光的人》《夫妇之间》等作品，均由新加坡国泰机构在香港设立的国际影片发行公司代理向南洋发行。1954年，永华片场意外失火，同时港英政府准备收回制片厂原址，加重了永华的财政和经济危机。永华在拍摄了最后一部影片《飞虎将军》后，于1956年关闭，公司产权易手到国泰影业公司。作为香港第一家规模较大的独立制片公司，永华具有大制片厂的雏形，培养了一批电影导演

永华影业公司外景

和明星，其开创的古装国语“大片”制作模式和“借古喻今”的电影表现手法对很多香港导演产生了较大影响，在香港电影史上是不可忽视的。（余慕云　粪成云）

《永生！成吉思汗》 *Eternal Life Genghis Khan*　蒙古国彩色故事片。成吉思汗电影基金会2008年出品。根据索·吉日嘎拉赛罕的长篇小说《成吉思汗秘史》改编。编剧，敖·额尔德尼；导演，拉·额尔顿宝力干、道·照乐巴雅尔；摄影，沙·达瓦道尔基；主演，策·特木日巴特尔、普·策仁达格巴、那·苏布达等。

影片通过一代天骄成吉思汗（名铁木真）的传奇故事，表现几百年前的蒙古人敬仰人性、诚实守信的崇高品德。影片以成吉思汗和扎木合为中心，突出了矢志不渝地忠贞于结拜盟誓的安达原则。影片中塑造的成吉思汗依然是“长生天注定的圣人，智勇双全的草原贵族”。影片对扎木合的刻画，不同于历史记载和以往文艺作品中的反面形象，影片中的他性格刚毅耿直、无所畏惧，虽然跟铁木真对抗，但没有站在蒙古统一大业的对立面。他与铁木真聊天时说道：“为了实现蒙古部落的统一，唯独安达你不可陨落。”影片最大的特点是通过盟誓之约，将铁木真和扎木合塑造成“亦友亦敌”、惺惺相惜的伟人，表现出他们博大的胸怀和超出常人的气魄。

影片剧本构思新颖巧妙，故事情节错落有致，古朴逼真的美术造型和具有史诗感的音乐曲调，为主旨思想的阐述营造氛围，升华了影片主题。（旭　光）

《勇往直前》 *Head-on*　德国彩色故事片。沙漠电影制片公司和环球影业公司等2004年联合出品。编导，F. 阿金；摄影，R. 克劳斯曼；主演，B. 于纳尔、S. 柯吉利。

故事讲述了在德国长大被父母之命逼婚的土耳其移民第二代、年轻姑娘西贝尔抗婚离家，为求临时栖身之地，她不得已央求穷困潦倒、颓废地挣扎在社会底层的土耳其移民卡希德和她假婚。不料假戏成真，卡希德对西贝尔产生了感情，对西贝尔的另一追求者行凶并最终入狱。西贝尔生路断绝，不得不返回故乡土耳其，最终为生存而嫁人生子。卡希德刑满出狱后返回土耳其，但面对生活的现实和责任，二人不可能破镜重圆。最后，西贝尔未与卡希德一同远走高飞。卡希德孤独而茫然地踏上了不知通向何方的旅途。

影片展现了土耳其移民整体在德国社会的底层边缘状态，再现了年轻一代移民在两种文化和文明中确立自我的困惑与艰难，同时以西方视角批评了土耳其文化中僵化的传统，在德国银幕上呈现了新鲜的生活经验。影片艺术风格悲愤、沉郁，被德国批评界称为法斯宾德之风，同时是20世纪90年代出现的“移民叙事”电影潮流中的重要作品。影片2004年获第54届德国柏林国际电影节金熊奖和费比西奖，第17届欧洲电影奖最佳导演奖和最佳影片奖，第54届德国电影奖金质电影奖最佳男主角奖、最佳女主角奖等；2005年获第19届西班牙电影戈雅奖最佳欧洲电影奖。（杨　慧）

《楢山节考》 *The Ballad of Narayama*　日本彩色故事片。东映株式会社1983年出品。改编自深泽七郎的小说《楢山节考》和《东北的神武们》。编导，今村昌平；摄影，栃沢正夫；主演，坂本澄子、绪形拳、左屯平、秋竹城、倍赏美津子。

故事讲述了在日本古代信州一个深山村落里，由于生活贫困，当地人形成了抛弃老人的传统：所有活到70岁的老人，都要被家人丢弃到楢山上，任其自生自灭。69岁的阿玲婆离上楢山的日子已不远，可她身体还十分硬朗，她并不为自己而担心，只是顾虑自己的两个儿子，怕大儿子辰平像他父亲一样，因不敢将母亲背上楢山而惹人嘲笑。一天，阿玉作为续弦来到辰平家，阿玲婆和辰平都很喜欢她。长孙袈裟吉娶了雨屋家的女儿，雨屋家因偷土豆而全家被活埋。阿玲婆教会阿玉捉鱼的办法，说通阿金与次子利助初尝一夜鱼水之欢，然后参加送她上楢山的仪式。拂晓，辰平背着阿玲婆攀上了楢山的山路。山上白骨成堆，到了山顶，辰平依依不舍地告别阿玲婆，返回村里。天空飘下大片雪花，阿玲婆在楢山大雪中平静地等待着死亡。

影片以独特的影像语言，通过展现日本原始的民风习俗，探讨了生死问题，融入了对伦理道德的深刻反思，挖掘了人类内心的原始欲念，暗含对当今社会制度以及阴暗道德观念的批判。影片在摄影上极富美感和庄严感，使作品呈现出一种诗的意境。影片1983年获第36届法国戛纳国际电影节金棕榈奖，1984年获第7届日本电影学院奖最佳影片奖、最佳男主角奖、最佳录音奖。（甄晓文）

有声源音乐　sound source music　音乐的原始声源出现在画面所表现的事件之中，观众在听到音乐声的同时也能看到（或感觉到）声源存在的一种音乐。简称有源音乐。影片角色在画面中唱歌或演奏乐器，画内场景空间中的电视机、收音机或录音机等放音设备正在播送的音乐等，都属于有声源音乐。根据属性与功能的不同，有声源音乐可分为客观音乐、真实音乐、现实音乐或具体音乐。

在某些影视作品中，画面空间中并未出现音乐的声源（没有画面内容直接表示或暗示），但观众可以通过演员的表演动作或是经过录音师的精心设计和音色处理所营造的声音气氛，感觉到画面空间内外有具体音乐声源的存在。这类音乐也属于有声源音乐的范畴。例如，一个饭店大堂里播放的背景音乐或盛装舞会上的动感舞曲，尽管观众没有看到扬声器或乐队，但音乐的音色处理往往能让观众们在听到音乐时联想起自己的生活体验，这个音乐也可以认定是有源音乐。

有声源音乐在影视作品中的大量使用，不仅可以增强影视作品的生活真实感，还可以利用有声源音乐烘托剧情气

氛、渲染情绪。例如，在战争片中的作战场景中，有声源音乐被用来激发斗志、威胁敌人，如中国古代战争中的战鼓和近代战争中的号角等。

扩展阅读

索南夏因.声音设计：电影中语言、音乐和音响的表现力.王旭锋，译.杭州：浙江大学出版社，2007.

（姚国强　王旭锋）

有线电视　cable television　采用电缆或光缆系统输送图像信号的一种电视传播方式。又称电缆电视。有线电视作为一个传输系统，主要由4个部分组成，即信号源部分、前端设备部分、干线传输部分及用户分配部分。与无线电视相比，其传输特点主要有以下几个方面：①抗干扰能力强，节目质量高；②能控制播出时间和范围；③传输节目容量大，一根导线能播送几十套节目；④能构成双向传输系统，可以与文字传真等相连。根据使用的情况，有线电视大体上可以分为转播型、放像型、自办节目型。

有线电视出现于20世纪40年代，美国是最早发展有线电视的国家。中国20世纪60年代开始研究发展有线电视，70年代开始在全国推广应用，用户主要以城镇居民为主。收看有线电视的观众一般需向播出的电视台或委托机构缴费。随着卫星电视、新媒体和互联网电视迅速发展产生的影响，有线电视在家庭电视收视格局中份额持续下降。　（黄钰萤　丁佶沁）

《又见梅兰芳》　*A Great Master Recaptured*　中国彩色纪录片。**中央新闻纪录电影制片厂**2006年出品。导演，蓝冰、叶晶。

影片在中国中央新闻纪录电影制片厂所存梅兰芳的影片素材及梅兰芳生前留下的各种生活与舞台艺术的音像资料的基础之上，沿着梅兰芳生前的足迹，用35mm彩色胶片拍摄而成。影片全面翔实地展现了梅兰芳毕生京剧艺术的发展成就，探究、追寻了梅兰芳的出身、家世、从艺及梅派表演艺术的形成过程。影片遍寻梅兰芳生前所到之处，从故居到舞台，从国内到国外，记录了一代大师生活与艺术的点点滴滴。其中，很多资料都是第一次在国内面世，如美国**派拉蒙影业公司**1930年拍摄的梅兰芳访美期间的演出实况等。影片中的唱腔，除《贵妃醉酒》外，均是梅兰芳先生的原声。影片还特邀京剧梅派艺术传人梅葆玖（梅兰芳之子）、李胜素，以“音配像”的形式参加演出。

影片注重人物内心世界的开掘，重在“又见”上下功夫，对梅兰芳一生推崇的“看我非我，我看我，我也非我。装谁像谁，谁装谁，谁就像谁”的艺术精髓和境界进行了很好的诠释。影片2006年获第26届中国电影金鸡电影节最佳纪录片奖，2007年获第14届北京大学生电影节纪录片特别奖。　（刘乃康）

《幼儿园》　*Kindergarten*　中国彩色纪录片。湖北电视台和湖北天空文化传播有限公司2004年联合出品。导演，张以庆；摄影，刘德东。

影片记录了湖北省武汉市一家寄宿制幼儿园，展现了幼儿们进入幼儿园后的原生态生活：新入园的孩子舍不得父母，放声哭泣；中班孩子偶然争执而大打出手；观看足球比赛的孩子们为中国队加油；孩子的饮食、休息、穿衣、游戏；访谈孩子关于“爱是什么”等。

影片在碎片化的生活场景和简短访谈中，揭示了成人所不熟悉的儿童心理世界。影片对幼儿们缓慢而琐碎的日常生活状态给予了富于趣味和意蕴的呈现，还原了个体最初接受社会化规训的缩影，折射出人性的幽微和权力的无所不在。影片画外音乐和慢镜头等手法的灵活运用，建立起亲切动人且具有多元化解读可能的叙事结构。影片2004年获第2届中国（广州）国际纪录片大会大奖，2005年获第10届上海国际电视节最佳人文类纪录片创意奖。　（刘　斐）

于蓝　Yu Lan（1921-06-03～2020-06-28）中国电影演员。原名于佩文。生于辽宁岫岩县，卒于北京。1938年，先后在抗日军政大学和女子大学学习。1939年加入中国共产党。1940年入鲁迅艺术学院艺术工作团任演员，先后演出话剧《佃户》《海滨妇女》《粮食》《带枪的人》、秧歌剧《二流子转变》等。

1941～1943年，在延安“鲁艺”参加《求婚》《桃花篮》等剧目的演出。1945～1946年，参加东北文工团演出的《东北大翻身》《血泪仇》《日出》等剧，并参加东北电影制片厂故事片摄制的筹备工作。1947年，被任命为东北电影制片厂第一期训练班指导员。

1949年，在电影《白衣战士》中出

《烈火中永生》海报

演女主角庄毅，此片获得全国妇联颁发的“救死扶伤”奖旗。1950年在电影《**翠岗红旗**》中扮演女主角向五儿。1951年在根据老舍同名小说改编的电影《龙须沟》中饰演程娘子。1954年，考入中央戏剧学院表演干部训练班，师从苏联专家库里涅夫。1958年在电影《**林家铺子**》中饰演张寡妇。1961年，从中央实验话剧院调回北京电影制片厂，同年在电影《**革命家庭**》中扮演女主角周莲，该片使她获得1961年第2届莫斯科国际电影节最佳女演员奖。她在1965年上映的电影《烈火中永生》里扮演江姐，给观众留下深刻印象。1974年在影片《侦察兵》中饰演孙大娘。1978年和李伟远联合拍摄儿童电影《萨里玛珂》。1981年担任第1届中国电影金鸡奖评委会委员。同年6月，北京儿童电影制片厂（后更名中国儿童电影制片厂）成立，成为首任厂长。1984年担任中国儿童少年电影学会会长。

1995年获中国电影世纪奖最佳女演员奖，“国家有突出贡献的电影艺术家”称号，中国电影表演艺术学会终身成就“金凤凰奖”等。曾任**中国电影家协会**副主席、中国文联委员。　（李小燕）

《于洛先生的假期》　*Mr. Hulot's Holiday*　法国故事片。迪西那电影公司和卡迪电影公司等1953年联合出品。编剧，J.马尔凯、J.塔蒂；导演，J.塔蒂；摄影，J.麦坎通、J.穆塞尔；主演，J.塔蒂、N.巴斯科、C.李。

故事讲述了一群来自不同地方的小资产阶级聚集在一个度假海滩，享受度假时光。即使过的是度假生活，他们也依然按部就班，信守着各种条条框框。瘦长笨拙的于洛也来此度假，他打乱了旅馆里人们有规律的作息与消遣，古怪的举动让海滩

《于洛先生的假期》剧照

上的游客难以接受，无意中的小破坏也让人侧目，只有孩子们是他的朋友。于洛身上有一种固执的天真，总是闯入他无法应付的情境之中，忙于和荒诞的世界抗争，却把事情弄得更糟。

影片通过主人公于洛与周围世界的格格不入，表达了对现代工业文明的嘲讽、对资产阶级刻板生活方式的揶揄以及对传统价值观的留恋。影片由一连串松散的事件构成，前后之间没有必然的联系。影片对声音的运用独具创造力，在有声的语境下，以人物的沉默代替对白，指向对话语世界的审视，而杂乱刺耳的音响构成了对现有秩序的对抗与嘲讽。影片导演塔蒂表现出对发明喜剧道具的热情，他推崇远景拍摄，注重身体表演的喜剧魅力，喜剧噱头真实自然，充满现实感。影片1953年获法国电影路易·德吕克奖、第6届法国戛纳国际电影节金棕榈奖提名，1956年获第28届美国电影奥斯卡奖最佳编剧奖提名。

（安　燕）

于敏　Yu Min（1914-03-15～2014-10-13）中国电影剧作家、文艺评论家。原名于民。生于山东潍县（今山东潍坊），卒于北京。毕业于烟台英语专科学校。1937年9月参加革命。1938年春到延安，加入中国共产党，并在陕北公学学习。先后在《新中华报》、鲁迅艺术学院实验剧团、延安中学工作。1946年到山东大学任教。1947年从影，同年进东北电影制片厂，创作了电影剧本《桥》，该片成为新中国第一部故事片，在新中国电影史上具有开创意义。1949年，完成电影文学剧本《赵一曼》，塑造了一个有血有肉的东北抗联女英雄形象。中华人民共和国成立后，先后在中央电影局剧本创作所、**长春电影制片厂**工作。1953年到鞍钢体验生活，任鞍钢建筑工程公司党委副书记，完成了一系列反映当时社会主义建设的作品。20世纪50年代，他创作的电影剧本被搬上银幕的有《高歌猛进》《无穷的潜力》《工地一青年》《炉火正红》等。此外，他还创作散文《南游散记》、报告文学《老孟泰的故事》《王秀兰和她的姐妹们》等。曾写作完成电影理论文章《本末》《探索》《心声》《树人》等，出版电影剧本选《炉火集》、长篇小说《第一个回合》《千里从军记》、散文集《于敏散文集》等。1978年任**中国电影家协会**书记处书记、《**电影艺术**》杂志主编。80年代初，于敏参与创立了中国电影金鸡奖，并作为评委会的核心人物之一，连续担任13届金鸡奖评委。90年代后任《电影艺术》顾问。曾任中国影协第1届委员，第2、3届理事，第4届常务理事。2013年，获第29届中国电影金鸡奖终身成就奖。

（陈少舟）

于彦夫　Yu Yanfu（1924-02-01～2005-11-10）中国电影导演。原名于景霖。生于辽宁丹东，卒于北京。1942年考入株式会社满洲映画协会任演员。1943年，转为正式演员。1945年抗日战争胜利后，积极参加护厂工作；同年，东北电影公司成立，任资料科科长。1946年任东北电影制片厂导演助理、剧务主任、音乐组副组长等职务。后参与新中国译制片初创工作，在《伟大的转折》《侦察员的功勋》等多部译制片中任导演。20世纪50年代初，任故事片《高歌猛进》《葡萄熟了的时候》《沙家店粮站》副导演。1955年独立导演了第一部故事片《夏天的故事》。1956年，在**北京电影学院**导演专修班学习。

1957～1966年，先后导演影片《芦笙恋歌》（1957）、《水库上的歌声》（1958）、《笑逐颜开》（1959）、《万木春》（1961）；戏曲电影《节振国》（1965）、《天天向上》（1966）。1974年，导演故事片《**创业**》，荣获**长春电影制片厂**颁发的建厂三十五周年优秀影片奖。之后，导演了《希望》（1977）、《最后八个人》（1980）、《勿忘我》（1982）、《十六号病房》（1983，与张圆合作）、《黄山来的姑娘》（1984）、《鸽子迷的奇遇》（1986，与张圆合作）、《金钱大裂变》（1988，与罗鹤龄合作）、《那年的冬天》（1990）等作品。其中《十六号病房》1983年获文化部优秀影片二等奖、第7届中国大众电影百花奖最佳故事片奖，《黄山来的姑娘》1984年获文化部优秀影片奖，《鸽子迷的奇遇》获第2届中国儿童少年电影童牛奖特别奖、第5届印度国际儿童电影节金章奖、国际儿童少年影视中心特别奖，《那年的冬天》获第4届中国儿童少年电影童牛奖荣誉奖。

他导演的作品具有题材广泛、结构严谨、生活气息浓厚、注重揭示人物内心世界等特点。1985年当选为中国电影家协会第5届理事、吉林分会常务理事。

（杨国还）

余慕云　Yu Muyun（1930-11-24～2006-04-08）中国电影理论家。祖籍广东台山。生于上海，卒于广州。毕业于香港中业学院新闻专业。1949年参加粤赣湘边纵队。1950年后在广东省东宝支前司令部、东莞县太平镇（今东莞市虎门镇）人民政府、广州市道路工程公司工作。他从小热爱电影，20世纪50年代初因受电影界前辈翁灵的《香港电影岂可无史》一文影响，致力于香港电影史的研究。

1978年首次在香港国际电影节出版的《五十年代粤语电影回顾》一书中发表文章。1982年入**银都机构有限公司**任首席电影资料搜集员。1985年出版了第一部个人著作《香港电影掌故》。90年代初，香港电影资料馆成立后，他作为主力出任研究组负责人，参与《香港影片大全》等书籍的编撰工作。除《香港电影掌故》外，著有《香港电影八十年》《昨夜星光》《香港电影史话》（一至五卷）等多部香港电影史的研究专著，为香港电影史研究打下了坚实的学术基础。

2001年香港特别行政区政府颁授他“荣誉勋章”，同年他在广东省佛山市筹建粤剧博物馆。2005年，第24届香港电影金像奖授予他“专业精神奖”，以表彰他在香港电影研究方面的开拓性贡献。香港电影资料馆收藏有逾5万份他的藏品，包括杂志、宣传单张、电影特刊、海报及剪报等。他被誉为“香港电影研究第一人”，是“香港电影的活字典”。

（赵卫防）

《渔光曲》 *Song of the Fishermen* 中国故事片。联华影业公司1934年出品。编导，**蔡楚生**；摄影，周克；作曲，任光；主演，王人美、汤天绣、韩兰根。

故事讲述了贫苦渔民徐福葬身海上，留下一双孪生兄妹。母亲徐妈不得不到船老板家当奶妈。何家少爷子英和孪生兄妹成了好友。几年后，子英出国留学。徐妈因打碎古董被赶出何家。孪生兄妹带着双目失明的母亲流落街头，卖唱为生，受到洋人、老板、流氓等的压迫。一天，他们偶然碰到回国的子英，子英资助他们100元钱，不料被警察当作抢劫犯逮捕。徐妈在慌乱中碰翻油灯，被活活烧死。孪生兄妹出狱后，与破产的子英一起回到渔村。哥哥在捕鱼时受伤，不幸死去。妹妹望着哥哥的尸体，痛苦万分。

《渔光曲》剧照

影片以现实生活为题材，讲述了渔家子弟徐小猫、徐小猴和船王何家少爷子英之间的悲欢离合，反映了20世纪20～30年代中国底层民众的生存状况。影片在艺术上质朴清新，情节生动感人，特别是贯串全片的《渔光曲》，婉转动人，风靡一时。影片创造了当时的最高上座纪录。影片1935年在莫斯科国际电影节上获荣誉奖，成为中国第一部在国际上获奖的影片。

（王云缦）

《宇宙的奇迹》 *Wonders of the Universe* 英国彩色纪录片。英国广播公司2011年出品。导演，C.霍尔特、S.考特、M.拉克曼；解说，B.考克斯。

影片共4集，每集时长60分钟。第一集《信使》介绍了关于光的知识。第二集《陷落》解释了引力的奥秘，介绍了黑洞引力。第三集《命运》解释了“时间”对宇宙和人类的意义。第四集《星尘》通过印度佛教引出了关于宇宙各种元素的探秘，回答了“我们从哪里来”的疑问。每一集的开头都以曼彻斯特大学粒子物理学家考克斯的问题展开，它们都是人类探寻宇宙奥秘的终极问题，如我们从哪里来？又将到哪里去？我们存在的意义何在？这既是影片的结构线索，也是叙事设置的悬念。它引导观众在欣赏宇宙宏伟壮阔、神奇美妙的美景时，深入了解宇宙的结构、奇妙的科学现象以及人类自身的奥秘。

作为一部探秘宇宙的科普纪录片，影片通过生动的解说，向观众展现了各种奇妙的宇宙现象，解释了人类和宇宙的深邃关系，揭开了诸多奇迹的奥秘。影片影像精美、壮丽，叙事以小见大、生动有趣，善于通过通俗易懂的实验解释充满奥秘的科学问题。影片是一部给观众带来视觉享受和智慧启发的上乘之作，播出后激发了观众探索宇宙奥秘的兴趣和热情，也引发了观众对宇宙、自然和人类关系的深入思考，使人类更加敬畏自然、珍视生活。

（惠东坡）

语言录音工艺 dialog recording technique 用录音设备把演员的对白、旁白和独白等语言记录下来的一种**影视录音工艺**。根据语言在影视艺术作品中的重要地位，通常通过两种录音工艺方法来完成语言的录音工作。一种方法是在影视拍摄现场，在演员进行表演时，同步地将演员的语言录制下来，即为**同期录音工艺**；另一种方法则是在后期制作的过程中，通过配音的方法让配音演员看着画面角色的口型将语言内容录制下来，即为**后期配音工艺**。这两种不同的语言录音方法在影视艺术创作实践中均有着各自的优缺点，在影视录音工艺的发展历程中，这两种语言录音方法对声音艺术的创作都有不同程度的重大贡献。在创作实践中具体使用哪一种语言录音方法，主要取决于影视导演的艺术风格、**声音设计师**（或录音师）的声音设计，以及影片的投资和预算成本。

一般来讲，故事片（剧情片）和广告片中的演员，在现场表演时发出的语言（独白和对白）较适合用同期录音工艺的方式来录制；而故事片（剧情片）和广告片中的内心独白、内心对白、旁白和群白，新闻纪录片和科教片中的解说声，以及美术片中的所有语言等非现场表演的语言，则用后期配音工艺的方式来录制更合适。无论采用哪一种语言录音工艺来录制语言，都必须满足影视录音的基本特点，使角色语言的听觉形象与画面的视觉形象相吻合。这样，才能使观众在观影期间能够听清楚角色所表达的思想感情、喜怒哀乐和性格气质等各种语言内容。同时，在语言录音时，还要对角色的语言进行艺术和技术处理，确保角色声音与画面中的空间环境、透视距离、方向位置保持整体的协调性。否则，如果角色语言的情绪与画面内容不一致，就会使影片内容失去真实感。

语言录音所录制完成的声带，一般被称作对白声带。最终，对白声带只有和各种音响声带、音乐声带等素材一起经过混合录音后，才能制作出完整的影视声音内容。

（姚国强 刘广阶）

语言性格化 characterization by language 演员通过语言塑造角色的重要方法。演员通过自己的声音和台词技巧，创造出符合所扮演人物形象的独特的语言风格，包括语调、语言节奏、音色音量等。语言是演员创造人物形象、展现人物性格的重要手段，演员通过独特的语言塑造人物形象、刻画人物性格。演员在角色创作中，可以充分运用有声语言表达技巧中的语调变化，来展现角色的性格和感情的变化，塑造个性化的人物。

性格化的语言包括了角色的思想情感、兴趣爱好、生活习惯等诸多方面，也包括说话的语速快慢、音调高低、力度强弱等，是人物形象特征在语言方面的综合表现。

（员晓明）

预告片 trailer 在影片尚未与观众见面之前，简要地将影片内容、主要创作人员向观众介绍宣传的短片。一部影片的预告片，一般在3分钟左右。多选取影片画面的精彩片段，运用后期剪辑技巧编辑并配以富有感染力的广告词句。除此之外，预告片还常在画面上叠印引人注目的字幕。预告片一般安排在各电影院影片正式开映之前插映或影片公映前片方在各地宣传之时播放。预告片主要起宣传和介绍作用，以吸引观众届时观看。为更好地宣传营销一部影片，制片方或宣传方一般会制作多种版本的预告片，如先行预告片、正式预告片、剧情版预告片、加长版预告片等。

（周鼎文）

《鹬蚌相争》 *Snipe-Clam Grapple* 中国彩色动画片。上海美术电影制片厂1983年出品。编剧，顾汉昌、墨犊；导演，胡进庆；美术设计，陆汝浩；动作设计，葛桂云、吴云初等。

故事讲述了在河边，一只河蚌正张着两片壳悠闲地休息，一只鹬鸟和一只翠鸟争夺蚯蚓时，蚯蚓正巧落入了河蚌的嘴里，河蚌立即紧闭住壳，但鹬鸟不甘心，用它长喙将蚯蚓夺了回去，吞下肚，河蚌却趁其不备夹了一下它的爪子。鹬鸟决心报仇。双方互相斗智斗勇，展开激战，最后河蚌紧紧夹住了鹬鸟的长脚不肯松开，

《鹬蚌相争》剧照

一旁观战的渔翁适时出击，难解难分的河蚌和鹬鸟都成了渔翁的战利品。

影片根据成语“鹬蚌相争，渔翁得利”演绎，典故出自《战国策·燕策》。影片用9分钟把成语故事做了生动有趣的诠释，其中水墨风格的剪纸，营造出中国传统山水画般田园诗意境，令观众赞叹。影片幽默风趣，鹬鸟和河蚌的动作设计惟妙惟肖。如鹬鸟在空中俯冲用尖喙攻击河蚌，河蚌奋起反抗，用水汁猛烈喷击，鹬鸟几乎招架不住。鹬鸟为了报复，捉了一只小鱼放在河蚌嘴边引诱，自己假装休息，却半睁着眼随时捕捉时机；河蚌一直耐心等到鹬鸟放松警惕，抓住机会就忽然出击，狠狠夹住它的长喙不松壳。两只动物的个性、心理活动、神态都让人捧腹，十分富有生活气息。影片1983年获第6届南斯拉夫**萨格勒布国际动画节**特别奖、加拿大多伦多国际动画电影节特别奖；1984年获文化部优秀影片奖、第4届中国电影金鸡奖最佳美术片奖、第34届德国柏林国际电影节最佳短片银熊奖。（李　清）

鸳鸯蝴蝶派电影　mandarin duck and butterfly school of film　与鸳鸯蝴蝶派文人相关的，以言情、家庭、伦理、武侠、滑稽等题材为主，具有通俗性、消遣性、趣味性的商业电影的统称。鸳鸯蝴蝶派是对包天笑、徐枕亚、张恨水、周瘦鹃等以“卅六鸳鸯同命鸟，一双蝴蝶可怜虫”为主要写作内容的通俗文学作家流派的称谓。20世纪20～30年代，一些鸳鸯蝴蝶派作家进入电影界，将其作品改编成电影剧本，有的还担任电影制片、导演、演员等工作，还在报刊上开设电影专栏，刊发电影评论、电影文章，撰写电影理论著作等。

据《**中国电影发展史**》统计，1921～1931年，中国各电影制片公司共拍摄了650部故事片，其中绝大多数都是鸳鸯蝴蝶派文人参与创作的，影片内容也多为其文学作品的翻版。1923年，鸳鸯蝴蝶派作家朱瘦菊编剧的影片《古井重波记》围绕寡妇娇娜、富翁胡特及律师李希克之间的情恨纠葛讲述一个悲情的爱情故事，是典型的鸳鸯蝴蝶派哀情小说的电影化创作。1924年，**明星影片公司**的**郑正秋**将徐枕亚的哀情小说《玉梨魂》改编成电影剧本，以寡妇梨娘、先生何梦霞、姑娘筠倩的婚恋、伦理关系为主线，电影字幕以文言书写，剧情哀怨动人，深得鸳鸯蝴蝶派小说神韵，票房不俗，引起了强烈的社会反响。

此后，越来越多的公司如法炮制，聘请鸳鸯蝴蝶派的作家参与电影创作。百合影片公司相继拍摄了《采茶女》（1924）、《风雨之夜》（1925）、《前情》（1925）、《乌盆记》（1927）等。1925年，明星影片公司将包天笑翻译的法国儿童小说《苦儿流浪记》改编成悲情片《小朋友》，将翻译的日本小说《野之花》改编成**家庭伦理片**《空谷兰》。由于影片《空谷兰》打破了当时电影票房纪录，轰动一时，明星影片公司直接聘请包天笑担任公司编剧，接连创作了《可怜的闺女》（1925）、《好男儿》（1926）、《多情的女伶》（1926）、《梅花落》（1927）等影片。除了爱情片、家庭伦理片之外，鸳鸯蝴蝶派电影还有**武侠片**、**侦探片**、滑稽片等电影类型，如朱瘦菊为大中华百合影片公司创作的古装片《马介甫》（1926），国光影片公司改编程小青小说的侦探片《母之心》（1926），徐卓呆、汪优游创作的神怪片《剑侠奇中奇》（1927）、滑稽片《济公活佛》（1927），明星影片公司根据向恺然小说改编的武侠神怪片《**火烧红莲寺**》（1928）等。一·二八事变以后，除明星影片公司改编张恨水言情小说拍摄的电影《啼笑因缘》（1932）外，还有张恨水编剧的《似水流年》（1934），江红蕉编剧的《人间仙子》（1934），姚苏凤编剧的《残春》（1933）、《妇道》（1934）、《青春线》（1934），徐卓呆编剧的《兄弟行》（1936），等等。1939～1941年上海“孤岛”时期，张恨水、刘云若等人的小说曾被改编成电影，范烟桥、徐卓呆、程小青等鸳鸯蝴蝶派作家也创作了大量电影剧本，如徐卓呆的滑稽喜剧电影“李阿毛”系列（1939～1940），范烟桥编剧的《三笑》（1940）、《秦淮世家》（1940），程小青编剧的《金粉世家》（1941）等。

鸳鸯蝴蝶派作家长期为报刊撰稿，是靠市场生存的职业文人，深谙小市民的接受心理及市场需求，形成了以才子佳人、爱恨情仇、家庭纠葛、武侠神怪、滑稽幽默为题材迎合受众的电影创作模式。鸳鸯蝴蝶派电影在市场上颇受欢迎，在左翼文人眼中则被称为“反动逆流”。20世纪80年代以来，学界对鸳鸯蝴蝶派电影中的传统观念和现代意识、庸俗格调和审美趣味做出了较为辩证的评价，充分肯定了鸳鸯蝴蝶派电影对中国早期电影情节剧观念的确立、电影本土化叙事的发展和深化、电影类型的开拓和丰富等方面所做出的贡献及其在中国电影史上促进故事短片向长片发展的重要意义。（张默然）

袁牧之　Yuan Muzhi（1909-05-30～1978-06-30）中国戏剧和电影演员、编剧、导演，电影事业家。原名袁家莱。生于浙江宁波，卒于北京。读中学时就参加戏剧活动，成为上海戏剧协社的唯一小演员。1930年，放弃大学学业，脱离家庭，投身戏剧事业。这一时期，他主演了《五奎桥》《回春之曲》等剧，同时钻研文艺理论，总结自己的表演艺术经验，出版《戏剧化装术》（1931）、《演剧漫谈》（1933）等著作。1934年，入电通股份有限公司，在**夏衍**等人的帮助下，编写剧本《**桃李劫**》，并在其中塑造他的第一个银幕形象——陶建平。袁牧之扮演这一角色虽具有舞台表演的痕迹，但能较准确地把握和体现人物典型性格。

1935年，他自编自导自演《**都市风光**》。这是中国第一部音乐喜剧故事片，也是他当电影导演的处女作。同年末，“电通”停业，他进入明星影片公司二厂。1936年，与**陈波儿**合演影片《生死同心》。1937年，编导影片《**马路天使**》，以现实主义艺术手法，反映生活在社会底层人们的悲苦命运，揭露了国民党政权的黑暗统治。影片具有明快、诙谐、隽永的特点，受到观众一致好评，被誉为“中国影坛上开放的一朵奇葩”。

抗日战争全面爆发后，袁牧之积极参加抗日救亡的宣传运动。八一三事变后，他到汉口中国电影制片厂工作。1938年，与陈波儿主演《八百壮士》。同年8月，奔赴延安，在八路军总政治部直接领导下建立**延安电影团**，负责艺术创作工作，10月起编导《**延安与八路军**》。1940年，受中国共产党的派遣，携带《延安与八路军》底片的全部素材去苏联考察、学习，完成了这部具有历史意义的影片。在苏联期间，曾与苏联电影大师S.M.**爱森斯坦**拍摄过影片。苏德战争爆发，他颠沛流离，还在西伯利亚当过牧羊工。1945年，在苏联阿拉木图电影制片厂导演关于哈萨克伟大诗人江布尔的纪念影片。1946年2月回国。

长春解放后，袁牧之参加接管株式会社满洲映画协会的工作。同年10月1日，中国人民电影事业的第一个基地东北电影制片厂成立，他担任厂长。1949年3月，他按照党中央的指示到达北平，筹备组建全国电影事业的领导机构。同年4月，任中央电影局局长。中华人民共和国成立后，曾担任文化部电影局局长。后因病长期离职休养。1983年，他的遗著《袁牧之文集》出版。（李梦学）

《圆明园》 *Yuanmingyuan Park* 中国彩色科教片。北京科学教育电影制片厂、广西电视台、中央电视台2006年联合出品。编导，薛继军、金铁木；摄影，张勇。

圆明园为清代著名皇家园林，始建于清康熙四十六年（1707），后经雍正、乾隆、嘉庆、道光、咸丰等五朝皇帝的不断修缮，历时150余年建成。作为皇家御园，圆明园以其宏大的规模、杰出的营造技艺、精美的建筑景群、丰富的文化收藏和博大精深的民族文化内涵而享誉于世，被誉为“一切造园艺术的典范”和“万园之园”。影片在全面介绍圆明园优美建筑群落的同时，还以意大利画师郎世宁的视角，一一介绍了康熙、雍正、乾隆、咸丰等皇帝在圆明园处理国事及起居生活的情形。大清皇帝更多沉浸在玩弄西洋玩具、钟表的乐趣当中，并没有研究西方的军事和科技成就。最终，在西方的坚船利炮进攻之下，虽有大清的武士誓死战斗，但这个豪华的庭院还是毁于战火和劫掠。

影片采用电脑仿真动画技术，将已不复存在的圆明园重新演绎在观众面前。影片有别于传统纪录片，在叙事中采用了很多故事片的手法，大量实景拍摄和电脑动画合成的镜头与演员的表演，真实再现了大清帝王家族隐秘的生活，营造了一个如梦如幻的影像世界。影片叙事严谨，情感饱满，不仅是一部独树一帜的史诗级电影，同时也是一部记述中国屈辱历史的爱国教材。影片2007年获第26届中国电影金鸡奖最佳科教片奖。（刘乃康）

远景 long shot 影片中远距离摄取景物和人物的一种画面。远景画面可使观众在银幕上看到广阔深远的景象，以展示人物活动的空间背景或环境气氛。远景宜于表现规模浩大的人物活动，如炮火连天、硝烟弥漫的战场，人如潮涌的游行示威，千军万马的对阵厮杀等。远景画面在展示空间和渲染气势磅礴的宏伟场面上，是其他艺术无法比拟的。其中大远景比远景视距更远，多半是外景，主要用以介绍环境、渲染气氛，适于展现更加辽阔深远的背景和浩渺苍茫的自然景色。远景镜头，一般没有人物，或者人物只占很小的位置，犹如中国的山水画，着重描绘环境的全貌，给人以整体感觉。（边善基）

《远山的瑶歌》 *Songs of Yao Minority from Distant Mountains* 中国彩色纪录片。湖北电视台2001年出品。编导，姚松平；摄影，鲁澧、张宁、刘德东。

影片记录了世代居住在大山深处——中国湖南江华瑶族自治县坪冲口80岁的盘财佑老人，五六岁时便和母亲学会了瑶歌，几十年来他不但随时以唱瑶歌自娱及为山寨里的乡亲们吟唱，还精心保存着祖辈上几代人从1867年（同治六年）就开始留下的瑶歌歌词手抄本，并随时加以完善和补充，被誉为“瑶歌歌王”。他一生吟唱、搜集、保存瑶歌，希望以一己之力，让瑶歌的传唱能后继有人，民族文化得以传承。影片叙事主要分为两条线索：一是盘财佑之外孙女盘琴，经人推荐录制的CD《盘王之女》引发国内外关注，随后去英国演唱瑶歌；二是盘财佑将传承了几代人的瑶歌歌词手抄本交给盘琴保存并和她筹办“坐歌堂”。但坐歌堂的举办屡遭挫折且不到三个小时便曲终人散，独留盘财佑一人落寞地守着篝火直到天明。

影片深入而简约地探讨了瑶歌的起源、发展和现状，并通过“坐歌堂”举办得不尽如人意，表现了民族文化生态在现代文明进程中的失落与忧思。影片意境悠远，诗意盎然，结构完整，感情浓郁。影片音画交融，充分体现了音乐元素的造型与写意功能。影片2001年获第8届中国电视纪录片学术奖长片大奖、2001年度全国外宣节目一等奖、2001年度中国电视社教节目一等奖。（刘乃康）

《月球旅行记》 *A Trip to the Moon* 法国故事片。1902年出品。根据J.凡尔纳的《从地球到月球》和H.G.威尔斯的《登月第一人》两部小说改编。编导，G.梅里爱；摄影，L.泰谷；主演，V.安德烈、H.德兰诺伊、G.梅里爱。

故事讲述了在科学大会上，天文学教授极力动员、说服科学家们参加登月行动。经过激烈争论，他的提议得到认可，工厂开始修建太空飞船。科学家们坐上飞船开始了月球探险之旅，外表酷似火箭的飞船抵达月球，停靠在月球的“左眼”上。随后，科学家们遭遇月球怪人，被带去见他们的头目，一场混战后，科学家们用雨伞击败月球人，坐飞船逃离。飞船坠落海洋，他们却幸免于难，被地球人救起，并受到热烈欢迎，被隆重嘉奖。

影片全长约14分钟，剧情包括“动员大会”“制造飞船”“登陆月球”“月球美梦”“与月球人搏斗”“坠落海洋”和“获救凯旋”等段落，情节完整，叙事流畅。影片导演梅里爱充分利用魔术师的创意思维，大量运用叠印、遮盖法、多次曝光、停机再拍、倒拍与淡入淡出等特效技术手段，创造了充满幻想的月球世界与海底景

《月球旅行记》剧照

观，生动地讲述了一个有趣的超现实的科幻故事。影片大量运用舞台剧的叙事技巧和表演风格，带有浓重的“银幕即戏剧”的特征。服饰华丽、场面壮观，演员的夸张表演与影片的舞台剧风格十分吻合。动作制造的喜剧噱头、表演产生的喜剧氛围，为影片增添了活泼生动的情趣。影片因内容和形式的种种创新而在影史上占有重要地位，被视为科幻片的滥觞之作，在科幻电影史上具有里程碑意义。（安　燕）

《岳云》 *Yue Yun* 中国彩色戏曲片。北京儿童电影制片厂1984年出品。根据传统京剧《岳家庄》改编。编剧，奎生；导演，汪宜婉；摄影，刘斌；主演，徐卫伟、姜克诚、董德光、甄静娴。

故事讲述了南宋时期，民族英雄岳飞的儿子岳云自幼习武，在一次金兵偷袭岳家庄时，岳云带领村民、家将杀退金兵，保卫了家园。太夫人决定让岳云到牛头山投奔父亲岳飞。岳云上了牛头山，看到营门上高悬着“免战牌”，不明就里地挥锤将其砸碎。岳飞升帐问罪，为树立军威，忍痛决意将岳云斩首。在众将的劝阻下，岳飞决定让岳云戴罪立功，出马大战金弹子，岳云不负众望大胜而归。

影片在保留表演舞台程式的前提下，采用多种镜头技巧，强调画面纵深感和立体感，表现了岳家大堂的庄严、牛头山的险峻以及岳飞军帐的肃穆。影片前半段在表现岳云做梦明志的一场，用了俯拍、叠画、蒙太奇的手法展现了岳云梦境与现实

的时空跨越。岳云投军一场则用镜头前闪现的景物配合唱词表现岳云“千里驰驱”的艰辛和遥远。此外，大量的**特写**一方面表现了人物性格特征，另一方面也增强了更多的剧情感和可看性，有助于观众尤其是儿童观众对影片的接受和理解。影片1985年获第1届中国电影童牛奖优秀戏曲片奖和优秀儿童集体表演奖。

（傅　秋）

越南电影 Vietnamese cinema　在法国殖民主义的统治下，越南没有自己的电影业，电影院上映的都是外国影片。1945年“八月革命”后，越南中央新闻通讯部成立了电影机构，组织了第一个电影巡回放映队。抗法战争爆发，该电影机构停止活动。1948年，在南方的摄影工作者成立了电影机构，用16毫米摄影机拍摄了第一部无声纪录片《木化大捷》。之后拍摄了20多部新闻纪录片并组织了电影放映队。1950年初，直属越南通讯署的中央电影摄制科在越北战区成立，该机构重新组织了一个电影巡回放映队，开始在宣光、太原等地活动，拍摄了一些反映抗战的纪录片，如《高北谅战役》等。1951年，拍摄了第一部16毫米的有声纪录片《第一届竞赛模范，英雄大会》。

1953年3月15日，胡志明主席签发了成立国营新闻和电影摄影部门的文件。1956年，越南文化部成立电影局。1958年，成立了越南电影制片厂。1953～1959年，越南电影主要以新闻纪录片为主，共拍摄了16毫米和35毫米的影片近300部。1959年，越南拍摄了第一部故事片《同一条江》（导演阮鸿仪、范好民），影片揭露了南越吴庭艳反动集团在外国势力怂恿下破坏日内瓦协议的阴谋，表现了越南人民要求祖国统一的意愿和斗争。

进入20世纪60年代，一些电影工作者开赴南方。1961年，越南南方民族解放阵线在南方森林里成立解放电影制片厂。1962年，越南人民军建立军队制片厂。在60年代，越南电影把主要创作力量投入反映北方社会主义建设、为统一祖国而斗争的政治任务中去。反映工农业生产建设的故事片有《柑橘园》(1960，导演范文科）、《白烟》(1963，导演阮翻利、黎少）、《浮村》(1964，导演陈武、辉成）等；反映越南人民参加革命斗争的有《阿甫夫妇》(1960，导演梅禄)、《中线炮火》(1961，导演范文科）、《思厚姐》(1963，导演范其南）等；反映抗美救国斗争的故事片《在十七度线上》(1965，导演李泰宝、一轩）、《年轻的战士》(1965，导演海宁、阮德兴)、《阮文追》(1966，导演裴庭鹤、李泰宝)、《琛姑娘的松林》(1967，导演海宁)、《前线在召唤》(1969，导演范其南）等。1966年，由辉成导演的《起风》是第一部反映越南南方人民抗美斗争的故事片。这一时期，还拍摄了第一部动画片《活该的狐狸》(1960)和第一部儿童故事片《金童》(1963，导演农益达)。初创的电影学校的首届学员也拍摄出故事片《两个士兵》和《小青鸟》等。

70年代的影片有《山村女教师》(1970，导演农益达)、《回故乡之路》(1971，导演裴庭鹤)、《阿力夫妇》(1971，导演陈武)、《17度线上的日日夜夜》(1972，导演海宁)、《出征之歌》(1973，导演陈得)、《返回蒲草区的人》(1973，导演白叶）等。1975年南方解放，南北实现统一。从1979年起，越南除继续拍摄战争题材的影片外，出现了一批以城市社会为背景，直接反映现代越南社会生活问题的影片，如《道路》(1979，导演农益达)、《和谐的生活节奏》(1981，导演英俊)、《远与近》(1983，导演辉成）等。20世纪90年代，陈英雄拍摄了《青木瓜之味》(1993)、《三轮车夫》(1995）等。另有美越战争题材影片《同禄三岔口》(1997)、动作片《计划99》(1998)、爱情片《恋恋三季》(1999）等。

21世纪以后，越南电影的代表作有《夏天的滋味》(2000)、《番石榴熟了》(2000)、《春节谁来冲喜》(2001)、《牧童》(2004)、《模特姑娘》(2004)、《变迁的年代》(2004)、《生命》(2004)、《代孕》(2006)、《穿白丝绸的女人》(2006)、《渺小心脏》(2008)、《漂泊》(2009)、《迷失天堂》(2011)、《远东的珍珠》(2011)、《叔与侄》(2012)、《等风起》(2013)、《国家》(2014)、《村庄的孩子们》(2014)、《绿地黄花》(2015)、《大爸爸、小爸爸和其他故事》(2015)、《无色彩虹》(2015)、《我是你奶奶》(2015)、《迷失天堂2》(2017)、《雷豹》(2017)、《海之眼》(2017)、《双郎》(2018)、《不灭的人》(2018)、《灿烂岁月》(2018)、《不顾一切爱你》(2018）等。

（李水英）

粤剧电影 Cantonese opera film　中国戏曲电影的一个分支，特指影片内容与粤剧相关、运用粤剧艺术元素进行创作的电影。粤剧电影属于**戏曲电影**的范畴，符合戏曲电影的一般特点，遵循戏曲电影的创作规律，拥有符合戏曲电影分类要求的影片类型。粤剧电影可分为6类：粤剧纪录片、粤剧戏曲片、粤剧杂锦片、粤剧歌唱片、粤剧故事片、粤剧折子戏片。粤剧纪录片指如实记录保存粤剧舞台演出实况的影片。粤剧戏曲片指运用电影表现手法，结合粤剧的音乐、唱腔和表演做功进行艺术创作的影片。粤剧杂锦片指把若干部粤剧电影中的精华片段剪辑而成的影片。粤剧歌唱片指穿着粤剧服饰演出的粤剧故事，保留粤剧音乐和粤剧唱腔，不保留粤剧形体表演做功的影片。粤剧故事片指把传统粤剧古装戏改编成为现代时装戏，演出改穿时装，只保留粤剧故事梗概及粤剧音乐和唱腔，不保留粤剧做功的影片。粤剧折子戏片指在粤语时装片中穿插一至四出、以粤剧舞台表演形式出现粤剧折子戏的影片。

粤剧电影的发展历程分为5个阶段：①萌芽期（1913～1933)。第一部粤剧电影是1913年香港华美影片公司出品的《**庄子试妻**》。②发展期（1934～1945)。粤剧的音乐、唱腔随着记录声响功能的出现进入电影中。1933年，由天一影片公司在上海拍摄的《**白金龙**》票房卖座火爆，带动了拍摄粤剧电影的潮流，与舞台粤剧演出分庭抗礼。③高峰期（1946～1959)。此时期产量开始逐年增加，1959年是粤剧电影上映最多的一年。新马师曾、红线女、任剑辉、芳艳芬、白雪仙、何非凡、余丽珍等粤剧名伶也投身银幕，拍摄了《洛神》《碧海狂僧》《搜书院》《梁祝恨史》《帝女花》《紫钗记》《山东扎脚穆桂英》等，直接促进了粤剧电影的繁荣。④衰落期（1960～1999)。创作人员或转向电视制作领域，或回归粤剧舞台。虽然粤剧电影的产量开始从顶峰走向下坡，但仍不乏《关汉卿》《彩蝶双飞》《佳偶天成》《李后主》等佳作。20世纪70年代，只出品了《三笑姻缘》《帝女花》《紫钗记》《沙家浜》等。直到1990年，香港华雅电影公司在内地拍摄了《李香君》。⑤复苏期(2000～　)。粤剧电视、粤剧动画电影等出现，可以视作粤剧电影的转型，借助电视、动画等艺术形态继续向前发展。第一部粤剧动画电影是2004年的《刁蛮公主戆驸马》。2009年粤剧被联合国教科文组织列入人类非物质文化遗产代表作名录，催生了粤剧电影的复苏。2011～2015年，出现了三部粤剧电影《小周后》《小凤仙》《传奇状元伦文叙》。

粤剧电影保存了粤剧艺术传统，延伸了粤剧艺术的表现领域，展示了粤剧艺术的独特魅力，记录了粤剧名伶、名腔、名剧的艺术成就，对传播和弘扬粤剧艺术在一定时期内产生了很大的作用，还丰富和改造了粤剧传统艺术的表演形态。很多改编自粤剧剧目的故事，不少已经与舞台作品有所区别。但在总体上，在粤剧电影中仍可循迹追踪粤剧舞台表演体系的原初面貌，尤其是一些传统的例戏、各个行当的经典剧目以及大量现代粤剧名伶的代表作，对粤剧历史研究具有重要的参考价值。

粤剧电影赋予了粤剧传统舞台艺术以新颖的视觉审美元素，促使传统粤剧艺术和新兴电影工业之间纠缠不清地相互渗透影响，如粤剧演员的“亦伶亦星”和粤剧故事的“影剧互动”等方面。同时，粤剧电影也把从粤剧艺术中吸取到的艺术形式、文化观念乃至创作灵感折射到电影之中，丰富了粤语电影的类型及其语言表达，特别是对神怪片、**武侠片**、《黄飞鸿》系列电影等，甚至是在**周星驰**无厘头电影的创作中都能看到粤剧艺术传统的印记，其辐射能量直接传输到当下的港产片创作。

粤剧电影是中国戏曲电影中作品数量最多的，也是香港地区粤语电影的重要组成部分，现今可查证的粤剧电影大部分在香港生产。流播区域为粤方言流通区，与粤剧大致相同，流行于中国广东全省、广西东南部、香港地区、澳门地区，东南亚地区，美洲、大洋洲、欧洲的粤籍华侨聚居地也有放映。 （罗 丽）

《云海玉弓缘》 *The Jade Bow* 中国彩色故事片。**长城电影制片有限公司**1966年出品。改编自梁羽生同名小说。编剧，张森；导演，傅奇、张鑫炎；摄影，蒋锡伟；主演，傅奇、陈思思、王葆真、平凡、李次玉。

故事讲述了女侠厉胜男由其叔叔盼归抚养长大，其父母被清廷鹰犬孟神通杀害。胜男为报仇假装被擒混入孟府，却被好心相救的金世遗坏事。胜男对金世遗暗生爱慕，而金世遗却与反清的另一女侠谷之华互生情愫。之华是孟神通失散多年的女儿，但她不与生父相认。盼归设计将孟神通诱来，两人在搏杀中丧命，胜男和之华也受了重伤。为救之华，金世遗向胜男索取解药，胜男想在死前得到自己倾慕男人的爱，便要求与她成婚后方给解药。拜堂后，金世遗拿到解药，才发现胜男也受了重伤。胜男为成全金、谷二人便将解药给了他们，金世遗心痛不已，而胜男则在金的怀中离世。

影片首次在香港电影史上大量利用钢丝吊起演员在空中进行飞腾、扑打、俯冲等动作的吊威亚技术，增强了动作的表现力；同时以精细独特的技巧制造电影动感，摒弃了旧武侠片中的舞台化的武打场面，并且也消解了滥用特技制造神怪幻术的弊病，助推了当时香港新武侠类型的美学创新。 （赵卫防）

运动镜头 moving shot 通过镜头运动（摄影机机位移动或变化光学镜头的焦距）渐次展开人物和景物的空间关系，或集中或逐一展示被摄对象。又称移动摄影、运动摄影。其存在时间的流逝和空间的转换，突破了固定镜头对时空的展示，丰富了电影表现手段。运动镜头是电影区别于其他造型艺术最主要的特征，也是电影作为艺术的重要标志之一。运动镜头产生于摄影机的移动和镜头焦距变化，因此画面构图、景别、角度、速度都会随之变化，这为电影艺术在叙事和形式感上提供了更加丰富的表现力。

运动镜头主要有推、拉、摇、移、升、降、晃动、旋转等拍摄手段，从拍摄方式上说，运动镜头包括轨道移动摄影、手持摄影以及航拍、车载摄影、遥控升降摄影机等一些特殊移动摄影。随着电子计算机技术的发展，还包括利用三维动画制作的视觉运动效果。1896年法国普洛米奥和狄克逊分别首创了移动摄影和摇拍。1900年，英国W.保罗剪接的影片《皮卡迪利广场的摩托车表演》是第一部有意识地用移动摄影拍摄富有戏剧性的外景影片。随后意大利导演G.帕斯特洛纳在拍摄影片《卡比利亚》时，让西班牙摄影师西贡杜·旭蒙把摄影机放在一辆车上，拍摄了车载移动镜头。

20世纪40年代以来，随着电影机械的小型化、轻便化和高感度感光材料的技术成熟，运动镜头开始被广泛使用，成为现代影片的重要拍摄方法。运动镜头有助于突破传统电影固定画幅比例的界限，扩展视野、增强画面的动感和空间感，丰富画面的造型形式。同时也有助于描绘事件发生、发展的真实过程，形象再现事物在时空转换中的因果关系和对比关系，既有利于表现人物在动态中的精神面貌，也可为演员表演的连贯性提供有利条件。

随着电子计算机技术的发展，数字化技术越来越多地运用在电影中，在商业大片中利用运动镜头的独特魅力而创造电影奇观似乎成为一种潮流。数字化技术能够突破传统物理机械所能达到的极限，对运动镜头做了新的描绘和诠释。在数字技术的辅助下，摄影机仿佛插上了翅膀，能上天入海，表现出了极大震撼人心的视觉效果。此时的运动镜头不再局限在单个镜头中，而是场景与场景，实景和动画的融合，以假乱真，创造出新的电影奇观，给人强烈的视觉感受。运动镜头所包含的艺术特性随着电影技术的革新而发展，必将在高科技手段的推动下得到发扬光大并产生新的艺术效果。 （马 诚）

Z

灾难片 disaster film 描写毁灭性灾难对人类造成巨大危害的**故事片**。灾难片主要渲染惊心动魄的灾难、人的恐慌心理和异常行为、灾难所造成的凄惨景象，以及摆脱、战胜或躲避灾难的方式方法。灾难片往往通过非理性、宗教等方式以逃避摆脱灾难，或进行心灵救赎。20世纪30年代，

《惊天动地》剧照

随着声音、彩色、特技摄影等表现手段进入电影，灾难片开始盛行，并逐渐成为一种新的电影类型。进入70年代，随着数字技术的进一步发展，灾难片的表现形式和主要内容得到了进一步的发展，灾难的场景达到了震撼人心的效果，一定程度上有利于影片的票房收入。传统的灾难片立足于对天灾人祸的直观描述，主题指向人们对自身破坏行为的反思。当下的灾难片在科技技术的渗透下，转向对机器大战、生化武器或是生物基因变异对人们造成的灾难。《卡桑德拉大桥》《**泰坦尼克号**》《日本沉没》《后天》《2012》《哥斯拉》《独立日》等都是有代表性的灾难片。中国在进入21世纪之后拍摄的《紧急迫降》《惊涛骇浪》《惊天动地》等影片也具有灾难片的类型特征。（戴中孚）

《再见列宁》 *Good Bye, Lenin!* 德国彩色故事片。德国X电影创意公司、西德广播电台、阿特公司2003年联合出品。编剧，B.里希坦伯格、W.贝克；导演，贝克；摄影，M.库库拉；主演，D.布鲁赫、K.萨斯、C.哈玛托娃。

故事发生在1989年，一位拥护德国社会主义和统一社会党的东德母亲，在看到儿子亚历克斯参加反政府示威被捕时，因过度受惊吓而心脏病发作昏迷不醒。8

《再见列宁》剧照

个月后，母亲醒来时对这个世界正在发生的巨变毫不知情。随着柏林墙的倒下，民主德国（东德）的解体和两德的统一已是大势所趋。但亚历克斯为了遵循医生叮嘱，让母亲不再受到任何刺激，只好和亲朋一起把房间布置、穿着打扮、食物等都换回到原来的模样，甚至制作假的电视新闻来安慰母亲。在母亲弥留之际，亚历克斯终于找到了在20世纪70年代就已逃亡到西德的父亲，让他与母亲见了最后一面。儿子用自己的方式“改写”了民族的历史，面对逝去的时代和信仰，留下的是母子间的理解和爱怜。

影片虽然在风格上荒诞不经、充满黑色幽默，但是表达的主题宏大深刻，情节构思既饱含温情又充满讽刺。影片2003年获第53届德国柏林国际电影节最佳欧洲影片蓝天使奖、最佳影片奖提名，第16届欧洲电影奖最佳影片奖、最佳剧本奖、最佳男演员奖；2004年获第61届美国电影金球奖最佳外语片奖提名。（杨 柳）

《早春二月》 *Early Spring in February* 中国彩色故事片。北京电影制片厂1963年出品。改编自柔石的中篇小说《二月》。编导，**谢铁骊**；摄影，李文化；主演，**孙道临**、**谢芳**、**上官云珠**、高博。

故事讲述了1926年前后，苦闷彷徨的青年知识分子肖涧秋，为了逃避现实，来到浙东偏僻的芙蓉镇教书。他出于人道主义，同情并资助贫穷的寡妇文嫂，同时

《早春二月》剧照

爱上了年轻漂亮而有教养的女子陶岚。文嫂的儿子阿宝因病夭折，肖涧秋同情文嫂的不幸，为帮助她脱离悲哀的境地，决定牺牲与陶岚的爱情，娶文嫂为妻。此事遭到一些人的诽谤和攻击。文嫂深感羞辱，投河自尽。肖涧秋深受刺激，痛苦地思考人生之路该何去何从。最后，他留给陶岚一封信，毅然离开芙蓉镇，投身于时代的洪流。陶岚受肖涧秋的影响，也匆忙向他追去。

影片以意味深长的镜头语言和独特的叙事角度，刻画了知识分子的彷徨失意以及不切实际空想到最后觉醒的变化过程。影片中的男女主人公都是未与时代结合的小资产阶级知识分子，通过他们自身或与现实生活环境的矛盾，刻画出了徘徊在人生道路上的青年形象。影片突破戏剧式的叙事模式，以景写情，情景交融，具有抒情诗的色彩和情调。导演对江南风光和人物细微的内心变化都做了细致的描绘，充满质感。影片1983年获第12届葡萄牙菲格拉达福兹国际电影节评委奖。（王云缦）

詹新 Zhan Xin（1960～ ） 中国电影录音师。生于上海。1982年毕业于**北京电影学院**录音系，之后进入上海电影制片厂从事录音工作。1988年，在电影《绑架卡拉扬》中担任录音师。1992年，在电影《阙里人家》中担任录音师，获第13届中国电影金鸡奖最佳录音奖、第3届中国电影电视技术学会奖电影录音一等奖。1995年，在电影《兰陵王》中担任录音师，获第4届中国电影电视技术学会奖电影录音一等奖。1996年，在电影《红河谷》中担任录音师，获第17届中国电影金鸡奖最佳录音奖提名、第5届中国电影电视技术学会奖电影录音二等奖。1999年，在电影《紧急迫降》中担任录音师。2006年，在电影《理发师》中担任录音师。

2008年，调入上海戏剧学院电影电视学院，并担任教授。2010年，担任上海世博会中国馆主题巨幕影片《和谐中国》音效师，实现了世界首创的21声道数字多**维度环绕立体声**。詹新曾先后发表了《我国首部采用DTS数字立体声的影片——记动画片“宝莲灯”的声音制作》《3D动画片〈大闹天宫〉环绕立体声设计特点》《21声道数字多维度环绕立体声之和谐制作—— 2010上海世博会中国馆主题影片〈和谐中国〉的声音创作》等论文数十篇。出版著作《声场——与电影声音对话》，承担过多项省部级的科研课题，培养出大量优秀的录音专业本科生、硕士层次艺术

人才。

詹新将丰富的影视、戏剧声音创作经验与当代中国影视声音学科的教育教学全面融合并进行互动式发展，是一位既蜚声于创作领域的艺术家，又在声音学科的创新中颇有成效的当代学者。他的重要电影声音作品还有《夏日的期待》《追不回来的爱情》《三毛从军记》《阮玲玉》《长恨歌》等。曾任**中国电影家协会电影声音艺术工作委员会**常务副会长，中国电影家协会电影教育与产业委员会副主任，中国录音师协会高校工作委员会常务理事，中国电影电视技术学会声音委员会理事，中国高等院校影视学会理事，上海电影家协会理事，上海录音师协会理事。曾先后荣获上海“德艺双馨文艺家”称号、上海“十大杰出青年”称号。（吕　甍）

《斩经堂》 *Murder in the Oratory* 中国戏曲片。华安影业公司1937年出品。编剧，**费穆**；导演，周翼华；摄影，**黄绍芬**；主演，周信芳、袁美云、汤桂芳、赵志秋。

故事讲述了西汉末年，王莽篡位，汉光武帝刘秀起兵讨伐。王莽悬赏抓捕刘秀。时有潼关守将吴汉，其父被王莽所杀，但因为年幼并不知晓，长大后，王莽将女儿兰英许配给他，由此成为王莽臣子。刘秀败走潼关，被吴汉生擒，欲献王莽。吴母闻讯赶来，告之过往与王莽的杀父之仇，命吴汉做三件事：放掉刘秀，弃绝官职，杀掉妻子。前两件事很快办妥，最后杀妻吴汉不忍，妻子兰英贤惠，明白婆婆之意，自刎而亡，吴母亦觉悲痛，但为绝吴汉后路，也悬梁自尽。万念俱灰中，吴汉烧毁官邸，率将出关，随刘秀征讨王莽。

影片采用实景与棚内内景结合，并用真人真马表现了战场气氛，体现了电影创作者和戏曲艺术家敢于探索创新的勇气。影片为费穆创作的第一部戏曲片，其动机是向戏曲艺术学习，从中发现适合电影的表演、叙事或风格经验，进而在电影民族化方面有所推进，虽有缺憾，但已体现出很强的电影叙事自觉。影片上映后，因为周信芳和袁美云的明星号召力及出色演出而受到观众普遍欢迎和业界赞誉。影片不足之处也为费穆后续拍摄**《生死恨》**等戏曲片积累了宝贵经验。

《斩经堂》剧照

（高小健）

《战舰波将金号》 *The Battleship Potemkin* 苏联故事片。苏联国立中央照相电影企业公司1925年出品。编导，**S.M.爱森斯坦**；摄影，A.基塞；主演，A.安东诺夫、G.V.亚历山德罗夫。

《战舰波将金号》剧照

故事发生在1905年，俄国战舰波将金号的水兵因发现肉生蛆而拒绝食用，反动军官企图镇压，水兵们被迫起义并占领了战舰。水兵们将起义领导者瓦库林楚克的遗体抬上敖德萨港口，成千的市民前来凭吊。沙皇军队忽然出现，向石阶上的民众开枪，起义者愤怒反击。12艘军舰被调来镇压起义，但水兵们拒绝同室操戈。最终，波将金号穿过舰队驶向大海。

影片在世界电影史上第一次把革命的人民作为主人公搬上银幕，以崭新的艺术语言创作，使电影成为富有思想性的真正的艺术。导演爱森斯坦是电影**蒙太奇**理论的创始人，影片是他将理论思考引入创作的首次成功实践。他创造性地运用对比、重复、节奏、隐喻等诸多蒙太奇手段，产生了强烈的艺术效果。影片充满革命激情和艺术创新，对世界电影艺术的发展具有重大影响，是电影史上里程碑式的作品。影片在1929年美国全国电影评议会评选1909年以来的四部最伟大的影片中名列第三，在2002年英国《视与听》杂志评选的“世界电影十大佳作”中列第七位。

（仲　霞　撰　章柏青　唐建军　修订）

《战狼2》 *Wolf Warriors Ⅱ* 中国彩色故事片。北京登峰国际文化传播有限公司、春秋时代（霍尔果斯）影业有限公司等2017年联合出品。编剧，吴京、董群、刘毅；导演，吴京；摄影，敖志君；主演，吴京、F.格里罗、吴刚、张翰、卢靖姗、丁海峰、淳于珊珊。

《战狼2》剧照

故事讲述了主人公冷锋因打死黑恶拆迁工头而被开除军籍，三年后冷锋来到非洲找杀害女友龙小云的凶手。然而，冷锋所在的非洲某国爆发了恐怖叛乱及“拉曼拉”疫情。冷锋一行人艰难地躲避了军火交锋，安全坐上大使馆车队顺利抵达撤侨的中国军舰处。冷锋听说女友的死亡与反政府武装组织有关，同时听到在华资工厂、华资医院中有中方人员需要救援，尤其是需要救出援非医疗小组的陈博士。军人使命感、责任感促使冷锋决定挺身而出，孤身一人承担营救的任务。等冷锋赶到华资医院，陈博士已经身负重伤，临终前嘱托冷锋和援非护士带非洲小女孩撤离。小女孩与治疗疫情有很大的关系，这成为雇佣军头目“老爹”的主要行动目标。在华资工厂，“老爹”的突然袭击让工人对冷锋的出现带有了一些戒备。工厂的保安主管何建国、富二代卓亦凡选择站在冷锋一边，危险来临时候一起并肩作战，殊死抵抗。援非护士在关键时候治好了冷锋感染的“拉曼拉”病毒。雇佣兵头目“老爹”加大军火，对工厂进行了惨无人道的屠杀，在中国军舰帮助之下，冷锋等人成功救出华资工厂幸存工人。最终，冷锋高扬起五星红旗，带着车队安全穿越交战区，抵达中国在当地设立的医疗站。

影片通过“大撤侨”“国旗护航”等情节设定，和以“父子”“父女”建立中非人员间的关系，展现出中国传统美德诸多品格和国际影响力。影片中，不论是中国军人挺身而出救人民于水火，还是中国军舰为人民保驾护航，都满足了观众在心理上对国家的认同。影片将英雄个人情感与责任使命做出了层次性划分，并与中国社会的主流意识形态融合，促使观众找到认同感和实现情绪的宣泄。影片对主旋律的军事动作电影发展之路进行了一定程度的探索。影片2017年获第14届中共中央宣传部精神文明建设“五个一工程”奖优秀作品奖；2018年获第17届中国电影华表奖优秀故事片奖、优秀男演员奖，第34届中国大众电影百花奖最佳男主角奖。

（连　洁）

战争片　war film　以描绘战争为主要内容的故事片。又称军事片。战争片的表现范围较为广泛，有对战略战术及宏大战争场面的描绘，如苏联的《莫斯科保卫战》、中国的《血战台儿庄》；有对人们在战争中所经历苦难的叙述，如美国的《一个国家的诞生》《魂断蓝桥》；也有对战争和人的主体存在的反思，如中国的《**晚钟**》、美国的《野战排》《**现代启示录**》。战争片涉及政治、经济、外交，甚至友谊、爱情等多方面的社会内容，但必须着重于对人们在战争中的表现和命运的描写。战争片的主人公通常是军事将领或英雄人物，常以剑拔弩张的紧张气氛和存亡攸关的巨大悬念吸引观众，成为观众非常喜欢观赏的一个片种。

《南征北战》剧照

中国的战争片，重视表达对历史重大战争的纪念以及对英雄人物的歌颂，带有一定的主旋律色彩，如《百团大战》《辛亥革命》等。中国抗日战争为中国战争电影提供了丰富的题材内容，也是中国战争片的主要表现内容。中国的战争片主要有以下3种类型：①对英雄人物的歌颂，影片中的战争事件、过程及场面服务于人物形象的塑造，着重刻画英雄人物的性格和精神，如《**董存瑞**》《从奴隶到将军》等；②对重大战役、战场的历史重演，强调重大军事战争的特点和性质，翔实叙述具体作战中的军事指挥原则和战术思想，着重突出对重大战役的肯定，强调人民战争的伟大，如《地雷战》《地道战》《**南征北战**》等；③对平民百姓历史功绩的褒奖，如《中华儿女》《**塞上风云**》等。（戴中孚）

《战争与和平》　*War and Peace*　苏联彩色故事片。苏联**莫斯科电影制片厂**1965年出品。改编自L.N.托尔斯泰的同名小说。编导，S.F.邦达尔丘克；摄影，A.彼得里茨基、陈幼兰、A.舍连科夫；主演，邦达尔丘克、L.采里可夫斯卡娅、V.V.吉洪诺夫、V.兰诺沃依等。

影片遵从原著小说，分为四部，以鲍

《战争与和平》剧照

尔康斯、别祖霍夫、罗斯托夫和库拉金等四大贵族在战争中的兴衰沉浮，以及安德烈、皮埃尔、娜塔莎三位主人公在战争中的爱情故事为叙事主轴，在战争与和平的历史交替中串联起各个阶层的人物，着重呈现原著中的奥斯特利茨战役、莫斯科大火、博罗季诺会战、拿破仑溃败等重大历史事件，再现战争前后的社会风貌、民俗风情、人民保卫国家的爱国主义热忱以及“不要用暴力和邪恶抗争”和“道德上的自我改善”的人道主义博爱精神。

影片场面壮阔，气势磅礴。为了还原原著的宏大，影片在苏联军方的帮助下，获得投资5.6亿美元，耗时5年完成，片长达6个半小时，涉及200多个布景和170余处外景地，动用临时演员30万人，是苏联电影史上最昂贵的、动用演员最多的一部影片。影片的摄影技巧和影像风格延续了苏联电影的传统，运镜自如的**长镜头**、意义复杂的**蒙太奇**组合、宏大的全景景别和多处上帝视角的使用，使影片充满着俄罗斯式的哲学思辨和诗意风格。与诗意风格相对的是对战争场面的描写，残忍的两军对垒、惨烈的莫斯科大火、对俘虏的疯狂屠杀，特别是高空俯拍法军溃败的长镜头，在还原战争场景的同时，展现时间和空间的流转，发人深省。影片音乐制作阵容豪华，采用大量俄罗斯民歌作为背景音乐，由莫斯科国家爱乐乐团、苏联广播交响乐团及其合唱团联合演奏，艺术水准较为精湛。影片1965年获第4届莫斯科国际电影节大奖，1969年获第41届美国电影奥斯卡奖最佳外语片奖、第26届美国电影金球奖最佳外语片奖。

（张　成）

张彻　Zhang Che（1924-01-17～2002-06-22）　中国电影导演、编剧。原名张易扬。原籍浙江青田。生于浙江杭州，卒于香港。抗战期间曾在“教育部”教育工作队任职。1940年，在中央大学（今南京大学）学习时受到张道藩的赏识，进入中央文化运动委员会进行戏剧工作。1947年在上海国泰影业公司和大同电影企业公司任编剧，编写了第一个剧本作品《假面女郎》。1949年开始在台湾进行电影创作工作，自编自导了台湾第一部“国语片”《阿里山风云》。1950年后相继任台湾“国防部”总政治部戏剧协会总干事、《影剧针线》发行人、台湾“教育部”中华实验剧团团长等，参与编写话剧和电影剧本。

1957年到香港，编导了《野火》，同时以笔名何观、沈思进行影评工作。1960年后进入国际电影懋业有限公司，编写了《无语问苍天》《贼美人》《游戏人间》等剧本。1962年进入邵氏兄弟（香港）有限公司，开始导演工作。1966年导演了《边城三侠》。1967年导演了《**独臂刀**》，影片票房收入超过百万，张彻因此开始成为香港武侠片知名导演。随后相继导演了《死　角》(1969)、《报　仇》(1970)、《鹰王》(1971)、《马永贞》(1972)、《洪拳小子》(1975）等。其中《报仇》1970年获第16届亚洲影展最佳导演奖，《洪拳小子》1975年获第21届亚洲影展密特拉奖和最佳音响奖。1977～1981年拍摄了金庸《**射雕英雄传**》三部曲。

20世纪80年代初期，张彻离开邵氏组建了长河影片公司，拍摄了《上海滩十三太保》。1986年到内地进行电影创作，拍摄了《大上海1937》。之后拍摄了《过江龙》(1988)、《西安杀戮》(1990)、《江湖骑兵》(1990)、《西行平妖》(1991）等。著有《张彻杂谈》一书。

张彻在几十年的电影生涯中创作了许多作品，尤其以武侠动作片居多，并发掘和带领了一批优秀的香港电影人。其作品强调对侠义精神的表达，影像风格直接鲜明，充满着一股男子汉的阳刚之气。

（孙承健）

张成功　Zhang Chenggong（1958～　）　中国作家、影视编剧。生于安徽宿县（今宿州）。1975年入伍，同年开始发表文学作品。1982年，毕业于安徽省公安学校，后在安徽省公安厅《警探》杂志社任编辑。1989年，他的文学作品《天府之国魔与道》获公安部金盾文学奖。1994年，他的长篇小说《苦海中的泅渡》获全国公安报刊优秀作品纪实类一等奖，次年由严浩、**王兴东**、王浙滨改编为电影《天国逆子》，获第7届日本东京国际电影节大奖。

1999年，将自己的文学作品《天府之

国魔与道》改编为电视剧《刑警本色》，获第18届中国电视金鹰奖长篇电视剧优秀奖。该剧以20世纪90年代初公安刑警和犯罪集团的斗争为主线，展现了人民警察为了维护安定和谐的社会秩序所做出的牺牲与奉献，以朴实的纪实风格书写身处逆境中的英雄和他们的内心世界。2001年，将自己的文学作品《黑冰》改编为同名电视剧。2002年，将自己的文学作品《黑洞》改编为同名电视剧。2003年，将自己的文学作品《黑雾》改编为同名电视剧。2004年，调入南京军区电视艺术中心，后为南京军区政治部前线文工团专业作家、编剧。

他的作品大都取材于真实案件，具有很强的冲击力。参与编剧的电视剧作品还有《英雄泪》《旋风暴》《国家行动》等。著有长篇小说《英雄泪》《旋风暴》《魔咒》以及报告文学集《铁棺之谜》《早恋，危险的开端》等。（王乙涵）

张丰毅 Zhang Fengyi（1956-09-01～ ） 中国影视演员。生于湖南长沙。1978年，考入北京电影学院表演系。1982年，参演香港凤凰影业公司出品的电影《塞外

夺宝》，同时在凌子风执导的电影《骆驼祥子》中饰演祥子。同年，从北京电影学院毕业，分配至峨眉电影制片厂任演员。1982年，出演影片《城南旧事》。1986年，出演《鸽子迷的奇遇》，获第1届中国电影表演艺术学会奖。1990年，主演《龙年警官》，获第3届中国电影表演艺术学会奖。1993年，与张国荣、巩俐联袂出演陈凯歌执导的电影《霸王别姬》。1996年，出演电视剧《和平年代》，获第17届中国电视剧飞天奖优秀男演员奖。2004年，出演电视剧《历史的天空》，获第25届中国电视剧飞天奖优秀男演员奖。2012年，在王全安执导的影片《白鹿原》中饰演白嘉轩。2017年，主演反腐电视剧《人民的名义》。

张丰毅善于塑造刚毅果敢、铁汉柔情的角色，用内敛的表演将角色不同的人生际遇表现出来。他参演的影片还有《夜行货车》(1985)、《京都球侠》(1987)、《商界》(1989)、《南行记》(1990)、《青春无悔》(1991)、《蓝风筝》(1993)、《西楚霸王》(1994)、《霹雳凤凰》(1996)、《日光峡谷》

《霸王别姬》剧照

《白鹿原》剧照

(1996)、《荆轲刺秦王》(1999)、《赤壁》(上，2008)、《赤壁》(下，2009)、《赵氏孤儿》(2010)等。参演的电视剧还有《刑警风云》(1993)、《大宅门》(2001)、《龙年档案》(2003)、《大清风云》(2005)、《西圣地》(2006)、《秦始皇》(2007)、《半路兄弟》(2010)、《中国远征军》(2011)、《长沙保卫战》(2014)、《武媚娘传奇》(2014)、《岁月如金》(2015)、《国家记忆》(2015)、《如懿传》(2018)、《因法之名》(2019)、《美好的日子》(2021)、《一代洪商》(2022)等。（黄海贝）

张国立 Zhang Guoli（1955-01-17～ ） 中国影视演员、导演、制片人。生于天津。16岁成为一名铁路工人，加入战宣队后当报幕员。1972年任铁路二局文工团演员。

1983年转业到四川人民艺术剧院当话剧演员。1984年开始涉足影坛，参演了《嫌疑犯》《乡思》等电影。1986年凭借话剧《朱莉小姐》获得其人生第一个奖项——第4届中国戏剧梅花奖最佳男演员奖。1987年凭借电视剧《死水微澜》获中国首届电视艺术片最佳男演员奖。先后出演了《草莽英雄》(1986)、《八卦莲花掌》(1987)、《顽主》(1988)、《杏花三月天》(1993)、《你没有十六岁》(1994)等影片，以及《宰相刘罗锅》(1996)、《康熙微服私访记》(1997～2000)、《铁齿铜牙纪晓岚》(2000～2009)等电视剧。其他主要作品还有《混在北京》(1996，获第19届中国大众电影百花奖最佳男演员奖)、《一声叹息》(2000，获第24届埃及开罗国际电影节最佳男演员奖)、《手机》(2003)、《建国大业》(2009)、《一九四二》(2012，获第29届中国电影金鸡奖最佳男演员奖)等影片;《忠诚》(2001)、《金婚》(2007，获第27届中国电视剧飞天奖优秀男演员奖和第14届上海电视节白玉兰奖最佳男演员奖)、《中国往事》(2008)、《大生活》(2009)、《不如跳舞》(2010)、《养父》(2011)、《青瓷》(2012)、《唐山大地震》(2013)等电视剧。

《一九四二》剧照

《金婚》剧照

此外，他还执导并主演了《我这一辈子》(2001)、《五月槐花香》(2004，获第25届中国电视剧飞天奖长篇电视剧二等奖和第23届中国电视金鹰奖最具人气男演员奖)、《原乡》(2014，获第27届中国电视金鹰奖优秀电视剧奖)等电视剧。张国立的表演自然流畅，戏路宽广、演技成熟，善于塑造不同类型的角色。（许 婧）

张国荣 Leslie Cheung（1956-09-12～2003-04-01） 中国影视演员、歌手。原名张发宗。原籍广东梅县。生于香港，卒于香港。1976年，参加香港丽的电视台主办的亚洲业余歌唱比赛，获香港区亚军和亚洲区第五名。1977年，正式出道成为歌手。1982年，主演爱情片《烈火青春》，获第2届香港电影金像奖最佳男主角奖提名。1983年，发表歌曲《风继续吹》，一举成名。1987年，主演吴宇森执导的《英雄本色2》，获第7届香港电影金像奖最佳男主角奖提名。1988年，与梅艳芳合

作出演关锦鹏执导的《胭脂扣》，获第8届香港电影金像奖最佳男主角奖提名。1990年，在王家卫执导的《阿飞正传》中饰演孤傲叛逆的青年旭仔，获第10届香港电影金像奖最佳男主角奖。1993年，与张丰毅、巩俐合作出演陈凯歌执导的《霸王别姬》，获第46届法国戛纳国际电影节最佳男演员奖提名和第4届日本影评人协会奖最佳外语片男主角奖。1994年，主演武侠片《东邪西毒》，获第1届香港电影评论家学会大奖最佳男主角奖。1997年，再次与王家卫合作，出演《春光乍泄》，获第34届台湾电影金马奖最佳男主角奖提名和第17届香港电影金像奖最佳男主角奖提名。2000年，主演动作片《枪王》，获第37届台湾电影金马奖最佳男主角奖提名。2002年，主演《异度空间》，获第22届香港电影金像奖最佳男主角奖提名。

张国荣在影视、音乐等多个领域都取得了突出的成就。作为演员，能驾驭喜剧片、动作片、爱情片、文艺片等多种类型的影片，塑造的程蝶衣、欧阳锋、宁采臣等角色给观众留下了深刻印象。他出演的影片还有《红楼春上春》(1977)、《喝彩》(1980)、《鼓手》(1983)、《缘份》(1984)、《英雄本色》(1986)、《倩女幽魂》(1987)、《纵横四海》(1991)、《家有喜事》(1992)、《蓝江传之反飞组风云》(1992)、《白发魔女传》(1993)、《金枝玉叶》(1994)、《大富之家》(1994)、《风月》(1995)、《夜半歌声》(1995)、《大三元》(1996)、《色情男女》(1996)、《红色恋人》(1998)、《流星语》(1999)等。出演的电视剧还有《鳄鱼泪》(1978)、《浣花洗剑录》(1979)、《我家的女人》(1980)、《浮生六劫》(1980)、《游侠张三丰》(1981)、《依本多情》(1984)、《武林世家》(1985)等。1993年，获第4届中国电影表演艺术学会奖特别贡献奖。2004年，获第23届香港电影金像奖授予的演艺光辉永恒大奖。（安　超）

《阿飞正传》剧照

《东邪西毒》剧照

张宏森 Zhang Hongsen（1964-08～　）中国作家、影视编剧。生于山东淄博。1983年，毕业于山东省淄博师范专科学校中文系。曾创作出版长篇小说《阳光与蛇》《狂鸟》《车间主任》《大法官》等。1997年，将《车间主任》改编为同名电视剧，获第15届中国电视金鹰奖最佳编剧奖、第6届中共中央宣传部精神文明建设“五个一工程”奖、第17届中国电视剧飞天奖长篇电视连续剧一等奖和优秀编剧奖。2001年，改编其小说《大法官》为同名电视剧，获第22届中国电视剧飞天奖长篇电视剧二等奖、第20届中国电视金鹰奖优秀电视剧奖。该剧将视点聚焦在对时代生活的深度发现和对当代人精神世界的深入挖掘之上，充分描述具体生活的细节，塑造的人物形象个性鲜明，取得了较高的艺术价值和思想价值。

他善于运用现实主义方法创作影视剧，题材取自生活，描写的都是现实生活中的普通民众，但又能对生活琐事进行升华和总结。曾任国家广电总局电影局局长、国家新闻出版广电总局副局长、国家广播电视总局副局长。（李叶子）

张骏祥 Zhang Junxiang（1910-12-17～1996-11-14）中国话剧、电影导演，剧作家，艺术理论家，电影事业家。笔名袁俊。生于江苏镇江，卒于上海。出身于书香之家。中学时代受五四新文化运动影响，热爱文学。1931年，毕业于国立清华大学西洋文学系。1936年留美，在耶鲁大学戏剧学院攻读导演等课程，获硕士学位。1939年回国，在四川江安国立戏剧专科学校讲授导演艺术及舞台装置，并先后导演了曹禺的《蜕变》《北京人》和李健吾的《以身作则》。1941年初，赴重庆先后主持中央青年剧社和中央电影摄影场的中电剧团，同时为怒吼剧社、中华剧艺社和神鹰剧团导演话剧，在戏剧界有广泛的影响。1939～1945年，创作了《边城故事》《美国总统号》《小城故事》《山城故事》《万世师表》等话剧剧本，翻译了《富贵浮云》《林肯在伊利诺伊》《好望号》《审判日》等外国名剧和影片《吾土吾民》。

张骏祥在中国电影家协会学术报告会上

1947年，张骏祥转入电影界，先后在上海和香港导演了《还乡日记》《乘龙快婿》和《火葬》。1951年，导演《翠岗红旗》，获文化部1949～1955年优秀故事片三等奖。1954年，导演《鸡毛信》，获文化部1949～1955年优秀故事片三等奖。1964年，导演《白求恩大夫》，集中表现了他的电影导演艺术成就，影片真实感人，风格朴实清新，各种电影手法运用得娴熟流畅。他在电影导演艺术上坚持现实主义手法，力求把思想性、真实性、艺术性统一于形象刻画之中。他担任编剧或导演的作品还有《胜利重逢》(1951)、《新安江上》(1958)、《六十年代第一春》(1960)、《燎原》(1962)、《大庆战歌》(1966)、《大泽龙蛇》(1982)等。

在艺术理论上，他也有颇多建树。撰写了许多有关导演理论的文章。他的文章系统地介绍了A.狄恩的导演理论，并加以丰富和发展。张骏祥认为：①学习导演必须掌握画面组合、绘意、动作、节奏、做工5个基本技术。②导演应根据剧本的风格、体裁灵活运用这5个基本技术。③解决好导演与演员及舞台各艺术部门之间的关系，调动各方面力量共同进行艺术创作。他导演的话剧反映了他的这些理论，结构严谨，舞台各部门配合协调，形象鲜明生动，风格明朗，节奏流畅。1959年，出版了论文集《关于电影的特殊表现手段》。他认为，电影要重视文学性，要体现文学价值，引起电影界的普遍关注。他长期以来一直参与中国电影事业的组织领导工作，历任上海电影制片厂副厂长，上海电影制片公司副经理，上海市电影局副局长、局长，上海电影专科学校校长，文化部电影局副局长等职，对中国电影事业的规划、发展作出了贡献。曾任全国人大代表、中国电影家协会副主席等。

（张兆龙　张石流）

张曼玉　Maggie Cheung（1964-09-20～　）中国电影演员。祖籍上海。生于香港。8岁时移民英国，就读于伦敦肯特中学。1982年返回香港后，被星探发掘，成为专职广告模特。1983年，参加香港小姐选美大赛，获最上镜小姐奖和香港小姐亚军。1984年，进入演艺圈后，主演了电视剧《新扎师兄》以及电影《青蛙王子》《缘份》。此后，连续主演了《警察故事》(1985)、《摩登仙履奇缘》(1985)、《开心鬼撞鬼》(1986)、《A计划续集》(1987)等多部电影，塑造了多个青春娇俏的少女角色。1986年后，逐渐拓宽戏路，在《玫瑰的故事》(1986)、《黄色故事》(1987)、《旺角卡门》(1988)等影片中，以出色的演技塑造了各种各样的女性形象。

1989年，出演《人在纽约》，获第26届台湾电影金马奖最佳女主角奖。同年，出演《不脱袜的人》，获第9届香港电影金像奖最佳女主角奖。1990年，出演《爱在别乡的季节》，获第10届香港电影金像奖最佳女主角奖提名和第8届意大利都灵国际电影节评审团特别奖。同年，出演《滚滚红尘》，获第27届台湾电影金马奖最佳女配角奖。1992年，主演《阮玲玉》，获第28届台湾电影金马奖最佳女主角奖、第12届香港电影金像奖最佳女主角奖和第42届德国柏林国际电影节最佳女演员奖，成为第一位获此奖项的中国演员。1996年，与黎明合作出演《甜蜜蜜》，获第34届台湾电影金马奖最佳女主角奖、第16届香港电影金像奖最佳女主角奖和第2届香港电影金紫荆奖最佳女主角奖。1997年，在《宋家皇朝》中成功扮演宋庆龄，获第17届香港电影金像奖最佳女主角奖。2000年，出演王家卫执导的《花样年华》，获第37届台湾电影金马奖最佳女主角奖和第20届香港电影金像奖最佳女主角奖。2002年，出演古装大片《英雄》，获第22届香港电影金像奖最佳女主角奖提名。2004年，出演《清洁》，获第57届法国戛纳国际电影节最佳女演员奖。

《英雄》剧照

张曼玉的表演自然流畅、收放自如，散发着独特的个人魅力，深刻地展示了人物的内心世界。她出演的影片还有《阿飞正传》(1990)、《新龙门客栈》(1992)、《家有喜事》(1992)、《东方三侠》(1993)、《青蛇》(1993)、《千面天王》(1993)、《廉政第一击》(1993)、《东邪西毒》(1994)、《爱在异乡的故事》(1999)、《一见钟情》(2000)、《2046》(2004)、《东邪西毒：终极版》(2008)等。2005年，被评为“中国电影百年百位优秀演员之一”。2007年，获第10届上海国际电影节华语电影杰出贡献奖。2011年7月，获英国爱丁堡大学授予的荣誉博士学位。2017年，成为美国电影艺术与科学学院新增补的会员。

（赵小青　撰　章柏青　唐建军　修订）

张暖忻　Zhang Nuanxin（1940-10-27～1995-05-28）　中国电影导演。生于内蒙古呼和浩特，卒于北京。幼年随父母迁居北京。中学时期就积极参与戏剧活动，扮演过《雷雨》中的四凤等角色。1958～1962年在北京电影学院导演系学习，毕业后留校执教。早期曾参与拍摄桑弧导演的影片《第二个春天》(1974)和谢晋导演的《春苗》(1975)，参与编剧凌子风执导《李四光》(1978)。1981年编导了影片《沙鸥》，在电影中大胆进行电影语言的突破，大量运用长镜头，起用非职业演员，运用自然光效和自然音效，追求“如生活本身那样真实可信”的艺术效果，产生了非同寻常的艺术感染力。影片1981年获文化部优秀影片奖和第2届中国电影金鸡奖导演特别奖、最佳录音奖。

1985年编导的影片《青春祭》是对《沙鸥》开拓的纪实美学的又一次延伸，以“散文式”的艺术风格承载了作者强烈的感情色彩，注重挖掘人物的心理活动，在电影语言上努力追求影像上的形式美，营造了含蓄、饱满而又温煦的意境，渗透了强烈的现代意识。1990年执导了《北京，你早》，影片充满写实主义特色，获中国广播电影电视部1989～1990年优秀影片奖。1993年执导了《云南故事》。1994年拍摄了《南中国1994》。

在电影理论方面，1979年曾与李陀合写《谈电影语言的现代化》，刊登在《电影艺术》第3期，在文中回顾了世界电影史上的几次重大语言形态的变革，论述了世界电影艺术在现代发展的四大趋势，提倡在电影语言方面大胆革新，是中国电影理论发展过程中的旗帜性理论，打破了长期占统治地位的戏剧式电影观念，对电影本体进行了探讨，具有重大意义。

张暖忻是中国第四代导演的代表人物之一，同时也是中国当代电影界少有的几位在理论建设和创作实践方面都有突出贡献的电影人士。她创作的《沙鸥》《青春祭》《北京，你早》等影片，都典型代表着新时期电影风貌，反映着中国电影的艺术探索轨迹与社会文化变迁，在中国电影史上具有承前启后的地位。

（孙承健）

张瑞芳　Zhang Ruifang（1918-06-15～2012-06-28）　中国电影、话剧演员。原籍北京。生于河北保定，卒于上海。18岁考入国立北平艺术专科学校西洋画系。一二·九运动时，主演话剧《黎明》和《放下你的鞭子》。抗日战争全面爆发后，参加北平学生战地移动剧团，演出了《打鬼子去》《林中口哨》《烙痕》等舞台剧。1938年到重庆，加入中国共产党，先后进入怒吼剧社、中国万岁剧团、中华剧艺社，参加了许多重要演出，成功地塑造了性格、身份、经历不同的众多女性形象，如《棠棣之花》中的春姑、《屈原》中的婵娟、《北京人》中的愫方、《家》中的瑞珏、《牛郎织女》中的织女、《大雷雨》中的卡捷琳娜、《安魂曲》中的阿露霞、《芳草天涯》中的孟之云等。当时，她和白杨、舒绣文、秦怡并称话剧界“四大名旦”。

1946年，受聘为长春电影制片厂特约演员。1947年，第一次在影片《松花江上》中扮演主要角色。1949年后相继在北京电影制片厂、中国青年艺术剧院任演员。1951年，调入上海电影制片厂，任上影演员剧团团长。演出了《南征北战》《家》《聂耳》《李双双》等影片。其中,《李双双》是她的代表作,“李双双”这一角色使她获得1963年第2届中国大众电影百花奖最佳女演员奖。80年代前后,出演了《大河奔流》《泉水叮咚》等影片。

从艺70多年,先后参演了40余部话剧、近20部电影,从舞台到银幕,她塑造了一系列鲜活生动的形象。1962年,她被文化部评为新中国22大电影明星之一。1993年,获第4届中国电影表演艺术学会奖特别荣誉奖。2003年,获第9届中国电影表演艺术学会奖终身成就奖。2005年12月28日,在中共中央宣传部、国家广电总局、文化部举办的纪念中国电影诞生100周年大会上,被授予“国家有突出贡献电影艺术家”称号。2007年,在第10届上海国际电影节上,获得“华语电影终身成就奖”。张瑞芳在舞台和银幕上形成了朴实、真挚、流畅的表演风格。曾任全国政协第三、五、六届委员,全国妇联第4届执行委员,中国文联第3、4届委员,第六、七届上海市政协副主席,中国电影家协会第3届理事、第4届常务理事及上海电影家协会第4届副主席,中国电影表演艺术学会会长等职。(王云缦 李 涵)

张石川 Zhang Shichuan(1891-01-21～1953-06-08) 中国电影导演、事业家。生于浙江宁波,卒于上海。少年时丧父,随舅父到上海经商,办过文明戏班,经营过新世界游艺场等。1913年,与**郑正秋**合作,为美商经营的亚细亚影戏公司导演影片《难夫难妻》,该片是中国拍摄故事片的开端。

1916年,开办幻仙影片公司,拍摄揭露鸦片毒害的影片《黑籍冤魂》。1922年,与郑正秋等人组建**明星影片公司**,任总经理。1923年,他认识到自己导演的滑稽打闹片已不受欢迎,听取了郑正秋的意见,转入拍摄正剧长片。同年,导演《孤儿救祖记》,这是中国第一部比较成功的长故事片,在艺术处理上也有所突破。此后,导演了《玉梨魂》(1924)、《盲孤女》(1925)、《最后之良心》(1925)等影片。

1928年,由于影片市场不景气,为迎合观众的好奇心理,他又导演了武侠神怪片《火烧红莲寺》。1931年,导演了以蜡盘配音的中国第一部有声片《歌女红牡丹》。1932年,编导影片《啼笑因缘》。随着中国人民抗日怒潮的高涨,他支持左翼电影工作者,拍摄了不少进步影片,如《脂粉市场》(1933)、《前程》(1933)、《压岁钱》(1937)等影片。1937年,明星影片公司的摄影场沦为战区,他以抢救出来的机械和底片作价,加入柳中亮、柳中浩兄弟创办的国华影片公司。之后,拍摄了《李三娘》(1939)、《三笑》(1940)、《夜深沉》(1941)等影片。1942年,进入中华联合制片股份有限公司,先后担任分厂厂长兼导演、制片部部长等,相继导演了《燕归来》(1942)、《芳草碧血》(1943)、《英雄美人》(1944)等。抗日战争胜利后,继续导演过几部影片,如《长相思》(1946)、《乱世的女性》(1948)等。

张石川在长期实践过程中,逐渐形成自己的艺术特点,即故事首尾呼应,剧情发展清楚,故事性强,通俗易懂等。张石川注重电影的商业性和娱乐性,由他执导的影片,在当时很受市民阶层的欢迎。作为中国电影的开拓者之一,张石川在中国电影史上占有重要的地位。(陈 野)

张叔平 William Chang(1953-11-12～) 中国电影美术指导、服装设计师、剪辑师。原籍江苏无锡。自幼喜欢绘画。曾在香港读中学。毕业后曾做布料设计工作,同时修读香港大学的艺术校外课程。1978年于加拿大修读电影。1984年在《似水流年》中担任美术设计,获第4届香港电影金像奖最佳美术指导奖。1988年在《旺角卡门》中担任美术指导,获第8届香港电影金像奖最佳美术指导奖。1990年在《阿飞正传》中担任美术指导,获第10届香港电影金像奖最佳美术指导奖、第28届台湾电影金马奖最佳造型设计奖和最佳美术设计奖。1994年参与拍摄《东邪西毒》,获第10届香港电影金像奖最佳美术指导奖、最佳服装造型设计奖。

1999年,在《花样年华》中为女主角设计了40身旗袍,引发了一场上海滩旗袍的怀旧热潮,获第37届台湾电影金马奖最佳造型设计奖、第10届香港电影金像奖最佳美术指导奖等。他还在《花样年华》中担任剪辑师,获第10届香港电影金像奖最佳剪辑奖、第45届亚太影展最佳剪辑奖。2001年参与创作《蓝宇》,获第38届台湾电影金马奖最佳剪辑奖。2004年参与创作《2046》,获第24届香港电影金像奖最佳美术指导奖、第41届台湾电影金马奖最佳美术设计奖。2010年参与创作《让子弹飞》,获第31届香港电影金像奖最佳服装造型设计奖。2013年参与创作《一代宗师》,获第29届中国电影金鸡奖最佳美术奖,第50届台湾电影金马奖最佳艺术指导奖、最佳造型设计奖,第33届香港电影金像奖最佳剪辑奖、最佳美术指导奖、最佳服装造型设计奖等。

他参与的影片还有《梦中人》(1986)、《暗恋桃花源》(1992)、《恋之风景》(2004)、《金陵十三钗》(2011)、《华丽上班族》(2014)、《摆渡人》(2015)、《金都》(2020)等。张叔平的美术设计风格简洁大气、朴素写实,作品中透露出沉寂和苍凉的质感。他对年代戏的时代特色把控精准到位,细节经得起推敲;常常用大面积单色调色彩来表达电影的情绪;在服装上常用制服、旗袍、格子衫等具有一定特色的服饰。(宋东葵)

张松林 Zhang Songlin(1932～2012-05-08) 中国动画导演、教育家。生于上海,卒于上海。1948年中学毕业后考入苏州美术专科学校。1950年,上海电影制片厂美术片组面向社会招收动画绘制人员,还在读书的张松林得知后选择肄业,考入上海电影制片厂工作。在上海电影制片厂参与的第一部动画是《小铁柱》,担任上色工作。1951年提升为动画员,后在《小猫钓鱼》中担任动画工作。1959年,导演了自己的首部动画片《蜜蜂与蚯蚓》。1960年,与浦家祥等人合作导演动画《小燕子》。该片造型突破以往动画片的表现形式,尝试把中国花鸟画运用到片中,具有鲜明的艺术特色。20世纪60年代初,张松林调至上海电影专科学校,担任动画系副主任兼专业教师。在他任教期间,组织毕业生集体创作了动画片《没头脑和不高兴》。1963年,调入**上海美术电影制片厂**,担任文学组组长,负责美术电影的文学剧本工作。1964年,由他与虞和静合作改编的木偶片《半夜鸡叫》上映,该片获1980年全国第二次少儿文艺创作评奖大会二等奖。1978年,担任上海美术电影制片厂副厂长兼编辑室主任。1985年,与上海美术电影制片厂的一批老艺术家共同发起成立了中国动画学会,先后担任秘书长、副会长、名誉会长等职务。在他主持动画学会的20多年里,动画学会逐步发展成为全国动画人的核心组织,在推动动画产业的发展方面发挥了重要的作用。80年代,他率先在上海大学美术学院设立动画专业。进入21世纪后,担任吉林动画学院院长。他大力倡导教育改革,建立了产、学、研一体化的人才培养模式。他还在《三个和尚》《奇异的蒙古马》《太阳之子》《熊猫京京》《西游记》等多部动画片中担任编剧、策划等工作。在美术电影的理论研究方面，张松林先后发表了《美术电影要走民族化道路》《美术电影创作初探》等论文。还参加过《中国电影大辞典》等书的撰稿和编辑工作。（李保传）

张天民 Zhang Tianmin（1933-07-12～2002-03-16） 中国电影剧作家。生于河北涿县（今涿州市），卒于北京。中学时代的张天民便开始从事诗和小说的写作。

1951年，在《光明日报》上发表了第一篇短篇小说《斗争》。1952年考入中央文化部电影局电影学校（今北京电影学院）第一期编剧班，比较系统地学习了文艺与电影基础知识，并开始电影文学剧本的写作。1954年毕业后在中央电影局电影剧本创作所工作，1956年调入长春电影制片厂，1983年调入北京电影制片厂。

他创作的电影文学剧本被搬上银幕的有《鸿雁》(1960)、《路考》(1965)、《创业》(1974)、《希望》(1977)、《自豪吧！母亲》(1980)、《但愿人长久》(1981)等。与他人共同创作被搬上银幕的有《木屋》(1982)、《远离人群的地方》(1983)、《开国大典》(1989)。这些作品中，《创业》以洋溢的热情，歌颂了大庆石油工人创业的事迹。影片公映后，获得广大观众的赞赏。《开国大典》使张天民和其他几位主创编剧荣获1990年第10届中国电影金鸡奖最佳编剧奖。出版的影视方面作品主要有《张天民电影剧本选》《张天民影视文学精品》等。

在文学创作上，著有长篇小说《创业》、诗集《北京漫步集》《七月抒情诗》、中篇小说《海滨的朋友》《追花人》等。其中，《战士通过雷区》获1979年全国优秀短篇小说奖、总政治部征文奖。曾任农村读物出版社社长兼总编辑，中国电视剧制作中心主任、党委书记，中国电影文学学会副会长兼秘书长，中国电影家协会理事。曾当选第五届全国人大代表。

（王云缦）

张婉婷 Mabel Cheung（1950-11-11～ ） 中国电影编剧、导演。祖籍广东。生于香港。早年在香港大学主修英国文学和心理学，获学士学位。后赴英国攻读戏剧和文学。1982年，在纽约学习电影课程。

1984年，执导电影处女作《非法移民》，获第5届香港电影金像奖最佳导演奖。1987年，执导爱情片《秋天的童话》，风格恬淡，情感表达真挚细腻。影片1987年获第24届台湾电影金马奖最佳男主角奖、最佳摄影奖，1988年获第7届香港电影金像奖最佳电影奖、最佳编剧奖、最佳摄影奖。1988年，与罗启锐共同担任电影《七小福》的编剧，获第25届台湾电影金马奖最佳编剧奖。1989年，执导《八两金》，获第9届香港电影金像奖最佳电影配乐奖。《非法移民》《秋天的童话》《八两金》合称“移民三部曲”。1998年，执导并与罗启锐合作编剧电影《玻璃之城》，获第35届台湾电影金马奖最佳原创剧本奖。2003年，导演纪录片《龙的深处：失落的拼图》。

她的电影以写情见长，笔触细腻，漂泊和回忆是其电影的两大主题，善于将人物置于时代格局中，充满温暖和故土人情味。她导演的影片还有《我爱扭纹柴》(1992)、《宋家皇朝》(1997)、《北京乐与路》(2001)等。（张智华）

张艺谋 Zhang Yimou（1950-04-02～ ） 中国电影导演、摄影师、演员。生于陕西西安。中学毕业后在陕西农村插队，后当工人。1978年，考入北京电影学院摄影系学习。

1982年，毕业后分配到广西电影制片厂。1984年，在张军钊执导的《一个和八个》中担任摄影师。同年，在《黄土地》中担任摄影师，采用大量不规则构图摄影，突破常规，获第5届中国电影金鸡奖最佳摄影奖。1986年，在《大阅兵》中担任摄影师。1987年，主演《老井》，其表演质朴、准确，获第8届中国电影金鸡奖最佳男主角奖、第2届日本东京国际电影节最佳男演员奖、第11届中国大众电影百花奖最佳男主角奖。同年，导演电影处女作《红高粱》，

《老井》剧照

获第38届德国柏林国际电影节金熊奖。1990年，主演《古今大战秦俑情》。同年，执导电影《菊豆》，控诉了封建社会对女性从身体到精神的压榨，获第43届法国戛纳国际电影节路易斯·布努埃尔特别奖、第63届美国电影奥斯卡奖最佳外语片奖提名等。1991年，执导《大红灯笼高高挂》，讲述了一个具有民族寓言色彩的故事，揭示了封建礼教对人性的倾轧和扭曲。影片制作精良，色彩运用颇具匠心，画面富有视觉冲击力，获第16届中国大众电影百花奖最佳故事片奖、第48届意大利威尼斯国际电影节银狮奖、第64届美国电影奥斯卡奖最佳外语片奖提名。1992年，执导《秋菊打官司》，获第49届意大利威尼斯国际电影节金狮奖、第13届中国电影金鸡奖最佳故事片奖等。

1994年，导演《活着》，将人物命运置于宏大的时代背景中，展示了人物的悲欢离合，获第47届法国戛纳国际电影节评委会大奖等。1999年，导演《一个都不能少》，展现了贫困地区农村失学儿童的教育问题，具有强烈的真实色彩，获第19届中国电影金鸡奖最佳导演奖、第56届意大利威尼斯国际电影节金狮奖。同年，导演《我的父亲母亲》，讲述了一段质朴纯真的爱情故事，具有清新、细腻的艺术风格。影片获第20届中国电影金鸡奖最佳故事片奖、最佳导演奖，第6届中国电影华表奖优秀故事片奖，第23届中国大众电影百花奖最佳故事片奖，第50届德国柏林国际电影节银熊奖等。21世纪后，开始转型拍摄商业片，先后执导《英雄》(2002)、《十面埋伏》(2004)、《满城尽带黄金甲》(2006)等古装大片，取得了票房上的成功。2005年，执导文艺片《千里走单骑》，风格朴实，节奏缓慢，感情深沉而丰富，体现了其深厚的艺术把握能力，获第12届中国电影华表奖优秀故事片奖、第26届香港电影金像

奖最佳亚洲电影大奖。2014年，执导电影《归来》，获第34届香港电影金像奖最佳两岸华语电影奖。2018年，导演《影》，获第55届台湾电影金马奖最佳导演奖。2020年，导演《一秒钟》，获第15届亚洲电影大奖最佳导演奖。2021年，执导《悬崖之上》，获第34届中国电影金鸡奖最佳导演奖。

张艺谋在《十面埋伏》拍摄现场为演员说戏

作为中国第五代导演的代表人物，张艺谋在艺术上取得了丰硕的成绩，拉开了中国电影商业大片的序幕，为中国电影赢得了很多重要的国际奖项，使中国电影开始走向世界。在艺术创作上，他不断创新，追求自我突破，善于吸收世界优秀电影的艺术表现手法，又不落窠臼，每部作品都有独特的风格与较高的票房收入。他导演的影片还有《摇啊摇，摇到外婆桥》(1995)、《有话好好说》(1997)、《三枪拍案惊奇》(2009)、《长城》(2016)、《狙击手》(2022)等。张艺谋还曾跨界执导歌剧《图兰朵》《秦始皇》，芭蕾舞剧《大红灯笼高高挂》，大型山水实景演出“印象”系列，以及中国申办2008年奥运会的宣传短片。2005年，获第25届美国夏威夷国际电影节终身成就奖。2007年，担任第64届意大利威尼斯国际电影节评委会主席。2008年，担任第29届夏季奥林匹克运动会开、闭幕式总导演，第13届夏季残疾人奥林匹克运动会开、闭幕式总导演。2012年，获第35届埃及开罗国际电影节终身成就奖。2014年，担任北京申办2022年冬奥会宣传片总导演。2022年，担任第24届冬季奥林匹克运动会开、闭幕式总导演，第13届冬季残疾人奥林匹克运动会开、闭幕式总导演。

（章柏青　唐建军　撰　高小健　修订）

张永祥　Zhang Yongxiang（1929-10-26～2021-10-08）　中国电影编剧。生于山东烟台，卒于美国旧金山。1957年，毕业于台湾政治作战学校电影系。1963年，开始电影编剧工作，创作的第一部电影剧本为《风雨故人事》。1964年，创作电影剧本《养鸭人家》，讲述了养鸭能手林再田抚育养女小月的故事，故事架构单纯简洁，洋溢着清新的大自然气息。张永祥凭借该片获第12届亚太电影节最佳编剧奖，一鸣惊人。从此开始与导演李行的长期合作关系，成为20世纪60年代中国台湾“中央电影事业股份有限公司”的健康写实主义制片路线主力编剧，同时也为其他公司编写剧本。1969年，创作电影剧本《家在台北》，获第16届亚太电影节最佳编剧奖、第8届中国台湾电影金马奖最佳编剧奖。60年代是他创作力最强的时期，多与李行及白景瑞两位导演合作。

70年代，他的影片大都遵从健康写实主义路线，具有浓郁的乡土气息。1970年，在《还君明珠双泪垂》中担任编剧，获第10届台湾电影金马奖最佳编剧奖。1975年，在《吾土吾民》中担任编剧，获第12届台湾电影金马奖最佳剧情片奖和最佳编剧奖。1977年，改编电影剧本《汪洋中的一条船》，获第15届台湾电影金马奖最佳编剧奖。1978年，担任电影《小城故事》的编剧，获第16届台湾电影金马奖最佳原著剧本奖。1981年，改编电影剧本《假如我是真的》，获第18届台湾电影金马奖最佳剧情片奖和最佳改编剧本奖。

他创作的电影剧本有150多部，被拍成的影片既有《养鸭人家》等健康写实主义电影，也有根据琼瑶小说《第六个梦》《心有千千结》《秋歌》《浪花》改编的言情电影。影片风格朴实自然，剧作依照中国传统戏剧模式，遵从中国传统伦理观，情节曲折、人物生动。2016年，获第53届台湾电影金马奖终身成就奖。

（冯晓临）

章柏青　Zhang Baiqing（1943-05-31～　）　中国电影评论家、史学家、理论家。生于浙江萧山。1961年，考入杭州大学（今浙江大学）中文系。大学毕业后，分配到中国电影发行放映公司从事编辑工作。“文化大革命”期间，被下放到文化部的干校劳动，在干校期间，认识了司徒慧敏、郭小川、冰心、钱钟书等人。与这些文化名人的相识，对章柏青的人生产生很大影响。“文化大革命”结束后，先后担任中国电影公司宣传处副处长、《电影画报》《中国银幕》杂志主编，其间师从钟惦棐、郑雪来、罗艺军等电影界学术大家，从事电影评论与理论的写作与研究。1994年，调入中国艺术研究院工作，后担任电影电视研究所所长、数字动漫艺术创作研究中心主任。1999年，被推选为中国电影评论学会会长，2016年卸任后任中国电影评论学会名誉会长。

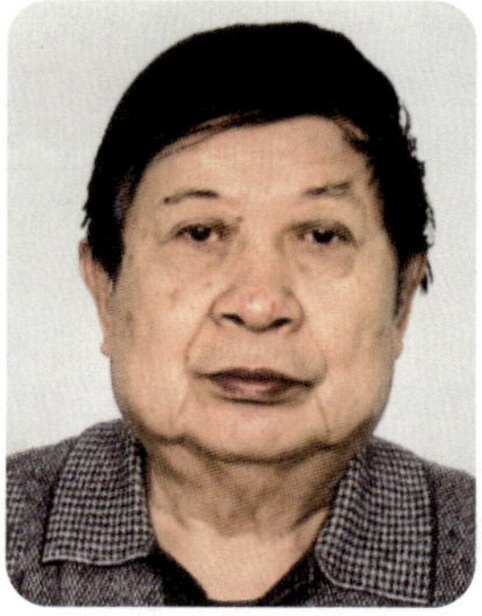

章柏青在学术上致力于电影观众学和当代中国电影的研究，出版专著有《电影观众学》《电影与观众论稿》《中国电影·电视》《阅读电影》《中国电影受众观察》等，担任主编的书有《中国当代电影发展史》（上、下册）、《电影锣鼓之世纪回声》《电影学大视野》《中国电影批评》等。曾任中国电影家协会理事、中国夏衍电影学会理事、《中国大百科全书》第二版影视学科主编。曾任中国艺术研究院电影电视研究所研究员、博士生导师，北京电影学院、首都师范大学、浙江传媒学院客座教授，复旦大学、浙江大学特约研究员，中国电影金鸡奖、中国电影华表奖、中共中央宣传部精神文明建设“五个一工程”奖评委等。2019年，获第4届中国高等院校影视学会“学人奖”终身成就奖。2020年，获第28届上海影评人奖年度电影评论贡献奖。

（丁亚平）

章泯　Zhang Min（1906-12-29～1975-02-04）　中国戏剧和电影导演，电影教育家。原名谢韵心，又名谢兴，笔名杜山、陆擎等。生于四川峨眉，卒于北京。1922～1929年，先后在成都外国语专门学校、北京人艺戏剧专门学校、国立北平大学艺术学院戏剧系学习。1931年，加入中国左翼戏剧家联盟，并任执行委员，导演独幕剧《放下你的鞭子》。1932年，创作独幕剧《东北之家》《雪夜小景》，导演多幕剧《C夫人肖像》。1933～1934年，导演田汉的《名优之死》《江村小景》《姐妹》《父归》和洪深的《稻香米》等，同时创作了独幕剧《胎妇》《弃儿》《儿归》。1935年，参与创办上海业余剧人协会，并担任理事、编导部主任和导演。同年，为业余剧人协会导演H.易卜生的《娜拉》，赢得好评。1936～1937年，在上海业余剧人协会和上海业余实验剧团接连导演了N.V.果戈理的《钦差大臣》、N.A.奥斯特洛夫斯基的《大雷雨》和W.莎士比亚的《罗密欧与朱丽叶》。在此期间，章泯还同万籁天合作编译《电影表演基础》，撰写《悲剧论》《喜剧论》，创作话剧《夜》《我们的故乡》，与葛一虹合作创办《新演剧》月刊。

1940年，赴重庆，在育才学校主持戏剧组的教学工作。1941年皖南事变后，根据周恩来的指示，同一批进步文化人离开重庆取道贵州、广西去香港。抵香港后，在廖承志、**夏衍**的关怀与支持下，与司徒慧敏、宋之的等负责组建"旅港剧人协会"。同年，导演反法西斯名剧《马门教授》。太平洋战争爆发后，香港沦陷，经党组织安排，同"旅港剧人协会"成员分批离开香港。1940～1941年，还进行过国外先进戏剧理论的研究和编译工作。1942年末，同"旅港剧人协会"部分成员由桂林赴重庆，参加新组建的中国艺术剧社。1943年，导演了曹禺的《北京人》《家》，并与**郑君里**合译出版《演员自我修养》(第一卷)。1944年，从重庆赴昆明，导演《天国春秋》(阳翰笙著)和《孔雀胆》(郭沫若著)。抗日战争胜利后，与新中国剧社部分成员离昆明赴广州，根据中共党组织"转电影"的指示从广州赴香港，在继续从事戏剧创作与理论研究的同时，将多幕剧《苦恋》改编为电影剧本，更名为《怨偶情深》。1949年，导演了第一部电影《结亲》(又名《风雨江南》)。同年，还编导《静静的嘉陵江》和《冬去春来》两部电影，编写著作《导演与演员》。

1949年中华人民共和国成立后，由香港回到北京，担任中央电影局艺术委员会副主任职务。同年，在中央戏剧学院实验话剧团导演话剧《俄罗斯问题》(K.M.西蒙诺夫著，茅盾译)。1951年，为中国青年艺术剧院导演话剧《在新事物的面前》，翻译《戏剧导演手册》《戏剧导演基本知识》等国外戏剧电影理论著作。1954年，赴苏联访问，了解苏联电影生产和电影教育情况，回国后总结访苏经验，酝酿筹建中国第一所电影学校；同时研究全国在职电影工作者的学习与提高问题，并撰写报告提交国务院，请求批准聘请苏联专家访问中国讲学；开办导演、表演、摄影、美术专业的专修班，培养在职业务干部。1955年，由中央电影局艺术委员会调入北京电影学校。1956年，**北京电影学院**成立，先后担任副院长、院长(1959～1963年兼任党委书记)职务。(谢晓晶)

章子怡 Zhang Ziyi(1979-02-09～) 中国电影演员。生于北京。毕业于中央戏剧学院表演系。1998年，在中央戏剧学院读书期间就主演了**张艺谋**执导的电影《我的父亲母亲》，在影片中饰演女主人公招娣，获第23届中国大众电影百花奖最佳女主角奖。她在片中塑造的自然清纯的村姑形象，展现了东方少女情窦初开时情愫萌动的含蓄韵味。1999年，主演**李安**执导的武侠片《**卧虎藏龙**》，饰演玉娇龙。2000年，与**成龙**主演好莱坞电影《尖峰时刻2》，凭借此片成为当时好莱坞炙手可热的东方女星。

2002年，出演张艺谋执导的电影《**英雄**》。2004年，出演《十面埋伏》，获第11届中国电影华表奖优秀女演员奖。2005年，以颁奖嘉宾的身份出席了第77届美国电影奥斯卡奖颁奖礼。同年，主演**王家卫**执导的电影《2046》，获第24届香港电影金像奖最佳女主角奖、第11届香港电影评论学会大奖最佳女主角奖。2006年，主演电影《茉莉花开》，章子怡饰演"茉""莉""花"一个家庭的三代女性，并于次年荣获第24届中国电影金鸡奖最佳女主角奖。同年，主演R.马歇尔执导的电影《艺伎回忆录》，在其中饰演小百合。2008年，参演**陈凯歌**执导的电影《梅兰芳》，扮演梨园名人孟小冬，获第13届中国电影华表奖优秀女演员奖。2016年，主演《罗曼蒂克消亡史》，获第9届澳门国际电影节最佳女主角奖、第14届中国长春电影节最佳女主角奖。2018年，主演《无问西东》，获第10届澳门国际电影节最佳女主角奖。2021年，主演古装历史剧《上阳赋》。

《卧虎藏龙》剧照

2009年，担任制片并主演电影《非常完美》。同年，在王家卫执导的动作电影《**一代宗师**》中饰演宫二，获第50届台湾电影金马奖最佳女主角奖、第33届香港电影金像奖最佳女主角奖、第32届大众电影百花奖最佳女主角奖等，让她成为华语电影史上首位获得中国五大电影奖项的女演员。章子怡出演的电影还有《紫蝴蝶》(2003)、《夜宴》(2006)、《最爱》(2011)、《危险关系》(2012)、《太平轮》(2014)、《攀登者》(2019)等。2008年，获第11届上海国际电影节华语电影杰出贡献奖。2010年，被亚洲电影博览会授予"近十年最杰出女演员奖"。2013年，法国文化部授予她"法兰西文学艺术骑士勋章"。(杜莹杰)

赵葆华 Zhao Baohua(1945-06-01～2022-01-02) 中国作家、影视编剧。生于辽宁本溪，卒于北京。1968年，毕业于吉林大学哲学系。1978年，在长春电影制片厂总编室担任编辑。1988年，担任中国电影报社常务副总编辑。1989年1月，创办《中国电影周报》。2000年1月，任《电影通讯》主编，并将刊物更名为《电影》，由双月刊改为月刊。此后，陆续创作小说、影视剧作品。

2002年，在电视剧《至爱亲朋》中担任编剧。同年，出版长篇小说《至爱亲朋》。2005年，担任传记电影《我的法兰西岁月》的编剧，获第11届中国电影华表奖优秀故事片奖、第7届中国长春电影节评委会特别奖。2009年，出版长篇纪实小说《邓小平风华岁月》。2015年，担任电影《因为谷桂花》的编剧，获第6届中国影协杯优秀电影剧本奖、第30届中国电影金鸡奖最佳编剧奖提名。

他的创作风格质朴、平实，以独特的视角观察人生洞察社会，流露出真实感人的道德情操与人文关怀，展现世俗人生的同时又表现至善至美的人间真情。担任编剧的电影还有《蓝天鸽哨》(1982)、《女性世界》(1991)、《越来越好》(2003)、《悲喜松花江》(2007)、《守护童年》(2009)、《全城高考》(2013)、《邓小平登黄山》(2015)、《你若安好》(2017)。曾任第27届中国电影金鸡奖评委、中国电影文学学会副会长。(刘一瑾)

赵丹 Zhao Dan(1915-06-27～1980-10-10) 中国电影演员。原名赵凤翱。原籍山东肥城。生于江苏扬州，卒于北京。父亲曾开设一家影剧院，他从小受到电影、

戏曲和话剧的熏陶。中学时代，曾与顾而已、钱千里、朱今明等组织小小剧社，演出过一些进步话剧。中学毕业后入上海美术学校（上海美术专科学校前身）学习国画，参加美专剧团等演剧团体，参与中国左翼戏剧家联盟的活动，后改名赵丹。1932年，在《琵琶春怨》中扮演一个纨绔子弟，成为明星影片公司的演员，随后相继演出了《上海二十四小时》(1933)、《时代的儿女》(1933)、《到西北去》(1934)、《女儿经》(1934)、《乡愁》(1934)、《落花时节》(1935)、《小玲子》(1936)、《清明时节》(1936）等20多部影片，显露了艺术才华，成为当时备受瞩目的明星。1937年，在《十字街头》中扮演失业大学生老赵，刻画了一个天真、淳朴、热情，并带有几分傻气的青年知识分子形象。同年，在《马路天使》中真实而又自然地塑造了心地善良、乐于助人、淳厚质朴、又爱自作聪明的吹鼓手形象，受到广泛赞许。自此，奠定了他表演艺术风格的基础。

抗日战争全面爆发后，到全国各地宣传抗日。1939年，演出了《中华儿女》，同年在新疆被盛世才投入监狱。1945年回到上海，加入昆仑影业公司，演出了《遥远的爱》(1947)、《幸福狂想曲》(1947)、《关不住的春光》(1948)、《丽人行》(1949)、《乌鸦与麻雀》(1949）等影片。其中《乌鸦与麻雀》里萧老板的塑造，是他表演艺术趋于成熟的标志，获文化部1949～1955年优秀影片个人一等奖。1947年，曾独立执导《衣锦荣归》。1949年后，先后在《为了和平》(1956)、《李时珍》(1956)、《海魂》(1957)、《林则徐》(1958)、《聂耳》(1959)、《烈火中永生》(1965）等影片中扮演了主要角色，并自编自导自演了《青山恋》(1964)。

他的表演主张体验和体现的和谐统一，洒脱自如，形神兼备，意境深邃，具有其独特的艺术风格，其对于影片角色的塑造和把握，代表了20世纪50～60年代中国电影表演艺术的水平，也使其在国内外享有盛誉。1962年，被评为新中国电影22大明星之一。1995年，获中国电影世纪奖最佳男演员奖。2005年，被评为中国电影百年史上十大男明星之一。著作有《银幕形象的创造》《地狱之门》及书画作品《赵丹书画选》。曾任全国人大代表、全国政协委员、中国文联委员、中国电影家协会和中国戏剧家协会常务理事、中国影协上海分会副主席等。

扩展阅读

倪振良.赵丹传.北京：中国文联出版社，1986.

（黄加明）

赵冬苓 Zhao Dongling（1953～ ） 中国影视编剧、作家。生于山东乳山。自1987年进入山东影视制作中心，开始从事影视剧编剧工作，有上百部作品制作播出，并

有多部作品获奖。1998年，凭借创作的电影剧本《激情辩护》获第4届中国电影华表奖最佳编剧奖。2004年，担任电影《走路上学》的编剧，获第24届中国电影金鸡奖最佳编剧奖。2011年，因电视剧《沂蒙》获第28届中国电视剧飞天奖优秀编剧奖。2017年，创作了法制题材电视剧《因法之名》。

早期编写的影视剧以主旋律题材居多，如电视剧《孔繁森》《盖世太保枪口下的中国女人》《21天》和电影《激情辩护》《上学路上》《法官老张轶事》《郑培民》《任长霞》等。在此类影视剧中，赵冬苓习惯用平民视角进行宏大叙事，以“大时代，小人物”的视角宣传主流意识形态，同时在具体创作手法中兼顾作品的戏剧冲突和人物的心理描写，试图在意识形态、知识分子启蒙与世俗化消费之间加以平衡。因此，她的影视剧多能引起观众的情感共鸣。例如，“英模三部曲”（《孔繁森》《郑培民》《任长霞》）就是从凡人的视角描写英雄人物，重点展示英雄人物身上的凡人特质，并揭示了英雄人物身上与凡人相同但又异于凡人的某些特质。

进入21世纪，在编剧题材上以山东地区、东北地区的抗日战争题材为主，创作了《红高粱》《中国地》《青岛往事》等电视剧。这些电视剧重视国家民族的宏大叙事和个人叙事之间的关系，不仅具有历史感和时代感，还将人物角色中的人性与传统文化相结合，在叙事手法上形成了自己独特的风格。

（李金秋）

赵焕章 Zhao Huanzhang（1930-07～ ） 中国电影导演。生于山东利津。早年随经商的父亲到济南，曾就读于山东省立一中。

1949年高中毕业后考入山东省文联人民文工团，后转入山东大学艺术系学习表演，演出过话剧、歌剧等。1952年入上海电影制片厂，先后任演员、场记、助理导演、副导演、导演。

1976年开始独立执导影片，拍摄了吕剧戏曲片《管得好》。1980年拍摄了剧情片《海之恋》。1981年导演了《喜盈门》，获第2届中国电影金鸡奖荣誉奖、第5届中国大众电影百花奖最佳故事片奖及文化部优秀影片奖。1983年拍摄了《咱们的牛百岁》，获第7届中国大众电影百花奖最佳故事片奖和文化部优秀影片奖。1985年执导了《咱们的退伍兵》，获第6届中国电影金鸡奖特别奖、第9届中国大众电影百花奖最佳故事片奖及文化部优秀影片奖。其中《喜盈门》《咱们的牛百岁》《咱们的退伍兵》被称为他的电影“农村三部曲”。1987年被《文汇报》和《中国电影时报》评为“新时期十年电影最佳导演”。1988年被《中国广播电视》评为“新时期全国影视十佳导演”。

赵焕章擅长拍摄农村题材影片，其作品贴近生活，语言生动，乡土气息浓郁，为广大观众所喜闻乐见。其他重要作品有《这不是误会》《八仙的传说》《喜相逢》《白天鹅的故事》《婶子》等。

（张兆龙）

赵明 Zhao Ming（1915-01-20～1999-09-04） 中国电影导演。原名赵炳章。生于江苏扬州，卒于北京。从小就对艺术产生了浓厚的兴趣与爱好，年幼时喜欢绘画、模仿戏剧表演。1933年考入上海美术专科学校西画系进行专业学习，在课余时间参与戏剧活动。1934年加入中国左翼戏剧家联盟。随后以美工师的身份参与上海业余剧人协会和业余实验剧团的美术设计工作。1936年以美工助理身份加入上海明星影片公司。1937年抗日战争全面爆发后，赵明随即加入抗敌演剧队的队伍中，到各地演出，曾任职秘书、编导、演员、美工等各项工作，曾执导《胜利进行曲》《愁城记》《水乡吟》等多部话剧。

1947年在国泰、昆仑等影业公司任特约副导演、导演。1949年，与严恭合作拍摄了影片《三毛流浪记》。1950年任上海电影制片厂导演，执导了影片《团结起来到明天》。随后相继执导了《三年》(1954)、

《铁道游击队》(1956)、《凤凰之歌》(1957)等。1958年与陈岗合作拍摄了《绿洲凯歌》。1964年在天马电影制片厂拍摄了影片《年青的一代》，同年任北京电影学院教授、副院长。1984年与司徒兆敦合作拍摄了《青山夕照》。写有文章《回顾我的电影创作》，对自己所拍摄的影片逐个进行了总结性的阐述。

赵明所拍摄的影片就题材而言均属于主旋律范畴，与特定的历史时期的政治、文化指示有密切关系。他的影片在戏剧结构上着重构造跌宕起伏的情节转折，在人物上力求塑造鲜明丰满的形象，在场景气氛上善于抒情、注重电影的民族化。

（孙承健）

赵树燊 Shu-sun Chiu(1904～1990) 中国电影事业家、导演。生于广东中山，卒于美国。自幼在美国长大和受教育。从小爱好摄影和绘画，18岁时，自愿随法国人杜谦在美国研究动画电影的制作。在学习摄影的过程中，对电影产生兴趣，于是到好莱坞学习电影布景等。1931年在旧金山华人影业公司参加影片《王昭君》的拍摄，任布景师和副导演。1933年，在父亲的资助下，与关文清、刘棣华等人在旧金山组建大观有声影片公司，并执导了第一部有声粤语片《歌侣情潮》，该片也是中国电影史上第一部在海外摄制的粤语片。

为了开拓“大观”的业务市场，1934年携《歌侣情潮》到香港公映，并结识联华影业公司的负责人罗明佑。受罗明佑邀请，出任联华影业公司香港分厂厂长，监制并导演了影片《难兄》，获中国电影教育协会名誉奖。1935年在香港组建大观声片有限公司，任总经理兼导演，先后制作了《昨日夜歌》《大傻出城》《芦花泪》《荒村怪影》等124部影片，是当时香港规模最大、设备最完善的电影制片公司，从未出品过神怪、色情等类型电影，广受舆论好评。1937年与苏怡等执导了香港电影工作者义演的抗日爱国影片《最后关头》。

1941年，赵树燊预见香港会沦陷，在美国开设“大观”分厂，一共生产了23部故事片。抗日战争胜利后，赵树燊自美国返回香港，重组大观声片有限公司。1951年，创办了专门摄制“国语片”的丽儿彩色影片公司，导演了《浮尸记》《玉女情仇》《新玉堂春》等5部影片。1957年，公司由于亏损严重，转手出售。1958年退出影坛。后移居美国。

（张承宇）

赵小丁 Zhao Xiaoding(1962～) 中国电影摄影师、导演。祖籍山西。生于北京。1984年从专业短道速滑运动员退役，开始改行学习摄影。1985年考上北京电影学院摄影系进修班。1987年毕业，走上电影摄影生涯。1989年作为摄影师拍摄了首部电影《山魂霹雳》，之后相继拍摄了《火鸳鸯》(1990)、《饿狼与天使》(1991)、《烈火恩怨》(1992)、《离婚大战》(1993)、《临时爸爸》(1994)、《爱情傻瓜》(1994)、《编外丈夫》(1995)、《一家两制》(1995)、《太后吉祥》(1996)、《特警伏魔》(1996)、《花季·雨季》(1997)。此后，拍摄了大量广告片。

2000年，参与拍摄张艺谋执导的北京申奥宣传片《新北京、新奥运》。2002年，拍摄张一白导演的《开往春天的地铁》。同年在《英雄》中担任摄影师，在影片中实现了张艺谋式的构图严谨、色彩浓烈、光影唯美的影像风格，自此开始与张艺谋长期合作。2004年，在《十面埋伏》中担任摄影师，获第77届美国电影奥斯卡奖最佳摄影奖提名、第39届美国国家影评人协会奖最佳摄影奖、第25届美国波士顿影评人协会奖最佳摄影奖、第58届英国电影学院奖最佳摄影奖提名。2005年，在《千里走单骑》中担任摄影师，获第26届中国电影金鸡奖最佳摄影奖提名。2006年，在《满城尽带黄金甲》中担任摄影师，获第26届香港电影金像奖最佳摄影奖提名。2014年，在《归来》中担任摄影师，获第6届中国澳门国际电影节最佳摄影奖、第12届中国长春电影节金鹿奖最佳摄影奖提名。2016年，首度作为导演拍摄玄幻古装片《三生三世十里桃花》，获第9届中国澳门国际电影节最佳新锐导演奖。2018年，在《影》中担任摄影师，获第13届亚洲电影大奖最佳摄影奖。2021年，在《悬崖之上》担任摄影师，获第34届中国电影金鸡奖最佳摄影奖。

他拍摄的影片还有《江山美人》(2008)、《大灌篮》(2008)、《黄石的孩子》(2008)、《三枪拍案惊奇》(2009)、《刺陵》(2009)、《山楂树之恋》(2010)、《苏乞儿》(2010)、《决战刹马镇》(2010)、《金陵十三钗》(2011)、《铜雀台》(2012)、《我想和你好好的》(2013)、《全民目击》(2013)、《长城》(2016)等，以及《故宫》(2005)、《颐和园》(2010)等影像唯美、别具一格的纪录片。任中国影视摄影师学会副会长。

（梁　明）

遮光 shading 在摄影中运用相关设备工具遮挡掉不必要的杂光、乱光。遮光是对照明员的一项基本要求，同时也是对粗糙光线的修饰和打磨。遮光的目的是使画面光影造型更加准确、精彩、生动，使之符合剧情需要或拍摄要求。在室内拍摄时，人工光便于布置，但光源要尽可能简洁且充分利用，光源若多，需要遮挡的杂光也多。在室外拍摄时，多遮挡背景或遮挡直射的太阳光，使其光线柔和。在影视拍摄中，遮光常用的工具设备有遮光板、遮光罩、黑卡、遮光布等。

（张　桥）

折纸片 paper-folding film 用手工折纸为造型手段来表现故事情节、塑造形象的美术片。折纸片在制作时，首先根据美术设计稿将纸片刷染成各种色调，然后通过折叠、粘贴制成各种人物、动物、景物形象，并穿以细银丝或细铅丝作为活动关节，最后在拍摄时，将动作分解为若干循序渐进的不同姿态，通过逐格拍摄的方法最终形成可以连续放映的活动影像。

折纸片源于中国民间折纸艺术。因折纸只能形成线、面、角和圆等组合，造型简单风趣，较适宜表现童话、寓言和民间故事，尤其适合儿童观赏。1960年中国摄制出第一部折纸片《聪明的鸭子》，此后相继拍摄出《小鸭呷呷》《鳄鱼、巫婆和小姑娘》等折纸片，受到儿童观众的欢迎。

（张松林）

《这里的黎明静悄悄》 *The Dawns Here Are Quiet* 苏联彩色故事片。苏联高尔基少年儿童电影制片厂1972年出品。编剧，B.瓦西里耶夫；导演，S.I.罗斯托茨基；摄影，V.舒姆斯基；主演，A.马尔蒂诺夫、A.奥斯洛莫娃。

故事发生在卫国战争期间，一个女子在高射炮排驻地附近发现两名空降的德寇，准尉瓦斯柯夫率领5名女兵前去擒拿，

《这里的黎明静悄悄》剧照

到了树林里才摸清敌人竟有16人。女兵丽莎求援时葬身沼泽，索妮娅遭偷袭被刺杀，迦尔卡惊恐中被打死，冉妮娅唱着歌倒在枪弹下，丽达伤重自尽。准尉深感震撼，机智地消灭了残敌。

影片独具匠心地以女兵的遭遇来表达苏联艺术家对战争的回忆和反思。影片还

富有独创性地以3种色调展现3个时空：暖调的正常彩色画面代表和平的现代；棕调的黑白画面展示卫国战争年代；高调的梦幻彩色画面则用以表现女兵对战前美好生活的回忆以及对未来的憧憬。这种电影造型手段完美和谐地传达了编导对战争与和平的感性想象与理性思考。影片1973年获全苏电影节大奖。

（仲　霞　撰　章柏青　唐建军　修订）

侦探片　detective film　以侦破犯罪案件为主要内容的**故事片**。侦探片常以侦探为中心人物，以刑事案件的发生、侦查和破案为情节线索，讲述侦探协助司法机关侦破疑难案件。侦探片善以在情节结构中精心设置一系列伏线和悬念，使观众对于情节的走向甚至人物的善恶，不到影片的最后一直处于疑团重重、扑朔迷离的状态，引人入胜。侦探片以侦破与犯罪的斗争为核心来展示正义与邪恶的矛盾冲突，而且往往以正义战胜邪恶为故事的结局，以满足观众扶正祛邪的普遍心理。

世界上最早的侦探片是1905年问世的《绅士歹徒赖夫斯》，此后迅速成长为拥有广大观众的电影样式，并产生出一大批各具特色的优秀影片，如《福尔摩斯探案》《女侦探》《最后的疯狂》等。不同侦探片内容侧重不同，有的强化社会政治性的内容，有的加进了性和暴力的成分，有的加强了逻辑推理。中华人民共和国成立后，中国曾出现一些以反敌特破坏为题材的侦探片，习惯上称为“反特片”。

（戴中孚）

《真爱至上》　*Love Actually*　英国、美国、法国合拍彩色故事片。环球影片公司等2003年出品。编导，R.柯蒂斯；摄影，M.库尔特；主演，H.格兰特、C.费尔斯、L.尼森、E.汤普森、K.奈特莉、A.瑞克曼、B.奈伊。

影片是一个短篇故事集，通过九个故事对爱情进行了多角度的呈现与思考。这九个故事各自独立发展又相互牵连，不同的爱情以不同的方式降临在不同的人头

《真爱至上》剧照

上，相同的是它们都发生在圣诞节前的五个星期内。九个爱情故事大多数不是圆满的爱情童话，分别触及爱的错失、背叛、无奈、遗憾及爱情归于平淡之后琐碎的生活。流行歌手奈伊改编的圣诞歌曲《圣诞无处不在》成为影片的点睛之处。影片2004年获第57届英国电影学院奖最佳男配角奖，第61届美国电影金球奖最佳影片奖提名、最佳编剧奖提名。

（范　倍）

真人秀节目　TV reality show　秉持真实记录的节目制作理念，通过电视纪录手法跟踪拍摄由普通人在规定的情境中，遵循预先制定好的规则，朝着既定目标做出自己行动的过程，并经过选择、剪辑、编排出的一种电视节目形态。真人秀节目的制作理念是在真实的时空环境中，如实记录节目参与者的有序竞争、互动交往、克服困难等活动过程，展现参与者的个性特征、行为动机、心理状态、情绪反应等的真实流露。国内“真人秀”的命名源自对美国电影《**楚门的世界**》的直译，国外普遍将真人秀称为真实电视，另外还有真实秀、纪录肥皂剧、建构式纪录片等不同指称。从中可以看出真人秀和游戏类节目、肥皂剧、纪录片等的复杂关联和区别。真人秀并不是完全意义上的真实记录，而是包含一些虚拟情境的设定、蓄意强化矛盾冲突、刻意制造悬念、节目创作者的直接干预等，真实与虚拟结合，介乎电视剧和纪录片之间。

电视真人秀节目起步于1948年，美国的偷拍类电视节目《坦诚的相机》及其后的《真相或结果》《分秒竞争》是真人秀节目的雏形。1973年，美国公共广播公司推出《一个美国家庭》，跟踪拍摄了一个美国家庭在7个月内从儿子出生到婚姻破裂的真实生活，可视为第一个真正意义上的电视真人秀节目。1989年美国哥伦比亚公司播出的《美国家庭滑稽录像》以及1992年美国音乐电视网播出的《真实世界》，是电视真人秀开始走向成熟的标志。1999年9月16日，荷兰恩德莫电视制作公司的《老大哥》，真实记录了10名参与者在一所封闭的房子中85天的日常生活，并通过观众的电话投票参与不断淘汰参与者，引发收视热潮。在1999年的法国戛纳电视节上，《老大哥》的电视放映权和版权卖给了18个国家。从此，电视真人秀节目作为一种全新的电视节目在世界各国开始普遍流行。

中国电视真人秀节目诞生于2000年6月8日。广东卫视制作的《生存大挑战》记录了3名参与者在6个月时间内徒步穿越8个省的旅行过程，是中国第一档电视真人秀节目。此后，产生了《走入香格里拉》《金苹果》《峡谷生存营》等一大批野外冒险类型的真人秀节目。2002年，湖南广播电台经济频道播出了室内真人秀《完美假期》。2003年，中央电视台的《非常6+1》使真人秀节目在全国产生了广泛的影响。此后，有关人才招聘的《绝对挑战》、房间装修的《交换空间》、创业竞争的《创智赢家》、女性整容的《天使爱美丽》、交友婚恋的《非诚勿扰》等电视真人秀节目纷纷播出，共同开创了现实生活类型的真人秀。角色交换生活体验的《变形记》、社会公益的《民星大行动》、心理咨询的《心理访谈》、解决家庭情感纠纷的《人间》等将真人秀节目的制作理念和方式渗透到各种类型的电视节目中去，改变了其原有电视节目形态。中国引进了多档境外电视真人秀节目，如以联合制片方式引进韩国《跑男》的户外竞技类

《非诚勿扰》录制现场

真人秀节目《奔跑吧兄弟》，购买韩国同名电视节目版权的《爸爸去哪儿》，购买荷兰《荷兰好声音》节目制作权的《中国好声音》等。同时，中国电视真人秀节目也在不断进行着本土创意开发的探索，如《中国好歌曲》《私人订制》《笑傲江湖》等。

（张默然）

真实电影　cinéma vérité　20世纪50年代末60年代初在法国出现的一个以直接纪录手法为基本特征的电影流派。真实电影的代表人物由以**J.卢什**和社会学家E.莫兰为首的一批纪录电影工作者组成。他们主张纪录片和艺术性纪录片应当用采访报道和观察的方式来对现实和人为诱发出的情势进行拍摄，主张电影应该表现处于社会中间的普通人的生活，记录真实的社会现象，抓住生活的瞬间。真实电影的出现与技术进步有关。当时出现轻便型无杂音同期录音的摄影机、微型话筒及高感光度胶片，使得真实电影的创作人员有可能在任何条件下都自如地进行拍摄。

真实电影的倡导者自称师承苏联**电影**

眼睛派的D.维尔托夫，“真实电影”这个名称即沿用维尔托夫的《电影真理报》杂志片中一辑影片的名称，二者法文都是cinéma vérité，然而实际上有区别。二者最大的区别在于真实电影所表现的事件更完整、更单一，而且真实电影主张的是生活流的记录，他们仅把电影当作对社会心理学的研究工具，有时自己也作为被拍人物的积极同情者而出现在影片之内。

真实电影的特点有：①直接拍摄真实生活，排斥虚构；②不要事先编写剧本，不用职业演员；③影片的摄制组只由三人组成，即导演、摄影师和录音师。真实电影的代表作品有《我这个黑人》(1958，导演卢什)、《夏日纪事》(1961，导演卢什与莫兰)、《美丽的五月》(1963，导演C.马尔凯)等。真实电影作为独立的流派虽然仅存在几年时间，但是它的拍摄方法却对很多国家的电影艺术创作产生了影响，而且不仅仅限于纪录电影，它对一般的故事片创作也提供了一个保证最大限度的真实性的拍摄方法。（胡 滨）

《甄嬛传》 *Empresses in The Palace* 中国电视连续剧。北京电视艺术中心有限公司、上海尚世影业有限公司、北京星格拉影视文化传播有限公司、东阳市花儿影视文化有限公司2011年联合出品。共76集。根据流潋紫同名小说改编。编剧，流潋紫、王小平；导演，郑晓龙；主演，孙俪、陈建斌、蔡少芬、刘雪华、李东学、李天柱、蒋欣、陶昕然等。

该剧故事发生在清雍正年间，没有把重点放在皇帝与后妃卿卿我我的爱情故事上，而是描述了封建帝王在维护皇权时的狠毒自私，着重展现了后宫女人的落寞和悲凉。剧中的雍正皇帝不是人们认知中勤政爱民的好皇帝，而是一个冷酷无情、心狠手辣、多疑自私的形象。为了笼络年羹尧，皇帝假装宠幸他的妹妹华妃，又为了削弱年家势力，暗暗在华妃住处使用欢宜香，使其不能生育；他担心自己的亲兄弟果郡王声望高于自己，为了稳住皇位狠心杀害了果郡王。即使这样，为了得到皇帝的宠爱，后宫众女子还是使尽浑身解数进行争斗，她们或为了家族，或为了荣宠，绞尽脑汁钩心斗角，甚至残害曾经的姐妹。该剧塑造了许多被异化的女性形象，如华妃为永保皇帝的宠爱，不断除掉可能威胁她的嫔妃；皇后为了争夺后位，不仅害死了自己的亲姐姐，还运用权力铲除其他嫔妃；安陵容则背弃了与甄嬛、沈眉庄的姐妹情感，走上一条不归路。该剧女主角甄嬛一生都在抗争，起初是为了自由，

《甄嬛传》剧照

后来是为了获得皇帝真正的爱情，最后是为果郡王复仇。她斗倒了华妃、皇后、安陵容等一个个障碍，气死了皇帝，顺利成为皇太后，看似笑到了最后，坐享荣华富贵，成为人生赢家，却没有摆脱枷锁、获得真正的自由，而是继续生活在封建皇权社会的怪圈中。结尾时，失去了爱情、友情的甄嬛孤单一人，感受着无边的落寞和孤独，她看似胜利，也是一种失败。

该剧展现了在封建男权社会中一群妙龄女子从天真无邪渐渐变得扭曲可怕的异化过程，谱写了一曲封建社会中的女性悲歌，犀利地批判了封建男权社会的腐朽本质。尤其是通过甄嬛从一个不谙世事的少女变成善于谋略的太后的人生轨迹，展现了封建男权社会中女性的悲惨命运，揭示了封建制度对人性的摧残。该剧2012年获第18届上海电视节白玉兰奖最佳导演奖，第7届华鼎奖最佳电视剧男演员奖，第9届全国十佳电视制片优秀电视剧奖，第26届中国电视金鹰奖优秀电视剧奖等。（王利丽）

《征服者佩尔》 *Pelle the Conqueror* 丹麦、瑞典合拍的彩色故事片。丹麦佩·霍斯特电影制片公司、瑞典电影制片厂、美国奥德塞娱乐公司1987年联合出品。改编自M.A.尼克索的小说。编剧，B.奥古斯特、P.O.恩奎斯特、B.路特；导演，B.奥古斯特；摄影，J.佩尔松；主演，B.赫维内加拉德、M.von休道夫、E.帕斯卡、B.格拉纳特。

故事讲述了19世纪末的北欧局势混乱、生活衰败，瑞典农民拉斯·卡尔森带

《征服者佩尔》剧照

着儿子佩尔来丹麦谋生，追求美好生活。父子在一家农场牛圈的稻草堆上安了家。农场生活十分艰苦，农场经理和管理员崔尼待人苛刻。在被崔尼捉弄、鞭打后，佩尔的父亲也无法保护儿子。农场主与妻子不断争吵，每天晚上，佩尔都能听到农场主妻子的嚎叫声。农场的姑娘安娜爱上了农场主的儿子并怀了他的孩子，但遭到农场主的反对。孩子出生后，农场主的儿子把婴儿溺死，安娜被带到警察局。倔强的埃瑞克一直反抗经理的压迫，埃瑞克被水井压石击中，从此变成残废，但他一直鼓励佩尔离开丹麦，寻找更好的出路。佩尔在学校学习，因为贫穷和外乡人身份而受到嘲笑。最后，农场主的妻子准备让佩尔接替崔尼的位置，但佩尔鼓起勇气，收拾行囊，奔向新的国家。

影片气势磅礴，用现实主义的表现手法，真实再现了19世纪末北欧底层人民的生活，描写了他们的挣扎和内心的渴望。瑞典演员休道夫以朴实自然的表演刻画了一个善良懦弱的农夫形象，深受观众好评。影片1988年获第41届法国戛纳国际电影节金棕榈奖、第1届欧洲电影奖最佳男演员奖，1989年获第61届美国电影奥斯卡奖最佳外语片奖、第46届美国电影金球奖最佳外语片奖。（秦喜清）

正反打 pros and cons of playing lens 以轴线为基准的正反两个方向所拍摄的镜头。又称正反打镜头。正反打是剪辑所呈现出的一种效果，其概念最初来自双人对话。剪辑中的正反打镜头是成对出现的，以轴线为依据，如果轴线的一方拍摄的镜头为正向镜头，另外一方拍摄镜头则为反打镜头。

正反打镜头机制最大的作用是缝合银幕空间，在任意一个正反打镜头中，观众只能看到一个方向的空间，而它的反打镜头恰好可以给观众提供先前看不到的空间，即突破了“第四堵墙”的空间限制。同时，正反打也是满足观众心理期待的一种剪辑策略，对话场景中，当一方说完话之后，观众必然有想看到此人交流对象的心理愿望，反打镜头的出现恰好满足了观众的这种期待。在**主观镜头**正反打中，总是先切角色观看的近景或特写镜头，紧接着切一个从角色位置拍摄其看到事物的反打镜头，通过正反打镜头组接满足了观众看角色镜头时的心理期待。（郑汉民）

正面光 frontal light 光线投射方向与拍摄方向相同的照明。通常又被称作顺光。在使用正面光照明时，被摄体受光均匀，

几乎没有阴影区，**影调**整体较为柔和，使被摄体表面质感更为光滑。如果使用不当，会使整体画面较为平淡缺乏立体感，导致画面**反差**较小，弱化透视效果，空间表现能力较差。在对比反差的营造效果上不如侧光或是侧逆光，但是能够较为准确还原被摄体原有色彩特点。在照明处理中，往往将较柔较暗的正面光或顺光作为副光，所以正面光或顺光也被称为塑型光。

（张　桥）

《正午》 *High Noon*　美国故事片。克莱默斯坦利电影公司1952年出品。编剧，C.福尔曼；导演，F.金尼曼；摄影，F.克罗斯比；主演，**G.古柏**、G.凯利、T.米切尔、L.布里奇斯、K.乔拉杜。

故事主人公小镇警长威尔·凯恩计划办完婚礼就卸下公职，与虔诚的妻子艾米离开小镇，过上远离暴力的日子。就在他们刚刚举行完婚礼的时候，突然得知被他送进监狱的歹徒弗兰克·米勒出狱，乘坐即将于当天正午时刻到达小镇的火车来报复自己。弗兰克还有三个帮手，都是无法无天的杀人犯。小镇居民让威尔与妻子立马离开小镇，但威尔半路改变了主意。他不顾艾米反对，折回小镇，想找几个帮手和他一起面对匪帮。小镇居民珍惜威尔为他们创造的和平安全的环境，但不愿意冒险帮助威尔。小镇居民认为弗兰克的报复行为属于私人恩怨，与小镇无关。以往和威尔亲如兄弟的同事、朋友也不愿帮助他，甚至威尔一直崇拜的法官和执法前辈也打了退堂鼓。正午的火车已经鸣笛进站，威尔决定单枪匹马与弗兰克等人一决死生。最终，在艾米的帮助下，威尔将弗兰克等人击毙，威尔和艾米一起离开了小镇。

影片一反早期**西部片**当中的英雄主义

《正午》海报

激情，反映出某种灰色的社会心理，成为西部片的经典作品。影片主题清晰，节奏明快，具有一定的思想性和娱乐性。影片1953年获第25届美国电影奥斯卡奖最佳男演员奖、最佳剪辑奖、最佳配乐奖、最佳原创音乐奖，第10届美国电影金球奖最佳男主角奖、最佳黑白摄影奖、最佳配乐奖、最佳女配角奖，第18届美国纽约影评人协会奖最佳影片奖、最佳导演奖。影片1989年被美国国家电影保护局录入国家电影名册，2013年被美国在线电影电视协会授予杰出影片奖。

（胡谱忠）

郑崇兰　Zheng Chonglan（1893～1974-05-21）　中国电影摄影师、技术家。生于浙江鄞县，卒于上海。出身于一个经济富裕之家，但只念了两年私塾，随后便踏上社会谋生，充当钱庄学徒、洋行栈务员。曾向德国商人学习摄影，后开设汇山照相馆，钻研摄影技术。1927年进入上海**天一影片公司**任摄影师，拍摄了**胡蝶**主演的《女律师》（1927）、《白蛇传》（1927）等，后又在大中华百合影片公司担任摄影师。1928年后，仍开办照相馆，对各种进口新型摄影器材进行研究，经过多次试验，制成国产的新型摄影设备。1935年创办维纳氏照相器材厂，专门生产灯具、印相机、扩大机、方镜箱等照相器材。抗日战争胜利后，在**昆仑影业公司**的支持下，以美国制"米契尔"N·C型摄影机为样机，3天绘出草图，经10个月努力，1947年上半年试制成功中国第一架35毫米电动有声电影摄影机，随后用于昆仑影业公司拍摄的**《一江春水向东流》**，使该片成为中国第一部用国产摄影机拍摄的故事片。

1956年，在工商业进行社会主义改造的高潮中，维纳氏照相器材厂实现公私合营，并入上海电影机械厂，郑崇兰被任命为副厂长，主管技术工作。在他的主持下，经过技术人员和工人的共同努力，先后试制成功大型同步电影摄影机、大型自动洗片机等多种产品，为中国电影工业的发展做出了贡献。曾任中国电影工作者联谊会理事。

（陈　野）

郑君里　Zheng Junli（1911-12-06～1969-04-23）　中国电影导演、电影和话剧演员、艺术理论家。原名郑蔚章，又名郑重、郑千里，进电影界后改名君里。原籍广东中山。生于上海，卒于上海。1928年考入南国艺术学院戏剧科。1929年开始参加《莎乐美》《卡门》等话剧的演出，与陈白尘等人创办《摩登》戏剧半月刊。1931年组织大道剧社，参加《乱钟》《街头人》等

话剧的演出，反响较大。

1932年转入电影界，先后演出了《野玫瑰》《火山情血》**《大路》《新女性》《迷途的羔羊》**等影片。他的表演质朴自然，善于表现角色的内在思想感情，被称为"电影候补皇帝"。1935～1936年，演出了《钦差大臣》和《大雷雨》等话剧。同一时期曾参加《近代中国艺术发展史》电影部分的编写，原题《电影》，后题为《现代中国电影史略》，是中国电影史早期研究的重要文献。抗日战争时期从事抗日救亡活动。1942年，开始其导演生涯，拍摄了各民族团结抗战的长纪录片《民族万岁》。1943年，与人合译苏联K.S.斯坦尼斯拉夫斯基的《演员自我修养》（第一部）。1947年与**蔡楚生**合作编导了**《一江春水向东流》**。1948年完成专著《角色的诞生》，是中国第一部系统论述话剧表演艺术的著作。1948年编导影片**《乌鸦与麻雀》**，1957年获文化部优秀影片一等奖、个人一等奖。20世纪50年代后，导演了《我们夫妇之间》《宋景诗》**《林则徐》**《枯木逢春》《聂耳》等作品。其中《聂耳》获第12届捷克斯洛伐克卡罗维发利国际电影节传记片奖。

因"文化大革命"受迫害去世。电影理论遗作《画外音》1979年由中国电影出版社出版。1995年在纪念世界电影百年暨中国电影诞生90周年"世纪奖"评奖中获中国电影世纪奖最佳导演奖。曾任全国政协委员、中国戏剧家协会理事、中国电影工作者协会理事等。

（李梦学　赵铭彝）

郑雪来　Zheng Xuelai（1925-10-29～2020-07-19）　中国电影理论家、翻译家。曾用名郑存善、郑诗昂，笔名雷楠。生于福建长乐，卒于北京。出身于商人家庭。少年时期曾在家乡和福州读私塾和教会学校。1943年，于暨南大学外文系肄业。1944年，奔赴印缅战区任美军翻译。回国后，先后从事翻译、编译、教员等工作。1951年调入中央电影局艺术委员会艺术研究室，开始翻译K.S.斯坦尼斯拉夫斯基的作品和苏联电影理论著作。1956年，担任中国电影出版社电影艺术编译室丛书翻译组长、丛书编辑组长。1961年，担任中国电影家协会外国电影编辑室副主任，主持《电影艺术译丛》编辑工作。20世纪

70年代，开始从事K.S.斯坦尼斯拉夫斯基演剧体系的研究工作。1977年，调到文化部文学艺术研究院外国文艺研究所从事研究工作，后转入电影电视艺术研究所，担任研究员。

20世纪80年代，将研究工作重心转向电影理论、电影美学及外国电影思潮。主要论著有《电影美学问题》《斯坦尼斯拉夫斯基体系论集》《电影学论稿》等，主编著作有《世界电影鉴赏辞典》等，主要译著有《斯坦尼斯拉夫斯基全集》《斯坦尼斯拉夫斯基论文讲演谈话书信集》《演员自我修养》《演员创造角色》《演员的道德》等，创作有电影文学剧本《海之歌》《乡村女教师》等。曾任中国电影家协会理事、中国世界电影学会副会长、中国电影评论学会理事等。 （丁亚平）

郑正秋 Zheng Zhengqiu（1889-01-25～1935-07-16） 中国电影事业家、导演、编剧。原名郑芳泽，号伯常，笔名药风。生于广东潮州，卒于上海。幼年随家人到上海，开始对新剧产生兴趣。后在资产阶级民主革命思潮影响下，以“丽丽所剧评”为名，发表一批有一定影响的文章，被聘为《民言报》剧评主笔。1913年，郑正秋以编剧身份加盟**张石川**和美商在上海合办的亚细亚影戏公司，编写了第一个电影剧本《**难夫难妻**》，并由他和张石川联合导演搬上银幕。1922年，与张石川等人联合创办**明星影片公司**。他除任编剧、导演外，还任附设的明星影戏学校校长。同年，在明星影片公司编写了《滑稽大王游华记》《劳工之爱情》《大闹怪剧场》等短片剧本，其中《劳工之爱情》是中国保留下来的最早的一部故事片。1923年，由他编剧、张石川导演的中国第一部长故事片《**孤儿救祖记**》上映，受到热烈欢迎。

1924年，创作了《玉梨魂》《苦儿弱女》等电影剧本。1925年，创作了《最后之良心》《上海一妇人》等电影剧本。1926年，编导了第一部电影《小情人》。1932年，编导了《自由之花》。1934年，编导影片《**姊妹花**》，该片虽仍以妇女和家庭伦理道德为题材，但笔触已深入社会性的矛盾中，揭示了贫富对立的不平等社会现象。这一时期，他的电影创作进入旺盛时期，共计编、导、演50多部影片。当时电影公司制片都以利润为目的，他不得不违背自己的意志，创作了一些神怪荒诞的影片。后经进步社会舆论的批评，也写出了一些有现实意义的电影剧本如《战地小同胞》（1929）、《碎琴楼》（1930）等。

郑正秋是一位致力于中国电影民族化的探索者，并取得了一定的收获。他坚持“为弱者鸣不平”的艺术创作观念，其参与创建的明星影片公司以及编导的一系列影片，在中国电影史上都占有重要的地位。 （王云缦）

政论片 political documentary 具有强烈政治理论色彩，以思辨和论证的方式，通过将理论、文学等元素与电视表现手段结合，对某个重大历史事件或进程进行描述，或对某种重大理论、重大政策进行分析、阐述、论证的电视纪录片。政论片是**电视纪录片**的一种类型，通常也被视为**电视专题片**的一个分支。政论片一般都具有宏大的创作主题，鲜明的时代特征，深刻的思想内涵，严谨的理论分析，其中，思辨和论证是其最显著的特点。电视政论片的出现，来源于传统的报告文学与新兴电视技术的结合。有别于新闻纪录片和其他各种类型电视节目，电视政论片充分利用了影像和声音（音乐）在传播途径中的重大作用，善于在充分运用各种电视手段的基础上，高屋建瓴、由浅入深，把抽象的理论通俗化、深奥的哲理浅显化，从而在叙事中达到一种内容丰富、层次分明、言简意赅、通俗易懂的效果，因而具有广泛的受众。

电视政论片基本有3种类型：①历史政论片。通过对某些重大历史事件或进程的回顾、阐述、论证，来还原或澄清历史，总结历史经验教训，以观照当代。②时事政论片。以当下出现的各种国家大事以及事关国计民生、社会生活的各种重要现象为论述对象，透过对这些问题的分析、阐述、论证来说明事理，探求事物的发展规律。③政治理论片。对各项重大政治理论方针政策进行深度宣传阐述，借以实现“用理论指导实践，用实践论证理论”的目的，具有很强的政治理论色彩。

中国独特的国情使政论片的创作得到了很大发展，各种优秀的电视政论片不断出现。这其中，从具备丰富历史内涵的历史政论片到反映当下的时事政论片、政治理论片，其形态各异、各具特色，构成了中国电视文化的一道独特景观，如《**大国崛起**》（2006）、《复兴之路》（2007）、《百年潮·中国梦》（2014）、《大国外交》（2017）、《我们走在大路上》（2019）等。 （刘乃康）

政治电影 political film 20世纪60年代后半期至70年代中期西方各国兴起的以政治事件为题材的电影创作潮流。政治电影着重表现当代真实的政治事件、政治运动，以及个人与这些事件、运动有直接关系的行为和命运。政治电影起源于法国，后来遍及西欧、北欧、拉丁美洲诸国和日本、美国，其中意大利的政治电影占有特别重要的地位。由于各国情况不同，政治电影的导演们思想倾向和艺术原则不同，因而政治电影在创作倾向上存在着极其复杂的情况。

就法国政治电影而言，有科斯塔-加夫拉斯式，也有戈达尔-戈林式。C.科斯塔-加夫拉斯1969年拍摄的《Z》是公认的第一部政治电影。影片描写了1963年希腊军政府勾结警方，利用黑社会杀害希腊和平战士、左派议员G.兰姆斯基的真实事件及其调查过程。科斯塔-加夫拉斯在20世纪70年代初又拍摄了几部政治电影，如《口供》（1970）、《围困状态》（1973）等，但都未能达到《Z》的成就。

J.-L.**戈达尔**在1968年法国“五月风暴”前后，与J.P.戈林成立了维尔托夫电影小组，拍摄了一系列反映工人、学生“造反”的“战斗电影”以及图解政治概念与马列主义理论的影片，如《中国姑娘》（1967）、《东风》（1969）和《真理》（1969）等。戈达尔不仅在创作上，而且在理论上也深受无政府主义和极“左”思潮的影响，主张完全割断传统，并且反对在资金和发行上与资产阶级体系发生任何关系，因而只能自筹资金，在工厂、学校或电影俱乐部作非商业性放映。

由于人们日益关心政治问题，政治电影受到越来越广泛的欢迎，因而在美国也出现了一股政治电影热潮。一些导演拍摄了描写青年“造反者”的影片，如J.尼克尔森的《开车，他说》（1971）、P.瓦特金的《惩罚的公园》（1971）以及T.弗兰克关于种族歧视问题的《比利·杰克》（1971）等。政治电影热潮也表现在好莱坞的商业电影政治化方面。许多著名的电影导演在20世纪60～70年代也拍摄了表现重大政治事件、社会问题的影片，如S.克莱默的《猜猜谁来吃晚餐》（1967）、A.佩恩的《**邦妮和克莱德**》（1967）、S.库布里克的《发条橙子》（1971）、F.齐纳曼的《豺狼的日子》（1973）、R.阿尔特曼的《纳希维尔》（1974）、A.帕科拉的《总统班底》（1976）等。

意大利政治电影在世界政治电影潮流中占有显著地位，它的内容与政治倾向也十分复杂，但一般谈到意大利政治电影时都是指其主流。意大利政治电影之所以能形成一种运动，获得较大成就，首先因为它不仅是意大利新现实主义电影的继续，而且是它的发展和深化。许多政治电影导演都当过新现实主义电影导演的助手或合作者，在新的政治、经济和社会形势下，他们已不满足于揭露资本主义社会的表面现象，而是要挖掘形成这些现象的社会根源，找出它们的罪魁祸首。例如作为意大利最严重社会问题之一的黑手党问题，在新现实主义影片中未能得到表现，而政治电影则往往把它与司法当局、统治集团和社会制度联系起来。其次，和新现实主义电影一样，政治电影始终受到意大利共产党的支持，许多导演，如E.佩特里、B.贝托鲁奇、E.斯科拉、F.罗西等都是共产党员，具有较明确的政治立场和思想倾向。此外，意大利政治电影不仅在题材和风格上丰富多样，而且在艺术结构和表现手法上也多姿多彩。意大利政治电影的代表作有佩特里的《对一个不容怀疑的公民的调查》(1970）和《工人阶级上天堂》(1971)、D.达米阿尼的《一个警察局长的自白》(1970)、罗西的《马台依案件》(1971)、斯科拉的《我们曾如此相爱》(1973）和《特殊的一天》(1976)、贝托鲁奇的《1900年》(1976)、达米阿尼的《我害怕》(1978)、F.费里尼的《女人城》(1980）等。

苏联在20世纪70年代也曾有过政治电影，它主要指反映国际阶级斗争题材的影片，如《这是一个甜蜜的字眼——自由》(1973)、《礼节性的访问》(1973)、《黑夜笼罩着智利》(1977)、《自由战士》(1977）等。而且苏联电影理论家认为，只有苏联电影才是真正的政治电影。

20世纪60～70年代，除故事片外，在新闻纪录片中也出现了政治电影，它们主要产生在法国和美国。在法国，这类影片叫“战斗电影”，并产生了戈达尔-戈林的维尔托夫电影小组和以K.马盖为首的斯隆小组两个重要组织，它们拍摄了许多反映“五月风暴”的“战斗电影”。在美国则有纽约新闻电影小组、旧金山新闻电影小组、芝加哥十人小组等，它们拍摄了一些表现工人罢工、青年“造反”和黑人运动的新闻纪录片。

中国20世纪60～70年代的政治电影主要表现为“电影为政治服务”。受到“文化大革命”社会政治背景的影响，样板戏电影成为该时期电影的主要样式，“三突出”是主要的美学原则。代表影片有《智取威虎山》(1970)、《红灯记》(1971)、《沙家浜》(1971）等。

此外，瑞典青年导演B.魏德堡也拍摄了几部重要的政治影片，如《阿达伦31》(1969)、《乔·希尔》(1971）和《屋顶上的人》(1976）等。著名导演I.伯格曼也拍摄了一部政治影片《蛇蛋》(1971)。在日本，山本萨夫的《华丽家族》(1973)、《金环蚀》(1975）和《不毛之地》(1976）等都是很有影响的政治片。英国导演L.安德森拍摄了表现青年“造反”的《如果……》(1968)。联邦德国导演A.克鲁格、R.W.法斯宾德、V.施隆多夫等合作拍摄了政治影片《德国的秋天》(1978)。（伍菡卿）

政治片 political film 以现实生活中重大政治事件为题材的影片。政治片以政治问题为中心，着重表现政治事件、政治思想和行为，以及个人与这些事件、思想和行为的关系。从不同的政治立场和政治要求出发拍摄的政治片，内容具有强烈的阶级意识和政治倾向。政治片一般都有一个严肃的主题，着重在理性上表现政治事件，不太追求故事性。

政治片的表现内容主要包括以下三个方面：①直接表现当代真实的政治事件、政治运动和政治思潮；②直接表现参加这些政治事件、政治运动的工人、学生和其他人的思想、行为和命运；③反映当代某一重大社会政治问题。

政治片作为政治斗争的一种工具，具有很大的宣传鼓动和教育作用。第二次世界大战结束后，日本的《松川事件》《战争与人》、意大利的《Z》《一个警察局长的自白》等都是优秀的政治片。

（戴中孚）

执行导演 executive director 在有两名以上导演联合拍摄的摄制组里，或在总导演名义下，负责现场具体拍摄工作的导演。执行导演隶属导演组，也称之为现场导演。为保证导演的工作以及拍摄的效率，导演的具体工作由执行导演执行。执行导演需要将剧本进行分场拍摄计划的制订，同时要根据实际情况，与制片部门一起确定拍摄计划。执行导演要积极配合并执行导演的创作要求，并确保剧组的各个部门严密配合，使得拍摄进程能够顺利完成，在一部分剧组里有两名或以上的导演进行联合拍摄工作，或是有一名总导演负责控制整个拍摄周期，执行导演就要负责现场工作的具体拍摄和总导演想法的具体实现，同时辅助导演组与现场各个部门进行协调和交流。

在规模比较大的剧组，通常会采取A、B组同时拍摄的方式进行工作以提高拍摄进度和效率。总导演起着统领的作用，A、B组导演分别负责两个组的拍摄工作，A、B组导演通常由几位执行导演担任。在好莱坞，执行导演被称为第一副导演，无论是国内还是国外，执行导演这一工作对于剧组的顺利运转以及拍摄工作的顺利进行有着不可忽视的作用。（孙承健）

直接编辑 direct editing 以原始素材为节目源直接编辑成母带的影视剪辑方式。直接编辑方式工序简单，以磁带为基础的电视制作多采用直接编辑。将一台或多台放像机上的素材内容直接编录到工作母带上，并用素材带产生一个用于播放的节目带。但因为要直接完成母带，一般需要使用质量较高且价格昂贵的电子编辑设备，因此成本较高。另外，在编辑中为了找到准确的编辑点，或对编辑点进行修改，常常需要对素材带进行反复的重放、快放。反复寻找画面时，不仅占用设备时间长、机器磨损大，而且使素材带的图像质量下降。因此在电视制作中直接编辑适用于节目构成简单、素材带盘数和镜头较少、编辑内容不太复杂的情况，如新闻节目、小型专题片等。对于复杂节目的制作来说，直接编辑是不方便、不经济的，需要采用间接编辑方式。而在以胶片为载体的电影制作中，更不可能直接在底片上进行剪辑，需要用间接编辑方式。

随着数字摄录系统的技术升级，影视制作实现了从前期到后期的全面数字化，数字非线性编辑系统的存储容量和处理能力得到极大提升，以数字视频格式进行的直接编辑成为影视编辑的主要工作方法。即将源素材输入到非线性编辑系统中，直接进行编辑、输出。随着视频分辨率的提升，视频文件所需要的硬盘存储空间巨大，尤其是超高分辨率的素材在后期处理上对所需要的非线性编辑系统硬件要求更高。考虑到制作成本，也采用间接编辑。

（张歌东）

直接电影 direct cinema 纪录电影流派。20世纪60～70年代产生于美国。便携式摄影机的产生是这一流派产生的技术前提，使得肩扛灵活拍摄、同步录音成为可能。

在拍摄者与客观世界的关系上，直接电影主张排除非剧情片的传统，排除传统纪录片的导演或事先写好剧本，创造一种包含着不同暧昧形态的现实模式。在拍摄者与被拍摄对象的关系上，直接电影主张在不介入的状态下拍摄真实情况下的真实人物，观察优于旁白。在拍摄者与观众的关系上，直接电影主张给观众一种身临其境的自然之感，形式优于内容，剪辑优于**长镜头**。

直接电影的代表人物有R.德鲁、R.利科克、F.怀斯曼、D.梅索斯、A.梅索斯等。20世纪50年代末60年代初，德鲁领导的电影小组——“德鲁小组”，在时代出版公司的资助下，完成了轻型同步录音摄影技术和设备的革新。1960年，德鲁小组利用新的技术设备拍摄了纪录片《初选》，真实记录了民主党候选人的总统初选。之后，又拍摄了《不要美国佬！》(1960)、《危机》(1963)、《电椅》(1963）三部纪录片。20世纪60年代中期，利科克等人拍摄了关于B.迪伦的传记片《莫回首》(1966）和《蒙特利流行音乐节》(1968)。怀斯曼拍摄了一系列有关美国社会机构的纪录电影，他继承和发展了直接电影的风格，形成了一种固定的拍摄方式——以旁观者的身份、没有解说、没有无声源音乐，代表作品有《提提卡蠢事》(1967)、《高中》(1968)、《法律与秩序》(1969)、《医院》(1970）等。梅索斯兄弟于1962年创立了“梅索斯兄弟电影制作公司”，进行了直接电影的进一步探索，代表作有《快报，披头士在美国》(1964)、《推销员》(1968)、《给我庇护》(1970)、《灰色花园》(1976）等。梅索斯兄弟擅长以肩扛方式，以“墙上的苍蝇”的拍摄理念进行创作，强调观察与并置，偶尔会拍摄现场的反应与介入。

（刘卉青）

《指环王》三部曲 *The Lord of the Rings* (1–3) 新西兰、美国合拍彩色故事片。新西兰翼果电影公司和美国新线电影公司2001年、2002年、2003年出品。改编自J.R.R.托尔金小说《魔戒》。编剧，F.沃尔士、P.鲍恩斯、P.杰克逊；导演，P.杰克逊；摄影，A.莱斯尼；主演，E.伍德、I.麦克莱恩、V.莫特森、S.阿斯汀、O.布鲁姆、L.泰勒、H.维文、M.奥托、C.李、S.贝克等。

影片三部曲分别为《护戒使者》《双塔奇兵》《王者归来》。故事讲述了黑暗魔君索隆打造的至尊魔戒，拥有奴役世界的邪恶力量。为保卫中土世界的宁静自由祥和，一支由人类、精灵、矮人、霍比特人、巫师组建的东征小队，战胜了索隆设置的重重围困和魔戒对他们的邪恶诱惑，最终毁灭了给天下带来灾难的魔戒。影片为体现电影的艺术特性和效果，依循小说的故事主线，简化了剧情，并增添了动作和视觉元素。影片忠实表达了原著的思想主题，表现出鲜明的善恶观以及反战和环保主义主张，充满对和平、宽恕、爱的呼唤。

影片用数字技术打造的视觉景观建构出魔幻的“中土世界”，塑造了霍比特人、矮人、半兽人、树人、幽灵以及远古的野兽、巨象、飞龙等各种形象。影片的特效制作包括微缩模型、强行透视、遮幅绘景、多层渲染等传统与数码特效，通过数码合成技术，打造了怪异离奇的魔幻影像。影片特效的运用拓展了电影语言，推动了奇幻类型电影的发展。影片获奖无数，其中《护戒使者》2002年获第74届美国电影奥斯卡奖最佳摄影奖、最佳原创音乐奖、最佳视觉效果奖、最佳化妆奖，《双塔奇兵》2003年获第75届美国电影奥斯卡奖最佳音效剪辑奖、最佳视觉效果奖，《王者归来》2004年获第76届美国电影奥斯卡奖最佳影片奖、最佳导演奖、最佳视觉效果奖等11项奖。

（赵小青）

智利电影 Chilean cinema 智利电影事业始于20世纪初。

无声电影时期 1902年，智利开始拍摄影片。1910年，A.U.罗萨斯摄制了智利的第一部故事片《曼努埃尔·罗德里格斯》，该片作为庆祝智利独立一百周年的献礼片正式公映。1915年，意大利摄影师、评论家S.贾姆巴斯蒂亚尼在智利首都圣地亚哥成立了电影公司，组建了摄制组，拍摄了反映智利社会风貌的影片《古老的圣地亚哥》《大学生节》等。他的这些活动提高了智利电影工作者的热情，促进了智利电影的发展。

20世纪20年代，智利的无声电影进入兴旺时期，拍出了一些受观众和评论界赞扬的影片，如P.西恩纳导演的《海中呼唤》(1924）在1925年拉巴斯国际博览会获金质奖和名誉证书。他自编、自导、自演的《轻骑兵之死》(1925）描写了智利爱国者为智利独立而进行的斗争。由于西恩纳曾是颇有声望的舞台演员，他从影后在一定程度上唤起了观众对电影的热情。此外，J.德拉诺拍摄的《梦中的街道》(1929）在西班牙塞维利亚举行的国际博览会上获奖。这一时期较有成绩的导演还有C.博科斯克、J.P.贝罗卡尔等。该时期的影片主要是历史题材片、喜剧片及根据小说改编的文艺片。

在30年代初期，由于受美国经济危机的影响，智利在1931年拍摄了最后一部无声片《巡逻队》之后，其影片生产便处于瘫痪状态。

有声电影时期 导演德拉诺在政府的支持下，曾在1930年去好莱坞学习有声电影的摄制技术。1934年，智利拍摄了第一部有声影片《北方和南方》。1934～1944年，智利共摄制了10部有声故事片。其中E.德利盖罗执导的《麦田的巫术》(1939)、《大街上的人》(1942)，德拉诺拍摄的《丑闻》(1940）等影片影响较大。虽然有的影片反映了农村和城市的现实生活，但大多效仿好莱坞的模式。

1942年，智利成立了电影公司。在这期间拍摄了几部反映农民生活的影片，如《顺流而下》(1950）等。这些影片虽然在一定程度上反映了现实生活，但故事虚假，摄制的技术水平低。与此同时，也生产了一些内容芜杂的商业片。制片者负债累累，电影生产仍不景气。1955年，智利创建了电影导演和制片人协会。导演P.考伦曾任该协会的主席。1960年，智利天主教大学设立了电影系。智利大学成立了电影实验中心和大学电影资料馆。1962年，比尼亚德尔马电影俱乐部开展了业余电影爱好者活动。这些单位的成立及活动，对智利电影的发展起到了一定的推动作用。

现代智利电影 1965年，智利政府任命导演考伦为智利电影公司经理。1967年，政府颁布了两项有利于保护民族电影的法令，对进口35毫米胶片、电影器材及放映国产影片的票房收入实行免税。由于政府的保护措施，在这一时期涌现出一批年轻有为的导演，他们摄制了一些较好的影片。从1967年在比尼亚德尔马举行的“拉丁美洲电影节”开始，至1973年，被称为“智利青年电影”时期。其特点是创作者大多是年轻人，受**意大利新现实主义电影**的影响，影片的格调充满了新现实主义的色彩，反映了国内的社会问题，表明了作者的政治立场。影片的表现手法也突破了过去的传统。R.鲁伊斯的《三只可悲的老虎》(1968)，揭露了统治阶级在穷途末路中的颓废。评论界认为该片“是智利有声电影以来，第一次运用了具有较高艺术水平的电影语言”。此外H.索托的《赤色砂粒》(1969)、M.利廷的《纳维尔托罗的豺狼》(1970）等影片，都在一定程度上反映了社会问题。

1967年，考伦导演的《长途旅行》在捷克斯洛伐克卡罗维发利国际电影节上获奖。该片由3个小故事组成，反映了智利上、中、下各阶层人们的生活。1973年9月11日，智利军事政变后，很多电影工作者流亡到国外拍片，“智利青年电影”的主要成员也都出走异国。鲁伊斯移居法国，拍摄了《流亡者的谈话》(1974)、《假设被盗的画像》(1978)。利廷在墨西哥拍摄了《玛路西亚纪事》(1975)，描写1907

年智利玛路西亚矿工的斗争，该片在墨西哥获奖。他还将诺贝尔文学奖获得者哥伦比亚作家G.加西亚·马尔克斯的《蒙铁尔寡妇》搬上银幕。1982年，他执导的《阿尔西诺和飞鹰》在第4届拉丁美洲新电影国际电影节上获奖，并获美国电影奥斯卡奖最佳外语片奖提名。索托在法国拍摄的《圣地亚哥的暴风雨》（1975），描述了阿连德失败前后的情况。这些影片引起了世界各国的关注，有些还在国际电影节上获了奖，欧洲把这些影片称为“流亡的智利电影”。

自1973年9月11日政变至20世纪80年代后期，在智利国内只拍摄了为数不多的故事片。其中较突出的是S.卡约西演的《胡里奥父子》（1979），该片在西班牙韦尔瓦电影节上获哥伦布金像奖和评论奖。这一时期智利的电影事业不景气，影院主要上映美国影片，在国内只有一些私营电影企业和大学里的艺术系在拍摄影片。为挽救智利电影的颓势，电影工作者和有关方面采取了不少措施。1981年7月，智利电影公司举办了“智利电影周”，旨在提高观众对国产片的兴趣。1983年，智利又创建了视听觉技术专业协会。同年，J.洛佩斯的《最后一名见习水手》获得成功。

尽管电影工作者做了很多努力，但由于电影工业落后，生产费用昂贵，加之审查极为严格，智利电影一直尚未摆脱困境。1989年，智利军人政权统治结束。1992年，智利国家艺术基金成立，基金会支持约90%智利长故事片创作。20世纪90年代发行的许多电影获得公众和批评界的好评，如古斯塔沃·格雷夫·玛利诺的《一百个比索》（1993）、安德烈斯·伍德的《足球梦》（1997）、塞尔吉奥·卡斯蒂拉的《离开纽约回家去》（1998）等，但智利电影的票房依然不高。

21世纪以来，智利电影市场开始有所起色。荷西·奥尔金的《黑天使》（2000）和亚历杭德罗·罗哈斯的《奥圭和曼帕托在复活岛》（2002）都先后取得票房成功。2003年，鲍里斯·国泰亚的喜剧片《有爱才有性》刷新了全国票房纪录，该纪录直到2012年才被打破。同时，智利电影也开始在国际节上获奖。西尔维奥·凯约齐的《加冕礼》（2000）在加拿大蒙特利尔国际电影节、拉丁美洲电影节、哥伦比亚卡塔赫纳国际电影节和古巴哈瓦那电影节上获奖。安德烈斯·伍德的《洛可热》（2001）在哥伦比亚卡塔赫纳国际电影节和西班牙莱里达电影节上获奖。帕布罗·拉雷恩的《智利说不》（2012）获第65届法国戛纳国际电影节国际艺术院线协会奖和第84届美国国家评论协会奖。帕特里西奥·古斯曼的《故乡之光》（2010）和《珍珠纽扣》（2015）分别获多项国际大奖。（傅郁辰　撰　秦喜清　修订）

《智取华山》 *Taking Hua Mountain by Strategy* 中国故事片。北京电影制片厂1953年出品。原著，西北军区创作组集体创作；执笔，王宗元、任萍；改编，郭维、纪叶、东方；导演，郭维；摄影，陈民魂；主演，郭允泰、田丹、刘柳、方化。

《智取华山》海报

故事讲述了1949年，中国人民解放军发动解放大西北的强大攻势，国民党军队土崩瓦解，部分军队逃上华山，妄图凭借华山天险进行顽抗。解放军某团侦察参谋刘明基奉命率6名侦察员在当地药农常生林的引导下，历尽千辛万苦，打破了对“自古华山一条路”的迷信，飞越悬崖峭壁，占领了华山制高点，粉碎了敌人的反扑，迎接大部队，全歼了敌人。

影片成功地塑造了中国人民解放军的英雄形象，同时表现了军民一家的鱼水深情。作为惊险片，影片充分运用了戏剧悬念的连续性，而且根据人物性格的特点，巧妙地组织惊险的情节和生动的细节描写，在运用惊险手法的同时又塑造了人物的个性。影片演员的表演真实、朴素，注重人物性格的刻画，反面人物基本上摆脱了公式化、脸谱化的表演方法。影片1954年获第8届捷克斯洛伐克卡罗维发利国际电影节争取自由斗争奖。（张兆龙）

《智取威虎山》 *Taking Tiger Mountain by Strategy* 中国彩色戏曲片。北京电影制片厂1970年出品。根据同名京剧现代戏改编。编剧，上海京剧团集体；导演，谢铁骊；摄影，钱江；主演，童祥苓、沈金波、施正泉、齐淑芳、孙正阳。故事讲述了少剑波、杨子荣等解放军小分队奉命进山消灭土匪座山雕，获得李勇奇、猎户老常父女等夹皮沟贫苦民众的支持帮助。杨子荣得到座山雕渴望拥有的土匪名册联络图，并连夜突审俘虏栾平，掌握威虎山的详细情况后，要求潜入威虎山，与小分队会合，聚歼座山雕。这与同志们智取的建议不谋而合。杨子荣假扮土匪胡彪骗得座山雕的信任，处死脱逃进山的栾平，并在百鸡宴上灌醉群匪，与从天而降的小分队战士里应外合，全歼包括座山雕在内的威虎山残匪。

影片完全按照“文化大革命”时期文艺创作的金科玉律“三突出”原则，围绕中心人物杨子荣来编织情节，构思形象，表现毛泽东人民战争的基本思想，即发动群众，军民配合，共同消灭敌人。影片中，杨子荣被塑造成无产阶级的英雄典型，忠于领袖忠于党，智勇双全，克敌制胜，所向无敌。影片调动一切手段，来突出正面形象和主要英雄形象，运用大量的特写镜头，中近景的中心位置、强光和暖光全部都留给主要英雄人物，全力突出这些形象的光彩照人，而反面人物，如栾平、座山雕等，全部采用冷光，而且永远居于画面中的侧位或低位。这种形式主义的处理深刻地表现了创作思路上的主观化意识倾向和极左政治色彩，显现了强烈的特定时代的文化标志。（邢化祥）

《智取威虎山》 *The Taking of Tiger Mountain* 中国彩色故事片。博纳影业集团有限公司、华夏电影发行有限责任公司、八一电影制片厂等2014年联合出品。根据曲波小说《林海雪原》改编。编剧，黄欣、李杨、徐克、吴兵、董哲、林启安；导演，徐克；摄影，蔡崇辉；主演，张涵予、梁家辉、林更新、余男、佟丽娅、韩庚。

影片以留学生吉米的视角展开，讲述了1947年冬，东北民主联军分队侦察员杨子荣卧底潜入当地最大的土匪山头“威虎山”，凭借过人胆识，与匪首座山雕等人巧妙周旋。最终，一举捣毁土匪的军火库，救出被抢作压寨夫人的小栓妈妈。影片片尾，讲述者吉米的爷爷并非传奇英雄杨子荣，而是普通村民小栓。

影片结构方式新颖，选取个人化的历史视角，将革命经典叙事纳入当下社会生活。影片中，草莽英雄浑身是胆的历史叙述，可以让观众从日常行为规范、秩序、制度约束中超脱出来。影片结尾，逝去的英雄们与历史见证者及其后代齐聚一堂，产生了弥合历史距离的效果。影片2015年获第30届中国电影金鸡奖最佳导演奖、最佳男主角奖、最佳剪辑奖，第52届台湾电影金马奖最佳视觉效果奖；2016年获第16届中国电影华表奖优秀故事片奖、优秀导演奖，第35届香港电影金像奖最佳导演奖，第33届中国大众电影百花奖优秀电影特别表彰奖。 （储双月）

置景师 landscape architect 按照美术部门设计的场景图纸，组织、加工、制作与搭建影视场景的专职工艺技师。又称置景工程师。置景师的任务是将平面的图纸变为立体的实景，为此，置景师要根据**美术师**的总体设计与要求，制定全片场景的总预算，组织指导技术工人准备相应的置景材料、预制场景部件，加工与搭建布景，对场景的施工与搭建期限负责。置景师依据剧本所规定的内容确定大致的置景方案，在这个过程中需要明确剧本的时代背景和地域特点，以决定置景的工作量和工作内容。然后根据剧本的场次制定该剧目的场景表，并使之分门别类。技艺娴熟、经验丰富的置景师是**美术设计**的场景蓝图的直接体现者，对场景的技术与艺术质量有着重要的影响。置景师的工艺技术及其管理水平对体现导演和美术师的创作意图，对电影场景和实景加工质量起重要的作用，会直接关系到场景的建筑结构、样式的呈现效果和整体场景的氛围，并对拍摄进度、摄影棚使用率均起着决定性的作用。从平面图纸到一个理想的拍摄场地，置景的过程也是一个“系统工程”，因此置景师应该具备熟练的专业技术、艺术修养和审美能力，具有一定的经济管理、质量监督能力和人员组织安排及随机应变的能力。 （宋东葵）

中国（北京）国际大学生动画节 China (Beijing) International Student Animation Festival 中国动画节。2006年创办于北京。是由原国家广播电影电视总局正式批准的两项国际动漫活动之一，也是中国第一个国际性大学生动画节。由中国传媒大学主办。自2006年起，每年10月底举办。该动画节具有国际性、专业性、交流性等特征，邀请国际上有着辉煌成就的动画艺术大家，以及国际一流动画及新媒体领域

第10届中国（北京）国际大学生动画节现场

的专家、学者莅临动画节。该动画节对优秀动画作品进行展映和评选，设有多个单项奖和最高奖“白杨奖”。该动画节与全球动画艺术院校、机构进行合作，立足于创新开拓、引领潮流、观念融合，依托新兴广电传媒，以“权威性、原创性、学术性、国际性”为宗旨，宣扬勇于探索并不断丰富文化涵养的青年精神，致力于打造国际一流的动画发展平台，促使中国原创动漫迈向成熟、融入世界。 （赵　宁）

中国传媒大学戏剧影视学院 School of Theater, Film and Television of Communication University of China 中国影视教育机构。成立于2002年。是中国传媒大学艺术学科中规模最大的学院。学院秉持“知行合一”的办学理念，注重理论与实践相结合，“教学、科研、创作”齐头并进，“学业、品格、视野”相济兼修，形成了鲜明的办学特色和优势。在国内同类院系中，学院的办学规模、办学质量均名列前茅，在全国戏剧与影视学科中发挥着引领、示范作用。学院的戏剧与影视学科在2012年教育部第三轮学科评估中排名全国第一。2017年，学院的“戏剧与影视学”跻身教育部“双一流”建设学科名单。

学院拥有一批国内外享有盛誉的教授和学者，还聘请了国内外著名专家和学者担任特聘教授、客座教授和兼职教授，打造了一支师德高尚、业务精湛、结构优化的教师队伍，涌现出一批充满活力、富有创造力的高素质专业化教学团队、科研团队。学院师生创作或参与了大量影视作品，不少教师是系列广播影视节目的主创人员，多次荣获包括华表奖、金鸡奖、飞天奖、金鹰奖、“五个一工程”奖等在内的国内外重要奖项。学院积极推动学生参加国内外主流媒体的创作生产，如中央电视台、北京电视台、凤凰卫视、腾讯视频、爱奇艺等各类媒体机构。学院奥运摄影班全程参与了北京奥运会、伦敦奥运会、里约奥运会的赛事转播工作。

学院高度重视国际交流，与美国、法国、德国、英国、韩国、日本、俄罗斯等国家的知名高校建立了良好的合作交流关系，长期开展交换生培养、联合实践等项目，如美国南加州大学、美国加州大学洛杉矶分校、美国纽约城市大学、法国巴黎第八大学、德国慕尼黑电影学院、波兰国立戏剧影视学院、日本大学艺术学部、俄罗斯格拉西莫夫电影摄影学院、澳大利亚墨尔本大学、韩国中央大学、韩国东西大学等。自成立以来，学院为各级电视台、影视公司、文化事业单位等输送了大量人才，为国家的传媒、艺术与文化事业的蓬勃发展作出了重要贡献。 （刘小磊）

中国电视 Chinese television 1949年，党和政府开始筹划发展中国电视。1953年，中央广播事业局派遣章之俭、钟培根等10名技术人员赴捷克斯洛伐克学习电视技术。1955年2月5日，中央广播事业局向国务院提出在北京筹建一座中等规模电视台的规划。1956年5月28日，刘少奇听取了中央广播事业局的工作汇报后，提出了“电视发射机和接收机的研制要自力更生，中国电视发展以彩色电视为重点，优先发展黑白电视的工作建议”。从此，新中国电视的发展步入正轨。

中国电视的初步发展时期（1958～1966） 这一时期，中国学习研制出了黑白电视的基础设备，成功播放了电视节目。中国电视初步建立了电视台的组织管理机构，确立了担负政治宣传、传播知识、丰富人民文化生活的社会使命和电视理念，制作出了简单的新闻节目、文教节目、文艺娱乐节目，形成了最早一批12座正式电视台，步入定期播放节目的发展轨道。

中国电视的诞生 1956年5月，章之俭等人赴捷克斯洛伐克学习归来，在清华大学无线电系的协作下共同研制电视同步机、摄像机补偿信号发生器等设备，并于次年成功制造出电视试验机。1957年8月，北京电视实验台筹备机构成立。12月，筹备处的中国电视工作者代表团前往苏联、德国考察学习电视节目的编排。1958年3月，中国第一套黑白电视系统制作成功。随后，电视台的电视发射机、低周控制设备、摄像机等全套设备安装完毕，北京电视台正式成立。5月1日，北京电视台开始尝试播放新闻、纪录片、科教片及诗朗诵、舞蹈表演等文艺节目。5月8日，北京电视台首次播出了外国电视机构的新闻节目。5月19日，北京电视台使用第一辆黑白电视转播车实况转播了“八一”男女篮球赛，是中国第一次电视实况转播体育赛事。6月15日，北京电视台播出了现场多机拍摄、音画同步直播的电视剧《**一口菜饼子**》，开创了中国电视剧艺术的先河。7月，北京电视台联合广播科学研究所、北京广播器材厂研制出中国第一辆由超正析像管摄像机组成的电视转播车。9月2日，北京电视台开始每周固定播放节目，发行周刊《电视节目报》，标志着中国电视的诞生。

中国地方电视台的诞生 1958年10月1日，上海电视台成功试播了新闻等电视

节目，成为中国第一个成立的地方电视台。10月25日，上海电视台播放了自制电视剧《红色的火焰》。1959年，上海电视台自行研制出了黑白电视发射机和电子特技转换设备，并于1960年研制出7.5千瓦的第五频道电视发射机、残留边带滤波器、双工器等，改进了电视系统。

1958年12月20日，哈尔滨电视台首次试播了黑龙江省省委书记讲话、黑龙江省先进工作者见面会和诗歌朗诵、相声等文艺表演节目。1959年12月20日，哈尔滨电视台也直播了自制电视剧《生活的赞歌》。此后，沈阳电视台、抚顺电视台、鞍山电视台等6座电视台及转播台陆续成立。

中国电视的跃进式布局与纠偏性发展　1960年，第七次全国广播工作会议提出1962年全国电视台数量达到50座左右，实现中国电视发展的“连续跃进”。会后，国内各省积极贯彻会议精神，南京电视试验台、福州电视台、安徽电视台等相继成立，新增了19座电视台。1962年，中央广播事业局开始精简人员、缩减规模、合理布局、提高质量的调整工作，济南电视实验台、齐齐哈尔电视台、昆明电视实验台等11座电视台停办，纠正了中国电视台建设过多过快的问题。1963年，又陆续撤销了南京、太原、武汉等地的电视实验台，仅保留了北京、天津、上海、沈阳、广州5座电视台和哈尔滨、长春、西安3座电视试验台。

在提高电视节目质量的工作指导方针下，北京电视台1962年正式开设了电视栏目《国际知识》，关注国际重大事件，介绍历史、地理、人文、经济等相关知识。1966年，北京电视台首次试验使用从日本引进的黑白磁带摄像机录制电视节目，改变了中国电视演播室全程直播、现场实况转播的历史。由于经济、技术条件的局限，中国电视节目仍以直播方式为主，电视录播技术尚未广泛普及。

中国电视的曲折发展时期（1966～1976）　在这个特殊时期内，中国电视担负着政治宣传的任务。建设了一批省级电视台，全国电视传输网络基本形成。在国外电视设备引进的基础上，中国研制出彩色电视系统和彩色录像车，实现了彩色电视节目的录播，中国从黑白电视步入彩色电视发展阶段。

电视节目大幅度停播　1966年，北京电视台加强了电视节目的审查，节目围绕政治宣传进行编排，禁播包括戏曲传统剧目在内的表现中间人物、宣扬人性论和人情味等资产阶级思想的节目。1966年12月，全国文艺团体停止演出，体育节目、国际节目等都被禁播，导致了电视节目严重匮乏。1967年1月5日，北京电视台停止了除反映重大政治事件新闻之外的所有电视节目的播放。“文化大革命”期间，全国电视台大多都以播放关于新闻节目、毛泽东思想业余宣传队演唱的《东方红》《国际歌》等歌曲、八个样板戏、《地道战》《地雷战》《**南征北战**》“老三战”电影为主。

地方电视台的建设高潮　这一时期，中国开始了第二轮的电视台集中建设工作。1971年，除西藏之外的省级电视台建设全部完成，总数量达到32座。随着各省级电视台的出现，电视台之间转播电视节目的微波中继干线的传输技术取得了重要突破。1971年5月1日，北京电视台成功利用国家微波干线将劳动节焰火晚会传输至全国20个省级电视台。1973年，北京电视台通过卫星电视转播系统自主传输了刚果总统访华的新闻节目。至此，全国电视传输网络基本形成。

彩色电视节目的播放　1972年10月14日，中央广播事业局以中国机械进口总公司的名义赴法国、瑞士、德国等进行学习考察，引进彩色电视系统。在引进的电视设备中，有德国和美国的电视录像机，促使中国电视从直播方式向录播方式发生转变。1973年，在从国外引进的彩色电视设备基础上，北京电视设备厂研制出中国第一辆彩色电视转播车，上海广播器材厂制造出全套彩色电视中心设备和电视转播车。彩色电视筹备工作完成后，北京电视台建设了中国第一座彩色电视试播台，并于1973年4月14日第一次成功试播了彩色电视节目。5月1日，北京电视台开始对北京地区观众播放彩色电视节目。此后，上海电视台、天津电视台、成都电视台陆续播放彩色电视节目。从此，中国电视步入彩色电视时代。

中国电视恢复发展时期（1976～1991）　这一时期，中国展开了大范围的市县级电视台建设工作，覆盖全国的多线路电视传输网形成。中国电视产生了生活服务类、经济类的新节目，电视节目走向专业化、规范化，恢复了电视丰富人民群众文化生活的职能，增强了电视的观众意识和服务理念。

多类型电视节目的复播　1976年起，中国电视逐渐恢复了文艺类、科教类、体育类节目。北京电视台将少儿节目《红小兵》改为《少年儿童节目》，并陆续播放了“文化大革命”期间被禁播的京剧、昆曲、湖南花鼓戏等传统戏曲节目。《文化生活》《科学知识》等电视节目重新开播，还推出了《祖国各地》《世界各地》《外国文艺》《体育之窗》等新节目。上海电视台、天津电视台等地方电视台也陆续恢复了节目的播放，满足人民群众的文化生活需求，恢复了电视的正常职能。

地方电视台的复工　1977年起，地方电视台开始重新开放，全国39座电视台和144座电视转播台开始恢复工作。1978年1月1日，北京电视台《新闻联播》节目正式播出，分为国内新闻、主持人口播新闻、国际新闻三个板块。国内新闻部分由全国各地方电视台选送的当日新闻报道编辑组成，北京电视台开始向国家级中央电视台过渡。5月1日，北京电视台正式更名为**中央电视台**。

全国电视传输网络的形成　1982年，中央广播事业局改为广播电视部。1983年，广播电视部提出了“四级办广播、四级办电视、四级混合覆盖”的方针政策，调动了全国地方市县建设电视台的积极性，加速了中国电视的发展。在省级电视台基础上，大量市县级电视台崛起，涌现了一批独具地方特色、贴近地方群众生活的电视节目。1984年，中国自主研制的第一颗通信卫星“东方红二号”发射成功，进行了传输电视信号的实验。通过卫星转播能够将电视信号传送至微波干线无法抵达的边远市县，提高了电视信号的全国覆盖率。1991年，中国电视台数量达到了543座，人口混合覆盖率达到了80.7%。随着“四级办电视”政策的落实，各省市的广播电视节目传送专用微波干线、有线电视系统的建设也迅速发展起来。中国电视形成了以卫星传输为主，微波干线、**有线电视**系统结合的高质量、高效率的电视传输网络。

中国电视的持续发展时期（1992～　）　随着中国进入全面深化改革的新时期，中国电视也在组织机构、管理体制、财政制度等方面进行了改革，不断向规范、科学、高效的企业管理发展。中国的电视人口覆盖率进一步提升，三网融合的速度加快，中国电视正发生着数字化、网络化的变革。中国电视节目不断创新，类型日趋多元化。

中国电视的改革发展　1992年起，中国电视开始从行政管理向企业化管理的改革。财政上首先由全额预算向差额预算转变，再经自收自支管理过渡，最终完成企业化管理。1999年，国家广播电影电视总局提出在全国开展以电视台内部成本核算为主要内容的管理制度改革。随后，全国各地电视台都按照会议要求进行了财务制度、人事制度、节目制播制度等方面的改革。2000年，中央电视台开展了节目制播分离的改革试点工作。

与此同时，中国电视在组织机构上也展开了企业集团化改革。2001年，在全国省市级有线电视台和无线电视台的合并改革完成后，组建了中国广播影视集团、湖南广播影视集团、上海文广集团等广播影视集团。2006年，国家广播电影电视总局下发了广播影视改革工作实施方案的通知，要求地方电视台和广播电台合并，成立广播电视台，促进传统的电视媒体向综合性的广电媒体转型。

数字电视的融合发展　在全国电视网络和电视节目传输网络的建设完成之后，中国又加快模拟电视数字化、高清化、网络化的发展，推进广播电视网、电信网、互联网的三网融合进度。2003年，有线电视的数字化、双向化转换工作展开，并于2006年进入全面推广阶段。2006年，中国开始了电视台数字化、网络化的改造。2010年，省级卫视及部分市级电视台基本具备了数字化高清电视节目的制播能力。2014年，中国电视开始了以音视频版权为核心的广播电视网与电信网、互联网合作的“台网联动”，展开了电视台与互联网视频公司共同投资开发电视节目、电视台节目在所属网络电视上播映而非出售网络版权等的改革，促进电视台网络化的发展。

2016年4月，国务院办公厅印发了《关于加快推进广播电视村村通向户户通升级工作的通知》，开启了有线电视数字化、卫星电视数字化、地面无线广播电视数字化的普及工作，有力推进了中国电视无线发射台的基础建设，加快了有线电视网的整合和智能化发展。中国电视从粗放式的全国电视网覆盖工作进入精细化的用户综合服务的新阶段。

电视节目的多元化发展　中国电视节目在越来越专业化、深度化、权威化的同时，也在朝着平民化、通俗化、娱乐化方向发展。中央电视台的《焦点访谈》和《新闻调查》、成都电视台的《新闻背景》等新闻节目就中国热点问题、敏感话题、重大事件进行深入调查、综合分析、理性评论，具有权威性的深度报道性质。中央电视台的《晚间新闻报道》、湖南卫视的《晚间新闻》、浙江卫视的《时事圈点》等新闻节目则关注普通百姓的衣食住行问题、社会奇闻、生活趣事等，具有通俗性、趣味性、鲜活性。1996年，湖南电视台的《快乐大本营》以高达33%的收视率开启了中国电视娱乐节目的狂潮。此后，《超级女声》《梦想中国》《中国好声音》等选秀节目类型，《玫瑰之约》《我们约会吧》《非诚勿扰》等婚恋节目类型，《极限挑战》《爸爸去哪儿》《奔跑吧兄弟》等真人秀节目类型的一大批娱乐节目涌现。

中国电视在从黑白电视到彩色电视、有线电视、卫星电视、数字电视、网络电视的发展过程中，在担负着传统的政治宣传、信息传播、舆论监督、社会教化功能之余，娱乐功能、商业功能、生活综合服务功能也在不断加强。随着中国三网融合和数字化进程的推进，中国电视在与电脑、手机等媒体趋于融合，逐渐由传统的视听媒体向新型媒体转变。

扩展阅读

刘习良.中国电视史.北京：中国广播电视出版社，2007.

赵玉明.中国广播电视通史.北京：中国广播影视出版社，2014.

（丁亚平　张默然）

《中国电视》 *China Television*　中国电视专业杂志。1982年在北京创刊，每月一期。由中国电视艺术委员会主办，《中国电视》编辑部编辑。该刊设有“专论”“专稿”“评论聚焦”“评论空间”“媒介研究”“理论前沿”“纪录时代”“百家论坛”“动漫艺苑”“荧屏谈艺”“环球视窗”“业界视线”等栏目。主要刊登有关电视的评论和理论性文章，具有很强的专业性和学术性，主要读者对象是电视从业人员、高校研究工作者和电视艺术爱好者。该刊在推动新时期以来中国电视创作和理论研究方面均起到了重要作用。（忆　帆）

中国电视剧导演工作委员会　China Television Director Committee　中国电视团体。经国家广播电影电视总局、民政部、中国广播电视协会批准，于2008年5月12日正式注册成立，是中国广播电视协会直属的行业内最专业、最权威的机构。陈家林是第一任会长，第一批会员人数为120余名。成立大会上，全体会员导演共同举办了揭牌仪式，并发表了《中国电视剧导演宣言》，宣言内容具体为：中国电视剧自诞生以来，就成为我们共同的信仰。我们是内心充满热爱的团体，我们热爱观众，热爱劳作，热爱创造。我们承诺，坚持艺术操守，恪守职业道德，努力服务人民，永远忠于祖国。委员会的会则是：团结、自律、交流、发展。

委员会的10项基本职能包括：①作为政府的辅助机构，履行行业管理和行业服务职能。促进电视产业健康可持续发展，推动新兴电视剧创作。②对电视剧的艺术、现象、成就和发展方向进行讨论和交流。设立中国电视剧导演论坛、亚洲电视剧导演论坛、导演优秀作品研讨会，从不同层面探索电视剧制作、产业和成员作品等。③设立导演委员会奖。每年对中国电视剧的创作、作品进行回顾，并评选优秀的电视剧创作人士，给予鼓励。④维护中国电视剧导演的合法权益，通过法律手段和其他合法手段维护电视行业的声誉和利益，为会员提供法律服务。⑤协助政府行业主管部门，调查、评估和认证。注重对年轻导演的发现、培养和提升，积极推动电视剧导演行业的发展。⑥加强行业自律意识，提高行业标准，维护中国电视剧导演的良好声誉，惩戒不良行为。⑦在委员会内建立一个资讯平台，通报违背行业规范的不良行为及行为人，如有需要随时公示媒体。⑧鼓励和促进大中华地区不同电视产业集团之间的有效沟通，组织委员赴海外出差、培训交流。⑨建立官方网站和专业期刊，发布相关资料。根据委员会成员的需要，提供宣传发行、营销推广、版权代理、广告代理等各类服务。⑩提供行业培训，培养优秀人才。

委员会在电视剧行业的维权、自律、沟通三个方面发挥了重要作用，加强了电视剧工作者的权益保护，强调行业规范，并提供了交流沟通的平台。（孙承健）

中国电视剧制作中心　China TV Drama Production Center　中国中央电视台专门制作和译制电视剧的部门。中国最大的电视剧制作基地。1983年7月筹建，10月28日成立于北京。1984年电视剧艺术委员会的制作部并入该中心并与原中央电视台电视剧部、中国广播艺术团电视剧部合并扩组，直属中国广播电视部领导。1986年，归属于中央电视台。2009年，转企改制为中国电视剧制作中心有限责任公司，是中央电视台台属、台管、台控的独资公司，同时挂牌成为国家重大革命和历史题材影视剧制作基地。

中国电视剧制作中心的主要任务是组织作家创作或改编文学剧本；拍摄和制作电视连续剧、系列剧、单本剧和短篇小品集；译制外国优秀电视剧；与中国台湾、香港或国外合拍、协拍影视作品；组织拍摄和制作动画片、美术片；从事电视剧理论研究与探讨，组织全国范围的创作与理论研究学术会议。

自成立以来，创作并拍摄了大量的电视作品，其中影响较大的有《生命的故事》《向警予》《寻找回来的世界》《红楼梦》《努

《历史转折中的邓小平》剧照

尔哈赤》《甄三》《西游记》《末代皇帝》《家教》《绿荫》《平凡的世界》《铁人》《三国演义》《北京人在纽约》《苍天在上》《中国命运的决战》《水浒传》《女子特警队》等。进入21世纪以来，佳作不断。2007年，有8部作品荣获第26届中国电视剧飞天奖的9个奖项，其中与中共中央宣传部、公安部、河南电视台联合摄制的《任长霞》获长篇电视剧一等奖、优秀导演奖与优秀女演员奖3项大奖；《陈赓大将》和《老娘泪》获长篇电视剧二等奖；《吕梁英雄传》获长篇电视剧三等奖；《砺剑》获中短篇电视剧三等奖；《小留学生》获少儿电视剧二等奖；《李清照》获戏曲电视剧二等奖。

2010年之后，相继出品了《湄公河大案》(2014)、《历史转折中的邓小平》(2014)、《大江东去》(2015)等优秀电视剧。

（章柏青　唐建军）

中国电视艺术家协会　China TV Artists Association; CTAA　中国电视界全国性的群众团体。中国文学艺术界联合会的团体会员。1985年4月在北京成立。宗旨是团结全国各民族电视艺术工作者，坚持文艺为人民服务、为社会主义服务的方向，繁荣电视艺术事业。会员包括团体会员和个人会员。全国各省、自治区、直辖市电视艺术家协会为中国电视艺术家协会团体会员；个人会员主要包括电视艺术创作人员、行政管理人员、评论人员及其他电视工作者，共有5000余名。协会最高权力机构为全国代表大会。主要任务是：对会员开展联络、协调、服务工作；组织会员开展政治理论学习、深入生活、艺术创作和学术研讨等方面活动；通过信息咨询、业务交流、人才培训推优评选及各专业委员会活动，加强与会员业务联系；举办与组织中国金鹰电视艺术节和中国电视金鹰奖、中国百佳电视艺术工作者评选和颁奖等活动；促进并加强与香港特别行政区、澳门特别行政区和台湾地区及海外侨胞中电视艺术团体和人士的联系与往来；致力于促进国际电视艺术交流，扩大友好往来；维护会员合法权益，发展和繁荣中国电视艺术事业。协会主办的大型综合性电视文艺月刊《当代电视》是协会与各地会员进行联络交流、沟通电视艺术界与广大电视观众的桥梁和渠道。协会在各省、市、自治区、直辖市和计划单列市设有电视艺术家分会，负责开展当地的电视活动。

中国电视艺术家协会第五次全国代表大会现场

（章柏青）

中国电影　Chinese cinema　1895年12月28日，电影诞生于法国巴黎。翌年，便被当作"新奇玩意"输入中国。1896～1897年，上海、香港、天津、武汉等地开始放映"西洋影戏"。1902年，北京前门打磨厂福寿堂开始放映短片。1905年，**北京丰泰照相馆**摄制完成《**定军山**》。1908年，意大利商人A.雷玛斯在上海建立中国第一座电影院。中国电影迈出了艰难的步履。

诞生与起步（1905～1949）　中国电影的诞生与起步经历了早期中国电影（1905～1931）、新兴电影运动（1931～1937）、全面抗日战争时期电影（1937～1945）、解放战争时期电影（1945～1949）四个阶段。

早期中国电影（1905～1931）　1900年起，美、英、意等国摄影师开始在中国拍摄新闻短片。1905年，北京丰泰照相馆创办人任庆泰，拍摄了由著名京剧表演艺术家谭鑫培主演的《定军山》，这是中国人自己摄制的第一部影片。随后，美国商人B.布拉斯基等人，拍摄了《西太后》等几部短片。1912年，上海南洋人寿保险公司接手亚细亚影戏公司，并聘请**张石川**为顾问。张石川又聘请**郑正秋**加盟，成立新民公司，承包了亚细亚公司的全部摄制工作。同年，郑正秋编剧并联合张石川导演了中国第一部有故事情节的短片《**难夫难妻**》。随后张石川又导演了《活无常》《五福临门》等20多部滑稽短片。1916年，张石川导演了揭露鸦片对人民危害的《黑籍冤魂》。同期其他影片还有**黎民伟**拍摄的《**庄子试妻**》(1913)，上海商务印书馆制作的《商务印书馆放工》(1917)、《阎瑞生》(1921)、《红粉骷髅》(1921)，以及但杜宇创办的上海影戏公司摄制的《海誓》(1921)

《劳工之爱情》剧照

等。1921年的这几部影片，是中国长故事片的开始。

1922年2月，张石川与郑正秋、周剑云、郑鹧鸪等组建**明星影片公司**，在拍摄了《劳工之爱情》等短故事片后，于1923年底摄制完成长故事片《**孤儿救祖记**》(郑正秋编剧，张石川导演)。在以后的4年里，明星公司一直走关注妇女、儿童及现实的拍片路线，拍摄了张石川导演的《玉梨魂》《最后之良心》和洪深编导的《冯大少爷》《少奶奶的扇子》等影片。

随着明星影片公司的兴起，1925～1927年，上海成立的电影公司多达140余家。其中较具规模的制片公司有吴性栽投资经营的大中华百合影片公司、**汪煦昌**开办的神州影片公司、旅美华侨从纽约迁回上海的长城画片公司、**黎民伟的民新影片公司**、邵醉翁兄弟创办的**天一影片公司**等。

1928年，明星影片公司开拍18集的《**火烧红莲寺**》，引发了一股拍摄武侠片的热潮，持续4年之久。**罗明佑**以华北公司名义，与黎民伟的民新影片公司合作，于1929年开始拍摄现实题材的故事片《故都春梦》，获得成功后成立联华影业公司，与明星影片公司、天一影片公司鼎足而立。1930年开始，中国电影界进行了第一批有声电影的试验。如明星公司的《**歌女红牡丹**》(1931)、天一影片公司的《歌场

《故都春梦》剧照

春色》(1931)等。

新兴电影运动(1931～1937) 九一八事变与一·二八事变后，中国电影事业跌入低谷。国产片丧失了东北放映市场，上海的大多数制片机构和相当一部分电影院也遭到不同程度的破坏。民族危机激发了民众的民族意识和救国愿望，观众的观影兴趣发生改变。此时，中国共产党领导下的左翼文艺运动开始关注并介入电影，夏衍、阿英、郑伯奇、阳翰笙、沈西苓等一批左翼文化工作者加入各制片公司，对中国电影创作产生了重要影响。

1933年2月中国电影文化协会成立，标志着新兴电影运动正式展开。新兴电影运动经历了1933年的崛起、1934～1935年的艰难曲折和1936～1937年的高涨三个阶段。

1933年是中国电影取得重要成就的一年，拍摄了描写农村生活和社会斗争的《狂流》(夏衍编剧，程步高导演)、再现下层劳苦群众痛苦生活的《都会的早晨》(蔡楚生编导)、根据茅盾同名小说改编的《春蚕》(夏衍改编，程步高导演)、反映城市贫民血泪生活的《上海二十四小时》(夏衍编剧，沈西苓导演)等影片。

1933年底，新兴电影运动进入艰难曲折阶段。以反映现实为目的的新兴电影对当时的官方政策与意识形态形成挑战，受到政府的严格审查。但1934～1935年仍然拍摄了一批优秀的、有影响力的电影，如反映渔民悲惨命运的《渔光曲》，揭示都市知识女性受压迫、被侮辱境遇的《新女性》，中国第一部音乐喜剧片《都市风光》等。

1936年，电影界展开对"国防电影"的讨论，新兴电影运动迎来高涨时期。重要作品有《生死同心》《十字街头》《马路天使》等。

新兴电影运动不仅催生出了一批经典电影作品，还造就了不少具有个人创作风格的导演，如孙瑜善于浪漫意趣的诗化风格，蔡楚生善于传统叙事的通俗化风格，吴永刚善于清新淡雅的素描风格，费穆注重表达人文诉求、创造哲理性意象的写意风格等。

抗日战争全面爆发时期电影(1937～1945) 在全面抗日战争的八年里，国民党统治区、沦陷区和革命根据地等不同地区各自进行着电影活动。

国民党统治区。1938年1月29日，中华全国电影界抗敌协会在武汉成立。于武汉、重庆等地进行电影制作的单位主要是中国电影制片厂和中央电影摄影场。他们拍摄的故事片有《保卫我们的土地》

《八百壮士》剧照

(史东山编导)、《八百壮士》(阳翰笙编剧，应云卫导演)等，纪录片有《抗战特辑》《克复台儿庄》等。

沦陷区。1937年，日本政府操纵的伪满洲国成立株式会社满洲映画协会。此后，又在上海先后成立了以电影发行放映为主要业务的"中华电影股份有限公司"和"华北电影股份有限公司"。1943年成立"中华电影联合股份有限公司"(简称"华影")，公司由日本人川喜多长政掌握实际的权力。

革命根据地。1938年秋，袁牧之、吴印咸、徐肖冰等先后来到延安，在八路军总政治部领导下成立延安电影团，拍摄了《延安与八路军》(袁牧之编导)、《生产与战斗结合起来》(又名《南泥湾》)等反映根据地政治、军事及日常生活的新闻纪录片。新四军淮北根据地也拍摄了《彭雪枫师长追悼会》《新四军骑兵团》等新闻片。根据地的电影活动为新中国的电影事业培养了专业人员，积累了创作经验。

香港。随着抗日战争全面爆发，香港电影工作者拍摄了《最后关头》《焦土抗战》等粤语故事片和《广州抗战记》《"八路军反攻平型关"秘本》等纪录片。从内地转移过来的蔡楚生、司徒慧敏等人拍摄了《血溅宝山城》《游击进行曲》等故事片和《保卫大四邑》等纪录片。1941年香港沦陷前，还摄制了《烽火故乡》《流亡之歌》等多种题材的影片。

上海"孤岛"。从1937年11月中国军队撤离上海，到1941年12月8日太平洋战争爆发、日本军队进入上海租界区域止，这4年被称为上海"孤岛"时期。这个时期，由于《木兰从军》(1939，欧阳予倩编剧，卜万苍导演)上映后的卖座，形成了古装片拍摄浪潮。其中有几部是借古喻今，表现民族爱国思想的历史题材影片，如《武则天》《苏武牧羊》等。1941年时装片取代古装片，其中制作比较严肃的有《肉》《复活》等。这一年，万氏兄弟制作了中国第一部动画长片《铁扇公主》。

解放战争时期电影(1945～1949) 这一时期，影片数量虽然不多，但它们即时地反映现实人生，真切地表现时代精神，而且在艺术上别具特色，成为中国电影艺术诞生以来的又一个重要收获期。如昆仑影业公司的《八千里路云和月》(1947，史东山编导)、《一江春水向东流》(1947，蔡楚生、郑君里编导)、《万家灯火》(1948，阳翰笙编剧，沈浮导演)、《三毛流浪记》(1949，阳翰笙编剧，赵明、严恭导演)和《乌鸦与麻雀》(1949，郑君里导演)；东北电影制片厂的《松花江上》(1947，金山编导)；文华影业公司的《夜店》(1947，柯灵编剧，黄佐临导演)；中央电影企业股份有限公司的《还乡日记》(1947，张骏祥编导)、《乘龙快婿》(1948，张骏祥编导)；国泰影业公司的《忆江南》(1947，田汉编剧，应云卫、吴天导演)；大同电影企业公司的《弱者，你的名字是女人》(1948，欧阳予倩编剧，洪深、郑小秋导演)。这一时期富有喜剧色彩的《假凤虚凰》(1947，桑弧编剧，黄佐临导演)，是抗战胜利后第一部在美国上映受到好评的中国电影。《小城之春》(1948，李天济编剧，费穆导演)以一个家庭的情感波澜为依托，在一种淡雅、优美、精致的电影形式中，表现了普通人的感情、道德意识和民族的

《小城之春》剧照

心理特征。戏曲片方面，1948年华艺影片公司拍摄完成了由梅兰芳主演的彩色戏曲片《生死恨》(费穆导演)，这是中国摄制彩色影片的第一次尝试。启明影业公司拍摄的戏曲片《祥林嫂》(1948，南薇编导)则是第一次将越剧搬上银幕。

从1896年电影传入中国到1949年，中国电影从只放映外国影片到开始摄制国产影片，从借助外国资本、人员拍片到独立自主制作，以自己的实力创立了民族电影。就内容而言，中国电影逐步从迎合市民的消遣趣味，发展到重视反映现实生活，同时又不失观赏性。进入20世纪30年代，由于中国共产党对进步电影的领导和文艺工作者的积极参与，中国电影拓展了电影的社会性主题，使之在社会文化以

至民族解放斗争中发挥了重大作用。到40年代末，中国电影已经初步确立了自己的文化与艺术品格。

发展与探索（1949～ ） 1949年至今，中国电影经历了发展与曲折（1949～1976）、新时期的探索（1977～1999）、全球化时代（2000～ ）三个阶段。

发展与曲折（1949～1976） 1949年10月1日，中华人民共和国建立，中国电影进入了蓬勃发展的时期。三家国营电影厂：新成立的**北京电影制片厂**、**上海电影制片厂**和1946年成立的东北电影制片厂（1955年改名**长春电影制片厂**），成为电影制作的主要力量。为了培养人才，上海、北京还成立了电影学校，北京的学校后来成为中国唯一的高等电影专业学府——**北京电影学院**。与此同时，中国影片经理公司（后改名为中国电影发行放映公司）成立，陆续在全国2000多个县建立电影发行放映公司。到1965年，放映单位从1949年的400多个发展到20 363个，观众人次从1949年的4000多万上升到40多亿。

自1949年制作第一部故事片《**桥**》开始，创作人员以饱满的工作热情在很短的时间内拍摄了《**白毛女**》《**钢铁战士**》等优秀影片。私营厂也拍摄了《**我这一辈子**》《关连长》和新闻纪录片《百万雄师过大江》等。

1951年对《武训传》《我们夫妇之间》等影片的批判，在一定程度上挫伤了创作人员的积极性，导致影片产量急剧下滑。

1956年6月，毛泽东提出“百花齐放，百家争鸣”的方针，故事片生产得到恢复。1957年文化部举办首届优秀影片评奖，故事片《龙须沟》《**南征北战**》《**上甘岭**》《**祝福**》《柳堡的故事》等，美术片《乌鸦为什么是黑的》《**神笔**》等多部影片获奖。科教片《水土保持》还在国际上获奖。1959年，电影界又为国庆十周年贡献了故事片《林则徐》《永不消逝的电波》《**青春之歌**》，美术片《猪八戒吃西瓜》，纪录片《百万农奴站起来》《和平万岁》以及科教片《桂林山水》等。

20世纪60年代初期，中国电影再次走上正轨。故事片《**甲午风云**》《**李双双**》《阿诗玛》《**刘三姐**》《洪湖赤卫队》《冰山上的来客》等，戏曲片《**杨门女将**》《孙悟空三打白骨精》《花为媒》等，美术片《**大闹天宫**》《**小蝌蚪找妈妈**》等均是这一时期的作品。

1949～1966年的中国电影（又称“十七年电影”），继承了20世纪30～40年代电影的优良传统，表现了中国革命和现代历史的发展历程，肯定并颂扬了爱国主义和英雄主义品质。同时，电影艺术家们不忘底层社会的问题和苦难，不忘百姓的反抗和呻吟，创作出了一批好的作品，特别是根据鲁迅、茅盾、柔石等现代作家的作品改编的影片，尤其具有感人的思想和艺术魅力。电影艺术家还将镜头对准时代发展与新生活，对准新的人物、新的世界，真实地记录了社会的发展和时代前进的步伐，展现了广大群众在革命和建设中的精神风貌。活跃在该时期的导演艺术家**成荫**、**谢铁骊**、**水华**、**崔嵬**、**凌子风**、**谢晋**、**王炎**、**李俊**、**王苹**等，后来被学界称为中国“第三代导演”。“十七年电影”的不足之处在于：数量上，故事片只有600余部；质量上，一些作品在创作思想中存在虚假、说教、拔高之病，且主题单一，人物缺乏立体感，艺术形式有公式化、概念化现象。

《大闹天宫》海报

1966～1976年的“文化大革命”，许多电影工作者遭到残酷迫害，电影界一片凋零。影片拍摄主要体现在“样板戏”的创作上，除《**创业**》《**海霞**》《**闪闪的红星**》等几部故事片外，创作几乎处于停滞状态。

这个时期台湾的电影事业也得到了发展。20世纪40年代，台湾电影在制作力量、技术和产品等方面都乏善可陈。50年代，台湾有“中国电影制片厂”、农业教育影片公司、台湾省电影制片厂、“**中央电影事业股份有限公司**”等制片单位，生产了《望春风》《疯女十八年》《青山碧血》等影片。出现了导演李行、演员柯俊雄等电影人才。1955年，台湾制作了第一部闽南语电影《六才子西厢记》，开启了当地闽南语电影的拍摄。

20世纪60～70年代，台湾电影事业繁荣。此时期共生产了2951部影片。重要影片有《蚵女》《玉观音》《**侠女**》《八百壮士》《**汪洋中的一条船**》《家在台北》《筧桥英烈传》《小城故事》等。新的电影院不断建起，最多时达500多家（1970）。1975年，台湾成立了电影事业发展基金会，为台湾的电影文化发展提供支持。

20世纪50年代到70年代末，香港电影业也很红火。**永华影业公司**、**邵氏兄弟（香港）有限公司**与**长城电影制片有限公司**三足鼎立，同时还有**新联影业公司**、中联电影企业有限公司等进步制片单位。优秀作品有《父母心》《寸草心》《一板之隔》《阿Q正传》《四千金》《江山美人》《珠江泪》等。粤语片是香港最主要的片种，其产量占影片总数的2/3以上。60年代后出现的新型武打片最受青睐，有影响力的作品如《**独臂刀**》《**大醉侠**》《**唐山大兄**》《**精武门**》《蛇形刁手》《**醉拳**》等。武侠片导演有**胡金铨**、**张彻**等，演员有**李小龙**、**成龙**等。

新时期的探索（1977～1999） 1977～1999年，中国电影在新时期的探索又分为两个阶段：全面探索的浪潮（1977～1989）、在转型和发展中前进（1990～1999）。

全面探索的浪潮（1977～1989）。1976年10月，中国电影开始复苏。1979年生产电影50余部，年度中国电影院观众高达293亿人次，创历史最高纪录。1984年，故事片产量达140余部。这个阶段中国电影发生了巨大的变化：创作人员的艺术人生观转变为表现个人的经验和思考；电影的美学形态，从戏剧美学电影向多形态、多风格转化；电影的艺术功能，从单一的“政治艺术片”模式，向艺术电影、主旋律电影、商业电影、实验性电影以及多元交叉电影转化。

1979年创作的作品有革命历史题材影片《曙光》《从奴隶到将军》，歌颂知识分子的影片《李四光》《海外赤子》，反映现实生活的影片《瞧这一家子》《甜蜜的事业》，揭示“文化大革命”伤痕的影片《苦恼人的笑》《泪痕》等。1980年创作的影片有《**天云山传奇**》《**巴山夜雨**》《庐山恋》等。由于改革开放，文艺界接触了大量的外国艺术形式，西方电影新奇的外在形式、表现技巧等激发了电影工作者的热情。所以，以人物心理活动为线索的时空交错的剧作结构，幻觉、梦境、升格、降格、定格、黑白片对接、无技巧剪辑、多画面等手法被吸收运用。比如《小花》交叉使用彩色片与黑白片以形成对比，舍弃平铺直叙的方法而大量运用闪回，将回忆的情景展现在现实跟前，使影

《小花》剧照

片显得婀娜多姿;《苦恼人的笑》以主人公的心理活动为线索结构全片，大量采用隐喻、象征、幻觉、梦境、荒诞等现代派表现手段，生动形象地展现“文化大革命”期间荒诞的社会情景，表现人物内心的苦痛与挣扎。

20世纪80年代，老一辈导演们不仅超越了传统，也超越了自身。**汤晓丹**创作了气势磅礴的纪实性故事片《**南昌起义**》(1981)和《**廖仲恺**》(1983)。成荫导演的《**西安事变**》(1981)将复杂纷繁的历史事件梳理得清晰分明。**水华**导演了富有鲜明民族风格的《伤逝》(1981)。王炎完成了《许茂和他的女儿们》(1981)。凌子风改编了多部文学名著:《骆驼祥子》(1982)、《边城》(1984)、《春桃》(1986)、《死水微澜》(1991)。**谢铁骊**、**谢添**等也参与了改编作品的创作。在老一辈导演中，**谢晋**的成就最为突出。他摄制的《天云山传奇》(1981)、《牧马人》(1982)、《**芙蓉镇**》(1986)等影片，关注社会与历史的重大问题，善于塑造女性形象、表现人性人情。

中年导演的作品也很引人注目。1979年，女导演**张暖忻**与李陀合写的《电影语言的现代化》，是中国电影创新和探索的理论宣言。中年导演的代表作有：张暖忻的《沙鸥》(1981)、《青春祭》(1985)和《北京，你早》(1990)；郑洞天与徐谷明合导的《邻居》(1981)，富有浓厚的生活气息；**吴贻弓**的《**城南旧事**》(1982)，追求纪实风格，挖掘出平淡的日常生活中的人生意趣和电影境界；胡炳榴的《乡情》(1981)、《乡音》(1983)、《乡民》(1986)三部曲，充满乡土气息和民族特色；王启民、孙羽导演的《**人到中年**》(1982)，概括了新一代知识分子崇高的精神面貌；颜学恕导演的《爱情与遗产》(1980)、《**野山**》(1985)，后者在继承传统与接受电影新技巧的结合上取得了较好的成绩；丁荫楠导演的《**孙中山**》(1986)，则以独特的构思、恢宏的气势在银幕上再现了重要历史人物的风采；**吴天明**拍摄的《没有航标的河流》(1982)、《**人生**》(1984)、《**老井**》(1987)，在国内外获奖；女导演**黄蜀芹**创作的《**人·鬼·情**》(1987)，解决了电影的纪实性与假定性的关系，把写实与写意、叙事与抒情、传统与现代结合起来。

如果说中年导演对于外国电影停留在借鉴的层次上，青年导演则在借鉴的基础上，进行了一番大胆的创新。他们把现代电影语言融汇到作品中，一方面开拓了电影的艺术表现力，另一方面对民族文化作了深沉的思考。张军钊的《一个和八个》、**陈凯歌**的《**黄土地**》、**田壮壮**的《猎场札撒》、吴子牛的《喋血黑谷》四部影片，在思想、美学上有共同的追求，体现了青年一代导演崭新的电影观念，标志着他们的崛起。《一个和八个》把战争描写推向后景，着重刻画危急关头人的行为。《喋血黑谷》力求真实地再现抗战期间社会的本来面貌，赋予电影深厚的历史感。《黄土地》的内涵更加厚重，形式更加特别。影片的角色不仅有“人”，还有“黄土地”“黄河”以及看不见的摄影机镜头等“物”，故事也不再是叙事要点，而成了牵引和运载创作者独立思考、情感判断的符号。《猎场札撒》也不同于以前表现草原、蒙古牧民的影片，观众很容易从中体会到导演的独特思考。

中国电影各时期的作品具有代际的类似特征，于是“五代导演”的提法就在约定俗成中确定下来。“第一代导演”指张石川、郑正秋等中国电影的开路先锋。“第二代导演”指活跃在20世纪30～40年代的蔡楚生、孙瑜、费穆等一批人。“第三代导演”是崛起于新中国影坛的谢晋、水华、凌子风等导演。“第四代导演”指吴贻弓、吴天明、张暖忻、谢飞等70年代末才获得导演机会的中年人。“第五代导演”即活跃于80年代影坛的年轻导演，他们大多于1978年考入北京电影学院，毕业不久就有了展露才华的机会。进入21世纪以后，伴随着快速发展的中国电影生产，电影代际特征逐渐消失，中国电影中的新生代和新力量开始出现。

成功的探索鼓舞了年轻人旺盛的创作热情。陈凯歌导演了《大阅兵》和《孩子王》，田壮壮导演了《盗马贼》和《摇滚青年》，张军钊拍摄了《加油，中国队》和《弧光》，吴子牛导演了《最后一个冬日》和《阴阳界》等。**黄建新**导演的《**黑炮事件**》冷峻幽默，通过知识分子与代表体制的干部、执法人员的较量对中国当代知识分子的社会心理进行了客观的解剖。《**红高粱**》的导演**张艺谋**是《黄土地》和《大阅兵》的摄影，也是《老井》的摄影和男主角，他在《红高粱》中把镜头对准作为异类的土匪，通过对颠轿、土坡、唢呐等的渲染，颂扬了民族热忱与豪情。

《红高粱》剧照

80年代的纪录片、美术片、科教片创作，也取得了较大的发展。纪录片《美的旋律》《老北京的叙说》，美术片《**哪吒闹海**》《**三个和尚**》，科教片《**生命与蛋白质——人工合成胰岛素**》《尼罗罗非鱼》等好评如潮。80年代拍摄娱乐片成为中国电影的潮流之一。继《神秘的大佛》《少林寺》等功夫片后，导演们利用王朔畅销小说的名气，在1988年改编了4部娱乐电影:《顽主》《轮回》《大喘气》《一半是火焰，一半是海水》。《神鞭》《最后的疯狂》等则把喜剧元素与文化思考、人性分析结合起来，为娱乐片的发展作出了贡献。

80年代的电影理论研究逐渐活跃。广大电影学者对文学艺术与政治的关系，电影的本质、特性及其规律，电影观念的发展，电影美学，以及电影如何反映生活，如何建立民族特色和民族风格，如何借鉴现代世界电影理论和技巧等，都进行了讨论，对创作产生了有益的影响。

在转型和发展中前进(1990～1999)。20世纪90年代，中国社会从计划经济向社会主义市场经济全面转型，制片业由单一的国家投资，按分配指标计划拍片逐步过渡到国家、民营、独立制片等多元化投资拍片形式共存的格局。美国大片开始进入中国电影市场，对中国民族电影造成一定影响。90年代中国的文化消费内容和形式急剧扩张，电影不再是民众的唯一娱乐方式，观影人次急剧下降。面对中国电影历史上前所未有的冲击，中国电影人以创新的勇气和才情应对挑战，为中国电影走向21世纪做了准备。

20世纪90年代以来故事电影从总体上看有三大特点。一是重大革命历史题材电影的起步和辉煌。1987年7月4日，重大革命历史题材影视创作领导小组成立。1987年的《巍巍昆仑》《彭大将军》

和1989年的《开国大典》《百色起义》的上映，标志着集中摄制重大题材影片的起步。90年代为庆祝建党70周年、抗日战争胜利50周年、中华人民共和国成立50周年，重大题材影片成为亮点，《大决战》《大进军》《大转折》《开天辟地》《长征》等均是这一时期的作品。重大题材影片中还有一类是人物传记片，如《毛泽东和他的儿子》《周恩来》等。此外还摄制了一批颂扬现实生活中英模人物的主旋律作品，如《焦裕禄》《孔繁森》《横空出世》等。这些影片不但记录了发生在20世纪的中国历史，塑造了重要的历史人物，还兼具了艺术电影的情感渗透力，形成了独特的品牌风格。

二是突出观赏性。20世纪90年代以来的追求观赏性和娱乐性的影片发展最快。幽默样式的有张建亚的《三毛从军记》《绝境逢生》，张艺谋的《有话好好说》，冯小刚的《甲方乙方》《不见不散》等；警匪样式的有黄健中的《龙年警官》；动作样式的有塞夫、麦丽丝的《东归英雄传》，李惠民的《新龙门客栈》，程小东的《笑傲江湖之东方不败》等；民俗样式的有张艺谋的《大红灯笼高高挂》《菊豆》等；惊险样式的有《紧急追降》《冲天飞豹》等。对那些按旧思路应该拍成主旋律

《有话好好说》剧照

的题材也大胆地加强了观赏性。比如何群的《烈火金钢》是革命英雄传奇与枪战片的结合，叶大鹰的《红色恋人》是革命历史片与言情片的结合，冯小宁的《红河谷》是爱国主义影片与西部类型片的结合等。这批影片样式和含义大大扩展，在审美、教育、娱乐等功能中，观赏和娱乐得到更多强调，人物形象更丰富，叙事、制作上从低成本、小投入到追求高成本、大投入。

三是审美形态多元化。这个时期的电影创作重在反映当代生活，反映国家现代化进程中的新人物、新形象方面。比如《生死抉择》是反腐倡廉影片中的佼佼者，在揭露社会矛盾的深刻性和塑造干部形象上都有突破；《过年》《秋菊打官司》《一个都不能少》等，则是以平民化视角表现普通人日常生活的影片。

20世纪90年代，中国电影界新人辈出。被称为中国电影新生代或“第六代导演”的管虎、张扬、李欣、姜文等，以自己对电影和人生的独特感悟，导演了一批让人耳目一新的影片，如《阳光灿烂的日子》《爱情麻辣烫》等。

从1977年开始，特别是从1978年中国共产党第十一届三中全会以后，中国电影迎来了发展的良机。这一时期，电影制片厂增加到20多个，新建了中国电影合作制片公司、中国电影艺术研究中心等单位，电影器材、电影胶片完全可以满足放映、制片的需要。电影产量显著提高，1978～1998年，拍摄故事片2500多部，美术片812部，科教片5765部等。同时，在国际上获奖的各类影片达300余部次，在法国戛纳国际电影节、意大利威尼斯国际电影节、德国柏林国际电影节、日本东京国际电影节等国际最重要的电影节中，中国故事片都获得过最高奖项。

20世纪80年代以来，台湾和香港的电影事业继续平稳发展。80年代初，在电视媒体的冲击下，台湾和香港的电影也先后遭遇了考验，出现了一定程度的危机，并由此引发了新浪潮运动。1979年香港首先迎来了新浪潮运动，涌现出许鞍华的《疯劫》、徐克的《蝶变》、方育平的《父子情》、章国民的《边缘人》等一批作品。台湾的新浪潮从1982年持续到1986年，代表作有《光阴的故事》《儿子的大玩偶》《小毕的故事》《海滩的一天》《老莫的第二个春天》《童年往事》《我这样过了一生》等。新浪潮运动为台湾和香港后来的电影事业培育了新生力量，为华语电影走向融合、迈向世界做了准备。这一时期具有代表性的电影人有：导演侯孝贤、杨德昌、李安、王家卫、吴宇森、关锦鹏等；演员成龙、周润发、张国荣、张曼玉等；

《卧虎藏龙》剧照

编剧吴念真、邱刚健、张坚庭等。

新浪潮之后，在全球电影市场普遍不景气的大背景下，台湾和香港的电影不时有佳作问世，如《警察故事》《旺角卡门》《喋血双雄》《悲情城市》《推手》《牯岭街少年杀人事件》《一一》《卧虎藏龙》《花样年华》等。这些影片类型多样，有武打片、言情片、喜剧片、历史片等；视觉风格突出，明快、凝重、艳丽、朴素等，各具特色；影片功能丰富，既能让人消闲娱乐，带来艺术美的享受，又能给人以思想的启迪。

改革发展时代（2000～　）进入21世纪，中国电影业进入了改革发展时代。从2002年起，中国电影改革步伐加速，各类市场主体增多，之后连续14年在产量、票房、综合收入等主要指标上保持快速增长，成为世界上电影业发展最快的国家之一。随着大陆（内地）、香港文化交流的深入，各类电影资源的相互流动、补充和促进，使得这一时期的中国电影形态十分丰富。如歌颂时代英雄、彰显主旋律的《张思德》《建国大业》《建党伟业》；反映现实生活，艺术上颇有探求的《三峡好人》《刺客聂隐娘》《百鸟朝凤》；借助高科技手段，大幅提升观赏娱乐效果的《英雄》《无极》《美人鱼》等。

《英雄》剧照

2010年中国全年故事片526部，电影票房突破百亿元。中国电影在改革发展的过程中，逐渐呈现出一些重要的变化。伴随着数字化进程，城市影院终端的大幅增长，3D技术升级对影院观影体验的有效提升，以及移动互联网平台的广泛使用，使当代中国的电影创作、市场环境出现了新的变化。青年观众群覆盖面的扩大，中国电影新力量的不断崛起，商业电影的价值取向及以票房取胜的市场倾向，影响到中国电影人对电影的生产、传播及多向度发展等问题的认识。中国电影在持续的市场繁荣和快速提升的同时，创作视野得以拓宽。电影类型化、影像话语和导演个性化诠释等逐渐形成更加多样化的理解和故事策略，电影综合产值、市场占有率、过亿票房、电影数量、观影人次及海外市场票房等各项指标均不断跃进。中国电影在

《长津湖》剧照

快速发展的同时，呈现出了多媒体时代的新特征。当代电影如何融会贯通，进一步追求创新实践、直面现实生活、反映时代精神，也开始引起新一代电影人的深入思考。

2015年，中国电影市场票房为440.69亿元人民币，其中国产片票房为271.36亿元，占总票房的61.58%，比2014年增加了109.81亿元、增长高达68%，约占北美电影市场票房的60%以上。中国电影票房在本土取得了飞跃式的增长。

中共十八大以来，以习近平同志为核心的党中央高度重视电影工作，给予悉心指导和极大关怀，电影业发展显著加快。2014年5月31日，财政部等七部委联合下发《关于支持电影发展若干经济政策的通知》，推动中国电影繁荣发展。2016年11月7日，第十二届全国人大常委会第二十四次会议审议通过《电影产业促进法》，该法于2017年3月1日起正式施行。这是中国文化立法领域的一个重要成果，对于促进电影业持续稳定健康发展具有重大意义。电影创作活跃发展，坚持以人民为中心的创作导向，彰显中国精神，唱响爱国主义主旋律，传承弘扬中华优秀传统文化，推出一大批有正能量、有感染力、为人民群众所喜爱的优秀作品，如《**智取威虎山**》《百团大战》《**湄公河行动**》《老阿姨》《血战湘江》《十八洞村》《**战狼2**》《红海行动》《**地久天长**》《**流浪地球**》等。2019年，中国电影市场保持不断增长的势头，全国票房642.66亿元，较上年同期增长5.4%，其中，国产片份额达64.07%。2020、2021年，中国电影市场虽受到全球新型冠状病毒肺炎疫情影响，但全年总票房和银幕总数保持全球第一，出现了《**夺冠**》《**长津湖**》等有市场反响的重要作品，反映了中国电影持续发展的态势。

扩展阅读

程季华，李少白，邢祖文. 中国电影发展史. 北京：中国电影出版社，1981.

郦苏元，胡菊彬. 中国无声电影史. 北京：中国电影出版社，1996.

陈荒煤. 中国当代电影. 北京：中国社会科学出版社，1989.

章柏青，贾磊磊. 中国当代电影发展史. 北京：文化艺术出版社，2006.

丁亚平. 中国当代电影史. 北京：中国电影出版社，2011.

（陈荒煤　程季华　丁亚平）

中国电影博物馆　China National Film Museum　位于北京市朝阳区。2007年2月10日正式对公众开放。由原国家广播电影电视总局和北京市政府共同筹建，是世界上最大的国家级电影专业博物馆之一，也是纪念中国电影诞生100周年的标志性建筑。该馆是用来展示中国电影百年发展历程和电影科技及电影文化成果的场所，也是进行学术交流研究的专业化场所和艺术殿堂。

博物馆分为四个区域：展览区、电影技术博览区、影院区和综合服务区。展览区由“电影的发明”“中国电影的诞生和早期发展”“革命战争时期的中国电影”“新中国电影的创建与发展”“改革开放新时期的中国电影”“美术电影”“儿童电影”“科学教育电影、译制电影、新闻纪录电影”“香港、澳门地区电影”“台湾地区电影”10个展厅组成；电影技术博览区以展示电影制作技术和电影知识，揭示电影制作的奥秘为主要内容，由“电影拍摄”“电影美术”“电影特殊摄影”“传统电影特技”“数字特技”“电影录音”“电影剪辑”“电影洗印”“电影动画”“形形色色的电影”10个展厅组成；影院区拥有全球最新的电影放映技术和设备，并设有多个放映厅，包括巨幕（IMAX）影厅和

中国电影博物馆外景

中国电影博物馆展览区

五个普通影厅（含35毫米胶片影厅和数字影厅等），可同时容纳1210位观众观影，其中包含19个为残疾人提供的座位；综合服务区包括中央圆厅（中央展厅）、多功能厅、贵宾厅、临时展览厅，可以为电影界的集会、研讨和庆典活动提供场所，先进的同声传译设备保证了国际交流的顺利进行。

中国电影博物馆收藏有**电影拷贝**、手稿、电影海报和电影器材等珍贵藏品3万多件。常年放映优秀国产影片，定期举办主题公益影展。为促进电影业界间的交流和助推中国青年电影人的创作，组织中国（北京）电影学术年会和中国电影博物馆青年电影论坛，搭建沟通学习的平台，在电影界产生了一定的积极作用。

（周冬莹）

中国电影产业　Chinese film industry　中国制作的电影及其电影工业体系。世界电影诞生不久即被引入中国，并形成日渐繁荣的电影放映市场。1905年，任庆泰的丰泰照相馆组织拍摄了戏曲电影《**定军山**》，被视为中国电影产业发展的元年。1949年以前，中国电影业呈现出和时代现实格外特殊的关系。电影创作及市场的发展，在动荡的时局中先后经历了移植拓荒阶段、民族电影的探索阶段。1949～1966年，是中国电影产业新的转折与振兴时期。新中国建立了从管理、生产到经营的完整配套的电影事业体制。在这一体制之下，电影的生产、创作及发行放映采取统一部署和统一包销的形式，由国家预算统一拨款或者由国家的专项资金拨款组织电影的生产及流通。计划经济体制的电影业虽然不以产业化为导向，但是初步建成了电影的工业化体系及与之相应的专业化分工和教育系统。以市场为导向的电影创作被计划经济体系下有计划的电影创作所取代，电影题材及其创作都被提前进行了规划和部署。这一时期的电影创作具有复杂的意识形态特点，多种题材配合政策和形势，体现出了表现新时代、描写新生活的共同的主题选择。

1978年改革开放之后，中国电影业随着中国政治、经济、文化的转型，也开始有了市场化改革的初步探索。在此背景下，中国电影理论界提出关于电影语言和观念革新的讨论，电影创作界将题材和主题的表现与充满人文关怀精神的创作观念相结合，出现了一批具有时代意义、反映真实而又有丰富的张力的现实主义影片。20世纪80年代中期以后，电影界开始试行转企改制改革，同时对电影发行放映进

行调整。1986年，为加强电影电视的统一领导规划，电影局从文化部划归广播电视部门管理，改称广播电影电视部电影局。1993年，《关于当前深化电影行业机制改革的若干意见》的出台，打破了中国电影公司的垄断性经营，改变了计划经济以来的中国电影统购统销的局面。1994年，《关于进一步深化电影行业机制改革的通知》出台，赋予电影企业自主经营权。同一年，通过分账方式引进了《亡命天涯》等国外市场大片。1997年，国家进一步开放了制片出品权，国有制片企业的垄断性被消解。2000年，文化部与广电总局联合下发《关于进一步深化电影业改革的若干意见》，促进了电影市场的有序化发展。与此同时，一批具有竞争力的民营电影企业开始崛起，引进了较为先进的电影产业营销运作方式。电影创作更加多元，许多影片获得广大观众喜爱。贺岁档期等电影营销概念开始出现。

进入21世纪以来，中国电影产业迎来新的转型发展时期。2000年，《中共中央关于制定国民经济和社会发展第十个五年计划的建议》中第一次提出发展文化产业的意见。2001年，国务院会议通过《电影管理条例》。2002年，院线制在中国开始推行，成效显著。同年，颁布《关于进口分账影片拷贝供应的方法（试行）》。2003年，出台《外商投资电影院暂行规定》《中外合作摄制电影片管理规定》《电影制片、发行、放映经营资格准入暂行规定》。2004年，出台《电影企业经营资格准入暂行规定》等。这一系列政策文件的推出，旨在加强电影体制改革，推进电影市场化发展，降低电影在制片、发行和放映领域内的准入门槛。通过全社会的积极参与，鼓励创新，使电影产业更加有活力。伴随着电影产业的改革和崛起，《英雄》《十面埋伏》等商业大片汲取传统资源，直面好莱坞的挑战，开启了国产电影的新时代。

中国电影产业的完整产业链分为制作、发行、放映和其他主要盈利窗口。从发行上来说，分为国有发行机构、民营发行机构以及其他发行相关公司。从放映上来说，主要是从院线到影院，院线为影院提供片源。代表性院线包括万达院线、北京新影联院线、中影星美院线等。其他主要盈利回收窗口包括衍生品的销售、版权交易以及广告收益等。中国电影产业化发展之后，电影生产力不断提高，具体表现在：制片单位不断增多，电影投资局面较好，电影票房逐年不断增长，影院建设不断完善，中国的银幕总量日益增多，人民的观影习惯和消费习惯日益形成等。2012年，中国的发展和改革进入新的历史时期。电影市场进一步开放，投资主体日趋多元化，民营电影成功崛起。电影引领时代风气，“从中心到多元，建构中国电影独立自主、开放无拘的新版图”，走出中国特色的市场经济发展道路，产业化成为新中国电影一项前所未有的探索，活力四射。2012年，中国取代日本，成为全球第二大电影票房市场。经过产业化改革的持续推动，2019年全国电影总票房为641.61亿元，影院数量、银幕数量、观影人次等继续保持增长，全国银幕总数稳居世界首位。除了影片数量上的增多之外，影片的种类也不断向着多元化方向发展，电影市场上涌现出了一批优秀的故事片、动画片、纪录片以及科教片等。2021年，虽然受全球新型冠状病毒肺炎疫情影响，中国电影票房427.58亿元人民币，但是银幕总数达到82 248块，全年总票房和银幕总数继续保持全球第一。

中国国产影片在题材类型上呈现出多元化的特征。国产片大多题材贴近民众生活，在电影院取得票房成功的影片主要以喜剧片、青春片、爱情片等为主，类型化成为电影获得观众和市场的重要手段。电影创作和市场化大潮结合，与时代同步，创作观念走向进一步开放，呈现出不断超越与拓展的特点。互联网改变电影生态，推动了电影产业螺旋式上升发展，形成更加丰富的电影选择格局和路径，影响深远。

在全球化背景下，中国电影进入资本运作和网络化快速发展时代。除**中国电影集团公司**、**上海电影（集团）有限公司**和北京光线传媒股份有限公司、华谊兄弟传媒股份有限公司、博纳影业集团等制片企业之外，阿里巴巴、腾讯、万达等互联网及综合性企业也加入电影产业之中，形成了中国电影产业新的竞争格局。

（丁亚平　乔　阳）

中国电影导演协会 China Film Directors' Guild　中国电影团体。中国最具权威性的电影导演行业协会。1992年1月在中国香港发起并组织筹备，同年年底，经国家民政部批准后正式注册成立。1993年1月，中国电影导演协会在上海召开成立大会。1994年2月，第1届协会年会顺利举行，选举出第1届领导成员，**谢铁骊**任第一任会长，会上通过了中国电影导演协会章程，并为老一辈电影艺术家颁发荣誉会员称号和终身成就奖。协会受民政部和国家电影局的业务指导和监督管理。由从事中国电影导演及电影导演教学的专业人员自愿结合组成，是全国性、行业性、非营利性社会组织。

协会的主要工作是：开展电影导演艺术理论与实践的交流研讨，促进电影艺术事业的繁荣与发展，加强电影导演队伍（包括港台地区）的团结与合作，为社会主义精神文明建设贡献力量。协会的宗旨是：团结电影工作者，维护导演尊严，保障导演权益，沟通导演经验，提高影视文化水平，促进导演之间的艺术交流。

2005年，协会举行第3届年会，会议对章程进行了修改，并扩大了会员范围，同时会议发表了加大影视业改革与立法的“呼吁书”。同年，举办首届中国电影导演协会年度奖。2011年，协会执委会将年度奖评选更名为“年度表彰大会”，每年都进行年度表彰评选，奖项设有年度电影奖、年度导演奖、年度编剧奖、年度男演员奖、年度女演员奖、年度港台导演奖、年度青年导演奖、年度评委特别表彰奖以及年度贡献奖。2015年起，主办“CFDG中国青年电影导演扶持计划”（简称“青葱计划”），旨在对优秀青年电影导演进行挖掘、孵化、选拔和培养。

此外，协会还轮值主办“海峡两岸暨香港电影导演研讨会”，两年一次，为中国电影人的切磋交流提供了宝贵机会和有利平台。

（孙承健）

《中国电影发展史》 *The History of Chinese Film*　中国电影史专著。**程季华**主编，程季华、**李少白**、**邢祖文**著。中国电影出版社1963年2月出版。1980年8月再版。32开，90万字，黑白照片插图800余幅。

全书除“引言”外，分二卷三编八章，并附影片目录、片名索引、人名索引、插图索引。以翔实而丰富的史料为依据，论述了1896～1949年中国电影历史的概况，阐述了中国民族电影事业产生的时代背景及其在发展过程中与中国新民主主义革命运动的关系，剖析了中国电影各个历史时期的特点及其相互联系，评价了有代表性的重点影片及电影艺术家的成就及其历史作用，勾勒了中华人民共和国成立之前中国电影的基本面貌及发展脉络，是全面、系统的关于中国电影历史的通史著作，具有开拓性的学术价值。

初版后，即在国内外电影界、史学界产生较大反响。“文化大革命”期间，境外有多个翻印本发行。森川和代翻译的日译本《中国映画史》由东京平凡社1987年8月出版。由于特殊的历史原因，这部史学著作也被打上很深的时代烙印，从某种

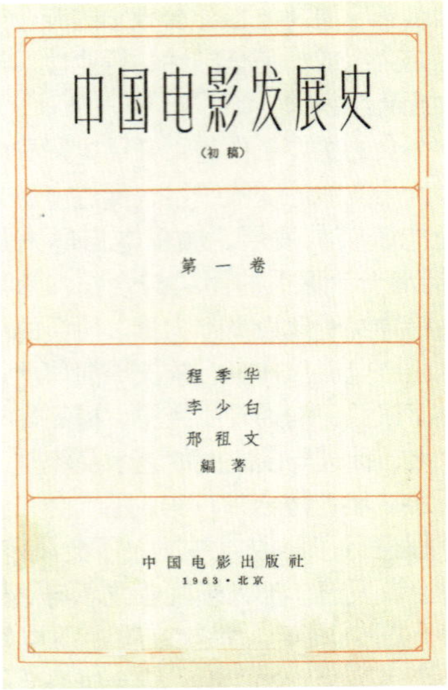

《中国电影发展史》扉页

程度上而言，具有一定的局限性。

（黄加明）

中国电影合作制片公司 China Film Co-production Corporation 中国影视机构。承办经营和管理对外（包括中国港澳台地区）电影合作拍摄业务的专业公司。1979年7月在北京成立。1999年，并入**中国电影集团公司**。其工作职责主要有：受理并审核中外以及中国大陆（内地）与港澳台地区合作摄制电影的立项申请和审查合作拍摄的完成影片，监督各方履行合作合同，为合作各方提供相关服务，为中国与相关国家或地区商谈政府间电影合作协议提供协助。合拍电影已在国际上产生较大影响。经过**中国电影合作制片公司**统一经营管理并协同各电影制片厂合作拍摄的影片获得多个奖项。如大型多集故事片《马可·波罗》获1982年度美国电视艺术学院最高奖最佳电视连续剧奖；《一盘没有下完的棋》获第7届加拿大蒙特利尔国际电影节最佳影片奖等。

随着中国对外开放政策的进一步实施，国际或地区间合作拍摄影片的需求日益增多，拍摄了一批表现中国历史、文化等重大题材及反映中外人民友谊的有积极意义的影片，如中、加、法合拍的《白求恩——一个英雄的成长》，中、法合拍的《闺阁情怨》，中、美合拍的《太阳帝国》，中、日合拍的《敦煌》。

该公司先后以不同方式合作拍摄的故事片主要有：《**火烧圆明园**》《木棉袈裟》《末代皇帝》《海市蜃楼》《**阳光灿烂的日子**》《**卧虎藏龙**》《道士下山》《我是路人甲》《捉妖记》《破风》《功夫熊猫3》《澳门风云3》《美人鱼》《七月与安生》《使徒行者》《三少爷的剑》《长城》《摆渡人》《妖猫传》《唐人街探案2》《捉妖记2》《红海行动》《**我不是药神**》《邪不压正》等。此外还曾参与合作拍摄纪录片和科教片，如《中国之行》《秘境云南》《北京紫禁城》《中国奇观》等。

（徐天生）

《一盘没有下完的棋》剧照

《中国电影画册：1949—1979》 *Chinese Film Album(1949—1979)* 中国电影画册。《中国电影画册》编委会编辑。中国电影出版社1983年出版。16开。全书以图片为主，用图片直观地反映了中国各类影片创作的成就。全书共收黑白、彩色图片2000余幅，包括1949～1979年中华人民共和国摄制的故事片140部、舞台艺术片38部、美术片32部、新闻纪录片46部、科学教育片47部，大部分都是受到广大群众欢迎或在国内、国际获奖的优秀影片。袁文殊为画册写了序。

（杨 凯）

中国电影集团公司 China Film Group Corporation 中国影视机构。1999年成立于北京。由中国电影公司、**中国电影合作制片公司**、**中国电影器材公司**、中国儿童电影制片厂、电影频道节目中心、**北京电影制片厂**等八家机构合并组成。是中国内地唯一拥有影片进口权的公司，也是体量最大的电影公司。公司下设全资分公司15个，主要控股、参股公司近30个。其发展秉持"创造品牌、占领市场、立足国内、走向世界"的方针，实行现代企业管理制度。公司以影视创作生产为主，同时注重多产业综合发展，积极打造品牌化经营，增强核心竞争力，加快影视创作的数字化、规模化生产。

自成立以来，相继制作推出了《寻枪》（2002）、《梅兰芳》（2008）、《建国大业》（2009）、《唐山大地震》（2010）、《建党伟业》（2010）、《中国合伙人》（2013）、《致我们终将逝去的青春》（2013）、《狼图腾》（2015）、《**流浪地球**》（2019）、《金刚川》（2020）等一批优秀的作品。公司始终站在中国影视文化产业改革的前列，推动着中国影视产业的创新发展，向世界展示着影像中国的力量。

（梁玛丽）

《中国电影家列传》 *Chinese Filmmaker Biography* 中国电影著作。中国电影家协会电影史研究部编写。中国电影出版社1982～1986年出版，共7集。32开。全书收入对中国电影事业的发展作出过贡献的电影事业家、艺术家、理论家、工程技术专家共485人。全书图文并列、情文并茂，对电影家的生活经历、成长道路、艺术风格、成功经验、失败教训等方面进行了概括的介绍和分析评价，具有科学性、学术性和知识性。全书通过电影家的工作实践，各个历史时期的代表作，每人各异的创作风格、流派，形成了一部通过对人物描绘编纂成的中国电影历史概述。全书对于电影爱好者和研究者，都具有一定的参考价值。全书7集所收人物截至20世纪60年代，且没有收入中国台湾和中国港澳地区的演员。

（杨 凯）

中国电影家协会 China Film Association 中国电影团体。中国共产党领导的全国各地区各民族电影艺术家和电影工作者组成的人民团体。中国文学艺术界联合会的团体会员。协会前身是1949年7月成立的中华全国电影艺术工作者协会。1957年4月，中华全国电影艺术工作者协会更名为中国电影工作者联谊会。1960年7月，中国电影工作者联谊会改名为中国电影工作者协会。1979年11月，中国电影工作者协会改名为中国电影家协会，选举**夏衍**为主席。之后，**谢铁骊**、**吴贻弓**、李前宽、**李雪健**、**陈道明**相继担任协会主席。

协会的宗旨和任务是团结全国各民族电影工作者（包括台湾、港澳及海外华侨电影工作者），繁荣和发展中国的电影事业。协会坚持文艺为人民服务、为社会主义服务的方向，贯彻"百花齐放、百家争鸣"的方针，坚持以人民为中心的工作导向，坚定文化自信，促进电影创作，推动电影研究和评论，开展艺术、技术、事业等各项学术活动，并积极推进中外电影文化的交流与友好往来。协会的最高领导机构是全国会员代表大会及其理事会和主席团。主席团驻会常务副主席受主席团委托对协会日常工作负全责，由主席团任命的秘书长负责处理协会日常事务。协会每5年召开一次会员代表大会，由大会选举理事会，由理事会选举主席团和正副主席。会址在北京。协会下设办公室、会员工作处、对外联络处、活动管理处、理论研究处、行风建设与维权处等职能和业务部门，以及隶属的中国文联电影艺术中心、中国电影出版社、金鸡百花影城。

协会先后主办的刊物包括《大众电影》《电影艺术》《世界电影》《中国电影年鉴》《世界电影动态》等。协会于1962年创立了由《大众电影》读者评选的中国大众电影**百花奖**；1981年又创立了由电影艺术家、学者等评选的中国电影**金鸡奖**。

1992年，创办中国金鸡百花电影节。

（孟广钧 撰 高冀滨 修订）

中国电影家协会电影声音艺术工作委员会 Film Sound Art Working Committee of China Film Association 中国电影学术机构。简称电影声工委或声工委（FSAWCCFA）。电影声工委是**中国电影家协会**下属的专业工作委员会之一。2013年7月8日，中国电影家协会正式批复电影声工委成立。电影声工委是由从事电影声音艺术创作、录音技术制作、声音学术理论研究的个人构成的行业性学术团体。电影声工委的最高权力机构是理事会。秘书处作为委员大会的执行机构，在理事会的闭会期间代表理事会开展日常工作。电影声工委的成员遍布中国各地，聚集了国有电影制片机构、民营影视企业、高等院校等企事业单位以及各种机构中从事电影声音专业的行业专家、创作人才及高校教师。

电影声工委的办会宗旨是，在国家有关方针和政策的指导下，遵循社会主义市场经济规律，对中国电影声音的艺术创作、技术制作以及声音学科发展等重要学术问题开展学术理论和教育教学的研究工作。力求通过电影声工委的纽带作用，加强与上级主管部门的沟通，更好地为成员和行业服务，使中国电影声音学科的发展获得政府和社会的更大支持，促进中国电影声音事业的可持续发展。

电影声工委的主要任务是发展各类成员，鼓励并组织成员学习电影声音方面的专业理论和业务知识，深入了解社会生活，为提高中国电影声音的艺术创作水平贡献力量；不定期为成员举办有关电影声音方面的专业讲座，提高个人的专业竞争能力；建立与国内外有关部门的友好联系，加强与国内外同行的业务交流，不定期召开专业学术研讨会，介绍电影声音最新发展和未来发展趋势、电影声音学科的创新策略，使电影声工委成为学术文化交流平台；努力建设创研实体，满足成员的艺术创作需求；充分整合各类资源，通过联谊、交流和创作活动，弘扬优秀的电影文化；广泛与媒体交流合作，以扩大电影声工委的艺术创作及学术理论影响力。

（姚国强）

《中国电影剧本选集》 *Selected Chinese Screenplay* 中国系列性电影剧作选集。中国电影出版社编辑出版。从1959年9月至1994年7月共出版14卷。选收了自中华人民共和国成立至1989年的电影剧本110多部，大部分都是受到广大观众欢迎或在国内、国际获奖的优秀影片文学剧本。主要包括《桥》《中华女儿》《**鸡毛信**》《**祝福**》《**林则徐**》《**林家铺子**》《**红色娘子军**》《**早春二月**》《**农奴**》《**闪闪的红星**》《**创业**》《**归心似箭**》《**天云山传奇**》《**城南旧事**》等影片剧本，按影片摄制年代排列编次。该书反映了这一时期中国在电影剧作上的成就，与《**五四以来电影剧本选集**》一起，组成中国电影文学大系，是研究中国电影史和电影文学创作的重要文献。

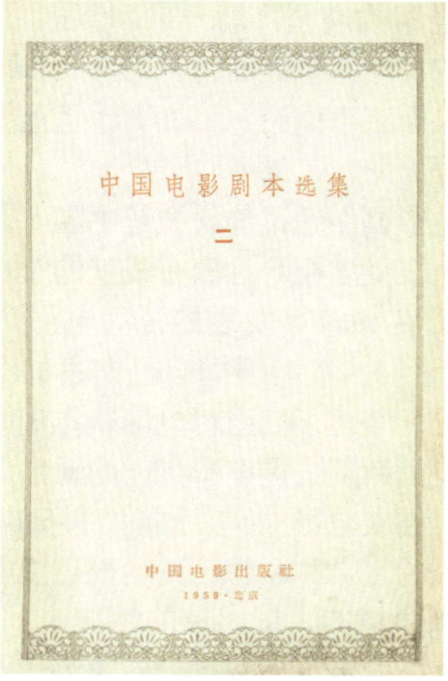

《中国电影剧本选集》扉页

（黄加明）

中国电影理论 Chinese film theory 研究中国电影发展变化、创作规律的理论。电影作为一种传播媒介，是西方现代科学技术发明的产物；但电影艺术作为一种观念形态，还要受到特定文化背景的制约。因此，电影理论无论就其研究对象还是就其本身作为一种观念形态，都和特定的文化背景相关联，这就使得中国电影理论形成了自身的传统和历史。这一传统和历史有以下三个特点：①中国是一个注重实践的民族，中国人的思维方式带上了一种实用理性精神。实用理性精神的影响使中国电影理论不是发展成为一整套抽象的思辨美学，而是形成一种和批评实践与技巧总结理论相结合的实用美学。②中国人伦理型的文化精神，在文学艺术中形成了“文以载道”的思想传统。这使中国电影理论相对注重电影功能的研究，并且不是停留于抽象的载道功能，而是和具体的社会历史条件结合起来，成为一种以社会功能为核心的电影本体论，并具体演化为对电影和时代、电影和社会、电影和人民、电影和政治等一系列关系的研究。③中国传统的理论思维方式侧重于直观整体的把握方式，所以中国电影理论在对电影基本结构的研究上侧重于情节、剧作水平的研究，而不是影像、镜头水平的研究。剧作是中国电影理论本体论的基本出发点。正是在这一水平上，中国传统的电影理论提出了其核心概念“影戏”。这一概念强调电影的戏剧本性，而把“影”看作完成“戏”的手段。

早期中国电影理论（1920～1949） 1920年，第一家电影刊物《**影戏杂志**》创刊，标志着早期中国电影理论的发轫。当时许多有影响的电影创作人员都曾在上面阐述过自己对电影的看法。徐卓呆的《影戏学》（1924）和侯曜的《影戏剧本作法》（1926）是中国最早出版的、有一定理论色彩的专著。由于早期电影创作和文明戏的密切关系，人们在理论上也强调电影和戏剧的联系。周剑云认为：“影戏是不开口的戏，是有色无声的戏，是用摄影机照下来的戏。”侯曜认为：“影戏是戏剧的一种，凡戏剧所有的价值它都具备。”有的人即使承认电影艺术在形式上有独特性，但仍认为就其本性来说它是戏剧。徐卓呆认为：“影戏虽是一种独立的新兴物，然而从表现的艺术看来，无论如何总是戏剧。”

中国早期的影戏理论不强调电影对现实的记录和复制功能，而强调通过影片故事对作者人生态度的主观表现和对社会的教化作用。**郑正秋**的“戏剧者，社会教育之实验场，优伶者，社会教育之良师”的主张，洪深的要求影戏“以普及教育表示国风为主旨”的声明，在当时是最有代表性的。影戏理论注重对电影情节、剧作水平的研究，认为“电影的剧本是电影的灵魂”。人们在这一前提下，对电影剧作的选材、结构、冲突、高潮、语言等不同方面进行了理论探索，要求剧情曲折有趣、耐人寻味，要求保证叙事的“调和”“流畅”。和情节因素相比，造型因素主要被看作一种“扶助”的成分。

在20世纪20年代的电影理论探讨中，除了占据主导地位的“影戏”理论，还有一些其他主张。如**史东山**等人注重电影与美术的联系，强调电影的“视觉美”和“形式美”；田汉则认为电影应“以纯真之态度，借胶片宣泄吾民深切之苦闷”。但这些理论的影响都不及“影戏”理论深远。

1933年，由**夏衍**等人组成的中国共产党的电影小组成立。他们在参加编剧创作的同时，亦着手建立新的电影理论批评工作。他们从革命的目的出发，要求电影成为反帝反封建的革命舆论工具。他们阐述了电影与时代的关系等问题，亦涉及主题与题材、形式与内容、真实性与倾向性等广泛的文艺理论问题。这些主张超越了抽象的“为人生”和“教化社会”，而把电影放到更广阔、更严峻的社会现实中，奠定了中国电影理论现实主义思想传统的基础。另外，对苏联电影理论的介绍也给中国电影理论带来了新鲜血液。这种介绍是从1928年洪深翻译S.M.爱森斯坦等人关于有声电影未来的宣言开始的。1930年，刘呐鸥撰文介绍苏联蒙太奇学派、电影眼睛派及欧洲先锋派等理论观点。在这些理论中，最为中国影人所熟悉和乐于接受的是V.I.普多夫金的叙事蒙太奇理论。他的《电影脚本论》《电影导演论》《电影表演论》等先后被夏衍、郑伯奇、陈鲤庭等人译出，影响广泛。洪深此时则撰写了《电影术语辞典》《电影戏剧的编剧方法》《电影戏剧表演术》等专著和论文，其他人亦有《电影导演论》《电影摄影论》等相继问世。

抗日战争全面爆发后，理论上的活跃局面渐趋沉寂。20世纪40年代中国电影理论的最主要收获是陈鲤庭编著的《电影轨范》（1941）。它是在30年代理论译介和探索基础上出现的一部比较系统的电影艺术形式和技巧理论专著。它第一次自下而上地从影像和镜头的具体因素出发逐渐过渡到对电影的综合把握，为中国电影理论研究提供了一个新的视点。他指出，电影在技术上有逼肖自然的特征，而在艺术上又努力超越自然“写真”的状态，正是在这种超越自然的“真”的地方，才存在着电影艺术家的表现手法和艺术。他从自然对象与银幕形象之间的差异入手，分析了电影表现的性能及运用方法。

中国电影理论的发展（1949～1976）　1949年后，研究电影如何贯彻为政治服务、为工农兵服务的文艺总方针成为中华人民共和国电影理论界的一项重要工作。在这中间，曾产生过不重视艺术规律、过分强调电影直接为当时政治运动服务的偏向。对此不少人提出了不同意见。

尽管如此，中国的电影理论仍在许多方面取得了突出进展。在电影特性和技巧理论的研究上，这一时期最有价值的成果是史东山的《电影艺术在表现形式上的几个特点》（1954）和张骏祥的《关于电影的特殊表现手段》（1959）两本专著。史东山从分析小说、戏剧和电影的异同入手，一方面强调“注意电影在故事情节发展中整场整景的结构形态，以及场与场、景与景之间的结构形态，而不被分镜头的形式所迷惑”，另一方面把电影视觉的具象性和小说描写的相对抽象性做对比，强调电影“直感直觉”的视觉艺术性质。把电影的故事叙述和影像表达两个层面有机地结合起来。张骏祥针对当时电影创作中存在的不重视和不熟悉电影特性的问题，着重从艺术技巧角度对电影艺术特性进行了相当深入的归纳和论述。他阐述了电影具有的具象形象和时空可跳跃的优点与它“一次过”及画面视野局限等缺点，指出正是这些优缺点相反相成、互相制约，构成了其艺术形式的特性，即“鲜明的动作性”“结构上的简捷鲜明”“依赖视觉形象，依赖造型表现力”“要求在生活逻辑之外对蒙太奇逻辑的遵循”等一系列原则。另外，阮潜的《电影编导简论》（1949）和顾仲彝的《电影艺术概论》（1950）也是这一方面的专著。

电影剧作理论的研究是中国电影理论中一个很受重视而且富有成就的领域。首推夏衍在1959年发表的《写电影剧本的几个问题》。夏衍根据自己丰富的电影创作经验，阐述了自己对电影剧作规律的认识。夏衍特别强调电影创作的通俗化和形象化，要求电影准确、鲜明、生动地诉之于观众的直觉和联想。夏衍很重视电影创作的革命目的，提出目的性决定了体裁、结构，认为电影和戏剧一样需要戏剧性和人物性格的鲜明性。因此，夏衍特别强调戏剧或情节的重要性，并在此基础上对电影剧作结构和技巧进行了详尽阐述，以传统文艺中“剪头绪”“密针线”等许多经验丰富自己的剧作理论。另外，柯灵的《关于电影剧本的创作问——视觉形象的创造》（1955）和《电影文学三讲》（1958）、陈荒煤的《关于电影文学剧本的特征》（1956）、袁文殊的《电影中的人物性格和情节》（1959）、于敏的《本末——文学创作的共同性和电影文学的特殊性》（1962）等论文和专著，也都对这一领域内的艺术规律进行了积极和富有价值的归纳和总结。

20世纪60年代初，探索具有中国民族特色的电影道路这一新的课题在理论上引起重视。袁文殊、罗艺军在《主题、真实性、传统》（1962）一文中把“向传统学习”作为一个重要的理论课题提出。他们阐述了电影艺术具有向民族传统学习的极其广阔的可能性，认为这是电影艺术进一步提高质量的关键之一。他们主张“电影艺术向民族传统学习，主要是向传统的姐妹艺术学习”，认为这种学习包括创作方法和具体的艺术技巧等不同层次。徐昌霖的《向传统艺术探胜求宝——电影民族形式问题学习笔记》以及韩尚义的《环境·情景·情境》、姜今的《论形式美》等文章，分别从叙事和造型等不同方面探讨了电影创作中如何对传统的叙事艺术（特别是说唱艺术）、传统美术和画论的经验进行借鉴的问题。

1963年，程季华、李少白、邢祖文编著的《中国电影发展史》（两卷本）出版，这是中国电影史研究的开拓性工作，也从一个侧面为电影理论研究提供了帮助。

这一时期，中国的电影理论研究取得了很大成绩，但由于历史条件的影响，也存在严重的形而上学倾向，出现了创作道路的狭隘、构思公式化概念化的问题。周恩来总理1959年和1961年两次就电影工作讲话，强调解放思想和尊重艺术规律。1962年，瞿白音发表《关于电影创新问题的独白》，提出了“去陈言”“创一代之新”的主张。这篇文章不仅要求在思想内容方面冲破禁区，而且提出了在艺术思想上革新的主张。他把“陈言”归结为主题、结构、冲突“三神”，认为它们都在应破除之列，主张创思想、形象、艺术构思之“三新”。

“文化大革命”期间，中国电影的历史传统被全盘否定，把“三突出”的样板戏经验强行推行到电影中来。这些理论无视电影艺术的特性，扼杀艺术家的创作个性，使得中国电影在思想上、艺术上都出现了极大的倒退。

新时期中国电影理论（1976～2000）　“文化大革命”之后，中国重新开始了电影理论建设。特别是在中共十一届三中全会后，中国电影理论的研究出现崭新局面。标志这一时期电影理论基本面貌和主要成就的是对电影本性的探讨。

从20世纪20年代“影戏”观念确立以来，戏剧式电影观念和剧作理论的研究一直在中国电影理论中占统治地位。1979年，白景晟发表文章《丢掉戏剧的拐杖》，向传统的戏剧电影观念提出挑战。白景晟认为：“不可否认，电影艺术在形成过程中，确实从戏剧中吸取了不少有益的东西，电影依靠戏剧迈出了第一步。然而当电影成长为一种独立的艺术之后，它是否还要永远依靠戏剧这条拐杖走路呢？”作者对此做了否定的回答。白景晟强调电影和戏剧最明显的区别，表现在时间、空间的形式方面，并对此做了具体的论述。接着，张暖忻和李陀、钟惦棐也先后发表文章，提出了“电影语言现代化”“电影和戏剧离婚”等口号。这些文章发表后，关于“戏剧性”在电影艺术中的地位问题，很快引起了人们的普遍关注。邵牧君等人对以上观点表达了不同意见。邵牧君在阐述戏剧化是一个广义的概念后提出："戏剧化并不等于典型化，但典型化必须要戏剧化。"针对以上两种意见，张骏祥提出电影文学对叙事文学、戏剧文学、抒情文学要兼收并蓄。

在关于电影戏剧性问题的论争稍后，又爆发了另一场关于电影文学性问题的论争。电影文学性命题的提出，既是在戏剧电影观念面临挑战时，探索电影本体论的一种新努力，也是对那一时期创作实践中过于追求新形式、新技巧偏向的批评。在1980年初召开的一次导演总结会上，张骏祥提出"文学价值"说，认为针对某些片面强调形式的偏向，不要忽视电影的文学价值。"文学价值"首先是指"作品的思想内容"；其次是"关于典型形象的塑造"；再次是"关于文学的表现手段"；然后是"节奏、气氛、风格和样式"。这些都是应由剧本所"提供"和"决定"，而由导演用电影手段来"体现"和"完成"的"文学价值"。张骏祥的发言在电影界引起了广泛的注意和反响，许多刊物围绕"文学性"和"文学价值"及和电影的关系展开了讨论。陈荒煤撰文提出"不要忘了文学"，许多文章从不同角度强调电影的文学性。**郑雪来**发表了《电影文学与电影特性问题》的文章，对"文学价值"说提出质疑。郑雪来说："我很怀疑，电影文学价值如果作为一个严格的文艺概念，它是否存在，或者是否可以这样来界说，如果一定要用价值这字眼的话，那么各种艺术所要体现的可说是美学价值，而未必是文学价值。我认为，不可以脱离电影美学特性和电影特殊表现手段来谈论电影的本质。"钟惦棐也在《电影文学要改弦更张》一文中提出"诸种艺术均须发展其自身"的观点。

另外，一种并非以论争面目出现的更为深入具体的电影理论研究也取得长足进展，那就是对于影像（包括声音）结构特性的研究。它们主要可以分为两个层次。一个层次是从影像结构的本身，即电影的具体手段出发。倪震在《电影造型》一文中提出："一个被拍摄下来的戏和一个有着戏的因素的电影，这是性质不同的两件事。所以，一部电影在它最初构思的时候，就应该是由视觉的（或视听的）元素构成其骨肉之躯。"从这个基本认识出发，倪震结合电影创作中剧作、导演、表演、摄影、美术各个环节阐述了造型元素的重要性及其运作方式。**周传基**在《电影时空结构中的声音》一文中强调了电影的声音对于电影的重要意义。首先，声音给电影带来了更丰富的内在运动，电影增加了内在的理性思维运动——言语，以及内在的感情运动——音乐。因此电影可以形成更复杂的时空结构。其次，出现了一个声音空间，并且声音和视觉画框之间出现了张力。周传基还对电影从无声片到有声片的历史以及电影声音的各种构成因素、运作方式进行了研究。

对于影像结构特性的另一个层次的研究，是从有关的经典理论即**蒙太奇**、**长镜头**之争出发的。1980年，周传基、李陀发表《一个值得重视的电影美学学派》一文，较为系统地介绍了**A.巴赞**的长镜头理论，并提出了自己的看法。他们认为中国历来对蒙太奇是很重视的，这当然无可非议。但我们今天是否可以兼采众长，不一定再保持一边倒？例如，蒙太奇理论比起长镜头理论，对镜头的内部结构和单个镜头的表现力注意的就不够。郑雪来、俞虹则撰文对蒙太奇和长镜头之争表示了另一种观点，他们在强调"以辩证思维为基础的蒙太奇理论并没有过时"的同时，对纪录派理论表现出更多的批评意向。之后，又有许多文章对影像理论的这两个层次进行了更为深入的研究。

关于电影民族化问题的研究在20世纪60年代的基础上得到了新的发展，这一方面表现在对这一主张的具体和深入的阐述上，另一方面表现在对这一口号本身的反思上。其中，坚持电影民族化口号并对其内涵做了较为系统阐述的是罗艺军。罗艺军在1981年发表的《电影的民族风格初探》等文章中提出，电影的民族风格是内容和形式的辩证统一，既表现在对社会生活的民族特色（人物的民族气质、社会环境、自然环境的民族风貌）的把握上，也显现在民族审美经验、审美习惯的追求中。这不是对古典文学、戏曲、国画的某些技法、程式的生吞活剥，而是按照电影艺术的特性吸收传统美学的精神。不赞成提电影民族化口号并对自己观点做出有力表述的是邵牧君。邵牧君在《"异中有同"辩》等文中认为，民族化是一个针对外来文化的口号，它要求把外来文化的影响置于民族文化传统的管辖之下。在文化问题上鼓吹走"民族化"的道路，必然意味着今随古制，崇尚国粹，与现代化步伐是不合拍的。

20世纪90年代之后的电影理论与批评提出了新的命题。林黎胜在《九十年代中国电影的经济变更和艺术分野》一文中认为，经济因素正逐步上升为影响中国电影的主导因素，电影生态发生了根本性的转型。庄宇新的《当代中国大陆电影的经济问题》试图用M.福柯的权力概念解释中国电影的经济问题。曾耀农在《电影观赏心理初探》中认为，观众在观赏电影时，经过感受性进入阶段，随着剧情的发展，达到共鸣，再达到情感性判断，这是一个能动创造的过程。黄怀璞在《影视受众环境和受众心理的比较分析——关于电影社会心理学的思考》中提出，由于电影与电视的受众所处的环境不同，除了审美特质引起的心理差异这个主要因素外，影视受众所处的环境因素也是不可忽视的心理刺激源。

李奕明在《世纪之末：社会的道德危机与第五代电影的寿终正寝》（上、下）中认为，第五代导演所受的教育本身是严重断裂和片面的，他们对于庞大的、积淀深厚的中国文化传统已难于把握，更遑论从中西合璧的大视点来表达悲天悯人的终极情怀。苏叔阳、左元平在《电影剧作及其它》指出，对电影艺术的草率之一，便是对剧作的轻视、忽视乃至蔑视，呼吁恢复电影编剧的主导性。汪伟在《电影剧作：当前电影的观察与分析》中以一些获奖影片为例，从剧作的角度分析它们的得失，提出电影剧作是中国电影处于困滞状态的主要症结。此外，电影摄影、电影音乐和高科技在电影中的运用等专题研究，也都取得了一定的成绩，主要有《论电影摄影艺术的历史演进》《电影摄影的技术因素与影片的影象》《音画配合的审美关系》《技术在电影发展中的位置》《二十一世纪电影：用高科技讲述"真实的谎言"》等。

21世纪的中国电影理论（2000年至今） 进入21世纪以后，电影理论的研究呈现出新面貌。陈犀禾在《国家理论：对电影理论的一种中国式思考》中认为，相对于西方电影理论在早期注重于影像本体的研究，新中国"十七年"的电影研究形成了一种不同于西方的电影理论即"国家理论"。周安华的《当代电影：媒介间性的审视》对当代电影的"媒介间性"和意义做出分析，挖掘当代电影新的功能空间，诠释电影作为国际性媒介，在媒介交互、转型、融合中扮演的中介体和场域角色作用。胡克在《中国类型电影拓展对类型电影理论的影响》中认为，随着社会的发展，中国类型电影创作更为多元化，对类型电影理论产生了重要影响。陈晓云的《城市空间的多重言说——当代中国城市电影的视觉建构与文化想象》通过对地理空间、媒介空间、装置空间等论述，形成了城市空间的影像表达与文化想象，建构当代中国城市空间理论。徐燕妮在《新媒体与新技术语境下的中国电影理论建设》中提出了技术理论建设的滞后及其重要性，在本体论视域下和新语境中，虚拟数字技术和人工智能技术的研究拓宽了中国电影理论视野。陈旭光在《电影工业美学：理论源起、学术争鸣与拓展空间》中论述了电影工业美学理论的主要内容，梳理了电影工业美学理论的学术历程以及引发的争鸣，提出了文化产业意识、技术美学、跨媒介再生产的理论建构，拓展了电影工业美学的研究空间。

不少理论研究，展开对传统研究的新的思考，努力对中国电影民族化问题进行深度阐述，对中国传统美学进行了吸收与借鉴。史博公在《建构中国电影民俗学》中，努力实现电影学与民俗学的互动，建构中国电影民俗学，丰富了中国电影理论，为本土化探索增添了新的路径。王海洲在《中国电影的"再民族化"——新中国电影民族性建构的道路与前路》中提出中国电影"再民族化"理论思考的必要性，指出在新的时代背景下中国电影应与国家文化战略紧密结合，从人民性、民族性、时代性、国际性的角度实现中国电影的"再民族化"。潘源的《中国电影意象美学的历史脉络——中国电影学派理论民族化建构探析》，认为以"影"叙事的影戏观、化"意"成象的本体观、以"形"写神的表演观、寄"情"于景的意境观、寓"意"于象的造型观，形成了具有民族特色的中国电影理论。

另外，关于构建中国电影理论体系的讨论如火如荼。饶曙光在《建构电影理论批评的中国学派》中提出构建中国电影理论批评不仅要在借鉴西方电影理论批评的同时立足本土实践，从中国传统文化与美学中汲取营养，而且要借助互联网、大数据的优势进行升级换代。张宗伟在《建构中国特色电影理论的三个关键》中提出用马克思主义文艺理论增强理论自信，吸收西方电影理论之优势形成中国话语，在世界语境中体现中国价值。丁亚平在《论中国电影理论中的中国学派的形态及其意义》中梳理了中国电影理论的发展轨迹，指出了"影戏论与社会派""影像论与人文派""梦幻论与浪漫派"的清晰脉络，强调了本土电影理论的话语选择以及电影理论批评的体系化建设的必要性和紧迫性。周斌在《论中国电影学派的美学追求与理论建构》中提出建设中国作风和气派的民族美学，要从学科体系、学术体系和话语体系中来完善理论，从而建构中国电影学派的理论体系。

（陈犀禾　钟大丰　丁亚平　冀心蕾）

《中国电影年鉴》 *China Film Yearbook* 中国电影期刊。1981年创刊于北京。由**中国电影家协会**编纂，中国电影出版社出版。1988年起，由中国电影家协会和广播电影电视部电影事业管理局联合编纂。1991～2000年，先后由《中国电影年鉴》编辑委员会、中国电影年鉴社编纂。2001～2011年，改由中国电影年鉴社编辑出版，后未继续编辑出版。

1981～2011年，共出版31卷（30册，1998卷和1999卷合编）。每卷全面、翔实地反映上一年度中国电影事业的各类情况，设有电影工作会议、电影文件选编、故事片、纪录片、动画电影、科教片、电视电影、电影市场、电影理论、电影评论、电影史、电影科技、电影教学与科研、电影文化交流、电影评奖、电影机构、报刊文章选目、电影图书、追思录、香港电影、台湾电影、外国电影资料、电影纪事等20多个常设栏目。此外，每年根据情况设一些非固定栏目。每卷的篇幅不等，一般在100万字至200万字之间，并附有彩色、黑白画页，刊登当年重要电影活动的照片和电影剧照等。

《中国电影年鉴》搜集大量中国电影的年度信息、资料和数据，具体包括：当年发布的电影文件，当年生产的故事片的故事梗概和主创人员、重要影片的创作总结以及影片发行盈亏情况，当年生产的科教片、纪录片、美术片的主要内容和主创人员，当年中国电影三大奖及主要电影节的获奖名单和获奖人员介绍，当年电影体制和机构的变化，当年台湾电影和香港电影的基本情况以及重要影片介绍，世界主要电影节和一些国家电影评奖的获奖名单等。此外，还选登当年各主要电影刊物和全国主要报纸刊载的重要电影论文及选目、电影史资料和电影评论文章。年鉴注重文献性、资料性，具有学术价值，是电影专业重要的工具书。

（张兆龙　撰　高冀滨　修订）

中国电影评论学会 China Film Critics Association 中国电影团体。1981年1月24日在北京成立。系由民政部批准、国家电影局主管的国家一级社团。是国际影评组织——世界影评联的会员单位，会员达数百名。学会是由来自全国各地高等院校、研究机构、学术团体、出版机构的专家以及活跃于媒体、互联网的影评人组成的全国性电影评论组织。主要机构包括：中国武侠电影研究委员会、动漫电影研究专业委员会、微电影研究专业委员会、网络影视评论委员会。另外，全国绝大部分的省、自治区、直辖市成立了省一级的电影评论学会。

中国电影评论学会的建会宗旨是：组织影评人对中国电影的创作、制作、产业进行分析、评论、研究，推介评选优秀国产影片，致力于提高大众的观影水平，促进中国电影文化事业的健康发展。其具体工作为：组织影评人通过各种媒体对每周上映新片展开及时的分析评论；举行大众影评征文竞赛活动；每年开展优秀华语影片评选推荐活动，举办推介盛典；举行电影创作、电影产业、电影理论及电影史的各种学术研讨活动，促进学术与创作的交流和繁荣；组织中国电影理论批评工作者与世界及中国港台同行对话，进行电影文化交流活动。

中国电影评论学会的专家常年参与中

2017年中国电影评论学会网络影视评论委员会成立发布会

国**金鸡奖**、**华表奖**、"五个一工程"奖、**金鹰奖**、**飞天奖**的评选工作，担任各大电影节评委，参与**上海国际电影节**和北京国际电影节的选片工作。（周冬莹）

中国电影器材公司 China Film Equipment Corporation 中国电影机构。1951年7月在北京成立，是中国经营电影工业产品的全国性专业物资企业。公司的经营方针是：推动电影工业生产，搞好电影器材供应，保证影片生产和放映网的发展，为电影事业服务。公司成立时的主要任务是：向全国各电影制片厂、电影洗印厂提供摄制、洗印影片所需要的设备和电影胶片、洗印药品；通过行业管理方式协调放映设备及零配件的产、销关系，促进全国放映网的巩固和发展；办理电影器材的进出口和设备租赁业务。

1999年2月，并入新成立的**中国电影集团公司**。2010年，随着中国电影股份公司的成立，中国电影器材公司改制为中国电影器材有限责任公司。公司经营及代理的产品已涉及电影各个领域，包括国产化影视设备生产、电影专业设备及相关产品的进出口业务、专业影院和农村电影市场服务、主办北京国际广播电影电视展览会（BIRTV）、国内外专业展览组团等。

（朱秉树）

中国电影输出输入公司 China Film Export & Import Corporation 中国电影机构。1979年底在北京成立。公司下设亚洲、非洲、欧洲、美洲、大洋洲等地区性业务部门，还设有翻译部门和字幕工厂。在香港设有代理机构。公司成立以来，有工作联系的国家和地区达90多个，业务对象330多个。每年输出影片达到500～600部次，输入影片已从欧美国家和日本等电影大国扩展到许多第三世界国家。1995年，更名为中国电影公司(对外名称)。1997年，拆分为发行公司和进出口公司。1999年，并入新成立的**中国电影集团公司**，独家经营进口影片引进贸易业务。 （曾德胜）

《中国电影通史》 *General History of Chinese Film* 中国电影著作。**丁亚平**著。分为上、下两册。中国电影出版社、文化艺术出版社2016年11月联合出版。《中国电影通史》是以时间段落为纲的通史著作，梳理了在不同阶段表征电影审美文化的创造、传达和接受的话语活动。本书以电影作品、电影人、电影市场与传播为轴，呈现出一幅中国电影发展的全景画卷。本书作者采用“以论带史”的写史方式，在宏观的整体思维观照下，对中国电影历史进行系统的叙述。全书尽可能广泛详尽地运用史料，以五个部分、120万字的篇幅，从电影在中国放映起始至进入互联网时代后中国电影的发展进行系统式的记录与书

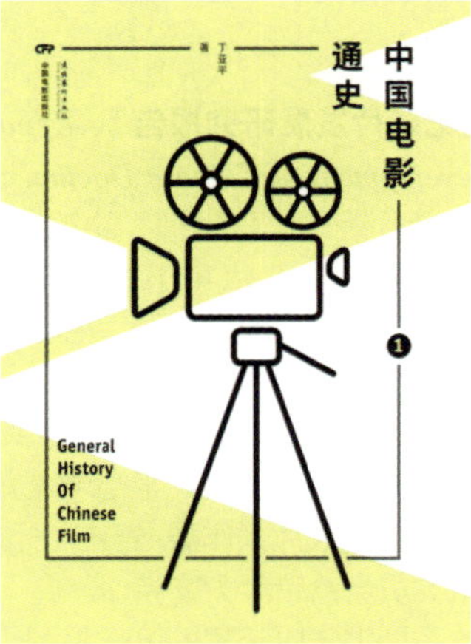

《中国电影通史》封面

写，呈现出以影人、影片、影业为叙述核心，贯之以发散式的历史文化与现代气息，构筑起整个史述的宏观框架。该书沿着纵向主轴，又横向划分出十个时间段，进行具体的微观剖析，形成“经纬纵横”复杂的史学结构，以及宏观微观结合的叙述方式，厘清了极富历史纵深线而又统筹支流的中国电影历史发展主脉，视野开阔，线索清楚，内容丰富。《中国电影通史》是继《**中国电影发展史**》之后中国电影史学最重要的学术成果，它一改以往官修和集体编著通史的史述模式，开启了个人书写电影通史的时代。2021年，英国劳特里奇出版社出版了《中国电影通史》英文版。2022年，该书中文版重新修订后再版。 （龚方怡）

中国电影资料馆 China Film Archive 中国电影机构。兼有国家影片库、电影图书馆、电影理论研究与教育等性质的中国电影事业机构。1956年2月开始筹建，1958年10月1日正式成立，地址设在北京。主要任务是搜集、整理、保存国内外各类影片的拷贝、素材、文字、图片、音响资料，为中国电影的创作、生产、理论研究、教学等方面提供服务。1980年该馆被国际电影资料馆联合会(FIAF)接纳为正式会员。

1984年该馆与文化部文学艺术研究院(后更名为中国艺术研究院)电影研究所合并，成立了中国电影艺术研究中心。因此，它对外一直有两个名称:“中国电影资料馆”和“中国电影艺术研究中心”。其功能也由原来的电影资料的收集、保存，扩展为电影资料收藏和学术研究并行。既继续致力于对各个时期的中外影片及各类电影文图档案资料的收集、整理、保管和利用，又广泛开展对中外电影历史、现实、理论、美学和影片保存、修复技术的研究，并出版电影报刊和培养研究生。1985年开始招收电影历史及理论(现为戏剧与影视学)硕士学位研究生，2010年设立博士后科研工作站，2018年增列艺术硕士专业学位(MFA)。

该馆业务机构现有收集整理部、多媒体部、影视部、事业发展部、电影史学研究室、电影文化研究室、研究生部、职业教育部、技术部、《**当代电影**》杂志社、《中国电影报》社以及北京电影资料库和西安电影资料库。该馆收藏有海量的中外影片、素材、电影海报、文图、录像资料，拥有各种不同规模和等级的电影放映厅，并设有电影文图资料室和现代化的录像、光盘视听室。该馆编辑和出版了《中国电影总目录》《中国艺术影片编目》和库存影片目录等工具书，形成了一套电影档案资料的整理、编目、研究和利用的管理制度。

该馆一直重视促进中外电影文化的传播与交流工作。20世纪80年代以来，先后在多个国家和地区举办中国电影回顾展，同时也在中国举办了英、意、法、美、日、德、西班牙等多个国家和地区的电影回顾展。与此同时，还举办了大量的电影专题影展、电影学术专场和各种学术研讨会。隶属该馆的小西天艺术影院和百子湾艺术影院对外营业，放映中外经典电影和艺术影片。2016年，该馆作为牵头单位，联合国内主要电影院线共同发起了全国艺术电影放映联盟。

（田云汉 高冀滨）

中国动画学会 China Animation Association 中国影视团体。1985年成立于上海。是**国家广播电视总局**主管的社会团体，经民政部批准注册登记，是中国唯一的全国性动画法人社团。起初，挂靠**上海美术电影制片厂**。2006年，为适应中国动画产业的发展，学会迁往北京，挂靠**中央电视台**。首届理事会由35名成员组成，名誉会长**万籁鸣**，会长**特伟**，副会长严定宪、王树忱、詹同、胡进庆、张松林，副秘书长佘百川，**万古蟾**、万超尘、钱家骏、**靳夕**、虞哲光等22人为顾问。学会对全国动画业界企事业单位、媒体机构以及动画教育院校进行引导、联络、服务，开展业务协调、中外交流、专业研究、教学培训、信息传播、咨询服务等，其宗旨是繁荣原创动画、发展中国动画产业。学会的团体会员数百家，包括全国各地的动画企业、媒体机构、高等院校、基地园区、科研单位。

学会成立后，创办内部刊物《中国动画学会通讯》，参与主办动画杂志《孙悟空》。学会主办的上海国际动画电影节与萨格勒布、广岛、渥太华等动画节齐名。自1996年起，学会每年召开一次年会。2006年5月6日，学会在浙江杭州举办了第2届中国国际动漫节，并首次颁发了中国动画美猴奖(2011年改为金猴奖)，这是中国第一个国家级别的动漫类奖项，被业界公认为高规格、高权威，发挥着鼓励原创的作用。2008年起，学会年会转型升级为全行业的中国动画年会，活动内容包括权威信息发布、国际前瞻研讨、文化交流等。学会通过国际论坛传播先进动画理念与盈利模式，通过发布年度《中国动画企业发展报告》引导企业科学发展。2010年，学会与多家机构联合发起成立中国国际动画产业联盟，旨在整合资源、优化配置、做强实业、提升产业、引导行业。中国动画学会在政府和动画界之间发挥着重要作用，对中国动画产业发展起到了积极的推动作用。 （郑玉明）

中国多维声13.1 China multi-dimensional acoustic 13.1 中国自主研发的一种影院全景环绕立体声系统。中国多维空间声道放映技术的简称。中国多维声13.1是为适应日益发展的3D巨幕电影而研发的多声道沉浸式电影立体声还音系统，采用5

个前方声道、2个环绕声道、2个后环绕声道、2个后角声道、2个顶部声道、1个次低音声道，构成了影院14个有效声道的三维度空间，能够给观众沉浸式的空间听音体验。

中国多维声13.1能够根据电影情节让声音在影厅中任意位置出现，为观众呈现出身临其境的全景与多维音效，让电影观众在“看”电影的同时全身心地“体验”电影。中国多维声13.1拥有14个声道，所有的声道都独立驱动和发声，大大提高多维度声音覆盖的真实性，并为后续推出15.1、22.1等多声道格式的中国多维声影片奠定扎实的基础。中国多维声13.1将影院的声道数目大幅增加，与以往的5.1或7.1环绕声系统相比，其音响效果更丰富、空间感更强、震撼力更大、布局更加全方位，能够让观众享受到有点、有面、有空间的全方位声音，满足了观众对听觉空间深层次的追求。（姜　燕）

中国高等院校影视学会 Chinese Collegial Association for Visual Art　中国影视团体。简称“中国高校影视学会”。前身是1983年8月成立的中国高等院校电影学会，1995年更为现名。是由国家民政部批准，接受国家广播电视总局业务指导的国家一级学会。沈嵩生担任首任会长。会员以高等院校从事电影、电视、动漫等教学与研究的专业工作者为主体，兼及与广播影视、大众传播相关的专业工作者。学会下设十余个专业委员会。先后召开了多届年会和“中国影视高层论坛”（2001年创办）。学会先后设立了“学会奖”“学院奖”“学人奖”三项专业性、公益性的学术评奖推优活动。学会成立以来，团结全国高校影视教育工作者，在影视理论研究、影视教学、影视学术国际交流、影视师资与人才培养等多个领域开展了大量工作。（周冬莹）

中国广播电视协会电视剧编剧工作委员会 TV Drama Writers Working Committee of China Radio and Television Association　中国电视团体。2011年4月28日成立于北京。高满堂任首任会长，王丽萍、刘和平、周振天任常务副会长。该会在培养编剧人才、促进创作交流以及维护编剧权益等方面为会员及相关编剧提供服务。该会的宗旨是规范行业行为、加大维权力度、鼓励原创精神、提高编剧水平。该会主要进行以下几个方面的工作：团结编剧，表彰优秀作品，每年评出最佳编剧、最佳改编剧本、最佳新人三项奖；对剧本进行评估，帮助投资者论证投资风险；定期举办培训，评析热播电视剧，提携青年编剧等。该会对会员的准入做了明确的规定，凡有两部署名电视剧作品在省级电视台或者国家电视台播出，就有资格加入。该会在行业内积极搭建交流平台，有规范行业的自律手册，在题材的把控上充分发挥委员会的调控作用。该会在提升业内的编剧权益和提高中国电视剧编剧水平等方面作出了一定贡献。（张智华）

中国广播电影交响乐团 The China Broadcast and Film Symphony Orchestra　中国电影音乐表演团体。中国国家级交响乐团。前身是北京电影制片厂乐团。1949年4月20日成立于北京。1951年，在北京举办了新片展览专场音乐会和电影音乐专场音乐会，第一次将电影音乐搬上了传统的音乐会舞台。1953年，北京电影制片厂乐团划归中央新闻纪录电影制片厂管理。1956年，该团更名为中央新闻电影制片厂乐团，即新影乐团。1963年，新影乐团划归文化部电影局管理，改名为北京电影乐团。1971年，北京电影乐团又重归中央新闻纪录电影制片厂管理。1981年，该团再次划归文化部电影事业局管理。1985年，更名为中国电影乐团。1995年，为纪念世界电影诞生100周年，乐团精选大量精品世界电影音乐，在北京举办了电影音乐交响音乐会。中国唱片总公司根据演出实况录制了《世界电影音乐精品》唱片对外发行，赢得了社会大众的极大关注。2003年11月，中国电影乐团与原中国广播交响乐团进行重组，更名为中国广播电影交响乐团。

乐团先后为全国各大国有电影制片机构及中央和省市级电视台、广播电台录制了几千部音乐作品。此外，还录制了大量影视音乐的黑胶唱片、盒式磁带、音乐光碟、影音光碟和数字视频光盘等商业产品向社会发售。乐团还排演了多台电影视听音乐会，演奏了众多著名电影音乐作曲家的知名佳作，如“向世界电影配乐大师致敬——中国电影乐团大屏幕视听交响音乐会”“动画音乐城堡——奇幻卡通视听交响音乐会”“交响情人梦——中国电影乐团交响视听音乐会”以及第6届北京国际电影节“世界电影主题歌音乐会”等。（姚国强）

中国（广州）国际纪录片节 Guangzhou International Documentary Film Festival, China　中国纪录片电影节。2003年创办于广州。每年11月或12月举办。是中国国内具备纪录片融资、交易功能的重要专业平台，也是中国国家产业政策与国际发展趋势的官方发布平台。由原国家广播电影电视总局（今国家广播电视总局）和广东省人民政府主办。首届名为“广州国际电影纪录片学术研讨会”，2004年改名为“广州国际纪录片大会”，2011年正式改为现名。

纪录片节的宗旨是推动纪录片的国际交流与合作，借鉴国际优秀纪录片制作经验，提高国产纪录片水平，对外营销国产纪录片，推广中国文化。主要活动有：①比赛评奖；②市场交易；③业内交流；④专业论坛；⑤国际培训；⑥公众展播。评奖项目面向全球优秀的纪录片工作者及其作品，最高奖项为“金红棉奖”，依片长分为纪录长片（片长超过30分钟）、纪录短片及系列影片三类，题材不限，可同时参加节内其他展映、市场单元。

为促进国产纪录片发展，节内设有众多市场类专业活动，如纪录片预售提案的培训与交易、邀请中外片商及了解中国的外国纪录片导演参与交流的“国际制作人日”和“与决策人面对面”、多种形式的国际纪录片专业培训工作坊及高峰论坛等。公众展映鼓励大众参与，除院线展映、电视台与网络公播外，也选择优秀作品参与全国巡展。此外，纪录片节将收集到的纪录片进行整理并建立片库，丰富可供搜索的交易信息，打造中国纪录片交易的核心平台。（赵　远　高浩敏）

《中国纪录片发展研究报告》 *Report on the Development of Chinese Documentaries*　中国纪录片著作。张同道、胡智锋等著。2009年开始出版，每年出版一本。该系列报告由北京师范大学纪录片中心与中国传媒大学传媒艺术与文化研究中心主持，专家团队成员来自北京大学、中央电视台、北京电影学院、央视索福瑞媒介研究公司，中国纪录片工作委员会、中国纪录片学术委员会给予大力支持。

该系列报告以翔实的第一手调研资料为基础，从学术的视角，记录中国纪录片产业的发展历程。报告在全球化背景下审视和研究中国纪录片的发展现状、运营模式、存在的问题和遭遇的瓶颈。年度报告一般以精准的数据对中国纪录片频道、栏目、作品、市场等进行全景扫描，并从理论研究、文艺美学等视角对中国纪录片的国际化、品牌化、产业化等进行严谨细致的分析。报告中使用的数据几乎都是第一次发布的原始资料，对考察和研究中国纪录片的发展现状、运营模式和未来趋势具有重要的参考价值。

该系列报告的创新性主要表现在全球化的视野、数据化的资料、前瞻性的分析和指导性的理论。在中国纪录片行业，它第一次运用传播学理论建构一个纪录片研究的国际框架，而且是中国唯一的纪录片年度行业报告，被誉为“中国纪录片蓝皮书”。该系列报告本着务实、原创的原则，立足中国纪录片发展实际，通过可靠的数据、严谨的考察、精准的解析为中国纪录片发展提供行业指导和智力支持，具有重要的学术价值和现实意义。 （惠东坡）

中国教育电影协会 China Educational Film Association 中国电影团体。1932年7月8日成立于南京。为响应国际教育电影协会提出的“消除民族隔阂，倡导人类和平”的宗旨，由罗家伦、徐悲鸿、王平陵、陈立夫、吴稚晖发起组织。蔡元培任首席监察委员，时任教育部专员的郭有守负责主持日常工作。协会委员由政界、教育界、学术界、电影界等各界人士组成，有朱家骅、蒋梦麟、陈立夫、徐悲鸿、厉麟似、郭有守、罗家伦、田汉等，电影界加入协会的有罗明佑、郑正秋、欧阳予倩、洪深、孙瑜等。

协会在上海、香港、成都等地设有分会。协会的主要活动有：拍摄或购买教育影片并进行推广；制定影片标准，并对不良影片予以抵制；研究电影的未来发展问题；辅助电影教学；编纂、发行中国电影年鉴等出版物；增进国际交流。协会举办过9次年会，曾出版《中国电影年鉴》(一册)，并举办教育电影巡回放映以及国产影片比赛等。1944年后停止活动。

作为“罗马国际教育电影协会”的中国分会，中国教育电影协会借助国际教育电影组织的成员身份，与国外保持密切联系，学习国外先进的思想和技术，推动了中国电影教育的发展。作为中国第一个电影教育化组织，协会积极提倡教育电影化和电影教育化，以作为民众教育和学校教育的辅助，旨在借教育电影富民强国。协会配合国民政府的电影教化思想，开创了宣教电影的模式，推行教学电影和社会教育电影，为国民政府设立电化教育委员会，以建立体系化、规模化、制度化的电影教育模式积累了经验、打下了基础，对后来的中国电影格局影响深远。

（孙　剑）

中国民营电影 Chinese privately funded films 由民间和社会资本参与投资制作的中国电影。中国民营电影的发展已有百余年历史。早期的中国电影业基本以民营电影为主体。中华人民共和国成立之初，私营电影业被改造、改制为国营电影机构。20世纪50～80年代，国产电影的拍摄、放映基本由国家统包统销。

20世纪90年代初，随着电影体制的改革和电影市场的开放，民营电影逐步形成，许多中国香港、中国台湾电影企业通过与内地国有电影制作机构合拍、合作发行的方式参与到国产电影之中。20世纪90年代中后期，随着政策的逐渐开放，华谊兄弟广告公司、北京新画面影业有限公司、博纳文化交流有限公司等民营电影公司纷纷成立，其中一些逐渐成为中国知名电影公司。1997年是中国民营电影发展标志性的一年，被称为民营电影的试水年。新成立的北京紫禁城影业公司参与出品了《甲方乙方》，北京华亿亚联影视文化有限责任公司发行了《有话好好说》，在电影市场上取得了良好的口碑和票房反响。

电影的市场化改革，为中国民营电影发展带来新机遇。2002年，北京新画面影业有限公司、银都机构有限公司、精英娱乐有限公司联合出品电影《英雄》，标志着民营电影进入一个更为市场化及国际化的时代。民营电影公司日益成为中国电影的中坚力量和市场主体，业务范围拓展到电影的制片、发行、放映等各个领域。随着互联网和金融市场的快速发展，电影的制作方式和融资渠道更加多元化。在拓宽资本渠道的进程中，民营公司纷纷上市，中国民营电影公司步入新的发展阶段。

扩展阅读

丁亚平. 当代中国民营电影发展态势研究. 北京：北京师范大学出版社，2014.

（高　飞）

中国农业电影电视中心 China Agriculture Film & Television Center 中国影视机构。简称“农影”。1949年6月29日成立于北京。成立之初为“华北人民政府农业部农业电影队”，中华人民共和国成立后改为“中央人民政府农业部农业电影社”，1964年6月扩建为“农业电影制片厂”，1977年7月更名为“北京农业电影制片厂”，1981年5月改称“中国农业电影制片厂”。1990年5月与农业部声像中心合并，用现名。1995年开始，“农影”为新成立的中国中央电视台第七套农业频道制作节目，并逐步开辟了众多农业电视栏目。2013年，中国农业电影电视中心官网农视网开通，整合CCTV-7农业节目优质资源，突出台网互动和线下拓展，全媒体推广栏目和活动。

“农影”20世纪60年代摄制的《温室黄瓜》《益虫益鸟》等12部影片曾获文化部和国家科委联合颁发的“科教片为农业服务奖”。1979年后摄制的《草蛉》《蓝色的血液》《白蚁王国》等12部影片获文化部优秀影片奖;《移核鱼》《多功能抗旱剂》《寒潮》等获中国广播电影电视部优秀影片奖;《第十三片绿叶》获第14届中国电影金鸡奖最佳科教片奖;《草蛉》《蓝色的血液》《防治沙漠化》《移核鱼》等曾在德国柏林农业电影节获奖。《防治沙漠化》《中山植物园》《天蚕》等40多部影片被翻译成英、法等8种语言在海外发行。

进入21世纪，“农影”电影部制作的《新梨新法巧栽培》《白蚁防治新技术》《保护耕地》《家庭土地承包有靠山》《保护湿地生态屏障》《农用无纺布》《新型牧草鲁梅克斯》《人工繁殖鲟鱼》《农村交通安全启示录》《防治蟑螂新技术》《稻鸭共作》《严防疯牛病》等影片先后获包括华表奖、神农奖、中国电视行业协会奖、斯洛伐克尼特拉国际农业电影节奖在内的众多国内及国际奖项。

作为中国生产农业科教片的专业影视单位，“农影”坚持“为农业、农村、农民服务”的宗旨，大力普及农业科学知识，推广农业先进技术，传递经济和科技信息，制作了一系列优秀的影视节目，为农业现代化建设及农村两个文明建设作出了显著的贡献。 （孙　剑）

《中国戏曲电影史》 *The History of Chinese Opera Film* 中国电影专著。高小健著。文化艺术出版社2005年3月出版。16开，30万字。

全书以1905年中国第一部电影《定军山》到2003年的戏曲电影为观照范围，立足整体及戏曲电影自身发展的真实面貌，将中国戏曲电影史划分为7个阶段，通过较为详细的历史梳理，呈现出戏曲电影类型的发展流变。

全书参考了近代中国的社会历史特征，从戏曲电影的具体内容出发，不仅概括了每个时期的创作趋势和突出现象，也进行了重点作品和艺术家解读，如对梅兰芳、费穆、崔嵬、陈怀皑及其作品的分析等，做到了整体框架和具体分析的点面结合。

全书大致蕴含3条线索：第一，注重在整个社会背景和时代政治框架内观照中国戏曲电影发展；第二，注重在中国电影史的整体框架下认知戏曲电影史；第三，注重从戏曲和戏曲电影自身出发进行史学书写。全书除了“影戏结合”这一核心范畴外，还探讨了戏曲电影的类型建构、银幕剧种的发展丰富、戏曲电影的民族化等其他问题线索。基于戏曲电影的独特性，作者对各时期戏曲艺术的观照也纳入本书的内在视野。

在进行史学分期和现象解读的同时，作者还进行了戏曲电影理论探讨。一方面出自对某些创作者或理论家的观点归纳评价，另一方面则基于对客观创作现象的梳理认知。比如对梅兰芳、费穆等人创作心得的解读，对1956年到1962年的3次戏曲电影座谈会的观点总结。在戏曲电影客观发展规律的基础上，作者对某些理论也表达了自己的观点，如在类型命名方面，就认为“戏曲艺术片”更有合理性，并将这一观点沿用到另一本戏曲电影理论专著《戏曲电影艺术论》中。

作为中国第一本戏曲电影史，该书基本完成了对这一中国独有片种的史学建构，在学科建设上体现出较大的开拓性和创造性，填补了中国电影研究的一块空白。（傅　秋）

中国夏衍电影学会　China Xia Yan Film Association　中国电影组织。1995年9月成立于北京。是以夏衍命名的全国性电影学术团体。首任会长为陈荒煤，此后由谢铁骊、陈景亮、张建勇、丁亚平相继担任会长。学会领导机构成员由电影艺术家、事业家、理论家和社会知名人士组成。学会设有办公室、创研理论部、文化交流部、创作部、公共关系部、信息培训部等工作部门，以及夏衍研究专业委员会等机构。

学会于1996年5月21日和电影局联合举办“夏衍电影荣誉纪念”颁发大会，共82位电影艺术家获得表彰。学会每年与国家电影局、电影剧本规划策划中心合作举办“夏衍杯”优秀电影剧本征集活动（原“夏衍电影文学奖”），发现培养优秀编剧人才，提升电影创作水平，鼓励艺术创新和类型探索，支持具有创新意义的农村、少儿、教育、少数民族等题材创作，扶持特色鲜明的科幻、动画电影创作。活动面向全国，影响较大。此外，学会积极开展老一代电影家的研究、纪念和文集编选工作，并组织编撰了大型电影史著《中国电影通史》。同时，一直积极开展电影研讨、电影文化进校园和中小学生电影艺术素质教学等活动。学会广泛团结电影工作者和爱好者，对于继承和发扬以夏衍为代表的中国电影优秀传统以及推动中国电影文化事业作出了积极贡献。（胡　晋）

中国新纪录片运动　Chinese New Documentary Movement　20世纪80年代末到90年代，中国纪录片领域出现的一大批以纪实美学为基础的影视作品。1985年，世界著名纪录片导演J.伊文思到中国拍摄《风的故事》，他的纪录片的创作模式和美学观念，对中国电视纪录片纪实美学的建立有一定的影响，新纪录片运动也在此时酝酿。随着改革开放的推进，整个社会政治、经济结构发生变化，思想意识、审美观念以及多元文化的交流互动改变着民众的观念。而西方纪录片的引进，及其带给制作者、观众观念上的变化，也都为新纪录片运动的诞生做了准备。1991年11月，北京广播学院组织的“北京新纪录片研讨会”认可了这一阶段纪录片创作。之后，在一次纪录片创作者的聚会上，又提出了“新纪录片”应该包括“独立的制片方式”和“独立的创作思想”的观念。再后来，一些研究者进一步提出“新纪录运动”的概念，认为该潮流不仅囊括这一阶段以纪实手法拍摄的纪录片，还包括关于这些纪录片创作的概念、思潮的传播以及学理讨论等，并整体命名为“新纪录片运动”。

新纪录片运动，一般认为以《流浪北京》《望长城》等作品的创作播出为肇端。1990年，吴文光执导的《流浪北京》以追求艺术理想而漂在北京的“北漂族”为对象，展现了艺术理想与现实的尴尬冲突、坚持与退缩的各异选择。影片历时两年完成，全片采用法国真实电影的创作形式，没有解说，以访谈和字幕的形式串联。《流浪北京》改变了以往纪录片由体制内机构拍摄出品的模式。1991年中央电视台出品的《望长城》，改变了以往专题片俯瞰式的“画面加解说”的叙事方式，它以纪实性拍摄、同期录音、长镜头等为主要方式，以长城为载体，重点表现长城两边的人，让纪录片有了人物和情节。《望长城》宣示着国家宣传机构的专题片制作模式出现改变，被认为是中国纪录片发展的里程碑。同年还有吴文光的《江湖》、瞎安奇的《北京的风很大》等纪录片相继问世。这些作品标志着一种全新的纪录片创作潮流开始出现。

20世纪90年代是新纪录片运动的鼎盛时期，主要作品有中央电视台《东方时空》的《生活空间》栏目播出的电视纪录片。这些纪录片以“讲述老百姓自己的故事”为己任，真实记录日常生活。宁夏电视台康健宁、辽宁电视台高国栋合作拍摄的《沙与海》，获第28届亚洲广播电视联盟纪录片大奖；张元与段锦川的《广场》，获1994年日本山形国际纪录片电影节国际影评人奖、美国夏威夷国际电影节评委会奖；杨天乙的《老头》，获1999年日本山形国际纪录片电影节亚洲新浪潮优秀奖、2000年巴黎真实电影节评委会奖；段锦川执导的《八廓南街16号》，获1997年法国蓬皮杜中心真实电影节奖；梁碧波的《三节草》，获1997年第20届法国真实电影节特别奖、第4届中国电视纪录片学术奖；王兵的《铁西区》，获第2届墨西哥城国际现代电影节最佳纪录片奖、2003年法国马赛国际纪录片电影节最佳纪录片以及日本山形国际纪录片电影节最佳纪录片奖。

这一阶段的创作，侧重表现底层和边缘群体的生存，如将镜头聚焦逐渐被社会和时间遗忘的老年人的《老头》；具有女性视角、专注于离开家乡到北京做保姆的四个“打工妹”的《回到凤凰桥》；亦有大量关于少数民族题材的作品，如《贡布的幸福生活》《最后的山神》《八廓南街16号》《三节草》等。这些纪录片力图真实地反映历史和现实生活，抛去以往俯瞰式的精英视角，平等、真切、真实地关注中国社会发展中面临的各类问题，关注普通中国人的现实生活和情感体验。这些影片在电影语言上注重纪实拍摄、同期录音和大量的长镜头跟拍；导演很少介入进拍摄对象，许多是生活化、原生态的记录。但是有时也由于过分强调“纪实”、强调摄影机的记录功能，在对历史发展的认知与思想提炼方面有所不足。

新纪录片运动后期的创作凸显纪实美学的纪录性，侧重于对普通百姓日常生活的记录。然而在面对社会生活巨变的时代，许多纪录片却选题单一，规避历史、民族责任等宏大话语，缺乏对于题材的深入挖掘，缺乏艺术的创造和提炼，忽视纪录片的社会责任。随着数字技术的普及和纪录片拍摄门槛的降低，越来越多的没有经过专业训练的创作者加入创作，其中，许多影片技术质量有待提高，视听语言匮乏，影片整体结构不完整，缺乏逻辑性。

20世纪90年代以后，随着消费社会的到来，曾经专注于纪录片的创作者逐渐分化，加上没有良好的播出平台，纪录片没有能像商业电影一样走入大银幕，致使受众范围逐渐狭窄，新纪录片运动逐渐消沉。但它对中国的纪录片创作和对外传播都产生了深刻的影响。

21世纪以来，传播平台开始多样化，电视台纪录频道的开播以及新媒体的加入等，都促使纪录片的两极化发展。一方面是模式化的工艺流程和技术手段打造的纪录片工业化之路，如《故宫》《大国崛起》《舌尖上的中国》《乡村里的中国》《超级工程》《大国重器》等；另一方面是《人间世》《中国市长》《垃圾围城》《塑料王国》等民间纪录片对于日常生活、时代变迁的个人化思考。 （赵 远）

《中国新闻纪录电影史》 *A History of Chinese Newsreel and Documentary Film* 中国电影专著。**高维进**著。中央文献出版社2003年出版。32开。全书以作者亲身参与新闻纪录电影工作近五十年的经验，广泛查阅史料、收集资料，历时十余年撰写而成。

全书按照时间线索，将中国新闻纪录电影的发展历程划分为“紧随世界起步”“一切为了抗日”“人民电影的创立和发展”“前进再前进的十七年”“十年浩劫”“新时期的发展”“影视合流、影视并存是历史发展的必然”7章。基于对“新闻纪录电影”这一样式的特定理解，全书着眼于影片所表现内容与社会历史背景的

《中国新闻纪录电影史》封面

呼应与结合，在介绍影片基本信息之外，努力将其纳入时代氛围中加以评价。作者通过对众多影片创作拍摄过程的深入了解，生动展示出影片的生产机制所处的社会生态。在选片上，全书兼顾不同的题材和门类，特别凸显出“新闻纪录片”这一电影类型的支撑性要素。同时在论述中力图使理论性的观察和总结与时代需求相匹配，以期为纪录影片的创作实践提供相应的借鉴和参考。

除了正文部分，该书还列有五篇附录，以词条、列表或关键词的形式，分别梳理总结了为中国新闻纪录电影事业做出过贡献的人物；中国新闻纪录影片在国内、国际获奖的情况；以及抗日战争时期沦陷区的新闻纪录电影等。

全书涵盖中国纪录电影近百年发展史上具有代表性的影片史料，开阔而力求全面的叙述架构体现出作者明确的唯物主义史观，是一部关于中国新闻纪录电影发展史的奠基之作。 （刘 斐）

中国艺术研究院电影电视研究所 Film and Television Research Institute of Chinese National Academy of Arts 中国电影电视研究、教育机构。简称“影视所”。成立于1973年。1994年经文化部决定，外国文学艺术研究所并入，成立电影电视艺术研究所。2019年11月，更名为电影电视研究所。该所在中国电影史、外国电影、影视理论与批评等领域不断探索，富有活力，涌现出大批专业人才与知名专家，形成了丰硕的成果。

电影电视研究所前身由两部分组成。一是电影研究所，前身为国务院文化组艺术研究机构电影组，始建于1973年。1975年，在电影组的基础上成立电影研究室，**李少白**任主任。1980年，改名为电影研究所，鲁勒任所长，李少白等任副所长。1983年，该所与**中国电影资料馆**合并，成立中国电影艺术研究中心。1986年，电影电视艺术研究室成立，李少白为负责人。二是外国文艺研究所。其前身为编译室，始建于1973年。1980年，正式成立研究所，陆梅林任所长。1986年后，**郑雪来**、李小蒸相继担任负责人。1994年，电影电视艺术研究室与外国文艺研究所合并，成立电影电视艺术研究所，**章柏青**任所长。2005年，**丁亚平**担任所长。2021年，赵卫防担任所长。

自成立以来，影视所持续推进中国电影电视历史、理论及批评的研究深入，发表、出版了众多的研究成果。如《**中国电影发展史**》《电影学论稿》《电影历史及理论》《中国电影·电视》《中国新时期电影回顾》《中国当代电影发展史》《影像中国：中国电影艺术（1945—1949）》《中国当代电影史》《中国武侠电影史》《中国电影文学改编史》《**中国戏曲电影史**》《中国历史电影史》《中国电影历史图志》《**中国电影通史**》《香港电影艺术史》《香港电影产业流变》《作为精神史的电影史：中国电影中的诗性传统（1930—1949）》《声音与中国早期电影研究（1896—1949）》《联华公司及其电影创作研究》《电影与观众论稿》《世界电影鉴赏辞典》《当代俄罗斯电影》《西方女性主义电影：理论、批评、实践》《戏曲电影艺术论》《“魔法师”的世界：电影叙事的观念与表达》《野调无腔：中国当代影视文化另类批评》《暧昧的品位——王家卫的电影世界》《中国电视艺术史》《中国电视批评》《中国电视电影十年（1999—2009）》《日本电视》，等等。影视所自1980年起创办《电影文化》杂志，以半年刊的形式定期出版。

影视所长期以来具有在国内电影史论研究上领先的学科优势，由此奠定了电影理论及历史研究的学术基础。1982年和1994年，该所在国内率先招收了首届电影专业的硕士研究生和博士研究生，先后培养了陈犀禾、钟大丰、丁亚平等国内首届电影学硕士和博士研究生。深厚的影视学术传统和一流的科研队伍，保证了影视研究和影视教学的需要，在国内影视教研上处于重要地位。

影视所接续电影史研究的传统，密切关注并成功组织引导电影史的研究与深化，由众多学者组成的构建关于中国电影史学的知识体系的学术派别已经形成，即中国艺术研究院“电影通史学派”。它的内涵与标志主要为以下的“五个一”：考镜源流，形成了一种学术文化传统；以一个学术机构为依托，以学说师承形成派别，构筑了动态的富于活力的学术传承；一大批在电影史研究领域默默耕耘、著作等身的学界著名学者不断涌现；重视历史研究、知识体系、价值观念建构的审视与当下性的观察、研究结合，推出了一系列影响广泛的重要学术成果；视野开阔，基础广泛，在多方面深入探索，《中国电影发展史》《中国电影通史》以及“中国电影艺术史丛书”(7种）接续首尾，助推一个“学派”的建立和发展，尤具代表性的开拓性和创新性。

2013～2016年，影视所承担国家社科基金艺术学重大项目“中国电影海外市场竞争策略可行性研究”(批准号13ZD02)，就中国电影及其海外市场竞争现状、问题及对策进行深入的分析和总结，先后出版《大电影时代》《大电影概论》等“大电影”系列图书。2015～2021年，影视所主持《中国大百科全书》第三版影视学科的编撰工作，同时承担国家社科基金重大项目“中国社会科学词条库（影视）”。2017～2021年，影视所还承担了《中国电影大典》《中国电视大典》的编撰工作，项目具有学科建设的价值，约为2000万字。此外，影视所还承担了2021年度国家社科基金特别委托重大项目“中国电视金鹰奖评奖研究”。

影视所以“艺术评估，文化前瞻”为主题，持续举办“中国艺术研究院电影电视评论周”等大型活动。2012年以来，已举办35期“影视大讲堂”，并出版收录“影视大讲堂”专题的图书《在新时代旋风面

前》2种；每年组织举办“扶持青年优秀电影剧作计划”的征集、评选活动，也产生重要影响。（忆 帆）

《中国银幕》 *China Screen* 中国电影杂志。1959年创刊于北京。季刊。由**中国电影输出输入公司**编辑出版。1966年停刊，1980年复刊。有中、英、法、西班牙4种文版，面向全世界发行。该刊以图为主、图文并茂，介绍中国电影的拍摄和生产情况、中国电影事业发展状况、著名导演和演员等相关情况。开辟有中国电影史话、新片预告、拍摄动态、影坛通讯、演员生活及中外电影交流与友好往来等栏目。该刊一部分通过中国国际书店提供给外国订户，一部分供给中国驻外使馆及国外片商。该刊由电影频道节目中心和**中国电影集团公司**联合主办，主要栏目版块为风尚、悦评榜、专题、重磅、首映、人物、评委会等。（李小燕）

《中国银坛外史》 *Chinese Movie Circles Unofficial History* 中国电影著作。**关文清**著。香港广角镜出版社1976年1月出版。32开。作为亲历者的关文清以杂记体记述了中国电影早期历史的很多重要瞬间。全书分《荷李活寻梦录》和《中国银坛外史》两个部分。前一部分叙述了1914～1920年作者在美国影城荷李活（好莱坞）学艺的经过和1926年、1932年去荷李活的情况。后一部分回忆了1920～1937年在中国内地和香港从事电影工作的往事，包括鲜为人知的1934年随**罗明佑**考察欧美影业和编导第一部有声粤语故事片《生命线》的情况。全书涉及了20世纪20～30年代的众多制片人、编剧、导演、演员等，如黄柳霜、林妹妹、关德兴、吴楚帆、**阮玲玉**、李绮年等。全书为“广角镜人物丛书”之一，从侧面反映了香港电影从无到有、从默片到有声片的整个过程，是中国早期电影的重要史料。（谢建华）

中国影视教育 film and television education in China 为中国影视发展而建立的影视人才培养体系。中国影视教育体系随着各专业方向影视人才的培养而逐渐建立与发展起来，不仅包括对影视人才各专业技术、技巧的培养，也包括对其艺术观、创造力、创新性及专业理论能力的教育培养。

初步发展 中国影视教育源于电影产业发展中对人才的需求。在系统的电影教育体系还没有建立之前，各电影公司已经开始开设针对性的教育培训班，这就有了最早的中国电影学校。如1922年**明星影片公司**成立的同时，也创办了明星影戏学校，目的是为明星影片公司培养表演人才，由**郑正秋**担任校长，办学时间不固定，存续时间十余年，是以电影演员代替文明戏演员的重要一步。之后相继创办的影戏学校还有**中华电影学校**、民新影戏学校、远东电影学校、**昌明电影函授学校**等共计18所，师资来源大概有三类：一是从“文明戏”剧坛转入影坛的教师，如郑正秋；二是学习影视的归国留学生和大学生，如**侯曜**；三是外籍教师。这个阶段是中国影视教育初创阶段，电影艺术家利用自己的经验和专业技能培养电影人才，虽然在教学组织和方式上尚不成体系，但对后来影视教育发展有重要借鉴意义。

1932年，南京国民政府成立**中国教育电影协会**，用于指导中国电影发展方向，把电影作为一种新型的辅助教育手段，帮助当时正在积极推动的新生活运动，以此制衡外来电影，给中国电影开拓新的道路。1936年，金陵大学成立了教育电影部，在中国高校首次开设了电影专职部门，正式承担起各种制作、放映、推广、流通及电化教育教学与研究工作，并且与教育部合办全国电化教育人员训练班，为各地输送电化教育人才。此外，还有江苏省立教育学院电专科，分成电影教育与电播教育两个专业。

明星影戏学校办公室

与此同时，以鲁迅艺术学院（简称鲁艺）为主体的革命根据地艺术教育也全面展开。鲁艺是中国共产党创办的一所重要的艺术院校，不仅为中国电影和电影教育等艺术门类储备了人才，也在创办过程中形成了相对完整、系统与科学的教学体系，着力培养各个艺术部门的专门性人才，将艺术实践与生活实践相结合。革命根据地另一个重要的电影教育组织是**延安电影团**，对电影人才进行摄影训练与放映训练。革命根据地的电影艺术教育都是在重视专业技能培养的同时，还着力于思想教育，培养学生正确的艺术观、世界观、价值观，为中华人民共和国成立后的各个电影制片厂与电影部门输送了大量的领导者和管理者。

中华人民共和国成立前，电影制片厂下的各培训机构也是电影教育很重要的一个组成部分，分别是**西北电影工学队**（前身为**延安电影制片厂**）与**东北电影制片厂训练班**。东北电影制片厂从1947年5月到1949年6月先后举办了四期训练班，培养了650余名各类型的电影人才。

体系建立 1950年6月，**中央文化部电影局电影表演艺术研究所**在北京石老娘胡同成立，迈开了中国专业电影教育的第一步。首届招收38名表演专业学生，并且根据电影事业对编剧人才的需求，增设了编剧班，招收大学肄业一年以上，具有一定写作基础的学生，学制三年，毕业时颁发大专学历。这个时期表演艺术研究所没有设立系级建制，只设有教研室，并且为了统筹教学班的课程安排，创造性地建立了主任教员制，同时设有辅导员，负责学生的思想政治工作与管理工作。这种制度是基于有限的教学条件以及艺术教学的特点而创造性建立的，能够有效地组织教学活动，为因材施教教育理念的实施提供了良好的制度保障。

1951年，为了符合新的电影人才需求，中央电影局电影剧本创作所成立，为东北、北京和上海三个国营电影制片厂提供剧本，后分化改名为北京电影剧本创作所、上海电影剧本创作所，并不定期举办剧作讲习班及其他学习座谈会。1952年，教育部借鉴苏联高等教育模式，对华北、东北和华东三大行政区进行高等院校全面调整，为急需开拓新专业方向的电影学校提供了机遇。1953年，高等教育部正式批准中央电影局电影学校为专科学校，部分师生迁至新街口外小西天新校址，年底正式改名为“北京电影学校”。电影局更是邀请了四位苏联电影专家来学校讲课，分别是导演、表演、摄影和电影经济专家，并根据他们所长开办了导演、表演、摄影和制片四个专修班，专家参与了**北京电影学院**筹建小组的讨论，根据苏联电影学院专业教学计划，制定专修班的教学框架和课程体系。在这样的基础上，北京电影学院1956年正式成立。

1956年6月1日，国务院批准北京电影学校改制为北京电影学院，设立电影导演、电影演员、电影摄影、电影美术、电影录音、电影经济、电影学7个本科专业，除电影学学制五年外，其他专业学制四年，同时还设置了学制两年的放映师范专修科。之后随着学院发展和专业人才需求，在1959年、1960年和1961年分别增设了电影工程、编剧、机械、化工、电声等本专科专业。学院配合教师队伍建设，从电影制片厂调入有经验的专家，从本科毕业班中选择优秀学生留校，从其他高等院校或者出国留学人员中调入教师，从而使师资队伍初步形成老中青相结合的梯队结构。作为初创的本科教育，北京电影学院在学习苏联电影教育的基础上，与中国实际相结合，艺术观教育与专业知识教育并重，强调人文素质、生活体验和观察能力的重要性，注重理论与实际相结合。中国电影教育在这个过程中逐步正规化、体系化和系统化，将短期培训模式逐渐发展为长期的培养机制。直至20世纪60年代，各艺术教育机构开始收缩，但以北京电影学院为主体的中国电影教育体系已经基本建立起来。

1971年，各艺术院校收缩，合并建立中央五七艺术学校，北京电影学院被撤销建制，变成五七艺术学校的电影系。两年后，北京的六所艺术院校合并成为中央五七艺术大学。北京电影学院被改为中央五七艺术大学电影学校，设置摄影、照明、美术及录音四系。但资深教师仍然顶着巨大压力和政治风险，为学生创造良好的学习和实践条件，培养出很多优秀的电影人才。1977年，文化部、教育部下达《关于恢复电影学校为大专体制的通知》，电影学校恢复原名北京电影学院。

1978年，文化部为重建北京电影学院成立了领导小组，同年7月恢复本科招生，导演、表演、摄影、录音及美术五大专业共招收本科生159人，中断十年的本科教育恢复，中国电影专业高等教育恢复重建正式开始。重建教育教学体系，前两年主要以理论和专业基础学习为主，第三年除录音系外的其他专业进入实践阶段。整体课程设置以增加实践、培养创作型人才为目标，但仍然重视专业基础课，体现了电影学院人才培养的传统。为了构筑创作实践教学体系，尤其是提高教师创作实践的教学能力，以此加强学生的创作实践，学校重建了实验电影制片厂。1979年，创作了故事片《樱》，主创人员全部由北京电影学院专业教师担任，这也是电影学院在文化部支持下通过自行筹措资金拍摄的第一部影片。之后实验电影制片厂改名为北京电影学院青年电影制片厂，成为电影学院专业教师和学生的艺术实践基地，取得了丰硕的艺术成果，构建"第五代导演"创作集体的1978班就是这样一批实践教学的成果体现。

开拓发展　20世纪80年代，中国影视教育得到了进一步的发展。以北京电影学院为中国电影教育主体的建设，进行全方位的拓展，从艺术创作、理论研究和经营管理等各方面建构起更为完备、科学的中国电影学学科专业体系。1980年，中国艺术研究院电影研究所成立，1982年该所在国内率先招收了首届电影专业的硕士研究生。1984年，北京电影学院的教学层次从本科扩展到研究生，被授予电影艺术与技术、电影导演艺术与技术两个硕士学位授权点。1985年，北京电影学院正式建立电影文学系，1987年建立电影管理系，1996年成立摄影学院，2000年成立动画学院，这些院系的建立和对学科专业结构进行的拓展，既完善了传统的电影学科，又向相关学科延伸，保留传统优势的同时确立了学科领域新的发展。

与此同时，以北京广播学院（今中国传媒大学）为主体的电视教育得以起步和发展。1980年，北京广播学院成立电视系，1981年成立电视工程系，开启了电视专业的发展。1995年后，北京广播学院相继成立了电视学院、动画学院等，优化电视教育结构体系，培养专业人才。这一时期，北京广播学院还开始招收电视方面的硕士研究生，扩大了影视教育的人才体系。1998年，北京广播学院取得了广播电视艺术学的博士学位授权点，开创了中国电视教育的新局面。

中国影视教育事业的拓展，另一个显著的变化是国际交往与留学生教育的展开。1982年，罗光达、**周传基**赴澳大利亚以观察员身份参加国际电影电视高等院校联合会年会，拉开北京电影学院在新时期国际交往的序幕。1987年后，北京电影学院对外交往全方位、多领域、多层次展开，开始进行电影教育国际考察交流、电影教育国际合作、国际电影学术研讨以及电影作品的国际展映。与此同时，留学生教育也逐渐开展并且日益壮大。

进入21世纪，中国影视教育进入一个新的阶段，总体发展也出现较大的变化。影视教育机构开始向艺术类院校发展，中国传媒大学2002年成立戏剧影视学院，北京师范大学2002年成立艺术与传媒学院，上海戏剧学院2012年成立电影电视学院。同时，影视教育的专业和课程设置更加精细化和系统化，出现了编剧、导演、摄影、美术、录音、剪辑、制片等专业培养体系。与此同时，全国普通本科院校也开始大量开设影视艺术类本科专业，如重庆大学美视电影学院、浙江大学影视专业、四川师范大学电影电视学院等。在影视专业扩张的大背景下，影视教育观念也开始更新，不再局限于精英式教育，而是将影视教育作为审美教育的一个重要组成部分。

扩展阅读

籍之伟，钟大丰，等.中国电影专业史研究之电影教育卷.北京：中国电影出版社，2011.

（刘小磊）

《中国猿人》 *Chinese Ape Man*　中国彩色科教片。**上海科学教育电影制片厂**1959年出品。导演，赵莹；摄影，方书高。影片以科学界对中国猿人化石研究的成果为依据，阐述关于人类起源、人类进化的科学知识。在科研工作者的协助下，摄制者"复制"了50万年前北京周口店的自然环境，制作了中国猿人的模拟形象，并采用特技摄影与动画摄影，形象逼真地再现了中国猿人在森林、洞穴中的生活场景。作为中国第一部彩色科教片，影片将科学的准确性和艺术的形象性完美结合，获得观众的肯定和欢迎。影片多年来一直是学生们学习社会发展史的形象教材。

（黄加明）

中华电影学校　Zhonghua Film School　中国电影教育机构。成立于1924年秋，由上海大戏院经理曾焕堂创办，位于上海爱多亚路（今延安东路）652号（云南路东）。在20世纪20年代初期，为争夺市场空间，上海的电影公司陡增，对电影人才的需求量逐渐加大，对摄制人员的从业素养要求也越来越高，中华电影学校在此背景下诞生。不同于很多电影学校隶属于某制片公司，中华电影学校独立于制片厂之外，重在发掘人才、培养人才，在年龄、学历、职业、出身等方面，对所招收学员的条件不做过多限制。学制为半年，分两班上课，全部课程共计360小时。学生只需要缴纳少量学费，每晚7时至10时上课，每周二、周五免费在曾焕堂开设的上海大戏院观摩两部西方电影。学校开设了"影剧概论""西洋近代戏剧史""电影摄影术""导演术""编剧常识""化妆术""歌唱训练"等课程。陆澹安任教务主任，教师有陈寿荫、洪深、严独鹤、**汪煦昌**、**卜万苍**、顾肯夫等。该校办学时间不长，只办了1期，历时9个月，但与当时的其他学校相比，从规模、教学上看，其可以称作中国电影史上第一所正规的电影学校。著名学员有**胡蝶**、高梨痕、徐琴芳、汤杰等。

（张　强　柳迪善）

中焦镜头　medium focal length lens　焦距在75毫米至135毫米的摄影镜头。又称中间焦距镜头。所谓中焦镜头是相对于**长焦镜头**和短焦镜头而言的。以传统的35毫米胶片为例，50毫米为标准焦距镜头，35毫米以下的焦距为短焦距镜头，135毫米以上为长焦距镜头。这一焦段所包含的镜头视角小于人眼所涵盖的视角，更易将被摄主体从环境中凸现出来，特别适合表现人物的近景，中焦镜头又被称为“肖像镜头”。中焦镜头的制作工艺成熟，对影像常见的畸变现象控制较好，因而成像质量是最好的。中焦镜头既避免像短焦镜头那样容易渗进杂光，又不像长焦镜头有较大的阻光率。（马　诚）

中景 medium shot　影片中摄取人像膝盖以上部分的一种画面。中景画面可显示人物大半身的形体动作，是影片镜头中占数量较多的一种景别，常在叙述剧情时使用。中景的视距比**近景**远一些，能为演员提供较大的活动空间，既可以使观众看清人物表情，又有利于显示人物的形体动作。由于中景的取景范围比近景宽广，能在同一画面中拍摄几个人物及其活动，因此它在展示人物关系上尤显便利。演员也不致因空间窄小而与周围气氛、环境脱节。

中景在影片中大部分用于需识别背景或交代动作路线的场合。中景的运用，不但可以加深画面的纵深感，表现出一定的环境、气氛，而且通过镜头的组接，还能把某一冲突的经过叙述得十分清楚，揭示出人物的复杂关系和不同性格。

（边善基）

中性灰滤光镜 neutral grey filter　外观为不偏任何色彩的中性灰色的滤光镜。又称灰滤光镜、灰片、减光镜、ND滤镜。该滤光镜在可见光范围内具有均匀一致的透光性能，故此可相对减弱被摄景物的影像亮度，而又不改变亮度反差、色反差及色彩的忠实再现。在被摄**景物亮度**和**感光度**均已确定的条件下，灵活选用不同密度的中性灰滤光镜，就可获得一系列不同的曝光组合。选用适当的中性灰滤光镜，既能在受限制的特殊拍摄条件下，确保获得摄影所需的适宜曝光量，又能相应扩大拍摄时可容许选择的曝光时间和光圈数值的范围，以求获得摄影者预期的画面艺术效果。（张　桥）

《中央车站》 *Central Station*　巴西、法国合拍的彩色故事片。巴西文化部视听发展局、BEI传媒、法国Canal+等公司1998年联合出品。编剧，J.E.卡尔内罗、M.伯恩斯坦；导演，W.塞勒斯；摄影，W.卡尔瓦里奥；主演，F.蒙特纳哥、V.de奥利薇亚、M.佩拉。

故事讲述了男孩乔舒在一次意外事故中失去母亲，他在里约中央车站邂逅了一位给人代写书信的退休女教师伊莎朵拉。乔舒一直想见他素未谋面的爸爸，伊莎朵拉改变最初的冷漠态度，决心带领乔舒到巴西东北部寻找乔舒的父亲。这是一次从巴西发达的东南部大都市向落后的东北部地区的旅行。在此过程中，伊莎朵拉重拾感情，乔舒则获得了成长。

影片试图回归原初的“巴西之心”，帮助巴西当代人重返内心。影片讲述朝向腹地的旅行，接续了新电影的文化传统，具有克服巴西社会认同危机的意味。影片是导演塞勒斯的第三部故事长片，也是巴西影史上获奖最多的影片之一。影片的成功，助推了拉美电影的复兴。影片1998年获第48届德国柏林国际电影节金熊奖、最佳女演员奖、天主教人道精神奖，1999年获第52届英国电影学院奖最佳外语片奖、第56届美国电影金球奖最佳外语片奖等。（魏　然）

中央电视台 China Central Television　中国电视传播机构。中国最具国际竞争力、传播力的主流媒体之一，是公众获取信息的主要渠道，也是中国了解世界、世界了解中国的重要窗口。成立于1958年5月1日，初名为北京电视台，1958年9月2日正式开播。1967年1月6日至2月3日，因受政治影响暂停播出。1976年7月1日首次试播全国电视新闻联播节目，并于1978年1月1日正式以《新闻联播》之名播出。1978年5月1日，更名为中央电视台。1983年2月12日首次举办“春节联欢晚会”，该节目成为家喻户晓的综合类娱乐节目。1996年，建立网络媒体“央视网”，并于2009年改版为中国网络电视台。2004年开播数字付费频道。2007年，先后开播移动传媒频道和IP电视频道。2012年起，陆续开通新闻客户端、微博、微信。2016年12月31日，开播中国国际电视台（中文别称中国环球电视网，英文简称CGTN），包括6个电视频道、2个海外分台、1个视频通讯社（国际视通），是全球唯一使用6种联合国工作语言不间断对外传播的电视媒体。并建有北美分台和非洲分台。

中央电视台新大楼

中央电视台拥有40多个电视频道，其中包括综合、财经、综艺、中文国际、体育、电影、国防军事、电视剧、纪录、科教、戏曲、社会与法、新闻、少儿、音乐、奥林匹克、农业农村等频道。开办500余个电视栏目，年播出总量超过30万小时。另有数字付费频道13个和4K超高清频道等。

2018年3月，与中央人民广播电台、中国国际广播电台合并组建中央广播电视总台，并从国家新闻出版广电总局划转中共中央宣传部管理，对外称中央广播电视总台中央电视台。（支菲娜）

中央电影企业股份有限公司 Central Movie Corporation　中国电影制片机构。简称“中电”。1946年4月成立于上海。是抗日战争胜利后规模最大、实力雄厚的国民党党营电影机构。抗日战争胜利后，根据国民党“党营事业企业化”的方针精神，隶属于国民党中央宣传委员会的中央电影摄影场对各日伪影业机构进行接收改组，创办了中央电影企业股份有限公司。国民党中央宣传部部长张道藩任董事长，罗学濂任总经理。总管理处下设三个制片厂，分别是位于上海的“中电”一厂、“中电”二厂和位于北平的“中电”三厂。从1946年到1949年初，该公司三个制片厂拍摄了《还乡日记》《再相逢》《街头巷尾》《寻梦记》《舐犊情深》《终身大事》《忠义之家》《天罗地网》《乘龙快婿》《天堂春梦》《衣锦荣归》《三人行》《青青河边草》和《天魔劫》等影片，体现了包括官方意识形态在内的复杂主旨，有的影片颇具商业化特点。

受左翼思想影响，进入该公司的部分影人拍摄了《遥远的爱》《幸福狂想曲》

《幸福狂想曲》海报

等具有民主和进步倾向的影片。1949年，中国人民解放军上海、北京的军事管制委员会分别接管了上海的“中电”一厂、二厂和北平的“中电”三厂，为**上海电影制片厂**和**北京电影制片厂**的筹建准备了必要的条件。

（王　晖）

“中央电影事业股份有限公司” Central Motion Picture Corporation　中国电影制片机构。简称“中影”。由原台湾电影事业股份有限公司（1947年成立）和原台湾农业教育电影公司（1949年由大陆迁至台湾）于1954年9月1日合并而成，属国民党中央党部管辖。原台湾电影事业股份有限公司所负责的发行业务与将近20家直营戏院的经营业务移交“中影”掌管，使“中影”成为拥有制作、发行、放映能力的机构，开启了台湾较具规模的制作和发行放映系统。“中影”第一任董事长是戴安国，第一任总经理是李叶，创业作是1954年出品的《梅岗春回》。

1961年4月，沈锜任董事长，李杰出任总经理，开启了“中影”的台北时代。1963年3月，龚弘接任总经理，开启了台湾“健康写实主义”时代。1974年，“中影”斥资打造了当时亚洲最大的专业外景拍摄基地——“中影”文化城，也相继举办电影编剧、演员、技术等训练班，培养电影人才，使“中影”成为当时台湾规模最大的电影制作公司。后创办台湾第一家“迷你戏院”——真善美剧院。20世纪70年代，“中影”拍摄了大量政宣电影，如《梅花》《皇天后土》《大湖英烈》《辛亥双十》等。

1980年4月，时任“中影”总经理的明骥提出拍片的五原则：贯彻制片手册制度、拟订周密计划、严格控制题材、培养年轻人才、协助民间拍片事宜。“中影”整个制片企划部全面改组，分为企划组、制片组、公关组。小野担任企划组组长，明骥还邀约吴念真进入“中影”制片企划部担任编审，开启了“中影”的新时代。1982年，小野和吴念真策划了《**光阴的故事**》，推出**杨德昌**、陶德辰、柯一正、张毅四位年轻导演，揭开了**台湾新电影运动**的序幕。1983年，“中影”拍摄了由**侯孝贤**、曾壮祥、万仁执导的《儿子的大玩偶》，引起了台湾文化界和舆论的关注。此后，相继制作出《小毕的故事》《海滩的一天》《童年往事》《我这样过了一生》《恐怖分子》《**恋恋风尘**》《稻草人》等台湾新电影运动的重要作品。这些作品改变了台湾电影创作的面貌，大大提升了台湾电影的品质，也将台湾电影推向世界舞台。1991年，“中影”与杨德昌电影公司合作拍摄《**牯岭街少年杀人事件**》，随后有**李安**的《**推手**》《**饮食男女**》、蔡明亮的《青少年哪吒》《**爱情万岁**》《河流》与王童的《无言的山丘》等问世。90年代中后期，“中影”还拍摄了《少女小渔》《热带鱼》《我的美丽与哀愁》《寂寞芳心俱乐部》《条子阿不拉》等作品。1998年，“中影”开始制作电视剧，主要作品有《神采剧场》《战国红颜：西施》《人间四月天》等。

2000年之后，台湾电影日趋式微，“中影”举步维艰。2005年，“中影”股份移转给“荣丽投资公司”。2006年，“中影”文化城及制片厂宣布停止营运，同年11月3日，“中影”最后一部电影《心灵之歌》上映。2009年，更名为“中影股份有限公司”，原“中影”退出历史舞台。

“中影”出品的影片中，《蚵女》《玉观音》《八百壮士》分别获第11届、第15届和第22届亚洲影展最佳影片奖，《养鸭人家》《我女若兰》《路》《家在台北》《梅花》《笕桥英烈传》《汪洋中的一条船》《辛亥双十》《小毕的故事》等获台湾电影金马奖最佳影片奖。《牯岭街少年杀人事件》《喜宴》《饮食男女》《爱情万岁》《河流》等影片除获金马奖各种奖项外，也获得了国际声誉。

（于丽娜　余慕云）

中央文化部电影局电影表演艺术研究所 Institute of the Film Performing Arts, Film Bureau, Ministry of Culture of the P.R.C.　中国电影教育机构。**北京电影学院**的前身。1950年7月成立于北京西四石老娘胡同4号。创建人**陈波儿**兼任第一任所长。该表演所以正规学校教育方式培养电影人才。1950年7月，表演所在《人民日报》正式发表招生启事，通过专业考试和严格的遴选招收学生30余人。1951年9月，再次招生30余人。1951年7月，表演所改名为“中央人民政府文化部电影局电影学校”，调任**白大方**为校长。演员班改为演员系，包括演员一班和二班。学校增设编剧系，学制三年，授予大专学历。

表演所创建之初师资匮乏，陈波儿动员邀请了演员唐远之、石联星等人来任教，分配学过声乐的吴青主管语言课教学。专业表演课的教学以学习斯坦尼斯拉夫斯基体系为主。大部分固定教员都参与到专业的学习中，共同探讨、集体备课。此外，陈波儿等学校领导还亲自聘请相关领域的学者、专家来校授课，如聘请**史东山**和**蔡楚生**讲授电影特性，金克木讲授政治经济学，王震之讲授《在延安文艺座谈会上的讲话》，何世德讲授乐理等。编剧班的课程更是以专题讲座为主要形式。**夏衍**、周扬、冯雪峰、陈荒煤、**于敏**、俞平伯、丁玲、艾青、老舍等著名文学艺术家，都曾经来校进行专题讲授。

1953年9月，演员一班学生毕业，全部被分配到新组建的北京电影演员剧团，从事演员专业工作，演员二班的学生成为该团见习演员。表演艺术研究所为中华人民共和国培养了第一代电影演员。

（陈　波）

中央五七艺术大学 Central Five and Seven Arts Academy　中国艺术教育机构。成立于1971年9月。校址在北京昌平朱辛庄。由江青组织把北京的几所艺术院校纳入该校旗下。最初名为中央五七艺术学校。这时，**北京电影学院**已被撤销建制，教职工被送往河北保定农村参加劳动。从1971年开始，部分教师被抽调到“五七艺校”重组电影系。主持电影系教学工作的是原电影学院副院长、中央五七艺术学校的副校长**吴印咸**，电影系系主任杜子，军代表刘文清。当时，真正落户朱辛庄的只有电影系。其他几所学校则只是冠以“五七艺校”的名称，其他并无大的变化。电影系在朱辛庄的新校址恢复了教学，分摄影、照明、美术三个专业。学员是从中央警卫团复员军人之中选送的。教学和生活管理都采用半军事化的方式。教学、管理、思想工作由教师共同抓，每周教学与劳动课时的比例为5∶1。

1972年3月，中央五七艺术学校电影系招收照明专业72班工农兵学员新生28人入学。12月，又招收了摄影、照明、美术3个班，共100名工农兵学员，于1973年3月入学。至此，电影系已有学员200余人，全部为工农兵学员，大专学制，学习三年。1972年下半年，国务院文化组从下放农场劳动的电影学院教职工中，抽调了数十名教员和行政干部分配到文化组、中央五七艺术学校、电影局、科影厂、洗印厂、电影科学研究所等单位工作。由于工农兵学员的专业基础参差不齐，必须根据学员的实际水平调整教学计划和训练方法，给教学带来了许多挑战。这一批工农兵学员中涌现出了许多优秀的电影摄影人才。

1973年9月，经国务院批准，中央直属的六所艺术学院合并改称为中央五七艺术大学，下设音乐学院、戏剧学院、美术学院、戏曲学校、舞蹈学校和电影学校，由江青任名誉校长。电影学校只设摄影系、照明系、美术系和录音系，原北京电影学院的导演系、表演系教师调至戏剧学院，电影学校不设导演系、表演系。原来的文学、导演、表演专业的师资队伍被调往他校。

1974年8月，江青要求"电影学校停办，留少数教师，由北影厂办训练班"，并制定了电影学校停办以后，人员、器材设备、家具、房屋等分配原则。1975年12月23日，在文化部艺术教育司、北影厂、学校等各方领导人坚决反对下，经当时主持中央工作的邓小平同志关心批示后，停办决定撤销，电影学校的师资队伍得以保留下来，并将原电影导演、电影表演两个系由戏剧学院转回电影学校。

1977年，中央五七艺术大学宣布解散，各校恢复独立办学，电影学校恢复原名北京电影学院。 （许 乐）

中央戏剧学院电影电视系 Film and Television Department of the Central Academy of Drama 中国影视教育机构。成立于1999年。隶属于中央戏剧学院，培养电影、电视艺术专门人才的教学部门。电影电视系一直秉承学院"厚基础、重实践"的教育教学理念，注重依靠学院优势学科的教学成果，努力发掘国内外影视艺术研究、创作和制作的优秀资源，通过课堂教学、教学实习、高层次学术研讨、影视展映展播等多种手段，培养艺术直觉敏锐、知识结构合理、实践能力过硬的影视艺术人才。教师队伍充满活力，学历层次高，高级职称教师占专职教师总人数的60%，研究生导师占专职教师总人数的50%。

电影电视系设有影视导演专业教研室、影视编剧及史论专业教研室、影视制片专业教研室以及播音主持专业教研室。电影电视系主要教学层次为大学本科、硕士研究生和博士研究生，并设有博士后流动站。本科教学层次设有导演专业（含影视编导方向、影视制片方向）和播音与主持艺术专业（广播电视节目主持方向）。其中，影视编导方向主要培养影视剧编剧与导演创作人才。影视制片方向主要培养影视行业的制片、发行及市场推广人才，同时培养文化创意行业各类型机构、国际文化交流项目的管理者、经营者和策划者。广播电视节目主持方向主要培养素质良好，具有采访、编辑和制作能力的播音主持专门人才。研究生教学层次主要招收电影理论与实践、电视剧编剧与理论、影视制片以及播音与主持艺术等不同专业方向的博士、硕士研究生。

电影电视系学生的作品多次入围法国**戛纳国际电影节**、法国南特三大洲电影节、荷兰鹿特丹国际电影节、美国纽约国际电影节、韩国**釜山国际电影节**等重要国际电影节的学生短片单元，曾荣获全球华语大学生影视奖特别奖、金鸡百花电影节微电影大赛最佳剧情奖等国际、国内影视大奖。 （刘小磊）

中央新闻纪录电影制片厂 Central Newsreel and Documentary Film Studio 中国新闻纪录电影的主要生产基地。简称新影厂。1953年7月7日建于北京。前身是成立于1938年的**延安电影团**。1993年，划归中央电视台，成为中央电视台新影制作中心。主要业务由生产新闻纪录片为主转为经营付费电视频道、网络电视频道，制作电视节目、译制片、影视剧等。开办"老故事""证券资讯""新科动漫"3个数字付费频道。2010年，经国家广播电影电视总局批准，与**北京科学教育电影制片厂**（简称科影厂）合并成立中央新闻纪录电影制片厂（集团）。2019年4月，该集团正式划归中央广播电视总台。

作为纪录国家重大活动、历史事件等方面的权威拍摄单位，新影厂建厂以来摄制了有关国内外重大政治事件、社会主义革命、社会主义经济建设以及山川名胜、风土民俗等具有重要历史文献价值的纪录片几千余部；拍摄、收集、储存了2万多本极其珍贵的历史影片资料，是国家珍贵的历史档案库。其拍摄的纪录片有30余部获中国电影**金鸡奖**和中国大众电影**百花奖**，有50余部在国际上获奖，数十部荣获"政府奖""金桥奖"等奖项。这些影片在中国人民的政治、社会、文化生活中产生过重要影响。较有代表性的作品有《百万雄师下江南》《伟大的土地改革》《抗美援朝》《祖国颂》《领袖和我们同劳动》《百万农奴站起来》《周恩来总理访问北非》《两种命运的决战》《征服世界最高峰》《伟大的领袖和导师毛泽东主席永垂不朽》《周恩来和我们在一起》《扬眉剑出鞘》《奋起反击》《刘少奇同志永垂不朽》《拼搏——中国女排夺魁记》《美的旋律》《莫让年华付水流》等。

该厂设有编辑部、技术制作部、影视资料部和中央新影音像出版社等。资料部现存影片档案主要有：1938～1945年延安电影团拍摄的党中央在延安时期的重要活动以及军民战斗生活的影片资料；抗日战争、解放战争、抗美援朝时期影片资料；中华人民共和国建立及恢复建设初期的影片资料；从1953年开始的社会主义建设到改革开放这一历史时期的影片资料；党和国家领导人及著名人物的活动、党和国家的重要会议、国家重点建设及重大历史事件的影片资料；国内外不同时期的影片资料（包括辛亥革命、北伐战争、孙中山和宋庆龄早期革命活动、中华人民共和国成立以前劳动人民的悲惨生活、第一次和第二次世界大战、帝国主义对中国的侵略等），其中最早的资料可追溯到1900年八国联军攻占北京。此外，该厂还曾开办《新闻电影报》和《新影北影报》。

2010年与北京科学教育电影制片厂合并，中央新闻纪录电影制片厂（集团）在整合两厂优势资源的同时，以影视创作、生产、发行、放映、电影院线经营为主业，兼营影视特种电影、动漫产业、新媒体业务开发以及影视拍摄制作基地开发、影视广告经营等相关业态，逐步形成完整的影视产业链条。该厂着眼于做大做强影视文化产业，致力成为国内外有影响力的影视文化基地。 （章柏青 刘乃康）

中野良子 Nakano Ryoko（1950-05-06～ ）日本影视演员。生于爱知县常滑市。1969年自常滑高等中学毕业后进入大映电影公司的表演技术研究所学习，次年到三船制片社。1971年出演第一部影片《只有两个人的早晨》。

1973年主演第一部作品《如花的情死》，在拍摄影片过程中，曾坚决拒绝导演要她拍裸体镜头的要求，留下了"勇敢者"的称号。此后相继演出了《小林多喜二》《绿色的山脉》《追捕》《八墓村》《野性的证明》等影片。从影之初的几年，大多扮演年轻活泼、热情奔放的女性，以后戏路逐渐拓宽，演技亦有了长足进步。其他电影作品还有《阿吟》《遥远的跑道》《震颤的舌头》等。自1971年开始出演电视剧，主要作品有《井池太阁记》《直到地尽头》《夜校》《历史的泪痕》等。

（洪 旗 撰 阿 文 修订）

中影数字院线 China Film Group Digital Cinemas 中国影视机构。中国电影股份集团有限公司旗下的独资子公司。正式挂牌于2010年4月，由原中影数字电影发行公司独立而来。该院线应发展数字电影的要求成立，旨在贯彻落实国家数字电影发展规划，提高数字电影市场经营和协调能力。其主要任务和目标是在全国范围内建立一条具有较强宣传推广、市场运营能力和具有高端数字技术支持的数字电影院线。中影数字院线在数字影院管理系统（TMS）、中国巨幕建设标准、卫星传输数字节目试行等方面享有优势。

（张芝璇）

钟惦棐 Zhong Dianfei（1919-10-03～1987-03-20） 中国电影美学家、评论家。生于四川江津（今属重庆），卒于北京。年轻时曾为《华西日报》副刊写文章、画

刊头广告。1937年冬赴延安入抗日军政大学学习，后进延安鲁迅艺术学院美术系，翌年加入中国共产党。毕业后留校任教，任鲁迅艺术学院普通班主任。同年赴华北敌后抗日根据地，在华北联合大学文艺学院任教，从事革命文艺工作，发表《对创作连环画的几点意见》等文章，并致力于马列主义文艺理论的研究。1944年与刘佳赴冀中大清河考察生活，合编三幕剧《青纱帐里》、快板《谁家天下》。1948年调华北局宣传部，1949年调文化部参与筹建艺术局。他的电影评论大致可分为50年代和80年代两个时期。前一个时期，发表了《〈无罪的人〉为什么不是消极影片？》《评〈祝福〉》等多篇电影评论文章，并逐步形成了见解精深、文笔洒脱的独特风格，他倡导的**电影美学**，强调从生活出发，并尊重生活的真实。这个时期除发表著名文章《电影的锣鼓》《影片的艺术内容》《关于文艺上的细节描写问题》等外，还对《中华儿女》《赵一曼》《女司机》《**南征北战**》等影片及《攻克柏林》《政府委员》《被开垦的处女地》等译制片进行了评论。其中1956年发表《电影的锣鼓》一文，对当时把“电影为工农兵服务”与“工农兵电影”等同起来的观点提出尖锐批评，引起广泛争论，次年因此被错划为“右派”。1979年改正后任中国社会科学院文学研究所研究员，继续致力于电影评论和电影美学的研究，发表了《电影文学断想》和有关电影美学研究的论文多篇，主编了被称为“双年度小美学”的《电影美学（1982）》《电影美学（1984）》丛刊。这个时期，正式提出了电影美学的问题，主要体现在两个方面：一是对电影理论以马克思主义哲学为基础问题的研究；二是对电影本体理论的研究。在他的倡导下，电影美学的研究成了整个电影理论界和批评界的一个重心。作为中国电影评论学的开拓者之一，曾先后出版了《陆沉集》《起搏书》《电影策》等文集。首创了“西部电影”一词，提倡拍摄中国的西部片。1993年出版了《钟惦棐文集》。曾任中国电影家协会主席团主席、书记处书记，中国电影艺术研究中心学术委员会研究员，中国电影评论学会会长等职。

（黄加明）

钟敬之 Zhong Jingzhi（1910-05-05～1998-01-15） 中国电影事业家、教育家、美术家。生于浙江嵊县（今嵊州市），卒于北京。15岁到上海，进入中华书局当学徒。参加过上海工人迎接北伐军的三次武

装起义。第一次国内革命战争失败后，离开了中华书局。1927年秋，考入半工半读的上海劳动大学中学部，后转入本科学习，与同学一起组织文学、戏剧、美术、音乐等艺术社团。1931年夏，由于劳动大学师生进步思想活跃，学校被国民党当局强行解散。失学后应聘到山东曲阜第二师范学校（今山东省曲阜师范学校）任美术教员，“九一八”事变后因参加组织抗日示威而离职回到上海。1934年，加入左翼作家联盟，后于1935年加入左翼戏剧家联盟。20世纪30年代，参加《娜拉》《钦差大臣》《复活》等话剧的舞台美术工作。后来，又与张庚等人组织了戏剧生活社，与**应云卫**等人组织上海业余剧人协会、星期试验小剧场等戏剧组织，从事大量舞台演出组织和舞台美术创作工作。

1937年抗日战争全面爆发，他回到家乡，组织工厂工人和学校师生，巡回演出抗日宣传戏剧。1938年来到延安，参加鲁迅艺术文学院的筹建工作，4月学院正式开学，他担任戏剧系教授，负责舞台美术方面的教学，兼管演出及组织等工作。他还先后担任鲁艺实验剧团和美术工场的主任等职，为近30部戏剧进行了舞台美术创作，还进行了不少美术和建筑等其他领域的创作。1947年，**延安电影制片厂**成立，开始筹拍解放区的第一部故事片《吴满有》，影片反映的是一位边区劳动英雄的真实事迹。后担任延安电影制片厂的领导小组成员并兼任电影制片主任和美工师。同年10月，为拍摄毛泽东转战陕北的影片素材，并培养新的人才，受命组成**西北电影工学队**，携带影片资料奔赴东北学习电影技术及冲洗影片。在步行赴东北的途中，身为队长的钟敬之自己编译了十几万字的教材，并绘制了详细的图解，为学生讲授电影基础知识的课程。这些教材后来在东北电影制片厂印成3册，对培训电影人才起了很大作用。1948年夏，西北电影工学队到达东北电影制片厂后，钟敬之加入厂管理委员会，改为从事电影生产管理工作。

1949年3月，随解放军进入南京和上海，负责接收国民党遗留下来的电影产业。1949年4月**上海电影制片厂**成立后，担任副厂长，主持日常工作，组织拍摄了《**翠岗红旗**》《**渡江侦察记**》《**南征北战**》等一大批优秀的影片。1953年，在完成了电影业的公私合营和成立了上海联合电影制片厂之后，被调回北京，先后任电影局计划室主任和专家工作组组长。1955年夏，被任命为**北京电影学院**筹建小组的组长，负责在已有的电影教育机构的基础上建立中国第一所高等电影专业艺术院校，和其他学院领导一起，建立了一套完整的教学和管理体制，为此后北京电影学院的发展奠定了坚实的基础。此外他编撰、出版了《人民电影初程纪迹》《延安鲁艺》《延安戏剧图系》《在延安舞台上》《延安文艺的光辉十三年》等著作，并担任《延安文艺丛书——文艺史料卷》主编。

（钟大丰）

《种子正传》 *The True Story of Seeds* 中国彩色科教片。北京教育科学电影制片厂1996年出品。导演，冯振志；摄影，姚大禹、杨少钧、杨晓春。

影片以植物学科中的种子为对象，通过裸子植物和被子植物的生长，介绍了种子的基因密码、传播、休眠与萌发、种族变化、变异、进化速度等植物学知识，展现了种子顽强的生命力和无限的繁殖力。影片在讲述中并不限于种子，而是一一揭示植物漫长的演变历史和环境的关系，以及种子与人类的密切关系等。如影片以雪松作为裸子植物的代表，以动画的形式表现种子传粉受精的过程；冰雪将雪松枝条、雄球果、雌球果冰冻，导致裸子植物的繁殖力被冰冻摧毁；玉米从美洲传入中国后所带来的农业生产的变化等。

影片将宏观思考与细节描述完美结合，用通俗易懂的方式普及了植物学知识，制作精良，展现了种子的美和力量。影片1996年获第16届中国电影金鸡奖最佳科教片奖、第26届伊朗德黑兰国际教育电影

节金书本奖；1997年获第3届中国电影华表奖优秀科教片奖、斯洛伐克国际环保电影节教育部奖。（赵 远）

重大革命和重大历史题材电视剧 major revolution and major historical dramas 以反映中国历史上重大事件，描写担任中国共产党和国家重要职务的党政军领导人及其亲属生平业绩，以历史正剧形式表现中国历史发展进程中重要历史事件、历史人物为主要内容的电视剧，均属于重大革命和重大历史题材电视剧。曾被称为重大革命历史题材电视剧。根据故事内容可分为重大革命题材电视剧（如《长征》《秋白之死》《开国领袖毛泽东》）与重大历史题材电视剧（如《孔子》《大秦帝国》《汉武大帝》）两部分，是中国电视剧的重要组成部分。20世纪80年代，中国涌现出了《秋白之死》《周总理的一天》等早期的重大革命历史题材电视剧，引发了全国观众的强烈反响。随着时代进步，受众对该题材电视剧的审美要求也在逐渐提高。1987年，中国国家"重大革命历史题材影视创作领导小组"成立，为该题材作品的创作提供组织指导，推出了一系列优秀该题材电视剧作品。2006年，国家广播电影电视总局印发了《重大革命和重大历史题材电影、电视剧剧本立项及完成片管理规定》。

此类电视剧既要从历史唯物主义的观点出发，真实反映历史的本来面貌与伟人业绩，同时也要遵从艺术的规律，以多样化的视角展现伟人丰富的精神世界，追求史诗性的特质，波澜壮阔，气势恢宏，引人深思，将认识功能、教育功能与审美功能有机结合在一起。此类电视剧需要关注的核心问题有：①如何处理历史真实与艺术虚构之间的关系；②如何处理主流意识形态的理念宣传与艺术表现之间的关系；③如何处理革命历史与时代需求之间的关系。"重大革命和重大历史题材电视剧"是一个具有中国特色的本土专用术语。从扩展意义上讲，各个国家都可以有其重大历史题材的电视剧作品，如日本的大河剧。（李胜利 王英男）

周传基 Zhou Chuanji（1925-03～2017-04） 中国电影教育家。籍贯山东。生于北京，卒于美国芝加哥。1946年冬，就读于山东大学文学院英国文学系。1950年，自山东大学文学院外国文学系毕业，获英国文学学士学位。1954～1958年，在文化部电影局艺术委员会《电影艺术译丛》编辑室从事翻译工作。1958～1976年，在中国电影工作者协会外国电影研究室担任资料员。1976年，调往**北京电影学院**图书馆任资料员。1981年起，先后在北京电影学院录音系、文学系、研究生班及各类进修班授课。1987年，任北京电影学院教授。

1995年，参加中央电视台专题部为纪念电影诞生100周年制作的30分钟专题讲座——《科学与电影艺术》。1982年，任澳大利亚悉尼国际电影电视高等院校联合会年会观察员。1984年，任瑞典斯德哥尔摩国际电影电视高等院校联合会年会代表。1993年，任夏威夷国际电影节评委。1995年，任夏威夷国际电影节"张艺谋影片回顾展"特邀嘉宾。1995年，为旧金山大学讲授电影公共课。

先后担任北京广播学院（今中国传媒大学）、吉林艺术学院、上海大学、北京师范大学等高校的客座教授。出版有《电影电视广播中的声音》《论大学电影》《视听语言》等多部著作，撰写有《电影语言大师》《再论电影中的声音》《电影电视中的特写镜头》等重要论文。还翻译了众多国外优秀著作，如《电影剧本写作基础》《电影制作者的教育》《八十年代及其后》《战舰波将金号论文集》等。（龚 艳）

《周恩来》 *Zhou Enlai* 中国彩色故事片。广西电影制片厂1992年出品。编剧，宋家玲、丁荫楠、刘斯民；导演，丁荫楠；摄影，于小群、雷甲铭；主演，王铁成、张克瑶、郑小娟、郭法曾、张云立、王希钟。

故事讲述了20世纪60～70年代，一场史无前例的政治风暴席卷了中华大地。周恩来总理竭尽全力保护国家的一代英才——贺龙、陈毅等人。他亲自指挥处理林彪反党集团叛逃一案，带病与"四人帮"一伙进行斗争，为自己没能保护住贺龙等老战友而深感内疚，病危之际，他还惦记着台湾回归祖国的统一大业。他为中国革命和建设献出了自己的毕生精力。他在常人无法理解的险恶斗争中，奋力搏击、忍辱负重，维护了国家的整体利益，在他身上具有东方人独有的崇高品格和道德情操。

《周恩来》剧照

影片以周恩来晚年生活为主，用闪回镜头回叙周恩来生命中最后十年的经历。导演以周恩来的主观情绪为线索，选择每个不同历史时期最能显示周恩来内心世界的时刻，以块面的方式加以剪接，以现实与闪回、回忆并叙的方法架构全片，形成独特的叙事风格，给人以完整有机的视觉效果。影片将色彩作为**蒙太奇**结构的组成部分和情绪表现的手段，巧妙地蕴涵了创作者的褒贬和历史的判断。影片采用空间造型和形象叙事来结构故事、表现伟人一生，取得了一定的艺术突破。影片1992年获第12届中国电影金鸡奖最佳男主角奖、最佳化妆奖、特别奖，第15届中国大众电影百花奖最佳故事片奖、最佳男主角奖。（军 文）

《周恩来外交风云》 *Zhou Enlai's Diplomatic Career* 中国彩色纪录片。中央新闻纪录电影制片厂1998年出品。导演，傅红星；摄影，刘典、吴琦、新影摄影队；剪辑，张慧敏；解说，李易。

影片作为历史文献片，展示了周恩来总理参加日内瓦会议和万隆会议、出访十四国、乒乓外交等历史事件，以及在中苏、中越、中印关系中刚柔并济、富有中国文化底蕴的外交智慧，歌颂了他带领新中国外交工作在短时间内取得的辉煌成就。影片在大量展示新中国外交成就的同时，塑造了一个既运筹帷幄、决胜千里，又潇洒自如、风度翩翩的外交家形象。周恩来为国家鞠躬尽瘁、死而后已，同时又有原则、有温度，是一位温润如玉的谦谦君子。

影片为纪念周恩来总理100周年诞辰而特别制作，曾被时任国务院副总理的钱其琛誉为"新中国外交史的一部教科书"。影片2/3的镜头都是首度呈现在大银幕上，对于中国观众而言，富有强烈的揭秘性和视觉冲击力。影片内容丰富，节奏流畅明快，平均3秒一个镜头，除常规的切换组接的剪辑手法外，还有若干叠画段落，大量的同期声、画外音也为影片赋予鲜活生命力。影片音乐的运用倾注了编导的情感，在忠实于事实的基础上，表达出温馨、欢乐、思念、激情等细微多元的情感层次。影片1998年获第5届北京大学生电影节最受大学生欢迎影片奖、最佳纪录片奖，第18届中国电影金鸡奖最佳纪录片奖，第4届中国电影华表奖优秀纪录片奖、评委会奖。（李海霞）

周润发 Yun-Fat Chow（1955-05-18～　）中国影视演员。祖籍广东。生于香港南丫岛。初中肄业后，干过农活、推销员、杂工、搬运工等。1973年考入**香港电视广播有限公司**艺员训练班，开始涉足影视。毕业后参与综艺节目《欢乐今宵》，参演电视剧《同屋同住》《江湖小子》等。1976年，以主演电视剧《狂潮》崭露头角，英俊潇洒的外形使他成为无线电视台的头号小生。之后又拍摄了电视剧《**上海滩**》(1980)、电影《胡越的故事》(1981)。在《上海滩》中扮演的许文强让他成为华人世界中家喻户晓的明星。1984年，主演《等待黎明》，获第30届亚太影展最佳男主角奖、第22届台湾电影金马奖最佳男主角奖。1986年，主演电影《英雄本色》，扮演的小马哥成为深入人心的角色，获第6届香港电影金像奖最佳男主角奖。

之后主演了《秋天的童话》(1987)、《龙虎风云》(1987)、《监狱风云》(1987)、《英雄本色2》(1987)、《喋血双雄》(1989)、《赌神》(1989)、《阿郎的故事》(1989)、《纵横四海》(1991)等一系列影片并获得诸多荣誉。周润发扮演的角色大多为在贫困环境中挣扎苦斗的下层百姓，他以精湛的演技赋予了角色疾恶如仇、重情重义的品格，深得东南亚地区观众的认同。由于他在影坛上的成就，1997年新加坡为他颁发了“跨越时代成就奖”。1996年后，周润发开始进军好莱坞，开拓演艺事业。1998年因其在美国华人社会的影响和所作出的突出贡献，芝加哥市长将每年的1月12日定为“周润发纪念日”。1999年主演《安娜与国王》，获第1届美国亚裔艾美奖最佳男主角奖。2000年，在《**卧虎藏龙**》中出演江湖义侠李慕白，获第2届美国亚裔艾美奖最佳男主角奖。

此后又主演或参演了《防弹武僧》(2003)、《满城尽带黄金甲》(2006)、《姨妈的后现代生活》(2006)、《加勒比海盗3》(2007)、《龙珠》(2008)、《血仍未冷》

《卧虎藏龙》剧照

《孔子》剧照

(2008)、《黄石的孩子》(2008)、《孔子》(2001)、《让子弹飞》(2011)、《寒战2》(2016)、《无双》(2018)等影片。2005年，获中国电影百年百位优秀演员称号。2007年，获美国亚洲卓越奖终身成就奖。2012年，获第15届上海国际电影节华语电影杰出贡献奖。

（赵小青　撰　章柏青　唐建军　修订）

周星驰 Stephen Chow（1962-06-22～　）中国电影导演、演员。生于香港九龙。7岁时父母离异，在母亲的抚养下长大成人。1980年踏入电视圈，成为香港丽的电视特约演员，签约期间相继从事演员、主持人等多种工作。年轻时在香港电视广播有限公司开办的夜间训练部中学习，经常在电视剧中客串角色，并且曾在少儿电视节目《430穿梭机》中担任主持一职。后被调入电视台的戏剧组，参与电视剧的角色出演，处女作是1987年由邱家雄执导的《生命之旅》。1988年，进入电影行业。初涉演艺圈，李修贤慧眼识珠，让其在电影《霹雳先锋》中饰演一个浪荡不羁的小弟，获第25届台湾电影金马奖最佳男配角奖。1990年，在刘镇伟导演的《赌圣》中扮演一名江湖混混，该片成为香港年度电影票房冠军。同年，出演王晶导演的《赌侠》，在当年票房成绩仅次于《赌圣》。1991年，主演《逃学威龙》，再破香港电影票房纪录。此时，其票房号召力已经可以和成龙、周润发等人并驾齐驱。

1992年，被誉为“周星驰电影年”，他凭借影片《家有喜事》《审死官》创造数个票房奇迹，打破了香港电影市场的票房纪录，其中凭借《审死官》获第37届亚太电影节最佳男主角奖。1993年，主演电影《唐伯虎点秋香》。1994年，执导并主演影片《国产凌凌漆》。1995年，主演后现代主义电影《**大话西游**》。1996年，自导自演的《食神》入选意大利威尼斯国际电影节。1999年，自导自演《喜剧之王》。

2001年，执导电影《少林足球》，获第21届香港电影金像奖最佳导演奖、最佳男主角奖等7项奖，第38届台湾电影金马奖最佳动作指导奖和最佳视觉效果奖等。2004年，自导自演《**功夫**》，获第24届香港电影金像奖最佳影片奖、第42届台湾电影金马奖最佳影片奖、第28届中国大众电影百花奖最佳新人奖等奖项。影片获得高达1.05亿美元的全球票房，创下多个国家和地区的华语电影的上座纪录，并被《时代周刊》评为“2005年十大佳片之一”。2008年，首次推出科幻题材的影片《长江7号》，再度成为香港电影年度票房冠军。2013年，执导古装喜剧片《西游·降魔篇》，对中国经典神话故事进行改编，收获了良好的口碑评价与票房成绩。2016年，执导奇幻爱情片《美人鱼》，获第23届香港电影评论学会大奖最佳导演奖，影片上映后打破了华语电影的票房纪录，成为中国内地首部票房过30亿的影片。2018年，执导影片《新喜剧之王》，影片在舆论界呈现出两极分化的评论。

《长江7号》剧照

周星驰是华语影坛上的标志性人物，拥有编剧、监制、制片人、出品人、导演、演员等众多身份。他以“无厘头”式表演和喜剧电影创作为代表，他开创的“无厘头”式的喜剧叙事方式，成为众多喜剧电影模仿的范本。他主演或导演的多部影片已经成为香港电影史乃至中国电影史上里程碑式的作品，其作品多次打破香港电影票房纪录或成为香港电影年度票房冠军。（孙承健）

周璇 Zhou Xuan（1920-08-01～1957-09-22） 中国电影演员、歌唱家。原名苏璞。江苏常州人。生于上海，卒于上海。3岁时被舅父拐卖到金坛县王家收养，改名王小红，后随养母到上海，被送到一户唱小戏的周家。1931年入黎锦晖主办的明月歌舞团。1932年参演进步歌剧《野玫瑰》并演唱主题曲《民族之光》，据其中歌词“与敌人周旋于沙场上”，正式改名为“周璇”。1934年，在上海多家广播电台联合举办的歌星比赛中，被称为新发现的小歌星，获“金嗓子”佳誉。

1935年从影，出演天一影片公司拍摄的《美人恩》。1936年，出演艺华影业有限公司拍摄的《花烛之夜》《化身姑娘》《喜临门》等。1937年，在《**马路天使**》中扮演女主角小红，成功地塑造了一个在当时社会受尽侮辱和损害，仍对前途抱有美好理想的歌女形象，并主唱两首插曲《四季歌》和《天涯歌女》，在华人地区流行。1939年后，相继拍摄了《李三娘》(1939)、《董小宛》(1939)等多部影片。抗日战争胜利后，拍摄了《长相思》(1947)、《莫负青春》(1947)、《歌女之歌》(1948)等片。1946年赴香港后有作品《忆江南》(1947)、《花外流莺》(1947)、《**清宫秘史**》(1948)等。

周璇事业成功，但感情生活不幸。1950年返回上海，1951年患病，后逐渐康复，1957年在拍戏时旧病复发，终因脑炎治疗无效离开人世，时年37岁。一生演唱歌曲200多首，拍摄43部影片。1995年，获中国电影世纪奖最佳女演员奖。

（李梦学）

周迅 Zhou Xun（1974-10-18～ ） 中国影视演员、歌手。生于浙江衢州。1989年考入浙江艺术学校，主修民族舞专业。1991年，出演**谢铁骊**导演的影片《古墓荒斋》，走上演艺道路。1998年，凭借在**娄烨**导演的影片《苏州河》中一人分饰两角的精彩表演，获第15届巴黎国际电影节最佳女演员奖。同年，在李少红导演的电视剧《大明宫词》中饰演少年太平公主，获第18届中国电视**金鹰奖**最受欢迎女演员奖，成为在全国具有知名度的女演员。

2002年，凭借在《红颜烟雨》中对简单固执的赵宁静的演绎，获第25届大众电影百花奖最佳女主角奖。2006年，在《如果·爱》中扮演一心想成名，拼命忘记旧情的女演员孙纳，获第25届香港电影金像奖最佳女主角奖、第43届台湾电影金马奖最佳女主角奖。2007年，凭借在古装宫廷影片《夜宴》中的出色表演，获第26届香港电影金像奖最佳女配角奖。2014年，主演电视剧《红高粱》，获第21届上海电视节白玉兰奖最佳女主角奖。

周迅主演的其他电视剧还有《人间四月天》《像雾像雨又像风》《橘子红了》《射雕英雄传》《如懿传》等，出演的电影有《荆轲刺秦王》《香港有个好莱坞》《巴尔扎克与小裁缝》《恋爱中的宝贝》《美人依旧》等。作为歌手，周迅发行过《夏天》和《偶遇》两张歌曲专辑，并演唱了多部由她主演的影视剧的主题曲。（张一玮）

周振天 Zhou Zhentian（1946～ ） 中国作家、影视编剧、导演。生于湖北新洲。毕业于海军指挥学院。1960年后，曾在天津人民艺术剧院、天津乐团、天津公安局工作。1978年，调往北京海政话剧团任创作员。1992年，与崔京生一同担任电视剧《潮起潮落》的编剧，获第14届中国电视剧**飞天奖**优秀编剧奖。该剧以家为叙事核心，以鲁明宽和简小荷长达半个世纪的情恋和跌宕起伏的人物命运作为贯穿全剧的主要叙事线索，表现中国海军的发展历程，折射时代的变迁。2006年，改编自己的小说《玉碎》为电视剧，获第26届中国电视飞天奖长篇电视剧二等奖。2013年，担任编剧的电视剧《神医喜来乐》获第21届中国电视金鹰奖长篇电视剧优秀作品奖。2014年，担任军事剧《舰在亚丁湾》的编剧，获第27届全军电视剧金星奖优秀编剧奖。

他的作品通过对叙事模式和表现手法的创新来阐释民族精神、讴歌人性中的真善美，充满理想主义情怀和忧患意识。注重传奇性和悬念设置，通过刻画军人的崇高形象来表现爱国主义精神。其作品视角独特，虚实相间，擅长以小人物命运来折射真实历史。他参与编剧的电视剧还有《驱逐舰舰长》《张伯苓》《旗舰》《孟来财传奇》《小站风云》《洪湖赤卫队》《闯天下》《护国大将军》《我的故乡晋察冀》，参与编剧的电影有《老少爷们上法场》《蓝鲸紧急出动》《孤岛日记》《天涯并不遥远》(与黄传会合作编剧)，参与编创的电视专题片有《香港沧桑》《国魂》《壮士行》，执导的影视作品有《赤道雨》《波涛汹涌》，文学作品有长篇小说《玉碎》、中篇小说《涅槃变》，舞台剧作品有《赤道雨》《海军世家》《天边有群男子汉》《为了祖国》等。

曾获首届全国德艺双馨百佳电视艺术工作者称号、第20届中国电视金鹰奖二十年突出贡献奖、第27届中国电视剧飞天奖突出贡献编剧奖。曾任中国作家协会主席团委员、**中国电视艺术家协会**副主席。（朱怡璇）

《昼夜节律》 *Circadian Rhythm* 中国彩色科教片。**北京科学教育电影制片厂**1992年出品。导演，廖烨；摄影，李江、杨少钧。

影片介绍了地球因太阳系引力的作用自诞生之日起就自西向东周而复始旋转，生活在地球上的生命体都适应了地球自转规律。包括人类在内的地球上的生命体都有自己的内部时钟，随着昼夜交替的节律生活。昼夜是通过什么途径支配生命体内生理活动的？人的时间观念又是怎么来的？影片对这些问题做了科学而系统的回答。

影片通过讲述候鸟迁徙、花开花落等自然现象与季节交替变化的关系，揭示出真正支配自然界生命体规律变化的是昼夜节律。影片在摄影技巧的运用、特技设计等方面有所创新。影片1993年获第13届中国电影金鸡奖最佳科教片奖。（赵 远）

《朱尔与吉姆》 *Jules and Jim* 法国故事片。法国卡洛斯影片公司1962年出品。根据H.-P.罗克的同名小说改编。编剧，**F.特吕弗**、J.格鲁沃尔、H.-P.罗克；导演，F.特吕弗；摄影，R.古塔尔；主演，J.莫罗、H.赛尔、O.韦纳、M.杜布瓦。

故事讲述了德国人祖和法国人占在巴黎相识，二人意趣相投，对诗歌和小说都共同热爱。他们被聪明美丽、个性独特、直率自然的凯瑟琳所吸引。祖率先展开对凯瑟琳的追求，占因为祖的一句告诫选择了成全。第一次世界大战爆发，祖与占各自为自己的国家而战，很长时间失去了联系。战争结束，占来到祖与凯瑟琳的家，发现他们已经有了一个可爱的女儿萨霏。祖告诉占，凯瑟琳对婚姻以外的感情从没停止过追逐，他害怕失去她。凯瑟琳则因为祖的单纯和懦弱而不再爱他，她毫不掩饰对占的爱。为了不完全失去凯瑟琳，祖宁愿与占共同拥有她。凯瑟琳不甘平静、直率锐利、果敢不忠的行为让占逐渐难以忍受，占回到女朋友娇蓓身边，准备与她结婚。祖与凯瑟琳来到巴黎，遭遇感情失败的凯瑟琳拿枪威胁占，要与他复合，占仓皇逃跑。几个月后，祖与凯瑟琳再次来到巴黎，凯瑟琳驾车载着占坠河而亡。祖将尸体打捞起来，火化后埋葬了。

《朱尔与吉姆》海报

影片充满了对新道德观的开拓与思索，具有浓厚的存在主义色彩。影片塑造了凯瑟琳这一如同脱缰的野马，敢于挑战一切道德，充满致命激情和欲望的女性形象，是当时兴盛的新道德精神和女权主义思想的折射。影片细节丰富，情节、台词富于暗喻和象征，节奏变化突兀，剪辑时快时慢，呈现出事物和人性的复杂，也对战争给人带来的影响进行了独特的思考。影片1963年获意大利国际电影记者联盟银绶带大奖最佳外国导演奖。（安 燕）

朱今明 Zhu Jinming（1915-08～1989-06-10） 中国电影摄影师。生于江苏南通，卒于北京。出身于教师家庭。自幼喜爱戏剧艺术。上中学时，与赵丹等人组织小小剧社，演出思想进步、内容健康的剧目。1934年，进明星影片公司学习摄影。同时，还参加了上海业余剧人协会，从事舞台美术工作，对舞台照明有所创新，获得好评。1935年在中央电影摄影场任摄影助理。1937年，参加上海救亡演剧第三队，积极从事抗战戏剧宣传活动。1939年，与赵丹等在新疆遭反动派逮捕入狱，1945年回到重庆。抗日战争胜利后，加入上海昆仑影业公司，任技术部主任兼摄影师，相继拍摄了优秀影片《一江春水向东流》（1947）、《万家灯火》（1948）、《希望在人间》（1949）、《三毛流浪记》（1949）等。

1949年，参加长纪录片《百万雄师下江南》的摄影工作，影片1950年获第5届捷克斯洛伐克卡罗维发利国际电影节荣誉奖，并在文化部1949～1955年优秀影片奖评选中获一等奖。中华人民共和国成立初期，朱今明担任上海电影制片厂技术处处长兼总摄影师。随后相继拍摄了《上饶集中营》（1951）、《南征北战》（1952）、《盖叫天的舞台艺术》（1954）等影片。其中《上饶集中营》获文化部1949～1955年优秀影片二等奖。1954年，随中国电影实习团去苏联考察学习，对彩色片的工艺学、宽银幕、立体声等新技术做了专题研究。1956年回国后，在北京电影制片厂工作，后又兼任北京电影学院摄影系系主任。1956～1966年朱今明拍摄了《风筝》（1958，中法合拍）、《风暴》（1959）、《烈火中永生》（1965）等10多部影片，其中大多数是彩色片。1982年，参与导演了《孔雀公主》。

在实践中，他探索运用光线来烘托环境气氛、刻画人物形象，逐渐形成了朴素无华的摄影风格。在摄影创作中，善于把文学风格、导演意图、表演特色、美术造型等融为一体，创造意境，刻画人物。曾任北京电影制片厂总摄影师兼导演、中国电影家协会常务理事。（李小燕）

《猪年》 *In the Year of the Pig* 美国纪录片。1968年出品。导演，E.de安东尼奥；剪辑，H.里瓦伊、H.莫瑞尼斯。

影片汇集了对政客、记者和军方人士的访谈，详尽揭示了越南战争的起因和美越对峙的状况，深入反思了美国对越南战

《猪年》剧照

争的介入。导演灵活运用新闻片和历史影像资料，通过呈现战争的残酷与恐怖，对美国官方介入越战的说法表示质疑与愤怒。由于影片以反讽的方式运用了美国爱国主义歌曲，将胡志明表现为深受越南人民爱戴的爱国者并支持越南统一，导演本人为此曾承受巨大非议，影片也成为导演职业生涯中具有争议的一部作品。影片1970年获第42届美国电影奥斯卡奖最佳纪录长片奖提名。（刘 斐）

主辅镜头 main and auxiliary lens 电影拍摄当中的主镜头和辅助镜头及其配合使用。主镜头是指一个摄影段落当中的主导镜头，目的是建立事物、人物及其动作的完整面貌，是涉及塑造主体形象连贯的重要手段。它同时具有两层含义，一是指在一个含义完整而且独立的镜头段落中，处于核心地位的镜头，它必须能突出核心内容，可以出现一次，也可以反复出现多次，是一个能标示一个镜头段落实质性含义的存在，是关键的镜头。二是指在拍摄两个人以上场面的一组镜头当中，用来确立轴线关系的镜头，同场其他镜头（即辅镜头）的方位均需要依主镜头的方位为基准，是重要的参照点。

辅助镜头是主镜头之外用来摄取主镜头范围之外的、对镜头段落又必不可少，与主镜头协调发挥，拍摄一段完整的、意义丰富的镜头段落。如果说主镜头是突出本段落的核心，辅助镜头就是将核心之外的其他衬托性场景、人物以及服务于叙事需要的方方面面，主要作用是配合完成影片的整体拍摄。（孙承健）

主观镜头 subjective shot 能够代表剧中人物视点或带有创作者主观色彩的镜头。导演为了增强影片的艺术效果，往往运用主观镜头将观众直接引入剧情中，即将摄影机的镜头当作影片中某一人物的眼睛，使观众欣赏影片时，从剧中人物的角度，直接“目击”影片中的其他事物、人物及其活动情景，从而使观众与影片中人物产生相似的主观感受，给观众以强烈的艺术感染。如表现醉汉踉跄行进，出现时快时慢摇晃移动着的街景的镜头，与人物当时的规定情景、行为动作、思想情绪相一致。再如展现人物远眺湖光山色或环境背景的镜头，交替拍摄两人中一方的镜头，大都是主观镜头。

导演在指导摄影师拍摄画面镜头时，经常会表现出导演的主观思想，要求观众欣赏影片时从导演的角度去看待剧中人物和场面的活动及其发展过程。这种主观镜

头一般通过异常的运动摄影或画面变形、焦点变化等获得，运用这种镜头可以达到意外强烈的银幕效果，但同时也会使观众产生欣赏心理方面的抵制，因而在运用时要特别谨慎。（陈　青）

主观语言　subjective dialog　影视作品中有声语言之一。主观语言常被用来表现影视作品中角色的内心世界，或是在专题纪录片中担任叙事的任务。由于主观语言与画内角色的表演是一种平行对位的关系，即语言和画面角色口型不同步，所以又称画外语言（画外音）、表现性语言。

主观语言主要有内心独白、内心对白和旁白。①内心独白。影视作品中角色内心与观众交流的一种主观语言表现形式。内心独白常出现在故事片中，画面内的角色默不出声（没有口型动作），但画外却传来该角色的说话声音。这种以第一人称自述出现的内心独白又被称为“心声”。内心独白可在恰当时刻以全知视角交代事件的来龙去脉，对角色形象的塑造和叙事可起到重要的推动作用。②内心对白。影视作品中主角在画外与其他角色对话的一种主观语言表现形式。内心对白经常用来交代过去时空与现在时空事件之间的关联性，如画面中的角色在手舞足蹈地诉说着什么，但画外传来的声音却是他（她）与其他角色在过去的某个时空中的对话声音。因此，画内口型动作和画外语言内容的严重不同步，是区别对白与内心对白的重要标志。③旁白。影视作品中的一种画外语言声音。旁白一般以第三人称出现，主要有两种：一种是在故事片中，对故事中的事件、人物进行解释或评论，说明事件发生的地点、时间和时代背景，介绍人物及人物关系等内容；另一种是在纪录片、新闻片、科教片和广告片中出现的议论、评说声或提示声，通常这种旁白也被称作解说声。（姚国强　王旭锋）

主光　key light　影视摄影中为塑造出富有表现力的形象，用以照明景物的主要光线。摄制影视作品时，须有来自不同方位的光线来照明景物，但在这些光线中，必有一种光线起着主导的作用，即主光。主光标示主要光源的特性和投射方向，用来表现景物的形态、轮廓和质感。对艺术形象的塑造，主光起决定性作用，其他光线起陪衬作用。因此，有人也把主光称作塑型光。主光多为强烈的聚集光，构成影像的强光部分，体现画面造型的表现力。在影视摄影中，无论是**外景摄影**还是**内景摄影**，首先要确定每场戏中主光的方位。因为，同一场戏中的各个镜头，不论景距怎样变化、实际拍摄时间和地点如何不同，主光的方位是统一的，不能随意变化，更不能出现反常现象。

摄影师根据日光光效的特点和自然光线的变化，结合艺术创作的需要，如剧情规定的时间和空间，塑造各种人物和渲染某些特定气氛的需要等，精心设计和确定主光的方位。一般应考虑以下几点：①剧情内容、人物的**场面调度**；②室内日景的门窗位置、人物与门窗相隔的距离和构成的角度；③夜景不同性质的光源，如月光、路灯、车灯、油灯、烛光、火柴光等。

主光处理的好坏影响到被摄对象的立体形状和轮廓形式的表现，也影响到影视作品的基调和风格。（田俊人）

主题音乐　theme music　通过主旋律基调表现影视作品主题思想和情绪情感的核心音乐。主题音乐采用音乐主导动机的创作方式，一般以主导旋律或主题歌的形式体现，通常比较精练且富有表现力，是整部影片音乐发展的核心基础，也是评价影片音乐的主要依据。主题音乐呼应影视作品的核心情节和主要人物，用音乐的语汇（旋律、调性和节奏等元素）塑造和勾勒出鲜明的艺术形象，引导观众进入影片的规定情境，感受时代和文化氛围，对推动剧情发展、表现角色内心世界、提升影片精神内涵等方面起到重要作用。

将主题音乐贯穿全片是作曲家常用的创作手法。主题音乐可通过变奏、变调和对位发展等多种创作技巧和手段重复呈现，使影视作品的音乐风格更为鲜明和突出，从而深化主题，强化观众对主题音乐旋律的印象和记忆，为观众带来隽永的观影体验。根据影视作品的结构和场景内容的需要，作曲家还通过主题音乐的各种变奏、发展或重组，使音乐随剧情的进展而变化发展，突出影片主题，提升戏剧张力及艺术表现力。（赵　娴）

主旋律电视剧　main melody TV drama　结合时代精神，反映并弘扬所有积极、健康、进步、正能量内容，呼唤国家主流意识形态与民族共同价值追求的中国电视剧类型。一个富有中国特色的本土术语。理论上，主旋律电视剧的外延很大，一切弘扬社会主义核心价值观的**电视剧**都可以被称为主旋律电视剧。现实中，一般把严肃表现中国历史与现实中重要人物重要事件、弘扬主流意识形态的电视剧称为主旋律电视剧。

1989年，全国电视剧题材规划会议上，“主旋律”内容在电视剧创作领域得到着重强调。1994年1月，全国宣传思想工作会议提出了有关把握“主旋律”内涵的“四个一切”，将主旋律的内涵扩展开来，为该类型电视剧的创作指明了方向，对中国主旋律电视剧的发展具有重要意义。中国主旋律电视剧生产数量大，优秀作品多，如20世纪90年代的《英雄无悔》(1996)、《和平年代》(1996)，21世纪以来的《长征》(2001)、《**激情燃烧的岁月**》(2001)、《历史的天空》(2004)、《八路军》(2005)、《喜耕田的故事》(2007)、《解放》(2009)、《潜伏》(2009)、《长白山下我的家》(2012)、《马向阳下乡记》(2014)、《觉醒年代》(2021)等。这些作品都紧密地结合时代精神，秉承着社会主义核心价值观，为广大观众带来审美享受的同时，也得到精神上的净化与升华。

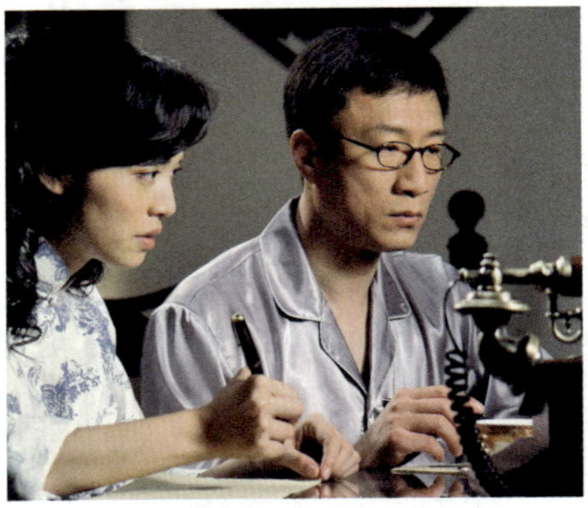

《潜伏》剧照

主旋律电视剧对思想性、教育性意义的追求更为严格。因此，如何做到思想性与艺术性的有机结合一直是主旋律电视剧创作要面对的难题之一。当代社会审美意识中产生的新变化，也对主旋律电视剧如何紧跟时代步伐吸引广大观众提出了新的挑战。（李胜利　王英男）

主旋律影片　main melody film　能充分体现主流意识形态的影片。主旋律影片由电影管理部门根据主流意识形态要求提出并倡导创作的一类影片。主旋律影片主要在中国国内存在，它包含革命历史重大题材影片和弘扬主流价值观、讴歌英雄人物的影片。它是对中国主流电影中积极倡导的、能够反映国家意识形态和社会主流价值观的电影作品的一种形象化的说法。主旋律影片的特征有：①充分体现弘扬主旋律，倡导国家政策和主流意识形态；②内容侧重表现政治历史或伦理思想，且体现主流文化价值；③具有积极向上、鼓舞大众的伦理道德观。主旋律影片的代表作有：重大革命历史题材影片《**开国大典**》《**建国大业**》《建党伟业》《建军大业》；表现英模人物的影片《焦裕禄》《离开雷锋的日子》等。部分比较突出地反映主流价值观的影片，如《湄公河行动》《红海行动》《流浪地球》等也常被视为主旋律影片。

（忆 帆）

《祝福》 *Blessings* 中国彩色故事片。北京电影制片厂1956年出品。改编自鲁迅同名小说。编剧，**夏衍**；导演，**桑弧**；摄影，**钱江**；主演，**白杨**、魏鹤龄、李景波。故事发生在辛亥革命前后，年轻寡妇祥林嫂为逃避婆婆的卖亲，到鲁镇鲁四老爷家当用人。不久，被婆婆发现，还是被卖给了一位农民。她暂时有了安稳日子。可没想到丈夫生病死了，儿子也丧命狼窝，房子被抵债。祥林嫂又到鲁四老爷家当用人。由于年老体衰，她被辞退。一个除夕夜，在风雪中死去。影片通过祥林嫂一生的悲

《祝福》剧照

惨遭遇，反映了辛亥革命以后中国的社会矛盾，深刻地揭露了地主阶级对劳动妇女的摧残与迫害，揭示了封建礼教吃人的本质。影片注重运用人物的形体动作和表情刻画人物，以视觉形象为主，简洁明了地揭示了人物性格。白杨的表演自然、清新、含蓄、细腻，准确把握了祥林嫂的心理发展过程和人物在各个时期的形体动作特征。影片结构严谨，笔触凝练，保持了鲁迅作品中冷峻、深沉、凝重的艺术风格和悲剧气氛。作为中国第一部彩色故事片，影片人物个性鲜明，是名著改编的成功范例。影片1957年获第10届捷克斯洛伐克卡罗维发利国际电影节特别奖，1958年获墨西哥国际电影节银帽奖。

（张德明）

传记片 biographical film 以真实人物的生平事迹为依据、用传记形式拍摄的故事片。传记片与一般**故事片**不同，在情节结构上受人物事迹本身的制约，即必须根据真人真事（或民间流传的人物）描绘典型环境、塑造典型人物。传记片虽然强调真实，但须有所取舍、突出重点，在历史材料的基础上，允许想象、推理、假设，并做合情合理的润饰。传记片描写各种

《聂耳》剧照

人物的生活经历、精神面貌及其历史背景，以真切生动的细节刻画人物，使观众看到一个完整的、栩栩如生的人物形象，具有较高的审美价值和文学价值。传记片可以通叙人物的生平经历，如《**李时珍**》《**孙中山**》；也可以截取人物某些重要的生活片段加以表现，如《**董存瑞**》《聂耳》。传记片由于翔实地记录了历史人物，还原并填补了历史，具有极高的教育意义和史学意义。中国拍摄的优秀的传记片有《**林则徐**》《**周恩来**》《焦裕禄》《杨善洲》等。

（戴中孚 撰 章柏青 唐建军 修订）

《庄子试妻》 *Chuang Tze Tests His Wife* 中国故事片。香港华美影片公司1914年出品。根据粤剧《庄周蝴蝶梦》中《扇坟》一折改编。编剧，**黎民伟**；导演，R.F.万维沙、黎民伟；摄影，万维沙、罗永祥；主演，**黎北海**、黎民伟、**严珊珊**。

故事讲述庄子诈死试妻田氏，庄子尸骨未寒，田氏已有新欢楚国公子王孙。在王孙的诱引下，田氏欲开棺取庄子的头颅为王孙治病。但此王孙是庄子假扮，真相大白时，田氏羞愧难当，上吊身亡。

影片将劝善、警世功能以及传统伦理道德规范进行呈现，强调了电影的社会功

《庄子试妻》剧照

能，对后来香港电影的创作产生重要影响。影片借镜戏曲的传奇性与戏剧冲突，增强了对观众的吸引力。影片中的特技使用，以及启用香港人作为摄影师，在香港电影史上均属首次。演员严珊珊成为中国电影史上的第一位女演员。作为香港出品的第一部影片，《庄子试妻》开启了香港电影的征程，具有深远的历史意义。

（吴涤非）

装饰性照明 decorative lighting 对人物形象及环境的修饰、美化和对细部加工的照明。装饰性照明一般是为了造型的需要和审美的要求，其不一定需要与特定环境的自然光线效果相一致，也不一定要有生活的依据。装饰性照明偏向于人物造型、画面构图、光线影调等形式上的完善，也兼有突出环境氛围、特点等作用，使物体与环境的画面表现更为完美。装饰性照明包括程式化的轮廓光，较低的头发光，光条，光束，光斑或光线图案，歌舞场面中摇曳、转动的灯光，色光的变化等。装饰性照明不可滥用，不能超越对象概念内涵的制约，过分的夸张会造成虚假的印象，从而损害影片内容。

（张 桥）

卓别林，C. Charlie Chaplin（1889-04-16～1977-12-25） 英国电影演员、编剧、导演、制片。生于伦敦，卒于瑞士沃韦河畔科西耶。父亲是喜剧演员，母亲是歌唱演员。自幼在游艺场和剧院演唱、跳舞，扮演一些小角色并随剧团巡回演出。1912年，卓别林随卡尔诺哑剧团去美国巡回演出，被启斯东电影

公司制片人兼导演M.塞纳特看中。年末，卓别林与启斯东电影公司签订为期一年的合同，出演了他的第一部影片《谋生》（1914）。1914年2月28日，首次在启斯东喜剧片《阵雨之间》扮演了一个头戴圆顶礼帽、足蹬大皮靴、手持一条竹手杖、走路像鸭子的小流浪汉夏尔洛的形象，获得成功。随后卓别林的这一角色扮相开始定型，日益深入人心，其夸张的风格、滑稽的表演、酸楚的表情也成为他此后电影生涯中独树一帜的流浪汉形象的标志。1915年签约艾森那公司后，自编自导自演了包括《他的新职业》《流浪汉》《卡门》等16部影片。1916～1917年为互助影片公司拍

摄了12部喜剧片，《百货店巡视员》《高利贷者》《移民》《查理越狱》等影片显示了他对现实寄寓的人道主义思想和日臻成熟的技巧。1918年3月，卓别林电影制片厂成立，推出了《查理从军记》《田园诗》《寻子遇仙记》等9部影片。从1919年开始独立制片，一生共拍摄了80余部喜剧片，其中重要的有《巴黎一妇人》(1923)、《淘金记》(1925)、《马戏团》(1928)、《城市之光》(1931)、《摩登时代》(1936)、《大独裁者》(1940)、《凡尔杜先生》(1947)、《舞台生涯》(1952)等影片，这些作品标志着卓别林从一个具有深厚人道主义情怀的演员成长为一位伟大的批判现实主义电影大师和坚强的反法西斯战士。

卓别林一贯对小人物、失业者寄予深切的同情，在他漫长的电影生涯中，从未放弃对美国资本主义社会的种种弊端进行辛辣的讽刺，以及对法西斯头子希特勒无情的鞭笞。在第二次世界大战期间更是大声疾呼开辟第二战场，因而受到美国麦卡锡主义的迫害。1952年9月，非美活动调查委员会下令对他进行调查，并且不准许他再入美国国境。卓别林遂定居瑞士，直到去世。其间拍摄了揭露和嘲讽麦卡锡主义的《一个国王在纽约》(1957)。1967年拍摄了他最后一部影片《香港女伯爵》，由M.白兰度和S.罗兰主演，被认为是一部失败的闹剧片。

《摩登时代》剧照

《淘金记》剧照

1972年，卓别林重返好莱坞，接受美国电影艺术与科学学院因他“在20世纪为电影艺术所作的不可估量的贡献”而授予的艺术成就奖。1975年，英国女王伊丽莎白二世授予他爵士封号。卓别林和他的流浪汉形象“查理”在世界电影史上和观众心目中，已经成为不可磨灭的符号，代表了世界上争取自由、民主、平等，渴望和平、进步、人权，呼唤理想社会与幸福生活的人本思想，其笑中带泪的悲剧性喜剧艺术理念深深地影响了后世。

（伍菡卿　许　婧）

《姊妹花》 *Twin Sisters* 中国故事片。明星影片公司1933年出品。改编自舞台剧《贵人与犯人》。编导，**郑正秋**；摄影，**董克毅**；主演，**胡蝶**、宣景琳、郑小秋、谭志远。

《姊妹花》剧照

故事讲述了孪生姊妹大宝、二宝的不同命运，大宝跟随穷苦母亲在乡下，长大后嫁给木匠桃哥；二宝跟随私贩洋枪的父亲赵大到城市，嫁给一个军阀做姨太太。为了生活，大宝到二宝家里当了奶妈。桃哥做工时不幸受了重伤，大宝不得已偷了小主人的金锁片，却又给小姑撞见。仓皇中，大宝将花瓶碰倒，致使小姑丧命，以杀人罪被捕。探监时，母亲认出军法处长就是赵大。最后孪生姊妹相认，二宝拥着母亲和姐姐，坐上自己的汽车走了。影片是导演郑正秋后期电影创作的代表作，既表现出他思想上的进步，也反映出一定的局限性。影片一方面是暴露社会不平的写实主义，另一方面是落后小市民幻想的调和主义，大团圆的结尾，在一定程度上削弱了它的批判性。影片在艺术上，保持了郑正秋平易细致，戏剧性强、民族特点鲜明的特色。演员胡蝶饰大宝、二宝，塑造了两个迥然不同的形象。影片上映后，很受观众欢迎，创造了连映60余天的票房纪录。

（黄加明）

自动切换技术 auto-switch technology 以电子化分镜头脚本为基础，能主动控制视频切换台，完成画面同步自动切换的导播切换技术。自动切换技术包括项目软件、监看单元、控制单元和CueApp。项目软件用以管理项目、上载音视频文件、编写修改脚本、标记Cue点等；监看单元用以通过有线或无线传输的方式向讯道摄像师及现场相关工种提供电子脚本的实时监看；控制单元是所有硬件系统的连接和传输中枢，用以控制视频切换台完成自动切换，或传输给灯光、音频、舞美场景、特效等其他设备控制指令；CueApp是自动导播控制系统CuePilot的专用软件程序，用于在场地内使用无线设备监看脚本，便于个性化选择需要监看的内容。

自动切换技术适用于中大型现场直播（或准直播录制）的综艺表演类节目的多讯道现场制作。由于该系统的脚本运行及切换控制都能与现场节目保持实时同步，确保了所有切换指令都如预先设计的那样精准，不会存在延时或者人为产生的切换误差，从而能提高制作水准和生产效率，保证节目品质的稳定性。

（郑　月）

自然光 natural lighting 影视摄影创作中所利用的太阳光。自然光可分为3种不同的类型：太阳的直射光、太阳的漫射光（阳光经过云层、尘埃等介质吸收、漫反射后所形成）以及两者混合形成的白昼光。因自然光光照范围大、普遍照度高、显色性优、照明均匀等特点，影视外景摄影用光一般都以自然光为主。处在不同的纬度、季节、时间和天气条件下，自然光的照度和色温有着明显的区别。因此，了解和掌握自然光的特性及其变化规律，是影视摄影创作的基本功之一。在外景摄影实践中，必须根据自然光的变化规律，选择光位和时间，并采取某些现场处置措施，如使用反光板、遮光板或辅以人工照明等。彩色摄影运用自然光，尤须注意掌握色温的变化，使光源色温符合彩色胶片或数字感光器的光谱感色特性，必要时使用校正滤光器，调整摄入摄影物镜的光线的色温。

（田俊人）

宗福先 Zong Fuxian（1947-02～　）中国话剧、影视编剧。祖籍江苏常熟。生于重庆。1968年，毕业于上海延安大学，先后在上海热处理厂、上海市工人文化宫工作。早期专注于话剧创作。1978年，创作

话剧《于无声处》，获文化部、全国总工会特别嘉奖。1979年，话剧《于无声处》被上海电影制片厂改编成同名电影。1981年，与贺国甫合著话剧剧本《血，总是热的》，获中国戏剧家协会1980～1981年全国优秀剧本奖。1983年，在影片《血，总是热的》中担任编剧，获文化部优秀影片二等奖。

1985年，调入上海市作家协会。1986年，创作话剧《传呼电话》。1997年，担任编剧的电影《鸦片战争》获第17届中国电影金鸡奖最佳故事片奖、第21届中国大众电影百花奖最佳故事片奖。2010年，在电视剧《沃土》中担任编剧，用全景式的方式表现了一个农业大省在国家深化体制改革工作中历经的种种波折，反映了当代中国农村改革与经济发展的矛盾与变迁。2009年，与江海洋、谷白联合担任《高考1977》的编剧，获第27届中国电影金鸡奖最佳编剧奖、第13届中国电影华表奖优秀故事片奖。

他善于创作现实题材与历史题材的影视剧，角度新颖，思想深刻。参与创作的影视作品还有《大上海屋檐下》(1994)、《生死之门》(1998)、《寒夜》(2009)等。曾任中国作家协会理事、中国戏剧家协会常务理事。

（毛美娜）

总导演 chief director 一种隶属于影视与舞台表演工作的职业名称。根据艺术门类的不同，分为影视剧总导演与舞台总导演等多种。总导演在整个制作流程中占据领导地位，如同一支队伍的领头羊。总导演的艺术修养与能力是一部作品的质量保证，一部作品的优劣，很大程度上取决于总导演的统筹能力；一部作品的思想及价值体现，也很大程度上是总导演创作意图的表达。

在影视剧实际工作中，总导演是整个剧组的决定者和统筹者，既要确定具体的生产计划，确保作品的投资控制在预算范畴之内，又需将文字剧本转化为平面的影像与声音，并需指导演员表演以及对影像进行细致的调度和摄影。从具体的工作范畴来讲，总导演需要负责研究、修改剧本，对剧本大方向的定位负责；向全组主创做导演阐述，统一全组的创作认识，提供纲领性的指导意见；确定分镜头脚本并明确呈现需要的拍摄思路、手法以及镜头语言等；通过演员副导演上报的主要演员候选名单，与制片人共同确定最终人选；根据拍摄要求，确定实景或搭景等拍摄场地，并指导现场的制景工作；最终确定主要服装道具及演员化妆造型；在宏观上指导现场拍摄工作，对角色在故事中的尺度把握与表演风格有全局的驾驭，能帮助演员把剧本的意思理解透彻；对现场的灯光、剧务、化妆、摄像、服装等工作提出指导意见；对后期剪辑录音等提出修改意见，完成影片的最终制作；与作品的出品单位进行协商，制定合理的宣传与发行计划，促使作品与观众见面等。

总导演需要有较强的逻辑思维能力与管理能力，从全局出发，及时发现影片制作过程中的偏差并进行纠正，凭借清晰的头脑与丰富的经验对剧组各个岗位的工作人员进行调配，需要确保剧组分工合理化与系统化，使得影片拍摄能够顺利进行。除此之外，还需要有较强的艺术修养与影视制作能力，能将自己对生活的深层理解与体会通过艺术的手法呈现于银幕或荧屏之上。

（孙承健）

邹静之 Zou Jingzhi（1952～ ）中国影视编剧、作家。生于江西南昌。从小在北京长大。1968年开始，先后在黑龙江、河南两地下乡插队，在务农、做工期间，也参与演戏。1977年，回到北京。1982年，在《北京晚报》发表个人第一篇短篇小说《盖侠其人》，之后创作了大量的小说、散文和诗歌，并出版多部文集。1984年，毕业于中央广播电视大学中文系。1995年，开始从事影视编剧工作。成名作是电视剧《康熙微服私访记》系列和《铁齿铜牙纪晓岚》系列，这两个系列的作品通过对历史人物的刻画与适当的虚构，表现了历史与现实相通与相似，呈现出了对现实的反讽和戏谑，既具有一定的艺术水准，又创造了很高的商业价值。2004年，担任电视剧《五月槐花香》的编剧，获第25届中国电视剧飞天奖优秀编剧奖。

2005年，担任影片《千里走单骑》的编剧，通过独特的故事讲述技巧在一定程度上弥补了故事情节和逻辑上的不足。2013年，担任电影《一代宗师》的编剧，获第33届香港电影金像奖最佳编剧奖、第8届亚洲电影大奖最佳编剧奖。该片是体现其叙事能力的代表性作品，影片中的时间、空间、人物、情绪等元素都成为讲述故事的脉络，相互环绕又各自延伸，共同营造出一个能够折射时代和民族精神的故事。2014年，在张艺谋执导的《归来》中担任编剧，获第6届澳门电影节最佳编剧奖。2016年，在《大唐玄奘》中担任编剧，获第8届中国影协杯优秀电影剧本奖。

他的作品大多贴近百姓生活，同时有着丰富的精神世界，书写历史与人生百态，追逐艺术之美与人文精神。他的电视剧创作侧重对人物命运的展现，电影剧本注重叙事的技巧，表现出对艺术和人文价值的追求。他的电视剧作品还有《琉璃厂传奇》(1998)、《宋莲生坐堂》(2004)、《龙非龙凤非凤》(2006)、《倾城之恋》(2009)、《中国1945之重庆风云》(2011)、《抬头见喜》(2012)、《圣天门口》(2012)、《皮五传奇》(2012)、《江南四大才子》(2014)等。他的电影作品还有《吹笛人》(1995)、《平原枪声》(2001)、《第601个电话》(2006)、《大武生》(2011)、《进京城》(2019)等。

此外，还参与舞台剧创作，话剧有《我爱桃花》《操场》等，歌剧有《夜宴》《西施》《赵氏孤儿》等。2006年，获北京中青年文艺工作者德艺双馨奖。2007年，获第6届中国话剧金狮奖优秀编剧奖。2010年，获北京人民艺术剧院荣誉编剧称号。2011年，因创作舞台剧《我爱桃花》，获第2届壹戏剧大赏年度最佳编剧奖。

（王晓旭）

邹文怀 Raymond Chow（1927-05-17～2018-11-02） 中国电影制片人、事业家。原名邹定鑫。原籍广东大埔。生于香港，卒于香港。1948年曾在上海《申报》当实习记者。

1949年毕业于上海圣约翰大学新闻系后返回香港。曾任《南华早报》《虎报》记者。1951年加入香港美国新闻处，负责《美国之音》广播节目。1958年进入邵氏兄弟（香港）有限公司任职宣传主任，1968年升为副总经理及制片主任，长期主持宣传及制片。因与邵逸夫经营理念不合，于1970年离开“邵氏”，与何冠昌及梁风共同成立嘉禾电影有限公司，并担任董事总经理。20世纪70年代邀请李小龙加入嘉禾，出演了《唐山大兄》(1971)、《精武门》(1972)等片，均打破香港电影票房纪录，奠定了嘉禾在电影界的地位。后与李小龙合组嘉禾的卫星公司协和电影公司，拍摄《猛龙过江》(1972)，再次刷新香港电影票房纪录，为嘉禾打开了国际市场。1972年，邹文怀主导“嘉禾”迁入原国泰机构旗下永华制片厂，建立行政、制片及发行总部。除自资制作外，同时支持港台地区的影业公司独立制片，作品由“嘉禾”发行，建立“卫星制”产业模式；并率先实行与导演、演员分红制度，改变了香港电影的制作模式。1975年于好莱坞成立制片部，先后拍摄《荷京喋血》(1978)、《杀手壕》(1980)、《炮弹飞车》(1981)等英语片。其后投资拍摄的功夫特技外语片《忍者神龟》(1990)，在全球创下票房佳绩。后又将成龙的《红番区》(1995)、《警察故事4之简单任务》(1996)推入美国主流市场。同时，邹文怀与日本电影界有良好关系，为香港电影打开了日本市场，把许冠文、成龙、洪金宝、元彪等人塑造成了日本影迷心中的偶像。1992年在新加坡开设了亚洲第一家多厅影院。此后数年，在东南亚各地建立多家多厅影院。自嘉禾成立以来，邹文怀担任监制、出品人的电影有数百部，网罗不少港台重要导演及演员，如李小龙、许冠文、洪金宝、成龙等。2007年，邹文怀宣告退休，向橙天娱乐集团出售嘉禾全部股权，并辞任主席。邹文怀长于审时度势，锐意改革，善于用人，懂得放手。他主事的嘉禾公司，给香港电影产业带来重要变化，在香港电影推向国际市场的过程中，有着重要的功绩，是香港电影业进入黄金时期的重要基础。1979年，获美国全国电影院联合会最杰出国际影人奖。1994年，获第13届香港电影金像奖最高电影荣誉奖。2008年，获第27届香港电影金像奖终身成就奖。2011年，获第5届亚洲电影大奖终身成就奖。2013年，获第9届中国华鼎奖终身成就奖。（张承宇　余慕云）

《走钢丝的人》 *Man on Wire* 英国、美国合拍纪录片。英国广播公司（BBC）、英国电影协会、美国探索频道2008年联合出品。根据P.珀蒂个人自传《云中行走》改编。导演，J.马什；摄影，I.马丁诺维奇。

影片讲述了法国著名杂技人珀蒂历尽千辛万苦，到美国纽约世贸中心走钢丝的故事。珀蒂十三岁看牙医时看到世贸中心即将建造的消息，激发了他在世界之巅走钢丝的梦想。为了实现它，珀蒂在巴黎圣母院、悉尼港大桥都进行了走钢丝的试验，最终克服了一系列困难，成功成为第一个在世贸中心走钢丝的人。同时，影片也借世贸中心展示了美国强盛一时的景象。

影片巧妙地将两个主题交织在一起，其中老年珀蒂的回忆勾起对美国腾飞年代的怀旧情绪。影片在形式上十分复杂，有几个互相穿插，却彼此不同的部分，包括对晚年珀蒂及其友人的访谈，由演员搬演的走钢丝的过程，以及美国建造世贸中心的一些相关记录等。影片的叙事人是双重的，一个是走钢丝的回忆者珀蒂本人，另一个则是以画外音为代表的美国梦的追忆者。影片2009年获第81届美国电影奥斯卡奖最佳纪录长片奖。（李玥阳）

《走近毛泽东》 *Mao Zedong – A Charismatic Leader* 中国彩色纪录片。中央新闻纪录电影制片厂2003年出品。导演，艾辛；摄影，李雄、徐方方、朱奕、王燕等；解说，齐克建。

影片打破时间顺序，有意略去了一些公众熟知的重大历史事件和场景，着重从感情层面，讲述一代伟人辉煌的人生历程和独特的个人魅力。其中有毛泽东祭拜父母、畅游长江与大海、指挥三大战役白了头发、在延安窑洞的简朴生活、给时任国家主席刘少奇点烟、和来访的美国友人基辛格夫妇开玩笑、以非洲女人的屈膝礼向卡翁达总统夫人还礼、出席党的代表大会时因腿疾目送全体代表离场等。

影片为纪念毛泽东110周年诞辰而制作，影像资料丰富，大量珍藏的电影资料镜头体现了一代伟人的风趣幽默。影片有别于一般伟人传记片或求深求大、或面面俱到的叙事策略，而是另辟蹊径，以独特的视角和新颖的笔触，用一种平民化和生活化的叙述方式，展现了毛泽东作为人民领袖，心系百姓，与人民同甘苦、共患难的深厚感情。影片2004年获第11届北京大学生电影节组委会特别奖，2005年获第25届中国电影金鸡奖最佳纪录片奖。（刘乃康）

《最卑贱的人》 *Der letzte Mann* 德国故事片。乌发电影公司1924年出品。改编自俄国作家N.V.果戈理的短篇小说《外套》。编剧，K.梅育；导演，F.W.茂瑙；摄影，K.弗洛伊德；主演，A.强宁斯、M.戴尔沙夫特、M.黑勒、E.库尔茨、H.温特克尔歇。

故事讲述了一位来自社会底层的酒店门卫，因找到一份体面工作而深感荣耀。他受到邻居尊重，家人以此为傲。可好景不长，他因年迈体衰被调往卫生间做侍役，象征他门卫身份和地位的制服被收回，突如其来的变动使老人心理失衡、备感屈辱。为了在第二天侄女的婚礼上保住颜面，晚上，他悄悄偷走制服，下班穿着制服回家。不久假象被识破，他遭到邻居的讥讽和嘲笑、家人的冷漠和疏远。巨大的落差让他难以接受，甚至想要自杀。最后老人因祸得福，一位富豪在卫生间猝死，老人意外获得其财产继承权，一夜之间成为富翁。

《最卑贱的人》剧照

影片保留了原著小说的社会批判力度，讽刺了对当权者盲从、对权威膜拜的可悲的国民性。同时，影片具有强烈的表现主义色彩，通过变形、夸张的处理，将主人公的内心世界外化，突出了小人物的悲剧命运。影片的创造性成就在于移动摄影的运用，以往的移动摄影多是作为一种特别强调布景的方法来使用，而在这部影片中，移动摄影成为展示人物心理的重要手段。（甄晓文）

《最后的代课教师》 *The Last Substitute Teacher* 中国彩色纪录片。凤凰卫视有限公司2010年出品。分为上、下两集。编导，郑福洲；摄影，郑福洲、吕凌云。

影片介绍了2010年，中国现有的40多万名代课教师面临最后的清退。这些从民办教师到代课教师一路走来的农村教育工作者，在历经几年、十几年甚至几十年的没有名分、没有正式教师待遇，且收入微薄的教书生涯后，在全国“一刀切”的政策下，几乎无一例外都要离开讲台。甘肃省渭源县的几名代课教师——身患残疾老年的王安智、曾被三次清退的何生宝、被清退后开鞋店的漆海峰夫妇、一直盼着转正的苏汉伟、张伟荣，以及最年轻的代课老师张学锋等，陆续接到清退的通知，不得不离开自己多年的教学工作。

影片以凝练的手法，剖析了中国社会教育体制转型期所面临的提高教师质量与清退代课教师在情与理、发展与现实的矛盾抉择。影片以小见大，通过记录代课老师们的酸甜苦辣，表现了代课老师们的真情奉献和面对社会变革的无奈之情，浓缩了代课老师这一历史现象几十年的风雨历程。影片影像质朴，意象符号运用极为出色，片中多次出现的荒山、枯树、雪野，不仅映衬了代课老师们的心情，也使整个影片的基调显得怅然、悲壮。（刘乃康）

《最后关头》 *At This Crucial Juncture* 中国故事片。大观声片有限公司、启粤影片公司、南洋影片公司、合众影片公司、全球影片公司和启明影业公司1938年联合出品。编剧，苏怡、卢敦、南海十三郎、严梦、麦啸霞；导演，陈皮、李芝清、南海十三郎、苏怡、赵树燊、高梨痕；主演，薛觉先、马师曾、唐雪卿、谭兰卿、吴楚帆、林妹妹、陈云裳、卢敦、伊秋水、严梦、白燕、黄曼梨、林坤山、邝山笑。

故事讲述了抗日战争时期，一群大学生在一个爱国同学的教导下，明白国难当头、日军大举压境，中国已到危亡的最后关头，应当立即动员中国人民抗日救国的道理。于是，爱国学生分头到工商界、妇女界、农村、电影界和军界，展开抗日救国的宣传工作，动员全民抗战。最后，各界人士纷纷团结起来，远赴前线携手抗日。

影片共分为七个段落，每个段落由不同的导演负责。影片是一部独特的电影，创造了香港电影的多个第一，是香港电影史上首部正面宣传抗日救国、号召全民团结杀敌救国的抗战电影，也是首部全部义拍完成的影片，从制片、导演、表演到发行实现全方位义务参与集体创作，参与人数之广创香港影史之最。影片的各地上映版权通过公开招投方式，拍卖所得收益两万余元除购买雨具赠送前方将士外，均用以购买救国公债作为抗战经费，表现了香港电影界在国难面前的责任心和使命感。（谢建华）

《最后一班地铁》 *Le Dernier Métro* 法国彩色故事片。法国卡洛斯影片公司1980年出品。编导，F.特吕弗；摄影，N.艾尔孟德罗斯；主演，C.德诺芙、G.德帕迪约。

故事讲述了第二次世界大战期间，巴黎的戏剧演出因为实行宵禁必须在最后一班地铁前谢幕。剧院经理兼导演吕卡斯因是犹太人，被迫躲在地窖遥控，剧团事务由其妻、女演员玛丽恩出面张罗。青年演员贝尔纳在演出中与玛丽恩渐生爱情，但在一次纳粹搜查中他发现了地窖中的吕卡

《最后一班地铁》剧照

斯，于是毅然出走投身抵抗运动。战后三人重新合作，活跃在巴黎舞台上。

影片继承并发展了特吕弗在新浪潮时期形成的风格，保持其一以贯之的崇高的艺术理念和人文思想，被誉为传统与创新相结合的成功之作。影片雅俗共赏，既有散文风格，又具有戏剧效果。导演将纪实与虚构相结合，其细节描写真实感人，制作精美。影片1981年获第6届法国电影凯撒奖最佳影片奖、最佳导演奖等10项奖，第25届意大利电影大卫奖最佳外国女演员奖。（仲霞 撰　章柏青　唐建军　修订）

《最佳拍档》 *Mad Mission* 中国彩色故事片。新艺城影业有限公司1982年出品。编剧，黄百鸣；导演，曾志伟；摄影，叶伯英、何明、黄岳泰；主演，许冠杰、麦嘉、张艾嘉、曹达华、利智。

故事讲述了飞贼黑猫在走私帮派交易的关键时刻抢了一箱钻石后溜之大吉。现场留下了一只白手套，致使警方怀疑劫宝案为国际犯罪集团“白手套”所为。国际刑警派出追捕“白手套”多年的美国光头神探来港追缉疑犯，并派出干练女警协助。一次偶然机会，女警将黑猫当作普通劫匪抓回警局。与此同时，珠宝失主飞往罗马与黑手党教父商讨，教父知道香港有人冒充“白手套”四处犯案，决定联同杀手来港查个水落石出。黑猫感到危机重重，为了保护自己向警方自首，并决定与有关方面携手对付“白手套”。最终，在黑猫帮助下，光头神探终于生擒“白手套”归案，也赢得了女警的垂青。

影片汇集杂技、车战、枪战、新式“武器”等的打闹风格，并将神探和夺宝两大元素融入喜剧中，开创了香港电影喜剧新类型。影片天马行空的想象力和幽默感、精彩绝伦的动作场面、效果超群的特技制作，显示出当时香港电影的特技水平和大片风格。影片1983年获第2届香港电影金像奖最佳男主角奖。影片是《最佳拍档》系列的第一部，之后新艺城影业有限公司陆续出品了《最佳拍档：大显神通》(1983)、《最佳拍档：女皇密令》(1984)、《最佳拍档：千里救差婆》(1986)、《新最佳拍档：兵马俑风云》(1989)。（龚成云）

《醉拳》 *Drunken Master* 中国彩色故事片。思远影业公司1978年出品。编剧，萧龙、吴思远；导演，袁和平；摄影，张海；主演，成龙、黄正利、袁小田。

故事讲述了黄飞鸿从小受到父亲的严格训练，却对父亲的管教不服，整日调皮捣蛋，还经常跑出武馆惹是生非。在一次与人较量之时不但被打得狼狈不堪，还受到言语的侮辱。他自觉自尊受到伤害，发誓好好习武，打败欺负他的人。黄飞鸿拜在苏乞儿门下，经过一段时间训练之后，黄飞鸿已经能够把街上的歹徒打得落花流水。苏乞儿决定将醉八仙传授给黄飞鸿，使用这种拳法首先要喝酒，利用身体摇晃和步伐不稳来达到克敌制胜的目的。黄飞鸿学习其他招式的时候都能够很快学会，但到学何仙姑这一招的时候死活不愿意学，因为何仙姑是女人，他不愿意装作女人。后来被师父强逼着练习。一次偶然的机会，他碰到加害父亲的仇家，黄飞鸿利用醉八仙的招式与仇家勉强打成平手，却怎么都无法打赢对方。无奈之下，黄飞鸿使出何仙姑的招式将仇家打败，同时也终于认识到何仙姑招式的厉害。

《醉拳》海报

影片情节简单、风格诙谐，突破了传统动作电影套路化的模式，融合了杂技、舞蹈、喜剧等元素，开创了香港动作喜剧新类型，影响了香港动作片类型的发展和创作。影片是成龙的成名作，一经上映，便打破了香港电影票房纪录，成为香港动作片的经典。（龚成云）

《昨夜星辰》 *Become* 中国电视连续剧。台湾“中国电视公司”1984年出品。共

30集。编剧，左菁华（玉笠人）；导演，陈清宇；主演，寇世勋、沈时华、马之秦、张佩华、田丰、谢屏楠、张咏咏、方龙。

该剧围绕两代人的亲情与冲突展开。妹妹邱素云和哥哥邱伟隆在都市长大，后陪患病的父亲邱明渊回乡下老宅。邱家不富裕，邱明渊的病令家境雪上加霜。邱伟隆意欲撮合妹妹和青年企业家周建邦，以获得周家的帮助。但邱素云早有男友，且已怀上男友的孩子，因此，她坚决反对哥哥的主张。兄妹闹翻后，邱素云负气离家，后得到乡下青年吴应强相助并结为好友。吴应强的女友陈秋香对此十分不满。陈秋香母亲陈玉琴和吴应强“约法三章”。原来，陈玉琴和邱明渊曾是一对情侣，当年陈玉琴被迫舍下儿子，只身带女儿离开邱家，陈玉琴对邱明渊充满怨恨。得知真相后，邱明渊感叹不已，处处照顾陈秋香。邱伟隆不知内情，总对陈家母女恶言相向。邱伟隆设计离间邱素云和男友，两人分手后邱素云负气与周建邦结婚。新婚之夜，邱素云说出真相，周建邦愤怒不已。为安抚老人，两人继续维持婚姻。邱素云心情苦闷，和吴应强来往更加频繁并情愫暗生。同时，周围的风言风语让邱家和陈玉琴母女大为尴尬。最终，邱明渊得到女儿陈秋香的原谅，安详辞世。

该剧情节曲折，戏剧冲突激烈，演员阵容整齐，表演扎实。该剧播出后引起轰动，后被引进大陆播出。知名制作人吴恒填词、张勇强作曲、林淑容演唱的同名电视剧主题曲《昨夜星辰》深受观众喜爱，流行一时。该剧1985年获第20届台湾电视金钟奖最佳女演员奖。（黄钟军）

左岸派 left bank group 20世纪50年代末60年代初在法国诞生的一个电影流派。在**法国新浪潮电影**兴起的同时，在巴黎有另外一批电影艺术家，也拍出了一批与传统叙事技巧大相径庭的影片。由于他们都住在巴黎塞纳河左岸，因此被称为“左岸派”。有的电影史学家认为左岸派是新浪潮的一个分支。

属于左岸派的电影导演有**A.雷乃**、A.瓦尔达、C.马尔凯、A.罗伯-格里耶、M.杜拉斯、J.凯罗尔和H.科尔比。他们不是在“新浪潮”中涌现出来的年轻人。他们大部分人在当时已是40岁左右的中年人，有些人早就开始电影导演的工作，如雷乃在1948年、瓦尔达在1954年就都已开始拍短片。还有一些人在从事电影创作之前，已在其他艺术领域中出名，如杜拉斯和罗伯-格里耶，当时已是著名的新小说派作家；又如马尔凯，既写诗歌、小说、杂文，又搞摄影、拍艺术纪录片，还搞新闻报道。

左岸派的电影家们有一种精神上和文学上的共同倾向，他们还有一个共同的基地，即瑟依出版社。他们互相有着坚固的友谊、相投的艺术趣味并在创作上相互帮助。左岸派的导演们是一批兼收并蓄的艺术家，他们对“人”及其精神发展过程感兴趣，推动他们走向电影的不是理论评论，而是能加强文学表达方式的电影化手法。因此，他们所创作的电影也被称为“作家电影”。他们的题材围绕着两个基本的轴：一个是错综交替地表现时间；另一个是对人的精神作用加以探索。这两大题材互相交错，构成所有左岸派电影的脉络。在左岸派电影中，人物无名无姓，环境模模糊糊，观众与银幕人物处于间离状态，是一种非认同的电影。左岸派电影从记录式的外部写实主义转入内心的写实主义，到后来演变成外部和内心相混合的写实主义。

左岸派电影的代表作有**《广岛之恋》**（1959，雷乃导演，杜拉斯编剧）和**《去年在马里昂巴德》**（1961，雷乃导演，罗伯-格里耶编剧）。《广岛之恋》问世后，获第12届法国戛纳国际电影节国际影评家协会大奖；《去年在马里昂巴德》获第26届意大利威尼斯国际电影节最佳影片金狮奖。这两部影片都在当时西方影坛引起了轰动。

《去年在马里昂巴德》剧照

左岸派的电影家们和文学渊源颇深，他们的探索和创新有时偏离电影固有的形式太远，像杜拉斯后来独自拍摄的电影，往往是一些静态的画面，配上文学性极强的画外音，如《印度之歌》（1975）、《阿迦塔》（1981）。因此有人称其为“非电影”。

扩展阅读

乔治·萨杜尔.世界电影史.徐昭，胡承伟，译.北京：中国电影出版社，1986.

邵牧君.西方电影史概论.北京：中国电影出版社，1982.

（顾凌远）

左翼电影运动 left-wing film movement 20世纪30年代中国共产党领导的团结电影界进步人士，积极拍摄宣扬反帝反封建、倡导社会公正和进步的电影活动。1931年9月，中国左翼戏剧家联盟通过并公开发表《最近行动纲领》，标志着左翼电影运动的开始。1933年3月，**党的电影小组**成立后，开始组织左翼人士介入各大电影公司创作，相继摄制了**《春蚕》《狂流》**《铁板红泪录》**《三个摩登女性》**等影片，并在各大报纸上设立电影副刊，组织左翼影评，译介苏联电影理论等，左翼电影运动达到高潮。1933年11月，艺华影业公司被捣毁，左翼电影运动进入曲折发展的阶段。此后左翼影人创办了电通影片公司，摄制了**《都市风光》《桃李劫》**《风云儿女》《自由神》，左翼影人创办的其他公司拍摄了《中国海的怒潮》**《渔光曲》《姊妹花》**等，在曲折的时局中推动着中国电影的进步。1936年，随着抗日斗争的日益激烈，左翼电影运动进入**国防电影**的新阶段，以拍摄反映抗日精神和力量的影片为主。七七事变前夕，左翼电影运动结束。左翼电影运动是中国共产党领导的一次具有积极社会意义的文化运动，是中国电影创作呼应现实社会的重要转向，对中国电影创作产生了深刻的影响。（梁玛丽）

作者电影 auteur system 形成于20世纪50年代法国电影界的一种创作派别。又称作者论。法国评论家C.-E.玛格尼认为电影已越来越接近“和小说一样明确地、无保留地归功于一位作者”的时代，而作者“希望把影片拍成一部能准确表现自己意图的作品”。同时，《法国银幕》第144期发表A.阿斯特吕克的《新先锋派的诞生：摄影机——自来水笔》一文，主张“电影创作家要像作家用自己的笔写作那样，用自己的摄影机去写作”。1954年1月，巴黎**《电影手册》**发表**F.特吕弗**的论文《法国电影的一种倾向》，提出“导演应该而且希望对他们表现的剧本和对话负责”的“作者电影”概念。他认为，一部影片的真正作者是导演；影片应当明显体现导演的个性；导演要像作家一样，通过他的所有作品表现他对生活的观点；一个导演的作品的价值是由他一贯表现出的思想和艺术特征所决定的。法国著名评论家A.巴赞在《关于作者论》（1957）一文中认为，“所谓作者论无非是把一个在其他艺术中被广泛承认的理论应用到电影上”。“作者论”的观点对于**法国新浪潮电影**以及各国现代电影都产生了重大影响。（刘果生）

字母数字

《A计划》 *Project A* 中国彩色故事片。嘉禾电影有限公司1983年出品。编剧，**成龙**、邓景生；导演，成龙；摄影，张耀祖；武术指导，成家班；主演，成龙、洪金宝、元彪、狄威、火星、王曼凝。

故事讲述了香港开埠初期，海盗猖獗，严重影响了香港及周边的安全。港英政府改编水师，成立水警，并制订了A计划打击海盗。但因为种种原因，水警总是出击失败。水警警长马如龙执行公务时遭人陷害，愤而辞职。海盗头目罗三炮抓走英国将军及其家眷做人质，当局决定利用和海盗有勾结的周永龄从中调停。马如龙因早知道周永龄与海盗勾结，自告奋勇拯救人质，重组水警并且继续执行A计划，潜入海盗巢穴，与上司洪天赐及好兄弟卓一飞里应外合，最终将海盗一网打尽。

影片一改成龙之前电影的格局，将武林情仇转向警匪作战，风格诙谐，情节完整，喜剧色彩浓厚，并兼具正剧色彩，是成龙20世纪80年代新影片模式的开篇之作。在动作方面，影片沿袭了**《醉拳》**等作品风格，采用动作加搞笑模式，并改善其之前影片动作模式化、套路化的缺点，开启了成龙电影中展现挑战自身极限的高难度动作的先例。影片1985年获第4届香港电影金像奖最佳动作指导奖。1987年，**嘉禾电影有限公司**出品了《A计划》续集。

（类成云）

3D数字摄影机 3D digital camera 同时运用两套光学成像系统采集和记录影像的摄影机。3D数字摄影机的原理为人类最早的立体成像技术——立体“照片对”。L.-J.-M.达盖尔公布摄影术11年后，英国人D.布鲁斯特发明了立体照相机。当时的立体照片由两张照片并排组合而成，照相机拍摄时使用相当于双眼距离的65毫米双镜头，一次性完成这两张照片的拍摄。观看立体照片需要借助立体镜，最初观看时左眼看到左边的照片，右眼看到右边的照片，通过短暂的视觉“调适”，左右眼的影像“重合”成了立体的影像。前景向前拉伸，背景后退，空间层次分明。立体照相机和立体镜的核心技术并不在于同时拍摄和呈现两张一样的照片，恰恰相反，是两张不一样的照片成就了立体影像。立体“照片对”只是两个静止的画面，观看时眼睛有足够的时间去调适。一旦建立空间关系，大脑的运算随即被暂停，立体画面得到持续呈现。一部3D影视作品通常会有超过1000个立体镜头对，涉及多种空间关系构成，每一组镜头对需要迅速在观众视觉系统中构建立体效果，需要极其精确地处理许多参数数据。所以3D摄影机必须能满足实时调节各种参数的要求，轴间距不会拘泥于视间距的65毫米，而是随具体的拍摄场景而变化，同时还涉及会聚、立体窗口、舒适区等大量的和活动影像相关的技术问题。

基于以上的原因，3D数字摄影机实际上指的是两台同样型号、安装同样光学镜头的摄影机，通过3D立体拍摄支架组合而成的一套三维机械结构拍摄系统。在此系统有两种安装方式：一种是两台摄影机并排排列，间距和会聚角可以根据实际的拍摄条件进行调整，成为并列式；另一种是摄影机90°角安装，通过分光玻璃板把拍摄对象分成两个影像给摄影机采集，称为分光垂直式。两种方式各有优缺点，并列式在间距和会聚角调整时会受到限制，而分光垂直式的分光系统会损失景物的亮度。

（毕根辉）

3D转播技术 3D broadcasting technology 在电视转播中应用3D技术进行摄录并播出的技术。3D转播技术主要依托视差原理，模仿人双眼间的距离所形成的视差，从而形成空间深度信息，最终还原出有空间感的立体影像。3D转播技术主要包括3D采集、3D信号处理、3D显示、3D切换以及3D信号收录等5个部分。3D采集的前端是3D讯道摄像机，一般分为两类，一类是在特制的3D支架上架设两台2D高清单镜头摄像机，另一类是便携式的3D双镜头摄像机。3D采集的后端是光纤适配器，摄像机通过此设备完成视频信号的输出及电源供电、通话给送、信号同步与控制单元的受控。

3D信号处理设备主要完成对**讯道摄像机**所给送画面的色彩、亮度及光轴的实时校正与调整。这道工序在传统的2D电视转播中没有，是3D电视转播系统所特有的。3D显示设备主要完成对3D信号的监看工作。由于3D的特殊性，显示设备需要具备如实还原3D视频信号的能力，普通的2D监视器无法胜任，必须使用特制的3D液晶监视器佐以3D眼镜来完成对于3D画面的监看。3D切换设备主要完成对3D信号的处理和切出工作。具备2级M/E系统且支持绑定功能的切换台均可支持3D的制作，但只有兼容升级3D软件的大型多级切换台能够支持视差校正等3D高阶功能。3D信号收录设备主要完成对于3D信号的记录与发送工作。目前业内常用的记录方式有两种，一种是将3D信号中的左右眼双路视频合成为一路，封装成视频文件，以固态硬盘或光盘作为存储介质进行存储，但这样处理会带来画质的压缩与损失；另一种方式是利用3D信号的双路双通特点对于视频流进行直接记录，即录像机具备双视频流录制能力，可在一盘磁带上同步上载记录两路高清信号，实现了3D左右眼图像的同步记录，大幅度提升了画面质量。

3D电视转播技术的应用突破了传统电视转播技术仅仅对二维空间进行还原的局限，电视转播工作者开始考量被摄主体的空间方位布局与景深位置关系对画面呈现的影响，极大地丰富了电视表现样态，为大型体育赛事及综艺节目的电视转播提供了全新的可能。与此同时，3D电视转播技术将演播现场更加真实、更加立体地呈现在普通观众面前，使其拥有了突破传统2D平面的全新视听体验，改变了其对于电视画面的既有认知，使其感受到了因空间层次感增强而产生的视觉冲击，使得观众足不出户便可享受到扑面而来的现场感。

（郑　月）

4K转播技术 4K rebroadcasting technology 在电视转播中应用4K技术进行摄录并播出的技术。4K是一种超高清显示规格，因符合此种规格的显示设备的横向分辨率约为4000像素，故而业内将之称之为4K。按照国际电信联盟（ITU）定义的标准，4K显示设备的分辨率为3840×2160，长宽比为16∶9，在该规格下显示设备的逐行扫描线可达到2160，其像素密度可达到全高清显示规格（1920×1080）的四倍。

4K转播技术是高清转播技术的全面强化与升级。由于4K信号的像素密度达到了全高清的四倍，因此对于前端摄像机的镜头与画质、视频信号的给送与处理、后端数据的记录与存储都提出了更高要求。

4K电视转播技术的应用，使以更大的画幅、更广的宽容度、更宽的色域、更高的信号指标以及更加富有层次的细节去还原和塑造现场成为可能，也使电视观众能够享受到接近于人眼解像力极限的独特收视体验，进而产生身临其境的观感。

（郑　月）

《007》系列　*007* series　谍战片系列。1962年开始出品。根据英国作家、原M16特工I.弗莱明的小说改编。有六位演员先后饰演过007，他们分别是S.康纳利、G.拉赞贝、R.摩尔、T.达顿、P.布鲁斯南、D.克雷格。

"007"是影片主人公詹姆斯·邦德的代号。007是一位英俊而富有魅力的特工，大概三四十岁。他喜欢饮酒、吸烟、赌博、赛车，生性风流，枪法高明，并且对徒手格斗、滑雪、游泳、高尔夫都非常熟练。他冷酷但多情，机智且勇敢，总能在最危难时化险为夷，也总能邂逅一段浪漫的爱情。《007》系列是世界电影史上最长的连续运行的电影系列之一，第一部于1962年10月5日公映后，直到今天仍长盛不衰。

（范　倍）

20世纪福克斯电影公司　20th Century Fox Film Corporation　美国电影机构。成立于1935年5月，由默片时代的大公司福克斯电影公司和20世纪影片公司合并而成。合并后的新公司由20世纪影片公司的创始人之一J.M.申克领导。20世纪福克斯电影公司是20世纪30～40年代垄断好莱坞电影生产、发行和放映的8家大电影公司之一。当时公司拥有导演E.刘别谦、E.卡赞、O.普雷明格等人，并拥有不少受观众欢迎的电影明星，如S.邓波儿、L.杨、H.方达、G.派克等，他们曾拍摄了一些有一定质量的影片。这一时期，公司生产的影片样式不一，艺术质量也参差不齐，但影片的技术质量都比较高。1940年，J.福特为公司导演的《怒火之花》可作为艺术与技术质量俱佳的例子。

从20世纪50年代开始，美国电影业进入衰退时期。该公司为了与新兴的电视抗衡，夺回观众，曾致力于研究西尼玛斯柯普式宽银幕在商业上的应用。1953年9月16日，根据圣经故事改编拍摄的第一部宽银幕故事片《长袍》在纽约罗克亚影院上映，这不仅是该公司成立以来最赚钱的影片，也是电影从默片进入有声片以来在技术上的一次突破。20世纪60年代，

《海神号遇险记》剧照

摄制了美国电影史上成本空前的影片《克娄巴特拉》(1963，又译《埃及艳后》)，惨遭失败。1972年，又推出《海神号遇险记》，开创了泛滥于20世纪70年代的灾难片样式。20世纪70年代后期，该公司拍片很少。一般一年只拍几部，主要拍摄电视片。

1981年，大石油商M.戴维斯买下了这家公司。当时，福克斯公司的资产还包括卵石滩高尔夫球场、阿斯彭滑雪公司和一个世纪城。1985年，R.默多克收购了这家公司，并以3.25亿美元的价格买下了M.戴维斯在福克斯的所有股份。1986年，新的福克斯广播公司开始运营，在接下来的20多年里，福克斯拥有的网络与电视台发展成一个有着丰厚利润的新闻集团。

2000年1月，福克斯公司成为米高梅－联美的国际分销商。此外，还为小型的独立制片公司发行影片。旗下拥有两家子公司，分别是制作三维动画的蓝天工作室和发行独立电影的福克斯探照灯影业。蓝天工作室制作的《冰河世纪》系列和《机器人》都获得了很好的成绩。2008年，福克斯公司宣布成立一家亚洲子公司，名为福克斯星空工作室，这是一家与星空卫视合办的合资企业，该公司隶属于新闻集团。福克斯公司开始为宝莱坞的市场制作电影，然后扩展到亚洲的其他几个主要市场。2009年，出品J.卡梅隆执导的电影《阿凡达》，给福克斯公司带来了巨大的收益。

2012年，R.默多克宣布，集团拆分为两家出版和媒体公司——福克斯娱乐集团和20世纪福克斯公司。2019年3月，被华特迪士尼公司收购。2020年1月，迪士尼正式停用"福克斯"品牌，20世纪福克斯更名为20世纪影业。

（胡思旅　撰　秦喜清　修订）

《2001：太空漫游》　*2001: A Space Odyssey*　美国彩色故事片。米高梅电影公司1968年出品。编剧，S.库布里克、A.C.克拉克；导演，S.库布里克；摄影，G.安斯沃思；主演，K.杜拉、G.洛克伍德、D.雷恩。

故事讲述了一群原始的猩猩接触了一块黑色石碑，从而获得了使用工具的智慧。时间来到2001年，人类发现了石碑的存在，但在几个人准备和石碑合影时，却传来莫名的啸叫杂音。由于石碑与木星的某种关联，人类又派出了携带高等人工智能HAL9000电脑和几个宇航员的飞船去探索黑色石碑，但电脑莫名叛变，害死了很多人。最终，唯一的幸存者沿着石碑的线索，仿佛进入时空隧道，看到一系列光怪陆离的景象，迅速老去的他进入了未来时空，了解到石碑中所蕴含的关于人类文明的真相。

《2001：太空漫游》海报

影片围绕一块神秘的黑色石碑，展开对人类过去和未来的思索，表现出人类为克服自身暴力与愚昧倾向而做出的努力。在影片太空漫游的场景中，交响乐的运用突出了宇宙的浩瀚博大；声乐和器乐的灵活使用，将宇宙的神秘感和人类历史的沧桑感相结合，赋予影片一种浪漫深邃的气质。影片1969年获第41届美国电影奥斯卡奖最佳视觉效果奖，第22届英国电影学院奖最佳艺术指导奖、最佳摄影奖、最佳声轨奖，第13届意大利电影大卫奖最佳外国制作奖。

（黄　鹏）

大 事 年 表

1832 年	·12 月，比利时 J. 普拉多利用“法拉第轮”的原理，制成“诡盘”，现代电影原理由此产生
1834 年	·英国 W.G. 霍尔纳创制“走马盘”
1837 年	·4 月 9 日，美国 S.F.B. 莫尔斯发明的电报机实验成功
1839 年	·法国 L.-J.-M. 达盖尔创造出“银版摄影法”，摄影术从此开始
1844 年	·5 月 24 日，美国 S.F.B. 莫尔斯利用从华盛顿到巴尔的摩的实验电报线成功拍发了世界上第一封有线电报
1853 年	·奥地利 F.von 乌却梯奥斯把连续动作的人形放映在布幕上，制成活动幻灯
1861 年	·美国 C. 塞勒斯制成“活动照片镜”
1864 年	·英国 J.C. 麦克斯韦提出无线电波存在的理论
1870 年	·2 月 5 日，美国 H.P. 海尔展示了他创制的“法斯玛特洛普”，可以快速地放映以普通摄影法拍下的一组舞蹈照片，给人以活动的感觉
1873 年	·英国约瑟夫·梅证实硒元素具有光电效应
1876 年	·3 月 10 日，英国 A.G. 贝尔在美国波士顿成功研制电话机
1877 年	·法国 É. 雷诺制成“活动视镜”
1878 年	·英国 E.J. 慕布里奇在美国拍摄马跑的动作姿态。这一试验使他成为第一个把照相术用于活动摄影的人
1880 年	·美国 H. 古德温用赛璐珞作片基，涂以感光乳剂制成软胶片。同年，G. 伊斯曼也做了相似的试验
	·德国李伯莱发明电视旋转盘扫描方式
1882 年	·法国 É.J. 玛雷制成“摄影枪”——“固定底片连续摄影机”
1884 年	·英国 W. 弗里斯－格林制成第一台电影摄影机
	·德国 P.G. 尼普科夫提出旋转盘机械扫描图像的传送电信号方法，并制成金属扫描板，初步解决了把图像分成小单元逐次传送的问题
	·德国 P.G. 尼普科夫提出并申请了世界上第一个机械式电视系统的专利
1885 年	·1 月 15 日，德国 P.G. 尼普科夫获得柏林皇家专利局批准的“德国帝国专利 30105 号”的专利。在专利申报书上，尼普科夫将其发明的光电机械扫描盘描述为“这里所述的仪器，能使处于 A 地的物体在任意一个 B 地被看到”，成为世界电视发展史上的第一个电视专利，被称为“尼普科圆盘”
1888 年	·美国 T.A. 爱迪生和英国 W.L.K. 迪克森用他们的“光学留声机”摄影，获得成功

	·法国 L.A.A. 勒普朗斯用他获得专利权的电影摄影机拍下了英国最早的一批短片
1889 年	·1 月，英国 W. 弗里斯－格林用穿孔赛璐珞底片拍摄海德公园大街
	·美国 G. 伊斯曼聘用 J.W. 海厄特，利用硝化纤维制成第一卷软片。T.A. 爱迪生向 G. 伊斯曼订购胶卷，于 10 月制成第一部打孔影片
1890 年	·英国 W. 弗里斯－格林和 M. 埃文斯在巴斯的摄影大会上公开做活动照片放映的实验
1892 年	·法国 É. 雷诺在巴黎的格雷万蜡像馆开设“视觉剧场”，放映世界上最早的动画片
1894 年	·2 月，美国 T.A. 爱迪生在他的实验所附近建成世界上第一所摄影厂棚，被称为“黑囚车”
	·4 月 14 日，美国 T.A. 爱迪生的“电影视镜”在纽约第一次展出
1895 年	·6 月 20 日，英国 B. 艾克里斯在德国拍摄了德皇威廉二世为基尔运河通航剪彩的镜头，被认为是世界上第一部新闻片
	·9 月，美国 T. 阿马特在亚特兰大的产棉州展览会上展出了他创制的放映机——“幻影放映机”，用环孔形方法使胶片每一格的形象能停留一霎，这使形象在布幕上显得清晰、稳定。T.A. 爱迪生向阿马特取得制造和销售权，并重新取名为“维太放映机”
	·11 月 1 日，德国 M. 斯克拉达诺夫斯基和 E. 斯克拉达诺夫斯基在柏林冬宫向 1500 名观众公映了他们拍摄的影片
	·12 月 28 日，法国 L. 卢米埃尔在巴黎用他发明设计的“活动电影机”首次放映了《工厂大门》《水浇园丁》《婴儿的午餐》等影片。这一天，被世界各国电影界公认为标志着电影发明阶段的终结和电影时代的正式开始
1896 年	·2 月，意大利（都灵）首映电影
	·3 月 26 日，英国（伦敦）首映电影
	·5 月 4 日，俄国（圣彼得堡）首映电影
	·5 月 10 日，匈牙利（布达佩斯）首映电影
	·5 月 15 日，西班牙（马德里）首映电影
	·5 月 27 日，罗马尼亚（布加勒斯特）首映电影
	·6 月 7 日，南斯拉夫（贝尔格莱德）、丹麦（哥本哈根）首映电影
	·6 月 9 日，荷兰（斯海弗宁恩）首映电影
	·6 月 26 日，美国第一家电影院在新奥尔良市开业
	·6 月 28 日，瑞典（马尔默）首映电影
	·7 月 7 日，印度（孟买）首映电影
	·7 月 15 日，捷克斯洛伐克（卡罗维发利）首映电影
	·7 月 28 日，阿根廷（布宜诺斯艾利斯）首映电影
	·7 月，巴西（里约热内卢）首映电影

	·8月11日，中国上海西郊徐园内“又一村”放映“西洋影戏”，被视为中国第一次电影放映
	·8月15日，墨西哥（墨西哥城）首映电影
	·8月22日，澳大利亚（墨尔本）首映电影
	·10月，波兰首映电影
	·10月，英国R.W.保罗制作了世界上第一部旅游片《西班牙和葡萄牙旅记》
	·11月，德国柏林建成欧洲第一座电影摄影棚，是世界上第一座用人工照明的摄影棚
	·11月，法国L.**卢米埃尔**派摄影师在威尼斯大运河上拍摄影片《威尼斯圣马克广场一瞥》，第一次用**摇镜头**拍下了广场全景
	·埃及（亚历山大）首映电影
1897年	·1月24日，古巴（哈瓦那）首映电影
	·5月，波兰 B.马佐齐斯基在圣彼得堡和华沙的医院里拍摄了世界第一部医学影片
	·6月，日本首映电影
	·12月25日，乌拉圭（蒙得维的亚）首映电影
	·日本柴田常吉用法国**高蒙影片公司**制造的摄影机，拍摄《银座街》《鹤舞》等最早的日本影片
	·墨西哥S.托斯卡诺拍摄了墨西哥第一部影片《唐胡安·特诺里奥》
	·法国拍摄的《索尔米骑兵学校》被认为是世界上第一部纪录电影
	·德国O.默斯在柏林拍摄了一朵花盛开与凋谢的过程，定时系数按24小时拍1500格进行，被认为是最早采用定时摄影技术的影片
	·德国K.F.布劳恩发明了可以接受电子的收像真空管
1898年	·3月，希腊（雅典）、保加利亚（鲁塞）首映电影
	·美国爱迪生公司派摄影师J.李卡顿到印度、中国各地拍摄素材，编成《香港商团》《香港街镇》《香港总督府》《中国仪仗队》《上海警察》等短片
	·法国G.**梅里爱**在巴黎创办明星电影公司
	·美国维太格拉夫影片公司在简陋的摄影棚内拍摄出最早的宣传影片《撕下西班牙国旗》
	·法国G.梅里爱拍摄的《魔鬼洞穴》和英国G.A.史密斯拍摄的《科西嘉兄弟》都较早使用了二次曝光技巧
1899年	·法国G.梅里爱在童话片《灰姑娘》中第一次使用渐隐渐现变换场景。同年，他拍摄的《德雷福斯案件》在法国被禁
	·英国R.W.保罗在伦敦郊外绍斯盖特的摄影棚制造并使用了世界上第一辆摄影机移动车
1900年	·8月，俄国C.伯斯基在巴黎举办的第1届国际电子技术会议上宣读了《电与电视》一文。文中首次出现的“电视”（television）一词逐渐取代了此前使用的“telephoto”和“telectroscope”等进入正规出版物，并一直沿用至今
	·朝鲜首映电影

	·英国G.A.史密斯拍摄的《老奶奶的放大镜》，是最早在一个场景中插入特写、中景镜头的影片
1902年	·1月，中国北京前门打磨厂福寿堂首次放映电影，包括《黑人吃西瓜》《脚踏车赛跑车》《马由墙壁直上屋顶》三部短片
1903年	·美国E.鲍特导演的《火车大劫案》公映，该片有14个场景，摄影机不在固定位置拍摄，成为美国电影史上第一部经典作品，也是美国第一部西部片
	·奥地利芬·伯克最早提出彩色电视的传送与接收原理
1904年	·美国E.鲍特在影片《犯过罪的人》中首先采用对比结构和平行结构的镜头组接
1905年	·中国开始尝试拍摄影片，任庆泰开设的北京丰泰照相馆摄制了中国第一部影片《定军山》，京剧表演艺术家谭鑫培主演了同名京剧的几个片段
	·英国布莱顿学派的代表作《义犬救主记》上映
	·美国E.鲍特在影片《嗜食奶饼者的梦》中，最早使用停机再拍、插片、二次曝光、移动摄影、化入化出等技巧
1906年	·12月24日，澳大利亚C.泰特导演的《凯利帮的故事》在墨尔本公映，被认为是世界上最早的长故事片
	·希腊拍摄了关于奥林匹克运动会的第一部纪录片
	·美国J.S.勃拉克顿为比沃格拉夫影片公司拍摄了第一部动画片《滑稽面孔的幽默姿态》
1907年	·法国百代影片公司派摄影师F.米斯格到中国拍摄素材，编成《中国的家庭和街景》《中国海军生活》等短片
	·影片开始插入说明字幕
	·俄国B.罗辛发明了世界上第一部电子显像的电视接收机
1908年	·8月17日，第一部带有故事性的动画片《幻灯戏》在巴黎首映，它是世界上第一位专业动画片制作人E.科尔绘制拍摄的
	·意大利A.E.劳罗斯在中国上海、北京拍摄新闻短片《上海第一辆电车行驶》《西太后光绪帝大出丧》
	·西班牙A.雷玛斯在上海虹口海宁路与乍浦路口，用铅铁皮搭建了一座可容250人的虹口大戏院，是上海的第一座正式电影院
	·法国制作完成《百代新闻》（后改名《百代杂志》），是世界上最早的广泛发行的新闻杂志片
1909年	·1月，美国爱迪生公司联合其他电影制片公司组织成立电影专利公司，实行发放上映许可证制度
	·美国B.布拉斯基成立亚细亚影戏公司，在中国上海拍摄短片《西太后》《不幸儿》，在中国香港拍摄短片《瓦盆伸冤》《偷烧鸡》
	·美国第一个电影检查机构在纽约成立
	·35毫米电影胶片成为国际公认的标准规格
1910年	·3月，美国C.莱默尔利用报纸的宣传，使演员F.劳伦斯成为第一个电影明星，美国的明星制度从此确立

	·意大利R. 奥梅尼亚来中国拍摄《上海日》《中国服装》《中国葬仪》三部短片，并在欧洲发行
	·日本梅屋庄吉派荻原贤选来中国拍摄有关中国革命的纪录片
	·法国E. 科尔摄制完成最早的木偶片《小浮士德》
1911年	·反映中国辛亥革命的新闻短片《武汉战争》（导演朱连奎）、《强行剪辫》（导演A.E. 劳罗斯）在上海等地公映
	·意大利R. 卡努杜发表《第七艺术宣言》，宣布电影为一门艺术
1912年	·美国A. 依什尔和T.H. 萨弗承办上海亚细亚影戏公司，聘张石川为顾问
1913年	·4月9日，丹麦首都哥本哈根的皇家图书馆成立丹麦国立历史电影资料馆，是世界上第一个电影资料馆
	·9月29日，郑正秋、张石川拍摄的中国第一部短故事片《难夫难妻》在上海新新舞台上映
	·12月，英国C. 卓别林主演了他的第一部影片《谋生》
	·黎民伟在香港编导并主演短片《庄子试妻》
	·英国摄制新闻片，拍下了4月21日英王乔治五世乘维多利亚与艾伯特号皇家游艇访问巴黎抵达加来时的情景，其中有电影史上第一次从飞机上拍摄的镜头
	·好莱坞有了法定的地名，正式成为美国摄制电影的基地
1915年	·美国D. 格里菲斯编导的艺术技巧上具有创新的长故事片《一个国家的诞生》公映，引起美国各地反种族团体的抗议
	·美国米特罗影片公司在拍摄影片《副统帅》时，第一次使用了摄影升降机
	·美国海军舰只装配电影放映设备，开始利用军教影片训练炮手
1916年	·上海幻仙影片公司摄制、张石川及管海峰导演的《黑籍冤魂》上映
	·美国较大的电影院开始雇用乐队，放映电影时用音乐伴奏
	·美国D. 格里菲斯编导的影片《党同伐异》完成
	·美国电影工程师学会成立
	·美国发行世界上第一部剪纸片《裁缝英巴特》
1917年	·2月14日，美国山立格公司摄制的连集片《凯塞琳历险记》完成最后一集。该片是电影史上最长的连集片，从1914年11月7日发行第一本起，共拍了119本
	·商务印书馆活动影戏部在上海成立，年末拍摄第一部短片《商务印书馆放工》
	·苏联开始拍摄记录无产阶级革命实况的影片
	·苏联L.V. 库里肖夫发表电影理论文章，提出镜头内与镜头间的蒙太奇学说
1918年	·商务印书馆活动影戏部开始拍摄《美国红十字会大游行》《东方六大学运动会》等时事片
	·欧洲的战争使美国电影业得到大发展，美国当年拍片840部
	·美国W. 麦凯制作了世界上第一部长动画片《卢西塔尼亚号的沉没》

1919年

· 4月17日，美国好莱坞的D. 格里菲斯、C. 卓别林、D. 范朋克和M. 璧克馥合组联美公司

· 8月27日，苏联列宁签署《人民委员会关于照相电影的商业与工业移交教育人民委员会管理》的法令，苏联开始电影国有化

· 9月1日，苏联莫斯科国立电影学校成立，后为莫斯科国立电影学院

· 商务印书馆活动影戏部拍摄中国最早的风景片《西湖风景》《庐山风景》和《浙江潮》

· 美国出版了第一本明星自传《就是我》，作者是以主演连集片《宝莲历险》成名的白珍珠（P. 怀特）

1920年

· 6月，法国L. 德吕克在巴黎成立欧洲第一个电影俱乐部

· 日本松竹电影公司成立

· 德国R. 维内导演的表现主义电影代表作《卡里加里博士的小屋》问世

1921年

· 中国拍摄第一批长故事片《阎瑞生》《红粉骷髅》和《海誓》

· 梅雪俦、李泽源、刘兆明等旅美侨胞和留学生出于不满美国电影对中国人的歧视，招股成立长城制造画片公司（后改为长城画片公司）

· 德国P. 莱尼和L. 耶斯纳拍摄了第一部室内剧电影《后楼梯》

· 德国H. 里希特拍摄了先锋派电影《节奏21》

· 英国C. 卓别林完成他编导并主演的长喜剧片《寻子遇仙记》

1922年

· 3月，美国电影制片人和发行人协会成立

· 3月，张石川、郑正秋、周剑云、郑鹧鸪等在上海创办明星影片公司

· 3月，明星影片公司开办中国第一所电影学校——明星影戏学校

· 6月，美国R. 弗拉哈迪在加拿大拍摄的有关因纽特人真实生活的纪录片《北方的纳努克》公映

· 9月27日，世界第一部立体电影故事片《爱情的威力》在美国洛杉矶首映

· 10月22日，美国发行影片《无头骑士》。该片第一次采用在1918年即试验成功的全色胶片进行拍摄

· 11月26日，美国纽约丽都大戏院首映《海上钟声》。该片是第一部采用减色法彩色系统拍摄的长故事片

· 苏联D. 维尔托夫成立电影眼睛派

1923年

· 11月28日，世界第一个业余电影俱乐部在英国剑桥大学成立

· 明星影片公司完成有社会影响的长故事片《孤儿救祖记》

· 苏联S.M. 爱森斯坦发表《杂耍蒙太奇》一文

· 捷克斯洛伐克在布拉格创办了全世界第一座电影博物馆——捷克斯洛伐克电影博物馆

· 美国W. 迪士尼在好莱坞开始动画片制作

· 美国伊斯曼柯达公司开始提供16毫米影片使用的醋酸片基安全胶片

1924 年 · 5 月 17 日，美国米特罗、高尔温和梅耶三家好莱坞电影公司合并改组为米高梅电影公司

· 香港开拍第一部长故事片《胭脂》

· 黎民伟和摄影师罗永祥在广州拍摄有关孙中山活动的纪录片

· 大中华、百合和长城画片三家影片公司在上海成立

· 日本《电影旬报》第一次举办评奖活动

· 法国巴黎出版的《电影》杂志一月号中首次使用“纪录电影”的名称

· 法国 R. 克莱尔拍摄《幕间休息》和《沉睡的巴黎》，推动了法国的先锋派电影

· 美国哥伦比亚影业公司在好莱坞成立

· 美国《纽约时报》开始评选本年度十部最佳影片

· 俄裔美国人 V. 斯福罗金的研究成果——电子电视模型出现

· 英国 J.L. 贝尔德的机械电视装置实验成功

1925 年 · 2 月，美国发行探险片《洪荒世界》，第一次采用背景放映合成技术

· 4 月，英国 J.L. 贝尔德在伦敦一家塞尔福里奇百货商店门前进行了商业表演，为世界上第一次公开的电视表演

· 6 月，英国 C. 卓别林编导兼主演的喜剧片《淘金记》公映

· 10 月 2 日，英国 J.L. 贝尔德在伦敦的一次实验中“扫描”出木偶的图像，人们将此看作电视诞生的标志，他也被称为“电视之父”

· 12 月，苏联莫斯科大剧院首次放映 S.M. 爱森斯坦的经典名作《战舰波将金号》

· 12 月，记录苏联飞机从莫斯科飞往北京的纪录片《伟大的飞行》在苏联公映

· 洪深在明星影片公司编导他第一部电影《冯大少爷》

· 洪深创作的电影剧本《申屠氏》发表于《东方杂志》第 22 卷第 1～4 期，是中国第一个比较完整的电影剧本

· 天一、神州两家影片公司在中国上海成立

1926 年 · 1 月 26 日，英国 J.L. 贝尔德应英国皇家学会邀请，向 40 余名学会会员及新闻记者展示了通过英国广播公司（BBC）电台的无线电传送图像并在其实验室的电视接收机复现的操作，在全世界产生了极大反响

· 8 月 6 日，美国纽约曼哈顿歌剧院首次上映华纳兄弟影业公司拍摄配有音响效果的音乐片《唐璜》

· 10 月 11 日，苏联 V.I. 普多夫金的经典名作《母亲》在苏联公映

· 中国掀起古装片拍摄热潮

· 英国制定电影法，实行本国影片保护政策

1927 年 · 5 月 11 日，美国电影艺术与科学学院宣告成立，D. 范朋克为第一任主席

· 中国第一部电影年鉴《中华影业年鉴》在上海出版，程树仁主编，甘亚子、陈定秀编辑

· 罗明佑在北京成立华北电影有限公司

· 苏联 Y. 布里奥赫在上海拍摄纪录片《上海纪事》

· 美国华纳兄弟影业公司在纽约百老汇的华纳大戏院公映第一部对白配唱

· 美国音乐故事片《爵士歌王》上映，标志着有声电影正式诞生

· 荷兰 J. 伊文思在阿姆斯特丹组织成立了俱乐部性质的“电影－联盟”

· 美国在纽约、新泽西、华盛顿开设电视联播实验

1928 年

· 7 月 6 日，美国纽约首映华纳兄弟影业公司摄制的第一部全部有声对白故事片《纽约之光》

· 7 月，英国 J.L. 贝尔德首次进行彩色电视实验

· 9 月 28 日，美国华纳兄弟影业公司发行《可歌可泣》，影片插曲《亲爱的孩子》成为美国第一支流行电影歌曲

· 10 月 31 日，英国 J.L. 贝尔德从伦敦把电视画面传送到格拉斯哥，全程 640 千米，之后又把电视画面传送到美国纽约

· 11 月 18 日，美国 W. 迪士尼绘制的有声动画片《蒸汽船威利》在纽约首映，第一次在银幕上向观众展示动画人物米老鼠

· 明星影片公司摄制的武侠片《火烧红莲寺》在上海公映

· 美国雷电华影业股份有限公司在好莱坞成立

1929 年

· 2 月，日本成立无产阶级电影同盟

· 5 月 16 日，美国电影艺术与科学学院举行第 1 届奥斯卡奖颁奖仪式

· 6 月 9 日，英国第一部有声新闻杂志片《不列颠慕维通》首映

· 英国广播公司应用 J.L. 贝尔德的机械电视系统进行了公共电视节目的试播

· 英国广播公司在伦敦开设实验性电视台，并于次年实现声画同步

1930 年

· 4 月 27 日，美国环球影片公司发行影片《西线无战事》。该片是最早采用混合录音的有声片

· 5 月 31 日，日本无产阶级电影同盟在东京读卖新闻社礼堂首次举行公开放映会，放映了《五一劳动节》《田园小景》和《无产阶级电影新闻》等，是日本电影第一次参加无产阶级解放运动的历史性事件

· 8 月，华北电影有限公司、民新影片公司、大中华百合影片公司等联合组成联华影业公司

1931 年

· 2 月 22 日，中国公映第一部配音歌唱片《野草闲花》

· 3 月 28 日，中国公映蜡盘发音有声片《歌女红牡丹》

· 6 月 1 号，苏联第一部有声片《生路》公映

· 7 月 21 日，美国哥伦比亚广播公司在纽约建立电视台

· 俄裔美国人 V. 斯福罗金制造出摄像显像管

	·美国 A.B. 杜蒙发明阴极显像管
	·电子电视在美国洛杉矶和苏联莫斯科开始试验广播
1932 年	·7 月 8 日，中国教育电影协会在南京成立
	·8 月 6 日，第 1 届意大利威尼斯国际电影节开幕
	·8 月，美国伊斯曼柯达公司制造出第一批 8 毫米电影摄影机和放映机（1965 年又试制出超 8 毫米电影器材）
	·12 月 29 日，联华影业公司摄制的《三个摩登女性》在上海公映
	·左翼文艺工作者黄子布（夏衍）、郑君平（郑伯奇）、钱谦吾（阿英）进入明星影片公司，组建编剧委员会
	·美国无线电公司开始在纽约进行电子电视系统的试播
1933 年	·3 月 1 日，刘呐鸥、黄嘉谟主办的《现代电影》杂志在上海创刊
	·3 月，中国共产党党的电影小组在上海成立
	·受经济萧条影响，美国大批电影院停业
	·世界上第一座汽车电影院在美国新泽西州建成
1934 年	·电通影片公司在上海成立
	·蔡楚生编导的《渔光曲》和郑正秋编导的《姊妹花》公映，成为 20 世纪 30 年代最受观众欢迎的中国影片
	·中国教育电影协会编纂出版了《中国电影年鉴》
	·美国国会通过《通信法》，联邦通信委员会（FCC）依法取代原联邦无线电委员会，管理美国的广播、电视及通信事业
1935 年	·2 月 21 日，苏联莫斯科举行国际电影节，中国影片《渔光曲》获荣誉奖
	·3 月，洪深编写的《电影术语词典》由上海天马书店印行出版，是中国最早出版的电影词典
	·6 月 14 日，美国影片《浮华世界》问世，是世界第一部用三原色特艺彩色工艺（染印法）拍摄的长故事片
	·新华影业公司在上海成立
	·意大利电影实验中心在罗马郊区成立
	·美国好莱坞的 20 世纪影片公司和福克斯电影公司合并，成立 20 世纪福克斯电影公司
	·美国举办第 1 届纽约影评人协会奖
1936 年	·6 月 11 日，苏联拍摄的第一部彩色（二分法）影片《夜莺曲》首映
	·7 月 1 日，明星影片公司成立二厂
	·7 月 7 日，美国全国广播公司的一家电视台播出清晰度较高的电子电视

	·11 月 2 日，英国广播公司在伦敦市郊的亚历山大皇宫正式建立了世界上第一座电视台，向公众播放了歌舞节目，标志着世界电视事业的诞生
	·英国 C. 卓别林编导、主演的《摩登时代》问世
1937 年	·5 月 21 日，英国第一次户外电视实况转播英国国王乔治六世加冕礼
	·7 月 18 日，中国电影《马路天使》在上海首映
	·8 月 21 日，在日本驻关东军总部策划下，“株式会社满洲映画协会”（简称“满映”）在“新京”（长春）建立
	·11 月 9 日，美国第一条同轴电缆（纽约—费城）完工，费城电视台通过电缆转播纽约电视台节目
	·美国 W. 迪士尼制作的世界上第一部大型彩色动画片《白雪公主和七个小矮人》首映
	·意大利在罗马试播电视
	·美国有 17 家实验电视台广播节目
1938 年	·1 月 29 日，中华全国电影界抗敌协会成立
	·9 月，八路军总政治部电影团（即延安电影团）在延安成立
	·中国电影制片厂拍摄了《保卫我们的土地》等抗战故事片和第一批新闻片
	·荷兰 J. 伊文思来中国拍摄纪录片《四万万人民》
	·国际电影资料馆联合会（FIAF）在法国巴黎成立
	·法国正式开始电视广播
1939 年	·4 月 30 日，美国无线电公司所属的全国广播公司（NBC）播放了当时罗斯福总统主持的世界博览会开幕式，标志着美国电视事业的开始
	·5 月，日本广播协会的电视发射与接收实验成功
	·9 月，苏联莫斯科电视台和列宁格勒电视台开始正式播放节目
	·9 月，英国广播公司停播电视
	·中国电影制片厂完成抗战故事片《保家乡》《好丈夫》
	·中央电影摄影场完成《中华儿女》
	·蔡楚生在香港编导了《孤岛天堂》
	·上海华成影片公司拍摄《木兰从军》，掀起了拍摄古装片的热潮
	·苏联和德国开始正式电视广播
1940 年	·英国 C. 卓别林编导、主演的反纳粹经典作品《大独裁者》问世
	·美国 W. 迪士尼完成《幻想曲》，是第一部使用动画摄影机拍摄的大型彩色动画片

	·苏联立体电影研制成功
	·美国无线电公司试验成功彩色电视
1941 年	·万籁鸣、万古蟾等在上海完成中国第一部大型动画片《铁扇公主》
	·加拿大国家电影局的 N. 麦克拉伦开始制作动画片
	·美国 O. 威尔斯导演的划时代电影《公民凯恩》问世
	·美国开始正式电视广播
1942 年	·5 月 2 日，中共中央宣传部在延安杨家岭大礼堂开始举行延安文艺座谈会，毛泽东在座谈会上做了《在延安文艺座谈会上的讲话》（“引言”部分）的报告
	·德国开始生产阿克发彩色胶片
1943 年	·意大利威尼斯国际电影节停办
	·日本《电影旬报》评奖活动中止
1944 年	·苏联 S.M. 爱森斯坦完成《伊凡雷帝》上集，影片进一步发展了声画对位的理论
	·美国在洛杉矶好莱坞希尔顿酒店举办第 1 届电影金球奖
1945 年	·5 月 13 日，美国全国广播公司建立电视新闻部
	·10 月 1 日，东北电影公司成立
	·意大利 R. 罗西里尼导演了战后第一部影片《罗马，不设防的城市》，开启了意大利新现实主义电影运动
	·美国伊斯曼柯达公司制成 16 毫米彩色胶片
	·美国好莱坞兴起由导演、剧作家和演员创办的独立制片公司
1946 年	·8 月，文华影业公司在上海成立，由吴性栽独资经营
	·10 月 1 日，东北电影制片厂在兴山成立
	·10 月 15 日，华北电影队在河北涞源成立
	·中国电影制片厂由重庆迁往南京
	·法国举办第 1 届戛纳国际电影节
	·意大利恢复举办威尼斯国际电影节
	·日本《电影旬报》复刊并恢复评奖活动
	·日本《每日新闻》创办电影奖
	·捷克斯洛伐克创办卡罗维发利国际电影节
1947 年	·1 月 3 日，美国电视首次实况转播国会开会情况
	·6 月，联华影艺社与昆仑影业公司合并

- 6 月 16 日，美国杜蒙电视网首播晚间电视新闻节目《华盛顿之讯》，是美国第一家推出晚间电视新闻的电视网
- 新中国第一部木偶片《皇帝梦》由东北电影制片厂摄制完成
- 英国举办爱丁堡国际电影节和**英国电影学院奖**评奖活动
- 苏联拍摄世界第一部彩色立体长故事片《鲁宾逊漂流记》
- 美国杜邦公司为亚尔西爱电器公司试制成功涂有磁性材料的胶片

1948 年

- 4 月 1 日，荷兰飞利浦公司试播电视，每周播放 3 次
- 4～10 月，日本东宝公司大罢工，独立制片运动兴起
- 9 月，**费穆**导演的《**小城之春**》公映
- 10 月，中国长春解放，东北电影制片厂自兴山迁回长春（1955 年改为**长春电影制片厂**）
- 东北电影制片厂拍摄了第一部短故事片《留下他打老蒋》、第一部**科教片**《预防鼠疫》、第一部动画片《瓮中捉鳖》
- 保加利亚电影事业实现国有化

1949 年

- 4 月 20 日，北平电影制片厂（后为**北京电影制片厂**）成立
- 5 月 1 日，东北电影制片厂完成第一部长故事片《桥》；同月底完成第一部**译制片**《普通一兵》
- 6 月 29 日，中华人民共和国农业部农业电影社成立（1963 年改名为农业电影制片厂；1978 年改为北京农业电影制片厂；1981 年 5 月 8 日改为中国农业科学电影制片厂）
- 6 月 29 日，苏联首次进行电视实况转播，在莫斯科“狄纳莫”中央体育场用电视转播车转播足球比赛
- 6 月，中国台湾第一部“国语片”《阿里山风云》（又名《吴凤传》）在花莲港拍摄
- 7 月，中华全国文学艺术工作者第一次代表大会在北平召开。大会期间，成立了中华全国电影艺术工作者协会（后改为中国电影工作者联谊会）
- 11 月 16 日，**上海电影制片厂**成立
- 日本制定《映画伦理规程》
- 美国伊斯曼柯达公司制造出安全片基胶片

1950 年

- 7 月 12 日，联邦德国西北广播电台试播电视
- 7 月 15 日，中国电影代表团首次参加捷克斯洛伐克举办的**卡罗维发利国际电影节**
- 9 月 5 日，北京电影洗印厂（后为北京电影洗印录像技术厂）建立
- 11～12 月，**北京电影制片厂**派出新闻摄影队随志愿军入朝拍摄抗美援朝新闻纪录片

1951 年

- 2 月 1 日，中国影片经理公司总公司在北京成立
- 3 月，苏联中央电视台在莫斯科建立
- 3 月 8 日起，中国 26 个城市举行国营电影制片厂新片展览月活动

· 7 月 1 日，中国电影器材公司成立

· 日本彩色影片公司成立。用富士彩色胶片拍摄的第一部故事片《卡门归乡》上映

· 德国举办第 1 届柏林国际电影节

· 法国 A. 巴赞、J. 多尼奥尔－瓦尔克洛兹和 J.-M. 洛杜卡创建电影刊物《电影手册》

1952 年

· 8 月 1 日，中国人民解放军电影制片厂在北京成立，后改名为中国人民解放军八一电影制片厂，简称八一电影制片厂

· 9 月 30 日，世界第一部全景电影在美国纽约公映

· 10 月，日本电视网公司（NTV）在东京创办，是日本最早的私营商业电视机构，该机构 1953 年 3 月播出电视节目

· 印度举办第 1 届国际电影节

· 澳大利亚举办第 1 届墨尔本国际电影节

· 日本电影《罗生门》获第 24 届美国电影奥斯卡奖最佳外语片奖

· 美国联邦通信委员会开放电视经营执照

1953 年

· 2 月 1 日，日本广播协会开始电视广播，初期每天广播 4 小时

· 2 月 2 日，上海科学教育电影制片厂在上海成立

· 5 月，美国休斯敦大学开办 KUHT 电视台，是美国最早的教育电视台

· 7 月 7 日，中央新闻纪录电影制片厂在北京成立

· 9 月 24 日，美国 20世纪福克斯电影公司摄制的第一部西尼玛斯柯普宽银幕系统故事片《圣衣》在好莱坞首映

· 12 月 30 日，美国开始出售彩色电视机，售价 1175 美元

· 西班牙举办第 1 届圣塞巴斯蒂安国际电影节

· 美国宣布点描法为彩色电视技术标准，通称为 NTSC 制式

1954 年

· 6～9 月，中国电影考察团赴苏联考察。随后，中国电影艺术、技术人员赴莫斯科电影制片厂实习，为期一年

· 6 月，欧洲电视节目交换网（Eurovision）正式设立

· 7 月，卢森堡无线电广播公司取得电视广播权后改称卢森堡广播公司，逐步发展成为欧洲规模最大的商业广播电视机构

· 8 月 25 日，新中国第一部彩色片《梁山伯与祝英台》上映

· 11 月 1 日，联邦德国各州广播电视台共同制作、联合播出的第一套全国性电视节目正式开播

· 英国议会通过《独立电视法案》，建立商业性的公营电视机构——英国独立电视台（ITA）

· 美国派拉蒙影业公司试制成功维斯泰 · 维辛系统电影

	· 美国全国广播公司正式播放 NTSC 制式的彩色电视节目，标志着电视开始进入彩色电视阶段
1955 年	· 1 月，中华人民共和国文化部电影局正式更名为国务院文化部电影事业管理局
	· 9 月 22 日，英国独立电视台（ITA）在伦敦播出带有广告的电视节目
	· 巴西 N.P. 多斯－桑托斯拍摄《里约 40 度》，开启了**巴西新电影运动**
	· 美国成功研制托德–AO 系统 70 毫米大银幕
1956 年	· 2 月，苏联中央电视台开始向全国播送第二套节目
	· 4～10 月，中国电影代表团到法国、英国等西欧六国考察电影事业
	· 5 月，章之俭等人赴捷克斯洛伐克学习归来后，与清华大学无线电系合作研制电视同步机、摄像机补偿信号发生器等设备，于次年成功制造出电视试验机
	· 7 月，北京电影学校改建为北京电影学院
	· 12 月，**钟惦棐**发表《电影的锣鼓》一文
	· 英国自由电影运动兴起
	· 美国安佩克斯公司研制出黑白电视录像机
1957 年	· 4 月 1 日，上海电影制片公司（后改设上海市电影局）成立，原**上海电影制片厂**分为海燕、天马、江南 3 个故事片厂
	· 4 月，原上海电影制片厂的翻译片组正式改建为**上海电影译制厂**；其技术处改组成立上海电影技术供应厂（1959 年改为上海电影技术厂）
	· 4 月，**上海美术电影制片厂**成立
	· 4 月，中华人民共和国文化部举行 1949～1955 年优秀影片奖颁奖大会
	· 11 月，日本教育电视网公司于东京创立，是日本唯一以广告收入经营的教育电视网。1973 年改为综合电视台，1977 年 4 月改称全国朝日广播公司
	· 英国举办第 1 届伦敦国际电影节
1958 年	· 5 月 1 日，珠江电影制片厂正式投产
	· 5 月 1 日，北京电视台（**中央电视台**前身）成立
	· 6 月 15 日，北京电视台播出了现场多机拍摄、音画同步直播的电视剧《**一口菜饼子**》
	· 9 月 1 日，中国电影科学技术研究所在北京成立
	· 9 月 2 日，北京电视台开始正式播放节目，标志着中国电视事业诞生
	· 9 月，中国第一部彩色剪纸片《猪八戒吃西瓜》由上海美术电影制片厂摄制完成
	· 10 月 1 日，上海电视台成功试播了新闻、电影等节目，成为中国第一个成立的地方电视台
	· 10 月 1 日，**中国电影资料馆**成立
	· 10 月，上海市电影局成立

	·峨眉电影制片厂、西安电影制片厂成立
	·法国新浪潮电影运动开始
	·法国现代电子公司改进了 NTSC 制式高大物体的色彩失真问题，研发出“顺序传送和彩色存储制式（SECAM 制式）”的彩色电视
1959 年	·1 月 2 日，北京电视台改为每周播出六次（星期一休息）
	·5 月 15 日，北京电视台播出中国最早的电视教育节目《汉语拼音字母教学讲座》
	·10 月，中华人民共和国文化部举办庆祝国庆十周年“国产新片展览月”活动
	·苏联莫斯科国际电影节创办；苏联第一部环幕电影《春天的道路》在全苏国民经济成就展览会上公映
	·古巴电影国有化，成立艺术和电影工业委员会
1960 年	·1 月 12 日，世界上第一部“香味”电影《神秘的香味》在美国芝加哥首映
	·3 月 12 日，北京科学教育电影制片厂成立
	·5 月 1 日，北京电视台开始试播彩色节目，采用美国 NTSC 制式
	·7 月 30 日～8 月 10 日，中国电影工作者联谊会召开第二次代表大会，决定联谊会更名为中国电影工作者协会
	·第 1 届哥伦比亚卡塔赫纳国际电影节创办
1961 年	·3 月 8 日，美国第一部由工人阶级筹资拍摄的故事片《社会中坚》在中国上映
	·4 月 4～14 日，北京电视台报道第 26 届世界乒乓球锦标赛
	·6 月 1 日，北京新侨饭店举行全国故事片创作会议，拟定《电影三十二条》
	·法国导演 J. 卢什与社会学家 E. 莫兰完成真实电影的代表作《夏日纪事》
1962 年	·2 月 28 日，德意志联邦共和国 26 名青年电影创作人员在奥伯豪森举行的第 8 届西德短片节上发表《奥伯豪森宣言》，提出创立新德国电影
	·4 月，《大众电影》杂志社举办第 1 届电影百花奖
	·6 月 19 日，美国航空航天局和美国电话电报公司联合发射了世界第一颗有源通信卫星“电星 1 号”，首次实现了卫星转播电视信号
	·6 月，中国第一部彩色宽银幕立体故事片《魔术师的奇遇》由上海天马电影制片厂摄制完成
	·6 月，瞿白音在《电影艺术》杂志发表《关于创新问题的独白》一文
	·上海美术电影制片厂出品，万籁鸣导演的动画片《大闹天宫》（上集）公映
1963 年	·1 月 7 日，北京电视台正式与英联邦国际新闻影片社签订合同
	·2 月，程季华主编，程季华、李少白、邢祖文编著的《中国电影发展史》由中国电影出版社出版
	·9 月 10 日，中国电视代表团首次参加阿联第 2 届国际电视节

	· 中国第一部大型彩色木偶片《孔雀公主》由上海美术电影制片厂摄制完成
	· 美国举办第 1 届纽约国际电影节
	· 韩国电影青龙奖由《朝鲜日报》创办
	· 联邦德国创立 PAL 彩色电视制式（逐行倒相制式）
	· 美国用通信卫星将肯尼迪被刺实况传送到日本与欧洲各国
1964 年	· 5 月 9 日和 29 日，北京电视台和天津电视台成功使用微波线路互传节目
	· 7 月，中国报刊相继发表对影片《早春二月》《北国江南》的批判文章
	· 意大利式西部片开始流行
1965 年	· 4 月 6 日，国际通信卫星组织发射了第一颗国际商用同步卫星“国际电讯卫星 1 号”，标志着世界步入卫星电视的时代
	· 9 月 23 日，中华人民共和国化工部第一胶片厂（保定电影胶片厂）正式投产
	· 11 月，苏联成立电影家协会
	· 苏联发射用于电视转播的通信卫星
1966 年	· 中国禁止大批“十七年”时期拍摄的影片公映
	· 北京电视台首次使用从日本引进的黑白磁带摄像机录制了电视节目，改变了中国电视演播室全程直播、现场实况转播的历史
	· 突尼斯举办第 1 届迦太基国际电影节
	· 联邦德国的第一批德国青年电影作品问世
	· 美国举办第 1 届国家影评人协会奖评奖活动
1967 年	· 5 月 25 日，胡金铨为联邦影业有限公司拍摄的《龙门客栈》上映
	· 7 月，邵氏兄弟（香港）有限公司出品的《独臂刀》上映
	· 8 月 25 日，联邦德国开始正式播放彩色电视节目，采用帕尔（PAL）制式
	· 10 月 1 日，法国、苏联采用塞康（SECAM）制式播出彩色电视节目
	· 苏联正式建立卫星电视网，并同欧洲电视网联播
1968 年	· 10 月 1 日，法国的广播电视正式播放商业广告
	· 苏联电影委员会和苏联电影家协会联合举办全苏电影节
	· 美国电影协会颁布电影分级制度
	· 美国米高梅电影公司出品、S. 库布里克导演的《2001：太空漫游》上映
1969 年	· 4 月，美国公共电视网正式建立，同年开始播出节目《芝麻街》
	· 7 月 19～21 日，全球多家电视台实况转播美国宇航员阿姆斯特朗首次登月

	·意大利威尼斯国际电影节取消评委会，停止颁发圣马克金狮奖（1980年恢复）
	·法国和阿尔及利亚合拍的影片《Z》问世，标志着欧洲各国拍摄**政治电影**的开始
1970年	·1月16日～2月1日，中国召开全国电视专业会议，号召彩电攻关
	·7月30日，北京电视台恢复《体育节目》专栏
	·10月1日，中国新疆、青海、宁夏、甘肃、广西和福建等地新建的电视台开始播放或试播节目
	·10月，为纪念抗美援朝出国作战20周年，中国再度上映《**英雄儿女**》《打击侵略者》等5部影片，这是“文化大革命”以来第一次放映“十七年”时期拍摄的影片
1971年	·1月27日，芭蕾舞剧电影《红色娘子军》在全国公映
	·1月，《**智取威虎山**》在香港、澳门地区放映，观众超过30万
	·8月，北京电视台恢复播出北京地区天气预报、不定期恢复播出《国际新闻》
	·10月31日，**嘉禾电影有限公司**出品、**李小龙**主演的《**唐山大兄**》公映，创下320多万港元的票房纪录
	·中国除西藏之外的省级电视台建设全部完成，总数量达到32座
1972年	·2月，美国总统尼克松访问中国的电视报道反响热烈。在这次报道中，美国三大广播公司先将全套彩电卫星转播设备租给中国，由中方建立地面卫星站，再向中方租用转播站设备，费用两抵
	·4月10日，英国C. **卓别林**在洛杉矶接受美国电影艺术与科学学院授予的第44届美国电影**奥斯卡奖**特别荣誉奖
	·4月，中国召开第二次全国电视专业会议，确定彩电采用帕尔（PAL）制式
	·8月18日，美国全国广播公司电视摄影队以露西·贾维斯夫人为首一行八人来中国采访拍片，回国后制作了题为《故宫》（又名《紫禁城》）的电视片。这是1949年以来中国接待的第一个美国大型电视摄影队
	·荷兰鹿特丹国际电影节由H. 巴尔斯创办
	·美国HBO电缆电视台成立，提供付费电视服务
	·英国研制成图文电视
1973年	·1月11日，意大利M. **安东尼奥尼**来中国采访拍摄的《中国》由美国广播公司播放，后在意大利电视台和电影院播放
	·4月14日，中国彩色电视首次试验播出
	·5月1日，北京电视台开始试播彩色电视，采用八频道，此后每周二、四、六、日晚播出
	·5月22日，原上海天马、海燕两制片厂重新合并成立**上海电影制片厂**
	·美国电影研究院设立终身成就奖，首位获奖者为导演J. **福特**
	·英国广播公司在电视录像机上使用了数字时基校正器，数字技术首次应用于**电视**

	·美国 F.F. 科波拉导演的《教父》获第 45 届美国电影奥斯卡奖最佳影片奖、最佳男主角奖、最佳改编剧本奖
1974 年	·1 月，影片《火红的年代》《艳阳天》《青松岭》开始在全国上映，是“文化大革命”以来中国第一次上映新的国产故事片
	·10 月 1 日，北京电视台彩色电视正式播出
	·苏联全苏电影艺术科学研究所成立
1975 年	·7 月 25 日，毛泽东对影片《创业》做出批示，影片得以公映
	·8 月 26 日，谢铁骊执导的影片《海霞》在全国上映
	·美国影片《大白鲨》空前卖座，进一步推动好莱坞摄制灾难片的热潮
	·北京电视台制作的电视片由每秒 24 帧改为 25 帧，画面更加精细
	·美国与卫星结合的现代化电缆电视业开始
1976 年	·1 月 28 日，中央新闻纪录电影制片厂摄制完成大型纪录片《敬爱的周恩来总理永垂不朽》
	·3 月 29 日～4 月 22 日，中国召开全国电视工作会议，分别在上海与北京展开工作
	·10 月，苏联发射“荧光屏”卫星，供极北和西伯利亚地区直接接收电视节目
	·计算机微处理器应用于电视机中
	·埃及开罗国际电影节创办
1977 年	·5 月 23 日，北京电视台开办《文化生活》栏目
	·10 月 26 日，北京电视台开办《世界各地》栏目
	·11 月 2 日，北京电视台开办《外国文艺》栏目
	·11 月 29 日，北京电视台首次播放外国电视剧——《巧入敌后》（南斯拉夫）
	·中国公映大批“文化大革命”前拍摄的影片，包括此前没有公映的《白求恩大夫》和《女飞行员》
	·香港国际电影节创办
	·加拿大蒙特利尔世界电影节创办
	·美国 G. 卢卡斯导演的《星球大战》创美国电影史上最高票房利润，推动了科幻片的拍摄
1978 年	·1 月 1 日，《新闻联播》节目在北京电视台正式播出
	·5 月 1 日，北京电视台正式更名为中央电视台
	·5 月 20 日，北京电影学院在北京、上海等地恢复招生
	·5 月 22 日，中国新时期第一部电视剧《三亲家》在中央电视台播出
	·9 月 30 日，中央电视台开办《祖国各地》栏目
	·11 月 24 日，广西电影制片厂建立
	·美国哥伦比亚广播公司（CBS）推出黄金时间肥皂剧《达拉斯》

1979年

·1月16日，新疆电影译制片厂改建为新疆电影制片厂，同年10月24日改名为天山电影制片厂

·1月28日，中国第一条电视商业广告在上海电视台播出

·4月11日，法国举行首届巴黎第三世界国家电影节

·5月，北京电视台成立

·7月，中国电影合作制片公司成立

·11月4～11日，中国电影工作者协会第四次代表大会召开，决定中国电影工作者协会更名为中国电影家协会

·中国电影输出输入公司成立

·内蒙古电影译制片厂改建为内蒙古电影制片厂

·北京电影学院青年电影制片厂宣布成立

·德国V. 施隆多夫执导的《铁皮鼓》获第32届法国戛纳国际电影节金棕榈奖

1980年

·3月，中国世界电影学会在北京成立

·4月29日，中华人民共和国文化部举办1979年优秀影片奖、青年优秀创作奖颁奖活动

·9月，北京举行J. 伊文思五十年电影回顾展

·12月23日，中国电影美术学会在北京成立

·日本推出8毫米磁带摄录放像机

·美国有线电视新闻网（CNN）创办

1981年

·1月24日，中国电影评论学会在北京成立

·5月，中国电影家协会举办第1届中国电影金鸡奖评奖活动

·6月1日，北京儿童电影制片厂成立

·日本索尼公司试制成高清晰度电视机，称为MUSE制式

1982年

·2月25日，意大利都灵举办“中国电影回顾展”，展出1925年以来135部中国影片，共放映196场

·3月，中国电影电视技术学会在北京成立

·3月，香港《电影双周刊》举办首届香港电影金像奖评选

·4月5日，中国第一部用单机放映的宽银幕立体彩色影片《欢欢笑笑》在北京首映

·张鑫炎执导、李连杰主演的功夫片《少林寺》在全国公映

·陶德辰、杨德昌、柯一正和张毅联合导演的《光阴的故事》上映，拉开了台湾新电影运动的帷幕

·中国电影剪辑学会成立

·罗马尼亚布加勒斯特电影制片厂和“第五创作集体”联合出品电影《神秘的黄玫瑰》

	·土耳其伊斯坦布尔国际电影节创办
1983 年	·1 月 16 日，中国电影文学学会成立
	·11 月 4 日，中国电影艺术研究中心在北京成立
	·中国召开第十一次全国广播电视工作会议，提出了“四级办广播、四级办电视、四级混合覆盖”的方针政策，加速了中国电视的发展
	·美国首先实现卫星直播电视
1984 年	·英国广播公司（BBC）开办晨间新闻栏目《早餐时间》
	·7 月 1 日，美国电影分级制度中一项新的级别 PG-13 实施生效
	·**中央新闻纪录电影制片厂**派创作人员参加中国南极科学考察团
	·中国成功发射试验通信卫星
	·巴西里约热内卢国际电影电视录像节创办
	·新西兰奥克兰国际电影节和惠灵顿电影节合并为新西兰国际电影节
	·日本电视剧《血疑》在中国播出，引起万人空巷的轰动效应
	·日本发射世界上第一颗实用电视直播卫星
1985 年	·4 月 23 日，**中国电影家协会**举行第五次代表大会
	·5 月，日本举办第 1 届**东京国际电影节**
	·9 月，日本研制出高清晰度数字电视，实现了模拟电视的数字化
	·美国有线电视新闻网（CNN）国际台开播
1986 年	·8 月，中国试制成功环幕电影
	·9 月 1 日，中华人民共和国广播电影电视部授权中国电影发行公司出版发行中外电影录像带
	·中国第一座 70 毫米超宽银幕立体声电影院改建成功
	·杨洁导演的电视连续剧《**西游记**》在中央电视台首播
	·珠江经济广播电台创办，开启了中国广播电视发展的“珠江模式”
	·日本广播协会（NHK）推出全自动电视摄像机
	·美国创办福克斯（FOX）电视网
1987 年	·1 月 24 日，53 位台湾电影人联合发表《台湾电影宣言》，倡导“另一种电影”的存在，标志着**台湾新电影运动**的结束
	·3 月 11 日，中国“新时期十年电影奖”在上海颁发
	·6 月 4 日，“中国电影回顾展”在苏联莫斯科举行，展期至 6 月 10 日，共放映《**早春二月**》《小花》等 21 部故事片，这是中国首次在苏联举办该项活动
	·7 月 14 日，日本广播协会（NHK）第一频道成为世界首次播放卫星直播电视节目的电视台

- 7 月，美国好莱坞举行动画片《白雪公主和七个小矮人》发行 50 周年纪念活动
- 7 月，经中共中央批准，“重大革命历史题材影视创作领导小组”成立，丁峤任组长，徐怀中任副组长
- 9 月，吴天明导演的《老井》获第 2 届日本东京国际电影节大奖，主演张艺谋获最佳男演员奖
- 王扶林导演的电视连续剧《红楼梦》在中央电视台首播
- 新加坡国际电影节创办

1988 年

- 1 月 26 日，法国举行为期两周的中国儿童电影节，放映《苗苗》《泉水叮咚》等 20 余部儿童电影
- 2 月 23 日，张艺谋导演的处女作《红高粱》获第 38 届德国柏林国际电影节金熊奖，是中国第一次在欧洲三大国际电影节上获得最高奖
- 4 月 11 日，中国协助意大利、英国合拍的《末代皇帝》获第 60 届美国电影奥斯卡奖最佳影片奖等 9 项大奖。其中，苏聪凭借在《末代皇帝》中的配乐获最佳作曲奖，成为第一个获奥斯卡奖的中国人
- 11 月 10 日，第 1 届上海国际动画电影节举行，是中国第一次举办国际竞赛型的电影节
- 中国台港电影研究会成立
- 日本索尼公司推出数字录像机，解决普通电视制作中图像易损耗的难题

1989 年

- 2 月，吴子牛执导的《晚钟》获第 39 届德国柏林国际电影节银熊奖
- 9 月，侯孝贤导演的《悲情城市》获第 46 届意大利威尼斯国际电影节金狮奖
- 9 月，为纪念中华人民共和国成立 40 周年及庆贺首届中国电影节的举办，《中国电影周报》评选出十大电影明星：赵丹、崔嵬、白杨、孙道临、于蓝、王心刚、谢芳、刘晓庆、潘虹、姜文
- 英国开始昼夜提供卫星直播电视节目
- 欧洲高清晰度电视系统（HD-MAC 制式）通过卫星进行实验广播

1990 年

- 2 月，谢飞执导的《本命年》获第 40 届德国柏林国际电影节银熊奖
- 3 月 14 日，中央电视台正式开播《综艺大观》栏目
- 7 月，中国演员赵丽蓉凭借《过年》获第 4 届日本东京国际电影节最佳女演员奖
- 8 月 28 日，中共中央宣传部、中国人民解放军总政治部、广播电影电视部、文化部联合发出《关于重大革命历史题材影视作品拍摄和审查问题的规定》，对重大革命历史题材的影视作品的范围和剧本、影片、电视剧审批程序做了明确规定
- 10 月 12～24 日，应中国电影家协会的邀请，以李行为团长的台湾电影代表团首次访问大陆，其间在京举办了“台湾电影观摩座谈会”，放映了《养鸭人家》《原乡人》等十余部影片
- 11 月，北京电视艺术中心制作的 50 集电视连续剧《渴望》播出
- 张元导演的《妈妈》问世，该片被认为是中国第一部独立制作的电影
- 周星驰主演的《赌圣》荣登香港电影票房榜首，达 4000 万港币

	·意大利G. 托纳多雷导演的《天堂电影院》获第62届美国电影奥斯卡奖最佳外语片奖
	·瑞典斯德哥尔摩电影节创办
1991年	·1月9日，中华人民共和国广播电影电视部电影局发出《关于合拍片不得在境外审片的通知》
	·6月，夏衍主编的《中国大百科全书·电影》出版
	·9月，张艺谋执导的《大红灯笼高高挂》获第48届意大利威尼斯国际电影节银狮奖
	·12月23日，台湾电影事业处表示，配合即将放宽的大陆人士参加“优良电影剧本”征选，大陆剧作家自1992年起亦可参选
	·中国开始大量出现“四级办”框架下的行政区域性有线电视台
	·杨德昌执导的《牯岭街少年杀人事件》上映
	·中国中央电视台播出中日合拍电视纪录片《望长城》
	·日本播出高清晰度电视节目
	·俄罗斯开始发展第一批私有商业电视频道
1992年	·1月10～15日，第1届海峡两岸暨香港电影导演研讨会在香港召开
	·2月，张曼玉凭借影片《阮玲玉》获第42届德国柏林国际电影节最佳女主角奖，是第一个在该电影节上荣获“影后”的中国人
	·8月23日，中国长春电影节创办
	·8月31日，中央电视台开播《经济信息联播》
	·9月3日，中国电影发行放映公司更名为中国电影发行放映输出输入公司
	·9月，张艺谋执导的《秋菊打官司》获第49届意大利威尼斯国际电影节金狮奖，巩俐获最佳女演员奖
	·10月1日，中国第一个国际卫星电视频道——中央电视台第四套节目（CCTV-4，国际频道）正式开播
	·11月，中国电影金鸡奖和百花奖颁奖大会改为“中国金鸡百花电影节”，首届电影节在桂林举行
	·12月17～26日，应台北金马影展执委会主席李行邀请，以谢晋为团长的大陆电影代表团赴台湾访问
	·《沉默的羔羊》获第64届美国电影奥斯卡奖最佳影片奖、最佳男主角奖、最佳女主角奖、最佳导演奖、最佳改编剧本奖
	·中国第一部电视情景喜剧《编辑部的故事》播出
	·上海电视剧制作中心出品的《上海一家人》播出，在全国产生影响
	·印度创办了国内第一家民营电视台ZeeTV
1993年	·1月11日，中国电影导演协会成立，谢铁骊任会长

- 3 月 1 日，中央电视台第一套节目每天播放新闻的次数由 4 次增加至 12 次
- 4 月 20 日，首届北京大学生电影节在北京师范大学举行
- 5 月，陈凯歌执导的《霸王别姬》获第 46 届法国戛纳国际电影节金棕榈奖
- 8 月，经中华人民共和国国务院学位委员会艺术学科专家评议组通过，国务院学位委员会批准，中国艺术研究院获得电影学博士学位授予权。这是中国第一个电影学科博士点，李少白担任博士生导师。次年招收丁亚平、李道新为第一届电影学博士研究生
- 10 月，首届上海国际电影节在上海举办
- 谢飞导演的《香魂女》和李安导演的《喜宴》均获第 43 届德国柏林国际电影节金熊奖
- 中国演员吕丽萍凭借《蓝风筝》获第 6 届日本东京国际电影节最佳女演员奖
- 珠江电影制片厂、中央电视台和广东电视台合拍的 35 集电视连续剧《情满珠江》获得了多个政府奖，在全国掀起收视热潮
- 中央电视台开播电视杂志类新闻栏目《东方时空》，并采用“制片人”制度
- 中央电视台开始举办“中国音乐电视大赛”

1994 年

- 2 月 26 日，中国电影导演协会首届年会在北京召开，为 33 位导演艺术家颁发“荣誉会员”证书，并授予沈浮、张骏祥、水华“终身成就奖”
- 4 月 1 日，中央电视台开播《焦点访谈》，兼具深度报道和新闻评论色彩，每天 19：30 在第一套节目中首播
- 4 月 21 日，中央电视台与正大集团合作开办的《正大综艺》正式开播，被视为中国第一档“国际综艺栏目”
- 9 月 8 日，姜文导演、夏雨主演的《阳光灿烂的日子》获第 51 届意大利威尼斯国际电影节最佳男演员奖，夏雨成为该电影节最年轻的影帝
- 9 月 22 日，美国全国广播公司（NBC）电视台首播系列情景喜剧《老友记》
- 11 月 12 日，中国首部进口分账影片《亡命天涯》在北京、上海、天津、重庆、郑州、广州六大城市率先公映
- 11 月 28 日，中国电影音乐学会成立
- 张艺谋执导的《活着》获第 47 届法国戛纳国际电影节评委会大奖和最佳男演员奖
- 蔡明亮导演的《爱情万岁》获第 51 届意大利威尼斯国际电影节金狮奖
- 赵宝刚导演的 8 集电视剧《过把瘾》播出
- 王扶林导演的电视连续剧《三国演义》在中央电视台首播
- 中央电视台开始举办一年一度的黄金时段广告招标会

1995 年

- 1 月 1 日，中央电视台播出女性专题栏目《半边天》
- 4 月 3 日，中央电视台以新创办的《新闻 30 分》代替了已经播出 9 年的《午间新闻》
- 9 月 1 日，中国电影发行放映公司更名为中国电影公司

	·9月28日，中国电影发行放映协会在北京成立
	·12月27日，北京举行世界电影诞生100周年、中国电影诞生90周年纪念大会
	·张骏祥和程季华主编、上海辞书出版社出版的大型电影辞书《中国电影大辞典》举行首发式
	·美国R.泽米基斯导演的《阿甘正传》获第67届美国电影奥斯卡奖最佳影片奖、最佳男主角奖、最佳导演奖、最佳改编剧本奖等
	·中华人民共和国广播电影电视部颁布《中外合作制作电视剧（录像片）管理规定》
	·中华人民共和国广播电影电视部颁布《电视剧制作许可证管理规定》
	·中央电视台开办少儿节目《大风车》
	·美国有线电视新闻网（CNN）推出网络电视
1996年	·2月，中国电影资料馆艺术影院建成
	·4月28日，中央电视台新闻评论部创办的谈话栏目《实话实说》首播
	·7月1日，中央电视台电影频道正式开播
	·7月，中央电视台对第二套节目（CCTV-2）进行调整，停办《经济信息联播》节目，集中推出《财经报道》等一系列专业性更强、领域划分更细致的节目
	·7月，德国公共广播联盟（ARD）建成欧洲第一家数字电视机构
	·中央电视台建立网站并试运行，发布中文信息，成为中国最早开办网络业务的电视台
	·韩国釜山国际电影节首次举办
	·2月18日至3月1日，香港举办“中国电影展1997”
	·4月，王家卫编导的《春光乍泄》获第50届法国戛纳国际电影节最佳导演奖
	·6月底，中国电视观众总数达10.94亿人，成为全世界规模最大的观众群体
	·7月11日，湖南电视台播出《快乐大本营》
	·9月18日，中华人民共和国广播电影电视部成立电影剧本规划策划中心，为专业性电影剧本规划、策划、创作、研究和经营、开发的实体
	·国际电信联盟采纳美国ATSC制式为国际数字电视的标准制式
	·美国R.哈斯廷斯和M.兰道夫联合创立网飞（Netflix）公司，总部位于加州洛斯加托斯
	·英国广播公司（BBC）开通自己的商业网站，向海外出售拥有版权的自制节目
1998年	·3月，中华人民共和国广播电影电视部改组为国家广播电影电视总局
	·4月3日，美国J.卡梅隆执导的《泰坦尼克号》在中国上映
	·6月6日，美国播出系列爱情喜剧《欲望都市》
	·北京电视艺术中心推出《贫嘴张大民的幸福生活》
	·张绍林导演的电视连续剧《水浒传》在中央电视台开播

	·中央电视台《走近科学》栏目开播
	·中国电视台数量降至 347 座，教育电视台仅余 75 座，所有的企业电视台一律改为广播电视台
	·中国电影广告进入平稳增长阶段，总营业额为 135.6 亿元
	·英国独立电视台（ITV）制作播出《谁想成为百万富翁》，在英国获得极高收视率，版权出售数十个国家
	·美国哥伦比亚广播公司（CBS）用数字电视转播了美国职业橄榄球大联盟赛事
1999 年	·2 月 12 日，**中国电影集团公司**建立
	·3 月，中国第一部**电视电影**《别了，冬天》由电影频道推出
	·7 月，长春电影集团公司建立，该集团是当时国内计划组建的六大电影集团之一
	·10 月，中国最后一个省级卫视海南卫视开播，中国大陆 31 个省级电视台全部实现上星传送
	·张元导演的《过年回家》获第 56 届意大利**威尼斯国际电影节**最佳导演奖
	·**中央电视台**在国庆期间举办“中国电视周”展播活动
	·英国金斯顿电信公司首次在全球提供了交互式网络电视的服务
	·瑞典开播数字电视
	·荷兰电视台播出真人秀节目《老大哥》
2000 年	·2 月 20 日，**张艺谋**导演的《我的父亲母亲》获第 50 届德国**柏林国际电影节**银熊奖
	·5 月 21 日，**姜文**导演的《鬼子来了》获第 53 届法国**戛纳国际电影节**评委会大奖
	·6 月，中国国家广播电影电视总局、文化部联合下发《关于进一步深化电影业改革的若干意见》，提出组建电影集团和实现股份制改革，使制片、发行、放映一体化
	·9 月 25 日，中央电视台海外中心开通的英语传送频道改版为中央电视台英语国际频道，即中央电视台第九套节目（CCTV-9）
	·10 月，首届中国金鹰电视艺术节在湖南长沙举行。本届电视节共收到全国数十家电视台、影视机构选送的参赛作品 641 部，有 76 个作品分获不同奖项
	·中国国家发展计划委员会（今国家发展和改革委员会）批准《数字电视研究开发及产业化专项标准制定专题实施方案》和《数字电视研究开发及产业专项标准测试专题实施方案》，启动了**中国电视**数字化进程
	·10 月底，中国 10 193 个已通电行政村基本实现“村村通广播电视”的目标
	·中央电视台开展了节目制播分离的改革试点工作
	·中国开始探索广电行业的集团化发展
	·中国电视机的覆盖率已达 93.65%
	·美国哥伦比亚广播公司（CBS）推出真人秀节目《幸存者》

2001 年	· 3 月，李安导演的《卧虎藏龙》获第 73 届美国电影奥斯卡奖最佳外语片奖、最佳摄影奖、最佳艺术指导奖及最佳配乐奖
	· 7 月 9 日，中央电视台科教频道（CCTV-10）开播，是唯一一个面向全国播出的社会教育类专业频道
	· 8 月底，上海电影（集团）有限公司成立
	· 10 月 19 日，中国国家广播电影电视总局正式批准凤凰卫视中文台在珠三角全面落地
	· 王小帅导演的《十七岁的单车》获第 51 届德国柏林国际电影节评委会大奖
	· 英国独立电视台（ITV）播出《流行偶像》，开启了音乐选秀真人秀节目
	· 韩国政府正式开播数字电视
2002 年	· 2 月 7 日，霍建起导演的《那山 那人 那狗》获日本每日电影奖最佳外国电影奖，是中国电影第一次在日本获得这一殊荣
	· 11 月，德国在柏林和勃兰登堡地区开播地面数字电视
	· 12 月 14 日，由张艺谋导演，李连杰、梁朝伟、张曼玉、章子怡、陈道明、甄子丹等众多明星联袂主演的《英雄》公映，开启了中国电影的“大片时代”
	· 中央电视台科教频道（CCTV-10）获国际电视科技宣传领域的最高奖——儒勒·凡尔纳奖
2003 年	· 3 月，中国首批 13 家民营企业获得了《广播电视节目制作经营许可证》，标志着行业外资本进入电视制作业
	· 8 月 7 日，中国国家广播电影电视总局向海润、北大华亿、北京英氏等 8 家民营制作公司颁发了《电视剧制作许可证（甲种）》
	· 9 月 3 日，美国首播电视脱口秀节目《艾伦秀》
	· 9 月，中国香港的电讯盈科有限公司开展了交互式网络电视业务
	· 12 月 30 日，中国国家广播电影电视总局发布《关于促进广播影视产业发展的意见》，明确提出“制播分离”为广播影视产业发展的一个主要方向
	· 李杨导演的《盲井》获第 53 届德国柏林国际电影节艺术贡献银熊奖
	· 韩国 MBC 电视台播出其制作的电视剧《大长今》
	· 意大利成立数字地面电视运营协会，组建无线数字电视传播网
2004 年	· 1 月 8 日，中国国家广播电影电视总局颁布《关于加快电影产业发展的若干意见》，首次将电影明确定义为一种产业
	· 12 月，中国召开全国广播影视工作会议
	· 中国国家广播电影电视总局正式确定了卫视台进行电视剧首播的“4+X”政策，即一部电视剧可以至多在四家省级卫视与若干家地面电视台同时进行首轮播出，购剧所需资金也可由上述“4+X”个电视台共同负担
	· 湖南卫视推出首个综艺选秀节目《超级女声》
	· 中国内地数家电视台开办网站，如北京电视台推出北京网，湖南卫视开通了金鹰网等

2005 年

· 2 月，顾长卫导演的《孔雀》获第 55 届德国柏林国际电影节评委会大奖

· 5 月，王小帅导演的《青红》获第 58 届法国戛纳国际电影节评委会奖

· 12 月 28 日，纪念中国电影诞生 100 周年大会在北京人民大会堂举行

2006 年

· 3 月，李安凭借影片《断背山》获第 78 届美国电影奥斯卡奖最佳导演奖，是华人导演第一次在奥斯卡奖上获此殊荣

· 4 月，英国广播公司（BBC）启动“创造性未来”内容数字化转型战略

· 9 月，贾樟柯导演的《三峡好人》获第 63 届意大利威尼斯国际电影节金狮奖

· 11 月，荷兰完成了地面电视数字转换

· 12 月，中央电视台历时三年打造的 12 集电视纪录片《大国崛起》播出，引发最令人注目的媒介现象

· 中国开始电视台数字化、网络化的改造

· 中国章回体古装情景剧《武林外传》播出

· 中国中央电视台与日本广播协会（NHK）合作，拍摄了 5 集《新丝绸之路》，继而制作了 33 集电视纪录片《再说长江》

2007 年

· 2 月 18 日，中国电影《图雅的婚事》获第 57 届德国柏林国际电影节金熊奖

· 2 月 26 日，德国电影《窃听风暴》获第 79 届美国电影奥斯卡奖最佳外语片奖

· 9 月 9 日，李安执导的《色 · 戒》获第 64 届意大利威尼斯国际电影节金狮奖

· 9 月 20 日，中国国家广播电影电视总局出台《关于进一步规范群众参与的选拔类广播电视活动和节目管理的通知》，开始对选秀节目进行严格规划

· 10 月，中国国庆期间《亮剑》在全国十余个卫视频道同时播放

· 12 月，印度阳光直播电视公司成立，是印度首家开通高清数字频道的运营商

· 意大利开始逐步关闭模拟电视

2008 年

· 1 月 1 日，中国国家广播电影电视总局发布《关于鼓励数字电视产业发展的若干政策》等文件，确定了三阶段走时间表

· 1 月 18 日，中央电视台新闻中心开始实施大规模的管理架构调整，从原来的“采编播分离”过渡到效率更高的“采编播合一”

· 8 月 8 日，由张艺谋担任总导演的第 29 届奥林匹克运动会开幕式举行

· 8 月，印度里莱恩斯公司推出数字电视频道

· 10 月 18 日，中国导演谢晋逝世，终年 85 岁

· 中国国家广播电影电视总局印发《2008 年广播影视改革工作要点》

· 澳大利亚政府将澳大利亚电影金融公司、澳大利亚电影公司以及澳大利亚电影委员会合并成一个新的机构——澳大利亚银幕

2009年

· 4月，中国国家广播电影电视总局下发《关于加强互联网视听节目内容管理的通知》，禁止未取得许可的电影、电视剧、动画片等在互联网上传播

· 6月13日，美国停止播出地面模拟信号，实现了从模拟到数字电视传播的转换

· 7月22日，中华人民共和国国务院常务会议通过《文化产业振兴规划》，将文化创意、影视制作、演艺娱乐、文化会展、数字内容和动漫等列为国家重点推进的文化产业

· 9月16日，为庆祝中华人民共和国成立60周年拍摄的献礼片《建国大业》公映

· 10月30日，华谊兄弟传媒股份有限公司正式上市，成为中国电影第一股

· 11月，中国国家广播电影电视总局下发《关于推进广播电视“制播分离”改革（修改稿）》

· 英国D. 博伊尔导演的《贫民窟的百万富翁》获第81届美国电影奥斯卡奖最佳影片奖、最佳导演奖、最佳改编剧本奖等多个奖项

· 美国康卡斯特和时代华纳等有线电视运营商联合推出“电视无所不在”战略

2010年

· 1月4日，美国电影《阿凡达》在中国内地公映，引起轰动，创造了13.79亿元人民币的票房纪录

· 7月25日，英国广播公司（BBC）出品的电视系列剧《神探夏洛克》首播

· 9月，英国广播公司（BBC）、英国电视四台等主流媒体和英国电信公司合作成立互联网电视服务 YouView

· 12月9日，博纳影业在美国纳斯达克上市，是第一家在美国上市的中国影视文化公司

· 中国城市影院年度总票房首次超过100亿元，达到101.72亿元，较2009年增长63.9%

· 韩国有线电视运营商 CJ HelloVision 公司推出名为“Tying”网络电视服务

· 印度碟线电视公司开始提供高清数字服务 DishTruHD

2011年

· 4月17日，美国 HBO 电视网制作的电视剧《权力的游戏》开播

· 6月15日，为庆祝中国共产党成立90周年拍摄的献礼片《建党伟业》在全国公映

· 7月24日，日本全面停止地面模拟信号电视节目播出，从此进入数字电视时代

· 12月14日，徐克执导的电影《龙门飞甲》上映，该片被视为中国第一部真正意义的3D武侠电影

· 英国C. 诺兰导演的《盗梦空间》获第83届美国电影奥斯卡奖最佳摄影奖、最佳视觉效果奖等多个奖项

2012年

· 1月1日，中国首个3D电视试验频道开播

· 2月18日，中美双方就解决WTO电影相关问题的谅解备忘录达成协议

· 3月，美国碟线公司推出了以 Hopper 为品牌的机顶盒

· 4月10日，美国电影《泰坦尼克号》（3D版）在中国内地公映，票房累积超10亿元

· 5月14日，美食纪录片《舌尖上的中国》（第一季）在中央电视台播出

· 12月12日，《人再囧途之泰囧》公映，以12.67亿元创造当时中国电影最高票房

·伊朗电影《一次别离》获第84届美国电影奥斯卡奖最佳外语片奖

·中国中央电视台“春节联欢晚会”正式取消广告

·伦敦奥运会期间，英国广播公司（BBC）通过23个高清互联网电视频道完成了长达2500小时的赛事直播报道

·美国有线电视运营公司向4850万订户提供互联网服务，电话订户为2590万，数字视频用户为4640万

2013年

·3月14日，中华人民共和国国务院将新闻出版总署、国家广播电影电视总局的职责整合，组建国家新闻出版广播电影电视总局，随后更名为国家新闻出版广电总局

·9月，美国迪士尼、时代华纳分别与苹果公司、微软公司达成直播协议，有线电视用户可以通过AppleTV、Xbox360等互联网电视观看电视直播

·贾樟柯编导的《天注定》获第66届法国戛纳国际电影节最佳剧本奖

·美国网飞（Netflix）公司凭借独播剧《纸牌屋》创下收视及注册用户纪录

·美国互联网电视市场中YouTube作为全球最大的视频网站，月度活跃用户量突破10亿

·日本电视业推出“摇TV”服务，摇一摇手中的智能手机，即可参与正在播放的电视节目活动

·韩国SBS电视台播出其制作的电视剧《来自星星的你》

·韩国文化广播公司（MBC）推出亲子类真人秀节目《爸爸！我们去哪儿？》

2014年

·1月7日，邵逸夫逝世，终年107岁

·2月16日，刁亦男编导的《白日焰火》获第64届德国柏林国际电影节最佳影片金熊奖、最佳男演员银熊奖

·3月，中央电视台现场直播“3·15”晚会，对规范市场经济秩序起到了很好的作用

·CCTV-3播出的《中国好歌曲》第一季完美收官

·7月14日，第20届足球世界杯在巴西里约热内卢结束，中国中央电视台综合、体育、体育赛事、风云足球等频道，以直播、录像、新闻、大型互动节目、新媒体类节目等多种形式，连续33天全程转播报道

·11月18日，中央电视台在北京举办2015年黄金资源广告招标现场竞购大会

·12月24日，中央电视台与中国移动通信集团公司在北京正式签署战略合作框架协议，合作建设4G视频传播中心，全面开展4G业务合作

·中央电视台播出的《父母爱情》《毛泽东》《湄公河大案》《历史转折中的邓小平》《铁血红安》等五部剧的平均收视率超过2%

·日本广播协会（NHK）成功实验8K超高清地面数字电视

2015年

·2月19日，中法合拍影片《狼图腾》上映

·4月，英国广播公司（BBC）将未来媒体部更名为数字化部门

·4～5月，美国电影《速度与激情7》在中国上映，创造了24.26亿元的票房纪录，成为首部突破20亿元票房的影片

	· 5 月，侯孝贤导演的《刺客聂隐娘》获第 68 届法国戛纳国际电影节最佳导演奖
	· 9 月 1 日，中国国务院常务会议审议通过《中华人民共和国电影产业促进法（草案）》
	· 中国有线数字电视的用户占比达到了 82.65%，有线电视双向网络覆盖率达到了有线电视用户的 51.45%
2016 年	· 1 月，中国国家新闻出版广电总局下发《关于进一步加强电视上星综合频道节目管理的通知》，从节目数量、节目内容、播出时间等方面对未成年人参与的真人秀节目实行调控
	· 8 月 9 日，中国电影股份有限公司以“中国电影”之名在上海挂牌上市，正式登陆 A 股市场
	· 8 月 17 日，上海电影股份有限公司以“上海电影”之名挂牌上市
	· 11 月，中共中央宣传部、财政部、国家新闻出版广电总局联合下发《关于加快推进全国有线电视网络整合发展的意见》
	· 12 月 12 日，中国电视剧制作产业协会召开新闻发布会，发布《中国电视剧制作产业协会法务委员会声明》，称要“坚决打击收视率作假黑势力、努力打造电视剧播出新环境”
	· 匈牙利电影《索尔之子》获第 88 届美国电影奥斯卡奖最佳外语片奖
2017 年	· 3 月 1 日，《中华人民共和国电影产业促进法》正式实施
	· 9 月 13 日，吴京《战狼 2》创造 56 亿元的票房纪录
	· 11 月 20 日，中国电影年度票房达到 500 亿元
2018 年	· 2 月 28 日，中国共产党第十九届三中全会决定调整完善电影管理体制，由中共中央宣传部统一管理电影工作
	· 3 月 13 日，中华人民共和国国务院机构改革方案提请十三届全国人大一次会议审议，在国家新闻出版广电总局广播电视管理职责的基础上组建国家广播电视总局，作为国务院直属机构；原新闻出版和电影管理职能归属中共中央宣传部
	· 4 月 16 日，中央广播电视总台正式揭牌
	· 6 月 29 日，中央广播电视总台“广告精准扶贫”工作交流会在北京召开，会上发布了三大扶贫举措
	· 9 月，中国国家广播电视总局印发《4K 超高清电视技术应用实施指南（2018 版）》
	· 10 月 1 日，中国首个上星超高清电视频道——CCTV-4K 超高清频道在中央广播电视总台开播
	· 11 月，中国国家广播电视总局印发《关于促进智慧广电发展的指导意见》，明确规定了智慧广电发展在七个方面的重点任务
	· 中国全年电影总票房跃升至 609.76 亿元，同比增长 9.06%；国产电影总票房为 378.97 亿元，同比增长 25.89%，市场占比为 62.15%
2019 年	· 2 月 4 日，中央广播电视总台春节联欢晚会首次使用 5G 技术将井冈山、长春、深圳三地分会场的画面实时回传到北京会场。在 5G 网络支撑下，春晚首次实现 4K 超高清直播
	· 2 月 17 日，王小帅执导的影片《地久天长》获第 69 届德国柏林国际电影节最佳男演员奖和最佳女演员奖

· 7 月 26 日，中国动画电影《哪吒之魔童降世》上映，总票房突破 50 亿元

· 10 月 24 日，CCTV-8 全新改版正式上线

· 11 月 20 日，中国首个国家级 5G 新媒体平台——中央广播电视总台“央视频”5G 新媒体平台正式上线

· 墨西哥 A. 卡隆导演的《罗马》获第 91 届美国电影奥斯卡奖最佳外语片奖、最佳导演奖、最佳摄影奖

2020 年

· 4 月 15 日，中国电视剧制作产业协会联合首都广播电视节目制作业协会发布《关于厉行节约，共克时艰，规范行业秩序的倡议书》，对剧集制作数量、制作成本、行业乱象、艺人要求、字幕署名等内容提出倡议

· 5 月 7 日，中国腾讯视频、爱奇艺、优酷、正午阳光等影视公司联合发布《关于开展团结一心共克时艰行业自救行动的倡议书》，从剧集长度、人员管理、成本控制、廉洁从业等方面发出倡议

· 6 月，中国网剧《隐秘的角落》开播，此后，迷雾剧场持续受到关注

· 9 月 21 日，中国备受关注的抗疫题材时代报告剧《在一起》首轮“一剧四星”播出，实现当年创作、当年拍摄、当年播出

· 12 月 27 日，中国电视剧《跨过鸭绿江》在 CCTV-1 播出，全景式、史诗般再现了抗美援朝从最初决策阶段到最后签订停战协议的整个过程

· 韩国电影《寄生虫》获第 92 届美国电影奥斯卡奖最佳影片奖、最佳导演奖、最佳原创剧本奖、最佳国际影片奖

· 美国三大电视网收视人数同比出现大幅下滑，但福克斯新闻网和美国有线电视新闻网（CNN）等新闻台的收视人数逆势增长

2021 年

· 2 月 1 日，中国重大革命历史题材电视剧《觉醒年代》开播

· 6 月起，为庆祝中国共产党成立 100 周年，重点献礼片《1921》《革命者》《守岛人》《中国医生》等公映

· 6 月 25 日，中国重大革命历史题材电视剧《大决战》在 CCTV-1 播出

· 9 月 6 日，“俄罗斯电影周”开幕式在中国北京举办

· 9 月 30 日，《长津湖》在中国大陆上映，最终票房超越 2017 年《战狼 2》的 56.94 亿元，成为中国电影市场有史以来的票房冠军

· 10 月 6 日，中国首部黑白转彩色 4K 修复故事片《永不消逝的电波》登录全国院线

· 10 月，中国国家广播电视总局科技司发布《广播电视和网络视听“十四五”科技发展规划》

· 11 月 9 日，中国国家电影局印发《“十四五”中国电影发展规划》

· 赵婷导演的《无依之地》获第 93 届美国电影奥斯卡奖最佳影片奖、最佳导演奖

2022 年

· 1 月 28 日，中国电视连续剧《人世间》在 CCTV-1 开播

· 3 月 28 日，美国电影《健听女孩》获第 94 届美国电影奥斯卡奖最佳影片奖、最佳男配角奖、最佳改编剧本奖

- 7 月 5 日，真人秀节目《快乐再出发》于东南卫视首播
- 7 月 29 日，中国电影《独行月球》上映，累计票房超 31 亿元
- 12 月 6 日，中国国家广播电视总局印发《关于推动短剧创作繁荣发展的意见》
- 12 月 16 日，美国 J. 卡梅隆执导的《阿凡达：水之道》在中国内地上映

条目标题汉字笔画索引

说　明

1. 本索引供读者按条目标题的汉字笔画查检条目。

2. 条目标题按第一字的笔画由少到多的顺序排列。笔画数相同的，按起笔笔形横（一）、竖（丨）、撇（丿）、点（丶）、折（乛，包括㇆、乚、く等）的顺序排列。第一字相同的，依次按后面各字的笔画数和起笔笔形顺序排列。

3. 以外文字母、罗马数字和阿拉伯数字开头的条目标题，依次排在汉字条目标题的后面。

一画

二画

三画

四画

五画

六画

七画

八画

九画

十画

十一画

十二画

十三画

十四画

十五画

十六画

十七画

十九画

二十画

二十一画

二十三画

字母 数字

条目标题外文索引

(Index of Articles)

说　　明

1. 本索引按照条目标题外文的逐词排列法顺序排列。无论是单词条目，还是多词条目，均以单词为单位，按字母顺序、单词在条目标题外文中所处的先后位置，顺序排列。如果第一个单词相同，再依次按第二个、第三个排列，余类推。

2. 条目标题外文中英文以外的字母，按与其对应形式的英文字母顺序排列。

3. 为便于检索，部分条目标题外文将人名中的姓放在最前面，用逗号与其他词分开。

4. 条目标题外文中有罗马数字和阿拉伯数字的，排列时分为两种情况：

①数字前有拉丁字母，先按字母顺序再按数字顺序排列；英文字母相同时，含有罗马数字的排在阿拉伯数字前。

②以数字开头的条目标题外文，排在条目标题外文索引的最后。

A

D

E

F

G

H

I

M

N

O

T

Y

Z

Others

内容索引

说明

1. 本索引是全书条目和条目内容的主题分析索引。索引主题按汉语拼音字母的顺序并辅以汉字笔画、起笔笔形顺序排列。同音时，按汉字笔画由少到多的顺序排列，笔画数相同的按起笔笔形横(一)、竖(丨)、撇(丿)、点(丶)、折(乛，包括𠃌、乚、𡿨等)的顺序排列。第一字相同时按第二字排列，余类推。索引主题中夹有外文字母、罗马数字和阿拉伯数字的，依次排在相应的汉字索引主题之后。索引主题以外文字母、罗马数字和阿拉伯数字开头的，依次排在全部汉字索引主题之后。

2. 设有条目的主题用黑体字，未设条目的主题用宋体字。

3. 不同概念(含人物)具有同一主题名称时，分别设置索引主题；未设条目的同名索引主题后括注简单说明或所属类别，以利检索。

4. 索引主题之后的阿拉伯数字是主题内容所在的页码，数字之后的小写拉丁字母表示索引内容所在的版面区域。本书正文的版面区域划分如右图。

a	c	e
b	d	f

B

C

D

G

H

J

K

M

O

P

Q

T

W

Y

Z

字母 数字

外国人名译名对照表

说　明

1. 本表收录的人名包括外国人物条目的条目标题和在释文中涉及的部分外国人名（包括本名、简称、习称和笔名等）。按照外国人名的逐段（即人名中的姓、教名、名、父名、夫名、母家姓以及其他各种独立成分）排列法顺序排列，以段为单位，按字母顺序排列。如果第一段相同，则按第二段字母顺序排列，余类推。

2. 人名中英文以外的字母，按与其对应形式的英文字母顺序排列。

例如：ë ě é——e　　ö ø ō ó——o

3. 为便于检索，本表按习惯将某些人名中的姓放在最前面，用逗号与其他部分分开。

例如：Welles, O.　　威尔斯，O.

C

D

E

F

G

Im Kwon-taek	林权泽
Imai Tadashi	今井正
Imamura Shohei	今村昌平
Iñárritu, A.G.	伊纳里图，A.G.
Ince, T.H.	英斯，T.H.
Ishioka Eiko	石冈瑛子
Ivens, J.	伊文思，J.
Iwai Shunji	岩井俊二
Iwasaki Akira	岩崎昶

J

Jackson, G.	杰克逊，G.
Jackson, P.	杰克逊，P.
Jakubisko, J.	亚库比斯克，J.
Jakubowska, W.	雅库鲍夫斯卡娅，W.
James Wong Howe	黄宗霑
Jane Fonda	简・方达
Jannings, E.	强宁斯，E.
Jarva, R.	亚尔瓦，R.
Jennings, H.	詹宁斯，H.
Jeong Seong-joo	郑成珠
Jeunet, J.-P.	热内，J.-P.
Jireš, J.	伊雷什，J.
Joshi, A.	乔什，A.

K

Kadár, J.	卡达尔，J.
Kalatozov, M.K.	卡拉托佐夫，M.K.
Kang Je-gyu	姜帝圭
Kaplan, E.A.	卡普兰，E.A.
Kapoor, K.	卡普，K.
Kapoor, R.	卡普尔，R.
Karmen, R.L.	卡尔曼，R.L.
Kaufman, M.	考夫曼，M.
Kaulen, P.	考伦，P.
Kaurismäki, A.	考里斯马基，A.
Kautner, H.	考特纳，H.
Kawakita Nagamasa	川喜多长政
Kawalerowicz, J.	卡瓦莱罗维奇，J.
Kawamoto Kihachiro	川本喜八郎
Kawase Naomi	河濑直美
Kazan, E.	卡赞，E.
Keaton, B.	基登，B.
Keko, X.	凯科，X.
Kelly, G.	凯莉，G.
Khlifi, O.	克利非，O.
Kidman, N.	基德曼，N.
Kieslowski, K.	基耶斯洛夫斯基，K.
Kim Ki-duk	金基德
Kim Myung-gon	金明坤
Kim Soo-hyun	金秀贤
Kim Yeong-hyeon	金英贤
Kim Yong-ok	金容沃
Kimura Takuya	木村拓哉
Kingsley, B.	金斯利，B.
Kinoshita Keisuke	木下惠介
Kishi Keiko	岸惠子
Kitano Takeshi	北野武
Kobayashi Masaki	小林正树
Kohl, E.	科尔，E.
Konchalovsky, A.C.	康查洛夫斯基，A.C.
Kopalin, I.P.	科巴林，I.P.
Korda, A.	柯达，A.
Koreeda Hirokazu	是枝裕和
Kovačević, D.	科瓦泽维奇，D.
Kovács, A.	科瓦奇，A.
Kracauer, S.	克拉考尔，S.
Kramer, S.	克雷默，S.
Krška, V.	克尔什卡，V.
Kruger, A.	克鲁格，A.
Kubrick, S.	库布里克，S.
Kuchân, I.	库尚，I.
Kuleshov, L.V.	库里肖夫，L.V.
Kulmendeev, T.	库尔门代耶夫，T.

Kumai Kei 熊井启
Kurihara Komaki 栗原小卷
Kurosawa Akira 黑泽明
Kurosawa Kiyoshi 黑泽清
Kusturica, E. 库斯图里卡，E.

L

Laemmle, C. 莱默尔，C.
Lakhdar Hamīna, M. 拉克达·哈米纳，M.
Lang, F. 朗格，F.
Langlois, H. 朗格卢瓦，H.
Lars von Trier 拉斯·冯·提尔
Larson, B. 拉森，B.
Lasky, J.L. 拉斯基，J.L.
Lasseter, J. 拉塞特，J.
Lattuada, A. 拉都达，A.
Laughton, C. 劳顿，C.
Lawrence, J. 劳伦斯，J.
Leacock, R. 利科克，R.
Lean, D. 里恩，D.
Leduc, P. 勒杜克，P.
Lee Chang-dong 李沧东
Lee Doo-yong 李斗镛
Leech, J. 里奇，J.
Léger, F. 莱谢尔，F.
Lelouch, C. 勒鲁什，C.
Lemmon, J. 莱蒙，J.
Leni, P. 莱尼，P.
L' Herbier, M. 莱皮埃，M.
Linder, M. 林戴，M.
Lizzani, C. 利萨尼，C.
Lloyd, H. 劳埃德，H.
Lombardi, F.J. 隆巴尔迪，F.J.
Longford, R. 朗福特，R.
Loren, S. 罗兰，S.
Lubezki, E. 卢贝兹基，E.
Lubitsch, E. 刘别谦，E.
Lucas, G. 卢卡斯，G.
Lugossy, L. 鲁戈什，L.
Luhrmann, B. 鲁曼，B.
Lumet, S. 吕美特，S.
Lumière, A. 卢米埃尔，A.
Lumière, L. 卢米埃尔，L.
Luske, H. 卢斯科，H.
Lynch, D. 林奇，D.

M

Maetzig, K. 梅切格，K.
Magnani, A. 马尼亚尼，A.
Magnusson, C. 麦格努孙，C.
Majidi, M. 马基迪，M.
Makino Shôzô 牧野省三
Makk, K. 马克，K.
Makovec, M. 马科韦茨，M.
Maldonado, M. 马尔多纳多，M.
Malle, L. 马勒，L.
Mamoulian, R. 马莫里安，R.
Marceau, S. 玛索，S.
Mariassy, F. 马利阿什，F.
Marinovich, A. 马利诺维奇，A.
Marker, C. 马尔凯，C.
Marston, J. 马斯顿，J.
Martin, C. 马丁，C.
Martinovic, I. 马丁诺维奇，I.
Masina, G. 马茜娜，G.
Mason, J. 梅森，J.
Matsuyama Zenzô 松山善三
Matsuzaka Keiko 松坂庆子
Maupassant, G.de 莫泊桑，G.de
Mauro, H. 毛罗，H.
Mayer, C. 梅育，C.
McCay, W. 麦凯，W.
McGregor, E. 麦克格雷格，E.
Mckee, R. 麦基，R.

McKellen, I.	麦克莱恩，I.
Mclaren, N.	麦克拉伦，N.
Méliès, G.	梅里爱，G.
Melville, J.-P.	梅尔维尔，J.-P.
Menzel, J.	门泽尔，J.
Metz, C.	麦茨，C.
Mifune Toshirō	三船敏郎
Miike Takashi	三池崇史
Mikhalkov, N.S.	米哈尔科夫，N.S.
Mikuni Rentarô	三国连太郎
Miler, Z.	米莱尔，Z.
Milestone, L.	迈尔斯通，L.
Mimica, V.	米米察，V.
Mindadze, A.A.	敏达杰，A.A.
Minnelli, V.	米纳里，V.
Miranda, C.	米兰达，C.
Miro, P.	米罗，P.
Mirren, H.	米伦，H.
Mitry, J.	米特里，J.
Miura Tomokazu	三浦友和
Miyazaki Hayao	宫崎骏
Miyazawa Rie	宫泽理惠
Mizoguchi Kenji	沟口健二
Mizuki Yoko	水木洋子
Monroe, M.	梦露，M.
Montand, Y.	蒙当，Y.
Montiel, S.	蒙铁儿，S.
Moon So-ri	文素利
Moore, J.	摩尔，J.
Moores, M.	摩尔，M.
Moreau, J.	莫罗，J.
Morin, E.	莫兰，E.
Morita Yoshimitsu	森田芳光
Morricone, E.	莫里康内，E.
Mulvey, L.	穆尔维，L.
Mumford, L.S.	蒙福德，L.S.
Muni, P.	茂尼，P.
Munk, A.	蒙克，A.
Münsterberg, H.	明斯特伯格，H.
Mürdoch, R.	默多克，R.
Muresan, M.	穆雷尚，M.
Murnau, F.W.	茂瑙，F.W.
Mustapha Alassanne	穆斯塔法·阿拉桑纳

N

Na Woon-gyu	罗云奎
Nagib el-Rihani	纳吉布·里哈尼
Nakano Ryoko	中野良子
Naruse Mikio	成濑巳喜男
Němec, J.	涅麦茨，J.
Newman, D.	纽曼，D.
Newman, P.	纽曼，P.
Nezval, V.	内兹瓦尔，V.
Nichols, D.	尼科尔斯，D.
Nicholson, J.	尼克尔森，J.
Nicolaescu, S.	尼古拉埃斯库，S.
Nielsen, A.	尼尔森，A.
Niskanen, M.	尼斯卡宁，M.
Nolan, C.	诺兰，C.
North, E.H.	诺斯，E.H.
Nykvist, S.	尼科维斯特，S.

O

Oberon, M.	奥勃朗，M.
Ogawa Shinsuke	小川绅介
Olivera, H.	奥利韦拉，H.
Olivier, L.	奥利弗，L.
Olmi, E.	奥尔密，E.
Om Kil-son	严吉善
Orduña, J.de	奥尔杜尼亚，J.de
Osanai Kaoru	小山内薰
Ōshima Nagisa	大岛渚
Oswald, R.	奥斯瓦尔德，R.
Otomo Katsuhiro	大友克洋

P

R

Robinson, E.G.	鲁宾逊，E.G.
Rocha, G.	罗恰，G.
Rogers, T.	罗格斯，T.
Rohmer, E.	侯麦，E.
Romero, M.	罗梅罗，M.
Romm, M.I.	罗姆，M.I.
Roshi, K.	罗希，K.
Rosi, F.	罗西，F.
Rossellini, R.	罗西里尼，R.
Rostotsky, S.I.	罗斯托茨基，S.I.
Rotha, P.	罗塔，P.
Rouch, J.	卢什，J.
Roy, B.	罗伊，B.
Ruiz, J.	鲁伊斯，J.
Ruiz, R.	鲁伊斯，R.
Ruttmann, W.	鲁特曼，W.
Ryazanov, E.A.	梁赞诺夫，E.A.

S

Sadoul, G.	萨杜尔，G.
Sahni, J.	桑尼，J.
Salles, W.	塞勒斯，W.
Salt, W.	绍特，W.
Santis, G.de	桑蒂斯，G.de
Santos, C.	桑托斯，C.
Sarulu, M.	萨鲁卢，M.
Saslavsky, L.	萨斯拉夫斯基，L.
Sato Junya	佐藤纯弥
Satrapi, M.	莎塔比，M.
Saura, C.	绍拉，C.
Sautet, C.	索泰，C.
Schenck, J.M.	申克，J.M.
Schlöndorff, V.	施隆多夫，V.
Schneider, R.	施奈德，R.
Schorm, E.	绍姆，E.
Schultes, R.	舒尔特斯，R.
Schwarzenegger, A.	施瓦辛格，A.
Schygulla, H.	许古拉，H.
Scola, E.	斯科拉，E.
Scorsese, M.	斯科塞斯，M.
Scott, G.C.	斯科特，G.C.
Sen, M.	森，M.
Sennett, M.	塞纳特，M.
Shakespeare, W.	莎士比亚，W.
Shakhnazarov, K.	沙赫纳扎罗夫，K.
Shantaram, V.	森达拉姆，V.
Sharaliev, B.	沙拉利耶夫，B.
Shchukin, B.	史楚金，B.
Sheridan, J.	谢里丹，J.
Sher-Niyaz, S.	谢尔－尼亚兹，S.
Shindo Kaneto	新藤兼人
Shipman, E.	希普曼，E.
Shmelev, I.	什梅廖夫，I.
Shukshin, V.	舒克申，V.
Sienna, P.	西恩纳，P.
Siodmak, R.	西奥德马克，R.
Sirk, D.	西尔克，D.
Sjöberg, A.	斯约堡，A.
Sjöman, V.	舒曼，V.
Sjöström, V.D.	斯约史特洛姆，V.D.
Skanata, K.	什卡纳塔，K.
Skouen, A.	斯库恩，A.
Smirnova, M.	斯米尔诺娃，M.
Smith, M.	史密斯，M.
Sobociński, P.	索伯辛斯基，P.
Soderbergh, S.	索德伯格，S.
Soffici, M.	索菲西，M.
Sokurov, A.	索科洛夫，A.
Sokurov, A.N.	索库罗夫，A.N.
Solanas, F.	索拉纳斯，F.
Solovyov, S.	索洛维约夫，S.
Song Kang-ho	宋康昊
Spielberg, S.	斯皮尔伯格，S.
Stallings, V.	斯托林斯，V.
Stallone, S.	史泰龙，S.
Stanislavski, K.S.	斯坦尼斯拉夫斯基，K.S.

T

U

V

本卷主要编辑、出版人员

总　主　编　杨牧之

副总主编
社　　长　刘祚臣

副总编辑　刘　杭

主任编辑　郭继艳　张宝军　马　蕴

责任编辑　杜东凯

特约编审（按姓氏笔画顺序）

朱杰军　朱明秀　刘东风　李　文　李　静
李玉莲　阿去克　林建敏　周雅娟　傅祚华

编　　辑（按姓氏笔画顺序）

宋　娴　周　磊　赵咏哲　姜士彬　脱　凡
董淑芳

索引编辑（按姓氏笔画顺序）

马　蕴　李心慧　林建敏　梁嫵曦

美术编辑　许倩云　李　雯

责任校对　王　丽　窦红娟

校　　对（按姓氏笔画顺序）

谷玥昕　狄　爽　闵　娇　邵栊炜　徐怀谦
梁嫵曦

责任印制　李　鹏　魏　婷

中国大百科全书
第三版·网络版
网址
www.zgbk.com

国家社会科学基金
特别委托项目